憲法改正
最新文献目録

日外アソシエーツ

Bibliography
on
Constitutional Amendment of Japan

2006-2015

Compiled by

Nichigai Associates, Inc.

©2016 by Nichigai Associates, Inc.

Printed in Japan

本書はディジタルデータでご利用いただくことが
できます。詳細はお問い合わせください。

●編集担当● 青木 竜馬
装丁：赤田 麻衣子

刊行にあたって

　憲法は時代の変化に対応できるよう抽象的な表現が用いられており、その時々に解釈を要するような条文となっている。この結果として憲法の解釈をめぐる論争は今に限ったことではなく絶えず発生している。とはいいながらも 2015 年は「憲法とはそもそも何なのか？」「立憲主義とは？」という議論がそれまでにも増して多くなされた年ではなかっただろうか。

　政府による集団的自衛権行使が可能とする法案の提出、憲法審査会に出席した憲法学者によるその法案に対する違憲との見解、議論は、国会やマスコミ、論壇という場だけではなく、官邸前デモや SNS 上などで国民が直接意見を発するという形でも広がりを見せた。そして次の選挙では「憲法改正」が争点となるのではないかと言われている。

　また安保法制だけではなく、特定秘密法や放送法を巡る国民の知る権利、表現の自由に関する懸念、本格的な少子高齢化、人口減社会を迎え介護や待機児童など生存権に関わる社会保障の問題、あるいは裁判所の「違憲状態」との判断にもかかわらず遅々として進まない選挙制度改革など、権力を縛るために存在している憲法がその役割を果たしているのだろうかと感じる国民は少なくないのではないだろうか。

　本書は「文献目録 憲法論の 50 年 1945 ～ 1995」（1996 年 5 月刊）「文献目録 憲法論の 10 年 1996 ～ 2005」（2006 年 7 月刊）の継続書誌である。本版よりタイトルを「憲法改正 最新文献目録」とした。これは改憲に意欲を見せた第 1 次安倍内閣の誕生以降、自民党による「日本国憲法改正草案」の提示、そして安保法制の採決とそれに対する反発など「憲法改正」が従来に増して注目を集め、様々な形で論文などが発表されていることに配慮したものである。

憲法はその改正に賛成・反対と単純に割り切れるものではない。条項によっては賛成・反対と同じ人物であっても分かれることもある。また国内外の情勢の変化や、科学技術の進歩などによって現行の憲法がカバーしきれない部分もあるだろう。大切なのは「変えるのだ」「変えないのだ」という硬直した考えではなく、柔軟な考えと幅広い議論ではないだろうか。本書がそういった議論の深まりに少しでも寄与することができたならば幸甚である。

　2016年3月

　　　　　　　　　　　　　　　　　　　　日外アソシエーツ

目　　次

凡　例 …………………………………………………………… (6)

見出し一覧 ……………………………………………………… (8)

憲法改正　最新文献目録

憲法一般・憲法学………………………………………………… 3

憲法改正…………………………………………………………… 140

天皇・天皇制……………………………………………………… 252

戦争放棄・安全保障……………………………………………… 263

基本的人権・憲法上の保障……………………………………… 328

政治・行政・司法と憲法………………………………………… 497

その他……………………………………………………………… 558

著者名索引………………………………………………………… 609

事項名索引………………………………………………………… 671

凡　例

1．本書の内容

　本書は、改正論議を中心とした日本国憲法に関する図書・雑誌記事を収録した文献目録である。

2．収録の対象

　2006（平成18）年から2015（平成27）年までの10年間に日本国内で刊行・発表された、図書2,170点、研究紀要・学会誌・専門誌・総合誌・週刊誌などに掲載された雑誌記事・論文14,205点を収録した。

3．見出し

(1) 文献が扱っている主題によって「憲法一般・憲法学」「憲法改正」「天皇・天皇制」「戦争放棄・安全保障」「基本的人権・憲法上の保障」「政治・行政・司法と憲法」「その他」に大別した。これらの大分類は目次に示した。

(2) 上記大分類の下で、さらに小見出しを設けて細分化した。小見出しの詳細は見出し一覧に示した。

4．文献の排列

(1) 各見出しの下ではじめに図書を、次に雑誌記事を掲載した。

(2) 図書、雑誌記事とも発行年月日順に排列した。

(3) 発行年月日が同じ場合は、書名または雑誌名の五十音順とした。

5．文献の記述

(1) 図書

文献番号／書名／副書名／巻次／各巻書名／版表示／著者名／出版地／出版者／刊行年月／頁数／大きさ／定価／叢書名／ISBN（①で表示）／NDC（Ⓝで表示）

（2）雑誌

文献番号／標題／著者名／掲載誌名／巻号／刊行年月日／該当頁または頁数

6．索　引

（1）著者名索引

　　1）各図書の著者名を五十音順に排列した。

　　2）本文における図書の所在は文献番号で示した。

（2）事項名索引

　　1）本文の各見出しに関連する用語、テーマ、人名、機関名、地名などをキーワードとして五十音順に排列した。

　　2）本文における所在は見出しとその掲載頁で示した。

7．書誌事項等の出所

　　書誌に掲載した各文献の書誌事項は概ねデータベース「bookplus」「magazineplus」及び JAPAN/MARC に拠ったが、掲載にあたっては編集部で記述形式などを改めたものがある。

見出し一覧

憲法一般・憲法学 …………………… 3

概説書・体系書・入門書 ………… 3
憲法史・憲法思想 ………………… 24
憲法学 ……………………………… 43
　立憲主義 ………………………… 51
　憲法原理・憲法論 ……………… 56
　国民主権・民主主義 …………… 68
外国憲法等 ………………………… 72
　アメリカ ………………………… 72
　イギリス ………………………… 88
　ドイツ …………………………… 93
　フランス ……………………… 106
　アジア ………………………… 113
　その他の地域・国 …………… 123

憲法改正 ……………………………… 140

現行憲法 ………………………… 140
全般 ……………………………… 154
　憲法改正議論 ………………… 154
　各政党・政治家の考え方・試案・草
　案 ……………………………… 178
　自衛隊派遣・安保法制を巡る議論 ‥ 185
　第9条 ………………………… 195
　国民投票 ……………………… 197
護憲 ……………………………… 201
　護憲論 ………………………… 201
　各政党・政治家の考え方・試案・草
　案 ……………………………… 217
　自衛隊派遣・安保法制を巡る議論 ‥ 220
　第9条 ………………………… 234
　国民投票 ……………………… 239
改憲 ……………………………… 239
　改憲論 ………………………… 239
　各政党・政治家の考え方・試案・草
　案 ……………………………… 247
　自衛隊派遣・安保法制を巡る議論 ‥ 248
　第9条 ………………………… 250
　国民投票 ……………………… 251

環境 ……………………………… 251

天皇・天皇制 ……………………… 252

戦争放棄・安全保障 ……………… 263

平和主義 ………………………… 263
　平和憲法 ……………………… 271
　平和的生存権 ………………… 272
　「国際貢献」論・自衛隊海外派遣 ‥‥ 274
戦争責任・補償 ………………… 281
第9条 …………………………… 283
環境 ……………………………… 296
安全保障 ………………………… 297
　秘密保護法 …………………… 321
　沖縄 …………………………… 324

基本的人権/憲法上の保障 ……… 328

人権総論 ………………………… 328
　人権宣言 ……………………… 344
　人権をめぐる制度論 ………… 344
　外国人 ………………………… 344
　子ども・未成年者 …………… 351
　国際人権 ……………………… 353
個人の尊重・幸福追求権 ……… 368
　プライバシーの権利 ………… 371
　自己決定権 …………………… 376
　名誉権 ………………………… 377
法の下の平等 …………………… 377
思想・良心の自由 ……………… 388
　日の丸・君が代 ……………… 391
信教の自由 ……………………… 394
　政教分離 ……………………… 397
学問の自由・大学の自治 ……… 403
表現の自由 ……………………… 407
　情報公開 ……………………… 421
　メディア ……………………… 421
　インターネット・IT ………… 427
　ヘイトスピーチ ……………… 429
集会・結社の自由 ……………… 431

(8)

見出し一覧

通信の秘密 ……………………… 432
職業選択・営業の自由 …………… 434
居住・移転の自由 ………………… 435
財産権 …………………………… 436
人身の自由 ……………………… 441
　適正手続の保障一般 …………… 442
　刑事手続 ……………………… 443
　行政手続 ……………………… 447
国家賠償・刑事補償 ……………… 447
裁判を受ける権利 ………………… 449
参政権 …………………………… 451
生存権 …………………………… 452
教育を受ける権利・教育の自由 …… 478
労働基本法 ……………………… 488

政治・行政・司法と憲法 ………… 497

権力分立 ………………………… 498
議会・国会 ……………………… 499
　議会制一般 …………………… 500
　代表制 ………………………… 501
　立法権 ………………………… 501
　国会・議院 …………………… 502
　議員・選挙制度 ……………… 504
政党 ……………………………… 516
行政権・内閣 …………………… 519
司法権 …………………………… 523
　違憲審査権・憲法訴訟 ………… 530
　行政訴訟 ……………………… 541
財政 ……………………………… 541
地方自治 ………………………… 544
　地方公共団体 ………………… 554
　条例 …………………………… 555
　住民投票 ……………………… 556

その他 ………………………… 558

条約・国際法 …………………… 558
家族 ……………………………… 561
ジェンダー ……………………… 562
憲法教育 ………………………… 566
判例評釈 ………………………… 582

(9)

憲法改正 最新文献目録

憲法一般・憲法学

概説書・体系書・入門書

【図書】

00001 憲法判例 戸松秀典, 初宿正典編著 第4
版補訂2版 有斐閣 2006.1 539p 22cm 〈他
言語標題：Constitutional law〉 2900円 Ⓓ4-
641-12999-1 Ⓝ323.14 戸松秀典 初宿正典

00002 私の「憲法」感傷 小林昭三著 成文堂
2006.1 236p 19cm （ある憲法学者の雑記帳
10) 2800円 Ⓓ4-7923-0397-4 Ⓝ304 小林
昭三

00003 憲法—anchoco 三修社編集部編 第2版
三修社 2006.2 247p 15cm （ぶんこ六法ト
ラの巻） 950円 Ⓓ4-384-03791-0 Ⓝ323.14
三修社編集部

00004 憲法 成川豊彦著, Wセミナー編著 早稲
田経営出版 2006.2 553, 21p 21cm （新司
法試験成川式・短答六法） 2600円 Ⓓ4-8471-
2202-X Ⓝ32 成川豊彦 Wセミナー

00005 憲法のことがマンガで3時間でわかる本—
へぇ～そうなのか！ 津田太愚著, つだゆみマ
ンガ 明日香出版社 2006.2 233p 21cm
（Asuka business & language books） 1500円
Ⓓ4-7569-0953-1 Ⓝ323.14 津田太愚 つだ
ゆみ

00006 草の根の憲法教室—母親たちが学んだ人
間らしさと平和の心 重田敏弘著 草の根出版
会 2006.3 265p 20cm 2000円 Ⓓ4-87648-
229-2 Ⓝ323.14 重田敏弘

00007 現代憲法入門講義 加藤一彦, 植村勝慶編
著 新2版 北樹出版 2006.3 342p 21cm
〈執筆：久保健助ほか〉 〈文献あり〉 2800円
Ⓓ4-7793-0035-5 Ⓝ323.14 加藤一彦 植村
勝慶

00008 憲法・行政法—警察官のための最新基本
判例80選 江原伸一著 立花書房 2006.3
169p 21cm 1048円 Ⓓ4-8037-2116-5
Ⓝ323.14 江原伸一

00009 憲法入門 伊藤正己著 第4版補訂版 有
斐閣 2006.3 264, 13p 19cm （有斐閣双書）
1600円 Ⓓ4-641-11263-0 Ⓝ323.14 伊藤正己

00010 法学ワンデルング—法と憲法のコンセプ
ト 中村喜美郎, 上林邦充共著 駿河台出版社
2006.3 238p 21cm 〈「法学講義」（平成12年
刊）の新改訂〉 〈文献あり〉 2200円 Ⓓ4-
411-00369-4 Ⓝ321 中村喜美郎 上林邦充

00011 憲法 1 野中俊彦, 中村睦男, 高橋和之,
高見勝利著 第4版 有斐閣 2006.3 537, 15p
22cm 2900円 Ⓓ4-641-12998-3 Ⓝ323.14
野中俊彦 中村睦男 高橋和之 高見勝利

00012 憲法 2 野中俊彦, 中村睦男, 高橋和之,
高見勝利著 第4版 有斐閣 2006.3 416, 13p
22cm 2700円 Ⓓ4-641-13000-0 Ⓝ323.14
野中俊彦 中村睦男 高橋和之

00013 憲法学教室 浦部法穂著 全訂第2版 日
本評論社 2006.3 601p 22cm 3700円 Ⓓ4-
535-51519-0 Ⓝ323.14 浦部法穂

00014 憲法—論点整理と演習 石村修, 稲正樹編
著 敬文堂 2006.4 384p 26cm 〈執筆：浅
野善治ほか〉 〈文献あり〉 4200円 Ⓓ4-7670-
0140-4 Ⓝ323.14 石村修 稲正樹

00015 憲法 工藤達朗, 畑尻剛, 橋本基弘著 第
3版 不磨書房 2006.4 390p 22cm （発売：
信山社） 3200円 Ⓓ4-7972-9140-0 Ⓝ323.14
工藤達朗 畑尻剛 橋本基弘

00016 憲法 小林孝輔, 芹沢斉編 第5版 日本
評論社 2006.4 448p 26cm （別冊法学セミ
ナー no.189 基本法コンメンタール） 〈執筆：
石村修ほか〉 3500円 Ⓓ4-535-40224-8
Ⓝ323.14 小林孝輔 芹沢斉

00017 憲法 成川豊彦著 第2版 早稲田経営出
版 2006.4 299, 21p 21cm （プログレス司
法書士） 2200円 Ⓓ4-8471-2246-1 Ⓝ32 成
川豊彦

00018 憲法概説 萩野芳夫著, 田辺江美子補訂
補訂版／田辺江美子／補訂 京都 法律文化社
2006.4 279, 6p 21cm 2900円 Ⓓ4-589-
02941-3 Ⓝ323.01 萩野芳夫 田辺江美子

00019 憲法とは何か 長谷部恭男著 岩波書店
2006.4 193p 18cm （岩波新書） 700円
Ⓓ4-00-431002-4 Ⓝ323.01 長谷部恭男

00020 憲法フィールドノート 棟居快行著 第3
版 日本評論社 2006.4 217p 21cm 2400
円 Ⓓ4-535-51491-7 Ⓝ323.14 棟居快行

00021 常識として知っておきたい日本国憲法—
何が書かれているのか, 何が問題なのか, が2
時間でわかる本 博学こだわり倶楽部編 河出
書房新社 2006.4 220p 15cm （Kawade夢
文庫） 514円 Ⓓ4-309-49609-1 Ⓝ323.14 博
学こだわり倶楽部

00022 そうか。憲法とはこういうものだったの
か 三浦朱門著 海竜社 2006.4 284p 20cm

概説書・体系書・入門書　　　　　　　　　　　　　　　　　　憲法一般・憲法学

〈年表あり〉　1600円　Ⓘ4-7593-0927-6
Ⓝ323.14　三浦朱門

00023　田原総一朗激論！日本の憲法と経済　田
原総一朗, 早稲田大学21世紀日本構想研究所著
ダイヤモンド社　2006.4　303, 4p　21cm　（早
稲田大学「大隈塾」講義録下）　1500円　Ⓘ4-
478-18046-6　Ⓝ323.14　田原総一朗　早稲田大
学21世紀日本構想研究所

00024　入門憲法・行政法―講義用テキスト　恩
地紀代子著　京都　嵯峨野書院　2006.4　148p
19cm　1650円　Ⓘ4-7823-0414-5　Ⓝ323.14
恩地紀代子

00025　ケースで考える憲法入門　笹田栄司, 井上
典之, 大沢秀介, 工藤達朗著　有斐閣　2006.5
371p　19cm　〈文献あり〉　2100円　Ⓘ4-641-
12996-7　Ⓝ327.01　笹田栄司　井上典之　大沢
秀介

00026　現代憲法概論　土居靖美, 網中政機編著
京都　嵯峨野書院　2006.5　359p　21cm　（執
筆：岸本正司ほか）　〈文献あり〉　2900円
Ⓘ4-7823-0443-9　Ⓝ323.14　土居靖美　網中
政機

00027　憲法　網中政機著　京都　嵯峨野書院
2006.5　484p　21cm　〈文献あり〉　3300円
Ⓘ4-7823-0438-2　Ⓝ323.14　網中政機

00028　憲法「私」論―みんなで考える前にひと
りひとりが考えよう　水島朝穂著　小学館
2006.5　271p　20cm　2000円　Ⓘ4-09-387616-
9　Ⓝ323.14　水島朝穂

00029　憲法と法のしくみ　横坂健治著　北樹出
版　2006.5　243p　22cm　2600円　Ⓘ4-7793-
0063-0　Ⓝ321　横坂健治

00030　ソーシャルワーク法学―社会福祉士のた
めの憲法・民法・行政法講義　若穂井透著　第5
版　柏　たけしま出版　2006.5　205p　26cm
2200円　Ⓘ4-925111-25-6　Ⓝ324　若穂井透

00031　テキストブック憲法　三好充, 鈴木義孚,
長谷川史明著　京都　嵯峨野書院　2006.5
230p　21cm　〈他言語標題：Textbook
constitutional law〉　〈「憲法概論」(2001年刊)
の新訂版〉　2150円　Ⓘ4-7823-0447-1　Ⓝ323.
14　三好充　鈴木義孚　長谷川史明

00032　法学と憲法入門　佐藤潤一著　敬文堂
2006.5　260p　21cm　〈文献あり〉　2800円
Ⓘ4-7670-0141-2　Ⓝ321　佐藤潤一

00033　やさしい憲法入門　戸波江二編　第3版
法学書院　2006.5　221, 4p　21cm　1800円
Ⓘ4-587-03337-5　Ⓝ323.14　戸波江二

00034　よくわかる憲法　工藤達朗編　京都　ミ
ネルヴァ書房　2006.5　222p　26cm　（やわら
かアカデミズム・〈わかる〉シリーズ）　2500円
Ⓘ4-623-04432-7　Ⓝ323.14　工藤達朗

00035　憲法入門　藤本隆志著　新風舎　2006.6
109p　19cm　1200円　Ⓘ4-289-00173-4
Ⓝ323.14　藤本隆志

00036　新・学習憲法　梻木純二, 金谷重樹, 吉川
寿一編著　京都　晃洋書房　2006.6　204, 13p
21cm　〈文献あり〉　1900円　Ⓘ4-7710-1752-2
Ⓝ323.14　梻木純二　金谷重樹　吉川寿一

00037　井上ひさしの子どもにつたえる日本国憲
法　井上ひさし文, いわさきちひろ絵　講談社
2006.7　71p　21cm　952円　Ⓘ4-06-213510-8
Ⓝ323.14　井上ひさし　いわさきちひろ

00038　憲法論の10年―文献目録1996〜2005　日
外アソシエーツ編　日外アソシエーツ　2006.7
672p　22cm　〈発売：紀伊國屋書店〉　23000円
Ⓘ4-8169-1986-4　Ⓝ323.14　日外アソシエーツ

00039　憲法は, 政府に対する命令である。　ダ
グラス・ラミス著　平凡社　2006.8　174p
20cm　1300円　Ⓘ4-582-70263-5　Ⓝ323.14
ラミス, ダグラス

00040　Interactive憲法―the life and opinions of
Professor B, the constitutional conversationist
長谷部恭男著　有斐閣　2006.9　213p　22cm
（法学教室library）　2200円　Ⓘ4-641-13015-9
Ⓝ323.01　長谷部恭男

00041　憲法？　金子勝, 木村康子著　本の泉社
2006.10　142p　21cm　〈年表あり〉　952円
Ⓘ4-88023-985-2　Ⓝ323.14　金子勝　木村康子

00042　憲法　川崎政司編, 柳瀬昇著　第1次改訂
版　公職研　2006.10　161p　21cm　（要点演
習3）　1700円　Ⓘ4-87526-248-5　Ⓝ32　柳瀬
昇　川崎政司

00043　憲法主要判例post 2000　粕谷友介編著
上智大学出版　2006.10　219, 2p　21cm　〈他
言語標題：Constitutional law cases post
2000〉　〈製作・発売：ぎょうせい〉　1619円
Ⓘ4-324-08030-5　Ⓝ323.14　粕谷友介

00044　わかりやすい憲法読本―中学生から社会
人のための、そして「憲法」受験の入門書とし
て　柏山三郎著　増補改訂版　文芸社　2006.10
226p　19cm　1400円　Ⓘ4-286-01984-5
Ⓝ323.14　柏山三郎

00045　最新憲法がよ〜くわかる本―日本一わか
りやすい憲法の超入門書！　ポケット図解　中
井多賀宏著　秀和システム　2006.11　162p
19cm　（Shuwasystem beginner's guide book）
800円　Ⓘ4-7980-1473-7　Ⓝ323.14　中井多
賀宏

00046　世界、日本、そして憲法―私たちはどん
な時代に生き、学ぶのか　不破哲三, 山田敬男
著　学習の友社　2006.11　70p　21cm　（学習
の友ブックレット16）　571円　Ⓘ4-7617-0416-
0　Ⓝ304　不破哲三　山田敬男

00047　あなたも憲法について考えてみませんか
馬場芳月著　鳥影社　2006.12　317p　19cm
〈文献あり〉　1500円　Ⓘ4-86265-048-1
Ⓝ323.14　馬場芳月

00048　憲法　竹下貴浩著　第2版　早稲田経営出
版　2006.12　226, 7p　21cm　（デュープロセ

ス 司法書士 8） 2000円 Ⓘ4-8471-2305-0
Ⓝ32 竹下貴浩

00049 はじめての憲法総論・人権―法律をあな
たの「お友達」の1人に 尾崎哲夫著 第3版
自由国民社 2006.12 169p 19cm （3日でわ
かる法律入門） 1048円 Ⓘ4-426-33610-4
Ⓝ323.143 尾崎哲夫

00050 民権と憲法 牧原憲夫著 岩波書店
2006.12 209, 13p 18cm （岩波新書 シリー
ズ日本近現代史 2） 〈文献あり〉 〈年表あり〉
740円 Ⓘ4-00-431043-1 Ⓝ210.63 牧原憲夫

00051 憲法講義 2 大石眞著 有斐閣 2007.1
221, 12p 22cm 2000円 Ⓘ978-4-641-13013-
5 Ⓝ323.14 大石眞

00052 憲法を知ろう！―日本と世界の憲法 日
本 池上彰監修 教育画劇 2007.2 63p
31cm 〈年表あり〉 3300円 Ⓘ978-4-7746-
0851-8 Ⓝ323 池上彰

00053 憲法新教科書 手島孝監修, 安藤高行編
京都 法律文化社 2007.2 253p 21cm 〈他
言語標題：New textbook of the constitution〉
2400円 Ⓘ978-4-589-03002-3 Ⓝ323.14 手島
孝 安藤高行

00054 教科書・日本国憲法 新訂版 一橋出版
2007.3 111p 21cm 550円 Ⓘ978-4-8348-
3301-0 Ⓝ323.14

00055 ケースブック憲法 長谷部恭男, 中島徹,
赤坂正浩, 阪口正二郎, 本秀紀編著 第2版 弘
文堂 2007.3 896p 21cm （弘文堂ケース
ブックシリーズ） 4800円 Ⓘ978-4-335-30297-
8 Ⓝ323.14 長谷部恭男 中島徹 赤坂正浩

00056 憲法 芦部信喜著 第4版/高橋和之/補訂
岩波書店 2007.3 393, 17p 22cm 〈文献あ
り〉 3000円 Ⓘ978-4-00-022764-3 Ⓝ323.14
芦部信喜 高橋和之

00057 憲法の教科書 村松秀紀著 名古屋 三
恵社 2007.3 80p 19cm 1200円 Ⓘ978-4-
88361-516-2 Ⓝ323.14 村松秀紀

00058 公法（憲法） 内野正幸著 弘文堂 2007.
3 138p 26cm （新・論点講義シリーズ 1）
1800円 Ⓘ978-4-335-31230-4 Ⓝ32 内野正幸

00059 右手に君が代左手に憲法―漂流する日本
政治 若宮啓文著 朝日新聞社 2007.3 184,
156p 20cm 〈他言語標題：Between the
constitution and Kimigayo〉 〈英語併記〉
1800円 Ⓘ978-4-02-250270-4 Ⓝ310.4 若宮
啓文

00060 憲法―憲法総論・人権・統治機構 Wセミ
ナー編 第2版 早稲田経営出版 2007.4 701,
26p 21cm （コンパクトデバイス 1） 3900円
Ⓘ978-4-8471-2631-4 Ⓝ32 Wセミナー

00061 憲法 工藤達朗, 畑尻剛, 橋本基弘著 第
3版 補遺 不磨書房 2007.4 392p 22cm
〈発売：信山社〉 3200円 Ⓘ4-7972-9140-0
Ⓝ323.14 工藤達朗 畑尻剛 橋本基弘

00062 憲法 1（人権） 渋谷秀樹, 赤坂正浩著
第3版 有斐閣 2007.4 354p 19cm （有斐
閣アルマ specialized） 2000円 Ⓘ978-4-641-
12308-3 Ⓝ323.14 渋谷秀樹 赤坂正浩

00063 憲法 2（統治） 渋谷秀樹, 赤坂正浩著
第3版 有斐閣 2007.4 397p 19cm （有斐
閣アルマ Specialized） 2100円 Ⓘ978-4-641-
12309-0 Ⓝ323.14 渋谷秀樹 赤坂正浩

00064 憲法 高野敏樹, 宮原均, 斎藤孝, 吉野夏
己, 加藤隆之著 第2版 不磨書房 2007.4
287p 22cm 〈発売：信山社〉 2600円
Ⓘ978-4-7972-8543-7 Ⓝ323.14 高野敏樹 宮
原均 斎藤孝

00065 憲法 樋口陽一著 第3版 創文社
2007.4 469, 14p 19cm 〈文献あり〉 2800
円 Ⓘ978-4-423-73110-9 Ⓝ323.14 樋口陽一

00066 憲法を知ろう！―日本と世界の憲法 ア
メリカ・ヨーロッパ 池上彰監修 教育画劇
2007.4 63p 31cm 3300円 Ⓘ978-4-7746-
0852-5 Ⓝ323 池上彰

00067 憲法のレシピ 小山剛, 山本龍彦, 新井誠
編 尚学社 2007.4 347p 26cm 〈文献あ
り〉 3000円 Ⓘ978-4-86031-044-8 Ⓝ323.14
小山剛 山本龍彦 新井誠

00068 憲法判例 戸松秀典, 初宿正典編著 第5
版 有斐閣 2007.4 548p 22cm 〈他言語標
題：Constitutional law cases and comments〉
2900円 Ⓘ978-4-641-13022-7 Ⓝ323.14 戸松
秀典 初宿正典

00069 新はじめて学ぶ憲法 高橋裕次郎編著
三修社 2007.4 168p 21cm 1700円 Ⓘ978-
4-384-03913-9 Ⓝ323.14 高橋裕次郎

00070 ソーシャルワーク法学―社会福祉士のた
めの憲法・民法・行政法講義 若穂井透著 第6
版 柏 たけしま出版 2007.4 285p 26cm
2500円 Ⓘ978-4-925111-30-0 Ⓝ324 若穂
井透

00071 地球時代の憲法 根本博愛, 青木宏治編,
澤野義一, 林喜代美, 松山忠造, 諸根貞夫著 第
3版 京都 法律文化社 2007.4 230p 19cm
（法律文化ベーシック・ブックス） 2400円
Ⓘ978-4-589-03017-7 Ⓝ323.14 根本博愛 青
木宏治 澤野義一 林喜代美 松山忠造

00072 入門憲法・行政法―講義用テキスト 恩
地紀代子著 第2版 京都 嵯峨野書院 2007.
4 150p 21cm 1750円 Ⓘ978-4-7823-0456-3
Ⓝ323.14 恩地紀代子

00073 判例から学ぶ憲法・行政法 川崎政司, 小
山剛編 法学書院 2007.4 334p 21cm 〈文
献あり〉 2800円 Ⓘ978-4-587-52450-0
Ⓝ323.14 川崎政司 小山剛

00074 プライム法学・憲法 後藤光男, 北原仁編
著 敬文堂 2007.4 348p 21cm 〈執筆：北
原仁ほか〉 〈文献あり〉 3000円 Ⓘ978-4-
7670-0148-7 Ⓝ323.14 後藤光男 北原仁

〔00049～00074〕 憲法改正 最新文献目録 **5**

概説書・体系書・入門書　　　　　　　　　　　　　　　　　　　　　　　　憲法一般・憲法学

00075　プロセス演習憲法　LS憲法研究会編　第
3版　信山社出版　2007.4　626, 9p　26cm
〈編集代表：棟居快行ほか　執筆：赤坂正浩ほ
か〉　4800円　Ⓘ978-4-7972-2487-0　Ⓝ323.14
LS憲法研究会

00076　ベーシックテキスト憲法　君塚正臣編
京都　法律文化社　2007.4　316p　21cm　〈執
筆：河野良継ほか〉　〈文献あり〉　2500円
Ⓘ978-4-589-03003-0　Ⓝ323.14　君塚正臣

00077　法学・憲法　斎藤靜敬, 覺正豊和著　八千
代出版　2007.4　270p　22cm　〈文献あり〉
1800円　Ⓘ978-4-8429-1425-1　Ⓝ321　斎藤靜
敬　覺正豊和

00078　目で見る憲法　初宿正典, 大沢秀介, 高橋
正俊, 常本照樹, 高井裕之編著　第3版　有斐閣
2007.4　8, 114p　25cm　1600円　Ⓘ978-4-641-
13023-4　Ⓝ323.14　初宿正典　大沢秀介　高橋
正俊

00079　ガイドブック憲法　辰村吉康, 武居一正編
著, 長谷川史明, 玉蟲由樹, 森克己, 中野明人著
京都　嵯峨野書院　2007.5　339p　21cm
2800円　Ⓘ978-4-7823-0472-3　Ⓝ323.14　辰村
吉康　武居一正　長谷川史明　玉蟲由樹　森克
己　中野明人

00080　群読日本国憲法—国民の"権利の章典"と
してとらえ返す　高良鉄美監修, 毛利豊脚本原
案, 堀口始演出, 青年劇場上演　高文研　2007.5
65p　21cm　〈演出：堀口始〉　1500円　Ⓘ978-
4-87498-382-9　Ⓝ323.14　高良鉄美　青年劇場
秋田雨雀土方与志記念青年劇場　毛利豊　堀
口始

00081　憲法を生きる　奥平康弘著　日本評論社
2007.5　240p　20cm　〈年譜あり〉　2300円
Ⓘ978-4-535-51563-5　Ⓝ323.14　奥平康弘

00082　憲法を身近に　塩田長英著　多賀出版
2007.5　120p　21cm　〈文献あり〉　1700円
Ⓘ978-4-8115-7291-8　Ⓝ323.14　塩田長英

00083　憲法と時間　長谷部恭男, 土井真一, 井上
達夫, 杉田敦, 西原博史, 阪口正二郎編　岩波書
店　2007.5　257p　22cm　（岩波講座憲法 6）
〈文献あり〉　3500円　Ⓘ978-4-00-010740-2
Ⓝ323.12　長谷部恭男　土井真一　井上達夫

00084　図説「憲法問題」がわかる！　高野幹久
監修　青春出版社　2007.5　111p　26cm　〈年
表あり〉　1100円　Ⓘ978-4-413-00883-9
Ⓝ323.14　高野幹久

00085　読む・聞く・感じる日本国憲法　学研テ
レビ・エンタテイメント出版事業部編　学習研
究社　2007.5　108p　21cm　1238円　Ⓘ978-4-
05-403437-2　Ⓝ323.14　学研テレビエンタテイ
メント出版事業部

00086　3時間でわかる憲法入門　堤博之監修, W
セミナー編著　第3版　早稲田経営出版　2007.
5　95, 4p　21cm　（Wの法律入門シリーズ）
1500円　Ⓘ978-4-8471-2680-2　Ⓝ32　Wセミ
ナー　堤博之

00087　いまこそ、憲法どおりの日本をつくろ
う！—政治を変えるのは、あなたです。　石川
康宏著　大阪　日本機関紙出版センター　2007.
6　81p　21cm　762円　Ⓘ978-4-88900-846-3
Ⓝ310.4　石川康宏

00088　憲法を手に格差と戦争をくいとめよう—
福島みずほ対談集　福島みずほ著　明石書店
2007.6　361p　21cm　1800円　Ⓘ978-4-7503-
2580-4　Ⓝ310.4　福島みずほ

00089　ネーションと市民　杉田敦編　岩波書店
2007.6　281p　22cm　（岩波講座憲法 3）　〈文
献あり〉　3500円　Ⓘ978-4-00-010737-2
Ⓝ323.01　杉田敦

00090　法学・憲法講義概説　富澤輝男著　慧文
社　2007.6　119, 11p　21cm　1800円　Ⓘ978-
4-905849-76-6　Ⓝ321　富澤輝男

00091　憲法の力　伊藤真著　集英社　2007.7
206p　18cm　（集英社新書）　680円　Ⓘ978-4-
08-720399-8　Ⓝ323.14　伊藤真

00092　このくにの姿—対論・筑紫哲也『ニュー
ス23』　筑紫哲也［述］, TBSニュース23製作ス
タッフ編　集英社　2007.7　238p　20cm
1400円　Ⓘ978-4-08-781375-3　Ⓝ281.04　筑紫
哲也　東京放送

00093　プレップ憲法　戸松秀典著　第3版　弘文
堂　2007.7　187p　19cm　（プレップシリー
ズ）　1400円　Ⓘ978-4-335-31308-0　Ⓝ323.14
戸松秀典

00094　グローバル化と憲法　長谷部恭男, 土井真
一, 井上達夫, 杉田敦, 西原博史, 阪口正二郎編
岩波書店　2007.9　246p　22cm　（岩波講座憲
法 5）　〈文献あり〉　3500円　Ⓘ978-4-00-
010739-6　Ⓝ323.01　長谷部恭男　土井真一
井上達夫

00095　誰でもわかる憲法入門　戸田泉著　エク
スメディア　2007.9　199p　21cm　（超図解法
律入門）　1600円　Ⓘ978-4-87283-788-9
Ⓝ323.14　戸田泉

00096　情報戦と現代史—日本国憲法へのもうひ
とつの道　加藤哲郎著　［東京］　花伝社
2007.10　407p　20cm　〈発売：共栄書房〉
2600円　Ⓘ978-4-7634-0503-6　Ⓝ209.7　加藤
哲郎

00097　判例ライン憲法　大沢秀介編著　成文堂
2007.10　224p　26cm　〈執筆：青柳卓弥ほか〉
1800円　Ⓘ978-4-7923-0429-4　Ⓝ323.14　大沢
秀介

00098　世の中がわかる憲法ドリル　石本伸晃著
平凡社　2007.10　289p　18cm　（平凡社新書）
840円　Ⓘ978-4-582-85393-3　Ⓝ323.14　石本
伸晃

00099　西洋近代憲法論再考　小林昭三著　成文
堂　2007.11　192, 7p　22cm　4300円　Ⓘ978-
4-7923-0427-0　Ⓝ323.3　小林昭三

6　憲法改正 最新文献目録　　　　　　　　　　〔00075〜00099〕

憲法一般・憲法学　　　　　　　　　　　　　　概説書・体系書・入門書

00100　地球貢献国家と憲法―提言・日本の新戦略　朝日新聞論説委員室編　朝日新聞社　2007.11　365p　22cm　2000円　Ⓘ978-4-02-250350-3　Ⓝ319.1　朝日新聞論説委員室

00101　要約憲法判例205　植野妙実子, 佐藤信行編著　編集工房球　2007.11　326p　21cm　〈発売：学陽書房〉　3400円　Ⓘ978-4-313-31126-8　Ⓝ323.14　植野妙実子　佐藤信行

00102　憲法　渋谷秀樹著　有斐閣　2007.12　731p　22cm　〈他言語標題：Japanese constitutional law〉　5400円　Ⓘ978-4-641-13031-9　Ⓝ323.14　渋谷秀樹

00103　戦後日本政治と平和外交―21世紀アジア共生時代の視座　進藤榮一, 水戸考道編　京都　法律文化社　2007.12　205p　21cm　2300円　Ⓘ978-4-589-03065-8　Ⓝ319.1　進藤榮一　水戸考道

00104　日本はどうなる―暴走する国家に抗うための43の論点　2008　週刊金曜日編　金曜日　2007.12　324p　21cm　1900円　Ⓘ978-4-906605-32-3　Ⓝ304　週刊金曜日

00105　確認憲法用語300　大沢秀介編　成文堂　2008.1　115p　21cm　〈他言語標題：Key words of constitutional law〉　600円　Ⓘ978-4-7923-0434-8　Ⓝ323.14　大沢秀介

00106　昭和の戦争・日本人の戦争意識について―「戦争責任」「東京裁判」「靖国神社」「新憲法制定」をめぐって　本多貞夫著　文芸社　2008.1　201p　19cm　〈年表あり〉　〈文献あり〉　1300円　Ⓘ978-4-286-04098-1　Ⓝ210.7　本多貞夫

00107　新・スタンダード憲法　古野豊秋編　改訂版　尚学社　2008.1　364p　21cm　3000円　Ⓘ978-4-86031-050-9　Ⓝ323.14　古野豊秋

00108　憲法　成川豊彦著　第3版　早稲田経営出版　2008.2　265, 14p　21cm　（プログレス 司法書士 1）　2000円　Ⓘ978-4-8471-2788-5　Ⓝ32　成川豊彦

00109　憲法　長谷部恭男著　第4版　新世社　2008.2　476p　22cm　（新法学ライブラリ 2）　〈文献あり〉　〈発売：サイエンス社〉　3450円　Ⓘ978-4-88384-120-2　Ⓝ323.14　長谷部恭男

00110　憲法入門　樋口陽一著　4訂版　勁草書房　2008.2　208, 3p　19cm　1800円　Ⓘ978-4-326-45084-8　Ⓝ323.14　樋口陽一

00111　図解でわかる憲法―入門の法律　伊藤真監修, 高野泰衡著　日本実業出版社　2008.2　197p　21cm　1500円　Ⓘ978-4-534-04336-8　Ⓝ323.14　高野泰衡　伊藤真

00112　要点解説憲法・行政法　大島稔彦, 加藤敏博共著　第2次改訂版　公職研　2008.2　338p　21cm　（公法要点解説シリーズ）　2600円　Ⓘ978-4-87526-264-0　Ⓝ32　大島稔彦　加藤敏博

00113　憲法　辻村みよ子著　第3版　日本評論社　2008.3　566p　22cm　3700円　Ⓘ978-4-535-

51621-2　Ⓝ323.14　辻村みよ子

00114　憲法　成川豊彦著, Wセミナー編著　第2版　早稲田経営出版　2008.3　543, 18p　21cm　（新司法試験成川式・短答六法）　2600円　Ⓘ978-4-8471-2854-7　Ⓝ32　成川豊彦　Wセミナー

00115　憲法の解説　憲法教育指導研究会著　6訂版　一橋出版　2008.3　126p　21cm　550円　Ⓘ978-4-8348-3345-4　Ⓝ323.14　憲法教育指導研究会

00116　速効！憲法ノート　安部圭介著　DTP出版　2008.3　49p　26cm　1100円　Ⓘ978-4-86211-087-9　安部圭介

00117　基本判例憲法25講　初宿正典編著　第2版補正版　成文堂　2008.4　424p　22cm　3300円　Ⓘ978-4-7923-0442-3　Ⓝ323.14　初宿正典

00118　教材憲法判例　中村睦男, 秋山義昭, 千葉卓, 常本照樹, 齊藤正彰編著　第4版 増補版　札幌　北海道大学出版会　2008.4　13, 433, 59p　21cm　〈文献あり〉　3000円　Ⓘ978-4-8329-2516-8　Ⓝ323.14　中村睦男　秋山義昭　千葉卓

00119　クローズアップ憲法　小沢隆一編, 中里見博, 清水雅彦, 塚田哲之, 多田一路, 植松健一著　京都　法律文化社　2008.4　258p　21cm　〈文献あり〉　2500円　Ⓘ978-4-589-03087-0　Ⓝ323.14　小沢隆一　中里見博　清水雅彦　塚田哲之

00120　憲法四重奏　大津浩, 大藤紀子, 高佐智美, 長谷川憲著　第2版　有信堂高文社　2008.4　14, 319p　21cm　〈文献あり〉　3000円　Ⓘ978-4-8420-1062-5　Ⓝ323.14　大津浩　大藤紀子　高佐智美　長谷川憲

00121　憲法判例に聞く―ロースクール・憲法講義　井上典之著　日本評論社　2008.4　345p　21cm　2800円　Ⓘ978-4-535-51604-5　Ⓝ323.14　井上典之

00122　ソーシャルワーク法学―社会福祉士のための憲法・民法・行政法講義　若穂井透著　第7版　柏　たけしま出版　2008.4　305p　26cm　2500円　Ⓘ978-4-925111-32-4　Ⓝ324　若穂井透

00123　「見てわかる」日本国憲法　講談社編　講談社　2008.4　126p　20cm　1000円　Ⓘ978-4-06-214650-0　Ⓝ323.14　講談社

00124　リアルタイム法学・憲法　三浦一郎著　改訂3版　北樹出版　2008.4　14, 246p　22cm　〈文献あり〉　2500円　Ⓘ978-4-7793-0128-5　Ⓝ321　三浦一郎

00125　わかりやすい憲法　緒方章宏編著　文化書房博文社　2008.4　253p　21cm　〈執筆：穐山守夫ほか〉　〈文献あり〉　Ⓘ978-4-8301-1126-6　Ⓝ323.14　緒方章宏

00126　遺伝情報の法理論―憲法的視座の構築と応用　山本龍彦著　尚学社　2008.5　363p

〔00100～00126〕　　　　　　　　　　　　　　憲法改正 最新文献目録　7

概説書・体系書・入門書　　　　　　　　　　　　　　　　　　憲法一般・憲法学

22cm　（現代憲法研究 2）　7500円　Ⓘ978-4-
86031-052-3　Ⓝ498.12　山本龍彦

00127　入門憲法・行政法―講義用テキスト　恩
地紀代子著　第3版　京都　嵯峨野書院　2008.
5　181p　19cm　1850円　Ⓘ978-4-7823-0485-3
Ⓝ323.14　恩地紀代子

00128　エレメンタリ憲法　西修編著、横手逸男、
松浦一夫、山中倫太郎、大越康夫、浜谷英博共著
新訂版　成文堂　2008.6　323p　22cm　2800
円　Ⓘ978-4-7923-0443-0　Ⓝ323.14　西修　横
手逸男　松浦一夫　山中倫太郎

00129　憲法の基本　小泉洋一、倉持孝司、尾形健、
福岡久美子著　京都　法律文化社　2008.6
298p　21cm　〈文献あり〉　2500円　Ⓘ978-4-
589-03097-9　Ⓝ323.14　小泉洋一　倉持孝司
尾形健

00130　事例研究憲法　木下智史、村田尚紀、渡辺
康行編著　日本評論社　2008.6　518p　21cm
3800円　Ⓘ978-4-535-51610-6　Ⓝ323.14　木下
智史　村田尚紀　渡辺康行

00131　やさしい憲法入門　戸波江二編　第4版
法学書院　2008.6　227p　21cm　1800円
Ⓘ978-4-587-03338-5　Ⓝ323.14　戸波江二

00132　新しい憲法明るい生活　憲法普及會編
［点字資料］　［東京］　岩田行雄　2008.7　25p
26cm　〈原本：憲法普及会 1947〉　Ⓝ323.14
憲法普及会

00133　憲法　三修社編集部編　新版　三修社
2008.7　255p　15cm　（ぶんこ六法トラの巻）
〈「はじめて学ぶ憲法」の増訂〉　950円　Ⓘ978-
4-384-04169-9　Ⓝ323.14　三修社編集部

00134　憲法演習ゼミナール読本　上　甲斐素直
著　信山社　2008.7　51, 333p　26cm　（法学
演習ゼミナール）　4800円　Ⓘ978-4-7972-6061-
8　Ⓝ323.14　甲斐素直

00135　新・国会事典―用語による国会法解説
浅野一郎、河野久編著　第2版　有斐閣　2008.7
288p　22cm　〈他言語標題：New concise
dictionary of the National Diet of Japan〉
〈文献あり〉　3600円　Ⓘ978-4-641-13040-1
Ⓝ314.1　浅野一郎　河野久

00136　体系憲法事典　杉原泰雄編　新版　青林
書院　2008.7　851p　22cm　9500円　Ⓘ978-4-
417-01448-5　Ⓝ323.14　杉原泰雄

00137　現代日本の保守主義批判―歴史・国家・
憲法　伊藤述史著　御茶の水書房　2008.8
259p　21cm　2800円　Ⓘ978-4-275-00586-1
Ⓝ311.4　伊藤述史

00138　憲法演習ゼミナール読本　下　甲斐素直
著　信山社　2008.8　1冊　26cm　（法学演習
ゼミナール）　4600円　Ⓘ978-4-7972-6062-5
Ⓝ323.14　甲斐素直

00139　憲法と資本主義　杉原泰雄著　勁草書房
2008.8　482, 3p　22cm　5700円　Ⓘ978-4-326-
40249-6　Ⓝ323.01　杉原泰雄

00140　爆笑問題のニッポンの教養―爆問学問
26　みんなの憲法入門―憲法学　太田光、田中
裕二著　長谷部恭男/著　講談社　2008.8
139p　18cm　〈文献あり〉　780円　Ⓘ978-4-
06-282621-1　Ⓝ002　太田光　田中裕二

00141　憲法に生かす思想の言葉　辻井喬著　新
日本出版社　2008.9　188p　19cm　1500円
Ⓘ978-4-406-05166-8　Ⓝ914.6　辻井喬

00142　新・法と現代社会　三室堯麿編　京都
法律文化社　2008.9　184p　21cm　〈文献あ
り〉　2200円　Ⓘ978-4-589-03114-3　Ⓝ321
三室堯麿

00143　憲法　花見常幸、藤田尚則著　北樹出版
2008.10　318p　22cm　〈文献あり〉　2900円
Ⓘ978-4-7793-0153-7　Ⓝ323.14　花見常幸　藤
田尚則

00144　憲法・教育・現代社会を語る―『反戦情
報』掲載インタビュー集（2001〜2008）　小森
陽一［著］、反戦情報編集部編　山口　反戦情報
編集部　2008.10　120p　26cm　（『反戦情報』
号外）　1000円　Ⓝ304　小森陽一　反戦情報編
集部

00145　憲法ってこういうものだったのか！　姜
尚中、寺脇研著　ユビキタ・スタジオ　2008.10
179p　19cm　〈発売：KTC中央出版〉　1700円
Ⓘ978-4-87758-516-7　Ⓝ323.14　姜尚中　寺
脇研

00146　憲法なるほど解説―29の用語でわかる！
日本国憲法のしくみ・憲法が保障する権利・憲
法がかかえる課題　角替晃監修・著　フレーベ
ル館　2008.11　95p　29cm　4200円　Ⓘ978-4-
577-03653-2　Ⓝ323.14　角替晃

00147　はじめての憲法総論・人権―法律をあな
たの「お友達」の1人に　尾崎哲夫著　第4版
自由国民社　2008.11　171p　19cm　（3日でわ
かる法律入門）　1200円　Ⓘ978-4-426-10609-6
Ⓝ323.143　尾崎哲夫

00148　憲法判例集　野中俊彦, 江橋崇編著　第10
版　有斐閣　2008.12　249p　18cm　（有斐閣
新書）　1000円　Ⓘ978-4-641-09158-0　Ⓝ323.
14　野中俊彦　江橋崇

00149　世界史の中の憲法―憲法―その誕生と成
長のものがたり　浦部法穂著, 法学館憲法研究
所企画編集　共栄書房　2008.12　154p　21cm
（法学館憲法研究所双書）　1500円　Ⓘ978-4-
7634-1036-8　Ⓝ323.01　浦部法穂　法学館憲法
研究所

00150　憲法　足立哲著　第3版　教育システム
2009.1　19, 319p　21cm　（わかりやすい実務
法学シリーズ）　4000円　Ⓘ978-4-907849-04-7
Ⓝ323.14　足立哲

00151　（はじめての）憲法統治―法律をあなたの
「お友達」の1人に　尾崎哲夫著　第3版　自由国
民社　2009.1　161p　19cm　（3日でわかる法
律入門）　〈並列シリーズ名：The first step of

legal seminar〉 〈文献あり 索引あり〉 1200円
①978-4-426-10610-2 Ⓝ323.14 尾崎哲夫

00152 教職教養憲法15話 加藤一彦著 北樹出
版 2009.2 178p 19cm 〈文献あり 索引あ
り〉 1900円 ①978-4-7793-0166-7 Ⓝ323.14
加藤一彦

00153 現代社会の憲法 並河啓寿著 京都 法
律文化社 2009.2 240, 16p 22cm 〈索引あ
り〉 2600円 ①978-4-589-03145-7 Ⓝ323.14
並河啓寿

00154 憲法絵本―生きる！ 生かせ！ 日本国憲
法 橋本勝絵・文 ［東京］ 花伝社 2009.2
41p 22cm ［発売：共栄書房］ 1500円
①978-4-7634-0536-4 Ⓝ323.14 橋本勝

00155 グローバル時代の法と政治―世界・国家・
地方 富沢克, 力久昌幸編著 成文堂 2009.3
217p 22cm 3300円 ①978-4-7923-3260-0
Ⓝ311.04 富沢克 力久昌幸

00156 憲法講義 1 大石眞著 第2版 有斐閣
2009.3 309, 28p 22cm 〈他言語標題：
Japanese constitutional law〉 〈文献あり 索引
あり〉 2600円 ①978-4-641-13051-7 Ⓝ323.
14 大石真

00157 新・スタンダード憲法 古野豊秋編 改
訂版 尚学社 2009.3（第2刷） 364p 21cm
3000円 ①978-4-86031-065-3 Ⓝ323.14 古野
豊秋

00158 ドキュメント裁判と人権―労働者・市民
とともに 東京南部法律事務所編 ［三芳町（埼
玉県）］ 日本評論社サービスセンター 2009.3
324p 21cm 〈発売：日本評論社〉 2100円
①978-4-535-51679-3 Ⓝ327.209 東京南部法
律事務所

00159 入門憲法―総論・基本的人権・統治機構
柴田孝之著 第3版補訂 自由国民社 2009.3
321p 21cm （S式生講義） 〈並列シリーズ
名：Shibata formula lecture〉 〈索引あり〉
2500円 ①978-4-426-10681-2 Ⓝ32 柴田孝之

00160 伊藤真の日本一わかりやすい憲法入門
伊藤真著 中経出版 2009.4 239p 21cm
〈他言語標題：An easy guide to the
constitution of Japan〉 〈『伊藤真の図解憲法
のしくみがよくわかる本』(2001年刊）の再編
集〉 1500円 ①978-4-8061-3344-5 Ⓝ323.14
伊藤真

00161 基本憲法 辻村みよ子編著, 糠塚康江［ほ
か］執筆 悠々社 2009.4 366p 21cm 〈文
献あり 索引あり〉 3300円 ①978-4-86242-
011-4 Ⓝ323.14 辻村みよ子 糠塚康江

00162 現代の法学―法学・憲法 野口寛編著
改訂 建帛社 2009.4 325p 21cm 3000円
①978-4-7679-4344-2 Ⓝ321 野口寛

00163 憲法解釈演習―人権・統治機構 棟居快
行著 第2版 信山社出版 2009.4 279, 5p
22cm 〈文献あり 索引あり〉 2800円 ①978-

4-7972-2617-1 Ⓝ323.14 棟居快行

00164 憲法のエチュード 岡田信弘編著, 館田晶
子, 小倉一志, 黒川伸一, 新井誠, 齊藤正彰著
第2版 八千代出版 2009.4 234p 21cm
〈執筆：館田晶子ほか〉 〈索引あり〉 2400円
①978-8429-1471-8 Ⓝ323.14 岡田信弘 館
田晶子 小倉一志 黒川伸一 新井誠 齊藤
正彰

00165 高校から大学への憲法 君塚正臣編 京
都 法律文化社 2009.4 207p 21cm 〈執
筆：福島力洋ほか〉 〈索引あり〉 2100円
①978-4-589-03151-8 Ⓝ323 君塚正臣

00166 テキスト日本国憲法 中西俊二著 岡山
大学教育出版 2009.4 192p 21cm 〈文献あ
り〉 1600円 ①978-4-88730-906-7 Ⓝ323.14
中西俊二

00167 日本国憲法概論 西浦公著 新版 岡山
大学教育出版 2009.4 130p 19cm 〈文献あ
り〉 1700円 ①978-4-88730-909-8 Ⓝ323.14
西浦公

00168 判例憲法 大石眞, 大沢秀介編 有斐閣
2009.4 409p 22cm 〈他言語標題：
Constitutional law〉 〈文献あり 索引あり〉
2700円 ①978-4-641-13049-4 Ⓝ323.14 大石
眞 大沢秀介

00169 もっと身近に「憲法」を！ くらしと制
度をつなぐ会編 ［川崎］ くらしと制度をつな
ぐ会 2009.4 91, 5, 17p 21cm 〈年表あり〉
400円 Ⓝ323.14 くらしと制度をつなぐ会

00170 現代日本の憲法 元山健, 建石真公子編
京都 法律文化社 2009.5 359p 21cm 〈付
(13p)：資料〉 〈文献あり 索引あり〉 2700円
①978-4-589-03135-8 Ⓝ323.14 元山健 建石
真公子

00171 新現代憲法入門 山内敏弘編 第2版 京
都 法律文化社 2009.5 404, 14p 20cm
（現代法双書） 〈文献あり 索引あり〉 2900円
①978-4-589-03159-4 Ⓝ323.14 山内敏弘

00172 判例から学ぶ憲法・行政法 川崎政司, 小
山剛編 第2版 法学書院 2009.5 334p
21cm 〈索引あり〉 2800円 ①978-4-587-
52451-7 Ⓝ323.14 川崎政司 小山剛

00173 法学・憲法講義録 竹内典夫著 京都
法律文化社 2009.5 167p 21cm 〈文献あ
り〉 2700円 ①978-4-589-03176-1 Ⓝ321
竹内典夫

00174 マスター憲法 川又伸彦著 立花書房
2009.5 360p 21cm （プロになるための基本
法シリーズ） 2096円 ①978-4-8037-4145-2
Ⓝ323.14 川又伸彦

00175 憲法とともに―新聞投書で綴る歳月 清
水有, 清水弘子著 四日市 清水有 2009.6
127p 21cm 〈制作：朝日新聞名古屋本社編集
制作センター〉 Ⓝ304 清水有 清水弘子

00176 憲法と日本の再生 百地章著 成文堂

概説書・体系書・入門書　　　　　　　憲法一般・憲法学

2009.6　217p　20cm　（成文堂選書 50）　2300
円　Ⓝ978-4-7923-0460-7　Ⓝ323.14　百地章

00177　ケースメソッド憲法　市川正人著　第2版
日本評論社　2009.7　267p　21cm　2400円
Ⓘ978-4-535-51714-1　Ⓝ323.14　市川正人

00178　憲法の境界　長谷部恭男著　羽鳥書店
2009.7　165p　22cm　〈文献あり　索引あり〉
3200円　Ⓘ978-4-904702-02-4　Ⓝ323.01　長谷
部恭男

00179　事例で学ぶ憲法　右崎正博, 加藤一彦, 石
川多加子, 小林直樹著　法学書院　2009.7
276p　21cm　〈文献あり　索引あり〉　2400円
Ⓘ978-4-587-03645-4　Ⓝ323.14　右崎正博　加
藤一彦　石川多加子

00180　日本国憲法判例集　北原康司著　改訂版
釜山　シナプロ出版社　2009.7　187p　20cm
1750円　Ⓘ978-89-958137-4-4　Ⓝ323.14　北原
康司

00181　戦後日本スタディーズ　1（「40・50」年
代）　岩崎稔, 上野千鶴子, 北田暁大, 小森陽一,
成田龍一編著　紀伊國屋書店　2009.9　370p
21cm　〈述：井上ひさし, 金石範, 無着成恭〉
〈執筆：内海愛子ほか〉　〈年表あり〉　2400円
Ⓘ978-4-314-01052-8　Ⓝ210.76　岩崎稔　上野
千鶴子　北田暁大　小森陽一　成田龍一

00182　日本国憲法講義―憲法政治学からの接近
小林昭三監修, 憲法政治学研究会著　成文堂
2009.9　401p　22cm　〈索引あり〉　3000円
Ⓘ978-4-7923-0461-4　Ⓝ323.14　憲法政治学研
究会　小林昭三

00183　Law practice憲法　笹田栄司編　商事法
務　2009.9　246p　21cm　〈文献あり　索引あ
り〉　2800円　Ⓘ978-4-7857-1682-0　Ⓝ323.14
笹田栄司

00184　憲法　右崎正博, 浦田一郎編　第3版　法
学書院　2009.10　252p　21cm　（基本判例 1）
〈文献あり　索引あり〉　2400円　Ⓘ978-4-587-
52412-8　Ⓝ323.14　右崎正博　浦田一郎

00185　日本国憲法への招待　臼井雅子著　同友
館　2009.10　337p　22cm　〈文献あり　索引あ
り〉　3200円　Ⓘ978-4-496-04588-2　Ⓝ323.14
臼井雅子

00186　バードビュー憲法　森口佳樹, 富永健, 大
西斎, 畑雅弘著　京都　嵯峨野書院　2009.10
249p　21cm　〈索引あり〉　Ⓘ978-4-
7823-0501-0　Ⓝ323.14　森口佳樹　富永健　大
西斎　畑雅弘

00187　憲法・刑法　竹下貴裕著　新版　早稲田
経営出版　2009.12　339, 2p　21cm　（直前
チェック 司法書士 7）　2800円　Ⓘ978-4-8471-
3057-1　Ⓝ32　竹下貴裕

00188　憲法事例演習教材　渋谷秀樹, 大沢秀介,
渡辺康行, 松本和彦著　有斐閣　2009.12　285p
24cm　〈文献あり　索引あり〉　3400円　Ⓘ978-
4-641-13067-8　Ⓝ323.14　渋谷秀樹　大沢秀介

渡辺康行　松本和彦

00189　加藤晋介の憲法入門　加藤晋介著　自由
国民社　2010.1　259p　21cm　1800円　Ⓘ978-
4-426-10910-3　Ⓝ323.14　加藤晋介

00190　憲法入門　長谷部恭男著　羽鳥書店
2010.1　168, 6p　20cm　〈索引あり〉　2200円
Ⓘ978-4-904702-05-5　Ⓝ323.14　長谷部恭男

00191　自由への問い　3　公共性―自由が/自由
を可能にする秩序　阪口正二郎責任編集　阪口
正二郎/責任編集　岩波書店　2010.1　220p
19cm　2000円　Ⓘ978-4-00-028353-3　Ⓝ311
阪口正二郎

00192　プライマリー法学憲法　石川明, 永井博
史, 皆川治廣編　第2版　不磨書房　2010.1
373p　22cm　〈索引あり〉　〈発売：信山社〉
2900円　Ⓘ978-4-7972-8567-3　Ⓝ321　石川明
永井博史　皆川治廣

00193　憲法概説　裁判所職員総合研修所監修
再訂版, 補正版　司法協会　2010.2　132p
21cm　1333円　Ⓘ978-4-906929-21-4　Ⓝ323.
14　裁判所職員総合研修所

00194　憲法と資本主義の現在―「百年に一度の
危機」のなかで　杉原泰雄著　勁草書房　2010.
2　256, 2p　22cm　〈索引あり〉　2800円
Ⓘ978-4-326-40257-1　Ⓝ323.01　杉原泰雄

00195　いちばんやさしい憲法入門　初宿正典, 高
橋正俊, 米沢広一, 棟居快行著　第4版　有斐閣
2010.3　255p　19cm　（有斐閣アルマ）　〈索引
あり〉　1600円　Ⓘ978-4-641-12408-0　Ⓝ323.
14　初宿正典　高橋正俊　米沢広一

00196　伊藤真の憲法入門―講義再現版　伊藤真
著　第4版　日本評論社　2010.3　235p　21cm
1700円　Ⓘ978-4-535-51734-9　Ⓝ323.14　伊
藤真

00197　ケースブック憲法　長谷部恭男, 中島徹,
赤坂正浩, 阪口正二郎, 本秀紀編著　第3版　弘
文堂　2010.3　923p　21cm　（弘文堂ケース
ブックシリーズ）　〈並列シリーズ名：
Koubundou case book series〉　〈索引あり〉
4900円　Ⓘ978-4-335-30307-4　Ⓝ323.14　長谷
部恭男　中島徹　赤坂正浩

00198　憲法　2　統治　渋谷秀樹, 赤坂正浩著
第4版　有斐閣　2010.3　404p　19cm　（有斐
閣アルマ）　〈文献あり　索引あり〉　2100円
Ⓘ978-4-641-12401-1　Ⓝ323.14　渋谷秀樹　赤
坂正浩

00199　憲法入門　瀬川博義著　名古屋　三恵社
2010.3　186p　21cm　〈文献あり〉　2000円
Ⓘ978-4-88361-720-3　Ⓝ323.14　瀬川博義

00200　憲法判例　戸松秀典, 初宿正典編著　第6
版　有斐閣　2010.3　577p　22cm　〈他言語標
題：Constitutional law-cases and comments〉
〈索引あり〉　2900円　Ⓘ978-4-641-13073-9
Ⓝ323.14　戸松秀典　初宿正典

00201　憲法の知恵ブクロ　伊藤真著　新日本出

10 憲法改正 最新文献目録　　　　　　〔00177〜00201〕

版社 2010.4 221p 19cm 1400円 ①978-4-406-05351-8 Ⓝ323.14 伊藤真

00202 憲法判例特選 笹川紀勝, 柏崎敏義, 加藤一彦編著, 内藤光博[ほか]執筆 敬文堂 2010.4 413p 21cm 〈文献あり 索引あり〉 2800円 ①978-4-7670-0172-2 Ⓝ323.14 笹川紀勝 柏崎敏義 加藤一彦 内藤光博

00203 新・スタンダード憲法 古野豊秋編 第3版 尚学社 2010.4 364p 21cm 〈文献あり〉 3000円 ①978-4-86031-075-2 Ⓝ323.14 古野豊秋

00204 スタート憲法 吉田仁美編 成文堂 2010.4 139p 26cm 〈文献あり〉 1600円 ①978-4-7923-0485-0 Ⓝ323.14 吉田仁美

00205 表現・教育・宗教と人権 内野正幸著 弘文堂 2010.4 291p 22cm (憲法研究叢書) 〈索引あり〉 3800円 ①978-4-335-35474-8 Ⓝ316.1 内野正幸

00206 法学と憲法 池村正道編著 新版 八千代出版 2010.4 289p 22cm 〈執筆:池村正道ほか〉 〈文献あり〉 3000円 ①978-4-8429-1515-9 Ⓝ321 池村正道

00207 新・学習憲法 椿木純二, 金谷重樹, 吉川寿一編著 改訂版 京都 見洋書房 2010.5 167, 13p 21cm 〈文献あり〉 1700円 ①978-4-7710-2157-0 Ⓝ323.14 椿木純二 金谷重樹 吉川寿一

00208 要説憲法講義 岩井和由著 岡山 ふくろう出版 2010.5 219p 21cm 〈文献あり〉 2190円 ①978-4-86186-430-8 Ⓝ323.14 岩井和由

00209 リーガル・リテラシー憲法教育 浅川千尋著 京都 法律文化社 2010.5 172p 21cm 『法学・憲法』(2005年刊)の加筆修正 〈文献あり〉 2200円 ①978-4-589-03251-5 Ⓝ323.14 浅川千尋

00210 憲法.com 大沢秀介, 葛西まゆこ, 大林啓吾編著 成文堂 2010.7 300p 22cm 〈文献あり〉 2800円 ①978-4-7923-0494-2 Ⓝ323.14 大沢秀介 葛西まゆこ 大林啓吾

00211 日本立法資料全集 別巻648 比較憲法論 ジョン・W.バルジェス/著;高田早苗, 吉田巳之助/譯 復刻版 信山社出版 2010.7 377, 558, 203p 23cm 〈早稲田大學出版部明治41年刊の複製〉 〈発売:[大学図書]〉 92000円 ①978-4-7972-6343-5 Ⓝ32.1

00212 18歳からはじめる憲法 水島朝穂著 京都 法律文化社 2010.7 113p 26cm (From 18) 2200円 ①978-4-589-03278-2 Ⓝ323.14 水島朝穂

00213 警察官のための憲法講義 田村正博著 東京法令出版 2010.8 359p 21cm 〈文献あり 索引あり〉 2300円 ①978-4-8090-1239-6 Ⓝ323.14 田村正博

00214 日本立法資料全集 別巻649 英米佛比較憲法論 ブーミー/著;ダイシー/英譯;深井英五/重譯 復刻版 信山社出版 2010.8 232p 23cm 〈民友社明治26年刊の複製〉 30000円 ①978-4-7972-6344-2 Ⓝ322.1

00215 判例で学ぶ日本国憲法 西村裕三編 有信堂高文社 2010.8 203, 12p 21cm 〈索引あり〉 2300円 ①978-4-8420-1065-6 Ⓝ323.14 西村裕三

00216 憲法のimagination 長谷部恭男著 羽鳥書店 2010.9 235p 20cm 2600円 ①978-4-904702-15-4 Ⓝ323.049 長谷部恭男

00217 論点日本国憲法—憲法を学ぶための基礎知識 安念潤司, 小山剛, 青井未帆, 宍戸常寿, 山本龍彦編著 東京法令出版 2010.9 263p 26cm 〈索引あり〉 2572円 ①978-4-8090-6284-1 Ⓝ323.14 安念潤司 小山剛 青井未帆

00218 聴いてわかる憲法—レジュメ付き 木村一典講師 [録音資料] 紙子出版企画:大学図書(発売) 2010.10 録音ディスク5枚(377分):CD (CDリスニング司法書士 エスプレッソシリーズ 3) 5600円 ①978-4-904520-25-3

00219 憲法 浦田賢治, 愛敬浩二編 第4版 法学書院 2010.10 203p 21cm (演習ノート) 2200円 ①978-4-587-31013-4 Ⓝ323.14 浦田賢治 愛敬浩二

00220 憲法 川崎政司編, 柳瀬昇著 第4次改訂版 公職研 2010.10 173p 21cm (要点演習 3) 〈並列シリーズ名:Yoten Ensyu シリーズの編者:川崎政司〉 1800円 ①978-4-87526-298-5 Ⓝ32 柳瀬昇 川崎政司

00221 はじめての憲法学 中村睦男編著 第2版 三省堂 2010.10 251p 21cm 〈執筆:岩本一郎ほか〉 〈文献あり 索引あり〉 2600円 ①978-4-385-32187-5 Ⓝ323.14 中村睦男

00222 私(わたし)の憲法体験 日高六郎著 筑摩書房 2010.10 204p 20cm 〈タイトル:私の憲法体験〉 2400円 ①978-4-480-86365-2 Ⓝ323.14 日高六郎

00223 日本国憲法 加藤剛朗読, 石澤三郎演出 栄光出版社 2010.11 62p 20cm 〈朗読:加藤剛〉 1200円 ①978-4-7541-0121-3 Ⓝ323.14 加藤剛 石澤三郎

00224 日本国憲法—主権・人権・平和 畑安次編著 京都 ミネルヴァ書房 2010.11 305p 21cm 〈索引あり〉 3500円 ①978-4-623-05848-8 Ⓝ323.14 畑安次

00225 わかりやすい憲法101問 田村正博著 改訂 立花書房 2010.11 209p 19cm 1429円 ①978-4-8037-2117-1 Ⓝ323.14 田村正博

00226 面白いほど理解できる憲法—超入門! 憲法研究会編著 早稲田経営出版 2010.12 173, 6p 21cm 〈索引あり〉 1000円 ①978-4-8471-3282-7 Ⓝ32 憲法研究会

概説書・体系書・入門書　　　　　　　　　　　　　　　　　憲法一般・憲法学

00227　謎解き日本国憲法　阪本昌成編　有信堂高文社　2010.12　216, 10p　21cm　〈執筆：阪本昌成ほか〉　〈文献あり　索引あり〉　2200円　Ⓘ978-4-8420-1067-0　Ⓝ323.14　阪本昌成

00228　日本国憲法の論じ方　渋谷秀樹著　第2版　有斐閣　2010.12　466p　22cm　〈他言語標題：Logical Arguments over the Constitution of Japan〉　〈文献あり　索引あり〉　3300円　Ⓘ978-4-641-13081-4　Ⓝ323.14　渋谷秀樹

00229　マンガで丸わかり！　親子で覚える日本国憲法　村和男監修　ブティック社　2010.12　96p　26cm　（ブティック・ムック no.906）　1048円　Ⓘ978-4-8347-5906-8　Ⓝ323.14　村和男

00230　LAW IN CONTEXT憲法―法律問題を読み解く35の事例　松井茂記著　有斐閣　2010.12　388p　22cm　〈他言語標題：Law in Context : The Japanese Constitution〉　〈索引あり〉　2900円　Ⓘ978-4-641-13084-5　Ⓝ323.14　松井茂記

00231　憲法概観　小嶋和司, 大石眞著　第7版　有斐閣　2011.1　282, 17p　19cm　（有斐閣双書 9）　〈索引あり〉　1900円　Ⓘ978-4-641-11278-0　Ⓝ323.14　小嶋和司　大石眞

00232　憲法のおもしろさ―憲法に欠けているもの余計なもの　山本聡著　北樹出版　2011.1　207p　21cm　2300円　Ⓘ978-4-7793-0263-3　Ⓝ323.14　山本聡

00233　憲法　工藤達朗, 畑尻剛, 橋本基弘著　第4版　不磨書房　2011.2　396p　22cm　〈文献あり　索引あり〉　〈発売：信山社〉　3200円　Ⓘ978-4-7972-8584-0　Ⓝ323.14　工藤達朗　畑尻剛　橋本基弘

00234　憲法　1　統治　毛利透, 小泉良幸, 淺野博宣, 松本哲治著　有斐閣　2011.2　395p　22cm　（Legal quest）　〈文献あり　索引あり〉　2600円　Ⓘ978-4-641-17913-4　Ⓝ323.1　毛利透　小泉良幸　淺野博宣

00235　憲法解釈論の応用と展開　宍戸常寿著　日本評論社　2011.2　342p　21cm　〈索引あり〉　2700円　Ⓘ978-4-535-51811-7　Ⓝ323.14　宍戸常寿

00236　しくみがわかる政治とくらし大事典　1　「憲法」があらわす国のかたち　福岡政行監修　学研教育出版　2011.2　47p　29cm　〈文献あり　索引あり〉　〈発売：学研マーケティング〉　2800円　Ⓘ978-4-05-500770-2　Ⓝ312.1　福岡政行

00237　判例ライン憲法　大沢秀介編著　第2版　成文堂　2011.2　240p　26cm　〈他言語標題：CASENOTE LEGAL BRIEFS〉　〈著：青柳卓弥ほか〉　1900円　Ⓘ978-4-7923-0508-6　Ⓝ323.14　大沢秀介

00238　プライマリー法学憲法　石川明, 永井博史, 皆川治廣編　第2版　不磨書房, 信山社〔発売〕

2011.2　373p　21cm　2900円　Ⓘ978-4-7972-8567-3　Ⓝ32　石川明　永井博史　皆川治廣

00239　基本判例憲法25講　初宿正典編著　第3版　成文堂　2011.3　444p　22cm　〈索引あり〉　3300円　Ⓘ978-4-7923-0506-2　Ⓝ323.14　初宿正典

00240　現代憲法入門講義　加藤一彦, 植村勝慶編著　新3版　北樹出版　2011.3　343p　21cm　〈執筆：久保健助ほか〉　〈文献あり　索引あり〉　2800円　Ⓘ978-4-7793-0259-6　Ⓝ323.14　加藤一彦　植村勝慶

00241　憲法　LS憲法研究会編, 棟居快行, 工藤達朗, 小山剛編集代表　第4版　信山社出版　2011.3　647, 10p　26cm　（プロセス演習）　〈執筆：赤坂正浩ほか〉　〈索引あり〉　5800円　Ⓘ978-4-7972-2586-0　Ⓝ323.14　LS憲法研究会　棟居快行　工藤達朗　小山剛

00242　憲法　芦部信喜著　第5版/高橋和之/補訂　岩波書店　2011.3　400, 18p　22cm　〈文献あり　索引あり〉　3100円　Ⓘ978-4-00-022781-0　Ⓝ323.14　芦部信喜　高橋和之

00243　憲法　長谷部恭男著　第5版　新世社　2011.3　457p　22cm　（新法学ライブラリ 2）　〈文献あり　索引あり〉　〈発売：サイエンス社〉　3400円　Ⓘ978-4-88384-168-4　Ⓝ323.14　長谷部恭男

00244　憲法―研修教材　5訂　〔東京〕　法務総合研究所　2011.3　305p　21cm　Ⓝ323.14　法務総合研究所

00245　憲法がしゃべった。―世界一やさしい憲法の授業　いま1番大切な人に贈りたい心温まる物語　木山泰嗣著　すばる舎リンケージ　2011.3　223p　18cm　〈文献あり〉　〈発売：すばる舎〉　1300円　Ⓘ978-4-7991-0006-6　Ⓝ323.14　木山泰嗣

00246　憲法綱要　岩間昭道著　尚学社　2011.3　376p　22cm　4000円　Ⓘ978-4-86031-084-4　Ⓝ323.14　岩間昭道

00247　参議院憲法調査会会議録―第百六十三回国会～第百六十五回国会　参議院日本国憲法に関する調査特別委員会及び憲法調査会事務局　2011.3　1冊　30cm　Ⓝ323.14　参議院

00248　ドラマチック憲法―究極のヒアリング!?　聴覚をシ・ゲ・キする　たかはし智秋朗読, LEC東京リーガルマインド監修　［録音資料］　［東京］　VICTOR ENTERTAINMENT　2011.3　録音ディスク2枚：CD　〈レーベル名：ビクター〉　2500円

00249　はじめての憲法総論・人権　尾崎哲夫著　第5版　自由国民社　2011.3　171p　19cm　（3日でわかる法律入門）　〈文献あり　索引あり〉　1200円　Ⓘ978-4-426-10851-9　Ⓝ323.143　尾崎哲夫

00250　福祉国家と憲法構造　尾形健著　有斐閣　2011.3　342, 5p　22cm　（同志社大学法学叢書

憲法一般・憲法学

2)　〈他言語標題：Welfare State：A Constitutional Perspective〉　〈索引あり〉　7000円　①978-4-641-13091-3　Ⓝ323.14　尾形健

00251　ケースブック憲法　高橋和之編、安西文雄、佐々木弘通、毛利透、淺野博宣、巻美矢紀、宍戸常寿［著］　有斐閣　2011.4　865p　25cm　〈他言語標題：Constitutional law cases and materials〉　6500円　①978-4-641-13089-0　Ⓝ323.14　高橋和之　安西文雄　佐々木弘通　毛利透

00252　憲法　新保義隆著　早稲田経営出版　2011.4　281, 6p　21cm　（入門map）　〈索引あり〉　1600円　①978-4-8471-3337-4　Ⓝ32　新保義隆

00253　憲法入門　緒方章宏監修　文化書房博文社　2011.4　281p　21cm　〈索引あり〉　2200円　①978-4-8301-1199-0　Ⓝ323.14　緒方章宏

00254　「けんぽう」のおはなし　井上ひさし原案、武田美穂絵　講談社　2011.4　1冊（ページ付なし）　21×22cm　1300円　①978-4-06-216867-0　Ⓝ323.14　井上ひさし　武田美穂

00255　憲法の基本　小泉洋一、倉持孝司、尾形健、福岡久美子著　第2版　法律文化社　2011.4　306p　21cm　〈文献あり 索引あり〉　2600円　①978-4-589-03335-2　Ⓝ323.14　小泉洋一　倉持孝司　尾形健

00256　憲法判例を読みなおす―下級審判決からのアプローチ　樋口陽一、山内敏弘、辻村みよ子、蟻川恒正著　新版　日本評論社　2011.4　312p　21cm　〈年表あり 索引あり〉　2900円　①978-4-535-51794-3　Ⓝ323.14　樋口陽一　山内敏弘　辻村みよ子

00257　はじめての憲法統治　尾崎哲夫著　第4版　自由国民社　2011.4　161p　19cm　（3日でわかる法律入門）　〈文献あり 索引あり〉　1200円　①978-4-426-10855-7　Ⓝ323.14　尾崎哲夫

00258　判例から学ぶ憲法・行政法　川崎政司、小山剛編　第3版　法学書院　2011.4　350p　21cm　〈索引あり〉　2800円　①978-4-587-52452-4　Ⓝ323.14　川崎政司　小山剛

00259　いま、憲法は「時代遅れ」か―〈主権〉と〈人権〉のための弁明　樋口陽一著　平凡社　2011.5　235p　20cm　1500円　①978-4-582-83520-5　Ⓝ323.14　樋口陽一

00260　憲法　池田実著　京都　嵯峨野書院　2011.5　434p　21cm　〈文献あり 索引あり〉　3300円　①978-4-7823-0517-1　Ⓝ323.14　池田実

00261　憲法基本判例を読み直す　野坂泰司著　有斐閣　2011.6　495p　22cm　（法学教室library）　〈他言語標題：Rereading the basic constitutional cases〉　〈索引あり〉　3500円　①978-4-641-13061-6　Ⓝ323.14　野坂泰司

00262　加藤晋介の憲法入門　加藤晋介著　新装版　自由国民社　2011.7　259p　21cm　1800円　①978-4-426-11323-0　Ⓝ323.14　加藤晋介

00263　権力の仕掛けと仕掛け返し―憲法のアイデンティティのために　中村浩爾、湯山哲守、和田進編著　京都　文理閣　2011.7　217p　21cm　1900円　①978-4-89259-658-2　Ⓝ323.14　中村浩爾　湯山哲守　和田進

00264　要点解説憲法・行政法　大島稔彦、加藤敏博共著　第3次改訂版　公職研　2011.7　338p　21cm　（公法要点解説シリーズ）　2700円　①978-4-87526-302-9　Ⓝ32　大島稔彦　加藤敏博

00265　Constitution Girls日本国憲法―萌えて覚える憲法学の基本　森田優子著、法学フューチャー・ラボ編　PHP研究所　2011.7　223p　21cm　1900円　①978-4-569-79580-5　Ⓝ323.14　森田優子　法学フューチャーラボ

00266　憲法　尾崎哲夫条文解説　自由国民社　2011.8　189p　21cm　（条文ガイド六法）　〈並列シリーズ名：Guidance For Provisions〉　2000円　①978-4-426-11294-3　Ⓝ323.14　尾崎哲夫

00267　憲法　1　国制クラシック　阪本昌成著　全訂第3版　有信堂高文社　2011.8　300p　21cm　2800円　①978-4-8420-1068-7　Ⓝ323.14　阪本昌成

00268　法とは何か―法思想史入門　長谷部恭男著　河出書房新社　2011.8　231, 3p　19cm　（河出ブックス 033）　〈索引あり〉　1200円　①978-4-309-62433-4　Ⓝ321.2　長谷部恭男

00269　ロースクール演習憲法　小林武、後藤光男著　法学書院　2011.8　301p　21cm　〈文献あり 索引あり〉　2600円　①978-4-587-03975-2　Ⓝ32　小林武　後藤光男

00270　憲法断章―観照への旅　大石眞章　信山社出版　2011.9　241p　20cm　3200円　①978-4-7972-8570-3　Ⓝ323.14　大石眞

00271　テキスト日本国憲法　中西俊二著　改訂版　岡山　大学教育出版　2011.9　200p　21cm　〈文献あり〉　1600円　①978-4-86429-096-8　Ⓝ323.14　中西俊二

00272　未来への提言―福島みずほ対談集　福島みずほほか著　論創社　2011.9　259p　19cm　〈述：鎌田慧ほか〉　1400円　①978-4-8460-1075-1　Ⓝ310.4　福島みずほ

00273　憲法　川岸令和、遠藤美奈、君塚正臣、藤井樹也、高橋義人共著　第3版　青林書院　2011.10　408p　22cm　〈文献あり 索引あり〉　3800円　①978-4-417-01546-8　Ⓝ323.14　川岸令和　遠藤美奈　君塚正臣　藤井樹也　高橋義人

00274　憲法　芹沢斉、市川正人、阪口正二郎編　日本評論社　2011.10　539p　26cm　（別冊法学セミナー no.210　新基本法コンメンタール）　〈平成22年までの関連法改正に対応〉　〈執筆：愛敬浩二ほか〉　4000円　①978-4-535-40246-1

概説書・体系書・入門書　　　　　　　　　　　　　　　　憲法一般・憲法学

Ⓝ323.14　芹沢斉　市川正人　阪口正二郎

00275　はじめての憲法　平野武, 片山智彦, 奥野
恒久著　京都　晃洋書房　2011.10　175, 16p
21cm　2200円　Ⓘ978-4-7710-2308-6　Ⓝ323.
14　平野武　片山智彦　奥野恒久

00276　ベーシックテキスト憲法　君塚正臣編
第2版　京都　法律文化社　2011.10　329p
21cm　〈執筆：河野良継ほか〉　〈文献あり　索
引あり〉　2500円　Ⓘ978-4-589-03362-8
Ⓝ323.14　君塚正臣

00277　私の「憲法」残響　小林昭三著　成文堂
2011.10　235p　19cm　〈ある憲法学者の雑記
帳 11〉　3300円　Ⓘ978-4-7923-0518-5　Ⓝ304
小林昭三

00278　Interactive憲法　続　長谷部恭男著　有
斐閣　2011.10　256p　22cm　〈法学教室
library〉　〈他言語標題：The Life and
Opinions of Professor B, the Constitutional
Conversationist〉　〈索引あり〉　2400円
Ⓘ978-4-641-13110-1　Ⓝ323.01　長谷部恭男

00279　憲法・刑法　竹下貴浩著　新版, 第2版
早稲田経営出版　2011.11　349, 2p　21cm
（直前チェック 司法書士 7）　2800円　Ⓘ978-4-
8471-3445-6　Ⓝ32　竹下貴浩

00280　地域に学ぶ憲法演習　新井誠, 小谷順子,
横大道聡編著　日本評論社　2011.11　304p
21cm　2800円　Ⓘ978-4-535-51845-2　Ⓝ323.
14　新井誠　小谷順子　横大道聡

00281　日米比較憲法判例を考える　人権編　宮
原均著　改訂版　八千代出版　2011.11　360,
10p　22cm　〈索引あり〉　〈文献あり〉　3200
円　Ⓘ978-4-8429-1558-6　Ⓝ323.14　宮原均

00282　目で見る憲法　初宿正典, 大沢秀介, 高橋
正俊, 常本照樹, 高井裕之編著　第4版　有斐閣
2011.12　114p　25cm　〈他言語標題：Visual
Materials on Constitutional Law〉　〈年表あ
り〉　〈索引あり〉　1600円　Ⓘ978-4-641-
13104-0　Ⓝ323.14　初宿正典　大沢秀介　高橋
正俊

00283　12歳のキミに語る憲法―その秘めた「ち
から」を見直そう　福島みずほ編　岩崎書店
2012.1　191p　19cm　〈執筆：雨宮処凛ほか〉
1300円　Ⓘ978-4-265-80204-3　Ⓝ323.14　福島
みずほ

00284　憲法　憲法判例研究会編　信山社出版
2012.2　463p　26cm　（判例プラクティス）
〈執筆：淺野博宣ほか〉　〈索引あり〉　3880円
Ⓘ978-4-7972-2625-6　Ⓝ323.14　憲法判例研
究会

00285　憲法　辻村みよ子著　第4版　日本評論社
2012.3　565p　22cm　〈索引あり〉　〈文献あ
り〉　3800円　Ⓘ978-4-535-51858-2　Ⓝ323.14
辻村みよ子

00286　憲法　1　野中俊彦, 中村睦男, 高橋和之,
高見勝利著　第5版　有斐閣　2012.3　565, 17p

22cm　〈他言語標題：Japanese Constitutional
Law〉　〈索引あり〉　〈文献あり〉　3000円
Ⓘ978-4-641-13118-7　Ⓝ323.14　野中俊彦　中
村睦男　高橋和之　高見勝利

00287　憲法　2　野中俊彦, 中村睦男, 高橋和之,
高見勝利著　第5版　有斐閣　2012.3　431, 14p
22cm　〈他言語標題：Japanese Constitutional
Law〉　〈索引あり〉　〈文献あり〉　2700円
Ⓘ978-4-641-13119-4　Ⓝ323.14　野中俊彦　中
村睦男　高橋和之　高見勝利

00288　憲法改革の理念と展開―大石眞先生還暦
記念　上巻　曽我部真裕, 赤坂幸一編　信山社
2012.3　796p　22cm　16000円　Ⓘ978-4-7972-
5572-0　Ⓝ323.04　曽我部真裕　赤坂幸一

00289　憲法改革の理念と展開―大石眞先生還暦
記念　下巻　曽我部真裕, 赤坂幸一編　信山社
2012.3　915p　22cm　〈著作目録あり　年譜あ
り〉　18000円　Ⓘ978-4-7972-5573-7　Ⓝ323.04
曽我部真裕　赤坂幸一

00290　憲法入門　松浦一夫編著, 稲葉実香, 奥村
公輔, 片桐直人, 山中倫太郎共著　三和書籍
2012.3　323p　21cm　〈索引あり〉　2500円
Ⓘ978-4-86251-129-4　Ⓝ323.14　松浦一夫　稲
葉実香　奥村公輔　片桐直人　山中倫太郎

00291　憲法の本　浦部法穂著　改訂版　共栄書
房　2012.3　194p　21cm　（法学館憲法研究所
双書）　〈文献あり〉　1800円　Ⓘ978-4-7634-
1048-1　Ⓝ323.14　浦部法穂

00292　日本国憲法　バラエティ・アートワーク
ス企画・漫画　イースト・プレス　2012.3
190p　15cm　（まんがで読破 MD102）　552円
Ⓘ978-4-7816-0744-3　Ⓝ726.1　バラエティ
アートワークス

00293　エッセンス憲法　安藤高行編　京都　法
律文化社　2012.4　267p　21cm　〈索引あり〉
2500円　Ⓘ978-4-589-03414-4　Ⓝ323.14　安藤
高行

00294　クローズアップ憲法　小沢隆一編, 中里見
博, 清水雅彦, 塚田哲之, 多田一路, 植松健一著
第2版　京都　法律文化社　2012.4　267p
21cm　〈文献あり〉　2500円　Ⓘ978-4-589-
03399-4　Ⓝ323.14　小沢隆一　中里見博　清水
雅彦　塚田哲之

00295　憲法　三修社編集部編　第4版　三修社
2012.4　255p　15cm　（ぶんこ六法 トラの巻）
1000円　Ⓘ978-4-384-04486-7　Ⓝ323.14　三修
社編集部

00296　憲法が教えてくれたこと―その女子高生
の日々が輝きだした理由　伊藤真著　幻冬舎ル
ネッサンス　2012.4　190p　19cm　〈文献あ
り〉　1200円　Ⓘ978-4-7790-0804-7　Ⓝ913.6
伊藤真

00297　憲法教室　松井幸夫, 永田秀樹編　京都
法律文化社　2012.4　315p　19cm　〈索引あ
り〉　2500円　Ⓘ978-4-589-03415-1　Ⓝ323.14

14　憲法改正 最新文献目録　　　　　　　　　　　　　　　〔00275〜00297〕

憲法一般・憲法学

松井幸夫　永田秀樹

00298　憲法入門—憲法原理とその実現　市川正人, 倉田原志編　京都　法律文化社　2012.4　208p　21cm　〈文献あり　索引あり〉　2300円　Ⓘ978-4-589-03397-0　Ⓝ323.14　市川正人　倉田原志

00299　憲法入門講義　尾崎利生, 鈴木晃著　京都　法律文化社　2012.4　244p　21cm　〈文献あり　索引あり〉　2300円　Ⓘ978-4-589-03410-6　Ⓝ323.14　尾崎利生　鈴木晃

00300　事例法学—憲法・民法・医事法入門　菅野耕毅著　法学書院　2012.4　255p　22cm　〈索引あり〉　2600円　Ⓘ978-4-587-03960-8　Ⓝ323.14　菅野耕毅

00301　新・資料で考える憲法　山中永之佑, 高田敏, 奥正嗣, 三吉修, 白石玲子, 高倉史人, 谷口真由美編著　新版　京都　法律文化社　2012.4　280p　21cm　〈初版のタイトル：資料で考える憲法〉　〈索引あり〉　2600円　Ⓘ978-4-589-03418-2　Ⓝ323.14　山中永之佑　高田敏　奥正嗣　三吉修　白石玲子　高倉史人　谷口真由美

00302　日本国憲法への招待　臼井雅子著　改訂版　同友館　2012.4　325p　22cm　〈文献あり　索引あり〉　3200円　Ⓘ978-4-496-04876-0　Ⓝ323.14　臼井雅子

00303　日本の対外関係　7　近代化する日本　荒野泰典, 石井正敏, 村井章介編　荒野泰典, 石井正敏, 村井章介/編　吉川弘文館　2012.4　380p　22cm　〈年表あり〉　6000円　Ⓘ978-4-642-01707-7　Ⓝ210.18　荒野泰典　石井正敏　村井章介

00304　法学・憲法講義　青山武憲著　補訂版/天野聖悦/補訂　八千代出版　2012.4　219p　21cm　1900円　Ⓘ978-4-8429-1561-6　Ⓝ321　青山武憲　天野聖悦

00305　やさしい憲法　向井久了著　第4版　法学書院　2012.4　23,284p　21cm　〈文献あり　索引あり〉　2800円　Ⓘ978-4-587-03548-8　Ⓝ323.14　向井久了

00306　時代を刻んだ憲法判例　石村修, 浦田一郎, 芹沢斉編著　尚学社　2012.6　466p　21cm　〈文献あり〉　3000円　Ⓘ978-4-86031-093-6　Ⓝ323.14　石村修　浦田一郎　芹沢斉

00307　ニューアングル憲法—憲法判例×事例研究　辻村みよ子編著　京都　法律文化社　2012.6　401p　22cm　〈他言語標題：New Angle on Constitution〉　〈執筆：蟻川恒正ほか〉　〈索引あり〉　3800円　Ⓘ978-4-589-03422-9　Ⓝ323.14　辻村みよ子

00308　はじめて学ぶ法律〈憲法〉〈行政法〉　三修社編集部編　三修社　2012.7　273p　21cm　〈索引あり〉　2200円　Ⓘ978-4-384-04507-9　Ⓝ323.14　三修社編集部

00309　新・判例ハンドブック　憲法　高橋和之編　日本評論社　2012.8　267p　19cm　〈索引

あり〉　1400円　Ⓘ978-4-535-00820-5　Ⓝ320.981　高橋和之

00310　憲法のエチュード　岡田信弘編著, 館田晶子, 小倉一志, 黒川伸一, 新井誠, 齊藤正彰[執筆]　第3版　八千代出版　2012.9　234p　21cm　〈索引あり〉　2400円　Ⓘ978-4-8429-1586-9　Ⓝ323.14　岡田信弘　館田晶子　小倉一志　黒川伸一

00311　日米比較憲法判例を考える　統治編　宮原均著　改訂版　八千代出版　2012.9　160,7p　22cm　〈文献あり　索引あり〉　2300円　Ⓘ978-4-8429-1584-5　Ⓝ323.14　宮原均

00312　判例憲法　大石眞, 大沢秀介編　第2版　有斐閣　2012.9　22,412p　22cm　〈他言語標題：Constitutional Law：Selected Cases〉　〈文献あり　索引あり〉　2700円　Ⓘ978-4-641-13129-3　Ⓝ323.14　大石真　大沢秀介

00313　エスプリ・ド憲法　糠塚康江, 吉田仁美著　京都　ナカニシヤ出版　2012.10　331p　21cm　〈他言語標題：Esprit de Droit Constitutionnel〉　〈索引あり〉　2800円　Ⓘ978-4-7795-0705-2　Ⓝ323.14　糠塚康江　吉田仁美

00314　憲法　加藤一彦著　京都　法律文化社　2012.10　13,332p　22cm　〈索引あり〉　3200円　Ⓘ978-4-589-03457-1　Ⓝ323.14　加藤一彦

00315　憲法講義　2　大石眞著　第2版　有斐閣　2012.10　26,295,25p　22cm　〈文献あり〉　2600円　Ⓘ978-4-641-13130-9　Ⓝ323.14　大石真

00316　比較憲法　君塚正臣編著　京都　ミネルヴァ書房　2012.10　319p　21cm　〈文献あり　索引あり〉　3500円　Ⓘ978-4-623-06398-7　Ⓝ323.01　君塚正臣

00317　ロースクール憲法総合演習—〈基礎〉から〈合格〉までステップ・アップ　原田一明, 君塚正臣編, 新井誠[ほか]著　京都　法律文化社　2012.10　293p　26cm　〈索引あり〉　4200円　Ⓘ978-4-589-03456-4

00318　危機的状況と憲法　憲法理論研究会編著　敬文堂　2012.11　298p　20cm　〈憲法理論叢書　20〉　Ⓘ978-4-7670-0195-1　Ⓝ323.01　憲法理論研究会

00319　憲法　花見常幸, 藤田尚則著　改訂版　北樹出版　2012.11　331p　22cm　〈文献あり　索引あり〉　3000円　Ⓘ978-4-7793-0345-6　Ⓝ323.14　花見常幸　藤田尚則

00320　原発と核抑止の犯罪性—国際法・憲法・刑事法を読み解く　浦田賢治編著, フランシス・A.ボイル, フィリップ・ベリガン, C.G.ウィーラマントリー, ピーター・ワイス著, 伊藤勧, 森川泰宏, 城秀孝, 山田寿則訳　憲法学舎　2012.12　308p　22cm　〈索引あり〉　〈発売：日本評論社〉　3800円　Ⓘ978-4-535-51937-4　Ⓝ543.5　浦田賢治　ボイル, フランシス・A.

概説書・体系書・入門書　　　　　　　　　　　　憲法一般・憲法学

ベリガン, フィリップ　ウィーラマントリー, C.
G. ワイス, ピーター　伊藤勧　森川泰宏　城
秀孝　山田寿則

00321　事例から学ぶ日本国憲法　2013-1「憲法」
とは何か　［映像資料］　放送大学教育振興会
2013　ビデオディスク 1枚(45分)：DVD　（放
送大学DVD教材§MARUZEN audiovisual
library）〈発売：丸善出版映像メディア部〉

00322　事例から学ぶ日本国憲法　2013-2 象徴天
皇制と平和主義［映像資料］　放送大学教育振
興会　2013　ビデオディスク 1枚(45分)：DVD
（放送大学DVD教材§MARUZEN audiovisual
library）〈発売：丸善出版映像メディア部〉

00323　事例から学ぶ日本国憲法　2013-3 選挙制
度と政党［映像資料］　放送大学教育振興会
2013　ビデオディスク 1枚(45分)：DVD　（放
送大学DVD教材§MARUZEN audiovisual
library）〈発売：丸善出版映像メディア部〉

00324　事例から学ぶ日本国憲法　2013-4 国会
［映像資料］　放送大学教育振興会　2013　ビデ
オディスク 1枚(45分)：DVD　（放送大学DVD
教材§MARUZEN audiovisual library）〈発
売：丸善出版映像メディア部〉

00325　事例から学ぶ日本国憲法　2013-5 内閣
［映像資料］　放送大学教育振興会　2013　ビデ
オディスク 1枚(45分)：DVD　（放送大学DVD
教材§MARUZEN audiovisual library）〈発
売：丸善出版映像メディア部〉

00326　事例から学ぶ日本国憲法　2013-6 裁判所
［映像資料］　放送大学教育振興会　2013　ビデ
オディスク 1枚(45分)：DVD　（放送大学DVD
教材§MARUZEN audiovisual library）〈発
売：丸善出版映像メディア部〉

00327　事例から学ぶ日本国憲法　2013-7 地方自
治［映像資料］　放送大学教育振興会　2013
ビデオディスク 1枚(45分)：DVD　（放送大学
DVD教材§MARUZEN audiovisual library）
〈発売：丸善出版映像メディア部〉

00328　事例から学ぶ日本国憲法　2013-8 人権の
観念［映像資料］　放送大学教育振興会　2013
ビデオディスク 1枚(45分)：DVD　（放送大学
DVD教材§MARUZEN audiovisual library）
〈発売：丸善出版映像メディア部〉

00329　事例から学ぶ日本国憲法　2013-9 人権の
適用範囲と分類［映像資料］　放送大学教育振
興会　2013　ビデオディスク 1枚(45分)：DVD
（放送大学DVD教材§MARUZEN audiovisual
library）〈発売：丸善出版映像メディア部〉

00330　事例から学ぶ日本国憲法　2013-10 幸福
追求権と法の下の平等［映像資料］　放送大学
教育振興会　2013　ビデオディスク 1枚(45
分)：DVD　（放送大学DVD教材§MARUZEN
audiovisual library）〈発売：丸善出版映像メ
ディア部〉

00331　事例から学ぶ日本国憲法　2013-11 精神

的自由権 1 内心の自由　［映像資料］　放送大
学教育振興会　2013　ビデオディスク 1枚(45
分)：DVD　（放送大学DVD教材§MARUZEN
audiovisual library）〈発売：丸善出版映像メ
ディア部〉

00332　事例から学ぶ日本国憲法　2013-12 精神
的自由権 2 表現の自由　［映像資料］　放送大
学教育振興会　2013　ビデオディスク 1枚(45
分)：DVD　（放送大学DVD教材§MARUZEN
audiovisual library）〈発売：丸善出版映像メ
ディア部〉

00333　事例から学ぶ日本国憲法　2013-13 経済
的自由権［映像資料］　放送大学教育振興会
2013　ビデオディスク 1枚(45分)：DVD　（放
送大学DVD教材§MARUZEN audiovisual
library）〈発売：丸善出版映像メディア部〉

00334　事例から学ぶ日本国憲法　2013-14 社会
権［映像資料］　放送大学教育振興会　2013
ビデオディスク 1枚(45分)：DVD　（放送大学
DVD教材§MARUZEN audiovisual library）
〈発売：丸善出版映像メディア部〉

00335　事例から学ぶ日本国憲法　2013-15 参政
権と国務請求権［映像資料］　放送大学教育振
興会　2013　ビデオディスク 1枚(45分)：DVD
（放送大学DVD教材§MARUZEN audiovisual
library）〈発売：丸善出版映像メディア部〉

00336　憲法要論　網中政機編著　京都　嵯峨野
書院　2013.1　531p　21cm　〈文献あり 索引あ
り〉　3500円　①978-4-7823-0524-9　Ⓝ323.14
網中政機

00337　日本国憲法入門　小林幸夫, 吉田直正編著
町田　玉川大学出版部　2013.2　239p　21cm
〈文献あり 索引あり〉　2400円　①978-4-472-
40429-0　Ⓝ323.14　小林幸夫　吉田直正

00338　ケースブック憲法　長谷部恭男, 中島徹,
赤坂正浩, 阪口正二郎, 本秀紀編著　第4版　弘
文堂　2013.3　926p　22cm　（弘文堂ケース
ブックシリーズ）〈索引あり〉　4900円
①978-4-335-30509-2　Ⓝ323.14　長谷部恭男
中島徹　赤坂正浩

00339　憲法　齋藤康輝, 高畑英一郎編　弘文堂
2013.3　274p　21cm　（Next教科書シリーズ）
〈文献あり 索引あり〉　2100円　①978-4-335-
00204-5　Ⓝ323.14　齋藤康輝　高畑英一郎

00340　憲法　渋谷秀樹著　第2版　有斐閣
2013.3　793p　22cm　〈他言語標題：Japanese
Constitutional Law〉〈索引あり〉　5900円
①978-4-641-13134-7　Ⓝ323.14　渋谷秀樹

00341　憲法 2 統治　渋谷秀樹, 赤坂正浩著
第5版　有斐閣　2013.3　411p　19cm　（有斐
閣アルマ Specialized）〈索引あり〉　2100円
①978-4-641-12493-6　Ⓝ323.14　渋谷秀樹　赤
坂正浩

00342　憲法入門　樋口陽一著　5訂　勁草書房
2013.3　214, 3p　19cm　〈索引あり〉　1800円

憲法一般・憲法学　　　　　　　　　　　　　　　　　　　　　　概説書・体系書・入門書

①978-4-326-45102-9　Ⓝ323.14　樋口陽一

00343　事例から学ぶ日本国憲法　岡田信弘著　放送大学教育振興会　2013.3　246p　21cm（放送大学教材）〈索引あり〉〈発売：［NHK出版］〉　①978-4-595-31425-4　Ⓝ323.14　岡田信弘

00344　事例で学ぶ憲法　実務法学研究会編，立澤克美作画　新装版　東京法令出版　2013.3　109p　21cm（Police Visual Series　ヴィジュアル法学）〈文献あり〉　1200円　①978-4-8090-1289-1　Ⓝ323.14　立澤克美　実務法学研究会

00345　新憲法講義　和知賢太郎著　南窓社　2013.3　214p　22cm　2700円　①978-4-8165-0403-7　Ⓝ323.14　和知賢太郎

00346　教育判例で読み解く憲法　柳瀬昇著　学文社　2013.4　196p　21cm〈索引あり〉　2100円　①978-4-7620-2337-8　Ⓝ323.14　柳瀬昇

00347　憲法—講義ノート　2　基本的人権　植村勝慶著　第4版　尚学社　2013.4　242p　26cm　1667円　Ⓝ323.14　植村勝慶

00348　憲法・法学講義　柏﨑敏義著　敬文堂　2013.4　234p　19cm　2500円　①978-4-7670-0198-2　Ⓝ323.14　柏﨑敏義

00349　新憲法判例特選　柏﨑敏義，加藤一彦編著　敬文堂　2013.4　429p　21cm〈執筆：内藤光博ほか〉　2800円　①978-4-7670-0197-5　Ⓝ323.14　柏﨑敏義　加藤一彦

00350　新・スタンダード憲法　古野豊秋，畑尻剛編　第4版　尚学社　2013.4　364p　21cm〈文献あり　索引あり〉　3000円　①978-4-86031-100-1　Ⓝ323.14　古野豊秋　畑尻剛

00351　日本国憲法　伊藤真監修　角川春樹事務所　2013.4　134p　16cm（ハルキ文庫　い17-1）　552円　①978-4-7584-3729-5　Ⓝ323.14　伊藤真

00352　ファンダメンタル法学・憲法　新田浩司，金光寛之編著　税務経理協会　2013.4　193p　21cm〈他言語標題：Fundamental Law, Constitution〉〈文献あり　索引あり〉　2500円　①978-4-419-05958-3　Ⓝ321　新田浩司　金光寛之

00353　法学と憲法学への誘い　松村格編　八千代出版　2013.4　266p　22cm〈索引あり〉　2800円　①978-4-8429-1607-1　Ⓝ321　松村格

00354　現代憲法概説　上田正一著　京都　嵯峨野書院　2013.5　390p　22cm〈索引あり〉　3700円　①978-4-7823-0527-0　Ⓝ323.14　上田正一

00355　憲法の円環　長谷部恭男著　岩波書店　2013.5　263p　22cm〈他言語標題：circus constitutionis〉〈索引あり〉　4000円　①978-4-00-022791-9　Ⓝ323.01　長谷部恭男

00356　憲法のおもしろさ—憲法に欠けているも

の余計なもの　山本聡著　改訂版　北樹出版　2013.5　211p　21cm〈他言語標題：Fun of the Constitution〉　2300円　①978-4-7793-0377-7　Ⓝ323.14　山本聡

00357　図解による憲法のしくみ　神田将著　自由国民社　2013.5　223p　21cm　1800円　①978-4-426-11615-6　Ⓝ323.14　神田将

00358　よくわかる憲法　工藤達朗編　第2版　京都　ミネルヴァ書房　2013.5　231p　26cm（やわらかアカデミズム・〈わかる〉シリーズ）〈索引あり〉　2600円　①978-4-623-06664-3　Ⓝ323.14　工藤達朗

00359　憲法に関する主な論点（前文）に関する参考資料　［東京］　衆議院憲法審査会事務局　2013.5　28p　30cm（衆憲資 第86号）　Ⓝ323.14　衆議院

00360　憲法に関する主な論点（第10章最高法規、第11章補則）に関する参考資料　［東京］　衆議院憲法審査会事務局　2013.5　14p　30cm（衆憲資 第85号）　Ⓝ323.14　衆議院

00361　憲法を学び、活かし、守る—強まる危機に立ち向かう　小沢隆一著　学習の友社　2013.5　71p　21cm（学習の友ブックレット 24）　762円　①978-4-7617-0424-7　Ⓝ323.149　小沢隆一

00362　憲法ガール　大島義則著　京都　法律文化社　2013.6　236p　21cm〈文献あり〉　2400円　①978-4-589-03521-9　Ⓝ323.14　大島義則

00363　論点体系判例憲法—裁判に憲法を活かすために　1　前文、天皇、戦争の放棄、国民の権利及び義務〈前文〜第21条〉　戸松秀典，今井功編著　第一法規　2013.6　565p　22cm〈索引あり〉　4800円　①978-4-474-10309-2　Ⓝ323.14　戸松秀典　今井功

00364　論点体系判例憲法—裁判に憲法を活かすために　2　国民の権利及び義務〈第22条〜第40条〉　戸松秀典，今井功編著　第一法規　2013.6　524p　22cm〈索引あり〉　4800円　①978-4-474-10310-8　Ⓝ323.14　戸松秀典　今井功

00365　論点体系判例憲法—裁判に憲法を活かすために　3　国会、内閣、司法、財政、地方自治、改正、最高法規、補則〈第41条〜第103条〉　戸松秀典，今井功編著　第一法規　2013.6　437p　22cm〈索引あり〉　4800円　①978-4-474-10311-5　Ⓝ323.14　戸松秀典　今井功

00366　論点探究憲法　小山剛，駒村圭吾編　第2版　弘文堂　2013.6　395p　22cm　3600円　①978-4-335-35565-3　Ⓝ323.14　小山剛　駒村圭吾

00367　憲法がヤバい　白川敬裕著　ディスカヴァー・トゥエンティワン　2013.7　203, 31p　18cm（ディスカヴァー携書 105）　1000円　①978-4-7993-1355-8　Ⓝ323.149　白川敬裕

00368　事例研究憲法　木下智史, 村田尚紀, 渡辺

〔00343〜00368〕　　　　　　　　　　　　　　　　　　　　　　　　　　憲法改正　最新文献目録　**17**

概説書・体系書・入門書　　　　　　　　　　憲法一般・憲法学

康行編著　第2版　日本評論社　2013.7　585p
21cm　〈索引あり〉　3800円　Ⓘ978-4-535-
51944-2　Ⓝ323.14　木下智史　村田尚紀　渡辺
康行

00369　医療・福祉のための法学入門―憲法・民
法・行政法の基礎　野崎和義著　京都　ミネル
ヴァ書房　2013.9　327p　26cm　〈索引あり〉
3000円　Ⓘ978-4-623-06759-6　Ⓝ321　野崎
和義

00370　憲法近代知の復権へ　樋口陽一著　平凡
社　2013.9　311p　16cm　（平凡社ライブラ
リー 795）〈東京大学出版会 2002年刊の再刊〉
1500円　Ⓘ978-4-582-76795-7　Ⓝ323.01　樋口
陽一

00371　あたらしい憲法のはなし　田浪政博編
新版　復刻　東村山　永絵夢社出版局　2013.10
157p　20cm　〈発売：新泉社〉　1400円
Ⓘ978-4-7877-1319-3　Ⓝ323.14　田浪政博

00372　池上彰の憲法入門　池上彰著　筑摩書房
2013.10　220p　18cm　（ちくまプリマー新書
204）〈「憲法はむずかしくない」（2005年刊）の
改題、加筆〉　〈文献あり〉　840円　Ⓘ978-4-
480-68906-1　Ⓝ323.14　池上彰

00373　変動する社会と憲法　憲法理論研究会編
著　敬文堂　2013.10　280p　20cm　（憲法理
論叢書 21）　2800円　Ⓘ978-4-7670-0203-3
Ⓝ323.01　憲法理論研究会

00374　教養憲法入門　佐藤潤一著　敬文堂
2013.11　10, 274p　21cm　〈文献あり〉　2800
円　Ⓘ978-4-7670-0205-7　Ⓝ323.14　佐藤潤一

00375　金森徳次郎著作集　1　憲法遺言/憲法随
想/憲法うらおもて/私の履歴書　金森徳次郎
[著], 高見勝利編　日の出町（東京都）　慈学社
出版　2013.12　364p　19cm　〈索引あり〉
〈発売：大学図書〉　2600円　Ⓘ978-4-903425-
81-8　Ⓝ323.14　金森徳次郎　高見勝利

00376　戦後の越え方―歴史・地域・政治・思考
雨宮昭一著　日本経済評論社　2013.12　244p
20cm　〈索引あり〉　2800円　Ⓘ978-4-8188-
2296-2　Ⓝ210.6　雨宮昭一

00377　日本国憲法判例集　北原康司著　増補版
釜山　シナプロ出版社　2013.12　197p　20cm
2000円　Ⓘ978-89-958137-7-5　Ⓝ323.14　北原
康司

00378　法解釈入門―「法的」に考えるための第
一歩　山下純司, 島田聡一郎, 宍戸常寿著　有斐
閣　2013.12　228p　22cm　〈他言語標題：an
introduction to legal interpretation〉　〈索引あ
り〉　1900円　Ⓘ978-4-641-12563-6　Ⓝ321
山下純司　島田聡一郎　宍戸常寿

00379　夢三夜―TPP・原発・憲法　飯島勝彦著
梨の木舎　2013.12　233p　20cm　1600円
Ⓘ978-4-8166-1312-8　Ⓝ913.6　飯島勝彦

00380　はじめて学ぶ法学の世界―憲法・民法・
刑法の基礎　関根孝道著　京都　昭和堂　2014.

1　219p　21cm　〈索引あり〉　2400円　Ⓘ978-
4-8122-1337-7　Ⓝ321　関根孝道

00381　憲法　工藤達朗, 畑尻剛, 橋本基弘著　第
5版　不磨書房　2014.2　400p　22cm　〈索引
あり〉　〈発売：信山社〉　3200円　Ⓘ978-4-
7972-8616-8　Ⓝ323.14　工藤達朗　畑尻剛　橋
本基弘

00382　憲法への招待　渋谷秀樹著　新版　岩波
書店　2014.2　239p　18cm　（岩波新書 新赤版
1470）　800円　Ⓘ978-4-00-431470-7　Ⓝ323.14
渋谷秀樹

00383　もうひとつの憲法読本―新たな自由民権
のために　佐藤雅彦著　西宮　鹿砦社　2014.2
238p　21cm　1500円　Ⓘ978-4-8463-0986-2
Ⓝ323.14　佐藤雅彦

00384　いちばんやさしい憲法入門　初宿正典, 高
橋正俊, 米沢広一, 棟居快行著　第4版補訂版
有斐閣　2014.3　255p　19cm　（有斐閣アルマ
Interest）　〈索引あり〉　1600円　Ⓘ978-4-641-
22024-9　Ⓝ323.14　初宿正典　高橋正俊　米沢
広一

00385　憲法　2　基本権論　大日方信春著　有信
堂高文社　2014.3　344p　21cm　〈索引あり〉
3200円　Ⓘ978-4-8420-1071-7　Ⓝ323.14　大日
方信春

00386　憲法講義　1　大石眞著　第3版　有斐閣
2014.3　332, 30p　22cm　〈文献あり 索引あ
り〉　2700円　Ⓘ978-4-641-13160-6　Ⓝ323.14
大石真

00387　憲法読本　杉原泰雄著　第4版　岩波書店
2014.3　288p　18cm　（岩波ジュニア新書
768）　〈文献あり〉　1000円　Ⓘ978-4-00-
500768-4　Ⓝ323.14　杉原泰雄

00388　憲法判例　戸松秀典, 初宿正典編著　第7
版　有斐閣　2014.3　618p　22cm　〈他言語標
題：Constitutional Law：Cases and
Comments〉　〈索引あり〉　3200円　Ⓘ978-4-
641-13163-7　Ⓝ323.14　戸松秀典　初宿正典

00389　憲法判例インデックス　工藤達朗編　商
事法務　2014.3　388p　21cm　〈他言語標題：
a precedent index〉　〈索引あり〉　2800円
Ⓘ978-4-7857-2149-7　Ⓝ323.14　工藤達朗

00390　消防官のための憲法入門―消防昇任試験
対策模擬問題150問付　関東一著　近代消防社
2014.3　303p　21cm　〈索引あり〉　2500円
Ⓘ978-4-421-00836-4　Ⓝ32　関東一

00391　ディベート憲法　新井誠編著　信山社
2014.3　271p　19cm　〈執筆：大林啓吾ほか〉
〈索引あり〉　2300円　Ⓘ978-4-7972-8621-2
Ⓝ323.14　新井誠

00392　法学と憲法の教科書　天野聖悦著　八千
代出版　2014.3　211p　21cm　（「法学・憲法
講義」補訂版（2012年刊）の改題、改訂・加筆〉
1900円　Ⓘ978-4-8429-1622-4　Ⓝ321　天野
聖悦

18　憲法改正 最新文献目録　　　　　〔00369〜00392〕

憲法一般・憲法学　　　　　　　　　　　　　　　　　　　　　概説書・体系書・入門書

00393　僕らの社会のつくり方―10代から見る憲法　鈴木崇弘，青木大和編著　遊行社　2014.3　123p　21cm　1000円　①978-4-902443-27-1　Ⓝ323.14　鈴木崇弘　青木大和

00394　うさぎのヤスヒコ、憲法と出会う―サル山共和国が守るみんなの権利　西原博史著，山中正大絵　太郎次郎社エディタス　2014.4　126p　22cm　（「なるほどパワー」の法律講座）　2000円　①978-4-8118-0768-3　Ⓝ323.14　西原博史　山中正大

00395　映画で学ぶ憲法　志田陽子編　京都　法律文化社　2014.4　198p　21cm　2300円　①978-4-589-03550-9　Ⓝ323.01　志田陽子

00396　金森徳次郎著作集　2　日本憲法民主化の焦点/新憲法大観/新憲法の精神/国会論/公務員の倫理について/混沌堂雑記　金森徳次郎［著］，高見勝利編　日の出町（東京都）　慈学社出版　2014.4　540p　19cm　〈索引あり〉　〈発売：大学図書〉　3600円　①978-4-903425-85-6　Ⓝ323.14　金森徳次郎　高見勝利

00397　教職教養憲法15話　加藤一彦著　改訂2版　北樹出版　2014.4　182p　19cm　〈文献あり　索引あり〉　1900円　①978-4-7793-0402-6　Ⓝ323.14　加藤一彦

00398　教養憲法11章　富永健，岸本正司著　京都　嵯峨野書院　2014.4　192p　26cm　〈文献あり　索引あり〉　2300円　①978-4-7823-0538-6　Ⓝ323.14　富永健　岸本正司

00399　警察官のための憲法講義　田村正博著　補訂版　東京法令出版　2014.4　380p　21cm　〈文献あり　索引あり〉　2300円　①978-4-8090-1308-9　Ⓝ323.14　田村正博

00400　憲法を学ぶ　岩井和由著　京都　嵯峨野書院　2014.4　218p　21cm　〈文献あり　索引あり〉　2200円　①978-4-7823-0537-9　Ⓝ323.14　岩井和由

00401　憲法と市民社会　横坂健治著　北樹出版　2014.4　251p　22cm　〈他言語標題：THE CONSTITUTION AND CIVIL SOCIETY〉　2700円　①978-4-7793-0415-6　Ⓝ321　横坂健治

00402　スタート憲法　吉田仁美編　第2版　成文堂　2014.4　141p　26cm　〈文献あり　索引あり〉　1600円　①978-4-7923-0561-1　Ⓝ323.14　吉田仁美

00403　テキストブック憲法　澤野義一，小林直三編　京都　法律文化社　2014.4　196p　21cm　〈文献あり　索引あり〉　2200円　①978-4-589-03587-5　Ⓝ323.14　澤野義一　小林直三

00404　統治構造の憲法論　毛利透著　岩波書店　2014.4　378, 4p　22cm　〈索引あり〉　5700円　①978-4-00-025968-2　Ⓝ323.01　毛利透

00405　法学・憲法　斎藤静敬，覚正豊和著　新訂版　八千代出版　2014.4　226p　22cm　〈文献あり　索引あり〉　1800円　①978-4-8429-1627-9

Ⓝ321　斎藤静敬　覚正豊和

00406　基本判例　1　憲法　右崎正博，浦田一郎編　右崎正博，浦田一郎／編　第4版　法学書院　2014.5　274p　21cm　〈索引あり〉　2500円　①978-4-587-52413-5　Ⓝ320.981　右崎正博　浦田一郎

00407　憲法実感！　ゼミナール　孝忠延夫，大久保卓治編　京都　法律文化社　2014.5　258p　21cm　〈文献あり　索引あり〉　2400円　①978-4-589-03588-2　Ⓝ323.14　孝忠延夫　大久保卓治

00408　憲法大好き―読む・考える・学ぶ　愛知・憲法学習研究会編著　学習の友社　2014.5　100p　21cm　500円　①978-4-7617-0690-6　Ⓝ323.14　愛知憲法学習研究会

00409　十代のきみたちへ―ぜひ読んでほしい憲法の本　日野原重明著　冨山房インターナショナル　2014.5　133p　19cm　1100円　①978-4-905194-73-6　Ⓝ323.14　日野原重明

00410　テレビが伝えない憲法の話　木村草太著　PHP研究所　2014.5　239p　18cm　（PHP新書　920）　760円　①978-4-569-81622-7　Ⓝ323.14　木村草太

00411　判例から考える憲法　小山剛，畑尻剛，土屋武編　法学書院　2014.5　289p　21cm　〈文献あり　索引あり〉　2400円　①978-4-587-52460-9　Ⓝ323.14　小山剛　畑尻剛　土屋武

00412　グラフィック憲法入門　毛利透著　新世社　2014.6　236p　21cm　（グラフィック　法学　2）　〈索引あり〉　〈発売：サイエンス社〉　2200円　①978-4-88384-209-4　Ⓝ323.14　毛利透

00413　憲法　加藤一彦著　第2版　京都　法律文化社　2014.6　334p　22cm　〈索引あり〉　3300円　①978-4-589-03605-6　Ⓝ323.14　加藤一彦

00414　日本文明の肖像　2　一国一文明の宿命と可能性　遠藤浩一編著　展転社　2014.6　287p　19cm　1800円　①978-4-88656-404-7　Ⓝ210　遠藤浩一

00415　はじめて学ぶ憲法教室　第1巻　憲法はだれに向けて書かれているの？　菅間正道著　新日本出版社　2014.6　27, 4p　27cm　〈編集協力：茂手木千晶，イラスト：どいまき〉　〈索引あり〉　①978-4-406-05794-3　Ⓝ323.14　菅間正道

00416　判例から学ぶ憲法・行政法　川崎政司，小山剛編　第4版　法学書院　2014.6　368p　21cm　〈索引あり〉　2800円　①978-4-587-52453-1　Ⓝ323.14　川崎政司　小山剛

00417　判例プラクティス憲法　憲法判例研究会編　増補版　信山社出版　2014.6　481p　26cm　〈執筆：淺野博宣ほか〉　〈索引あり〉　3880円　①978-4-7972-2636-2　Ⓝ323.14　憲法判例研究会

〔00393〜00417〕　　　　　　　　　　　　　憲法改正　最新文献目録　19

概説書・体系書・入門書　　　　　　　　　　　　　　　憲法一般・憲法学

00418 伊藤真の憲法入門―講義再現版　伊藤真
著　第5版　日本評論社　2014.7　242p　21cm
〈他言語標題：The Guide to Constitution〉
〈文献あり〉　1700円　Ⓘ978-4-535-52040-0
Ⓝ323.14　伊藤真

00419 憲法―解釈論の応用と展開　宍戸常寿著
第2版　日本評論社　2014.7　363p　21cm
〈索引あり〉　2700円　Ⓘ978-4-535-52046-2
Ⓝ323.14　宍戸常寿

00420 憲法への誘い　石村修著　右文書院
2014.7　179p　19cm　〈文献あり〉　1360円
Ⓘ978-4-8421-0767-7　Ⓝ323.14　石村修

00421 憲法主義―条文には書かれていない本質
内山奈月, 南野森著　PHP研究所　2014.7
237p　19cm　〈文献あり〉　1200円　Ⓘ978-4-
569-81913-6　Ⓝ323.14　内山奈月　南野森

00422 石ノ森章太郎のまんが日本国憲法　石ノ
森章太郎漫画監修, 浦田賢治監修, 志田陽子解説
改訂版　講談社　2014.8　231p　19cm　〈初版
のタイトル：まんが日本国憲法〉　〈共同刊行：
講談社コミッククリエイト〉　1300円　Ⓘ978-
4-06-364952-9　Ⓝ323.14　石ノ森章太郎　浦田
賢治　志田陽子

00423 生きること詠うこと―短歌と憲法のあわ
いで　奈良達雄著　青風舎　2014.9　286p
20cm　2200円　Ⓘ978-4-902326-48-2　Ⓝ911.
16　奈良達雄

00424 確認憲法用語　大沢秀介, 大林啓吾編集
成文堂　2014.9　137p　21cm　〈他言語標題：
KEYWORDS OF CONSTITUTIONAL
LAW〉　〈索引あり〉　800円　Ⓘ978-4-7923-
0566-6　Ⓝ323.14　大沢秀介　大林啓吾

00425 女子の集まる憲法おしゃべりカフェ　百
地章監修, 明成社編　明成社　2014.9　71p
21cm　〈文献あり〉　600円　Ⓘ978-4-905410-
31-7　Ⓝ323.14　百地章

00426 テキスト教職・教養のための日本国憲法
入門　霜鳥秋則著　ジアース教育新社　2014.9
211p　21cm　〈文献あり〉　2200円　Ⓘ978-4-
86371-281-2　Ⓝ323.14　霜鳥秋則

00427 はじめての憲法総論・人権　尾崎哲夫著
第6版　自由国民社　2014.9　171p　19cm　(3
日でわかる法律入門)　〈文献あり 索引あり〉
1200円　Ⓘ978-4-426-12238-6　Ⓝ323.143　尾
崎哲夫

00428 判例ナビゲーション憲法　榎透, 永山茂
樹, 三宅裕一郎著　日本評論社　2014.9　244p
21cm　〈索引あり〉　1900円　Ⓘ978-4-535-
51993-0　Ⓝ323.14　榎透　永山茂樹　三宅裕
一郎

00429 やさしく学ぶ日本国憲法入門　武川眞固
著　相模原　現代図書　2014.9　175p　21cm
〈文献あり 索引あり〉　〈発売：星雲社〉　1950
円　Ⓘ978-4-434-19570-9　Ⓝ323.14　武川眞固

00430 リーガル・リテラシー憲法教育　浅川千

尋著　第2版　京都　法律文化社　2014.9
165p　21cm　〈文献あり〉　2200円　Ⓘ978-4-
589-03623-0　Ⓝ323.14　浅川千尋

00431 金森徳次郎著作集　3　新憲法の精神/憲
法制定議会の前後 憲法改正と国民投票/憲法の
前文 書物と人間/書物の眼/ひなた弁慶　金森
徳次郎［著］, 高見勝利編　日の出町（東京都）
慈学社出版　2014.10　570p　19cm　〈索引あ
り〉　〈発売：大学図書〉　3600円　Ⓘ978-4-
903425-86-3　Ⓝ323.14　金森徳次郎　高見勝利

00432 憲法―基本講義　市川正人著　新世社
2014.10　422p　22cm　（ライブラリ法学基本
講義 1）　〈索引あり〉　〈発売：サイエンス社〉
3600円　Ⓘ978-4-88384-214-8　Ⓝ323.14　市川
正人

00433 憲法と時代　憲法理論研究会編著　敬文
堂　2014.10　272p　20cm　（憲法理論叢書
22）　〈文献あり〉　2800円　Ⓘ978-4-7670-
0207-1　Ⓝ323.01　憲法理論研究会

00434 日本国憲法　戦争論　バラエティ・アー
トワークス企画・漫画§クラウゼヴィッツ作,
バラエティ・アートワークス企画・漫画　イー
スト・プレス　2014.10　380p　19cm　（まん
がで読破Remix）　〈「戦争論」（2011年刊）と
「日本国憲法」（2012年刊）の合本〉　648円
Ⓘ978-4-7816-1263-8　Ⓝ726.1　バラエティ
アートワークス

00435 プレステップ憲法　駒村圭吾編　弘文堂
2014.10　165p　26cm　（PRE-STEP 17）
〈文献あり 索引あり〉　1800円　Ⓘ978-4-335-
00091-1　Ⓝ323.14　駒村圭吾

00436 法学・憲法への招待　後藤光男編著　敬
文堂　2014.10　382p　21cm　〈執筆：大内理
沙ほか〉　3500円　Ⓘ978-4-7670-0208-8
Ⓝ321　後藤光男

00437 Law Practice憲法　笹田栄司編　第2版
商事法務　2014.10　295p　21cm　〈索引あり〉
3000円　Ⓘ978-4-7857-2229-6　Ⓝ323.14　笹田
栄司

00438 国家の論理といのちの倫理―現代社会の
共同幻想と聖書の読み直し　上村静編　新教出
版社　2014.11　306p　21cm　（新教コイノー
ニア 30）　2200円　Ⓘ978-4-400-40375-3
Ⓝ190.4　上村静

00439 10代の憲法な毎日　伊藤真著　岩波書店
2014.11　220p　18cm　（岩波ジュニア新書
788）　840円　Ⓘ978-4-00-500788-2　Ⓝ323.14
伊藤真

00440 はじめて学ぶ憲法教室　第2巻　人の心に
国は立ち入れない　菅間正道著　新日本出版社
2014.11　27, 4p　27cm　〈編集協力：茂手木千
晶, イラスト：どいまき〉　〈文献あり 索引あ
り〉　2500円　Ⓘ978-4-406-05811-7　Ⓝ323.14
菅間正道

00441 論点日本国憲法―憲法を学ぶための基礎

20　憲法改正 最新文献目録　　　　　　　　　　〔00418～00441〕

知識　安念潤司, 小山剛, 青井未帆, 宍戸常寿, 山本龍彦編著　第2版　東京法令出版　2014.11　263p　26cm　〈索引あり〉　2600円　①978-4-8090-6307-7　Ⓝ323.14　安念潤司　小山剛　青井未帆

00442　学問/政治/憲法―連環と緊張　石川健治編　岩波書店　2014.12　275p　22cm　3800円　①978-4-00-025992-7　Ⓝ323.01　石川健治

00443　「教育」「労働」「原発」「平和」のはなし―憲法ブックレット　多摩発…あなた宛て　［出版地不明］　憲法ブックレット出版委員会　2014.12　96p　21cm　〈共同刊行：国分寺・市民憲法教室ほか〉　463円　Ⓝ323.14

00444　憲法　尾崎哲夫著　第2版　自由国民社　2014.12　189p　21cm　〈条文ガイド六法〉　〈他言語標題：Constitution〉　2000円　①978-4-426-11873-0　Ⓝ323.14　尾崎哲夫

00445　憲法　長谷部恭男著　第6版　新世社　2014.12　473p　22cm　〈新法学ライブラリ 2〉　〈他言語標題：CONSTITUTIONAL LAW〉　〈索引あり〉　〈発売：サイエンス社〉　3350円　①978-4-88384-218-6　Ⓝ323.14　長谷部恭男

00446　トピックス憲法　大林啓吾, 白水隆, 鈴木敦, 手塚崇聡, 藤原家康, 山田哲史編著　三省堂　2014.12　143p　21cm　〈索引あり〉　1400円　①978-4-385-36318-9　Ⓝ323.14　大林啓吾　白水隆　鈴木敦　手塚崇聡　藤原家康　山田哲史

00447　マンガでわかる日本国憲法　木山泰嗣監修, 亀小屋サト, サイドランチ漫画　池田書店　2014.12　206p　21cm　〈文献あり　索引あり〉　1350円　①978-4-262-15417-6　Ⓝ323.14　木山泰嗣　サイドランチ　亀小屋サト

00448　レクチャー比較憲法　初宿正典編　京都　法律文化社　2014.12　260p　21cm　〈αブックス〉　〈索引あり〉　2800円　①978-4-589-03645-2　Ⓝ323.01　初宿正典

00449　憲法―設題解説　2　青柳馨監修　法曹会　2015.1　218p　18cm　〈研修講座 11〉　1389円　①978-4-908108-11-2　Ⓝ323.14　青柳馨

00450　憲法の条件―戦後70年から考える　大澤真幸, 木村草太著　NHK出版　2015.1　286p　18cm　〈NHK出版新書 452〉　〈文献あり〉　820円　①978-4-14-088452-2　Ⓝ323.14　大澤真幸　木村草太

00451　比較政治学のフロンティア―21世紀の政策課題と新しいリーダーシップ　岡澤憲芙編著　京都　ミネルヴァ書房　2015.1　363p　22cm　〈索引あり〉　6500円　①978-4-623-07201-9　Ⓝ311　岡澤憲芙

00452　憲法　青柳幸一著　尚学社　2015.2　423p　21cm　〈索引あり〉　3240円　①978-4-86031-115-5　Ⓝ323.143　青柳幸一

00453　はじめて学ぶ憲法教室　第3巻　人間らしく生きるために　菅間正道著　新日本出版社　2015.2　27, 4p　27cm　〈編集協力：茂手木千

晶, イラスト：どいまき〉　〈索引あり〉　2500円　①978-4-406-05881-0　Ⓝ323.14　菅間正道

00454　はじめて学ぶ憲法教室　第4巻　憲法9条と沖縄　菅間正道著　新日本出版社　2015.2　27, 4p　27cm　〈編集協力：茂手木千晶, イラスト：どいまき〉　〈文献あり　索引あり〉　2500円　①978-4-406-05882-7　Ⓝ323.14　菅間正道

00455　現代憲法入門講義　加藤一彦, 植村勝慶編著　新4版　北樹出版　2015.3　343p　21cm　〈索引あり〉　2800円　①978-4-7793-0443-9　Ⓝ323.14　加藤一彦　植村勝慶

00456　憲法　芦部信喜著　第6版/高橋和之/補訂　岩波書店　2015.3　410, 18p　22cm　〈文献あり　索引あり〉　3100円　①978-4-00-022799-5　Ⓝ323.14　芦部信喜　高橋和之

00457　憲法を使え！―日本政治のオルタナティブ　田村理著　彩流社　2015.3　206p　19cm　〈フィギュール彩 28〉　〈他言語標題：EMPLOYONS LA CONSTITUTION〉　1900円　①978-4-7791-7025-6　Ⓝ323.14　田村理

00458　判例セレクト　2009-2013-1　憲法/民法/刑法　法学教室編集室編　有斐閣　2015.3　217p　26cm　〈索引あり〉　1700円　①978-4-641-12577-3　Ⓝ320.981　法学教室編集室

00459　基礎からわかる憲法　武居一正編著　京都　嵯峨野書院　2015.3　334p　21cm　〈索引あり〉　2800円　①978-4-7823-0552-2　Ⓝ323.14　武居一正

00460　憲法講義　本秀紀編　日本評論社　2015.4　506p　21cm　〈執筆：愛敬浩二ほか〉　〈索引あり〉　3800円　①978-4-535-51826-1　Ⓝ323.14　本秀紀

00461　超訳日本国憲法　池上彰著　新潮社　2015.4　254p　18cm　〈新潮新書 613〉　780円　①978-4-10-610613-2　Ⓝ323.14　池上彰

00462　ドラえもん社会ワールド憲法って何だろう　藤子F・不二雄漫画, 藤子プロ, 東京弁護士会監修　小学館　2015.4　197p　19cm　〈ビッグ・コロタン 140〉　〈文献あり〉　850円　①978-4-09-259140-0　Ⓝ323.14　藤子F不二雄　藤子プロ　東京弁護士会　東弁

00463　日本立法資料全集　別巻884　泰西立憲國政治攬要　荒井泰治/著　復刻版　信山社出版　2015.4　263p　23cm　〈尚成堂 明治18年刊の複製〉　30000円　①978-4-7972-7187-4　Ⓝ322.1

00464　リアルタイム法学・憲法　三浦一郎著　改訂4版　北樹出版　2015.4　246p　22cm　〈索引あり〉　2600円　①978-4-7793-0448-4　Ⓝ321　三浦一郎

00465　ワンステップ憲法　森口佳樹, 畑雅弘, 大西斎, 生駒俊英, 今井良幸共著　京都　嵯峨野書院　2015.4　260p　21cm　〈文献あり　索引あり〉　2400円　①978-4-7823-0546-1　Ⓝ323.1　森口佳樹　畑雅弘　大西斎　生駒俊英　今井良幸

概説書・体系書・入門書　　　　　　　　　　　　　　　　　　　　　　　　憲法一般・憲法学

00466 憲法 1 総論・統治機構論 大日方信春著 有信堂高文社 2015.5 367p 21cm 〈索引あり〉 3700円 ⓘ978-4-8420-1072-4 Ⓝ323.14 大日方信春

00467 憲法 戸松秀典著 弘文堂 2015.5 511p 22cm 〈文献あり 索引あり〉 4200円 ⓘ978-4-335-35576-9 Ⓝ323.14 戸松秀典

00468 だけじゃない憲法―おはようからおやすみまで暮らしを見つめる最高法規 種田和敏著 猿江商會 2015.5 158p 19cm 〈文献あり〉 1200円 ⓘ978-4-908260-02-5 Ⓝ323.14 種田和敏

00469 法学・憲法を知る 山本悦夫編著 八千代出版 2015.5 276p 21cm （法学基礎資格取得シリーズ 1） 〈索引あり〉 2600円 ⓘ978-4-8429-1652-1

00470 憲法がわかった 日笠完治著 改訂第2版 法学書院 2015.6 415p 21cm 〈索引あり〉 2700円 ⓘ978-4-587-53537-7 Ⓝ323.14 日笠完治

00471 憲法と資本主義の現在―「百年に一度の危機」のなかで 杉原泰雄著 オンデマンド版 勁草書房 2015.6 256,2p 21cm （keiso C books） 〈印刷・製本：デジタルパブリッシングサービス〉 〈索引あり〉 4000円 ⓘ978-4-326-98203-5 Ⓝ323.01 杉原泰雄

00472 新憲法四重奏 大津浩, 大藤紀子, 高佐智美, 長谷川憲著 有信堂高文社 2015.6 325p 21cm 〈「憲法四重奏 第2版」（2008年刊）の改題、新版〉 〈索引あり〉 3000円 ⓘ978-4-8420-1076-2 Ⓝ323.14 大津浩 大藤紀子 高佐智美 長谷川憲

00473 法律に強いWセミナーの面白いほど理解できる憲法―超入門！ 憲法研究会編著 第2版 早稲田経営出版 2015.6 173,6p 21cm 〈奥付・背のタイトル：面白いほど理解できる憲法〉 〈索引あり〉 1000円 ⓘ978-4-8471-4015-0 Ⓝ32 憲法研究会

00474 「憲法物語」を紡ぎ続けて 奥平康弘著 京都 かもがわ出版 2015.7 249p 20cm 2200円 ⓘ978-4-7803-0772-6 Ⓝ323.14 奥平康弘

00475 まんが 女子の集まる憲法おしゃべりカフェ―この一冊でわかる憲法の問題 百地章監修, 明成社編 明成社 2015.7 64p 21cm 〈文献あり〉 600円 ⓘ978-4-905410-35-5 Ⓝ323.14 明成社 百地章

00476 憲法演習ノート―憲法を楽しむ21問 宍戸常寿編著 弘文堂 2015.9 422p 21cm 〈執筆：大河内美紀ほか〉 〈索引あり〉 3000円 ⓘ978-4-335-35645-2 Ⓝ323.14 宍戸常寿

00477 憲法基本判例―最新の判決から読み解く 辻村みよ子, 山元一, 佐々木弘通編 尚学社 2015.9 461p 21cm 〈文献あり〉 3500円 ⓘ978-4-86031-119-3 Ⓝ323.14 辻村みよ子 山元一 佐々木弘通

00478 憲法考・勿忘草 吉岡易作 ［大阪］ 英和堂 2015.9 128p 13cm （菜根文庫 8） 〈共同刊行：友月書房〉 〈制作：交友プランニングセンター〉 非売品 ⓘ978-4-87787-675-3 Ⓝ304 吉岡易

00479 新・コンメンタール憲法 木下智史, 只野雅人編 日本評論社 2015.9 788p 21cm 〈索引あり〉 4500円 ⓘ978-4-535-52147-6 Ⓝ323.14 木下智史 只野雅人

00480 トピックからはじめる統治制度―憲法を考える 笹田栄司, 原田一明, 山崎友也, 遠藤美奈著 有斐閣 2015.9 258p 19cm 〈文献あり 索引あり〉 1900円 ⓘ978-4-641-13188-0 Ⓝ323.14 笹田栄司 原田一明 山崎友也

00481 自由の法理―阪本昌成先生古稀記念論文集 松井茂記, 長谷部恭男, 渡辺康行編集委員 成文堂 2015.10 1023p 22cm 〈著作目録あり 年譜あり〉 25000円 ⓘ978-4-7923-0580-2 Ⓝ323.01 松井茂記 長谷部恭男 渡辺康行

00482 大学教育と「絵本の世界」 中巻 憲法・戦争・教育改革, 3.11東日本大震災と子ども・教育, いじめ問題を考える 前島康男著 創風社 2015.10 340p 21cm 2200円 ⓘ978-4-88352-222-4 Ⓝ019.53 前島康男

00483 タクティクスアドバンス憲法 2016 商事法務編 商事法務 2015.10 621p 21cm 〈他言語標題：TACTICS ADVANCE Constitution〉 3700円 ⓘ978-4-7857-2346-0 Ⓝ323.14

00484 基本判例憲法25講 初宿正典編著 第4版 成文堂 2015.12 465p 22cm 〈索引あり〉 3300円 ⓘ978-4-7923-0582-6 Ⓝ323.14 初宿正典

00485 警察官のためのわかりやすい憲法 平居秀一著 立花書房 2015.12 252p 21cm 〈索引あり〉 2000円 ⓘ978-4-8037-2119-5 Ⓝ323.14 平居秀一

00486 平山朝治著作集 第6巻 憲法70年の真実 平山朝治著 中央経済社 2015.12 156p 22cm 1600円 ⓘ978-4-502-17371-4 Ⓝ308 平山朝治

【雑誌】

00487 翻訳 レオン・デュギー『一般公法講義』（1926年）（4） Leon, Duguit 赤坂幸一［訳］曽我部真裕［訳］「金沢法学」48（2） 2006.3 p.115〜158

00488 基本解説（特集 法学入門2006―憲法入門） 小泉良幸 「法学セミナー」 51（4）通号616 2006.4 p.10〜11

00489 ミシェル・トロペール論文撰（5）法治国の概念 Michel, Troper 南野森［訳］「法政研究」 73（2） 2006.10 p.305〜325

00490 翻訳 レオン・デュギー『一般公法講義』

（1926年）(5) Leon, Duguit 赤坂幸一［訳］曽我部真裕［訳］「金沢法学」49(1) 2006.11 p.171～223

00491 翻訳 補完原理と国家憲法 Roman, Herzog 槇裕輔［訳］ 天野聖悦［訳］「日本法學」72(4) 2007.2 p.1619～1649

00492 翻訳 レオン・デュギー『一般公法講義』（1926年）(6) Leon, Duguit 赤坂幸一［訳］曽我部真裕［訳］「金沢法学」49(2) 2007.3 p.419～456

00493 ミシェル・トロペール論文撰(7) 主権の所持者 Michel, Troper 南野森［訳］「法政研究」73(4) 2007.2 p.777～795

00494 憲法とは何か―立憲主義をめぐって（特集 憲法施行六〇周年のいま） 澤野義一「科学的社会主義」(109) 2007.5 p.6～11

00495 ミシェル・トロペール論文撰(8) 帰責原理としての主権 Michel, Troper 南野森［訳］「法政研究」74(1) 2007.7 p.155～173

00496 翻訳 レオン・デュギー『一般公法講義』（1926年）(7・完) Leon, Duguit 赤坂幸一［訳］ 曽我部真裕［訳］「金沢法学」50(1) 2007.11 p.67～95

00497 ミシェル・トロペール論文撰(10) ナチス国家は存在したか？ Michel, Troper 南野森［訳］「法政研究」74(4) 2008.3 p.961～968

00498 ミシェル・トロペール論文撰(9) 実証主義と人権 Michel, Troper 南野森［訳］「法政研究」74(4) 2008.3 p.943～959

00499 憲法入門（特集 法学入門2008―入門解説） 駒村圭吾「法学セミナー」53(4) 通号640 2008.4 p.16～18

00500 G・ロウスンによる〈古来の国制〉論批判――神学者の立憲主義 山本陽一「香川法学」28(1) 通号83 2008.6 p.1～33

00501 「私人間効力」を論ずることの意義 小山剛「法学研究」82(1) 2009.1 p.197～210

00502 ボダンの主権論とリーウィウスのsponsio論――人民主権と条約締結の関係をめぐって 笹川紀勝「法律論叢」81(2・3) 2009.1 p.209～238

00503 B&Aレビュー 杉原泰雄編『新版 体系憲法事典』 毛利透「法律時報」81(1) 通号1004 2009.1 p.93～95

00504 憲法入門 尽きぬ議論、憲法の愉しみ（特集 ゼロから学ぼう法律学 法学入門2009） 川岸令和「法学セミナー」54(4) 通号652 2009.4 p.9～11

00505 翻訳 ピエール＝ブリュネ憲法裁判官は裁判官か？――憲法解釈の特性の批判的検証 Pierre, Brunet 村田尚紀［訳］「関西大学法学論集」59(1) 2009.6 p.72～86

00506 "もう一つの"憲法入門（特集 人を知り権

利を語る 法学入門2010―多様な分野から法を見る） 遠藤比呂通「法学セミナー」55(4) 通号664 2010.4 p.5～9

00507 憲法入門 国威発揚と個人の尊重（特集 法律学習ナビゲーション） 井上典之「法学セミナー」55(5) 通号665 2010.5 p.2～5

00508 若者たちに向けた講演（抄録）自分らしく生きるために : もっと知ろう日本国憲法 伊藤真「法学館憲法研究所報」(3) 2010.7 p.58～69

00509 翻訳 宮澤俊義――基本的人権論――杜鋼建著述「日本の人権思想」(2008, Beijing) 杜鋼建 鈴木敬夫［訳］「札幌学院法学」27(2) 2011.3 p.189～208

00510 徹底解析 憲法・行政法（新連載！・第1回）「Keisatsu jiho」67(2) 2012.2 p.25～30

00511 徹底解析 憲法・行政法（第2回）「Keisatsu jiho」67(3) 2012.3 p.28～35

00512 翻訳 ライブホルツ『代表論』 代表者の地位 : その独立性 ゲルハルト, ライブホルツ 齋藤康輝［訳］「朝日法学論集」(42) 2012.3 p.35～67

00513 徹底解析 憲法・行政法（第3回）「Keisatsu jiho」67(4) 2012.4 p.20～24

00514 徹底解析 憲法・行政法（最終回）「Keisatsu jiho」67(5) 2012.5 p.18～23

00515 翻訳 サンティ・ロマーノ『法秩序』(1) サンティ, ロマーノ 井口文男［訳］「岡山大学法学会雑誌」62(1) 通号217 2012.8 p.98～73

00516 翻訳 サンティ・ロマーノ『法秩序』(2) サンティ, ロマーノ 井口文男［訳］「岡山大学法学会雑誌」62(2) 通号218 2012.12 p.314～284

00517 翻訳 英米法におけるダイシー理論とその周辺 : ダイシー「ブラックストンの英法釈義」A.V., ダイシー 加藤紘捷［訳］ 菊池肇哉［訳］「日本法學」78(3) 2013.3 p.569～622

00518 憲法入門 憲法典によって、しかし、憲法典を超えて（特集 法学入門 2013 : 変化の時代に法を学ぶ） 井上武史「法学セミナー」58(4) 通号699 2013.4 p.2～6

00519 内橋克人の憲法対談 政治を語る新しい作法を 内橋克人 湯浅誠「世界」(843) 2013.5 p.53～62

00520 翻訳 英米法におけるダイシー理論とその周辺 : A・V・ダイシー「コモン・ローの発展」A・V・, ダイシー 加藤紘捷［訳］ 菊池肇哉［訳］「日本法學」79(1) 2013.6 p.75～114

00521 編集部が選ぶ憲法本15冊（憲法 特別編集 : あなたにも責任がある 知らなかったじゃすまされない）「金曜日」21(26) 通号967（臨増） 2013.7.9 p.47

憲法史・憲法思想 憲法一般・憲法学

00522 憲法問題での大阪中央法律事務所の取り組み（第58回総会特集号―憲法問題での取り組み）　小林徹也「民主法律」（292）　2013.8　p.68〜70

00523 時代がわかる基礎知識 日本国憲法「潮」（655）　2013.9　p.202〜205

00524 社会 大き過ぎて見えない ： 憲法と私たち（創刊60周年記念企画「母の友」アンソロジー いま届けたい、60年のことば集）　高畠通敏「母の友」（724）　2013.9　p.70〜75

00525 翻訳 英米法におけるダイシー理論とその周辺 ： ダイシー「代議制統治の形態は永遠のものか」　A．V．ダイシー　加藤紘捷［共訳］菊池肇哉［共訳］「日本法學」79（2）　2013.9　p.283〜311

00526 翻訳 コンスタンタン＝ランギュイユ 法の論理，政治の論理 ： ブルカのケース　村田尚紀［訳］「関西大学法学論集」63（3）　2013.9　p.810〜825

00527 時潮 担税力、情報公開、そして憲法　定田英司「税経新報」（617）　2013.12　p.1〜4

00528 統治システム運用の記憶 ： 憲法習律と議事法の解明にむけて　赤坂幸一「旭硝子財団助成研究成果報告」　2014　p.1〜5

00529 ワークショップ概要 ヘーゲルと市民法学・立憲主義・共和主義 ：「マルクス主義市民法学」でもなく「近代主義市民法学」でもなく　酒匂一郎「法哲学年報」2014　p.158〜161

00530 車の両輪　伊藤真「法学館憲法研究所報」（10）　2014.1　巻頭1〜4

00531 くらべ読み 10月・11月 憲法の本　佐藤マリ［報告］「子どもと科学よみもの」（439）　2014.3　p.6〜13

00532 憲法入門 憲法の捌（さば）き方・食（しょく）し方・味わい方（特集 法学入門2014）　植松健一「法学セミナー」59（4）通号711　2014.4　p.8〜12

00533 若手研究者が読み解く○○法 Part2（13）憲法・統治 安保法制懇報告書の検討　河合正雄「法と民主主義」（489）　2014.6　p.48〜51

00534 記念講演 憲法の力 ： 子どもの未来をひらく（第49回家教連夏季研究集会報告号 ： 被災地から学ぼう 憲法をいかし、いのちとくらしを守る家庭科）　伊藤真［講師］「家教連家庭科研究」（321）［増刊］　2014.11　p.10〜15

00535 伊藤真が語る、憲法の使い方「憲法生活」してみませんか　伊藤真「母の友」（739）　2014.12　別冊1〜34

00536 総論 憲法とは何か―これだけは知っておきたい基本の「き」　解説/水島朝穂さん（早稲田大学法学学術院教授・61歳）（創刊25周年記念特集「自由に生き、幸福を追求するための理想と指針」を読み直す「日本国憲法」をもう一度）「サライ」26（12）通号592　2014.12　p.24〜25

00537 《憲法の前提条件》とその諸例 ： 憲法典の内と外　小関康平「日本大学大学院法学研究年報」（45）　2015　p.29〜70

00538 多言数窮 憲法の比較　大石久和「時評」57（2）通号623　2015.2　p.60〜62

00539 翻訳 英米法におけるダイシー理論とその周辺 ： ハーヴァード大学におけるコモン・ロー教育に学ぶ　A.V., ダイシー　加藤紘捷［訳］菊池肇哉［訳］「日本法学」80（4）2015.2　p.1609〜1653

00540 近畿大学法科大学院 2014年講演会 現代社会における『憲法』の役割 ： 憲法イメージの変容と守備範囲の拡大（村上武則教授 中森喜彦教授 退職記念号）　大石眞「近畿大学法科大学院論集」（11）　2015.3　p.221〜254

00541 ホセラモン・ベンゴエッチャ「多元論者の憲法パラドクスとコスモポリタン・ヨーロッパ」論文の翻訳と関西大学でのセミナー、講義資料（1）　角田猛之「関西大学法学論集」65（1）　2015.5　p.209〜262

00542 大阪のおばちゃんと山形のおじさんの憲法問答（憲法特集 憲法を知らない大人たち）谷口真由美　佐高信「金曜日」23（17）通号1057　2015.5.1-8　p.42〜44

00543 国内問題 現在日本の憲法状況　飯島滋明「Interjurist」（184）　2015.5.1　p.24〜29

00544 ホセラモン・ベンゴエッチャ「ヨーロッパの夢の終焉とユーロ危機への目覚ましコール」論文の翻訳と関西大学でのセミナー、講義資料（2）　角田猛之「関西大学法学論集」65（2）　2015.7　p.587〜634

憲法史・憲法思想

【図書】

00545 日本の歴史 17 自由民権と明治憲法―立憲政治をめざして―　佐藤和彦監修　［映像資料］サン・エデュケーショナル　200 ビデオディスク1枚（24分）：DVD（Educational DVD）〈カラー ステレオ スタンダード〉17850円

00546 昭和史―完全版　第22巻 昭和20年 日本国憲法 1　半藤一利［述］［録音資料］［東京］エニー　2006　録音ディスク1枚（69分）：CD

00547 昭和史―完全版　第24巻 昭和21年 日本国憲法 2　半藤一利［述］［録音資料］［東京］エニー　2006　録音ディスク1枚（75分）：CD

00548 尾佐竹猛著作集　第11巻（憲政史 5）尾佐竹猛［著］,明治大学史資料センター監修　ゆまに書房　2006.1　728p　22cm　〈複製〉27500円　Ⓓ4-8433-1901-5　Ⓝ081.6 尾佐竹猛 明治大学史資料センター

憲法一般・憲法学　　　　　　　　　　　　　　　　　　　　　　　　　　憲法史・憲法思想

00549　尾佐竹猛著作集　第9巻（憲政史3）　尾佐竹猛［著］，明治大学史資料センター監修　ゆまに書房　2006.1　827p　22cm　〈複製〉〈折り込1枚〉　29000円　①4-8433-1899-X　Ⓝ081.6　尾佐竹猛　明治大学史資料センター

00550　憲政の政治学　坂野潤治，新藤宗幸，小林正弥編　東京大学出版会　2006.1　339p　22cm　5400円　①4-13-030138-1　Ⓝ323.1　坂野潤治　新藤宗幸　小林正弥

00551　聖徳太子と我が国の憲法を考えよう　三好誠著　元就出版社　2006.1　205p　20cm　1800円　①4-86106-039-7　Ⓝ323.12　三好誠

00552　日本立法資料全集　別巻383　大日本帝國憲法（明治22年）一附議院法及衆議院議員選擧法　關直彦／著　信山社出版　2006.1　1冊　23cm　〔「大日本帝國憲法」（三省堂明治22年刊）の複製〕　30000円　①4-7972-4949-8　Ⓝ322.1

00553　井上毅と梧陰文庫　國學院大學日本文化研究所編　汲古書院　2006.2　389,8p　22cm　〈肖像あり〉〈年表あり〉　7000円　①4-7629-4170-0　Ⓝ289.1　國學院大學日本文化研究所　国学院大日本文化研究所

00554　憲法無効論とは何か―占領憲法からの脱却　小山常実著　展転社　2006.2　174p　19cm　〈文献あり〉　1000円　①4-88656-280-9　Ⓝ323.14　小山常実

00555　憲法と日本のあゆみ―昭和元年・終戦　歴史への招待　伊藤光一著　日本専門図書出版　2006.5　460p　31cm　〈年表あり〉　33333円　①4-931507-10-7　Ⓝ210.7　伊藤光一

00556　私の昭和史―憲法を護り護られての闘い　馬場昇著　熊本　熊本日日新聞情報文化センター（製作・発売）　2006.5　626p　27cm　〈年譜あり〉　3000円　①4-87755-244-8　Ⓝ312.1　馬場のぼる

00557　憲法「押しつけ」論の幻　小西豊治著　講談社　2006.7　205p　18cm　（講談社現代新書）〈文献あり〉　700円　①4-06-149850-9　Ⓝ323.14　小西豊治

00558　日本立法資料全集　別巻404　立法論綱　憲法論綱　ベンサム／原著;島田三郎／重訳§ベンサム／著;島田三郎／閲;佐藤覺四郎／訳　信山社出版　2006.7　462p　27cm　〔「立法論綱」中外堂明治11年刊と「憲法論綱」佐藤覺四郎明治15年刊の複製〕　50000円　①4-7972-4972-2　Ⓝ322.1

00559　戦後民主化と教育運動―憲法と教育基本法が生まれた頃　大瀧一著　福岡　海鳥社　2006.11　182p　19cm　〈年表あり〉　1500円　①4-87415-601-0　Ⓝ372.107　大瀧一

00560　晩年の石橋湛山と平和主義―脱冷戦と護憲・軍備全廃の理想を目指して　姜克實著　明石書店　2006.11　243p　20cm　〈年譜あり〉　2800円　①4-7503-2440-X　Ⓝ319.1　姜克實

00561　私が見た憲法・国会はこうやって作られ

た　島静一著　岩波書店　2006.11　63p　21cm　（岩波ブックレット no.687）〈年表あり〉　480円　①4-00-009387-8　Ⓝ323.14　島静一

00562　明治憲法欽定史　川口暁弘著　札幌　北海道大学出版会　2007.2　561,28p　22cm　〈年表あり〉　6200円　①978-4-8329-6674-1　Ⓝ312.1　川口暁弘

00563　50年前の憲法大論争　保阪正康監修・解説　講談社　2007.4　286p　18cm　（講談社現代新書）〈年表あり〉　760円　①978-4-06-149888-4　Ⓝ323.14　保阪正康

00564　自由と特権の距離―カール・シュミット「制度体保障」論・再考　石川健治著　増補版　日本評論社　2007.6　288p　22cm　（現代憲法理論叢書）　4700円　①978-4-535-51578-9　Ⓝ323.01　石川健治

00565　「憲法十七条」の活学―凡夫の思想と活学　永崎淡泉著　新風舎　2007.7　290p　19cm　〈文献あり〉　1860円　①978-4-289-02164-2　Ⓝ322.133　永崎淡泉

00566　十七条憲法　大和田伸也朗読　［録音資料］　［東京］　King Records　2007.7　録音ディスク1枚（50分）：CD　（「朗読」心の本棚§美しい日本語　日本人のこころと品格）〈モノラル収録〉〈レーベル名：キング〉　2000円

00567　明治立憲君主制とシュタイン講義―天皇，政府、議会をめぐる論議　堀口修編著　日の出町（東京都）　慈学社出版　2007.10　459p　22cm　〈肖像あり〉〈発売：大学図書〉　9200円　①978-4-903425-30-6　Ⓝ313.6　堀口修

00568　憲法はかくして作られた―制憲史の真実だ　伊藤哲夫著　新訂　日本政策研究センター　2007.11　134p　18cm　〈文献あり〉　700円　①978-4-902373-21-9　Ⓝ323.1　伊藤哲夫

00569　武相自由民権史料集　町田市立自由民権資料館編　［町田］　町田市教育委員会　2007.12　6冊　26cm　Ⓝ213.65　町田市立自由民権資料館

00570　憲法・古典・言葉　加藤周一著　京都　かもがわ出版　2008.2　305p　20cm　（加藤周一対話集 第6巻）　2800円　①978-4-7803-0149-6　Ⓝ914.6　加藤周一

00571　日本国憲法制定資料全集　（4）-1　憲法草案・要綱等に関する世論調査　芦部信喜，高橋和之，高見勝利，日比野勤編著　信山社出版　2008.7　449p　23cm　（日本立法資料全集 74-1）　45000円　①978-4-7972-2024-7　Ⓝ323.14　芦部信喜　高橋和之　高見勝利

00572　日本国憲法制定資料全集　（4）-2　憲法草案・要綱等に関する世論調査　芦部信喜，高橋和之，高見勝利，日比野勤編著　信山社出版　2008.8　355p　23cm　（日本立法資料全集 74-2）　40000円　①978-4-7972-2025-4　Ⓝ323.14　芦部信喜　高橋和之　高見勝利

憲法史・憲法思想　　　　　　　　　　　　　　　**憲法一般・憲法学**

00573　原口清著作集　4　日本近代国家の成立　原口清著, 原口清著作集編集委員会編　岩田書院　2008.10　400p　22cm　8400円　Ⓘ978-4-87294-525-6　Ⓝ210.6　原口清　原口清著作集編集委員会

00574　明治文化研究会と明治憲法―宮武外骨・尾佐竹猛・吉野作造　堅田剛著　御茶の水書房　2008.10　287, 10p　22cm　〈年表あり〉　4500円　Ⓘ978-4-275-00597-7　Ⓝ323.13　堅田剛

00575　戦後を生きて―退職教職員の憲法への志　愛高教退職者の会編　名古屋　愛高教退職者の会　2009.3　105p　30cm　〈愛高教退職者の会20周年記念〉　Ⓝ323.14　愛知県高等学校教職員組合退職者の会

00576　占領憲法の正體―國體護持概説書　日本国民総うつ病の悲劇　南出喜久治著　国書刊行会　2009.3　212p　20cm　1800円　Ⓘ978-4-336-05114-1　Ⓝ323.14　南出喜久治

00577　日本人なら一度は読んでおきたい「十七条憲法」　永崎淡泉著　茨木　編集工房ながさき　2009.6　191p　18cm　〈「憲法十七条」の活学」(2007年刊)の改訂〉　〈年表あり〉　〈文献あり〉　Ⓝ322.133　永崎淡泉

00578　味読精読十七条憲法　加藤咄堂著　書肆心水　2009.6　155p　22cm　2300円　Ⓘ978-4-902854-60-2　Ⓝ322.133　加藤咄堂

00579　日本立法資料全集　別巻542　國法學　上　有賀長雄/著　復刻版　信山社出版　2009.8　692, 16p　23cm　〈3版(早稲田大學出版部明治36年刊)の複製〉　52000円　Ⓘ978-4-7972-6312-1　Ⓝ322.1

00580　日本立法資料全集　別巻543　國法學　下　有賀長雄/著　復刻版　信山社出版　2009.8　526, 6p　23cm　〈東京専門學校出版部明治35年刊の複製〉　40000円　Ⓘ978-4-7972-6313-8　Ⓝ322.1

00581　日本立法資料全集　別巻544　國法汎論　自第4巻ノ下至第5巻・自第10巻至第12巻　ブルンチュリー/著;平田東助/譯　復刻版　信山社出版　2009.9　227, 169p　23cm　〈司法省蔵明治21年刊と明治23年刊の複製合本〉　35000円　Ⓘ978-4-7972-6315-2　Ⓝ322.1

00582　敗戦から憲法へ―日独伊憲法制定の比較政治史　石田憲著　岩波書店　2009.10　275, 29p　22cm　〈文献あり 索引あり〉　4800円　Ⓘ978-4-00-024451-0　Ⓝ323.14　石田憲

00583　僕が帽子をかぶった理由(ワケ)―みんなの日本国憲法　高良鉄美著　クリエイティブ21　2009.10　187p　18cm　900円　Ⓘ978-4-906559-32-9　Ⓝ320.49　高良鉄美

00584　律令制から立憲制へ　島善高著　成文堂　2009.10　373p　22cm　3500円　Ⓘ978-4-7923-0463-8　Ⓝ322.16　島善高

00585　日本立法資料全集　75　日本国憲法制定資料全集　5(草案の口語体化、枢密院審査、GHQとの交渉)　芦部信喜, 高橋和之, 高見勝利, 日比野勤/編著　信山社出版　2009.11　434p　23cm　45000円　Ⓘ978-4-7972-2026-1　Ⓝ322.1

00586　国家権威の研究―大串兎代夫戦後著作集　大串兎代夫著　伊勢　皇學館大学出版部　2010.2　460p　22cm　4000円　Ⓘ978-4-87644-162-4　Ⓝ311.04　大串兎代夫

00587　マルクスはどんな憲法をめざしたのか　松竹伸幸著　大月書店　2010.3　110p　20cm　1200円　Ⓘ978-4-272-24013-5　Ⓝ323.01　松竹伸幸

00588　百年の亡国―憲法破却　海道龍一朗著　講談社　2010.4　675p　15cm　(講談社文庫　か119-1)　〈文献あり〉　905円　Ⓘ978-4-06-276626-5　Ⓝ913.6　海道龍一朗

00589　1946白洲次郎と日本国憲法　須藤孝光著　新潮社　2010.4　317p　20cm　〈文献あり 年譜あり〉　1600円　Ⓘ978-4-10-324621-3　Ⓝ913.6　須藤孝光

00590　南原繁ナショナリズムとデモクラシー　南原繁研究会編　EDITEX　2010.9　215p　22cm　(To beシリーズ)　1900円　Ⓘ978-4-903320-17-5　Ⓝ311.2　南原繁研究会

00591　憲法における普遍性と固有性―憲法学会五十周年記念論文集　憲法学会設立五十周年記念論文集編集委員会編　成文堂　2010.11　538p　22cm　11000円　Ⓘ978-4-7923-0499-7　Ⓝ323.1　憲法学会

00592　中世立憲主義思想の基礎―教会統治論と「法の支配」　長谷川史明著　名古屋　三恵社　2010.12　247p　22cm　〈文献あり〉　3000円　Ⓘ978-4-88361-805-7　Ⓝ322.3　長谷川史明

00593　明治立憲制と内閣　村瀬信一著　吉川弘文館　2011.1　318, 5p　22cm　〈索引あり〉　9500円　Ⓘ978-4-642-03800-3　Ⓝ312.1　村瀬信一

00594　国民主権と法人理論―カレ・ド・マルベールと国家法人説のかかわり　時本義昭著　成文堂　2011.2　336p　22cm　〈文献あり 索引あり〉　7000円　Ⓘ978-4-7923-0503-1　Ⓝ323.01　時本義昭

00595　ここがロードス島だ、ここで跳べ―憲法・人権・靖国・歴史認識　教科書に書かれなかった戦争 part58　内田雅敏著　梨の木舎　2011.3　262p　21cm　2200円　Ⓘ978-4-8166-1103-2　Ⓝ304　内田雅敏

00596　本願寺法と憲法―本願寺派の寺法・宗制・宗法の歴史と展開　平野武, 本多深諦著　京都　晃洋書房　2011.3　321p　22cm　4500円　Ⓘ978-4-7710-2199-0　Ⓝ188.75　平野武　本多深諦

00597　二つの憲法―大日本帝国憲法と日本国憲法　井上ひさし著　岩波書店　2011.6　63p　21cm　(岩波ブックレット no.812)　500円

Ⓘ978-4-00-270812-6 Ⓝ323.13 井上ひさし

00598 戦後日本を狂わせたOSS「日本計画」—二段階革命理論と憲法 田中英道著 展転社 2011.7 265p 20cm 2000円 Ⓘ978-4-88656-361-3 Ⓝ210.762 田中英道

00599 「日本再生」の指針—聖徳太子『十七条憲法』と「緑の福祉国家」 岡野守也著 太陽出版 2011.7 296p 19cm 1500円 Ⓘ978-4-88469-710-5 Ⓝ322.133 岡野守也

00600 聖徳太子の言葉—〈超訳〉十七条憲法 大角修著 椎出版社 2011.10 240p 19cm 〈文献あり 年表あり〉 1000円 Ⓘ978-4-7779-2085-3 Ⓝ322.133 大角修

00601 憲法時評2009-2011—震災、普天間、政権交代などなど 浦部法穂著 HuRP出版 2011.11 143p 21cm 1143円 Ⓘ978-4-905432-80-7 Ⓝ304 浦部法穂

00602 明治大学法学部創立百三十周年記念論文集 明治大学法学部 2011.11 472p 21cm 〈文献あり〉 非売品 Ⓝ321.04 明治大学法学部

00603 オスマン帝国と立憲政—青年トルコ革命における政治、宗教、共同体 藤波伸嘉著 名古屋 名古屋大学出版会 2011.12 327,120p 22cm 〈索引あり〉〈文献あり〉 Ⓘ978-4-8158-0683-5 Ⓝ322.274 藤波伸嘉

00604 小説千葉卓三郎—自由県浩然ノ気村に憲法の旗ひるがえる 秋山圭著 郁朋社 2011.12 197p 19cm 〈文献あり〉 1000円 Ⓘ978-4-87302-511-7 Ⓝ913.6 秋山圭

00605 日本史から見た日本人 昭和編 上 「立憲君主国」の崩壊と繁栄の謎 渡部昇一著 祥伝社 2011.12 306p 18cm （Non select） 952円 Ⓘ978-4-396-50101-3 Ⓝ210.04 渡部昇一

00606 日本史から見た日本人 昭和編 下 「立憲君主国」の崩壊と繁栄の謎 渡部昇一著 祥伝社 2011.12 292p 18cm （Non select） 952円 Ⓘ978-4-396-50102-0 Ⓝ210.04 渡部昇一

00607 明治立憲体制と日清・日露 宇野俊一著 岩田書院 2012.1 421p 22cm （近代史研究叢書 19） 11800円 Ⓘ978-4-87294-720-5 Ⓝ312.1 宇野俊一

00608 植木枝盛—研究と資料 中村克明著 横浜 関東学院大学出版会 2012.2 143p 22cm 〈索引あり〉〈文献あり〉〈発売：丸善出版〉 1800円 Ⓘ978-4-901734-45-5 Ⓝ323.12 中村克明

00609 憲法とともに人々とともに—50年の歩み 福岡 福岡青年法律家協会 2012.2 134p 30cm 2012.6 Ⓝ320.6 青年法律家協会

00610 伊藤博文と明治国家形成—「宮中」の制度化と立憲制の導入 坂本一登著 講談社 2012.3 423p 15cm （講談社学術文庫 2101）

〈文献あり〉 1250円 Ⓘ978-4-06-292101-5 Ⓝ312.1 坂本一登

00611 立正大学法学部創立三十周年記念論集 熊谷 立正大学法学会 2012.3 22,297p 21cm 〈年表あり〉 非売品 Ⓝ321.04 立正大学法学会

00612 憲法発布と錦絵—高知市立自由民権記念館企画展 高知市立自由民権記念館 ［高知］高知市立自由民権記念館 2012.4 14p 21×30cm

00613 桂太郎—外に帝国主義、内に立憲主義 千葉功著 中央公論新社 2012.5 246p 18cm （中公新書 2162） 〈文献あり 年譜あり〉 820円 Ⓘ978-4-12-102162-5 Ⓝ312.1 千葉功

00614 戦後法学と憲法—歴史・現状・展望：長谷川正安先生追悼論集 杉原泰雄、樋口陽一、森英樹編 日本評論社 2012.5 1276p 22cm 15000円 Ⓘ978-4-535-51814-8 Ⓝ321.04 杉原泰雄 樋口陽一 森英樹

00615 もう一つの天皇制構想—小田為綱文書「憲法草稿評林」の世界 小西豊治著 論創社 2012.5 220p 22cm 3800円 Ⓘ978-4-8460-1156-7 Ⓝ323.131 小西豊治

00616 はらひしたまへ—帝国憲法復原改正 日本の真の「独立」とは帝国憲法現存確認から始まる 南出喜久治［著］ 京都 まほらmajob草紙 2012.9 282p 19cm 〈國體護持総論〉〈普及版シリーズ〉第4巻） 2000円 Ⓘ978-4-904840-04-7 Ⓝ323.14 南出喜久治

00617 伊藤博文文書 第72巻 秘書類纂憲法 1 伊藤博文［著］, 伊藤博文文書研究会監修, 檜山幸夫総編集 西川誠／編集・解題 ゆまに書房 2012.11 534p 22cm 〈宮内庁書陵部所蔵の複製〉 16000円 Ⓘ978-4-8433-2604-6 Ⓝ312.1 伊藤博文 檜山幸夫 伊藤博文文書研究会

00618 伊藤博文文書 第73巻 秘書類纂憲法 2 伊藤博文［著］, 伊藤博文文書研究会監修, 檜山幸夫総編集 西川誠／編集・解題 ゆまに書房 2012.11 438p 22cm 〈宮内庁書陵部所蔵の複製〉 16000円 Ⓘ978-4-8433-2605-3 Ⓝ312.1 伊藤博文 檜山幸夫 伊藤博文文書研究会

00619 伊藤博文文書 第74巻 秘書類纂憲法 3 伊藤博文［著］, 伊藤博文文書研究会監修, 檜山幸夫総編集 西川誠／編集・解題 ゆまに書房 2012.11 336p 22cm 〈宮内庁書陵部所蔵の複製〉 16000円 Ⓘ978-4-8433-2606-0 Ⓝ312.1 伊藤博文 檜山幸夫 伊藤博文文書研究会

00620 伊藤博文文書 第75巻 秘書類纂憲法 4 伊藤博文［著］, 伊藤博文文書研究会監修, 檜山幸夫総編集 西川誠／編集・解題 ゆまに書房 2012.11 602p 22cm 〈宮内庁書陵部所蔵の複製〉 16000円 Ⓘ978-4-8433-2607-7 Ⓝ312.1 伊藤博文 檜山幸夫 伊藤博文文書研究会

00621 伊藤博文文書 第76巻 秘書類纂憲法 5 伊藤博文［著］, 伊藤博文文書研究会監修, 檜山

憲法史・憲法思想　　　　　　　　　　　　　　　　　　　　憲法一般・憲法学

幸夫総編集　西川誠/編集・解題　ゆまに書房
2012.11　452p　22cm　〈宮内庁書陵部所蔵の
複製〉　16000円　①978-4-8433-2608-4　Ⓝ312.
1　伊藤博文　檜山幸夫　伊藤博文文書研究会

00622　伊藤博文文書　第77巻　秘書類纂憲法　6
伊藤博文［著］,伊藤博文文書研究会監修，檜山
幸夫総編集　西川誠/編集・解題　ゆまに書房
2012.11　336p　22cm　〈宮内庁書陵部所蔵の
複製〉　16000円　①978-4-8433-2609-1　Ⓝ312.
1　伊藤博文　檜山幸夫　伊藤博文文書研究会

00623　憲法の時代―明治憲法から昭和憲法に至
る激動の日本を再見論考する　日本改革政治連
盟　2012.11　447p　31cm　59000円　Ⓝ210.6
日本改革政治連盟

00624　日本法の論点　第2巻　笠原俊宏編　文眞
堂　2012.11　288p　22cm　〈索引あり〉　3000
円　①978-4-8309-4770-4　Ⓝ321.04　笠原俊宏

00625　主権不在の帝国―憲法と法外なるものを
めぐる歴史学　林尚之著　有志舎　2012.12
269, 5p　22cm　5800円　①978-4-903426-66-2
Ⓝ323.13　林尚之

00626　倚りかからぬ思想　鈴木正著　同時代社
2012.12　237p　20cm　2200円　①978-4-
88683-733-2　Ⓝ309.021　鈴木正

00627　近代の光と闇―色川大吉歴史論集　色川
大吉著　日本経済評論社　2013.1　261p　20cm
2800円　①978-4-8188-2254-2　Ⓝ210.6　色川
大吉

00628　伊藤博文文書　第78巻　秘書類纂憲法　7
伊藤博文［著］,伊藤博文文書研究会監修，檜山
幸夫総編集　西川誠/編集・解題　ゆまに書房
2013.3　498p　22cm　〈宮内庁書陵部所蔵の複
製〉　16000円　①978-4-8433-2610-7　Ⓝ312.1
伊藤博文　檜山幸夫　伊藤博文文書研究会

00629　伊藤博文文書　第79巻　秘書類纂憲法　8
伊藤博文［著］,伊藤博文文書研究会監修，檜山
幸夫総編集　西川誠/編集・解題　ゆまに書房
2013.3　452p　22cm　〈宮内庁書陵部所蔵の複
製〉　16000円　①978-4-8433-2611-4　Ⓝ312.1
伊藤博文　檜山幸夫　伊藤博文文書研究会

00630　伊藤博文文書　第80巻　秘書類纂憲法　9
伊藤博文［著］,伊藤博文文書研究会監修，檜山
幸夫総編集　西川誠/編集・解題　ゆまに書房
2013.3　436p　22cm　〈宮内庁書陵部所蔵の複
製〉　16000円　①978-4-8433-2612-1　Ⓝ312.1
伊藤博文　檜山幸夫　伊藤博文文書研究会

00631　伊藤博文文書　第81巻　秘書類纂憲法
10　伊藤博文［著］,伊藤博文文書研究会監修，
檜山幸夫総編集　西川誠/編集・解題　ゆまに
書房　2013.3　560p　22cm　〈宮内庁書陵部所
蔵の複製〉　16000円　①978-4-8433-2613-8
Ⓝ312.1　伊藤博文　檜山幸夫　伊藤博文文書研
究会

00632　伊藤博文文書　第82巻　秘書類纂憲法
11　伊藤博文［著］,伊藤博文文書研究会監修，

檜山幸夫総編集　西川誠/編集・解題　ゆまに
書房　2013.3　334p　22cm　〈宮内庁書陵部所
蔵の複製〉　16000円　①978-4-8433-2614-5
Ⓝ312.1　伊藤博文　檜山幸夫　伊藤博文文書研
究会

00633　伊藤博文文書　第83巻　秘書類纂憲法
12　伊藤博文［著］,伊藤博文文書研究会監修，
檜山幸夫総編集　西川誠/編集・解題　ゆまに
書房　2013.3　374p　22cm　〈宮内庁書陵部所
蔵の複製〉　16000円　①978-4-8433-2615-2
Ⓝ312.1　伊藤博文　檜山幸夫　伊藤博文文書研
究会

00634　政治概念の歴史的展開　第6巻　古賀敬太
編　京都　晃洋書房　2013.4　290, 4p　23cm
〈文献あり　索引あり〉　3200円　①978-4-7710-
2435-9　Ⓝ311.2　古賀敬太

00635　生の黙示録日本国憲法―H・G・ウェルズ
とルーズヴェルト大統領の往復書簡から　浜野
輝著　日本評論社　2013.5　304p　19cm　3800
円　①978-4-535-51949-7　Ⓝ930.278　浜野輝

00636　リアリズムの法解釈理論―ミシェル・ト
ロペール論文撰　ミシェル・トロペール著，南
野森編訳　勁草書房　2013.6　236p　22cm
〈他言語標題：Une thé orie ré aliste de
l'interpré tation du droit〉　〈索引あり〉
4200円　①978-4-326-40281-6　Ⓝ321.04　トロ
ペール, ミシェル　南野森

00637　憲法と日本のあゆみ―歴史への招待　戦
後編　伊藤光一著　日本専門図書出版　2013.7
580p　31cm　〈年表あり〉　23809円　①978-4-
931507-17-3　Ⓝ210.76　伊藤光一

00638　明治憲法の真実―近代国家建設の大事業
伊藤哲夫著　致知出版社　2013.7　201p　20cm
〈文献あり〉　1400円　①978-4-8009-1003-5
Ⓝ323.13　伊藤哲夫

00639　憲法の神髄と日本の未来―明治維新から
平成世界維新へ　渡邊和見著, 地球文明研究会
監修　今日の話題社（発売）　2013.8　199p
19cm　〈文献あり　索引あり〉　1300円　①978-
4-87565-615-9　Ⓝ323.12　渡邊和見　地球文明
研究会

00640　あたらしい憲法のはなし―他二篇 付英文
対訳日本国憲法　高見勝利編　岩波書店　2013.
9　169, 43p　15cm　（岩波現代文庫　社会
264）　740円　①978-4-00-603264-7　Ⓝ323.14
高見勝利

00641　維新の思想史　津田左右吉著　書肆心水
2013.9　312p　20cm　3600円　①978-4-
906917-16-7　Ⓝ121.5　津田左右吉

00642　日本立法資料全集　別巻823　憲法彙纂
古屋宗作/纂譯;鹿島秀麿/校閲　復刻版　信山社
出版　2013.9　320p　23cm　〈古屋宗作　明治
20年刊の複製〉　35000円　①978-4-7972-7120-
1　Ⓝ322.1

00643　日本立法資料全集　別巻826　萬國憲法

憲法一般・憲法学　　　　　　　　　　　　　　　　　　　　　　　憲法史・憲法思想

坪谷善四郎編著　坪谷善四郎/編著　復刻版　信山社出版　2013.10　440, 1p　23cm　〈博文館　増訂4版　明治24年刊の複製〉　50000円　Ⓘ978-4-7972-7123-2　Ⓝ322.1　坪谷善四郎

00644　憲法で読むアメリカ史　阿川尚之著　筑摩書房　2013.11　476p　15cm　（ちくま学芸文庫 ア38-1）〈「憲法で読むアメリカ史 上・下」(PHP研究所 2004年刊) の加筆訂正、合本〉〈文献あり〉　1400円　Ⓘ978-4-480-09579-4　Ⓝ253.01　阿川尚之

00645　〈法と自由〉講義―憲法の基本を理解するために　仲正昌樹著　作品社　2013.11　360p　19cm　〈文献あり〉　1800円　Ⓘ978-4-86182-455-5　Ⓝ321.1　仲正昌樹

00646　占領下の日本―国際環境と国内体制　天川晃編　現代史料出版　2014.2　352p　22cm　〈索引あり〉〈発売：東出版〉　3600円　Ⓘ978-4-87785-292-4　Ⓝ210.762　天川晃

00647　30分でわかる昭和現代史―真説・日本国憲法/3億円事件の幻　植居つとむ、ひらおよぎ原作、名古屋裕、あきやま耕輝作画　双葉社　2014.3　153p　21cm　（ACTION COMICS）　900円　Ⓘ978-4-575-94407-5　Ⓝ726.1　名古屋裕

00648　知られざる日本国憲法の正体―マッカーサーはなぜ「帝国憲法」を改正したのか　吉本貞昭著　ハート出版　2014.4　438p　20cm　〈文献あり〉　2100円　Ⓘ978-4-89295-973-8　Ⓝ323.14　吉本貞昭

00649　歴史のなかの日本政治　1　自由主義の政治家と政治思想　北岡伸一監修、松田宏一郎、五百旗頭薫編　松田宏一郎、五百旗頭薫/編　中央公論新社　2014.4　374p　20cm　〈索引あり〉　3200円　Ⓘ978-4-12-004571-4　Ⓝ312.1　松田宏一郎　五百旗頭薫　北岡伸一

00650　改めて知る制定秘話と比較憲法から学ぶ日本国憲法　小川光夫編著　清水書院　2014.5　240p　21cm　〈文献あり〉　1800円　Ⓘ978-4-389-22568-1　Ⓝ323.14　小川光夫

00651　帝国憲法の真実　倉山満著　扶桑社　2014.5　228p　18cm　（扶桑社新書 165）〈文献あり〉　760円　Ⓘ978-4-594-07038-0　Ⓝ323.13　倉山満

00652　岩波講座日本歴史　第16巻　近現代 2　大津透、桜井英治、藤井讓治、吉田裕、李成市編集委員　岩波書店　2014.6　314p　22cm　〈付属資料：8p：月報 8〉　3200円　Ⓘ978-4-00-011336-6　Ⓝ210.1　大津透　桜井英治　藤井讓治

00653　歴史修正主義からの挑戦―日本人は「日本」を取り戻せるのか？　小堀桂一郎著　海竜社　2014.9　270p　20cm　2000円　Ⓘ978-4-7593-1389-5　Ⓝ304　小堀桂一郎

00654　自由民権と憲法―「東洋大日本国々憲案」から「日本国憲法」へ　高知市立自由民権記念館

企画展　高知市立自由民権記念館編　高知　高知市立自由民権記念館　2014.10　27p　30cm

00655　内大臣の研究―明治憲法体制と常侍輔弼　松田好史著　吉川弘文館　2014.11　218, 4p　22cm　〈文献あり　索引あり〉　9000円　Ⓘ978-4-642-03839-3　Ⓝ312.1　松田好史

00656　金森徳次郎の憲法思想の史的研究　霜村光寿著　同成社　2014.12　283p　22cm　6000円　Ⓘ978-4-88621-684-7　Ⓝ323.12　霜村光寿

00657　丸山眞男集別集　第1巻　1933-1949　丸山眞男著　岩波書店　2014.12　425p　22cm　4200円　Ⓘ978-4-00-092801-4　Ⓝ081.6　丸山眞男

00658　明治憲法の起草過程―グナイストからロェスラーへ　堅田剛著　御茶の水書房　2014.12　246, 20p　22cm　〈年表あり　索引あり〉　4800円　Ⓘ978-4-275-01084-1　Ⓝ323.13　堅田剛

00659　昭和立憲制の再建―1932～1945年　米山忠寛著　千倉書房　2015.3　372p　22cm　〈文献あり　年表あり　索引あり〉　6400円　Ⓘ978-4-8051-1058-4　Ⓝ312.1　米山忠寛

00660　新稿帝国憲法　第2編　国体　上杉慎吉著　かつらぎ町(和歌山県)　桜耶書院　2015.4　122p　21cm　2000円　Ⓘ978-4-907529-16-1　Ⓝ323.13　上杉慎吉

00661　一九四六年憲法―その拘束　江藤淳著　文藝春秋　2015.4　233p　16cm　（文春学藝ライブラリー　思想 13）〈1980年刊の再刊〉　1200円　Ⓘ978-4-16-813041-0　Ⓝ323.14　江藤淳

00662　桂園時代の形成―1900年体制の実像　中里裕司著　山川出版社　2015.5　206, 9p　22cm　〈索引あり〉　5000円　Ⓘ978-4-634-52018-9　Ⓝ312.1　中里裕司

00663　「憲法とは何か」を伊藤博文に学ぶ―『憲法義解』現代語訳&解説　相澤理著　アーク出版　2015.5　319p　19cm　〈年表あり〉　1600円　Ⓘ978-4-86059-152-6　Ⓝ323.13　相澤理

00664　帝国憲法物語―日本人が捨ててしまった贈り物　倉山満著　PHP研究所　2015.5　254p　19cm　1300円　Ⓘ978-4-569-82140-5　Ⓝ312.1　倉山満

00665　国家論―穂積・美濃部・西田　重久俊夫著　中央公論事業出版　2015.7　342p　21cm　2500円　Ⓘ978-4-89514-444-5　Ⓝ311.21　重久俊夫

00666　占領期年表―1945-1952年　沖縄・憲法・日米安保　明田川融監修　大阪　創元社　2015.7　39p　26cm　（「戦後再発見」双書 資料編）　1300円　Ⓘ978-4-422-30065-8　Ⓝ210.762　明田川融

00667　法とは何か―法思想史入門　長谷部恭男著　増補新版　河出書房新社　2015.7　246, 3p　19cm　（河出ブックス 084）〈索引あり〉　1400円　Ⓘ978-4-309-62484-6　Ⓝ321.2　長谷

〔00644～00667〕　　　　　　　　　　　　　　　　　　　　　　憲法改正 最新文献目録　29

部恭男

00668 世界史の中の日本国憲法—立憲主義の史的展開を踏まえて　佐藤幸治著　左右社　2015.8　109p　19cm　1000円　①978-4-86528-127-9　Ⓝ323.14　佐藤幸治

00669 五日市憲法草案とその起草者たち　色川大吉編著　日本経済評論社　2015.11　312p　20cm　〈「民衆憲法の創造」（評論社 1970年刊）の改題新版〉　3000円　①978-4-8188-2408-9　Ⓝ213.65　色川大吉

00670 明治憲法の土台はドイツ人のロェスラーが創った—ヘルマン・ロェスラーの『日本帝国憲法草案独文』の現代語訳を通して　長井利浩著　文芸社　2015.11　120p　19cm　1100円　①978-4-286-16782-4　Ⓝ323.13　長井利浩

00671 「邪馬台国論争史学」の終焉—日本古代史学と憲法第一条　草野善彦著　本の泉社　2015.11　301p　21cm　1600円　①978-4-7807-1241-4　Ⓝ210.3　草野善彦

【雑誌】

00672 憲法にみる伝統と権力——憲法構造の持つ歴史的意義　竹内雄一郎　「憲法研究」（38）2006　p.103～121

00673 憲法の系譜（その8）　長谷部謙　「法の苑」（45）2006.春　p.31～40

00674 憲法の系譜（その9）　長谷部謙　「法の苑」（46）2006.冬　p.27～34

00675 全国憲法研究会の活動記録 2005年　「憲法問題」通号17　2006　p.164～168

00676 明治憲法下における学問統制と学問の自由（10）　松元忠士　「立正法学論集」39（2）通号72　2006　p.147～170

00677 明治憲法体制確立期における国の不法行為責任（2）国家無答責の法理と公権力概念　岡田正則　「南山法学」29（2）　2006.1　p.296～242

00678 新聞にみる憲法の動き 平成17年八月分（下）「時の法令」通号1753　2006.1.15　p.66～71

00679 新聞にみる憲法の動き（平成17年9月分・上）「時の法令」通号1754　2006.1.30　p.70～78

00680 憲法における「伝統」とは（Cross Line）八木秀次　「正論」通号406　2006.2　p.54～55

00681 新聞にみる憲法の動き 平成17年九月分（下）「時の法令」通号1755　2006.2.15　p.56～64

00682 新聞にみる憲法の動き 平成17年一〇月分　「時の法令」通号1756　2006.2.28　p.64～77

00683 「立憲的族父統治」下の政党内閣——加藤弘之と斎藤隆夫の論争から　田澤慎一郎　「政治学論集」（19）　2006.3　p.1～17

00684 ブックレビュー 社会科学の古典を学ぶ 近代憲法から現代憲法へ——ハーバーマス『公共性の構造転換』と現代憲法　二宮元　「ポリティーク」11　2006.3.20　p.270～281

00685 新聞にみる憲法の動き 平成17年一一月分（上）「時の法令」通号1758　2006.3.30　p.69～79

00686 明治憲法と皇室典範——正しい憲法のあり方　小堀桂一郎　「祖国と青年」（331）2006.4　p.40～52

00687 新聞にみる憲法の動き 平成17年11月分（下）「時の法令」通号1759　2006.4.15　p.69～73

00688 新聞にみる憲法の動き（平成17年12月分・上）「時の法令」通号1762　2006.5.30　p.62～71

00689 新聞にみる憲法の動き 平成17年12月分（下）「時の法令」通号1763　2006.6.15　p.41～46

00690 新聞にみる憲法の動き（平成18年1月分）「時の法令」通号1764　2006.6.30　p.69～75

00691 外間寛先生略歴および主要著作目録（民事上の名誉毀損訴訟における公的人物の概念と表現の自由）「法学新報」112（11・12）　2006.7　p.835～846

00692 新聞にみる憲法の動き 平成18年2月分（上）「時の法令」通号1765　2006.7.15　p.60～71

00693 新聞にみる憲法の動き（平成18年2月分・下）「時の法令」通号1766　2006.7.30　p.73～77

00694 新聞にみる憲法の動き 平成18年三月分（上）「時の法令」通号1769　2006.9.15　p.65～74

00695 新聞にみる憲法の動き 平成18年三月分（下）「時の法令」通号1770　2006.9.30　p.68～

00696 帝国憲法成立期における祭教分離論　斉藤智朗　「国家神道再考 祭政一致国家の形成と展開」　2006.10　p.223～

00697 新聞にみる憲法の動き 平成18年四月分（上）「時の法令」通号1772　2006.10.30　p.73～78

00698 近代史 日本の国づくり（11）アメリカによる日本占領の二大劇"新憲法制定"と"東京裁判"　加瀬英明　「Daily times」3（11）通号29　2006.11　p.30～32

00699 明治憲法体制確立期における国の不法行為責任（3）国家無答責の法理と公権力概念　岡田正則　「南山法学」30（1）　2006.11　p.49～88

00700 新聞にみる憲法の動き 平成18年四月分（下）「時の法令」通号1773　2006.11.15　p.

59～71

00701 新聞にみる憲法の動き 平成18年五月分 「時の法令」 通号1774 2006.11.30 p.61～77

00702 憲法(特集＝2006年学界回顧) 長岡徹 柳井健一 「法律時報」 78(13)通号977 2006.12 p.6～26

00703 [憲法論叢 総目次創刊号(1994年)～第12号(2005年)] 「憲法論叢」 (13) 2006.12 p.198～203

00704 JC憲法草案 歴史ある国・日本に相応しい憲法を 本多保彦 「明日への選択」 通号251 2006.12 p.21～23

00705 新聞にみる憲法の動き 平成18年六月分 「時の法令」 通号1775 2006.12.15 p.61～72

00706 新聞にみる憲法の動き([平成18年]7月分) 「時の法令」 通号1776 2006.12.30 p.56～67

00707 憲法の系譜(その10) 長谷部謙 「法の苑」 (47) 2007.春 p.20～28

00708 憲法の系譜(その11) 長谷部謙 「法の苑」 (48) 2007.秋 p.32～41

00709 [全国憲法研究会]秋季研究総会シンポジウムのまとめ(特集「戦後民主主義」と憲法・憲法学) 「憲法問題」 通号18 2007 p.114～127

00710 [全国憲法研究会]春季研究集会シンポジウムのまとめ(特集「戦後民主主義」と憲法・憲法学) 「憲法問題」 通号18 2007 p.53～58

00711 日本国憲法の正統性について——八月革命説への疑問 會津明郎 「青森法政論叢」 (8) 2007 p.27～43

00712 法学部の思い出——小林孝輔先生を偲んで 宮本栄三 「国士舘法学」 (39) 2007 p.199～207

00713 新聞にみる憲法の動き(平成18年8月分) 「時の法令」 通号1777 2007.1.15 p.60～74

00714 新聞にみる憲法の動き 平成18年九月分 「時の法令」 通号1778 2007.1.30 p.73～83

00715 新聞にみる憲法の動き 平成18年一〇月分(上) 「時の法令」 通号1779 2007.2.15 p.65～71

00716 新聞にみる憲法の動き 平成18年10月分(下) 「時の法令」 通号1780 2007.2.28 p.60～68

00717 恩赦令の成立経緯 佐々木高雄 「法政理論」 39(4) 2007.3 p.108～157

00718 陸羯南研究の現状と課題——対外論・立憲主義・ナショナリズム 片山慶隆 「一橋法学」 6(1) 2007.3 p.369～407

00719 国法の一般理論にとっての政治体制分類の問題——方法論的考察、またはCh.アイゼンマン再読 小貫幸浩 「法政理論」 39(4) 2007.3 p.225～270

00720 聖徳太子『憲法十七条』関係研究文献目録(稿) 所功 「産大法学」 40(3・4)通号138 2007.3 p.918～932

00721 政界古参記者風雲録(32)戦後の憲法制定風景 今井久夫 「月刊カレント」 44(3)通号751 2007.3 p.64～67

00722 占領下における憲法九条の成立——「降伏」と検閲を中心に 加藤秀治郎 「東洋法学」 50(1・2)通号108 2007.3 p.267～288

00723 大日本帝国憲法下における軍の規律維持と法制——軍隊手牒の採用と変遷 宮崎繁樹 「法律論叢」 79(4・5) 2007.3 p.385～399

00724 立憲民政党の創立——戦前期二大政党制の始動 奈良岡聰智 「法学論叢」 160(5・6) 2007.3 p.341～391

00725 K.レーヴェンシュタインにおける「コントロール」概念 吉田栄司 「法と政治の二十一世紀 関西大学法学部百二十周年記念論文集」 2007.3 p.85～

00726 新聞にみる憲法の動き 平成18年11月分 「時の法令」 通号1781 2007.3.15 p.67～74

00727 新聞にみる憲法の動き(平成18年12月分) 「時の法令」 通号1782 2007.3.30 p.69～79

00728 日本と「満州国」の立憲制——一九三四～一九三七年(近代世界の展開——ヨーロッパと東アジア) 増田知子 「名古屋大学法政論集」 通号217 2007.4 p.171～222

00729 新聞にみる憲法の動き([平成19年]1月分) 「時の法令」 通号1784 2007.4.30 p.72～80

00730 憲法を生かす諸活動—京都での経験と思い(特集 憲法施行六〇周年のいま) 園田裕子 「科学的社会主義」 (109) 2007.5 p.28～31

00731 憲法施行六〇年をふりかえる——成果と残された課題(特集 日本国憲法施行六〇年) 横田耕一 「社会主義」 (538) 2007.5 p.15～24

00732 K．シュテルンにおける「コントロール」概念(第2部 比較の中の憲法) 吉田栄司 「現代社会における国家と法 阿部照哉先生喜寿記念論文集」 2007.5 p.377～

00733 聖徳太子「17条の憲法」を改正せよ(インテリジェンス・アイ Intelligence Eye〔59〕) 佐々淳行 「諸君！ ： 日本を元気にするオピニオン雑誌」 39(5) 2007.5 p.108～110

00734 新聞にみる憲法の動き(平成19年2月分上) 「時の法令」 通号1788 2007.6.30 p.75～79

00735 新聞にみる憲法の動き([平成19年]2月分下) 「時の法令」 通号1789 2007.7.15 p.67～77

00736 新聞にみる憲法の動き([平成19年]3月分) 「時の法令」 通号1792 2007.8.30 p.59

～72

00737 伊藤博文の憲法修業——吉野作造「スタイン、グナイストと伊藤博文」を読む 堅田剛 「独協法学」（73） 2007.9 p.1～29

00738 芦田総理秘書官・父の新憲法批判（証言 父と母の戦争—山本五十六・息子から岸信介・娘まで語り継ぐ昭和史） 榊原英資 「文芸春秋」85（11） 2007.9 p.286～287

00739 新聞にみる憲法の動き（［平成19年］4月分）「時の法令」通号1793 2007.9.15 p.70～76

00740 新聞にみる憲法の動き（［平成19年］5月分）「時の法令」通号1794 2007.9.30 p.73～81

00741 新聞にみる憲法の動き（［平成19年］6月分）「時の法令」通号1796 2007.10.30 p.70～82

00742 新聞にみる憲法の動き（［平成19年］7月分）「時の法令」通号1798 2007.11.30 p.75～81

00743 憲法（特集 二〇〇七年学界回顧）長岡徹 柳井健一 「法律時報」79（13）通号990 2007.12 p.6～27

00744 ［憲法論叢 総目次 創刊号（1994年）～第13号（2006年）］「憲法論叢」（14） 2007.12 p.163～169

00745 占領軍と「憲法研究会」（上）左派の台頭はこうして始まった 「明日への選択」通号263 2007.12 p.22～25

00746 明治憲法体制確立期における国の不法行為責任（5・完）国家無答責の法理と公権力概念 岡田正則 「南山法学」31（3） 2007.12 p.49～98

00747 吉野作造における憲法習律 倉山満 「憲法論叢」（14） 2007.12 p.107～131

00748 新聞にみる憲法の動き（［平成19年］8月分 上）「時の法令」通号1799 2007.12.15 p.64～70

00749 新聞にみる憲法の動き（［平成19年］8月分 下）「時の法令」通号1800 2007.12.30 p.68～73

00750 献呈のことば（劉得寛教授 退職記念論文集）吉川和宏 「東海法学」（40） 2008 巻頭1～5

00751 ［憲法研究］昭和37年 第1号目次～ 平成19年 第39号目次 「憲法研究」（40） 2008 p.185～197

00752 憲法の系譜（その12）長谷部謙 「法の苑」（49） 2008.春 p.22～33

00753 ［全国憲法研究会］秋季研究集会シンポジウムのまとめ（特集 日本国憲法60年——憲法学の成果と課題—日本国憲法60年——憲法学の成果と課題（2）） 武田万里子 渡辺康行 「憲法

問題」通号19 2008 p.102～108

00754 ［全国憲法研究会］春季研究集会シンポジウムのまとめ（特集 日本国憲法60年——憲法学の成果と課題—日本国憲法60年——憲法学の成果と課題（1）） 駒村圭吾 斎藤小百合 「憲法問題」通号19 2008 p.48～56

00755 大日本帝国憲法第四十条とJ.S.ミル『代議制統治論』——井上毅文書にみられる制度構築への意思 天野嘉子 「法学政治学論究 ： 法律・政治・社会」（77） 2008.夏季 p.105～138

00756 日本国憲法の正当性と正統性——続・八月革命説への疑問 會津明郎 「青森法政論叢」（9） 2008 p.19～37

00757 明治憲法と元老院 久保田哲 「法学政治学論究 ： 法律・政治・社会」（77） 2008.夏季 p.139～159

00758 律令制から立憲制へ——江藤新平の場合 島善高 「法史学研究会会報」（13） 2008 p.36～57

00759 『西哲夢物語』事件と明治文化研究会——憲法制定の裏面史として 堅田剛 「独協法学」（74） 2008.1 p.1～31

00760 占領軍と「憲法研究会」（下）占領軍にとって「好ましい草案」の登場 「明日への選択」通号264 2008.1 p.22～25

00761 日本国憲法60年記念 憲法学の現在・未来（8）明治憲法史研究の現在 須賀博志 「法学教室」通号328 2008.1 p.10～17

00762 新聞にみる憲法の動き（平成19年9月分）「時の法令」通号1801 2008.1.15 p.69～72

00763 新聞にみる憲法の動き（平成19年10月分 上）「時の法令」通号1802 2008.1.30 p.74～80

00764 大日本帝国憲法下における叛乱（二・二六事件）——法律の仮面を被った不法と法律を超える法 宮崎繁樹 「法律論叢」80（4・5） 2008.2 p.137～193

00765 GHQ/SCAP憲法草案の財政関連条項——ケロル・S・ヒンマン（Carroll S.Hinman）の覚書を中心に 金官正 「横浜国際経済法学」16（2） 2008.2 p.55～95

00766 新聞にみる憲法の動き（平成19年10月分 下）「時の法令」通号1803 2008.2.15 p.68～74

00767 新聞にみる憲法の動き（平成19年11月分）「時の法令」通号1804 2008.2.28 p.66～73

00768 吉田茂の安全保障観——帝国経営から海洋国家へ 中西寛 「防衛学研究」（38） 2008.3 p.55～68

00769 私本・財政憲法史物語序（II 随想）新井隆一 「公業務の私化と財政法統制」 2008.3 p.131～

00770 憲法リレートーク（第3回）憲法を考える180日——憲法公布・施行60年を迎えて　田中宏「自由と正義」59（4）通号711　2008.4　p.111〜118

00771 新聞にみる憲法の動き（平成19年12月分）「時の法令」通号1807　2008.4.15　p.64〜78

00772 新聞にみる憲法の動き（平成20年1月分）「時の法令」通号1809　2008.5.15　p.62〜73

00773 山県有朋の私擬憲法案　蓮沼啓介「神戸法学雑誌」58（1）　2008.6　p.213〜247

00774 新聞にみる憲法の動き（平成20年2月分）「時の法令」通号1812　2008.6.30　p.73〜76

00775 カール・シュミットの秩序論——完成論に支えられた憲法基礎づけ論　福島涼史「阪大法学」58（2）通号254　2008.7　p.439〜468

00776 資料 琉球共和国憲法C私（試）案（特集 沖縄五・一八シンポジウム 来るべき〈自己決定権〉のために 沖縄・アジア・憲法）　川満信一「情況. 第三期 ： 変革のための総合誌」9（5）通号74　2008.7　p.56〜64

00777 新聞にみる憲法の動き（平成20年3月分）「時の法令」通号1816　2008.8.30　p.71〜79

00778 戦後法学と憲法（本誌［法律時報］1000号記念企画——戦後法学と法律時報）　森英樹「法律時報」80（10）通号1000　2008.9　p.74〜77

00779 二つの憲法草案と西周　蓮沼啓介「神戸法学雑誌」58（2）　2008.9　p.1〜29

00780 新聞にみる憲法の動き（平成20年4月分）「時の法令」通号1817　2008.9.15　p.74〜80

00781 近代憲法の本源的性格（第1部 企業・市場・市民社会と法）　水林彪「企業・市場・市民社会の基礎法学的考察」2008.10　p.21〜

00782 新聞にみる憲法の動き（［平成20年］5月分）「時の法令」通号1820　2008.10.30　p.68〜78

00783 新聞にみる憲法の動き（［平成20年］6月分）「時の法令」通号1821　2008.11.15　p.64〜74

00784 新聞にみる憲法の動き（［平成20年］7月分）「時の法令」通号1822　2008.11.30　p.69〜77

00785 憲法（特集 二〇〇八年学界回顧）　井口秀作　高佐智美「法律時報」80（13）通号1003　2008.12　p.6〜21

00786 ［憲法論叢 総目次 創刊号（1994年）〜第14号（2007年）］「憲法論叢」（15）　2008.12　p.195〜201

00787 丹波国部落寺院における毛坊主を中心とした合力的結合——『日本歴史』第719号, 朴澤直秀氏の書評をうけて　和田幸司「憲法論叢」（15）　2008.12　p.127〜149

00788 鼎談前半部「明治憲法下の陪審制度」（児島惟謙没後100年記念シンポジウム いま裁判員制度が日本に導入される意義——児島惟謙の思想的源流を探りつつ）　吉田栄司　竹下賢　三谷太一郎［他］「ノモス」（23）　2008.12　p.95〜107

00789 美濃部達吉の憲法学に関する一考察（1）一九三二-三五年を中心に　西村裕一「国家学会雑誌」121（11・12）通号1088　2008.12　p.1017〜1071

00790 新聞にみる憲法の動き（［平成20年］8月分）「時の法令」通号1823　2008.12.15　p.63〜68

00791 ［憲法研究］昭和37年 第1号目次〜平成20年 第40号目次「憲法研究」（41）　2009　p.200〜212

00792 憲法の系譜（その13）　長谷部謙「法の苑」（51）　2009.秋　p.4〜19

00793 清水澄の憲法学と昭和戦前期の宮中　菅谷幸浩「年報政治学」2009（1）　［2009］　p.162〜182

00794 叢説 シリーズ「聞き書き・わが国における法史学の歩み」の周辺　岩野英夫「法史学研究会会報」（14）　2009　p.101〜103

00795 我が和歌山大学31〜33年 ： 法学研究・社会科教育・憲法運動を中心に　後藤正人「学芸」55　2009　p.117〜124

00796 日本の初期憲法思想における法実証主義と進化論　國分典子「法学研究」82（1）2009.1　p.687〜710

00797 坂野潤治教授の美濃部達吉に関する見解の変化について　西村裕一「法学会雑誌」49（2）　2009.1　p.421〜460

00798 新聞にみる憲法の動き（平成20年9月分）「時の法令」通号1826　2009.1.30　p.70〜80

00799 新聞にみる憲法の動き（平成20年10月分）「時の法令」通号1828　2009.2.28　p.73〜82

00800 権利宣言規定の比較研究——明治憲法と同時代の憲法　西岡祝「福岡大學法學論叢」53（4）通号189　2009.3　p.261〜287

00801 明治十四年の政変と西周——西周憲法草案の成立時点の考証　蓮沼啓介「神戸法学雑誌」58（4）　2009.3　p.1〜27

00802 新聞にみる憲法の動き（平成20年11月分）「時の法令」通号1831　2009.4.15　p.71〜81

00803 新聞にみる憲法の動き（平成20年12月分）「時の法令」通号1832　2009.4.30　p.77〜84

00804 インタビュー 久保田信之（NPO法人修学院院長）社会崩壊を招く西洋個人主義の憲法　久保田信之「世界思想」35（5）通号403　2009.5　p.18〜21

00805 教科書が書かない明治憲法制定史「明日への選択」通号280　2009.5　p.26〜29

00806 新聞にみる憲法の動き（平成21年1月分）「時の法令」通号1834 2009.5.30 p.72〜82

00807 教科書が書かない明治憲法制定史（承前）「明日への選択」通号281 2009.6 p.26〜30

00808 占領初期日本における憲法秩序の転換についての国際法的再検討──「八月革命」の法社会史のために（現代公法学の焦点）小畑郁「名古屋大学法政論集」通号230 2009.6 p.65〜97

00809 新聞にみる憲法の動き（平成21年2月分）「時の法令」通号1836 2009.6.30 p.68〜73

00810 咢堂政経懇話会 日本政治の課題──今後の経済と安全保障（特集 日本の防衛政策）林芳正「世界と議会」（537）2009.7 p.4〜15

00811 明治天皇という人（15）『大日本帝国憲法』と天皇（上）松本健一「本の時間」4（7）通号39 2009.7 p.42〜53

00812 新聞にみる憲法の動き（平成21年3月分）「時の法令」通号1838 2009.7.30 p.74〜84

00813 美濃部達吉と岡田内閣 西村裕一「法学会雑誌」50（1）2009.8 p.165〜190

00814 明治天皇という人（16）『大日本帝国憲法』と天皇（中）松本健一「本の時間」4（8）通号40 2009.8 p.52〜63

00815 新聞にみる憲法の動き（平成21年4月分）「時の法令」通号1840 2009.8.30 p.72〜82

00816 明治天皇という人（17）『大日本帝国憲法』と天皇（下）松本健一「本の時間」4（9）通号41 2009.9 p.58〜69

00817 新聞にみる憲法の動き（平成21年5月分）「時の法令」通号1842 2009.9.30 p.71〜80

00818 美濃部達吉の憲法学に関する一考察（2）一九三二─三五年を中心に 西村裕一「国家学会雑誌」122（9・10）通号1093 2009.10 p.1204〜1265

00819 新聞にみる憲法の動き（平成21年6月分）「時の法令」通号1843 2009.10.15 p.70〜79

00820 新聞にみる憲法の動き（[平成21年]7月分）「時の法令」通号1844 2009.10.30 p.73〜83

00821 恐慌と日本の階級闘争（その3）連立政権発足と参院選──護憲派の自己反省 石河康国「科学的社会主義」（139）2009.11 p.62〜67

00822 憲法（特集 二〇〇九年学界回顧）井口秀作 松田浩「法律時報」81（13）通号1016 2009.12 p.6〜23

00823 ［憲法論叢 総目次 創刊号（1994年）〜第15号（2009年）］「憲法論叢」（16）2009.12 p.188〜195

00824 K・レーヴェンシュタインにおける「コントロール」概念──憲法による水平的コントロールの諸相 吉田栄司「関西大学法学論集」

59（3・4）2009.12 p.313〜368

00825 新聞にみる憲法の動き（[平成21年]8月分）「時の法令」通号1847 2009.12.15 p.79〜82

00826 新聞にみる憲法の動き（平成21年9月分）「時の法令」通号1848 2009.12.30 p.64〜74

00827 ［憲法研究 総目次 昭和37年 第1号〜平成21年 第41号］「憲法研究」（42）2010 p.203〜204

00828 「憲法と私法」論におけるミッシング・リンクの再定位──立法史の視座から（特集 憲法と私法─[全国憲法研究会]春季研究集会）高見勝利「憲法問題」通号21 2010 p.18〜29

00829 憲法の系譜（その14）長谷部謙「法の苑」（52）2010.春 p.6〜11

00830 退職記念講義 憲法における人間像──自由、平等、そして連帯（大平祐一教授 徐勝教授 中島茂樹教授 松井芳郎教授 水口憲人教授 退職記念論文集（下巻））中島茂樹「立命館法學」2010（5・6）通号333・334（下巻）2010 p.3376〜3393

00831 徳島県立憲法記念館をめぐる憲法意識：1947〜1950年を中心に 後藤正人「大阪民衆史研究」64 2010

00832 明治憲法と治安・防衛 奥村文男「憲法研究」（42）2010 p.1〜26

00833 憲法発布直後の伊藤博文──大赦・義解・欧米 堅田剛「独協法学」（80）2010.1 p.15〜46

00834 法学館憲法研究所とその活動について 浦部法穂「法学館憲法研究所報」（2）2010.1 巻頭1〜3

00835 ロー・クラス 発信 憲法地域事情（16・栃木編）谷中村を追いつめたもの──足尾鉱毒事件の現場に今立って 大石和彦「法学セミナー」55（1）通号661 2010.1 p.58〜61

00836 新聞にみる憲法の動き（平成21年10月分）「時の法令」通号1850 2010.1.30 p.67〜77

00837 疑史（番外編）引見強要事件と「憲法の変遷」落合莞爾「月刊日本」14（2）通号154 2010.2 p.108〜111

00838 立憲体制を守った児島惟謙、破壊する民主党（ワイド特集 明治日本の「胆力」に学ぶ）八木秀次「正論」通号455 2010.2 p.189〜193

00839 新聞にみる憲法の動き（平成21年11月分）「時の法令」通号1851 2010.2.15 p.62〜71

00840 緊急座談会 戦後論「憲法の呪縛」に陶酔する日本（日本よ、なぜ自滅を選ぶのか──亡国の政治をただす）菅政行 東谷暁 宮本光晴[他]「表現者」（29）2010.3 p.157〜182

00841 献辞（戸塚悦朗教授 広原盛明教授 山内敏弘教授 退職記念論集）元山健 田中則夫「龍谷法学」42（4）2010.3 p.1486〜1488

00842 献辞（孕石孟則教授 村井敏邦教授 退職記念論集） 元山健 田中則夫 「龍谷法学」 42(3) 2010.3 p.588～590

00843 権利宣言規定の比較研究(1)日本国憲法と同時代の憲法 西岡祝 「福岡大學法學論叢」 54(4)通号193 2010.3 p.73～

00844 ジャック・ベルタソンの人と業績(1)憲法学者、政治学者、大学管理者 湯淺墾道 「九州国際大学法学論集」 16(3) 2010.3 p.95～126

00845 大正デモクラシー期における政界再編 望月和彦 「桃山法学」 (15) 2010.3 p.97～151

00846 日本国憲法制定過程における憲法研究会と芦田小委員会の役割 小林倫夫 「大東法政論集」 (19) 2010.3 p.117～152

00847 新聞にみる憲法の動き（平成21年12月分） 「時の法令」 通号1854 2010.3.30 p.73～84

00848 五日市憲法を生んだ多摩の風土──千葉卓三郎と自由民権のあけほの（特集・新選組──漢たちの魂の原郷（ふるさと）多摩の風土を語る） 江井秀雄 「日本主義：季刊オピニオン雑誌」 10 2010.4 p.61～68

00849 新聞にみる憲法の動き（平成22年1月分） 「時の法令」 通号1855 2010.4.15 p.67～78

00850 植木枝盛と井上毅──「民権思想の雄」は明治憲法の起草者に学んでいた 「明日への選択」 通号293 2010.6 p.24～28

00851 権利宣言規定の比較研究(2・完)日本国憲法と同時代の憲法 西岡祝 「福岡大學法學論叢」 55(1)通号194 2010.6 p.95～120

00852 K.レーヴェンシュタインにおける「コントロール」概念──憲法による垂直的コントロールの諸相 吉田栄司 「関西大学法学論集」 60(1) 2010.6 p.23～57

00853 新聞にみる憲法の動き（[平成22年]2月分） 「時の法令」 通号1859 2010.6.15 p.49～63

00854 布施辰治と二人の朝鮮人青年 : 1932年陪審法廷での闘い 森正 「法学館憲法研究所報」 (3) 2010.7 p.41～50

00855 十七条の憲法のこと 渡邉一弘 「法曹」 (717) 2010.7 p.2～8

00856 GCOE全体研究会 "市民"の観念：救いの解決か幻想か？──『多元分散型統御』と『新しい封建制』の間で 樋口陽一 「新世代法政策学研究」 7 2010.7 p.25～36

00857 新聞にみる憲法の動き（[平成22年]3月分） 「時の法令」 通号1861 2010.7.15 p.71～81

00858 新聞にみる憲法の動き（平成22年4月分） 「時の法令」 通号1862 2010.7.30 p.72～81

00859 憲法史の解釈論的意義(1)第9条を素材として 鈴木敦 「法学論叢」 167(5) 2010.8 p.98～125

00860 長谷川先生の思い出（長谷川正安先生を語る） 「法律時報」 82(9)通号1025 2010.8 p.56～59

00861 二つの憲法との格闘──憲法史、憲法学史における足跡（長谷川正安先生を語る─長谷川法学の軌跡） 渡辺治 「法律時報」 82(9)通号1025 2010.8 p.74～77

00862 新聞にみる憲法の動き（平成22年5月分） 「時の法令」 通号1863 2010.8.15 p.71～80

00863 新聞にみる憲法の動き（平成22年6月分） 「時の法令」 通号1864 2010.8.30 p.68～79

00864 新聞にみる憲法の動き（平成22年7月分・上） 「時の法令」 通号1867 2010.10.15 p.70～74

00865 新聞にみる憲法の動き（平成22年7月分・下） 「時の法令」 通号1868 2010.10.30 p.82～89

00866 憲法史の解釈論的意義(2)第9条を素材として 鈴木敦 「法学論叢」 168(2) 2010.11 p.71～94

00867 GCOE全体研究会 カントにおける法と道徳 長谷部恭男 「新世代法政策学研究」 8 2010.11 p.57～75

00868 新聞にみる憲法の動き（平成22年8月分・上） 「時の法令」 通号1870 2010.11.30 p.71～78

00869 憲法（特集 二〇一〇年学界回顧） 井口秀作 大藤紀子 中島宏 「法律時報」 82(13)通号1029 2010.12 p.6～23

00870 ［憲法論叢 総目次 創刊号（1994年）～第16号（2009年）］ 「憲法論叢」 (17) 2010.12 p.168～175

00871 「青年」吉野作造の民本政治観 倉山満 「憲法論叢」 (17) 2010.12 p.91～111

00872 新聞にみる憲法の動き（平成22年8月分・下） 「時の法令」 通号1871 2010.12.15 p.69～75

00873 学説史研究と憲法解釈──明治憲法における信教の自由（公法学の基礎理論──歴史との対話） 須賀博志 「公法研究」 (73) 2011 p.107～120

00874 ［憲法研究 総目次 昭和37年 第1号～平成22年 第42号］ 「憲法研究」 (43) 2011 p.92～105

00875 公法学における歴史研究の意義──近代的な「時間」の観念と立憲主義・法治国家（公法学の研究方法論） 岡田正則 「公法研究」 (73) 2011 p.21～41

00876 佐々木惣一の帝国憲法改正案における「最低生活保障への権利」 遠藤美奈 「九州法学会会報」 2011 2011 p.1～3

00877 日本近代国制の生成と展開 : 明治憲法下における調停制度を素材として 雨倉敏廣「大学院紀要」48（法・経営・経済）2011 p.205～218

00878 日本国民は「日本国憲法」をいかに選択・受容したか : 授業のための基礎資料：GHQ草案から日本国憲法までの「人権条項」の変容過程 宮薗衛「新潟大学教育学部研究紀要. 人文・社会科学編」4（1）2011 p.1～25

00879 献呈の辞（新山雄三教授 平井宜雄教授 渡辺章教授 退職記念号）石村修「専修ロージャーナル」（3）2011.1 巻頭3p

00880 憲法史の解釈論的意義（3・完）第9条を素材として 鈴木敦「法学論叢」168（4）2011.1 p.67～103

00881 新聞にみる憲法の動き（平成22年9月分）「時の法令」通号1873 2011.1.15 p.65～74

00882 会計年度と財政立憲主義の可能性——松方正義の決断 柏崎敏義「法律論叢」83（2・3）2011.2 p.97～133

00883 戦前二大政党時代における立憲民政党の支持基盤とその地方的展開——神奈川1区を事例として 菅谷幸浩「政治学論集」（24）2011.3 p.1～37

00884 福沢諭吉の憲法論——明治憲法観を中心に 小川原正道「法学研究」84（3）2011.3 p.1～25

00885 翻訳 祝賀中国人民大学法学院創立60周年『欽定憲法大綱』に対する日本明治憲法の影響——『欽定憲法大綱』公布100周年を記念して 韓大元 鈴木敬夫〔訳〕 呉東鎬〔訳〕「札幌学院法学」27（2）2011.3 p.143～187〔含 英語文要旨〕

00886 ロックナー期憲法判例における「残余としての自由」清水潤「一橋法学」10（1）2011.3 p.183～263

00887 日本憲法学の創始者・合川正道と「憲法原則」—自由民権期と専修学校草創期の動き（研究ノート）新井勝紘「専修大学史紀要」（3）2011.03 p.39～54

00888 人類史のなかの憲法 浦部法穂「法学館憲法研究所報」（5）2011.7 巻頭1～3

00889 『五常内義抄』の享受と『聖徳太子御憲法玄恵註抄』（上）『五常内義抄』と憲法学の交叉をめぐって（特集 典籍の享受と学問の諸相）野上潤一「詞林」（50）2011.10 p.30～59

00890 「磐」の上に国家を立てよう（続）明治憲法起草過程に学ぶ国家建設の基本姿勢「明日への選択」通号310 2011.11 p.34～38

00891 原敬の大正（12）「立憲政治」の時代 松本健一「本の時間」6（11）通号67 2011.11 p.70～81

00892 列挙されていない権利の保障の新たな展開 : Randy Barnettの自由の推定理論（presumption of liberty）とその意義（末永敏和教授退職記念号）中曽久雄「阪大法学」61（3・4）通号273・274 2011.11 p.869～896

00893 伊藤正己先生と憲法（追悼 伊藤正己先生）戸松秀典「アメリカ法」2011（1）2011.12 p.10～12

00894 憲法（特集 学界回顧2011）井上典之 春名麻季 植木淳「法律時報」83（13）通号1041 2011.12 p.4～25

00895 〔憲法論叢 総目次 創刊号（1994年）～第17号（2010年）〕「憲法論叢」（18）2011.12 p.224～232

00896 国家学会雑誌 第百二十四巻（自一・二号至十一・十二号）総目次（学界展望 憲法）「国家学会雑誌」124（11・12）通号1106 2011.12 p.982～987

00897 昭和史の大河を往（ゆ）く（第288回）第14部 昭和史の「もし」（47）憲法第9条を決めた密室での三時間の会談 保阪正康「サンデー毎日」90（60）通号5086 2011.12.25 p.52～55

00898 憲法制定史研究と憲法解釈 : 第9条を素材として 鈴木敦「比較憲法学研究」通号24 2012 p.129～157

00899 近衛新体制における政党出身政治家の憲法論 : 川崎克の大政翼賛会批判論から 菅谷幸浩「法史学研究会会報」（17）2012 p.40～61

00900 戦後の主権論争（宮沢・尾高論争を中心に）が意味したもの : 主権概念は有用か 奥村文男「憲法研究」（44）2012 p.1～25

00901 叢説 昭和戦前期における副島義一の内閣制論 : 明治憲法学説史覚え書 荒邦啓介「法史学研究会会報」（17）2012 p.85～94

00902 はじめに（長老会神学大学校・聖学院大学共同研究「日韓教会交流史」特集号 一九四五年以降のデモクラシー憲法と両国教会・世界情勢）「聖学院大学総合研究所紀要」（55）（別冊）2012 p.3～9

00903 日中関係の歴史と未来 : 日中の歴史認識をふまえて（第8回公開研究会「現代の諸問題と憲法」）歩平「法学館憲法研究所報」（6）2012.1 p.39～52

00904 オッカムにおける法, 権利, 財産（特集 憲法と経済秩序（3））長谷部恭男「企業と法創造」8（3）通号31 2012.2 p.98～103

00905 日本国憲法成立時の思い出 : 小林末夫先生の手紙 小林末夫「人権21：調査と研究」（216）2012.2 p.78～81

00906 近代日本の思想司法 : 検察権と国体をめぐって（特集 1940～50年代の日本の憲法と政治）林尚之「立命館大学人文科学研究所紀要」（97）2012.3 p.63～90

00907 宗教ナショナリズムと南原繁(特集 1940
〜50年代の日本の憲法と政治) 西田彰一 「立
命館大学人文科学研究所紀要」 (97) 2012.3
p.115〜135

00908 史料・文献紹介 私擬憲法について(日本
史の研究(236)) 松崎稔 「歴史と地理」 通号
652 2012.3 p.14〜18

00909 占領期の日本遺族厚生連盟の活動とその
政治的影響力(特集 1940〜50年代の日本の憲法
と政治) 城下賢一 「立命館大学人文科学研究
所紀要」 (97) 2012.3 p.91〜114

00910 はじめに(特集 1940〜50年代の日本の憲
法と政治) 「立命館大学人文科学研究所紀要」
(97) 2012.3 巻頭3p

00911 明治初期立憲制移行下における「行政」
の形成 湯川文彦 「東京大学日本史学研究室紀
要」 (16) 2012.3 p.45〜58

00912 『五常内義抄』の享受と『聖徳太子御法
玄恵註抄』(下)『五常内義抄』と憲法学の交叉を
めぐって 野上潤一 「詞林」 (51) 2012.4
p.12〜24

00913 『聖徳太子御法玄恵註抄』林宗二編者説
続貂 : 清家の学問と南都の学問の交叉をめ
ぐって 野上潤一 「国語と国文学」 89(4)通
号1061 2012.4 p.19〜34

00914 占領憲法が規定する戦争放棄と国家主権
: 四月二十八日を迎へるにあたり(特集 真の主
権回復) 相澤宏明 「国体文化 : 日本国体学
会機関誌」 里見日本文化学研究所発表機関=
立正教団発表機関」 (1055) 2012.4 p.8〜13

00915 〈五日市憲法〉〈東洋大日本国々憲案〉〈憲
法草稿評林〉民衆憲法の普遍性(憲法特集 自由
民権運動から脱原発社会へ 草の根民主主義を見
つめる) 新井勝紘 「金曜日」 20(16)通号908
2012.4.27 p.16〜18

00916 自由民権と婦選運動 権利獲得のため闘い
続けた女性たち(憲法特集 自由民権運動から脱
原発社会へ 草の根民主主義を見つめる) 齊藤
笑美子 「金曜日」 20(16)通号908 2012.4.27
p.22〜23

00917 民衆が描いた社会像 在野の民衆憲法こ
そ、憲法の源流(憲法特集 自由民権運動から脱
原発社会へ 草の根民主主義を見つめる) 新井
勝紘 「金曜日」 20(16)通号908 2012.4.27
p.13〜15

00918 憲法研究会案とマッカーサー草案の関係
: 「ラウエル所見」の再検討をふまえて 廣田
直美 「青山ローフォーラム : ALF」 1(1)
2012.5 p.1〜38

00919 叛骨の政治家 岸信介(第17回)岸派の梁
山泊と化した憲法調査会 北康利 「歴史読本」
57(5)通号875 2012.5 p.306〜314

00920 布施辰治の戦後構想 : 憲法案を中心にし
て 小林勇樹 「日本歴史」 (770) 2012.7 p.

68〜84

00921 ひと目でわかる写真集 戦後憲法のあゆみ
野口宏 「学習の友」 (708) 2012.8 p.1〜8

00922 明治憲法下における行政執行法の諸問題
(寺島建一教授追悼記念号) 島田新一郎 「通
信教育部論集」 (15) 2012.8 p.110〜131

00923 21世紀初頭の世界と日本の課題 : 社会契
約の理論的・実践的有効性を考える 伊藤宏之
「日本の科学者」 47(8)通号535 2012.8 p.
486〜493

00924 憲法愛国主義再考のために : その思想史
的一系譜(深田三徳教授古稀記念論集) 馬原潤
二 「同志社法学」 64(3)通号356 2012.9 p.
989〜1028

00925 インタビュー 祖父・頭山満から引き継い
だ尊皇精神と大アジア主義(特集 國體と憲法)
頭山興助 四宮正貴 「伝統と革新 : オピニオ
ン誌」 (9) 2012.10 p.37〜51

00926 インタビュー 日本の国体は、変化すれど
も断絶はせず(特集 國體と憲法) 渡部昇一
四宮正貴 「伝統と革新 : オピニオン誌」 (9)
2012.10 p.6〜36

00927 憲法審議で示された「国の主宰者」の奥
深き意味(崩御百年 いま偲ぶ明治天皇の御遺
徳) 八木秀次 「正論」 (489) 2012.10 p.
154〜163

00928 憲法第一章を考える : 象徴規定より元首
規定を(特集 國體と憲法) 木村三浩 「伝統と
革新 : オピニオン誌」 (9) 2012.10 p.142
〜152

00929 日本人の古層を再発見することが信頼の
基盤となる國體を強化する(特集 國體と憲法)
佐藤優 「伝統と革新 : オピニオン誌」 (9)
2012.10 p.67〜76

00930 我が国の成文憲法は現在も大日本帝国憲
法なのである(特集 國體と憲法) 西村眞悟
「伝統と革新 : オピニオン誌」 (9) 2012.10
p.85〜90

00931 明治憲法下における警察法理論の構造 :
先験的警察義務の概念の意義と限界 島田茂
「甲南法学」 53(2) 2012.11 p.109〜160

00932 立憲民政党と金解禁政策 加藤祐介 「史
学雑誌」 121(11) 2012.11 p.1901〜1922

00933 憲法(特集 学界回顧2012) 井上典之
春名麻季 植木淳 「法律時報」 84(13)通号
1054 2012.12 p.6〜26

00934 憲法の守護者としての使命感と強い思い
: 大日本帝国憲法発布(特集 明治天皇 : 100年
目の実像—特集ワイド 重大事件でたどる明治天
皇の生涯) 坂本一登 「歴史読本」 57(12)通
号882 2012.12 p.76〜81

00935 〔憲法論叢 総目次 創刊号(1994年)〜第
18号(2011年)〕(抱喜久雄教授追悼号) 「憲

論叢」（19）　2012.12　p.172〜180

00936　憲法起草と暫定政権期の政党政治 ： ポスト・ムバーラク期のエジプトにおける政党間対立の分極化過程　今井真土　「日本中東学会年報」（29）通号1（分冊）　2013　p.41〜66

00937　憲法制定権力論の淵源 ： 宗教・文明の交差がもたらす創造性　福島涼史　「文明と哲学 ： 日独文化研究所年報」（5）　2013　p.175〜186

00938　春季講演会 アジア太平洋戦争の開戦はなぜ回避できなかったのか ： 明治憲法体制との関連で　吉田裕　「都歴研紀要」（50）　2013　p.47〜60

00939　明治憲法制定に至る国体論 ： 国家神道成立過程の一断面　小川有閑　「宗教学年報」28　2013　p.21〜41

00940　「国会会議録」前史 ： 帝国議会 議事録・委員会の会議録・速記録・決議録の成立と展開　葦名ふみ　「レファレンス」63（1）通号744　2013.1　p.53〜83

00941　多面的な自由民権運動像の構築に向けて ： 「五日市憲法草案」作成過程の授業構想を通して　國岡健　鈴木哲雄　「北海道教育大学紀要. 教育科学編」63（2）　2013.2　p.217〜232

00942　十七条憲法と聖徳太子　井上亘　「古代文化」64（4）通号591　2013.3　p.483〜499

00943　大正期における床次竹二郎の政治思想と行動（100号記念特集号―小特集 近現代日本の憲法と政治）　吉田武弘　「立命館大学人文科学研究所紀要」（100）　2013.3　p.7〜42

00944　「帝国憲法改正案」成立の論理と条件（100号記念特集号―小特集 近現代日本の憲法と政治）　顓原善徳　「立命館大学人文科学研究所紀要」（100）　2013.3　p.43〜73

00945　明治憲法構想過程における宗教の位置づけとその作用 ： 「信教の自由」をめぐる対外関係を中心に（第7回国際日本学コンソーシアム ： 多文化共生社会に向けて―日本文化部会）　柏居宏枝　「お茶の水女子大学比較日本学教育研究センター研究年報」（9）　2013.3　p.97〜102

00946　若手メンバーの声 共同研究（戦後憲法論議と地方新聞）で得たもの（100号記念特集号―人文科学研究所共同研究概要―研究所重点研究プログラム 近代日本思想史研究会）　梶原佳広　「立命館大学人文科学研究所紀要」（100）　2013.3　p.111〜114

00947　対談 ベアテ・シロタ・ゴードンさんを偲んで ： 「起草秘話」から憲法の現在を問う　辻村みよ子　古関彰一　「世界」（842）　2013.4　p.185〜193

00948　「平等」意識を欠いた自由主義政党 ： 1930年代の危機と立憲民政党（特集 歴史からの教訓 ： 戦前日本は危機にどう対応したか）　坂野潤治　「DIO ： data information opinion ： 連合総研レポート」（281）　2013.4　p.4〜7

00949　断章・私の体験的法律家論 ： 来し方を振り返りつつ（特集 憲法の現代的考察）　森正　「月報司書士」（495）　2013.5　p.4〜12

00950　内大臣府の憲法調査 ： 近衛要綱と佐々木草案をめぐって　廣田直美　「青山ローフォーラム ： ALF」2（1）　2013.5　p.71〜110

00951　歴史哲学的憲法講座(1)「明治憲法」から改憲タカ派の幼稚さを学ぶ ： 伊藤博文が求めた立憲国家とは　八柏龍紀　「金曜日」21（17）通号958　2013.5.10　p.46〜48

00952　学問の現場から2013 歴史になる一歩手前 憲法は永遠に「12歳」か 成熟と喪失の戦後文化論　輿那覇潤　「週刊東洋経済」（6459）　2013.5.11　p.98〜99

00953　歴史哲学的憲法講座(2)統帥権と第九条 ： 国家と軍事について　八柏龍紀　「金曜日」21（18）通号959　2013.5.17　p.30〜31

00954　歴史哲学的憲法講座(3)教育勅語と靖国神社 ： 現憲法が持つ“知性”について　八柏龍紀　「金曜日」21（19）通号960　2013.5.24　p.36〜37

00955　薩摩藩の廃仏毀釈と霧島山麓住民の民権的憲法草案 ： 地域主権国家の展望と日本文化の再検討　神田嘉延　「青峰 ： 歴史と文化」2　2013.6　p.17〜63

00956　永田町ぜみなーる ： DOMESTIC POLITICAL REPORT（30）占領と憲法 主権が回復される前に施行された意味　神保真樹　「正論」（497）　2013.6　p.172〜175

00957　明治の先人に学ぶ憲法の核心論議 「国のかたち」を憲法にどう表すのか　「明日への選択」（329）　2013.6　p.16〜19

00958　法史研究における裁判と紛争 ： わが国における最近の研究動向から考える　岩野英夫　「同志社法学」65（2）通号363　2013.7　p.281〜377

00959　明治の先人に学ぶ憲法の核心論議 「国のかたち」を憲法にどう表すのか（続）　「明日への選択」（330）　2013.7　p.22〜26

00960　歴史哲学的憲法講座 ： 「明治憲法」から改憲タカ派の幼稚さを学ぶ(1)伊藤博文が求めた立憲国家とは（憲法 特別編集 ： あなたにも責任がある 知らなかったじゃすまされない）　八柏龍紀　「金曜日」21（26）通号967（臨増）　2013.7.9　p.51〜53

00961　歴史哲学的憲法講座 ： 「明治憲法」から改憲タカ派の幼稚さを学ぶ(2)統帥権と第九条 ： 国家と軍事について（憲法 特別編集 ： あなたにも責任がある 知らなかったじゃすまされない）　八柏龍紀　「金曜日」21（26）通号967（臨増）　2013.7.9　p.54〜55

00962　歴史哲学的憲法講座 ： 「明治憲法」から改憲タカ派の幼稚さを学ぶ(3)教育勅語と靖国神社 ： 現憲法が持つ“知性”について（憲法 特

別編集 ： あなたにも責任がある 知らなかったじゃすまされない） 八柏龍紀 「金曜日」 21（26）通号967（臨増） 2013.7.9 p.56～57

00963 人びとにとっての憲法 ： 歴史的検討の課題 大串潤児 「東京」（347） 2013.8・9 p.15～23

00964 行雲流水録（第148回）「憲法」と「戦後」を少し考える 橋本治 「一冊の本」 18（10）通号211 2013.10 p.68～70

00965 江橋先生へ ： 感謝をこめて（江橋崇教授定年退職記念号） 建石真公子 「法学志林」 111（1）通号767 2013.10 p.3～5

00966 戦前における金森徳次郎の憲法解釈論 霜村光寿 「史学雑誌」 122（10） 2013.10 p.1721～1746

00967 伊藤博文の官僚制導入に関する一考察 ： 憲法調査（取調）の影響を中心に 小島亜矢子 「福岡大学大学院論集」 45（2） 2013.11.30 p.1～14

00968 秋川ジオパーク「はるか3億5千万年のたび」 ： 関東山地と「武蔵野」の結節点の自然史—化石の宝庫 里山の文化史—五日市憲法草案の制定 長田敏明 「地理」 58（12）通号701 2013.12 p.98～103

00969 憲法（特集 学界回顧2013） 井上典之 門田孝 春名麻季［他］「法律時報」 85（13）通号1067 2013.12 p.4～24

00970 誌上採録・真生会館学習センター講座 現行憲法成立の背景 ： マッカーサーの占領政策から 岡崎匡史 「福音と社会」 52（6）通号271 2013.12 p.30～48

00971 もう一つの制憲史（第4回）明治憲法の根本原則否定へ、工作の最終局面 「明日への選択」（335） 2013.12 p.29～33

00972 伊藤博文憲法修業へのアレクサンダー・フォン・シーボルトの関与 堅田智子 「洋学 ： 洋学史学会研究年報」（22） 2014 p.1～28

00973 オスマン帝国憲法修正条文 ： 翻訳と解題 藤波伸嘉［翻訳と解題］「国際関係学研究」（41） 2014 p.13～26

00974 清末預備立憲時期における財政制度改革 ： 清理財政局を中心として 土居智典 「社会経済史学」 80（2） 2014 p.173～193

00975 西園寺公望のシラス論批判に関する一考察 ： 『憲法義解』における井上毅の論旨をめぐって 高澤弘明 「法政論叢」 50（2） 2014 p.79～91

00976 普遍性に根ざした政治文化の生成 ： J・ハーバーマスにおける憲法パトリオティズム論の展開 田畑真一 「社会思想史研究 ： 社会思想史学会年報」（38） 2014 p.204～223

00977 北海道大学法学会記事 日本憲法学における国体概念に関する覚書 ： 穂積八束と明治一

五年の「主権論争」を手がかりに 西村裕一［報告］「北大法学論集」 65（1） 2014 p.121～123

00978 明治憲法時代の国家思想（1）穂積八束の世界 重久俊夫 「場所」（13） 2014 p.17～32

00979 立憲同志会・憲政会の「政策」決議と地域政治 ： 河野広中の選挙基盤を中心として 下重直樹 「近代史料研究」（14） 2014 p.45～68

00980 歴史・伝統の継承助長 歴史講座等から 日本国憲法とアメリカ（東京都郷友会創立60周年記念特集号—平成25年の歩み） 古森義久 「わたし達の防衛講座 ： 日本は安全か」 2014 p.143～154

00981 もう一つの制憲史（最終回）「憲法改正政府試案」を完全否定した総司令部。しかし、そこにもノーマンらの工作が色濃く反映されていた 「明日への選択」（336） 2014.1 p.26～30

00982 歴史手帖 「五日市憲法」草案と在米発行邦字新聞「第十九世紀」との出会い 新井勝紘 「日本歴史」（788） 2014.1 p.88～91

00983 ロー・クラス 戦後史で読む憲法判例（1）「沖縄返還」と西山事件［最高裁第一小法廷1978.5.31決定］ 山田隆司 「法学セミナー」 59（1）通号708 2014.1 p.42～47

00984 ロー・クラス 戦後史で読む憲法判例（2）「学生運動」と博多駅事件［福岡地裁昭和45.8.25決定］ 山田隆司 「法学セミナー」 59（2）通号709 2014.2 p.48～53

00985 戦中の辻清明 ： 明治憲法の割拠性を考える上での一視角（森田明教授 退職記念号） 荒邦啓介 「東洋法学」 57（3）通号127 2014.3 p.283～300

00986 「民衆からの憲法」史（特集 社会運動と憲法 ： 市民自治から憲法をとらえなおす） 榎澤幸広 「社会運動」（408） 2014.3 p.24～28

00987 ロー・クラス 戦後史で読む憲法判例（3）「55年体制」と猿払事件、八幡製鉄事件（上）猿払事件［最高裁1974.11.6判決］ 山田隆司 「法学セミナー」 59（3）通号710 2014.3 p.36～41

00988 官吏意外史 ： 日本史のなかの公務員たち 黒田清隆（その1）憲法公布者の意外な面 童門冬二 「地方自治職員研修」 47（5）通号661 2014.4 p.54～56

00989 「日本的変革」と明治憲法の制定（特集 日本的変革とは ： 伝統と革新の一致） 伊藤哲夫 「伝統と革新 ： オピニオン誌」（15） 2014.4 p.91～99

00990 ロー・クラス 戦後史で読む憲法判例（4）「55年体制」と猿払事件、八幡製鉄事件（下）八幡製鉄事件［最高裁大法廷1970.6.24判決］ 山田隆司 「法学セミナー」 59（4）通号711 2014.4 p.76～81

00991 講演 ボクが見聞きした敗戦前後の話（主

催イベント報告―憲法の公開学習会 改憲の賛否を問われる前に知っておかねばならないこと）加藤孝一「あかでめいあ ： 学ぶ・考える・研究する」（21） 2014.5 p.7〜12

00992 ロー・クラス 戦後史で読む憲法判例（5）「教科書検定」と家永訴訟 山田隆司「法学セミナー」59（5）通号712 2014.5 p.66〜71

00993 逆説の日本史（第1023回）第八十七話 幕末激動の十五年「一八六年」編（その14）「十七条憲法」の"話し合い絶対主義"を受け継ぐ「五箇条の御誓文」 井沢元彦「週刊ポスト」46（20）通号2278 2014.5.23 p.84〜87

00994 大会第一日目 討論要旨（第47回大会報告 特集 歴史における社会的結合と地域―世界史のなかの日本国憲法）「歴史評論」（770） 2014.6 p.50〜53

00995 ロー・クラス 戦後史で読む憲法判例（6）「東西冷戦」と警察予備隊違憲訴訟 山田隆司「法学セミナー」59（6）通号713 2014.6 p.66〜71

00996 大会第一日目「世界史のなかの日本国憲法」の三報告を聞いて（第四七回大会報告を聞いて）櫻澤誠「歴史評論」（771） 2014.7 p.81〜87

00997 ロー・クラス 戦後史で読む憲法判例（7）「生活保護」と朝日訴訟［最高裁1967.5.24判決］山田隆司「法学セミナー」59（7）通号714 2014.7 p.66〜71

00998 憲法を作った人々 ： 高野岩三郎を中心として（宮崎隆次先生・嶋津格先生 退職記念号）石田憲「千葉大学法学論集」29（1・2） 2014.8 p.85〜123

00999 ロー・クラス 戦後史で読む憲法判例（8）「GHQの占領」と農地改革事件［最高裁大法廷1953.12.23判決］ 山田隆司「法学セミナー」59（8）通号715 2014.8 p.90〜95

01000 ロー・クラス 戦後史で読む憲法判例（9）「家制度」と尊属殺事件［最高裁大法廷昭和48.4.4判決］ 山田隆司「法学セミナー」59（9）通号716 2014.9 p.62〜67

01001 オスマン憲政史の新しい射程 ： 近世史と近代史の接合に向けて（特集 非西欧世界の立憲制）佐々木紳「新しい歴史学のために」（285） 2014.10 p.37〜51

01002 ロー・クラス 戦後史で読む憲法判例（10）「在日米軍基地」と砂川事件（上） 山田隆司「法学セミナー」59（10）通号717 2014.10 p.60〜65

01003 法治主義の諸相と日本の位相（角田猛之教授還暦記念論文集）竹下賢「関西大学法学論集」64（3・4）2014.11 p.843〜860

01004 ロー・クラス 戦後史で読む憲法判例（11）「在日米軍基地」と砂川事件（下） 山田隆司「法学セミナー」59（11）通号718 2014.11 p.

56〜62

01005 憲法（特集 学界回顧2014）井上典之 門田孝 春名麻季［他］「法律時報」86（13）通号1080 2014.12 p.4〜24

01006 未詳の「帝國憲法改正試案（昭和20年10月30日稿）」 笹川隆太郎「尚美学園大学総合政策論集」（19） 2014.12 p.129〜162

01007 明治憲法の制定に学ぶ憲法の「基本となるもの」「明日への選択」（347） 2014.12 p.10〜14

01008 ロー・クラス 戦後史で読む憲法判例（12）「議員立法」と薬事法事件 山田隆司「法学セミナー」59（12）通号719 2014.12 p.58〜64

01009 明治と昭和、ふたつの「憲法」を比較する（創刊25周年記念特集・「自由に生き、幸福を追求するための理想と指針」を読み直す「日本国憲法」をもう一度―第1部 最高法規には、何が書かれているのか 103の条文に込められた憲法の"英知"を探る）「サライ」26（12）通号592 2014.12 p.26〜27

01010 憲法十七条 『日本書紀』に記された日本最古の成文法。現代の社会や組織づくりにも通用する一解説 吉村武彦さん（明治大学文学部教授・69歳）（創刊25周年記念特集・「自由に生き、幸福を追求するための理想と指針」を読み直す「日本国憲法」をもう一度―第2部 聖徳太子、伊藤博文、昭和天皇、マッカーサーから山本有三まで 日本の憲法は、こうして作られた） 内田和浩［取材・文］「サライ」26（12）通号592 2014.12 p.36〜37

01011 大日本帝国憲法の制定 ドイツのプロイセン憲法を手本に、アジア初となる近代憲法が誕生一解説・監修 西修さん（政治学・法学博士、駒澤大学名誉教授・74歳）（創刊25周年記念特集・「自由に生き、幸福を追求するための理想と指針」を読み直す「日本国憲法」をもう一度―第2部 聖徳太子、伊藤博文、昭和天皇、マッカーサーから山本有三まで 日本の憲法は、こうして作られた）「サライ」26（12）通号592 2014.12 p.38〜39

01012 明治憲法の改正 統治者・マッカーサーの"示唆"で、明治憲法改正の草案作りが始まる一解説 袖井林二郎さん（政治学博士、法政大学名誉教授・82歳）（創刊25周年記念特集・「自由に生き、幸福を追求するための理想と指針」を読み直す「日本国憲法」をもう一度―第2部 聖徳太子、伊藤博文、昭和天皇、マッカーサーから山本有三まで 日本の憲法は、こうして作られた）「サライ」26（12）通号592 2014.12 p.40〜41

01013 青年ヘーゲルにおける憲法と人権の視点 ： フランクフルト時代の政治評論から 山岸喜久治「人文社会科学論叢」（24） 2015 p.143〜153

01014 明治憲法時代の国家思想（2）穂積八束の世界（承前）重久俊夫「場所」（14） 2015

01015 世界最古の「憲法の国」日本の使命　柳本卓治　「正論」（517）　2015.1　p.168〜175

01016　特集「戦後70年」と憲法をめぐるたたかい　「法と民主主義」（495）　2015.1　p.2〜25

01017　ロー・クラス 戦後史で読む憲法判例（13）「田中金脈問題」とロッキード事件　山田隆司　「法学セミナー」60（1）通号720　2015.1　p.71〜77

01018　インタビュー 戦中から戦後へ ： 昭和の全時代を生きて、今、思うこと ： 憲法、国防、皇室の弥栄（特集「昭和」は遠くなったのか？ ： 昭和天皇の御聖徳と現代日本）　小田村四郎　「伝統と革新 ： オピニオン誌」（18）　2015.2　p.18〜29

01019　自主憲法の精神、その起源と揺曳 ： 神川彦松の場合（小特集 近代日本における立憲制の前提と展開）　佐藤太久磨　「立命館大学人文科学研究所紀要」（105）　2015.2　p.71〜96

01020　大日本帝国憲法起草過程における条約締結権（小特集 近代日本における立憲制の前提と展開）　頴原善徳　「立命館大学人文科学研究所紀要」（105）　2015.2　p.37〜69

01021　ロー・クラス 戦後史で読む憲法判例（14）「高度経済成長」と三菱樹脂事件［最高裁大法廷1973.12.12判決］　山田隆司　「法学セミナー」60（2）通号721　2015.2　p.60〜66

01022　憲法制定権力論の系譜 ： 黒田覚と戦後憲法理論　岡本直　「島大法学 ： 島根大学法文学部紀要. 島根大学法文学部法経学科・島根大学大学院法務研究科篇」58（4）　2015.3　p.111〜128

01023　史料・文献紹介 錦絵「憲法発布上野賑」を読む ： 憲法発布のもうひとつの意味（日本史の研究（248））　小風秀雅　「歴史と地理」（682）　2015.3　p.35〜39

01024　中世立憲思想の背景と法的基礎（覚書）　長谷川史明　「志學館法学」（16）　2015.3　p.1〜11

01025　ロー・クラス 戦後史で読む憲法判例（15）「大学の自治」とポポロ事件［最高裁大法廷1963.5.22判決］　山田隆司　「法学セミナー」60（3）通号722　2015.3　p.75〜81

01026　「戦前＝抑圧体制」「天皇主権」史観の根本的誤謬を論じる 明治憲法下における首相選出制度の研究　伊藤之雄　「正論」（520）　2015.4　p.186〜195

01027　七十年の「憲法人生」を顧みて　畑田重夫　「民主文学」（594）通号644　2015.4　p.84〜90

01028　明治憲法は"維新"ではなく"西洋革命"の産物　山本峯章　「Verdad」21（4）通号240　2015.4　p.18〜20

01029　吉田茂、重光葵、岸信介と憲法改正 ： 戦後保守とは、東京裁判受刑者とGHQ同調者との戦い（特集 戦後70年、我が国の外交と安全保障を考える）　福富健一　「日本戦略研究フォーラム季報」（64）　2015.4　p.22〜27

01030　ロー・クラス 戦後史で読む憲法判例（16）「ハンセン病」と国賠訴訟熊本地裁判決［2001.5.11］　山田隆司　「法学セミナー」60（4）通号723　2015.4　p.73〜80

01031　床次正精「憲法発布式図」について ： 記録絵画の視点より　岩壁義光　「神園」（13）　2015.5　p.1〜31

01032　七十年の「憲法人生」を顧みて（第2回）　畑田重夫　「民主文学」（595）通号645　2015.5　p.102〜109

01033　ロー・クラス 戦後史で読む憲法判例（17）「自衛隊」と恵庭事件［札幌地裁1967.3.29判決］　山田隆司　「法学セミナー」60（5）通号724　2015.5　p.81〜87

01034　戦後70年 日本の針路・個人の生き方を考える（第6回）国際世論はもとより、国内世論も二分する時代にあって 今は外交・安全保障で自立自助の精神を確立し、日本のアイデンティティを再構築する時　渡辺利夫　「世界」63（11）通号1577　2015.5.26　p.50〜55

01035　『金曜日』で逢いましょう 護憲パンフレットを刊行した最後の陸軍士官学校生 野村光司さん　「金曜日」23（20）通号1060　2015.5.29　p.39

01036　証言：戦後社会党・総評史 日本社会党青年部再考 ： 『NO！ 9条改憲・人権破壊』（明石書店、2007年）をもとに ： 高見圭司氏に聞く（上）　高見圭司　「大原社会問題研究所雑誌」（680）　2015.6　p.70〜84

01037　清末憲法 ： 日本国憲法の先駆　小西豊治　「アジア文化研究」（22）　2015.6　p.21〜39

01038　戦後70年 ： 日本国憲法と女性たち（特集 戦後70年）　関千枝子　「女たちの21世紀」（82）　2015.6　p.17〜20

01039　七十年の「憲法人生」を顧みて（第3回）　畑田重夫　「民主文学」（596）通号646　2015.6　p.100〜106

01040　比較憲法史の一つの手法 ： 米欧近代憲法史と日本の憲法（金子正史教授古稀記念論集）　岩野英夫　「同志社法学」67（2）通号375　2015.6　p.355〜461

01041　ロー・クラス 戦後史で読む憲法判例（18）「教育権」と旭川学テ事件［最高裁大法廷1976.5.21判決］　山田隆司　「法学セミナー」60（6）通号725　2015.6　p.70〜76

01042　石橋湛山の憲法論と防衛論　増田弘　「自由思想」（138）　2015.7　p.4〜25

01043　世界の多彩な協同組合（第6回）語り継ぐ組合員の戦争体験（総特集 戦争への対抗 ： 自

衛官・市民の命を守る憲法九条） 坪井照子
布施杏子 「社会運動」（419） 2015.7 p.99〜
103

01044 戦後70年と憲法（3）「かすかな光」を見
失っちゃいけない 大田堯 「住民と自治」
（627） 2015.7 p.31〜36

01045 戦後70年と日本国憲法 伊藤真 「法学館
憲法研究所報」（13） 2015.7 巻頭1〜7

01046 七十年の「憲法人生」を顧みて（第4回）
畑田重夫 「民主文学」（597）通号647 2015.7
p.98〜105

01047 年表 ： この4年の日民協のあゆみ（創刊
500号記念特集 憲法の危機に抗しつづけて）
「法と民主主義」（500・501） 2015.7-9 p.134
〜139

01048 日民協の「原点」と「現点」 ： 法と民主
主義500号に寄せて（創刊500号記念特集 憲法の
危機に抗しつづけて―日本国憲法をめぐるたた
かいと私たちの課題） 森英樹 「法と民主主
義」（500・501） 2015.7-9 p.6〜15

01049 法と民主主義【461号〜499号】総もくじ
（創刊500号記念特集 憲法の危機に抗しつづけ
て）「法と民主主義」（500・501） 2015.7-9
p.149〜140

01050 ロー・クラス 戦後史で読む憲法判例（19）
「障害者」と堀木訴訟 山田隆司 「法学セミ
ナー」 60（7）通号726 2015.7 p.75〜81

01051 戦後70年企画 日本国憲法誕生秘話
「GHQ作成」スクープ 情報源の女性は元総理の
孫 徳本栄一郎 「週刊朝日」120（27）通号
5314 2015.7.3 p.124〜127

01052 憲法を教育に生かすことをめざした家教
連50年の実践と研究（特集 家教連50周年記念
号） 齊藤弘子 「家教連家庭科研究」（326）
2015.8 p.12〜19

01053 証言：戦後社会党・総評史 日本社会党青
年部再考 ：『NO！ 9条改憲・人権破壊』（明
石書店, 2007年）をもとに 高見圭司氏に聞く
（下） 高見圭司 「大原社会問題研究所雑誌」
（682） 2015.8 p.60〜75

01054 戦後七〇年と日本国憲法 横田耕一 「進
歩と改革」（764） 2015.8 p.3〜16

01055 戦後七〇年と日本国憲法（特集 戦後七〇
年 ： 憲法、平和を考える） 谷口真由美
「ヒューマンライツ」（329） 2015.8 p.2〜9

01056 七十年の「憲法人生」を顧みて（第5回）
畑田重夫 「民主文学」（598）通号648 2015.8
p.74〜80

01057 宮沢俊義の正義論 ： ケルゼンの法理論を
手がかりとして（廣瀬克巨先生追悼論文集） 長
尾一紘 「法学新報」122（1・2） 2015.8 p.
639〜686

01058 民主共和国への孤独な伴走者 ： ウンベル

ト・テッラチーニと憲法の系譜（遠藤美光先生・
小賀野晶一先生 退職記念号） 石田憲 「千葉大
学法学論集」 30（1・2） 2015.8 p.115〜157

01059 ロー・クラス 戦後史で読む憲法判例（20）
「外国人」とマクリーン事件 山田隆司 「法学
セミナー」 60（8）通号727 2015.8 p.79〜85

01060 憲法解釈の来歴 ： 天皇機関説排撃の時代
背景が現代に問うこと。（特集 戦後七十年 ヤミ
市を歩く。 ： 復興はここから、見上げた空は
青かった） 小宮一夫 「東京人」 30（11）通号
358 2015.9 p.70〜73

01061 知っておきたい戦後日本のキーワード（戦
後70年と憲法・民主主義・安保）「学習の友」
（別冊） 2015.9 p.72〜87

01062 戦後70年、国民のたたかい ： それを受け
継ぐことが、私たちの務め（戦後70年と憲法・
民主主義・安保） 五十嵐仁 「学習の友」（別
冊） 2015.9 p.58〜71

01063 戦後70年 ： 日米安全保障体制とメディア
（特集 戦後70年の記憶） 日比野正明 「文化社
会学研究」（6） 2015.9 p.55〜57

01064 戦後70年、日米経済の総決算 ： 対米従属
と大企業優遇、そして軍事化（戦後70年と憲法・
民主主義・安保） 宮崎礼二 「学習の友」（別
冊） 2015.9 p.46〜57

01065 七十年の「憲法人生」を顧みて（第6回）
畑田重夫 「民主文学」（599）通号649 2015.9
p.100〜106

01066 明治立憲制と「宮中」 ： 明治四〇年の公
式令制定と大礼使官制問題 国分航士 「史学雑
誌」124（9） 2015.9 p.1545〜1579

01067 4人が語る（戦後70年と憲法・民主主義
・安保）「学習の友」（別冊） 2015.9 p.4〜7

01068 歴史 日本国憲法が生まれた日 曖昧さ残さ
ぬ日米合作の正論（いまこそ、みんなの日本国
憲法）「Aera」 28（41）通号1527 2015.9.28
p.33〜36

01069 近現代史部会 地方における立憲国民党の
成立 ： 犬養毅と坂本金弥を中心に 久野洋
「日本史研究」（638） 2015.10 p.89〜91

01070 戦後70年に想う（7）戦後憲法の同級生と
して生きてきた ： 冷戦後も日本外交は硬直化
「人間チョボチョボ」の歴史観 新蔵博雅 「メ
ディア展望」（646） 2015.10 p.16〜18

01071 七十年の「憲法人生」を顧みて（第7回）
畑田重夫 「民主文学」（600）通号650 2015.
10 p.116〜122

01072 ロー・クラス 戦後史で読む憲法判例（22）
「衆議院の解散」と苫米地事件［最高裁大法廷昭
和35.6.8判決］ 山田隆司 「法学セミナー」 60
（10）通号729 2015.10 p.82〜89

01073 五日市憲法草案を日本の岐路に生かす ：
若者の夢とロマンは時を超え 加藤徹 「詩人会

議」53(11)通号638　2015.11　p.28〜31

01074　憲法発布と維新史の成立 : ナショナルヒストリーの形成と二人の「朝敵」(特集 歴史の中の「正典」 : 外部/内部世界による分断・再編)　小風秀雅「歴史学研究」(938)　2015.11　p.2〜15

01075　聖徳太子と十七条の憲法(1)　相澤宏明「国体文化 : 日本国体学会機関誌 : 里見日本文化学研究所発表機関 : 立正教団発表機関」(1098)　2015.11　p.24〜33

01076　竹下弥平の出自と明治私擬憲法草案への明六社の思想的影響について　吉田健一　鶴丸寛人「鹿児島大学稲盛アカデミー研究紀要」(6)　2015.11　p.53〜120

01077　七十年の「憲法人生」を顧みて(第8回)　畑田重夫「民主文学」(601)通号651　2015.11　p.106〜112

01078　ロー・クラス 戦後史で読む憲法判例(23)「政教分離」と愛媛玉串料訴訟[最高裁大法廷1997.4.2判決]　山田隆司「法学セミナー」60(11)通号730　2015.11　p.76〜85

01079　変遷を見た憲法観・安全保障観 自由な発想で平和を追求した石橋湛山(東洋経済創刊120年企画 国家と個人の関係を考える リベラルとは何か?)　増田弘「週刊東洋経済」(6629)　2015.11.21　p.86〜87

01080　石橋湛山の憲法論と防衛論　増田弘「経済倶楽部講演録」(802)　2015.12　p.2〜39

01081　憲法(特集 学界回顧2015年)　横大道聡　新井誠　岡田順太[他]「法律時報」87(13)通号1093　2015.12　p.4〜25

01082　七十年の「憲法人生」を顧みて(第9回)　畑田重夫「民主文学」(602)通号652　2015.12　p.96〜103

01083　ロー・クラス 戦後史で読む憲法判例(最終回・24)「騒音公害」と大阪空港訴訟　山田隆司「法学セミナー」60(12)通号731　2015.12　p.64〜73

01084　逆説の日本史(第1091回)補遺編(第11話)日本人を動かす宗教(もの)言霊と怨霊信仰(その5)歴史教科書の「憲法十七条」の記述に見られる歴史教育の欠陥　井沢元彦「週刊ポスト」47(49)通号2357　2015.12.11　p.88〜91

憲法学

【図書】

01085　憲法研究会報告　生活経済政策研究所　2006.1　91p　21cm　(生活研ブックス 23)　762円　Ⓘ4-902886-05-7　Ⓝ323.04　生活経済政策研究所

01086　『世界』憲法論文選―1946-2005　井上ひ さし, 樋口陽一編　岩波書店　2006.2　540p　21cm　2000円　Ⓘ4-00-023665-2　Ⓝ323.14　井上ひさし　樋口陽一

01087　憲法学の現代的論点　安西文雄, 青井未帆, 淺野博宣, 岩切紀史, 齊藤愛, 佐々木弘通, 宍戸常寿, 林知更, 巻美矢紀, 南野森著　有斐閣　2006.4　438p　22cm　〈文献あり〉　3800円　Ⓘ4-641-12989-4　Ⓝ323.01　安西文雄　青井未帆　淺野博宣

01088　憲法学の基礎理論　新井誠, 高作正博, 玉蟲由樹, 真鶴俊喜著　不磨書房　2006.5　326p　22cm　〈文献あり〉　〈発売:信山社〉　2900円　Ⓘ4-7972-9286-5　Ⓝ323.01　新井誠　高作正博　玉蟲由樹

01089　国家の語り方―歴史学からの憲法解釈　小路田泰直著　勁草書房　2006.6　285, 3p　20cm　2800円　Ⓘ4-326-24837-8　Ⓝ323.12　小路田泰直

01090　憲法学の基本問題　富永健著　京都　嵯峨野書院　2006.10　200p　19cm　2350円　Ⓘ4-7823-0454-4　Ⓝ323.01　富永健

01091　国家の読み解き方―憲法学という教養　原田武夫著　勁草書房　2007.2　217, 5p　20cm　〈文献あり〉　2400円　Ⓘ978-4-326-35137-4　Ⓝ323.14　原田武夫

01092　法治国家の展開と現代的構成―高田敏先生古稀記念論集　村上武則, 高橋明男, 松本和彦編　京都　法律文化社　2007.2　607p　22cm　〈年譜あり〉　〈著作目録あり〉　14000円　Ⓘ978-4-589-02997-3　Ⓝ323.04　村上武則　高橋明男　松本和彦

01093　国法学―人権原論　樋口陽一著　補訂　有斐閣　2007.3　279p　22cm　(法律学大系)　3500円　Ⓘ978-4-641-00801-4　Ⓝ323.01　樋口陽一

01094　法律からみたリスク　長谷部恭男責任編集　岩波書店　2007.8　171p　22cm　(リスク学入門 3)　〈文献あり〉　2800円　Ⓘ978-4-00-028133-1　Ⓝ321　長谷部恭男

01095　僕らの憲法学―「使い方」教えます　田村理著　筑摩書房　2008.1　191p　18cm　(ちくまプリマー新書 75)　760円　Ⓘ978-4-480-68776-0　Ⓝ323.14　田村理

01096　憲法秩序への展望　大石眞著　有斐閣　2008.2　385p　22cm　6800円　Ⓘ978-4-641-13030-2　Ⓝ323.14　大石真

01097　憲法学へのいざない　大隈義和, 大江正昭編　青林書院　2008.3　290p　21cm　2500円　Ⓘ978-4-417-01449-2　Ⓝ323.14　大隈義和　大江正昭

01098　三文憲法学　小山勝義著　名古屋　ブイツーソリューション　2008.3　150p　19cm　〈発売:星雲社〉　1800円　Ⓘ978-4-434-11733-6　Ⓝ323.14　小山勝義

01099　初学者のための憲法学　麻生多聞, 青山

豊, 三宅裕一郎, 實原隆志, 福嶋敏明, 志田陽子, 岡村みちる, 馬場里美, 飯島滋明, 榎澤幸広, 土屋清, 奥田喜道著　北樹出版　2008.3　310p　22cm　〈文献あり〉　2700円　①978-4-7793-0122-3　Ⓝ323.14　麻生多聞　青山豊　三宅裕一郎　實原隆志　福嶋敏明　志田陽子　岡村みちる　馬場里美　飯島滋明　榎澤幸広　土屋清　奥田喜道

01100　比較と歴史のなかの日本法学―比較法学への日本からの発信　早稲田大学比較法研究所編　早稲田大学比較法研究所　2008.3　654p　22cm　(早稲田大学比較法研究所叢書 34)　〈発売: 成文堂〉　3810円　①978-4-7923-3248-8　Ⓝ321.9　早稲田大学比較法研究所

01101　対論憲法を/憲法からラディカルに考える　樋口陽一, 杉田敦, 西原博史, 北田暁大, 井上達夫, 齋藤純一, 愛敬浩二著　京都　法律文化社　2008.4　282p　19cm　2200円　①978-4-589-03095-5　Ⓝ323.04　樋口陽一　杉田敦　西原博史

01102　公法　内田力蔵著　信山社出版　2008.7　511p　23cm　(内田力蔵著作集 第7巻)　16000円　①978-4-88261-638-2　Ⓝ323.04　内田力蔵

01103　戦後憲法学の諸相　岩間昭道著　尚学社　2008.10　309, 7p　22cm　〈文献あり〉　7000円　①978-4-86031-057-8　Ⓝ323.14　岩間昭道

01104　法の理論　27　ホセ・ヨンパルト, 三島淑臣, 竹下賢, 長谷川晃編　成文堂　2008.10　242p　21cm　3800円　①978-4-7923-0449-2　Ⓝ321.04　Llompart, José　三島淑臣　竹下賢

01105　憲法の争点　大石眞, 石川健治編　有斐閣　2008.12　346p　26cm　(ジュリスト増刊　新・法律学の争点シリーズ 3)　〈文献あり〉　2800円　①978-4-641-11319-0　Ⓝ323.14　大石真　石川健治

01106　現代憲法における安全―比較憲法学的研究をふまえて　森英樹著　日本評論社　2009.2　845p　22cm　〈他言語標題: Sicherheit in der modernen Verfassung〉　〈文献あり〉　9000円　①978-4-535-51640-3　Ⓝ323.01　森英樹

01107　憲法学研究　工藤達朗著　尚学社　2009.2　329, 7p　22cm　7000円　①978-4-86031-058-5　Ⓝ323.01　工藤達朗

01108　公法の諸問題　7　専修大学法学研究所編　専修大学法学研究所　2009.2　191, 32p　21cm　(専修大学法学研究所紀要 34)　Ⓝ323.04　専修大学法学研究所

01109　リアル憲法学　石埼学, 笹沼弘志, 押久保倫夫編　京都　法律文化社　2009.4　264p　21cm　〈索引あり〉　2500円　①978-4-589-03136-5　Ⓝ323.14　石埼学　笹沼弘志　押久保倫夫

01110　議会政治の憲法学　加藤一彦著　日本評論社　2009.5　272p　22cm　〈索引あり〉　5000円　①978-4-535-51692-2　Ⓝ314.1　加藤一彦

01111　憲法の理論を求めて―奥平憲法学の継承と展開　長谷部恭男, 中島徹編　日本評論社　2009.5　309p　22cm　4500円　①978-4-535-51626-7　Ⓝ323.14　長谷部恭男　中島徹

01112　知恵としての憲法学　木幡洋子著　風間書房　2009.5　242p　21cm　〈文献あり〉　2300円　①978-4-7599-1744-4　Ⓝ323.14　木幡洋子

01113　憲法学の現代的論点　安西文雄, 青井未帆, 淺野博宣, 岩切紀史, 木村草太, 小島慎司, 齊藤愛, 佐々木弘通, 宍戸常寿, 林知更, 巻美矢紀, 南野森著　第2版　有斐閣　2009.8　479p　22cm　〈他言語標題: Modern constitutional theories〉　〈文献あり 索引あり〉　4000円　①978-4-641-13042-5　Ⓝ323.01　安西文雄　青井未帆　淺野博宣

01114　憲法学の最先端　憲法理論研究会編　敬文堂　2009.10　216p　20cm　(憲法理論叢書 17)　2800円　①978-4-7670-0168-5　Ⓝ323.01　憲法理論研究会

01115　憲法という作為―「人」と「市民」の連関と緊張　樋口陽一著　岩波書店　2009.11　292p　22cm　4400円　①978-4-00-022776-6　Ⓝ323.01　樋口陽一

01116　「マイノリティ」へのこだわりと憲法学　孝忠延夫著　吹田　関西大学出版部　2010.1　200p　20cm　〈著作目録あり 年譜あり〉　2200円　①978-4-87354-483-0　Ⓝ323.14　孝忠延夫

01117　憲法的責任追及制論　1　吉田栄司著　吹田　関西大学出版部　2010.2　465p　22cm　〈索引あり〉　4500円　①978-4-87354-487-8　Ⓝ323.01　吉田栄司

01118　インテリジブル比較憲法　吉川智編著　政光プリブラン　2010.4　152p　21cm　〈文献あり〉　2096円　①978-4-915943-50-8　Ⓝ323.01　吉川智

01119　知恵としての憲法学　木幡洋子著　増補版　風間書房　2010.5　256p　21cm　〈文献あり〉　2800円　①978-4-7599-1804-5　Ⓝ323.14　木幡洋子

01120　法創造の比較法学―先端的課題への挑戦　戒能通厚, 石田眞, 上村達男編　日本評論社　2010.7　552p　22cm　7600円　①978-4-535-51779-0　Ⓝ321.9　戒能通厚　石田眞　上村達男

01121　憲法学の新たなパラダイムを求めて　土屋清著　成文堂　2010.9　272p　22cm　3200円　①978-4-7923-0496-6　Ⓝ323.01　土屋清

01122　憲法的責任追及制論　2　吉田栄司著　吹田　関西大学出版部　2010.9　508p　22cm　〈索引あり〉　4800円　①978-4-87354-503-5　Ⓝ323.01　吉田栄司

01123　憲法学の未来　憲法理論研究会編　敬文堂　2010.10　240p　20cm　(憲法理論叢書 18)　2800円　①978-4-7670-0175-3　Ⓝ323.01　憲法理論研究会

憲法一般・憲法学　　　　　　　　　　　　　　　　　　　　　　　　憲法学

01124　憲法学の倫理的転回　三宅雄彦著　信山
社　2011.2　283, 17p　22cm　〈学術選書 49
憲法〉　〈索引あり〉　8800円　Ⓘ978-4-7972-
5449-5　Ⓝ323.01　三宅雄彦

01125　比較憲法　辻村みよ子著　新版　岩波書
店　2011.3　295p　21cm　〈岩波テキストブッ
クス〉　〈並列シリーズ名：IWANAMI
TEXTBOOKS〉　〈文献あり 年表あり 索引あ
り〉　2900円　Ⓘ978-4-00-028906-1　Ⓝ323.01
辻村みよ子

01126　平和と人権の憲法学―「いま」を読み解
く基礎理論　葛生栄二郎, 高作正博, 真鶴俊喜著
京都　法律文化社　2011.3　266p　19cm　（法
律文化ベーシック・ブックス　HBB+）　2500
円　Ⓘ978-4-589-03330-7　Ⓝ323.14　葛生栄二
郎　高作正博　真鶴俊喜

01127　比較憲法学　塩津徹著　第2版　成文堂
2011.9　335p　21cm　〈他言語標題：
Comparative Constitutional Law〉　〈文献あり
索引あり〉　2800円　Ⓘ978-4-7923-0520-8
Ⓝ323.01　塩津徹

01128　憲法学読本　安西文雄, 巻美矢紀, 宍戸常
寿著　有斐閣　2011.12　366p　22cm　〈他言
語標題：Japanese Constitutional Law：
Principles and Policies〉　〈年表あり〉　〈索引
あり〉　〈文献あり〉　2700円　Ⓘ978-4-641-
13097-5　Ⓝ323.14　安西文雄　巻美矢紀　宍戸
常寿

01129　憲法学の可能性　棟居快行著　信山社
2012.3　412p　22cm　（学術選書 90　憲法）
6800円　Ⓘ978-4-7972-5890-5　Ⓝ323.14　棟居
快行

01130　国家と自由・再論　樋口陽一, 森英樹, 高
見勝利, 辻村みよ子, 長谷部恭男編著　日本評論
社　2012.3　382p　22cm　5500円　Ⓘ978-4-
535-51857-5　Ⓝ323.01　樋口陽一　森英樹　高
見勝利

01131　憲法学へのいざない　大隈義和, 大江正昭
編　第2版　青林書院　2012.4　297p　21cm
2600円　Ⓘ978-4-417-01562-8　Ⓝ323.14　大隈
義和　大江正昭

01132　危機の憲法学　奥平康弘, 樋口陽一編　弘
文堂　2013.2　449p　22cm　〈他言語標題：
Constitutional Theories in a Time of Crisis〉
4100円　Ⓘ978-4-335-35539-4　Ⓝ323.01　奥平
康弘　樋口陽一

01133　公法の諸問題　8　専修大学法学研究所編
専修大学法学研究所　2013.2　223, 29p　21cm
（専修大学法学研究所紀要 38）　Ⓝ323.04　専
修大学法学研究所

01134　保障国家論と憲法学　三宅雄彦著　尚学
社　2013.3　321p　22cm　（現代憲法研究 3）
〈布装〉　〈索引あり〉　7500円　Ⓘ978-4-
86031-103-2　Ⓝ323.14　三宅雄彦

01135　メタ憲法学―根拠としての進化論と功利

主義　重久俊夫著　中央公論事業出版（制作・
発売）　2013.4　330p　21cm　2500円　Ⓘ978-
4-89514-402-5　Ⓝ323.01　重久俊夫

01136　リアル憲法学　石埼学, 笹沼弘志, 押久保
倫夫編　第2版　京都　法律文化社　2013.5
268p　21cm　〈索引あり〉　2500円　Ⓘ978-4-
589-03509-7　Ⓝ323.14　石埼学　笹沼弘志　押
久保倫夫

01137　憲法学の世界　南野森編　日本評論社
2013.7　270p　21cm　〈他言語標題：Le
monde du droit constitutionnel〉　〈執筆：青
井未帆ほか〉　〈文献あり 索引あり〉　2400円
Ⓘ978-4-535-51815-5　Ⓝ323.14　南野森

01138　憲法学のフロンティア　長谷部恭男著
岩波書店　2013.10　250, 2p　19cm　（岩波人
文書セレクション）　〈1999年刊の再刊〉　〈索
引あり〉　2400円　Ⓘ978-4-00-028674-9
Ⓝ323.01　長谷部恭男

01139　憲法学再入門　木村草太, 西村裕一著　有
斐閣　2014.3　205p　22cm　（法学教室
LIBRARY）　〈他言語標題：A Reintroduction
to the Study of Constitutional Law〉　〈索引
あり〉　1900円　Ⓘ978-4-641-13162-0　Ⓝ323.
01　木村草太　西村裕一

01140　憲法学のアポリア　青柳幸一著　尚学社
2014.8　539p　22cm　〈索引あり〉　10500円
Ⓘ978-4-86031-112-4　Ⓝ323.01　青柳幸一

01141　インターネットの憲法学　松井茂記著
新版　岩波書店　2014.12　490p　22cm　〈文
献あり〉　4000円　Ⓘ978-4-00-061006-3
Ⓝ316.1　松井茂記

01142　憲法学読本　安西文雄, 巻美矢紀, 宍戸常
寿著　第2版　有斐閣　2014.12　376p　22cm
〈他言語標題：Japanese Constitutional Law：
Principles and Policies〉　〈文献あり 年表あり
索引あり〉　2700円　Ⓘ978-4-641-13172-9
Ⓝ323.14　安西文雄　巻美矢紀　宍戸常寿

01143　日独比較憲法学研究の論点　初宿正典編
著　成文堂　2015.2　590p　22cm　〈他言語標
題：Rechtsvergleichende Untersuchungen zur
deutschen und japanischen Verfassung〉　〈索
引あり〉　9000円　Ⓘ978-4-7923-0569-7
Ⓝ323.34　初宿正典

01144　憲法学へのいざない　大隈義和, 大江正昭
編　第3版　青林書院　2015.4　305p　21cm
〈索引あり〉　3000円　Ⓘ978-4-417-01649-6
Ⓝ323.14　大隈義和　大江正昭

01145　はじめての憲法学　中村睦男編著, 岩本一
郎, 大島佳代子, 木下和朗, 齊藤正彰, 佐々木雅
寿, 寺島壽一執筆　第3版　三省堂　2015.4
274p　21cm　〈索引あり〉　2600円　Ⓘ978-4-
385-32185-1　Ⓝ323.14　中村睦男　岩本一郎
大島佳代子　木下和朗

01146　現代社会と憲法学　佐々木弘通, 宍戸常寿
編著　弘文堂　2015.11　304p　21cm　3000円

①978-4-335-35653-7　Ⓝ323.14　佐々木弘通
宍戸常寿

【雑誌】

01147　学界展望 憲法　水島朝穂　「公法研究」
（68）　2006　p.227〜262

01148　比較憲法学的観点下の補完原理——ペー
ター・ヘーベルレの理解する補完原理　小林
宏晨　「法学紀要」　48　2006　p.49〜125

01149　比較憲法・比較政治における太平洋島嶼
国　東裕　「現代法律学の課題 日本法政学会五
十周年記念」　2006.3　p.55〜

01150　学界展望 憲法　市川正人　高見勝利　只
野雅人　「公法研究」（69）　2007　p.224〜252

01151　「市民政治」・「参加民主主義」と憲法学
（特集 「戦後民主主義」と憲法・憲法学）　大
津浩　「憲法問題」　通号18　2007　p.72〜85

01152　［比較憲法学会］総目次 創刊号〜第17号
「比較憲法学研究」　通号18・19　2007　p.179〜
187

01153　私たちにとって憲法とは何か（特集 「戦
後民主主義」と憲法・憲法学—憲法記念講演
会）　杉田敦　「憲法問題」　通号18　2007　p.
131〜138

01154　憲法分野における実務と学説（特集＝実定
法諸分野における実務と学説）　小林武　「法律
時報」　79（1）　通号978　2007.1　p.33〜37

01155　共和主義の憲法論・序説　成澤孝人　「三
重法経」（129）　2007.3　p.75〜114

01156　財政投融資の憲法学的一考察（3・完）平
成12年改正を契機として　上田健介　「近畿大学
法学」　54（4）　通号145　2007.3　p.1〜58

01157　憲法学へのいざない（特集 法学入門2007
（魅力紹介編））　只野雅人　「法学セミナー」
52（4）　通号628　2007.4　p.14〜15

01158　憲法学におけるプリコミットメントの意
義（1）　佐々木くみ　「法學 : the journal of
law and political science」　71（1）　2007.4　p.
71〜127

01159　憲法学の世界へ 民主主義を考える法——
投票価値の平等をめぐる話題（特集 法学入門
2007（魅力紹介編））　只野雅人　日向寺司　「法
学セミナー」52（4）　通号628　2007.4　p.16〜21

01160　憲法学の問題——投票価値の平等をめぐ
る問題（特集 法学入門2007（問題解答編））　只
野雅人　日向寺司　「法学セミナー」52（5）通
号629　2007.5　p.14〜20

01161　論点講座 憲法の解釈（第2回・Round 1—
2)法的地位と人権 人権享有主体論の再構成——
権利・身分・平等の法ドグマーティク　石川健
治　「法学教室」　通号320　2007.5　p.62〜67

01162　憲法学におけるプリコミットメントの意
義（2・完）　佐々木くみ　「法學 : the journal

of law and political science」　71（2）　2007.6
p.258〜317

01163　憲法学の方法と課題　永井憲一　「愛知學
院大學論義. 法學研究」　48（3）　2007.6　p.187
〜195

01164　憲法の解釈（第4回・Round 2—1）法律の
留保 2つの言語, 2つの公法学——「法律の留
保」の位置をめぐって　石川健治　「法学教室」
通号322　2007.7　p.54〜60

01165　「法原理機関説」の内実についての覚書
——リーガル・プロセス理論との距離を中心に
山本龍彦　「桐蔭法学」　14（1）通号27　2007.7
p.89〜142

01166　憲法の解釈（第5回・Round 2—2）法律の
留保 法律の規律密度と委任命令　亘理格　「法
学教室」　通号323　2007.8　p.57〜65

01167　国際憲法学会第7回世界大会に参加して
辻村みよ子　「ジュリスト」（1339）　2007.8.1・
15　p.88〜89

01168　憲法の解釈（第6回・Round 2—3）「憲法の
留保」と権力の変容　駒村圭吾　「法学教室」
通号324　2007.9　p.46〜54

01169　「憲法解釈」論（3）クリスティアン・シュ
タルクの憲法構想について　菟原明　「大東法
学」　17（1）通号50　2007.10　p.43〜77

01170　学界展望 憲法　市川正人　工藤達朗　高
見勝利　「公法研究」（70）　2008　p.230〜259

01171　憲法学と新自由主義（対抗理論の模索）
（シンポジウム 社会改造をめぐる理論的対抗
——新自由主義と理論的対抗）　多田一路　「法
の科学 : 民主主義科学者協会法律部会機関誌
「年報」」　通号39　2008　p.21〜36

01172　戦後憲法学における集団と個人（特集 日
本国憲法60年——憲法学の成果と課題—日本国
憲法60年——憲法学の成果と課題（1））　木下
智史　「憲法問題」　通号19　2008　p.7〜19

01173　反多数派主義の難点を超えて（1）政治学
と憲法学の対話　武田芳樹　「早稲田大学大学院
法研論集」（125）　2008　p.231〜248

01174　反多数派主義の難点を超えて（2・完）政
治学と憲法学の対話　武田芳樹　「早稲田大学大
学院法研論集」（127）　2008　p.75〜95

01175　［比較憲法学会］総目次 創刊号〜第18・19
号　「比較憲法学研究」　通号20　2008　p.141〜
149

01176　「民主過程」をめぐる憲法学説（特集 日本
国憲法60年——憲法学の成果と課題—日本国憲
法60年——憲法学の成果と課題（2））　井口秀
作　「憲法問題」　通号19　2008　p.74〜86

01177　憲法学における「人間」について（特集
法は人間をどう捉えているか）　矢島基美　「法
律時報」　80（1）通号991　2008.1　p.40〜44

01178　憲法の解釈（第10回・Round4—1）給付と

規制 自由と文化──その国家的給付と憲法的統制のあり方 駒村圭吾 「法学教室」 通号328 2008.1 p.34〜42

01179 デジタル時代のメディアモデルと憲法学の考察 辻雄一郎 「法と政治」 58（3・4） 2008.1 p.641〜708

01180 日本国憲法60年記念 憲法学の現在・未来（9）国家目的としての安全 三宅雄彦 「法学教室」 通号329 2008.2 p.14〜21

01181 憲法の解釈（13）小休止──連載1年を振り返って 石川健治 駒村圭吾 亘理格 「法学教室」 通号331 2008.4 p.65〜88

01182 ロー・クラス 自由と安全──憲法学から考える 石川裕一郎 「法学セミナー」 53（5） 通号641 2008.5 p.40〜43

01183 現代科学技術と憲法学の新たな課題──クローン技術の憲法上の限界を中心に（シンポジウム 二〇〇七年日中公法学シンポジウム・報告（翻訳）） 韓大元 「法政研究」 75（1） 2008.7 p.31〜49

01184 憲法学のアヴァンギャルドとして──三つの憲法研究会の軌跡と成果（本誌［法律時報］1000号記念企画─研究会活動のあゆみ） 辻村みよ子 「法律時報」 80（10）通号1000 2008.9 p.101〜103

01185 憲法の解釈（第18回・Round6─2）基本権保護義務 基本権保護義務と私人間効力論・再訪──権力・自由権・公法私法二分論 駒村圭吾 「法学教室」 通号336 2008.9 p.48〜59

01186 「憲法解釈」論（4・完）クリスティアン・シュタルクの憲法構想について 莧原明 「大東法学」 18（1）通号52 2008.10 p.1〜52

01187 憲法の解釈（第19回・Round6─3）基本権保護義務 隠蔽と顕示──高まる内圧と消えない疑念 石川健治 「法学教室」 通号337 2008.10 p.40〜49

01188 自由をめぐる憲法と民法（特集 憲法と民法──対立か協働か 両者の関係を問い直す） 蟻川恒正 「法学セミナー」 53（10）通号646 2008.10 p.42〜47

01189 多文化社会における「国民」の憲法学的考察──リベラル・ナショナリズム論から 栗田佳泰 「久留米大学法学」 （59・60） 2008.10 p.67〜117

01190 〈法構造イメージ〉における憲法と民法（特集 憲法と民法──対立か協働か 両者の関係を問い直す） 山元一 「法学セミナー」 53（10）通号646 2008.10 p.12〜16

01191 企業・市場・市民社会と国家（第1部 企業・市場・市民社会と国家） 樋口陽一 「企業・市場・市民社会の基礎法学的考察」 2008.10 p.45〜

01192 民主主義の「質」と憲法学（特集《日本国憲法をめぐる基本問題》） 高作正博 「法の理論 27」 2008.10 p.29〜

01193 インディフェレンツ──〈私〉の憲法学（シンポジウム 早稲田大学創立125周年記念 法学学術院記念事業比較法研究所創立50周年記念事業 自由概念の比較史とその現代的位相） 石川健治 「比較法学」 42（2）通号87 2009 p.145〜179

01194 学界展望 憲法 井上典之 岡田信弘 工藤達朗 「公法研究」 （71） 2009 p.236〜265

01195 記憶の場としての＜constitution＞ 佐藤寛稔 「秋田法学」 （50） 2009 p.95〜106

01196 憲法哲学の執拗低音（1）間主観─身体的コミュニケーション的存在論としての憲法学のために 金井光生 「行政社会論集」 21（3） 2009 p.47〜86

01197 憲法哲学の執拗低音（2）間主観─身体的コミュニケーション的存在論としての憲法学のために 金井光生 「行政社会論集」 21（4） 2009 p.46〜86

01198 憲法哲学の執拗低音（3・完）間主観─身体的コミュニケーション的存在論としての憲法学のために 金井光生 「行政社会論集」 22（1） 2009 p.1〜43

01199 日本憲法学はEU憲法論から何を学べるか（シンポジウム 国民国家を超える「憲法」は可能か─1990年代以降のヨーロッパ統合の問いかけ─憲法理論への含意） 林知更 「比較法研究」 通号71 2009 p.94〜107

01200 ［比較憲法学研究 総目次 創刊号〜第20号］ 「比較憲法学研究」 通号21 2009 p.174〜183

01201 憲法への期待と憲法学への落胆？──和田肇『人権保障と労働法』を憲法学者として読む 愛敬浩二 「法律時報」 81（3）通号1006 2009.3 p.66〜69

01202 憲法の解釈（第23回・最終回）Mission：Alternative──連載2年を振り返って 石川健治 駒村圭吾 亘理格 「法学教室」 通号342 2009.3 p.25〜47

01203 憲法学の人物伝 「説明不能」な現象の説明（特集 ゼロから学ぼう法律学 法学入門2009） 麻生多聞 「法学セミナー」 54（4）通号652 2009.4 p.12

01204 「100年に一度の危機」と憲法・序説（特集 「100年に一度の危機」と憲法） 杉原泰雄 「法と民主主義」 （437） 2009.4 p.4〜9

01205 基本権の内容形成論からの応答（特集 憲法学に問う─民法学からの問題提起と憲法学からの応答） 小山剛 「法律時報」 81（5）通号1008 2009.5 p.9〜15

01206 憲法学と民法学の対話（特集 憲法学に問う─民法学からの問題提起と憲法学からの応答） 小山剛 山野目章夫 「法律時報」 81（5）

通号1008 2009.5 p.15〜23

01207 憲法学にとって労働法は周辺か（特集 憲法学に問う―労働法学からの問題提起と憲法学からの応答）諏訪康雄 「法律時報」81（5）通号1008 2009.5 p.74〜78

01208 市民のための憲法学とは（特集 憲法学に問う―国際法学からの問題提起と憲法学からの応答）紙谷雅子 「法律時報」81（5）通号1008 2009.5 p.87〜93

01209 誰のための何のための憲法学なのか（特集 憲法学に問う―国際法学からの問題提起と憲法学からの応答）窪誠 「法律時報」81（5）通号1008 2009.5 p.83〜87

01210 憲法学で「国家」を問題にすることの意味――実定憲法の下での「国家」像の探求・序論（現代公法学の焦点）井上典之 「名古屋大学法政論集」通号230 2009.6 p.1〜27

01211 「憲法と民法」問題の憲法学的考察（現代公法学の焦点）愛敬浩二 「名古屋大学法政論集」通号230 2009.6 p.169〜201

01212 公私区分の意味――長谷部教授への反論 毛利透 「法律時報」81（8）通号1011 2009.7 p.98〜100

01213 最終講義 憲法学研究・断想 野中俊彦 岩間昭道 柴田和史［他］「法政法科大学院紀要」5（1）通号5 2009.7 p.27〜46

01214 B&Aレビュー 森英樹編『現代憲法における安全――比較憲法学的研究をふまえて』 石埼学 「法律時報」81（10）通号1013 2009.9 p.126〜128

01215 憲法学と私（戦後憲法学の到達点と21世紀憲法学の課題――佐藤幸治憲法学の検討を通して）佐藤幸治 「法律時報」81（11）通号1014 2009.10 p.54〜60

01216 関西憲法研究会 座談会 阿部照哉 伊藤公一 小森義峯［他］「憲法論叢」（16）2009.12 p.1〜34

01217 学界展望 憲法 井上典之 大沢秀介 岡田信弘 「公法研究」（72）2010 p.223〜253

01218 憲法学の過去・現在・未来 堀内健志 「青森法政論叢」（11）2010 p.112〜116

01219 「憲法と民法」関係論――フランス・モデルから考える（特集 憲法と私法―［全国憲法研究会］春季研究集会）糠塚康江 「憲法問題」通号21 2010 p.30〜42

01220 秋季研究総会シンポジウムのまとめ（特集 憲法と私法―［全国憲法研究会］秋季研究総会）志田陽子 畑尻剛 阪本昌成［他］「憲法問題」通号21 2010 p.119〜125

01221 春季研究集会シンポジウムのまとめ（特集 憲法と私法―［全国憲法研究会］春季研究集会）辻村みよ子 水林彪 滝澤正［他］「憲法問題」通号21 2010 p.55〜62

01222 ［比較憲法学研究 総目次 創刊号〜第21号］「比較憲法学研究」通号22 2010 p.209〜218

01223 憲法13条解釈における判例と学説の距離 早瀬勝明 「甲南法務研究」（6）2010.3 p.89〜95

01224 未完の憲法学への取り組み（特集 憲法理論の継承と展開―杉原泰雄憲法学との対話）杉原泰雄 「法律時報」82（5）通号1021 2010.5 p.8〜13

01225 ルドルフ・フォン・グナイストの憲法講義――「グナイスト氏談話」を読む 堅田剛 「独協法学」（81）2010.6 p.37〜70

01226 GCOE全体研究会 樋口憲法学における citoyen 山元一 「新世代法政策学研究」7 2010.7 p.37〜48

01227 長谷川憲法学と基本的人権研究（長谷川正安先生を語る―長谷川法学の軌跡）大久保史郎 「法律時報」82（9）通号1025 2010.8 p.78〜81

01228 長谷川憲法学と社会主義法研究（長谷川正安先生を語る―長谷川法学の軌跡）竹森正孝 「法律時報」82（9）通号1025 2010.8 p.71〜73

01229 長谷川憲法学と比較憲法史研究（長谷川正安先生を語る―長谷川法学の軌跡）辻村みよ子 「法律時報」82（9）通号1025 2010.8 p.63〜65

01230 長谷川憲法学における判例研究（長谷川正安先生を語る―長谷川法学の軌跡）小林武 「法律時報」82（9）通号1025 2010.8 p.82〜84

01231 長谷川憲法学または法学の方法覚書（長谷川正安先生を語る―長谷川法学の軌跡）村田尚紀 「法律時報」82（9）通号1025 2010.8 p.66〜70

01232 「長谷川法学の軌跡」序論（長谷川正安先生を語る―長谷川法学の軌跡）森英樹 「法律時報」82（9）通号1025 2010.8 p.60〜62

01233 学界展望 憲法 大沢秀介 木下智史 高田篤 「公法研究」（73）2011 p.233〜263

01234 憲法学と生命倫理（公法学の学際的研究――哲学・自然科学との対話）中山茂樹 「公法研究」（73）2011 p.171〜181

01235 憲法学と歴史学――現行憲法成立史研究者の立場から（公法学の基礎理論――歴史との対話）笹川隆太郎 「公法研究」（73）2011 p.84〜94

01236 憲法学と歴史研究（公法学の研究方法論）愛敬浩二 「公法研究」（73）2011 p.1〜20

01237 ［比較憲法学研究 総目次 創刊号〜第22号］「比較憲法学研究」通号23 2011 p.184〜194

01238 国際憲法学会第8回世界大会に参加して 南野森 「ジュリスト」（1415）2011.2.1 p.

50～51

01239 日本憲法学と憲法制定権力論　林尚之
「人文学論集」29　2011.03　p.37～58

01240 憲法解釈の応用局面（1）　棟居快行「阪
大法学」61（1）通号271　2011.5　p.239～267

01241 「洋学紳士」と「雑種文化」論の間——再
び・憲法論にとっての加藤周一　樋口陽一「思
想」（1046）　2011.6　p.158～173

01242 憲法解釈の応用局面（2）　棟居快行「阪
大法学」61（2）通号272　2011.7　p.539～581

01243 憲法学におけるコミュニティの可能性（特
集 3.11大震災の公法学（Part.2）国家がなすべ
きこと、民間がなすべきこと—法学生の視点で
大震災を考える）　石原弘紀　吉原博紀　丸山
悠登「法学セミナー」56（12）通号683　2011.
12　p.4～6

01244 憲法学における立憲主義理解について
長谷川史明「憲法論叢」（18）　2011.12　p.1
～24

01245 有斐閣法律講演会2011 法律学の学び方
（3）対談 憲法の学び方　長谷部恭男　土井真一
「法学教室」（375）　2011.12　p.59～69

01246 ロー・アングル 憲法学としてのcase研究
：蟻川恒正『プロト・ディシプリンとしての読
むこと 憲法』の挑戦（上）　遠藤比呂通「法学
セミナー」56（12）通号683　2011.12　p.40～43

01247 学界展望 憲法　木下智史　笹田栄司　高
田篤「公法研究」（74）　2012　p.234～265

01248 2011（平成23）年最高裁大法廷判決の憲法
学的研究：「法」と「政治」の接点で考える
［2011.3.23］（特集 議員定数不均衡問題を考え
る）　岡田信弘「選挙研究：日本選挙学会年
報」28（2）　2012　p.5～14

01249 憲法解釈の応用局面（3）　棟居快行「阪
大法学」61（5）通号275　2012.1　p.1203～
1243

01250 里見憲法学と佐々木惣一博士：「占領憲
法案」反対演説の背景（里見日本文化学研究所
所報）　小森義峯「国体文化：日本国体学会
機関誌：里見日本文化学研究所発表機関：立
正教団発表機関」（1052）　2012.1　p.26～37

01251 ロー・アングル 憲法学としてのcase研究
：蟻川恒正『プロト・ディシプリンとしての読
むこと 憲法』の挑戦（下）　遠藤比呂通「法学
セミナー」57（1）通号684　2012.1　p.48～51

01252 憲法解釈の応用局面（4）　棟居快行「阪
大法学」61（6）通号276　2012.3　p.1451～
1483

01253 時をかける憲法：憲法解釈論から憲法構
築論の地平へ　大林啓吾「帝京法学」28（1）
通号48　2012.3　p.91～159

01254 憲法をどう語るか：『憲法学読本』の刊
行に寄せて　安西文雄「書斎の窓」（614）

2012.5　p.6～10

01255 憲法解釈の応用局面（5）　棟居快行「阪
大法学」62（1）通号277　2012.5　p.165～196

01256 憲法学再入門（第5回）統治機構編（3）法の
領域における国会と内閣：法の支配のプロ
ジェクト　木村草太「法学教室」（383）
2012.8　p.44～50

01257 憲法学再入門（第6回）人権編（3）まなざし
の憲法学（1）　西村裕一「法学教室」（384）
2012.9　p.40～45

01258 憲法学再入門（第7回）統治機構編（4）法の
領域における裁判所：暗闇での裁判官の華麗
な跳躍　木村草太「法学教室」（385）　2012.
10　p.49～55

01259 憲法学再入門（第8回）人権編（4）まなざし
の憲法学（2）　西村裕一「法学教室」（386）
2012.11　p.73～81

01260 近時における法・判例形成と憲法学　小
林武「愛知大学法学部法経論集」（193）
2012.12　p.183～216

01261 原意主義における憲法解釈と憲法構築の
区別の意義（抱喜久雄教授追悼号）　団上智也
団上智也　ダンガミトモヤ「憲法論叢」（19）
2012.12　p.31～51

01262 憲法学再入門（第9回）統治機構編（5）独立
性のある行政機関：委員会、裁判所、自治体、
そして専門職　木村草太「法学教室」（387）
2012.12　p.66～73

01263 学界展望 憲法　駒村圭吾　笹田栄司　安
西文雄「公法研究」（75）　2013　p.275～308

01264 春季研究集会シンポジウムのまとめ（特集
オートノミー：自律・自治・自立—統治と
オートノミー）　斎藤一久［司会］　本秀紀［司
会］　大津浩［他］「憲法問題」（24）　2013
p.54～60

01265 憲法学再入門（第11回）統治機構編（6）憲
法の妥当性と憲法保障：なぜ君は頭からコー
ヒーをかぶらないのか？　木村草太「法学教
室」（389）　2013.2　p.61～68

01266 米びつと震災：憲法学からの一考察 第
一二回行政法研究フォーラム：東日本大震災
と行政法（2）　小山剛「自治研究」89（2）通号
1068　2013.2　p.3～17

01267 憲法学再入門（第12回）人権編（6・最終
回）社会的権力への懐疑　西村裕一「法学教
室」（390）　2013.3　p.43～50

01268 アファーマティブ・アクションの正当化
根拠に関する憲法学的考察（1）「多様性の確保」
と「差別の是正」という対立軸　髙橋正明「法
学論叢」173（1）　2013.4　p.96～114

01269 インターネットと法規制：憲法学の観点
から（特集 憲法の現代的考察）　田代亜紀「月
報司法書士」（495）　2013.5　p.13～20

01270 国連主要機関による決定の国内実施について : 最近の実行からみた憲法学への若干の問題提起(特集 憲法の射程) 石塚智佐 「法律時報」 85(5)通号1059 2013.5 p.31～36

01271 比較憲法の新たな視点(特集 憲法の射程) 松本英実 「法律時報」 85(5)通号1059 2013.5 p.49～53

01272 アファーマティブ・アクションの正当化根拠に関する憲法学的考察(2)「多様性の確保」と「差別の是正」という対立軸 髙橋正明 「法学論叢」 173(4) 2013.7 p.129～147

01273 憲法学は立憲的憲法を正当化できるか？(1)日本の憲法理論の検討 内藤淳 「一橋法学」 12(2) 2013.7 p.731～778

01274 基調講演(特集 第29回定例シンポジウム報告 目指すべき国家像とは : 産経新聞『国民の憲法』要綱を考える) 櫻井よしこ 「日本戦略研究フォーラム季報」 (58) 2013.10 p.6～8

01275 憲法で論文を書くに当たって 橋本基弘 「白門」 65(10)通号775 2013.10 p.42～49

01276 改めて憲法を考える(4)内閣法制局長官人事と立憲主義 中川律 「時の法令」 (1940) 2013.10.30 p.65～70

01277 アファーマティブ・アクションの正当化根拠に関する憲法学的考察(3・完)「多様性の確保」と「差別の是正」という対立軸 髙橋正明 「法学論叢」 174(2) 2013.11 p.126～147

01278 キーワードからの「法」探訪(第21回)憲法 : その射程と担い手 川﨑政司 「みんけん : 民事研修」 (679) 2013.11 p.11～24

01279 憲法学は立憲的憲法を正当化できるか？(2・完)日本の憲法理論の検討 内藤淳 「一橋法学」 12(3) 2013.11 p.1013～1074

01280 学界展望 憲法 駒村圭吾 糠塚康江 安西文雄 「公法研究」 (76) 2014 p.229～264

01281 憲法と行政法の交錯 : 国公法二事件最高裁判決の射程[最高裁第二小法廷2012.12.7判決](ミニ・シンポジウム 国公法二事件最高裁判決の批判的考察と今後の展望) 本多滝夫 「法の科学 : 民主主義科学者協会法律部会機関誌「年報」」 (45) 2014 p.161～164

01282 国際憲法学会第9回世界大会に参加して 西原博史 江島晶子 「論究ジュリスト」 (11) 2014.秋 p.190～191

01283 秋季研究総会シンポジウムのまとめ(特集 精神的自由の現在と憲法学―比較法的・原理論的考察を踏まえて) 小山剛 倉田原志 木下智史[他] 「憲法問題」 (25) 2014 p.118～125

01284 春季研究集会シンポジウムのまとめ(特集 精神的自由の現在と憲法学―日本の問題状況に照らして) 小谷順子[司会] 川岸令和[司会] 長尾英彦[他] 「憲法問題」 (25) 2014 p.54～60

01285 「新アジア立憲主義」の構造問題 : 1997年および2007年のタイ憲法を素材にして 下條芳明 「商経論叢」 55(1) 2014 p.1～29

01286 「憲法」および「立憲主義」について 佐藤幸治 「学士会会報」 2014(1)通号904 2014.1 p.8～13

01287 巻頭インタビュー 「国家なき憲法学」をいかに乗り越えるか 長尾一紘 「明日への選択」 (338) 2014.3 p.4～9

01288 イントロダクション(憲法学のゆくえ(1―1)) 山本龍彦 「法律時報」 86(4)通号1071 2014.4 p.86～89

01289 「人事」を尽くして我意に任す(特集 憲法解釈と人事) 蟻川恒正 「法律時報」 86(8) 2014.6

01290 イントロダクション(憲法学のゆくえ(2―1)) 曽我部真裕 「法律時報」 86(8)通号1075 2014.7 p.87～92

01291 「憲法解釈をめぐる人事」と「人事をめぐる憲法解釈」 : アメリカの憲法実践から(特集 憲法解釈と人事) 大林啓吾 「法律時報」 86(8)通号1075 2014.7 p.36～40

01292 憲法解釈権力 : その不在に関する考察(特集 憲法解釈と人事) 蟻川恒正 「法律時報」 86(8)通号1075 2014.7 p.6～11

01293 憲法学と国家・連邦 : オリヴィエ・ボーの連邦論から 門輪祐介 「一橋法学」 13(2) 2014.7 p.641～721

01294 「憲法の番人」をめぐる抑制と均衡の力学(特集 憲法解釈と人事) 水島朝穂 「法律時報」 86(8)通号1075 2014.7 p.18～24

01295 政治からの人事介入と独立性(特集 憲法解釈と人事) 牧原出 「法律時報」 86(8)通号1075 2014.7 p.41～46

01296 再考 言語と憲法学 杉本篤史 「東京国際大学論叢. 国際関係学部編」 (20) 2014.9 p.53～71

01297 イントロダクション(憲法学のゆくえ(3―1)) 宍戸常寿 「法律時報」 86(11)通号1078 2014.10 p.90～93

01298 「不磨の大典」としての憲法(特集 非西欧世界の立憲制) 河島真 「新しい歴史学のために」 (285) 2014.10 p.3～21

01299 改めて憲法を考える(16)憲法尊重擁護義務と立憲主義 福嶋敏明 「時の法令」 (1964) 2014.10.30 p.56～61

01300 『憲法義解』を読む(千野直邦先生退職記念号) 塩津徹 「創価法学」 44(2) 2014.12 p.3～29

01301 国際的な法整備、グローバルな法協力 : 憲法学の視点からの一考察 横大道聡 「法学論集」 49(1) 2014.12 p.1～13

01302 自己省察としての比較憲法学 ： 山元一・只野雅人（編訳）『フランス憲政学の動向 ： 法と政治の間』（慶應義塾大学出版会、2013年）を中心に 林知更 「法律時報」 86（13）通号1080 2014.12 p.340〜347

01303 質疑応答（法学部シンポジウム 地域に学ぶ憲法） 上田啓策 新井誠 大浜千宗［他］「熊本法学」（132） 2014.12 p.238〜241

01304 学界展望 憲法 糠塚康江 松本和彦 渡辺康行 「公法研究」（77） 2015 p.235〜268

01305 秋季研究総会シンポジウムのまとめ（特集 民主政の現在と憲法学―民主政の現在 ： 民主政の現在 ： 比較法的・原理論的考察を踏まえて） 濱口晶子 只野雅人 柳瀬昇［他］「憲法問題」（26） 2015 p.120〜127

01306 首相・内閣に対する統制（特集 民主政の現在と憲法学―民主政の現在 ： 日本における現状と課題の検討） 上田健介 「憲法問題」（26） 2015 p.7〜21

01307 春季研究集会シンポジウムのまとめ（特集 民主政の現在と憲法学―民主政の現在 ： 日本における現状と課題の検討） 彼谷環 本秀紀 只野雅人［他］「憲法問題」（26） 2015 p.57〜63

01308 判例の遡及効の限定について（特集 憲法の現況） 長谷部恭男 「論究ジュリスト」（13） 2015.春 p.109〜114

01309 イントロダクション（憲法学のゆくえ（4―1）） 山本龍彦 「法律時報」87（1）通号1081 2015.1 p.93〜96

01310 憲法政策研究のための分析枠組みの構築 ： 比較政策的アプローチ 北村貴 「同志社政策科学研究」16（2） 2015.3 p.27〜36

01311 IT基本権論に関する一考察 高橋和広 「六甲台論集. 法学政治学篇」61（1・2） 2015.3 p.39〜89

01312 イントロダクション（憲法学のゆくえ（5―1）） 曽我部真裕 「法律時報」87（4）通号1084 2015.4 p.80〜83

01313 基調報告 アーキテクチャによる規制と立憲主義の課題（憲法学のゆくえ（5―1）） 松尾陽 「法律時報」87（4）通号1084 2015.4 p.84〜91

01314 憲法解釈と憲法構築（特集 憲法の考察） 大林啓吾 「Law and practice」（9） 2015.5 p.41〜65

01315 立法裁量領域における憲法上の権利 ： 21世紀段階の最高裁判決における立法裁量の統制方法をめぐって（特集 憲法の考察） 西原博史 石川夏子 伊藤涼月［他］「Law and practice」（9） 2015.5 p.67〜104

01316 イントロダクション（憲法学のゆくえ（6―1）） 宍戸常寿 「法律時報」87（8）通号1088 2015.7 p.72〜75

01317 基調報告 憲法学と国際法学との対話に向けて（憲法学のゆくえ（6―1）） 森肇志 「法律時報」87（8）通号1088 2015.7 p.76〜81

01318 憲法学のゆくえ（6―2）座談会 憲法学と国際法学との対話に向けて（前篇） 森肇志 宍戸常寿 曽我部真裕［他］「法律時報」87（9）通号1089 2015.8 p.89〜96

01319 憲法学のゆくえ（6―3）座談会 憲法学と国際法学との対話に向けて（後篇） 森肇志 宍戸常寿 曽我部真裕［他］「法律時報」87（10）通号1090 2015.9 p.65〜73

01320 イントロダクション（憲法学のゆくえ（7―1）） 山本龍彦 「法律時報」87（11）通号1091 2015.10 p.128〜132

01321 法律時評 「戦後100年」に「約束と希望」をつなぐ 広渡清吾 「法律時報」87（13）通号1093 2015.12 p.1〜3

01322 民法と憲法の関係の法的構成の整理と分析 ： 共通の視座の構築をめざして（法科大学院創設10周年記念号） 宮澤俊昭 「横浜法学」24（1） 2015.12 p.153〜196

◆立憲主義

【図書】

01323 現代立憲主義の制度構想 高橋和之著 有斐閣 2006.1 231p 22cm 4300円 ①4-641-12984-3 Ⓝ323.01 高橋和之

01324 憲法と国家論―民主主義と立憲主義の国家を求めて 杉原泰雄著 有斐閣 2006.9 367p 22cm 6800円 ①4-641-13012-4 Ⓝ323.01 杉原泰雄

01325 立憲独裁―現代民主主義諸国における危機政府 クリントン・ロシター著, 庄子圭吾訳 未知谷 2006.11 502p 20cm 〈文献あり〉 5000円 ①4-89642-168-X Ⓝ313.7 ロシター, クリントン 庄子圭吾

01326 政党と官僚の近代―日本における立憲統治構造の相克 清水唯一朗著 藤原書店 2007.1 334p 22cm 〈文献あり〉〈年表あり〉 4800円 ①978-4-89434-553-9 Ⓝ312.1 清水唯一朗

01327 立憲主義の哲学的問題地平 長谷部恭男, 土井真一, 井上達夫, 杉田敦, 西原博史, 阪口正二郎編 岩波書店 2007.4 332p 22cm （岩波講座憲法 1） 〈文献あり〉 3500円 ①978-4-00-010735-8 Ⓝ323.01 長谷部恭男 土井真一 井上達夫

01328 国際立憲主義の時代 最上敏樹著 岩波書店 2007.11 291p 20cm 2800円 ①978-4-00-022876-3 Ⓝ329 最上敏樹

01329 立憲主義の政治経済学 藪下史郎監修, 川岸令和編著 東洋経済新報社 2008.3 243p 22cm 〈文献あり〉 3800円 ①978-4-492-

憲法学 憲法一般・憲法学

21174-8 Ⓝ323.01 川岸令和 藪下史郎

01330 立憲国家と憲法変遷 赤坂正浩著 信山社 2008.5 619, 8p 23cm （学術選書 8 憲法） 12800円 Ⓘ978-4-7972-5408-2 Ⓝ323.34 赤坂正浩

01331 立憲平和主義と有事法の展開 山内敏弘著 信山社 2008.6 384, 7p 23cm （学術選書 9 憲法） 8800円 Ⓘ978-4-7972-5409-9 Ⓝ393.21 山内敏弘

01332 新・近代立憲主義を読み直す 阪本昌成著 成文堂 2008.10 222p 20cm 2300円 Ⓘ978-4-7923-0448-5 Ⓝ323.01 阪本昌成

01333 立憲主義の法思想―ホッブズへの応答 山本陽一著 成文堂 2010.2 278p 22cm （香川大学法学会叢書 7） 5000円 Ⓘ978-4-7923-0478-2 Ⓝ321.233 山本陽一

01334 立憲主義と日本国憲法 高橋和之著 第2版 有斐閣 2010.5 431p 22cm 〈他言語標題：Constitutionalism and the Constitution of Japan〉 〈索引あり〉 2900円 Ⓘ978-4-641-13076-0 Ⓝ323.14 高橋和之

01335 立憲平和主義と憲法理論―山内敏弘先生古稀記念論文集 浦田一郎、加藤一彦、阪口正二郎、只野雅人、松田浩編 京都 法律文化社 2010.5 336p 22cm 〈著作目録あり 年譜あり〉 7400円 Ⓘ978-4-589-03248-5 Ⓝ319.8 浦田一郎 加藤一彦 阪口正二郎

01336 市民社会と立憲主義 中野勝郎編著 ［東京］ 法政大学現代法研究所 2012.3 309p 22cm （法政大学現代法研究所叢書 34） 〈発売：法政大学出版局〉 3000円 Ⓘ978-4-588-63034-7 Ⓝ311.04 中野勝郎

01337 「国家主権」という思想―国際立憲主義への軌跡 篠田英朗著 勁草書房 2012.5 346p 20cm 〈索引あり〉 3300円 Ⓘ978-4-326-35160-2 Ⓝ329.12 篠田英朗

01338 立憲主義の復権と憲法理論 愛敬浩二著 日本評論社 2012.9 282p 22cm （現代憲法理論叢書） 〈文献あり 索引あり〉 4300円 Ⓘ978-4-535-51919-0 Ⓝ323.01 愛敬浩二

01339 政友会と民政党―戦前の二大政党制に何を学ぶか 井上寿一著 中央公論新社 2012.11 260p 18cm （中公新書 2192） 〈文献あり 年表あり〉 840円 Ⓘ978-4-12-102192-2 Ⓝ312.1 井上寿一

01340 立憲民政党と政党改良―戦前二大政党制の崩壊 井上敬介著 札幌 北海道大学出版会 2013.8 281, 5p 22cm （北海道大学大学院文学研究科研究叢書 24） 〈他言語標題：The Minsei Party and Improvement of political party〉 〈索引あり〉 6000円 Ⓘ978-4-8329-6787-8 Ⓝ315.1 井上敬介

01341 立憲主義と日本国憲法 高橋和之著 第3版 有斐閣 2013.9 459p 22cm 〈他言語標題：Constitutionalism and the Constitution of Japan〉 〈文献あり 索引あり〉 3000円 Ⓘ978-4-641-13144-6 Ⓝ323.14 高橋和之

01342 はじめての憲法教室―立憲主義の基本から考える 水島朝穂著 集英社 2013.10 189p 18cm （集英社新書 0712） 700円 Ⓘ978-4-08-720712-5 Ⓝ323.14 水島朝穂

01343 現代立憲主義の諸相―高橋和之先生古稀記念 上 長谷部恭男、安西文雄、宍戸常寿、林知更編 有斐閣 2013.12 713p 22cm Ⓘ978-4-641-13145-3 Ⓝ323.04 長谷部恭男 安西文雄 宍戸常寿

01344 現代立憲主義の諸相―高橋和之先生古稀記念 下 長谷部恭男、安西文雄、宍戸常寿、林知更編 有斐閣 2013.12 750p 22cm 〈著作目録あり 年譜あり〉 Ⓘ978-4-641-13145-3 Ⓝ323.04 長谷部恭男 安西文雄 宍戸常寿

01345 現代立憲主義の諸相―高橋和之先生古稀記念 長谷部恭男、安西文雄、宍戸常寿、林知更編 有斐閣 2013.12 2冊(セット) 21cm 28000円 Ⓘ978-4-641-13145-3 Ⓝ32 長谷部恭男 安西文雄 宍戸常寿 林知更

01346 立憲主義の日本的困難―尾崎行雄批評文集1914-1947 尾崎行雄著 書肆心水 2014.7 313p 22cm 〈年譜あり〉 5900円 Ⓘ978-4-906917-31-0 Ⓝ312.1 尾崎行雄

01347 日本近代主権と立憲政体構想 小関素明著 日本評論社 2014.12 361p 22cm 〈索引あり〉 4500円 Ⓘ978-4-535-58671-0 Ⓝ312.1 小関素明

01348 立憲主義について―成立過程と現代 佐藤幸治著 左右社 2015.4 263p 19cm （放送大学叢書 028） 1800円 Ⓘ978-4-86528-113-2 Ⓝ323.02 佐藤幸治

01349 代表の本質と民主制の形態変化 ゲアハルト・ライプホルツ原著、渡辺中、廣田全男監訳、廣田健次、柏崎敏義、加藤一彦、小橋昇、斎藤康輝、名雪健二［訳］ 成文堂 2015.7 189p 21cm 〈年譜あり 索引あり〉 2500円 Ⓘ978-4-7923-0579-6 Ⓝ313.7 Leibholz, Gerhard 渡辺中 広田全男 広田健次 柏崎敏義 加藤一彦

01350 現役弁護士が書いた出張版マンガと法律―シビュラシステムと立憲主義（憲法編）― psycho-pass fanbook RPガス著 ［大阪］ ホープツーワン 2015.8 22p 26cm

01351 改めて知る日本国民のための日本国憲法―立憲主義とは何か 太田雅幸著、コンデックス情報研究所編 清水書院 2015.9 223p 21cm 〈タイトルは奥付・表紙による.標題紙のタイトル：立憲主義とは何か日本国民のための日本国憲法〉 〈文献あり〉 1500円 Ⓘ978-4-389-22574-2 Ⓝ323.14 太田雅幸 コンデックス情報研究所

01352 立憲主義の「危機」とは何か 林尚之、住友陽文編 川越 すずさわ書店 2015.9 215,

52 憲法改正 最新文献目録 〔01330～01352〕

5p　21cm　〈文献あり 索引あり〉　3800円
①978-4-7954-0291-1　Ⓝ323.14　林尚之　住友
陽文

01353　平和の敵—偽りの立憲主義　岩田温著
並木書房　2015.11　255p　19cm　1500円
①978-4-89063-334-0　Ⓝ323.142　岩田温

【雑誌】

01354　学会記事 学術講演会 第1回「憲法改正と
立憲主義」「行政社会論集」18(3)　2006　p.
122〜129

01355　資料 立憲主義の堅持と日本国憲法の基本
原理の尊重を求める宣言　日本弁護士連合会
「信州自治研」(167)　2006.1　p.70〜75

01356　グローバルな法仲間共同体における政治
的選択肢——覇権支配、立憲主義、民主制
Hauke, Brunkhorst　Manfred, Hubricht［訳］
「産大法学」39(3・4)通号135　2006.3　p.606
〜588

01357　立憲主義の生成と政治の恣意性　髙橋和
則「法学新報」112(7・8)　2006.3　p.293〜
326

01358　思想の言葉 国際立憲主義の再照射 (カン
ト永遠平和論と現代)　最上敏樹「思想」
(984)　2006.4　p.1〜3

01359　デモクラシーによる立憲主義——正義の
戦争を否定するカントの対案 (カント永遠平和
論と現代)　Hauke, Brunkhorst　三島憲一
［訳］「思想」(984)　2006.4　p.30〜49

01360　現代立憲主義国家において国家法として
民法を制定する意味(4・完)民法と憲法の関係
および民法と行政法の関係についての一考察
宮澤俊昭「近畿大学法学」54(1)通号142
2006.6　p.1〜41

01361　身分制議会と立憲主義(5)　北原仁「駿
河台法学」20(2)通号38　2007　p.25〜44

01362　身分制議会と立憲主義(6)　北原仁「駿
河台法学」21(1)通号39　2007　p.163〜204

01363　安全保障理論としての立憲主義(社会的リ
スクと法的秩序)　山中倫太郎「リスク社会の
危機管理」2007.3　p.198〜

01364　ロー・クラス 人権の臨界——路上の呼び
声を聴く(新連載・1)「権利を持つ権利」と立憲
主義の限界　笹沼弘志「法学セミナー」52
(4)通号628　2007.4　p.52〜55

01365　「ポピュリスト的立憲主義」をめぐって
(第2部 比較の中の憲法)　松井茂記「現代社
会における国家と法 阿部照哉先生喜寿記念論文
集」2007.5　p.353〜

01366　立憲主義と民主主義(I 立憲主義)　愛敬
浩二「憲法諸相と改憲論 吉田善明先生古稀記
念論文集」2007.8　p.3〜

01367　近現代中国と近代立憲主義——非西欧諸
国における近代立憲主義の受容　松井直之「横

浜国際経済法学」16(1)　2007.9　p.103〜131

01368　ロー・クラス 憲法9条と立憲主義——奥
平康弘さんの『憲法を生きる』に触発されて
樋口陽一「法学セミナー」52(11)通号635
2007.11　p.42〜45

01369　現代日本社会と憲法——半立憲主義憲法
としての日本の憲法(統治構造の変容と憲法動
態)　浦田一郎「公法研究」(70)　2008　p.
22〜40

01370　身分制議会と立憲主義(7)　北原仁「駿
河台法学」21(2)通号40　2008　p.15〜64

01371　身分制議会と立憲主義(8)　北原仁「駿
河台法学」22(1)通号41　2008　p.1〜37

01372　立憲主義と憲法パトリオティズム——多
元主義とコンセンサスの調和をめざして(統合
と保護の諸相)　井上典之「公法研究」(70)
2008　p.83〜95

01373　立憲主義の多角的理解に向けて(序章)
川岸令和「立憲主義の政治経済学」2008.3
p.1〜

01374　憲法は考える？(第I部 9.11後の立憲主
義)　スティーヴン、ホームズ　河野勝「立憲
主義の政治経済学」2008.3　p.13〜

01375　立憲主義と民主的責任(第I部 9.11後の立
憲主義)　ロジャーズ、スミス　青山豊「立憲
主義の政治経済学」2008.3　p.39〜

01376　次のテロ攻撃の翌朝に(第I部 9.11後の立
憲主義)　ブルース、アッカーマン　飛田綾子
「立憲主義の政治経済学」2008.3　p.77〜

01377　立憲主義のゲーム理論的分析(第II部 立
憲主義とは何か)　河野勝　広瀬健太郎「立憲
主義の政治経済学」2008.3　p.115〜

01378　経済学における三つの立憲主義的契機(第
II部 立憲主義とは何か)　若田部昌澄「立憲主
義の政治経済学」2008.3　p.139〜

01379　テロという危機の時代における「立憲主
義」の擁護(第II部 立憲主義とは何か)　阪口正
二郎「立憲主義の政治経済学」2008.3　p.
161〜

01380　「小さな政府」の憲法学(第III部 立憲主義
の諸相)　棟居快行「立憲主義の政治経済学」
2008.3　p.185〜

01381　公共サービスと自由(第III部 立憲主義の
諸相)　西原博史「立憲主義の政治経済学」
2008.3　p.199〜

01382　立憲主義(第3部 基本的法概念のクリ
ティーク)　愛敬浩二「企業・市場・市民社会
の基礎法学的考察」2008.10　p.264〜

01383　民主主義と立憲主義(特集《日本国憲法を
めぐる基本問題》)　青山治城「法の理論27」
2008.10　p.3〜

01384　島善高『律令制から立憲制へ』　岩谷十郎

「法史学研究会会報」(14) 2009 p.161〜165

01385 立憲主義の再構築に向けて——現代リベラリズムの吟味のために 新庄勝美 「憲法研究」(41) 2009 p.75〜95

01386 断片化問題の応答としての個人基底的立憲主義——国際人権法と国際人道法の関係を中心に(統一テーマ 国際法規範の統合原理——その可能性の模索) 寺谷広司 「世界法年報」(28) 2009.3 p.42〜76

01387 国境を超える立憲主義(特集 グローバル化の中の国家と憲法) 井上典之 「ジュリスト」(1378) 2009.5.1・15 p.39〜46

01388 立憲主義と憲法第9条(特集 憲法9条を読み解く) 長谷部恭男 「自由と正義」60(6)通号725 2009.6 p.11〜21

01389 近代立憲主義(特集 憲法——統治機構論入門) 南野森 「法学セミナー」54(11)通号659 2009.11 p.12〜15

01390 法的立憲主義の主流化と憲法理論——比較憲法学的考察(特集 憲法訴訟と司法権) 愛敬浩二 「ジュリスト」(1400) 2010.5.1・15 p.119〜125

01391 立憲国家と法治国家——F・ハイエク理論にみる立憲国の原理 阪本昌成 「立教法学」通号83 2011 p.149〜200

01392 立憲主義の再考：アメリカ州憲法の比較法上の意義 藤田忠尚 「折尾愛真短期大学論集」(44) 2011 p.29〜102

01393 二値編成複合性の立憲化——国民国家を超えた社会的立憲主義について(特集 社会システム理論と法律学) Gunther, Teubner 綾部六郎[訳] 尾崎一郎[訳] 「新世代法政策学研究」10 2011.2 p.181〜204

01394 世界銀行の開発政策と「立憲化」(統一テーマ『世界政府の思想』60年) 福永有夏 「世界法年報」(30) 2011.3 p.81〜108

01395 立憲主義の源流——合理主義的啓蒙思想か、スコットランド啓蒙思想か 阪本昌成 「筑波ロー・ジャーナル」(9) 2011.3 p.65〜100

01396 19世紀型君主制憲法と君主・大臣規定(1)フランス・ベルギー・プロイセン・日本 西岡祝 「福岡大學法學論叢」55(3・4)通号196・197 2011.3 p.565〜602

01397 国家なき立憲主義は可能か(特集 国家の役割, 個人の権利) 駒村圭吾 「ジュリスト」(1422) 2011.5.1・15 p.21〜28

01398 19世紀型君主制憲法と君主・大臣規定(2・完)フランス・ベルギー・プロイセン・日本 西岡祝 「福岡大學法學論叢」56(1)通号198 2011.6 p.79〜119

01399 立憲主義・国家からの自由・徳(1)19世紀レッセフェール立憲主義の人間像 清水潤 「中央ロー・ジャーナル」8(3)通号29 2011.

12 p.97〜140

01400 講演要旨 立憲主義と国家緊急権 浜谷英博 「読売クオータリー」(21) 2012.春 p.124〜133

01401 西洋立憲主義思想の形成と公会議論 長谷川史明 「志學館法学」(13) 2012.3 p.21〜41

01402 立憲主義・国家からの自由・徳(2)19世紀レッセフェール立憲主義の人間像 清水潤 「中央ロー・ジャーナル」8(4)通号30 2012.3 p.43〜82

01403 市民社会と立憲主義 中野勝郎編著 ［東京］ 法政大学現代法研究所 2012.3 309p 22cm （法政大学現代法研究所叢書 34） 〈発売：法政大学出版局〉 3000円 ①978-4-588-63034-7 ⑩311.04 中野勝郎

01404 国際経済法における規範構造の特質とその動態：立憲化概念による把握の試み 伊藤一頼 「国際法外交雑誌」111(1) 2012.5 p.47〜73

01405 立憲主義：権力の制限と積極的関与との間で(特集 憲法入門：憲法の基本原理を理解する) 川岸令和 「法学セミナー」57(5)通号688 2012.5 p.2〜4

01406 視点(第88回)リベラルな国際立憲主義という陥穽：市井の声を統治に届ける闘いのために 前田幸男 「Int'lecowk：国際経済労働研究」67(9)通号1023 2012.9 p.22〜24

01407 立憲史に見る日本人の国体観(続) 「明日への選択」(321) 2012.10 p.22〜26

01408 公共選択から立憲的政治経済学へ：J. M. Buchananの苦悩と挑戦 関谷登 「東北学院大学経済学論集」(179) 2012.12 p.31〜45

01409 戦後憲法が決定的な危機に 立憲主義の抹殺を狙う「壊憲勢力」(総選挙特集 経済と憲法を問う) 水島朝穂 「金曜日」20(48)通号940 2012.12.14 p.24〜25

01410 「新アジア立憲主義」の構造問題：1997年および2007年のタイ憲法を素材にして 下條芳明 「アジア法研究」 2013 p.25〜49

01411 我が国が立憲君主国ならば、立憲主義の原点に戻るべき(特集 領土・国防・安保：日本は侵されている) 西村眞悟 「伝統と革新：オピニオン誌」(10) 2013.1 p.80〜86

01412 中世立憲思想と古代イスラエルのテオクラシー(辰村吉康前学長追悼記念号) 長谷川史明 「志學館法学」(14) 2013.3 p.11〜44

01413 安井息軒を継ぐ人々(5)陸奥宗光と立憲思想：安井息軒研究(10) 古賀勝次郎 「早稲田社会科学総合研究」13(3) 2013.3 p.1〜20

01414 立憲主義の射程：アメリカ州憲法における社会・経済的権利 藤田忠尚 「徳山大学総合研究所紀要」(35) 2013.3 p.133〜172

01415 近代立憲主義の本質と日本人（特集 憲法擁護の展開（その3）） 岩間一雄 「人権21：調査と研究」（226） 2013.10 p.3〜9

01416 翻訳 立憲主義と民主主義 ドミニク・ルソー 德永貴志［訳］「慶應法学」（27） 2013.10 p.219〜241

01417 吉野作造の「憲政」及び「立憲」観 手嶋泰伸 「日本史研究」（614） 2013.10 p.26〜44

01418 なぜ立憲主義を破壊しようとするのか：現状を見定めることの責任 樋口陽一 「世界」（850） 2013.12 p.63〜68

01419 授業研究会 ICTと論述課題を併用した立憲制度の成立に関する授業実践 上田隆之 「都歴研紀要」（51） 2014 p.25〜31

01420 民主主義と立憲主義の合理的選択論：選択構造操作と現代日本政治（特集 公共選択の潮流） 鈴木基史 「公共選択」（62） 2014 p.109〜127

01421 立憲主義と安全保障法制：ドイツ連邦憲法裁判所による「解釈改憲」と防衛憲法の判例法的形成 松浦一夫 「防衛法研究」（38） 2014 p.57〜75

01422 立憲主義と憲法改正 長谷川史明 「憲法研究」（46） 2014 p.137〜153

01423 立憲民主の心・技・体と防災設計：比較憲法工学の可能性（特集 憲法 "改正" 問題：国家のあり方とは） 松平徳仁 「論究ジュリスト」（9） 2014.春 p.77〜85

01424 篠田英朗著『「国家主権」という思想：国際立憲主義への軌跡』 石田淳 「国際法外交雑誌」112（4） 2014.1 p.767〜771

01425 「立憲主義という考え方」での議論（法学館憲法研究所 2013憲法フォーラム） 伊藤真［回答・コメント］ 浦部法穂［回答・コメント］ 「法学館憲法研究所報」（10） 2014.1 p.15〜22

01426 「立憲主義という考え方」問題提起（法学館憲法研究所 2013憲法フォーラム） 浦部法穂 「法学館憲法研究所報」（10） 2014.1 p.3〜14

01427 レフトにとって立憲主義とは何か？：立憲主義・プロレタリア独裁・憲法制定権力について（特集 国家論） 朝日健太郎 「情況. 第四期：変革のための総合誌」3（1）通号14 2014.1・2 p.48〜62

01428 翻訳 立憲主義とEU デイビッド，エドワード 木村仁［訳］ 大北由恵［訳］「法と政治」64（4） 2014.2 p.1368〜1360

01429 大津事件における立憲制の危機 新井勉 「日本法學」79（4） 2014.3 p.681〜712

01430 教育勅語渙発に現れた立憲政体構想：その発表形式を巡って 慶野義雄 「平成国際大学研究所論集」（14） 2014.3 p.57〜66

01431 中世立憲思想とテオクラシーの基礎 長谷川史明 「志學館法学」（15） 2014.3 p.1〜39

01432 一人ひとりの「個人」の自由の大切さ：「立憲主義」の意味を考える（日本の今をどう読むか） 樋口陽一 「南を考える」（14） 2014.3 p.1〜88

01433 「立憲化」にとっての分権化と集権化：ケルゼン法理論における理論と現実（国際法の「立憲化」：世界法の視点から） 福島涼史 「世界法年報」（33） 2014.3 p.33〜64

01434 立憲民主政と貧困問題（特集 社会運動と憲法：市民自治から憲法をとらえなおす） 笹沼弘志 「社会運動」（408） 2014.3 p.49〜53

01435 立憲主義・リベラル勢力の総結集に向けて国際的国内的連帯活動の強化を！（特集 ストップ・ザ・アベ：立憲主義・リベラル勢力の総結集で安倍政権の暴走を止めよう！） 松本弘也 「労働運動研究」（復刊6） 2014.4 p.2〜10

01436 特集 岡山県地域人権問題研究集会（上）日本国憲法の人権国家構想：立憲主義と基本的人権 小畑隆資 「地域と人権」（361） 2014.5 p.21〜32

01437 立憲主義の危機と憲法学の課題（特集 日本社会変革の理論的課題） 村田尚紀 「唯物論と現代」（51） 2014.5 p.15〜31

01438 立憲主義否定の『解釈クーデタ』：集団的自衛権行使へ疾駆する安倍政権（改憲・壊憲政治を問う） 小林武 「前衛：日本共産党中央委員会理論政治誌」（909） 2014.5 p.44〜57

01439 特集 岡山県地域人権問題研究集会（下）日本国憲法の人権国家思想：立憲主義と基本的人権 小畑隆資 「地域と人権」（362） 2014.6 p.24〜32

01440 思想連鎖のなかの「人の支配」と立憲主義（特集 憲法解釈と人事） 山室信一 「法律時報」86（8）通号1075 2014.7 p.12〜17

01441 「非常時」のなかの立憲主義の転回と平和国家 林尚之 「立命館文學」（638） 2014.7 p.22〜38

01442 ロー・ジャーナル 「立憲デモクラシーの会」設立：2014年4月18日記者会見 「法学セミナー」59（7）通号714 2014.7 p.4〜5

01443 中国動態 日中で同時進行する立憲主義の揺らぎ 梶谷懐 「週刊東洋経済」（6535） 2014.7.5 p.120〜121

01444 現代の肖像 慶應義塾大学名誉教授・弁護士 小林節 無敵の立憲主義者の論理と心理 今井一［文］「Aera」27（35）通号1465 2014.8.18 p.52〜56

01445 学校は誰のもの？ この国は誰のもの？：立憲主義破壊と教育の破壊に思うこと 黒川富秋 「反戦情報」（360） 2014.9.15 p.20〜26

01446 国際社会の立憲的性格の再検討 ： 「ウェストファリア神話」批判の意味 篠田英朗 「国際法外交雑誌」 113（3） 2014.11 p.374〜396

01447 「外交権」の立憲主義的統制 石村修 「専修ロージャーナル」 （10） 2014.12 p.21〜45

01448 立憲デモクラシーの危機と例外状態 ： デリダ、アガンベン、ベンヤミン、シュミットと「亡霊の回帰」（10年後のジャック・デリダ） 佐藤嘉幸 「思想」 （1088） 2014.12 p.88〜104

01449 立憲主義・代表制・熟議民主主義 ： 自由民主主義と熟議民主主義の関係をめぐって（特集 民主政の現在と憲法学—民主政の現在 ： 民主政の現在 ： 比較史的・原理論的考察を踏まえて） 田村哲樹 「憲法問題」 （26） 2015 p.109〜119

01450 立憲民主主義（リベラル・デモクラシー）のプロトタイプと担い手像（1）比較近代史（インター・ステイトシステム論）の視点から現代日本の憲法状況を問う 横田力 「都留文科大学研究紀要」 81 2015 p.97〜143

01451 小笠原長行と「公議」 ： 唐津統治期を中心に（小特集 近代日本における立憲制の前提と展開） 奈良勝司 「立命館大学人文科学研究所紀要」 （105） 2015.2 p.3〜36

01452 ナショナルな立憲主義のジレンマ（日越憲法比較シンポジウム ： 転換期における憲法と社会） 松本和彦 「阪大法学」 64（6）通号294 2015.3 p.1995〜2008

01453 「立憲主義」と「憲法制定権力」 ： 対抗と補完 ： 最近の内外憲法論議の中から 樋口陽一 「日本學士院紀要」 69（3） 2015.3 p.105〜128

01454 憲法学のゆくえ（5—2）座談会 アーキテクチャによる規制と立憲主義の課題（前篇） 松尾陽 宍戸常寿 曽我部真裕［他］「法律時報」 87（5）通号1085 2015.5 p.107〜115

01455 立憲主義への三つの道 ： そしてヨーロッパ連合の危機 ブルース，アッカマン 辻健太［訳］ 川岸令和［訳］「法律時報」 87（5）通号1085 2015.5 p.98〜106

01456 憲法学のゆくえ（5—3）座談会 アーキテクチャによる規制と立憲主義の課題（後篇） 松尾陽 宍戸常寿 曽我部真裕［他］「法律時報」 87（7）通号1087 2015.6 p.92〜100

01457 議会民主政の変動と立憲主義の危機（小特集 立法学学術フォーラム ： 立憲民主政の変動と立法学の再編） 西原博史 「法律時報」 87（8）通号1088 2015.7 p.56〜58

01458 集合的決定としての「立法」への懐疑 ： 私法の視点から（小特集 立法学学術フォーラム ： 立憲民主政の変動と立法学の再編） 山田八千子 「法律時報」 87（8）通号1088 2015.7 p.68〜70

01459 立法システムにおける熟議デモクラシー

01460 7.1閣議決定と国会の違憲審査機能（小特集 立法学学術フォーラム ： 立憲民主政の変動と立法学の再編） 高見勝利 「法律時報」 87（8）通号1088 2015.7 p.65〜67

01461 フォーカス政治 政権交代より立憲主義に共感 戦後70年のデモクラシー 山口二郎 「週刊東洋経済」 （6612） 2015.8.29 p.98〜99

01462 法の烽火 法治の根幹…… 立憲主義 松野信夫 「Kumamoto ： 総合文化雑誌」 （12） 2015.9 p.209〜211

01463 法務研修セミナー第43回報告 今日の国政状況における憲法問題 ： 憲法違反の政治状況に対して「立憲主義を取り戻す」 横尾日出雄 「Chukyo lawyer」 （23） 2015.9 p.19〜47

01464 立憲主義の源流 ： 96条改正問題の原点 宮﨑晶行 「国際理解」 （41） 2015.9 p.157〜179

01465 立憲主義と『現行占領憲法』 ： 正統なる憲法を回復した時、はじめて『立憲主義』が正しく確立する（特集 「戦後平和主義」と国家安全保障 ： 「新安保法制」と「終戦七十年総理談話」を考える） 四宮正貴 「伝統と革新 ： オピニオン誌」 （21） 2015.11 p.4〜12

01466 立憲主義掲げ、言論の自由に新たな空間 「15年安保」における若者の政治（特集 若者はこの国の政治を変えられるか？） 高橋若木 「Journalism」 （307） 2015.12 p.22〜28

◆憲法原理・憲法論

【図書】

01467 憲法の基本原理から考える 只野雅人著 日本評論社 2006.3 303p 21cm 2500円 ①4-535-51514-X Ⓝ323.14 只野雅人

01468 日本人のための憲法原論 小室直樹著 集英社インターナショナル 2006.3 492p 20cm 〈『痛快！ 憲法学』（2001年刊）の愛蔵版〉 〈発売：集英社〉 1800円 ①4-7976-7145-9 Ⓝ323.01 小室直樹

01469 法の基礎概念と憲法 長谷川日出世著 増補版 成文堂 2006.3 225, 9p 22cm 〈文献あり〉 2500円 ①4-7923-0399-0 Ⓝ321 長谷川日出世

01470 憲法を決めるのは誰ですか？ 斎藤貴男、辻元清美、伊藤剛、坂本洋子、北川艦一、西澤清、吉田雅人［著］ 労働大学出版センター 2006.8 44p 21cm （労大ブックレット 3） 381円 Ⓝ323.149 斎藤貴男 辻元清美 伊藤剛

01471 憲法国家の実現—保障・安全・共生 石村修著 尚学社 2006.9 321p 22cm 〈文献あり〉 6500円 ①4-86031-041-1 Ⓝ323.01

石村修

01472 憲法の理性 長谷部恭男著 東京大学出版会 2006.11 225p 22cm 3600円 ①4-13-031180-8 Ⓝ323.01 長谷部恭男

01473 これが憲法だ！ 長谷部恭男, 杉田敦著 朝日新聞社 2006.11 216p 18cm （朝日新書） 720円 ①4-02-273114-1 Ⓝ323.01 長谷部恭男 杉田敦

01474 憲法の基礎理論と解釈 尾吹善人著 信山社 2007.1 678p 22cm （学術選書 憲法） 〈年譜あり〉 〈著作目録あり〉 21000円 ①978-4-7972-3231-8 Ⓝ323.01 尾吹善人

01475 国家は僕らをまもらない―愛と自由の憲法論 田村理著 朝日新聞社 2007.4 254p 18cm （朝日新書） 740円 ①978-4-02-273139-5 Ⓝ323.1 田村理

01476 解釈改憲路線の行き詰まりを打開する道は何か―「安全保障の法的基盤の再構築」の意味するもの 染谷正圀[著] 常総 染谷正圀 2007.5 37p 21cm 300円

01477 平等なき平等条項論―equal protection条項と憲法14条1項 木村草太著 東京大学出版会 2008.7 278p 22cm 〈文献あり〉 5800円 ①978-4-13-036133-0 Ⓝ323.143 木村草太

01478 議会の役割と憲法原理 浦田一郎, 只野雅人編 信山社 2008.12 262p 22cm （総合叢書 3（憲法）） 7800円 ①978-4-7972-5453-2 Ⓝ314 浦田一郎 只野雅人

01479 多層的民主主義の憲法理論―ヨーロッパにおける自治の思想と展望 ディアン・シェーフォルト著, 大野達司訳 風行社 2009.3 331p 22cm 8800円 ①978-4-86258-021-4 Ⓝ313.7 Schefold, Dian. 大野達司

01480 時代を読む―新聞を読んで 1997-2008 水島朝穂著 柘植書房新社 2009.4 302p 20cm 2800円 ①978-4-8068-0592-2 Ⓝ304 水島朝穂

01481 憲法理論研究 堀内健志著 弘前 弘前大学出版会 2011.3 687p 22cm 11429円 ①978-4-902774-70-2 Ⓝ323.01 堀内健志

01482 憲法理論の再創造 辻村みよ子, 長谷部恭男編 日本評論社 2011.3 536p 22cm 〈索引あり〉 5500円 ①978-4-535-51786-8 Ⓝ323.01 辻村みよ子 長谷部恭男

01483 憲法の急所―権利論を組み立てる 木村草太著 羽鳥書店 2011.7 336p 21cm 〈文献あり 索引あり〉 2800円 ①978-4-904702-26-0 Ⓝ323.143 木村草太

01484 政治変動と憲法理論 憲法理論研究会編 敬文堂 2011.10 266p 20cm （憲法理論叢書 19） 2800円 ①978-4-7670-0180-7 Ⓝ323.01 憲法理論研究会

01485 政治的公共圏の憲法理論―民主主義憲法学の可能性 本秀紀著 日本評論社 2012.2 282p 22cm 〈他言語標題：Verfassungstheorie der politischen Öffentlichkeit〉 4700円 ①978-4-535-51855-1 Ⓝ323.14 本秀紀

01486 憲法と国際規律 齊藤正彰著 信山社 2012.3 219p 22cm 6800円 ①978-4-7972-1247-1 Ⓝ323.14 齊藤正彰

01487 法の基礎概念と憲法 長谷川日出世著 第2版 成文堂 2012.3 230, 9p 21cm 〈文献あり〉 2500円 ①978-4-7923-0531-4 Ⓝ321 長谷川日出世

01488 経済政策と社会保障政策のための「第4の憲法原理」をめぐる考察―最高裁判例の「明白性の原則」に対するポストモダン憲法学からの違憲判断基準の提示 瀬尾俊治著 名古屋 ブイツーソリューション 2012.6 161p 19cm 〈発売：星雲社〉 1400円 ①978-4-434-16801-7 Ⓝ323.14 瀬尾俊治

01489 記者ときどき学者の憲法論 山田隆司著 日本評論社 2012.7 260p 19cm 〈文献あり 索引あり〉 1900円 ①978-4-535-51906-0 Ⓝ323.14 山田隆司

01490 熟議が壊れるとき―民主政と憲法解釈の統治理論 キャス・サンスティーン著, 那須耕介編・監訳 勁草書房 2012.10 326p 20cm 〈索引あり〉 2800円 ①978-4-326-15422-7 Ⓝ311.7 Sunstein, Cass R. 那須耕介

01491 平和と市民自治の憲法理論 河上暁弘著 敬文堂 2012.10 379p 22cm （自治総研叢書 32） 4200円 ①978-4-7670-0187-6 Ⓝ323.148 河上暁弘

01492 憲法の優位 ライナー・ヴァール著, 小山剛監訳 慶應義塾大学法学研究会 2012.11 370p 22cm （慶應義塾大学法学研究会叢書 84） 〈他言語標題：Der Vorrang der Verfassung〉 〈発売：慶應義塾大学出版会〉 6000円 ①978-4-7664-1997-9 Ⓝ323.34 Wahl, Rainer 小山剛

01493 憲法の創造力 木村草太著 NHK出版 2013.4 234p 18cm （NHK出版新書 405） 〈文献あり〉 780円 ①978-4-14-088405-8 Ⓝ323.14 木村草太

01494 憲法とは国家権力への国民からの命令である―民主主義の主権は在民にあり 小室直樹著 ビジネス社 2013.7 341p 20cm （「日本国憲法の問題点」（集英社インターナショナル 2002年刊）の改題、脚注を増補） 1900円 ①978-4-8284-1711-0 Ⓝ323.14 小室直樹

01495 憲法は、政府に対する命令である。 C.ダグラス・ラミス著 増補 平凡社 2013.8 247p 16cm （平凡社ライブラリー 792） 1000円 ①978-4-582-76792-6 Ⓝ323.14 ラミス, C.ダグラス

01496 動態的憲法研究―あらゆる憲法事象についての総合的考察 早川忠孝, 南部義典著 PHPパブリッシング 2013.8 302p 19cm

（時を刻む 第1巻） 1300円 Ⓘ978-4-907440-31-2 Ⓝ323.14 早川忠孝 南部義典

01497 クリスチャンとして「憲法」を考える クリスチャン新聞編 いのちのことば社 2014.2 87p 21cm （21世紀ブックレット 52） 850円 Ⓘ978-4-264-03192-5 Ⓝ323.14 クリスチャン新聞

01498 時代を読む―「民族」「人権」再考 加藤周一, 樋口陽一著 岩波書店 2014.5 224p 15cm （岩波現代文庫 社会 270） 〈小学館1997年刊の再刊〉 〈文献あり〉 960円 Ⓘ978-4-00-603270-8 Ⓝ304 加藤周一 樋口陽一

01499 「この国のかたち」を考える 長谷部恭男編, 葛西康徳, 加藤陽子, 苅部直, 宍戸常寿, 吉見俊哉著 岩波書店 2014.11 217p 19cm 1900円 Ⓘ978-4-00-022937-1 Ⓝ302.1 葛西康徳 加藤陽子 苅部直 宍戸常寿 吉見俊哉 長谷部恭男

01500 加藤周一と丸山眞男―日本近代の〈知〉と〈個人〉 樋口陽一著 平凡社 2014.12 181p 20cm 1800円 Ⓘ978-4-582-83676-9 Ⓝ323.01 樋口陽一

01501 自由な人間主体を求めて―堀尾輝久対談集 堀尾輝久, 宮地正人, 樋口陽一, 杉山邦博, 石田雄, 奥平康弘著 本の泉社 2014.12 271p 20cm 1850円 Ⓘ978-4-7807-1201-8 Ⓝ304 堀尾輝久 宮地正人 樋口陽一 杉山邦博 石田雄 奥平康弘

01502 法の理論 33 特集《日本国憲法のゆくえ》 竹下賢, 長谷川晃, 酒匂一郎, 河見誠編 成文堂 2015.3 262p 21cm 3800円 Ⓘ978-4-7923-0571-0 Ⓝ321.04 竹下賢 長谷川晃 酒匂一郎 河見誠

【雑誌】

01503 国家を論じない憲法論議（小特集 憲法とは何か） 御厨貴 「環：歴史・環境・文明」 25 2006.Spr. p.42〜55

01504 座談会 憲法とは何か（小特集 憲法とは何か） 佐伯啓思 篠田正浩 橋本五郎[他] 「環：歴史・環境・文明」 25 2006.Spr. p.56〜96

01505 脱国民化する憲法（特集 公共性の不可能性） 萱野稔人 広坂朋信 「情況．第三期：変革のための総合誌」 7（1）通号57 2006.1・2 p.70〜80

01506 憲法問題に対する取り組み（憲法を考える） 古田善宏 「月報全青司」 （311） 2006.3 p.6〜8

01507 丸山眞男の憲法論――宮沢俊義との関係（丸山眞男を読み直す） 高見勝利 「思想」 （988） 2006.8 p.104〜119

01508 憲法を考えるアメリカへの旅 暴力の連鎖の中で憲法を思う 吉岡忍 「創」 36（11）通号407 2006.12 p.66〜71

01509 憲法の視点からの民法？（民法体系論） 中村哲也 「法の生成と民法の体系 無償行為論・法過程論・民法体系論 広中俊雄先生傘寿記念論集」 2006.12 p.499〜

01510 「新しい憲法秩序」なるものの一考察 金澤孝 「早稲田法学会誌」 58（1） 2007 p.107〜156

01511 懸賞論文入選作 傍論における憲法判断・考 村上徹 「関西大学法学会誌」 （52） 2007 p.1〜28

01512 憲法の規範力（3） 栗城壽夫 「名城ロースクール・レビュー」 （6） 2007 p.133〜155

01513 戦後憲法学と憲法理論（特集 「戦後民主主義」と憲法・憲法学） 林知更 「憲法問題」 通号18 2007 p.39〜52

01514 デモクラティック・ピース論の現在的位相 麻生多聞 「比較法学」 40（2）通号81 2007 p.215〜235

01515 K・レーヴェンシュタインにおける「コントロール」概念 吉田栄司 「関西大学法学論集」 56（5・6） 2007.2 p.1091〜1135

01516 講演録 民法と憲法の関係――民法の憲法化から憲法化による民法化 Gunter, Hager 円谷峻[訳] 「明治大学法科大学院論集」 （2） 2007.3 p.1〜19

01517 インテリジェンス・アイ（第59回）聖徳太子「十七条の憲法」を改正せよ 佐々淳行 「諸君！：日本を元気にするオピニオン雑誌」 39（5） 2007.5 p.108〜110

01518 「小さな憲法論」の試み（特集 憲法） 棟居快行 「月報司法書士」 （423） 2007.5 p.13〜18

01519 明確性の原則について（第1部 人権の現代的展開） 木下智史 「現代社会における国家と法 阿部照哉先生喜寿記念論文集」 2007.5 p.229〜

01520 憲法の動態と静態（6・完）R・ドゥオーキン法理論の「連続戦略」をてがかりとして 巻美矢紀 「国家学会雑誌」 120（7・8）通号1080 2007.8 p.435〜474

01521 井上毅の「大臣責任」観に関する考察――白耳義憲法受容の視点から 山田徹 「法学会雑誌」 48（2） 2007.12 p.437〜469

01522 行政法学が前提としてきた憲法論（統治構造の変容と憲法動態） 交告尚史 「公法研究」 （70） 2008 p.62〜82

01523 憲法の規範力（4） 栗城壽夫 「名城ロースクール・レビュー」 （8） 2008 p.89〜114

01524 講演要旨 憲法解釈の変更を求めて[含 討論] 柳井俊二 「読売クオータリー」 （7） 2008.秋 p.126〜139

01525 二つの憲法（constitution）概念とその思想的基盤 長谷川史明 「憲法研究」 （40）

01526 情況への発言 国家原理に行き着いたグローバリズム 金子勝 「情況. 第三期 : 変革のための総合誌」 9(1)通号70 2008.1・2 p.6〜28

01527 国民の義務に関する憲法的考察 齋藤康輝 「朝日法学論集」 (35) 2008.3 p.1〜38

01528 通説的国民主権論に関する覚書――芦部国民主権論評註 村田尚紀 「関西大学大学院法務研究科法科大学院ジャーナル」 (3) 2008.3 p.41〜48

01529 ディパートメンタリズムと司法優越主義――憲法解釈の最終的権威をめぐって 大林啓吾 「帝京法学」 25(2)通号43 2008.3 p.103〜155

01530 保守思想の辞典(16)憲法――不文と成文の諍い 西部邁 「表現者」 (17) 2008.3 p.176〜179

01531 現代日本の多元社会と憲法に基づく普遍的価値の彫琢 横田力 「連続と非連続の日本政治」 2008.3 p.235〜

01532 アプレ・ゲール、アヴァン・ゲール――コードとしての「戦後」(特集 憲法理論の新たな創造) 石川健治 「法律時報」 80(6)通号996 2008.6 p.19〜26

01533 隠された<私>/顕れる<私>(特集 憲法理論の新たな創造) 糠塚康江 「法律時報」 80(6)通号996 2008.6 p.36〜41

01534 近未来の憲法理論を考える(特集 憲法理論の新たな創造) 山元一 「法律時報」 80(6)通号996 2008.6 p.61〜69

01535 憲法判例を読みなおす余地はあるか――最高裁と下級審(特集 憲法理論の新たな創造) 中林暁生 「法律時報」 80(6)通号996 2008.6 p.55〜60

01536 座談会 憲法理論の新たな創造(特集 憲法理論の新たな創造) 辻村みよ子 長谷部恭男 西原博史[他] 「法律時報」 80(6)通号996 2008.6 p.4〜18

01537 憲法こそが私たちのリアル――ウィーラーを囲んで 安保佳代子 「季論21 : intellectual and creative」 ([1]) 2008.7 p.151〜153

01538 憲法理論の再創造(新連載・1)第二部 憲法理論史――憲法理論六〇年の軌跡と課題(1)国民主権――国民主権の「停滞」は必然か 辻村みよ子 「法律時報」 80(8)通号998 2008.7 p.88〜94

01539 憲法理論の再創造(2)第二部 憲法理論史――憲法理論60年の軌跡と課題(2)平和主義――「相対化の時代」における憲法九条論の課題 愛敬浩二 「法律時報」 80(9)通号999 2008.8 p.90〜95

01540 『対論 憲法を/憲法からラディカルに考える』愛敬浩二 樋口陽一 杉田敦 西原博史 北田暁大 井上達夫 斎藤純一――異分野の学者による「憲法」の学問的議論(読書空間―Book Review) 内野正幸[評] 「論座」 通号159 2008.8 p.324〜325

01541 憲法理論の再創造(3)人権論1・人権総論――理由のある行為 長谷部恭男 「法律時報」 80(10)通号1000 2008.9 p.108〜113

01542 医療に関する基本権規範と私法規範(特集 憲法と民法――対立か協働か 両者の関係を問い直す) 米村滋人 「法学セミナー」 53(10)通号646 2008.10 p.28〜32

01543 憲法・民法関係論の展開とその意義(1)民法学の視角から(特集 憲法と民法――対立か協働か 両者の関係を問い直す) 山本敬三 「法学セミナー」 53(10)通号646 2008.10 p.17〜22

01544 憲法理論の再創造(4)第二部 憲法理論史――憲法理論六〇年の軌跡と課題(4)人権論(2)違憲審査基準の二つの機能――憲法と理由 阪口正二郎 「法律時報」 80(11)通号1001 2008.10 p.70〜80

01545 憲法理論の再創造(5)第二部 憲法理論史――憲法理論六〇年の軌跡と課題(5)人権論(3)生存権論の理論的課題――自己決定・社会的包摂・潜在能力 西原博史 「法律時報」 80(12)通号1002 2008.11 p.81〜85

01546 甦る歴史のいのち(78)現代史への疑問――憲法「三原則」の謎を追ふ 占部賢志 「祖国と青年」 (362) 2008.11 p.72〜77

01547 ロー・クラス 憲法・民法関係論の展開とその意義(2)民法学の視角から 山本敬三 「法学セミナー」 53(11)通号647 2008.11 p.44〜48

01548 憲法理論の再創造(6)第二部 憲法理論史――憲法理論六〇年の軌跡と課題(6)参政権と議会制民主主義――国会の構成と機能をめぐるジレンマ 只野雅人 「法律時報」 80(13)通号1003 2008.12 p.345〜350

01549 「グローバル格差社会」と憲法学の課題――taking globalization seriously(特集 グローバリゼーション・『格差社会』・憲法理論―[全国憲法研究会]秋季研究総会シンポジウム) 本秀紀 「憲法問題」 通号20 2009 p.102〜115

01550 グローバル法とトランスナショナル(民際的な)憲法主義 龍澤邦彦 「憲法研究」 (41) 2009 p.113〜131

01551 政府の訴訟活動における機関利益と公共の利益(5)司法省による「合衆国の利益」の実現をめぐって 北見宏介 「北大法学論集」 59(6) 2009 p.2949〜3026

01552 [全国憲法研究会]秋季研究総会シンポジウムのまとめ(特集 グローバリゼーション・

『格差社会』・憲法理論―［全国憲法研究会］秋季研究総会シンポジウム）　市川正人　舘田晶子　「憲法問題」　通号20　2009　p.116～125

01553　全春季研究集会［全国憲法研究会］シンポジウムのまとめ（特集　グローバリゼーション・『格差社会』・憲法理論―［全国憲法研究会］春季研究集会シンポジウム）　小沢隆一　中富公一　「憲法問題」　通号20　2009　p.59～64

01554　全体討論（シンポジウム　早稲田大学創立125周年記念　法学学術院記念事業比較法研究所創立50周年記念事業　自由概念の比較史とその現代的位相）　中島徹　笹倉秀夫　樋口陽一［他］　「比較法学」　42（2）通号87　2009　p.180～193

01555　二つの憲法観――21世紀の人権・家族・ジェンダー（特集　グローバリゼーション・『格差社会』・憲法理論―2008年憲法記念講演会）　辻村みよ子　「憲法問題」　通号20　2009　p.129～141

01556　憲法理論の再創造（7）第二部　憲法理論史――憲法理論六〇年の軌跡と課題（7）司法審査――「部分無効の法理」をめぐって　宍戸常寿　「法律時報」　81（1）通号1004　2009.1　p.76～82

01557　憲法理論の再創造（8）第二部　憲法理論史――憲法理論六〇年の軌跡と課題（8）地方自治――自治体政府形態選択権と国民主権原理の関係から　大津浩　「法律時報」　81（2）通号1005　2009.2　p.86～92

01558　憲法理論における自由の構造転換の可能性（2・完）共和主義憲法理論のためのひとつの覚書　山元一　「慶應法学」　（13）　2009.3　p.83～109

01559　憲法理論の再創造（10）第三部　比較憲法的に見た憲法理論の新展開（3）フランス――二〇〇八年七月の憲法改正について　南野森　「法律時報」　81（4）通号1007　2009.4　p.92～100

01560　憲法理論の再創造（9）第三部　比較憲法的に見た憲法理論の新展開（1）アメリカ――ジャック・バルキンの原意主義　浅野博宣　「法律時報」　81（4）通号1007　2009.4　p.86～91

01561　続・Interactive憲法――B准教授の生活と意見（1）法の支配　長谷部恭男　「法学教室」　通号343　2009.4　p.76～80

01562　農地制度に現れた危機（特集　「100年に一度の危機」と憲法）　栩澤能生　「法と民主主義」　（437）　2009.4　p.27～31

01563　憲法の私人間効力論争は何をもたらしたか（特集　憲法の視点から考察する諸問題）　君塚正臣　「月報司法書士」　（447）　2009.5　p.7～14

01564　憲法理論の再創造（11）第三部　比較憲法的に見た憲法理論の新展開（2）ドイツ――国家学の最後の光芒？――ベッケンフェルデ憲法学に関する試論　林知更　「法律時報」　81（5）通号1008　2009.5　p.123～134

01565　座談会　グローバル化する世界の法と政治――ローカル・ノレッジとコスモポリタニズム（特集　グローバル化の中の国家と憲法）　長谷部恭男　阪口正二郎　杉田敦［他］　「ジュリスト」　（1378）　2009.5.1・15　p.4～28

01566　クールな解釈論　石川健治　「法学教室」　通号345　2009.6　p.1

01567　続・Interactive憲法――B准教授の生活と意見（3）学説の誤解　長谷部恭男　「法学教室」　通号345　2009.6　p.75～79

01568　基調講演　現在の政治・経済状況と憲法の役割（特集　現在の政治・経済状況と憲法の役割――［日本民主法律家協会］第48回定時総会記念シンポジウムから）　渡辺治　「法と民主主義」　（440）　2009.7　p.4～19

01569　憲法理論の再創造（12）第三部　比較憲法的に見た憲法理論の新展開（4）北東アジア――「非西洋」のアイデンティティ：韓国を中心に　國分典子　「法律時報」　81（8）通号1011　2009.7　p.102～107

01570　憲法理論の再創造（13）第三部　比較憲法的に見た憲法理論の新展開（5）ラテンアメリカ――大統領中心主義の「合理化」から「民主化」へ　川畑博昭　「法律時報」　81（9）通号1012　2009.8　p.89～94

01571　憲法理論の再創造（14）第三部　比較憲法的に見た憲法理論の新展開（5）憲法の未来像における国際人権条約のポジション――多層レベルでの「対話」の促進　江島晶子　「法律時報」　81（10）通号1013　2009.9　p.104～110

01572　憲法理論の再創造（15）第四部　新しい憲法問題・理論の展望（1）生殖補助医療と憲法一三条――「自己決定権」の構造と適用　山本龍彦　「法律時報」　81（11）通号1014　2009.10　p.100～106

01573　佐藤幸治教授の人格的自律権論――その意義と射程（戦後憲法学の到達点と21世紀憲法学の課題――佐藤幸治憲法学の検討を通して）　土井真一　「法律時報」　81（11）通号1014　2009.10　p.61～67

01574　憲法理論の再創造（16）第四部　新しい憲法問題・理論の展望（2）平等理論――「審査基準論」の行方　平地秀哉　「法律時報」　81（12）通号1015　2009.11　p.80～87

01575　続Interactive憲法――B准教授の生活と意見（第8回）憲法の選択　長谷部恭男　「法学教室」　通号350　2009.11　p.56～60

01576　法の支配（特集　憲法――統治機構論入門）　中林暁生　「法学セミナー」　54（11）通号659　2009.11　p.20～23

01577　憲法理論の再創造（17）第四部　新しい憲法問題・理論の展望（3）移民・外国人・多文化共生　近藤敦　「法律時報」　81（13）通号1016　2009.12　p.348～353

01578 医事法と憲法(特集 憲法と私法―[全国憲法研究会]秋季研究総会) 中山茂樹 「憲法問題」 通号21 2010 p.97〜107

01579 経済と思想の両面から見た日本国憲法の意義(特集 憲法と私法―[全国憲法研究会 2009年]憲法記念講演会) 辻井喬 「憲法問題」 通号21 2010 p.129〜141

01580 憲法と民法の本源的関係――Constitution (1789―1791)とCode civil(1804)(特集 憲法と私法―[全国憲法研究会]春季研究集会) 水林彪 「憲法問題」 通号21 2010 p.7〜17

01581 制度複合体としての憲法 鵜澤剛 「立教法学」 通号80 2010 p.246〜279

01582 K・ヘッセの憲法論・雑感――とくに「立法」概念の現代国家的構成をめぐって 堀内健志 「青森法政論叢」(11) 2010 p.91〜103

01583 「憲法訴訟論」の基本問題――憲法判例から論点を考える 古川純 「専修ロージャーナル」(5) 2010.1 p.291〜311

01584 憲法理論の再創造(18)第四部 新しい憲法問題・理論の展望(3)憲法の私人間効力は近代法の構成要素か 西村枝美 「法律時報」 82(1)通号1017 2010.1 p.82〜87

01585 続・Interactive憲法――B准教授の生活と意見(10)カントの法理論 長谷部恭男 「法学教室」 通号352 2010.1 p.29〜33

01586 憲法理論の再創造(19)第四部 新しい憲法問題・理論の展望(5)「安全」と情報自己決定権 小山剛 「法律時報」 82(2)通号1018 2010.2 p.99〜105

01587 続・Interactive憲法――B准教授の生活と意見(11)憲法制定権力 長谷部恭男 「法学教室」 通号353 2010.2 p.33〜37

01588 憲法理論の再創造(20)第四部 新しい憲法問題・理論の展望(6)表現の自由と秩序 西土彰一郎 「法律時報」 82(3)通号1019 2010.3 p.106〜111

01589 GCOE全体研究会 憲法・民法関係論の展開とその意義――民法学の視角から 山本敬三 「新世代法政策学研究」 5 2010.3 p.1〜29

01590 続・Interactive憲法――B准教授の生活と意見(第13回)本質性理論 長谷部恭男 「法学教室」 通号355 2010.4 p.44〜48

01591 ロー・アングル 記者ときどき学者の憲法論(新連載・1)名誉毀損と高額賠償 山田隆司 「法学セミナー」 55(4)通号664 2010.4 p.62〜64

01592 憲法理論の再創造(21)第四部 新しい憲法問題・理論の展望(7)財産権は市民的自由か――もうひとつの「憲法と民法」 中島徹 「法律時報」 82(5)通号1021 2010.5 p.82〜91

01593 「私的なるもの」と「公共的なるもの」とのバランスを求めて(特集 憲法理論の継承と展開―佐藤幸治憲法学との対話) 佐藤幸治 「法律時報」 82(5)通号1021 2010.5 p.40〜48

01594 続・Interactive憲法――B准教授の生活と意見(第14回)一般意思 長谷部恭男 「法学教室」 通号356 2010.5 p.72〜77

01595 体系と差異(特集 憲法理論の継承と展開―佐藤幸治憲法学との対話) 蟻川恒正 「法律時報」 82(5)通号1021 2010.5 p.35〜39

01596 討論(特集 憲法理論の継承と展開―佐藤幸治憲法学との対話) 佐藤幸治 蟻川恒正 山元一[他] 「法律時報」 82(5)通号1021 2010.5 p.49〜55

01597 討論(特集 憲法理論の継承と展開―杉原泰雄憲法学との対話) 杉原泰雄 山元一 小山剛[他] 「法律時報」 82(5)通号1021 2010.5 p.14〜18

01598 討論(特集 憲法理論の継承と展開―高橋和之憲法学との対話) 高橋和之 小山剛 工藤達朗[他] 「法律時報」 82(5)通号1021 2010.5 p.65〜70

01599 討論(特集 憲法理論の継承と展開―樋口陽一憲法学との対話) 樋口陽一 工藤達朗 山元一[他] 「法律時報」 82(5)通号1021 2010.5 p.29〜34

01600 「人」(homme)と「市民」(citoyen)の間の綱渡り(特集 憲法理論の継承と展開―樋口陽一憲法学との対話) 樋口陽一 「法律時報」 82(5)通号1021 2010.5 p.24〜28

01601 法理論における近代の意義――「人」と「市民」と「共和国」(特集 憲法理論の継承と展開―樋口陽一憲法学との対話) 工藤達朗 「法律時報」 82(5)通号1021 2010.5 p.19〜23

01602 ロー・アングル 記者ときどき学者の憲法論(2)再審請求と適正手続 山田隆司 「法学セミナー」 55(5)通号665 2010.5 p.50〜51

01603 res publica・<社会の自律化>・citoyen(特集 憲法理論の継承と展開―杉原泰雄憲法学との対話) 山元一 「法律時報」 82(5)通号1021 2010.5 p.4〜7

01604 憲法理論の再創造(22)第四部 新しい憲法問題・理論の展望(8)政党と討議民主主義 毛利透 「法律時報」 82(7)通号1023 2010.6 p.81〜87

01605 宮沢俊義または「イデオロギー」VS「理想」 樋口陽一 「法学セミナー」 55(6)通号666 2010.6 巻頭1p

01606 ロー・アングル 記者ときどき学者の憲法論(3)ビラ配りと表現の自由 山田隆司 「法学セミナー」 55(6)通号666 2010.6 p.50〜51

01607 憲法理論の再創造(23)第四部 新しい憲法問題・理論の展望(9)憲法学説は政教分離判例とどう対話するか 佐々木弘通 「法律時報」 82(8)通号1024 2010.7 p.78〜85

01608 憲法理論の再創造(24)第四部 新しい憲法
問題・理論の展望(10)「司法審査の正当性を問
うこと」について　大河内美紀　「法律時報」
82(8)通号1024　2010.7　p.86〜92

01609 続・Interactive憲法——B准教授の生活と
意見(第16回)モンテスキューとトクヴィル
長谷部恭男　「法学教室」　通号358　2010.7　p.
81〜86

01610 ロー・アングル 記者ときどき学者の憲法
論(4)事件報道と取材源秘匿　山田隆司　「法学
セミナー」　55(7)通号667　2010.7　p.50〜51

01611 憲法理論の再創造(25)第四部 新しい憲法
問題・理論の展望(11)諮問的レファレンダムの
可能性　井口秀作　「法律時報」　82(9)通号
1025　2010.8　p.102〜107

01612 ロー・アングル 記者ときどき学者の憲法
論(5)政教分離と社会通念　山田隆司　「法学セ
ミナー」　55(8)通号668　2010.8　p.58〜59

01613 憲法理論の再創造(26・完)第四部 新しい
憲法問題・理論の展望(12)憲法改正とは——
「憲法変動」と「憲法保障」の狭間で　井上典之
「法律時報」　82(10)通号1026　2010.9　p.95〜
100

01614 ロー・アングル 記者ときどき学者の憲法
論(6)巨大広告と景観利益　山田隆司　「法学セ
ミナー」　55(9)通号669　2010.9　p.46〜47

01615 憲法解釈論/訴訟論と憲法学修　遠藤比呂
通　宍戸常寿　「法学セミナー」　55(10)通号
670　2010.10　p.32〜44

01616 続・Interactive憲法——B准教授の生活と
意見(第19回)法律の概念　長谷部恭男　「法学
教室」　通号361　2010.10　p.89〜95

01617 ロー・アングル 記者ときどき学者の憲法
論(7)犯罪と実名報道　山田隆司　「法学セミ
ナー」　55(10)通号670　2010.10　p.62〜63

01618 国際社会の制度化——レジーム論と国際
立憲論の交差から　山本吉宣　「国際法外交雑
誌」　109(3)　2010.11　p.391〜420

01619 ロー・アングル 記者ときどき学者の憲法
論(8)裁判員裁判と法廷スケッチ　山田隆司
「法学セミナー」　55(11)通号671　2010.11　p.
58〜59

01620 憲法リレートーク(第22回)憲法を学び未
来に活かすコツ 未来社会はどんな色？　伊藤
真　「自由と正義」61(12)通号743　2010.12
p.60〜68

01621 続・Interactive憲法——B准教授の生活と
意見(第21回)嘘はつかない　長谷部恭男　「法
学教室」　通号363　2010.12　p.65〜71

01622 ロー・アングル 記者ときどき学者の憲法
論(9)ネットと名誉毀損　山田隆司　「法学セミ
ナー」　55(12)通号672　2010.12　p.42〜43

01623 ロー・アングル 発信 憲法地域事情(27・

01623 岩手編)東北の寒村に開花した憲法観　佐々木
くみ　「法学セミナー」　55(12)通号672　2010.
12　p.44〜47

01624 カントの法理論に関する覚書　長谷部恭
男　「立教法学」　通号82　2011　p.384〜400

01625 憲法上の「立法・司法」関係のロジック
堀内健志　「青森法政論叢」(12)　2011　p.98
〜107

01626 憲法哲学の夜想曲(ノクターン)「正義の
女(ひと)」——ニーチェに寄せて　金井光生
「行政社会論集」23(3)　2011　p.11〜54

01627 憲法の概念について　赤坂正浩　「立教法
学」　通号82　2011　p.74〜109

01628 憲法の分類に関する一考察——硬性憲法
と軟性憲法　石澤淳好　「青森法政論叢」(12)
2011　p.1〜9

01629 ポピュリストの憲法理論：アキル・ア
マー教授の見解を契機にして　松井茂記　「比較
法学」　45(2)通号96　2011　p.19〜55

01630 政権交代と政治主導の憲法解釈　新井誠
「広島法学」　34(3)通号128　2011.1　p.53〜72

01631 ロー・アングル 記者ときどき学者の憲法
論(10)行政委員と月額報酬　山田隆司　「法学
セミナー」　56(1)通号673　2011.1　p.48〜49

01632 ロー・アングル 発信 憲法地域事情(28・
東京編)東京から憲法を考える　宍戸常寿　「法
学セミナー」　56(1)通号673　2011.1　p.50〜53

01633 早稲田大学グローバルCOEシンポジウム
不法行為法の課題——山本理論の, その先にあ
るもの(特集 金融制度改革—基本権の保護と憲
法, 不法行為法, 環境法の断面)　水野謙　「企業
と法創造」7(3)通号25　2011.1　p.106〜114

01634 早稲田大学グローバルCOEシンポジウム
山本説に対するコメント——憲法・不法行為
法・環境法の断面(特集 金融制度改革—基本権
の保護と憲法, 不法行為法, 環境法の断面)　大
塚直　「企業と法創造」7(3)通号25　2011.1
p.100〜105

01635 ロー・アングル 記者ときどき学者の憲法
論(11)見出しと名誉毀損　山田隆司　「法学セ
ミナー」　56(2)通号674　2011.2　p.52〜53

01636 カントの法理論に関する覚書——道徳理
論との関係についての一試論(特集 憲法と経済
秩序(2))　長谷部恭男　「企業と法創造」7(5)
通号27　2011.3　p.3〜10

01637 続・Interactive憲法——B准教授の生活と
意見(第24回・最終回)民主政の必然的崩壊　長
谷部恭男　「法学教室」　通号366　2011.3　p.39
〜43

01638 ロー・アングル 記者ときどき学者の憲法
論(12)警察流出資料と出版差止め　山田隆司
「法学セミナー」　56(3)通号675　2011.3　p.50
〜51

01639 GCOE全体研究会 憲法は私法をどこまで縛るのか——憲法の優位と私法の独自性 小山剛「新世代法政策学研究」11 2011.3 p.23～41

01640 デモクラシーにおける市民参加と熟議(討議) 中神由美子 「立正大学法制研究所研究年報」(16) 2011.03 p.53～67

01641 憲法——その意味・その特色・その目的(特集 法学入門2011——法の世界を学ぶ) 南野森 「法学セミナー」56(4)通号676 2011.4 p.4～8

01642 ロー・アングル 記者ときどき学者の憲法論(13)政治家と説明責任 山田隆司 「法学セミナー」56(4)通号676 2011.4 p.70～71

01643 功利主義からサンデルまでの長い話(特集「正義論」への招待——憲法・法哲学から"サンデル"を読む) 安藤馨「法学セミナー」56(5)通号677 2011.5 p.10～13

01644 このくにのかたちについて : 主に憲法・法律の視点から(「憲法」について考える) 渡邊隆之 「あかでめいあ : 学ぶ・考える・研究する」(18) 2011.5 p.72～75

01645 座談会 サンデル再読解/憲法と法哲学(特集「正義論」への招待——憲法・法哲学から"サンデル"を読む) 駒村圭吾 阪口正二郎 山本龍彦[他]「法学セミナー」56(5)通号677 2011.5 p.18～32

01646 サンデル現象からの<共同体>論・再考(特集「正義論」への招待——憲法・法哲学から"サンデル"を読む) 谷口功一 「法学セミナー」56(5)通号677 2011.5 p.2～5

01647 サンデル・シアターの舞台裏(特集「正義論」への招待——憲法・法哲学から"サンデル"を読む) 若松良樹 「法学セミナー」56(5)通号677 2011.5 p.14～17

01648 日本人は封建意識を克服できたか(「憲法」について考える) 奥井禮喜 「あかでめいあ : 学ぶ・考える・研究する」(18) 2011.5 p.62～72

01649 ロー・アングル 記者ときどき学者の憲法論(14)顔の傷と男女差別 山田隆司 「法学セミナー」56(5)通号677 2011.5 p.40～41

01650 国家の目的と活動範囲(特集 国家の役割,個人の権利) 工藤達朗 「ジュリスト」(1422) 2011.5.1・15 p.8～13

01651 なぜ憲法に「非常時のルール」が必要なのか 「明日への選択」通号305 2011.6 p.32～35

01652 ロー・アングル 記者ときどき学者の憲法論(15)予算案と二院制 山田隆司 「法学セミナー」56(6)通号678 2011.6 p.60～61

01653 新・日本建国論(2)憲法の根拠は『日本書紀』にあり 竹田恒泰 「Voice」通号403 2011.7 p.220～231

01654 「法の支配」という言葉について 田島裕 「法の支配」(162) 2011.7 p.2～5

01655 ロー・アングル 記者ときどき学者の憲法論(16)取材源秘匿とテープ提出命令 山田隆司 「法学セミナー」56(7)通号679 2011.7 p.54～55

01656 翻訳 憲法の概念 Pierre, Brunet 石川裕一郎[訳] 「慶應法学」(20) 2011.8 p.279～292

01657 ロー・アングル 記者ときどき学者の憲法論(17)死刑確定と元少年の実名 山田隆司 「法学セミナー」56(8・9)通号680 2011.8・9 p.76～77

01658 ロー・アングル 記者ときどき学者の憲法論(18)君が代訴訟と補足意見 山田隆司 「法学セミナー」56(10)通号681 2011.10 p.52～53

01659 ロー・アングル 記者ときどき学者の憲法論(19)入試「女性枠」と差別 山田隆司 「法学セミナー」56(11)通号682 2011.11 p.44～45

01660 憲法と法哲学(高橋保先生退職記念号) 塩津徹 「創価法学」41(1・2) 2011.12 p.51～74

01661 ロー・アングル 記者ときどき学者の憲法論(第20回)住民訴訟と請求権放棄 山田隆司 「法学セミナー」56(12)通号683 2011.12 p.48～49

01662 憲法雑感(相川貴文教授・三木善彦教授退職記念号) 相川貴文 「帝塚山大学心理学部紀要」(1) 2012 p.1～8

01663 講演 憲法の規範力 トーマス,ヴュルテンベルガー 高橋雅人[訳] 「比較法学」46(2)通号99 2012 p.129～147

01664 国家の課題と時間軸 : 憲法と未来(国家の役割の変容と公法学) 青柳幸一 「公法研究」(74) 2012 p.43～63

01665 国家の前憲法性と《法学的ビッグバン》の不在 : J・イーゼンゼーの所説とその周辺 小関康平 「日本大学大学院法学研究年報」(42) 2012 p.43～80

01666 続・憲法上の「立法・司法」関係のロジック 堀内健志 「青森法政叢」(13) 2012 p.107～118

01667 対談 明日への思考 : 近代・自由・憲法・教育 樋口陽一 堀尾輝久 「季論21 : intellectual and creative」(15) 2012.冬 p.20～42

01668 メモリアルデイ・スピーチにおけるpatriaと憲法の論理 渡部純 「明治学院大学法律科学研究所年報」(28) 2012年度 p.3～11

01669 当事者主張想定型の問題について(憲法論点教室) 松本哲治 「法学セミナー」57(1)通

01670 ロー・アングル 記者ときどき学者の憲法論（第21回）絞首刑と「残虐な刑罰」 山田隆司 「法学セミナー」 57（1）通号684 2012.1 p.52～53

01671 私の意見 911から10年の憲法論争に求められる新たな視点 柳澤協二 「法学館憲法研究所報」（6） 2012.1 p.69～71

01672 グローバリゼーション・法システム・民主的ガヴァナンス ： オリヴィエ・ジュアンジャン教授の議論を手がかりに（特集 憲法と経済秩序（3）） 岡田信弘 「企業と法創造」 8（3）通号31 2012.2 p.30～40

01673 ロー・アングル 記者ときどき学者の憲法論（第22回）小村「独立」と地方分権 山田隆司 「法学セミナー」 57（2）通号685 2012.2 p.44～45

01674 憲法解釈における憲法制定史研究の意義（関英昭教授・佐々木高雄教授・手塚和彰教授退職記念号） 鈴木敦 「青山法学論集」 53（4）2012.3 p.327～359

01675 「憲法判断の対象」としての《規範》と《行為》 ： 「義務賦課規範」・「権能付与規範」区別論の観点から（青山慶二教授、小幡雅二教授、宮城啓子教授 退職記念論文集） 大石和彦 「筑波ロー・ジャーナル」（11） 2012.3 p.25～42

01676 集団分極化と民主的憲法論の課題 ： キャス・サンスティーン『インターネットは民主主義の敵か』で問われた課題 松尾陽 「近畿大学法学」 59（4）通号163 2012.3 p.51～96

01677 「空」の憲法論と穂積八束（1） 松岡伸樹 「姫路法学」（52） 2012.3 p.79～120

01678 ロー・アングル 記者ときどき学者の憲法論（第23回・最終回）政治家と名誉毀損 山田隆司 「法学セミナー」 57（3）通号686 2012.3 p.48～49

01679 憲法の眼で3・11後の現在（いま）を診る 森英樹 「前衛 ： 日本共産党中央委員会理論政治誌」（881） 2012.4 p.51～69

01680 節を曲げない東北人を語る 反原発、護憲へとつながる自由民権の心（憲法特集 自由民権運動から脱原発社会へ 草の根民主主義を見つめる） 菅原文太 佐高信 「金曜日」 20（16）通号908 2012.4.27 p.19～21

01681 社会権 ： これからの社会を構想するために（特集 憲法入門 ： 憲法の基本原理を理解する） 遠藤美奈 「法学セミナー」 57（5）通号688 2012.5 p.15～17

01682 自由権 ： 情報社会におけるその変容（特集 憲法入門 ： 憲法の基本原理を理解する） 曽我部真裕 「法学セミナー」 57（5）通号688 2012.5 p.12～14

01683 講演 日本の法秩序には憲法が不在か 戸松秀典 「学習院法務研究」（6） 2012.8 p.1

～17

01684 翻訳 憲法の規範力 トマス，ヴュルテンベルガー 山田秀［訳］ 「熊本法学」（126）2012.8 p.143～161

01685 「沖縄における大学生の憲法意識」結果報告 高良沙哉 「地域研究」（10） 2012.9 p.55～61

01686 上杉隆の革命前夜のトリスタたち〔15〕東浩紀（41歳 思想家・作家）〔前篇〕憲法ってシンプルで難しくない。みんなもつくってみるといい 上杉隆 「Spa！」 61（32）通号3336 2012.09.11 p.99

01687 委任命令の限界に関する比較法的考察 渡邊亙 「白鷗大学法科大学院紀要」（6）2012.11 p.41～73

01688 インタビュー 青井未帆さん（学習院大学教授）に聞く 憲法とは自由の問題であり、構造の問題なのです（特集 憲法が守るもの） 青井未帆 「まなぶ」（666） 2012.11 p.13～17

01689 憲法理論研究会の創設の目的 ： 社会科学としての憲法学の探究 永井憲一 「法學志林」110（2）通号764 2012.11 p.75～82

01690 反・幸福論（第23回）成文憲法は日本人の肌に合うか 佐伯啓思 「新潮45」 31（11）通号367 2012.11 p.324～332

01691 上杉隆の革命前夜のトリスタたち〔23〕竹田恒泰（37歳 旧皇族・憲法学者）〔前篇〕感情論に終始する“エセ保守”は左翼を少しは見習うべき！ 上杉隆 「Spa！」 61（40）通号3344 2012.11.20・27 p.94

01692 上杉隆の革命前夜のトリスタたち〔24〕竹田恒泰（37歳 旧皇族・憲法学者）〔後篇〕海外では旧皇族、現皇族の区別はない。血統こそが大事なんです 上杉隆 「Spa！」 61（41）通号3345 2012.12.04 p.91

01693 「橋下主義の論理と構造」を読む ： 現代ポピュリズム批判 植松健一 「季刊自治と分権」（50） 2013.冬 p.88～101

01694 憲法とは何か ： 日本の将来を見据えた日本国憲法のあるべき姿について（特集 100年後の世界と日本） 長谷部恭男 小松創一郎 大島誠［他］ 「季刊政策・経営研究」 2013（4）通号28 2013.4 p.4～32

01695 憲法の意義と改正論議 渡邉光啓 「ディフェンス」 32（1）通号51 2013 p.168～171

01696 憲法の実務と理論の関係についての一考察 金澤孝 「早稲田法学」 88（3） 2013 p.67～120

01697 「憲法」の視点から〔ブータンと日本を比べてみると……： 自治体GNH研究会研究報告〕 小川眞澄 「GNH国民総幸福度研究」 1 2013 p.166～168

01698 講演 ある劇作家と共に〈憲法〉を考える ：

井上ひさし『吉里吉里人』から『ムサシ』まで 樋口陽一「早稲田法学」88(1) 2013 p.255〜268

01699 国家による個人の把握と憲法理論(公法における) 土井真一「公法研究」(75) 2013 p.1〜22

01700 自律的(オートノミック)な憲法秩序について(特集 オートノミー : 自律・自治・自立─統治とオートノミー) 青井未帆「憲法問題」(24) 2013 p.20〜30

01701 ディーター・グリム(Dieter Grimm)の「憲法の規範力」論 栗城壽夫「名城ロースクール・レビュー」(26) 2013 p.73〜78

01702 「空」の憲法論と穂積八束(2) 松岡伸樹「姫路法学」(54) 2013.3 p.103〜157

01703 「空」の憲法論と穂積八束(3) 松岡伸樹「姫路法学」(54) 2013.3 p.159〜204

01704 「憲法」とは何か : メディアが報じることの意味 紙谷雅子「新聞研究」(742) 2013.5 p.58〜62

01705 憲法の射程 : 本特集企画の趣旨(特集 憲法の射程) 山元一「法律時報」85(5)通号1059 2013.5 p.4〜10

01706 公的活動の担い手の多元化と「公法規範」(特集 憲法の射程) 北島周作「法律時報」85(5)通号1059 2013.5 p.23〜30

01707 音と色(Number 24)真にグローバルな憲法 田中優子「金曜日」21(18)通号959 2013.5.17 p.42

01708 ジャン＝ジョゼフ・ムニエの憲法論(吉原達也先生退職記念号) 波多野敏「広島法学」37(1)通号138 2013.6 p.23〜59

01709 ピューリタン革命とルソーの思想から導かれる民主主義の精神とは : 民主主義はいかなる意味で正統性があるのか 長華子「人間幸福学研究」5(3)通号18 2013.7 p.1〜31

01710 憲法に関する国民意識の変遷 : 全国世論調査で見えてきたもの(憲法論議と新聞の役割 : 憲法をどう伝えるか) 笹島雅彦「新聞研究」(744) 2013.7 p.32〜34

01711 新聞 憲法記念日の大手紙 金光奎「前衛 : 日本共産党中央委員会理論政治誌」(897) 2013.7 p.152〜155

01712 対談「憲法とこんにちの日本社会」 青井未帆 伊藤真「法学館憲法研究所報」(9) 2013.7 p.2〜26

01713 連載「憲法考」がめざすもの : 学者に頼らず「常識」で判断しよう(憲法論議と新聞の役割 : 憲法をどう伝えるか) 永原伸「新聞研究」(744) 2013.7 p.16〜19

01714 内田樹 思想家 Interview 憲法を語る(憲法 特別編集 : あなたにも責任がある 知らなかったじゃすまされない) 内田樹「金曜日」

21(26)通号967(臨増) 2013.7.9 p.10〜12

01715 新 わたしと憲法シリーズ 東ちづる : 社団法人の活動を通じ「まぜこぜの社会」を作る 憲法が「理想主義」で何が悪いの? 政治家には「理想」を語ってほしい(憲法 特別編集 : あなたにも責任がある 知らなかったじゃすまされない) 東ちづる「金曜日」21(26)通号967(臨増) 2013.7.9 p.17

01716 新 わたしと憲法シリーズ 民主主義を考えるドキュメンタリー映画を製作 想田和弘 : 私たちにも責任がある。知らなかったではすまされない。(憲法 特別編集 : あなたにも責任がある 知らなかったじゃすまされない) 想田和弘「金曜日」21(26)通号967(臨増) 2013.7.9 p.38〜39

01717 新 わたしと憲法シリーズ 鳩山由紀夫 隣国関係で必要な「友愛」の精神は今日で体現されていると説く元首相 戦後日本の平和主義と国際協調の路線は、21世紀も継承するべき遺産であり断じて変えてはならない 鳩山由紀夫「金曜日」21(27)通号968 2013.7.12 p.18〜19

01718 改めて憲法を考える(1)憲法が「硬性」であること 成澤孝人「時の法令」(1934) 2013.7.30 p.38〜43

01719 一九四六年の記憶から(特集 私の憲法論) 岡井隆「新潮45」32(8)通号376 2013.8 p.56〜59

01720 「一大災厄」でもなく「大願成就」でもなく(特集 私の憲法論) 櫻田淳「新潮45」32(8)通号376 2013.8 p.52〜55

01721 ケンポー、ケンポーってうるさいよ(特集 私の憲法論) 小田嶋隆「新潮45」32(8)通号376 2013.8 p.27〜31

01722 しょせんは「言葉」に過ぎない(特集 私の憲法論) 養老孟司「新潮45」32(8)通号376 2013.8 p.23〜26

01723 なぜ男ばかりが憲法を語りたがるのか(特集 私の憲法論) 黒川伊保子「新潮45」32(8)通号376 2013.8 p.80〜83

01724 日本人にとって憲法とは何なのか(特集 私の憲法論) 佐伯啓思「新潮45」32(8)通号376 2013.8 p.36〜39

01725 新 わたしと憲法シリーズ 麻木久仁子 : 憲法議論が「理想論争」になることを憂うタレント 憲法に「理想」は書かれていない 書かれているのは誰もが自由に自分の思う理想を抱ける土台 麻木久仁子「金曜日」21(35)通号976 2013.9.13 p.55

01726 改めて憲法を考える(3)憲法(constitution)と立憲主義(constitutionalism)についての覚書 成澤孝人「時の法令」(1938) 2013.9.30 p.36〜41

01727 資料(翻訳)ライプホルツ『代表論』 代表の一般国家論的意義 ライプホルツ 齋藤康

輝［訳］「朝日法学論集」（44・45）2013.10
p.63〜91

01728　世の中ラボ（43）並み居る憲法本は何を
語っているのか　斎藤美奈子　「ちくま」
（511）2013.10　p.14〜17

01729　CSR政策の憲法論（江橋崇教授定年退職
記念号）　金子匡良　「法學志林」111（1）通号
767　2013.10　p.139〜182

01730　Right of Collective Self—Defense 憲法解
釈見直しはなぜ必要か 現代における平和と集団
的自衛権　北岡伸一　「中央公論」128（10）通
号1559　2013.10　p.88〜95

01731　新 わたしと憲法シリーズ 内海愛子 ： 虐
げられ、差別された側に立つ反権力の行動する
研究者 憲法成立過程で、「国民」から旧植民地
出身者を排除した歴史の暗部を忘れてはならな
い　内海愛子　「金曜日」21（39）通号980
2013.10.11　p.17

01732　新 わたしと憲法シリーズ 独りで抗うこと
は大変でも認めてくれる人がいると心強い。だ
から声を上げることも大切 アズマカナコ ： 家
電がなくても豊かに暮らす「節電母さん」　ア
ズマカナコ　「金曜日」21（44）通号985　2013.
11.15　p.47

01733　改めて憲法を考える（5）権力分立と内閣
の憲法解釈　成澤孝人　「時の法令」（1942）
2013.11.30　p.59〜65

01734　人権と直観 ： 法実証主義憲法学への疑問
（1）　西嶋法友　「久留米大学法学」（69）
2013.12　p.1〜26

01735　新しくない憲法のはなし　苅部直　「アス
テイオン」（81）2014　p.244〜247

01736　ガバナンス論について（1）　千葉孝雄
「駿河台法学」28（1）通号53　2014　p.1〜11

01737　「現代の中国」論 ： 私のわずかな体験か
ら（下）（特集 様々な視点で憲法を考えよう）
前田清　「季刊人権問題」（39）2014.冬　p.39
〜50

01738　国家の前憲法性と継受の憲法理論 ： J・
イーゼンゼーあるいはP・キルヒホフの所説を
素材として　小関康平　「比較憲法学研究」
（26）2014　p.161〜181

01739　国家法人説及び国家機械論との比較にお
ける国家有機体説に関する検討の断章 ： 前憲
法的なるものとしての国家に向ける予備考察と
して　小関康平　「洗足論叢」（43）2014年度
p.139〜152

01740　信託（Treuhand）の思想 ： ヴォルフガン
グ・ホフマン＝リームの憲法理論　波多江悟史
「早稲田法学会誌」65（1）2014　p.353〜410

01741　ダイシーの「硬性憲法・軟性憲法」論に
ついて　石澤淳好　「青森法政叢」（15）
2014　p.105〜111

01742　アレクシーの原理理論をめぐる近年の議
論展開（辻村みよ子教授退職記念号）　早川のぞ
み　「法學 ： the journal of law and political
science」77（6）2014.3　p.929〜953

01743　インタビュー 憲法学と憲法解釈を取り巻
くもの（法学教室400号記念 特集 法学を学ぶた
めに）　大石眞　「法学教室」（400）2014.1
p.18〜26

01744　「憲法感覚の培い方 ： 壊憲の時代を生き
抜くために」問題提起（法学館憲法研究所 2013
憲法フォーラム）　水島朝穂　「法学館憲法研究
所報」（10）2014.1　p.23〜35

01745　「憲法感覚の培い方」での議論（法学館憲
法研究所 2013憲法フォーラム）　伊藤真［回答・
コメント］　水島朝穂［回答・コメント］「法学
館憲法研究所報」（10）2014.1　p.36〜44

01746　占領憲法の影響に関する比較研究序説 ：
日本とイラクの比較を中心に（法学部創設20周
年記念号）　岡田順太　「白鷗法学」20（2）通号
42　2014.1　p.243〜268

01747　国家論なくして憲法論なし！　佐藤優
「月刊日本」18（2）通号202　2014.2　p.26〜33

01748　再論 ： 杉村敏正先生の行政法学と憲法原
理（藤田勝利教授 松山恒昭教授退職記念号）
村上武則　「近畿大学法科大学院論集」（10）
2014.3　p.1〜24

01749　「空」の憲法論と穂積八束（4）（野嶌一郎
教授 退職記念論文集）　松岡伸樹　「姫路法学」
（55）2014.3　p.222〜178

01750　軟性憲法と硬性憲法についての再検討 ：
憲法典と憲法秩序の生成（上）　真次宏典　「松
本大学研究紀要」12　2014.3　p.1〜7

01751　人権と直観 ： 法実証主義憲法学への疑問
（2・完）　西嶋法友　「久留米大学法学」（70）
2014.4　p.1〜26

01752　翻訳 憲法パトリオティズムの可能性
ジュスティーヌ, ラクロワ　石川裕一郎［訳］
「慶應法学」（29）2014.4　p.389〜403

01753　インタビュー 日本は「ワイマールの落
日」を繰り返すな ： 解釈改憲は法治国家を崩
壊させる（特集 集団的自衛権を問う）　村上誠
一郎　「世界」（856）2014.5　p.93〜98

01754　「国民の代表者」と「日本国の象徴」（特集
岐路に立つ憲法 ： その基礎概念・再考）　西村
裕一　「法律時報」86（5）通号1072　2014.5　p.
21〜28

01755　マット安川のずばり勝負！（39）今月号の
ゲスト 政治評論家 平野貞夫 唖然とする憲法解
釈の変更 マット安川　平野貞夫　「月刊日本」
18（5）通号205　2014.5　p.108〜111

01756　ロー・アングル 開発法学のフロンティア
： 政治・経済と法（第2回）憲法とクー・デタの
相克を抜け出す道はあるか　松尾弘　「法学セミ

ナー」 59（5）通号712 2014.5 p.55〜59

01757 ロー・アングル 開発法学のフロンティア ： 政治・経済と法（第3回）憲法制定への生みの苦しみ 松尾弘 「法学セミナー」 59（6）通号713 2014.6 p.61〜65

01758 中馬清福「憲法を語る」（1） 中馬清福 信州護憲ネット事務局 「信州自治研」 （270） 2014.8 p.31〜37

01759 憲法の最高法規性と硬性性 ： 形式的効力の改正要件からの解放 森本昭夫 「立法と調査」 （356） 2014.9 p.112〜119

01760 座談会 小林節＋ゲンロン憲法委員会 憲法から考える国のかたち ： 人権、統治、平和主義 小林節 境真良 西田亮介［他］「ゲンロン通信 ： ゲンロン友の会会報」 14 2014.9 p.23〜51

01761 中馬清福「憲法を語る」（2） 中馬清福 信州護憲ネット事務局 「信州自治研」 （271） 2014.9 p.24〜31

01762 中馬清福「憲法を語る」（3） 中馬清福 信州護憲ネット事務局 「信州自治研」 （272） 2014.10 p.34〜41

01763 講演・討論会（公益財団法人 樫山奨学財団主催の懇話会）対談 大いなる共同体としての日本 渡辺利夫 百地章 「アジア時報」 45 （12）通号502 2014.12 p.33〜57

01764 ガバナンス論について（2・完） 千草孝雄 「駿河台法学」 28（2）通号54 2015 p.89〜100

01765 憲法院への事後審制の導入とその統治機構への影響 ： 憲法院と破毀院との解釈権論争を例として 井上武史 「日仏法学」 （28） 2015 p.1〜20

01766 憲法を「精神分析」する（特集 民主政の現在と憲法学—憲法記念講演会） 香山リカ 「憲法問題」 （26） 2015 p.131〜141

01767 憲法14条1項後段の意義（特集 憲法の現況） 安西文雄 「論究ジュリスト」 （13） 2015.春 p.71〜78

01768 〈「持続」を意識する民主主義〉の憲法理論（特集 憲法の現況） 山元一 「論究ジュリスト」 （13） 2015.春 p.93〜99

01769 憲法を活かす国民運動論 ： ささやかな実践記録（特集 戦後70年 ： 世界の中のこれからの日本） 岩間一雄 「日本の科学者」 50（1）通号564 2015.1 p.24〜29

01770 佐治謙譲の憲法学的国家論における日本的独自性強調の論理 富塚祥夫 「自然・人間・社会 ： 関東学院大学経済学部総合学術論叢」 （58） 2015.1 p.107〜123

01771 私法の自律性と憲法上の権利（池田真朗教授退職記念号） 小山剛 「法学研究」 88（1） 2015.1 p.177〜197

01772 二〇一五年・日民協の憲法課題への取り組み（特集 2015・憲法をめぐる闘いの展望）

南典男 「法と民主主義」 （495） 2015.1 p.38〜40

01773 ライブ・憲法事例問題を対話する（特集 有斐閣法律講演会2014 憲法事例問題を対話する） 松本和彦 宍戸常寿 「法学教室」 （412） 2015.1 p.4〜24

01774 私の体験的憲法論（法学部創立50周年記念号） 西修 「駒澤法学」 14（2）通号53 2015.1 p.208〜185

01775 講演 今、憲法を生かす（特集 公益財団法人移行記念フォーラム 現代日本社会と労働者のたたかい） 篠原義仁 「労働と医学」 （124） 2015.1.31 p.56〜74

01776 第6分科会 語ろう憲法、伝えよう憲法 （2015年権利討論集会特集号）「民主法律」 （296） 2015.2 p.97〜110

01777 共和主義と憲法文化 ： 憲法愛国主義論の検討を端緒として（佐藤恭三教授 退職記念号） 松村芳明 「専修法学論集」 （123） 2015.3 p.283〜315

01778 「憲法適合的解釈」をめぐる覚書 ： 比較法研究のための予備的考察［最高裁平成24.12.7判決］ 山田哲史 「帝京法学」 29（2）通号51 2015.3 p.277〜322

01779 Windsor判決からみる憲法理論の新展開 上田宏和 「創価法学」 44（3） 2015.3 p.1〜35

01780 グローバル化と法の変容 ： グローバル化による法源論の変容（1）「憲法的思惟」vs.「トランスナショナル人権法源論」 山元一 「法律時報」 87（4）通号1084 2015.6 p.74〜79

01781 何がこわいのかね ： ゴム長靴で行動する知識人・菅原文太（総特集 菅原文太 ： 反骨の肖像） 樋口陽一 「現代思想」 43（7）（臨増） 2015.4 p.22〜26

01782 ヘーゲルの《点》、あるいは立憲君主制について ： 《点》とは何か 堅田剛 「独協法学」 （96） 2015.4 p.147〜179

01783 憲法21条裁判としての9条訴訟（特集 裁判所によって創られる統治行為—砂川事件訴訟） 蟻川恒正 「法律時報」 87（5）通号1085 2015.5 p.38〜43

01784 第6分科会 語ろう憲法、伝えよう憲法 （2015年権利討論集会報告—分科会報告） 原野早知子 「民主法律」 （297） 2015.5 p.32〜34

01785 憲法学者・木村草太と考える「開かずの扉」第95条（憲法特集 憲法を知らない大人たち） 木村草太 倉本さおり 「金曜日」 23 （17）通号1057 2015.5.1-8 p.16〜18

01786 現代の肖像 憲法学者・首都大学東京准教授 木村草太 憲法という武器を配る 神田憲行 「Aera」 28（20）通号1506 2015.5.4-11 p.60〜64

憲法学　　　　　　　　　　　　　　　　　　　　　　　憲法一般・憲法学

01787　グローバル化と法の変容 ： グローバル化による法源論の変容(2) グローバル化と比較法　松本英実　「法律時報」 87(7) 通号1087　2015.6　p.86～91

01788　グローバル化と法の変容 ： グローバル化による法源論の変容(3) 国際法における法源論の変容 ： そのプロブレマティーク　齋藤民徒　「法律時報」 87(9) 通号1089　2015.8　p.83～88

01789　討議 憲法の前提とは何か(特集 戦後70年)　杉田敦　樋口陽一　「現代思想」 43(12)　2015.8　p.28～41

01790　Recht(法＝権利＝正義)理念を内在化した自覚的憲法人へ ： 憲法哲学的観点から　金井光生　「日本の科学者」 50(8) 通号571　2015.8　p.434～439

01791　里見岸雄の戦後憲法論 ： 「皇道民主主義」と非武装平和の確立へ　大谷伸治　「道歴研年報」 (16)　2015.9　p.14～25

01792　グローバル化と法の変容 ： グローバル化による法源論の変容(4) グローバル化社会と憲法　棟居快行　「法律時報」 87(11) 通号1091　2015.10　p.121～127

01793　反・幸福論(第56回) 憲法という摩訶不思議なもの　佐伯啓思　「新潮45」 34(11) 通号403　2015.11　p.322～330

01794　法律時評〈戦後70年〉に考える ： 知の破壊vs「知の共和国」　樋口陽一　「法律時報」 87(12) 通号1092　2015.11　p.1～3

01795　グローバル化と法の変容 ： グローバル化の下での主権国家の地位低下と法学の課題(5) グローバル化社会と「国際人権」 ： グローバル人権法に向けて　江島晶子　「法律時報」 87(13) 通号1093　2015.12　p.348～353

01796　テスティモニー(第101回)一躍、憲法が脚光を浴びた!!　久保利英明　「The Lawyers」 12(12)　2015.12　p.40～42

◆国民主権・民主主義

【図書】

01797　アメリカによる民主主義の推進―なぜその理念にこだわるのか　猪口孝, マイケル・コックス, G.ジョン・アイケンベリー編　京都ミネルヴァ書房　2006.6　502, 12p　22cm　(国際政治・日本外交叢書 1)　7500円　①4-623-04533-1　Ⓝ319.53　猪口孝　コックス, マイケル　アイケンベリー, G.ジョン

01798　デモクラシー検定―民主主義ってなんだっけ？　石埼学著　大月書店　2006.11　172p　19cm　1500円　①4-272-21092-0　Ⓝ311.7　石埼学

01799　国民主権と法の支配―佐藤幸治先生古稀記念論文集 上巻　初宿正典, 米沢広一, 松井茂記, 市川正人, 土井真一編集委員　成文堂　2008.9　474p　22cm　〈肖像あり〉　10000円　①978-4-7923-0445-4　Ⓝ323.04　初宿正典　米沢広一　松井茂記　市川正人　土井真一

01800　国民主権と法の支配―佐藤幸治先生古稀記念論文集 下巻　初宿正典, 米沢広一, 松井茂記, 市川正人, 土井真一編集委員　成文堂　2008.9　459p　22cm　〈肖像あり〉　〈著作目録あり〉　10000円　①978-4-7923-0446-1　Ⓝ323.04　初宿正典　米沢広一　松井茂記　市川正人　土井真一

01801　新興民主主義の安定　川中豪編　千葉日本貿易振興機構アジア経済研究所　2009.3　63p　30cm　(調査研究報告書 2008-4-5)　〈文献あり〉　Ⓝ311.7　川中豪

01802　現代代表制と民主主義　糠塚康江著　日本評論社　2010.6　252p　22cm　(現代憲法理論叢書)　〈索引あり〉　4500円　①978-4-535-51777-6　Ⓝ313.7　糠塚康江

01803　反官反民―中野剛志評論集　中野剛志著　幻戯書房　2012.9　429p　19cm　〈年譜あり〉　2200円　①978-4-86488-001-5　Ⓝ304　中野剛志

01804　熟議の日―普通の市民が主権者になるために　ブルース・アッカマン, ジェイムズ・S.フィシュキン著, 川岸令和, 谷澤正嗣, 青山豊訳　早稲田大学出版部　2014.12　336p　21cm　〈索引あり〉　3800円　①978-4-657-14011-1　Ⓝ311.7　アッカマン, ブルース　フィシュキン, ジェイムズ・S.　川岸令和　谷澤正嗣　青山豊

01805　熟慮と討議の民主主義理論―直接民主制は代議制を乗り越えられるか　柳瀬昇著　京都ミネルヴァ書房　2015.2　309p　22cm　(MINERVA人文・社会科学叢書 203)　〈索引あり〉　6000円　①978-4-623-07230-9　Ⓝ313.7　柳瀬昇

01806　民主主義をあきらめない　浜矩子, 柳澤協二, 内橋克人著　岩波書店　2015.10　71p　21cm　(岩波ブックレット No.937)　520円　①978-4-00-270937-6　Ⓝ310.4　浜矩子　柳澤協二　内橋克人

【雑誌】

01807　米軍再編「中間報告」と憲法(時評)　内藤功　「法と民主主義」 404　2005.12

01808　法が愛を語るとき(時評)　森英樹　「法と民主主義」 409　2006.6

01809　日本と世界の安全保障 民主主義は安定と繁栄の鍵か　森本敏　「世界週報」 87(21) 通号4247　2006.6.6　p.40～41

01810　議会政治家からみた主権と天皇――斎藤隆夫の憲法論　田頭慎一郎　「日本政治研究」 3(2)　2006.7　p.195～220

01811　戦後処理問題と憲法学の課題(特集 「戦後民主主義」と憲法・憲法学)　内藤光博　「憲

01812 「戦後民主主義」後の憲法学の課題（特集「戦後民主主義」と憲法・憲法学）　高見勝利「憲法問題」通号18　2007　p.61〜71

01813 「戦後民主主義」と憲法学（特集「戦後民主主義」と憲法・憲法学）　横田耕一「憲法問題」通号18　2007　p.26〜38

01814 「戦後民主主義」と憲法・憲法学（特集「戦後民主主義」と憲法・憲法学）　愛敬浩二「憲法問題」通号18　2007　p.7〜14

01815 戦後民主主義と憲法24条（特集「戦後民主主義」と憲法・憲法学）　若尾典子「憲法問題」通号18　2007　p.86〜98

01816 「戦後民主主義」とはなんだったのか？（特集「戦後民主主義」と憲法・憲法学）　古関彰一「憲法問題」通号18　2007　p.15〜25

01817 改憲手続法案阻止の条件は十分にある（時評）　松井繁明「法と民主主義」416　2007.2

01818 憲法と政治——法と政治の動態的相互規定性に関する一考察　安世舟「大東ロージャーナル」（3）　2007.3　p.97〜125

01819 憲法とデモクラシーの崩壊（第II部 クロス・ナショナル分析）　アリシア，アドセラ　カルレス，ボイッシュ　矢内勇生「拒否権プレイヤーと政策転換」　2007.3　p.82〜

01820 主権論争の意義と課題——一九七〇年代主権論争を中心に（特集＝日本国憲法施行六〇年——憲法学に求められる課題）　村田尚紀「法律時報」79（8）通号985　2007.7　p.33〜41

01821 改憲手続法はそれ自体が憲法を否定する悪法（投稿）　清水誠「法と民主主義」421　2007.9

01822 憲法の「国民の権利」に依拠して闘う　重野安正「社会主義」（546）　2007.12　p.5〜10

01823 われら日本国民は、国会における代表者を通じて行動し、この憲法を確定する。（統治構造の変容と憲法動態）　長谷部恭男「公法研究」（70）　2008　p.1〜21

01824 原点から考える日本国憲法（第14回）国民主権と民主主義（1）主権論の基礎概念　河上暁弘「信州自治研」（193）　2008.3　p.44〜53

01825 原点から考える日本国憲法（第15回）国民主権と民主主義（2）戦後日本の主権論とその課題　河上暁弘「信州自治研」（194）　2008.4　p.42〜51

01826 原点から考える日本国憲法（第16回）国民主権と象徴天皇制　河上暁弘「信州自治研」（195）　2008.5　p.38〜53

01827 日本国憲法と多元主義——主権と人権・再訪（特集 憲法理論の新たな創造）　駒村圭吾「法律時報」80（6）通号996　2008.6　p.42〜47

01828 「政治改革」とは何だったのか、その『や

り直し』の展望（特集 議会制民主主義の再生を求めて——選挙制度と政治資金を検証する）　上脇博之「法と民主主義」（430）　2008.7　p.4〜9

01829 「憲法9条1項」に踏み込んだ名古屋高裁判決　西川重則「法と民主主義」431　2008.9

01830 政府の9条解釈の歪みを浮きぼりにした名古屋高裁判決の「武力の行使」論　小沢隆一「法と民主主義」431　2008.9

01831 宮沢俊義の国民主権論と国家法人説（第一部 憲法の基本原理）　時本義昭「国民主権と法の支配 上巻 佐藤幸治先生古稀記念論文集」2008.9　p.55〜

01832 科学技術と民主主義（第一部 憲法の基本原理）　中山茂樹「国民主権と法の支配 上巻 佐藤幸治先生古稀記念論文集」　2008.9　p.79〜

01833 主権論のエクスプリカチオとクリティーク（第3部 基本的法概念のクリティーク）　小沢隆一「企業・市場・市民社会の基礎法学的考察」　2008.10　p.248〜

01834 リスク社会における法と民主主義（リスク社会と法）　愛敬浩二「法哲学年報」2009〔2009〕　p.16〜27

01835 「公共」を考える（完）熟議民主主義に向けて——熟慮と討議と協働　稲垣久和「時の法令」通号1829　2009.3.15　p.53〜60

01836 国境を超える民主主義（特集 グローバル化の中の国家と憲法）　大津浩「ジュリスト」（1378）　2009.5.1・15　p.47〜54

01837 国会傍聴記（6）憲法施行62年の今こそ憲法が問われている　西川重則「法と民主主義」438　2009.6

01838 改憲阻止の運動に力を　吉田博徳「法と民主主義」440　2009.7

01839 ナショナリズムとデモクラシー（7）デモクラシーにとっての「市民」・再考——「ナショナル」なものとの論理連関　樋口陽一「未来」（514）　2009.7　p.22〜30

01840 佐藤幸治教授の「国民主権と政治制度」をめぐって（戦後憲法学の到達点と21世紀憲法学の課題——佐藤幸治憲法学の検討を通して）　高田篤「法律時報」81（11）通号1014　2009.10　p.68〜74

01841 国民主権の原理（特集 憲法——統治機構論入門）　小島慎司「法学セミナー」54（11）通号659　2009.11　p.24〜27

01842 民主主義（特集 憲法——統治機構論入門）　小泉良幸「法学セミナー」54（11）通号659　2009.11　p.16〜19

01843 国民主権論と民主主義論——憲法論における熟議の意味と可能性　奥野恒久「立命館法學」2010（5・6）通号333・334（上巻）　2010　p.1825〜1849

01844 イニシアティブという直接民主主義の可能性(1) 小林丈人 「法學志林」 107(3)通号753 2010.1 p.185〜265

01845 原意主義の民主政論的展開(1)民主的憲法論の一つの形 松尾陽 「法学論叢」 166(4) 2010.1 p.49〜75

01846 現代国家における自由の構造と民主主義的権力——「人間の尊厳」から「人格」の尊重へ、コミュニケーション過程による権力の再構築を目指して 横田力 「法学新報」 116(9・10) 2010.1 p.27〜123

01847 民主主義のもとでの司法審査——権限アプローチの構築に向けて 中曽久雄 「阪大法学」 59(5)通号263 2010.1 p.889〜917

01848 イニシアティブという直接民主主義の可能性(2) 小林丈人 「法學志林」 107(4)通号754 2010.2 p.259〜348

01849 主権と政治——あるいは王の首の行方 鵜飼健史 「思想」 (1031) 2010.3 p.70〜86

01850 ロー・クラス 発信 憲法地域事情(18・徳島編)直接民主制による間接民主制の補完 麻生多聞 「法学セミナー」 55(3)通号663 2010.3 p.50〜53

01851 原意主義の民主政論的展開(2)民主的憲法論の一つの形 松尾陽 「法学論叢」 167(3) 2010.6 p.98〜117

01852 主権論・代表制論(特集 つまずきのもと憲法) 辻村みよ子 「法学教室」 通号357 2010.6 p.6〜10

01853 憲法政治における主権在民・平和主義・基本的人権——コミュニタリアニズムの共和主義からの憲法解釈と提言 小林正弥 「千葉大学法学論集」 25(1) 2010.7 p.97〜134

01854 民主主義 浦部法穂 「法学館憲法研究所報」 (3) 2010.7 巻頭1〜3

01855 原意主義の民主政論的展開(3・完)民主的憲法論の一つの形 松尾陽 「法学論叢」 167(5) 2010.8 p.42〜64

01856 「政府の言論の法理」と「パブリック・フォーラムの法理」との関係についての覚書(特集 憲法と経済秩序(2)) 中林暁生 「企業と法創造」 7(5)通号27 2011.3 p.88〜92

01857 行財政研究 民主党政権と議会制民主主義のゆくえ 小沢隆一 「行財政研究」 (80) 2011.8 p.22〜31

01858 いま「民主主義を鍛え直す」ということ(特集 地方政治の対決点と民主主義) 小沢隆一 「前衛 : 日本共産党中央委員会理論政治誌」 通号875 2011.10 p.194〜205

01859 国民主権と性別 : フランスのパリテを参考に 齋藤美奈 「法学研究論集」 (38) 2012年度 p.25〜40

01860 国家の秘密(第4回)「主権在民」は想定外

だった? 日本国憲法を巡る舞台裏(前編) 徳川家広 「Kotoba : 多様性を考える言論誌」 (6) 2012.冬 p.214〜219

01861 国家の秘密(第5回)主権在民をめざした憲法研究会 日本国憲法をめぐる舞台裏(中編) 徳川家広 「Kotoba : 多様性を考える言論誌」 (7) 2012.春 p.214〜219

01862 国家の秘密(第6回)主権在民をめざした憲法研究会 日本国憲法をめぐる舞台裏(後編) 徳川家広 「Kotoba : 多様性を考える言論誌」 (8) 2012.夏 p.212〜217

01863 日本の主権と憲法学 會津明郎 「青森法政論叢」 (13) 2012 p.70〜87

01864 メディアを読む(28)「原発ゼロの日」と若者の「希望」 問われる憲法と民主主義 丸山重威 「人間と教育」 (74) 2012.夏 p.134〜137

01865 国家は「脳死」してしまったのか? 日本の政治を蘇生させる方途 : 既得権益にしがみつく従来型政治家では改革できない 小林節 「月刊times」 36(1) 2012.1 p.14〜19

01866 「主権」概念と「地域主権」改革 小林武 「愛知大学法学部法経論集」 (191) 2012.2 p.126〜104

01867 国民主権と民主主義に関する一考察 : 定住外国人の参政権をめぐって(飯塚和之先生定年退職記念号) 古屋等 「茨城大学政経学会雑誌」 (81) 2012.3 p.11〜24

01868 グリーンアクティブ 「明治」時代の自由で創造的な精神を引き継いで(特集特集 自由民権運動から脱原発社会へ 草の根民主主義を見つめる—「みどりの政治」は実現するか?) マエキタミヤコ 「金曜日」 20(16)通号908 2012.4.27 p.26〜27

01869 今日の東アジア情勢とその方向性(特集 平和と民主主義をめぐる現況と展望) 浅井基文 「法と民主主義」 (468) 2012.5 p.20〜27

01870 最近の憲法問題と国民主権 渡辺久丸 「人権と部落問題」 64(6)通号829 2012.5 p.40〜47

01871 何のために学ぶのか : 憲法二六条からの考察(民主主義の実践) 渡邊隆之 「あかでめいあ : 学ぶ・考える・研究する」 (19) 2012.5 p.48〜53

01872 民主主義 : ポピュリズムとどのように向き合うか?(特集 憲法入門 : 憲法の基本原理を理解する) 山元一 「法学セミナー」 57(5)通号688 2012.5 p.5〜8

01873 憲法学再入門(第3回)統治機構編(2)政治の領域における国会と内閣 : 主権者国民と権力分立とではどっちが偉いのか? 木村草太 「法学教室」 通号381 2012.6 p.33〜39

01874 翻訳 現在の民主制における憲法と現実との緊張関係 ゲアハルト, ライプホルツ 名雪健二[訳] 「東洋法学」 56(1)通号122 2012.7

p.233～246

01875 議会制民主主義を機能させる権利章典 : カント学徒, 帰結主義者, 並びに制度主義者の懐疑主義 スリ, ラトナパーラ 佐藤潤一 「大阪産業大学論集. 人文・社会科学編」 (19) 2013 p.225～265

01876 ケルゼンの民主制論の意義について 高田篤 「文明と哲学 : 日独文化研究所年報」 (5) 2013 p.107～119

01877 憲法学における民主主義の原理をめぐる論点整理・序論(特集 熟議民主主義) 柳瀬昇 「公共選択」 (59) 2013 p.26～47

01878 成熟国家へのソフトランディングを : 当事者主権と自己統治(特集 オートノミー : 自律・自治・自立―憲法記念講演会) 上野千鶴子 「憲法問題」 (24) 2013 p.123～137

01879 憲法学における民主主義の原理をめぐる論点整理 柳瀬昇 「駒澤法学」 12(3・4)通号47 2013.3 p.27～117

01880 各院憲法審査会の審議状況報告(特集 自民党改憲案と憲法の危機) 「法と民主主義」編集委員会 「法と民主主義」 479 2013.5

01881 特集にあたって(特集 自民党改憲案と憲法の危機) 清水雅彦 「法と民主主義」 479 2013.5

01882 新わたしと憲法シリーズ 民主主義を考えるドキュメンタリー映画を製作 想田和弘 想田和弘 「金曜日」 21(21)通号962 2013.6.7 p.34～35

01883 シチズンシップと国民主権(特集 憲法問題と非営利・協同) 中川雄一郎 「いのちとくらし研究所報」 (43) 2013.6.30 p.30～36

01884 「日本国民統合」の「統合」とは何かを考える 徳永達哉 「熊本ロージャーナル」 (8) 2013.10 p.37～70

01885 シンポジウム 新聞、メディアの公共性と知識課税 : 民主主義を支える仕組みを考える 戸松秀典 川岸令和 高木まさき[他] 「新聞研究」 (748) 2013.11 p.36～47

01886 現代憲法理論における主権 : 「市民主権」論をめぐる一考察(辻村みよ子教授退職記念号) 山元一 「法學 : the journal of law and political science」 77(6) 2014.1 p.997～1031

01887 新 わたしと憲法シリーズ 山本宗補 侵略の歴史的事実を伝えるフォトジャーナリスト 憲法の理念は主権在民 国の運命を決めるのは政治家ではなく私たち 山本宗補 「金曜日」 22(7)通号997 2014.2.21 p.53

01888 レッド・パージ講演会 レッド・パージを問うことの今日的意味 : 人権と民主主義、憲法の輝く豊かな森と泉を 明神勲 「北海道経済」 (558) 2014.3 p.1～35

01889 国民主権・民主制(前文・1条・15条1項) (特集 条文からスタート 憲法2014) 高田篤 「法学教室」 (405) 2014.6 p.8～10

01890 国家主権の行使としての「国籍付与」(日本大学法学部創設百二十五周年記念号) 百地章 「日本法學」 80(2) 2014.10 p.513～537

01891 エンジン・ステアリング・コントロール(特集 民主政の現在と憲法学―憲法記念講演会) 石川健治 「憲法問題」 (26) 2015 p.142～154

01892 近代社会における1つの友誼 : プープル主権論について(特集 民主政の現在と憲法学―民主政の現在 : 比較法的・原理論的考察を踏まえて) 小島慎司 「憲法問題」 (26) 2015 p.95～108

01893 ポピュリズムと民主政(特集 民主政の現在と憲法学―民主政の現在 : 日本における現状と課題の検討) 榊原秀訓 「憲法問題」 (26) 2015 p.45～56

01894 山積するわが国憲政の課題 政治の使命と主権者・国民の役割 : 権力を司るのが人間である限りその監視こそ主権者の役割である 小林節 「月刊times」 39(1) 2015.1 p.14～19

01895 憲法があぶない瀬戸際にあって(特集 民主主義ってなあに?) 河西大智 「子どものしあわせ : 母と教師を結ぶ雑誌」 (769) 2015.3 p.12～15

01896 一介の選挙民たちによる民主主義の勉強会報告(主催イベント報告 憲法と民主義) 「あかでみいあ : 学ぶ・考える・研究する」 (22) 2015.5 p.26～29

01897 「終戦」七〇年と東アジア : 憲法に基づく外交と東アジアの平和を考える座標軸(特集 戦後七〇年、民主主義を考える : 民主主義と教育の視点―平和外交の視点) 浅井基文 「民主主義教育21」 9 2015.5 p.66～79

01898 吉見義明・中央大学教授に聞く 今こそ「8・15」の原点を見つめよ 戦後の精神と文部省教科書『民主主義』を読む(憲法特集 憲法を知らない大人たち) 吉見義明 「金曜日」 23(17)通号1057 2015.5.1-8 p.48～50

01899 「熟議の政治」、その挑戦と挫折(小特集 立法学学術フォーラム : 立憲民主政の変動と立法学の再編) 鈴木寛 「法律時報」 87(8)通号1088 2015.7 p.62～64

01900 沖縄が問う戦後民主主義 : 米軍占領、復帰、普天間、憲法(特集 戦後70年と人権) 前泊博盛 「人権と部落問題」 67(9)通号874 2015.8 p.22～29

01901 新しい民主主義の舞台(ステージ)へ(発言 戦後70年) 渡辺治 「女性のひろば」 (440) 2015.10 p.75～77

01902 国民主権と統治行為(特集 高校生のための憲法学入門) 山本龍彦 「法学セミナー」 60

外国憲法等　　　　　　　　　　　　　　　　　　　　　　　　　憲法一般・憲法学

(10) 通号729　2015.10　p.50〜55

外国憲法等

◆アメリカ

【図書】

01903　国会議員による憲法訴訟の可能性―アメリカ合衆国における連邦議会議員の原告適格法理の地平から　三宅裕一郎著　専修大学出版局　2006.1　270p　22cm　3600円　Ⓓ4-88125-167-8　Ⓝ323.53　三宅裕一郎

01904　文化戦争と憲法理論―アイデンティティの相剋と模索　志田陽子著　京都　法律文化社　2006.2　321p　22cm　〈文献あり〉　6200円　Ⓓ4-589-02897-2　Ⓝ323.53　志田陽子

01905　アメリカ憲法の呪縛　シェルドン・S.ウォリン著, 千葉眞, 斎藤眞, 山岡龍一, 木部尚志訳　みすず書房　2006.7　275, 18p　22cm　5200円　Ⓓ4-622-07187-8　Ⓝ311.253　ウォリン, シェルドン・S.　千葉眞　斎藤眞　山岡龍一　木部尚志

01906　東アジアにおけるアメリカ憲法―憲法裁判の影響を中心に　大沢秀介, 小山剛編著　慶応義塾大学出版会　2006.9　440p　22cm　（慶應義塾大学東アジア研究所叢書）　5500円　Ⓓ4-7664-1297-4　Ⓝ323.2　大沢秀介　小山剛

01907　憲法の現代的意義―アメリカのステイト・アクション法理を手掛かりに　榎透著　福岡　花書院　2008.2　184p　21cm　（比較社会文化叢書 12）　2380円　Ⓓ978-4-903554-25-9　Ⓝ323.01　榎透

01908　アメリカ連邦議会と裁判官規律制度の展開―司法権の独立とアカウンタビリティの均衡を目指して　土屋孝次著　有信堂高文社　2008.3　199p　22cm　4600円　Ⓓ978-4-8420-1060-1　Ⓝ327.953　土屋孝次

01909　外国人の退去強制と合衆国憲法―国家主権の法理論　新井信之著　有信堂高文社　2008.3　343, 14p　22cm　7000円　Ⓓ978-4-8420-1061-8　Ⓝ329.94　新井信之

01910　アメリカ憲法　阿部竹松著　成文堂　2008.5　605, 84p　22cm　4500円　Ⓓ978-4-7923-0444-7　Ⓝ323.53　阿部竹松

01911　アメリカ憲法と執行特権―権力分立原理の動態　大林啓吾著　成文堂　2008.11　320p　22cm　5200円　Ⓓ978-4-7923-0451-5　Ⓝ323.53　大林啓吾

01912　アメリカ憲法入門　松井茂記著　第6版　有斐閣　2008.12　387p　20cm　（外国法入門双書）　〈他言語標題：American constitutional law〉　〈文献あり 索引あり〉　2500円　Ⓓ978-4-641-04800-3　Ⓝ323.53　松井茂記

01913　アメリカ最高裁とレーンキスト・コート　宮川成雄編　早稲田大学比較法研究所　2009.3　362p　22cm　（早稲田大学比較法研究所叢書36号）　〈発売：成文堂〉　3048円　Ⓓ978-4-7923-3254-9　Ⓝ327.953　宮川成雄

01914　アメリカ憲法　阿部竹松著　補訂版　成文堂　2009.9　605, 84p　22cm　〈索引あり〉　4500円　Ⓓ978-4-7923-0472-0　Ⓝ323.53　阿部竹松

01915　アメリカ憲法の群像　理論家編　駒村圭吾, 山本龍彦, 大林啓吾編　尚学社　2010.1　309p　21cm　〈文献あり〉　4000円　Ⓓ978-4-86031-073-8　Ⓝ323.53　駒村圭吾　山本龍彦　大林啓吾

01916　憲法解釈方法論の再構成―合衆国における原意主義論争を素材として　大河内美紀著　日本評論社　2010.2　207p　22cm　5000円　Ⓓ978-4-535-51730-1　Ⓝ323.53　大河内美紀

01917　ブラウン判決の遺産―アメリカ公民権運動と教育制度の歴史　ジェイムズ・T.パターソン著, 籾岡宏成訳　慶應義塾大学出版会　2010.3　331, 45p　22cm　〈文献あり 索引あり〉　3800円　Ⓓ978-4-7664-1726-5　Ⓝ372.53　Patterson, James T.　籾岡宏成

01918　民主政の不満―公共哲学を求めるアメリカ　上　手続き的共和国の憲法　マイケル・J.サンデル著, 金原恭子, 小林正弥監訳, 千葉大学人文社会科学研究科公共哲学センター訳　勁草書房　2010.7　227p　22cm　2600円　Ⓓ978-4-326-10196-2　Ⓝ312.53　サンデル, マイケル・J.　金原恭子　千葉大学人文社会科学研究科公共哲学センター　小林正弥

01919　アメリカ憲法への招待　リチャード・H.ファロン・Jr.著, 平地秀哉, 福嶋敏明, 宮下紘, 中川律訳　三省堂　2010.8　335p　21cm　〈索引あり〉　4000円　Ⓓ978-4-385-32308-4　Ⓝ323.53　Fallon, Richard H.　平地秀哉　福嶋敏明　宮下紘

01920　アメリカ合衆国憲法　[録音資料]　Pan Rolling　2011　録音ディスク 4枚(152分)：CD（Audio book series　耳で聴く本オーディオブックCD）　1260円　Ⓓ978-4-7759-2447-1

01921　アメリカ憲法　阿部竹松著　第2版　成文堂　2011.1　647, 85p　22cm　〈索引あり〉　4500円　Ⓓ978-4-7923-0505-5　Ⓝ323.53　阿部竹松

01922　良心の自由―アメリカの宗教的平等の伝統　マーサ・ヌスバウム著, 河野哲也監訳　慶応義塾大学出版会　2011.10　558, 71p　22cm　〈訳：木原弘行ほか〉　〈索引あり〉　5200円　Ⓓ978-4-7664-1814-9　Ⓝ323.53　ヌスバウム, マーサ　河野哲也

01923　占領と憲法―カリブ海諸国、フィリピンそして日本　北原仁著　成文堂　2011.11　321p　22cm　〈索引あり〉　6000円　Ⓓ978-4-7923-0517-8　Ⓝ323.53　北原仁

憲法一般・憲法学　　　　　　　　　　　　　　　　　　　　　　　　　　　　　　外国憲法等

01924　アメリカ憲法　樋口範雄著　弘文堂　2011.12　598p　22cm　（アメリカ法ベーシックス 10）〈索引あり〉〈文献あり〉　4200円　Ⓘ978-4-335-30375-3　Ⓝ323.53　樋口範雄

01925　アメリカ憲法概説　鈴木康彦著　冬至書房　2012.2　294p　22cm　〈索引あり〉　2800円　Ⓘ978-4-88582-183-7　Ⓝ323.53　鈴木康彦

01926　敵対する思想の自由—アメリカ最高裁判事と修正第一条の物語　アンソニー・ルイス著, 池田年穂, 籾岡宏融訳　慶應義塾大学出版会　2012.8　262, 4p　20cm　〈索引あり〉　2800円　Ⓘ978-4-7664-1959-7　Ⓝ323.53　Lewis, Anthony　池田年穂　籾岡宏融

01927　アメリカ憲法入門　松井茂記著　第7版　有斐閣　2012.12　475p　20cm　（外国法入門双書）〈他言語標題：AMERICAN CONSTITUTIONAL LAW〉〈索引あり〉　2800円　Ⓘ978-4-641-04810-2　Ⓝ323.53　松井茂記

01928　現代アメリカの司法と憲法—理論的対話の試み　小谷順子, 新井誠, 山本龍彦, 葛西まゆこ, 大林啓吾編　尚学社　2013.1　365p　22cm　6500円　Ⓘ978-4-86031-098-1　Ⓝ327.953　小谷順子　新井誠　山本龍彦

01929　アメリカ憲法　阿部竹松著　第3版　成文堂　2013.7　660, 87p　22cm　〈他言語標題：American Constitutional Law〉〈索引あり〉　5000円　Ⓘ978-4-7923-0553-6　Ⓝ323.53　阿部竹松

01930　アメリカ憲法判例の物語　大沢秀介, 大林啓吾編　成文堂　2014.4　635p　22cm　（アメリカ憲法叢書 1）〈他言語標題：The Constitutional Law Stories in the U.S〉　8000円　Ⓘ978-4-7923-0560-4　Ⓝ323.53　大沢秀介　大林啓吾

01931　アメリカ憲法判例　続　憲法訴訟研究会, 戸松秀典編　有斐閣　2014.9　549p　24cm　〈他言語標題：Selected Cases and Comments of American Constitutional Law〉〈索引あり〉　6200円　Ⓘ978-4-641-04813-3　Ⓝ323.53　戸松秀典　憲法訴訟研究会

01932　アメリカ憲法は民主的か　ロバート・A.ダール著, 杉田敦訳　岩波書店　2014.10　234p　19cm　（岩波人文書セレクション）〈2003年刊の再刊〉　2400円　Ⓘ978-4-00-028790-6　Ⓝ323.53　ダール, ロバート・A.　杉田敦

01933　現代アメリカ立憲主義公民学習論研究—憲法規範を基盤とした幼稚園から高等学校までの子どもの市民性育成　中原朋生著　風間書房　2015.2　347p　22cm　〈文献あり〉　9500円　Ⓘ978-4-7599-2066-6　Ⓝ372.53　中原朋生

01934　Affirmative Action正当化の法理論—アメリカ合衆国の判例と学説の検討を中心に　茂木洋平著　商事法務　2015.11　292p　22cm　（東北大学法政実務叢書 3）〈索引あり〉　10000円　Ⓘ978-4-7857-2355-2　Ⓝ323.53　茂木洋平

01935　憲法の誕生—権力の危険性をめぐって　近藤健著　彩流社　2015.11　202p　19cm　（フィギュール彩 41）〈他言語標題：INVENTING THE CONSTITUTION〉〈文献あり〉　1800円　Ⓘ978-4-7791-7046-1　Ⓝ323.53　近藤健

【雑誌】

01936　初期アメリカにおける政教分離と信教の自由（II 研究成果）　大西直樹　「『イギリス・アメリカの文化に関する学際的研究』」　p.49〜

01937　分離主義から便宜供与へ—アメリカ合衆国政教分離の行方　山崎英594「都留文科大學研究紀要」61　2005　p.147〜160

01938　アメリカ先住民と信教の自由—ローカルな聖性をめぐって　内田綾子　「国際開発研究フォーラム」通号29　2005.3　p.139〜152

01939　集会の自由（権利）とアメリカ合衆国最高裁判所（3・完）　青山武憲　「日本法學」70（4）　2005.3　p.683〜726

01940　アメリカにおける政教分離条項解釈の審査基準に関する覚書　諸根貞夫　元山健　沢野義一　村下博　「『平和・生命・宗教と立憲主義』」　2005.5　p.159〜

01941　制度的政教分離と心情的政教融合—十八世紀後半アメリカ社会における政教関係（政治と宗教研究会より）　齋藤眞　「東洋学術研究」45（1）通号156　2006　p.189〜205

01942　合衆国から見た国際法の法源と核兵器への法の適用——核兵器使用の違法性研究　浦田賢治　「比較法学」39（2）通号78　2006　p.1〜51

01943　ディシプリンとその「正典」——現代アメリカ憲法学におけるある自画像の試み　松田浩　「駿河台法学」19（2）通号36　2006　p.5〜26

01944　特別寄稿　司法改革と法律家論—あるアメリカの法律家（「司法改革」の総決算——憲法の理念に基づく真の司法改革をめざして）　戒能通厚　「法の科学：民主主義科学者協会法律部会機関誌「年報」通号36（増刊）2006　p.176〜183

01945　Hamdan v.Rumsfeld連邦最高裁判決が有する憲法上の意義　横大道聡　「慶応義塾大学大学院法学研究科論文集」（47）2006年度　p.217〜262

01946　国際人権法ワールドレポート（4）企業と国際人権法—アメリカの国際人権訴訟の現在　伊藤和子　「法学セミナー」51（10）通号622　2006.1　p.66〜70

01947　初期アメリカにおける政教分離と信教の自由　大西直樹　「『歴史のなかの政教分離　英米におけるその起源と展開』」　2006.3　p.167〜

01948　アメリカにおける憲法的名誉毀損法の展開と課題——「現実的悪意の法理」についての

〔01924〜01948〕　　　　　　　　　　　　　　　　　　　　　　　　憲法改正 最新文献目録　73

連邦最高裁判所判決を手がかりに　山田隆司
「阪大法学」　55（6）通号240　2006.3　p.1255～
1284

01949　アメリカにおけるマイノリティーの政治
参加　吉田仁美　「関東学院法学」　15（3・4）
2006.3　p.137～164

01950　合衆国憲法第八修正と罪刑の均衡原理
──合衆国最高裁ユーイング三振法合憲判決を
契機に　小早川義則　「桃山法学」　（7）　2006.3
p.494～376

01951　米国におけるヘイト・スピーチ規制の背
景　榎透　「専修法学論集」　（96）　2006.3　p.
69～111

01952　米外交政策と憲法──外交権限をめぐる
大統領と議会の対立　浅川公紀　「治安フォーラ
ム」　12（6）通号138　2006.6　p.46～56

01953　時代と向き合う映画（2）ハリウッドは"赤
狩り"を忘れない──彼らは憲法を守っててたた
かった　山田和夫　「前衛：日本共産党中央委
員会理論政治誌」　通号811　2006.11　p.217～
229

01954　US Case Studies──最新アメリカ判例・
裁判情報（第4回）連邦商標希釈化法（FTDA法）
および合衆国憲法修正1条等との関係で，
「Nissan Computer Corp.」という営業表示の使
用、日産自動車株式会社に対する批判文を掲載
したサイトへのリンクを「nissan.com」のサイ
トに置く行為等が問題となった事例──Nissan
Motor Co. v. Nissan Computer Corp., 378 F.
3d 1002, 2004 U.S. App. LEXIS 16212, 72 U.
S.P.Q. 2d (BNA) 1078 (9th Cir. Cal. 2004).
Writ of certiorari denied, 544 U.S. 974, 125 S.
Ct. 1825, 161 L. Ed. 2d 723, 2005 U.S. LEXIS
3332, 73 U.S.L.W. 3619（2005）　関西学院大
学米国判例情報研究会「Lexis判例速報」　2
（11）通号13　2006.11　p.31～36

01955　行政調査と合衆国憲法修正4条における
「特別の必要性」の法理　山本未来　「明治学院
大学法科大学院ローレビュー」　（5）　2006.12
p.59～81

01956　歴史主義と分離主義の対立？－アメリカ
政教分離の新機軸　山崎英壽　都留文科大学紀
要編集委員会編　「都留文科大学研究紀要」　65
2007　p.143～160

01957　アメリカ移民法におけるデュープロセス
と司法審査──アメリカの状況（特集 人権のゆ
らぎ──テロ，暴力と不寛容─各国における人
権のゆらぎ）　高佐智美　「国際人権：国際人
権法学会報」　通号18　2007　p.15～20

01958　合衆国連邦最高裁判所刑事判例研究
少年に対する死刑と合衆国憲法修正8条の「残
虐で異常な刑罰」の禁止──Roper v.
Simmons, 543 U.S. 551（2005）（英米刑事法研
究（8））　杉本一敏　「比較法学」　40（3）通号82
2007　p.152～166

01959　アメリカ合衆国最高裁判所刑事判例研究
連邦政府の補助金を受ける州その他の団体の職
員への贈賄処罰に関する連邦法の合憲性──
Sabri v. United States, 541 U.S. 600（2004）
（英米刑事法研究（7））　岡部雅人　「比較法学」
40（2）通号81　2007　p.326～332

01960　英米刑事法研究（9）アメリカ合衆国最高
裁判所刑事判例研究 薬物探知犬の使用と合衆国
憲法修正4条──Illionois v.Caballes, 543 U.S.
405（2005）　二本柳誠　「比較法学」41（1）通号
83　2007　p.251～258

01961　合衆国連邦最高裁判例に見る20世紀中葉
の「プレスの自由」観──ユビキタス時代にお
ける「プレス」の役割を求めて　上出浩　「立命
館法學」　2007年（2）通号312　2007　p.358～
440

01962　憲法裁判におけるトランスナショナルな
ソースの参照をめぐって──現代アメリカ法思
考の開放性と閉鎖性（〈法のクレオール〉と主体
的法形成の研究へのアプローチ（2））　會澤恒
「北大法学論集」　58（4）　2007　p.2118～2081

01963　レモン・テスト，エンドースメント・テス
トにおける「侵害」の捉えられ方の観察　成瀬
トーマス誠　「法学研究論集」　（27）　2007年度
p.145～165

01964　レーンキスト・コートとアファーマティ
ブ・アクション（ミニ・シンポジウム レーンキ
スト・コートの判例理論の再検討）　吉田仁美
「比較法研究」　通号69　2007　p.136～141

01965　レーンキスト・コートと連邦主義（ミニ・
シンポジウム レーンキスト・コートの判例理論
の再検討）　松井茂記　「比較法研究」　通号69
2007　p.109～120

01966　ブラウン判決再考　勝田卓也　「法学雑
誌」　53（3）　2007.1　p.711～745

01967　2002年アメリカ投票支援法の実施状況
──電子投票制度導入問題を中心に　梅田久枝
「外国の立法：立法情報・翻訳・解説」　（231）
2007.2　p.152～164

01968　アメリカの予備選挙制度と政党の法的地
位研究序説　高橋和之　「法律論叢」　79（4・5）
2007.3　p.233～265

01969　地下鉄利用者に対する所持品検査の合憲
性──MacWade v. Kelly, 460 F. 3d 260（2d
Cir. 2006）　洲見光男　「明治大学法科大学院論
集」　（2）　2007.3　p.83～102

01970　ハーバード草案のとらえるグロチウスと
マルテンス──代表者への条約強制無効の法理
の特徴を示すために　笹川紀勝　「法律論叢」
79（4・5）　2007.3　p.201～231

01971　アメリカにおける司法の位置づけ──最
近の刑務所訴訟最高裁判決を手がかりに　大沢
秀介　「法学研究」　80（4）　2007.4　p.1～43

01972　憲法訴訟研究会（第126回）連邦の薬物規

制法と薬用マリファナ所持, 使用等を合法とする州法との関係——Gonzales v. Raich, 545 U. S. 1, 125 S. Ct. 2195 (2005) 紙谷雅子「ジュリスト」(1334) 2007.5.1・15 p.235～241

01973 9月11日以後のアメリカ法の変容——市民的自由, 公的監視, および安全保障の適正な均衡を求めて (シンポジウム 9・11後のアメリカ法) Mark, Aoki-Fordham 佐藤智晶 [訳]「アメリカ法」2006 (1) 2007.6 p.1～12

01974 Internet Constitutionは必要か——米国憲法学におけるインターネット研究第2世代の議論をめぐって 大田貴昭「情報社会学会誌」2 (2) 2007.6 p.98～112

01975 米国最高裁ローバー対サイモンズ判決における国際人権法の影響 斉藤功高 文教大学国際学部編 文教大学国際学部編「文教大学国際学部紀要」18 (1) 2007.7 p.25～47

01976 アメリカにおけるインターネット上の選挙運動の一断面——Vote—Pairing規制をめぐって 湯淺墾道「九州国際大学法学論集」14 (1) 2007.7 p.51～79

01977 アメリカにおける人権の揺らぎ——移民法におけるデュープロセスの保障 髙佐智美「独協法学」(72) 2007.7 p.212～179

01978 列挙されていない権利の構図——アメリカ合衆国憲法修正九条における権限アプローチの展開 中曽久雄「阪大法学」57 (2) 通号248 2007.7 p.275～303

01979 アメリカ連邦選挙運動資金における「IRC§五二七条組織 (政治組織)」規制の憲法学的考察 落合俊行「北九州市立大学法政論集」35 (1) 2007.8 p.39～82

01980 修正11条「州の主権免責」と「障害をもつアメリカ人に関する法律」(ADA)——Tennessee v. Lane判決という転回点 植木淳「北九州市立大学法政論集」35 (1) 2007.8 p.1～38

01981 アメリカ憲法における「国勢調査条項」をめぐる若干の考察 (IV 政治機構) 大沢秀介「憲法諸相と改憲論 吉田善明先生古稀記念論文集」2007.8 p.399～

01982 憲法訴訟研究会 (第127回) 行政機関の法解釈に対する司法の敬譲——Gonzales v. Oregon, 546 U.S. 243, 126 S. Ct. 904 (2006) 山本龍彦「ジュリスト」(1339) 2007.8.1・15 p.158～165

01983 アメリカ連邦議会における証人の自己負罪拒否特権 土屋孝次「近畿大学法学」55 (2) 通号147 2007.9 p.37～63

01984 憲法訴訟研究会 (第128回) 軍リクルーターのキャンパスアクセスを条件とする補助金支給と違憲な条件——Rumsfeld v. Forum for Academic and Institutional Rights, 547 U.S. 47; 126 S. Ct. 1297 (2006) 平地秀哉「ジュリスト」(1340) 2007.9.1 p.108～114

01985 英米法研究 (第43回) 十戒の展示と国教禁止条項 [米国連邦最高裁判所2005.6.27判決] 田中利彦「法律のひろば」60 (11) 2007.11 p.58～66

01986 アメリカ修正憲法第14条の諸規定に関する考察 阿部竹松「日本法學」73 (2) 2007.12 p.517～537

01987 学校における人種統合とアファーマティヴ・アクション (1) アメリカ連邦最高裁ロバーツ・コートの新たな動向 藤井樹也「筑波ロー・ジャーナル」(2) 2007.12 p.69～84

01988 教師の国旗敬礼拒否・忠誠宣誓拒否 (2)——一九七〇年代のアメリカの判例から 長峯信彦「愛知大学法学部法経論集」(175) 2007.12 p.278～253

01989 武器を携帯する権利 (アメリカ合衆国) 青山武憲「政経研究」44 (2) 2007.12 p.333～435

01990 合衆国の公教育における政府の権限とその限界 (1) 1920年代の連邦最高裁判例Meyer判決とPierce判決に関する考察 中川律 明治大学大学院 [編] 明治大学大学院 [編]「法学研究論集」(29) 2008年度 p.1～23

01991 アメリカ刑事判例研究 (2) Heath v. Alabama, 474 U.S. 82 (1985)——同一行為に対する2州による連続訴追と合衆国憲法第5修正の二重の危険 小早川義則「名城ロースクール・レビュー」(9) 2008 p.267～280

01992 英米刑事法研究 (11) アメリカ合衆国最高裁判所刑事判例研究 アリゾナ州法の心神喪失条項および同州モット・ルールの合憲性Clark v. Arizona, 126 S. Ct. 2709 (2006) 新谷一朗「比較法学」41 (3) 通号85 2008 p.143～151

01993 紹介 アメリカ選挙法の最近の動向 政治的ゲリマンダの法的規制——州憲法の復権と競争理論 東川浩二「選挙研究 : 日本選挙学会年報」24 (1) 2008 p.95～104

01994 情報プライバシーを考えるための米国連邦憲法修正九条の考察 辻雄一郎「法政論叢」44 (2) 2008 p.13～36

01995 米国連邦最高裁における憲法解釈の基準としての人権条約——ローパー判決を通して 齊藤功高「国際人権 : 国際人権法学会報」通号19 2008 p.117～123

01996 英米法研究 (第44回) 法律の一部が違憲である場合の判決の在り方 [合衆国最高裁2006.1.18判決 Ayotte v. Planned Parenthood of Northern New Eng. 546 U.S.320 (2006)] 尾島明「法律のひろば」61 (1) 2008.1 p.70～75

01997 アメリカ合衆国憲法修正第1条における営利的言論の自由論 佐々木秀智「法律論叢」80 (4・5) 2008.2 p.25～72

外国憲法等　　　　　　　　　　　　　　　　憲法一般・憲法学

01998　アメリカ合衆国裁判例 国旗への忠誠の誓い拒否（ラッソー事件）の紹介［連邦第二巡回区控訴裁判所1972.11.14判決］　山中眞人［訳］「法と民主主義」（426）　2008.2・3　p.79～70

01999　アメリカ州憲法の単一主題ルール　二本柳高信「産大法学」41（4）通号142　2008.3　p.900～879

02000　銃規制と合衆国憲法の第2修正の解釈──Parker v. District of Columbiaを題材として［ワシントンD.C.（コロンビア特別区）巡回裁判所2007.3.9判決］　Shawn, Huizenga「近畿大学法学」55（4）通号149　2008.3　p.231～252

02001　被告人の権利に関するアメリカ憲法規定の考察　阿部竹松「朝日法学論集」（35）　2008.3　p.56～39

02002　論文紹介 忘れられた叛逆罪の憲法法理と敵戦闘員問題 Carlton F. W. Larson, The Forgotten constitutional law of treason and the energy combatant problem, 154 U. Pa. L. Rev. 863─926 (2006)　中村良隆「アメリカ法」2007（2）　2008.3　p.279～284

02003　市民訴訟（Citizen Suit）と憲法上の問題──一九九〇年代のアメリカ連邦最高裁判所の"憲法観"　高橋正人「東北法学」（31）　2008.3　p.1～40

02004　憲法訴訟研究会（第129回）州の主権免責が破産に関する立法権限に及ぶか──Central Virginia Community College v. Katz, 126 S. Ct. 990 (2006)　大林文敏「ジュリスト」（1356）　2008.5.1・15　p.203～209

02005　アメリカ憲法の成立と基本構造　阿部竹松「日本法學」74（2）　2008.7　p.565～612

02006　カリフォルニア州憲法修正提案二〇九号差止訴訟──アンチ・アフォーマティヴ・アクション・イニシアティヴに関する考察のために（福家俊朗教授退職記念論文集）　大河内美紀「名古屋大学法政論集」通号225　2008.7　p.463～498

02007　判例研究 公法判例研究 裁判所内における「十戒」の展示とアメリカ合衆国憲法修正第1条［McCreary County, Kentucky, et al. v. American Civil Liberties Union of Kentucky et al., 545 U.S. 844; 125 S. Ct. 2722 (2005)］　栗田佳泰「法政研究」75（1）　2008.7　p.133～147

02008　ブレイン連邦憲法修正案について　高畑英一郎「日本法學」74（2）　2008.7　p.633～659

02009　憲法訴訟研究会（第130回）懲罰的賠償とデュー・プロセス──Philip Morris USA v. Williams, 127 S. Ct. 1057 (2007)　溜箭将之「ジュリスト」（1361）　2008.8.1・15　p.169～177

02010　ブッシュ大統領FISA（外国諜報活動監視法）改正法案に署名－通信の秘密擁護に国防の影　清家秀哉「ITUジャーナル」38（9）通号445　2008.9　p.56～59

02011　アメリカにおける議員免責特権について──合衆国憲法の発言・討議条項をめぐる歴史と解釈　新井誠「千葉大学法学論集」23（1）　2008.9　p.103～153

02012　憲法と「福祉国家」の形成──合衆国憲法における展開の一断面　尾形健「千葉大学法学論集」23（1）　2008.9　p.57～101

02013　レーンキスト・コートと連邦主義（第二部 比較の中の憲法）　松井茂記「国民主権と法の支配 上巻 佐藤幸治先生古稀記念論文集」2008.9　p.103～

02014　合衆国憲法修正一四条五項に基づく議会の立法（第二部 比較の中の憲法）　木南敦「国民主権と法の支配 上巻 佐藤幸治先生古稀記念論文集」　2008.9　p.131～

02015　アメリカにおける連邦裁判官選任手続の一側面（第二部 比較の中の憲法）　高井裕之「国民主権と法の支配 上巻 佐藤幸治先生古稀記念論文集」　2008.9　p.171～

02016　「テロとの戦争」と合衆国最高裁判所二〇〇一－二〇〇七（第二部 比較の中の憲法）　松本哲治「国民主権と法の支配 上巻 佐藤幸治先生古稀記念論文集」　2008.9　p.195～

02017　教師の国旗敬礼拒否・忠誠宣誓拒否（3・完）一九七〇年代のアメリカの判例から　長峯信彦「愛知大学法学部法経論集」（179）　2008.11　p.306～206

02018　雇用差別禁止法と宗教団体の自由──アメリカ連邦控訴裁判所における「聖職者例外」法理の展開とSmith判決の射程　福嶋敏明「神戸学院法学」38（2）　2008.12　p.419～465

02019　合衆国憲法制定以前における「特別会議」と「人民主権」・「国民主権」　青柳卓弥「慶応の法律学 公法 1 慶応義塾創立一五〇年記念法学部論文集」　2008.12　p.93～

02020　アメリカ憲法学における第二の権利章典（The second bill of rights）の位置づけ　葛西まゆこ「慶応の法律学 公法 1 慶応義塾創立一五〇年記念法学部論文集」　2008.12　p.233～

02021　アメリカ国内における外国人敵性戦闘員の拘束をめぐる憲法問題　小谷順子「慶応の法律学 公法 1 慶応義塾創立一五〇年記念法学部論文集」　2008.12　p.259～

02022　連邦納税者訴訟と権利侵害－政教分離に関する事例に沿って（第26回 宗教法制研究会・第56回 宗教法学会）　成瀬トーマス誠「宗教法」（28）　2009　p.19～37

02023　再建期アメリカにおけるフリー・ラヴと女性参政権運動－ヴィクトリア・ウッドハルと全国女性参政権協会（特集 マイノリティと政治）　箕輪理美「アメリカ史研究」編集委員会編「アメリカ史研究」（32）　2009　p.3～19

02024 国際人権法と合衆国の国内裁判所－Roper判決の国際法上の意義（ミニ・シンポジウム　アメリカ最高裁による外国法・国際法の参照と援用）　村上正直　比較法学会編　比較法学会編「比較法研究」通号71　2009　p.126～134

02025 コモンローの包摂性と国際人権法－外国人不法行為法と連邦コモンローとしての国際慣習法（ミニ・シンポジウム　アメリカ最高裁による外国法・国際法の参照と援用）　宮川成雄　比較法学会編　比較法学会編「比較法研究」通号71　2009　p.135～142

02026 アメリカにおける裁判官選挙の規制と合衆国憲法修正1条　重村博美「法政論叢」45（2）　2009　p.85～108

02027 アメリカにおける銃規制と連邦最高裁判所　藤井樹也「成蹊法学」（71）　2009　p.366～352

02028 アメリカにおける州裁判官公選制の課題（2・完）政治部門からの独立性と民主的基盤　原口佳誠「早稲田大学大学院法研論集」（130）　2009　p.269～293

02029 アメリカにおけるマスメディアへのパブリック・アクセス　牧本公明「青山法学論集」51（1・2）　2009　p.193～222

02030 英米刑事法研究（14）アメリカ合衆国最高裁判所刑事判例研究　死刑事件における陪審員候補者の理由付き忌避と合衆国憲法修正6条――Uttecht v. Brown, 127 S. Ct. 2218（2007）松田正照「比較法学」42（3）通号88　2009　p.249～256

02031 英米法判例研究　合衆国憲法第2修正が銃の保持を個人の権利として保証しているとした判決［D.C. v. Heller判決2008.6］　会沢恒「北大法学論集」60（2）　2009　p.644～633

02032 オーランドの地方自治概説――憲法の枠内で　名生顕洋「日本大学大学院法学研究年報」（39）　2009　p.1～29

02033 合衆国憲法制定過程及び制定直後における司法権概念　成瀬トーマス誠「憲法研究」（41）　2009　p.33～54

02034 裁判所を取り巻く政治的環境に関する考察（1）アメリカ合衆国における制定法解釈の含意　武田芳樹「早稲田大学大学院法研論集」（129）　2009　p.165～181

02035 裁判所を取り巻く政治的環境に関する考察（2・完）アメリカ合衆国における制定法解釈論の含意　武田芳樹「早稲田大学大学院法研論集」（130）　2009　p.155～174

02036 上院の選挙法原則　選挙方法と憲法（特集選挙法をめぐる近年の議論）　新井誠「選挙研究 ： 日本選挙学会年報」24（2）　2009　p.62～73

02037 紹介　アメリカ選挙法の最近の動向（2）選挙資金規正法と表現の自由　東川浩二「選挙研究 ： 日本選挙学会年報」24（2）　2009　p.97～107

02038 投票における身分証明書提示要件と合衆国憲法（特集　選挙法をめぐる近年の議論）　金星直規「選挙研究 ： 日本選挙学会年報」24（2）　2009　p.88～96

02039 排除法則と合衆国最高裁――憲法論を中心に　小早川義則「名城ロースクール・レビュー」（12）　2009　p.1～60

02040 「福祉国家」と憲法構造――「格差社会」へのアメリカ的対応をめぐる一考察（特集　グローバリゼーション・『格差社会』・憲法理論―［全国憲法研究会］春季研究集会シンポジウム）　尾形健「憲法問題」通号20　2009　p.7～19

02041 プライバシーをめぐるアメリカとヨーロッパの衝突（1）自由と尊厳の対立　宮下紘「比較法文化 ： 駿河台大学比較法研究所紀要」（18）　2009年度　p.131～168

02042 2003年連邦「一部出生中絶」禁止法の合憲性――Gonzales v. Carhart, 127 S.Ct. 1610（2007）（アメリカ法判例研究（4））　小竹聡「比較法学」42（2）通号87　2009　p.298～307

02043 初期アメリカ合衆国における反逆罪の法理と実理――合衆国憲法反逆罪条項の歴史的文脈　大内孝「法學 ： the journal of law and political science」72（6）　2009.1　p.873～907

02044 翻訳「オンライン捜索」についての連邦憲法裁判所判決――二〇〇八年二月二七日第一法廷判決　Albrecht, Rosler　鈴木秀美［訳］「阪大法学」58（5）通号257　2009.1　p.1235～1256

02045 海外法律情報　アメリカ――議会による文民統制――安全保障戦略報告書類の意義　等雄一郎「ジュリスト」（1370）　2009.1.1・15　p.223

02046 アメリカ連邦最高裁の役割の歴史的変化――自由と安全の調整者の観点から　大沢秀介「法学研究」82（2）　2009.2　p.1～31

02047 英米法研究（第48回）米国連邦憲法第一修正は、政党の指導部による支持がなくても裁判官に選出され得る可能性を保障するものか［米国連邦最高裁判所2008.1.16判決］　弘中聡浩「法律のひろば」62（2）　2009.2　p.69～74

02048 合衆国における「二つの学問の自由」・再訪――Urofsky判決とその後　松田浩「現代法学 ： 東京経済大学現代法学会誌」（17）2009.2　p.35～62

02049 立法情報　アメリカ　下院議事規則の改正　廣瀬淳子「外国の立法. 月刊版 ： 立法情報・翻訳・解説」（238-2）　2009.2　p.2～3

02050 公的機関による障害差別――アメリカにおけるADA第2編訴訟の展開（2）　植木淳「北九州市立大学法政論集」36（3・4）　2009.3　p.339～375

外国憲法等　　　　　　　　　　　　　　　　　　　　　　　　　　憲法一般・憲法学

02051　アメリカ最高裁の動向——ロバーツ・コートの行方　藤倉皓一郎「法の支配」（153）　2009.4　p.5〜19

02052　「司法積極主義の政治的構築」とアメリカの司法発展（1）アメリカ憲法秩序形成の動態的把握に向けて　見平典「法学論叢」165（1）2009.4　p.38〜56

02053　法解釈方法論における制度論的転回（1）近時のアメリカ憲法解釈方法論の展開を素材として　松尾陽「民商法雑誌」140（1）　2009.4　p.36〜58

02054　憲法訴訟研究会（第132回）学校における人種差別撤廃の最近の動向——Parents Involved in Community Schools v. Seattle School District No.1, 127 S.Ct.2738（2007）吉田仁美「ジュリスト」（1375）　2009.4.1　p.119〜127

02055　法解釈方法論における制度論的転回（2・完）近時のアメリカ憲法解釈方法論の展開を素材として　松尾陽「民商法雑誌」140（2）2009.5　p.197〜232

02056　憲法訴訟研究会（第132回）理由を示さない陪審忌避に対するバトソン判決に基づく異議申立て——Snyder v. Louisiana, 128 S. Ct. 1203（2008）　紙谷雅子「ジュリスト」（1378）　2009.5.1・15　p.177〜181

02057　講演　アメリカの憲法構造——連邦制度を中心に　Lloyd, Bonfield　長内了［訳］「中央ロー・ジャーナル」6（1）通号19　2009.6　p.65〜78

02058　「司法積極主義の政治的構築」とアメリカの司法発展（2・完）アメリカ憲法秩序形成の動態的把握に向けて　見平典「法学論叢」165（3）　2009.6　p.83〜110

02059　憲法訴訟研究会（第133回）追跡した車に対するパトカーのバンパー攻撃と修正4条の権利——Timothy SCOTT v. Victor HARRIS, 550 U.S. 372, 127 S. Ct. 1769（2007）　君塚正臣「ジュリスト」（1379）　2009.6.1　p.108〜111

02060　憲法リレートーク（第12回）戦争をする国の人権——9・11事件後のアメリカの教訓（前半）　菅野昭夫「自由と正義」60（7）通号726　2009.7　p.63〜73

02061　憲法訴訟研究会（第134回）年齢差別禁止法における「報復」の解釈［Gomez—Perez v. Potter, 128 S.Ct, 1931（2008）］　大林啓吾「ジュリスト」（1381）　2009.7.1　p.98〜105

02062　アメリカにおけるリバタリアニズムの伝統——「レッセ・フェール憲法論」再考　岡嵜修「朝日法学論集」（37）　2009.8　p.27〜79

02063　憲法リレートーク（第13回）戦争をする国の人権——9.11事件後のアメリカの教訓（後半）菅野昭夫「自由と正義」60（8）通号727　2009.8　p.77〜86

02064　英米法研究（第49回）未成年者に対する強姦罪に死刑を科することと合衆国憲法第八修正［米国連邦最高裁2008.10.1判決］　田中豊「法律のひろば」62（9）　2009.9　p.47〜56

02065　銃規制と合衆国憲法第2修正の解釈——District of Columbia v. Hellerを題材として［アメリカ合衆国連邦最高裁2008年6月判決］Shawn, Huizenga「近畿大学法学」57（2）通号155　2009.9　p.109〜130

02066　特別講演　オバマ新政権と日米の安全保障関係（米国の視点）　W. Michael, Meserve「防衛学研究」（41）　2009.9　p.1〜13

02067　ロー・クラス　発信　憲法地域事情（12・番外編）アメリカ　同性婚論争とアメリカ　駒村圭吾「法学セミナー」54（9）通号657　2009.9　p.62〜65

02068　Hate Speech規制をめぐる憲法論の展開——1970年代までのアメリカにおける議論　小谷順子「静岡大学法政研究」14（1）　2009.9　p.56〜34

02069　憲法訴訟研究会（第135回）「残虐で異常な刑罰の禁止」と薬殺刑執行プロトコル——Baze v. Rees, 128 S.Ct.1520（2008）　横大道聡「ジュリスト」（1384）　2009.9.1　p.130〜136

02070　NBL—Square　格付機関の注意を欠いた不実表示に表現の自由の抗弁が認められず——穴の開いた米国憲法修正第1条の防波堤　花井路代「NBL」通号913　2009.9.15　p.8〜11

02071　年齢による区別と憲法——ルイジアナ州憲法を素材として　浅田訓永「同志社法学」61（5）通号338　2009.11　p.1417〜1462

02072　生存権の発見−アメリカ州憲法における積極的権利の軌跡（2・完）　藤田忠尚「福岡大学大学院論集」41（2）　2009.11.30　p.225〜253

02073　アメリカにおける国教樹立禁止条項に関する違憲審査基準の展開　椱透「専修法学論集」（107）　2009.12　p.23〜55

02074　英米法研究（第51回）組合の政治活動への助成を禁ずる州法の郡・市等に対する適用の合憲性［Ben Ysursa, Idaho Secretary of State, et al. v. Pocatello Education Association et al. Decided February 24, 2009］　井上聡「法律のひろば」62（12）　2009.12　p.62〜67

02075　アメリカ刑事判例研究（7）United States v. Scheffer, 523 U.S. 303（1998）——ポリグラフ関連証拠の絶対的排除と合衆国憲法第6修正の証人喚問請求権　小早川義則「名城ロースクール・レビュー」（15）　2010　p.65〜75

02076　アメリカ憲法におけるひとつの「基層」（1）ジョセフ・ストーリーとアメリカ法形成期におけるコモン・ローと憲法の位置　大久保優也「早稲田大学大学院法研論集」（134）2010　p.23〜43

02077 アメリカ憲法におけるひとつの「基層」（2・完）ジョセフ・ストーリーとアメリカ法形成期におけるコモン・ローと憲法の位置 大久保優也 「早稲田大学大学院法研論集」（136） 2010 p.55〜81

02078 アメリカにおける政党の自由と予備選挙法 高畑英一郎 「比較憲法学研究」通号22 2010 p.63〜84

02079 アメリカ連邦憲法草創期における constitution、common law、legalization of the constitution──1798年Sedition Actをめぐる論争を中心に 大久保優也 「早稲田法学会誌」60（2） 2010 p.53〜103

02080 アメリカ連邦憲法草創期における constitution、common law、legalization of the constitution──1798年Sedition Actをめぐる論争を中心に 大久保優也 「早稲田法学会誌」60（2）（［修正版］） 2010 p.53〜103

02081 合衆国憲法上の「プライバシイの権利」の出現 青山武憲 「法学紀要」52 2010 p.9〜41

02082 講演 アメリカ連邦憲法上の第一修正の保護について William A., Fletcher 辻雄一郎［訳］「比較法学」44（2）通号93 2010 p.159〜169

02083 ここ数年における連邦憲法裁判所法の改正とその注目点 光田督良 「比較法雑誌」44（2）通号154 2010 p.277〜299

02084 アメリカ合衆国大統領と憲法──最高司令官と執行権の長 富井幸雄 「法学会雑誌」50（2） 2010.1 p.127〜168

02085 海外法律情報 アメリカ──ヘイトクライムに関する連邦法の改正 中川かおり 「ジュリスト」（1392） 2010.1.1・15 p.177

02086 （I）さまよえる闘士－ロジャー・ウィリアムズ評価の変遷とアメリカの政教分離論（要旨）（シンポジウム「ピューリタニズムとデモクラシー 初期アメリカを中心に」） 森本あんり 「ピューリタニズム研究：日本ピューリタニズム学会年報」（4） 2010.02 p.29〜31

02087 アメリカ合衆国憲法修正1条と覆面禁止法 小谷順子 「静岡大学法政研究」14（3・4） 2010.3 p.374〜344

02088 アメリカにおける裁判管轄権剥奪法案の動向──司法権の核心に関する予備的考察 大林啓吾 「帝京法学」26（2）通号45 2010.3 p.149〜179

02089 アメリカ連邦最高裁判所の公教育への関与と生徒言論の自由──Tinker判決（1969年）とその後の展開 青木宏治 「甲南法学」50（4） 2010.3 p.369〜396

02090 オルバニー・プランの合衆国憲法体制形成における意義 澤登文治 「南山法学」33（3・4） 2010.3 p.167〜216

02091 合衆国憲法3条とスタンディングの法理──合衆国最高裁判所の判例法理の傾向 宮原均 「東洋法学」53（3）通号115 2010.3 p.1〜59

02092 憲法判断の対象と範囲について（適用違憲・法令違憲）──近時のアメリカ合衆国における議論を中心に 青井未帆 「成城法学」通号79 2010.3 p.182〜125

02093 海外法律情報 アメリカ──国家安全保障情報の秘密指定に関する大統領行政命令（EO13526） 等雄一郎 「ジュリスト」（1395） 2010.3.1 p.107

02094 憲法訴訟研究会（第136回）選挙運動資金の規制──Davis v. FEC, 128 S. Ct. 2759（2008） 平地秀哉 「ジュリスト」（1401） 2010.6.1 p.99〜107

02095 アメリカ議会の戦争権限（1） 富井幸雄 「法学会雑誌」51（1） 2010.7 p.1〜44

02096 アメリカにおけるインターネット選挙運動の規制 湯淺墾道 「九州国際大学法学論集」17（1） 2010.7 p.71〜115

02097 アメリカ法判例研究会（第1回）投票所への100フィートは誰のものか？ 出口調査を含め、選挙当日に投票所から100フィート以内におけるすべての表現行為を禁じたニュージャージー州法が合憲とされた事例 In re Attorney General's "Directive on Exit Polling： Media and Non—Partisan Public Interest Groups", 200 N.J. 283, 981 A.2d 64（N.J. 2009） 東川浩二 「金沢法学」53（1） 2010.7 p.39〜47

02098 憲法訴訟研究会（第137回）モニュメント建立と政府言論──Pleasant Grove City v. Summum, 129 S. Ct. 1125（2009） 横大道聡 「ジュリスト」（1403） 2010.7.1 p.160〜168

02099 諸外国における戦後の憲法改正（第3版） 山岡規雄 北村貴 「調査と情報」（687） 2010.8.3 p.1〜14, 巻頭1p

02100 エレノア・フレクスナー著『一世紀の闘争－アメリカ合衆国の女性の権利運動』における女性の力と社会の変化 杉田雅子 「群馬パース大学紀要」（10） 2010.9 p.3〜16

02101 アメリカ合衆国最高裁判所判事と大統領──我が国における最高裁判所事選任との比較を視座に 渋川孝夫 「自由と正義」61（10）通号741 2010.10 p.84〜92

02102 憲法訴訟研究会（第138回）行政機関の政策変更に関する司法統制──F言葉の放送を禁じることの合法性および合憲性［FCC v. Fox, 129 S.Ct. 1800（2009）］ 大林啓吾 「ジュリスト」（1410） 2010.11.1 p.107〜115

02103 アメリカ合衆国憲法修正9条を巡る議論状況──原意主義的解釈の多様性 団上智也 「憲法論叢」（17） 2010.12 p.113〜134

02104 障害のある子どもの教育を受ける権利－

アメリカ障害者教育法における「無償かつ適切な公教育」について現在の解釈に関する一考察 織原保尚 「同志社アメリカ研究」 2011 p.51〜69

02105 陪審制と信教の自由－アメリカにおける陪審選任手続きと信教の自由（第61回 宗教法学会－創立30周年記念シンポジウム「裁判員制度と信教の自由」） 高畑英一郎 「宗教法」（30） 2011 p.121〜145

02106 「政教分離」形成史研究 ：アメリカの事例から（2011年度 立教大学キリスト教学会大会研究発表要旨） 中山勉 「キリスト教学」（53） 2011 p.153〜158

02107 アメリカ刑事判例研究（14）Crawford v. Washington, 541 U.S. 36（2004）——合衆国憲法第6修正の証人対面権に関するロバツ判決の有効性 小早川義則 「名城ロースクール・レビュー」（20） 2011 p.57〜77

02108 アメリカ刑事判例研究（16）Giles v. California, 554 U.S. 353, 128 S.Ct. 2678（2008）——不正行為による権利喪失の法理と憲法上の証人対面権 小早川義則 「名城ロースクール・レビュー」（21） 2011 p.49〜71

02109 アメリカ刑事判例研究（17）Reynolds v. United States, 98 U.S. 145（1879）——以前の公判での法廷証言の許容性と合衆国憲法第6修正の証人対面権 小早川義則 「名城ロースクール・レビュー」（21） 2011 p.73〜85

02110 アメリカ憲法と日本国憲法 ：私にとってのアメリカ憲法（学） 佐藤幸治 「聖学院大学総合研究所紀要」（52） 2011 p.13〜39

02111 アメリカにおける外国人の人権 大沢秀介 「比較憲法学研究」通号23 2011 p.69〜96

02112 合衆国の占領と憲法 ：各国憲法と連邦領組織法の法文対照表 北原仁 「駿河台法学」25（1）通号47 2011 p.137〜219

02113 国籍の役割と国民の範囲——アメリカ合衆国における「市民権」の検討を通じて（1） 坂東雄介 「北大法学論集」62（2） 2011 p.418〜352

02114 国籍の役割と国民の範囲 ：アメリカ合衆国における「市民権」の検討を通じて（2） 坂東雄介 「北大法学論集」62（4） 2011 p.914〜861

02115 スティーブン・グリフィン教授の発展的憲法理論とその意義 ：アメリカ合衆国における生ける憲法をめぐる議論との関連で 大江一平 「文明」（16） 2011 p.29〜39

02116 政権交代——アメリカ合衆国の場合（特集 憲法と政権交代－［全国憲法研究会］春季研究集会） 川岸令和 「憲法問題」通号22 2011 p.7〜20

02117 政府の憲法解釈——アメリカにおける近年の憲法実践から 横大道聡 「比較憲法学研究」通号23 2011 p.149〜172

02118 法人の独立選挙支出の規制と言論の自由——Citizens United v. Federal Election Commission, 130 S.Ct. 876（2010）（アメリカ法判例研究（5）） 宮川成雄 「比較法学」44（3）通号94 2011 p.156〜161

02119 法選択に対する合衆国憲法の制限ニ関する若干の考察 孫ピヤワン 「早稲田大学大学院法研論集」（140） 2011 p.217〜239

02120 翻訳「テロリズムと第一修正」ダニエル・A・ファーバー ダニエル・A, ファーバー 辻雄一郎［訳］「駿河台法学」25（1）通号47 2011 p.244〜221

02121 レーガン政権における大統領権力の拡大——保守的法律家の憲法解釈と署名吉見解の制度化 梅川健 「年報政治学」2011（1）［2011］p.247〜270

02122 アメリカ合衆国における児童ポルノ規制の新たな取組み——パンダリング規制の合憲性に関するWilliams判決を素材として 加藤隆之 「亜細亜法学」45（2） 2011.1 p.33〜94

02123 アメリカ議会の戦争権限（2） 富井幸雄 「法学会雑誌」51（2） 2011.1 p.47〜99

02124 直接民主制の功罪——カリフォルニア州の財政危機と州民投票をめぐって 伊藤正次 「住民行政の窓」通号358 2011.1 p.8〜17

02125 判例研究 アメリカの公立学校における生徒割当制度の合憲性について［Parents Involved in Community Schools v. Seattle School District No. 1; Meredith and McDonald v. Jefferson County Board of Education et al., 551 U.S. 701（2007）］ 井上一洋 「広島法学」34（3）通号128 2011.1 p.97〜111

02126 立法情報 アメリカ 第112議会における下院議事規則の改正 廣瀬淳子 「外国の立法. 月刊版：立法情報・翻訳・解説」（246-2） 2011.2 p.2〜3

02127 憲法訴訟研究会（第139回）ロバーツ・コートと選挙運動資金規制（1）Randall v. Sorrell, 548 U.S. 230（2006） 村山健太郎 「ジュリスト」（1415） 2011.2.1 p.88〜99

02128 憲法訴訟研究会（第140回）ロバーツ・コートと選挙運動資金規制（2）FEC v. Wisconsin Right to Life, 551 U.S. 449（2007） 村山健太郎 「ジュリスト」（1417） 2011.3.1 p.149〜159

02129 全米で労働基本権制限の動き 山崎憲 労働大学調査研究所編 「月刊労働組合」（557） 2011.4 p.36〜39

02130 憲法訴訟研究会（第141回）ロバーツ・コートと選挙運動資金規制（3・完）Citizens United v. FEC, 130 S. Ct. 876（2010） 村山健太郎 「ジュリスト」（1419） 2011.4.1 p.130〜142

憲法一般・憲法学　　　　　　　　　　　　　　　　　　　　　　　　　　　　　外国憲法等

02131　司法判断の諸相──アメリカ憲法学の一側面から（特集 違憲審査手法の展望─審査基準論と三段階審査）　尾形健「法律時報」83（5）通号1034　2011.5　p.28～33

02132　憲法訴訟研究会（第142回）差別的効果法理と昇進テスト──Ricci v. DeStefano, 129 S. Ct. 2658（2009）　吉田仁美「ジュリスト」（1425）　2011.7.1　p.115～119

02133　米国地方公務員の労働基本権－アリゾナ州、ウィスコンシン州、カリフォルニア州の現地調査をもとに　稲継裕昭　総務省自治行政局公務員課編「地方公務員月報」（578）　2011.9　p.65～90

02134　アメリカ合衆国の公教育に関する憲法学的考察 ： エイミー・ガットマンの「民主主義的教育理論」を素材として　伊藤純子「専修総合科学研究」（19）（修正版）　2011.10　p.155～195

02135　憲法訴訟研究会（第144回）対審権と伝聞法則の関係──Crawford v. Washington, 541 U.S. 36（2004）　津村政孝「ジュリスト」（1430）　2011.10.1　p.79～83

02136　アメリカの国際人権訴訟と国際慣習法 ： 外国人不法行為法の判例展開（藤倉皓一郎教授退職記念論集）　宮川成雄　同志社法学会編「同志社法学」63（5）通号351　2011.12　p.2291～2324

02137　薄くなる政教分離の壁 ： アメリカ合衆国　青山武憲「日本法學」77（3）　2011.12　p.329～368

02138　A.スカーリアの原意主義における理論と実践 ： ヘラー判決を素材として［128 S.Ct. 2783, 2008.6.26］　団上智也「憲法論叢」（18）　2011.12　p.55～85

02139　アメリカ刑事判例研究（22）Texas v. Cobb, 532 U.S. 162, 121 S.Ct. 1335（2001）： 合衆国憲法第6修正の弁護人の援助を受ける権利は“犯罪特定”であり、それは現に起訴された犯罪と“事実上関連”する犯罪には適用されない　小早川義則「名城ロースクール・レビュー」（25）　2012　p.53～80

02140　アメリカ憲法学におけるプライバシー権の展開　上田宏和「創価大学大学院紀要」34　2012年度　p.99～121

02141　アメリカ憲法と大規模災害 ： 連邦緊急事態管理庁（FEMA）を中心として　富井幸雄「比較憲法学研究」通号24　2012　p.1～30

02142　アメリカの人種マイノリティを巡る憲法論と社会実態 ： カリフォルニア州サンフランシスコ・ベイエリアを一例として（特集 マイノリティと法）　秋葉丈志「法社会学」（77）　2012　p.35～64

02143　インタビュー アメリカ憲法とビーアド（特集 アメリカとは何か ： チャールズ・ビー

アドを軸に）　阿川尚之「環 ： 歴史・環境・文明」50　2012.Sum.　p.128～146

02144　帝国主義は憲法違反、アメリカ精神に反する ： 『アメリカ精神の歴史』『アメリカ合衆国史』『ルーズベルトの責任』より（特集 アメリカとは何か ： チャールズ・ビーアドを軸に）　チャールズ・A, ビーアド　鈴木恭子［編訳］「環 ： 歴史・環境・文明」50　2012.Sum.　p.195～199

02145　南北戦争後のアメリカ先住民連合による立憲共和政体構想 ： インディアン・テリトリーにおけるオクムルギー会議（1870－1878）　岩﨑佳孝「パブリック・ヒストリー」9　2012　p.115～133

02146　判例研究 American Tradition Partnership Inc., v. Bullock, 567 U.S. ： 132 S.Ct. 2490（2012）： 法人の選挙運動のための支出を制限する州法を違憲と判断した事例　重村博美「近畿大学工業高等専門学校研究紀要」（6）　2012　p.79～83

02147　ビーアドによる合衆国憲法制定の解釈（特集 アメリカとは何か ： チャールズ・ビーアドを軸に）　阿部直哉「環 ： 歴史・環境・文明」50　2012.Sum.　p.147～151

02148　米国知財重要判例紹介（第63回）パブリックドメイン作品を著作権の保護対象とする法律を合憲としたゴラン対ホルダー事件合衆国最高裁判決［2012.1.18］　伊藤玲子「国際商事法務」40（6）通号600　2012　p.964～967

02149　ルイス・ブランダイスのプライバシー権 ： 34歳と71歳のブランダイスをつなぐ言葉　宮下紘「駿河台法学」26（1）通号49　2012　p.71～130

02150　平成二四年公務員白書第二部のコラムより アメリカの州における労働基本権をめぐる動き　人事院総務課編「人事院月報」（758）　2012.1　p.36～38

02151　パブリシティ権とアメリカ合衆国憲法修正第一条（上井長久教授古稀記念論文集）　佐々木秀智「法律論叢」84（2・3）　2012.1　p.331～363

02152　立法情報 アメリカ カリフォルニア州憲法同性婚禁止条項に関する違憲訴訟　井樋三枝子「外国の立法. 月刊版 ： 立法情報・翻訳・解説」（250-1）　2012.1　p.4～5

02153　アメリカ合衆国最高裁における憲法判断の動向 ： 2009─2010年開廷期の判決より　木下智史「関西大学大学院法務研究科法科大学院ジャーナル」（7）　2012.3　p.79～84

02154　アメリカの判例法理で憲法の政教分離規定を再考する ： 小泉靖国参拝訴訟最高裁判決を例に　松平德仁「帝京法学」28（1）通号48　2012.3　p.161～176

02155　アリゾナフリースピーチ判決についての

〔02131～02155〕　　　　　　　　　　　　　　　　　　　　　　　　　憲法改正 最新文献目録　**81**

外国憲法等　　　　　　　　　　　　　　　　　　　　　　　　　　**憲法一般・憲法学**

若干の憲法学的考察［連邦最高裁2011.6.27判決］（麻生利勝教授退職記念号）　辻雄一郎「大東ロージャーナル」（8）　2012.3　p.137〜153

02156　アレクシス・ド・トクヴィルの主権理論 ： アメリカ合衆国憲法のレアル・ポリティーク　上野大樹「四日市大学総合政策学部論集」11（1・2）　2012.3　p.31〜43

02157　判例研究 暴力的ビデオゲームの規制と表現の自由 ： アメリカ連邦最高裁判決：Brown v. Entertainment Merchants Ass'n, 131 S. Ct. 2729（2011）（森川登美江教授定年退職記念号）　青野篤「大分大学経済論集」63（5・6）　2012.3　p.109〜130

02158　フィラデルフィア制憲会議における憲法論争と「国民主権」概念の成立 ： 共和主義vs.自由主義をめぐる論争を中心に　青柳卓弥「平成国際大学研究所論集」（12）　2012.3　p.3〜19

02159　アメリカ法における国籍取得要件の性差別 ： 残された男女平等　根本猛「静岡大学法政研究」17(1)　2012.5　p.406〜387

02160　アメリカにおける不文憲法の伝統(1)　清水潤「中央ロー・ジャーナル」9(2)通号32　2012.9　p.21〜62

02161　米国初期の憲法判例　甲斐素直「日本法學」78(2)　2012.9　p.263〜285

02162　WORLD NEWS（58）米国 合憲と判断されたPPAC法　中村雄二「国民医療」（299）2012.9・10　p.67〜69

02163　米マリファナ合法化 大麻で財政改善を狙う州政府に連邦政府は「違憲」の姿勢崩さず　土方細秩子「エコノミスト」90（53）通号4261　2012.12.4　p.42〜43

02164　教育が導く政治参加への道 ： アメリカにおける女性参政権獲得を目指す闘い（創立者越原春子および女子教育に関する研究）　羽澄直子「総合科学研究」（8）　2013年度　p.44〜49

02165　「女性の領域」論再考 ： 19世紀前半アメリカにおける参政権なき女性の政治参加をめぐって（加藤和敏先生 野沢公子先生 伊里松俊先生 松尾誠之先生 加藤史朗先生 退職記念号）　久田由佳子　愛知県立大学外国語学部編「紀要. 地域研究・国際学編」（45）　2013　p.217〜225

02166　アメリカ合衆国憲法修正第1条とアメリカ・インディアンの聖地保護（第30回 宗教法制研究会・第64回 宗教法学会）　藤田尚則「宗教法」（32）　2013　p.45〜82

02167　アメリカ憲法学における「自己決定権」の保護範囲 ： Lawrence v. Texasを契機として　上田宏和「創価大学大学院紀要」35　2013年度　p.63〜83

02168　アメリカ憲法理論の近年の動向 ： グランド・セオリーの退場　金澤孝「比較法学」46(3)通号100　2013　p.159〜188

02169　アメリカ大統領の権限行使と憲法動態　大林啓吾「比較憲法学研究」（25）　2013　p.1〜29

02170　アメリカにおける教会と国家 ： 憲法、文化、そして神学（国際シンポジウム「ラインホールド・ニーバーの宗教・社会・政治思想の研究」特集号 ： ラインホールド・ニーバーとキリスト教現実主義）　ロビン・W, ラヴィン左近豊［訳］「聖学院大学総合研究所紀要」（57）（別冊）　2013　p.83〜98

02171　アメリカにおける投票権保障 ： 差別の歴史と未完の民主化革命（特集 いま, 選挙制度を問い直す）　駒村圭吾「論究ジュリスト」（5）2013.春　p.116〜123

02172　医療保険改革法と合衆国憲法における連邦政府の権限 ： National Federation of Independent Business v. Sebelius, 132 S. Ct. 2566（2012）（アメリカ法判例研究（10））「比較法学」46(3)通号100　2013　p.328〜337

02173　ウルグアイ・ラウンド協定法による外国著作物に対する著作権付与と合衆国憲法 ： Golan v. Holder, 565 U.S. _, 132 S.Ct. 873（合衆国最高裁2012年1月18日判決）の評釈　尾島明「知財研フォーラム」93　2013.春　p.51〜57

02174　行政調査における令状主義の適用範囲(1)刑事法および米国憲法修正4条からみた行政手続に関する一考察　中山代志子「早稲田大学大学院法研論集」（148）　2013　p.123〜151

02175　懸賞論文入選作 米国における性犯罪者情報登録・公開制度の合憲性 ：「登録」から「公開」へ・「公開」から「監視」へ　五明昇祐「関西大学法学会誌」（58）　2013　p.1〜31

02176　講演 排除と包摂 ： アメリカ憲法・差別禁止法の現在（紋谷暢男教授 加藤節教授 高桑昭教授 記念号）　安部圭介「成蹊法学」（78）2013　p.245〜262

02177　「修正一条制度論」について ： アメリカ表現の自由論の一断面　横大道聡「公法研究」（75）　2013　p.244〜252

02178　草創期合衆国憲法における「憲法秩序」の構想(1)ケント、ストーリーと初期合衆国憲法の政治経済思想的基礎　大久保優也「早稲田大学大学院法研論集」（146）　2013　p.29〜54

02179　草創期合衆国憲法における「憲法秩序」の構想(2)ケント、ストーリーと初期合衆国憲法の政治経済思想的基礎　大久保優也「早稲田大学大学院法研論集」（147）　2013　p.41〜66

02180　草創期合衆国憲法における「憲法秩序」の構想(3)ケント、ストーリーと初期合衆国憲法の政治経済思想的基礎　大久保優也「早稲田大学大学院法研論集」（148）　2013　p.51〜76

02181　チャールズ・ビーアドと合衆国憲法 ： 抵抗の対象か？ 抵抗の手段か？（後藤新平の会シンポジウム チャールズ・ビーアドと後藤新平

02181 ：二十世紀を代表する歴史家ビーアドとの関係から見えるものは何か）　阿川尚之　「環：歴史・環境・文明」52　2013.Win.　p.233～236

02182　標識法と表現の自由 ： 米国商標法におけるロジャース・テストを題材に　宮脇正晴　「日本工業所有権法学会年報」（37）　2013　p.173～190

02183　エントレンチメントと合衆国憲法の契約条項　二本柳高信　「産大法学」46（4）通号160　2013.2　p.469～505

02184　阪口正二郎報告をめぐる質疑応答（特集 憲法と経済秩序（4）―研究会における質疑応答）　内野正幸　大林啓吾　横大道聡［他］　「企業と法創造」9（3）通号35　2013.2　p.206～214

02185　米国違憲立法審査権の確立 ： マーシャル第四代長官の時代　甲斐素直　「日本法學」78（3）　2013.2　p.461～503

02186　Lochnerと利益衡量論 ： Post Lochnerの法理論（特集 憲法と経済秩序（4））　阪口正二郎　「企業と法創造」9（3）通号35　2013.2　p.79～93

02187　大反響「憲法改正の基礎知識」第2弾 アメリカ6回、フランス27回、"敗戦国"ドイツも58回 なぜ日本だけ「憲法改正」できないのか　「週刊ポスト」45（5）通号2215　2013.2.1　p.44～46

02188　アメリカ合衆国憲法における移民権限と州法による外国人の規制 ： アリゾナ州法S.B.1070と連邦法の専占を中心として（釜田泰介教授古稀記念論集）　宮川成雄　「同志社法学」64（7）通号360（分冊1）　2013.3　p.2277～2298

02189　アメリカ公立学校における生徒の表現の自由（1）Morse v. Frederick判決の分析を中心に　田中佑佳　「阪大法学」62（6）通号282　2013.3　p.1805～1830

02190　アメリカにおける階層に基づく（class―based）Affirmative Actionの正当性（2）　茂木洋平　「桐蔭法学」19（2）通号38　2013.3　p.1～45

02191　英米法研究（第61回）未決勾留に際し被拘束者に対してする身体検査と連邦憲法第4修正 ： Albert W. Florence, Petitioner v. Board of Chosen Freeholders of the Country of Burlington et al., 566U.S.__(2012)　田中豊　「法律のひろば」66（3）　2013.3　p.60～68

02192　合衆国憲法、州酒類規制及び州と州の間における酒類販売 ： 合衆国修正第二一条第二項に関する一考察（岡村・林教授退職記念号）　木南敦　「法学論叢」172（4-6）　2013.3　p.114～159

02193　「聖職者例外」法理とアメリカ連邦最高裁（1）雇用差別禁止法と宗教団体の自由・再論［2012.1.11判決］（赤堀勝彦教授 富澤敏勝教授退職記念論文集）　福嶋敏明　「神戸学院法学」42（3・4）　2013.3　p.1115～1144

02194　デジタル時代の放送メディア規制とアメリカ合衆国憲法修正第1条 ： 性表現規制を手がかりとして　佐々木秀智　「明治大学社会科学研究所紀要」51（2）通号78　2013.3　p.25～37

02195　フィラデルフィア制憲会議における憲法論争とプロテスタント主義の職業倫理に関する議論　青柳卓弥　「平成国際大学研究所論集」（13）　2013.3　p.3～15

02196　アメリカにおける情報プライバシー権の法理（森田博志先生追悼号）　大林啓吾　「千葉大学法学論集」27（4）　2013.4　p.244～202

02197　米国史の知られざる舞台 ： 合衆国憲法を最初に批准したデラウェア州の歴史遺産を訪ねて　アダム，グッドハート　「National geographic」19（4）　2013.4　p.66～79

02198　アメリカ公立学校における生徒の表現の自由（2・完）Morse v. Frederick判決の分析を中心に　田中佑佳　「阪大法学」63（1）通号283　2013.5　p.105～126

02199　議会拒否権の憲法学的考察（1）権力分立論の観点から　御幸聖樹　「法学論叢」173（2）　2013.5　p.70～91

02200　20世紀のアメリカ先住民連合の新州創設構想 ： セコイア州憲法制定会議（1905）の考察　岩﨑佳孝　「アメリカ史評論」（30）　2013.5　p.10～29

02201　アメリカ・インディアンの「部族憲法」（長尾一紘先生古稀記念論文集）　藤田尚則　「法学新報」120（1・2）　2013.5　p.391～453

02202　南北戦争後の憲法秩序 ： チェイス第六代長官の時代　甲斐素直　「日本法學」79（1）　2013.6　p.115～150

02203　NewsBeast InternationaList THE UNITED STATES テロリストに無慈悲なオバマは「違憲」なのか　エリック，ポズナー　「Newsweek」28（21）通号1351　2013.6.4　p.14

02204　レポート2013 アメリカ・プライバシーの最前線　宮下紘　「時の法令」（1932）　2013.6.30　p.37～46

02205　アメリカ憲法理論における「法」と「政治」の相剋 ： 新リアリズム法学を中心に　岡室悠介　「阪大法学」63（2）通号284　2013.7　p.449～475

02206　アメリカにおけるテロ対策とプライバシー ： 議会による「監視の監視」システム（特集 監視社会のプライバシー）　山本龍彦　「都市問題」104（7）　2013.7　p.24～30

02207　生徒の学校内・外における表現規制 ： アメリカにおける判例法理の展開　宮原均　「東洋法学」57（1）通号125　2013.7　p.1～50

02208　CFR Interview E・スノーデン事件を法的に検証する ： 米政府の認識にも問題がある（特集 スノーデン事件は何を問いかける ： 安全保障かプライバシー保護か）　スティーブン・I，

ブラデック 「Foreign affairs report」 2013（8）
2013.8 p.44〜49

02209 Foreign Affairs Update NSAの無節操な
スパイ活動 ： 安全保障とプライバシー保護の
間（特集 スノーデン事件は何を問いかける ：
安全保障かプライバシー保護か） ヘンリー，
ファレル アブラハム，ニューマン 「Foreign
affairs report」 2013（8） 2013.8 p.50〜54

02210 アメリカにおける不文憲法の伝統（2）
清水潤 「中央ロー・ジャーナル」 10（2）通号
36 2013.9 p.3〜68

02211 合衆国最高裁の同性婚判決について 宍
戸常寿 「法学教室」 （396） 2013.9 p.156〜
162

02212 議会拒否権の憲法学的考察 ： 権力分立論
の観点から（2） 御幸聖樹 「法学論叢」 173
（6） 2013.9 p.102〜128

02213 議会拒否権の憲法学的考察（3）権力分立
論の観点から 御幸聖樹 「法学論叢」 174（1）
2013.10 p.101〜130

02214 アメリカとクオータ制（特集 クオータ制）
吉田仁美 「国際女性 ： 年報」 （27） 2013.12
p.83〜86

02215 アメリカにおける不文憲法の伝統（3・
完） 清水潤 「中央ロー・ジャーナル」 10（3）
通号37 2013.12 p.107〜154

02216 社会的正義と憲法 ： アメリカ合衆国にお
ける近時の動向から（特集 格差社会に生きる）
尾形健 「月報司法書士」 （502） 2013.12 p.4
〜10

02217 判例研究 公共の場で寝起きしたとして
ホームレスを逮捕したマイアミ市の行為がアメ
リカ合衆国憲法修正第4条の「不合理な逮捕・
押収の禁止」に反するとされた事例（Pottinger
v. City of Miami, 810 F. Supp. 1551（S.D.
Fla. 1992）） 橋本圭子 「広島文教女子大学紀
要」 48 2013.12 p.85〜95

02218 判例研究 婚姻を男女間に限定するとした
連邦法が違憲とされた事例 ： United States v.
Windsor, 570 U.S._（2013）; 133 S. Ct. 2675
（2013） 大野友也 「法学論集」 48（1） 2013.
12 p.63〜70

02219 合衆国最高裁の政教分離判例における
「エンドースメント・テスト」の諸相 ： 「エン
ドースメント論」と「エンドースメント・テス
ト」の緊張関係 根田恵多 「社学研論集」
（23） 2014 p.178〜193

02220 合衆国最高裁の政教分離判例における
「レモン・テスト」の形成と混乱 ： ブラック判
事の「分離の壁」論とバーガー判事の「ライン」
論 根田恵多 「社学研論集」 （24） 2014 p.
76〜91

02221 1910年代のアメリカの女性参政権運動 ：
全国女性党設立を中心に 栗原涼子 「東海大学

紀要. 文学部」 101 2014 p.27〜48

02222 第一次世界大戦期のアメリカにおける女
性参政権運動 ： 参戦と反戦をめぐるポリティ
クス 栗原涼子 「東海大学紀要. 文学部」 102
2014 p.1〜21

02223 アメリカ合衆国における「学校から刑務
所へのパイプライン」とゼロ・トレランスの代
替的施策 船木正文 「大東文化大学紀要. 社会
科学」 （52） 2014 p.35〜52

02224 アメリカ合衆国における表現の自由と
「原意」（特集 精神的自由の現在と憲法学—比較
法的・原理論的考察を踏まえて） 大河内美紀
「憲法問題」 （25） 2014 p.63〜74

02225 アメリカ刑事判例研究（34）Hirabayashi
v. United States, 320 U.S. 81（June 21, 1943）
： 戦時下において一定の地域内での軍司令官に
よる日系アメリカ市民の夜間外出禁止命令は日
系市民への不当な差別ではなく合衆国憲法に違
反しない 小早川義則 「名城ロースクール・レ
ビュー」 （31） 2014 p.105〜112

02226 アメリカ刑事判例研究（35）Kepner v.
United States, 195 U.S. 100, 24 S.Ct. 797
（May 31, 1904） ： 横領罪での第1審無罪判決
に対し検察官上訴を認める制定法は合衆国憲法
第5修正の規定する二重の危険条項に違反する
小早川義則 「名城ロースクール・レビュー」
（31） 2014 p.113〜119

02227 アメリカ憲法における直接民主主義の要
素と司法権の役割 ： 単一主題のルールに関す
るOregon州最高裁判所の判決を素材として 安
部圭介 「アジア太平洋研究」 （39） 2014 p.
101〜109

02228 アメリカ高等教育の法制度形成過程 ： 合
衆国憲法誕生からダートマス判決まで 長野公
則 「東京大学大学院教育学研究科紀要」 54
2014 p.211〜219

02229 アメリカにおける司法権の機能と構造
成瀬トーマス誠 「憲法研究」 （46） 2014 p.
23〜37

02230 医療保険改革法とアメリカ憲法（1） 坂
田隆介 「立命館法學」 2014（4）通号356 2014
p.1121〜1160

02231 核兵器に挑戦する憲法論 ： アメリカ立憲
主義の再構成・再論 浦田賢治 「立命館平和研
究 ： 立命館大学国際平和ミュージアム紀要」
（15） 2014 p.1〜19

02232 合衆国憲法修正第13条 ： 地域主義、ナ
ショナリズム、普遍主義 杉渕忠基 「亜細亜大
学学術文化紀要」 （25） 2014 p.1〜25

02233 言語と行為の臨界 ： 米国におけるポルノ
グラフィー規制条例違憲論の帰趨 菅谷麻衣
「法学政治学論究 ： 法律・政治・社会」 （103）
2014.冬季 p.69〜102

02234 国籍の役割と国民の範囲 ： アメリカ合衆

国における「市民権」の検討を通じて（5）　坂東雄介「北大法学論集」64（5）　2014　p.1886〜1831

02235　国籍の役割と国民の範囲：アメリカ合衆国における「市民権」の検討を通じて（6）　坂東雄介「北大法学論集」65（2）　2014　p.436〜391

02236　「婚姻防衛法」違憲判決：州の主権と人権拡張の新展開：United States v. Windsor, 133 S. Ct. 2675（2013）（アメリカ法判例研究（15））「比較法学」48（2）通号105　2014　p.85〜95

02237　草創期合衆国憲法における「憲法秩序」の構想（4・完）ケント、ストーリーと初期合衆国憲法の政治経済思想的基礎　大久保優也「早稲田大学大学院法研論集」（149）　2014　p.73〜100

02238　テロ対策に関わる連邦空軍の国内出動の憲法適合性　小林宏晨「防衛法研究」（38）　2014　p.133〜167

02239　南北戦争期における反奴隷制論の妥協と挑戦：アンテ・ベラム期の反奴隷制憲法理論の連続と変容　小池洋平「社学研論集」（24）　2014　p.61〜75

02240　プレスの憲法上の位置づけに関する一考察：アメリカにおける「制度的修正一条」論を参考に　水谷瑛嗣郎「法学政治学論究：法律・政治・社会」（100）　2014.春季　p.225〜256

02241　「法形成における適正手続」概念の形成：一九七〇年代のアメリカにおける議論の意義と可能性　小林祐紀「法学政治学論究：法律・政治・社会」（103）　2014.冬季　p.1〜34

02242　保守化の中のアメリカ合衆国最高裁：2013年開廷期の判決から（吉田美喜夫教授特別記念論文集）　市川正人「立命館法學」2014（5・6）通号357・358　2014　p.1594〜1611

02243　立法裁量に対する善の価値：同性婚をめぐるアメリカ憲法の議論を題材にして　阿部純子「法哲学年報」　2014　p.206〜217

02244　1965年投票権法による事前承認制度の合憲性：Shelby County v. Holder, 133 S. Ct. 2612（2013）（アメリカ法判例研究（13））「比較法学」47（3）通号103　2014　p.326〜335

02245　アメリカ連邦最高裁にみる政教分離条項の審査基準をめぐる最近の動向について　諸根貞夫「龍谷法学」46（3）　2014.1　p.645〜687

02246　議会拒否権の憲法学的考察（4）権力分立の観点から　御幸聖樹「法学論叢」174（4）　2014.1　p.173〜202

02247　「聖職者例外」法理とアメリカ連邦最高裁（2・完）雇用差別禁止法と宗教団体の自由・再論　福嶋敏明「神戸学院法学」43（3）　2014.1　p.821〜867

02248　目撃者の犯人識別供述の排除とその理論構成についての一考察：合衆国最高裁判所の憲法判例を素材にして　三明翔「法学新報」120（7・8）　2014.1　p.175〜214

02249　アメリカにおける憲法秩序としてのメリット・システム：政治・行政改革と人事院のあり方（小林節教授退職記念号）　岡田順太「法学研究」87（2）　2014.2　p.249〜281

02250　「違憲」な法律の執行義務と擁護義務：DOMAをめぐる政治と憲法（小林節教授退職記念号）　横大道聡「法学研究」87（2）　2014.2　p.505〜560

02251　英米法研究（第65回）同性婚の相手方を配偶者と認めない連邦法の規定と合衆国憲法：United States v. Windsor, 570 U.S._, 133 S. Ct. 2675（2013）合衆国最高裁2013年6月26日判決　尾島明「法律のひろば」67（2）　2014.2　p.64〜72

02252　議会拒否権の憲法学的考察（5・完）権力分立論の観点から　御幸聖樹「法学論叢」174（5）　2014.2　p.110〜131

02253　銃社会としてのアメリカ：現状、合衆国憲法、連邦法　鵜浦裕「文京学院大学外国語学部文京学院短期大学紀要」（13）　2014.2　p.93〜107

02254　分極化する政治と憲法：現代アメリカ連邦議会の実相（小林節教授退職記念号）　山本龍彦「法学研究」87（2）　2014.2　p.87〜132

02255　米国国家安全保障局（NSA）による通信監視と米国憲法修正4条との法的関係（特集 主要国動向報告）　海野敦史「ICT world review」6（6）　2014.2・3　p.18〜58

02256　アメリカ合衆国連邦最高裁判所における死刑をめぐる憲法判断：裁判例の展開（青竹正一教授 神長百合子教授 藤本一美教授 退職記念号）　榎透「専修法学論集」（120）　2014.3　p.165〜203

02257　アメリカ憲法の他国憲法への「影響」について　横大道聡「法学論集」48（2）　2014.3　p.1〜34

02258　アメリカ選挙運動資金における州公費補助制度の憲法学的考察：Arizona Free Enterprise Club's Freedom Club PAC v. Bennett事件連邦最高裁判決（2011年）の法理　落合俊行「愛知大学法学部法経論集」（198）　2014.3　p.87〜141

02259　合衆国憲法修正第13条と弱者保護　澤田知樹「経済理論」通号375　2014.3　p.69〜86

02260　「合衆国憲法制定過程及び制定直後における司法権概念」再考　成瀬トーマス誠「憲法論叢」（20）　2014.3　p.59〜90

02261　憲法革命前後：ヒューズ第一一代長官の時代　甲斐素直「日本法學」79（4）　2014.3　p.771〜815

外国憲法等

02262 ジェレミー・ウォルドロンの違憲審査制批判について（杉浦一孝教授退職記念論文集―現代国家の諸課題）愛敬浩二「名古屋大学法政論集」（255）2014.3 p.757～788

02263 社会任命をめぐる憲法構築 大林啓吾「千葉大学法学論集」28（4）2014.3 p.260～220

02264 時の問題 ステート・ビルディング，憲法感情と司法審査 ： 合衆国最高裁の医療保険制度改革法合憲判決［2012.6.28］ 松平徳仁「法学教室」（402）2014.3 p.71～81

02265 フィラデルフィア制憲会議における憲法論争と国家観に関する議論 ： 「権力集中型パラダイム」vs.「権力抑制型パラダイム」をめぐる論争を中心に 青柳卓弥「平成国際大学研究所論集」（14）2014.3 p.3～18

02266 法令の憲法判断を求める当事者適格 ： アメリカにおける宣言判決と憲法三条の要件を中心に（森田明教授 退職記念号）宮原均「東洋法学」57（3）通号127 2014.3 p.1～35

02267 Defense of Marriage Actの合憲性 中曽久雄「愛媛法学会雑誌」40（1・2）2014.3 p.87～111

02268 通信役務の利用における「法の下の平等」に関する序論的考察 ： 米国オープンインターネット規則の概観 海野敦史「情報通信学会誌」2014.5 p.25～32

02269 公立学校における生徒による他人を傷つける表現の規制をめぐる憲法問題 ： アメリカの判例・学説の一考察 田中佑佳「阪大法学」64（1）通号289 2014.5 p.157～185

02270 合衆国議会による司法管轄権付与の実態に即した憲法第3編2節の解釈理論 Gil Seinfeld, Article I, Article III and the Limits of Enumeration, 108 MICH. L. REV. 1389―1452（2010）「アメリカ法」2013（2）2014.6 p.325～328

02271 講演 合衆国憲法における司法権の優越 ： 議会権限についての通説への歴史に基づく挑戦 アレックス，グラスハウザー 佐藤信行［共訳］久保眞希［共訳］「中央ロー・ジャーナル」11（1）通号39 2014.6 p.89～100

02272 アメリカ法判例研究会（第9回）Obama for America v. Husted, 697 F.3d 423（6th Cir. 2012）： 期日前投票の最終日について，軍人とそれ以外の有権者に対して異なる最終日を定めるオハイオ州法の規定が，合衆国憲法の平等保護条項に反するとされた事例 東川浩二「金沢法学」57（1）2014.7 p.139～147

02273 気候変動とアメリカ連邦憲法 ダニエル・A, ファーバー 阿部満［共訳］辻雄一郎［共訳］「明治学院大学法学研究」（97）2014.8 p.139～157

02274 静態的憲法解釈の行方 ： アメリカ憲法論

における「文言主義（textualism）」の一側面（宮崎隆次先生・嶋津格先生 退職記念号）尾形健「千葉大学法学論集」29（1・2）2014.8 p.175～218

02275 一期一会（第10回）米国における憲法と特許法解釈問題 服部健一「IPマネジメントレビュー ： 知的財産管理技能士センター機関誌」（14）2014.9 p.75～77

02276 合衆国憲法修正第13条と私人間効力 澤田知樹「経済理論」（377）2014.9 p.91～107

02277 アメリカにおける同性愛者差別立法の違憲審査基準 大野友也「法学論集」49（1）2014.12 p.15～33

02278 同性配偶者に関する課税取扱と私法上の婚姻概念 ： アメリカの同性配偶者への控除否認処分違憲判決を素材に 石村耕治「白鷗法学」21（1）通号43 2014.12 p.79～123

02279 翻訳 少量のマリファナ所持を処罰するアラスカ州刑事法規が，州憲法および連邦憲法上のプライバシーの権利を侵害するおそれがあるとして，被告人のマリファナ所持の態様を再審理させるために地方裁判所に審理を差し戻した事件 ： Irwin RAVIN v. STATE of Alaska アラスカ州最高裁判所 1975年5月27日判決 537 P. 2d 494 土々内一貫［訳］「青山ローフォーラム ： ALF」3（2）2014.12 p.61～88

02280 「民営化」に対する憲法的統制の可能性（1）アメリカにおける民営刑事施設に関する裁判例を素材に 小牧亮也「名古屋大学法政論集」（259）2014.12 p.277～309

02281 アメリカ刑事判例研究（38）Kyles v. Whitley, 514 U.S. 419（1995）： 警察官からその旨の報告を受けていなかったとしても検察官には被告人に有利な重要証拠をすべて開示する憲法上の義務がある。 小早川義則「名城ロースクール・レビュー」（32）2014.5 p.93～109

02282 アメリカ刑事判例研究（44）Dred Scott v. Sandford, 60 U.S.（19 How）393（1857）（1856）： 強制的にアフリカから米国に連行され奴隷として売却されたアフリカ系黒人の子孫は合衆国憲法制定当時 "市民" と認められていなかったので連邦裁判所には控訴を受理する管轄権はない。 小早川義則「名城ロースクール・レビュー」（34）2015 p.147～156

02283 アメリカ憲法学における実体的デュー・プロセスのゆらぎ ： Lawrence v. Texasを契機として 上田宏和「比較憲法学研究」（27）2015 p.149～175

02284 アメリカにおける国家安全保障に関する秘密保全法制について ： 三権の役割・機能を中心に 横大道聡「比較憲法学研究」（27）2015 p.23～45

02285 医療保険改革法とアメリカ憲法（2・完）坂田隆介「立命館法學」2015（1）通号359

2015 p.75〜139

02286 合衆国憲法修正第13条の奴隷制の廃止が意味するもの ： 第38回連邦議会における審議を素材として 小池洋平 「ソシオサイエンス」 21 2015 p.124〜137

02287 合衆国最高裁判所におけるロー・クラーク（憲法裁判における調査官の役割） 中林暁生 「北大法学論集」 66（2） 2015 p.363〜355

02288 憲法の開放・奴隷の解放 ： フレデリック・ダグラスの合衆国憲法 権田健二 「アメリカ研究」（49） 2015 p.177〜195

02289 宗教条項の再定位 ： アメリカにおける世俗的良心の保護理論 森口千弘 「早稲田法学会誌」 65（2） 2015 p.359〜411

02290 表現の自由と厳格審査 ： アメリカ連邦憲法の修正1条解釈におけるルーツと展開 城野一憲 「早稲田法学会誌」 65（2） 2015 p.99〜150

02291 プロ・ホミネ原則に基づく米州人権条約と憲法の関係 ： ラテン・アメリカ共通憲法の形成に向けて 根岸陽太 「国際人権 ： 国際人権法学会報」（26） 2015 p.103〜108

02292 米国における通信記録の保管のあり方に関する法規律とその含意 ： 日本国憲法上の通信の秘密不可侵の法規範に対する示唆 海野敦史 「InfoCom review」（65） 2015 p.28〜51

02293 公教育制度における「市民教育の強制」と「信教の自由」の調整のありかた ： エイミー・ガットマン（Amy Gutmann）の熟議民主主義論が示唆すること（アメリカ教育学会第26回大会シンポジウム 現代アメリカ教育思潮の変遷と展望 ： 政治哲学・文化政治学・教育政策からみるアメリカ教育の動向） 鵜海未祐子 「アメリカ教育学会紀要」（26） 2015 p.84〜91

02294 アメリカ憲法学におけるドイツ公法理論の受容 ： アメリカ人比較憲法学者Donald P. Kommersの観たドイツ基本法（短期共同研究プロジェクト アメリカ憲法理論の最近の動向） 渡辺暁彦 「ジュリスコンサルタス」（23） 2015.1 p.107〜120

02295 英米法研究（第68回）合衆国憲法が規定する「事件争訟性」を満たす当事者適格 ： Hollingsworth v. Perry, 570 U.S.（2013）合衆国（連邦）最高裁判所2013年6月26日判決 紙谷雅子 「法律のひろば」 68（1） 2015.1 p.53〜62

02296 合衆国最高裁と表現の自由 ： アメリカの「特殊性」（短期共同研究プロジェクト アメリカ憲法理論の最近の動向） 桧垣伸次 「ジュリスコンサルタス」（23） 2015.1 p.43〜56

02297 高等教育における狭い範囲の人種的考慮の許容と、州有権者の政策選択の自由 ： 平等保護法理（短期共同研究プロジェクト アメリカ憲法理論の最近の動向） 吉田仁美 「ジュリスコンサルタス」（23） 2015.1 p.57〜74

02298 古人骨の取り扱いをめぐる諸問題 アメリカ先住民墓地保護返還法を中心に（短期共同研究プロジェクト アメリカ憲法理論の最近の動向） 森本直子 「ジュリスコンサルタス」（23） 2015.1 p.89〜105

02299 差別的な立法目的をめぐる司法審査の方法について ： Grutter判決およびWindsor判決を素材にして 井上一洋 「広島法学」 38（3） 通号144 2015.1 p.104〜85

02300 障害者教育法と連邦制（短期共同研究プロジェクト アメリカ憲法理論の最近の動向） 織原保尚 「ジュリスコンサルタス」（23） 2015.1 p.75〜88

02301 統・休会任命をめぐる憲法構築 ： NLRB v. Noel Canning連邦最高裁判決をよむ 大林啓吾 「千葉大学法学論集」 29（3） 2015.1 p.132〜98

02302 社会を変えた最高裁判所 ： ウォーレン第一四代長官の時代 甲斐素直 「日本法学」 80（4） 2015.2 p.1693〜1749

02303 アメリカ合衆国による「標的殺害（targeted killing）」をめぐる憲法問題・序説（森岡洋先生退職記念特集号） 三宅裕一郎 「三重法経」（145） 2015.3 p.1〜14

02304 アメリカにおける裁判官弾劾制度と懲戒制度の展開と課題 ： 21世紀初頭の事例分析（石田榮仁郎名誉教授 増田政章教授 山本正樹名誉教授 沼田五十六教授 退任記念号） 土屋孝次 「近畿大学法学」 62（3・4）通号172 2015.3 p.1〜41

02305 アメリカにおける選挙権の観念の一断面 ： integrityを手がかりに（石井光教授・芦沢斉教授退職記念号） 湯淺墾道 「青山法学論集」 56（4） 2015.3 p.71〜99

02306 アメリカにおける同性愛, 同性婚に関わる憲法上の問題の考察（西村隆誉志教授退職記念号） 中曽久雄 「愛媛法学会雑誌」 41（3・4） 2015.3 p.111〜135

02307 合衆国憲法修正第13条と公民権法 澤田知樹 「経済理論」（379） 2015.3 p.63〜78

02308 判例批評 大学入学選考における人種に基づく優遇措置を禁止する州憲法改正は合衆国憲法修正第14条に反するか ： Schuette v. Coalition to defend Affirmative Action, 134 S. Ct. 1623（2014） 岸野薫 「香川法学」 34（3・4）通号99 2015.3 p.185〜199

02309 「民営化」に対する憲法的統制の可能性（2・完）アメリカにおける民営刑事施設に関する裁判例を素材に 小牧亮也 「名古屋大学法政論集」（261） 2015.3 p.225〜264

02310 英米法研究（第69回）政治的寄付の総額制限と表現の自由 ： Shaun McCutcheon, et al., v. Federal Election Commission 572 U.S.（2014） 小杉丈夫 「法律のひろば」 68（4）

外国憲法等　　　　　　　　　　　　　　　　　　　　　　　　　　　憲法一般・憲法学

2015.4　p.64～72

02311　アメリカ合衆国における連邦憲法と州憲法の関係のダイナミクス ： 婚姻平等（同性婚）を例として　マーク，レヴィン　榎透「法律時報」87（5）通号1085　2015.5　p.91～97

02312　オバマ政権の移民法不執行と憲法（翻訳）ジョン・C，ユー　奥田暁代「訳」「法学研究」88（6）　2015.6　p.67～82

02313　アメリカ憲法における国家承認権限の所在 ： ジヴォトフスキー事件を素材として（前田雅英教授退職記念号 川村栄一教授退職記念号）富井幸雄「法学会雑誌」56（1）　2015.7　p.289～328

02314　アメリカにおける腰パン禁止条例と表現の自由（前田雅英教授退職記念号 川村栄一教授退職記念号）村中洋介「法学会雑誌」56（1）2015.7　p.759～786

02315　安全保障上の電子的監視 ： 権力分立と合衆国憲法修正第四条の交錯　富井幸雄「法学新報」122（3・4）　2015.8　p.75～181

02316　陪審裁判棄権約款（Contractual Jury Trial Waivers）の法的拘束力と合衆国憲法第七修正 ： 民事陪審を受ける権利の契約による放棄の強制力について（豊川義明教授 小山章松教授 退任記念論集）丸田隆「法と政治」66（2）2015.8　p.474～444

02317　World Scope from 米国「チェンジ」は訪れた オバマ大統領が示した合衆国憲法の "精神"　津山恵子「週刊ダイヤモンド」103（31）通号4592　2015.8.8-15　p.20

02318　アメリカにおける国家と宗教 ： リベラル・デモクラシーと政教分離（特集 国家と宗教）藤本龍児　日本宗教学会編　日本宗教学会「宗教研究」89（2）通号383　2015.9　p.323～350

02319　世界の潮 同性婚と家族のこれから ： アメリカ最高裁判決に接して　駒村圭吾「世界」（873）　2015.9　p.23～26, 1

02320　アメリカの平等保護理論における差別的意図の要件　岡田高嘉「広島法学」39（2）通号147　2015.10　p.234～201

02321　アメリカ連邦選挙資金法制における寄付総額規制の憲法学的考察 ： McCutcheon v. Federal Election Commission事件 連邦最高裁違憲判決（2014年）の法理　落合俊行「愛知大学法学部法経論集」（204）　2015.10　p.73～128

02322　同性婚問題にピリオド？ ： アメリカの同性婚禁止違憲判決をよむ　大林啓吾「法学教室」（423）　2015.12　p.38～43

◆イギリス

【図書】

02323　イギリス立憲政治の源流—前期ステュアート時代の統治と「古来の国制」論　土井美徳著　[東京]　木鐸社　2006.1　444, 36p　22cm　〈文献あり〉　7000円　Ⓘ4-8332-2371-6　Ⓝ311.233　土井美徳

02324　日本立法資料全集　別巻385　英國憲法史　第1巻—第3巻　メー/原著；島田三郎, 乗竹孝太郎/同譯　信山社出版　2006.2　214, 301, 385p　23cm　〈経済雑誌社明治16年刊の複製〉　58000円　Ⓘ4-7972-4951-X　Ⓝ322.1

02325　日本立法資料全集　別巻386　英國憲法史　第4巻—第6巻　メー/原著；島田三郎, 乗竹孝太郎/同譯　信山社出版　2006.2　253, 191, 196p　23cm　〈興論社明治20-21年刊の複製〉　40000円　Ⓘ4-7972-4952-8　Ⓝ322.1

02326　日本立法資料全集　別巻387　英國憲法史　松平康國/編著　信山社出版　2006.2　1冊　23cm　〈東京専門学校出版部明治34年刊の複製〉　〈折り込み2枚〉　〈年表あり〉　40000円　Ⓘ4-7972-4954-4　Ⓝ322.1

02327　日本立法資料全集　別巻396　英國憲法論—附英圀憲法講義　A.V.ダイシー/原著；高田早苗, 梅若誠太郎/共譯　信山社出版　2006.4　506, 344p　23cm　〈東京専門学校出版部明治32年刊の複製〉　55000円　Ⓘ4-7972-4964-1　Ⓝ322.1

02328　日本立法資料全集　別巻445　英國憲法精理　天野爲之, 石原健三/合著　信山社出版　2007.6　479p　23cm　〈富山房明治22年刊の複製〉　35000円　Ⓘ978-4-7972-5191-3　Ⓝ322.1

02329　イングランド国教会法の研究　石村耕治著　小山　白鷗大学法政策研究所　2010.3　391p　21cm　〈白鷗大学法政策研究所叢書 2〉　〈文献あり〉　Ⓝ322.33　石村耕治

02330　イギリス憲法典—1998年人権法　田島裕訳著　信山社　2010.6　124p　15cm　〈信山文庫 2〉　〈原文併載〉　〈発売：[大学図書]〉　980円　Ⓘ978-4-7972-8002-9　Ⓝ323.33　田島裕

02331　日本立法資料全集　別巻696　英國立憲大臣論　ヂュプリエ著, 坂部行三郎譯　ヂュプリエ/著；坂部行三郎/譯　復刻版　信山社出版　2011.12　337p　23cm　〈丸善明治32年刊の複製〉　35000円　Ⓘ978-4-7972-6394-7　Ⓝ322.1　ヂュプリエ　坂部行三郎

02332　イギリス憲法 1　憲政　幡新大実著　東信堂　2013.5　338p　22cm　〈他言語標題：Constitution of the United Kingdom〉　〈文献あり 索引あり〉　4200円　Ⓘ978-4-7989-0174-9　Ⓝ323.33　幡新大実

02333　概説イギリス憲法—由来・展開そしてEU法との相克　加藤紘捷著　第2版　勁草書房

88　憲法改正 最新文献目録　　　　　　　　　　　　　　　　　　　　　　　　　〔02311～02333〕

2015.2 326p 22cm 〈他言語標題：The United Kingdom Constitution〉〈年表あり 索引あり〉 3500円 ①978-4-326-40298-4 Ⓝ323.33 加藤紘捷

02334 英国の貴族院改革──ウェストミンスター・モデルと第二院 田中嘉彦著 成文堂 2015.9 369p 22cm 〈文献あり 索引あり〉 8000円 ①978-4-7923-3336-2 Ⓝ314.33 田中嘉彦

〔雑誌〕

02335 イギリス女性参政権運動への「マンズ・シェア」の一考察 河村貞枝 「経済論集」（84） 2005.3 p.79～105

02336 イギリスにおける同一性保持権と表現の自由に関する一考察──1988年CDPA80条の解釈論を巡って 今村哲也 「早稲田大学大学院法研論集」（117） 2006 p.362～345

02337 英国不文憲法の持ち味探求 小林昭三 「憲法研究」（38） 2006 p.123～150

02338 9・11以降のテロリズムに対するイギリスの対応──1998年人権法およびヨーロッパ人権条約の下で（ミニ・シンポジウム テロのグローバル化と法の対応比較──9・11以後の国際法・欧米法・日本法） 江島晶子 「比較法研究」通号68 2006 p.109～116

02339 婦人参政権獲得運動から見る20世紀初頭の英国女性の姿 佐藤那奈 「桜美林レヴュー」（30） 2006.3 p.21～23

02340 新世紀のイギリス地方オンブズマン 安藤高行 「九州国際大学法学論集」13（1） 2006.9 p.1～38

02341 イギリス女性参政権運動と演劇－「女優参政権同盟」（Actresses' Franchise League）の結成と活動 山本博子 「国学院大学栃木短期大学紀要」（42） 2007年度 p.1～19

02342 イギリス憲法における両院制 木下和朗 「比較憲法学研究」通号18・19 2007 p.1～27

02343 イギリスの宗教団体税制──憲法学の視点からの素描 上田健介 「奈良法学会雑誌」20（3・4） 2007年度 p.1～23

02344 反テロリズム法における安全保障と人権──無期限拘禁処分に関するイギリス貴族院の違憲判決をめぐって 葛野尋之 「立命館法學」2007年（1）通号311 2007 p.43～78

02345 わがイギリスの新しい憲法 Vernon, Bogdanor 加藤紘捷［訳］「駿河台法学」20（2）通号38 2007 p.172～142

02346 イギリスの地方分権改革と権限踰越の法理 廣田全男 「自治総研」33（1）通号339 2007.1 p.1～16

02347 英国情報公開法施行準備過程についての覚書（第2部 比較の中の憲法） 山口和秀 「現代社会における国家と法 阿部照哉先生喜寿記念論文集」 2007.5 p.315～

02348 憲法の「イギリス・モデル」とイギリス「憲法改革」（第2部 比較の中の憲法） 松井幸夫 「現代社会における国家と法 阿部照哉先生喜寿記念論文集」 2007.5 p.335～

02349 海外法律情報 英国──貴族院改革の動向 田中嘉彦 「ジュリスト」（1335） 2007.6.1 p.59

02350 海外法律情報 英国──ブラウン首相の憲法改革構想 田中嘉彦 「ジュリスト」（1341） 2007.9.15 p.117

02351 イズレアル・ザングウィルとイギリス女性参政権運動 河村貞枝 女性史総合研究会［編］「女性史学：年報」（18） 2008 p.17～31

02352 イギリス「公法」の可能性とコモン・ローの「変容」（ミニ・シンポジウム 連合王国（イギリス）の憲法的法と統治構造の変容の軌跡と現在──実態と理論） 戒能通厚 「比較法研究」通号70 2008 p.151～156

02353 イギリス人権法における議会と裁判所との憲法的対話 岩切大地 「法政論叢」44（2） 2008 p.112～123

02354 イギリス統治構造の改編と憲法理論の現在（ミニ・シンポジウム 連合王国（イギリス）の憲法的法と統治構造の変容の軌跡と現在──実態と理論） 愛敬浩二 「比較法研究」通号70 2008 p.145～150

02355 イギリス統治構造の再編──ブレアからブラウンへ（ミニ・シンポジウム 連合王国（イギリス）の憲法的法と統治構造の変容の軌跡と現在──実態と理論） 岡田章宏 「比較法研究」通号70 2008 p.126～132

02356 議院内閣制による人権保障？──イギリス人権法の救済命令規定に係る立法過程の検討 岩切大地 「法学政治学論究：法律・政治・社会」（78） 2008.秋季 p.29～61

02357 教育の自由と教育公務員の中立性──イギリスでの議論を中心に 原田一明 「比較憲法学研究」通号20 2008 p.47～80

02358 第三の司法改革──審判所をめぐって（ミニ・シンポジウム 連合王国（イギリス）の憲法的法と統治構造の変容の軌跡と現在──実態と理論） 榊原秀訓 「比較法研究」通号70 2008 p.139～144

02359 1998年人権法制定後の新権利章典論（ミニ・シンポジウム 連合王国（イギリス）の憲法的法と統治構造の変容の軌跡と現在──実態と理論） 倉持孝司 「比較法研究」通号70 2008 p.133～138

02360 フィリップス卿の訪日──イギリス憲法の新展開のはなし 田島裕 「法の支配」（148） 2008.1 p.40～45

02361 イギリスにおける憲法制定権力論の復権？──M・ロッホリン憲法学説に関する覚書（福家俊朗教授退職記念論文集） 愛敬浩二

「名古屋大学法政論集」 通号225 2008.7 p.
441〜462

02362 「行進」にみるジェンダーの演出－イギリ
ス女性参政権運動を事例として 佐藤繭香 「デ
ザイン史学：デザイン史学研究会誌」 (6)
2008.08 p.13〜59

02363 立法情報 イギリス 政党及び選挙法案 岡
久慶 「外国の立法. 月刊版 ： 立法情報・翻訳・
解説」 (237-1) 2008.10 p.6〜7

02364 翻訳 人権とイギリス憲法 Anthony,
Lester Kate, Beattie 加藤紘捷［訳］「日本
法學」 74(3) 2008.12 p.1359〜1410

02365 グローバリゼーション・新自由主義と憲
法理論の変容－イギリスの経験を題材に（特
集 グローバリゼーション・『格差社会』・憲法理
論－[全国憲研究会]秋季研究総会シンポジウ
ム) 柳井健一 「憲法問題」 通号20 2009 p.
93〜101

02366 英国統治機構の変容と停滞──憲法・制
度・アイデアからの分析 岩波薫 「阪大法学」
58(5)通号257 2009.1 p.1155〜1182

02367 海外法律情報 英国──ブラウン政権の憲
法改革──憲法刷新法草案と改革動向 田中嘉
彦 「ジュリスト」 (1372) 2009.2.15 p.169

02368 イギリスにおける国家公務員の政治的活
動の自由 榊原秀訓 「南山法学」 32(3・4)
2009.3 p.147〜182

02369 イギリスの司法審査と一九九八年人権法
(1) 深澤龍一郎 「法学論叢」 164(1-6)
2009.3 p.449〜529

02370 イギリス女性参政権運動の「演出」(特集
表象としての女性) 佐藤繭香 歴史科学協議
会編 「歴史評論」 (708) 2009.4 p.61〜74

02371 公的機関による障害差別──アメリカに
おけるADA第2編訴訟の展開(3・完) 植木淳
「北九州市立大学法政論集」 37(1) 2009.6 p.
1〜51

02372 イギリス憲法実像の現在──二つの世紀
末における司法改革の論理と構造(1)(小特集
イギリス憲法像の現在──変動の諸相と構造)
戒能通厚 「法律時報」 81(8)通号1011 2009.
7 p.50〜56

02373 現代イギリス憲法理論の一傾向──憲法
史への関心の高まりに注目して(小特集 イギリ
ス憲法像の現在──変動の諸相と構造) 愛敬
浩二 「法律時報」 81(8)通号1011 2009.7 p.
63〜68

02374 現代イギリス地方自治の歴史的脈絡──
近代的地方自治制度の「解体」と「再生」(小特
集 イギリス憲法像の現在──変動の諸相と構
造) 岡田章宏 「法律時報」 81(8)通号1011
2009.7 p.69〜75

02375 審判所の誕生と死滅？(小特集 イギリス
憲法像の現在──変動の諸相と構造) 榊原秀

訓 「法律時報」 81(8)通号1011 2009.7 p.76
〜82

02376 立法情報 イギリス 平等法案──不平等対
応の画一化 岡久慶 「外国の立法. 月刊版 ：
立法情報・翻訳・解説」 (240-1) 2009.7 p.8
〜9

02377 一九九八年人権法制定後における新たな
権利章典制定化論(小特集 イギリス憲法像の現
在──変動の諸相と構造) 倉持孝司 「法律時
報」 81(8)通号1011 2009.7 p.57〜62

02378 イギリス憲法実像の現在──二つの世紀
末における司法改革の論理と構造(2) 戒能通
厚 「法律時報」 81(9)通号1012 2009.8 p.82
〜88

02379 立法情報 イギリス 2010年憲法改革及び
統治法の制定 河島太朗 「外国の立法. 月刊版
： 立法情報・翻訳・解説」 (245-1) 2010.10
p.8〜9

02380 海外法律情報 英国──2010年憲法改革及
び統治法──ブラウン政権下の未完の憲法改革
田中嘉彦 「ジュリスト」 (1410) 2010.11.1
p.104

02381 時効の政治学としての「古来の国制」論
──バークの保守主義とイギリス立憲主義 土
井美徳 「創価法学」 40(2) 2010.12 p.25〜
62

02382 イギリス政権交代にみる法と習律(特集
憲法と政権交代─[全国憲法研究会]春季研究集
会) 岩切大地 「憲法問題」 通号22 2011 p.
21〜32

02383 イギリス憲法の実像──その歴史的文脈
(新連載・1) 戒能通厚 「法律時報」 83(1)通
号1030 2011.1 p.62〜68

02384 イギリス憲法の実像──その歴史的文脈
(2) 戒能通厚 「法律時報」 83(2)通号1031
2011.2 p.63〜69

02385 イギリス憲法の実像──その歴史的文脈
(3) 戒能通厚 「法律時報」 83(3)通号1032
2011.3 p.97〜102

02386 イギリス憲法の実像──その歴史的文脈
(4) 戒能通厚 「法律時報」 83(4)通号1033
2011.4 p.112〜117

02387 立法情報 イギリス 議会選挙制度及び選挙
区法の制定 河島太朗 「外国の立法. 月刊版 ：
立法情報・翻訳・解説」 (247-1) 2011.4 p.
10〜11

02388 イギリス憲法の実像──その歴史的文脈
(5) 戒能通厚 「法律時報」 83(7)通号1036
2011.6 p.105〜110

02389 イギリス憲法の実像──その歴史的文脈
(6) 戒能通厚 「法律時報」 83(8)通号1037
2011.7 p.104〜109

02390 1948年イギリス国籍法における国籍概念

の考察 ： 入国の自由の観点から　宮内紀子
「法と政治」62（2）　2011.7　p.1102～1062

02391　イギリス憲法の実像──その歴史的文脈
（7）　戒能通厚　「法律時報」83（9・10）通号
1038　2011.8・9　p.70～75

02392　イギリスにおけるプライバシー保護の現
状──1998年人権法施行から10年を経て　平　誠
一　「久留米大学法学」（65）　2011.8　p.180～
157

02393　海外法律情報　英国──キャメロン連立政
権下の政治改革──選挙制度・議会期関係立法
と貴族院改革法草案　田中嘉彦　「ジュリスト」
（1429）　2011.9.15　p.99

02394　イギリス憲法の実像──その歴史的文脈
（8）　戒能通厚　「法律時報」83（11）通号1039
2011.10　p.72～77

02395　イギリスの議会主権と議会制定法の階層
化について──EU法の優位性とイギリスにお
けるコモン・ローの発展　加藤紘捷　「日本法
學」77（2）　2011.10　p.199～238

02396　イギリス憲法の実像──その歴史的文脈
（9）　戒能通厚　「法律時報」83（12）通号1040
2011.11　p.99～105

02397　イギリスの2010年憲法改革及び統治法
（1）公務員　河島太朗　「外国の立法 ： 立法情
報・翻訳・解説」（250）　2011.12　p.71～90

02398　イギリスにおける人種主義的ヘイト・ス
ピーチ規制法　師岡康子　「神奈川大学法学研究
所研究年報」（30）　2012　p.19～43

02399　海外法律情報/英国 英国の憲法改革 ： 貴
族院改革の蹉跌と権限委譲の進展　田中嘉彦
「論究ジュリスト」（3）　2012.秋　p.186～187

02400　EUの中のイギリス憲法 ： 「国会主権の
原則」をめぐる動きと残る重要課題（早川弘道
教授 追悼号）　中村民雄　「早稲田法学」87（2）
2012　p.325～357

02401　イギリス憲法の実像 ： その歴史的文脈
（10）　戒能通厚　「法律時報」84（1）通号1042
2012.1　p.112～117

02402　政治的憲法（Political Constitution）論の
歴史的条件 ： イギリスにおける「憲法と経済
秩序」の一側面（特集 憲法と経済秩序（3））
愛敬浩二　「企業と法創造」8（3）通号31　2012.
2　p.63～75

02403　生存権・福祉国家・共和主義 ： バーク対
ペイン論争を再考する　中澤信彦　関西大学経
済学会編「関西大学経済論集」61（3・4）
2012.3　p.173～205

02404　イギリスからみた「50年代改憲論」 ： 駐
日大使報告・新聞論説を中心に（特集 1940～50
年代の日本の憲法と政治）　梶居佳広　「立命館
大学人文科学研究所紀要」（97）　2012.3　p.1
～36

02405　イギリス憲法の実像 ： その歴史的文脈
（11）　戒能通厚　「法律時報」84（3）通号1044
2012.3　p.93～98

02406　英国平等法における障害差別禁止と日本
への示唆（特集 障害（者）法（Disability Law）を
めぐる諸問題（2））　川島聡　「大原社会問題研
究所雑誌」（641）　2012.3　p.28～43

02407　共和主義とイギリス憲法　成澤孝人　「信
州大学法学論集」（19）　2012.3　p.83～150

02408　「戦後」イギリス憲法史覚書 ： 重なり合
う統治の歴史的地層（武久征治教授 寺田武彦教
授 平野武教授 退職記念論集）　元山健　「龍谷
法学」44（4）　2012.3　p.1273～1312

02409　イギリス憲法の実像 ： その歴史的文脈
（12）　戒能通厚　「法律時報」84（4）通号1045
2012.4　p.93～98

02410　イギリス憲法の実像 ： その歴史的文脈
（13）　戒能通厚　「法律時報」84（5）通号1046
2012.5　p.144～149

02411　イギリス憲法の実像 ： その歴史的文脈
（14）　戒能通厚　「法律時報」84（6）通号1047
2012.6　p.88～93

02412　イギリスの2010年憲法改革及び統治法
（2）条約の批准　三野功輔　「外国の立法 ： 立
法情報・翻訳・解説」（252）　2012.6　p.166～
172

02413　イギリス憲法の実像 ： その歴史的文脈
（15）　戒能通厚　「法律時報」84（8）通号1049
2012.7　p.88～93

02414　イギリス国籍法制の構造的転換 ： 1981年
イギリス国籍法における現代化および国籍概念
宮内紀子　「法と政治」63（2）　2012.7　p.398
～366

02415　立法情報 イギリス 議会新会期の施政方針
河島太朗　「外国の立法. 月刊版 ： 立法情報・
翻訳・解説」（252-1）　2012.7　p.22～23

02416　イギリス憲法の実像 ： その歴史的文脈
（16）　戒能通厚　「法律時報」84（10）通号1051
2012.9　p.105～110

02417　イギリス憲法の実像 ： その歴史的文脈
（17）　戒能通厚　「法律時報」84（11）通号1052
2012.10　p.100～105

02418　イギリス憲法の実像 ： その歴史的文脈
（18）　戒能通厚　「法律時報」84（12）通号1053
2012.11　p.78～83

02419　習律の理論的根拠についての一考察（1）
イギリスにおける「多元論」の憲法概念に関す
る論争を手がかりに　内野広大　「法学論叢」
172（2）　2012.11　p.63～81

02420　立法情報 イギリス 2012年自由保護法の
制定　河島太朗　「外国の立法. 月刊版 ： 立法
情報・翻訳・解説」（253-2）　2012.11　p.6～7

02421　イギリス連立政権の教育政策 ： 学校教育

の自由競争へ　別役厚子　民主教育研究所編
「人間と教育」（76）　2012.冬　p.102〜109

02422　イギリスの2011年議会任期固定法（小特
集 選挙制度、政治倫理をめぐる動き―イギリス
の2011年議会任期固定法）　河島太朗「外国の
立法 ： 立法情報・翻訳・解説」（254）　2012.
12　p.4〜20

02423　英国におけるレフェレンダムと間接民主
主義 ： 英国選挙制度改革の国民投票を中心と
して（溝尾桂子教授・林英機教授・飯野靖四教
授 退職記念号）　内貴滋「帝京経済学研究」
46（1）通号69　2012.12　p.177〜192

02424　ベンサム『憲法典』第一巻の検討　山下
重一「国学院法学」50（3）通号196　2012.12
p.131〜180

02425　2011年議会任期固定法（小特集 選挙制度、
政治倫理をめぐる動き―イギリスの2011年議会
任期固定法）　河島太朗［訳］「外国の立法 ：
立法情報・翻訳・解説」（254）　2012.12　p.21
〜24

02426　2011年議会任期固定法の関係法律（抄）
（小特集 選挙制度、政治倫理をめぐる動き―イ
ギリスの2011年議会任期固定法）　河島太朗
［訳］「外国の立法 ： 立法情報・翻訳・解説」
（254）　2012.12　p.25〜34

02427　イギリス奴隷解放論の歴史的形成 ： リ
ヴァプールにおける「反」奴隷解放運動（1788
―93年）　田村理「西洋史学」（251）　2013
p.155〜172

02428　イギリスにおける憲法改革 ： ウェストミ
ンスター・モデルと政治的憲法をめぐって　木
下和朗「比較憲法学研究」（25）　2013　p.57
〜84

02429　イギリスにおける国会議員リコール法の
行方（浪花健三教授退職記念論文集）　小松浩
「立命館法學」2013（6）通号352　2013　p.2863
〜2883

02430　イギリスにおける選挙制度改革国民投票
とその後（特集 いま，選挙制度を問い直す）　小
堀眞裕「論究ジュリスト」（5）　2013.春　p.
108〜115

02431　イギリスの人種主義的ヘイト・スピーチ
法規制の展開（特集 表現の自由についての権利
をめぐる今日的課題―差別表現・憎悪表現の禁
止に関する国際人権法の要請と各国の対応）
師岡康子「国際人権 ： 国際人権法学会報」
（24）　2013　p.36〜42

02432　イギリス法体系における人権条約　バ
ラット，マルカニ　佐藤潤一［訳］「大阪産業大
学論集. 人文・社会科学編」（18）　2013　p.
225〜261

02433　イギリス労働法研究会（第16回）憲法28条
と労働組合の政治的機能 ： 熟議空間の形成と
労働者の参加権に関するイギリス労働法学の議
論を手掛かりとした一考察　石田信平「季刊労

働法」（241）　2013.夏季　p.206〜220

02434　国外での武力紛争における「生命に対す
る権利」に関するイギリス裁判所の判決（その
2）Susan Smith事件　大田肇「津山工業高等専
門学校紀要」（55）　2013　p.15〜23

02435　宗教批判の自由と差別の禁止（1）イギリ
スにおける神冒瀆罪から宗教的憎悪扇動罪への
転換に関する考察　村上玲「阪大法学」62
（5）通号281　2013.1　p.1425〜1442

02436　2005年の憲法改革法（イギリス）　田島裕
「法の支配」（168）　2013.1　p.20〜23

02437　イギリス憲法の実像 ： その歴史的文脈
（19）　戒能通厚「法律時報」85（2）通号1056
2013.2　p.100〜105

02438　宗教批判の自由と差別の禁止（2・完）イ
ギリスにおける神冒瀆罪から宗教的憎悪扇動罪
への転換に関する考察　村上玲「阪大法学」
62（6）通号282　2013.3　p.1761〜1781

02439　イギリス憲法の実像 ： その歴史的文脈
（20）　戒能通厚「法律時報」85（4）通号1058
2013.4　p.103〜108

02440　イギリス選挙制度改革運動と二つの市民
団体 ： 憲章八八と選挙改革協会（特集 いまこ
そ選挙制度・議会改革を）　小堀眞裕「東京」
（343）　2013.4　p.6〜17

02441　イギリスのプレス規制の動向 ： 日本の課
題にもかかわって　田島泰彦「新聞研究」
（741）　2013.4　p.56〜59

02442　イギリス憲法における「憲法上の変更」
とそのプロセス　倉持孝司「法律時報」85
（5）通号1059　2013.5　p.86〜90

02443　イギリス憲法の実像 ： その歴史的文脈
（21）　戒能通厚「法律時報」85（5）通号1059
2013.5　p.110〜115

02444　習律の理論的根拠についての一考察（2）
イギリスにおける「多元論」の憲法概念に関す
る論争を手がかりに　内野広大「法学論叢」
173（3）　2013.6　p.80〜100

02445　イギリス憲法の実像 ： その歴史的文脈
（22）　戒能通厚「法律時報」85（8）通号1062
2013.7　p.92〜97

02446　イギリス憲法の実像 ： その歴史的文脈
（23）　戒能通厚「法律時報」85（9）通号1063
2013.8　p.90〜95

02447　習律の理論的根拠についての一考察（3・
完）イギリスにおける「多元論」の憲法概念に
関する論争を手がかりに　内野広大「法学論
叢」173（5）　2013.8　p.51〜76

02448　イギリス憲法の実像 ： その歴史的文脈
（24）　戒能通厚「法律時報」85（10）通号1064
2013.9　p.95〜100

02449　イギリス憲法の実像 ： その歴史的文脈
（25）　戒能通厚「法律時報」85（11）通号1065

2013.10　p.86～91

02450　イギリス憲法の実像 ： その歴史的文脈
（26）　戒能通厚　「法律時報」85（12）通号1066
2013.11　p.94～99

02451　20世紀イギリス婦人参政権運動における
衣服の役割 ： WSPUの機関誌『婦人に参政権
を』（Votes for Women）を中心に　平田未来
日本家政学会編　日本家政学会編「日本家政学
会誌」65（3）通号587　2014　p.118～128

02452　イギリス憲法改革の議論 ： 労働党政権下
の貴族院改革を中心として（法学部創設五〇周
年記念号）　和知賢太郎「山梨学院大学法学論
集」（72・73）　2014　p.444～420

02453　憲法と近代イギリス議会政治（1）主に18
世紀スコットランドの視点から　松園伸「早稲
田大学大学院文学研究科紀要. 第4分冊」60
2014年度　p.21～30

02454　イギリス憲法の実像 ： その歴史的文脈
（27）　戒能通厚　「法律時報」86（1）通号1068
2014.1　p.90～95

02455　イギリス憲法の実像 ： その歴史的文脈
（28）　戒能通厚　「法律時報」86（2）通号1069
2014.2　p.96～101

02456　特別な教育支援を要する児童生徒に対す
る抑止力行使に関する考察 ： イギリスの問題
を中心として　藤田弘之　関西外国語大学人権
教育思想研究所編「関西外国語大学人権教育思
想研究」（17）　2014.3　p.52～73

02457　イギリス憲法の実像 ： その歴史的文脈
（29）　戒能通厚　「法律時報」86（3）通号1070
2014.3　p.94～99

02458　ブレア以降の憲法改革の概要（1）（竹川雅
治教授 半田祐司教授 退職記念号）　森山弘二
「札幌法学」25（2）　2014.3　p.139～161

02459　民事・行政訴訟における機密情報の取扱
いをめぐるイギリス法の展開 ： イギリスにお
ける人権保障制度の現況に関する事例研究を兼
ねて（藤田勝利教授 松山恒昭教授退職記念号）
上田健介「近畿大学法科大学院論集」（10）
2014.3　p.69～137

02460　明治十四版『英國憲法論』（翻訳書）論考
： A Primer of the English Constitution and
Governmentをめぐって　小野澤隆「英語学・
英語教育研究」19（33）　2014.5　p.55～83

02461　A Primer of the English Constitution
and Governmentと訳書『英国憲法論』の解題
（開学記念号）　小野澤隆「常葉大学健康プロ
デュース学部雑誌」8（1）　2014.3　p.1～8

02462　イギリス憲法の実像 ： その歴史的文脈
（30）　戒能通厚　「法律時報」86（5）通号1072
2014.5　p.119～124

02463　イギリス憲法の実像 ： その歴史的文脈
（31）　戒能通厚　「法律時報」86（6）通号1073
2014.6　p.69～74

02464　イギリス憲法の実像 ： その歴史的文脈
（32）　戒能通厚　「法律時報」86（8）通号1075
2014.7　p.81～86

02465　イギリス憲法の実像 ： その歴史的文脈
（33・最終回）　戒能通厚　「法律時報」86（9）
通号1076　2014.8　p.95～101

02466　アイルランドの上院改革論議と憲法改正
国民投票　山田邦夫「レファレンス」64（11）
通号766　2014.11　p.53～71

02467　参政権獲得の戦いから始まった歴史 英国
における女性の社会進出 ： 目標達成状況の厳
格なフォローが不可欠　水鳥真美「金融財政
business：時事トップ・コンフィデンシャル＋」
2014.11.6　p.14～18

02468　ヘンリ2世と司法改革（1）イギリス中世憲
法における法の支配への道　児玉誠「明星大学
経済学研究紀要」46（1・2）　2014.12　p.25～
33

02469　イギリス統治機構の変容（特集 民主政の
現在と憲法学―民主政の現在 ： 民主政の現在
： 比較法的・原理論的考察を踏まえて）　植村
勝慶「憲法問題」（26）　2015　p.67～81

02470　イギリスにおける選挙制度改革の政治（特
集 諸外国の選挙制度改革（ヨーロッパ編））　阪
野智一「選挙研究 ： 日本選挙学会年報」31
（1）　2015　p.5～18

02471　イギリスの安全保障に係る秘密保護制度
岩切大地「比較憲法学研究」（27）　2015　p.
47～75

02472　イギリスにおける人種的憎悪扇動規制の
展開　村上玲「阪大法学」64（5）通号293
2015.1　p.1205～1230

02473　イギリスにおける受刑者の選挙権 ： ヨー
ロッパ人権裁判所判決と改正法案　三宅孝之
「島大法学 ： 島根大学法文学部紀要. 島根大学
法文学部法経学科・島根大学大学院法務研究科
篇」58（4）　2015.3　p.67～109

02474　イギリスにおけるヘイト・スピーチ規制
法の歴史と現状　奈須祐治「西南学院大学法学
論集」48（1）　2015.6　p.260～207

02475　イギリスにおける裁判官任命制度と大法
官職の再改革論議 ： 2005年憲法改革法に基づ
く制度の見直し（上口裕教授 中谷実教授 退職記
念号）　榊原秀訓「南山法学」38（3・4）
2015.7　p.115～152

◆ドイツ

【図書】

02476　ドイツの憲法判例　2　ドイツ憲法判例研
究会編, 栗城壽夫, 戸波江二, 石村修編集代表
信山社出版　2006.5　533p　26cm　〈「ドイツ
の最新憲法判例」の第2版〉　6200円　Ⓣ4-
7972-3344-3　Ⓝ323.34　栗城寿夫　戸波江二

外国憲法等　　　　　　　　　　　　　　　　　　　　憲法一般・憲法学

石村修　ドイツ憲法判例研究会

02477　ドイツ憲法の基本的特質　コンラート・ヘッセ著, 初宿正典, 赤坂幸一訳　成文堂　2006.10　511p　22cm　〈著作目録あり〉　5800円　Ⓘ4-7923-0410-5　Ⓝ323.34　Hesse, Konrad　初宿正典　赤坂幸一

02478　ヴァイマル憲法における自由と形式—公法・政治論集　ヘルマン・ヘラー著, 大野達司, 山崎充彦訳　風行社　2007.7　284, 14p　20cm　3300円　Ⓘ978-4-86258-014-6　Ⓝ323.34　ヘラー, ヘルマン　大野達司　山崎充彦

02479　ドイツ憲法集　高田敏, 初宿正典編訳　第5版　信山社出版　2007.8　349p　22cm　3300円　Ⓘ978-4-7972-2485-6　Ⓝ323.34　高田敏　初宿正典

02480　ドイツ憲法入門　名雪健二著　八千代出版　2008.2　155p　22cm　〈文献あり〉　1800円　Ⓘ978-4-8429-1439-8　Ⓝ323.34　名雪健二

02481　ドイツの憲法判例　3　ドイツ憲法判例研究会編　信山社出版　2008.10　621p　26cm　〈編集代表：栗城壽夫ほか　執筆：戸波江二ほか〉　〈文献あり〉　6800円　Ⓘ978-4-7972-3347-6　Ⓝ323.34　ドイツ憲法判例研究会

02482　ドイツ憲法　1　総論・統治編　クラウス・シュテルン著　赤坂正浩, 片山智彦, 川又伸彦, 小山剛, 高田篤/編訳　信山社　2009.9　551, 9p　23cm　〈索引あり〉　15000円　Ⓘ978-4-7972-2698-0　Ⓝ323.34　Stern, Klaus.

02483　ドイツ憲法　2　基本権編　クラウス・シュテルン著, 井上典之, 鈴木秀美, 宮地基, 棟居快行編訳　井上典之, 鈴木秀美, 宮地基, 棟居快行/編訳　信山社出版　2009.9　472, 8p　23cm　〈索引あり〉　13000円　Ⓘ978-4-7972-2699-7　Ⓝ323.34　シュテルン, クラウス　井上典之　鈴木秀美　宮地基　棟居快行

02484　ドイツにおける国家と宗教　塩津徹著　成文堂　2010.6　213p　22cm　3200円　Ⓘ978-4-7923-0492-8　Ⓝ316.2　塩津徹

02485　財政民主主義と経済性—ドイツ公法学の示唆と日本国憲法　石森久広著　有信堂高文社　2011.2　246, 5p　20cm　〈文献あり　索引あり〉　5000円　Ⓘ978-4-8420-1517-0　Ⓝ343.2　石森久広

02486　ドイツの憲法裁判—連邦憲法裁判所の組織・手続・権限　畑尻剛, 工藤達朗編　第2版　八王子　中央大学出版部　2013.3　632p　22cm　（日本比較法研究所研究叢書 88）　〈索引あり〉　8000円　Ⓘ978-4-8057-0587-2　Ⓝ327.01　畑尻剛　工藤達朗

02487　講座憲法の規範力　第1巻　規範力の観念と条件　ドイツ憲法判例研究会編　古野豊秋, 三宅雄彦/編集代表　信山社　2013.8　256p　22cm　5600円　Ⓘ978-4-7972-1231-0　Ⓝ323.01　ドイツ憲法判例研究会

02488　講座憲法の規範力　第2巻　憲法の規範力と憲法裁判　ドイツ憲法判例研究会編　戸波江二, 畑尻剛/編集代表　信山社　2013.8　364p　22cm　7600円　Ⓘ978-4-7972-1232-7　Ⓝ323.01　ドイツ憲法判例研究会

02489　創立九十周年記念論文集　松山　松山大学　2013.10　488p　21cm　〈文献あり〉　Ⓝ041.3　松山大学

02490　ドイツ法秩序の欧州化—シュトラインツ教授論文集　ルドルフ・シュトラインツ著, 新井誠訳　八王子　中央大学出版部　2014.2　350p　21cm　（日本比較法研究所翻訳叢書 67）　〈他言語標題：Die Europä isierung der deutschen Rechtsordnung〉　〈著作目録あり　索引あり〉　4400円　Ⓘ978-4-8057-0368-7　Ⓝ323.3　シュトラインツ, ルドルフ　新井誠

02491　憲法改正の政治過程—ドイツ近現代憲法政治史から見えてくる憲法の諸相　安章浩著　学陽書房　2014.5　347p　21cm　2800円　Ⓘ978-4-313-31131-2　Ⓝ323.34　安章浩

02492　越境する司法—ドイツ連邦憲法裁判所の光と影　マティアス・イェシュテット, オリヴァー・レプシウス, クリストフ・メラース, クリストフ・シェーンベルガー著, 鈴木秀美, 高田篤, 棟居快行, 松本和彦監訳　風行社　2014.9　380p　22cm　5000円　Ⓘ978-4-86258-070-2　Ⓝ327.01　イェシュテット, マティアス　レプシウス, オリヴァー　メラース, クリストフ　シェーンベルガー, クリストフ　鈴木秀美　高田篤　棟居快行　松本和彦

02493　講座憲法の規範力　第4巻　憲法の規範力とメディア法　ドイツ憲法判例研究会編　鈴木秀美/編集代表　信山社　2015.3　319p　22cm　6800円　Ⓘ978-4-7972-1234-1　Ⓝ323.01　ドイツ憲法判例研究会

02494　ヴァイマル憲法とヒトラー—戦後民主主義からファシズムへ　池田浩士著　岩波書店　2015.6　286p　19cm　（岩波現代全書 068）　2500円　Ⓘ978-4-00-029168-2　Ⓝ234.074　池田浩士

02495　国会による行政統制—ドイツの「議会留保」をめぐる憲法理論と実務　国立国会図書館調査及び立法考査局　2015.8　83p　30cm　（調査資料 2015-2　国際政策セミナー報告書 平成26年度）　Ⓘ978-4-87582-778-8　Ⓝ314.34　国立国会図書館調査及び立法考査局

【雑誌】

02496　「ドイツ」概念のヨーロッパ的変容−「ヨーロッパ人」の参政権問題との関連から　植村和秀　「京都産業大学世界問題研究所紀要」21　2005　p.1〜18

02497　ドイツにおける児童にかかる課税最低限　甲斐素直　「法学紀要」48　2006　p.127〜169

02498　ルペルト・ショルツ　ドイツ連邦共和国における議会制的および連邦国家制的統治制度——その構造と改革問題（特別寄稿 ヨーロッパ

法セミナー） Rupert, Scholz　倉田原志［訳］
「立命館法學」 2006年⑴ 通号305　2006　p.
153～165

02499　ドイツ憲法判例研究 一三五 無期限の保安
拘禁の合憲性　押久保倫夫 「自治研究」 82
⑵ 通号984　2006.2　p.131～141

02500　安全感情の保護に対する公権力の役割
──ドイツ公法学の議論を参考にした序説　植
松健一 「島大法学 ： 島根大学法文学部紀要.
島根大学法文学部法経学科・島根大学大学院法
務研究科篇」 49⑷　2006.3　p.349～371

02501　ドイツ飲料包装容器強制デポジット制度
の憲法問題──「ドイツにおける基本法と環境
法」の一環として（研究会記事 ［明治大学法律
研究所］法学研究会（2005年度第一回））　清野
幾久子 「法律論叢」 78⑹　2006.3　p.277～
282

02502　ドイツ憲法判例研究（136）住居に対する
高性能盗聴器による盗聴違憲判決（2004.3.3ド
イツ連邦憲法裁判所第一法廷判決）　ドイツ憲
法判例研究会 「自治研究」 82⑶ 通号985
2006.3　p.150～158

02503　扶養にかかる人的控除と社会保険料負担
──2005年1月11日連邦憲法裁判所判決の検討
奥谷健 「島大法学 ： 島根大学法文学部紀要.
島根大学法文学部法経学科・島根大学大学院法
務研究科篇」 49⑷　2006.3　p.139～174

02504　19世紀ドイツにおける結託・徒党、団体・
結社の処罰と「結社の自由」について──憲法
上の基本権と刑法の役割をめぐって　岡本洋一
「関東学院法学」 15（3・4）　2006.3　p.165～
203

02505　外国法判例 過剰収容とドイツ連邦憲法裁
判所判例──ドイツ連邦憲法裁判所［2002.3.
13］決定の紹介　福井厚 「法政法科大学院紀
要」 2⑴ 通号2　2006.4　p.51～58

02506　ドイツにおける「民主的左翼同盟」結成
の試み（特集 改憲阻止共同闘争の実現へ──教
訓にまなぶ）　小林勝 「科学的社会主義」
⑼7　2006.5　p.30～39

02507　ドイツ憲法判例研究（137）GPSを利用し
た監視によって得られた認識を証拠として用い
ることの合憲性（2005.4.12ドイツ連邦憲法裁
判所第二法廷判決）　川又伸彦 「自治研究」 82
⑹ 通号988　2006.6　p.147～155

02508　ドイツ憲法判例研究（138）いわゆるエコ
税の合憲性　三宅雄彦 「自治研究」 82⑺ 通
号989　2006.7　p.155～162

02509　ドイツ憲法判例研究（139）原手続におい
て憲法上の論点を呈示しておく必要性について
實原隆志 「自治研究」 82⑻ 通号990　2006.8
　p.143～149

02510　ドイツ連邦共和国における連立政権に関
する憲法的研究⑴　岩切紀史 「国家学会雑
誌」 119（7・8）通号1074　2006.8　p.459～518

02511　ドイツ憲法判例研究（140）140 表現内容
に基づく集会規制──NPDによるシナゴーグ建
設反対集会事件　渡辺洋 「自治研究」 82⑼
通号991　2006.9　p.146～153

02512　ドイツにおける証拠開示請求権とその憲
法的視点──2004年改正刑訴法に対する一つの
視点として　斉藤司 「法律時報」 78（10）通号
974　2006.9　p.68～76

02513　ドイツにおける武器製造・輸出の自由
──基本法26条をめぐる解釈論から（特集 企業
と人権──企業と人権）　渡辺洋 「企業と法創
造」 3⑵ 通号8　2006.9　p.26～47

02514　最高価値の社会哲学的原則としての補完
性：ヨハネス・シャシングの理解する補完原理
小林宏晨 「政経研究」 43⑵　2006.10　p.83
～111

02515　ドイツの欧州共通逮捕状法に関する違憲
判決について　高山佳奈子 「法学論叢」 160
⑴　2006.10　p.1～19

02516　ドイツ基本法1条1項「人間の尊厳」論の
「ゆらぎ」（I 公法系）　青柳幸一 「融合する法律
学 上巻」　2006.11　p.3～

02517　講演 連邦憲法裁判所の最新判例からみた
基本法と国際秩序との関係　Philip, Kunig　岡
田俊幸［訳］ 「比較法学」 40⑶ 通号82　2007
p.111～124

02518　ドイツにおける「二院制」──連邦制改
革をふまえて　服部高宏 「比較憲法学研究」
通号18・19　2007　p.55～83

02519　監護紛争における子の意思評価と手続的
地位について（上）ドイツ連邦憲法裁判所判例の
展開を一視座として［ドイツ連邦憲法裁判所
1980.11.5決定］　遠藤隆幸 「朝日法学論集」
（34）　2007.1　p.39～67

02520　ドイツ憲法による法治国家との条約（第四
部 法治主義の比較法研究）　クラウス, フォー
ゲル　谷口勢津夫 「法治国家の展開と現代的構
成 高田敏先生古稀記念論集」　2007.2　p.515～

02521　判例研究 公法判例研究 人生パートナー
シップと婚姻の憲法保障［ドイツ連邦憲法裁判
所2002.7.17判決］　九州公法判例研究会 「法政
研究」 73⑷　2007.3　p.797～809

02522　NATOの域外派遣を定めるワシントン決
定の憲法適合性～ドイツ連邦憲法裁判所2001年
11月22日判決（判例評釈）　高橋賢司 「立正大
学法制研究所研究年報」 （12）　2007.3　p.63
～71

02523　未決勾留執行とドイツ連邦憲法裁判所判
例　福井厚 「法政法科大学院紀要」 3⑴ 通号
3　2007.5　p.51～77

02524　ドイツ近代立憲主義と緊急権（第2部 比較
の中の憲法）　長利一 「現代社会における国家
と法 阿部照哉先生喜寿記念論文集」　2007.5
p.407～

外国憲法等 憲法一般・憲法学

02525 ドイツ「連邦参議院」の展開についての一考察（第2部 比較の中の憲法） 高田篤 「現代社会における国家と法 阿部照哉先生喜寿記念論文集」 2007.5 p.427～

02526 連邦と州の立法権限の再編（第2部 比較の中の憲法） 服部高宏 「現代社会における国家と法 阿部照哉先生喜寿記念論文集」 2007.5 p.453～

02527 ドイツにおける労働者の良心の自由（第2部 比較の中の憲法） 倉田原志 「現代社会における国家と法 阿部照哉先生喜寿記念論文集」 2007.5 p.475～

02528 ドイツ州憲法における議員の質問権と政府の回答義務──バイエルン州憲法裁判所2001年7月17日判決を中心として 村上英明 「福岡大學法學論叢」 52（1）通号182 2007.6 p.73～120

02529 独連邦憲法裁判所『キケロ』事件判決の意義──雑誌編集部の捜索・押収とプレスの自由［2007.2.27判決］ 鈴木秀美 「新聞研究」 （671） 2007.6 p.52～55

02530 海外法律情報 ドイツ──連邦議会議員の副収入等公開義務に関する連邦憲法裁判決［2007.7.4］ 山口和人 「ジュリスト」 （1340） 2007.9.1 p.7

02531 ドイツ連邦憲法裁判所の権限──機関争訟手続 名雪健二 「東洋法学」 51（1）通号109 2007.10 p.1～23

02532 連邦国家における教育制度問題の憲法学的考察 赤川理 「法学会雑誌」 48（2） 2007.12 p.331～363

02533 海外法律情報 ドイツ──「オンライン捜索」の合憲性をめぐる争い 山口和人 「ジュリスト」 （1346） 2007.12.1 p.7

02534 講演 連邦憲法裁判所──その基礎と最近の発展 Albrecht, Weber 杉原周治［訳］ 「比較法学」 41（3）通号85 2008 p.57～75

02535 講演 EU法とドイツ憲法 Wolf-Rudiger, Schenke 松原光宏［訳］ 柴田憲司［訳］ 「比較法雑誌」 42（1）通号145 2008 p.45～70

02536 通信履歴保存義務に対するドイツでの憲法訴訟 Karl-Friedrich, Lenz 「青山法学論集」 50（2） 2008 p.25～48

02537 ドイツ親子法における子の意思の尊重──憲法と民法の協働の視点から 佐々木健 「立命館法学」 2008年（1）通号317 2008 p.246～336

02538 ドイツにおける差別禁止規定と意見表明の自由──ドイツ刑法130条を中心に 櫻庭総 「九大法学」 （97） 2008年度 p.352～312

02539 ドイツにおける労働者の信仰の自由・覚書 倉田原志 「立命館法學」 2008年（5・6）通号321・322 2008 p.1602～1619

02540 ドイツ連邦憲法裁判所の抽象的規範審査手続 高澤弘明 「憲法研究」 （40） 2008 p.35～52

02541 動物保護のドイツ憲法前史（1）「個人」「人間」「ヒト」の尊厳への問題提起（1） 藤井康博 「早稲田法学会誌」 59（1） 2008 p.397～453

02542 法学部主催学術講演 ドイツ憲法典の現況について Michael, Kloepfer 吉田栄司［訳］ 「関西大学法学会誌」 （53） 2008 p.15～29

02543 ヨーロッパ人権条約とドイツ基本法の基本権保障との関係──ドイツ連邦憲法裁判所「ヨーロッパ人権裁判所の正当な評価（EGMR─Wurdigung）」決定の解説と試訳［2004.10.14］ 根森健［訳］ 「白山法学 : Toyo law review」 （4） 2008 p.95～140

02544 ワイマール憲法体制とカール・シュミット──憲法第48条解釈と大統領独裁論を中心に 浜田泰弘 「憲法研究」 （40） 2008 p.141～160

02545 ドイツ憲法判例研究（141）自動控除と課税最低限［1998.11.10ドイツ連邦憲法裁判所第二法廷判決］ 甲斐素直 「自治研究」 84（1）通号1007 2008.1 p.142～149

02546 翻訳 憲法国家としてのドイツと日本 Klaus, Stern 槇裕輔［訳］ 「日本法學」 73（3） 2008.2 p.1365～1388

02547 公法判例研究 子どもの出自を知る権利［ドイツ連邦憲法裁判所2007.2.13第一法廷判決］ 九州公法判例研究会 「法政研究」 74（4） 2008.3 p.969～984

02548 少年行刑法は不要か──ドイツ連邦憲法裁判所2006年5月31日判決を手がかりに 武内謙治 「法政研究」 74（4） 2008.3 p.1114～1077

02549 ドイツ憲法判例研究（142）保育負担、教育負担と課税最低限［ドイツ連邦憲法裁判所第二法廷1998.11.10判決］ 甲斐素直 「自治研究」 84（3）通号1009 2008.3 p.122～130

02550 ドイツにおける資金助成に対する憲法的統制の可能性──競業者の人権の観点から 上田健介 「近畿大学法学」 55（4）通号149 2008.3 p.147～195

02551 判例研究 アフガニスタンへのトーネード機派遣の憲法適合性──2007.7.3付［ドイツ］連邦憲法裁判所判例 小林宏晨 「日本法學」 73（4） 2008.3 p.1589～1596

02552 立法情報 ドイツ 監視国家化にブレーキをかける連邦憲法裁判決 「外国の立法. 月刊版 : 立法情報・翻訳・解説」 （235-1） 2008.4 p.14～15

02553 ドイツにおける国際人権条約の履行──欧州人権条約に関する連邦憲法裁判所二〇〇四年一〇月一四日決定を中心に（特集＝国際人権の客観性と主観性） 門田孝 「法律時報」 80

(5) 通号995 2008.5 p.61〜65

02554 近代公教育原理「世俗性」と現代ドイツ・フランスの宗教教育(6)トレルチの政教分離論と宗教教育改革論 吉澤昇 『研究室紀要』編集委員会編「研究室紀要」(34) 2008.6 p.59〜70

02555 ドイツにおける外国人の地方参政権――基本法二八条一項三文と外国人参政権違憲判決の法理 大西楠テア「国家学会雑誌」121(5・6)通号1085 2008.6 p.587〜646

02556 ヨーロッパおよび世界におけるドイツ連邦憲法裁判所 Rainer, Wahl 鈴木秀美〔訳〕「ノモス」(22) 2008.6 p.1〜9

02557 ドイツ連邦軍のアフガニスタン関与は憲法適合か――2007.7.3付連邦憲法裁判所判例を巡って 小林宏晨「日本法學」74(2) 2008.7 p.451〜506

02558 立法情報 ドイツ 連邦議会の同意なき連邦軍派遣に違憲判決「外国の立法. 月刊版 : 立法情報・翻訳・解説」(236)通号1 2008.7 p.10〜11

02559 海外法律情報 ドイツ オンライン捜査に違憲判決 山口和人「ジュリスト」(1359) 2008.7.1 p.66

02560 ドイツ連邦憲法裁判所の権限――連邦争訟 名雪健二「東洋法学」52(1)通号111 2008.9 p.1〜19

02561 表現の自由をめぐる近年のドイツ連邦憲法裁判所判例(第三部 自由論の展開) 毛利透「国民主権と法の支配 下巻 佐藤幸治先生古稀記念論文集」 2008.9 p.269〜

02562 ドイツ「市民的法治国」原理と緊急権(第一部 憲法の基本原理) 長利一「国民主権と法の支配 上巻 佐藤幸治先生古稀記念論文集」 2008.9 p.31〜

02563 ドイツにおけるイスラームのスカーフ禁止(第二部 比較の中の憲法) 手塚和男「国民主権と法の支配 上巻 佐藤幸治先生古稀記念論文集」 2008.9 p.249〜

02564 海外法律情報 ドイツ――連邦憲法裁, 2州の非喫煙者保護法に違憲判決〔2008.7.30〕 山口和人「ジュリスト」(1365) 2008.10.15 p.103

02565 バーデン・ヴュルテンベルク州憲法(抄)(ドイツの大学入学法制――ギムナジウム上級段階の履修形態とアビトゥーア試験) 木戸裕〔訳〕「外国の立法 : 立法情報・翻訳・解説」(238) 2008.12 p.67〜69

02566 ドイツにおける「終身自由刑」の動向――連邦憲法裁判所の判例を中心に(特集 終身刑の意義と課題) 小池信太郎「刑事法ジャーナル」14 2009 p.17〜23

02567 ドイツ連邦共和国(シンポジウム 国民国家を超える「憲法」は可能か――1990年代以降

のヨーロッパ統合の問いかけ―ヨーロッパ統合と各国憲法) 齊藤正彰「比較法研究」通号71 2009 p.52〜67

02568 ドイツ連邦軍の対テロ活動と議会統制――対テロリズム安全保障と「議会の軍隊」をめぐる憲法問題 松浦一夫「比較憲法学研究」通号21 2009 p.59〜85

02569 ドイツ「連邦憲法裁判所の過重負担解消委員会」報告書(1998年)について――サーシオレイライ導入の試みとその挫折 小野寺邦広「比較法雑誌」43(3)通号151 2009 p.199〜245

02570 動物保護のドイツ憲法改正(基本法20a条)前後の裁判例――「個人」「人間」「ヒト」の尊厳への問題提起(2) 藤井康博「早稲田法学会誌」60(1) 2009 p.437〜492

02571 動物保護のドイツ憲法改正(基本法20a条)前後の裁判例――「個人」「人間」「ヒト」の尊厳への問題提起(2) 藤井康博「早稲田法学会誌」60(1)〔修正版〕 2009 p.437〜492

02572 動物保護のドイツ憲法前史(2・完)「個人」「人間」「ヒト」の尊厳への問題提起(1)付・1933年〔ナチス〕動物保護法 藤井康博「早稲田法学会誌」59(2) 2009 p.533〜594

02573 マルクスとドイツ憲法闘争――一八四八年三月革命のなかで 松竹伸幸「季論21 : intellectual and creative」(6) 2009.秋 p.123〜135

02574 ドイツ公勤務法における政治的自由――社会保険事務所職員事件との関連で 石村修「専修ロージャーナル」(4) 2009.1 p.1〜19

02575 裁判理由の拘束力について――ドイツ連邦憲法裁判所を例として Knut Wolfgang, Norr 浅岡慶大〔訳〕「桐蔭法学」15(2)通号30 2009.2 p.109〜123

02576 ドイツ憲法判例研究(143)「シュタージ非公式協力員名簿公開事件」決定――「意見の自由」の侵害が認定されたにもかかわらず憲法異議が受理されなかった事例〔ドイツ連邦憲法裁判所2000.2.23決定〕 小野寺邦広「自治研究」85(2)通号1020 2009.2 p.148〜155

02577 ドイツ憲法における環境保護と基本権の制限(1)州と連邦との関係の観点より 清野幾久子「明治大学法科大学院論集」(6) 2009.3 p.1〜16

02578 独逸連邦憲法裁判所ビデオ監視〔ドイツ連邦憲法裁判所第1部第一法廷2007.2.23判決〕及び自動車登録番号自動記録装置違憲判決〔2008.3.11判決〕 平松毅「大東ロージャーナル」(5) 2009.3 p.123〜146

02579 連邦刑事庁(BKA)・ラスター捜査・オンライン捜索(1)憲法学的観点からみたドイツにおける「テロ対策」の現段階 植松健一「島大法学 : 島根大学法文学部紀要. 島根大学法文学部法経学科・島根大学大学院法務研究科篇」52

外国憲法等　　　　　　　　　　　　　　　　　　　　　　　　憲法一般・憲法学

(3・4)　2009.3　p.1〜48

02580　憲法訴訟研究会(第131回)対審条項が適用されるtestimonialな供述とは何か？——Davis v. Washington, Hammon v. Indiana, 126 S.Ct 2266 (2006)　津村政孝　「ジュリスト」　(1373)　2009.3.1　p.126〜130

02581　海外法律情報 ドイツ——連邦議会議員総選挙における電子投票装置の使用に違憲判決　山口和人　「ジュリスト」　(1378)　2009.5.1・15　p.167

02582　ドイツレポート(1)婦人参政権90年を迎えた女性たち　永井潤子　「女性展望」　(615)　2009.6　p.15〜17

02583　安全と自由をめぐる一視角——ドイツにおけるラスター捜査をめぐって(比較憲法研究の新展開)　宮地基　「名古屋大学法政論集」　通号230　2009.6　p.335〜369

02584　ヘルマン・ロェスラーと明治憲法——ロェスラー研究の系譜　堅田剛　「独協法学」　(78)　2009.6　p.97〜129

02585　講演会 憲法の視点でドイツと日本を検証する　伊藤真　「法学館憲法研究所報」　(1)　2009.7　p.53〜73

02586　ドイツ労働者派遣法における均等待遇原則の憲法適合性　川田知子　「亜細亜法学」　44(1)　2009.7　p.191〜212

02587　翻訳 ドイツにおける基本権ドグマーティク　Philip, Kunig　松本和彦［訳］　高田倫子［訳］「阪大法学」　59(2)通号260　2009.7　p.343〜361

02588　連邦刑事庁(BKA)・ラスター捜査・オンライン捜索(2)憲法学的観点からみたドイツにおける「テロ対策」の現段階　植松健一　「島大法学 : 島根大学法文学部紀要. 島根大学法文学部法経学科・島根大学大学院法務研究科篇」53(2)　2009.9　p.1〜46

02589　公法判例研究 「出訴の途」の保障枠組み——破産管財人の任命決定に対する「出訴の途」の保障［ドイツ連邦憲法裁判所第一法廷2006.5.23決定］　平良小百合　「法政研究」　76(1・2)　2009.10　p.137〜154

02590　著作権法における権利論の意義と射程(2・完)ドイツにおける憲法判例と学説の展開を手がかりとして　栗田昌裕　「民商法雑誌」141(1)　2009.10　p.45〜91

02591　ドイツ連邦憲法裁判所の権限——基本法第一〇〇条第二項による手続　名雪健二　「東洋法学」　53(2)通号114　2009.12　p.47〜63

02592　ドイツで女性参政権に反対した女たち(文化交流茶話会トーク)　姫岡とし子　東京大学文学部次世代人文学開発センター編纂　「文化交流研究 : 東京大学文学部次世代人文学開発センター研究紀要」(23)　2010　p.7〜11

02593　ドイツ連邦憲法裁判所の決定の言渡し　名雪健二　「比較法制研究」　(33)　2010　p.25〜46

02594　連邦憲法裁判所初期の判例における価値秩序論について——全州議会評議会から夫婦合算課税違憲決定・リュート判決まで　武市周作　「中央学院大学法学論叢」　23(1)通号37　2010　p.168〜140

02595　憲法上の比例原則について(1)ドイツにおけるその法的根拠・基礎づけをめぐる議論を中心に　柴田憲司　「法学新報」　116(9・10)　2010.1　p.183〜278

02596　ドイツ憲法における環境保護と基本権の制限(2・完)州と連邦の関係より　清野幾久子　「明治大学法科大学院論集」　(7)　2010.2　p.49〜65

02597　ドイツ同性登録パートナーシップをめぐる連邦憲法裁判所判決——家族手当と遺族年金について　渡邉泰彦　「産大法学」　43(3・4)通号149　2010.2　p.883〜914

02598　翻訳 日本におけるドイツ憲法　Christian, Starck　齋藤康輝［訳］　「朝日法学論集」　(38)　2010.2　p.125〜137

02599　ヴァイマル民主主義における政党の憲法的地位　浜田泰弘　「成蹊大学法学政治学研究」　(36)　2010.3　p.1〜27

02600　現代ドイツにおける、教授の自由——基本権が「保障するもの」は何か(続篇)　小貫幸浩　「高岡法学」　(28)　2010.3　p.1〜37

02601　憲法上の比例原則について(2・完)ドイツにおけるその法的根拠・基礎づけをめぐる議論を中心に　柴田憲司　「法学新報」　116(11・12)　2010.3　p.185〜290

02602　憲法擁護庁によるインターネットへの侵入・捜索の違憲性——独逸連邦憲法裁判所2008.2.27第一法定判決　平松毅　「大東ロージャーナル」　(6)　2010.3　p.95〜143

02603　翻訳 ドイツにおける軍隊出動の憲法上の限界　Markus, Heintzen　川又伸彦［訳］　「日本法學」　75(4)　2010.3　p.1399〜1425

02604　連邦刑事庁(BKA)・ラスター捜査・オンライン捜索(3・完)憲法学的観点からみたドイツにおける「テロ対策」の現段階　植松健一　「島大法学 : 島根大学法文学部紀要. 島根大学法文学部法経学科・島根大学大学院法務研究科篇」53(4)　2010.3　p.85〜128

02605　ドイツの生存権保障としての教育福祉政策の展開－教育福祉としての社会教育学の視点から(特集 生存権としての教育)　生田周二　民主教育研究所編　「人間と教育」　通号65　2010.春　p.12〜19

02606　ドイツ憲法判例研究(144)血縁の兄弟姉妹間の近親姦の合憲性［ドイツ連邦憲法裁判所第二法廷2008.2.26決定］　武市周作　「自治研

究」86（5）通号1035　2010.5　p.153〜161

02607　翻訳 通信履歴保存に関するドイツ連邦憲法裁判所2010年3月判決　Karl-Friedrich, Lenz［訳］「青山法学論集」52（1）　2010.6　p.201〜317

02608　ドイツ憲法判例研究（145）ドイツ版「Nシステム」の合憲性［2008.3.11ドイツ連邦憲法裁判所第一法廷判決］　實原隆志「自治研究」86（12）通号1042　2010.12　p.149〜158

02609　翻訳 ドイツと日本における憲法改革　Klaus, Stern　山田亮介［訳］「日本法學」76（3）　2010.12　p.1023〜1043

02610　2009年度 島根大学法政研究会実施報告 第5回 植松健一（憲法）「国家」が"Hacker"になるとき!?──ドイツ連邦憲法裁判所"オンライン捜索"違憲判決とその周辺 「島大法学 : 島根大学法文学部紀要. 島根大学法文学部法経学科・島根大学大学院法務研究科篇」54（1・2）　2010.12　p.203〜205

02611　人権保障におけるドイツ連邦憲法裁判所とヨーロッパ人権裁判所（ミニ・シンポジウム 人権保障における憲法裁判所とヨーロッパ人権裁判所）　門田孝「比較法研究」（73）2011　p.172〜180

02612　制度化された憲法制定権力の限界 : ドイツ基本法146条をめぐって　太田航平「中央大学大学院研究年報」（41）（法学研究科篇）　2011　p.3〜24

02613　ドイツ基本法（憲法）の成立と展開　栗城壽夫「聖学院大学総合研究所紀要」（52）　2011　p.40〜76

02614　ドイツ財政憲法における地方自治体の位置──連邦制改革への一視角　上代庸平「中京法学」45（3・4）通号130　2011　p.365〜401

02615　ドイツにおける政権交代と憲法（特集 憲法と政権交代―［全国憲法研究会］春季研究集会）　服部高宏「憲法問題」通号22　2011　p.33〜44

02616　ドイツの基本法における基本権　初宿正典「聖学院大学総合研究所紀要」（53）2011　p.15〜50

02617　日本におけるドイツ憲法の継受　齋藤康輝「憲法研究」（43）2011　p.23〜42

02618　18世紀のドイツ憲法学（1）　栗城壽夫「名城ロースクール・レビュー」（20）2011　p.1〜48

02619　法の継受──日本におけるドイツ憲法　齋藤康輝「朝日法学論集」（40）2011.2　p.179〜192

02620　欧州連合の警察・刑事司法協力と国家主権──ドイツ連邦憲法裁判所の欧州逮捕令状枠組み法違憲判決を素材として　奥山亜喜子「法学新報」117（7・8）2011.3　p.189〜216

02621　狩猟法所有権規制事件（抄訳）──2006年12月12日ドイツ連邦憲法裁判所決定　小舟賢［訳］「甲南法務研究」（7）2011.3　p.79〜85

02622　ドイツ環境法の発展と憲法──1994年以降の課題への対応　清野幾久子「明治大学法科大学院論集」（9）2011.3　p.31〜57

02623　判例研究 法廷警察権に基づくテレビカメラ取材制限が違憲とされた事例［ドイツ連邦憲法裁判所第一法廷2007.12.19決定］　鈴木秀美「阪大法学」60（6）通号270　2011.3　p.1271〜1278

02624　諜報機関による議員の監視と「たたかう民主制」──ラーメロウ事件を素材として　植松健一「島大法学 : 島根大学法文学部紀要. 島根大学法文学部経学科・島根大学大学院法務研究科篇」55（1）2011.5　p.59〜131

02625　ドイツ連邦憲法裁判所2010.7.7決定は遡及租税立法を一部違憲 : 予測可能性ではなく法律公布日を基準時に　木村弘之亮「税法学」通号565　2011.5　p.17〜34

02626　エルンスト・カッシーラーの「憲法愛国主義」論──真理概念、ドイツ国家、ドイツ国民をめぐって　馬原潤二「同志社法学」63（1）通号347　2011.6　p.719〜772

02627　刑法典（抄）（ドイツにおける保安監置をめぐる動向──合憲判決から違憲判決への転換）　渡辺富久子［訳］「外国の立法 : 立法情報・翻訳・解説」（249）2011.9　p.65〜67

02628　精神障害を有する暴力犯罪者の治療及び収容に関する法律（治療収容法）（ドイツにおける保安監置をめぐる動向──合憲判決から違憲判決への転換）　渡辺富久子［訳］「外国の立法 : 立法情報・翻訳・解説」（249）2011.9　p.68〜71

02629　ベルリン州開店法の憲法適合性 : 二〇〇九年十二月一日付連邦憲法裁判所判例を巡って（1）　小林宏晨「日本法學」77（3）2011.12　p.485〜518

02630　連邦最高裁判例の歴史におけるスタンディング概念 : その「変遷」と「不変」について　成瀬トーマス誠「憲法論叢」（18）2011.12　p.87〜108

02631　憲法訴訟研究会（第145回）家屋内から発せられる熱を測定するthermal imaging装置と第4修正の「捜索」［Kyllo v. United States, 533 U.S. 27（2001）］　津村政孝「ジュリスト」（1434）2011.12.1　p.135〜138

02632　近年ドイツにおける、「大学自治」の判例法理 : または学問の自由と組織について　小貫幸浩「駿河台法学」26（1）通号49　2012　p.358〜294

02633　ドイツにおける「公正な裁判」 : 「合理的な期間内に裁判を受ける権利」を中心として（シンポジウム 「公正な裁判」をめぐる比較

法） 荒井真 比較法学会編 比較法学会編 「比較法研究」（74） 2012 p.58～69

02634 権力分立とドイツの統治システム 山岸喜久治 「人文社会科学論叢」（21） 2012 p.37～52

02635 講演 ドイツ憲法における芸術と学問の自由 クラウス, シュテルン 岡田俊幸［訳］「比較法学」46（2）通号99 2012 p.149～162

02636 ドイツにおける多文化社会と憲法（特集 人権の現代的課題―春季研究集会） 斎藤一久 「憲法問題」（23） 2012 p.36～46

02637 ドイツ防衛憲法における命令司令権（Befehls―und Kommandogewalt）の概念と論理 ： 防衛法政策も視野に入れて 山中倫太郎 「防衛法研究」（36） 2012 p.163～199

02638 ドイツ立憲主義の継受 ： 明治憲法の場合 ： 近代憲法における西洋的特徴の発見と明治立憲主義における「和風」の模索 齋藤康輝 「憲法研究」（44） 2012 p.107～128

02639 翻訳 ドイツにおける憲法異議による基本権保護 ： 憲法を形成する基本決定の一局面 ハンス＝ウーヴェ, エーリヒセン 工藤達朗［訳］「比較法雑誌」46（2）通号162 2012 p.35～54

02640 ワイマール憲法における憲法改正限界論 ： ワイマール憲法76条解釈をめぐって 太田航平 「中央大学大学院研究年報」（42）（法学研究科篇） 2012 p.3～23

02641 ドイツ憲法判例研究（146）信仰からの離脱を理由とする神学部の大学教員の配置換えの合憲性 ： リューデマン決定［ドイツ連邦憲法裁判所第一法廷2008.10.28決定］ ドイツ憲法判例研究会 「自治研究」88（1）通号1055 2012.1 p.144～154

02642 ドイツにおける「子どもの権利憲法条項化案」棄却の論理 荒川麻里 「教育制度研究紀要」（7） 2012.2 p.95～108

02643 ドイツ法上の職業と営業の概念（特集 憲法と経済秩序（3）） 赤坂正浩 「企業と法創造」8（3）通号31 2012.2 p.85～97

02644 ドイツ基本法における「法案審議合同協議会（VA）」の憲法的地位と権能 加藤一彦 「現代法学 ： 東京経済大学現代法学会誌」（21） 2012.3 p.15～30

02645 ドイツ連邦憲法裁判所の9月7日判決について［2011.9.7］ 籾山錚吾 「朝日法学論集」（42） 2012.3 p.1～34

02646 ベルリン州開店法の憲法適合性 ： 二〇〇九年十二月一日付連邦憲法裁判所判例を巡って（2・完） 小林宏晨 「日本法學」77（4） 2012.3 p.561～596

02647 ニュージーランドの選挙制度に関する2011年国民投票 安田隆子 「レファレンス」62（5）通号736 2012.5 p.43～51

02648 連邦と憲法理論 ： ワイマール憲法理論における連邦国家論の学説史的意義をめぐって（上） 林知更 「法律時報」84（5）通号1046 2012.5 p.99～105

02649 連邦と憲法理論 ： ワイマール憲法理論における連邦国家論の学説史的意義をめぐって（下） 林知更 「法律時報」84（6）通号1047 2012.6 p.66～74

02650 ドイツ行政裁量論における憲法の構造理解とその変遷(1)行政に対する司法の地位に関する一考察 高田倫子 「阪大法学」62（2）通号278 2012.7 p.487～510

02651 ドイツにおける憲法上の起債制限規律に基づく司法的コントロール ： 転換点としての連邦憲法裁判所1989年判決 石森久広 「西南学院大学法学論集」45（1） 2012.7 p.33～54

02652 情報自己決定権論に関する一考察 ： ドイツ連邦憲法裁判所の「国勢調査」判決の再考を中心として［1986.12.15］ 高橋和広 「六甲台論集. 法学政治学篇」59（1） 2012.9 p.77～105

02653 ドイツ憲法判例研究（147）通信履歴保存義務を定めるEU法および国内法に対する違憲判決［ドイツ連邦憲法裁判所2010.3.2決定］ ドイツ憲法判例研究会 「自治研究」88（9）通号1063 2012.9 p.154～152

02654 立法情報 ドイツ 2011年改正後の連邦選挙法に対する違憲判決 河島太朗 渡辺富久子 「外国の立法. 月刊版 ： 立法情報・翻訳・解説」（253-1） 2012.10 p.16～19

02655 ドイツにおける選挙権解釈 ： 連邦憲法裁判所の判例の中での選挙権の平等 大岩慎太郎 「桐蔭論叢」（27） 2012.12 p.87～92

02656 法的見解の表明を理由とする裁判官の忌避 ： ドイツ連邦憲法裁判所の場合 岡田俊幸 「日本大学法科大学院法務研究」（9） 2012.12 p.1～48

02657 近親相姦禁止規定［ドイツ刑法173条2項2文］の合憲性 萩原滋 「白山法学 ： Toyo law review」（9） 2013 p.1～15

02658 憲法上の基本権としての「芸術の自由」成立史(1)王政―帝政期からヴァイマル共和政期のドイツにおける、特に演劇をめぐる統制を中心に 奥山亜喜子 「女子美術大学研究紀要」（43） 2013 p.15～26

02659 国家目標規定と国家学 ： その基本権制約ドグマーティクへの照射 石塚壮太郎 「法学政治学論究 ： 法律・政治・社会」（97） 2013. 夏季 p.335～367

02660 ドイツ防衛憲法における軍人の基本権保障総論 ： ドイツ基本法における政策形成と解釈論の展開 山中倫太郎 「防衛法研究」（37） 2013 p.147～174

02661 トーマス・オッパーマン「連邦憲法裁判所と国法学」 トーマス, オッパーマン 赤坂正

浩［訳］「立教法学」（87）　2013　p.166〜117

02662　翻訳「執行官制度の改革に関する新たな
　法案 : 法政策的な必要性，間違った道及び憲法
　上の障壁」附・「補遺 : ドイツ執行官連盟によ
　る民営化からの突然の決別」　ハンス・フリー
　ドヘルム，ガウル　柳沢雄二［訳］「名城法学」
　63（1）　2013　p.233〜302

02663　立法者の予測と事後的是正義務 : ドイツ
　連邦憲法裁判所判例を中心に　入井凡乃「法学
　政治学論究 : 法律・政治・社会」（96）
　2013.春季　p.343〜372

02664　ドイツ行政裁量論における憲法の構造理
　解とその変遷（2）行政に対する司法の地位に関
　する一考察　高田倫子「阪大法学」62（5）通
　号281　2013.1　p.1443〜1465

02665　判例研究 フランクフルト飛行場における
　集会・デモ規制［ドイツ連邦憲法裁判所2011.2.
　22第一法廷判決］　石村修「専修ロージャーナ
　ル」（8）　2013.1　p.133〜151

02666　ドイツ連邦選挙法改革と憲法裁判 : ドイ
　ツ連邦憲法裁判所の二つの判決を契機に　加藤
　一彦「現代法学 : 東京経済大学現代法学会誌」
　（23・24）　2013.2　p.73〜97

02667　ハンス・ケルゼンの初期憲法理論（渡邊榮
　文先生・重永康子先生退職記念号）　永尾孝雄
　「アドミニストレーション」19（2）　2013.2　p.
　127〜133

02668　外国労働判例研究（第194回）ドイツ 大学
　教授のW2俸給の合憲性［BVerfG, 2 Senat,
　Urteil von 14.02.2012—2 BvL 4/10］　倉田原
　志「労働法律旬報」（1788）　2013.3.下旬　p.
　25〜29

02669　ドイツ行政裁量論における憲法の構造理
　解とその変遷（3・完）行政に対する司法の地位
　に関する一考察　高田倫子「阪大法学」62
　（6）通号282　2013.3　p.1783〜1803

02670　ドイツ連邦憲法裁判所による情報自己決
　定権論の展開　高橋和広「六甲台論集. 法学政
　治学篇」59（2）　2013.3　p.57〜116

02671　ドイツ憲法判例研究（148）ドイツ連邦憲
　法裁判所によるEU機関の行為に対する権限踰
　越コントロール［ドイツ連邦憲法裁判所第二法
　廷2010.7.6決定］　ドイツ憲法判例研究会「自
　治研究」89（4）通号1070　2013.4　p.148〜155

02672　ドイツ立憲君主政における王統と国家 :
　ヘルマン・レームの公法学　藤川直樹「国家学
　会雑誌」126（3・4）通号1114　2013.4　p.297
　〜358

02673　EU法の最前線（第156回）欧州安定メカニ
　ズム条約と財政規律条約のドイツ基本法との合
　憲性［ドイツ連邦憲法裁判所第二法廷2012.9.12
　判決］　中西優美子「貿易と関税」61（4）通号
　721　2013.4　p.107〜100

02674　ドイツにおける憲法上の公債規定の変遷

と公債制御　石森久広「西南学院大学法学論
集」46（1）　2013.5　p.134〜109

02675　ドイツにおける憲法上の公債規定の変遷
　石森久広「西南学院大学法学論集」46（1）
　2013.5　p.108〜85

02676　ドイツにおける私法関係と基本権保護義
　務 : 基礎づけの違いの観点から（長尾一紘先生
　古稀記念論文集）　鈴木隆「法学新報」120
　（1・2）　2013.6　p.257〜292

02677　翻訳 ドイツ刑事訴訟における判決合意手
　続の合憲性 : 連邦憲法裁判所第2小法廷2013年
　3月19日判決　加藤克佳［訳］　辻本典央［訳］
　「近畿大学法学」61（1）通号167　2013.6　p.
　201〜273

02678　国家機関相互の紛争に対する憲法裁判的
　解決 : ドイツにおける機関争訟制度の意義
　山岸喜久治「宮城学院女子大学研究論文集」
　（116）　2013.7　p.1〜10

02679　ドイツ憲法判例研究（149）開設されてい
　る口座に憲法上の保護［ドイツ連邦憲法裁判所
　第一法廷2007.6.13決定］　ドイツ憲法判例研究
　会「自治研究」89（8）通号1074　2013.8　p.136〜144

02680　ドイツ憲法判例研究（150）性同一性障害
　者に戸籍法上の登録要件として外科手術を求め
　る規定の違憲性［ドイツ連邦憲法裁判所第一法
　廷2011.1.11決定］　ドイツ憲法判例研究会「自
　治研究」89（9）通号1075　2013.9　p.152〜158

02681　ドイツにおける裁判権の概念（1）日本の
　司法権と基本法92条の裁判権との対比　西村枝
　美「関西大学法学論集」63（3）　2013.9　p.
　708〜736

02682　保安監置の限界（1）ドイツ連邦憲法裁判
　所と欧州人権裁判所の「往復書簡」を手掛かり
　に（黒田清彦教授退職記念号）　水留正流「南
　山法学」36（3・4）　2013.9　p.129〜179

02683　ドイツ憲法判例研究（151）フランクフル
　ト飛行場における集会・デモ規制［連邦憲法裁
　判所第一法廷2011.2.22判決］　ドイツ憲法判例
　研究会「自治研究」89（10）通号1076　2013.
　10　p.137〜145

02684　ドイツにおける約60回の憲法改正はどの
　ように行われてきたのか（特集 憲法改正とメ
　ディア）　三島憲一「Journalism」（281）
　2013.10　p.52〜63

02685　ドイツにおける裁判権の概念（2）日本の
　司法権と基本法92条の裁判権との対比　西村枝
　美「関西大学法学論集」63（4）　2013.11　p.
　1092〜1110

02686　ドイツの憲法判例と警察法　島田茂「甲
　南法学」54（1・2）　2013.11　p.55〜114

02687　講演 ドイツにおける答弁取引（いわゆる
　申合せ）と憲法（大崎隆彦教授退任記念号）　ヘ
　ニング，ローゼナウ　加藤克佳［訳］「近畿大学

外国憲法等　　　　　　　　　　　　　　　　　憲法一般・憲法学

法学」61（2・3）通号168　2013.12　p.409〜430

02688　ドイツ憲法判例研究（152）州から公益的
有限責任会社に移管された精神科病院における
拘禁を伴う高権的権能の行使と憲法異議［ドイ
ツ連邦憲法裁判所第二法廷2012.1.18判決］　ド
イツ憲法判例研究会　「自治研究」89（12）通号
1078　2013.12　p.129〜137

02689　ドイツ企業法に関する連邦憲法裁判所の
判決　マティアス，ハーバーザック　正井章筰
［訳］「旬刊商事法務」（2019）　2013.12.15
p.37〜50

02690　講演　ドイツにおける答弁取引（いわゆる
申合せ）と憲法　ヘニング，ローゼナウ　田口守
一［訳］「比較法学」47（3）通号103　2014　p.
139〜163

02691　最近ドイツにおける一票の重さの法理　：
とくに、ラント憲法裁判所の場合　小貫幸浩
「駿河台法学」28（1）通号53　2014　p.190〜
130

02692　自由で民主的な立憲国家の軍隊における
公民および国際法の授業の一つのあり方　：ド
イツ軍人法の授業規定における意義および基本
枠組み　山中倫太郎　「防衛法研究」（38）
2014　p.231〜253

02693　ドイツにおける近年の大学改革と学問の
自由　：「学問マネジメント」の憲法適合性をめ
ぐって　栗島智明　「法学政治学論究　：法律・
政治・社会」（103）　2014.冬季　p.233〜266

02694　ドイツにおける憲法改正手続　：改正論
議、とくに両院合同憲法調査委員会（GVK）の
再評価とともに　齋藤康輝　「憲法研究」（46）
2014　p.117〜135

02695　ドイツ連邦憲法裁判所における主張可能
性の統制（Vertretbarkeitskontrolle）に関する一
考察（1）共同決定法判決における定式化まで
山本真敬　「早稲田大学大学院法研論集」
（151）　2014　p.383〜407

02696　ヘーゲル『ドイツ憲法論』の研究　松村
健吾　「大東文化大学紀要．人文科学」（52）
2014　p.49〜70

02697　未成年者に対する憲法上の親の権利とそ
の限界について　：ドイツの親の憲法上の権利
義務理論を中心に　吉岡万季　「中央大学大学院
研究年報」（44）（法学研究科篇）　2014　p.3
〜21

02698　1848年「3月革命」とドイツ近代立憲主義
の萌芽　：混乱からフランクフルト（パウル教
会）憲法の制定へ　山岸喜久治　「人文社会科学
論叢」（23）　2014　p.117〜131

02699　2000年以降のドイツ連邦憲法裁判所判例
の動向について　宮地基　「明治学院大学法律科
学研究所年報」（30）　2014年度　p.5〜13

02700　海と空の空間秩序と法　：戦後ドイツの憲
法改正を参考に（上）　籔下義文　「歴史と教育」

（179）　2014.1　p.3〜7

02701　ドイツ憲法判例研究（153）ゲマインデの
営業税賦課率決定と自治体財政権［連邦憲法裁
判所第二法廷2010.1.27決定］　ドイツ憲法判例
研究会　「自治研究」90（1）通号1079　2014.1
p.131〜139

02702　ドイツにおける裁判権の概念（3）日本の
司法権と基本法92条の裁判権との対比　西村枝
美　「関西大学法学論集」63（5）　2014.1　p.
1371〜1404

02703　ドイツの憲法理論の歴史における憲法契
約の思想について（大阪市立大学法学部　創立六
〇周年記念号（上））　栗城壽夫　「法学雑誌」
60（2）　2014.1　p.231〜274

02704　比較の中の二つの憲法　：ドイツと日本
（清河雅孝教授　村田博史教授　定年御退職記念
号）　初宿正典　「産大法学」47（3・4）通号163
2014.1　p.342〜400

02705　海と空の空間秩序と法　：戦後ドイツの憲
法改正を参考に（中）　籔下義文　「歴史と教育」
（180）　2014.2　p.10〜15

02706　ドイツ憲法判例研究（154）性転換法によ
る婚姻解消要件と一般的人格権・婚姻の保護
［ドイツ連邦憲法裁判所第一法廷2008.5.27決
定］　ドイツ憲法判例研究会　「自治研究」90
（2）通号1080　2014.2　p.126〜133

02707　ドイツ受信料制度改革の憲法学的考察　：
放送負担金制度の概要と問題点（小林節教授退
職記念号）　鈴木秀美　「法学研究」87（2）
2014.2　p.449〜474

02708　海と空の空間秩序と法　：戦後ドイツの憲
法改正を参考に（下）　籔下義文　「歴史と教育」
（181）　2014.3　p.10〜14

02709　体制転換と憲法忠誠　：東西ドイツ統一過
程における東ドイツ公勤務者の再雇用をめぐっ
て（杉浦一孝教授退職記念論文集―歴史・社会
体制と法）　濱口晶子　「名古屋大学法政論集」
（255）　2014.3　p.447〜480

02710　ドイツ憲法判例研究（155）EU法の国内実
施法律に関する連邦憲法裁判所への移送と欧州
司法裁判所への付託［ドイツ連邦憲法裁判所第
一法廷2011.10.4決定］　ドイツ憲法判例研究会
「自治研究」90（3）通号1081　2014.3　p.141〜
149

02711　ドイツ航空安全法のテロ対処規定に関す
る抽象的規範統制決定　：連邦憲法裁判所2012
年7月3日総会決定と2013年3月20日第二法廷決
定（深谷庄一教授・加藤三千夫教授退官記念号）
松浦一夫　「防衛大学校紀要．社会科学分冊」
108　2014.3　p.19〜58

02712　ドイツにおける憲法上の起債制限規律に
基づく司法的コントロール　：2009年基本法改
正の端緒としての連邦憲法裁判所2007年判決
（1）［2007.7.9］　石森久広　「西南学院大学法学

憲法一般・憲法学　　　　　　　　　　　　　　　　　　　　　　　　　　　　　　　外国憲法等

論集」46（4）　2014.3　p.96〜67

02713　翻訳 EUと構成国間の権限構造に関する
ドイツ連邦憲法裁判所の理解： 財政危機克服
のための結果　ペーターM., フーバー　中西優
美子［訳］「日本法學」79（4）　2014.3　p.747
〜770

02714　ドイツ憲法判例研究（156）不正競争防止
法一条にいう「業績競争」への危険の確定と意
見表明の自由［ドイツ連邦憲法裁判所第一法廷
2002.2.6決定］　ドイツ憲法判例研究会 「自治
研究」90（4）通号1082　2014.4　p.148〜155

02715　ドイツ連邦憲法裁判所がECBの国債購入
策に疑義を表明　田中理 「金融財政事情」65
（16）通号3069　2014.4.21　p.30〜33

02716　外国判例研究 真正遡及効の禁止に反する
税法規定は違憲・無効［ドイツ連邦憲法裁判所
2013.12.17決定］　木村弘之亮 「税法学」通号
571　2014.5　p.241〜249

02717　ドイツ憲法判例研究（157）選挙における
コンピュータ制御の電子投票機の導入　ドイツ
憲法判例研究会 「自治研究」90（5）通号1083
2014.5　p.142〜150

02718　ドイツ憲法判例研究（158）対テロデータ
ファイル法による情報機関・警察の情報共有と
情報自己決定権［ドイツ連邦憲法裁判所第一法
廷2013.4.24判決］　ドイツ憲法判例研究会 「自
治研究」90（6）通号1084　2014.6　p.119〜127

02719　ドイツ憲法判例研究（159）歯科医に対す
る広告・宣伝の禁止と職業の自由［ドイツ連邦
憲法裁判所第一法廷2011.6.1決定］　ドイツ憲
法判例研究会 「自治研究」90（7）通号1085
2014.7　p.144〜151

02720　ドイツの選挙制度と選挙課程（1）2013年
ドイツ連邦議会選挙　河崎健 「選挙： 選挙や
政治に関する総合情報誌」67（7）　2014.7　p.
6〜8

02721　連邦憲法裁判所をめぐる法と人事： ドイ
ツの場合（特集 憲法解釈と人事）　三宅雄彦
「法律時報」86（8）通号1075　2014.7　p.25〜30

02722　ドイツ憲法判例研究（160）テロリストに
関する秘密の公表と取材源秘匿権： キケロ判
決［ドイツ連邦憲法裁判所第一法廷2007.2.27判
決］　ドイツ憲法判例研究会 「自治研究」90
（8）通号1086　2014.8　p.146〜154

02723　ドイツの選挙制度と選挙過程（2）選挙制
度の特徴　河崎健 「選挙： 選挙や政治に関す
る総合情報誌」67（8）　2014.8　p.12〜14

02724　ドイツ憲法判例研究（161）接続データの
保護［ドイツ連邦憲法裁判所2006.3.2判決］　ド
イツ憲法判例研究会 「自治研究」90（9）通号
1087　2014.9　p.143〜151

02725　ドイツの選挙制度と選挙過程（3）連邦議
会議員候補者の指名過程　河崎健 「選挙： 選
挙や政治に関する総合情報誌」67（9）　2014.9

p.22〜24

02726　ドイツ憲法判例研究（162）通信サービス
の利用者データを保存・提供させる手続の合憲
性［ドイツ連邦憲法裁判所第一法廷2012.1.24決
定］　ドイツ憲法判例研究会 「自治研究」90
（10）通号1088　2014.10　p.148〜155

02727　ドイツの選挙制度と選挙過程（4）当選後
の連邦議会議員の昇進と連邦議会の構造変化
河崎健 「選挙： 選挙や政治に関する総合情報
誌」67（10）　2014.10　p.22〜25

02728　判例研究 ドイツの銃規制（武器法）に関す
る基本権保護義務と憲法異議, そして「国家の
暴力独占」［連邦憲法裁判所第2法廷第2部会
2013.1.23決定］　岡田健一郎 「高知論叢： 社
会科学」（109）　2014.10　p.57〜74

02729　連邦軍の国内出動の憲法適合性： 二〇一
二年八月一七日付連邦憲法裁判所大法廷判決を
巡って（日本大学法学部創設百二十五周年記念
号）　小林宏晨 「日本法學」80（2）　2014.10
p.539〜589

02730　ドイツ憲法判例研究（163）プロバイダの
メールサーバ上にある電子メールの差押えと通
信の秘密　ドイツ憲法判例研究会 「自治研究」
90（11）通号1089　2014.11　p.154〜161

02731　ドイツの選挙制度と選挙過程（5）新選挙
制度の制定（上）　河崎健 「選挙： 選挙や政治
に関する総合情報誌」67（11）　2014.11　p.27
〜30

02732　ドイツ連邦憲法裁判所が活用する首尾一
貫性の要請の機能について： 司法審査の民主
主義的正当性という問題を中心に　高橋和也
「一橋法学」13（3）　2014.11　p.1065〜1139

02733　バイエルン憲法裁判所について（1）職業
裁判官・民衆訴訟・占領米軍　櫻井智章 「甲南
法学」55（1・2）　2014.11　p.29〜71

02734　現代ドイツ基本権論の位相（2）基本権の
主体論・客体論を中心に　山岸喜久治 「宮城学
院女子大学研究論文集」（119）　2014.12　p.1
〜15

02735　ドイツ憲法判例研究（164）租税法規の遡
及効と信頼保護原則［ドイツ連邦憲法裁判所第
二法廷2010.7.7決定］　ドイツ憲法判例研究会
「自治研究」90（12）通号1090　2014.12　p.153
〜161

02736　ドイツの選挙制度と選挙過程（6・最終
回）新選挙制度の制定（下）　河崎健 「選挙：
選挙や政治に関する総合情報誌」67（12）
2014.12　p.17〜20

02737　連邦憲法裁判所の視点から見た期限付き
委託と永続的な生活の展望の間の里親子関係
ガブリエラ, ブリッツ　高橋由紀子［訳］「戸籍
時報」（720）　2014.12　p.22〜29

02738　若きヘーゲルの《国制》論： 『ドイツ憲
法論』をめぐって　堅田剛 「独協法学」（95）

〔02713〜02738〕　　　　　　　　　　　　　　　　　　　　　　　　　　　　　　　憲法改正 最新文献目録　**103**

外国憲法等　　　　　　　　　　　　　　　　　　憲法一般・憲法学

2014.12　p.1〜30

02739　職業遂行の自由と営業の自由の概念 ： ドイツ法を手がかりに　赤坂正浩　「立教法学」（91）　2015　p.142〜119

02740　大学の自治の制度的保障に関する一考察 ： ドイツにおける学問の自由の制度的理解の誕生と変容　栗島智明　「法学政治学論究 ： 法律・政治・社会」（106）　2015.秋季　p.101〜132

02741　ドイツにおける秘密保護法制とジャーナリストによる秘密の公表 ： 刑法353b条に基づく報道関係者に対する捜索・差押えの合憲性に関する連邦憲法裁判所「Cicero」事件判決を素材として　杉原周治　「比較憲法学研究」（27）2015　p.77〜106

02742　ドイツにおける秘密保護法制と報道関係者の憲法上の権利(1)刑法353b条にいう「職務上の秘密」の侵害に基づく、報道関係者に対する捜索・差押えの適法性の問題を中心として（堀一郎先生 堀田英夫先生 退職記念号）　杉原周治　「紀要. 地域研究・国際学編」（47）2015　p.167〜203

02743　ドイツにおける秘密保護法制と報道関係者の憲法上の権利(2・完)刑法353b条にいう「職務上の秘密」の侵害に基づく、報道関係者に対する捜索・差押えの適法性の問題を中心として　杉原周治　「愛知県立大学大学院国際文化研究科論集」（16）　2015　p.181〜216

02744　ドイツにおける民主政の現在 ： 選挙制度の「ゆらぎ」をてがかりに（特集 民主政の現在と憲法学―民主政の現在 ： 民主政の現在 ： 比較法的・原理論的考察を踏まえて）　植松健一　「憲法問題」（26）　2015　p.82〜94

02745　ドイツの民主政における阻止条項の現在(1)自治体選挙と欧州選挙の阻止条項への違憲判決を契機として　植松健一　「立命館法學」2015（1）通号359　2015　p.1〜51

02746　ドイツ連邦議会議員選挙の議席配分（特集 諸外国の選挙制度改革（ヨーロッパ編））　西平重喜　「選挙研究 ： 日本選挙学会年報」31（1）2015　p.30〜43

02747　ドイツ連邦議会の選挙制度改革をめぐる議論 ： 2013年選挙結果との関連で（特集 諸外国の選挙制度改革（ヨーロッパ編））　河崎健「選挙研究 ： 日本選挙学会年報」31（1）　2015　p.44〜55

02748　ドイツ連邦憲法裁判所における主張可能性の統制（Vertretbarkeitskontrolle）に関する一考察（2・完）共同決定法判決における定式化まで　山本真敬　「早稲田大学大学院法研論集」（155）　2015　p.301〜327

02749　ドイツ連邦憲法裁判所における調査官の役割（憲法裁判における調査官の役割）　笹田栄司　「北大法学論集」66（2）　2015　p.389〜379

02750　ヘルマン・ヘラーにおける憲法の規範力

(1)　栗城壽夫　「名城ロースクール・レビュー」（34）　2015　p.1〜25

02751　翻訳 司法取引は確証されたか？ ： ドイツ刑事法廷での申合せ実務と2013年3月19日ドイツ連邦憲法裁判所判決の帰結　ヴェルナー，ボイルケ ハナ，シュトッファー　加藤克佳[訳他]　「名城法学」64（4）　2015　p.133〜173

02752　執行権の憲法的構成(2・完)ドイツ公法学における「外交行為」の法的構成　磯村晃「阪大法学」64（5）通号293　2015.1　p.1183〜1204

02753　『帝国監督』と公法学における利益法学 ： トリーペルによる連邦国家の動態的分析(2)　大西楠・テア　「法学協会雑誌」132（1）　2015.1　p.1〜78

02754　ドイツ憲法判例研究(165)欧州統合に対する憲法的統制 ： リスボン条約判決[ドイツ連邦憲法裁判所第二法廷2009.6.30判決]　ドイツ憲法判例研究会　「自治研究」91（1）通号1091　2015.1　p.142〜149

02755　ドイツ世話法における最新の動向 ： 憲法・欧州法・国際法上の基礎とその実現（障害者権利条約と成年後見制度に関する連続研究会（第2回））　ルドルフ，シュトラインツ　新井誠[訳]　「成年後見法研究」（12）　2015.1　p.190〜209

02756　ドイツにおける基本権の統合性理論と我が国における理論的展開（渥美東洋教授追悼号）太田照美　「産大法学」48（1・2）通号164　2015.1　p.1〜42

02757　ドイツ連邦行政裁判所の「憲法判断」の考察(1)行政法の解釈・適用における憲法の機能　原島啓之　「阪大法学」64（5）通号293　2015.1　p.1287〜1310

02758　バイエルン憲法裁判所について(2)職業裁判官・民衆訴訟・占領米軍　櫻井智章「甲南法学」55（3）　2015.1　p.145〜185

02759　解釈か、改憲か？ ドイツでは誰が基本法（憲法）を支配するか　小林宏晨　「日本法學」80（4）　2015.2　p.1655〜1692

02760　ドイツ憲法判例研究(166)育児手当における外国人除外条項の合憲性 ： バイエルン州育児手当事件[ドイツ連邦裁判所第一法廷2012.2.7決定]　ドイツ憲法判例研究会　「自治研究」91（2）通号1092　2015.2　p.143〜151

02761　集会の自由に関するドイツ連邦憲法裁判所判例　大森貴弘[訳]　「常葉大学外国語学部紀要」（31）　2015.3　p.85〜109

02762　ドイツ憲法判例研究(167)配偶者分割課税と登録生活パートナーに対する差別[ドイツ連邦憲法裁判所第二法廷2013.5.7決定]　ドイツ憲法判例研究会　「自治研究」91（3）通号1093　2015.3　p.155〜162

02763　ドイツにおける憲法上の起債制限規律と

104　憲法改正 最新文献目録　　　　　　　　　〔02739〜02763〕

会計検査院による政府債務のコントロール　石森久広　「西南学院大学法学論集」47（4）2015.3　p.76〜49

02764　ドイツ連邦行政裁判所の「憲法判断」の考察（2・完）行政法の解釈・適用における憲法の機能　原島啓之「阪大法学」64（6）通号294　2015.3　p.1787〜1822

02765　ドイツ連邦憲法裁判所による「私的生活形成の核心領域」論の展開　高橋和広「神戸法学雑誌」64（3・4）　2015.3　p.123〜177

02766　人間の尊厳なき生命権の限界　：　ドイツ航空安全法違憲判決を素材に（石井光教授・芦沢斉教授退職記念号）　嶋崎健太郎「青山法学論集」56（4）　2015.3　p.21〜46

02767　バイエルン憲法裁判所について（3・完）職業裁判官・民衆訴訟・占領米軍　櫻井智章「甲南法学」55（4）　2015.3　p.255〜295

02768　翻訳　近現代ドイツ国家学における国家概念とその理論的諸含意（2）　クラウス・エッケハルト，ベルシュ　永井健晴［訳］「大東法学」24（2）通号64　2015.3　p.131〜242

02769　EU欧州中央銀行のOMT決定に関する先決裁定を求めるドイツ連邦憲法裁判所の決定（4）EU法における先決裁定手続に関する研究（10）［ドイツ連邦憲法裁判所第一法廷2014.1.14決定］　中西優美子「自治研究」91（3）通号1093　2015.3　p.96〜107

02770　ドイツ連邦憲法裁判所のOMT判断をめぐる経済諮問委員会の認識　古内博行「国際金融」（1270）　2015.3.1　p.36〜42

02771　租税法と社会保障法　：　ドイツ所得税法における租税憲法論の一端　手塚貴大「税大ジャーナル」（25）　2015.4　p.33〜51

02772　ドイツ憲法判例研究（168）遺伝子工学法の合憲性［ドイツ連邦憲法裁判所第一法廷2010.11.24判決］　ドイツ憲法判例研究会「自治研究」91（4）通号1094　2015.4　p.154〜161

02773　ドイツ憲法判例研究（169）国家目標規定と動物保護委員会（審議会）意見聴取手続　：　産卵鶏飼育の命令違憲決定［ドイツ連邦憲法裁判所第二法廷2010.10.12決定］　ドイツ憲法判例研究会「自治研究」91（5）通号1095　2015.5　p.143〜150

02774　現代ドイツ基本権論の位相（3）基本権「介入」とその憲法適合性　山岸喜久治「宮城学院女子大学研究論文集」（120）　2015.6　p.37〜57

02775　ドイツ改憲史が示す「護憲」と「改憲」をめぐる逆説「明日への選択」（353）　2015.6　p.16〜20

02776　ドイツ憲法判例研究（170）委託発注法と司法付与請求権［ドイツ連邦憲法裁判所第一法廷2006.6.13決定］　ドイツ憲法判例研究会「自治研究」91（6）通号1096　2015.6　p.133〜141

02777　ドイツ憲法判例研究（171）トップダウン型の大学構造改革と学問の自由　：　ハノーファー医科大学決定［ドイツ連邦憲法裁判所第一法廷2014.6.24決定］　ドイツ憲法判例研究会「自治研究」91（7）通号1097　2015.7　p.145〜153

02778　ドイツにおける基本権教義学をめぐる一考察　：　イプゼン・アレクシー論争を素材に　髙橋洋「愛知学院大学論叢. 法学研究」56（3・4）　2015.7　p.1〜27

02779　特別講演　ドイツの最低生活保障基準決定とその検証の在り方をめぐる違憲判決とその後　：　最低生活費基準額・最低生活需要をめぐる法律学上の議論　ヨハネス，ミュンダー「貧困研究」14　2015.7　p.36〜45

02780　走りながら考える（第167回）歴史の教訓に学ぶことの重要性　：　日本国憲法とワイマール憲法　北口末広「ヒューマンライツ」（328）　2015.7　p.66〜69

02781　ドイツ憲法判例研究（172）欧州安定制度に関するドイツ連邦憲法裁判所の本案判決［ドイツ連邦憲法裁判所第二法廷2014.3.18判決］　ドイツ憲法判例研究会「自治研究」91（8）通号1098　2015.8　p.154〜161

02782　WINDOW2015　ドイツ法における私的録音録画補償金制度と憲法上の財産権保障　栗田昌裕「コピライト」55（652）　2015.8　p.40〜49

02783　軍人の意見表明の自由の基本権に関するドイツ連邦憲法裁判所の主要裁判例　：　紹介と検討　山中倫太郎「防衛大学校紀要. 社会科学分冊」111　2015.9　p.25〜78

02784　消費税と憲法　：　ドイツ憲法からの考察　西山由美「税研」31（3）通号183　2015.9　p.25〜30

02785　ドイツ憲法判例研究（173）日曜・祝日の保護　：　ベルリン・アドヴェント日曜日判決［ドイツ連邦憲法裁判所第一法廷2009.12.1判決］　ドイツ憲法判例研究会「自治研究」91（9）通号1099　2015.9　p.151〜159

02786　判例研究　議員職の中心化規律と副業・副収入の透明性規律の合憲性　：　ドイツ連邦憲法裁判所判例集一一八巻二七七頁（BVerfGE 118, 277）　前硲大志「阪大法学」65（3）通号297　2015.9　p.911〜940

02787　ドイツ憲法判例研究（174）議員の委員会審議参与権［連邦憲法裁判所第二法廷2012.2.28判決］　ドイツ憲法判例研究会「自治研究」91（10）通号1100　2015.10　p.142〜150

02788　ハンス＝ケルゼンの議会代表論とドイツにおける議員の地位をめぐる最新の問題　クリスティアン，ヴァルトホフ　柴田尭史［訳］「自治研究」91（10）通号1100　2015.10　p.40〜60

02789　ドイツ憲法判例研究（175）所得税・営業税と「五公五民原則（Halbteilungsgrundsatz）

外国憲法等　　　　　　　　　　　　　　　　　　　　　　　憲法一般・憲法学

［ドイツ連邦憲法裁判所第二法廷2006.1.18決定］　ドイツ憲法判例研究会　「自治研究」　91（11）通号1101　2015.11　p.148〜155

02790　OMT決定に関するドイツ連邦憲法裁判所によるEU司法裁判所への付託と先決裁定（23）EU法における先決裁定手続に関する研究（14）Case C—62/14 Gauweiler and Others v Deutscher Bundestag：ECLI：EU：C：2015：400（二〇一五年六月一六日先決裁定）　中西優美子　「自治研究」　91（11）通号1101　2015.11　p.91〜103

02791　国営ラジオも「私たちの責任が問われている」　極右が台頭するなか「難民の生存権」と向き合うドイツの市民社会（特集 パリ同時多発テロがもたらすもの）　矢嶋宰　金曜日［編］　「金曜日」　23（45）通号1085　2015.11.27　p.18〜19

02792　翻訳 ドイツにおける教育を受ける権利　ペーター・M フーバー　栗島智明［訳］　「日本法學」　81（3）　2015.12　p.605〜634

02793　ドイツ憲法判例研究（176）少年俳優の警察沙汰の実名報道と意見表明の自由［ドイツ連邦憲法裁判所第一法廷2012.1.25決定］　ドイツ憲法判例研究会　「自治研究」　91（12）通号1102　2015.12　p.153〜160

◆フランス

【図書】

02794　教育における自由と国家—フランス公教育法制の歴史的・憲法的研究　今野健一著　信山社出版　2006.7　377p　22cm　〈文献あり〉　10000円　Ⓘ4-7972-2458-4　Ⓝ373.22　今野健一

02795　フランスの憲法改正と地方分権—ジロンダンの復権　山崎榮一著　日本評論社　2006.9　372, 4p　22cm　〈文献あり〉　5000円　Ⓘ4-535-51536-0　Ⓝ318.935　山崎榮一

02796　フランス憲法と現代立憲主義の挑戦　辻村みよ子著　有信堂高文社　2010.6　326p　22cm　〈文献あり 索引あり〉　7000円　Ⓘ978-4-8420-1066-3　Ⓝ323.35　辻村みよ子

02797　18世紀フランスの憲法思想とその実践　畑安次著　信山社　2010.12　297p　22cm　（学術選書 59　憲法）　〈索引あり〉　9800円　Ⓘ978-4-7972-5859-2　Ⓝ323.35　畑安次

02798　フランス憲法と統治構造　植野妙実子編著　八王子　中央大学出版部　2011.9　319p　22cm　（日本比較法研究所研究叢書 82）　4000円　Ⓘ978-4-8057-0581-0　Ⓝ323.35　植野妙実子

02799　フランス憲法入門　辻村みよ子, 糠塚康江著　三省堂　2012.4　306p　22cm　〈他言語標題：Manuel de Droit constitutionnel

Francais〉　〈文献あり 年表あり 索引あり〉　3800円　Ⓘ978-4-385-32353-4　Ⓝ323.35　辻村みよ子　糠塚康江

02800　制度と自由—モーリス・オーリウによる修道会教育規制法律批判をめぐって　小島慎司著　岩波書店　2013.3　318p　22cm　〈他言語標題：Institution et liberté chez Maurice Hauriou〉　〈索引あり〉　6900円　Ⓘ978-4-00-025886-9　Ⓝ323.35　小島慎司

02801　フランスの憲法判例 2　フランス憲法判例研究会編　信山社　2013.3　426p　26cm　〈文献あり 索引あり〉　5600円　Ⓘ978-4-7972-3348-3　Ⓝ323.35　フランス憲法判例研究会

02802　フランス憲政学の動向—法と政治の間　Jus Politicum　山元一, 只野雅人編訳　慶應義塾大学出版会　2013.8　313p　22cm　7000円　Ⓘ978-4-7664-2063-0　Ⓝ323.35　山元一　只野雅人

02803　現代フランス憲法理論　山元一著　信山社　2014.5　699, 12p　22cm　（学術選書 128　憲法）　〈索引あり〉　12800円　Ⓘ978-4-7972-6728-0　Ⓝ323.35　山元一

02804　分権国家の憲法理論—フランス憲法の歴史と理論から見た現代日本の地方自治論　大津浩著　有信堂高文社　2015.2　424p　22cm　〈他言語標題：Thé orie constitutionnelle de l' É tat dé centralisé 〉　〈文献あり〉　7000円　Ⓘ978-4-8420-1074-8　Ⓝ323.35　大津浩

02805　フランスにおける憲法裁判　植野妙実子著　八王子　中央大学出版部　2015.3　356p　22cm　（日本比較法研究所研究叢書 99）　4500円　Ⓘ978-4-8057-0598-8　Ⓝ327.01　植野妙実子

【雑誌】

02806　フランスの宗教シンボル禁止法と政教分離原則の今日的困難性－日本における教育的宗教問題を対比として　石堂常世　「早稲田教育評論」　19（1）　2005　p.1〜10

02807　フランスの公立学校教育と宗教－政教分離原則の下における「宗教」と「教育」のあり方　小泉洋一　「甲南法学」　46（1・2）　2005.1　p.101〜120

02808　シラク大統領期のフランスにおける憲法政治の諸問題　樋口雄人　「憲法研究」　（38）　2006　p.81〜101

02809　社会福祉原理 社会福祉思想史におけるパリ万国（公私）救済会議の位置－生存権思想の［フランス起源］説と、その［伝播］について（〔日本社会事業大学社会福祉学会〕第44回社会福祉研究大会報告－分科会）　乗松央　「社会事業研究」　通号45　2006.1　p.140〜142

02810　フランス・オランダ国民投票による欧州憲法条約否決（IV ヨーロッパ社会モデルはどこへゆくのか）　遠藤乾　「21世紀社会民主主義 第

8集」 2006.1 p.128～

02811 もうひとつの百年の歴史－1905年～2005年;フランスにおける政教分離法の百年 井田洋子 「経営と経済」 85(3・4)通号255 2006.2 p.483～516

02812 フランス行政判例における「営業の自由」と「企業活動の自由」－最近のコンセイユ・デタ決定を手がかりにして 蛯原健介 「政策科学」 13(3)通号33 2006.3 p.15～28

02813 フランスにおけるセクト対策と信教の自由－セクト対策の10年間を振り返って 小泉洋一 「甲南法学」 46(4) 2006.3 p.329～368

02814 フランスの地方分権から──「地方分権」を明確にしたフランス憲法改正(日本自治学会オープンセッション) 西和一 「群馬自治研究」(2) 2006.3 p.60～63

02815 フランスにおける国家と宗教 フランシス,メスネル 井上武史 「信教の自由をめぐる国家と宗教共同体 国際比較憲法会議2005報告書」 2006.8 p.171～

02816 「国内の安全」と「移民・難民への寛容」──人権の状況(特集 人権のゆらぎ──テロ,暴力と不寛容─各国における人権のゆらぎ) 大藤紀子 「国際人権 : 国際人権法学会報」 通号18 2007 p.39～44

02817 フランス憲法院による法律の憲法適合的解釈に関する一考察(1) 辻信幸 「北大法学論集」 58(2) 2007 p.491～530

02818 フランス憲法院による法律の憲法適合的解釈に関する一考察(2) 辻信幸 「北大法学論集」 58(3) 2007 p.1193～1233

02819 フランス憲法における両院制 新井誠 「比較憲法学研究」 通号18・19 2007 p.29～54

02820 フランス民主主義と多様性──「思想・意見の諸潮流の多元性」をめぐって(特集 フランス民法典と行政法・社会法・憲法) 只野雅人 「日仏法学」(24) 2007 p.44～76

02821 民法典と行政法(特集 フランス民法典と行政法・社会法・憲法) 滝沢正 「日仏法学」(24) 2007 p.1～14

02822 民法典と社会法(特集 フランス民法典と行政法・社会法・憲法) 岩村正彦 「日仏法学」(24) 2007 p.15～33

02823 フランス革命における公的扶助理論の形成──立憲議会から立法議会へ(1) 波多野敏 「岡山大学法学会雑誌」 56(3・4)通号197 2007 p.617～655

02824 フランス憲法院における審署後の法律に対する事後審査の現状と課題 江藤英樹 「法律論叢」 79(4・5) 2007.3 p.109～132

02825 フランス憲法院による審署後の法律に対する事後審査の明確化と展望 江藤英樹 「法律

論叢」 79(6) 2007.3 p.177～199

02826 フランスにおける違憲審査制と法律の条約への適合性審査の可能性 江藤英樹 「法律論叢」 79(2・3) 2007.3 p.67～88

02827 フランスの団体法制と結社の自由(第2部 比較の中の憲法) 大石真 「現代社会における国家と法 阿部照哉先生喜寿記念論文集」 2007.5 p.505～

02828 フランス憲法第一条と民族的マイノリティの権利保護(第2部 比較の中の憲法) 光信一宏 「現代社会における国家と法 阿部照哉先生喜寿記念論文集」 2007.5 p.531～

02829 判例研究 テロ・安全対策と個人的自由・権力分立──フランス憲法院2006年1月19日判決覚書 村田尚紀 「関西大学法学論集」 57(1) 2007.6 p.180～194

02830 フランスにおける平等概念とパリテ(ジェンダー法学会シンポジウムII 間接差別禁止とポジティブ・アクション─男女平等実現方策の比較法的分析) 糠塚康江 「ジェンダーと法」(4) 2007 p.81～92

02831 海外法律情報 フランス──死刑廃止と憲法改正 林瑞枝 「ジュリスト」(1338) 2007.7.15 p.153

02832 教会財産没収決議と国民議会審議における聖職者の地位──フランス人権宣言第10条「表現の自由」規定をめぐって 澤登文治 「南山法学」 31(1・2) 2007.9 p.163～191

02833 フランス革命における公的扶助理論の形成──立憲議会から立法議会へ(2・完) 波多野敏 「岡山大学法学会雑誌」 57(1)通号198 2007.9 p.41～94

02834 フランス政教分離原則(ライシテ)における文化移転の影響(歴史に見る東西の出会い) ジャンボベロ 「『文化の多様性と通底の価値 聖俗の拮抗をめぐる東西対話』」 2007.11 p.25～

02835 海外法律情報 フランス──2008年財政法律案:緊縮財政か放漫財政か? 藤野美都子 「ジュリスト」(1345) 2007.11.15 p.50

02836 フランスにおける死刑廃止──フランス第5共和国憲法の死刑廃止規定をめぐって 鈴木尊紘 「外国の立法 : 立法情報・翻訳・解説」(234) 2007.12 p.245～260

02837 フランス第三共和政期のインド所領住民の法的地位と参政権－ナショナル・アイデンティティの構築と植民地との関連をめぐる一考察 松沼美穂 「西洋史学論集」(46) 2008 p.21～38

02838 解題(フランスにおける女性の人権の進展について) 齊藤笑美子 「立命館法學」 2008年(4)通号320 2008 p.1117～1123

02839 フランス憲法院による法律の憲法適合的

解釈に関する一考察（3）　辻信幸　「北大法学論集」58（6）　2008　p.2663〜2679

02840　フランス憲法院による法律の憲法適合的解釈に関する一考察（4）　辻信幸　「北大法学論集」59（1）　2008　p.65〜112

02841　フランスにおける「独立行政機関（les autorites administratives independantes）」の憲法上の位置——CNILの法的性格論への覚書　清田雄治　「立命館法學」2008年（5・6）通号321・322　2008　p.1471〜1501

02842　翻訳 パリテ——平等原理を実施するものか，それとも破棄するものか？（フランスにおける女性の人権の進展について）　Veronique, Champeil-Desplats　稲葉実香［訳］「立命館法學」2008年（4）通号320　2008　p.1091〜1116

02843　神様をもてあそぶサルコジ—フランス 政教分離に敏感な国民感情を逆なでする仏大統領の真意　トレーシーマクニコル　「Newsweek」23（7）通号1091　2008.2.20　p.34〜35

02844　代表制理論によるパリテ再読　糠塚康江　「関東学院法学」17（3・4）　2008.3　p.91〜125

02845　フランスにおける環境権の憲法による承認　Isabelle, Giraudou　松本英実［訳］「法政理論」40（3・4）　2008.3　p.75〜96

02846　フランスにおける人権概念の変容と国際人権法——法律に優位する「基本権」としての憲法と人権条約の並存？（特集＝国際人権の客観性と主観性）　建石真公子　「法律時報」80（5）通号995　2008.5　p.66〜71

02847　立法情報 フランス 差別禁止法の制定　「外国の立法. 月刊版：立法情報・翻訳・解説」（236）通号1　2008.7　p.8〜9

02848　環境法の憲法化——フランスの特殊性の可能性と限界　Isabelle, Giraudou　「法學志林」106（1）通号747　2008.8　p.1〜54

02849　シエースの憲法思想とその評価　山本浩三　「同志社法学」60（3）通号328　2008.8　p.911〜997

02850　フランス憲法院の人権保障機能の再検討（上）市民への提訴権拡大の可能性　池田晴奈　「同志社法学」60（4）通号329　2008.9　p.1309〜1360

02851　フランスにおける2007年移民法——フランス語習得義務からDNA鑑定まで（フランスにおける2007年移民法——フランス語習得義務からDNA鑑定まで）　鈴木尊紘　「外国の立法：立法情報・翻訳・解説」（237）　2008.9　p.14〜29

02852　ブリュノ・ジュヌヴォワ「憲法院と外国人」——翻訳と解説　菅原真「東北法学」（32）2008.9　p.127〜186

02853　立法情報 フランス 第5共和国憲法の改正　鈴木尊紘「外国の立法. 月刊版：立法情報・翻訳・解説」（237-1）　2008.10　p.8〜9

02854　海外法律情報 フランス——フランス民主主義の勝利？——2008年7月24日憲法的法律　藤野美都子「ジュリスト」（1365）　2008.10.15　p.102

02855　海外 Topic & Report フランスの2008年憲法改正の経緯　曽我部真裕「法学教室」通号338　2008.11　p.4〜5

02856　フランス憲法院の人権保障機能の再検討（下）市民への提訴権拡大の可能性　池田晴奈「同志社法学」60（5）通号330　2008.11　p.1849〜1892

02857　フランス法における「基本権」としての「安全」をめぐる憲法論　新井誠「慶応の法律学 公法 1 慶応義塾創立一五〇年記念法学部論文集」　2008.12　p.153〜

02858　フランスにおける大学改革と学問の自由−大学の自由と責任法に関する考察を中心に　石川多加子「金沢大学人間社会学域学校教育学類紀要」（1）　2009.2　p.65〜75

02859　欧州統合とフランス憲法（シンポジウム 国民国家を超える「憲法」は可能か——1990年代以降のヨーロッパ統合の問いかけ—ヨーロッパ統合と各国憲法）　菅原真「比較法研究」通号71　2009　p.25〜37

02860　フランス第五共和制憲法における国民投票制度と2008年7月23日憲法改正　横尾日出雄「CHUKYO LAWYER」11　2009

02861　フランス第五共和制憲法における政府の対議会責任制と2008年7月23日憲法改正　横尾日出雄「CHUKYO LAWYER」10　2009

02862　フランス第五共和制憲法における政府の対議会責任制と2008年7月23日憲法改正　横尾日出雄「CHUKYO LAWYER」10　2009

02863　連帯のしくみと国家の役割——フランスにおける社会保障の担い手について（特集 グローバリゼーション・『格差社会』・憲法理論—［全国憲法研究会］秋季研究総会シンポジウム）　多田一路「憲法問題」通号20　2009　p.80〜92

02864　二〇〇八年七月の憲法改正（立法紹介）　曽我部真裕「日仏法学」（25）　2009　p.181〜198

02865　フランスにおける選挙争訟と憲法院——議会選挙の適正確保をめぐって　只野雅人「選挙：選挙や政治に関する総合情報誌」62（1）2009.1　p.5〜11

02866　EC法の優越とフランス憲法規範——フランス国内判例の新展開　伊藤洋一「慶應法学」（12）2009.1　p.101〜170

02867　地域における大学の新たな役割 フランスにおける新しい大学の自治について　Olivier Camy「地域創成研究年報」（4）　2009.3　p.19〜31

02868　地域における大学の新たな役割 フランスにおける新しい大学の自治について（日仏修好

150周年記念国際シンポジウム 地域における大学の役割－地方分権化と知の役割－論文集）Olivier Camy 愛媛大学地域創成研究センター編 「地域創成研究年報」（4） 2009.3 p.31〜42

02869 フランス人権宣言第10条における「信教の自由」の保障 澤登文治 「南山法学」32（3・4） 2009.3 p.183〜216

02870 フランスにおける権力分立の観念 植野妙実子 「法学新報」115（9・10） 2009.3 p.93〜117

02871 2008年憲法改正にみるフランスの政治過程—地域語条項の導入をめぐって（論文の部）坂井一成 「日仏政治研究」（4） 2009.03 p.29〜39

02872 立法情報 フランス 「一票の格差」是正評議会の設置 鈴木尊紘 「外国の立法. 月刊版 : 立法情報・翻訳・解説」（239-1） 2009.4 p.8〜9

02873 2008年7月23日付けフランス共和国憲法改正に関する新旧対照表（2008年7月23日のフランス共和国憲法改正） 三輪和宏［訳］ 山岡規雄［訳］ 諸橋邦彦［訳］「外国の立法 : 立法情報・翻訳・解説」（240） 2009.6 p.143〜168

02874 「憲法と民法」関係におけるフランス・モデル 糠塚康江 「関東学院法学」19（1） 2009.7 p.1〜50

02875 フランスの2008年憲法改正と選挙区画定 只野雅人 「選挙 : 選挙や政治に関する総合情報誌」62（8） 2009.8 p.1〜8

02876 フランス共和政体と憲法制定権力論——二〇〇三年三月二六日憲法院判決を手掛かりに 伊藤純子 「東北法学」（34） 2009.9 p.303〜324

02877 フランス共和政体と憲法制定権力論—二〇〇三年三月二六日憲法院判決を手掛かりに（研究ノート） 伊藤純子 「東北法学」（34） 2009.9 p.303〜324

02878 ミシェル・トロペール論文撰（12）立憲主義の概念と現代法理論 Michel, Troper 南野森［訳］「法政研究」76（1・2） 2009.10 p.101〜124

02879 フランスにおける外国人の公務就任権（1）近代国民国家における「国籍」・「市民権」観念研究序説 菅原真 「法學 : the journal of law and political science」73（5） 2009.12 p.630〜672

02880 「政教分離」から「インターカルチュラリズム」へ（シンポジウム ライシテと多文化主義－ケベックとフランスからの問いかけ）工藤庸子 「ケベック研究」（2） 2010 p.49〜56

02881 フランス憲法院への事後審査制導入——優先的憲法問題question prioritaire de constitutionnalite 今関源成 「早稲田法学」

85（3）（分冊1） 2010 p.21〜46

02882 フランス憲法院による法律の憲法適合的解釈に関する一考察（5） 辻信幸 「北大法学論集」60（6） 2010 p.1547〜1590

02883 フランスにおける監視ビデオ（カメラ）システムと個人情報保護（1）公権力による監視ビデオシステムの法的枠組の考察 清田雄治 「立命館法學」2010年（5・6）通号333・334（上巻） 2010 p.2046〜2074

02884 フランスにおける政教分離の法の展開 井上修一 佛教大学研究推進機構会議 教育学部学部論集・大学院紀要編集会議編 佛教大学研究推進機構会議 教育学部学部論集・大学院紀要編集会議編 「教育学部論集」（21） 2010.3 p.1〜18

02885 11人委員会によるフランス1795年憲法草案の起草 田村理 「専修法学論集」（108） 2010.3 p.1〜42

02886 2008年7月23日憲法改正とフランス第五共和制憲法における統治制度の改革 横尾日出雄 「社会科学研究」30（1=2） 2010.3

02887 フランス法研究の展望 フランス憲法研究の軌跡と展望（日仏法学会創立50周年記念シンポジウム「日本におけるフランス法研究——回顧と展望」(2)） 辻村みよ子 「ジュリスト」（1396） 2010.3.15 p.70〜76

02888 フランス憲法院の事後審査に関する憲法61条の1の創設——二〇〇八年憲法改正による市民への提訴権拡大の動向 池田晴奈 「同志社法学」62（3）通号343 2010.9 p.735〜775

02889 2005年フランスにおけるEU憲法条約国民投票の否決の意味 土倉莞爾 「関西大学法学論集」60（3） 2010.10 p.537〜580

02890 市民の提訴に基づく初のフランス憲法院判決——憲法61条の1の適用に関する組織法律制定から2010.5.28判決に至るまで 池田晴奈 「同志社法学」62（4）通号344 2010.11 p.1397〜1414

02891 フランスにおける憲法規範の私人間適用をめぐる考察 齊藤笑美子 「一橋法学」9（3） 2010.11 p.691〜702

02892 九一年憲法体制下におけるドフィネの市民構成 : 救貧委員会の「貧困調査」における「受動市民」数の正確性を 中心にして 中島幹人 「西洋史学」（243） 2011 p.228〜239

02893 憲法と政権交代——フランス第五共和制の場合（特集 憲法と政権交代—〔全国憲法研究会〕春季研究集会） 塚本俊之 「憲法問題」通号22 2011 p.45〜56

02894 人権保障におけるフランス憲法院とヨーロッパ人権裁判所（ミニ・シンポジウム 人権保障における憲法裁判所とヨーロッパ人権裁判所） 建石真公子 「比較法研究」（73） 2011 p.181〜192

02895　フランス憲法とリスボン条約 ： 憲法的ア
イデンティティをめぐって（東京外国語大学国
際関係研究所主催 第三回シンポジウム「EU統
合とフランス」）　大藤紀子　「現代世界の諸相
： 東京外国語大学国際関係研究所活動報告書 ：
Annual report, Tokyo University of Foreign
Studies Institute of International Relations」
1　2011　p.56〜59

02896　フランスにおける放送の自由と対話型規
制　曽我部真裕　「日仏法学」（26）　2011　p.
57〜73

02897　フランス法研究(10)憲法院と刑事裁判官
北川敦子　「比較法学」44(3)通号94　2011　p.
215〜229

02898　ビデオ撮影に関する法文を違憲とするフ
ランス憲法院の二つの判例　矢澤昇治　「専修
ロージャーナル」（6）　2011.1　p.51〜87

02899　「消極的」議会制の終焉？——2008年憲法
改正後のフランス議会の状況　Aemel le,
Divellec　井上武史［訳］「岡山大学法学会雑
誌」60(4)通号212　2011.3　p.674〜667

02900　フランスにおける事後的違憲審査制の導
入と「合憲性の優先問題」——憲法第61—1条
ならびに2009年12月10日組織法律に基づく憲
法院の違憲審査について　横尾日出雄　「Chukyo
lawyer」（14）　2011.3　p.43〜72

02901　フランスにおける職業分野の男女平等政
策——2008年7月憲法改正による「パリテ拡大」
の意義（特集 憲法と経済秩序(2)）　糠塚康江
「企業と法創造」7(5)通号27　2011.3　p.70〜
87

02902　民法の憲法化　Nicolas, Molfessis　幡野
弘樹［訳］「新世代法政策学研究」11　2011.3
p.209〜238

02903　二〇〇八年七月のフランス憲法改正と議
院規則の改正——政府に対する議会統制を中心
として　勝山教子　「同志社法学」63(1)通号
347　2011.6　p.355〜384

02904　フランスにおける事後的違憲審査制の導
入について——比較の観点から　Otto,
Pfersmann　池田晴奈［訳］「同志社法学」63
(2)通号348　2011.7　p.1375〜1402

02905　フランスにおける地域言語の憲法上の承
認と共和国の不可分性——2008年憲法改正によ
る地域言語条項挿入を題材に　高橋基樹　「成城
法学」通号80　2011.8　p.62〜36

02906　フランス1958年憲法制定過程の研究(1)
塚本俊之　「香川法学」31(1・2)通号91　2011.
9　p.1〜39

02907　一九五八年憲法におけるフランス違憲審
査制の制定経緯 ： 二〇〇八年憲法改正による
事後審査制導入から見る（藤倉皓一郎教授退職
記念論集）　池田晴奈　「同志社法学」63(5)通
号351　2011.12　p.2565〜2593

02908　憲法的価値理念と保険関連法規 ： フラン
スにおけるQPC（合憲性に関する優先問題）判
例および男女別料率制度に関するEU司法裁判
所2011.3.1判決を中心に　山野嘉朗　「生命保険
論集」（177）　2011.12　p.1〜40

02909　フランスのインターネット違法ダウン
ロード規制法 ： 著作権の保護と表現の自由の
均衡をめぐって　服部有希　「外国の立法 ： 立
法情報・翻訳・解説」（250）　2011.12　p.104
〜121

02910　第28回ウトポス研究会報告 フランスにお
ける政教分離 ： その起源と展開　加藤俊伸
ロバアト・オウエン協会［編］「ロバアト・オ
ウエン協会年報」（37）　2012　p.48〜61

02911　講演 フランスにおける憲法裁判権　オリ
ヴィエ, ジュアンジャン　實原隆志［訳］「比較
法学」45(3)通号97　2012　p.73〜83

02912　フランス憲法院の改革　中村義孝　「立命
館法學」2012(2)通号342　2012　p.807〜839

02913　フランスにおける「ブルカ禁止法」と
「共和国」の課題（特集 人権の現代的課題—春
季研究集会）　中島宏　「憲法問題」（23）
2012　p.24〜35

02914　フランスにおける住民投票 ： 憲法院判決
と行政裁判所判決（上井長久教授古稀記念論文
集）　市川直子　「法律論叢」84(2・3)　2012.1
p.43〜80

02915　フランス二〇〇八年憲法改正後の違憲審
査と条約適合性審査(1)人権保障における憲法
とヨーロッパ人権条約の規範の対立の逆説的な
強化　建石真公子　「法學志林」109(3)通号
761　2012.1　p.1〜54

02916　よりよき立法(mieux legiferer) ： フラン
スにおける社会・経済の変容と統治の正統性
（特集 憲法と経済秩序(3)）　只野雅人　「企業
と法創造」8(3)通号31　2012.2　p.41〜62

02917　一六世紀フランスの政治的寛容における
「良心の自由」への視座（高田昭正教授 退任惜
別記念号）　宇羽野明子　「法学雑誌」58(3・
4)　2012.3　p.475〜503

02918　フランス1958年憲法制定過程の研究(2)
塚本俊之　「香川法学」31(3・4)通号92　2012.
3　p.133〜172

02919　経済活動の自由をめぐる最近のフランス
憲法判例 ： 事後審査制導入後の憲法院判決を
手がかりにして　蛯原健介　「明治学院大学法学
研究」（93）　2012.8　p.1〜19

02920　フランス憲法院への事後審査制導入の影
響 ： 通常裁判所の法解釈に対する違憲審査
井上武史　「岡山大学法学会雑誌」62(1)通号
217　2012.8　p.164〜142

02921　判例研究 フランス憲法院刑法典セクシュ
アル・ハラスメント罪違憲判決 ： 憲法院2012.
5.4の合憲性優先問題判決(Decision no 2012—

240 QPC du 4 mai 2012（Journal officiel de la Republique francaise, 5 mai 2012, p. 8015））
山﨑文夫 「平成法政研究」 17（1）通号32 2012.10 p.153～168

02922 翻訳 フランス憲法学の脱政治化？
ドゥニ, バランジェ 石川裕一郎［訳］「慶應法学」（24） 2012.10 p.235～247

02923 選挙法典（抄）（小特集 選挙制度、政治倫理をめぐる動き―フランスの選挙制度及び政治家等の資産公開制度の改革） 服部有希［訳］「外国の立法 ： 立法情報・翻訳・解説」（254） 2012.12 p.48～68

02924 フランスの選挙制度及び政治家等の資産公開制度の改革（小特集 選挙制度、政治倫理をめぐる動き―フランスの選挙制度及び政治家等の資産公開制度の改革） 服部有希 「外国の立法 ： 立法情報・翻訳・解説」（254） 2012.12 p.35～47

02925 フランス憲法院における比例原則による基本権保護 ： フランス的憲法伝統とヨーロッパ法の交錯（ミニ・シンポジウム 比例原則のグローバル化 ： 人権の対話） 建石真公子 「比較法研究」（75） 2013 p.237～245

02926 フランスにおける違憲審査制度改革 曽我部真裕 「比較憲法学研究」（25） 2013 p.31～55

02927 フランスにおける市民観念 ： 革命期の諸憲法と市民から除外された国民の観点から 齋藤美沙 「法学研究論集」（40） 2013年度 p.23～36

02928 契約自由の原則をめぐるフランス憲法院判例の動向 蛯原健介 「明治学院大学法学研究」（94） 2013.1 p.1～24

02929 フランスにおける教育の自由（中西又三先生古稀記念論文集） 植野妙実子 「法学新報」 119（7・8） 2013.1 p.571～594

02930 外国労働判例研究（第193回）フランス憲法院セクシュアル・ハラスメント罪違憲判決 ： 憲法院2012.5.4の合憲性優先問題判決 山﨑文夫 「労働法律旬報」（1786） 2013.2.下旬 p.35～39

02931 フランス下院規則の改正と運用に関する覚書 ： 二〇〇八年七月の憲法改正を契機として（釜田泰介教授古稀記念論集） 勝山教子 「同志社法学」 64（7）通号360（分冊1） 2013.3 p.2529～2557

02932 フランス革命における「憲法」とその正当性（1） 波多野敏 「岡山大学法学会雑誌」 62（4）通号220 2013.3 p.623～659

02933 フランス憲法判例における憲法制定権力論 ： 政治法学における法と政治の接合について（中山充教授 栗原眞人教授 神江伸介教授 退職記念号） 塚本俊之 「香川法学」 32（3・4）通号95 2013.3 p.355～406

02934 フランス事後的違憲審査制の手続の諸問題 ： 憲法六一条の一の適用に関する組織法律の制定過程を通して（釜田泰介教授古稀記念論集） 池田晴奈 「同志社法学」 64（7）通号360（分冊2） 2013.3 p.2915～2947

02935 フランスの議会による政府活動の統制 ： 2008年の憲法改正による議会権限の強化（特集 議会の行政監視） 服部有希 「外国の立法 ： 立法情報・翻訳・解説」（255） 2013.3 p.68～85

02936 フランスにおける憲法教育と生徒参加（生徒と学ぶ憲法教育 ： 平和主義、生存権、法教育―特集 憲法教育 ： 生徒と共に学ぶ憲法） 大津尚志 「民主主義教育21」 7 2013.4 p.67～78

02937 フランスの緊急状態法 ： 近年の適用事例と行政裁判所による統制 矢部明宏 「レファレンス」 63（5）通号748 2013.5 p.5～26

02938 フランスにおける法的安定性の概念（長尾一紘先生古稀記念論文集） 植野妙実子 「法学新報」 120（1・2） 2013.6 p.23～56

02939 フランス革命における「憲法」とその正当性（2・完） 波多野敏 「岡山大学法学会雑誌」 63（1）通号221 2013.8 p.77～121

02940 フランスにおける単一公用語主義の憲法原理と地域言語の憲法的保障の研究（1） 髙橋基樹 「成城法学」（82） 2013.12 p.124～43

02941 フランスにおけるパリテ ： 女性の政治参画推進の技法（特集 クオータ制） 糠塚康江 「国際女性 ： 年報」（27） 2013.12 p.74～77

02942 翻訳 フランスにおける文化の地方分権化 ジャン＝マリ, ポンティエ 大津浩［翻訳］「成城法学」（82） 2013.12 p.28～32

02943 フランス第二共和政期における「教育の自由」をめぐる議論 ： ヴィクトル・ユゴーによるファール法反対演説（1） 数森寛子 「愛知県立芸術大学紀要」（44） 2014 p.19～30

02944 憲法院とコンセイユ・デタの関係 植野妙実子 兼頭ゆみ子 「比較法雑誌」 48（1）通号169 2014 p.33～59

02945 フランスにおける表現の自由の現在 ： 「記憶の法律」をめぐる最近の状況を題材に（特集 精神的自由の現在と憲法学―比較法的・原理論的考察を踏まえて） 曽我部真裕 「憲法問題」（25） 2014 p.75～86

02946 フランス2008年憲法改正後の違憲審査と条約適合性審査（2）人権保障における憲法とヨーロッパ人権条約の規範の対立の逆説的な強化 建石真公子 「法學志林」 111（3）通号769 2014.2 p.104～81

02947 九一年憲法体制下のピレネー地方における市民構成の再検討 ： ジェール県の貧困調査報告書における「受動市民」数の分析を中心として 中島幹人 「史叢」（90） 2014.9 p.72～55

外国憲法等　　　　　　　　　　　　　　　　　　　　　　　　　憲法一般・憲法学

02948　フランスにおける人種差別的表現の法規制（1）　光信一宏　「愛媛法学会雑誌」　40（1・2）　2014.3　p.39〜54

02949　1795年パリの憲法承認国民投票 ： 反対票の意味（青竹正一教授 神長百合子教授 藤本一美教授 退職記念号）　田村理　「専修法学論集」（120）　2014.3　p.69〜101

02950　フランス政教分離が危機に ： ヨーロッパ　「Newsweek」　29（13）通号1392　2014.4.1　p.40〜41

02951　憲法院とコンセイユ・デタ ： フランスの2つの憲法解釈機関（特集 憲法解釈と人事）　井上武史　「法律時報」　86（8）通号1075　2014.7　p.31〜35

02952　フランスにおける単一公用語主義の憲法原理と地域言語の憲法的保障の研究（2・完）　髙橋基樹　「成城法学」（83）　2014.7　p.49〜138

02953　フランスにおける人種差別的表現の法規制（2）　光信一宏　「愛媛法学会雑誌」　40（3・4）　2014.9　p.53〜75

02954　フランス憲法院における補佐機構（憲法裁判における調査官の役割）　山元一　「北大法学論集」　66（2）　2015　p.378〜364

02955　フランス憲法における閣僚裁判権 ： 高等法院制度の展開と特徴　橋爪英輔　「法学政治学論究 ： 法律・政治・社会」（107）　2015.冬季　p.101〜136

02956　フランス第三共和制憲法学の変容 ： ジョゼフ・バルテルミの憲法理論の位置づけ　春山習　「早稲田法学会誌」　66（1）　2015　p.451〜507

02957　フランスにおける国家安全保障に関する秘密保全法制　新井誠　「比較憲法学研究」（27）　2015　p.107〜125

02958　フランスの選挙制度改革をめぐる議論（特集 諸外国の選挙制度改革（ヨーロッパ編））　増田正　「選挙研究 ： 日本選挙学会年報」　31（1）　2015　p.19〜29

02959　フランス「連帯」概念の憲法上の位置付け ： RMI制度を素材とする一考察　塚林美弥子　「早稲田法学会誌」　66（1）　2015　p.241〜294

02960　「私はシャルリー」なのか（”表現の自由”と「反テロ」とイスラム教 仏で史上最大370万人のデモ）　成澤宗男　「金曜日」　23（2）通号1042　2015.1.16　p.13〜14

02961　風刺週刊紙テロ事件 仏内外で「言論の自由」解釈に開き ： 政教分離の共和制で冒瀆は罪ではない「涙のムハンマド」扱いで各紙割れる　小林恭子　「メディア展望」（638）　2015.2　p.1〜5

02962　フランス憲法史研究の現代的意義（渋沢・クローデル賞30周年記念号─渋沢・クローデル賞30周年記念論集 現代におけるフランス的知

性の役割─日本側受賞者論稿─法学）　辻村みよ子　「日仏文化」（84）　2015.3　p.132〜135

02963　フランス第五共和制憲法第11条の改正規定の施行と合同発案による国民投票の制度化 ： 2013年12月5日憲法院判決と憲法第11条の適用に関する2013年12月6日組織法律の施行　横尾日出雄　「Chukyo lawyer」（22）　2015.3　p.31〜50

02964　フランスの風刺新聞社襲撃事件を考える「言論の自由」に日欧で感度の違い 暴力や「表現の自由」制限には抗議を　熊谷徹　「Journalism」（298）　2015.3　p.226〜233

02965　メディア散策 仏紙襲撃テロ事件で揺れ動く表現の自由　「財界ふくしま」　44（3）　2015.3　p.148〜151

02966　フランスにおける統合アプローチによる男女平等政策の進展 ： 二〇一四年八月四日の男女平等法を読む　糠塚康江　「法學 ： the journal of law and political science」　79（1）　2015.4　p.1〜35

02967　「国家と法」の主要問題 ： Le Salon de theorie constitutionnelle（2）フランス憲法史と日本 ： 革命200年・戦後70年の「読み直し」　辻村みよ子　「法律時報」　87（8）通号1088　2015.7　p.88〜92

02968　研究者をめざす大学院生フォーラム（第4回）フランスの上院選挙制度と違憲審査制の現状 ： 上院選挙2014、QPC5周年　奥忠憲　「法学セミナー」　60（8）通号727　2015.8　p.12〜13

02969　憲法第11条の適用に関する2013年12月6日の組織法律第2013─1114号　国立国会図書館調査及び立法考査局フランス法研究会［訳］　服部有希［訳］　「外国の立法 ： 立法情報・翻訳・解説」（265）　2015.9　p.61〜64

02970　憲法第11条の適用に関する2013年12月6日の法律第2013─1116号　国立国会図書館調査及び立法考査局フランス法研究会［訳］　服部有希［訳］　「外国の立法 ： 立法情報・翻訳・解説」（265）　2015.9　p.65〜68

02971　フランス1958年憲法制定過程の研究（3）　塚本俊之　「香川法学」　35（1・2）通号100　2015.9　p.1〜50

02972　「国家と法」の主要問題 ： Le Salon de theorie constitutionnelle（5）「裁判官の良心」と裁判官 ： 憲法理論的考察に向けて　愛敬浩二　「法律時報」　87（11）通号1091　2015.10　p.148〜153

02973　「国家と法」の主要問題 ： Le Salon de theorie constitutionnelle（6）ケルゼンを使って「憲法適合的解釈は憲法違反である」といえるのか　毛利透　「法律時報」　87（12）通号1092　2015.11　p.93〜98

◆アジア

【図書】

02974　インドの憲法―21世紀「国民国家」の将来像　孝忠延夫, 浅野宜之著　吹田　関西大学出版部　2006.3　325p　22cm　2800円　①4-87354-425-4　Ⓝ323.25　孝忠延夫　浅野宜之

02975　中国違憲審査制度の研究　冷羅生著　名古屋　ブイツーソリューション　2007.4　210p　21cm　〈文献あり〉〈発売：星雲社〉　2800円　①978-4-434-10475-6　Ⓝ323.22　冷羅生

02976　中国憲法論序説　竹花光範著　補訂第3版　成文堂　2007.4　346p　22cm　3500円　①978-4-7923-0420-1　Ⓝ323.22　竹花光範

02977　アジア憲法集　萩野芳夫, 畑博行, 畑中和夫編　第2版　明石書店　2007.6　1148p　22cm　23000円　①978-4-7503-2578-1　Ⓝ323.2　萩野芳夫　畑博行　畑中和夫

02978　立憲国家中国への始動―明治憲政と近代中国　曽田三郎著　京都　思文閣出版　2009.5　388, 8p　22cm　〈索引あり〉　8000円　①978-4-7842-1464-8　Ⓝ312.22　曽田三郎

02979　言論の自由と中国の民主　胡平著, 石塚迅訳　現代人文社　2009.6　173p　21cm　〈他言語標題：Freedom of speech and democracy in contemporary China〉〈著作目録あり〉〈発売：大学図書〉　1800円　①978-4-87798-417-5　Ⓝ323.22　胡平　石塚迅

02980　ガンジーの危険な平和憲法案　C.ダグラス・ラミス著　集英社　2009.8　190p　18cm　(集英社新書 0505A)　680円　①978-4-08-720505-3　Ⓝ126.9　ラミス, C.ダグラス

02981　中国における違憲審査制の歴史と課題―大法官憲法解釈制度を中心として　牟憲魁著　成文堂　2009.11　259p　22cm　(アジア法叢書 29)〈文献あり 索引あり〉　5000円　①978-4-7923-0476-8　Ⓝ323.22　牟憲魁

02982　アジアの憲法入門　稲正樹, 孝忠延夫, 國分典子編著　日本評論社　2010.3　287p　21cm　〈索引あり〉　2500円　①978-4-535-51671-7　Ⓝ323.2　稲正樹　孝忠延夫　國分典子

02983　近代中国の政治統合と地域社会―立憲・地方自治・地域エリート　田中比呂志著　研文出版　2010.3　436, 8p　22cm　〈文献あり 索引あり〉　6500円　①978-4-87636-309-4　Ⓝ312.22　田中比呂志

02984　アジアにおける大統領の比較政治学―憲法構造と政党政治からのアプローチ　粕谷祐子編著　京都　ミネルヴァ書房　2010.4　192p　22cm　(Minerva人文・社会科学叢書 161)〈文献あり〉　5500円　①978-4-623-05693-4　Ⓝ313.7　粕谷祐子

02985　韓国の言論法　韓永學著　日本評論社　2010.7　390p　22cm　〈索引あり〉　6800円　①978-4-535-51765-3　Ⓝ323.21　韓永學

02986　憲政と近現代中国―国家、社会、個人　石塚迅, 中村元哉, 山本真編著　現代人文社　2010.11　186p　22cm　〈索引あり〉〈発売：大学図書〉　2500円　①978-4-87798-452-6　Ⓝ312.22　石塚迅　中村元哉　山本真

02987　韓国憲法裁判所―社会を変えた違憲判決・憲法不合致判決 重要判例44　在日コリアン弁護士協会編著, 孫亨燮監修　日本加除出版　2010.12　270p　21cm　3000円　①978-4-8178-3899-5　Ⓝ327.921　在日コリアン弁護士協会　孫亨燮

02988　中国「人権」考―歴史と当代　土屋英雄著　日本評論社　2012.2　362p　22cm　〈索引あり〉〈著作目録あり〉　6200円　①978-4-535-51889-6　Ⓝ316.1　土屋英雄

02989　近代東アジア世界と憲法思想　國分典子著　慶應義塾大学出版会　2012.5　327p　22cm　〈布装〉〈索引あり〉　6800円　①978-4-7664-1936-8　Ⓝ323.21　國分典子

02990　憲法裁判所―韓国現代史を語る　李範俊著, 在日コリアン弁護士協会訳　日本加除出版　2012.5　349p　21cm　〈年表あり〉　3500円　①978-4-8178-3992-3　Ⓝ327.921　李範俊　在日コリアン弁護士協会

02991　日韓憲法学の対話　1　総論・統治機構　國分典子, 申平, 戸波江二編　尚学社　2012.9　293p　21cm　5000円　①978-4-86031-096-7　Ⓝ323.14　國分典子　申平　戸波江二

02992　1791年5月3日憲法　白木太一著　東洋書店　2013.12　81p　21cm　(ポーランド史史料叢書 1)〈他言語標題：Konstytucja 3 Maja 1791 roku〉〈文献あり 年表あり〉　1500円　①978-4-86459-162-1　Ⓝ323.349　白木太一

02993　韓国における良心的兵役拒否に関する考察―憲法裁判所・国連人権機関・平和への権利　申鉉旿[著], 富士ゼロックス株式会社小林節太郎記念基金編　富士ゼロックス小林節太郎記念基金　2014.6　31p　30cm　非売品

02994　韓国憲法の平和条項の実質化過程について―民主化と第6共和国憲法の成立、憲法裁判所の動きを中心に　申鉉旿[著], 富士ゼロックス株式会社小林節太郎記念基金編　富士ゼロックス小林節太郎記念基金　2015.1　26p　30cm　〈文献あり〉　非売品

【雑誌】

02995　韓国で実現した「外国人地方参政権」(特集 もうひとつの〈韓流〉)　佐藤信行　「インパクション」 通号149　2005　p.44～48

02996　中国におけるマイノリティの権利(2)国際人権法の視点から　娜仁花　大東文化大学大学院法学研究科編　「大東法政論集」 (15)　2006.1　p.3～28

02997　韓国の米軍基地問題(2006年権利討論集会特集号―第6分科会 憲法改悪の先にあるもの

──基地の再編、人の再編、そして私たちの暮らしの変容) 高木吉朗 「民主法律」 (265) 2006.2 p.142～148

02998 中国におけるマイノリティの権利(1)国際人権法の視点から 娜仁花 大東文化大学大学院法学研究科編 「大東法政論集」 (14) 2006.3 p.45～76

02999 54年憲法下の中国人民参審員制度(下・完) 通山昭治 「九州国際大学法学論集」 12 (2・3) 2006.3 p.200～152

03000 ［世界］「ロハスの時代」に先駆けるブータン憲法。(Ushio News Index) 「潮」 通号565 2006.3 p.64～65

03001 台湾憲法を制定しなければ台湾の自由民主主義は確立できない 宗像隆幸 「自由」 48 (5)通号555 2006.5 p.90～93

03002 インドにおける州パンチャーヤト法の展開(第3部 アジア各国・各地域の法と文化) 浅野宜之 「アジア法研究の新たな地平」 2006.6 p.258～

03003 韓国初期憲法思想における民主主義の理念(第3部 アジア各国・各地域の法と文化) 国分典子 「アジア法研究の新たな地平」 2006.6 p.363～

03004 ベトナム：信教の自由－「信仰・宗教法令」を中心に 遠藤聡 「外国の立法：立法情報・翻訳・解説」 (229) 2006.8 p.183～192

03005 台湾違憲審査制度之改革(日台学術交流シンポジウム 司法制度改革──その現状と課題) 湯徳宗 「日本台湾法律家協会雑誌」 (6) 2006.10 p.9～48

03006 台湾の違憲審査制度改革を論ずる(要綱訳)(日台学術交流シンポジウム 司法制度改革──その現状と課題) 湯徳宗 劉得寛［訳］ 「日本台湾法律家協会雑誌」 (6) 2006.10 p.49～53

03007 日本と世界の安全保障 タイのクーデターに現実的に対応せよ 西原正 「世界週報」 87 (40)通号4266 2006.10.24 p.40～41

03008 韓国法制処・法務部・憲法裁判所訪問記 宮崎礼壹 「ジュリスト」 (1322) 2006.11.1 p.144～155

03009 日本と世界の安全保障 中国との軍事交流に求められるもの 佐久間一 「世界週報」 87 (44)通号4270 2006.11.21 p.42～43

03010 スリランカの憲法問題 L, フェルナンド 浅野宜之［訳］ 「ノモス」 (19) 2006.12 p.79～85

03011 躍動アジア(キルギス)改革運動で憲法改正、大統領権限縮小 中西健 「世界週報」 87 (48)通号4274 2006.12.19 p.52～53

03012 講演 近代における韓国憲法学の潮流──早稲田大学との関わりを通じて 金孝全 金亮完［訳］ 「比較法学」 41(1)通号83 2007 p.157～167

03013 中国で裁判官が憲法を適用するということについて──斉玉苓事件を手掛かりにして 小口彦太 「比較法学」 41(1)通号83 2007 p.37～65

03014 中国における憲法保障──違憲審査制の制度改革をめぐる議論を中心に 鹿嶋瑛 「法学研究論集」 (28) 2007年度 p.1～16

03015 両院制と韓国憲法 國分典子 「比較憲法学研究」 通号18・19 2007 p.85～110［含 英語文要旨］

03016 Duverger's law is working in Japan(特集 東アジアにおける選挙制度改革とその結果) Steven R., Reed「選挙研究 : 日本選挙学会年報」 (22) 2007 p.96～106

03017 Political effects of the "one man two votes" electoral system in Korea(特集 東アジアにおける選挙制度改革とその結果) Wang Sik, Kim「選挙研究 : 日本選挙学会年報」 (22) 2007 p.107～119

03018 Voting behavior and electoral engineering in Taiwan(特集 東アジアにおける選挙制度改革とその結果) Chia-hung, Tsai Ching-hsin, Yu Lu-huei, Chen［他］ 「選挙研究 : 日本選挙学会年報」 (22) 2007 p.120～136

03019 中国からみた国際秩序と正義──「中国的人権観」の15年(国際社会における正義─グローバルな社会正義の探求) 石塚迅 「思想」 (993) 2007.1 p.142～160

03020 SEOUL情報 改憲論 世論の信任失った韓国大統領 「Jiji top confidential」 (11372) 2007.1.19 p.6

03021 韓国憲法裁判所判例(1999年～2003年)(長期共同研究プロジェクト「韓国統治機構の研究」 韓国司法制度の研究) 吉田仁美 「ジュリスコンサルタス」 (16) 2007.2 p.455～468

03022 現行憲法における憲法裁判所(長期共同研究プロジェクト「韓国統治機構の研究」 韓国司法制度の研究) 李相允 「ジュリスコンサルタス」 (16) 2007.2 p.399～413

03023 憲法裁判所制度の諸相──韓国とドイツの制度比較を通して(長期共同研究プロジェクト「韓国統治機構の研究」 韓国司法制度の研究) 渡辺暁彦 「ジュリスコンサルタス」 (16) 2007.2 p.437～450

03024 憲法裁判所の権限(長期共同研究プロジェクト「韓国統治機構の研究」 韓国司法制度の研究) 李相允 「ジュリスコンサルタス」 (16) 2007.2 p.415～430

03025 ベトナムの国会と立法過程(ベトナムの国会と立法過程) 遠藤聡 「外国の立法 : 立法情報・翻訳・解説」 (231) 2007.2 p.110～133

03026 日本と世界の安全保障 中国の衛星攻撃兵器開発が意味するもの 志方俊之 「世界週報」88(7)通号4282 2007.2.20 p.42～43

03027 併合初期韓国におけるキリスト教系私立学校－改正私立学校規則による「教育と宗教の分離政策」と「宗教教育の自由論」の相克を中心に 方玉順 アジア教育史学会編「アジア教育史研究」(16) 2007.3 p.35～52

03028 翻訳 韓国憲法学会編『憲法改正研究（要約版）』(上) 尹龍澤［訳］「創価法学」36(3) 2007.3 p.63～89

03029 七五年憲法下の中国人民司法の「革命化」と「調整期」(上) 通山昭治 「九州国際大学法学論集」13(3) 2007.3 p.240～182

03030 台湾 インタビュー 陳唐山氏（国家安全会議秘書長）総統任期中の新憲法制定は困難 陳唐山 大月克巳 「世界週報」88(10)通号4285 2007.3.13 p.26～27

03031 台湾の憲法改正について――その原型、改正状況と展望（蔡柱國教授・岡本幹輝教授退職記念号） 蔡柱國 「白鴎法学」14(1)通号29 2007.3 p.13～35

03032 中国人の憲法観念に対する一考察 華夏 崔延花［訳］「法学新報」113(11・12) 2007.5 p.77～95

03033 世俗とイスラムの懸け橋はどこに－トルコ 政教分離を維持する中東の優等生を揺るがす世俗と宗教の矛盾 「Newsweek」22(19)通号1054 2007.5.23 p.22～23

03034 海外労働こぼれ話(85) インドにおける労働基本権の侵害 小島正剛 「労働レーダー」31(7)通号362 2007.7 p.34～36

03035 七五年憲法下の中国人民司法の「革命化」と「調整期」(下・完) 通山昭治 「九州国際大学法学論集」14(1) 2007.7 p.1～49

03036 最近のタイにおける国際人権条約の国内的実施措置－特に障害者の権利保護に関する立法を中心に 飯田順三 八王子 八王子「創価法学」 2007.9 p.23～42

03037 フィリピンにおける反テロ法の成立――人間の安全保障法 遠藤聡 「外国の立法 : 立法情報・翻訳・解説」(233) 2007.9 p.187～199

03038 翻訳 韓国憲法学会編『憲法改正研究（要約版）』(下) 尹龍澤［訳］「創価法学」37(1) 2007.9 p.291～323

03039 若手研究者が読み解く○○法(18)「朝鮮法」朝鮮民主主義人民共和国社会主義憲法概説 李泰一 「法と民主主義」(424) 2007.12 p.44～48

03040 ウズベキスタン共和国における国際法の国内実施および形成の過程――一九九二年の共和国憲法と一九九五年のウズベキスタン共和国条約法を中心に BakhriddinovMansur 「法学政治学論究 : 法律・政治・社会」(78) 2008.秋季 p.63～88

03041 韓国法事情(90) 謝罪公告と憲法違反 金祥洙 「国際商事法務」36(4)通号550 2008 p.554～556

03042 近代中国における大法官憲法解釈制度の形成――憲法解釈の可能性をめぐる司法制度史的研究 牟憲魁 「比較法制研究」(31) 2008 p.51～102

03043 北大立法過程研究会報告 台湾における生存権と国民年金法――憲法学の視点から台湾国民年金の問題点を考える Ren-Miau, Lee 「北大法学論集」59(4) 2008 p.1949～1974

03044 韓国からのニュース 牛肉より深刻な産業災害には、なぜ関心がないのです？／労働安全保健は、労働基本権以上の価値 「関西労災職業病」通号384 2008.1 p.17～18

03045 現代中国の憲法保障(2・完) 構築と隘路 土屋英雄 「筑波法政」(44) 2008.2 p.1～26

03046 ヒトラーの条約強制と現代的な「国家に対する強制」――韓国保護条約の位置付けのために 笹川紀勝 「法律論叢」80(2・3) 2008.2 p.201～235

03047 インドの宗教教育－政教分離の理念と実際 澤田彰宏 大正大学編「大正大学大学院研究論集」(32) 2008.3 p.358～343

03048 翻訳 ジェンダーと女性の権利――中国憲法の民生に対する配慮 鄭軍 鈴木敬夫［訳］「札幌学院法学」24(2) 2008.3 p.385～403

03049 2007年タイ王国憲法の制定過程とその成立 遠藤聡 「外国の立法 : 立法情報・翻訳・解説」(235) 2008.3 p.204～221

03050 時の問題 台湾の選挙と公民投票 佐野正彦 「行財政研究」(70) 2008.3 p.20～27

03051 国際人権研究のフィールドを歩く(5) 台湾における人身取引の現状及び課題 劉志剛 「ヒューマンライツ」(243) 2008.6 p.43～47

03052 近年の中国における憲法と民法の関係に関する四つの思考傾向（シンポジウム 二〇〇七年日中公法学シンポジウム・報告（翻訳）） 林来梵 「法政研究」75(1) 2008.7 p.106～115

03053 中国の違憲審査と司法権（シンポジウム 二〇〇七年日中公法学シンポジウム・報告（翻訳）） 牟憲魁 「法政研究」75(1) 2008.7 p.49～67

03054 七八年憲法下の中国人民司法の「転換期」と「正規化」(上) 通山昭治 「九州国際大学法学論集」15(1) 2008.7 p.61～113

03055 現代中国の信教の自由(1) 土屋英雄 「筑波法政」(45) 2008.9 p.1～29

03056 ASEAN憲章（東南アジア諸国連合憲章、2007年制定）（ASEAN憲章の制定――ASEAN共同体の設立に向けて） 遠藤聡［訳］「外国の

外国憲法等　　　　　　　　　　　　　　　　　　　　憲法一般・憲法学

立法：立法情報・翻訳・解説」（237）　2008.
9　p.108〜119

03057　海外法律情報 韓国——憲法改正をめぐる
論議　白井京「ジュリスト」（1364）　2008.
10.1　p.9

03058　韓国学生は日本国憲法第9条をどうみてい
るか（韓国学生への日本国憲法第9条アンケー
ト）　水島朝穂「法学セミナー」53（11）通号
647　2008.11　p.41〜43

03059　韓国大学生100人の「日本国憲法第9条」
への意見（韓国学生への日本国憲法第9条アン
ケート）　村瀬慈子「法学セミナー」53（11）
通号647　2008.11　p.34〜35

03060　韓国初期憲法教科書にみる近代国家観（北
東アジアにおける法治の現状と課題）　国分典
子「北東アジアにおける法治の現状と課題 鈴
木敬夫先生古稀記念」　2008.11　p.3〜

03061　韓国国家人権委員会（北東アジアにおける
法治の現状と課題）　稲正樹「北東アジアにお
ける法治の現状と課題 鈴木敬夫先生古稀記念」
2008.11　p.71〜

03062　中国の情報公開地方法規（北東アジアにお
ける法治の現状と課題）　石塚迅「北東アジア
における法治の現状と課題 鈴木敬夫先生古稀記
念」　2008.11　p.141〜

03063　韓国大統領選挙制度——2008.4.16（東ア
ジアの戦後）　李在一「明治学院大学法律科学
研究所年報」（25）　2009年度　p.81〜88

03064　韓国における基本権保障と憲法裁判　水
島央央「アジア法研究」2009［2009］　p.65
〜79

03065　韓国における福祉政策の位置づけ（特集
グローバリゼーション・『格差社会』・憲法理論
—［全国憲法研究会］春季研究集会シンポジウ
ム）　國分典子「憲法問題」通号20　2009　p.
20〜32

03066　韓国の憲法裁判の現況と展望　鄭柱白
「比較法文化 : 駿河台大学比較法研究所紀要」
（18）　2009年度　p.1〜19

03067　性表現の自由をめぐるイスラム的対処法
——インドネシアのポルノグラフィ規制法　疋
田京子「九州法学会会報」2009　2009　p.15
〜18

03068　台湾の憲法裁判機関——大法官制度の軌
跡　呉［イク］宗「アジア法研究」2009
［2009］　p.81〜83

03069　中国における「法の下の平等」——憲法
規定の解釈をめぐって　鹿嶋瑛「法学研究論
集」（32）　2009年度　p.1〜14

03070　北大立法過程研究会報告 韓国の憲法裁判
制度の現況と課題　関炳老「北大法学論集」
60（2）　2009　p.565〜594

03071　現代中国の信教の自由（2・完）　土屋英

雄「筑波法政」（46）　2009.2　p.59〜96

03072　韓国における生存権保障政策の展開－
「福祉革命」への道　金早雪「地域経済政策研
究」（10）　2009.3　p.47〜79

03073　第4回インド人権スタディツアー概要報告
（国際人権と市民交流）　水野松男 東京部落解
放研究所編「すいへい・東京 : 東京部落解放
研究所紀要」（31）　2009.3　p.69〜86

03074　七八年憲法下の中国人民司法の「転換期」
と「正規化」（中・前）　通山昭治「九州国際大
学法学論集」15（3）　2009.3　p.243〜292

03075　海外法律情報 韓国——選挙法改正——在
外国民への選挙権付与　白井京「ジュリスト」
（1374）　2009.3.15　p.87

03076　立法情報 韓国 公職選挙法改正——在外国
民も投票が可能に　白井京「外国の立法. 月刊
版：立法情報・翻訳・解説」（239-1）　2009.4
p.16〜17

03077　民国初期における信教の自由と中国キリ
スト教会（一九一三－一九一七年）－「孔教国教
化」への対抗運動を中心に　渡辺祐子「キリス
ト教史学」63　2009.7　p.81〜107

03078　社会主義憲法の動向——中国における違
憲審査制に関する議論について　Eredonbilig
「一橋法学」8（2）　2009.7　p.729〜758

03079　世界のくらしと文化 ネパール（11）村落社
会から見た二〇〇八年ネパール制憲議会選挙
安野早己「人権と部落問題」61（9）通号790
2009.8　p.60〜65

03080　第三期憲法裁判所と政治的事件、そして
少数者の人権　林智奉「上智法学論集」53
（1）　2009.9　p.73〜89

03081　韓国の立憲主義談論についての一考察
（1）　金英民「名古屋大学法政論集」通号232
2009.9　p.155〜199

03082　ミャンマー連邦共和国憲法（抄訳）（前編）
（ミャンマー新憲法——国軍の政治的関与（1））
遠藤聡［訳］「外国の立法 : 立法情報・翻訳・
解説」（241）　2009.9　p.188〜197

03083　タイ王国憲法における政党条項をめぐっ
て　野畑健太郎「白鷗大学法科大学院紀要」
（3）　2009.11　p.13〜36

03084　宗主国/植民地における「臣民」とジェン
ダー－兵役義務・参政権・義務教育制（特集 韓
国併合100年－植民地支配を問い直す）　金富子
「戦争責任研究」（66）　2009.冬季　p.11〜23

03085　韓国の立憲主義談論についての一考察
（2・完）　金英民「名古屋大学法政論集」通号
233　2009.12　p.151〜195

03086　七八年憲法下の中国人民司法の「転換期」
と「正規化」（中・後）　通山昭治「九州国際大
学法学論集」16（2）　2009.12　p.17〜98

03087　イスラエルにおける首相公選制の理念と

現実 岡田大助 「憲法研究」(42) 2010 p.125〜141

03088 韓国におけるインターネット上の表現の自由と名誉毀損 李ジュヒ 「アジア法研究」 2010 p.23〜36

03089 韓国の新しい国籍法——外国国籍不行使誓約を中心に 趙慶済 「立命館法學」2010年(4)通号332 2010 p.1417〜1454

03090 講演 中国における憲法と民法の関係——「物権法」の制定過程における学術論争を中心に 韓大元 小口彦太[訳] 洪英[訳] 「比較法学」44(2)通号93 2010 p.127〜157

03091 「タイ式立憲君主制」の形成と特質——憲法政治史的およびアジア風土論的考察 下條芳明 「憲法研究」(42) 2010 p.159〜190

03092 未決勾留日数の全部算入——韓国憲法裁判所の違憲決定を手がかりに 石田倫識 「刑事弁護」(61) 2010.春季 p.113〜118

03093 憲法リレートーク(第19回)シンポジウム報告 東北アジアの安全と平和を探求する——朝鮮半島の非核化を求めて 大久保賢一 福山洋子 「自由と正義」61(2)通号733 2010.2 p.70〜78

03094 立法情報 韓国 永住外国人への地方参政権付与の現状と今後の展望 白井京 「外国の立法. 月刊版 : 立法情報・翻訳・解説」(242-2) 2010.2 p.18〜21

03095 ロー・クラス ミャンマー2008年新憲法について——日本在住ビルマ人による批判的考察 「法学セミナー」55(2)通号662 2010.2 p.42〜45

03096 中国のプロテスタント教会－歴史、現状、展望(アジアのキリスト教と信教の自由－現代中国のキリスト教の現状と展望) 薛恩峰 「キリスト教文化学会年報」(56) 2010.3 p.5〜21

03097 中国の宗教政策と信教の自由(アジアのキリスト教と信教の自由－現代中国のキリスト教の現状と展望) 土屋英雄 「キリスト教文化学会年報」(56) 2010.3 p.23〜36

03098 「復興元年」を迎えた中国宗教(アジアのキリスト教と信教の自由－現代中国のキリスト教の現状と展望) 清水勝彦 「キリスト教文化学会年報」(56) 2010.3 p.37〜43

03099 現代中国のキリスト教の現状から何を学ぶか－教勢拡大の「教会」と「調和」への期待が意味するもの(アジアのキリスト教と信教の自由－現代中国のキリスト教の現状と展望) 木村利人 「キリスト教文化学会年報」(56) 2010.3 p.45〜48

03100 韓国における外国人政策の現状と今後の展望——現地調査をふまえて 白井京 「外国の立法 : 立法情報・翻訳・解説」(243) 2010.3 p.159〜176

03101 ミャンマー連邦共和国憲法(抄訳)(後編)(ミャンマー新憲法——国軍の政治的関与(2)) 遠藤聡[訳] 「外国の立法 : 立法情報・翻訳・解説」(243) 2010.3 p.51〜98

03102 ワールドNOW(88)マレーシアの労働基本権のいま 小島正剛 IMF-JC組織総務局編 「IMFJC」(298) 2010.春 p.28〜31

03103 立法情報 中国 選挙法の改正 富窪高志 「外国の立法. 月刊版 : 立法情報・翻訳・解説」(243-1) 2010.4 p.16〜17

03104 韓国民主主義の発展における憲法裁判所の貢献 李東洽 「法律時報」82(5)通号1021 2010.5 p.72〜81

03105 李承晩と立憲君主制論 金英敏 石田徹[訳] 「政治思想研究」(10) 2010.5 p.130〜152

03106 立法情報 タイ 環境アセスメントと憲法——マプタプット公害訴訟 大友有 「外国の立法. 月刊版 : 立法情報・翻訳・解説」(244-1・2) 2010.7・8 p.28〜29

03107 七八年憲法下の中国人民司法の「転換期」と「正規化」(下・完) 通山昭治 「九州国際大学法学論集」17(1) 2010.7 p.27〜69

03108 ワールドNOW(89)台湾における労働基本権のいま 小島正剛 IMF-JC組織総務局編 「IMFJC」(299) 2010.夏 p.46〜49

03109 中国の違憲審査制の特徴及び展開の実態——三つの術語の変換という視点から(国際セミナー 清華大学法学院とのセミナー「中国における法治社会構築の現状」) 林来梵 「静岡法務雑誌」3 2010.9 p.303〜311

03110 韓半島の平和体制構想と日本 李京柱 「一橋法学」9(3) 2010.11 p.821〜841

03111 韓国憲法裁判所(納税者権利保護制度の確立－韓国の納税者権利保護制度の視察報告) 船橋俊司 「租税訴訟」(4) 2010.12 p.108〜125

03112 中華人民共和国国防動員法(中国国防動員法の制定) 宮尾恵美[訳] 「外国の立法 : 立法情報・翻訳・解説」(246) 2010.12 p.115〜124

03113 韓国における憲法裁判所および行政法院の機能と役割 岡田正則 河明鎬 「比較法学」45(2)通号96 2011 p.1〜18

03114 韓国におけるメディアによる名誉毀損に関する研究－政治家及び高位公職者に関する名誉毀損訴訟を中心に 朴容淑 「九大法学」(103) 2011年度 p.102〜75

03115 韓国法事情(124)金融取引関連文書の提出命令と違憲の当否[憲法裁判所2010.9.30決定] 金祥洙 「国際商事法務」39(2)通号584 2011 p.290〜293

03116 立法情報 中国 全国人民代表大会及び地方

各級人民代表大会代表法の改正　宮尾恵美「外国の立法. 月刊版 : 立法情報・翻訳・解説」（246-1）　2011.1　p.18〜19

03117　立法情報 ミャンマー 総選挙の結果とミャンマー情勢　大友有「外国の立法. 月刊版 : 立法情報・翻訳・解説」（246-1）　2011.1　p.20〜23

03118　海外法律情報 韓国──ネットでの虚偽情報流出と表現の自由──憲法裁判所の判断　白井京「ジュリスト」（1416）　2011.2.15　p.7

03119　20世紀初頭の東アジアにおける憲法制定問題──グッドナーの大統領政府論を通じて（東アジアにおける民主化と開発─開発と民主主義）　増田知子「名古屋大学法政論集」通号239　2011.3　p.27〜45

03120　海外動向 障害児童生徒の義務教育普及から保障へ─中国における障害児者の教育を受ける権利（特集 障害者権利条約とインクルーシブ教育の動向）　眞殿仁美　障害者問題研究編集委員会編「障害者問題研究」39（1）通号145　2011.5　p.54〜58

03121　アジア人権機構をめざして─国際人権法の視点から（特集 アジアの人権を考える─アジア人権機構を目指して）　山崎公士「自由と正義」62（7）通号750　2011.6　p.30〜33

03122　青海省の女性が受ける教育に関する権利の問題と対策（特集 日中学術文化交流シンポジウム : 日中高等教育と文化）　胡紹玲　生活コミュニケーション学研究所編集委員会編「生活コミュニケーション学 : 鈴鹿短期大学生活コミュニケーション学研究所年報」（2）　2011.8　p.53〜58

03123　シンガポール選挙区制に関する憲法学的再考 : グループ代表選挙区（GRC）制を中心にして（山口忍教授退職記念号）　野畑健太郎「白鷗大学法科大学院紀要」（5）　2011.10　p.105〜145

03124　タイ 新首相の施政方針演説と憲法改正の動き　大友有「外国の立法. 月刊版 : 立法情報・翻訳・解説」（249-1）　2011.10　p.24〜25

03125　日本関係情報 韓国 従軍慰安婦及び原爆被害者に関する違憲決定　藤原夏人「外国の立法. 月刊版 : 立法情報・翻訳・解説」（249-1）　2011.10　p.43

03126　憲法解釈からみるインド司法の現状（特集 インド民主主義体制のゆくえ : 挑戦と変容）　浅野宜之「アジ研ワールド・トレンド」17（11）通号194　2011.11　p.4〜7

03127　中国の憲法権利理論について : 方法論の視角から（特集 中国法の諸相）　翟国強　野口武［訳］吉川剛［訳］「中国21」35　2011.11　p.69〜92

03128　ネパール憲法及び今後の刑事司法制度　ユバ・ラジ, スベディ　スルヤ・プラサド, ポカ

レル「ICD news」（49）　2011.12　p.136〜142

03129　1982年中国憲法の原点（上）　通山昭治「九州国際大学法学論集」18（1・2）　2011.12　p.153〜204

03130　一九九七年および二〇〇七年のタイ王国憲法の成立と展開 : ポスト開発国家におけるアジア立憲主義に関する考察　下條芳明「憲法研究」（44）　2012　p.129〜149

03131　韓国における移民関連施策および支援状況に関する実態調査報告（6）　佐藤潤一　新矢麻紀子　大谷晋也［他］「大阪産業大学論集. 人文・社会科学編」（15）　2012　p.69〜97

03132　憲法第15次改正で再選への布石（各国・地域の動向─バングラデシュ）　村山真弓「アジア動向年報」　2012　p.440〜456

03133　康有為と梁啓超の憲法観 : 戊戌前夜から義和団事件後まで（特集 辛亥革命と近代東アジア）　佐々木揚「経済史研究」（16）　2012　p.59〜83

03134　講演 中国大陸と台湾における違憲審査制の比較と展望　牟憲魁「比較法学」45（3）通号97　2012　p.99〜127

03135　世紀転換期におけるタイ憲法の新しい動向 : 一九九七年および二〇〇七年のタイ王国憲法をめぐって　下條芳明「商経論叢」53（1）　2012　p.1〜16

03136　「戦時性的強制」被害者、韓国憲法裁判所で勝訴 : 2011年8月30日決定の意義と日韓関係の未来　戸塚悦郎「戦争責任研究」（75）　2012.春季　p.41〜48

03137　タイ憲法における「国の基本政策方針」の政治的意味　外山文子「アジア・アフリカ地域研究」（12-2）　2012　p.192〜214

03138　中国における人民代表大会制度とその現代的課題　江利紅「比較法雑誌」46（1）通号161　2012　p.123〜163

03139　「慰安婦」問題での韓国憲法裁判所決定と日本の責任　吉川春子「前衛 : 日本共産党中央委員会理論政治誌」（878）　2012.1　p.161〜164

03140　韓国・憲法裁判所決定の衝撃 : 日韓請求権協定での紛争解決について　川瀬俊治「部落解放」（657）　2012.2　p.85〜94

03141　韓国憲法裁判所判決、水曜デモ1000回…「慰安婦」問題解決へ最後の機会生かせ（日韓の真の友情のために）　大森典子「女性のひろば」（397）　2012.3　p.66〜68

03142　タイ王国憲法における憲法裁判所による民主化（小出峰一教授 髙木侃教授 高橋清德教授 古川純教授 前嶋孝教授 退職記念号）　石村修「専修法学論集」（114）　2012.3　p.225〜250

03143　国際人権規範の実現への待望 : 台湾にお

ける両規約実施2年目における検討（特集 憲法
と国際人権法 : 共通の人権規範の確立に向け
て） 張文貞 娜仁花［訳］「法律時報」 84（5）
通号1046 2012.5 p.81～85

03144 果てしない権力闘争 : 憲法改正をめぐる
一コマ 玉田芳史 「タイ国情報」 46（3）
2012.5 p.1～8

03145 翻訳 韓国における被疑者取調べへの弁護
人立会い : 大法院決定2003.11.11, 2003.402
（ソンドゥユル事件決定）及び憲法裁判所決定
2004.9.23, 2000.138（チェヨル事件決定） 安部
祥太 「青山ローフォーラム : ALF」 1（1）
2012.5 p.227～262

03146 韓国における良心的兵役拒否に関する考
察 : 憲法裁判所の決定と国連諸機関における
議論を中心に 申鉉昕 「立命館国際研究」 25
（1）通号84 2012.6 p.289～320

03147 大韓民国憲法上の国家緊急権制度 方勝
柱 「ノモス」 （30） 2012.6 p.29～46

03148 李京桂（仁荷大学教授）に聞く 敢えて韓国
憲法裁判所の「限界」と「権力性」に言及する
（特集 韓国憲法事情からみえるもの） 李京桂
「法と民主主義」 470 2012.7

03149 韓国憲法裁判所の沿革と現状 : 二つの
「最高裁判所」の競合問題と相乗的発展（特集
韓国憲法事情からみえるもの） 岡田正則 「法
と民主主義」 （470） 2012.7

03150 韓国憲法裁判所訪問記 国民の自由と幸福
のために（特集 韓国憲法事情からみえるもの）
佐藤むつみ 「法と民主主義」 （470） 2012.7
p.34～36

03151 韓国司法制度調査を終えて：「民弁」との
交流とこれから（特集 韓国憲法事情からみえる
もの） 南典男 「法と民主主義」 470 2012.7

03152 韓国の憲法改革を見学して：司法の国
際交流をふやそう（特集 韓国憲法事情からみえ
るもの） 吉田博徳 「法と民主主義」 470
2012.7

03153 韓国の法曹養成事情（特集 韓国憲法事情
からみえるもの） 鈴木秀幸 「法と民主主義」
（470） 2012.7 p.26～31

03154 市民との交流が結実した「BSE十万人憲
法訴訟」の記録（特集 韓国憲法事情からみえる
もの） イ ヘジョン 「法と民主主義」 （470）
2012.7 p.20～25

03155 「人権の最後の砦」としての韓国憲法裁判
所（特集 韓国憲法事情からみえるもの） 蘇恩
瑩 「法と民主主義」 （470） 2012.7 p.13～17

03156 特集にあたって（特集 韓国憲法事情から
みえるもの） 「法と民主主義」 （470） 2012.7
p.2～5

03157 「民主社会のための弁護士会」の委員会
（特集 韓国憲法事情からみえるもの） 「法と民
主主義」 （470） 2012.7 p.40～38

03158 韓国法曹界が日本政府に植民地支配の完
全清算を請求 憲法裁判所決定と大法院の判決
（1） 伊высич成彦 「マスコミ市民 : ジャーナリ
ストと市民を結ぶ情報誌」 （523） 2012.8 p.
66～78

03159 ソウルの風 特別版（第143回）反日のホン
ネ 違法「記念像」を警官が守り、憲法裁判所も
トンデモ判決 慰安婦を「性奴隷」と言い換えて
過熱！ 韓国社会が浸る「反日無罪」の民族快
感（核心リポート 韓国「従軍慰安婦の嘘」に決
着をつける） 黒田勝弘 「Sapio」 24（12）通号
528 2012.8.22・29 p.94～96

03160 外国法令紹介 ベトナム社会主義共和国憲
法の概要 西岡剛 「ICD news」 （52） 2012.9
p.18～47

03161 韓国における憲法裁判所と大法院の権限
紛争に関する研究 柳智盛 「筑波法政」 （53）
2012.9 p.73～94

03162 韓国の選挙区画定問題をめぐる1995年の
憲法裁判所決定翻訳 牧野力也 「筑波法政」
（53） 2012.9 p.153～170

03163 台湾における高齢者の福祉と教育 : 生存
権と学習権の視点から 董怡汝 「比較文化研
究」 （103） 2012.9.30 p.99～112

03164 岐路に立つ憲政主張（特集 中華世界にお
ける「憲政/民主」の歴史と現在） 石塚迅 「現
代中国研究」 （31） 2012.10.31 p.20～41

03165 韓国憲法裁判所・日本軍慰安婦問題行政不
作為違憲訴願事件［2011.8.30決定］ 中川敏宏
「専修法学論集」 （116） 2012.11 p.197～229

03166 韓国における死刑をめぐる状況・論議 :
憲法裁判所の決定を契機に 山岸秀 「JCCD」
（109） 2012.11 p.33～41

03167 日韓現行憲法及び現行刑事訴訟法条文対
照表・韓国刑事訴訟法改正沿革一覧表 : 被疑
者取調べ関連条文を中心に 安部祥太 「青山
ローフォーラム : ALF」 1（2） 2012.11 p.
179～210

03168 立法情報 グルジア 憲法改正と議院内閣制
への移行 小泉悠 「外国の立法. 月刊版 : 立
法情報・翻訳・解説」 （253-2） 2012.11 p.16
～17

03169 タイ2007年憲法と上院 : その新たなる使
命 外山文子 「南方文化」 39 2012.12 p.75
～95

03170 中華民国（台湾）における五権分立憲法に
関する現状と考察 : 中華民国憲法を台湾に適
用する問題点 施淳哲 「福岡大学大学院論集」
44（2） 2012.12.10 p.103～130

03171 米軍政期の南朝鮮における政教分離政策
とキリスト教友好政策 : 米軍政の宗教政策と
教育政策によるプロテスタント信者の急増 崔
恩瑞 「創価大学大学院紀要」 35 2013年度
p.85～118

03172　北朝鮮の「人権」論：国際人権に対する異論を中心として　李恩元　明治大学大学院［編］　明治大学大学院［編］「政治学研究論集」(39)　2013年度　p.19〜39

03173　イルベ：韓国のネット右翼の行方(特集 改憲状況：平和という問い)　金玄郁「インパクション」(191)　2013　p.50〜58

03174　海外法律情報/タイ 憲法改正論議と政党禁止規定　今泉慎也「論究ジュリスト」(6)　2013.夏　p.158〜159

03175　格差社会における国家による貧困者の救助：台湾法の一考察(シンポジウム 台湾における社会権保障の現状と問題点)　周宗憲　鄭明政［訳］「北大法学論集」63(5)　2013　p.1339〜1356

03176　憲法改正をめぐる対立と市場介入型の経済政策(各国・地域の動向―タイ)　相沢伸広　船津鶴代「アジア動向年報」　2013　p.266〜283

03177　憲法制定議会の解散で遠のく新憲法(各国・地域の動向―ネパール)　水野正己「アジア動向年報」　2013　p.498〜513

03178　政権党国家における現行中国憲法の構造的矛盾とその行方(共同研究：動員国家の成立とその変容)　晏英「明治学院大学法律科学研究所年報」(29)　2013年度　p.51〜62

03179　タイ憲法政治の特色と国王概念：比較文明論的な視点を交えて　下條芳明「商経論叢」54(1)　2013　p.1〜12

03180　台湾及び日本の憲法体系に関する一検証：社会権保障及び解散制度を中心に(シンポジウム 台湾における社会権保障の現状と問題点)　許慶雄　鄭明政［訳］「北大法学論集」63(5)　2013　p.1306〜1320

03181　台湾における大学の自治の現状：校務会議(University Council)を中心に　蔡秀卿「立命館法學」2013(2)通号348　2013　p.816〜852

03182　男女別定年退職年齢問題にみる中華人民共和国憲法の最高法規性の特質：周香華事件判決を踏まえて(特集 法律と社会)　松井直之「季刊中国」(115)　2013.冬季　p.27〜37

03183　ブータン王国2008年憲法〔仮訳〕　諸橋邦彦［訳］　坪野和子［訳］「GNH国民総幸福度研究」1　2013　p.111〜150

03184　韓国における政権の安定と国会の国政統制制度：人事聴聞会制度を素材として(短期共同研究プロジェクト 政権の安定と責任をめぐる憲法問題：日本と韓国の比較を中心に)　李相允「ジュリスコンサルタス」(22)　2013.1　p.149〜161

03185　中国の立憲制及びその改革の前景(中西又三先生古稀記念論文集)　童之偉　唐佳審［訳］「法学新報」119(7・8)　2013.1　p.507〜545

03186　中国における障害児の教育を受ける権利の動向：自国の状況に適した教育の創造にむけて　真殿仁美　日本特殊教育学会『特殊教育学研究』編集部編　日本特殊教育学会『特殊教育学研究』編集部編「特殊教育学研究」50(5)通号205　2013.2　p.441〜450

03187　韓国制憲憲法の成立期におけるユダヤ系亡命法学者の役割：アメリカ統治下朝鮮(韓国)におけるエルンスト・フレンケルの活動を中心に(釜田泰介教授古稀記念論集)　渡辺暁彦「同志社法学」64(7)通号360(分冊2)　2013.3　p.2767〜2798

03188　韓国における平和的生存権論の展開と平和への権利：憲法裁判所の決定と最近の国連人権理事会における議論を中心に　申鉉昕「立命館国際地域研究」(37)　2013.3　p.95〜117

03189　1982年中国憲法の原点(下・完)(冨永猛教授退職記念号)　通山昭治「九州国際大学法学論集」19(3)　2013.3　p.129〜164

03190　訪問録 チョン・ヨンフン憲法裁判所附属研究所研究員(特集 韓国の非正規職保護法と社会的企業育成法：韓国調査を通じて―二〇一二年韓国調査訪問録：非正規雇用調査)　鄭永薫「労働法律旬報」(1789)　2013.4.上旬　p.38〜40

03191　立憲の中国的論理とその源泉　李暁東「政治思想研究」(13)　2013.5　p.214〜244

03192　アウンサンスーチーの「国民統一」戦略：憲法改正と大統領への険しい道(特集 大国の夢 小国の夢、そして…)　根本敬「外交」20　2013.7　p.46〜50

03193　中華歎異抄(35)中国言論界大乱戦：護憲運動から文革再来まで　辻康吾「アジア時報」44(7・8)通号488　2013.7・8　p.73〜76

03194　日本関係情報 韓国 在外大韓民国国民への居住国の地方参政権付与要求決議　菊池勇次「外国の立法. 月刊版：立法情報・翻訳・解説」(256-2)　2013.8　p.39〜40

03195　韓半島の平和と韓米同盟(特集 東アジアの平和と日本国憲法の可能性―日民協第52回定時総会記念シンポジウム・「東アジアの平和と日本国憲法の可能性」より)　李京柱「法と民主主義」(481)　2013.8・9　p.18〜26

03196　近代中国における「民主・憲政」のゆくえ(上)戦後・内戦期の政治と思想を中心に　野村浩一「思想」(1072)　2013.8　p.7〜29

03197　近代中国における「民主・憲政」のゆくえ(中)戦後・内戦期の政治と思想を中心に　野村浩一「思想」(1073)　2013.9　p.81〜105

03198　インドネシアにおけるジェンダー・クォータの合憲性：憲法裁判所判決2008年第22号―24号　疋田京子「商経論叢」(64)　2013.10　p.63〜82

03199　近代中国における「民主・憲政」のゆく

え（下）戦後・内戦期の政治と思想を中心に　野村浩一　「思想」（1074）　2013.10　p.143〜168

03200　政党政治における中央と地方の関係 : 韓国の地方選挙における政党推薦制を中心に（2・完）　Kimsunghan「広島法学」　37（2）通号139　2013.10　p.180〜146

03201　韓国アチョン法をめぐる議論 コミックマーケットの現在は表現の自由をめぐる戦いの場　昼間たかし　「出版ニュース」（2327）　2013.11.上旬　p.4〜9

03202　参議院選挙後の右翼国家主義的な政治動向 : 韓国の進歩的観点による分析と提言（特集 安倍政権を問う : 改憲と歴史認識）　宋柱明　金美花［訳］「日本の科学者」　48（11）通号550　2013.11　p.673〜675

03203　ネパールの憲法制定過程における諸民族の活動 : ネワール、タマン民族を中心に　竹内源「共生の文化研究」（8）　2013.11　p.84〜98

03204　韓国における平和権（平和への権利）（平和への権利 : ジュネーブと9条国際会議分科会報告）　李京柱「Interjurist」（178）　2013.11.1　p.16〜20

03205　憲法に埋め込まれた個人抑圧の論理（特集 中国「言論封殺」の実態）　石塚迅「中央公論」128（12）通号1561　2013.12　p.96〜101

03206　シンガポールの大統領公選制をめぐって : 憲法学の視点から（池田節雄教授退職記念号）　野畑健太郎　「白鷗大学法科大学院紀要」（7）　2013.12　p.11〜80

03207　ベトナム共産党体制の行方 : 憲法改正をめぐる議論を中心に（特集 インドシナ半島）　中野亜里　「海外事情」　61（12）　2013.12　p.35〜47

03208　韓国におけるインターネット上の表現の自由 : 選挙運動を中心に（特集 精神的自由の現在と憲法学―比較法的・原理論的考察を踏まえて）　孫亨燮「憲法問題」（25）　2014　p.102〜117

03209　現代中国憲法学の発展について　張千帆　江利紅［訳］「比較法雑誌」　48（1）通号169　2014　p.97〜104

03210　現代ミャンマー世俗国家の特質について : 新憲法（2008年）の「宗教関連条項」および「前文」を中心に　奥平龍二　「東南アジア. 歴史と文化」（43）　2014　p.69〜86

03211　講演 中国における国家賠償制度の変遷と展望　肖金明　戸波江二［訳］　孔暁鑫［訳］「比較法学」　47（3）通号103　2014　p.185〜204

03212　大韓民国憲法裁判所審判規則邦語試訳　金炳学［試訳］「行政社会論集」　26（4）　2014　p.55〜78

03213　大韓民国憲法裁判所法邦語試訳　金炳学［試訳］「行政社会論集」　26（3）　2014　p.91〜128

03214　日本国憲法とブータン憲法（GNHをどう活かすか）　小川眞澄　「GNH国民総幸福度研究」2　2014　p.117〜163

03215　マカオ特別行政区基本法の解釈権　佐藤美由紀　「杏林社会科学研究」　30（1）通号96　2014　p.51〜66

03216　2013年のネパール 第2回憲法制定議会選挙で旧政党が勢力挽回（各国・地域の動向―ネパール）　水野正己「アジア動向年報」　2014　p.544〜560

03217　2013年のベトナム 保守色が目立った憲法改正、マクロ経済は安定を取り戻す（各国・地域の動向―ベトナム）　坂田正三　石塚二葉「アジア動向年報」　2014　p.232〜248

03218　インターネット上の匿名表現の自由とインターネット実名制 : インターネット実名制に関する韓国憲法裁判所決定を素材に（特集 情報社会の現在（Part.2））　崔恵先「法学セミナー」　59（1）通号708　2014.1　p.19〜24

03219　韓国憲法裁判所の判決における平等審査基準（辻村みよ子教授退職記念号）　蘇恩瑩「法學 : the journal of law and political science」　77（6）　2014.1　p.854〜886

03220　特派員リレー報告（25）共産党支配は不変、民主化進展せず 届かなかった国民の声 : 越の憲法改正　高橋伸二「メディア展望」（625）　2014.1　p.34〜36

03221　ワールド・ウォッチング（226）改憲論議と少数民族問題で揺れるミャンマー : スーチー大統領への道開けるか　前田康博「財界にっぽん」　46（1）通号535　2014.1　p.16〜18

03222　胡錦濤政権下での障害者福祉の動向 : 障害児童の教育を受ける権利の保障にむけて　眞殿仁美　城西現代政策研究編集委員会編「城西現代政策研究」　7（2）　2014.2　p.27〜38

03223　外国法令紹介 2013年ベトナム社会主義共和国憲法　須田大「ICD news」（58）　2014.2　p.59〜89

03224　中国における外国人の教育を受ける権利 : 日中の公開教育に着眼して　高橋孝治　明治学院大学大学院法学研究科編　明治学院大学大学院法学研究科編「法学ジャーナル」（30）　2014.3　p.1〜28

03225　カンボジア王国憲法の人権規定 : 起草過程に影響を与えた諸要因と規定の特徴　木村光豪　「関西大学法学論集」　63（6）　2014.3　p.1889〜1938

03226　アジアでのパワーバランスの再編と積極的平和主義（特集 憲法 : 安保・軍事）　津野公男「科学的社会主義」（192）　2014.4　p.28〜36

03227　タイ選挙制度への批判点と買票の実像　水上祐二　「バンコク日本人商工会議所所報」

外国憲法等　　　　　　　　　　　　　　　　　　　　　　　　憲法一般・憲法学

（625）　2014.5　p.14〜20

03228　カンボジア政府による国際人権法への対応 ： 政府報告書審査に見る人権観を中心に　木村光豪　関西大学法学会編　「関西大学法学論集」　64（2）　2014.7　p.424〜460

03229　「憲政」と「依憲執政」「中国夢」の「法治」を考える　但見亮　「一橋法学」13（2）　2014.7　p.423〜454

03230　仏暦2557年タイ王国憲法（暫定版）「タイ国情報」48（4）　2014.7　p.131〜146

03231　インドネシアにおける婚外子の法的地位と権利 ： 憲法裁判所決定Nomor46/PUU―VII/2010　疋田京子　「商経論叢」（65）　2014.10　p.33〜59

03232　近現代中国の立憲制と議会専制の系譜（特集 非西欧世界の立憲制）　金子肇　「新しい歴史学のために」（285）　2014.10　p.22〜36

03233　立法情報 タイ 軍事政権が暫定憲法を公布　藤倉哲郎　「外国の立法. 月刊版 ： 立法情報・翻訳・解説」（261-1）　2014.10　p.22〜23

03234　韓国大田広域市における欠食児童給食支援制度 ： 教育と福祉の交錯（2）（経営学部特集号）　藤澤宏樹　「大阪経大論集」65（4）通号343　2014.11　p.71〜98

03235　第二十七回 東洋大学公法研究会報告 中国憲法におけるプライバシー権の保護　徐瑞静　「東洋法学」58（2）通号129　2014.12　p.125〜144

03236　中華民国憲法制定と司法権の独立 ： 司法行政部の帰属問題を中心に　吉see崇　「中国研究月報」68（12）通号802　2014.12　p.1〜12

03237　海外法律情報/韓国 憲法裁判所の現在 ： 政治的アクターとしての憲法裁判所　白井京　「論究ジュリスト」（13）　2015.春　p.186〜187

03238　韓国憲法裁判所の組織機構と憲法研究官の役割（憲法裁判における調査官の役割）　國分典子　「北大法学論集」66（2）　2015　p.1〜328

03239　韓国法事情（174）違憲とされた姦通罪　金祥洙　「国際商事法務」43（4）通号634　2015　p.616〜618

03240　翻訳 台湾における違憲審査制度の発展 ： 歴史的回顧と未来への展望　張嘉尹　楊遠寧　松田恵美子［訳］　「名城法学」64（3）　2015　p.66〜143

03241　2014年のネパール 第2次憲法制定議会の失敗の1年（各国・地域の動向―ネパール）　水野正己　「アジア動向年報」　2015　p.570〜584

03242　韓国・憲法裁判所による統合進歩党の解散決定の経過と問題点　尾澤孝司　「情況. 第四期 ： 変革のための総合誌」4（1）通号20　2015.1・2　p.175〜182

03243　市民と法律家・研究者の共同の取り組み

： 広がる共同と共同の創出（特集 2015・憲法をめぐる闘いの展望）　清水雅彦　「法と民主主義」（495）　2015.1　p.32〜34

03244　アジアの森林利用・管理の仕組み（14）インドネシア（上）憲法裁判決で森林は「国有林、慣習林、私有林」に 農園開発で変容する島国のエコシステム　井上真　「グリーン・パワー」（434）　2015.2　p.26〜27

03245　韓国憲法裁判所による統合進歩党解散決定（ソウル訪問報告）　前田純一　「科学的社会主義」（202）　2015.2　p.92〜84

03246　台湾の立憲政治と二重の外圧 ： 国際的相互依存下の自由について　岡本至　「文京学院大学外国語学部紀要」（14）　2015.2　p.81〜102

03247　立法情報 韓国 憲法裁判所が統合進歩党の解散を決定　藤原夏人　「外国の立法. 月刊版 ： 立法情報・翻訳・解説」（262-2）　2015.2　p.20〜21

03248　韓国における国際人権法の国内実施 ： 自由権規約の個人通報制度の利用と課題（亀田健二・深井麗雄・孝忠延夫教授退職記念号）　権南希　関西大学政策創造学部編　「政策創造研究」（9）　2015.3　p.41〜74

03249　憲法を基本として普及を（特集 法治の徹底へまい進 国民に公正と正義を）　王朝陽　「人民中国」（741）　2015.3　p.19〜23

03250　講演 台湾における民主主義と憲法 ： 近時の社会事件や学生運動から見た台湾民主主義の課題　鄭明政　「法学研究」50（3・4）通号146　2015.3　p.708〜696

03251　タイ政治混乱の解剖（第6回）憲法の政治　玉田芳史　「バンコク日本人商工会議所所報」（635）　2015.3　p.75〜77

03252　帝国共和 ：〈清皇〉から〈大聖皇〉へ ：「袁世凱加筆民国憲法草案」について　李冬木　佐藤海山　吉田富夫　「文学部論集」（99）　2015.3　p.35〜56

03253　ロー・ジャーナル 韓国の憲法裁判研究院の紹介　鄭永薫　「法学セミナー」60（3）通号722　2015.3　p.1〜3

03254　2015年憲法起草をめぐる政治　玉田芳史　「タイ国情報」49（2）　2015.3　p.1〜10

03255　台湾における大法官の選択（2・完）ポスト民主化期の権力分立事件を中心として　劉武政　「法学論叢」177（1）　2015.4　p.84〜103

03256　Picture Power 憲法が作れないネパールの混沌　JAN, BANNING　「Newsweek」30（16）通号1444　2015.4.21　p.42〜47

03257　韓国の両性平等基本法　藤原夏人　「外国の立法 ： 立法情報・翻訳・解説」（264）　2015.6　p.99〜105

03258　韓国民法嫡出推定規定の一部についての憲法不合致決定 ：「婚姻終了後300日以内に出

122　憲法改正 最新文献目録　　　　　　　　　　　　　　〔03228〜03258〕

生した子」の違憲性　金亮完　「戸籍時報」
（727）　2015.6　p.8〜15

03259　genron column 韓国で現代思想は生きて
いた!?（#15）政党を解散させた憲法裁判所　安
天　「ゲンロン通信：ゲンロン友の会会報」
16・17　2015.6　p.196〜201

03260　いわゆる「軍用慰安婦」：韓国憲法裁判
所の決定とその現代的課題　山岸秀　「JCCD」
（113）　2015.7　p.1〜11

03261　公法判例研究 韓国の梨花女子大学ロース
クール事件［憲法裁2013.5.30判決］　水島玲央
「法政研究」　82（1）　2015.7　p.99〜115

03262　中華民国憲法制定史：仁政から憲政への
転換の試み（2014年度大会シンポジウム 中国に
おける規範と道徳）　中村元哉　「中国：社会
と文化」（30）　2015.7　p.5〜17

03263　立法情報 タイ 国民投票に向けた憲法草案
作業　光成歩　「外国の立法. 月刊版：立法情
報・翻訳・解説」（264-2）　2015.8　p.22〜23

03264　モルディブが憲法修正で中国の植民地
に？：南アジア　「Newsweek」　30（31）通号
1459　2015.8.11-18　p.45

03265　中国における立法法の改正　岡村志嘉子
「外国の立法：立法情報・翻訳・解説」（265）
2015.9　p.118〜124

03266　大韓民国の建国過程における「立憲主義」
の特質：権威主義体制の出現と憲法規範（特集
非西欧世界の立憲制（2））　國分典彦　「新しい歴
史学のために」（287）　2015.10　p.3〜19

03267　カンボジアにおける表現の自由に関する
規制立法：刑法の名誉毀損と扇動を中心に
木村光豪　「関西大学法学論集」　65（4）　2015.
11　p.1205〜1242

03268　ピサヌローク便り（その16）タイ憲法草案
起草過程下のピサヌローク県事情　高橋勝幸
「タイ国情報」　49（6）　2015.11　p.61〜76

03269　中華民国憲法の制定と地方制度　味岡徹
「聖心女子大学論叢」　126　2015.12　p.158〜
121

◆その他の地域・国

【図書】

03270　現代オーストリア憲法の研究　渡辺久丸
著　盛岡　信山社　2006.1　566p　23cm
（SBC学術文庫 139）　〈発売：星雲社〉　14286
円　Ⓘ4-434-07418-0　Ⓝ323.346　渡辺久丸

03271　現代オーストリア憲法の研究―普及版
渡辺久丸著　盛岡　信山社　2006.1　566p
22cm　（SBC学術文庫 139　SBC法科大学院シ
リーズ 4）　〈東京 星雲社（発売）〉　6800円
Ⓘ4-434-07419-9　Ⓝ323.346　渡辺久丸

03272　憲法と緊急事態法制―カナダの緊急権

富井幸雄著　日本評論社　2006.2　310p　22cm
6000円　Ⓘ4-535-51513-1　Ⓝ323.51　富井幸雄

03273　人間の安全保障の射程―アフリカにおけ
る課題　望月克哉編　千葉　アジア経済研究所
2006.2　287p　21cm　（研究双書 no.550）
3300円　Ⓘ4-258-04550-0　Ⓝ319.8　望月克哉

03274　アフリカの「個人支配」再考―共同研究
会中間報告　佐藤章編　［千葉］　日本貿易振興
機構アジア経済研究所　2006.3　266p　26cm
（調査研究報告書 2005-4-10）　〈文献あり〉
Ⓝ312.4　佐藤章

03275　パラグアイ共和国憲法典―対訳　相澤正
雄, 青砥清一監訳・編集　横浜　相澤正雄
2006.5　50p　26cm　〈他言語標題：
Constitución de la República del Paraguay〉
〈スペイン語併記〉　500円　Ⓘ4-9903027-0-2
Ⓝ323.63　相沢正雄　青砥清一

03276　欧州憲法条約とEU統合の行方　福田耕治
編　早稲田大学出版部　2006.10　287p　21cm
（早稲田大学現代政治経済研究所研究叢書 24）
3900円　Ⓘ4-657-06816-4　Ⓝ323.3　福田耕治

03277　衆議院欧州各国憲法及び国民投票制度調
査議員団報告書　［東京］　［衆議院］　2006.10
495p　30cm　Ⓝ314.9　衆議院

03278　新解説世界憲法集　初宿正典, 辻村みよ子
編　三省堂　2006.11　398p　19cm　2400円
Ⓘ4-385-31304-0　Ⓝ323　初宿正典　辻村み
よ子

03279　ブラジルにおける違憲審査制の展開　佐
藤美由紀著　東京大学出版会　2006.11　315p
22cm　〈文献あり〉　9500円　Ⓘ4-13-036127-9
Ⓝ323.62　佐藤美由紀

03280　ロシア皇帝アレクサンドル一世の外交政
策―ヨーロッパ構想と憲法　池本今日子著　風
行社　2006.12　271, 92p　22cm　〈文献あり〉
4500円　Ⓘ4-938662-96-5　Ⓝ319.3803　池本今
日子

03281　世界憲法集　高橋和之編　新版　岩波書
店　2007.1　583, 9p　15cm　（岩波文庫）
900円　Ⓘ978-4-00-340021-0　Ⓝ323　高橋和之

03282　ベネズエラ・ボリバル共和国憲法―和訳
佐藤美由紀監修, 岡部史信, アルベルト松本訳
［出版地不明］　ベネズエラ憲法翻訳チーム
2007.3　66p　30cm　非売品　Ⓝ323.613　佐藤
美由紀　岡部史信　松本アルベルト

03283　パラグアイ共和国憲法典―対訳　相澤正
雄, 青砥清一監訳・編集　改訂版　横浜　相澤
正雄　2007.5　66p　26cm　〈他言語標題：
Constitución de la República del Paraguay〉
〈スペイン語併記〉　600円　Ⓘ978-4-9903027-
1-9　Ⓝ323.63　相沢正雄　青砥清一

03284　ヨーロッパ人権裁判所の判例　戸波江二,
北村泰三, 建石真公子, 小畑郁, 江島晶子編集代
表　信山社出版　2008.9　40, 558p　26cm
〈他言語標題：Essential cases of the European

外国憲法等　　　　　　　　　　　　　　　　　　　　　　憲法一般・憲法学

Court of Human Rights）〈文献あり〉　6800
円　①978-4-7972-5545-4　Ⓝ329.21　戸波江二
北村泰三　建石真公子

03285　世界の憲法集　阿部照哉, 畑博行編　第4
版　有信堂高文社　2009.6　516p　19cm
3500円　①978-4-8420-1064-9　Ⓝ323　阿部照
哉　畑博行

03286　太平洋島嶼国の憲法と政治文化―フィ
ジー1997年憲法とパシフィック・ウェイ　東裕
著　成文堂　2010.3　307p　22cm　〈他言語標
題：Constitutions and Political Culture of the
Pacific Island Countries〉〈年表あり　索引あ
り〉　6000円　①978-4-7923-0477-5　Ⓝ323.734
東裕

03287　新解説世界憲法集　初宿正典, 辻村みよ子
編　第2版　三省堂　2010.4　426p　19cm
2400円　①978-4-385-31303-0　Ⓝ323　初宿正
典　辻村みよ子

03288　各国憲法の差異と接点―初宿正典先生還
暦記念論文集　大石眞, 土井真一, 毛利透編　成
文堂　2010.10　720p　22cm　〈著作目録あり
年譜あり〉　15000円　①978-4-7923-0498-0
Ⓝ323.01　大石真　土井真一　毛利透

03289　現代世界の憲法動向　西修著　成文堂
2011.2　382p　22cm　〈索引あり〉　5300円
①978-4-7923-0502-4　Ⓝ323.01　西修

03290　全ロシア憲法制定会議論　新美治一著
京都　法律文化社　2011.3　448p　22cm　（名
古屋経済大学叢書　第5号）　6500円　①978-4-
589-03319-2　Ⓝ238.07　新美治一

03291　各国憲法集　1　スウェーデン憲法　山岡
規雄［著］　国立国会図書館調査及び立法考査局
2012.1　108p　30cm　（調査資料 2011-1-a　基
本情報シリーズ 7）〈年表あり〉　①978-4-
87582-723-8　Ⓝ323　山岡規雄

03292　各国憲法集　2　アイルランド憲法　国立
国会図書館調査及び立法考査局　2012.3　64p
30cm　（調査資料 2011-1-b　基本情報シリーズ
8）〈年表あり〉　①978-4-87582-724-5　Ⓝ323
国立国会図書館調査及び立法考査局

03293　各国憲法集　3　オーストリア憲法　国
会図書館調査及び立法考査局　2012.3　119p
30cm　（調査資料 2011-1-c　基本情報シリーズ
9）〈年表あり〉　①978-4-87582-725-2　Ⓝ323
国立国会図書館調査及び立法考査局

03294　各国憲法集　4　カナダ憲法　斎藤憲司
［著］　国立国会図書館調査及び立法考査局
2012.3　87p　30cm　（調査資料 2011-1-d　基
本情報シリーズ 10）〈年表あり〉　①978-4-
87582-730-6　Ⓝ323　斎藤憲司

03295　ヨーロッパ「憲法」の形成と各国憲法の
変化　中村民雄, 山元一編　信山社　2012.3
251p　22cm　〈索引あり〉　4600円　①978-4-
7972-5589-8　Ⓝ323.3　中村民雄　山元一

03296　世界憲法集　高橋和之編　新版, 第2版

岩波書店　2012.4　609, 9p　15cm　（岩波文
庫）　1380円　①978-4-00-340021-0　Ⓝ323
高橋和之

03297　古典ギリシア憲法―コンメンタール　安
部萬年編著　大分　自由とデモクラシー研究会
2012.7　766p　22cm　〈文献あり 年表あり 索
引あり〉〈発売：教育史料出版会〉　14000円
①978-4-87652-520-1　Ⓝ322.3　安部萬年

03298　カナダの憲法―多文化主義の国のかたち
松井茂記著　岩波書店　2012.8　347p　22cm
〈文献あり 索引あり〉　3800円　①978-4-00-
025853-1　Ⓝ323.51　松井茂記

03299　古典ギリシア憲法―コンメンタール　安
部萬年編著　第2刷補訂版　大分　自由とデモ
クラシー研究会　2012.12　766p　22cm　〈文
献あり〉〈年表あり〉〈発売：教育史料出版
会〉　14000円　①978-4-87652-520-1　Ⓝ322.3
安部万年

03300　各国憲法集　5　ギリシャ憲法　国立国会
図書館調査及び立法考査局　2013.2　81p
30cm　（調査資料 2012-3-a　基本情報シリーズ
11）〈年表あり〉　①978-4-87582-737-5
Ⓝ323　国立国会図書館調査及び立法考査局

03301　共和制憲法原理のなかの大統領中心主義
―ペルーにおけるその限界と可能性　川畑博昭
著　日本評論社　2013.2　227p　22cm　〈他言
語標題：El presidencialismo en una República
"verdaderamente" pública〉〈索引あり〉
5500円　①978-4-535-51923-7　Ⓝ323.68　川畑
博昭

03302　各国憲法集　7　オランダ憲法　国立国会
図書館調査及び立法考査局　2013.3　41p
30cm　（調査資料 2012-3-c　基本情報シリーズ
13）〈年表あり〉　①978-4-87582-744-3
Ⓝ323　国立国会図書館調査及び立法考査局

03303　各国憲法集　6　スイス憲法　山岡規雄
［著］　国立国会図書館調査及び立法考査局
2013.3　73p　30cm　（調査資料 2012-3-b　基
本情報シリーズ 12）〈年表あり〉　①978-4-
87582-742-9　Ⓝ323　山岡規雄

03304　東北アジア共同体の研究―平和憲法と市
民社会の展開　黒沢惟昭著　明石書店　2013.9
373p　20cm　（明石ライブラリー 155）〈索引
あり〉　4500円　①978-4-7503-3889-7　Ⓝ302.2
黒沢惟昭

03305　衆議院欧州各国憲法及び国民投票制度調
査議員団報告書　［東京］〔衆議院〕　2013.12
323p　30cm　Ⓝ314.9　衆議院

03306　各国憲法集　8　ポルトガル憲法　国立国
会図書館調査及び立法考査局　2014.2　102p
30cm　（調査資料 2013-2　基本情報シリーズ
15）〈年表あり〉　①978-4-87582-755-9
Ⓝ323　国立国会図書館調査及び立法考査局

03307　オスマン憲政への道　佐々木紳著　東京
大学出版会　2014.3　262, 22p　22cm　〈文献

あり 索引あり〉 7400円 ①978-4-13-026148-7
Ⓝ312.274 佐々木紳

03308 古典ギリシア憲法―コンメンタール 安
部萬年編著 保存版 大分 自由とデモクラ
シー研究会 2014.6 802p 22cm 〈文献あり
年表あり 索引あり〉〈発売：教育史料出版会〉
13500円 ①978-4-87652-527-0 Ⓝ322.3 安部
萬年

03309 スイス憲法―比較法的研究 ワルター・
ハラー原著, 平松毅, 辻雄一郎, 寺澤比奈子訳
成文堂 2014.8 259p 22cm 〈索引あり〉
4800円 ①978-4-7923-0564-2 Ⓝ323.345
Haller, Walter 平松毅 辻雄一郎 寺澤比奈子

03310 ヨーロッパ地域人権法の憲法秩序化―そ
の国際法過程の批判的考察 小畑郁著 信山社
2014.8 535, 12p 22cm 〈学術選書 130 国
際法〉〈索引あり〉 8800円 ①978-4-7972-
6730-3 Ⓝ329.21 小畑郁

03311 資料体系アジア・アフリカ国際関係政治
社会史 第8巻［第3分冊］ 憲法資料アフリカ
3 浦野起央, 西修編著 パピルス出版 2014.9
p1400-1861 23cm 〈著作目録あり〉 46000円
①978-4-89473-076-2 Ⓝ319.2 浦野起央 西修

03312 日中における西欧立憲主義の継受と変容
高橋和之編 岩波書店 2014.10 193p 22cm
5500円 ①978-4-00-025994-1 Ⓝ323.13 高橋
和之

03313 資料体系アジア・アフリカ国際関係政治
社会史 第8巻［第4分冊］ 憲法資料 アフリカ
4 浦野起央, 西修編著 パピルス出版 2014.
11 p1866-2031, 301p 23cm 〈年表あり〉
〈著作目録あり〉 46000円 ①978-4-89473-
077-9 Ⓝ319.2 浦野起央 西修

03314 各国憲法集 9 フィンランド憲法 国立
国会図書館調査及び立法考査局 2015.3 48p
30cm 〈調査資料 2014-1-c 基本情報シリーズ
18〉〈年表あり〉 ①978-4-87582-771-9
Ⓝ323 国立国会図書館調査及び立法考査局

03315 カナダ連邦政治とケベック政治闘争―憲
法闘争を巡る政治過程 荒木隆人著 京都 法
律文化社 2015.3 206p 22cm 〈文献あり 索
引あり〉 ①978-4-589-03657-5
Ⓝ312.51 荒木隆人

03316 ドイツ・イタリア・英国における憲法事情
に関する実情調査―概要 参議院憲法審査会事
務局 2015.4 170p 30cm Ⓝ323.34 参議院

【雑誌】

03317 オランダにおける「教育の自由」原理の
特徴と変容（教育改革と地方自治） 見原礼子
日本教育政策学会年報編集委員会編「日本教育
政策学会年報」 2006 p.108〜121

03318 カナダ憲法における社会・経済権と社会
保障制度をめぐる司法審査(1) 中川純「中京
法学」 40(3・4)通号119 2006 p.149〜199

03319 ルペルト・ショルツ 欧州連合の発展と欧
州憲法条約（特別寄稿 ヨーロッパ法セミナー）
Rupert, Scholz 高橋直人［訳］「立命館法學」
2006年(1)通号305 2006 p.166〜184

03320 ヨーロッパ人権条約とイギリス1998年人
権法－国際人権条約を介した裁判所と議会との
新たなDialogueの可能性 江島晶子 明治大学
社会科学研究所［編］ 明治大学社会科学研究所
［編］「明治大学社会科学研究所紀要」 45(1)
通号65 2006.1 p.101〜103

03321 フランス・オランダ国民投票による欧州
憲法条約否決（Ⅳ ヨーロッパ社会モデルはどこ
へゆくのか） 遠藤乾「21世紀社会民主主義 第
8集」 2006.1 p.128〜

03322 オランダとヨーロッパ憲法条約否決（Ⅳ
ヨーロッパ社会モデルはどこへゆくのか） 水
島治郎「21世紀社会民主主義 第8集」 2006.1
p.151〜

03323 翻訳 ヨルク・パウル・ミュラー『スイス
基本権原論』(1) (Jorg Paul Muller：Elemente
einer schweizerischen Grundrechtstheorie.
Bern 1982) 小林武［訳］ Jorg Paul, Muller
「愛知大学法学部法経論集」 (170) 2006.2 p.
65〜97

03324 EUウォッチング 憲法条約蘇生を目指す
議長国オーストリア 村上直久「Jiji top
confidential」 (11289) 2006.2.7 p.14〜15

03325 再生作業は難航も 憲法の蘇生に乗り出す
EU「Jiji top confidential」 (11293) 2006.2.
21 p.12〜14

03326 オランダのトマス・フッカーと政教分離
の生成過程 小倉いずみ「『歴史のなかの政教
分離 英米におけるその起源と展開』」 2006.3
p.73〜

03327 カナダ憲法における先住民の権利に関す
る考察 河北洋介「東北法学」 (27) 2006.3
p.41〜104

03328 欧州連合――憲法条約批准遅延と財政を
巡る対立（国際情勢を読み解く） 小林勝「科
学的社会主義」 (96) 2006.4 p.62〜75

03329 仏・蘭でのEU憲法条約レファレンダムの
拒否とイギリスの立場――混乱する欧州統合像
前田啓一「世界経済評論」 50(4)通号608
2006.4 p.31〜43

03330 翻訳 クオータ・民主主義・平等――フィ
ンランドにおける普通選挙権・女性参政権一〇
〇年によせて Liisa, Nieminen 遠藤美奈
［訳］「西南学院大学法学論集」 39(1) 2006.
6 p.1〜39

03331 同性婚と憲法(1) カナダの婚姻法(The
Civil Marriage Act)を素材として 富井幸雄
「法学新報」 113(1・2) 2006.7 p.171〜227

03332 翻訳 ヨルク・パウル・ミュラー『スイス
基本権原論』(2) (Jorg Paul Muller： Elemente

外国憲法等　　　　　　　　　　　　　　　　　　　　　　憲法一般・憲法学

einer schweizerischen Grundrechtstheorie.
Bern 1982)　Jorg Paul, Muller　小林武［訳］
「愛知大学法学部法経論集」（171）　2006.7　p.
126〜98

03333　EC競争法とEC/EU法の憲法化——国家
補助規定の視点から　市川芳治　「慶應法学」
（6）　2006.8　p.203〜226

03334　欧州憲法条約における経済刑法　クラウ
ス，ティーデマン　山本雅昭　「神山敏雄先生古
稀祝賀論文集 第2巻」　2006.8　p.411〜

03335　トルコにおける信仰の自由の保護　エル
ギュン，オズサナイ　稲葉実香　「信教の自由を
めぐる国家と宗教共同体 国際比較憲法会議
2005報告書」　2006.8　p.462〜

03336　オランダにおける親の教育の自由と学校
の自律性（1）　結城忠　エイデル研究所［編］
「季刊教育法」（150）　2006.9　p.82〜88

03337　翻訳 欧州憲法条約の争点と国内の政治討
論によるその浸透（1）　Frederique, Rueda　幡
野弘樹［訳］「阪大法学」56（3）通号243
2006.9　p.853〜880

03338　ローマ法の窓（5）「同意」の深層（4）ロー
マの合憲　柴田光蔵　「時の法令」通号1769
2006.9.15　p.62〜64

03339　日本と世界の安全保障 進むロシアの「変
身」——サハリンで感じたこと　兵藤長雄　「世
界週報」87（43）通号4269　2006.11.14　p.46
〜47

03340　オランダにおける親の教育の自由と学校
の自律性（2）　結城忠　エイデル研究所［編］
「季刊教育法」（151）　2006.12　p.78〜83

03341　サリナス政権による1992年の憲法改正と
カトリック教会　国本伊代　「京都ラテンアメリ
カ研究所紀要」（6）　2006.12　p.1〜17

03342　翻訳 ヨルク・パウル・ミュラー『スイス
基本権原論』（3）　Jorg Paul, Muller　小林武
［訳］「愛知大学法学部法経論集」（172）
2006.12　p.220〜195

03343　イタリアにおける放送法の最近の動向（第
II部 経済的規制と独占禁止法）　高橋利安　「政
府規制と経済法 規制改革時代の独禁法と事業
法」　2006.12　p.199〜

03344　翻訳 ツヴィ・カハナ−カナダにおける信
教の自由　Tsvi Kahana　桑原昌宏【訳】「愛
知学院大学宗教法制研究所紀要」　2007　p.
101〜111

03345　イタリア2005年選挙制度改革に対する一
考察——「政権選択と選挙制度」の視点から
芦田淳　「選挙学会紀要」（9）　2007　p.89〜
102

03346　オーストリア共和国における憲法とその
法源——連邦憲法の法源とその歴史的一面　槇
裕輔　「法政論叢」43（2）　2007　p.145〜155

03347　太平洋島嶼諸国憲法からみる「公共の福
祉」概念——個人主義なき社会からの問いかけ
東裕　「憲法研究」（39）　2007　p.25〜49

03348　ヨーロッパ人権条約がフランス家族法に
与える影響——法源レベルでの諸態様（特集 フ
ランス民法典と行政法・社会法・憲法）　幡野
弘樹　「日仏法学」（24）　2007　p.77〜110

03349　オーストラリアの大学の自治と行政
David Gamage　「国際関係研究」27（4）
2007.2　p.321〜340

03350　比較対照表——ドイツ連邦憲法裁判所と
韓国憲法裁判所（長期共同研究プロジェクト
「韓国統治機構の研究」 韓国司法制度の研究）
渡辺暁彦　「ジュリスコンサルタス」（16）
2007.2　p.451〜453

03351　翻訳 ヨルク・パウル・ミュラー『スイス
基本権原論』（4）Jorg Paul Muller：Elemente
einer schweizerischen Grundrechtstheorie.Bern
1982　Jorg Paul, Muller　小林武［訳］「愛知
大学法学部法経論集」（173）　2007.2　p.70〜
49

03352　イタリアにおける私学教育の自由−イタ
リア政教関係の一側面　田近肇　「岡山大学法学
会雑誌」56（3・4）通号197　2007.3　p.719〜
741

03353　カナダ憲法における多文化主義条項
佐々木雅寿　「法学雑誌」53（4）　2007.3　p.
969〜1009

03354　翻訳 ソフィ・ロビン・オリヴィエ『欧州
憲法——複合物の聖別化』　Sophie, Robin-
Olivier　町井和朗［訳］「大東法学」16（2）通
号49　2007.3　p.203〜213

03355　IT化時代における表現の自由と差別規制
——オーストラリアにおけるサイバー・レイ
シィズム問題を素材に　藤井樹也　「筑波ロー・
ジャーナル」（1）　2007.3　p.95〜108

03356　EU 09年春まで続く欧州憲法条約めぐる
攻防——「メルケル独首相が道筋を付け、仏次
期大統領で決着」の筋書きは　山本一郎　「世界
週報」88（12）通号4287　2007.3.27　p.26〜29

03357　ロー・クラス 国際人権法ワールドレポー
ト（7）人権侵害の再発防止−ラテン・アメリカ
の取組みから　伊藤和子　「法学セミナー」52
（4）通号628　2007.4　p.70〜74

03358　若手研究者が読み解く○○法（11）ロシア
法 代表制の変容から見る移行期ロシアと民主主
義　佐藤史人　「法と民主主義」（417）　2007.4
p.50〜55

03359　一八四八年のヨーロッパ革命と「憲法」
——労働者は「憲法」闘争をいかに闘うか（特
集・改憲策動といかに闘うか——ブルジョア憲
法の歴史的位置づけ）　林紘義　「プロメテウス
： マルクス主義同志会理論誌」（50）　2007.4
p.75〜118

憲法一般・憲法学　　　　　　　　　　　　　　　　　　　　　　　　　　　　　　外国憲法等

03360　スペイン第二共和制憲法（一九三一年）における議院内閣制的大統領の地位　池田実　「日本法學」73（1）　2007.5　p.205〜233

03361　ロシアのレファレンダム法制（第2部 比較の中の憲法）　宮地芳範　「現代社会における国家と法 阿部照哉先生喜寿記念論文集」　2007.5　p.555〜

03362　オーストラリアにおける差別禁止立法と憲法（第2部 比較の中の憲法）　藤井樹也　「現代社会における国家と法 阿部照哉先生喜寿記念論文集」　2007.5　p.579〜

03363　ロシアの連邦中央とタタルスタン共和国との間の権限分割条約　中馬瑞貴　「外国の立法：立法情報・翻訳・解説」（232）　2007.6　p.111〜119

03364　海外法律情報 イタリア──選挙制度改革の動向　芦田淳　「ジュリスト」（1336）　2007.6.15　p.70

03365　欧州憲法条約における「市民像」　石村修　「専修法学論集」（100）　2007.7　p.1〜27

03366　親の宗教教育の憲法的考察（3・完）スペインにおける議論を参考に　L., Pedriza　「法学論叢」161（4）　2007.7　p.120〜145

03367　カナダの上院（2・完）──憲法と第二院　富井幸雄　「法学会雑誌」48（1）　2007.7　p.1〜58

03368　変容するイタリアの中央─地方関係（1996─2006年）──共和国憲法2部5章の改正と州　柴田敏夫　「専修法学論集」（100）　2007.7　p.245〜303

03369　翻訳 ヨルク・パウル・ミュラー『スイス基本権原論』（5）Jorg Paul Muller： Elemente einer schweizerischen Grundrechtstheorie. Bern 1982　Jorg Paul, Muller　小林武［訳］「愛知大学法学部法経論集」（174）　2007.7　p.186〜163

03370　連邦憲法に精緻に定められたオーストリアの地方自治制度（上）　安藤明 イルメリン, キルヒナー　「地方自治」（716）　2007.7　p.2〜28

03371　EUの新たな挑戦（4）EUの機構改革と欧州憲法条約　小窪千早　「国際問題」（563）　2007.7・8　p.50〜56

03372　連邦憲法に精緻に定められたオーストリアの地方自治制度（下）　安藤明 イルメリン, キルヒナー　「地方自治」（717）　2007.8　p.2〜22

03373　世界の潮 EU憲法の放棄と「改革条約」案──ブリュッセルの妥協　庄司克宏　「世界」（769）　2007.9　p.25〜28

03374　EU憲法の放棄と「改革条約」案─ブリュッセルの妥協（世界の潮）　庄司克宏　「世界」（769）　2007.9　p.25〜28

03375　EU「憲法」の理念と現実（特集 ヨーロッパ政治の先端──EUのゆくえ）　中村民雄　「世界と議会」（517）　2007.10　p.17〜23

03376　カナダ憲法学における「対話」理論──司法審査をめぐる議会と裁判所の関係　高木康一　「専修法学論集」（101）　2007.12　p.51〜89

03377　カナダにおける信教の自由　富井幸雄　「法学会雑誌」48（2）　2007.12　p.181〜211

03378　最高裁判所判事の任命（2・完）カナダにおける議論と改革　富井幸雄　「法学新報」114（3・4）　2007.12　p.73〜111

03379　スペインのオンブズマン　平松毅　「日本法學」73（2）　2007.12　p.679〜700

03380　ハンガリーの憲法裁判所（ハンガリーの憲法裁判所）　山岡規雄　「外国の立法：立法情報・翻訳・解説」（234）　2007.12　p.185〜188

03381　フィジー憲法（1997年）の「複数政党内閣」制について──その思想的・制度的起源および理念と現実　東裕　「憲法論叢」（14）　2007.12　p.71〜90

03382　翻訳 ヨルク・パウル・ミュラー『スイス基本権原論』（6）Jorg Paul Muller： Elemente einer schweizerischen Grundrechtstheorie. Bern 1982　Jorg Paul, Muller　小林武［訳］「愛知大学法学部法経論集」（175）　2007.12　p.174〜152

03383　連邦国家としてのオーストリア共和国に関して　槇裕輔　「日本法學」73（2）　2007.12　p.633〜653

03384　1989年法律第32号憲法裁判所法（ハンガリーの憲法裁判所）　山岡規雄［訳］「外国の立法：立法情報・翻訳・解説」（234）　2007.12　p.191〜199

03385　KEY WORD 欧州憲法（EU憲法）　中村民雄　「法学教室」通巻327　2007.12　p.2〜3

03386　海外動向 イタリア2006年憲法修正国民投票と立憲主義　吉田省三　「法の科学：民主主義科学者協会法律部会機関誌「年報」」通号39　2008　p.158〜168

03387　カナダ憲法上の条約の適用──カナダ人権憲章と条約適合的解釈　手塚崇聡　「法学政治学論究：法律・政治・社会」（76）　2008.春季　p.449〜480

03388　カナダ憲法における社会・経済権と社会保障制度をめぐる司法審査（2）　中川純　「中京法学」43（1）通号124　2008　p.193〜252

03389　講演 欧州人権裁判所判例の安定性に関する側面　Georg, Ress　入稲福智［訳］「比較法学」41（3）通号85　2008　p.45〜55

03390　講演 北欧諸国の違憲審査　Eivind, Smith　西原博史［訳］　安原陽平［訳］「比較法学」41（3）通号85　2008　p.77〜89

03391　自由刑と選挙権（上）オーストラリア選挙

〔03360〜03391〕　　　　　　　　　　　　　　　　　　　　　　憲法改正 最新文献目録　**127**

法の新局面　倉田玲　「立命館法学」2008年
（5・6）通号321・322　2008　p.1577〜1601

03392　ハンガリーにおける憲法創造（旧ソ連・東
欧諸国における体制転換と法）　Zoltan, Peteri
早川弘道［訳］　箱井崇史［他訳］「比較法学」
41（2）通号84　2008　p.332〜347

03393　翻訳　欧州基本権憲章と欧州連合加盟国の
憲法による社会権の保障　Julia, Iliopoulos-
Strangas　大藤紀子［訳］「比較法雑誌」42
（2）通号146　2008　p.89〜116

03394　EC法における性差別禁止法理の発展と変
容——平等取扱指令2002年改正とその後の判例
がもたらしたもの　西原博史　黒岩容子「比較
法学」41（2）通号84　2008　p.201〜227

03395　カナダ憲法における先住民の「土地権
（aboriginal title）」に関する一考察（1）「権原
（title）」をめぐる先住民の法廷闘争と学説の応
答　守谷賢輔　「関西大学法学論集」57（5）
2008.2　p.755〜789

03396　憲法体制転換期におけるイタリア憲法の
変容——第1共和制から第2共和制への移行の中
で　高橋利安　「修道法学」30（2）通号59
2008.2　p.402〜380

03397　フランコ時代の基本法体制における国家
元首の地位および権能　池田実　「日本法學」
73（3）　2008.2　p.1429〜1450

03398　カナダ憲法における先住民の「土地権
（aboriginal title）」に関する一考察（2・完）「権
原（title）」をめぐる先住民の法廷闘争と学説の
応答　守谷賢輔　「関西大学法学論集」57（6）
2008.3　p.1111〜1144

03399　トルコの政教分離に関する憲法学的考察
——国家の非宗教性と宗教的中立性の観点から
小泉洋一「甲南法学」48（4）　2008.3　p.753
〜819

03400　翻訳　アルベルト・ウェーバー講演「EU憲
法条約——その基礎と発展」　Albert, Weber
中西優美子［訳］「専修法学論集」（102）
2008.3　p.139〜156

03401　翻訳　ヨルク・パウル・ミュラー『スイス
基本権原論』（7）　Jorg Paul, Muller　小林武
［訳］「愛知大学法学部法経論集」（176）
2008.3　p.274〜252

03402　CASTELLA教授のスペインにおける自治
州憲章改革論について　内藤光博　「専修法学論
集」（102）　2008.3　p.129〜137

03403　海外法律情報　スウェーデン——性差別的
広告対策法案　木下淑恵　「ジュリスト」
（1355）　2008.4.15　p.84

03404　海外法律情報　イタリア——2008年総選挙
選挙法の評価　芦田淳　「ジュリスト」（1357）
2008.6.1　p.135

03405　教育の自由と学校の自治を尊重し、指導

助言するオランダの内容行政（新学習指導要領
と私たちの社会科−日本の「教育改革」と世界
の教育）　太田和敬　歴史教育者協議会編「歴
史地理教育」（732 増刊）　2008.7　p.56〜59

03406　ウズベキスタン共和国憲法裁判所と立憲
主義　杉浦一孝　「名古屋大学法政論集」通号
224　2008.7　p.157〜205

03407　欧州人権裁判所による社会権の保障——
規範内容の拡大とその限界　渡辺豊　「一橋法
学」7（2）　2008.7　p.447〜487

03408　カナダ憲法と世俗主義——宗教、教育、
国家（1）　富井幸雄　「法学会雑誌」49（1）
2008.7　p.201〜231

03409　立法情報　イタリア　「公共の安全」のため
の緊急立法——新政権の不法移民対策「外国の
立法. 月刊版：立法情報・翻訳・解説」（236）
通号1　2008.7　p.14〜15

03410　ロシアにおける民事監督審制度と憲法裁
判所（福家俊朗教授退職記念論文集）　杉浦一孝
「名古屋大学法政論集」通号225　2008.7　p.
395〜439

03411　EC/EU法における人権規範の展開——憲
法秩序化への対外協力コンディショナリティの
インパクト　小畑郁　「名古屋大学法政論集」
通号224　2008.7　p.327〜361

03412　翻訳　ヨルク・パウル・ミュラー『スイス
基本権原論』（8）　Jorg Paul, Muller　小林武
［訳］「愛知大学法学部法経論集」（177）
2008.8　p.190〜172

03413　海外法律情報　ロシア——二重権力構造の
はじまり　岩澤聡　「ジュリスト」（1361）
2008.8.1・15　p.123

03414　受刑者の「私生活の尊重」に対する権利
と人工授精——ヨーロッパ人権裁判所Dickson
対イギリス事件判決を題材に［2007.12.4］　小
林真紀　「愛知大学法学部法経論集」（178）
2008.9　p.1〜35

03415　翻訳　ヨルク・パウル・ミュラー『スイス
基本権原論』（9）　Jorg Paul, Muller　小林武
［訳］「愛知大学法学部法経論集」（178）
2008.9　p.116〜97

03416　司法権の独立——カナダ憲法での成熟
（1）　富井幸雄　「法学新報」115（3・4）
2008.10　p.105〜146

03417　海外法律情報　ドイツ——連邦憲法裁, 2州
の非喫煙者保護法に違憲判決［2008.7.30］　山
口和人　「ジュリスト」（1365）　2008.10.15
p.103

03418　翻訳　ヨルク・パウル・ミュラー『スイス
基本権原論』（10）　Jorg Paul, Muller　小林武
［訳］「愛知大学法学部法経論集」（179）
2008.11　p.204〜185

03419　ヨーロッパの平和を目指す欧州連合

（EU）のゆくえ──欧州憲法条約からリスボン条約へ　Andreas, Scheller　「阪大法学」58（3・4）通号255・256　2008.11　p.753〜773

03420　憲法とEU法の錯綜──高権移譲に関する諸問題　小野義典　「憲法論叢」（15）　2008.12　p.53〜75

03421　司法権の独立──カナダ憲法での成熟（2）　富井幸雄　「法学新報」115（5・6）　2008.12　p.145〜188

03422　リトアニア共和国憲法（リトアニア共和国憲法）　山岡規雄　「外国の立法 : 立法情報・翻訳・解説」（238）　2008.12　p.119〜123

03423　リトアニア共和国憲法（リトアニア共和国憲法）　山岡規雄［訳］「外国の立法 : 立法情報・翻訳・解説」（238）　2008.12　p.124〜146

03424　欧州統合vs.欧州社会モデル──社会政策と経済政策のバランスをめぐって（特集 グローバリゼーション・『格差社会』・憲法理論─［全国憲法研究会］春季研究集会シンポジウム）　大藤紀子　「憲法問題」通号20　2009　p.33〜47

03425　キューバ社会主義憲法とその変容　北原仁　「駿河台法学」22（2）通号42　2009　p.86〜49

03426　現代日本憲法理論にとっての「ヨーロッパ憲法」の意義（シンポジウム 国民国家を超える「憲法」は可能か──1990年代以降のヨーロッパ統合の問いかけ─憲法理論への含意）　山元一　「比較法研究」通号71　2009　p.82〜93

03427　スペインにおける二つの憲法改正手続条項の意義　野口健格　「法学政治学論究 : 法律・政治・社会」（82）　2009.秋季　p.133〜160

03428　福祉国家の憲法枠組み──フィンランドにおける社会保障の権利・平等・デモクラシー（特集 グローバリゼーション・『格差社会』・憲法理論─［全国憲法研究会］秋季研究総会シンポジウム）　遠藤美奈　「憲法問題」通号20　2009　p.67〜79

03429　プライバシーをめぐるアメリカとヨーロッパの衝突（1）自由と尊厳の対立　宮下紘　「比較法文化 : 駿河台大学比較法研究所紀要」（18）　2009年度　p.131〜168

03430　ポーランド（シンポジウム 国民国家を超える「憲法」は可能か──1990年代以降のヨーロッパ統合の問いかけ─ヨーロッパ統合と各国憲法）　小森田秋夫　「比較法研究」通号71　2009　p.68〜81

03431　ポルトガルのオンブズマン──イベロアメリカ型のミッシング・リンク　佐藤美由紀　「青山法学論集」51（1・2）　2009　p.127〜162

03432　ホロコースト否定論の主張の禁止と表現の自由──2003年6月24日の欧州人権裁判所ガロディ判決（Garaudy c. France 24 Juin 2003）　光信一宏　「愛媛法学会雑誌」35（1-4）2009　p.274〜256

03433　ラテンアメリカにおける「グローバリゼーション」と「共和国＝公共性」の創出（特集 グローバリゼーション・『格差社会』・憲法理論─［全国憲法研究会］春季研究集会シンポジウム）　川畑博昭　「憲法問題」通号20　2009　p.48〜58

03434　EU憲法論議──争点と起因, 困難と可能性（シンポジウム 国民国家を超える「憲法」は可能か──1990年代以降のヨーロッパ統合の問いかけ─ヨーロッパ統合と各国憲法）　中村民雄　「比較法研究」通号71　2009　p.5〜24

03435　EU構成国の憲法とEU法秩序の効力関係　小野義典　「憲法研究」（41）　2009　p.133〜162

03436　「EU立憲主義」とイタリア憲法──憲法裁判所判例における「対抗限界」論の生成と変容（シンポジウム 国民国家を超える「憲法」は可能か──1990年代以降のヨーロッパ統合の問いかけ─ヨーロッパ統合と各国憲法）　江原勝行　「比較法研究」通号71　2009　p.38〜51

03437　「安全と自由」の議論における裁判所の役割──ヨーロッパ人権条約・二〇〇五年テロリズム防止法（イギリス）・コントロール・オーダー　江島晶子　「法律論叢」81（2・3）　2009.1　p.61〜109

03438　カナダ憲法と世俗主義──宗教、教育、国家（2・完）　富井幸雄　「法学会雑誌」49（2）2009.1　p.123〜153

03439　海外法律情報 ロシア──大統領及び国家会議（下院）の任期延長のための憲法改正　島村智子　「ジュリスト」（1371）　2009.2.1　p.98

03440　アルゼンチン最高裁における免責法無効判決と国際人権法の発展　内田みどり　「法学新報」115（9・10）　2009.3　p.149〜183

03441　カナダ憲法における平等権と性的指向問題の連関性　河北洋介　「GEMC journal : グローバル時代の男女共同参画と多文化共生 : Gender equality and multicultural conviviality in the age of globalization」通号1　2009.3　p.52〜65

03442　権利および自由に関するカナダ憲章概要　Jean-Louis, Baudouin　大島梨沙［訳］「新世代法政策学研究」1　2009.3　p.287〜310

03443　産業先進国の課税における憲法問題について　鳥飼貴司　「静岡大学法政研究」13（3・4）　2009.3　p.161〜181

03444　司法権の独立──カナダ憲法での成熟（3・完）　富井幸雄　「法学新報」115（7・8）2009.3　p.175〜219

03445　翻訳 ヨルク・パウル・ミュラー『スイス基本権原論』（11）　Jorg Paul, Muller　小林武［訳］「愛知大学法学部法経論集」（180）2009.3　p.48〜27

03446　メキシコ憲法の政教関係条項に関する史

的概観 小泉洋一 「甲南法学」 49（3・4）
2009.3 p.159～206

03447 EU法の最前線（110）氏名の承認拒否と
EU市民の移動・居住の自由〔C-353/06,
Grunkin <2008> ECR 1-（未登載）（2008.
10.14先決裁定）〕 西連寺隆行 「貿易と関税」
57（6）通号675 2009.6 p.75～71

03448 「グローバリゼーション」下のラテンアメ
リカにおける「共和国＝公共性」をめぐる歴史
的課題とその構築可能性（比較憲法研究の新展
開） 川畑博昭 「名古屋大学法政論集」 通号
230 2009.6 p.203～229

03449 翻訳 ヨルク・パウル・ミュラー 『スイス
基本権原論』（12） Jorg Paul, Muller 小林武
［訳］「愛知大学法学部法経論集」（181）
2009.8 p.102～83

03450 翻訳 ヨルク・パウル・ミュラー 『スイス
基本権原論』（13） Jorg Paul, Muller 小林武
［訳］「愛知大学法学部法経論集」（182）
2009.9 p.90～69

03451 海外法律情報 ドイツ——連邦制改革第二
段階（連邦と州の財政関係）の基本法改正実現
山口和人 「ジュリスト」（1384） 2009.9.1
p.124

03452 講演 オーストラリア憲法と権利章典——
憲法で堅固に守られた権利章典？ オーストラ
リアの経験 Gabriel A., Moens 町井和朗
［訳］「大東法学」 19（1）通号54 2009.10 p.
463～467

03453 世界の憲法制度概要（1） 西修 「駒澤法
学」 9（1）通号33 2009.10 p.112～82

03454 立法情報 オーストラリア オーストラリア
市民権法の改正——市民権テストの見直し 武
田美智代 「外国の立法. 月刊版 ： 立法情報・
翻訳・解説」（241-2） 2009.11 p.22～23

03455 カナダ憲法下の平等権と同性婚（1） 白水
隆 「法学論叢」 166（3） 2009.12 p.149～174

03456 翻訳 ヨルク・パウル・ミュラー 『スイス
基本権原論』（14） Jorg Paul, Muller 小林武
［訳］「愛知大学法学部法経論集」（183）
2009.12 p.206～185

03457 メキシコ憲法における国家の非宗教性
小泉洋一 「甲南法学」 50（2・3） 2009.12 p.
97～141

03458 カナダ憲法における社会・経済権と社会
保障制度をめぐる司法審査（3） 中川純 「中京
法学」 45（1・2）通号129 2010 p.29～74

03459 憲法解釈における未締結条約参照の可能
性——カナダ最高裁によるDickson Doctrineの
意義 手塚崇聡 「法学政治学論究 ： 法律・政
治・社会」（84） 2010.春季 p.103～133

03460 占領と憲法——カリブ海諸国とフィリピ
ン（1） 北原仁 「駿河台法学」 23（2）通号44
2010 p.288～247

03461 占領と憲法——カリブ海諸国とフィリピ
ン（2） 北原仁 「駿河台法学」 24（1・2）通号
45 2010 p.476～430

03462 海外法律情報 イタリア——首相特権と憲
法をめぐる議論 芦田淳 「ジュリスト」
（1393） 2010.2.1 p.102

03463 現代における大学の自治－オーストリア
2002年大学法（UG）を中心にして 山本悦夫
「熊本ロージャーナル」（4） 2010.3 p.3～24

03464 翻訳 ヨルク・パウル・ミュラー 『スイス
基本権原論』（15） Jorg Paul, Muller 小林武
［訳］「愛知大学法学部法経論集」（184）
2010.3 p.194～169

03465 海外法律情報 スウェーデン——基本法改
正案 木下淑恵 「ジュリスト」（1396） 2010.
3.15 p.154

03466 海外法律情報 ロシア 死刑の凍結措置をめ
ぐる憲法裁判所の判断 島村智子 「ジュリス
ト」（1397） 2010.4.1 p.97

03467 カナダ憲法下の平等権と同性婚（2・完）
白水隆 「法学論叢」 167（2） 2010.5 p.124～
148

03468 世界の憲法制度概要（2） 西修 「駒澤法
学」 9（3）通号35 2010.6 p.274～247

03469 世界の憲法制度概要（3） 西修 「駒澤法
学」 9（4）通号36 2010.6 p.200～155

03470 判例研究 ジェノサイドを否定する言論と
スペイン憲法裁判所——2007.11.7のスペイン憲
法裁判所大法廷判決 光信一宏 「愛媛法学会雑
誌」 36（3・4） 2010.6 p.23～41

03471 翻訳 ヨルク・パウル・ミュラー 『スイス
基本権原論』（16） Jorg Paul, Muller 小林武
［訳］「愛知大学法学部法経論集」（185）
2010.7 p.150～128

03472 立法情報 キルギス キルギスの新憲法が成
立 堀内賢志 「外国の立法. 月刊版 ： 立法情
報・翻訳・解説」（244-1・2） 2010.7・8 p.20
～23

03473 海外法律情報 ロシア——交通安全保障複
合システム創設に関する大統領令 岩澤聡
「ジュリスト」（1403） 2010.7.1 p.153

03474 海外法律情報 イタリア——分権化の中の
州選挙法 芦田淳 「ジュリスト」（1404）
2010.7.15 p.7

03475 ヨーロッパにおける基本権の保護——EU
の欧州人権条約への加盟 Patrick, Dollat 井
上武史［訳］「岡山大学法学会雑誌」 60（1）通
号209 2010.8 p.220～201

03476 外国における両院の選挙制度等の概要
「選挙 ： 選挙や政治に関する総合情報誌」 63
（9） 2010.9 p.8～22

03477 翻訳 ヨルク・パウル・ミュラー 『スイス
基本権原論』（17） Jorg Paul, Muller 小林武

［訳］「愛知大学法学部法経論集」（186）
2010.9　p.152〜124

03478　世界の憲法制度概要（4）　西修　「駒澤法学」10（1）通号37　2010.10　p.156〜107

03479　世界の一院制議会（3）デンマークにおける一院制議会への転換（上）　藤本一美　「専修法学論集」（110）　2010.12　p.149〜173

03480　世界の憲法制度概要（5）　西修　「駒澤法学」10（2）通号38　2011　p.1〜46

03481　翻訳 ヨルク・パウル・ミュラー『スイス基本権原論』（18）　Jorg Paul, Muller　小林武［訳］「愛知大学法学部法経論集」（187）2010.12　p.124〜96

03482　ニュージーランドにおける人権の歴史（1）国際人権法からの検討　山本英嗣　「比較法学」　2011　p.21〜31

03483　ニュージーランドにおける人権の歴史（2）国際人権法からの検討　山本英嗣　「比較法学」　2011　p.65〜71

03484　ニュージーランドにおける人権の歴史（3）国際人権法からの検討　山本英嗣　「比較法学」　2011　p.87〜97

03485　アルゼンチンにおける違憲審査制の論点　佐藤美由紀　「杏林社会科学研究」27（3）通号86　2011　p.77〜92

03486　グローバル化とロシア憲法の変遷（コロキウム 体制変動とグローバル化のもとでの非西欧地域の法の展開）　竹森正孝　「法の科学 : 民主主義科学者協会法律部会機関誌「年報」」通号42　2011　p.88〜95

03487　自由刑と選挙権（下）オーストラリア選挙法の新局面　倉田玲　「立命館法學」2011（3）通号337　2011　p.1238〜1276

03488　人権保障におけるロシア憲法裁判所とヨーロッパ人権裁判所（ミニ・シンポジウム 人権保障における憲法裁判所とヨーロッパ人権裁判所）　杉浦一孝　「比較法研究」（73）　2011　p.203〜211

03489　占領と憲法──カリブ海諸国とフィリピン（3）　北原仁　「駿河台法学」24（3）通号46　2011　p.66〜35

03490　太平洋島嶼諸国憲法における土地所有権とその制限──南太平洋のマイクロステートから考える外国人の人権　東裕　「比較憲法学研究」通号23　2011　p.21〜40

03491　トルコ共和国憲法における憲法訴訟 : 1982年憲法に基づいて　岩隈道洋　「杏林社会科学研究」27（3）通号86　2011　p.17〜32

03492　ラテン・アメリカにおける外国人の権利　北原仁　「比較憲法学研究」通号23　2011　p.41〜68［含 英語文要旨］

03493　オーストラリア公務員制度・労働基本権の調査紀行記　瀬谷哲也　国公労連編　「国公労調査時報」（578）　2011.2　p.20〜26

03494　ヨーロッパの憲法学における実証主義──4つの段階　Olivier, Jouanjan　井上武史［訳］「岡山大学法学会雑誌」60（3）通号211　2011.2　p.572〜560

03495　ヨーロッパ拷問等防止委員会の活動−拘禁施設への国際査察、基準設定（特集 被拘禁者と国際人権法−国際人権保障メカニズムにおける被拘禁者の人権）　里見佳香　「法律時報」83（3）通号1032　2011.3　p.53〜58

03496　エジプト立憲自由党の軌跡（1922〜1953年）　松本弘　「大東アジア学論集」（11）　2011.3　p.56〜74

03497　カナダにおける「婚姻」概念の変容 : カナダ憲法判例に基づいて　河北洋介　「GEMC journal : グローバル時代の男女共同参画と多文化共生 : Gender equality and multicultural conviviality in the age of globalization」通号5　2011.3　p.64〜79

03498　講評・総括（特集 パワーアップサマー2010「サマーシンポ 私たちの法整備支援2010」シンポジウム─「サマーシンポ 私たちの法整備支援2010」シンポジウム議事録）　鮎京正訓「ICD news」（46）　2011.3　p.96〜103

03499　コスタリカの憲法と平和主義 : 歴史と概要（故村下博教授 追悼号）　澤野義一　「大阪経済法科大学法学論集」（69）　2011.3　p.37〜71

03500　コロンビア特別区の厳格な銃規制が合衆国憲法第2修正を侵害するとした最高裁判決［2008］　勝田卓也　「法学雑誌」57（2）　2011.3　p.286〜226

03501　トルコにおけるライクリッキの原則と憲法裁判所──2008年の二判決におけるライクリッキ　小泉洋一「甲南法学」51（3）　2011.3　p.515〜539

03502　翻訳 ボリビア多民族国憲法（2009）──解説と翻訳　吉田稔［訳］「姫路法学」通号51　2011.3　p.216〜115

03503　一九九四年ロシア連邦─タタルスターン共和国権限区分条約論（3・完）交渉過程を焦点に据えて　小杉末吉　「法学新報」117（9・10）　2011.3　p.33〜102

03504　半島戦争とカディス憲法　堀江洋文　「専修大学人文科学研究所月報」（251）　2011.5　p.1〜45

03505　ロシア連邦憲法裁判所の判決──2010年　小森田秋夫　佐藤史人　「法律時報」83（5）通号1034　2011.5　p.94〜103

03506　ブラジル投資関連法制（1）ブラジル国憲法　二宮正人　「JCAジャーナル」58（6）通号648　2011.6　p.2〜10

03507　翻訳 ヨルク・パウル・ミュラー『スイス基本権原論』（20・完）　Jorg Paul, Muller　小

林武[訳]「愛知大学法学部法経論集」（189）2011.7 p.212〜158

03508 多文化主義条項を持つ憲法の意義と可能性（1）カナダ型多文化主義の憲法学的考察 菊地洋「成城法学」通号80 2011.8 p.142〜63

03509 第五二五回 現代イスラーム世界の立憲主義と議会（彙報 二〇一一年度春期東洋学講座講演要旨：東洋文庫新館竣工記念講演会） 小杉泰「東洋学報：東洋文庫和文紀要」93（2）2011.9 p.217〜219

03510 翻訳 EUにおける基本権保護の様々な次元 Torsten, Stein 田尻泰之[訳]「流通経済大学法学部流経法學」11（1）通号20 2011.9 p.163〜181

03511 カナダ憲法解釈における未締結条約の参照：1990年Keegstra事件最高裁判所判決以降の展開（2） 手塚崇聡「社会とマネジメント：椙山女学園大学現代マネジメント学部紀要」9（1）2011.11 p.19〜36

03512 立法情報 2011年のスペイン憲法改正 三輪和宏「外国の立法．月刊版：立法情報・翻訳・解説」（249-2）2011.11 p.16〜17

03513 オーストリアの財政に関する連邦憲法法律の改正 三輪和宏[訳] 山岡規雄[訳] 鈴木尊紘[他訳]「外国の立法：立法情報・翻訳・解説」（250）2011.12 p.178〜182

03514 財政に関するオーストリア連邦憲法法律の改正 山岡規雄 北村貴「外国の立法：立法情報・翻訳・解説」（250）2011.12 p.172〜177

03515 ハンガリー基本法 小野義典「憲法論叢」（18）2011.12 p.159〜214

03516 オランダにおける「教育の自由」のもとでの学校評価：教育監査とオランダ・ダルトン協会の訪問視察の評価指標に注目して 奥村好美「教育方法学研究」38 2012 p.73〜83

03517 イタリア王国の憲法構造：自由主義期を中心に（特集 イタリア統一150周年）高橋利安「日伊文化研究」（50）2012 p.2〜11

03518 イタリア憲法と危機管理 井口文男「比較憲法学研究」通号24 2012 p.65〜76

03519 イラク戦争後のEU安全保障・防衛政策の新展開：欧州憲法条約草案をめぐる攻防とブレア政府の功績 山田亮子「愛知県立大学大学院国際文化研究科論集」（13）2012 p.157〜185

03520 ウルグアイの違憲審査制 佐藤美由紀「杏林社会科学研究」28（4）通号91 2012 p.45〜63

03521 欧州人権条約のイギリスのコモン・ロー憲法原則への影響：「法の支配」の変・不変（木棚照一教授 島田征夫教授 中村紘一教授 古稀祝賀退職記念論集）中村民雄「早稲田法学」87（3）2012 p.659〜691

03522 オーストリアにおける連邦憲法上の財政規律の意義と限界 北村貴「法政論叢」49（1）2012 p.226〜236

03523 カナダ憲法における多文化主義（特集 人権の現代的課題―春季研究集会）高木康一「憲法問題」（23）2012 p.47〜58

03524 カナダ憲法における比例原則の展開：「オークス・テスト（Oakes Test）」の内容と含意 佐々木雅寿「北大法学論集」63（2）2012 p.654〜604

03525 権威主義体制下の単一政党優位と名目的合意形成：エジプトの憲法修正過程（2007）とイエメンの選挙法審議過程（2007〜2010）をめぐる政治力学 今井真士「日本中東学会年報」（28）通号1（分冊）2012 p.99〜123

03526 講演 オーストリア憲法裁判所：その制度と手続き クリストフ, ベツェメク 戸波江二[他]「比較法学」45（3）通号97 2012 p.85〜98

03527 講演 ハンガリー憲法裁判所の制度と作用 Diana, Mecsi 河合正雄[訳]「比較法学」46（2）通号99 2012 p.181〜189

03528 差異における国際人権：EUの人権保障 大藤紀子「国際人権：国際人権法学会報」（23）2012 p.3〜8

03529 サモアの政体についての一考察：立憲君主制・共和制・選挙元首制 東裕「パシフィックウェイ」（140）2012 p.10〜18

03530 西洋立憲主義における伝統の差異 長谷川史明「憲法研究」（44）2012 p.151〜171

03531 中東の民主化プロセスにおけるイスラーム主義と政治モデルの考察：エジプトの新憲法を事例に 中西久枝「同志社グローバル・スタディーズ」3 2012 p.3〜22

03532 ニュージーランドの外国人参政権 後藤光男 山本英嗣「比較法学」46（1）通号98 2012 p.43〜70

03533 判例紹介 同性愛嫌悪と表現の自由：Vejdeland対スウェーデン事件［ヨーロッパ人権裁判所2012.2.9判決］谷口洋幸「国際人権：国際人権法学会報」（23）2012 p.131〜133

03534 ポーランドにおける「過去の清算」の一断面：2007年の憲法法廷「浄化」判決をめぐって（早川弘道教授 追悼号）小森田秋夫「早稲田法学」87（2）2012 p.127〜208

03535 翻訳 EUにおける基本権保護システム：基本権に関する統一的なヨーロッパ法秩序の漸進的実現 ピエール＝イヴ, モンジャル 兼頭ゆみ子[訳]「比較法雑誌」46（3）通号163 2012 p.161〜174

03536 ロシアにおける法治国家の展開とヨーロッパ人権裁判所：「判決の不執行」問題を素材として（早川弘道教授 追悼号）佐藤史人

「早稲田法学」 87(2) 2012 p.265〜299

03537 EU法におけるポジティブ・アクション法理の展開とその意義(1)性平等の分野に限定して 黒岩容子 「早稲田大学大学院法研論集」(141) 2012 p.105〜129

03538 EU法におけるポジティブ・アクション法理の展開とその意義(2)性平等の分野に限定して 黒岩容子 「早稲田大学大学院法研論集」(144) 2012 p.55〜78

03539 「カディス憲法制定議会」の参加代議員リストに見る"Nacion"の概念 高橋早代 「明治大学教養論集」(476) 2012.1 p.19〜32

03540 立法情報 ハンガリー 基本法(新憲法)の施行 山岡規雄 「外国の立法. 月刊版 : 立法情報・翻訳・解説」(250-2) 2012.2 p.18〜19

03541 欧州人権裁判所における性的マイノリティ事例の現状と課題 : 同性愛者の家族関係の維持・形成の問題を中心に 則武立樹 「阪大法学」 61(6)通号276 2012.3 p.1401〜1430

03542 オーストリア1920年連邦憲法とハンス・ケルゼン : オーストリア法治主義(Legalitätsprinzip)の展開(1) 奥正嗣 「国際研究論叢 : 大阪国際大学・大阪国際大学短期大学部紀要」 25(3) 2012.3 p.53〜72

03543 カナダ憲法上の「メティス(Metis)」の法的地位と権利 : 先住民の定義の予備的考察として(西岡祝教授 山本隆基教授 古稀記念号) 守谷賢輔 「福岡大學法學論叢」 56(4)通号201 2012.3 p.579〜615

03544 判例紹介 成年被後見人の選挙権を一律に制限するハンガリー憲法の規定はヨーロッパ人権条約第1議定書3条に違反すると判断した事例[ヨーロッパ人権裁判所2010.5.20判決](ECtHR, Alajos Kiss v. Hungary, No38832/06, Judgment of 20 May 2010)(長安六教授退職記念号) 井上亜紀 「佐賀大学経済論集」 44(6)通号191 2012.3 p.185〜200

03545 ベルギーの政変crise politique(2010年—2011年)について : その憲法的問題点を中心に(西岡祝教授 山本隆基教授 古稀記念号) 武居一正 「福岡大學法學論叢」 56(4)通号201 2012.3 p.363〜413

03546 翻訳 現代スペインにおける国家と宗教 : 1978年憲法における国家と宗派の関係の一断面 ミゲル・アンヘル, アセンシオ・サンチェス 岡部史信[訳] 「創価法学」 41(3) 2012.3 p.103〜121

03547 EUの基本権保護(鳥居勝教授退職記念号) 入稲福智 「平成法政研究」 16(2)通号31 2012.3 p.21〜51

03548 EUにおける経済的自由と労働基本権の相克への一解決案 濱口桂一郎 「労働法律旬報」 2012.4.下旬 p.44〜51

03549 立法情報 オーストラリア 議会サービス法

等の改正 矢部明宏 「外国の立法. 月刊版 : 立法情報・翻訳・解説」(251-1) 2012.4 p.22〜23

03550 チュニジア大使館イチオシアニメ『Captain 5obza』の衝撃 表現の自由が生んだ政権批判ヒーロー 昼間たかし 「金曜日」 20(13)通号905 2012.4.6 p.52

03551 『各国憲法集』と世界の憲法のいろいろ 「国立国会図書館月報」(614) 2012.5 p.12〜15

03552 過渡期を迎えた集団安全保障条約機構 : CIS空間におけるロシアの安全保障政策(特集 新プーチン政権の発足と課題) 角田安正 「ロシア・ユーラシアの経済と社会」(957) 2012.5 p.24〜39

03553 多文化主義条項を持つ憲法の意義と可能性(2・完)カナダ型多文化主義の憲法学的考察(大沼邦弘先生古稀祝賀記念論文集) 菊地洋 「成城法学」(81) 2012.5 p.366〜277

03554 ニュージーランドの選挙制度に関する2011年国民投票 安田隆子 「レファレンス」 62(5)通号736 2012.5 p.43〜51

03555 ロシア連邦憲法裁判所の判決 : 2011年 小森田秋夫 佐藤史人 「法律時報」 84(5)通号1046 2012.5 p.131〜138

03556 2011年におけるスペイン憲法改正及び政党間合意の成立 : 財政健全化に向けた欧州連合加盟国の一つの試み 三輪和宏 「レファレンス」 62(5)通号736 2012.5 p.21〜41

03557 ニュージーランドにおける外国人参政権の歴史 山本英嗣 「日本ニュージーランド学会誌」 19 2012.6.23 p.29〜44

03558 ロシア連邦における公正な裁判を受ける権利とヨーロッパ人権裁判所(佐分晴夫教授退職記念論文集) 杉浦一孝 「名古屋大学法政論集」(245) 2012.8 p.323〜381

03559 イタリア憲法裁判所の50年 大越康大 「東京国際大学論叢. 国際関係学部編」(18) 2012.9 p.53〜69

03560 代表民主制と違憲立法審査 : カナダの経験が示唆するもの 本田隆浩 「英米法学」(51) 2012.9 p.19〜31

03561 ニュージーランドの議会制度 : 議会改革の史的展開と政治システムの変容 田中嘉彦 「レファレンス」 62(9)通号740 2012.9 p.51〜79

03562 ミューレベルク原発の無期限運転免許を取り消した連邦行政裁判所2012.3.1判決と「ミューレベルク原発を電力網からはずそう」国民発案 奥田喜道 「跡見学園女子大学マネジメント学部紀要」(14) 2012.9 p.141〜157

03563 BUSINESS FACT REPORT ユーロに夏の嵐 欧州「二重苦」債務と銀行不正 : 夏休み明けに、ドイツ憲法裁とオランダ総選挙の高い

ハードル。LIBORやマネロンなど銀行不信も高まる。「Facta」7(9)通号77 2012.9 p.20〜22

03564 EU法の最前線(第149回)ギリシャ金融支援実施法のドイツ憲法適合性[ドイツ連邦憲法裁判所第二法廷2011.9.7判決] 小場瀬琢磨「貿易と関税」60(9)通号714 2012.9 p.75〜69

03565 オーストリア1920年連邦憲法とハンス・ケルゼン : オーストリア法治主義(Legalitatsprinzip)の展開(2) 奥正嗣「国際研究論叢」大阪国際大学・大阪国際大学短期大学部紀要」26(1) 2012.10 p.1〜20

03566 世界の憲法(1)立憲君主国の憲法 齋藤康輝「朝日法学論集」(43) 2012.10 p.77〜117

03567 第二共和政前夜のエジプト : 新憲法をめぐるイデオロギー対立と大統領選挙後の展望(特集 「中東変動」と選挙 : 中東はどこへ向かうのか) 今井真士「中東研究」2012年度(2)通号515 2012.10 p.76〜86

03568 イタリアにおける憲法改正 : 均衡予算原則導入を中心に 芦田淳「レファレンス」62(11)通号742 2012.11 p.65〜71

03569 EU条約・EU機能条約コンメンタール(第10回)EU条約第6条と基本的人権の保護 : 法の一般原則、欧州人権条約およびEU基本権憲章(上) 庄司克宏「貿易と関税」60(11)通号716 2012.11 p.18〜29

03570 イタリア憲法裁判所関係法令集 田近肇「岡山大学法学会雑誌」62(2)通号218 2012.12 p.366〜334

03571 ハンガリー憲法と欧州人権条約(抱喜久雄教授追悼号) 小野義典「憲法論叢」(19) 2012.12 p.53〜102

03572 ロシアにおける政党制度及び選挙制度の改革 : 中央集権化をめぐって(小特集 選挙制度、政治倫理をめぐる動き) 小泉悠「外国の立法 : 立法情報・翻訳・解説」(254) 2012.12 p.73〜81

03573 EU法の最前線(第152回)長期間滞在する第三国国民への生存権の平等な保障[欧州司法裁判所2012.4.24先決裁定] 大藤紀子「貿易と関税」60(12)通号717 2012.12 p.75〜69

03574 NewsBeast InternationaList EGYPT ひどい憲法か独裁か モルシが迫る二択「Newsweek」27(47)通号1328 2012.12.12 p.16

03575 後見下にある精神障害者の強制入院に関するヨーロッパ人権裁判所の判例 : 精神障害者の非任意的入院に関するヨーロッパ人権裁判所の判例(2) 田中康代「社会科学論集 : 高知短期大学研究報告」(101) 2012.12.20 p.45〜53

03576 チェコ女性労働者の権利をめぐるカルラ・

マーホヴァの思想と活動 : 啓蒙と連帯から参政権運動へ(創立者越原春子および女子教育に関する研究) 石倉瑞恵「総合科学研究」(8) 2013年度 p.16〜24

03577 デンマーク人権機関・国内人権機関及び人権の観点からみたヘイトスピーチ・ヘイトクライムの概念(国際人権機関・国内人権機関報告) ローネリントホルト 申恵ホウ【訳】国際人権法学会[編]「国際人権 : 国際人権法学会報」(24) 2013 p.126〜130

03578 イタリア憲法裁判所の特質と近年における変化 芦田淳「比較法研究」(75) 2013 p.309〜327

03579 オーストラリア憲法前史概説 甲斐素直「法学紀要」55 2013 p.109〜135

03580 オーストラリアにおける差別表現規制 : 差別禁止法と国内人権機関の役割(特集 表現の自由についての権利をめぐる今日的課題―差別表現・憎悪表現の禁止に関する国際人権法の要請と各国の対応) 佐藤潤一「国際人権 : 国際人権法学会報」(24) 2013 p.53〜62

03581 オーストリア憲法政治史におけるアイデンティティの変遷 北村貴「比較憲法学研究」(25) 2013 p.97〜122

03582 カナダにおけるヘイトスピーチ(憎悪表現)規制 : 国内人権機関の役割(特集 表現の自由についての権利をめぐる今日的課題―差別表現・憎悪表現の禁止に関する国際人権法の要請と各国の対応) 小谷順子「国際人権 : 国際人権法学会報」(24) 2013 p.48〜52

03583 カナダ連邦制における連邦・州政府間関係 高木康一「社会科学年報」(47) 2013 p.87〜98

03584 キューバ共和国憲法 : 解説と全訳 吉田稔「比較法学」47(1)通号101 2013 p.231〜266

03585 クリストフ・ヴィンツェラー『スイス宗教法制入門』(1)(法と宗教をめぐる現代的諸問題(4)) 仲哲生「愛知学院大学宗教法制研究所紀要」(53) 2013 p.65〜92

03586 コメント(シンポジウム 台湾における社会権保障の現状と問題点) 岩本一郎「北大法学論集」63(5) 2013 p.1357〜1368

03587 試練に立つ立憲主義? : 2011年ハンガリー新憲法の「衝撃」(1) 水島朝穂 佐藤史人「比較法学」46(3)通号100 2013 p.39〜83

03588 試練に立つ立憲主義? : 2011年ハンガリー新憲法の「衝撃」(2・完) 水島朝穂 佐藤史人「比較法学」47(1)通号101 2013 p.1〜52

03589 進行する放射線被曝とチェルノブイリ法・基本的人権(特集 3・11後を問う) 矢ヶ﨑克馬「季論21 : intellectual and creative」(21) 2013.夏 p.150〜163

03590 スペイン憲法裁判所における条約の合憲性審査 野口健格 「法学政治学論究 ： 法律・政治・社会」（96） 2013.春季 p.1〜33

03591 スペイン語圏諸国憲法の条文に見る言語（加藤和敏先生 野沢公子先生 伊里松俊先生 松尾誠之先生 加藤史朗先生 退職記念号） 堀田英夫 「愛知県立大学外国語学部紀要. 言語・文学編」（45） 2013 p.265〜289

03592 パラグアイの違憲審査制 佐藤美由紀 「杏林社会科学研究」 29（3）通号94 2013 p.81〜97

03593 フィジー憲法政府草案の概要と特徴 ： 1997年憲法・ガイ草案との比較において 東裕 「パシフィックウェイ」 通号142 2013 p.8〜21

03594 フィジー2013年憲法草案の概要について 東裕 「パシフィックウェイ」（141） 2013 p.18〜30

03595 メキシコの教育改革 ： 2013年憲法改正を中心に 米村明夫 「ラテンアメリカレポート」 30（2）通号86 2013 p.67〜77

03596 ヨーロッパ人権裁判所における人種差別表現規制について（特集 表現の自由についての権利をめぐる今日的課題—差別表現・憎悪表現の禁止に関する国際人権法の要請と各国の対応） 大藤紀子 「国際人権 ： 国際人権法学会報」（24） 2013 p.43〜47

03597 ロシア陪審制の現在（ミニ・シンポジウム アジア・体制移行国における市民の司法参加システムから見た日本の裁判員制度） 中山顕 「比較法研究」（75） 2013 p.255〜264

03598 1996年南アフリカ共和国憲法 孝忠延夫 木村光豪 「アジア法研究」 2013 p.173〜185

03599 EU法におけるポジティブ・アクション法理の展開とその意義（3・完）性平等の分野に限定して 黒岩容子 「早稲田大学大学院法研論集」（146） 2013 p.71〜95

03600 オーストリア立憲主義の展開 ： 厳しい時代的潮流の中で（1848年〜1934年）（吉田栄司教授還暦記念論文集） 奥正嗣 「関西大学法学論集」 62（4・5） 2013.1 p.1545〜1596

03601 カナダ人権審判所による憲法解釈とヘイト・メッセージ規制 ： Warman v. Lemireを中心として（中西又三先生古稀記念論文集） 佐藤信行 「法学新報」 119（7・8） 2013.1 p.399〜424

03602 先住民の「土地権（aboriginal title）」および条約上の権利をめぐる近年のカナダ憲法判例の一つの動向 ： 先住民と協議し便宜を図る義務について（吉田栄司教授還暦記念論文集） 守谷賢輔 「関西大学法学論集」 62（4・5） 2013.1 p.1625〜1686

03603 EU条約・EU機能条約コンメンタール（第11回）EU条約第6条と基本的人権の保護 ： 法の

一般原則、欧州人権条約およびEU基本権憲章（中） 庄司克宏 「貿易と関税」 61（1）通号718 2013.1 p.54〜66

03604 パプアニューギニア独立国1975年憲法について 杉本篤史 「国際関係学研究」（26） 2013.2 p.119〜133

03605 EU法の最前線（第154回）先決裁定に反する憲法裁判所判決 ： チェコ憲法裁判所スロバキア年金事件判決［チェコ憲法裁判所2012.1.31判決］ 須網隆夫 「貿易と関税」 61（2）通号719 2013.2 p.79〜71

03606 イタリア憲法裁判所の制度と運用 田近肇 「岡山大学法学会雑誌」 62（4）通号220 2013.3 p.890〜846

03607 エクアドル共和国憲法（2008年） ： 解説と翻訳 吉田稔［訳］ 「姫路法学」（54） 2013.3 p.318〜206

03608 オーストリア1920年連邦憲法とハンス・ケルゼン ： オーストリア法治主義（Legalitatsprinzip）の展開（3） 奥正嗣 「国際研究論叢 ： 大阪国際大学・大阪国際大学短期大学部紀要」 26（3） 2013.3 p.21〜41

03609 カナダ憲法解釈における未締結条約の参照 ： 1990年Keegstra事件最高裁判所判決以降の展開（3）（山田健治教授退職記念号） 手塚崇聡 「社会とマネジメント ： 椙山女学園大学現代マネジメント学部紀要」 10（2） 2013.3 p.41〜56

03610 カナダ憲法における条約締結と議会関与 ： イギリス立憲主義のジレンマ（長内了先生古稀記念論文集） 富井幸雄 「法学新報」 119（9・10） 2013.3 p.503〜536

03611 憲法化された多文化主義とカナダ最高裁判所（長内了先生古稀記念論文集） 佐藤信行 「法学新報」 119（9・10） 2013.3 p.381〜411

03612 大航海時代イベリア文書における「人民主権」の原理的意味 ： 「近代法」再考のための「主権」の「抗議性」についての覚書 川畑博昭 「愛知県立大学文字文化財研究所年報」（6） 2013.3 p.1〜23

03613 年齢による区別と平等権 ： カナダ憲法を素材として（釜田泰介教授古稀記念論文集） 浅田訓永 「同志社法学」 64（7）通号360（分冊2） 2013.3 p.2949〜2990

03614 翻訳 サンティ・ロマーノ『法秩序』（4・完） 井口文男 「岡山大学法学会雑誌」 62（4）通号220 2013.3 p.782〜750

03615 ヨーロッパ共同体域内の〈一体的〉法・政治秩序生成の模索 ： 二大法秩序原理の登場から第一次拡大交渉まで（櫻井陽二教授古稀記念論叢） 川嶋周一 「政経論叢」 81（5・6） 2013.3 p.813〜856

03616 2012年3月13日付欧州人民党ドール議長への欧州議会選挙制度改革に関するA・ダフ書簡

解題と試訳　児玉昌己「比較文化年報」22
2013.3　p.27～38

03617　イタリア 2013年総選挙の結果と選挙法の
課題（小特集 選挙制度改革をめぐる動き）　芦
田淳「外国の立法. 月刊版：立法情報・翻訳・
解説」（255-1）　2013.4　p.6～7

03618　エジプト新憲法とメディア：険しい真の
民主化への道　田尾茂樹「新聞研究」（741）
2013.4　p.50～52

03619　カナダにおける信仰の自由のありかた：
宗教的独自性・平等・統合　加藤普章「法学研
究」86（4）　2013.4　p.37～66

03620　EU条約・EU機能条約コンメンタール（第
12回）EU条約第6条と基本的人権の保護：法の
一般原則、欧州人権条約およびEU基本権憲章
（下）　庄司克宏「貿易と関税」61（4）通号721
2013.4　p.68～83

03621　ハンガリーの憲法保障　小野義典「城西
現代政策研究」7（1）　2013.5　p.39～50

03622　立法情報 オーストラリア 連邦裁判官に関
する苦情処理制度の整備　等雄一郎「外国の立
法. 月刊版：立法情報・翻訳・解説」（255-2）
2013.5　p.22～23

03623　立法情報 ロシア 連邦構成主体首長の任命
制を認める法改正　小泉悠「外国の立法. 月刊
版：立法情報・翻訳・解説」（255-2）2013.5
p.16～17

03624　犯罪人引渡における人権基準の発展：
ヴァイス対オーストリア事件（第2）（自由権規
約委員会、2012年10月24日）　前田直子「京女
法学」（4）　2013.6　p.69～82

03625　イタリアにおける国家の非宗教性原則と
公共空間における宗教的標章：公立学校内の
キリスト十字架像をめぐる欧州人権裁判所判決
を手がかりに［2011.3.18］　江原勝行「Artes
liberales：Bulletin of the Faculty of
Humanities and Social Sciences, Iwate
University」（92）　2013.6　p.87～111

03626　フィジークーデタと憲法理論：必要性の
原理・"成功したクーデタ"の原理　東裕「太平
洋諸島研究：太平洋諸島学会誌」（1）　2013.
6　p.13～34

03627　翻訳 EUと立憲的多元主義：欧州トラン
スナショナル立憲主義理論　ミゲル・ポイアー
レス, マドゥーロ　東史彦［訳］「慶應法学」
（26）　2013.6　p.267～277

03628　フィジークーデタと憲法理論―必要性の
原理・"成功したクーデタ"の原理　東裕「太平
洋諸島研究：太平洋諸島学会誌」（1）　2013.
06　p.13～34

03629　ヨーロッパ人権条約における同性婚と登
録パートナーシップ：ヨーロッパ人権裁判所
シャルクとコプフ対オーストリア事件とその後
のオーストリア憲法裁判所判例より　渡邉泰彦

「産大法学」47（1）通号161　2013.7　p.50～1

03630　NEWSを読み解く トルコ社会の変化と憲
法改正問題　山口整「経済科学通信」（132）
2013.8　p.3～8

03631　ヨハネス・マージング「継続と非継続の間
：憲法改正」（翻訳）　棟居快行［翻訳］「レファ
レンス」63（9）通号752　2013.9　p.23～38

03632　オーストリア1920年連邦憲法とハンス・
ケルゼン：オーストリア法治主義
（Legalitatsprinzip）の展開（4・完）　奥正嗣
「国際研究論叢：大阪国際大学・大阪国際大学
短期大学部紀要」27（1）　2013.10　p.1～17

03633　翻訳 革命期イタリア半島における共和制
的立憲主義（1796―1799）　ダーリオ, イッポ
リート　小谷眞男［訳］「生活社会科学研究」
（20）　2013.10　p.71～82

03634　シドニー紀行 オーストラリアの議会制度
（1）　甲斐素直「会計と監査」64（12）　2013.
12　p.34～37

03635　オンブズマンの再編（オーストリア）：
OPCAT（拷問等禁止条約選択議定書）発効を契
機として（国際人権機関・国内人権機関報告）
今村哲也「国際人権：国際人権法学会報」
（25）　2014　p.95～98

03636　アルゼンチンの諸州の集中型違憲審査制
佐藤美由紀「杏林社会科学研究」30（2）通号
97　2014　p.25～37

03637　海外法律情報/イタリア 統治機構改革の
行方：憲法改正委員会最終報告書と両院選挙
法違憲判決　芦田淳「論究ジュリスト」（9）
2014.春　p.128～129

03638　カナダ国民統合における立憲君主制の役
割についての一考察：連邦議会上院などを事
例として　岡田健太郎「神奈川県立国際言語文
化アカデミア紀要」（4）　2014年度　p.19～31

03639　講演 ヨーロッパ人権裁判所の新たな挑戦
と課題　ジャン＝ポール, コスタ　建石, 真公子
［訳］「比較法学」48（2）通号105　2014　p.61
～69

03640　スペイン語圏の憲法条文上の用語と日常
語（林 良児先生 退職記念号）　堀田英夫「愛知
県立大学外国語学部紀要. 言語・文学編」（46）
2014　p.245～268

03641　スペインにおける信教の自由・政教関係
の基本法：1980年の宗教の自由に関する組織
法（第31回 宗教法制研究会・第66回 宗教法学
会）　ペドリサルイス「宗教法」（33）　2014
p.1～25

03642　ニュージーランド初期憲法史　甲斐素直
「法学紀要」56　2014　p.191～234

03643　フィジー2013年憲法の成立と特徴：政府
草案からの修正点を中心に　東裕「パシフィッ
クウェイ」（143）　2014　p.14～22

03644　北大立法過程研究会報告 イタリアにおける二院制の動向 ： 第16立法期以降を中心に　芦田淳　「北大法学論集」　65(2)　2014　p.338～319

03645　北大立法過程研究会報告 オーストラリアの二院制 ： 憲法上の規定と現実　杉田弘也　「北大法学論集」　64(6)　2014　p.2250～2219

03646　マルチナショナル連邦制におけるケベックの人権(言語権)を巡る論争についての考察 ： カナダ1982年憲法闘争を手掛かりに(ワークショップ ケベックとベルギー ： フランス語圏の多元社会 ： 言語・政治・文学)　荒木隆人　「ケベック研究」　(6)　2014　p.90～98

03647　領域主権・憲法・安全保障 ： 各国憲法領土関連規定の比較分析　松浦一夫　「憲法研究」　(46)　2014　p.1～22

03648　若手研究者が読み解く○○法 Part2(16) 社会主義法 ロシアにおける陪審裁判を受ける権利　中山顕　「法と民主主義」　(492)　2014.1　p.40～43

03649　オーストリア1934年連邦憲法と職能身分制国家 ： オーストリアファシズム独裁制の時代(1933年～1938年)(1)　奥正嗣　「国際研究論叢 ： 大阪国際大学・大阪国際大学短期大学部紀要」　27(2)　2014.1　p.33～51

03650　カナダにおける司法積極主義の一面 ： 民主的権利を素材にして(辻村みよ子教授退職記念号)　河北洋介　「法學 ： the journal of law and political science」　77(6)　2014.1　p.785～807

03651　カナダの議会制度　山田邦夫　「レファレンス」　64(1)通号756　2014.1　p.65～86

03652　国内憲法裁判所判決に反する国内最高裁判所によるEU司法裁判所への付託と先決裁定(12)EU法における先決裁定手続に関する研究(3)　中西優美子　「自治研究」　90(1)通号1079　2014.1　p.64～74

03653　シドニー紀行 オーストラリアの議会制度(2)　甲斐素直　「会計と監査」　65(1)　2014.1　p.51～55

03654　特別講演I 多様な能力へのニーズとインクルージョン教育の本質 ： 国際化時代の教育先進例としてのオランダの教育(第22回大会特集 多様なニーズへの挑戦 ： たて糸とよこ糸で織りなす新たな教育の創造)　リヒテルズ直子　日本LD学会編集委員会編　日本LD学会編集委員会編　「LD研究」　23(1)通号56　2014.2　p.12～21

03655　カナダ憲法解釈における「生ける樹」理論の意義 ： その判例上の起源と展開(小林節教授退職記念号)　手塚崇聡　「法学研究」　87(2)　2014.2　p.475～504

03656　シドニー紀行(3)オーストラリアの地方自治(1)　甲斐素直　「会計と監査」　65(2)

2014.2　p.50～54

03657　スウェーデンにおける憲法改革提言 ： 2つの学者グループが提案する政治不信の拡大への対処策　山岡規雄　「レファレンス」　64(2)通号757　2014.2　p.25～42

03658　中東情勢分析 中東諸国の法律・司法制度 ： エジプトとチュニジアの憲法改正　田中民之　「中東協力センターニュース」　38(6)　2014.2・3　p.53～60

03659　伊藤千尋の国際時転 チュニジア 「アラブの春」から3年、「厳冬」時代を経て民主的新憲法が採用され、「春」到来の動き　伊藤千尋　「金曜日」　22(8)通号998　2014.2.28　p.41

03660　イタリアにおける憲法裁判所と国会　田近肇　「岡山大学法学会雑誌」　63(4)通号224　2014.3　p.508～485

03661　エジプト2012年憲法の読解 ： 過去憲法との比較考察(上)　竹村和朗　「アジア・アフリカ言語文化研究」　(87)　2014.3　p.103～240

03662　オーストリア1934年連邦憲法と職能身分制国家 ： オーストリアファシズム独裁制の時代(1933年～1938年)(2)　奥正嗣　「国際研究論叢 ： 大阪国際大学・大阪国際大学短期大学部紀要」　27(3)　2014.3　p.61～79

03663　現代ロシアにおける権力分立の構造 ： 大統領権限をめぐる憲法裁判の展開(杉浦一孝教授退職記念論文集─歴史・社会体制と法)　佐藤史人　「名古屋大学法政論集」　(255)　2014.3　p.481～518

03664　シドニー紀行(4)オーストラリアの地方自治(2)　甲斐素直　「会計と監査」　65(3)　2014.3　p.46～50

03665　トルコにおける新憲法制定をめぐる議論　下中菜都子　「レファレンス」　64(3)通号758　2014.3　p.51～76

03666　ベルギー憲法裁判所関係法令集　奥村公輔[翻訳]　「駒澤大學法學部研究紀要」　(72)　2014.3　p.97～148

03667　立法情報 ロシア 下院選挙制度改革に向けた法改正　小泉悠　「外国の立法. 月刊版 ： 立法情報・翻訳・解説」　(259-1)　2014.4　p.20～21

03668　諸外国における戦後の憲法改正(第4版)　山岡規雄　元尾竜一　「調査と情報」　(824)　2014.4.24　巻頭1p, 1～15

03669　イタリアにおける財政連邦主義実施の動向　芦田淳　「外国の立法 ： 立法情報・翻訳・解説」　(260)　2014.6　p.83～91

03670　イタリアにおける宗教団体の平等な自由と司法審査 ： 無神論者団体の「宗派」該当性に関わる政府の裁量権の「政治行為」該当性　江原勝行　「Artes liberales ： Bulletin of the Faculty of Humanities and Social Sciences,

Iwate University」 （94） 2014.6 p.37〜62

03671 ペルー共和国憲法史と日本国憲法 ： 「非西欧地域」との比較から（第47回大会報告特集 歴史における社会的結合と地域―世界史のなかの日本国憲法） 川畑博昭 「歴史評論」（770） 2014.6 p.36〜49

03672 2009年5月5日の法律第42号 憲法第119条の規定の具体化における、財政連邦主義に関する政府への委任 芦田淳［訳］ 調査及び立法考査局イタリア研究会［訳］「外国の立法 ： 立法情報・翻訳・解説」（260） 2014.6 p.92〜114

03673 スイス連邦における憲法教育条項の改正と州間協定の現状 ： オブヴァルデン準州の態度保留理由に着目して 荒川麻里 「教育制度研究紀要」（9） 2014.7 p.55〜66

03674 アイルランドの憲法体制における国際法 ： リーディング・ケースを中心に 松田幹夫 「独協法学」（94） 2014.8 p.1〜23

03675 エジプト2012年憲法の読解 ： 過去憲法との比較考察（下） 竹村和朗 「アジア・アフリカ言語文化研究」（88） 2014.9 p.91〜284

03676 ベルギー憲法裁判所の制度の概要（松村格教授退職記念号） 奥村公輔 「駒澤法学」 14（1）通号52 2014.9 p.128〜67

03677 イタリア共和国憲法第11条（戦争否認条項）をめぐる議論 山岡規雄 「レファレンス」 64（10）通号765 2014.10 p.59〜73

03678 イタリア憲法と集団的自衛権 森下正弘 「イタリア図書」（51） 2014.10 p.8〜13

03679 カナダ最高裁の構成と立憲主義 ： カナダ最高裁判事任命無効判決 富井幸雄 「法学新報」 121（5・6） 2014.10 p.227〜267

03680 ペルー共和制史にとっての「立憲主義」の位相 ： 「統治」と「経済」からの抗い（特集 非西欧世界の立憲制） 川畑博昭 「新しい歴史学のために」（285） 2014.10 p.52〜66

03681 アイルランドの上院改革論議と憲法改正国民投票 山田邦夫 「レファレンス」 64（11）通号766 2014.11 p.53〜71

03682 オーストリア憲法裁判所の権限はどのように変遷しているか ： 主観訴訟に関する権限の拡大 北村貴 「憲法研究」（47） 2015 p.113〜140

03683 カナダにおける同性婚の承認（1） 河北洋介 「名城ロースクール・レビュー」（32） 2015 p.1〜14

03684 「カナダの多文化主義」に基づく憲法解釈の一側面 ： 信教の自由における「承認」の原理を中心に 山本健人 「法学政治学論究 ： 法律・政治・社会」（107） 2015.冬季 p.31〜65

03685 講演 ルネ・カピタンと1962年の憲法危機 オリヴィエ，ボー 山元一［訳］「日仏法学」

（28） 2015 p.111〜134

03686 スイス憲法における言語の自由（法と宗教をめぐる現代的諸問題（6）） 仲哲生 「愛知学院大学宗教法制研究所紀要」（55） 2015 p.151〜168

03687 スペイン憲法のアイデンティティーと憲法第168条第1項の検討 ： 本質的憲法改正手続条項に列挙される条文の妥当性 野口健格 「中央学院大学法学論叢」 28（1・2）通号43 2015 p.115〜143

03688 スペインにおける王制の憲法的課題と現状 野口健格 「中央学院大学法学論叢」 29（1）通号42 2015 p.41〜63

03689 トルコ共和国の国民概念の境界線に関する一考察 ： トルコ性の包摂と排除の理念を焦点にして 鈴木慶孝 「法学政治学論究 ： 法律・政治・社会」（104） 2015.春季 p.217〜248

03690 ラテンアメリカ憲法史とポピュリズム ： 「民の声は天の声（vox populi, vox dei）」の復権のために 川畑博昭 「愛知県立大学大学院国際文化研究科論集. 日本文化編」（6） 2015 p.96〜79

03691 1970年代中国憲法「改正」史論 通山昭治 「比較法雑誌」 48（4）通号172 2015 p.105〜134

03692 新スイス連邦憲法 ： ヘフェリン＝ハラー＝ケラー共著にもとづく紹介（1） 小林武 「沖縄法政研究」（17） 2015.1 p.81〜98

03693 イタリアの選挙制度（2）1848年選挙法と有権者の創造 池谷知明 「選挙 ： 選挙や政治に関する総合情報誌」 68（2） 2015.2 p.34〜36

03694 スウェーデン王国、ノルウェー王国、英国における議員宿舎等の実情 伴野誠人 門脇由以子 「立法と調査」（361） 2015.2 p.117〜131

03695 デンマークの選挙制度 安田隆子 「レファレンス」 65（2）通号769 2015.2 p.29〜42

03696 国際情勢ウォッチング ヨーロッパの安全保障と日欧安全保障関係 鶴岡路人 「CISTEC journal ： 輸出管理の情報誌」（156） 2015.3 p.113〜126

03697 日本語が公用語として定められている世界唯一の憲法 ： パラオ共和国アンガウル州憲法 ダニエル，ロング 今村圭介 「人文学報」（503） 2015.3 p.61〜77

03698 ベネズエラにおける民主主義と憲法改正 ： 代表民主主義から参加民主主義へ 津乘惠子 「ククロス ： 国際コミュニケーション論集」（12） 2015.3 p.33〜47

03699 ベルギーにおけるコンセイユ・デタ立法部による ： 事前統制と憲法裁判所による事後統制 奥村公輔 「駒澤法学」 14（4）通号55 2015.3 p.80〜53

03700 ルクセンブルクのコンセイユ・デタ関係法令集 奥村公輔 「駒澤大學法學部研究紀要」(73) 2015.3 p.43～56

03701 ロシアにおける政治の「司法化」：憲法監督制度をめぐる問題との関連で(宮本由美子教授 谷聖美教授 退職記念号) 河原祐馬 「岡山大学法学会雑誌」64(3・4)通号227 2015.3 p.658～627

03702 2013年フィジー共和国新憲法の特徴：憲法の変遷を中心として 野原稔和 「公共政策志林」(3) 2015.3 p.163～173

03703 主要国の憲法改正手続：12か国の憲法の特徴を探る 小林公夫 「調査と情報」(853) 2015.3.5 巻頭1p, 1～14

03704 イタリアの選挙制度(4)男子普通選挙権の確立 池谷知明 「選挙：選挙や政治に関する総合情報誌」68(4) 2015.4 p.38～40

03705 イタリアの選挙制度(5)比例代表制の導入 池谷知明 「選挙：選挙や政治に関する総合情報誌」68(5) 2015.5 p.26～28

03706 イタリアにおける慣習国際法規範の遵守義務と合憲性審査：国家主権の制限に関する「対抗限界」論の新たな地平 江原勝行 「Artes liberales：Bulletin of the Faculty of Humanities and Social Sciences, Iwate University」(96) 2015.6 p.55～80

03707 イタリアの選挙制度(6)ファシスト体制下の選挙制度 池谷知明 「選挙：選挙や政治に関する総合情報誌」68(6) 2015.6 p.48～50

03708 イタリアの選挙制度(7)憲法制定議会選挙と国民投票 池谷知明 「選挙：選挙や政治に関する総合情報誌」68(7) 2015.7 p.26～28

03709 オリヴァ・クロムウェルの護国卿体制と成文憲法(前田雅英教授退職記念号 川村栄一教授退職記念号) 大澤麦 「法学会雑誌」56(1) 2015.7 p.329～359

03710 立法情報 イタリア 違憲判決を踏まえた下院選挙制度の見直し 芦田淳 「外国の立法. 月刊版：立法情報・翻訳・解説」(264-1) 2015.7 p.12～13

03711 EU法判例研究(2)基本的人権の保護とEU法・スペイン憲法[Case C—399/11 Melloni v Ministerio Fiscal, ECLI：EU：C：2013：107] 須網隆夫 「法律時報」87(8)通号1088 2015.7 p.114～117

03712 グローバル経済下における年金債務・公的債務・経済成長：ギリシャの反「緊縮」策とギリシャ憲法 粥川正敏 「共済新報」56(8) 2015.8 p.4～12

03713 ポーランドの1791年5月3日憲法とその立憲制的伝統(特集 非西欧世界の立憲制(2)) 白木太一 「新しい歴史学のために」(287) 2015.10 p.20～36

03714 イタリア憲法改正と州の自治権：立法権分割と上院改革を素材として 芦田淳 「自治総研」41(11)通号445 2015.11 p.1～21

憲法改正

現行憲法

【図書】

03715 日本国憲法 ［さいたま］ 埼玉県 200
27p 21cm 埼玉県

03716 知ろう日本国憲法 保岡孝之監修 ［映像
資料］ サン・エデュケーショナル 2006 ビ
デオカセット1巻(15分)：VHS （どうなって
るの？ 政治と私たちのくらし 3） 〈カラー〉
17800円

03717 日本国憲法の価値―命と尊厳の基準とし
て 新美治一著 ［横浜］ アルゴ出版 2006.1
216p 21cm 〈発売：八朔社〉 1800円 Ⓘ4-
86014-030-3 Ⓝ323.14 新美治一

03718 日本国憲法の知られざる真実―占領時憲
法の実態に迫る 小川卓也著 産経新聞出版
2006.2 239p 20cm 1700円 Ⓘ4-902970-26-
0 Ⓝ323.14 小川卓也

03719 平和創造・人間回復つなげよういのち！
―日本国憲法はいつ何なるときでも人のいの
ちを奪うこと奪われることを許さない 毛利正
道著 合同出版 2006.2 183p 21cm 1400
円 Ⓘ4-7726-0362-X Ⓝ304 毛利正道

03720 日本国憲法―present for you & present
from you 週刊金曜日編 金曜日 2006.4 1
冊（ページ付なし） 15cm 〈英語併記〉 800
円 Ⓘ4-906605-11-7 Ⓝ323.14 週刊金曜日

03721 日本国憲法制定の系譜 v.3 戦後日本で
原秀成著 日本評論社 2006.4 966p 22cm
〈他言語標題：The origins of the Japanese
constitution〉 〈年表あり〉 〈文献あり〉
10500円 Ⓘ4-535-51518-2 Ⓝ323.14 原秀成

03722 ふり仮名なしで読めますか？ 日本国憲法
と皇室典範―漢字テストに挑戦蘊蓄で納得 彩
流社編集部編 彩流社 2006.4 110p 21cm
（大人の常識トレーニング 2） 〈年表あり〉
952円 Ⓘ4-7791-1005-X Ⓝ323.14 彩流社編
集部

03723 ベアテと語る「女性の幸福」と憲法 ベ
アテ・シロタ・ゴードン語る人, 村山アツ子聞
く人, 高見澤たか子構成 晶文社 2006.4
281p 20cm 〈文献あり〉 1800円 Ⓘ4-7949-
6697-0 Ⓝ323.14 Gordon, Beate Sirota 村
山アツ子 高見沢たか子

03724 前文から読み解く日本国憲法 一倉重美
津著 子どもの未来社 2006.7 219p 18cm

（寺子屋新書 21） 〈文献あり〉 820円 Ⓘ4-
901330-71-3 Ⓝ323.14 一倉重美津

03725 「日本国憲法」まっとうに議論するために
樋口陽一著 みすず書房 2006.7 177p 19cm
（理想の教室） 1500円 Ⓘ4-622-08322-1
Ⓝ323.14 樋口陽一

03726 日本国憲法 オフィスワイワイ蜜書房
2006.8 71p 13cm 476円 Ⓘ4-903600-02-5

03727 歴史のなかの日本国憲法―戦場・兵士・
戦後処理 吉田裕著 春日部 ケイ・アイ・メ
ディア 2006.9 55p 21cm （へいわの灯火
ブックレット 3） 600円 Ⓘ4-907796-21-8
Ⓝ319.8 吉田裕

03728 わたしと日本国憲法 第7集 ［富山］
文集『わたしと日本国憲法』をつくる会 2006.
11 33p 26cm 500円 Ⓝ323.14

03729 白洲次郎の日本国憲法 鶴見紘［著］ 光
文社 2007.1 247p 16cm （知恵の森文庫）
〈ゆまに書房1989年刊の増訂〉 〈年譜あり〉
552円 Ⓘ978-4-334-78463-8 Ⓝ289.1 鶴見紘

03730 日本国憲法 森達也著 太田出版 2007.
1 276p 19cm 1480円 Ⓘ978-4-7783-1035-6
Ⓝ323.14 森達也

03731 日本国憲法に関する調査特別委員会日本
国憲法の改正手続に関する法律案等審査小委員
会議録集―第百六十五回国会 ［東京］ 衆議院
憲法調査特別委員会及び憲法調査会事務局
2007.1 213, 74p 30cm Ⓝ323.149 衆議院

03732 施行60年！ ビジュアル日本国憲法―見つ
め直そう！ わたしたちの原点 宝島社 2007.5
126p 26cm （別冊宝島 1421号） 952円
Ⓘ978-4-7966-5793-8

03733 「日本国憲法」を英語で読んでみる 別冊
宝島編集部編 宝島社 2007.6 191p 18cm
（宝島社新書） 〈英語併記〉 〈「英語で「日本
国憲法」を読んでみる」(2004年刊)の改訂〉
〈年表あり〉 700円 Ⓘ978-4-7966-5847-8
Ⓝ323.14 別冊宝島編集部

03734 「日本国憲法」を読む 上 西部邁著 イ
プシロン出版企画 2007.8 267p 19cm 1800
円 Ⓘ978-4-903145-20-4 Ⓝ323.14 西部邁

03735 新・検証日本国憲法 小栗実編著 第3版
京都 法律文化社 2007.9 210, 13, 21p
21cm 〈文献あり〉 2700円 Ⓘ978-4-589-
03038-2 Ⓝ323.14 小栗実

03736 日本国憲法―ポツダム宣言大日本帝国憲法 表現研究所 2007.10 78p 16cm 〈奥付のタイトル：表現研究所版「日本国憲法」〉 762円 ①978-4-939144-20-2 Ⓝ323.14 表現研究所

03737 日本国憲法 藤田尚則著 北樹出版 2007.10 266, 5p 22cm 〈文献あり〉 2700円 ①978-4-7793-0108-7 Ⓝ323.14 藤田尚則

03738 超日本国憲法 潮匡人, 斎藤貴男, 鈴木邦男, 林信吾著 講談社 2007.11 271p 19cm 1500円 ①978-4-06-214342-4 Ⓝ323.14 潮匡人 斎藤貴男 鈴木邦男 林信吾

03739 日本国憲法制定誌―正しい憲法論議のために 富原薫著 ［東京］ 文藝春秋企画出版部 2007.11 463p 22cm 〈発売：文藝春秋〉 2381円 ①978-4-16-008040-9 Ⓝ323.14 富原薫

03740 日本国憲法誕生 ［映像資料］ ［東京］ NHKエンタープライズ 2007.11 ビデオディスク1枚(74分)：DVD （NHKスペシャル） 〈他言語標題：Birth of the constitution of Japan〉 〈カラー（一部モノクロ）ステレオ ビスタ〉 4935円

03741 日本国憲法の精神 渡辺洋三著 新装版 新日本出版社 2007.11 229p 20cm 1800円 ①978-4-406-05074-6 Ⓝ323.14 渡辺洋三

03742 日本国憲法の同時代史 同時代史学会編 日本経済評論社 2007.11 248p 20cm 〈文献あり〉 〈年表あり〉 2800円 ①978-4-8188-1961-0 Ⓝ323.14 同時代史学会

03743 わたしと日本国憲法 第8集 ［富山］ 文集『わたしと日本国憲法』をつくる会 2007.11 37p 26cm 500円 Ⓝ323.14

03744 日本国憲法 松井茂記著 第3版 有斐閣 2007.12 620p 22cm 〈文献あり〉 4200円 ①978-4-641-13032-6 Ⓝ323.14 松井茂記

03745 日本国憲法誕生―知られざる舞台裏 塩田純著 日本放送出版協会 2008.1 271p 20cm 〈文献あり〉 1500円 ①978-4-14-081264-8 Ⓝ323.14 塩田純

03746 東アジア共同体構想と日本国憲法・田中正造のアジア認識 三浦一夫, 飯田進著 ［東京］ 下町人間・天狗講九条の会 2008.2 151p 21cm 〈文献あり〉 〈発売：下町総研〉 1000円 ①978-4-902556-11-7 Ⓝ319.2 三浦一夫 飯田進

03747 世界地図でわかる日本国憲法 西修監修 講談社 2008.4 127p 26cm 1500円 ①978-4-06-214550-3 Ⓝ323.01 西修

03748 日本国憲法 上田正一著 京都 嵯峨野書院 2008.4 323p 22cm 〈文献あり〉 3300円 ①978-4-7823-0481-5 Ⓝ323.14 上田正一

03749 日本国憲法は「押しつけられた」のか？―戦後日本の出発と憲法の制定 柴山敏雄編著 学習の友社 2008.4 111p 21cm 952円 ①978-4-7617-0648-7 Ⓝ323.14 柴山敏雄

03750 伊藤真・長倉洋海の日本国憲法 伊藤真, 長倉洋海著 金曜日 2008.5 165p 21cm 〈標題紙・表紙のタイトル：日本国憲法〉 1800円 ①978-4-906605-39-2 Ⓝ323.14 伊藤真 長倉洋海

03751 希望と憲法―日本国憲法の発話主体と応答 酒井直樹著 以文社 2008.5 305p 20cm 2500円 ①978-4-7531-0260-0 Ⓝ323.14 酒井直樹

03752 経済人からみた日本国憲法 高坂節三著 PHP研究所 2008.7 238p 18cm （PHP新書） 〈文献あり〉 720円 ①978-4-569-70047-2 Ⓝ323.14 高坂節三

03753 えほん日本国憲法―しあわせに生きるための道具 野村まり子絵・文, 笹沼弘志監修 明石書店 2008.9 47p 29cm 1600円 ①978-4-7503-2833-1 Ⓝ323.14 野村まり子 笹沼弘志

03754 「日本国憲法」を読む 下 西部邁著 イプシロン出版企画 2008.9 317p 19cm 2400円 ①978-4-903145-21-1 Ⓝ323.14 西部邁

03755 日本国憲法の理論 福島弘著 八王子 中央大学出版部 2008.9 444, 12p 22cm 〈文献あり〉 3300円 ①978-4-8057-0724-1 Ⓝ323.14 福島弘

03756 新・どうなっている!?日本国憲法―憲法と社会を考える 播磨信義, 上脇博之, 木下智史, 脇田吉隆, 渡辺洋編著 第2版 京都 法律文化社 2009.3 111p 26cm 〈付(13p)：日本国憲法・大日本帝国憲法〉 2300円 ①978-4-589-03148-8 Ⓝ323.14 播磨信義 上脇博之 木下智史 脇田吉隆 渡辺洋

03757 日本国憲法の誕生 古関彰一著 岩波書店 2009.4 433, 15p 15cm （岩波現代文庫 G215） 〈『新憲法の誕生』(中央公論社1989年刊)の加筆, 改題〉 〈年表あり 索引あり〉 1300円 ①978-4-00-600215-2 Ⓝ323.14 古関彰一

03758 日本国憲法オカノススム起源論 嶋村藤吉著 内外出版 2009.5 229p 21cm 2000円 ①978-4-931410-38-1 Ⓝ323.14 嶋村藤吉

03759 ようこそ日本国憲法へ 小林武著 第2版 法学書院 2009.5 201p 21cm 〈文献あり 索引あり〉 2000円 ①978-4-587-03236-4 Ⓝ323.14 小林武

03760 君は日本国憲法を知っているか―焼け跡の記憶1945～1946 津田道夫著 績文堂出版 2009.7 167p 21cm 〈文献あり〉 1200円 ①978-4-88116-068-8 Ⓝ323.14 津田道夫

03761 日本国憲法を考える 松井茂記著 第2版 吹田 大阪大学出版会 2009.9 276p 19cm （大阪大学新世紀レクチャー） 〈索引あり〉 1800円 ①978-4-87259-292-4 Ⓝ323.14 松井茂記

03762 日本国憲法・国家賠償法・皇室典範 ［点字資料］ 日本点字図書館（製作） 2010.1 63p 26cm 〈厚生労働省委託法令図書〉〈使用原本：総務省法令データ提供システム http：/law.e-gov.go.jpcgi-binidxsearch.cgi〉〈ルーズリーフ〉 1800円 Ⓝ323.14

03763 入門・日本国憲法と三権分立 板倉聖宣監修, 竹田かずき, 長岡清共著 仮説社 2010.1 86p 15cm （ミニ授業書） 800円 Ⓘ978-4-7735-0216-9 Ⓝ323.14 竹田かずき 長岡清 板倉聖宣

03764 人物や文化遺産で読み解く日本の歴史 7 吉田茂・原爆ドーム・日本国憲法―大正・昭和・平成時代 千葉昇監修・指導 あかね書房 2010.3 47p 31cm 〈索引あり〉 3300円 Ⓘ978-4-251-08277-0 Ⓝ210.1 千葉昇

03765 日本国憲法 藤田尚則著 改訂版 北樹出版 2010.3 266, 5p 22cm 〈文献あり 索引あり〉 2700円 Ⓘ978-4-7793-0220-6 Ⓝ323.14 藤田尚則

03766 日本国憲法前文お国ことば訳―わいわいニャンニャン版 勝手に憲法前文をうたう会編, 岩合光昭撮影 小学館 2010.6 139p 18×18cm 1800円 Ⓘ978-4-09-388129-6 Ⓝ323.14 勝手に憲法前文をうたう会 岩合光昭

03767 日本国憲法＋あたらしい憲法のはなし ［録音資料］ Pan Rolling 2011 録音ディスク3枚（140分）：CD （Audio book series 耳で聴く本オーディオブックCD） 1260円 Ⓘ978-4-7759-2418-1

03768 日本国憲法の旅 藤森研著 ［東京］ 花伝社 2011.1 214p 20cm 〈発売：共栄書房〉 1800円 Ⓘ978-4-7634-0591-3 Ⓝ323.14 藤森研

03769 日本国憲法―英文対訳 筑摩書房 2011.2 163p 15cm （ちくま学芸文庫 ニ11-1） 540円 Ⓘ978-4-480-09359-2 Ⓝ323.14

03770 参議院日本国憲法に関する調査特別委員会会議録―第百六十六回国会 参議院日本国憲法に関する調査特別委員会及び憲法調査会事務局 2011.3 1冊 30cm Ⓝ323.14 参議院

03771 教職教養日本国憲法―公教育の憲法学的視座 坂田仰, 田中洋著 補訂第2版 八千代出版 2011.4 313p 22cm 〈文献あり 索引あり〉 2800円 Ⓘ978-4-8429-1543-2 Ⓝ323.14 坂田仰 田中洋

03772 日本国憲法概論 西浦公著 改訂新版 岡山 大学教育出版 2011.4 131p 19cm 〈文献あり〉 1700円 Ⓘ978-4-86429-066-1 Ⓝ323.14 西浦公

03773 日本国憲法論 佐藤幸治著 成文堂 2011.4 691p 22cm （法学叢書 7） 〈文献あり 索引あり〉 4500円 Ⓘ978-4-7923-0511-6 Ⓝ323.14 佐藤幸治

03774 誰が殺した？ 日本国憲法！ 倉山満著 講談社 2011.5 286p 19cm 1600円 Ⓘ978-4-06-216996-7 Ⓝ323.14 倉山満

03775 日本国憲法 憲法改悪阻止各界連絡会議編 新装版 本の泉社 2011.5 175p 15cm 〈他言語標題：The Constituion of Japan〉〈英文併記〉 571円 Ⓘ978-4-7807-0622-2 Ⓝ323.14 憲法改悪阻止各界連絡会議

03776 いま日本国憲法は―原点からの検証 小林武, 三並敏克編 第5版 京都 法律文化社 2011.6 288p 21cm 〈付（13p）：資料〉〈索引あり〉 2900円 Ⓘ978-4-589-03352-9 Ⓝ323.14 小林武 三並敏克

03777 英文日本国憲法の出典―前文を主とする 橋本育弘著 奈良 奈良新聞社 2011.6 119p 21cm 〈他言語標題：SOURCES OF THE CONSTITUTION OF JAPAN〉〈文献あり〉 1400円 Ⓘ978-4-88856-102-0 Ⓝ323.14 橋本育弘

03778 日本国憲法 長尾一紘著 全訂第4版 京都 世界思想社 2011.6 329p 21cm 〈索引あり〉 2700円 Ⓘ978-4-7907-1529-0 Ⓝ323.14 長尾一紘

03779 歌で綴る憲法と昭和の暮らし 圓谷勝男著 角川書店 2011.7 177p 20cm （熾叢書第39番） 2667円 Ⓘ978-4-04-652464-5 Ⓝ323.14 円谷勝男

03780 限りなき道を―わが戦後史と日本国憲法 南義弘著 中央公論事業出版 2011.8 218p 20cm 1800円 Ⓘ978-4-89514-364-6 Ⓝ289.1 南義弘

03781 南原繁と日本国憲法―天皇制と戦争放棄とをめぐって 南原繁研究会編 EDITEX 2011.8 215p 22cm （To beシリーズ） 1900円 Ⓘ978-4-903320-21-2 Ⓝ323.14 南原繁研究会

03782 日本国憲法 藤田尚則著 2改訂版 北樹出版 2011.10 272, 5p 22cm 〈文献あり 索引あり〉 2800円 Ⓘ978-4-7793-0297-8 Ⓝ323.14 藤田尚則

03783 新・日本国憲法講座 第1部 戦後史のなかの日本国憲法 浜林正夫監修・序文, 東京学習会議編・著 本の泉社 2012.4 75p 21cm （マイブックレット no.19） 571円 Ⓘ978-4-7807-0690-1 Ⓝ323.14 東京学習会議 浜林正夫

03784 図説日本国憲法の誕生 西修著 河出書房新社 2012.4 119p 22cm （ふくろうの本） 〈文献あり 年表あり〉 1800円 Ⓘ978-4-309-76188-6 Ⓝ323.12 西修

03785 ひら漢ノート日本国憲法版―ひらがなを漢字に直して書くだけ。これが、けっこう奥が深い。 永江英夫編著, 好奇心トレーニングセンター監修 大阪 ホルス出版 2012.10 105p 26cm 〈文献あり〉 600円 Ⓘ978-4-905516-02-6 Ⓝ81 永江英夫 好奇心トレーニ

ングセンター

03786 日本国憲法と先住民族であるアイヌの人びと 佐藤幸治［著］ 札幌 北海道大学アイヌ・先住民研究センター 2013.2 84p 21cm （北海道大学アイヌ・先住民研究センターブックレット Aynu teetawanoankur kanpinuye cise kapar kanpisos 第1号） Ⓘ978-4-907256-00-5 Ⓝ316.81 佐藤幸治

03787 新・日本国憲法講座 第2部 日本国憲法が実現する国への展望 浜林正夫, 相澤與一監修, 東京学習会議編・著 浜林正夫, 相澤與一／監修 本の泉社 2013.3 115p 21cm （マイブックレット No.26） 762円 Ⓘ978-4-7807-0958-2 Ⓝ323.14 東京学習会議 浜林正夫 相澤與一

03788 「日本国憲法」なのだ！ 赤塚不二夫, 永井憲一著 改訂新版 草土文化 2013.5 75p 22cm 900円 Ⓘ978-4-7945-1064-8 Ⓝ323.14 赤塚不二夫 永井憲一

03789 日本国憲法 「写楽」編集部編集 第2版 小学館 2013.6 127p 21cm （小学館アーカイヴス） 500円 Ⓘ978-4-09-105439-5 Ⓝ323.14 小学館

03790 アメリカが日本に「昭和憲法」を与えた真相 日高義樹著 PHP研究所 2013.7 283p 20cm 〈他言語標題：The Truth Behind the Japan's Showa Constitution〉 1600円 Ⓘ978-4-569-81384-4 Ⓝ323.14 日高義樹

03791 書いておぼえる日本国憲法—付あたらしい憲法のはなし 名古屋 風媒社 2013.7 123p 26cm 800円 Ⓘ978-4-8331-1100-3 Ⓝ32

03792 日本国憲法を口語訳してみたら 塚田薫著, 長峯信彦監修 幻冬舎 2013.7 175p 18cm 1100円 Ⓘ978-4-344-02433-5 Ⓝ323.14 塚田薫 長峯信彦

03793 日本国憲法はどう生まれたか？—原典から読み解く日米交渉の舞台裏 青木高夫著 ディスカヴァー・トゥエンティワン 2013.7 277p 18cm （ディスカヴァー携書 104） 〈文献あり〉 1000円 Ⓘ978-4-7993-1354-1 Ⓝ323.14 青木高夫

03794 歴史から読み解く日本国憲法 倉持孝司編 京都 法律文化社 2013.7 245p 21cm 〈索引あり〉 2600円 Ⓘ978-4-589-03532-5 Ⓝ323.14 倉持孝司

03795 いま知りたい学びたい日本国憲法—写真と図解でよくわかる！憲法の歴史と「今」 後藤光男監修 日本文芸社 2013.8 97p 26cm （にちぶんMOOK） 〈文献あり 年表あり〉 648円 Ⓘ978-4-537-12256-5

03796 今スグ知りたい！日本国憲法 別冊宝島編集部編 宝島社 2013.8 143p 16cm （宝島SUGOI文庫 Dへ-1-30） （「「日本国憲法」を英語で読んでみる」(2007年刊)、「施行60

年！ビジュアル日本国憲法」(2007年刊)の改題, 合本, 改編） 590円 Ⓘ978-4-8002-1516-1 Ⓝ323.14 別冊宝島編集部

03797 日本国憲法 学術文庫編集部編 新装版 講談社 2013.8 125p 15cm （講談社学術文庫 2201） 〈英語抄訳付き〉 300円 Ⓘ978-4-06-292201-2 Ⓝ323.14 学術文庫編集部

03798 日本国憲法—こどもから大人まで丸わかり！ 村和男監修 新装版 ブティック社 2013.8 96p 21cm （ブティック・ムック no.1102） 571円 Ⓘ978-4-8347-7202-9 Ⓝ323.14 村和男

03799 日本国憲法をよむ—英和対訳 常岡せつ子, C.ダグラス・ラミス, 鶴見俊輔著・訳 新版 柏書房 2013.8 207p 21cm 〈他言語標題：THE CONSTITUTION OF JAPAN〉 〈文献あり〉 1900円 Ⓘ978-4-7601-4293-4 Ⓝ323.14 常岡せつ子 ラミス, C.ダグラス 鶴見俊輔

03800 日本国憲法講義—これで納得！前文, 九条, 九六条などの正しい解説 田村重信著 内外出版 2013.8 133p 19cm 1000円 Ⓘ978-4-905285-23-6 Ⓝ323.149 田村重信

03801 この人たちの日本国憲法—宮澤喜一から吉永小百合まで 佐高信著 光文社 2013.9 257p 20cm 1600円 Ⓘ978-4-334-97753-5 Ⓝ323.149 佐高信

03802 戦後歴程—平和憲法を持つ国の経済人として 品川正治著 岩波書店 2013.9 182p 20cm 1800円 Ⓘ978-4-00-025915-6 Ⓝ289.1 品川正治

03803 日本国憲法を知りたい。 学研パブリッシング 2013.9 103p 29cm （Gakken MOOK） 〈文献あり〉 〈発売：学研マーケティング〉 838円 Ⓘ978-4-05-610175-1

03804 超訳日本国憲法 長嶺超輝著 ベストセラーズ 2013.10 318p 15cm （ワニ文庫 P-237） 800円 Ⓘ978-4-584-39337-6 Ⓝ323.14 長嶺超輝

03805 日本国憲法の正体—アメリカ製憲法の改正を阻むのは誰か？ オークラ出版 2013.10 183p 21cm （OAK MOOK 497 撃論シリーズ） 1143円 Ⓘ978-4-7755-2132-8

03806 本当は怖ろしい日本国憲法 長谷川三千子, 倉山満著 ビジネス社 2013.10 176p 18cm 900円 Ⓘ978-4-8284-1727-1 Ⓝ323.14 長谷川三千子 倉山満

03807 制定の立場で省みる日本国憲法入門 第1集 芦田均著 書肆心水 2013.11 254p 20cm 3300円 Ⓘ978-4-906917-20-4 Ⓝ323.14 芦田均

03808 制定の立場で省みる日本国憲法入門 第2集 金森徳次郎著 書肆心水 2013.11 318p 20cm 3800円 Ⓘ978-4-906917-21-1 Ⓝ323.14 金森徳次郎

03809 日本国憲法の平和主義——法律実務家の視点から 清原雅彦著 福岡 石風社 2013.11 219p 20cm 〈文献あり〉 1500円 ⓘ978-4-88344-239-3 Ⓝ323.149 清原雅彦

03810 ビギナーズ日本国憲法 角川学芸出版編 KADOKAWA 2013.12 118p 15cm （［角川ソフィア文庫］［N50-1]） 440円 ⓘ978-4-04-407230-8 Ⓝ323.14 角川学芸出版

03811 ドイツ人学者から見た日本国憲法——憲法と集団安全保障——戦争廃絶に向けた日本の動議 クラウス・シルヒトマン著, 渡辺寛爾, 倉崎星訳 本の泉社 2014.1 182p 19cm 1300円 ⓘ978-4-7807-1143-1 Ⓝ323.142 シルヒトマン, クラウス 渡辺寛爾 倉崎星

03812 日本国憲法——現代語訳 伊藤真訳 筑摩書房 2014.1 318p 18cm （ちくま新書1049） 940円 ⓘ978-4-480-06755-5 Ⓝ323.14 伊藤真

03813 ベアテ・シロタと日本国憲法——父と娘の物語 ナスリーン・アジミ, ミッシェル・ワッセルマン著, 小泉直子訳 岩波書店 2014.1 71p 21cm （岩波ブックレット No.889） 560円 ⓘ978-4-00-270889-8 Ⓝ289.3 アジミ, ナスリーン ワッセルマン, ミッシェル 小泉直子

03814 今もあたらしい憲法のはなし——中学1年だった私は, それから 小針和子著 京都 つむぎ出版 2014.2 175p 21cm 1000円 ⓘ978-4-87668-185-3 Ⓝ914.6 小針和子

03815 「聴く」日本国憲法——憲法は, ドラマだ！ 永久保存版 木山泰嗣CD監修, エイベックス・マーケティング, ヤング・スタッフ, 中央経済社編 エイベックス・マーケティング 2014.2 91p 26cm 〈発売：中央経済社〉 1200円 ⓘ978-4-502-10101-4 Ⓝ323.14 エイベックスマーケティング ヤングスタッフ 中央経済社 木山泰嗣

03816 「現行日本国憲法」をどう考えるべきか——天皇制, 第九条, そして議院内閣制 大川隆法著 幸福の科学出版 2014.2 163p 19cm 〈他言語標題：HOW WE SHOULD VIEW THE CURRENT CONSTITUTION OF JAPAN〉 〈著作目録あり〉 1500円 ⓘ978-4-86395-435-9 Ⓝ169.1 大川隆法

03817 初期日本国憲法改正論議資料——莘憲法研究会速記録〈参議院所蔵〉1953-59 赤坂幸一編集・校訂 柏書房 2014.2 117, 1077p 22cm 〈索引あり〉 20000円 ⓘ978-4-7601-4339-9 Ⓝ323.149 赤坂幸一

03818 フクシマで"日本国憲法〈前文〉"を読む——家族で語ろう憲法のこと 金井光生著 ［東京］ 公人の友社 2014.2 93p 21cm （福島大学ブックレット『21世紀の市民講座』 No.10） 〈文献あり〉 1000円 ⓘ978-4-87555-635-0 Ⓝ323.14 金井光生

03819 基礎日本国憲法 長谷川日出世著 成文堂 2014.3 343p 21cm 〈文献あり 索引あり〉 2500円 ⓘ978-4-7923-0562-8 Ⓝ323.14 長谷川日出世

03820 主権者となるあなたへ日本国憲法からのメッセージ 片居木英人, 福岡賢昌, 長野典右著 府中 サンウェイ出版 2014.3 152p 21cm 1800円 ⓘ978-4-88389-043-9 Ⓝ32 片居木英人 福岡賢昌 長野典右

03821 天皇と日本国憲法——反戦と抵抗のための文化論 なかにし礼著 毎日新聞社 2014.3 245p 20cm 1500円 ⓘ978-4-620-32258-2 Ⓝ914.6 なかにし礼

03822 日本国憲法を考える 松井茂記著 第3版 吹田 大阪大学出版会 2014.3 286p 19cm （大阪大学新世紀レクチャー） 〈索引あり〉 1800円 ⓘ978-4-87259-472-0 Ⓝ323.14 松井茂記

03823 書いて覚える日本国憲法——書き込み式 池上彰監修 小学館クリエイティブ 2014.4 127p 26cm （きっずジャポニカ学習ドリル） 〈文献あり〉 〈発売：小学館〉 1200円 ⓘ978-4-7780-3772-7

03824 日本国憲法——人権と福祉 渡辺信英編 南窓社 2014.4 254p 22cm 〈文献あり〉 3200円 ⓘ978-4-8165-0420-4 Ⓝ323.143 渡辺信英

03825 日本国憲法からのメッセージ——主権者となるあなたへ 片居木英人, 福岡賢昌, 長野典右著 府中（東京都） サンウェイ出版 2014.4 8, 144p 21cm 1800円 ⓘ978-4-88389-043-9 Ⓝ323.14 片居木英人 福岡賢昌 長野典右

03826 間違った日本国憲法——日本国憲法と昭和を作った人々 南義弘著 中央公論事業出版 （制作・発売） 2014.4 181p 20cm 1500円 ⓘ978-4-89514-417-9 Ⓝ323.14 南義弘

03827 読むための日本国憲法 東京新聞政治部編 文藝春秋 2014.4 338p 16cm （文春文庫 と28-1） 〈『いま知りたい日本国憲法』（講談社 2005年刊）の改題, 加筆・修正〉 〈文献あり〉 630円 ⓘ978-4-16-790081-6 Ⓝ323.14 東京新聞政治部

03828 日本カント研究 15 カントと日本国憲法 日本カント協会編 つくば 日本カント協会 2014.7 233p 22cm 〈発売：知泉書館〉 2000円 ⓘ978-4-86285-919-8 Ⓝ134.2 日本カント協会

03829 日本国憲法を生んだ密室の九日間 鈴木昭典著 KADOKAWA 2014.7 445p 15cm （［角川ソフィア文庫］［M114-1]） 〈創元社1995年刊の加筆修正〉 〈文献あり 年表あり〉 1000円 ⓘ978-4-04-405806-7 Ⓝ323.14 鈴木昭典

03830 「日本国憲法」を読み直す 井上ひさし, 樋口陽一著 岩波書店 2014.7 293p 15cm （岩波現代文庫 社会 271） 〈底本：講談社文庫 1997年刊〉 1040円 ⓘ978-4-00-603271-5

Ⓝ323.14 井上ひさし 樋口陽一

03831 日本国憲法の日本語文法 中村幸弘著 右文書院 2014.7 148p 19cm 1200円 Ⓘ978-4-8421-0770-7 Ⓝ323.14 中村幸弘

03832 わたくしは日本国憲法です。 鈴木篤著 朗文堂 2014.7 189p 19cm 1200円 Ⓘ978-4-947613-90-5 Ⓝ323.14 鈴木篤

03833 聖書の平和主義と日本国憲法 原田博充著 キリスト新聞社出版事業課 2014.8 222p 19cm 2000円 Ⓘ978-4-87395-659-6 Ⓝ198.34 原田博充

03834 日本国憲法再確認 労働者教育協会編 学習の友社 2014.9 87p 21cm （学習の友別冊） 463円 Ⓝ323.14 労働者教育協会

03835 こんなにすごい！ 日本国憲法—マンガで再発見 シリーズ1 憲法はこうして生まれた 上田勝美監修 杉浦真理/執筆 京都 かもがわ出版 2014.10 31p 27cm 〈索引あり〉 2500円 Ⓘ978-4-7803-0721-4 Ⓝ323.14 上田勝美

03836 対訳中国語で読む日本国憲法 野村義造著 新潟 コマガタ出版事業部 2014.10 152p 21cm 〈発行元：星雲社〉 1200円 Ⓘ978-4-434-19384-2

03837 はじめての日本国憲法—役割は？ 私たちとのつながりは？ 青井未帆著 PHP研究所 2014.10 63p 29cm （楽しい調べ学習シリーズ） 〈文献あり 年表あり 索引あり〉 3000円 Ⓘ978-4-569-78429-8 Ⓝ323.14 青井未帆

03838 こんなにすごい！ 日本国憲法—マンガで再発見 シリーズ2 すみからすみまで国民主権 上田勝美監修 杉浦真理/執筆 京都 かもがわ出版 2014.12 31p 27cm 〈索引あり〉 2500円 Ⓘ978-4-7803-0722-1 Ⓝ323.14 上田勝美

03839 対訳 中国語で読む日本国憲法 野村義造著 新潟 コマガタ出版事業部, 星雲社〔発売〕 2014.12 151p 21cm 〈本文：日中両文〉 1200円 Ⓘ978-4-434-19384-2 Ⓝ82 野村義造

03840 日本国憲法—エスペラント対訳 NUN-vortoj訳 豊中 日本エスペラント図書刊行会 2014.12 88p 19cm 〈他言語標題：La Konstitucio de la Regno Japanio〉 600円 Ⓘ978-4-930785-59-6 Ⓝ323.14 NUN-vortoj

03841 こんなにすごい！ 日本国憲法—マンガで再発見 シリーズ3 権力から人権をまもるために～自由権～ 上田勝美監修 本堂やよい/執筆 京都 かもがわ出版 2015.1 31p 27cm 〈索引あり〉 2500円 Ⓘ978-4-7803-0723-8 Ⓝ323.14 上田勝美

03842 こんなにすごい！ 日本国憲法—マンガで再発見 シリーズ4 人間らしい暮らしのために～社会権～ 上田勝美監修 杉浦真理/執筆 京都 かもがわ出版 2015.2 31p 27cm 〈索引あり〉 2500円 Ⓘ978-4-7803-0724-5

Ⓝ323.14 上田勝美

03843 日本国憲法の誕生と苦難—芦田修正劇にハマった人たち 私家版 鈴木康夫著 ［千葉］ ［鈴木康夫］ 2015.2 158p 26cm Ⓝ323.14 鈴木康夫

03844 ニャンと読んで考える!?日本国憲法 アイバス出版編集部編 アイバス出版 2015.2 174p 19cm 〈他言語標題：Think about the Constitution of Japan with a cat〉 〈文献あり〉 〈発売：サンクチュアリ出版〉 1000円 Ⓘ978-4-86113-590-3 Ⓝ323.14 アイバス出版編集部

03845 アメリカが日本に「昭和憲法」を与えた真相 日高義樹著 PHP研究所 2015.3 333p 15cm （PHP文庫 ひ36-2） 〈文献あり〉 740円 Ⓘ978-4-569-76328-6 Ⓝ323.14 日高義樹

03846 こんなにすごい！ 日本国憲法—マンガで再発見 シリーズ5 世界にほこる平和主義 上田勝美監修 松竹伸幸/執筆 京都 かもがわ出版 2015.3 31p 27cm 〈索引あり〉 2500円 Ⓘ978-4-7803-0725-2 Ⓝ323.14 上田勝美

03847 専制と偏狭を永遠に除去するために—主権者であるあなたへ 阿久戸光晴著 上尾 聖学院大学出版会 2015.3 202p 18cm （Veritas Books） 1600円 Ⓘ978-4-907113-14-8 Ⓝ190.4 阿久戸光晴

03848 日本国憲法へのとびら—いま、主権者に求められること 片居木英人, 福岡賢昌, 長野典右, 安達宏之著 法律情報出版 2015.3 141, 12p 21cm 1800円 Ⓘ978-4-939156-31-1 Ⓝ323.14 片居木英人 福岡賢昌 長野典右

03849 日本国憲法の改正手続に関する法律（抄） 特定秘密の保護に関する法律 ［点字資料］ 日本点字図書館（製作） 2015.3 2冊 26cm 〈厚生労働省委託法令図書〉 〈ルーズリーフ〉 〈使用原本：総務省法令データ提供システム 他 http：law.e-gov.go.jpcgi-binidxsearch.cgi〉 Ⓝ320.9

03850 伊藤真が問う日本国憲法の真意 森英樹, 水島朝穂, 浦部法穂, 伊藤真著, 法学館憲法研究所編 日本評論社 2015.4 176p 21cm 1500円 Ⓘ978-4-535-52118-6 Ⓝ323.14 森英樹 水島朝穂 浦部法穂 法学館憲法研究所

03851 口語訳日本国憲法・大日本帝国憲法 倉山満著 KADOKAWA 2015.4 191p 15cm （新人物文庫 く-2-2） 550円 Ⓘ978-4-04-601250-0 Ⓝ323.14 倉山満

03852 テキスト日本国憲法 中西俊二著 第3版 岡山 大学教育出版 2015.4 201p 21cm 〈文献あり〉 1600円 Ⓘ978-4-86429-374-7 Ⓝ323.14 中西俊二

03853 日本国憲法概論 西浦公著 改訂第2版 岡山 大学教育出版 2015.4 132p 19cm 〈文献あり〉 1700円 Ⓘ978-4-86429-372-3 Ⓝ323.14 西浦公

03854 死産される日本語・日本人―「日本」の歴史―地政的配置 酒井直樹著 講談社 2015.5 357p 15cm (講談社学術文庫 2297) 〈新曜社 1996年刊の再刊〉 1130円 ①978-4-06-292297-5 Ⓝ302.1 酒井直樹

03855 日本国憲法の継承と発展 全国憲法研究会編 三省堂 2015.5 436p 20cm 3200円 ①978-4-385-32112-7 Ⓝ323.14 全国憲法研究会

03856 原典日本国憲法 大空社編集部編 大空社 2015.7 59p 30cm (複製) 926円 ①978-4-283-01316-2 Ⓝ323.14 大空社

03857 日本国憲法の大義―民衆史と地域から考える15氏の意見 農山漁村文化協会編 農山漁村文化協会 2015.7 151p 21cm 1000円 ①978-4-540-15172-9 Ⓝ323.14 農山漁村文化協会 農文協

03858 現代語訳でよむ日本の憲法 柴田元幸訳, 木村草太法律用語監修 アルク 2015.8 163p 21cm 〈他言語標題：THE CONSTITUTION OF JAPAN〉 1500円 ①978-4-7574-2645-0 Ⓝ323.14 柴田元幸 木村草太

03859 日本国憲法 すとう彩イラスト 宙出版 2015.8 145p 21cm (Next comics) 〈他言語標題：THE CONSTITUTION OF JAPAN〉〈英語併記〉 1300円 ①978-4-7767-9640-4 Ⓝ323.14 すとう彩

03860 「日本国憲法」まっとうに議論するために 樋口陽一著 改訂新版 みすず書房 2015.9 191p 19cm 〈文献あり〉 1800円 ①978-4-622-07950-7 Ⓝ323.14 樋口陽一

03861 日本国憲法を学ぶ 橋本基弘著 中央経済社 2015.10 284p 21cm 〈他言語標題：The Constitution of Japan〉〈文献あり 索引あり〉 2800円 ①978-4-502-16331-9 Ⓝ323.14 橋本基弘

03862 日本国憲法 社会契約論 バラエティ・アートワークス企画・漫画 イースト・プレス 2015.10 381p 19cm (まんがで読破Remix) 〈「社会契約論」(2011年刊)と「日本国憲法」(2012年刊)の合本〉 648円 ①978-4-7816-1371-0 Ⓝ726.1 バラエティアートワークス

03863 憲法主義―条文には書かれていない本質 内山奈月, 南野森著 PHP研究所 2015.11 277p 15cm (PHP文庫 み52-1) 〈2014年刊の一部修正〉〈文献あり〉 760円 ①978-4-569-76480-1 Ⓝ323.14 内山奈月 南野森

03864 新・テキストブック日本国憲法 下條芳明, 東裕編著, 樋口雄人, 渡邊亙, 林紀行, 団上智也著 京都 嵯峨野書院 2015.11 378p 21cm 〈文献あり 索引あり〉 2900円 ①978-4-7823-0558-4 Ⓝ323.14 下條芳明 東裕 樋口雄人 渡邊亙 林紀行 団上智也

03865 大事なことは憲法が教えてくれる―日本国憲法の底力 森英樹著 新日本出版社 2015.

11 222p 19cm 1600円 ①978-4-406-05929-9 Ⓝ323.14 森英樹

03866 日本国憲法から考える現代社会・15講―グローバル時代の平和憲法 新井信之著 有信堂高文社 2015.11 260p 21cm 〈文献あり〉 3000円 ①978-4-8420-1077-9 Ⓝ323.14 新井信之

03867 わたしたちのくらしと日本国憲法 1 平和な国をつくる〈平和主義・統治機構〉 伊藤真監修, 市村均文, 伊東浩司絵 岩崎書店 2015.11 55p 29cm 〈文献あり〉 3300円 ①978-4-265-08451-7 Ⓝ323.14 市村均 伊藤真 伊東浩司

03868 わたしたちのくらしと日本国憲法 2 自由な国をつくる〈立憲主義・自由権〉 伊藤真監修, 市村均文, 伊東浩司絵 岩崎書店 2015.11 55p 29cm 〈文献あり〉 3300円 ①978-4-265-08452-4 Ⓝ323.14 市村均 伊藤真 伊東浩司

03869 わたしたちのくらしと日本国憲法 3 平等な国をつくる〈社会権・参政権〉 伊藤真監修, 市村均文, 伊東浩司絵 岩崎書店 2015.11 55p 29cm 〈文献あり〉 3300円 ①978-4-265-08453-1 Ⓝ323.14 市村均 伊藤真 伊東浩司

【雑誌】

03870 さわやかな思考――法を考える(50・完) 日本国憲法の原風景――新な制度設計への一里塚 三木新 「季刊現代警察」 32(2) 通号112 2006 p.32～35

03871 日本国憲法における実定規範としての「人間の尊厳」の位置づけ――条文上の根拠と「公共の福祉」としての機能 押久保倫夫 「東海法学」 35 2006

03872 議員にきく――国会議員インタビューシリーズ 枝野幸男氏(衆議院議員・民主党)(特集 日本国憲法を考える) 枝野幸男 「世界と議会」 (498) 2006.1 p.18～24

03873 小泉大勝と日本国憲法 佐高信 「信州自治研」 (167) 2006.1 p.14～26

03874 日本国憲法の今日的意義(特集 日本国憲法を考える) 村田尚紀 「世界と議会」 (498) 2006.1 p.13～17

03875 「日本国憲法は米国の押し付けに非ず、国民は熱狂的に支持した」と言われたら(総力特集 「歴史の嘘」を見破る！(PART3)―永久保存版 <歴史講座>26講座 小泉首相以下全国民必読！もし朝日新聞にああ言われたら―こう言い返せ) 小山常実 「諸君！：日本を元気にするオピニオン雑誌」 38(7) 2006.7 p.71～74

03876 「日本国憲法」は共産革命の第一段階としてつくられた 田中英道 「正論」 通号416 2006.11 p.130～141

03877 憲法研究会『憲法草案要綱』が導いた日

本国憲法——虚構の「押し付け憲法」論　金子勝　「立正法学論集」41(1)通号75　2007　p.95〜153

03878　〈戦後憲法〉を抱きしめて(特集「戦後民主主義」と憲法・憲法学—憲法記念講演会)　山元一　「憲法問題」通号18　2007　p.139〜152

03879　日本国憲法の設計図を引いた鈴木安蔵氏——鈴木安蔵氏の「憲法草案」　金子勝　「立正法学論集」40(2)通号74　2007　p.89〜154

03880　幻の質問権——日本国憲法・国会法制定過程と質問制度　田中信一郎　「政治学研究論集」(26)　2007年度　p.73〜92

03881　約束と希望としての日本国憲法　広渡清吾　「法の科学：民主主義科学者協会法律部会機関誌「年報」」通号38　2007　p.4〜7

03882　原点から考える日本国憲法(第1回)憲法とは何か　河上暁弘　「信州自治研」(179)　2007.1　p.2〜7

03883　原点から考える日本国憲法(第2回)日本国憲法の成立——憲法はいかにしてできたか　河上暁弘　「信州自治研」(180)　2007.2　p.40〜47

03884　対談 憲法を考える　吉原泰助　齊藤佳倍　「甲斐ケ嶺」(74)　2007.2　p.4〜31

03885　憲法訴訟研究会(第124回)政治的ゲリマンダー——Vieth v. Jubelirer, 541 U.S. 267 (2004)　吉田仁美　「ジュリスト」(1328)　2007.2.15　p.136〜140

03886　現行憲法の成立過程を検証する——反動派の「押しつけ憲法論」批判(特集・改憲策動といかに闘うか——ブルジョア憲法の歴史的位置づけ)　山田明人　「プロメテウス：マルクス主義同志会理論誌」(50)　2007.4　p.25〜38

03887　昭和憲法とは!? 憲法改正問題講座(6)平和主義をめぐる憲法状況　白川勝彦　「マスコミ市民：ジャーナリストと市民を結ぶ情報誌」通号459　2007.4　p.66〜71

03888　日本国憲法——その基本原理のブルジョア性(特集・改憲策動といかに闘うか——ブルジョア憲法の歴史的位置づけ)　小幡芳久　「プロメテウス：マルクス主義同志会理論誌」(50)　2007.4　p.4〜24

03889　昭和憲法とは!? 憲法改正問題講座(7)改憲派が目論む自衛軍の想定像　白川勝彦　「マスコミ市民：ジャーナリストと市民を結ぶ情報誌」通号460　2007.5　p.58〜64

03890　初心を思い起こして(特集 日本国憲法施行六〇年—憲法と私)　加納克己　「社会主義」(538)　2007.5　p.68〜71

03891　提言 日本国憲法の使命と国民保護法(憲法のあり方)　浜谷英博　「月刊自由民主」通号650　2007.5　p.36〜41

03892　日本国憲法60年記念 鼎談 戦後憲法学を語る　奥平康弘　高見勝利　石川健治　「法学教室」通号320　2007.5　p.6〜31

03893　「戦争損害論」と日本国憲法(第1部 人権の現代的展開)　永田秀樹　「現代社会における国家と法 阿部照哉先生喜寿記念論文集」2007.5　p.161〜

03894　学校教育問題への憲法的接近——心の問題を中心にして(特集 日本国憲法60年——現状と展望)　内野正幸　「ジュリスト」(1334)　2007.5.1・15　p.174〜181

03895　環境(特集 日本国憲法60年——現状と展望)　青柳幸一　「ジュリスト」(1334)　2007.5.1・15　p.165〜173

03896　議院内閣制と政党・選挙制度——収斂か対決か(特集 日本国憲法60年——現状と展望)　芹沢斉　「ジュリスト」(1334)　2007.5.1・15　p.104〜110

03897　刑事手続における「主権」と「人権」——憲法シンボルをめぐる異夢(特集 日本国憲法60年——現状と展望)　中島徹　「ジュリスト」(1334)　2007.5.1・15　p.182〜194

03898　国家vs市場(特集 日本国憲法60年——現状と展望)　安念潤司　「ジュリスト」(1334)　2007.5.1・15　p.82〜93

03899　座談会 憲法60年——現状と展望(特集 日本国憲法60年——現状と展望)　高橋和之　佐藤幸治　棟居快行[他]　「ジュリスト」(1334)　2007.5.1・15　p.2〜38

03900　司法制度——改革の行方(特集 日本国憲法60年——現状と展望)　笹田栄司　「ジュリスト」(1334)　2007.5.1・15　p.111〜122

03901　自由vs安全(特集 日本国憲法60年——現状と展望)　大沢秀介　「ジュリスト」(1334)　2007.5.1・15　p.94〜103

03902　主権論再考(特集 日本国憲法60年——現状と展望)　岡田信弘　「ジュリスト」(1334)　2007.5.1・15　p.39〜49

03903　象徴天皇制に未来はあるか?(特集 日本国憲法60年——現状と展望)　横田耕一　「ジュリスト」(1334)　2007.5.1・15　p.59〜71

03904　情報法制——現状と展望(特集 日本国憲法60年——現状と展望)　鈴木秀美　「ジュリスト」(1334)　2007.5.1・15　p.144〜154

03905　男女共同参画——憲法学的意義と課題(特集 日本国憲法60年——現状と展望)　辻村みよ子　「ジュリスト」(1334)　2007.5.1・15　p.155〜164

03906　地方自治(特集 日本国憲法60年——現状と展望)　渋谷秀樹　「ジュリスト」(1334)　2007.5.1・15　p.123〜143

03907　武力行使違法化原則のなかの9条論(特集 日本国憲法60年——現状と展望)　阪本昌成　「ジュリスト」(1334)　2007.5.1・15　p.50〜58

03908 法令にみる小泉内閣2千日の軌跡 (5) 有事法制とミサイル防衛 阪田雅裕 「時の法令」 通号1785 2007.5.15 p.49〜54

03909 原点から考える日本国憲法 (第5回) 日本国憲法制定当事者の思想 (1) 幣原喜重郎の平和思想を中心に 河上暁弘 「信州自治研」 (184) 2007.6 p.19〜27

03910 昭和憲法とは!? 憲法改正問題講座 (8) 天皇制の存続と国民主権をめぐる諸問題 白川勝彦 「マスコミ市民 : ジャーナリストと市民を結ぶ情報誌」 通号461 2007.6 p.42〜48

03911 9・11と日本国憲法 (シンポジウム 9・11後のアメリカ法) 藤井樹也 「アメリカ法」 2006 (1) 2007.6 p.26〜39

03912 ラオコオンとトロヤの木馬 (特集・日本国憲法—施行60年のいま) 石川健治 「論座」 通号145 2007.6 p.67〜75

03913 英国機密ファイル 日本国憲法の真実 徳本栄一郎 「文芸春秋」 85 (9) 2007.7 p.328〜335

03914 グローバル化の進行と日本国憲法 (特集＝日本国憲法施行六〇年——憲法学に求められる課題) 麻生多聞 「法律時報」 79 (8) 通号985 2007.7 p.52〜57

03915 原点から考える日本国憲法 (第6回) 日本国憲法制定当事者の思想 (2) マッカーサーの平和思想を中心に 河上暁弘 「信州自治研」 (185) 2007.7 p.37〜45

03916 座談会 日本国憲法と憲法学の六〇年 (特集＝日本国憲法施行六〇年——憲法学に求められる課題) 奥平康弘 森英樹 石埼学 [他] 「法律時報」 79 (8) 通号985 2007.7 p.4〜26

03917 昭和憲法とは!? 憲法改正問題講座 (9) 政権選択の自由の有無とその必要性 白川勝彦 「マスコミ市民 : ジャーナリストと市民を結ぶ情報誌」 通号462 2007.7 p.58〜64

03918 IPS 東南アジア——進まぬ「民主化の進展」 (特集 岐路に立つ日本国憲法) 「世界と議会」 (515) 2007.7 p.28〜31

03919 原点から考える日本国憲法 (第7回) 日本国憲法成立の思想的源流・『戦争非合法化』の理論 河上暁弘 「信州自治研」 (186) 2007.8 p.25〜33

03920 昭和憲法とは!? 憲法改正問題講座 (10) 改憲派を右翼反動と呼ぶ理由 白川勝彦 「マスコミ市民 : ジャーナリストと市民を結ぶ情報誌」 通号463 2007.8 p.50〜55

03921 日本国憲法と国際平和 (特集 日本国憲法と国際平和) 安斎育郎 「人権と部落問題」 59 (9) 通号762 2007.8 p.6〜14

03922 日本国憲法60年記念 憲法学の現在・未来 (3) 「憲法上の権利」の守備範囲——諸法との「協働」に向けて 巻美矢紀 「法学教室」 通号323 2007.8 p.15〜24

03923 憲法改正と国際社会・国際人権保障 (III 基本的人権) 江島晶子 「憲法構想と改憲論 吉田善明先生古稀記念論文集」 2007.8 p.333〜

03924 原点から考える日本国憲法 (第8回) 『戦争非合法化』論が日本国憲法第9条成立へ与えた直接的影響 河上暁弘 「信州自治研」 (187) 2007.9 p.33〜41

03925 憲法制定過程におけるGSとESSの関係——占領直後からGHQ/SCAP憲法草案が作成されるまでの時期を中心に 金官正 「横浜国際経済法学」 16 (1) 2007.9 p.45〜86

03926 昭和憲法とは!? 憲法改正問題講座 (11) 憲法を守る力は国民にある 白川勝彦 「マスコミ市民 : ジャーナリストと市民を結ぶ情報誌」 通号464 2007.9 p.64〜70

03927 インタビュー 戦後の憲法感覚が問われるとき——六〇年を振り返って 日高六郎 保坂展人 「世界」 (770) 2007.10 p.36〜47

03928 日本国憲法60年記念 憲法学の現在・未来 (5) 給付の作用と人権論 中林暁生 「法学教室」 通号325 2007.10 p.24〜30

03929 日本国憲法における「武力の行使」の位置づけ (特集 日本と国際公秩序——集団的自衛権・国際刑事裁判所の原理的検討—集団的自衛権) 安念潤司 「ジュリスト」 (1343) 2007.10.15 p.27〜36

03930 日本国憲法「自主憲法」説の虚構 「明日への選択」 通号262 2007.11 p.18〜21

03931 国語改革と日本国憲法 金丸文夫 「読売クオータリー」 (6) 2008.夏 p.86〜95

03932 国家保障から憲法保障へ——日本国憲法60年の意味 (特集 日本国憲法60年——憲法学の成果と課題—2007年 憲法記念講演会) 石村修 「憲法問題」 通号19 2008 p.129〜140

03933 日本国憲法の成立をめぐる法的問題 村松伸治 「憲法研究」 (40) 2008 p.53〜75

03934 日本国憲法60年 宇佐見大司 「法の科学 : 民主主義科学者協会法律部会機関誌「年報」」 通号39 2008 p.4〜7

03935 憲法秩序の変動と占領管理体制——「日本国憲法施行の際限に効力を有する命令の規定の効力等に関する法律」(昭和22年法律第72号)の制定及び改正過程を中心として 出口雄一 「桐蔭法学」 14 (2) 通号28 2008.2 p.1〜71

03936 「公共」を考える (11) 戦後憲法は押し付けか 稲垣久和 「時の法令」 通号1803 2008.2.15 p.49〜55

03937 学生の憲法の認識度と国民投票——学生アンケート結果の分析から 木谷拓哉 岡田行雄 「九州国際大学法学論集」 14 (3) 2008.3 p.234〜205

03938 8月革命説と4月制定説——日本国憲法の

誕生日はいつか　山下威士　「帝京法学」25
(2)通号43　2008.3　p.1〜30

03939　国民主権の成り立ち—日本国憲法と現代
を考える　長坂伝八　「教育研究」（43）　2008.
3　p.1〜45

03940　対談 いま、憲法をどう語るか　Arthur,
Binard　加藤周一　「世界」（779）　2008.6　p.
60〜70

03941　日本国憲法に「物語（narrative）」はある
か——歴史主義と反歴史主義（特集 憲法理論の
新たな創造）　巻美矢紀　「法律時報」80（6）通
号996　2008.6　p.48〜54

03942　「蟹工船」と「日本国憲法」——私たちは
今どう生きるか　畑田重夫　「平和運動」
（454）　2008.8・9　p.4〜10

03943　憲法に込められた日本人の叡智—「憲法
研究会案」と「日本社会党案」を読む　野崎靖
仁　「進歩と改革」　通号680　2008.8　p.53〜57

03944　日本国憲法における国際協調主義の今日
的意義　小林武　「愛知大学法学部法経論集」
（177）　2008.8　p.352〜321

03945　予防原則と憲法の政治学（特集《日本国憲
法をめぐる基本問題》）　中山竜一　「法の理論
27」　2008.10　p.77〜

03946　世界的に見た日本国憲法の性格　高柳賢
三　「自由」50（11）通号585　2008.11　p.32〜
44

03947　日本国憲法の勤労権規定に対する憲法政
策的含意——憲法規範力比較の観点から　北村
貴　「比較憲法学研究」通号21　2009　p.137〜
161

03948　日本国憲法の光と影——その平和主義と
立憲主義の意味を問う　會津明郎　「青森法政論
叢」（10）　2009　p.1〜19

03949　2008年度比較法研究所共同研究報告 日本
国憲法——マッカーサー憲法から何へ？　西
川純子　「比較法文化 ：駿河台大学比較法研究
所紀要」（18）　2009年度　p.207〜217

03950　講演 日本国憲法とカント哲学（第7回広島
大学応用倫理学プロジェクト研究センター例会
統一テーマ「和解概念の再構築」）　中村博雄
「ぷらくしす」通号11　2009年度　p.11〜25

03951　もう一度、憲法を見つめ直そう（特集 憲
法をとりまく情況）　樋口敏之　「マスコミ市民
：ジャーナリストと市民を結ぶ情報誌」通号
480　2009.1　p.4〜15

03952　日本国憲法の国家像——憲法政策学的試
論（特集 憲法学に問う—財政学からの問題提起
と憲法学からの応答）　村田尚紀　「法律時報」
81（5）通号1008　2009.5　p.97〜103

03953　日本国憲法と世界人権宣言　横田洋三
「法学新報」116（3・4）　2009.9　p.805〜842

03954　日本国憲法制定過程における国籍と朝鮮

人　中村安菜　「法学研究論集」（34）　2010年
度　p.113〜133

03955　日本国憲法と国の安全——日本国憲法の
可能性と限界　東裕　「憲法研究」（42）　2010
p.27〜47

03956　蟻川恒正報告をめぐる質疑応答（特集 憲
法と経済秩序—研究会における質疑応答）　阪
本昌成　毛利透　横大道聡［他］「企業と法創
造」6（4）通号21　2010.2　p.183〜186

03957　奥平康弘報告をめぐる質疑応答（特集 憲
法と経済秩序—研究会における質疑応答）　水
島朝穂　高橋利安　山元一［他］「企業と法創
造」6（4）通号21　2010.2　p.137〜140

03958　グローバル化時代の憲法と経済秩序（特集
憲法と経済秩序）　森英樹　「企業と法創造」6
（4）通号21　2010.2　p.113〜124

03959　清宮四郎 または「憲法問題調査委員会」
から「憲法問題研究会」へ　樋口陽一　「法学セ
ミナー」55（5）通号665　2010.5　巻頭1p

03960　憲法の目から安保改定五〇年目を考える
——憲法を実現する政治の実現　森英樹　「前衛
：日本共産党中央委員会理論政治誌」通号858
2010.6　p.59〜74

03961　日本国憲法制定過程（1）大友一郎講義録
庄司克宏　「法学研究」83（7）　2010.7　p.87〜
157

03962　日本国憲法制定過程（2・完）大友一郎講
義録　庄司克宏　「法学研究」83（8）　2010.8
p.79〜155

03963　基調報告 国家と文化（日本国憲法研究
（9）国家と文化）　駒村圭吾　「ジュリスト」
（1405）　2010.8.1・15　p.134〜146

03964　座談会（日本国憲法研究（9）国家と文化）
駒村圭吾　木村草太　長谷部恭男［他］「ジュ
リスト」（1405）　2010.8.1・15　p.147〜169

03965　「あるべき国民」の再定義としての勤労の
義務——日本国憲法上の義務に関する歴史的試
論　高瀬弘文　「アジア太平洋研究」（36）
2011　p.101〜119

03966　講演 憲法対談 ：日本国憲法との出会い、
かかわり、そしてこれから　ジャン, ユンカー
マン　伊藤真　「法学館憲法研究所報」（4）
2011.1　p.64〜81

03967　競争制限・国家独占と規制の首尾一貫性
——経済活動に対する規制と比例原則（特集 憲
法と経済秩序（2））　井上典之　「企業と法創造」
7（5）通号27　2011.3　p.37〜51

03968　チャリティの憲法学——「チャリティ」
団体に対する免税と憲法89条後段の解釈（特集
憲法と経済秩序（2））　横大道聡　「企業と法創
造」7（5）通号27　2011.3　p.52〜69

03969　いまこそ輝かそう日本国憲法の平和主義
と議会制民主主義——憲法施行64年に当たって

小沢隆一 「平和運動」（484） 2011.5 p.21～28

03970 政治の読み方(76)解散権——「日本国憲法」は日本の民主主義を歪めている 武田文彦 「Verdad」 17(8)通号196 2011.8 p.46～47

03971 レッド・パージ裁判における「解釈指示」をめぐって——新たなGHQ文書の紹介と解説（レッド・パージ裁判における「解釈指示」をめぐって——ホイットニー・田中耕太郎秘密会談の意味） 明神勲 「法律時報」 83(12)通号1040 2011.11 p.86～89

03972 日本国憲法制定史における「日本国民」と「外国人」 ： 米国の人権政策と日本政府との狭間で 後藤光男 「比較法学」 45(3)通号97 2012 p.1～28

03973 日本国憲法と危機管理 ： 今後の課題 浜谷英博 「比較憲法学研究」 通号24 2012 p.77～102

03974 日本と米国について ： GHQの指導に基づく日本国憲法(特集 内なるアメリカ ： アメリカとは何か(2)) 塩川正十郎 「環 ： 歴史・環境・文明」 51 2012.Aut. p.142～145

03975 日本国憲法からみたTPP参加問題 永山茂樹 「反戦情報」（328） 2012.1.15 p.16～20

03976 第七回 東洋大学公法研究会報告 日本国憲法八一条における違憲審査の類型論 杉山幸一 「東洋法学」 55(3)通号121 2012.3 p.223～236

03977 日本国憲法解釈論への二つの覚書(中宮光隆教授、横山利枝教授退職記念号) 手島孝 「アドミニストレーション」 18(3・4) 2012.3 p.9～16

03978 日本国憲法草案における理論的背景(谷口貴都法学部長追悼号) 松尾直 「高岡法学」（30） 2012.3 p.75～103

03979 65年前の亡霊 ： 「日本国憲法の施行に伴う民法の応急的措置に関する法律」をめぐって 本山敦 「みんけん ： 民事研修」（659） 2012.3 p.2～10

03980 日本警世（129）日本人は米国製憲法をいつまで墨守するのか ： 紀元節にマッカーサー憲法を押し付けた米国の邪悪さとは 高山正之 「Themis」 21(4)通号234 2012.4 p.76～77

03981 政治の読み方(87)民主主義と憲法 ： 国民よ、鋭敏な主権者意識で日本国憲法を見直せ！ 武田文彦 「Verdad」 18(6)通号206 2012.6 p.28～29

03982 国際研修 ベトナム社会主義共和国政府高官による日本国憲法調査団派遣結果報告 西岡剛 「ICD news」（52） 2012.9 p.87～94

03983 日本警世（135）朝日と外務省が墨守するマッカーサー憲法の秘密 ： 憲法前文は他国の批判を許さないから朝日は日本の悪口をいう 高山正之 「Themis」 21(10)通号240 2012.10 p.80～81

03984 「ホンネ」の行動も「武力」も排除してきた日本国憲法 ： 戦争を放棄した憲法を有する日本にこそ、多様な人々を包摂し、交流を豊かにする地域共同体の形成への貢献が期待できる（特集 憲法が守るもの） 斉藤小百合 「まなぶ」（666） 2012.11 p.29～31

03985 ラウエルの覚書「憲法研究会案に対する所見」再検討 廣田直美 「青山ローフォーラム ： ALF」 1(2) 2012.11 p.43～75

03986 日本国憲法についての感想 ： その成立過程と矛盾と欺瞞 小林末夫 「人権21 ： 調査と研究」（221） 2012.12 p.68～77

03987 インタビュー 日本国憲法について考える（特集 日本国憲法を守る） 朴一 「ひょうご部落解放」 150 2013.秋 p.28～43

03988 オスプレイと日本国憲法 飯島滋明 「名古屋学院大学論集. 社会科学篇」 49(3) 2013 p.13～26

03989 日本国憲法と「自立」（特集 オートノミー ： 自律・自治・自立―人権とオートノミー） 植木淳 「憲法問題」（24） 2013 p.75～85

03990 日本国憲法に現れる「ある」「する」「なる」の、それぞれの形式動詞性について観察する 中村幸弘 「国学院大学栃木短期大学紀要」（48） 2013年度 p.1～47

03991 日本国憲法の意義 ： 立憲主義と基本的人権 小畑隆資 「中小商工業研究」（117） 2013.秋季 p.4～10

03992 日本国憲法の人権中核概念の言語的理解と正当性の根拠 山本克司 「法政論叢」 49(2) 2013 p.87～99

03993 「憲法と経済秩序」の近代的原型とその変容 ： 日本国憲法の歴史的位置(特集 憲法と経済秩序(4)) 水林彪 「企業と法創造」 9(3)通号35 2013.2 p.104～157

03994 日本国憲法では中国の領土膨張主義に対抗できない 濱口和久 「ジャパニズム」 11 2013.2 p.118～121

03995 対談 食と命は流れとなって平和の中に生きる ： 若い命の代価としての日本国憲法(特集 安倍「改憲政権」を問う) 内橋克人 辰巳芳子 「世界」（840） 2013.3 p.103～112

03996 日本国憲法の制定と沖縄の関連性 ： 引揚げ・復員問題を起点として(池田龍彦教授・石渡哲教授退職記念号) コンベルラドミール 「横浜国際経済法学」 21(3) 2013.3 p.323～352

03997 日本国憲法10条・国籍法と旧植民地出身者 後藤光男 「早稲田社会科学総合研究」 13(3) 2013.3 p.19～39

03998 日本国憲法24条の生みの親、ベアテさん逝く 「女性展望」（656） 2013.3 p.14～16

03999 超訳 日本国憲法（第1回） 池上彰 「波」

47（4）通号520　2013.4　p.66〜69

04000　改憲論者が目の敵にする日本国憲法前文（特集　いま必要な憲法・政治学習）　内田雅敏「月刊社会教育」57（5）通号691　2013.5　p.4〜10

04001　危険極まりない安倍政権の軍事政策（特集　現代と日本国憲法）　津田公男「社会主義」（611）　2013.5　p.76〜83

04002　『憲法はまだか』96年【NHK】集団的固定観念（「日本国憲法」の現在　：　ジャーナリズムに問われるものは？―憲法を問うドラマがあった）　ジェームス三木「調査情報. 第3期」（512）　2013.5・6　p.48〜51

04003　超訳 日本国憲法（第2回）　池上彰「波」47（5）通号521　2013.5　p.68〜71

04004　日本型ネオ・ファシズムの大典　：　安倍自民党の「日本国憲法改正草案」　河内音哉「新世紀　：　日本革命的共産主義者同盟革命的マルクス主義派機関誌」（264）　2013.5　p.170〜183

04005　日本国憲法が果してきた役割（特集　現代と日本国憲法）　佐藤保「社会主義」（611）2013.5　p.21〜28

04006　『娘たちの復讐　：　日本国憲法殺人事件』82年【TBS】憲法＝無限運動としての民主主義の＜核＞：山田風太郎×佐々木守＝憲法ドラマ（「日本国憲法」の現在　：　ジャーナリズムに問われるものは？―憲法を問うドラマがあった）前川英樹「調査情報. 第3期」（512）　2013.5・6　p.42〜47

04007　超訳 日本国憲法（第3回）　池上彰「波」47（6）通号522　2013.6　p.82〜85

04008　日本国憲法を真摯に考え真面目に取り扱うべし　伊藤成彦「マスコミ市民　：　ジャーナリストと市民を結ぶ情報誌」（533）　2013.6　p.70〜76

04009　超訳 日本国憲法（第4回）　池上彰「波」47（7）通号523　2013.7　p.66〜69

04010　育鵬社歴史教科書・指導書記述を検討する（上）満州事変から敗戦・日本国憲法の成立まで　小松克己「歴史地理教育」（808）　2013.8　p.78〜85

04011　「過去の克服」とは何か　：　戦後ドイツと日本の違いを検証する（特集　東アジアの平和と日本国憲法の可能性）　石田勇治「法と民主主義」（481）　2013.8・9　p.34〜39

04012　すすむ日本国憲法殺害計画（特集　戦争・侵略責任に背を向ける安倍政権）　石川逸子「労働運動研究」（419）　2013.8　p.24〜27

04013　世界から見た日本国憲法（特集　平和の希求　：　憲法と医療）　伊藤千尋「月刊保団連」（1132）　2013.8　p.4〜9

04014　超訳 日本国憲法（第5回）　池上彰「波」47（8）通号524　2013.8　p.70〜73

04015　「日本が好き」といえる時代（第4回）「国体の護持」を達成した日本国憲法　：　憲法学界が支持する「八月革命説」も、保守派の主張する「憲法無効論」も間違いだ　竹田恒泰「Voice」（428）　2013.8　p.193〜205

04016　日本国憲法の可能性　：　平和な東北アジアに向けて（特集　東アジアの平和と日本国憲法の可能性）　山内敏弘「法と民主主義」（481）2013.8・9　p.4〜9

04017　日本国憲法は時代遅れか（特集　平和の希求　：　憲法と医療）　金子勝「月刊保団連」（1132）　2013.8　p.10〜16

04018　東アジアにおける歴史和解　：　共通歴史書づくりの取り組みから（特集　東アジアの平和と日本国憲法の可能性）　大日方純夫「法と民主主義」（481）　2013.8・9　p.27〜33

04019　育鵬社歴史教科書・指導書記述を検討する（下）満州事変から敗戦・日本国憲法の成立まで　小松克己「歴史地理教育」（809）　2013.9　p.74〜81

04020　講演 憲法第一章に関連する問題について　園部逸夫「香川法学」33（1・2）通号96　2013.9　p.74〜44

04021　超訳 日本国憲法（第6回）　池上彰「波」47（9）通号525　2013.9　p.70〜73

04022　内橋克人の憲法対談 日本国憲法は最高級のレシピ本！　内橋克人　アーサー、ビナード「世界」（847）　2013.9　p.137〜150

04023　「日本国憲法」はそんなに問題か（特集　守るべき日本）　徳川家広「新潮45」32（9）通号377　2013.9　p.59〜62

04024　超訳 日本国憲法（第7回）　池上彰「波」47（10）通号526　2013.10　p.82〜85

04025　弁護士事件ファイル 日本国憲法の民族主義的理解　「法学セミナー」58（10）通号705　2013.10　p.100

04026　超訳 日本国憲法（第8回）　池上彰「波」47（11）通号527　2013.11　p.66〜69

04027　ペルー憲法史と日本国憲法　：　非西欧地域との比較から（第四七回大会準備号 歴史における社会的結合と地域―第一日目 世界史のなかの日本国憲法）　川畑博昭「歴史評論」（763）2013.11　p.71〜73

04028　超訳 日本国憲法（第9回）　池上彰「波」47（12）通号528　2013.12　p.66〜69

04029　日本国憲法前文に見られる国際法思想　：　「平和を愛する諸国民」を手掛かりとして　綱井幸裕「柏樹論叢」（11）　2013.12　p.1〜22

04030　日本国憲法の「は」と、その構文　中村幸弘「國學院雑誌」114（12）通号1280　2013.12　p.17〜28

04031　日本国憲法を活かし直すには（特集　精神的自由の現在と憲法学―憲法記念講演会）　小

熊英二 「憲法問題」 (25) 2014 p.129〜141

04032 「日本国憲法」第一条の思想史 (特集 象徴天皇制批判の視座) 伊藤晃 「インパクション」 (196) 2014 p.62〜72

04033 日本国憲法と国連憲章の平和構想 : 軍事によらない「平和的生存権」と軍事を制約する「平和への権利」の関係から (特集 平和への構想力) 浦田一郎 「季論21 : intellectual and creative」 (23) 2014.冬 p.52〜61

04034 日本国憲法とブータン憲法 (GNHをどう活かすか) 小川眞澄 「GNH国民総幸福度研究」 2 2014 p.117〜163

04035 GHQ民政局担当官であった安田寛・初代防衛法学会名誉理事長に捧ぐ 日本国憲法オカノススム起源論 : 平和主義を中心として 嶋村藤吉 「防衛法研究」 (38) 2014 p.119〜132

04036 超訳 日本国憲法 (第10回) 池上彰 「波」 48 (1) 通号529 2014.1 p.66〜69

04037 《わたしたち》の憲法を生かす (特集 年の初めに憲法を考える) 池田香代子 「Report」 31 (4) 通号370 2014.1・2 p.8〜11

04038 超訳 日本国憲法 (第11回) 池上彰 「波」 48 (2) 通号530 2014.2 p.66〜69

04039 「日本国憲法」論を読む (1) 正当性と実効性をめぐって 大塚桂 「駒澤法学」 13 (3) 通号50 2014.2 p.1〜26

04040 「悪党」の世直し論 (其の120) がんばれ、日本国憲法！ 小田原松玄 「時評」 56 (3) 通号612 2014.3 p.175〜179

04041 超訳 日本国憲法 (第12回) 池上彰 「波」 48 (3) 通号531 2014.3 p.66〜69

04042 「日本国憲法の価値」再論 : 抬頭する軍国主義・国家主義と立ち向う (若原代子教授退任記念号) 新美治一 「名経法学」 (35) 2014.3 p.118〜68

04043 日本国憲法の最大のピンチを最善のチャンスに変えるための3つの提案 髙倉良一 「香川大学生涯学習教育研究センター研究報告」 (19) 2014.3 p.33〜37

04044 「日本国憲法」論を読む (2) 正当性と実効性をめぐって 大塚桂 「駒澤法学」 13 (4) 通号51 2014.3 p.1〜26

04045 超訳 日本国憲法 (第13回) 池上彰 「波」 48 (4) 通号532 2014.4 p.72〜75

04046 日本国憲法のカリスマ的性質 シモン, サルブラン 「慶應法学」 (29) 2014.4 p.295〜323

04047 超訳 日本国憲法 (第14回) 池上彰 「波」 48 (5) 通号533 2014.5 p.76〜79

04048 日本国憲法前文における「国家の名誉」 (特集 岐路に立つ憲法 : その基礎概念・再考) 蟻川恒正 「法律時報」 86 (5) 通号1072 2014.

5 p.6〜11

04049 日本国憲法とデモクラシー (特集 岐路に立つ憲法 : その基礎概念・再考) 上田健介 「法律時報」 86 (5) 通号1072 2014.5 p.37〜44

04050 日本国憲法と立憲主義 : 何を考えるべきか (特集 岐路に立つ憲法 : その基礎概念・再考) 井上武史 「法律時報」 86 (5) 通号1072 2014.5 p.12〜20

04051 憲法を「読む」 (特集 条文からスタート 憲法2014) 石川健治 「法学教室」 (405) 2014.6 p.4〜7

04052 超訳 日本国憲法 (第15回) 池上彰 「波」 48 (6) 通号534 2014.6 p.86〜89

04053 超訳 日本国憲法 (第16回) 池上彰 「波」 48 (7) 通号535 2014.7 p.86〜89

04054 日本人はなぜGHQの憲法草案を受け入れたのか : 日本国憲法の成立過程を振り返って 鈴木由充 「祖国と青年」 (430) 2014.7 p.39〜45

04055 巨弾連載！ 誰が「南京大虐殺」を捏造したか (23) 支那の反日宣伝と日本国憲法 古荘光一 「Will : マンスリーウイル」 (116) 2014.8 p.290〜301

04056 超訳 日本国憲法 (第17回) 池上彰 「波」 48 (8) 通号536 2014.8 p.88〜91

04057 日本国憲法と国家緊急権 (特集 憲法の条件) 橋爪大三郎 「Atプラス : 思想と活動」 (21) 2014.8 p.41〜50

04058 超訳 日本国憲法 (第18回) 池上彰 「波」 48 (9) 通号537 2014.9 p.104〜107

04059 「日本国憲法」論を読む (3) 正当性と実効性をめぐって (松村格教授退職記念号) 大塚桂 「駒澤法学」 14 (1) 通号52 2014.9 p.1〜31

04060 日本国憲法制定期における沖縄の位置 : 帝国議会の審議から 小林武 「愛知大学法学部法経論集」 (200) 2014.9 p.1〜42

04061 超訳 日本国憲法 (第19回) 池上彰 「波」 48 (10) 通号538 2014.10 p.100〜103

04062 「日本国憲法」を持つ「日本国民」の選ぶべき道 石垣義昭 「月刊社会教育」 58 (10) 通号708 2014.10 p.66〜72

04063 超訳 日本国憲法 (第20回) 池上彰 「波」 48 (11) 通号539 2014.11 p.52〜55

04064 日本国憲法と明治憲法 : 表現の観点から (特集 大正・昭和前期の神道と社会) 安保克也 「明治聖徳記念学会紀要」 (51) 2014.11 p.329〜341

04065 「日本国憲法」における受身表現 (特集 国語学) 岡田誠 「解釈」 60 (11・12) 通号681 2014.11・12 p.41〜48

04066 超訳 日本国憲法 (第21回) 池上彰 「波」 48 (12) 通号540 2014.12 p.52〜55

04067 さて問題です あなたは、憲法に関する次の質問にいくつ答えられますか？（創刊25周年記念特集・「自由に生き、幸福を追求するための理想と指針」を読み直す「日本国憲法」をもう一度）「サライ」 26（12）通号592 2014.12 p.22〜23

04068 日本国憲法の「心」を読み解く3つの"視点"―1理想 幸福を追求できる自由で平和な社会を目指す"標"（創刊25周年記念特集・「自由に生き、幸福を追求するための理想と指針」を読み直す「日本国憲法」をもう一度―第1部 最高法規には、何が書かれているのか 103の条文に込められた憲法の"英知"を探る）「サライ」 26（12）通号592 2014.12 p.28〜29

04069 日本国憲法の「心」を読み解く3つの"視点"―2教訓 過去の失敗や反省が"懲"として刻まれた「顔」である（創刊25周年記念特集・「自由に生き、幸福を追求するための理想と指針」を読み直す「日本国憲法」をもう一度―第1部 最高法規には、何が書かれているのか 103の条文に込められた憲法の"英知"を探る）「サライ」 26（12）通号592 2014.12 p.30〜31

04070 日本国憲法の「心」を読み解く3つの"視点"―3自然体 その存在を意識しない「空気」のようであることが望ましい（創刊25周年記念特集・「自由に生き、幸福を追求するための理想と指針」を読み直す「日本国憲法」をもう一度―第1部 最高法規には、何が書かれているのか 103の条文に込められた憲法の"英知"を探る）「サライ」 26（12）通号592 2014.12 p.32〜33

04071 日本国憲法の公布・施行 GHQから渡された「主権在民」の原案を基に様々な修正を加え、口語体の条文へと昇華（創刊25周年記念特集・「自由に生き、幸福を追求するための理想と指針」を読み直す「日本国憲法」をもう一度―第2部 聖徳太子、伊藤博文、昭和天皇、マッカーサーから山本有三まで 日本の憲法は、こうして作られた） 佐藤俊一［取材・文］ 安田清人［取材・文］「サライ」 26（12）通号592 2014.12 p.42〜43

04072 とじ込み付録「日本国憲法全文」（創刊25周年記念特集・「自由に生き、幸福を追求するための理想と指針」を読み直す「日本国憲法」をもう一度）「サライ」 26（12）通号592 2014.12 とじ込み

04073 いま考える「憲法」 ：鼎談（特集 憲法の現況） 長谷部恭男 樋口陽一 南野森 「論究ジュリスト」（13） 2015.春 p.4〜19

04074 日本国憲法と国民国家 ：「日本国民」とは誰なのか 片上孝洋 「社学研論集」（26） 2015 p.83〜97

04075 ビジネスの眼 歴史の眼 超強力クライアントGHQとの戦い 交渉のプロが見た「日本国憲法」の作り方（大人の近現代史入門） 青木高夫 「文藝春秋special」 9（2）通号31 2015.春 p.152〜157

04076 弁護士O（オー）の何かと忙しい日々（32）「憲法カフェ」が気になる。 大橋さゆり「アジェンダ ： 未来への課題」（49） 2015.夏 p.77〜80

04077 超訳 日本国憲法（最終回） 池上彰 「波」 49（1）通号541 2015.1 p.52〜55

04078 日本国憲法と「多文化共生」社会の実現（特集 憲法破壊の政治状況にどう抗すか） 菅原真 「法学館憲法研究所報」（12） 2015.1 p.17〜23

04079 「日本国憲法」論を読む（4）正当性と失効性をめぐって（法学部創立50周年記念号） 大塚桂 「駒澤法学」 14（2）通号53 2015.1 p.209〜230

04080 大日本帝国憲法における非常大権の法概念（宮崎良夫教授退任記念号） 加藤一彦 「現代法学 ： 東京経済大学現代法学会誌」（28） 2015.2 p.95〜121

04081 大日本帝国憲法13条「戦ヲ宣」する大権に関する覚書（宮崎良夫教授退任記念号） 久保健助 「現代法学 ： 東京経済大学現代法学会誌」（28） 2015.2 p.123〜152

04082 「日本国憲法」論を読む（5）正当性と実効性をめぐって 大塚桂 「駒澤法学」 14（3）通号54 2015.2 p.1〜20

04083 なぜ日本国憲法を守らないといけないのか（サブ特集 社会福祉研究交流集会 第一九回合宿研究会in京都 社会福祉研究に問われる今） 石川康宏 「福祉のひろば」 180 2015.3 p.35〜42

04084 日本が誇る憲法、平和を守ってほしい（戦後70年 ： 語り継ぐ東京大空襲） 関光夫 「月刊民商」 57（3）通号655 2015.3 p.23〜25

04085 「日本国憲法」論を読む（6）正当性と実効性をめぐって 大塚桂 「駒澤法学」 14（4）通号55 2015.3 p.1〜27

04086 核なき世界は実現できる ： 被爆七〇周年と日本国憲法 秋葉忠利 「世界」（869） 2015.5 p.173〜182

04087 凛と生きる（7）憲法と少女 ： 藤田道子さん（福岡県糸島市）「婦人之友」 109（5）通号1344 2015.5 p.118〜125

04088 1945年8月15日と日本国憲法（特集 戦後70年を考える） 佐藤幸治 「法学教室」（416） 2015.5 p.4〜12

04089 日本国憲法のありがたさを知る（特集 終戦70年 戦争と平和） 中村青史 「Kumamoto ： 総合文化雑誌」（11） 2015.6 p.34〜36

04090 日本国憲法をめぐる攻防の七〇年と現在（創刊500号記念特集 憲法の危機に抗しつづけて―日本国憲法をめぐるたたかいと私たちの課題） 渡辺治 「法と民主主義」（500・501） 2015.7-9 p.16〜27

全般　　　　　　　　　　　　　　　　　　　　　　憲法改正

04091　平和・表現の自由・暮らしなどすべて憲法につながる　憲法がニュースになることの意味　田北康成　「出版ニュース」（2384）　2015.7.中旬　p.4〜9

04092　解釈改憲が積み重ねられた9条　曖昧な"護憲"は国民投票で劣勢（軽き日本国憲法）　今井一　「エコノミスト」93（30）通号4407　2015.7.28　p.80〜81

04093　『押し付け憲法論』からの脱却（特集 戦後70年）　白井則邦　「月報全青司」（424）　2015.8　p.14〜18

04094　日本国憲法の骨格・社会契約論を考える　アメリカ建国の父たちに見る国家存立の精神的基盤　「明日への選択」（355）　2015.8　p.36〜40

04095　日本国憲法は、GHQの「押しつけ」憲法か（特集 戦後七〇年と日本の安全保障）　善明建一　「社会主義」（638）　2015.8　p.31〜40

04096　戦後七〇年、今、地域から考える「日本国憲法の大義」　「現代農業」94（9）通号827　2015.9　p.44〜49

04097　日本国憲法と「国体」　：　佐々木惣一と和辻哲郎の論争　金子宗徳　「国体文化　：　日本国体学会機関誌　：　里見日本文化学研究所発表機関　：　立正教団発表機関」（1096）　2015.9　p.2〜9

04098　日本国憲法の編制と歴史的文脈　山本陽一　「香川法学」35（1・2）通号100　2015.9　p.213〜232

04099　入門「主権者」を実感できる　：　憲法を「自分の言葉」にして読めば（いまこそ、みんなの日本国憲法）　「Aera」28（41）通号1527　2015.9.28　p.64〜67

04100　理念 あたらしい憲法のはなし（いまこそ、みんなの日本国憲法）　「Aera」28（41）通号1527　2015.9.28　p.41〜43, 47〜49

04101　リベラルも保守も憲法学者もアイドルもそれぞれが語る憲法の「いま」と「これから」（いまこそ、みんなの日本国憲法）　「Aera」28（41）通号1527　2015.9.28　p.69〜75

04102　日本国憲法がもたらしたもの。（戦後七〇年　：　平和への視野）　山元一　「潮」（680）　2015.10　p.46〜53

04103　歴史のリアリズム　：　談話・憲法・戦後70年 対談 加藤陽子×半藤一利　加藤陽子　半藤一利　「世界」（874）　2015.10　p.37〜48

04104　私の戦争体験と日本国憲法（戦後70年に思うこと　：　今年は戦後70年。日本平和委員会の4人の女性代表理事にその思いの一端を寄せていただきました）　住吉陽子　「平和運動」（534）　2015.10　p.12〜14

04105　日野原重明（ひのはらしげあき）の「生き方教室」（第3回）日本の憲法と聖書には同じ精神が流れています　日野原重明　「日経ビジネス」（1818）　2015.11.30　p.58〜61

04106　沖縄の復帰運動と日本国憲法　：　沖縄違憲訴訟を中心に（特集 歴史の中の「正典」　：　外部/内部世界による分断・再編）　櫻澤誠　「歴史学研究」（939）　2015.12　p.1〜12

04107　由緒正しい日本国憲法の現代的な深い価値（特集 由緒）　深江誠子　「公評」52（11）　2015.12　p.26〜31

全般

◆憲法改正論議

【図書】

04108　憲法改正論議に関する研究―ハーバード大学ライシャワー日本研究所プロジェクト　Cambridge　Edwin O.Reischauer Institute of Japanese Studies Harvard University　200　16p　24cm　〈他言語標題：Constitutional revision in Japan〉　〈英語併記〉

04109　新日本国憲法草案　窪田英樹［編］　Nishinomiya　The Japanese Spirit　2006.1　6p　30cm

04110　改憲論が描く日本の未来像―自民党「新憲法草案」批判　九条の会　2006.2　72p　21cm　〈会期：2005年11月27日〉　400円　Ⓝ323.149　九条の会

04111　憲法改正論議と我が国の「civic education」―日米比較を中心として　小林俊哉［著］　Tokyo　世界平和研究所　2006.3　25p　30cm　（平和研レポート　IIPS policy paper 317J）

04112　増殖する「ナショナリズム」の正体―なぜハマるのか 北田暁大講演　北田暁大［述］　国連・憲法問題研究会　2006.3　54p　21cm　（国連・憲法問題研究会講演報告 37集）　700円

04113　安倍晋三対論集―日本を語る　PHP研究所編　PHP研究所　2006.4　259p　20cm　1400円　Ⓘ4-569-64363-9　Ⓝ310.4　PHP研究所　ピーエイチピー研究所

04114　国を創る憲法を創る―新憲法草案　創憲会議編　一藝社　2006.4　254p　19cm　1200円　Ⓘ4-901253-72-7　Ⓝ323.149　創憲会議

04115　憲法は誰のもの　福島みずほ著　明石書店　2006.4　273p　19cm　1800円　Ⓘ4-7503-2334-9　Ⓝ323.149　福島みずほ

04116　日本国憲法の多角的検証―憲法「改正」の動向をふまえて　法学館憲法研究所編　日本評論社　2006.4　395p　22cm　〈文献あり〉　6000円　Ⓘ4-535-51493-3　Ⓝ323.14　法学館憲法研究所

04117　民主党「憲法提言」―2005年10月31日　民主党政策調査会［編］　民主党政策調査会

憲法改正　　　　　　　　　　　　　　　　　　　　　　　　　　　　　全般

2006.4　24p　30cm

04118　ルポ改憲潮流　斎藤貴男著　岩波書店
2006.5　222, 4p　18cm　（岩波新書）　740円
Ⓘ4-00-431014-8　Ⓝ323.149　斎藤貴男

04119　憲法改正問題　続　全国憲法研究会編
日本評論社　2006.7　220p　26cm　（法律時報
増刊）　〈年表あり〉　2095円　Ⓝ323.149　全
国憲法研究会

04120　新憲法はこうなる―美しいこの国のかた
ち　田村重信著　講談社　2006.11　206p
19cm　1000円　Ⓘ4-06-213782-8　Ⓝ323.149
田村重信

04121　我が国の統治機構の再考察―世界平和研
究所の憲法改正草案と小泉政権下における政権
運用を比較して　西垣淳子［著］　Tokyo　世界
平和研究所　2006.11　34p　30cm　（平和研レ
ポート　IIPS policy paper 321J）

04122　日本国憲法案―真正な憲法、正統の憲法
森清著　展転社　2007.3　111p　21cm　（てん
でんブックレット 4）　1000円　Ⓘ978-4-88656-
297-5　Ⓝ323.149　森清

04123　「現代」という環境―10のキーワードから
一橋大学社会学部読売新聞立川支局共催連続市
民講座　渡辺雅男, 渡辺治共編　旬報社　2007.
5　179p　19cm　〈文献あり〉　1500円　Ⓘ978-
4-8451-1026-1　Ⓝ302.1　渡辺雅男　渡辺治

04124　新憲法私案―短歌とともに　吉野敏夫著
レーヴィク　2007.6　52p　19cm　〈発売：星
雲社〉　400円　Ⓘ978-4-434-10745-0　Ⓝ323.
149　吉野敏夫

04125　本当に憲法改正まで行くつもりですか？
山口二郎, 福島みずほ, 倉田真由美著　実務教育
出版　2007.6　159p　18cm　780円　Ⓘ978-4-
7889-2620-2　Ⓝ312.1　山口二郎　福島みずほ
倉田真由美

04126　憲法新装の試み―異端の護憲・改憲論
現川到著　講談社出版サービスセンター　2007.
9　206p　19cm　1300円　Ⓘ978-4-87601-822-2
Ⓝ323.149　現川到

04127　国民がつくる憲法　五十嵐敬喜, 鍵屋一,
肥沼位昌, 萩原淳司著　自由国民社　2007.9
239p　21cm　1600円　Ⓘ978-4-426-10318-7
Ⓝ323.149　五十嵐敬喜　鍵屋一　肥沼位昌　萩
原淳司

04128　憲法対決の全体像　不破哲三著　新日本
出版社　2007.10　229p　20cm　1500円
Ⓘ978-4-406-05067-8　Ⓝ323.14　不破哲三

04129　憲法の変動と改憲問題　憲法理論研究会
編著　敬文堂　2007.10　262p　20cm　（憲法
理論叢書 15）　2800円　Ⓘ978-4-7670-0154-8
Ⓝ323.01　憲法理論研究会

04130　2020年日本のあり方―21世紀世代への7つ
の提言　塩川正十郎, 水野清編著, 石原信雄, 尾
崎護, 安斎隆, 岡本行夫, 佐藤幸治著　東洋経済
新報社　2008.1　271p　20cm　1800円　Ⓘ978-

4-492-21170-0　Ⓝ304　塩川正十郎　水野清
石原信雄　尾崎護　安斎隆　岡本行夫　佐藤
幸治

04131　国会の制度設計（憲法、国会法）と運用の
見直し案　竹内俊久［著］　［東京］　世界平和
研究所　2008.6　7, 68p　30cm　（平和研レ
ポート　IIPS policy paper 333J）

04132　憲法二十四条改正論議と家族をめぐる諸
問題について　西垣淳子［著］　Tokyo　世界平
和研究所　2008.8　27p　30cm　（平和研レ
ポート　IIPS policy paper 338J）

04133　沖縄で考える教科書問題・米軍再編・改
憲のいま―目取真俊講演録　目取真俊著, 第9条
の会・オーバー東京編　第9条の会・オーバー
東京　2008.10　72p　26cm　（あーてぃくる9
ブックレット 13）　〈年表あり〉　〈発売：影書
房〉　600円　Ⓘ978-4-87714-386-2　Ⓝ219.9
目取真俊　第9条の会オーバー東京

04134　憲法変動と改憲論の諸相　憲法理論研究
会編著　敬文堂　2008.10　246p　20cm　（憲
法理論叢書 16）　2800円　Ⓘ978-4-7670-0161-6
Ⓝ323.01　憲法理論研究会

04135　憲法改正問題を考える市民集会講演録
秋田　秋田弁護士会　2011.3　40p　30cm
〈01〉　Ⓝ323.149　秋田弁護士会

04136　改憲問題と立憲平和主義　山内敏弘著
敬文堂　2012.5　313p　20cm　3500円　Ⓘ978-
4-7670-0183-8　Ⓝ323.149　山内敏弘

04137　憲法改正の論点Q&A―あなたの疑問に答
える20の論点　民間憲法臨調運営委員会編　明
成社　2012.5　63p　21cm　524円　Ⓘ978-4-
905410-08-9　Ⓝ323.149　民間憲法臨調運営委
員会

04138　いま、憲法の魂を選びとる　大江健三郎,
奥平康弘, 澤地久枝, 三木睦子, 小森陽一著　岩
波書店　2013.4　61p　21cm　（岩波ブック
レット No.867）　500円　Ⓘ978-4-00-270867-6
Ⓝ323.142　大江健三郎　奥平康弘　沢地久枝

04139　白熱講義！日本国憲法改正　小林節著
ベストセラーズ　2013.4　181p　18cm　（ベス
ト新書 405）　800円　Ⓘ978-4-584-12405-5
Ⓝ323.149　小林節

04140　憲法問題―なぜいま改憲なのか　伊藤真
著　PHP研究所　2013.7　250p　18cm
（PHP新書 874）　760円　Ⓘ978-4-569-81331-8
Ⓝ323.149　伊藤真

04141　教えて伊藤先生！憲法改正って何？
伊藤真著　新潟　シーアンドアール研究所
2013.8　151p　19cm　1100円　Ⓘ978-4-86354-
129-0　Ⓝ323.149　伊藤真

04142　憲法96条改正を考える　飯田泰士著　弁
護士会館ブックセンター出版部LABO　2013.8
274p　19cm　〈文献あり〉　〈発売：大学図書〉
1800円　Ⓘ978-4-904497-12-8　Ⓝ323.149　飯
田泰士

〔04118〜04142〕　　　　　　　　　　　　　　　　憲法改正 最新文献目録　155

全般　　　　　　　　　　　　　　　　　　　　　　　　　　憲法改正

04143　憲法大論争—改憲派と反対派が徹底討
論！　宝島社　2013.8　127p　26cm　（別冊
宝島 2041）　933円　①978-4-8002-1318-1

04144　基礎からわかる憲法改正論争　読売新聞
政治部著　中央公論新社　2013.9　254p　18cm
（中公新書ラクレ 469）　800円
①978-4-12-150469-2　Ⓝ323.149　読売新聞政
治部

04145　間違いだらけの憲法改正論議　倉山満著
イースト・プレス　2013.10　263p　18cm
（イースト新書 013）　860円　①978-4-7816-
5013-5　Ⓝ323.14　倉山満

04146　高校生からの「憲法改正問題」入門　平
和・国際教育研究会編　平和文化　2013.11
95p　21cm　1000円　①978-4-89488-056-6
Ⓝ323.149　平和国際教育研究会

04147　これからの日本のゆくえ—憲法改正問題
を切り口として　福音の視点から　森一弘著　女
子パウロ会　2013.12　65p　19cm　500円
①978-4-7896-0732-2　Ⓝ323.14　森一弘

04148　教えて伊藤先生！　憲法改正って何？
伊藤真著　新潟　シーアンドアール研究所
2014.1　151p　26cm　（目にやさしい大活字
SMART PUBLISHING）　〈2013年刊の再刊〉
2200円　①978-4-86354-734-6　Ⓝ323.149　伊
藤真

04149　憲法「改正」の論点—憲法原理から問い
直す　京都憲法会議監修, 木藤伸一朗, 倉田原
志, 奥野恒久編　京都　法律文化社　2014.1
169p　21cm　1900円　①978-4-589-03558-5
Ⓝ323.149　木藤伸一朗　倉田原志　奥野恒久
京都憲法会議

04150　比較のなかの改憲論—日本国憲法の位置
辻村みよ子著　岩波書店　2014.1　229, 3p
18cm　（岩波新書 新赤版 1466）　〈文献あり〉
760円　①978-4-00-431466-0　Ⓝ323.149　辻村
みよ子

04151　改憲問題Q&A　自由人権協会編　岩波書
店　2014.2　70p　21cm　（岩波ブックレット
No.891）　580円　①978-4-00-270891-1　Ⓝ323.
14　自由人権協会　JCLU

04152　改憲問題とキリスト教　稲垣久和著　教
文館　2014.2　195, 4p　19cm　〈索引あり〉
1300円　①978-4-7642-6977-4　Ⓝ190　稲垣
久和

04153　憲法改正のオモテとウラ　舛添要一著
講談社　2014.2　326p　18cm　（講談社現代新
書 2251）　900円　①978-4-06-288251-4
Ⓝ323.149　舛添要一

04154　日本国憲法の改正は是か非か　永田雅敏
著　文芸社　2014.2　189p　19cm　1200円
①978-4-286-14659-1　Ⓝ323.14　永田雅敏

04155　改憲論議の矛盾—憲法96条改正論と集団
的自衛権行使容認　飯田泰士著　［東京］　花伝
社　2014.3　152p　21cm　〈文献あり〉　〈発

売：共栄書房〉　1500円　①978-4-7634-0696-5
Ⓝ323.149　飯田泰士

04156　憲法改正？—その前にやるべきことがあ
るだろう　あらかわわかずしげ編　半田　一粒書
房　2014.4　73p　21cm　700円　①978-4-
86431-269-1　Ⓝ304　あらかわかずしげ

04157　不毛な憲法論議　東谷暁著　朝日新聞出
版　2014.4　286p　18cm　（朝日新書 457）
〈文献あり〉　820円　①978-4-02-273557-7
Ⓝ323.14　東谷暁

04158　安倍改憲と自治体—人権保障・民主主義縮
減への対抗　小沢隆一, 榊原秀訓編著　自治体
研究社　2014.5　259p　21cm　2300円　①978-
4-88037-616-5　Ⓝ312.1　小沢隆一　榊原秀訓

04159　小説で読む憲法改正—僕と三上さんと柳
田先生の放課後　木山泰嗣著　法学書院　2014.
5　222p　21cm　〈文献あり〉　1500円　①978-
4-587-03787-1　Ⓝ323.149　木山泰嗣

04160　なぜ憲法改正か!?—反対・賛成・中間派も
まず、読んでみよう！　清原淳平著　善本社
2014.5　173p　21cm　1100円　①978-4-7939-
0467-7　Ⓝ323.149　清原淳平

04161　八法亭みややっこの憲法噺　飯田美弥子
著　［東京］　花伝社　2014.5　76p　21cm
〈発売：共栄書房〉　800円　①978-4-7634-
0700-9　Ⓝ323.149　飯田美弥子

04162　主要国の憲法改正手続　小林公夫［著］
国立国会図書館調査及び立法考査局　2014.8
35p　30cm　（調査資料 2014-1-a　基本情報シ
リーズ 16）　①978-4-87582-764-1　Ⓝ323.01
小林公夫

04163　熱狂なきファシズム—ニッポンの無関心
を観察する　想田和弘著　河出書房新社　2014.
8　290p　19cm　1700円　①978-4-309-24670-3
Ⓝ310.4　想田和弘

04164　迷子の日本国憲法—ただ一つの国から、
ただの国へ　森村誠一編著　徳間書店　2014.9
198p　19cm　〈文献あり 年表あり〉　1000円
①978-4-19-863846-7　Ⓝ323.149　森村誠一

04165　あなたもマイ憲法をつくってみませんか
中倉信利作成　［春日部］　理想の憲法改正にす
る会　2014.10　104p　30cm　Ⓝ323.149　中倉
信利

04166　原発国民投票をしよう！—原発再稼働と
憲法改正　飯田泰士著　えにし書房　2015.2
155p　19cm　〈文献あり〉　1500円　①978-4-
908073-08-3　Ⓝ539.091　飯田泰士

04167　憲法のポリティカ—哲学者と政治学者の
対話　高橋哲哉, 岡野八代著　白澤社　2015.3
253p　20cm　〈発売：現代書館〉　2200円
①978-4-7684-7958-2　Ⓝ323.14　高橋哲哉　岡
野八代

04168　タカ派改憲論者はなぜ自説を変えたのか
—護憲的改憲論という立場　小林節著　皓星社
2015.4　276p　19cm　1700円　①978-4-7744-

憲法改正　　　　　　　　　　　　　　　　　　　　　　　　　　　　　　　全般

0500-1　Ⓝ323.149　小林節

04169　最新読めばわかる「憲法改正」―The Constitution of Japan Made in U.S.A　梶山茂著　文芸社　2015.5　225p　15cm　〈文献あり〉　700円　Ⓘ978-4-286-16200-3　Ⓝ323.14　梶山茂

04170　憲法改正の覚悟はあるか―主権者のための「日本国憲法」改正特別講座　小林節著　ベストセラーズ　2015.6　205p　19cm　1200円　Ⓘ978-4-584-13657-7　Ⓝ323.149　小林節

04171　この国を滅ぼさないための重要な結論―《嘘まみれ保守》に憲法改正を任せるな！　倉山満著　ヒカルランド　2015.9　248p　19cm　（Knock-the-knowing 016）　〈第1刷〉　1500円　Ⓘ978-4-86471-312-2　Ⓝ311.4　倉山満

【雑誌】

04172　インタビュー 安倍新政権の誕生と改憲・構造改革の新段階（渡辺治 ポスト小泉＝安倍新政権とこの国のゆくえ）　渡辺治 田中章史　「季刊自治と分権」（25）　2006.秋　p.23～63

04173　改憲動向のなかの社会権の位置　多田一路　「立命館法學」2006年（2）通号306　2006　p.257～282

04174　学会記事 学術講演会 第1回「憲法改正と立憲主義」　「行政社会論集」18（3）　2006　p.122～129

04175　憲法改正問題（25）憲法の刑事手続き等の規定の問題　青山武憲　「季刊現代警察」32（3）通号113　2006　p.85～91

04176　憲法改正問題（26）存置されるべき日本国憲法41条　青山武憲　「季刊現代警察」32（4）通号114　2006　p.100～106

04177　旭川で憲法を学び生かす活動――その四〇年（憲法改悪反対・憲法を生かす）　永江力　「科学的社会主義」（93）　2006.1　p.58～61

04178　改憲手続にメディア規制は不要　箕輪幸人　「研修」691　2006.1

04179　カレントインタビュー（14）憲法改正を巡る情勢と課題　小林節 丹羽文生　「月刊カレント」43（1）通号737　2006.1　p.44～47

04180　グローバリゼーションと憲法改正論議（特集 日本国憲法を考える）　伊藤恭彦　「世界と議会」（498）　2006.1　p.4～8

04181　憲法「改正」を洞観する（特集 2006年、試される自治）　植松健一　「地方自治職員研修」39（1）通号537　2006.1　p.30～32

04182　憲法改正論議の論点と課題（特集 日本国憲法を考える）　西修　「世界と議会」（498）　2006.1　p.9～12

04183　ニッポン＠世界 憲法論議は「十七条憲法」精神で――論議が本格化する前に踏まえておきたい国の「伝統」　安井太郎　「Themis」15

（1）通号159　2006.1　p.91

04184　HOT ISSUES 憲法改正をめぐる「政界対立軸」の大変貌　野嶋剛　「Foresight」17（1）通号190　2006.1　p.11～13

04185　激論！改憲の是非とニッポン（セイコの「朝ナマ」を見た朝は〔42〕）　セイコ　「正論」通号405　2006.1　p.174～175

04186　平時になんで新憲法？（伊藤真の中・高生のための憲法教室〔22〕）　伊藤真　「世界」（747）　2006.1　p.206～207

04187　憲法改正の現状と展望　楠精一郎　「国際情勢 : 紀要」（76）　2006.2　p.317～325

04188　第1分科会 憲法 憲法は、何のために、誰のためにあるのか――憲法改正論議を検証する（特集2 第48回人権擁護大会報告）　菅沼一王　「自由と正義」57（2）通号685　2006.2　p.43～52

04189　特集 憲法改定大連立構想と護憲統一戦線　城森満　「社会民主」（609）　2006.2　p.6～9

04190　永田町鳥瞰虫観（10）憲法改正の深層潮流。　松田喬和　「潮」通号564　2006.2　p.216～221

04191　メディア時評 テレビ 求められる憲法「改正」の問題点の追及　沢木啓三　「前衛 : 日本共産党中央委員会理論政治誌」通号800　2006.2　p.204～206

04192　今月の自問自答（第17回）今は昔の”改憲論者”イジメ　上坂冬子　「正論」通号408　2006.3　p.154～158

04193　日米同盟強化とアジア敵視の外交・安保政策（前原民主党のめざす外交・安保政策と改憲論）　竹下岳　「前衛 : 日本共産党中央委員会理論政治誌」通号801　2006.3　p.63～68

04194　憲法改正（現代人必携 日本の常識44―今、何が問題なのか？ どう考えればよいのか？ 推薦図書リスト付き）　中西輝政　「文芸春秋」84（4）　2006.3　p.287～288

04195　日本政治の現在 九・一一総選挙の結果と構造改革推進体制の確立　渡辺治　「ポリティーク」11　2006.3.20　p.240～258

04196　まえがき（特集 改憲問題の新局面―現代の改憲案を読む）　渡辺治　「ポリティーク」11　2006.3.20　p.185～190

04197　論点1 九・一一総選挙と改憲をめぐる情勢（特集 改憲問題の新局面―座談会 改憲をめぐる情勢と改憲阻止の展望〔論点と討論〕）　渡辺治　「ポリティーク」11　2006.3.20　p.9～29

04198　論点2 改憲をめぐる国民意識と護憲、改憲論のイデオロギー（特集 改憲問題の新局面―座談会 改憲をめぐる情勢と改憲阻止の展望〔論点と討論〕）　小沢隆一　「ポリティーク」11　2006.3.20　p.29～42

04199　憲法の本質を変える改憲をめぐる情勢――憲法を一人ひとりのものに（特集 日本国憲法公布六〇年）　金子哲夫　「社会主義」（525）

〔04169～04199〕　　　　　　　　　　　　　　　　　　　　憲法改正 最新文献目録　157

2006.5　p.14〜23

04200　憲法改正論議をめぐる動向（特集：憲法改正問題）　三原正家　「治安フォーラム」　12（6）通号138　2006.6　p.2〜17

04201　憲法改正論議と安全保障（特集：憲法改正問題）　村田晃嗣　「治安フォーラム」　12（6）通号138　2006.6　p.38〜45

04202　憲法問題と右翼運動（特集：憲法改正問題）　大里清貴　「治安フォーラム」　12（6）通号138　2006.6　p.29〜37

04203　法律時評　改憲への《前哨戦》——二つの「教育基本法案」　成嶋隆　「法律時報」　78（8）通号972　2006.7　p.1〜3

04204　（財）尾崎行雄記念財団主催・「咢堂塾」特別シンポジウム　今、憲法を問う——憲法改正と日本のゆくえ（特集　憲法改正と日本のゆくえ）　葉梨康弘　枝野幸男　福島瑞穂[他]　「世界と議会」　（505）　2006.8・9　p.11〜29

04205　対談（特集　社民党憲法学校〔第4回〕メディアが憲法を変える？）　「社会民主」　（615）　2006.8　p.8〜11

04206　白熱討論　ナショナリズムの「今」を問う（後編）免罪符としての「平和憲法」、アメリカ印の天皇制　保阪正康　吉田司　姜尚中　「現代」　40（8）　2006.8　p.272〜286

04207　日本における改憲動向とアジアの平和　山内敏弘　「龍谷法学」　39（2）　2006.9　p.163〜184

04208　07参院選挙の争点と憲法問題　石河康国　「科学的社会主義」　（101）　2006.9　p.66〜71

04209　改憲タカ派政権の危険性とジレンマ　五十嵐仁　「社会民主」　（618）　2006.11　p.18〜22

04210　カレントインタビュー（21）現実味を帯びてきた憲法改正　船田元　丹羽文生　「月刊カレント」　43（11）通号747　2006.11　p.22〜25

04211　昭和憲法とは!?　憲法改正問題講座（1）初めての改憲内閣の登場　白川勝彦　「マスコミ市民　：　ジャーナリストと市民を結ぶ情報誌」　通号454　2006.11　p.46〜51

04212　草の根からの声を、国会へ（特集・安倍「改憲政権」の研究）　小森陽一　「世界」　（758）　2006.11　p.41〜47

04213　安倍「改憲」で「美しい国」に？（伊藤真の中高生のための憲法教室〔32〕）　伊藤真　「世界」　（758）　2006.11　p.164〜165

04214　近時の改憲論に関する基本原理と立憲主義の観点からの提言（案・総論編）（特集　憲法）　澤田章仁　「月報全青司」　（320）　2006.12　p.7〜12

04215　構造改革政治の現段階（特集　構造改革の現段階と安倍政権—座談会　総点検・構造改革）　渡辺治　「ポリティーク」　12　2006.12.25　p.17〜29

04216　日本政治の現在　安倍政権論——「戦後体制」の打破をめざす政権　渡辺治　「ポリティーク」　12　2006.12.25　p.188〜219

04217　安倍首相の米国・中東諸国訪問における内外記者会見　2007年5月2日　憲法改正、自民党草案をもとに議論を［含　質疑応答］　「読売クオータリー」　（2）　2007.夏　p.128〜133

04218　課題は憲法改正の論点整理　どうつける国会発議への道筋　憲法施行60年特別フォーラム概要（憲法特集）　中山太郎　船田元　枝野幸男[他]　「読売クオータリー」　（2）　2007.夏　p.52〜63

04219　憲法改正と最近の警察法学の動向（シンポジウム　国家社会改造政策の現状と背景）　島田茂　「法の科学：民主主義科学者協会法律部会機関誌「年報」　通号38　2007　p.31〜39

04220　憲法改正問題（27）二院制には思い切った変化を　青山武憲　「季刊現代警察」　33（1）通号115　2007　p.96〜102

04221　憲法改正問題（28）会期制の再考を　青山武憲　「季刊現代警察」　33（2）通号116　2007　p.94〜101

04222　憲法改正問題（29）参議院の緊急集会と国家緊急事態の問題　青山武憲　「季刊現代警察」　33（3）通号117　2007　p.98〜104

04223　憲法改正問題（30）裁判員制と憲法問題　青山武憲　「季刊現代警察」　33（4）通号118　2007　p.95〜101

04224　シンポジウム・「憲法改正——あるべき日本国憲法像」質疑応答要旨　百地章　齋藤洋　石田榮仁郎[他]　「憲法研究」　（39）　2007　p.140〜151

04225　特集　憲法改正手続き法　制定の前に考えるべきこと　井口秀作　「社会民主」　（620）　2007.1　p.21〜25

04226　漂流・日本社会　改憲論者は基地被害、護憲論者は拉致と闘え　川人博　「世界週報」　88（1）通号4276　2007.1.2・9　p.66〜67

04227　憲法改正と地方財政健　占部裕典　「資産課税関係論文集成」　2007.3　p.63〜

04228　インタビュー　憲法改正を政治日程に　清原淳平　「世界思想」　33（5）通号379　2007.5　p.18〜21

04229　改憲・武器輸出・宇宙軍事利用の旗振る経団連（特集　対米従属・一体化すすめる軍事産業・財界）　金子豊弘　「前衛：日本共産党中央委員会理論政治誌」　通号817　2007.5　p.103〜110

04230　国会論議に見る政策論（その2）道州制、連邦制と憲法改正　嶋聡　「自由」　49（5）通号567　2007.5　p.57〜66

04231　世界の孤児にするな（特集　新憲法の時代

へ——21世紀の日本を拓く）「世界思想」33
（5）通号379　2007.5　p.7～9

04232　日本人の魂蘇らせる（特集 新憲法の時代
へ——21世紀の日本を拓く）「世界思想」33
（5）通号379　2007.5　p.9～12

04233　一〇〇台の賛成で憲法が変えられる！（特
集 憲法施行六〇周年のいま）　中西裕三「科学
的社会主義」（109）　2007.5　p.12～17

04234　憲法の制定と改正（第3部 統治原理の変動
と国家）　井口文男「現代社会における国家と
法 阿部照哉先生喜寿記念論文集」　2007.5　p.
641～

04235　EDITORIALS 社説を読む 改憲に危機感
強めたリベラル紙「Jiji top confidential」
（11400）　2007.5.18　p.15～16

04236　政界メモ 憲法改正の争点化には温度差
「地方行政」（9892）　2007.5.28　p.20

04237　「空気」だけでは改憲は前進しない「明日
への選択」通号257　2007.6　p.10～13

04238　憲法改正、国会審議のあり方　浅野善治
「議会政治研究」（82）　2007.6　p.1～7

04239　憲法改正論議の中での両院制　原田一明
「議会政治研究」（82）　2007.6　p.8～15

04240　国会通信 改憲手続き法案、参院で採決め
ぐり緊迫　山根幸嗣「議会と自治体」通号110
2007.6　p.113～116

04241　政治の読み方（26）日本国憲法——長谷部
恭男・東大教授への公開質問状　武田文彦
「Verdad」13（6）通号146　2007.6　p.68～69

04242　罘堂政経懇話会 憲法改正のゆくえ（特集
岐路に立つ日本国憲法）　枝野幸男「世界と議
会」（515）　2007.7　p.15～25

04243　憲法改正を議論する前提が問われている
（特集 岐路に立つ日本国憲法）　水島朝穂「世
界と議会」（515）　2007.7　p.4～9

04244　憲法改正の方向と展望（特集 岐路に立つ
日本国憲法）　百地章「世界と議会」（515）
2007.7　p.10～14

04245　憲法改正論議への比較的視座——ドイ
ツ憲法学の視点より　毛利透「法学論叢」161
（4）　2007.7　p.1～18

04246　憲法改定で、日本は世界でのどんな役割
を担うことになるのか（憲法対決の全体像をつ
かもう——憲法改定派はどんな日本をつくろう
としているか）「前衛 : 日本共産党中央委員
会理論政治誌」通号819　2007.7　p.14～30

04247　憲法改定派は、日本をどんな国にしよう
としているのか（憲法対決の全体像をつかもう
——憲法改定派はどんな日本をつくろうとして
いるか）「前衛 : 日本共産党中央委員会理論
政治誌」通号819　2007.7　p.30～48

04248　新憲法大綱案（新憲法制定促進委員会準備

会）（"靖国"派団体の関係資料）「前衛 : 日本
共産党中央委員会理論政治誌」通号819　2007.
7　p.60～66

04249　新憲法の中味を問え（特集 日本の選択
——政治決戦！ その核心を衝く）「世界思想」
33（7）通号381　2007.7　p.9～13

04250　新聞の論点 社説を読み比べる 憲法改正議
論　長山靖生「中央公論」122（7）通号1479
2007.7　p.262～265

04251　時の問題 改憲問題の動向と改憲手続き法
隅野隆徳「行財政研究」（65）　2007.7　p.2～
14

04252　動き出す「憲法審査会」　坂牛哲郎「科
学的社会主義」（112）　2007.8　p.2～5

04253　憲法改正（I 立憲主義）　岩間昭道「憲法
諸相と改憲 吉田善明先生古稀記念論文集」
2007.8　p.43～

04254　激論！"日本国憲法"（セイコの「朝ナマ」
を見た朝は〔61〕）　セイコ「正論」通号425
2007.8　p.164～165

04255　改憲路線めぐる「公論」と「私情」——憲
法報道が冷えていたわけ（安倍政権一年を振り
返る）　伊藤智永「新聞研究」（674）　2007.9
p.21～24

04256　憲法改正手続問題の基礎的検討——「国
民投票法」成立を契機に　河上暁弘「自治総
研」33（9）通号347　2007.9　p.1～16

04257　戦後レジームからの脱却（伊藤真の中・高
生のための憲法教室〔42〕）　伊藤真「世界」
（769）　2007.9　p.178～179

04258　沖縄と戦後補償——改憲論議の盲点（特集
検証「改憲実態」）　小沢隆司「法学セミナー」
52（10）通号634　2007.10　p.32～35

04259　夏期合宿特別報告 参議院選挙の結果で
「憲法」はどうなるか　高田健「法と民主主義」
（422）　2007.10　p.62～65

04260　教育基本法改定と改憲問題（特集 検証
「改憲実態」）　足立英郎「法学セミナー」52
（10）通号634　2007.10　p.18～22

04261　民意のスウィングの先にあるもの——ポ
スト・デモクラシーの間隙をつく（特集 否定さ
れた「安倍改憲路線」——逆転参院選とその後）
小川有美「世界」（770）　2007.10　p.80～87

04262　特集・否定された「安倍改憲路線」—逆転
参院選とその後「世界」（770）　2007.10　p.67

04263　安全・安心への権利——反対運動のパン
フレット執筆（特集 改憲問題——刑事法学から
のアプローチ—改憲案についての専門家のアド
バイス——「地位利用」のシミュレーショ
ン？）　酒井安行「法学セミナー」52（11）通
号635　2007.11　p.32～35

04264　軍事裁判所の設立について（特集 改憲問
題——刑事法学からのアプローチ—刑事法学か

らの視点）　白取祐司　「法学セミナー」52
(11) 通号635　2007.11　p.30〜31

04265　社会内処遇——改憲案発議時点での「刑
事政策」の講義のあり方（特集 改憲問題——刑
事法学からのアプローチ—改憲案についての専
門家のアドバイス——「地位利用」のシミュ
レーション？）　本庄武　「法学セミナー」52
(11) 通号635　2007.11　p.40〜41

04266　新憲法の制定を阻むために　剣持悟　「民
主主義的社会主義 : 民主主義的社会運動理論・
学習誌」（63）　2007.11　p.41〜83

04267　対談 刑事法学から憲法学に問う（特集 改
憲問題——刑事法学からのアプローチ）　愛敬
浩二　松宮孝明　「法学セミナー」52 (11) 通号
635　2007.11　p.10〜17

04268　「地位利用」の犯罪論（特集 改憲問題——
刑事法学からのアプローチ—刑事法学からの視
点）　浅田和茂　「法学セミナー」52 (11) 通号
635　2007.11　p.22〜25

04269　犯罪被害者の権利——研究室の中で・学
生との対話（特集 改憲問題——刑事法学からの
アプローチ—改憲案についての専門家のアドバ
イス——「地位利用」のシミュレーション？）
松宮孝明　「法学セミナー」52 (11) 通号635
2007.11　p.38〜39

04270　激論！ 改憲派vs護憲派——憲法9条は日
本が世界に誇るマナーなのか（特集 護憲論者は
正気か？）　上坂冬子　鶴見俊輔　「Voice」通
号360　2007.12　p.112〜123

04271　遺稿 憲法改正の内容的限界説について
——その批判的考察（竹花光範理事長追悼号）
竹花光範　「憲法研究」（40）　2008　p.3〜30

04272　今、改憲することの狙いと問題点（特集
日本国憲法60年——憲法学の成果と課題—2007
年 憲法記念講演会）　斎藤貴男　「憲法問題」
通号19　2008　p.111〜128

04273　現代日本における「ナショナル・ミニマ
ム」——労働法から観た諸問題（ミニ・シンポジ
ウム 現代改憲と「ナショナル・ミニマム」）　脇
田滋　「法の科学 : 民主主義科学者協会法律部
会機関誌「年報」」通号39　2008　p.114〜120

04274　憲法改正と日本の戦略　中野邦観　「読売
クオータリー」（4）　2008.冬　p.108〜120

04275　憲法改正プロセスにおける「国民」（コロ
キウム 現代改憲論と「国民」・「社会」）　奥野恒
久　「法の科学 : 民主主義科学者協会法律部会
機関誌「年報」」通号39　2008　p.83〜91

04276　憲法改正問題(31) 議院による議員の資格
争訟の裁判の規定の必要性　青山武憲　「季刊現
代警察」34 (1) 通号119　2008　p.102〜108

04277　憲法改正問題(32)「家族」と個人の尊厳
——日本国憲法24条の見直しを　青山武憲　「季
刊現代警察」34 (2) 通号120　2008　p.110〜
117

04278　憲法改正問題(33)「ねじれ国会」と憲法
改正問題　青山武憲　「季刊現代警察」34 (3)
通号121　2008　p.98〜105

04279　憲法改正問題(34) 議事および議決の定足
数の問題　青山武憲　「季刊現代警察」34 (4)
通号122　2008　p.91〜97

04280　小沢理論と民主党改憲論の断層　津和崇
「科学的社会主義」（117）　2008.1　p.2〜5

04281　憲法改正の意義と展望　中山太郎　「自民
党の智恵」　2008.1　p.153〜

04282　今日における「自由」論の構成と価値相
対主義/「リベラリズム」の相関——改憲構想に
対する普遍的な視座設定をめざして　横田力
「法学新報」114 (5・6)　2008.2　p.85〜155

04283　翻訳 憲法の改正、変遷、発展　Klaus,
Stern　天野聖悦［訳］「日本法學」73 (3)
2008.2　p.1389〜1410

04284　改憲ウオッチ(3) 現段階の「改憲状況」
中西裕三　「科学的社会主義」（119）　2008.3
p.70〜73

04285　講演録 憲法改正問題と民法　山野目章夫
「東北学院大学法学政治学研究所紀要」（16）
2008.3　p.1〜50

04286　日本国憲法60年記念 憲法学の現在・未来
(10・完) 憲法解釈の変更可能性について　南野
森　「法学教室」通号330　2008.3　p.28〜36

04287　憲法改正問題をめぐる右翼の動向　木下
修一　「治安フォーラム」14 (5) 通号161　2008.
5　p.38〜46

04288　恒久派兵法案と改憲論（特集 憲法——平
和・人権・生活を守る）　澤野義一　「科学的社
会主義」（121）　2008.5　p.6〜13

04289　対談 新たな情勢のもとで憲法改悪反対闘
争をどう発展させるか（特集 憲法問題の現局
面）　坂内三夫　市田忠義　「前衛 : 日本共産
党中央委員会理論政治誌」通号830　2008.5
p.13〜47

04290　現代改憲動向下の憲法論を読む（特集 九
条という思想）　愛敬浩二　「季論21 :
intellectual and creative」（[1]）　2008.7　p.
132〜139

04291　国境・国家・改憲国民投票——Kさんへの
手紙（特集 沖縄五・一八シンポジウム 来るべき
〈自己決定権〉のために 沖縄・アジア・憲法）
川田洋　「情況. 第三期 : 変革のための総合誌」
9 (5) 通号74　2008.7　p.72〜83

04292　新自由主義構造改革と改憲のゆくえ——
ポスト安倍政権の動向　渡辺治　「世界」
（780）　2008.7　p.81〜92

04293　改憲ウオッチ(4) 今日の改憲動向——二
つの焦点を見る　中西裕三　「科学的社会主義」
（125）　2008.9　p.82〜87

04294　昨今の改憲論議と地方自治の憲法論上の

諸論点——議論の端緒として　大津浩　「自治総研」　34（9）通号359　2008.9　p.1～21

04295　責務 国際社会の中の日本国憲法　西修　「月刊自由民主」　通号666　2008.9　p.48～53

04296　第1分科会 憲法改正問題と人権・平和のゆくえ（第51回人権擁護大会シンポジウムレジュメ）　「自由と正義」　59（9）通号716　2008.9　p.150～154

04297　小山内・リレー対談（8）憲法改正は「加憲」方式で——政治の基本は弱者・庶民の目線で　太田昭宏　小山内高行　「自由」　50（10）通号584　2008.10　p.90～101

04298　折節の記 憲法「全面」改正の怪　小川義男　「正論」　通号439　2008.10　p.35～37

04299　18歳投票権の憲法改正国民投票法及び川崎市住民投票条例の施行を控えて 若年層啓発の新たな試み——川崎市「ハイスクール出前講座」　小島勇人　水越久栄　木村寿宏　「選挙 ： 選挙や政治に関する総合情報誌」　61（10）2008.10　p.14～30

04300　教基法で「憲法」を読み直せ——「人権」「平和」「市民」イデオロギーとどう戦うか（承前）　「明日への選択」　通号274　2008.11　p.24～27

04301　護憲平和主義が招いた悲劇（Cross Line）潮匡人　「正論」　通号440　2008.11　p.46～47

04302　橋本行革以降における統治体制の変容と改憲——新自由主義国家形成とその矛盾　渡辺治　「行財政研究」　（72）　2008.12　p.2～25

04303　衆議院憲法調査会報告書を読み解く（9）「人権のカタログ」の豊富化と二一世紀型憲法をめぐって——国民の権利及び義務に関する諸議論の整理（上）　憲法調査研究会　「時の法令」通号1823　2008.12.15　p.32～39

04304　安倍、福田政権崩壊による改憲論の新段階と民主主義法学の課題（シンポジウム 改憲論批判と民主主義法学）　渡辺治　「法の科学 ： 民主主義科学者協会法律部会機関誌『年報』」通号40　2009　p.17～31

04305　改憲動向下の民主主義および民主主義論——民主的実践の過少と民主主義論の過剰（シンポジウム 改憲論批判と民主主義法学）　中村浩爾　「法の科学 ： 民主主義科学者協会法律部会機関誌『年報』」　通号40　2009　p.57～69

04306　改憲問題の刑事法的側面（シンポジウム 改憲論批判と民主主義法学）　斉藤豊治　「法の科学 ： 民主主義科学者協会法律部会機関誌『年報』」　通号40　2009　p.45～56

04307　憲法を改正することの意味　阪口正二郎　「山形大学法政論叢」　（44・45）　2009　p.124～84

04308　憲法改正問題（35）「議決」および「決裁権」等の問題　青山武憲　「季刊現代警察」　35（1）通号123　2009　p.104～111

04309　憲法改正問題（36）一院制への動きと実現可能性　青山武憲　「季刊現代警察」　35（2）通号124　2009　p.91～97

04310　憲法改正問題（37）検討の必要ある会議の公開の原則規定（憲法57条）　青山武憲　「季刊現代警察」　35（4）通号126　2009　p.94～100

04311　憲法議論を開始し、国のかたちを見定めよう　中野邦観　「読売クオータリー」　（10）2009.夏　p.104～113

04312　いま、社会の「常識」を考え直すとき（特集 憲法をとりまく情況）　後藤嘉次郎　「マスコミ市民 ： ジャーナリストと市民を結ぶ情報誌」通号480　2009.1　p.28～32

04313　改憲ウォッチ（5）第一七〇臨時国会論議に見る　中西裕三　「科学的社会主義」　（130）2009.2　p.84～87

04314　第1分科会 憲法改正問題と人権・平和のゆくえ（特集 第51回人権擁護大会報告）　海老原信彦　「自由と正義」　60（2）通号721　2009.2　p.43～50

04315　どういう構えで今日の憲法問題に立ち向かうか！（2009年権利討論会集会特集号）　橋本敦　「民主法律」　（276）　2009.2　p.217～219, 中扉1枚

04316　第9回「正論新風賞」受賞記念論文 今こそ憲法解釈の隘路を抜け出せ　坂元一哉　「正論」　通号444　2009.3　p.215～223

04317　第9回「正論新風賞」受賞記念論文 今こそ憲法解釈の隘路を抜け出せ　坂元一哉　「正論」　通号444　2009.3　p.215～223

04318　改憲の加速をねらう田母神元空幕長の思想と行動（特集 今日の憲法問題）　石山久男　「人権と部落問題」　61（6）通号787　2009.5　p.15～21

04319　政府は万能にあらず（特集 平成新憲法 21世紀の基礎づくり）　「世界思想」　35（5）通号403　2009.5　p.10～12

04320　退廃招く憲法三原則（特集 平成新憲法 21世紀の基礎づくり）　「世界思想」　35（5）通号403　2009.5　p.14～16

04321　日本国憲法の行方——憲法改悪と活憲の対抗（特集 今日の憲法問題）　渡辺久丸　「人権と部落問題」　61（6）通号787　2009.5　p.6～14

04322　施行62周年 日本国憲法をめぐる政治状況　鈴木智　「進歩と改革」　通号691　2009.7　p.22～25

04323　Nスペが躍起になった帝国憲法悪玉論を排す（総力特集 NHKよ、そんなに日本が憎いのか）　竹田恒泰　倉山満　「正論」　通号448　2009.7　p.60～71

04324　衆議院憲法調査会報告書を読み解く（完）超党派による更なる議論を！——憲法改正・最高法規・直接民主制・非常事態に関する諸議論

の整理から次の議論のステージへの提言　憲法
調査研究会　「時の法令」　通号1837　2009.7.15
p.59～75

04325　改憲ウォッチ(6)改憲策動──新たな段
階へ(特集 今、平和と人権を！)　中西裕三
「科学的社会主義」(136)　2009.8　p.32～35

04326　憲法への理解を明確にした新しい野党連
合を(特集 自公政権の終焉と連立政権のゆく
え)　辻井喬　「マスコミ市民 : ジャーナリス
トと市民を結ぶ情報誌」　通号488　2009.9　p.2
～7

04327　「憲法と安全保障」を政界再編の軸とせよ
──民主党のマニフェストには肝要の政策がま
るでなし　「Themis」　18(9)通号203　2009.9
p.34～35

04328　政権交代と改憲阻止の課題　田中隆　「人
権と部落問題」　61(13)　通号794　2009.11　p.
49～56

04329　衆院選・政権交代と改憲論議のゆくえ
多田一路　「住民と自治」　通号560　2009.12　p.
22～25

04330　民主党に立ちはだかる憲法問題 急浮上必
至"隠れテーマ"「民主党と憲法」 金看板「脱官
僚」も改憲なくして完成しない　塩田潮
「ニューリーダー」　22(12)通号266　2009.12
p.14～18

04331　憲法改正問題(38)不完全な日本国憲法五
九条　青山武憲　「季刊現代警察」　36(1)通号
127　2010　p.100～106

04332　憲法改正問題(39)国会による予算議決規
定の微修正の必要　青山武憲　「季刊現代警察」
36(2)通号128　2010　p.93～99

04333　憲法改正問題(40)「地域主権」と憲法改
正　青山武憲　「季刊現代警察」　36(3)通号129
2010　p.100～106

04334　憲法改正問題(41)条約の締結に対する国
会の承認等の問題　青山武憲　「季刊現代警察」
36(4)通号130　2010　p.95～101

04335　新憲法への構想　池田実　「憲法研究」
(42)　2010　p.49～69

04336　改憲ウオッチ(7)鳩山・民主党政権と改憲
志向(特集 鳩山政権の検討(その2))　中西裕三
「科学的社会主義」(141)　2010.1　p.26～29

04337　憲法改正の観念と限界　山内敏弘　「法学
館憲法研究所報」(2)　2010.1　p.34～46

04338　新しい政治の第一歩と「構造改革」、改憲
の行方──民主党政権の矛盾的性格と福祉・平
和の政治実現への道　渡辺治　「前衛 : 日本共
産党中央委員会理論政治誌」　通号853　2010.2
p.54～69

04339　憲法改正提案の国民による承認に関する
一考察──最低投票率制度と絶対得票率制度
茂木洋平　「東北法学」(35)　2010.3　p.19～39

04340　憲法リレートーク(第20回)日弁連憲法委
員会勉強会 民主党政権で憲法改正はどうなる
渡辺治　「自由と正義」　61(3)通号734　2010.3
p.63～72

04341　政治の読み方(61)憲法改正──時代遅れ
の条文を削除し「民主主義的転換」を図れ　武
田文彦　「Verdad」　16(5)通号181　2010.5　p.
20～22

04342　2010年の憲法記念日を迎えて──改憲手
続法の施行期日を前にして　小沢隆一　「平和運
動」(473)　2010.5　p.12～20

04343　大喝 憲法を直視するときだ　「Themis」
19(6)通号212　2010.6　p.5

04344　新聞の論点──社説を読み比べる 憲法改
正論議　長山靖生　「中央公論」　125(7)通号
1515　2010.7　p.218～221

04345　大喝 憲法を参院選の争点に！
「Themis」　19(7)通号213　2010.7　p.5

04346　民主党と改憲論　井端正幸　「真織」(8)
2010.9.10　p.2～11

04347　図解基礎法学講座 憲法改正について
「Keisatsu jiho」　65(11)　2010.11　p.49～52

04348　憲法改正過程における教育条項の修正 :
義務教育の範囲と青年学校改革との関係を中
心として　大島宏　「日本の教育史学 : 教育史
学会紀要」　54　2011　p.71～83

04349　憲法改正に関わる国民投票法における附
則第一二条の法的検討 : 国民投票の対象とそ
の範囲について　大西斎　「法政論叢」　48(1)
2011　p.126～140

04350　憲法改正問題(44)菅前総理の発言と国務
大臣の任命に係る規定の改正　青山武憲　「季刊
現代警察」　37(3)通号133　2011　p.91～97

04351　阪田報告へのコメント(特集 憲法と政権
交代─[全国憲法研究会]秋季研究総会)　青井
未帆　「憲法問題」　通号22　2011　p.111～115

04352　春季研究集会シンポジウムのまとめ(特集
憲法と政権交代─[全国憲法研究会]春季研究集
会)　國分典子 毛利透　「憲法問題」　通号22
2011　p.57～63

04353　政策位置の多層構造 : 憲法改正問題を事
例として　築山宏樹　「公共選択の研究」(57)
2011　p.46～58

04354　渡辺治さんに(一橋大学名誉教授)に聞く
「3.11」後の政治再編と運動の課題　渡辺治 行
方久生　「季刊自治と分権」(44)　2011.夏　p.
17～47

04355　各国憲法の制定年(～1940年代)と改正の
実際　西修　「駒澤大學法學部研究紀要」(69)
2011.3　p.1～35

04356　佐々木惣一の「人間必需ノ生活」権──
「幻の」帝国憲法改正案における最低生活保障
への権利　遠藤美奈　「西南学院大学法学論集」

憲法改正　　　　　　　　　　　　　　　　　　　　　　　　　　　　　　全般

04357　対談 憲法改正・核・「徴兵制」――タブー
なき国防論議こそ政治の急務だ（特集 敵意剥き
出しの国々の狭間で）稲田朋美 佐藤守「正
論」通号468　2011.3　p.96～107

04358　沖縄県知事選挙――「沖縄からの訴え」
として（特集 沖縄問題から憲法を考える）田
中三郎「人権と部落問題」63(5)通号814
2011.4　p.23～31

04359　「憲法改正手続法」の現況を考える 井口
秀作「社会民主」(672)　2011.5　p.62～65

04360　大喝 憲法改正に取り組むときだ
「Themis」20(5)通号223　2011.5　p.5

04361　大震災で露呈した日本国憲法の致命的欠
陥（甦れ日本）倉山満「正論」通号472
2011.7　p.84～91

04362　大江健三郎、澤地久枝等憲法第一世代の
呼びかけ 1000万人による反原発運動を（特集
震災・原発とマスメディア）鎌田慧「創」41
(7)通号457　2011.8　p.32～35

04363　金曜アンテナ 大震災を理由に非常事態条
項導入を主張 改憲派が多数の憲法審査会発動
「金曜日」19(45)通号888　2011.11.25　p.4

04364　大喝 今こそ憲法改正に取り組め : 国民
は政治家の無責任と怠慢を突き上げろ
「Themis」20(12)通号230　2011.12　p.5

04365　2010年憲法改革及び統治法（2010年法律
第25号）: 第1章及び第1附則（抄）河島太朗
[訳]「外国の立法 : 立法情報・翻訳・解説」
(250)　2011.12　p.91～103

04366　グローバル化のなかの民主党政権と改憲
問題（ミニ・シンポジウム 民主党政権と現代改
憲）二宮厚美「法の科学 : 民主主義科学者
協会法律部会機関誌「年報」」(43)　2012
137～140

04367　憲法改正問題(45)菅直人前首相の三権分
立への疑念と国会オンブズマンの憲法問題 青
山武憲「季刊現代警察」37(4)通号134　2012
p.97～103

04368　憲法改正問題(46)内閣総理大臣の欠缺規
定の修正 青山武憲「季刊現代警察」38(1)
通号135　2012　p.92～98

04369　憲法改正問題(47)自民党改憲草案を契機
に : NHK受信料の違憲性 青山武憲「季刊現
代警察」38(2)通号136　2012　p.93～99

04370　国会における憲法論議をめぐって（特集
日本国憲法の改悪に立ち向かう）井口秀作
「アジェンダ : 未来への課題」(39)　2012.冬
p.14～19

04371　春夏秋冬 憲法審査会を傍聴して 西川重
則「社会評論」(170)　2012.夏　p.3～5

04372　「政治主導」と9条政策（ミニ・シンポジウ
ム 民主党政権と現代改憲）清水雅彦「法の科

学 : 民主主義科学者協会法律部会機関誌「年
報」」(43)　2012　p.141～144

04373　改憲ウオッチ(9)とうとう憲法審査会が
始動 : 新たな段階に踏み込む改憲攻撃 中西
裕三「科学的社会主義」(165)　2012.1　p.74
～77

04374　制度化された憲法制定権力と憲法改正権
時本義昭「龍谷紀要」33(2)　2012.3　p.1～22

04375　大喝 真の独立国へ覚悟と行動を！ : い
つまでも憲法の「欺瞞」に甘え黙認するなかれ
「Themis」21(3)通号233　2012.3　p.5

04376　動き出す憲法審査会 大震災を契機に再起
動した改憲論（憲法特集 自由民権運動から脱原
発社会へ 草の根民主主義を見つめる）高田健
「金曜日」20(16)通号908　2012.4.27　p.28～
29

04377　緊急事態法導入は憲法破壊への道 : 憲法
改悪の巧妙な仕掛け（特集「憲法」の危機）
纐纈厚「社会民主」(684)　2012.5　p.12～17

04378　憲法をめぐる今日的状況と私たちの課題
高田健「進歩と改革」(725)　2012.5　p.4～12

04379　憲法施行65年の2012年、新たな改憲の動
きにどう向き合うか 小沢隆一「平和運動」
(495)　2012.5　p.11～18

04380　憲法審査会の動向（特集 平和と民主主義
をめぐる現況と展望）井口秀作「法と民主主
義」(468)　2012.5　p.34～37

04381　大震災で戦後憲法の致命的欠陥を曝け出
す 国を「脳死」に陥れる（特集 戦後憲法の終焉
: 今こそ日本を取り戻そう）「世界思想」38
(5)通号439　2012.5　p.6～9

04382　沖縄から見た憲法問題 小林武「前衛 :
日本共産党中央委員会理論政治誌」(883)
2012.6　p.61～71

04383　憲法「改正」にむけた重大な動き : 自民
党の「日本国憲法改正草案」を中心に 川村俊
夫「女性＆運動」(207)通号358　2012.6　p.
26～29

04384　大喝 憲法に正面から取り組め！ : 現実
を直視しない改正反対論は無責任だ「Themis」
21(6)通号236　2012.6　p.5

04385　2010年憲法改革及び統治法（2010年法律
第25号）: 第2章 三野功晴[訳]「外国の立
法 : 立法情報・翻訳・解説」(252)　2012.6
p.173～175

04386　2012 改革者の主張 出口は一院制導入か
改正手続きの改正 : 新たな段階迎えた憲法改
正論議 梅澤昇平「改革者」53(6)通号623
2012.6　p.6～9

04387　キーワードは「二つの国家」尖閣を守る
愛国の憲法学（特集 国想う者へ）百地章「正
論」(486)　2012.7　p.104～109

04388　特集 主権回復60周年 "日本らしい"憲法

〔04357～04388〕　　　　　　　　　　　　　　　　　　憲法改正 最新文献目録　　163

改正を　保利耕輔　「りぶる」31（7）通号364
2012.7　p.2〜9

04389　最近の改憲動向の特徴とねらい（特集 改憲の新たな動きと憲法の魅力 ： 改憲のねらいと憲法のミリクをつかもう）　小沢隆一　「学習の友」（708）　2012.8　p.24〜31

04390　対論 改正か無効・廃棄か 日本が「日本」であるための憲法論　大原康男　渡部昇一　「正論」（487）　2012.8　p.232〜243

04391　Talk ニコ生思想地図『日本2.0』から考える（1）新憲法と政治メディア　津田大介　境真良　東浩紀　「Genron etc ： コンテクチュアズ 友の会会報」　通号4　2012.8　p.4〜35

04392　菜々子の一刀両断！ ってわけにはいかないか…（第106夜）憲法改正は必要なの？　寺内香澄　「時評」54（9）通号594　2012.9　p.102〜105

04393　3・11で全情勢が一変 ： 噴き出した日帝の改憲衝動（特集 野田・橋下・連合を倒し改憲を阻もう）　「国際労働運動」40（9）通号433　2012.9　p.15〜21

04394　憲法の番人が語る「日本国憲法の限界」（総力特集 戦後政治65年を総点検する）　阪田雅裕　西修　「文芸春秋」90（13）　2012.10　p.204〜211

04395　憲法リレートーク（27）憲法改正の動きと国家緊急権 ： 緊急事態条項を明記するための改憲は必要か　伊藤真　「自由と正義」63（10）通号766　2012.10　p.72〜79

04396　三島由紀夫の国体論・憲法論（特集 國體と憲法）　玉川博己　「伝統と革新 ： オピニオン誌」（9）　2012.10　p.117〜127

04397　憲法改正 首相公選制と一院制という特効薬（総力特集 「維新の会」は信じられるか―有識者八人が徹底分析！ 維新八策をどう読むか）　小林節　「Voice」（419）　2012.11　p.77〜79

04398　手をつなごう ： 団結とはなにか（特集 憲法が守るもの）　笹山尚人　「まなぶ」（666）　2012.11　p.10〜12

04399　憲法をめぐるせめぎあいの新段階　川村俊夫　「国公労調査時報」（600）　2012.12　p.30〜35

04400　大日本帝国憲法復活請願?! 賛成した東京維新の会って…　「女性のひろば」（406）　2012.12　p.39〜41

04401　「バブルを知らない世代」の幸福論（第7回）「憲法改正」「国土強靱化」では幸せになれない　田原総一朗　古市憲寿　「Voice」（420）　2012.12　p.186〜196

04402　さようなら憲法（自民圧勝の憂鬱 ： 編集委員七人が考える日本の行方）　石坂啓　「金曜日」20（49）通号941　2012.12.21・2013.1.4　p.12

04403　衰退する脱原発、進む増税と憲法改定 腹を括って右翼政治と対決を（自民圧勝の憂鬱 ： 編集委員七人が考える日本の行方）　山口二郎　「金曜日」20（49）通号941　2012.12.21・2013.1.4　p.18〜19

04404　緊急誌上座談会 チャイナリスクから野党再編まで… 憲法改正の焦点は公明党だ！（総力特集 舞台は回る「自民294議席」圧勝のウラ）　浅川博忠　川村晃司　鈴木哲夫　「サンデー毎日」91（59）通号5145　2012.12.30　p.20〜24

04405　改憲とは「国のかたち」を変えること　堀尾輝久　「季論21 ： intellectual and creative」（21）　2013.夏　p.20〜32

04406　改憲とは何か（特集 改憲状況 ： 平和という問い）　冨山一郎　「インパクション」（191）　2013　p.22〜29

04407　憲法改正問題（48）国務大臣の議院出席に係る問題　青山武憲　「季刊現代警察」38（3）通号137　2013　p.90〜96

04408　憲法改正問題（49）首相公選制への改憲の是非　青山武憲　「季刊現代警察」38（4）通号138　2013　p.81〜87

04409　憲法改正問題（50）憲法改正と新たな動き　青山武憲　「季刊現代警察」39（1）通号139　2013　p.76〜83

04410　戦後憲法改正論の系譜 ： 矢部貞治の憲法改正論を中心に　玉木寛輝　「法学政治学論究 ： 法律・政治・社会」（97）　2013.夏季　p.369〜400

04411　日本を見つめる 「改憲まっしぐら」を如何にしてくいとめるか　小澤俊夫　「子どもと昔話」（54）　2013.冬　p.72〜75

04412　日本の憲法改正問題に向けて　内野正幸　「比較憲法学研究」（25）　2013　p.85〜96

04413　略年表 憲法「改正」とメディア（アベノ改憲、メディアと民意）（総合ジャーナリズム研究 ： journalism quarterly review）50（3）通号225　2013.夏　p.26〜28

04414　「失われた主権」を回復し、憲法改正へ ： 三島事件とは四十二年前に「終わった事件」ではない。私たちは今もなおその渦中にいる。　松浦光修　「祖国と青年」（412）　2013.1　p.22〜37

04415　"憲法改正"の問題をどう取り上げるか（特集 "日本の争点"白熱授業のディベート教材52）「社会科教育 ： 教育科学」50（1）通号645　2013.1　p.68〜77

04416　国会と選挙制度の抜本改革の行方（特集 安倍政権発足と憲法の危機―憲法改悪の動きにどう立ち向かうか）　上脇博之　「法と民主主義」（475）　2013.1　p.32〜35

04417　座談会 政治・経済・運動の課題 ： 2012年総選挙・都知事選挙の結果を受けて（特集 安倍政権発足と憲法の危機）　渡辺治　岡田知弘

河添誠［他］「法と民主主義」（475）　2013.1　p.4〜28

04418　政権交代ウォッチ（No.37）民主党政権の壺 ： 改憲を許すのか、来年7月参議院選挙が正念場に 「マスコミ市民 ： ジャーナリストと市民を結ぶ情報誌」（528）　2013.1　p.49〜51

04419　税財政改革の視点（特集 安倍政権発足と憲法の危機—憲法改悪の動きにどう立ち向かうか）　浦野広明 「法と民主主義」（475）　2013.1　p.40〜43

04420　総選挙後に必死の改憲論議 喫緊の課題となった憲法改正 ： 自民の躍進、維新の会の議席獲得と領土問題で高まる国防意識　小林節 「月刊times」37（1）　2013.1　p.20〜24

04421　道州制に対峙する住民自治と人権を保障する地方自治（特集 安倍政権発足と憲法の危機—憲法改悪の動きにどう立ち向かうか）　榊原秀訓 「法と民主主義」（475）　2013.1　p.44〜47

04422　野田のオウンゴールで自民圧勝 ： 深まる右傾化、改憲に右寄り第3極が加担（特集 衆議院総選挙を問う）　川﨑泰資 「マスコミ市民 ： ジャーナリストと市民を結ぶ情報誌」（528）　2013.1　p.20〜23

04423　決戦は7月参院選 ： 消費税も脱原発も憲法改正までも日本の針路はここで決まる（日本で1番早い2013政界シミュレーション）「週刊ポスト」45（3）通号2213　2013.1.18　p.32〜36

04424　もはや「改憲派vs護憲派」という対立軸ではおさまらない 徹底検証 自民党改憲草案「4つの重大問題」9条 97条 21条 92条（全国民必読 誰も知らなかった「憲法改正」の基礎知識）「週刊ポスト」45（4）通号2214　2013.1.25　p.37〜41

04425　衆議院で改憲勢力が3分の2以上に、憲法を守るたたかいのこれから　小沢隆一 「女性＆運動」（215）通号366　2013.2　p.2〜5

04426　総選挙後、週刊誌に初登場 談合ニッポンをもう一回打ち壊す！ アベノミクス、TPP、野党再編、憲法改正 ： 惨敗した「剛腕」次はどう動くのか小沢一郎がすべてを語った　小沢一郎　木下英治 「サンデー毎日」92（7）通号5152　2013.2.24　p.20〜25

04427　今の憲法問題にどう向き合うか　内藤功 「平和運動」（505）　2013.3　p.4〜9

04428　憲法異議の客観的機能について　武市周作 「東洋法学」56（3）通号124　2013.3　p.57〜84

04429　憲法改正 国民に対する責任（連続対論 決定版 安倍政権大論争）　櫻井よしこ　伊藤真 「文芸春秋」91（3）　2013.3　p.110〜116

04430　憲法改正について再検討する ： 日本国憲法の根本的な変革は必要なのか　新庄勝美 「道都大学紀要. 社会福祉学部」（38）　2013.3　p.17〜32

04431　憲法改正問題（法教育 ： 出張授業の体験を語る）　湯山孝弘 「Ichiben bulletin」（480）　2013.3　p.28〜30

04432　憲法「全面改正」運動と戦後政治の形成 ： 主権論からみた自主防衛と自主憲法（2012年度 日本史研究会大会特集号）　林尚之 「日本史研究」（607）　2013.3　p.94〜111

04433　東奔政走 動き出した安倍政権の改憲論議 「96条」改正の先にあるものとは　小松浩 「エコノミスト」91（10）通号4275　2013.3.5　p.84〜85

04434　過激各派が2013年・年頭論文を発表（3）革労協解放派・主流派 ”安倍の『改憲宣言』『普天間基地の辺野古移設』などの反革命政策”に反対 ： 2013年は”ファシズム安倍政府打倒”の闘いがテーマ 「国内動向 ： 過激各派の諸動向・教育・労働問題に関する専門情報誌」（1269）　2013.3.10　p.9〜16

04435　FOCUS政治 安倍政権が背負う二つの憲法問題 ハネムーンの100日後に訪れる政権最初の大試練　塩田潮 「週刊東洋経済」（6452）　2013.3.23　p.134〜135

04436　過激各派が2013年・年頭論文を発表（4）革労協解放派・反主流派 ”現実問題となった改憲攻撃を全力を挙げて打ち砕く”と決意表明 ： 安倍・自民党政権の誕生に ”本格的な戦争の時代”と強調 「国内動向 ： 過激各派の諸動向・教育・労働問題に関する専門情報誌」（1270）　2013.3.25　p.22〜30

04437　東奔政走 憲法改正に前のめりの安倍首相 ハムレット・公明党の悩み深し　前田浩智 「エコノミスト」91（13）通号4278　2013.3.26　p.80〜81

04438　慰安婦問題と改憲策動　大森典子 「平和運動」（506）　2013.4　p.4〜13

04439　インタビュー「占領憲法」は真の「憲法」ではない（特集 愛国心・ナショナリズムは危険か？）　小田村四郎　四宮正貴［聞き手］ 「伝統と革新 ： オピニオン誌」（11）　2013.4　p.39〜55

04440　巻頭アピール 改憲、原発維持、沖縄・福祉切り捨ての安倍政権を打倒する共同闘争を！ 「展望 ： 革命的共産主義者同盟再建協議会理論機関誌」（12）　2013.4　p.5〜25

04441　教育再生実行会議 ： 憲法改悪・戦争のできる国づくりへ（特集 安倍政権批判）　鳥取教育労働運動研究会 「科学的社会主義」（180）　2013.4　p.34〜39

04442　自民党・維新・みんなの党の96条改定は憲法違反だ！ ： 改憲発議要件の緩和で現行憲法の圧殺を狙う（特集 改憲・TPPへと牙をむく安倍政権といかに闘うか）　柴山健太郎 「労働運動研究」（418）　2013.4　p.2〜11

全般　　　　　　　　　　　　　　　　　　　　　　　　　　憲法改正

04443　戦後教育一期生からみる日本国憲法（1）「改憲」どころか「壊憲」　堀孝彦　「人権21：調査と研究」（223）　2013.4　p.28〜33

04444　第二次安倍政権論：改憲・軍事大国化と新自由主義の行方　渡辺治　「前衛：日本共産党中央委員会理論政治誌」（893）　2013.4　p.75〜96

04445　本性隠して当面は「安全運転」　長期政権目指す安倍首相の深謀遠慮：参院選で勝利すれば改憲に着手、"タカ派"首相の本領発揮か　山口朝雄　「月刊times」37（3）　2013.4　p.10〜13

04446　論争 憲法改正は是か非か　岩見隆夫　若宮啓文　「中央公論」128（4）通号1553　2013.4　p.80〜88

04447　2013夏参議院選挙に向けて　「みんなで幸せになる」ために憲法がある　吉田豊　「学習の友」（716）　2013.4　p.56〜60

04448　SAPIOインタビュー（第5回）小沢一郎（生活の党代表）「敗戦の弁」「日中問題」「アベノミクス」「憲法改正」……語り尽くした120分「3年半後、最後の決戦で『自立と共生』のレールを敷く」　小沢一郎　渡辺乾介[聞き手]「Sapio」25（4）通号536　2013.4　p.44〜46

04449　気鋭の憲法学者8人に本誌緊急アンケート 3年以内の改憲は「無理」　本田修一　田村栄治　「Aera」26（16）通号1391　2013.4.8　p.27〜31

04450　政界Report 「アベノミクス」の高支持を背景に首相の攻勢続く中― TPP、普天間、改憲、議席削減 安倍首相の横で動き出す政局　氷川清太郎　「財界」61（8）通号1526　2013.4.9　p.86〜89

04451　憲法バトル勃発！ 自民・公明・維新「危険すぎる三角関係」　「週刊文春」55（16）通号2720　2013.4.18　p.137〜139

04452　憲法特集Interview 安倍首相に憲法認識を問うた今話題の小西洋之議員に聞く 憲法13条の意味を語れない人に首相の資格なし（憲法特集 9条が危ない！ 自民党の暴走）　小西洋之　「金曜日」21（16）通号957　2013.4.26・5.3　p.21

04453　FOCUS政治 支持率好調で安倍カラー前面に 改憲96条改正へ向け「遠交近攻」戦略が進展　蔵川隆雄　「週刊東洋経済」（6458）　2013.4.27・5.4　p.136〜137

04454　危なすぎる「憲法改正」「軍事国家」 自爆した橋下維新 極右綱領 作成のウラ 全情報　「サンデー毎日」92（17）通号5162　2013.4.28　p.16〜18

04455　アベノミクスにみる日本・世界資本主義の終わり方（特集 アベノミクス・自民党憲法草案批判）　矢沢国光　「情況. 第四期：変革のための総合誌」2（3）通号10　2013.5・6　p.31〜45

04456　いま大切なのは武力ではなく、対話ができる太いパイプを互いにつくり、将来のことを

いっしょに紡（つむ）いでいくことです（憲法 希望を紡（つむ）ぐ言葉）　谷山由子　「女性のひろば」通号411　2013.5　p.28〜30

04457　改憲を釣る「毛ばり」としてのアベノミクス（特集 討論 安倍政権とは何か、どう対決するか（2））　竹信三恵子　「ピープルズ・プラン」（61）　2013.5　p.58〜63

04458　改憲をめぐる動きと憲法を生かす力（特集 憲法とくらし）　奥野恒久　「人権と部落問題」65（6）通号843　2013.5　p.14〜22

04459　巨大地震や有事の抜本対策が抜け落ちている 緊急事態条項を急げ（特集 憲法改正の春：主権回復61年目の躍動）　「世界思想」39（5）通号451　2013.5　p.14〜16

04460　現在の改憲論をどうみるか　只野雅人　「税経新報」（610）　2013.5　p.3〜9

04461　現に進む改憲 裁判員制度を廃止へ　高山俊吉　「序局：新自由主義と対決する総合雑誌」（4）　2013.5　p.208〜220

04462　「護憲」と「改憲」論議に一石 わたしたちはどのような国を目指したいのか（「日本国憲法」の現在：ジャーナリズムに問われるものは？）　東浩紀　「調査情報. 第3期」（512）　2013.5・6　p.31〜35

04463　情勢報告：世界経済の停滞と改憲の危機　「科学的社会主義」（181）　2013.5　p.61〜79

04464　政治 自縄自縛の「右傾化路線」「憲法改正」安倍はやれるか　「選択」39（5）通号459　2013.5　p.48〜50

04465　せめぎ合う改憲と護憲（特集 現代と日本国憲法）　大槻重信　「社会主義」（611）　2013.5　p.29〜36

04466　対談 憲法改正論のどこが問題か：いま、冷静に考えるとき　植野妙実子　高橋哲哉　「女性展望」（658）　2013.5　p.2〜6

04467　第6分科会 新自由主義と改憲問題（2013年権利討論集会報告号―分科会報告）　中森俊久　河田智樹　「民主法律」（291）　2013.5　p.30〜33

04468　タブーをつくらず、自由に憲法を論じよう（特集 リベラルのゆくえ：護憲勢力はどうあるべきか）　樋口恵子　「マスコミ市民：ジャーナリストと市民を結ぶ情報誌」（532）　2013.5　p.11〜17

04469　追跡レポート 参院選へのカウントダウン 急浮上する争点「憲法改正」 要件緩和をめぐる"危ない"駆け引き　加藤正夫　「ニューリーダー」26（5）通号307　2013.5　p.14〜17

04470　本気で変えたい人は一人もいない：改憲アレルギー（特集 アレルギー日本）　兵頭二十八　「新潮45」32（5）通号373　2013.5　p.58〜61

04471　リアル共同幻想論（第70回）日本国憲法、

166　憲法改正 最新文献目録　　　　　　　　　〔04443〜04471〕

微調整は否定しない。でも、今のやり方は容認できない。　森達也「経」（139）　2013.5　p.10〜14

04472　21世紀の世界と日本(17)憲法改正か、新憲法制定か、解釈改憲か　小林宏晨「世界思想」39（5）通号451　2013.5　p.46〜49

04473　7月参院選の勝利をテコに 長期政権への布石打つ安倍首相 : 最終目標は「戦後レジームからの脱却」＝憲法改正　山口朝雄「月刊times」37（4）　2013.5　p.10〜13

04474　特集 参院選も自民圧勝で「憲法」「橋下徹 大阪市長」「公明党」はこうなる　「週刊新潮」58（17）通号2889　2013.5.2・9　p.29〜31

04475　政治 市場度、国粋度、ネット度、マッチョ度…意外な親和性が判明 「安倍改憲」で政界再編　本田修一「Aera」26（20）通号1395　2013.5.6・13　p.66〜69

04476　〈安倍壊憲〉翼賛新聞は少数派 : 憲法記念日の各紙社説　山口正紀「金曜日」21（17）通号958　2013.5.10　p.56〜57

04477　現役世代不在の改憲論争に物申す！SPA！も新しい憲法試案を考えてみた(今週の顔 PEOPLE this week)　「Spa！」62（16）通号3364　2013.05.14　p.4〜5

04478　緊急招集！(第2回)覆面官僚座談会 改憲論議で暴走する安倍政権を食い止める霞が関の「最終兵器」　武冨薫[司会・レポート]　財務A 経産B[他]「週刊ポスト」45（19）通号2229　2013.5.17　p.48〜51

04479　永田町通信 憲法改正手続きの見直し　「週刊社会保障」67（2727）　2013.5.20　p.60

04480　東奔政走 憲法原理に反する96条改正論民主社会の健全さが試される　小松浩「エコノミスト」91（22）通号4287　2013.5.21　p.70〜71

04481　FOCUS政治 憲法改正へ動く安倍政権 国民的議論を呼び起こす「安倍憲法案」を提示せよ　塩田潮「週刊東洋経済」（6462）　2013.5.25　p.110〜111

04482　政界Report 強まる保守色で維新の会との距離も近づく 参院選で過半数獲得が濃厚 憲法改正で合従連衡を睨む安倍首相　氷川清太郎「財界」61（11）通号1529　2013.5.28　p.76〜79

04483　改憲をめぐる現状と問題(特集 参院選 日本の岐路)　飯島滋明「社会民主」（697）　2013.6　p.10〜12

04484　憲法改正(特集 憲法問題を考える)　高見勝利「法学教室」（393）　2013.6　p.13〜21

04485　憲法改正にあたつて考へておくべきこと : 自由民主党と産経新聞社の草案を手掛かりに　金子宗徳「国体文化 : 日本国体学会機関誌 : 里見日本文化学研究所発表機関 : 立正教団発表機関」（1069）　2013.6　p.2〜7

04486　憲法改正の発議要件の緩和について(特集

自民党改憲案と憲法の危機)　井口秀作「法と民主主義」（479）　2013.6　p.11〜15

04487　憲法改正問題を考える(特集 安倍政権を考える)　阪口正二郎「生活経済政策」（197）通号613　2013.6　p.18〜22

04488　憲法96条改「正」は全面改憲への突破口 : 「一点突破・全面展開」の改憲戦略　加藤晋介「科学的社会主義」（182）　2013.6　p.42〜49

04489　国基研&「正論」共同企画(1)日本再生への処方箋 : 憲法について　田久保忠衛「正論」（497）　2013.6　p.106〜117

04490　さらば「種の論理」(特集 憲法擁護の展開(その1))　岩間一雄「人権21 : 調査と研究」（224）　2013.6　p.11〜24

04491　社会時評エッセイ 安倍首相は憲法改正をテーマに衆参同時選挙に打って出よ　藤誠志「自転車・バイク・自動車駐車場パーキングプレス」（619）　2013.6　p.62〜65

04492　証券マン「オフレコ」座談会 アベノミクスの正体は「憲法改正」と「財閥再生」 : マスコミが報道しない兜町の裏事情　Ａ　Ｂ　Ｃ「Verdad」19（6）通号218　2013.6　p.20〜21

04493　資料欄 公職選挙法施行令及び日本国憲法の改正手続に関する法律施行令の一部を改正する政令要綱「選挙時報」62（6）　2013.6　p.42〜44

04494　資料欄 公職選挙法施行令及び日本国憲法の改正手続に関する法律施行令の一部を改正する政令「選挙時報」62（6）　2013.6　p.44〜46

04495　資料欄 日本国憲法の改正手続に関する法律施行規則の一部を改正する省令「選挙時報」62（6）　2013.6　p.50〜53

04496　追跡レポート 「外交・改憲」得意分野がアキレス腱 調子に乗って出た地金 米国に叱られ軌道修正 足をすくった維新の会　加藤正夫「ニューリーダー」26（6）通号308　2013.6　p.10〜13

04497　ブック・ストリート 言論 改憲と生活保護　内田誠「出版ニュース」（2313）　2013.6.中旬　p.17

04498　政界Report 世論調査では96条改正反対派が多数 好調・安倍首相が目指す憲法改正 カギを握る経済政策の行方　氷川清太郎「財界」61（12）通号1530　2013.6.11　p.88〜91

04499　FOCUS政治 安倍政権支える公明党の思惑 自民との連立維持が最優先 憲法・集団的自衛権で波乱も　星浩「週刊東洋経済」（6466）　2013.6.15　p.102〜103

04500　衆議院憲法審査会委員の笠井亮共産党議員に聞く 四九対一でも負けはしない(真っ当に憲法を考えている政党はどこだ？)　笠井亮「金曜日」21（23）通号964　2013.6.21　p.19

04501　政党10団体「憲法」アンケート(真っ当

に憲法を考えている政党はどこだ？）「金曜日」21（23）通号964　2013.6.21　p.12〜14

04502　存在意義が高まる一方で、存在感は低下　護憲・社民党の声は国民に届くのか（真っ当に憲法を考えている政党はどこだ？）　まさのあつこ「金曜日」21（23）通号964　2013.6.21　p.16〜18

04503　FOCUS政治 自民党一強体制なら安倍改憲路線で再編も　塩田潮「週刊東洋経済」（6467）　2013.6.22　p.104〜105

04504　今国会での憲法審査会をふりかえって 96条先行改憲でつまずいた安倍政権　高田健「金曜日」21（24）通号965　2013.6.28　p.16

04505　安倍首相の憲法戦略 長期政権視野に改憲に執念：16年夏のダブル選挙に賭ける？　公明、民主巻き込み96条改正狙う　川上高志「メディア展望」（619）　2013.7　p.1〜8

04506　意見異見（71）九六条改正論議の前に 憲法前文をお国ことばで読んでみませんか　山本明紀「現代農業」92（7）通号801　2013.7　p.358〜361

04507　永六輔［放送タレント］×矢崎泰久［ジャーナリスト］のちち放談（第43回）改憲なんて知らない　永六輔　矢崎泰久「創」43（6）通号476　2013.7　p.132〜137

04508　改憲派3分の2獲得が必須の一大政治決戦に 戦後初の「改憲選挙」（特集 政治決戦2013：「戦後政治」に訣別する）「世界思想」39（7）通号453　2013.7　p.6〜8

04509　鎌倉孝夫の〈経済診断〉理論篇 憲法問題の政治経済学：いまなぜ「成文改憲」なのか　鎌倉孝夫「進歩と改革」（739）　2013.7　p.28〜40

04510　企業経営・戦略 社会を耕す（3）憲法改正議論と社会での問題提起・トラブルメーカーというレッテル　戸村智憲「流通ネットワーキング」（278）　2013.7・8　p.95〜98

04511　橋下発言にみる改憲勢力の人権感覚と歴史認識（特集 働き方と暮らしをまもる政治に）　大森典子「学習の友」（719）　2013.7　p.24〜27

04512　見解「拝啓 安倍晋三様 あなたが『改憲』に前のめりになるのは筋が違いませんか？」　法学館憲法研究所「法学館憲法研究所報」（9）　2013.7　p.80〜83

04513　「憲法を生かす外交」の空叫び：改憲阻止の闘いを歪曲する日共中央（「アベノミクス」粉砕 軍事強国化を許すな」　木本泰次「新世紀：日本革命的共産主義者同盟革命的マルクス主義派機関誌」通号265　2013.7　p.84〜102

04514　憲法改正原案審議の定足数：全員多数制と出席者数の関係　森本昭夫「立法と調査」（342）　2013.7　p.100〜106

04515　憲法改正の必要性を考える：自由民主党

の改正草案をもとに　藤井正希「法学館憲法研究所報」（9）　2013.7　p.43〜56

04516　憲法記念日報道に見る新聞の公正：動向読めない「改正」世論調査（憲法論議と新聞の役割：憲法をどう伝えるか）　藤田博司「新聞研究」（744）　2013.7　p.35〜37

04517　「憲法はいま」を中長期的に取り組む：「改憲か護憲か」だけでない主張や独自色を展開（憲法論議と新聞の役割：憲法をどう伝えるか）　中村史郎「新聞研究」（744）　2013.7　p.8〜11

04518　権力者の改憲論を警戒せよ：立憲主義と九六条改憲論をめぐって（特集 私たちはどのような未来を選択するのか）　水島朝穂　小林節「世界」（845）　2013.7　p.121〜128

04519　講演会「日本の改憲問題と日韓関係」講演録「歴史に向き合い平和を考える：日本国憲法と東アジアの平和」　金英丸「法学館憲法研究所報」（9）　2013.7　p.27〜42

04520　講演「総選挙後の政治状況と改憲動向」（1）平和・人権・環境（平和フォーラム）　愛敬浩二「信州自治研」（257）　2013.7　p.35〜41

04521　戦後民主主義の危機か転換か：アベノミクスと改憲論の背後で（特集 参院選2013：問われる民主主義とその行方）　宇野重規「生活経済政策」（198）通号614　2013.7　p.8〜11

04522　なぜ周辺国は改憲論を恐れるのか（いまなぜ憲法改正なのか）　若october啓文「月刊自治研」55（646）　2013.7　p.31〜36

04523　日本人のための憲法とは何か 白熱4時間 憲法改正大論争　宮崎哲弥［司会］　林芳正　高市早苗［他］「文芸春秋」91（8）　2013.7　p.132〜150

04524　念願の改憲着手でタカ派首相の本領発揮へ 参院選挙に迫られる日本の選択：自民党に草木もなびき民主党は消滅の危機　山口朝雄「月刊times」37（6）　2013.7　p.10〜13

04525　ロー・ジャーナル「96条の会」発足：2013年5月23日記者会見「法学セミナー」58（7）通号702　2013.7　p.1

04526　60年の平和の大きさ（特集 憲法改正）　高畑勲「熱風：スタジオジブリの好奇心」11（7）通号127　2013.7　p.20〜30

04527　政治 安倍政権はすっかり"ステルス作戦"だけど… 改憲派も憂う「96条改正」　本田修一　山崎拓　小林節［他］「Aera」26（28）通号1403　2013.7.1　p.30〜32

04528　大藤理子の政治時評 原発の運転再開反対53%で憲法96条改正反対47%なのに投票先は自民44%ってなぜ？　大藤理子「金曜日」21（25）通号966　2013.7.5　p.14

04529　学問の現場から 2013 歴史になる一歩手前 憲法の「正しい」変え方とは 世界史から見

憲法改正　全般

た人権の歩み　與那覇潤　「週刊東洋経済」
（6470）　2013.7.6　p.116〜117

04530　遠のいた96条「先行改正」憲法改正 自民
党の大誤算　塩田潮　「サンデー毎日」92（27）
通号5172　2013.7.7　p.23〜26

04531　『週刊金曜日』セレクション 筑紫哲也の
ことば（憲法 特別編集 : あなたにも責任があ
る 知らなかったじゃすまされない）　筑紫哲也
「金曜日」21（26）通号967（臨増）　2013.7.9
p.66〜68

04532　新 わたしと憲法シリーズ ”良い憲法”だ
からって安心したら終わり。条文がどう変わる
かよりどう使うかが重要 松本哉 : 「素人の乱」
で社会を変える（憲法 特別編集 : あなたにも
責任がある 知らなかったじゃすまされない）
松本哉　「金曜日」21（26）通号967（臨増）
2013.7.9　p.21

04533　対談 「他人事」の意識が生んだ憲法 “改
悪”論議（憲法 特別編集 : あなたにも責任があ
る 知らなかったじゃすまされない）　赤川次郎
辛淑玉　「金曜日」21（26）通号967（臨増）
2013.7.9　p.6〜9

04534　文学者から見た憲法（憲法 特別編集 : あ
なたにも責任がある 知らなかったじゃすまされ
ない）　伊藤氏貴　「金曜日」21（26）通号967
（臨増）　2013.7.9　p.25

04535　憲法 徹底討論 超・護憲VS.改憲 リアル憲
法論　東浩紀　林知更　木村草太　「Aera」26
（31）通号1406　2013.7.22　p.24〜27

04536　東奔西走 改憲勢力に二つの流れ 選挙後、
首相はまとめきれるのか　山田孝男　「エコノミ
スト」91（32）通号4297　2013.7.23　p.78〜79

04537　この国はどこに行くのか（参院選 脱原発、
護憲は負けたのか？ どうなるの ニッポン）
宇都宮健児　「金曜日」21（29）通号970　2013.
7.26　p.17

04538　まぼろしから現実を取り戻す（参院選 脱
原発、護憲は負けたのか？ どうなるの ニッポ
ン）　田中優子　「金曜日」21（29）通号970
2013.7.26　p.18

04539　アメリカからの「警告のシグナル」（特集
私の憲法論）　内田樹　「新潮45」32（8）通号
376　2013.8　p.48〜51

04540　インタビュー 津上忠 改憲の動きについて
考える　津上忠 乙部宗徳［聞き手］「民主文
学」（574）通号624　2013.8　p.150〜157

04541　憲法を生かし循環型経済をめざす : 第18
回全国商工交流会への参加を　奥田伸一郎　「月
刊民商」55（8）通号635　2013.8　p.24〜27

04542　憲法を巡る論議（特集 憲法擁護の展開（そ
の2））　大田肇　「人権21 : 調査と研究」
（225）　2013.8　p.25〜31

04543　「憲法改正」と戦争、医療、社会保障制度

: アジア諸国民や国民相互での、前の戦争の歴
史認識の共有を（特集 平和の希求 : 憲法と医
療）　莇昭三　「月刊保団連」（1132）　2013.8
p.23〜28

04544　憲法改正や集団的自衛権の行使は?!「安
倍長期政権」への驕りで自民党分裂へ : 参院
選の大勝でねじれは解消したものの国家の基本
問題を早くも忘れかけている　「Themis」22
（8）通号250　2013.8　p.8〜9

04545　憲法改定アンケート　「詩人会議」51（8）
通号611　2013.8　p.34〜40

04546　憲法リレートーク（28）地球市民集会 い
ま、「改正」を考える : 憲法を変えたいの
は誰か 講演「日本の生きる道 : 平和的手段の
模索」　孫崎享　「自由と正義」64（8）通号776
2013.8　p.75〜82

04547　公明党の憂鬱 : 憲法改正論議のカギを握
る学会婦人部（特集 2013参院選 : 私たちは何
に直面しているのか）　中野潤　「世界」（846）
2013.8　p.98〜108

04548　講話 これからの日本のゆくえ : 憲法改
正問題を切り口として、価値観・世界観の視点
から（特集 誌上再録 第50回 カトリック社会問題
研究所夏季セミナー 日本のゆくえ : 福音が生
かされた社会を創る責任）　森一弘　「福音と社
会」52（4・5）通号269・270　2013.8　p.26〜47

04549　参院選挙にみる各党の憲法政策　金子哲
夫　「社会主義」（614）　2013.8　p.71〜78

04550　自民党は過半数を確保し衆参ねじれを解
消できるか!! 参院選の争点は「アベノミクス」
評価と憲法改正 安倍自民圧倒的優勢に死角はな
いのか!? : 野党陣営に安倍政権の勢い止める
奇策妙計なし　「財界にっぽん」45（8）通号530
2013.8　p.6〜9

04551　尊重すべきは条文ではなく法の精神であ
る（特集 私の憲法論）　薬師院仁志　「新潮45」
32（8）通号376　2013.8　p.64〜67

04552　HOT issue（NUMBER 03）対談 長谷部恭
男＋柿﨑明二 憲法96条「改正」をめぐって　長
谷部恭男 柿﨑明二　「ジュリスト」（1457）
2013.8　巻頭2〜5、68〜73

04553　新 わたしと憲法シリーズ 柳澤協二 : 安
倍首相の改憲発現を質す元防衛官僚 戦争放棄の
理念を捨てることは日本の優位性を捨てるこ
と。安全保障の点からも好ましくない　柳澤協
二　「金曜日」21（30）通号971　2013.8.2　p.41

04554　政界Report 成長戦略、消費税、原発、憲
法など立ちはだかる壁 衆参ねじれを解消した後
の「安倍政治」の舵の切り方　氷川清太郎　「財
界」61（16）通号1534　2013.8.6　p.100〜103

04555　ハイエクから見る日本国憲法改正論議 憲
法は国民の共通の信念を反映するもの　仲正昌
樹　「金曜日」21（31）通号972　2013.8.9・16
p.42〜45

〔04530〜04555〕　　　　　　　　憲法改正 最新文献目録　**169**

全般　　　　　　　　　　　　　　　　　　　　　　　　　　　憲法改正

04556　参院選後の憲法状況　永山茂樹　「反戦情報」（347）　2013.8.15　p.16〜18

04557　改めて憲法を考える（2）改憲論議はどうあるべきか？　中川律　「時の法令」（1936）　2013.8.30　p.61〜66

04558　改憲を先取りする新防衛大綱　前田哲男　「世界」（847）　2013.9　p.218〜227

04559　改憲派の歴史認識と東アジア：激動の時代を生きる歴史認識を（歴史の真実と日本の針路：信じ合えるアジアをつくるために）　広川禎秀［談］「学習の友」（別冊）　2013.9　p.12〜25

04560　行財政研究 自民党改憲案の一考察：改正発議・「公共の秩序」・憲法尊重擁護　植松健一　「行財政研究」（87）　2013.9　p.2〜15

04561　憲法改正要件論の周辺：近時のドイツ学説を踏まえて　棟居快行　「レファレンス」63（9）通号752　2013.9　p.7〜22

04562　憲法「改正」論議の批判的検討　髙良沙哉　「地域研究」（12）　2013.9　p.45〜56

04563　講演「総選挙後の政治状況と改憲動向」（2）平和・人権・環境（平和フォーラム）「信州自治研」（259）　2013.9　p.29〜37

04564　政治課題が山積するが国民も中長期的視点を：改憲論議に欠ける＜不敗＞の備え「Themis」22（9）通号251　2013.9　p.92

04565　ヨハネス・マージング「継続と非継続の間：憲法改正」（翻訳）　棟居快行［翻訳］「レファレンス」63（9）通号752　2013.9　p.23〜38

04566　憲法改正問題 慎重姿勢を崩さない公明党と米国のけん制で現実的な対応へ いかにして「日本を取り戻す」のか 安倍首相に立ちはだかる『二つの壁』（創刊60周年記念特集 国・企業・個人の関係を探る！）　氷川清太郎　「財界」61（18）通号1536　2013.9.10　p.52〜55

04567　近代立憲主義は危機の中にある 記者は街へ行き、人々と対話しよう（特集 憲法改正とメディア）　中馬清福　「Journalism」（281）　2013.10　p.44〜51

04568　憲法審査会における当面の課題：平成25年参議院議員通常選挙後の新勢力の下において（特集 通常選挙後の主要政策課題（1））　宮下茂　「立法と調査」（345）　2013.10　p.94〜112

04569　憲法報道に欠ける自覚的な権力観　「報じられない憲法問題」の解消を（特集 憲法改正とメディア）　田村理　「Journalism」（281）　2013.10　p.72〜80

04570　参院選後の安倍政権下の憲法情勢（参院選後の憲法情勢と憲法闘争）　澤野義一　「科学的社会主義」（186）　2013.10　p.43〜49

04571　「政権」対「国民とメディア」 この潜在的構図をメディアは自覚せよ（特集 憲法改正とメディア）　藤森研　「Journalism」（281）　2013.10　p.64〜71

04572　全面改憲への陶酔は危険だ 長い時間軸をふまえ、徹底した議論を（特集 憲法改正とメディア）　杉田敦　「Journalism」（281）　2013.10　p.28〜35

04573　総学習講座 憲法・安保と私たちの働き方・暮らし 苦しい生活の中なぜ消費税増税か：その背景に日米安保条約　今宮謙二　「学習の友」（722）　2013.10　p.23〜30

04574　対談 あらゆる知恵をもって「改憲」「身売り」をしのぎ生きぬく　西谷修　小森陽一　「世界」（848）　2013.10　p.33〜42

04575　時潮 憲法を死文化させる実質改憲の策動を許すな　戸谷隆夫　「税経新報」（615）　2013.10　p.1〜3

04576　ナチスによる「憲法の機能停止」の歴史的真実：「麻生発言」によせて　望田幸男　「学習の友」（722）　2013.10　p.31〜34

04577　ひと：人物交差点 弁護士や大学教授の笑うしかない護憲論「デタラメ護憲論」に騙されるな　八木秀次　「明日への選択」（333）　2013.10　p.30〜35

04578　マッキの共育讃歌（19）憲法の危機に抗して 愛媛の草の根運動　山本万喜雄　「子どものしあわせ：母と教師を結ぶ雑誌」（752）　2013.10　p.46〜49

04579　マンネリズムを超えて 個人の視点から憲法番組をつくる（特集 憲法改正とメディア）　秋山浩之　「Journalism」（281）　2013.10　p.36〜43

04580　もう一つの憲法問題 TPPにより憲法が書き換えられる　岩月浩二　「現代農業」92（10）通号804　2013.10　p.360〜364

04581　政界Report 原発汚染水、消費税、憲法改正など難題は続く…… 東京五輪決定で沸く中、意外と綱渡りの政権運営が続く安倍内閣　氷川清太郎　「財界」61（20）通号1538　2013.10.8　p.86〜89

04582　悪しき過去との取り組み：戦後ドイツの「過去の克服」と日本（特集 安倍政権を問う：改憲と歴史認識）　石田勇治　「日本の科学者」48（11）通号550　2013.11　p.658〜663

04583　緊急発言 憲法改悪を許さない　「民主文学」（577）通号627　2013.11　p.115〜147

04584　憲法改正から集団的自衛権まで 池田大作名誉会長の「天の声」消えて創価学会 公明党迷走中：いよいよ東京・信濃町に「総本山」ともいうべき総本部が誕生するが組織に激震が走る「Themis」22（11）通号253　2013.11　p.42〜43

04585　憲法改定問題（第23回参議院選挙特集 日本共産党の政策と活動―インターネット関連―連載インタビュー企画 あなたの想いをカクサン！）　仁比そうへい　「前衛：日本共産党中

央委員会理論政治誌」（902）（臨増） 2013.11 p.326〜328

04586 国基研＆「正論」共同企画(6)日本再生への処方箋 ： 憲法とアベノミクスについて 遠藤浩一 「正論」（502） 2013.11 p.240〜251

04587 司法書士の生活と意見 憲法改正についての雑感 「法学セミナー」58(11)通号706 2013.11 p.116

04588 人権は「公益」によって制約してはならない？（続 憲法「改正反対論」大論破）「明日への選択」（334） 2013.11 p.14〜17

04589 ハーグ条約の実施とそれに伴う諸問題について（市民会議報告 ハーグ条約の実施とそれに伴う諸問題について/憲法第96条改正問題について） 戸田綾美 「Niben frontier」（128）通号351 2013.11 p.2〜4

04590 「明治の戦争」と日本人の記憶（特集 安倍政権を問う ： 改憲と歴史認識） 中塚明 「日本の科学者」48(11)通号550 2013.11 p.664〜669

04591 金曜アンテナ 日本国憲法の源流と改憲論議への"気がかり"「五日市憲法」に触れた皇后 「金曜日」21(43)通号984 2013.11.8 p.8

04592 伊藤真弁護士の嗤うべき改憲反対論 「明日への選択」（335） 2013.12 p.24〜28

04593 輝け憲法、改憲問題をめぐる情勢と私たちの課題（特集 かがやけ憲法(2)憲法をいかす運動を） 小沢隆一 「全労連」（202） 2013.12 p.1〜11

04594 過激派の「憲法改悪阻止」は、欺瞞の産物（特集 憲法改正問題と治安） 榛澤尚紀 「治安フォーラム」19(12)通号228 2013.12 p.26〜34

04595 現在の改憲問題のありか ： 憲法「改正」問題ではない（特集 加速する改憲策動） 岡野八代 「人権と部落問題」65(14)通号851 2013.12 p.14〜23

04596 憲法違反にもなる電気事業法の「改悪」 永岡芳宣 「エネルギーフォーラム」59(708) 2013.12 p.92〜97

04597 憲法を国民の手に！ ： 日本会議全国代表者大会 「祖国と青年」（423） 2013.12 p.8〜10

04598 憲法改正 改憲問題を考える視点（特集 現代思想の論点21） 愛敬浩二 「現代思想」41(17) 2013.12 p.97〜103

04599 憲法改正、参院選報道で新聞に存在感 ： 「ネット普及で新聞の役割減少」が初の4割台に 第6回「メディアに関する全国世論調査」（上）新聞通信調査会世論調査班 「メディア展望」（624） 2013.12 p.14〜20

04600 憲法改正問題をめぐる動向（特集 憲法改正問題と治安） 近藤浩之 「治安フォーラム」19(12)通号228 2013.12 p.3〜15

04601 講演・討論会（アメリカ大使館主催）朝鮮半島の安全保障と日米同盟の役割 ラルフ，コッサ 阿久津博康 「アジア時報」44(12)通号492 2013.12 p.4〜23

04602 参院選後の安倍改憲の動向と問題点（特集 加速する改憲策動） 小林武 「人権と部落問題」65(14)通号851 2013.12 p.6〜13

04603 大衆団体等の憲法改正問題をめぐる動向（特集 憲法改正問題と治安） 山北好男 「治安フォーラム」19(12)通号228 2013.12 p.35〜42

04604 日本の法と政治この一年 ： 改憲の動きとそれへの対抗（NEWSを読み解く 座談会 TPP，RCEPそして日本） 中村浩爾 角田［司会］田中［他］「経済科学通信」（133） 2013.12 p.19〜23

04605 日本版NSC設置法案と特定秘密保護法案は廃案に！ ： 政府による情報独占は立憲主義の解体だ（特集 相次ぐ改憲・反動攻勢と貿易収支の構造的赤字化に無策のアベノミクス） 柴山健太郎 「労働運動研究」（420） 2013.12 p.2〜10

04606 編集長インタビュー 憲法を変えるというのであればその前に沖縄の人々全員に適用してからにしてほしい ： 琉球朝日放送報道制作局キャスター 映画「標的の村」監督 三上智恵 三上智恵 「Journalism」（283） 2013.12 p.116〜123

04607 21世紀の世界と日本（24・最終回）ドイツ基本法を参考に憲法改正を考える 小林宏晨 「世界思想」39(12)通号458 2013.12 p.46〜49

04608 憲法改正 安倍政権の狙いは9条 海外派兵の解禁目指す（特集 2014→2020総予測─政策・社会・暮らし 女性活用や規制緩和で大きく変わる日本社会） 小林節 「週刊ダイヤモンド」102(1)通号4513 2013.12.28・2014.1.4 p.116

04609 沖縄で憲法を、憲法から沖縄を考える 小林武 「法の科学 ： 民主主義科学者協会法律部会機関誌「年報」（45） 2014 p.4〜7

04610 「改憲」とメディアの攻防（特集 この国のかたちと教育） 早野透 「人間と教育」（82） 2014.夏 p.54〜61

04611 「外国法」を参照する意味（特集 憲法"改正"問題 ： 国家のあり方とは） 中林暁生 「論究ジュリスト」（9） 2014.春 p.36〜40

04612 改正を言う前に考えるべきこと(1)「おしつけ憲法」論の欺瞞 橘川俊忠 「神奈川大学評論」（77） 2014 p.216〜222

04613 改正を言う前に考えるべきこと(2)憲法第一条はどれほど日本化されたか 橘川俊忠 「神奈川大学評論」（78） 2014 p.146〜153

04614 改正を言う前に考えるべきこと(3)「国体

は護持された」か？　橘川俊忠　「神奈川大学評論」（79）　2014　p.142〜148

04615　「憲法を改正する」ことの意味（特集 憲法"改正"問題 ： 国家のあり方とは）　宍戸常寿　「論究ジュリスト」（9）　2014.春　p.22〜29

04616　憲法改正の限界（特集 憲法"改正"問題 ： 国家のあり方とは）　西村枝美　「論究ジュリスト」（9）　2014.春　p.30〜35

04617　憲法改正問題（52）日本国憲法第六章の章題と同七六条の問題　青山武憲　「季刊現代警察」39（3）通号141　2014　p.85〜91

04618　憲法改正問題（53）憲法を改正する必要がある裁判員制度　青山武憲　「季刊現代警察」39（4）通号142　2014　p.86〜92

04619　憲法改正問題（54）裁判の公開の問題　青山武憲　「季刊現代警察」40（1）通号143　2014　p.89〜95

04620　「護憲」という言葉 ： 憲法改正論議を巡る問題の所在（国際社会における日本の役割）　久保田哲　「武蔵野短期大学研究紀要」28　2014　p.325〜331

04621　国家緊急事態と議会留保（特集 憲法"改正"問題 ： 国家のあり方とは）　村西良太　「論究ジュリスト」（9）　2014.春　p.70〜76

04622　座談会 ポスト近代国家へ ： 国境・憲法・国家の構造転換（特集 憲法"改正"問題 ： 国家のあり方とは）　長谷部恭男［司会］　大野博人　阪口正二郎［他］　「論究ジュリスト」（9）　2014.春　p.4〜21

04623　第30回東播人権問題研究集会を明石市で開催 戦争国家づくり反対!! 今こそ平和と平等と人権を守る運動を（特集 様々な視点で憲法を考えよう）　前田武　「季刊人権問題」（39）　2014.冬　p.51〜56

04624　日本における民主政治の劣化をめぐって（特集 憲法"改正"問題 ： 国家のあり方とは）　山口二郎　「論究ジュリスト」（9）　2014.春　p.63〜69

04625　わが国における軍事裁判のあり方 ： 近年の憲法改正論議を検討素材として　福富俊幸　「防衛法研究」（38）　2014　p.97〜118

04626　憲法リレートーク（32）「憲法難民」の嘆き（前編）　那須弘平　「自由と正義」65（1）通号781　2014.1　p.83〜89

04627　憲法96条と集団的自衛権 軽はずみな考えで変えてはならない（特集 2014年を展望する）　長谷部恭男　「Journalism」（284）　2014.1　p.14〜21

04628　講演録 第2回憲法改正学習会 今, 憲法の何が, どう変えられようとしているのか？　藤原真由美　「生活協同組合研究」（456）　2014.1　p.61〜67

04629　政界展望 野党の腰砕けにも非難 なぜ急い

だ秘密保護法案 国民は「見ざる聞かざる」の闇 ： 憲法改正への一里塚ならなおさら懸念の払拭を　鈴木哲夫　「月刊公論」47（1）　2014.1　p.12〜17

04630　2014年の展望 日本の政治 ： 景気、原発、憲法焦点に　松山隆　「中央調査報」（675）　2014.1　p.5929〜5931

04631　政界Report まずは経済で国民の支持率を得て外交や憲法改正に取り組む 与党・公明との距離感がカギ 経済と安保で政権強化を目指す安倍首相　氷川清太郎　「財界」62（3）通号1545　2014.1.28　p.86〜89

04632　改憲は命を削る覚悟で!!　松本健一　「月刊日本」18（2）通号202　2014.2　p.34〜41

04633　かくも異常な現行憲法の「人間観」　「明日への選択」（337）　2014.2　p.38〜42

04634　憲法を子ども・若者の希望とするために（特集 改憲空間と教育の責任）　佐貫浩　「教育」（817）　2014.2　p.15〜23

04635　憲法で安倍首相とすれ違い 天皇陛下 最近の「大胆言動」に秘めた思い ： 皇室儀式の公開、昭和天皇実録刊行に加え、安倍政権の憲法観に懸念を示した　「Themis」23（2）通号256　2014.2　p.52〜53

04636　憲法の存在意義と現在の改憲問題（特集 改憲空間と教育の責任）　愛敬浩二　「教育」（817）　2014.2　p.5〜14

04637　憲法リレートーク（33）「憲法難民」の嘆き（後編）　那須弘平　「自由と正義」65（2）通号782　2014.2　p.82〜89

04638　硬性憲法の脆弱性　加藤一彦　「現代法学 ： 東京経済大学現代法学会誌」（26）　2014.2　p.87〜110

04639　人権史の1ページとして憲法改正を学ぶ ： 公共性の高い憲法問題の授業のために（特集 改憲空間と教育の責任）　杉浦真理　「教育」（817）　2014.2　p.47〜54

04640　特集 憲法の「うまれ」と「はたらき」 ： 改憲論議の背景をあらためて整理する　「Libra ： The Tokyo Bar Association journal」14（2）　2014.2　p.2〜11

04641　二法整備と解釈改憲の3点セットが完了、悲願叶（かな）った安倍政権の"次の一手"を読む ： 米国に信頼される"美しい国"が自主独立を求め、自衛隊の国外展開「全面解禁」へ舵（かじ）を切った（特集 安倍政治の陥穽を衝く ： 向かうところ敵なし! 平和憲法を捨てひた走る「普通の軍国」路線にひれ伏すべきか）　谷田江　「福音と社会」53（1）通号272　2014.2　p.28〜34

04642　憲法改正集団的自衛権行使 安倍首相 岸信介氏の孫という宿命　「週刊朝日」119（7）通号5236　2014.2.21　p.30〜32

04643　憲法改正規定改正限界論序説 ： ドイツ基

憲法改正　　　　　　　　　　　　　　　　　　　　　　　　　　　　全般

本法七九条解釈を参考に　太田航平　「法学新報」　120（11・12）　2014.3　p.83〜103

04644　憲法改正論の過去と現在　富永健　「皇學館大学日本学論叢」　（4）　2014.3　p.323〜337

04645　第23回 大東文化大学法学研究所 公開シンポジウム「現代の法律問題を考える」 憲法改正の是非 ： 主権者はどう考え行動すべきか　木村晋介［司会・コーディネーター］　秋元司［パネリスト］　伊藤真［パネリスト］　「大東文化大学法学研究所報 別冊」　（22）　2014.3　p.1〜50

04646　我が国における「憲法改正の限界」に関する一考察（結城洋一郎名誉教授・中村秀雄特認名誉教授記念号）　結城洋一郎　「商學討究」　64（4）　2014.3　p.5〜37

04647　FOCUS政治 憲法解釈変更へ進む安倍政権 集団的自衛権問題で好調政権は「高転び」するか　塩田潮　「週刊東洋経済」　（6515）　2014.3.8　p.120〜121

04648　東奔政走 公明党に気をもみながらも首相は憲法解釈変更へ　与良正男　「エコノミスト」　92（13）通号4335　2014.3.18　p.76〜77

04649　東奔政走 「憲法解釈変更」に踏み込む 首相の挑戦を正面から受け止めよう　小菅洋人　「エコノミスト」　92（14）通号4336　2014.3.25　p.78〜79

04650　改めて憲法を考える（9）憲法の実質的改正の手法について　成澤孝人　「時の法令」　（1950）　2014.3.30　p.65〜70

04651　今、なぜ憲法を改正しなければならないか「明日への選択」　（339）　2014.4　p.18〜22

04652　日本協議会・日本青年協議会全国大会講演録 憲法改正の論点 ： 憲法は「国のかたち」のあり方を示す基本法　西修　「祖国と青年」　（427）　2014.4　p.24〜33

04653　検証安倍政権 防衛 ウソを重ねて破綻した安倍首相「砂川判決」で集団的自衛権行使を合憲化できない　成澤宗男　「金曜日」　22（14）通号1004　2014.4.11　p.14〜15

04654　特集 徳島県・憲法改正草案（上）改憲論争を機に、地方自治の再考を ： 飯泉知事と有識者2氏に聞く　山本拓也　飯泉嘉門　木下昌彦［他］　「地方行政」　（10474）　2014.4.28　p.2〜6

04655　改憲論と憲法の実質 ： 最近の憲法問題から考える（特集 憲法）　只野雅人　「税経新報」　（621）　2014.5　p.4〜11

04656　記念座談会 日本の危機の現状と憲法改正への課題「敗戦国レジーム」突破へ保守は何を為すべきか（日本政策研究センター設立30周年記念特集）　渡辺利夫　八木秀次　小川榮太郎［聞き手］「明日への選択」　（340）　2014.5　p.8〜16

04657　憲法改正のオモテとウラ ： 舛添要一著（都知事）を読む（特集 右傾化が止まらない安倍政権）　善明建一　「社会主義」　（623）　2014.5　p.61〜70

04658　憲法改正の転機　塚本三郎　「月刊カレント」　51（5）通号837　2014.5　p.24〜28

04659　こんなのを推した自民党で改憲できるの？ 舛添都知事がまき散らす歪んだ憲法観（特集 憲法改正論議を加速せよ）　高乗正臣　「正論」　（508）　2014.5　p.304〜311

04660　時代の視点「憲法解釈変更」は現実的選択だ　榊原喜廣　「月刊カレント」　51（5）通号837　2014.5　p.40〜43

04661　本当は、いま何が起きているのか（14）憲法と改憲案（1）立憲主義と国民主権　池上洋通　「月刊民商」　56（5）通号644　2014.5　p.42〜47

04662　検証安倍政権 憲法 国民不在のスピード審議 7党共同翼賛体制で改憲手続法改定強行へ　高田健　「金曜日」　22（18）通号1008　2014.5.9　p.34〜35

04663　石破茂自民党幹事長ホンネ激白 まだまだ深い「公明党との溝」 ： この男はニッポンをどうするのか（土壇場の日本国憲法）　石破茂　鈴木哲夫［聞き手］「サンデー毎日」　93（21）通号5224　2014.5.11-18　p.168〜171

04664　政界Report 憲法解釈を巡り自民党内の異論を抑えるも慎重な公明党との関係はまだ微妙 今秋の沖縄・福島両知事選を考慮し今夏までに方向性を決めたい安倍首相　氷川清太郎［文］「財界」　62（10）通号1552　2014.5.13　p.124〜127

04665　金曜アンテナ 憲法記念日に全国で "壊憲" 反対の声 平和憲法なし崩しへの危機感　「金曜日」　22（19）通号1009　2014.5.16　p.4〜5

04666　インドネシアにおける日本軍慰安所とスマラン事件（特集 安倍改憲政権批判）　須磨明「展望 ： 革命的共産主義者同盟再建協議会理論機関誌」　（14）　2014.6　p.86〜104

04667　街頭で憲法改正を訴え ： 憲法記念日を前後に全国各地で「祖国と青年」　（429）　2014.6　p.6〜8

04668　憲法から見た家族 ： 現代家族・男女共同参画社会と国家（特集 憲法と家族）　辻村みよ子「日本女性法律家協会会報」　（52）　2014.6　p.10〜19

04669　憲法の最高法規性と改正（96条・97条・98条1項・99条）（特集 条文からスタート 憲法2014）　岩間昭道　「法学教室」　（405）　2014.6　p.48〜50

04670　日本再興戦略（抜粋）（特集「解釈改憲」される憲法二五条（その2））「賃金と社会保障」　（1612）　2014.6.下旬　p.19〜28

04671　本当は、いま何が起きているのか（15）憲法と改憲案（2）基本的人権の原則　池上洋通「月刊民商」　56（6）通号645　2014.6　p.42〜47

04672 2014年 これまでの日本・これからの日本 「日本国憲法改正」と「地球儀を俯瞰する外交」 : 軍事と平和という国益について考える国民投票について 薄羽美江 「月刊カレント」 51 (6) 通号838 2014.6 p.58〜62

04673 金曜アンテナ 市民、有識者、議員らから抗議続出 解釈改憲は "泥棒" の論理だ 「金曜日」 22 (22) 通号1012 2014.6.6 p.4〜5

04674 大江健三郎や姜尚中を盾に 朝日新聞「憲法＆反原発」報道への違和感 : 憲法記念日から集団的自衛権行使まで反安倍記事をこれでもかと垂れ流す 「Themis」 23 (7) 通号261 2014.7 p.23〜25

04675 改憲阻止 : 反安保・反ファシズムの戦列を構築せよ (集団的自衛権行使の合憲化を許すな) 中央学生組織委員会 「新世紀 : 日本革命的共産主義者同盟革命的マルクス主義派機関誌」 (271) 2014.7 p.16〜46

04676 時代の視点 解釈改憲の是非を国民に問うべきである 榊原喜廣 「月刊カレント」 51 (7) 通号839 2014.7 p.34〜37

04677 資料欄 日本国憲法の改正手続に関する法律の一部を改正する法律 概要 「選挙時報」 63 (7) 2014.7 p.80〜82

04678 資料欄 日本国憲法の改正手続に関する法律の一部を改正する法律の施行について 「選挙時報」 63 (7) 2014.7 p.78〜80

04679 東京弁護士会主催シンポジウム講演 (抄録) 法律で憲法を変える？ : 国家安全保障基本法とはなにか？ 伊藤真 「法学館憲法研究所報」 (11) 2014.7 p.25〜56

04680 時潮 政府の解釈改憲に反対し、その声を国会に届けよう 米澤達治 「税経新報」 (623) 2014.7 p.1〜3

04681 特別掲載 日本民主法律家協会第53回定時総会記念講演 7・1閣議決定後にむけた改憲阻止の国民的共同を求めて 森英樹 「法と民主主義」 (490) 2014.7 p.58〜65

04682 本当は、いま何が起きているのか (16) 憲法と改憲案 (3) 地方自治の原則 池上洋通 「月刊民商」 56 (8) 通号647 2014.7 p.42〜47

04683 2014年 これまでの日本・これからの日本 続・「日本国憲法改正」と「地球儀を俯瞰する外交」 薄羽美江 「月刊カレント」 51 (7) 通号839 2014.7 p.48〜51

04684 安全保障 日本は多国籍軍にも参加？ 覚悟問われる集団的自衛権行使 : 解釈改憲で安保政策大転換 村田純一 「金融財政business : 時事トップ・コンフィデンシャル＋」 (10424) 2014.7.10 p.4〜7

04685 改憲問題 日本国憲法への包囲殲滅戦 野葉茂 「反戦情報」 (358) 2014.7.15 p.6〜8

04686 けんぽうの意味をしり、発信する : 若者憲法集会 6・22 申佳弥 「福祉のひろば」 173 2014.8 p.29〜32

04687 憲法の破壊はどうして起きたのか : 戦後の改憲派と護憲派の構造 (特集 憲法の条件) 小林節 國分功一郎 白井聡 「Atプラス : 思想と活動」 (21) 2014.8 p.51〜66

04688 政治の読み方 (113) 憲法解釈 総理にも国会議員にも憲法を弄る権限はない 武田文彦 「Verdad」 20 (8) 通号232 2014.8 p.18〜21

04689 パネルディスカッション "今そこにある危機" への対処法は「現憲法死守」か「加憲」か「改憲」か (特集 誌上採録 第51回カトリック社研セミナー) 小畑雪江 [パネラー] 伊瀬聖子 [パネラー] 齋藤康輝 [パネラー他] 「福音と社会」 53 (4) 通号275 2014.8 p.30〜38

04690 本当は、いま何が起きているのか (17) 憲法無視の閣議決定 : 恒久平和主義の危機を前に 池上洋通 「月刊民商」 56 (9) 通号648 2014.8 p.42〜47

04691 三島由紀夫と野村秋介の軌跡 (第102回) 三島の叫びが届かない改憲論議 : 「自由のない自主憲法」より自由のある「押し付け憲法」の方がいい 鈴木邦男 「月刊times」 38 (7) 2014.8 p.40〜45

04692 Interview 憲法学者 木村草太さん (薄っぺらな安倍コトバになぜだまされる!? 言葉を鍛える。) 木村草太 倉本さおり [聞き手] 「金曜日」 22 (30) 通号1020 2014.8.1 p.21〜23

04693 閣議決定で決められるものではない : 7・1閣議決定批判 青井未帆 「世界」 (860) 2014.9 p.149〜157

04694 各界から (巨大な歴史の分岐点―歴史的暴挙への反撃 : 〈許すな改憲！ 大行動〉が誕生 詳録 戦争・原発・首切りの安倍をともに倒そう！ 大集会) 「序局 : 新自由主義と対決する総合雑誌」 (7) 2014.9 p.38〜41

04695 自治体戦線から改憲阻止・公務員労組破壊攻撃粉砕の闘いを 自治体労働者委員会 「新世紀 : 日本革命的共産主義者同盟革命的マルクス主義派機関誌」 (272) 2014.9 p.84〜104

04696 政界のキーマンに聞く (第46回) 憲法を有名無実化するようなことを天下の自民党がやってはなりません 村上誠一郎 「財界にっぽん」 46 (9) 通号543 2014.9 p.24〜29

04697 代表呼びかけ人 (巨大な歴史の分岐点―歴史的暴挙への反撃 : 〈許すな改憲！ 大行動〉が誕生 詳録 戦争・原発・首切りの安倍をともに倒そう！ 大集会) 「序局 : 新自由主義と対決する総合雑誌」 (7) 2014.9 p.24〜29

04698 未来への責任と憲法改正 前原清隆 「現代と文化 : 日本福祉大学研究紀要」 (130) 2014.9 p.155〜173

04699 若者は動きはじめている！ : 若者憲法集会＆デモ 黒津和泉 「女性のひろば」

（427） 2014.9 p.37〜40

04700 「緊急事態」対処の憲法改正は待ったなし 「明日への選択」（345） 2014.10 p.10〜14

04701 2014年現代社会問題研究会夏季研究集会より 今なぜ「憲法改正」か ： ジャーナリストの視角から 津田大介 「社会主義」（628） 2014.10 p.47〜58

04702 改憲運動の課題を考える 「明日への選択」（346） 2014.11 p.10〜14

04703 Review of the Previous Issue 憲法を燃やす者たちは、いずれ国をも燃やすだろう 木村草太 「Atプラス ： 思想と活動」（22） 2014.11 p.134〜148

04704 『金曜日』で逢いましょう 「憲法も戦争も原発もいのちの問題」と取り組む95歳の女性 浮田久子さん（創刊21周年記念号）「金曜日」22（44）通号1034 2014.11.7 p.55

04705 新法解説 日本国憲法の改正手続に関する法律の一部を改正する法律 井口秀作 「法学教室」（411） 2014.12 p.58〜63

04706 The Better Angels (33) 憲法99条 (2)「抑止力」としての99条 秋葉忠利 「数学教室」60（12）通号757 2014.12 p.67〜69

04707 大勝326議席 与党3分の2超 安倍「6年政権」いよいよ憲法改正へ 全閣僚留任、人事は安倍カラー全開 伸び悩み民主細野新体制か 安倍自民 国会を制圧（総力特集 12・14総選挙）「週刊朝日」119（57）通号5286 2014.12.26 p.18〜21

04708 東奔政走 次の4年間の本丸は憲法改正 「安倍1強」で懸念される議会軽視 小松浩 「エコノミスト」93（1）通号4378 2014.12.30-2015.1.6 p.88〜89

04709 「違憲」発言と憲法改正論議の足踏み 笹森春樹 「読売クオータリー」（34） 2015.夏 p.68〜80

04710 改正を言う前に考えるべきこと (4)「おしつけ」を越えた第九条 橘川俊忠 「神奈川大学評論」（80） 2015 p.123〜129

04711 改正を言う前に考えるべきこと (5) 基本的人権は、どのように保障されることになったか 橘川俊忠 「神奈川大学評論」（82） 2015 p.158〜164

04712 キーノートスピーチ 憲法の危機（波頭亮のニッポンを構想する(Vol.24)） 小林節 Ichiro, Sakazume 「Think！」（55） 2015.Aut. p.150〜153

04713 現政権の閣議決定による実質的改憲の正統性に関する一考察 金子勝 「立正法学論集」49（1）通号91 2015 p.65〜98

04714 憲法改正議論における政教分離について 杉山幸一 「憲法研究」（47） 2015 p.37〜59

04715 憲法改正試案における家族条項に関する一考察 高乗智之 「憲法研究」（47） 2015 p.61〜85

04716 憲法改正問題(55) 憲法の番人の問題 (1) 青山武憲 「季刊現代警察」40（2）通号144 2015 p.89〜95

04717 憲法改正問題(56) 憲法の番人の問題(2・了) 青山武憲 「季刊現代警察」40（3）通号145 2015 p.89〜95

04718 憲法改正問題(57) 財政に関する改憲問題 (1) 青山武憲 「季刊現代警察」40（4）通号146 2015 p.84〜90

04719 憲法改正問題(58) 財政に関する改憲問題 (2・了) 青山武憲 「季刊現代警察」41（1）通号147 2015 p.88〜94

04720 講演 憲法改定は日本に何をもたらすか 土山秀夫 「九州法学会会報」 2015 p.70〜77

04721 座談会（日本国憲法研究（Number 17）緊急事態条項） 愛敬浩二 高田篤 長谷部恭男［他］「論究ジュリスト」（15） 2015.秋 p.150〜168

04722 女性間の分断を乗り越えるために ： 女性の活躍推進政策と改憲による家族主義の復活がもたらすもの 清末愛砂 「平和研究」（45） 2015 p.65〜83

04723 拝啓 内閣総理大臣殿 憲法無視の独走内閣 世の中はアベノミクスで良くなるのか 中野正和 「日本主義 ： 季刊オピニオン雑誌」（31） 2015.秋 p.21〜23

04724 本格化する憲法改正 笹森春樹 「読売クオータリー」（33） 2015.春 p.58〜67

04725 羅針盤 安倍"一強"政権はどこへ向かう？ ： 動き出した憲法改正 伊藤惇夫 「電機連合navi ： 労働組合活動を支援する政策・研究情報誌」（55） 2015.春 p.33〜37

04726 新しい労働者の政党へ道開く ： 鈴木達夫弁護士 衆院選挙戦を総括する（戦後70年 ： 新たな戦争と改憲） 鈴木達夫 早川好雄［聞き手］「序局 ： 新自由主義と対決する総合雑誌」（8） 2015.1 p.4〜15

04727 安倍戦争政治と「朝日新聞バッシング」 ： 「戦後70年問題」とどう向き合うか（戦後70年 ： 新たな戦争と改憲） 十亀弘史 「序局 ： 新自由主義と対決する総合雑誌」（8） 2015.1 p.41〜57

04728 各団体のとりくみ・主張 戦争をさせない1000人委員会 過去と未来に対する責任（特集 憲法破壊の政治状況にどう抗すか） 内田雅敏 「法学館憲法研究所報」（12） 2015.1 p.31〜33

04729 各団体のとりくみ・主張 めんどくさいヤツであり続ける宣言 ： 明日の自由を守る若手弁護士の会の活動（特集 憲法破壊の政治状況にどう抗すか） 早田由布子 「法学館憲法研究所報」（12） 2015.1 p.36〜38

04730 衆院選で忘れてはならぬ 憲法改正のラスト・チャンス 田久保忠衛 「正論」(517) 2015.1 p.158〜167

04731 政権交代と野党のあり方(特集 憲法破壊の政治状況にどう抗すか) 浦部法穂 「法学館憲法研究所報」(12) 2015.1 p.24〜30

04732 総選挙 自民大勝 今後4年間は"やりたい放題" 危険な道を辿り始める安倍政権 : 憲法改正の争点隠して「戦後レジームからの脱却」へ邁進か 山口朝雄 「月刊times」39(1) 2015.1 p.10〜13

04733 The Better Angels(34)憲法99条(3)内閣が96条と99条違反をするとき 秋葉忠利 「数学教室」61(1)通号758 2015.1 p.67〜69

04734 政界Report 経済政策の加速、外交安保・憲法改正で結果が問われる2015年 与党圧勝で官邸主導体制を確立 長期政権の足場固めに動く安倍首相 氷川清太郎[文] 「財界」63(3)通号1569 2015.1.27 p.72〜75

04735 改憲政権を生んだ「超低温」総選挙 赤坂太郎 「文芸春秋」93(3) 2015.2 p.224〜228

04736 憲法改正狙いで衆参ダブル選挙か : 政権の命運握るアベノミクスの成否 キーマンは二階氏と菅氏 今後の政局を大胆予測!(特集 新安倍政権に問う) 篠原文也 「Voice」(446) 2015.2 p.120〜125

04737 憲法改正の大義が信任された? 安倍自民で変わる日本の国家像 : 勝てば官軍 衆院選大勝で9条撤廃の悲願達成へ邁進か 山口朝雄 「月刊times」39(2) 2015.2 p.10〜13

04738 こんな道筋でいいのか 手の内を明かさない安倍首相 険しい改憲実現の道 「安倍案」隠しの思惑と計算 「民意の壁」を突破できるか 塩田潮 「ニューリーダー」28(2)通号328 2015.2 p.10〜13

04739 戦後七十年、歴史認識問われる「首相談話」 : 第三次安倍内閣は長期政権で憲法改正を狙う(特集 メディアが報じない安倍政治の姿) 川﨑泰資 「マスコミ市民 : ジャーナリストと市民を結ぶ情報誌」(553) 2015.2 p.2〜7

04740 見え始める憲法改正への道筋(特集 衆院選勝利、安倍新政権の展望) 八木秀次 「正論」(518) 2015.2 p.58〜65

04741 The Better Angels(35)憲法99条(4)変えてはならないものを変えない知恵 秋葉忠利 「数学教室」61(2)通号759 2015.2 p.67〜69

04742 東奔政走 表現の自由、テロ、戦後70年と安倍談話 「世界とつながる日本」が問われる 小松浩 「エコノミスト」93(6)通号4383 2015.2.10 p.66〜67

04743 フォーカス政治 「テロとの戦い」と日本の針路 高揚感で憲法をいじるな 山口二郎 「週刊東洋経済」(6579) 2015.2.21 p.110〜111

04744 東奔政走 ざわめき始めた憲法改正の空気 「戦後レジームからの脱却」の行方 前田浩智 「エコノミスト」93(8)通号4385 2015.2.24 p.76〜77

04745 是是非非 岡田民主党いまだ迷走中 : 憲法や安保で安倍首相に堂々と論争挑むべし 「Themis」24(3)通号269 2015.3 p.72

04746 The Better Angels(36)戦陣訓と解釈改憲 : 行き着く先は「生きて虜囚の辱めを受けず」? 秋葉忠利 「数学教室」61(3)通号760 2015.3 p.61〜63

04747 東奔政走 憲法改正は来年夏の参院選後に 衆院選・国民投票のダブル説 平田崇浩 「エコノミスト」93(9)通号4386 2015.3.3 p.92〜93

04748 政界Report 邦人人質事件の後、農協改革に覚悟を示す中 2016年夏の参院選後の憲法改正を正面に据えてきた安倍首相 氷川清太郎[文] 「財界」63(6)通号1572 2015.3.10 p.74〜77

04749 フォーカス政治 安倍首相「宿願」の改憲挑戦 憲法審査会の議論がスタート 塩田潮 「週刊東洋経済」(6582) 2015.3.14 p.110〜111

04750 金曜アンテナ 自民・公明、安保法制の方針に実質合意 「憲法」骨抜き、戦争への道 「金曜日」23(12)通号1052 2015.3.27 p.4

04751 『おしゃべりカフェ』で憲法改正の女性の輪を広げよう 諫山仁美 「祖国と青年」(439) 2015.4 p.43〜49

04752 憲法改正の焦点は何か 高森明勅 「ジャパニズム」24 2015.4 p.106〜109

04753 特集 一橋大学名誉教授 渡辺治氏インタビュー 総選挙の結果と安倍政権の政治 渡辺治 村田悠輔[聞き手] 川上哲[聞き手] 「東京」(363) 2015.4 p.2〜37

04754 The Better Angels(37)数学書として憲法を読む(1)素直に,論理的に,自己完結的に 秋葉忠利 「数学教室」64(1)通号761 2015.4 p.67〜69

04755 政界Report 経済好調で自信を見せる中、党内では「ポスト安倍」を窺う動きも 今秋の総裁選を睨み、憲法改正・安保法制を巡る自民党内で微妙な動き 氷川清太郎 「財界」63(9)通号1575 2015.4.21 p.80〜83

04756 5・17 大阪都決戦で急接近する橋下維新と官邸 : 都構想実現後、橋下氏が参院選出馬? 自+公+維で改憲勢力 「週刊朝日」120(17)通号5304 2015.4.24 p.18〜21

04757 安倍首相の歴史認識を問う : 「七〇年談話」「従軍慰安婦」「侵略・植民地支配」を中心に(特集 戦後七〇年 安全保障法制と強まる改憲策動) 中村元気 「社会主義」(635) 2015.5 p.36〜43

04758 改憲ウオッチ(11)解釈改憲から立法・明文改憲へ(特集 改憲阻止、安保諸法案・ガイド

04759　憲法改正ではなく、民法改正で男女平等な社会を（特集 世論）　近藤和子　「公評」52（4）　2015.5　p.26〜31

04760　「護憲派予備軍」を作るのが公民教科書の目的か!?　「明日への選択」（352）　2015.5　p.12〜16

04761　第1期改憲論議を振り返る（特集 戦後70年を考える）　西村裕一　「法学教室」（416）　2015.5　p.13〜20

04762　特集 小坂憲次 憲法改正推進本部長代行に聞く 立党60年 憲法改正に向けて　小坂憲次　「りぶる」34（5）通号398　2015.5　p.10〜17

04763　特別インタビュー 魂を入れた憲法改正論議が必要 今は「天の時」。機会を逃すな　柳本卓治　「世界思想」41（5）通号475　2015.5　p.23〜25

04764　敗戦後七〇年の反省 ： 労働者・人民の主体性確立を（特集 戦後七〇年 安全保障法制と強まる改憲策動）　鎌倉孝夫　「社会主義」（635）　2015.5　p.12〜23

04765　ピサヌローク便り（その13）国家改革協議会の公聴会 ： 改革と憲法起草への国民参加とその現実　高橋勝幸　「タイ国情報」49（3）　2015.5　p.44〜58

04766　2015・国民生活と憲法の行方と展望 ： 解散総選挙の結果を受けて　小沢隆一　「税経新報」（632）　2015.5　p.10〜16

04767　百田尚樹、櫻井よしこ、八木秀次etc. 保守論壇の"スター"たちの憲法観めった斬り！（憲法特集 憲法を知らない大人たち）　山崎行太郎　「金曜日」23（17）通号1057　2015.5.1-8　p.24〜25

04768　金曜アンテナ 憲法施行68年、迫りくる"改憲"の足音 若者たちも戦争参加に"否"「金曜日」23（18）通号1058　2015.5.15　p.4〜5

04769　初めて老いった!?（第127回）憲法改正ってなあに？　石坂啓　「金曜日」23（19）通号1059　2015.5.22　p.60

04770　東奔政走 自民党「憲法族」が期待する安倍首相の「押しつけ論」抑制　末次省三　「エコノミスト」93（21）通号4398　2015.5.26　p.74〜75

04771　大江健三郎や「憲法9条」を絶賛 東京新聞─「反戦平和」を煽る報道を衝く ： 新聞は社会の公器だという使命を忘れれば読者は呆れ離れていく　「Themis」24（6）通号272　2015.6　p.50〜51

04772　憲法理念を本土に差し向ける「沖縄県憲法普及協議会」の歩み（特集 沖縄からの発信 ： 平和と自治を求めて）　高良鉄美　「月刊社会教育」59（6）通号716　2015.6　p.16〜21

04773　重大な「戦後70年」攻撃 ： 戦争と改憲策動粉砕しよう（特集 新ガイドライン・安保法制粉砕を 労働組合の破壊狙う改憲攻撃 「緊急事態条項」新設許すな）　「国際労働運動」43（6）通号465　2015.6　p.14〜20

04774　The Better Angels（39）数学書として憲法を読む（3）99条は法的義務。逆立ちしても道徳的要請と読んではいけない　秋葉忠利　「数学教室」61（6）通号763　2015.6　p.67〜69

04775　橋下市長引退で躓いた安倍官邸 ： 改憲シナリオの見直し 首相は二階総務会長詣で 4連敗で高まる菅バッシング　「週刊朝日」120（22）通号5309　2015.6.5　p.18〜20

04776　新編 新しいみんなの公民 さながら"安倍晋三ファンブック" 憲法改正に向けての動きを作り出すツール（誰が教科書を殺すのか ： 安倍晋三氏の異常な執着─中学校社会科用育鵬社版を読んでみた）　山口智美　「金曜日」23（21）通号1061　2015.6.5　p.25

04777　政治 私たちも安倍首相に言いたい ： 憲法学者からアイドルまで12人の"諫言"　野村昌二 宮下直之　「Aera」28（26）通号1512　2015.6.15　p.64〜67

04778　賛否が拮抗する憲法改正 ： 「憲法に関する意識調査」から　荒牧央 政木みき　「放送研究と調査」65（7）通号770　2015.7　p.38〜53

04779　日本の解釈改憲、平和憲法、東アジア（「戦後」の超克 ： 西川長夫への応答）　ユンヘドン（尹海東）　シムヒチャン（沈熙燦）［訳］「思想」（1095）　2015.7　p.73〜88

04780　本・文学と思想 日本国憲法の回復を ： 矢野宏治編『日本はなぜ「基地」と「原発」を止められないのか』　青木信夫　「葦牙」（41）　2015.7　p.210〜215

04781　The Better Angels（40）数学書として憲法を読む（4）99条を法的義務として復権させるために　秋葉忠利　「数学教室」61（7）通号764　2015.7　p.67〜69

04782　東奔政走 自民のオウンゴールで見えたこと 憲法論先行で語られぬ「国の針路」　山田孝男　「エコノミスト」93（27）通号4404　2015.7.7　p.76〜77

04783　「18歳選挙権」成立で、来夏参院選見据え各党の高校生取り巻く思惑が交錯 ： 革マル派は"憲法改悪へ若者とりこむ安倍政権"と批判「国内動向 ： 過激各派の諸動向・教育・労働問題に関する専門情報誌」（1325）　2015.7.10　p.3〜8

04784　読みある記 7月 折り合わぬ安保法案の審議 ： 「憲法学」VS「地政学」　中山恒彦　「金融財政business ： 時事トップ・コンフィデンシャル+」（10511）　2015.7.30　p.11〜13

04785　行財政研究 改憲、道州制に誘導する「地域再生」・「地方創生」　永山利和　「行財政研

究」（93）　2015.8　p.2〜19

04786　日本を悪者にし、永久弱体化を図った「ポツダム体制」維持装置としての左派と憲法（戦後70年企画　戦後思潮を考える　左翼・リベラルはいつ終わる）　八木秀次　「正論」（524）　2015.8　p.238〜245

04787　The Better Angels（41）数学書として憲法を読む（5）99条を法的義務として復権させるために（2）　秋葉忠利　「数学教室」61（8）通号765　2015.8　p.67〜69

04788　東舟政走　「憲法にこだわるな」論の危うさ　背景に自民党の復古的国家観　小松浩　「エコノミスト」93（33）通号4410　2015.8.25　p.78〜79

04789　公明党は参議院軽視の60日ルールに反対できるか：試される「平和の党」の良心（特集　問われる参議院　違憲法案を通すのか）　福本潤一　川﨑泰資　「マスコミ市民：ジャーナリストと市民を結ぶ情報誌」（560）　2015.9　p.37〜45

04790　闘うのは今でしょう（憲法と私　語り続け引き継ごう戦争体験と改憲阻止闘争（2））　杢田恭輔　「社会主義」（639）　2015.9　p.85〜89

04791　interview　日本会議創設メンバー　村上正邦・元自民党参議院会長が安倍首相を叱る！　国民の声に耳を傾け、安保法案は一度取り下げを（特集　憲法を守る！　デタラメ政治と闘う人々）　村上正邦　「金曜日」23（34）通号1074　2015.9.11　p.16〜17

04792　「1972年政府見解」の作成者　元内閣法制局長官・元最高裁判事の角田禮次郎氏も驚愕　違憲法制は自公政権の歴史的汚点だ　「金曜日」23（36）通号1076　2015.9.18-25　p.13〜15

04793　憲法の時間です！　すずきよしみつ　「祖国と青年」（445）　2015.10　p.10〜13

04794　2015年5月18日号　週刊「世界と日本」第2053号より　憲法の制定過程を踏まえた議論を（特別号　私の憲法論）　坂元一哉　「世界と日本」（1256）　2015.10　p.25〜33

04795　東舟政走　「経済優先」の隠れた狙い　来夏の参院選挙は「憲法改正」か　小松浩　「エコノミスト」93（43）通号4420　2015.10.27　p.72〜73

04796　改憲ウオッチ（12）戦争法廃止・安倍内閣打倒の闘いへ　中西裕三　「科学的社会主義」（211）　2015.11　p.50〜55

04797　憲法の時間です！　すずきよしみつ　「祖国と青年」（446）　2015.11　p.10〜13

04798　護憲派が犯した罪と罰（特集　「戦後平和主義」と国家安全保障：「新安保法制」と「終戦七十年総理談話」を考える）　潮匡人　「伝統と革新：オピニオン誌」（21）　2015.11　p.88〜96

04799　廃止するたたかいはこれから：戦争の

現実的危険と違憲性（下）　山根隆志　「前衛：日本共産党中央委員会理論政治誌」（928）　2015.11　p.13〜28

04800　藤井厳喜のアメリカ・ウォッチング（最終回）日本は第三次世界大戦の戦勝国である　自主憲法を復元し、自由・繁栄のアジアの主柱となれ　藤井厳喜　「月刊日本」19（11）通号223　2015.11　p.88〜93

04801　憲法の時間です！　すずきよしみつ　「祖国と青年」（447）　2015.12　p.10〜13

04802　護憲派が無視する国家権力の積極的役割　国家権力を縛るだけが憲法なのか　「明日への選択」（359）　2015.12　p.36〜40

04803　コパセツの視点（5）「改憲」を論ずることが馬鹿らしくなった　小林節　「Verdad」21（12）通号248　2015.12　p.55

04804　石破茂地方創生相が派閥を固める中　岸田文雄外務大臣首相が遠のく「9条発言」の愚：安倍首相と古賀誠氏の間を往復するばかりで外務官僚からも「操り人形」と　「Themis」24（12）通号278　2015.12　p.42〜43

04805　遅の井の湧水（20）護憲派に見る知的貧困　渡部昇一　「Will：マンスリーウイル」（132）　2015.12　p.284〜289

04806　日本の憲法改定とアジアの平和（アジアの視点/韓国の論文COLAP IV報告集より）　李京柱　「Interjurist」152　2006.3

◆各政党・政治家の考え方・試案・草案

【図書】

04807　安倍政権論―新自由主義から新保守主義へ　渡辺治編　旬報社　2007.7　235p　19cm　1500円　①978-4-8451-1039-1　Ⓝ312.1　渡辺治

04808　人間史観の立場に立った日本国憲法改正案―観念史観でもなく唯物史観でもなく　古田道麗著　調布　アーバンプロ出版センター　2008.3　236,10p　21cm　（人生の目的4）〈肖像あり〉　2000円　①978-4-89981-171-8　Ⓝ323.149　古田道麗

04809　憲法改正試案集　井芹浩文著　集英社　2008.5　277p　18cm　（集英社新書）〈年表あり〉　740円　①978-4-08-720442-1　Ⓝ323.149　井芹浩文

04810　維新政党・新風憲法改正第二次試案　維新政党・新風本部　2008.11　24p　26cm

04811　新・日本国憲法試案―幸福実現宣言4　大川隆法著　幸福の科学出版　2009.7　157p　20cm　（OR books）〈文献あり〉　1200円　①978-4-87688-353-0　Ⓝ169.1　大川隆法

04812　日本国憲法改正草案Q&A　［東京］　自由民主党憲法改正推進本部　2012.10　80p

憲法改正　　　　　　　　　　　　　　　　　　　　　　　　全般

26cm　Ⓝ323.149　自由民主党

04813　自民党改憲案を読み解く―「戦争する国家」へのアート!?　長谷川一裕著　京都　かもがわ出版　2013.4　111p　21cm　〈安倍新政権の論点 4〉〈他言語標題：Deciphering the Proposed constitutional amendment by Liberal Democratic Party of JAPAN〉　1000円　Ⓘ978-4-7803-0615-6　Ⓝ323.149　長谷川一裕

04814　赤ペンチェック自民党憲法改正草案　伊藤真著　大月書店　2013.5　111p　21cm　〈文献あり〉　1000円　Ⓘ978-4-272-21105-0　Ⓝ323.149　伊藤真

04815　自民改憲案VS日本国憲法―緊迫！ 9条と96条の危機　上脇博之著　大阪　日本機関紙出版センター　2013.5　102p　21cm　857円　Ⓘ978-4-88900-885-2　Ⓝ323.149　上脇博之

04816　自民党改憲で生活はこう変わる―草案が目指す国家像　飯室勝彦著　現代書館　2013.6　212p　19cm　1300円　Ⓘ978-4-7684-5710-8　Ⓝ323.149　飯室勝彦

04817　憲法は誰のもの？―自民党改憲案の検証　伊藤真著　岩波書店　2013.7　63p　21cm　（岩波ブックレット No.878）　500円　Ⓘ978-4-00-270878-2　Ⓝ323.149　伊藤真

04818　大手メディアが報じない参議院選挙の真相―憲法改正を阻む反日マスコミへの挑戦状　オークラ出版　2013.8　181p　21cm　（OAK MOOK 485　撃論シリーズ）　1143円　Ⓘ978-4-7755-2083-3

04819　安倍政権の改悪・構造改革新戦略―2013参院選と国民的共同の課題　渡辺治著　旬報社　2013.10　193p　21cm　1400円　Ⓘ978-4-8451-1336-1　Ⓝ312.1　渡辺治

04820　前夜―日本国憲法と自民党改憲案を読み解く　梓澤和幸, 岩上安身, 澤藤統一郎著　現代書館　2013.12　333p　21cm　2500円　Ⓘ978-4-7684-5723-8　Ⓝ323.149　梓澤和幸　岩上安身　澤藤統一郎

04821　〈大国〉への執念安倍政権と日本の危機　渡辺治, 岡田知弘, 後藤道夫, 二宮厚美著　大月書店　2014.10　386p　19cm　2400円　Ⓘ978-4-272-21110-4　Ⓝ312.1　渡辺治　岡田知弘　後藤道夫　二宮厚美

04822　憲法改正問題資料　上　渡辺治編著　旬報社　2015.4　695p　26cm　〈索引あり〉　Ⓘ978-4-8451-1371-2　Ⓝ323.149　渡辺治

04823　憲法改正問題資料　下　渡辺治編著　旬報社　2015.4　950p　26cm　Ⓘ978-4-8451-1371-2　Ⓝ323.149　渡辺治

04824　ほのぼの一家の憲法改正ってなあに？　自由民主党憲法改正推進本部制作, 柴田工房作画　[東京]　自民党　2015.4　62p　21cm　Ⓝ323.149　自由民主党　柴田工房

04825　理想の憲法を求めて―「新・日本国憲法試案」の研究　佐藤悠人著　長生村（千葉県）

HSU出版会　2015.7　198p　19cm　（[幸福の科学大学シリーズ][B-16]）〈文献あり〉〈発売：幸福の科学出版〉　1100円　Ⓘ978-4-86395-693-3　Ⓝ169.1　佐藤悠人

【雑誌】

04826　憲法改正問題（24）自民党「新憲法案」論考　青山武憲　「季刊現代警察」32（2）通号112　2006　p.84～91

04827　憲法情勢を概観する――自民党の新憲法草案を中心に（特集 2006年の情勢と展望）　澤野義一　「科学的社会主義」（93）　2006.1　p.12～18

04828　憲法 民主党「憲法提言」全文（上）　「Policy ： 政策情報誌」（149）　2006.01　p.68～73

04829　国家優先で貫かれた憲法草案――自民党新憲法草案を読む　衣笠哲生「進歩と改革」通号649　2006.1　p.14～22

04830　櫛風沐雨（その67）自民党草案 憲法基本理念の対立 現実批判の「保守」か、現実追随の「呆守」か　岡本幸治「月刊日本」10（1）通号105　2006.1　p.120～123

04831　自民党「新憲法草案」を考察する（特集 06年「経済・政治・労働」）　高橋哲哉「社会主義」（521）　2006.1　p.47～54

04832　自民党「新憲法草案」を叱る――風格の漂わない「前文」で保守政党の案といえるのか　中曽根康弘「Voice」通号337　2006.1　p.100～105

04833　展望 自民党9条草案のカラクリ――脆弱点を突くたたかいを　津和崇「科学的社会主義」（93）　2006.1　p.2～5

04834　法律時評 自民党「新憲法草案」の「新」しさ　森英樹「法律時報」78（1）通号965　2006.1　p.1～3

04835　『私の戦後六〇年』を嗤う（第4回）丸腰憲法を絶賛 冗談ではないよ, 不破哲三　兵本達吉「Will ： マンスリーウイル」通号14　2006.2　p.216～224

04836　財界による改憲案提示の背景とねらい（特集 改憲問題の新局面―現代の改憲案を読む）　久保木匡介「ポリティーク」11　2006.3.20　p.219～227

04837　自民党改憲案の展開――たたき台から草案へ（特集 改憲問題の新局面―現代の改憲案を読む）　箕輪明子「ポリティーク」11　2006.3.20　p.210～218

04838　中曽根康弘改憲案の特徴とその政治的意味（特集 改憲問題の新局面―現代の改憲案を読む）　中島醸「ポリティーク」11　2006.3.20　p.190～199

04839　三つの読売改憲試案の変遷とその意味（特集 改憲問題の新局面―現代の改憲案を読む）

二宮元 「ポリティーク」 11　2006.3.20　p.200
～209

04840　民主党改憲案の展開——内部分裂と機能
分担？（特集 改憲問題の新局面—現代の改憲案
を読む） 山口響 「ポリティーク」 11　2006.3.
20　p.228～238

04841　主な日本国憲法改正試案及び提言——平
成17（2005）年3月～11月　諸橋邦彦 「調査と情
報」 （537）　2006.4.24　p.1～9, 巻頭1枚

04842　新社会党資料・憲法ウオッチ 05年一〇月
一九日～06年四月六日分　新社会党憲法改悪阻
止闘争本部 「科学的社会主義」 （97）　2006.5
p.43～47

04843　社説を読む 改憲、米軍再編で割れる論調
「Jiji top confidential」 （11313）　2006.5.12
p.17～18

04844　どうなるか「9条後」の新展開（特集 社民
党憲法学校（第3回）9条が変えられた日本）　前
田哲男 「社会民主」 （614）　2006.7　p.2～6

04845　憲法情勢を概観する 澤野義一 「科学的
社会主義」 （100）　2006.8　p.56～61

04846　資料版・憲法改正案（6）内閣——首相権
限は強化、首相公選制見送り 井芹浩文 「法令
解説資料総覧」 （295）　2006.8　p.4～12

04847　「民」の情報を取り上げさせる商品価値の
高い情報発信こそ（特集 社民党憲法学校（第4
回）メディアが憲法を変える？） 魚住昭 「社
会民主」 （615）　2006.8　p.2～5

04848　新社会党資料・憲法ウオッチ 06年四月一
〇日～06年九月七日分　新社会党憲法改悪阻止
闘争本部 「科学的社会主義」 （102）　2006.10
p.76～80

04849　その政治的系譜 岸信介と安倍晋三（特集
安倍「改憲政権」の研究） 原彬久 「世界」
（758）　2006.11　p.80～90

04850　データ分析 安倍晋三の研究（特集 安倍
「改憲政権」の研究） 蒲島郁夫　大川千寿 「世
界」 （758）　2006.11　p.70～79

04851　参議院選挙の展望（1）教育再生、改憲へ
強い意志 榊原喜廣 「月刊カレント」 44（5）
通号753　2007.5　p.9～13

04852　新社会党資料 憲法ウオッチ 〇七年一月一
日～四月九日分　新社会党憲法改悪阻止闘争本
部 「科学的社会主義」 （109）　2007.5　p.92～
95

04853　巻頭の言葉 米民主党も支持する日本の改
憲 古森義久 「Voice」 通号355　2007.7　p.27
～29

04854　憲法改正議論（新聞の論点—社説を読み比
べる） 長山靖生［評者］ 「中央公論」 122（7）
通号1479　2007.7　p.262～265

04855　憲法——その論点整理 各政党の提言を徹
底検証する 「第三文明」 通号572　2007.8　p.

34～37

04856　参院選 田中真紀子が毒づいた 拉致問題と
憲法改正 「財界にいがた」 19（8）通号220
2007.8　p.112～115

04857　自民党「新憲法草案」が目指す「国のかた
ち」（II 平和主義） 古川純 「憲法諸相と改憲
論 吉田善明先生古稀記念論文集」　2007.8　p.
59～

04858　安倍首相の道連れになるか御手洗経団連
（特集 否定された「安倍改憲路線」——逆転参
院選とその後） 阿部和美 「世界」 （770）
2007.10　p.107～112

04859　保守合同の根源的意味合い——憲法を巡
る動きを中心に 丹羽文生 「政治経済史学」
通号494　2007.10　p.27～40

04860　民主党「改憲試案」に潜む恐るべき矛盾
（総力特集 ならば民主党に日本は託せるか）
百地章 「正論」 通号427　2007.10　p.118～127

04861　日本国憲法の発想——憲法研究会『憲法
草案要綱』の構想 金子勝 「立正法学論集」
42（1）通号77　2008　p.111～169

04862　労働者の分断と新自由主義の「受容」（コ
ロキウム 現代改憲論と「国民」・「社会」） 岩佐
卓也 「法の科学 ： 民主主義科学者協会法律部
会機関誌「年報」」 通号39　2008　p.101～106

04863　インタビュー 自主憲法、自主防衛で日本
復活を（特集 維新を問う ： 現代日本における
変革とは） 平沼赳夫　四宮正貴 「伝統と革新
： オピニオン誌」 （8）　2012.夏　p.23～41

04864　1950年代改憲論と新聞論説（1952—1957
年） ： 地方紙を中心に（1） 梶居佳広 「立命館
法學」 2012（3）通号343　2012　p.1912～1956

04865　1950年代改憲論と新聞論説（1952—1957
年） ： 地方紙を中心に（2・完） 梶居佳広 「立
命館法學」 2012（4）通号344　2012　p.2725～
2778

04866　安倍晋三（元首相）緊急インタビュー 憲
法改正を争点に「政界再編」を急げ 安倍晋三
「Themis」 21（1）通号231　2012.1　p.14～15

04867　中曽根康弘（93）大勲位vs.中山太郎（87）
元外相 ： 橋本、小沢、政界再編、憲法改正…
中曽根康弘　中山太郎 「サンデー毎日」 91
（2）通号5088　2012.1.1-8　p.162～165

04868　「憲法改正草案要綱」に対する米国新聞の
報道 ： 戦争放棄条項は諸外国の日本不信を改
善し得たか？　大谷伸治 「史流」 （44）
2012.2　p.37～60

04869　日米の平和の回復と日本の言論人 ： 岩淵
辰雄の終戦工作と民間憲法草案 福島啓之 「ア
メリカ太平洋研究」 12　2012.3　p.79～95

04870　時事風刺 各党の改憲案を比較す ： 国体
観念なき改憲案は理想の憲法には近づかぬ 小
川主税 「国体文化 ： 日本国体学会機関誌 ：

里見日本文化学研究所発表機関 ： 立正教団発表機関」（1057）　2012.6　p.24～27

04871　自民党「日本国憲法改正草案」　自由民主党　「政策特報」（1403）　2012.6.15　p.1～17

04872　自民党日本国憲法改正草案対照表　「平和運動」（497）　2012.7　p.20～23

04873　みんなの党の憲法改正に関する基本的考え方（特集 日本国憲法と我が国の安全保障）　浅尾慶一郎　「日本戦略研究フォーラム季報」（53）　2012.7　p.16～19

04874　3党の憲法草案、改正案を読み解く ： 自民党・たちあがれ日本・みんなの党（特集 日本国憲法と我が国の安全保障）　小田村四郎　「日本戦略研究フォーラム季報」（53）　2012.7　p.3～7

04875　憲法のキホンを学ぼう（特集 改憲の新たな動きと憲法の魅力 ： 改憲のねらいと憲法のミリョクをつかもう）　小沢隆一　「学習の友」（708）　2012.8　p.32～39

04876　討議資料 自由民主党 日本国憲法改正草案 ：（2012年4月27日決定）の主な箇所（特集 野田・橋下・連合を倒し改憲を阻もう）　「国際労働運動」40（9）通号433　2012.9　p.29～32

04877　インタビュー 自主憲法制定の大切さ（特集 國體と憲法）　稲田朋美　四宮正貴　「伝統と革新 ： オピニオン誌」（9）　2012.10　p.52～66

04878　国会傍聴を続ける中で 憲法審査会、自民党改憲草案と私たちの課題　西川重則　「序局 ： 新自由主義と対決する総合雑誌」（3）　2012.11　p.219～224

04879　自民党「日本国憲法改正草案」について　青野篤　「大分大学経済論集」64（3・4）　2012.11　p.123～158

04880　自民党だけじゃない、みんなの党、たちあがれ日本、日本維新の会…… 全方位的に進む憲法改定　藤原真由美　「金曜日」20（42）通号934　2012.11.2　p.54～55

04881　会員だより 岐路に立つ「揺りかごから墓場まで」!? ： 平和的生存権・個の尊重・幸福追求権・財産権を削り取る自民党憲法改正草案　安田訓明　「福祉研究」（106）　2013　p.100～117

04882　産経新聞「国民の憲法」要綱提言の背景　田久保忠衛　「防衛法研究」（37）　2013　p.5～21

04883　自民党・安倍政権の5カ月と「改憲」発言（アベノ改憲、メディアと民意）　「総合ジャーナリズム研究」50（3）通号225　2013.夏　p.18～25

04884　自民党改憲案と安倍政権の社会保障改革（特集 自民党改憲案を考える）　伊藤周平　「季刊自治と分権」（52）　2013.夏　p.50～64

04885　自民党憲法改正草案 ： 4つのポイント

伊藤真「さいたまの教育と文化」（68）　2013.夏　p.26～29

04886　自民党「日本国憲法改正草案」について　飯島滋明　「名古屋学院大学論集. 社会科学篇」49（4）　2013　p.41～66

04887　日本国憲法と自民党・憲法改正草案対照表（抜粋）（特集 日本国憲法を守る）「ひょうご部落解放」150　2013.秋　p.50～48

04888　「バブルを知らない世代」の幸福論（最終回）新憲法で日本人の「気風」を変えよ　田原総一朗　東浩紀「Voice」（421）　2013.1　p.204～213

04889　自民党「日本国憲法改正草案」Q&A　自由民主党憲法改正推進本部　「政策特報」（1417）　2013.1.15　p.1～78

04890　自民党日本国憲法改正草案（12年4月27日決定）対照表（第三章）「平和運動」（504）　2013.2　p.11～16

04891　ブック・ストリート 言論 安倍改憲内閣　内田誠　「出版ニュース」（2302）　2013.2.中旬　p.17

04892　渾身リポート 安倍晋三の「器」（中）憲法改正の“原点”になった幼少時代 安保反対でなく、賛成と言いなさい　野上忠興　山田厚俊「サンデー毎日」92（4）通号5149　2013.2.3　p.21～24

04893　安倍内閣で問われる憲法観 ： 丹羽徹大阪経済法科大学教授に聞く（特集 安倍政権と正面から対決する）　丹羽徹　「前衛 ： 日本共産党中央委員会理論政治誌」（892）　2013.3　p.31～44

04894　第二次安倍政権と改憲問題の行方　高田健　「進歩と改革」（735）　2013.3　p.5～14

04895　最近の主な日本国憲法改正提言 ： 平成17年12月～平成24年12月　鈴木尊紘　「調査と情報」（774）　2013.3.14　p.1～15, 巻頭1p

04896　貧困なる精神（547）「人類の契約」を提唱する（7）人類憲法ともいうべきひとつの最高契約　本多勝一　「金曜日」21（12）通号953　2013.3.29　p.55

04897　安倍政権が超党派で憲法論議をリードする まず改憲要件の緩和を（特集 憲法改正の春 ： 主権回復61年目の躍動）「世界思想」39（5）通号451　2013.5　p.6～9

04898　改憲草案の「新しさ」を読み解く 国民国家解体のシナリオ（「日本国憲法」の現在 ： ジャーナリズムに問われるものは？）　内田樹「調査情報. 第3期」（512）　2013.5・6　p.10～19

04899　自公政権の登場と憲法改正の新たな段階（特集 憲法とくらし）　和田進　「人権と部落問題」65（6）通号843　2013.5　p.6～13

04900　自民党改憲案の書かれざる一条　古関彰

一 「世界」（843）　2013.5　p.63〜69

04901　自民党 日本国憲法改正草案対照表（平成24年4月27日決定）「女性＆運動」（218）通号369　2013.5　p.48〜32

04902　自由民主党 「日本国憲法改正草案」を考える　伊藤真 「歴史地理教育」（804）　2013.5　p.58〜65

04903　徹底検証 自民党日本国憲法改正草案 いま、求められているのは、「憲法を変えること」ではなく、「憲法を活かし、広げること」　岩佐英夫 「女性＆運動」（218）通号369　2013.5　p.2〜7

04904　なしくずし改憲の集約として明文改憲ねらう ： 自民党の「日本国憲法改正草案」を読んで（特集 現代と日本国憲法）　中島修 「社会主義」（611）　2013.5　p.68〜75

04905　日本維新が綱領に「改憲」を明示 自民・維新で「三分の二」の改憲勢力を ： アベノミクスの裏で進む右傾化路線（特集 リベラルのゆくえ ： 護憲勢力はどうあるべきか）　川﨑泰資 「マスコミ市民 ： ジャーナリストと市民を結ぶ情報誌」（532）　2013.5　p.26〜31

04906　From Publisher AXIS 自主憲法こそわが命「中曽根私案」（抜粋）　Shirao Yoshiteru 「Decide ： business world & Chinese survey ： magazine for decisionmakers」31（1）通号310　2013.5　p.8〜11

04907　維新・橋下徹の改憲姿勢は本物か？（総力特集 新憲法制定へ 天下分け目の参院選）　潮匡人 「正論」（497）　2013.6　p.219〜223

04908　機関誌「自由民主」対談より 今こそ宇宙開発、憲法改正へ 石破茂幹事長 松本零士氏　石破茂　松本零士 「りぶる」32（6）通号375　2013.6　p.35〜37

04909　産経新聞「国民の憲法」要綱全文 新憲法、待ったなし　産経新聞「国民の憲法」起草委員会 産経新聞社［解説］「正論」（497）　2013.6　p.118〜137

04910　戦後教育一期生からみる日本国憲法（2）「家族」心得の仕組み（自民党）（特集 憲法擁護の展開（その1））　堀孝彦 「人権21 ： 調査と研究」（224）　2013.5　p.3〜10

04911　憲法を考えよう！ 超党派議連が発足（真っ当に憲法を考えている政党はどこだ？）　近藤昭一　小西洋之 「金曜日」21（23）通号964　2013.6.21　p.15

04912　アベノミクスと憲法改正　伊藤真 「住民と自治」（603）　2013.7　p.30〜33

04913　各党キーマンかく語りき 新憲法制定への我が決意 ： 96条改正は本筋ではない!?保守よ、今こそ改憲の本質を語れ　江口克彦　中山恭子　西田昌司［他］「正論」（498）　2013.7　p.202〜213

04914　事実と幻想（最終回）憲法改正を進めるなら同時に参議院改革を！ ： 外交関連の案件も衆議院だけで2分の1の賛成で可決にすべき　菅野英機 「Themis」22（7）通号249　2013.7　p.78〜79

04915　自民党改憲草案と私たちの暮らし　丹羽徹 「地域と人権」（351）　2013.7　p.1〜6

04916　内閣総理大臣 安倍晋三 緊急インタビュー 憲法改正、靖国参拝 今日は本音で語ります　安倍晋三　田原総一朗［聞き手］「中央公論」128（7）通号1556　2013.7　p.16〜25

04917　永田町に息づく憲法改正の通奏低音（特集 私たちはどのような未来を選択するのか）　国分高史 「世界」（845）　2013.7　p.139〜146

04918　日本国憲法と自民党憲法改正草案対照表（憲法 特別編集 ： あなたにも責任がある 知らなかったじゃすまされない）「金曜日」21（26）通号967（臨増）2013.7.9　資料1〜13

04919　憲法九六条改正の狙い ： 自民党改憲草案 前文を読む（特集 憲法擁護の展開（その2））　中富公一 「人権21 ： 調査と研究」（225）　2013.8　p.3〜16

04920　自民党改憲草案と立憲主義（特集 憲法と平和）　五十嵐仁 「月刊民商」55（8）通号635　2013.8　p.12〜15

04921　自由民主党 日本国憲法改正草案（下）現・日本国憲法対照 「学習の友」（720）　2013.8　p.84〜89

04922　永田町ぜみなーる ： DOMESTIC POLITICAL REPORT（32）改憲の行方 参院選勝利の後に何が起きるのか　神保真樹 「正論」（499）　2013.8　p.178〜181

04923　防衛大臣として考えたこと（特集 私の憲法論）　森本敏 「新潮45」32（8）通号376　2013.8　p.40〜43

04924　J─POPのような「自民党改憲草案」（特集 私の憲法論）　古市憲寿 「新潮45」32（8）通号376　2013.8　p.68〜71

04925　自筆全文 スクープ入手 三島由紀夫「幻の改憲私案」が看破していた憲法改正「第9条」と「天皇」 ： 参院廃止にも言及 「週刊ポスト」45（32）通号2242　2013.8.16・23　p.57〜59

04926　憲法は国民が国家権力を管理するためにある。（岐路に立つ平和 ： 戦後日本のゆくえ）　奥平康弘 「潮」（655）　2013.9　p.44〜51

04927　自民党改憲案への批判に異議あり ： 国家を権力機構としてしか捉えない古色蒼然たる立憲主義観を疑う　池田実 「Voice」（429）　2013.9　p.139〜146

04928　どう読みますか？ 自由民主党「日本国憲法改正草案」： 2012年4月27日決定　野々村恵子 「月刊社会教育」57（9）通号695　2013.9　p.66〜69

04929 ねじれ解消の国会で憲法審査会をフル稼働 改憲を3年内に実現（特集 救国ロードマップ ： 安倍政権の日本再生策）「世界思想」39(9) 通号455 2013.9 p.6～8

04930 『国民の憲法』趣旨説明（特集 第29回定例シンポジウム報告 目指すべき国家像とは ： 産経新聞『国民の憲法』要綱を考える） 田久保忠衛 佐瀬昌盛 西修[他]「日本戦略研究フォーラム季報」(58) 2013.10 p.9～28

04931 産経新聞『国民の憲法』所感（特集 第29回定例シンポジウム報告 目指すべき国家像とは ： 産経新聞『国民の憲法』要綱を考える―オープンディスカッション） 小田村四郎 「日本戦略研究フォーラム季報」(58) 2013.10 p.29～31

04932 産経新聞『国民の憲法』所感（特集 第29回定例シンポジウム報告 目指すべき国家像とは ： 産経新聞『国民の憲法』要綱を考える―オープンディスカッション） 筆坂秀世 「日本戦略研究フォーラム季報」(58) 2013.10 p.34～36

04933 自民党憲法改正草案と労働者運動（参院選後の憲法情勢と憲法闘争） 浜田嘉彦 「科学的社会主義」(186) 2013.10 p.50～55

04934 所感に対する起草委員の回答（特集 第29回定例シンポジウム報告 目指すべき国家像とは ： 産経新聞『国民の憲法』要綱を考える） 丹羽文生[司会・モデレーター] 西修[パネリスト] 百地章[パネリスト他]「日本戦略研究フォーラム季報」(58) 2013.10 p.37～41

04935 講演録 自民党の日本国憲法改正草案について考える 阪口正二郎 「生活協同組合研究」(454) 2013.11 p.49～56

04936 高支持率で恐いものなし 批判封じる安倍首相の深謀遠慮 ： 原発推進、憲法改正、集団的自衛権の見直しに意欲 山口朝雄 「月刊times」37(9) 2013.11 p.10～13

04937 自民党改憲案の歴史的文脈（特集 安倍政権を問う ： 改憲と歴史認識） 古関彰一 「日本の科学者」48(11)通号550 2013.11 p.652～657

04938 自民党・改憲草案と女性 両性の平等、家族についての「改正」が意味するもの 杉井静子 「学習の友」(723) 2013.11 p.62～64

04939 自民党憲法改正草案に浮かび上がる女性の抑圧 岡野八代 「女性＆運動」(224)通号375 2013.11 p.28～31

04940 政治の読み方(104)個人情報 政治家にもプライバシー？ ： 憲法改正草案に隠された狙い 武田文彦 「Verdad」19(11)通号223 2013.11 p.40～43

04941 マット安川のずばり勝負！(33)今月号のゲスト 慶応義塾大学教授 小林節 憲法は国民を縛るためのものではない マット安川 小林節 「月刊日本」17(11)通号199 2013.11 p.106

～109

04942 いま、憲法を読もう！ ： 自民党改正草案と現行憲法を読み比べる（特集 「改憲論」について考える）「はらっぱ ： こどもとおとなのパートナーシップ誌」(346) 2013.12 p.3～12

04943 「ジェンダーの視点」から見た自民党改憲草案 ： 「9条のある日本社会」を次世代へ 中里見博 「平和運動」(514) 2013.12 p.4～11

04944 どう読みますか？ 自由民主党「日本国憲法改正草案」 ： 2012年4月27日決定(第2回) 前文 野々村恵子 「月刊社会教育」57(12)通号698 2013.12 p.62～65

04945 それでも安倍首相に5つの"不安"（秘密"隠蔽"法案強行で もの言えぬ国に［自、公、維新、みんな］の新体制 集団的自衛権の見直し、憲法改正、その先は"美しい国"… 安倍帝国、ついに完成）「週刊朝日」118(53)通号5225(増大) 2013.12.6 p.20～22

04946 「国のかたち」を変えるとは ： 自民党改憲案を読む（特集 この国のかたちと教育） 堀尾輝久 「人間と教育」(82) 2014.夏 p.20～29

04947 「自分のことは自分でする」憲法へ 太田誠一 「統治の分析 ： ガバナンス研究所論説集」7 2014.Aut. p.30～38

04948 ジャーナリストの直言 新段階の安倍改憲 女性、メディア、原発… 丸山重威 「社会保障」45(457) 2014.冬 p.40～43

04949 主権者権力の低下 ： 昨今の為政者の言動と自民党憲法改正草案を題材として（法学部創設五〇周年記念号） 山内幸雄 「山梨学院大学法学論集」(72・73) 2014 p.368～332

04950 歴代首相の憲法観 ： せめぎ合う改憲派・護憲派・現実派 井芹浩文 「崇城大学紀要」39 2014 p.1～9

04951 自民党改憲草案は市場原理主義の憲法への反映だ（特集 年の初めに憲法を考える） 樋口陽一 「Report」31(4)通号370 2014.1・2 p.12～14

04952 「大衆とともに」公明党の歩み(15)公・共「憲法論争」で全面勝利 ： 共産党流の自由と民主主義の欺瞞性を糺す 公明新聞党史編纂班 「公明」(97) 2014.1 p.64～69

04953 どう読みますか 自由民主党「日本国憲法改正草案」 ： 2012年4月27日決定(第3回)第一章 天皇 野々村恵子 「月刊社会教育」58(1)通号699 2014.1 p.58～61

04954 改憲に挫折した安倍政権の「プランB」 内田樹 「一冊の本」19(2)通号215 2014.2 p.63～70

04955 自民党改憲草案が迫る公教育の変質（特集 改憲空間と教育の責任） 世取山洋介 「教育」(817) 2014.2 p.64～71

04956 「大衆とともに」公明党の歩み（16）野党間の連合構想に道筋つける ： 公・共「憲法論争」の結果、共産党は対象外に　公明新聞党史編纂班 「公明」（98）2014.2　p.60〜65

04957 どう読みますか 自由民主党「日本国憲法改正草案」： 2012年4月27日決定（第4回）第二章 現行「戦争の放棄」と草案「安全保障」及び草案第九章「緊急事態」　野々村恵子 「月刊社会教育」58（2）通号700　2014.2　p.69〜73

04958 日本の株式会社化を目論む自民党改憲案　内田樹 「月刊日本」18（2）通号202　2014.2　p.16〜25

04959 三島由紀夫と野村秋介の軌跡（第97回）三島が熟考した憲法改正試案 ： 「楯の会」の勉強会から生まれた"三島憲法"の集大成を初めて公開　鈴木邦男 「月刊times」38（2）2014.2　p.40〜45

04960 自民党憲法改正草案の検討　澤野義一 「大阪経済法科大学法学論集」（72）2014.3　p.95〜118

04961 中国に勝つ！　安倍首相が靖国参拝で切り拓いた憲法改正への道（総力特集 東アジア動乱を勝ち抜く日本へ）　中西輝政 「正論」（506）2014.3　p.56〜65

04962 どう読みますか 自由民主党「日本国憲法改正草案」： 2012年4月27日決定（第5回）第三章 国民の権利と義務（その1）　野々村恵子 「月刊社会教育」58（3）通号701　2014.3　p.62〜66

04963 米韓有力紙が安倍政権を相つぎ糾弾 ： 「慰安婦」、歴史修正主義、改憲問題で 「反戦情報」（354）2014.3.15　p.7〜10

04964 安倍政権の安保・防衛政策と自衛隊の動向（特集 憲法九条で真の平和を ： 徹底検証・安倍流「積極的平和主義」）　大内要三 「法と民主主義」（487）2014.4　p.25〜30

04965 「大衆とともに」公明党の歩み（18）安保・自衛隊政策を現実的に転換 ： 連立・連合の時代に備え、「合憲の自衛隊像」を提起　公明新聞党史編纂班 「公明」（100）2014.4　p.70〜75

04966 どう読みますか 自由民主党「日本国憲法改正草案」： 2012年4月27日決定（第6回）第三章 国民の権利と義務（その2）私の憲法観　野々村恵子 「月刊社会教育」58（4）通号702　2014.4　p.66〜70

04967 公明党 石井啓一政務調査会長に聞く 集団的自衛権について、憲法改正に踏み込むのですか？（さらば、独裁者 ： 検証 暴走する安倍政権一政党Interview）　石井啓一　まさのあつこ 聞き手・構成 「金曜日」22（15）通号1005（臨増）2014.4.17　p.62〜63

04968 自民党憲法改正草案の検証 ： 国家主義と人権規定（特集 日本国憲法をあらためて学ぶ）　清水雅彦 「女性＆運動」（230）通号381　2014.5　p.10〜13

04969 特集 徳島県・憲法改正草案（下）「地方自治の本旨」具体化を ： 飯泉知事と有識者2氏に聞く　山本拓也　木下昌彦　原島良成［他］ 「地方行政」（10475）2014.5.8　p.2〜7

04970 フォーカス政治 道狭まる改憲戦略 安倍憲法案の提示を　塩田潮 「週刊東洋経済」（6526）2014.5.24　p.102〜103

04971 英語版 産経新聞「国民の憲法」要綱（特集 続・憲法改正論議を加速せよ）「正論」（509）2014.6　p.300〜306

04972 安倍総理への手紙 ： 国民に憲法改正を迫る手厳しい言葉を投げつける時がくる　小川榮太郎 「Voice」（439）2014.7　p.144〜153

04973 自分たちで理想の憲法を作るという制度設計を持つべき（特集 国難と維新活動 ： 右翼変革運動の歴史と展望）　山村明義 「伝統と革新 ： オピニオン誌」（16）2014.7　p.103〜108

04974 超党派座談会（第2回）今こそ自主憲法制定に向けた議論を！ ： 集団的自衛権の行使容認を受けてますます必要とされる憲法論議　大岡敏孝　金子洋一　杉田水脈［他］ 「ジャパニズム」通号20　2014.8　p.6〜19

04975 「大衆とともに」公明党の歩み（25）公明の政権参加、憲法上問題なし ： 政局、選挙の度に繰り返される不毛な"政教一致"論議　公明新聞党史編纂班 「公明」（107）2014.11　p.68〜73

04976 記念講演 極右政権の気分について（特集 どうする!?私たちの憲法 ： 国民主権・基本的人権・平和主義）　田原牧 「社会理論研究」（15）2014.12　p.9〜11

04977 マット安川のずばり勝負！（46）今月号のゲスト 慶応義塾大学名誉教授 小林節 憲法は権力者を縛るためのものだ　マット安川　小林節 「月刊日本」18（12）通号212　2014.12　p.106〜109

04978 緊急権制度 ： 各種改憲草案を素材として　東裕 「憲法研究」（47）2015　p.87〜111

04979 第44回日本コミュニケーション学会年次大会基調講演 コミュニケーション論から見た日本国憲法と自民党の「日本国憲法改正草案」　C.ダグラス，ラミス 「日本コミュニケーション研究」43（2）2015　p.81〜87

04980 メディア・フレーム構築過程の分析 ： 1990年代における読売・朝日の憲法提言を事例に　笠原一哉 「四天王寺大学紀要」（60）2015　p.259〜288

04981 自民党「憲法改正草案」の分析 ： 主に天皇制に即して　笹川紀勝 「法律論叢」87（6）2015.3　p.51〜97

04982 超党派座談会（第6回）景気対策を足がかりに憲法改正の道筋を　大岡敏孝　金子洋一　和田政宗［他］ 「ジャパニズム」24　2015.4　p.14〜23

憲法改正　　　　　　　　　　　　　　　　　　　　　　　　　　　全般

04983　座談会 憲法を使いこなす(特集 憲法の考察)　長谷部恭男　木村草太「Law and practice」(9)　2015.5　p.1〜39

04984　日本国憲法と自民党改憲草案を読み解く(特集 戦後七〇年、民主主義を考える : 民主主義と教育の視点―憲法の視点)　澤藤統一郎「民主主義教育21」9　2015.6　p.80〜92

04985　高支持率でライバルなし 改憲の時機を窺う首相の胸中 : 一内閣の意向で自主憲法の制定もくろむ独善性に疑問符　山口朝雄「月刊times」39(5)　2015.6　p.10〜12

04986　首相側近が語る安倍政権の改憲戦略(特集 憲法改正が始動する)　礒崎陽輔「正論」(522)　2015.6　p.202〜209

04987　マット安川のずばり勝負！(52)今月号のゲスト 政治評論家 平野貞夫 憲法論議に欠けていること　マット安川　平野貞夫「月刊日本」19(6)通号218　2015.6　p.110〜113

04988　公明党の斉藤鉄夫衆議院議員に聞く 集団的自衛権とアベノミクスを語る : 憲法9条の範囲内で抑止力の向上を 消費税率増税には軽減税率の適用を　斉藤鉄夫　香村啓文「月刊times」39(7)　2015.8　p.14〜18

04989　コバセツの視点(1)安倍総理、日本をどこへ連れて行くのですか？　小林節「Verdad」21(8)通号244　2015.8　p.20

04990　超党派座談会(第8回)自民党は安全保障議論から決して逃げない　大岡敏孝　金子洋一　和田政宗[他]「ジャパニズム」26　2015.8　p.58〜67

04991　「大衆とともに」公明党の歩み(32)憲法の平和主義守った公明党 : 安保法制整備への「閣議決定」に"専守防衛堅持"盛り込む　公明新聞党史編纂班「公明」(117)　2015.9　p.70〜79

04992　ダブル選は完勝したが 橋下徹―大阪を制しついに「国政進出」へ : 強引で無謀な手法は問題山積だが安倍首相は憲法改正を賭けこの男を使う「Themis」24(12)通号278　2015.12　p.16〜17

◆自衛隊派遣・安保法制を巡る議論

【図書】

04993　日米安保―日本の安全保障について考える　[外務省]北米局日米安全保障条約課編[外務]大臣官房国内広報課　2007　8p　30cm　外務省北米局

04994　ちょっと待った集団的自衛権って？　川村俊夫編　学習の友社　2007.5　127p　21cm　(シリーズ世界と日本21 32)　〈年表あり〉　1143円　Ⓘ978-4-7617-1234-1　Ⓝ323.142　川村俊夫

04995　外交と国益―包括的安全保障とは何か

大江博著　日本放送出版協会　2007.7　268p　19cm　(NHKブックス 1089)　1070円　Ⓘ978-4-14-091089-4　Ⓝ319.1　大江博

04996　集団的自衛権とは何か　豊下楢彦著　岩波書店　2007.7　240, 2p　18cm　(岩波新書)　〈文献あり〉　Ⓘ978-4-00-431081-5　Ⓝ319.8　豊下楢彦

04997　防衛「省」と「集団的自衛権」―究極の解釈改憲が狙うもの　山内敏弘[述]　国連・憲法問題研究会　2007.8　44p　26cm　(国連・憲法問題研究会連続講座報告 第41集)　400円

04998　集団的自衛権―新たな論争のために　佐瀬昌盛著　新版　一藝社　2012.7　269p　21cm　〈初版：PHP研究所 2001年刊〉　2500円　Ⓘ978-4-86359-048-9　Ⓝ323.142　佐瀬昌盛

04999　ハンドブック集団的自衛権　浦田一郎, 前田哲男, 半田滋著　岩波書店　2013.5　63p　21cm　(岩波ブックレット No.870)　500円　Ⓘ978-4-00-270870-6　Ⓝ323.142　浦田一郎　前田哲男　半田滋

05000　改憲と国防―混迷する安全保障のゆくえ　柳澤協二, 半田滋, 屋良朝博著　旬報社　2013.7　185p　19cm　1400円　Ⓘ978-4-8451-1321-7　Ⓝ392.1076　柳澤協二　半田滋　屋良朝博

05001　集団的自衛権のトリックと安倍改憲―「国のかたち」変える策動　半田滋著　高文研　2013.7　141p　19cm　1200円　Ⓘ978-4-87498-522-9　Ⓝ323.149　半田滋

05002　集団的自衛権の行使―憲法・国際法・防衛法制・政府解釈と答弁を踏まえ、立ちふさがる諸問題を考察する　里永尚太郎編著　内外出版　2013.9　198p　19cm　〈文献あり〉　1800円　Ⓘ978-4-905285-26-7　Ⓝ323.142　里永尚太郎

05003　集団的自衛権の深層　松竹伸幸著　平凡社　2013.9　207p　18cm　(平凡社新書 696)　740円　Ⓘ978-4-582-85696-5　Ⓝ323.142　松竹伸幸

05004　安倍改憲の野望―この国はどこへ行くのか　樋口陽一, 奥平康弘, 小森陽一著　京都　かもがわ出版　2013.10　162p　19cm　(希望シリーズ)　1500円　Ⓘ978-4-7803-0661-3　Ⓝ323.149　樋口陽一　奥平康弘　小森陽一

05005　政府の憲法解釈　阪田雅裕編著　有斐閣　2013.10　340p　22cm　〈索引あり〉　3300円　Ⓘ978-4-641-13148-4　Ⓝ323.14　阪田雅裕

05006　自衛隊を国防軍にする理由―憲法改正へ！ 今こそ知りたい自衛隊Q&A　松島悠佐著　明成社　2014.1　64p　21cm　600円　Ⓘ978-4-905410-26-3　Ⓝ392.1076　松島悠佐

05007　集団的自衛権行使容認と憲法―シンポジウム　九条の会　2014.1　64p　21cm　〈会期：11月16日〉　300円　Ⓝ323.142

05008　すっきり！ わかる集団的自衛権Q&A　浅井基文著　大月書店　2014.2　175p　21cm　1500円　Ⓘ978-4-272-21107-4　Ⓝ323.142　浅

〔04983〜05008〕　　　　　　　　　　　　　　　　　憲法改正 最新文献目録　185

全般　　　　　　　　　　　　　　　　　　　　　　　憲法改正

井基文

05009　日本は戦争をするのか─集団的自衛権と
自衛隊　半田滋著　岩波書店　2014.5　203p
18cm　（岩波新書 新赤版 1483）　740円
Ⓘ978-4-00-431483-7　Ⓝ323.142　半田滋

05010　集団的自衛権─2014年5月15日「安保法制
懇報告書」/「政府の基本的方向性」対応　飯田
泰士著　彩流社　2014.6　221p　19cm　〈文献
あり〉　1900円　Ⓘ978-4-7791-2015-2　Ⓝ323.
142　飯田泰士

05011　集団的自衛権ってなに？─すぐにわかる
戦争をさせない1000人委員会編　七つ森書館
2014.6　231p　18cm　〈執筆：雨宮処凛ほか〉
1200円　Ⓘ978-4-8228-1404-5　Ⓝ323.142　戦
争をさせない1000人委員会

05012　集団的自衛権の焦点─「限定容認」をめ
ぐる50の論点　松竹伸幸著　京都　かもがわ出
版　2014.6　143p　21cm　1400円　Ⓘ978-4-
7803-0701-6　Ⓝ323.142　松竹伸幸

05013　集団的自衛権と安全保障　豊下楢彦, 古関
彰一著　岩波書店　2014.7　237p　18cm　（岩
波新書 新赤版 1491）　820円　Ⓘ978-4-00-
431491-2　Ⓝ393　豊下楢彦　古関彰一

05014　集団的自衛権の何が問題か─解釈改憲批
判　奥平康弘, 山口二郎編　岩波書店　2014.7
327p　19cm　1900円　Ⓘ978-4-00-025989-7
Ⓝ323.142　奥平康弘　山口二郎

05015　いちばんよくわかる！ 集団的自衛権　佐
瀬昌盛著　海竜社　2014.8　223p　19cm　〈年
表あり〉　1400円　Ⓘ978-4-7593-1377-2
Ⓝ323.142　佐瀬昌盛

05016　Q&Aまるわかり集団的自衛権　半田滋著
旬報社　2014.8　87p　21cm　800円　Ⓘ978-4-
8451-1359-0　Ⓝ323.142　半田滋

05017　集団的自衛権ってなに？─すぐにわかる
戦争をさせない1000人委員会編　第2版　七つ
森書館　2014.8　239p　18cm　〈執筆：雨宮処
凛ほか〉　1200円　Ⓘ978-4-8228-1404-5
Ⓝ323.142　戦争をさせない1000人委員会

05018　イラストでわかる集団的自衛権─正しく
知りたいわたしたちの国をどう守るのか　高作
正博, 道下徳成監修　英和出版社　2014.10
95p　26cm　（EIWA MOOK）　〈文献あり〉
1000円　Ⓘ978-4-86545-081-1

05019　日本人は人を殺しに行くのか─戦場から
の集団的自衛権入門　伊勢崎賢治著　朝日新聞
出版　2014.10　254p　18cm　（朝日新書 485）
780円　Ⓘ978-4-02-273585-0　Ⓝ392.1076　伊
勢崎賢治

05020　子どもと親で楽しむ憲法ってなに？─憲
法と集団的自衛権をグッとつかんで、パッとわ
かる　須田諭一著　メトロポリタンプレス
2014.11　222p　21cm　1350円　Ⓘ978-4-
907870-06-5　Ⓝ323.14　須田諭一

05021　「戦争する国」許さぬ自治体の力─集団的

05021（続き）自衛権・沖縄新基地を考える　小林武, 晴山一
穂, 稲嶺進, 稲葉暉, 岡庭一雄編著　自治体研究
社　2014.11　110p　21cm　1111円　Ⓘ978-4-
88037-625-7　Ⓝ323.148　小林武　晴山一穂
稲嶺進　稲葉暉　岡庭一雄

05022　出動せず─自衛隊60年の苦悩と集団的自
衛権　瀧野隆浩著　ポプラ社　2014.12　245p
20cm　1700円　Ⓘ978-4-591-14250-9　Ⓝ392.
1076　瀧野隆浩

05023　日本人が知らない集団的自衛権　小川和
久著　文藝春秋　2014.12　222p　18cm　（文
春新書 1005）　750円　Ⓘ978-4-16-661005-1
Ⓝ393　小川和久

05024　日本列島防衛論─集団的自衛権も中韓ロ
米対策も急所はここにある　中西輝政, 田母神
俊雄著　幻冬舎　2014.12　243p　18cm　1100
円　Ⓘ978-4-344-02695-7　Ⓝ392.1076　中西輝
政　田母神俊雄

05025　現代政治論─解釈改憲・TPP・オリン
ピック　浅野一弘著　同文舘出版　2015.1
166p　21cm　〈索引あり〉　2700円　Ⓘ978-4-
495-46521-6　Ⓝ312.1　浅野一弘

05026　なぜ今必要なのか？ 集団的自衛権の〈限
定的〉行使　内外ニュース「国防研究会」著
内外ニュース　2015.1　232p　19cm　（内外
ニュースリベラルアーツシリーズ 1）　〈『世界
と日本』特別編集〉　463円　Ⓘ978-4-908208-
00-3　Ⓝ323.142　内外ニュース「国防研究会」

05027　集団的自衛権とその適用問題─「穏健派」
ダレスの関与と同盟への適用批判　肥田進著
成文堂　2015.3　368p　22cm　（名城大学法学
会選書 11）　〈文献あり〉　6000円　Ⓘ978-4-
7923-3332-4　Ⓝ319.8　肥田進

05028　集団的自衛権行使容認とその先にあるも
の　森英樹編　日本評論社　2015.4　188p
21cm　（別冊法学セミナー No.234　新・総合
特集シリーズ 6）　1600円　Ⓘ978-4-535-40846-
3　Ⓝ323.142　森英樹

05029　ライブ講義徹底分析！ 集団的自衛権　水
島朝穂著　岩波書店　2015.4　306p　19cm
1800円　Ⓘ978-4-00-024046-8　Ⓝ393.021　水
島朝穂

05030　国際法・憲法と集団的自衛権　松井芳郎,
森英樹著, 自由法曹団大阪支部本書出版委員会
編　大阪　清風堂書店　2015.5　80p　21cm
648円　Ⓘ978-4-88313-900-2　Ⓝ323.142　松井
芳郎　森英樹　自由法曹団大阪支部本書出版委
員会

05031　「安全保障」法制と改憲を問う　山内敏弘
著　京都　法律文化社　2015.7　249p　22cm
4000円　Ⓘ978-4-589-03690-2　Ⓝ393　山内
敏弘

05032　すぐにわかる戦争法＝安保法制ってな
に？　戦争をさせない1000人委員会編　七つ
森書館　2015.7　235p　18cm　1200円　Ⓘ978-

186　憲法改正 最新文献目録　　　　　　　　　　　〔05009〜05032〕

憲法改正　　　　　　　　　　　　　　　　　　　　　全般

4-8228-1537-0　Ⓝ323.142　戦争をさせない
1000人委員会

05033　マンガで解説！ 安保法案（戦）—平和安
全法制という名の戦争法案の罠 憲法9条を踏み
にじる法案に反対の声を上げる　宇都宮健児監
修, 吉田万三, 宮下武美共同監修　［出版地不
明］　ダンアートメディア編集委員会（制作）
2015.7　20p　21cm　150円

05034　安倍政権の裏の顔—「攻防集団的自衛権」
ドキュメント　朝日新聞政治部取材班著　講談
社　2015.9　235p　20cm　〈年表あり〉　1600
円　Ⓘ978-4-06-219768-7　Ⓝ312.1　朝日新聞
政治部取材班

05035　砂川判決と戦争法案—最高裁は集団的自
衛権を合憲と言ったの!?　砂川判決の悪用を許
さない会編　旬報社　2015.9　154p　21cm
〈執筆：内藤功 ほか〉　800円　Ⓘ978-4-8451-
1424-5　Ⓝ319.8　砂川判決の悪用を許さない会

05036　緊急出版！ 集団的自衛権が発動される時
—新安保関連法案で自衛隊はどう変わるのか？
宝島社　2015.10　109p　26cm　（別冊宝島
2390号）　980円　Ⓘ978-4-8002-4657-8

【雑誌】

05037　グローカルの眼（39）イラク自衛隊派兵延
長問題　小倉英敬　「マスコミ市民 : ジャーナ
リストと市民を結ぶ情報誌」　通号444　2006.1
p.32〜37

05038　「米軍・自衛隊の変革と基地再編」の現在
と「未来」　山根隆志　「議会と自治体」　通号
92　2006.1　p.47〜55

05039　憲法と米軍再編の実態。（特集「憲法問
題」を問い直す。）　半田滋　「潮」　通号564
2006.2　p.210〜215

05040　「2プラス2」報告は日本をどこに導くのか
——米軍再編・日米合意が描く米軍「基地国家」
像（特集 日米同盟の侵略的強化と憲法改悪）
小泉親司　「前衛 : 日本共産党中央委員会理論
政治誌」　通号800　2006.2　p.37〜48

05041　「沖縄問題」の意味 米軍基地問題とは何
か——「国内政治」と「安全保障」の間（はざ
ま）（特集 沖縄——米軍再編「日米合意」は
破綻する）　我部政明　「世界」　（751）　2006.4
p.104〜111

05042　日本と世界の安全保障 日米安全保障体制
の再構築　佐久間一　「世界週報」　87（24）通号
4250　2006.6.27　p.40〜41

05043　イラク取材記・再びサマワへ 報道阻んだ
日本政府の閉鎖性——イラク自衛隊活動に対す
る詳細な検証を　飯塚恵子　「新聞研究」
（661）　2006.8　p.62〜65

05044　自衛隊 「敵基地攻撃」の条件（特集・北
朝鮮ミサイル危機—ミサイル危機・六つの視点
——「七・五ショック」後の世界に日本はどう
対応するか）　潮匡人　「Voice」　通号345

2006.9　p.152〜155

05045　提言 「防衛省」実現の意義（特集・「防衛
省」が担う役割）　小林節　「月刊自由民主」　通
号649　2007.4　p.52〜57

05046　日米安全保障体制における「極東条項」
と「同盟のディレンマ」（第I部）　正司光則
「アジア太平洋地域における平和構築 その歴史
と現状分析」　2007.4　p.71〜

05047　POLITICS 久間防衛相の意欲も空転？
アフガン自衛隊派遣、実現は困難　「Jiji top
confidential」　（11401）　2007.5.22　p.9

05048　EDITORIALS 社説を読む 憲法解釈と集
団的自衛権　「Jiji top confidential」　（11402）
2007.5.25　p.16〜17

05049　WORLD VIEW（37）憲法9条と集団的自
衛権　雨宮達也　「Valiant : rank up
magazine」　25（7）通号286　2007.7　p.48〜50

05050　POLITICS 米戦略に左右される自衛隊 イ
ラク派遣延長、「出口」描けず　「Jiji top
confidential」　（11412）　2007.7.3　p.13

05051　テロ、戦争、自衛隊——アメリカ政治と
日米関係の展望（特集 テロ対策特措法と日米関
係）　佐々木知行　「マスコミ市民 : ジャーナ
リストと市民を結ぶ情報誌」　通号465　2007.10
p.22〜25

05052　テロ特措法と安保理決議——国連からの
視点（特集 否定された「安倍改憲路線」——逆
転参院選とその後）　川端清隆　「世界」　（770）
2007.10　p.113〜118

05053　国際公秩序への我が国の対応——本特集
に寄せて（特集 日本と国際公秩序——集団的自
衛権・国際刑事裁判所の原理的検討）　小寺彰
奥脇直也　「ジュリスト」　（1343）　2007.10.15
p.6〜9

05054　国際法における集団的自衛権の位置（特集
日本と国際公秩序——集団的自衛権・国際刑事
裁判所の原理的検討—集団的自衛権）　森肇志
「ジュリスト」　（1343）　2007.10.15　p.17〜26

05055　国際法における武力規制の構造——討論
のための概念整理（特集 日本と国際公秩序——
集団的自衛権・国際刑事裁判所の原理的検討——
集団的自衛権）　松井芳郎　「ジュリスト」
（1343）　2007.10.15　p.10〜16

05056　日本国憲法と集団的自衛権（特集 日本と
国際公秩序——集団的自衛権・国際刑事裁判所
の原理的検討—集団的自衛権）　大石眞　「ジュ
リスト」　（1343）　2007.10.15　p.37〜46

05057　日本国憲法における「武力の行使」の位
置づけ（特集 日本と国際公秩序——集団的自衛
権・国際刑事裁判所の原理的検討—集団的自衛
権）　安念潤司　「ジュリスト」　（1343）　2007.
10.15　p.27〜36

05058　自衛隊の力を知らない民主党——テロ特

［05033〜05058］　　　　　　　　　憲法改正 最新文献目録　**187**

措法を潰せば日本は世界から恨みを買う（特集 小沢民主党への不安） 櫻井よしこ 宮嶋茂樹 「Voice」 通号359 2007.11 p.40〜49

05059 小沢安保・憲法論と「分断政治」の行方（特集 漂流する日本政治──分断か、連立か） 北岡伸一 「中央公論」 122（12）通号1484 2007.12 p.90〜101

05060 安全保障に関する国際法と日本法（上）集団的自衛権及び国際平和活動の文脈で 村瀬信也 「ジュリスト」 （1349） 2008.2.1 p.92〜110

05061 POLITICS 各党間に温度差、政界再編の火種にも 自衛隊恒久法、本格論議へ 「Jiji top confidential」 （11462） 2008.2.1 p.12

05062 POLITICS 慎重な公明、民主の協力も不透明 自衛隊派遣恒久法、今国会提出見送り 「Jiji top confidential」 （11488） 2008.5.20 p.16

05063 青山邦夫名古屋高裁裁判長の「最後っ屁」判決──自衛隊イラク派遣を違憲とした 「Themis」 17（6）通号188 2008.6 p.42〜43

05064 POLITICS 安全面、法整備で展望開けず 自衛隊アフガン派遣に立ちはだかる壁 「Jiji top confidential」 （11503） 2008.7.15 p.11

05065 駐留米軍の合憲性あるいは憲法判断適合性について──大学構内への米軍ヘリ墜落事故を契機として 大城渡 「琉大法學」 （80） 2008.9 p.264〜231

05066 スーダン情勢の構造と自衛隊派遣問題（世界の潮） 栗田禎子 「世界」 （782） 2008.9 p.29〜32

05067 憲法学上の概念としての「安全」 小山剛 「慶応の法律学 公法1 慶応義塾創立一五〇年記念法学部論文集」 2008.12 p.325〜

05068 ソマリア沖海賊と自衛隊派遣 吉原恒雄 「祖国と青年」 （365） 2009.2 p.32〜35

05069 自衛隊は世界の海賊を相手に戦い続けるのか（特集 ソマリア派兵の真の狙い） 野崎哲 「マスコミ市民 ： ジャーナリストと市民を結ぶ情報誌」 通号483 2009.4 p.24〜29

05070 ソマリア沖の海賊の実態と自衛隊派遣（特集 ソマリア派兵の真の狙い） 平岡秀夫 「マスコミ市民 ： ジャーナリストと市民を結ぶ情報誌」 通号483 2009.4 p.18〜23

05071 「文民」の暴走は誰が止められるのか（特集 有事に「戦えない自衛隊」でいいのか） 桜林美佐 「正論」 通号445 2009.4 p.118〜127

05072 「文民」の暴走は誰が止められるのか（特集 有事に「戦えない自衛隊」でいいのか） 桜林美佐 「正論」 通号445 2009.4 p.118〜127

05073 自衛隊・経済的徴兵制の足音 布施祐仁 「世界」 （794） 2009.8 p.227〜236

05074 自衛隊の行動と国会承認 富井幸雄 「法学会雑誌」 50（1） 2009.8 p.55〜112

05075 日米安全保障体制の在り方 孫崎享 「防衛学研究」 （41） 2009.9 p.69〜80

05076 21世紀の国際安全保障──集団防衛と協調的安全保障の併存と拡大（特集 変化する政治, 進化する政治学） 山本和也 「レヴァイアサン」 通号46 2010.春 p.75〜95

05077 「対等な同盟」の実態と変貌（安保改定50年──日本の異常をただす） 山根隆志 「前衛 ： 日本共産党中央委員会理論政治誌」 通号853 2010.2 p.70〜85

05078 「グローバルな日米同盟」の特徴と展開（安保改定50年──日本の異常をただす） 山根隆志 「前衛 ： 日本共産党中央委員会理論政治誌」 通号854 2010.3 p.111〜123

05079 安全保障の対米依存が生み出した「密約」の実像 北岡伸一 「中央公論」 125（5）通号1513 2010.5 p.140〜151

05080 自衛隊 文民統制の変容と課題 武蔵勝宏 「議会政治研究」 （88） 2010.5 p.38〜49

05081 「進化する」国連平和維持活動（上）（特集 日米安保を根底から考え直す） 川端清隆 「世界」 （805） 2010.6 p.157〜168

05082 日米安保Q＆A（全15問）（特集 日米安保を根底から考え直す） 久江雅彦 屋良朝博 古関彰一［他］ 「世界」 （805） 2010.6 p.129〜156

05083 日米地位協定をどう改定すべきか──表層と深層からの照射（特集 日米安保を根底から考え直す） 本間浩 「世界」 （805） 2010.6 p.118〜128

05084 アフガニスタン女性に学ぶ：桐生佳子〈列島のスマイル／9条を握りしめて7〉 前田朗 「マスコミ市民 ： ジャーナリストと市民を結ぶ情報誌」 498 2010.7

05085 日本関係情報 アメリカ 日米相互協力及び安全保障条約50周年を記念する決議 高木綾 「外国の立法. 月刊版 ： 立法情報・翻訳・解説」 （244-1・2） 2010.7・8 p.42〜43

05086 安保体制と憲法体制のせめぎあい（特集 日米安保条約五〇年と国民生活） 梶本修史 「人権と部落問題」 62（9）通号804 2010.8 p.13〜20

05087 憲法改正問題（42）緊急を要する国防関係規定の改正（1） 青山武憲 「季刊現代警察」 37（1）通号131 2011 p.91〜97

05088 憲法改正問題（43）緊急を要する国防関係規定の改正（2） 青山武憲 「季刊現代警察」 37（2）通号132 2011 p.96〜102

05089 「二つの法体系」の原点と現点──現行安保条約50年にあたって（特集 憲法と政権交代──憲法記念講演会） 森英樹 「憲法問題」 通号22 2011 p.145〜156

05090 二十一世紀における日本及び世界の平和——通俗的安全保障論を退ける(特集 日米安保を問う) 浅井基文 「季論21：intellectual and creative」(13) 2011.夏 p.159〜171

05091 沖縄・普天間基地問題——私たちにとっての安全保障を考える 川妻干将 「信州自治研」(230) 2011.4 p.25〜32

05092 日米安全保障委員会(2+2)——共同発表と武器の第3国移転問題 佐藤丙午 「日本戦略研究フォーラム季報」(49) 2011.7 p.28〜31

05093 憲法第9条と集団的自衛権：国会答弁から集団的自衛権解釈の変遷を見る 鈴木尊紘 「レファレンス」61(11)通号730 2011.11 p.31〜47

05094 安全保障関係法令制定改廃一覧表：収録対象期間：2011(平成23).7.1〜2012(平成24).6.30 防衛法学会 眞邉正行[編] 「防衛法研究」(36) 2012 p.201〜212

05095 「日米安保条約—日米安保体制」から「世界の中の日米同盟」へ(3)日米安保再定義から再々定義までのdecadeが現代憲法史に占める意義とは何か。権威主義的国家体制批判の歴史的視座の設定をめざして 横田力 「都留文科大学研究紀要」75 2012 p.25〜59

05096 「日米安保条約—日米安保体制」から「世界の中の日米同盟」へ(4)日米安保再定義から再々定義までのdecadeが現代憲法史に占める意義とは何か。権威主義的国家体制批判の歴史的視座の設定をめざして 横田力 「都留文科大学研究紀要」76 2012 p.39〜46

05097 政治 緊急事態法制研究委員会報告(2)日本版FEMAの創設を：緊急事態対処の制度的整備と課題 浜谷英博 「改革者」53(7)通号624 2012.7 p.32〜35

05098 何のための自衛隊・海外派遣か：南スーダン、ソマリア沖の現場から問う 半田滋 「世界」(835) 2012.10 p.165〜173

05099 安倍＆前原が「本格保守政権」で密約した：集団的自衛権の行使や憲法改正を視野に入れた安倍総裁が連立を組む相手とは?!(政界大混迷を斬る) 「Themis」21(12)通号242 2012.12 p.8〜9

05100 安全保障関係法令制定改廃一覧表：収録対象期間：2012(平成24).7.1〜2013(平成25).6.30 防衛法学会 眞邉正行[編集担当] 「防衛法研究」(37) 2013 p.175〜189

05101 憲法改正問題(51)日本国憲法と集団的自衛権等の問題 青山武憲 「季刊現代警察」39(2)通号140 2013 p.84〜90

05102 改憲ウオッチ(10)集団的自衛権の行使容認へまっしぐら 中西裕三 「科学的社会主義」(177) 2013.1 p.48〜53

05103 「国防軍」は日米同盟を変えるのか：新政権に求められる安全保障政策について、話題

05104 安倍政権と「日米同盟」・基地・自衛隊(上) 山根隆志 「議会と自治体」(179) 2013.3 p.17〜26

05105 沖縄の米軍基地問題と人間の安全保障 星野英一 「政策科学・国際関係論集」(15) 2013.3 p.23〜59

05106 集団的自衛権の行使に関する政府見解概評 青山武憲 「日本法學」78(4) 2013.3 p.539〜568

05107 多国間協力時代の海上自衛隊：非伝統的安全保障分野を中心に 下平拓哉 「海外事情」61(3) 2013.3 p.110〜129

05108 日米安保条約と原子力発電—原子力の「軍事利用」の道へ 金子勝 「立正大学法制研究所研究年報」(18) 2013.03 p.29〜42

05109 安倍政権と「日米同盟」・基地・自衛隊(下) 山根隆志 「議会と自治体」(180) 2013.4 p.23〜31

05110 新たなる脅威に自衛隊法改正で立ち向かう(総力特集 安倍改革で激変する日本) 小野寺五典 「Voice」(424) 2013.4 p.54〜59

05111 (新)国際問題と日本の選択(第3回)当面する安全保障政策と憲法問題の行方 森本敏 「政経往来」67(5)通号780 2013.6 p.30〜32

05112 Interview 安保条約・自衛隊・原発……人間が決めたものは、人間の手で変えられる ノンフィクション作家 澤地久枝さん 澤地久枝 「まなぶ」(674)(増刊) 2013.9 p.30〜35

05113 (新)国際問題と日本の選択(第5回)外交・安全保障政策の基本は結局、強固な日米同盟関係 森本敏 「政経往来」67(7)通号782 2013.8・9 p.34〜36

05114 対談 なぜいま憲法改正なのか リミットまできている集団的自衛権問題 明確なデザインとシナリオを提示できるか 中谷元 塩田潮 「ニューリーダー」26(8)通号310 2013.8 p.36〜39

05115 安全保障上の視点から見た技術流出防止のための法規制：現状と課題 森本正崇 「特許研究」通号56 2013.9 p.39〜50

05116 東奔政走 集団的自衛権の行使問題が安倍政権の命運を左右する 小松浩 「エコノミスト」91(39)通号4304 2013.9.10 p.74〜75

05117 集団的自衛権行使容認をめぐって：安保法体系の変容(特集 深まる「憲法体制」の危機) 青井未帆 「社会民主」(701) 2013.10 p.12〜16

05118 日米同盟と自衛隊の激変(改憲情勢が意味するもの)：戦争と革命、そして真の平和を考える 大伴一人 「展望：革命的共産主義者同

盟再建協議会理論機関誌」（13） 2013.11 p.
88〜111

05119 パンドラの箱を開ける安倍首相 置き去りにするな！ 憲法9条の改正 集団的自衛権とは何か!? 濱田浩一郎 「軍事研究」 48（11） 2013.11 p.108〜117

05120 憲法改正より国防文化（総力大特集 安倍総理「長期政権」への直言一二十代、三十代の若者は何を考えているのか 気鋭の若手論客10人の提言を聞く） 清水政彦 「文芸春秋」 91（13） 2013.12 p.118〜120

05121 「尖閣問題」と集団的自衛権 ： 日本外交の最重要課題に設定すべきは、東アジア関係諸国が自らの安全を確保するために軍備増強を行うことによって安全が危うくなるという「安全保障のジレンマ」の事態を阻止し、脱却を図る方向で主導権を発揮すること（特集 未来を開く信頼の政治へ） 豊下楢彦 「公明」 通号96 2013.12 p.26〜31

05122 集団的自衛権と安全保障 小池政行 「環 ： 歴史・環境・文明」 58 2014.Sum. p.16〜25

05123 集団的自衛権と憲法 ： 「憲法の規範力」から考える（特集 未来社会への可能性 ： 日本近現代史から） 金子匡良 「神奈川大学評論」（79） 2014 p.74〜85

05124 集団的自衛権と日本の安全保障（特集 集団的自衛権と日本の安全保障―平成26年度春季研究大会・公開シンポジウム） 森本敏 「防衛法研究」（38） 2014 p.5〜9

05125 集団的自衛権と日本の安全保障（特集 集団的自衛権と日本の安全保障―平成26年度春季研究大会・公開シンポジウム） 西修 「防衛法研究」（38） 2014 p.10〜14

05126 集団的自衛権と日本の安全保障（特集 集団的自衛権と日本の安全保障―平成26年度春季研究大会・公開シンポジウム） 西元徹也 「防衛法研究」（38） 2014 p.15〜22

05127 集団的自衛権と日本の安全保障（特集 集団的自衛権と日本の安全保障―平成26年度春季研究大会・公開シンポジウム） 田村重信 「防衛法研究」（38） 2014 p.23〜31

05128 集団的自衛権と日本の安全保障（特集 集団的自衛権と日本の安全保障―平成26年度春季研究大会 パネルディスカッション） 森本敏［報告］ 西修［報告］ 西元徹也［報告他］ 「防衛法研究」（38） 2014 p.32〜55

05129 同盟管理の要諦（特集 安倍首相の安全保障政策） 伊藤俊行 「読売クオータリー」（29） 2014.春 p.4〜13

05130 特定秘密法と集団的自衛権行使容認の憲法的連関 植松健一 「刑事弁護」（79） 2014.秋季 p.124〜129

05131 日本国憲法と安倍晋三内閣総理大臣の積極的平和主義と集団的自衛権 ： 「第九条」の

国から「安保」の国への転換点に立って 金子勝 「立正法学論集」 48（1）通号89 2014 p.33〜65

05132 憲法と集団的自衛権 ： 政府解釈の変更論を中心に 浦田一郎さん（明治大学教授）に聞く 浦田一郎 「前衛 ： 日本共産党中央委員会理論政治誌」（904） 2014.1 p.39〜54

05133 集団的自衛権と憲法解釈の変更（特集 今こそ日本国憲法を） 浦田一郎 「歴史地理教育」（814） 2014.1 p.24〜29

05134 「積極的平和主義」で軍事力を増強 戦前回帰に向かうか安倍政権 ： 憲法解釈の変更だけで「平和国家」の看板下ろす安倍政治の危険な兆候 山口朝雄 「月刊times」 38（2） 2014.2 p.10〜13

05135 「積極的平和主義」と「統合機動防衛力」への転換 ： 国家安全保障戦略、新防衛大綱・新中期防、平成26年度防衛関係費（特集 予算・税制／決算） 沓脱和人 今井和昌 「立法と調査」（349） 2014.2 p.72〜88

05136 内閣法制局の「集団的自衛権」に関する解釈を超えて ： 日米安全保障体制の再検討へ 鈴木英輔 「Journal of policy studies」（46） 2014.3 p.27〜65

05137 政界Report 都知事選勝利でも集団的自衛権の憲法解釈変更に意欲 公明党や幹事長ともすきま風？ 「安倍カラー」を前面に出し始めた安倍首相 氷川清太郎 「財界」 62（6）通号1548 2014.3.11 p.92〜95

05138 安倍政権の進める戦争する国づくりと特定秘密保護法（秘密保護法廃止へ ： 法律家7団体共催シンポジウム（二〇一四・三・五 於 東京・千代田区）より） 稲正樹 「法と民主主義」（487） 2014.4 p.32〜36

05139 安保理決議一三二五号と関連決議の実施を通じた「女性と平和・安全保障」の課題への取り組みの現状と課題 三輪敦子 「研究紀要」（19） 2014.4 p.1〜37

05140 集団的自衛権の行使 憲法解釈変更で公明離脱の可能性低い ： 5条件で抑制の運用と連立維持に誘い水 オバマ来日控え安倍政権の手土産は？ 居石乃 「メディア展望」（628） 2014.4 p.12〜19

05141 集団的自衛権の容認 ： 「必要最小限度」論と「積極的平和主義」（特集 憲法九条で真の平和を ： 徹底検証・安倍流「積極的平和主義」） 浦田一郎 「法と民主主義」（487） 2014.4 p.18〜24

05142 中台統一や朝鮮半島有事に備え 日米同盟強化へ自衛隊法＆ガイドライン改正を急ぐ背景 ： 「国家安全保障戦略」は出来たが非常時に日米で具体的対処をするために 「Themis」 23（4）通号258 2014.4 p.66〜67

05143 政界Report 集団的自衛権と憲法改正問題

を巡って決断力が問われる局面へ 党内慎重派と
公明党の抵抗も見据え「歴史的使命」の実現に
突き進む安倍首相 氷川清太郎 「財界」62
(8)通号1550 2014.4.8 p.78～81

05144 安全保障と歴史問題、二兎を追うことを
オバマ米大統領は望んではいない(特集 集団的
自衛権を考える) 木下英臣 「Journalism」
(288) 2014.5 p.74～81

05145 安保法制懇の「安局的平和主義」 : 政府
解釈への「反逆」(特集 集団的自衛権を問う)
水島朝穂 「世界」(856) 2014.5 p.80～92

05146 海兵隊沖縄駐留と集団的自衛権行使 : 視
野狭窄の安全保障神話(特集 集団的自衛権を問
う) 屋良朝博 「世界」(856) 2014.5 p.99
～106

05147 軍事的合理性だけでは判断できない憲法
と外交政策の二つが論議の要だ(特集 集団的自
衛権を考える) 三浦俊章 「Journalism」
(288) 2014.5 p.5～13

05148 もはや日米同盟には頼れない(政府見解の
変更で集団的自衛権行使へ 解釈改憲は、限界に
来た) 今村洋史 「月刊日本」18(5)通号205
2014.5 p.20～23

05149 わが国は核武装するしかない(政府見解の
変更で集団的自衛権行使へ 解釈改憲は、限界に
来た) 武藤貴也 「月刊日本」18(5)通号205
2014.5 p.24～27

05150 私が解釈変更に慎重な理由(政府見解の変
更で集団的自衛権行使へ 解釈改憲は、限界に来
た) 大島理森 「月刊日本」18(5)通号205
2014.5 p.16～19

05151 自衛と他衛は不可分の関係 解釈改憲は立
憲主義を侵さない(特集 集団的自衛権という選
択 : ガラパゴス安保観からの脱却) 西修「中
央公論」129(6)通号1567 2014.6 p.98～103

05152 集団的自衛権をめぐる最近の政治状況と
国民意志の表明(特集 憲法、重大局面) 飯島
滋明 「社会民主」(709) 2014.6 p.7～10

05153 集団的自衛権をめぐる動向 : 政府の憲法
解釈とその見直しに向けた課題を中心に 山本
健太郎 山岡規雄 「調査と情報」(827)
2014.6.10 巻頭1p,1～15

05154 インタビュー 安全保障政策の根幹から議
論を(特集 日本外交の分水嶺 : 集団的自衛権
を問う(2)) 脇雅史 「世界」(858) 2014.7
p.117～121

05155 虚偽と虚飾の安保法制懇報告書 : 「背広
を着た関東軍」の思考(特集 日本外交の分水嶺
: 集団的自衛権を問う(2)) 水島朝穂 「世界」
(858) 2014.7 p.98～110

05156 憲法リレートーク(34)シンポジウム「集
団的自衛権と憲法 : 『積極的平和主義』を問
う」講演「安倍内閣の集団的自衛権行使容認を
問う」 北澤俊美 「自由と正義」65(7)通号

787 2014.7 p.81～86

05157 国民安保法制懇結成 伊藤真 「法学館憲
法研究所報」(11) 2014.7 巻頭1～5

05158 集団的自衛権行使の今日的意味 小沢隆
一 「法学館憲法研究所報」(11) 2014.7 p.1
～24

05159 集団的自衛権の行使と日本の安全保障
遠藤誠治 「月刊自治研」56(658) 2014.7 p.
10～16

05160 集団的自衛権容認へ着々進む 民意なき安
倍政治の危険な賭け : 改憲の民意を問わず閣
議で憲法の解釈変更図る政権の唯我独尊 山口
朝雄 「月刊times」38(6) 2014.7 p.10～13

05161 連載番外編 「集団的自衛権をめぐる解釈
改憲」主客問答 犬塚博英 「伝統と革新 : オ
ピニオン誌」(16) 2014.7 p.141～143

05162 東奔政走 集団的自衛権の行使容認に進む
国民に信を置かない政治 小松浩 「エコノミス
ト」92(29)通号4351 2014.7.1 p.72～73

05163 憲法政治における集団的自衛権と憲法解
釈 : コミュニタリアニズムの観点(1)(宮崎隆
次先生・嶋津格先生 退職記念号) 小林正弥
「千葉大学法学論集」29(1・2) 2014.8 p.
277～305

05164 集団的自衛権 閣議決定文書全文 国の存立
を全うし、国民を守るための切れ目のない安全
保障法制の整備について : 平成二六年七月一
日 国家安全保障会議決定 閣議決定 「東京」
(357) 2014.8・9 p.39～48

05165 集団的自衛権と国家安全保障戦略を問う
(特集 戦争する国づくりと日本経済) 小泉親
司 「経済」(227) 2014.8 p.16～25

05166 集団的自衛権問題の論じ方 : 建設的な対
話のために(特集 いま平和を問う) 横大道聡
「人権と部落問題」66(9)通号860 2014.8 p.
30～37

05167 新ガイドラインは対中メッセージ : 安倍
政権が憲法改正よりも集団的自衛権行使を急ぐ
理由とは?(総力特集 創設60周年 日中冷戦、変
わる自衛隊) 守屋武昌 「Voice」(440)
2014.8 p.100～107

05168 第二次安倍内閣2年目の防衛論議 : 我が
国初の国家安全保障戦略の策定と防衛政策(特
集 第186回国会の論議の焦点(1)) 杳脱和人
横山絢子 「立法と調査」(355) 2014.8 p.15
～26

05169 本棚 『日本は戦争をするのか : 集団的
自衛権と自衛隊』半田滋著 小川博司[評]
「東京」(357) 2014.8・9 p.24～28

05170 政界Report 集団的自衛権の憲法解釈変
更、北朝鮮への制裁一部解除を決断 消費税増
税、沖縄県知事選で「胸突き八丁」を迎える安
倍首相 氷川清太郎[文] 「財界」62(16)通号
1558 2014.8.5 p.84～87

〔05144～05170〕

05171 集団的自衛権の行使容認と安全保障法制整備の基本方針 ： 閣議決定を受けての国会論戦の概要(特集 第186回国会の論議の焦点(2)) 中内康夫「立法と調査」(356) 2014.9 p.23〜40

05172 「積極的平和主義」のもとでのODA(特集 集団的自衛権と安全保障・開発援助をめぐる近時の情勢) 高橋清貴「自由と正義」65(9)通号789 2014.9 p.28〜33

05173 「七・一閣議決定」を読む。(特集 現代政治の焦点) 木村草太「潮」(667) 2014.9 p.78〜83

05174 必要最小限度の限定的な集団的自衛権論(小特集 安全保障への国際法の視座) 山形英郎「法律時報」86(10)通号1077 2014.9 p.66〜71

05175 2013年度長野県職労地方自治研究集会・講演概要 オスプレイが配置された沖縄から日本国憲法と安全保障問題を考える 伊波洋一「信州自治研」(271) 2014.9 p.32〜36

05176 安保法制懇報告書における集団的自衛権論 山内敏弘「龍谷法学」47(2) 2014.10 p.385〜421

05177 憲法座談会 ： 集団的自衛権の行使を容認する閣議決定を考える 阪田雅裕[参加] 上柳敏郎[参加] 鈴木成公[参加他]「Ichiben bulletin」(499) 2014.10 p.2〜16

05178 憲法について考える ： 緊急事態条項と家庭・家族を守る条項について 椛島有三「祖国と青年」(433) 2014.10 p.46〜52

05179 「集団的自衛権」をめぐる憲法政治と国際政治 松平德仁「世界」(861) 2014.10 p.140〜145

05180 安全保障法制をめぐる経緯と論点 ： 集団的自衛権と武力行使の新3要件を中心に 山本健太郎「調査と情報」(833) 2014.10.28 巻頭1p, 1〜12

05181 集団的自衛権行使容認で自衛隊はどう変わるのか(特集 戦争の正体 ： 虐殺のポリティカルエコノミー) 纐纈厚「現代思想」42(15) 2014.11 p.70〜81

05182 集団的自衛権行使・国防軍化と司法 ： 憲法九条・自衛隊裁判の現在と今後の展望(特集 憲法の危機と司法の役割 ： 第45回司法制度研究集会より─日民協第45回司法制度研究集会(二〇一四年一一月一五日)報告から) 佐藤博文「法と民主主義」(494) 2014.12 p.4〜9

05183 「積極的平和主義」の下で「暮らす」ということ ： 集団的自衛権行使の意味と影響(特集 平和の危機と社会福祉の危機を迎えて) 植松健一「総合社会福祉研究」(44) 2014.12 p.16〜24

05184 安全保障政策の是非(特集 決められない政(まつりごと)の正体 選挙の経済学─目を背

けてはいけない本当の「日本の論点」)「週刊ダイヤモンド」102(48)通号4560 2014.12.13 p.58〜59

05185 安全保障関連法案とその採決についてのアンケート「早稲田文学.[第10次]」(12) 2015.秋 p.359〜370

05186 安全保障法制と集団的自衛権問題(特集 新たな安全保障法制の整備の現状と課題) 森本敏「防衛法研究」(臨増) 2015 p.7〜27

05187 憲法の変遷論の対象としての集団的自衛権(特集 新たな安全保障法制の整備の現状と課題) 小林宏晨「防衛法研究」(臨増) 2015 p.127〜164

05188 集団的自衛権と7・1閣議決定(特集 憲法の現況) 木村草太「論究ジュリスト」(13) 2015.春 p.20〜27

05189 必要最小限度の集団的自衛権とは何か(特集 新たな安全保障法制の整備の現状と課題) 里永尚太郎「防衛法研究」(臨増) 2015 p.113〜129

05190 安保法制整備 7・1閣議決定で何が決まったのか ： 憲法改正への前哨戦・通常国会の前に確認したい基本的事実「明日への選択」(348) 2015.1 p.10〜14

05191 閣議決定の内容と手法(特集 集団的自衛権行使容認とその先にあるもの) 浦田一郎「法学セミナー」60(1)通号720 2015.1 p.15〜19

05192 「日米防衛協力のための指針」(ガイドライン)の再改定と「憲法の規範的規制力」(特集 集団的自衛権行使容認とその先にあるもの) 倉持孝司「法学セミナー」60(1)通号720 2015.1 p.20〜24

05193 7・1閣議決定とその先にあるもの ： 安倍路線のゆくえ(特集 集団的自衛権行使容認とその先にあるもの) 森英樹「法学セミナー」60(1)通号720 2015.1 p.10〜14

05194 政界Report 政権基盤を強化したものの、安全保障法整備、TPP、歴史問題は依然、課題として 経済再生と共に安保法制が政治テーマに 4年の首相任期中に憲法改正は重要課題 氷川清太郎[文]「財界」63(2)通号1568 2015.1.13 p.168〜171

05195 緊張の南シナ海に自衛隊が「参戦」する日 ： 安全保障「Newsweek」30(7)通号1435 2015.2.17 p.36

05196 安保法制 憲法改正「自公の溝」(「イスラム国の狂気」「日本の分岐点」) 鈴木哲夫「サンデー毎日」94(7)通号5270 2015.2.22 p.150〜152

05197 宇宙安全保障 宇宙「戦域」で進む米中の戦い ： 日米安保体制に落とす影 秋田浩之「外交」30 2015.3 p.90〜94

05198 海上事故防止協定(INCSEA)による信頼

醸成 ： 過去の事例と日中海空連絡メカニズムの課題（小特集 集団的自衛権） 浅井一男 「レファレンス」 65（3）通号770 2015.3 p.67～84

05199 集団的自衛権の援用事例（小特集 集団的自衛権） 下中菜都子 樋山千冬 「レファレンス」 65（3）通号770 2015.3 p.25～48

05200 同盟と抑止 ： 集団的自衛権論議の前提として（小特集 集団的自衛権） 栗田真広 「レファレンス」 65（3）通号770 2015.3 p.9～23

05201 日米関係から見た集団的自衛権論議 ： 日米防衛協力の進展と集団的自衛権（小特集 集団的自衛権） 等雄一郎 「レファレンス」 65（3）通号770 2015.3 p.49～65

05202 「2030年日米中の安全保障の6のシナリオと集団的自衛権」を考える（その1） 古川利通 「創発 ： 大阪健康福祉短期大学紀要」 （14） 2015.3 p.13～27

05203 「安保法制」の舞台裏 「文官統制」「海外派遣」… 自衛隊派遣論議「三つの落とし穴」（総力ワイド サクラ前線、異状アリ） 鈴木哲夫 「サンデー毎日」 94（14）通号5277 2015.4.5 p.24～26

05204 安倍政権の『戦争関連法』を検討する（特集 戦後七〇年 安全保障法制と強まる改憲策動） 飯島滋明 「社会主義」 （635） 2015.5 p.24～35

05205 集団的自衛権の容認で、日本は「海外で戦争する国家」になるか ： 海外派兵禁止の今（特集 憲法とくらし） 浦田一郎 「人権と部落問題」 67（6）通号871 2015.5 p.6～13

05206 第9回憲法平和学習交流集会（2015年2月21日）から 学習講演 憲法解釈による集団的自衛権と自衛隊の迷走（特集 「戦争立法」許さないたたかいを） 井筒高雄 「医療労働 ： 医療・介護・福祉労働者のための月刊誌」 （579） 2015.5 p.3～11

05207 第9回憲法平和学習交流集会（2015年2月21日）から 学習講演 戦争する国づくりと集団的自衛権（特集 「戦争立法」許さないたたかいを） 小泉親司 「医療労働 ： 医療・介護・福祉労働者のための月刊誌」 （579） 2015.5 p.12～20

05208 「高き頂き」と「広き裾野」 ： ”スキマ時間”に集団的自衛権と閣議決定を語ろう（特集 戦後七〇年、民主主義を考える ： 民主主義と教育の視点―憲法の視点） 佐藤功 「民主主義教育21」 9 2015.5 p.101～108

05209 彼らは何を思い、苦悩しているのか！ 自衛隊の「リアル」第1弾「集団的自衛権」行使容認の深層 滝野隆浩 「サンデー毎日」 94（18）通号5281 2015.5.3 p.16～19

05210 集団的自衛権行使容認の内実 自衛隊の「リアル」（第2弾）「殺す、殺される」は表裏一体 滝野隆浩 「サンデー毎日」 94（19）通号5282 2015.5.10-17 p.140～143

05211 「集団的自衛権」行使容認の深層 創設61年自衛隊の「リアル」（第3弾）安保法制には「国民の合意」がいる！ ： 実は、「らしくない軍隊」に世界は注目している 滝野隆浩 「サンデー毎日」 94（20）通号5283 2015.5.24 p.119～121

05212 安全保障法制の焦点（特集 安保法制と「戦後」の変質） 集団的自衛権問題研究会 「世界」 （870） 2015.6 p.64～74

05213 安保法制の針路と憲法の未来。 木村草太 「潮」 （676） 2015.6 p.40～47

05214 インタビュー 文民統制をどう機能させるか（特集 安保法制と「戦後」の変質） 北澤俊美 「世界」 （870） 2015.6 p.75～79

05215 国会最前線 ： 戦争法案・労働法改悪・刑事訴訟法等改悪法案をめぐって 砂川事件最高裁判決は集団的自衛権容認の根拠となるか 小沢隆一 「法と民主主義」 （499） 2015.6 p.36～41

05216 集団的自衛権と憲法の変遷論 小林宏晨 「日本法學」 81（1） 2015.6 p.31～91

05217 時流観望 新安保法制で攻防激化―後半国会 ： 首相、「橋下氏退場」で改憲戦略見直しも 泉宏 「地方議会人 ： 議員研修誌」 46（1） 2015.6 p.38～40

05218 「戦後」日本の岐路で何をなすべきか（特集 安保法制と「戦後」の変質） 渡辺治 「世界」 （870） 2015.6 p.80～90

05219 徹底討論 「切れ目ない安保法制」の整備めざす政権 国民全体を巻き込んだ深い議論が必要 「政府広報」でなく、分析的な報道を（特集 新しい安保法制で日本はどうなる？） 礒崎陽輔 柳澤協二 長谷部恭男［他］ 「Journalism」 （301） 2015.6 p.6～27

05220 編集長インタビュー 新しい安保法制では、自衛隊が海外で罪のない市民を殺すという事態を「戦場のリアリティー」として想定すべきだ（特集 新しい安保法制で日本はどうなる？） 伊勢﨑賢治 「Journalism」 （301） 2015.6 p.28～39

05221 INTERVIEW 安全保障法制の方向性を読み解く 阪田雅裕 「第三文明」 （666） 2015.6 p.34～36

05222 東奔政走 戦後安保政策の大転換にも「急ぐ理由」語らない安倍首相 小松浩 「エコノミスト」 93（23）通号4400 2015.6.9 p.74～75

05223 安保（＝戦争）法案の問題点と運動の課題（特集 小沢隆一氏記念講演） 小沢隆一 「東京」 （366） 2015.7 p.2～22

05224 限定的な集団的自衛権の行使のための法整備 ： 事態対処法制の改正（特集 平和安全法制） 沓脱和人 「立法と調査」 （366） 2015.7 p.24～33

05225 国会審議から見えてきた安倍首相の姿 実戦の経験がない劣等感と、岸家・安倍家への意

趣返し（特集 どうなる、違憲の戦争法案） 山口二郎 「マスコミ市民 ： ジャーナリストと市民を結ぶ情報誌」（558）2015.7 p.4～12

05226 集団的自衛権と憲法解釈について 生地篤 「久留米信愛女学院短期大学研究紀要」（38）2015.7 p.85～89

05227 時流観望 新安保法制、超大幅延長で成立の公算 ： 「違憲論」拡大、70年談話に影響も 泉宏 「地方議会人 ： 議員研修誌」46（2）2015.7 p.32～34

05228 是是非非 「国敗れて憲法残る?!」を許すな ： 学者たちの「安保法案は憲法違反」への疑問 「Themis」24（7）通号273 2015.7 p.88

05229 日米ガイドラインと戦争法案がねらうもの 小沢隆一 「経済」（238）2015.7 p.14～25

05230 政治 安保法制の成立で自衛隊が向きあう戦場 小銃での命のやりとり 庄司将晃 「Aera」28（31）通号1517 2015.7.20 p.61～63

05231 「永続敗戦2国」の憲法に優先する米国 安保法制が示した二重の法体系（軽き日本国憲法） 白井聡 「エコノミスト」93（30）通号4407 2015.7.28 p.76～77

05232 安全保障の現実を直視する大切さ ： 冷静でバランスの取れた紙面を目指して（安保法制をどう伝えるか） 田中隆之 「新聞研究」（769）2015.8 p.16～19

05233 安全保障の全体像を踏まえた報道を ： 国際貢献事例の冷静な検証に期待（安保法制をどう伝えるか） 瀬谷ルミ子 「新聞研究」（769）2015.8 p.45～47

05234 安全保障法制を考える視点 ： 国際環境を直視し、「リスクとコスト」の議論を（安保法制をどう伝えるか） 楠綾子 「新聞研究」（769）2015.8 p.40～43

05235 イラク "戦地" 派遣が鳴らす警鐘 ： 自衛隊内部文書『行動史』をみる（特集 「違憲」安保法案を廃案に） 布施祐仁 「世界」（872）2015.8 p.87～98

05236 インタビュー 集団的自衛権というホトトギスの卵 ： 「非立憲」政権によるクーデターが起きた（特集 「違憲」安保法案を廃案に） 石川健治 桐山桂一 「世界」（872）2015.8 p.58～69

05237 沖縄と基地問題 ： 憲法・辺野古・経済（特集 第51回高松全国研究集会・分科会テキスト） 沖縄税経新人会 「税経新報」（635）2015.8 p.49～60

05238 「憲法に基づく政治」と集団的自衛権（特集 戦後70年 ： 平和と民主主義の今） 青井未帆 「月刊保団連」（1194）2015.8 p.10～15

05239 集団的自衛権行使容認の憲法的正当性の検討（特集 戦後七〇年と日本の安全保障） 澤野義一 「社会主義」（638）2015.8 p.23～30

05240 深層NEWSの核心 どう考える 安全保障関連法案 玉井忠幸 近藤和行 「中央公論」129（8）通号1581 2015.8 p.238～241

05241 法律時評 安保法案のねらいと法案論議の問題点 愛敬浩二 「法律時報」87（9）通号1089 2015.8 p.1～3

05242 元木昌彦のメディアを考える旅（211）安保法制でもっと問われるべきは「曖昧不明確なゆえに無効」論 元木昌彦 木村草太 「エルネオス」21（8）通号249 2015.8 p.84～89

05243 INTERVIEW 文言の拡大解釈を防ぎ安保法案を憲法の枠内に 木村草太 「第三文明」（668）2015.8 p.33～35

05244 安保法案、安倍政権と憲法 只野雅人 「税経新報」（636）2015.9 p.4～11

05245 創価学会員の安保法案反対行動が全国に広がる ： 来夏の参院選では、公明党に投票しないとの声も（特集 問われる参議院 違憲法案を通すのか） 田嶋義介 「マスコミ市民 ： ジャーナリストと市民を結ぶ情報誌」（560）2015.9 p.46～49

05246 党議拘束を解き、一旦廃案にして出し直しを ： 60日ルール適用は参議院無視、二院制の否定（特集 問われる参議院 違憲法案を通すのか） 村上正邦 田嶋義介 「マスコミ市民 ： ジャーナリストと市民を結ぶ情報誌」（560）2015.9 p.12～19

05247 日米防衛協力ガイドライン見直しの射程（特集 積極的平和主義と安全保障） 森本敏 「外交」33 2015.9 p.22～29

05248 INTERVIEW 安全保障論議をめぐる「もう一つの課題」 伊勢﨑賢治 「第三文明」（669）2015.9 p.69～71

05249 日本国憲法にこそ国際法の規範的針路が示されている 集団的自衛権の行使容認をリードしてきた「憲法<国際法」の人たちへ 阿部浩己 「金曜日」23（33）通号1073 2015.9.4 p.12～13

05250 フォーカス政治 大詰め、安保法案の国会論議 憲法論・安保論で矛盾露呈 星浩 「週刊東洋経済」（6614）2015.9.12 p.102～103

05251 日本国憲法にこそ国際法の規範的針路が示されている ： 集団的自衛権の行使容認をリードしてきた「憲法<国際法」の人たちへ（特別編集 戦争への不服従—安保法制特集） 阿部浩己 「金曜日」23（35）通号1075（臨増）2015.9.14 p.20～21

05252 （新）国際問題と日本の選択（第26回）安全保障法制がなぜ今、必要か 森本敏 「政経往来」69（8）通号803 2015.10 p.24～26

05253 安保法案「合憲」の根拠 青柳武彦 「Will ： マンスリーウイル」（131）2015.11 p.252～257

05254 インタビュー 集団的自衛権と憲法、テロ・武力紛争について聞く 東京外国語大学大学院 伊勢﨑賢治(特集 安保法制と18歳選挙権)伊勢﨑賢治 宮下与兵衛 宮下大夢 「教育」(838) 2015.11 p.5〜17

05255 沖縄と基地問題〜憲法・辺野古・経済〜分科会の発表を終えて(特集 第51回高松全国研究集会・分科会報告) 大城謙 「税経新報」(638) 2015.11 p.12〜16

05256 「国際社会における法の支配」が意味するもの(特集 戦後70年と安保法制 : 「国際法の支配」と立憲主義) 松井芳郎 「法律時報」87(12)通号1092 2015.11 p.8〜14

05257 自社の主張は巧妙に隠し メディアがシールズ&憲法学者を無責任に嗾す : 奥田愛基氏らを「面白い」と煽り学者の主張や暴言は無批判に持ち上げる! 「Themis」24(11)通号277 2015.11 p.68〜69

05258 「集団的自衛権」の風景 : 9条・前文・13条(特集 戦後70年と安保法制 : 「国際法の支配」と立憲主義) 棟居快行 「法律時報」87(12)通号1092 2015.11 p.33〜38

05259 寸鉄録(23)「安保法案」に賛成する『台湾の声』に励まされた : 国内では「戦争反対」の大合唱だが中国覇権に取り込まれたら「憲法9条」どころではない 大澤正道 「Themis」24(11)通号277 2015.11 p.76〜77

05260 なぜ安全保障法制に反対しないのか 創価学会・公明党の行動原理を解く(特集 どうして? 公明党、どうなる? 自衛隊—公明党をめぐって) 松岡幹夫 「Journalism」(306) 2015.11 p.104〜111

05261 渡辺治さんに聞く〔一橋大学名誉教授〕戦後安保体制の大転換と安倍政権の野望(大特集 戦後70年の日本資本主義一転換点にある日本の政治・経済) 渡辺治 「経済」(242) 2015.11 p.14〜30

05262 「2・5大政党」の一角たる公明党が安保法成立後にめざすべき方向とは(特集 どうして? 公明党、どうなる? 自衛隊—公明党をめぐって) 東順治 「Journalism」(306) 2015.11 p.96〜103

05263 安保関連法と日本国憲法 笹沼弘志 「月報司法書士」(526) 2015.12 p.38〜41

05264 憲法を否定する日米安保体制の進展と国民の抵抗 : 基地・核そして森林(特集 どうなる世界、どうする日本 : 日本科学者会議の50年) 亀山統一 「日本の科学者」50(12)通号575 2015.12 p.653〜658

05265 憲法に緊急事態条項を : 東日本大震災を振り返って(前編)東日本大震災の政府対応を検証する 村主真人 「祖国と青年」(447) 2015.12 p.38〜53

05266 憲法に非常事態規定を設けるために 吉

原恒雄 「祖国と青年」(447) 2015.12 p.19〜23

05267 集団的自衛権の行使容認をめぐる国会論議 : 憲法解釈の変更と事態対処法制の改正(特集 平和安全法制をめぐる国会論議) 杳脱和人 「立法と調査」(372) 2015.12 p.31〜46

05268 第三次安倍内閣の防衛論議 : 新日米ガイドライン、防衛装備庁の新設等(特集 第189回国会の論議の焦点(5)) 杳脱和人 横山絢子 「立法と調査」(371) 2015.12 p.89〜101

05269 テロ対策 「緊急事態」条項の憲法改正を急げ 「明日への選択」(359) 2015.12 p.10〜14

◆第9条

【図書】

05270 憲法9条改正後のニッポンの軍隊! 別冊宝島編集部編 宝島社 2006.3 144p 21cm(別冊宝島) 857円 ①4-7966-5136-5 Ⓝ392.1076 別冊宝島編集部

05271 いまに問う憲法九条と日本の臨戦体制—市民講座 纐纈厚著 凱風社 2006.11 156p 18cm 1200円 ①4-7736-3103-1 Ⓝ392.1076 纐纈厚

05272 9条やめるんですか?—北の国から憲法を考える 北海道新聞社編 札幌 北海道新聞社 2007.6 112p 21cm 〈年表あり〉 571円 ①978-4-89453-418-6 Ⓝ323.142 北海道新聞社 道新 北海道新聞

05273 いま、なぜ9条の根っこを問うのか 彦坂諦著,第9条の会・オーバー東京編 第9条の会・オーバー東京 2007.12 62p 21cm (あーていくる9ブックレット 12) 〈発売:影書房〉500円 ①978-4-87714-378-7 Ⓝ323.142 彦坂諦 第9条の会オーバー東京

05274 日本国憲法は「時代遅れ」か?—九条が武力紛争に挑む 松竹伸幸編著 学習の友社 2008.4 111p 21cm 952円 ①978-4-7617-0649-4 Ⓝ323.142 松竹伸幸

05275 東アジア共同体と勝海舟—九条改憲をめぐる情勢と課題 吉岡吉典, 内藤功, 石山久男著,下町人間・天狗講九条の会企画・編集 下町総研 2009.1 114p 21cm 953円 ①978-4-902556-13-1 Ⓝ323.142 吉岡吉典 内藤功 石山久男 下町人間天狗講九条の会

05276 憲法9条Q&A—改憲論への疑問に答える20の論点 民間憲法臨調運営委員会編 明成社 2009.5 54p 21cm 524円 ①978-4-944219-82-7 Ⓝ323.142 民間憲法臨調運営委員会

05277 憲法第9条改正問題と平和主義—争点の整理と検討 大阪弁護士会憲法問題特別委員会編 信山社出版 2010.2 415p 23cm 〈文献あり〉5000円 ①978-4-7972-2582-2 Ⓝ323.149

大阪弁護士会憲法問題特別委員会

05278 憲法9条VS集団的自衛権 川村俊夫著 学習の友社 2013.5 111p 21cm （シリーズ 世界と日本21 40) 1000円 ⑪978-4-7617-1242-6 Ⓝ323.142 川村俊夫

05279 「憲法9条」問題のココがわからない!!―どこが、どう問題か？ しっかり考えておきたい 33のポイント 寺脇研監修 すばる舎 2015.9 159p 21cm 〈文献あり〉 1300円 ⑪978-4-7991-0451-4 Ⓝ323.142 寺脇研

05280 政府も学者もぶった斬り！ 倉山満の憲法九条 倉山満著 ハート出版 2015.9 245p 19cm 1500円 ⑪978-4-8024-0002-2 Ⓝ323.142 倉山満

05281 新国防論―9条もアメリカも日本を守れない 伊勢崎賢治著 毎日新聞出版 2015.11 254p 19cm 1500円 ⑪978-4-620-32330-5 Ⓝ392.1076 伊勢崎賢治

【雑誌】

05282 「海外で戦争する国」づくりのなかで9条の意義を考える（特集 日米同盟の侵略的強化と憲法改悪) 川村俊夫 「前衛 ： 日本共産党中央委員会理論政治誌」 通号800 2006.2 p.26～36

05283 憲法9条をめぐる議論状況――その批判的検討（特集 改憲問題の新局面) 愛敬浩二 「ポリティーク」 11 2006.3.20 p.106～120

05284 軍事法制の変容と憲法九条（特集＝日本国憲法施行六〇年――憲法学に求められる課題) 水島朝穂 「法律時報」 79(8) 通号985 2007.7 p.42～46

05285 自衛隊の現在と9条改憲（特集 検証「改憲実態」) 飯島滋明 「法学セミナー」 52(10)通号634 2007.10 p.14～17

05286 憲法九条と解釈・変遷・改正 岩間昭道 「千葉大学法学論集」 22(3) 2007.12 p.1～14

05287 講演 憲法60年記念シンポジウムより――経済界に生きる品川正治氏が語る「戦争・人間・そして憲法9条」 品川正治 「自由と正義」 58(12)通号707 2007.12 p.123～131

05288 改憲の新局面と憲法運動の課題（特集 九条という思想) 渡辺治 「季論21 ： intellectual and creative」 ([1]) 2008.7 p.97～112

05289 9条をめぐる改憲派の戦略と護憲派の戦略 山崎一三 「進歩と改革」 通号679 2008.7 p.3～12

05290 衆議院憲法調査会報告書を読み解く(8)戦後憲法論議の原点・9条論議――安全保障及び国際協力をめぐる諸議論の整理 憲法調査研究会 「時の法令」 通号1821 2008.11.15 p.37～49

05291 憲法9条と国際法――自衛権と武力行使をめぐって（特集 憲法9条を読み解く) 浅田正彦 「自由と正義」 60(6)通号725 2009.6 p.22～31

05292 講演会 国際連合と集団的自衛権（特集 憲法9条を読み解く) 豊下楢彦 「自由と正義」 60(6)通号725 2009.6 p.38～55

05293 主権譲渡としての憲法九条と日米安保（特集 「日米安保」を問う) 平川克美 「環 ： 歴史・環境・文明」 41 2010.Spr. p.250～257

05294 憲法リレートーク（第18回）日弁連憲法委員会第3回全体会議講演 戦争と労働――日米同盟・9条改憲と私たちの暮らし 島本慈子 「自由と正義」 61(1)通号732 2010.1 p.69～77

05295 日米安保条約と憲法九条（特集 日米安保を根底から考え直す) 青井未帆 「世界」 (805) 2010.6 p.107～117

05296 沖縄と憲法9条は要石 ： C・ダグラス・ラミス氏に聞く（特集 「復帰40年」沖縄にとっての日本、日本にとっての沖縄) C・ダグラス,ラミス 三浦一夫 「季論21 ： intellectual and creative」 (16) 2012.春 p.92～105

05297 ミリタリーをどうするか ： 憲法9条と自衛隊の非軍事化 ヨハン,ガルトゥング 藤田明史「編訳」 「立命館平和研究 ： 立命館大学国際平和ミュージアム紀要」 (13) 2012 p.1～10

05298 マス・メディアにおける普天間問題と日米同盟、憲法九条 ： 朝日新聞「社説」を中心に（特集 日米同盟と憲法九条) 上野輝将 「歴史評論」 (742) 2012.2 p.17～41

05299 戦後政治の終焉へ ： 憲法第9条の改正の動き 鈴木英輔 「Journal of policy studies」 (41) 2012.7 p.45～68

05300 参院選挙後の情勢と憲法九条 小森陽一 「人間と教育」 (79) 2013.秋 p.112～117

05301 日本のうしお 世界のうしお 「9条も変える」安倍自民党 「まなぶ」 (672) 2013.5 p.60～63

05302 改憲、靖国参拝、慰安婦問題… 戦後レジームからの脱却 真意は憲法9条の改正（特集 安倍政権の正体) 「週刊東洋経済」 (6468) 2013.6.29 p.60～63

05303 憲法九条と集団的自衛権 山内敏弘 「独協法学」 (91) 2013.8 p.1～66

05304 米国は改憲を望んでいるのか ： 日米関係と憲法九条（特集 改憲 ： レジームチェンジ) 君島東彦 「ピープルズ・プラン」 (62) 2013.8 p.30～38

05305 「憲法改正」「生きた憲法」と第9条の解釈「変更」（特集 精神的自由の現在と憲法学―憲法記念講演会) 髙見勝利 「憲法問題」 (25) 2014 p.142～153

05306 憲法第9条解釈改憲の新たな段階 ： 日本が戦争する国へ（特集 様々な視点で憲法を考えよう) 和田進 「季刊人権問題」 (37) 2014.夏 p.1～12

05307 憲法9条の機能と意義 ： 国家の実力行使

憲法改正　　　　　　　　　　　　　　　　　　　　　　　　　　　　　　　　全般

の諸類型と憲法(特集 憲法"改正"問題 : 国家のあり方とは) 木村草太「論究ジュリスト」(9) 2014.春 p.54～62

05308 インタビュー 憲法問題は、「九条」と「天皇制」について堂々の論争をすべきです(特集 正義・法・国家 : 法治国家とは何か?) 小林節 四宮正貴[聞き手]「伝統と革新 : オピニオン誌」(14) 2014.1 p.23～38

05309 改めて憲法を考える(11)憲法9条解釈改憲批判を考える : 集団的自衛権「限定」容認案の問題点 中川律「時の法令」(1954) 2014.5.30 p.57～62

05310 改めて憲法を考える(12)安保法制懇報告書の憲法9条解釈 成澤孝人「時の法令」(1956) 2014.6.30 p.50～55

05311 座談会 憲法9条と集団的自衛権 野党の女性国会議員は「閣議決定」をどう見ているか 菊田真紀子 田村智子 福島瑞穂[他]「女性展望」(670) 2014.9・10 p.6～11

05312 「7.1閣議決定」による「憲法第9条の下で許容される『自衛の措置』」の憲法解釈変更の意味と影響(特集 今こそ、憲法問題を語り合う時 : 「平和」のための憲法とは?) 伊藤真「Libra : The Tokyo Bar Association journal」14(10) 2014.10 p.2～5

05313 憲法9条改正 衆参W選に動く 安倍カレンダーの全貌(安倍自民291議席 続・1強多弱の近未来) 鈴木哲夫「サンデー毎日」93(60)通号5263 2014.12.28 p.16～19

05314 憲法九条とその改正試案の検討 : 大衆民主主義下の憲法改正 大矢吉之「憲法研究」(47) 2015 p.1～35

05315 憲法9条と安保関連法制の間の「切れ目」 : 一般市民生活に与える影響を中心に 三宅裕一郎「中小商工業研究」(125) 2015.秋季 p.4～8

05316 軍事法制の展開と憲法9条2項の現在的意義(特集 集団的自衛権行使容認とその先にあるもの) 本秀紀「法学セミナー」60(1)通号720 2015.1 p.25～30

05317 憲法第九条と集団的自衛権 阪田雅裕「学士会会報」2015(1)通号910 2015.1 p.19～23

05318 対談 国家の命運を左右する「イスラム国」事件 : いまこそ「憲法9条」が大事なとき(特集 いま問われる安倍首相の「積極的平和主義」) 天木直人 川﨑泰資「マスコミ市民 : ジャーナリストと市民を結ぶ情報誌」(554) 2015.3 p.2～17

05319 東奔政走 一歩引っ込んだ憲法9条改正 背景に官邸・自民党の深謀遠慮 小松浩「エコノミスト」93(12)通号4389 2015.3.24 p.76～77

◆国民投票

【図書】

05320 誰の、何のための「国民投票」か?―検証「憲法改正国民投票法案」 ピープルズ・プラン研究所編 現代企画室 2006.1 114, 13p 21cm (シリーズ「改憲」異論 2) 1000円 Ⓘ4-7738-0510-2 Ⓝ323.149 ピープルズプラン研究所

05321 いまなぜ憲法改正国民投票法なのか 井口秀作, 浦田一郎, 只野雅人, 三輪隆編著 蒼天社出版 2006.3 109p 21cm 1000円 Ⓘ4-901916-07-6 Ⓝ323.149 井口秀作 浦田一郎 只野雅人

05322 日本国憲法の改正手続に関する法律案(保岡興治君外4名提出、衆法第30号)・日本国憲法の改正及び国政における重要な問題に係る案件の発議手続及び国民投票に関する法律案(枝野幸男君外3名提出、衆法第31号)に関する参考資料(第164回国会)―未定稿 [東京] 衆議院憲法調査特別委員会及び憲法調査会事務局 2006.6 92p 30cm (衆憲資 第72号) Ⓝ323.149 衆議院

05323 あなたと考える憲法・国民投票法―見つめよう子どもの未来 杉井静子著 春日部 ケイ・アイ・メディア 2006.8 51, 27p 21cm (へいわの灯火ブックレット 1) 600円 Ⓘ4-907796-19-6 Ⓝ323.149 杉井静子

05324 「官」の憲法と「民」の憲法―国民投票と市民主権 江橋崇著 信山社出版 2006.9 258, 5p 20cm 2500円 Ⓘ4-7972-2467-3 Ⓝ323.149 江橋崇

05325 国民投票法=改憲手続法案の「カラクリ」 自由法曹団編 学習の友社 2006.9 71p 21cm (学習の友ブックレット 15) 571円 Ⓘ4-7617-0415-2 Ⓝ323.149 自由法曹団

05326 自由法曹団イタリア調査団報告書―国民投票運動(選挙運動)におけるメディア利用の規制と促進をめぐる制度の概要と実態に関する調査報告書 自由法曹団イタリア調査団[著], 自由法曹団改憲阻止対策本部編 自由法曹団 2007.3 78p 30cm Ⓝ314.9 自由法曹団

05327 国民投票―憲法を変える? 変えない? 豊秀一[著] 岩波書店 2007.4 58, 14p 21cm (岩波ブックレット no.697) 480円 Ⓘ978-4-00-009397-2 Ⓝ323.149 豊秀一

05328 Q&A解説・憲法改正国民投票法 南部義典著 現代人文社 2007.7 222p 21cm 〈年表あり〉〈発売: 大学図書〉 1700円 Ⓘ978-4-87798-344-4 Ⓝ323.149 南部義典

05329 国民投票法論点解説集―国会の議論から読み解く国民投票法のすべて 吉田利宏著 日本評論社 2007.8 170p 21cm 1800円 Ⓘ978-4-535-51592-5 Ⓝ323.149 吉田利宏

05330 ポイント解説Q&A憲法改正手続法―憲法

全般 憲法改正

改正手続と統治構造改革ガイド　憲法制度研究会編著　ぎょうせい　2008.11　230p　21cm　2286円　①978-4-324-08518-9　Ⓝ323.149　憲法制度研究会

05331　日本国憲法の改正手続に関する法律　[点字資料]　日本点字図書館（製作）　2009.3　195p　26cm　〈厚生労働省委託法令図書〉〈使用原本：総務省法令データ提供システム　他　http：//law.e-gov.go.jpcgi-binidxsearch.cgi)　〈ルーズリーフ〉　1800円　Ⓝ323.149

05332　日本国憲法の改正手続に関する法律（憲法改正国民投票の投票権年齢に関する検討条項）に関する参考資料　[東京]　衆議院憲法審査会事務局　2012.2　8, 42, 39p　30cm　（衆憲資第73号）　Ⓝ323.149　衆議院

05333　日本国憲法の改正手続に関する法律（憲法改正問題についての国民投票制度に関する検討条項）に関する参考資料　[東京]　衆議院憲法審査会事務局　2012.3　9, 44p　30cm　（衆憲資　第75号）　Ⓝ314.9　衆議院

05334　日本国憲法の改正手続に関する法律（国民投票運動と公務員の政治的行為の制限に関する検討条項）に関する参考資料　[東京]　衆議院憲法審査会事務局　2012.3　8, 58p　30cm　（衆憲資　第74号）　Ⓝ323.149　衆議院

【雑誌】

05335　憲法・国民投票をめぐる状況と今後　近藤正道　「進歩と改革」　通号650　2006.2　p.4〜10

05336　日本と世界の安全保障　国民投票法制定と防衛庁の省昇格　志方俊之　「世界週報」　87(6) 通号4232　2006.2.14　p.40〜41

05337　レファレンダム・考──フランスの経験から　糠塚康江　「関東学院法学」　15(3・4)　2006.3　p.31〜69

05338　「規範性」の議論の盲点－－フランスの国民投票と日本の憲法改正国民投票　大藤紀子　「日本の科学者」　41(4)　2006.4

05339　憲法改正国民投票法案に関するシンポジウム開かれる（憲法問題検討委員会）　木村庸五　「二弁フロンティア」　275　2006.5

05340　「国民投票法」を考える（伊藤真の中・高生のための憲法教室〔26〕）　伊藤真　「世界」(752)　2006.5　p.164〜165

05341　日本国憲法の改正手続に関する法律案（仮称）・骨子素案　「政策特報」　通号1257　2006.5.15　p.10〜17

05342　「改憲ムード」と憲法改正国民投票法　井端正幸　「真織」(4)　2006.7.7　p.15〜21

05343　日本国憲法改正国民投票法案について　古賀浩史　「選挙時報」　55(9)　2006.9　p.1〜15

05344　改憲手続法案批判──運動の課題は何か（特集 政治対決の焦点）　高橋俊次　「科学的社会主義」(102)　2006.10　p.14〜19

05345　立法の話題 投票権者の年齢要件等に関し議論──憲法改定手続法案の提出　「法学セミナー」　51(10)通号622　2006.10　p.131

05346　国民投票法批判 「国民投票法案」に浮上した新たな問題点（特集 安倍「改憲政権」の研究）　井口秀作　「世界」(758)　2006.11　p.57〜69

05347　国民投票法の廃案をめざすための一考察（2007年権利討論集会特集号─第8分科会 世界に広がる憲法9条と日本のナショナリズム──憲法運動をどうつくるか）　橋本敦　「民主法律」(268)　2007.2　p.227〜231

05348　憲法改正国民投票法案の主な論点──国民投票運動に対する公的助成制度　間柴泰治　「調査と情報」(578)　2007.3.30　p.1〜10, 巻頭1p

05349　憲法改正国民投票運動と公務員・教育者の「地位利用」規制　只野雅人　「法と民主主義」(417)　2007.4　p.56〜59

05350　改憲促進をめざす国民投票法（特集 日本国憲法施行六〇年）　津田公男　「社会主義」(538)　2007.5　p.36〜43

05351　憲法改正国民投票（特集 憲法）　小沢隆一　「月報司法書士」(423)　2007.5　p.2〜7

05352　国民投票法成立の要因と課題（時評）　西川重則　「法と民主主義」418　2007.5

05353　改憲手続き法案──「新憲法制定」かかげ安倍自民党が暴走　筑紫建彦　「科学的社会主義」(110)　2007.6　p.52〜57

05354　国民投票で日本国憲法の運命は決まるか　田牧保　「信州自治研」(184)　2007.6　p.8〜18

05355　「国民投票法」の制定と国民主権　井口秀作　「法律時報」　79(7)通号984　2007.6　p.1〜3

05356　メディア時評 新聞 改憲手続法強行採決と全国紙　金光奎　「前衛：日本共産党中央委員会理論政治誌」　通号818　2007.6　p.151〜154

05357　世界の潮 この「国民投票法」で本当にいいのか　豊秀一　「世界」(767)　2007.7　p.25〜28

05358　憲法改正国民投票法の成立経過と問題点（第52回[民主法律協会]総会特集号─特別報告）　笠松健一　「民主法律」(271)　2007.8　p.104〜106

05359　国民投票法の成立と護憲運動の新展開　渡辺久丸　「人権と部落問題」　59(9)通号762　2007.8　p.39〜47

05360　本質的論点から逃げずに議論せよ──国民投票法の成立過程における報道の問題点（憲法とジャーナリズム（1））　小林節　「新聞研究」(673)　2007.8　p.14〜17

05361　国民投票広報協議会（特別企画 国民投票法 重要条文解説）　井口秀作　「法学セミナー」

198　憲法改正 最新文献目録　〔05331〜05361〕

憲法改正　　　　　　　　　　　　　　　　　　　　　　　　全般

634　2007.9

05362　国民投票法——先送りされた重要問題
高見勝利「世界」（769）　2007.9　p.49〜59

05363　総論—法制定までの経緯と法律の位置づ
け（特別企画 国民投票法 重要条文解説）　井口
秀作「法学セミナー」634　2007.9

05364　憲法改正国民投票法——日本国憲法の改
正手続に関する法律（特集 第166回国会主要成
立法律（2））　橘幸信　高森雅樹「ジュリスト」
（1341）　2007.9.15　p.46〜54

05365　憲法改正国民投票法と民主主義（特集 検
証「改憲実態」）　奥野恒久「法学セミナー」
52（10）通号634　2007.10　p.28〜31

05366　国民投票運動（国民投票法 重要条文解説）
西土彰一郎「法学セミナー」52（10）通号634
2007.10　p.40〜43

05367　発議方式・投票方式と承認の要件（国民投
票法 重要条文解説）　内藤光博「法学セミ
ナー」52（10）通号634　2007.10　p.44〜48

05368　国民投票法の性格と今後の課題（特集 改
憲問題——刑事法学からのアプローチ—刑事法
学からの視点）　斉藤豊治「法学セミナー」52
（11）通号635　2007.11　p.18〜21

05369　国民投票法の罰則規定——公職選挙法と
の比較（特集 改憲問題——刑事法学からのアプ
ローチ—刑事法学からの視点）　新谷一幸「法
学セミナー」52（11）通号635　2007.11　p.26
〜29

05370　弁護士のための新法令紹介（304）日本国
憲法の改正手続に関する法律（平成19年法律第
51号）　衆議院法制局「自由と正義」58（11）
通号706　2007.11　p.86〜92

05371　法令解説 憲法改正国民投票法の制定——
国民投票の実施手続及び国会による憲法改正の
発議手続を整備 日本国憲法の改正手続に関する
法律　橘幸信　高森雅樹「時の法令」通号
1799　2007.12.15　p.6〜36

05372　日本国憲法の改正手続に関する法律につ
いて（1）　藤井延之「選挙時報」57（2）
2008.2　p.1〜10

05373　日本国憲法の改正手続に関する法律につ
いて（2）　藤井延之「選挙時報」57（3）
2008.3　p.1〜11

05374　日本国憲法の改正手続に関する法律につ
いて（3）　藤井延之「選挙時報」57（4）
2008.4　p.14〜28

05375　法律解説 国会・内閣 日本国憲法の改正手
続に関する法律——平成19年5月18日法律第51
号「法令解説資料総覧」（317）　2008.6　p.5
〜13

05376　国民投票法に残された課題の検討——18
項目の附帯決議を中心として　田代正彦「法政
法学」通号26　2008.7　p.1〜37

05377　日本国憲法の改正手続に関する法律（国民
投票制度）について（1）　藤井延之「選挙 : 選
挙や政治に関する総合情報誌」61（7）　2008.7
p.7〜19

05378　日本国憲法の改正手続に関する法律（国民
投票制度）について（2）　藤井延之「選挙 : 選
挙や政治に関する総合情報誌」61（8）　2008.8
p.1〜10

05379　日本国憲法の改正手続に関する法律（国民
投票制度）について（3・完）　藤井延之「選挙
: 選挙や政治に関する総合情報誌」61（10）
2008.10　p.1〜13

05380　憲法改正国民投票法を読む（1）住民投票
条例の設計の視点から　神崎一郎「自治研究」
84（11）通号1017　2008.11　p.100〜125

05381　憲法改正国民投票法を読む（2・完）住民
投票条例の設計の視点から　神崎一郎「自治研
究」84（12）通号1018　2008.12　p.112〜136

05382　相談室 国民投票制度と選挙制度の違いに
ついて　大阪府総務部市町村課「自治大阪」
59（11）　2009.2　p.21〜23

05383　風速 国民投票法案と少年年齢　菊田幸一
「NCCD Japan : 全国犯罪・非行協議会機関
誌」（37）通号110　2009.2　p.35〜37

05384　「日本国憲法の改正手続に関する法律」に
おける国民投票運動についての法的一考察——
公務員・教育者の政治活動の禁止を主眼として
大西斎「法政論叢」46（2）　2010　p.17〜31

05385　国民投票による憲法改正の諸問題　福井
康佐「大宮ローレビュー」（6）　2010.2　p.87
〜120

05386　改憲手続き法施行後の動向とたたかいの
課題 比例定数削減・「国会改革」の危険なねら
い　川村俊夫「議会と自治体」通号148
2010.8　p.24〜30

05387　憲法改正に関わる国民投票法における附
則第11条の検討 : 国民投票運動の主体規制の
あり方を主眼として　大西斎「九州法学会会
報」2011　2011　p.4〜7

05388　法令解説 日本国憲法の改正手続に関する
法律施行令について——日本国憲法の改正手続
に関する法律施行令　友井泰範「時の法令」
通号1878　2011.3.30　p.15〜39

05389　憲法改正国民投票における最低投票率 :
検討するに当たっての視点　宮下茂「立法と調
査」通号322　2011.11　p.98〜106

05390　憲法改正国民投票の投票権年齢18歳以上
と選挙権年齢等 : 検討するに当たっての視点
宮下茂「立法と調査」（323）　2011.12　p.54
〜66

05391　国民投票で正しい判断をするために（新連
載・第1回）自民党の改憲案、実現したらどうな
るか？　伊藤真「The21 : ざ・にじゅうい
ち」30（3）通号340　2013.3　p.65〜67

〔05362〜05391〕

憲法改正 最新文献目録　199

05392 憲法改正への道は甘くはない！ カギを握るのは『国民投票』 九条は"戦争の抑止力"足りえない 諸外国にとっては、ただの紙切れだ！ 濱田浩一郎 「軍事研究」 48（4） 2013.4 p.201～209

05393 国民投票で正しい判断をするために（第2回）自民党の改憲案、実現したらどうなるか？日本国憲法の本質と基本的人権 伊藤真 「The21 ： ざ・にじゅういち」 30（4）通号341 2013.4 p.65～67

05394 国民投票で正しい判断をするために（第3回）自民党の改憲案、実現したらどうなるか？： 平和主義と"自衛隊" 伊藤真 「The21 ： ざ・にじゅういち」 30（5）通号342 2013.5 p.65～67

05395 国民投票で正しい判断をするために 自民党の改憲案、実現したらどうなるか？（最終回）地方自治の改定と緊急事態の新設 伊藤真 「The21 ： ざ・にじゅういち」 30（6）通号343 2013.6 p.65～67

05396 時代の視点 憲法九十六条《三分の二発議》が順当だ 榊原喜廣 「月刊カレント」 50（6）通号826 2013.6 p.34～37

05397 日本人は民主主義を捨てたがっているのか？（特集 「九六条からの改憲」に抗する）想田和弘 「世界」 （844） 2013.6 p.118～128

05398 法律時評 あえて霞を喰らう 石川健治 「法律時報」 85（8）通号1062 2013.7 p.1～3

05399 日本弁護士連合会 二〇一三年三月一四日 憲法第96条の発議要件緩和に反対する意見書 日本弁護士連合会 「科学的社会主義」 （183） 2013.7 p.89～93

05400 国民投票・住民投票の条件 ： 憲法九六条改憲論と小平市住民投票（特集 可能なる民主主義と投票） 木村草太 「Atプラス ： 思想と活動」 （17） 2013.8 p.53～64

05401 私たちはなぜ「立憲フォーラム」を立ち上げたのか ： 立憲主義の精神を踏みにじる憲法96条改定（特集 戦争・侵略責任に背を向ける安倍政権） 辻元清美 松本弘也［聞き手］ 「労働運動研究」 （419） 2013.8 p.2～11

05402 改憲論の動向と96条改憲論 ： 国会の「発議」の性格論を中心に（憲法9条と平和に生きる権利を世界に広めよう） 浦田一郎 「Interjurist」 （177） 2013.8.1 p.1～3

05403 憲法第96条（憲法改正手続）をめぐる議論 ： 憲法改正手続の改正に関する主な学説及び主張 鈴木尊紘 「調査と情報」 （799） 2013.8.6 巻頭1p, 1～10

05404 住民投票、国民投票法、憲法96条改正問題を整理する（特集 住民・国民投票、直接民主制の課題） 井口秀作 「都市問題」 104（8） 2013.8 p.21～26

05405 憲法改正国民投票と地方公務員 田谷聡 「地方公務員月報」 （602） 2013.9 p.24～26

05406 インタビュー 憲法96条改正の問題点とは 北海道大学大学院教授 山口二郎 山口二郎 「第三文明」 （645） 2013.9 p.67～69

05407 レフェレンダムは住民参加の方法ではなく最後の政策決定手段。国会・議会で決着を！ ： 英国選挙制度改革の国民投票と公選首長制をめぐる住民投票を考察して 内貴滋 「公営企業」 45（7）通号535 2013.10 p.2～28

05408 右翼の憲法96条改正問題に対する動向（特集 憲法改正問題と治安） 北野久馬 「治安フォーラム」 19（12）通号228 2013.12 p.43～50

05409 第185回国会における国民投票法改正の議論と今後の法制上の課題 南部義典 「憲法論叢」 （20） 2014.3 p.3～58

05410 憲法96条の「改正」（特集 憲法 "改正" 問題 ： 国家のあり方とは） 長谷部恭男 「論究ジュリスト」 （9） 2014.春 p.41～46

05411 憲法改正国民投票法の改正と今後の課題 山花郁夫 「JP総研research」 （26） 2014.6 p.52～61

05412 国民投票法の改正の意味と問題点 木藤伸一朗 「法学館憲法研究所報」 （11） 2014.7 p.76～78

05413 憲法96条改正要件の緩和について ： 立憲主義の立場から 生地篤 「久留米信愛女学院短期大学研究紀要」 （37） 2014.7 p.81～84

05414 ロー・フォーラム 立法の話題 「三つの宿題」に対応 ： 憲法改正手続法の改正 「法学セミナー」 59（8）通号715 2014.8 p.8

05415 法令解説 憲法改正国民投票が実施可能な土俵の整備 ： 選挙権年齢等の一八歳への引下げ、公務員の政治的行為の制限に係る法整備等 ： 日本国憲法の改正手続に関する法律の一部を改正する法律（平成26年法律第75号）平26・6・20公布・施行 「時の法令」 （1962） 2014.9.30 p.4～14

05416 憲法改正に関わる国民投票法における最低投票率設置についての検討 大西斎 「九州法学会会報」 2015 p.32～34

05417 エコノミストリポート 憲法改正国民投票への教訓 「橋下市長の好き嫌い」ではなかった大阪都構想住民投票の実像 今井一 「エコノミスト」 93（29）通号4406 2015.7.21 p.90～93

05418 憲法改正に関わる国民投票法における最低投票率論点の検証 大西斎 「九州産業大学国際文化学部紀要」 （61） 2015.9 p.125～135

憲法改正　　　　　　　　　　　　　　　　　　　　　　　　　　　　　　　　護憲

護憲

◆護憲論

【図書】

05419　もうひとつの日本を！　田口仁監督
［映像資料］［東京］全労連「もうひとつの
日本」闘争本部　2006　ビデオディスク1枚（44
分）：DVD　〈2006年作品〉〈カラー〉1000円

05420　憲法解体に抗して―講演資料　浦田賢治
著, 編集工房「要」編　憲法学舎　2006.1　32p
30cm　Ⓝ323.14　浦田賢治　編集工房要

05421　誰が憲法を壊したのか　小森陽一, 佐高信
著　五月書房　2006.1　246p　19cm　1500円
Ⓘ4-7727-0438-8　Ⓝ323.149　小森陽一　佐
高信

05422　憲法その真実―光をどこにみるか　坂本
修著　学習の友社　2006.3　295p　21cm　（シ
リーズ世界と日本21 28）　Ⓘ4-7617-
1230-9　Ⓝ323.149　坂本修

05423　改憲問題　愛敬浩二著　筑摩書房　2006.
4　254p　18cm　（ちくま新書）〈年表あり〉
740円　Ⓘ4-480-06299-8　Ⓝ323.149　愛敬浩二

05424　護憲　永尾章曹著　近代文芸社　2006.5
278p　20cm　2000円　Ⓘ4-7733-7381-4　Ⓝ304
永尾章曹

05425　憲法が変わっても戦争にならないと思っ
ている人のための本　高橋哲哉, 斎藤貴男編著
日本評論社　2006.7　216p　図版11枚　19cm
〈文献あり〉1400円　Ⓘ4-535-51525-5
Ⓝ323.142　高橋哲哉　斎藤貴男

05426　新聞は憲法を捨てていいのか　丸山重威
著　新日本出版社　2006.7　189p　20cm
1900円　Ⓘ4-406-03297-5　Ⓝ070.21　丸山重威

05427　憲法改悪と軍事一体化　平和運動研究会
編　労働大学出版センター　2006.9　48p
21cm　（平和な21世紀をつくる 2006）476円
Ⓝ392.1076　平和運動研究会

05428　「構造改革」と憲法改悪の新段階―今, 問
われる日本の進路　下町人間・天狗講九条の会
企画・編集　下町総研　2006.9　166p　21cm
1000円　Ⓘ4-902556-09-X　Ⓝ323.142　下町人
間天狗講九条の会

05429　まちの弁護士が語る教育と平和　窪田之
喜, 平和元著, 日野・市民自治研究所編　自治体
研究社　2006.10　186p　21cm　（日野・市民
自治研究所叢書 3）1429円　Ⓘ4-88037-474-1
Ⓝ323.14　窪田之喜　平和元　日野市民自治研
究所

05430　憲法の心―改正権者のあなたに知ってほ
しい　千田實著　仙台　本の森　2006.11
266p　19cm　（田舎弁護士の大衆法律学）
1800円　Ⓘ4-938965-88-7　Ⓝ323.14　千田實

05431　護憲派の一分　土井たか子, 佐高信著　角
川書店　2007.4　214p　18cm　（角川oneテー
マ21 A-63）〈発売：角川グループパブリッシ
ング〉686円　Ⓘ978-4-04-710094-7　Ⓝ323.14
土井たか子　佐高信

05432　武力で平和はつくれない―私たちが改憲
に反対する14の理由　市民意見広告運動編　合
同出版　2007.4　126p　21cm　1000円　Ⓘ978-
4-7726-0383-6　Ⓝ323.149　市民意見広告運動

05433　書憲のすすめ―平和憲法・畑田ゼミ会報
特別企画号　畑田重夫［著］東員町（三重県）
平和憲法畑田ゼミ「会報ハタゼミ」編集委員会
2007.5　87p　26cm　500円

05434　憲法の核心は権力の問題である―九条改
憲阻止に向けて　三上治著　御茶の水書房
2007.6　194p　20cm　2000円　Ⓘ978-4-275-
00532-8　Ⓝ323.149　三上治

05435　護憲派の語る「改憲」論―日本国憲法の
「正しい」変え方　大塚英志著　角川書店
2007.7　197p　18cm　（角川oneテーマ21 A-
69）〈発売：角川グループパブリッシング〉
686円　Ⓘ978-4-04-710102-9　Ⓝ323.149　大塚
英志

05436　護憲の論理18のポイント　小倉正宏著
三一書房　2007.8　206p　19cm　1600円
Ⓘ978-4-380-07214-7　Ⓝ323.14　小倉正宏

05437　「現行憲法」の英智で理想の国創りが可能
だ　金子天晴人著　逗子　天晴　2007.9　117p
21cm　2000円　Ⓘ978-4-9904001-1-8　Ⓝ323.
14　金子天晴人

05438　憲法をめぐるせめぎ合い―その今とこれ
から　弁護士坂本修（前自由法曹団長）に聞く
坂本修［述］, マスコミ・文化九条の会所沢編
連合通信社　2007.11　71p　21cm　476円
Ⓝ323.149　坂本修　マスコミ文化九条の会所沢

05439　人はなぜ戦争をしたがるのか―脱・解釈
改憲　『週刊金曜日』編　金曜日　2007.11
124p　19cm　1200円　Ⓘ978-4-906605-30-9
Ⓝ323.142　『週刊金曜日』

05440　憲法改正問題と人権・平和のゆくえ―第
51回人権擁護大会シンポジウム第1分科会基調
報告書　［東京］日本弁護士連合会第51回人権
擁護大会シンポジウム第1分科会実行委員会
2008　315p　30cm　〈会期・会場：2008年10月
2日 富山国際会議場〉Ⓝ323.149　日本弁護士
連合会

05441　今こそ平和憲法を守れ―改憲がゆがめる
この国のかたち　中北龍太郎著　明石書店
2009.5　280p　19cm　〈文献あり〉2200円
Ⓘ978-4-7503-2983-3　Ⓝ323.149　中北龍太郎

05442　日本国憲法攻防史―立憲主義の実現をめ
ざして　川村俊夫著　学習の友社　2009.9
143p　21cm　（シリーズ世界と日本21 38）
〈年表あり〉1429円　Ⓘ978-4-7617-1240-2
Ⓝ323.14　川村俊夫

〔05419～05442〕　　　　　　　　　　　憲法改正 最新文献目録　201

05443 "改革"幻想との対決―改憲阻止、そして反撃に転じるために 武井昭夫状況論集 2001-2009 武井昭夫著 スペース伽耶 2009.10 476p 20cm 〈年表あり〉 〈発売：星雲社〉 3200円 ①978-4-434-13651-1 Ⓝ304 武井昭夫

05444 憲法政戦 塩田潮著 日本経済新聞出版社 2009.12 381p 20cm 〈文献あり〉 1900円 ①978-4-532-16730-1 Ⓝ312.1 塩田潮

05445 東京憲法会議45年のあゆみ―改憲許さずたたかい45年 1965年―2010年 東京憲法会議創立45周年記念誌編集委員会編著 憲法改悪阻止東京連絡会議 2011.5 80p 30cm 〈年表あり〉 Ⓝ323.149 憲法改悪阻止東京連絡会議

05446 とこしへのみよ―祖国再生へ 真正護憲論が日本再生への扉を開く 南出喜久治［著］ 京都 まほらまと草紙 2011.11 375p 19cm （國體護持總論〈普及版シリーズ〉第3巻） 2500円 ①978-4-904840-03-0 Ⓝ323.14 南出喜久治

05447 「憲法」改正と改悪―憲法が機能していない日本は危ない 小林節著 ［東京］ 時事通信出版局 2012.5 181p 19cm 〈発売：時事通信社〉 1300円 ①978-4-7887-1179-2 Ⓝ323.149 小林節

05448 東京が威張ると日本は大凶 犬丸勝子, イヌマルミツカ著 福岡 櫂歌書房 2012.8 183p 26cm 〈発売：星雲社〉 1000円 ①978-4-434-17041-6 Ⓝ323.142 犬丸勝子 イヌマルミツカ

05449 安倍政権と日本政治の新段階―新自由主義・軍事大国化・改憲にどう対抗するか 渡辺治著 旬報社 2013.5 158p 21cm 1200円 ①978-4-8451-1314-9 Ⓝ312.1 渡辺治

05450 いま、「憲法改正」をどう考えるか―「戦後日本」を「保守」することの意味 樋口陽一著 岩波書店 2013.5 177p 19cm 1500円 ①978-4-00-022200-6 Ⓝ323.149 樋口陽一

05451 改憲の何が問題か 奥平康弘, 愛敬浩二, 青井未帆編 岩波書店 2013.5 264p 19cm 1600円 ①978-4-00-025900-2 Ⓝ323.149 奥平康弘 愛敬浩二 青井未帆

05452 憲法の力 奥平康弘, 高橋哲哉, 斎藤貴男, ジャン・ユンカーマン, 湯浅誠, 西山太吉［執筆］, 三宅義子, 纐纈厚編 日本評論社 2013.5 243p 19cm 1800円 ①978-4-535-51973-2 Ⓝ323.14 奥平康弘 高橋哲哉 斎藤貴男 三宅義子 纐纈厚

05453 天皇を戴く国家―歴史認識の欠如した改憲はアジアの緊張を高める 内田雅敏著 スペース伽耶 2013.6 108p 21cm 〈発売：星雲社〉 800円 ①978-4-434-18047-7 Ⓝ323.149 内田雅敏

05454 憲法を守るのは誰か 青井未帆著 幻冬舎ルネッサンス 2013.7 237p 18cm （幻冬舎ルネッサンス新書 あー5-1） 〈文献あり〉 838円 ①978-4-7790-6084-7 Ⓝ323.149 青井未帆

05455 憲法が変わっても戦争にならない？ 高橋哲哉, 斎藤貴男編著 筑摩書房 2013.7 271p 15cm （ちくま文庫 た71-1） 〈「憲法が変わっても戦争にならないと思っている人のための本」(日本評論社 2006年刊) の改題、加筆〉 〈文献あり〉 740円 ①978-4-480-43072-4 Ⓝ323.149 高橋哲哉 斎藤貴男

05456 第二次安倍政権の改憲に立ち向かう―九条の会憲法学習会記録 九条の会 2013.7 57, 15p 21cm 〈会期：2013年6月8日〉 400円 Ⓝ323.149 九条の会

05457 日本国憲法の初心―山本有三の「竹」を読む 鈴木琢磨編著 七つ森書館 2013.8 198p 17cm 1600円 ①978-4-8228-1380-2 Ⓝ914.6 鈴木琢磨

05458 戦争の放棄 その1 平和憲法の危機 千田實著 一関 エムジェエム 2013.9 62p 19cm （田舎弁護士の大衆法律学 新・憲法の心 第1巻） 476円 ①978-4-903929-23-1 Ⓝ323.142 千田實

05459 安倍改憲と「政治改革」―〈解釈・立法・96条先行〉改憲のカラクリ 上脇博之著 大阪 日本機関紙出版センター 2013.10 160p 21cm 1200円 ①978-4-88900-900-2 Ⓝ323.149 上脇博之

05460 アベノ改憲の真実―平和と人権、暮らしを襲う濁流 坂本修著 本の泉社 2013.10 103p 21cm （労働総研ブックレット No.9） 800円 ①978-4-7807-0917-9 Ⓝ323.149 坂本修

05461 憲法改正に仕掛けられた4つのワナ―自民党案によって、国民の主権は奪われ、国会は無力化される！ 苫米地英人著 サイゾー 2013.10 199p 21cm 〈文献あり〉 500円 ①978-4-904209-36-3 Ⓝ323.149 苫米地英人

05462 憲法と、生きる 東京新聞社会部編 岩波書店 2013.12 199p 19cm 1800円 ①978-4-00-022797-1 Ⓝ323.14 東京新聞社会部

05463 涙のしずくに洗われて咲きいづるもの 若松英輔著 河出書房新社 2014.1 205p 20cm 1800円 ①978-4-309-02252-9 Ⓝ114.2 若松英輔

05464 歴史認識の欠如した改憲はアジアの緊張を高める 内田雅敏［述］ 研究所テオリア 2014.2 49p 26cm （国連・憲法問題研究会講座報告 第56集） 500円

05465 上野千鶴子の選憲論 上野千鶴子著 集英社 2014.4 221p 18cm （集英社新書 0734） 〈文献あり〉 740円 ①978-4-08-720734-7 Ⓝ323.14 上野千鶴子

05466 市民が憲法をまもる 目黒「九条の会」ネットワーク編 らくだ出版 2014.4 200p 18cm 1200円 ①978-4-89777-533-3 Ⓝ323.

14 目黒「九条の会」ネットワーク

05467 改憲がもたらす戦争する国日本―法律家が読み解く自民党改憲草案Q&A 自由法曹団・改憲阻止対策本部編 学習の友社 2014.5 95p 21cm (シリーズ世界と日本21 41) 1000円 Ⓘ978-4-7617-1243-3 Ⓝ323.149 自由法曹団改憲阻止対策本部

05468 未完の憲法 奥平康弘, 木村草太著 潮出版社 2014.5 165p 19cm 1400円 Ⓘ978-4-267-01975-3 Ⓝ323.149 奥平康弘 木村草太

05469 社会運動再生への挑戦―歴史的せめぎあいの時代を生きる 山田敬男著 学習の友社 2014.6 134p 21cm 1300円 Ⓘ978-4-7617-0691-3 Ⓝ309.021 山田敬男

05470 あの出来事を憶えておこう―2008年からの憲法クロニクル 小森陽一著 新日本出版社 2014.7 205p 19cm 1400円 Ⓘ978-4-406-05800-1 Ⓝ323.142 小森陽一

05471 アベコベな壊憲、戦争はヤダね！―秘密保護法・集団的自衛権容認に反対する信州の声 毛利正道編著 長野 川辺書林 2014.7 182p 21cm 1204円 Ⓘ978-4-906529-79-7 Ⓝ323.142 毛利正道

05472 安倍改憲の野望―この国はどこへ行くのか 奥平康弘, 樋口陽一, 小森陽一著 増補版 京都 かもがわ出版 2014.8 170p 19cm （希望シリーズ） 1500円 Ⓘ978-4-7803-0717-7 Ⓝ323.149 奥平康弘 樋口陽一 小森陽一

05473 憲法の「空語」を充たすために 内田樹著 京都 かもがわ出版 2014.8 95p 21cm 900円 Ⓘ978-4-7803-0713-9 Ⓝ323.14 内田樹

05474 憲法未来予想図―16のストーリーと48のキーワードで学ぶ 榎澤幸広, 奥田喜道編著 現代人文社 2014.8 217p 21cm 〈索引あり〉〈発売：大学図書〉 2000円 Ⓘ978-4-87798-584-4 Ⓝ323.149 榎沢幸広 奥田喜道

05475 「あの時代」に戻さないために―安倍政権の暴走と日本国憲法 石村善治, 福岡県自治体問題研究所編 自治体研究社 2014.10 173p 21cm 1000円 Ⓘ978-4-88037-623-3 Ⓝ312.1 石村善治 福岡県自治体問題研究所

05476 改憲へ向かう日本の危機と教会の闘い 渡辺信夫, 野寺博文, 水草修治, 李省展, 笹川紀勝編, 信州夏期宣教講座著 いのちのことば社 2014.10 159p 21cm （21世紀ブックレット 53） 1200円 Ⓘ978-4-264-03265-6 Ⓝ190.4 渡辺信夫 野寺博文 水草修治 李省展 笹川紀勝 信州夏期宣教講座

05477 日本の今を問う―沖縄・歴史・憲法 雨宮処凛, 佐高信, 照屋寛徳, 早野透, 村山富市著 七つ森書館 2014.10 111p 18cm 900円 Ⓘ978-4-8228-1413-7 Ⓝ304 雨宮処凛 佐高信 照屋寛徳 早野透 三上智恵 村山富市

05478 私たちは政治の暴走を許すのか 立憲デモクラシーの会編 岩波書店 2014.10 70p 21cm （岩波ブックレット No.910） 580円 Ⓘ978-4-00-270910-9 Ⓝ312.1 立憲デモクラシーの会

05479 安倍首相から「日本」を取り戻せ!!―護憲派・泥の軍事政治戦略 泥憲和著 京都 かもがわ出版 2014.11 269p 19cm 1800円 Ⓘ978-4-7803-0720-7 Ⓝ312.1 泥憲和

05480 いまこそ、改憲はばむ国民的共同を―日本国憲法のあゆみと憲法会議の50年 憲法改悪阻止各界連絡会議編 本の泉社 2015.3 197p 21cm 〈年表あり〉 1400円 Ⓘ978-4-7807-1212-4 Ⓝ323.149 憲法改悪阻止各界連絡会議

05481 京都憲法会議50年の歩み ［京都］ 憲法改悪阻止京都各界連絡会議 2015.5 51p 30cm 〈年表あり〉 Ⓝ323.149 憲法改悪阻止京都各界連絡会議

05482 憲法とわれわれ―日本国憲法は、なぜ、《宝》なのか? 徳永俊明著 合同フォレスト 2015.5 254p 18cm 〈発売：合同出版〉 1600円 Ⓘ978-4-7726-6039-6 Ⓝ323.14 徳永俊明

05483 安倍流改憲にNOを！ 樋口陽一, 山口二郎編 岩波書店 2015.7 227p 19cm 1700円 Ⓘ978-4-00-022086-6 Ⓝ323.149 樋口陽一 山口二郎

05484 安倍「壊憲」政権に異議あり―保守からの発言 佐高信編著 河出書房新社 2015.8 176p 20cm 1500円 Ⓘ978-4-309-24721-2 Ⓝ312.1 佐高信

05485 「解釈改憲＝大人の知恵」という欺瞞―九条国民投票で立憲主義をとりもどそう 今井一著 現代人文社 2015.8 175p 19cm 〈文献あり〉〈発売：大学図書〉 1400円 Ⓘ978-4-87798-614-8 Ⓝ323.14 今井一

05486 軍事立国への野望―安倍政権の思想的系譜と支持母体の思惑 小森陽一, 山田朗, 俵義文, 石川康宏, 内海愛子著 京都 かもがわ出版 2015.8 278p 19cm 2000円 Ⓘ978-4-7803-0786-3 Ⓝ312.1 小森陽一 山田朗 俵義文 石川康宏 内海愛子

05487 セキララ憲法―まだ気づいていないあなたと語る 金杉美和著 新日本出版社 2015.8 158p 19cm 1300円 Ⓘ978-4-406-05928-2 Ⓝ323.14 金杉美和

05488 私たちの平和憲法と解釈改憲のからくり―専守防衛の力と「安保法制」違憲の証明 小西洋之著 八月書館 2015.8 241p 21cm 1500円 Ⓘ978-4-938140-91-5 Ⓝ323.142 小西洋之

05489 ダメなものはダメと言える《憲法力》を身につける―集団的自衛権・安全保障関連法・特定秘密保護法・TPPに抗するために 親子で憲法を学ぶ札幌の会編 札幌 寿郎社 2015.9 219p 21cm 1000円 Ⓘ978-4-902269-81-9

護憲　　　　　　　　　　　　　　　　　　　　　　　　　　憲法改正

Ⓝ323.14　親子で憲法を学ぶ札幌の会

【雑誌】

05490　対談 憲法擁護の運動をめぐる基本方向（渡辺治 ポスト小泉＝安倍新政権とこの国のゆくえ）　渡辺治　田中章史　「季刊自治と分権」（25）　2006.秋　p.64〜74

05491　憲法を守る力をつけよう──若者とつながる努力も（憲法改悪反対・憲法を生かす）　吉田俊弘　「科学的社会主義」（93）　2006.1　p.66〜69

05492　護憲三派内閣期における政党と官僚──政党・内閣・官僚関係の『確立』　清水唯一朗　「日本政治研究」3（1）　2006.1　p.29〜65

05493　中野における「憲法を生かす」活動（憲法改悪反対・憲法を生かす）　江原栄昭　「科学的社会主義」（93）　2006.1　p.62〜65

05494　教育基本法改悪と憲法改悪（2006年権利討論集会特集号─第6分科会 憲法改悪の先にあるもの──基地の再編、人の再編、そして私たちの暮らしの変容）　藤木邦顕　「民主法律」（265）　2006.2　p.159〜161

05495　憲法改悪と女性の権利（2006年権利討論集会特集号─第6分科会 憲法改悪の先にあるもの──基地の再編、人の再編、そして私たちの暮らしの変容）　渡辺和恵　「民主法律」（265）　2006.2　p.165〜168

05496　憲法改悪と治安強化（2006年権利討論集会特集号─第6分科会 憲法改悪の先にあるもの──基地の再編、人の再編、そして私たちの暮らしの変容）　伊賀カズミ　「民主法律」（265）　2006.2　p.168〜170

05497　＜憲法改悪の先にあるもの＞の一考察 治安維持法と横浜事件──戦前最後の言論・思想弾圧事件の歴史的教訓（2006年権利討論集会特集号─第6分科会 憲法改悪の先にあるもの──基地の再編、人の再編、そして私たちの暮らしの変容）　橋本敦　「民主法律」（265）　2006.2　p.170〜188

05498　憲法改正 軍法会議設置は愚の骨頂である（総力特集 06年ニッポンの重大問題）　田岡俊次　「現代」40（2）　2006.2　p.149〜153

05499　憲法改訂と日本の進路──宗教者から見た改憲の危険性　塩入隆　「信州自治研」（168）　2006.2　p.16〜19

05500　進行する「国民保護計画」（2006年権利討論集会特集号─第6分科会 憲法改悪の先にあるもの──基地の再編、人の再編、そして私たちの暮らしの変容）　西晃　「民主法律」（265）　2006.2　p.135〜137

05501　"伸縮自在のアメーバ型"前方司令部が座間に（特集 日米同盟の侵略的強化と憲法改悪）　石川巌　「前衛 : 日本共産党中央委員会理論政治誌」通号800　2006.2　p.49〜58

05502　労働組合はなぜ憲法改悪とたたかうのか（2006年権利討論集会特集号─第6分科会 憲法改悪の先にあるもの──基地の再編、人の再編、そして私たちの暮らしの変容）　植田保二　「民主法律」（265）　2006.2　p.152〜154

05503　全戸訪問・対話で、憲法をまもり党を語る活動（さあ、日本改革へ──〔日本共産党〕党大会参加地方議員の手記）　近松美喜子　「議会と自治体」通号94　2006.3　p.108〜110

05504　地域と自治体に憲法守る力を/松川町憲法9条を守る会　松下拡　「信州自治研」（169）　2006.3　p.39〜42

05505　論点3 憲法「改正」は必要か、改憲を阻止することはできるのか?（特集 改憲問題の新局面─座談会 改憲をめぐる情勢と改憲阻止の展望〔論点と討論〕）　渡辺治　「ポリティーク」11　2006.3.20　p.42〜58

05506　侵略戦争肯定の源流と憲法改悪阻止への展望（日本共産党第24回大会特集（全記録）─大会議案、中央委員会報告の討論（全文））　上田耕一郎　「前衛 : 日本共産党中央委員会理論政治誌」通号803（臨増）　2006.4　p.226〜228

05507　憲法擁護・改憲阻止の運動に思うこと　若林一平　「進歩と改革」通号653　2006.5　p.17〜23

05508　コミンテルン統一戦線の現代的意義（特集 改憲阻止共同闘争の実現へ──教訓にまなぶ）　今村稔　「科学的社会主義」（97）　2006.5　p.24〜29

05509　随想 二〇世紀の教訓から（特集 改憲阻止共同闘争の実現へ──教訓にまなぶ）　原野人　「科学的社会主義」（97）　2006.5　p.40〜42

05510　政治的「共闘」・「共同」の現状と展望（特集 改憲阻止共同闘争の実現へ──教訓にまなぶ）　上野建一　「科学的社会主義」（97）　2006.5　p.12〜17

05511　福島みずほのいま会いたい いま話をしたい 今月のゲスト 大内裕和さん 教基法改悪と改憲そのままつながる 教育における民主主義と自由を否定　福島みずほ　大内裕和　「社会民主」（612）　2006.5　p.26〜33

05512　「民主人民戦線」と現代憲法闘争（特集 改憲阻止共同闘争の実現へ──教訓にまなぶ）　石河康国　「科学的社会主義」（97）　2006.5　p.18〜23

05513　改憲阻止の前哨戦──教育基本法改悪に反対しよう　横堀正一　「科学的社会主義」（98）　2006.6　p.52〜57

05514　大阪憲法会議の活動──憲法改悪阻止府民過半数世論の結集にむけた確かな手応え（第51回〔民主法律協会〕総会特集号─特別報告）　筆保勝　「民主法律」（267）　2006.8　p.88〜91

05515　憂国の緊急寄稿 「岸信介のDNAを継ぐ男」との本格対決が始まる 安倍晋三「改憲政

権」への宣戦布告（特集 小泉が遺したもの、安倍が受け継ぐもの）　立花隆　「現代」　40（10）　2006.10　p.28〜38

05516　憂国の緊急寄稿・「岸信介のDNAを継ぐ男」と「南原繁の思想を受け継ぐ者」の本格対決が始まる―立花隆 安倍晋三「改憲政権」への宣戦布告　立花隆　「現代」　40（10）　2006.10　p.28〜38

05517　教育基本法の原点が問いかけること――「伝統回帰」、立憲主義をめぐって（特集 教育基本法改悪と対決する）　佐藤広美　「前衛 ： 日本共産党中央委員会理論政治誌」　通号811　2006.11　p.24〜33

05518　展望 改憲・戦争・安倍政権とのたたかい　上野建一　「科学的社会主義」（103）　2006.11　p.2〜5

05519　「平和の党」を問う 公明党の原理的滑落――このまま「下駄の雪」になるのか（特集 安倍「改憲政権」の研究）　佐高信　「世界」（758）　2006.11　p.91〜98

05520　護憲運動の新たな前進のために　中村明文　「信州自治研」（178）　2006.12　p.31〜33

05521　第四回護憲大会に参加して――「敵を友人に変える」安全保障観　野田邦治　「社会主義」（533）　2006.12　p.70〜73

05522　鼎談 安倍「改憲」政権の危険な本質　高野孟　二木啓孝　岡本厚　「創」　36（11）通号407　2006.12　p.58〜64

05523　第43回護憲大会を終えて　河野泰博　「進歩と改革」　通号661　2007.1　p.60〜65

05524　大阪自治労連の「憲法を守り、生かす大運動」のとりくみと到達点（2007年権利討論集会特集号―第8分科会 世界に広がる憲法9条と日本のナショナリズム――憲法運動をどうつくるか）　西岡健二　「民主法律」（268）　2007.2　p.238〜240

05525　憲法改悪阻止府民過半数世論の結集をめざして――大阪憲法会議・共同センターのとりくみの到達点と今後の運動方向について（2007年権利討論集会特集号―第8分科会 世界に広がる憲法9条と日本のナショナリズム――憲法運動をどうつくるか）　筆保勝　「民主法律」（268）　2007.2　p.223〜226

05526　安倍首相の「改憲構想」は憲法破壊クーデターだ（特集 「マスコミ市民」40年のあゆみ）　伊藤成彦　「マスコミ市民 ： ジャーナリストと市民を結ぶ情報誌」　通号458　2007.3　p.7〜11

05527　主張 改憲に向けて「正攻法」の見得を切った安倍首相と07年政治決戦　「進歩と改革」　通号663　2007.3　p.1〜3

05528　政治的・共同戦線で改憲阻止へ　上野建一　「科学的社会主義」（107）　2007.3　p.2〜5

05529　ナショナリズムという病理（第4回）私の護憲論　佐藤優　「創」　37（3）通号410　2007.3　p.116〜119

05530　経済大国から軍事大国へ――反動派の改憲策動の歴史（特集・改憲策動といかに闘うか――ブルジョア憲法の歴史的位置づけ）　田口騏一郎　「プロメテウス ： マルクス主義同志会理論誌」（50）　2007.4　p.39〜53

05531　憲法改悪の第一歩を止めなければ！　猿田佐世　「社会民主」（623）　2007.4　p.2〜7

05532　昭和憲法とは!? 憲法改正問題講座（6）平和主義をめぐる憲法状況　白川勝彦　「マスコミ市民 ： ジャーナリストと市民を結ぶ情報誌」　通号459　2007.4　p.66〜71

05533　メディア時評 新聞 改憲の暴挙すら賛美・容認　金光奎　「前衛 ： 日本共産党中央委員会理論政治誌」　通号816　2007.4　p.174〜177

05534　情況への発言 護憲革命論――この文章を故田中義三に、そして連合赤軍同志達に献げる　花園紀男　「情況. 第三期 ： 変革のための総合誌」　8（4）通号66　2007.5・6　p.32〜42

05535　昭和憲法とは!? 憲法改正問題講座（7）改憲派が目論む自衛軍の想定像　白川勝彦　「マスコミ市民 ： ジャーナリストと市民を結ぶ情報誌」　通号460　2007.5　p.58〜64

05536　平和への思い語り合い、「過半数署名」を達成――高知・佐清水市（座談会「改憲ノー」の多数派めざす地域革新懇）　上杉利則　「議会と自治体」　通号109　2007.5　p.31〜34

05537　メディア時評 新聞 改憲に手を貸す全国紙の堕落　金光奎　「前衛 ： 日本共産党中央委員会理論政治誌」　通号817　2007.5　p.187〜190

05538　吉本隆明論（12）ポスト戦後思想と護憲への回帰　高澤秀次　「表現者」（12）　2007.5　p.112〜117

05539　労働・講演「労働版改憲」とどうたたかうか　田辺崇博　「甲斐ケ嶺」（75）　2007.5　p.4〜16

05540　特集・施行60年目の憲法状況―跳梁する「改憲」論に抗して　「世界」（765）　2007.5　p.113

05541　憲法を救うために――「超党派」市民の潮流と政党への提案　小林正弥　「世界」（766）　2007.6　p.50〜61

05542　昭和憲法とは!? 憲法改正問題講座（8）天皇制の存続と国民主権をめぐる諸問題　白川勝彦　「マスコミ市民 ： ジャーナリストと市民を結ぶ情報誌」　通号461　2007.6　p.42〜48

05543　昭和憲法とは!? 憲法改正問題講座（9）政権選択の自由の有無とその必要性　白川勝彦　「マスコミ市民 ： ジャーナリストと市民を結ぶ情報誌」　通号462　2007.7　p.58〜64

05544　「戦後レジーム否定論」への徹底抗戦宣言 立花隆「私の護憲論」――安倍改憲政権に異議

あり　立花隆　「現代」　41（7）　2007.7　p.28〜43

05545　「戦後レジーム否定論」への徹底抗戦宣言　立花隆「私の護憲論」安倍改憲政権に異議あり　立花隆　「現代」　41（7）　2007.7　p.28〜43

05546　改憲・新自由主義に抗して──闘いの展望はここに（日民協・第46回定時総会記念シンポジウムから　特集　改憲・新自由主義に抗して──闘いの展望はここに）　渡辺治　「法と民主主義」　（421）　2007.8・9　p.3〜27

05547　憲法を守り生かす大阪自治労連のとりくみ（第52回［民主法律協会］総会特集号─特別報告）　西岡健二　「民主法律」　（271）　2007.8　p.110〜112

05548　昭和憲法とは!?　憲法改正問題講座（10）改憲派を右翼反動と呼ぶ理由　白川勝彦　「マスコミ市民 ： ジャーナリストと市民を結ぶ情報誌」通号463　2007.8　p.50〜55

05549　無知で愚かな政治家による憲法改正を許さない　立花隆「私の護憲論」（第2弾）　立花隆　「現代」　41（8）　2007.8　p.42〜54

05550　私たちは、斯く闘う（日民協・第46回定時総会記念シンポジウムから　特集　改憲・新自由主義に抗して──闘いの展望はここに）「法と民主主義」　（421）　2007.8・9　p.28〜39

05551　立花隆「私の護憲論」第2弾─無知で愚かな政治家による憲法改正を許さない　立花隆　「現代」　41（8）　2007.8　p.42〜54

05552　自民党の新憲法草案を批判する　「日本国憲法」は誰が制定したのか　森清　「月刊日本」　11（9）通号125　2007.9　p.34〜42

05553　情況への発言　護憲ナショナリズムと日本型グローバリゼーション──憲法問題のラジカリズム　渋谷要「情況. 第三期 ： 変革のための総合誌」8（6）通号68　2007.9・10　p.20〜24

05554　昭和憲法とは!?　憲法改正問題講座（11）憲法を守る力は国民にある　白川勝彦　「マスコミ市民 ： ジャーナリストと市民を結ぶ情報誌」通号464　2007.9　p.64〜70

05555　立花隆「私の護憲論」（第3弾）憲法9条の発案者はマッカーサーか幣原喜重郎か　立花隆　「現代」　41（9）　2007.9　p.91〜105

05556　「非国民」のすすめ（第27回）「改憲」問題への関心　斎藤貴男　「創」　37（9）通号416　2007.9・10　p.90〜93

05557　小沢民主党を選択した「賢い有権者」（特集 否定された「安倍改憲路線」──逆転参院選とその後）　北野和希　「世界」　（770）　2007.10　p.100〜106

05558　「改憲実態」を検証する──企画の趣旨（特集 検証「改憲実態」）　愛敬浩二　「法学セミナー」　52（10）通号634　2007.10　p.10〜13

05559　対談 安倍首相は憲法に敗れた──参院選の結果を読み解く（特集 否定された「安倍改憲路線」──逆転参院選とその後）　蒲島郁夫　早野透　「世界」　（770）　2007.10　p.68〜79

05560　対談 「構造改革」はどう判断されたか──参院選後、国民が望む政治とは（特集 否定された「安倍改憲路線」──逆転参院選とその後）　杉田敦　間宮陽介　「世界」　（770）　2007.10　p.88〜99

05561　立花隆「私の護憲論」（第4弾）天皇「人間宣言」をめぐる虚と実　立花隆　「現代」　41（10）　2007.10　p.78〜90

05562　立花隆「私の護憲論」（第5弾）誰が天皇を「救った」か　立花隆　「現代」　41（11）　2007.11　p.84〜96

05563　立花隆「私の護憲論」（第6弾）日本の「国体」とは何か　立花隆　「現代」　41（12）　2007.12　p.80〜92

05564　平和行政の取り組み・憲法を実践する読谷村の挑戦（社民党自治体議員団全国会議2007年度学習研修会（下））　山内徳信　「社会民主」　（631）　2007.12　p.2〜5

05565　護憲全国大会と改憲の行方　若林一平　「進歩と改革」　通号673　2008.1　p.52〜59

05566　立花隆「私の護憲論」（第7弾）岸信介と憲法調査会　立花隆　「現代」　42（1）　2008.1　p.126〜138

05567　立花隆「私の護憲論」（第8弾）白鳥敏夫と憲法9条　立花隆　「現代」　42（2）　2008.2　p.106〜118

05568　後藤田正晴─憲法改正を憂えて（ドキュメント・見事な死─阿久悠から黒沢明まで著名人52人の最期）　後藤田尚吾　「文芸春秋」　86（2）　2008.2　p.191〜192

05569　立花隆「私の護憲論」（第9弾）憲法最大の核心＝「天皇」　立花隆　「現代」　42（3）　2008.3　p.120〜132

05570　政治の読み方（36）新護憲論──護憲派がいま為すべきは平和のための「憲法改正」　武田文彦　「Verdad」　14（4）通号156　2008.4　p.44〜45

05571　立花隆「私の護憲論」（第10弾）「無条件降伏」の意味　立花隆　「現代」　42（4）　2008.4　p.92〜104

05572　「憲法改悪」と平和運動の課題　梶村晃　「社会主義」　（551）　2008.5　p.14〜27

05573　立花隆「私の護憲論」（第11弾）たった一人の証言者　立花隆　「現代」　42（5）　2008.5　p.112〜124

05574　立花隆「私の護憲論」（第12弾）憲法草案と戦後ジャーナリズム　立花隆　「現代」　42（6）　2008.6　p.158〜170

05575　立花隆「私の護憲論」（第13弾）近衛文麿の落日　立花隆　「現代」　42（7）　2008.7　p.

144〜156

05576 不思議な"改憲の論理" 久原宗士郎 「自由」 50（7）通号581 2008.7 p.90〜93

05577 立花隆「私の護憲論」（第14弾）日本型民主主義憲法の源流 立花隆 「現代」 42（8） 2008.8 p.124〜136

05578 立花隆「私の護憲論」（第15弾）二つの顔を持つ憲法学者 立花隆 「現代」 42（9） 2008.9 p.108〜118

05579 立花隆「私の護憲論」（第16弾）大転向の過去 立花隆 「現代」 42（10） 2008.10 p.202〜213

05580 立花隆「私の護憲論」（第17弾）火野葦平との接点 立花隆 「現代」 42（11） 2008.11 p.224〜234

05581 オバマ民主党政権下で日米同盟、憲法改正問題がどうなるのか（特集 オバマ次期米大統領の『変革』と課題） 井上正信 「法と民主主義」 （434） 2008.12 p.8〜11

05582 立花隆「私の護憲論」（第18弾）憲法研究会、始動 立花隆 「現代」 42（12） 2008.12 p.242〜252

05583 改憲論批判と民主主義法学——企画趣旨の説明（シンポジウム 改憲論批判と民主主義法学） 愛敬浩二 「法の科学 ： 民主主義科学者協会法律部会機関誌「年報」」 通号40 2009 p.8〜16

05584 立花隆「私の護憲論」（第19弾）国家の大原則について 立花隆 「現代」 43（1） 2009.1 p.348〜358

05585 世界人権宣言60年の第45回護憲大会が香川で開かれる 古川秀子 「社会主義」 （561） 2009.3 p.76〜81

05586 改憲問題の現在（いま）——今そこにある9条・生活を壊す「壊憲」にどう対抗するのか（特集 憲法を守り生かす） 森英樹 「前衛 ： 日本共産党中央委員会理論政治誌」 通号843 2009.6 p.58〜75

05587 憲法原則に反する改憲策動は「最高法規」への反逆だ 伊藤成彦 「マスコミ市民 ： ジャーナリストと市民を結ぶ情報誌」 通号485 2009.6 p.6〜10

05588 憲法改悪をしない、福祉社会への出発を（新政権への注文と社民党への期待） 鎌田慧 「社会民主」 （653） 2009.10 p.6〜9

05589 対話と協調の世界を求め、市民政治の新時代に——憲法理念の実現をめざす第46回［全国護憲］大会概要報告 全国護憲大会長野県実行委員会 「信州自治研」 （216） 2010.2 p.35〜41

05590 国会法改悪を阻み憲法守る（日本共産党第25回大会特集（全記録）—国内来賓あいさつ） 隅野隆徳 「前衛 ： 日本共産党中央委員会理論

政治誌」 通号856（臨増） 2010.4 p.303〜305

05591 憲法をとりまく情勢と護憲運動の課題 高田健 「進歩と改革」 通号701 2010.5 p.12〜19

05592 反戦・反核の実現と民主主義を求めて——鹿児島県憲法を守る会の46年 荒川譲 「自治研かごしま」 （96） 2010.6 p.69〜81

05593 メディア時評 新聞 改憲手続き法と憲法記念日 金光奎 「前衛 ： 日本共産党中央委員会理論政治誌」 通号859 2010.7 p.163〜166

05594 福島みずほのいま会いたい いま話をしたい 菅原文太さん（俳優）、樋口陽一さん（憲法学者）沖縄の基地とTPPの問題は、憲法が保障する平和的生存権と切り離せない問題である 福島みずほ 菅原文太 樋口陽一 「社会民主」 （671） 2011.4 p.53〜61

05595 歴史わい曲・憲法敵視の教科書は子どもたちに渡せない（特集 まなぶ・はたらく—教育現場は今） 俵義文 「社会民主」 （672） 2011.5 p.18〜20

05596 誰が憲法を守るのか（特集 国家の役割, 個人の権利） 木下智史 「ジュリスト」 （1422） 2011.5.1・15 p.43〜50

05597 第48回護憲大会報告 岡田新一 「社会主義」 （594） 2011.12 p.42〜49

05598 季節風 障害者差別禁止を謳う「自民党 日本国憲法改正草案」に、障害者はだまされるな 北村小夜 「福祉労働」 （137） 2012・13.Win p.137〜141

05599 政党改憲案の簡易比較表（特集 日本国憲法の改悪に立ち向かう） 「アジェンダ ： 未来への課題」 （39） 2012.冬 p.37〜45

05600 辻元清美の永田町航海記（103）—八歳選挙権の実現をなぜ急ぐ？ 憲法審査会で「見張り番」に 辻元清美 「金曜日」 20（8）通号900 2012.3.2 p.57

05601 「自民党」勝手に改造計画—憲法改正案には批判続出。まともな政策提言は「みんなの党」や「維新」に奪われ、すがるのはネトウヨ並みの急進的保守思想のみ… 鼠入昌史［取材・文］「Spa！」 61（12）通号3316 2012.3.27 p.28〜29

05602 時事風刺 自民党の改憲案への疑念 ： またでた正体なき幽霊のような憲法改正案 小川主税 「国体文化 ： 日本国体学会機関誌」 里見日本文化学研究所発表機関 ： 立正教団発表機関」 （1055） 2012.4 p.24〜27

05603 再録 筑紫哲也さん 風速計 新憲法ではない（憲法特集 自由民権運動から脱原発社会へ 草の根民主主義を見つめる） 筑紫哲也 「金曜日」 20（16）通号908 2012.4.27 p.30

05604 橋下「大阪維新の会」の憲法破壊—民主主義と平和への挑戦—を許さない 田口洋二

「平和運動」（495） 2012.5 p.21〜28

05605 時事風刺 自民党改憲案への更なる疑念 ： わずか二十日余りで修正する憲法案とは一体何だ 小川主税 「国体文化 ： 日本国体学会機関誌 ： 里見日本文化学研究所発表機関 ： 立正教団発表機関」（1056） 2012.5 p.24〜27

05606 反憲法的性格を露呈した橋下大阪市長（特集 蹂躙される日本国憲法） 丹羽徹 「国公労調査時報」（593） 2012.5 p.10〜12

05607 田岡俊次がズバリ答える！ 軍事の「常識」「非常識」自民党の憲法草案の問題点 軍法会議復活は弊害大きい 田岡俊次 和泉貴志 「経済界」 47（12）通号969 2012.6.19 p.114〜115

05608 佐高信の筆刀両断日記 反原発こそ護憲運動 ： 2012年4月 佐高信 「社会民主」（686） 2012.7 p.45〜47

05609 自民党日本国憲法改正草案（12・4・27）は歴史逆行 渡辺久丸 「平和運動」（497） 2012.7 p.12〜19

05610 選択護憲から全面護憲へ ： 革新派は護憲に徹しうるか 野村光司 「労働運動研究」（416） 2012.8 p.34〜40

05611 目で見る学習 憲法が変えられたらどうなる？ 吉田豊 「学習の友」（708） 2012.8 p.40〜45

05612 改憲の先兵・橋下打倒を ： 労組破壊と全員解雇に反撃（特集 野田・橋下・連合を倒し改憲を阻もう）「国際労働運動」 40（9）通号433 2012.9 p.25〜27

05613 新自由主義の集約点が改憲 ： 闘う労働組合の再生を（特集 野田・橋下・連合を倒し改憲を阻もう）「国際労働運動」 40（9）通号433 2012.9 p.22〜24

05614 ”くらし・平和・民主主義と憲法守る国民共同のたたかい”などの課題を討議 日高教左派が第28回中央委員会を開催 「国内動向 ： 過激各派の諸動向・教育・労働問題に関する専門情報誌」（1259） 2012.10.10 p.14〜19

05615 尖閣諸島、竹島、北方領土問題の恒久的解決策を問う ： 領土問題（再論）（特集 平和憲法を守り、アジアの平和と友好、原発のない日本をめざし民主勢力の大結集で安倍・石原・維新の右翼野合勢力の粉砕を！） 野村光司 「労働運動研究」（417） 2012.12 p.11〜17, 53

05616 民意を受け止める中道左派再建とリベラルの結集へ ： 野合的な安倍・石原・橋下の右翼ブロック形成に抗し（特集 平和憲法を守り、アジアの平和と友好、原発のない日本をめざし民主勢力の大結集で安倍・石原・維新の右翼野合勢力の粉砕を！） 松本弘也 「労働運動研究」（417） 2012.12 p.2〜10

05617 遺言としての三人の護憲（自民圧勝の憂鬱 ： 編集委員七人が考える日本の行方） 佐高信

「金曜日」 20（49）通号941 2012.12.21・2013.1.4 p.14

05618 「安倍首相の『戦争をする国づくり』」＝壊憲を阻止するために（特集 様々な視点で憲法を考えよう） 前哲夫 「季刊人権問題」（35） 2013.冬 p.1〜15

05619 沖縄を縛る自民改憲案（特集 改憲状況 ： 平和という問い） 謝花直美 「インパクション」（191） 2013 p.42〜49

05620 憲法をめぐるせめぎあい ： 憲法を学び、国民的共同で改憲阻止を 平井正 「社会保障」 45（448） 2013.初夏 p.68〜71

05621 「憲法96条からの改憲」の欺瞞（ぎまん）とその本質（特集 自民党改憲案を考える） 谷真介 「季刊自治と分権」（52） 2013.夏 p.76〜85

05622 護憲運動と革新組織の再生 ： 成熟社会論の立場から 碓井敏正 「季論21 ： intellectual and creative」（22） 2013.秋 p.180〜189

05623 財界と「自民党改憲草案」が仕掛ける社会保障解体戦略（特集 アベノミクスと新たな財界戦略） 三成一郎 「労働総研クォータリー」（92） 2013.秋季 p.16〜21

05624 自民党改憲草案批判 ： 天皇を戴く、戦争と人民抑圧国家の亡霊を生かしてはならない！（特集 日本国憲法を守る） 冠木克彦 「ひょうご部落解放」 150 2013.秋 p.4〜15

05625 ジャーナリストの直言 消費税、汚染水、改憲…進む安倍クーデター 丸山重威 「社会保障」 45（451） 2013.冬 p.44〜47

05626 ジャーナリストの直言 ターゲットは参院選… 景気回復で狙う改憲戦略 丸山重威 「社会保障」 45（447） 2013.春 p.48〜51

05627 状況2013冬 憲法 壊憲のジョーカーをやつらに渡すな！ ： 改憲勢力が狙う96条改悪に断固反対を 新田進 「社会評論」（172） 2013.冬 p.82〜85

05628 第二次安倍内閣による憲法改悪の動向 ： 政府主催の「主権回復行事」の強行・沖縄の想いと改憲の動向（特集 様々な視点で憲法を考えよう） 羽柴修 「季刊人権問題」（33） 2013.夏 p.1〜12

05629 第28回人権と民主主義を考える丹有研究集会開催！ 憲法改悪の動きを敏感に察知した住民 村上保 「季刊人権問題」（32） 2013.春 p.67〜73

05630 特集 非戦の憲法を守り、原発廃止を実現しよう 「子どもと昔話」（55） 2013.春 p.18〜43

05631 ひどすぎる改憲案が、改憲勢力の何よりの弱点 ： 改憲派内部のねじれと衝突にも注目して（特集 自民党改憲案を考える） 石川康宏 「季刊自治と分権」（52） 2013.夏 p.39〜49

05632 表現の自由、結社の自由をなぜ目の敵にするのか ： 自民党改憲草案の秘密（特集「言論・表現の自由」の現在） 梓澤和幸 大城聡 倉地智広 「季論21：intellectual and creative」（21） 2013.夏 p.72～83

05633 改憲論者の私が自民党案に反対する理由（特集 私の憲法論） 小林節 「新潮45」32（8）通号376 2013.8 p.32～35

05634 「平和憲法」から『「安保」憲法』へ ： 自由民主党「日本国憲法改正草案」の本質 金子勝 「立正法学論集」47（1）通号87 2013 p.59～86

05635 「崩壊の時代」、あるいは朝鮮戦争の回帰（特集 改憲状況 ： 平和という問い） 藤井たけし 「インパクション」（191） 2013 p.78～85

05636 〈われわれ〉のためにではなく、〈誰か〉のためにでもなく、憲法改悪に反対する（特集 改憲状況 ： 平和という問い） 岡野八代 「インパクション」（191） 2013 p.30～41

05637 教育の希望と誇りを守り拡大する運動を（特集 安倍政権発足と憲法の危機—憲法改悪の動きにどう立ち向かうか） 佐貫浩 「法と民主主義」（475） 2013.1 p.52～55

05638 憲法理念の実現をめざす第四九回護憲大会を終えて 鈴木智 「進歩と改革」（733） 2013.1 p.57～61

05639 憲法理念の実現をめざす第四九回大会基調「生命の尊厳」をもとに、原発も基地もない平和な社会へ 「進歩と改革」（733） 2013.1 p.61～70

05640 自由民主党 日本国憲法改正草案を検証する 憲法が変わるとき、表現の自由の形が変えられる 田北康成 「出版ニュース」（2300） 2013.1.下旬 p.4～9

05641 政治の閉塞状況の中で台頭する改憲論に草の根からの力で反撃を（特集 2013年 波乱の予兆） 高田健 「社会民主」（692） 2013.1 p.20～22

05642 メディア時評 新聞 財界、米国追従さらに改憲まで求める 金光奎 「前衛 ： 日本共産党中央委員会理論政治誌」（890） 2013.1 p.145～148

05643 TPP参加を阻止し、この国と農業の未来を開く（特集 安倍政権発足と憲法の危機—憲法改悪の動きにどう立ち向かうか） 真嶋良孝 「法と民主主義」（475） 2013.1 p.48～51

05644 「個」を捨て「公」を押しつける自民党憲法草案 人権を守らない憲法は近代憲法ではない（特集 自公タカ派政権が始まる） 植野妙実子 「金曜日」21（1）通号942 2013.1.11 p.18～19

05645 2013年1月13日 東京・渋谷 憲法改悪 大はんた～い 国防軍なんて大はんた～い 言論統制大はんた～い 田中識作 「金曜日」21（3）通号944 2013.1.25 p.10～11

05646 安倍政権成立と改憲策動の「再稼動」にどう対抗するか 小沢隆一 「平和運動」（504） 2013.2 p.3～10

05647 改憲への危険な動向と護憲の課題（特集 日本政治の危機を考える） 山内敏弘 「社会民主」（693） 2013.2 p.11～15

05648 剣が峰に立たされた憲法と国民生活 二〇一三年 新社会党の闘い ： 情勢と課題 長南博邦 「科学的社会主義」（178） 2013.2 p.48～53

05649 参議院選挙まで半年 ： 暮らしの再建、護憲、脱原発に全力を 田山英次 「社会主義」（608） 2013.2 p.14～20

05650 "見直し"進められる平和憲法 日米軍事一体化を加速させる第2次安倍内閣にNO！を（特集 責任、信頼、安定…… どんな日本が戻ってくるの!?） 津田公男 「まなぶ」669 2013.2 p.17～20

05651 論壇季評（第49回）「自民大勝利」調査は世論誘導？/「権利」より「義務」傾斜の改憲論/外交は安倍内閣の両刃のヤイバか/紛争を呼ぶ「固有の領土」論/経済立国への鍛錬こそ安全保障/正統性問われるポスト革命世代/アベノミクスの成果やいかに/乱れ飛ぶ不揃いの「三本の矢」/インフレがいかに恐ろしいか/ドイツの悲惨な経験を振り返る 俠骨 源三 徐福［他］「自由思想」（128） 2013.2 p.56～71

05652 「改憲」見すえて教育を地ならし（要注意 安倍政権がねらう「右向け右」教育） 斎藤貴男 「金曜日」21（4）通号945 2013.2.1 p.26～27

05653 田岡俊次がズバリ答える！軍事の「常識」「非常識」 憲法改正が今年の焦点に 自民党草案の問題点を検証 田岡俊次 和泉貴志 「経済界」48（3）通号984 2013.2.5 p.112～113

05654 安倍内閣のアブナイねらい ： 本気で改憲をめざす…（特集 不安倍増内閣） 山田敬男 「学習の友」（715） 2013.3 p.50～61

05655 「壊憲」にどう対抗するか ： 改めて問われる立憲主義の意味（特集 安倍「改憲政権」を問う） 水島朝穂 「世界」（840） 2013.3 p.94～102

05656 「決める政治」と決めさせない「市民」 ： いま憲法を「保守」することの意味（特集 安倍「改憲政権」を問う） 樋口陽一 「世界」（840） 2013.3 p.113～116

05657 憲法改悪への総仕上げを目指す「教育再生実行会議」の発足（特集「安倍政治」の正体） 大内裕和 「社会民主」（694） 2013.3 p.18～20

05658 「自主憲法制定＝全面改正」論批判（特集 安倍「改憲政権」を問う） 奥平康弘 「世界」（840） 2013.3 p.117～127

05659 自民党改憲草案（安倍改憲）の意味するもの ： 日本国憲法から日米安保体制憲法への変

容（特集 「安倍政治」の正体）　内田雅敏　「社会民主」　(694)　2013.3　p.12～17

05660　自民党「日本国憲法改正草案」のどこが問題か（特集 安倍「改憲政権」を問う）　愛敬浩二　「世界」　(840)　2013.3　p.128～136

05661　金曜アンテナ ダッカ事件、拉致問題など引き合いに事実を歪曲 安倍首相の憲法認識は誤りだ　「金曜日」　21(8)通号949　2013.3.1　p.4

05662　いじめ・体罰問題と"自民党など改憲勢力による「憲法改悪」反対"を論議 : 全教が第30回定期全国大会を開催　「国内動向 : 過激各派の諸動向・教育・労働問題に関する専門情報誌」　(1269)　2013.3.10　p.19～25

05663　安倍従米右翼政権と東アジア（特集 改憲・TPPへと牙をむく安倍政権といかに闘うか）　大畑龍次　「労働運動研究」　(418)　2013.4　p.39～41

05664　安倍政権下の憲法情勢（特集 安倍政権批判）　澤野義一　「科学的社会主義」　(180)　2013.4　p.21～27

05665　安倍政権の「第三の罪」 立憲主義を否定する自民党改憲草案（特集 安倍政権の危険性とメディアの危機）　水島朝穂　桂敬一　「マスコミ市民 : ジャーナリストと市民を結ぶ情報誌」　(531)　2013.4　p.2～17

05666　アベノミクス やがて崩れる砂上の楼閣 : 大胆な金融緩和は打ち出の小槌ではない（特集 改憲・TPPへと牙をむく安倍政権といかに闘うか）　蜂谷隆　「労働運動研究」　(418)　2013.4　p.12～20

05667　右翼化する日本政治と参議院選挙の課題 : 安倍政権との対抗軸をいかに構築するか（特集 改憲・TPPへと牙をむく安倍政権といかに闘うか）　松本弘也　「労働運動研究」　(418)　2013.4　p.34～38, 41

05668　憲法改悪 何がねらわれているの？ : 憲法研究者小沢隆一さんに聞く　小沢隆一　「女性のひろば」　(410)　2013.4　p.48～53

05669　スッパ抜き！ 水面下の攻防戦 安倍の野望「改憲シナリオ」が頓挫！ 9条改正政界再編を葬り去った違憲爆弾　鈴木哲夫　「サンデー毎日」　92(15)通号5160　2013.4.14　p.16～19

05670　松崎菊也の無責任架空対談（第166作）安倍vs麻生憲法漫才　松崎菊也　「金曜日」　21(15)通号956　2013.4.19　p.45

05671　「自主憲法制定運動」がはらむ戦後の虚構 改憲の源流とCIA人脈（憲法特集 9条が危ない！ 自民党の暴走）　「金曜日」　21(16)通号957　2013.4.26・5.3　p.22～23

05672　『週刊金曜日』を読む 2013年3月分 改憲に抗する問題提起を　宇都宮健児　「金曜日」　21(16)通号957　2013.4.26・5.3　p.49

05673　安倍内閣の改憲路線にどう対抗するか（特集 憲法改悪に反対し、憲法を守り生かす）　森英樹　「前衛 : 日本共産党中央委員会理論政治誌」　(895)　2013.5　p.26～40

05674　異次元緩和と資本主義の危険（特集 アベノミクス・自民党憲法草案批判）　斉藤美彦　「情況. 第四期 : 変革のための総合誌」2(3)通号10　2013.5・6　p.76～89

05675　いま日本で 憲法を「保守」する賢明さを : 安倍政権の「改憲」案を問う　樋口陽一　「婦人之友」　107(5)通号1320　2013.5　p.128～131

05676　神奈川「改憲ノー」意見広告運動から県民運動へ（特集 草の根から護憲のうねりを : 憲法九条を世界へ、未来へ 原発にさようなら。子どもたちに核のない社会を—護憲運動の取り組みと課題）　酒井孝一　「社会民主」　(696)　2013.5　p.12～14

05677　憲法に命を吹きこんできたのは、私たち国民自身の努力です（憲法 希望を紡（つむ）ぐ言葉）　池田香代子　「女性のひろば」　通号411　2013.5　p.25～27

05678　憲法の本質切り崩す96条改定。そのあとに「戦争できる国」づくりが…（憲法 希望を紡（つむ）ぐ言葉）　藤野美都子　「女性のひろば」通号411　2013.5　p.31～33

05679　「三本の矢」は、過去10年間の総決算（特集 リベラルのゆくえ : 護憲勢力はどうあるべきか）　湯浅誠　石塚さとし［聞き手］　「マスコミ市民 : ジャーナリストと市民を結ぶ情報誌」　(532)　2013.5　p.18～25

05680　「自助」第一が困難を抱える人を追いこむ（特集 憲法改悪に反対し、憲法を守り生かす）　藤田孝典　「前衛 : 日本共産党中央委員会理論政治誌」　(895)　2013.5　p.41～51

05681　長崎「憲法を守る会」で「憲法道場」を開講（特集 草の根から護憲のうねりを : 憲法九条を世界へ、未来へ 原発にさようなら。子どもたちに核のない社会を—護憲運動の取り組みと課題）　熊江雅子　「社会民主」　(696)　2013.5　p.16～18

05682　長野 オスプレイの低空飛行訓練に反対する運動を軸に（特集 草の根から護憲のうねりを : 憲法九条を世界へ、未来へ 原発にさようなら。子どもたちに核のない社会を—護憲運動の取り組みと課題）　布目裕喜雄　「社会民主」　(696)　2013.5　p.14～16

05683　パルチザンの心構えが必要 参議院選後に"常識派"の結集を（特集 リベラルのゆくえ : 護憲勢力はどうあるべきか）　山口二郎　石塚さとし［聞き手］　「マスコミ市民 : ジャーナリストと市民を結ぶ情報誌」　(532)　2013.5　p.2～10

05684　安倍首相の改憲論議に"改憲のハードルを下げ国防軍創設をめざすもの"と絶対阻止訴える : 憲法96条改定に反対する各派の主張　「国内動

向 ： 過激各派の諸動向・教育・労働問題に関する専門情報誌」（1273） 2013.5.10 p.3～11

05685 ″憲法改悪・安保強化の一大攻撃を打ち砕く闘い″の方針を確認 ： 革マル派全学連が第134回中央委を開催 「国内動向 ： 過激各派の諸動向・教育・労働問題に関する専門情報誌」（1273） 2013.5.10 p.21～25

05686 「明日の自由を守る若手弁護士の会」事務局長 早田由布子弁護士インタビュー このままじゃ「憲法」が危ない！ だからこそ若い人にも届く憲法議論を 早田由布子 「金曜日」21（18）通号959 2013.5.17 p.32

05687 安倍改憲論の背景とねらい・その新たな特徴（特集 自民党改憲案と憲法の危機） 渡辺治 「法と民主主義」（479） 2013.6 p.4～10

05688 安倍内閣による憲法九条解釈変更の試みについて（特集 自民党改憲案と憲法の危機） 麻生多聞 「法と民主主義」（479） 2013.6 p.34～38

05689 改憲型新自由主義に向かう安倍政権のベクトル（特集 「安倍教育改革」批判） 二宮厚美 「教育」（809） 2013.6 p.14～24

05690 改憲、有事法制と秘密保全法制（特集 自民党改憲案と憲法の危機） 斉藤豊治 「法と民主主義」（479） 2013.6 p.39～43

05691 紙芝居でうったえるほんとうに恐ろしい自民党改憲案（特集 「九六条からの改憲」に抗する） 明日の自由を守る若手弁護士の会 「世界」（844） 2013.6 p.92～97

05692 憲法における「イデオロギー」と「ユートピア」 ： 自民党改憲案が描く社会と教育（特集 「安倍教育改革」批判） 植松健一 「教育」（809） 2013.6 p.25～33

05693 憲法は何のためにあるのか ： 自由と人権、そして立憲主義について（特集 「九六条からの改憲」に抗する） 青井未帆 「世界」（844） 2013.6 p.83～91

05694 講演 いま、憲法が危ない！ ： 自民党「改正草案」がねらうもの（特集 白衣を再び戦場の血で汚すまい） 小林善亮 「医療労働 ： 医療・介護・福祉労働者のための月刊誌」（558） 2013.6 p.3～9

05695 国内外から孤立する安倍政権 TPP・原発・改憲・安保ノー、くらし守る政治の実現を 五十嵐仁 「女性＆運動」（219）通号370 2013.6 p.2～6

05696 国会、参議院、民意 ： 両院制の原点から考える（特集 「九六条からの改憲」に抗する） 只野雅人 「世界」（844） 2013.6 p.98～105

05697 対談 福島みずほ×内田樹 自民党の改憲草案が目指すものは、剝（む）き出しのグローバル資本主義である 福島みずほ 内田樹 「社会民主」（697） 2013.6 p.50～56

05698 時潮 自由民主党「日本国憲法改正草案」の批判的検討 米澤達治 「税経新報」（611） 2013.6 p.1～3

05699 内橋克人の憲法対談 グローバル化の総仕上げとしての自民党改憲案（特集 「九六条からの改憲」に抗する） 内橋克人 小森陽一 「世界」（844） 2013.6 p.106～117

05700 なぜ九六条を変えてはいけないのか（特集 「九六条からの改憲」に抗する） 伊藤真 「世界」（844） 2013.6 p.72～82

05701 小沢一郎 独占インタビュー 私が憲法改正に反対する理由 小沢一郎 「週刊朝日」118（23）通号5195 2013.6.7 p.134～137

05702 新 わたしと憲法シリーズ 今の憲法のせいで命や生活に影響のある人っているんですか？ 山本太郎 ： 葛藤の末「脱原発」の声を上げた俳優 山本太郎 「金曜日」21（22）通号963 2013.6.14 p.53

05703 『金曜日』で逢いましょう 今、憲法という『理想』を手放したら100年後の『現実』は手に入らない 鵜山仁さん 石原燃さん 「金曜日」21（23）通号964 2013.6.21 p.42

05704 「改憲」論議と日米関係のあり方を問う 浦部法穂 「法学館憲法研究所報」（9） 2013.7 巻頭1～4

05705 憲法を変えるなどもってのほか（特集 憲法改正） 宮崎駿 「熱風 ： スタジオジブリの好奇心」11（7）通号127 2013.7 p.4～12

05706 憲法とはなにか（特集 日本が危ない！ 憲法が危ない！） 大治浩之輔 「マスコミ市民 ： ジャーナリストと市民を結ぶ情報誌」（534） 2013.7 p.36～41

05707 この国の本質を変える安倍自民党の改憲草案（特集 日本が危ない！ 憲法が危ない！） 高橋哲哉 「マスコミ市民 ： ジャーナリストと市民を結ぶ情報誌」（534） 2013.7 p.2～12

05708 失策「主権回復記念式典」の強行 ： 沖縄の民意を愚弄し、憲法改定機運を自ら低下させた安倍首相の愚行を斬る 高嶋伸欣 「社会民主」（698） 2013.7 p.57～61

05709 戦争は怖い（特集 憲法改正） 中川李枝子 「熱風 ： スタジオジブリの好奇心」11（7）通号127 2013.7 p.16～19

05710 争点 改憲で何を変えようとしているのか 人権を制限、戦争できる国に（特集 論争・安倍政権の政治と経済） 古田典子 「月刊労働組合」（586） 2013.7 p.18～21

05711 対談 アベノミクスはなにを破壊するのか ： 憲法、地域づくり、発達・生存権保障からの対決 二宮厚美 日野秀逸 「議会と自治体」（183） 2013.7 p.5～20

05712 立憲主義を破壊する安倍憲法九六条改憲論の危険性 高田健 「進歩と改革」（739）

2013.7 p.17～25

05713 "アベノミクス粉砕！「軍国日本」再興のための憲法改悪阻止"を叫び、集会・デモ ： 革マル派が全国各地で「6・30労学統一行動」を実施 「国内動向 ： 過激各派の諸動向・教育・労働問題に関する専門情報誌」（1278） 2013.7.25 p.15～20

05714 安倍ネオコン政権に対峙する（参院選 脱原発、護憲は負けたのか？ どうなるの ニッポン） 中島岳志 「金曜日」 21（29）通号970 2013.7.26 p.19

05715 権力に噛みついたまま、蟻は生きていく（参院選 脱原発、護憲は負けたのか？ どうなるの ニッポン） 落合恵子 「金曜日」 21（29）通号970 2013.7.26 p.20

05716 新 わたしと憲法シリーズ 岡野八代 危機感から「96条の会」の発起人となった政治学者 いま「護憲」はマイナスイメージ これを払拭することが私たちが取り組むべき課題 岡野八代 「金曜日」 21（29）通号970 2013.7.26 p.25

05717 西川伸一の政治時評 巨大与党と虚弱野党を前にした私たちはこれからの三年間を「梃力」を鍛える「千載一遇の好機」にしなければならない（参院選 脱原発、護憲は負けたのか？ どうなるの ニッポン） 西川伸一 「金曜日」 21（29）通号970 2013.7.26 p.10～11

05718 分断と切り捨てが強まる（参院選 脱原発、護憲は負けたのか？ どうなるの ニッポン） 佐高信 「金曜日」 21（29）通号970 2013.7.26 p.21

05719 私たちの前に希望はある。（参院選 脱原発、護憲は負けたのか？ どうなるの ニッポン） 雨宮処凛 「金曜日」 21（29）通号970 2013.7.26 p.16

05720 安倍「壊憲」政権の政治的「手口」 ： それはすでに「ナチス」ばりである（特集 改憲 ： レジームチェンジ） 天野恵一 「ピープルズ・プラン」 （62） 2013.8 p.54～62

05721 君、「票」を捨てたまふことなかれ（特集 2013参院選 ： 私たちは何に直面しているのか） 糠塚康江 「世界」 （846） 2013.8 p.89～97

05722 憲法改正と立憲主義について（特集 憲法擁護の展開（その2）） 葦田信之 「人権21 ： 調査と研究」 （225） 2013.8 p.17～22

05723 〈個〉を奪う家族、家族を取りこむ国家（特集 改憲 ： レジームチェンジ） 熱田敬子 「ピープルズ・プラン」 （62） 2013.8 p.63～68

05724 座談会 96条改定案はひどすぎる 自民党改憲案の中身は論外だ 小林節 小森陽一 鈴木邦男 「創」 43（7）通号477 2013.8 p.98～109

05725 対談 福島みずほ×水島朝穂 立憲主義を守り、健全な社会民主主義を進めることが「壊憲」に抵抗する道である 福島みずほ 水島朝穂

「社会民主」 （699） 2013.8 p.52～57

05726 歴史の真実を否定し、憲法改悪をめざす安倍政権の危険性（特集 憲法と平和） 千坂純 「月刊民商」 55（8）通号635 2013.8 p.6～11

05727 連載対談 外野の直言、在野の直感（第29回）菅原文太×半藤一利 「押し付け憲法論」に物申す 菅原文太 半藤一利 「本の窓」 36（7）通号328 2013.8 p.6～15

05728 新 わたしと憲法シリーズ 大前治 橋下・「維新」と闘うナニワの熱血弁護士 理念を振りかざすだけではダメ 市民の生活実態に即して訴える「話し言葉」を模索するべき 大前治 「金曜日」 21（31）通号972 2013.8.9・16 p.41

05729 政権交代で道内の政治情勢激変の中"憲法改悪に反対し民主党参院候補への支援"促す ： 北教組が「第124回定期大会」を開催 「国内動向 ： 過激各派の諸動向・教育・労働問題に関する専門情報誌」 （1279・1280） 2013.8.10 p.18～21

05730 今こそ憲法改悪の策動を阻止せよ ： 参議院選挙に際して全労働者・人民に訴える（安倍ネオ・ファシスト政権を打倒せよ） 「新世紀 ： 日本革命的共産主義者同盟革命的マルクス主義派機関誌」 （266） 2013.9 p.12～20

05731 改憲阻止・反戦反安保闘争の大爆発で安倍政権を打ち倒せ（安倍ネオ・ファシスト政権を打倒せよ） 中央学生組織委員会 「新世紀 ： 日本革命的共産主義者同盟革命的マルクス主義派機関誌」 （266） 2013.9 p.21～51

05732 〈軍国日本〉再興のための憲法大改悪阻止！ 日米新軍事同盟強化反対！ アベノミクス粉砕！（安倍ネオ・ファシスト政権を打倒せよ） 日本革命的共産主義者同盟革命的マルクス派 「新世紀 ： 日本革命的共産主義者同盟革命的マルクス主義派機関誌」 （266） 2013.9 p.4～11

05733 参院選の結果をふまえ歴史的たたかいを ： 成長戦略と改憲戦略をうちやぶる 山田敬男 「学習の友」 （721） 2013.9 p.21～30

05734 集中OPINION やりたい政策よりまず修正ありき 本末転倒の安倍政権「憲法改正」論議 首都大学東京都市教養学部法学系准教授 木村草太 木村草太 「集中 ： medical confidential」 6（9）通号66 2013.9 p.56～54

05735 労働者階級の国際連帯を ： 改憲・戦争の道を阻止しよう（特集 労働運動のうねりで改憲阻止 改憲推進の連合が崩壊 4大産別が飛躍する時） 「国際労働運動」 41（9）通号445 2013.9 p.27～35

05736 憲法を武器に戦った二つの裁判を通じて憲法の存在意義を考える（特集 憲法擁護の展開（その3）） 則武透 「人権21 ： 調査と研究」 （226） 2013.10 p.10～17

05737 参議院選挙後の改憲論議をめぐる現状（特集 深まる「憲法体制」の危機） 舟越耿一 「社

会民主」（701）　2013.10　p.7〜11

05738　「崩憲」への危うい道 : 軽々な言動によって骨抜きにされる日本国憲法　山室信一「世界」（848）　2013.10　p.43〜51

05739　"憲法改悪反対や原発ゼロ"など当面の運動方針を採択 : 日高教・左派が第29回中央委員会を開催「国内動向 : 過激各派の諸動向・教育・労働問題に関する専門情報誌」（1283）2013.10.10　p.24〜27

05740　安倍改憲に対抗する広範な法律家の共同をめざして（特集 改憲を阻む国民的共同をつくるために）　南典男「法と民主主義」（483）2013.11　p.29〜32

05741　安倍改憲の全体像と国民的共同づくりの課題（特集 改憲を阻む国民的共同をつくるために）　渡辺治「法と民主主義」（483）　2013.11　p.3〜9

05742　安倍政権の歴史認識と改憲問題 : アジア諸国から見た安倍政権の危うさ（特集 安倍政権を問う : 改憲と歴史認識）　韓予雪「日本の科学者」48（11）通号550　2013.11　p.670〜672

05743　憲法改悪阻止の「統一」をどう創るか（特集 改憲を阻む国民的共同をつくるために）　丸山重威「法と民主主義」（483）　2013.11　p.22〜28

05744　参院選で景気回復・原発ゼロ・憲法9条守る : 消費税増税・96条改定に反対　関西プレスクラブ政治討論会 市田書記局長の発言（要旨）（第23回参議院選挙特集 日本共産党の政策と活動─政策・提言、テレビ討論など）　市田忠義「前衛 : 日本共産党中央委員会理論政治誌」（902）（臨増）　2013.11　p.242〜244

05745　戦争・改憲に突き進む安倍政権打倒　汐崎恭介「展望 : 革命的共産主義者同盟再建協議会理論機関誌」（13）　2013.11　p.15〜44

05746　総学習講座 : 憲法・安保と私たちの働き方・暮らし 安倍政権がつきすすむ「亡国の経済」への道 : 米国従属経済の背景に日米安保　金子豊弘「学習の友」（723）　2013.11　p.21〜28

05747　日米関係に新しい外交を : 日本の諸問題の解決に向けて（特集 改憲を阻む国民的共同をつくるために）　猿田佐世「法と民主主義」（483）　2013.11　p.33〜38

05748　歴史と担い手を欠いた憲法（特集 安倍政権を問う : 改憲と歴史認識）　大藤紀子「日本の科学者」48（11）通号550　2013.11　p.646〜651

05749　労働者の団結破壊を狙う新たな捜査手法 : 改憲の一環としての刑事司法改悪攻撃　西村正治「序呂 : 新自由主義と対決する総合雑誌」（5）　2013.11　p.245〜248

05750　大村アスカの政治時評「憲法がむちゃくちゃだから」と最高裁違憲判断に抵抗する自民

党のむちゃくちゃ議論　大村アスカ「金曜日」21（43）通号984　2013.11.8　p.19

05751　沖縄から護憲勢力の結集をアピール : 第五〇回護憲大会の報告　中島修「社会主義」（618）　2013.12　p.86〜90

05752　カトリック・アイ 政治 米国が望む「特定秘密保護法」制定の不幸 : 次は「自前憲法」制定へ : "安倍式快進撃"を許すな「福音と社会」52（6）通号271　2013.12　p.10〜12

05753　最近の憲法改悪の動きと国家秘密・刑事司法改悪との絡まり　小田中聰樹「法と民主主義」（484）　2013.12　p.42〜46

05754　新 わたしと憲法シリーズ 比嘉真人 : 沖縄・高江のヘリパッド工事強行と住民の反対行動を撮影して発信 戦争につながる軍事基地に反対する主権者を国が訴える やるべきことが真逆でしょう　比嘉真人「金曜日」21（48）通号989　2013.12.13　p.16

05755　安倍改憲の歴史的位置と新たな特徴（上）改憲の現代史をふり返り、改憲阻止の課題を探る　渡辺治「前衛 : 日本共産党中央委員会理論政治誌」（904）　2014.1　p.55〜72

05756　安倍政権の改憲策動と対抗する運動の課題（賃上げと暮らしを守る2014国民春闘─14春闘をめぐる情勢と課題）　渡辺治「学習の友」（別冊）　2014.1　p.72〜78

05757　職場・地域で読みあわせ学習 たたかいところう大幅賃上げ、憲法改悪 ゆるすな雇用・くらし破壊の暴走政治（賃上げと暮らしを守る2014国民春闘）　小田川義和「学習の友」（別冊）　2014.1　p.13〜23

05758　戦後憲法体制の危機と護憲共同の闘い（特集 二〇一四年 展望と課題）　松枝佳宏「科学的社会主義」（189）　2014.1　p.12〜18

05759　「対話続行・改革断行」、護憲リベラル結集へ　吉田忠智「進歩と改革」（745）　2014.1　p.3〜8

05760　安倍改憲の歴史的位置と新たな特徴（下）改憲の現代史をふり返り、改憲阻止の課題を探る　渡辺治「前衛 : 日本共産党中央委員会理論政治誌」（905）　2014.2　p.42〜60

05761　安倍自民党の「憲法・教育破壊政策」　本村隆幸「社会主義」（620）　2014.2　p.88〜95

05762　安倍政権の危険な性格 : 軍備強化と「憲法改正」（特集号 消費税増税後の日本の税財政─消費税増税後の日本の税財政）　安藤実「税制研究」（65）　2014.2　p.67〜73

05763　安倍内閣の改憲戦略とたたかう（2014年権利討論集会特集号─第6分科会 子どもの未来どうなっちゃうの？ 憲法・教育の改悪を止めろ！）　藤木邦顕「民主法律」（293）　2014.2　p.109〜112

05764　どの班もよりどころの班に（改憲ゆるさ

ず、暮らし、平和、ジェンダー平等を：都道府県本部大会の発言より（パート1））「女性＆運動」（227）通号378　2014.2　p.37～44

05765　若い世代が輝きつながって（改憲ゆるさず、暮らし、平和、ジェンダー平等を：都道府県本部大会の発言より）「女性＆運動」（227）通号378　2014.2　p.28～37

05766　新 わたしと憲法シリーズ 飯田進 戦場の地獄から生還し、護憲を訴える元BC級戦犯 改憲の危機が迫っているのは、明らかに、過去を真剣に見つめ反省してこなかった結果だ。　飯田進「金曜日」22（5）通号995　2014.2.7　p.52

05767　安倍政権の改憲政治と国民的共同の課題（特集 14春闘と国民的共同）渡辺治「全労連」（205）2014.3　p.1～13

05768　護憲の危機：社会運動は日本国憲法を守れるか（特集 社会運動と憲法：市民自治から憲法をとらえなおす）長谷川公一「社会運動」（408）2014.3　p.9～12

05769　全国が力をあわせ、暴走にストップを（改憲ゆるさず、暮らし、平和、ジェンダー平等を：都道府県本部大会の発言より（パート2））「女性＆運動」（228）通号379　2014.3　p.34～38

05770　戦前、戦中派の保守重鎮はなぜ「安倍の改憲」に反対なのか（日本を破滅させる「安倍独りよがり外交」）「週刊ポスト」46（12）通号2270　2014.3.21　p.36～38

05771　厳しさ増す安倍ナショナリズム批判の国際論調（特集 ストップ・ザ・アベ：立憲主義・リベラル勢力の総結集で安倍政権の暴走を止めよう！）労働運動研究所国際部［抄訳］「労働運動研究」（421）2014.4　p.30～43

05772　草の根運動で憲法を守ろう 状況は危機的である　上野建一「科学的社会主義」（192）2014.4　p.2～6

05773　憲法守れ、核兵器廃絶へ、平和の力大きく 新婦人交流会議 これからがドキドキの平和活動　川田忠明「女性＆運動」（229）通号380　2014.4　p.28～38

05774　国公労働者は憲法の擁護者として安倍政権の戦争する国づくりにストップを：秘密保護法廃止、集団的自衛権の解釈改憲阻止へ 渡辺治 一橋大学名誉教授インタビュー 渡辺治　井上伸［聞き手］「国公労調査時報」（616）2014.4　p.1～39

05775　落語・紙芝居・コントで憲法改悪ストップに全力（日本共産党第26回大会特集（全記録）一大会決議案、中央委員会報告の討論（全文））飯田美弥子「前衛：日本共産党中央委員会理論政治誌」（908）（臨増）2014.6　p.156～159

05776　憲法を守り続けた67年間のたたかいを確信に、改憲を必ずやめさせよう（特集 日本国憲法をあらためて学ぶ）川村俊夫「女性＆運動」（230）通号381　2014.5　p.14～17

05777　憲法改悪を許さない！：安倍内閣の改憲攻撃の歴史的位置 高田健「進歩と改革」（749）2014.5　p.15～23

05778　憲法改悪反対労組声明（安倍戦争政治を阻む道）「序局：新自由主義と対決する総合雑誌」（14）2014.5　p.155～157

05779　＜3・11＞三周年 原発再稼働・憲法改悪を阻止せよ「新世紀：日本革命的共産主義者同盟革命的マルクス主義派機関誌」（270）2014.5　p.112～121

05780　安倍政権を99％人民の怒りで包囲しよう（特集 安倍改憲政権批判）落合薫「展望：革命的共産主義者同盟再建協議会理論機関誌」（14）2014.6　p.5～26

05781　安倍政権による「原子力政策」の再編との全面的対決へ：最大の攻防は、再稼働阻止のたたかい（特集 安倍改憲政権批判）金子鉄平「展望：革命的共産主義者同盟再建協議会理論機関誌」（14）2014.6　p.27～61

05782　安倍政権の公務破壊に対する憲法からの反撃（公務：労働者の頑張りと国の責任放棄）二宮厚美「学習の友」（730）2014.6　p.40～47

05783　安倍政権の「正体」（下）触む平和主義 要警戒の改憲論 杉田敦「ひろばユニオン」（628）2014.6　p.62～64

05784　カトリック・アイ 政治 平和憲法護持で問われる国民の覚悟：眼前の危機に丸腰で対処するには何が必要か「福音と社会」53（3）通号274　2014.6　p.11～13

05785　憲法・安保総学習講座 STOP！海外で戦争する国づくり（第1回）国家統制強める安倍「教育再生」：子どもと教育、憲法を守る共同をひろげよう 長尾ゆり「学習の友」（730）2014.6　p.28～33

05786　新自由主義と教育の危機：安倍「教育再生」との闘い（特集 安倍改憲政権批判）井上弘美「展望：革命的共産主義者同盟再建協議会理論機関誌」（14）2014.6　p.62～85

05787　立憲主義に無知な安倍総理（対米従属を強める解釈改憲！）小林節「月刊日本」18（6）通号206　2014.6　p.24～29

05788　連載対談 外野の直言、在野の直感（第37回）菅原文太×弘中惇一郎 解釈で憲法は変えられない 菅原文太 弘中惇一郎「本の窓」37（5）通号336　2014.6　p.6～15

05789　憲法・安保総学習講座 STOP！海外で戦争する国づくり（第2回）「海外で殺し殺される国」への大転換：安保法制懇・報告書を批判する（私たちが戦地に行く時代!?：集団的自衛権を認めていいのか）山田敬男「学習の友」（731）2014.7　p.56～71

05790　出版界スコープ 安倍内閣の解釈改憲への

抗議声明 ： 立憲デモクラシーの会 「出版ニュース」（2351） 2014.7.下旬 p.39〜41

05791 対談 明治憲法以前のレベル 安倍政権の「壊憲」とその背景の反知性主義 山口二郎 鈴木邦男 「創」 44（6）通号486 2014.7 p.56〜63

05792 福祉・原発 いのち、憲法を基準に大きな共同を（全国革新懇「一点共闘」と政治を変える共同の発展をめざす懇談会） 長瀬文雄 「前衛 ： 日本共産党中央委員会理論政治誌」（911） 2014.7 p.126〜131

05793 フォーカス政治 首相の次の狙いは憲法改正 危険すぎる石原氏との接近 千田景明 「週刊東洋経済」（6538） 2014.7.19 p.98〜99

05794 安倍政権の暴走を斬る ： 改憲・軍事大国化を阻む国民的共同を（特集 自由と平和、その提案） 渡辺治 「月刊保団連」（1167） 2014.8 p.4〜11

05795 憲法・安保総学習講座 ： STOP！ 海外で戦争する国づくり（第3回）メディアは「知らせる義務」にこたえているか 過近のメディア、報道のあり方と戦争する国づくり 須藤春夫 「学習の友」（732） 2014.8 p.62〜67

05796 日本国憲法を活かして守るために ： 若き医療者との対話から（特集 自由と平和、その提案） 小澤隆一 「月刊保団連」（1167） 2014.8 p.33〜37

05797 「民主的立憲国家」は生き残れるのか？ ： 政治理論的視点から見た「解釈改憲」問題（特集 憲法の条件） 大竹弘二 「Atプラス ： 思想と活動」（21） 2014.8 p.30〜40

05798 2015年NPT再検討会議に向けて ： 第3回準備委員会での要請行動に参加して（特集 憲法を守り、生かすとりくみを） 山本淑子 「民医連医療」（504） 2014.8 p.22〜25

05799 安倍自公政権の「九条壊憲」閣議決定に立ち向かう 森英樹 「前衛 ： 日本共産党中央委員会理論政治誌」（913） 2014.9 p.28〜42

05800 安倍政権の暴走を立憲デモクラシーは止められるか 中野晃一 「社会民主」（712） 2014.9 p.62〜65

05801 講演 『蟹工船』から見えてくるもの ： 労働者と軍隊、戦争（巨大な歴史の分岐点―歴史的暴挙への反撃：〈許すな改憲！ 大行動〉が誕生 詳録 戦争・原発・首切りの安倍をともに倒そう！ 大集会） 荻野富士夫 「序局 ： 新自由主義と対決する総合雑誌」（7） 2014.9 p.30〜37

05802 「日比谷宣言」提起 改憲・戦争を許さぬ大行動を（巨大な歴史の分岐点―歴史的暴挙への反撃：〈許すな改憲！ 大行動〉が誕生 詳録 戦争・原発・首切りの安倍をともに倒そう！ 大集会） 鈴木達夫 「序局 ： 新自由主義と対決する総合雑誌」（7） 2014.9 p.20〜23

05803 民主党は国民の常識を受け止め、「脱原発」「憲法を守れ」の旗を立てるべき（特集 政治の潮目は変わるか） 山口二郎 「マスコミ市民 ： ジャーナリストと市民を結ぶ情報誌」（548） 2014.9 p.16〜22

05804 2014年8月・日比谷宣言.（巨大な歴史の分岐点―歴史的暴挙への反撃 ：〈許すな改憲！ 大行動〉が誕生 詳録 戦争・原発・首切りの安倍をともに倒そう！ 大集会） 「序局 ： 新自由主義と対決する総合雑誌」（7） 2014.9 p.13〜15

05805 憲法・安保総学習講座 ： STOP！ 海外で戦争する国づくり（第5回）沖縄の総意を実現するために ： 沖縄「建白書」の持つ意義と歴史的な根強さ 津島正直 「学習の友」（734） 2014.10 p.20〜25

05806 憲法改悪を許さないために（上）ヒロシマ・オキナワ・フクシマから考えること 金子哲夫 「まなぶ」（691） 2014.10 p.54〜59

05807 リブらんか（140）護憲姉さんおタカさん 追悼なの（話の特集（第429集）） 中山千夏 「金曜日」22（39）通号1029 2014.10.10 p.56〜58

05808 安倍流「積極的平和主義」は憲法理念と相いれない 戦争をさせない1000人委員会・信州事務局 「信州自治研」（273） 2014.11 p.35〜39

05809 憲法・安保総学習講座 ： STOP！ 海外で戦争する国づくり（第6回）歪められ続けてきた9条解釈 ： 戦後の解釈変更の歴史と安倍解釈改憲の質的違い 長澤高明 「学習の友」（735） 2014.11 p.73〜79

05810 憲法改悪を許さないために（下）ヒロシマ・オキナワ・フクシマから考えること 金子哲夫 「まなぶ」（692） 2014.11 p.36〜42

05811 護憲を貫いた土井たか子さん逝く 「女性展望」（671） 2014.11・12 p.16〜19

05812 政治の読み方（116）反自民党論 戦前回帰の憲法改正草案は断固として粉砕すべし！ 武田文彦 「Verdad」20（11）通号235 2014.11 p.18〜22

05813 「戦後」の墓碑銘（10）護憲ではない、制憲を（創刊21周年記念号） 白井聡 「金曜日」22（44）通号1034 2014.11.7 p.42〜43

05814 さあ、反撃の秋（とき）が来た！ 護憲派鼎談 今こそ生活の場で地域で、憲法を使おう 近藤昭一 雨宮処凛 小森陽一 「金曜日」22（47）通号1037 2014.11.28 p.15〜17

05815 憲法を守り、生かそう！ ： 安倍政権の暴走をストップさせ、憲法改悪を許さないために（特集 共同組織活動の画期をつくる） 宇都宮健児 「民医連医療」（508） 2014.12 p.6〜12

05816 「戦争をさせない」私たちは平和主義を、そして命を守る ： 憲法理念の実現をめざす第五十一回大会（第五十一回護憲大会） 鈴井孝雄 「社会主義」（630） 2014.12 p.86〜92

05817 憲法をまもりいかす たたかいはここから : 戦争法案廃案にむけた全労連のたたかいについて(特集 安倍政権NO！社会保障解体NO！の声を広げよう) 仲野智 「社会保障」(463) 2015.冬 p.6〜9

05818 憲法を守り実現すべき自治体で起きていることから 畔上勝彦 「季刊自治と分権」(59) 2015.春 p.78〜86

05819 安倍改憲にNO 法律家団体の共同の取り組み(特集 2015・憲法をめぐる闘いの展望) 大江京子 「法と民主主義」(495) 2015.1 p.35〜37

05820 憲法改悪政権と対決する平和・民主勢力 : 戦後70年の節目の年を迎えて 畑田重夫 「平和運動」(526) 2015.1 p.4〜12

05821 「憲法破壊の政治」を生み出すもの : 安倍首相の憲法観(特集 憲法破壊の政治状況にどう抗すか) 木下智史 「法学館憲法研究所報」(12) 2015.1 p.2〜8

05822 戦争をさせない！第五一回護憲大会 前海満広 「進歩と改革」(757) 2015.1 p.54〜57

05823 2015年の年初めに : 戦後70年、国民春闘共闘25年目の節目の全労連運動がめざす課題(特集 戦後70年、労働組合運動の原点と憲法いかすたたかい) 小田川義和 「全労連」(215) 2015.1 p.14〜21

05824 安倍内閣による解釈改憲は立法主権の簒奪である : ルソーの国法諸原理に照らして考える 三浦信孝 永見信雄 「仏語仏文学研究」(47) 2015.2 p.207〜222

05825 カトリック・アイ 政治 護憲の意思を政権不信任で示そう : 高支持率を背景にお坊ちゃま宰相の危うさ 「福音と社会」54(1)通号278 2015.2 p.10〜12

05826 総選挙後の情勢と市民運動の課題 : 安倍政権の改憲戦略に私たちはいかに立ち向かうか(特集 戦後70年がやってきた) 高田健 「社会民主」(717) 2015.2 p.12〜15

05827 不意打ち解散で政権のリセット、高まる「憲法破壊」の跫音 高見勝利 「法律時報」87(2)通号1082 2015.2 p.1〜3

05828 安倍政権の「戦争立法」策動を阻止する 小沢隆一 「前衛 : 日本共産党中央委員会理論政治誌」(920) 2015.4 p.56〜71

05829 緊急対談 平和憲法が殺される 安保法制でゆらぐ公明党の平和への理念 森М実 中島岳志 「金曜日」23(15)通号1055 2015.4.17 p.20〜22

05830 西川伸一の政治時評 過去忘れず憲法守る天皇のメッセージ 西川伸一 「金曜日」23(15)通号1055 2015.4.17 p.14

05831 安倍内閣と改憲策動の新段階 渡辺治 「前衛 : 日本共産党中央委員会理論政治誌」

(922) 2015.5 p.60〜81

05832 改憲への道を暴走する安倍政権 : 戦後70年の節目にあたって 畑田重夫 「税経新報」(632) 2015.5 p.3〜9

05833 「切れ目のない」戦争体制への立法化を許すな 小沢隆一 「平和運動」(530) 2015.5 p.4〜16

05834 マイケル・ペンのペンと剣(ケン)(10) 9条だけじゃない : 安倍政権の憲法軽視 マイケル,ペン 「金曜日」23(17)通号1057 2015.5.1-8 p.23

05835 改憲問題 政党・政派を超えて3万人が一堂に結集 : 平和といのちと人権を！ : 5・3憲法集会in横浜 「反戦情報」(368) 2015.5.15 p.10〜12, 1

05836 公明党はどこへ行く : 失われゆくアイデンティティ(特集 改憲阻止、安保諸法案・ガイドライン反対(2)) 今村稔 「科学的社会主義」(206) 2015.6 p.28〜36

05837 「戦後」を七〇年で終わらせようとする安倍政権 : 「壊憲」から「改憲」への「切れ目のない」爆走に立ち向かう 森英樹 「前衛 : 日本共産党中央委員会理論政治誌」(923) 2015.6 p.30〜51

05838 「戦争できる国」・改憲を阻止しよう！ 又市征治 「社会主義」(636) 2015.6 p.5〜13

05839 労働者・市民の力を総結集して安倍政権を打倒しよう(特集 改憲阻止、安保諸法案・ガイドライン反対(2)) 金澤壽 「科学的社会主義」(206) 2015.6 p.21〜27

05840 平野貞夫、辻元清美、岡田克也氏らに聞く 憲法違反、与党議員の地元事務所に声を届ける！(徹底追及キャンペーン 悪法国会 特集 こうすれば「戦争法案」は止められる) 伊田浩之 「金曜日」23(23)通号1063 2015.6.19 p.14〜16

05841 五〇〇号記念特集の企画にあたって(創刊500号記念特集 憲法の危機に抗しつづけて) 「法と民主主義」(500・501) 2015.7-9 p.1〜3

05842 国家緊急権 「災害をダシにした改憲」は間違いである(特集 戦争立法を問う) 永井幸寿 「世界」(871) 2015.7 p.68〜76

05843 職場・地域のすみずみから「戦争方案NO！」の声と運動を(特集 戦争法案・憲法改悪許さない) 長尾ゆり 「全労連」(221) 2015.7 p.15〜19

05844 新「日米防衛協力指針」への幾つかの視座(改憲阻止、安保諸法案・ガイドライン反対(3)) 山崎正平 「科学的社会主義」(207) 2015.7 p.52〜56

05845 政治の読み方(124) 安倍首相会見「違憲」を「合憲」と言い繕い国民の疑問に答えない独善 武田文彦 「Verdad」21(7)通号243

2015.7 p.40〜45

05846 民主主義をとりもどせ！「政治改革」が
もたらしたもの（創刊500号記念特集 憲法の危
機に抗しつづけて―平和・民主主義・人権闘争
のバトンを引き継いで）大久保賢一「法と民
主主義」（500・501）2015.7-9 p.130〜132

05847 8期目の奈良県議選、改憲反対の戦いとし
て 梶川慶二「進歩と改革」（763）2015.7
p.34〜37

05848 次世代を担う若い仲間に期待する（憲法と
私 語り続け引き継ごう戦争体験と改憲阻止闘争
（1））大森紀美雄「社会主義」（638）2015.
8 p.65〜68

05849 政治の読み方（125）憲法違反罪 武田文彦
「Verdad」21（8）通号244 2015.8 p.40〜44

05850 戦後七〇年を振り返って（憲法と私 語り
続け引き継ごう戦争体験と改憲阻止闘争（1））
村上克子「社会主義」（638）2015.8 p.49〜
53

05851 戦後七〇年を振り返って（憲法と私 語り
続け引き継ごう戦争体験と改憲阻止闘争（1））
藤野美都子「社会主義」（638）2015.8 p.53
〜57

05852 戦後七〇年の運動を直視し反撃しよう（憲
法と私 語り続け引き継ごう戦争体験と改憲阻止
闘争（1））羽根栄一「社会主義」（638）
2015.8 p.57〜61

05853 私の原風景（憲法と私 語り続け引き継ご
う戦争体験と改憲阻止闘争（1））池田實「社
会主義」（638）2015.8 p.61〜65

05854 憲法闘争の前進のために：改憲阻止の国
民投票を見据えたたたかいを！ 上野建一
「科学的社会主義」（209）2015.9 p.2〜5

05855 戦後史の決着をかけた闘い：改憲阻止
1000万署名運動の開始に際して（安倍を倒し社
会変えよう）鈴木達夫「序局：新自由主義
と対決する総合雑誌」（10）2015.9 p.4〜13

05856 『戦時代』が想う憲法といま（憲法と私
語り続け引き継ごう戦争体験と改憲阻止闘争
（2））西谷澤重「社会主義」（639）2015.9
p.82〜84

05857 父から学んだ私の護憲闘争（憲法と私 語
り続け引き継ごう戦争体験と改憲阻止闘争
（2））伊澤昌弘「社会主義」（639）2015.9
p.78〜82

05858 ナショナリストとして安倍政権の安保法
制に断固「異」を唱える（特集 問われる参議院
違憲法案を通すのか）木村三浩「マスコミ市
民：ジャーナリストと市民を結ぶ情報誌」
（560）2015.9 p.50〜54

05859 メディア時評 新聞 安倍政権、終わりの始
まり：違憲・立憲主義否定・民意無視… 阿
部裕「前衛：日本共産党中央委員会理論政治
誌」（926）2015.9 p.160〜163

05860 「戦死」という現実 ： Death in the War
（特集 憲法を守る！ デタラメ政治と闘う
人々）八柏龍紀「金曜日」23（34）通号1074
2015.9.11 p.26〜27

05861 憲法無視の安倍政権に終止符を！ 正々
堂々と戦争法案反対デモ「金曜日」23（36）通
号1076 2015.9.18-25 p.10〜12

05862 講演 いのちと平和を守る緊急全国学習決
起集会（2015年8月26日）から 戦争立法・憲法改
悪を許すな（特集 憲法を守り、医療・社会保障
の拡充を）渡辺治「医療労働：医療・介護・
福祉労働者のための月刊誌」（583）2015.10
p.2〜9

05863 カトリック・アイ 政治「改憲」へ外堀を
埋める政権の深謀を暴く ：「軽減税率」「3万
円支給」の先にある危機「福音と社会」54（6）
通号283 2015.12 p.10〜12

◆各政党・政治家の考え方・試案・草案

【図書】

05864 徹底批判新日本国憲法ゲンロン草案 後
藤和智著 ［出版地不明］ 後藤和智事務所
Offline 2012.11 18p 26cm

05865 橋下徹と石原慎太郎日本維新の会の陰謀
―安倍政権誕生に蠢く改憲ゴロのカネと裏人脈
―一宮美成、グループ・K21編著 宝島社
2013.2 126p 26cm （別冊宝島 1928
nonfiction） 933円 ①978-4-8002-0484-4

05866 全批判自民党改憲案 日本共産党中央委
員会出版局 2013.3 56p 21cm （文献パン
フ）〈付・自由民主党「日本国憲法改正草案」〉
190円 ①978-4-530-01630-4 Ⓝ323.149 日本
共産党

05867 憲法・安保・日本の未来を考える 日本
共産党中央委員会出版局 2013.5 32p 21cm
（文献パンフ）143円 ①978-4-530-01634-2
Ⓝ32

05868 安倍改憲政権の正体 斎藤貴男著 岩波
書店 2013.6 63p 21cm （岩波ブックレッ
ト No.871）500円 ①978-4-00-270871-3
Ⓝ310.4 斎藤貴男

05869 自民党憲法改正草案にダメ出し食らわ
す！ 小林節、伊藤真編 合同出版 2013.7
167p 19cm 1300円 ①978-4-7726-1132-9
Ⓝ323.149 小林節 伊藤真

05870 憲法を変えて「戦争のボタン」を押します
か？―「自民党憲法改正草案」の問題点 清水
雅彦著 高文研 2013.8 140p 21cm 1200円
①978-4-87498-525-0 Ⓝ323.149 清水雅彦

05871 平和と人権の砦日本国憲法―自民党「憲
法改正草案」批判を軸として 吉田善明著 敬
文堂 2015.5 266p 19cm 3200円 ①978-4-
7670-0209-5 Ⓝ323.149 吉田善明

護憲　　　　　　　　　　　　　　　　　　　　　　　　　　　　　　　憲法改正

【雑誌】

05872　うかびあがる危険な実像——自民党新憲法草案・民主党憲法提言を読み解く　小沢隆一「前衛：日本共産党中央委員会理論政治誌」通号799　2006.1　p.34～45

05873　改憲問題　自民党「新憲法草案」のどこが問題か　愛敬浩二「世界」（747）　2006.1　p.36～45

05874　自民党「新憲法草案」のどこが問題か　愛敬浩二「世界」（747）　2006.1　p.36～45

05875　憲法改正を考える　憲法常識欠く自民の改憲論議——草案には本質的な誤り　慶応義塾大学教授 小林節氏　小林節　井上愛彩「世界週報」87（1）通号4227　2006.1.3・10　p.46～47

05876　自民党の9条改悪案にすりあわせる前原改憲論（前原民主党のめざす外交・安保政策と改憲論）　中祖寅一「前衛：日本共産党中央委員会理論政治誌」通号801　2006.3　p.69～75

05877　社民党幹事長に聞く「改憲阻止」「格差是正」の闘いに集中しよう　又市征治「社会主義」（523）　2006.3　p.10～16

05878　自民党新憲法草案の登場と改憲問題の新段階（特集 改憲問題の新局面）　渡辺治「ポリティーク」11　2006.3.20　p.60～105

05879　特集 自民党新憲法草案徹底批判　古関彰一「社会民主」（611）　2006.4　p.41～52

05880　論戦をリードした日本共産党 改憲と一体に改悪競う自・民（教育基本法案審議で浮き彫りになったもの）　平野厚哉「前衛：日本共産党中央委員会理論政治誌」通号809　2006.9　p.105～116

05881　自民党憲法改正草案 徹底批判シリーズ（1）改正手続き要件　小沢隆一「金曜日」21（13）通号954　2013.4.5　p.28～30

05882　自民党憲法改正草案 徹底批判シリーズ（2）前文　伊藤真「金曜日」21（14）通号955　2013.4.12　p.24～26

05883　自民党憲法改正草案 徹底批判シリーズ（3）個人の尊重・基本的人権　打越さく良「金曜日」21（15）通号956　2013.4.19　p.36～38

05884　自民党憲法改正草案 徹底批判シリーズ（4）戦争の放棄（憲法特集 9条が危ない！　自民党の暴走）　纐纈厚「金曜日」21（16）通号957　2013.4.26・5.3　p.18～20

05885　自民党改憲草案批判：安倍改憲のもたらすもの（第1回）安倍改憲政権の最初の標的は96条：ねらいは国民を縛る憲法（本気で改憲を阻止するために）　小林武「学習の友」（717）　2013.5　p.28～37

05886　立憲主義を形骸化する自民党改憲案（特集 草の根から護憲のうねりを：憲法九条を世界へ、未来へ 原発にさようなら。子どもたちに核のない社会を）　伊藤真「社会民主」（696）

2013.5　p.7～11

05887　自民党憲法改正草案 徹底批判シリーズ（5）表現の自由　枝川充志「金曜日」21（18）通号959　2013.5.17　p.28～29

05888　竹信三恵子の経済私考 ブラック企業による規制改革会議の乗っ取り？　自民党改憲案は経済を健全に機能させない　竹信三恵子「金曜日」21（18）通号959　2013.5.17　p.19

05889　自民党憲法改正草案 徹底批判シリーズ（6）天皇・国旗・国歌　高橋哲哉「金曜日」21（19）通号960　2013.5.24　p.38～40

05890　自民党憲法改正草案 徹底批判シリーズ（7）信教の自由・政教分離　伊藤朝日太郎「金曜日」21（20）通号961　2013.5.31　p.36～37

05891　権利と倫理の間：自民党改憲草案の性格と対抗軸を考える（第50回部落問題研究全国集会報告—文芸分科会 再生の時代に寄せて）　碓井敏正「部落問題研究：部落問題研究所紀要」（205）　2013.6　p.224～238

05892　自民党改憲草案批判：安倍改憲のもたらすもの（第2回）天皇に統治される国へ：国民主権・人権保障の後退　小林武「学習の友」（718）　2013.6　p.64～71

05893　自民党改憲草案は市民の自由と権利をどう変質させるか：表現規制を中心に（特集 自民党改憲案と憲法の危機）　田島泰彦「法と民主主義」（479）　2013.6　p.25～29

05894　自民党憲法改正草案批判：国民主権の視点から（特集 自民党改憲案と憲法の危機）　澤藤統一郎「法と民主主義」（479）　2013.6　p.16～19

05895　自民党「日本国憲法改正草案」全文批判（抄）　社民党第五三回常任幹事会「社会主義」（612）　2013.6　p.72～78

05896　自民党の国防国家構想：反立憲主義・天皇主義・国家主義（特集 憲法擁護の展開（その1））　小畑隆資「人権21：調査と研究」（224）　2013.6　p.25～30

05897　自由民主党 日本国憲法改正草案（上）現・日本国憲法対照「学習の友」（718）　2013.6　p.73～82

05898　日本国憲法の先進性と二一世紀の課題：歴史に逆行する自民党「憲法改正草案」の反動性と非人間性　柴山健太郎「進歩と改革」（738）　2013.6　p.35～47

05899　目で見るグラフ 改憲？ 壊憲？ 自民憲法改悪案：「自民党憲法改正草案」（12年4月発表）の検証「ひろばユニオン」（616）　2013.6　p.4～9

05900　要注意！ 自民の「新自由主義」改憲案：統治機構部分をめぐって（特集 自民党改憲案と憲法の危機）　小沢隆一「法と民主主義」（479）　2013.6　p.30～33

05901 自民党憲法改正草案 徹底批判シリーズ
(8)司法権の独立・違憲立法審査権 寺西和史
「金曜日」 21(21)通号962 2013.6.7 p.36～38

05902 自民党憲法改正草案 徹底批判シリーズ
(9)地方自治・一票の格差 木村草太 「金曜
日」 21(22)通号963 2013.6.14 p.50～52

05903 自民党憲法改正草案 徹底批判シリーズ
(10)最高法規・憲法尊重擁護義務(真っ当に憲
法を考えている政党はどこだ?) 植野妙実子
「金曜日」 21(23)通号964 2013.6.21 p.22～
24

05904 Interview 福島みずほ社民党党首に聞く
二大政制では戦争を止められない(真っ当に
憲法を考えている政党はどこだ?) 福島みず
ほ 平井康嗣[聞き手]「金曜日」 21(23)通号
964 2013.6.21 p.16～18

05905 自民党改憲草案批判 : 安倍改憲のもたら
すもの(第3回)平和主義を取り払い、戦争をす
る国へ 海外へ出ていく「国防軍」の登場
小林武 「学習の友」(719) 2013.7 p.50～59

05906 自民党「日本国憲法改正草案」の問題点
: 「安倍改憲」はなぜ危険か 敬啓浩二 「国民
医療」(307) 2013.7 p.2～9

05907 自民党憲法改正草案 徹底批判シリーズ
(1)改正手続き要件(憲法 特別編集 : あなた
にも責任がある 知らなかったじゃすまされな
い) 小沢隆一「金曜日」 21(26)通号967(臨
増) 2013.7.9 p.14～16

05908 自民党憲法改正草案 徹底批判シリーズ
(10)最高法規・憲法尊重擁護義務(憲法 特別編
集 : あなたにも責任がある 知らなかったじゃ
すまされない) 植野妙実子 「金曜日」 21
(26)通号967(臨増) 2013.7.9 p.48～50

05909 自民党憲法改正草案 徹底批判シリーズ
(2)前文(憲法 特別編集 : あなたにも責任が
ある 知らなかったじゃすまされない) 伊藤真
「金曜日」 21(26)通号967(臨増) 2013.7.9
p.18～20

05910 自民党憲法改正草案 徹底批判シリーズ
(3)個人の尊重・基本的人権(憲法 特別編集 :
あなたにも責任がある 知らなかったじゃすまさ
れない) 打越さく良 「金曜日」 21(26)通号
967(臨増) 2013.7.9 p.22～24

05911 自民党憲法改正草案 徹底批判シリーズ
(4)戦争の放棄(憲法 特別編集 : あなたにも
責任がある 知らなかったじゃすまされない)
纐纈厚 「金曜日」 21(26)通号967(臨増)
2013.7.9 p.26～28

05912 自民党憲法改正草案 徹底批判シリーズ
(5)表現の自由(憲法 特別編集 : あなたにも
責任がある 知らなかったじゃすまされない)
枝川充志 「金曜日」 21(26)通号967(臨増)
2013.7.9 p.30～31

05913 自民党憲法改正草案 徹底批判シリーズ

05914 自民党憲法改正草案 徹底批判シリーズ
(6)天皇・国旗・国歌(憲法 特別編集 : あなた
にも責任がある 知らなかったじゃすまされな
い) 高橋哲哉「金曜日」 21(26)通号967(臨
増) 2013.7.9 p.32～34

05914 自民党憲法改正草案 徹底批判シリーズ
(7)信教の自由・政教分離(憲法 特別編集 :
あなたにも責任がある 知らなかったじゃすまさ
れない) 伊藤朝日太郎「金曜日」 21(26)通
号967(臨増) 2013.7.9 p.36～37

05915 自民党憲法改正草案 徹底批判シリーズ
(8)司法権の独立・違憲立法審査権(憲法 特別
編集 : あなたにも責任がある 知らなかった
じゃすまされない) 寺西和史「金曜日」 21
(26)通号967(臨増) 2013.7.9 p.40～42

05916 自民党憲法改正草案 徹底批判シリーズ
(9)地方自治・一票の格差(憲法 特別編集 :
あなたにも責任がある 知らなかったじゃすまさ
れない) 木村草太 「金曜日」 21(26)通号967
(臨増) 2013.7.9 p.44～46

05917 自民党憲法改正草案 徹底批判 リアリティ
を取り戻すために「金曜日」 21(28)通号969
2013.7.19 p.53

05918 講演 憲法を「新しい公共」という概念で
考える : キリスト者の価値観と改憲草案の間
に横たわる溝(特集 誌上再録 第50回カトリッ
ク社会問題研究所夏季セミナー 日本のゆくえ
: 福音が生かされた社会を創る責任) 稲垣久
和 「福音と社会」 52(4・5)通号269・270
2013.8 p.16～25

05919 自民党改憲草案批判 : 安倍改憲のもたら
すもの(第4回)労働者の権利の制限、
社会保障の後退 小林武 「学習の友」(720)
2013.8 p.72～83

05920 ナチスの「手口」を否定しなかった歴史
の無知と危うさ 麻生発言の「静かに」が意味す
るもの 水島朝穂 「金曜日」 21(31)通号972
2013.8.9・16 p.15

05921 自民党改憲草案を批判する : 9条破壊、
労働基本権解体など(特集 労働運動のうねりで
改憲阻止 改憲推進の連合が崩壊 4大産別が飛躍
する時) 「国際労働運動」 41(9)通号445
2013.9 p.21～26

05922 自民党改憲草案批判 : 安倍改憲のもたら
すもの(最終回)首相への権限集中と地方自治の
変容 : 強権的国家へ 小林武 「学習の友」
(721) 2013.9 p.66～78

05923 自民党改憲草案の危険な本質(特集 加速
する改憲策動) 渡辺久丸 「人権と部落問題」
65(14)通号851 2013.12 p.24～31

05924 自民党・安倍政権の教科書制度改悪がね
らうもの(特集 憲法を地域に生かそう みんなの
つどい) 俵義文 「さいたまの教育と文化」
(73) 2014.秋 p.16～19

05925 「民主憲法」から「ファシズム憲法」へ :

自由民主党「日本国憲法改正草案」の本質（金子勝教授 退職記念号） 金子勝 「立正法学論集」 47 (2) 通号88 2014 p.149〜182

05926 自民党改憲草案と靖国神社参拝の思想的水脈 : 世界が懸念する安倍首相の靖国神社参拝 内田雅敏 「情況. 第四期 : 変革のための総合誌」 3 (2) 通号15 2014.3・4 p.125〜136

05927 寝業師 漆原良夫 公明党国対委員長 : 集団的自衛権の議論はリアリティーがない！（土壇場の日本国憲法） 漆原良夫 鈴木哲夫［聞き手］「サンデー毎日」 93 (21) 通号5224 2014.5.11-18 p.171〜173

05928 自民党「日本国憲法改正草案」にどう向き合うか（特集 国民の人権と子どもの将来 : 憲法「改正」は何をねらっているか） 穂積匡史 「家教連家庭科研究」 (318) 2014.6 p.4〜9

05929 私は私らしく、あなたはあなたらしく生きるために : 自民党憲法草案批判（特集 集団的自衛権の背後の現実 : 敗戦69年目の日本） 上原公子 「変革のアソシエ」 (17) 2014.8 p.51〜59

05930 自民改憲草案は知能レベルが低すぎる 安倍首相よ、正々堂々と憲法九条を改正せよ 舛添要一 小林節 三浦瑠麗 「文芸春秋」 93 (6) 2015.5 p.94〜107

05931 自民改憲漫画の危うさ（暴走安倍政権”戦争法案”閣議決定の次は？）「週刊朝日」 120 (21) 通号5308 2015.5.29 p.22〜24

05932 緊急ロングインタビュー 民主党 岡田克也代表に聞く 安倍政権の暴走をどう食い止めるのか : 安全保障関連法案撤回、労働者保護ルール改悪阻止へ 岡田克也 高橋睦子 「連合」 28 (4) 通号327 2015.7 p.4〜9

05933 相当ヘンだよ！ ほのぼの一家 : ツッコミどころ満載の自民党憲法マンガ 諸富健 「世界」 (871) 2015.7 p.98〜105

05934 沖縄戦と地続きの辺野古新基地 : 戦後七〇年 ノーの決意強める沖縄（特集 戦後七〇年 : 憲法、平和を考える） 松元剛 「ヒューマンライツ」 (329) 2015.8 p.10〜17

05935 潮目を変えた憲法学者への稚拙な反論 「覇者の奢り」は安倍政権の致命傷になりかねない 新谷敬 「国際商業」 48 (8) 通号567 2015.8 p.16〜19

05936 安保法制「暴走が止まらない」 安倍1強に勝てるか 野党連合の秘策全情報 これだけある違憲法案阻止のウルトラC : またまた飛び出した「懲りないおともだち」の大暴言 伝家の宝刀「不信任案」連発作戦 参院審議で引き出す「違憲答弁」 公明党「再議決離脱」の現実味 鈴木哲夫 「サンデー毎日」 94 (34) 通号5297 2015.8.16 p.16〜18

◆自衛隊派遣・安保法制を巡る議論

【図書】

05937 「法の番人」内閣法制局の矜持―解釈改憲が許されない理由 阪田雅裕、川口創聞き手 大月書店 2014.2 206p 19cm 1600円 ①978-4-272-21108-1 Ⓝ323.142 阪田雅裕 川口創

05938 徹底批判！ ここがおかしい集団的自衛権―戦争をしない国を守るために 高作正博編著 合同出版 2014.6 127p 21cm 〈文献あり〉 1400円 ①978-4-7726-1197-8 Ⓝ323.142 高作正博

05939 集団的自衛権行使に反対する―声明・決議・意見書 北海道新聞社編 札幌 北海道新聞社 2014.8 191p 21cm 741円 ①978-4-89453-747-7 Ⓝ323.142 北海道新聞社 道新北海道新聞

05940 集団的自衛権容認を批判する 渡辺治、山形英郎、浦田一郎、君島東彦、小沢隆一［著］ 日本評論社 2014.8 152p 21cm 〈別冊法学セミナー No.231〉 〈年表あり〉 1400円 ①978-4-535-40845-6 Ⓝ323.142 渡辺治 山形英郎 浦田一郎

05941 「立憲主義の破壊」に抗う 川口創著 新日本出版社 2014.8 111p 19cm 1000円 ①978-4-406-05812-4 Ⓝ323.142 川口創

05942 白熱講義！ 集団的自衛権 小林節著 ベストセラーズ 2014.9 223p 18cm （ベスト新書 449） 787円 ①978-4-584-12449-9 Ⓝ323.142 小林節

05943 たかが一内閣の閣議決定ごときで―亡国の解釈改憲と集団的自衛権 小林節、山中光茂著 皓星社 2014.10 198p 19cm 1600円 ①978-4-7744-0496-7 Ⓝ323.142 小林節 山中光茂

05944 徹底解剖！ イチからわかる安倍内閣の集団的自衛権―閣議決定がしめす戦争ができる国づくりそのカラクリ 自由法曹団編 合同出版 2014.10 134p 21cm 〈年表あり〉 1500円 ①978-4-7726-1217-3 Ⓝ323.142 自由法曹団

05945 秘密保護法から「戦争する国」へ―秘密保護法を廃止し、集団的自衛権行使を認めない闘いを 右崎正博、清水雅彦、豊崎七絵、村井敏邦、渡辺治編 旬報社 2014.10 154p 21cm 1300円 ①978-4-8451-1384-2 Ⓝ326.81 右崎正博 清水雅彦 豊崎七絵 村井敏邦 渡辺治

05946 「平和」という病――国平和主義・集団的自衛権・憲法解釈の嘘を暴く 樋口恒晴著 ビジネス社 2014.10 255p 18cm 〈文献あり〉 1100円 ①978-4-8284-1772-1 Ⓝ393 樋口恒晴

05947 集団的自衛権容認の深層―平和憲法をなきものにする狙いは何か 纐纈厚著 日本評論社 2014.11 244p 20cm 〈文献あり〉 1800

憲法改正　　　　　　　　　　　　　　　　　　　　　　　　　　　　　　　　　護憲

円　①978-4-535-58675-8　Ⓝ393　纐纈厚

05948　集団的自衛権の行使に反対する。―総理
大臣を訴えた私の裁判記録　平正和著　京都
ウインかもがわ　2015.7　131p　19cm　〈発
売：かもがわ出版〉　1000円　①978-4-903882-
73-4　Ⓝ323.142　平正和

05949　「積極的平和主義」は、紛争地になにをも
たらすか?!―NGOからの警鐘　谷山博史編著
合同出版　2015.7　159p　19cm　1500円
①978-4-7726-1244-9　谷山博史

05950　検証・安保法案―どこが憲法違反か　長
谷部恭男編、大森政輔、柳澤協二、青井未帆、木
村草太［著］　有斐閣　2015.8　79, 118p　22cm
1300円　①978-4-641-13192-7　Ⓝ393.021　長
谷部恭男　大森政輔　柳澤協二　青井未帆

05951　憲法決壊！「集団的自衛権」の正体―安
倍『安保法制』を徹底解剖　游学社編　游学社
2015.8　86p　21cm　800円　①978-4-904827-
33-8　Ⓝ393　游学社

05952　集団的自衛権はなぜ違憲なのか　木村草
太著　晶文社　2015.8　277p　19cm　（犀の教
室Liberal Arts Lab）　1300円　①978-4-7949-
6820-3　Ⓝ323.142　木村草太

05953　日本を戦争する国にしてはいけない―違
憲安保法案「ねつ造」の証明　小西洋之著
WAVE出版　2015.8　93p　19cm　680円
①978-4-87290-772-8　Ⓝ323.142　小西洋之

05954　安保法制の落とし穴―日本と日本人を危
うくする　井筒高雄著　ビジネス社　2015.9
238p　19cm　1400円　①978-4-8284-1835-3
Ⓝ393.021　井筒高雄

05955　安保法制の何が問題か　長谷部恭男, 杉田
敦編　岩波書店　2015.9　258p　19cm　1700
円　①978-4-00-022087-3　Ⓝ393.021　長谷部
恭男　杉田敦

05956　憲法決壊　volume2　「戦える日本」に変
貌させた戦後70年史上最大の解釈改憲の実態
游学社編　游学社　2015.10　95p　21cm　〈1は
「憲法決壊！「集団的自衛権」の正体」が該当〉
800円　①978-4-904827-35-2　Ⓝ393　游学社

【雑誌】

05957　「集団的自衛権」への道――解釈改憲クー
デターか明文改憲か　宮地忍　「調研クオータ
リー」（22）　2006.Win.　p.54～73

05958　米軍再編（変革）と歩調を合わせる自衛隊
の変貌、そして、新たな段階に進む軍の日米一
体化（上）日米安全保障協議委員会「合意文書」
の分析　紙谷敏弘、「平和運動」（425）　2006.1
p.19～25, 28

05959　沖縄からの連帯の訴え（2006年権利討論
集会特集号―第6分科会　憲法改悪の先にあるも
の――基地の再編、人の再編、そして私たちの
暮らしの変容）　大西照雄　「民主法律」（265）
2006.2　p.137～139

05960　「世界の中の日米同盟」と米軍・自衛隊再
編（特集 日米同盟の侵略的強化と憲法改悪）
山根隆志　「前衛 ： 日本共産党中央委員会理論
政治誌」　通号800　2006.2　p.13～25

05961　徴兵制（2006年権利討論集会特集号―第6
分科会　憲法改悪の先にあるもの――基地の再
編、人の再編、そして私たちの暮らしの変容）
上山勤　「民主法律」（265）　2006.2　p.163～
165

05962　米軍再編（変革）と歩調を合わせる自衛隊
の変貌、そして、新たな段階に進む軍の日米一
体化（中）日米安全保障協議委員会「合意文書」
の分析　紙谷敏弘　「平和運動」（426）　2006.2
p.23～28

05963　米軍再編（変革）と歩調を合わせる自衛隊
の変貌、そして、新たな段階に進む軍の日米一
体化（下）日米安全保障協議委員会「合意文書」
の分析　紙谷敏弘　「平和運動」（427）　2006.3
p.21～28

05964　警察の「テロ対策」の内容と問題点――
警察の肥大化と「軍隊化」（特集1 日米安保と自
衛隊の再編―自衛隊の警察化）　清水雅彦　「法
と民主主義」（407）　2006.4　p.32～35

05965　第6分科会　憲法改悪の先にあるもの――
基地の再編、人の再編、そして私たちの暮らし
の変容（2006年権利討論集会（2006.2.18～19）
の報告―各分科会報告）　篠原俊一　「民主法
律」（266）　2006.7　p.36～48

05966　自衛隊イラク派兵差止訴訟で不当判決
――自衛隊のイラクからの完全撤退を求めて控
訴（第51回〔民主法律協会〕総会特集号―特別
報告）　徳井義幸　「民主法律」（267）　2006.8
p.78～80

05967　米軍再編と自衛隊（特集 検証―平和と人
権の今）　門永秀次　「科学的社会主義」（100）
2006.8　p.30～36

05968　自衛隊海外派遣恒久化に議員立法という
裏技（憲法をめぐる状況――過去・現在・未来）
中村明　「社会主義」（531）　2006.11　p.72～
83

05969　2007年は平和と憲法の天王山――後世に
悔いを残さない年に　福島みずほ　「進歩と改
革」　通号661　2007.1　p.4～12

05970　共同発表（日米安全保障協議委員会）同盟
の変革――日米の安全保障及び防衛協力の進展
「平和運動」（441）　2007.6　p.21～25

05971　「同盟変革（アライアンス・トランス
フォーメーション）」が動き出した――安倍内
閣下初の日米安全保障協議委員会（2+2）の意味
するもの　松尾高志　「平和運動」（441）
2007.6　p.4～12

05972　日米安全保障協議委員会開催直後の日米
閣僚共同記者会見　「平和運動」（441）　2007.6
p.25～28

〔05948～05972〕　　　　　　　　　　憲法改正 最新文献目録　　221

護憲　　　　　　　　　　　　　　　　　　　　　　　　　憲法改正

05973　自衛隊イラク派兵差止訴訟の現状（第52回［民主法律協会］総会特集号―特別報告）　徳井義幸　「民主法律」（271）　2007.8　p.89～91

05974　集団的自衛権の行使はなぜ許されないのか　阪田雅裕　「世界」（769）　2007.9　p.41～48

05975　「米軍再編」は憲法平和主義と法治主義を蹴散らして進む――「米軍再編特措法」と「安保法制懇」　田巻一彦　「進歩と改革」通号669　2007.9　p.4～12

05976　新法制定を阻止し、自衛隊のアフガン完全撤退へ　小塚智　「科学的社会主義」（114）　2007.10　p.40～49

05977　「テロ対策特別措置法」（報復戦争参加法）の国際法・憲法上の問題点（特集「テロ対策特別措置法」延長・新法の制定をめぐって）　長澤彰　「法と民主主義」（422）　2007.10　p.14～19

05978　集団的自衛権か集団的安全保障か――「テロとの戦争と日本」をあらためて問おう　田巻一彦　「進歩と改革」通号671　2007.11　p.13～20

05979　自衛隊海外派兵恒久法の問題点　内藤功　「平和運動」（448）　2008.2　p.4～11

05980　神奈川県 座間 私たちの街に戦争司令部はいらない（特集 日米安保と国民生活）　菅沼幹夫　「人権と部落問題」60（6）通号773　2008.5　p.14～22

05981　ねらいは武力行使の恒久化にある――日米軍事一体化にふみ出す派兵・武力行使恒久法制定策動（特集 憲法問題の現局面）　川村俊夫　「前衛 : 日本共産党中央委員会理論政治誌」通号830　2008.5　p.48～57

05982　基地強化、日米軍事一体化 世界に逆らい、憲法踏みにじる企てを許さない――北富士での17年間の米軍、自衛隊訓練の検証を踏まえて　桜井真作　「平和運動」（454）　2008.8・9　p.19～29

05983　政治の読み方（43）解釈改憲――解釈変更は憲法改正と同じ 与党の独断専行を許すまじ　武田文彦　「Verdad」14（11）通号163　2008.11　p.46～47

05984　米軍と自衛隊の軍事一体化はかる横田基地（東京）（特集 基地強化反対運動と米軍犯罪の「密約」）　近森拡充　「前衛 : 日本共産党中央委員会理論政治誌」通号837　2008.12　p.98～104

05985　「自衛隊イラク派遣は違憲」とした名古屋高裁判決の意義（2009年権利討論会集会特集号―第6分科会 イラク訴訟のもたらしたものと天皇の軍隊のしてきたこと――平和のうちに生存する権利を再確認しよう）　大前治　「民主法律」（276）　2009.2　p.142～148

05986　政治の読み方（46）新中立論――憲法違反

の日米安保を捨て 孤立に耐えうる国家を目指せ　武田文彦　「Verdad」15（2）通号166　2009.2　p.48～49

05987　日米軍事一体化のもとでくり返される憲法からの逸脱行為の果てに　纐纈厚　「前衛 : 日本共産党中央委員会理論政治誌」通号839　2009.2　p.38～47

05988　国防軍化をめざす自衛隊の動き――田母神問題をどう読むのか　纐纈厚　「平和運動」（461）　2009.2　p.13～22

05989　砂川事件違憲判決がうきぼりにした日米同盟の実像――「伊達判決」五〇年によせて　内藤功　「前衛 : 日本共産党中央委員会理論政治誌」通号841　2009.4　p.160～172

05990　なぜ急ぐ、「自衛隊ソマリア沖派遣」――米・対テロ戦争間接支援が動機か　田巻一彦　「進歩と改革」通号688　2009.4　p.14～21

05991　ソマリア沖派兵と海賊新法――海外での武力行使への突破口を狙う（特集 反戦・平和、人権、憲法）　筑紫建彦　「科学的社会主義」（133）　2009.5　p.6～13

05992　集団的自衛権行使＝飽くなき対米追従の理論（特集 憲法を守り生かす）　松田竹男　「前衛 : 日本共産党中央委員会理論政治誌」通号843　2009.6　p.76～93

05993　日米安保と沖縄・自衛隊（特集 沖縄の民意と普天間移設問題を考える）　小西誠　「変革のアソシエ」（2）　2010.4　p.41～46

05994　拡大しつづける自衛隊――「戦争がない」時代の安全保障を考える（特集 日米安保改定五〇周年）　小久保洋　「社会主義」（575）　2010.5　p.54～63

05995　特集 安保改定50年（2）憲法を活かし 安保条約を終了させよう　内藤功　「平和運動」（473）　2010.5　p.4～11

05996　第1分科会・アジアの視点から見た日米安保（特集 軍事同盟のない世界へ――今こそ、日米安保体制を問う―シンポジウム・「軍事同盟のない世界へ――改定50年の安保条約を問う」分科会報告）　笹本潤　「法と民主主義」（451）　2010.8・9　p.31～33

05997　第2分科会・米軍再編の動向と平和構築の展望（特集 軍事同盟のない世界へ――今こそ、日米安保体制を問う―シンポジウム・「軍事同盟のない世界へ――改定50年の安保条約を問う」分科会報告）　亀山統一　「法と民主主義」（451）　2010.8・9　p.33～35

05998　第3分科会・私たちの生活を脅かす安保の危険――裁判から見える日米安保（特集 軍事同盟のない世界へ――今こそ、日米安保体制を問う―シンポジウム・「軍事同盟のない世界へ――改定50年の安保条約を問う」分科会報告）　小林善亮　「法と民主主義」（451）　2010.8・9　p.35～38

憲法改正　　　　　　　　　　　　　　　　　　　　　　　　　　　護憲

05999　第4分科会・アジアの平和構築と歴史認識
（特集 軍事同盟のない世界へ──今こそ、日米
安保体制を問う─シンポジウム・「軍事同盟の
ない世界へ──改定50年の安保条約を問う」分
科会報告）　松井安俊　「法と民主主義」（451）
2010.8・9　p.38〜40

06000　第5分科会・いまメディアに平和憲法を！
──日米安保50年とジャーナリズム（特集 軍事
同盟のない世界へ──今こそ、日米安保体制を
問う─シンポジウム・「軍事同盟のない世界へ
──改定50年の安保条約を問う」分科会報告）
吉原功　「法と民主主義」（451）　2010.8・9　p.
40〜42

06001　岩国 艦載機移設、基地の拡充・機能強化
に反対する市民のたたかい（特集 強化される米
軍基地・自衛隊といっせい地方選挙）　藤本博
司　「前衛 ： 日本共産党中央委員会理論政治誌」
通号869　2011.4　p.53〜59

06002　日米安全保障協議委員会共同文書の分析
： 加速する日米同盟の「深化と拡大」　近森拡
充　「平和運動」（489）　2011.11　p.14〜28

06003　改憲を許さないために ： 安保条約はなぜ
できたのか、憲法にはどんな力があるのか　渡
辺治　「女性＆運動」（201）通号352　2011.12
p.26〜31

06004　金曜アンテナ 武力行使容認の「PKO参
加」閣議決定の見通し 憲法改悪に繋がる南スー
ダン派遣　「金曜日」19（48）通号891　2011.12.
16　p.5

06005　"PKO部隊の羽田からの出発は成田軍事
使用反対の我々の勝利"と広言 ： 自衛隊の南
スーダンPKO派遣への反対派の動向　「国内動
向 ： 過激各派の諸動向・教育・労働問題に関
する専門情報誌」（1245）　2012.3.10　p.3〜9

06006　基地撤去・安保廃棄と砂川違憲判決の意義
内藤功　「平和運動」（496）　2012.6　p.16〜21

06007　西川伸一の政治時評 いくら首相がやる気
でも内閣法制局の憲法解釈は不変 集団的自衛権
は認められない　西川伸一　「金曜日」20（27）
通号919　2012.7.20　p.17

06008　「安保村」から我々の平和を取り戻す ：
日米同盟に抗する日米の平和ネットワークを
（特集「戦争できる国」づくりを許さない）
君島東彦　「アジェンダ ： 未来への課題」
（43）　2013.冬　p.27〜36

06009　続・拉致問題で歪む日本の民主主義（38）
拉致問題を改憲世論の形成に利用する意図を隠
さない安倍政権 ： マスコミはこのまま強硬派
を傍観し続けるのか　髙嶋伸欣　「社会評論」
（174）　2013.夏・秋　p.156〜163

06010　集団的自衛権行使を突破、憲法はなし崩
し、失われる自民党の矜持 ： 繰り返される安
倍首相の「ごまかし」　「金曜日」21（2）通号
943　2013.1.18　p.12〜13

06011　14人の識者が指摘する「現行憲法」「改正
草案」への懸念 小林よしのり、孫崎享、古賀茂
明、森永卓郎ほか 私はこう考える（全国民必読
誰も知らなかった「憲法改正」の基礎知識）
「週刊ポスト」45（4）通号2214　2013.1.25　p.
42〜45

06012　大藤理子の政治時評 「対テロ」を自衛隊
法の改正に使う意図が見える安倍ちゃん 「美
談」に騙されちゃだめです　大藤理子　「金曜
日」21（5）通号946　2013.2.8　p.12

06013　日米新軍事同盟の強化反対！ 憲法改悪
阻止！ ネオ・ファシズム反動攻撃を打ち砕け
： 激動する内外情勢とわが同盟の任務（反ファ
シズムの戦線を築け）「新世紀 ： 日本革命的
共産主義者同盟革命的マルクス主義派機関誌」
（263）　2013.3　p.18〜45

06014　安倍政権の金融・財政政策と憲法破壊
鎌倉孝夫　「序局 ： 新自由主義と対決する総合
雑誌」（4）　2013.5　p.232〜244

06015　「集団的自衛権行使」の合憲化を許すな ：
「日米同盟の強化」を謳ったオバマ・安倍会談
「新世紀 ： 日本革命的共産主義者同盟革命的
マルクス主義派機関誌」（264）　2013.5　p.96〜
107

06016　集団的自衛権と安倍政権 ： 行使容認論の
意味不明　柳澤協二　「世界」（843）　2013.5
p.33〜42

06017　日米新軍事同盟強化・改憲攻撃を打ち砕
け ：〈安保〉なき日共系平和運動をのりこえ
闘おう（「アベノミクス」粉砕 軍事強国化を許
すな）　中央学生組織委員会　「新世紀 ： 日本
革命的共産主義者同盟革命的マルクス主義派機
関誌」通号265　2013.7　p.4〜31

06018　安倍首相の「集団的自衛権」論と国連憲
章五一条　新井章　「法と民主主義」（481）
2013.8・9　p.49〜51

06019　立憲主義の破壊は許さない（特集 改憲 ：
レジームチェンジ）　宇都宮健児　「ピープル
ズ・プラン」（62）　2013.8　p.39〜45

06020　安倍晋三首相が執念を燃やす集団的自衛
権のトリック 世界最強の米国を自衛隊が守ると
いうのか　半田滋　「金曜日」21（31）通号972
2013.8.9・16　p.34〜35

06021　無理に解釈改憲しても米国は喜ばず 無意
味な「集団的自衛権行使」　梅津俊次　「金曜
日」21（33）通号974　2013.8.30　p.19

06022　集団的自衛権めぐり賛否両論 安全保障
「解釈改憲」に走る安倍政権 ： 内閣法制局長官
に小松氏起用　村田純一　「金融財政business ：
時事トップ・コンフィデンシャル＋」（10355）
2013.9.9　p.15〜17

06023　安保懇 憲法解釈の変更も堂々と提言 集団
的自衛権と「安保法制懇談会」（安倍政権の軍事
改革徹底批判）　浅井基文　「金曜日」21（36）

〔05999〜06023〕　　　　　　　　　　憲法改正 最新文献目録　　223

通号977　2013.9.20　p.28〜29

06024　憲法 阪田雅裕元内閣法制局長官に聞く 解釈で「集団的自衛権行使」を認めることはできない(安倍政権の軍事改革徹底批判)　阪田雅裕「金曜日」21(36)通号977　2013.9.20　p.26〜27

06025　「日本版全権委任法」＝国家安全保障基本法に警戒せよ！ 対談 安倍首相の暴走を止めなかったら大変だ(安倍政権の軍事改革徹底批判)　半田滋　近藤昭一「金曜日」21(36)通号977　2013.9.20　p.23〜25

06026　今、なぜ集団的自衛論なのか？ ： 憲法の観点から考える(特集 安倍内閣の暴走にストップを！ 第26回全国大会成功へ 仲間大きく！)　清水雅彦「女性＆運動」(223)通号374　2013.10　p.7〜10

06027　世界の潮 集団的自衛権と内閣法制局 ： 禁じ手を用いすぎではないか　南野森「世界」(848)　2013.10　p.20〜24

06028　日本 憲法9条を停止する集団的自衛権の行使容認 ： 海外侵略戦争が自衛隊の基本任務に大転換「国際労働運動」41(10)通号446　2013.10　p.6〜9

06029　元木昌彦のメディアを考える旅(189)安倍首相の改憲推進は法の下剋上 政治家も集団的自衛権を理解できない　元木昌彦　半田滋[同行]「エルネオス」19(10)通号227　2013.10　p.96〜101

06030　講演 安倍政権と日米安保(上)沖縄からみた平和・憲法・有事の危機　前泊博盛「反戦情報」(349)　2013.10.15　p.21〜26

06031　改憲批判Q&A 政府の集団的自衛権解釈の変更をめぐって　小沢隆一「法と民主主義」483　2013.11

06032　「国防軍」創設でいかなる国家をめざすのか ： 安倍政権の本質と改憲志向の背景　纐纈厚「前衛 ： 日本共産党中央委員会理論政治誌」(901)　2013.11　p.47〜60

06033　静かに進められる実質的改憲 安保政策の根本的変容　青井未帆「世界」(849)　2013.11　p.37〜46

06034　集団的自衛権論の批判的検討(特集 改憲を阻む国民的共同をつくるために)　山内敏弘「法と民主主義」(483)　2013.11　p.10〜17

06035　日米安保と日本国憲法 ： 3・11が問うたもの ： 「二つの法体系」の根本矛盾に迫る　森英樹「序局 ： 新自由主義と対決する総合雑誌」(5)　2013.11　p.208〜222

06036　講演 安倍政権と日米安保(中)沖縄からみた平和・憲法・有事の危機　前泊博盛「反戦情報」(350)　2013.11.15　p.22〜26

06037　”集団的自衛権行使の合憲化は「戦争をやれる国」への飛躍が狙い”と訴える ： 革マル派が全国6か所で「10・20労学統一行動」に取組

06038　集団的自衛権行使は何を守るのか ： 空虚な容認論がもたらす危機(特集 暴走する安全保障政策)　半田滋「世界」(850)　2013.12　p.100〜108

06039　集団的自衛権の破壊力 ： 憲法・安保総学習講座(第1回)いま沖縄は ： オスプレイ配備、新基地建設ノー　峯良一「学習の友」(724)　2013.12　p.78〜85

06040　講演 安倍政権と日米安保(下)沖縄からみた平和・憲法・有事の危機　前泊博盛「反戦情報」(351)　2013.12.15　p.17〜22

06041　改憲批判Q&A 7月1日の閣議決定は、何を決めたのか？　小沢隆一「法と民主主義」492　2014

06042　集団的自衛権の行使容認と憲法9条を掘り崩すあらゆる動きに反対の声を ： 安保法制懇報告・政府「基本的方向性」批判(特集 「戦争する国」と自治体)　小沢隆一「季刊自治と分権」(56)　2014.夏　p.20〜29

06043　状況2014秋 憲法 一五年戦争前夜を思わせる異常な空気 ： 集団的自衛権行使容認の閣議決定に思う　李東埈「社会評論」(178)　2014.秋　p.83〜89

06044　七・一閣議決定は違憲・無効である ： 壊憲反対運動の再構築を！(特集 腐朽する日本独占と労働者階級の進路)　新田進「社会評論」(178)　2014.秋　p.20〜39

06045　”解釈改憲”で乗り切れるのか 「集団的自衛権」の論理と陥穽 ： 容認論に傾き始めた安倍政権の憲法解釈に矛盾はないのか　小林節「月刊times」38(1)　2014.1　p.14〜18

06046　集団的自衛権を行使した事例のほとんどは大国の侵略戦争だった(特集 戦争体制づくりと解釈改憲)「学習の友」(725)　2014.1　p.5〜7

06047　集団的自衛権の破壊力 ： 憲法・安保総学習講座(第2回)憲法9条と集団的自衛権(特集 戦争体制づくりと解釈改憲)　小澤隆一「学習の友」(725)　2014.1　p.38〜45

06048　「平和安全保障」の代案の右翼的緻密化に勤しむ日共官僚(特集 ＜軍国日本＞の再興を許すな)　笛田藤吉郎「新世紀 ： 日本革命的共産主義者同盟革命的マルクス主義派機関誌」通号268　2014.1　p.82〜95

06049　目で見る学習 安倍政権の暴走にストップを!! 秘密保護法、集団的自衛権でねらうもの(特集 戦争体制づくりと解釈改憲)　千坂純「学習の友」(725)　2014.1　p.30〜37

06050　八十翁が示す「戦後から現在、そして未来へ」(後篇)時代的背景と本来の目的に沿って議論すべき、集団的自衛権と憲法改正　水野清

俵孝太郎 「時評」 56(2)通号611 2014.2 p.126～141

06051 トンデモない自衛隊法の拡大解釈 ： 内閣官房作成の「逐条解説」で判明したテロの定義 「金曜日」 22(5)通号995 2014.2.7 p.34～35

06052 政党Interview 公明党 石井啓一政務調査会長に聞く 集団的自衛権について、憲法改正に踏み込むのですか？ 石井啓一 まさのあつこ[聞き手・構成] 「金曜日」 22(7)通号997 2014.2.21 p.16～17

06053 歯止めが失われた安倍首相の「戦争する国家」への道 オバマ来日までに首相は集団的自衛権を合憲化か 森田実 「金曜日」 22(7)通号997 2014.2.21 p.18

06054 政党Interview 民主党 桜井充政策調査会長に聞く 「解釈改憲」反対以外で意見集約できるのでしょうか？ 桜井充 まさのあつこ[聞き手・構成] 「金曜日」 22(8)通号998 2014.2.28 p.14～15

06055 集団的自衛権の破壊力 ： 憲法・安保総学習講座(第4回)国家安全保障基本法の危険な本質 ： 憲法否定の戦争する国づくりへ 右崎正博 「学習の友」 (727) 2014.3 p.84～91

06056 日米安保同盟強化・改憲攻撃を打ち砕け ： 安倍ネオ・ファシスト政権を労学の力で打倒せよ(今こそ反ファシズム統一戦線を) 中央学生組織委員会 「新世紀 ： 日本革命的共産主義者同盟革命的マルクス主義派機関誌」 (269) 2014.3 p.38～63

06057 集団的自衛権の行使容認は憲法解釈ではできない 安倍首相、国民投票を！ 阪田雅裕元内閣法制局長官 阪田雅裕 「週刊朝日」 119(12)通号5241 2014.3.21 p.128～131

06058 安倍政権下の憲法・平和闘争の課題(特集 憲法 ： 安保・軍事) 澤野義一 「科学的社会主義」 (192) 2014.4 p.14～20

06059 集団的自衛権と解釈改憲(特集 憲法 ： 安保・軍事) 家正治 「科学的社会主義」 (192) 2014.4 p.21～27

06060 集団的自衛権の破壊力 ： 憲法・安保総学習講座(第5回)集団的自衛権をめぐる各政党の対応は？ ： 憲法否定の安倍政権の暴走 柴山敏雄 「学習の友」 (728) 2014.4 p.80～87

06061 集団的自衛権、靖国参拝、改憲、原発再稼働、特定秘密保護法 神社本庁、立正佼成会、浄土真宗、統一教会など13団体にアンケート 安倍帝国vs.宗教 ： 創価学会票が離反、接近する教団とは… 「週刊朝日」 119(16)通号5245(増大) 2014.4.11 p.18～22

06062 民主党 桜井充政策調査会長に聞く 「解釈改憲」反対以外で意見集約できるのでしょうか？(さらば、独裁者 ： 検証 暴走する安倍政権—政党Interview) 桜井充 まさのあつこ[聞き手・構成] 「金曜日」 22(15)通号1005

(臨増) 2014.4.17 p.60～61

06063 これは憲法問題だ ： 「解釈」で平和主義を捨ててよいのか 対談 青井未帆×阪田雅裕(特集 集団的自衛権を問う) 青井未帆 阪田雅裕 「世界」 (856) 2014.5 p.70～79

06064 集団的自衛権行使へ 内閣法制局は「保身と慣例」に驕っている ： 護憲勢力の利用にも気づかず元長官らは現実を直視しない主張を繰り返すが 「Themis」 23(5)通号259 2014.5 p.32～33

06065 集団的自衛権の破壊力 ： 憲法・安保総学習講座(最終回)アジア情勢と日本外交のあり方 ： アジアですすむ平和的「安全保障」 川田忠明 「学習の友」 (729) 2014.5 p.68～75

06066 ストップ、集団的自衛権行使による『戦争する国』づくり(その2)集団的自衛権についての解釈、その変更をめぐって(特集 仲間づくりの軌跡 ： その思いと実践) 小沢隆一 「平和運動」 (519) 2014.5 p.20～29

06067 特別インタビュー 憲法解釈変更による集団的自衛権行使容認の暴挙を防ぐ 阪田雅裕 「第三文明」 (653) 2014.5 p.35～37

06068 歯止めなき戦争国家への道 ： 集団的自衛権行使容認は許さない(特集 平和憲法を守り、生かそう) 東森英男 「月刊民商」 56(5)通号644 2014.5 p.2～5

06069 立憲主義脅かす「解釈改憲」 ： 集団的自衛権、行使容認の危うさ 豊田洋一 「婦人之友」 108(5)通号1332 2014.5 p.131～135

06070 立憲主義破壊の集団的自衛権行使容認(特集 右傾化が止まらない安倍政権) 松永裕方 「社会主義」 (623) 2014.5 p.28～35

06071 ”集団的自衛権合憲化反対”を掲げ、安倍内閣打倒の〈反ファシズム統一戦線〉の構築を訴える ： 革マル派全学連が第136回中央委を開催 「国内動向 ： 過激各派の諸動向・教育・労働問題に関する専門情報誌」 (1297) 2014.5.10 p.17～23

06072 憲法骨抜き、安倍首相の集団的自衛権行使容認の今後 連立離脱賭けて公明党は抵抗するのか 横田一 「金曜日」 22(20)通号1010 2014.5.23 p.18～19

06073 東奔政走 「見捨てられる」は本当か 日米安保と集団的自衛権 小松浩 「エコノミスト」 92(24)通号4346 2014.5.27 p.76～77

06074 講演 憲法かがやく日本を ： 福島原発被害者の状況と暴走する安倍政権 ： 日本医労連・加盟組合役員セミナー(2014年4月19日)から(特集 許すな！ 安倍政権の暴走) 山添拓 「医療労働 ： 医療・介護・福祉労働者のための月刊誌」 (569) 2014.6 p.3～10

06075 集団的自衛権行使で 自衛隊は米軍の先兵と化す(対米従属を強める解釈改憲！) 森田実 「月刊日本」 18(6)通号206 2014.6 p.12～17

護憲　　　　　　　　　　　　　　　　　　　　　　　　　　　　　　憲法改正

06076　ストップ、集団的自衛権行使による『戦争する国』づくり（その3）言語道断な安保法制懇報告と政府の「基本的方向性」　小沢隆一「平和運動」（520）　2014.6　p.4～11

06077　民主主義を破壊する解釈改憲は阻止すべき（集団的自衛権を考える）　中島岳志「第三文明」（654）　2014.6　p.24～26

06078　民主主義の崩壊を招く解釈改憲（対米従属を強める解釈改憲！）　平野貞夫「月刊日本」18（6）通号206　2014.6　p.18～23

06079　立憲主義の立場から集団的自衛権行使は絶対に認められない（集団的自衛権を考える）伊藤真「第三文明」（654）　2014.6　p.20～23

06080　解釈改憲論争 自民党は立憲主義に立ち返れ（集団的自衛権の詭弁）　宮尾幹成「金曜日」22（23）通号1013　2014.6.13　p.22～23

06081　撤回された専守防衛、進む集団的自衛権行使の地ならし 自衛隊の海外派遣と米軍一体の戦争準備（集団的自衛権の詭弁）　成澤宗男［作成］「金曜日」22（23）通号1013　2014.6.13　p.27～26

06082　安保法制懇報告書と政府の基本の方向性の問題点 ： 首相のめざす「集団的自衛権行使容認」論を考察する　松原幸恵「反戦情報」（357）　2014.6.15　p.5～7

06083　憲法、平和構築、国際政治、政治史 4分野の論客が本気で心配 本当にいいのか「集団的自衛権」「週刊朝日」119（25）通号5254　2014.6.20　p.18～22

06084　西川伸一の政治時評 集団的自衛権行使への大転換 一政権限りの憲法解釈変更を内閣法制局が認めていいのか　西川伸一「金曜日」22（24）通号1014　2014.6.20　p.10

06085　「集団的自衛権」解釈変更の原点 22年前「カンボジアPKO」の自衛隊ベイビー　田口嘉孝「週刊新潮」59（24）通号2945　2014.6.26　p.144～146

06086　村岡和博の政治時評 立憲主義を破壊する猫だまし 集団的自衛権行使容認へ向け落としどころ探る自民・公明　村岡和博「金曜日」22（25）通号1015　2014.6.27　p.10

06087　安倍政権による「解釈クーデタ」 ： 立憲主義を踏みにじり、集団的自衛権に向かう暴走（私たちが戦地に行く時代!? ： 集団的自衛権を認めていいのか）　小林武「学習の友」（731）　2014.7　p.42～55

06088　安保法制懇『報告書』をよむ ： 平和憲法を否定し歴史的事実の歪曲の論理を糺す（特集 今日の戦争と平和）　鈴田渉「科学的社会主義」（195）　2014.7　p.12～17

06089　「安保法制懇」報告書と安倍解釈改憲は許されない！　「進歩と改革」（751）　2014.7　p.1～3

06090　解釈改憲による憲法改悪阻止に全力を　小島恒久「社会主義」（625）　2014.7　p.5～11

06091　鎌倉孝夫の〈経済診断〉理論篇 集団的自衛権行使は合憲という暴論 ： いま国家の本質の認識こそ　鎌倉孝夫「進歩と改革」（751）　2014.7　p.4～16

06092　講演録 7・1閣議決定後にむけた改憲阻止の国民的共同を求めて　森英樹「法と民主主義」490　2014.7

06093　国民の多くは解釈改憲に反対している ： 世論の動向とマスコミの報道（私たちが戦地に行く時代!? ： 集団的自衛権を認めていいのか）高柳幸雄「学習の友」（731）　2014.7　p.72～75

06094　座談会 変貌する自衛隊・憲法破壊とどうたたかうか（特集 自衛隊60年 戦争する軍隊への変貌）　小泉親司　白髭寿一　竹内真「前衛 ： 日本共産党中央委員会理論政治誌」（911）　2014.7　p.33～57

06095　「集団的自衛権行使」合憲化の閣議決定を絶対に阻止せよ（集団的自衛権行使の合憲化を許すな）「新世紀 ： 日本革命的共産主義者同盟革命的マルクス主義派機関誌」（271）2014.7　p.4～15

06096　集団的自衛権行使許すな ： 安倍記者会見と「報告書」弾劾（特集 国鉄決戦で戦争・改憲阻止 集団的自衛権行使と労働規制撤廃の安倍＝葛西を倒そう）「国際労働運動」42（7）通号455　2014.7　p.17～24

06097　集団的自衛権に反対する論理 ： 長谷部恭男の立憲主義論・集団的自衛権論から考える ： 長谷部恭男『憲法と平和を問いなおす』（特集 リベラルの言説 ： 批判的検証）　山口響「ピープルズ・プラン」（65）　2014.7　p.66～71

06098　集団的自衛権容認にひた走る安倍政権 ： 安保法制懇報告と政府「基本的方向性」をめぐって（特集 自衛隊60年 戦争する軍隊への変貌）　小沢隆一「前衛 ： 日本共産党中央委員会理論政治誌」（911）　2014.7　p.58～71

06099　政治の読み方（112）集団的自衛権 あり得ない憲法解釈変更 安倍首相の暴走を止めよ　武田文彦「Verdad」20（7）通号231　2014.7　p.18～21

06100　対談 解釈改憲の閣議決定へと暴走する安倍政権 公明党はまたもや自民党に追従するのか!?（特集 岐路に立つ日本の進路）　乙骨正生　川﨑泰資「マスコミ市民 ： ジャーナリストと市民を結ぶ情報誌」（546）　2014.7　p.20～31

06101　対談 集団的自衛権 推進論の危険度。（特集 「法治国家・日本」の岐路）　佐藤優　木村草太「潮」（665）　2014.7　p.40～47

06102　特別インタビュー 憲法解釈変更による集団的自衛権行使は国を壊す　長谷部恭男「第三文明」（655）　2014.7　p.33～35

憲法改正　　　　　　　　　　　　　　　　　　　　　　　　　　　　護憲

06103　立憲主義を破壊し、国民主権を軽んずる
集団的自衛権の解釈変更　愛敬浩二　「国民医
療」（318）　2014.7　p.12～16

06104　金曜アンテナ "解釈改憲" 内閣に首相官邸
前は騒然！　集団的自衛権容認を閣議決定　「金
曜日」22（26）通号1016　2014.7.4　p.4

06105　黒島美奈子の政治時評　対馬丸事件の教訓
に唾する「武力放棄」憲法下での異常　日本は再
び戦争のできる国に　黒島美奈子　「金曜日」
22（26）通号1016　2014.7.4　p.16

06106　全国民必読　覚悟せよ、ニッポン人！　自
衛隊は北朝鮮、そして中国と戦う　安倍軍事政権
が誕生：憎しみは頂点に達した　「週刊現代」
56（23）通号2762　2014.7.5　p.40～44

06107　"閣議決定での解釈改憲反対　国民共同の
力で阻止しよう" と訴える：共産党系諸団体の
「集団的自衛権」反対行動　「国内動向：過激各
派の諸動向・教育・労働問題に関する専門情報
誌」（1301）　2014.7.10　p.9～15

06108　安全保障法制の整備について　閣議決定
（全文）：集団的自衛権行使容認を安倍政権が
決める　「反戦情報」（358）　2014.7.15　p.12
～15

06109　集団的自衛権「解釈改憲で容認」の閣議
決定：首相官邸前、連日・連夜、怒りの抗議
行動　「反戦情報」（358）　2014.7.15　p.3～5

06110　解釈改憲直前　天皇陛下があえて問うた　護
衛艦は救助に向かわなかったのですか：「対
馬丸」撃沈70年慰霊の旅　「サンデー毎日」93
（31）通号5234　2014.7.20　p.16～18

06111　「憲法」をぶっ壊した「集団的自衛権」　舞
台裏リポート　「平和の党」が陥落：やっぱり
下駄の雪か　公明党になにが起きたのか！　鈴
木哲夫　「サンデー毎日」93（31）通号5234
2014.7.20　p.19～21

06112　安倍自民党の憲法破壊：集団的自衛権の
嘘八百　福留久大　「進歩と改革」（752）
2014.8　p.25～35

06113　安保法制懇報告書の憲法解釈論批判（特集
安保政策の歴史的転換点）　山内敏弘　「社会民
主」（711）　2014.8　p.7～11

06114　沖縄米軍「辺野古」新基地建設：強行と
抵抗（特集　いま平和を問う）　小林武　「人権と
部落問題」66（9）通号860　2014.8　p.6～14

06115　改憲批判Q&A「集団安全保障」への自衛
隊の参加に問題はないのか？　清水雅彦　「法
と民主主義」491　2014.8

06116　解釈改憲を許すな！　地方議会から安倍
暴走阻止の共同（東京都）（「戦争する国」への
暴走を許さない――各地のレポート）　池田真理
子　「議会と自治体」（196）　2014.8　p.14～16

06117　集団的自衛権と日本の進路（特集　憲法を
守り、生かすとりくみを）　小泉親司　「民医連
医療」（504）　2014.8　p.14～19

06118　集団的自衛権の行使を容認する「安保法
制懇」報告書を批判する：二度と戦争をさせ
ないために　山内敏弘　「進歩と改革」（752）
2014.8　p.4～22

06119　集中OPINION　国民を欺く「バラ色の抑
止力平和論」集団的自衛権は戦争リスクをはら
む　NPO法人国際地政学研究所理事長、自衛隊
を活かす会代表　柳澤協二　柳澤協二　「集中：
medical confidential」7（8）通号77　2014.8
p.56～54

06120　収録　憲法を破壊し、「海外で戦争する国」
をめざす歴史的暴挙：集団的自衛権行使容認
の「閣議決定」の撤回を求める（「戦争する国」
への暴走を許さない）　志位和夫　「議会と自治
体」（196）　2014.8　p.5～7

06121　論壇季評（第54回）賛否両論、『世界』vs.
『中央公論』/質的な解釈改憲を「量」で語る愚/
解釈改憲は首相によるクーデター/本当に海外
軍事派遣はないのか/中国はバブル崩壊、国家
分裂か/内需中心の安定成長へ軟着陸か/尖閣諸
島を巡る日中対立の真相/歴史の中のグローバ
ルな視野とは/発行者なき「通貨」ビットコイ
ン/反インフレ思想が濃厚に反映？　欽喜[出
席]　源三[出席]　徐福[出席他]　「自由思想」
（134）　2014.8　p.42～57

06122　野中広務・元官房長官が集団的自衛権反
対で熱弁　憲法でできた内閣が憲法を無視し解釈
を変えるのは本末転倒だ！　「金曜日」22（31）
通号1021　2014.8.8-15　p.14～15

06123　「閣議決定による解釈改憲」の手続的問題
点　永山茂樹　「反戦情報」（359）　2014.8.15
p.10～12

06124　集団的自衛権をめぐる三冊の本[浅井基文
著『集団的自衛権と日本国憲法』,石破茂著
『日本人のための「集団的自衛権」入門』,柳澤
協二著『亡国の安保政策　安倍政権と「積極的平
和主義」の罠』]　小塚智　「科学的社会主義」
（197）　2014.9　p.78～83

06125　「集団的自衛権行使」合憲化の閣議決定を
弾劾せよ　戦争準備を急ぐ安倍政権を打ち倒せ
（集団的自衛権行使合憲化の閣議決定弾劾）
「新世紀：日本革命的共産主義者同盟革命的マ
ルクス主義派機関誌」（272）　2014.9　p.4～17

06126　集団的自衛権行使容認の問題点（特集
集団的自衛権と安全保障・開発援助をめぐる近
時の情勢）　長谷部恭男　「自由と正義」65（9）
通号789　2014.9　p.8～15

06127　侵略戦争強行を鼓吹する安保法制懇報告
書（集団的自衛権行使合憲化の閣議決定弾劾）
大迫新一　「新世紀：日本革命的共産主義者同
盟革命的マルクス主義派機関誌」（272）
2014.9　p.18～31

06128　武器輸出三原則の撤廃と「平和国家」（特
集　集団的自衛権と安全保障・開発援助をめぐる
近時の情勢）　青井未帆　「自由と正義」65（9）

〔06103～06128〕　　　　　　　　　　　　　　憲法改正　最新文献目録　**227**

通号789 2014.9 p.22〜27

06129 立憲主義を損ない、国会をないがしろにする内閣の暴走に反対！ ：子どもたちに説明できない、集団的自衛権の武力行使を容認する憲法解釈の変更に抗議！（特集 ちょっと待った、何かヘン！ 今、平和を伝えるために） 日本子どもを守る会「子どものしあわせ ：母と教師を結ぶ雑誌」（763） 2014.9 p.8〜11

06130 2014・7・1集団的自衛権行使容認の閣議決定をめぐって 小沢隆一「平和運動」（522） 2014.9 p.4〜11

06131 Q&A 集団的自衛権 ：国の存立を全うし国民を守るため 権力による憲法泥棒 自衛権ではなく他衛権（特集 いま考える 私たちの平和主義） 大槻重信「まなぶ」（689） 2014.9 p.10〜20

06132 ”集団的自衛権行使合憲化、日米新軍事同盟の強化反対”などの大会議案を採択 ：革マル派全学連が第84回定期全国大会を開催「国内動向 ：過激各派の諸動向・教育・労働問題に関する専門情報誌」（1305） 2014.9.10 p.19〜22

06133 集団的自衛権に反対する「憲法の危機を宣言し、教え子を戦場に送らないための特別決議」を採択 ：日教組が第158回中央委員会を開催「国内動向 ：過激各派の諸動向・教育・労働問題に関する専門情報誌」（1305） 2014.9.10 p.16〜18

06134 改憲問題 迷走する集団的自衛権と日本の民主主義（上）元・防衛官僚 柳澤協二氏が広島で講演 柳澤協二「反戦情報」（360） 2014.9.15 p.15〜19

06135 憲法を無視した権力の暴走が生み出した集団的自衛権の容認（集団的自衛権 ：解釈改憲が与える地方への影響） 山中光茂「新潟自治 ：新潟発信の自治情報誌」（61） 2014.10 p.4〜6

06136 憲法と平和 ：私の「思い」（特集 今こそ、憲法問題を語り合う時 ：「平和」のための憲法とは？）「Libra ：The Tokyo Bar Association journal」14（10） 2014.10 p.18〜21

06137 国家自衛権と日本国憲法9条（特集 集団的自衛権 ：論理的虚構の下で進行する危機） 麻生多聞「ピープルズ・プラン」（66） 2014.10 p.25〜34

06138 自衛権本位主義 ：憲法をそのまま武力行使に連結する「閣議決定」と「ナチスの手口」（特集 集団的自衛権 ：論理的虚構の下で進行する危機） 武藤一羊「ピープルズ・プラン」（66） 2014.10 p.53〜66

06139 集団的自衛権行使容認「閣議決定」批判 ：矛盾と破綻にみちた「解釈改憲」 中祖寅一「前衛 ：日本共産党中央委員会理論政治誌」（914） 2014.10 p.38〜51

06140 集団的自衛権行使容認論 ：その問題点と

対抗の理論（特集 集団的自衛権 ：論理的虚構の下で進行する危機） 清水雅彦「ピープルズ・プラン」（66） 2014.10 p.35〜43

06141 集団的自衛権行使容認7・1閣議決定を読み解く 小沢隆一「女性＆運動」（235）通号386 2014.10 p.18〜21

06142 立憲主義を破壊する…わけがない解釈変更（徹底反駁 近頃はやりの妄言・虚言） 佐伯啓思「正論」（513） 2014.10 p.316〜318

06143 集団的自衛権行使反対の”戦争阻止宣言”を採択 ：中核派が「改憲・戦争・原発・首切りの安倍をともに倒そう！ 8・17大集会」を開催「国内動向 ：過激各派の諸動向・教育・労働問題に関する専門情報誌」（1307） 2014.10.10 p.26〜30

06144 改憲問題 迷走する集団的自衛権と日本の民主主義（下）元・防衛官僚 柳澤協二氏が広島市で講演 柳澤協二「反戦情報」（361） 2014.10.15 p.15〜22

06145 人を殺す人間はつくらせない ：自由権規約18条「思想良心の自由」の勧告を政府に突きつけよう 渡辺厚子「社会民主」（714） 2014.11 p.56〜59

06146 改憲批判Q&A 施行された秘密保護法の問題点は解決されたのか？ 清水雅彦「法と民主主義」494 2014.12

06147 集団的自衛権行使容認論の非理非道 ：従来の政府見解との関連で 高見勝利「世界」（863） 2014.12 p.177〜187

06148 戦争と「自衛権」に関する一考察 ：日本国憲法の平和主義を「戦争違法化」論からみる（特集 集団的自衛権） 鈴田渉「科学的社会主義」（200） 2014.12 p.6〜17

06149 平和への道を歩むために求められること ：集団的自衛権に基づく武力攻撃を受けてきた側の声から学ぶ（特集 戦争・平和（その3）） 清末愛砂「人権21 ：調査と研究」（233） 2014.12 p.12〜21

06150 金曜アンテナ いつのまにか憲法改正、集団的自衛権まで「国民とお約束」安倍首相「信任を得た」と豪語「金曜日」22（50）通号1040 2014.12.19-1.2 p.4〜6

06151 「『安保』の国」と集団的自衛権 金子勝「立正法学論集」48（2）通号90 2015 p.35〜77

06152 安保法制定の無理と反対運動の道理（30号記念増大号） 愛敬浩二「季論21 ：intellectual and creative」（30） 2015.秋 p.28〜40

06153 「沖縄の負担軽減」は真っ赤なウソ！ 辺野古新基地 米海兵隊の巨大出撃拠点づくり（特集 様々な視点で憲法を考えよう） 宮城義弘「季刊人権問題」（40） 2015.春 p.17〜28

06154 基調報告 改憲問題としての緊急事態条項（日本国憲法研究（Number 17）緊急事態条項）

愛敬浩二 「論究ジュリスト」（15） 2015.秋 p.142〜149

06155 この人に聞く 閣議決定は違憲・無効である : 安全保障関連法の成立を許すな！（特集 戦争法案を葬り去るために） 飯島滋明 「社会評論」（181） 2015.夏 p.52〜77

06156 戦争法廃止、安倍政権退陣に向けて、一層の闘いを！（特集 様々な視点で憲法を考えよう） 和田進 「季刊人権問題」（42） 2015.秋 p.1〜10

06157 集団的自衛権行使を許さない運動の意義と課題（特集 戦後70年、労働組合運動の原点と憲法いかすたたかい） 小沢隆一 「全労連」（215） 2015.1 p.1〜13

06158 集団的自衛権容認の閣議決定の問題点 山内敏弘 「龍谷法学」47（3） 2015.1 p.647〜681

06159 集団的自衛権は全面武力行使への道 : 安倍の戦争・改憲攻撃と闘うために（戦後70年 : 新たな戦争と改憲） 里島善輝 「序局 : 新自由主義と対決する総合雑誌」（8） 2015.1 p.16〜40

06160 講演「集団的自衛権と憲法」「安倍政権の評価」から 日本が直面する大きな曲がり角 戦後最大の危機に警鐘を鳴らす 孫崎享 「あけぼの」 32（5）通号337 2015.2 p.26〜35

06161 人質事件を口実にした安倍首相の暴走 「邦人救出のための自衛隊派兵」は妄想だ 半田滋 「金曜日」 23（5）通号1045 2015.2.6 p.14〜15

06162 安保同盟強化・改憲攻撃を打ち砕け（今こそ反ファシズムの奔流を） 中央学生組織委員会 「新世紀 : 日本革命的共産主義者同盟革命的マルクス主義派機関誌」（275） 2015.3 p.46〜71

06163 憲法を根底からくつがえし、軍拡路線つきすすむ姿勢を示した「平成27年度予算案」を考える 紙谷敏弘 「平和運動」（528） 2015.3 p.22〜28

06164 「集団的自衛権」で虚言、妄言、暴言（総力大特集 表現の自由とメディア問題） 小川和久 「Will : マンスリーウイル」（123） 2015.3 p.72〜81

06165 村岡和博の政治時評 安全保障論議を密室で いかがわしき自公合意 村岡和博 「金曜日」 23（12）通号1052 2015.3.27 p.10

06166 「安保法制」と中東 : 「中東」を標的として進む日本の軍事化（特集 憲法9条破壊の「戦争法」を許すな） 栗田禎子 「法と民主主義」（497） 2015.4 p.26〜30

06167 集団的自衛権行使容認で日本はどう変わるのか : 川口創さん（弁護士・元イラク派兵差止訴訟弁護団事務局長）に聞く 川口創 「前衛 : 日本共産党中央委員会理論政治誌」（920）

2015.4 p.72〜83

06168 「戦争法」が狙うもの（特集 憲法9条破壊の「戦争法」を許すな） 永山茂樹 「法と民主主義」（497） 2015.4 p.4〜9

06169 安倍政権による切れ目ない軍事力行使への道（特集 改憲阻止、安保諸法案・ガイドライン反対） 山崎比平 「科学的社会主義」（205） 2015.5 p.10〜15

06170 「安保法制」＝「戦争立法」の企てを必ずやめさせよう（特集 憲法9条を守れ！） 小泉親司 「女性＆運動」（242）通号393 2015.5 p.2〜7

06171 自衛隊の機雷掃海出動と集団的自衛権（特集 改憲阻止、安保諸法案・ガイドライン反対） 小塚智 「科学的社会主義」（205） 2015.5 p.22〜32

06172 自民党・公明党 安全保障法制整備の具体的方向性について（特集 改憲阻止、安保諸法案・ガイドライン反対） 「科学的社会主義」（205） 2015.5 p.33〜37

06173 集団的自衛権行使の解釈改憲のからくりを暴く : 憲法前文「平和主義の切り捨て」のクーデター改憲（特集 「戦争のできる国」から「戦争をする国」へ） 小西洋之 「マスコミ市民 : ジャーナリストと市民を結ぶ情報誌」（556） 2015.5 p.16〜25

06174 亡国の安全保障法制 自公合意（特集 「戦争のできる国」から「戦争をする国」へ） 柳澤協二 田嶋義介 「マスコミ市民 : ジャーナリストと市民を結ぶ情報誌」（556） 2015.5 p.2〜15

06175 マスコミの右傾化と安倍政権（特集 戦後七〇年 安全保障法制と強まる改憲策動） 西澤清 「社会主義」（635） 2015.5 p.44〜53

06176 黒島美奈子の政治時評 異論排除の政権に再び奪われる憲法 黒島美奈子 「金曜日」 23（17）通号1057 2015.5.1-8 p.37

06177 憲法学 清水雅彦教授に聞く なにからなにまで憲法違反だ（平和憲法最大の危機） 清水雅彦 「金曜日」 23（20）通号1060 2015.5.29 p.20〜22

06178 国民安保法制懇が緊急声明 世論の力で安倍政権にNOを（平和憲法最大の危機） 星徹 「金曜日」 23（20）通号1060 2015.5.29 p.23

06179 政府とメディアの安全保障法制論議の混迷 軍事がわからない安倍首相の暗愚 田岡俊次 「金曜日」 23（20）通号1060 2015.5.29 p.29

06180 ”戦争法案”閣議決定の次なる野望 憲法改正への布石 18歳選挙権 : 国民投票に向け、ゆるキャラゲーム「あべぴょん」、SNSを駆使（暴走安倍政権”戦争法案”閣議決定の次は？） 桐島瞬 「週刊朝日」 120（21）通号5308 2015.5.29 p.18〜21

06181 「戦争法成立」を主導する”チーム谷内”こ

と安保マフィアたち（平和憲法最大の危機） 野中大樹「金曜日」23（20）通号1060 2015.5.29 p.17～19

06182 「安全保障法制」の批判的検討 : 「壊憲」から「改憲」を導き出そうとする安倍政権を問う（特集 改憲阻止、安保諸法制・ガイドライン反対（2）） 鈴田渉「科学的社会主義」（206） 2015.6 p.15～20

06183 安保法制の根底にある自民党の改憲草案 その危険性を私たちは指摘していく（特集 新しい安保法制で日本はどうなる？） 神保大地「Journalism」（301） 2015.6 p.117～124

06184 「一発の銃弾の重み」をかみしめる隊員 自衛隊の内なる声に耳を澄まし続けて（特集 新しい安保法制で日本はどうなる？） 小貫武「Journalism」（301） 2015.6 p.50～59

06185 改憲と安保法制（特集 改憲阻止、安保諸法案・ガイドライン反対（2）） 加藤晋介「科学的社会主義」（206） 2015.6 p.6～14

06186 多様な法案の一括審議を強く批判する 事後的な検証手続きを導入せよ（特集 新しい安保法制で日本はどうなる？） 木村草太「Journalism」（301） 2015.6 p.40～49

06187 日米安保「一変」の大攻撃 : 集団的自衛権の行使で（特集 新ガイドライン・安保法制粉砕を 労働組合の破壊狙う改憲攻撃 「緊急事態条項」新設許すな）「国際労働運動」43（6）通号465 2015.6 p.7～13

06188 「米国と一緒に戦争できる国」へ（安倍訪米で対米従属は完成した） 小林節「月刊日本」19（6）通号218 2015.6 p.20～23

06189 ″集団的自衛権行使容認や積極的平和主義は認めない″と政府を痛烈に批判 : 大江健三郎氏ら護憲派が「5・3憲法集会」を開催「国内動向 : 過激各派の諸動向・教育・労働問題に関する専門情報誌」（1323） 2015.6.10 p.3～8

06190 反対派が″平和憲法を踏みにじるな″″侵略戦争法制定を許すな″と抗議行動 : 安倍内閣が安全保障法制関連法案を国会に提出「国内動向 : 過激各派の諸動向・教育・労働問題に関する専門情報誌」（1323） 2015.6.10 p.8～14

06191 大村アスカの政治時評 戦争法制案は憲法違反 正論、明快、みな納得 大村アスカ「金曜日」23（22）通号1062 2015.6.12 p.13

06192 剝げ落ちる安倍製「戦争法制」の化けの皮 : 特別委/憲法審査会での審議 「反戦情報」（369） 2015.6.15 p.8～12

06193 石川健治・東京大学教授に聞く 戦争法制で日本から立憲主義がなくなる（徹底追及キャンペーン 悪法国会特集 こうすれば「戦争法案」は止められる） 石川健治 星徹「金曜日」23（23）通号1063 2015.6.19 p.26～27

06194 佐高信の新・政経外科（第39回）公明党は違憲法案支持の「戦争の党」か 佐高信「金曜日」23（23）通号1063 2015.6.19 p.31

06195 南シナ海で米中衝突！ 自衛隊巻き込まれ参戦 : 憲法学者も怒った！ 新安保法制 政府がひた隠す最悪シナリオ「週刊朝日」120（24）通号5311 2015.6.19 p.133～135

06196 「違憲」証言の憲法学者が緊急対談！ 安保法制は撤回せよ 小林節 長谷部恭男 小村田義之「週刊朝日」120（25）通号5312 2015.6.26 p.177～179

06197 金曜アンテナ「安保法案」を「合憲」とする西・百地氏が記者会見 政権迎合で論理が破綻「金曜日」23（24）通号1064 2015.6.26 p.4

06198 全国民必読 安倍総理、これでは「後方支援」どころではありません 自殺者続出中 大丈夫か、自衛隊員 全国25万人「心の病」なんと3万人「週刊現代」57（23）通号2808 2015.6.27 p.44～47

06199 改めて憲法を考える（24）新安保法制と集団的自衛権 成澤孝人「時の法令」（1980） 2015.6.30 p.42～47

06200 安全保障関連法案の検討（改憲阻止、安保諸法案・ガイドライン反対（3））澤野義一「科学的社会主義」（207） 2015.7 p.46～51

06201 安全保障法制は何のため : 戦後70年目の転換点に 豊田洋一「婦人之友」109（7）通号1346 2015.7 p.118～123

06202 安保法案の違憲性について : 名古屋高裁イラク派兵違憲判決から考える 川口創「法学館憲法研究所報」（13） 2015.7 p.2～25

06203 安保法制＝戦争する国づくり法制の問題点（特集 安保法案・憲法改悪許さない） 小沢隆一「全労連」（221） 2015.7 p.1～14

06204 基地被害の根絶と基地撤去をもとめて 横田基地公害訴訟の取り組みと課題（創刊500号記念特集 憲法の危機に抗しつづけて—平和・民主主義・人権闘争のバトンを引き継いで） 吉田健一「法と民主主義」（500・501） 2015.7-9 p.50～52

06205 緊張高まる南シナ海と新安保法制案（改憲阻止、安保諸法案・ガイドライン反対（3）） 小塚智「科学的社会主義」（207） 2015.7 p.57～67

06206 これで国民を守れるか！ 安保法制国会の「無責任＆稚拙」を斬る : 野党の追及は枝葉末節にこだわりこのままでは「憲法守って国滅ぶ」になる！「Themis」24（7）通号273 2015.7 p.8～9

06207 集団的自衛権行使の解釈改憲の「違憲」を暴く : 「昭和47年政府見解」の恣意的な読み替えによるクーデター改憲 小西洋之「マスコミ市民 : ジャーナリストと市民を結ぶ情報誌」（558） 2015.7 p.42～55

06208 戦争法案の違憲性浮き彫りに : 国会論戦

で明確になった危険性　山根隆志　「議会と自治体」（207）　2015.7　p.5〜16

06209　「戦争は平和である」法案の正体 ： 憲法改悪を阻止しよう！（特集 敗戦後70年・原発震災後4年）　中北龍太郎　「ピープルズ・プラン」（69）　2015.7　p.77〜82

06210　早くも露呈した戦争法案の違憲性 ： その廃案への展望　小沢隆一　「平和運動」（532）　2015.7　p.4〜13

06211　ポツダム宣言12項を消した戦後日本の歴史（特集 どうなる、違憲の戦争法案）　森田実　「マスコミ市民 ： ジャーナリストと市民を結ぶ情報誌」（558）　2015.7　p.13〜21

06212　民間人にも戦争協力を迫る「戦争法案」 ： 戦争参加業務を拒否するために（総特集 戦争への対抗 ： 自衛官・市民の命を守る憲法九条）　吉田敏浩　「社会運動」（419）　2015.7　p.65〜72

06213　野党論客に聞く 社会民主党 世論の力で安保法制を廃案に ： 私たちは96条先行改憲論議を鎮静化させた経験がある（特集 どうなる、違憲の戦争法案）　吉田忠智　「マスコミ市民 ： ジャーナリストと市民を結ぶ情報誌」（558）　2015.7　p.35〜41

06214　野党論客に聞く 日本共産党 国会の内外で連携した闘いを ： 徹底審議で法案の実態を明らかに（特集 どうなる、違憲の戦争法案）　赤嶺政賢　「マスコミ市民 ： ジャーナリストと市民を結ぶ情報誌」（558）　2015.7　p.30〜34

06215　野党論客に聞く 民主党 外交カードをたくさんもちたい外務省の思惑と、歴史に名を残したい安倍首相の功名心（特集 どうなる、違憲の戦争法案）　北澤俊美　「マスコミ市民 ： ジャーナリストと市民を結ぶ情報誌」（558）　2015.7　p.22〜29

06216　論点整理 安全保障法制の焦点（2）（特集 戦争立法を問う）　集団的自衛権問題研究会　「世界」（871）　2015.7　p.77〜89

06217　HOT issue（No.11）対談 長谷部恭男 早稲田大学教授＋大森政輔 弁護士 安保法制諸法案が含む憲法上の諸論点　長谷部恭男　大森政輔　「ジュリスト」（1482）　2015.7　巻頭2〜5, 42〜48

06218　Q&A 憲法改正・安保法制「反対論」を論破する　「明日への選択」（354）　2015.7　p.10〜15

06219　「砂川判決」と「72年見解」を持ち出す愚 「安全保障環境悪化」論は無知の告白だ　田岡俊次　「金曜日」23（25）通号1065　2015.7.3　p.24

06220　東奔政走「どんな国に」の構想示さぬ安保法案 政治への信頼抜きに理解は進まない　小松浩　「エコノミスト」93（28）通号4405　2015.7.14　p.72〜73

06221　インタビュー 安保法制、土台そのものが

06222　自衛隊の法的地位問う事なしに派兵するな！ ： 安保法制衆院特別委での伊勢崎賢治教授の陳述　伊勢崎賢治　「反戦情報」（370）　2015.7.15　p.8〜10

06223　砂川判決と集団的自衛権　永山茂樹　「反戦情報」（370）　2015.7.15　p.17〜19

06224　安倍晋三首相は米国の要求に従おうとしている 歴代首相の集団的自衛権違憲論（特集 戦争法案とデタラメ国会）　成澤宗男　「金曜日」23（27）通号1067　2015.7.17　p.19〜18

06225　急先鋒の憲法学者・小林節が語る 戦争法案批判 安倍首相の採点結果は0点（特集 戦争法案とデタラメ国会）　小林節　佐高信　「金曜日」23（27）通号1067　2015.7.17　p.20〜21

06226　村岡和博の政治時評 違憲法案、参議院へ「60日」でつぶせる　村岡和博　「金曜日」23（28）通号1068　2015.7.24　p.10

06227　集団的自衛権は憲法73条でも違憲 政策論と憲法論の峻別が必要（軽き日本国憲法）　木村草太　「エコノミスト」93（30）通号4407　2015.7.28　p.78〜79

06228　憲法も国民の声も無視する戦争法案 ： 政府に正当性はあるのか（政治は変えられる）　小林武　「学習の友」（744）　2015.8　p.42〜47

06229　国際社会の常識からかけ離れた安保法制 ： 法的地位の確立なしに自衛隊を海外に送ってはいけない（特集 無法国家へ 違憲の安保法制を自公が強行）　伊勢崎賢治　石塚さとし　「マスコミ市民 ： ジャーナリストと市民を結ぶ情報誌」（559）　2015.8　p.24〜36

06230　国会論戦がうきぼりにした違憲性とその危険（憲法違反の戦争法案は廃案しかない）　白髭寿一　「前衛 ： 日本共産党中央委員会理論政治誌」（925）　2015.8　p.66〜85

06231　集団的自衛権行使容認の「砂川判決論法」を徹底論破する！（特集 無法国家へ 違憲の安保法制を自公が強行）　小西洋之　「マスコミ市民 ： ジャーナリストと市民を結ぶ情報誌」（559）　2015.8　p.37〜45

06232　主権者・国民の意識に火をつけた安保法制「違憲」発言（特集 無法国家へ 違憲の安保法制を自公が強行）　小林節　石塚さとし　「マスコミ市民 ： ジャーナリストと市民を結ぶ情報誌」（559）　2015.8　p.4〜13

06233　砂川最高裁判決の悪用だ ： 政府の安保法案合憲根拠 元被告らが判決は汚れて無効、廃案を求めて声明（特集 無法国家へ 違憲の安保法制を自公が強行）　田嶋義介　「マスコミ市民 ： ジャーナリストと市民を結ぶ情報誌」（559）　2015.8　p.46〜48

06234　戦後70年と憲法（4）対談 貧困大国アメリ

カに追随したら「経済徴兵制」が ： 知らな過
ぎる国民皆保険体制　堤未果　芝田英昭「住民
と自治」（628）　2015.8　p.6〜12

06235　戦争法案とめる 若者憲法集会＆デモ（政
治は変えられる）　日本民主青年同盟中央委員
会　「学習の友」（744）　2015.8　p.5〜12

06236　戦争法案反対のたたかいのために（2）（憲
法違反の戦争法案は廃案しかない）　「前衛 ：
日本共産党中央委員会理論政治誌」（925）
2015.8　p.86〜99

06237　「戦争法案は違憲」の声を広く大きく（憲
法違反の戦争法案は廃案しかない）　小沢隆一
「前衛 ： 日本共産党中央委員会理論政治誌」
（925）　2015.8　p.53〜65

06238　長谷部恭男教授に聞く 安保法制はなぜ違
憲なのか ： 「切れ目」も「限界」もない武力行
使（特集「違憲」安保法案を廃案に）　長谷部
恭男　「世界」（872）　2015.8　p.52〜57

06239　南沙諸島 緊張煽り集団的自衛権後押しす
る米（特集「違憲」安保法案を廃案に）　岡田
充　「世界」（872）　2015.8　p.79〜86

06240　ロー・ジャーナル 立憲デモクラシーの会
「国会で審議が進む安保関連法案のすみやかな
撤回を求める緊急声明」発表会見　「法学セミ
ナー」60（8）通号727　2015.8　p.6〜8

06241　論点整理 安全保障法制の焦点（3）（特集
「違憲」安保法案を廃案に）　集団的自衛権問題
研究会　「世界」（872）　2015.8　p.70〜78

06242　2015年度の活動方針 ： 戦後70年・「戦争
立法」と沖縄新基地建設反対にたたかいをあ
げ、憲法守る多数派つくる運動と組織を（特集
日本平和委員会第65回定期全国大会）「平和運
動」（533）　2015.8・9　p.5〜18

06243　国内問題 安保関連法案の問題点　小沢隆
一「Interjurist」（185）　2015.8.1　p.39〜43

06244　講演 小林節教授、首相地元で戦争法案を
真向批判（上）7・19宇部憲法共同センター講演
会　小林節「反戦情報」（371）　2015.8.15
p.16〜18

06245　米軍のアフリカ戦略と集団的自衛権行使
の関連性 自衛隊はジブチで何をしようとしてい
るのか　成澤宗男「金曜日」23（31）通号1071
2015.8.21　p.14〜15

06246　オレを切ることのほうが安倍政権にとっ
てリスクだ!? 礒崎陽輔首相補佐官に自民党国対
もプチ切レ（安保法制特集 追い込まれるデタラ
メ政権 待ちかまえる100万人デモと違憲訴訟）
野中大樹「金曜日」23（32）通号1072　2015.8.
28　p.22

06247　加害者にはならぬ すでに名古屋高裁判決
が示していた「後方支援は違憲」 航空自衛隊は
イラクで何をしたか（安保法制特集 待ちかまえ
るデタラメ政権 待ちかまえる100万人デモと違
憲訴訟）　川口創「金曜日」23（32）通号1072

2015.8.28　p.16〜17

06248　これで戦争法制を正当化するのは無理だ
また騒がれ始めた「中国脅威論」の虚と実（安
保法制特集 追い込まれるデタラメ政権 待ちか
まえる100万人デモと違憲訴訟）　田岡俊次「金
曜日」23（32）通号1072　2015.8.28　p.24〜25

06249　不都合な真実『朝まで生テレビ！』でか
き消された指摘 核軍縮の足を引っ張る日本（安
保法制特集 追い込まれるデタラメ政権 待ちか
まえる100万人デモと違憲訴訟）　川崎哲「金
曜日」23（32）通号1072　2015.8.28　p.20〜21

06250　待ちかまえる100万人デモと違憲訴訟（安
保法制特集 追い込まれるデタラメ政権 待ちか
まえる100万人デモと違憲訴訟）　横田一「金
曜日」23（32）通号1072　2015.8.28　p.14〜15

06251　100万人デモ呼びかけ人・高田健さんが語
る 70年代の学生運動とはちがう 若者たちの台
頭とかつてない危機感（安保法制特集 追い込ま
れるデタラメ政権 待ちかまえる100万人デモと
違憲訴訟）　高田健「金曜日」23（32）通号
1072　2015.8.28　p.18

06252　安倍政権 憲法軽視の安保法案を問う　杉
田敦「ひろばユニオン」（643）　2015.9　p.54
〜57

06253　「安保」と「憲法」の二兎を追うなかれ
（創刊400号記念特大号 ： 第2弾！一特集「安
倍嫌い」を考える）　吉崎達彦「新潮45」34
（9）通号401　2015.9　p.38〜42

06254　安保法制と安倍政権を斬る（特集 問われ
る参議院 違憲法案を通すのか）　平野貞夫「マ
スコミ市民 ： ジャーナリストと市民を結ぶ情
報誌」（560）　2015.9　p.32〜36

06255　違憲の戦争法案の強行採決は許さない ：
反対の世論と論戦で安倍政権をおいつめ廃案へ
白髭寿一「前衛 ： 日本共産党中央委員会理論
政治誌」（926）　2015.9　p.13〜28

06256　片山善博の「日本を診る」（70）違憲と不
信で立ち枯れの安保法案　片山善博「世界」
（873）　2015.9　p.97〜99

06257　国のあり方など真剣な審議で、60日ルー
ル適用を阻止（特集 問われる参議院 違憲法案を
通すのか）　江田五月　田嶋義介「マスコミ市
民 ： ジャーナリストと市民を結ぶ情報誌」
（560）　2015.9　p.20〜28

06258　講演 戦争立法の問題について（緊急学習
会（1）戦争法案の問題を地域人権から考える）
丹羽徹「地域と人権」（377）　2015.9　p.7〜19

06259　自衛隊の南西諸島シフトと新安保法制
（上）　小塚智「科学的社会主義」（209）
2015.9　p.66〜70

06260　集団的自衛権「限定行使」の虚実 ： 「保
護法益」の視点から（特集 安保法案 ： 深まる
欺瞞と矛盾）　高見勝利「世界」（873）
2015.9　p.71〜77

06261 「集団的自衛権」より「集団安全保障」（総力大特集 もう大新聞、テレビはいらない！）冨澤暉 「Will：マンスリーウイル」（129）2015.9 p.82〜93

06262 出版界スコープ 安倍政権の国会運営と「安全保障関連法案」の強行採決に反対する：憲法と表現の自由を考える出版人懇談会 「出版ニュース」（2389）2015.9.上旬 p.42〜43

06263 戦後70年、憲法の危機と日米同盟（戦後70年と憲法・民主主義・安保）小沢隆一 「学習の友」（別冊）2015.9 p.34〜45

06264 戦争法制、なぜ「アカン」？ 自民党改憲草案とジェンダー（第61回日本母親大会）金杉美和 「女性＆運動」（246）通号397 2015.9 p.30〜33

06265 時の問題 「切れ目なき安保法制」法案の憲法上の問題点 宮﨑礼壹 「法学教室」（420）2015.9 p.40〜50

06266 日本のうしお 世界のうしお 国際法は憲法に勝る!? ：集団的自衛権を認めたい人たちの常識 「まなぶ」（702）2015.9 p.55〜58

06267 根深い自己責任論と無責任な安倍政権の「安保法制」他の国に代えられない憲法9条による国際貢献を 平野啓一郎 井上伸 「Kokko：「国」と「公」を現場から問い直す情報誌」（[1]）2015.9 p.6〜21

06268 56議会で意見書採択、自衛隊家族も反対の声（北海道）（戦争法案廃止へ：地域から（2））千田悟 「議会と自治体」（209）2015.9 p.5〜9

06269 戦争法案は「必要最小限度の憲法違反」なのか？ 参議院審議にみる 首相・防衛大臣のデタラメ答弁の数々（特集 憲法を守る！ デタラメ政治と闘う人々）「金曜日」23（34）通号1074 2015.9.11 p.14〜15

06270 戦争法制の裏側で 安倍政権による武器輸出と自衛隊海外展開の一体化 軍事技術の民生転用は幻想である（特集 憲法を守る！ デタラメ政治と闘う人々）本田浩邦 「金曜日」23（34）通号1074 2015.9.11 p.20〜21

06271 立党の精神を忘れた公明党はもういらない！ 戦争法案廃案にむけ立ち上がる 創価学会員たち（特集 憲法を守る！ デタラメ政治と闘う人々）横田一 「金曜日」23（34）通号1074 2015.9.11 p.28

06272 interview 集団的自衛権行使容認派の重鎮 佐瀬昌盛・防衛大学校名誉教授が感じた「居心地の悪さ」内閣官房副長官補の二人がレールを敷いてしまっていた 私はもう二度と、官邸には足を踏み入れまいと決めました。（特集 憲法を守る！ デタラメ政治と闘う人々）佐瀬昌盛 「金曜日」23（34）通号1074 2015.9.11 p.18〜19

06273 安倍晋三首相は米国の要求に従おうとしている 歴代首相の集団的自衛権違憲論（特別編集 戦争への不服従―安保法制特集）成澤宗男 「金曜日」23（35）通号1075（臨増）2015.9.14 p.33〜32

06274 追い込まれるデタラメ政権 待ちかまえる100万人デモと違憲訴訟（特別編集 戦争への不服従―安保法制特集）横田一 「金曜日」23（35）通号1075（臨増）2015.9.14 p.18〜19

06275 「戦争法成立」を主導する”チーム谷内”こと安保マフィアたち：平和憲法最大の危機（特別編集 戦争への不服従―安保法制特集）野中大樹 「金曜日」23（35）通号1075（臨増）2015.9.14 p.47〜49

06276 それでも集団的自衛権の行使は違憲だ（特別編集 戦争への不服従―安保法制特集―元内閣法制局長官が安保国会に一喝!!）宮﨑礼壹 「金曜日」23（35）通号1075（臨増）2015.9.14 p.34〜36

06277 野中広務・元官房長官が集団的自衛権反対で熱弁 戦争法でできた内閣が憲法を無視し解釈を変えるのは本末転倒だ！（特別編集 戦争への不服従―安保法制特集）「金曜日」23（35）通号1075（臨増）2015.9.14 p.30〜31

06278 Interview 憲法学者 木村草太さん（特別編集 戦争への不服従―安保法制特集―言葉を鍛える。）木村草太 倉本さおり 「金曜日」23（35）通号1075（臨増）2015.9.14 p.37〜39

06279 小林節教授、首相地元で戦争法案を真向批判（下）7・19宇部憲法共同センター講演会 小林節 「反戦情報」（372）2015.9.15 p.16〜21

06280 総力特集 絶対にあきらめない「違憲」安保法 闘いは続く 「週刊朝日」120（40）通号5327 2015.9.25 p.18〜21

06281 「安全保障関連法案」の憲法上の各問題点（特集「戦争」を忘れない：恒久平和と憲法の使命を考える）伊井和彦 「Libra：The Tokyo Bar Association journal」15（10）2015.10 p.20〜23

06282 安保法制が成立すれば命懸けの戦場が待っている 陸上自衛隊の『個人携行救急品』兵隊を殺すな！ 片端にするな！ 清谷信一 「軍事研究」50（10）2015.10 p.28〜41

06283 国会論戦から明らかになる戦争法案の問題点（特集 戦争法制廃止に向け闘い続けよう―2015年度現代社会問題研究会 シンポジウム 戦争法案阻止と護憲運動）横田昌三 「社会主義」（640）2015.10 p.14〜19

06284 コバセツの視点（3）「戦争法廃止の国民連合政府」構想の快挙 小林節 「Verdad」21（10）通号246 2015.10 p.28

06285 自衛という観念の錯誤：あらたなる戦争宣言を考える（特集 安倍政権を倒す運動と論理：安保法制徹底批判）清末愛砂 「ピープル

ズ・プラン」（70） 2015.10 p.38〜45

06286 砂川事件から学ぶ日本の平和と安全 ： 五
〇年後に明らかとなった砂川事件の真実（特集
安倍政権を倒す運動と論理 ： 安保法制徹底批
判） 吉永満夫 「ピープルズ・プラン」（70）
2015.10 p.46〜55

06287 戦争法案を廃案に！ ： 憲法を我々の手
に取り戻し、安倍政権を打倒しよう！（特集 戦
争法制廃止に向け闘い続けよう） 金子彰 「社
会主義」（640） 2015.10 p.41〜44

06288 戦争法案阻止と護憲運動（特集 戦争法制
廃止に向け闘い続けよう―2015年度現代社会問
題研究会 シンポジウム 戦争法案阻止と護憲運
動） 福山真劫 「社会主義」（640） 2015.10
p.24〜28

06289 戦争法案の危険性と主権者意志表明の重
要性（特集「戦争法」との闘いは続く） 飯島
滋明 「社会民主」（725） 2015.10 p.7〜10

06290 戦争法案の現実的危険と違憲性（上） 山
根隆志 「前衛 ： 日本共産党中央委員会理論政
治誌」（927） 2015.10 p.32〜48

06291 戦争法案の内容と問題点について（特集
戦争法制廃止に向け闘い続けよう―2015年度現
代社会問題研究会 シンポジウム 戦争法案阻止
と護憲運動） 飯島滋明 「社会主義」（640）
2015.10 p.19〜23

06292 戦争法案反対運動の中での憲法研究者の
行動・取組の成果と課題（特集「戦後70年」の
夏・法律家のたたかい ： 軌跡と展望） 清水雅
彦 「法と民主主義」（502） 2015.10 p.10〜
13

06293 問題提起を受けての質疑応答（特集 戦争
法制廃止に向け闘い続けよう―2015年度現代社
会問題研究会 シンポジウム 戦争法案阻止と護
憲運動） 北川鑑一 横田昌三 飯島滋明［他］
「社会主義」（640） 2015.10 p.29〜36

06294 9条と安保法制 自衛官の抗命権について
： 自衛官の人権を求めることは何を獲得するこ
とか（特集 安倍政権を倒す運動と論理 ： 安保
法制徹底批判） 有馬保彦 「ピープルズ・プラ
ン」（70） 2015.10 p.56〜64

06295 違憲安保成立 安倍政権の足元を揺るが
す自衛隊の大欠陥 「週刊朝日」 120（42）通号
5329 2015.10.2 p.18〜21

06296 安全保障法案の採決を前に、国会正門前
に結集した市民、左派勢力が"戦争法反対"を叫
ぶ ： ヤマ場の9月中旬以降は全国で連日反対行
動を実施 「国内動向 ： 過激各派の諸動向・教
育・労働問題に関する専門情報誌」（1331）
2015.10.10 p.3〜11

06297 "「教え子を再び戦場に送るな」の決意を
胸に断固、安全保障関連法反対"を訴える ： 日
教組が第103回定期大会で安倍政権を批判 革マ
ル派は会場前で組合員に共闘呼びかけるビラを

配布 「国内動向 ： 過激各派の諸動向・教育・
労働問題に関する専門情報誌」（1331） 2015.
10.10 p.11〜19

06298 石川健治先生に聞く（座談会 憲法インタ
ビュー ： 安全保障法制の問題点を聞く） 石川
健治 山田亨 「Ichiben bulletin」（512）
2015.11 p.2〜12

06299 戦争法強行であらわになった憲法破壊の
安倍暴走政治 ： 上脇博之さん（神戸学院大学教
授）に聞く 上脇博之 「前衛 ： 日本共産党中央
委員会理論政治誌」（928） 2015.11 p.29〜43

06300 日米新ガイドラインと戦争法の正体を示
す統幕の二つの文書 内藤功 「平和運動」
（535） 2015.11 p.2〜15

06301 改めて憲法を考える（28）市民と憲法保障
： 安保関連法をめぐる市民運動と抵抗権思想
福嶋敏明 「時の法令」（1990） 2015.11.30
p.39〜44

06302 青井未帆先生に聞く（憲法インタビュー ：
安全保障法制の問題点を聞く） 青井未帆 白
木敦士 「Ichiben bulletin」（513） 2015.12
p.15〜20

06303 安全保障関連法（戦争参加法）を巡る闘い
と今後の課題（特集 戦争法つかわせない、あき
らめない） 高橋俊次 「科学的社会主義」
（212） 2015.12 p.24〜30

06304 戦争法案反対運動の到達点と「戦争する
国」づくり阻止の展望（特集「戦争法」廃止―
大国民運動へ） 渡辺治 「全労連」（226）
2015.12 p.1〜16

06305 戦争法廃止の展望と安倍政権の野望 ： グ
ローバル大国化と新自由主義改革の新たな段階
（特集 再び戦争の奉仕者にはならない 戦争法と
国家公務員） 渡辺治 「Kokko ： 「国」と
「公」を現場から問い直す情報誌」（4） 2015.
12 p.5〜21

06306 無権利な自衛隊員と戦争法 ： 安全配慮義
務違反の戦争法発動（特集 再び戦争の奉仕者に
はならない 戦争法と国家公務員） 菅俊治
「Kokko ： 「国」と「公」を現場から問い直す
情報誌」（4） 2015.12 p.44〜51

06307 米国が標的になれば、一連托生 IS戦線 自
衛隊員が"戦死"する日（続報 パリ同時多発テ
ロ） 「週刊朝日」 120（51）通号5338 2015.12.
4 p.18〜21

◆第9条

【図書】

06308 えひめ発9条「改正」no！ 憲法9条をま
もる愛媛県民の会編著 松山 創風社出版
2006.5 142p 21cm 〈文献あり〉 1000円
Ⓣ4-86037-070-8 Ⓝ323.142 憲法9条をまもる
愛媛県民の会

憲法改正　　　　　　　　　　　　　　　　　　　　　　　　　　　　　　　　護憲

06309　憲法九条を語る―日本国憲法九条は体を
はって世界平和を護っている　小田実, 小森陽
一著, 九条の会・千葉地方議員ネット編　五月
書房　2006.7　71p　21cm　〈会期・会場：
2006年5月4日 船橋市民文化ホール〉　600円
①4-7727-0447-7　Ⓝ323.142　小田実　小森陽
一　九条の会千葉地方議員ネット

06310　参議院選挙公約2007―9条と年金があぶな
い 今回は社民党へ　［東京］　社民党　2007
7p　30cm　（第21参社民党届出パンフレット等
第1号）

06311　いま, できること―憲法九条の改悪を許
さない自主国民投票　［東京］　ひとり九条の会
2007.3印刷　52p　21cm　Ⓝ323.142　ひとり九
条の会

06312　我, 自衛隊を愛す故に, 憲法9条を守る―
防衛省元幹部3人の志　小池清彦, 竹岡勝美, 箕
輪登著　京都　かもがわ出版　2007.3　157p
19cm　1400円　①978-4-7803-0073-4　Ⓝ323.
142　小池清彦　竹岡勝美　箕輪登

06313　環境と平和―憲法9条を護り, 地球温暖化
を防止するために　和田武著　あけび書房
2009.6　140p　21cm　1500円　①978-4-87154-
084-1　Ⓝ519　和田武

06314　憲法九条を守るために―年賀状からみる
私の晩年　山浦巌著　長野　ほおずき書籍
2011.4　37p　19cm　〈発売：星雲社〉　952円
①978-4-434-15529-1　Ⓝ323.142　山浦巌

06315　憲法九条の新たな危機に抗して―第二次
安倍政権―政治の右傾化と集団的自衛権 九条の
会憲法学習会記録　九条の会　2013.4　53, 11p
21cm　〈会期：2013年3月3日〉　400円　Ⓝ323.
149　九条の会

06316　「戦争する国」への暴走を止める―九条の
会憲法学習会記録　前泊博盛, 渡辺治［述］　九
条の会　2013.12　84p　21cm　〈会期：2013年
10月6日〉　400円　Ⓝ323.149　前泊博盛　渡
辺治

06317　やっぱり九条が戦争を止めていた　伊藤
真著　毎日新聞社　2014.8　247p　19cm　1250
円　①978-4-620-32272-8　Ⓝ323.142　伊藤真

06318　憲法九条は私たちの安全保障です。　梅
原猛, 大江健三郎, 奥平康弘, 澤地久枝, 鶴見俊
輔, 池田香代子, 金泳鎬, 阪田雅裕著　岩波書店
2015.1　60p　21cm　（岩波ブックレット No.
918）　520円　①978-4-00-270918-5　Ⓝ323.142
梅原猛　大江健三郎　奥平康弘　澤地久枝　鶴
見俊輔　池田香代子　金泳鎬　阪田雅裕

06319　憲法9条を守ろう　へのへの仙人著　文芸
社　2015.10　98p　15cm　500円　①978-4-
286-16653-7　Ⓝ323.142　へのへの仙人

【雑誌】

06320　日本国憲法「第9条」はどのように廃棄さ
れようとしているのか－－自民党「新憲法草

案」と日本国家の「構造改革」　金子勝　「立正
大学法制研究所研究年報」　11　2006

06321　「九条の会・おのみち」の歩み（憲法改悪
反対・憲法を生かす）　原田健　「科学的社会主
義」（93）　2006.1　p.70～74

06322　グローバル9条キャンペーンへの参加を呼
びかける（2006年権利討論集会特集号―第6分科
会 憲法改憲の先にあるもの――基地の再編, 人
の再編, そして私たちの暮らしの変容）　梅田
章二　「民主法律」（265）　2006.2　p.131～133

06323　特集 私の9条――もうひとつの護憲論
村尾信尚　「社会民主」（609）　2006.2　p.3～5

06324　日本国憲法「第九条」はどのように廃棄さ
れようとしているのか―自民党「新憲法草案」
と日本国家の「構造改革」　金子勝　「立正大学
法制研究所研究年報」（11）　2006.3　p.1～13

06325　9条守ることが国民の願い（日本共産党第
24回大会特集（全記録）―国内来賓あいさつ）
吉田健一　「前衛 : 日本共産党中央委員会理論
政治誌」　通号803（臨増）　2006.4　p.289～291

06326　座談会 憲法9条, その変遷と改憲阻止闘
争に向けて（特集 日本国憲法公布六〇年）　佐
藤ündzoku 山本和夫　山下開［他］　「社会主義」
（525）　2006.5　p.42～56

06327　9条護憲共同行動の論理と展開　山崎一三
「進歩と改革」　通号653　2006.5　p.5～16

06328　「10・21九条改憲阻止の会」銀座デモレ
ポート　佐藤浩一　「情況. 第三期 : 変革のた
めの総合誌」　7（6）通号62　2006.11・12　p.
236～239

06329　解釈変更ではなく, 憲法改正で対応を
――憲法第9条の論点［含 質疑応答］（憲法特
集）　阪田雅裕　「読売クオータリー」（2）
2007.夏　p.64～78

06330　自分が悪魔にならないためにも憲法9条を
守りたい――「悪魔」の所行の衝撃（民法協国
際交流委員会 中国視察報告集）　西村紀子　「民
主法律」（269）　2007.3　p.15～17

06331　9条改憲と一体の改憲手続法案の欺瞞（特
集 二大選挙――安倍政権下での政党選択を問
う）　笠井亮　「前衛 : 日本共産党中央委員会
理論政治誌」　通号816　2007.4　p.51～62

06332　九条改憲と自衛隊（特集 日本国憲法施行
六〇年）　大槻重信　「社会主義」（538）
2007.5　p.25～35

06333　「九条の会」結成が広げた新しい結びつき
――北海道・新得町（座談会 「改憲ノー」の多
数派めざす地域革新懇）　青柳茂行　「議会と自
治体」　通号109　2007.5　p.21～23

06334　情況への発言 9条改憲を許さない「6・15
共同行動」へ――日比谷野外音楽堂, 午後六
時！　9条改憲阻止の会　「情況. 第三期 : 変
革のための総合誌」　8（4）通号66　2007.5・6
p.29～31

護憲　　　　　　　　　　　　　　　　　　　　　　　　　　憲法改正

06335　風刺天国（8）憲法9条死滅記念日/標的は
東京？　マッドアマノ「創」37（6）通号413
2007.6　p.9〜11

06336　参議院選挙にむけて──与野党逆転と憲
法9条改悪をストップさせるために「進歩と改
革」通号667　2007.7　p.1〜3

06337　風刺天国（9）憲法改定礼賛映画「靖国で
会おう」　マッドアマノ「創」37（7）通号414
2007.7　p.9〜11

06338　9条ネット・岡山 生き生きと活動を展開
中（特集 安倍政権との対決─「9条ネット」の
結成と活動──各地から）堀井進「科学的社
会主義」（111）　2007.7　p.39〜41

06339　9条ネット熊本 新しい仲間から多くを学
びながらの闘い（特集 安倍政権との対決─「9条
ネット」の結成と活動──各地から）石田博文
「科学的社会主義」（111）　2007.7　p.45〜47

06340　9条ネット・滋賀 いまこそ護憲派の総結
集へ（特集 安倍政権との対決─「9条ネット」
の結成と活動──各地から）稲村守「科学的
社会主義」（111）　2007.7　p.37〜39

06341　9条ネット・四国「何をするのか」が問わ
れている（特集 安倍政権との対決─「9条ネッ
ト」の結成と活動──各地から）河村洋二
「科学的社会主義」（111）　2007.7　p.47〜49

06342　9条ネット・千葉 三〇〇〇人の賛同者を
めざす（特集 安倍政権との対決─「9条ネット」
の結成と活動──各地から）工藤東「科学的
社会主義」（111）　2007.7　p.33〜35

06343　9条ネット・東京 走りながら闘争態勢を
強化（特集 安倍政権との対決─「9条ネット」
の結成と活動──各地から）江原栄昭「科学
的社会主義」（111）　2007.7　p.43〜45

06344　9条ネット・ひょうご 兵庫選挙区で原さ
んを擁立（特集 安倍政権との対決─「9条ネッ
ト」の結成と活動──各地から）中村伸夫
「科学的社会主義」（111）　2007.7　p.35〜37

06345　9条ネット・ひろしま 体温をもつ「9条
ネット」にするために（特集 安倍政権との対決
─「9条ネット」の結成と活動──各地から）
安保英賢「科学的社会主義」（111）　2007.7
p.41〜43

06346　「9条守れ」はどこでも”またれていた運
動”として多くの府民の心をとらえています
──第41回大阪憲法会議総会議案より（抜粋）
（第52回［民主法律協会］総会特集号─特別報
告）筆保勝「民主法律」（271）　2007.8　p.
115〜118

06347　改憲ウオッチ（2）九条の解釈改憲へまっ
しぐら　中西裕三「科学的社会主義」（113）
2007.9　p.70〜73

06348　「日米同盟」強化と深まる矛盾──九条改
憲と「日米同盟」体制強化の危険　小泉親司
「前衛 : 日本共産党中央委員会理論政治誌」通

号822　2007.10　p.13〜26

06349　9条世界会議をめざして（5）日本国憲法第
九条の国際的・人類的普遍性　河上暁弘「法と
民主主義」（424）　2007.12　p.60〜63

06350　9条世界会議をめざして（6）9条を守る運
動にとっての「9条世界会議」　笹本潤「法と
民主主義」（425）　2008.1　p.70〜72

06351　9条ネットは「これからだ」　高橋俊次
「科学的社会主義」（118）　2008.2　p.51〜55

06352　憲法9条と朝鮮問題　岩本正光「平和運
動」（452）　2008.6　p.14〜20

06353　歌人たちの憲法・平和意識 9条ネットで
の歌人との出会いをきっかけに（特集 非核・平
和、人権の社会を築く）稲村守「科学的社会
主義」（124）　2008.8　p.36〜41

06354　憲法9条はなぜ守らなくてはいけないか
──9条は人類の願い、最大の戦争抑止力　松
嶋道夫「久留米大学法学」（59・60）　2008.10
p.198〜136

06355　ソマリア海賊対策は憲法第9条の原点に
立って（特集 ソマリア派兵の真の狙い）伊藤
成彦「マスコミ市民 : ジャーナリストと市民
を結ぶ情報誌」通号483　2009.4　p.14〜17

06356　外交権の平和憲法の統制（特集 平和外交
と日本国憲法9条）河上暁弘「法と民主主義」
（439）　2009.6　p.16〜22

06357　憲法9条論・規範論について──絶対平和
主義と無軍備安全保障の理念について（特集 平
和外交と日本国憲法9条）上田勝美「法と民
主主義」（439）　2009.6　p.10〜15

06358　大きく変わる憲法9条をめぐる情勢──総
選挙結果、鳩山新連立政権の成立に関連して
津田公男「社会主義」（568）　2009.10　p.91
〜98

06359　憲法9条をめぐる解釈の原点と政策の現点
──「9条運動」論のための覚え書き（1）小林
武「愛知大学法学部法経論集」（183）　2009.
12　p.93〜114

06360　限定的軍事力論と民主主義法学（ミニ・シ
ンポジウム 憲法9条護憲と民主主義法学──冷
戦と9・11後の世界と日本）永山茂樹「法の
科学 : 民主主義科学者協会法律部会機関誌
「年報」」通号41　2010　p.118〜123

06361　内閣法制局の憲法9条解釈のなし崩し的解
体が狙い──内閣法制局長官の国会答弁を禁止
する国会法改正問題（特集 議会制民主主義とあ
るべき選挙制度）中村明「法と民主主義」
（446）　2010.2・3　p.22〜27

06362　市民は無力ではない:新垣仁美〈列島のス
マイル/9条を握りしめて3〉前田朗「マスコ
ミ市民 : ジャーナリストと市民を結ぶ情報誌」
494　2010.3

06363　憲法九条を全否定する安保懇報告「民主

236　憲法改正 最新文献目録　　　　　　　　　　　〔06335〜06363〕

主義的社会主義 ： 民主主義的社会運動理論・学習誌」（69）　2010.9　p.52〜54

06364　夢は世界巡回公演：垣内由香〈列島のスマイル／9条を握りしめて12〉　前田朗　「マスコミ市民 ： ジャーナリストと市民を結ぶ情報誌」503　2010.12

06365　改憲ウオッチ（8）9条に挑戦する民主党・菅政権の安保防衛政策　中西裕三　「科学的社会主義」（153）　2011.1　p.64〜67

06366　憲法第9条と集団的自衛権 ： 国会答弁から集団的自衛権解釈の変遷を見る　鈴木尊紘「レファレンス」61（11）通号730　2011.11　p.31〜47

06367　憲法九条を守り活かす今日的課題（特集 日本国憲法の改悪に立ち向かう）　伊藤真　「アジェンダ ： 未来への課題」（39）　2012.冬p.6〜12

06368　「九条の会」運動と若手歴史研究者（特集 日米同盟と憲法九条）　西尾泰広　松岡弘之「歴史評論」（742）　2012.2　p.69〜81

06369　大藤理子の政治時評 全ては憲法9条が原因 ： この脈絡のない飛躍こそおバカな右派政治家の伝統芸　大藤理子　「金曜日」20（8）通号900　2012.3.2　p.12

06370　九条改憲の動きに抗して（特集 安倍政権発足と憲法の危機─憲法改悪の動きにどう立ち向かうか）　小沢隆一　「法と民主主義」（475）2013.1　p.29〜31

06371　「九六条」改憲策動とアベノミクス　上野建一　「科学的社会主義」（180）　2013.4　p.2〜5

06372　対談 福島みずほ×半藤一利 憲法9条「戦争放棄」「軍隊を作らない」こそ国防のために一番良い方法である。　福島みずほ　半藤一利「社会民主」（695）　2013.4　p.44〜49

06373　勲章なんていらない！ 米帰還兵たちの叫び（憲法特集 9条が危ない！ 自民党の暴走）「金曜日」21（16）通号957　2013.4.26・5.3　p.26〜27

06374　憲法特集Interview 元女性自衛官が語る自衛隊と憲法 自衛隊で働いている人たちへ（憲法特集 9条が危ない！ 自民党の暴走）「金曜日」21（16）通号957　2013.4.26・5.3　p.24〜25

06375　憲法特集Interview 元防衛官僚小池清彦氏に聞く 文民統制の破壊と改憲・海外派兵の危機（憲法特集 9条が危ない！ 自民党の暴走）　小池清彦　「金曜日」21（16）通号957　2013.4.26・5.3　p.28〜29

06376　9条が危ない！ 自民党の暴走（憲法特集 9条が危ない！ 自民党の暴走）「金曜日」21（16）通号957　2013.4.26・5.3　p.16〜17

06377　アメリカが求める九条改憲の深層 ： 米公文書館からの報告（特集 憲法改悪に反対し、憲法を守り生かす）　末浪靖司　「前衛 ： 日本共産党中央委員会理論政治誌」（895）　2013.5　p.52〜68

06378　憲法闘争と労働組合 ： 労働戦線に9条改悪反対の多数派を（特集 輝く憲法 改憲許さぬたたかい）　高橋信一　「全労連」（196）　2013.6　p.20〜23

06379　第9条をめぐる対抗と改憲への策動（特集 輝く憲法 改憲許さぬたたかい）　金子勝　「全労連」（196）　2013.6　p.1〜11

06380　安倍政権の外交・安保と歴史認識 憲法9条のもとで、日本軍事同盟からの自立を（特集 日本が危ない！ 憲法が危ない！）　天木直人「マスコミ市民 ： ジャーナリストと市民を結ぶ情報誌」（534）　2013.7　p.13〜25

06381　憲法九六条改正「先行論」の不当性（いまなぜ憲法改正なのか）　井口秀作　「月刊自治研」55（646）　2013.7　p.24〜30

06382　9条世界に伝えよう（特集 憲法改正）　鈴木敏夫　「熱風 ： スタジオジブリの好奇心」11（7）通号127　2013.7　p.13〜15

06383　新 わたしと憲法シリーズ 「憲法って何なのか」を知らしめることが大事 改憲派にとってそれが一番怖い 小林節 ： 改正発議要件を緩めることに反対する9条改憲論者　小林節「金曜日」21（25）通号966　2013.7.5　p.31

06384　9条の会活動から 改憲NO！ 原発NO！の草の根世論創出めざす ： 広島県9条の会ネットのジャンボチラシ配布　川合明　「反戦情報」（348）　2013.9.15　p.24〜26

06385　「九条を守り生かす」活動に確信と誇り持ち市民と共に草の根から一歩一歩（特集 憲法擁護の展開（その3））　内田みどり　「人権21 ： 調査と研究」（226）　2013.10　p.18〜24

06386　九条の改憲と壊菜 ： そのねらいと矛盾森英樹　「前衛 ： 日本共産党中央委員会理論政治誌」（903）　2013.12　p.29〜45

06387　新 わたしと憲法シリーズ アン・ライト ： 九条を世界に伝え歩く元米陸軍大佐・外交官「もう戦争はしない」という憲法を持つからこそ世界は日本を信頼し尊敬する　アン，ライト「金曜日」21（47）通号988　2013.12.6　p.39

06388　9条の会活動から シンポジウム＜集団的自衛権行使容認と憲法＞ 安倍首相の如何わしさと危険性 ： 元防衛官僚・柳澤協二氏が批判　渡辺治［司会］　柳澤協二　「反戦情報」（351）2013.12.15　p.7〜13

06389　東アジアの平和を脅かす憲法九条の空洞化（特集 民主主義の危機とキリスト者）　山本俊正　「キリスト教文化」（4）　2014.秋　p.12〜20

06390　憲法第9条の交戦権否認規定と武力紛争当事国の第三国に対する措置　松山健二「レファレンス」64（1）通号756　2014.1　p.87〜101

06391 国防軍と軍法会議 : 憲法九条のリアル（特集 今こそ日本国憲法を）水島朝穂「歴史地理教育」（814）2014.1 p.18〜23

06392 「ナチス的手法」による憲法第九条の実質的破棄 : 集団的自衛権行使の合憲化・国家安全保障基本法の制定を許すな（特集 ＜軍国日本＞の再興を許すな）河内音哉「新世紀 : 日本革命的共産主義者同盟革命的マルクス主義派機関誌」通号268 2014.1 p.52〜61

06393 集団的自衛権の破壊力 : 憲法・安保総学習講座（第3回）法律上の根拠もない安保法制懇とは : 憲法九条の機能停止がねらい 川村俊夫「学習の友」（726）2014.2 p.86〜93

06394 新 わたしと憲法シリーズ デビッド・ロスハウザー 世界で9条を広める米国の映画監督 戦争の放棄は「夢想」ではない 人類が共存していくには平和以外の選択肢はないます デビッド，ロスハウザー「金曜日」22（11）通号1001 2014.3.21 p.37

06395 黒風白雨（27）集団的自衛権行使は9条改憲である 宇都宮健児「金曜日」22（13）通号1003 2014.4.4 p.43

06396 憲法9条の再解釈を行うのであれば、歴史認識で東アジア諸国と和解すべきだ（特集 集団的自衛権を考える）マイク，モチヅキ 渡辺武達［翻訳］「Journalism」（288）2014.5 p.55〜65

06397 世界安全保障の最大のリスクと化した安倍ナショナリズム : 国際的に真価が問われる憲法第九条 柴山健太郎「進歩と改革」（749）2014.5 p.24〜33

06398 紛争解決に9条でできることはある 自衛隊は非武装の軍事監視団に特化すべき（集団的自衛権の詭弁）伊勢崎賢治「金曜日」22（23）通号1013 2014.6.13 p.24〜25

06399 社説/斜論（第115回）「集団的自衛権」憲法9条の「涙」論説室のオジサンたちは燃えている 全国の社説を敵に回した安倍首相 立石勝規「時評」56（7）通号616 2014.7 p.152〜155

06400 元木昌彦のメディアを考える旅（198）安倍首相の思想に真っ向対立する「憲法9条にノーベル平和賞を」運動 元木昌彦 石垣義昭［同行］「エルネオス」20（7）通号236 2014.7 p.96〜101

06401 カトリック・アイ 政治 声に出して読みたい「第9条」: 安倍政権の暴走に歯止めをかけるために「福音と社会」53（4）通号275 2014.8 p.10〜12

06402 知らない間に憲法9条が骨抜きに？ まずは知憲。カフェで、リビングで 安田菜津紀 太田啓子「女性のひろば」（427）2014.9 p.30〜36

06403 若者を戦場に送らないために 内藤功「経済」（228）2014.9 p.14〜16

06404 ”戦争をさせない！ 9条壊すな！”安倍政治に反対叫ぶ5,500人が集会・デモ : 労組、市民団体などが「9・4総がかり行動」を実施「国内動向 : 過激各派の諸動向・教育・労働問題に関する専門情報誌」（1307）2014.10.10 p.3〜8

06405 9条の会活動から 安倍内閣の改憲暴走を許さない！ 九条の会、初の全国統一行動月間、集会・デモを敢行「反戦情報」（363）2014.12.15 p.17〜19

06406 現実化する「9条改悪」の危機 : 言論統制下で進められる「国民投票」への道 斉藤健一「マスコミ市民 : ジャーナリストと市民を結ぶ情報誌」（555）2015.4 p.71〜75

06407 「日米同盟の深化」と「日米防衛協力のための指針」（ガイドライン）の再改定（特集 憲法9条破壊の「戦争法」を許すな）倉持孝司「法と民主主義」（497）2015.4 p.10〜15

06408 安倍政権を支える日本会議の成り立ちと動向、女性戦略（特集 憲法9条を守れ！）俵義文「女性＆運動」（242）通号393 2015.5 p.10〜19

06409 憲法「改正」や「慰安婦」問題の否定…草の根で行動を強めるバックラッシュ派のたくらみ許さない : 各地の新婦人から寄せられた報告より（特集 憲法9条を守れ！）「女性＆運動」（242）通号393 2015.5 p.20〜22

06410 三菱重工業 三菱電機 川崎重工業 日本電気 コマツ…… 特需期待にほくそ笑む軍需産業（平和憲法最大の危機）宮崎信行「金曜日」23（20）通号1060 2015.5.29 p.24〜25

06411 憲法9条を紙切れにし法治国家壊す集団的自衛権行使の「戦争法制」: 青井未帆 学習院大学教授インタビュー 青井未帆 井上伸「国公労調査時報」（630）2015.6 p.1〜19

06412 アメリカのユートピア（総特集 戦争への対抗 : 自衛官・市民の命を守る憲法九条）フレドリック，ジェイムソン 田尻芳樹［訳］「社会運動」（419）2015.7 p.128〜151

06413 安全保障についての議論を : 対抗的専門家を活用する（総特集 戦争への対抗 : 自衛官・市民の命を守る憲法九条）小熊英二「社会運動」（419）2015.7 p.78〜83

06414 オスプレイの横田基地配備に反対 : 周辺自治体と市民の取組み（総特集 戦争への対抗 : 自衛官・市民の命を守る憲法九条）福本道夫「社会運動」（419）2015.7 p.96〜98

06415 「外圧に抗する快感」を生きる社会（その4）歴史を過去のことにした報い（総特集 戦争への対抗 : 自衛官・市民の命を守る憲法九条）太田昌国「社会運動」（419）2015.7 p.118〜127

06416 キャンプ座間を抱える町で戦争反対を : 足元の基地問題に向き合う行動家（総特集 戦争

へ の 対抗 ： 自衛官・市民の命を守る憲法九条）
バスストップから基地ストップの会 「社会運
動」（419） 2015.7 p.91～95

06417 ケア 非暴力を学ぶ実践（総特集 戦争への
対抗 ： 自衛官・市民の命を守る憲法九条） 上
野千鶴子 「社会運動」（419） 2015.7 p.6～10

06418 この危機に立ち向かうには ： 草の根、ど
ぶ板の運動論（総特集 戦争への対抗 ： 自衛官・
市民の命を守る憲法九条） 辻元清美 「社会運
動」（419） 2015.7 p.11～17

06419 柄谷行人インタビュー（後篇）神の国・超
自我・非戦について（総特集 戦争への対抗 ：
自衛官・市民の命を守る憲法九条） 柄谷行人
加藤好一 「社会運動」（419） 2015.7 p.152
～165

06420 レイシズムと戦争の闇 ： 九月、東京の路
上で（総特集 戦争への対抗 ： 自衛官・市民の
命を守る憲法九条） 加藤直樹 「社会運動」
（419） 2015.7 p.40～42

06421 黒風白雨（34）憲法9条、25条を同時に破
壊する政権 宇都宮健児 「金曜日」23（28）通
号1068 2015.7.24 p.58

06422 2015年7月16日映画人九条の会記者会見
映画人・映画関係者らが安全保障関連法案に反
対を唱える（戦後70年目の戦争映画特集 ： 映画
は何ができるのか） 高橋邦夫 池谷薫 神山
征二郎［他］ 「キネマ旬報」（1696）（増刊）
2015.8.18 p.202～207

06423 9条守らないとんでもない国になる 創価
大学教員らが安保法案反対声明（夏終いワイド
哀しき蟬時雨） 「サンデー毎日」94（37）通号
5300 2015.9.6 p.151

06424 三菱重工業 三菱電機 川崎重工業 日本電
気 コマツ…… 特需期待にほくそ笑む軍需産業
： 平和憲法最大の危機（特別編集 戦争への不服
従―安保法制特集） 宮崎信行 「金曜日」23
（35）通号1075（臨増） 2015.9.14 p.58～59

06425 いまこそ憲法9条が輝く時である（特集 安
倍独裁を許すな） 天木直人 「マスコミ市民 ：
ジャーナリストと市民を結ぶ情報誌」（561）
2015.10 p.23～27

06426 自衛官の人権弁護団と自衛隊員と家族、
恋人のための緊急相談（憲法九条実現のために
（1）） 佐藤博文 「法と民主主義」（503）
2015.11 p.32～35

◆国民投票
【図書】

06427 つぶせ！ 国民投票法案―狙いは戒厳令下
の九条改憲だ 憲法問題研究会編 現代文化研
究所 2006.3 70p 21cm 400円 Ⓘ4-88139-
119-4 Ⓝ323.149 憲法問題研究会

06428 欠陥「国民投票法」はなぜ危ないのか
隅野隆徳著 アスキー・メディアワークス
2010.4 191p 18cm （アスキー新書 148）
〈発売 ： 角川グループパブリッシング〉 743円
Ⓘ978-4-04-868563-4 Ⓝ323.149 隅野隆徳

【雑誌】

06429 改憲のための国民投票法案の危険性 津
田公男 「社会主義」（526） 2006.6 p.84～89

06430 こんな手続きで改憲は許されない――改
憲国民投票法案は欠陥品 小沢隆一 「平和運
動」（440） 2007.5 p.4～9

改憲

◆改憲論
【図書】

06431 憲法改正序曲―ドキュメント平成17年
岡田直樹著 金沢 北國新聞社 2006.7 326p
20cm 1700円 Ⓘ4-8330-1480-7 Ⓝ312.1 岡
田直樹

06432 憲法「改正」と地方自治―21世紀に活か
すために 小林武著 自治体研究社 2006.8
101p 21cm 1200円 Ⓘ4-88037-467-9
Ⓝ323.149 小林武

06433 護憲メッタ斬り！ 阿部晃著 夏目書房
2006.8 254p 19cm 1300円 Ⓘ4-86062-055-
0 Ⓝ323.149 阿部晃

06434 ”改革の時代”と憲法 憲法理論研究会編
著 敬文堂 2006.10 232p 20cm （憲法理
論叢書 14） 2800円 Ⓘ4-7670-0142-0 Ⓝ323.
01 憲法理論研究会

06435 核武装なき「改憲」は国を滅ぼす 片岡
鉄哉著 ビジネス社 2006.11 208p 20cm
1500円 Ⓘ4-8284-1304-9 Ⓝ310.4 片岡鉄哉

06436 体験的「反改憲」運動論―なぜ私たちは
「護憲」ではないのか ピープルズ・プラン研究
所編 現代企画室 2006.11 132p 21cm
（シリーズ「改憲」異論 4） 1000円 Ⓘ4-7738-
0610-9 Ⓝ323.149 ピープルズプラン研究所

06437 念仏者と平和―改憲・教育基本法「改正」
問題と私たち 高史明、高橋哲哉、小川一乗、児
玉暁洋、真城義麿、信楽峻麿ほか［著］ 真宗大谷
派教学研究所編 京都 真宗大谷派宗務所出版
部 2007.2 102p 21cm （Shinshu booklet
no.12） 〈年表あり〉 500円 Ⓘ978-4-8341-
0364-9 Ⓝ188.7 高史明 高橋哲哉 小川一乗
教学研究所

06438 理想国家の憲法 粂川研二著 名古屋
ブイツーソリューション 2007.2 197p
21cm 〈発売 ： 星雲社〉 2000円 Ⓘ978-4-434-
10307-0 Ⓝ323.149 粂川研二

06439 日本国憲法無効宣言―改憲・護憲派の諸君！この事実を直視せよ　渡部昇一，南出喜久治著　ビジネス社　2007.4　238p　20cm　1500円　Ⓘ978-4-8284-1346-4　Ⓝ323.14　渡部昇一　南出喜久治

06440 平和主義と改憲論議　澤野義一著　京都法律文化社　2007.4　293p　22cm　6000円　Ⓘ978-4-589-03021-4　Ⓝ323.149　澤野義一

06441 「改憲」の系譜―9条と日米同盟の現場　共同通信社憲法取材班著　新潮社　2007.5　236p　20cm　1400円　Ⓘ978-4-10-304751-3　Ⓝ392.1076　共同通信社憲法取材班

06442 憲法はどのように変えるべきか　古田道麗著　調布　アーバンプロ出版センター　2007.6　264, 9p　21cm　〈人生の目的 3〉　2000円　Ⓘ978-4-89981-170-1　Ⓝ323.01　古田道麗

06443 憲法諸相と改憲論―吉田善明先生古稀記念論文集　吉田善明先生古稀記念論文集刊行委員会編　敬文堂　2007.8　514p　22cm　〈肖像あり〉〈著作目録あり〉　8000円　Ⓘ978-4-7670-0150-0　Ⓝ323.04

06444 和田秀樹の憲法改正論　和田秀樹著　原書房　2007.8　235p　19cm　1300円　Ⓘ978-4-562-04094-0　Ⓝ323.149　和田秀樹

06445 改憲・改革と法―自由・平等・民主主義が支える国家・社会をめざして　民主主義科学者協会法律部会編　日本評論社　2008.4　417p　26cm　（法律時報増刊）　3429円　Ⓝ323.149　民主主義科学者協会

06446 犯罪抑止のための憲法・法律改正案―元警視庁捜査官の緊急提言　三國村光陽著　文芸社　2008.7　219p　19cm　1400円　Ⓘ978-4-286-04967-0　Ⓝ368.6　三國村光陽

06447 未来の日本を創るのは君だ！―15歳からの憲法改正論　中山太郎著　PHP研究所　2008.11　190p　18cm　950円　Ⓘ978-4-569-70409-8　Ⓝ323.149　中山太郎

06448 日本よ、「戦略力」を高めよ―「憲法九条」「国連至上主義」の呪縛を解く　櫻井よしこ編　文藝春秋　2009.10　173p　19cm　1048円　Ⓘ978-4-16-371860-6　Ⓝ304　櫻井よしこ

06449 新読めばわかる「憲法改正」―the constitution of Japan made by USA　梶山茂著　文芸社　2010.1　235p　19cm　〈文献あり〉　1400円　Ⓘ978-4-286-08171-7　Ⓝ323.14　梶山茂

06450 日本は憲法で滅ぶ―中国が攻めてくる！　渡部昇一監修　総和社　2011.2　276p　19cm　〈執筆：西尾幹二ほか〉　1200円　Ⓘ978-4-86286-048-4　Ⓝ323.149　渡部昇一

06451 憲法が日本を亡ぼす　古森義久著　海竜社　2012.11　260p　20cm　1600円　Ⓘ978-4-7593-1277-5　Ⓝ319.1053　古森義久

06452 「日本国憲法」廃棄論―まがいものでない立憲君主制のために　兵頭二十八著　草思社　2013.3　254p　20cm　1600円　Ⓘ978-4-7942-1965-7　Ⓝ323.14　兵頭二十八

06453 国民の憲法　産経新聞社著　産経新聞出版　2013.7　285p　21cm　〈発売：日本工業新聞社〉　1200円　Ⓘ978-4-8191-1219-2　Ⓝ323.149　産経新聞社

06454 憲法改正の論点　西修著　文藝春秋　2013.8　254p　18cm　（文春新書 929）　750円　Ⓘ978-4-16-660929-1　Ⓝ323.149　西修

06455 天皇に捧ぐ憲法改正　本多清監修　毎日ワンズ　2013.8　220p　20cm　1400円　Ⓘ978-4-901622-70-7　Ⓝ323.149　本多清

06456 憲法改正がなぜ必要か―「革命」を続ける日本国憲法の正体　八木秀次著　PHPパブリッシング　2013.11　327p　19cm　1300円　Ⓘ978-4-907440-03-9　Ⓝ323.14　八木秀次

06457 憲法「改正反対論」大論破　『明日への選択』編集部企画・編集　日本政策研究センター　2013.11　63p　21cm　500円　Ⓘ978-4-902373-44-8　Ⓝ323.149　日本政策研究センター

06458 だから、改憲するべきである　岩田温著　彩図社　2013.12　191p　18cm　1000円　Ⓘ978-4-88392-961-0　Ⓝ323.149　岩田温

06459 「日本国憲法」廃棄論　兵頭二十八著　草思社　2014.6　294p　16cm　（草思社文庫 ひ2-2）　820円　Ⓘ978-4-7942-2055-4　Ⓝ323.14　兵頭二十八

06460 憲法改正、最後のチャンスを逃すな！　田久保忠衛著　並木書房　2014.10　254p　19cm　1500円　Ⓘ978-4-89063-322-7　Ⓝ323.149　田久保忠衛

06461 なぜ今、憲法改正が必要なのか―今のままの憲法では「緊急事態・中国の脅威・人口減少危機」は乗り越えられない　『明日への選択』編集部企画・編集　日本政策研究センター　2014.11　47p　21cm　（政策ブックレット 10）　400円　Ⓘ978-4-902373-46-2

06462 四字熟語で語る―憲法改正が日本を救う　高橋憲一著　朱鳥社　2014.12　175p　19cm　〈文献あり〉〈発売：星雲社〉　1200円　Ⓘ978-4-434-20008-3　Ⓝ304　高橋憲一

06463 「国防なき憲法」への警告―憲法改正提言と各国の憲法　日本郷友連盟，偕行社共編　内外出版　2015.1　221p　19cm　〈文献あり〉　1200円　Ⓘ978-4-905285-43-4　Ⓝ323.149　日本郷友連盟　偕行社

06464 新平和憲法のすすめ―そして日本はどこへ　英societ道著　草思社　2015.4　254p　19cm　1800円　Ⓘ978-4-7942-2126-1　Ⓝ323.149　英正道

06465 護憲派メディアの何が気持ち悪いのか　潮匡人著　PHP研究所　2015.10　197p　18cm　（PHP新書 1008）　800円　Ⓘ978-4-569-82724-7　Ⓝ392.1076　潮匡人

【雑誌】

06466 櫛風沐雨（その68）二一世紀の文明史的位相と新憲法の理念 岡本幸治 「月刊日本」 10（2）通号106 2006.2 p.118〜121

06467 「市民立憲」による憲法改革を。（特集 「憲法問題」を問い直す。） 江橋崇 「潮」 通号564 2006.2 p.204〜209

06468 櫛風沐雨（その69）二十一世紀の指導理念を掲げた憲法の必要性 岡本幸治 「月刊日本」 10（3）通号107 2006.3 p.116〜119

06469 25条改憲と構造改革（特集 改憲問題の新局面） 後藤道夫 「ポリティーク」 11 2006.3.20 p.136〜148

06470 オピニオンプラザ 私の正論第2回「年間賞」 「私の憲法改正論」に寄せて――ジェームス加藤さんが受賞 国家の発展促す より日本的、より現実的改正を ジェームス，加藤 「正論」 通号409 2006.4 p.240〜242

06471 憲法を変えて平和を守ろう 加藤秀治郎 「諸君！ ：日本を元気にするオピニオン雑誌」 38（6） 2006.6 p.162〜169

06472 国防なき憲法を改正して国軍を創設せよ 寺島泰三 「正論」 通号411 2006.6 p.219〜225

06473 憲法を変えて平和を守ろう 加藤秀治郎 「諸君！ ：日本を元気にするオピニオン雑誌」 38（6） 2006.6 p.162〜169

06474 日本を米国の植民地にした小泉・竹中コンビ――憲法を改正して一刻も早く国家独立を達成せよ！（5年間の小泉政治を総括する） 小林興起 「月刊日本」 10（7）通号111 2006.7 p.16〜22

06475 単刀 安倍は祖父・岸の志を貫け――憲法改正は蜜蜂に学ぶがよい 「Themis」 15（10）通号168 2006.10 p.95

06476 媚中外交の清算、憲法改正への布石（特集 安倍政権で日本はこうなる） 中西輝政 福田和也 「諸君！ ：日本を元気にするオピニオン雑誌」 38（10） 2006.10 p.24〜38

06477 「世界週報」独占インタビュー（上）安倍晋三氏（内閣官房長官）憲法改正にリーダーシップを発揮 安倍晋三 末延吉正 加藤清隆 「世界週報」 87（37）通号4263 2006.10.3 p.6〜13

06478 米保守派の「最重鎮」からのメッセージ これが日米両国憲法の欠陥だ――見過ごされてきた改正のポイント Robert H., Bork 伊藤貫 「正論」 通号417 2006.12 p.140〜153

06479 向こう3年の憲法審査会での準備がカギ 憲法改正までの道筋を探る（憲法特集） 鬼頭誠 「読売クオータリー」 （2） 2007.夏 p.48〜51

06480 さあ、憲法改正の進撃ラッパを鳴らそう！ 木村三浩 「月刊日本」 11（1）通号117 2007.1 p.28〜33

06481 2008年までに「占領憲法」を破棄し「核武装」を 兵頭二十八 「諸君！ ：日本を元気にするオピニオン雑誌」 39（1） 2007.1 p.61〜69

06482 世界情勢を読む（第31回）占領憲法法体制から脱却し自主・自立・自存の保守思想に回帰せよ 山浦嘉久 「月刊日本」 11（2）通号118 2007.2 p.74〜81

06483 どこまでつづく知的ヌカルミ――「憲法九条を世界遺産に」の「極楽平和論」（総力特集・「捏造された歴史」に呪縛される日本） 百地章 「諸君！ ：日本を元気にするオピニオン雑誌」 39（3） 2007.3 p.72〜80

06484 欠陥法案の改憲手続法案＝国民投票法案を廃案にしよう 「進歩と改革」 通号665 2007.5 p.1〜4

06485 インタビュー 国民による新しい憲法を 竹花光範 「世界思想」 33（6）通号380 2007.6 p.18〜21

06486 白熱の議事録を発掘 改憲の足音が聞こえるいまだから、学ぶべき論戦がある 憲法大論争――50年前の激論に見る政治家たちの覚悟と見識――安倍総理、必読です！ 保阪正康 御厨貴 「現代」 41（6） 2007.6 p.98〜108

06487 いざ改憲へ、私の直言 改正の中身こそが問題だ 遠藤浩一 「正論」 通号424 2007.7 p.101〜105

06488 いざ改憲へ、私の直言 日本人の価値観が宿る改正を 櫻井よしこ 「正論」 通号424 2007.7 p.96〜100

06489 正念場に立つ保守 安倍総理よ、憲法改正を掲げて堂々と戦え（特集 日本の命運を握る「選挙」） 中曽根康弘 屋山太郎 「正論」 通号424 2007.7 p.48〜59

06490 正念場に立つ保守 安倍総理よ、憲法改正を掲げて堂々と戦え（特集・日本の命運を握る「選挙」） 中曽根康弘 屋山太郎 「正論」 通号424 2007.7 p.48〜59

06491 世界と日本の針路 「加憲」型改正が日本国憲法本来の姿。 江橋崇 「潮」 通号582 2007.8 p.58〜63

06492 提言 その志やよし、難局を乗り越え、憲法改正に全力を（特集 安倍政権に期待する） 八木秀次 「月刊自由民主」 通号653 2007.8 p.36〜41

06493 問題提起 参院選大敗を期に「改憲力」涵養をめざそう 「明日への選択」 通号260 2007.9 p.18〜20

06494 07年参議院選挙結果と改憲論議、「テロ特措法」延長問題の行方（特集 「テロ対策特別措置法」延長・新法の制定をめぐって） 小松浩 「法と民主主義」 （422） 2007.10 p.4〜8

06495 立花隆さんの護憲論に物申す（特集 護憲

論者は正気か？）　高坂節三　「Voice」　通号360
2007.12　p.124～131

06496　平成考現学(20) 憲法改正すべきもう一つ
の理由　小後遊二　「Verdad」　13(12) 通号152
2007.12　p.43

06497　改憲論の「受容」とナショナリズム (コロ
キウム 現代改憲論と「国民」・「社会」) 髙橋眞
「法の科学 ： 民主主義科学者協会法律部会機関
誌「年報」」　通号39　2008　p.92～100

06498　憲法論議以前の常識 (Cross Line)　兵頭
二十八　「正論」　通号430　2008.1　p.44～45

06499　憲法改正を妨げるもの (8人ラスト大座談
会 諸君！ これだけは言っておく──気鋭の論
客が一堂に会して繰り広げる平成版「近代の超
克」、火花散る五時間半の大激論！)　「諸君！
：日本を元気にするオピニオン雑誌」　41(6)
2009.6　p.210～219

06500　国のかたち 国家再生のための憲法改正論
議を (日本再生へ難問克服)　西修　「月刊自由
民主」　通号676　2009.7　p.30～35

06501　国家の安全を脅かす (特集 新憲法宣言
──破綻日本の再生策)　「世界思想」　36(5) 通
号415　2010.5　p.6～8

06502　ロー・アングル 日本研究としての改憲論
──ハーヴァード大学ライシャワー研究所にお
ける憲法改正研究プロジェクト　駒村圭吾　「法
学セミナー」　55(5) 通号665　2010.5　p.46～49

06503　憲法審査会の早期始動を　「祖国と青年」
(381)　2010.6　p.6～8

06504　今こそ憲法改正の好機だ (われらの尖閣諸
島)　井尻千男　「月刊日本」　14(11) 通号163
2010.11　p.28～31

06505　2008年憲法改正と司法官職高等評議会
佐藤修一郎　「比較法雑誌」　45(3) 通号159
2011　p.241～261

06506　ロー・アングル 発信 憲法地域事情 (29・
番外編) 憲法改正へのショートカットとしての
行政法の改正──アメリカ人から見た日本国憲
法の現状　Helen, Hardacre　駒村圭吾　小谷順
子 [訳]　「法学セミナー」　56(2) 通号674
2011.2　p.54～57

06507　今こそ憲法論議に国民の主体的な参加を
求めるために 憲法96条「改正条項」の緩和を
古屋圭司　「正論」　通号470　2011.5　p.240～
245

06508　米国や日本財界と政界の改憲派が呼応し
て推し進める改憲と日米安保体制の再編　髙田
健　「進歩と改革」　通号713　2011.5　p.50～57

06509　歴史に学ぶ(47) 日本国憲法は「最悪法
規」である　西村眞悟　「月刊日本」　15(6) 通号
170　2011.6　p.118～121

06510　ジャパン＆ワールド 有事に即応する憲法
を！──新憲法めざす大会で制定誓う　小野敬

「世界思想」　37(7) 通号429　2011.7　p.1～3

06511　政治コミュニケーションとイデオロギー
： 日本国憲法改正をめぐる言説と「平和主義」
川口央　「法学新報」　118(5・6)　2011.10　p.
59～97

06512　憲法改正運動の課題と展望 (教育・防衛・
憲法を考える)　百地章　「祖国と青年」　(398)
2011.11　p.44～47

06513　歴史に学ぶ(52) 憲法前文の毒に気づけ！
西村眞悟　「月刊日本」　15(11) 通号175　2011.
11　p.120～123

06514　インタビュー 憲法を改正し、新しい日本
を (特集 維新を問う ： 現代日本における変革
とは)　安倍晋三　四宮正貴　「伝統と革新 ：
オピニオン誌」　(8)　2012.夏　p.6～22

06515　国難に立ち向かい強い日本を創ろう ： 皇
室を守り、尖閣・沖縄の防衛を推し進め、憲法
改正実現の道を切り拓こう ： 日本青年協議会・
日本協議会結成四十周年記念大会 政策提起　椛
島有三　「祖国と青年」　(401)　2012.2　p.22～
59

06516　内政 政界再編へ… 憲法改正の機は熟した
(特集 若手論客が読む あしたのニッポン)　倉
山満　「正論」　(482)　2012.3　p.64～73

06517　国柄を深く考えぬ改憲論議に思う　「明日
への選択」　(315)　2012.4　p.20～24

06518　流言流行への一撃(153) かくも長き不在
： 憲法改正論　西部邁　「Verdad」　18(4) 通号
204　2012.4　p.36～37

06519　活発化する改憲論議　津田公男　「社会主
義」　(599)　2012.5　p.85～93

06520　「専守防衛」の足枷で敵攻撃にさらされる
幻想の「ミサイル防衛」(特集 戦後憲法の終焉
： 今こそ日本を取り戻そう)　「世界思想」　38
(5) 通号439　2012.5　p.8～10

06521　石原発言が問うものと憲法改正の敵 (特集
日本の防衛)　中西輝政　「正論」　(485)
2012.6　p.72～85

06522　憲法論議 今、なぜ家族尊重条項が必要な
のか　「明日への選択」　(317)　2012.6　p.16～
20

06523　政治 緊急事態法制研究委員会報告(1) 漸
進的アプローチが現実的 ： まずは基本法を制
定し改憲を待つ　松浦一夫　「改革者」　53(6)
通号623　2012.6　p.32～35

06524　流言流行への一撃(155) 憲法における
「自然と当然」　西部邁　「Verdad」　18(6) 通号
206　2012.6　p.36～37

06525　歴史に学ぶ(59) 嘘で固めた日本国憲法
西村眞悟　「月刊日本」　16(6) 通号182　2012.6
p.122～125

06526　「憲法改正」は本物？　谷垣禎一の軍事ア
レルギー (徹底検証 誰が殺した 自民党)　田久

保忠衛 「正論」 (486) 2012.7 p.205〜208

06527 座談会 敗戦憲法を如何に改めるべきか (自民党に物申せば：日本再生のために) 富岡幸一郎 西部邁 柴山桂太[他]「表現者」(43) 2012.7 p.66〜97

06528 八木秀次氏講演 憲法改正こそ日本再生の核心である 生活保護不正受給もメッタ切り 八木秀次 「財界にいがた」24(8)通号280 2012.8 p.154〜157

06529 歴史に学ぶ (62) 日本国憲法に化かされた日本人 西村眞悟 「月刊日本」16(9)通号185 2012.9 p.120〜123

06530 空想的平和主義では国民の生命を守れない 憲法に国防義務を課せ (特集 「強い日本」方案：戦後政治の分岐点)「世界思想」38(10)通号444 2012.10 p.14〜16

06531 国柄と憲法 (特集 國體と憲法) 高乗正臣 「伝統と革新：オピニオン誌」(9) 2012.10 p.91〜96

06532 改憲勢力が総結集し、戦後憲法に引導を渡す「新憲法選挙」にせよ (特集 日本政治の新基軸：保守革命を引き起こせ)「世界思想」38(12)通号446 2012.12 p.6〜8

06533 安倍政権が再び挑む「憲法改正」のビッグチャンスを逃すな！：中国や韓国を黙らせる「最大の武器」になるとあって押し付けた米国もゴーサイン 「Themis」22(1)通号243 2013.1 p.14〜17

06534 政権再交代で参院選の「自公過半数」が焦点に：「改憲」に向け保守総結集も視野 安倍首相 (特集 2013年の展望) 泉宏 「地方議会人：議員研修誌」43(8) 2013.1 p.13〜17

06535 政治 明 保守政権よ、憲法改正の一里塚を築け (新春ワイド 再興か没落か 2013年 国家の明暗) 長尾一紘 「正論」(493) 2013.2 p.128〜132

06536 第46回 総選挙 結果分析 戦後脱却へ歴史的選択に 改憲派「3分の2」占める 新憲法で日本再生へ 「世界思想」39(2)通号448 2013.2 p.13〜17

06537 日本再生の第一条件 憲法改正を (総力大特集 2013年、日本はどうなる？) 櫻井よしこ「Will：マンスリーウイル」(98) 2013.2 p.64〜67

06538 明治以来の大改革 憲法改正を決断せよ：国家の土台に「欺瞞」があれば、安全保障はおぼつかない (総力特集 安倍長期政権の力量) 小川榮太郎 長谷川三千子 「Voice」(422) 2013.2 p.64〜73

06539 流言流行への一撃 (163) 憲法、そんなものがあったのか 西部邁 「Verdad」19(2)通号214 2013.2 p.36〜37

06540 正正の旗 (17) 安倍首相 拉致＆憲法に挑む

清宮龍 「Themis」22(3)通号245 2013.3 p.90

06541 戦後改憲論と「憲法革命」(100号記念特集号―小特集 近現代日本の憲法と政治) 林尚之「立命館大学人文科学研究所紀要」(100) 2013.3 p.75〜103

06542 流言流行への一撃 (164) 民衆制から公衆制へ：憲法論議の焦点 西部邁 「Verdad」19(3)通号215 2013.3 p.36〜37

06543 今こそ憲法改正実現を：国家緊急権規定、九条二項改正、九十六条改正をめぐって 百地章 「祖国と青年」(415) 2013.4 p.33〜45

06544 憲法改正で「強い日本」を取り戻せ：いまこそ誤った歴史観を広めるメディア・教育界に風穴を開けるときだ (総力特集 安倍改革で激変する日本) 渡部昇一 百田尚樹 「Voice」(424) 2013.4 p.42〜53

06545 「変えられない憲法」から「変えられる憲法」へ 憲法九十六条改正とは何か 「明日への選択」(328) 2013.5 p.10〜14

06546 是非非 憲法改正を粛々と進めよう：続出する空論に潜む魂胆を見抜くときだ 「Themis」22(5)通号247 2013.5 p.72

06547 平成考現学 (85) 憲法改正 小後遊二「Verdad」19(5)通号217 2013.5 p.35

06548 憲法九十六条改正問題 「過てる立憲主義」こそ問題だ 「明日への選択」(329) 2013.6 p.10〜14

06549 憲法論議が民主党にトドメを刺す (総力特集 新憲法制定へ 天下分け目の参院選) 山村明義 「正論」(497) 2013.6 p.224〜228

06550 時評 今、改憲策動はどうすすめられているか 森山幸朋 「季刊保育問題研究」(261) 2013.6 p.113〜115

06551 全選挙区・比例 改憲派議員の当落を予測する！(総力特集 新憲法制定へ 天下分け目の参院選) 細川珠生 片桐勇治 濱口和久 「正論」(497) 2013.6 p.196〜213

06552 改憲潮流2013 (上) 改憲草案のキーマンたち (特集 私たちはどのような未来を選択するのか) 斎藤貴男 「世界」(845) 2013.7 p.130〜138

06553 憲法改正で歴史問題を終結させよ：アジアの勢力均衡と平和を取り戻す最後の時が来た (総力特集 さよなら「反日」中韓) 中西輝政「Voice」(427) 2013.7 p.44〜57

06554 憲法論議の新たな論点は何か 「明日への選択」(330) 2013.7 p.10〜14

06555 憲法は基本法だから自前が基本 加瀬英明 「月刊カレント」50(7)通号827 2013.7 p.4〜9

06556 社会時評エッセイ 憲法を改正して独立し

た軍を持てる国家を目指せ　藤誠志　「自転車・バイク・自動車駐車場パーキングプレス」（620）　2013.7　p.64〜67

06557　新世紀の風をおこす オピニオン縦横無尽（Number 995）いまこそ憲法改正をはじめ根本的変革を目指すべきとき　櫻井よしこ　「週刊ダイヤモンド」101（30）通号4492　2013.7.27　p.124

06558　憲法を国民の手に 96条改正はその第一歩　百地章　「正論」（499）　2013.8　p.215〜224

06559　「憲法廃棄」こそ日本再興の早道（総力特集 日本の進路を考える）　西部邁　「Will ： マンスリーウイル」（104）　2013.8　p.246〜257

06560　政治 憲法改正発議要件の緩和は望ましい ： 憲法九六条改正「反対」論に異議あり　池田実　「改革者」54（8）通号637　2013.8　p.28〜31

06561　改憲潮流2013（中）生きる権利へのバッシング　斎藤貴男　「世界」（847）　2013.9　p.130〜136

06562　国防否定の憲法下で国は守れない！（月刊日本論壇 国防）　佐藤守　「月刊日本」17（9）通号197　2013.9　p.45〜48

06563　米知日派知識人が直言！ 憲法改正と靖国参拝で民主主義国家たれ　ケヴィン，ドーク　湯浅博［聞き手］　「正論」（500）　2013.9　p.78〜87

06564　流言流行への一撃（170）憲法論議はなぜ空転するのか　西部邁　「Verdad」19（9）通号221　2013.9　p.36〜37

06565　インタビュー 今こそ憲法改正の声を上げないと、日本は米中の谷間に沈みます（特集 日本外交を問う ： アジアの中の日本）　田久保忠衛　四宮正貴［聞き手］「伝統と革新 ： オピニオン誌」（13）　2013.10　p.43〜62

06566　戦後レジームからの脱却なるか 改憲へ動き始めた安倍政権 ： 衆参ねじれ解消で改憲への環境は整ったが、なおも課題山積　山口朝雄　「月刊times」37（8）　2013.10　p.10〜13

06567　改憲潮流2013（下）憂えるタカ派　斎藤貴男　「世界」（848）　2013.10　p.70〜80

06568　憲法を改正するなら前文と九条からだ　矢野絢也　筆坂秀世　「正論」（501）　2013.10　p.148〜158

06569　憲法改正 朝日の歪曲報道（総力大特集 朝日新聞は絶滅危惧種だ！）　田村重信「Will ： マンスリーウイル」（106）　2013.10　p.208〜215

06570　憲法改正の草の根運動を ： 日本会議全国縦断キャラバン隊　「祖国と青年」（421）　2013.10　p.5〜7

06571　憲法改正の国民投票に如何に勝利するか ： 参院選後の改憲状況と今後の展望　中西輝政　百地章　建山久芳　「祖国と青年」（421）

2013.10　p.22〜36

06572　憲法「改正反対論」大論破 「明日への選択」（333）　2013.10　p.10〜20

06573　特集 国防戦略の再構築 ： 9条体制に訣別せよ　「世界思想」39（10）通号456　2013.10　p.6〜16

06574　オバマ政権と歴史認識問題 ： 安倍政権をどう評価しているか（特集 安倍政権を問う ： 改憲と歴史認識）　小林義久　「日本の科学者」48（11）通号550　2013.11　p.676〜681

06575　憲法改正の大義とは ： 三島由紀夫氏の言葉から　三島由紀夫　「祖国と青年」（422）　2013.11　p.44〜51

06576　「戦争への反省」から平和憲法は生まれた？（続 憲法「改正反対論」大論破）「明日への選択」（334）　2013.11　p.12〜14

06577　今こそ憲法改正4度目のチャンス 田久保忠衛氏 講演録　田久保忠衛　「財界にいがた」25（12）通号296　2013.12　p.83〜88

06578　改革者の主張 2013 憲法改正への道筋をつめよ ： さらに戦略性持った改憲の主張を　加藤秀治郎　「改革者」54（12）通号641　2013.12　p.6〜9

06579　巻頭言（最終回）実定法学と改憲論　西谷敏　「法学セミナー」58（12）通号707　2013.12　巻頭1p

06580　インタビュー 日本の国柄に相応しい、憲法にすべき（特集 正義・法・国家 ： 法治国家とは何か？）　八木秀次　四宮正貴［聞き手］「伝統と革新 ： オピニオン誌」（14）　2014.1　p.39〜55

06581　憲法改正なくして安全保障なし「集団的自衛権」の限界（総力特集 東アジア動乱を勝ち抜く日本へ）　潮匡人　「正論」（506）　2014.3　p.78〜85

06582　憲法改正への提言 憲法改正で日本のあるべき姿を取り戻す ： 拉致問題・英霊顕彰事業に取り組んで　末永直　「祖国と青年」（427）　2014.4　p.34〜37

06583　憲法改正への提言 女性の立場から訴える憲法改正 ： 三十代から七十代の女性が集い「なでしこ学習会」を開催　高原朗子　「祖国と青年」（427）　2014.4　p.42〜45

06584　憲法改正への提言 中国・韓国は「平和を愛する諸国民」か ： 中国漁船の大量寄港・韓国強制連行の碑建立の危機に直面する長崎　竹下博喜　「祖国と青年」（427）　2014.4　p.38〜41

06585　教育再生への提言 憲法改正は教育と国家存立の根本　小川義男　「祖国と青年」（428）　2014.5　p.20〜24

06586　憲法改正への提言（4）沖縄出身の大学生から 沖縄を第二のチベット・ウイグルにしない！ ： 米軍の軍事力で平和を守られている沖

縄からこそ九条改正を訴えるべき　高里智佳「祖国と青年」（428）　2014.5　p.38～41

06587　憲法改正への提言（5）沖縄出身の大学生から 日本人自らの手で尖閣・沖縄防衛を ：「沖縄から日本を考える学生の会」から憲法改正の発信へ　外間完信「祖国と青年」（428）2014.5　p.42～45

06588　憲法改正の国民運動を ： 日本会議平成26年度総会「祖国と青年」（428）　2014.5　p.5～8

06589　憲法改正論議に何が優先されるべきか「明日への選択」（340）　2014.5　p.30～34

06590　自主憲法なくして自主防衛なし（政府見解の変更で集団的自衛権行使へ 解釈改憲は、限界に来た）　平沼赳夫「月刊日本」18（5）通号205　2014.5　p.12～15

06591　連続改正提言 日本を蝕む憲法「10の桎梏」（その1）座談会 これでは中国がつけあがる!!本当に戦えない自衛隊（特集 憲法改正論議を加速せよ）　田母神俊雄　佐藤正久　百地章「正論」（508）　2014.5　p.292～303

06592　憲法改正と政治の力学：葦津珍彦先生の憲法論に学ぶ「祖国と青年」（429）　2014.6　p.52～56

06593　流言流行への一撃（179）改憲論の進むべき道　西部邁「Verdad」20（6）通号230　2014.6　p.36～37

06594　連続改正提言 日本を蝕む憲法「10の桎梏」（その2）座談会 緊急事態条項なくして国家たりえない（特集 続・憲法改正論議を加速せよ）　百地章　浜名英博　井上和彦「正論」（509）　2014.6　p.280～291

06595　「戦後」の墓碑銘（05）改憲の道筋がはっきりと姿を現してきた　白井聡「金曜日」22（22）通号1012　2014.6.6　p.40～41

06596　教育再生への提言 憲法改正は国際的時代錯誤との戦い　小川義男「祖国と青年」（430）　2014.7　p.20～24

06597　憲法改正への提言（7）日本の「意志」を世界に示す憲法前文を ： 大東亜戦争に込められた先人の「意志」をお偲びして　上野竜太朗「祖国と青年」（430）　2014.7　p.48～51

06598　対談 東京懇談会・5月例会 憲法改正の早期実現へ向けて 国民に信を問い、憲法改正を　清宮龍　船田元「世界と日本」（1242）　2014.7　p.2～51

06599　特集 憲法闘争強化、共同の拡大を　「全労連」（209）　2014.7　p.1～23

06600　連続改正提言 日本を蝕む憲法「10の桎梏」（その3）リアリティなき護憲派の言説を糾す　櫻井よしこ　船田元　百田尚樹［他］「正論」（510）　2014.7　p.304～315

06601　社会時評エッセイ 憲法改正ではなく自主

憲法制定を目指せ　藤誠志「自転車・バイク・自動車駐車場パーキングプレス」（633）2014.8　p.76～79

06602　流言流行への一撃（181）「平和憲法」は抹消済み　西部邁「Verdad」20（8）通号232　2014.8　p.36～37

06603　連続改正提言 日本を蝕む憲法「10の桎梏」（その4）家族保護条項なくして国栄えず　百地章　山谷えり子　高池勝彦「正論」（511）　2014.8　p.332～343

06604　「3つの宿題」への対応 ： 日本国憲法の改正手続に関する法律の一部改正（特集 第186回国会の論議の焦点（1））　佐藤哲夫「立法と調査」（355）　2014.8　p.99～109

06605　憲法改正への提言（8）二十一世紀の日本を担う子供たちのために ： 日本人としての良き国民性は家庭教育の中から発芽する　中澤裕隆「祖国と青年」（432）　2014.9　p.44～47

06606　連続改正提言 日本を蝕む憲法「10の桎梏」（その5）英霊を顧みない国家は滅ぶ　百地章　大原康男　天羽絢子「正論」（512）　2014.9　p.314～323

06607　憲法改正への提言（9）憲法に緊急事態条項を ： 過去の教訓を生かし、災害に強い日本に　片岡正晴「祖国と青年」（433）　2014.10　p.53～56

06608　憲法改正実現に向け、全国の街頭で一千万署名活動スタート「祖国と青年」（433）2014.10　p.5～5

06609　政界古参記者風雲録（121）日本国憲法改正に突撃せよ　今井久夫「月刊カレント」51（10）通号842　2014.10　p.28～31

06610　憲法改正への提言（10）広島・豪雨土砂災害の教訓 ： 非常事態条項を欠いた現憲法は防災対策のアキレス腱　米澤一樹「祖国と青年」（434）　2014.11　p.48～53

06611　世界の憲法から分かる「改憲の必要性」西修「明日への選択」（346）　2014.11　p.4～9

06612　政治 立憲主義という言葉に惑わされるな ： 憲法改正論議を封じる論議であってはならない　浅野善治「改革者」55（12）通号653　2014.12　p.32～35

06613　安倍政権の改憲戦略と安全保障政策の検討　澤野義一「大阪経済法科大学法学論集」（74）　2015.1　p.1～31

06614　教育再生への提言 憲法改正、政府与党は積極的姿勢を　小川義男「祖国と青年」（436）　2015.1　p.21～25

06615　大東亜戦争の誇りを取り戻し、憲法改正へ　大葉勢清英「祖国と青年」（436）　2015.1　p.18～20

06616　新世紀の風をおこす オピニオン縦横無尽（Number 1066）15年は安倍政権にとって重要

な年 憲法改正に向けた議論の本格化を 櫻井よしこ 「週刊ダイヤモンド」 103(2)通号4563 2015.1.10 p.116

06617 政界展望 第3次安倍内閣 「憲法改正」は私の目標、信念だ ： 今年夏ごろ改正への動き急ピッチ 前半は景気対策に全力投球 鈴木哲夫 「月刊公論」 48(2) 2015.2 p.24〜28

06618 全国各地で憲法改正を訴え ： 「尖閣諸島開拓の日」「阪神淡路大震災20年」を迎えて 「祖国と青年」 (437) 2015.2 p.11〜13

06619 教育再生への提言 安倍内閣は憲法改正への道を突き進め 小川義男 「祖国と青年」 (438) 2015.3 p.19〜23

06620 防衛憲法 (Wehrverfassung) の概念について ： 現代的意味における防衛憲法の形成のために (村井友秀教授・篠塚保教授退官記念号) 山中倫太郎 「防衛大学校紀要. 社会科学分冊」 110 2015.3 p.13〜33

06621 連続改正提言 日本を蝕む憲法「10の桎梏」(その6)安倍政権は改憲への歩みを着実に進めよ 細川珠生 百地章 田久保忠衛 「正論」 (519) 2015.3 p.312〜321

06622 「美しい日本の憲法をつくる国民の会」平成二十七年度総会 ： 一〇〇〇万人賛同者拡大の全国展開を！ 「祖国と青年」(439) 2015.4 p.5〜7

06623 憲法改正が開く経済復活への道 ： 視点 (日本経済 回復の実感はいつ？) アンドルー, オプラス 「Newsweek」 30(16)通号1444 2015.4.21 p.30〜32

06624 大きく動き出した改憲派 上野建一 「科学的社会主義」(205) 2015.5 p.2〜5

06625 特別インタビュー 憲法改正、いよいよ議論から実施段階 保岡興治 「世界思想」 41(5)通号475 2015.5 p.20〜22

06626 巻頭対談 何が改憲論議で問われるべきか 八木秀次 池田実 「明日への選択」(352) 2015.5 p.4〜10

06627 憲法改正の大義と国民運動 椛島有三 「祖国と青年」(440) 2015.5 p.50〜63

06628 特集 憲法改正 安倍政権の挑戦 ： 独立主権、平和国家日本へ 「世界思想」 41(5)通号475 2015.5 p.10〜19

06629 連続改正提言 日本を蝕む憲法「10の桎梏」(その7)戦後憲法学こそ諸悪の根源 百地章 和田政宗 西修 「正論」(521) 2015.5 p.312〜321

06630 憲法改正最新情勢 根拠のない不安をあおる宣伝戦が始まった 「明日への選択」(353) 2015.6 p.10〜14

06631 全国で「憲法改正」を訴える街頭活動 「祖国と青年」(441) 2015.6 p.9〜11

06632 第17回公開憲法フォーラム・レポート 憲法改正、待ったなし！ ： 民間憲法臨調・美しい日本の憲法をつくる国民の会が共催 「祖国と青年」(441) 2015.6 p.25〜35

06633 連続改正提言 日本を蝕む憲法「10の桎梏」(その7)「国民」が育たない教育の病巣(特集 憲法改正が始動する) 百地章 八木秀次 野々村直通 「正論」(522) 2015.6 p.218〜229

06634 国をまもらない憲法は "国法" 違反 山本峯章 「Verdad」 21(7)通号243 2015.7 p.22〜25

06635 世界から尊敬される国 ： 安保法制、財政再建、歴史問題、憲法改正など徹底討論！ 稲田朋美 篠原文也 「Voice」(451) 2015.7 p.114〜123

06636 戦時国体論のなかの憲法制定権力と改憲思想 林尚之 「立命館文學」(643) 2015.7 p.1〜20

06637 平成考現学(111)憲法違反？ 小俣遊二 「Verdad」 21(7)通号243 2015.7 p.35

06638 新世紀の風を起こす オピニオン縦横無尽(Number 1091)国際法は憲法に勝るが世界の常識 集団的自衛権は憲法違反の大間違い 櫻井よしこ 「週刊ダイヤモンド」 103(27)通号4588 2015.7.11 p.134

06639 インタビュー 「憲法改正」は、今このときをおいてほかにない ： 時代に合った憲法を自分達の手でつくるべきです(創刊20号記念号 一特集 現代における尊皇攘夷 ： 「傳統と革新」の原理と国家の自立) 深谷隆司 四宮正貴 「伝統と革新 ： オピニオン誌」(20) 2015.8 p.40〜49

06640 憲法改正の大義と国民運動(2) 椛島有三 「祖国と青年」(443) 2015.8 p.46〜53

06641 憲法改正は私がやる！ 安倍首相「9月27日解散→総選挙」を狙う ： 新聞やテレビは「戦争法案」と批判するが国民に堂々と信と言えば「必ず勝てる」と 「Themis」 24(8)通号274 2015.8 p.18〜20

06642 憲法学者の変節と無責任 ： 「国家不在」の憲法論は非常識である(夏の大特集 安倍政権を潰すな) 百地章 「Voice」(453) 2015.9 p.54〜61

06643 蒟蒻問答(第112回)アホな野党議員とガラパゴス憲法学者 堤堯 久保紘之「Will ： マンスリーウイル」(129) 2015.9 p.302〜315

06644 流言流行への一撃(194)憲法学者の不徳義 西部邁 「Verdad」 21(9)通号245 2015.9 p.36〜37

06645 憲法改正に向け、武道館一万人大会に結集を 大葉勢清英 「祖国と青年」(445) 2015.10 p.18〜20

06646 憲法論議に欠落する国家の精神的基盤を議論せよ こんな憲法学の考え方で「国家」は成

り立つのか 「明日への選択」（357） 2015.10
p.36〜40

06647 ベトナムの識者が日本の憲法改正支持を
表明 ： 闘うベトナム人からの緊急提言 「祖国
と青年」（445） 2015.10 p.7〜9

06648 2015年4月6日号 週刊「世界と日本」第
2050号より 戦後70年 今、憲法改正が必要
か（特別号 私の憲法論） 百地章 「世界と日
本」（1256） 2015.10 p.6〜14

06649 2015年8月17日号 週刊「世界と日本」第
2059号より 憲法は国の生存に優先するのか 国
際情勢に無頓着な論争はやめよ（特別号 私の憲
法論） 田久保忠衛 「世界と日本」（1256）
2015.10 p.43〜51

06650 教育再生への提言 安保法案での勝利から
憲法九条改正へ 小川義男 「祖国と青年」
（446） 2015.11 p.20〜24

06651 半死期の耳目が世相に動（ゆる）ぐ 私が憲
法「学者」を軽蔑するのはなぜか 西部邁 「表
現者」（63） 2015.11 p.200〜205

06652 新世紀の風をおこす オピニオン縦横無尽
（Number 1109）さまざまな国籍、民族の人々
が集い大盛況だった憲法改正一万人大会 櫻井
よしこ 「週刊ダイヤモンド」103（45）通号
4606 2015.11.21 p.132

06653 今こそ憲法改正を武道館1万人大会 ： 賛
同者445万2921名 国会議員署名422名 「祖国と
青年」（447） 2015.12 p.4〜7

06654 「反基地」「護憲」でなんでも許される
「ワガママ」が、モンスター化するサヨクを生ん
だ 小坪しんや 「ジャパニズム」28 2015.12
p.34〜39

06655 連続改正提言 日本を蝕む憲法「10の桎
梏」（その9）座談会 国家観喪失者たちの虚妄を
撃つ 櫻井よしこ 佐伯啓思 百地章 「正論」
（529） 2015.12 p.60〜73

06656 11月10日、武道館1万人大会レポート 今
こそ憲法改正を！ 「祖国と青年」（447）
2015.12 p.25〜37

06657 護憲派の何が気持ち悪いのか ： テレビは
「政治的に公平」「事実を曲げない」を順守して
ほしい 潮匡人 「Voice」（456） 2015.12 p.
120〜127

06658 フォーカス政治 自民、憲法改正にらむ本
部設置 来年の参院選での争点化も狙う 千田景
明 「週刊東洋経済」（6634） 2015.12.19 p.
108〜109

◆各政党・政治家の考え方・試案・草案

【図書】

06659 日本を愛する者が自覚すべきこと 八木
秀次著 PHPファクトリー・パブリッシング

2007.7 270p 19cm 〈発売：PHP研究所〉
1300円 ①978-4-569-69398-9 Ⓝ323.14 八木
秀次

06660 日本を、取り戻す。憲法を、取り戻す。
石破茂著 PHP研究所 2013.7 222p 20cm
1500円 ①978-4-569-81041-6 Ⓝ323.149 石
破茂

06661 日本国憲法改正草案Q&A 増補版 ［東
京］ 自由民主党憲法改正推進本部 2013.10
81p 26cm 〈付属資料：27p：日本国憲法改正
草案（現行憲法対照）〉 Ⓝ323.149 自由民主党

06662 改正・日本国憲法 田村重信著 講談社
2013.11 222p 18cm （講談社＋α新書 640-
1C） 880円 ①978-4-06-272831-7 Ⓝ323.149
田村重信

06663 日本人のための「集団的自衛権」入門
石破茂著 新潮社 2014.2 188p 18cm （新
潮新書 558） 680円 ①978-4-10-610558-6
Ⓝ323.142 石破茂

06664 自民党改憲草案を読む─自民党改憲草案・
日本国憲法付録 横田耕一著 新教出版社
2014.5 129p 21cm 900円 ①978-4-400-
40732-4 Ⓝ323.149 横田耕一

06665 岸信介元総理の志 憲法改正 清原淳平編
著 善本社 2015.5 207p 21cm 1500円
①978-4-7939-0470-7 Ⓝ312.1 清原淳平

【雑誌】

06666 憲法 自民党 新憲法草案全文（上）
「Policy：政策情報誌」（149） 2006.01 p.62
〜67

06667 「咢堂政経懇話会」講演 憲法改正のゆく
え─自民党新憲法草案について（特集 憲法改
正と日本のゆくえ） 舛添要一 「世界と議会」
（505） 2006.8・9 p.4〜10

06668 ポスト小泉構造改革と改憲志向のシナリ
オ（特集 構造改革の現段階と安倍政権） 二宮
厚美 「ポリティーク」12 2006.12.25 p.70〜
78

06669 総理、小泉流を捨てられますか 激突イン
タビュー 安倍晋三VS櫻井よしこ─憲法改正、
人事、対中国……すべてに答える 安倍晋三
櫻井よしこ 「文芸春秋」85（7） 2007.5 p.94
〜107

06670 安倍首相の「憲法改正」のシナリオは10
年前すでに描かれていた！（世界が見た
NIPPON─世界が注目する日本人） イジャン
フン 「Courrier Japon」3（7）通号32 2007.6.
1 p.39〜41

06671 自公連立は国民に何を問い得るか（総力特
集 新憲法制定へ 天下分け目の参院選） 西村眞
悟 「正論」（497） 2013.6 p.214〜218

06672 憲法改正と人権をめぐる論点 ： 二つの自
民党改憲案から考える（いまなぜ憲法改正なの
か） 金子匡良 「月刊自治研」55（646）

2013.7　p.45〜54

06673　自由民主党 日本国憲法改正草案（中）現・日本国憲法対照 「学習の友」（719）　2013.7　p.60〜68

06674　安倍首相の改憲論 ： 思想的源流とその矛盾（特集 憲法）　畑田重夫 「税経新報」（621）　2014.5　p.12〜19

06675　「経済優先」で支持率確保の安倍首相に「憲法改正」掲げて衆参ダブル選の深謀 「エルネオス」21（3）通号244　2015.3　p.6〜9

06676　最近の主な日本国憲法改正提言 ： 平成25年1月〜平成26年12月及び補遺　元尾竜一 「調査と情報」（856）　2015.3.23　巻頭1p, 1〜14

◆自衛隊派遣・安保法制を巡る議論

【図書】

06677　日本の安全保障政策―積極的平和主義　［外務省］総合外交政策局安全保障政策課編　改訂　［東京］　［外務省］国内広報室　2015.3　11p　30cm

06678　日本国憲法に国家緊急事態対処規定を！　清原淳平著　善本社　2015.5　1冊　21cm　〈（善本社刊）の抜刷り〉　500円　Ⓝ323.149　清原淳平

【雑誌】

06679　「集団的自衛権行使」を改憲の俎上に　榊原喜廣 「月刊カレント」45（3）通号763　2008.3　p.24〜29

06680　集団安全保障への参加は違憲ではない　吉原恒雄 「祖国と青年」（415）　2013.4　p.18〜21

06681　集団的自衛権行使は違憲ではない　吉原恒雄 「祖国と青年」（421）　2013.10　p.18〜21

06682　講演「日本の安全保障問題」から 安倍政権が強行する国防論と改憲 問われる日本としての「国のあり方」　柳澤協二 「あけぼの」31（5）通号327　2014.2　p.22〜29

06683　集団的自衛と集団安全保障　冨澤暉 「防衛学研究」（50）　2014.3　p.4〜26

06684　集団的自衛権の解釈変更は違憲ではない ： 憲法に規定のない集団的自衛権の変更は「解釈改憲」ではない。法理、国際常識から外れた概念の"是正"である。　吉原恒雄 「祖国と青年」（427）　2014.4　p.20〜23

06685　政治 集団的自衛権 解釈の正常化に他ならない ： 政府の「集団的自衛権」解釈変更の意味　浜谷英博 「改革者」55（4）通号645　2014.4　p.38〜41

06686　日米安保を「憲法上の制限」から解き放つ集団的自衛権行使容認 ： 「ショウザフラッグ」、「オンザブーツ」の恫喝を思い起こせ（台湾の68年革命、学生の立法府占拠）　内田雅敏 「情況. 第四期 ： 変革のための総合誌」3（3）通号16　2014.5・6　p.72〜82

06687　憲法に固執して国家の安全を忘れるな ： 安保法制懇報告書の意義（特集 集団的自衛権という選択 ： ガラパゴス安保観からの脱却）　北岡伸一 「中央公論」129（6）通号1567　2014.6　p.72〜79

06688　集団的自衛権「行使違憲論」の正体 「明日への選択」（341）　2014.6　p.14〜18

06689　憲法9条の解釈論議は国際情勢を踏まえて ： 対中策は自国のみのことではない 「Themis」23（7）通号261　2014.7　p.88

06690　解釈の見直しは妥当 ： 閣議決定後の集団的自衛権（特集 集団的自衛権）　浜谷英博 「改革者」55（9）通号650　2014.9　p.36〜39

06691　安倍内閣の集団的自衛権行使容認に関する研究（特集 安倍内閣と安全保障問題）　呉明上 「問題と研究 ： アジア太平洋研究専門誌」44（2）通号449　2015.4/6　p.1〜49

06692　安保法制法案を問う Gライン合意後の国会論戦は順序が逆 ： どの場面で集団的自衛権行使かが曖昧 自衛隊の海外活動が急拡大　堤秀司 「メディア展望」（642）　2015.6　p.1〜7

06693　第三次安倍内閣の安保戦略のために ： 「国家安全保障戦略（平成25年）」から考える　松村昌廣 「治安フォーラム」21（6）通号246　2015.6　p.36〜44

06694　安全保障法制の枠組みと残された課題 ： 与党協議の間になされた修正点を焦点に（特集 戦後70年 ： 国内を見る）　矢野義昭 「インテリジェンス・レポート」（82）　2015.7　p.39〜53

06695　特集 なぜか疎外されている 「集団的自衛権は合憲」の憲法学者座談会　浅野善治　百地章　長尾一紘 「週刊新潮」60（29）通号2999　2015.7.30　p.44〜47

06696　憲法学者の間違った憲法論（総力大特集「安保法制」をとことん考える）　青柳武彦 「Will ： マンスリーウイル」（128）　2015.8　p.272〜282

06697　政治 安保法制論議で見落とされている視点 ： 自衛隊は憲法で否定し得ない基本権　吉原恒雄 「改革者」56（8）通号661　2015.8　p.28〜31

06698　頑迷固陋な憲法学者たちに告ぐ（特集「言うだけ平和」が国を滅ぼす―安保法制「合憲組」からの反撃！）　長尾一紘 「正論」（526）　2015.9　p.177〜181

06699　ならば問う、国はいかにして守るのか（特集「言うだけ平和」が国を滅ぼす―安保法制「合憲組」からの反撃！）　百地章 「正論」（526）　2015.9　p.170〜176

06700 安全保障関連法案と日米同盟 : ガイドライン改定後の自衛隊(特集 日米関係の新展開) 川上高司 「海外事情」 63(10) 2015.10 p.2～18

06701 特集 安全保障法案改正「平和安全法制」の概要 : 我が国及び国際社会の平和及び安全のための切れ目のない体制の整備 内閣官房 内閣府 外務省[他]「女性と労働21」 23(93) 2015.10 p.6～23

06702 安倍談話と「歴史戦」の課題(特集「戦後平和主義」と国家安全保障 : 「新安保法制」と「終戦七十年総理談話」を考える) 藤岡信勝 「伝統と革新 : オピニオン誌」 (21) 2015.11 p.97～104

06703 安保法案の成立で国民の国防意識は高まるのか? : 最も重要なのは自分の国は自分で守るという一人ひとりの気概ではないか(特集「戦後平和主義」と国家安全保障 : 「新安保法制」と「終戦七十年総理談話」を考える) 木村三浩 「伝統と革新 : オピニオン誌」 (21) 2015.11 p.151～160

06704 安保法制を受け止める自衛隊 判断を迫られる部隊指揮官の心理(特集 どうして? 公明党、どうなる? 自衛隊—自衛隊をめぐって) 小貫武 「Journalism」 (306) 2015.11 p.14～21

06705 安保法制を先取りして進む基地の街・佐世保での自衛隊増強(特集 どうして? 公明党、どうなる? 自衛隊—自衛隊をめぐって) 宮本宗幸 「Journalism」 (306) 2015.11 p.51～58

06706 インタビュー 安全保障の要諦。それはリーダーの確かな判断と決断力です(特集「戦後平和主義」と国家安全保障 : 「新安保法制」と「終戦七十年総理談話」を考える) 佐々淳行 四宮正貴 「伝統と革新 : オピニオン誌」 (21) 2015.11 p.13～23

06707 インタビュー 移りゆく情勢の中で憲法解釈も変化する 日本の安全と存立のため、「安保関連法」はその許容範囲の中で成立した(特集「戦後平和主義」と国家安全保障 : 「新安保法制」と「終戦七十年総理談話」を考える) 平沢勝栄 四宮正貴 「伝統と革新 : オピニオン誌」 (21) 2015.11 p.24～36

06708 インタビュー わが国の安全保障、平和・独立を考える(前編)確固たる安保法制と憲法改正で「隙間のない防衛体制」を整えよ(特集「戦後平和主義」と国家安全保障 : 「新安保法制」と「終戦七十年総理談話」を考える) 百地章 四宮正貴 「伝統と革新 : オピニオン誌」 (21) 2015.11 p.37～48

06709 議論すべきは「自衛官のリスク」ではなく国家・国民が負うリスクである(特集 どうして? 公明党、どうなる? 自衛隊—自衛隊をめぐって) 渡邊隆 「Journalism」 (306) 2015.11 p.39～42

06710 国民の生命, 自由, 幸福を守る「平和安全法制」 : 憲法適合性と法制定の意義を読み解く 秋元大輔 「公明」 (119) 2015.11 p.40～45

06711 集団的自衛権行使は違憲、ゆえに憲法改正(特集「戦後平和主義」と国家安全保障 : 「新安保法制」と「終戦七十年総理談話」を考える) 高乗正臣 「伝統と革新 : オピニオン誌」 (21) 2015.11 p.78～87

06712 戦後レジームの解消は左翼が握っている(特集「戦後平和主義」と国家安全保障 : 「新安保法制」と「終戦七十年総理談話」を考える) 佐藤和夫 「伝統と革新 : オピニオン誌」 (21) 2015.11 p.116～124

06713 提言・直言 国家の主体性なき安全保障論議への違和感(特集「戦後平和主義」と国家安全保障 : 「新安保法制」と「終戦七十年総理談話」を考える) 松木謙公 「伝統と革新 : オピニオン誌」 (21) 2015.11 p.134～137

06714 提言・直言 新安保法制の問題を考える : 自主防衛体制について(特集「戦後平和主義」と国家安全保障 : 「新安保法制」と「終戦七十年総理談話」を考える) 北神圭朗 「伝統と革新 : オピニオン誌」 (21) 2015.11 p.147～150

06715 提言・直言 新安保法制の問題点をどう考えるのか : 国民に理解され支持される安保法制へ(特集「戦後平和主義」と国家安全保障 : 「新安保法制」と「終戦七十年総理談話」を考える) 伴野豊 「伝統と革新 : オピニオン誌」 (21) 2015.11 p.138～141

06716 提言・直言 歴史の中の内閣総理大臣談話(特集「戦後平和主義」と国家安全保障 : 「新安保法制」と「終戦七十年総理談話」を考える) 松崎哲久 「伝統と革新 : オピニオン誌」 (21) 2015.11 p.142～146

06717 あんなに大騒ぎしたのに、こんなにショボい安保法制(特集 安保法制、次は核と憲法だ!) 潮匡人 「正論」 (529) 2015.12 p.82～89

06718 政治をつかむ 9条解釈の幅を広げた安保法は憲法改正の機運を高めたのか? 必要なのは国民の「憲法理解」だ 牧原出 「Journalism」 (307) 2015.12 p.122～128

06719 中国・ロシア・北朝鮮… 日米の最大の脅威は核軍拡だと銘じよ(特集 安保法制、次は核と憲法だ!) 日高義樹 「正論」 (529) 2015.12 p.90～97

06720 日本の核武装を可能にするのは何か : 60年代の蹉跌を教訓に(特集 安保法制、次は核と憲法だ!) 東谷暁 「正論」 (529) 2015.12 p.98～109

改憲　　憲法改正

◆第9条

【図書】

06721　九条「改正」と国民投票　渡辺久丸著
　京都　文理閣　2006.9　224p　19cm　1800円
　①4-89259-525-X　Ⓝ323.142　渡辺久丸

06722　憲法九条は諸悪の根源　潮匡人著　PHP
　研究所　2007.4　278p　20cm　1400円　①978-
　4-569-69072-8　Ⓝ323.142　潮匡人

06723　誰にでも解る尖閣諸島と亡国の憲法第九
　条　工藤隆哉著　創栄出版　2010.12　150p
　21cm　〈文献あり〉　〈発売：星雲社〉
　①978-4-434-15302-0　Ⓝ392.1076　工藤隆哉

06724　対米従属の正体—9条「解釈改憲」から密
　約まで：米公文書館からの報告　末浪靖司著
　高文研　2012.6　286p　20cm　2200円　①978-
　4-87498-482-6　Ⓝ319.1053　末浪靖司

06725　昭和の三傑—憲法九条は「救国のトリッ
　ク」だった　堤堯著　集英社　2013.4　378p
　16cm　（集英社文庫　つ19-1）（集英社イン
　ターナショナル　2004年刊の修正・加筆）〈文
　献あり　年表あり〉　880円　①978-4-08-745063-
　7　Ⓝ312.1　堤堯

06726　占領下制定憲法打破・第九条改定に策あ
　り　等々力孝一著　展転社　2015.11　254p
　19cm　〈文献あり〉　1800円　①978-4-88656-
　419-1　Ⓝ323.149　等々力孝一

【雑誌】

06727　「国民は『9条改正』を望んでいない」と
　言われたら（総力特集「歴史の嘘」を見破る！
　(PART3)—永久保存版<歴史講座>26講座　小
　泉首相以下全国民必読！　もし朝日新聞にああ
　言われたら—こう言い返せ）　百地章「諸君！
　：日本を元気にするオピニオン雑誌」38(7)
　2006.7　p.136〜140

06728　憲法改正　まずは9条問題の解決から（総力
　特集・安倍総理の日本—安倍政権の仕事—日
　本を自立した「美しい国へ」と導くための11の
　指針）　西尾幹二「Voice」通号346　2006.10
　p.90〜92

06729　憲法九条と戦後日本の平和主義について
　考える　鈴木由充「祖国と青年」(345)
　2007.6　p.8〜10

06730　「憲法9条をまもれ」の声を国民の多数派
　に（憲法対決の全体像をつかもう——憲法改定
　派はどんな日本をつくろうとしているか）「前
　衛：日本共産党中央委員会理論政治誌」通号
　819　2007.7　p.48〜50

06731　国際社会への「貢献」と平和主義——自
　衛隊海外派兵と憲法九条改正のための「国際貢
　献」論の検討（特集＝日本国憲法施行六〇年
　——憲法学に求められる課題）　澤野義一「法
　律時報」79(8)通号985　2007.7　p.47〜51

06732　これが9条護憲論の正体「明日への選

択」通号258　2007.7　p.24〜27

06733　9条改正だけでは不十分（特集　護憲論者は
　正気か？）　金子将史「Voice」通号360
　2007.12　p.132〜137

06734　憲法9条を変えられない国の末裔としての
　民主党政権——日本にある二つの祖国　福冨健
　一「日本戦略研究フォーラム季報」(44)
　2010.4　p.25〜27

06735　刷り込まれた護憲意識からの解放を（特集
　自主防衛を考える）　西修「日本戦略研究
　フォーラム季報」(49)　2011.7　p.8〜11

06736　国際貢献も自国防衛もできない占領憲法
　の性　9条に国民が殺される（特集　戦後憲法の終
　焉：今こそ日本を取り戻そう）「世界思想」
　38(5)通号439　2012.5　p.6〜8

06737　事実と幻想(24)戦前と戦後の“結合”が真
　の平成維新になる：憲法9条を改正するだけで
　も日本は「普通の国」になる　菅野英機
　「Themis」21(10)通号240　2012.10　p.82〜83

06738　国連憲章による平和システムに逆らう憲
　法　9条改正で平和構築を（特集　憲法改正の春：
　主権回復61年目の躍動）「世界思想」39(5)通
　号451　2013.5　p.9〜12

06739　改憲私案発表　憲法九条　私ならこう変える
　枝野幸男「文芸春秋」91(11)　2013.10　p.
　126〜133

06740　藤井厳喜のアメリカ・ウォッチング(29)
　集団的自衛権から憲法9条改正へ：独立を再び
　達成し、アジアの平和を守る自覚を！　藤井厳
　喜「月刊日本」18(8)通号208　2014.8　p.92
　〜97

06741　三島義挙と憲法改正の大義：憲法九条を
　改正して何を守るのか　別府正智「祖国と青
　年」(434)　2014.11　p.18〜20

06742　安全保障と憲法　緊急提言：憲法学者た
　ちはいつまでごまかしを続けるのか　憲法から九
　条を削除せよ（決定版　知性で戦え　昭和史大論
　争）　井上達夫「文藝春秋special」9(4)通号
　33　2015.秋　p.194〜202

06743　君は日本を誇れるか(第10回)憲法九条の
　最大の欠陥　竹田恒泰「正論」(519)　2015.3
　p.52〜55

06744　フォーカス政治　9条改正へ山県有朋を研
　究　安倍首相の「熟柿戦略」　歳川隆雄「週刊
　東洋経済」(6583)　2015.3.21　p.120〜121

06745　憲法九条の改正で、守ろう！　国民のいの
　ちと平和な暮らし：「美しい日本の憲法を守
　る国民の会」パンフレットより「祖国と青年」
　(439)　2015.4　p.50〜55

06746　政治　安全保障などの憲法改正のために：
　優先順位を考えながら九条の改正へ　鬼頭誠
　「改革者」56(5)通号658　2015.5　p.44〜47

06747　新世紀の風をおこす　オピニオン縦横無尽

250　憲法改正　最新文献目録　　　　　　　　　　　　　　　　　　　　　〔06721〜06747〕

06748 挑戦者登場 (6) 西修 (駒澤大学名誉教授) 憲法9条改正で「日本らしさ」を取り戻せ : 前文は欧米の憲法や憲章の「コピペ」で無改正でやってきたのは日本だけ 西修 「Themis」 24 (6) 通号272 2015.6 p.34〜35

06749 平和安全法制から憲法九条改正へ 別府正智 「祖国と青年」 (441) 2015.6 p.17〜19

06750 憲法をとるか、国防をとるか? (特集 「戦争」のできない国民 : 見猿 聞か猿 言わ猿の70年) 佐伯啓思 「表現者」 (62) 2015.9 p.65〜69

06751 憲法を守って、国滅ぶ (特集「戦争」のできない国民 : 見猿 聞か猿 言わ猿の70年) 富岡幸一郎 「表現者」 (62) 2015.9 p.70〜75

06752 死んでいる憲法9条をタテに生きている安全保障を語るなかれ 山本峯章 「Verdad」 21 (9) 通号245 2015.9 p.22〜25

06753 2015年11月2日号 週刊「世界と日本」第2064号より 日本人にだけ通じる「9条解釈」 安全保障法制を柔軟に活用せよ (特別号 私の憲法論) 西原正 「世界と日本」 (1256) 2015.10 p.52〜62

06754 2015年6月1日号 週刊「世界と日本」第2054号より 憲法9条の改正 まったなし! 戦後70年国民の明確な意思を問え (特別号 私の憲法論) 西修 「世界と日本」 (1256) 2015.10 p.34〜42

06755 9条こそ憲法違反である (特集 安保法制、次は核と憲法だ!) ケント, ギルバート 「正論」 (529) 2015.12 p.110〜117

◆国民投票

【図書】

06756 実録憲法改正国民投票への道 中山太郎 著 中央公論新社 2008.11 236p 20cm 1600円 ①978-4-12-003991-1 Ⓝ323.149 中山太郎

06757 日本国憲法の改正手続に関する法律の一部を改正する法律案 (馳田元君外7名提出、第186回国会衆法第14号) に関する参考資料 [東京] 衆議院憲法審査会事務局 2014.4 63p 30cm (衆憲資 第89号) Ⓝ323.149 衆議院

【雑誌】

【雑誌】

06758 制定過程から見た憲法改正国民投票条項について (論文の部) 末沢国彦 「現代日本の法と政治 粕谷進先生古稀記念」 2007.12 p.

31〜

06759 政治 まずは九六条の改正から : 国民の憲法意識は現実的になった 西修 「改革者」 54 (5) 通号634 2013.5 p.40〜43

06760 「越えねばならない壁」をもつことの意味 : 政治学から見る憲法九六条 (いまなぜ憲法改正なのか) 杉田敦 「月刊自治研」 55 (646) 2013.7 p.17〜23

06761 憲法九六条改正の正当性 池田実 「憲法研究」 (46) 2014 p.91〜116

環境

【図書】

06762 環境権の論点 那須俊貴 [著] 国立国会図書館調査及び立法考査局 2007.3 14p 30cm (調査資料 2006-2-b シリーズ憲法の論点 14) ①978-4-87582-647-7 Ⓝ519.12 那須俊貴

06763 人権としての環境権? : 憲法改正をめぐる議論を中心に 浅川千尋 「天理大学人権問題研究室紀要」 (18) 2015.3 p.1〜24

天皇・天皇制

【図書】

06764 悠仁天皇と皇室典範　中川八洋著　清流出版　2007.1　343p　20cm　2000円　Ⓘ978-4-86029-190-7　Ⓝ323.151　中川八洋

06765 憲法に関する主な論点（第1章天皇）に関する参考資料　［東京］　衆議院憲法審査会事務局　2012.5　17p　30cm　（衆憲資 第76号）　Ⓝ323.141　衆議院

06766 天皇の真実―憲法一条と九条よ！ 地球を一つに繋げ！　河内正臣著　メタ・ブレーン　2012.5　252p　21cm　〈たま出版（1981年刊）の加筆訂正〉　〈文献あり〉　3400円　Ⓘ978-4-905239-10-9　Ⓝ323.141　河内正臣

06767 「女性宮家創設」ここが問題の本質だ！―緊急出版　櫻井よしこ、竹田恒泰、百地章著、日本会議編　明成社　2012.11　80p　21cm　600円　Ⓘ978-4-905410-20-1　Ⓝ323.151　櫻井よしこ　竹田恒泰　百地章　日本会議

06768 天皇の短歌は何を語るのか―現代短歌と天皇制　内野光子著　御茶の水書房　2013.8　266, 10p　22cm　〈索引あり〉　3800円　Ⓘ978-4-275-01044-5　Ⓝ911.16　内野光子

06769 日本国憲法「天皇」の再検討　所功著　大阪　國民會館　2013.11　96p　21cm　（國民會館叢書 92）　500円　Ⓝ323.141　所功

06770 昭和天皇の戦後日本―〈憲法・安保体制〉にいたる道　豊下楢彦著　岩波書店　2015.7　302, 4p　20cm　〈文献あり 年表あり〉　2400円　Ⓘ978-4-00-061055-1　Ⓝ210.76　豊下楢彦

【雑誌】

06771 女性天皇と皇室典範改正論争のゆくえ　小林裕一郎　「社会科学論集」　（42・43）　2005　p.133～182

06772 視点 「皇室典範に関する有識者会議」はどう機能したか　首藤久美子　「インパクション」　通号149　2005　p.1～4

06773 皇室典範会議の内幕 女帝誕生 美智子様と雅子妃は―天皇制の歴史的転換点。カギを握るのは（特集 平成皇室の命運）　奥野修司　「文芸春秋」　2005.3　p.116～125

06774 天皇の歴史的正当性を奪う女系天皇論（特集3 皇室典範改正に向けて）　八木秀次　「月刊日本」　9（3）通号95　2005.3　p.44～49

06775 深層スクープ 「皇室典範会議」の内幕 緒

方貞子を信頼する天皇・皇后両陛下－将来天皇に即位する愛子さまの教育係は彼女しかいない　「Themis」　14（3）通号149　2005.3　p.70～72

06776 皇室典範改正に向けて 皇統の断絶は日本の危機だ 浅薄な女帝容認論を論駁する　小堀桂一郎　「月刊日本」　9（4）通号96　2005.4　p.36～44

06777 「皇室典範に関する有識者会議」に直言す 女性天皇の即位推進は皇室と日本国の弥栄に通ずるか　小堀桂一郎　「正論」　2005.5　p.136～149

06778 皇室典範会議にもの申す　笠原英彦　「文芸春秋」　2005.5　p.202～208

06779 皇室典範改正に向けて 「女帝」論議は時期尚早だ　百地章　「月刊日本」　9（5）通号97　2005.5　p.64～69

06780 女性天皇の容認しかあり得ない－皇室典範改正に向けての十問十答　中野正志　「論座」　2005.6　p.236～247

06781 日本の進路 皇室典範の改正をどう考えるか　高森明勅　モラロジー研究所編　「道経塾」　7（1）通号37　2005.6　p.61～63

06782 皇室典範改正に向けて－拙速な女帝容認論は無責任だ 叡智を出して皇統の維持を図るべし　大原康男　「月刊日本」　9（6）通号98　2005.6　p.66～71

06783 皇室典範有識者会議に警告 「女帝容認」への操り人形となるなかれ　八木秀次　「諸君！：日本を元気にするオピニオン雑誌」　37（6）2005.6　p.130～139

06784 皇室典範有識者会議に望む 旧宮家の皇籍復帰を早急に検討せよ　小田村四郎　「月刊日本」　9（7）通号99　2005.6　p.62～67

06785 オピニオン縦横無尽（602）深くて重い皇室典範改正問題 眼前の問題解決のための安易な女性天皇容認は慎重に　櫻井よしこ　ダイヤモンド社［編］　「週刊ダイヤモンド」　93（30）通号4091　2005.7.30　p.137

06786 改めて提起する 皇室典範改正の「焦点」は何か－「女系」を容認しても天皇の歴史的正統性は失われない　高森明勅　「正論」　2005.8　p.274～280

06787 皇室典範の改正を切望する－有識者会議に懸念はあるが先延ばしは最早できない（戦後日本と皇室）　高森明勅　「Voice」　通号332

天皇・天皇制

2005.8　p.126〜133

06788　安易な女帝容認論を排す（特集 皇室典範改正に向けて）「月刊日本」9（11）通号103 2005.11　p.66〜69

06789　皇室典範問題を論ず 皇位継承は日本傳統信仰を根本にせよ（特集 皇室典範改正に向けて）　四宮正貴「月刊日本」9（11）通号103 2005.11　p.70〜79

06790　皇室典範改正問題・「女系容認」は「歴史への背信」巻頭インタビュー 小堀桂一郎 東京大学名誉教授　小堀桂一郎「明日への選択」2005.12　p.4〜10

06791　皇室典範問題と人権擁護法案を問う−小泉首相は「左翼」である−市場競争原理主義による自由の涯には破壊しかない　西尾幹二「Voice」通号336　2005.12　p.138〜149

06792　皇室典範 女帝でも問題は解決しない（Cover Story おかしいぞ！皇室論争）「Newsweek」20（47）通号983　2005.12.7　p.20〜21

06793　「日本の国益委員会」リポート 皇室典範の改正を早期に行うべきだ　出口治明「世界週報」86（49）通号4226　2005.12.27　p.66〜67

06794　女性天皇問題の深淵−皇室典範改正論議のめざすもの　小林裕一郎「社会科学論集」（44）　2006　p.73〜111

06795　小泉政権から安倍政権へ−靖国・皇室典範問題と〈ポチ・ナショナリズム〉　天野恵一「インパクション」通号154　2006　p.5〜8

06796　憲法改正論議と「国家学」（小特集 憲法とは何か）　坂本多加雄「環 ：歴史・環境・文明」25　2006.Spr.　p.98〜104

06797　象徴君主制憲法の現代的展開──象徴的国家元首論の観点から見た日本とスウェーデンとの比較考察　下條芳明「憲法研究」（38）2006　p.29〜58

06798　Q&A 皇室典範「改正」問題 皇位継承・「二千年の伝統」が途絶えてもよいのか−皇室解体への道を開く「女系天皇」容認「明日への選択」2006.1　p.10〜19

06799　「皇室典範改悪阻止国民大会」で語られたこと　牛田久美「正論」2006.1　p.126〜129

06800　「皇室典範に関する有識者会議」における議論の状況（下）駆井翼 立花書房［編］「治安フォーラム」12（10）通号142　2006.1　p.28〜38

06801　戦後における天皇観の変容について（国民主権・象徴天皇・政教分離−新島会主催「天皇制シンポジウム」報告）　西田毅「出会い ：キリスト教と諸宗教」15（1）通号57　2006.1　p.30〜38

06802　1951年の京大天皇事件をめぐって（国民主権・象徴天皇・政教分離−新島会主催「天皇制シンポジウム」報告）　太田雅夫「出会い ：キリスト教と諸宗教」15（1）通号57　2006.1　p.39〜44

06803　近代天皇制下の宗教弾圧（一）第一次・第二次大本事件を中心として（国民主権・象徴天皇・政教分離−新島会主催「天皇制シンポジウム」報告）　足立政喜「出会い ：キリスト教と諸宗教」15（1）通号57　2006.1　p.53〜59

06804　男系男子孫を皇族にするための特別立法を（特集 21世紀の皇室像を求めて−改正すべきは1条（男系絶対）か9条（養子禁止）か、それとも…… 私の「皇室典範」改正試案）　百地章「諸君！ ：日本を元気にするオピニオン雑誌」38（10）　2006.1　p.74〜76

06805　側室はなくとも最新産科医学がある（特集・21世紀の皇室像を求めて−改正すべきは1条（男系絶対）か9条（養子禁止）か、それとも…… 私の「皇室典範」改正試案）　岩瀬正則（京都大学教授）「諸君！ ：日本を元気にするオピニオン雑誌」38（10）　2006.1　p.80〜81

06806　巻頭言 皇室の伝統を守るための知恵を絞ることこそ政府の務め−「皇室典範に関する有識者会議」の姿勢への疑問　椛島有三「祖国と青年」（328）　2006.1　p.18〜33

06807　万世一系と日本の国柄−占領下の皇室と国民を考える（第7講）皇室典範をめぐる攻防と全国ご巡幸開始　勝岡寛次「祖国と青年」（337）　2006.1　p.68〜73

06808　皇室典範の改悪を許すな──二千年の伝統を一年の議論で覆せると思う無知蒙昧　渡部昇一　百地章「Voice」通号337　2006.1　p.106〜115

06809　三笠宮寛仁さま「皇室典範改正反対」が波紋 女性・女系天皇私はこう考える　文芸春秋［編］「週刊文春」48（3）通号2361　2006.1.26　p.26〜33

06810　皇室典範と財政 「とばし」の精神を排せ 国家的想像力と倫理を欠く「改革」の正体（特集 平成18年『正論』の年頭所感）　西尾幹二「正論」2006.2　p.36〜41

06811　「皇室典範改正」最大のパラドックス（皇室はどこへ行くのか）　森暢平「現代」2006.2　p.42〜47

06812　「皇室典範有識者会議」とフェミニズムの共振波動が日本を揺るがす−改正報告書に仕組まれた罠とは何か　林道義「正論」2006.2　p.120〜129

06813　皇祖皇宗の御遺訓である皇室典範をお護りする（平成の和気清麻呂、出でよ！−世界に誇る皇室の伝統を無視する「女系」容認に異議あり）　小田村四郎「正論」2006.2　p.138〜140

06814　巻頭言 皇室典範改定を憂える−女系による皇位継承が容認されていたら日本の歴史はど

うなったでしょうか　椛島有三　「祖国と青年」
（329）　2006.2　p.18～22

06815　皇室典範と皇位継承の論点　大原康男
「祖国と青年」（329）　2006.2　p.38～46

06816　政治 皇室典範改正問題をめぐって－短期
間に濃密な議論　笠原英彦　政策研究フォーラ
ム［編］「改革者」通号547　2006.2　p.36～39

06817　今回のNews・異論続出の女系天皇。皇室
典範改正案、今国会で成立なるか!?（江川達也
の時事漫画 にあいこーるリアル〔132〕）　江川
達也　「Spa！」55（7）　2006.2.7　p.34

06818　争点 皇室典範改正は「男系or女系」では
なく「男系or直系」の正統性をめぐる闘いだ
（SIMULATION REPORT「女系天皇論」は
氷山の一角－「日本が日本であるアイデンティ
ティ」が変質しようとしている このままでは
「天皇制」が壊される）　宮崎哲弥　「Sapio」18
（3）通号382　2006.2.8　p.14～16

06819　皇室典範改正問題の巻－三笠宮殿下に
「発言を控えては」。無礼千万朝日新聞の自己矛
盾を嘲う（疾走するコラムニスト・勝谷誠彦の
ニュースバカ一代〔173〕）　勝谷誠彦　「Spa！」
55（8）　2006.2.14　p.5

06820　小泉純一郎－皇室典範改正を花道に!?な
ぜそんなに急ぐのか、さっぱりわからん!?（今
週の顔 PEOPLE THIS WEEK）「Spa！」55
（8）　2006.2.14　p.6

06821　ロボット学者が牛耳る「有識者会議」っ
て何様？（ワイド「皇室典範」コテンパン）
文芸春秋［編］「週刊文春」48（6）通号2364
2006.2.16　p.141

06822　寛仁さまに「黙れ（仰天社説）」と命じた
朝日新聞論説委員の「実名」と「見識」（ワイド
「皇室典範」コテンパン）　文芸春秋［編］「週
刊文春」48（6）通号2364　2006.2.16　p.139～
140

06823　「皇室も改革だ！」小泉首相不敬言行録
（ワイド「皇室典範」コテンパン）　文芸春秋
［編］「週刊文春」48（6）通号2364　2006.2.16
p.142～143

06824　寛仁さまの義兄・麻生太郎に続く反対大
臣リスト（ワイド「皇室典範」コテンパン）
文芸春秋［編］「週刊文春」48（6）通号2364
2006.2.16　p.143～144

06825　小泉チルドレン83会「すでに反対が30人」
（ワイド「皇室典範」コテンパン）　文芸春秋
［編］「週刊文春」48（6）通号2364　2006.2.16
p.144～145

06826　オピニオン縦横無尽（629）日本文明から
の逆襲か 秋篠宮妃紀子さまご懐妊で証明された
皇室典範改正の拙速さ　櫻井よしこ　ダイヤモ
ンド社［編］「週刊ダイヤモンド」94（7）通号
4118　2006.2.18　p.139

06827　「皇室典範改正」論議で現実味を増す小泉

首相4月退陣説（政界断末魔ワイド「ホリエモ
ン兄弟（竹中総務相、武部幹事長…）」たちの末
路）「サンデー毎日」85（8）通号4745　2006.2.
19　p.30

06828　政界メモ 皇室典範改正論議に衝撃－秋篠
宮妃懐妊 首相が軌道修正　「地方行政」　2006.
2.20　p.19

06829　秋篠宮妃紀子さま－“ご懐妊”の吉報は冷
静な皇室典範改正論議の始まりである（今週の
顔 PEOPLE THIS WEEK）「Spa！」55（9）
2006.2.21　p.5

06830　皇室典範改正、見送りの愚－皇室 男児に
こだわる的はずれな議論は天皇制のイメージを
損ないかねない　コリンジョイス　「Newsweek」
21（8）通号993　2006.2.22　p.20～21

06831　それでも「皇室典範改正」を叫び続け
る？ 小泉首相の「宮中不敬事件」　小学館
［編］「週刊ポスト」38（8）通号1847　2006.2.
24　p.37～39

06832　三笠宮寛仁「天皇に皇室典範改正の意思
なし」（揺れる天皇家と小泉）「週刊現代」
2006.2.25　p.37～39

06833　皇室典範問題は「紀子妃懐妊」でピリオ
ド「沈む小泉」と「昇る安倍」（揺れる天皇家と
小泉）「週刊現代」　2006.2.25　p.40～41

06834　紀子さま ご懐妊サプライズ－長官要請か
ら2年、秋篠宮さまの喜色、雅子さまの胸中/
「皇室典範」改正先送りで安倍官房長官の心？/
藤原正彦が語る「皇位継承の品格」　関仁巳
二階堂祥生　山本航　「読売ウイークリー」65
（10）通号3012　2006.2.26　p.21～25

06835　解剖・混迷政局 国論分裂しかねない「皇
室典範改正」　国正武重　「世界週報」87（8）通
号4234　2006.2.28　p.48～49

06836　小泉首相は日本を滅ぼすつもりか 混迷模
様の皇室典範改正問題　「政財界さいたま」
2006.3　p.74～83

06837　保守思想の辞典（5）国家象徴 皇室典範を
めぐって　西部邁　「表現者」通号5　2006.3
p.192～195

06838　保守政治不在のスキをついた「皇室典範
改正」論 万世一系の皇統こそ日本文明の核　古
川禎久　「月刊日本」10（3）通号107　2006.3
p.28～31

06839　皇室典範改正論議 日本史を書き換えたい
のが本音？ 小泉流政治手法と天皇制度の根幹
花岡信昭　「エルネオス」12（3）通号136　2006.
3　p.50～53

06840　米国が日本を改造する（7）皇室典範改正
を阻止した秋篠宮妃殿下のご懐妊－「女系天
皇」を認めることは万世一系の皇統の断絶を座
視することに他ならない　関岡英之　「Themis」
15（3）通号161　2006.3　p.84～85

06841 「皇室典範」改正の必要はない——憲法や国民感情を前提として「神々の掟」を歪めるな 遠藤浩一 「Voice」 通号339 2006.3 p.172～179

06842 女性天皇の是非も私たちが決める(伊藤真の中・高生のための憲法教室〔24〕) 伊藤真 「世界」 (750) 2006.3 p.166～167

06843 改正必要の姿勢崩さず−政府 暗礁に乗り上げた皇室典範改正 「Jiji top confidential」 (11298) 2006.3.10 p.2～5

06844 政界レポート 皇室典範改正断念という小泉の敗北 氷川清太郎 財界研究所編 「財界」 54(6)通号1356 2006.3.14 p.86～89

06845 紀子さまご懐妊と皇室典範の行方(前編)「男系継承の伝統」は幻である 橋本治 「婦人公論」 2006.3.22 p.64～67

06846 レイムダックと化す小泉政権−皇室典範改正、防衛庁昇格、国民投票法案を断念(〔月刊times〕創刊30年記念号) 山口朝雄 「月刊タイムス」 2006.4 p.20～23

06847 皇室典範改正論議の作法(巻頭コラム・潮流06) 飯尾潤(政策研究大学院大学教授) 「論座」 2006.4 p.22～23

06848 出身国会議員にきく−1 役立っていること 2 愛国心 3 皇室典範改正 4 日本の誇り 5 目指すべき国家像(特集 松下政経塾の全貌) 「論座」 2006.4 p.56～65

06849 蒟蒻問答(第1回)紀子さまご懐妊は天の啓示だよ(皇室典範改正問題) 堤堯 久保紘之 「Will :マンスリーウイル」 2006.4 p.72～85

06850 寛仁親王殿下の口を封じた朝日社説の傲慢と迷走(皇室典範改正問題) 加瀬英明 「Will :マンスリーウイル」 2006.4 p.86～90

06851 俵孝太郎の政治レポート(第222回)奇怪な皇室典範改定劇の本質 俵孝太郎 「時評」 2006.4 p.90～97

06852 最近の皇室典範をめぐる議論について 野村玄 「史敏」 通号3 2006.4

06853 朝日よ、皇族は「貝になれ」というのか(特集 天の怒りか、地の声か「皇室典範」再考) 八木秀次 「諸君! :日本を元気にするオピニオン雑誌」 38(4) 2006.4 p.28～35

06854 朝日よ、皇族は「貝になれ」というのか(特集・天の怒りか、地の声か「皇室典範」再考) 八木秀次(高崎経済大学助教授) 「諸君! :日本を元気にするオピニオン雑誌」 38(4) 2006.4 p.28～35

06855 天譴! 小泉流「皇室改革」の挫折(特集 天の怒りか、地の声か「皇室典範」再考) 秦郁彦 「諸君! :日本を元気にするオピニオン雑誌」 38(4) 2006.4 p.36～48

06856 天譴! 小泉流「皇室改革」の挫折(特集・天の怒りか、地の声か「皇室典範」再考) 秦郁彦(現代史家) 「諸君! :日本を元気にするオピニオン雑誌」 38(4) 2006.4 p.36～48

06857 『かのようにの哲学』が示す智恵(特集 天の怒りか、地の声か「皇室典範」再考) 西尾幹二 「諸君! :日本を元気にするオピニオン雑誌」 38(4) 2006.4 p.50～57

06858 師・田中卓氏への諫言 女系天皇は、なりません(特集 天の怒りか、地の声か「皇室典範」再考) 新田均 「諸君! :日本を元気にするオピニオン雑誌」 38(4) 2006.4 p.58～65

06859 師・田中卓氏への諫言 女系天皇は、なりません(特集・天の怒りか、地の声か「皇室典範」再考) 新田均(皇学館大学教授) 「諸君! :日本を元気にするオピニオン雑誌」 38(4) 2006.4 p.58～65

06860 皇室典範改正はやはり必要だ 紀子さまご懐妊で、大局を見失うな 笠原英彦 「中央公論」 121(4)通号1463 2006.4 p.212～216

06861 皇室典範改正問題 いま象徴天皇制に問われるべきこと 横田耕一 岩波書店〔編〕 「世界」 (751) 2006.4 p.61～69

06862 万世一系の意義(特集 国体からみた「皇室典範」) 里見岸雄 「国体文化 :日本国体学会機関誌 :里見日本文化学研究所発表機関 :立正教団発表機関」 (984) 2006.4 p.2～11

06863 皇族の本分と皇位継承の本質−断じて「易姓革命」に非ず(特集 国体からみた「皇室典範」) 河本學嗣郎 「国体文化 :日本国体学会機関誌 :里見日本文化学研究所発表機関 :立正教団発表機関」 (984) 2006.4 p.12～20

06864 国体研究が平和実現への第一歩−日本は模範国家となるべき国(特集 国体からみた「皇室典範」) 秋場善彌 「国体文化 :日本国体学会機関誌 :里見日本文化学研究所発表機関 :立正教団発表機関」 (984) 2006.4 p.22～27

06865 里見岸雄先生の皇位継承論(特集 国体からみた「皇室典範」) 相澤宏明 「国体文化 :日本国体学会機関誌 :里見日本文化学研究所発表機関 :立正教団発表機関」 (984) 2006.4 p.28～39

06866 皇祚の無窮を祈つて(特集 国体からみた「皇室典範」) 三輪尚信 「国体文化 :日本国体学会機関誌 :里見日本文化学研究所発表機関 :立正教団発表機関」 (984) 2006.4 p.40～45

06867 戦後民主主義の行き着くところは下克上(特集 国体からみた「皇室典範」) 駒井達生 「国体文化 :日本国体学会機関誌 :里見日本文化学研究所発表機関 :立正教団発表機関」 (984) 2006.4 p.46～51

06868 時系列で追う賛成反対の動向(特集 国体からみた「皇室典範」) 小川主税 「国体文化 :日本国体学会機関誌 :里見日本文化学研究所発表機関 :立正教団発表機関」 (984) 2006.4 p.52～55

06869 Q&A「皇室典範」改正の焦点－解決策は「男子優先」の「女系容認」(特集 国体からみた「皇室典範」)「国体文化：日本国体学会機関誌：里見日本文化学研究所発表機関」 立正教団発表機関」(984) 2006.4 p.56〜69

06870 紀子さまご懐妊と皇室典範の行方(後編)男子をお産みになろうと、危機は続く 橋本治「婦人公論」 2006.4.7 p.168〜170

06871 映画－皇室典範論争のさなか、昭和天皇を描いた新作映画が未公開の憂きに。映画は"天皇"をどう描いてきたか(カルチャー大学批評学部) 大久保賢一「Spa！」55(18) 2006.4.18 p.100

06872 検証 政府文書から見えた皇室典範改正の「裏」 阿比留瑠比「正論」 2006.5 p.144〜151

06873 「平成」改元と即位の礼と－元号法と新旧皇室典範を読む(《特集 憲法》〈特集2 日本国憲法の淵源〉) 有馬俊一「日本史の方法」(4) 2006.6

06874 野田聖子「ウリは皇室典範」で猛勉強中(The Time Special 出動！『WG特捜隊』)「週刊現代」 2006.6.10 p.180〜181

06875 皇室典範改正をめぐる右翼の動向 内海京介 立花書房[編]「治安フォーラム」12(7)通号139 2006.7 p.11〜19

06876 戦後の記紀批判をめぐる覚書－最近の皇室典範改正問題に関聯して 荊木美行 皇学館大学人文学会編「皇学館論叢」39(4)通号231 2006.8 p.18〜31

06877 再考 皇室典範改正 議論すべき五つの論点－天皇制廃止のもくろみを打ち砕くために何をなすべきか 小山常実「正論」 2006.9 p.272〜281

06878 「皇室典範に関する有識者会議」における議論の状況(上) 駆井翼 立花書房[編]「治安フォーラム」12(9)通号141 2006.9 p.32〜44

06879 昭和天皇(15)立憲君主制 福田和也「文芸春秋」84(12) 2006.9 p.430〜442

06880 万世一系と日本の国柄－占領下の皇室と国民を考へる(第6講)帝国憲法改正草案と天皇条項 勝岡寛次「祖国と青年」(336) 2006.9 p.68〜73

06881 皇室典範改正論議は先送り 安倍晋三氏が見せた弱腰(祝！ 男児ご誕生－ご祝賀ワイドおぎゃー!!)「週刊朝日」 2006.9.22 p.31

06882 無責任政界の骨頂「皇室典範改正」数十年も封印(おめでとう！ 紀子さま－ご誕生ワイド)「読売ウイークリー」65(41)通号3041 2006.9.24 p.25

06883 「安倍新官邸」が先送り「皇室典範改正」の迷走(紀子さま」ご出産おめでとうございます 総力特集－ご出産ワイド)「サンデー毎日」85(41)通号4778 2006.9.24 p.30

06884 今週の選者・吉崎達彦－皇室典範改正先送りで国論分裂が回避されたのは何よりだった(ニュースの"ツボ"が100秒でわかる！ NEWS CONVENIENCE「Spa！」55(44) 2006.9.26 p.30〜31

06885 女性・女系天皇は時代の要求(特集 21世紀の皇室像を求めて－改正すべきは1条(男系絶対)か9条(養子禁止)か、それとも…… 私の「皇室典範」改正試案) 小石房子「諸君！：日本を元気にするオピニオン雑誌」38(10) 2006.10 p.83〜85

06886 「第一子優先」より「男子優先」に(特集 21世紀の皇室像を求めて－改正すべきは1条(男系絶対)か9条(養子禁止)か、それとも…… 私の「皇室典範」改正試案) 山下悦子「諸君！：日本を元気にするオピニオン雑誌」38(10) 2006.10 p.81〜83

06887 穴だらけの皇室典範は粛々と改正すべし(特集・21世紀の皇室像を求めて一改正すべきは1条(男系絶対)か9条(養子禁止)か、それとも…私の「皇室典範」改正試案) 西木正明「諸君！：日本を元気にするオピニオン雑誌」38(10) 2006.10 p.77〜78

06888 皇室は「合計特殊出生率」を上げよ(特集・21世紀の皇室像を求めて一改正すべきは1条(男系絶対)か9条(養子禁止)か、それとも…私の「皇室典範」改正試案) 山本一力「諸君！：日本を元気にするオピニオン雑誌」38(10) 2006.10 p.78〜79

06889 「即位ノ礼及大嘗祭ハ京都ニ於テ之ヲ行フ」の復活を(特集・21世紀の皇室像を求めて一改正すべきは1条(男系絶対)か9条(養子禁止)か、それとも…私の「皇室典範」改正試案) 八幡和郎「諸君！：日本を元気にするオピニオン雑誌」38(10) 2006.10 p.85〜86

06890 「日本国の宗家」の継承基盤の安定化を(特集・21世紀の皇室像を求めて一改正すべきは1条(男系絶対)か9条(養子禁止)か、それとも…私の「皇室典範」改正試案) 田久保忠衛「諸君！：日本を元気にするオピニオン雑誌」38(10) 2006.10 p.87〜88

06891 意外に非日本的な天皇家のあとつぎ問題(特集・21世紀の皇室像を求めて一改正すべきは1条(男系絶対)か9条(養子禁止)か、それとも…私の「皇室典範」改正試案) 井上章一「諸君！：日本を元気にするオピニオン雑誌」38(10) 2006.10 p.88〜89

06892 安定的な皇位継承には何が必要か 皇室典範改正、白紙から検討を 潮匡人「Jiji top confidential」(11349) 2006.10.3 p.2〜6

06893 皇室典範の改正論議は皇室会議で(41年ぶりの男子ご誕生、秋篠宮家の親王殿下 悠仁(ひさひと)さま) 所功「読売ウイークリー」65(43)通号3043 臨増 2006.10.7 p.51〜53

天皇・天皇制

06894　皇室典範 41年ぶりの親王誕生の今こそ「女帝」を容認すべきである（SPECIAL REPORT 世界を悩ます王室「継承・後継」大図鑑）　高森明勅　「Sapio」18（21）通号400　2006.10.11　p.80〜82

06895　皇室典範に問題あり（男子ご誕生）　高橋紘　「論座」　2006.11　p.122〜127

06896　皇室典範に問題あり（男子ご誕生）　高橋紘（皇室研究家, 静岡福祉大学教授）「論座」　2006.11　p.122〜127

06897　男系・女系激突対談 悠仁さま御誕生で皇室典範はこう改正しよう（特集・安倍政権にカツを入れる！）　高橋紘（静岡福祉大学教授）八木秀次（高崎経済大学教授）「諸君！：日本を元気にするオピニオン雑誌」38（11）　2006.11　p.84〜93

06898　男系・女系激突対談 悠仁さま御誕生で皇室典範はこう改正しよう（特集 安倍政権にカツを入れる！）　高橋紘　八木秀次「諸君！：日本を元気にするオピニオン雑誌」38（11）　2006.11　p.84〜93

06899　皇室典範改正は避けられない（特集 親王ご誕生）　井上茂男　「中央公論」121（11）通号1470　2006.11　p.106〜113

06900　皇室典範改正は避けられない（特集・親王ご誕生）　井上茂男（読売新聞編集委員）「中央公論」121（11）通号1470　2006.11　p.106〜113

06901　八木亜夫の時事放談 言わせてもらえば……（第63回）皇室典範改正の小休止　八木亜夫「イグザミナ」通号230　2006.11　p.72〜74

06902　万世一系と日本の国柄－占領下の皇室と国民を考へる（第8講）皇室典範改正と女系・女帝論議　勝岡寛次　「祖国と青年」（338）　2006.11　p.68〜73

06903　国家百年の大計としての皇室典範改正　篠沢秀夫　「正論」　2006.12　p.280〜287

06904　皇室典範改正問題のゆくえ－皇位の安定的継承の課題　小林裕一郎「社会科学論集」（45）　2007　p.127〜168

06905　日本国憲法下の国家元首に関する若干の考察——内閣元首説の批判的考察を中心に　有馬尚経　「駒沢大学大学院公法学研究」（33）　2007年　p.45〜82

06906　古代史の研究と皇室典範改正問題　荊木美行　「季刊邪馬台国」（94）　2007.2

06907　天皇の行為分類　兵藤守男「法政理論」39（2）　2007.2　p.338〜365

06908　万世一系と日本の国柄（第12講）「三種の神器」と皇室典範改正　勝岡寛次　「祖国と青年」（343）　2007.4　p.68〜73

06909　皇室典範改正をめぐる論点整理・基礎編　高森明勅　「国体文化：日本国体学会機関誌：里見日本文化学研究所発表機関 ： 立正教団発表機関」（997）　2007.5　p.28〜41

06910　「皇位の世襲」の意味と「女系天皇」への疑問（第3部 統治原理の変動と国家）　百地章「現代社会における国家と法 阿部照哉先生喜寿記念論文集」　2007.5　p.599〜

06911　メディア 皇室報道の暴走をもたらした実体なき「開かれた皇室」論（皇室典範から雅子妃問題まで これでいいのか！「皇室の危機」）大原康男　「Sapio」19（10）通号415　2007.5.9　p.72〜74

06912　伝統 「雅子妃問題」で天皇の本質的要素たる「宮中祭祀」が危機に瀕しつつある（皇室典範から雅子妃問題まで これでいいのか！「皇室の危機」）　八木秀次　「Sapio」19（10）通号415　2007.5.9　p.75〜77

06913　法制度 国民統合の象徴たる皇室の尊厳を守る法が実質的に無効な「名誉毀損・侮辱罪」だけでいいのか（皇室典範から雅子妃問題まで これでいいのか！「皇室の危機」）　高森明勅「Sapio」19（10）通号415　2007.5.9　p.78〜80

06914　比較 皇室が海外王室に学ぶべきは「オープンさ」ではなく危機への対処法だ（皇室典範から雅子妃問題まで これでいいのか！「皇室の危機」）　八幡和郎「Sapio」19（10）通号415　2007.5.9　p.81〜83

06915　皇室典範改正をめぐる論点整理・展開編　高森明勅　「国体文化：日本国体学会機関誌：里見日本文化学研究所発表機関 ： 立正教団発表機関」（998）　2007.6　p.26〜41

06916　昭和憲法とは!? 憲法改正問題講座（8）天皇制の存続と国民主権をめぐる諸問題　白川勝彦　「マスコミ市民 ： ジャーナリストと市民を結ぶ情報誌」通号461　2007.6　p.42〜48

06917　皇室典範の改正をめぐって－「万世一系」派がもたらす大衆天皇制の危機の構図　上杉聰「戦争責任研究」（56）　2007.夏季　p.56〜65

06918　戦後天皇制の原点と現点（I 立憲主義）木村正俊　「憲法諸相と改憲論 吉田善明先生古稀記念論文集」　2007.8　p.23〜

06919　女系天皇容認は違憲である　みつだ桃月「月刊日本」11（11）通号127　2007.11　p.36〜39

06920　近現代「皇室制度」の形成史と問題点　所功　「憲法研究」（40）　2008　p.161〜173

06921　我が国における国家元首の存在性に関する一考察　有馬尚経　「駒沢大学大学院公法学研究」（34）　2008年　p.33〜87

06922　一世一元制と明治『皇室典範』（特集 日本の年号－新・視点「年号」をめぐる未解決論点）　川田敬一　「歴史読本」　2008.1　p.108〜113

06923　皇室典範検討は喫緊の課題 皇室存続の危機を直視しよう　園部逸夫　水谷三公「中央公論」123（4）通号1488　2008.4　p.276〜289

天皇・天皇制

06924 改正なしでは悠仁さまに重圧、愛子様に帝王教育を（激論バトル オピニオン総力ワイド 各界16人 雅子さまの回復もこれを抜きには論じられない おきざりにされた皇室典範改正問題 皇位継承 愛子さまか悠仁さまか） 高橋紘 「週刊現代」 2008.6.14 p.30

06925 悠仁さまが正真正銘の皇位継承者。伝統を守ることから（激論バトル オピニオン総力ワイド 各界16人 雅子さまの回復もこれを抜きには論じられない おきざりにされた皇室典範改正問題 皇位継承 愛子さまか悠仁さまか） 竹田恒泰 「週刊現代」 2008.6.14 p.31

06926 「雅子さまの悲劇」繰り返さないためにも女性天皇容認を（激論バトル オピニオン総力ワイド 各界16人 雅子さまの回復もこれを抜きには論じられない おきざりにされた皇室典範改正問題 皇位継承 愛子さまか悠仁さまか） 松崎敏弥 「週刊現代」 2008.6.14 p.33

06927 「象徴」は国民投票で。皇室の恋愛は自由に、宮内庁は解体（激論バトル オピニオン総力ワイド 各界16人 雅子さまの回復もこれを抜きには論じられない おきざりにされた皇室典範改正問題 皇位継承 愛子さまか悠仁さまか） 田嶋陽子 「週刊現代」 2008.6.14 p.149

06928 宮内庁職員もできれば「男系で」と願っています（激論バトル オピニオン総力ワイド 各界16人 雅子さまの回復もこれを抜きには論じられない おきざりにされた皇室典範改正問題 皇位継承 愛子さまか悠仁さまか） 山下晋司 「週刊現代」 2008.6.14 p.152

06929 眞子さまが皇籍を離れる前に皇室典範改正を（激論バトル オピニオン総力ワイド 各界16人 雅子さまの回復もこれを抜きには論じられない おきざりにされた皇室典範改正問題 皇位継承 愛子さまか悠仁さまか） 鹿島茂 「週刊現代」 2008.6.14 p.23〜25

06930 女帝論で「開かれた皇室」を主張する人々は「天皇制が玉手箱」だとご存じか？（激論バトル オピニオン総力ワイド 各界16人 雅子さまの回復もこれを抜きには論じられない おきざりにされた皇室典範改正問題 皇位継承 愛子さまか悠仁さまか） 猪瀬直樹 「週刊現代」 2008.6.14 p.25〜26

06931 皇位継承は直系の方に、愛子さまは天皇にふさわしい（激論バトル オピニオン総力ワイド 各界16人 雅子さまの回復もこれを抜きには論じられない おきざりにされた皇室典範改正問題 皇位継承 愛子さまか悠仁さまか） 池坊保子 「週刊現代」 2008.6.14 p.26〜27

06932 「女系を認めれば天皇制は滅ぶ」と言う者こそ不忠だ（激論バトル オピニオン総力ワイド 各界16人 雅子さまの回復もこれを抜きには論じられない おきざりにされた皇室典範改正問題 皇位継承 愛子さまか悠仁さまか） 鈴木邦男 「週刊現代」 2008.6.14 p.27〜28

06933 女系なんて論外、男系維持のためなら側室制度の復活も（激論バトル オピニオン総力ワイド 各界16人 雅子さまの回復もこれを抜きには論じられない おきざりにされた皇室典範改正問題 皇位継承 愛子さまか悠仁さまか） さかもと未明 「週刊現代」 2008.6.14 p.28〜29

06934 なぜ日本の一番重要なところで男女差別があるのかわかりません（激論バトル オピニオン総力ワイド 各界16人 雅子さまの回復もこれを抜きには論じられない おきざりにされた皇室典範改正問題 皇位継承 愛子さまか悠仁さまか） 原幹恵 「週刊現代」 2008.6.14 p.32〜33

06935 皇位継承は第一子に、即位を辞退できる権利も（激論バトル オピニオン総力ワイド 各界16人 雅子さまの回復もこれを抜きには論じられない おきざりにされた皇室典範改正問題 皇位継承 愛子さまか悠仁さまか） 高樹のぶ子 「週刊現代」 2008.6.14 p.146〜147

06936 実現困難な「男系」を維持するからこそ、皇室は尊い（激論バトル オピニオン総力ワイド 各界16人 雅子さまの回復もこれを抜きには論じられない おきざりにされた皇室典範改正問題 皇位継承 愛子さまか悠仁さまか） 新田均 「週刊現代」 2008.6.14 p.147〜148

06937 「男系継承」は中国の受け売り、「女帝容認」こそ日本古来のあり方だ（激論バトル オピニオン総力ワイド 各界16人 雅子さまの回復もこれを抜きには論じられない おきざりにされた皇室典範改正問題 皇位継承 愛子さまか悠仁さまか） 成清弘和 「週刊現代」 2008.6.14 p.148〜149

06938 「女系容認」は世界で唯一の「男系継承」システムを破壊する暴挙だ（激論バトル オピニオン総力ワイド 各界16人 雅子さまの回復もこれを抜きには論じられない おきざりにされた皇室典範改正問題 皇位継承 愛子さまか悠仁さまか） 八幡和郎 「週刊現代」 2008.6.14 p.150〜151

06939 問題は「皇族の減少」、「女性宮家創設」を（激論バトル オピニオン総力ワイド 各界16人 雅子さまの回復もこれを抜きには論じられない おきざりにされた皇室典範改正問題 皇位継承 愛子さまか悠仁さまか） 大島真生 「週刊現代」 2008.6.14 p.151〜152

06940 近年の皇位継承をめぐる論議に関する一考察−「皇室典範に関する有識者会議の報告書」をもとに 横手逸男 「浦和論叢」 (39) 2008.7 p.127〜144

06941 憲法に「象徴天皇」を残した共産主義者の謀略 田中英道 「正論」 通号436 2008.7 p.256〜264

06942 憲法に「象徴天皇」を残した共産主義者の謀略 田中英道 「正論」 通号436 2008.7 p.256〜264

06943 「延安リポート」と日本国憲法──天皇制

天皇・天皇制

を中心として 嶋村藤吉 「Intelligence」(10)
2008.8 p.79〜86

06944 衆議院憲法調査会報告書を読み解く(7)
憲法の顔としての「前文」と「天皇」に関する
諸議論の整理 憲法調査研究会 「時の法令」
通号1819 2008.10.15 p.48〜53

06945 皇室経済関係法令に関するGHQとの交渉
における論点 川田敬一 「憲法論叢」(15)
2008.12 p.151〜188

06946 皇室典範の違憲性 蓮沼啓介 「神戸法学
雑誌」58(3) 2008.12 p.1〜24

06947 皇位継承資格をめぐる論議−女性天皇・
女系天皇の可否 横手逸男 「湘北紀要」(30)
2009 p.155〜169

06948 井上毅の統帥権の立憲的統御構想(上)
木野主計 「藝林」 2009.1 p.139〜170

06949 「ナルちゃん憲法」をご指示(ご成婚50周
年記念—文芸春秋に見る美智子さま 皇后美智子
さまと私) 浜尾実 「文芸春秋」87(6)
2009.5 特別付録・43〜44

06950 皇室記者の見た即位二〇年(特集 岐路に
立つ象徴天皇制) 神田秀一 「世界」(792)
2009.6 p.183〜188

06951 島宇宙を漂流する「象徴」——〈眞子様萌
え〉、そして「ドス子」と(特集 岐路に立つ象
徴天皇制) 森暢平 「世界」(792) 2009.6
p.167〜175

06952 象徴天皇制の「オモテ」と「オク」——深
層に潜む「死の世界」の力(特集 岐路に立つ象
徴天皇制) 桐野夏生 原武史 「世界」(792)
2009.6 p.136〜146

06953 天皇制の境界(エッジ)としての沖縄——
国民統合に抗う「まつろわぬ民」の島(特集 岐
路に立つ象徴天皇制) 仲里効 「世界」(792)
2009.6 p.176〜182

06954 日本国憲法と天皇(特集 岐路に立つ象徴
天皇制) 渋谷秀樹 「世界」(792) 2009.6
p.147〜156

06955 平成皇室の「象徴力」とその危機(特集
岐路に立つ象徴天皇制) Kenneth J., Ruoff
木村剛久[訳] 「世界」(792) 2009.6 p.157
〜166

06956 Jデビューが触れなかったもう一つの「天
皇と憲法」(総力特集 NHKよ、そんなに日本が
憎いのか) 八木秀次 「正論」 通号448 2009.
7 p.72〜78

06957 図解基礎法学講座 憲法 日本国憲法におけ
る天皇の地位と権能について述べよ。
「Keisatsu jiho」64(8) 2009.8 p.50〜53

06958 皇太子ご夫妻の逆襲−女性天皇論再び−
羽毛田宮内庁長官が皇室典範問題に言及して再
燃「Themis」18(11)通号205 2009.11 p.14
〜15

06959 皇室財産の公私とその問題点 山田亮介
「憲法研究」(42) 2010 p.105〜124

06960 現行皇室典範制定時の皇位継承論議 横
手逸男 「浦和論叢」(42) 2010.1 p.19〜40

06961 「皇室典範」にかかはる近十年の状況−眞
正保守運動の動き(特集 現代皇室論) 中村信
一郎 「伝統と革新 ：オピニオン誌」 2010.3
p.50〜57

06962 続・Interactive憲法——B准教授の生活と
意見(12)天皇の公的行為 長谷部恭男 「法学
教室」 通号354 2010.3 p.37〜40

06963 近代皇族制度の形成と展開 藤田大誠
「藝林」 2010.4 p.124〜171

06964 巻頭史論 皇位継承と皇室典範−なぜ、女
性天皇は認められなかったのか。 皇室典範をめ
ぐる明治人のせめぎ合い([歴史読本]2010年8
月号特集 歴代天皇 皇位継承の真相) 笠原英彦
「歴史読本」 2010.8 p.54〜61

06965 ロー・アングル 憲法・天皇・政治(上)
中林暁生 「法学セミナー」55(9)通号669
2010.9 p.42〜45

06966 ロー・アングル 憲法・天皇・政治(中)
中林暁生 「法学セミナー」55(10)通号670
2010.10 p.54〜57

06967 ロー・アングル 憲法・天皇・政治(下)
中林暁生 「法学セミナー」55(11)通号671
2010.11 p.50〜53

06968 皇室典範制定過程の再検討——皇位継承
制度を中心に 笠原英彦 「法学研究」83(12)
2010.12 p.1〜28

06969 天皇制論を読み直す(1)創られた伝統の
解義 大塚桂 「駒澤法学」10(2)通号38
2010.12 p.182〜142

06970 皇位継承制度のゆくえ−天皇制と皇室典
範の将来 小林裕一郎 「社会科学論集」(49)
2011 p.169〜199

06971 「皇室典範」改正問題の核心(1)なぜ改正
が必要か 所功 「Will ：マンスリーウイル」
2011.1 p.280〜289

06972 憲法改正をめぐる動き(特集 21世紀日本
法の変革と針路—公法) 岩間昭道 「ジュリス
ト」(1414) 2011.1.1・15 p.8〜13

06973 天皇制論を読み直す(2)創られた伝統の
解義 大塚桂 「駒澤法学」10(3)通号39
2011.3 p.1〜35

06974 天皇制論を読み直す(3)創られた伝統の
解義 大塚桂 「駒澤法学」10(4)通号40
2011.3 p.1〜39

06975 天皇制論を読み直す(4)創られた伝統の
解義(西修教授退職記念号) 大塚桂 「駒澤法
学」11(1)通号41 2011.9 p.1〜42

06976 「皇室典範」改正問題の核心(2)改正をど

う進めるか（総力大特集 野田の難題12）　所功
「Will：マンスリーウイル」　2011.11　p.203
～213

06977　日本の皇室（11）17条憲法を制定された聖
徳太子　小田村初男「Keisatsu koron」66
（11）　2011.11　p.76～79

06978　「皇室典範」改正問題の核心（3）「皇室会
議」の在り方を見直す　所功「Will：マンス
リーウイル」　2011.12　p.196～201

06979　戦後"革新派"の皇室観　梅澤昇平「尚美
学園大学総合政策研究紀要」（21）　2011.12
p.1～16

06980　天皇制論を読み直す（5）創られた伝統の
解義　大塚桂「駒澤法学」11（2）通号42
2011.12　p.72～42

06981　天皇制と皇位継承：将来の天皇像と皇位
継承方式　小林裕一郎「社会科学論集」（50）
2012　p.1～28

06982　東日本大震災と天皇：日本の"あり方"を
問う歴史の転換点としての「3・11」　金子勝
「立正法学論集」45（2）通号84　2012　p.35～
62

06983　第三回法政研究会「皇室典範」の問題点
と改正への試論（所功教授 エリサベト・ライド
ル・マキャー教授 高橋正俊教授 定年御退職記
念号）　所功「産大法学」45（3・4）通号156
2012.1　p.514～519

06984　天皇制論を読み直す（6）創られた伝統の
解義　大塚桂「駒澤法学」11（3）通号43
2012.1　p.1～35

06985　安倍晋三 民主党に皇室典範改正は任せら
れない（特集 昭和の終わりと平成の次の世）
安倍晋三「文芸春秋」　2012.2　p.94～100

06986　新旧憲法の継続性：天皇制を焦点に　松
村昌廣「桃山法学」（19）　2012.3　p.83～104

06987　天皇制論を読み直す（7）創られた伝統の
解義　大塚桂「駒澤法学」11（4）通号44
2012.3　p.1～40

06988　国民の間でも囁かれ始めた 皇太子ご夫妻
「離婚」＆「皇籍離脱」情報飛ぶ：皇室典範の
規定によれば愛子さまが15歳になれば自分の意
思で皇族を離れられるが「Themis」21（4）通
号234　2012.4　p.46～47

06989　憲法で皇室解体を謀る「法匪」園部逸夫
（「女性宮家」創設論の陥穽）　八木秀次「正
論」（483）　2012.4　p.138～146

06990　オピニオン縦横無尽（Number 940）寛仁
さまが語られた「天皇と皇室典範」論　櫻井よ
しこ　ダイヤモンド社［編］「週刊ダイヤモン
ド」100（24）通号4435　2012.6.16　p.116

06991　政治の読み方（88）憲法改正草案 天皇を
「国家元首」に？ 自民党超保守主義者の策謀
武田文彦「Verdad」18（7）通号207　2012.7

p.28～29

06992　「一系の天皇を中心とする国家」が日本人
共通の国民的信念だった 立憲史に見る日本人の
国体観「明日への選択」（320）　2012.9　p.18
～22

06993　皇室を衰退させた「真犯人」コミンテル
ンが歪めた憲法の天皇条項（終戦特集 67年目の
夏）　江崎道朗「正論」（488）　2012.9　p.96
～106

06994　天皇制論を読み直す（8）創られた伝統の
解義（相田敏彦教授退職記念号）　大塚桂「駒
澤法学」12（1）通号45　2012.9　p.1～47

06995　国体と天皇への一考察：日本国成立の五
要素を手がかりとして（特集 國體と憲法）　相
澤宏明「伝統と革新：オピニオン誌」（9）
2012.10　p.108～116

06996　国体の回復を（特集 國體と憲法）　長谷川
三千子「伝統と革新：オピニオン誌」（9）
2012.10　p.77～84

06997　女系論者が画策する「女性宮家」の断乎阻
止を（特集 國體と憲法）　百地章「伝統と革新
：オピニオン誌」（9）　2012.10　p.97～105

06998　伏見殿の御血脈 男系皇胤とは何かとの考
へ方（特集 國體と憲法）　中澤伸弘「伝統と革
新：オピニオン誌」（9）　2012.10　p.128～
139

06999　天皇の憲法上の地位をめぐる論争の前提
問題　高乗智之「柏樹論叢」（10）　2012.12
p.1～24

07000　翻訳 ナッソー協約・侯爵法・皇室典範：
リュクサンブールと日本の対話のための序説
リュック, ホイシュリンク　井上武史［訳］「岡
山大学法学会雑誌」62（2）通号218　2012.12
p.332～316

07001　皇室制度をめぐる論議：皇族に関する有
識者ヒアリング　横手逸男「湘北紀要」（34）
2013　p.307～325

07002　明治皇室典範下における皇族の臣籍降下
について　王陶陶「国史談話会雑誌」（54）
2013　p.122～149

07003　女性宮家と皇位継承：現行皇室典範のゆ
くえ　小林裕一郎「社会科学論集」（51）
2013　p.43～76

07004　政治の読み方（95）憲法改正草案：天皇
を元首とする時代錯誤 九条の「主語」も間違い
武田文彦「Verdad」19（2）通号214　2013.2
p.40～41

07005　皇室 女性宮家をなぜつぶすのか（連続対
論 決定版 安倍政権大論争）　所功　八木秀次
「文芸春秋」91（3）　2013.3　p.122～127

07006　天皇を戴く国家：歴史認識の欠如した改
憲はアジアの緊張を高める（特集 アベノミク
ス・自民党憲法草案批判）　内田雅敏「情況.

第四期 ： 変革のための総合誌」 2（3）通号10
2013.5・6 p.46〜75

07007 集中OPINION 皇室「自然消滅」の危機迎える中 天皇制論議欠いた憲法改正の愚 宗教学者、作家 島田裕巳 島田裕巳「集中： medical confidential」 6（6）通号63 2013.6 p.56〜54

07008 GHQ憲法草案第八二条の皇室財政規定と「世襲財産」 山田亮介「日本法學」 79（1）
2013.6 p.151〜173

07009 「憲法改正」「日中関係」「官僚支配」… 今こそ「独立思考」が必要だ！ 孫崎享×ウォルフレン 救国対談 米国の属国「ニッポン」の正体 カレル，ヴァン・ウォルフレン「サンデー毎日」 92（22）通号5167 2013.6.9
p.18〜22

07010 皇室レポート 八木秀次氏「一番現実的な選択肢」 大原康男氏「皇室典範の目的に反する」 宮内庁内でも議論噴出！ 「秋篠宮を摂政に」は是か非か 小学館［編］「週刊ポスト」 45（25）通号2235 2013.6.28 p.154〜157

07011 八木秀次氏の知的怠慢 ： 井上毅『皇室典範義解』は規準たり得るか（特集 八木秀次氏の皇室論に異議あり） 金子宗徳「国体文化 ： 日本国体学会機関誌 ： 里見日本文化学研究所発表機関 ： 立正教団発表機関」 （1071） 2013.8
p.2〜9

07012 憲法と天皇、いわゆる天皇機関説をめぐって（特集 靖国・天皇） 三上治「情況. 第四期 ： 変革のための総合誌」 2（5）通号12
2013.9・10 p.107〜120

07013 政治の読み方（102）王政復古 自民党が憲法改正で目論む「元首天皇」という時代錯誤 武田文彦「Verdad」 19（9）通号221 2013.9
p.40〜42

07014 天皇制論を読み直す（9）創られた伝統の解義（小堀訓男教授退職記念号） 大塚桂「駒澤法学」 13（1）通号48 2013.9 p.1〜36

07015 新 わたしと憲法シリーズ 春香クリスティーン ： 「空気のようなもの」で憲法が変わってしまうことを心配している現役大学生タレント 日本が危なっかしいのは投票率3割程度の国民投票で改憲が決まりかねないところ 春香クリスティーン「金曜日」 21（38）通号979
2013.10.4 p.14

07016 天皇制論を読み直す（10・完）創られた伝統の解義 大塚桂「駒澤法学」 13（2）通号49
2013.11 p.1〜26

07017 日本人にとって天皇とは何か（第23回）明治憲法と天皇 田原総一朗「中央公論」 128
（11）通号1560 2013.11 p.200〜207

07018 皇室典範改正の難しさとその克服策 市村真一「環 ： 歴史・環境・文明」 52 2013.
Win. p.10〜18

07019 「神」を宿す「天皇制国民主権」の現在 ：

「日本スペイン交流四〇〇周年比較憲法セミナー」に際して考えた君主制論 川畑博昭「愛知県立大学大学院国際文化研究科論集. 日本文化編」 （5） 2014 p.1〜25

07020 象徴天皇制の戦後的展開と天皇の「公的行為」（田村幸子教授・山田秀教授 定年退職記念号） 下條芳明「商経論叢」 55（2） 2014
p.23〜48

07021 戦後民主象徴天皇とこの私 ： 『あたらしい憲法のはなし』の未来を振り返りながら（特集 象徴天皇制批判の視座） 池田浩士「インパクション」 （196） 2014 p.50〜61

07022 インタビュー 憲法問題に、「九条」と「天皇制」について堂々の論争をすべきです（特集 正義・法・国家 ： 法治国家とは何か？） 小林節 四宮正貴［聞き手］「伝統と革新 ： オピニオン誌」 （14） 2014.1 p.23〜38

07023 皇室制度に関する有識者ヒアリング ： 女性宮家の創設 横手逸男「浦和論叢」 （50）
2014.2 p.149〜164

07024 政治の読み方（107）憲法改正に走る安倍自民党 今上天皇に「抵抗のススメ」 武田文彦「Verdad」 20（2）通号226 2014.2 p.18〜23

07025 象徴天皇制 ： 由来と運用 阿部照哉「憲法論叢」 （20） 2014.3 p.119〜133

07026 天災と天皇 ： 天皇の「おことば」と憲法についての一考察 田尾憲男「皇學館大学日本学論叢」 （4） 2014.3 p.97〜112

07027 憲法から皇室の将来まで 皇太子さま「会見に深まる懸念」の深層 ： 雅子妃の病状について十年一日の如く答えられるだけではなく皇室外交でも勘違いが 「Themis」 23（4）通号258 2014.4 p.46〜47

07028 日本国憲法と天皇、そして沖縄 川上詩朗「中帰連 ： 戦争の真実を語り継ぐ」 （54）
2014.4 p.2〜5

07029 天皇の権能（3条・4条・6条・7条）（特集 条文からスタート 憲法2014） 赤坂正浩「法学教室」 （405） 2014.6 p.11〜13

07030 皇室を衰退に追い込む憲法の天皇条項 ： 「日本人による皇室解体」を目論んだコミンテルンのスパイたち 江崎道朗「祖国と青年」 （430） 2014.7 p.26〜38

07031 明仁天皇と「護憲」 ： 「元首」化の動きの中で日本の戦争国家化と平成という時代の象徴天皇制の役割（特集 敗戦から69年の夏）「金曜日」 22（31）通号1021 2014.8.8-15 p.16〜19

07032 8・15と「護憲天皇」論 山崎931三「進歩と改革」 （753） 2014.9 p.5〜15

07033 検証・昭和天皇実録 ： 戦争責任などあるはずもない 立憲主義と世界平和を追い続けた信念と苦悩 伊藤之雄「正論」 （514） 2014.11
p.300〜309

07034 The Better Angels (32) 憲法99条 (1) 天皇は憲法を遵守しています 秋葉忠利 「数学教室」 60 (11) 通号756 2014.11 p.67〜69

07035 法学者の本棚 横田耕一 憲法と天皇制 ： 別世界を体験しよう 榎透 「法学セミナー」 59 (12) 通号719 2014.12 巻頭1p

07036 情念の行方 ： 象徴・代表・天皇制 (特集 憲法の現況) 西村裕一 「論究ジュリスト」 (13) 2015.春 p.100〜108

07037 日本国体学に学ぶ (1)「皇室の家法」と呼称する誤り ： 元凶は伊藤博文の『皇室典範義解』にあり 河本學嗣郎 「国体文化 ： 日本国体学会機関誌 ： 里見日本文化学研究所発表機関 ： 立正教団発表機関」 (1088) 2015.1 p.10〜15

07038 昭和二十一年 日本国憲法 昭和天皇はどうご覧になったか (戦後70年記念特大号─戦後70年「70人の証言」) 保阪正康 「文芸春秋」 93 (1) 2015.1 p.245〜248

07039 立憲君主国としての立場を憲法で明記すべきとき (特集 「昭和」は遠くなったのか？ ： 昭和天皇の御聖徳と現代日本) 田久保忠衛 「伝統と革新 ： オピニオン誌」 (18) 2015.2 p.69〜74

07040 憲法の上位にあるべき皇室典範 山本峯章 「Verdad」 21 (3) 通号239 2015.3 p.18〜19

07041 日本の共和主義的精神 ： 天皇制に基づく国民統合、日本の憲政秩序 小佐野和子 「大東法政論集」 (24) 2015.3 p.3〜28

07042 The Better Angels (38) 数学書として憲法を読む (2) 憲法上, 天皇が負う二種類の義務 秋葉忠利 「数学教室」 61 (5) 通号762 2015.5 p.67〜69

07043 皇室 天皇、皇后の平和と憲法に込める思い お言葉がいま際立つ理由 金城珠代 島康彦 「Aera」 28 (20) 通号1506 2015.5.4-11 p.66〜70

07044 司馬遼太郎の言葉 ： 「風塵抄」の世界 (第7回) 天皇と憲法 村井重俊 太田サトル 「週刊朝日」 120 (25) 通号5312 2015.6.26 p.140〜144

07045 翻訳 君主の投票権を通してみた君主政 ： 歴史的比較法的分析 リュック, ホイシュリング 只野雅人 [訳] 「一橋法学」 14 (2) 2015.7 p.871〜897

07046 2015年4月20日号 週刊「世界と日本」第2051号より 憲法とは「国体」の言語化だ 天皇は日本の歴史の象徴である (特別号 私の憲法論) 渡辺利夫 「世界と日本」 (1256) 2015.10 p.15〜24

戦争放棄・安全保障

平和主義

【図書】

07047 この国が好き　鎌田實文, 木内達朗絵　マ
ガジンハウス　2006.7　63p　20cm　952円
Ⓘ4-8387-1672-9　Ⓝ323.142　鎌田實　木内
達朗

07048 無防備地域運動の源流―林茂夫が残した
もの　池田眞規, 古川純, 松尾高志, 丸山重威,
山内敏弘, 吉池公史編著　日本評論社　2006.7
250p　22cm　〈年譜あり〉　〈著作目録あり〉
3200円　Ⓘ4-535-58475-3　Ⓝ319.8　池田眞規
古川純　松尾高志

07049 戦争で得たものは憲法だけだ―憲法行脚
の思想　落合恵子, 佐高信編　七つ森書館
2006.8　165p　21cm　1200円　Ⓘ4-8228-0624-
3　Ⓝ323.142　落合恵子　佐高信

07050 入門平和をめざす無防備地域宣言―条例
による国際人道法の非戦平和的活用　澤野義一
著　現代人文社　2006.8　134p　21cm　〈文献
あり〉　〈発売：大学図書〉　1500円　Ⓘ4-
87798-300-7　Ⓝ319.8　澤野義一

07051 国の理想と憲法―「国際環境平和国家」
への道　野村昇平著　七つ森書館　2007.5
324p　20cm　〈文献あり〉　1800円　Ⓘ978-4-
8228-0742-9　Ⓝ304　野村昇平

07052 君、殺したまうことなかれ　落合恵子, 佐
高信編　七つ森書館　2007.8　173p　21cm
（憲法行脚の思想 2）　1300円　Ⓘ978-4-8228-
0748-1　Ⓝ323.142　落合恵子　佐高信

07053 「戦争放棄」という思想　棚橋信行著　文
芸社　2007.8　217p　19cm　〈文献あり〉
1200円　Ⓘ978-4-286-03283-2　Ⓝ323.142　棚
橋信行

07054 イマジン9―想像してごらん、戦争のない
世界を。　星川淳, 川崎哲文, 成瀬政博絵　合同
出版　2007.12　55p　20cm　〈他言語標題：
Imagine nine〉　952円　Ⓘ978-4-7726-0405-5
Ⓝ323.142　星川淳　川崎哲　成瀬政博

07055 平和運動と平和主義の現在　千葉眞編
風行社　2008.2　313p　22cm　（ICU 21世紀
COEシリーズ 第9巻）　〈文献あり〉　2700円
Ⓘ978-4-86258-013-9　Ⓝ319.8　千葉真

07056 核軍縮不拡散の法と政治―黒澤満先生退
職記念　浅田正彦, 戸崎洋史編　信山社　2008.
3　575p　23cm　〈肖像あり〉　〈年譜あり〉

〈著作目録あり〉　12000円　Ⓘ978-4-7972-
9176-6　Ⓝ319.8　浅田正彦　戸崎洋史

07057 軍隊のない国家―27の国々と人びと　前
田朗著　日本評論社　2008.4　255p　19cm
1900円　Ⓘ978-4-535-58535-5　Ⓝ319.8　前
田朗

07058 覇権なき世界を求めて―アジア、憲法、
「慰安婦」　石川康宏著　新日本出版社　2008.7
238p　20cm　1900円　Ⓘ978-4-406-05155-2
Ⓝ319.102　石川康宏

07059 「対テロ戦争」の時代の平和構築―過去か
らの視点、未来への展望　黒木英充編　東信堂
2008.8　188p　19cm　（未来を拓く人文・社会
科学シリーズ 10）　〈文献あり〉　1800円
Ⓘ978-4-88713-857-5　Ⓝ319.8　黒木英充

07060 平和に向けて歩む人々―戦乱の記憶を乗
り越えて　フェリス女学院大学編　現代企画室
2009.3　179p　20cm　（横浜社会人大学講座 7
フェリス・カルチャーシリーズ）　2400円
Ⓘ978-4-7738-0909-1　Ⓝ319.8　フェリス女学
院大学

07061 平和と憲法の現在―軍事によらない平和
の探究　明治大学軍縮平和研究所共同研究プロ
ジェクト　浦田一郎, 清水雅彦, 三輪隆編　[東
京]　明治大学軍縮平和研究所　2009.4　254p
21cm　（徳馬双書 3）　〈発行所：西田書店〉
2600円　Ⓘ978-4-88866-511-7　Ⓝ323.01　浦田
一郎　清水雅彦　三輪隆

07062 城山三郎と久野収の「平和論」　城山三
郎, 久野収著, 佐高信編　七つ森書館　2009.5
159p　19cm　1300円　Ⓘ978-4-8228-0989-8
Ⓝ319.8　城山三郎　久野収　佐高信

07063 国の理想と憲法―「国際環境平和国家」
への道　野村昇平著　増補　七つ森書館　2009.
7　340p　20cm　〈文献あり〉　2300円　Ⓘ978-
4-8228-0993-5　Ⓝ304　野村昇平

07064 平和学を学ぶ人のために　君島東彦編
京都　世界思想社　2009.7　408p　19cm　〈索
引あり〉　2300円　Ⓘ978-4-7907-1420-0
Ⓝ319.8　君島東彦

07065 平和への道しるべ―恒久平和と核兵器の
ない世界を目ざす憲法・条約・決議・宣言など
長崎平和推進協会編　長崎　長崎平和推進協会
2009.8　70p　26cm　（きみたちに伝えたい
ピース・トーク 9）　Ⓝ319.8　長崎平和推進
協会

平和主義　　　　　　　　　　　　　　　　　　　　　　　　　　　戦争放棄・安全保障

07066　いま多喜二を語る意味―新たな戦争と貧困の時代に　第9条の会・日本ネット創立4周年記念講演　ノーマ・フィールド著，第9条の会・日本ネット編　第9条の会・日本ネット　2009.10　57p　21cm　（第9条の会・日本ネットブックレット 2）　〈発売：影書房〉　400円　Ⓘ978-4-87714-400-5　Ⓝ319.8　Field, Norma　第9条の会日本ネット

07067　平和への権利を世界に―国連宣言実現の動向と運動　笹本潤，前田朗編著　京都　かもがわ出版　2011.5　153p　21cm　〈年表あり〉　1500円　Ⓘ978-4-7803-0427-5　Ⓝ319.8　笹本潤　前田朗

07068　平和と人権―憲法と国際人権法の交錯　佐藤潤一著　京都　晃洋書房　2011.5　206，16，5p　22cm　〈文献あり 索引あり〉　2800円　Ⓘ978-4-7710-2247-8　Ⓝ319.8　佐藤潤一

07069　戦争と憲法と平和―私と日本国憲法　行田憲司著　誠文社岡本企画　2013.3　152p　21cm　〈年表あり〉　1000円　Ⓝ323.14　行田憲司

07070　憲に守られし国　行田憲司著　誠文社岡本企画　2013.5　85p　21cm　700円　Ⓝ323.14　行田憲司

07071　戦争とたたかう―憲法学者・久田栄正のルソン戦体験　水島朝穂著　岩波書店　2013.6　417，2p　15cm　（岩波現代文庫　社会 261）　〈日本評論社 1987年刊の加除修正〉　〈文献あり 年譜あり〉　1420円　Ⓘ978-4-00-603261-6　Ⓝ916　水島朝穂

07072　戦争の放棄　その1　平和憲法の危機　千田實著　一関　エムジェエム　2013.9　62p　19cm　（田舎弁護士の大衆法律学　新・憲法の心 第1巻）　476円　Ⓘ978-4-903929-23-1　Ⓝ323.142　千田實

07073　憲に守られし国―いま、改憲!?　続　行田憲司著　誠文社岡本企画　2013.10　58p　21cm　600円　Ⓝ323.14　行田憲司

07074　戦争の放棄　その2　平和憲法の心（反省と理想）　千田實著　一関　エムジェエム　2013.10　71p　19cm　（田舎弁護士の大衆法律学　新・憲法の心 第2巻）　476円　Ⓘ978-4-903929-24-8　Ⓝ323.142　千田實

07075　戦争の放棄　その3　日本国憲法の心は世界憲法の心　千田實著　一関　エムジェエム　2013.11　70p　19cm　（田舎弁護士の大衆法律学　新・憲法の心 第3巻）　476円　Ⓘ978-4-903929-25-5　Ⓝ323.142　千田實

07076　戦争の放棄　その4　自民党の憲法改正草案　千田實著　一関　エムジェエム　2013.11　84p　19cm　（田舎弁護士の大衆法律学　新・憲法の心 第4巻）　476円　Ⓘ978-4-903929-26-2　Ⓝ323.142　千田實

07077　戦争の放棄　その5　自衛隊はどこへ行くべきか　千田實著　一関　エムジェエム　2013.

07078　21世紀のグローバル・ファシズム―侵略戦争と暗黒社会を許さないために　木村朗，前田朗編・著　大阪　耕文社　2013.12　364p　21cm　〈文献あり〉　2000円　Ⓘ978-4-86377-032-4　Ⓝ311.8　木村朗　前田朗

07079　「平和国家」日本の再検討　古関彰一著　岩波書店　2013.12　374，8p　15cm　（岩波現代文庫　学術 303）　〈索引あり〉　Ⓘ978-4-00-600303-6　Ⓝ323.142　古関彰一

07080　戦争の放棄　その6　集団的自衛権　千田實著　一関　エムジェエム　2014.2　59p　19cm　（田舎弁護士の大衆法律学　新・憲法の心 第6巻）　476円　Ⓘ978-4-903929-28-6　Ⓝ323.142　千田實

07081　戦争の放棄　その7　日本の防衛はどうすべきか　千田實著　一関　エムジェエム　2014.3　58p　19cm　（田舎弁護士の大衆法律学　新・憲法の心 第7巻）　476円　Ⓘ978-4-903929-29-3　Ⓝ323.142　千田實

07082　戦争と平和を問いなおす―平和学のフロンティア　君島東彦，名和又介，横山治生編　京都　法律文化社　2014.4　193p　21cm　〈索引あり〉　1800円　Ⓘ978-4-589-03593-6　Ⓝ319.8　君島東彦　名和又介　横山治生

07083　戦争の放棄　その8　石破茂氏の「日本人のための集団的自衛権入門」に対する反論　千田實著　一関　エムジェエム　2014.4　118p　19cm　（田舎弁護士の大衆法律学　新・憲法の心 第8巻）　476円　Ⓘ978-4-903929-30-9　Ⓝ323.142　千田實

07084　戦争の放棄　その9　原発は受け身的核兵器　千田實著　一関　エムジェエム　2014.5　67p　19cm　（田舎弁護士の大衆法律学　新・憲法の心 第9巻）　476円　Ⓘ978-4-903929-31-6　Ⓝ323.142　千田實

07085　戦争の放棄　その10　（平成20年6月24日付「安全保障の法的基盤の再構築に関する懇談会」報告書に対する反論）　千田實著　一関　エムジェエム　2014.6　139p　19cm　（田舎弁護士の大衆法律学　新・憲法の心 第10巻）　476円　Ⓘ978-4-903929-32-3　Ⓝ323.142　千田實

07086　戦争の放棄　その11　マインドコントロール　千田實著　一関　エムジェエム　2014.7　70p　19cm　（田舎弁護士の大衆法律学　新・憲法の心 第11巻）　476円　Ⓘ978-4-903929-33-0　Ⓝ323.142　千田實

07087　戦争の放棄　その12　愛国心　千田實著　一関　エムジェエム　2014.8　64p　19cm　（田舎弁護士の大衆法律学　新・憲法の心 第12巻）　476円　Ⓘ978-4-903929-34-7　Ⓝ323.142　千田實

07088　平和への道しるべ―恒久平和と核兵器の

ない世界を目ざす憲法・条約・決議・宣言など　長崎平和推進協会編　改訂版　長崎　長崎平和推進協会　2014.8　72p　26cm　（きみたちに伝えたい　ピース・トーク 9）　Ⓝ319.8　長崎平和推進協会

07089　いまこそ知りたい平和への権利48のQ&A―戦争のない世界・人間の安全保障を実現するために　平和への権利国際キャンペーン・日本実行委員会編著　合同出版　2014.10　119p　21cm　1400円　①978-4-7726-1210-4　Ⓝ319.8　平和への権利国際キャンペーン日本実行委員会

07090　戦争の放棄　その13　集団的自衛権行使容認閣議決定に対する反論　千田實著　一関　エムジェエム　2014.10　107p　19cm　（田舎弁護士の大衆法律学　新・憲法の心　第13巻）　476円　①978-4-903929-37-8　Ⓝ323.142　千田實

07091　戦争の放棄　その14　日本人の心のよりどころ9条　千田實著　一関　エムジェエム　2014.11　81p　19cm　（田舎弁護士の大衆法律学　新・憲法の心　第14巻）　476円　①978-4-903929-38-5　Ⓝ323.142　千田實

07092　戦争の放棄　その15　9条は、自衛戦争も放棄している　千田實著　一関　エムジェエム　2015.4　88p　19cm　（田舎弁護士の大衆法律学　新・憲法の心　第15巻）　476円　①978-4-903929-43-9　Ⓝ323.142　千田實

07093　戦争の放棄　その16　9条は世界憲法（9条私感）　千田實著　一関　エムジェエム　2015.6　97p　19cm　（田舎弁護士の大衆法律学　新・憲法の心　第16巻）　476円　①978-4-903929-46-0　Ⓝ323.142　千田實

07094　丸山眞男集別集　第3巻　1963-1996　丸山眞男著,　東京女子大学丸山眞男文庫編　岩波書店　2015.6　412p　22cm　4200円　①978-4-00-092803-8　Ⓝ081.6　丸山眞男　東京女子大学丸山眞男文庫

07095　戦争の放棄　その17　9条の理想への途　千田實著　一関　エムジェエム　2015.7　94p　19cm　（田舎弁護士の大衆法律学　新・憲法の心　第17巻）　476円　①978-4-903929-47-7　Ⓝ323.142　千田實

07096　私の「戦後70年談話」　岩波書店編集部編　岩波書店　2015.7　198p　19cm　1600円　①978-4-00-061051-3　Ⓝ210.76　岩波書店編集部

07097　戦争の放棄　その18　砂川判決　千田實著　一関　エムジェエム　2015.9　110p　19cm　（田舎弁護士の大衆法律学　新・憲法の心　第18巻）　476円　①978-4-903929-49-1　Ⓝ323.142　千田實

07098　戦争に抗する―ケアの倫理と平和の構想　岡野八代著　岩波書店　2015.10　281, 11p　20cm　〈文献あり〉　2800円　①978-4-00-061071-1　Ⓝ319.8　岡野八代

【雑誌】

07099　特集　新春・特別対談　今年〔2006年〕は平和憲法にとって正念場　愛敬浩二　福島みずほ　「社会民主」（608）　2006.1　p.4～12

07100　抱腹舌倒　永六輔VS.矢崎泰久　人生道中膝栗毛(14)　平和な世の中と国民の幸せと正しい憲法の形　永六輔　矢崎泰久　「現代」　40(6)　2006.6　p.266～274

07101　「憲法をめぐる二重基準」と平和基本法　山崎一三　「進歩と改革」　通号655　2006.7　p.4～15

07102　半世紀の歴史をもつ平和憲法記念京都高校生春季討論集会を「応援する会」――卒業生の立場から（特集　高校生の自主活動）　岩井史彦　「人権と部落問題」　58(10)　通号749　2006.9　p.42～44

07103　「和平」憲法下的日本外交（第五篇　戦時対日本社会的回応）　黄自進　「近現代日本社会的蛻変」　2006.12　p.693～

07104　平和と福祉の強いつながり（伊藤真の中・高生のための憲法教室〔33〕）　伊藤真　「世界」（759）　2006.12　p.224～225

07105　講演会　国際平和と人権――平和的生存権の国際的意義について語る　宮地基　「神奈川大学法学研究所研究年報」　通号25　2007　p.125～145

07106　「『平和憲法』よ、永遠なれ」と言われたら（総力特集　「歴史の嘘」を見破る！　永久保存版＜歴史講座＞安倍首相以下全国民必読！20講座　もしアメリカ（ブッシュ＆ヒラリー）にああ言われたら―こう言い返せ）　長谷川三千子　「諸君！　：　日本を元気にするオピニオン雑誌」　39(1)　2007.1　p.151～153

07107　日本国憲法の平和構想とその現実性　川添利幸　「法政理論」　39(4)　2007.3　p.22～47

07108　核兵器廃絶・平和のアジアを、非核・9条を守る日本へ　土田弥生　「前衛 : 日本共産党中央委員会理論政治誌」　通号817　2007.5　p.74～82

07109　次世代へ平和憲法をつなぐ（特集　日本国憲法施行六〇年―憲法と私）　川川弘子　「社会主義」（538）　2007.5　p.64～67

07110　情況への発言　憲法問題の核心は権力の問題である――非戦の考え　味岡修　「情況. 第三期 : 変革のための総合誌」　8(4)　通号66　2007.5・6　p.19～28

07111　特集　地域から平和・憲法を守る　「議会と自治体」　通号109　2007.5　p.6～34

07112　軍隊のない国家(18)　セントヴィンセント・グレナディンズ　前田朗　「法と民主主義」（419）　2007.6　p.56～59

07113　再活性化した非同盟運動　広がる平和の共同体――「第十四回非同盟首脳会議」に参加し

て（特集 日本国憲法と国際平和） 秋庭稔男
「人権と部落問題」 59（9）通号762 2007.8 p.
23〜30

07114 「保護する責任」と日本（特集 日本国憲法
と国際平和） 伊勢崎賢治 「人権と部落問題」
59（9）通号762 2007.8 p.31〜38

07115 「無防備地域宣言」による平和保障（II 平
和主義） 山内敏弘 「憲法諸相と改憲論 吉田善
明先生古稀記念論文集」 2007.8 p.77〜

07116 時流潮流 「平和憲法」となぜ呼ぶ 塚本
三郎 「Policy : 政策情報誌」 通号158 2007.
9 p.19〜21

07117 日本国憲法と平和主義 樋口陽一 「甲斐
ケ嶺」 （76） 2007.9 p.4〜22

07118 日本国憲法の平和主義の歴史的・今日的
意義（第I部 日本国憲法の平和主義） 深瀬忠一
「平和憲法と公共哲学」 2007.9 p.3〜

07119 公共哲学として視た平和憲法（第I部 日本
国憲法の平和主義） 千葉真 「平和憲法と公共
哲学」 2007.9 p.59〜

07120 グローバル公共政策から考える平和憲法・
国際法・国連（第II部 憲法と政治） 功刀達朗
「平和憲法と公共哲学」 2007.9 p.130〜

07121 原点から考える日本国憲法（第9回）日本
国憲法の平和主義条項（1）――前文および第9
条の意味 河上暁弘 「信州自治研」 （188）
2007.10 p.21〜30

07122 原点から考える日本国憲法（第10回）日本
国憲法の平和主義条項（2）日本国憲法の非戦・
非暴力平和主義 河上暁弘 「信州自治研」
（189） 2007.11 p.24〜36

07123 自衛隊による違憲・違法の国民監視活動
を告発する（2007年7月 第21回参議院選挙特集
日本共産党の政策と活動―党首討論、記者会
見、テレビ討論、申し入れなど） 志位和夫
「前衛 : 日本共産党中央委員会理論政治誌」 通
号824（臨増） 2007.11 p.264〜267

07124 自衛隊の国民監視 志位委員長の会見（一
問一答）（2007年7月 第21回参議院選挙特集 日
本共産党の政策と活動―党首討論、記者会見、
テレビ討論、申し入れなど） 志位和夫 「前衛
: 日本共産党中央委員会理論政治誌」 通号824
（臨増） 2007.11 p.267〜270

07125 非武装平和主義と近代立憲主義と愛国心
（特集 日本国憲法60年―憲法学の成果と課題
―日本国憲法60年―憲法学の成果と課題
（2）） 佐々木弘通 「憲法問題」 通号19 2008
p.87〜101

07126 軍隊のない国（25）ルクセンブルク大公国
前田朗 「法と民主主義」 （426） 2008.2・3 p.
65〜69

07127 剰余の位相――永遠平和を基礎づける倫
理の戦略 麻生多聞 「法律時報」 80（3）通号
993 2008.3 p.64〜71

07128 軍隊のない国家（26）パナマ共和国 前田
朗 「法と民主主義」 （427） 2008.4 p.66〜69

07129 ＜扉のことば＞「17総学」の名古屋・愛知
へ――平和と憲法のメッセージを全国・全世界
に 今井証三 「日本の科学者」 488 2008.9

07130 軍隊のない国家（30）リヒテンシュタイン
侯国（2） 前田朗 「法と民主主義」 （433）
2008.11 p.67〜71

07131 アウシュヴィッツにまなぶ平和講演会
――平和憲法改悪反対の取り組み 大泉敏男
「社会主義」 （558） 2008.12 p.68〜74

07132 「恵庭事件」の授業プログラム改訂および
実践――日本国憲法の平和に生きる権利をどう
教えるか 前田輪音 「教授学の探究」 （26）
2009 p.183〜205

07133 現代憲法と平和主義 西修 「比較憲法学
研究」 通号21 2009 p.1〜23［含 英語文要旨］

07134 憲法リレートーク（第7回）アフガニスタ
ンからの報告――平和的国際貢献を考える 谷
山博史 「自由と正義」 60（1）通号720 2009.1
p.92〜95

07135 平和憲法への疑問（評論） 上原盛毅 「あ
やもどろ : 那覇文芸」 （15） 2009.01 p.226
〜232

07136 「公共」を考える（23）福祉の契約制度と
憲法の精神 稲垣久和 「時の法令」 通号1827
2009.2.15 p.49〜56

07137 「核時代」における平和主義 金子勝 「立
正大学法制研究所研究年報」 （14） 2009.3 p.
29〜43

07138 人類の生き残るための被爆国日本からの
政策提言（特集 「100年に一度の危機」と憲法）
池田眞規 「法と民主主義」 （437） 2009.4 p.
18〜21

07139 戦争の記憶と平和主義 小沢隆一 「平和
運動」 （462） 2009.5 p.16〜22

07140 戦争体験の継承と憲法運動（特集 憲法を
守り生かす） 吉田裕 「前衛 : 日本共産党中
央委員会理論政治誌」 通号843 2009.6 p.94
〜101

07141 日米同盟と平和外交（特集 平和外交と日
本国憲法9条） 井上正信 「法と民主主義」
（439） 2009.6 p.23〜28

07142 「平和的生存権および日本国憲法9条の今
日的意義を確認する宣言」が目指すもの――沖
縄からその意義を読み解く（特集 憲法9条を読
み解く） 新垣勉 「自由と正義」 60（6）通号
725 2009.6 p.32〜37

07143 平和と人権の闘いを世界の諸国民と連帯
して〈時評〉 隅野隆徳 「法と民主主義」 439
2009.6

07144 政治が国民の思いにこたえるには何が必
要か 小松浩 「前衛 : 日本共産党中央委員会

理論政治誌」通号847 2009.9 p.24〜35

07145 憲法リレートーク（第15回）第18回憲法記念行事「9条の役割とその未来──戦後第一世代の責務と覚悟」 保阪正康「自由と正義」60（10）通号729 2009.10 p.67〜80

07146 憲法リレートーク（第16回）国際反核法律家たちは、なにをしようとしているか？──核兵器条約の締結と国際司法裁判所への再提訴 浦田賢治「自由と正義」60（11）通号730 2009.11 p.109〜118

07147 日本国憲法の平和主義の理念と現実 三並敏克「京都学園法学」2010年（3）通号64 2010 p.239〜268

07148 「人間の安全保障」論が紡ぐ核と紛争のない世界「公明」通号57 2010.9 p.60〜65

07149 ロー・アングル 発信 憲法地域事情（25・番外編）国際社会と戦争放棄「平和に対する罪」を再び裁くこと Philipp, Osten「法学セミナー」55（10）通号670 2010.10 p.64〜67

07150 人間の尊厳と人権、戦争責任－10年版（第1回）平和的生存権と高齢者権利条約 井上英夫 国民医療研究所［編］「国民医療」（278）2010.11 p.24〜30

07151 若手研究者が読み解く平和憲法（1）国際貢献 自衛隊派兵と国際貢献論について 飯島滋明「法と民主主義」（453）2010.11 p.65〜69

07152 若手研究者が読み解く平和憲法（2）多数派構築に向けた平和運動の方法論について 麻生多聞「法と民主主義」（454）2010.12 p.76〜80

07153 基盤的防衛力構想の役割は終わったのか〈視点〉 堀田光明「立法と調査」312 2011

07154 第27回東播人権問題研究集会が大成功 憲法を生かし、平和と平等と人権を大切にする地域住民運動の前進 前田武「季刊人権問題」（27）2011.冬 p.71〜76

07155 若手研究者が読み解く平和憲法（3）民主党民主党政権における防衛政策の検討 清水雅彦「法と民主主義」（456）2011.2・3 p.82〜85

07156 「核廃絶」の平和主義（I） 金子勝「立正大学法制研究所研究年報」（16）2011.03 p.35〜51

07157 沖縄から見た平和憲法（特集 沖縄問題から憲法を考える） 高良鉄美「人権と部落問題」63（5）通号814 2011.4 p.15〜22

07158 若手研究者が読み解く平和憲法（4）憲法九条をめぐる改憲論の現状 三宅裕一郎「法と民主主義」（457）2011.4 p.64〜67

07159 憲法リレートーク（第24回）日弁連憲法委員会拡大正副委員長・事務局会議講演 新防衛計画大綱と憲法9条 井上正信「自由と正義」62（5）通号748 2011.5 p.68〜74

07160 若手研究者が読み解く平和憲法（5）「戦後補償問題」から行き当たった憲法問題 大野友也「法と民主主義」（458）2011.5 p.62〜65

07161 戦争の違法性と軍人の良心の自由（特集 国家の役割, 個人の権利） 水島朝穂「ジュリスト」（1422）2011.5.1・15 p.36〜42

07162 憲法否定・侵略戦争美化の教科書の特徴とこれからの運動 石山久男「平和運動」（485）2011.6 p.14〜22

07163 ひと筆 平和と憲法と伊達判決 吉永満夫「自由と正義」62（8）通号751 2011.7 p.8〜10

07164 憲法を否定し侵略戦争を美化する教科書の採択状況とこれからの運動 石山久男「平和運動」（490）2011.12 p.4〜11

07165 大震災後の東アジアおよび世界の平和の構築の課題 阿久戸光晴「聖学院大学総合研究所紀要」（55）2012 p.3〜6

07166 平和憲法の再定義 ： 予備的考察（平和を再定義する） 君島東彦「平和研究」（39）2012 p.1〜26

07167 国連・平和への権利 ： 日本からの提言（5）「平和への人民の権利宣言」を考える 建石真公子「法と民主主義」（465）2012.1 p.61〜64

07168 私の意見 百里の地で平和を訴え続ける 梅沢優「法学館憲法研究所報」（6）2012.1 p.64〜68

07169 戦争被害受忍論と平和主義の原理 ： 戦争被害に対する憲法的補償に関する一考察（小出鐸一教授 髙木侃教授 髙橋清徳教授 古川純教授 前嶋孝教授 退職記念号） 内藤光博「専修法学論集」（114）2012.3 p.1〜30

07170 憲法リレートーク（25）日本弁護士連合会憲法委員会 講演会 憲法9条・日米安保・日本の平和主義 小熊英二「自由と正義」63（4）通号760 2012.4 p.60〜68

07171 デモクラシーの現状と課題 ： 『「未完の革命」としての平和憲法』の視座から（法と人権教育の進化） 千葉眞「民主主義教育21」6 2012.4 p.99〜116

07172 憲法と安保の相克の歴史と現況 ： 「二つの法体系」論の原点と現点（特集 平和と民主主義をめぐる現況と展望） 松井芳郎「法と民主主義」（468）2012.5 p.4〜9

07173 平和主義 ： 手続的正義の観点から（特集 憲法入門 ： 憲法の基本原理を理解する） 青井未帆「法学セミナー」57（5）通号688 2012.5 p.9〜11

07174 憲法を政治と暮らしに活かす ： 平和憲法を守る熊本県民会議の活動 今泉克己「進歩と改革」通号726 2012.6 p.42〜47

07175 国連・平和への権利 ： 日本からの提言（7）ピース・ゾーンの挑戦 ： ジュネーヴ州憲法改正提案の紹介 前田朗「法と民主主義」

（469） 2012.6 p.52〜55

07176 平和憲法を守り生かすために : 学習会や集会開き学ぶ場を広める（特集 労働組合が平和運動の先頭に） 森本孝子 「月刊労働組合」（573） 2012.7 p.25〜27

07177 祖母と孫が語りあう「戦争と平和」(18) 武力で平和は創れない(2) どうする「日本国憲法」: 憲法9条とか、憲法96条が変わるとどうなるの? 「福音と社会」51（6）通号265 2012.12 p.60〜63

07178 竹島の不当支配を許した憲法の「平和主義」: 竹島を巡る日韓攻防史から尖閣諸島防衛を考える 多久善郎 「祖国と青年」（411） 2012.12 p.34〜41

07179 いまや最大の危機を迎えた戦後の平和主義 最大の選挙争点は「憲法」だ（総選挙特集 経済と憲法を問う） 森田実 「金曜日」20（48）通号940 2012.12.14 p.23

07180 沖縄〈いのち・人道・自治〉の思想 : アジア・太平洋のなかの平和憲法（特集 改憲状況 : 平和という問い） 森宣雄 「インパクション」（191） 2013 p.60〜77

07181 憲法を生かし草の根から平和と平等と人権が息づく地域社会を 第29回東播人権問題研究集会を加古川市で開催 前田泰義 「季刊人権問題」（35） 2013.冬 p.35〜43

07182 戦後憲法学と絶対平和主義の終焉 會津明郎 「青森法政論叢」（14） 2013 p.87〜104

07183 対談（リレー対談「日本社会と憲法」（2012年秋）―第1回「平和と憲法 : "武力なき平和"のリアリティ」） 浦部法穂 水島朝穂 「法学館憲法研究所報」（8） 2013.1 p.23〜31

07184 第1回「平和と憲法 : "武力なき平和"のリアリティ」（リレー対談「日本社会と憲法」（2012年秋）―第1回「平和と憲法 : "武力なき平和"のリアリティ」） 水島朝穂 「法学館憲法研究所報」（8） 2013.1 p.7〜22

07185 平和憲法という「言霊信仰」（総力大特集 亡国のメディア、売国のメディア 大新聞、テレビはなぜこのことを報じないのか?） 井沢元彦 「Will : マンスリーウイル」（99） 2013.3 p.50〜59

07186 普遍性を支える人間観と歴史観を今こそ隣人に伝えよう 教皇の「広島平和アピール」と「日本国憲法」前文を再読する 山内継祐 「福音と社会」52（2）通号267 2013.4 p.71〜74

07187 領土問題・歴史認識、平和憲法の復権（特集 安倍政権批判） 黒沢惟昭 「科学的社会主義」（180） 2013.4 p.28〜33

07188 祖母と孫が語りあう「戦争と平和」(20) 武力で平和は創れない(2) アベノミクス、憲法96条改正と矢継ぎ早の与党攻勢 : で、日本をどうしたいのか。それが問題? 「福音と社会」52（3）通号268 2013.6 p.40〜43

07189 平和主義から考える自民党「日本国憲法改正草案」の問題点（特集 自民党改憲案と憲法の危機） 飯島滋明 「法と民主主義」（479） 2013.6 p.20〜24

07190 Targeted Killingの合憲性（上）（森山茂徳教授退職記念号 酒井享平教授退職記念号） 富井幸雄 「法学会雑誌」54（1） 2013.7 p.333〜355

07191 『週刊金曜日』セレクション 三國連太郎さんインタビュー もう戦争は嫌 体験者は次世代を守る義務がある（憲法 特別編集 : あなたにも責任がある 知らなかったじゃすまされない） 三國連太郎 「金曜日」21（26）通号967（臨増） 2013.7.9 p.64〜65

07192 いまこそ平和主義の構築が必要な東アジア（特集 東アジアの平和と日本国憲法の可能性―日民協第52回定時総会記念シンポジウム・「東アジアの平和と日本国憲法の可能性」より） 王雲海 「法と民主主義」（481） 2013.8・9 p.10〜17

07193 「自己拘束としての平和主義」からの訣別を! 憲法の「平和主義」は本当に正しいのか 「明日への選択」（331） 2013.8 p.24〜28

07194 互いに力を出し合って 地域から 非暴力! 憲法擁護の運動を 花には太陽を 子どもには平和を（特集 8月、平和を考える） 江口さつき 「子どものしあわせ : 母と教師を結ぶ雑誌」（750） 2013.8 p.18〜21

07195 平和な時代でこそ、人生でも商売でも輝ける（特集 憲法と平和） 出口俊子 「月刊民商」55（8）通号635 2013.8 p.2〜5

07196 国連平和への権利・第1会期作業部会報告書（A/HRC/WG.13/1/2）の掲載にあたって（憲法9条と平和に生きる権利を世界に広めよう―平和への権利 : 国連人権理事会2013年6月第23会期の報告） 笹本潤［日本語訳］ 岡村みちる［日本語訳］ 「Interjurist」（177） 2013.8.1 p.13〜24

07197 新 わたしと憲法シリーズ 米倉斉加年 平和を愛し、憲法を尊ぶ戦中派個性俳優 戦争で愛する人を失った人々や死なねばならなかった人々の思いがこの憲法には込められている。 米倉斉加年 「金曜日」21（32）通号973 2013.8.23 p.54

07198 対談 核兵器廃絶、原発、憲法、日本社会を語る 山崎龍明 笠井亮 「前衛 : 日本共産党中央委員会理論政治誌」（899） 2013.9 p.165〜187

07199 新 わたしと憲法シリーズ 現場の声をまっすぐ国会に届ける新米議員 吉良よし子 「ビカドン」に衝撃を受けた幼い頃。私が政治を考える原点は「平和」 吉良よし子 「金曜日」21（36）通号977 2013.9.20 p.44〜45

07200 汝の隣人を愛せ（第10回）平和憲法は日本人の経典か 島田雅彦 「Voice」（430） 2013.

10 p.214〜219

07201 平和憲法を守る兵庫・丹波の活動を振り返る（参院選後の憲法情勢と憲法闘争）川崎雄二「科学的社会主義」（186）2013.10 p.56〜61

07202 日本国憲法平和主義原理の二つの側面（第四十七回大会準備号 歴史における社会的結合と地域—第一日目 世界史のなかの日本国憲法）和田進「歴史評論」（763）2013.11 p.66〜68

07203 国連人権理事会第24期（2013年9月）の報告 ： 平和への権利を中心として（平和への権利 ： ジュネーブと9条国際会議分科会報告）笹本潤「Interjurist」（178）2013.11.1 p.3〜5

07204 日本国憲法の平和主義と平和への権利について（平和への権利 ： ジュネーブと9条国際会議分科会報告）飯島滋明「Interjurist」（178）2013.11.1 p.25〜29

07205 日本の立憲主義と平和への権利（平和への権利 ： ジュネーブと9条国際会議分科会報告）伊藤真「Interjurist」（178）2013.11.1 p.21〜24

07206 平和憲法を世界遺産に 黒沢惟昭「科学的社会主義」（188）2013.12 p.50〜55

07207 安倍政権の「戦争できる国づくり」に反対し"憲法いかし平和なアジアを"と訴える ： 共産党系団体が「2013日本平和大会」を開催「国内動向 ： 過激各派の諸動向・教育・労働問題に関する専門情報誌」（1287）2013.12.10 p.12〜16

07208 講演録 ： 日本国憲法の平和主義と政治の動き（創立50周年記念論文集）飯島滋明「名古屋学院大学論集. 社会科学篇」51（1）2014 p.183〜196

07209 日本国憲法平和主義への道程 ： 戦争違法化と国際法 小林裕一郎「社会科学論集」（52）2014 p.1〜25

07210 平和主義と戦後憲法学 會津明郎「青森法政論叢」（15）2014 p.79〜94

07211 国体護持と「八月革命」 ： 戦後日本の「平和主義」の生成 波多野澄雄「国際日本研究」6 2014.1 p.1〜15

07212 戦争と平和を考える本（特集 戦争体制づくりと解釈改憲）「学習の友」（725）2014.1 p.46〜48

07213 Targeted Killingの合憲性（下）富井幸雄「法学会雑誌」54（2）2014.1 p.71〜103

07214 新 わたしと憲法シリーズ ロベルト・サモラ 軍隊がないコスタリカで「平和の文化」を守る弁護士 何も行動しないならば憲法と平和は形骸化していく ロベルト, サモラ「金曜日」22（1）通号991 2014.1.10 p.47

07215 新 わたしと憲法シリーズ 山根和代 平和学、平和博物館を通じ9条を追求する被爆二世

私にとって平和とは、抽象的・観念的な存在ではない。自分の生命に直結する問題だ。山根和代「金曜日」22（4）通号994 2014.1.31 p.33

07216 基地、原発、国防軍 ： 平和憲法こそ基準に（特集 平和で安全な社会づくりを）高橋哲哉「民医連医療」（498）2014.2 p.6〜13

07217 「平和憲法」と「安倍の論理」の狭間（はざま）で考える ： 個別自衛権で集団的自衛権を論じる稚拙を嗤（わら）う前に（特集 安倍政治の陥穽を衝く ： 向かうところ敵なし！ 平和憲法を捨てひた走る「普通の軍国」路線にひれ伏すべきか）八鍬尚治「福音と社会」53（1）通号272 2014.2 p.35〜42

07218 インタビュー 平和憲法を考える（特集「思想」としての平和）常岡（乗本）せつ子 高原孝生[聴き手] 孫占坤[聴き手]「PRIME」（37）2014.3 p.61〜76

07219 原子力と人間の安全保障 澤田哲生「Voice」（436）2014.4 p.198〜205

07220 司法書士の生活と意見 憲法的感覚と平和への祈り「法学セミナー」59（4）通号711 2014.4 p.146

07221 戦争という極限状況で"生きる" ： シリアからの日本人帰還兵 25歳・鵜澤佳史さん（憲法記念日特集 僕らは「戦争」を知らない?）鵜澤佳史「金曜日」22（17）通号1007 2014.4.25-5.2 p.18〜19

07222 東京・渋谷で若者70組に聞きました "なんとなく平和な"僕らの戦争観（憲法記念日特集 僕らは「戦争」を知らない?）「金曜日」22（17）通号1007 2014.4.25-5.2 p.12〜15

07223 世界は憲法を活かしている（特集 平和憲法を守り、生かそう）伊藤千尋「月刊民商」56（5）通号644 2014.5 p.10〜13

07224 平和主義・国際貢献・集団的自衛権（特集 岐路に立つ憲法 ： その基礎概念・再考）横大道聡「法律時報」86（5）通号1072 2014.5 p.45〜52

07225 日本国憲法平和主義原理の二つの側面（第47回大会報告特集 歴史における社会的結合と地域—世界史のなかの日本国憲法）和田進「歴史評論」（770）2014.6 p.5〜20

07226 平和憲法と沖縄・米軍基地（特集 憲法、重大局面）高良鉄美「社会民主」（709）2014.6 p.11〜14

07227 日本国憲法の9条に明確に述べられている日本の憲法平和主義の現状（特集「戦争をさせない」声を大きく）クラウス, シルヒトマン「社会民主」（710）2014.7 p.11〜16

07228 「核兵器の非人道的な結末」は、核兵器の廃絶という「結末」しかない ： 核のない世界をめざして（特集 憲法を守り、生かすとりくみを）原和人「民医連医療」（504）2014.8

p.26〜29

07229　憲法九条七十年前あったらと泣く肩を抱く思い同じに（特集 平和を語ろう）　大野英子「みんなのねがい」（575）　2014.8　p.25〜27

07230　平和憲法なんかもう存在していない　西部邁「表現者」（56）　2014.9　p.193〜197

07231　平和主義と安全保障の交錯（特集 集団的自衛権と安全保障・開発援助をめぐる近時の情勢）　佐橋亮「自由と正義」65（9）通号789　2014.9　p.16〜21

07232　パネルディスカッション 平和憲法の行方：今, 弁護士会のなすべきことは？：夏期合同研究全体討議より（特集 今こそ、憲法問題を語り合う時：「平和」のための憲法とは？）伊藤真［パネラー］　田島正広［パネラー］　長谷川弥生［パネラー他］「Libra：The Tokyo Bar Association journal」14（10）　2014.10　p.6〜17

07233　憲法を活かす：本当の積極的平和主義とは　伊藤千尋「税経新報」（628）　2014.12　p.2〜9

07234　総選挙を前に「雇用とくらし、平和と憲法に対し、青年が主催者として声を上げよう」と訴える：民青が第38回全国大会を開催「国内動向：過激各派の諸動向・教育・労働問題に関する専門情報誌」（1311）　2014.12.10　p.27〜30

07235　日本国憲法の平和主義と戦後責任　常岡（乗本）せつ子「平和研究」（45）　2015　p.1〜22

07236　日本の平和憲法と北東アジアの安全保障政策（特集 二〇一五年を平和と人権の年に）澤野義一「科学的社会主義」（201）　2015.1　p.12〜17

07237　サギまがいの選挙で加速する政治の暴走を止める：戦後70年、平和憲法の立脚点で池上洋通「月刊民商」57（2）通号654　2015.2　p.19〜25

07238　PERISCOPE InternationaList JAPAN 終戦70年の節目に「平和憲法」見直しを　ブラマ, チェラニ「Newsweek」30（7）通号1435　2015.2.17　p.15

07239　原子力・エネルギー問題と平和憲法：科学的ヒューマニズムとSTS教育　岡井康二「羽衣国際大学現代社会学部研究紀要」（4）　2015.3　p.55〜79

07240　憲法学における平和主義論の現在：内閣による9条解釈の変更を契機として（坂本勝教授・富野暉一郎教授・堀尾正観教授退職記念号）　奥野恒久「龍谷政策学論集」4（2）　2015.3　p.53〜64

07241　日本国憲法の平和主義と、安全保障戦略平山朝治「国際日本研究」7　2015.3　p.1〜25

07242　特別再録 宮崎駿「いま」の生活を語る。世界に冠たる日本はない。東の片隅で楽しく、ひっそりしていよう：「風立ちぬ」・憲法・死生観を持たない若者政治家そして大量消費文明の綻び　宮崎駿　青木理「熱風：スタジオジブリの好奇心」13（4）通号148　2015.4　p.80〜101

07243　「平和」を巡る憲法論議を考える「明日への選択」（351）　2015.4　p.18〜22

07244　戦後・被爆70年、婦人部として平和をアピールしたい（特集 戦争と平和憲法を考える）出口俊子「月刊民商」57（5）通号657　2015.5　p.9〜12

07245　若者の立場から「壊憲」と再軍備を食い止めるために：若手弁護士らの取り組み（特集 戦争と平和憲法を考える）　黒澤いつき「月刊民商」57（5）通号657　2015.5　p.2〜6

07246　私が考える積極的平和主義（主催イベント報告 憲法と民主主義）　渡邊隆之「あかでめいあ：学ぶ・考える・研究する」（22）　2015.5　p.31〜34

07247　2015年 これまでの日本・これからの日本 憲法改正と平和教育：世界に発信する日本の恒久平和の誓いと方法　薄羽美江「月刊カレント」52（6）通号850　2015.6　p.66〜68

07248　「自衛権」の真実　浦部法穂「法学館憲法研究所報」（13）　2015.7　p.26〜35

07249　戦後70年と安倍政権（上）空前の歴史的岐路を迎えた憲法の平和主義　小松公生「前衛：日本共産党中央委員会理論政治誌」（924）　2015.7　p.30〜50

07250　戦後70年・歴史認識を問う 次の闘いを担う人々へ：中国人戦争被害者との和解を求めて20年（創刊500号記念特集 憲法の危機に抗しつづけて—平和・民主主義・人権闘争のバトンを引き継いで）　小野寺利孝「法と民主主義」（500・501）　2015.7-9　p.54〜56

07251　なぜ日本国憲法の平和主義は誕生したのか（再び戦争の惨禍を起こさせない）　川村俊夫「学習の友」（743）　2015.7　p.66〜70

07252　平和憲法は、不死鳥（フェニックス）となる 今、愛の種子を播こう（特集 戦後70年〈平和の種子に変わろう〉）　熊谷えり子「サムライ・平和：日本の心と平和を鎌倉から発信する総合誌」（6）　2015.7　p.70〜87

07253　校長講話（329）日本を「戦争する国」にしないために平和憲法を守ろうと呼びかける西林幸三郎「週刊教育資料」（1350）通号1480　2015.7.20　p.16〜17

07254　過去に蓋をしてはいけない：戦争・加害体験の継承は必要（特集 戦後70年：平和と民主主義の今）　金子勝「月刊保団連」（1194）　2015.8　p.28〜33

07255　講話をきっかけに、原爆を知り、平和を考えてほしい：被爆体験伝承者に思いを聞く（特集 戦後七〇年：憲法、平和を考える—被

爆体験を次世代に伝える）「ヒューマンライツ」（329）　2015.8　p.24〜26

07256　自衛隊二佐に問う「クマラスワミ」との昼食は「光栄」ですか（総力特集 日本の選択）　柿谷勲夫　「Will ： マンスリーウイル」（128）　2015.8　p.254〜259

07257　商売、憲法、平和語ってもイイじゃない！ ： 業者青年と民商の平和運動について考える（特集 戦争する国づくりは許さない）　内田一幸　「月刊民商」　57（8）通号660　2015.8　p.10〜13

07258　〈戦争前夜〉から〈解放前夜〉への道を求めて ： 被害者にも加害者にもならないために（特集 戦後70年）　清末愛砂　「現代思想」　43（12）　2015.8　p.42〜52

07259　ノー！「戦争する国」生かそう平和憲法　戦争をさせない1000人委員会上伊那　「信州自治研」（282）　2015.8　p.24〜28

07260　憲法のおかげで生きのびた ： 戦争から今日を考える（戦後70年 戦争の時代を語りつぐ―未来に語りつぐ）　佐々木達司　「聴く語る創る」（24）　2015.9　p.270〜274

07261　戦後70年と「戦争と平和」 ： 私たちの平和戦略（戦後70年と憲法・民主主義・安保）　山田敬男　「学習の友」（別冊）　2015.9　p.22〜33

07262　話し合ってみよう戦争と平和（戦後70年と憲法・民主主義・安保）　関原正裕　川島啓一　「学習の友」（別冊）　2015.9　p.12〜21

07263　法話 戦後七十年 戦争・平和・憲法　加藤俊生　「大法輪」　82（9）　2015.9　p.14〜19

07264　海老名香葉子さんインタビュー 私みたいな子どもを二度と作らないで（特集 「戦争」を忘れない ： 恒久平和と憲法の使命を考える）　海老名香葉子　山内一浩　「Libra ： The Tokyo Bar Association journal」　15（10）　2015.10　p.2〜5

07265　8・7シンポジウム「伝える 平和と憲法の意味」 ゲスト3名によるトークコーナー（特集「戦争」を忘れない ： 恒久平和と憲法の使命を考える）　伊井和彦　平山正剛　堀潤［他］　「Libra ： The Tokyo Bar Association journal」　15（10）　2015.10　p.10〜15

07266　憲章発効70年 国際社会の平和と安全の維持と深化を促す国連 ： 国家間の平和維持から人間の安全保障へ　渡部茂己　「公明」（119）　2015.11　p.58〜62

07267　「戦争神経症」はなぜ封印されたのか そこに浮かぶ、戦後日本の「平和」の姿（特集 どうして？ 公明党、どうなる？ 自衛隊―自衛隊をめぐって）　松下秀雄　「Journalism」（306）　2015.11　p.43〜50

07268　近畿弁護士会「平和への権利」講演要旨 憲法から考える国連「平和への権利」と安倍政権（平和への権利）　飯島滋明　「Interjurist」（186）　2015.11.1　p.20〜25

07269　課題別分科会 たたかう平和教育 ： 戦後70年のいまから（全国研究集会報告）　清末愛砂　「開発教育」（62）　2015.12　p.80〜85

07270　憲法解釈の変更可能性を認め、規範を時代に適合させる（平和安全法制を考える）　大石眞　「第三文明」（672）　2015.12　p.23〜25

07271　憲法の平和主義を国際関係論の中で学習させる試み　中野潤三　田中雅章　「パーソナルコンピュータ利用技術学会全国大会講演論文集」　10　2015.12.5　p.3p

◆平和憲法

【図書】

07272　そして、憲法九条は。　姜尚中、吉田司著　晶文社　2006.2　271p　20cm　1900円　Ⓘ4-7949-6696-2　Ⓝ304　姜尚中　吉田司

07273　いまこそ輝け平和憲法　石村善治著　自治体研究社　2006.4　75p　21cm　500円　Ⓘ4-88037-458-X　Ⓝ323.142　石村善治

07274　敗れる前に目覚めよ―平和憲法が危ない　飯室勝彦著　［東京］　花伝社　2006.4　229p　19cm　〈年表あり〉　〈発売：共栄書房〉　1600円　Ⓘ4-7634-0463-6　Ⓝ323.14　飯室勝彦

07275　「平和憲法」を持つ三つの国―パナマ・コスタリカ・日本　吉岡逸夫著　明石書店　2007.9　230p　19cm　1800円　Ⓘ978-4-7503-2615-3　Ⓝ319.8　吉岡逸夫

07276　平和憲法と公共哲学　千葉眞、小林正弥編著　京都　晃洋書房　2007.9　298p　22cm　3300円　Ⓘ978-4-7710-1879-2　Ⓝ323.142　千葉眞　小林正弥

07277　知ってる？ 私たちの平和憲法　藤末健三著　オープンナレッジ　2008.1　131p　19cm　714円　Ⓘ978-4-902444-63-6　Ⓝ323.14　藤末健三

07278　宗教から見た平和憲法―殺してはならぬ、殺させしめてはならぬ 講演　蒲信一著　［横須賀］　横須賀市民九条の会　2008.3　47p　21cm　〈会期：2007年11月24日〉　〈表紙のタイトル：宗教からみた平和憲法〉　Ⓝ188.7　蒲信一

07279　平和憲法誕生の真実―戦後の息吹きを伝える物語のような資料集　岩月行雄編著　［東京］　岩月行雄　2008.4　237p　26cm　〈憲法講演100回記念特別出版〉　500円　Ⓝ323.14　岩月行雄

07280　平和憲法の確保と新生　深瀬忠一、上田勝美、稲正樹、水島朝穂編　札幌　北海道大学出版会　2008.12　370,6p　21cm　〈他言語標題：The defense and rebirth of the Japan's peace constitution〉　3600円　Ⓘ978-4-8329-6701-4　Ⓝ323.142　深瀬忠一　上田勝美　稲正樹

07281 「未完の革命」としての平和憲法―立憲主義思想史から考える　千葉眞著　岩波書店　2009.12　262p　20cm　3100円　Ⓘ978-4-00-024858-7　Ⓝ323.14　千葉眞

07282 世界の「平和憲法」新たな挑戦　笹本潤著　大月書店　2010.5　166p　19cm　〈文献あり〉　1600円　Ⓘ978-4-272-21102-9　Ⓝ323.01　笹本潤

07283 中高生からの平和憲法Q&A　高田健, 舘正彦著　晶文社　2011.8　132p　21cm　1400円　Ⓘ978-4-7949-6762-6　Ⓝ323.14　高田健　舘正彦

07284 平和をつむぐ―平和憲法を守る9人の手記　青木みか, 森英樹編　名古屋　風媒社　2011.10　280p　19cm　1500円　Ⓘ978-4-8331-1091-4　Ⓝ319.8　青木みか　森英樹

07285 平和憲法と永世中立―安全保障の脱構築と平和創造　澤野義一著　京都　法律文化社　2012.3　218p　22cm　4800円　Ⓘ978-4-589-03395-6　Ⓝ323.142　澤野義一

07286 平和憲法と人権・民主主義　憲法研究所, 上田勝美編　京都　法律文化社　2012.10　354p　22cm　〈著作目録あり〉　7200円　Ⓘ978-4-589-03453-3　Ⓝ323.14　上田勝美　憲法研究所

07287 心踊る平和憲法誕生の時代―戦後の新聞61紙に見る「憲法民主化」の過程　岩田行雄編著　[出版地不明]　岩田行雄　2013.3　239p　26cm　〈発売：美和書店〉　1000円　Ⓝ323.142　岩田行雄

07288 人間的価値と正義　牧野広義著　京都　文理閣　2013.3　286p　20cm　（阪南大学叢書98）〈他言語標題：Human Value and Justice〉　2500円　Ⓘ978-4-89259-710-7　Ⓝ151.1　牧野広義

07289 平和憲法を守り、活かしていくために　日本カトリック司教協議会社会司教委員会　2013.4　[6] 枚　15cm

07290 知ってる？ 私たちの平和憲法　藤末健三著　改訂版　名古屋　ブイツーソリューション　2013.5　127p　19cm　〈初版：オープンナレッジ 2008年刊〉　〈発売：星雲社〉　714円　Ⓘ978-4-434-17968-6　Ⓝ323.14　藤末健三

07291 東北アジア共同体の研究―平和憲法と市民社会の展開　黒沢惟昭著　明石書店　2013.9　373p　20cm　（明石ライブラリー 155）〈索引あり〉　4500円　Ⓘ978-4-7503-3889-7　Ⓝ302.2　黒沢惟昭

07292 世論と新聞報道が平和憲法を誕生させた！―押し付け憲法論への、戦後の61紙等に基づく実証的反論　岩田行雄編著　[出版地不明]　岩田行雄　2014.5　239p　26cm　〈（2013年刊）の改訂〉〈発売：美和書店〉　1000円　Ⓝ323.142　岩田行雄

07293 子どもたちを再び戦場に送るな―語ろう、いのちと平和の大切さ　村山士郎著　新日本出版社　2014.9　93p　21cm　1100円　Ⓘ978-4-406-05818-6　Ⓝ375　村山士郎

07294 ウサギ国平和憲法　神津良子文, 佐藤鈴代絵　松本　郷土出版社　2014.10　1冊（ページ付なし）　20×27cm　（語り継ぐ戦争絵本シリーズ 17（憲法発布））　1600円　Ⓘ978-4-86375-221-4　Ⓝ726.6　神津良子　佐藤鈴代

07295 平和憲法の深層　古関彰一著　筑摩書房　2015.4　269p　18cm　（ちくま新書 1122）　860円　Ⓘ978-4-480-06827-9　Ⓝ323.12　古関彰一

07296 脱原発と平和の憲法理論―日本国憲法が示す平和と安全　澤野義一著　京都　法律文化社　2015.11　175p　22cm　3600円　Ⓘ978-4-589-03703-9　Ⓝ323.14　澤野義一

◆平和的生存権

【図書】

07297 平和的生存権の弁証　小林武著　日本評論社　2006.7　289p　22cm　6000円　Ⓘ4-535-51516-6　Ⓝ323.14　小林武

【雑誌】

07298 良心的兵役拒否論に見るリベラルデモクラシーの規範的前提－平和的生存権論との関連で　鈴木正彦　政治思想学会編　「政治思想研究」（7）　2007.5　p.297〜322

07299 今そこにある危機を回避する道。第9条改正で国と民の生存権を守れ（特集 憲法改訂論議と私たちの信仰－賛否両論に福音の光を当てる）　坂本勝義　「福音と社会」46（2・3）通号231・232　2007.8　p.22〜26

07300 平和的生存権の具体的権利性を認めた名古屋第七次訴訟判決（名古屋地判平成19.3.23）（自衛隊イラク派兵差止訴訟と平和的生存権）　中谷雄二　「法学セミナー」53（2）通号638　2008.2　p.44〜47

07301 平和的生存権論の再構築に向けて（自衛隊イラク派兵差止訴訟と平和的生存権）　麻生多聞　「法学セミナー」53（2）通号638　2008.2　p.54〜57

07302 平和的生存権の裁判規範性――イラク平和訴訟熊本地裁における証言　小林武　「愛知大学法学部法経論集」（176）　2008.3　p.215〜249

07303 SOCIETY 自衛隊イラク派遣「違憲」判決の意義 「平和的生存権」の新たな展開　「Jiji top confidential」（11486）　2008.5.13　p.11〜12

07304 平和的生存権論のトポグラフィー―――九九〇年代までの動向（福家俊朗教授退職記念論文集）　植松健一　「名古屋大学法政論集」通号225　2008.7　p.127〜152

07305 「平和的生存権」をめぐって――名古屋高裁の「自衛隊イラク派兵差止請求控訴事件」判決について（下）　奥平康弘　「世界」（781）2008.8　p.97〜122

07306 自衛隊イラク派兵の違憲性および平和的生存権の具体的権利性の弁証――名古屋高裁における証言　小林武　「愛知大学法学部法経論集」（178）2008.9　p.37〜96

07307 沖縄の平和的生存権を求めて（特集 この夏、平和について考えた。）　安次富浩　「まなぶ」増刊 2009　p.57〜59

07308 九条の精神－人権と権力（特集 平和的生存権）　小畑隆資　「人権21：調査と研究」2009.1　p.4〜8

07309 平和的生存権に命を（特集 平和的生存権）　清水善朗　「人権21：調査と研究」 2009.1　p.9〜11

07310 平和的生存権とイラク訴訟（特集 平和的生存権）　矢山有作　「人権21：調査と研究」2009.1　p.12〜14

07311 ソマリア派兵の経過と海賊対処法の問題点（特集 平和的生存権）　中尾元重　「人権21：調査と研究」 2009.1

07312 平和的生存権とイラク訴訟（特集 平和的生存権）　矢山有作　「人権21：調査と研究」2009.1

07313 平和的生存権に命を（特集 平和的生存権）　清水善朗　「人権21：調査と研究」 2009.1

07314 平和的生存権をかかげて海外派兵をやめさせる－名古屋高裁判決を力に（特集 人間らしく生きる権利）　小林武　「月刊民商」51（5）通号582　2009.5　p.2〜6

07315 講演・田母神論文・ソマリア派兵からわかる自衛隊の危険な変貌（特集 自衛隊のソマリア派兵を問う）　山田朗　「法と民主主義」（438）　2009.5　p.55〜63

07316 歴史への証言――『長沼事件 平賀書簡――35年目の証言』を読む（特集「平和的生存権」その深化を問う）　新井章　「法と民主主義」（438）　2009.5　p.26〜28

07317 世界秩序の「捻れ」と人間の「不安全」――出番を待つ平和的生存権（特集 平和外交と日本国憲法9条）　武者小路公秀　「法と民主主義」（439）　2009.6　p.4〜9

07318 判例研究 イラク派兵訴訟岡山地裁判決と平和的生存権［岡山地裁第1民事部判決2009.2.24］　小林武　「愛知大学法学部法経論集」（181）　2009.8　p.59〜79

07319 平和的生存権の新たな展開――長沼訴訟からイラク派兵違憲訴訟へ　新井章　「法と民主主義」（441）　2009.8・9　p.68〜73

07320 古関彰一さんインタビュー 農民の論理が生んだ平和的生存権（特集 生存権）　古関彰一　山口響　「ピープルズ・プラン」 2009.秋　p.59〜67

07321 平和的生存権と国際人権法――自衛隊イラク派兵差止訴訟における「基底的権利」保護をめぐって［名古屋高等裁判所2008.4.17判決］（特集 国際人権判例分析）　建石真公子　「国際人権：国際人権法学会報」 通号21　2010　p.73〜79

07322 平和的生存権論の諸相 ： 権利論としての新たな地平　麻生多聞　「鳴門教育大学研究紀要」25　2010　p.288〜302

07323 平和的生存権のグローバル化－国連人権理事会における議論　前田朗　「法と民主主義」（452）　2010.1　p.53〜57

07324 新たな自衛隊海外派兵法制定の動向 ： 海賊対処法と恒久派兵法案の検討（西牧駒蔵教授退職記念号）　澤野義一　「大阪経済法科大学法学論集」（68）　2010.3　p.95〜125

07325 基地のない平和な沖縄の実現こそ 奪われた土地と人権回復の道 宜野湾市 伊波洋一市長インタビュー（特集 基地問題と平和的生存権）　伊波洋一　吉田万三　相野谷安孝　中央社会保障推進協議会編 「社会保障」 42通号431　2010.夏　p.6〜15

07326 北海道矢臼別 実弾射撃訓練の監視行動 矢臼別で生きた川瀬氾二（特集 基地問題と平和的生存権）　山本隆幸　中央社会保障推進協議会編 「社会保障」 42通号431　2010.夏　p.26〜31

07327 平和的生存権と高齢者権利条約（特集 平和の尊さを訴える－語りつづける高齢者たち）　井上英夫　全国老人福祉問題研究会編 「月刊ゆたかなくらし」 通号340　2010.8　p.18〜22

07328 国連で平和的生存権を：デヴィド・フェルナンデス・プヤナ〈列島のスマイル/9条を握りしめて10〉　前田朗　「マスコミ市民 ： ジャーナリストと市民を結ぶ情報誌」 501　2010.10

07329 生命誕生から墓場まで「平和的生存権」保障（その1）「平和の中で人間らしく生きる権利」実現　田代国次郎　草の根福祉編集委員会編 「草の根福祉」（41）　2011　p.115〜160

07330 平和的生存権国連キャンペーンの動向－国連宣言を求めるNGOの活動　前田朗　日本科学者会議編 日本科学者会議編 「日本の科学者」 46（2）通号517　2011.2　p.814〜819

07331 平和的生存権：百里基地訴訟を振り返って〈談話室〉　浦田賢治　「日本の科学者」 46（2）　2011.2

07332 座談会「平和的生存権」について考える－石村善治先生を囲んで（「平和的生存権」について考える）　石村善治　酒井嘉子　名取保美【他】　あごら新宿編 「あごら」（328）　2011.3　p.4〜37

07333 生存の基盤としての住環境の大切さ（「平和的生存権」について考える）　森崎民子　あご

平和主義　　　　　　　　　　　　　　　　　　　　　　戦争放棄・安全保障

ら新宿編　「あごら」　（328）　2011.3　p.39〜50

07334　こどもは真ん中、こども病院はど真ん中（「平和的生存権」について考える）　福田光子　あごら新宿編　「あごら」　（328）　2011.3　p.51〜58

07335　おとしよりたちの風景から（「平和的生存権」について考える）　増田万里子　あごら新宿編　「あごら」　（328）　2011.3　p.59〜61

07336　音楽家の低周波音被害（「平和的生存権」について考える−しのび寄る危機・低周波）　うえだあや　あごら新宿編　「あごら」　（328）　2011.3　p.62〜73

07337　原因は低周波音（「平和的生存権」について考える−しのび寄る危機・低周波）　鈴木聡　あごら新宿編　「あごら」　（328）　2011.3　p.74〜77

07338　低周波音症候群とは−汐見文隆医師の著書から（「平和的生存権」について考える−しのび寄る危機・低周波）　あごら新宿編　「あごら」　（328）　2011.3　p.78〜83

07339　助けて下さい「エコキュートの低周波音被害」（「平和的生存権」について考える−しのび寄る危機・低周波）　清水靖弘　あごら新宿編　「あごら」　（328）　2011.3　p.84〜96

07340　低周波音被害の恐ろしい実態と闘いの記録（「平和的生存権」について考える−しのび寄る危機・低周波）　鬼鞍忠　あごら新宿編　「あごら」　（328）　2011.3　p.97〜105

07341　東アジア平和構築の課題とビジョン　東アジアと平和的生存権［含 討論］（新冷戦ではなく、共存共生の東アジアを−2050年の東アジア−国家主義を超えて）　川崎哲　李京柱　我部政明【他】　岩波書店［編］「世界」　（816 増刊）　2011.4　p.180〜197

07342　平和的生存権と人権としての社会保障（特集 人権としての雇用、賃金・社会保障）　井上英夫　「全労連」　通号172　2011.5　p.10〜18

07343　平和的生存権と高齢者権利条約（［月刊ゆたかなくらし］350号記念 高齢者福祉白書）　井上英夫　全国老人福祉問題研究会編　「月刊ゆたかなくらし」　通号350　2011.6・7　p.44〜48

07344　日本国憲法の平和的生存権と「平和への権利」（平和への権利を世界に）　清水雅彦　「Interjurist」　（171）　2011.8.5　p.7〜18

07345　新しい福祉国家へ（3）平和的生存権と人権としての社会保障　井上英夫　自治労連・地方自治問題研究機構編　「季刊自治と分権」　（42）　2011.冬　p.76〜88

07346　「平和的生存権」の法的性格 ： 権利の規範構造論を手がかりに　斎藤孝　「法学新報」　119（1・2）　2012.6　p.1〜46

07347　私の実践・研究を振り返って（82）母との約束 ： 「平和的生存権」を守れ　田代国次郎　鉄道弘済会社会福祉第一部編　「社会福祉研究」

（114）　2012.7　p.75〜82

07348　平和的生存権に関する図書目録　中村克明［編］「関東学院大学文学部紀要」　（128）　2013年度　p.73〜86

07349　平和的生存権の公然たる否定 ： 『社会保障制度改革推進法』とその周辺（特集 ここが危ない！ 社会保障改革推進法）　日野秀逸　「月刊保団連」　（1118）　2013.3　p.4〜9

07350　平和的生存権と日本国憲法（特集 平和に生きる権利）　丹羽徹　「人権と部落問題」　65（9）通号846　2013.8　p.13〜21

07351　平和的生存権と住み続ける権利（特集 第9回地域人権問題全国研究集会（北九州市）第1分科会のテーマ『暮らしやすい地域づくり』）　井上英夫　「地域と人権」　（359）　2014.3　p.1〜9

07352　平和的生存権を導きとして 砂川・恵庭・長沼・百里裁判の教訓（創刊500号記念特集 憲法の危機に抗しつづけて−平和・民主主義・人権闘争のバトンを引き継いで）　内藤功　「法と民主主義」　（500・501）　2015.7-9　p.42〜44

◆「国際貢献」論・自衛隊海外派遣

【図書】

07353　アフガニスタンで考える−国際貢献と憲法九条 カラー版　中村哲著　岩波書店　2006.4　51p　21cm　（岩波ブックレット no.673）　〈年表あり〉　560円　Ⓘ4-00-009373-8　Ⓝ302.271　中村哲

07354　「小泉劇場」の熱狂のあとに来るものは…−イラク戦争と日本−サマワ自衛隊最新報告　金子勝, 綿井健陽著, 第9条の会・オーバー東京編　第9条の会・オーバー東京　2006.4　64p　21cm　（あーてぃくる9ブックレット 11）　〈発売：影書房〉　500円　Ⓘ4-87714-350-5　Ⓝ319.1　金子勝　綿井健陽　第9条の会オーバー東京

07355　戦争ですよ!?　橋本文章著　新風舎　2006.12　46p　19cm　800円　Ⓘ978-4-289-00092-0　Ⓝ392.1076　橋本文章

07356　日本が支えるテロとの闘い−国際社会による『テロとの闘い』とテロ対策特別措置法に基づく日本の貢献　[外務省]安全保障政策課編　[外務省]国内広報課　2007.3　10p　30cm　外務省

07357　イラクの混迷を招いた日本の "選択"−自衛隊がやっていることvs私たちがやるべきこと　自衛隊イラク派兵差止訴訟全国弁護団連絡会議編著　かもがわ出版　2007.4　61p　21cm　（かもがわブックレット 165）　〈年表あり〉　600円　Ⓘ978-4-7803-0084-0　Ⓝ392.1076　自衛隊イラク派兵差止訴訟全国弁護団連絡会議

07358　自衛隊の国際貢献は憲法九条で−国連平和維持軍を統括した男の結論　伊勢崎賢治著

京都　かもがわ出版　2008.3　159p　19cm
1400円　①978-4-7803-0154-0　Ⓝ323.142　伊
勢崎賢治

07359　日本の国際協力に武力はどこまで必要か
伊勢崎賢治編著　高文研　2008.4　199p　20cm
1600円　①978-4-87498-399-7　Ⓝ393　伊勢崎
賢治

07360　非武装のPKO―NGO非暴力平和隊の理
念と活動　君島東彦編著　明石書店　2008.4
188p　21cm　〈文献あり〉　〈年表あり〉　1800
円　①978-4-7503-2783-9　Ⓝ319.8　君島東彦

07361　4.17イラク派兵違憲判決・判決文―自衛
隊のイラク派兵差止等請求控訴事件判決2008
年4月17日判決言渡　私は強いられたくない加害
者としての立場を　［名古屋］　自衛隊イラク派
兵差止訴訟の会　2008.4　33p　30cm　300円

07362　「自衛隊のイラク派兵差止訴訟」判決文を
読む　川口創，大塚英志著　角川書店　2009.3
225p　19cm　〈年表あり〉　〈発売：角川グ
ループパブリッシング〉　1500円　①978-4-04-
885016-2　Ⓝ392.1076　川口創　大塚英志

07363　よくわかる自衛隊問題―「専守防衛」か
ら「海外派兵の軍隊」へ　内藤功編著，紙谷敏
弘，上原久志著　学習の友社　2009.4　143p
21cm　〈シリーズ世界と日本21 37〉　〈年表あ
り〉　1429円　①978-4-7617-1239-6　Ⓝ392.
1076　内藤功　紙谷敏弘　上原久志

07364　何が「田母神」を生み出したのか―自衛
隊と歴史修正主義　山田朗［述］　国連・憲法問
題研究会　2009.6　55p　26cm　（国連・憲法
問題研究会連続講座報告　第45集）　500円

07365　スーダン紛争と自衛隊―PKO派兵とアフ
リカ　栗田禎子［述］　国連・憲法問題研究会
2009.8　57p　26cm　（国連・憲法問題研究会
講座報告　第46集）　500円

07366　アフガン戦争を憲法9条と非武装自衛隊で
終わらせる　伊勢崎賢治著　京都　かもがわ出
版　2010.2　146p　20cm　1400円　①978-4-
7803-0326-1　Ⓝ319.271　伊勢崎賢治

07367　イラクで航空自衛隊は何をしていたか―
憲法9条1項違反の実態　「イラク派兵差止訴訟」
原告・弁護団有志チーム編，大垣さなゑ著　大
阪　せせらぎ出版　2010.5　63p　21cm　571円
①978-4-88416-193-4　Ⓝ398.21　大垣さなゑ
「イラク派兵差止訴訟」原告弁護団有志チーム

07368　自衛隊イラク派兵差止訴訟全記録―私は
強いられたくない。加害者としての立場を　自
衛隊イラク派兵差止訴訟の会編　名古屋　風媒
社　2010.7　236p　21cm　〈年表あり〉　1800
円　①978-4-8331-1085-3　Ⓝ392.1076　自衛隊
イラク派兵差止訴訟の会

07369　脱・同盟時代―総理官邸でイラクの自衛
隊を統括した男の自省と対話　柳澤協二，寺島
実郎，大野博人，古山順一，池田香代子，志葉玲，
植木千可子著　京都　かもがわ出版　2011.7

156p　21cm　1500円　①978-4-7803-0448-0
Ⓝ319.1053　柳澤協二　寺島実郎　大野博人
古山順一　池田香代子　志葉玲　植木千可子

07370　国際連合日本駐留部隊の構想―理想に向
かった現実的提案：世界平和のために9条を護
り世界連邦建設へ　今井康博著　伊丹　牧歌舎
2012.10　262p　22cm　〈文献あり〉　〈発売：
星雲社〉　1143円　①978-4-434-16931-1
Ⓝ392.1076　今井康博

07371　海外派兵と議会―日本、アメリカ、カナ
ダの比較憲法的考察　富井幸雄　成文堂
2013.1　653p　22cm　9000円　①978-4-7923-
0544-4　Ⓝ323.01　富井幸雄

07372　検証官邸のイラク戦争―元防衛官僚によ
る批判と自省　柳澤協二著　岩波書店　2013.3
185, 21p　20cm　〈年表あり〉　2400円
①978-4-00-025883-8　Ⓝ319.1053　柳澤協二

07373　自衛隊の敵　田母神俊雄著　廣済堂出版
2013.5　191p　18cm　（廣済堂新書 030）　800
円　①978-4-331-51728-4　Ⓝ392.1076　田母神
俊雄

07374　今、改めて「自衛隊のイラク派兵差止訴
訟」判決文を読む　川口創，大塚英志著　星海
社　2015.5　314p　18cm　（星海社新書 66）
〈「「自衛隊のイラク派兵差止訴訟」判決文を読
む」(角川書店 2009年刊)の改題、書下ろしを加
え再刊〉　〈年表あり〉　〈発売：講談社〉　900
円　①978-4-06-138570-2　Ⓝ392.1076　川口創
大塚英志

【雑誌】

07375　日本における9・11以降のテロリズムに対
する対応と憲法（ミニ・シンポジウム テロのグ
ローバル化と法の対応比較――9・11以後の国
際法・欧米法・日本法）　山元一　「比較法研究」
通号68　2006　p.124〜130

07376　検証・自衛隊の多国籍軍参加問題(上)
久原宗士郎　「自由」　48(1)通号551　2006.1
p.84〜92

07377　日本と世界の安全保障 足して2で割った
イラク派遣延長　潮匡人　「世界週報」　87(2)
通号4228　2006.1.17　p.40〜41

07378　検証・自衛隊の多国籍軍参加問題(中)集
団的自衛権について　久原宗士郎　「自由」　48
(2)通号552　2006.2　p.97〜106

07379　新聞の論点 社説を読み比べる 自衛隊派遣
延長問題　長山靖生　「中央公論」　121(2)通号
1461　2006.2　p.308〜311

07380　自衛隊派遣延長問題(新聞の論点―社説を
読み比べる)　長山靖生[評者]　「中央公論」
121(2)通号1461　2006.2　p.308〜311

07381　意見交換（[防衛大学校防衛学研究会第31
回]戦略環境研究分科会 テーマ：現代の戦略環
境と自衛隊の役割）　「防衛学研究」　(34)
2006.3　p.114〜123

平和主義　　戦争放棄・安全保障

07382　検証・自衛隊の多国籍軍参加問題（下）復興支援か多国籍軍参加か　久原宗士郎　「自由」48（3）通号553　2006.3　p.100〜110

07383　土佐の半世紀をふり返って（最終回）二一世紀は大丈夫か——日本国憲法で国際貢献を　窪田充治　「人権と部落問題」58（4）通号743　2006.3　p.89〜96

07384　自衛隊はイラクから撤退せよ——本格政権の発足で復興支援の目的は達成したはずだ　潮匡人　「Voice」通号343　2006.7　p.224〜231

07385　自衛隊のイラク「撤退」が意味するもの——すでに「戦争国家」となっている現状を直視せよ　成澤宗男　「社会民主」（615）　2006.8　p.36〜42

07386　自衛隊はNATOのお手本——イラク派遣の成功は日本外交に新しい視界を開いた　渡邊啓貴　「Voice」通号345　2006.9　p.238〜245

07387　「敵基地攻撃論」と暴力の連鎖（伊藤真の中・高生のための憲法教室〔30〕）　伊藤真　「世界」（756）　2006.9　p.196〜197

07388　人道的介入は道徳的義務か？（特集《戦争・テロと平和・正義》）　長谷部恭男　「法の理論25」　2006.9　p.31〜

07389　日本と世界の安全保障　小泉政権が残した安全保障上の課題——集団的自衛権問題　佐久間一　「世界週報」87（34）通号4260　2006.9.12　p.44〜45

07390　自衛隊のイラク復興支援活動が報道されなかった事情——国民にもっと知らせる努力を　「Themis」15（10）通号168　2006.10　p.54〜55

07391　自衛隊の海外派遣は「帝国軍」遠征の先導である（特集 生涯、身ヲ立ツルニ懶シ）　稲垣治　「リプレーザ」（3）　2007.Sum.　p.47〜62

07392　「自衛隊のイラク人道復興支援活動に関する特別世論調査」の概要　内閣府政府広報室　「政策特報」通号1272　2007.1.1　p.194〜200

07393　現地からの衝撃写真が伝える地獄と化した「イラク内戦」の惨状—ブッシュの敗北に日本も道連れ！　自衛隊派遣の延長が決まってからも連日100人以上の民間人が殺され、最低でも300万人が難民化…「Spa！」56（2）　2007.1.2・09　p.20〜23

07394　自衛隊による敵基地攻撃は可能か（特集・緊迫の北朝鮮情勢と海上自衛隊）　金田秀昭　「世界の艦船」通号670　2007.2　p.96〜99

07395　「戦地イラク」への派兵で、変貌する自衛隊——「真の軍隊」として海外展開に応える体制確立へ　紙谷敏弘　「平和運動」（437）　2007.2　p.15〜23

07396　日米同盟の再編下で変貌する自衛隊　中尾光重　「平和運動」（437）　2007.2　p.4〜14

07397　法令にみる小泉内閣2千日の軌跡（5）有事法制とミサイル防衛　阪田雅裕　「時の法令」通号1785　2007.5.15　p.49〜54

07398　法令にみる小泉内閣2千日の軌跡（6）自衛隊による国際貢献　阪田雅裕　「時の法令」通号1787　2007.6.15　p.20〜25

07399　自衛隊の歪んだ「膨張主義」——瀕死のシビリアン・コントロール（2）　川邊克朗　「世界」（768）　2007.8　p.124〜132

07400　「イラク戦争」と平和主義の課題（II 平和主義）　水島朝穂　「憲法諸相と改憲論 吉田善明先生古稀記念論文集」　2007.8　p.97〜

07401　自衛隊の「次の戦場」とはどこか？——防衛省人事対立からPKO論議へ（自衛隊 洋上給油活動——どう考えるべきか）　川邊克朗　「世界」（771）　2007.11　p.171〜175

07402　「みんなで考えよう憲法からみて、いま自衛隊」問題提起　内藤功　「平和運動」（445）　2007.11　p.12〜17

07403　自衛隊海外派遣に関する一考察（小沢論文、私はこう読んだ）　石破茂　「世界」（772）　2007.12　p.142〜147

07404　テロ特措法と小沢憲法・安保論——テロとの戦いと国際安全保障　大矢吉之　「憲法論叢」（14）　2007.12　p.21〜51

07405　日本の国際貢献（伊藤真の中・高生のための憲法教室〔45〕）　伊藤真　「世界」（772）　2007.12　p.184〜185

07406　新テロ特措法の虚構と海外派兵恒久法（特集 海外派兵恒久法への衝動と大連立の危険）　山根隆志　「前衛 ： 日本共産党中央委員会理論政治誌」通号828　2008.3　p.13〜24

07407　迷走する改憲、疾走する壊憲——どうたち向かうか（特集 海外派兵恒久法への衝動と大連立の危険）　森英樹　「前衛 ： 日本共産党中央委員会理論政治誌」通号828　2008.3　p.25〜35

07408　ロー・クラス 自衛隊における法の支配——法務幹部の実際　篠原敏雄　「法学セミナー」53（3）通号639　2008.3　p.54〜57

07409　自衛隊派遣の法的根拠論　高作正博　「真織」（6）　2008.5.3　p.18〜22

07410　名古屋高裁の判決から何を学びどう生かすか［2008.4.17］　内藤功　「平和運動」（452）　2008.6　p.4〜13

07411　国際関係法の諸問題（3）国際平和維持活動と自衛隊の国際貢献（上）　大谷良雄　「時の法令」通号1812　2008.6.30　p.40〜44

07412　"違憲"判決の意義——名古屋高裁の「自衛隊イラク派兵差止請求控訴事件」判決について（上）　奥平康弘　「世界」（780）　2008.7　p.36〜47

07413　法律時評 自衛隊イラク派兵違憲 名古屋高裁判決の意義　小林武　「法律時報」80（8）通号998　2008.7　p.1〜3

07414 国際関係法の諸問題(4)国際平和維持活動と自衛隊の国際貢献(中) 大谷良雄 「時の法令」 通号1814 2008.7.30 p.57〜61

07415 恒久派法の問題点と自衛隊イラク派兵違憲判決の意義(特集 自衛隊イラク派兵違憲判決をどう生かすか) 内藤功 「法と民主主義」(431) 2008.8・9 p.4〜13

07416 事実に基づいた論証の勝利——自衛隊イラク派兵差止名古屋高裁判決(特集 自衛隊イラク派兵違憲判決をどう生かすか) 田巻紘子 「法と民主主義」(431) 2008.8・9 p.14〜21

07417 私の考える平和へのグランドデザイン(4)判決の今日的意義と平和憲法のグランド・デザイン(特集 自衛隊イラク派兵違憲判決をどう生かすか) 深瀬忠一 「法と民主主義」(431) 2008.8・9 p.31〜37

07418 国際関係法の諸問題(5)国際平和維持活動と自衛隊の国際貢献(下) 大谷良雄 「時の法令」 通号1816 2008.8.30 p.40〜47

07419 世界の潮 スーダン情勢の構造と自衛隊派遣問題 栗田禎子 「世界」(782) 2008.9 p.29〜32

07420 福田内閣一年のもとでの憲法をめぐる政治情勢(特集 海外派兵恒久法の危険と矛盾) 土井洋彦 「前衛 : 日本共産党中央委員会理論政治誌」 通号835 2008.10 p.41〜52

07421 国際平和協力のための自衛隊海外派遣・今後の課題と展望 衆議院調査局国家安全保障戦略としての国際貢献に関する研究グループ 「Research Bureau論究 : journal of the Research Bureau of the House of Representatives」 5 2008.12 p.134〜186

07422 イラク自衛隊派遣の政策過程——国際協調の模索 庄司貴由 「法学政治学論究 : 法律・政治・社会」(81) 2009.夏季 p.253〜282

07423 ソマリア派兵の経過と海賊対処法の問題点(特集 平和的生存権) 中尾元重 「人権21 : 調査と研究」 2009.1 p.15〜22

07424 海上自衛隊の変革と新シーレーン防衛——海賊対処ソマリア派遣問題の行方(特集 現代のシーレーン防衛) 竹田純一 「世界の艦船」 通号702 2009.2 p.82〜85

07425 「海賊vs自衛隊」ソマリア沖海戦が勃発する!? 「Spa！」 58(7)通号3163 2009.2.10 p.26〜29

07426 海外派兵型に変容する自衛隊の実態と軍事費 山田朗 「前衛 : 日本共産党中央委員会理論政治誌」 通号840 2009.3 p.69〜81

07427 海上自衛隊のソマリア出兵 大槻重信 「社会主義」(561) 2009.3 p.82〜88

07428 海賊を口実とするソマリア派兵の問題点 内藤功 「平和運動」(460) 2009.3 p.4〜11

07429 本当は"失敗"だった自衛隊イラク派遣

07430 本当は"失敗"だった自衛隊イラク派遣(総力特集 リセット、日米同盟) 久江雅彦 「諸君！ : 日本を元気にするオピニオン雑誌」 41(3) 2009.3 p.50〜61

07430 本当は"失敗"だった自衛隊イラク派遣(総力特集 リセット、日米同盟) 久江雅彦 「諸君！ : 日本を元気にするオピニオン雑誌」 41(3) 2009.3 p.50〜61

07431 憲法リレートーク(第9回)自衛隊の「海外派兵」問題と日本外交(その1) 豊下楢彦 「自由と正義」 60(4)通号723 2009.4 p.70〜77

07432 自衛隊は世界の海賊を相手に戦い続けるのか(特集 ソマリア派兵の真の狙い) 野崎哲 「マスコミ市民 : ジャーナリストと市民を結ぶ情報誌」 通号483 2009.4 p.24〜29

07433 ソマリア沖の海賊の実態と自衛隊派遣(特集 ソマリア派兵の真の狙い) 平岡秀夫 「マスコミ市民 : ジャーナリストと市民を結ぶ情報誌」 通号483 2009.4 p.18〜23

07434 ソマリア海賊対策は憲法第9条の原点に立って(特集 ソマリア派兵の真の狙い) 伊藤成彦 「マスコミ市民 : ジャーナリストと市民を結ぶ情報誌」 通号483 2009.4 p.14〜17

07435 今なぜ自衛隊のソマリア派兵か(特集 自衛隊のソマリア派兵を問う) 内藤光博 「法と民主主義」(438) 2009.5 p.33〜37

07436 海上保安庁の「軍隊化」——「海」で進む「軍事と治安の融合化」(特集 自衛隊のソマリア派兵を問う) 清水雅彦 「法と民主主義」(438) 2009.5 p.51〜54

07437 憲法リレートーク(第10回)自衛隊の「海外派兵」問題と日本外交(その2) 豊下楢彦 「自由と正義」 60(5)通号724 2009.5 p.62〜69

07438 自衛隊の海賊対処における武器使用と武力行使(特集 自衛隊のソマリア派兵を問う) 浦田一郎 「法と民主主義」(438) 2009.5 p.38〜41

07439 ソマリアの人々に希望の未来を——国際法の意義と可能性(特集 自衛隊のソマリア派兵を問う) 藤本俊明 「法と民主主義」(438) 2009.5 p.47〜50

07440 自衛権論の現在と憲法9条論の課題(特集 グローバル化の中の国家と憲法) 愛敬浩二 「ジュリスト」(1378) 2009.5.1・15 p.114〜120

07441 海上自衛隊 ソマリア沖で海賊対処活動を開始！ 石井幸祐 「世界の艦船」 通号707 2009.6 p.150〜153

07442 自衛隊はソマリア沖で何をしているか——なし崩しに実体化する「駆けつけ警護」(特集 「非核の東アジア」の実現を！——安全保障政策のオルタナティブ) 半田滋 「世界」(793) 2009.7 p.173〜179

07443 憲法リレートーク(第14回)日弁連憲法委

員会全体会議講演 自衛隊海外派遣が呼び込む憲法9条液状化 半田滋 「自由と正義」 60（9）通号728 2009.9 p.52～61

07444 ソマリア沖で海上護衛！ 海上自衛隊 対海賊部隊 「世界の艦船」 通号712 2009.10 p.1～7

07445 憲法リレートーク（第17回）日弁連憲法委員会第2回全体会議講演 紛争地域でのNGOによる人道支援活動の現状 木山啓子 「自由と正義」 60（12）通号731 2009.12 p.70～79

07446 自衛隊任務に関する法制と国会審議 衆議院調査局安全保障研究会 「Research Bureau論究 ： journal of the Research Bureau of the House of Representatives」 6 2009.12 p.175～205

07447 自衛隊イラク派兵差止訴訟［名古屋高裁2008（平成20）.4.17判決］（特集 国際人権判例分析） 川口創 「国際人権 ： 国際人権法学会報」 通号21 2010 p.69～72

07448 海外駐留の自衛隊に関する地位協定覚書——刑事裁判管轄権を中心に 岩本誠吾 「産大法学」 43（3・4）通号149 2010.2 p.1140～1115

07449 航空自衛隊の国際協力活動——現場から見たイラク派遣 織田邦男 「防衛学研究」 （42） 2010.3 p.18～29

07450 特別講演 国連活動と自衛隊の役割——PKO活動の過去と現在 明石康 「防衛学研究」 （42） 2010.3 p.1～17

07451 平和的生存権を生きる：池住義憲〈列島のスマイル/9条を握りしめて8〉 前田朗 「マスコミ市民 ： ジャーナリストと市民を結ぶ情報誌」 499 2010.8

07452 自衛隊による国際平和活動に関する一般法の課題 山田洋一郎 「ジュリスト」 （1410） 2010.11.1 p.68～75

07453 自衛隊の活動における「国会承認」の射程（前）立法者意思の分析を中心として 高山昌治郎 「Research Bureau論究 ： journal of the Research Bureau of the House of Representatives」 7 2010.12 p.35～48

07454 自衛隊に対する理解は深まったのか？（特集 東日本大震災—東日本大震災に思う） 桜林美佐 「ディフェンス」 30（1）通号49 2011 p.86～91

07455 冷戦下自衛隊海外派遣の挫折 ： 1987年ペルシャ湾掃海艇派遣問題の政策決定過程 加藤博章 「戦略研究」 （10） 2011.2 p.109～128

07456 わが国の国際貢献策の拡大 ： 自衛隊の国連PKO参加を中心として（日本法政学会一一四回総会—シンポジウム 安全保障概念の新しい展開と日本） 浜谷英博 「法政論叢」 48（1） 2011 p.208～220

07457 自衛隊は「復興支援活動」でこう闘った——「暴力装置」といった仙谷氏は何と答える！（特集 3・11大震災復興へ） 「Themis」 20（5）通号223 2011.5 p.28～29

07458 冷戦下自衛隊海外派遣の挫折—1987年ペルシャ湾掃海艇派遣問題の政策決定過程 加藤博章 「戦略研究」 （10） 2011.10 p.109～128

07459 いまや、その能力を世界が求めている 自衛隊・国際協力活動20年の足跡 野岸泰之 「Mamor ： 日本の防衛のこと、もっと知りたい！」 5（11）通号57 2011.11 p.16～25

07460 講和条約60年・ペルシャ湾掃海部隊派遣20年 自衛隊の国際貢献と靖国神社 桜林美佐 「正論」 通号477 2011.11 p.138～145

07461 自衛隊の活動における「国会承認」の射程（後）制度趣旨の形成と限界を中心として 高山昌治郎 「Research Bureau論究 ： journal of the Research Bureau of the House of Representatives」 8 2011.12 p.69～81

07462 世界の潮 陸上自衛隊の南スーダン派遣とPKOの変質 半田滋 「世界」 （824） 2011.12 p.20～24

07463 冷戦終結以降の日本における国際貢献と安全保障の変遷 ： 湾岸戦争、カンボジアPKO、同時多発テロ後の自衛隊海外派遣からの考察 古田雅雄 「奈良法学会雑誌」 25 2012年度 p.81～118

07464 自衛隊と共に（2）南スーダン 「PKO部隊」—知られざる実態 桜林美佐 「Themis」 21（1）通号231 2012.1 p.76～77

07465 自衛隊元特殊部隊長の証言 命令があれば拉致被害者は奪還できます 荒谷卓 「文芸春秋」 90（3）（臨増） 2012.2 p.158～165

07466 日本の新聞のなかの「国際貢献」—湾岸危機・戦争からカンボジアPKOへの自衛隊派遣をめぐって（研究ノート） 大沢巧 「社会研究」 （42） 2012.03 p.107～123

07467 米帝のイラン侵略戦争が切迫 ： ホルムズ海峡への自衛隊派兵策動許すな 「国際労働運動」 40（4）通号428 2012.4 p.5～9

07468 施設科！ 南スーダンへ!! ： アフリカで活躍する自衛隊PKO 「軍事研究」 47（5） 2012.5 p.17～19

07469 自衛隊の海外展開と多国間の軍事協力の現段階 近藤和樹 「科学的社会主義」 （173） 2012.9 p.56～63

07470 自衛隊南スーダン派遣＆国際協力活動事情 福好昌治 「丸」 65（9）通号797 2012.9 p.55～63

07471 密着レポート 自衛隊と共に（10）自衛隊PKO派遣巡る知られざる実態 ： まず「駆けつけ警護」の実態を知って憲法9条の”非常識”を再考せよ！ 桜林美佐 「Themis」 21（9）通号239 2012.9 p.80～81

戦争放棄・安全保障　　　　　　　　　　　　　　　　　　　　　平和主義

07472　ナショナリズムと自衛隊 ： 一九八七年・九一年の掃海艇派遣問題を中心に（戦後日本外交とナショナリズム）　加藤博章「国際政治」（170）　2012.10　p.30〜45

07473　海上自衛隊によるソマリア沖・アデン湾における海賊対処活動 ： 派遣海賊対処水上部隊指揮官を経験して（特集 海賊対策）　水間貴勝「Kanrin ： bulletin of the Japan Society of Naval Architects and Ocean Engineers」（45）　2012.11　p.10〜13

07474　IDJ REPORT 開発領域に踏み込むPKO ： 自衛隊派遣20年、ODAとの連携模索　中坪央暁「国際開発ジャーナル」（672）　2012.11　p.12〜14

07475　自衛隊から国防軍へ　佐藤正久「ディフェンス」32（1）通号51　2013　p.26〜31

07476　DDRと陸上自衛隊の将来の国際平和協力活動の在り方（3—1）国連PKOの枠組下での検討を中心として　鎌田寛「陸戦研究」　2013.1　p.5〜26

07477　DDRと陸上自衛隊の将来の国際平和協力活動の在り方（3—2）国連PKOの枠組下での検討を中心として　鎌田寛「陸戦研究」　2013.2　p.1〜19

07478　自衛隊の人道支援/災害救助（HA/DR）への関与と国際協力について ： 東日本大震災の教訓　廣中雅之「鵬友」38（6）　2013.3　p.1〜11

07479　DDRと陸上自衛隊の将来の国際平和協力活動の在り方（3・完）国連PKOの枠組下での検討を中心として　鎌田寛「陸戦研究」　2013.3　p.1〜21

07480　海上自衛隊とNGO ： 人道支援/災害救援活動を中心に（特集 現代軍事組織の直面する課題）　下平拓哉「海幹校戦略研究」3（1）通号5　2013.5　p.4〜23

07481　新 わたしと憲法シリーズ 画期的なイラク派兵違憲判決を勝ちとった弁護士 川口創 ： 平和や生活を守るには、この憲法を生かし、新たな権利を導き出すことで可能となるのを知るべきだ。（真っ当に憲法を考えている政党はどこだ？）　川口創「金曜日」21（23）通号964　2013.6.21　p.20〜21

07482　自衛隊による「オールジャパン」型国際協力の課題 ： NGOとの連携の事例から　木場紗綾 安富淳「国際協力論集」21（1）　2013.7　p.119〜148

07483　海上保安事件の研究（第75回）海上自衛隊掃海隊ペルシャ湾派遣に伴う警備実施　廣瀬肇「捜査研究」62（12）通号753　2013.12　p.73〜85

07484　自衛隊による在外邦人等の陸上輸送 ： 自衛隊法の一部を改正する法律案（特集 第185回国会の焦点）　沓脱和人「立法と調査」（347）　2013.12　p.34〜43

07485　敵基地攻撃機能と抑止力　吉原恒雄「防衛法研究」（38）　2014　p.77〜95

07486　パネルディスカッション 集団的自衛権行使の意義（特集 安倍首相の安全保障政策—読売フォーラム 講演録 安全保障 日本の針路 ： 2年目の安倍政権が目指す道）　勝股秀通［コーディネーター］ 北岡伸一 齋藤隆［他］「読売クオータリー」（29）　2014.春　p.32〜45

07487　〈非暴力平和隊・日本〉の活動から（特集 社会運動と憲法 ： 市民自治から憲法をとらえなおす）　安藤博「社会運動」（408）　2014.3　p.60〜62

07488　ロー・ジャーナル 南スーダンPKO自衛隊による韓国軍への弾薬供与　麻生多聞「法学セミナー」59（3）通号710　2014.3　p.1〜3

07489　自衛隊密着ルポ（30）ツケは現場の自衛官に いまだ「集団的自衛権」行使に誤解蔓延（はびこ）る ： 自衛官が迷わず行動できるようにならなければ真の国益は守れない　桜林美佐「Themis」23（5）通号259　2014.5　p.78〜79

07490　永田町ぜみなーる（41）迷走する「集団的自衛権」憲法が政策を縛る 国会の機能不全が招く危機　神保真樹「正論」（508）　2014.5　p.282〜285

07491　アメリカの傭兵と化す自衛隊 ： 集団的自衛権の行使容認は米軍の下請け化（特集 岐路に立つ日本の進路）　森田実「マスコミ市民 ： ジャーナリストと市民を結ぶ情報誌」（546）　2014.7　p.2〜10

07492　日米共同の対中国戦争遂行体制づくりの加速 ： オバマ・安倍首脳会談の反人民的意味（集団的自衛権行使の合憲化を許すな）「新世紀 ： 日本革命的共産主義者同盟革命的マルクス主義派機関誌」（271）　2014.7　p.47〜59

07493　WEDGE OPINION 集団的自衛権の行使に 憲法改正の必要なし　村瀬信也「Wedge」26（7）通号303　2014.7　p.10〜13

07494　インタビュー 暴走する"時代錯誤" ： 安倍安全保障の危うさを検証する（特集 集団的自衛権の背後の現実 ： 敗戦69年目の日本）　前田哲男 大野和興［聞き手］「変革のアソシエ」（17）　2014.8　p.34〜41

07495　巻頭インタビュー 岩屋毅 党安全保障調査会長に聞く 集団的自衛権とは ： 日本人の命と暮らしを守る　岩屋毅「りぶる」33（8）通号389　2014.8　p.1〜6

07496　自衛隊員の悲嘆は聴こえているか（特集 集団的自衛権、その先へ）　西元徹也「正論」（511）　2014.8　p.132〜137

07497　自衛隊員の本音を聞け ： 災害派遣とPKO活動の現場から、彼らの希望と苦悩が見えてくる（総力特集 創設60周年 日中冷戦、変わる自衛隊）　世良光弘「Voice」（440）　2014.8

p.84〜91

07498　自衛隊60年 : 「専守防衛」から「海外派遣」への転換(特集 戦争する国づくりと日本経済)　山田朗「経済」(227)　2014.8　p.26〜36

07499　日米同盟強化のための法整備を急げ : アジア各国は日米の同盟関係の緊密化と集団的自衛権の行使を歓迎している(総力特集 創設60周年 日中冷戦、変わる自衛隊)　森本敏「Voice」(440)　2014.8　p.58〜66

07500　国連憲章義務の優先と欧州人権裁判所における「同等の保護」理論　加藤陽「国際公共政策研究」19(1)通号35　2014.9　p.147〜164

07501　自衛隊員の声から考える : 求められる現実的な議論と国民の合意(集団的自衛権と報道)　滝野隆浩「新聞研究」(758)　2014.9　p.24〜27

07502　自衛隊密着ルポ(34)自衛隊の覚悟を問う 自衛隊に対する「無知&誤解」を正そう : 「専守防衛ではなくなる」「徴兵制になる」などいたずらに不安を煽るばかりだが　桜林美佐「Themis」23(9)通号263　2014.9　p.80〜81

07503　日本ができる国際協力 憲法九条の安全保障戦略を考える(平和と国際貢献を考える)　加藤朗「第三文明」(657)　2014.9　p.29〜31

07504　自衛隊密着ルポ(35)日本の国力強化につながる自衛隊「南スーダン」知られざる海外活動 : あえて地元の人たちを雇用することでその国の新しい国づくりに貢献している　桜林美佐「Themis」23(10)通号264　2014.10　p.80〜81

07505　自衛隊は世界中に出動するのか 安保条約から逸脱のガイドライン次　田岡俊次「金曜日」22(41)通号1031　2014.10.24　p.29

07506　海外で戦争する国がもたらすもの(2)自衛隊内の事件からみえてくる「集団的自衛権容認」の行きつく先　西田隆二「平和運動」(524)　2014.11　p.22〜28

07507　自衛隊密着ルポ(36)ASEANを中心に 日本の「防衛装備品」が注目される理由 : 安倍首相が明言した自衛隊による「能力構築支援」を推進していくために　桜林美佐「Themis」23(11)通号265　2014.11　p.80〜81

07508　記念講演 平和主義・民主主義をわれわれの血肉に : 集団的自衛権は絶対に認められない(特集 どうする!?私たちの憲法 : 国民主権・基本的人権・平和主義)　松村比奈子「社会理論研究」(15)　2014.12　p.12〜17

07509　自衛隊密着ルポ(37)「靖国で会おう」はどこへ 海自「遺骨収集」に隠された英霊の声 : 大切なのは英霊の気持ちではないか : 「後のことは頼む」を忘れてはならない　桜林美佐「Themis」23(12)通号266　2014.12　p.78〜79

07510　自衛隊海外派遣と人的貢献策の模索 : ペ

ルシャ湾掃海艇派遣を中心に(特集 戦略創成のダイナミズム)　加藤博章「戦略研究」(17)　2015　p.67〜86

07511　自衛隊法7条の憲法72条との整合性 : 「最高の」を鍵とした自衛隊法7条制定過程の再検討　荒邦啓介「比較憲法学研究」(27)　2015　p.177〜199

07512　ソマリア沖・アデン湾における海賊対処行動の法解釈(特集 国際テロの脅威と日本の安全保障)　児島健介「防衛法研究」(39)　2015　p.7〜28

07513　国際政治の視点・特別篇 日本外交の七〇年 : 憲法・歴史認識・集団的自衛権　河辺一郎「進歩と改革」(757)　2015.1　p.4〜12

07514　二〇一五年初頭の憲法情勢 : 自衛隊派兵恒久法をめぐって(特集 2015・憲法をめぐる闘いの展望)　小沢隆一「法と民主主義」(495)　2015.1　p.29〜31

07515　自衛隊による在外邦人「輸送」から在外邦人「救出」へ : 国内法と国際法の狭間で(西村峯裕教授定年御退職記念号)　岩本誠吾「産大法学」48(3・4)通号165　2015.2　p.856〜826

07516　「武器輸出三原則等」の見直しと新たな「防衛装備移転三原則」　杏脱和人「立法と調査」(361)　2015.2　p.55〜67

07517　パネルディスカッション(防衛省・自衛隊発足60周年記念シンポジウム これからの自衛隊の役割を問う―パネルディスカッション)　五百籏頭眞「防衛学研究」(52)　2015.3　p.37〜40

07518　海外人質事件での自衛隊活用に道を開け : 法改正と体制整備の必要性(特集 ISIS日本人殺害事件とテロ対策)　山崎元泰「改革者」56(4)通号657　2015.4　p.34〜37

07519　自衛隊は邦人を救えるか : 「切れ目のない対応」で国際テロの脅威に備えよ(総力特集 地獄の中東、日本の覚悟)　中谷元「Voice」(448)　2015.4　p.78〜85

07520　二〇一五年度予算に見られる軍拡・防衛装備移転・新ODA大綱をめぐる動き(特集 憲法9条破壊の「戦争法」を許すな)　飯島滋明「法と民主主義」(497)　2015.4　p.16〜21

07521　アフガン戦争と「見たことのない戦争」の舞台裏 : 集団的自衛権・憲法再解釈の本能寺はアフリカにあり　谷口長世「世界」(869)　2015.5　p.191〜198

07522　自衛隊派兵 戦地輸送と労組対応 全日通労組(特集 有事体制と労働組合―戦争協力拒否 労組の取り組み)　難波淳介「ひろばユニオン」(639)　2015.5　p.32〜34

07523　自衛隊密着ルポ(42)設置法12条改正で浮上 防衛省 背広組vs.制服組の対立は幻想だ : 各幕僚幹部はもっと国防の現状を訴え政治家は軍事的見を持つべきだ　桜林美佐「Themis」

24（5）通号271　2015.5　p.78〜79

07524　日米共同演習に見る「戦争の先取り」：これから自衛隊は海外で何をしようとしているのか（憲法特集 憲法を知らない大人たち）　成澤宗男　「金曜日」23（17）通号1057　2015.5.1-8　p.46〜47

07525　自衛隊密着ルポ（43）自衛隊―「安保法制」後に必須の新条件：国内の法整備に続き活動への環境や装備を備えさらに国民の理解と支持を！　桜林美佐　「Themis」24（6）通号272　2015.6　p.78〜79

07526　安全保障セミナー 自衛隊「邦人救出作戦」の問題点をえぐる　深川孝行　「丸」68（7）通号831　2015.7　p.55〜61

07527　護衛艦「たちかぜ」自殺事件裁判：自衛隊の隠ぺい体質と人命軽視の思想（総特集 戦争への対抗：自衛官・市民の命を守る憲法九条）　三宅勝久　「社会運動」（419）　2015.7　p.43〜49

07528　自衛隊海外派遣の歩み（前編）　渡邉陽子　「ジャパニズム」26　2015.8　p.186〜191

07529　自衛隊密着ルポ（45）国民が知らない 海上自衛隊「掃海部隊」の知られざる実態：憲法は日本を守っているというが隠された活動の裏側にこそ日本の繁栄があった　桜林美佐　「Themis」24（8）通号274　2015.8　p.78〜79

07530　WEDGE OPINION 派遣自衛隊のリアル見よ 安保法案審議にモノ申す　勝股秀通　「Wedge」27（8）通号316　2015.8　p.12〜14

07531　平岡秀夫・第88代法務大臣に聞く 日本国憲法の精神に基づいた国際貢献ができるはず（安保法制特集 追い込まれるデタラメ政権 待ちかまえる100万人デモと違憲訴訟）　平岡秀夫　「金曜日」23（32）通号1072　2015.8.28　p.13

07532　来年2月施行で防衛省「武器使用拡大」安保法制が自衛隊員を殺す：イラク派遣隊員29人が自殺 帰還隊員らが語ったPTSDの恐怖「血流低下で頭痛、性格が変わった」「捨て駒にされるだけ」　「週刊朝日」120（36）通号5323　2015.8.28　p.18〜21

07533　自衛隊海外派遣の歩み（後編）　渡邉陽子　「ジャパニズム」27　2015.10　p.196〜201

07534　自衛隊密着ルポ（47）そのとき日本は?! 朝鮮有事 - 自衛隊に課せられた「難題」：原発や重要施設の防衛から大量難民の扱い方まで自衛隊の手足はがんじがらめだ　桜林美佐　「Themis」24（10）通号276　2015.10　p.78〜79

07535　自衛隊員の母が、恋人が訴える！　「戦地に行かせないで」の声：自衛隊家族のためのホットラインから（闘いはこれからだ！）　「金曜日」23（37）通号1077　2015.10.2　p.14〜15

07536　イラクでの自衛官のストレスをみる 一番の不安と恐怖は国民の批判的な声（特集 どうして？ 公明党、どうなる？ 自衛隊―自衛隊をめ

ぐって）　福間詳　「Journalism」（306）　2015.11　p.67〜77

07537　広がる自衛隊の海外任務の選択肢 具体的な任務の決定は日本全体の責任（特集 どうして？ 公明党、どうなる？ 自衛隊―自衛隊をめぐって）　山口昇　「Journalism」（306）　2015.11　p.31〜38

07538　自衛隊海外派遣「止めるのは新聞の役目」：いま後藤田正晴氏に思いをはせる「メディア展望」（648）　2015.12　p.27〜29

07539　深層NEWSの核心 自衛隊PKOと国際貢献　玉井忠幸　近藤和行　「中央公論」129（12）通号1585　2015.12　p.220〜223

戦争責任・補償

【図書】

07540　国家の責任と人権―軍隊規律論・安全配慮義務の法理　新美隆著　結書房　2006.8　317p　20cm　〈年表あり〉　〈発売：桐原書店〉　5000円　Ⓘ4-342-62590-3　Ⓝ316.1　新美隆

07541　戦後平和主義を問い直す―戦犯裁判、憲法九条、東アジア関係をめぐって　林博史著　京都　かもがわ出版　2008.8　157p　19cm　〈文献あり〉　1500円　Ⓘ978-4-7803-0196-0　Ⓝ329.67　林博史

07542　「戦後」の墓碑銘　白井聡著　金曜日　2015.10　293p　19cm　1400円　Ⓘ978-4-86572-005-1　Ⓝ304　白井聡

【雑誌】

07543　論考 「平和に対する犯罪」とは何か――戦時国際法から見た東京裁判（特集・「東京裁判」の真実を問う）　小林宏晨　「月刊自由民主」通号639　2006　p.46〜52

07544　判例研究 戦後補償裁判において憲法の問題解決が否定された事件――アジア太平洋韓国人戦争犠牲者補償請求事件［最高裁平成16.11.29第二小法廷判決］　石村修　「専修ロージャーナル」（2）　2007.2　p.117〜127

07545　戦後補償裁判における請求権放棄論と最高裁2007.4.27判決（特集 国際人権判例・先例の検討）　泉澤章　国際人権法学会［編］「国際人権：国際人権法学会報」通号19　2008　p.86〜89

07546　戦後補償裁判の法理と個人の人権（特集＝国際人権の客観性と主観性）　五十嵐正博　「法律時報」80（5）通号995　2008.5　p.43〜47

07547　誤読・防諜・「美しい殉国死」　大江健三郎　「世界」（779）　2008.6　p.44〜54

07548　「法的責任」を認めよ――日本軍性奴隷制（「慰安婦」）問題（特集 日本の人権状況を検証す

る——自由権規約委員会の最終見解をどう活か
すか）　大森典子　「法と民主主義」（436）
2009.2・3　p.29〜31

07549　グアンタナモの拷問被害者による損害賠
償請求事件：「対テロ戦争」における「他者」
の排斥と国際人権法の枠組　木村元　東北大学
グローバルCOE「グローバル時代の男女共同参
画と多文化共生」GEMC journal編集委員会編
「GEMC journal：グローバル時代の男女共同
参画と多文化共生：Gender equality and
multicultural conviviality in the age of
globalization」　2009.3　p.66〜81

07550　「日本軍慰安婦」問題、宝塚市議会の取り
組み（《特集 国連自由権規約「勧告」の具体化
にむけて》）　梶川みさお　「ひょうご部落解放」
132　2009.03

07551　法学研究会報告要旨 韓国併合と法の諸問
題　笹川紀勝　「法律論叢」81（4・5）　2009.3
p.304〜309

07552　東京大空襲訴訟その後 変わらない政府と
受忍論、広がった世論と支援の輪（特集 反戦・
平和、人権、憲法）　城森満　「科学的社会主義」
（133）　2009.5　p.14〜18

07553　空襲被災と憲法的補償——東京大空襲訴
訟における被災者救済の憲法論　内藤光博　「専
修法学論集」（106）　2009.7　p.1〜51

07554　過去の不正義に対する法的救済の意義と
限界——在米日系ペルー人による補償請求運動
を事例として　土田久美子　「法社会学」（72）
2010　p.224〜249

07555　シンポジウム報告 日本軍性奴隷制と複合
差別（特集 今こそ人権回復を求めて－国際人権
法と日本軍性奴隷制度）　元百合子　「女性・
戦争・人権」学会学会誌編集委員会編　「女性・
戦争・人権」　2010.12　p.7〜20

07556　シンポジウム報告 「慰安婦」訴訟・再
考－国際法の歴史/歴史の中の国際法（特集 今
こそ人権回復を求めて－国際人権法と日本軍性
奴隷制度）　阿部浩己　「女性・戦争・人権」学
会学会誌編集委員会編　「女性・戦争・人権」
2010.12　p.21〜36

07557　シンポジウム報告 日本軍「慰安婦」問題
と立法の提案－立法の実現は女性が決める（特
集 今こそ人権回復を求めて－国際人権法と日本
軍性奴隷制度）　戸塚悦朗　「女性・戦争・人
権」学会学会誌編集委員会編　「女性・戦争・人
権」　2010.12　p.37〜53

07558　女性国際戦犯法廷と法の可能性（特集 今
こそ人権回復を求めて－国際人権法と日本軍性
奴隷制度）　下地真樹　「女性・戦争・人権」学
会学会誌編集委員会編　「女性・戦争・人権」
2010.12　p.78〜87

07559　空襲被災者の救済と立法不作為の違憲
——国家賠償責任について　青井未帆　「成城法
学」通号80　2011.8　p.210〜143

07560　法・歴史・記憶（特集 植民地主義の過去、
未来のための記憶）　樋口陽一　「日仏文化」
（80）　2011.9　p.20〜31

07561　空襲訴訟 司法の果たすべき役割とは　青
井未帆　「世界」（833）　2012.8　p.184〜190

07562　立法不作為の違憲と「人権」侵害の救済
：大阪空襲訴訟大阪地裁判決をめぐって［平成
23.12.7］　青井未帆　「学習院大学法学会雑誌」
48（1）　2012.9　p.3〜36

07563　日韓関係の行方 李大統領の竹島上陸の背
後に慰安婦問題：政府の不作為は違憲と憲法裁
韓国側の危機感を日本は読み取らず　平井久志
「メディア展望」（610）　2012.10　p.11〜15

07564　歴史認識問題の新しい段階：吉見教授名
誉毀損事件とその背景　大森典子　「戦争責任研
究」（81）　2013.冬季　p.71〜73

07565　差別煽動国家における在日朝鮮人（上）国
際人権法から見た日本（特集 在日と戦後処理）
前田朗　「戦争責任研究」（79）　2013.春季　p.
45〜50

07566　アメリカ合衆国メディアと「慰安婦」問
題：橋下発言から見えてくるもの（特集 日本
が危ない！ 憲法が危ない！）　井口博充　「マス
コミ市民：ジャーナリストと市民を結ぶ情報
誌」（534）　2013.7　p.26〜29

07567　差別煽動国家における在日朝鮮人（下）国
際人権法から見た日本（特集 在日と戦後処理
（2））　前田朗　「戦争責任研究」（80）　2013.
夏季　p.18〜24

07568　歴史認識の欠如した改憲はアジアの緊張
を高める（特集 改憲：レジームチェンジ）　内
田雅敏　「ピープルズ・プラン」（62）　2013.8
p.46〜53

07569　日本軍「慰安婦」問題 「日本はいつまで
謝ればいいの…？」に答えて　大森典子［答え
る人］「女性のひろば」（415）　2013.9　p.48
〜54

07570　東京大空襲訴訟最高裁決定から司法のあ
り方を考える：戦後補償裁判の憲法学的考察
（特集 東京大空襲訴訟最高裁決定を問う［最高
裁2013.5.8決定］）　内藤光博　「法と民主主義」
（482）　2013.10　p.4〜7

07571　国際人権の現在と日本の歴史認識問題：
迷走する「慰安婦」問題（特集 逆立ちするニッ
ポン）　西野瑠美子　「ピープルズ・プラン」
2013.12　p.71〜78

07572　新 わたしと憲法シリーズ 日野範之：宗
教者の戦争責任を自覚する真宗大谷派前僧侶
「殺さない、殺させない」は各宗教共通の教えで
ありそれは九条の精神にも通じる　日野範之
「金曜日」21（49）通号990　2013.12.20-2014.1.
3　p.58

07573　日本軍「慰安婦」問題の解決を目指して
（特集 様々な視点で憲法を考えよう）　尹文子

戦争放棄・安全保障　　　　　　　　　　　　　　　　　　　　　　　　　　　　　　　　第9条

「季刊人権問題」（39）　2014.冬　p.22〜26

07574　日本軍「慰安婦」は性奴隷である : 自由
　　権規約委員会、改めて厳しく勧告（自由権規約
　　委員会の審査傍聴記）　渡辺美奈「女性のひろ
　　ば」（429）　2014.11　p.98〜101

07575　原爆と憲法〔再録〕（特集 広島について、
　　いろんなひとに聞いてみた）　長谷部恭男「早
　　稲田文学. 〔第10次〕」（12）　2015.秋　p.70〜
　　72

07576　歴史認識をめぐって（特集 様々な視点で
　　憲法を考えよう）　田端保文「季刊人権問題」
　　（40）　2015.春　p.13〜16

07577　日本軍「慰安婦」制度の本質は何か（特集
　　戦後70年 : 世界の中のこれからの日本）　吉見
　　義明「日本の科学者」50（1）通号564　2015.1
　　p.18〜23

07578　日本がサンドバッグから脱するとき : 法
　　学的観点から考える慰安婦問題と憲法（総力特
　　集 日韓「歴史戦争」）　ケント, ギルバート　タ
　　カ, 大丸〔翻訳〕「Voice」（447）　2015.3　p.
　　54〜61

07579　現場から8・6ヒロシマ平和へのつどい
　　2015「検証:被爆・敗戦70年 : 日米戦争責任
　　と安倍談話を問う」報告 : 天皇制廃止・人権
　　徹底論者は護憲最左派を自認しよう　久野成章
　　「ピープルズ・プラン」（70）　2015.10　p.85〜
　　88

07580　歴史と記憶 : 戦後七〇年首相談話に関連
　　して（特集 2015年夏という分岐点—「安倍談
　　話」を検証する）　樋口陽一「世界」（874）
　　2015.10　p.58〜63

第9条

【図書】

07581　あたらしい憲法のはなし—いま9条を考え
　　よう—　中村文子〔ほか〕出演　〔映像資料〕
　　〔東京〕　日本電波ニュース社（制作）　201　ビ
　　デオディスク 1枚（82分）:DVD　4762円

07582　世界の中の9条　歴史教育者協議会編　汐
　　文社　2006.1　47p　27cm　（シリーズ憲法9条
　　第3巻）　2000円　Ⓓ4-8113-8058-4　Ⓝ319.8
　　歴史教育者協議会

07583　無防備地域宣言で憲法9条のまちをつくる
　　池上洋通、澤野義一、前田朗編、無防備地域宣言
　　運動全国ネットワーク協力　自治体研究社
　　2006.1　140p　21cm　1500円　Ⓓ4-88037-450-
　　4　Ⓝ319.8　池上洋通　澤野義一　前田朗　無
　　防備地域宣言運動全国ネットワーク

07584　9条を知っていますか　歴史教育者協議会
　　編　汐文社　2006.1　47p　27cm　（シリーズ
　　憲法9条 第1巻）　2000円　Ⓓ4-8113-8056-8
　　Ⓝ319.8　歴史教育者協議会

07585　憲法第九条に関する一考察—日豪合同
　　ワークショップ（2005.9.12-15）討論を受けて
　　2006年　マイケル・シーゲル著　名古屋　南山
　　大学社会倫理研究所　2006.2　20p　21cm

07586　日本国憲法第9条成立の思想的淵源の研究
　　—「戦争非合法化」論と日本国憲法の平和主義
　　河上暁弘著　専修大学出版局　2006.2　416p
　　22cm　6200円　Ⓓ4-88125-168-6　Ⓝ323.142
　　河上暁弘

07587　平和憲法と共生六十年—憲法第九条の総
　　合的研究に向けて　小林直樹著　日の出町（東
　　京都）　慈学社出版　2006.3　710p　22cm
　　〈著作目録あり〉〈発売:大学図書〉　10000円
　　Ⓓ4-903425-01-0　Ⓝ323.14　小林直樹

07588　9条どうでしょう　内田樹、小田嶋隆、平川
　　克美、町山智浩著　毎日新聞社　2006.3　197p
　　18cm　1200円　Ⓓ4-620-31760-8　Ⓝ323.142
　　内田樹　小田嶋隆　平川克美　町山智浩

07589　九条と民衆の安全保障—国家の論理を超
　　える平和主義　ピープルズ・プラン研究所編
　　現代企画室　2006.4　141p　21cm　（シリーズ
　　「改憲」異論 3）〈文献あり〉　1000円　Ⓓ4-
　　7738-0603-6　Ⓝ323.142　ピープルズプラン研
　　究所

07590　憲法九条はなぜ制定されたか　古関彰一
　　著　岩波書店　2006.4　55p　21cm　（岩波
　　ブックレット no.674）〈年表あり〉　480円
　　Ⓓ4-00-009374-6　Ⓝ323.142　古関彰一

07591　地域で憲法九条を学ぶ　小松豊, 清水功著
　　草の根出版会　2006.4　127p　23cm　（母と子
　　でみる A46）　2200円　Ⓓ4-87648-227-6
　　Ⓝ323.142　小松豊　清水功

07592　リベラルからの反撃—アジア・靖国・9条
　　『論座』編集部編　朝日新聞社　2006.4　257, 2p
　　19cm　（朝日選書 796）〈文献あり〉　1200円
　　Ⓓ4-02-259896-4　Ⓝ304　『論座』編集部

07593　検証・憲法第九条の誕生—「押し付け」
　　ではなく、自ら平和条項を豊富化した論議の全
　　経過　岩田行雄編著　増補・改訂第3版　〔東
　　京〕　岩田行雄　2006.5　182p　26cm　500円
　　Ⓝ323.142　岩田行雄

07594　憲法第九条と昭和天皇　新人物往来社
　　2006.5　166p　26cm　（別冊歴史読本 第31巻
　　第11号）　1800円　Ⓓ4-404-03337-0　Ⓝ210.762

07595　憲法9条研究と議論の最前線　畠基晃著
　　青林書院　2006.5　489p　21cm　4500円　Ⓓ4-
　　417-01405-1　Ⓝ323.142　畠基晃

07596　日本のアジア侵略と憲法九条—田中正造、
　　勝海舟、福沢諭吉、徳富蘇峰を見直す　安川寿
　　之輔、松浦玲、山口義夫、小野寺利孝著　下町総
　　研　2006.5　116p　21cm　848円　Ⓓ4-902556-
　　08-1　Ⓝ210.6　安川寿之輔　松浦玲　山口義夫

07597　それぞれの9条　長岡徹、永田秀樹、松井
　　幸夫著　西宮　関西学院大学出版会　2006.6
　　87p　21cm　（K.G.りぶれっと no.13）〈会

〔07574〜07597〕　　　　　　　　　　　　　　　　　　　　　　憲法改正 最新文献目録　283

期・会場：2005年12月9日 関西学院大学西宮
上ヶ原キャンパス〉 800円 ①4-907654-89-8
Ⓝ323.142 長岡徹 永田秀樹 松井幸夫

07598 平和のうちに生きるために―憲法9条を守
る和歌山弁護士の会創立1周年記念誌 憲法9条
を守る和歌山弁護士の会編 ［和歌山］ 憲法9
条を守る和歌山弁護士の会 2006.6 138p
30cm Ⓝ323.142 憲法9条を守る和歌山弁護士
の会

07599 戦争のほんとうの恐さを知る財界人の直
言 品川正治著 新日本出版社 2006.7 190p
20cm 1600円 ①4-406-03262-2 Ⓝ323.142
品川正治

07600 「図書館九条の会」の本 1 図書館九条
の会編 ［鎌倉］ 図書館九条の会 2006.7
47p 21cm 〈会期・会場：2006年3月6日 日本
図書館協会2階研修室ほか〉 500円 Ⓝ323.142
図書館九条の会

07601 憲法九条を世界遺産に 太田光, 中沢新一
著 集英社 2006.8 170p 18cm （集英社新
書） 660円 ①4-08-720353-0 Ⓝ323.142 太
田光 中沢新一

07602 憲法9条の逆襲！ 辻内圭著 アメーバ
ブックス 2006.8 245p 18cm 〈年表あり〉
〈文献あり〉 〈発売：幻冬舎〉 1400円 ①4-
344-99037-4 Ⓝ323.142 辻内圭

07603 純粋青年の喚呼―憲法9条を守る 長岡清
之著 山形 憲法9条―世界へ未来へ―山形県
連絡会 2006.8 85p 21cm （山形県9条連
ブックレット 1） 700円 Ⓝ323.142 長岡清之

07604 21世紀の世界に9条はおすすめです 橋本
勝絵・文 BOC出版部 2006.8 1冊（ページ付
なし） 26cm 800円 ①4-89306-160-7 Ⓝ32
橋本勝

07605 軟弱者の戦争論―憲法九条をとことん考
えなおしてみました。 由紀草一著 PHP研究
所 2006.9 229p 18cm （PHP新書） 720
円 ①4-569-65572-6 Ⓝ323.142 由紀草一

07606 9条が、この国を守ってきた。 高田健著
梨の木舎 2006.9 199p 21cm （自由をつく
る vol.3） 2000円 ①4-8166-0609-2 Ⓝ323.
142 高田健

07607 9条がつくる脱アメリカ型国家―財界リー
ダーの提言 品川正治著 青灯社 2006.10
194p 20cm 1500円 ①4-86228-007-2
Ⓝ323.142 品川正治

07608 憲法九条は仏の願い 念仏者九条の会編
明石書店 2006.11 155p 21cm 1500円
①4-7503-2456-6 Ⓝ323.142 念仏者九条の会

07609 みんなの9条 『マガジン9条』編集部編
集英社 2006.11 253p 18cm （集英社新書）
700円 ①4-08-720369-7 Ⓝ323.142 『マガジ
ン9条』編集部

07610 9.11と9条―小田実平和論集 小田実著
大月書店 2006.11 518p 20cm 2800円

①4-272-21091-2 Ⓝ323.142 小田実

07611 九条の根っこ―なぜ？ と問うことからは
じめよう 彦坂諦著 れんが書房新社 2006.
12 275p 19cm 〈文献あり〉 1800円 ①4-
8462-0316-6 Ⓝ323.142 彦坂諦

07612 憲法9条―世界へ未来へ―「9条連・近畿」
10年の歩み 大阪 憲法9条―世界へ未来へ近
畿地方連絡会 2006.12 113p 30cm 〈年表
あり〉 500円 Ⓝ323.142 憲法9条世界へ未来
へ連絡会

07613 アジアの平和を九条の心で 九条の会
2007.2 62p 21cm （「九条の会」憲法セミ
ナー） 〈会期・会場：2006年11月25日 東京・
明治大学アカデミーホール〉 300円 Ⓝ319.8
九条の会

07614 検証・憲法第九条の誕生―「押し付け」
ではなく、自ら平和条項を豊富化した論議の全
経過 岩田行雄編著 増補・改訂第4版 ［東
京］ 岩田行雄 2007.3 175p 26cm 〈映画
「日本に青空」で紹介された憲法研究会「憲法草
案要綱」付き〉 〈憲法施行60年記念特別価格
（200円）版〉 200円 Ⓝ323.142 岩田行雄

07615 憲法九条と靖国神社 河相一成著 光陽
出版社 2007.3 207p 21cm 〈文献あり〉
1143円 ①978-4-87662-454-6 Ⓝ323.142 河
相一成

07616 ふる里からの憲法運動―憲法9条の理論と
実践 人類は戦争と共存できない 茨城の思想研
究会編 同時代社 2007.3 293p 19cm
1800円 ①978-4-88683-602-1 Ⓝ323.142 茨
城の思想研究会

07617 墨子の博愛思想―日本国憲法第九条はど
こから来たか 内藤醒山著 新生出版 2007.3
249p 19cm 〈発売：ディーディーエヌ〉
1300円 ①978-4-86128-198-3 Ⓝ124.3 内藤
醒山

07618 いま憲法9条を宗教者は語る 「しんぶん
赤旗」取材班編 日本共産党中央委員会出版局
2007.5 77p 21cm （文献パンフ） 333円
①978-4-530-01574-1 Ⓝ323.142 「しんぶん赤
旗」取材班

07619 No！ 9条改憲・人権破壊―反戦青年委員
会をつくった軍国少年 高見圭司著 明石書店
2007.5 252p 20cm 2000円 ①978-4-7503-
2553-8 Ⓝ312.1 高見圭司

07620 怒れ、9条！―憲法9条こそ最強の安全保
障政策だ 天木直人著 展望社 2007.6 214p
19cm 1333円 ①978-4-88546-176-7 Ⓝ310.4
天木直人

07621 憲法9条の思想水脈 山室信一著 朝日新
聞社 2007.6 289p 19cm （朝日選書 823）
1300円 ①978-4-02-259923-0 Ⓝ323.142 山
室信一

07622 国際紛争の解決は9条の心で 九条の会
2007.6 60p 21cm （「九条の会」憲法セミ

ナー 2）〈会期・会場：2007年3月10日 静岡・ニッセイ駅前ビル〉 300円 Ⓝ323.142 九条の会

07623 平和主義の倫理性―憲法9条解釈における倫理的契機の復権 麻生多聞著 日本評論社 2007.6 295p 22cm 〈文献あり〉 5500円 Ⓘ978-4-535-51579-6 Ⓝ319.8 麻生多聞

07624 憲法九条と食料・農業―憲法を生かし守る力を国の隅々に 農業・農協問題研究所編 農業・農協問題研究所 2007.7 61p 21cm 500円 Ⓝ304 農業農協問題研究所

07625 特攻隊と憲法九条―戦争はいつのまにか見えないかたちでやってくる 田英夫著 リヨン社 2007.7 219p 18cm 〈かに心書〉 〈年表あり〉〈発売：二見書房〉 781円 Ⓘ978-4-576-07132-9 Ⓝ310.4 田英夫

07626 いま語る九条の心 九条の会 2007.8 54p 21cm 〈「九条の会」憲法セミナー 3〉〈会期・会場：2007年3月17日 京都・立命館大学以学館ホール〉 300円 Ⓝ323.142 九条の会

07627 5大陸20人が語り尽くす憲法9条―戦争のない世界へ グローバル9条キャンペーン編 京都 かもがわ出版 2007.8 206p 21cm 〈年表あり〉 1900円 Ⓘ978-4-7803-0116-8 Ⓝ323.142 グローバル9条キャンペーン

07628 国際平和と「日本の道」―東アジア共同体と憲法九条 望田幸男, 田中則夫, 杉本昭七, 藤岡惇, 大西広, 浅井基文著 京都 昭和堂 2007.10 199, 15p 19cm 〈文献あり〉 2400円 Ⓘ978-4-8122-0755-0 Ⓝ319.1 望田幸男 田中則夫 杉本昭七 藤岡惇 大西広 浅井基文

07629 戦争をする国にさせない 九条の会 2007.11 62p 21cm 〈「九条の会」憲法セミナー 4〉〈会期・会場：2007年9月29日 盛岡市勤労福祉会館〉 300円 Ⓝ323.142 九条の会

07630 憲法第9条は国境を越えて…―チャールズ・オーバービー講演の記録2007 チャールズ・オーバービー著, 第9条の会・日本ネット編 第9条の会・日本ネット 2008.1 42p 21cm 〈第9条の会・日本ネットブックレット 1〉〈発売：影書房〉 400円 Ⓘ978-4-87714-379-4 Ⓝ323.142 Overby, Charles M 第9条の会日本ネット

07631 憲法9条新鮮感覚―日本・ドイツ学生対話 加藤周一, 浅井イゾルデ, 桜井均編 ［東京］ 花伝社 2008.4 116, 4, 212p 21cm 〈法学館憲法研究所双書〉〈ドイツ語併記〉〈発売：共栄書房〉 1500円 Ⓘ978-4-7634-0516-6 Ⓝ323.142 加藤周一 浅井イゾルデ 桜井均

07632 使える9条―12人が語る憲法の活かしかた 『マガジン9条』編 岩波書店 2008.4 143p 21cm 〈岩波ブックレット no.721〉 800円 Ⓘ978-4-00-009421-4 Ⓝ323.142 『マガジン9条』

07633 9条を輸出せよ！―非軍事・平和構築の時代へ 吉岡達也著 大月書店 2008.4 203p 19cm 〈他言語標題：Export article 9！〉 1500円 Ⓘ978-4-272-21097-8 Ⓝ319.8 吉岡達也

07634 隠された皇室人脈―憲法九条はクリスチャンがつくったのか!? 園田義明著 講談社 2008.5 237p 18cm 〈講談社＋α新書〉 876円 Ⓘ978-4-06-272500-2 Ⓝ288.4 園田義明

07635 活憲の時代―コスタリカから9条へ 伊藤千尋著 シネ・フロント社 2008.5 205p 19cm 〈こころを熱くする伊藤千尋・講演集 1〉 999円 Ⓘ978-4-915576-20-1 Ⓝ323.01 伊藤千尋

07636 めっちゃええやん！憲法9条―東西ビッグ対談 井上ひさし, 藤本義一, 宮本憲一著, 九条の会・おおさか監修 大阪 フォーラム・A 2008.6 62p 21cm 600円 Ⓘ978-4-89428-540-8 Ⓝ323.142 井上ひさし 藤本義一 宮本憲一 九条の会おおさか

07637 外国ジャーナリストが語る海外から見た憲法9条―「9条世界会議」自主企画 草の根メディア9条の会, 日本機関紙協会, 日本機関紙協会埼玉県本部編 ［東京］ 草の根メディア9条の会 2008.7 96p 21cm 〈会期・会場：2008年5月5日 幕張メッセ・国際会議場202号室〉〈共同刊行：日本機関紙協会ほか〉 Ⓝ323.142 草の根メディア9条の会 日本機関紙協会

07638 憲法九条、あしたを変える―小田実の志を受けついで 井上ひさし, 梅原猛, 大江健三郎, 奥平康弘, 加藤周一, 澤地久枝, 鶴見俊輔, 三木睦子, 玄順恵著 岩波書店 2008.7 67p 21cm 〈岩波ブックレット no.731〉 480円 Ⓘ978-4-00-009431-3 Ⓝ323.142 井上ひさし 梅原猛 大江健三郎 奥平康弘 加藤周一 澤地久枝 鶴見俊輔 三木睦子 玄順恵

07639 憲法九条を沖縄・アジアから見つめる 富坂キリスト教センター思想・良心・信教の自由研究会編 いのちのことば社 2008.8 157p 21cm 953円 Ⓘ978-4-264-02695-2 Ⓝ323.142 富坂キリスト教センター思想良心信教の自由研究会

07640 九条で平和をつくる―メディア報道と憲法問題 九条の会 2008.9 53p 21cm 〈「九条の会」憲法セミナー 5〉〈会期・会場：2008年6月21日 岐阜・じゅうろくプラザ〉 300円 Ⓝ319.8 九条の会

07641 草の根の九条萃点の人々 なかむらみのる著 新日本出版社 2008.9 126p 19cm 1200円 Ⓘ978-4-406-05169-9 Ⓝ323.142 なかむらみのる

07642 原点を知らずして「第九条」を論ずるなかれ 永松鶴喜著 文芸社 2008.9 75p 20cm 1000円 Ⓘ978-4-286-05256-4 Ⓝ323.142 永松鶴喜

07643 現場から見た「紛争屋」の平和論―派兵

恒久法と憲法九条のはざまで考える　伊勢崎賢治［述］　国連・憲法問題研究会　2008.9　45p　26cm　（国連・憲法問題研究会連続講座報告 第43集）　400円

07644　9条世界会議の記録　「9条世界会議」日本実行委員会編　大月書店　2008.9　238p　21cm　〈他言語標題：Global Article Nine Conference to abolish war〉　〈会期・会場：2008年5月4日 幕張メッセ・イベントホールほか〉　1800円　①978-4-272-21099-2　Ⓝ323.142　「9条世界会議」日本実行委員会

07645　検証・憲法第九条の誕生―「押し付け」ではなく、自ら平和条項を豊富化した論議の全経過　岩田行雄編著　増補・改訂第5版　［東京］　岩田行雄　2008.10　191p　26cm　〈映画「日本に青空」で紹介された憲法研究会「憲法草案要綱」付き〉　300円　Ⓝ323.142　岩田行雄

07646　自衛隊ではなく、9条を世界へ　高田健著　梨の木舎　2008.10　178p　21cm　（自由をつくる vol.4）　1800円　①978-4-8166-0804-9　Ⓝ323.142　高田健

07647　人間らしく生きる―憲法第9条と25条　九条の会　2008.10　59p　21cm　（「九条の会」憲法セミナー 6）　〈会期・会場：〉　300円　Ⓝ323.142　九条の会

07648　平和基本法―9条で政治を変える　フォーラム平和・人権・環境編、前田哲男、児玉克哉、吉岡達也、飯島滋明著　高文研　2008.10　126p　19cm　1000円　①978-4-87498-411-6　Ⓝ323.142　前田哲男　児玉克哉　吉岡達也　飯島滋明　フォーラム平和人権環境　平和フォーラム

07649　加藤周一が語る　加藤周一［述］、小森陽一聞き手　九条の会　2008.11　56p　21cm　300円　Ⓝ323.142　加藤周一　小森陽一

07650　9条しあわせの扉　高知新聞企業文化出版局編　［高知］　高知新聞社　2008.11　124p　21cm　（高知新聞ブックレット no.13）　〈年表あり〉　〈発売：高知新聞企業〉　762円　①978-4-87503-407-0　Ⓝ323.142　高知新聞企業

07651　ナガサキから平和学する！　高橋眞司, 舟越耿一編　京都　法律文化社　2009.1　251, 16p　21cm　〈執筆：朝長万左男ほか〉　〈索引あり〉　2200円　①978-4-589-03121-1　Ⓝ319.8　高橋眞司　舟越耿一

07652　無防備平和―市民自治で9条を活かす　谷百合子編　高文研　2009.1　255p　19cm　1600円　①978-4-87498-415-4　Ⓝ319.8　谷百合子

07653　日本政府の核政策と憲法第9条―シンポジウム 報告集　非核の政府を求める会　2009.2　96p　26cm　〈会期：2008年12月13日〉　1000円　Ⓝ319.8　非核の政府を求める会

07654　鬼気せまる戦争の真実憲法九条を変えてはいけない　堤有未著　東京図書出版会　2009.3　87p　19cm　〈文献あり〉　Ⓝ319.8　堤有未

07655　戦後政治にゆれた憲法九条―内閣法制局

の自信と強さ　中村明著　第3版　西海出版　2009.3　433p　21cm　2300円　①978-4-9902801-3-0　Ⓝ32　中村明

07656　9条が輝く兵庫をつくろう―ウィーラブ兵庫 2　憲法が輝く兵庫県政をつくる会編著　大阪　日本機関紙出版センター　2009.3　68p　21cm　476円　①978-4-88900-855-5　Ⓝ323.142　憲法が輝く兵庫県政をつくる会

07657　がんを抱いて「9条の会」　青木みか著　名古屋　風媒社　2009.4　181p　19cm　1200円　①978-4-8331-1081-5　Ⓝ289.1　青木みか

07658　9条は生かせる　9条世界会議国際法律家パネル編　日本評論社　2009.5　170p　21cm　〈他言語標題：How lawyers around the world can make use of Article 9〉　1800円　①978-4-535-51680-9　Ⓝ323.142

07659　戦後社会システムの大崩壊をもたらしたものはなにか―本山美彦講演録　本山美彦著, 第9条の会・オーバー東京編　第9条の会・オーバー東京　2009.6　63p　21cm　（あーてぃくる9ブックレット 14）　〈発売：影書房〉　500円　①978-4-87714-399-2　Ⓝ302.1　本山美彦　第9条の会オーバー東京

07660　憲法九條に護られて―丸山榮詩集　丸山榮著　大阪　竹林館　2009.9　123p　15cm　（ポエム・ポシェット no.23）　800円　①978-4-86000-180-3　Ⓝ911.56　丸山榮

07661　憲法9条と25条・その力と可能性　渡辺治著　京都　かもがわ出版　2009.10　286p　19cm　（かもがわCブックス 14）　1700円　①978-4-7803-0000-0　Ⓝ323.142　渡辺治

07662　憲法九条は自治体の宝―首長たちはなぜ「頑固に九条」なのか　憲法九条を守る首長の会著　京都　かもがわ出版　2009.12　111p　19cm　952円　①978-4-7803-0318-6　Ⓝ323.142　憲法九条を守る首長の会

07663　戦の空から憲法九条へ―元少年飛行兵の軌跡　合志至誠著　［尼崎］　合志至誠　2010.2　222p　21cm　〈年譜あり〉　Ⓝ289.1　合志至誠

07664　憲法九条が生きる日本に　九条の会　2010.2　58p　21cm　（「九条の会」憲法セミナー 9）　〈会期・会場：2009年11月23日 福井県県民ホール〉　300円　Ⓝ323.142　九条の会

07665　憲法九条と戦争の記憶　九条の会　2010.2　52p　21cm　（「九条の会」憲法セミナー 8）　〈会期・会場：2009年11月7日 旭川トーヨーホテル〉　300円　Ⓝ323.142　九条の会

07666　"九条おじさん"がゆく―署名は愛だ　蓑輪喜作著　新日本出版社　2010.8　173p　19cm　1300円　①978-4-406-05381-5　Ⓝ323.14　蓑輪喜作

07667　記憶せよ、抗議せよ、そして、生き延びよ―小森陽一対談集　小森陽一著　シネ・フロント社　2010.9　318p　19cm　1600円　①978-4-915576-23-2　Ⓝ778.2　小森陽一

07668 要石：沖縄と憲法9条　C.ダグラス・ラミス著　晶文社　2010.10　258p　20cm　1900円　①978-4-7949-6754-1　⑩312.199　ラミス，C.ダグラス

07669　憲法九条の輝きを日本に世界に　九条の会　2010.10　52p　21cm　（「九条の会」憲法セミナー 7）　〈会期・会場：2009年11月5日　ビーコンプラザ〉　300円　⑩323.142　九条の会

07670　いのち、学び、そして9条―いきいき！子どもたち　佐藤学，田中孝彦，小森陽一，教育子育て九条の会編著　高文研　2010.12　94p　21cm　1100円　①978-4-87498-453-6　⑩316.1　佐藤学　教育子育て九条の会　田中孝彦　小森陽一

07671　「三悪趣（さんまくしゅ）」からの解放―憲法九条・二十条の持つ意味　念仏者九条の会編　京都　自照社出版　2010.12　165p　19cm　1200円　①978-4-903858-55-5　⑩323.14　念仏者九条の会

07672　憲法9条事件資料集成―長沼ミサイル基地事件資料　1 第1巻　すいれん舎　2011.1　399p　27cm　①978-4-86369-137-7　⑩323.142

07673　憲法9条事件資料集成―長沼ミサイル基地事件資料　1 第2巻　すいれん舎　2011.1　412p　27cm　①978-4-86369-138-4　⑩323.142

07674　憲法9条事件資料集成―長沼ミサイル基地事件資料　1 第3巻　すいれん舎　2011.1　404p　27cm　①978-4-86369-139-1　⑩323.142

07675　憲法9条事件資料集成―長沼ミサイル基地事件資料　1 第4巻　すいれん舎　2011.1　427p　27cm　①978-4-86369-140-7　⑩323.142

07676　憲法9条事件資料集成―長沼ミサイル基地事件資料　1 第5巻　すいれん舎　2011.1　516p　27cm　①978-4-86369-141-4　⑩323.142

07677　憲法9条事件資料集成―長沼ミサイル基地事件資料　1 第6巻　すいれん舎　2011.1　556p　27cm　①978-4-86369-142-1　⑩323.142

07678　憲法9条事件資料集成―長沼ミサイル基地事件資料　1 別冊　解題・資料　すいれん舎　2011.1　26p　26cm　①978-4-86369-143-8　⑩323.142

07679　核のない平和な世界と憲法9条　九条の会　2011.2　60p　21cm　（「九条の会」憲法セミナー 10）　〈会期・会場：2010年10月30日　くにびきメッセ〉　300円　⑩319.8　九条の会

07680　「戦後革新勢力」の奔流―占領後期政治・社会運動史論1948-1950　五十嵐仁編　大月書店　2011.3　411p　22cm　（法政大学大原社会問題研究所叢書）　〈年表あり〉　4800円　①978-4-272-52084-8　⑩309.021　五十嵐仁

07681　日米関係の今後の展開と日本の外交　［東京］　日本国際問題研究所　2011.3　288p　30cm　（外務省国際問題調査研究・提言事業費補助金事業報告書 平成22年度）　⑩319.1053

07682　沖縄とヤマト―沖縄問題は沖縄の問題ではありません　［東京］　日本退職教職員協議会　2011.4　147p　30cm　〈共同刊行：憲法理念の教育基本法の会〉　⑩312.199　日本退職教職員協議会

07683　いま、「共和制日本」を考える―9条を1条に　堀内哲編，池田浩士，杉村昌昭，平井玄著　第三書館　2011.5　218p　20cm　1500円　①978-4-8074-1122-1　⑩313.7　池田浩士　杉村昌昭　平井玄　堀内哲

07684　「図書館九条の会」の本　2　図書館九条の会編　［東京］　図書館九条の会　2011.7　82p　21cm　〈会期・会場：2010年10月17日 日本図書館協会〉　〈年表あり〉　500円　⑩323.142　吉田博徳　図書館九条の会

07685　憲法第九条はどのように誕生したか　岩田行雄［述］　［名古屋］　東山・見付九条の会　2011.12　50p　30cm　100円

07686　ピース・ナウ沖縄戦―無戦世界のための再定位　石原昌家編　京都　法律文化社　2011.12　202p　21cm　〈執筆：安良城米子，渡名喜守太，西岡信之〉　2000円　①978-4-589-03380-2　⑩210.75　石原昌家

07687　原発と憲法9条　小出裕章著　大和郡山　遊絲社　2012.1　207p　19cm　1400円　①978-4-946550-31-7　⑩543.5　小出裕章

07688　9条を生きる―平和をつくる民衆　前田朗著　青木書店　2012.4　193p　20cm　〈他言語標題：I am Article 9〉　2500円　①978-4-250-21205-5　⑩323.142　前田朗

07689　憲法に関する主な論点（第2章戦争の放棄（安全保障・国際協力））に関する参考資料　［東京］　衆議院憲法審査会事務局　2012.5　48p　30cm　（衆憲資 第77号）　⑩323.142　衆議院

07690　憲法九条が歩いた道　松原博著　叢文社　2012.6　170p　19cm　1300円　①978-4-7947-0683-6　⑩323.142　松原博

07691　9条どうでしょう　内田樹，小田嶋隆，平川克美，町山智浩著　筑摩書房　2012.10　236p　15cm　（ちくま文庫 う29-2）　〈毎日新聞社2006年刊の再刊〉　680円　①978-4-480-42994-0　⑩323.142　内田樹　小田嶋隆　平川克美　町山智浩

07692　憲法九条裁判闘争史―その意味をどう捉え、どう活かすか　内藤功著，中谷雄二，川口創聞き手　京都　かもがわ出版　2012.10　351p　20cm　3000円　①978-4-7803-0575-3　⑩327.01　内藤功　中谷雄二　川口創

07693　憲法九条の軍事戦略　松竹伸幸著　平凡社　2013.4　191p　18cm　（平凡社新書 679）　〈年表あり〉　760円　①978-4-582-85679-8　⑩392.1076　松竹伸幸

07694　政府の憲法九条解釈―内閣法制局資料と解説　浦田一郎編　信山社出版　2013.10

283p 22cm 〈索引あり〉 6000円 Ⓘ978-4-7972-2717-8 Ⓝ323.142 浦田一郎

07695 小田実全集 評論第33巻 9.11と9条—小田実平和論集 上 小田実［著］ 講談社 2013.11 309p 21cm 〈底本:「9.11と9条」（大月書店 2008年刊第2刷）〉〈発売:復刊ドットコム〉 3500円 Ⓘ978-4-8354-4484-0 Ⓝ918.68 小田実

07696 小田実全集 評論第34巻 9.11と9条—小田実平和論集 下 小田実著 講談社 2013.11 297p 21cm 〈底本:「9.11と9条」（大月書店 2008年刊第2刷）〉〈発売:復刊ドットコム〉 3500円 Ⓘ978-4-8354-4485-7 Ⓝ918.68 小田実

07697 憲法第九条—大東亜戦争の遺産—元特攻隊員が託した戦後日本への願い 上山春平著 明月堂書店 2013.12 267p 20cm 2400円 Ⓘ978-4-903145-47-1 Ⓝ323.142 上山春平

07698 激突の時代—「人間の眼」vs.「国家の眼」 品川正治著 新日本出版社 2014.1 267p 20cm 1900円 Ⓘ978-4-406-05365-5 Ⓝ304 品川正治

07699 平和と命こそ—憲法九条は世界の宝だ 日野原重明, 宝田明, 澤地久枝著 新日本出版社 2014.7 159p 20cm 1200円 Ⓘ978-4-406-05803-2 Ⓝ323.142 日野原重明 宝田明 澤地久枝

07700 石より堅い9条がある—小林多津衛の赤十字国家論 小林多津衛著, 森貘郎版画 長野 川辺書林 2014.8 31p 21cm 〈板画:森貘郎〉 1000円 Ⓘ978-4-906529-80-3 Ⓝ319.8 小林多津衛 森貘郎

07701 つながる9条の絆—多喜二、魯迅、ロマン・ロランから今日へ 緒方靖夫著 新日本出版社 2014.10 229p 19cm 1500円 Ⓘ978-4-406-05836-0 Ⓝ319.8 緒方靖夫

07702 私の人生と憲法九条—満蒙開拓団入植・敗戦・シベリア抑留 廣部永一［著］ ［京都］ 修学院学区九条の会 2014.10 46p 21cm

07703 憲法劣化の不経済学—日本とドイツの戦後から考える 相沢幸悦著 日本経済評論社 2015.1 249p 20cm 2500円 Ⓘ978-4-8188-2369-3 Ⓝ332.107 相沢幸悦

07704 いちばんよくわかる! 憲法第9条 西修著 海竜社 2015.4 242p 19cm 1500円 Ⓘ978-4-7593-1422-9 Ⓝ323.142 西修

07705 空を見てますか… 6 音楽の力、9条の力 池辺晋一郎著 新日本出版社 2015.4 181,9p 19cm 1600円 Ⓘ978-4-406-05897-1 Ⓝ760.49 池辺晋一郎

07706 自衛官が共産党市議になった—憲法9条が結んだ縁 井上圭一著 京都 かもがわ出版 2015.8 165p 19cm 1500円 Ⓘ978-4-7803-0789-4 Ⓝ289.1 井上圭一

【雑誌】

07707 グローバル9条キャンペーン、9条世界会議へ向けて（特別企画 憲法9条を世界へ広めよう） 笹本潤 「Interjurist」 152 2006.3

07708 国際社会と憲法9条のリアリティー（講演）（特別企画憲法9条を世界へ広めよう） 吉岡達也 「Interjurist」 152 2006.3

07709 2008年9条世界会議へ参加しよう（呼びかけ）（特別企画 憲法9条を世界へ広めよう） 「Interjurist」 152 2006.3

07710 教職員の職場「9条の会」は教育と組合運動の未来を開く（日本共産党第24回大会特集（全記録）—大会議案、中央委員会報告の討論（全文）） 星見陽 「前衛 : 日本共産党中央委員会理論政治誌」 通号803（臨増） 2006.4 p.169～171

07711 憲法9条は日本の平和を保証するか——多くの学者に操作されすぎた9条 久原宗士郎 「自由」 48(4)通号554 2006.4 p.103～107

07712 二〇〇人超す宗教者が憲法9条を守る運動に（日本共産党第24回大会特集（全記録）—大会議案、中央委員会報告の討論（全文）） 中井作太郎 「前衛 : 日本共産党中央委員会理論政治誌」 通号803（臨増） 2006.4 p.148～150

07713 9条に誇りを持ち世界に広げよう（特集 日本国憲法公布六〇年） 星野安三郎 「社会主義」 (525) 2006.5 p.5～13

07714 憲法9条が国連改革を促している 松竹伸幸 「前衛 : 日本共産党中央委員会理論政治誌」 通号805 2006.6 p.50～60

07715 権力者側の自らの規制緩和（特集 社民党憲法学校（第3回）9条が変えられた日本） 水島朝穂 「社会民主」 (614) 2006.7 p.7～12

07716 「非国民」のすすめ(15) 経営者9条の会 斎藤貴男 「創」 36(8)通号404 2006.8 p.98～101

07717 「世界の中の日米同盟」を示した06防衛白書（憲法をめぐる状況——過去・現在・未来） 津田公男 「社会主義」 (531) 2006.11 p.93～100

07718 戦後処理問題としての中国残留孤児訴訟——憲法学の視点より（特集 日本は「美しい国」か?—裁かれる中国「残留孤児」政策） 内藤光博 「法と民主主義」 (413) 2006.11 p.13～19

07719 第九条の解釈 齋藤洋 「憲法研究」 (39) 2007 p.51～73

07720 永世中立国の今日的状況と非武装永世中立の課題——日本国憲法九条の平和保障を考えるために 澤野義一 「大阪経済法科大学法学研究所紀要」 (40) 2007.1 p.1～25

07721 グローバル9条キャンペーン——世界は9条に注目しつつある（2007年権利討論集会特集

号—第8分科会 世界に広がる憲法9条と日本の
ナショナリズム——憲法運動をどうつくるか)
田中俊「民主法律」(268) 2007.2 p.215～
217

07722 憲法をめぐる情勢と運動の展望(2007年
権利討論集会特集号—第8分科会 世界に広がる
憲法9条と日本のナショナリズム——憲法運動
をどうつくるか) 藤木邦顕「民主法律」
(268) 2007.2 p.211～214

07723 図上訓練から実地訓練へ——加速する国
民保護計画(2007年権利討論集会特集号—第8分
科会 世界に広がる憲法9条と日本のナショナリ
ズム——憲法運動をどうつくるか) 西晃「民
主法律」(268) 2007.2 p.231～234

07724 世界社会フォーラム(WSF)ケニア・ナイ
ロビへの参加感想報告(2007年権利討論集会特
集号—第8分科会 世界に広がる憲法9条と日本
のナショナリズム——憲法運動をどうつくる
か) 坂東通信「民主法律」(268) 2007.2
p.217～219

07725 平和のための日韓連帯行動inソウル(2007
年権利討論集会特集号—第8分科会 世界に広が
る憲法9条と日本のナショナリズム——憲法運
動をどうつくるか) 藤永のぶよ「民主法律」
(268) 2007.2 p.219～223

07726 憲法第9条「戦力」に関する国会論争(3)
前田英昭「駒澤法学」6(4)通号24 2007.3
p.37～72

07727 対内的実力に関する近代戦争遂行能力論
——自衛力論前史(1) 浦田一郎「法律論叢」
79(4・5) 2007.3 p.35～67

07728 どこまでつづく知的ヌカルミ 『憲法9条
を世界遺産に』の「極楽平和論」(総力特集「捏
造された歴史」に呪縛される日本) 百地章
「諸君! : 日本を元気にするオピニオン雑誌」
39(3) 2007.3 p.72～80

07729 日本国憲法第九条の軌跡(4)有事法制定
過程の憲法社会学的分析の試み 藤田尚則「創
価法学」36(3) 2007.3 p.91～133

07730 原点から考える日本国憲法(第3回)日本
国憲法第9条成立の背景思想(1)世界の平和思
想と日本国憲法 河上暁弘「信州自治研」
(182) 2007.4 p.31～38

07731 憲法九条の理念——核と人類は共存でき
ない(特集 核・原発はいらない) 栗原君子
「科学的社会主義」(108) 2007.4 p.6～9

07732 原点から考える日本国憲法(第4回)日本
国憲法第9条成立の背景思想(2)日本近代の平
和思想と日本国憲法 河上暁弘「信州自治研」
(183) 2007.5 p.46～54

07733 思想としての憲法第九条——21世紀研究
会公開シンポジウムでの報告 田畑稔「進歩と
改革」通号665 2007.5 p.5～18

07734 多彩なとりくみで伝える憲法九条の大切

さ——長野・松本市(座談会 「改憲ノー」の多
数派めざす地域革新懇) 戸田俊子「議会と自
治体」通号109 2007.5 p.24～26

07735 「9条ネット」の画期的試み(特集 憲法施
行六〇周年のいま) 大森太郎「科学的社会主
義」(109) 2007.5 p.32～36

07736 憲法9条は諸悪の根源(Cross Line) 潮匡
人「正論」通号422 2007.5 p.42～43

07737 一読惨憺 拡大版 哀れ、防衛省元幹部「9
条擁護論」の非常識[小池清彦・竹岡勝美・箕
輪登著『我、自衛隊を愛す故に、憲法9条を守る
——防衛省元幹部3人の志』] 軽手思庵「諸
君! : 日本を元気にするオピニオン雑誌」39
(6) 2007.6 p.240～242

07738 憲法六〇年の節目を全身で受け止める
——憲法と乖離し、アジアと敵対する日米同盟
強化(特集 憲法六〇年——アジアの中の9条)
森英樹「前衛 : 日本共産党中央委員会理論政
治誌」通号818 2007.6 p.25～38

07739 憲法九条をめぐる状況と私たちの課題
福山真効「進歩と改革」通号666 2007.6 p.
38～46

07740 新局面を迎える憲法闘争 さらに広く強く
(特集 憲法六〇年——アジアの中の9条) 市田
忠義「前衛 : 日本共産党中央委員会理論政治
誌」通号818 2007.6 p.13～24

07741 第8分科会 世界に広がる憲法9条と日本の
ナショナリズム——憲法運動をどうつくるか
(2007年権利討論集会報告号—各分科会報告)
藤木邦顕「民主法律」(270) 2007.6 p.66～
68

07742 二〇世紀アジアの戦争・対立と憲法9条
(特集 憲法六〇年——アジアの中の9条) 小沢
隆一「前衛 : 日本共産党中央委員会理論政治
誌」通号818 2007.6 p.39～53

07743 9条の規範力と戦後日本の平和意識(特集
憲法六〇年——アジアの中の9条) 和田進
「前衛 : 日本共産党中央委員会理論政治誌」通
号818 2007.6 p.54～63

07744 哀れ、防衛省元幹部「9条擁護論」の非常
識(一読惨憺拡大版) 軽手思庵「諸君! :
日本を元気にするオピニオン雑誌」39(6)
2007.6 p.240～242

07745 政治の流れを変える「9条ネット」 津野
公男「科学的社会主義」(111) 2007.7 p.2
～5

07746 マスコミ㊙情報シリーズ(329)憲法九
条改正の是非——戦力不保持、自衛権問題「自
由」49(7)通号569 2007.7 p.129～140

07747 連続掲載9条世界会議をめざして—1 九条
を国際的視野でとらえよう 新倉修「法と民主
主義」420 2007.7

07748 連続掲載 9条世界会議をめざして(1)九条
を国際的視野でとらえよう 新倉修「法と民主

主義」（420）　2007.7　p.38〜41

07749　WORLD VIEW（37）憲法9条と集団的自衛権　雨宮達也「Valiant ： rank up magazine」25（7）通号286　2007.7　p.48〜50

07750　外国人記者が見た「憲法9条」と「日本人」（世界が見たNIPPON）　Bruce, Wallace Gebhard, Hielscher　鮮于鉦「Courrier Japon」3（8）通号33　2007.7.1　p.36〜41

07751　法令にみる小泉内閣2千日の軌跡（7）憲法9条の政府解釈（その1）　阪田雅裕「時の法令」通号1789　2007.7.15　p.47〜52

07752　連続掲載9条世界会議をめざして（2）「9条」を堅く守り、平和を維持しよう　林暁光　張小蘭［訳］「法と民主主義」（421）　2007.8・9　p.46〜51

07753　法令にみる小泉内閣2千日の軌跡（8）憲法9条の政府解釈（その2）　阪田雅裕「時の法令」通号1791　2007.8.15　p.42〜48

07754　連続掲載9条世界会議をめざして―2「9条」を堅く守り、平和を維持しよう　林暁光「法と民主主義」421　2007.9

07755　9条の世界的意味を探る（第1回）私たちにとって「9条」とは何か　品川正治 John, Junkerman　川崎哲「世界」（769）　2007.9　p.71〜78

07756　憲法第九条と戦争廃絶への道（第I部 日本国憲法の平和主義）　寺島俊穂「平和憲法と公共哲学」　2007.9　p.34〜

07757　憲法九条の平和主義とナショナリズム（第II部 憲法と政治）　加藤節「平和憲法と公共哲学」　2007.9　p.99〜

07758　法令にみる小泉内閣2千日の軌跡（9）憲法9条の政府解釈（その3）　阪田雅裕「時の法令」通号1793　2007.9.15　p.44〜49

07759　憲法シンポジウム「どうするどうなる憲法九条」を開催して　藤原真由美「自由と正義」58（10）通号705　2007.10　p.81〜90

07760　連続掲載9条世界会議をめざして―3 日の出る勢い？　日本の「平和」憲法改定　ケネス, ポート「法と民主主義」422　2007.10

07761　連続掲載9条世界会議をめざして（3）日の出る勢い？　日本の「平和」憲法改定　ケネス, ポート　青木玲［訳］「法と民主主義」（422）　2007.10　p.66〜68

07762　9条の世界的意味を探る（第2回）改憲と歴史認識を周辺国から問う　権赫泰「世界」（770）　2007.10　p.192〜195

07763　『憲法9条の思想水脈』山室信一――平和思想の9条への流れを丁寧に案内（読書空間―Book Review）　古関彰一［評］「論座」通号149　2007.10　p.310〜311

07764　活字版ゴーマニズム宣言一挙60枚！パール判事は「憲法9条」を「ガンジー主義」と言ったのか　小林よしのり「正論」通号428　2007.11　p.132〜149

07765　再び憲法九条を考える――安全保障と国際貢献を中心に　吉原泰助　齊藤佳倍「甲斐ケ嶺」（77）　2007.11　p.4〜36

07766　連続掲載9条世界会議をめざして―4 9条と人類全体の擁護のために　ニルーファー, バグワット　新倉修［訳］「法と民主主義」423　2007.11

07767　連続掲載 9条世界会議をめざして（4）9条と人類全体の擁護のために　Niloufer, Bhagwat　新倉修［訳］「法と民主主義」（423）　2007.11　p.63〜65

07768　9条の世界的意味を探る（第3回）戦争を放棄することの意――在日レバノン留学生のメッセージ　Shirine el, Jurdi「世界」（771）　2007.11　p.230〜233

07769　小沢氏の9条解釈は「高飛車解釈」（小沢論文、私はこう読んだ）　横田耕一「世界」（772）　2007.12　p.150〜153

07770　原点から考える日本国憲法（11）憲法第9条の成立と空洞化（1）憲法第9条の発案と成立をめぐる学説　河上暁弘「信州自治研」（190）　2007.12　p.41〜53

07771　連続掲載9条世界会議をめざして―5 日本国憲法第九条の国際的・人類的普遍性　河上暁弘「法と民主主義」424　2007.12

07772　9条の世界的意味を探る（第4回）帝国の中国包囲網と憲法9条　Joseph, Gerson「世界」（772）　2007.12　p.173〜181

07773　連続掲載9条世界会議をめざして―6 9条を守る運動にとっての「9条世界会議」　笹本潤「法と民主主義」425　2008

07774　原点から考える日本国憲法（第12回）憲法9条の成立と空洞化（2）憲法成立過程に現れた戦後日本の国権論――象徴天皇制の成立　河上暁弘「信州自治研」（191）　2008.1　p.38〜54

07775　9条の世界的意味を探る（第5回）モンゴルの非核地位と日本の平和憲法　エンサイハン, ジャガルサイハン「世界」（773）　2008.1　p.272〜277

07776　原点から考える日本国憲法（第13回）憲法9条の成立と空洞化（3）憲法成立直後の9条と天皇制の相克　河上暁弘「信州自治研」（192）　2008.2　p.58〜67

07777　憲法リレートーク（新連載・第1回）兵庫県弁護士会主催憲法市民集会「語り合おう憲法――憲法9条と自衛隊・イラク戦争」　松山秀樹　村上英樹「自由と正義」59（2）通号709　2008.2　p.71〜77

07778　連続掲載 9条世界会議をめざして（7）平和と連帯――アメリカ電気、ラジオ、機械労働者連合（UE）の展望　ロビン, アレクサンダー「法と民主主義」（426）　2008.2・3　p.60〜64

07779　9条の世界的意味を探る（第6回）平和憲法の実践と普遍化——コスタリカの経験から　Roberto, Zamora　「世界」（775）　2008.2　p.252〜256

07780　田畑忍の憲法九条世界化論および非武装永世中立論——その特色と今日的意義　澤野義一　「大阪経済法科大学法学研究所紀要」（42）　2008.3　p.7〜36

07781　連続掲載9条世界会議をめざして—7 平和と連帯——アメリカ電気、ラジオ、機械労働者連合（UE）の展望　ロビン, アレクサンダー　「法と民主主義」426　2008.3

07782　9条の世界的意味を探る（第7回）台湾に平和憲法を——非軍事的防衛が地域の平和をつくる　Hsi-chieh, Chien　徐斯倹　「世界」（776）　2008.3　p.244〜249

07783　連続掲載9条世界会議をめざして—8 いよいよ開催！「9条世界会議」　笹本潤　「法と民主主義」427　2008.4

07784　連続掲載9条世界会議をめざして—8 9条と平和　ジテンドラ, シャーマ　新倉修［訳］　「法と民主主義」427　2008.4

07785　若い世代のなかでの活動の強化のために　Peace Night9 学生たちのとりくみはこうしてひろがった　「前衛：日本共産党中央委員会理論政治誌」通号829　2008.4　p.129〜140

07786　若い世代のなかでの活動の強化のために　Peace Night9 九条を語る、自分だけの言葉を　小森陽一　「前衛：日本共産党中央委員会理論政治誌」通号829　2008.4　p.141〜147

07787　非武装永世中立の理念を内包する憲法9条の世界化をめざして（特集 平和を創る市民と法律家——いま「非武装中立」を問い直す—第二部 私の平和へのグランドデザイン）　澤野義一　「法と民主主義」（428）　2008.5　p.39〜41

07788　非暴力と友好の手を（9条の世界的意味を探る（最終回）世界は9条をえらびはじめた）　マイレッド, マグワイア　「世界」（778）　2008.5　p.251〜254

07789　不戦条約から日本国憲法第9条へ（特集 平和を創る市民と法律家——いま「非武装中立」を問い直す—第一部 特集企画公開シンポから）　河上暁弘　「法と民主主義」（428）　2008.5　p.4〜11

07790　「平和と9条の旅 シンガポールとマレーシア6日間」に参加して（民法協国際交流委員会シンガポール・マレーシアツアー（2007年10月2日〜7日）報告特集号）　徳井義幸　「民主法律」（273）　2008.5　p.39〜41

07791　平和の歩みと憲法9条　小沢隆一　「平和運動」（451）　2008.5　p.4〜10

07792　9条世界会議を終えて　「法と民主主義」（428）　2008.5　p.53〜55

07793　軍隊のない国家（28）憲法9条と軍隊のない国家　前田朗　「法と民主主義」（429）　2008.6　p.54〜57

07794　9条と平和に生きる権利（連載 現代の人権）　川崎哲　「法学セミナー」644　2008.7

07795　憲法における九条の位置（特集 九条という思想）　森英樹　「季論21：intellectual and creative」（[1]）　2008.7　p.80〜90

07796　憲法九条という思想（特集 九条という思想）　牧野広義　「季論21：intellectual and creative」（[1]）　2008.7　p.58〜68

07797　「平和憲法体制」とアジア——韓国との関連で（特集 九条という思想）　権赫泰　「季論21：intellectual and creative」（[1]）　2008.7　p.124〜131

07798　抱腹舌倒 永六輔vs.矢崎泰久 人生道中膝栗毛（39）軽んじられる9条 消える風情 尽きぬ下ネタ　永六輔　矢崎泰久　「現代」42（7）　2008.7　p.272〜280

07799　9条世界会議に参加して——変革のただ中で声をあげていく　横山由美子　「進歩と改革」通号679　2008.7　p.24〜28

07800　メディア批評〔7〕グローバル化する9条、伝えないメディア／隣国の苦難をどう伝えるか　神保太郎　「世界」（780）　2008.7　p.113〜120

07801　9条世界会議・関西を振り返って（第53回［民主法律協会］総会特集号）　梅田章二　「民主法律」（275）　2008.8　p.71〜73

07802　今こそつかもう憲法九条と平和的生存権のかがやき——イラク派兵違憲判決から派兵恒久法の危険性を見る（特集 海外派兵恒久法の危険と矛盾）　小沢隆一　「前衛：日本共産党中央委員会理論政治誌」通号835　2008.10　p.29〜40

07803　＜扉のことば＞憲法9条と24条　石渡眞理子　「日本の科学者」489　2008.10

07804　9条世界会議を跳躍台として——三万人が集った地平から　池田香代子　川崎哲　「世界」（783）　2008.10　p.43〜52

07805　9条世界会議を跳躍台として—三万人が集った地平から　池田香代子　川崎哲　熊谷伸一郎［司会］　「世界」（783）　2008.10　p.43〜52

07806　アンケート回答（韓国学生への日本国憲法第9条アンケート）　「法学セミナー」53（11）通号647　2008.11　p.36〜40

07807　夏目漱石と憲法9条——『猫』『幻影の盾』『趣味の遺伝』を中心に　水川隆夫　「人権と部落問題」60（13）通号780　2008.11　p.48〜55

07808　ミシェル・トロペール論文撰（11）フランス革命初期における司法権の概念　Michel, Troper　南野森［訳］　「法政研究」75（3）　2008.12　p.619〜639

07809　「教育子育て九条の会」発足 憲法にもと

第9条　　　　　　　　　　　　　　　　　　　　　戦争放棄・安全保障

づく教育の実現を一草の根から創出していくために　佐藤学「世界」（785）　2008.12　p.160〜161

07810　日本国憲法「第9条」の発明（1）　金子勝「立正法学論集」42（2）通号78　2009　p.31〜93

07811　日本国憲法「第9条」の発明（2）　金子勝「立正法学論集」43（1）通号79　2009　p.57〜95

07812　憲法第9条と自衛隊（上）（特集 憲法をとりまく情況）　伊藤成彦「マスコミ市民 ： ジャーナリストと市民を結ぶ情報誌」通号480　2009.1　p.16〜19

07813　憲法第9条と自衛隊（中）　伊藤成彦「マスコミ市民 ： ジャーナリストと市民を結ぶ情報誌」通号481　2009.2　p.65〜67

07814　空に歌えば——平和・人権・環境（26）みんなで9条の歌を　前田朗「マスコミ市民 ： ジャーナリストと市民を結ぶ情報誌」通号481　2009.2　p.60〜64

07815　憲法第9条と自衛隊（下）　伊藤成彦「マスコミ市民 ： ジャーナリストと市民を結ぶ情報誌」通号482　2009.3　p.32〜35

07816　ソマリア海賊対策は憲法第9条の原点に立って（特集 ソマリア派兵の真の狙い）　伊藤成彦「マスコミ市民 ： ジャーナリストと市民を結ぶ情報誌」通号483　2009.4　p.14〜17

07817　「九条の会」の草の根の運動（特集 今日の憲法問題）　小森陽一「人権と部落問題」61（6）通号787　2009.5　p.39〜46

07818　憲法9条・25条と「百年に一度」の経済危機　二宮厚美「平和運動」（462）　2009.5　p.4〜15

07819　自衛権論の現在と憲法9条論の課題（特集 グローバル化の中の国家と憲法）　愛敬浩二「ジュリスト」（1378）　2009.5.1・15　p.114〜120

07820　赤木智弘の無茶を承知で〔5〕右も左も9条を言い訳にするのをやめないか　赤木智弘「Spa！」58（21）通号3177　2009.5.19　p.34

07821　インタビュー 科学者と憲法九条（特集「非核の東アジア」の実現を！——安全保障政策のオルタナティブ）　益川敏英「世界」（793）　2009.7　p.132〜137

07822　9条・25条と29条・地方自治　山本哲子「法と民主主義」440　2009.7

07823　空に歌えば——平和・人権・環境（32）「第九で9条」を世界に響かせたい あきもとゆみこ　前田朗「マスコミ市民 ： ジャーナリストと市民を結ぶ情報誌」通号487　2009.8　p.64〜70

07824　空に歌えば——平和・人権・環境（32）「第九で9条」を世界に響かせたい あきもとゆみこ　前田朗「マスコミ市民 ： ジャーナリストと市民を結ぶ情報誌」通号487　2009.8　p.64〜70

07825　9条を生きる（1）9条を世界へ未来へ 木瀬慶子　前田朗「マスコミ市民 ： ジャーナリストと市民を結ぶ情報誌」通号489　2009.10　p.46〜49

07826　茨城・土浦市「憲法九条土浦の会」（特集 広がる「九条」を守る運動—日本と世界の平和の架け橋「九条」を守れ——思いひとつに各地・各分野に広がる多彩な活動）　小笠原徹「人権と部落問題」61（13）通号794　2009.11　p.30〜32

07827　京都・京都市「ママ友9条の会」（特集 広がる「九条」を守る運動—日本と世界の平和の架け橋「九条」を守れ——思いひとつに各地・各分野に広がる多彩な活動）　高田裕美「人権と部落問題」61（13）通号794　2009.11　p.37〜39

07828　兵庫・姫路市「憲法九条を守る西ひめじの会」（特集 広がる「九条」を守る運動—日本と世界の平和の架け橋「九条」を守れ——思いひとつに各地・各分野に広がる多彩な活動）　河盛史郎「人権と部落問題」61（13）通号794　2009.11　p.39〜41

07829　広がる「九条の会」運動（特集 広がる「九条」を守る運動）　川村俊夫「人権と部落問題」61（13）通号794　2009.11　p.6〜13

07830　平和学・憲法学の訴えを発信する——立命館大学国際関係学部君島ゼミの学生たち（特集 広がる「九条」を守る運動）　村上哲雄 今井有理「人権と部落問題」61（13）通号794　2009.11　p.20〜27

07831　若い世代の教職員と平和のとりくみ（特集 広がる「九条」を守る運動）　井村了介「人権と部落問題」61（13）通号794　2009.11　p.14〜19

07832　9条を生きる（2）9条酒で平和をめざす 松尾禎之　前田朗「マスコミ市民 ： ジャーナリストと市民を結ぶ情報誌」通号490　2009.11　p.66〜69

07833　9条を生きる（3）地域で9条を活かすために 東本久子　前田朗「マスコミ市民 ： ジャーナリストと市民を結ぶ情報誌」通号491　2009.12　p.66〜69

07834　安全保障 9条との非和解的矛盾の前で（特集 検証・鳩山政権の200日）　和田進「季論21 ： intellectual and creative」（8）　2010.春　p.42〜49

07835　国際紛争の紛争とその平和的解決——国連平和維持活動・平和構築活動と日本の貢献（ミニ・シンポジウム 憲法9条護憲と民主主義法学——冷戦と9・11後の世界と日本）　岡田順子「法の科学 ： 民主主義科学者協会法律部会機関誌「年報」」通号41　2010　p.124〜128

07836　転換期の中の非武装平和主義（ミニ・シンポジウム 憲法9条護憲と民主主義法学——冷戦と9・11後の世界と日本）　三輪隆「法の科学

：民主主義科学者協会法律部会機関誌「年報」」通号41　2010　p.111〜117

07837　日本国憲法「第9条」の発明（3）　金子勝「立正法学論集」43（2）通号80　2010　p.63〜108

07838　日本国憲法「第9条」の発明（4）　金子勝「立正法学論集」44（1）通号81　2010　p.85〜146

07839　憲法9条をめぐる解釈の原点と政策の現点——「九条運動」論のための覚え書き（2）　小林武「愛知大学法学部法経論集」（184）2010.3　p.117〜141

07840　列島のスマイル——9条をにぎりしめて（4）暮しと平和を結ぶ労働組合　比嘉勝子　前田朗「マスコミ市民 : ジャーナリストと市民を結ぶ情報誌」通号495　2010.4　p.62〜64

07841　列島のスマイル——9条をにぎりしめて（5）コリアン・ジェノサイドを心に刻んで　高橋伸子　前田朗「マスコミ市民 : ジャーナリストと市民を結ぶ情報誌」通号496　2010.5　p.64〜66

07842　追悼 小さな流れが大きな川になるように——9条の会とひさしさん　小森陽一「世界」（805）　2010.6　p.186〜189

07843　憲法9条を東アジア共同体の視点から考える——平和教育、戦後補償裁判、北朝鮮訪問に参加して考えたこと（特集 安保改定50年（4））高橋信「平和運動」（475）2010.7　p.12〜19

07844　列島のスマイル——9条を握りしめて（9）スイス初の軍縮運動 クリストフ・バルビー　前田朗「マスコミ市民 : ジャーナリストと市民を結ぶ情報誌」通号500　2010.9　p.66〜68

07845　憲法9条の原義と非軍事の国際貢献　長塚晧右「社学研論集」（18）2011　p.236〜251

07846　日本国憲法第九条解釈の特殊性 : 自衛隊に関する学界・政府および国民意識の検証（日本法政学会一一四回総会—シンポジウム 安全保障概念の新しい展開と日本）　吉川智「法政論叢」48（1）　2011　p.227〜237

07847　日本国憲法「第9条」の発明（5）　金子勝「立正法学論集」44（2）通号82　2011　p.27〜86

07848　日本国憲法「第九条」の発明（6）　金子勝「立正法学論集」45（1）通号83　2011　p.127〜162

07849　第5回公開研究会「現代の諸問題と憲法」日米安保改定50年と平和憲法　山内敏弘「法学館憲法研究所報」（4）　2011.1　p.1〜17

07850　疾走するコラムニスト・勝谷誠彦のニュースバカ一代〔425〕憲法と大震災の巻—外からの攻撃も「想定外」？　今回の災禍と憲法9条に共通する「根拠なき楽観」　勝谷誠彦「Spa！」60（17）通号3277　2011.5.3・10　p.3

07851　憲法第9条と集団的自衛権 : 国会答弁か

ら集団的自衛権解釈の変遷を見る　鈴木尊紘「レファレンス」61（11）通号730　2011.11　p.31〜47

07852　加藤周一と「九条の会」（特集 日米同盟と憲法九条）　古市晃「歴史評論」（742）2012.2　p.57〜68

07853　時代閉塞の現状と打破の模索（特集 日米同盟と憲法九条）　広川禎秀「歴史評論」（742）　2012.2　p.4〜16

07854　日米関係「再生（Reviving）」構想が描く二一世紀の世界 : ケント・E・カルダーの著作をもとに（特集 日米同盟と憲法九条）　小林啓治「歴史評論」（742）　2012.2　p.42〜56

07855　憲法第9条の交戦権否認規定と国際法上の交戦権　松山健二「レファレンス」62（11）通号742　2012.11　p.29〜41

07856　憲法9条と自衛隊 : 踏み越えてはいけない一線を越えようとしている、ギリギリのところにあります（特集 憲法が守るもの）　半田滋「まなぶ」（666）　2012.11　p.18〜23

07857　法律時評 領土紛争の法と政治 : 憲法9条と紛争の平和的解決　芹田健太郎「法律時報」84（13）通号1054　2012.12　p.1〜5

07858　憲法9条原義からの逸脱とその内的要因 : 憲法揺藍期の国会審議に照らして　長塚晧右「社学研論集」（21）　2013　p.187〜202

07859　政治的自由主義と平和主義・序説 : ジョン・ロールズと日本国憲法9条　麻生多聞「鳴門教育大学研究紀要」28　2013　p.368〜376

07860　憲法第九条の政策論　吉峯啓晴「マスコミ市民 : ジャーナリストと市民を結ぶ情報誌」（529）　2013.2　p.54〜62

07861　建設人・九条の会 安倍政権の成立と憲法の行方 : 建設人九条の会・講演会から　渡辺治「建設政策」（148）2013.3　p.34〜37

07862　憲法九条をいかに読むべきか : 神学論争からの脱却の道　栗山尚一「アジア時報」44（3）通号484　2013.3　p.4〜13

07863　法話 憲法九条は「仏」の願い　山崎龍明「大法輪」80（3）　2013.3　p.22〜27

07864　非戦政府存続の可能性 : 憲法第9条と日米安保　福留久大「進歩と改革」（736）2013.4　p.16〜28

07865　憲法第9条と自衛隊（「日本国憲法」の現在 : ジャーナリズムに問われるものは？）　森本敏「調査情報. 第3期」（512）　2013.5・6　p.25〜30

07866　シリーズ対論 若手論客に問う「日本のカタチ」（第13回）外交下手のツケを「九条」に回すな。　田原総一朗　木村草太「潮」（651）2013.5　p.140〜147

07867　法律家から見た「9条」の現在（「日本国憲法」の現在 : ジャーナリズムに問われるもの

は？） 伊藤真 「調査情報. 第3期」（512）
2013.5・6 p.20〜24

07868 Interview 憲法9条と戦後日本をどう見るか？（「日本国憲法」の現在 : ジャーナリズムに問われるものは?） 田原総一朗 市川哲夫［聞き手］ 「調査情報. 第3期」（512） 2013.5・6 p.2〜9

07869 世界の紛争地帯で武装解除を指揮してきた伊勢崎賢治・東京外国語大学大学院教授に聞く 憲法九条は一言半句たりとも変えてはならない 伊勢崎賢治 境分万純 「金曜日」21（20）通号961 2013.5.31 p.38〜39

07870 講演録 最近の内外情勢 憲法改正で9条2項を削除せよ 東京懇談会4月例会 高村正彦 「世界と日本」（1229） 2013.6 p.2〜53

07871 同じ地球に生きる私たち : 憲法9条は世界が必要としている（特集 人間の安全な発達保障とコミュニティ : フクシマから） ニディア，リーフ 「経済科学通信」（132） 2013.8 p.21〜28

07872 日本が核武装化する日 : 憲法九条の改正と核兵器保有についてアメリカの考え方は変わった（総力特集 戦争と国防） 日高義樹 「Voice」（428） 2013.8 p.98〜107

07873 ジュネーヴ訪問の報告（憲法9条と平和に生きる権利を世界に広めよう―平和への権利 : 国連人権理事会2013年6月第23会期の報告） 笹本潤 「Interjurist」（177） 2013.8.1 p.4〜6

07874 ジュネーブ紀行記（憲法9条と平和に生きる権利を世界に広めよう―平和への権利 : 国連人権理事会2013年6月第23会期の報告） 菅野亨一 「Interjurist」（177） 2013.8.1 p.9〜11

07875 世界社会フォーラム（WSF）チュニジア報告（憲法9条と平和に生きる権利を世界に広めよう） 「Interjurist」（177） 2013.8.1 p.26〜28

07876 憲法9条は大きな誇り 戦後はまだ終わっていない : 捕虜の歴史と今日も引きずる補償問題 江澤誠 「金融財政business : 時事トップ・コンフィデンシャル+」（10355） 2013.9.9 p.10〜14

07877 新 わたしと憲法シリーズ 山辺昌彦 : 東京大空襲の資料を展示し戦争の実態を伝える研究員 戦争の実態を知れば憲法前文と9条の意味を真に受け止めることができる 山辺昌彦 「金曜日」21（37）通号978 2013.9.27 p.51

07878 新 わたしと憲法シリーズ 吉岡達也 世界に9条を発信するピースボート共同代表 : 軍事による紛争解決は今や非現実的になり平和憲法の精神こそが有効だ 吉岡達也 「金曜日」21（41）通号982 2013.10.25 p.45

07879 憲法リレートーク（31） インタビュー 実力組織の統制 : 憲法9条を考える 青井未帆 白木敦士［聞き手］ 枝川充志［聞き手他］ 「自由と正義」64（11）通号779 2013.11 p.78〜81

07880 異色「憂国」対談 憲法9条は戦後日本の「覚悟の表現」だ 河野洋平 森村誠一 「サンデー毎日」92（45）通号5190 2013.11.3 p.20〜23

07881 INTERVIEW ポスト近代国民国家では9条を持つことが標準に : 東京大学法学部教授 長谷部恭男（特集 2014年大展望＆2030年未来予測―産業・企業編） 長谷部恭男 「週刊東洋経済」（6503） 2013.12.28-2014.1.4 p.158〜159

07882 教育子育て9条の会・第七回全国交流集会（埼玉）の成功に向けて（特集 憲法を地域に生かそう みんなのつどい） 佐藤学 「さいたまの教育と文化」（73） 2014.秋 p.11〜13

07883 「砂川裁判」の再審請求に向けて : 伊達判決を生かし、憲法9条を守り抜こう 塩川喜信 「季論21 : intellectual and creative」（26） 2014.秋 p.99〜110

07884 教育情報（No.1095）いまこそ憲法を読み深めよう : 「教育子育て九条の会」のとりくみ 石川喩紀子 「教育」（816） 2014.1 p.114〜117

07885 憲法第9条の交戦権否認規定と武力紛争当事国の第三国に対する措置 松山健二 「レファレンス」64（1）通号756 2014.1 p.87〜101

07886 「憲法9条を守るということ」での議論（法学館憲法研究所 2013憲法フォーラム） 伊藤真［回答・コメント］ 森英樹［回答・コメント］ 「法学館憲法研究所報」（10） 2014.1 p.57〜65

07887 「憲法9条を守るということ」問題提起（法学館憲法研究所 2013憲法フォーラム） 森英樹 「法学館憲法研究所報」（10） 2014.1 p.45〜56

07888 兵庫県北播磨地方の9条の会の活動（特集 第9回地域人権問題全国研究集会（北九州市） 第3分科会のテーマ『憲法を活かした地域人権の確立』） 稲次寛 「地域と人権」（357） 2014.1 p.14〜16

07889 新 わたしと憲法シリーズ 鷹巣直美 「憲法9条」にノーベル平和賞を 署名を送り続ける2児のママ 鷹巣直美 「金曜日」22（3）通号993 2014.1.24 p.53

07890 アジアにおける日本の平和憲法第9条の役割（9条世界会議・関西2013 国際会議・全体会―9条世界会議・関西2013 アジアの中の9条） チャンキョンオック レミンタム 伍躍 「Interjurist」（179） 2014.2.1 p.19〜29

07891 沖縄と九条 : 私たちの責任（9条世界会議・関西2013 国際会議・全体会―9条世界会議・関西2013 アジアの中の9条） 乗松聡子 「Interjurist」（179） 2014.2.1 p.14〜18

07892 世界の民衆とともにある日本国憲法9条（9条世界会議・関西2013 国際会議・全体会） 君島東彦 「Interjurist」（179） 2014.2.1 p.9〜13

07893 2013年10月9条世界会議(9条世界会議・関西2013 国際会議・全体会) メアリ・アン,ライト 「Interjurist」(179) 2014.2.1 p.5〜8

07894 9条世界会議開会のための演説(9条世界会議・関西2013 国際会議・全体会) ジーン,マイラー 「Interjurist」(179) 2014.6.1 p.1〜4

07895 国連集団安全保障と憲法9条 五十嵐宙 「青山法学論集」55(4) 2014.3 p.95〜123

07896 日米中関係と東アジアの平和(特集 憲法九条で真の平和を : 徹底検証・安倍流「積極的平和主義」) 浅井基文 「法と民主主義」(487) 2014.4 p.4〜10

07897 時代に合わせて変遷した憲法解釈(特集 集団的自衛権という選択 : ガラパゴス安保観からの脱却) 小川聡 「中央公論」129(6)通号1567 2014.6 p.104〜109

07898 戦争の放棄(9条・前文・66条2項)(特集 条文からスタート 憲法2014) 青井未帆 「法学教室」(405) 2014.6 p.14〜16

07899 日本は憲法九条の考えを世界に輸出していくべき(人権と私) 川崎哲 「第三文明」(654) 2014.6 p.79〜81

07900 軍隊で教えられたこと(9条世界会議・関西2013) デビッド,ロスハウザー 「Interjurist」(180) 2014.6.1 p.1〜4

07901 チュニジア・弁護士 ベルハッセン・エヌーリ(9条世界会議・関西2013) ベルハッセン,エヌーリ 「Interjurist」(180) 2014.6.1 p.5〜7

07902 私の意見 集団的自衛権について 井上圭章 「法学館憲法研究所報」(11) 2014.7 p.83〜86

07903 沖縄・ひめゆり学徒隊が愛唱した「相思樹の歌(別れの曲(うた))」(特集 憲法9条を守って、平和を) 松井和夫 「子どものしあわせ : 母と教師を結ぶ雑誌」(762) 2014.8 p.8〜16

07904 憲法九条を世界にアピールし、戦争の抑止力に 「憲法9条にノーベル平和賞を」実行委員会 「ヒューマンライツ」(317) 2014.8 p.18〜21

07905 憲法九条と集団的自衛権は両立できない 宮崎礼壹 「世界」(859) 2014.8 p.148〜154

07906 憲法九条を作ったのは誰なのか 幣原喜重郎元総理への最後のインタビューを読む 伊藤成彦 「金曜日」22(36)通号1026 2014.9.19 p.38〜40

07907 改めて憲法を考える(15)憲法9条の安全保障 成澤孝人 「時の法令」(1962) 2014.9.30 p.54〜59

07908 インタビュー 住民の安全・安心の砦は憲法9条 : 東北6県の自治体首長が党派を超えて 川井貞一 「住民と自治」通号619 2014.11 p.36〜40

07909 奥平康弘先生を悼み9条への想い新たに 堀尾輝久 「季論21 : intellectual and creative」(28) 2015.春 p.13〜16

07910 考える手帖(第3回)憲法9条の今後を考える 木村草太 「暮しの手帖. 第4世紀」(79) 2015・16.冬 p.136〜141

07911 戦後70年、日本国家の転換をめぐる闘い : 憲法9条に基づく東アジア秩序の構築を(特集 様々な視点で憲法を考えよう) 和田進 「季刊 人権問題」(40) 2015.春 p.1〜12

07912 水飲み鳥の戦争論 : 群れと、闘いと、憲法九条の射程(特集 戦争の放棄 : 「戦争論」の現在) 橋本克彦 「流砂」(9) 2015 p.97〜110

07913 憲法九条と児童福祉法二四条一項は"ぼくらの宝物!"(特集 新制度前夜 : 私たちの決意 一現場の声 新制度になっても私たちの保育は変わらない) 山田貴史 「季刊保育問題研究」(271) 2015.2 p.60〜66

07914 憲法9条と丸腰し軍隊 某国のイージス 「ジャパニズム」23 2015.2 p.176〜179

07915 戦後七〇年の節目を迎えて : 今こそ憲法九条を活かし広げよう 小林軍治 「人権21 : 調査と研究」(234) 2015.2 p.19〜26

07916 世界平和維持で石油安定供給を堅持 憲法9条守り、中韓とも仲良くしよう : 観光/ビジネス・人の交流で政治対立を乗り越えよ 美浜三郎 「石油政策」54(3)通号1444 2015.2.25 p.8〜11

07917 憲法9条、制度としての戦争を廃止する動議?(特集 歴史からの問いと現在) クラウス,シルヒトマン 「社会民主」(718) 2015.3 p.16〜19

07918 憲法9条訴訟と平和的生存権 河上暁弘 「広島平和研究」2 2015.3 p.149〜184

07919 「民主主義と平和」日韓共通の価値がひらく東アジアの未来 : 私たちはなぜ憲法9条をノーベル平和賞に推薦したのか(戦後70年) 李富栄 齋藤盛午[訳] 「世界」(866) 2015.3 p.172〜178

07920 日本協議会・日本青年協議会全国大会講演録 憲法九条を解剖する 長谷川三千子 「祖国と青年」(439) 2015.4 p.24〜42

07921 日本国憲法「第九条」の『全面的開花』のために 金子勝 「詩人会議」53(4)通号631 2015.4 p.62〜68

07922 "憲法9条の精神に立ち中東の平和に貢献しよう"と呼びかける : 民青新聞が中東問題で論評を掲載 「国内動向 : 過激各派の諸動向・教育・労働問題に関する専門情報誌」(1320) 2015.4.25 p.28〜30

07923 意外と知られていない憲法九条の成立経緯 憲法九条はいかにして成立したか 「明日への選択」(353) 2015.6 p.30〜34

07924　ノーベル平和賞は9条ではなく自衛隊だ：いったいなにが日本の平和を守ってきたのか（特集 憲法改正が始動する）　潮匡人　「正論」（522）　2015.6　p.210〜217

07925　泡の砦：自衛隊文学再論（総特集 戦争への対抗：自衛官・市民の命を守る憲法九条）　川村湊　「社会運動」（419）　2015.7　p.50〜57

07926　憲法9条にノーベル平和賞を　石垣義昭　「葦牙」（41）　2015.7　p.172〜181

07927　自衛官と対話するヨコスカ平和船団：順法闘争の徹底化という闘い方（総特集 戦争への対抗：自衛官・市民の命を守る憲法九条）　「社会運動」（419）　2015.7　p.42〜49

07928　商品たちの素姓（第6回）企業の知られていない素顔：武器産業に手を染めている（総特集 戦争への対抗：自衛官・市民の命を守る憲法九条）　中野寿ゞ子　「社会運動」（419）　2015.7　p.73〜77

07929　女性作家たちの声（第6回）百年先の未来を決める：辺野古・抵抗の現場から（総特集 戦争への対抗：自衛官・市民の命を守る憲法九条）　影山あさ子　「社会運動」（419）　2015.7　p.34〜39

07930　政府の憲法九条解釈の規範力：その確立過程を検証する（特集 戦後七〇年をふり返る）　西川伸一　「葦牙」（41）　2015.7　p.52〜73

07931　日本の滅亡について（総特集 戦争への対抗：自衛官・市民の命を守る憲法九条）　崔真碩　「社会運動」（419）　2015.7　p.25〜33

07932　平和と「自分はどう生きるのか？」の問い：近代一五〇年の歴史と生活クラブ（総特集 戦争への対抗：自衛官・市民の命を守る憲法九条）　岩根邦雄　「社会運動」（419）　2015.7　p.104〜107

07933　「憲法9条に平和賞を」の愚行 ノーベル賞一疑問の受賞者から獲得運動まで：政治的意図で受賞工作をしたり「ノーベル賞ビジネス」など舞台裏も知っておこう　「Themis」24（8）通号274　2015.8　p.14〜15

07934　憲法9条は七十年前に死んでいる（巨弾特集 この国のかたちを問う53人の提言 戦後70年 崩壊する神話）　櫻井よしこ　「文芸春秋」93（9）通号　2015.8　p.321〜323

07935　日本国憲法における「国家」と「人間」：「個人の尊厳」と9条（特集 法における「国家」と「人間」：広中俊雄博士の法学研究）　蟻川恒正　「法律時報」87（9）通号1089　2015.8　p.5〜11

07936　「個人の尊厳」と九条（特集 戦後70年：「戦」の「後」でありつづけるために）　蟻川恒正　「世界」（873）　2015.9　p.137〜147

07937　「日本道徳」再考（11）否定すべき憲法九条の道徳観　田中英道　「弘道」123（1098）　2015.9・10　p.47〜52

07938　歴史から忘れ去られた憲法第9条成立の趣旨　平山朝治　「エコノミスト」93（37）通号4414　2015.9.22　p.44〜45

07939　政治 もう憲法9条を裏切りたくない（いまこそ、みんなの日本国憲法）「Aera」28（41）通号1527　2015.9.28　p.10〜15, 17〜19

07940　伊藤和子会員インタビュー 世界の中の日本と憲法9条（特集 「戦争」を忘れない：恒久平和と憲法の使命を考える）　伊藤和子　山内一浩　「Libra：The Tokyo Bar Association journal」15（10）　2015.10　p.16〜18

07941　蒟蒻問答（第113回）憲法九条死守論者は安倍に感謝しろ！（総力大特集「平和安全法制」の核心はここだ！）　堤堯　久保紘之　「Will：マンスリーウイル」（130）　2015.10　p.88〜101

07942　Le pacifisme japonais apres guerre et l'interpretation de l'article 9 de la Constitution japonaise de 1946　德永貴志　新井誠　「和光経済」48（1）　2015.10　p.1〜8

07943　憲法9条で守られてきた自衛隊 活動拡大で必要なメディアの監視力（特集 どうして？公明党、どうなる？ 自衛隊一自衛隊をめぐって）　森健　「Journalism」（306）　2015.11　p.22〜30

07944　「戦争法」と自衛官の人権（憲法九条実現のために（1））　菅俊治　「法と民主主義」（503）　2015.11　p.36〜39

07945　日本国憲法9条2項前段に関するロマニストの小さな問題提起　木庭顕　「法律時報」87（12）通号1092　2015.11　p.53〜64

07946　逆説の日本史（第1087回）補遺編（第7話）日本人を動かす宗教（もの）言霊と怨霊信仰「憲法九条を守れ」と主張することが重要な人権侵害である理由　井沢元彦　「週刊ポスト」47（45）通号2353　2015.11.6　p.88〜91

07947　憲法九条がもたらした戦後70年の"平和ボケ"　山本峯章　「Verdad」21（12）通号248　2015.12　p.42〜45

07948　国交相による執行停止決定と代執行手続の法的問題について（憲法九条実現のために（2））　本多滝夫　「法と民主主義」（504）　2015.12　p.39〜41

環境

【雑誌】

07949　環境汚染の自由の保障？（第二部 法治国家における基本権保護）　松本和彦　「法治国家の展開と現代的構成 高田敏先生古稀記念論集」2007.2　p.307〜

07950　環境問題（伊藤真の中・高生のための憲法

教室〔37〕 伊藤真 「世界」(763) 2007.4
p.222〜223

07951 環境法原則の憲法学的基礎づけ・序論
(1)「個人」「人間」の尊厳からの自主責任手法
藤井康博 「早稲田大学大学院法研論集」
(126) 2008 p.175〜199

07952 環境法原則の憲法学的基礎づけ・序論
(2)「個人」「人間」の尊厳からの自主責任手法
藤井康博 「早稲田大学大学院法研論集」
(127) 2008 p.147〜171

07953 環境法原則の憲法学的基礎づけ・序論
(3)「個人」「人間」の尊厳からの自主責任手法
藤井康博 「早稲田大学大学院法研論集」
(128) 2008 p.115〜142

07954 私の考える平和へのグランドデザイン(3)
一直線につながる、貧困・平和・環境破壊——
日本は「地球問題解決人」になろう 高遠菜穂
子 「法と民主主義」(430) 2008.7 p.54〜56

07955 環境をめぐる憲法と民法(特集 憲法と民
法——対立か協働か 両者の関係を問い直す)
樺島博志 「法学セミナー」53(10)通号646
2008.10 p.23〜27

07956 環境法原則の憲法学的基礎づけ・序論
(4・完)「個人」「人間」の尊厳からの自主責任
手法 藤井康博 「早稲田大学大学院法研論集」
(129) 2009 p.231〜258

07957 環境権の展望 吉田仁美 「関東学院法
学」18(3・4) 2009.3 p.103〜128

07958 国際環境リスク——国家は何ができるか
(特集 グローバル化の中の国家と憲法) 児矢
野マリ 「ジュリスト」(1378) 2009.5.1・15
p.133〜142

07959 基地公害訴訟と平和運動〈時評〉 榎本信
行 「法と民主主義」456 2011.3

07960 坂東克彦弁護士特別講義・講義録「日本初
の公害裁判・新潟水俣病訴訟を語る」 菅原真
坂東克彦 「名古屋市立大学大学院人間文化研究
科人間文化研究」(18) 2012.12 p.305〜320

07961 「環境権」の権利構造(浅野直人教授 片岡
直教授 福山道義教授 森淳二朗教授 古稀記念
号) 玉蟲由樹 「福岡大学法學論叢」58(4)通
号209 2014.3 p.641〜669

07962 他国軍隊に対する後方支援法制 : 周辺事
態安全確保法改正案・国際平和支援法案(特集
平和安全法制) 笹本浩 桑山直樹 「立法と調
査」(366) 2015.7 p.34〜41

07963 被災動物の保護に憲法上の位置づけを
(ペット・動物法) 林太郎 「消費者法ニュー
ス」(105) 2015.10 p.179〜181

安全保障

【図書】

07964 人間の安全保障を踏まえた障害分野の取
り組み——国際協力の現状と課題 平成17年度
NGO研究会(障害分野) 〔東京〕 FASID
2006 217p 21cm 〈外務省委託〉 〈文献あ
り〉 N369.27 国際開発高等教育機構

07965 自衛権の論点 山田邦夫〔著〕 国立国会
図書館調査及び立法考査局 2006.3 33p
30cm (調査資料 2005-2-d シリーズ憲法の論
点 12) Ⓘ4-87582-629-X Ⓝ323.142 山田
邦夫

07966 戦後日本研究会・近代日本史料研究会報
告集 1 近代日本史料研究会 2006.3 127p
30cm Ⓝ210.6 近代日本史料研究会

07967 発展途上国における人間の安全保障——ア
ジアとラテンアメリカの比較 上智大学イベロ
アメリカ研究所 2006.3 209p 26cm (日本
私立学校振興・共済事業団学術研究振興資金共
同研究報告書 2004-2005年度) 〈英語併載〉
〈共同刊行:上智大学社会正義研究所〉 〈文献
あり〉 Ⓝ364.1 上智大学イベロアメリカ研
究所

07968 外交力でアメリカを超える——外交官がた
どり着いた結論 天木直人著 京都 かもがわ
出版 2006.4 151p 21cm (憲法のいま 3)
1300円 Ⓘ4-7803-0019-3 Ⓝ319.1 天木直人

07969 自衛隊そのトランスフォーメーション——
対テロ・ゲリラ・コマンドウ作戦への再編 小
西誠著 社会批評社 2006.7 237p 19cm
1800円 Ⓘ4-916117-70-0 Ⓝ392.1076 小西誠

07970 冷戦後の日本外交——安全保障政策の国内
政治過程 信田智人著 京都 ミネルヴァ書房
2006.9 226,6p 22cm (国際政治・日本外交
叢書 2) 〈文献あり〉 3500円 Ⓘ4-623-
04701-6 Ⓝ319.1 信田智人

07971 海洋国家日本の安全保障——21世紀の日本
の国家像を求めて 星山隆〔著〕 Tokyo 世界
平和研究所 2006.10 34p 30cm (平和研レ
ポート IIPS policy paper 320J)

07972 国を守れない自衛隊 伊藤博著 仙台
北の杜編集工房 2006.10 86p 16cm (北の
杜文庫) 429円 Ⓘ4-907726-38-4 Ⓝ392.1076
伊藤博

07973 日本有事——憲法(マックkenpoh)を棄て、
核武装せよ! 兵頭二十八著 PHP研究所
2006.12 191p 19cm (PHP paperbacks)
952円 Ⓘ4-569-65791-5 Ⓝ392.1076 兵頭二
十八

07974 スッキリわかる「米軍再編」——取材から
見えてきた「最終報告」の正体 半田滋〔述〕
国連・憲法問題研究会 2007.1 57p 26cm
(国連・憲法問題研究会連続講座報告 第39集)
400円

07975 緊急事態と人権—テロを例に 初川満著 信山社 2007.2 311, 25p 22cm （学術選書 法律） 〈文献あり〉 10000円 ①978-4-7972-1035-4 Ⓝ329.21 初川満

07976 戦後日本研究会・近代日本史料研究会報告集 2 近代日本史料研究会 2007.2 132p 30cm 〈会期：2006年2月10日ほか〉 〈年表あり〉 Ⓝ210.6 近代日本史料研究会

07977 国際安全保障論 1 佐島直子著 内外出版 2007.3 305, 60p 21cm （叢書日本の安全保障 第3巻） 〈「1」のサブタイトル：転換するパラダイム〉 〈文献あり〉 2000円 ①978-4-931410-07-7 Ⓝ319.8 佐島直子

07978 文民統制の論点 山田邦夫［著］ 国立国会図書館調査及び立法考査局 2007.3 38p 30cm （調査資料 2006-2-a シリーズ憲法の論点 13） ①978-4-87582-646-0 Ⓝ393.2 山田邦夫

07979 アジア太平洋地域における平和構築—その歴史と現状分析 杉田米行編著 岡山 大学教育出版 2007.4 263p 22cm 2800円 ①978-4-88730-759-9 Ⓝ319.2 杉田米行

07980 沖縄・読谷村憲法力がつくりだす平和と自治 山内徳信著 明石書店 2007.4 273p 20cm 〈「憲法を実践する村」（2001年刊）の新版〉 〈年表あり〉 2300円 ①978-4-7503-2545-3 Ⓝ395.39 山内徳信

07981 人間の安全保障—貧困削減の新しい視点 国際協力機構（JICA）編著, 絵所秀紀監修 国際協力出版会 2007.4 274p 21cm 〈文献あり〉 2800円 ①978-4-906352-61-6 Ⓝ333.8 国際協力機構 絵所秀紀

07982 新安保体制下の日米関係 佐々木隆爾著 山川出版社 2007.7 107p 21cm （日本史リブレット 67） 〈文献あり〉 800円 ①978-4-634-54670-7 Ⓝ319.1053 佐々木隆爾

07983 戦後日米関係と安全保障 我部政明著 吉川弘文館 2007.8 334, 8p 22cm 8000円 ①978-4-642-03779-2 Ⓝ319.1053 我部政明

07984 平和と安全保障 鈴木基史著 東京大学出版会 2007.9 246, 8p 19cm （シリーズ国際関係論 2） 〈文献あり〉 2500円 ①978-4-13-034252-0 Ⓝ319.8 鈴木基史

07985 日本の防衛問題の本質を探る 吉田孝一著 新風舎 2007.10 236p 15cm （新風舎文庫） 〈文献あり〉 800円 ①978-4-289-50564-7 Ⓝ323.14 吉田孝一

07986 人間の安全保障とヒューマン・トラフィキング 大久保史郎編 日本評論社 2007.10 337p 22cm （講座・人間の安全保障と国際組織犯罪 Series：human security and transnational organized crime第3巻） 4800円 ①978-4-535-00177-0 Ⓝ368.4 大久保史郎

07987 国の安全と自衛隊—重要な国家の基本と国際的視点 続「依田智治の主張」 依田智治著

朝雲新聞社 2007.12 365p 21cm 1600円 Ⓝ393 依田智治

07988 岐路に立つ日本の安全—安全保障・危機管理政策の実際と展望 森本敏監修 北星堂書店 2008.1 614p 20cm 〈文献あり〉 〈年表あり〉 3800円 ①978-4-590-01236-0 Ⓝ392.1076 森本敏

07989 米軍再編と対テロ戦争 国連・憲法問題研究会 2008.3 60p 26cm （国連・憲法問題研究会連続講座報告 第42集） 500円

07990 丸山眞男話文集 3 丸山眞男手帖の会編, 丸山眞男著 みすず書房 2008.11 459p 20cm 4800円 ①978-4-622-07383-3 Ⓝ081.6 丸山眞男 丸山眞男手帖の会

07991 グローバリゼーションと人間の安全保障 アマルティア・セン著, 山脇直司解題, 加藤幹雄訳 日本経団連出版 2009.2 160p 19cm 〈解題：山脇直司〉 1800円 ①978-4-8185-2840-6 Ⓝ331.74 セン, アマルティア 加藤幹雄 山脇直司

07992 国際情勢と我が国の安全保障 ［東京］ 衆議院調査局外務調査室・安全保障調査室 2009.2 335p 30cm Ⓝ319 衆議院

07993 《9・11》の衝撃（インパクト）とアメリカの「対テロ戦争」法制—予防と監視 岡本篤尚著 京都 法律文化社 2009.2 302p 22cm （神戸学院大学法学研究叢書 16） 5200円 ①978-4-589-03109-9 Ⓝ393.21 岡本篤尚

07994 グアテマラ内戦後人間の安全保障の挑戦 関雄二, 狐崎知己, 中村雄祐編著 明石書店 2009.3 278p 22cm （みんぱく実践人類学シリーズ 5） 5000円 ①978-4-7503-2970-3 Ⓝ333.8571 関雄二 狐崎知己 中村雄祐

07995 日米同盟の正体—迷走する安全保障 孫崎享著 講談社 2009.3 277p 18cm （講談社現代新書 1985） 〈文献あり〉 760円 ①978-4-06-287985-9 Ⓝ319.1053 孫崎享

07996 安全保障学入門 防衛大学校安全保障学研究会編著, 武田康裕, 神谷万丈責任編集 新訂第4版 亜紀書房 2009.6 377p 21cm 〈文献あり〉 2600円 ①978-4-7505-0902-0 Ⓝ319.8 防衛大学校安全保障学研究会 武田康裕 神谷万丈

07997 吉田茂と安全保障政策の形成—日米の構想とその相互作用, 1943～1952年 楠綾子著 京都 ミネルヴァ書房 2009.6 373, 5p 22cm （国際政治・日本外交叢書 9） 〈文献あり 索引あり〉 5500円 ①978-4-623-05204-2 Ⓝ319.1053 楠綾子

07998 自由と安全—各国の理論と実務 大沢秀介, 小山剛編 尚学社 2009.7 336p 21cm 〈索引あり〉 4500円 ①978-4-86031-068-4 Ⓝ316.4 大沢秀介 小山剛

07999 テロリズムの法的規制 初川満編 信山社 2009.9 272p 22cm （総合叢書 7（国際

人権法）） 〈索引あり〉 7800円 Ⓝ978-4-
7972-5457-0 Ⓝ329.21 初川満

08000 米軍違憲―憲法上その存在を許すべから
ざるもの 平山基生著 本の泉社 2009.12
135p 21cm （本の泉社マイブックレット no.
14） 〈年表あり〉 800円 Ⓘ978-4-7807-0236-
1 Ⓝ395.39 平山基生

08001 日米安保50年 西部邁, 宮崎正弘著 海竜
社 2010.1 287p 19cm 〈他言語標題：The
Japan-U.S.security treaty〉 〈年表あり〉
1600円 Ⓘ978-4-7593-1109-9 Ⓝ319.1053 西
部邁 宮崎正弘

08002 国際関係と安全保障 澤喜司郎著 成山
堂書店 2010.3 262p 21cm 〈文献あり 索引
あり〉 2800円 Ⓘ978-4-425-98211-0 Ⓝ319.1
澤喜司郎

08003 食料と人間の安全保障 上田晶子編 吹
田 大阪大学グローバルコラボレーションセン
ター 2010.3 123p 21cm （GLOCOLブッ
クレット 3） 〈他言語標題：Food and human
security〉 非売品 Ⓘ978-4-904609-02-6
Ⓝ611.38 上田晶子

08004 日米安全保障条約―締結から50年 ［外務
省］北米安全保障条約課編 ［東京］
［外務省］国内広報課 2010.3 14p 30cm 外
務省北米局

08005 日本国軍設置に改築不要 巣鴨英機著
青山ライフ出版 2010.5 98p 21cm 1000円
Ⓘ978-4-904001-56-1 Ⓝ392.1076 巣鴨英機

08006 漂流する日米同盟―民主党政権下におけ
る日米関係 森本敏監修 海竜社 2010.5
291p 20cm 1800円 Ⓘ978-4-7593-1133-4
Ⓝ319.1053 森本敏

08007 六〇年安保―メディアにあらわれたイ
メージ闘争 大井浩一著 勁草書房 2010.5
344, 4p 20cm 〈索引あり〉 3200円 Ⓘ978-
4-326-35149-7 Ⓝ210.76 大井浩一

08008 安保改定50年―軍事同盟のない世界へ
民主主義科学者協会法律部会編 日本評論社
2010.6 285p 26cm （法律時報増刊） 2762
円 Ⓝ319.1053 民主主義科学者協会

08009 海兵隊グアム移転と「抑止力」を考える
学べよ、学べ！ 普天間問題 山口響［述］§杉
原浩司［述］ 国連・憲法問題研究会 2010.6
44p 26cm （国連・憲法問題研究会講座報告
第48集） 500円

08010 憲法と沖縄を問う 井端正幸, 渡名喜庸
安, 仲山忠克編 京都 法律文化社 2010.7
187p 21cm 2000円 Ⓘ978-4-589-03277-5
Ⓝ323.14 井端正幸 渡名喜庸安 仲山忠克

08011 集団安全保障の本質 柏山堯司編著 東
信堂 2010.7 468p 22cm 〈他言語標題：
THE ESSENCE OF COLLECTIVE
SECURITY〉 〈索引あり〉 4600円 Ⓘ978-4-
88713-964-0 Ⓝ319.8 柏山堯司

08012 日米同盟再考―知っておきたい100の論点
西原正, 土山實男監修, 平和・安全保障研究所編
亜紀書房 2010.7 309p 21cm 《『日米同盟
Q&A100』(1998年刊)の改訂》 〈年表あり〉
2500円 Ⓘ978-4-7505-1007-1 Ⓝ319.1053 平
和安全保障研究所 西原正 土山實男

08013 ジョーカー・安保―日米同盟の60年を問
う 二見伸吾著 京都 かもがわ出版 2010.8
63p 21cm （かもがわブックレット 177）
〈並列シリーズ名：KAMOGAWA
BOOKLET〉 600円 Ⓘ978-4-7803-0382-7
Ⓝ319.1053 二見伸吾

08014 日米安保Q&A―「普天間問題」を考える
ために 「世界」編集部編 岩波書店 2010.9
67p 21cm （岩波ブックレット no.792） 〈年
表あり〉 560円 Ⓘ978-4-00-270792-1 Ⓝ392.
1076 「世界」編集部

08015 脱日米同盟と自治体・住民―憲法・安保・
基地・沖縄 自治労連・地方自治問題研究機構
編 大月書店 2010.10 196p 21cm 〈『季刊
自治と分権』別冊〉 1500円 Ⓘ978-4-272-
79041-8 Ⓝ395.39 自治労連地方自治問題研究
機構

08016 日米同盟という欺瞞、日米安保という虚
構 中野憲志著 新評論 2010.11 316p
20cm 〈索引あり〉 2900円 Ⓘ978-4-7948-
0851-6 Ⓝ319.1053 中野憲志

08017 普天間基地問題から何が見えてきたか
宮本憲一, 西谷修, 遠藤誠治編 岩波書店
2010.12 174p 19cm 1600円 Ⓘ978-4-00-
024657-6 Ⓝ319.1053 宮本憲一 西谷修 遠
藤誠治

08018 民主党政権下の日米安保 小沢隆一, 丸山
重威編 ［東京］ 花伝社 2011.2 263, 3p
19cm 〈年表あり〉 〈発売：共栄書房〉 1700
円 Ⓘ978-4-7634-0594-4 Ⓝ392.1076 小沢隆
一 丸山重威

08019 密約の闇をあばく―日米地位協定と米兵
犯罪 吉田敏浩［述］ 国連・憲法問題研究会
2011.3 53p 26cm （国連・憲法問題研究会
報告 第49集） 500円

08020 アメリカはなぜ日本を助けるのか―体験
的日米同盟考 古森義久著 産経新聞出版
2011.6 261p 20cm 〈年表あり〉 〈発売：日
本工業新聞社〉 1600円 Ⓘ978-4-8191-1129-4
Ⓝ319.1053 古森義久

08021 国防 石破茂著 新潮社 2011.8 309p
16cm （新潮文庫 いー108-1） 476円 Ⓘ978-
4-10-135961-8 Ⓝ392.1076 石破茂

08022 安全保障ってなんだろう 佐島直子著
勁草書房 2011.9 248p 21cm 〈文献あり〉
2800円 Ⓘ978-4-326-30202-4 Ⓝ319.8 佐島
直子

08023 日本の外交と総合的安全保障―論集 谷
内正太郎編 ウェッジ 2011.10 457p 20cm

2600円　Ⓘ978-4-86310-090-9　Ⓝ319.1　谷内
正太郎

08024　日中安全保障・防衛交流の歴史・現状・
展望　秋山昌廣, 朱鋒編著　亜紀書房　2011.11
448p　22cm　〈執筆：秋山昌廣ほか〉〈年表
あり〉　2800円　Ⓘ978-4-7505-1119-1　Ⓝ319.
1022　秋山昌廣　朱鋒

08025　アジア太平洋の安全保障アーキテクチャ
―地域安全保障の三層構造　神保謙, 東京財団
「アジアの安全保障」プロジェクト編著　日本
評論社　2011.12　164p　21cm　〈索引あり〉
3600円　Ⓘ978-4-535-55670-6　Ⓝ319.8　神保
謙　東京財団「アジアの安全保障」プロジェ
クト

08026　政府開発援助政策と人間の安全保障　高
松香奈著　日本評論社　2011.12　296p　22cm
〈他言語標題：Official Development Assistance
Policy and Human Security〉〈索引あり〉
〈文献あり〉　5700円　Ⓘ978-4-535-55692-8
Ⓝ368.4　高松香奈

08027　武器輸出三原則入門―「神話」と実像
森本正崇著　信山社　2012.1　162p　19cm
（現代選書 8）〈索引あり〉　1800円　Ⓘ978-4-
7972-3288-2　Ⓝ678.15　森本正崇

08028　自衛力論の論理と歴史―憲法解釈と憲法
改正のあいだ　浦田一郎著　編集工房〈要〉
2012.5　347p　22cm　〈索引あり〉〈発売：日
本評論社〉　5000円　Ⓘ978-4-535-51902-2
Ⓝ323.142　浦田一郎

08029　「戦争」で読む日米関係100年―日露戦争
から対テロ戦争まで　簑原俊洋編　朝日新聞出
版　2012.6　293, 14p　19cm　（朝日選書 888）
〈文献あり 索引あり〉　1600円　Ⓘ978-4-02-
259988-9　Ⓝ319.1053　簑原俊洋

08030　安全保障の政治学―表象的次元から見る
国際関係　野崎孝弘著　国際書院　2012.9
247p　22cm　〈文献あり 索引あり〉　5000円
Ⓘ978-4-87791-235-2　Ⓝ319.8　野崎孝弘

08031　これでいいのか日米安保―「日米同盟」
の本質　労働者教育協会編　学習の友社　2012.
10　135p　21cm　（シリーズ世界と日本21 39）
〈年表あり〉　1143円　Ⓘ978-4-7617-1241-9
Ⓝ319.1053　労働者教育協会　米国労働者教育
協会　WEA

08032　何のための秘密保全法か―その本質とね
らいを暴く　海渡雄一, 前田哲男著　岩波書店
2012.10　63p　21cm　（岩波ブックレット No.
853）　500円　Ⓘ978-4-00-270853-9　Ⓝ326.81
海渡雄一　前田哲男

08033　安保戦略改造論―在日米軍の存在は沖縄
のため　久間章生著　創英社/三省堂書店
2012.11　270p　20cm　1500円　Ⓘ978-4-
88142-562-6　Ⓝ392.1076　久間章生

08034　沖縄返還と日米安保体制　中島琢磨著
有斐閣　2012.12　402p　22cm　〈他言語標

Reversion of Okinawa and the Japan-U.S.
Security Arrangements〉〈文献あり 索引あ
り〉　4800円　Ⓘ978-4-641-04999-4　Ⓝ319.
1053　中島琢磨

08035　「中国脅威論」とASEAN諸国―安全保
障・経済をめぐる会議外交の展開　佐藤考一著
勁草書房　2012.12　379p　22cm　〈他言語標
題：'The China Threat'and ASEAN's
Conference Diplomacy〉〈文献あり 索引あ
り〉　6000円　Ⓘ978-4-326-30213-0　Ⓝ319.
23022　佐藤考一

08036　戦前日本の安全保障　川田稔著　講談社
2013.1　293p　18cm　（講談社現代新書 2190）
〈文献あり〉　800円　Ⓘ978-4-06-288190-6
Ⓝ319.1　川田稔

08037　国連安全保障理事会と日本　［外務省］総
合外交政策局国連政策課編　一部改訂　［東京］
［外務省］国内広報室　2013.3　10p　30cm

08038　秘密保全法批判―脅かされる知る権利
田島泰彦, 清水勉編　日本評論社　2013.3
240p　21cm　〈他言語標題：State Secrets
Protection Bill and the Right to Know〉〈索
引あり〉　2500円　Ⓘ978-4-535-51939-8
Ⓝ326.81　田島泰彦　清水勉

08039　本当は憲法より大切な「日米地位協定入
門」　前泊博盛編著　大阪　創元社　2013.3
397p 図版16p　19cm　（「戦後再発見」双書 2）
〈文献あり〉　1500円　Ⓘ978-4-422-30052-8
Ⓝ395.3　前泊博盛

08040　リスク学入門　3　法律からみたリスク
長谷部恭男責任編集　長谷部恭男/責任編集
新装増補　岩波書店　2013.3　181p　21cm
〈文献あり 索引あり〉　2500円　Ⓘ978-4-00-
028478-3　Ⓝ361.4　長谷部恭男

08041　憲法の論理と安保の論理　金子勝著　勁
草書房　2013.4　435p　20cm　4100円　Ⓘ978-
4-326-45097-8　Ⓝ319.8　金子勝

08042　終わらない〈占領〉―対米自立と日米安保
見直しを提言する！　孫崎享, 木村朗編　京都
法律文化社　2013.6　234, 9p　21cm　〈執筆：
G.マコーマックほか〉〈年表あり〉　2400円
Ⓘ978-4-589-03524-0　Ⓝ319.1053　孫崎享　木
村朗

08043　国防軍とは何か　森本敏, 石破茂, 西修著
幻冬舎ルネッサンス　2013.6　302p　18cm
（幻冬舎ルネッサンス新書 も-5-1）　857円
Ⓘ978-4-7790-6080-9　Ⓝ393　森本敏　石破茂
西修

08044　上田耕一郎著作集　第5巻　日米安保条約
と日本国憲法　上田耕一郎著　新日本出版社
2013.8　420p　20cm　〈布装〉　3600円
Ⓘ978-4-406-05615-1　Ⓝ310.8　上田耕一郎

08045　安全保障とは何か―国家から人間へ　古
関彰一著　岩波書店　2013.9　237, 8p　20cm
〈索引あり〉　2800円　Ⓘ978-4-00-022077-4

Ⓝ319.8　古関彰一

08046　「戦後」と安保の六十年　植村秀樹著　日本経済評論社　2013.9　283p　20cm　（同時代史叢書）〈文献あり〉　2600円　Ⓘ978-4-8188-2289-4　Ⓝ319.1053　植村秀樹

08047　「活米」という流儀―外交・安全保障のリアリズム　長島昭久著　講談社　2013.10　244p　20cm　〈文献あり〉　1700円　Ⓘ978-4-06-218567-7　Ⓝ319.1022　長島昭久

08048　秘密法で戦争準備・原発推進―市民が主権者である社会を否定する秘密保護法　海渡雄一著　国分寺　創史社　2013.11　157p　19cm　〈文献あり〉〈発売：八月書館〉　1400円　Ⓘ978-4-915970-44-3　Ⓝ326.81　海渡雄一

08049　吉本隆明資料集　130　自衛隊「合憲論」の歴史的犯罪/心について　吉本隆明［著］　高知　猫々堂　2013.11　159p　21cm　1700円　Ⓝ918.68　吉本隆明

08050　現代日本の政治と外交　2　猪口孝監修・編，G.ジョン・アイケンベリー，佐藤洋一郎編　原書房　2013.12　403, 4p　22cm　〈文献あり　索引あり〉　4800円　Ⓘ978-4-562-04954-7　Ⓝ312.1　猪口孝　アイケンベリー，G.ジョン　佐藤洋一郎

08051　アジア太平洋地域の多国間協力の可能性　防衛省防衛研究所編　防衛省防衛研究所　2014　160p　21cm　（安全保障国際シンポジウム　平成25年度）　Ⓘ978-4-86482-021-9　Ⓝ319.2　防衛研究所

08052　日本版NSCとは何か　春原剛著　新潮社　2014.1　207p　18cm　（新潮新書 552）　700円　Ⓘ978-4-10-610552-4　Ⓝ393　春原剛

08053　なぜ「秘密法」に反対か―開かれた平和な国のために祈りつつ　特定秘密保護法に反対する牧師の会編　新教出版社　2014.2　172p　21cm　（新教コイノーニア 28）　1300円　Ⓘ978-4-400-40731-7　Ⓝ190.4　特定秘密保護法に反対する牧師の会

08054　国家安全保障基本法批判　青井未帆著　岩波書店　2014.3　63p　21cm　（岩波ブックレット No.892）　520円　Ⓘ978-4-00-270892-8　Ⓝ393　青井未帆

08055　秘密保護法何が問題か―検証と批判　海渡雄一，清水勉，田島泰彦編　岩波書店　2014.3　363p　21cm　1900円　Ⓘ978-4-00-024519-7　Ⓝ326.81　海渡雄一　清水勉　田島泰彦

08056　「普通」の国日本　添谷芳秀，田所昌幸，デイヴィッド・A.ウェルチ編著　千倉書房　2014.3　340p　20cm　〈索引あり〉　2800円　Ⓘ978-4-8051-1032-4　Ⓝ319.1　添谷芳秀　田所昌幸　ウェルチ，デイヴィッド・A.

08057　安全保障の国際政治学―焦りと傲り　土山實男著　第2版　有斐閣　2014.4　476p　20cm　〈他言語標題：International Politics of Security〉〈索引あり〉　3200円　Ⓘ978-4-

641-14903-8　Ⓝ319.8　土山實男

08058　究極の選択―憲法9条vs日米安保条約　室伏正博著　京都　ウインかもがわ　2014.4　191p　19cm　〈発売：かもがわ出版〉　1400円　Ⓘ978-4-903882-59-8　Ⓝ323.142　室伏正博

08059　国家緊急権　橋爪大三郎著　NHK出版　2014.4　254p　19cm　（NHKブックス 1214）〈文献あり　索引あり〉　1200円　Ⓘ978-4-14-091214-0　Ⓝ323　橋爪大三郎

08060　憲法を求める沖縄捨てる日本　照屋寛徳著　うるま　ゆい出版　2014.5　293p　19cm　1500円　Ⓘ978-4-946539-33-6　Ⓝ323.14　照屋寛徳

08061　特定秘密保護法とその先にあるもの―憲法秩序と市民社会の危機　村井敏邦，田島泰彦編　日本評論社　2014.5　176p　21cm　（別冊法学セミナー no.229　新・総合特集シリーズ5）　1574円　Ⓘ978-4-535-40844-9　Ⓝ326.81　村井敏邦　田島泰彦

08062　防衛大学校で、戦争と安全保障をどう学んだか　杉井敦，星野了俊著　祥伝社　2014.6　324p　18cm　（祥伝社新書 368）〈文献あり〉　860円　Ⓘ978-4-396-11368-1　Ⓝ319.8　杉井敦　星野了俊

08063　日米〈核〉同盟―原爆、核の傘、フクシマ　太田昌克著　岩波書店　2014.8　244p　18cm　（岩波新書 新赤版 1498）　800円　Ⓘ978-4-00-431498-1　Ⓝ319.1053　太田昌克

08064　日本をめぐる安全保障これから10年のパワー・シフト―その戦略環境を探る　渡邉昭夫，秋山昌廣編著　亜紀書房　2014.8　286p　21cm　2500円　Ⓘ978-4-7505-1414-7　Ⓝ319.1　渡邉昭夫　秋山昌廣

08065　沖縄差別と闘う―悠久の自立を求めて　仲宗根勇著　未來社　2014.9　233p　19cm　1800円　Ⓘ978-4-624-41099-5　Ⓝ312.199　仲宗根勇

08066　地球平和の政治学―日本の平和主義と安全保障　秋元大輔著　第三文明社　2014.9　254p　18cm　（レグルス文庫 273）　900円　Ⓘ978-4-476-01273-6　Ⓝ319.1　秋元大輔

08067　岸信介証言録　原彬久編　中央公論新社　2014.11　541p　16cm　（中公文庫 は69-1）〈毎日新聞社 2003年刊の再刊〉〈年譜あり〉　1200円　Ⓘ978-4-12-206041-8　Ⓝ312.1　原彬久

08068　日本の勝機―米中韓の変化に果敢に向き合え　櫻井よしこ，国家基本問題研究所著　産経新聞出版　2014.11　287p　19cm　〈発売：日本工業新聞社〉　1400円　Ⓘ978-4-8191-1254-3　Ⓝ319.1　櫻井よしこ　国家基本問題研究所

08069　シリーズ日本の安全保障　3　立憲的ダイナミズム　水島朝穂編　水島朝穂/責任編集　岩波書店　2014.12　304, 2p　20cm　2900円　Ⓘ978-4-00-028753-1　Ⓝ393.08　水島朝穂

安全保障

08070 安全保障論―平和で公正な国際社会の構築に向けて 黒澤満先生古稀記念 神余隆博、星野俊也、戸崎洋史、佐渡紀子編 信山社 2015.1 621p 22cm 〈著作目録あり 年譜あり〉 14200円 Ⓘ978-4-7972-9177-3 Ⓝ319.8 神余隆博 星野俊也 戸崎洋史 佐渡紀子

08071 戦争体験―沖縄弁護士会会員記録 沖縄弁護士会憲法委員会編 那覇 沖縄弁護士会 2015.2 51p 26cm 〈年表あり〉 Ⓝ916 沖縄弁護士会

08072 秘密保護法対策マニュアル 海渡雄一著 岩波書店 2015.3 63p 21cm （岩波ブックレット No.921） 520円 Ⓘ978-4-00-270921-5 Ⓝ326.81 海渡雄一

08073 「無極化」時代の日米同盟―アメリカの対中宥和政策は日本の「危機の二〇年」の始まりか 川上高司著 京都 ミネルヴァ書房 2015.7 264, 7p 22cm 〈索引あり〉 3500円 Ⓘ978-4-623-07337-5 Ⓝ319.1053 川上高司

08074 ゆとり世代の若者たちがいま戦争について考えていること 杉井敦、星野了俊著 こう書房 2015.7 239p 19cm 〈文献あり〉 1400円 Ⓘ978-4-7696-1142-4 Ⓝ319.8 杉井敦 星野了俊

08075 高校生にも読んでほしい安全保障の授業 佐藤正久著 ワニブックス 2015.8 191p 19cm 1296円 Ⓘ978-4-8470-9369-2 Ⓝ319.8 佐藤正久

08076 戦後日本の首相―経済と安全保障で読む 中野明著 祥伝社 2015.8 314, 9p 18cm （祥伝社新書 431） 〈文献あり 年表あり 索引あり〉 860円 Ⓘ978-4-396-11431-2 Ⓝ312.1 中野明

08077 聞け！オキナワの声―闘争現場に立つ元裁判官が辺野古新基地と憲法クーデターを斬る 仲宗根勇著 未來社 2015.9 245p 19cm 1700円 Ⓘ978-4-624-30121-7 Ⓝ395.39 仲宗根勇

08078 秘密保護法の日本と教会―〈附〉田中正造・佐野エクステンション 星出卓也、中林篤朗、安田耕一、野寺博文、崔善愛著、信州夏期宣教講座編 いのちのことば社 2015.9 164p 21cm （21世紀ブックレット 54） 1300円 Ⓘ978-4-264-03444-5 Ⓝ190.4 星出卓也 中林篤朗 安田耕一

08079 仮面の日米同盟―米外交機密文書が明かす真実 春名幹男著 文藝春秋 2015.11 269p 18cm （文春新書 1053） 〈文献あり〉 800円 Ⓘ978-4-16-661053-2 Ⓝ319.1053 春名幹男

08080 沈黙の自衛隊―知られざる苦悩と変化の60年 瀧野隆浩著 ポプラ社 2015.12 254p 18cm （ポプラ新書 076）「「出動せず」(2014年刊)の改題、加筆」 780円 Ⓘ978-4-591-14778-8 Ⓝ392.1076 瀧野隆浩

【雑誌】

08081 自衛隊の動向と米軍再編問題(特集 2006年の情勢と展望) 纐纈厚 「科学的社会主義」 (93) 2006.1 p.32〜39

08082 法律解説 国会・内閣 平成13年九月十一日のアメリカ合衆国において発生したテロリストによる攻撃等に対応して行われる国際連合憲章の目的達成のための諸外国の活動に対して我が国が実施する措置及び関連する国際連合決議等に基づく人道的措置に関する特別措置法の一部を改正する法律――平成17年10月31日法律第103号 「法令解説資料総覧」 (288) 2006.1 p.13〜16

08083 日本と世界の安全保障 2006年の国際情勢を展望する 森本敏 「世界週報」 87(1) 通号4227 2006.1.3・10 p.56〜57

08084 日本と世界の安全保障 欧州に回帰したポーランドの夢と現実 兵藤長雄 「世界週報」 87(3) 通号4229 2006.1.24 p.40〜41

08085 日本と世界の安全保障 日米同盟関係深化と安全保障体制確立 佐久間一 「世界週報」 87(4) 通号4230 2006.1.31 p.40〜41

08086 大阪における自衛隊の実態(2006年権利討論集会特集号―第6分科会 憲法改悪の先にあるもの――基地の再編、人の再編、そして私たちの暮らしの変容) 竹馬稔 「民主法律」 (265) 2006.2 p.148〜150

08087 神奈川の基地と米軍再編について(2006年権利討論集会特集号―第6分科会 憲法改悪の先にあるもの――基地の再編、人の再編、そして私たちの暮らしの変容) 阪田勝彦 「民主法律」 (265) 2006.2 p.139〜142

08088 日本の安全保障政策における「空間概念からの脱却」――日米安全保障協議委員会(2005年)における「大きな転換」 正司光則 「国際情勢：紀要」 (76) 2006.2 p.149〜161

08089 日本と世界の安全保障 日本の課題は首相のコミュニケーション 渡部恒雄 「世界週報」 87(5) 通号4231 2006.2.7 p.38〜39

08090 日本と世界の安全保障 イラン、ウクライナ問題とエネルギー安保 金子熊夫 「世界週報」 87(7) 通号4233 2006.2.21 p.40〜41

08091 提言 資料/岡田代表外交安全保障ビジョン『開かれた国益』をめざして――アジア、そして世界とともに生きる 岡田克也 「国際人権法政策研究」 2(1) 2006.3 p.4〜17

08092 伝統的な国家脅威に加わった非国家脅威(〔防衛大学校防衛学研究会第31回〕戦略環境研究分科会 テーマ：現代の戦略環境と自衛隊の役割) 太田文雄 「防衛学研究」 (34) 2006.3 p.98〜108

08093 特別講演 わが国の安全保障政策の流れと日米関係 大河原良雄 「防衛学研究」 (34) 2006.3 p.1〜21

08094 テロリズム対策と憲法 大沢秀介 「現代法律学の課題 日本法政学会五十周年記念」 2006.3 p.33〜

08095 見えないイラン情勢の展開 ： 核開発と日本のエネ安全保障 「オイル・リポート ： 石油とガスのオピニオン・情報誌」 (1258) 2006.3.13 p.6〜15

08096 日本と世界の安全保障 米印核協力協定は慎重に進めるべきだ 西原正 「世界週報」 87 (10) 通号4236 2006.3.14 p.40〜41

08097 日本と世界の安全保障 国際社会の対テロ戦争と日米同盟 森本敏 「世界週報」 87 (11) 通号4237 2006.3.21 p.42〜43

08098 日本と世界の安全保障 流れ出した防衛秘密 潮匡人 「世界週報」 87 (12) 通号4238 2006.3.28 p.38〜39

08099 自衛隊の警察化(特集1 日米安保と自衛隊の再編—自衛隊の警察化) 池田五律 「法と民主主義」 (407) 2006.4 p.27〜31

08100 民主党 民主党が目指すべき安全保障 平岡秀夫 近藤昭一 「世界」 (751) 2006.4 p.78〜91

08101 日本と世界の安全保障 ブッシュ政権の危険な賭け——対インド核協力 兵藤長雄 「世界週報」 87 (13) 通号4239 2006.4.4 p.38〜39

08102 日本と世界の安全保障 米国の06QDRとわが国の対応 佐久間一 「世界週報」 87 (14) 通号4240 2006.4.11 p.38〜39

08103 日本と世界の安全保障 グアム移転費用75億ドルは高いか安いか 渡部恒雄 「世界週報」 87 (15) 通号4241 2006.4.18 p.40〜41

08104 日本と世界の安全保障 「日本流」が通用しない問題 志方俊之 「世界週報」 87 (16) 通号4242 2006.4.25 p.38〜39

08105 安全保障 防衛力整備を通じた平和国家宣言を(特集 安全・安心社会をめざして) 小川和久 「公明」 通号5 2006.5 p.2〜6

08106 日本と世界の安全保障 核拡散問題はどう変わったか 金子熊夫 「世界週報」 87 (17) 通号4243 2006.5.2 p.40〜41

08107 日本と世界の安全保障 1980年代からの教訓 村田晃嗣 「世界週報」 87 (18) 通号4244 2006.5.9・16 p.60〜61

08108 日本と世界の安全保障 リベラル気取りは通用しない 田久保忠衛 「世界週報」 87 (19) 通号4245 2006.5.23 p.38〜39

08109 日本と世界の安全保障 日本はイランの核開発阻止に積極関与を 西原正 「世界週報」 87 (20) 通号4246 2006.5.30 p.42〜43

08110 告発スクープ Winny流出資料で判明 自衛隊マル秘作戦計画「憲法違反」の核心 斎藤貴男 「現代」 40 (6) 2006.6 p.44〜53

08111 告発スクープ・Winny流出資料で判明 自衛隊マル秘作戦計画「憲法違反」の核心 斎藤貴男 「現代」 40 (6) 2006.6 p.44〜53

08112 日本と世界の安全保障 航空自衛隊改編案への注文 潮匡人 「世界週報」 87 (22) 通号4248 2006.6.13 p.44〜54

08113 日本と世界の安全保障 「変質」するロシアとG8サミット 兵藤長雄 「世界週報」 87 (23) 通号4249 2006.6.20 p.40〜41

08114 「最終合意」で確認された米軍・自衛隊の一体化——日米安全保障協議委員会「最終合意」「再編実施のためのロードマップ」の分析 紙谷敏弘 「平和運動」 (431) 2006.7 p.4〜14

08115 日本と世界の安全保障 ザルカウィの死でイラク情勢は好転するか 渡部恒雄 「世界週報」 87 (25) 通号4251 2006.7.4 p.40〜41

08116 日本と世界の安全保障 「テポドン2」発射情報の戦略的背景 志方俊之 「世界週報」 87 (26) 通号4252 2006.7.11 p.6〜7

08117 日本と世界の安全保障 エネルギー自給率を40%に高めよ 金子熊夫 「世界週報」 87 (27) 通号4253 2006.7.18 p.38〜39

08118 日本と世界の安全保障 小泉対米外交5年の評価 村田晃嗣 「世界週報」 87 (28) 通号4254 2006.7.25 p.38〜39

08119 米軍の世界的再編と自衛隊 大槻重信 「社会主義」 (528) 2006.8 p.104〜111

08120 防衛省昇格法案について〔含 資料 防衛省昇格について、防衛庁パンフレットから〕 内藤功 「平和運動」 (432) 2006.8・9 p.4〜9

08121 変容する東アジアの地域的経済および安全保障の枠組み 趙全勝 佐藤史郎 「東アジア共同体という幻想」 2006.8 p.181〜

08122 自衛隊・防衛問題に関する世論調査 内閣府大臣官房政府広報室 「政策特報」 通号1262 2006.8.1 p.120〜189

08123 日本と世界の安全保障 北朝鮮のミサイル実験が突き付ける現実(徹底分析 北の脅威) 田久保忠衛 「世界週報」 87 (29) 通号4255 2006.8.1 p.12〜13

08124 日本と世界の安全保障 北のミサイル発射は北東アジア危機の始まり 森本敏 「世界週報」 87 (31) 通号4257 2006.8.15・22 p.54〜55

08125 日本と世界の安全保障 北朝鮮のミサイル発射と「事実」 潮匡人 「世界週報」 87 (32) 通号4258 2006.8.29 p.38〜39

08126 日本と世界の安全保障 米・EUとロシアの狭間で苦悩するトルコ 兵藤長雄 「世界週報」 87 (33) 通号4259 2006.9.5 p.40〜41

08127 日本と世界の安全保障 国家安全保障から見た首都機能移転のススメ 渡部恒雄 「世界週報」 87 (35) 通号4261 2006.9.19 p.42〜43

08128 日本と世界の安全保障 危機管理体制の整備で忘れがちな人材養成 志方俊之 「世界週報」 87(36)通号4262 2006.9.26 p.42～43

08129 防衛省設置法案・自衛隊法改定案とは 「海外で戦う自衛隊」を本格化(特集 政治対決の焦点) 筑紫建彦 「科学的社会主義」(102) 2006.10 p.20～24

08130 日本と世界の安全保障 日米同盟の意味を日本人は本当に理解しているか 金子熊夫 「世界週報」 87(37)通号4263 2006.10.3 p.14～15

08131 日本と世界の安全保障 日本の新政権に望むこと 村田晃嗣 「世界週報」 87(38)通号4264 2006.10.10 p.42～43

08132 日本と世界の安全保障 怠ってはならない防衛努力 田久保忠衛 「世界週報」 87(39)通号4265 2006.10.17 p.40～41

08133 日本と世界の安全保障 国家情報機能はどうすれば強化できるか 森本敏 「世界週報」 87(41)通号4267 2006.10.31 p.44～45

08134 今日的戦争と米軍、自衛隊(憲法をめぐる状況——過去・現在・未来) 大槻重信 「社会主義」(531) 2006.11 p.84～92

08135 防衛費の推移と「思いやり予算」——「日米同盟」強化路線を突き進む日本(憲法をめぐる状況——過去・現在・未来) 下道just紀 「社会主義」(531) 2006.11 p.101～110

08136 基地のない未来を目指して 高良沙哉 「沖縄の脱軍事化と地域的主体性 復帰後世代の「沖縄」 明治大学軍縮平和研究所共同研究プロジェクト」 2006.11 p.163～

08137 日本と世界の安全保障 北制裁決議が突き付けた重い課題(特集 北朝鮮の暴走) 潮匡人 「世界週報」 87(42)通号4268 2006.11.7 p.18～19

08138 日本と世界の安全保障 危機に瀕する米国のソフトパワー 渡部恒雄 「世界週報」 87(45)通号4271 2006.11.28 p.42～43

08139 ミサイル防衛が答えではない——北朝鮮の「核実験成功」と東北アジアの安全保障 田巻一彦 「進歩と改革」 通号660 2006.12 p.41～48

08140 日本と世界の安全保障 核に関する2つの現実とわが国の選択 志方俊之 「世界週報」 87(46)通号4272 2006.12.5 p.44～45

08141 日本と世界の安全保障 科学的根拠に基づいた核武装論議を 金子熊夫 「世界週報」 87(47)通号4273 2006.12.12 p.40～41

08142 政策提言 海事安全保障政策の確立による日本人船員の確保 寺前秀一 「世界週報」 87(48)通号4274 2006.12.19 p.22～25

08143 「安全」をめぐる憲法理論上の諸問題(現代における安全と自由) 大石眞 「公法研究」 (69) 2007 p.21～44

08144 琉球の自治と憲法(特集 今こそ、「琉球の自治」を——「復帰」とは何だったのか——「琉球の自治」の思想と実践) 川満信一 「環 : 歴史・環境・文明」 30 2007.Sum. p.162～169

08145 自衛隊法改正が導く自衛隊の変質(世界の潮) 前田哲男 「世界」(760) 2007.1 p.20～24

08146 日本と世界の安全保障 日本は平和構築活動でNATOと連携を 西原正 「世界週報」 88(1)通号4276 2007.1.2・9 p.58～59

08147 日本と世界の安全保障 今年の国際情勢と日本の安全保障課題 森本敏 「世界週報」 88(2)通号4277 2007.1.16 p.40～41

08148 日本と世界の安全保障 防衛省と国際平和協力法案 潮匡人 「世界週報」 88(3)通号4278 2007.1.23 p.42～43

08149 拉致問題解決への処方箋(総力特集・「強い日本」の決断—安全保障のタブーを壊す!) 小室直樹 「Voice」 通号350 2007.2 p.97～98

08150 日本と世界の安全保障 グアム島における日米共同訓練 佐久間一 「世界週報」 88(5)通号4280 2007.2.6 p.44～45

08151 日本と世界の安全保障 米国防総省での背広組と制服組の確執 渡部恒雄 「世界週報」 88(6)通号4281 2007.2.13 p.40～41

08152 日本と世界の安全保障 国際感覚のために世界史を必修科目にせよ 金子熊夫 「世界週報」 88(8)通号4283 2007.2.27 p.40～41

08153 安全保障概念の歴史的展開——国家安全保障の2つの系譜と人間の安全保障(安全保障概念の新しい地平—世界法の視点から) 廣瀬和子 「世界法年報」(26) 2007.3 p.1～32

08154 憲法における領土 石村修 「法政理論」 39(4) 2007.3 p.158～185

08155 米国における安全保障情報等に関する人的保全制度(1)セキュリティクリアランス制度を中心として 中尾克彦 「警察学論集」 60(3) 2007.3 p.69～98

08156 現代日本ファシズム論序説—『『安保』ファシズム』論 金子勝 「立正大学法制研究所研究年報」(12) 2007.3 p.31～47

08157 日本と世界の安全保障 北欧から見た日本の安全保障 村田晃嗣 「世界週報」 88(9)通号4284 2007.3.6 p.44～45

08158 自衛隊の明確化、文民統制の質的向上を——防衛省昇格に伴う期待と課題(特集 防衛省の在り方) 西原正 「世界週報」 88(11)通号4286 2007.3.20 p.16～19

08159 日本と世界の安全保障 胡錦濤主席が動かす解放軍の「恐ろしさ」 阿部純一 「世界週報」 88(11)通号4286 2007.3.20 p.42～43

戦争放棄・安全保障　　　　　　　　　　　　　　　　　　　　　　　　　　安全保障

08160　日本と世界の安全保障 イラク戦争後の国際秩序　森本敏　「世界週報」　88（12）通号4287　2007.3.27　p.44〜45

08161　「再編特措法」について　内藤功　「平和運動」（439）　2007.4　p.4〜9

08162　米国における安全保障情報等に関する人的保全制度（2）セキュリティクリアランス制度を中心として　中尾克彦　「警察学論集」　60（4）　2007.4　p.104〜143

08163　《9・11》の衝撃とテロ情報の共有・情報機関の再編——《9・11》以後の「安全」と「自由」に関する予備的考察（3）　岡本篤尚　「神戸学院法学」　36（3・4）　2007.4　p.595〜656

08164　地政学と歴史から見た21世紀の日本の安全保障（第I部）　平間洋一　「アジア太平洋地域における平和構築 その歴史と現状分析」　2007.4　p.14〜

08165　公研セミナー（第525回）アジアの安定と日米同盟——日本の政治・外交・安全保障［含 意見交換］　額賀福志郎　「公研」　45（5）通号525　2007.5　p.50〜74

08166　米国における安全保障情報等に関する人的保全制度（3）セキュリティクリアランス制度を中心として　中尾克彦　「警察学論集」　60（5）　2007.5　p.194〜216

08167　法令解説 防衛庁から防衛省へ——より充実した安全保障政策の立案のために——防衛庁設置法等の一部を改正する法律　柴田秀司　「時の法令」　通号1786　2007.5.30　p.38〜47

08168　安全保障の論考 同盟の変転　坂入和郎　「月刊カレント」　44（6）通号754　2007.6　p.46〜49

08169　米国における安全保障情報等に関する人的保全制度（4）セキュリティクリアランス制度を中心として　中尾克彦　「警察学論集」　60（6）　2007.6　p.96〜159

08170　安全保障の論考 同盟の自己責任　坂入和郎　「月刊カレント」　44（7）通号755　2007.7　p.42〜45

08171　瀕死のシビリアン・コントロール（1）　川邊克朗　「世界」（767）　2007.7　p.110〜118

08172　米国における安全保障情報等に関する人的保全制度（5・完）セキュリティクリアランス制度を中心として　中尾克彦　「警察学論集」　60（7）　2007.7　p.136〜176

08173　多国間安全保障のための日本の防衛姿勢　マイケル, オハンロン　「21世紀パラダイムシフト 日本のこころとかたちの検証と創造 橋本晃和博士退官記念論文集」　2007.7　p.93〜

08174　安全保障の問題と日本の選択　李起完 李昊英　「法学新報」　114（1・2）　2007.8　p.167〜193

08175　史上初「外国軍事基地撤去国際大会」から 米軍基地反対の国際連帯を強める契機に（特集 日本国憲法と国際平和）　千坂純　「人権と部落問題」　59（9）通号762　2007.8　p.15〜22

08176　法律時評「自衛隊」について考えるべきこと——陸上自衛隊の「情報保全隊」の国民調査活動を手がかりに　飯島滋明　「法律時報」　79（9）通号986　2007.8　p.1〜3

08177　自衛隊の「市民監視」—問題の本質は何か（世界の潮）　前田哲男　「世界」（768）　2007.8　p.20〜24

08178　安全保障の論考 万機公論に決すべし　坂入和郎　「月刊カレント」　44（9）通号757　2007.9　p.50〜53

08179　「脱安全保障化」としての日本国憲法（第I部 日本国憲法の平和主義）　君島東彦　「平和憲法と公共哲学」　2007.9　p.22〜

08180　安全保障の論考 戦後六十二年のレジーム（枠組）　坂入和郎　「月刊カレント」　44（10）通号758　2007.10　p.38〜41

08181　役割終えた「テロ特措法」——洋上補給の意味は変化していた インド洋ルポ（特集「テロ対策特別措置法」延長・新法の制定をめぐって）　半田滋　「法と民主主義」（422）　2007.10　p.9〜13

08182　忘れ去られた「改革」の本丸「生活が第一」も国家の安全保障あってこそ（総力特集 ならば民主党に日本は託せるか）　潮匡人　「正論」　通号427　2007.10　p.106〜117

08183　忘れ去られた「改革」の本丸—「生活が第一」も国家の安全保障あってこそ（総力特集・ならば民主党に日本は託せるか）　潮匡人　「正論」　通号427　2007.10　p.106〜117

08184　日本の外交・防衛政策の諸課題（1）我が国の防衛政策　岡留康文　「時の法令」　通号1796　2007.10.30　p.44〜48

08185　日本の外交・防衛政策の諸課題（2）我が国の外交政策（1）外交実施体制の概要　宇佐美正行　「時の法令」　通号1798　2007.11.30　p.63〜66

08186　防衛省設置法と自衛隊海外出動の本来任務化　山内敏弘　「龍谷法学」　40（3）　2007.12　p.392〜407

08187　日本の外交・防衛政策の諸課題（3）我が国の外交政策（2）外交政策の諸原則　宇佐美正行　「時の法令」　通号1800　2007.12.30　p.55〜58

08188　国際安全保障における国連の役割と日本の対応　安保公人　「世界平和研究」　34（3）通号178　2008.夏季　p.18〜26

08189　テロ対策関係 テロ対策と憲法論　大沢秀介　「警察政策」　10　2008　p.14〜43

08190　パネルディスカッション（兼質疑応答）（警察政策フォーラム 市民生活の自由と安全・理論と実務の架橋）　田村正博　大沢秀介　小

〔08160〜08190〕　　　　　　　　　　　　　　　　　　　　憲法改正 最新文献目録　305

山剛［他］「警察政策研究」（12） 2008 p.200〜221

08191 北大立法過程研究会報告 有事法制の立法過程と実際 前田哲男 「北大法学論集」 59（1） 2008 p.223〜248

08192 待たれる国家安全保障論議とは？ Henry, Kissinger 「読売クオータリー」（6） 2008.夏 p.46〜48

08193 法律時評 沖縄戦「集団自決」検定意見をめぐる状況と憲法学 高作正博 「法律時報」 80（1）通号991 2008.1 p.1〜3

08194 米軍再編と地方自治（伊藤真の中・高生のための憲法教室〔46〕） 伊藤真 「世界」（773） 2008.1 p.186〜187

08195 日本の外交・防衛政策の諸課題（4）自衛隊による国際平和協力活動 笹本浩 「時の法令」 通号1802 2008.1.30 p.60〜65

08196 安全保障の論考 シビル（政治）コントロールの信頼性 坂入和郎 「月刊カレント」 45（2）通号762 2008.2 p.36〜39

08197 安全保障に関する国際法と日本法（上）集団的自衛権及び国際平和活動の文脈で 村瀬信也 「ジュリスト」（1349） 2008.2.1 p.92〜110

08198 日本の外交・防衛政策の諸課題（5）我が国の対北朝鮮政策（上）日朝交渉と日朝平壌宣言 寺林裕介 「時の法令」 通号1804 2008.2.28 p.51〜56

08199 国際テロリズムの根絶をめざす国際社会（特集 海外派兵恒久法への衝動と大連立の危険） 小島良一 「前衛 : 日本共産党中央委員会理論政治誌」 通号828 2008.3 p.36〜46

08200 日本と世界の安全保障を考える（岐路に立つ日本外交） 伊奈久喜 「国際問題」（569） 2008.3 p.11〜19

08201 現代日本ファシズム論序説―「『安保』ファシズム」の胎動 金子勝 「立正大学法制研究所研究年報」（13） 2008.3 p.15〜28

08202 日本の外交・防衛政策の諸課題（6）我が国の対北朝鮮政策（中）拉致問題の現況 寺林裕介 「時の法令」 通号1806 2008.3.30 p.67〜73

08203 自由と安全の比較衡量―「テロとの戦い」の場合 小泉良幸 「法律時報」 80（4）通号994 2008.4 p.117〜124

08204 ロー・クラス 防衛省・自衛隊と日本の安全――新ガイドライン以降における安保協力の展開 前田哲男 「法学セミナー」 53（4）通号640 2008.4 p.50〜53

08205 ロー・ジャーナル 補給支援特措法の成立とその手続上の憲法問題 上脇博之 「法学セミナー」 53（4）通号640 2008.4 p.4〜5

08206 日本の外交・防衛政策の諸課題（7）我が国の対北朝鮮政策（下）北朝鮮の核・ミサイル問題 寺林裕介 「時の法令」 通号1808 2008.4.30 p.68〜75

08207 安保体制は日本に何をもたらしたか（特集 日米安保と国民生活） 吉岡吉典 「人権と部落問題」 60（6）通号773 2008.5 p.6〜13

08208 イージス艦「事件」からみえるもの 水島朝穂 「法律時報」 80（5）通号995 2008.5 p.1〜3

08209 産・官・軍 一体化の実態（特集 日米安保と国民生活） 本山美彦 「人権と部落問題」 60（6）通号773 2008.5 p.38〜45

08210 広島県 広島湾 在日米軍基地誘致の舞台の裏側を見て（特集 日米安保と国民生活） 岡本幸信 「人権と部落問題」 60（6）通号773 2008.5 p.31〜37

08211 山口県 岩国 国のアメとムチの手法とたたかう市民（特集 日米安保と国民生活） 久米慶典 「人権と部落問題」 60（6）通号773 2008.5 p.23〜30

08212 「武器輸出三原則」見直しの動きについて――日米同盟強化推進する財界の狙い 井端正幸 「真織」（6） 2008.5.3 p.6〜17

08213 日本の外交・防衛政策の諸課題（8）防衛力整備 岡留康文 「時の法令」 通号1810 2008.5.30 p.66〜71

08214 日本の外交・防衛政策の諸課題（9）防衛関係費 岡留康文 「時の法令」 通号1812 2008.6.30 p.64〜68

08215 ロー・クラス 再考 砂川事件（第1回）農民の「権利のための闘争」 石埼学 「法学セミナー」 53（7）通号643 2008.7 p.32〜35

08216 日本の外交・防衛政策の諸課題（10）日中関係（上）四つの政治文書 中内康夫 「時の法令」 通号1814 2008.7.30 p.69〜74

08217 憲法の立場から安保条約・地位協定を根源から問う 新原昭治 「前衛 : 日本共産党中央委員会理論政治誌」 通号833 2008.8 p.122〜135

08218 ロー・クラス 再考 砂川事件（第2回）分厚いコンクリート 石埼学 「法学セミナー」 53（8）通号644 2008.8 p.49〜53

08219 日本の外交・防衛政策の諸課題（11）日中関係（下）懸案事項への対応 中内康夫 「時の法令」 通号1816 2008.8.30 p.63〜67

08220 ロー・クラス 再考 砂川事件（第3回）住民代表である議会の意見を聞く 石埼学 「法学セミナー」 53（9）通号645 2008.9 p.44〜47

08221 MDと宇宙基本法――憲法平和理念を置き去りに 田巻一彦 「進歩と改革」 通号681 2008.9 p.16〜24

08222 日本の外交・防衛政策の諸課題（12）自衛隊の行動（上） 笹本浩 「時の法令」 通号1818 2008.9.30 p.67〜72

08223 基調講演 「反復帰論」を、いかに接木するか——反復帰論、共和社会憲法案、平和憲法（特集 来るべき沖縄の自己決定権） 屋嘉比収 「情況. 第三期 ： 変革のための総合誌」 9（8） 通号77 2008.10 p.16～33

08224 日本の外交・防衛政策の諸課題（13）自衛隊の行動（下） 笹本浩 「時の法令」 通号1820 2008.10.30 p.59～64

08225 日本の外交・防衛政策の諸課題（14）核兵器の軍縮・不拡散（1）NPT体制と保障措置 中村直貴 「時の法令」 通号1822 2008.11.30 p.60～65

08226 日本国憲法と安全保障——サイバー戦の視点から 安保克也 「憲法論叢」 （15） 2008.12 p.101～126

08227 日本の外交・防衛政策の諸課題（15）核兵器の軍縮・不拡散（2）原子力の平和利用と日本 寺林裕介 「時の法令」 通号1824 2008.12.30 p.60～66

08228 米国テロ対策と個人の自由 小谷順子 「比較憲法学研究」 通号21 2009 p.87～109

08229 日本の外交・防衛政策の諸課題（16）核兵器の軍縮・不拡散（3）イランの核開発問題 中村直貴 「時の法令」 通号1826 2009.1.30 p.61～66

08230 憲法第9条と自衛隊（中） 伊藤成彦 「マスコミ市民 ： ジャーナリストと市民を結ぶ情報誌」 通号481 2009.2 p.55～67

08231 憲法リレートーク（第8回）青森県弁護士会主催憲法講演会「戦略基地・アオモリ——米軍再編が抱える憲法問題」 斉藤光政 「自由と正義」 60（2）通号721 2009.2 p.67～71

08232 自衛隊の衛星利用——憲法による制約の考察 青木節子 「国際情勢 ： 紀要」（79） 2009.2 p.365～378

08233 法令解説 補給支援特措法の期限を1年延長——テロ対策海上阻止活動に対する補給支援活動の実施に関する特別措置法の一部を改正する法律 水廣佳典 「時の法令」 通号1827 2009.2.15 p.25～32

08234 日本の外交・防衛政策の諸課題（17）核兵器の軍縮・不拡散（4）米印原子力協定とNPT 川戸七絵 「時の法令」 通号1828 2009.2.28 p.64～69

08235 岐路に立つ安全保障（特集 安保新機軸——変化する世界潮流への対応） 「世界思想」 35（3）通号401 2009.3 p.12～14

08236 憲法第9条と自衛隊（下） 伊藤成彦 「マスコミ市民 ： ジャーナリストと市民を結ぶ情報誌」 通号482 2009.3 p.32～35

08237 講演 安全保障の法的基盤の再構築 柳井俊二 「上智法学論集」 52（4） 2009.3 p.1～26

08238 人身保護令状による救済と「テロとの戦争」——Boumediene v. Bush, 128 S.Ct. 2229（2008） 松本哲治 「近畿大学法科大学院論集」（5） 2009.3 p.109～134

08239 特別講演 戦後の終わりと今後の日本の安全保障政策 北岡伸一 「防衛学研究」（40） 2009.3 p.3～18

08240 日本の外交・防衛政策の諸課題（18）核兵器の軍縮・不拡散（5）米ロ核軍縮の経緯と動向 宇佐美正行 「時の法令」 通号1830 2009.3.30 p.77～81

08241 包括的安全保障と日本（特集 日本外交の課題と展望） 大江博 「世界と議会」（534） 2009.4 p.7～12

08242 日本の外交・防衛政策の諸課題（19）核兵器の軍縮・不拡散（6）核軍縮の多国間交渉の動向 宇佐美正行 「時の法令」 通号1832 2009.4.30 p.72～76

08243 朝鮮の衛星打ち上げと弾道ミサイル発射騒動（特集 反戦・平和、人権、憲法） 小塚智 「科学的社会主義」（133） 2009.5 p.19～23

08244 放棄された文民統制（特集 自衛隊のソマリア派兵を問う） 半田滋 「法と民主主義」（438） 2009.5 p.42～46

08245 多国間の安全保障に参画すべきとき（時評2009） 細谷雄一 「中央公論」 124（5）通号1501 2009.5 p.30～31

08246 日本の外交・防衛政策の諸課題（20）日米安全保障体制（上） 岡留康文 「時の法令」 通号1834 2009.5.30 p.66～71

08247 北朝鮮の核武装強化を止めるために（特集 平和外交と日本国憲法9条） 大久保賢一 「法と民主主義」（439） 2009.6 p.29～33

08248 日本の外交・防衛政策の諸課題（21）日米安全保障体制（下） 岡留康文 「時の法令」 通号1836 2009.6.30 p.63～67

08249 浮かび上がった日米同盟の深い溝——すれ違う脅威認識、漂流する日本政治（特集 「非核の東アジア」の実現を！——安全保障政策のオルタナティブ） 玉川裕磨 「世界」（793） 2009.7 p.163～172

08250 共同提言 対米従属・思考停止からの脱却を（特集 「非核の東アジア」の実現を！——安全保障政策のオルタナティブ） 我部政明 前田哲男 田巻一意［他］ 「世界」（793） 2009.7 p.106～122

08251 大喝 わが国の安全保障を論ぜよ 「Themis」 18（7）通号201 2009.7 p.5

08252 ミサイル防衛徹底批判（特集 「非核の東アジア」の実現を！——安全保障政策のオルタナティブ） 田窪雅文 「世界」（793） 2009.7 p.153～162

08253 日本の外交・防衛政策の諸課題（22）中東和平問題 中村直貴 「時の法令」 通号1840

2009.8.30　p.66〜71

08254　海賊対処法の憲法問題——「警察活動」と「軍事行動」の融合による自衛隊派兵恒久化の危険な構図　内藤光博　「行財政研究」（74）2009.9　p.2〜9

08255　総選挙後の外交・安全保障政策に望むこと——日米関係を中心に　村田晃嗣　「月刊自由民主」通号678　2009.9　p.48〜53

08256　特別講演　オバマ新政権と日米の安全保障関係（日本の視点）　田中均　「防衛学研究」（41）2009.9　p.14〜24

08257　民主党外交で世界の軍事バランスが大激変！——アフガン・北朝鮮政策から、在日米軍、核軍縮まで。民主党の安全保障政策を徹底チェック「Spa！」58（40）通号3196　2009.9.22・29　p.20〜23

08258　日本の外交・防衛政策の諸課題（23）弾道ミサイル防衛（BMD）　笹本浩　「時の法令」通号1842　2009.9.30　p.65〜70

08259　公研セミナー（第554回）日本の安全保障と日米同盟［含　意見交換］　孫崎享　「公研」47（10）通号554　2009.10　p.54〜78

08260　日本の外交・防衛政策の諸課題（24）政権交代と鳩山外交の行方　宇佐美正行　「時の法令」通号1844　2009.10.30　p.67〜72

08261　日本の外交・防衛政策の諸課題（25）深刻化するアフガニスタン問題——増派問題に揺れるオバマ政権　宇佐美正行　「時の法令」通号1846　2009.11.30　p.76〜80

08262　憲法の中で防衛を考え、組み立てていく（大転換　新政権で何が変わるか、組み立てていく——民主党閣僚、副大臣に聞く）　北澤俊美　山口二郎　「世界」（799）（臨増）2009.12　p.80〜85

08263　日本の外交・防衛政策の諸課題（26）米国の対アジア政策　中内康夫　「時の法令」通号1848　2009.12.30　p.58〜63

08264　カーター政権の在韓米軍撤退政策と日韓安全保障協力——日韓議員安全保障協議会の設立を中心に　李奇泰　「法学政治学論究　：　法律・政治・社会」（84）2010.春季　p.73〜102

08265　基地の駐留は「安全保障」か？——沖縄が問う日米関係の真の「安定」とは（特集「日米安保」を問う）　丹治三夢　「環　：　歴史・環境・文明」41　2010.Spr.　p.207〜213

08266　警察による情報の収集・保存と憲法（警察政策フォーラム　自由と安全——テロ対策の理論と実務の架橋）　山本龍彦　「警察政策研究」（14）2010　p.139〜150

08267　憲法学と安全保障——戦後憲法学への疑問　會津明郎　「青森法政論叢」（11）2010　p.20〜39

08268　構造改革・日米同盟「回帰」政権の登場——菅政権とは何か　渡辺治　「季論21　：　intellectual and creative」（9）2010.夏　p.15〜20

08269　超党派的な外交・安全保障の可能性を追求せよ（守れない民主　攻めきれない自民——2010年参院選後の日本の政治課題について考える）　金子将史　「マニフェスト白書」6（1）2010　p.11〜13

08270　著者に「肝」を聞く（10）孫崎享さん——『日米同盟の正体　迷走する安全保障』（講談社現代新書）　孫崎享　行方久生　「季刊自治と分権」（40）2010.夏　p.94〜106

08271　パネルディスカッション（警察政策フォーラム　自由と安全——テロ対策の理論と実務の架橋）　金山泰介　大沢秀介　小山剛［他］「警察政策研究」（14）2010　p.151〜163

08272　21世紀の日本の外交・安全保障——開放的海洋国家として生きる道（危機に立つ日米同盟と日本の進路）　西川吉光　「世界平和研究」36（3）通号186　2010.夏季　p.8〜14

08273　第2回公開研究会「現代の諸問題と憲法」治安政策と憲法　：　海賊対処法を素材に　村井敏邦　「法学館憲法研究所報」（2）2010.1　p.1〜21

08274　法律時評　憲法としての安保体制——六〇年安保五〇年　浦田一郎　「法律時報」82（1）通号1017　2010.1　p.1〜3

08275　民主党政権の平和・安全保障政策の行方（特集　鳩山政権の政策と私たちの課題）　和田進　「法と民主主義」（445）2010.1　p.12〜15

08276　日本の外交・防衛政策の諸課題（27）東アジア地域協力の拡大と「東アジア共同体」　寺林裕介　「時の法令」通号1850　2010.1.30　p.60〜66

08277　安保条約下の日米関係とはどういうものか（上）新安保条約への道（安保改定50年——日本の異常をただす）　佐々木隆爾　「前衛　：　日本共産党中央委員会理論政治誌」通号853　2010.2　p.86〜101

08278　日本の外交・防衛政策の諸課題（28）非核三原則　岡留康文　「時の法令」通号1852　2010.2.28　p.73〜78

08279　安保条約下の日米関係とはどういうものか（下）新安保条約の成立と変容（安保改定50年——日本の異常をただす）　佐々木隆爾　「前衛　：　日本共産党中央委員会理論政治誌」通号854　2010.3　p.124〜143

08280　基地の村を乗り越える「文化のくさび」と憲法の実践（特集　在日米軍基地の再検証）　山内徳信　「都市問題」101（3）2010.3　p.14〜21

08281　現代日本ファシズム論序説—「誘導される民主主義」の形成　金子勝　「立正大学法制研究所研究年報」（15）2010.03　p.29〜41

08282 日本の外交・防衛政策の諸課題(29)安全保障会議の機能と役割 金子七絵 「時の法令」通号1854 2010.3.30 p.67～72

08283 軍事同盟のないアジアをどう展望するか(安保改定50年──日本の異常をただす) 小沢隆一 「前衛 ： 日本共産党中央委員会理論政治誌」 通号855 2010.4 p.85～94

08284 五〇年目に問う憲法と安保の相剋──「二つの法体系」論を手がかりに(安保改定50年──日本の異常をただす) 本秀紀 「前衛 ： 日本共産党中央委員会理論政治誌」 通号855 2010.4 p.72～84

08285 日本の外交・防衛政策の諸課題(30)防衛省改革 笹本浩 「時の法令」 通号1856 2010.4.30 p.74～78

08286 「変わる自衛隊」と米軍・基地(特集 安保改定50年 今 米軍基地と闘う) 半田滋 「法と民主主義」 (448) 2010.5 p.31～35

08287 共同討議 日本の安全保障はいかにあるべきか(特集 日米安保改定五〇周年) 大槻重信 広田貞治 津田公男[他] 「社会主義」 (575) 2010.5 p.92～104

08288 憲法を武器に基地問題の核心に迫る(特集 安保改定50年 今 米軍基地と闘う) 内藤功 「法と民主主義」 (448) 2010.5 p.18～21

08289 何が「安全保障」論議に欠けているのか 古澤忠彦 「明日への選択」 通号292 2010.5 p.4～10

08290 法律解説 国会・内閣 北方領土問題等の解決の促進のための特別措置に関する法律の一部を改正する法律──平成21年7月10日法律第75号 「法令解説資料総覧」 (340) 2010.5 p.5～7

08291 「密約問題」の本質と日米安保条約 伊藤成彦 「マスコミ市民 ： ジャーナリストと市民を結ぶ情報誌」 通号496 2010.5 p.32～43

08292 日本の外交・防衛政策の諸課題(31)核セキュリティ・サミットの開催──強化される核テロ対策 宇佐美正行 「時の法令」 通号1858 2010.5.30 p.72～77

08293 裏返った日米安保条約──「密約」はいかに生成・転移・増殖したか(特集 日米安保を根底から考え直す) 前田哲男 「世界」 (805) 2010.6 p.97～106

08294 迎合、忖度、思考停止の「同盟」(特集 日米安保を根底から考え直す) 水島朝穂 「世界」 (805) 2010.6 p.88～96

08295 法律時評 「六〇年安保」から五〇年 森英樹 「法律時報」 82(7)通号1023 2010.6 p.1～3

08296 自衛隊は拉致被害者を救出できるか 荒谷卓 「祖国と青年」 (382) 2010.7 p.33～44

08297 日本の外交・防衛政策の諸課題(32)2010

08297 年NPT運用検討会議 中内康夫 「時の法令」 通号1862 2010.7.30 p.66～71

08298 安保改定50年──日本の異常をただす なぜ米兵犯罪は裁かれないのか 吉田敏浩 「前衛 ： 日本共産党中央委員会理論政治誌」 通号860 2010.8 p.73～87

08299 グローバル経済の中の日米安保(特集 軍事同盟のない世界へ──今こそ、日米安保体制を問う─シンポジウム・「軍事同盟のない世界へ──改定50年の安保条約を問う」基調報告より) 増田正人 「法と民主主義」 (451) 2010.8・9 p.24～30

08300 軍事同盟のないアジアと日本(特集 軍事同盟のない世界へ──今こそ、日米安保体制を問う─シンポジウム・「軍事同盟のない世界へ──改定50年の安保条約を問う」基調報告より) 水島朝穂 「法と民主主義」 (451) 2010.8・9 p.17～23

08301 法律時評 憲法から見る普天間問題 高良鉄美 「法律時報」 82(9)通号1025 2010.8 p.1～3

08302 60年安保から50年──原点と現点(特集 軍事同盟のない世界へ──今こそ、日米安保体制を問う) 森英樹 「法と民主主義」 (451) 2010.8・9 p.4～16

08303 日本の外交・防衛政策の諸課題(33)武器輸出三原則等 岡留康文 「時の法令」 通号1864 2010.8.30 p.62～67

08304 日米安全保障条約改定の歴史的意義(日米安保条約改定50周年) 河野康子 「国際問題」 (594) 2010.9 p.4～13

08305 米国の国家安全保障会議(NSC)の起源──トルーマン政権におけるNSCの実態と組織柔軟性に関する一考察 伊藤潤 「名古屋大学法政論集」 通号236 2010.9 p.157～200

08306 日本の外交・防衛政策の諸課題(34)日韓併合100年 中内康夫 「時の法令」 通号1866 2010.9.30 p.73～78

08307 憲法的国家論理と日米同盟論(特集 日米安保破棄の論理と運動) 三上治 「変革のアソシエ」 (4) 2010.10 p.34～37

08308 日本関係情報 アメリカ 日本における最近の安全保障の展開に関する公聴会 高木綾 「外国の立法. 月刊版 ： 立法情報・翻訳・解説」 (245-1) 2010.10 p.29～32

08309 自衛隊は六十年でいかに変貌したか──日米安保改定五十年・軍事同盟体制の下で 山根隆志 「前衛 ： 日本共産党中央委員会理論政治誌」 通号863 2010.11 p.36～49

08310 米国防総省報告「中国の軍事・安全保障をめぐる動向2010」を読む 竹田純一 「世界の艦船」 通号732 2010.11 p.147～151

08311 日本の外交・防衛政策の諸課題(36)尖閣

諸島の領有権　中内康夫「時の法令」通号
1870　2010.11.30　p.65～70

08312　憲法との矛盾広げる民主党の外交・安保
路線　山崎静雄「前衛 : 日本共産党中央委員
会理論政治誌」通号865　2010.12　p.38～48

08313　集団安全保障の中核概念としての戦争違
法化──不戦条約後の国際警察権・自衛権とは
何か　綱井幸裕「Research Bureau論究 :
journal of the Research Bureau of the House
of Representatives」7　2010.12　p.114～127

08314　日本の外交・防衛政策の諸課題
（37）SACO　笹本浩「時の法令」通号1872
2010.12.30　p.66～70

08315　安全保障概念の新しい展開と日本（日本法
政学会一一四回総会─シンポジウム 安全保障概
念の新しい展開と日本）　吉川智「法政論叢」
48（1）　2011　p.194～207

08316　国家形態の移行と国民的安全保障国家
──フーコー権力論のプロブレマティック　桑
野弘隆「流砂」通号4　2011　p.133～152

08317　中国の海軍戦略と日本の安全保障（中国の
海洋戦略と日本の対応）　茅原郁生「世界平和
研究」37（4）通号191　2011.秋季　p.12～21

08318　テロ対策と表現の自由（団体規制と憲法）
（警察政策フォーラム APEC首脳会議の安全な
開催に向けて（横浜）グローバル化時代の治安
対策（京都））　小谷順子「警察政策研究」
（15）　2011　p.66～69

08319　日本の安全と憲法学　會津明郎「青森法
政論叢」（12）　2011　p.10～30

08320　日本の安全保障を考える : 中国問題を手
がかりに（日本法政学会一一四回総会─シンポ
ジウム 安全保障概念の新しい展開と日本）　佐
古丞「法政論叢」48（1）　2011　p.221～226

08321　米国から見た日本の安全保障政策（転換点
に立つ日本の安全保障政策）　太田文雄「世界
平和研究」37（3）通号190　2011.夏季　p.11～
19

08322　米国の北朝鮮政策と地域安全保障（日・韓
国際学術シンポジウム「東アジアの平和と民主
主義」特集号 : 北朝鮮問題への地域協力体制）
ヤン・C, キム「聖学院大学総合研究所紀要」
（53）（別冊）　2011　p.27～38

08323　膨張する中国と日米同盟（転換点に立つ日
本の安全保障政策）　谷口智彦「世界平和研
究」37（3）通号190　2011.夏季　p.2～10

08324　「米海兵隊＝抑止力」論批判とその方法
小沢隆一「前衛 : 日本共産党中央委員会理論
政治誌」通号866　2011.1　p.62～72

08325　安全保障・国際平和協力に関する法制（特
集 21世紀日本法の変革と針路─公法）　丸茂雄
一「ジュリスト」（1414）　2011.1.1・15　p.59
～65

08326　日本の外交・防衛政策の諸課題（38）東シ
ナ海資源開発問題　高藤奈央子「時の法令」
通号1874　2011.1.30　p.75～80

08327　軍事同盟のないアジア・太平洋をどう展
望するか──「駐留米軍＝抑止力」論を超えて
（特集 2010年日本平和大会 国際シンポジウム
米軍基地・軍事同盟のない平和なアジアの実現
めざして）　小沢隆一「平和運動」（481）
2011.2　p.17～20

08328　自衛力論の成立（一九五四年一二月─五八
年九月）　浦田一郎「法律論叢」83（2・3）
2011.2　p.33～63

08329　法律解説 国土交通 国際連合安全保障理事
会決議第千八百七十四号等を踏まえ我が国が実
施する貨物検査等に関する特別措置法──平成
22年6月4日法律第43号「法令解説資料総覧」
（349）　2011.2　p.23～30

08330　日本の外交・防衛政策の諸課題（39）平成
23年度以降の防衛計画の大綱（上）　岡留康文
「時の法令」通号1876　2011.2.28　p.78～82

08331　講演 アジア太平洋地域の安全保障情勢と
日中安全保障関係　欧陽維「防衛学研究」
（44）　2011.3　p.123～127

08332　国家の軍事機能の「民営化」を考える
──民間軍事会社（PMSCs）を中心に（特集 憲
法と経済秩序（2））　水島朝穂「企業と法創造」
7（5）通号27　2011.3　p.17～25

08333　日米安全保障条約改定50周年記念に寄せ
て : 第34回国会「日米安全保障等特別委
員会」公聴会公述人の意見陳述を中心に　三浦
信行「国士舘大学政治研究」（2）　2011.3　p.
137～192

08334　1967年沖縄返還問題と佐藤外交──国内
世論と安全保障をめぐって　野添文彬「一橋法
学」10（1）　2011.3　p.325～360

08335　日本の外交・防衛政策の諸課題（40）平成
23年度以降の防衛計画の大綱（下）　岡留康文
「時の法令」通号1878　2011.3.30　p.65～70

08336　神奈川 米軍再編による基地強化の実態と
県民のたたかい（特集 強化される米軍基地・自
衛隊といっせい地方選挙）　笠木隆「前衛 :
日本共産党中央委員会理論政治誌」通号869
2011.4　p.67～74

08337　憲法リレートーク（第23回）日弁連憲法委
員会第3回全体会議講演 日米同盟と日本の安保
条約　孫崎享「自由と正義」62（4）通号747
2011.4　p.64～70

08338　日本の外交・防衛政策の諸課題（41）中期
防衛力整備計画（平成23年度～27年度）　今井
和昌「時の法令」通号1880　2011.4.30　p.66
～71

08339　自衛隊は新しい教科書でどのように描か
れるか──中学校教科書の検定結果を受け、各
社の記述を比較する　村主真人「祖国と青年」

（392） 2011.5 p.44～50

08340 自由と安全のトレードオフ？（特集 国家の役割，個人の権利） 愛敬浩二 「ジュリスト」（1422） 2011.5.1・15 p.29～35

08341 日本の外交・防衛政策の諸課題（42）東日本大震災に対する海外からの支援受入れ 中内康夫 「時の法令」 通号1882 2011.5.30 p.75～78

08342 東日本大震災と日米軍事同盟をめぐる議論について 内藤功 「平和運動」（485） 2011.6 p.25～28

08343 日本の外交・防衛政策の諸課題（43）環太平洋連携協定（TPP） 神田茂 「時の法令」 通号1884 2011.6.30 p.69～73

08344 アジアとの歴史和解をめざす第一回フォーラムの成果と今後の課題 石山久男 「法学館憲法研究所報」（5） 2011.7 p.44～52

08345 「国家安全保障基本法」の制定を急げ 樋口譲次 「日本戦略研究フォーラム季報」（49） 2011.7 p.20～23

08346 日本の外交・防衛政策の諸課題（44）自衛隊の災害派遣 笹本浩 「時の法令」 通号1886 2011.7.30 p.60～65

08347 日本の外交・防衛政策の諸課題（45）南北間の対話と緊張——朝鮮半島の統一に向けて 寺林裕介 「時の法令」 通号1888 2011.8.30 p.68～74

08348 基調講演 半島有事における日米韓の連携——今回の震災を教訓として（日本防衛学会 第4回公開シンポジウム 新しい時代の日豪・日印・日韓準同盟関係と東アジアの安全保障） 齋藤隆 「防衛学研究」（45） 2011.9 p.34～37

08349 検証 米軍・自衛隊の思惑が交錯した日米調整所 トモダチ作戦の舞台裏——対談 廣惠次郎 Robert D., Eldridge 勝股秀高 「中央公論」 126（10）通号1530 2011.9 p.60～68

08350 忘れられた安全保障（特集 戦後66年目の大転換） 中野剛志 「表現者」（38） 2011.9 p.68～71

08351 日本の外交・防衛政策の諸課題（46）防衛施設周辺地域への助成金 岡留康文 「時の法令」 通号1890 2011.9.30 p.60～65

08352 「国家安全保障基本法」の制定を急げ（その2） 樋口譲次 「日本戦略研究フォーラム季報」（50） 2011.10 p.14～17

08353 脱「沖縄依存」の安全保障へ——国際環境の激変と3・11を受けて 新崎盛暉 我部政明 桜井国俊［他］ 「世界」（822） 2011.10 p.188～200

08354 「米国安全保障会議」世界を動かす「ベスト＆ブライテスト頭脳」（最強チームの法則——衰退する日本の処方箋を探す） 春原剛 「文芸春秋」 89（12） 2011.10 p.275～282

08355 日本の外交・防衛政策の諸課題（47）国際緊急援助隊 中内康夫 「時の法令」 通号1892 2011.10.30 p.67～72

08356 日本の領土・領海を守るために（教育・防衛・憲法を考える） 一色正春 「祖国と青年」（398） 2011.11 p.41～43

08357 日本の外交・防衛政策の諸課題（48）中国の軍事・安全保障 今井和昌 「時の法令」 通号1894 2011.11.30 p.56～61

08358 安全保障 尖閣に自衛隊を配備せよ！（1冊まるごと大特集 世界の悪意の中で2012日本をどうする！） 安倍晋三 田久保忠衛 「ジャパニズム」 5 2011.12 p.22～31

08359 二〇一一年これまでの日本・これからの日本 安心保障と安全保障 イメージとマネージ 薄羽美江 「月刊カレント」 48（12）通号808 2011.12 p.50～52

08360 米国の安全保障政策と軍事・基地をめぐる費用対効果の検証：九・一一以後のイラク・アフガン戦費と米国経済を事例に（石田正治教授 上田國廣教授 退職記念論文集） 前泊博盛 「法政研究」 78（3） 2011.12 p.935～965

08361 米国防総省報告「中国の軍事・安全保障をめぐる動向2011」を読む 竹田純一 「世界の艦船」 通号751 2011.12 p.164～167

08362 CFRミーティング 米軍事予算の削減と沖縄：海兵隊の機能は日本の政治を不安定化させることでしかない（特集 衝突する米中の思惑とアジア諸国：どこに経済と安全保障のバランスを定めるか） バーニー，フランク 「Foreign affairs report」 2011（12） 2011.12 p.24～26

08363 日本の外交・防衛政策の諸課題（49）国際的な子の連れ去り問題とハーグ条約 加地良太 「時の法令」（1896） 2011.12.30 p.56～62

08364 沖縄へのオスプレイ配備に見る日本の安全保障 瀬端孝夫 「研究紀要」（13） 2012 p.185～197

08365 オスプレイ配備と闘う沖縄：平和憲法はどこに？：『チョイさんの沖縄日記』より 北上田毅 「アジェンダ：未来への課題」（39） 2012.冬 巻頭4p

08366 対談 在日米軍再編見直しから見る戦略シフト 求められる日本独自の安全保障哲学 柳澤協二 赤松正雄 「公明」（80） 2012 p.28～35

08367 民法における「公共の福祉」：国家安全保障という視点からの一考察 福田健太郎 「青森法政論叢」（13） 2012 p.40～58

08368 遅れている日本の防御態勢：頻発するサイバー攻撃と安全保障 濱口和久 「改革者」 53（1）通号618 2012.1 p.54～57

08369 拡大する安全保障領域をどう考えるか（グローバル・コモンズ：国際社会の共有空間） 西原正 「外交」 11 2012.1 p.115～119

08370 「国際安全保障共同体」の牽引車をめざせ（特集 21世紀的秩序転換進む2012年の世界）渡邊啓貴 「公明」（73）2012.1 p.8〜13

08371 日本の安全保障とアメリカの政策（特集 戦後秩序をデザインした米外交官 ： ジョージ・ケナンは日本をどうとらえたか）ジョージ, ケナン 「Foreign affairs report」2012（1）2012.1 p.72〜83

08372 不確実性の時代における強い英国 ： 国家安全保障戦略（後編）英国政府［編］「月刊JADI」（776）2012.1 p.18〜34

08373 二人の臆病な巨人？ 再読 ： 戦後日独外交安全保障政策比較試論 葛谷彩 「明治学院大学法学研究」通号92 2012.1 p.127〜170

08374 2つの地図から見る南シナ海問題（特集 南シナ海をめぐる安全保障問題）上野英詞 「日本戦略研究フォーラム季報」（51）2012.1 p.30〜33

08375 日本の安全保障を探る 出てくる中国と下がろうとするアメリカの狭間で日本はどう動く？ 2012年は東アジアの構造的変化が起こる年。国益を重視した外交を！ 森本敏 「財界」60（3）通号1497 2012.1.24 p.50〜53

08376 日本の外交・防衛政策の諸課題（50）原子力安全をめぐる国際的な取組 ： 福島第一原発事故後の動き 寺林裕介 「時の法令」（1898）2012.1.30 p.73〜78

08377 不確実性の時代における英国の安全確保 ： 戦略防衛・安全保障見直し（1）英国政府［編］「月刊JADI」通号777 2012.2 p.33〜44

08378 日本の外交・防衛政策の諸課題（51）竹島問題の概要 高藤奈央子 「時の法令」（1900）2012.2.28 p.51〜57

08379 海賊対処法の違憲性（武久征治教授 寺田武彦教授 平野武教授 退職記念論集）山内敏弘 「龍谷法学」44（4）2012.3 p.1775〜1805

08380 現代を生きる（第19回）強まる監視と管理、何が問題なのか 清水雅彦 「TASC monthly」（435）2012.3 p.11〜17

08381 長沼訴訟自衛隊違憲判決と司法の危機 ： 福島重雄元裁判官と中学生との交流 滝口正樹 「歴史地理教育」（786）2012.3 p.62〜69

08382 日本の安全保障政策に対する論説の検証・追補（浅井茂昭先生退職記念号）水野均 「千葉商大紀要」49（2）通号169 2012.3 p.149〜161

08383 日本の安全保障における危機管理 ： 日米同盟体制の変容（20周年特集 危機管理の過去・現在・未来）池田十吾 「危機管理研究 ： 日本危機管理学会誌」（20）2012.3 p.7〜10

08384 危機が続出する中での安全保障 中国・ロシアなど世界の指導者が変わる中での日本の立ち位置は？ 日米同盟は日・米だけでなく、ア

ジア・太平洋の安全を保障するための公共財 渡辺利夫 「財界」60（7）通号1501 2012.3.20 p.60〜63

08385 日本の外交・防衛政策の諸課題（52）条約締結に対する国会承認（上）中内康夫 「時の法令」（1902）2012.3.30 p.63〜67

08386 日本の安全保障を崩壊させる「秒読み」の核ノドン開発（北朝鮮の真相 ： ニッポンよ、おまえはすでに負けている―軍事脅威篇）黒井文太郎 「中央公論」127（7）通号1540（別冊）2012.4 p.26〜39

08387 日本の外交・防衛政策の諸課題（53）条約締結に対する国会承認（下）中内康夫 「時の法令」（1904）2012.4.30 p.63〜68

08388 安保条約を検証する（特集 憲法と国民生活）仲山忠克 「人権と部落問題」64（6）通号829 2012.5 p.6〜14

08389 自衛隊をなくそう！ ： 運動の現状（いま）・これから（特集 基地と隣り合うということ）越田清和 「まなぶ」（659）2012.5 p.27〜30

08390 東南アジアへの戦略インフラを安全保障の砦に（特集 海洋新時代の外交構想力）神保謙 「外交」13 2012.5 p.96〜104

08391 二大スクープ 中国が用意している「沖縄占領憲法」 仲村覚 「Will ： マンスリーウイル」（89）2012.5 p.30〜39

08392 野田民主党政権による武器輸出三原則「緩和」（特集 平和と民主主義をめぐる現況と展望）井上協 「法と民主主義」（468）2012.5 p.14〜19

08393 不確実性の時代における英国の安全確保 ： 戦略防衛・安全保障見直し（2）英国政府［編］「月刊JADI」通号780 2012.5 p.18〜38

08394 米国防予算削減の動向とアジア太平洋の前方プレゼンス（特集 変化する安全保障環境）関博之 「海幹校戦略研究」2（1）通号3 2012.5 p.26〜44

08395 日本の外交・防衛政策の諸課題（54）集団的自衛権 岡留康文 「時の法令」（1906）2012.5.30 p.70〜75

08396 島嶼の戦略的価値 ： 防衛・安全保障の視点から 秋元一峰 「島嶼研究ジャーナル」（1）2012.6 p.54〜69

08397 不確実性の時代における英国の安全確保 ： 戦略防衛・安全保障見直し（3）英国政府［編］「月刊JADI」（781）2012.6 p.22〜38

08398 変化する抑止力の概念と「核兵器のない世界」に向けた日本の安全保障政策への一考察 一政祐行 「軍縮研究」（3）2012.6 p.26〜43

08399 民間航空機産業政策史（第12回・後）日米安全保障関係の隙間から 今野秀洋 「時評」

08400 Seminar 日本の安全保障の問題点と課題
（上）　堀江正夫　「世界思想」　38(6)通号440
2012.6　p.20〜23

08401 日本の外交・防衛政策の諸課題(55)中国
の対外援助　神田茂　「時の法令」（1908）
2012.6.30　p.65〜70

08402 国家の羅針盤は機能しているか（特集 日
本国憲法と我が国の安全保障）　安藤慶太　「日
本戦略研究フォーラム季報」（53）　2012.7　p.
22〜25

08403 日本の安全保障と核戦略 ： 日本核武装 ：
その論理を問う（森戸由久教授退任記念号）　大
谷立美　「創価女子短期大学紀要」（43）　2012.
7　p.45〜62

08404 野田民主党政権下の憲法情勢 ： 安全保障
政策と改憲論を中心に　澤野義一　「科学的社会
主義」（171）　2012.7　p.30〜36

08405 東アジア情勢と法体系の再整備（特集 日
本国憲法と我が国の安全保障）　西修　「日本戦
略研究フォーラム季報」（53）　2012.7　p.8〜
11

08406 報道されない離島の真実(上)石垣・西表
島編 自衛隊配備を切望する声なき声と反日工作
（特集 対中防衛最前線の島々で）　井上和彦
「正論」（486）　2012.7　p.56〜69

08407 私の「憲法」所感（特集 日本国憲法と我
が国の安全保障）　愛知和男　「日本戦略研究
フォーラム季報」（53）　2012.7　p.12〜15

08408 Seminar 日本の安全保障の問題点と課題
（下）　堀江正夫　「世界思想」　38(7)通号441
2012.7　p.16〜19

08409 東奔政走 保守の地金のぞかせた野田首相
尖閣国有化は政局の布石か　小松浩　「エコノミ
スト」　90(31)通号4239　2012.7.24　p.70〜71

08410 日本の外交・防衛政策の諸課題(56)防衛
生産・技術基盤　今井和昌　「時の法令」
（1910）　2012.7.30　p.66〜71

08411 憲法リレートーク(26)日本弁護士連合会
憲法委員会講演会 東村高江区における米軍ヘリ
パッド建設に関する人権救済勧告書及び沖縄に
おける米軍基地の動きをめぐる情勢　加藤裕
「自由と正義」　63(8)通号764　2012.8　p.63〜
70

08412 復帰40年「核もない・基地もない平和な
沖縄」平和憲法実現へ（特集 平和をめぐる情勢
と運動）　比嘉努　「民医連医療」（480）
2012.8　p.20〜23

08413 米国の世界戦略と日本の安全保障政策（佐
分晴夫教授退職記念論文集）　比屋定泰治　「名
古屋大学法政論集」（245）　2012.8　p.473〜
515

08414 米国防総省報告「中国の軍事・安全保障
をめぐる動向2012」を読む　竹田純一　「世界の

艦船」（764）　2012.8　p.130〜133

08415 日米関係は本当に悪いのか ： 安全保障
普天間やオスプレイをめぐるきしみの陰で日米
の同盟関係が静かにV字回復を始めた　リ
チャード，ワイツ　「Newsweek」　27(32)通号
1313　2012.8.29　p.35〜37

08416 日本の外交・防衛政策の諸課題(57)PKO
協力法制定20年(上)　岡留康文　「時の法令」
通号1912　2012.8.30　p.72〜76

08417 「平和的安全保障」への転換を ： 日米安
保「絶対神話」からの脱却　川田忠明　「前衛 ：
日本共産党中央委員会理論政治誌」（886）
2012.9　p.73〜88

08418 日本の外交・防衛政策の諸課題(58)PKO
協力法制定20年(下)　岡留康文　「時の法令」
（1914）　2012.9.30　p.70〜76

08419 対話 路上商人と難民から考える「人間の
安全保障」　阿部俊哉　小川さやか　「公研」
50(10)通号590　2012.10　p.34〜49

08420 日韓安全保障関係の形成 ： 分断体制下の
「安保危機」への対応、一九六八年（戦後日本外
交とナショナリズム）　崔慶原　「国際政治」
（170）　2012.10　p.141〜155

08421 米国追従 脱「武力」の安全保障を（特集
ニッポンの論点）　前田哲男　「ひろばユニオ
ン」（608）　2012.10　p.34〜37

08422 日本の外交・防衛政策の諸課題(59)海賊
対策　岡留康文　「時の法令」（1916）　2012.
10.30　p.63〜68

08423 名称変更 自衛隊の組織・装備の名称変更
案 ： 文民統制強化と透明性向上のために　道
下徳成　「外交」　16　2012.11　p.134〜142

08424 日本の外交・防衛政策の諸課題(60)有事
法制の概要　今井和昌　「時の法令」（1918）
2012.11.30　p.67〜72

08425 「国家安全保障基本法」の制定を急げ ：
政権奪還で日本を「つけ入る隙のない」国に
（特集 尖閣衝突 アメリカは日本を守るか）　石
破茂　「Voice」（420）　2012.12　p.100〜108

08426 米国の水陸両用作戦の趨勢 ： 統合ドクト
リンの比較を中心に（特集 海上自衛隊の新たな
挑戦）　渡邉浩　「海幹校戦略研究」　2(2)通号4
2012.12　p.54〜81

08427 ミサイル防衛の原点は「対米支援」（「北朝
鮮」衛星と自衛隊）　半田滋　「金曜日」　20
(49)通号941　2012.12.21・2013.1.4　p.56〜57

08428 日本の外交・防衛政策の諸課題(61)北方
領土問題(上)　藤生将治　「時の法令」（1920）
2012.12.30　p.62〜68

08429 アフリカへの「安全保障」協力の強化と
「死に体の憲法」　高林敏之　「インパクション」
（191）　2013　p.5〜10

08430 憲法と領土問題（シンポジウム アジア地

域における平和への模索）吉川智 「法政論叢」 50（1） 2013 p.115～121

08431 国家緊急権の導出可能性 岡田大助 「比較憲法学研究」（25） 2013 p.123～143

08432 不確実性の時代における英国の安全確保 : 戦略防衛・安全保障見直し（4） 英国政府［編］「月刊JADI」（788） 2013.1 p.4～27

08433 米中転換の力学 : アジア太平洋の安全保障と日本の外交戦略（特集 2032年「未来予測」を超えて）神保謙 「外交」 17 2013.1 p.34～41

08434 日本の外交・防衛政策の諸課題（62）北方領土問題（下）藤生将治 「時の法令」（1922） 2013.1.30 p.70～76

08435 オスプレイ配備と改憲の動きは、戦争への道 : 護憲の党としての社民党の奮起に期待（特集 日本政治の危機を考える）伊波洋一 「社会民主」（693） 2013.2 p.16～21

08436 基地に依存しない「もう一つの沖縄」に向けて前進する若者たち（特集 沖縄から : 平和と人権を問う）北上田源 「人権と部落問題」 65（2）通号839 2013.2 p.31～39

08437 現代日本の安全保障問題と浜口雄幸の構想 川田稔 「本」 38（2）通号439 2013.2 p.13～15

08438 不戦国家日本の安全保障と経済について 山地康道 「調査月報」（312） 2013.2 p.20～27

08439 米国の新アジア太平洋戦略と日中関係に関する考察 : 安全保障上の信頼関係をいかに築くか 川村範行 「名古屋外国語大学外国語学部紀要」（44） 2013 p.23～45

08440 日本の外交・防衛政策の諸課題（63）周辺事態への対応 岡留康文 「時の法令」（1924） 2013.2.28 p.69～75

08441 戦後史における日本の安全保障の変遷をめぐる議論の整理 : 日米安保体制の定着、変容、拡大について 古田雅雄 「奈良産業大学紀要」 29 2013.3 p.129～163

08442 日本国憲法に通じる日中平和友好条約の精神をもって〈友好的協議〉をせよ（特集 尖閣問題をめぐる日中関係のいま）白西紳一郎 鈴木英司 「マスコミ市民 : ジャーナリストと市民を結ぶ情報誌」（530） 2013.3 p.2～14

08443 パネルディスカッション（日本防衛学会講和独立60周年記念シンポジウム 世界のリーダーシップ交代と新たな戦略環境を考える : アジア太平洋の安全保障構図）山口［司会］田中均 下斗米伸夫［他］「防衛学研究」（48） 2013.3 p.57～80

08444 問われる日本の安全保障 アルジェリアの悲劇 : 問われる日本国家の国民を守る力 鈴木壮治 「財界」 61（6）通号1524 2013.3.12 p.80～82

08445 米歳出削減で世界はカオスへ : 安全保障 「Newsweek」 28（10）通号1340 2013.3.12 p.31～32

08446 日本の外交・防衛政策の諸課題（64）大陸棚をめぐる諸問題 加知良太 「時の法令」（1926） 2013.3.30 p.57～64

08447 世界の潮 掘り崩される武器輸出三原則 : 確認されるべき出発点 青井未帆 「世界」（842） 2013.4 p.25～28

08448 地域研究 インド インド軍大増強で日本の安全保障が変わる!! 長尾賢 「日本戦略研究フォーラム季報」（56） 2013.4 p.49～52

08449 日本の外交・防衛政策の諸課題（65）日韓関係（上）歴史・領土問題の由来 中内康夫 「時の法令」（1928） 2013.4.30 p.63～67

08450 憲法と基地問題（特集 現代と日本国憲法）崎山嗣幸 「社会主義」（611） 2013.5 p.84～91

08451 特別インタビュー 自民党・平成研究会 額賀福志郎会長に聞く 党主導の安全保障を考える 政治の力で国家と国民の安全保障 額賀福志郎 五十畑隆［聞き手］「政経往来」 67（4）通号779 2013.5 p.16～21

08452 日本の外交・防衛政策の諸課題（66）日韓関係（中）1980～90年代における歴史問題への対応 中内康夫 「時の法令」（1930） 2013.5.30 p.54～58

08453 命の雫裁判（徒手格闘訓練死国賠訴訟）判決の意義 : 「国防軍」兵士化で、自衛隊員と家族の人権を護るために［札幌地裁平成25.3.29判決］佐藤博文 「平和運動」（508） 2013.6 p.4～13

08454 膠着する尖閣紛争 中島宏 「中国研究月報」 67（6）通号784 2013.6 p.31～36

08455 民主的ガヴァナンス構築と「人間の安全保障」: グローバル・サウスからのアプローチ 松下冽 「立命館国際研究」 26（1）通号87 2013.6 p.129～161

08456 日本の外交・防衛政策の諸課題（67）日韓関係（下）2000年代以降の歴史・領土問題への対応 中内康夫 「時の法令」（1932） 2013.6.30 p.59～65

08457 米中政治経済関係の新局面 : 対米投資促進と国家安全保障強化の間のアメリカのジレンマ（特集 アメリカ資本主義の世界史的位置 : ポスト冷戦20年のなかで考える）関下稔 「季刊経済理論」 50（2） 2013.7 p.31～42

08458 法律解説 国会・内閣 沖縄県における駐留軍用地の返還に伴う特別措置に関する法律の一部を改正する法律 : 平成二四年三月三一日法律第一四号 「法令解説資料総覧」（378） 2013.7 p.4～8

08459 日本の外交・防衛政策の諸課題（69）日本のTPP交渉参加の経緯 : アジア太平洋への戦

08460 アジアにおける平和のルールづくり : ポスト安保を考える（特集 東アジアの平和と日本国憲法の可能性） 三浦一夫 「法と民主主義」（481） 2013.8・9 p.40〜45

08461 ある一家の戦争体験 : 県民にとっての沖縄戦（特集 平和の希求 : 憲法と医療） 新垣勉 「月刊保団連」（1132） 2013.8 p.17〜22

08462 米国防総省報告 「中国の軍事・安全保障をめぐる動向2013」を読む 竹田純一 「世界の艦船」（782） 2013.8 p.141〜145

08463 日本の外交・防衛政策の諸課題（69）文民統制 沓脱和人 「時の法令」（1936） 2013.8.30 p.77〜82

08464 公研セミナー（第601回）日本の安全保障と日米同盟 小川和久 「公研」51（9）通号601 2013.9 p.54〜83

08465 日本の外交・防衛政策の諸課題（70）対中ODA : その歩みと展望 神田茂 「時の法令」（1938） 2013.9.30 p.63〜69

08466 安倍政権の外交・安全保障課題 小枝義人 「海外事情」61（10） 2013.10 p.90〜101

08467 憲法を生かして日本を守る : 中国や北朝鮮をめぐる疑問にもこたえて 川田忠明 「前衛 : 日本共産党中央委員会理論政治誌」（900） 2013.10 p.31〜46

08468 憲法リレートーク（30）インタビュー 北東アジア情勢と日本国憲法 李鍾元 「自由と正義」64（10）通号778 2013.10 p.84〜88

08469 "国有化"騒動から1年 対談 尖閣危機 元自衛隊幹部が描く悪夢のシミュレーション 山口昇 香田洋二 「中央公論」128（10）通号1559 2013.10 p.96〜103

08470 当面する日本の外交と安全保障 森本敏［講師］「Best partner」25（10）通号298 2013.10 p.15〜19

08471 米兵犯罪についての米軍上司の監督権限不行使の違法性［最高裁第二小法廷2013.6.26決定］（注目の最高裁判決から） 中村晋輔 「法と民主主義」（482） 2013.10 p.49〜53

08472 「安倍は極右」の誤解はこうして正せ : 安全保障 過剰な警戒心を抱かれるのは歴史問題とのリンクが原因 いま首相が最優先すべきことは？ 古賀慶 「Newsweek」28（41）通号1371 2013.10.29 p.38〜41

08473 日本の外交・防衛政策の諸課題（71）官邸機能強化と国家安全保障会議設置構想 今井和昌 「時の法令」（1940） 2013.10.30 p.81〜87

08474 英国大使インタビュー 自衛隊の活動範囲拡大を我々は歓迎してきた（日本の国防充実を世界はどう見るか） ティム、ヒッチンズ 勝股秀通［聞き手］「中央公論」128（11）通号1560 2013.11 p.84〜89

08475 米公文書から見る自衛隊と憲法 末浪靖司 「平和運動」（513） 2013.11 p.12〜19

08476 日本の外交・防衛政策の諸課題（72）開発協力と貧困削減 : 現状と課題 神田茂 「時の法令」（1942） 2013.11.30 p.75〜79

08477 岐路に立つ安全保障 : 安倍首相の「理想」と現実の深い溝（特集 暴走する安全保障政策） 安全保障問題研究会 「世界」（850） 2013.12 p.91〜99

08478 「国家安全保障会議」設置法案 : 安全保障会議設置法等一部改正案をめぐる国会論議を中心に（特集 第185回国会の焦点） 今井和昌 「立法と調査」（347） 2013.12 p.3〜14

08479 国家安全保障基本法は何を狙うか（特集 暴走する安全保障政策） 川口創 「世界」（850） 2013.12 p.70〜80

08480 日本のために : 井上太郎@kaminoishi" 国家安全保障会議（National Security Council）日本版NSCとは（大特集 韓国の洗脳に騙されるな！） 井上太郎 「ジャパニズム」16 2013.12 p.98〜103

08481 『復帰措置に関する建議書』における平和的生存権 : 「無条件全面返還」の憲法論的基盤（近代社会における統制と共生 : 日本・韓国・沖縄） 輪島達郎 「青山学院女子短期大学総合文化研究所年報」（21） 2013.12 p.3〜15

08482 米国の戦略的リバランスと東アジアの地政学 : 「リバランス」、「大国間関係」、地域的安全保障（特集 A2/ADへの挑戦） 八木直人 「海幹校戦略研究」3（2）通号6 2013.12 p.4〜21

08483 日本の外交・防衛政策の諸課題（73）日本のODA : その足跡と課題 神田茂 「時の法令」（1944） 2013.12.30 p.74〜79

08484 安全保障概念の変遷と日本国憲法の平和主義の理念 中野潤三 「鈴鹿国際大学紀要」（21） 2014 p.1〜15

08485 現実主義/平和主義理論における理想と現実（「安全保障」を問い直す） 松元雅和 「平和研究」（43） 2014 p.69〜89

08486 現場からみた我が国の安全保障法制の現状と課題 西元徹也 「ディフェンス」33（1）通号52 2014 p.9〜36

08487 「建白書」を無視する辺野古新基地強行（特集 様々な視点で憲法を考えよう） 宮城久緒 「季刊人権問題」（38） 2014.秋 p.1〜15

08488 国家安全保障戦略 要旨 : 2013年12月17日・閣議決定 「読売クオータリー」（28） 2014.冬 p.94〜98

08489 シンポジウム「領土問題と憲法・安全保障」質疑応答 山田吉彦［報告］ 百地章［報告］ 山下愛仁［報告他］「憲法研究」（46） 2014 p.213〜248

08490 戦後日本の安全保障政策に関する分析枠組みとしての「防衛力整備/運用」：「限定小規模侵略独力対処」概念を手がかりに　千々和泰明　「年報政治学」2014（1）　2014　p.332〜351

08491 飛躍する日米軍事一体化と自衛隊：自衛隊は米軍と一体にグローバル展開狙う（特集 腐朽する日本独占と労働者階級の進路）　高橋俊次　「社会評論」（178）　2014.秋　p.40〜51

08492 緊縮時代の米国の大戦略：オバマ政権（第2期）の安全保障政策を中心に　吉田太郎　「波涛」39（4）通号227　2014.1　p.54〜78

08493 政治 より実効性ある機関目指せ：日本版NSCの創設とその課題　浜谷英博　「改革者」55（1）通号642　2014.1　p.36〜39

08494 米中新型大国関係の形成と展望：安全保障・経済依存・国際政治（特集「チャイメリカ」の虚実：米中新時代は本物か 2013年度現代中国公開講座）　矢吹晋　「中国研究月報」68（1）通号791　2014.1　p.14〜27

08495 米中に揺れるオーストラリア：ギラード労働党政権の外交・安全保障政策を中心に（東アジア国際政治の新しい動態：米中関係をめぐる戦略）　福嶋輝彦　「国際問題」（628）2014.1・2　p.38〜46

08496 拉致問題の解決への道（特集 憲法から考える私たちの暮らし）　蓮池透　「ヒューマンライツ」（310）　2014.1　p.2〜9

08497 安倍政権の安全保障戦略考 安倍「積極的平和主義」論批判（特集 二〇一四年 展望と課題（2））　鈴田渉　「科学的社会主義」（190）2014.2　p.30〜36

08498 憲法を軸に、原発・TPP・公契約・地域循環型経済・道州制などが語られる：今年で6年目の憲法キャラバン（特集 地域の運動と組織の強化を）　懸谷一　「全労連」（204）　2014.2　p.19〜21

08499 国家安全保障戦略・防衛大綱・中期防をめぐる議論について　内藤功　「平和運動」（516）　2014.2　p.4〜10

08500 これが中国の"尖閣奪取"シナリオだ：自衛隊と日米同盟で防げるか（特集 緊迫 東シナ海！ 日本は領土を守れるか）　「中央公論」129（2）通号1563　2014.2　p.80〜87

08501 二〇一五年 日韓関係の検証と展望：国交正常化五十周年の日韓関係を考える（5）岐路に立つ日韓安全保障協力：「擬似同盟」としての進化と展望　阪田恭代　「東亜」（560）2014.2　p.92〜104

08502 東奔政走 揺らぐ「草の根」の日米同盟意識 名護市民のNOが突きつけた課題　小松浩　「エコノミスト」92（5）通号4327　2014.2.4　p.72〜73

08503 日本の外交・防衛政策の諸課題（74）国家

08504 「国家安全保障会議」創設に期待するもの（平成25年度秋季研究大会「共通論題」部会 NSC（国家安全保障会議）の在り方を考える）折木良一 斎藤隆［司会］「防衛学研究」（50）2014.3　p.66〜69

08505 「国家安全保障戦略」から集団的自衛権行使の容認へ（小特集 暴発する安倍政権）　池田五律　「ピープルズ・プラン」（64）　2014.3　p.99〜105

08506 自衛隊が「《専守防衛》から脱皮」してめざすものは：「新防衛大綱」と「次期中期防」からみえてくるもの　紙谷敏弘　「平和運動」（517）　2014.3　p.21〜28

08507 第2分科会 なぜ、今「国防軍」なのか：日本国憲法における安全保障と人権保障を考える（第56回人権擁護大会シンポジウム）　滝澤修一　「自由と正義」65（3）通号783　2014.3　p.94〜96

08508 鼎談 基軸を探る 日本の安全保障とエネルギーを考える　宮家邦彦　小山堅　永濱利廣「躍」（21）　2014.3　p.3〜19

08509 現代日本ファシズム論ー「『安保』国家」の創建と『「安保」ファシズム』の進展　金子勝「立正大学法制研究所研究年報」（19）　2014.03　p.47〜62

08510 日本の外交・防衛政策の諸課題（75）平成26年度以降に係る防衛計画の大綱（上）　今井和昌　「時の法令」（1950）　2014.3.30　p.81〜87

08511 中国に対する国際的連携の実現可能性：日本の対中外交・安全保障戦略を考える（特集 共存と対抗の均衡めざす日中関係）　神谷万丈「東亜」（562）　2014.4　p.22〜32

08512 日本の安全保障 新防衛計画の大綱＆新中期防衛整備計画　福好昌治　「丸」67（4）通号816　2014.4　p.55〜61

08513 「戦争」を知らない、ってそんなに悪いことですか？（憲法記念日特集 僕らは「戦争」を知らない？）　古市憲寿 雨宮処凛「金曜日」22（17）通号1007　2014.4.25-5.2　p.24〜27

08514 日本の外交・防衛政策の諸課題（76）平成26年度以降に係る防衛計画の大綱（下）　今井和昌　「時の法令」（1952）　2014.4.30　p.82〜88

08515 法令解説 自衛隊による在外邦人等の陸上輸送が可能に：海外での緊急事態への対応策として：自衛隊法の一部を改正する法律（平成25年法律第77号）平25・11・22公布・施行「時の法令」（1952）　2014.4.30　p.48〜57

08516 安倍晋三内閣が策定した！「国家安全保障戦略」を読み解く（1）平成の『富国強兵戦略』洗堯　「軍事研究」49（5）　2014.5　p.66〜75

08517 安倍政権の解釈改憲の動きは行使容認の

立場から見ても危険だ（特集 集団的自衛権を考える）　木村草太　「Journalism」（288）　2014.5　p.25～33

08518　憲法をわかりやすく伝えるために ： 集団的自衛権を中心に（特集 日本国憲法をあらためて学ぶ）　早田由布子　「女性＆運動」（230）通号381　2014.5　p.6～9

08519　国家安全保障戦略とは何か（特集 右傾化が止まらない安倍政権）　津田公男　「社会主義」（623）　2014.5　p.52～60

08520　対談 一般財団法人日本再建イニシアティブ理事長 船橋洋一×国際大学学長 安全保障の法的基盤の再構築に関する懇談会座長代理 北岡伸一（「積極的平和主義と静かな抑止力」をめぐって）　船橋洋一　北岡伸一　鈴木美勝［司会］　「外交」25　2014.5　p.84～102

08521　第2部会 緊迫する東アジア情勢と日本の憲法（政策研究フォーラム2014年全国会議 この国の確かな道すじを求めて）　佐瀬昌盛［報告］　加藤秀治郎［報告］　西修［討議他］　「改革者」55（5）通号646　2014.5　p.6～13

08522　日本の外交・防衛政策の諸課題（77）中期防衛力整備計画（平成26年度～平成30年度）　沓脱和人　「時の法令」（1954）　2014.5.30　p.73～78

08523　「国家安全保障戦略」を読み解く（2）国際的に誤解のない政策に変更すべき！　専守防衛は軍事的合理性を欠く　洗鐵　「軍事研究」49（6）　2014.6　p.106～117

08524　中露の横暴、アメリカの内向化… 危険度増す国際安保情勢と日本の選択（特集 続・憲法改正論議を加速せよ）　田久保忠衛　「正論」（509）　2014.6　p.292～299

08525　日本の安全保障 ： 改革と課題　中西寛　「治安フォーラム」20（6）通号234　2014.6　p.42～50

08526　米国のインド洋安全保障戦略 ： 将来の脅威に対するオフセット戦略　川村伸一　「海幹校戦略研究」4（1）通号7　2014.6　p.27～43

08527　“武器輸出で大躍進”の幻想 防衛産業が抱える深い病巣 知られざる22万人の巨大組織と2兆円産業を全解明 自衛隊と軍事ビジネスの秘密―MISSION 激変する防衛産業を解明せよ 日本の軍事ビジネス）　「週刊ダイヤモンド」102（24）通号4536　2014.6.21　p.35～37

08528　日本の外交・防衛政策の諸課題（78）通常兵器の移転に対する国際社会と我が国の取組　藤生将治　「時の法令」（1956）　2014.6.30　p.66～72

08529　安全保障の法整備 ： すべては危機を直視することから始まる（中国膨張 試される安全保障）　勝股秀通　「外交」26　2014.7　p.62～67

08530　「国家安全保障戦略」を読み解く（3）憲法を改正！ 姑息な解釈論でなく堂々と集団的自衛権を行使出来る普通の国となれ！ 世界における『自衛隊』の役割　洗鐵　「軍事研究」49（7）　2014.7　p.182～193

08531　再編進む自衛隊と平和運動の課題（特集 今日の戦争と平和）　近藤和樹　「科学的社会主義」（195）　2014.7　p.18～23

08532　中国の海洋進出と日比軍事連携への道 ： 平和憲法破壊する米pivot政策（特集 日本外交の分水嶺 ： 集団的自衛権を問う（2））　加治康男　「世界」（858）　2014.7　p.148～156

08533　日本の安全保障を考える ： 求められる政策課題　柳澤協二　「日本証券経済倶楽部レポート」（552）　2014.7　p.1～20

08534　東アジア 平和的安全保障への道（上）第一次大戦から百年 東アジアは戦争寸前？　前田哲男　「ひろばユニオン」（629）　2014.7　p.62～64

08535　米国の国際的関与と外交・安全保障政策（特集 オバマ大統領来日後の日米関係）　佐藤丙午　「海外事情」62（7・8）　2014.7・8　p.67～81

08536　法制懇報告書を採点する 国民見殺しの憲法をきっちり見直そう（大特集 韓国・中国への反転大攻勢―外交・安保編）　桜内文城　「正論」（510）　2014.7　p.180～187

08537　『朝日』と中国から日本を守れ ： 「人権」「生命」「弱者」を保護できるのは自衛隊とアメリカ軍のおかげ（総力特集 創設60周年 日中冷戦、変わる自衛隊）　櫻井よしこ　「Voice」（440）　2014.8　p.40～49

08538　安倍政権の安全保障戦略の評価 ： 国家安全保障政策において何がなされ、何が不十分か（特集「積極的平和主義」を検証する ： 賞賛と批判、その論拠と背景）　矢野義昭　「インテリジェンス・レポート」（71）　2014.8　p.17～35

08539　技術を通じた国家安全保障（1）英国の防衛・安全保障のための技術・装備・支援　英国国防省［編］　「月刊JADI」（807）　2014.8　p.23～34

08540　東アジア国際秩序変動と安倍政権の安全保障政策（特集 高まる日本のナショナリズム）　遠藤誠治　「生活経済政策」（211）通号627　2014.8　p.5～11

08541　東アジア 平和的安全保障への道（下）アベノミリタリズム対抗戦略は　前田哲男　「ひろばユニオン」（630）　2014.8　p.62～64

08542　国の存立を全うし、国民を守るための切れ目のない安全保障法制の整備について　「政策特報」（1454）　2014.8.1　p.103～110

08543　日本の外交・防衛政策の諸課題（79）オバマ政権のアジア戦略と日本の安全保障政策　宇佐美正行　「時の法令」（1960）　2014.8.30　p.73～78

08544　安全保障の歴史は欲望の歴史（総力大特集

朝日を読むとバカになる！） 守屋武昌「Will ：マンスリーウイル」(117) 2014.9 p.73〜83

08545 技術を通じた国家安全保障(2)英国の防衛・安全保障のための技術・装備・支援 英国国防省[編]「月刊JADI」(808) 2014.9 p.26〜43

08546 自衛隊の「警察行動」では国家は守れない(特集 国防、新たなステージへ) 色摩力夫「正論」2014.9 p.84〜91

08547 パネルディスカッション(第7回 公開シンポジウム 安倍政権の外交と安全保障) 田中均 山口昇 大塚海夫[他]「防衛学研究」(51) 2014.9 p.17〜44

08548 米国防総省報告 中国の軍事・安全保障をめぐる動向2014」を読む 竹田純一「世界の艦船」(803) 2014.9 p.141〜145

08549 拉致問題と国家の安全保障(特集 日本と朝鮮半島) 荒木和博「海外事情」62(9) 2014.9 p.70〜82

08550 歴史を画する転換 ：自衛権発動三要件を検証する(特集 集団的自衛権) 西修「改革者」55(9)通号650 2014.9 p.44〜47

08551 日本の外交・防衛政策の諸課題(80)日・ASEAN関係 佐々木健「時の法令」(1962) 2014.9.30 p.79〜84

08552 沖縄返還と日米安全保障協議 ：同盟の非対称性の政治的修正(政権交代と外交) 黄洗姫「国際政治」(177) 2014.10 p.113〜126

08553 技術を通じた国家安全保障(3)英国の防衛・安全保障のための技術・装備・支援 英国国防省[編]「月刊JADI」(809) 2014.10 p.35〜45

08554 中国の海洋進出と我が国の対応について(特集 東アジアの平和構築 ：日本と中国の安全保障) 齋藤康平「アジア研究」60(4) 2014.10 p.35〜39

08555 日本の外交・防衛政策の諸課題(81)新たな安全保障法制整備のための基本方針の閣議決定(上) 中内康夫「時の法令」(1964) 2014.10.30 p.69〜74

08556 技術を通じた国家安全保障(4)英国の防衛・安全保障のための技術・装備・支援 英国国防省[編]「月刊JADI」(810) 2014.11 p.36〜45

08557 大学が震撼する日 ：今そこにある、大学発の懸念国での大量破壊兵器開発、軍拡促進リスク(特集 大学における安全保障上の管理のあり方) 押田努「CISTEC journal」(154) 2014.11 p.41〜50

08558 特別インタビュー 「日本の安全保障」へのわが党の立場 ：「予見可能性」高め、運用でリスク回避 山口那津男「外交」28 2014.11 p.72〜78

08559 日本の外交・防衛政策の諸課題(82)新たな安全保障法制整備のための基本方針の閣議決定(下) 中内康夫「時の法令」(1966) 2014.11.30 p.70〜75

08560 技術を通じた国家安全保障(終)英国の防衛・安全保障のための技術・装備・支援 英国国防省[編]「月刊JADI」(811) 2014.12 p.30〜39

08561 安全保障 第2次世界大戦終結70周年で歴史認識の問題に敏感な一年(特集 2015総予測 ：バブルがやってくる！一政治・政策) 田中均「週刊ダイヤモンド」103(1)通号4562 2014.12.27-2015.1.3 p.71

08562 日本の外交・防衛政策の諸課題(83)日朝協議とストックホルム合意 寺林裕介「時の法令」(1968) 2014.12.30 p.66〜72

08563 「安全保障の法的基盤の再構築に関する懇談会」報告書(特集 新たな安全保障法制の整備の現状と課題)「防衛法研究」(臨増) 2015 p.165〜216

08564 いわゆるグレーゾーン事態の必要かつ有効な法整備 ：自衛措置と主権侵害排除の措置(特集 新たな安全保障法制の整備の現状と課題) 安保公人「防衛法研究」(臨増) 2015 p.43〜67

08565 国際テロに対する国際社会の取組と我が国の対応 ：法制上の観点から(特集 国際テロの脅威と日本の安全保障) 佐藤庫八「防衛法研究」(39) 2015 p.29〜49

08566 国民の安全・国家の存立が脅かされない道を歩もう(特集 様々な視点で憲法を考えよう) 水田全一「季刊人権問題」(41) 2015.夏 p.13〜30

08567 今後の安全法制はどうなるか？(特集 新たな安全保障法制の整備の現状と課題) 田村重信「防衛法研究」(臨増) 2015 p.29〜42

08568 自衛権と専守防衛 ：サイバー攻撃の視点から(特集 新たな安全保障法制の整備の現状と課題) 安保克也「防衛法研究」(臨増) 2015 p.99〜112

08569 防衛省設置法改正 ：「統制補佐権」の見直しをめぐって(出水忠勝教授・肥田進教授 退職記念号) 武蔵勝宏「名城法学」65(1・2) 2015 p.19〜51

08570 「琉球共和社会憲法(試案)」への道程(特集 沖縄から問い直すアジアのデモクラシー) 川満信一「ワセダアジアレビュー」(17) 2015 p.40〜45

08571 「領域警備」概念の意義と課題(特集 新たな安全保障法制の整備の現状と課題) 田中誠「防衛法研究」(臨増) 2015 p.69〜97

08572 基調講演 日米台の安全保障の重要性(特集 第31回 定例シンポジウム報告 台湾の現状と日米台の安全保障—東アジアにおける日米台の

安全保障問題）　ジェームス E, アワー　「日本戦略研究フォーラム季報」（63）　2015.1　p.23～26

08573　現代の国際関係と日本の安全保障政策　北岡伸一「経済倶楽部講演録」（791）　2015.1　p.44～99

08574　集団自衛権で変貌する北海道の自衛隊　内山博　石田明義「平和運動」（526）　2015.1　p.22～28

08575　地域から安全保障を考える視点 ： 自治体の「平和政策」に着目して　池尾靖志「明治学院大学キリスト教研究所紀要」（47）　2015.1　p.327～354

08576　日米台安全保障協力の進むべき方向（特集 第31回 定例シンポジウム報告 台湾の現状と日米台の安全保障―東アジアにおける日米台の安全保障問題）　川村純彦「日本戦略研究フォーラム季報」（63）　2015.1　p.27～31

08577　法律時評 立憲民主主義で結束した「オール沖縄」：知事選圧勝の意義を考える　小林武「法律時報」87（1）通号1081　2015.1　p.1～3

08578　2015年の国際情勢と我が国の外交・防衛政策 ： 安全保障法制の整備と地球儀外交（特集 政策課題）　神田茂　中内康夫「立法と調査」（360）　2015.1　p.43～56

08579　日本の外交・防衛政策の諸課題（84）防衛装備移転三原則　杳脱和人「時の法令」（1970）　2015.1.30　p.66～71

08580　安倍政権の外交・安全保障政策を俯瞰する ： 「日本を取り戻す」安倍外交とは　村主真人「祖国と青年」（437）　2015.2　p.51～61

08581　米国のリバランスと欧州の安全保障（特集 オバマ政権後期の外交政策）　細田尚志「海外事情」63（2）　2015.2　p.63～81

08582　戦後70年、日本の針路・個人の生き方を考える（第1回）フランス・テロ、イスラム国による日本人処刑……世界が混沌に陥る中で 国の針路、安全保障の制度設計をどう構築するか？　森本敏［答える人］「財界」63（5）通号1571　2015.2.24　p.36～41

08583　日本の外交・防衛政策の諸課題（85）2014年のODA大綱見直し　神田茂「時の法令」（1972）　2015.2.28　p.65～70

08584　CFR Interview 進化するか、日本の安全保障構造 ： イスラム国ショックと日本の進路　マイケル, オースリン「Foreign affairs report」2015（3）　2015.3　p.68～71

08585　日本の外交・防衛政策の諸課題（86）外交・防衛政策と国会（1）条約の承認、法律の制定　中内康夫「時の法令」（1974）　2015.3.30　p.71～76

08586　朝日新聞解体新書 国防正常化を目の敵、「角度つき」安全保障報道の系譜（1）（特集 朝日

新聞、反日は健在なり）　佐瀬昌盛「正論」（520）　2015.4　p.162～169

08587　国際テロリスト財産凍結法の概要（国際連合安全保障理事会決議第千二百六十七号等を踏まえ我が国が実施する国際テロリストの財産の凍結等に関する特別措置法）（特集 テロ資金・マネーローンダリングをめぐる法整備）　松下和彦「法律のひろば」68（4）　2015.4　p.30～38

08588　「国際連合安全保障理事会決議第千二百六十七号等を踏まえ我が国が実施する国際テロリストの財産の凍結等に関する特別措置法」について（特集 FATF勧告への対応 ： マネー・ローンダリング対策及びテロ資金供与対策の強化）　松下和彦「警察学論集」68（4）　2015.4　p.26～40

08589　指導者達の選択と構想（特集 戦後70年、我が国の外交と安全保障を考える）　中島信吾「日本戦略研究フォーラム季報」（64）　2015.4　p.37～41

08590　文官統制廃止と防衛装備庁新設のねらい（特集 憲法9条破壊の「戦争法」を許すな）　内藤功「法と民主主義」（497）　2015.4　p.22～25

08591　東奔西走 辺野古移設に欠ける政府の視座「草の根」に心を配った外交官の死　小松浩「エコノミスト」93（18）通号4395　2015.4.28　p.72～73

08592　日本の外交・防衛政策の諸課題（87）外交・防衛政策と国会（2）予算の議決、決算審査、自衛隊の行動と国会承認　中内康夫「時の法令」（1976）　2015.4.30　p.70～74

08593　朝日新聞解体新書（第5回）国防正常化を目の敵、「角度つき」安全保障報道の系譜（2）　佐瀬昌盛「正論」（521）　2015.5　p.208～216

08594　「後方支援」の真実を直視せよ 猶予なし！ 自衛隊海外派遣で求められる覚悟と備え　北村淳「正論」（521）　2015.5　p.202～207

08595　国際法と国内法の連動性から見た砂川事件最高裁判決［最高裁昭和34年判決］（特集 裁判所によって創られる統治行為―砂川事件訴訟）　篠田英朗「法律時報」87（5）通号1085　2015.5　p.32～37

08596　砂川事件裁判は司法が政治に屈服した証である［最高裁1963.12.27］　武藤軍一郎「人権と部落問題」67（6）通号871　2015.5　p.51～58

08597　砂川事件判決における「統治行為」論［最高裁大法廷昭和34.12.16判決］（特集 裁判所によって創られる統治行為―砂川事件訴訟）　長谷部恭男「法律時報」87（5）通号1085　2015.5　p.44～49

08598　戦後70年談話は独自色だが 安倍首相「安保＆財務省」で抱える新爆弾 ： 首相が名誉会長を務める安全保障・危機管理学会の内部告発から香川次官更迭まで「Themis」24（5）通号

安全保障　　　　　　　　　　　　　　　　　　　　　　　　戦争放棄・安全保障

271　2015.5　p.23〜25

08599　対談：沖縄基地問題と日本の安全保障
日本の未来 市民がつくる 孫崎享さん外交評論
家×石橋みちひろ参議院議員　孫崎享　石橋み
ちひろ　「あけぼの」　32(8)通号340　2015.5
p.18〜25

08600　米国中間選挙後の外交安全保障政策　浅
川公紀　「治安フォーラム」　21(5)通号245
2015.5　p.39〜47

08601　「防衛装備移転三原則」の問題点と私たち
の運動の課題(特集 改憲阻止、安全諸法案・ガ
イドライン反対)　近藤和樹　「科学的社会主
義」　(205)　2015.5　p.16〜21

08602　「密約」訴訟における主張立証責任の法理
(特集 裁判所によって創られる統治行為─沖縄
「密約」訴訟)　藤原静雄　「法律時報」　87(5)
通号1085　2015.5　p.26〜31

08603　日本の外交・防衛政策の諸課題(88) 外
交・防衛政策と国会(3) 国政調査・決議　中内康
夫　「時の法令」　(1978)　2015.5.30　p.71〜74

08604　朝日新聞解体新書(第6回)国防正常化を
目の敵、「角度つき」安全保障報道の系譜(3)
佐瀬昌盛　「正論」　(522)　2015.6　p.100〜108

08605　安保法制は何を転換させようとしている
のか(特集 安保法制と「戦後」の変質)　青井
未帆　「世界」　(870)　2015.6　p.54〜63

08606　大人のための教養 国際法から見た安全保
障の常識(前編)　安保公人　「明日への選択」
(353)　2015.6　p.22〜25

08607　法律時評 米軍普天間飛行場の辺野古移設
問題　畠山武道　「法律時報」　87(7)通号1087
2015.6　p.1〜3

08608　違憲の閣議決定から1年を前に 進行する
「自衛隊の軍隊化」を警戒せよ(徹底追及キャン
ペーン 悪法国会 特集 こうすれば「戦争法案」
は止められる)　水島朝穂　「金曜日」　23(23)
通号1063　2015.6.19　p.20〜21

08609　朝日新聞解体新書(第7回)国防正常化を
目の敵、「角度つき」安全保障報道の系譜(4)
佐瀬昌盛　「正論」　(523)　2015.7　p.166〜175

08610　大人のための教養 国際法から見た安全保
障の常識(後編)グレーゾーン事態 自衛措置と
主権侵害排除措置が必要だ　安保公人　「明日へ
の選択」　(354)　2015.7　p.36〜39

08611　平和安全法制整備法案と国際平和支援法
案：国会に提出された安全保障関連2法案の概
要(特集 平和安全法制)　中内康夫　横山絢子
小檜山智之　「立法と調査」　(366)　2015.7　p.
3〜23

08612　野党の弱体化で民主政治は形骸化 安倍独
裁政治に歯止めはあるか：「専守防衛」から
海外派兵に道開く憲法改正に着々邁進　山口朝
雄　「月刊times」　39(6)　2015.7　p.10〜12

08613　日本の安全保障を考える 森本敏・元防衛
大臣に直撃！ 安全保障の中核・集団的自衛権
とは何か 日本の安全保障政策をどう構築する
か？　森本敏　「財界」　63(15)通号1581
2015.7.21　p.38〜41

08614　日本の外交・防衛政策の諸課題(89) 外
交・防衛政策と国会(4) 常任委員会、特別委員
会等　中内康夫　「時の法令」　(1982)　2015.7.
30　p.73〜77

08615　朝日新聞解体新書(第8回)国防正常化を
目の敵、「角度つき」安全保障報道の系譜(5)
佐瀬昌盛　「正論」　(524)　2015.8　p.170〜178

08616　安倍政権の軍拡路線と増える防衛予算(特
集 戦後七〇年と日本の安全保障)　仲田信雄
「社会主義」　(638)　2015.8　p.41〜48

08617　安全保障 主権国家間にふさわしい日米安
保協力の姿(特集 日本と日本人の戦後70年)
坂元一哉　「公明」　(116)　2015.8　p.22〜27

08618　日本の安全保障政策の転換点であるいま
こそ、その実力を正確に見つめるべきではない
か 世界に誇る「日本の自衛隊」：世界最良の
軍隊　「Sapio」　27(8)通号564　2015.8　p.100
〜111

08619　わき起こる「戦争法案は違憲！」の声：
ひろばさんのピーストーク　「女性のひろば」
(438)　2015.8　p.45〜48

08620　安全保障 軍拡より国際協調優先すべき
「70年間戦争なし」を生かせ(総力特集 戦後70
年：歴史と未来─これからの30年)　柳澤協二
「エコノミスト」　93(32)通号4409　2015.8.11-
18　p.102〜103

08621　日本の外交・防衛政策の諸課題(90) 南シ
ナ海問題：中国の海洋進出　佐々木健　「時の
法令」　(1984)　2015.8.30　p.73〜79

08622　国際関係・安全保障を学ぶためのサイト
(世界を見る)　落合浩太郎　「インテリジェン
ス・レポート」　(84)　2015.9　p.104〜110

08623　「相互脆弱時代」の米・中・日関係(特集
積極的平和主義と安全保障)　マイケル, オハン
ロン　「外交」　33　2015.9　p.34〜39

08624　漂う日本外交(第72回)じっくり考える安
全と平和：憲法、日米、国連の関係　木下英
臣　「経」　(167)　2015.9　p.26〜29

08625　道内自衛隊基地調査ツアーにとりくむ(戦
争法案を廃案に：北海道革新懇第35回総会記
録集─参加者発言)　清水克彦　「北海道経済」
(572)　2015.9・10　p.39〜41

08626　米中協調を試す「損得表」と危機管理(特
集 積極的平和主義と安全保障)　ジェイムズ,
スタインバーグ　「外交」　33　2015.9　p.40〜49

08627　2015年対テロリズム及び安全保障法　岡
久慶「訳」「外国の立法：立法情報・翻訳・解
説」　(265)　2015.9　p.14〜46

戦争放棄・安全保障

安全保障

08628 2015年対テロリズム及び安全保障法附則第1及び第2の要約　岡久慶「外国の立法 : 立法情報・翻訳・解説」（265）2015.9 p.47～50

08629 日本の外交・防衛政策の諸課題（91）2015年NPT運用検討会議と日本外交　寺林裕介「時の法令」（1986）2015.9.30 p.63～69

08630 自衛隊の軍事作戦計画 : 統幕の内部文書は何を意味しているか（特集 2015年夏という分岐点）繩崎厚「世界」（874）2015.10 p.117～124

08631 戦後70年、日本を取り巻く環境が変わる中で 今回の安保法制は日本が受け身でなく主体的に決める意志を表明したと思うし、自衛隊は国民の支持があって動ける（国論が割れる時代、国、企業、個人の生き方を探る 安全保障、エネルギーで問われる「自立」の生き方）山口昇「財界」63（20）通号1586 2015.10.6 p.48～51

08632 ”玉砕ありき”で国土を差し出す日本政府 : 米国・エアシーバトル構想が煽る中国「脅威」（南西諸島への自衛隊配備）三上智恵「金曜日」23（41）通号1081 2015.10.30 p.28～29

08633 日本の外交・防衛政策の諸課題（92）ポスト2015年の開発目標　神田茂「時の法令」（1988）2015.10.30 p.67～72

08634 安倍政権の「安全保障戦略」下で加速する「軍学共同」藤野保史「前衛 : 日本共産党中央委員会理論政治誌」（928）2015.11 p.76～85

08635 安全保障を考える（特集 2015通常国会 : 安倍政治、終わりの始まり―生活研第34回総会記念シンポジウム これからの政治、これからの民主主義）遠藤誠治「生活経済政策」（226）通号642 2015.11 p.19～22

08636 国連による安全保障の70年と日本の対応（特集 戦後70年と安保法制 : 「国際法の支配」と立憲主義）佐藤哲夫「法律時報」87（12）通号1092 2015.11 p.21～26

08637 国家の自衛権とは何なのか、如何に行使するのか（特集「戦後平和主義」と国家安全保障 : 「新安保法制」と「終戦七十年総理談話」を考える）西村眞悟「伝統と革新 : オピニオン誌」（21）2015.11 p.70～77

08638 「固有の資格」と「対等性」 : 辺野古新基地をめぐる工事停止指示と審査請求について（特集 戦後70年と安保法制 : 「国際法の支配」と立憲主義）角松生史「法律時報」87（12）通号1092 2015.11 p.39～45

08639 阪田雅裕先生に聞く（座談会 憲法インタビュー : 安全保障法制の問題点を聞く）阪田雅裕　鮎川一信「Ichiben bulletin」（512）2015.11 p.12～20

08640 戦後安全保障法制の日本的特徴の形成と展開（特集 岐路に立つ日本政治）山中倫太郎「海外事情」63（11）2015.11 p.2～18

08641 戦後七〇年を問う 国際社会と日本の安全保障。五百旗頭真「潮」（681）2015.11 p.32～39

08642 日本の安全保障・もうひとつの道 : 和解・そして共生の東アジアへ（特集 世界の中の日本外交）持橋多聞「社会民主」（726）2015.11 p.17～19

08643 変容する世界秩序と「戦争」の現在 : 切れ目なき「対テロ戦争」と武力紛争法のパラドクス（特集 戦後70年と安保法制 : 「国際法の支配」と立憲主義）新井京「法律時報」87（12）通号1092 2015.11 p.27～32

08644 「防衛装備の海外移転の許可の状況に関する年次報告書」の発表（特集 安全保障輸出管理とその周辺）経済産業省「CISTEC journal : 輸出管理の情報誌」（160）2015.11 p.18～31

08645 メディア批評（第95回）(1) たった8分の憲法クーデター (2)「勝手に決めるな！」がひらく未来　神保太郎「世界」（875）2015.11 p.37～44

08646 「7.1閣議決定」と安全保障関連法（特集 戦後70年と安保法制 : 「国際法の支配」と立憲主義）水島朝穂「法律時報」87（12）通号1092 2015.11 p.46～52

08647 日本が意外に冷めている理由 : 安全保障（アメリカvs中国）「Newsweek」30（43）通号1471 2015.11.10 p.34

08648 日本の外交・防衛政策の諸課題（93）安全保障関連法の国会審議 (1) 法律の概要と衆参の審議経過　中内康夫「時の法令」（1990）2015.11.30 p.58～63

08649 大森政輔先生に聞く（憲法インタビュー : 安全保障法制の問題点を聞く）大森政輔　湯山孝弘「Ichiben bulletin」（513）2015.12 p.20～27

08650 真の安全保障上の脅威とは何か : 平和憲法の現代性と気候変動への対応（特集 気候変動 : 人類最大の脅威にどう立ち向かうか）エマニュエル, パストリッチ「世界」（876）2015.12 p.94～98

08651 日本の外交・防衛政策の諸課題（94）安全保障関連法の国会審議 (2) 法整備の必要性、憲法適合性をめぐる議論　中内康夫「時の法令」（1992）2015.12.30 p.62～65

◆秘密保護法

【雑誌】

08652 軍事機密保護法――市民集会の講師の発言が問題になるのか（特集 改憲問題――刑事法学からのアプローチ―改憲案についての専門家のアドバイス――「地位利用」のシミュレー

ション？） 新谷一幸「法学セミナー」52
(11)通号635 2007.11 p.36〜37

08653 秘密保全法制をどう考えるか ： 知る権利
と取材の自由の観点から 田島泰彦「月刊民
放」42(2)通号488 2012.2 p.35〜39

08654 青島顕の政治時評 秘密保全法案で何が
「秘密」か 国会議員がチェックするなら憲法と
の兼合いをどうする？ 青島顕「金曜日」20
(10)通号902 2012.3.16 p.35

08655 国民主権と民主主義に反し、基本的人権
を侵害し、情報公開に逆行する秘密保全法(特
集 政府情報の公開と管理にかかる諸問題) 井
上正信「自由と正義」63(4)通号760 2012.4
p.21〜27

08656 国民の目・耳・口を封じる秘密保全法(特
集 蹂躙される日本国憲法) 森孝博「国公労調
査時報」(593) 2012.5 p.4〜6

08657 秘密保全法 ： 新たな国家機密法の危険性
(特集 平和と民主主義をめぐる現況と展望)
吉田健一「法と民主主義」(468) 2012.5 p.
38〜42

08658 秘密保全法案の内容と問題点(特集 平和
と民主主義をめぐる現況と展望) 清水雅彦
「法と民主主義」(468) 2012.5 p.43〜46

08659 メディア規制につながる法制定の動き ：
秘密保全法構想を中心として 右崎正博「新聞
研究」(732) 2012.7 p.60〜63

08660 民主党政権で強まる情報統制 ： 国民を丸
裸にする一方で「国家機密」に隠れる官僚たち
福島みずほ「金曜日」20(27)通号
919 2012.7.20 p.14〜16

08661 原子力発電所事故と秘密保全法制 ： 政府
はその時、何を隠したのか(特集 秘密保全法制
の問題点とその危険性) 海渡雄一「自由と正
義」63(9)通号765 2012.9 p.58〜66

08662 特定秘密保護法の問題点 ： 伝統的憲法論
の視点から 藤井正希「清和法学研究」19
(2) 2012.12 p.87〜118

08663 (声明)改憲と連動し、国民から自由を奪
う秘密保全法案の制定に反対する ： 二〇一三
年六月七日 Stop！秘密保全法反対共同行動及
び賛同者「法と民主主義」(479) 2013.6 p.
65〜67

08664 今、国民の知る権利が危ない!! ： 「秘密
保全法」の憲法適合性を問う 江藤洋一「世
界」(845) 2013.7 p.187〜196

08665 改憲、秘密保全法制定策動のなか自衛隊
情報保全隊の危険な役割 秦近茂樹「前衛 ：
日本共産党中央委員会理論政治誌」(898)
2013.8 p.170〜181

08666 特定秘密保護法案反対 一色に染まるス
ピードが速くなった社会の危険性 ： どんどん
右にずれる座標軸 ： 森達也 対談 田島泰彦 森
達也 田島泰彦「金曜日」21(41)通号982

2013.10.25 p.12〜14

08667 言論・表現の自由を規制する法律 日本を
戦争のできる国に変えてしまう「特定秘密保護
法」の正体 山了吉「出版ニュース」(2328)
2013.11.中旬 p.18〜20

08668 秘密保護法案の内容と問題点(特集 改憲
を阻む国民的共同をつくるために) 清水雅彦
「法と民主主義」(483) 2013.11 p.18〜21

08669 特定秘密保護法案反対 立法事実も曖昧、
憲法原理にも反する悪法 清水雅彦「金曜日」
21(43)通号984 2013.11.8 p.16〜18

08670 廃案しかありえない稀代の悪法 修正案で
も法案の危険性は変わらない(特定秘密保護法
案反対) 田島泰彦「金曜日」21(46)通号987
2013.11.29 p.14

08671 国家安全保障会議・特定秘密保護法案を
めぐって ： 本格的に動き出した安倍「壊」憲
計画(特集 安倍政権批判 ： 臨時国会の焦点)
鈴田渉「科学的社会主義」(188) 2013.12
p.6〜11

08672 特定秘密保護法案・考 青井未帆「法律
時報」85(13)通号1067 2013.12 p.1〜3

08673 特定秘密保護法案の核心 ： 「政治」によ
る「秘密」のコントロールをめぐって(特集 暴
走する安全保障政策) 宍戸常寿「世界」
(850) 2013.12 p.81〜90

08674 特定秘密保護法と「知る権利」 右崎正
博「月刊民放」43(12)通号510 2013.12 p.
24〜27

08675 特定秘密保護法と日本国憲法の原理 右
崎正博「前衛 ： 日本共産党中央委員会理論政
治誌」(903) 2013.12 p.46〜54

08676 秘密保護法の制定に反対する憲法・メ
ディア法研究者の声明「法律時報」85(13)通
号1067 2013.12 p.395〜397

08677 秘密保護法は実質改憲への大きな一歩(日
本のうしお 世界のうしお) 「まなぶ」(680)
2013.12 p.56〜59

08678 我が国の情報機能・秘密保全 ： 特定秘密
の保護に関する法律案をめぐって(特集 第185
回国会の焦点) 柳瀬翔央「立法と調査」
(347) 2013.12 p.15〜33

08679 秘密"隠蔽"法案強行で もの言えぬ国に
[自、公、維新、みんな]の新体制 集団的自衛
権の見直し、憲法改正、その先は"美しい国"…
安倍帝国、ついに完成(秘密"隠蔽"法案強行で
もの言えぬ国に[自、公、維新、みんな]の新
体制 集団的自衛権の見直し、憲法改正、その先
は"美しい国"… 安倍帝国、ついに完成) 「週刊
朝日」118(53)通号5225(増大) 2013.12.6
p.18〜20

08680 国会の自殺であり、三権分立へのテロで
あり、憲法への宣戦布告である(特定秘密保護

法の成立に抗議する）　平井康嗣　「金曜日」21
（48）通号989　2013.12.13　p.4

08681　秘密保護法、その虚像と実像　長谷部恭
男　深田政彦　長岡義博　「Newsweek」28
（49）通号1379　2013.12.24　p.34

08682　憲法と特定秘密保護法と「知る権利」：
「人権と報道・連絡会」のシンポジウム基調報告
より（特集 壊憲の危機になにをなすべきか）
奥平康弘　「社会評論」（176）　2014.春　p.24
～30

08683　「特定秘密保護法」廃止のために（特集
様々な視点で憲法を考えよう）　前哲夫　「季刊
人権問題」（39）　2014.冬　p.27～38

08684　特定秘密保護法（ミニ・シンポジウム
Constitutional changeの現在）　新屋達之　「法
の科学：民主主義科学者協会法律部会機関誌
「年報」（45）　2014　p.109～112

08685　特別対論 憲法と政治参加を考える：特
定秘密保護法と民主主義をめぐって　木村草太
小熊英二　「小説tripper：トリッパー」　2014.
春季　p.62～75

08686　バーナムの森は動いた：秘密保護法強行
採決を安倍政権の終わりの始まりへ　海渡雄一
「季論21：intellectual and creative」（23）
2014.冬　p.20～33

08687　秘密保護法後の表現の自由：表現規制と
情報統制に向かう日本（特集 デモクラシーとナ
ショナリズム：特定秘密保護法以後の日本社
会）　田島泰彦　「神奈川大学評論」（78）
2014　p.64～72

08688　秘密保護法は戦争準備の国民心理をつく
る（特集 国家主義の台頭に抗して）　海渡雄一
「アジェンダ：未来への課題」（45）　2014.夏
p.44～51

08689　霞が関コンフィデンシャル 特定秘密保護
法は悪法か 安全保障上の「必要悪」か：マス
コミの反対論に一貫性なし　「Verdad」20（1）
通号225　2014.1　p.28～30

08690　「特定秘密保護法」騒動の教訓 改憲論議
は既に始まっている　「明日への選択」（336）
2014.1　p.12～16

08691　特定秘密保護法：その諸問題と課題（特
集 情報社会の現在（Part.2））　山中倫太郎　「法
学セミナー」59（1）通号708　p.25～29

08692　「特定秘密保護法」の廃止と「安倍改憲」
を阻止するために（特集 特定秘密保護法の廃止
を求めて）　小野寺利孝　「法と民主主義」
（485）　2014.1　p.3～7

08693　秘密保護法：萎縮効果が自由を奪う：
学習院大学法務研究科教授 青井未帆さんに聞く
（異議あり！ 安倍政権）　青井未帆　「女性のひ
ろば」（419）　2014.1　p.32～36

08694　秘密保護法問題 「戦前への回帰」？：

08695　「特定秘密保護法」という名の治安維持法（上）
永山茂樹　「反戦情報」（352）　2014.1.15　p.
13～15

08695　改めて憲法を考える（7）日本国憲法の転
換点？：特定秘密保護法制定から考える　成
澤孝人　「時の法令」（1946）　2014.1.30　p.75
～80

08696　秘密保護法は国際人権規約違反である
藤田早苗　「マスコミ市民」　2014.2　p.38～41

08697　「国家安全保障会議」「特定秘密保護法」
揺るがぬ国の安全基盤となり得るか!? 日本版
NSCの初仕事は北朝鮮粛清対処か！　黒井文
太郎　「軍事研究」49（2）　2014.2　p.194～203

08698　特定秘密保護法の問題点（2014年権利討
論集会特集号―第6分科会 子どもの未来どう
なっちゃうの？ 憲法・教育の改悪を止めろ！）
高橋早苗　「民主法律」（293）　2014.2　p.112
～114

08699　法律時評 特定秘密保護法：問題点と残
された課題　右崎正博　「法律時報」86（2）通
号1069　2014.2　p.1～3

08700　我は如何にして活動家となりし乎（第17
回）脱原発と特定秘密保護法廃止へ向かって
海渡雄一　「Atプラス：思想と活動」（19）
2014.2　p.82～97

08701　秘密保護法問題 「戦前への回帰」？：
「特定秘密保護法」という名の治安維持法（下）
永山茂樹　「反戦情報」（353）　2014.2.15　p.
14～16

08702　講演録 秘密保護法・新たなたたかいに向
けて　青井未帆　「放送レポート」（247）
2014.3　p.8～15

08703　特集 人権と部落（同和）問題セミナー
（上）秘密保護法以後の情報・言論統制と人権機
関　田島泰彦　「地域と人権」（359）　2014.3
p.20～32

08704　特定秘密保護法の制定と今後の検討課題
碇建人　柳瀬翔央　「立法と調査」（350）
2014.3　p.70～85

08705　秘密保護法成立を阻止できなかった原因
を考える：「リベラル派」が負け続ける原因
はなにか　大野友也　「法学論集」48（2）
2014.3　p.57～75

08706　2014.1.24東京税経新人会学習新年会 特定
秘密保護法について：憲法と特定秘密保護法
鶴見祐策　「税経新報」（620）　2014.3・4　p.3
～17

08707　国民の知る権利と特定秘密保護法：国際
的観点から（秘密保護法廃止へ：法律家7団体
共催シンポジウム（二〇一四・三・五 於 東京・
千代田区）より）　山田健太　「法と民主主義」
（487）　2014.4　p.36～39

08708　特定秘密保護法を考える 秘密保護法の制
定で言論と情報はどう変わるのか　田島泰彦

安全保障 戦争放棄・安全保障

「みんなの図書館」(444) 2014.4 p.57～65

08709 特定秘密保護法と非核神戸方式について（特集 憲法：安保・軍事） 粟原富夫 「科学的社会主義」(192) 2014.4 p.37～42

08710 特定秘密保護法の批判的検討 山内敏弘 「独協法学」(93) 2014.4 p.1～43

08711 秘密保護法対策弁護団の結成（秘密保護法廃止へ：法律家7団体共催シンポジウム（二〇一四・三・五 於 東京・千代田区）より） 海渡双葉 「法と民主主義」(487) 2014.4 p.44～46

08712 秘密保護法と公務労働者の権利・義務（秘密保護法廃止へ：法律家7団体共催シンポジウム（二〇一四・三・五 於 東京・千代田区）より） 岡田俊宏 「法と民主主義」(487) 2014.4 p.40～43

08713 あらためて秘密保護法を考える 清水雅彦 「東京」(354) 2014.5 p.2～11

08714 ストップ！「戦争する国」づくり 秘密保護法廃止で憲法の原則守ろう（特集 平和憲法を守り、生かそう） 平井正 「月刊民商」56(5) 通号644 2014.5 p.6～9

08715 戦争は"秘密"から始まる：特定秘密保護法と治安維持法（特集 憲法とくらし） 柳河瀬精 「人権と部落問題」66(6)通号857 2014.5 p.6～13

08716 ロー・フォーラム 立法の話題 安全保障に関する情報を保護：特定秘密保護法の成立 「法学セミナー」59(5)通号712 2014.5 p.5

08717 秘密保護法と人権（特集 安倍内閣が急ぐ"普通の国化"の落とし穴） 齋藤康輝 「福音と社会」53(3)通号274 2014.6 p.15～26

08718 法律解説 国会・内閣 特定秘密の保護に関する法律：平成二五年一二月一三日法律第一〇八号 「法令解説資料総覧」(39) 2014.7 p.16～28

08719 国会を政府の秘密保全体制にくみこむ「秘密国会法」：国政調査権を制約し、議員の発言を監視する違憲立法 白髭寿一 「前衛：日本共産党中央委員会理論政治誌」(912) 2014.8 p.133～136

08720 検証特定秘密保護法 特定秘密保護法と国会：国会は特定秘密を監視できるか 清水勉 「法律時報」86(10)通号1077 2014.9 p.90～95

08721 秘密保護法をめぐる状況とその廃止運動の展望（緊急小特集 特定秘密保護法問題） 海渡雄一 「歴史評論」(775) 2014.11 p.6～22

08722 対談 民主主義を破壊する特定秘密保護法：12月10日施行迫る！（創刊21周年記念号—安倍首相と戦争：葬られる戦後平和主義） 福山哲郎 田島泰彦 「金曜日」22(44)通号1034 2014.11.7 p.25～27

08723 「カウンターテロリズム・プロファイリング」をめぐる一考察：プライバシーの権利, 行政のグローバルなネットワーク化及び特定秘密保護法（特集 二つの自由と二つの安全－「自由・プライバシー」と安全） 難波満 国際人権法学会［編］「国際人権：国際人権法学会報」(26) 2015 p.30～33

08724 国家秘密の保護と情報公開：日本の現状と課題 鈴木秀美 「比較憲法学研究」(27) 2015 p.1～21

08725 政府保有情報の公開と秘密保護（特集 憲法の現況） 藤原静雄 「論究ジュリスト」(13) 2015.春 p.28～36

08726 特定秘密保護法の特徴と問題点（特集 憲法とくらし） 市川正人 「人権と部落問題」67(6)通号871 2015.5 p.24～31

08727 憲法が求めた自由な社会から秘密の蔓延する監視社会へ テロ対策は国民をなにから守るのか（特集 それも、秘密です！） 海渡雄一 「まなぶ」(705) 2015.11 p.22～27

◆沖縄

【雑誌】

08728 米軍再編と憲法改悪の構造—沖縄の基地問題をめぐって 高良鉄美 「琉大法學」(78) 2007.9 p.5～21

08729 米軍の沖縄上陸、占領と統治 川平成雄 西原町（沖縄県）「琉球大学経済研究」 2008.3 p.107～128

08730 沖縄と「日本国憲法」——改憲状況を沖縄から読む（特集 来るべき自己決定権のために——沖縄・憲法・アジア） 輿儀秀武 「情況. 第三期：変革のための総合誌」9(3)通号72 2008.5 p.118～129

08731 東京からの応答 沖縄の〈自己決定権〉に向き合う、日本の主権性創発のために——東京から/沖縄で憲法を考えるということ（特集 来るべき自己決定権のために——沖縄・憲法・アジア） 川音勉 「情況. 第三期：変革のための総合誌」9(3)通号72 2008.5 p.130～138

08732 反復帰の思想資源と「琉球共和社会/国憲法〈私・試案〉」の意義（特集 来るべき自己決定権のために——沖縄・憲法・アジア） 川満信一 比屋根薫 「情況. 第三期：変革のための総合誌」9(3)通号72 2008.5 p.79～97

08733 東アジアが欠けていること、沖縄が欠けていること（特集 来るべき自己決定権のために——沖縄・憲法・アジア） 丸川哲史 「情況. 第三期：変革のための総合誌」9(3)通号72 2008.5 p.139～146

08734 琉球政府の時代—沖縄が沖縄に取り返すべきもの（特集 来るべき自己決定権のために——沖縄・憲法・アジア） 神谷三島 「情況. 第三期：変革のための総合誌」9(3)通号72

2008.5 p.108～117

08735 沖縄独立とヤマト——五・一八シンポジウム見聞記(特集 沖縄五・一八シンポジウム 来るべき〈自己決定権〉のために 沖縄・アジア・憲法) 桂木行人 「情況. 第三期 : 変革のための総合誌」9(5)通号74 2008.7 p.65～71

08736 民衆の連帯とは何なのか?——歴史を動かすという力の中で、いかに連帯を作るのか(特集 沖縄五・一八シンポジウム 来るべき〈自己決定権〉のために 沖縄・アジア・憲法) 孫歌 「情況. 第三期 : 変革のための総合誌」9(5)通号74 2008.7 p.36～38

08737 琉球の自己決定権の新たな方向——琉球は日本の経済植民地、琉球と日本が対等な関係性を持つ必要がある(特集 沖縄五・一八シンポジウム 来るべき〈自己決定権〉のために 沖縄・アジア・憲法) 松島泰勝 「情況. 第三期 : 変革のための総合誌」9(5)通号74 2008.7 p.45～50

08738 往復書簡 沖縄をめぐる対話 憲法(特集 来るべき沖縄の自己決定権) 佐藤優 川満信一 「情況. 第三期 : 変革のための総合誌」9(8)通号77 2008.10 p.42～49

08739 サンフランシスコ体制と沖縄——基地問題の原点を命ねる 井端正幸 「立命館法學」2010年(5・6)通号333・334(上巻) 2010 p.1576～1599

08740 「復帰」における憲法の不在 : 1951年以前の沖縄にみる日本国憲法の存在感(特集 ルーツからルートへ : 移動、越境、クレオール…) 上地聡子 「琉球・沖縄研究」3 2010 p.77～97

08741 基地のない沖縄・基地のない日本を——戦後六五年、沖縄米軍基地の変遷とその真相(特集 憲法と国民生活) 鎌田隆 「人権と部落問題」62(6)通号801 2010.5 p.6～14

08742 憲法施行六三年の日本と沖縄米軍基地——普天間飛行場閉鎖・県内移設反対へ全国の力を寄せよう ! 「進歩と改革」通号702 2010.6 p.1～3

08743 地方自治体の側から安全保障を考える(1)[含 資料 米海兵隊は撤収を——普天間基地問題についての第二の声明] 富野暉一郎 「信州自治研」(220) 2010.6 p.25～31

08744 地方自治体の側から安全保障を考える(2) 富野暉一郎 「信州自治研」(221) 2010.7 p.30～34

08745 地方自治体の側から安全保障を考える(3) 富野暉一郎 「信州自治研」(223) 2010.9 p.9～16

08746 行財政研究 「普天間問題」から診る「憲法と安保」 森英樹 「行財政研究」(77) 2010.10 p.2～8

08747 日本の外交・防衛政策の諸課題(35)沖ノ

鳥島をめぐる諸問題——求められる海洋戦略 加地良太 「時の法令」通号1868 2010.10.30 p.75～81

08748 一〇月二三日集会の感想から——沖縄と憲法の総合誌 三上治 「情況. 第三期 : 変革のための総合誌」11(10)通号100 2010.12-2011.1 p.185～191

08749 安保・沖縄基地問題と日本国憲法(特集 沖縄問題から憲法を考える) 渡辺久丸 「人権と部落問題」63(5)通号814 2011.4 p.6～14

08750 異場の思想と東アジア越境憲法(特集 沖縄) 川満信一 「情況. 第三期 : 変革のための総合誌」11(14)通号104 2011.8・9 p.113～122

08751 米軍のプレゼンスで安全保障が成り立つ沖縄は日本の「礎石」(特集 沖縄の「真実」: 東アジアの平和を守る) 「世界思想」37(12)通号434 2011.12 p.12～14

08752 沖縄における生存権保障の現状と課題(ミニ・シンポジウム 沖縄から「安全保障」を問う) 高田清恵 民主主義科学者協会法律部会編 民主主義科学者協会法律部会編 「法の科学 : 民主主義科学者協会法律部会機関誌「年報」」(43) 2012 p.160～163

08753 沖縄から日本の未来を考える(特集 憲法を力に諸要求実現を) 仲本興真 「月刊民商」通号619 2012.5 p.13～18

08754 沖縄の基地問題と平和的生存権(特集 平和と民主主義をめぐる現況と展望) 井端正幸 「法と民主主義」(468) 2012.5 p.10～13

08755 復帰40年の沖縄と安全保障「沖縄県民調査」と「全国意識調査」から 河野啓 小林利行 「放送研究と調査」62(7)通号734 2012.7 p.2～31

08756 沖縄における「島ぐるみ」運動の系譜(特集 沖縄から : 平和と人権を問う) 櫻澤誠 「人権と部落問題」65(2)通号839 2013.2 p.40～48

08757 沖縄における人権問題 : 復帰四〇年を迎えて(特集 沖縄から : 平和と人権を問う) 高良鉄美 「人権と部落問題」65(2)通号839 2013.2 p.14～22

08758 「復帰四〇年」の沖縄と憲法・安保条約(特集 沖縄から : 平和と人権を問う) 小林武 「人権と部落問題」65(2)通号839 2013.2 p.6～13

08759 安倍政権に対抗し、沖縄と連帯する五月憲法月間へ 「進歩と改革」(737) 2013.5 p.1～3

08760 日米地位協定 : 沖縄で今、何か問題か(特集 憲法とくらし) 小林武 「人権と部落問題」65(6)通号843 2013.5 p.23～30

08761 沖縄から「平和憲法」を問い直す(第四七回大会準備号 歴史における社会的結合と地域——

第一日目 世界史のなかの日本国憲法 新崎盛暉 「歴史評論」 (763) 2013.11 p.68〜71

08762 沖縄県名護市から全国へ 基地「ノー」が示された名護市市長選挙(特集 様々な視点で憲法を考えよう) 宮城久緒 「季刊人権問題」 (36) 2014.春 p.1〜12

08763 沖縄から「平和、人権、いのち」を問う ： 第五〇回護憲大会を沖縄で開催 鈴木智 「進歩と改革」 (745) 2014.1 p.59〜71

08764 新 わたしと憲法シリーズ 高良鉄美 平和と人権を追い求める 基地の島・沖縄の憲法学者 沖縄にとって憲法は、復帰運動を通して自ら勝ち取りにいったもの。 高良鉄美 「金曜日」 22(2)通号992 2014.1.17 p.17

08765 特定秘密保護法の制定過程が示すもの ：「外務省秘密電文漏えい事件」への参照から(特集 公開性と秘密) 木村草太 「Atプラス ： 思想と活動」 (19) 2014.2 p.50〜64

08766 特定秘密保護法のどこに問題があったのか(特集 公開性と秘密) 松井茂記 「Atプラス ： 思想と活動」 (19) 2014.2 p.65〜81

08767 沖縄における平和的生存権の可能性 小林武 「愛知大学法学部法経論集」 (198) 2014.3 p.143〜173

08768 憲法問答 憲法・沖縄・地位協定 ： ある政治学研究者と法学徒の対話(特集 社会運動と憲法 ： 市民自治から憲法をとらえなおす) 明田川融 「社会運動」 (408) 2014.3 p.18〜23

08769 名護市長選総括と沖縄闘争の課題と展望(特集 ストップ・ザ・アベ ： 立憲主義・リベラル勢力の総結集で安倍政権の暴走を止めよう！) 大湾宗則 「労働運動研究」 (421) 2014.4 p.11〜17

08770 日本国憲法と天皇、そして沖縄 川上詩朗 「中帰連 ： 戦争の真実を語り継ぐ」 (54) 2014.4 p.2〜5

08771 沖縄から「平和憲法」を問い直す ： 構造的差別と抵抗の現場から(第47回大会報告特集 歴史における社会的結合と地域─世界史のなかの日本国憲法) 新崎盛暉 「歴史評論」 (770) 2014.6 p.21〜35

08772 沖縄米軍基地爆音訴訟における平和的生存権の主張 小林武 「愛知大学法学部法経論集」 (199) 2014.8 p.191〜240

08773 座談会 沖縄は決して新基地を許さない ：「建白書」にもとづく団結で憲法が生きる政治をつくる 平良啓子 渡久地修 赤嶺政賢[他]「前衛 ： 日本共産党中央委員会理論政治誌」 (914) 2014.10 p.13〜37

08774 仲井真県政が推進する「沖縄21世紀ビジョン」返還跡地を有効活用せよ(特集 分水嶺に立つ沖縄 ： 東アジア安全保障の "要石" を守れ) 「世界思想」 40(11)通号469 2014.11 p.16〜17, 19

08775 安全保障理論の転換から見る沖縄と日本 ： 閉じられた問いから開かれた思考へ(廣部和也教授 宮本光雄教授 宮村治雄教授 記念号) 遠藤誠治 「成蹊法学」 (82) 2015 p.51〜79

08776 沖縄と日本国憲法(特集 沖縄の戦後七〇年 ： 戦争の記憶から現在まで) 小松寛 「神奈川大学評論」 (82) 2015 p.100〜107

08777 過重な基地負担が沖縄問題の本質だ(特集 様々な視点で憲法を考えよう) 福元大輔 「季刊人権問題」 (42) 2015.秋 p.11〜20

08778 観測点 沖縄は憲法と民主主義まもる最前線 宮城義弘 「季論21 ： intellectual and creative」 (29) 2015.夏 p.23〜28

08779 地域と安全保障 ： 沖縄の基地問題を事例として 平良好利 「地域総合研究」 8 2015.3 p.39〜57

08780 復帰直前期の沖縄における憲法状況 ： 立法院における決議、議論等を題材に(玉城勲教授・渡名喜庸安教授退職記念号) 高良鉄美 「琉大法學」 (93) 2015.3 p.5〜38

08781 オキナワ短信 激震の2014年下半期 与那国は自衛隊誘致を再決定 辺野古移設工事とヘイトスピーチ 芦川淳 「軍事研究」 50(4) 2015.4 p.96〜103

08782 講演録 住民投票なくして「辺野古新基地建設」はあり得ない 木村草太 「世界」 (870) 2015.6 p.45〜52

08783 辺野古新基地建設絶対阻止 ：「革命の火薬庫」＝沖縄(特集 新ガイドライン・安保法制 粉砕を 労働組合の破壊狙う 改憲攻撃「緊急事態条項」断じて許すな)「国際労働運動」 43(6)通号465 2015.6 p.21〜26

08784 バカにするな！ 沖縄「苦難の歴史」変える戦い(割れ鍋「安全保障」ワイド この人たちの重要影響事態) 野里洋 「サンデー毎日」 94(22)通号5285 2015.6.7 p.137〜138

08785 沖縄から見る今の日本 ： 民放労連・平和と憲法を考えるフォーラムin沖縄 「放送レポート」 (255) 2015.7 p.18〜21

08786 変わらない日本と変わっていく沖縄 ：「琉球共和社会憲法」は自己決定権の潜勢力(総特集 戦争への対抗 ： 自衛官・市民の命を守る憲法九条) 仲里効 「社会運動」 (419) 2015.7 p.18〜24

08787 戦後70年と憲法(5)いま、なぜ沖縄戦を語るのか ： 沖縄に憲法と自治を 大田昌秀 「住民と自治」 (629) 2015.9 p.25〜30

08788 日本国憲法からみた沖縄基地問題(特集 基地のない沖縄へ) 晴山一穂 「経済」 (240) 2015.9 p.24〜27

08789 植民地的政策の打開策か 沖縄の「県外移設」要求に大阪の市民らが呼応 米軍基地を「引き取る」という思想と行動(特集 憲法を守る！

戦争放棄・安全保障　　　　　　　　　　　　　　　　　　安全保障

デタラメ政治と闘う人々）　平野次郎　「金曜
日」　23（34）通号1074　2015.9.11　p.24〜25

08790　辺野古新基地建設反対闘争の現状と展望
（憲法九条実現のために（2））　仲山忠克　「法
と民主主義」（504）　2015.12　p.36〜38

基本的人権/憲法上の保障

人権総論

【図書】

08791 人間の安全保障 アマルティア・セン著, 東郷えりか訳 集英社 2006.1 205p 18cm （集英社新書） 〈文献あり〉 680円 Ⓘ4-08-720328-X Ⓝ319.8 セン, アマルティア 東郷えりか

08792 アジアの人権と平和 稲正樹著 第2版 盛岡 信山社 2006.2 414p 23cm （SBC学術文庫 140） 〈発売：星雲社〉 9800円 Ⓘ4-434-05355-8 Ⓝ316.1 稲正樹

08793 日本政府と国内の「人間の安全保障」認識の乖離─国会の議論を中心に 山影統, 小島朋之［著］ ［藤沢］ 慶應義塾大学大学院政策・メディア研究科 2006.3 34p 30cm （総合政策学ワーキングペーパーシリーズ no.98）

08794 現代の人権と法を考える─Human rights 中川義朗編 第2版 京都 法律文化社 2006.4 319, 6p 19cm （法律文化ベーシック・ブックス） 〈文献あり〉 2500円 Ⓘ4-589-02903-0 Ⓝ323.143 中川義朗

08795 違憲の医療制度─混合診療を解禁せよ 混合診療で健康保険停止そして医療難民へ 清郷伸人著 ごま書房 2006.6 235p 19cm 1200円 Ⓘ4-341-08323-6 Ⓝ498.13 清郷伸人

08796 憲法の危機をこえて─弁護士活動からみえる人権 宮里邦雄, 山口広, 海渡雄一編著 明石書店 2007.2 316p 19cm 2200円 Ⓘ978-4-7503-2509-5 Ⓝ323.14 宮里邦雄 山口広 海渡雄一

08797 人権総論の再検討─私人間における人権保障と裁判所 木下智史著 日本評論社 2007.2 292p 22cm 7500円 Ⓘ978-4-535-51546-8 Ⓝ323.01 木下智史

08798 人権の変遷 石埼学著 日本評論社 2007.3 198p 22cm 〈文献あり〉 4500円 Ⓘ978-4-535-51572-7 Ⓝ323.01 石埼学

08799 基本的人権の事件簿─憲法の世界へ 棟居快行, 赤坂正浩, 松井茂記, 笹田栄司, 常本照樹, 市川正人著 第3版 有斐閣 2007.4 267p 19cm （有斐閣選書） 〈文献あり〉 1900円 Ⓘ978-4-641-28106-6 Ⓝ323.143 棟居快行 赤坂正浩 松井茂記

08800 現代社会における国家と法─阿部照哉先生喜寿記念論文集 佐藤幸治, 平松毅, 初宿正

典, 服部高宏編 成文堂 2007.5 753p 22cm 〈肖像あり〉 〈年譜あり〉 〈著作目録あり〉 15000円 Ⓘ978-4-7923-0424-9 Ⓝ323.01 阿部照哉 佐藤幸治 平松毅 初宿正典

08801 人権の条件 小林昭三監修, 憲法政治学研究会編 京都 嵯峨野書院 2007.5 379p 21cm 〈執筆：下條芳明ほか〉 〈文献あり〉 3000円 Ⓘ978-4-7823-0465-5 Ⓝ316.1 憲法政治学研究会 小林昭三

08802 これからの人権保障─高野眞澄先生退職記念 松本健男, 横田耕一, 江橋崇, 友永健三編 有信堂高文社 2007.7 276p 22cm 〈肖像あり〉 〈年譜あり〉 〈著作目録あり〉 4800円 Ⓘ978-4-8420-1059-5 Ⓝ316.1 松本健男 横田耕一 江橋崇 友永健三

08803 災害復興とそのミッション─復興と憲法 片山善博, 津久井進著 京都 クリエイツかもがわ 2007.8 195p 21cm 〈発売：かもがわ出版〉 Ⓘ978-4-902244-82-3 Ⓝ369.3 片山善博 津久井進

08804 人権論の新展開 長谷部恭男, 土井真一, 井上達夫, 杉田敦, 西原博史ほか編 岩波書店 2007.8 309p 22cm （岩波講座憲法 2） 〈文献あり〉 3500円 Ⓘ978-4-00-010736-5 Ⓝ323.01 長谷部恭男 土井真一 井上達夫 杉田敦 西原博史

08805 人権保障の基本原則 高乗正臣著 成文堂 2007.12 237p 22cm 5000円 Ⓘ978-4-7923-0432-4 Ⓝ323.143 高乗正臣

08806 知的財産権と自由な情報流通との調整の在り方をめぐる憲法学的考察─情報技術に関する法における基本原理の探求 山口いつ子［著］ 知的財産研究所 2008.3 10, 54, 16p 30cm （産業財産権研究推進事業報告書 平成19年度） 〈他言語標題：Some observations on the balancing of intellectual property rights with information freedom from the perspective of constitutional law〉 〈英語併記〉 〈特許庁委託〉 Ⓝ507.2 山口いつ子

08807 キリスト教と人権思想 日本カトリック大学キリスト教文化研究所連絡協議会編 サンパウロ 2008.4 295p 19cm 〈他言語標題：Christianity and human rights thought〉 3000円 Ⓘ978-4-8056-2089-2 Ⓝ190.4 日本カトリック大学キリスト教文化研究所連絡協議会

08808 憲法 2 基本権クラシック 阪本昌成著

基本的人権/憲法上の保障　　　　　　　　　　　　　　　　　　　　　　　　人権総論

全訂第3版　有信堂高文社　2008.4　297p
21cm　2800円　Ⓘ978-4-8420-1063-2　Ⓝ323.
14　阪本昌成

08809　憲法と人権　1　藤井俊夫著　成文堂
2008.4　392, 4p　22cm　〈文献あり〉　2900円
Ⓘ978-4-7923-0440-9　Ⓝ323.143　藤井俊夫

08810　憲法と人権　2　藤井俊夫著　成文堂
2008.4　374, 4p　22cm　〈文献あり〉　2900円
Ⓘ978-4-7923-0441-6　Ⓝ323.143　藤井俊夫

08811　人間の安全保障　高橋哲哉, 山影進編　東
京大学出版会　2008.4　279p　21cm　〈他言語
標題：Human security〉　〈文献あり〉　2800円
Ⓘ978-4-13-003352-7　Ⓝ319.8　高橋哲哉　山
影進

08812　人権入門―憲法/人権/マイノリティ　横
藤田誠, 中坂恵美子著　京都　法律文化社
2008.5　231p　21cm　2100円　Ⓘ978-4-589-
03098-6　Ⓝ316.1　横藤田誠　中坂恵美子

08813　憲法の私人間効力論　君塚正臣著　悠々社
2008.7　554p　22cm　〈著作目録あり〉　9500
円　Ⓘ978-4-86242-010-7　Ⓝ323.01　君塚正臣

08814　現代国家と人権　佐藤幸治著　有斐閣
2008.8　553, 18p　22cm　7800円　Ⓘ978-4-
641-12983-2　Ⓝ323.01　佐藤幸治

08815　「人権派弁護士」の常識の非常識　八木秀
次著　PHP研究所　2008.11　214p　20cm
1600円　Ⓘ978-4-569-69731-4　Ⓝ304　八木
秀次

08816　思想の自由と信教の自由―憲法解釈およ
び判例法理　土屋英雄著　増補版　尚学社
2008.12　349p　21cm　3200円　Ⓘ978-4-
86031-061-5　Ⓝ323.143　土屋英雄

08817　紛争後の国と社会における人間の安全保
障　栗本英世編　吹田　大阪大学グローバルコ
ラボレーションセンター　2009.2　79p　21cm
（GLOCOLブックレット　1）　〈他言語標題：
Human security in the post-conflict period〉
〈文献あり〉　非売品　Ⓘ978-4-904609-00-2
Ⓝ319.8　栗本英世

08818　ケルゼンの権利論・基本権論　新正幸著
日の出町（東京都）　慈学社出版　2009.3　464p
22cm　〈索引あり〉　〈発売：大学図書〉　9000
円　Ⓘ978-4-903425-43-6　Ⓝ323.01　新正幸

08819　「憲法上の権利」の作法　小山剛著　尚学
社　2009.3　9, 226p　21cm　〈文献あり〉
2300円　Ⓘ978-4-86031-064-6　Ⓝ323.143　小
山剛

08820　憲法における人間の尊厳　青柳幸一著
尚学社　2009.3　348, 5p　22cm　8000円
Ⓘ978-4-86031-059-2　Ⓝ323.01　青柳幸一

08821　すべての人にベーシック・インカムを―基
本的人権としての所得保障について　ゲッツ・
W.ヴェルナー著, 渡辺一男訳　現代書館　2009.
4　253p　20cm　2000円　Ⓘ978-4-7684-6997-2
Ⓝ364　ヴェルナー, ゲッツ・W.　渡辺一男

08822　福祉に携わる人のための人権読本　山本
克司著　京都　法律文化社　2009.4　159p
21cm　〈文献あり〉　2300円　Ⓘ978-4-589-
03172-3　Ⓝ369　山本克司

08823　新・人権はだれのものか　佐瀬一男, 尹龍
澤編　有信堂高文社　2009.6　293p　19cm
2000円　Ⓘ978-4-8420-0538-6　Ⓝ316.1　佐瀬
一男　尹竜沢

08824　自律と保護―憲法上の人権保障が意味す
るものをめぐって　西原博史著　成文堂　2009.
9　270p　22cm　〈文献あり〉　4600円　Ⓘ978-
4-7923-0466-9　Ⓝ323.01　西原博史

08825　人権論の間隙　甲斐素直著　信山社
2009.10　497p　22cm　（学術選書　憲法 36）
10000円　Ⓘ978-4-7972-5436-5　Ⓝ316.1　甲斐
素直

08826　人間の安全保障―国家中心主義をこえて
武者小路公秀編著　京都　ミネルヴァ書房
2009.11　316p　22cm　〈文献あり〉　3500円
Ⓘ978-4-623-05492-3　Ⓝ319.8　武者小路公秀

08827　憲法　1　人権　渋谷秀樹, 赤坂正浩著
第4版　有斐閣　2010.3　372p　19cm　（有斐
閣アルマ）　〈文献あり 索引あり〉　2000円
Ⓘ978-4-641-12399-1　Ⓝ323.14　渋谷秀樹　赤
坂正浩

08828　憲法とそれぞれの人権　現代憲法教育研
究会編　京都　法律文化社　2010.3　222p
21cm　〈付（13p）：資料〉　2600円　Ⓘ978-4-
589-03234-8　Ⓝ323.143　現代憲法教育研究会

08829　人道支援・女性の人権を考える―現代に
おける現状と課題 報告書　婦人国際平和自由連
盟日本支部　2010.3　97p　26cm　（日本女子
大学生涯学習総合センター連携講座 7(2009)）
〈年表あり〉　Ⓝ329.39　婦人国際平和自由連盟

08830　人間の安全保障と中央アジア　大杉卓三,
大谷順子編著　福岡　花書院　2010.3　255p
21cm　（九州大学比較社会文化叢書 18）　〈奥
付のタイトル：人間の安全保障と現代中央アジ
ア〉　〈文献あり〉　2381円　Ⓘ978-4-903554-
72-3　Ⓝ319.8　大杉卓三　大谷順子

08831　判例講義憲法　1　基本的人権　佐藤幸
治, 土井真一編　悠々社　2010.4　156, 13p
26cm　〈執筆：小山剛ほか〉　〈索引あり〉
2800円　Ⓘ978-4-86242-012-1　Ⓝ323.14　佐藤
幸治　土井真一

08832　判例講義憲法　2　基本的人権・統治機構
佐藤幸治, 土井真一編　悠々社　2010.4　p157-
331, 13p　26cm　〈執筆：永田憲史ほか〉　〈索
引あり〉　2800円　Ⓘ978-4-86242-013-8
Ⓝ323.14　佐藤幸治　土井真一

08833　わかりやすい人権論―よくわかるヒュー
マンライツ　穐山守夫, 市川直子, 井上知樹編著
文化書房博文社　2010.4　255p　21cm　〈索引
あり〉　2300円　Ⓘ978-4-8301-1187-7　Ⓝ316.1
穐山守夫　市川直子　井上知樹

［08809～08833］　　　　　　　　　　憲法改正 最新文献目録　329

人権総論 基本的人権/憲法上の保障

08834 憲法がめざす幸せの条件—9条、25条と13条 日野秀逸著 新日本出版社 2010.6 196p 19cm 1400円 Ⓘ978-4-406-05364-8 Ⓝ323.14 日野秀逸

08835 人権判例の新展開 安藤高行著 京都 法律文化社 2010.6 304p 22cm 5400円 Ⓘ978-4-589-03262-1 Ⓝ323.143 安藤高行

08836 企業の憲法的基礎 戸波江二編 日本評論社 2010.7 218p 22cm （早稲田大学21世紀COE叢書 企業社会の変容と法創造 第2巻） 3800円 Ⓘ978-4-535-00222-7 Ⓝ323.14 戸波江二

08837 憲法上の自己決定権 竹中勲著 成文堂 2010.7 262p 22cm 6000円 Ⓘ978-4-7923-0486-7 Ⓝ323.143 竹中勲

08838 憲法 2 基本権 初宿正典著 第3版 成文堂 2010.10 543p 22cm （法学叢書 2）〈文献あり 索引あり〉 3700円 Ⓘ978-4-7923-0497-3 Ⓝ323.14 初宿正典

08839 講座人権論の再定位 2 人権の主体 愛敬浩二/編 京都 法律文化社 2010.11 256p 22cm 3300円 Ⓘ978-4-589-03292-8 Ⓝ316.1

08840 講座人権論の再定位 3 人権の射程 長谷部恭男/編 京都 法律文化社 2010.11 262p 22cm 3300円 Ⓘ978-4-589-03293-5 Ⓝ316.1

08841 講座人権論の再定位 5 人権論の再構築 井上達夫/編 京都 法律文化社 2010.12 270p 22cm 3300円 Ⓘ978-4-589-03295-9 Ⓝ316.1

08842 絵で見てわかる人権 岩本一郎著 八千代出版 2011.3 174p 26cm 〈索引あり〉 2000円 Ⓘ978-4-8429-1542-5 Ⓝ316.1 岩本一郎

08843 基本的人権の事件簿—憲法の世界へ 棟居快行, 赤坂正浩, 松井茂記, 笹田栄司, 常本照樹, 市川正人著 第4版 有斐閣 2011.3 269p 19cm （有斐閣選書 185）〈索引あり〉 1900円 Ⓘ978-4-641-28121-9 Ⓝ323.143 棟居快行 赤坂正浩 松井茂記

08844 「人間の安全保障」論—グローバル化と介入に関する考察 メアリー・カルドー著, 山本武彦, 宮崎昇, 野崎孝弘訳 法政大学出版局 2011.3 332p 20cm （サピエンティア 17）〈並列シリーズ名：sapientia〉〈索引あり〉 3600円 Ⓘ978-4-588-60317-4 Ⓝ319.8 カルドー, メアリー 山本武彦 宮脇昇 野崎孝弘

08845 憲法講義（人権） 赤坂正浩著 信山社 2011.4 382p 22cm （法律学講座）〈文献あり〉 3800円 Ⓘ978-4-7972-8031-9 Ⓝ323.143 赤坂正浩

08846 人権入門—憲法/人権/マイノリティ 横藤田誠, 中坂恵美子著 第2版 京都 法律文化社 2011.4 231p 21cm 〈索引あり〉 2100円 Ⓘ978-4-589-03324-1 Ⓝ316.1 横藤田誠 中坂恵美子

08847 憲法から世界を診る—人権・平和・ジェンダー「講演録」 辻村みよ子著 京都 法律文化社 2011.5 173p 20cm 〈文献あり〉 1900円 Ⓘ978-4-589-03353-6 Ⓝ323.04 辻村みよ子

08848 現代における人権と平和の法的探求—法のあり方と担い手論 市川正人, 徐勝編著 日本評論社 2011.9 330p 22cm 5500円 Ⓘ978-4-535-51656-4 Ⓝ316.1 市川正人 徐勝

08849 憲法 2 基本権クラシック 阪本昌成著 第4版 有信堂高文社 2011.9 314p 21cm 3000円 Ⓘ978-4-8420-1069-4 Ⓝ323.14 阪本昌成

08850 「憲法上の権利」の作法 小山剛著 新版 尚学社 2011.9 275p 21cm 〈文献あり 索引あり〉 2500円 Ⓘ978-4-86031-088-2 Ⓝ323.143 小山剛

08851 人権という幻—対話と尊厳の憲法学 遠藤比呂通著 勁草書房 2011.9 260p 20cm 〈他言語標題：A Vision Named Human Rights〉〈文献あり〉 2700円 Ⓘ978-4-326-45096-1 Ⓝ323.01 遠藤比呂通

08852 学校と人権 宿谷晃弘編著 成文堂 2011.11 144p 21cm （人権Q&Aシリーズ 1）〈並列シリーズ名：HUMAN RIGHTS Q&A SERIES〉〈索引あり〉 800円 Ⓘ978-4-7923-0521-5 Ⓝ316.1 宿谷晃弘

08853 住まいと暮らしの「復興」を求めて—被災地と私たちをつなぐ視点から 稲葉剛［述］ 国連・憲法問題研究会 2012.1 45p 26cm （国連・憲法問題研究会連続講座報告 第51集） 500円

08854 親密な人間関係と憲法 羽渕雅裕著 奈良 帝塚山大学出版会 2012.3 198p 21cm （帝塚山大学出版会叢書） 2400円 Ⓘ978-4-925247-17-7 Ⓝ323.01 羽渕雅裕

08855 沈黙する人権 石埼学, 遠藤比呂通編 京都 法律文化社 2012.5 280, 4p 19cm 〈文献あり〉 3200円 Ⓘ978-4-589-03431-1 Ⓝ316.1 石埼学 遠藤比呂通

08856 メルトダウンする憲法・進行する排除社会—暴排条例と暴対法改訂の「いま」 宮崎学編著 同時代社 2012.5 149p 21cm （シリーズおかしいぞ! 暴力団対策 2）〈術：田原総一朗ほか〉 900円 Ⓘ978-4-88683-718-9 Ⓝ326.81 宮崎学

08857 憲法に関する主な論点（第3章国民の権利及び義務）に関する参考資料 ［東京］ 衆議院憲法審査会事務局 2012.6 35p 30cm （衆憲資 第78号） Ⓝ323.143 衆議院

08858 〈人間の安全保障〉の諸政策 岩浅昌幸, 柳平彬編著 京都 法律文化社 2012.9 203p 21cm 2400円 Ⓘ978-4-589-03451-9 Ⓝ319.8 岩浅昌幸 柳平彬

08859 人権の精神と差別・貧困―憲法にてらして考える 内野正幸著 明石書店 2012.11 270p 20cm （世界人権問題叢書 83） 3000円 ⓘ978-4-7503-3698-5 Ⓝ316.1 内野正幸

08860 基本権解釈と利益衡量の法理 長尾一紘著 八王子 中央大学出版部 2012.12 193p 22cm （日本比較法研究所研究叢書 86） 2500円 ⓘ978-4-8057-0585-8 Ⓝ323.01 長尾一紘

08861 入門人間の安全保障―恐怖と欠乏からの自由を求めて 長有紀枝著 中央公論新社 2012.12 274p 18cm （中公新書 2195） 〈文献あり〉 840円 ⓘ978-4-12-102195-3 Ⓝ319.8 長有紀枝

08862 憲法 1 人権 渋谷秀樹, 赤坂正浩著 第5版 有斐閣 2013.3 378p 19cm （有斐閣アルマ Specialized） 〈索引あり〉 2000円 ⓘ978-4-641-12492-9 Ⓝ323.14 渋谷秀樹 赤坂正浩

08863 寛容と人権―憲法の「現場」からの問いなおし 中川明著 岩波書店 2013.6 332p 22cm 3800円 ⓘ978-4-00-025903-3 Ⓝ323.143 中川明

08864 憲法Cases and Materials人権 初宿正典, 大石眞編著 第2版 有斐閣 2013.6 690p 24cm 〈他言語標題：Constitutional Law〉 〈索引あり〉 6500円 ⓘ978-4-641-13105-7 Ⓝ323.143 初宿正典 大石真

08865 人権保障の現在 吉田仁美編著 京都 ナカニシヤ出版 2013.6 305p 22cm 〈索引あり〉 3400円 ⓘ978-4-7795-0778-6 Ⓝ323.143 吉田仁美

08866 人間の尊厳保障の法理―人間の尊厳条項の規範的意義と動態 玉蟲由樹著 尚学社 2013.6 416p 22cm （現代憲法研究 4） ⓘ978-4-86031-104-9 Ⓝ316.1 玉蟲由樹

08867 中絶権の憲法哲学的研究―アメリカ憲法判例を踏まえて 小林直三著 京都 法律文化社 2013.7 217, 8p 22cm 〈索引あり〉 4600円 ⓘ978-4-589-03533-2 Ⓝ498.2 小林直三

08868 わかりやすい憲法〈人権〉―警備業実務必携 青柳幸一著 ［東京］ 全国警備業協会 2013.9 265p 21cm 〈発行所：立花書房〉 〈索引あり〉 2500円 ⓘ978-4-8037-2118-8 Ⓝ323.143 青柳幸一

08869 ケアと人権 宿谷晃弘, 宇田川光弘, 河合正雄編著 成文堂 2013.10 178p 21cm （人権Q&Aシリーズ 2） 〈他言語標題：CARE AND HUMAN RIGHTS〉 〈執筆：赤間祐介ほか〉 〈索引あり〉 1400円 ⓘ978-4-7923-0558-1 Ⓝ316.1 宿谷晃弘 宇田川光弘 河合正雄

08870 人権をめぐる十五講―現代の難問に挑む 辻村みよ子著 岩波書店 2013.11 274p 19cm （岩波現代全書 017） 〈文献あり〉 2400円 ⓘ978-4-00-029117-0 Ⓝ316.1 辻村みよ子

08871 憲法 2 人権 毛利透, 小泉良幸, 淺野博宣, 松本哲治著 有斐閣 2013.12 409p 22cm （LEGAL QUEST） 〈索引あり〉 2800円 ⓘ978-4-641-17923-3 Ⓝ323.1 毛利透 小泉良幸 淺野博宣

08872 希望社会の実現 宇都宮健児著 ［東京］ 花伝社 2014.1 203p 19cm 〈発売：共栄書房〉 1200円 ⓘ978-4-7634-0690-3 Ⓝ304 宇都宮健児

08873 基本的人権の政治学 小畑隆資著 岡山 岡山県民主教育研究会 2014.3 165p 21cm （あなたとともに考える人権ブックレット no.2） 1000円 Ⓝ316.1 小畑隆資

08874 憲法とそれぞれの人権 現代憲法教育研究会編 第2版 京都 法律文化社 2014.4 234p 21cm 2600円 ⓘ978-4-589-03580-6 Ⓝ323.143 現代憲法教育研究会

08875 人権判例から学ぶ憲法 加藤隆之著 京都 ミネルヴァ書房 2014.4 367p 22cm 〈索引あり〉 3800円 ⓘ978-4-623-07058-9 Ⓝ323.143 加藤隆之

08876 希望への権利―釜ケ崎で憲法を生きる 遠藤比呂通著 岩波書店 2014.8 174p 20cm （シリーズここで生きる） 1900円 ⓘ978-4-00-028725-8 Ⓝ316.1 遠藤比呂通

08877 権利保障の諸相 大石眞著 三省堂 2014.9 369p 22cm 4500円 ⓘ978-4-385-32189-9 Ⓝ323.01 大石眞

08878 臨床憲法学 笹沼弘志著 日本評論社 2014.9 231p 21cm 〈文献あり〉 2200円 ⓘ978-4-535-51708-0 Ⓝ323.14 笹沼弘志

08879 基本的人権の事件簿―憲法の世界へ 棟居快行, 松井茂記, 赤坂正浩, 笹田栄司, 常本照樹, 市川正人著 第5版 有斐閣 2015.3 265p 19cm （有斐閣選書 185） 〈索引あり〉 1900円 ⓘ978-4-641-28135-6 Ⓝ323.143 棟居快行 松井茂記 赤坂正浩

08880 基本人権論の起点 矢島基美著 有斐閣 2015.3 301, 6p 22cm （上智大学法学叢書 第35巻） 〈布装〉 〈索引あり〉 4800円 ⓘ978-4-641-13159-0 Ⓝ316.1 矢島基美

08881 ヒューマン・ライツ教育―人権問題を「可視化」する大学の授業 ヒューマン・ライツ教育研究会編 有信堂高文社 2015.3 258p 21cm （青山学院大学総合研究所叢書） 〈他言語標題：Human Rights Education〉 〈索引あり〉 2800円 ⓘ978-4-8420-0541-6 Ⓝ379 ヒューマンライツ教育研究会

08882 人権擁護の最前線―日弁連人権擁護委員会による人権救済 日本弁護士連合会人権擁護委員会編, 小山剛監修 日本評論社 2015.9 212p 21cm 〈他言語標題：Reports from the Forefront of Human Rights〉 2500円 ⓘ978-

4-535-52116-2　Ⓝ327.7　小山剛　日本弁護士連合会

08883　人権入門　花岡明正著　アルタイ社　2015.10　194p　21cm　2000円　Ⓝ316.1　花岡明正

08884　18歳から考える人権　宍戸常寿編　京都法律文化社　2015.11　98p　26cm　(from 18)〈文献あり〉　2300円　Ⓘ978-4-589-03712-1　Ⓝ323.143　宍戸常寿

【雑誌】

08885　基本的人権と哲学（シンポジウム　いのちと教育）　福田博行　「人権教育研究」6　2006　p.8～10

08886　憲法学における「生命に対する権利」（特集 人権とその保障――憲法と国際人権法―生命に対する権利）　青柳幸一　「国際人権 : 国際人権法学会報」通号17　2006　p.15～21

08887　市民権概念の比較研究（2・完）　後藤光男　秋葉丈志　村山貴子　「比較法学」40(1)通号80　2006　p.127～150

08888　人権の国内的保障と国際的保障――より普遍的な認識を求めて（特集 人権とその保障――憲法と国際人権法）　大沼保昭　「国際人権 : 国際人権法学会報」通号17　2006　p.57～62

08889　特別永住者のNational Originに基づく差別――公務員の昇任差別の実質的根拠（特集 最新の判例から）　近藤敦　「国際人権 : 国際人権法学会報」通号17　2006　p.76～83

08890　日本国憲法における実定規範としての「人間の尊厳」の位置づけ――条文上の根拠と「公共の福祉」としての機能　押久保倫夫　「東海法学」(35)　2006　p.129～158

08891　ヨーロッパ統合とフランス公法(1)欧州司法裁判所・欧州人権裁判所の影響　Christophe, Chabrot　蛯原健介〔訳〕「明治学院大学法科大学院ローレビュー」2(3)　2006.1　p.115～123

08892　欧州人権条約における財産権保障の構造(1)　門田孝　「広島法学」29(4)通号109　2006.3　p.230～206

08893　ヨーロッパ統合とフランス公法（2・完）欧州司法裁判所・欧州人権裁判所の影響　Christophe, Chabrot　蛯原健介〔訳〕「明治学院大学法科大学院ローレビュー」2(4)　2006.3　p.57～64

08894　グローバル危機と社会行動仏教による人間の安全保障（第2部 グローバリゼーションと農村社会）　野田真里　「グローバル・ナショナル・ローカルの現在」　2006.3　p.173～

08895　建築確認検査で守るべき公共性・人権は何か（特集 憲法を職場・地域にいかす）　岩狹匡志　「住民と自治」通号517　2006.5　p.38～41

08896　講座 路上の憲法学(9)人権の起源と悲劇

笹沼弘志　「月報司法書士」(411)　2006.5　p.68～71

08897　さわさわベーシック判例憲法（第2回）公共の福祉　澤田章仁　「月報全青司」(313)　2006.5　p.12～14

08898　「人権」条項新設をめぐる「同床異夢」（第3部 アジア各国・各地域の法と文化）　石塚迅　「アジア法研究の新たな地平」　2006.6　p.338～

08899　平成17年の人権擁護事務の概況　法務省人権擁護局　「法曹時報」58(7)　2006.7　p.2271～2290

08900　日本国憲法における人権享有主体としての個人と団体（公法・政治学）　佐々木雅寿　「団体・組織と法 日独シンポジウム」　2006.9　p.321～

08901　憲法における胎児の地位（論文）　藤井樹也　「法の理論 25」　2006.9　p.163～

08902　憲法制定後の人権意識――行政機関の世論調査　尾川昌法　「部落問題研究 : 部落問題研究所紀要」通号177　2006.10　p.38～54

08903　国際人権規約―日本国憲法体系の下での人権条約の適用（特集1 国際公法と日本の対応―裁判所における国際法の適用）　小畑郁　「ジュリスト」(1321)　2006.10.15　p.10～15

08904　各国における人権のゆらぎ――日本の状況（特集 人権のゆらぎ――テロ, 暴力と不寛容―各国における人権のゆらぎ）　海渡雄一　「国際人権 : 国際人権法学会報」通号18　2007　p.45～51

08905　基本法第140条の成立過程について　初宿正典　「比較憲法学研究」通号18・19　2007　p.147～167

08906　座長コメント（特集 人権のゆらぎ――テロ, 暴力と不寛容）　棟居快行　戸田五郎　「国際人権 : 国際人権法学会報」通号18　2007　p.76～78

08907　自殺の憲法学的検討――自殺の権利性をめぐって（シンポジアム 自殺をめぐる法と精神医療）　横藤田誠　「法と精神医療」(20・21)　2007　p.125～140

08908　新入生歓迎記念講演 人権についていかに学ぶか　遠藤比呂通　「関西大学法学会誌」(52)　2007　p.29～47

08909　シンポジウム・「公共の福祉」概念の再構成 質疑応答要旨　山崎将文　高乗正臣　野畑健太郎〔他〕「憲法研究」(39)　2007　p.121～139

08910　「法治国家」の型から見る人権の「ゆらぎ」――憲法学の立場から（特集 人権のゆらぎ――テロ, 暴力と不寛容―人権のゆらぎへの対応）　高田篤　「国際人権 : 国際人権法学会報」通号18　2007　p.59～67

基本的人権/憲法上の保障　　　　　　　　　　　　　　　　　　　　　　　　　人権総論

08911　グローバリゼーションの時代における人間の安全保障(特集：人間の安全保障と国際刑事裁判所)　緒方貞子「世界と議会」(510)　2007.2　p.4〜11

08912　新たな基本法二〇a条をめぐる議論について(第二部 法治国家における基本権保護)　浅川千尋「法治国家の展開と現代的構成 高田敏先生古稀記念論集」　2007.2　p.331〜

08913　どうする!?生活保護『不正受給』問題(特集「格差」時代の自治体の役割——憲法25条と自治体)　杉山富昭「地方自治職員研修」40(2ママ)通号554　2007.3　p.20〜22

08914　開かれた人権解釈と個人の尊重　玉蟲由樹「福岡大学法学論叢」51(3・4)通号180・181　2007.3　p.211〜261

08915　多数決でも奪えない人権(特集 日本国憲法施行六〇年—憲法と私)　岡部雅子「社会主義」(538)　2007.5　p.72〜74

08916　「人格的自律権」に関する補論(第1部 人権の現代的展開)　佐藤幸治「現代社会における国家と法 阿部照哉先生喜寿記念論文集」　2007.5　p.3〜

08917　郵便受けの民主主義(第1部 人権の現代的展開)　長岡徹「現代社会における国家と法 阿部照哉先生喜寿記念論文集」　2007.5　p.201〜

08918　私人間効力論の考察(第1部 人権の現代的展開)　斉藤芳浩「現代社会における国家と法 阿部照哉先生喜寿記念論文集」　2007.5　p.271〜

08919　いわゆる憲法の第三者効力論・再論——諸学説を検討し、「新間接効力説」もしくは「憲法の最高法規性重視説」への批判に答えて、憲法の私人間効力論を考え直す(特集 企業活動と刑事法)　君塚正臣「企業と法創造」4(1)通号11　2007.6　p.75〜94

08920　「監視社会」化の進行と人権問題(特集＝日本国憲法施行六〇年——憲法学に求められる課題—人権)　塚田哲之「法律時報」79(8)通号985　2007.7　p.70〜74

08921　人類的観点における基本的人権のあり方　隅野隆徳「専修法学論集」(100)　2007.7　p.305〜326

08922　ステイト・アクション法理にみる「国家」の浸透　「専修法学論集」(100)　2007.7　p.211〜243

08923　「テロ対策」の強化と刑事手続の保障(特集＝日本国憲法施行六〇年——憲法学に求められる課題—人権)　倉持孝司「法律時報」79(8)通号985　2007.7　p.96〜100

08924　ロー・クラス 人権の臨界——路上の呼び声を聴く(4)権力への抵抗と法の支配　笹沼弘志「法学セミナー」52(7)通号631　2007.7　p.73〜76

08925　日本国憲法における「国民の義務」と「住民の義務」(第I部 人権論の新たな展望)　江橋崇「これからの人権保障 高野真澄先生退職記念」　2007.7　p.37〜

08926　「選挙の自由」と「選挙の公正」(III 基本的人権)　小松浩「憲法諸相と改憲 吉田善明先生古稀記念論文集」　2007.8　p.271〜

08927　平成18年の人権擁護事務の概況　法務省人権擁護局「法曹時報」59(9)　2007.9　p.167〜185

08928　グローバル・ガバナンスと人間の安全保障(特集 ガバナンス論(その1))　宮脇岑生「流通経済大学法学部流経法學」7(1)通号12　2007.10　p.27〜58

08929　人権、自由主義的・立憲主義的寡頭制と自律的社会——不可侵の人権か立法権への参加か　佐々木允臣「島大法学：島根大学法文学部紀要. 島根大学法文学部法経学科・島根大学大学院法務研究科篇」51(2)　2007.11　p.89〜112

08930　ロー・クラス 人権の臨界——路上の呼び声を聴く(8)自由な社会の創造——民主政のパラドックス　笹沼弘志「法学セミナー」52(11)通号635　2007.11　p.68〜71

08931　憲法を実現した人たち(第1部 人権擁護の国際的広がり)　喜田村洋一「市民的自由の広がり JCLU人権と60年」　2007.11　p.2〜

08932　基本権の構造——「法的様相の理論」の見地から　新正幸「日本法学」73(2)　2007.12　p.473〜515

08933　「グローバリゼーション」と「平和的福祉国家」——「グローバリゼーション」による「棄民化」からの解放のために　金子勝「立正法学論集」41(2)通号76　2008　p.63〜100

08934　権利の保障をめぐる三権の役割——アメリカの市民権法1983条訴訟を素材にして　大林啓吾「法政論叢」44(2)　2008　p.201〜223

08935　Law reform to meet the needs of an aging society？：revision of trust law in Japan and a new image of trustees　安部圭介「成蹊法学」(68・69)　2008　p.448〜441

08936　精神科閉鎖病棟の憲法学　石埼学「亜細亜法学」42(2)　2008.1　p.15〜33

08937　ロー・クラス 人権の臨界——路上の呼び声を聴く(10)自由な社会のアポリア　笹沼弘志「法学セミナー」53(1)通号637　2008.1　p.80〜83

08938　近年の人権判例(1)　安藤高行「九州国際大学法学論集」14(3)　2008.3　p.338〜266

08939　「公私協働」の法理論と人権論への示唆——フランスのスポーツ連盟を素材として　高作正博「琉大法學」(79)　2008.3　p.1〜37

08940　現代の人権(新連載)人権の国境　田見高秀「法学セミナー」53(4)通号640　2008.4　巻頭1p

08941 「人権」と「人道」(II 講演) 樋口陽一 「キリスト教と人権思想」 2008.4 p.177〜

08942 欧州人権条約における公務員の表現の自由の保障と日本法 (第2部 公法・国際法篇) 西片聡哉 「転換期の法と文化 京都学園大学法学部二十周年記念論文集」 2008.4 p.181〜

08943 特別座談会 第7回日仏法学共同研究集会 憲法・行政法・民法における一般利益 (アンテレ・ジェネラル) = 公益 大村敦志 金山直樹 木村琢麿 [他] 「ジュリスト」 (1353) 2008.4.1 p.64〜93

08944 現代の人権 (2) 若年ワーキング・プアの実態 河添誠 「法学セミナー」 53 (5) 通号641 2008.5 巻頭1p

08945 憲法学と人権 (特集 憲法 人権論入門) 南野森 「法学セミナー」 53 (5) 通号641 2008.5 p.12〜17

08946 人権を考え直すために (特集 今、改めて憲法を考える) 石埼学 「住民と自治」 通号541 2008.5 p.12〜15

08947 人権侵害の解決方法——明日かつ現在の危機 (特集 憲法 人権論入門) 淺野博宣 「法学セミナー」 53 (5) 通号641 2008.5 p.27〜30

08948 人権保障制約原理——公共の福祉論、超法規的事由 (特集 憲法 人権論入門) 曽我部真裕 「法学セミナー」 53 (5) 通号641 2008.5 p.18〜20

08949 人権保障と市民社会——私人間効力 (特集 憲法 人権論入門) 青井未帆 「法学セミナー」 53 (5) 通号641 2008.5 p.24〜26

08950 人権保障の実質化——二重の基準論 (特集 憲法 人権論入門) 中林暁生 「法学セミナー」 53 (5) 通号641 2008.5 p.21〜23

08951 レッド・パージ反対・人権回復のために——憲法をめぐる"せめぎ合い"の渦中から考える 坂本修 「前衛 : 日本共産党中央委員会理論政治誌」 通号830 2008.5 p.211〜231

08952 ロー・クラス 憲法——解釈論の応用と展開 (2) 自由と法律 宍戸常寿 「法学セミナー」 53 (5) 通号641 2008.5 p.71〜75

08953 現代の人権 (3)「軍隊」における人権? 奥野恒久 「法学セミナー」 53 (6) 通号642 2008.6 巻頭1p

08954 原点から考える日本国憲法 (第17回) <原理>としての人権——「基本的人権」とは何か 河上暁弘 「信州自治研」 (196) 2008.6 p.60〜71

08955 近年の人権判例 (2) 安藤高行 「九州国際大学法学論集」 15 (1) 2008.7 p.1〜59

08956 現代の人権 (4) 志布志事件の意味するもの 野平康博 「法学セミナー」 53 (7) 通号643 2008.7 巻頭1p

08957 原点から考える日本国憲法 (第18回) 人権と立憲主義の歴史 河上暁弘 「信州自治研」 (197) 2008.7 p.24〜44

08958 妊娠中絶の自由の再定位 (1) 身体的統合性への権利として 小林直三 「関西大学法学論集」 58 (2) 2008.7 p.144〜189

08959 世界の潮 アイヌ民族は先住民族である——公式に認めた国会決議の意義 多原香里 「世界」 (781) 2008.8 p.25〜28

08960 人間の尊厳、基本的人権に基礎をおいたモラルの教育を——学力とモラル (下) 藤森毅 「前衛 : 日本共産党中央委員会理論政治誌」 通号833 2008.8 p.208〜220

08961 妊娠中絶の自由の再定位 (2・完) 身体的統合性への権利として 小林直三 「関西大学法学論集」 58 (3) 2008.8 p.374〜405

08962 ロー・クラス 憲法解釈論の応用と展開 (5) 人権・基本的な考え方 (5) 目的・手段審査 宍戸常寿 「法学セミナー」 53 (8) 通号644 2008.8 p.84〜88

08963 現代の人権 (6) 指紋押捺制度の復活? 村上正直 「法学セミナー」 53 (9) 通号645 2008.9 巻頭1p

08964 原点から考える日本国憲法 (第20回) 基本的人権と公共の福祉 河上暁弘 「信州自治研」 (199) 2008.9 p.26〜50

08965 軟性憲法による権利保障に関する一考察 (第一部 人権の基本原理) 藤井樹也 「国民主権と法の支配 下巻 佐藤幸治先生古稀記念論文集」 2008.9 p.55〜

08966 現代の人権 (7) 公害と人権——東京大気汚染訴訟を例に 吉村良一 「法学セミナー」 53 (10) 通号646 2008.10 巻頭1p

08967 スポーツをする権利の基本的人権の位置づけ : スポーツ人権の確立へのプロローグ 矢邊均 「専修総合科学研究」 (16) (修正版) 2008.10 p.127〜155

08968 現代の人権 (8) 中小企業と「人権」 原口紘一 「法学セミナー」 53 (11) 通号647 2008.11 巻頭1p

08969 憲法的論証における「法律の留保」——人権制約の実体的正当化の一歩手前で (特集 法的分析アプローチの探究) 駒村圭吾 「法学セミナー」 53 (11) 通号647 2008.11 p.13〜17

08970 講演 『人間の尊厳についての三つのアプローチ』講師 遠藤比呂通先生 [含 解題] 遠藤比呂通 「西南学院大学法学論集」 41 (1・2) 2008.11 p.115〜141

08971 近年の人権判例 (3) 安藤高行 「九州国際大学法学論集」 15 (2) 2008.12 p.15〜71

08972 現代の人権 (9) いじめと人権 中冨公一 「法学セミナー」 53 (12) 通号648 2008.12 巻頭1p

08973 国民保護法の基本的人権への影響 大久保賢一 「法と民主主義」（434） 2008.12 p.56〜63

08974 日本の人権・世界の人権 横田洋三 「民事法情報 ： 総合情報検索誌」（267） 2008.12 p.31〜46

08975 平成19年の人権擁護事務の概況 法務省人権擁護局 「法曹時報」 60（12） 2008.12 p.3919〜3938

08976 「国民主権」と「人民主権」——杉原泰雄著『憲法と国家論』を読む 堀内健志 「青森法政論叢」（10） 2009 p.53〜60

08977 「自由からの自由」を考える（シンポジウム 早稲田大学創立125周年記念 法学学術院記念事業比較法研究所創立50周年記念事業 自由概念の比較史とその現代的位相） 樋口陽一 「比較法学」 42（2）通号87 2009 p.134〜144

08978 人権とその制約原理について（1） 千國亮介 「早稲田大学大学院法研論集」（130） 2009 p.175〜202

08979 人権とその制約原理について（2） 千國亮介 「早稲田大学大学院法研論集」（131） 2009 p.153〜181

08980 人権とその制約原理について（3） 千國亮介 「早稲田大学大学院法研論集」（132） 2009 p.231〜258

08981 テロ対策と人権保障 新保史生 「憲法研究」（41） 2009 p.1〜32

08982 人間の尊厳は不可侵たり続けているか？ Wolfgang, Bockenforde 水島朝穂［訳］ 藤井康博［訳］ 「比較法学」 42（2）通号87 2009 p.267〜288

08983 欧州人権条約における財産権保障の構造（2） 門田孝 「広島法学」 32（3）通号120 2009.1 p.182〜157

08984 現代の人権（10）国境を越え人権を監視する 伊藤和子 「法学セミナー」 54（1）通号649 2009.1 巻頭1p

08985 法人の人権享有主体性（特集 書き分け・話し分け法学鍛錬術—憲法編） 橋本基弘 「法学セミナー」 54（1）通号649 2009.1 p.18〜19

08986 ロー・クラス 人権の臨界——路上の呼び声を聴く（22）人間の境界と権利の限界 笹沼弘志 「法学セミナー」 54（1）通号649 2009.1 p.72〜75

08987 現代の人権（11）労働者の生存と尊厳の危機 和田肇 「法学セミナー」 54（2）通号650 2009.2 巻頭1p

08988 人権教育の充実を（特集 日本の人権状況を検証する——自由権規約委員会の最終見解をどう活かすか） 渡邊弘 「法と民主主義」（436） 2009.2・3 p.34〜36

08989 人権国家モデルは人権制約条件を乗り越える——総括所見を活用して（特集 日本の人権状況を検証する——自由権規約委員会の最終見解をどう活かすか） 新倉修 「法と民主主義」（436） 2009.2・3 p.12〜15

08990 総括所見への経緯と概観——裁判官等に対する人権教育と個人通報制度をめぐって（特集 日本の人権状況を検証する——自由権規約委員会の最終見解をどう活かすか） 鈴木亜英 「法と民主主義」（436） 2009.2・3 p.4〜7

08991 総括所見に魂を吹き込む実践を（特集 日本の人権状況を検証する——自由権規約委員会の最終見解をどう活かすか） 伊賀カズミ 「法と民主主義」（436） 2009.2・3 p.37〜39

08992 日本の法秩序における自由権規約の効力と適用（特集 日本の人権状況を検証する——自由権規約委員会の最終見解をどう活かすか） 西片聡哉 「法と民主主義」（436） 2009.2・3 p.8〜11

08993 ロー・クラス 人権の臨界——路上の呼び声を聴く（23）平和と立憲主義 笹沼弘志 「法学セミナー」 54（2）通号650 2009.2 p.70〜74

08994 私人間効力論再訪 高橋和之 「ジュリスト」（1372） 2009.2.15 p.148〜161

08995 トークセッション 対岸の肖像－BURAKUとのかけ橋（13名と1組のメッセージ）《特集 国連自由権規約「勧告」の具体化にむけて》）「ひょうご部落解放」 132 2009.03

08996 近年の人権判例（4） 安藤高行 「九州国際大学法学論集」 15（3） 2009.3 p.101〜148

08997 現代の人権（12）「誤判」という人権侵害 白取祐司 「法学セミナー」 54（3）通号651 2009.3 巻頭1p

08998 人権と国家の両義的関係——近代政治哲学のパラドックスを通じての読解 佐々木允臣 「島大法学 ： 島根大学法文学部紀要. 島根大学法文学部法経学科・島根大学大学院法務研究科篇」 52（3・4） 2009.3 p.49〜79

08999 ロー・クラス 人権の臨界——路上の呼び声を聴く（24・最終回）人権の臨界——現実と憲法をつなぐもの 笹沼弘志 「法学セミナー」 54（3）通号651 2009.3 p.70〜73

09000 現代の人権（13）オバマ大統領と黒人の来歴 駒村圭吾 「法学セミナー」 54（4）通号652 2009.4 巻頭1p

09001 福祉と労働——「派遣村」に見る（特集「100年に一度の危機」と憲法） 宇都宮健児 「法と民主主義」（437） 2009.4 p.14〜17

09002 現代の人権（14）刑事施設における人権 岡田行雄 「法学セミナー」 54（5）通号653 2009.5 巻頭1p

09003 図解基礎法学講座 憲法 基本的人権と公共の福祉との関係 「Keisatsu jiho」 64（5） 2009.5 p.54〜56

09004 続・Interactive憲法——B准教授の生活と意見(2)基本権条項の私人間効力 長谷部恭男「法学教室」 通号344 2009.5 p.67〜73

09005 闘いとった基本的人権、その空洞化に歯止めを 佐藤保「社会主義」(563) 2009.5 p.16〜23

09006 国際人権保障の現状と課題——ヨーロッパを中心に(特集 グローバル化の中の国家と憲法) 建石真公子「ジュリスト」(1378) 2009.5.1・15 p.70〜80

09007 現代の人権(15)在留特別許可と家族の保護 近藤敦「法学セミナー」54(6)通号654 2009.6 巻頭1p

09008「人権の道徳規範性」の宗教による根拠づけについて——マイケル・J・ペリーの見解を素材にして(現代公法学の焦点) 池端忠司「名古屋大学法政論集」 通号230 2009.6 p.123〜168

09009 近年の人権判例(5) 安藤高行「九州国際大学法学論集」 16(1) 2009.7 p.1〜46

09010 現代の人権(16)外国人労働者の政策課題 早川智津子「法学セミナー」54(7)通号655 2009.7 巻頭1p

09011 現代の人権(17)松本サリン事件と裁判員制度 永田恒治「法学セミナー」54(8)通号656 2009.8 巻頭1p

09012 平成20年の人権擁護事務の概況 法務省人権擁護局「法曹時報」61(8) 2009.8 p.2573〜2593

09013 言語権——憲法的考察のための断章(1) 小林武「愛知大学法学部法経論集」(182) 2009.9 p.49〜68

09014 現代の人権(18)医療の貧困化と人権 和田仁孝「法学セミナー」54(9)通号657 2009.9 巻頭1p

09015 現代の人権(19)世襲議員の「人権」? 新井誠「法学セミナー」54(10)通号658 2009.10 巻頭1p

09016 現代の人権(20)「永山基準」の現在 城下裕二「法学セミナー」54(11)通号659 2009.11 巻頭1p

09017 現代の人権(21)「君が代」裁判の今 西原博史「法学セミナー」54(12)通号660 2009.12 巻頭1p

09018 人権擁護委員制度の現状と課題 久禮義一 平峯潤「憲法論叢」(16) 2009.12 p.89〜113

09019 憲法上の人格権と私法上の人格権(特集 憲法と私法—[全国憲法研究会]春季研究集会) 上村都「憲法問題」 通号21 2010 p.43〜54

09020 人権とその制約原理について(4・完) 千國亮介「早稲田大学大学院法研論集」(134) 2010 p.199〜226

09021 人権保障規定の私人間効力について——リーガル・マインドに関する覚書(その4) 新井敦志「立正法学論集」 44(1)通号81 2010 p.23〜48

09022 政府の言論と人権理論(1) 金澤誠「北大法学論集」 60(5) 2010 p.1392〜1339

09023 政府の言論と人権理論(2) 金澤誠「北大法学論集」 61(2) 2010 p.780〜736

09024 現代の人権(22)老いと人権 白藤博行「法学セミナー」55(1)通号661 2010.1 巻頭1p

09025 人権を"クール"に活かすには何が必要か——憲法では足りない? 江島晶子「世界」(800) 2010.1 p.123〜133

09026 人権侵犯事件における「調整」による措置に関する一考察(上) 三好聡一 後藤達司 和泉江利[他]「みんけん：民事研修」(633) 2010.1 p.96〜104

09027 現代の人権(23)「核の傘」をたたむ日 水島朝穂「法学セミナー」55(2)通号662 2010.2 巻頭1p

09028 社会権再考(特集 憲法と経済秩序) 中村睦男「企業と法創造」6(4)通号21 2010.2 p.64〜79

09029 人権侵犯事件における「調整」による措置に関する一考察(下) 三好聡一 後藤達司 和泉江利[他]「みんけん：民事研修」(634) 2010.2 p.61〜76

09030 統治機構の人権保障的再構築——裁判所による人権条約の国内実施に対する原理的・制度的・機能的再検討を端緒として 江島晶子「明治大学法科大学院論集」(7) 2010.2 p.1〜47

09031 各国の権利宣言規定——フランス・日本・イタリア・ドイツ 西岡祝「福岡大學法學論叢」54(4)通号193 2010.3 p.269〜287

09032 近年の人権判例(6) 安藤高行「九州国際大学法学論集」 16(3) 2010.3 p.1〜68

09033 現代の人権(24)人権の保障と権力の民主化 杉原泰雄「法学セミナー」55(3)通号663 2010.3 巻頭1p

09034 人権の人間論的基礎づけに関する現状についての偶感 西嶋法友「久留米大学法学」(62・63) 2010.3 p.1〜24

09035 憲法原則が生きる「人権侵害救済」をめざして(特集 憲法と国民生活) 新井直樹「人権と部落問題」62(6)通号801 2010.5 p.31〜39

09036 憲法上の権利か「自然権」か(特集 憲法理論の継承と展開—高橋和之憲法学との対話) 小山剛「法律時報」82(5)通号1021 2010.5 p.56〜58

09037「人権」という理念と日本社会(特集 憲法の理念を実現するために) 浦部法穂「月報司

法書士」（459） 2010.5 p.2〜8

09038 図解基礎法学講座 憲法 憲法上の公務員の地位と性格及び人権保障について 「Keisatsu jiho」 65（5） 2010.5 p.48〜51

09039 読み切り 平成21年における人権侵犯事件の状況 杉原隆之 安立直德 「法律のひろば」 63（5） 2010.5 p.57〜59

09040 〔憲法の人権規定の〕私人間効力（特集 つまずきのもと 憲法） 根森健 「法学教室」 通号357 2010.6 p.36〜40

09041 平成21年の人権擁護事務の概況 法務省人権擁護局 「法曹時報」 62（6） 2010.6 p.1519〜1539

09042 結婚と部落問題（特集 女性と人権） 村崎秀子 「人権と部落問題」 62（8）通号803 2010.7 p.39〜42

09043 人権法の基本原則について 芹田健太郎 「愛知學院大學論叢. 法學研究」 51（2） 2010.7 p.19〜43

09044 憲法上の権利と利益衡量——「シールド」としての権利と「切り札」としての権利 阪口正二郎 「一橋法学」 9（3） 2010.11 p.703〜729

09045 ロー・アングル 発信 憲法地域事情（26・大阪・釜ケ崎編）「犠牲者」が「告訴人」になること 遠藤比呂通 「法学セミナー」 55（11）通号671 2010.11 p.60〜63

09046 図解基礎法学講座 憲法 特別な法律関係における人権の限界について 「Keisatsu jiho」 65（12） 2010.12 p.53〜56

09047 「世界憲法案」と人権保障の現状——田畑茂二郎『世界政府の思想』を通して 中山雅司 「創価法学」 40（2） 2010.12 p.63〜88

09048 DPIとプライバシー・個人情報保護・通信の秘密 石井夏生利 情報通信総合研究所編 「InfoCom review」 （53） 2011 p.26〜43

09049 欧州人権条約, 欧州人権裁判所判決のトルコ憲法・法律への反映（ミニ・シンポジウム 人権保障における憲法裁判所とヨーロッパ人権裁判所） 間寧 「比較法研究」 （73） 2011 p.193〜202

09050 基本権保護義務論と国際人権規範（特集 国際人権法と人権の国際スタンダード—憲法上の人権の「国際標準化」の可能性） 小山剛 「国際人権 ： 国際人権法学会報」 （22） 2011 p.41〜48

09051 憲法を「人権法」にする触媒としての国際人権法 ： 憲法解釈を行う国家機関の設計・作法における「国際標準化」（特集 国際人権法と人権の国際スタンダード—国際人権と「国際標準」） 江島晶子 「国際人権 ： 国際人権法学会報」 （22） 2011 p.69〜74

09052 憲法の人権保障規定と国際法の抵触問題

： 化学兵器禁止条約9条8項におけるチャレンジ査察制度を中心に 関野俊介 「創価大学大学院紀要」 （33） 2011年度 p.73〜94

09053 国法体系における国際人権条約の実施 ： 国際人権法と憲法学のスタンス 齊藤正彰 「国際人権 ： 国際人権法学会報」 （22） 2011 p.16〜21

09054 「人権」規範の構造と国際人権の憲法学的レレヴァンス（特集 国際人権法と人権の国際スタンダード—国際人権と「国際標準」） 西原博史 「国際人権 ： 国際人権法学会報」 （22） 2011 p.51〜55

09055 政府の言論と人権理論（3） 金澤誠 「北大法学論集」 61（5） 2011 p.1820〜1757

09056 「人間の安全保障」論に関する若干の考察 ： 自然災害に対する安全保障を論ずるための整理として 田代正彦 「法政大学大学院紀要」 （67） 2011 p.45〜68

09057 翻訳 諸々の条約、憲法そして法律における社会権 ： シュタルク論文の紹介によせて（石田宣孝教授 退職記念号） 渡辺中 「国士舘法学」 （44） 2011 p.55〜75

09058 郵政における「人権問題」（特集 様々な視点で憲法を考えよう） 成山太志 「季刊人権問題」 （27） 2011.冬 p.13〜17

09059 「人権の基礎理論」の基本問題——憲法判例から論点を考える 古川純 「専修ロージャーナル」 （6） 2011.1 p.323〜332

09060 早稲田大学グローバルCOEシンポジウム 基本権保護義務と不法行為法制度——山本説に対する憲法学説の一反応（特集 金融制度改革—基本権の保護と憲法, 不法行為法, 環境法の断面） 松本和彦 「企業と法創造」 7（3）通号25 2011.1 p.90〜99

09061 早稲田大学グローバルCOEシンポジウム 基本法による権利の保障と不法行為法の再構成（特集 金融制度改革—基本権の保護と憲法, 不法行為法, 環境法の断面） 山本敬三 「企業と法創造」 7（3）通号25 2011.1 p.70〜89

09062 「人権救済法」としての憲法の可能性——憲法訴訟・国際人権機関・国内人権機関 江島晶子 「法律論叢」 83（2・3） 2011 p.65〜96

09063 イデオロギーとしての人権論 石埼学 「龍谷法学」 43（3） 2011.3 p.947〜971

09064 「公共空間」の民営化と「パブリックフォーラム」論 高橋義人 「琉大法學」 （85） 2011.3 p.41〜78

09065 当日配布資料 行政からの受託による法人後見——東濃成年後見センター活動状況報告（シンポジウム セイフティ・ネットとしての法人後見のカタチ——その人らしく生きられるための社会的受け皿を考える） 山田隆司 「臨床法務研究」 （11） 2011.3 p.100〜103

人権総論　　　　　　　　　　　　　　　　　　　　　　　　　基本的人権/憲法上の保障

09066　民営化の憲法問題に関する覚書——憲法の適用範囲からの考察　榎透「専修法学論集」(111)　2011.3　p.163〜187

09067　人権論の論証構造——「人権の正当化」論と「人権制限の正当化」論(1)　高橋和之「ジュリスト」(1421)　2011.4.15　p.52〜59

09068　社会保障システムの再構想(特集 国家の役割, 個人の権利)　浅野有紀「ジュリスト」(1422)　2011.5.1・15　p.58〜66

09069　人権論の論証構造——「人権の正当化」論と「人権制限の正当化」論(2)　高橋和之「ジュリスト」(1422)　2011.5.1・15　p.108〜118

09070　平成22年における人権侵犯事件の状況について　中嶋謙英 那須井雅後「法律のひろば」64(6)　2011.6　p.54〜57

09071　平成22年の人権擁護事務の概況　法務省人権擁護局「法曹時報」63(6)　2011.6　p.1355〜1375

09072　人権論の論証構造——「人権の正当化」論と「人権制限の正当化」論(3・完)　高橋和之「ジュリスト」(1423)　2011.6.1　p.68〜80

09073　基調報告 基本権の私人間効力——基本権保護義務論の視点から(日本国憲法研究(12) 私人間効力)　松本和彦「ジュリスト」(1424)　2011.6.15　p.56〜67

09074　座談会(日本国憲法研究(12) 私人間効力)　松本和彦 藤井樹也 長谷部恭男[他]「ジュリスト」(1424)　2011.6.15　p.68〜86

09075　法令解説 東日本大震災への復旧復興に資するために国会議員の歳費の月額を減額——平成二十三年東北地方太平洋沖地震等による災害からの復旧復興に資するための国会議員の歳費の月額の減額特例に関する法律(平成23年法律第11号)　原田昌幸「時の法令」通号1884　2011.6.30　p.29〜34

09076　外交政策としての人間の安全保障 ： 人権大国へのロードマップ(「人間の安全保障」と対外政策)　勝俣誠「国際問題」(603)　2011.7・8　p.25〜35

09077　メディア時評 新聞 震災のもとでの憲法記念日　金光奎「前衛 ： 日本共産党中央委員会理論政治誌」通号872　2011.7　p.153〜156

09078　自主統一運動と基本的人権を踏みにじる公安弾圧　権五憲「統一評論」(550)　2011.8　p.37〜43

09079　日本国憲法と非常事態・環境保全(特集 東日本大震災——法と対策)　岩間昭道「ジュリスト」(1427)　2011.8.1・15　p.15〜20

09080　図解基礎法学講座 憲法 基本的人権と公共の福祉について「Keisatsu jiho」66(9)　2011.9　p.57〜61

09081　これからの人権教育・啓発の課題は何か

： 近年の地方自治体における人権意識調査結果から　神原文子「部落解放研究 ： 部落解放・人権研究所紀要」(193)　2011.11　p.64〜84

09082　人権を哲学する(第17回)学びの力 ： 〈教養＝力能〉を通した〈自由の相互承認〉　金泰明「ヒューマンライツ」(284)　2011.11　p.56〜59

09083　人権教育・啓発基本計画改定の視点 ： 国際社会における人権教育の進展のなかで(特集 人権教育・啓発「基本計画」の全面改定構想)　阿久澤麻理子「部落解放研究 ： 部落解放・人権研究所紀要」(193)　2011.11　p.19〜24

09084　人権教育・啓発に関する基本計画改定の課題(特集 人権教育・啓発「基本計画」の全面改定構想)　上杉孝實「部落解放研究 ： 部落解放・人権研究所紀要」(193)　2011.11　p.2〜8

09085　「普遍的な視点」と「個別的な視点」の統合 ： 効果的な人権教育・啓発の推進に向けて(特集 人権教育・啓発「基本計画」の全面改定構想)　平沢安政「部落解放研究 ： 部落解放・人権研究所紀要」(193)　2011.11　p.9〜18

09086　座談会 運用次第では一般市民も巻き添え 危うさ秘める暴団排除条例 ： 曖昧規定で人権無視, 憲法違反の恐れも　宮崎学 阿形充規 村上正邦[他]「月刊times」35(10)　2011.12　p.14〜19

09087　人権を哲学する(第18回)共に生きようとする欲望 ： ヘーゲルの相互承認の原理　金泰明「ヒューマンライツ」(285)　2011.12　p.56〜59

09088　福祉における人間の尊厳 ： 憲法学からのアプローチ　山﨑将文「憲法論叢」(18)　2011.12　p.25〜54

09089　「法人の人権」に関する一考察(上)法人の目的外行為をめぐる紛争を対象に　安藤高行「九州国際大学法学論集」18(1・2)　2011.12　p.91〜132

09090　ロー・クラス 憲法ゼミナール part.1 「判例」を読む(第8回)権利と特権　中林暁生「法学セミナー」56(12)通号683　2011.12　p.72〜76

09091　岡山県における人権連動運動の実践(特集 様々な視点で憲法を考えよう)　吉岡昇「季刊人権問題」(29)　2012.夏　p.11〜20

09092　基本権と法治国家性(日独交流150周年記念特別講演会)　ハンス・ユルゲン, パピア 出口雅久[訳]「立命館法學」2012(4)通号344　2012　p.2856〜2865

09093　現代における人間の条件と人権論の課題(特集 人権の現代的課題——春季研究集会)　山元一「憲法問題」(23)　2012　p.7〜23

09094　憲法学に「個人」像は必要か(特集 人権の現代的課題—秋季研究集会)　蟻川恒正「憲法問題」(23)　2012　p.69〜79

基本的人権/憲法上の保障　　　　　　　　　　　　　　　　人権総論

09095　憲法による人権をとり戻すたたかい オスプレイ強行配備問題から見えること（特集 様々な視点で憲法を考えよう）　石田正夫「季刊人権問題」（31）　2012.冬　p.17～25

09096　講演 アイデンティティーの問題に直面する公法　ディーター, グリム　大森貴弘［訳］鈴木秀美［訳］「比較法学」46（2）通号99　2012　p.163～180

09097　国内裁判所における人権条約と個人通報制度 : 事実としての条約（特集 国内裁判所による人権救済と憲法上の人権・人権条約上の人権 : 個人通報制度への参加を視野に入れて―日本の裁判所による人権救済と人権条約上の人権）　作花知志「国際人権 : 国際人権法学会報」（23）　2012　p.56～60

09098　秋季研究総会シンポジウムのまとめ（特集 人権の現代的課題―秋季研究集会）　植村勝慶　鈴木秀美　長谷部恭男［他］「憲法問題」（23）　2012　p.111～117

09099　春季研究集会シンポジウムのまとめ（特集 人権の現代的課題―春季研究集会）　木下智史　新村とわ　石埼学［他］「憲法問題」（23）　2012　p.59～65

09100　人権条約における先住民族の土地に対する権利の展開 : アイヌ民族の権利考察の一助として（特集 国内裁判所による人権救済と憲法上の人権・人権条約上の人権 : 個人通報制度への参加を視野に入れて―人権条約機関の判例・先例法理の検討）　小坂田裕子「国際人権 : 国際人権法学会報」（23）　2012　p.34～41

09101　日米中の防衛構想と危機管理 憂いなくば備え無し : 東日本大震災の防災安全保障・危機管理の教訓　前川清「武蔵野短期大学研究紀要」26　2012　p.461～468

09102　日本における多文化主義の憲法理論 : 「権利の文化」から「文化の権利」へ（特集 人権の現代的課題―秋季研究集会）　髙作正博「憲法問題」（23）　2012　p.99～110

09103　「人間の安全保障」と東日本大震災　髙須幸雄「国連ジャーナル : 国際情報誌」2012.春　p.3～8

09104　ヨーロッパ人権裁判所による「公正な裁判」保護の拡大 : 「ヨーロッパ規範」の形成および手続き的保障による実体的権利の保護へ（シンポジウム 「公正な裁判」をめぐる比較法）　建石真公子「比較法研究」（74）　2012　p.18～35

09105　ヨーロッパ人権条約の解釈とその国内法的効力（特集 国内裁判所による人権救済と憲法上の人権・人権条約上の人権 : 個人通報制度への参加を視野に入れて―人権条約機関の判例・先例法理の検討）　門田孝「国際人権 : 国際人権法学会報」（23）　2012　p.29～33

09106　行政法学からみた「悪魔ちゃん」事件 :

09107　グローバル・ガバナンスの基礎としての法による統治と市民社会 : 人間安全保障、新しい公共、小日本主義のアプローチ（特集 市場・政治・公共）　初岡昌一郎「社会環境論究 : 人・社会・自然」（4）　2012.1　p.3～32

09108　少数民族の基本的文化権を明らかにしよう　田艶　鈴木敬夫［訳］「マイノリティ研究」6　2012.1　p.51～63

09109　人権を哲学する（第19回）満足した豚と不満足なソクラテス : ミルの『自由論』と『功利主義』　金泰明「ヒューマンライツ」（286）　2012.1　p.52～55

09110　人権を哲学する（第20回）少数者の意見の尊重 : ミルの『自由論』　金泰明「ヒューマンライツ」（287）　2012.2　p.46～50

09111　現代社会における「公共の福祉」論と人権の再生力 : Gillan事件ヨーロッパ人権裁判所判決（警察による停止・捜索）と自由保護法案（淺生重機教授 河邉義正教授 古稀記念論文集）　江島晶子「明治大学法科大学院論集」（10）　2012.3　p.77～110

09112　人権を哲学する（第21回）ユダヤ人問題によせて : マルクスの市民社会・人権批判　金泰明「ヒューマンライツ」（288）　2012.3　p.56～59

09113　震災「復興」と構造改革（特集 大震災は終わらない）　渡辺治　木下ちがや「現代思想」40（4）　2012.3　p.126～146

09114　墓埋法は基本的人権を侵害し憲法違反「葬送の自由」葬送基本法で確立しよう　中村裕二「再生」（84）　2012.3　p.8～10

09115　ロー・クラス 憲法ゼミナール part.1 「判例」を読む（第11回）知る権利　中林暁生「法学セミナー」57（3）通号686　2012.3　p.72～77

09116　憲法 価値問題を調整する知慧（特集 法学入門2012 : 共有する価値観・異なる価値観）　樋口陽一「法学セミナー」57（4）通号687　2012.4　p.4～8

09117　人権を哲学する（第22回）市民と公共性 : アレントの公共のテーブル　金泰明「ヒューマンライツ」（289）　2012.4　p.48～51

09118　テロと共生社会 : 人間の安全保障が満たされる社会は可能か?（国際関係学部シンポジウム グローバル・クライシスは今 : 9.11から3.11にいたる危機）　福田州平「貿易風 : 中部大学国際関係学部論集 : Chubu international review」（7）　2012.4　p.236～333

09119　ロー・クラス 憲法訴訟の現代的転回 : 憲法的論証を求めて（第18回）第3部/重要論点補遺 情報をめぐる権利と制度（その1）　駒村圭吾「法学セミナー」57（4）通号687　2012.4

〔09095～09119〕　　　　　　　　　　　　　　　　憲法改正 最新文献目録　**339**

p.102～109

09120　人権委員会設置関連法案と国民の人権（特集 憲法と国民生活）　新井直樹　「人権と部落問題」64（6）通号829　2012.5　p.24～31

09121　人権を哲学する（第23回）利他主義としての人権思想 ： アマルティア・センの社会的コミットメント　金泰明　「ヒューマンライツ」（290）　2012.5　p.60～63

09122　ロー・クラス 憲法訴訟の現代的転回 ： 憲法的論証を求めて（第19回）第3部/重要論点補遺 情報をめぐる権利と制度（その2）　駒村圭吾　「法学セミナー」57（5）通号688　2012.5　p.40～48

09123　3・11新婦人いっせいアクション ： 各県の報告より（要旨）（特集 憲法とジェンダーの視点でひろがる「発信＆行動」―東日本大震災復興、原発ゼロへ）　「女性＆運動」（206）通号357　2012.5　p.10～17

09124　現地報告 鳥取県 身近な問題から人権を考えるつどい ： 憲法の基本的人権をキーワードに　田中克美　「人権と部落問題」64（7）通号830　2012.6　p.52～57

09125　人権を哲学する（第24回）生き方の幅 ： アマルティア・センのケイパビリティの思想　金泰明　「ヒューマンライツ」（291）　2012.6　p.64～67

09126　平成23年の人権擁護事務の概況　法務省人権擁護局　「法曹時報」64（6）　2012.6　p.1333～1355

09127　読み切り 平成23年における人権侵犯事件の状況について　森田秀人　羽澤政明　「法律のひろば」65（6）　2012.6　p.51～54

09128　ロー・クラス 憲法訴訟の現代的転回 ： 憲法的論証を求めて（第20回）第3部/重要論点補遺 権利か、制度か ： 立法裁量論への挑戦　駒村圭吾　「法学セミナー」57（6）通号689　2012.6　p.38～45

09129　「公共の福祉」を「公益及び公の秩序」に置きかえることの意味　浦部法穂　「法学館憲法研究所報」（7）　2012.7　巻頭1～5

09130　質問検査権と憲法が求める基本的人権の考察 ： 間接強制規定を中心とした諸課題について（特集 第48回名古屋全国研究集会・分科会テキスト）　全国会　「税経新報」（602）　2012.8　p.52～62

09131　人権を哲学する（第25回）文化と市民の両立可能性 ： キムリッカの多文化的市民権　金泰明　「ヒューマンライツ」（293）　2012.8　p.64～68

09132　東アジアにおける地域的人権保障制度への展望 ： ヨーロッパにおける憲法秩序化過程の一解釈を通じた試論（佐分晴夫教授退職記念論文集）　小畑郁　「名古屋大学法政論集」（245）　2012.8　p.299～322

09133　ロー・クラス 憲法訴訟の現代的転回 ： 憲法的論証を求めて（第22回）第3部/重要論点補遺 私人間効力　駒村圭吾　「法学セミナー」57（8）通号691　2012.8　p.60～68

09134　憲法・国際人権基準と橋下政治（特集 橋下「改革」を問う ： 人権問題を中心にして）　丹羽雅雄　「部落解放」（668）　2012.10　p.12～16

09135　人権を哲学する（第26回）『反〈人権〉宣言』を批判する（上）哲学としての人権の再生へ　金泰明　「ヒューマンライツ」（296）　2012.11　p.48～53

09136　日本政府による難民政策の問題点と共生への取り組み（特集 マイノリティとマジョリティの共生を目指して）　渡邉彰悟　「法と民主主義」（473）　2012.11　p.14～17

09137　2011年度CSR報告書における人権情報 ： 人権CSRガイドラインの好事例　菅原絵美　「部落解放研究 ： 部落解放・人権研究所紀要」（196）　2012.11　p.81～88

09138　人権を哲学する（第27回・最終回）『反〈人権〉宣言』を批判する（下）哲学としての人権の再生へ　金泰明　「ヒューマンライツ」（297）　2012.12　p.58～61

09139　関係概念としての「人間の尊厳」（伊藤哲朗教授 退職記念論文集）　押久保倫夫　「東海法学」（46）　2013　p.13～64

09140　講演 もしもあなたに国籍がなかったら　鳥居淳子　「京都学園法学」2013（2・3）通号72・73　2013　p.181～199

09141　公法における「人」の属性 ： 憲法と「人の法」（公法における人）　石川健治　「公法研究」（75）　2013　p.47～65

09142　「自粛」とナレーションとしての日本型共同体主義（特集 オートノミー ： 自律・自治・自立―人権とオートノミー）　松平徳仁　「憲法問題」（24）　2013　p.86～98

09143　秋季研究総会シンポジウムのまとめ（特集 オートノミー ： 自律・自治・自立―人権とオートノミー）　齋藤笑美子　山元一　松田浩［他］　「憲法問題」（24）　2013　p.114～120

09144　人権とオートノミー ： 自律の教説は公共社会の共通の“物語”たりうるか？（特集 オートノミー ： 自律・自治・自立―人権とオートノミー）　小泉良幸　「憲法問題」（24）　2013　p.63～74

09145　政府の言論と人権理論（4）　金澤誠　「北大法学論集」64（3）　2013　p.1152～1097

09146　討議理論における人権概念の位置　大西貴之　「立命館法學」2013（1）通号347　2013　p.36～60

09147　人間の「いのちの尊厳」理念の確立を目指す　阿久戸光晴　「聖学院大学総合研究所紀

要」（57） 2013 p.3～6

09148 比例原則のグローバル化 ： 人権の対話
（ミニ・シンポジウム 比例原則のグローバル化
： 人権の対話） 江島晶子 「比較法研究」
（75） 2013 p.214～220

09149 広がる維新包囲網 ： 崩壊「大阪都構想」
（特集 様々な視点で憲法を考えよう） 谷口正
暁 「季刊人権問題」（35） 2013.冬 p.17～26

09150 法人意思と法人機関意思 ： 国家法人意思
の探求に捧げる試論 小関康平 「日本大学大
学院法学研究年報」（43） 2013 p.83～114

09151 翻訳 倫理の人権 ： 政治への回帰？ ミ
シェル，ヴィヴィオルカ 中島宏［訳］「山形大
学法政論叢」（57） 2013 p.1～28

09152 基本的人権と43条厳格解釈の歴史 ： 平成
24.9.28最高裁口頭弁論の意義（サラ金・商工
ローン一過払金処理のあり方） 茆原洋子 「消
費者法ニュース」（94） 2013.1 p.28～36

09153 「法律の留保」の付いた基本権（中西又三
先生古稀記念論文集） 工藤達朗 「法学新報」
119（7・8） 2013.1 p.205～216

09154 FORUM ヘルスプロモーションの国際的
動向（Vol.3）モーリタニアのヘルスプロモー
ションにおける草の根・人間の安全保障無償資
金協力の評価 原野和芳 里村一成 岩永資隆
［他］「医学のあゆみ」244（3）通号2935
2013.1.19 p.267～270

09155 社会的経済的権利、人権で新自由主義と
闘う（2013年権利討論集会特集号―第6分科会
新自由主義と改憲問題） 國本依仲 「民主法
律」（290） 2013.2 p.126～128

09156 ラリーエッセイ 人権をさがして（第53回）
人権侵害の憲法改悪は阻止しなければ 竹内良
「ヒューマンライツ」（299） 2013.2 p.36～40

09157 いかなる人権論か？（遠藤昇三教授・林弘
正教授退職記念号） 佐々木允臣 「島大法学 ：
島根大学法文学部紀要. 島根大学法文学部法経
学科・島根大学大学院法務研究科篇」56（4）
2013.3 p.1～19

09158 権利と道徳理論 ： 権利のメタ理論に関す
る覚書き（開学50周年記念号） 岩本一郎 「北
星学園大学経済学部北星論集」52（2）通号63
2013.3 p.287～301

09159 震災と法的支援 ： 公法的側面から（緒方
直人教授退職記念号） 大野友也 「法学論集」
47（2） 2013.3 p.109～126

09160 判断能力が十分でない成年者と基本的人
権（釜田泰介教授古稀記念論集） 竹中勲 「同
志社法学」64（7）通号360（分冊1） 2013.3
p.2153～2180

09161 列挙されていない権利の保障の意義（小林
敬和教授退職記念号） 中曽久雄 「愛媛法学会
雑誌」39（3・4） 2013.3 p.113～138

09162 「憲法破壊の政治」を許さず「憲法を活か
す政治」をめざして ： 今なぜ、基本的人権な
のか？ 小畑隆資 「地域と人権」（349）
2013.5 p.13～32

09163 周りの"生きづらさ"に踏み込んでいった
とき、生きるために使える武器が憲法だった
（憲法 希望を紡（つむ）ぐ言葉） 雨宮処凛 「女
性のひろば」通号411 2013.5 p.22～24

09164 若手研究者が読み解く○○法 Part2（4）
憲法（人権）個人とふるさと、あるいは文化
奥野恒久 「法と民主主義」（478） 2013.5 p.
60～63

09165 間接的ないし事実上の基本権制約（長尾一
紘先生古稀記念論文集） 小山剛 「法学新報」
120（1・2） 2013.6 p.155～175

09166 人権（基本権）と私法上の公的主体 ： 混
合企業への人権適用（長尾一紘先生古稀記念論
文集） 石村修 「法学新報」120（1・2） 2013.
6 p.1～22

09167 比例原則と目的審査 ： 自由権制限の局面
を中心に（長尾一紘先生古稀記念論文集） 柴田
憲司 「法学新報」120（1・2） 2013.6 p.201
～256

09168 ラリーエッセイ 人権をさがして（第57
回）日本国憲法はいま 竹内良 「ヒューマンラ
イツ」（303） 2013.6 p.52～55

09169 宇都宮健児弁護士（前日弁連会長）インタ
ビュー ： 人権や憲法をかたちだけにせずに、
権利主張するたたかいをつくる（特集 憲法問題
と非営利・協同） 宇都宮健児 河添誠［インタ
ビュアー］「いのちとくらし研究所報」（43）
2013.6.30 p.38～47

09170 平成24年の人権擁護事務の概況 法務省
人権擁護局 「法曹時報」65（7） 2013.7 p.
1701～1723

09171 読み切り 平成24年における人権侵犯事件
の状況について 鮫島寿美子 羽澤政明 「法律
のひろば」66（7） 2013.7 p.59～64

09172 「加憲」では公明と足並み揃う創価学会
政局と信仰のどちらを取るのか（憲法 特別編集
： あなたにも責任がある 知らなかったじゃす
まされない）「金曜日」21（26）通号967（臨
増） 2013.7.9 p.58

09173 憲法と死者 ： あるいは、「読む」という
創造（特集 2013参院選 ： 私たちは何に直面し
ているのか） 若松英輔 「世界」（846）
2013.8 p.171～178

09174 ラリーエッセイ 人権をさがして（第59
回）夏が来れば…日本国憲法を考える、もう一
度 竹内良 「ヒューマンライツ」（305）
2013.8 p.60～63

09175 新 わたしと憲法シリーズ 和田秀子 「3・
11」で原発の恐怖を知り憲法の素晴らしさに目
覚める 和田秀子 「金曜日」21（34）通号975

2013.9.6 p.41

09176 インタビュー 大切な憲法で守られる私た
ちの自由と人権 青井未帆 「第三文明」
(646) 2013.10 p.66〜68

09177 沖縄での人権侵害 ： 憲法、安保、基地、
日米地位協定(特集 人権を護る) 前泊博盛
「月刊保団連」(1139) 2013.11 p.32〜37

09178 基本的人権は国家より優先する？(続 憲
法「改正反対論」大論破) 「明日への選択」
(334) 2013.11 p.17〜20

09179 憲法に基づくあるべき指導・監査(特集
人権を護る) 山本哲朗 「月刊保団連」
(1139) 2013.11 p.10〜15

09180 人権とは何か(特集 人権を護る) 横藤田
誠 「月刊保団連」(1139) 2013.11 p.4〜9

09181 対談 大阪・釜ヶ崎でいま起きていること
遠藤比呂通 五石敬路 「都市問題」104(11)
2013.11 p.36〜49

09182 新 わたしと憲法シリーズ 秋山豊寛 原発
難民として声をあげる日本人初の宇宙飛行士 勝
てるから闘うんじゃない。負けられないから闘
うんだ。絶望したら負けなんです。 秋山豊寛
「金曜日」21(43)通号984 2013.11.8 p.33

09183 「人権」と法のヒエラルヒー 石埼学 「国
際人権 ： 国際人権法学会報」(25) 2014 p.
25〜29

09184 第10回日本高齢者虐待防止学会愛媛大会
大会長講演 人権の調和 ： 高齢者虐待における
論理的な人権理論の検討 山本克司 「高齢者虐
待防止研究」10(1) 2014 p.59〜71

09185 日本における言語権の法制化をめぐる諸
問題の考察 ： 憲法学的な見地から(特集「手
話が言語である」ことの法制化) 杉本篤史
「手話学研究」23(24) 2014 p.3〜10

09186 保育者養成における人権教育と日本国憲
法の課題 森田美芽 「大阪キリスト教短期大学
紀要」54 2014 p.87〜97

09187 1998年人権法における"public authority"
概念研究序説 ： 人権規定の名宛人と私人間に
おける人権保障のあり方 平松直登 「法学研究
論集」(42) 2014年度 p.101〜120

09188 憲法を活かした地域人権の確立を(特集
第9回地域人権問題全国研究集会(北九州市) 第
3分科会のテーマ『憲法を活かした地域人権の
確立』) 渡辺治 「地域と人権」(357) 2014.
1 p.1〜13

09189 質疑・応答(特集 第9回地域人権問題全国
研究集会(北九州市) 第3分科会のテーマ『憲法
を活かした地域人権の確立』) 長嶋 渡辺治
稲次寛 「地域と人権」(357) 2014.1 p.17〜
25

09190 改めて憲法を考える(8) 公権力による監
視と憲法 福嶋敏明 「時の法令」(1948)

2014.2.28 p.49〜54

09191 国籍・市民権・民族所属性 ： 「人と国家
の関係」の法的形象をめぐって(青柳正一教授
神長百合子教授 藤本一美教授 退職記念号) 広
渡清吾 「専修法学論集」(120) 2014.3 p.
103〜164

09192 人権の戦後史 ： 1950年代の静岡県を中心
に(田中克志先生退職記念号) 橋本誠一 「静
岡法務雑誌」(6) 2014.3 p.3〜25

09193 資料翻訳紹介 人権とオリンピック・パラ
リンピック ： イギリス, ロシア, ブラジル, 韓
国共同声明 ： 2012年8月29日 建石真公子
〔訳〕「スポーツとジェンダー研究 ： JSGS」
12 2014.3.20 p.147〜150

09194 人権制約法理としての公共の福祉論の現
在 ： 最高裁判決における近時の展開を踏まえ
て 棟居快行 「レファレンス」64(5)通号760
2014.5 p.5〜26

09195 人権と国家権力 ： 「公共の福祉」の多元
的機能(特集 岐路に立つ憲法 ： その基礎概念
・再考) 玉蟲由樹 「法律時報」86(5)通号1072
2014.5 p.29〜36

09196 全国に8000組織も！ 護憲の牙城、「九条
の会」の素性(特集 憲法改正論議を加速せよ)
筆坂秀世 「正論」(508) 2014.5 p.312〜318

09197 学問の自由・教育を受ける権利(23条・26
条)(特集 条文からスタート 憲法2014) 西原
博史 「法学教室」(405) 2014.6 p.31〜33

09198 人権の性格と限界(11条・12条・13条)
(特集 条文からスタート 憲法2014) 井上典之
「法学教室」(405) 2014.6 p.17〜19

09199 平成25年における人権侵犯事件の状況に
ついて 田中邦彦 中野渡守 「法律のひろば」
67(7) 2014.7 p.58〜64

09200 権利と憲法と解釈？(特集 権利) 辻理
「公評」51(7) 2014.8 p.36〜41

09201 講演 今日の「人権論」 ： 理念と現状(特
集 誌上採録 第51回カトリック社研セミナー)
齋藤康輝 「福音と社会」53(4)通号275 2014.
8 p.14〜29

09202 パターナリズムの蔓延(宮崎隆次先生・嶋
津格先生 退職記念号) 大林啓吾 「千葉大学法
学論集」29(1・2) 2014.8 p.482〜448

09203 平成25年の人権擁護事務の概況 法務省
人権擁護局 「法曹時報」66(8) 2014.8 p.
2211〜2232

09204 アファーマティヴ・アクションと社会関
係資本 河村倫哉 「国際公共政策研究」19
(1)通号35 2014.9 p.1〜14

09205 行財政研究 憲法問題を根源的に捉える視
点(上)近代以降の「人」とその権利から問題発
見を試みる 福家俊明 「行財政研究」(90)
2014.9 p.18〜47

基本的人権/憲法上の保障　　　　　　　　　　　　　　　　　　　　　　　　　　　　　　　　　**人権総論**

09206　国家による自由の秩序の実現(1)自由の
実現を巡る政治部門と裁判所、社会実践との協
働に関する序論的考察　篠原永明「法学論叢」
175(6)　2014.9　p.66～93

09207　排除のルールから共存共栄へ：本末転倒
の条例から基本的人権を守る方法　溝呂木雄浩
「Voice」(441)　2014.9　p.183～190

09208　宮城の被災地をめぐる：閖上(ゆりあ
げ)地区周辺(第49回家教連夏季研究集会報告
号：被災地から学ぼう憲法をいかし、いのち
とくらしを守る家庭科)「家教連家庭科研究」
(321)(増刊)　2014.11　p.54～58

09209　翻訳「人間の尊厳」の憲法的意義(金山
剛教授　退職記念号)　李震山　鈴木敬夫[訳]
「札幌学院法学」31(1)　2014.12　p.303～333

09210　権利とニーズ：権利を持つ権利の回復の
ために(特集　二つの自由と二つの安全―「欠乏
からの自由」と安全)　笹沼弘志「国際人権：
国際人権法学会報」(26)　2015　p.51～53

09211　座長コメント(特集　人権実現プロセスの
検証：2013年9月4日最高裁大法廷決定を契機
として)　糠塚康江　田中淳子「国際人権：
国際人権法学会報」(26)　2015　p.95～98

09212　受刑者と生殖の自由：ヨーロッパ人権裁
判所判例を題材として　河合正雄「青森法政論
叢」(16)　2015　p.18～28

09213　国家による自由の秩序の実現(2)自由の
実現を巡る政治部門と裁判所、社会実践との協
働に関する序論的考察　篠原永明「法学論叢」
176(4)　2015.1　p.76～102

09214　これまでの閣議決定を財産に：差別禁止
法と人権救済法(人権委員会設置法)の関係につ
いて(特集　差別禁止法と救済法)　内田博文
「部落解放」(703)　2015.1　p.12～21

09215　列挙されていない権利の保障をめぐる議
論の新たな展開　中曽久雄「愛媛法学会雑誌」
41(1・2)　2015.1　p.85～109

09216　新春鼎談　基本法のゆくえ：歴史的変革期
を迎える日本の法制度　鎌田薫　但木敬一　長
谷部恭男「NBL」(1041)　2015.1.1　p.4～17

09217　基本的人権の尊重(憲法)を歪める全人教
：全国人権教育研究協議会を批判する(特集　第
10回地域人権問題全国研究集会in松江―第2分科
会テーマ「部落問題の解決と行政・教育」)　柏
木功「地域と人権」(370)　2015.2　p.7～10

09218　行財政研究　憲法問題を根源的に捉える視
点(下)近代以降の「人」とその権利から問題発
見を試みる　福家俊朗「行財政研究」(91)
2015.3　p.2～29

09219　登壇者抄録　人権論における「身体」と
「魂」：科学とジェンダーが直面する相反する
課題(JSSGS第13回大会報告―分科会　人間の生
存・身心問題とスポーツ・ジェンダー学の射程
：起点再考のために Equalityの科学の視座構築

に向けて(3))　建石真公子「スポーツとジェ
ンダー研究：JSGS」13　2015.3.20　p.80～82

09220　改めて憲法を考える(21)自己責任論と国
家の役割　成澤孝人「時の法令」(1974)
2015.3.30　p.53～58

09221　憲法を解釈する主体となるために：人権
理論の最先端問題を例に(特集　誌上講義　法学入
門)　西原博史「法学セミナー」60(4)通号
723　2015.4　p.10～20

09222　人間の尊厳を大切にする性教育を：憲法
と性教育国際指針(ガイダンス)を活かした実践
の創造へ(特集　性教育実践 2015)　艮香織
「Sexuality」(71)　2015.4　p.12～23

09223　ロー・クラス「憲法上の権利」各論(15)
学問の自由(2・完)生存権(1)　小山剛「法学
セミナー」60(4)通号723　2015.4　p.81～89

09224　自由ならば、なにをしてもいいの!?(特集
自由と権力を考える)　斉藤小百合「まなぶ」
(698)　2015.5　p.15～18

09225　まとめの発言(特集　第10回 地域人権問題
全国研究集会 in 松江：第4分科会　憲法を軸に
人間らしい暮らしや仕事を語ろう)　岡田　福
木　豊田[他]「地域と人権」(373)　2015.5
p.15～20

09226　国家による自由の秩序の実現(3・完)自
由の実現を巡る政治部門と裁判所、社会実践と
の協働に関する序論的考察　篠原永明「法学論
叢」177(3)　2015.6　p.70～100

09227　「人身売買」と言って大丈夫ですか？　慰
安婦から憲法まで：異言語パラレルワールド
の陥穽　山岡鉄秀「正論」(522)　2015.6　p.
186～194

09228　対談　岡野八代×白井聡　日本国憲法体制と
人権の危機：歴史の岐路としての戦後70年(特
集 フェミニスト視点で問う戦後70年)　岡野八
代　白井聡「女たちの21世紀」(82)　2015.6
p.6～16

09229　人間らしく、健康で文化的に生きるため
に「人間裁判」承継50年目の驚きと決意(創刊
500号記念特集 憲法の危機に抗しつづけて―平
和・民主主義・人権闘争のバトンを引き継い
で)　朝日健二「法と民主主義」(500・501)
2015.7-9　p.86～88

09230　人権と民主主義が保障され、憲法が生き
る社会へ：川上詩朗さん(日弁連憲法問題対策
本部事務局長・弁護士)に聞く(政治は変えられ
る)　川上詩朗「学習の友」(744)　2015.8
p.34～41

09231　平成26年の人権擁護事務の概況　法務省
人権擁護局「法曹時報」67(8)　2015.8　p.
2191～2212

09232　ロー・クラス「憲法上の権利」各論(19)
勤労の権利、労働基本権(2・完)財産権(1)
小山剛「法学セミナー」60(8)通号727　2015.

〔09206～09232〕　　　　　　　　　　　　　　　　　　　　　　　　　憲法改正 最新文献目録　**343**

8 p.87〜95

09233 人生 基本的人権、法の下の平等、生存権… 私は憲法を掲げて闘う（いまこそ、みんなの日本国憲法）「Aera」28（41）通号1527 2015.9.28 p.20〜32

◆人権宣言

【図書】

09234 オランプ・ドゥ・グージュ―フランス革命と女性の権利宣言 オリヴィエ・ブラン著, 辻村みよ子監訳, 辻村みよ子, 太原孝英, 高瀬智子訳解説 信山社 2010.2 422, 35p 20cm 〈文献あり 著作目録あり〉 3500円 ⓘ978-4-7972-9142-1 Ⓝ289.3 Blanc, Olivier 辻村みよ子 太原孝英 高瀬智子

09235 人権宣言論争―イェリネック対ブトミー イェリネック, ブトミー［著］, 初宿正典編訳 オンデマンド版 みすず書房 2010.12 288, 6p 19cm 〈原本：1995年刊〉 4600円 ⓘ978-4-622-06218-9 Ⓝ316.1 Jellinek, Georg Boutmy, Émile Gaston 初宿正典

◆人権をめぐる制度論

【雑誌】

09236 人権制約法理としての公共の福祉論の現在 : 最高裁判決における近時の展開を踏まえて 棟居快行「レファレンス」64（5）通号760 2014.5 p.5〜26

◆外国人

【図書】

09237 外国人・民族的マイノリティ人権白書 外国人人権法連絡会編 明石書店 2007.9 293p 19cm 〈文献あり〉 2800円 ⓘ978-4-7503-2625-2 Ⓝ329.94 外国人人権法連絡会

09238 外国人の参政権問題Q&A―地方参政権付与も憲法違反 百地章著, 日本会議事業センター企画 新版 明成社 2009.11 48p 21cm 〈初版：百地章平成12年刊〉 524円 ⓘ978-4-944219-88-9 Ⓝ314.82 百地章 日本会議事業センター

09239 外国人・民族的マイノリティ人権白書 2010 外国人人権法連絡会編 明石書店 2010.4 256p 19cm 2700円 ⓘ978-4-7503-3177-5 Ⓝ329.94 外国人人権法連絡会

09240 外国人の参政権問題Q&A―地方参政権付与も憲法違反 百地章著 改訂版 明成社 2010.5 48p 21cm 524円 ⓘ978-4-944219-95-7 Ⓝ314.82 百地章

09241 外国人の選挙権ドイツの経験・日本の課題 長尾一紘著 八王子 中央大学出版部 2014.3 167p 22cm （日本比較法研究所研究叢書 95） 2300円 ⓘ978-4-8057-0594-0 Ⓝ314.8934 長尾一紘

09242 レイシズムと安倍政権―なぜ隣人を「憎む」のか 安田浩一［述］ 研究所テオリア 2014.5 49p 26cm （国連・憲法問題研究会講座報告 第57集） 500円

09243 外国人の人権へのアプローチ 近藤敦編著 明石書店 2015.3 206p 21cm 〈執筆：奥貫妃文ほか〉 〈索引あり〉 2400円 ⓘ978-4-7503-4154-5 Ⓝ329.9 近藤敦

【雑誌】

09244 「外国人参政権付与」と「人権擁護」二法案の危険性に目覚めよ! 「政界さいたま」［2008］ p.76〜79

09245 「受け入れ」と「統合」をめぐる社会意識－何が外国人問題への態度を規定するのか 松谷満 高木竜輔 丸山真央【他】「アジア太平洋レビュー」（2） 2005 p.2〜14

09246 外国人の参政権に関する一考察 山村知央「学習院大学大学院法学研究科法学論集」（12） 2005 p.233〜309

09247 永住外国人の参政権とアイデンティティに関する一考察 中島光子「社会システム研究」（3） 2005.3 p.25〜35

09248 翻訳 在日韓国人の法的地位－地方参政権を中心に 金富燦 尹龍澤［訳］「創価法学」34（3） 2005.3 p.93〜121

09249 外国籍住民の地方参政権はいま（特集「国籍」という名の差別） 佐藤信行「アジェンダ：未来への課題」 2005.春 p.24〜29

09250 定住外国人の地方参政権（人権キーワード 2006-1-12月） 仲原良二「部落解放」増刊 2006 p.160〜163

09251 外国人の参政権についての若干の考察 江場純一「中京大学大学院生法学研究論集」26 2006

09252 時代の曲がり角で（第9回）外国籍住民に参政権を!（特集 日本国憲法を読み直す） 康玲子「アジェンダ：未来への課題」 2006.春 p.60〜63

09253 欧米における定住外国人参政権の現状と今後の課題－国民国家の論理と社会的統合の相克をめぐって 谷聖美「岡山大学法学会雑誌」55（2）通号193 2006.1 p.550〜489

09254 判例批評 在外邦人選挙権と立法不作為――在外日本人選挙権剥奪違法確認等請求事件最高裁判決（2005.9.4） 村田尚紀「関西大学法学論集」55（6） 2006.3 p.1723〜1747

09255 創造論裁判における宗教と科学－「マクリーン裁判」（第2スコープス裁判）を中心として（特集：宗教と現代科学） 寿台順誠「日本の科

学者」41(11)通号466 2006.11 p.592〜597

09256 韓・日比較からみた定住外国人の地方参政権 徐龍達 日本地方自治研究学会[編] 日本地方自治研究学会[編]「地方自治研究：日本地方自治研究学会誌」22(1)通号40 2007.3 p.25〜38

09257 婚姻制度と憲法上の保護(第Ⅴ部 外国の方からの論稿—訳文/原文) Lynn D., Wardle 鄭賢熙 南方暁 「21世紀の家族と法 小野幸二教授古稀記念論集」 2007.3 p.813〜

09258 ロー・クラス 判例にみる憲法実体論(27)外国人に対する憲法上の権利保障？[最大判2005.1.26] 井上典之 「法学セミナー」52(6)通号630 2007.6 p.76〜80

09259 論点講座 憲法の解釈(第3回・Round 1—3)法的地位と人権 外国人の地方公務員採用一律禁止規定の合憲性 亘理格 「法学教室」通号321 2007.6 p.52〜59

09260 在日韓国人の日本を見る眼(10) 日本よ変われ、地方参政権問題 田駿 「自由」編集委員会 「自由」49(7)通号569 2007.7 p.91〜97

09261 外国人法制の変容と「マイノリティの人権」論(特集＝日本国憲法施行六〇年——憲法学に求められる課題—人権論) 近藤敦 「法律時報」79(8)通号985 2007.7 p.64〜69

09262 憲法の解釈(第7回・Round 3—1) 客観訴訟「司法」と二元的訴訟目的観 亘理格 「法学教室」通号325 2007.10 p.58〜69

09263 外国人の人権(伊藤真の中・高生のための憲法教室〔43〕) 伊藤真 「世界」(770) 2007.10 p.174〜175

09264 多文化共生政策における社会参画の指標(特集 多文化共生社会の推進と課題) 近藤敦 「都市問題研究」59(11)通号683 2007.11 p.41〜55

09265 永住外国人「参政権反対」のポイントはここにある 「明日への選択」 2007.12 p.10〜14

09266 社会 人権後進国 定住外国人に参政権を(特集 読み解く「日本の歩み」) 宮島喬 「ひろばユニオン」 2007.12 p.34〜37

09267 「解放」直後在日朝鮮人運動と参政権問題—「正当な外国人待遇」をめぐって(懸賞論文) 鄭栄桓 「学術論文集」26 2007.12 p.46〜57

09268 Summary of the legal position of migrants in Japan 近藤敦 「名城法学」57(3) 2008 p.226〜198

09269 永住外国人参政権問題 フィクションで「主権」を論じるな 「明日への選択」 2008.1 p.12〜15

09270 日本警世(79) 外国人参政権の裏にある「税金逃れ」の横暴な要求—被害者を装い所得

税は不払い、住民税や固定資産税もとぼける 高山正之 「Themis」17(1)通号183 2008.1 p.80〜81

09271 金美齢の「日本人へ！」(10) 反日外国人に参政権を与える必要はありません(総力特集 信用するな！ 米・中・韓) 金美齢 「Will：マンスリーウイル」 2008.2 p.78〜83

09272 外国人の拘束に関する情報の開示をめぐる問題の憲法学的考察——二〇〇一年以降のアメリカ合衆国の動向 小谷順子 「静岡大学法政研究」12(2-4) 2008.2 p.63〜92

09273 オピニオン縦横無尽(Number 728) 日本国籍を取得した者だけに参政権を与えるべきではないか 櫻井よしこ ダイヤモンド社[編]「週刊ダイヤモンド」96(8)通号4217 2008.2.23 p.139

09274 外国人の入国と国家の裁量—「家族呼び寄せ」との関連で 馬場里美 「立正大学法制研究所研究年報」(13) 2008.3 p.29〜39

09275 人権擁護法案＆外国人参政権に隠された狙い—これは「平成の治安維持法」だ 「Themis」17(4)通号186 2008.4 p.48〜49

09276 外国人地方参政権と在日帰化問題 憂慮すべき「現実」は何か 「明日への選択」 2008.5 p.16〜19

09277 「外国人参政権待望論」の幻 なぜ帰化は在日のタブーとなったのか 鄭大均 「中央公論」123(6)通号1490 2008.6 p.124〜133

09278 政治の読み方(39) 参政権 外国人に参政権を付与するなかれ、移民を受け入れるなかれ 武田文彦 「Verdad」14(7)通号159 2008.7 p.50〜51

09279 無年金の解決と地方参政権の実現を—在日コリアンの人権の現状と課題(特集 日本のマイノリティの人権) 田中宏 「部落解放」(600) 2008.7 p.25〜32

09280 基礎法学講座 憲法 外国人の基本的人権保障について 「Keisatsu jiho」63(7) 2008.7 p.47〜50

09281 永住外国人への地方参政権付与について 秋山昭八 「経営法曹」(158) 2008.9 p.151〜155

09282 外国人の憲法上の義務 藤本富一 「上智法学論集」52(1・2) 2008.12 p.185〜208

09283 外国人市民の参政権に関する考察 紹谷智雄 「福岡医療福祉大学紀要」(6) 2009 p.77〜87

09284 移民法改正——移民の抑制、統合及び庇護に関する二〇〇七年一一月二〇日の法律第一六三一号(立法紹介—公法) 井上武史 「日仏法学」(25) 2009 p.199〜202

09285 教材に入り込む外国人参政権 藤岡秀匡 「歴史と教育」 2009.1 p.18〜20

09286 「外国人地方参政権」批判の新たな視点「明日への選択」 2009.1 p.23〜27

09287 共生新時代へ－「在日」百年の歴史と未来（中）外国人地方参政権 柳原滋雄 「第三文明」 2009.1 p.30〜33

09288 植民地朝鮮と多木久米次郎－朝鮮における事業基盤と参政権問題（特集 国際学術研究会「東アジア海港都市の共生論理と文化交流」）金玄 神戸大学大学院人文学研究科海港都市研究センター編 「海港都市研究」 4 2009.3 p.77〜95

09289 国籍による差別廃止を求める－教育の差別待遇から（《特集 国連自由権規約「勧告」の具体化にむけて》） 辻本久夫 「ひょうご部落解放」 132 2009.03

09290 国民と外国人の間――判例法理における「外国人の人権」論の再検討 柳井健一 「法と政治」 60（1） 2009.4 p.216〜193

09291 外国人の選挙権・被選挙権と公務就任権（日本国憲法研究（3）外国人の選挙権・公務就任権） 青柳幸一 「ジュリスト」（1375） 2009.4.1 p.60〜66

09292 座談会（日本国憲法研究（3）外国人の選挙権・公務就任権） 青柳幸一 柳井健一 長谷部恭男［他］「ジュリスト」（1375） 2009.4.1 p.67〜85

09293 在留外国人に対する人権保障の状況（特集 憲法の視点から考察する諸問題） 近藤博徳「月報司法書士」（447） 2009.5 p.15〜18

09294 外国人の人権――現代国際社会における出入国管理のあり方（特集 グローバル化の中の国家と憲法） 高佐智美 「ジュリスト」（1378） 2009.5.1・15 p.62〜69

09295 ロー・クラス 発信 憲法地域事情（9・群馬編）大泉町の外国人行政 田代亜紀 「法学セミナー」 54（6）通号654 2009.6 p.63

09296 在日本大韓民国民団と外国人参政権付与政策 早瀬善彦 「澪標」 6（3）通号59 2009.秋 p.18〜47

09297 外国人参政権法案の国会提出阻止を！百地章 「祖国と青年」（374） 2009.11 p.12〜15

09298 オピニオン縦横無尽（Number 814）外国人参政権法案を議員立法で提出もくろむ鳩山政権のご都合主義 櫻井よしこ ダイヤモンド社［編］「週刊ダイヤモンド」 97（47）通号4305 2009.11.21 p.139

09299 新・永田町の暗闘（Number 844）外国人参政権の急浮上に隠された小沢幹事長の思惑 鈴木棟一 ダイヤモンド社［編］「週刊ダイヤモンド」 97（47）通号4305 2009.11.21 p.136〜138

09300 外国人地方参政権問題・中国人問題としての視点「明日への選択」 2009.12 p.32〜36

09301 諸外国における外国人参政権導入の経緯とその実態 早瀬善彦 「澪標」 6（4）通号60 2009.冬 p.42〜82

09302 国民国家の形成－外国人参政権問題研究序説 岩田温 「澪標」 6（4）通号60 2009.冬 p.98〜127

09303 マニフェストなしで進行「外国人参政権」「夫婦別姓」（ワイド 支持率60%！「民主政権」80日間の金と嘘とブレの研究 決定版） 新潮社［編］「週刊新潮」 54（47）通号2722 2009.12.10 p.32

09304 日本人と外国人にとって、外国人参政権はどう作用する？（実はそんなに欲しくない!? 参政権論争に困惑する在日外国人のホンネ）「Spa！」 58（52）通号3209 2009.12.15 p.29

09305 要・不要を通り越した、出口の見えない混乱ぶり（実はそんなに欲しくない!? 参政権論争に困惑する在日外国人のホンネ）「Spa！」 58（52）通号3209 2009.12.15 p.28〜29

09306 2010年 注目の論点 川上義博vs稲田朋美－外国人への地方参政権付与の賛否（特集 総予測2010－政治・政策・環境－民主党の「平成維新」は実現するか） 川上義博 稲田朋美 ダイヤモンド社［編］「週刊ダイヤモンド」 98（1）通号4310 2009.12.26-2010.1.2 p.80〜81

09307 サテライトシンポジウム「在日外国人の生存権と治療アクセス」（第23回日本エイズ学会サテライトシンポジウム記録） 川田薫 鍵谷智 J. A. Lima Filho【他】 日本エイズ学会編 日本エイズ学会編 「日本エイズ学会誌」 12（3）通号46 2010 p.158〜161

09308 外国人地方参政権付与に関する日本人の意識調査 金愛慶 「名古屋学院大学論集. 社会科学篇」 47（2） 2010 p.43〜51

09309 外国人参政権と「分断」線（特集 新政権を考える－現場からの視点） 金友子 「インパクション」 通号172 2010 p.79〜85

09310 外国人の権利――永住外国人の地方参政権を中心に 近藤敦 「名城法学」 60（別冊） 2010 p.788〜760

09311 外国人の出入国の自由 後藤光男 「早稲田法学」 85（3）（分冊1） 2010 p.457〜492

09312 多文化社会の意味するもの（特集 多民族・多文化社会における国際人権法の可能性） 近藤敦 「国際人権 : 国際人権法学会報」 通号21 2010 p.38〜43

09313 中国人問題としての外国人参政権問題（続）核ミサイルを向ける国の国民に参政権を付与してよいのか 「明日への選択」 2010.1 p.26〜29

09314 理論と実践の間（28）外国人参政権問題より深刻な国家的危機 中野剛志 「表現者」（28） 2010.1 p.90〜94

09315 時代の視点 外国人参政権問題を考える 榊原喜廣 「月刊カレント」 47（1）通号785 2010.1 p.32～36

09316 外国人参政権に反対のこれだけの理由 鄭大均 「中央公論」 125（1）通号1509 2010.1 p.212～215

09317 なぜ左派は外国人参政権を要求するのか－「加害者国家・日本」の生き証人として利用される在日コリアン 鄭大均 「祖国と青年」 （376） 2010.1 p.22～32

09318 金曜アンテナ 外国人地方参政権法案 政府提案で今国会提出か 金曜日［編］「金曜日」 18（2）通号797 2010.1.22 p.4～5

09319 オピニオン縦横無尽（Number 822）小沢一郎氏ら民主党が提案する外国人参政権付与案に私は反対 櫻井よしこ ダイヤモンド社［編］「週刊ダイヤモンド」 98（4）通号4313 2010.1.23 p.143

09320 外国人参政権法案は「小沢法案」だ 「明日への選択」 2010.2 p.11～14

09321 成立寸前！ 外国人参政権に潜む日本支配のシナリオ 三品純 「正論」 2010.2 p.92～101

09322 斬人斬馬 小沢幹事長が押し込む永住外国人の地方参政権 永田公人 「政経人」 57（2） 2010.2 p.26～29

09323 外国人参政権・夫婦別姓を許すな 「祖国と青年」 （377） 2010.2 p.8～10

09324 リレー解説 公務員制度（第20回）諸外国の労働基本権と給与決定システム 植村隆生 人事院総務課編 「人事院月報」 通号726 2010.2 p.34～39

09325 小沢総書記の息が掛かった「外国人参政権法案」に異議あり 新潮社［編］「週刊新潮」 55（7）通号2731 2010.2.18 p.30～33

09326 アウトサイダー対談 在日外国人参政権には反対です 前田日明 高須基仁 金曜日［編］「金曜日」 18（7）通号802 2010.2.26 p.28～30

09327 国家とは何か、国民とは何か（総力大特集 許すな！ 外国人参政権） 渡部昇一 金美齢 「Will：マンスリーウイル」 2010.3 p.58～71

09328 提唱者までが否定した外国人参政権（総力大特集 許すな！ 外国人参政権） 百地章 「Will：マンスリーウイル」 2010.3 p.72～79

09329 偽装結婚、虚偽申請…… 「外国人永住者」の実態（総力大特集 許すな！ 外国人参政権） 田中稔 「Will：マンスリーウイル」 2010.3 p.80～93

09330 中国の「移民」政策で日本は乗っ取られる！（総力大特集 許すな！ 外国人参政権） 河添恵子 「Will：マンスリーウイル」 2010.3 p.94～103

09331 民団（在日本大韓民国民団）の参政権運動は在日のためにならない 鄭大均 「正論」 2010.3 p.128～132

09332 外国人参政権に反対する！ 「祖国と青年」 （378） 2010.3 p.8～11

09333 外国人参政権が国民生活を壊す（緊急特集 民主党政治の害毒） 山田宏 「Voice」 通号387 2010.3 p.60～67

09334 危うし政権 「外国人参政権」は明らかな憲法違反だ──国家解体に繋がる法律は民主党の票集めを促すだけだ 「Themis」 19（3）通号209 2010.3 p.16～17

09335 外国人の人権保障実現へのアポロギア──アメリカ連邦議会の絶対的権限（plenary power）とその法理について 新井信之 「香川法学」 29（3・4）通号88 2010.3 p.267～292

09336 夫婦別姓、外国人参政権…日本がツブれる恐怖のシミュレーション（鳩山民主に鉄槌下る！ 小沢一郎のバケの皮） 文芸春秋［編］「週刊文春」 52（9）通号2566 2010.3.4 p.149～150

09337 推進の大韓民団、反対の朝鮮総聯（外国人参政権と排外主義） 金曜日［編］「金曜日」 18（9）通号804 2010.3.12 p.18

09338 議論をタブーにしてはいけない－プリティ長嶋（外国人参政権と排外主義） 金曜日［編］「金曜日」 18（9）通号804 2010.3.12 p.19

09339 議論置き去りに煽られる「外国人恐怖」感情（外国人参政権と排外主義） 古川琢也 金曜日［編］「金曜日」 18（9）通号804 2010.3.12 p.14～15

09340 左翼政権になって話し合いの余地はなくなった－「在日特権を許さない市民の会」会長・桜井誠氏インタビュー（外国人参政権と排外主義） 桜井誠 金曜日［編］「金曜日」 18（9）通号804 2010.3.12 p.16～17

09341 中庸を守った判決だったということです－元最高裁判事 園部逸夫氏インタビュー（外国人参政権と排外主義） 園部逸夫 金曜日［編］「金曜日」 18（9）通号804 2010.3.12 p.20～21

09342 各党に聞く 永住外国人地方参政権（外国人参政権と排外主義） 金曜日［編］「金曜日」 18（9）通号804 2010.3.12 p.22～23

09343 日本のうしお 世界のうしお 外国人参政権付与問題 福田雄一郎 「まなぶ」 2010.4 p.38～40

09344 Q&A 7問7答 永住外国人の地方参政権問題を考える 小松公生 「議会と自治体」 2010.4 p.53～61

09345 外国人参政権付与は亡国への道 高市早苗 「正論」 2010.4 p.88～102

09346 外国人参政権－オランダ、ドイツの惨状

西尾幹二 「Will：マンスリーウイル」 2010.4
p.92〜105

09347 国を危うくする「外国人地方参政権」
平松茂雄 立花書房［編］「治安フォーラム」
16（4）通号184 2010.4 p.39〜47

09348 朝鮮総連＆民団を直撃する「カネ」の危
機－民団は地方参政権獲得、総連は朝鮮学校無
償化闘争 「Themis」 19（4）通号210 2010.4
p.44〜45

09349 『「小沢一郎」研究』刊行 小沢一郎は、な
ぜ外国人参政権にこだわるのか 櫻井よしこ
新潮社［編］「新潮45」 29（4）通号336 2010.4
p.30〜35

09350 国内問題 外国人地方参政権付与に反対す
る 佐藤勝巳 「日本戦略研究フォーラム季報」
（44） 2010.4 p.30〜32

09351 歴史観×メディア＝ウォッチング（42）外
国人参政権反対派が露呈させた歴史教科書問題
と共通の政治的思惑 高嶋伸欣 「戦争責任研
究」 （67） 2010.春季 p.84〜89

09352 外国人参政権運動の源流をたどる 韓国民
団に問われていること 鄭大均 「中央公論」
125（4）通号1512 2010.4 p.220〜228

09353 外国人地方参政権法案の背景と課題 丹
羽雅雄 「ヒューマンライツ」（265） 2010.4
p.12〜17

09354 インタビュー 住民としての権利保障をめ
ざす外国人の地方参政権 徐元哲 「都市問題」
101（4） 2010.4 p.39〜51

09355 外国人参政権法案の背景と課題 丹羽雅
雄 「ヒューマンライツ」 265 2010.4

09356 外国人地方参政権はなぜ必要か 疎外の社
会か、共生の社会か 田中宏 「世界」 （803）
2010.4 p.36〜44

09357 外国人参政権をめぐって 在日外国人が語
る私の暮らしとアイデンティティ 宮原安春
「婦人公論」 2010.4.7 p.124〜127

09358 外国人参政権 園部元最高裁判事の俗論
（外国人参政権、絶対反対） 百地章「Will：
マンスリーウイル」 2010.5 p.203〜211

09359 外国人参政権は「反日」「反国家」（外国人
参政権、絶対反対） 長尾一紘 「Will：マンス
リーウイル」 2010.5 p.212〜223

09360 地域から考える外国人参政権問題－川崎
における社会参加の事例から 山田貴夫 自治
研中央推進委員会編 「月刊自治研」52通号608
2010.5 p.10〜14

09361 外国人参政権に反対する一万人大会 「祖
国と青年」（380） 2010.5 p.4〜8

09362 外国人参政権問題について考える 鈴木
由充 「祖国と青年」（380） 2010.5 p.49〜54

09363 推進派の理論的支柱が自説を撤回 外国人

参政権は「明らかに違憲」（総力特集 民主党よ、
どこまで日本を壊したいのか） 長尾一紘 「正
論」 通号458 2010.5 p.54〜62

09364 永住外国人への地方参政権付与 23県議会
が反対意見書、知事会も慎重に 「参院選次第で
法案提出」と地方は警戒感 「日経グローカル」
（148） 2010.5.17 p.32〜35

09365 外国人地方参政権問題［資料集］ 自由
民主党政務調査会与那国町調査団 自由民主党
政務調査会編 「政策特報」 通号1355 2010.6.
15 p.53〜88

09366 日本の国際化と外国人の参政権 木幡洋
子 「社会福祉研究」 12 2010.7 p.13〜24

09367 鶴岡八幡宮「大銀杏」の再生に思う－夫
婦別姓、外国人参政権の反対運動に取り組んで
松岡篤志 「祖国と青年」（382） 2010.7 p.46
〜49

09368 在日外国人の地方参政権をめぐって（特集
日本の政治はどこに向かうか） 谷野隆 「ア
ジェンダ：未来への課題」 2010.夏 p.75〜78

09369 在日3世の視点 日本社会は「外国人参政
権」をどうしたいのか 金明央 「Sai」 63
2010.Sum.・Aut. p.23〜25

09370 定住外国人の人権擁護と地方参政権を考
える集い（特集 韓国併合一〇〇年－在日コリア
ンの一〇〇年） 野中広務 朴一 徐元哲
「ひょうご部落解放」 138 2010.秋 p.66〜95

09371 定住外国人の人権擁護と地方参政権を考
える集い（特集2 韓国併合100年－在日コリアン
の100年） 野中広務 朴一 徐元哲 「ひょう
ご部落解放」 138 2010.09

09372 帝国臣民から外国人へ――与えられ、奪
われてきた朝鮮人・台湾人の参政権 古関彰一
「世界」（809） 2010.10 p.33〜41

09373 日本における植民地主義の現在 ： 外国人
参政権問題を中心に（特集 日本と朝鮮半島の
100年） 吉澤文寿 「現代韓国朝鮮研究」（10）
2010.11 p.38〜46

09374 「外国人参政権」は「中国人参政権」（略奪
国家中国 守れ！ 尖閣諸島） 田中稔 「Will：
マンスリーウイル」 増刊 2010.11 p.172〜
185

09375 外国人参政権を認めれば尖閣も対馬も奪
われてしまう（オピニオンワイド 国滅ぶ前にな
すべきこと） 百地章 小学館［編］「週刊ポス
ト」 42（48）通号2105 2010.11.19 p.42

09376 外国人の地方参政権について－これは外
国人への権利の付与の問題なのか（特集 迷走す
る鳩山政権－スジを通せ） 崔勝久 「ピープル
ズ・プラン」 2010.冬 p.68〜75

09377 日本における外国人参政権問題－導入論
出現の背景と現状 早瀬善彦 「澪標」7（1）通
号61 2010.12 p.44〜62

09378 日本における外国人の地方参政権に関する一考察 吉川智 「憲法論叢」（17） 2010.12 p.135〜158

09379 外国人の人権——参政権問題を中心に 百地章 「比較憲法学研究」 通号23 2011 p.1〜19

09380 外国人の地方参政権と民主制の原理——ドイツにおける理論と実践 長尾一紘 「比較憲法学研究」 通号23 2011 p.97〜119

09381 外国人の司法アクセスと弁護士活動（特集 外国人の人権と弁護士活動） 鈴木雅子 「自由と正義」 62（2）通号745 2011.2 p.27〜34

09382 国際人権法からみた外国人の人権（特集 外国人の人権と弁護士活動） 申惠ホウ 「自由と正義」 62（2）通号745 2011.2 p.11〜18

09383 マクリーン事件最高裁判決の枠組みの再考（特集 外国人の人権と弁護士活動） 泉徳治 「自由と正義」 62（2）通号745 2011.2 p.19〜26

09384 米軍統治期の沖縄における「外国人」参政権問題－「非琉球人」をめぐる参政権の歴史について 土井智義 大阪大学大学院文学研究科日本学研究室編 「大阪大学日本学報」 通号30 2011.3 p.67〜84

09385 東アジア地政学と外国人参政権－日本版デニズンシップをめぐるアポリア（宮島喬教授退職記念号） 樋口直人 法政大学社会学部学会［編］ 法政大学社会学部学会［編］ 「社会志林」 57（4）通号206 2011.3 p.55〜75

09386 地方政治の「隠れた争点」を問う 外国人地方参政権 どう考える 「世界思想」 37（4）通号426 2011.4 p.15〜19

09387 永住外国人の地方参政権を考える 徐元哲 「平和運動」（483） 2011.4 p.4〜18

09388 インタビュー 特別永住者には、国政選挙権も保障すべき－外国人参政権をめぐる歴史的経緯をもとに（特集 外国人参政権 わたしはこう考える） 丹羽雅雄 川瀬俊治 「部落解放」（644） 2011.4 p.12〜19

09389 「内への開国」を期待する－外国人労働者受け入れのための、不可避の政治課題（特集 外国人参政権 わたしはこう考える） 朴一 「部落解放」（644） 2011.4 p.20〜25

09390 帰化を条件にせず、地方参政権を付与すべき－平成の開国の端緒に（特集 外国人参政権 わたしはこう考える） ツルネンマルテイ 「部落解放」（644） 2011.4 p.26〜31

09391 インタビュー 原点に立ち返り、地域からの運動を－永住外国人の地方参政権を求める（特集 外国人参政権 わたしはこう考える） 徐元哲 川瀬俊治 「部落解放」（644） 2011.4 p.32〜37

09392 政治的に「いない」存在をなくすために（特集 外国人参政権 わたしはこう考える） 保

坂展人 「部落解放」（644） 2011.4 p.38〜43

09393 幅広い意見をもとに、国民自らが判断を－裁判所の判断にはなじまない（特集 外国人参政権 わたしはこう考える） 伊藤真 「部落解放」（644） 2011.4 p.44〜49

09394 外国人参政権と人権問題（人権問題特集） 金虎山 「統治の分析 ：ガバナンス研究所論説集」 3 2011.Aut. p.22〜49

09395 在日外国人の地位と参政権問題－国籍、法制度の視点から 早瀬善彦 「澪標」 8（1）通号62 2011.8 p.45〜67

09396 公法訴訟（第4回）法律上の争訟と行政事件訴訟の類型——在外日本国民選挙権訴訟を例として 土井真一 「法学教室」 通号371 2011.8 p.79〜90

09397 地方自治の視点から見た「外国人地方参政権」 井上一之 李憲模 「中央学院大学社会システム研究所紀要」 2011.12 p.25〜41

09398 図解基礎法学講座 憲法 外国人の人権について 「Keisatsu jiho」 66（12） 2011.12 p.62〜65

09399 移民統合政策指数（MIPEX）と日本の法的課題 近藤敦 「名城法学」 62（1） 2012 p.77〜107

09400 多文化主義と人権 ：法哲学から憲法学を見る（特集 人権の現代的課題—秋季研究集会） 浦山聖子 「憲法問題」（23） 2012 p.80〜87

09401 無権利のまま監視される外国人 ：改定入管法と在日外国人（特集 日本はアジアとどう向き合うか） 佐藤信行 「アジェンダ ：未来への課題」（38） 2012.秋 p.41〜48

09402 「行動する保守」の論理（2）外国人参政権に反対するβ氏の場合 樋口直人 「徳島大学地域科学研究」 1 2012.2 p.83〜91

09403 「行動する保守」の論理（2）－外国人参政権に反対するβ氏の場合（研究ノート） 樋口直人 「徳島大学地域科学研究」 1 2012.02

09404 在外国民国政参政権と在日朝鮮人の国籍をめぐる政治 金泰植 「マテシス・ウニウェルサリス」 13（2） 2012.3 p.95〜116

09405 外国判例紹介 学校における持ち物検査の合憲性 ：Safford Unified School District #1 v. Redding, 557 U.S. _, 129 S. Ct. 2633（2009） 大野正博 「朝日法学論集」（42） 2012.3 p.69〜96

09406 改定入管法と外国人 ：包囲され監視される在日外国人（特集 新たな外国人管理法制を問う） 佐藤信行 「部落解放」（663） 2012.6 p.21〜30

09407 「多文化共生社会」における登録制度・本人確認のあり方（特集 新たな外国人管理法制を問う） 近藤敦 「部落解放」（663） 2012.6 p.47〜55

09408 在日韓国人の参政権運動(特集 外国人の権利保障) 賈鍾壽 「人権21：調査と研究」 2012.8 p.11〜17

09409 外国人の定住受入れ：安全保障化と人権保障の交錯(特集 日本移民政策の転換点？：2009年入管法改正をめぐって) 阿部浩己 「法律時報」 84(12)通号1053 2012.11 p.28〜33

09410 在日朝鮮人への差別問題と共生に向けての提言(特集 マイノリティとマジョリティの共生を目指して) 朴三石 「法と民主主義」 (473) 2012.11 p.10〜13

09411 外国人に対する在留特別許可における親子関係を維持・形成する利益：近年の3判決を素材として[大阪高裁平成20.5.28判決, 東京地裁平成22.1.22判決, 名古屋高裁平成22.12.9判決] 坂東雄介 「札幌学院法学」 29(1) 2012.12 p.93〜167

09412 日本の戦後体制と在日朝鮮人：参政権の「停止」と日本国憲法の制定過程をめぐって(特集 在日と戦後処理(2)) 水野直樹 「戦争責任研究」 (80) 2013.夏季 p.10〜17

09413 外国人の公務就任権に関する予備的考察：外国人の人権享有主体性についての一試論 高乗智之 「高岡法学」 (31) 2013.3 p.67〜88

09414 東日本大震災と外国人(災害時に社会的弱者とキリスト教はどうかかわるのか) 佐藤信行 「富坂キリスト教センター紀要」 (3) 2013.3 p.49〜55

09415 外国人参政権問題と日本の安全保障 濱口和久 「ジャパニズム」 12 2013.4 p.118〜121

09416 外国人の人権享有に関する「国民説」の再評価(長尾一紘先生古稀記念論文集) 加藤隆之 「法学新報」 120(1・2) 2013.6 p.57〜106

09417 外国人の公務就任権をめぐる一般永住者と特別永住者(東條隆進教授・中野忠教授・佐藤紘光教授古稀記念号) 後藤光男 「早稲田社会科学総合研究」 14(1) 2013.7 p.45〜64

09418 新 わたしと憲法シリーズ 山本愛：多文化共生社会づくりに尽力する在住外国人支援者 憲法97条には国によって人権を踏み躙られてきた人たちの叫びみたいなものが反映されている 山本愛 「金曜日」 21(40)通号981 2013.10.18 p.18

09419 外国人の退去強制と仮の権利救済(1)平成16年行政事件訴訟法改正以降の動向を中心として 坂東雄介 「札幌学院法学」 30(1) 2013.11 p.107〜147

09420 「国際貢献」を理由とした職業選択の自由の剥奪(特集 外国人研修・技能実習制度問題) 小川浩一 「労働法律旬報」 2013.12.下旬 p.26〜35

09421 外国人の社会権と国際人権条約 後藤光男 「早稲田社会科学総合研究」 14(2) 2013.

12 p.25〜52

09422 在日韓国・朝鮮人の選挙投票権の選択・登録制度の可能性：韓国における在外国民選挙の動向をふまえて 高希麗 「法学ジャーナル」 (89) 2013.12 p.131〜219

09423 座談会 今こそ立場をこえて憲法を語ろう(特集 日本国憲法と在日コリアン) 崔宏基 呉哲 大石喜美恵[他] 「Sai」 71 2014. Sum.・Aut. p.22〜29

09424 定住外国人の政治参加をめぐる問題についての憲法学的考察：参政権アプローチの限界と国籍取得アプローチの可能性について 大江一平 「総合教育センター紀要」 (34) 2014 p.63〜85

09425 日本国憲法と定住外国人の選挙権・再考：テーマ 「日本国憲法と在日コリアン」 に寄せて(特集 日本国憲法と在日コリアン) 根森健 「Sai」 71 2014.Sum.・Aut. p.8〜13

09426 見えなくされている人びと：在日外国人被災者(第三回東日本大震災国際神学シンポジウム一分科会 在留外国人と震災) 佐藤信行 「聖学院大学総合研究所紀要」 (58) 2014 p.110〜113

09427 講演 アジアと向き合うことの意味(上)憲法問題に対する一在日朝鮮人の発言 徐京植 「詩人会議」 52(1)通号616 2014.1 p.66〜84

09428 講演 アジアと向き合うことの意味(下)憲法問題に対する一在日朝鮮人の発言 徐京植 「詩人会議」 52(2)通号617 2014.2 p.94〜101

09429 外国人の公務就任権と主権問題 高乗智之 「高岡法学」 (32) 2014.3 p.51〜79

09430 外国人の退去強制と仮の権利救済(2)平成16年行政事件訴訟法改正以降の動向を中心として(吉川日出男教授 退職記念号) 坂東雄介 「札幌学院法学」 30(2) 2014.3 p.225〜252

09431 在日外国人の法的地位をめぐる問題(特集 日本のなかの外国人) 近藤敦 「都市問題」 105(5) 2014.5 p.79〜86

09432 条例による外国人地方選挙権付与の合憲性(常田稔教授古稀記念号) 後藤光男 「早稲田社会科学総合研究」 15(1) 2014.7 p.43〜58

09433 外国人の公務就任資格：東京都管理職選考試験受験資格確認等請求事件を中心に[最高裁大法廷平成17.1.26判決](蜷川親繼先生誕生100周年記念号) 村松伸治 「柏樹論叢」 (12) 2014.12 p.25〜53

09434 外国人の選挙権・被選挙権 後藤光男 「早稲田社会科学総合研究」 15(2) 2014.12 p.65〜86

09435 授業実践報告 「在外外国人」の人権？ 安念潤司 「中央ロー・ジャーナル」 11(3)通号41 2014.12 p.103〜123

09436 多文化共生施策をめぐる課題：豊田市及

び静岡県を具体例として　築山欣央　大沢秀介「愛知学泉大学現代マネジメント学部紀要」3（1）　2014.12　p.25〜42

09437　移民政策の制約根拠としての人権と比例原則 ：「融合的保障」による憲法と人権条約の整合性　近藤敦「国際人権 ： 国際人権法学会報」（26）　2015　p.9〜14

09438　多文化家族への支援に向けて ： 概要と調査報告　佐竹眞明　金愛慶　近藤敦［他］「名古屋学院大学論集. 社会科学篇」51（4）　2015　p.49〜84

09439　外国人の生活保護訴訟 ： 外国人は日本社会の構成員ではないのか［最高裁第二小法廷2014.7.18判決］（特集 最高裁判決2014 ： 弁護士が語る）　瀬戸久夫「法学セミナー」60（2）通号721　2015.2　p.19〜22

09440　外国人の公務就任をめぐる法的問題　高乗智之「高岡法学」（33）　2015.3　p.1〜23

09441　授業実践報告 基本権の効力範囲について ： 安念潤司「『在外外国人』の人権？」へのコメント　工藤達朗「中央ロー・ジャーナル」11（4）通号42　2015.3　p.89〜93

09442　労働組合と外国人の政治活動資金規制に関する憲法学的考察　辻雄一郎「大東ロージャーナル」（11）　2015.3　p.15〜45

09443　外国人の生存権 ： 最高裁2014年判決を中心として［2014.7.18］（特集 人権の調整と調和）　森川清「月報司法書士」（519）　2015.5　p.22〜29

09444　民主党政権下での外国人参政権をめぐる政治 ： 東アジアという桎梏　樋口直人　徳島大学総合科学部［編］「社会科学研究」（29）　2015.12　p.99〜129

◆子ども・未成年者

【雑誌】

09445　子どもを大切にする視点で、保育・子育て提言をまとめる（静岡市）（特集 憲法を職場・地域にいかす）　髙田朋代「住民と自治」通号517　2006.5　p.30〜33

09446　埼玉県放課後児童クラブ運営基準で子もの放課後を保障する（特集 憲法を職場・地域にいかす）　小峰弘明「住民と自治」通号517　2006.5　p.34〜37

09447　憲法と少年法・児童福祉法──少年非行とりわけ触法と子どもの権利を巡って　加藤暢夫「司法福祉学研究」（7）　2007　p.82〜95

09448　青少年保護と有害図書規制条例　加藤隆之「青森法政論叢」（8）　2007　p.1〜26

09449　「第3次いじめ注目期」にあたり、子どもの人権問題としていじめを考える（特集 法科大学院における実践的憲法教育）　瀬戸則夫「関

西大学大学院法務研究科法科大学院ジャーナル」（2）　2007.3　p.29〜34

09450　憲法を守る運動とともに、子どもと教育を国民の手に──教育改悪3法案のもつ問題点　本田久美子「平和運動」（442）　2007.7　p.24〜

09451　親の権利・子どもの自由・国家の関与（10・完）憲法理論と民法理論の統合的理解　横田光平「法学協会雑誌」125（11）　2008　p.2435〜2534

09452　表現の自由とネット規制法制──未成年者保護の在り方を考える（ネットジェネレーション──バーチャル空間で起こるリアルな問題──闇サイト・ネットいじめが蔓延するバーチャル版ムラ社会）　坂田仰「現代のエスプリ」（492）　2008.7　p.92〜100

09453　愛知県青少年保護育成条例における「自動販売機」定義の憲法問題 ： 憲法学の観点からの鑑定意見書［試稿］　小林武「愛知大学法学部法経論集」（179）　2008.11　p.151〜183

09454　子どもの人権と子の福祉　小嶋勇「日本大学法科大学院法務研究」（5）　2009.3　p.67〜79

09455　国際人権研究のフィールドを歩く（9）子どもの商業的性的搾取（CSEC）問題と日本　徳永恵美香「ヒューマンライツ」（254）　2009.5　p.49〜53

09456　基調報告 憲法学からみた生殖補助医療の問題（日本国憲法研究（4）生殖補助医療）　井上典之「ジュリスト」（1379）　2009.6.1　p.54〜67

09457　座談会（日本国憲法研究（4）生殖補助医療）　井上典之　窪田充見　長谷部恭男［他］「ジュリスト」（1379）　2009.6.1　p.68〜92

09458　子どもの交流権の強制執行──ドイツ連邦憲法裁判所2008年4月1日判決とその後　高橋大輔「筑波法政」（47）　2009.9　p.79〜93

09459　児童虐待──その現況と課題　林弘正「憲法論叢」（16）　2009.12　p.115〜152

09460　児童虐待防止法9条の3に基づく児童虐待強制立入調査と令状主義──合衆国憲法修正4条の行政調査への適用を手がかりに　山本未来「愛知大学法学部法経論集」（183）　2009.12　p.1〜62

09461　人権啓発の60年〈明日への指針〉　石井忠雄「民事法情報 ： 総合情報検索誌」279　2009.12

09462　公開シンポジウム 子どもの良心の自由と教育　西原博史　関西教育学会編「関西教育学会年報」（34）　2010　p.181〜195

09463　子どもの公正概念発達論にもとづく立憲主義道徳学習 ： 米国キャラクター・エデュケーション教材を手がかりに（設立総会・第1回学術大会 ： 2010年9月5日（日）─第1分科会（小

学校・中学校）） 中原朋生 「法と教育 ： an official journal of the Japan Society for Law and Education」 1 2010 p.8〜18

09464 子どもの自己決定と憲法(1)米・台・日における子どもの人権・権利論の分析・比較 宋峻杰 「北大法学論集」 61(1) 2010 p.496〜435

09465 子ども研究 男女差の理解と個人の尊重を子育てに 竹下秀子 「チャイルド・サイエンス ：子ども学」 6 2010.3 p.5〜7

09466 疾走するコラムニスト・勝谷誠彦のニュースバカ一代〔376〕青少年健全育成条例改悪案の巻—「非実在青少年」なる珍奇な用語で表現の自由を脅かす "不健全" な検閲都市 勝谷誠彦 「Spa！」 59(14)通号3223 2010.3.30 p.5

09467 国連・子どもの権利条約とは何か——現代的および歴史的意義を考える(特集 憲法の理念を実現するために) 喜多明人 「月報司法書士」 (459) 2010.5 p.9〜14

09468 東京都青少年健全育成条例改正案から生まれた "非実在青少年" をめぐる表現の自由にいよいよ決着の時が！(出版ニュースクリップ) 河村道子[取材・文] 「ダ・ヴィンチ」 17(8)通号196 2010.8 p.42

09469 子どもの自己決定と憲法(2)米・台・日における子どもの人権・権利論の分析・比較 宋峻杰 「北大法学論集」 62(3) 2011 p.604〜546

09470 子どもの自己決定と憲法(3)米・台・日における子どもの人権・権利論の分析・比較 宋峻然 「北大法学論集」 62(4) 2011 p.982〜916

09471 「青少年有害情報」と民事責任(特集 ネットワーク社会における青少年保護 第35回法とコンピュータ学会研究会報告) 丸橋透 「法とコンピュータ」 (29) 2011.7 p.65〜81

09472 国際養子縁組をめぐる世界の動向と日本の課題 床谷文雄 清末愛砂 梅澤彩 「戸籍時報」 (674) 2011.10 p.2〜23

09473 子どもの人権保障の視点から見た人権教育・啓発基本計画(特集 人権教育・啓発「基本計画」の全面改定構想) 住友剛 「部落解放研究 ： 部落解放・人権研究所紀要」 (193) 2011.11 p.25〜31

09474 子どもの「無縁社会」 ： 止まらない子どもの貧困(特集 現代の貧困と生きる権利) 山野良一 「人権と部落問題」 63(13)通号822 2011.11 p.22〜27

09475 「子ども・子育て新システム」により、保育制度はどうなるか？(「子どもの生存権」について考える) 吉冨利子 あごら新宿編 「あごら」 (332) 2012.1 p.69〜75

09476 子どもの権利条約と表現の自由・情報を受け取る権利(短期共同研究プロジェクト 子ども

もの権利条約の20年 ： 施行と権利保障) 吉田仁美 「ジュリスコンサルタス」 (21) 2012.1 p.217〜231

09477 実践記録/小学校 「3・11」つながり合って生きる ： 憲法と震災・原発(特集 東日本大震災と子どもたち) 西村美智子 「歴史地理教育」 (786) 2012.3 p.32〜37

09478 青少年健全育成条例による有害図書類規制についての覚書(初宿・位田教授退職記念号) 曽我部真裕 「法学論叢」 170(4-6) 2012.3 p.499〜514

09479 福島の子ども医療費無料化を求める緊急アクション(特集 憲法とジェンダーの視点でひろがる「発信＆行動」—ひろがる共同) 「女性＆運動」 (206)通号357 2012.5 p.25〜27

09480 保育制度・政策の動向 自民新システム「採用せず」/法案の先行き不透明 ： 憲法89条違反の疑義ある、公私連携型総合こども園 「保育情報」 (427) 2012.6 p.2〜5

09481 児童虐待と憲法による「子どもの人権」保障に関する一考察 ： 合衆国憲法判例DeShaney判決の検討を中心として 高木詠子 「創価大学大学院紀要」 35 2013年度 p.45〜61

09482 憲法から取り残される子どもたち ： 学校歯科医療調査結果報告(2013年権利討論集会特集号—第6分科会 新自由主義と改憲問題) 戸井逸美 「民主法律」 (290) 2013.2 p.129〜131

09483 憲法の条理にもとづく教育の推進のために(2013年権利討論集会特集号—第6分科会 新自由主義と改憲問題) 末光章浩 「民主法律」 (290) 2013.2 p.131〜133

09484 親の教育権と子どもの権利保障(東條隆進教授・中野忠教授・佐藤紘光教授古稀記念号) 西原博史 「早稲田社会科学総合研究」 14(1) 2013.7 p.65〜75

09485 憲法改悪と教育 子どもの生活のなかに、平和的生存権の確立を ： 憲法改悪に対抗する教育(特集 子どもと語り合う憲法) 佐貫浩 「クレスコ」 13(7)通号148 2013.7 p.16〜19

09486 子どもも読める憲法本(憲法 特別編集 ： あなたにも責任がある 知らなかったじゃすまされない) 伊藤氏貴 「金曜日」 21(26)通号967(臨増) 2013.7.9 p.35

09487 学校警察連携協定の法的性質に関する一考察 中川登志男 「専修法研論集 ： 専修大学大学院紀要」 (53) 2013.9 p.1〜22

09488 関係的権利論による子どもの人権論の再構成 大西健司 「一橋法学」 12(3) 2013.11 p.1233〜1287

09489 親子で憲法を読もう(特集 受けとめよう、子どものつぶやき) 金子眞 「子どものしあわせ ： 母と教師を結ぶ雑誌」 (754) 2013.12 p.26〜36

基本的人権/憲法上の保障　　　　　　　　　　　　　　　　　　　　　　　　　　　　　　人権総論

09490　東京都青少年健全育成条例による不健全
図書の規制 ： 「青少年の性に関する人格形成
への悪影響の排除」をめぐって（藤井和香教授
退職記念）　松井直之「立教法務研究」（7）
2014　p.297〜319

09491　子どもにとっての憲法「改正」　長尾詩
子「子どものしあわせ ： 母と教師を結ぶ雑誌」
（755）　2014.1　p.21〜24

09492　いじめ判決書で学ぶ人権（特集 改憲空間
と教育の責任）　新福悦郎「教育」（817）
2014.2　p.40〜46

09493　いま、大阪の教育現場で起きていること
（2014年権利討論集会特集号─第6分科会 子ど
もの未来どうなっちゃうの？ 憲法・教育の改
悪を止めろ！）　平井美津子「民主法律」
（293）　2014.2　p.123〜125

09494　今こそ『園設立に託した想い』を大切に
「子どもの権利条約」を地域の生活に根づけ、日
本国憲法を守る（特集 私たちの保育と新制度）
安部富士男「季刊保育問題研究」（265）
2014.2　p.48〜57

09495　憲法と教育の条理にもとづいて、子ども
の成長・発達を保障するために 学校現場で生じ
ている問題について（2014年権利討論集会特集
号─第6分科会 子どもの未来どうなっちゃう
の？ 憲法・教育の改悪を止めろ！）　末光章浩
「民主法律」（293）　2014.2　p.117〜122

09496　児童の権利委員会及び国際人権規約委員
会の最終見解から日本の子どもの権利状況を考
える　阪本孝志「大阪体育大学紀要」　2014.3
p.37〜51

09497　子どもの権利保障としての「子どもの貧
困対策」（特集 社会運動と憲法 ： 市民自治から
憲法をとらえなおす）　湯澤直美「社会運動」
（408）　2014.3　p.40〜42

09498　子どもの年齢と法（1）（大阪市立大学法学
部 創立六〇周年記念号（下））　米沢広一「法
学雑誌」60（3・4）　2014.3　p.1412〜1385

09499　マッキーの共育讃歌（26）ひびき合いの憲
法トーク　山本万喜雄「子どものしあわせ ：
母と教師を結ぶ雑誌」（759）　2014.5　p.50〜
53

09500　高校実践 高校生と「子どもの権利条約」
： 権利の主体者を育てる授業を創る（特集 国民
の人権と子どもの将来 ： 憲法「改正」は何を
ねらっているか）　若月温美「家教連家庭科研
究」（318）　2014.6　p.22〜27

09501　子どもの権利を尊重する二つの記念日：
「六・一国際子どもデー」と「一一・二〇世界子
どもの日」（特集 憲法9条を守って、平和を）
高栄光男「子どものしあわせ ： 母と教師を結
ぶ雑誌」（762）　2014.8　p.17〜22

09502　二〇一四年度日本子どもを守る会 運動方
針 憲法九条を守って、今 地球の平和と子ども

の人権の尊さを訴えます（特集 憲法9条を守っ
て、平和を）「子どものしあわせ ： 母と教師
を結ぶ雑誌」（762）　2014.8　p.23〜26

09503　日本子どもを守る会第六二回総会アピー
ル（特集 憲法9条を守って、平和を）「子ども
のしあわせ ： 母と教師を結ぶ雑誌」（762）
2014.8　p.27〜29

09504　子どもの年齢と法（2）（平岡久教授 退任
惜別記念号）　米沢広一「法学雑誌」61（1・
2）　2014.12　p.486〜460

09505　児童ポルノに関する国際的規律と子ども
の権利 ： 国際人権法の観点から見た日本の児
童ポルノ対策　佐藤幸「北大法政ジャーナル」
（21・22）　2015　p.75〜109

09506　憲法・子どもの権利条約にもとづく教育
を ： 安倍政権の「教育再生」批判（特集 子ど
もたちに平和な未来とゆたかな教育を）　中村
尚史「女性＆運動」（241）通号392　2015.4
p.10〜13

09507　子どものしあわせと人権に寄り添って 自
由、正義、平和の基礎をなす「子どもの人権」
（創刊500号記念特集 憲法の危機に抗しつづけ
て─平和・民主主義・人権闘争のバトンを引き
継いで）　津田玄児「法と民主主義」（500・
501）　2015.7-9　p.82〜84

09508　子どもの年齢と法（3）　米沢広一「法学
雑誌」61（3）　2015.9　p.810〜788

09509　身柄を取られないために（特集 高校生の
ための憲法学入門）　西村裕一「法学セミ
ナー」60（10）通号729　2015.10　p.24〜27

◆国際人権

【図書】

09510　国際人権規範の形成と展開　芹田健太郎,
棟居快行, 薬師寺公まさ, 坂元茂樹編集代表　信山
社　2006.11　534p　23cm　〈講座国際人権法
2〉〈国際人権法学会15周年記念〉　12800円
①4-7972-1682-4　Ⓝ329.21　芹田健太郎　棟居
快行　薬師寺公夫

09511　国際人権法と憲法　芹田健太郎, 棟居快
行, 薬師寺公夫, 坂元茂樹編集代表　信山社
2006.11　436p　23cm　〈講座国際人権法 1〉
〈国際人権法学会15周年記念〉　11000円　①4-
7972-1681-6　Ⓝ329.21　芹田健太郎　棟居快行
薬師寺公夫

09512　国際人権入門　横田洋三編, 富田麻理, 滝
澤美佐子, 望月康恵, 吉村祥子著　京都 法律文
化社　2008.4　245p　21cm　〈他言語標題：
Introduction to "international human rights"〉
〈文献あり〉　2600円　①978-4-589-03077-1
Ⓝ329.21　富田麻理　滝澤美佐子　望月康恵
吉村祥子　横田洋三

09513　ブリッジブック国際人権法　芹田健太郎,

薬師寺公夫, 坂元茂樹著　信山社出版　2008.11
259p　19cm　（ブリッジブックシリーズ）
〈年表あり〉　2500円　Ⓘ978-4-7972-2327-9
Ⓝ329.21　芹田健太郎　薬師寺公夫　坂元茂樹

09514　兵役拒否の人権化は世界の流れ―国際人
権法・憲法からみる　渡辺久丸著　京都　文理
閣　2009.11　223p　21cm　2500円　Ⓘ978-4-
89259-611-7　Ⓝ393.25　渡辺久丸

09515　講座国際人権法　3　国際人権法の国内的
実施　芹田健太郎, 戸波江二, 棟居快行, 薬師寺
公夫, 坂元茂樹編　信山社　2011.3　422p
22cm　〈国際人権法学会20周年記念〉　11000円
Ⓘ978-4-7972-1683-7　Ⓝ329.21　芹田健太郎
戸波江二　棟居快行

09516　講座国際人権法　4　国際人権法の国際的
実施　芹田健太郎, 戸波江二, 棟居快行, 薬師寺
公夫, 坂元茂樹編　信山社　2011.3　516p
22cm　〈国際人権法学会20周年記念〉　12800円
Ⓘ978-4-7972-1684-4　Ⓝ329.21　芹田健太郎
戸波江二　棟居快行

09517　国際人権法　1　芹田健太郎著　信山社
2011.4　204, 4p　20cm　（信山社全書）　〈索
引あり〉　3200円　Ⓘ978-4-7972-1721-6
Ⓝ329.21　芹田健太郎

09518　国際人権条約と個人通報制度　近畿弁護
士会連合会人権擁護委員会国際人権部会大阪弁
護士会選択議定書批准推進協議会編　日本評論
社　2012.4　219p　21cm　〈他言語標題：
International Human Rights Treaties and
Individual Communication Procedures〉　2800
円　Ⓘ978-4-535-51888-9　Ⓝ329.21　近畿弁護
士会連合会人権擁護委員会国際人権部会大阪弁
護士会選択議定書批准推進協議会

09519　国際人権入門　横田洋三編, 富田麻理, 滝
澤美佐子, 望月康恵, 吉村祥子著　第2版　京都
法律文化社　2013.5　257p　21cm　〈他言語標
題：Introduction to ”International Human
Rights”〉　〈文献あり　索引あり〉　2700円
Ⓘ978-4-589-03514-1　Ⓝ329.21　富田麻理　滝
澤美佐子　望月康恵　吉村祥子　横田洋三

09520　国際人権を生きる　阿部浩己著　信山社
2014.7　347, 2p　19cm　〈索引あり〉　3600円
Ⓘ978-4-7972-3287-5　Ⓝ329.21　阿部浩己

09521　武力紛争における国際人権法と国際人道
法の交錯　高嶋陽子著　専修大学出版局　2015.
2　292p　22cm　〈他言語標題：The
Interaction between International Human
Rights Law and International Humanitarian
Law in Armed Conflicts〉　〈文献あり　索引あ
り〉　3200円　Ⓘ978-4-88125-294-9　Ⓝ329.21
高嶋陽子

【雑誌】

09522　スペイン国際人権法協会来日集会の報告
（特集 平和への権利－スペイン国際人権法協会
来日集会）　笹本潤　「Interjurist」　p.4～7

09523　カルロス・ビヤン＝デュラン教授の講演
（2011/12/3 名古屋集会にて）平和への権利の
法典化と市民社会（特集 平和への権利－スペイ
ン国際人権法協会来日集会）　カルロスビヤ
ン＝デュラン　「Interjurist」　p.8～10

09524　国際人権報告学習会　：　第1部 平和への権
利・国連人権理事会の報告（特集 平和への権利
作業部会第3会期）　高部優子　「Interjurist」
p.12～18

09525　平和への権利に関する名古屋宣言（特集
平和への権利－スペイン国際人権法協会来日集
会）　「Interjurist」　p.13～19

09526　第6回自由権規約政府報告審査に参加して
菅野亭一　「Interjurist」　p.22～25

09527　平和への権利に関する東京宣言（特集 平
和への権利－スペイン国際人権法協会来日集
会）　「Interjurist」　p.22～26

09528　2011年9月14日スペイン議会による平和へ
の権利支持決議（特集 平和への権利－スペイン
国際人権法協会来日集会）　黒田清彦【訳】
「Interjurist」　p.27～33

09529　国内問題 国際人権報告学習会　：　第2部
フィリピン移民問題を考える　高部優子
「Interjurist」　p.46～52

09530　国際人権法における触法精神障害者の強
制入院　田中康代　立命館大学法学会編　立命
館大学法学会　「立命館法学」　2009年（5・6）
通号327・328　p.1858～1879

09531　障害者の権利条約策定過程とNGOを通じ
た障害者の参画－障害学（ディスアビリティス
タディーズ）的観点から（特集 国際人権過程に
おけるNGO－その可能性と課題－人権条約起
草過程におけるNGO－障害者権利条約案を手
がかりとして）　長瀬修　国際人権法学会[編]
「国際人権：国際人権法学会報」　通号16　2005
p.8～17

09532　障害者の権利の国際的状況と国内法制へ
のインパクト（特集 国際人権過程における
NGO－その可能性と課題－人権条約起草過程に
おけるNGO－障害者権利条約案を手がかりと
して）　金政玉　国際人権法学会[編]　「国際人権
：国際人権法学会報」　通号16　2005　p.18～25

09533　女性差別撤廃条約とNGO－日本女性差別
撤廃条約NGOネットワーク（JNNC）の試み（特
集 国際人権過程におけるNGO－その可能性と
課題－人権条約実施過程におけるNGO－女性
差別撤廃条約を手がかりとして）　近江美保
国際人権法学会[編]　「国際人権：国際人権法
学会報」　通号16　2005　p.26～32

09534　国際人権の実施におけるNGOと日本政府
のパートナーシップ－その歴史, 構造そして課
題を検証する（特集 国際人権過程における
NGO－その可能性と課題－人権条約実施過程
におけるNGO－女性差別撤廃条約を手がかり
として）　上村英明　国際人権法学会[編]　「国

際人権 ：国際人権法学会報」 通号16 2005 p.38～42

09535 人権条約の効果的実現に向けて－NGOの可能性（特集 国際人権過程におけるNGO－その可能性と課題－人権条約実施過程におけるNGO－女性差別撤廃条約を手がかりとして）川眞田嘉壽子 国際人権法学会［編］「国際人権 ：国際人権法学会報」 通号16 2005 p.43～49

09536 NGOの民主的正統性（特集 国際人権過程におけるNGO－その可能性と課題－人権条約実施過程におけるNGO－女性差別撤廃条約を手がかりとして）君島東彦 国際人権法学会［編］「国際人権 ：国際人権法学会報」 通号16 2005 p.50～54

09537 座長コメント（特集 国際人権過程におけるNGO－その可能性と課題－人権条約実施過程におけるNGO－女性差別撤廃条約を手がかりとして）山下泰子 国際人権法学会［編］「国際人権 ：国際人権法学会報」 通号16 2005 p.55～57

09538 座長コメント－NGOの正統性を探る：国際人権実現過程における挑戦（特集 国際人権過程におけるNGO－その可能性と課題－人権条約実施過程におけるNGO－女性差別撤廃条約を手がかりとして）東澤靖 国際人権法学会［編］「国際人権 ：国際人権法学会報」 通号16 2005 p.58～60

09539 国際人権条約における社会権の権利性（特集 社会権の権利性－国際人権法の射程範囲）中井伊都子 国際人権法学会［編］「国際人権 ：国際人権法学会報」 通号16 2005 p.74～79

09540 コメント：社会権の権利性－国際人権法の射程範囲（特集 社会権の権利性－国際人権法の射程範囲）Shin Hae Bong 国際人権法学会［編］「国際人権 ：国際人権法学会報」 通号16 2005 p.92～96

09541 座長コメント（特集 社会権の権利性－国際人権法の射程範囲）江島晶子 国際人権法学会［編］「国際人権 ：国際人権法学会報」 通号16 2005 p.97～99

09542 国際人権法主要文献目録 大塚泰寿 国際人権法学会［編］「国際人権 ：国際人権法学会報」 通号16 2005 p.152～167

09543 はじめに（「国際人権センター」「地方自治センター」開設記念）郷田正萬 「神奈川大学法学研究所研究年報」 通号23 2005 巻頭1～3

09544 無国籍状態にある子どもの不就学の実態とその背景に関する研究－国際人権法の視点から 李節子 榎井縁 丹羽雅雄 「社会医学研究 ：日本社会医学会機関誌」 通号23 2005 p.9～22

09545 巻頭言 刑事政策研究者の夢？－グローバル時代の刑事政策と国際人権 石塚伸一 「矯正講座」（26）2005 巻頭1～5

09546 国際人権法と国際人道法－欧州人権裁判所の判決を通して 尹仁河 「聖学院大学総合研究所紀要」（35）2005 p.229～254

09547 はじめに（特集 レビュー論文－国際経済法・国際環境法・国際人権法）中川淳司 「社會科學研究 ：東京大学社会科学研究所紀要」 57（1）2005 p.1～7

09548 国際環境条約の実施をめぐる理論と現実（特集 レビュー論文－国際経済法・国際環境法・国際人権法）西村智朗 「社会科学研究 ：東京大学社会科学研究所紀要」 57（1）2005 p.39～62

09549 「国際環境法上の原則」の分析枠組（特集 レビュー論文－国際経済法・国際環境法・国際人権法）鶴田順 「社會科學研究 ：東京大学社会科学研究所紀要」 57（1）2005 p.63～81

09550 国際法学における「文化」－人権条約の研究動向に照らして（特集 レビュー論文－国際経済法・国際環境法・国際人権法）齋藤民徒 「社會科學研究 ：東京大学社会科学研究所紀要」 57（1）2005 p.83～112

09551 翻訳 フェルナンド・ド・ヴァレンヌ著「国際人権法と民族紛争」 Fernand de Varennes 町井和朗【訳】「大東法学」 15（1）通号46 2005.1 p.225～239

09552 グローバリゼーションと国際人権法（特集＝国際人権法から見たグローバリゼーション）阿部浩己 「法律時報」 77（1）通号952 2005.1 p.5～11

09553 世界銀行の活動と国際人権（特集＝国際人権法から見たグローバリゼーション）桐山孝信 「法律時報」 77（1）通号952 2005.1 p.12～18

09554 グローバル市場と人権－問題の所在と解決の潜在力（特集＝国際人権法から見たグローバリゼーション）川村暁雄 「法律時報」 77（1）通号952 2005.1 p.19～24

09555 資料1＝国連「グローバル・コンパクト」の一〇原則 資料2＝「経済的・社会的・文化的権利 人権に関する多国籍企業および他の企業の責任に関する規範」についての注釈（特集＝国際人権法から見たグローバリゼーション）日弁連【訳】「法律時報」 77（1）通号952 2005.1 p.27～38

09556 グローバリゼーションと児童労働－国際条約と企業の社会的責任（特集＝国際人権法から見たグローバリゼーション）白木朋子 「法律時報」 77（1）通号952 2005.1 p.39～45

09557 グローバリゼーションと人の移動－国境の風景はどう変わりつつあるのか（特集＝国際人権法から見たグローバリゼーション）土佐弘之 「法律時報」 77（1）通号952 2005.1 p.46～51

09558 世界社会フォーラムとは何か（特集＝国際

人権法から見たグローバリゼーション）　北沢
洋子　「法律時報」　77（1）通号952　2005.1　p.
52～57

09559　「健康権（the right to health）」の国際社
会における現代的意義－国際人権規約委員会の
「一般的意見第14」を参照に　棟居（椎野）徳子
「社会環境研究」　（10）　2005.3　p.61～75

09560　国際人権（自由権）規約第1選択議定書の
締結（批准）問題（国際人権法政策研究所第1回
研究会）　本岡昭次　戸塚悦朗　「国際人権法政
策研究」　1（1）　2005.5　p.9～18

09561　講演 人権の国際基準実現の具体策－自由
人権規約第一選択議定書比准実現へ向けて（国
際人権法政策研究所第1回研究会）　安藤仁介
「国際人権法政策研究」　1（1）　2005.5　p.19～
28

09562　国連ウェブサイトの日本語化問題解説（国
際人権法政策研究所第2回研究会）　本岡昭次
戸塚悦朗　「国際人権法政策研究」　1（1）　2005.
5　p.30～35

09563　講演 国連のウェブサイトを日本語化する
ことは可能か〔含 質疑応答〕（国際人権法政策
研究所第2回研究会）　猪又忠徳　「国際人権法
政策研究」　1（1）　2005.5　p.36～57

09564　法の政治学とイラク侵攻（第I部 国際人権
法と国際人道法の交錯）　ステュワートゴード
ン　岡田仁子　アジア・太平洋人権情報セン
ター　「『国際人権法と国際人道法の交錯』（アジ
ア・太平洋人権レビュー 2005）」　2005.6　p.8
～

09565　人道法と人権法の交錯と融合（第I部 国際
人権法と国際人道法の交錯）　北村泰三　アジ
ア・太平洋人権情報センター　「『国際人権法と
国際人道法の交錯』（アジア・太平洋人権レ
ビュー 2005）」　2005.6　p.25～

09566　9・11後の「対テロ戦争」における被抑留
者の法的地位（第I部 国際人権法と国際人道法
の交錯－国別・テーマ別報告）　新井京　アジ
ア・太平洋人権情報センター　「『国際人権法と
国際人道法の交錯』（アジア・太平洋人権レ
ビュー 2005）」　2005.6　p.41～

09567　東ティモール紛争後の現場から（第I部 国
際人権法と国際人道法の交錯－国別・テーマ別
報告）　松野明久　アジア・太平洋人権情報セ
ンター　「『国際人権法と国際人道法の交錯』（ア
ジア・太平洋人権レビュー 2005）」　2005.6
p.67～

09568　国際難民法と大量難民（第I部 国際人権法
と国際人道法の交錯－国別・テーマ別報告）
工藤正樹　アジア・太平洋人権情報センター
「『国際人権法と国際人道法の交錯』（アジア・太
平洋人権レビュー 2005）」　2005.6　p.80～

09569　学術の課題 国際人権ネットワーク第7回
隔年総会報告－人権問題にどう取り組むのか
戒能通厚　「学術の動向：SCJフォーラム」　10

（9）通号114　2005.9　p.82～85

09570　国際人権保障と国際的な刑事統制－国際
制度と国内制度の交錯・対立・融合（特集1 国
際制度と国内制度の交錯と相互浸透－人権）
寺谷広司　「ジュリスト」　（1299）　2005.10.15
p.31～42

09571　座談会 国際人権救済申立手続の現在（特
集 国際人権救済申立手続の現在）　足木孝 安
藤仁介　寺中誠【他】　「法律時報」　77（12）通
号963　2005.11　p.4～24

09572　「司法権の独立」と個人通報－裁判官の独
立の射程範囲と国際人権保障（特集 国際人権救
済申立手続の現在）　江島晶子　「法律時報」　77
（12）通号963　2005.11　p.25～30

09573　自由権規約実施過程における個人通報審
査手続きの実相（特集 国際人権救済申立手続の
現在）　徳川信治　「法律時報」　77（12）通号963
2005.11　p.31～36

09574　人種差別撤廃条約（特集 国際人権救済申
立手続の現在）　村上正直　「法律時報」　77
（12）通号963　2005.11　p.37～41

09575　拷問等禁止条約の個人通報手続（特集 国
際人権救済申立手続の現在）　今井直　「法律時
報」　77（12）通号963　2005.11　p.42～48

09576　社会権規約の実施と個人通報手続－選択
議定書の起草をめぐる議論（特集 国際人権救済
申立手続の現在）　申惠ホウ　「法律時報」　77
（12）通号963　2005.11　p.56～60

09577　国連人権委員会の特別手続（特集 国際人
権救済申立手続の現在）　戸塚悦朗　「法律時
報」　77（12）通号963　2005.11　p.61～66

09578　国際労働機関（ILO）（特集 国際人権救済
申立手続の現在）　吾郷眞一　「法律時報」　77
（12）通号963　2005.11　p.67～71

09579　対テロ戦争と国際人権法－グアンタナモ
の被拘束者に対する市民的および政治的権利に
関する国際規約（自由権規約）の適用可能性　熊
谷卓「広島法学」　29（2）通号107　2005.12　p.
81～116

09580　国際刑事裁判所の実務（4・完）国際人権
基準と弁護士の役割　東澤靖　現代人文社［編］
「刑事弁護」　（44）　2005.Win.　p.190～195

09581　国内の人権と国際人権－日本社会の議論
に何が欠けているか（特集 現代の思潮（2））　小
山内恒「社会主義」　（520）　2005.12　p.5～15

09582　「テロとの戦争」における国際人権法の役
割－人権法の機能的拡張　古谷修一　国際人権
法学会［編］「国際人権：国際人権法学会報」
通号17　2006　p.2～7

09583　国際人権法で何をはぐくむか－法科大学
院の人権法教育　東澤靖　国際人権法学会［編］
「国際人権：国際人権法学会報」　通号17　2006
p.8～14

基本的人権/憲法上の保障　　　　　　　　　　　　　　　　　　　　　　　　　　人権総論

09584　国際人権法主要文献目録　大塚泰寿　国際人権法学会［編］「国際人権：国際人権法学会報」通号17　2006　p.166～184

09585　国際人権規約「高等教育の漸進的無償化条項」の課題を考える－2006年6月末の日本国政府報告を前にして　高等教育研究会［編］「大学創造」(18)　2006　p.56～65

09586　国際人権法における健康権(the right to health)保障の現状と課題(第48回〔日本社会保障法学会〕大会)　棟居(椎野)德子　「社会保障法」(21)　2006　p.166～181

09587　国際人権条約における少数者問題の再検討　舟木和久　立命館大学法学会編　立命館大学法学会編「立命館法學」2006年(5)通号309　2006　p.1462～1522

09588　国際人権論の基本構造──憲法学の視点から(特集 人権とその保障──憲法と国際人権法)　高橋和之「国際人権：国際人権法学会報」通号17　2006　p.51～56

09589　座長コメント──人権とその保障・憲法と国際人権法総論(特集 人権とその保障──憲法と国際人権法)　薬師寺公夫「国際人権：国際人権法学会報」通号17　2006　p.63～65

09590　座長コメント(特集 人権とその保障──憲法と国際人権法)　山元一　村上正直「国際人権：国際人権法学会報」通号17　2006　p.66～68

09591　フォーラム 国際人権の私人間効力をめぐる憲法学者と国際法学者の議論の架橋の試み──国際人権法学会における高橋氏と大沼氏の議論に接して(特集 人権とその保障──憲法と国際人権法)　大谷美紀子「国際人権：国際人権法学会報」通号17　2006　p.69～71

09592　国際人権とジェンダー(特集 ジェンダーの視座から法と政策を問い直す)　山下泰子「法律時報」78(1)通号965　2006.1　p.30～35

09593　自由権規約個人通報手続における相対主義と普遍主義の法的攻防(III グローバル化する世界における個人の保護と責任)　薬師寺公夫　松井芳郎　木棚照一　薬師寺公夫　山形英郎『「グローバル化する世界と法の課題 平和・人権・経済を手がかりに』』　2006.3　p.291～

09594　多国籍企業の海外投資活動と国際人権保障　武藤和実「明治学院大学法科大学院ローレビュー」2(4)　2006.3　p.27～38

09595　国際人権法における健康権の履行－その現状と課題　棟居(椎野)德子「社会環境研究」(11)　2006.3　p.101～110

09596　国際人権法における人権条約実施措置の今日的展開(統一テーマ「現代国際法の動態分析」)　佐藤文夫「世界法年報」(25)　2006.3　p.92～116

09597　カナダ憲法における先住民の権利に関する考察　河北洋介「東北法学」27　2006.3

09598　国際人権法政策研究所第4回研究会 講演/規約人権委員会勧告とその実施状況──EU憲法から学ぶ〔含 質疑応答〕　永野貫太郎「国際人権法政策研究」2(1)　2006.3　p.39～52

09599　国際人権法ワールドレポート(1)国際人権法のフィールド－国境を越える法律家たち　伊藤和子「法学セミナー」51(4)通号616　2006.4　p.54～57

09600　インタビュー 寺沢勝子さんにきく 女性差別撤廃条約の取り組みと運動－国際人権条約の到達をふまえ障害者権利条約を実効あるものに　寺沢勝子「障害者問題研究」34(1)通号125　2006.5　p.42～45

09601　最新判例批評(35)上陸を禁止された外国人に対する不法行為責任の所在と国際人権法の適用可能性(東京地判平成16.10.14)(判例評論(第567号))　阿部浩己「判例時報」(1921)　2006.5.1　p.164～168

09602　知的財産法における国際人権法の位相－「健康に対する権利」を題材として　末吉洋文「帝塚山法学」(12)　2006.6　p.354～314

09603　ロー・クラス 国際人権法ワールドレポート(2)国際人権法のなりたち－基本条約と実施メカニズム　伊藤和子「法学セミナー」51(6)通号618　2006.6　p.56～60

09604　国際人権法ワールドレポート(3)国際刑事裁判所－紛争後社会での法律家の役割　伊藤和子「法学セミナー」51(8)通号620　2006.8　p.104～108

09605　東京朝鮮第二初級学校土地問題裁判 意見書(1)国際人権法から見た原告請求の問題点　元百合子　統一評論新社［編］「統一評論」(490)　2006.8　p.70～80

09606　東京朝鮮第二初級学校土地問題裁判 意見書(2)国際人権法から見た原告請求の問題点　元百合子　統一評論新社［編］「統一評論」(491)　2006.9　p.81～92

09607　高等教育と学費問題－日本による国際人権(社会権)規約13条違反について　戸塚悦朗「国際人権法政策研究」2(2)　2006.11　p.23～37

09608　自由権規約における死刑と社会復帰〔翻訳〔ギーセン・コロキウム〕死刑をめぐる議論－ヨーロッパと日本の立場)　福島至「龍谷法学」2006.12　p.438～440

09609　裁判規範としての国際人権法－司法による国際人権法の実現に向けて　東澤靖「明治学院大学法科大学院ローレビュー」(5)　2006.12　p.25～35

09610　犯罪人引渡制度の歴史的発展と今日の国際的動向－国際刑事司法共助と国際人権法の一断面　柳川昭二「明治学院大学法科大学院ローレビュー」(5)　2006.12　p.37～47

09611　ロー・クラス 国際人権法ワールドレポー

〔09584～09611〕　　　　　　　　　　　　　　　憲法改正 最新文献目録　357

ト(5)武力紛争・緊急事態と国際人権法−紛争下での人権保障 「法学セミナー」 51(12)通号624 2006.12 p.36〜40

09612 社会内処遇措置のための国連最低基準規則(東京ルール)について(特集3 非拘禁処分(社会内処遇措置)に関する国際人権基準) 田鎖麻衣子 「自由と正義」 57(12)通号695 2006.12 p.119〜123

09613 社会内処遇措置のための国際連合最低基準規則(東京ルール)(特集3 非拘禁処分(社会内処遇措置)に関する国際人権基準) 日本弁護士連合会【訳】 「自由と正義」 57(12)通号695 2006.12 p.146〜139

09614 欧州評議会における社会内処遇に関する国際人権基準の発展(特集3 非拘禁処分(社会内処遇措置)に関する国際人権基準) 海渡雄一 「自由と正義」 57(12)通号695 2006.12 p.124〜138

09615 アジア太平洋地域の大学院における人権研究・教育の動向−国際人権修士プログラムの意義 阿久澤麻理子 兵庫県立大学環境人間学部編 兵庫県立大学環境人間学部「兵庫県立大学環境人間学部研究報告」(9) 2007 p.39〜49

09616 人権理事会の発足の経緯と現状(国際人権機関の現況) 木村徹也 国際人権法学会[編]「国際人権：国際人権法学会報」 通号18 2007 p.103〜106

09617 人権小委員会からみた人権理事会(国際人権機関の現況) 林陽子 国際人権法学会[編]「国際人権：国際人権法学会報」 通号18 2007 p.107〜109

09618 人権理事会の発足−条約人権委員会から見た人権理事会(国際人権機関の現況) 安藤仁介 国際人権法学会[編]「国際人権：国際人権法学会報」 通号18 2007 p.110〜113

09619 国連改革過程における人権理事会の役割−NGOの視点から(国際人権機関の現況) 上村英明 国際人権法学会[編]「国際人権：国際人権法学会報」 通号18 2007 p.114〜118

09620 国際人権法主要文献目録 大塚泰寿 国際人権法学会[編]「国際人権：国際人権法学会報」 通号18 2007 p.155〜173

09621 先住民族の権利−事前の自由なインフォームド・コンセント原則との関連で 苑原俊明 「国立民族学博物館研究報告」 32(1) 2007 p.63〜85

09622 在日韓国・朝鮮人高齢者年金訴訟と国際人権法 阿部浩己 「神奈川法学」 40(1) 2007 p.185〜220

09623 ロー・クラス 国際人権法ワールドレポート(10)平和構築とトランジショナル・ジャスティス(2) 伊藤和子 「法学セミナー」 52(10)通号634 2007.1 p.62〜66

09624 ロー・クラス 国際人権法ワールドレポート(6)テロリズムと国際人権法−グアンタナモ基地の実態から 伊藤和子 「法学セミナー」 52(2)通号626 2007.2 p.54〜58

09625 国際人権保障と政教関係−ヨーロッパ人権裁判所の判例におけるライシテの原則 小泉洋一 「甲南法学」 47(4) 2007.3 p.577〜605

09626 国際人権条約を介した議会と裁判所の新たな関係−二〇〇五年テロリズム防止法とヨーロッパ人権条約 江島晶子 明治大学法律研究所[編]「法律論叢」 79(4・5) 2007.3 p.69〜108

09627 基調講演 障害者の国際人権保障−その歴史と課題(特集 障害者権利条約とわが国の課題−第29回総合リハビリテーション研究大会から) 川島聡 「リハビリテーション研究」(130) 2007.3 p.2〜7

09628 最低限のかつ曖昧な環境基準の設定とそれを超えて−国際人権条約実施機関の国家主義に対する挑戦 繁田泰宏 「大阪学院大学国際学論集」 18(1)通号35 2007.6 p.33〜75

09629 ロー・クラス 国際人権法ワールドレポート(8)紛争下での女性に対する暴力 伊藤和子 「法学セミナー」 52(6)通号630 2007.6 p.60〜64

09630 国際人権法における障害差別禁止(第III部 世界における人権保障の展望) 川島聡 松本健男 横田耕一 江橋崇 友永健三 『「これからの人権保障 高野真澄先生退職記念」』 2007.7 p.231〜

09631 ロー・クラス 国際人権法ワールドレポート(9)平和構築とトランジショナル・ジャスティス(1) 伊藤和子 「法学セミナー」 52(8)通号632 2007.8 p.66〜70

09632 自由権規約委員会の法的判断の条約解釈規則上の位置付けに関する序論的考察 堀見裕樹 東北大学大学院東北法学刊行会編「東北法学」(30) 2007.9 p.81〜132

09633 日本に住む外国人の現状と問題解決について−国際人権条約をどのように活用していけるか(特集 国際人権規約の意義と活用) 森木和美 「ひょうご部落解放」 126 2007.秋 p.14〜23

09634 障害者の権利条約の概要と国際人権規約(特集 国際人権規約の意義と活用) 崔栄繁 「ひょうご部落解放」 126 2007.秋 p.24〜31

09635 外国人と司法と通訳(特集 国際人権規約の意義と活用) 佐野通夫 「ひょうご部落解放」 126 2007.秋 p.32〜39

09636 外国人と司法と通訳(《特集 国際人権規約の意義と活用》) 佐野通夫 「ひょうご部落解放」 126 2007.9

09637 集会報告 私の歩んできた道(《特集 国際人権規約の意義と活用》) 山下淳子 「ひょう

ご部落解放」 126 2007.9

09638 日本の住む外国人の現状と問題解決について－国際人権条約をどのように活用していけるか《特集 国際人権規約の意義と活用》 森本和美 「ひょうご部落解放」 126 2007.9

09639 講演 障害者政策のグランドデザイン《特集 国際人権規約の意義と活用》 浅野史郎 「ひょうご部落解放」 126 2007.9

09640 国際人権規約の意義とその活用について《特集 国際人権規約の意義と活用》 中井伊都子 「ひょうご部落解放」 126 2007.9

09641 若手研究者が読み解く○○法 (17) 国際人権法 マイノリティ女性に対する複合差別と国際人権保障システム 元百合子 「法と民主主義」 (423) 2007.11 p.52～57

09642 ロー・クラス 国際人権法ワールドレポート (11) 国際人権機構への期待－国連人権理事会と地域人権機構 伊藤和子 「法学セミナー」 52 (12) 通号636 2007.12 p.70～73

09643 医療通訳制度と国際人権基準 (特集 安倍内閣を闘いの現場から照射する) 草加道常 『飛礫』編集委員会編 「飛礫：労働者の総合誌」 通号53 2007.冬 p.20～28

09644 特別支援教育と国際人権条約等の展開過程 建部久美子 皇学館大学社会福祉学部編 「皇学館大学社会福祉学部紀要」 (11) 2008 p.93～102

09645 メルボルン事件・報告［自由権規約個人通報No.1154/2003 2006.11.15決定］(特集 人権判例・先例の検討) 田中俊 国際人権法学会［編］ 「国際人権：国際人権法学会報」 通号19 2008 p.104～111

09646 メルボルン事件・コメント［自由権規約個人通報No.1154/2003 2006.11.15決定］(特集 国際人権判例・先例の検討) 藤本晃嗣 国際人権法学会［編］ 「国際人権：国際人権法学会報」 通号19 2008 p.112～116

09647 国際人権法主要文献目録 大塚泰寿 国際人権法学会［編］ 「国際人権：国際人権法学会報」 通号19 2008 p.233～250

09648 愚かしき暴力と、国際人権の物語 (国際機構と有刑) 阿部浩己 日本平和学会編 日本平和学会編 「平和研究」 (33) 2008 p.75～91

09649 国際人権法における「個人」と普遍的な人権保障 (特集 法は人間をどう捉えているか) 高佐智美 「法律時報」 80 (1) 通号991 2008.1 p.63～68

09650 ロー・クラス 国際人権法ワールドレポート (12・最終回) 躍動する世界の人権NGOと法律家－日本の未来を見据えて 伊藤和子 「法学セミナー」 53 (2) 通号638 2008.2 p.78～82

09651 国際人権研究のフィールドを歩く (1) 特別支援教育からインクルーシブ教育へ 徳永恵美香 「ヒューマンライツ」 (239) 2008.2 p.

48～51

09652 「企業の人権保障義務」とその実現－国際的人権保障におけるモニタリングとパートナーシップによるアプローチ (1) 菅原絵美 「国際公共政策研究」 12 (2) 通号22 2008.3 p.177～190

09653 国連平和活動と国際人権法・国際人道法－国連暫定統治下のコソボ (普遍と地域の相克と補完) 藤井京子 世界法学会編 「世界法年報」 (27) 2008.3 p.76～105

09654 資料紹介 日本政府提出の定期報告に関する国際人権 (自由権) 規約委員会の総括所見 「明日を拓く」編集委員会編 「明日を拓く」 34 (4・5) 通号74・75 2008.3

09655 国際人権研究のフィールドを歩く (2) グローバルな視点から「企業と人権」を考える 菅原絵美 「ヒューマンライツ」 (240) 2008.3 p.54～57

09656 国際人権研究のフィールドを歩く (3) 日本における受刑者の処遇とヨーロッパ基準 里見佳香 「ヒューマンライツ」 (241) 2008.4 p.56～59

09657 本特集の狙い (特集＝国際人権の客観性と主観性) 北村泰三 「法律時報」 80 (5) 通号995 2008.5 p.4～7

09658 座談会 国際人権の客観性と主観性－国際人権法の履行体制の検討 (特集＝国際人権の客観性と主観性) 阿部浩己 岩沢雄司 大谷美紀子【他】 「法律時報」 80 (5) 通号995 2008.5 p.8～30

09659 国際人権法の解釈と実施をめぐるわが国の課題 (特集＝国際人権の客観性と主観性) 薬師寺公夫 「法律時報」 80 (5) 通号995 2008.5 p.31～37

09660 社会権訴訟における国際人権法の援用可能性 (特集＝国際人権の客観性と主観性) しんへぼん 「法律時報」 80 (5) 通号995 2008.5 p.38～42

09661 ヨーロッパ人権条約における国内的実施の進展と補完性原理－知のヘゲモニーと埋め込まれた不平等 (特集＝国際人権の客観性と主観性) 小畑郁 「法律時報」 80 (5) 通号995 2008.5 p.48～52

09662 アメリカ法における国際人権法の拒絶と受容 (特集＝国際人権の客観性と主観性) 宮川成雄 「法律時報」 80 (5) 通号995 2008.5 p.53～56

09663 カナダにおける国際人権条約の履行 (特集＝国際人権の客観性と主観性) 中井伊都子 「法律時報」 80 (5) 通号995 2008.5 p.57～60

09664 国際人権研究のフィールドを歩く (4) クラスター爆弾の規制をめぐる国際的な取り組みとその問題 仲宗根卓 「ヒューマンライツ」 (242) 2008.5 p.60～63

| 人権総論 | 基本的人権/憲法上の保障 |

09665 人権規範にヒエラルヒーはあるか？ －国際人権の視点から Eckart Klein 春名麻季【訳】 「ノモス」（22） 2008.6 p.75～81

09666 国際人権法と障害のある人の雇用 松原義弘 富山商船高等専門学校編 富山商船高等専門学校編 「富山商船高等専門学校研究集録」（41） 2008.7 p.43～55

09667 国際人道法と国際人権法の相互作用－人道法は人権法に優先するのか 松葉真美 「レファレンス」58（7）通号690 2008.7 p.39～58

09668 国際人権研究のフィールドを歩く（6）アイヌ民族と生物多様性条約 松井一博 「ヒューマンライツ」（244） 2008.7 p.44～48

09669 国際人権研究のフィールドを歩く（7）同性愛者と養子縁組 則武立樹 「ヒューマンライツ」（245） 2008.8 p.42～45

09670 宗教的人権の国際的保障－国際人権法から見た靖国合祀 元百合子 「大阪経済法科大学アジア太平洋研究センター年報」（6） 2008・09 p.3～9

09671 国際人権研究のフィールドを歩く（8）市民の意識を変えるもの 李容玲 「ヒューマンライツ」（246） 2008.9 p.46～50

09672 国際人権と国内人権（第3部 人権） 山下泰子 中川淳司 寺谷広司：編 「『国際法学の地平 歴史、理論、実証 大沼保昭先生記念論文集』」 2008.11 p.447～

09673 （第3部 人権） 申惠ホウ 中川淳司 寺谷広司：編 「『国際法学の地平 歴史、理論、実証 大沼保昭先生記念論文集』」 2008.11 p.409～446

09674 国際人権の光と闇－普遍性議論を超えて（特集 世界人権宣言60年） 窪誠 「部落解放」（605） 2008.11 p.33～40

09675 差別・人権侵害と闘う当事者のための国際人権法（特集 世界人権宣言60年） 藤本俊明 「部落解放」（605） 2008.11 p.41～51

09676 国際人権諸条約の国内適用－日本の司法の場でどう使えるか（特集 世界人権宣言60年） 申惠ホウ 「部落解放」（605） 2008.11 p.52～59

09677 国際組織の加盟国の国際責任（1）国際人権条約との関連における加盟国責任を中心に 田中清久 「法学」 2008.12 p.705～789

09678 国際人権法vs「テロとの戦い」－世界人権宣言六〇周年に考える 前田朗 歴史教育者協議会編 「歴史地理教育」（738） 2008.12 p.60～65

09679 子どもへの暴力と国際人権レジーム（30周年記念特別号） 森田明彦 国際幼児教育学編集委員会編 「国際幼児教育研究：国際早期教育研究」（17） 2009 p.39～44

09680 在日外国人と国際人権規準の接点－国際

人権規約批准30年に思う 田中宏 国際人権法学会〔編〕「国際人権：国際人権法学会報」 通号20 2009 p.8～12

09681 人権立法の存在意義（特集 国際人権法の国内実施の現在－私人による差別の撤廃をめぐって－私人・私企業による差別への法的対応とその現状） 康由美 国際人権法学会〔編〕「国際人権：国際人権法学会報」 通号20 2009 p.25～29

09682 私人・私企業による差別（とくに人種差別）の撤廃をめぐって－民法の観点から（特集 国際人権法の国内実施の現在－私人による差別の撤廃をめぐって－私人・私企業による差別の撤廃をめぐって） 吉田邦彦 国際人権法学会〔編〕「国際人権：国際人権法学会報」 通号20 2009 p.49～52

09683 私人・私企業による差別の撤廃をめぐって－人種差別撤廃条約の観点から（特集 国際人権法の国内実施の現在－私人による差別の撤廃をめぐって－私人・私企業による差別の撤廃をめぐって） 村上正直 国際人権法学会〔編〕「国際人権：国際人権法学会報」 通号20 2009 p.55～58

09684 UPR第1回日本政府審査及び社会権規約選択議定書採択（国際人権機関報告 人権の普遍性と自由権・社会権一体化へのアプローチ） 伊藤恭子 国際人権法学会〔編〕「国際人権：国際人権法学会報」 通号20 2009 p.90～93

09685 国際人権理事会諮問委員会の発足とその課題（国際人権機関報告 人権の普遍性と自由権・社会権一体化へのアプローチ） 坂元茂樹 国際人権法学会〔編〕「国際人権：国際人権法学会報」 通号20 2009 p.94～98

09686 ILO専門家委員会による「人権の普遍性と自由権・社会権一体化への取り組み」とその課題（国際人権機関報告 人権の普遍性と自由権・社会権一体化へのアプローチ） 横田洋三 国際人権法学会〔編〕「国際人権：国際人権法学会報」 通号20 2009 p.99～102

09687 人権基盤型アプローチの射程－人権実現の「新たな」手法として（国際人権機関報告 人権の普遍性と自由権・社会権一体化へのアプローチ） 川村暁雄 国際人権法学会〔編〕「国際人権：国際人権法学会報」 通号20 2009 p.103～105

09688 国際人権法主要文献目録（2008年） 山本哲史 国際人権法学会〔編〕「国際人権：国際人権法学会報」 通号20 2009 p.132～153

09689 国際人権裁判における裁判官の正統性――国内憲法裁判におけるそれと対照しつつ 樋口陽一 「国際人権：国際人権法学会報」 通号20 2009 p.4～7

09690 座長コメント（特集 国際人権法の国内実施の現在――私人による差別の撤廃をめぐって―私人・私企業による差別の撤廃をめぐって）

棟居快行 「国際人権：国際人権法学会報」通号20 2009 p.62～64

09691 国際人権研究のフィールドを歩く（13）環境と文化の多様性を支える参加型環境管理 松井一博 「ヒューマンライツ」（259） 2009.1 p.44～47

09692 戸別訪問禁止は許されない──公選法・大石事件（特集 日本の人権状況を検証する──自由権規約委員会の最終見解をどう活かすか） 河野善一郎 「法と民主主義」（436） 2009.2・3 p.23～25

09693 「企業の人権保障義務」とその実現－国際的人権保障におけるモニタリングとパートナーシップによるアプローチ（2） 菅原絵美 「国際公共政策研究」13（2）通号24 2009.3 p.113～126

09694 人権の「底抜け」を再考する－わたしと、自由と、モノ言うこと（《特集 国連自由権規約「勧告」の具体化にむけて》） 阿久澤麻理子 「ひょうご部落解放」132 2009.03

09695 外国人の児童生徒の教育保障－「朝鮮学校」に対する平等な扱いを求めて（《特集 国連自由権規約「勧告」の具体化にむけて》） 吉井正明 「ひょうご部落解放」132 2009.03

09696 自由権規約（ICCPR）第5回日本報告書審査－審査の模様と最終見解（《特集 国連自由権規約「勧告」の具体化にむけて》） 小笠原純恵 「ひょうご部落解放」132 2009.03

09697 資料 国連自由権規約委員会「最終見解（勧告）」（《特集 国連自由権規約「勧告」の具体化にむけて》）「ひょうご部落解放」132 2009.03

09698 国際組織の加盟国の国際責任（2・完）国際人権条約との関連における加盟国責任を中心に 田中清久 「法学」 2009.4 p.34～111

09699 総括所見を受けて－国内人権機関（特集 国際人権（自由権）規約委員会は日本政府に何を求めたのか－第5回日本政府報告書審査総括所見を受けて） 藤原精吾 「自由と正義」60（4）通号723 2009.4 p.9～12

09700 第1選択議定書（個人通報制度）の批准を求めて（特集 国際人権（自由権）規約委員会は日本政府に何を求めたのか－第5回日本政府報告書審査総括所見を受けて） 田島義久 「自由と正義」60（4）通号723 2009.4 p.13～16

09701 国内少数者の人権保障（特集 国際人権（自由権）規約委員会は日本政府に何を求めたのか－第5回日本政府報告書審査総括所見を受けて） 武村二三夫 「自由と正義」60（4）通号723 2009.4 p.17～23

09702 国連「食料への権利」報告と求められる農政改革（特集 どこへ向かう世界の農業政策－転換を迫られる農業食料政策） 久野秀二 「農業と経済」75（6） 2009.6 p.37～48

09703 II 国際人権法におけるジェンダー－世界人権宣言60周年に寄せて 阿部浩己【問題提起】「ジェンダーと法」（6） 2009.07 p.67～73

09704 国際法におけるジェンダー（II 国際人権法におけるジェンダー－世界人権宣言60周年に寄せて） 軽部恵子 「ジェンダーと法」（6） 2009.07 p.74～82

09705 女性差別撤廃条約個人通報制度の現段階（II 国際人権法におけるジェンダー－世界人権宣言60周年に寄せて） 林陽子 「ジェンダーと法」（6） 2009.07 p.98～112

09706 フロアとの討論（II 国際人権法におけるジェンダー－世界人権宣言60周年に寄せて） 川眞田嘉壽子 安藤ヨイ子 「ジェンダーと法」（6） 2009.07 p.113～117

09707 弁護士事件ファイル いざ、国際人権法！「法学セミナー」54（7）通号655 2009.7 p.73

09708 国際人権法から見た日米の外国籍・民族的マイノリティの子どもの学習権、とくに継承語を学ぶ権利－第1回国連マイノリティ・フォーラム勧告に敷衍して（日弁連客員研究員推薦留学制度と研究成果） 師岡康子 「自由と正義」60（7）通号726 2009.7 p.22～35

09709 人権セミナー ヒューマン・ライツ再入門（8）国際人権メカニズムの現在（1） 前田朗 統一評論新社［編］「統一評論」（526） 2009.8 p.66～72

09710 非国際的武力紛争における国際人権法上の生命権－「Isayeva, Yusupova and Bazayeva 対ロシア事件」および「Isayeva対ロシア事件」（欧州人権裁判所、2005.2.24判決）を中心に 樋口一彦 琉球大学法文学部 琉球大学大学院法務研究科編 琉球大学法文学部 琉球大学大学院法務研究科編 「琉大法學」（82） 2009.9 p.107～124

09711 国際人権研究のフィールドを歩く（12）主要メディアが見過ごしているニュースとは 中野彩子 「ヒューマンライツ」（258） 2009.9 p.52～56

09712 人権セミナー ヒューマン・ライツ再入門（9）国際人権メカニズムの現在（2） 前田朗 統一評論新社［編］「統一評論」（527） 2009.9 p.48～55

09713 授業実践報告 判例で書いてもいいんですか？──ロースクール講義余滴 安念潤司 「中央ロー・ジャーナル」6（2）通号20 2009.9 p.85～103

09714 緊急シンポジウム「現在の居住・労働の喪失を国際人権条約から考える」（第9回日本居住福祉学会大会講演および研究発表） 日本居住福祉学会編集委員会編 「居住福祉研究」（8） 2009.12 p.18～22

09715 国際人権から見たアジアのマイノリティ 窪誠 「アジア法研究」 2010 p.47～63

09716　国際人権法と琉球・沖縄-琉球・沖縄史、先住民族の権利に関する一考察（第21回九州・沖縄地区平和研究集会（2009年11月14-15日・佐賀）報告）　親川裕子　「平和文化研究」　2010　p.141～154

09717　勾留決定・審査手続の対審化と国際人権法　葛野尋之　国際人権法学会［編］「国際人権：国際人権法学会報」　通号21　2010　p.3～9

09718　国際人権をめぐる法と文化（特集 多民族・多文化社会における国際人権法の可能性）　齋藤民徒　国際人権法学会［編］「国際人権：国際人権法学会報」　通号21　2010　p.44～49

09719　外国人刑事裁判における異文化問題と通訳（特集 多民族・多文化社会における国際人権法の可能性）　水野真木子　国際人権法学会［編］「国際人権：国際人権法学会報」　通号21　2010　p.50～55

09720　マイノリティの権利としての母語学習と民族教育-日本の現状と国際人権基準（特集 多民族・多文化社会における国際人権法の可能性）　元百合子　国際人権法学会［編］「国際人権：国際人権法学会報」　通号21　2010　p.56～61

09721　アイヌ民族の先住権の行方（特集 多民族・多文化社会における国際人権法の可能性）　苑原俊明　国際人権法学会［編］「国際人権：国際人権法学会報」　通号21　2010　p.62～65

09722　座長コメント（特集 多民族・多文化社会における国際人権法の可能性）　山元一　山崎公士　国際人権法学会［編］「国際人権：国際人権法学会報」　通号21　2010　p.66～68

09723　カルデロン事件が明らかにしたもの［最高裁第2小法廷2008（平成20）.9.26決定］（特集 国際人権判例分析）　渡辺彰悟　国際人権法学会［編］「国際人権：国際人権法学会報」　通号21　2010　p.80～85

09724　フィリピン人一家退去強制事件・コメント［最高裁第2小法廷2008（平成20）.9.26決定］（特集 国際人権判例分析）　馬場里美　国際人権法学会［編］「国際人権：国際人権法学会報」　通号21　2010　p.86～90

09725　国際人権機関の活動 自由権規約委員会の監視活動の展開　岩沢雄司　国際人権法学会［編］「国際人権：国際人権法学会報」　通号21　2010　p.95～99

09726　国際人権機関の活動 女性差別撤廃条約-30年目の成果と課題　林陽子　国際人権法学会［編］「国際人権：国際人権法学会報」　通号21　2010　p.100～103

09727　国際人権機関の活動 ILO専門家委員会の監視活動と国連人権機関との連携　横田洋三　国際人権法学会［編］「国際人権：国際人権法学会報」　通号21　2010　p.104～107

09728　国際人権機関の活動 国際人権理事会諮問委員会-「再検討」作業を前にして　坂元茂樹　国際人権法学会［編］「国際人権：国際人権法学会報」　通号21　2010　p.108～112

09729　国際人権機関の活動 日本の人権外交　大場雄一　国際人権法学会［編］「国際人権：国際人権法学会報」　通号21　2010　p.113～116

09730　国際人権法主要文献目録　山本哲史　国際人権法学会［編］「国際人権：国際人権法学会報」　通号21　2010　p.141～169

09731　自由権規約委員会の「2008年総括所見」を受け止めて（ミニ・シンポジウム 国際人権基準と日本の変革）　新倉修　民主主義科学者協会法律部会編　民主主義科学者協会法律部会編「法の科学：民主主義科学者協会法律部会機関誌「年報」」　通号41　2010　p.148～153

09732　国内人権機関設置の展望（ミニ・シンポジウム 国際人権基準と日本の変革）　武村二三夫　民主主義科学者協会法律部会編　民主主義科学者協会法律部会編「法の科学：民主主義科学者協会法律部会機関誌「年報」」　通号41　2010　p.161～168

09733　制裁における国際人権法・人道法の役割　松隈潤　東京外国語大学編「東京外国語大学論集：area and culture studies」　通号80　2010　p.89～103

09734　国際人権法における住居についての権利-強制立ち退き問題の関わりの中で　徳川信治　立命館大学法学会編「立命館法學」　2010年（5・6）通号333・334　2010　p.2376～2400

09735　マイノリティの権利に関する国際人権基準の進展と課題　元百合子　立命館大学法学会編　立命館大学法学会編「立命館法學」　2010年（5・6）通号333・334　2010　p.2987～3008

09736　ASEAN人権委員会-国際人権レジームにおける意義　勝間靖　早稲田大学アジア太平洋研究センター出版・編集委員会編「アジア太平洋討究」　（15）　2010.1　p.165～176

09737　グローバリゼーションと世界の農業（11）国連「食料への権利」論と国際人権レジームの可能性　久野秀二　「信州自治研」　2010.2　p.20～24

09738　国際人権条約から見た日本の異常な高学費（特集 国連から見た日本の人権）　碓井敏正「人権と部落問題」　62（3）通号798 特別号　2010.2　p.35～44

09739　国際人権諸条約と部落問題（部落解放研究第43回全国集会報告書-全体集会（第3日））　友永健三　「部落解放」　増刊　2010.2　p.285～291

09740　「企業の人権保障義務」とその実現-国際的人権保障におけるモニタリングとパートナーシップによるアプローチ（3・完）　菅原絵美「国際公共政策研究」　14（2）通号26　2010.3　p.63～76

09741 強制失踪なき世界へ－国際人権運動の光芒 阿部浩己 世界人権問題研究センター編「研究紀要」（15） 2010.3 p.1～28

09742 国際人権法の現代的意義－「世界法」としての人権法の可能性？（統一テーマ「世界法としての人権法」） 薬師寺公夫 世界法学会編「世界法年報」（29） 2010.3 p.1～49

09743 ホームレス自立支援法第11条適正化条項における「国際約束」の考察－国際人権法上の慣行 赤井朱美 「神戸親和女子大学研究論叢」（43） 2010.3 p.67～77

09744 日本における人権救済制度の整備－国際人権法の観点から（特集 人権保障のためのメカニズム） 山崎公士 「自由と正義」61（3）通号734 2010.3 p.9～14

09745 グローバリゼーション、国際人権法とWTO（特集 国際経済法と国際人権法の交錯） 中川淳司 「法律時報」82（3）通号1019 2010.3 p.6～13

09746 WTO体制の意義と課題－国際経済法と国際人権法の協働（特集 国際経済法と国際人権法の交錯） 土佐和生 「法律時報」82（3）通号1019 2010.3 p.14～19

09747 貿易措置による人権の保護促進の可能性－多元化した国際法秩序における横断的課題への対応（特集 国際経済法と国際人権法の交錯） 伊藤一頼 「法律時報」82（3）通号1019 2010.3 p.20～25

09748 WTOとILO－自由貿易体制と労働者の権利保障（特集 国際経済法と国際人権法の交錯） 吾郷眞一 「法律時報」82（3）通号1019 2010.3 p.26～31

09749 WTO体制と先住民族の権利保障－自由貿易・開発主義と闘う人権と環境権（特集 国際経済法と国際人権法の交錯） 上村英明 「法律時報」82（3）通号1019 2010.3 p.32～37

09750 医薬品アクセス問題に見る国際経済法と国際人権法の交錯（特集 国際経済法と国際人権法の交錯） 加藤暁子 「法律時報」82（3）通号1019 2010.3 p.38～43

09751 水供給事業の国際化と水に対する人権－WTO体制との関連を軸に（特集 国際経済法と国際人権法の交錯） 波多野英治 「法律時報」82（3）通号1019 2010.3 p.44～49

09752 日本政府のアイヌ民族政策について－国際人権監視機関から考える 大竹秀樹 「現代と文化：日本福祉大学研究紀要」（121） 2010.3 p.135～155

09753 国際人権（自由権）規約第5回政府報告書審査の概要及び日弁連の活動（特集 国際法の理論と実務） 武村二三夫 川崎真瑞 「自由と正義」61（5）通号736 2010.5 p.30～38

09754 国際人権法と死刑（特集 裁判員時代における死刑問題） 熊谷卓 「法律時報」82（7）通号1023 2010.6 p.48～52

09755 国際人権法と国際人道法の交錯：実効的な折衷主義（国際規制の交錯） 新井穣 「国際問題」（592） 2010.6 p.16～27

09756 ビラのポスティングと表現の自由――国際人権基準に照らした覚書（特集「刑罰からの自由」の現代的意義―ビラ配布と住居等侵入罪） 戸田五郎 「法律時報」82（9）通号1025 2010.8 p.13～16

09757 日本の裁判所における国際人権法－国内適用論の再構成 松田浩道 東京大学法科大学院ローレビュー編集委員会編「東京大学法科大学院ローレビュー」5 2010.9 p.148～168

09758 国際人権規約・高等教育無償化条項を巡る諸国の動向 角岡賢一 「龍谷紀要」32（1） 2010.9 p.55～75

09759 フィリピン人出稼ぎ労働者と元「慰安婦」を巡るフィリピンの政治風刺漫画の表現について［含 訳者解題］（特集 今こそ人権回復を求めて－国際人権法と日本軍性奴隷制度） ヘレン ユー・リベラ 澤田公伸［訳］ 「女性・戦争・人権」学会学会誌編集委員会編「女性・戦争・人権」通号10 2010.12 p.54～77

09760 国際人権法における外国人の人権（特集 人権政策としての移民政策） 窪誠 移民政策学会編集委員会編「移民政策研究」3 2011 p.2～11

09761 自由権規約委員長としての2年を振り返る：条約留保問題に対する委員会の貢献を中心に 岩沢雄司 国際人権法学会［編］「国際人権：国際人権法学会報」（22） 2011 p.3～9

09762 国際人権機関の活動と日本の人権外交 大場惟一 国際人権法学会［編］「国際人権：国際人権法学会報」（22） 2011 p.129～133

09763 国際人権機関の活動 国連人権理事会諮問委員会：ハンセン病に対する差別撤廃決議を中心に 坂元茂樹 国際人権法学会［編］「国際人権：国際人権法学会報」（22） 2011 p.134～139

09764 国際人権機関の活動 国際人権NGOとしてのアムネスティ・インターナショナル：企業と人権の最終報告書をめぐって 寺中誠 国際人権法学会［編］「国際人権：国際人権法学会報」（22） 2011 p.144～147

09765 国際人権法主要文献目録 山本哲史 国際人権法学会［編］「国際人権：国際人権法学会報」（22） 2011 p.193～215

09766 憲法解釈基準の国際標準化に向けて（特集 国際人権と人権の国際スタンダード－国際人権と「国際標準」） 紙谷雅子 「国際人権：国際人権法学会報」（22） 2011 p.61～68

09767 憲法解釈における国際人権規範の役割：国際人権法を通してみた日本の人権法解釈論の方法論的反省と展望（特集 国際人権法と人権の

国際スタンダード—憲法上の人権の「国際標準化」の可能性）　山元一　「国際人権 ： 国際人権法学会報」（22）　2011　p.35～40

09768　憲法上の権利と国際人権（特集 国際人権法と人権の国際スタンダード—国際人権と「国際標準」）　松本和彦　「国際人権 ： 国際人権法学会報」（22）　2011　p.56～60

09769　国際人権法のパラダイムチェンジ（特集 国際人権法と人権の国際スタンダード—憲法上の人権の「国際標準化」の可能性）　窪誠　「国際人権 ： 国際人権法学会報」（22）　2011　p.28～34

09770　総説（ミニ・シンポジウム 人権保障における憲法裁判所とヨーロッパ人権裁判所）　建石真公子　「比較法研究」（73）　2011　p.166～171

09771　講演 障害者権利条約と人権侵害救済法（部落解放研究第44回全国集会報告集—分科会の記録（第2日）第7分科会 国際人権諸条約の経験から人権侵害救済法を考える）　金政玉　「部落解放」増刊　2011.2　p.205～213

09772　人種差別撤廃委員会と政府報告書（部落解放研究第44回全国集会報告書—分科会の記録（第2日）第7分科会 国際人権諸条約の経験から人権侵害救済法を考える）　和田献一　「部落解放」増刊　2011.2　p.213～218

09773　人権侵害救済の法制度の確立へ（部落解放研究第44回全国集会報告書—分科会の記録（第2日）第7分科会 国際人権諸条約の経験から人権侵害救済法を考える）　組坂繁之　「部落解放」増刊　2011.2　p.219～222

09774　討議（部落解放研究第44回全国集会報告書—分科会の記録（第2日）第7分科会 国際人権諸条約の経験から人権侵害救済法を考える）　金政玉　組坂繁之　和田献一【他】　「部落解放」増刊　2011.2　p.222～226

09775　国際人権法と最高裁のスタンス（特集 憲法訴訟の潮流を読む）　齊藤正彰　「法学セミナー」　56（2）通号674　2011.2　p.5～7

09776　国際人権条約の領域外適用と被害者救済　五十嵐宙　青山学院大学大学院経済学・法学・経営学三研究科編　「青山社会科学紀要 ： economics, law and business」　39（2）　2011.3　p.23～54

09777　被拘禁者の国際人権保障の展開—企画の趣旨（特集 被拘禁者と国際人権法）　今井直　「法律時報」　83（3）通号1032　2011.3　p.4～9

09778　国際人権法と新監獄法下の受刑者の権利（特集 被拘禁者と国際人権法—日本の被拘禁者と国際人権法）　赤池一将　「法律時報」　83（3）通号1032　2011.3　p.16～21

09779　少年の拘禁施設と国際人権法（特集 被拘禁者と国際人権法—日本の被拘禁者と国際人権法）　武内謙治　「法律時報」　83（3）通号1032

2011.3　p.22～27

09780　出入国管理施設と国際人権法（特集 被拘禁者と国際人権法—日本の被拘禁者と国際人権法）　大橋毅　「法律時報」　83（3）通号1032　2011.3　p.28～33

09781　精神医療施設と国際人権法（特集 被拘禁者と国際人権法—日本の被拘禁者と国際人権法）　永野貫太郎　「法律時報」　83（3）通号1032　2011.3　p.34～39

09782　拷問等禁止条約選択議定書の国内防止メカニズム（特集 被拘禁者と国際人権法—国際人権保障メカニズムにおける被拘禁者の人権）　桑山亜也　「法律時報」　83（3）通号1032　2011.3　p.46～52

09783　批判的人種理論（Critical Race Theory）の現在　桧垣伸次　「同志社法学」　63（2）通号348　2011.7　p.929～982

09784　子の連れ去りに関するハーグ条約—国際人権法の視点から（特集 子ども・親・国家—「子の利益」を中心として）　大谷美紀子　「法律時報」　83（12）通号1040　2011.11　p.36～43

09785　信教の自由とカルト 国際人権保障システムと信教の自由　安藤仁介　「世界平和研究」　2011.冬季　p.44～48

09786　特集 世界人権デー　移住労働者と連帯する全国ネットワーク編　「Migrants network ： 移住労働者と連帯する全国ネットワーク情報誌」　通号145　2011.12　p.4～13

09787　国連・平和への権利 ： 日本からの提言（4)「平和への権利」の国際法典化を！ ： スペイン国際人権法協会幹部を招いての名古屋集会報告　池住義憲　「法と民主主義」（464）　2011.12　p.59～63

09788　国際人権理事会諮問委員会議事録（特集・平和への権利）　フセイノフ ハインツ スルフィカル【他】　「Interjurist」　2011.12.1　p.11～46

09789　明治大学法学部大澤芳秋奨学論文 優秀賞 日本国内裁判における国際人権法の適用の論理と現状　石原崇　「法学会誌」　2012　p.45～64

09790　専任研究 民主政権下の国際人権規約留保撤回について 民主党政権下での国際人権規約・高等教育無償化条項留保撤回について　角岡賢一　「社会科学研究年報」　2012年度　p.143～157

09791　国際的な子の奪取に関するハーグ条約と国際人権法　大谷美紀子　国際人権学会［編］「国際人権 ： 国際人権法学会報」（23）　2012　p.16～23

09792　自国企業に対する国家の域外的保護義務 ： 社会権規約からの考察　菅原絵美　国際人権法学会［編］「国際人権 ： 国際人権法学会報」（23）　2012　p.100～105

09793　日本における人権条約の国内実施（国際人

権機関の活動）　高林宏樹　国際人権法学会
［編］「国際人権：国際人権法学会報」（23）
2012　p.121〜124

09794　国際人権法主要文献目録　杉木志帆　国
際人権法学会［編］「国際人権：国際人権法学
会報」（23）　2012　p.150〜168

09795　国際人権法における人間の尊厳（1）世界
人権宣言及び国際人権規約の起草過程を中心に
小坂田裕子「中京法学」46（1・2）通号131
2012　p.25〜57

09796　国際人権法における人間の尊厳（2）世界
人権宣言及び国際人権規約の起草過程を中心に
（榊原豊教授退職記念号）　小坂田裕子「中京
法学」46（3・4）通号132　2012　p.101〜122

09797　「公正な裁判」と国際法（シンポジウム
「公正な裁判」をめぐる比較法）　洪恵子　比較
法学会編　比較法学会編「比較法研究」（74）
2012　p.6〜17

09798　憲法および国際人権法の整合性をめぐる
比較研究：MIPEX調査を中心に　近藤敦「名
城大学総合研究所紀要」（17）　2012　p.1〜5

09799　私人間効力論と「国際法」の思考様式：
憲法学と国際法学の同床異夢　寺谷広司「国際
人権：国際人権法学会報」（23）　2012　p.9
〜15

09800　総括コメント：行政法からみた自由権規
約の国内実施（特集 国内裁判所による人権救済
と憲法上の人権・人権条約上の人権：個人通
報制度への参加を視野に入れて）　中川丈久
「国際人権：国際人権法学会報」（23）　2012
p.65〜75

09801　在日コリアン無年金高齢者の人権と国際
人権（関英昭教授・佐々木高雄教授・手塚和
彰教授 退職記念集）　申惠ホウ「青山法学論
集」　2012.3　p.387〜409

09802　新たな人権救済制度がもたらす人権規範
の共通化：個人通報制度と国内人権機関（特集
憲法と国際人権：共通の人権規範の確立に
向けて）　齊藤正彰「法律時報」84（5）通号
1046　2012.5　p.25〜30

09803　グローバル化世界における公法学の再構
築：国際人権法が憲法学に提起する問いかけ
（特集 憲法と国際人権：共通の人権規範の
確立に向けて）　山元一「法律時報」84（5）通
号1046　2012.5　p.9〜16

09804　憲法と国際人権法：共通の人権規範の確
立に向けて・企画の趣旨（特集 憲法と国際人権
法：共通の人権規範の確立に向けて）　東澤靖
「法律時報」84（5）通号1046　2012.5　p.4〜8

09805　国際人権規約と憲法25条（特集 憲法と国
際人権法：共通の人権規範の確立に向けて）
葛西まゆこ「法律時報」84（5）通号1046
2012.5　p.61〜65

09806　国際人権法から見た憲法規範の「限界」

と可能性（特集 憲法と国際人権法：共通の人
権規範の確立に向けて）　薬師寺公夫「法律時
報」84（5）通号1046　2012.5　p.17〜24

09807　人種差別と国家の差別撤廃義務（特集 憲
法と国際人権法：共通の人権規範の確立に向
けて）　棟居快行「法律時報」84（5）通号1046
2012.5　p.71〜75

09808　退去強制から保障されるべき人権（特集
憲法と国際人権法：共通の人権規範の確立に
向けて）　門田孝「法律時報」84（5）通号1046
2012.5　p.51〜55

09809　身近な表現の自由の擁護のために（特集
憲法と国際人権法：共通の人権規範の確立に
向けて）　川岸令和「法律時報」84（5）通号
1046　2012.5　p.31〜35

09810　国際人権法から見た朝鮮学校無償化除外
と公費助成削減・停止問題　元百合子「法と民
主主義」（469）　2012.6　p.47〜51

09811　ロー・クラス 少年法の基礎（第4講）国際
人権法と少年法　武内謙治「法学セミナー」
57（7）通号690　2012.7　p.135〜139

09812　特集 国際人権法からみた日本の外国人法
制：新しい在留管理制度の問題点と課題　坂
元茂樹「Sai」67　2012.Sum.・Aut.　p.4〜23

09813　芹田健太郎・棟居快行・薬師寺公夫・坂
元茂樹編集代表『講座国際人権法』第1巻『国際
人権法と憲法』第2巻『国際人権規範の形成と
展開』芹田健太郎・戸波江二・棟居快行・薬師
寺公夫・坂元茂樹編集代表『講座国際人権法』
第3巻『国際人権法の国内的実施』第4巻『国際
人権法の国際的実施』　寺谷広司「国際法外交
雑誌」111（3）　2012.11　p.500〜507

09814　社会権規約委員会とジェンダー（特集 国
連人権関係機関とジェンダー）　鈴木ふみ　国
際女性の地位協会［編］「国際女性：年報」
（26）　2012.12　p.115〜118

09815　オーバーステイのタンザニア人母子と在
留特別許可の是否・コメント（特集 国際人権判
例分析）　中村義孝　国際人権法学会［編］「国
際人権：国際人権法学会報」（24）　2013　p.
100〜109

09816　日本の人権外交（国際人権機関・国内人権
機関報告）　阿部康次　国際人権法学会［編］
「国際人権：国際人権法学会報」（24）　2013
p.110〜113

09817　日本に対する第2回普遍的定期的審査
（UPR）（国際人権機関・国内人権機関報告）
磯井美葉　国際人権法学会［編］「国際人権：
国際人権法学会報」（24）　2013　p.114〜117

09818　人権理事会諮問委員会の最近の活動：
「平和に対する権利宣言案」を中心に（国際人権
機関・国内人権機関報告）　坂元茂樹　国際人
権法学会［編］「国際人権：国際人権法学会報」
（24）　2013　p.118〜125

09819 国際人権法主要文献目録 杉木志帆 国際人権法学会［編］「国際人権：国際人権法学会報」（24）2013 p.151～166

09820 国籍に対する国際人権条約の影響 立松美也子 「共立国際研究：共立女子大学国際学部紀要」（30）2013 p.97～112

09821 人権条約機関における人権概念と判断手法：比例原則の位置づけと意義を中心に（ミニ・シンポジウム 比例原則のグローバル化：人権の対話）小畑郁 比較法学会編 比較法学会編「比較法研究」（75）2013 p.221～227

09822 国際人権法における公衆の情報に対する権利：国家の積極的義務の検討を通じて（特集 表現の自由についての権利をめぐる今日的課題―情報と人権：原発事故対応と情報開示）藤本晃嗣「国際人権：国際人権法学会報」（24）2013 p.22～27

09823 高等教育の漸進的無償化条項の留保撤回の意義と新たな規範：国際人権規約A規約13条2（c）を中心に 野瀬正治「関西学院大学社会学部紀要」（117）2013.1 p.1～16

09824 差別禁止法を求めて（第7回）国際人権法の観点から 申惠ホウ「ヒューマンライツ」（307）2013.1 p.30～37

09825 世界の逆を向く「人権後進国日本」：人権状況を国際基準に引き上げる：社会権規約・拷問等禁止条約審査を傍聴して 吉田好一「前衛：日本共産党中央委員会理論政治誌」（900）2013.1 p.193～205

09826 社会権規約の中等・高等教育無償化条項に係る留保撤回：条約に付した留保を撤回する際の検討事項と課題 中内康夫 参議院事務局企画調整室編「立法と調査」（337）2013.2 p.44～55

09827 授業実践報告 リーガルクリニック［国際人権法の実務］横田洋三 本間佳子「中央ロー・ジャーナル」9（4）通号34 2013.3 p.69～77

09828 高校生の活動から見た国際人権A規約留保撤回 鈴木敏則 民主教育研究所編「人間と教育」（77）2013.春 p.92～99

09829 国際人権の視点から東日本大震災を考える 徳永恵美香「ヒューマンライツ」（301）2013.4 p.46～55

09830 人権セミナー ヒューマン・ライツ再入門（52）自由権規約委員会・日本政府報告書 前田朗 統一評論新社［編］「統一評論」（570）2013.4 p.41～47

09831 世界の潮 国際人権法から見た朝鮮学校の「高校無償化」排除 師岡康子 岩波書店［編］「世界」（842）2013.4 p.20～24

09832 IMADRアップデイト拡大版 社会権規約委員会の日本審査 小森恵「部落解放」（679）2013.7 p.68～71

09833 過労死防止 日本に初勧告：国連社会権規約委員会が日本政府に防止対策の強化求める。 働くもののいのちと健康を守る全国センター編「働くもののいのちと健康」通号56 2013.夏季 p.28～33

09834 季節風 国連社会権規約委員会「日本政府報告書総括所見」報告 池田直樹「福祉労働」（140）2013.Aut. p.110～113

09835 国連憲章第103条と国際人権法：欧州人権裁判所における近時の動向（米原謙教授 退職記念号）加藤陽「国際公共政策研究」18（1）通号33 2013.9 p.163～179

09836 一からわかる国際人権：世界の進歩と日本（世界が指摘する日本のおかしさ）鈴木亜英「女性のひろば」（417）2013.11 p.90～102

09837 「平和への権利」の法典化に向けた国連におけるプロセス：その複雑さと挑戦（平和への権利：ジュネーブと9条国際会議分科会報告）ミコル,サビア「Interjurist」（178）2013.11.1 p.8～15

09838 国際人権条約の活用について：外国籍住民の権利とは（特集 国際人権と在日コリアンの課題）元百合子「Sai」70 2013.Win.・2014.Spr. p.10～19

09839 4・28は在日に何をもたらしたか（特集 国際人権と在日コリアンの課題）仲尾宏「Sai」70 2013.Win.・2014.Spr. p.20～27

09840 公海上の外国船舶に対する干渉行為をめぐる海洋法と国際人権法の交錯：Medvedyev事件欧州人権裁判所判決を素材として 田中清久「愛知大学法学部法経論集」（197）2013.12 p.1～65

09841 刑事施設における被拘禁者の国際人権保障 皆川誠 早稲田大学社会安全政策研究所編「早稲田大学社会安全政策研究所紀要」（7）2014 p.95～112

09842 国際人権法における「補完性原則」の意義：序論的考察 北村泰三 国際人権法学会［編］「国際人権：国際人権法学会報」（25）2014 p.18～24

09843 企画趣旨（特集 グローバル・プロセスとしての国際人権法：国際裁判所と国内裁判所の「対話」を契機として）江島晶子 国際人権法学会［編］「国際人権：国際人権法学会報」（25）2014 p.30～33

09844 国際人権保障をめぐる裁判官の対話：司法的ネットワークの現状と課題（特集 グローバル・プロセスとしての国際人権法：国際裁判所と国内裁判所の「対話」を契機として）伊藤洋一 国際人権法学会［編］「国際人権：国際人権法学会報」（25）2014 p.34～38

09845 国際人権の視点が国内司法・立法に果す役割：成年被後見人の選挙権を裁判を通じて獲得した経過について（特集 グローバル・プロ

セスとしての国際人権法 ： 国際裁判所と国内裁判所の「対話」を契機として） 杉浦ひとみ 国際人権法学会［編］「国際人権 ：国際人権法学会報」 （25） 2014 p.39〜44

09846 死刑確定者と再審請求弁護人との接見交通の秘密性 ：広島高判2012（平成24）年1月27日に関する報告へのコメント（特集 国際人権判例分析） 三島聡 国際人権法学会［編］「国際人権 ：国際人権法学会報」（25） 2014 p.74〜79

09847 日本の人権外交（国際人権機関・国内人権機関報告） 山中修 国際人権法学会［編］「国際人権 ：国際人権法学会報」（25） 2014 p.80〜83

09848 「平和に対する権利宣言案」の作業が示す諮問委員会の課題（国際人権機関・国内人権機関報告） 坂本茂樹 国際人権法学会［編］「国際人権 ：国際人権法学会報」（25） 2014 p.84〜89

09849 社会権規約第3回定期報告書審査の概要と今後の課題（国際人権機関・国内人権機関報告） 棟居徳子 芝池俊輝 国際人権法学会［編］「国際人権 ：国際人権法学会報」 （25） 2014 p.90〜94

09850 判例紹介 難民申請者の全件収容と自由権規約 ：オーストラリアの個人通報ケースをめぐって ： A.自由権規約委員会 2013年7月26日見解、B.自由権規約委員会 2013年7月25日見解 新津久美子 国際人権法学会［編］「国際人権 ：国際人権法学会報」（25） 2014 p.116〜119

09851 国際人権法主要文献目録 杉木志帆 国際人権法学会［編］「国際人権 ：国際人権法学会報」（25） 2014 p.129〜148

09852 国際人権法の有効性についての一考察 ：欧州人権条約とイギリス国内法秩序の関係を中心に 江島遼介 「創価大学大学院紀要」 36 2014年度 p.91〜108

09853 国際人権から日本の近代国家成立と琉球を考える ：一八七九年の「琉球処分」は「琉球併合」か（特集 未来社会への可能性 ：日本近現代史から） 上村英明 「神奈川大学評論」（79） 2014 p.57〜65

09854 国際人権条約と国内法ネットワークの自己組織化 ：障害者差別解消法の成立を契機として（特集 グローバル・プロセスとしての国際人権法 ：国際裁判所と国内裁判所の「対話」を契機として） 棟居快行 「国際人権 ：国際人権法学会報」（25） 2014 p.45〜52

09855 「国連・自由権規約委員」視察レポート 日本を糾弾する無知な国連委員の実態 仙波晃 「ジャパニズム」 2014.1 p.82〜89

09856 「平和への権利」について（梅本和泰教授退職記念号） 飯島滋明 「名古屋学院大学論集. 人文・自然科学篇」 50（2） 2014.1 p.111〜121

09857 国際人権基準から考える国内人権機関（部落解放研究第47回全国集会報告書−分科会の記録（第二日）;第7分科会 人権侵害救済制度の確立にむけた今日的課題について考える） 山崎公士 「部落解放」 増刊（部落解放研究第47回全国集会報告書） 2014.2 p.186〜191

09858 先住民族の事前の自由なインフォームド・コンセントを得る義務 ：国際人権法の環境・開発分野への影響の限界と可能性（国際法の「立憲化」 ：世界法の視点から） 小坂田裕子 世界法学会編 「世界法年報」（33） 2014.3 p.94〜122

09859 ロー・ジャーナル 国際人権法の定める「情報にアクセスする権利」と秘密保護法 藤田早苗 「法学セミナー」 59（6）通号713 2014.6 p.1〜5

09860 国際人権法の課題 ：拷問等禁止条約と日本 松隈潤 東京外国語大学国際関係研究所編 「国際関係論叢」 3（2） 2014.7 p.45〜68

09861 ヒューマン・ライツ・ウォッチ 国際人権NGOが社会的養護制度の全面見直しを提言 施設の存続より子どもの利益優先を（なぜ児童虐待を防げないのか） 土井香苗 金曜日［編］「金曜日」 22（29）通号1019 2014.7.25 p.35〜37

09862 自由権規約第24条に違反する、国・東京都の障がい児教育 ：リスト・オブ・イシュー パラグラフ4・17・21・25に対する意見 「障害者問題研究」 42（2）通号158 2014.8 p.157〜159

09863 法律時評 軍事化と国際人権 阿部浩己 「法律時報」 86（10）通号1077 2014.9 p.1〜3

09864 人権の国際水準と日本（自由権規約委員会の審査傍聴記） 鈴木亜英 「女性のひろば」（429） 2014.11 p.92〜97

09865 自由権規約委員会 第6回日本報告書審査の概要 谷口洋幸 国際女性の地位協会［編］「国際女性 ：年報」（28） 2014.12 p.144〜147

09866 特集 国際人権条約から問う日本の外国人政策 ：自由権規約・人種差別撤廃委員会の勧告から 「Migrants network ：移住労働者と連帯する全国ネットワーク情報誌」（175） 2014.12 p.3〜17

09867 国連自由権規約委員会 第6回日本定期報告に関する総括所見（抜粋） 新日本婦人の会編 「女性＆運動」（237）通号388 2014.12 p.42〜40

09868 国際人権法上の健康権保障の観点からみた原発事故対応及び被災者支援の課題（1） 棟居徳子 国民医療研究所［編］「国民医療」（323）［2014］.12・2015.1 p.13〜22

09869 国際人権とイスラーム ：ジェンダーを中心に 桑原尚子 福山市立大学都市経営学部紀要委員会編 福山市立大学都市経営学部紀要委

員会編 「都市経営 ：福山市立大学都市経営学部紀要」 （7） 2015 p.35～45

09870 企画趣旨 ： 国際人権法の課題と展望（国際人権法の存在意義を問う）（特集 二つの自由と二つの安全） 江島晶子 国際人権法学会［編］「国際人権：国際人権法学会報」（26） 2015 p.15～17

09871 デジタル時代における国際人権 ： プライバシーvs.安全（特集 二つの自由と二つの安全－「自由・プライバシー」と安全） 熊谷卓 国際人権法学会［編］「国際人権：国際人権法学会報」（26） 2015 p.34～36

09872 国際人権機関・国内人権機関報告 日本の人権外交 山中修 国際人権法学会［編］「国際人権：国際人権法学会報」（26） 2015 p.99～102

09873 国際人権法主要文献目録 根岸陽太 国際人権法学会［編］「国際人権：国際人権法学会報」（26） 2015 p.132～143

09874 座長コメント ： 国際人権法の課題と展望（国際人権法の存在意義を問う）（特集 二つの自由と二つの安全） 小山剛 近江美保 「国際人権：国際人権法学会報」（26） 2015 p.57～60

09875 自国に入国する権利と在留権 ： 比例原則に反して退去強制されない権利 近藤敦 「名城法学」 64（4） 2015 p.1～34

09876 国際世論における日本の死刑 ： 国際（人権）法の視点から（小特集 世論・裁判員裁判と死刑） 徳川信治 「法律時報」 87（2）通号1082 2015.2 p.56～62

09877 健康権保障の国際的動向と日本の課題 ： 社会権規約定期報告書審査の分析を通して 棟居徳子 「週刊社会保障」 69（2823） 2015.4.27 p.46～51

09878 国際人権の潮流と部落差別の撤廃（特集「福岡部落史研究会設立40周年記念のつどい」をふりかえる） 友永健三 福岡県人権研究所編「リベラシオン ：人権研究ふくおか」（158） 2015.5 p.12～25

09879 法律・判例から見たLGBT支援 LGBTと労働についての課題 ： 国際人権の視点から「企業に求められていること」を考える（特集 新たな人事課題として認識され始めるLGBT（性的少数者）社員への対応 ： 優秀人材の獲得、ダイバーシティ実現に向け今後カギとなる取り組みを追う） 谷口洋幸 労務行政研究所編「労政時報」（3892） 2015.7.24 p.84～86

09880 国際人権法と国連 ： 人権分野での取り組みと展開（特集 設立70年を迎えた国連を検討する ： 大国主導の世界秩序の克服） 鈴木亜英 日本科学者会議編 日本科学者会議編「日本の科学者」 50（8）通号571 2015.8 p.416～421

09881 国際人権 外から中を変える ： 移住連の

CERD活動から見る今後の可能性と課題（日本の移住者支援運動を振り返る） 細木一十稔ラルフ 移住労働者と連帯する全国ネットワーク編 「Migrants network ：移住者と連帯する全国ネットワーク・情報誌」（181） 2015.8 p.34～37

09882 国際人権法上の健康権保障の観点からみた原発事故対応及び被災者支援の課題（2・完） 棟居徳子 国民医療研究所［編］「国民医療」（327） 2015.夏 p.52～65

09883 平和への権利（Right to Peace）と日本国憲法について（特集 平和への権利作業部会第3会期） 飯島滋明 「Interjurist」（185） 2015.8.1 p.6～9

09884 国際人権機関の法実践 ： 「過去の不正義」への取り組み（特集 過去の不正義と国際法 ： 日韓請求権協定の現在） 徳川信治 「法律時報」 87（10）通号1090 2015.9 p.40～45

09885 強制立ち退き問題 ウトロから次に何を伝えるか ： 国際人権基準と国内法のギャップを見つめる 斎藤正樹 日本居住福祉学会編集委員会編「居住福祉研究」（20） 2015.11 p.56～59

09886 講演録 21世紀における国際人権法の役割 ： 女性差別撤廃委員会の活動を例として 林陽子 二弁フロンティア 第二東京弁護士会広報室企画・編集「Niben frontier」（148）通号371 2015.11 p.2～7

個人の尊重・幸福追求権

【図書】

09887 知る自由の保障と図書館 塩見昇, 川崎良孝編著 京都 京都大学図書館情報学研究会 2006.12 423p 22cm 〈発売：日本図書館協会〉 6000円 Ⓘ4-8204-0623-X Ⓝ010.1 塩見昇 川崎良孝

09888 「知る権利」と憲法改正 知る権利ネットワーク関西編 ［東京］ 花伝社 2007.7 78p 21cm 〈発売：共栄書房〉 800円 Ⓘ978-4-7634-0497-8 Ⓝ316.1 知る権利ネットワーク関西

09889 ホームレスと自立/排除─路上に〈幸福を夢見る権利〉はあるか 笹沼弘志著 大月書店 2008.2 312p 20cm 2600円 Ⓘ978-4-272-33053-9 Ⓝ368.2 笹沼弘志

09890 カント批判哲学による「個人の尊重」（日本国憲法13条）と「平和主義」（前文）の形而上学的基礎づけ 中村博雄著 成文堂 2008.11 309p 22cm 〈他言語標題：La constitution japonaise et la philosophie kantienne〉 〈文献あり〉 〈年表あり〉 5700円 Ⓘ978-4-7923-0452-2 Ⓝ134.2 中村博雄

基本的人権/憲法上の保障　　　　　　　　　　　　　　　　　　　個人の尊重・幸福追求権

09891　憲法13条解釈をどうやって客観化するか　早瀬勝明著　岡山　大学教育出版　2011.3　188p　22cm　〈文献あり〉　2000円　①978-4-86429-047-0　Ⓝ323.143　早瀬勝明

09892　憲法からみた福祉における人間の尊厳と自立　山﨑将文著　［福岡］　中川書店　2014.5　146p　21cm　1000円　①978-4-931363-80-9　Ⓝ369.021　山﨑将文

09893　自信をもっていじめにNOと言うための本―憲法から考える　中富公一著　日本評論社　2015.5　263p　19cm　〈文献あり〉　2300円　①978-4-535-52038-7　Ⓝ371.42　中富公一

【雑誌】

09894　文化芸術の振興と幸福追求権　大塚高正　「芸術世界：東京工芸大学芸術学部紀要」（11）　2005.9　p.63～70

09895　言語権に関する一考察　尾崎哲夫　「生駒経済論叢」2（2・3）　2005.3　p.341～353

09896　エンハンスメントの倫理問題（特集　今、医療に求められるもの）　加藤尚武　「日本医師会雑誌」134（1）　2005.4.1　p.34～37

09897　日本国憲法における個人の尊重原理と基本的人権の保障　松元忠士　「立正大学法制研究所研究年報」（11）　2006.3　p.15～26

09898　戸籍と人権－個人の尊重、戸籍のあり方〔含 質疑応答〕（戸籍制度－個人の尊重とプライバシー保護）　二宮周平　「ヒューマンライツ」（218）　2006.5　p.8～16

09899　さわさわベーシック判例憲法（第3回）幸福追求権と新しい人権　澤田章仁　「月報全青司」（314）　2006.6　p.10～12

09900　国家の家庭への介入――児童虐待とドメスティック・バイオレンス　福岡久美子　「憲法論叢」（13）　2006.12　p.87～109

09901　法の言説におけるセクシュアリ・マイノリティ問題の呼称をめぐって　志田陽子　「Law and practice」（1）　2007.3　p.121～137

09902　新聞法制研究会（第1回）まず取材源の秘匿について論議　一井泰淳　川岸令和　鈴木秀美［他］「新聞研究」（669）　2007.4　p.28～33

09903　新聞法制研究会（第2回）「取材源秘匿」をめぐる独・米の法制度と現状　一井泰淳　川岸令和　鈴木秀美［他］「新聞研究」（670）　2007.5　p.26～31

09904　ロー・クラス 人権の臨界――路上の呼び声を聴く（2）「人間の尊厳」と憲法学の課題　笹沼弘志　「法学セミナー」52（5）通号629　2007.5　p.75～78

09905　ロー・クラス 人権の臨界――路上の呼び声を聴く（3）幸福を追求する権利　笹沼弘志　「法学セミナー」52（6）通号630　2007.6　p.72～75

09906　個人の尊重、公共の福祉、そして平和（第III部 平和の公共哲学にむけて）　山脇直司　「平和憲法と公共哲学」　2007.9　p.199～

09907　個人の尊重と自己理解の方法　若杉芳博　日本産業経済学会研究論集編集委員会編　日本産業経済学会研究論集編集委員会編「日本産業経済学会産業経済研究」（8）　2008.3　p.85～94

09908　障害児者・高齢者と生命自由幸福追求権・自己人生創造希求権－特別なニーズと人権保障（特集 特別ニーズと教育・人権の争点）　竹中勲　障害者問題研究編集委員会編「障害者問題研究」36（1）通号133　2008.5　p.2～9

09909　ロー・クラス 人権の臨界――路上の呼び声を聴く（14）個人の尊厳――権力と人権の変容　笹沼弘志　「法学セミナー」53（5）通号641　2008.5　p.62～65

09910　【東洋経済】歴史から見る財産権の保護－幸福追求権とは金持ちになる権利（The compass）　原田泰　「週刊東洋経済」（6151）　2008.7.5　p.166～167

09911　The compass 幸福追求権とは金持ちになる権利　原田泰　「週刊東洋経済」（6151）　2008.7.5　p.166～167

09912　原点から考える日本国憲法（第19回）憲法第13条――個人の尊重と幸福追求権　河上暁弘　「信州自治研」（198）　2008.8　p.41～58

09913　恣意的判断と憲法一三条審査に関する一考察　釜田泰介　「同志社法学」60（3）通号328　2008.8　p.1027～1052

09914　諸外国等における個人情報の保護の動向（特集 個人情報保護の現在）　宮下紘　「法律のひろば」61（9）　2008.9　p.43～52

09915　憲法一二条にいう「責任responsibility」の意義（第一部 人権の基本原理）　吉田栄司　「国民主権と法の支配 下巻 佐藤幸治先生古稀記念論文集」　2008.9　p.3～

09916　憲法一三条と自己人生創造希求権（第二部 幸福追求権とプライバシー）　竹中勲　「国民主権と法の支配 下巻 佐藤幸治先生古稀記念論文集」　2008.9　p.135～

09917　人格的自律権論に関する覚書（第二部 幸福追求権とプライバシー）　土井真一　「国民主権と法の支配 下巻 佐藤幸治先生古稀記念論文集」　2008.9　p.155～

09918　尊厳と二四条の可能性（特集《日本国憲法をめぐる基本問題》）　岡野八代　「法の理論27」　2008.10　p.53～

09919　沈黙する者へのパターナリズム――遺伝子操作の限界としての「個人の尊重」と「人間の尊厳」　押久保倫夫　「東海法学」（41）　2009　p.21～68

09920　原理から考える人権（8）母語を話す権利－精神の自由および幸福追求権の一つとして

〔09891～09920〕　　　　　　　　　　　　　　　　　　　　憲法改正 最新文献目録　369

の　杉田聡　「人権21：調査と研究」　2009.1
p.24〜29

09921　憲法におけるスポーツ条項の位置づけに
ついての一考察——中南米諸国の実例をも訪ね
て　尹龍澤　「創価ロージャーナル」3　2009.3
p.101〜122

09922　喫煙規制をめぐる憲法問題——ドイツ連
邦憲法裁判所の禁煙法違憲判決を素材に　井上
典之　「法律時報」81（5）通号1008　2009.5　p.
104〜116

09923　幸福の追求と人権国家モデルの実現をめ
ざして　新倉修　「法と民主主義」440　2009.7
p.20〜21

09924　原理から考える人権（9）母語を話す権
利−精神の自由および幸福追求権の一つとして
の（その2）　杉田聡　「人権21：調査と研究」
2009.12　p.38〜45

09925　アメリカ合衆国と人間の尊厳　青柳幸一
「聖学院大学総合研究所紀要」50　2010

09926　中学校 公民編 公民的分野の学習の「構造
化」の核となる「個人の尊重」（社会科 新教材の
チャームポイント）　館潤二　明治図書出版株
式会社［編］「社会科教育：教育科学」47（6）
通号614　2010.6　p.118〜121

09927　幸福追求権（特集 つまずきのもと 憲法）
高井裕之　「法学教室」通号357　2010.6　p.31
〜35

09928　列挙されていない権利の再構成——憲法
13条における権限アプローチの展開　中曽久雄
「阪大法学」60（3）通号267　2010.9　p.547〜
596

09929　中学校 公民編 課題解決を通して学ぶ「個
人の尊重」を核とした政治のしくみ（社会科 新
教材のチャームポイント）　館潤二　明治図書
出版株式会社［編］「社会科教育：教育科学」
47（12）通号620　2010.12　p.118〜121

09930　意思決定の自由——死をめぐる自己決定
について　五十子敬子　「憲法論叢」（17）
2010.12　p.1〜29

09931　幸福追求権——延長上に家族と平等を一
部考える　君塚正臣　「横浜国際経済法学」19
（2）　2010.12　p.125〜144

09932　中学校 公民編 「個人の尊重」をもとにし
た経済単元の授業（社会科 新教材のチャームポ
イント）　館潤二　明治図書出版株式会社［編］
「社会科教育：教育科学」48（3）通号623
2011.3　p.118〜121

09933　個人情報の保護と個人の保護（特集 国家
の役割, 個人の権利）　三宅弘　「ジュリスト」
（1422）　2011.5.1・15　p.75〜84

09934　表現する場を提供する国家（特集 国家の
役割, 個人の権利）　中林暁生　「ジュリスト」
（1422）　2011.5.1・15　p.94〜98

09935　沖縄から全国民の幸福追求権を訴える
新垣進　「法と民主主義」（465）　2012.1　p.58
〜60

09936　「社会保障・税番号」の検討：憲法13条
の幸福追求権の視点から（特集号「社会保障・
税一体改革案」批判）　阿部徳幸　「税制研究」
（61）　2012.2　p.1〜9

09937　医療と自己決定権　外川ゆり子　帝京平
成大学編　「帝京平成大学紀要」23（2）　2012.3
p.399〜405

09938　憲法学再入門（第1回）統治機構編（1）国民
の意思と人格：帰報：統治機構の, いや法学
の基礎知識　木村草太　「法学教室」（379）
2012.4　p.36〜42

09939　「『自己情報コントロール権』は『人格権』
として認められる」と判断：仙台地裁が自衛
隊の情報収集活動に「違法」の判決「国内動向
：過激各派の諸動向・教育・労働問題に関する
専門情報誌」（1247）　2012.4.10　p.10〜17

09940　「美しい分煙社会」の作り方（第17回）内
閣法制局々、たばこ規制法は憲法違反ではない
のか　須田慎一郎　「週刊ポスト」44（16）通号
2176　2012.4.13　p.127〜129

09941　基調講演を受けて…（いかに生き, 死にた
いかは幸福追求権の核心にある：葬送基本法
の骨子考える推進懇談会, 多彩な議論）「再生」
2012.6　p.17〜26

09942　基調報告 基本法, 出発点に憲法13条, 24
条, 25条 葬送の自由を明文化し, 人権, 環境を
守ろう（いかに生き, 死にたいかは幸福追求権
の核心にある：葬送基本法の骨子考える推進
懇談会, 多彩な議論）　中村節二　「再生」
（85）　2012.6　p.12〜16

09943　憲法と法に守られ,「自分らしく生き抜け
る」社会を切望！：厳しいがん患者の治療環
境（特集 終末期と人権）　崎本敏子　「人権21：
調査と研究」（218）　2012.6　p.47〜51

09944　リスク社会における管理目的の介入と個
人の自由：喫煙の権利の位置づけを例として
西原博史　「早稲田社会科学総合研究」13（1）
2012.7　p.57〜72

09945　未だ, 無理解, 偏見に晒されている同性
愛者（特集 マイノリティとマジョリティの共生
を目指して）　永野靖　「法と民主主義」（473）
2012.11　p.28〜33

09946　個人の日本国内への入国と居住を保障す
る憲法原理を求めて（特集 日本移民政策の転換
点？：2009年入管法改正をめぐって）　宮地
基　「法律時報」84（12）通号1053　2012.11　p.
46〜51

09947　個人の尊重と夫婦の氏（2・完）　川口か
しみ　早稲田大学大学院政治学研究科編　「早稲
田政治公法研究」（101）　2013　p.1〜16

09948　幸福追求権の射程：憲法13条を根拠とす

基本的人権/憲法上の保障　　　　　　　　　　　　　　　　　　　　個人の尊重・幸福追求権

る「新しい人権」の資格認定基準　植田徹也　「四天王寺大学紀要」（56）　2013年度　p.43～52

09949　生殖の自由　渋谷秀樹　「立教法務研究」（6）　2013　p.83～126

09950　意見確認Certificationについて（釜田泰介教授古稀記念論集）　紙谷雅子　「同志社法学」64（7）通号360（分冊2）　2013.3　p.3160～3138

09951　忘れてもらう権利 ： 人間の「愚かさ」の上に築く権利　杉谷眞　「Law and practice」（7）　2013.4　p.153～176

09952　個人の尊厳と社会通念 ： 事故物件に関する売主の瑕疵担保責任を素材として（特集 憲法の射程）　横山美夏　「法律時報」85（5）通号1059　2013.5　p.11～16

09953　翻訳 原理としての人間の尊厳 ： 人間の尊厳と衡量の概念的な結びつきについて　ニルス，タイフケ　足立英彦［訳］「金沢法学」56（1）　2013.7　p.57～75

09954　特集 第9回地域人権問題全国研究集会（北九州市）シンポジウム いつまでも住み続けられ、平和で人間らしく、幸福に暮らせる地域社会実現のために　渡辺治［講師］　二宮厚美［講師］　三輪俊和［コーディネーター］「地域と人権」（356）　2013.12　p.4～32

09955　改めて憲法を考える（6）国家の秘密と国民の知る権利　中川律　「時の法令」（1944）　2013.12.30　p.57～62

09956　国家主義と対峙する日本国憲法 ： 個人主義と「公共の福祉」を考える（特集 国家主義の台頭に抗して）　奥野恒久　「アジェンダ ： 未来への課題」（45）　2014.夏　p.6～13

09957　「忘れられる権利」をめぐる攻防　宮下紘　「比較法雑誌」47（4）通号168　2014　p.29～66

09958　総合政策学アーティクル 予防警察の措置の限界と個人の自由 ： 規範明確性、比例原則、核心領域の保護・ドイツの判例を参考に　淡路智典　「総合政策論集 ： 東北文化学園大学総合政策学部紀要」13（1）通号15　2014.3　p.159～172

09959　「非喫煙者の権利」は、「喫煙の自由」の内在的制約を顕在化させたものである　田中謙　「関西大学法学論集」63（6）　2014.3　p.1795～1821

09960　「憲法13条個人の尊厳と家族像 ： 選択的夫婦別姓・相続分差別決定と家族の形」についてドイツ法の視点からのコメント（特集 憲法と家族）　広渡清吾　「日本女性法律家協会会報」（52）　2014.6　p.34～37

09961　憲法13条 個人の尊重と家族 ： 夫婦別姓訴訟を通じて（特集 憲法と家族）　榊原富士子　「日本女性法律家協会会報」（52）　2014.6　p.24～33

09962　DV・ストーカー対策における国家の役割 ： 男女の実質的平等と個人の尊厳をめざして（特集 憲法と家族）　小島妙子　「日本女性法律家協会会報」（52）　2014.6　p.42～51

09963　いま、あらためて「個人の尊重」を考える ： 「福祉の思想」糸賀一雄生誕100年によせて　牧野広義　労働者教育協会編　「学習の友」（735）　2014.11　p.56～63

09964　憲法を体感できる施設 国立公文書館/国会議事堂/最高裁判所（創刊25周年記念特集・「自由に生き、幸福を追求するための理想と指針」を読み直す「日本国憲法」をもう一度一第1部 最高法規には、何が書かれているのか 103の条文に込められた憲法の‶英知〟を探る）　諸井里見［取材・文］　山内貴範［取材・文］「サライ」26（12）通号592　2014.12　p.29, 31, 33

09965　個人情報保護法制 ： 保護と利活用のバランス（特集 憲法の現況）　宍戸常寿　「論究ジュリスト」（13）　2015.春　p.37～47

09966　新たな名誉・プライバシー侵害様態とその保護（特集 人権の調整と調和）　上机美穂　「月報司法書士」（519）　2015.5　p.13～21

09967　日弁連憲法シンポ ： ‶国益〟優先の風潮への危機感で満席 集団的自衛権審議の下、13条「個人の尊重」の意義を確認　永野厚男　「マスコミ市民 ： ジャーナリストと市民を結ぶ情報誌」（558）　2015.7　p.66～68

09968　国民に迫る「超管理社会」化の恐怖 実施前から利用対象が拡大される「マイナンバー法」　田島泰彦　「金曜日」23（27）通号1067　2015.7.17　p.30～31

09969　憲法で保障された個人の尊厳 ： シュタイナーの社会思想から　金岡京子　「春秋」（571）　2015.8・9　p.18～21

◆プライバシーの権利

【図書】

09970　個人情報保護の施策―「過剰反応」の解消に向けて　宮下紘著　朝陽会　2010.2　274p　21cm　1800円　①978-4-903059-25-9　Ⓝ316.1　宮下紘

09971　憲法から考える実名犯罪報道　飯島滋明編著　現代人文社　2013.5　215p　21cm　〈索引あり〉　〈発売：大学図書〉　1900円　①978-4-87798-552-3　Ⓝ316.1　飯島滋明

09972　プライバシー権の復権―自由と尊厳の衝突　宮下紘著　八王子　中央大学出版部　2015.7　344p　22cm　〈索引あり〉　2800円　①978-4-8057-0731-9　Ⓝ316.1　宮下紘

【雑誌】

09973　個人情報・プライバシーの保護　松井志菜子　「長岡技術科学大学言語・人文科学論集」

(19)　2005　p.83～133

09974　「個人情報保護法」制定の必要とその法的
諸問題(特集 動き出した「個人情報保護法」)
松岡浩　「日本精神科病院協会雑誌」　24(7)通
号285　2005　p.676～683

09975　公共の安全とインターネット上の人権(特
集 安全と私的自治、手続的正義 第29回法とコ
ンピュータ学会研究会報告)　松井茂記　「法と
コンピュータ」　(23)　2005.7　p.3～17

09976　親を知らない子どもたち－生命保護と情
報保護　阪本恭子　「同志社大学ヒューマン・セ
キュリティ研究センター年報」　(3)　2006　p.
130～147

09977　同時多発テロ以降の情報をめぐる自由と
安全の調整――国家監視状態における憲法構造
大林啓吾　「慶応義塾大学大学院法学研究科論文
集」　(47)　2006年度　p.39～85

09978　プライヴァシーの権利と、私生活・私的生
活の尊重――憲法学の視点から(特集 人権とそ
の保障――憲法と国際人権法―プライバシーの
権利と、私生活・私的生活の尊重)　倉持孝司
「国際人権 ： 国際人権法学会報」　通号17
2006　p.40～44

09979　プライバシーの権利と私生活・私的生活
の尊重――国際法の視点から(特集 人権とその
保障――憲法と国際人権法―プライバシーの権
利と、私生活・私的生活の尊重)　谷口洋幸
「国際人権 ： 国際人権法学会報」　通号17
2006　p.45～50

09980　英米法研究(第35回) 同性間の性的行為の
処罰とプライバシーの権利(合衆国最高裁2003.
6.26判決)　尾島明　ぎょうせい編　「法律のひ
ろば」　59(1)　2006.1　p.73～80

09981　判例情報 判例解説 土地開発公社保有土地
情報非公開処分取消請求事件最高裁判決(平成
17.7.15)　村上博　「法令解説資料総覧」　(292)
2006.5　p.90～93

09982　監視カメラに関する憲法上の一考察(警察
政策フォーラム 警察政策研究センター10周年
記念 犯罪予防の法理—パネリスト発表及びパネ
ルディスカッションの概要)　大沢秀介　「警察
政策研究」　(11)　2007　p.38～49

09983　個人情報保護の本旨　新保史生　「憲法研
究」　(39)　2007　p.101～119

09984　住民票事件とは何か――市民権と社会的
排除　笹沼弘志　「市政研究」　(156)　2007.夏
p.90～98

09985　プライバシー権の概念化と新たな分類
――プラグマティック・アプローチとその具体
化　小林直三　「大阪経済法科大学法学研究所紀
要」　(40)　2007.1　p.27～72

09986　犯罪捜査のためのDNAデータベースと憲
法　山本龍彦　「遺伝情報と法政策」　2007.1
p.95～

09987　住基ネットはなぜ危険なのか(伊藤真の
中・高生のための憲法教室〔35〕)　伊藤真　「世
界」　(761)　2007.2　p.188～189

09988　住基ネット違憲訴訟・大阪高裁平成18.11.
30.判決について　坂本団　「甲南法務研究」
(3)　2007.3　p.17～37

09989　憲法上のプライバシーの権利と最高裁
判所(第1部 人権の現代的展開)　竹中勲　「現
代社会における国家と法 阿部照哉先生喜寿記念
論文集」　2007.5　p.31～

09990　監視カメラに関する憲法上の一考察(警察
政策フォーラム 犯罪予防の法理)　大沢秀介
「警察学論集」　60(8)　2007.8　p.55～73

09991　世界の潮 自衛隊の「市民監視」　前田哲
男　「世界」　(768)　2007.8　p.20～24

09992　「非国民」のすすめ(第26回) 自衛隊によ
る国民監視活動　斎藤貴男　「創」　37(8)通号
415　2007.8　p.92～95

09993　メディア時評 新聞 自衛隊の国民監視活動
が問うもの　金光奎　「前衛 ： 日本共産党中央
委員会理論政治誌」　通号820　2007.8　p.173～
176

09994　住基ネットと自己情報コントロール権
島田茂　「甲南法学」　48(1)　2007.9　p.69～99

09995　住基ネット憲法訴訟の今日的課題(その
1) 対談 あらためて憲法一三条裁判を考える
――住基ネット訴訟に関連して　樋口陽一　中
島徹　「法律時報」　79(11)通号988　2007.10
p.70～84

09996　災害時要援護者の避難支援――個人情報
のより実践的な収集・共有を目指して　山崎栄
一　立木茂雄　林春男〔他〕「地域安全学会論
文集」　(9)　2007.11　p.157～166

09997　住基ネット関連判例の総合的研究(住基
ネット憲法訴訟の今日的課題(その2))　右崎
正博　「法律時報」　79(12)通号989　2007.11
p.85～90

09998　住基ネット訴訟における原告住民の主張
(住基ネット憲法訴訟の今日的課題(その2))
渡辺千古　「法律時報」　79(12)通号989　2007.
11　p.91～95

09999　住基ネットと個人情報保護(住基ネット憲
法訴訟の今日的課題(その2))　平松毅　「法律
時報」　79(12)通号989　2007.11　p.80～84

10000　「安全保障」の裏にある個人情報一元化
堤未果　「世界」　(772)　2007.12　p.209～216

10001　住基ネットのプライヴァシー性　羽渕雅
裕　「帝塚山法学」　(15)　2007.12　p.1～30

10002　個人名の「裏書きされた」新憲法草案
津田みわ　「統治者と国家 アフリカの個人支配
再考」　2007.12　p.85～

10003　大久保史郎教授オーラルヒストリー(不法
行為法における権利侵害要件の「再生」)　赤澤

史朗　市川正人　大平祐一［他］「立命館法學」2008年（5・6）通号321・322　2008　p.1964〜1999

10004　日本におけるDNAデータベース法制と憲法（シンポジウム 社会の安全と個人情報保護──子どもを被害者とする性犯罪対策を中心に）　山本龍彦「比較法研究」通号70　2008　p.73〜79

10005　判例研究 コンビニ店舗内で撮影されたビデオ記録の警察への提供とプライバシー──損害賠償請求控訴事件［名古屋高等裁判所平成17.3.30判決］　石村修「専修ロージャーナル」（3）　2008.1　p.19〜32

10006　基礎法学講座 憲法 いわゆる肖像権とオービスによる撮影行為「Keisatsu jiho」63（5）2008.5　p.48〜50

10007　新聞の論点 社説を読み比べる 住基ネット合憲判決　長山靖生「中央公論」123（5）通号1489　2008.5　p.260〜263

10008　世界の潮 住基ネット合憲判決と立憲主義の「潮目」　棟居快行「世界」（778）　2008.5　p.29〜32

10009　住基ネット合憲判決と立憲主義の「潮目」（世界の潮）　棟居快行「世界」（778）　2008.5　p.29〜32

10010　焦点 住基ネット最高裁合憲判決をどう見るか　三木由希子「月刊自治研」50通号585　2008.6　p.12〜16

10011　日本国憲法における公と私の境界（特集 憲法理論の新たな創造）　蟻川恒正「法律時報」80（6）通号996　2008.6　p.27〜35

10012　法律時評 最高裁住基ネット合憲判決批判　田島泰彦「法律時報」80（6）通号996　2008.6　p.1〜3

10013　ロー・ジャーナル 住基ネット訴訟最高裁判決のポイント［2008.3.7］　福島力洋「法学セミナー」53（6）通号642　2008.6　p.4〜5

10014　プライヴァシーの権利における公法と私法の区分の意義（第二部 幸福追求権とプライバシー）　浅野有紀　初宿正典　米沢広一　松井茂記　市川正人　土井真一「『国民主権と法の支配 下巻 佐藤幸治先生古稀記念論文集』」2008.9　p.179〜

10015　受刑者の「私生活の尊重」に対する権利と人工授精──ヨーロッパ人権裁判所Dickson対イギリス事件判決を題材に［2007.12.4］　小林真紀「愛知大学法学部法経論集」（178）2008.9　p.1〜35

10016　プライバシーの権利と個人情報の保護（第二部 幸福追求権とプライバシー）　阪本昌成「国民主権と法の支配 下巻 佐藤幸治先生古稀記念論文集」2008.9　p.83〜

10017　プライバシーの権利と表現の自由（1）　阪本昌成「立教法学」通号76　2009　p.34〜66

10018　プライバシーの権利と表現の自由（2・完）　阪本昌成「立教法学」通号77　2009　p.141〜181

10019　判例批評 住民基本台帳ネットワークシステムの合憲性［最高裁第一小法廷平成20.3.6判決］　平松毅「民商法雑誌」139（4・5）　2009.1・2　p.522〜536

10020　法の枠組そのものに問題がある 個人情報保護法、懸念される、情報統制の時代　田島泰彦「時評」51（1）通号550　2009.1　p.86〜90

10021　住基ネットとプライバシー・再論　右崎正博「獨協ロー・ジャーナル」（4）　2009.3　p.3〜12

10022　監視社会のなかのプライバシーと住基ネット（電子社会とプライバシー）　田島泰彦「自由と正義」60（5）通号724　2009.5　p.9〜16

10023　判例研究 講演会参加者名簿の提出とプライバシー（早稲田大学講演会参加者名簿開示事件）［最高裁平成15.9.12第二小法廷判決］　飯野賢一「愛知學院大學論叢. 法學研究」50（2）2009.6　p.105〜132

10024　プライバシーの権利と司法判断　飯塚和之　茨城大学人文学部［編］「茨城大学人文学部紀要. 社会科学論集」（48）　2009.9　p.1〜16

10025　質疑応答（情報ネットワーク法学会特別講演会 個人情報保護、自己情報コントロール権の現状と課題）　堀部政男　佐藤幸治　岡村久道「NBL」通号912　2009.9.1　p.23〜26

10026　モデル小説とプライバシー　飯野賢一「愛知學院大學論叢. 法學研究」50（3・4）2009.10　p.43〜76

10027　プライヴァシー権の概念化にあたっての女性のイメージ──女性を抑圧するものから、女性を解放するプライヴァシー権概念へ　小林直三「関西大学法学論集」59（3・4）　2009.12　p.455〜508

10028　2010年度比較法研究所共同研究報告 労働者の個人情報保護に関する比較法的研究　石田信平　宮下紘「比較法文化 ： 駿河台大学比較法研究所紀要」（19）　2010年度　p.123〜125

10029　校内薬物検査とプライバシィー保障・再論　清水真「明治大学法科大学院論集」（7）2010.2　p.445〜462

10030　住基ネットと個人情報・プライバシー保護（特集 電子社会における権利保護を考える）　田島泰彦「月報司法書士」（456）　2010.2　p.18〜23

10031　プライバシーの権利をめぐる司法消極主義と積極主義（1）公機関による侵害に焦点をあてて　中谷実「南山法学」33（3・4）　2010.3　p.83〜121

10032　民事関係 平成20.3.6, 1小判 住民基本台帳ネットワークシステムにより行政機関が住民の本人確認情報を収集, 管理又は利用する行為と

憲法13条（最高裁判所判例解説──平成20年3,
7月分 平成21年1, 2, 10月分） 増森珠美 「法曹
時報」 62(11) 2010.11 p.3003〜3027

10033 法とは何か(17)プライバシーの権利 – 自
分の個人情報をコントロールする権利 森鳥昭
夫 雅粒社編 「時の法令」 通号1870 2010.11.
30 p.35〜43

10034 憲法上の「プライバシイの権利」への序
章 青山武憲 「日本法學」 76(3) 2010.12
p.939〜971

10035 プライバシーの権利をめぐる司法消極主
義と積極主義(2)公機関による侵害に焦点をあ
てて 中谷実 「南山法学」 34(1) 2010.12
p.157〜205

10036 基調報告 プライバシーの権利(日本国憲
法研究(10)プライバシー) 山本龍彦 「ジュリ
スト」 (1412) 2010.12.1 p.80〜90

10037 座談会(日本国憲法研究(10)プライバ
シー) 山本龍彦 阪本昌成 長谷部恭男[他]
「ジュリスト」 (1412) 2010.12.1 p.91〜118

10038 プライバシー・個人情報保護の新世代
宮下紘 「駿河台法学」 25(1)通号47 2011 p.
111〜136

10039 「統治論」としての遺伝子プライバシー論
──専門職集団による規範定立と司法審査(覚
書)(遺伝情報をめぐる問題状況) 山本龍彦
「慶應法学」 (18) 2011.1 p.45〜78

10040 プライバシーの権利をめぐる司法消極主
義と積極主義(3)公機関による侵害に焦点をあ
てて 中谷実 「南山法学」 34(2) 2011.2 p.
115〜158

10041 災害時要援護者の個人情報をめぐる政策
法務 ： 新たな整理・分析枠組みの構築と違法
リスクの抽出 山崎栄一 林春男 立木茂雄
[他] 「地域安全学会論文集」 (14・15)
2011.3・11 p.313〜322

10042 公立図書館におけるフィルタリング・ソフ
ト導入に関する一考察 – 機能的「検閲」アプ
ローチをめぐって 金澤誠 情報ネットワーク
法学会編 「情報ネットワーク・ローレビュー」
10 2011.8 p.19〜33

10043 災害時要援護者情報の収集・共有と保護
(特集 個人情報の保護と利用) 山崎栄一 「都
市問題」 102(8) 2011.8 p.82〜90

10044 共通番号制とプライヴァシー権──憲法
学の観点から 林知更 「住民行政の窓」 通号
367 2011.10 p.2〜14

10045 プライバシーの権利をめぐる司法消極主
義と積極主義(4)公機関による侵害に焦点をあ
てて 中谷実 「南山法学」 35(1) 2011.11
p.99〜128

10046 議論 匿名が増える背景は何か？ 発言の
要約や加工に留意を(特集 朝日新聞「報道と人
権委員会」報告 記事中に増える匿名談話 「ま

ちの声」をどう取材し、伝えるか) 森純一
本林徹 長谷部恭男[他] 「Journalism」
(259) 2011.12 p.67〜71

10047 第一回東洋大学公法研究会報告 「憲法上
の制度としての『公開』と名誉・プライバシー
等の『人権』の保障」報告書 始澤真純 「東洋
法学」 55(2)通号120 2011.12 p.205〜228

10048 規約人権委員会による規約の発展的解釈
と適用 ： 個人通報制度における無差別(2条1
項, 3条及び26条)を例に(特集 国内裁判所によ
る人権救済と憲法上の人権・人権条約上の人権
： 個人通報制度への参加を視野に入れて─人権
条約機関の判例・先例法理の検討) 富田麻理
「国際人権 ： 国際人権法学会報」 (23) 2012
p.24〜28

10049 私生活における不可侵の核心領域の保護
實原隆志 「研究紀要」 (13) 2012 p.29〜41

10050 電子機器を用いた捜査についての憲法学
からの若干の考察 辻雄一郎 「駿河台法学」
26(1)通号49 2012 p.39〜70

10051 日本国憲法第35条について ： 令状主義と
は何か(1) 中川修一 「秋田法学」 (53)
2012 p.1〜21

10052 プライバシー・イヤー2012 ： ビッグ・
データ時代におけるプライバシー・個人情報保
護の国際動向と日本の課題(特集 ビッグデー
タ) 宮下紘 「Nextcom ： 情報通信の現在と
未来を展望する」 12 2012.Win. p.32〜41

10053 プライバシー保護と個人情報保護の違い
： 私法的保護か, 公法的保護か(特集 ビッグ
データ) 阪本昌成 「Nextcom ： 情報通信の
現在と未来を展望する」 12 2012.Win. p.22
〜31

10054 「社会保障・税番号」制度の導入 ： 懸念
されるプライバシーの権利侵害(特集 日本税制
の変革と将来展望 ： 漂流する抜本改革の行方
を追う) 鈴木正朝 日本税理士会連合会監修
「税理」 55(1) 2012.1 p.25〜33

10055 判例研究 署名者に対する個別訪問調査と
請願権・表現の自由、プライバシー[岐阜地裁
平成22.11.10判決] 中曽久雄 「阪大法学」 61
(5)通号275 2012.1 p.1245〜1263

10056 プライバシーの権利をめぐる司法消極主
義と積極主義(5)公機関による侵害に焦点をあ
てて 中谷実 「南山法学」 35(2) 2012.2 p.
45〜86

10057 日本国憲法における個人主義とプライバ
シー 千葉邦史 「法律時報」 84(3)通号1044
2012.3 p.99〜107

10058 プライバシーと自律 ： 日本的プライバ
シー権の鵺的性格(飯塚和之先生定年退職記念
号) 稲積重幸 「茨城大学政経学会雑誌」
(81) 2012.3 p.57〜70

10059 ロー・クラス 憲法ゼミナール(part.2)コ

ンテクストを読む(第14回)京都府学連事件判決というパラダイム ： 警察による情報収集活動と法律の根拠　山本龍彦　「法学セミナー」57(6)通号689　2012.6　p.46～51

10060　プライバシーの権利をめぐる司法消極主義と積極主義(6・完)公機関による侵害に焦点をあてて(多田元教授退職記念号)　中谷実　「南山法学」35(3・4)　2012.7　p.277～299

10061　住民投票を求める署名名簿の開示と憲法上の「匿名性の保護」 ： Doe v. Reed, 130 S. Ct. 2811 (2010) (アメリカ法判例研究(12))　「比較法学」47(2)通号102　2013　p.236～242

10062　日本国憲法第35条について ： 令状主義とは何か(2)　中川修一　「秋田法学」(54)　2013　p.1～26

10063　「公共圏」をめぐる「公」と「私」 ： 表現の「場」におけるプライバシーの意義と限界(吉田栄司教授還暦記念論文集)　髙作正博　「関西大学法学論集」62(4・5)　2013.1　p.1417～1443

10064　個人情報保護制度の基礎としてのプライヴァシー権概念に関する考察(吉田栄司教授還暦記念論文集)　小林直三　「関西大学法学論集」62(4・5)　2013.1　p.2200～2167

10065　個人識別番号法とプライバシーの権利　浦野広明　税経新人会全国協議会［編］「税経新報」(608)　2013.2・3　p.21～33

10066　共通番号・秘密保全・人権委員会・児童ポルノ法改正・改憲 自公政権の復活で加速する表現規制と情報統制　田島泰彦　「出版ニュース」(2306)　2013.3.下旬　p.4～10

10067　IC技術と法システム ： 電子署名法とマイナンバー法案をめぐって(長尾一紘先生古稀記念論文集)　佐藤信行　「法学新報」120(1・2)　2013.6　p.579～605

10068　個人情報の「過剰反応」防ぐ3つのポイント(特集 どうしたらいいの？ 個人情報保護)　宮下紘　「月刊ケアマネジメント」24(7)通号263　2013.7　p.22～24

10069　判例で学ぶ行政法(第21回)住基ネット制度の合憲性(1)［最高裁平成20.3.6判決］　宇賀克也　「自治実務セミナー」52(7)通号613　2013.7　p.46～51

10070　判例で学ぶ行政法(第22回)住基ネット制度の合憲性(2)　宇賀克也　「自治実務セミナー」52(8)通号614　2013.8　p.44～47

10071　判例で学ぶ行政法(第23回)住基ネット制度の合憲性(3・完)　宇賀克也　「自治実務セミナー」52(9)通号615　2013.9　p.50～53

10072　時の問題 番号制度の憲法問題 ： 住基ネット判決から考える　山本龍彦　「法学教室」(397)　2013.10　p.49～58

10073　少年司法制度とプライヴァシーの権利

岡田裕子　「立教法学」　2014　p.1～148

10074　データ保護プライバシー・コミッショナー国際会議 ： プライバシー保護の国際基準と越境執行協力　宮下紘　「比較法雑誌」48(2)通号170　2014　p.143～169

10075　番号法(社会保障・税番号制度)の構造　新保史生　「憲法研究」(46)　2014　p.179～212

10076　IPアドレスの個人情報該当性　實原隆志　「研究紀要」(15)　2014　p.17～28

10077　情報を市民に取り戻す取り組みが必要 秘密保護法後の表現規制と情報統制　田島泰彦　「出版ニュース」(2334)　2014.1.下旬　p.10～15

10078　法律家に必要なこと ： イスラム教徒情報収集事件を素材に(特集 人権感覚と人権擁護意識 ： 改めて人権を考える)　木村草太　「月報司法書士」(507)　2014.5　p.4～12

10079　ビッグデータ時代の「忘れられる権利」プライバシー保護に日本なりの哲学を(特集 ビッグデータ時代の報道とは)　宮下紘　「Journalism」(290)　2014.7　p.94～102

10080　情報統制と監視で脅かされる私たちの自由と人権(特集 自由と平和、その提案)　田島泰彦　「月刊保団連」(1167)　2014.8　p.12～18

10081　濫用的な情報公開請求について(大石教授退職記念号)　曽我部真裕　「法学論叢」176(2・3)　2014.12　p.305～327

10082　個人識別情報の再概念化に関する一考察 ： 情報利用とプライバシー保護の両立のために　小林直三　「社会科学論集 ： 高知短期大学研究報告」(105)　2014.12.20　p.1～18

10083　憲法学・社会学の視点からマイナンバー制度を考える ： 運用をさせない、利用拡大をさせないために(特集 マイナンバー制度の問題点)　清水雅彦　「中小商工業研究」(125)　2015.秋季　p.31～38

10084　「自由・プライバシー」と安全・安心(特集 二つの自由と二つの安全―「自由・プライバシー」と安全)　宍戸常寿　「国際人権 ： 国際人権法学会報」(26)　2015　p.24～29

10085　情報統制と市民監視のなかの共通番号制　田島泰彦　「季刊自治と分権」(61)　2015.秋　p.62～72

10086　中小企業に重荷で、危ないマイナンバー ： 白紙撤回し、憲法を護り、安心な社会をめざそう(特集 マイナンバー制度の問題点)　石村耕治　「中小商工業研究」(125)　2015.秋季　p.9～22

10087　マイナンバー制度は廃止すべきである(特集 様々な視点で憲法を考えよう)　前哲夫　「季刊人権問題」(42)　2015.秋　p.21～32

10088　予測的ポリシングと憲法 ： 警察による

ビッグデータ利用とデータマイニング（安冨潔
教授退職記念号）　山本龍彦　「慶應法学」
（31）　2015.2　p.321～345

10089　共通番号なしでは働く権利、生存権が保
障されない社会でよいのか　：　共通番号は、危
険で、給与所得者や民間企業に負担が重過ぎる
石村耕治　「CNNニューズ」　2015.4.2　p.8～14

10090　監視型捜査における情報取得時の法的規
律（小特集 強制・任意・プライヴァシー　：
「監視捜査」をめぐる憲法学と刑訴法学の対話）
緑大輔　「法律時報」　87（5）通号1085　2015.5
p.65～69

10091　監視捜査における情報取得行為の意味（小
特集 強制・任意・プライヴァシー　：　「監視捜
査」をめぐる憲法学と刑訴法学の対話）　山本
龍彦　「法律時報」　87（5）通号1085　2015.5　p.
60～64

10092　市民のプライバシーを侵害する盗聴法の
大幅拡大に強く反対する　海渡雄一　「社会民
主」　（721）　2015.6　p.18～21

10093　いかなる場合にパブリシティ権は表現の
自由に優越するか　：　米国における近時のビデ
オゲーム関連判決を参考に　関真也　「パテン
ト」　68（7）通号793　2015.7　p.78～89

10094　いまの情勢のもとでの自衛隊国民監視差
止裁判の意義　内藤功　「平和運動」　（532）
2015.7　p.24～28

10095　個人情報保護委員会の機能と権限（特集
パーソナルデータの利活用と改正個人情報保護
法）　宍戸常寿　「自由と正義」　66（9）通号801
2015.9　p.24～30

10096　インターネット時代の個人情報保護　：　実
効的な告知と国家の両義性を中心に　山本龍彦
「慶應法学」　（33）　2015.10　p.181～219

10097　個人情報保護法改正・偶感（特集 プライ
バシーのゆくえ）　宍戸常寿　「三田評論」
（1193）　2015.10　p.27～32

10098　統制と監視のなかの共通番号制（特集 マ
イナンバー制度を問う）　田島泰彦　「部落解
放」　（717）　2015.11　p.23～31

10099　金曜アンテナ マイナンバー違憲訴訟、全
国7カ所で来月提訴へ 個人番号の使用差し止め
を（創刊22周年記念号）「金曜日」　23（42）通号
1082　2015.11.6　p.6

10100　共通番号制批判　：　情報を市民に取り戻す
ために（特集 個人情報は誰のもの）　田島泰彦
「社会民主」　（727）　2015.12　p.12～15

◆自己決定権

【図書】
10101　多極競合的人権理論の可能性─「自己決
定権」批判の理論として　平岡章夫著　成文堂

2013.5　252p　22cm　〈文献あり 索引あり〉
4800円　①978-4-7923-0552-9　Ⓝ316.1　平岡
章夫

【雑誌】
10102　人体の一部を採取する要件としての本人
の自己決定──憲法上の生命・身体に対する権
利の視点から　中山茂樹　「産大法学」　40（3・
4）通号138　2007.3　p.449～489

10103　一三条論の六〇年──学説の展開と自己
決定権の課題（特集＝日本国憲法施行六〇年
──憲法学に求められる課題─人権論）　小竹
聡　「法律時報」　79（8）通号985　2007.7　p.58
～63

10104　ロー・クラス 人権の臨界──路上の呼び
声を聴く（5）自己決定権──生への欲望と権力
笹沼弘志　「法学セミナー」　52（8）通号632
2007.8　p.76～79

10105　影の東アジア──ああ、これが朝鮮だ（特
集 沖縄五・一八シンポジウム 来るべき〈自己決
定権〉のために 沖縄・アジア・憲法）　崔真碩
「情況. 第三期　：　変革のための総合誌」　9（5）
通号74　2008.7　p.39～44

10106　死者の記憶──沖縄の「思想資源」（特集
沖縄五・一八シンポジウム 来るべき〈自己決定
権〉のために 沖縄・アジア・憲法）　仲里効
「情況. 第三期　：　変革のための総合誌」　9（5）
通号74　2008.7　p.51～55

10107　「患者の自己決定権」に関する憲法論上の
諸問題　野畑健太郎　「憲法論叢」　（15）　2008.
12　p.1～29

10108　中絶権の新たな構成（1）身体的統合性へ
の権利としての中絶権とプライヴァシー権への
位置づけ　小林直三　「大阪経済法科大学法学論
集」　（67）　2009.3　p.89～123

10109　憲法上の自己決定権と最高裁判所　竹中
勲　「同志社法学」　61（3）通号336　2009.7　p.
951～979

10110　憲法13条と自己情報コントロール権（情報
ネットワーク法学会特別講演会 個人情報保護、
自己情報コントロール権の現状と課題）　佐藤
幸治　「NBL」　通号912　2009.9.1　p.15～22

10111　中絶権の新たな構成（2・完）身体的統合
性への権利としての中絶権とプライヴァシー権
への位置づけ（西牧駒蔵教授退職記念号）　小林
直三　「大阪経済法科大学法学論集」　（68）
2010.3　p.165～208

10112　「自己像の同一性に対する権利」について
曽我部真裕　「法学論叢」　167（6）　2010.9　p.1
～27

10113　「自己決定権」という名の権利？（飯田勝
人先生 小川幸士先生 坂野勝彦先生 退職記念
号）　羽渕雅裕　「帝塚山法学」　（23）　2012.6
p.21～41

基本的人権/憲法上の保障　　　　　　　　　　　　　　　　　　　　　　　　　法の下の平等

10114　臓器移植法の遺族の法的役割に関する一
　考察：憲法学的視点から　宍戸圭介「法哲学
　年報」　2014　p.234〜246

10115　知的・精神的障がい者の自己決定権(石川
　英昭教授退職記念号)　大野友也「法学論集」
　49(2)　2015.3　p.195〜209

◆名誉権

【図書】

10116　公人とマス・メディア―憲法的名誉毀損
　法を考える　山田隆司著　信山社出版　2008.5
　199p　20cm　〈文献あり〉　3000円　Ⓘ978-4-
　7972-2404-7　Ⓝ326.25　山田隆司

10117　名誉毀損―表現の自由をめぐる攻防　山
　田隆司著　岩波書店　2009.5　233,11p　18cm
　(岩波新書 新赤版1186)　〈文献あり 索引あ
　り〉　780円　Ⓘ978-4-00-431186-7　Ⓝ326.25
　山田隆司

10118　戦後マスコミ裁判と名誉毀損　片野勧著
　論創社　2010.2　310p　21cm　3000円　Ⓘ978-
　4-8460-0868-0　Ⓝ326.25　片野勧

【雑誌】

10119　2005年マスコミ関係判例回顧 名誉棄損の
　免責に関する判断を中心に　山口いつ子「新聞
　研究」　(655)　2006.2　p.55〜60

10120　判例講座 憲法基本判例を読み直す(10)名
　誉侵害と裁判所による表現行為の事前差止め
　――北方ジャーナル事件判決(最大判昭和61.6.
　11民集40巻4号872頁)　野坂泰司「法学教室」
　通号309　2006.6　p.92〜102

10121　名誉毀損的表現の憲法上の価値　吉野夏
　己「岡山大学法学会雑誌」　56(3・4)通号197
　2007.3　p.657〜690

10122　公人と名誉毀損(2・完)「現実的悪意の法
　理」導入の可能性　山田隆司「阪大法学」　57
　(5)通号251　2008.1　p.735〜764

10123　「名誉」の放棄　小島慎司「上智法学論
　集」　52(1・2)　2008.12　p.284〜261

10124　名誉毀損における出版物の事後差止につ
　いて――北方ジャーナル事件最高裁判決の射程
　を中心として　岩原義則「関西大学大学院法務
　研究科法科大学院ジャーナル」　(4)　2009.3
　p.101〜109

10125　名誉毀損と表現の自由(特集 憲法の理念
　を実現するために)　山田隆司「月報司法書
　士」　(459)　2010.5　p.25〜34

10126　名誉毀損罪と表現の自由――憲法の視点
　から(特集「刑罰からの自由」の現代的意義―
　個人による表現と名誉毀損罪)　鈴木秀美「法
　律時報」　82(9)通号1025　2010.8　p.22〜25

10127　わが国の名誉毀損法理に関する整理と分

析――名誉毀損的表現の憲法上の価値に関する
　考察を中心として　岡根好彦「法学政治学論究
　：法律・政治・社会」　(90)　2011.秋季　p.71
　〜102

10128　名誉毀損における「意見表明表現」の免
　責法理について(2)「名誉毀損法と意見表明の自
　由」考　前田聡「流通経済大学法学部
　流経法学」　11(1)通号20　2011.9　p.53〜87

10129　「看護師爪ケアえん罪事件」から何を読み
　解くか(故 尾崎都司正教授追悼号)　飯島滋明
　「名古屋学院大学論集. 社会科学篇」　49(2)
　2012　p.105〜116

10130　論評ないし意見の表明による名誉毀損表
　現に関する日米の法理の分析：　表現媒体によ
　る、「事実」と「意見」の識別判断の変動可能性
　についての考察を目的として　岡根好彦「法学
　政治学論究：法律・政治・社会」　(95)
　2012.冬季　p.101〜134

10131　「名誉毀損ツーリズム」と2010年「言論
　法」についての覚書　城野一憲「早稲田大学大
　学院法研論集」　(145)　2013　p.117〜141

10132　2012年マスコミ関係判例回顧「相当の理
　由」厳格解釈の傾向続く：名誉毀損訴訟にお
　ける取材源秘匿　西土彰一郎「新聞研究」
　(739)　2013.2　p.52〜57

10133　「対抗言論」再考：インターネット上の
　名誉毀損に関する最高裁決定を契機にして　高
　橋和之「学士会会報」　2013(3)通号900
　2013.5　p.17〜22

10134　2013年マスコミ関係判例回顧 適切な裏付
　け取材の必要性：「相当性の法理」めぐる裁
　判、相当数に　宍戸常寿「新聞研究」　(751)
　2014.2　p.52〜58

10135　第二十五回 東洋大学公法研究会報告 名誉
　権の源流と現代における保障の問題点：歴史
　的考察を中心に(森田明教授 退職記念号)　始
　澤真純「東洋法学」　57(3)通号127　2014.3
　p.365〜371

法の下の平等

【図書】

10136　それぞれの人権―くらしの中の自由と平
　等　憲法教育研究会編　第3版　京都　法律文
　化社　2006.4　224,21p　21cm　2700円　Ⓘ4-
　589-02917-0　Ⓝ316.1　憲法教育研究会

10137　「一人前」でない者の人権―日本国憲法と
　マイノリティの哲学　小畑清剛著　京都　法律
　文化社　2010.5　235p　21cm　3000円　Ⓘ978-
　4-589-03267-6　Ⓝ323.14　小畑清剛

10138　不平等の謎―憲法のテオリアとプラクシ
　ス　遠藤比呂通著　京都　法律文化社　2010.5
　217p　19cm　2700円　Ⓘ978-4-589-03260-7

〔10114〜10138〕　　　　　　　　　　　　　　　　　　　憲法改正 最新文献目録　377

法の下の平等

基本的人権/憲法上の保障

Ⓝ323.01　遠藤比呂通

10139　終わりの始まり―障害者自立支援法違憲訴訟の訴えること　障害者自立支援法訴訟の基本合意の完全実現をめざす埼玉の会編　さいたま　やどかり出版　2011.1　122p　21cm　900円　Ⓘ978-4-904185-18-6　Ⓝ369.27　障害者自立支援法訴訟の基本合意の完全実現をめざす埼玉の会

10140　障害のある人の権利と法　植木淳著　日本評論社　2011.3　258p　22cm　5200円　Ⓘ978-4-535-51834-6　Ⓝ369.27　植木淳

10141　障害者自立支援法違憲訴訟―立ち上がった当事者たち　障害者自立支援法訴訟弁護団編　生活書院　2011.10　377p　21cm　3000円　Ⓘ978-4-903690-82-7　Ⓝ369.27　障害者自立支援法違憲訴訟弁護団

10142　平等権のパラドクス　吉田仁美著　京都　ナカニシヤ出版　2015.3　181p　22cm　〈他言語標題：Rights of Equality〉　〈索引あり〉　4500円　Ⓘ978-4-7795-0920-9　Ⓝ323.53　吉田仁美

【雑誌】

10143　司法における女性差別撤廃条約の実践－住友電工男女賃金差別事件の経験から（特集 国際人権過程におけるNGO－その可能性と課題－人権条約実施過程におけるNGO－女性差別撤廃条約を手がかりとして）　宮地光子　国際人権法学会［編］「国際人権：国際人権法学会報」通号16　2005　p.33～37

10144　今月のことば 株式会社の内部留保金規定と学校法人の内部留保金規定との差異は正当か－法の下の平等に反する「学校法人貴族説」反町勝夫　東京リーガルマインド編「法律文化」17（5）通号254　2005.5　p.1～3

10145　基調講演 スポーツにおける平等の諸次元（日本スポーツ法学会第13回大会 テーマ スポーツにおける法の下の平等）　井上典之「日本スポーツ法学会年報」（13）　2006　p.7～24

10146　シンポジウム・提言 市民スポーツに見るスポーツ権の実際と課題－権利主体者形成の観点から（日本スポーツ法学会第13回大会 テーマ スポーツにおける法の下の平等）　辻田宏　日本スポーツ法学会［編］　日本スポーツ法学会［編］「日本スポーツ法学会年報」（13）　2006　p.25～34

10147　シンポジウム・提言 障害者スポーツの歴史的変遷からみた意義と今後の方向性－障害者スポーツというスポーツはあるのか（日本スポーツ法学会第13回大会 テーマ スポーツにおける法の下の平等）　田中信行　日本スポーツ法学会［編］　日本スポーツ法学会［編］「日本スポーツ法学会年報」（13）　2006　p.35～46

10148　シンポジウム・提言 スポーツにおける朝鮮学校等に対する差別（日本スポーツ法学会第

13回大会 テーマ スポーツにおける法の下の平等）　矢花公平　日本スポーツ法学会［編］　日本スポーツ法学会［編］「日本スポーツ法学会年報」（13）　2006　p.47～55

10149　シンポジウム・討論要旨（日本スポーツ法学会第13回大会 テーマ スポーツにおける法の下の平等）　辻田宏　田中信行　矢花公平「日本スポーツ法学会年報」（13）　2006　p.56～68

10150　婚外子戸籍記載変更請求事件（特集 最新の判例から）　棟居快行「国際人権：国際人権法学会報」通号17　2006　p.99～102

10151　国籍法違憲訴訟控訴審における意見書（その2）　奥田安弘「中央ロー・ジャーナル」2（4）通号6　2006.3　p.62～74

10152　「9条の会」運動－－草の根民主主義の高まり　廣川禎秀「人権と部落問題」744　2006.4

10153　弁護士事件ファイル 先日の国籍確認訴訟違憲判決「法学セミナー」51（6）通号618　2006.6　p.93

10154　さわさわベーシック判例憲法（第4回）平等保障・平等原則　澤田章仁　是枝真紀「月報全青司」（315）　2006.7　p.11～13

10155　国籍法における非嫡出子差別――平成18.3.29東京地裁違憲判決をめぐって　山本敬三「修道法学」29（1）通号56　2006.9　p.79～104

10156　家族法研究ノート（7）再婚禁止期間の規定と憲法適否――最判平成7.12.5を中心として　中川淳「戸籍時報」（606）　2006.11　p.84～87

10157　日本におけるスッテプファミリー（子連れ再婚家族）の法規制　早野俊明「憲法論叢」（13）　2006.12　p.57～72

10158　「公共の福祉」概念の再検討　高乗正臣「憲法研究」（39）　2007　p.1～23

10159　障害者自立支援法と自治体（特集「格差」時代の自治体の役割――憲法25条と自治体）　石渡和実「地方自治職員研修」40（2ママ）通号554　2007.3　p.26～28

10160　憲法の私人間適用という枠組みのほころび　西村枝美「法と政治の二十一世紀 関西大学法学部百二十周年記念論文集」　2007.3　p.51～

10161　平等原則の《適用》問題としての非嫡出子相続分差別（第1部 人権の現代的展開）　初宿正典「現代社会における国家と法 阿部照哉先生喜寿記念論文集」　2007.5　p.95～

10162　「自由」を軋ませる「基本権の私人間適用」　西村枝美「関西大学法学論集」57（2）　2007.7　p.239～280

10163　平等原理・差別禁止原則の射程（III 基本的人権）　大藤紀子「憲法諸相と改憲論 吉田善明先生古稀記念論文集」　2007.8　p.141～

10164　ロー・クラス 人権の臨界――路上の呼び

基本的人権/憲法上の保障　　　　　　　　　　　　　　　　　　　　　　法の下の平等

声を聴く(6)法の下の平等　笹沼弘志　「法学セ
ミナー」52(9)通号633　2007.9　p.72〜75

10165　家族法と戸籍を考える(20)婚外子の相続
分差別は許されるのか(3)相続分差別規定の違
憲性(その1)　二宮周平　「戸籍時報」(618)
2007.10　p.10〜28

10166　福祉に関するエンタイトルメント概念の
一考察──「憲法上の積極的権利」と「法的資
格(法的地位)」の間隙　葛西まゆこ　「大東法
学」17(1)通号50　2007.10　p.79〜122

10167　家族法と戸籍を考える(21)婚外子の相続
分差別は許されるのか(4・完)相続分差別規定
の違憲性(その2)　二宮周平　「戸籍時報」
(621)　2007.12　p.12〜26

10168　日本国憲法第24条の批判的考察──かく
て民法から「家族」の語がすべて削除された
森林稔　「憲法研究」(40)　2008　p.113〜139

10169　日本国憲法14条と救済法　甲斐素直　「法
学紀要」50　2008　p.7〜26

10170　非嫡出子国籍差別最高裁違憲判決［最高裁
平成20.6.4大法廷判決］　梶村太市　「自治体法
務研究」(15)　2008.冬　p.47〜54

10171　福祉給付を受ける地位と平等──Family
Cap, Child Exclusion をめぐる判例法理を手が
かりに　葛西まゆこ　「大東法学」17(2)通号
51　2008.3　p.37〜67

10172　Affirmative Actionと平等保護　茂木洋平
「東北法学」(31)　2008.3　p.107〜152

10173　差別─ロールズ格差原理の再定式化(第
III部 立憲主義の諸相)　後藤玲子　「立憲主義
の政治経済学」　2008.3　p.215〜

10174　ステイト・アクション法理の理論構造　宮
下紘　「一橋法学」7(2)　2008.7　p.239〜307

10175　国籍法違憲判決「婚姻要件」を排した最
高裁判決に異議あり「明日への選択」通号271
2008.8　p.32〜35

10176　世界の潮 婚外子国籍訴訟最高裁違憲判決
をめぐって　内野正幸　「世界」(781)　2008.8
p.33〜36

10177　話題を斬る(440)秋葉原の連続殺傷事件
最高裁の国籍法違憲判断　東狂介　「Keisatsu
koron」63(8)　2008.8　p.9〜12

10178　婚外子国籍訴訟最高裁違憲判決をめぐっ
て(世界の潮)　内野正幸　「世界」(781)
2008.8　p.33〜36

10179　「解同」裁判四〇年──到達点と課題(第9
回)裁判闘争の前進と政府の施策の大転換 地対
協意見具申、啓発推進指針と法務省通知等の意
義　石川元也　「人権と部落問題」60(10)通号
777　2008.9　p.73〜80

10180　障碍をもつ人の憲法上の権利と「合理的
配慮」　青柳幸一　「筑波ロー・ジャーナル」
(4)　2008.9　p.55〜106

10181　法律時評 国籍法違憲訴訟に関する最高裁
大法廷判決　奥田安弘　「法律時報」80(10)通
号1000　2008.9　p.1〜3

10182　原点から考える日本国憲法(第21回)法の
下の平等と男女共同参画社会　河上暁弘　「信州
自治研」(200)　2008.10　p.27〜57

10183　「立法事実の変遷」を読みとった国籍法違
憲最高裁判決(特集 最高裁の実像と虚像─判決
から見る最高裁)　近藤博徳　「法と民主主義」
(433)　2008.11　p.19〜21

10184　国際法違憲判決と国籍法の課題(特集 国
籍法違憲訴訟最高裁大法廷判決)　佐野寛
「ジュリスト」(1366)　2008.11.1　p.85〜91

10185　国籍法違憲訴訟最高裁大法廷判決の解説
と全文[含 資料 最高裁平成20.6.4大法廷判決全
文](特集 国籍法違憲訴訟最高裁大法廷判決)
森英明　「ジュリスト」(1366)　2008.11.1　p.
92〜116

10186　国籍法違憲判決の思考様式(特集 国籍法
違憲訴訟最高裁大法廷判決)　長谷部恭男
「ジュリスト」(1366)　2008.11.1　p.77〜84

10187　鼎談 国籍法違憲判決をめぐって(特集 国
籍法違憲訴訟最高裁大法廷判決)　高橋和之・
岩沢雄司　早川眞一郎　「ジュリスト」(1366)
2008.11.1　p.44〜76

10188　構造的差別解消という視点から憲法の私
人間効力論を考える　原田いづみ　「明治学院大
学法科大学院ローレビュー」(9)　2008.12　p.
49〜66

10189　「平等」/「差別禁止」原則について　大藤
紀子　「独協法学」(77)　2008.12　p.159〜187

10190　非嫡出子(私生児)の法定相続分と法の下
の平等　高久泰文　「拓殖大学政治行政研究」
2009　p.63〜85

10191　雇用における性差別撤廃の課題－女性差
別撤廃条約とILO 100号条約に照らして(特集
国際人権法の国内実施の現在－私人による差別
の撤廃をめぐって－私人・私企業による差別へ
の法的対応とその現状)　浅倉むつ子　国際人
権法学会[編]「国際人権：国際人権法学会報」
通号20　2009　p.30〜37

10192　私人による差別の撤廃と民法学－外国人
差別問題と女性差別問題(特集 国際人権法の国
内実施の現在－私人による差別の撤廃をめぐっ
て－私人・私企業による差別への法的対応とそ
の現状)　吉田克己　国際人権法学会[編]「国
際人権：国際人権法学会報」通号20　2009
p.38〜43

10193　差別撤廃の法実現－不法行為を中心とし
て(特集 国際人権法の国内実施の現在－私人に
よる差別の撤廃をめぐって－私人・私企業によ
る差別の撤廃をめぐって)　藤岡康宏　国際人
権法学会[編]「国際人権：国際人権法学会報」
通号20　2009　p.46〜48

[10165〜10193]　　　　　　　　　　憲法改正 最新文献目録　**379**

10194 基調報告 フランスにおける法の下の平等と刑法（シンポジウム 日仏シンポジウム－法の下の平等と刑事規制に関する日仏比較）Michel Danti-Juan 白取祐司【訳】「北大法学論集」59（5） 2009 p.2463～2479

10195 日本における法の下の平等（シンポジウム 日仏シンポジウム－法の下の平等と刑事規制に関する日仏比較） 佐々木雅寿「北大法学論集」59（5） 2009 p.2480～2505

10196 刑事法学の視点から（シンポジウム 日仏シンポジウム－法の下の平等と刑事規制に関する日仏比較） 城下裕二「北大法学論集」59（5） 2009 p.2506～2513

10197 民法と平等原則－日本の現状の概観（シンポジウム 日仏シンポジウム－法の下の平等と刑事規制に関する日仏比較） 吉田克己「北大法学論集」59（5） 2009 p.2514～2527

10198 総括（シンポジウム 日仏シンポジウム－法の下の平等と刑事規制に関する日仏比較）Michel Danti-Juan 白取祐司【訳】「北大法学論集」59（5） 2009 p.2528～2530

10199 国籍法違憲訴訟最高裁判決の意義 秋山昭八「世界平和研究」35（1）通号180 2009.冬季 p.20～25

10200 同性婚と平等保護 大野友也「九州法学会会報」2009 2009 p.54～57

10201 憲法と婚姻保護――性同一性障害者の性別変更要件をもとに 渡邉泰彦「同志社法学」60（7）通号332（分冊1） 2009.2 p.3351～3394

10202 女性の政治参画と法律によるクオータ制導入の合憲性――イタリアの事例 高橋利安「修道法学」31（2）通号61 2009.2 p.720～696

10203 ロー・クラス 発信 憲法地域事情（5・総論編）憲法から論じる格差社会 岡田順太「法学セミナー」54（2）通号650 2009.2 p.66～69

10204 私人間効力論再訪 高橋和之「ジュリスト」（1372） 2009.2.15 p.148～161

10205 同性カップルに異性カップルと同じ権利を認めること（《特集 国連自由権規約「勧告」の具体化にむけて》） 有田圭「ひょうご部落解放」132 2009.03

10206 子どもの平等と国籍法－日本人父の婚外子の日本国籍取得をめぐって（《特集 国連自由権規約「勧告」の具体化にむけて》） もりきかずみ「ひょうご部落解放」132 2009.03

10207 差別の直接的救済と司法の使命――国籍法3条1項違憲判決 青柳幸一「筑波ロー・ジャーナル」（5） 2009.3 p.1～28

10208 同性婚と平等保護 大野友也「法学論集」43（2） 2009.3 p.17～38

10209 ロー・クラス 発信 憲法地域事情（6・北海道編）積雪寒冷地における障害者の移動の自由 岩本一郎「法学セミナー」54（3）通号651 2009.3 p.66～69

10210 Affirmative Actionの正当化理由（1）過去向きのAffirmative Actionと将来志向のAffirmative Action 茂木洋平「東北法学」（33） 2009.3 p.49～95

10211 国籍法違憲大法廷判決をめぐって――憲法の観点から（1） 石川健治「法学教室」通号343 2009.4 p.35～44

10212 国籍法の一部を改正する法律の解説 澤村智子「民事法情報 ： 総合情報検索誌」（271） 2009.4 p.8～19

10213 家族法研究ノート（35）非嫡出子の法定相続分規定の合憲性――最大決平成7.7.5を中心として 中川淳「戸籍時報」（641） 2009.5 p.83～87

10214 国籍法違憲大法廷判決をめぐって――憲法の観点から（2） 石川健治「法学教室」通号344 2009.5 p.40～44

10215 精神障害者の人権（特集 憲法の視点から考察する諸問題） 松本成輔「月報司法書士」（447） 2009.5 p.19～25

10216 平等保護における動機審査の意義 中曽久雄「阪大法学」59（1）通号259 2009.5 p.153～182

10217 国籍法違憲大法廷判決をめぐって――憲法の観点から（3・完） 石川健治「法学教室」通号346 2009.7 p.7～15

10218 性差別撤廃諸条約の国内実施－カナダとフランスにおける性差別撤廃諸条約の実効性・人権・デモクラシー（II 国際人権法におけるジェンダー――世界人権宣言60周年に寄せて）建石真公子「ジェンダーと法」（6） 2009.07 p.83～97

10219 図解基礎法学講座 憲法 法の下の平等について「Keisatsu jiho」64（9） 2009.9 p.52～55

10220 二重の基準論とは異質な憲法訴訟理論は成立するか――併せて私人間効力論を一部再論する 君塚正臣「横浜国際経済法学」18（1） 2009.9 p.17～58

10221 Affirmative Actionの正当化理由（2）過去向きのAffirmative Actionと将来志向のAffirmative Action 茂木洋平「東北法学」（34） 2009.9 p.249～302

10222 障害のある人の権利条約の意義と批准に向けた課題 玉村公二彦「人権と部落問題」61（12）通号793 2009.10 p.44～51

10223 尊属殺違憲判決（特集 法学部生は知っておきたい！ 昭和・平成の法律事件（2）） 岩井宜子「法学教室」通号350 2009.11 p.10～11

10224 公共工事におけるアファーマティブ・アクションと平等保護の合憲性審査基準（シンポ

基本的人権/憲法上の保障　　　　　　　　　　　　　　　　　　　　　　　法の下の平等

ジウム 平等を求めて——アファーマティブ・アクションの行方）吉田仁美「アメリカ法」2009(1) 2009.12 p.44〜53

10225 障碍をもつ人の権利に関する条約——憲法と国際人権法の対話 青柳幸一「国際人権：国際人権法学会報」通号21 2010 p.10〜14

10226 ロー・ジャーナル 非嫡出子の相続分格差をめぐる憲法論の対立 水野紀子「法学セミナー」55(2)通号662 2010.2 p.4〜5

10227 国籍法3条1項の合憲性と違憲の是正方法——国籍法違憲訴訟最高裁判決をめぐって[平成20.6.4] 横尾日出雄「Chukyo lawyer」(12) 2010.3 p.21〜39

10228 これでいいのか——最低基準の地方条例化と保育所「入所円滑化」対策(特集 憲法と国民生活) 中村強士「人権と部落問題」62(6)通号801 2010.5 p.23〜30

10229 私人間効力論とは何の問題で、何が問題か(特集 憲法理論の継承と展開—高橋和之憲法学との対話) 高橋和之「法律時報」82(5)通号1021 2010.5 p.59〜64

10230 家族法と戸籍を考える(29)婚外子の相続分差別と適用違憲判決 二宮周平「戸籍時報」(656) 2010.6 p.2〜16

10231 「異なる効果型差別」の概念と憲法上の平等保護条項の抵触をめぐる問題(1) 岡田高嘉「広島法学」34(1)通号126 2010.6 p.208〜181

10232 高卒若年女性の仕事と生活——二人の「バンギャ」の事例から(特集 女性と人権) 杉田真衣「人権と部落問題」62(8)通号803 2010.7 p.33〜38

10233 平等主義と一体の真の男女平等論を！——能力主義批判ともなるジェンダー平等論へ(特集 女性と人権) 竹内章郎「人権と部落問題」62(8)通号803 2010.7 p.16〜23

10234 ロー・アングル 「不平等の謎」とは何か 金尚均「法学セミナー」55(8)通号668 2010.8 p.50〜53

10235 労災保険後遺障害等級表のうち、醜状に関する男女差が憲法違反とされた事例[京都地方裁判所平成22.5.27判決] 藤井勲「交通事故判例速報」45(8)通号530 2010.8 p.1〜10

10236 家族法改正で問われるべきもの(I 家族法改正—憲法、条約、ジェンダーの視点から) 吉田克己「ジェンダーと法」(7) 2010.08 p.4〜16

10237 婚外子の平等化とジェンダー(I 家族法改正—憲法、条約、ジェンダーの視点から) 二宮周平「ジェンダーと法」(7) 2010.08 p.38〜50

10238 国籍法(一部改正2010.5.4 法律第10275号 施行日2011.1.1)(韓国の国籍法改正——限定的な重国籍の容認) 藤原夏人[訳]「外国の立法

：立法情報・翻訳・解説」(245) 2010.9 p.127〜134

10239 一人一票訴訟の5つの論点骨子〈実務最前線〉升永英俊「ロースクール研究」16 2010.11

10240 憲法第25条を放棄する「一体改革」の社会保障理念 相野谷安孝「社会保障」43通号439 2011.冬 p.66〜69

10241 障害者制度改革の現状と課題：障害者総合福祉法の制定をめぐって(特集 様々な視点で憲法を考えよう) 井上義治「季刊人権問題」(27) 2011.冬 p.19〜29

10242 八鹿高校事件の真実：解同・憲法・共産党(八鹿高校事件の真実を改めて世に問う(第4回)) 古賀哲夫「季刊人権問題」(27) 2011.冬 p.31〜52

10243 平等原則のドグマーティク——判例法理の分析と再構築の可能性 渡辺康行「立教法学」通号82 2011 p.1〜73

10244 「異なる効果型差別」の概念と憲法上の平等保護条項の抵触をめぐる問題(2・完) 岡田高嘉「広島法学」34(3)通号128 2011.1 p.146〜113

10245 非嫡出子の法定相続分規定は合憲か 村重慶一「みんけん：民事研修」(645) 2011.1 p.11〜23

10246 国際人権法の視点からみた日本における婚外子相続分差別訴訟に関する一考察 堀見裕樹 東北大学グローバルCOE「グローバル時代の男女共同参画と多文化共生」GEMC journal編集委員会編「GEMC journal：グローバル時代の男女共同参画と多文化共生：Gender equality and multicultural conviviality in the age of globalization」2011.3 p.118〜143

10247 いわゆる300日問題と無戸籍の子の人権保障 吉田仁美「関東学院法学」20(4) 2011.3 p.111〜136

10248 公共空間におけるマイノリティの自由——いわゆるブルカ禁止法をめぐって 村田尚紀「関西大学法学論集」60(6) 2011.3 p.1261〜1290

10249 障がい者の生活手段利用権(特集 憲法と経済秩序(2)) 内野正幸「企業と法創造」7(5)通号27 2011.3 p.93〜97

10250 わが国の最高裁判所における人権保障のグローバル化の兆候(1) 近年の婚外子裁判をめぐって 新井信之「香川法学」30(3・4)通号90 2011.3 p.99〜138

10251 消費者法制における実質的平等の追求(特集「平等」を再考する) 山田茂樹「月報司法書士」(471) 2011.5 p.25〜31

10252 平等主義にたる平等論を！(特集「平等」を再考する) 竹内章郎「月報司法書士」(471) 2011.5 p.2〜7

〔10225〜10252〕　　　　　　　　　　　　　　　　憲法改正 最新文献目録　**381**

法の下の平等　　　　　　　　　　　　　　　　　　　　　　　　　　　　基本的人権/憲法上の保障

10253　本人訴訟における実質的平等と訴訟指揮（特集 「平等」を再考する）　松永六郎　「月報司法書士」（471）　2011.5　p.19〜24

10254　文化的な生活を実現する途（特集 国家の役割，個人の権利）　尾形健　「ジュリスト」（1422）　2011.5.1・15　p.67〜74

10255　レポート2011 夫婦同氏規定の違憲性を問う初の国賠訴訟　坂本洋子　「時の法令」　通号1882　2011.5.30　p.53〜61

10256　基調報告 基本権の私人間効力——基本権保護義務論の視点から（日本国憲法研究（12）私人間効力）　松本和彦　「ジュリスト」（1424）　2011.6.15　p.56〜67

10257　座談会（日本国憲法研究（12）私人間効力）　松本和彦　藤井樹也　長谷部恭男［他］　「ジュリスト」（1424）　2011.6.15　p.68〜86

10258　"清き1票"，実は1票未満：衆院選で高知3区の選挙権の価値を1票とすると，高知3区より人口密度の低い北海道12区（北海道北端の宗谷岬の選挙民を含む）のそれは，0.67票でしかない　升永英俊　「ビジネス法務」　11（8）　2011.8

10259　ロー・クラス 憲法訴訟の現代的転回——憲法的論証を求めて（12）第2部/自由権以外の権利と論証の型 法の下の平等　駒村圭吾　「法学セミナー」　56（10）通号681　2011.10　p.78〜85

10260　憲法上の平等権概念と間接差別（1）カナダにおける議論を素材として　白水隆　「法学論叢」　170（3）　2011.12　p.89〜118

10261　障害者のねがいに応えない「障害者総合支援法」（特集 様々な視点で憲法を考えよう）　井上義治　「季刊人権問題」（31）　2012.冬　p.27〜36

10262　新春インタビュー 今，日本に必要なこと：新たな福祉国家の展望を！　渡辺治　行方久生　「季刊自治と分権」（46）　2012.冬　p.24〜60

10263　絶望状況において「希望を持つ権利」（特集 マイノリティと法）　遠藤比呂通　「法社会学」（77）　2012　p.6〜13

10264　同性婚と異性婚における法的保護の平等：近時の婚姻防衛法（Defense of Marriage Act）違憲判決を素材として　石田若菜　「比較法雑誌」　46（3）通号163　2012　p.313〜337

10265　非嫡出子法定相続分規定の合憲性：最高裁判例の動向と高裁による3つの裁判例について　大竹昭裕　「青森法政論叢」（13）　2012　p.88〜106

10266　今後の障害児通園施設における支援のあり方：子ども学園の実践を通して（第50回社会福祉研究大会報告—教職員研究報告）　佐藤美由紀　「社会事業研究」（51）　2012.1　p.26〜34

10267　障害者総合支援法案 関係資料 障全協，障害者自立支援法違憲訴訟団の抗議声明等　「月刊障害者問題情報」（346-348）　2012.1-3　p.45

〜52

10268　図解基礎法学講座 憲法 法の下の平等について　「Keisatsu jiho」　67（1）　2012.1　p.62〜65

10269　マイノリティの「平等な権利」とは何か：常設国際司法裁判所勧告的意見によって示された解釈　西平等　「マイノリティ研究」6　2012.1　p.65〜75

10270　インクルージョンと分離をめぐる一考察：障害者教育法におけるLRE（より制限のない環境）の原則について（特集 障害（者）法（Disability Law）をめぐる諸問題（1））　今川奈緒　「大原社会問題研究所雑誌」（640）　2012.2　p.18〜32

10271　障害者法（Disability Law）をめぐる憲法的一思考（特集 障害（者）法（Disability Law）をめぐる諸問題（1））　尾形健　「大原社会問題研究所雑誌」（640）　2012.2　p.4〜17

10272　障害（者）法（Disability Law）をめぐる諸問題：特集にあたって（特集 障害（者）法（Disability Law）をめぐる諸問題（1））　菊池馨実　「大原社会問題研究所雑誌」（640）　2012.2　p.1〜3

10273　日本における障害者法学の成立可能性：障害者基本法を素材とした試論（特集 障害（者）法（Disability Law）をめぐる諸問題（1））　新田秀樹　「大原社会問題研究所雑誌」（640）　2012.2　p.33〜47

10274　教育問題法律相談（No.173）国籍による入学拒否と法の下の平等　佐藤香代　「週刊教育資料」（1194）通号1324　2012.2.6　p.31

10275　障害のある人の権利保障と障害差別禁止法の枠組み　武川眞固　「高田短期大学紀要」（30）　2012.3　p.25〜36

10276　障害（者）法学の観点からみた成年後見制度：公的サービスとしての「意思決定支援」（特集 障害（者）法（Disability Law）をめぐる諸問題（2））　菅富美枝　「大原社会問題研究所雑誌」（641）　2012.3　p.59〜77

10277　発達保障の源流 わが国における障害児の「教育を受ける権利」の歴史：憲法・教育基本法制下における障害児の学習権　清水寛　渡部昭男［解題］　「人間発達研究所紀要」（24・25）　2012.3　p.93〜114

10278　婚外子の相続差別は違憲（人権キーワード2012—憲法・人権）　養父知美　「部落解放」（662）（増刊）　2012.5　p.74〜77

10279　人権規定の「私人間適用」と「第三者効力」　高橋和之　「法律時報」　84（5）通号1046　2012.5　p.86〜98

10280　マイノリティの保護：自由権規約27条の国内適用をめぐって（特集 憲法と国際人権法：共通の人権規範の確立に向けて）　馬場里美　「法律時報」　84（5）通号1046　2012.5　p.56〜60

10281 婚外子に対する差別的取扱いと国際人権法 申惠ホウ「青山法学論集」 2012.6 p.169〜225

10282 新潟県における簡易水道料金の地域間格差 中村康一 新潟大学大学院現代社会文化研究科紀要編集委員会編「現代社会文化研究」（54） 2012.7 p.85〜102

10283 憲法上の平等権概念と間接差別（2）カナダにおける議論を素材として 白水隆「法学論叢」171（4） 2012.7 p.67〜98

10284 憲法の私人間効力の射程（1） 西村枝美「関西大学法学論集」 62（2） 2012.7 p.421〜450

10285 憲法上の平等権概念と間接差別（3・完）カナダにおける議論を素材として 白水隆「法学論叢」171（5） 2012.8 p.66〜84

10286 夫婦同氏規定と個人の尊厳・両性の平等：国際人権法に照らした検討 申惠ホウ「青山法学論集」 2012.9 p.39〜84

10287 憲法の私人間効力の射程（2） 西村枝美「関西大学法学論集」 62（3） 2012.9 p.897〜945

10288 平等に関する違憲判決と憲法の既判力 有澤知子「大阪学院大学法学研究」 39（1）通号57 2012.9 p.1〜27

10289 憲法14条と動機審査 中曽久雄「愛媛大学教育学部紀要」 59 2012.10 p.221〜233

10290 座談会 私たちの目指す差別禁止法（特集 私たちの目指す差別禁止法） 棟居快行 引馬知子 田中正博「他」「DPI： われら自身の声」28（3） 2012.10 p.10〜29

10291 Affirmative Actionをめぐる平等観の対立と厳格審査基準の適用方法 井上一洋「広島法学」36（2）通号135 2012.10 p.266〜237

10292 アイヌ民族の人権・歴史・文化： 内なる国際化を求めて（特集 マイノリティとマジョリティの共生を目指して） 清水裕二「法と民主主義」（473） 2012.11 p.6〜9

10293 性同一性障がい者の「生」と「性」： 問われる家族のあり方（特集 マイノリティとマジョリティの共生を目指して） 山下敏雅「法と民主主義」（473） 2012.11 p.34〜37

10294 特集にあたって（特集 マイノリティとマジョリティの共生を目指して） 清水雅彦「法と民主主義」（473） 2012.11 p.2〜5

10295 「バリア無き大学」を： 障がい学生と共に歩む（特集 マイノリティとマジョリティの共生を目指して） 新國三千代「法と民主主義」（473） 2012.11 p.23〜27

10296 非嫡出子相続差別をめぐる司法消極主義と積極主義（1） 中谷実「南山法学」 36（1） 2012.11 p.1〜24

10297 部落解放・人間解放を求めて（特集 マイノリティとマジョリティの共生を目指して） 中山武敏「法と民主主義」（473） 2012.11 p.38〜41

10298 ムスリムという「恥辱」： 公安テロ情報流出事件をめぐって（特集 マイノリティとマジョリティの共生を目指して） 倉地智広「法と民主主義」（473） 2012.11 p.18〜22

10299 ADAに関する救済手続 植木淳「北九州市立大学法政論集」 40（1-3） 2012.12 p.1〜22

10300 インタビュー DV被害者支援の現場から見る憲法二四条（特集 日本国憲法を守る） 正井礼子「ひょうご部落解放」150 2013.秋 p.44〜47

10301 婚外子相続分差別に関する大阪高裁違憲決定［大阪高裁2011（平成23）.8.24決定］（特集 国際人権判例分析） 大谷智恵「国際人権： 国際人権法学会報」（24） 2013 p.88〜91

10302 民法の婚外子差別規定に関する違憲決定・コメント［大阪高裁2011（平成23）.8.24決定］（特集 国際人権判例分析） 田中淳子「国際人権： 国際人権法学会報」（24） 2013 p.92〜94

10303 2012年度〔平成24年度〕研究助成報告 北朝鮮の対外経済政策と法： 南北朝鮮・朝中関係を中心に 大内憲昭「関東学院大学人文科学研究所報」（37） 2013年度 p.39〜59

10304 Politics & Action 運動情報 「差別社会日本」の「嫡出子」からの脱却を 婚外子相続分差別違憲決定は日本社会を変革する契機となり得る 土橋博子「インパクション」（192） 2013 p.165〜167

10305 座談会 2012年を振り返り、2013年に向けて（特集 2013年 憲法とともに福祉現場で生きる） 生田武志 杉山隆一 石川康宏「他」「福祉のひろば」154 2013.1 p.22〜38

10306 障害者自立支援法違憲訴訟団 基本合意締結3年、これからのたたかい： 意見書、要請書「月刊障害者問題情報」（358・359） 2013.1・2 p.137〜160

10307 ポジティブ・アクションの目的と多様性（1） 巻美矢紀「千葉大学法学論集」27（3） 2013.1 p.148〜130

10308 障害者差別禁止法制定に向けた日本弁護士連合会の取組（特集 障害者差別禁止法案について： 現在の検討状況と今後の課題） 野村茂樹「自由と正義」64（2）通号770 2013.2 p.39〜42

10309 障害者差別禁止法の国際的な動向： 平等権の進化（特集 障害者差別禁止法案について： 現在の検討状況と今後の課題） 池原毅和「自由と正義」64（2）通号770 2013.2 p.51〜57

10310 障害者差別禁止法の制定に向けた障害者政策委員会差別禁止部会の意見を考察する（特

集 障害者差別禁止法案について ： 現在の検討状況と今後の課題） 竹下義樹 「自由と正義」 64（2）通号770 2013.2 p.43〜50

10311 世界の潮 障害者への「合理的配慮」とは何か ： 差別禁止法の制定に向けて 棟居快行 「世界」 （839） 2013.2 p.25〜28

10312 はじめに ： 障害者差別禁止法の制定に向けた現在の状況について（特集 障害者差別禁止法案について ： 現在の検討状況と今後の課題） 野村茂樹 「自由と正義」 64（2）通号770 2013.2 p.33〜38

10313 非嫡出子相続差別をめぐる司法消極主義と積極主義（2・完） 中谷実 「南山法学」 36（2） 2013.2 p.79〜134

10314 『誘導者』としての政府 ： 企業のPA推進に対する公共調達を通じた誘導（特集 憲法と経済秩序（4）） 巻美矢紀 「企業と法創造」 9（3）通号35 2013.2 p.94〜103

10315 憲法上の権利から考える自閉症スペクトラム障害（ASD）への支援のあり方 ： ASD当事者の「生き方」と特別支援教育を素材として 中山眞人 初塚眞喜子 東條吉邦 「自閉症スペクトラム研究」 10（1） 2013.3 p.53〜63

10316 憲法の私人間効力の射程（3） 西村枝美 「関西大学法学論集」 62（6） 2013.3 p.2367〜2391

10317 国籍法第三条第一項改正（平成二〇年法律第八八号）の諸問題（長内了先生古稀記念論文集） 遠山信一郎 「法学新報」 119（9・10） 2013.3 p.481〜501

10318 婚外子の法定相続分差別と憲法 ： 二〇〇九年決定を契機として（釜田泰介教授古稀記念論集） 太田裕之 「同志社法学」 64（7）通号360（分冊1） 2013.3 p.2355〜2385

10319 実質的平等の理論（釜田泰介教授古稀記念論集） 吉田仁美 「同志社法学」 64（7）通号360（分冊2） 2013.3 p.2693〜2716

10320 社保庁職員事件最高裁判決を読む 蟻川恒正 「世界」 （840） 2013.3 p.188〜199

10321 障害のある人の発言保障と参政権保障の課題 ： 「中津川代読拒否訴訟」を通して 武川眞固 「高田短期大学紀要」 （31） 2013.3 p.17〜27

10322 日本における性的マイノリティ差別と立法政策 ： イギリス差別禁止法からの示唆（1） 佐々木貴弘 「国際公共政策研究」 17（2）通号32 2013.3 p.135〜149

10323 喪失との闘い―回復への営みと裁判 ハンセン病違憲国賠訴訟弁護団（著）『開かれた扉―ハンセン病裁判を闘った人たち』講談社、2003年5月刊、税込1,890円（BOOK REVIEW 書評特集 喪失の多様性を巡って） 徳田治子 「質的心理学研究」 （12） 2013.03 p.200〜201

10324 「婚外子の相続」問題 最高裁は「家族解体」の先棒を担ぐのか？ ： 憲法判断変更もあり得る大法廷審理の行方に要注意！ 「明日への選択」 （327） 2013.4 p.18〜22

10325 小川政亮（おがわまさあき）執筆 第二部 自伝（14）裁判所の扉は金（きん）の鍵でないと開かないのか？ ： 第二次藤木訴訟、そして法の下の平等 堀木訴訟 小川政亮 総合社会福祉研究所編 「福祉のひろば」 158 2013.5 p.54〜57

10326 憲法の私人間効力の射程（4） 西村枝美 「関西大学法学論集」 63（1） 2013.5 p.98〜118

10327 婚外子相続分区別と憲民関係（特集 憲法の射程） 齊藤笑美子 「法律時報」 85（5）通号1059 2013.5 p.43〜48

10328 講演 大学における男女共同参画の意義と課題 ： ポジティヴ・アクションのあり方をめぐって（2012年度第2回全学FDシンポジウム 男女共同参画と大学教育） 辻村みよ子 「一橋大学大学教育研究開発センター全学FDシンポジウム報告書」 （18） 2013.6 p.3〜27

10329 差別禁止法と日本国憲法 内田博文 「部落解放」 （678） 2013.6 p.84〜93

10330 非嫡出子差別最高裁判所法令違憲裁判への胎動 ： 民法第九〇〇条四号但書前段の合憲性について（長尾一紘先生古稀記念論文集） 遠山信一郎 「法学新報」 120（1・2） 2013.6 p.329〜356

10331 平等選挙原則のドグマーティク・断章 ： ドイツの判例・学説を中心に（長尾一紘先生古稀記念論文集） 土屋武 「法学新報」 120（1・2） 2013.6 p.293〜328

10332 憲法の私人間効力の射程（5） 西村枝美 「関西大学法学論集」 63（2） 2013.7 p.278〜295

10333 婚外子側「法の下の平等を」 ： 相続格差是正求める 大法廷弁論 「厚生福祉」 2013.7.19 p.12

10334 家族法研究ノート（84・完）民法762条1項の合憲性 ： 最大判昭和36年9月6日を中心として 中川厚 「戸籍時報」 （700） 2013.8 p.94〜96

10335 常設型住民投票条例の制定論理（特集 住民・国民投票、直接民主制の課題） 金井利之 「都市問題」 104（8） 2013.8 p.14〜20

10336 差別禁止法を求めて（第6回）差別禁止法と表現の自由の観点から 内田博文 「ヒューマンライツ」 （306） 2013.9 p.34〜42

10337 日本における性的マイノリティ差別と立法政策 ： イギリス差別禁止法からの示唆（2）（米原謙教授 退職記念号） 佐々木貴弘 「国際公共政策研究」 18（1）通号33 2013.9 p.223〜239

10338 婚外子訴訟 婚外子相続格差は違憲 ： 民法規定めぐり初判断 ： 最高裁大法廷 「厚生福祉」 (6017) 2013.9.10 p.10〜12

10339 婚外子相続差別規定を最高裁が違憲と判断 民法900条4号但し書き前段の改正へ 宮本有紀 「金曜日」 21(35)通号976 2013.9.13 p.30〜31

10340 非嫡出子の相続分差別違憲判断と相続税等への影響 手塚崇史 「T & A master ： Tax & accounting」 (516) 2013.9.23 p.20〜25

10341 レポート2013 最高裁が婚外子差別規定に違憲判断 ： 国会は速やかに民法改正を！ 坂本洋子 「時の法令」 (1938) 2013.9.30 p.42〜51

10342 家族法と戸籍を考える(37) 婚外子相続分差別を違憲とした最高裁大法廷決定を学ぶ 二宮周平 「戸籍時報」 (703) 2013.10 p.2〜12

10343 婚外子相続分差別違憲決定に寄せて [最高裁大法廷2013.9.4決定] (注目の最高裁判決から) 榊原富士子 「法と民主主義」 (482) 2013.10 p.38〜43

10344 身近な家族法知識(第7回) 嫡出でない子の相続分の差別規定を違憲とする最高裁平成25年9月4日大法廷決定について 安達敏男 吉川樹士 「戸籍時報」 (703) 2013.10 p.92〜95

10345 社説拝見 9月前期 婚外子相続差別規定に違憲判断 「厚生福祉」 (6021) 2013.10.1 p.14〜15

10346 婚外子違憲判決 八つの誤り(総力大特集 日本再生のために) 井上薫 「Will ： マンスリーウイル」 (107) 2013.11 p.228〜237

10347 婚外子相続分差別規定の違憲決定と「個人の尊厳」 泉徳治 「世界」 (849) 2013.11 p.229〜233

10348 特集 最高裁で非嫡出子の相続分規定は違憲の判断 今後の相続への影響を考える 江口正夫 「月刊不動産 ： マンスリーリアルエステート」 41(11) 2013.11 p.14〜17

10349 法律時評 婚外子相続分差別違憲決定 水野紀子 「法律時報」 85(12)通号1066 2013.11 p.1〜3

10350 教育と平等 手塚和男 「比較憲法学研究」 (26) 2014 p.53〜80

10351 憲法をいかして安全・安心の医療・介護の実現を求める国会請願署名・署名ハガキ(安全・安心の医療・介護大運動スタート 医療・介護シンポジウムに全国から参加 ： 「会場いっぱいの熱気で、全国に運動を広げよう！」と意志統一) 「社会保障」 45(457) 2014.冬 p.36〜38

10352 憲法問題と在日の人権(特集 日本国憲法と在日コリアン) 仲尾宏 「Sai」 71 2014. Sum.・Aut. p.14〜21

10353 憲法14条1項が禁止する障害者差別 ： 形式的平等と社会構造の再検討の要請の関係を中心に 杉山有沙 「ソシオサイエンス」 20 2014 p.128〜143

10354 講評 特別講師 非摘出子の法定相続分を摘出子の2分の1とする民法の規定を違憲とする最高裁決定について(平成二十六年度第一回判例・先例研究会 非摘出子の法定相続分を摘出子の2分の1とする民法の規定を違憲とする最高裁決定について) 木村草太 「判例・先例研究」 2014年度版 p.14〜27

10355 障害差別禁止立法の現状と課題 ： 障害者基本法、障害者差別解消法、障害者雇用促進法に対する憲法学的考察 杉山有沙 「社学研論集」 (23) 2014 p.194〜209

10356 非摘出子の法定相続分を摘出子の2分の1とする民法の規定を違憲とする最高裁決定について(平成二十六年度第一回判例・先例研究会 非摘出子の法定相続分を摘出子の2分の1とする民法の規定を違憲とする最高裁決定について) 山本真也 河野枝里 「判例・先例研究」 2014年度版 p.1〜13

10357 非摘出子法定相続分違憲決定の読み方(平成二十六年度第一回判例・先例研究会 非摘出子の法定相続分を摘出子の2分の1とする民法の規定を違憲とする最高裁決定について) 木村草太 「判例・先例研究」 2014年度版 p.28〜34

10358 Politics & Action 運動情報 違憲判決に従い戸籍法の見直しを！ 婚外子差別の完全撤廃は日本の民主化への第一歩！ 土橋博子 「インパクション」 (193) 2014 p.181〜183

10359 意図せざる差別の憲法の規制(1) 岡田高嘉 「広島法学」 37(3)通号140 2014.1 p.168〜123

10360 給付的作用とアファーマティヴ・アクションとの関係についての覚書(辻村みよ子教授退職記念号) 中林暁生 「法學 ： the journal of law and political science」 77(6) 2014.1 p.911〜928

10361 婚外子相続分差別違憲決定 棚村政行 「自由と正義」 65(1)通号781 2014.1 p.97〜106

10362 婚外子相続分差別違憲決定が問いかけたものは何か 二宮周平 「部落解放」 (687) 2014.1 p.98〜106

10363 最高裁判例に現われた「個人の尊厳」 ： 婚外子法定相続分最高裁違憲決定を読む(辻村みよ子教授退職記念号) 蟻川恒正 「法學 ： the journal of law and political science」 77(6) 2014.1 p.763〜784

10364 司法書士の生活と意見 非嫡出子相続分差別違憲決定と登記 「法学セミナー」 59(1)通号708 2014.1 p.126

10365 判例クローズアップ 婚外子法定相続分差別最高裁大法廷違憲決定 [平成25.9.4] 糠塚康

江 「法学教室」（400） 2014.1 p.81〜88

10366 非嫡出子をめぐる最高裁決定とこれから
の相続実務 ： 民法900条4号但書の違憲判断
［最高裁平成25.9.4決定］ 鈴木仁史 「銀行実
務」 44（1）通号656 2014.1 p.34〜39

10367 両立する憲法の「表現の自由」と差別禁
止法 ： 日本国憲法と差別の法規制を考える（特
集 憲法から考える私たちの暮らし） 内田博文
「ヒューマンライツ」（310） 2014.1 p.18〜23

10368 Affirmative Action正当化のコンセンサス
（辻村みよ子教授退職記念号） 茂木洋平 「法
學 ： the journal of law and political science」
77（6） 2014.1 p.954〜976

10369 1 民法900条4号ただし書前段の規定と憲
法14条1項 2 民法900条4号ただし書前段の規定
を違憲とする最高裁判所の判断が他の相続にお
ける上記規定を前提とした法律関係に及ぼす影
響［最高裁大法廷平成25.9.4決定］（NBL判例紹
介（No.33）） 「NBL」（1017） 2014.1.15 p.
68〜70

10370 生かされている使命＝憲法を守り、つな
ぎたい ： すべての人は平和のうちに生きる権
利がある（特集 高齢障害者問題） 薗部英夫
「ノーマライゼーション ： 障害者の福祉」 34
（2）通号391 2014.2 p.12〜15

10371 相続格差違憲判決の問題点 ： 憲法に法律
婚保護の明記を［最高裁大法廷平成25.9.4］ 村
主真人 「祖国と青年」（425） 2014.2 p.46〜
57

10372 非嫡出子の相続分格差違憲決定と実務へ
の影響 ： 最高裁平成25年9月4日大法廷決定後
の実務の取扱いをめぐる 橋本昇二 「市民と
法」（85） 2014.2 p.13〜20

10373 弁護士事件ファイル 憲法14条と「文化的
人権主義」「法学セミナー」 59（2）通号709
2014.2 p.95

10374 日本に於けるレーズマジェステと法の下
の平等 Noel Williams 「大東ロージャーナル」
（10） 2014.3 p.49〜62

10375 意図せざる差別の憲法的規制（2・完）
岡田高嘉 「広島法学」 37（4）通号141 2014.3
p.184〜150

10376 憲政秩序と自己同一性の関係についての
予備的・メタ理論的諸考察 永井禎晴 「大東
法学」 23（2）通号62 2014.3 p.53〜112

10377 憲法の私人間効力の射程（6） 西村枝美
「関西大学法学論集」 63（6） 2014.3 p.1765
〜1794

10378 婚外子相続差別違憲決定が家庭裁判所の
事件に及ぼす影響について ： 違憲判断の遡及
効を中心に（特集 婚外子相続差別違憲決定の影
響と課題） 船所寛生 「自由と正義」 65（3）通
号783 2014.3 p.16〜19

10379 婚外子について残された課題（特集 婚外

子相続差別違憲決定の影響と課題） 榊原富士
子 「自由と正義」 65（3）通号783 2014.3 p.
31〜35

10380 最高裁大法廷相続分差別違憲決定の意義
と民法改正（特集 婚外子相続差別違憲決定の影
響と課題） 二宮周平 「自由と正義」 65（3）通
号783 2014.3 p.8〜15

10381 実務上の問題点 ： 金融機関の取扱い（特
集 婚外子相続差別違憲決定の影響と課題） 斎
藤輝夫 「自由と正義」 65（3）通号783 2014.3
p.20〜25

10382 障害者権利条約の憲法学的課題の検討
田中良明 「帝京平成大学紀要」 25 2014.3 p.
37〜43

10383 税務・財務相談Q&A 税法話題の判決！
： 婚外子相続格差の違憲決定と民法改正による
相続税・所得税への影響 村上敬子 「福島の進
路」（379） 2014.3 p.55〜60

10384 同性婚をめぐる合衆国最高裁判所の2判決
（佐藤信一先生・田中克志先生 退職記念号）
根本猛 「静岡大学法政研究」 18（3・4） 2014.
3 p.436〜413

10385 日本国憲法第14条と社会福祉の関係につ
いての一考察（特集 平等・差別禁止・ジェン
ダー（その1）） 山本まゆこ 「社会保障法研究」
（3） 2014.3 p.153〜171

10386 日本における性的マイノリティ差別と立
法政策 ： イギリス差別禁止法からの示唆（3・
完） 佐々木貴弘 「国際公共政策研究」 18（2）
通号34 2014.3 p.109〜122

10387 排除から参画へ ： 障害者の基本的人権
（特集 社会運動と憲法 ： 市民自治から憲法を
とらえなおす） 尾上浩二 「社会運動」（408）
2014.3 p.37〜39

10388 平等と福祉 ： 福祉権をめぐって（秋山和
宏教授古稀記念号 政治の過程、権力、構造をめ
ぐる諸問題） 矢野聡 「政経研究」 50（3）
2014.3 p.1271〜1290

10389 法制審議会民法部会身分法小委員会での
議論について（特集 婚外子相続差別違憲決定の
影響と課題） 吉岡睦子 「自由と正義」 65（3）
通号783 2014.3 p.26〜30

10390 労働災害・労働事故と損害賠償責任（第75
回）遺族補償年金について男性配偶者のみ受給
年齢制限を設けることの合憲性［大阪地裁平成
25.11.25判決］ 夏井高人 「判例地方自治」
（377） 2014.3 p.100〜104

10391 「ろう者」の憲法上の権利 ： 真の言語と
しての日本手話（高橋和之教授 古稀記念論文
集） 青柳幸一 「明治大学法科大学院論集」
（14） 2014.3 p.1〜81

10392 出生届に嫡出子または嫡出でない子の別
を記載させる戸籍法49条2項1号と憲法14条1項
［最高裁第一小法廷平成25.9.26判決］ 「新・判

例解説watch ： 速報判例解説」 14 2014.4 p. 31〜34

10393 嫡出でない子の法定相続分の違憲判断 ： 民法の立場から[最高裁大法廷平成25.9.4決定] 「新・判例解説watch ： 速報判例解説」 14 2014.4 p.105〜108

10394 判例クローズアップ 婚外子法定相続分違憲決定[最高裁平成25.9.4決定] 西希代子 「法学教室」 (403) 2014.4 p.52〜59

10395 「格差」問題と「法の下の平等」(特集 憲法学入門 2014) 平地秀哉 「法学セミナー」 59(5)通号712 2014.5 p.13〜17

10396 公務災害により死亡した女性地方公務員の夫が遺族補償年金を受給する場合に年齢要件が存することが憲法一四条違反とされた判決 ： 地公災法・遺族補償年金男女格差違憲判決(大阪地方裁判所平成二五年一一月二五日)について 下川和男 「賃金と社会保障」 (1609) 2014.5.上旬 p.42〜48

10397 出生による子どもの差別は違憲 ： 婚外子相続差別と民法改正(特集 憲法ととくらし) 二宮周平 「人権と部落問題」 66(6)通号857 2014.5 p.31〜39

10398 暗い谷間を抜けて、いま(特集 女性と人権) 立上猫子 「人権と部落問題」 66(7)通号858 2014.6 p.6〜12

10399 たばこ工場で働いた女性たち(特集 女性と人権) 横道しげ子 「人権と部落問題」 66(7)通号858 2014.6 p.12〜17

10400 弁護士会の男女共同参画と家族観(特集 憲法と家族) 市毛由美子 「日本女性法律家協会会報」 (52) 2014.6 p.20〜23

10401 弁護士事件ファイル 民法>国籍法>憲法 「法学セミナー」 59(6)通号713 2014.6 p.105

10402 法の下の平等(14条・24条・26条・44条) (特集 条文からスタート 憲法2014) 安西文雄 「法学教室」 (405) 2014.6 p.20〜22

10403 最新のニュース 同性婚をめぐる日米の法制と税制を比べる ： 青森の女性カップルが婚姻届、市は憲法根拠に不受理 石村耕治 「CNNニュース」 (78) 2014.6.30 p.11〜16

10404 日本国憲法と社会福祉の権利(通巻第120号記念特大号—特集 現代社会福祉における権利の位置) 菊池馨実 「社会福祉研究」 (120) 2014.7 p.13〜19

10405 読者の考察 わが憲法改正私案 ：「発達障がい者の人権擁護」の視点から 立木正久 「福音と社会」 53(4)通号275 2014.8 p.75〜83

10406 最高裁の違憲判断の遡及効 ： 嫡出でない子の相続分に関する違憲決定について(特集 非嫡出子相続分違憲最高裁大法廷決定—最高裁大法廷決定について) 尾島明 「法の支配」 (175) 2014.10 p.84〜93

10407 座談会 非嫡出子相続分違憲最高裁大法廷決定の多角的検討(特集 非嫡出子相続分違憲最高裁大法廷決定) 高橋和之[出席・司会] 大坪丘[出席] 榊原富士子[出席他] 「法の支配」 (175) 2014.10 p.5〜50

10408 性別変更をした夫とその妻との間で生まれた子の嫡出推定 ： 憲法学の視点から[最高裁平成25.12.10決定] 「新・判例解説watch ： 速報判例解説」 15 2014.10 p.15〜18

10409 非嫡出子相続分違憲大法廷決定と司法の国際化(特集 非嫡出子相続分違憲最高裁大法廷決定) 竹下守夫 「法の支配」 (175) 2014.10 p.2〜4

10410 二つの最高裁判例と戸籍事務(特集 非嫡出子相続分違憲最高裁大法廷決定—最高裁大法廷決定について) 石井隆 「法の支配」 (175) 2014.10 p.94〜101

10411 法の支配(「憲法の優位」)の一層の充実を期待する ： 婚外子法定相続分違憲最高裁決定に寄せて(特集 非嫡出子相続分違憲最高裁大法廷決定—最高裁大法廷決定について) 佐藤幸治 「法の支配」 (175) 2014.10 p.51〜65

10412 平等原則をめぐる司法審査のあり方(1) 民法900条4号ただし書前段違憲最高裁判所大法廷決定 青柳幸一 「明治大学法科大学院論集」 (15) 2014.11 p.1〜35

10413 「熊本に特徴的」な憲法問題と「地域の憲法学」の意義 ： ハンセン病問題に学ぶ(法学部シンポジウム 地域に学ぶ憲法) 木下和朗 「熊本法学」 (132) 2014.12 p.224〜231, 244〜247

10414 権利条約の国内実施のために何が必要か？(特集 障害者差別解消法施行への期待) 棟居快行 「ノーマライゼーション ： 障害者の福祉」 34(12)通号401 2014.12 p.10〜13

10415 第三十一回 東洋大学公法研究会報告 非嫡出子相続分差別に関する考察 始澤真純 「東洋法学」 58(2)通号129 2014.12 p.145〜174

10416 アイヌの民族代表制の可能性 ： 憲法学におけるリベラリズムと民主主義、対立の一側面 奥野恒久 「季論21 ： intellectual and creative」 (27) 2015.冬 p.161〜173

10417 婚外子法定相続分規定違憲決定(公法判例の現在) 大石和彦 「公法研究」 (77) 2015 p.107〜117

10418 「政治的, 経済的又は社会的関係において, 差別されない」の保障 ： 憲法普及における男女同権の進展と停滞 大西祥世 「立命館法學」 2015(3)通号361 2015 p.555〜604

10419 非嫡出子相続分違憲決定はどう読まれるべきか？ ： 違憲の時点と違憲を認識した時点(特集 人権実現プロセスの検証 ： 2013年9月4日最高裁大法廷決定を契機として) 木村草太 「国際人権 ： 国際人権法学会報」 (26) 2015

思想・良心の自由　　　　　　　　　　　　　　　基本的人権/憲法上の保障

p.65〜72

10420　非嫡出子相続分規定の違憲決定による実務的な影響 : 平成25年9月4日最高裁大法廷決定　海江田誠「専門実務研究」(9)　2015　p.171〜183

10421　障害者差別解消推進法から差別禁止法・救済法を考える(特集 差別禁止法と救済法)　池田直樹「部落解放」(703)　2015.1　p.32〜38

10422　日本国憲法と合理的配慮(小特集 差別と配慮の交錯 : 障害者への合理的配慮)　植木淳「法律時報」87(1)通号1081　2015.1　p.74〜79

10423　ロー・フォーラム 人権擁護の最前線 : 日弁連人権擁護委員会による人権救済(第22回)性的少数者に対する差別発言は許されない! : 東京都知事による性的少数者差別発言に関する人権救済申立事件(警告)　平河直「法学セミナー」60(1)通号720　2015.1　p.126〜127

10424　講演録 基礎一般研修 弁護士会におけるクオータ制と憲法・国際法　林陽子「Niben frontier」(141)通号364　2015.3　p.2〜13

10425　講演録 婚外子相続分差別違憲決定と相続法改正問題[最高裁大法廷平成25.9.4決定, 最高裁大法廷平成7.7.5決定]　本山敦「東北学院大学法学政治学研究所紀要」(23)　2015.3　p.1〜34

10426　嫡出でない子の法定相続分区別の違憲決定をめぐって : 憲法14条論の観点から　浅田訓央「中部学院大学・中部学院大学短期大学部研究紀要」(16)　2015.3　p.31〜41

10427　平等権侵害の審査における「権利・利益の重大性」についての覚書[Quebec (Attorney General) v. A, [2013] 1 S.C.R. 61]　白水隆「帝京法学」29(2)通号51　2015.3　p.55〜71

10428　平等原則をめぐる司法審査のあり方(2・完)民法900条4号ただし書前段違憲最高裁判所大法廷決定(川端博教授 古稀記念論文集)　青柳幸一「明治大学法科大学院論集」(16)　2015.3　p.1〜48

10429　ミス・コンテストにおける聴覚障害女性　吉田仁美「岩手県立大学社会福祉学部紀要」17通号26　2015.3　p.51〜57

10430　わが国の最高裁判所における人権保障のグローバル化の兆候(2)近年の婚外子裁判をめぐって　新井信之「香川法学」34(3・4)通号99　2015.3　p.360〜332

10431　労働判例研究(252)遺族補償年金受給につき夫のみにある年齢要件と憲法14条 : 地公災基金大阪府支部長(市立中学校教諭)事件[大阪地裁平成25.11.25判決]　倉田原志「法律時報」87(5)通号1085　2015.5　p.144〜147

10432　人種差別撤廃条約における「人種差別」と人種差別的発言の不法行為の該当性[大阪高裁平成26.7.8判決]　守谷賢輔「福岡大學法學論叢」60(1)通号214　2015.6　p.103〜144

10433　刑事法および憲法と差別事件(特集 ヘイトスピーチ/ヘイトクライム : 民族差別被害の防止と救済)　内田博文「法学セミナー」60(7)通号726　2015.7　p.44〜48

10434　走りながら考える(第169回)「同対審」答申と日本国憲法 : 今も残されている最重要課題　北口末広「ヒューマンライツ」(330)　2015.9　p.64〜67

10435　憲法上の平等原則の解釈について(1)社会構造的差別の是正に向けて　髙橋正明「法学論叢」178(1)　2015.10　p.85〜103

10436　障害差別禁止法理の現段階 : 障害者差別解消法と障害差別判例の展開　植木淳「北九州市立大学法政論集」43(1・2)　2015.10　p.1〜28

10437　非嫡出子に対する差別と憲法　中曽久雄「愛媛大学教育学部紀要」62　2015.10　p.231〜243

10438　女性議員の増加を目的とした措置 : 諸外国におけるクオータ制の事例　宮畑建志「レファレンス」65(11)通号778　2015.11　p.47〜66

10439　はじめに : 「傍聴人に聞こえない証人尋問」国家賠償請求事件(特集 「傍聴人に聞こえない証人尋問」国家賠償請求事件 : 一橋大学ロースクール人権クリニック)　吉田秀康「法学セミナー」60(11)通号730　2015.11　p.9

10440　ロー・アングル 憲法判例再読 : 他分野との対話(第1回)非嫡出子相続分最高裁違憲決定 : 非嫡出子をめぐる"事柄の変遷"[平成25.9.4]　白水隆　宇野文重「法学セミナー」60(12)通号731　2015.12　p.38〜47

10441　特集 夫婦別姓・再婚禁止期間で最高裁判決 同姓規定は合憲 : 再婚禁止100日超は違憲「厚生福祉」(6209)　2015.12.25　p.6〜7

思想・良心の自由

【図書】

10442　教師の思想・良心の自由と表現の自由―「もの言える自由」裁判報告集　「もの言える自由」裁判交流会編　[武蔵野]　「もの言える自由」裁判交流会　2009.12　369p　26cm　1000円　Ⓝ373.2　もの言える自由裁判交流会

【雑誌】

10443　思想の自由とジャイナ教−ジャイナ教研究への中村博士の貢献(中村元博士七回忌記念号−特集 日印仏教哲学セミナー−中村元博士の思想と業績をめぐって)　矢島道彦「東方」(21)　2005　p.106〜128

10444　「ネーションへの忠誠」と「良心の自由」の間(2)丸山真男の「市民主義」の批判的継承

のための一考察　今井弘道　「法學志林」102
（3・4）通号734　2005.3　p.173～230

10445　良心の自由について－杜鋼建著『新仁学－
儒家思想与人権憲政』（2000年）を読む　鈴木敬
夫　「札幌学院法学」22（1）　2005.11　p.1～40

10446　「ネーションへの忠誠」と「良心の自由」
の間（3）丸山真男の「市民主義」の批判的継承
のための一考察　今井弘道　「法學志林」103
（2）通号736　2005.12　p.59～114

10447　レッド・パージ研究の意義－「思想・良
心の自由」をめぐる現況から　明神勲　北海道
教育大学釧路校釧路論集編集委員会編「釧路論
集：北海道教育大学釧路校研究紀要」（38）
2006　p.71～83

10448　良心の自由を求めて（意見書）（特集/正義
を語り、教育をひらく）　大田堯　教育科学研究
会編「教育」56（1）通号720　2006.1　p.4～11

10449　「ネーションへの忠誠」と「良心の自由」
の間（4）丸山真男の「市民主義」の批判的継承
のための一考察　今井弘道　「法學志林」103
（3）通号737　2006.2　p.63～118

10450　判例講座　憲法基本判例を読み直す（8）謝
罪広告の強制と「良心の自由」──謝罪広告強
制事件判決（最大判昭和31.7.4民集10巻7号785
頁）　野坂泰司　「法学教室」通号305　2006.2
p.87～93

10451　ニッポン@世界（3）「良心の自由」を濫用
するなかれ－教育基本法の改正に反対する人々
の無定見　安井太郎　「Themis」15（3）通号161
2006.3　p.92

10452　「ネーションへの忠誠」と「良心の自由」
の間（5・完）丸山真男の「市民主義」の批判的
継承のための一考察　今井弘道　「法學志林」
103（4）通号738　2006.3　p.127～175

10453　さわさわベーシック判例憲法（第5回）精
神的自由権（思想良心と信教の自由）　澤田章仁
「月報全青司」（316）　2006.8　p.11～13

10454　思想の自由と「公的な場」の「公正」：船
橋市西図書館蔵書廃棄事件判決の評価　前田稔
「図書館界」58（3）通号330　2006.9　p.154～
163

10455　良心の自由の原理的事例的研究　笹川紀
勝　「法律論叢」79（2・3）　2007.3　p.227～262

10456　ニッポン@世界（16）「良心の自由」が曖昧
だった理由──憲法の用語を明らかにしてこな
かった学者の怠慢　安井太郎　「Themis」16
（4）通号174　2007.4　p.92

10457　良心の自由の解釈（III 基本的人権）　笹
川紀勝　「憲法諸相と改憲論 吉田善明先生古稀
記念論文集」　2007.8　p.165～

10458　弁護士会等強制加入団体における構成員
の思想・信条の自由をめぐる司法消極主義と積
極主義（1）　中谷実　「南山法学」31（1・2）
2007.9　p.113～132

10459　思想・良心の自由と国旗・国歌問題　百地
章　「日本法學」73（2）　2007.12　p.359～386

10460　良心的兵役拒否と代役（非軍事的役務）
小針司　「日本法學」73（2）　2007.12　p.573～
602

10461　自己喪失へのプロローグ──技術革新が
もたらす「内なる心」の揺らぎを手がかりに
上出浩　「立命館法學」2008年（5・6）通号321・
322　2008　p.1399～1421

10462　思想・良心の自由と公務員の人権──い
わゆる君が代訴訟を中心に　高乗智之　「駒沢大
学大学院公法学研究」（34）　2008年　p.1～32

10463　弁護士会等強制加入団体における構成員
の思想・信条の自由をめぐる司法消極主義と積
極主義（2）　中谷実　「南山法学」31（4）
2008.2　p.1～37

10464　メディアを読む（11）「思想の自由」の闘
いとは何か　浮かぶ新しい時代の胎動　丸山重威
民主教育研究所編「人間と教育」通号57
2008.春　p.134～137

10465　ロー・クラス 人権の臨界──路上の呼び
声を聴く（13）思想及び良心の自由──行為と
精神　笹沼弘志　「法学セミナー」53（4）通号
640　2008.4　p.98～101

10466　弁護士会等強制加入団体における構成員
の思想・信条の自由をめぐる司法消極主義と積
極主義（3・完）　中谷実　「南山法学」32（1）
2008.7　p.111～149

10467　思想・良心の表出としての消極的外部行
為と司法審査　青柳幸一　「慶応の法律学 公法
1 慶應義塾創立一五〇年記念法学部論文集」
2008.12　p.63～

10468　わが国における「思想・良心の自由」の
意義　坂井千之　札幌国際大学［編］「札幌国
際大学紀要」（40）　2009　p.325～332

10469　道徳教育と良心の自由－勝田守一と上田
薫にみるインドクトリネーション批判（特集 道
徳教育の課題－人権とモラル－道徳教育と人権
教育の歴史・現状をとらえ直す）　櫻井歓　教
育科学研究会編「教育」59（9）通号764　2009.
9　p.79～86

10470　図解基礎法学講座　憲法 思想及び良心の自
由について　「Keisatsu jiho」64（11）　2009.11
p.43～46

10471　思想・良心の自由再考　光田督良　「駒沢
女子大学研究紀要」（16）　2009.12　p.179～
194

10472　公開シンポジウム 思想・良心の自由な形
成　松田高志　関西教育学会編「関西教育学会
年報」（34）　2010　p.197～201

10473　宗教と教育と私－「思想及び良心の自由」
をめぐって　松田高志　「禅文化」通号215
2010　p.134～139

10474 「思想の自由市場」論の組み直しに向けて 阪本昌成 「立教法学」 通号80 2010 p.63～110

10475 芸術の自由と公の施設－沖縄県立美術館における作品選別及び天皇モチーフ作品の非展示問題を考える 大城渡 「名桜大学総合研究」 (16) 2010.2 p.17～34

10476 基調報告 思想・良心の自由を今, 考える (日本国憲法研究(7)思想・良心の自由) 西原博史 「ジュリスト」 (1395) 2010.3.1 p.110～121

10477 座談会(日本国憲法研究(7)思想・良心の自由) 西原博史 小島慎司 長谷部恭男[他] 「ジュリスト」 (1395) 2010.3.1 p.122～136

10478 NHK受信料不払いの「自由」？ －東京地裁平成21.7.28判決を素材として 中村英樹 「地域学論集 : 鳥取大学地域学部紀要」 7(1) 2010.6 p.23～35

10479 良心の自由の法理 清水晴生 「白鴎法学」 17(2)通号36 2010.12 p.248～180

10480 戦争の違法性と軍人の良心の自由(特集 国家の役割, 個人の権利) 水島朝穂 「ジュリスト」 (1422) 2011.5.1・15 p.36～42

10481 行政書士会の性格と強制加入団体の権限 橋本基弘 「法学新報」 118(1・2) 2011.7 p.1～30

10482 思想・良心等に基づく拒否事件の類型別の判断枠組(上)「国旗・国歌」強制事件の判断枠組の類型的特性 土屋英雄 「筑波法政」 (51) 2011.9 p.1～28

10483 人はなぜ平等なのか : 「良心の自由」に見る神思想のアクチュアリティ(特集〈神〉思想のアクチュアリティー) 森本あんり 理想社[編] 「理想」 (688) 2012 p.27～39

10484 市民のくらしを破壊する露払い, 職員の隷属化・組織破壊とのたたかい 橋下市長による憲法違反の「思想調査」アンケート裁判の意義(特集 様々な視点で憲法を考えよう) 中山直和 「季刊人権問題」 (31) 2012.冬 p.37～52

10485 思想・良心の自由に関する判例の分析(上 井長久教授古稀記念論文集) 笹川紀勝 「法律論叢」 84(2・3) 2012.1 p.295～329

10486 思想・良心等に基づく拒否事件の類型別の判断枠組(下)「国旗・国歌」強制事件の判断枠組の類型的特性(土屋英雄教授退職記念号) 土屋英雄 「筑波法政」 (52) 2012.2 p.5～35

10487 「思想・良心の自由」と最高裁判所・覚書 (土屋英雄教授退職記念号) 前田聡 「筑波法政」 (52) 2012.2 p.71～87

10488 教育と思想・良心の自由 : 「君が代」訴訟最高裁判決を手がかりに(武久征治教授 寺田武彦教授 平野武教授 退職記念論集) 奥野恒久 「龍谷法学」 44(4) 2012.3 p.1135～1161

10489 図解基礎法学講座 憲法 思想及び良心の自由について 「Keisatsu jiho」 67(4) 2012.4 p.60～62

10490 ジャンセニスム論争と良心の自由 : 「信仰分析」の問題を中心に 御園敬介 「思想」 (1057) 2012.5 p.27～43

10491 原子力の安全性に関する内部告発から見た公益通報者保護法の課題(特集 公益通報) 海渡雄一 「消費者法ニュース」 (93) 2012.10 p.14～17

10492 良心の自由について 黒川達雄 「学校メンタルヘルス」 16(2) 2013 p.87～90

10493 良心の自由からみた裁判員制度 竹嶋千穂 「社学研論集」 (21) 2013 p.234～249

10494 希望を持つ権利 遠藤比呂通 「書斎の窓」 (621) 2013.1・2 p.6～9

10495 「政府の言論」と「思想の自由市場」 (ロー・クラス 憲法ゼミナール part.2 コンテクストを読む(第22回)連載を振り返って(その1)) 中林暁生 「法学セミナー」 (2)通号697 2013.2 p.56～59

10496 ロー・クラス 「憲法上の権利」各論(01) 思想および良心の自由(1) 小山剛 「法学セミナー」 58(10)通号705 2013.10 p.43～49

10497 ロー・クラス 「憲法上の権利」各論(02) 思想および良心の自由(2) 小山剛 「法学セミナー」 58(11)通号706 2013.11 p.41～46

10498 思想良心の自由 : 最近の最高裁判決を中心に(特集 精神的自由の現在と憲法学―日本の問題状況に照らして) 辻雄一郎 「憲法問題」 (25) 2014 p.7～19

10499 精神的自由と公教育 : ナショナルアイデンティティをめぐって(特集 精神的自由の現在と憲法学―比較法的・原理論的考察を踏まえて) 齊藤愛 「憲法問題」 (25) 2014 p.87～101

10500 日本国憲法第19条論(1) 中川修一 「秋田法学」 (55) 2014 p.1～16

10501 啓蒙思想の「自由」に学ぶリバタリアニズムからの視点 蔵研也 たばこ総合研究センター編 「TASC monthly」 (457) 2014.1 p.13～21

10502 地域福祉と住民組織 : 「甲賀市希望ヶ丘自治会事件」控訴審判決を手がかりにして 大野拓哉 「弘前学院大学社会福祉学部研究紀要」 (14) 2014.3 p.1～14

10503 思想・良心の自由(19条)と宗教的自由(20条・89条)(特集 条文からスタート 憲法 2014) 佐々木弘通 「法学教室」 (405) 2014.6 p.23～24

10504 情勢と課題「道徳」教科化への政策動向とその批判 : 立憲主義の危機のもとですすむ教育改革(特集 道徳の教科化を考える) 櫻井歓 「クレスコ」 14(8)通号161 2014.8 p.16～19

基本的人権/憲法上の保障　　　　　　　　　　　　　　　　　　　　　　思想・良心の自由

10505　ヘイト・クライム規制と思想の自由　桧垣伸次　「福岡大學法學論叢」 59（2）通号211　2014.9　p.297〜328

10506　人を殺す人間はつくらせない ： 自由権規約18条「思想良心の自由」の勧告を政府に突きつけよ　渡辺厚子　「社会民主」（714）　2014.11　p.56〜59

10507　日本国憲法第19条論（2）　中川修一　「秋田法学」（56）　2015　p.1〜33

10508　特別講演 良心の自由から道徳教育を考える（第15回キリスト教学校伝道協議会 キリスト教教育と道徳教育）　深谷松男　「伝道と神学 ： 教会と神学大学を結ぶ」　2015.3　p.21〜39

◆日の丸・君が代

【図書】

10509　「日の丸・君が代」を強制してはならない―都教委通達違憲判決の意義　澤藤統一郎著　岩波書店　2006.12　62p　21cm　（岩波ブックレット no.691）〈年表あり〉　480円　Ⓘ4-00-009391-6　Ⓝ373.2　澤藤統一郎

10510　強制で、歌声はあがらない―「日の丸・君が代」強制反対予防訴訟第一審裁判記録「日の丸・君が代」強制反対予防訴訟をすすめる会編　明石書店　2007.8　558p　19cm　〈年表あり〉　2800円　Ⓘ978-4-7503-2603-0　Ⓝ373.2　日の丸君が代強制反対予防訴訟をすすめる会

10511　「日の丸・君が代裁判」と思想・良心の自由―意見書・証言録　土屋英雄編　現代人文社　2007.9　265p　21cm　〈発売：大学図書〉　2500円　Ⓘ978-4-87798-350-5　Ⓝ323.143　土屋英雄

10512　「君が代」にココロはわたさない―学校現場に内心の自由を求め、「君が代」強制を憲法に問う裁判のあゆみ　北九州ココロ裁判原告団編　社会評論社　2012.6　411p　19cm　2600円　Ⓘ978-4-7845-1707-7　Ⓝ373.2　北九州ココロ裁判原告団

【雑誌】

10513　都立校における「日の丸・君が代」強制の実態とこれをめぐる訴訟の経過（教育における公共性の再構築－第2分科会＝教育の自由・学問の自由の危機）　澤藤統一郎　「日本教育法学会年報」（34）　2005　p.91〜99

10514　「思想・良心の自由」と「国家の信条的中立性」(1)「君が代」訴訟に関する裁判例および学説の動向から　渡辺康行　「法政研究」 73（1）　2006.7　p.1〜44

10515　東京の子ども・教育・文化は今part2(3)教育基本法「改正」先取りに抗して思想・良心の自由を守る－ここまできている「日の丸・君が代」強制　那須ゆたか　日本子どもを守る会

編　「子どものしあわせ ： 母と教師を結ぶ雑誌」通号666　2006.8　p.36〜39

10516　判決・ホットレポート 都教委の「日の丸・君が代」強制通達を違憲違法とした東京地裁判決　秋山直人　「法と民主主義」（412）　2006.10　p.59〜61

10517　注目レポート 「国旗・国歌通達」の違憲判決は異常だ――おかしな裁判官が増えた　「Themis」 15（11）通号169　2006.11　p.42〜43

10518　権利闘争の焦点 教育の自由と思想・良心の自由を保護した画期的な判決－「日の丸・君が代」予防訴訟2006.9.21東京地裁判決　水口洋介　「季刊労働者の権利」 通号268　2007.1　p.81〜86

10519　日の丸・君が代 思想良心の自由をいかに獲得するか―二つの教育訴訟判決から見えてくるもの（特集「内心の自由」「表現の自由」はどこへ？）　澤藤統一郎　岩波書店［編］「世界」（760）　2007.1　p.113〜119

10520　教師の思想・良心の自由と教育の自由－東京地裁国歌斉唱義務不存在確認訴訟判決の教育法的分析（小特集＝日の丸・君が代訴訟－第一審判決の分析）　市川須美子　「法律時報」 79（2）通号979　2007.2　p.72〜76

10521　国歌斉唱義務不存在確認等請求訴訟第1審判決の意義　成嶋隆　「法政理論」 39（4）　2007.3　p.496〜539

10522　昨秋の違憲判決を受けて都立高校の現場は…「日の丸・君が代」に揺れる都立高校卒業式潜入ルポ　池添徳明　「創」 37（5）通号412　2007.5　p.138〜145

10523　市立小学校の音楽専科の教諭に対してなされた入学式の国歌斉唱の際に「君が代」のピアノ伴奏を行うことを内容とする校長の職務上の命令が憲法19条に違反しないとされた事例――最高裁平成19.2.27第三小法廷判決（判例解説―行政）　橋本勇　「Lexis判例速報」 3（5）通号19　2007.5　p.96〜108

10524　「日の丸・君が代」裁判闘争を闘うぞ！（6）（特集 憲法施行六〇年のいま）　滝坂登　「科学的社会主義」（109）　2007.5　p.22〜27

10525　公教育における「君が代」と教師の「思想・良心の自由」－ピアノ伴奏拒否事件と予防訴訟を素材として（特集 教育再生と法）　渡辺康行　「ジュリスト」（1337）　2007.7.1　p.32〜39

10526　学校の自由を圧殺する判決――東京「君が代」強制解雇訴訟判決批判　水口洋介　「世界」（768）　2007.8　p.133〜140

10527　「君が代」斉唱・伴奏と教師の思想の自由（第2部 現代社会における多様な声）　棟居快行　「市民的自由の広がり JCLU人権と60年」　2007.11　p.66〜

10528　ロー・フォーラム 人権を問う――人権救

〔10505〜10528〕　　　　　　　　　　　　　　　　　　　　　　　憲法改正 最新文献目録　391

済活動の最前線から（21）学校の先生に心の自由はないのか——東京都公立学校日の丸・君が代の強制に関する人権救済申立事件　日弁連人権擁護委員会　「法学セミナー」　52（12）通号636　2007.12　p.128～129

10529　日の丸・君が代予防訴訟 東京地裁勝訴判決の内容と検討－特に教師の教育現場における思想・良心の自由について（新教育基本法と教育法学－第1分科会 教師の権利と教育裁判）海部幸造　「日本教育法学会年報」　2008　p.75～83

10530　君が代ピアノ伴奏拒否訴訟［最高裁第3小法廷平成19.2.27判決］（特集 国際人権判例・先例の検討）　吉峯啓晴　国際人権法学会［編］「国際人権：国際人権法学会報」　通号19　2008　p.95～99

10531　思想・良心に反する行為の強制の合憲性——「君が代」ピアノ伴奏拒否事件を考える視点（特集 国際人権判例・先例の検討）　門田孝「国際人権：国際人権法学会報」　通号19　2008　p.100～103

10532　学校における思想・良心の自由と校長の職務命令の限界－「日の丸・君が代」との関係で（立憲主義と法教育－憲法教育の理論）　土屋英雄　全国民主主義教育研究会編　「民主主義教育21」　2　2008.5　p.44～58

10533　「日の丸・君が代」裁判闘争を闘うぞ！（7）（特集 憲法——平和・人権・生活を守る）滝坂登　「科学的社会主義」（121）　2008.5　p.32～37

10534　教師の日の丸・君が代拒否の教育の自由からの立論（小特集 日の丸・君が代裁判の現段階）　市川須美子　「法律時報」　80（9）通号999　2008.8　p.72～77

10535　「日の丸・君が代」訴訟における思想・良心の自由と教育の自由（小特集 日の丸・君が代裁判の現段階）　成嶋隆　「法律時報」　80（9）通号999　2008.8　p.78～83

10536　思想・良心の自由と国旗掲揚・国歌斉唱　大西斎　「憲法研究」（41）　2009　p.163～187

10537　「日の丸・君が代」強制についての憲法判断のあり方——学校儀式における教師の場合　渋谷秀樹　「立教法務研究」（2）　2009　p.1～44

10538　シュプレヒコール！　「日の丸・君が代」裁判闘争を闘うぞ！（8）（特集 反戦・平和、人権、憲法）　滝坂登　「科学的社会主義」（133）　2009.5　p.34～39

10539　東京の「日の丸」・「君が代」強制反対＝教育の自由裁判の現段階－ピアノ最高裁判決の厚い壁　立川秀司「民主主義教育21」　3　2009.6　p.314～320

10540　「君が代」裁判と外部的行為の領域における思想・良心の自由の意義（特集 「日の丸・君が代」裁判をめぐる検討）　西原博史　「労働法律旬報」　2009.12.上旬　p.6～19

10541　「君が代」ピアノ伴奏拒否事件にみる思想・良心の自由と教育の自由　榎透　専修大学社会科学研究所編　「社会科学年報」（44）　2010　p.69～87

10542　国旗敬礼強制拒否事件判決における＜シンボリズム＞に関する覚書——Gobitis判決（1940年）とBarnette判決（1943年）の媒介者にしてホームズ裁判官の鬼子としてのフランクファータ裁判官　金井光生　「行政社会論集」22（3）　2010　p.131～155

10543　大阪府「君が代起立条例」と思想・良心の自由（大阪府「日の丸・君が代条例」の検討）塚田哲之「労働法律旬報」　2011.6.下旬　p.50～52

10544　大阪府「日の丸・君が代条例」のねらいと問題点（大阪府「日の丸・君が代条例」の検討）　藤木邦顕　「労働法律旬報」　1746　2011.6

10545　インクのしづく（Vol.147）布川事件再審無罪 君が代起立命令の合憲性　土本武司　「捜査研究」　60（7）通号722　2011.7　p.113～108

10546　「君が代判決」を逆手に取る日教組の魂胆——職務命令は合憲だが一方でより戦闘的になる勢力も　「Themis」　20（7）通号225　2011.7　p.40～41

10547　「日の丸」・「君が代」をめぐって〈人権裁判の周辺〉　川岸令和　「人権新聞」　2011.7

10548　法律時評「国旗・国歌」は「強制可能な公的利益」か　土屋英雄　「法律時報」　83（9・10）通号1038　2011.8・9　p.1～3

10549　ロー・クラス 憲法訴訟の現代的転回——憲法的論証を求めて（11）第1部／憲法的論証の型 インターミッション——国旗国歌起立斉唱拒否事件を素材に　駒村圭吾　「法学セミナー」　56（8・9）通号680　2011.8・9　p.84～90

10550　「大阪府の施設における国旗の掲揚及び教職員による国歌の斉唱に関する条例」に関する一考察　中川登志男　「専修法研論集：専修大学大学院紀要」（49）　2011.9　p.49～114

10551　「君が代」不起立訴訟最高裁判決をどう見るか——良心の自由の「間接的制約」と「必要性・合理性」をめぐって　西原博史　「世界」（821）　2011.9　p.112～123

10552　「日の丸・君が代」攻撃と全国的ネットワークで闘う！（特集 行政と権力の狭間で教育の自由は今）　かわむらひさこ　社会主義協会［編］「科学的社会主義」（163）　2011.11　p.6～12

10553　〔初めに有罪ありき〕権力がデッチ上げた「板橋高校卒業式」刑事弾圧（特集 行政と権力の狭間で教育の自由は今）　金子潔　社会主義協会［編］「科学的社会主義」（163）　2011.11　p.28～35

10554 日の丸・君が代関連訴訟の現場から 問われる思想・良心の自由と教育行政に対する司法判断（創立50周年記念－第42回司法制度研究集会「司法改革」10年 ： 司法は国民のために役割を果たしているか？;裁判の現場から見た司法の現状） 加藤文也「法と民主主義」（463）2011.11 p.19～21

10555 大阪府「日の丸・君が代条例」をめぐって（特集「日の丸・君が代」問題） 小林優「人権と部落問題」63（14）通号823 2011.12 p.31～40

10556 君が代」の強制と憲法 ： 大阪府「君が代強制条例」「教育基本条例案」を素材として（特集「日の丸・君が代」問題） 丹羽徹「人権と部落問題」63（14）通号823 2011.12 p.22～30

10557 国旗国歌の強制と司法判断（特集「日の丸・君が代」問題） 白井剣「人権と部落問題」63（14）通号823 2011.12 p.14～21

10558 歴史から見た「日の丸・君が代」問題 ：「未完」の課題の解決を探る（特集「日の丸・君が代」問題） 井口和起「人権と部落問題」63（14）通号823 2011.12 p.6～13

10559 「君が代」起立斉唱命令と思想・良心の自由 ： 公立高等学校の校長が同校の教諭に対し卒業式における国歌斉唱の際に国旗に向かって起立し国歌を斉唱することを命じた職務命令が憲法19条に違反しないとされた事例（最二小判 2011.5.30）を中心に 新岡昌幸「北海道大学大学院教育学研究院紀要」（115）2012 p.123～136

10560 国旗国歌職務命令訴訟最高裁判決判例評釈（裏） ： 憲法哲学への勧誘 ： Fukushimaより＜愛＞を込めて 金井光生「行政社会論集」24（4）2012 p.9～57

10561 国旗国歌問題と教員の思想良心の自由 高乗智之「憲法研究」（44）2012 p.79～106

10562 最高裁教育判例における教師像の展開 ： 学テ判決と「君が代」処分違法判決をつなぐもの 西原博史 佐藤晋平 葛西耕介［他］「東京大学大学院教育学研究科教育行政学論叢」（32）2012 p.113～180

10563 「日の丸・君が代訴訟」を振り返る ： 最高裁諸判決の意義と課題（特集 憲法最高裁判例を読み直す） 渡辺康行「論究ジュリスト」（1）2012.春 p.108～117

10564 Culture & Critique 文化情報 book ランソのヘイは、ココロを語り継ぐ ： 『「君が代」にココロはわたさない 学校現場に内心の自由を求め、「君が代」強制を憲法に問う裁判のあゆみ』（北九州ココロ裁判原告団編） 辻子実「インパクション」通号185 2012 p.211～213

10565 「日の丸・君が代」裁判が問うもの ： 法学の立場から 成嶋隆「歴史学研究」（890）2012.3 p.38～43

10566 新たな社会構想をめざして（5）国旗国歌の強制と立憲主義（上） 白井剣「日本の科学者」47（4）通号531 2012.4 p.248～252

10567 最高裁「君が代訴訟」処分違法判決をどうみるか ： 良心の自由論によって得られたものと失われたもの（特集 教育に政治が介入するとき ： 大阪の「教育改革」批判） 西原博史 岩波書店［編］「世界」（830）2012.5 p.108～115

10568 日の丸・君が代強制問題の現在（特集 日の丸・君が代強制問題） 塚田哲之「労働法律旬報」（1768）2012.5.下旬 p.18～35

10569 日の丸・君が代訴訟への法的見解 ： 主権者教育権論を踏まえよ 永井憲一「社会民主」（684）2012.5 p.20～23

10570 教育情報（No.1089）「日の丸・君が代」訴訟 ： 到達点と課題 中川律「教育」（797）2012.6 p.116～119

10571 君が代・日の丸訴訟の中間的総括（「不当な支配」と教育の自由） 市川須美子「日本教育法学会年報」（42）2013 p.18～35

10572 君が代訴訟再訪 ： 比較人権法・国際人権法の視点を加えて 西原博史「国際人権 ： 国際人権法学会報」（24）2013 p.3～9

10573 最近の最高裁の君が代訴訟判決の検討 ： 若干の疑問を込めて（冨永猛教授退職記念号） 安藤高行「九州国際大学法学論集」19（3）2013.3 p.63～102

10574 人権としての思想・良心の自由と「間接的制約」の実質 ： 森口論文へのコメント（最高裁における良心の自由の意義 ： 君が代懲戒処分判決を題材に） 西原博史「Law and practice」（7）2013.4 p.189～194

10575 憲法一九条が生きる自由な学校と社会を ： 東京・「日の丸・君が代」強制反対・教育の自由裁判の到達点と今後の課題 立川秀円「民主主義教育21」7 2013.4 p.189～196

10576 君が代斉唱をめぐる司法消極主義と積極主義（1）外部行為の強制と教員の思想・良心の自由（黒田清彦教授退職記念号） 中谷実「南山法学」36（3・4）2013.9 p.181～201

10577 起立斉唱訴訟における問題の本質（1）公教育における公権力の内在的限界（半田吉信先生・鈴木庸夫先生 退職記念号） 巻美矢紀「千葉大学法学論集」28（1・2）2013.9 p.574～552

10578 君が代斉唱をめぐる司法消極主義と積極主義（2）外部行為の強制と教員の思想・良心の自由 中谷実「南山法学」37（1・2）2014.1 p.95～148

10579 国家・教師・生徒 ： 国旗国歌起立斉唱事件「意見書」補遺（小林節教授退職記念号） 駒村圭吾「法学研究」87（2）2014.2 p.47～85

10580 学校における思想・良心の自由 ： 君が代

信教の自由　　　　　　　　　　　　　　　　　　　　　　基本的人権/憲法上の保障

訴訟が問いかけるもの（特集 卒業式と日の丸・君が代）　澤藤統一郎　教育科学研究会編　「教育」（818）　2014.3　p.103〜109

10581　権力による心の支配のメカニズム ： 「君が代」問題・第二幕（特集 教育 迫る大転換）西原博史　「社会民主」（706）　2014.3　p.17〜21

10582　君が代斉唱をめぐる司法消極主義と積極主義（3）外部行為の強制と教員の思想・良心の自由　中谷実　「南山法学」 37（3・4）　2014.6　p.275〜297

10583　不起立訴訟と憲法一二条（公法判例の現在）　蟻川恒正　「公法研究」（77）　2015　p.97〜104

10584　国連自由権規約委勧告を受け文科省が明言 君が代斉唱前の『内心の自由』説明は各学校の創意工夫の一つ　永野厚男　「マスコミ市民 ： ジャーナリストと市民を結ぶ情報誌」　2015.11　p.70〜73

信教の自由

【図書】

10585　信教の自由をめぐる国家と宗教共同体—国際比較憲法会議2005報告書　比較憲法学会編集委員会編　［東京］　比較憲法学会　2006.8　606p　24cm　〈他言語標題：Church and state towards protection for freedom of religion〉〈英語併記〉〈会期・会場：2005年9月2日〜4日 早稲田大学国際会議場〉〈発行所：政光プリプラン〉　14286円　①4-915943-40-2　Ⓝ316.2　比較憲法学会

10586　市民的自由の危機と宗教—改憲・靖国神社・政教分離　菱木政晴著　白澤社　2007.2　165p　19cm　〈発売：現代書館〉　1600円　①978-4-7684-7919-3　Ⓝ316.2　菱木政晴

10587　信教の自由と政教分離　日本カトリック司教協議会社会司教委員会編　カトリック中央協議会　2007.3　111p　19cm　600円　①978-4-87750-128-0　Ⓝ316.2　日本カトリック司教協議会

10588　現代中国の信教の自由—研究と資料　土屋英雄著　尚学社　2009.11　205p　19cm　〈索引あり〉　2500円　①978-4-86031-074-5　Ⓝ316.2　土屋英雄

10589　国是と信教の自由—入門・憲法二十条：カトリック20条シンポジウム記録　日本カトリック正義と平和協議会編　カトリック中央協議会　2011.10　48p　21cm　（正義と平和講演録 vol.5）　Ⓝ190.4　日本カトリック正義と平和協議会

【雑誌】

10590　信教の自由の主体について（宗教・思想）住家正芳　『『日・韓次世代学術フォーラム第2回

国際学術大会 日・韓友情年2005記念事業proceeding 東アジアにおける人文社会研究の新動向』』　p.260〜

10591　「信教の自由」研究要約すれば　小林義郎「清和大学短期大学部紀要」（34）　2005　p.66〜62

10592　「カルト」問題と社会秩序（2）脱会カウンセリングと信教の自由　櫻井義秀　「北海道大学文学研究科紀要」（117）　2005　p.109〜157

10593　公教育と信教の自由　井上修一　「教育学部論集」（16）　2005.3　p.1〜18

10594　信教の自由をめぐる個人の自律と集団の権利−ヨーダー事件とその判決をめぐる議論から　住家正芳　「國學院大學日本文化研究所紀要」 95　2005.3　p.253〜281

10595　国家神道の成立・展開過程と井上毅の宗教観・宗教政策−特にその「トレランス」（宗教的寛容）・「信教の自由」論の実質について　井之上大輔　「竜谷史壇」（123）　2005.3　p.124〜154

10596　ロー・クラス 判例にみる憲法実体論（8）信教の自由と一般的法規制の可否（最判平成8.3.8）　井上典之　「法学セミナー」 50（11）通号611　2005.11　p.81〜85

10597　信教の自由と平和基金指定納税制−タックス・チェックオフを使った平和納税者の保護（第51回 宗教法学会（2005年11月12日（土）青学会館））　石村耕治　「宗教法」（25）　2006　p.155〜174

10598　日本国憲法と信教の自由　A. David Ulvog, 3　「沖縄キリスト教学院大学論集」（2）　2006.1　p.57〜68

10599　政教分離・信教の自由・連邦制　安部圭介　「歴史のなかの政教分離 英米におけるその起源と展開」　2006.3　p.265〜

10600　「政教分離・信教の自由」の意味するもの（特集 日本国憲法を読み直す）　菅原龍憲　「アジェンダ：未来への課題」　2006.春　p.48〜53

10601　日本国憲法における国家と宗教共同体百地章　「信教の自由をめぐる国家と宗教共同体 国際比較憲法会議2005報告書」　2006.8　p.53〜

10602　憲法としてのイスラム法はあるか。イスラムの政治化観点に於ける信仰の自由。シャリアの再発見とイスラム法改革の必要　バッサム, ティビ　小林宏晨　「信教の自由をめぐる国家と宗教共同体 国際比較憲法会議2005報告書」　2006.8　p.79〜

10603　宗教の自由を聖座はどのように理解しているか　デヴィッド, ジェガー　片桐直人　「信教の自由をめぐる国家と宗教共同体 国際比較憲法会議2005報告書」　2006.8　p.436〜

10604　信教の自由と「やむをえない政府利益」テスト　高畑英一郎　「日本法學」 72（2）

2006.11　p.743〜767

10605　日本とフランスにおける宗教意識−宗教意識が性規範と政教分離に及ぼす影響　小堀真「日仏社会学会年報」（17）　2007　p.193〜221

10606　日韓仏教文化学術交流 記念講演会 日本近代の「信教自由」と「政教分離」−国家神道体制の成立展開過程における真宗　藤原正信　仏教文化研究所編　仏教文化研究所編「龍谷大学仏教文化研究所紀要」46　2007　p.321〜336

10607　レーンキスト・コートにおける信教の自由および政教分離原則の判例法理（ミニ・シンポジウム レーンキスト・コートの判例理論の再検討）　神尾将紀　比較法学会編　比較法学会編「比較法研究」通号69　2007　p.129〜135

10608　親の宗教教育権の憲法的考察（2）スペインにおける議論を参考に　L., Pedriza「法学論叢」161（2）　2007.5　p.135〜155

10609　宗教的屠殺とムスリム肉業者の宗教の自由　小林宏晨「日本法學」73（1）　2007.5　p.165〜203

10610　政教分離と信教の自由−靖国神社問題の現状と課題（特集 日本国憲法60年−現状と展望）　小泉洋一「ジュリスト」（1334）　2007.5.1・15　p.72〜81

10611　現代「自由」学講義（2）日本人にとっての「信教の自由」とは？　仲正昌樹「一冊の本」2007.6　p.39〜44

10612　信教の自由と国民教育−宗教団体法案の議論とその結末　三井須美子　都留文科大学紀要編集委員会編「都留文科大学研究紀要」67　2008　p.1〜23

10613　信教の自由とは−廃仏毀釈事件を経て仏教が得たもの　番場實　高野山大学［編］「高野山大学大学院紀要」（10）　2008.2　p.39〜57

10614　ロー・クラス 人権の臨界——路上の呼び声を聴く（12）信教の自由と政教分離——支配の連鎖と自由への隘路　笹沼弘志「法学セミナー」53（3）通号639　2008.3　p.80〜83

10615　Christopher L. Eisgruber, Lawrence G. Sager, Religious freedom and the constitution（学会展望 憲法）「国家学会雑誌」121（3・4）通号1084　2008.4　p.417〜419

10616　メディア批評・「信教の自由」を理解しないメディアの愚行。　東晋平（ジャーナリスト）潮出版社編「潮」通号591　2008.5　p.230〜231

10617　第二バチカン公会議における宗教の自由の権利について−『信教の自由に関する宣言 DECLARATIO DE LIBERTATE RELIGIOSA』を中心に　後藤恭子　聖カタリナ大学キリスト教研究所編「研究所紀要」（11）　2008.7　p.91〜100

10618　宗教の公益性と憲法（第三部 自由論の展開）　田近肇「国民主権と法の支配 下巻 佐藤

幸治先生古稀記念論文集」　2008.9　p.349〜

10619　信教の自由を侵害する政治家の「不見識」。（衆議院選挙へ 問われる日本政治）　佐藤優　潮出版社［編］「潮」通号597　2008.11　p.114〜117

10620　キリスト教解禁と同志社−信教の自由の観点から［含 質疑応答］　坂元茂樹　世界人権問題研究センター編「講座・人権ゆかりの地をたずねて：講演録」［2009］　2009年度　p.109〜134［含 抄録］

10621　アメリカとフランスの市民宗教論の比較　柳原邦光「地域学論集：鳥取大学地域学部紀要」5（3）　2009.3　p.227〜251

10622　憲法89条におけるキリスト教社会事業の自由権　坂本正路「キリストと世界：東京基督教大学紀要」（19）　2009.3　p.81〜112

10623　憲法と本願寺派宗制・宗法　平野武「龍谷法学」42（2）　2009.9　p.587〜529

10624　図解基礎法学講座 憲法 信教の自由と犯罪捜査との関係について「Keisatsu jiho」64（12）　2009.12　p.44〜47

10625　宗教団体法制の発展と展開　藤原究「早稲田大学大学院法研論集」（134）　2010　p.295〜315

10626　（I）日本国憲法とピューリタニズムの関係—エーミル・ブルンナーと大木英夫（シンポジウム「戦後日本のキリスト教」）　松本周「ピューリタニズム研究：日本ピューリタニズム学会年報」（4）　2010.02　p.20〜22

10627　民法, 祖先祭祀条項に関する倫理的一考察　立花希一　秋田大学教育文化学部編集委員会編「秋田大学教育文化学部研究紀要. 人文科学・社会科学」65　2010.3　p.19〜32

10628　宗教団体法下の本願寺派宗制　平野武「龍谷法学」42（4）　2010.3　p.1490〜1538

10629　信教の自由条項の解釈に関する一考察——アメリカ合衆国連邦最高裁判例における宗教の自由に対する「負担」の議論に触れて　諸根貞夫「龍谷法学」42（4）　2010.3　p.1539〜1584

10630　国家の非宗教性に関する憲法学的研究——フランスにおけるライシテの原則の場合　小泉洋一「甲南法学」51（1）　2010.9　p.129〜181

10631　市役所の玄関にクリスマスツリーを飾ることができるか−信教の自由と政教分離「自治実務セミナー」49（12）通号582　2010.12　p.16〜18

10632　明治6年における奥宮慥斎の長崎布教と信教の自由　杉山剛「社学研論集」（18）　2011　p.165〜176

10633　宗教法学会（ARL）30周年を迎えて（第61回 宗教法学会−創立30周年記念シンポジウム

「裁判員制度と信教の自由」）平野武「宗教法」（30）2011 p.63〜70

10634 裁判員就任義務は信教の自由の保障に反するか（第61回 宗教法学会−創立30周年記念シンポジウム「裁判員制度と信教の自由」）田近肇「宗教法」（30）2011 p.71〜78

10635 裁判員制度とカトリック教会（第61回 宗教法学会−創立30周年記念シンポジウム「裁判員制度と信教の自由」）岩本潤一「宗教法」（30）2011 p.79〜101

10636 仏教者と裁判員制度−浄土真宗本願寺派からの視点（第61回 宗教法学会−創立30周年記念シンポジウム「裁判員制度と信教の自由」）藤丸智雄「宗教法」（30）2011 p.103〜120

10637 参審制と信教の自由（第61回 宗教法学会−創立30周年記念シンポジウム「裁判員制度と信教の自由」）片桐直人「宗教法」（30）2011 p.147〜159

10638 裁判員制度と信教の自由−わが国の現状と課題（第61回 宗教法学会−創立30周年記念シンポジウム「裁判員制度と信教の自由」）四宮啓「宗教法」（30）2011 p.161〜175

10639 パネルディスカッション（第61回 宗教法学会−創立30周年記念シンポジウム「裁判員制度と信教の自由」）田近肇 大石眞 西牧駒蔵【他】「宗教法」（30）2011 p.177〜199

10640 公立学校における宗教的中立性の法的検討−科学的知識の教授による児童生徒の「信教の自由」の侵害に着目して 延本達也「教育行政学研究」（32）2011 p.1〜8

10641 信教の自由に対する「制約」およびその周辺 安西文雄「立教法学」通号82 2011 p.110〜129

10642 Staat und Religion in Japan 初宿正典「法学論叢」168（6）2011.3 p.1〜29

10643 信教の自由とカルト 国際人権保障システムと信教の自由 安藤仁介「世界平和研究」2011.冬季 p.44〜48

10644 信教の自由とカルト 現代日本の「カルト観」を問う 添石茂人「世界平和研究」2011.冬季 p.49〜55

10645 宗教法人の認証の厳格化について 平野武「龍谷法学」44（3）2011.12 p.637〜677

10646 アン・ギョソン教授コメントへの応答（長老会神学大学校・聖学院大学共同研究「日韓教会交流史」特集号 ： 一九四五年以降のデモクラシー憲法と両国教会・世界情勢）松本周「聖学院大学総合研究所紀要」（55）（別冊）2012 p.90〜92

10647 一九四五年以降の北東アジアと教会 ： 日本国憲法との関わりから（長老会神学大学校・聖学院大学共同研究「日韓教会交流史」特集号 ： 一九四五年以降のデモクラシー憲法と両国教

会・世界情勢）松本周「聖学院大学総合研究所紀要」（55）（別冊）2012 p.65〜84

10648 宗教法人法改正とその後の法状況 飯野賢一「愛知学院大学宗教法制研究所紀要」（52）2012 p.1〜43

10649 「信教の自由条項」の解釈原理における拡大と衝突 ：「Refusal Clauses」(拒否条項)の場合（第29回宗教法制研究会・第62回宗教法学会）樋口美佐子「宗教法」（31）2012 p.1〜77

10650 包括宗教法人の法律実務上の諸問題（第29回宗教法制研究会・第62回宗教法学会）櫻井圀郎「宗教法」（31）2012 p.121〜136

10651 松本周「一九四五年以後の北東アジアと教会 ： 日本国憲法との関係で」に対するコメント（長老会神学大学校・聖学院大学共同研究「日韓教会交流史」特集号 ： 一九四五年以降のデモクラシー憲法と両国教会・世界情勢）アンギョソン「聖学院大学総合研究所紀要」（55）（別冊）2012 p.85〜89

10652 交響する啓典の民（24）「信教の自由」は「信仰の否定」ではない 伊東乾「福音と世界」2012.1 p.14〜18

10653 松本時代における木下尚江 ： 禁酒運動と「信教の自由」の問題を中心に 鄭珖汀「思想史研究」（15）2012.3 p.56〜67

10654 浄土真宗本願寺宗制・宗法における立憲主義（1）（武久征治教授 寺田貞彦教授 平野武教授 退職記念論集）本田深諦「龍谷法学」44（4）2012.3 p.1902〜1854

10655 教育法規あ・ら・か・る・と 武道の必修化と信教の自由 時事通信社［編］「内外教育」（6151）2012.3.23 p.19

10656 宗教への偏狭な制約は、憲法の趣旨に合致せず（政治と宗教）森島実「第三文明」（628）2012.4 p.20〜22

10657 オウム、統一教会……「信教の自由」に奪われた自由（特集 宗教は日本を救うか）藤田庄市「中央公論」127（8）通号1541 2012.5 p.62〜69

10658 キリスト教と人権思想 ： 日本国憲法への影響をめぐって 森島豊「キリスト教と文化 ： 紀要」（29）2013 p.5〜37

10659 宗教法と犠牲者の葬送・追悼・慰霊 ： 被災者の心のケアも含めて（第65回 宗教法学会 シンポジウム「大規模自然災害と宗教法の課題」）百地章「宗教法」（32）2013 p.129〜142

10660 新宗連が現代社会と信教の自由をテーマに公開講座 「宗教問題」2013.2.10 p.110〜124

10661 講演 信教の自由と天皇制 ： ドイツ教会闘争とD.ボンヘッファーから学んだこと 山崎和明「四国学院大学論集」（140）2013.3 p.1〜26

基本的人権/憲法上の保障　　　　　　　　　　　　　　　　　　信教の自由

10662　浄土真宗本願寺派万行寺・本多静芳住職
インタビュー 怨みは怨みによって消えることは
ない(憲法 特別編集 ： あなたにも責任がある
知らなかったじゃすまされない)　本多静芳
「金曜日」 21(26)通号967（臨増）　2013.7.9
p.29

10663　幸福実現党と「信教の自由」の暴走(特集
参議院選挙と宗教票)　藤倉善郎「宗教問題」
2013.8.25　p.54～61

10664　信教の自由の保障と国の宗教的中立性と
の間 ： 空知太神社事件を機縁として　西山千
絵「沖縄法政研究」(15)　2013.10　p.43～97

10665　ロー・クラス 「憲法上の権利」各論(03)
信教の自由と政教分離(1)　小山剛「法学セミ
ナー」 58(12)通号707　2013.12　p.49～56

10666　信教の自由　中山勉「東京大学宗教学年
報」(32)　2014　p.201～204

10667　浄土教と憲法(関山和夫先生追悼記念)
菱木政晴「西山学苑研究紀要」 9　2014　p.
121～139

10668　パネルディスカッション(第67回 宗教法
学会 シンポジウム「戦後の宗教制度・宗務行政
は宗教団体のあり方にどのような影響を与えた
か」)　石井研士[司会]　大家重夫　大石眞
[他]「宗教法」(33)　2014　p.193～207

10669　ロー・クラス 「憲法上の権利」各論(04)
信教の自由と政教分離(2)　小山剛「法学セミ
ナー」 59(1)通号708　2014.1　p.48～56

10670　葬送はどこまで自由か(第3回)憲法が認
める自由あれこれ　櫛島次郎「そうそう」(3)
2014.3　p.72～77

10671　記念講演 「信教の自由」とは何か ： 明
治憲法、日本国憲法、自民党憲法改正草案の
「信教の自由」と「政教分離」(特集 どうする!?
私たちの憲法 ： 国民主権・基本的人権・平和
主義)　廣橋隆「社会理論研究」(15)　2014.
12　p.18～21

10672　近世日本における神儒佛三教関係の再検
討 ： その排他と共存の構造　森和也　蓮花寺
佛教研究所編　蓮花寺佛教研究所編「紀要」
(8)　2015　p.60～86

10673　信教の自由の保護範囲と国家の宗教的・
世界観的中立性(1)　棟久敬「一橋法学」 14
(1)　2015.3　p.165～210

10674　信教の自由の保護範囲と国家の宗教的・
世界観的中立性(2)　棟久敬「一橋法学」 14
(2)　2015.7　p.677～696

10675　授業実践報告 信教の自由の保障内容　工
藤達朗「中央ロー・ジャーナル」 12(3)通号
45　2015.12　p.135～141

◆政教分離

【図書】

10676　新・実例に学ぶ「政教分離」―こんなこ
とまで憲法違反?　政教関係を正す会編　展
転社　2011.11　285p　19cm　〈文献あり〉
1800円　Ⓘ978-4-88656-364-4　Ⓝ316.2　政教
関係を正す会

10677　市有地に神社は違憲!―砂川政教分離訴
訟の軌跡　砂川政教分離訴訟記録編纂委員会編
[滝川]　砂川政教分離訴訟記録編纂委員会
2013.5　320p　30cm　〈年表あり〉　3000円
Ⓝ316.2

10678　靖国問題の原点　三土修平著　増訂版
日本評論社　2013.7　306p　19cm　〈文献あ
り〉　1500円　Ⓘ978-4-535-58654-3　Ⓝ175.1
三土修平

10679　理想の政教分離規定と憲法改正　杉原誠
四郎著　自由社　2015.4　86p　19cm　（自由
社ブックレット 2)　500円　Ⓘ978-4-915237-
81-2　Ⓝ323.149　杉原誠四郎

【雑誌】

10680　聖俗の棲み分けとしての「政教分離プロ
セス」に関する考察 ： イスラーム世界におけ
る新たな政教関係の構築に向けて　田中聡一郎
「政治学論集」　p.81～139

10681　政教分離訴訟における目的効果基準の廃
棄に向けて　土屋清「早稲田法学」 80(3)
2005　p.281～299

10682　日仏の学校教育における政教分離の展開
と今日的傾向―日仏比較考察から見えてくるも
の　石堂常世「白鴎大学論集」 19(2)　2005.3
p.135～150

10683　政教分離法と文化―フランスの場合　飯
山敏道「福音と社会」 44(3)通号220　2005.6
p.10～21

10684　政教分離と首相の靖国参拝について(第3
部 現代立憲主義と人権)　諸根貞夫　移住者と
連帯する全国ネットワーク編『現代立憲主義
の認識と実践 浦田賢治先生古稀記念論文集』
2005.11　p.249～

10685　日本の政教分離原則―「靖国訴訟」判決
を読む　今村嗣夫「マスコミ市民」　2005.12
p.38～42

10686　政教分離の研究：薪能(たきぎのう)にお
ける市長の玉串奉奠(たまぐしほうてん)等への
関与をめぐって　葉山明「国際関係研究」 26
(3)　2005.12　p.17～47

10687　政教分離体制下における伊勢神宮と靖国
神社(国民主権・象徴天皇・政教分離―新島会
主催「天皇制シンポジウム」報告)　幸日出男
「出会い ： キリスト教と諸宗教」 15(1)通号57
2006.1　p.45～52

信教の自由　　　　　　　　　　　　　　基本的人権/憲法上の保障

10688　行き過ぎた「政教分離」の悲劇「パリの異邦人」はなぜ燃えたのか　水牛健太郎「諸君！：日本を元気にするオピニオン雑誌」38(1)　2006.1　p.212～220

10689　欧米から見た日本の宗教　Harumi Befu「関西学院大学社会学部紀要」(101)　2006.1　p.15～23

10690　「靖国問題」は何を提起しているか(2006年権利討論集会特集号――第6分科会 憲法改悪の先にあるもの――基地の再編、人の再編、そして私たちの暮らしの変容)　小林保夫「民主法律」(265)　2006.2　p.154～156

10691　歴史のなかの政教分離　千葉真『『歴史のなかの政教分離 英米におけるその起源と展開』』　2006.3　p.9～

10692　ピューリタン革命と政教分離　岩井淳『『歴史のなかの政教分離 英米におけるその起源と展開』』　2006.3　p.23～

10693　ロジャー・ウィリアムズに見る政教分離論の相剋　森本あんり『『歴史のなかの政教分離 英米におけるその起源と展開』』　2006.3　p.45～

10694　政治構造と政教分離　斎藤真『『歴史のなかの政教分離 英米におけるその起源と展開』』　2006.3　p.149～

10695　女性と政教分離　小檜山ルイ『『歴史のなかの政教分離 英米におけるその起源と展開』』　2006.3　p.209～

10696　ファンダメンタリズムと政教分離　増井志津代『『歴史のなかの政教分離 英米におけるその起源と展開』』　2006.3　p.241～

10697　政教分離の意味するもの(プロジェクト特集号－イギリス・アメリカ相互交流に関するディスコース研究)　髙橋康浩「人文科学研究」118　2006.3　p.Y45～55

10698　靖国訴訟の憲法判断に異議あり　井上薫「正論」通号408　2006.3　p.346～355

10699　みんなで創ろう！　憲法改正を発議する(最終回)「政教分離」の徹底化が今なぜ求められているのか　櫻井よしこ「Sapio」18(6)通号385　2006.3.8　p.64～67

10700　判例講座 憲法基本判例を読み直す(9)玉串料等の公金支出と政教分離原則――愛媛玉串料訴訟違憲判決(最大判平成9.4.2民集51巻4号1673頁)　野坂泰司「法学教室」通号307　2006.4　p.116～128

10701　靖國神社と日本の伝統文化を守るために－靖國訴訟と政教分離規定の問題点　稲田朋美「祖国と青年」(334)　2006.7　p.34～41

10702　6・23最高裁判決を批判する－争点および事実と証拠からの逃避(特集 小泉靖国参拝を検証する－最高裁三判決の検討と、政教分離運動の展望－第1部 小泉靖国参拝違憲訴訟の到達点

と課題)　久保木亮介「法と民主主義」(410)　2006.7　p.12～15

10703　政教分離弁護団交流集会から(特集 小泉靖国参拝を検証する－最高裁三判決の検討と、政教分離運動の展望－第1部 小泉靖国参拝違憲訴訟の到達点と課題)　井堀哲「法と民主主義」(410)　2006.7　p.16～19

10704　政教分離を求める運動の現状(特集 小泉靖国参拝を検証する－最高裁三判決の検討と、政教分離運動の展望－第2部 政教分離の現状と新たな運動の展望)　辻子実「法と民主主義」(410)　2006.7　p.27～30

10705　平和の灯を！ ヤスクニの闇へ キャンドル行動－東アジア民衆の視点で靖国問題を問い直す(特集 小泉靖国参拝を検証する－最高裁三判決の検討と、政教分離運動の展望－第2部 政教分離の現状と新たな運動の展望)　徐勝「法と民主主義」(410)　2006.7　p.31～34

10706　職責を全うした松平永芳宮司(特集・靖国批判に騙されるな)　八木秀次「Voice」通号345　2006.9　p.74～76

10707　無宗教の国立追悼施設を(特集 東アジア外交の再構築を――ミサイル発射・日中関係・靖国一座談会 中国は「脅威」か――安全保障のジレンマを超える対話を)　山崎拓「世界」(756)　2006.9　p.112～115

10708　政教分離原則と信教の自由の対抗関係－あるいはその調整の方法　飯野賢一「愛知学院大学宗教法制研究所紀要」　2007　p.1～35

10709　政教分離とEUの展望－英独仏における宗教教育を手がかりとして　大木雅夫 聖学院大学宗教センター編「キリスト教と諸学：論集」23　2007　p.85～112

10710　靖国問題の行方　新矢昌昭 佛教大学社会学編集委員編 佛教大学社会学編集委員編「佛大社会学」(32)　2007　p.19～29

10711　第16回ウトポス研究会報告 政教分離に関する考察(1)キリスト教化　加藤俊伸 ロバアト・オウエン協会[編]「ロバアト・オウエン協会年報」通号32　2007　p.87～100

10712　箕面忠魂碑違憲訴訟における戦争の記憶と訴訟遂行――コンスティテューション形成の政治社会学(特集「法化」社会のゆくえ)　松澤広樹「法社会学」(67)　2007　p.20～39

10713　ピューリタン革命期の「信教の自由」と政教分離(シンポジウム「政教分離とピューリタニズム」)　岩井淳「ピューリタニズム研究：日本ピューリタニズム学会年報」([1])　2007.1　p.33～37

10714　ロジャー・ウィリアムズに見る寛容論のグラデーション(シンポジウム「政教分離とピューリタニズム」)　森本あんり「ピューリタニズム研究：日本ピューリタニズム学会年報」([1])　2007.1　p.38～43

10715　近代立憲主義の淵源の問題—アルトジウスとロジャー・ウイリアムズの接点（シンポジウム「政教分離とピューリタニズム」）　笹川紀勝「ピューリタニズム研究 : 日本ピューリタニズム学会年報」（[1]）　2007.1　p.44〜48

10716　ロジャー・ウィリアムズと政教分離（2005年度萌芽的研究成果報告）　佐藤光重「ジュリスコンサルタス」（16）　2007.2　p.483〜485

10717　政教分離と神奈川県伊勢原市－観光協会による宗教団体への支出をめぐって　葉山明「国際関係研究」27（4）　2007.2　p.25〜65

10718　キリシタン禁制高札撤去の背景－従来の研究の問題点を洗い直す　高木慶子　聖トマス大学論叢編集委員会編「サピエンチア」（41）　2007.2　p.1〜24

10719　ひとつの運動と複数の論理－戦後日本の政教分離訴訟について（特集 記憶の社会学）　赤江達也「哲学」　2007.3　p.69〜88

10720　靖國参拝訴訟をめぐる法的問題の一考察　富永健「皇學館大学神道研究所紀要」23　2007.3　p.121〜134

10721　政教分離原則に関する覚書——立憲主義としての政教分離原則　村田尚紀「関西大学大学院法務研究科法科大学院ジャーナル」（2）　2007.3　p.73〜78

10722　キリスト者への手紙 東京大司教様、靖国神社にお詣りください——誤った歴史認識のうえに立って靖国反対、改憲反対の政治的メッセージを信者に送ることはバチカンの指針に反しませんか　斎藤吉久「正論」通号422　2007.5　p.138〜147

10723　地鎮祭「全面辞退」を打ち出した新潟市の過剰な政教分離（善人ヅラ左翼が新潟の子どもをダメにする）「財界にいがた」　2007.8　p.65〜68

10724　政教分離規定と社会的儀礼の関係（III 基本的人権）　柏崎敏義「憲法諸相と改憲論 吉田善明先生古稀記念論文集」　2007.8　p.185〜

10725　政治家改革の視点 憲法と無関係な共産党の「政教一体」批判「公明」通号21　2007.9　p.29〜32

10726　「過度の関わり合い」基準の研究　高畑英一郎「日本法學」73（2）　2007.12　p.387〜438

10727　小泉靖国訴訟とは何だったのか　奥村文男「憲法論叢」（14）　2007.12　p.53〜70

10728　靖国「無断合祀」を問う——新原告となった遺児の思い　田中伸尚「世界」（772）　2007.12　p.46〜54

10729　公益法人制度改革後の宗教法人税制への一提言－政教分離原則と宗教の役割の変容からのアプローチ　兼平裕子　愛媛大学法文学部［編］「愛媛大学法文学部論集 総合政策学科編」（24）　2008　p.45〜78

10730　国家と宗教（第十部）白山比［メ］神社御鎮座二千百年式年大祭奉賛会損害賠償請求控訴事件 名古屋高裁裁判所判決をめぐって　小林義郎　清和大学短期大学部編「清和大学短期大学部紀要」（37）　2008　p.80〜66

10731　公明党・創価学会これでも「政教分離」か（創価学会の危機）「Themis」17（10）通号192　2008.1　p.34〜35

10732　公明党・創価学会の「政教分離」論の問題点と課題　道正洋三「もうひとつの世界へ」（13）　2008.2　p.50〜53

10733　近代天皇制『政治神学』研究（その1）　古川利通　大阪健康福祉短期大学編「創発 : 大阪健康福祉短期大学紀要」（7）　2008.3　p.3〜11

10734　歴史事件を現代の裁判制度で読み解く（2）仏教国家と政教分離　橋本康弘　森川禎彦　明治図書出版株式会社［編］「社会科教育 : 教育科学」45（5）通号588　2008.5　p.110〜115

10735　近代日本における「宗教間対話」－宗教概念の形成と政教分離を中心に　小原克博「基督教研究」　2008.6　p.41〜54

10736　政治に関心を持とう！ -箴言から学ぶ政治/政教分離Q&A「第三文明」　2008.11　p.82〜85

10737　原点から考える日本国憲法（第22回）信教の自由と政教分離原則——「政教分離」問題の原理的考察にむけて　河上暁弘「信州自治研」（201）　2008.11　p.22〜50

10738　メディア批評・「政教分離」を理解できない政治家とメディアの見識を疑う。(特別企画 日本政治の行方)　東晋平（ジャーナリスト）　潮出版社編「潮」通号598　2008.12　p.116〜119

10739　「政教分離」を理解できない政治家とメディア。(日本政治の行方)　東晋平　潮出版社［編］「潮」通号598　2008.12　p.116〜119

10740　内閣総理大臣の靖国神社公式参拝と政教分離　尾崎利生　東京家政学院大学,東京家政学院短期大学編「東京家政学院大学紀要, 人文・社会学系」通号49　2009　p.43〜46

10741　非宗教団体の宗教活動と政教分離（研究ノート）　佐藤雄一郎　東北大学大学院東北法学刊行会編「東北法学」（33）　2009.3　p.117〜140

10742　公定教会となったバプテスト－ニューイングランドにおける政教分離論の捻転と成熟　森本あんり　国際基督教大学社会科学研究所編「社会科学ジャーナル」（67）　2009.3　p.43〜63［含 英語文要旨］

10743　政教分離条項と当事者適格　安西文雄「法政研究」75（4）　2009.3　p.729〜758

10744　非宗教団体の宗教活動と政教分離　佐藤雄一郎「東北法学」（33）　2009.3　p.117〜140

10745 政治家改革の視点 政略的に蒸し返される政教分離問題 「公明」 2009.4 p.31～35

10746 来日特別講演 イスラーム世界の民主化とは？ －政教分離は必須条件ではない（特集「民主主義」とは何か） Reza Aslan 白須英子 「環：歴史・環境・文明」 37 2009.Spr. p.128～145

10747 政教分離原則の検討枠組に関する一考察——合衆国連邦最高裁判例解読の試みと併せて（比較憲法研究の新展開） 門田孝 「名古屋大学法政論集」 通号230 2009.6 p.271～316

10748 政教分離の過去・現在・未来——フランスにおけるライシテを巡る議論を手がかりに（比較憲法研究の新展開） 井田洋子 「名古屋大学法政論集」 通号230 2009.6 p.317～334

10749 精神の自由をからめとられないために－[2009年]12月2日、政教分離訴訟で最高裁が口頭弁論 田中伸尚 金曜日［編］ 「金曜日」 17（43）通号789 2009.11.13 p.54～57

10750 第23回ウトポス研究会報告 政教分離に関する考察（2）宗教的寛容と信教の自由へ 加藤俊伸 ロバアト・オウエン協会［編］ 「ロバアト・オウエン協会年報」 通号35 2010 p.117～128

10751 共和国の原理としてのライシテへ 齋藤美沙 「法学研究論集」（34）2010年度 p.175～191

10752 「政教分離」か「宗教の公共性」か〈そのみちのコラム〉 水島治郎 「時の法令」 1849 2010

10753 「政教分離」表現使用の是非について 美根慶樹 「青森法政論叢」（11）2010 p.58～74

10754 判決・ホットレポート 砂川政教分離住民訴訟の違憲判決の問題点 中島光孝 「法と民主主義」（446）2010.2・3 p.75～77

10755 教育法規あらかると 政教分離原則をめぐる司法動向 時事通信社［編］ 「内外教育」（5970）2010.2.5 p.19

10756 再聖化論のための研究ノート 君塚大学 佛教大学研究推進機構会議 社会学部学部編集・大学院紀要編集会議 佛教大学研究推進機構会議 社会学部学部編集・大学院紀要編集会議 「社会学部論集」（50）2010.3 p.101～118

10757 世界の潮 空知太神社事件最高裁違憲判決が意味するもの［2010.1.20］ 林知更 「世界」（803）2010.4 p.25～28

10758 法律時評 政治と宗教との「かかわり合い」——砂川市市有地無償貸与違憲判決（最大判平成22.1.20）に即して 小泉良幸 「法律時報」 82（4）通号1020 2010.4 p.1～3

10759 座談会（特集 砂川政教分離訴訟最高裁大法廷判決—日本国憲法研究（8）政教分離） 安

西文雄 岡田信弘 長谷部恭男［他］ 「ジュリスト」（1399）2010.4.15 p.65～82

10760 砂川政教分離訴訟最高裁大法廷判決の解説と全文［含 資料 最高裁平成22.1.20大法廷判決全文］（特集 砂川政教分離訴訟最高裁大法廷判決） 清野正彦 「ジュリスト」（1399）2010.4.15 p.83～110

10761 政教分離と最高裁判所判例の展開（特集 砂川政教分離訴訟最高裁大法廷判決—日本国憲法研究（8）政教分離） 安西文雄 「ジュリスト」（1399）2010.4.15 p.56～64

10762 政教分離に関する違憲審査基準の動揺——砂川市政教分離訴訟を素材として［最高裁大法廷2010.1.20判決］ 大林文敏 「愛知大学法学部法経論集」（185）2010.7 p.1～27

10763 ロー・アングル 発信 憲法地域事情（22 石川・富山編）白山信仰と政教分離原則——地方公共団体による観光振興の憲法上の限界？ 山崎友也 「法学セミナー」 55（7）通号667 2010.7 p.52～55

10764 砂川政教分離訴訟最高裁大法廷判決［平成22.1.20］ 中込秀樹 地方自治研究機構編 「自治体法務研究」（22）2010.秋 p.49～58

10765 政教分離の原則と宗教教育（1） 橋本一雄 「上田女子短期大学紀要」 2011 p.63～77

10766 キリスト教国家の政教分離原則と人権保障－K.マルクス「ユダヤ人問題によせて」から学ぶ 山岸喜久治 「人文社会科学論叢」編集委員会編 「人文社会科学論叢」（20）2011 p.27～44［含 英語文要旨］

10767 「アルジェリア・ムスリムのウンマ」の概念形成－帰化問題と政教分離法適用問題に対するアルジェリア・ウラマー協会の見解を題材に 渡邊祥子 「日本中東学会年報」（27）2011 p.65～67

10768 「アルジェリア・ムスリムのウンマ」の概念形成－帰化問題と政教分離法適用問題に対するアルジェリア・ウラマー協会の見解を題材に 渡邊祥子 「日本中東学会年報」（27）2011 p.65～88

10769 「プロヴィデンス『入植誓約文』にみる政教分離思想とロジャー・ウィリアムズの関係 中山勉 「東京大学宗教学年報」（29）2011 p.127～142

10770 国有地での私人による十字架の展示（および，その後の私人への土地譲渡）と政教分離原則： Salazar v. Buono, 130 S.Ct.1803（2010）（アメリカ法判例研究会（6）） 神尾将紀 「比較法学」 45（2）通号96 2011 p.218～230

10771 自由擁護の思想家たち（7）トクヴィルの「政教分離」の論理 猪木武徳 「究：ミネルヴァ通信」 2011.1 p.4～10

10772 政教分離原則に関する最高裁の2つの判決——砂川政教分離訴訟判決と白山比［メ］神社大

祭奉賛会事件判決　安藤高行　「九州国際大学法学論集」　17（3）　2011.3　p.1〜34

10773　「目的効果基準」再考　諸根貞夫　「龍谷法学」　43（3）　2011.3　p.972〜1023

10774　現代と真宗 ： 政教分離をめぐって（真宗教学学会 三重大会 記念講演）　訓覇曄雄　真宗教学学会編　「真宗教学研究」（32）　2011.11　p.126〜137

10775　神道の世界宗教的性格 ： 政教分離原則の根源的探求のために　小森義峯　「憲法論叢」（18）　2011.12　p.131〜157

10776　公有境内地と時効取得（第63回宗教法学会・シンポジウム）　竹内康博　「宗教法」（31）　2012　p.211〜228

10777　公有地上の宗教施設に対する行政の対応と問題 ： 砂川政教分離訴訟最高裁判決の過剰な波紋（第63回宗教法学会・シンポジウム）　矢澤澄道　「宗教法」（31）　2012　p.191〜209

10778　国有境内地処分問題の憲法史的展望（第63回宗教法学会・シンポジウム）　大石眞　「宗教法」（31）　2012　p.167〜190

10779　砂川政教分離訴訟とその影響（第63回宗教法学会・シンポジウム）　田近肇　「宗教法」（31）　2012　p.137〜145

10780　空知太神社事件最高裁判決と目的効果基準（第63回宗教法学会・シンポジウム）　中島宏　「宗教法」（31）　2012　p.147〜165

10781　パネルディスカッション（第63回宗教法学会・シンポジウム）　片桐直人　小島伸之　田近肇［他］「宗教法」（31）　2012　p.229〜248

10782　政教分離と市民宗教についての法学的考察　新田浩司　高崎経済大学地域政策学会［編］「地域政策研究」　14（2・3）　2012.1　p.21〜35

10783　政教分離（憲法論点教室）　田近肇　「法学セミナー」　57（1）通号684　2012.1　p.36〜38

10784　日本における政教分離原則の機能的な考察　大藤紀子「独協法学」（86）　2012.1　p.1〜38

10785　「靖国神社の公共性」をめぐる覚書　田中悟　「国際協力論集」　19（2・3）　2012.1　p.81〜89

10786　日本における「宗教教育」の問題点 ： 近代日本における政教分離論の受容　柴沼真　大阪成蹊大学マネジメント学部研究紀要編集委員会編大阪成蹊大学マネジメント学部研究紀要編集委員会編　Faculty of Management, Osaka Seikei University　「研究紀要」9（1）　2012.3　p.133〜141

10787　現代日本における政教問題 ： 空知太神社訴訟最高裁判決を中心に　富永健　「皇學館大学日本学論叢」（2）　2012.3　p.29〜51

10788　政教分離訴訟における目的・効果基準の現在（小出錞一教授 高木侃教授 高橋清徳教授

古川純教授 前嶋孝教授 退職記念号）　榎透「専修法学論集」（114）　2012.3　p.109〜141

10789　靖國神社霊璽簿等抹消訴訟について　富永健　「皇學館大学神道研究所紀要」　28　2012.3　p.199〜213

10790　政教関係を正す会設立40周年記念シンポジウム 国体解体装置としての「政教分離」を断て！　大原康男　矢澤澄道　斎藤吉久【他】「正論」　2012.4　p.224〜236

10791　今こそ問われる政教分離の本来のあり方（政治と宗教）　大石眞　「第三文明」（628）　2012.4　p.23〜25

10792　ロー・クラス 憲法ゼミナール（part.2）コンテクストを読む（第15回）コンテクストの多層性　中林暁生　「法学セミナー」　57（7）通号690　2012.7　p.56〜60

10793　特別インタビュー　「政教分離」なくしては人権社会の成熟もない　竹内重年　「第三文明」　2012.9　p.44〜47

10794　政教分離の原則と宗教系私学に対する公費助成　結城忠　白鷗大学教育学部編 白鷗大学教育学部編「白鷗大学教育学部論集」　6（2）　2012.12　p.175〜196

10795　外国にいわれる筋合いはない「靖國参拝」に行く若者がなぜか増えたが ： 若いカップルが観光地として訪れたり「自衛隊員の戦死」について熟考したり「Themis」　21（12）通号242　2012.12　p.70〜71

10796　「信教の自由」への配慮とその評価 ： 砂川政教分離訴訟を受けて　西山千絵　「九州法学会会報」　2013　p.26〜29

10797　被災地の宗教的施設の再建支援と政教分離原則（第65回 宗教法学会 シンポジウム「大規模自然災害と宗教法の課題」）　津久井進　「宗教法」（32）　2013　p.143〜159

10798　「宗教団体」の誤解 ： 誤解に基づく過規制と脱法・脱税（第30回 宗教法制研究会・第64回 宗教法学会）　櫻井圀郎　「宗教法」（32）　2013　p.7〜20

10799　占領と宗教 ： 比較の中の政教分離原則（1）　北原仁　「駿河台法学」　26（2）通号50　2013　p.103〜135

10800　政教分離規定適合性に関する審査手法 ： 判例法理の整理と分析（特集 憲法と経済秩序（4））　渡辺康行　「企業と法創造」　9（3）通号35　2012.6　p.54〜78

10801　フランスとアメリカにおける政教分離の原則と宗教系私学に対する公費助成　結城忠「白鷗大学論集」　27（2）　2013.3　p.1〜18

10802　「白山比咩（しらやまひめ）神社奉賛会発会式」市長参列訴訟の問題点　百地章「日本法學」　78（4）　2013.3　p.505〜538

10803　講演録 政教分離問題の回顧と展望　大原

康男 「神道宗教」 2013.4 p.1〜29

10804 判例の社会的受容と政教分離問題 : 司法試験・公務員試験参考書を手掛かりとして 藤本頼生 「神道宗教」(231) 2013.7 p.1〜31

10805 座談会 参院選と宗教票 : 弱体化・迷走する公明党と政教分離の根本(特集 参議院選挙と宗教票) 富岡幸一郎 犀角波彦 星飛雄馬【他】 「宗教問題」 2013.8.25 p.34〜52

10806 小久保晴行(こくほはるゆき)のワールド・ワイド(77)憲法改正と靖国神社について 小久保晴行 「月刊カレント」 50(9)通号829 2013.9 p.62〜65

10807 政教分離訴訟と合憲性判断基準について : 砂川政教分離訴訟空知太事件最高裁判決をめぐって 横尾日出雄 「Chukyo lawyer」(19) 2013.9 p.27〜50

10808 ”靖国反対、安倍改憲政権の天皇主義の攻撃をはねかえそう”と訴える : 「8・15反『靖国』行動」実行委が集会・デモを実施 「国内動向 : 過激各派の諸動向・教育・労働問題に関する専門情報誌」(1282) 2013.9.25 p.18〜20

10809 日韓のキリスト教と田中剛二の「政教分離」 吉馴明子 思想とキリスト教研究会編 「途上」(28) 2013.12 p.119〜135

10810 政教分離問題を考える 廣隆隆 「国際宗教研究所ニュースレター」(77) 2013.12.4 p.22〜24

10811 政教分離訴訟としての3号住民訴訟の現状と可能性(法と宗教をめぐる現代的諸問題(5)) 杉原丈史 「愛知学院大学宗教法制研究所紀要」 2014 p.1〜35

10812 政教分離 中山勉 「東京大学宗教学年報」(32) 2014 p.205〜207

10813 靖国問題の諸相 : 日本における政教分離問題 丹羽泉 東京外国語大学編 「東京外国語大学論集 : area and culture studies」(88) 2014 p.159〜173

10814 占領と憲法 : 比較の中の政教分離原則(2) 北原仁 「駿河台法学」 27(2)通号52 2014 p.29〜52

10815 「靖国」後の広報外交(特集 安倍首相の安全保障政策) 笹島雅彦 「読売クオータリー」(29) 2014.春 p.14〜22

10816 4・11安倍靖国参拝違憲訴訟 : 提訴報告集会(特集 国家主義の台頭に抗して) 「アジェンダ : 未来への課題」(45) 2014.夏 p.52〜54

10817 Politics & Action 運動情報 ドイツ、香港、台湾、カナダ等、海外からの原告も 安倍首相の靖国神社参拝は違憲! 参拝差し止めを求める第二次訴訟へ 辻子実 「インパクション」(197) 2014 p.238〜240

10818 「靖国」参拝の流行と最近の司法判断を精査する : 続出する「寛容論」判決は信教の自由への裏切りではないか(特集 安倍政治の陥穽を衝く : 向かうところ敵なし! 平和憲法を捨てひた走る「普通の軍国」路線にひれ伏すべきか) 太田英雄 「福音と社会」 53(1)通号272 2014.2 p.16〜24

10819 盲唖教育と政教分離 : 島地黙雷を中心に 坂井美恵子 「ろう教育科学」 55(4) 2014.3 p.131〜157

10820 基本権援助と国家の宗教的中立性 棟久敬 「一橋法学」 13(1) 2014.3 p.207〜261

10821 東奔政走 靖国参拝は日米問題 日中、日韓ではない 小松浩 「エコノミスト」 92(12)通号4334 2014.3.11 p.72〜73

10822 最新判例演習室 民事訴訟法 救済方法の選択と手続運営のあり方(釈明権と破棄差戻し) : 砂川政教分離訴訟事件(空知太神社事件)[最高裁大法廷平成22.1.20判決] 川嶋四郎 「法学セミナー」 59(4)通号711 2014.4 p.136

10823 改めて憲法を考える(10)公私の区別と「公務員」の自由 : 「内閣総理大臣」の靖国神社参拝から考える 福嶋敏明 「時の法令」(1952) 2014.4.30 p.65〜70

10824 ここで再び、靖国神社問題と安倍靖国参拝違憲訴訟訴を考える(特集 安倍内閣が急ぐ”普通の国化”の落とし穴) 太田英雄 「福音と社会」 53(3)通号274 2014.6 p.28〜33

10825 金曜アンテナ 政治家参拝、改憲促す政治団体、排他主義の市民団体…… ”政教癒着”象徴する靖国 「金曜日」 22(32)通号1022 2014.8.22 p.4

10826 Special Interview 白川勝彦 元自治大臣・国家公安委員長 自公連立は日本をファシズムに導く(大特集 政教分離とは何か : 靖国神社から公明党まで) 白川勝彦 「宗教問題」 2014.12.20 p.10〜18

10827 宗教と政治の狭間 : 二十一世紀の混沌の中で(第1回)宗教と宗教的なもの(大特集 政教分離とは何か : 靖国神社から公明党まで) 富岡幸一郎 「宗教問題」 2014.12.20 p.20〜25

10828 「靖国反対」を叫ぶ全日仏と保守派政治家の奇妙なる蜜月(大特集 政教分離とは何か : 靖国神社から公明党まで) 古川琢也 「宗教問題」 2014.12.20 p.26〜33

10829 砂川政教分離訴訟における政教分離原則違反状態の解消手段について(法と宗教をめぐる現代的諸問題(6)) 飯野賢一 「愛知学院大学宗教法制研究所紀要」(55) 2015 p.1〜28

10830 政教分離原則の現況 : 空知太神社判決を受けて[最高裁平成24.2.16](特集 憲法の現況) 西村枝美 「論究ジュリスト」(13) 2015.春 p.64〜70

10831 占領と宗教 : 比較の中の政教分離原則 : カリブ海諸国と日本(3) 北原仁 「駿河台法学」 28(2)通号54 2015 p.63〜88

基本的人権/憲法上の保障　　　　　　　　　　　　　　　　　　　　　　　学問の自由・大学の自治

10832　教育基本法における「教育の宗教的中立性」と和解（1）政教分離をめぐる概念とその限界　伊藤潔志　桃山学院大学人間文化学会編「人間文化研究」（3）2015.1 p.29～53

10833　判例における政教分離原則　田近肇「宗務時報」（120）2015.1 p.1～16

10834　地方公共団体の財産管理と政教分離原則：判例から学ぶ地方自治の実務（4）　小暮純也　地方自治制度研究会編「地方自治」（806）2015.1 p.84～101

10835　メノ・シモンズにおける「国家と教会」：宗教改革期における政教分離思想の萌芽　村上みか「人文学と神学」（8）2015.3 p.1～15

10836　政教分離（特集 戦後70年を考える）　斎藤一久「法学教室」（416）2015.5 p.35～40

10837　地方公務員と「政教分離」原則の関わり（特集 地方公務員と日本国憲法）　大石眞「自治実務セミナー」（638）2015.8 p.7～13

10838　政教分離の位置（特集 高校生のための憲法学入門）　片桐直人「法学セミナー」60（10）通号729　2015.10 p.41～45

10839　歴史の極意・小説の奥儀（第8回）平安京への遷都と政教分離　荒山徹　新潮社［編］「波」49（11）通号551　2015.11 p.50～54

学問の自由・大学の自治

【図書】

10840　憲法と教育15講　米沢広一著　改訂版　北樹出版　2008.2　227p　22cm　2400円　Ⓘ978-4-7793-0124-7　Ⓝ373.2　米沢広一

10841　東京専門学校の研究—「学問の独立」の具体相と「早稲田憲法草案」　真辺将之著　早稲田大学出版部　2010.1　370, 6p　22cm　（早稲田大学学術叢書 2）　5400円　Ⓘ978-4-657-10101-3　Ⓝ377.3　真辺将之

10842　憲法と教育15講　米沢広一著　第3版　北樹出版　2011.2　228p　22cm　〈索引あり〉　2400円　Ⓘ978-4-7793-0268-8　Ⓝ373.2　米沢広一

10843　憲法と公教育—「教育権の独立」を求めて　杉原泰雄著　勁草書房　2011.11　244p　22cm　3000円　Ⓘ978-4-326-40271-7　Ⓝ373.2　杉原泰雄

10844　憲法から大学の現在を問う　矢倉久泰, 石川多加子, 高木敏和, 西島建男著, 永井憲一監修　勁草書房　2011.12　266p　20cm　〈標題紙の著者名（誤植）：西島健男〉　〈年表あり〉　2900円　Ⓘ978-4-326-45098-5　Ⓝ377.21　矢倉久泰　石川多加子　高木敏和　永井憲一

【雑誌】

10845　明治憲法下における学問統制と学問の自由（9）　松元忠士「立正法学論集」2005 p.173～191

10846　大学の起源と学問の自由　田中建彦「長野県看護大学紀要」7　2005 p.93～100

10847　「学問の自由」，「大学の自治」と大学内部の法関係（2）　片山等「比較法制研究」（28）2005 p.1～33

10848　国立大学法人法（制）と「学問の自由」（教育における公共性の再構築－第2分科会＝教育の自由・学問の自由の危機）　世取山洋介「日本教育法学会年報」（34）2005 p.100～110

10849　討論（教育における公共性の再構築－第2分科会＝教育の自由・学問の自由の危機）　江熊隆徳　吉岡直子　羽山健一【他】「日本教育法学会年報」（34）2005 p.111～119

10850　国立大学法人における学問の自由と労働運動の課題－名古屋大学過半数代表者の経験をとおして　中嶋哲彦「日本の科学者」40（10）通号453　2005.1 p.548～553

10851　学問の自由の限界（第Ⅳ部 生命科学）　T.ヴュルテンベルガー　古野豊秋　『『先端科学技術と人権 日独共同研究シンポジウム』」2005.2 p.261～

10852　「学問の自由」の制度的考察を始めるために　守矢健一「UP」34（3）通号389　2005.3 p.20～30

10853　公立大学法人と大学を一体化させる首都大学東京（特集：国立大学法人化1年と公立大学の現状）　大串隆吉「日本の科学者」40（6）通号449　2005.6 p.302～307

10854　学問の自由と大学の自治（第一部 憲法と公共政策）　大浜啓吉　大浜啓吉：編『『公共政策と法』（早稲田大学現代政治経済研究所研究叢書 23）」2005.8 p.2～

10855　学問の自由と大学人の危機　江藤裕之「長野県看護大学紀要」8　2006 p.99～107

10856　大学の自治と学問の自由の現代的課題（公法学教育と大学）　常本照樹「公法研究」（68）2006 p.1～19

10857　「学問の自由」，「大学の自治」と大学内部の法関係（3）　片山等「比較法制研究」（29）2006 p.1～30

10858　日本の私立大学の現状と高等教育政策（特集：危機に瀕する私立大学と解決の展望）　一井昭「日本の科学者」41（1）通号456　2006.1 p.4～9

10859　国際人権規約「高等教育の漸進的無償化」条項に関する「2006年問題」について－私大助成（国庫助成）とのかかわりで（特集：危機に瀕する私立大学と解決の展望）　今井証三「日本の科学者」41（1）通号456　2006.1 p.22～27

学問の自由・大学の自治　　　　　　　　　　　　　　　　　　　　　　基本的人権/憲法上の保障

10860　「大学の自治」のマネジメントを（今月の
テーマ 学長の可能性−学長に何を求めるのか）
清成忠男　「IDE ：現代の高等教育」（477）
2006.1　p.57〜60

10861　時事開顕 真夏に現れた「教育勅語」非難
のたくらみ−私立幼稚園の教育方針にケチをつ
ける共同通信と朝日新聞は「学問ノ自由ヲ侵ス」
急尖兵か　小川主税　「国体文化 ：日本国体学
会機関誌 ：里見日本文化学研究所発表機関 ：
立正教団発表機関」（990）　2006.1　p.48〜53

10862　対外報告は語る 自由を保障するものとし
ての自律は可能か？ −報告書「現代社会におけ
る学問の自由」余滴　柴垣和夫　「学術の動向 ：
SCJフォーラム」11（3）通号120　2006.3　p.
72〜75

10863　教育の論理に基づく教員身分保障制度構
築の必要性−教育公務員特例法の制定経緯の検
討から　高橋寛人　「教育学研究」73（1）
2006.3　p.15〜26

10864　学問の自由と偏見なき精神−上野千鶴子
さん講演引きおろし事件　「人権と教育」
2006.5　p.138〜143

10865　キャンパス・セクシュアル・ハラスメン
トと大学の自治・教授の権利（Gender Sensitive
Eyes（2））　松本克美　「ジェンダーと法」（3）
2006.7　p.133〜135

10866　教養教育の内容評価について（シンポジウ
ム2 教養教育の評価に求められる内容評価）
舘昭　「大学教育学会誌」28（2）通号54　2006.
11　p.41〜44

10867　本番五分前（第4回）大学の「自治」と表現
坂手洋二　「悲劇喜劇」59（11）通号673　2006.
11　p.55〜58

10868　運動のはじまり/公立大学の対応/「外国人
教員任用法」と大学の自治（特集 検証！ 国公立
大学外国人教員採用に至るまで）「Sai」56
2006.Win-2007.Spr　p.6〜8

10869　法人化は大学に何をもたらしたのか−大
学の自治・学問の自由、いま何処（労働者通信＝
労働・生活・闘争の現場から−特集・新自由主
義の下で女性たちは今）　清水peace 小川町企画
編　「社会評論」（144）　2006.冬　p.16〜18

10870　学問の府としての大学の役割−学問の自
由、大学の自治を中心に（特集 医学生をめぐる
状況と医学対運動）　三輪定宣　「民医連医療」
（412）　2006.12　p.22〜27

10871　21世紀の大学像（特集 21世紀の大学をめ
ざして）　三輪定宣　日本科学者会議編　日本
科学者会議編　「日本の科学者」42（10）通号
477　2007.1　p.516〜521

10872　大学と学問の自由−地方国立大学の立場
から（特集 21世紀の大学をめざして）　近藤真
日本科学者会議編　日本科学者会議編　「日本の
科学者」42（10）通号477　2007.1　p.522〜527

10873　大学の自治の再構築と学長選考制度──
岡山大学と新潟大学の事例を素材として　中富
公一　「岡山大学法学会雑誌」56（3・4）通号
197　2007.3　p.569〜616

10874　「学問の自由」に係る日本の憲法解釈論の
性格をめぐって　守矢健一　「法学雑誌」54
（1）　2007.8　p.376〜408

10875　学問の自由と責務（III 基本的人権）　長
谷部恭男　「憲法諸相と改憲 吉田善明先生古
稀記念論文集」　2007.8　p.203〜

10876　モダンな「学問の自由」のゆくえ　阿曽
沼明裕　「高等教育マネジメント」（2）　2008
p.114〜117

10877　国立大学の法人化と大学の自治　中村睦
男　「法学研究」43（3・4）通号121　2008.3　p.
523〜562

10878　大学評価における検証行為の本質　伊藤
公一　「教育研究所紀要」（26）　2008.3　p.114
〜122

10879　海外労働こぼれ話（95）思想、学問の自由
は大丈夫ですか　小島正剛　「労働レーダー」
32（5）通号372　2008.5　p.27〜29

10880　報道から学ぶ−ニュースから読む大学の
自治　大江昇「Keisatsu jiho」63（8）　2008.8
p.21〜24

10881　新自由主義高等教育改革の現段階とその
打開策（特集 大学・高専法人化の現状と打開策
を考える）　細井克彦　日本科学者会議編　日
本科学者会議編　「日本の科学者」44（10）通号
501　2009.10　p.516〜522

10882　大学法人（国立大学、私立大学）の展開と
大学の自治　吉田善明　明治大学法律研究所
［編］「法律論叢」81（2・3）　2009.1　p.431
〜465

10883　国立大学法人と「大学の自治」　君塚正
臣　「横浜国際経済法学」17（3）　2009.3　p.
193〜214

10884　国立大学法人化と大学自治の再構築──
日米の比較法的検討を通して　中富公一「立命
館法學」2010年（5・6）通号333・334（中巻）
2010　p.2495〜2523

10885　図解基礎法学講座 憲法 学問の自由につい
て　「Keisatsu jiho」65（1）　2010.1　p.48〜51

10886　科学研究規制をめぐる「学問の自由」の
現代的意義と課題　神里彩子　「社会技術研究論
文集」　2010.3　p.211〜221

10887　国立大学法人による学長選考と文部科学
大臣の学長任命権──高知大学学長任命処分取
消訴訟を素材として　中富公一「岡山大学法学
会雑誌」60（1）通号209　2010.8　p.35〜76

10888　改定教育基本法と教育の自由−「国民の
教育権」論批判から考える（特集 改訂教育基本
法をどうみるか）　佐藤修司　民主教育研究所

編 「人間と教育」通号67 2010.秋 p.26〜33

10889 国立大学法人化と大学の自治(特集 国立大学法人化と岡山大学) 中富公一 「人権21：調査と研究」 2010.12 p.11〜17

10890 京大事件と立命館大学 慶野義雄 「憲法研究」(43) 2011 p.63〜79

10891 現代における時間の質 阿久戸光晴 「聖学院大学総合研究所紀要」(52) 2011 p.3〜5

10892 大学の使命 ：一律秋入学論争と中教審答申の問題性を受け止める 阿久戸光晴 「聖学院大学総合研究所紀要」(53) 2011 p.3〜5

10893 デューイによるバートランド・ラッセル判決批判−学問の自由における知性と探究の意義と限界 早川操 藤沢 「日本デューイ学会紀要」 2011.1 p.59〜69

10894 POINT OF VIEW 研究教育者の創作活動と権利の帰属−学問の自由(academic freedom)の保障と知的創作物の組織的管理 作花文雄 「コピライト」50(597) 2011.1 p.34〜58

10895 山川健次郎九州帝大初代総長 大学の自治確立の身命かけて 玉川孝道 「西日本文化」(449) 2011.02

10896 大学の自治−人事の自治を中心として 山本悦夫 「熊本ロージャーナル」(5) 2011.3 p.3〜42

10897 座談会 国立大学の法人化と大学の自治の問題−学長選考の裁判を機に 兼子仁 青木宏治 安達和志【他】 エイデル研究所[編]「季刊教育法」(169) 2011.6 p.38〜57

10898 学問・思想の自由と科学者の社会的責任(小特集 権力と科学者) 高木秀男 「経済科学通信」(126) 2011.9 p.90〜95

10899 産官学連携とキャリア教育に関する批判的検討 ：憲法学の視点から 石川多加子 「公教育計画研究 ：公教育計画学会年報」(3) 2012 p.84〜99

10900 「大学の自治」と憲法院 ：「大学の自由と責任に関する法律」判決を契機として(早川弘道教授 追悼号) 今関源成 「早稲田法学」87(2) 2012 p.1〜25

10901 資料解題 教育審議会報告書「憲法第23条の在り方」(2002年) ：オランダにおける私学の自由に着目して 澤田裕之 「教育制度研究紀要」(7) 2012.2 p.119〜130

10902 「大学の自治」に関する試論 ：社会・正当性・構造 本郷隆 東京大学法科大学院ローレビュー編集委員会編 「東京大学法科大学院ローレビュー」7 2012.9 p.66〜125

10903 学問の自由と大学の自治をめぐる戦前と戦後 ：森戸辰男を中心に 小池聖一 日本歴史学会編 「日本歴史」(772) 2012.9 p.55〜71

10904 国立大学法人における大学自治の復興(特集 新局面を迎える「大学改革」政策) 中嶋哲彦 日本科学者会議編 日本科学者会議編 「日本の科学者」47(11)通号538 2012.11 p.654〜659

10905 「経済教育学会」の位置についての方法的一考察 ：「学問の自由」およびWebの自由から見る「学会誌」の「レフリー制度」の矛盾 杉山清 経済教育学会編 「経済教育」(32) 2013 p.131〜140

10906 大学の自治の制度構想研究会 ：知識基盤社会における大学の自治の制度構想に関する国際的な公法学的比較研究(100号記念特集号−人文科学研究所共同研究概要─助成プログラム) 中島茂樹 「立命館大学人文科学研究所紀要」(100) 2013.3 p.165〜167

10907 「地方自治」による「大学の自治」の圧殺 ：東京都立大学の解体(特集 大阪「解体」構想) 人見剛 「経済科学通信」(131) 2013.4 p.40〜46

10908 学問の自由と研究者の権利および社会的責任(特集 学問の自由と研究者の権利) 高木秀男 日本科学者会議編 日本科学者会議編 「日本の科学者」48(5)通号544 2013.5 p.262〜267

10909 SLAPPと言論弾圧 ：学問の自由と野中教授不当提訴事件(特集 学問の自由と研究者の権利) 福田邦夫 日本科学者会議編 日本科学者会議編 「日本の科学者」48(5)通号544 2013.5 p.268〜273

10910 私立大学教員の不当解雇と大学の自治 ：理事会の専断的私立大学運営と私立学校法の改正(特集 学問の自由と研究者の権利) 岩橋昭廣 日本科学者会議編 日本科学者会議編 「日本の科学者」48(5)通号544 2013.5 p.274〜279

10911 大学問題を考えるうえで教育研究の「常道」とは何か(特集 学問の自由と研究者の権利) 直江俊一 日本科学者会議編 日本科学者会議編 「日本の科学者」48(5)通号544 2013.5 p.280〜285

10912 憲法89条後段と私学に対する公費助成 結城忠 「白鷗大学論集」28(1) 2013.9 p.81〜118

10913 大学改革の現在と大学ガバナンス ：大学自治の変容とその新自由主義的背景(特集〈ウニベルシタス〉の崩壊 ：いま大学に何が起こっているのか) 石井拓児 民主教育研究所編 「人間と教育」(80) 2013.冬 p.29〜35

10914 「教授会自治」と「教授の独立」 堀口悟郎 「法学政治学論究 ：法律・政治・社会」(103) 2014.冬季 p.35〜67

10915 大学の〈自治〉の何を守るのか ：あるいは〈自由〉の再構築にむけて(特集 大学崩壊−ファシズムの手前で) 石原俊 「現代思想」2014.1 p.68〜83

10916 最近における経営学教育の改革をめぐる議論 ： 「分野別質保証」に焦点をあてて（三島倫八教授退職記念号） 細川孝 「龍谷大学経営学論集」 53（2） 2014.1 p.64～75

10917 教職協働と組織文化－学問の自由と実業の秩序 内藤雄太 「教育研究所紀要」（32） 2014.03 p.25～43

10918 ヒト組織の医学的利用に関する法的・倫理的諸問題 ： 憲法学の立場から ： 「身体」と「モノ」と「情報」と憲法 ： 提供者の「権利」と研究の自由（「先端医療技術に関する法制度の学際的研究体制の構築」シンポジウム） 山本龍彦 「慶應法学」（29） 2014.4 p.67～83

10919 いま「大学改革」を考える「大学の自治」を壊す安倍政権の「大学改革」 ： 「学問の自由」を守るたたかいを今こそ 土井誠 「前衛：日本共産党中央委員会理論政治誌」（909） 2014.5 p.163～175

10920 ハードヘッド＆ソフトハート（第149回）日本の大学自治の特殊性 佐和隆光 「経」（152） 2014.6 p.36～39

10921 まえがきにかえて ： 問われる, 大学は誰のものか（特集 学術研究体制の惨状と解決の展望） 細井彦彦 日本科学者会議編 日本科学者会議編 「日本の科学者」 49（7）通号558 2014.7 p.365～368

10922 「アベノミクス成長戦略」のもとで大学に起きていること ： 地方国立大学からの報告（特集 学術研究体制の惨状と解決の展望） 粟野宏 日本科学者会議編 日本科学者会議編 「日本の科学者」 49（7）通号558 2014.7 p.384～389

10923 「強靱な国家」を構想する「学問の自由」を破壊する改革を止めよ（特集 保守思想が再建する「国家と人間」） 藤井聡 「表現者」（55） 2014.7 p.66～70

10924 ユニオンネット ： 現場からの報告（31）大学教員に対する異職種配転撤回闘争 ： 鈴鹿医療科学大学における大学自治・教授会自治を守り, 職場を基礎にした闘い 中村浩也 「労働法律旬報」 2014.8.上旬 p.28～31

10925 改めて憲法を考える（14）教育委員会制度と教育を受ける権利 ： 改正地方教育行政法を考える 中川律 「時の法令」（1960） 2014.8.30 p.63～68

10926 改正学校教育法等の施行に向けて ： 大学の自治と私立大学の多様性を尊重した大学改革の進展を 福原紀彦 「大学時報」 63（358）通号372 2014.9 p.10～13

10927 グローバリゼーションと大学自治の構造転換 ： 米, 豪との比較公法的検討 中富公一 「岡山大学法学会雑誌」 64（1）通号225 2014.9 p.250～204

10928 改めて憲法を考える（17）大学の自治 ： 改正学校教育法・国立大学法人法を考える 中

川律 「時の法令」（1966） 2014.11.30 p.52～57

10929 産経新聞事件と学問の自由 布川弘 民主教育研究所編 「人間と教育」（84） 2014.冬 p.94～99

10930 私たちも北星だ ： 大学の自治を守ろうと立ち上がった市民たち（特集 報道崩壊） 長谷川綾 岩波書店［編］ 「世界」（863） 2014.12 p.119～126

10931 大学ガバナンスをめぐる法制度的検討 ： 学問の自由と自治の観点から（新教育基本法と教育再生実行戦略） 細川克彦 「日本教育法学会年報」 2015 p.22～40

10932 政府と大学の自治 ： 教員養成分野のミッションの再定義 小方直幸 日本高等教育学会研究紀要編集委員会編 日本高等教育学会研究紀要編集委員会編 「高等教育研究」 18 2015 p.171～190

10933 大学の自治とガバナンス問題（特集 大学のガバナンス改革をめぐる問題） 細井克彦 高等教育研究会［編］ 「大学創造」（30） 2015 p.28～41

10934 患者の保護と医療を受ける権利・学問の自由（第44回 医事法学会総会 研究大会記録－シンポジウム 再生医療の規制はどうあるべきか） 中山茂樹 日本医事法学会編 日本医事法学会編 「年報医事法学」（30） 2015 p.126～135

10935 新自由主義における教育思想・政策と大学自治の関連性に関する考察 三和義武 愛知淑徳大学文学部論集編集委員会編 「愛知淑徳大学論集. 文学部・文学研究科篇」（40） 2015 p.97～112

10936 満身創痍の大学と学問の自由の危機（特集 歴史の岐路） 石原俊 『社会文学』編集委員会編 「社会文学」（42） 2015 p.9～24

10937 安倍「教育再生」によるConstitutional Change（コロキウム 安倍政権下でのConstitutional Changeと民主主義法学の課題）丹羽徹 民主主義科学者協会法律部会編 民主主義科学者協会法律部会編 「法の科学 ： 民主主義科学者協会法律部会機関誌「年報」」（46） 2015 p.81～87

10938 蔡元培大学論の再評価 ： 「学問の自由」と「大学の自治」をめぐって 白梅紅 愛知大学大学院編 「愛知論叢」（98） 2015 p.111～130

10939 幸福の科学大学不認可は, 本当に学問・信教の自由の侵害なのか（宗教） 藤倉善郎 「消費者法ニュース」（102） 2015.1 p.208～211

10940 歴史の眼 新自由主義時代における地方国立大学の「ガバナンス改革」 ： 本当に「大学の自治」は死んだのか？ 中澤達哉 歴史科学協議会編 「歴史評論」（786） 2015.1 p.75～83

10941 青年警察官の執行力向上を目指して 交番

基本的人権/憲法上の保障　　　　　　　　　　　　　　　表現の自由

勤務立花巡査の一日（第58回）警備情報活動と大学の自治　警察実務研究会　「Keisatsu koron」70（2）2015.2　p.56〜59

10942　大学と科学をめぐる3つの問題 ： 大学自治の破壊, 原発再稼働, 軍学共同（特集 研究不正と大学の現在）　池内了「科学」85（2）通号990　2015.2　p.156〜168

10943　新法解説 大学の「自治」と「決定」 ： 学校教育法及び国立大学法人法の一部を改正する法律　松田浩「法学教室」（413）2015.2　p.49〜54

10944　ロー・クラス「憲法上の権利」各論（14）学問の自由（1）　小山剛「法学セミナー」60（2）通号721　2015.2　p.68〜76

10945　いま「大学改革」を考える（8）大学の自治と学問の危機 ： 大学の「今」の歴史的位置について　川村肇「前衛 ： 日本共産党中央委員会理論政治誌」（920）2015.4　p.166〜177

10946　大学自治論に関する研究史とその課題 ： デモクラシーと中間領域　船勢肇　ノートル・クリティーク編集委員会編「Notre critique : history and criticism」（8）2015.5　p.4〜21

10947　東京歴史科学研究会活動の記録 緊急シンポジウム「『大学ガバナンス改革』問題の歴史的位置 ： 『大学の自治』と『学問の自由』の破壊の時代を考える」を終えて　長谷川裕子「人民の歴史学」（204）2015.6　p.38〜42

10948　大学等における学問の自由等の基本的な問題と, その「真理性」について（2014年度沖縄女性研究者の会・うるま医療福祉大学設立準備委員会共催研究フォーラム 統一テーマ「うるま医療福祉大学創立に向けて」特集）　弓削忠史　沖縄女性研究者の会編集委員会編「研究論集」2015.7　p.19〜29

10949　新自由主義のポリティックスと大学自治の危機（特集「大学改革」の対抗軸は何か）折出健二　日本科学者会議　日本科学者会議編「日本の科学者」50（7）通号570　2015.7　p.350〜355

10950　大学の自治の新しい在り方 ： 科学者会議の50年を振り返って（特集 どうなる世界, どうする日本 ： 日本科学者会議の50年）　松田正久　日本科学者会議編　日本科学者会議編「日本の科学者」50（12）通号575　2015.12　p.646〜652

10951　大学史のなかの学問の自由と独立（特集 いま問われる「学問の独立」）　松浦良充　慶応義塾［編］「三田評論」（1195）2015.12　p.25〜30

表現の自由

【図書】

10952　「表現の自由」の社会学—差別的表現と管理社会をめぐる分析　伊藤高史著　八千代出版　2006.2　256p　19cm　〈文献あり〉　2600円　Ⓣ4-8429-1377-0　Ⓝ316.1　伊藤高史

10953　人格権侵害と言論・表現の自由　村上孝止著　青弓社　2006.3　254p　19cm　2000円　Ⓣ4-7872-3254-1　Ⓝ316.1　村上孝止

10954　危ない！人権擁護法案—緊急出版 冗談も言えない密告社会, 監視社会がやってくる 人権擁護法案を考える市民の会編著　展転社　2006.4　192p　21cm　〈年表あり〉　1500円　Ⓣ4-88656-282-5　Ⓝ327.7　人権擁護法案を考える市民の会

10955　表現の自由とプライバシー—憲法・民法・訴訟実務の総合的研究　田島泰彦, 山野目章夫, 右崎正博編著　日本評論社　2006.4　362p　22cm　4600円　Ⓣ4-535-51470-4　Ⓝ316.1　田島泰彦　山野目章夫　右崎正博

10956　本と民主主義—アメリカの図書館における「表現の自由」の保護と制限　上田伸治著　岡山　大学教育出版　2006.7　154p　22cm　1800円　Ⓣ4-88730-678-4　Ⓝ010.253　上田伸治

10957　ことばの力平和の力—近代日本文学と日本国憲法　小森陽一著　京都　かもがわ出版　2006.10　231p　19cm　（かもがわCブックス8）1700円　Ⓣ4-7803-0052-5　Ⓝ910.26　小森陽一

10958　サイバースペースと表現の自由　小倉一志著　尚学社　2007.7　22, 330, 6p　22cm　（現代憲法研究 1）7000円　Ⓣ978-4-86031-045-5　Ⓝ316.1　小倉一志

10959　性表現規制の限界—「わいせつ」概念とその規制根拠　加藤隆之著　京都　ミネルヴァ書房　2008.3　352p　22cm　5000円　Ⓣ978-4-623-05095-6　Ⓝ326.953　加藤隆之

10960　ジャーナリストが危ない—表現の自由を脅かす高額《口封じ》訴訟　田島泰彦, MIC, 出版労連編　［東京］花伝社　2008.5　85p　21cm　〈発売：共栄書房〉　800円　Ⓣ978-4-7634-0518-0　Ⓝ070.13　田島泰彦　MIC 出版労連　日本出版労働組合連合会

10961　映画「靖国」上映中止をめぐる大議論　森達也, 鈴木邦男, 宮台真司ほか著　創出版　2008.6　157p　19cm　1000円　Ⓣ978-4-924718-88-3　Ⓝ778.09　森達也　鈴木邦男　宮台真司

10962　「人権擁護法」と言論の危機—表現の自由と自由社会を守れ！　百地章著　明成社　2008.10　64p　22cm　524円　Ⓣ978-4-944219-76-6　Ⓝ327.7　百地章

10963　表現の自由—その公共性ともろさについ

〔10942〜10963〕　　　　　　　　　　　　　　　憲法改正 最新文献目録　**407**

表現の自由　　　　　　　　　　　　　　　　　　　　　　　　基本的人権/憲法上の保障

て　毛利透著　岩波書店　2008.12　349, 7p
22cm　〈索引あり〉　5600円　Ⓘ978-4-00-
001945-3　Ⓝ316.1　毛利透

10964　マス・メディア法入門　松井茂記著　第4
版　日本評論社　2008.12　373p　19cm　〈文
献あり　索引あり〉　2800円　Ⓘ978-4-535-
51649-6　Ⓝ070.13　松井茂記

10965　表現活動と法　志田陽子編　新版　武蔵
野　武蔵野美術大学出版局　2009.4　228p
21cm　〈文部科学省認可通信教育〉　〈文献あ
り〉　1900円　Ⓘ978-4-901631-88-4　Ⓝ507.2
志田陽子

10966　表現の自由と第三者機関―透明性と説明
責任のために　清水英夫著　小学館　2009.8
205p　18cm　（小学館101新書 046）　720円
Ⓘ978-4-09-825046-2　Ⓝ070.15　清水英夫

10967　刑罰に脅かされる表現の自由―NGO・
ジャーナリストの知る権利をどこまで守れる
か？　グリーンピース・ジャパン編、海渡雄一
監修　現代人文社　2009.11　78p　21cm
（Genjinブックレット 57）　〈発売：大学図書〉
1000円　Ⓘ978-4-87798-432-8　Ⓝ316.1　グ
リーンピースジャパン　海渡雄一

10968　市民的自由とメディアの現在　石坂悦男
編著　［東京］　法政大学現代法研究所　2010.2
366p　21cm　（法政大学現代法研究所叢書 31）
〈索引あり〉　〈発売：法政大学出版会〉　4400
円　Ⓘ978-4-588-63031-6　Ⓝ316.1　石坂悦男

10969　法とジャーナリズム　山田健太著　第2版
学陽書房　2010.4　440p　21cm　〈他言語標
題：Law of Journalism〉　〈文献あり　索引あ
り〉　3000円　Ⓘ978-4-313-34020-6　Ⓝ316.1
山田健太

10970　非実在青少年〈規制反対〉読本―僕たちの
マンガやアニメを守るために！　サイゾー、表
現の自由を考える会編　サイゾー　2010.6
127p　21cm　800円　Ⓘ978-4-904209-07-3
Ⓝ367.6136　サイゾー　表現の自由を考える会

10971　情報法の構造―情報の自由・規制・保護
山口いつ子著　東京大学出版会　2010.7　340p
22cm　〈索引あり〉　5600円　Ⓘ978-4-13-
036141-5　Ⓝ007.3　山口いつ子

10972　ジャーナリズム・権力・世論を問う　加
藤紘一、奥平康弘、斎藤貴男、若宮啓文、枝野幸
男著　新泉社　2010.10　136p　21cm　（シ
リーズ時代を考える）　1200円　Ⓘ978-4-7877-
1015-4　Ⓝ070　加藤紘一　奥平康弘　斎藤貴
男　若宮啓文　枝野幸男

10973　マンガはなぜ規制されるのか―「有害」
をめぐる半世紀の攻防　長岡義幸著　平凡社
2010.11　262p　18cm　（平凡社新書 556）
780円　Ⓘ978-4-582-85556-2　Ⓝ023.8　長岡
義幸

10974　報道の自由　山川洋一郎著　信山社
2010.12　422, 11p　22cm　（学術選書 55　憲

法・憲法訴訟論）　〈索引あり〉　9800円
Ⓘ978-4-7972-5855-4　Ⓝ316.1　山川洋一郎

10975　情報公開を進めるための公文書管理法解
説　右崎正博、三宅弘編　日本評論社　2011.3
276p　21cm　〈索引あり〉　2800円　Ⓘ978-4-
535-51772-1　Ⓝ317.6　右崎正博　三宅弘

10976　表現権理論　阪本昌成著　信山社　2011.
3　237p　22cm　（学術選書 53　憲法）　〈索引
あり〉　8800円　Ⓘ978-4-7972-5853-0　Ⓝ316.1
阪本昌成

10977　著作権と憲法理論　大日方信春著　信山
社　2011.5　240p　22cm　（学術選書 67　憲
法・著作権法）　〈索引あり〉　8800円　Ⓘ978-
4-7972-5867-7　Ⓝ021.2　大日方信春

10978　表現の自由　1　状況へ　駒村圭吾、鈴木
秀美編著　尚学社　2011.5　589p　22cm
5500円　Ⓘ978-4-86031-086-8　Ⓝ316.1　駒村
圭吾　鈴木秀美

10979　表現の自由　2　状況から　駒村圭吾, 鈴
木秀美編著　尚学社　2011.5　513p　22cm
5000円　Ⓘ978-4-86031-087-5　Ⓝ316.1　駒村
圭吾　鈴木秀美

10980　ポルノ被害と表現の自由―ポルノ・買春
問題研究会10周年記念パンフレット　［出版地
不明］　ポルノ・買春問題研究会　2011.10
69p　21cm　〈年表あり〉　500円　Ⓝ367.9　ポ
ルノ買春問題研究会

10981　言論の自由―拡大するメディアと縮む
ジャーナリズム　山田健太著　京都　ミネル
ヴァ書房　2012.12　306, 5p　20cm　（叢書現
代社会のフロンティア 20）　〈索引あり〉　2800
円　Ⓘ978-4-623-06262-1　Ⓝ070.21　山田健太

10982　表現の自由とメディア　田島泰彦編著
日本評論社　2013.1　263p　22cm　4300円
Ⓘ978-4-535-51947-3　Ⓝ070.13　田島泰彦

10983　著作権と表現の自由をめぐる諸問題―著
作権と表現の自由委員会　著作権情報センター
附属著作権研究所［著］　著作権情報センター
2013.3　137p　30cm　（著作権研究所研究叢書
no.23）　〈SARVH共通目的事業（平成22・23・
24年度）〉　非売品　Ⓝ021.2　著作権情報セ
ンター

10984　反論権と表現の自由　曽我部真裕著　有
斐閣　2013.3　240, 5p　22cm　〈他言語標題：
Le Droit de ré ponse et la liberté
d'expression〉　〈索引あり〉　4600円　Ⓘ978-4-
641-13138-5　Ⓝ316.1　曽我部真裕

10985　表現の自由を90分講義を読むだけですっ
きり理解する本―司法試験＆予備試験対策　柏
谷周希著　辰已法律研究所　2013.3　230p
21cm　（合格開眼本シリーズ 憲法編）　2000円
Ⓘ978-4-86466-077-8　Ⓝ32　柏谷周希

10986　表現の自由と名誉毀損　松井茂記著　有
斐閣　2013.7　444p　22cm　〈他言語標題：
Freedom of Expression and Defamation〉　〈索

基本的人権/憲法上の保障　　　　　　　　　　　　　　　　　　　　　　　表現の自由

引あり〉　6800円　①978-4-641-13136-1
Ⓝ326.25　松井茂記

10987　図書館と表現の自由　松井茂記著　岩波書
店　2013.9　260p　20cm　〈文献あり〉　2700
円　①978-4-00-025917-0　Ⓝ010.1　松井茂記

10988　マス・メディア法入門　松井茂記著　第5
版　日本評論社　2013.10　385p　19cm　〈他
言語標題：Mass Media Law〉　〈索引あり〉
2800円　①978-4-535-51978-7　Ⓝ070.13　松井
茂記

10989　現代国家における表現の自由—言論市場
への国家の積極的関与とその憲法的統制　横大
道聡著　弘文堂　2013.12　393p　22cm　〈憲
法研究叢書〉　〈索引あり〉　5000円　①978-4-
335-30332-6　Ⓝ323.53　横大道聡

10990　秘密保護法は何をねらうか—何が秘密？
それは秘密です　清水雅彦, 臺宏士, 半田滋著
高文研　2013.12　111p　21cm　1200円
①978-4-87498-532-8　Ⓝ326.81　清水雅彦　臺
宏士　半田滋

10991　表現の自由—理論と解釈　橋本基弘著
八王子　中央大学出版部　2014.9　341p　22cm
〈日本比較法研究所研究叢書 98〉　4300円
①978-4-8057-0597-1　Ⓝ316.1　橋本基弘

10992　改正児童ポルノ禁止法を考える　園田寿,
曽我部真裕編著　日本評論社　2014.10　196p
21cm　〈他言語標題：Commentary on the
Revised Child Pornography Act〉　2200円
①978-4-535-52057-8　Ⓝ326.82　園田寿　曽我
部真裕

10993　法とジャーナリズム　山田健太著　第3版
学陽書房　2014.10　444p　21cm　〈他言語標
題：Law of Journalism〉　〈索引あり〉　3000
円　①978-4-313-34024-4　Ⓝ316.1　山田健太

10994　シャルリ・エブド事件を考える　鹿島茂,
関口涼子, 堀茂樹編著　白水社　2015.3　133p
21cm　〈他言語標題：Penser l'affaire Charlie
Hebdo〉　〈ふらんす特別編集〉　925円　①978-
4-560-08430-4　Ⓝ316.1　鹿島茂　関口涼子
堀茂樹

10995　表現者のための憲法入門　志田陽子著
武蔵野　武蔵野美術大学出版局　2015.4　278p
21cm　〈文献あり 索引あり〉　2000円　①978-
4-86463-028-3　Ⓝ323.14　志田陽子

10996　表現の自由と出版規制—ドキュメント
「時の政権と出版メディアの攻防」　山了吉著
市川　出版メディアパル　2015.4　190p　21cm
〈本の未来を考える＝出版メディアパル No.28〉
〈年表あり 索引あり〉　2000円　①978-4-
902251-28-9　Ⓝ023.8　山了吉

10997　著作権入門ノート「アートと法」—表現
の自由・自主規制・キャラクター　小笠原正仁
著　京都　阿吽社　2015.7　300p　21cm
〈「法と芸術」（明石書店 2001年刊）の改題、改
訂〉　2500円　①978-4-907244-23-1　Ⓝ021.2

小笠原正仁

【雑誌】

10998　「立川自衛隊宿舎反戦ビラ入れ事件」に関
する小考——刑法の立場から　安達光治「立命
館法學」2006年（6）通号310　2006　p.1769〜
1805

10999　立川防衛庁宿舎イラク反戦ビラ入れ事件
逆転有罪——「表現の自由」を枕詞として使用
しているにすぎない高裁判決　内田雅敏「刑事
弁護」（46）　2006.Sum.　p.112〜116

11000　表現の自由とその制約——憲法学の立場
から（特集 人権とその保障——憲法と国際人権
法—表現の自由とその制約）　川岸令和「国際
人権：国際人権法学会報」通号17　2006　p.
28〜33

11001　表現の自由とその制約——国際法の視点
から（特集 人権とその保障——憲法と国際人権
法—表現の自由とその制約）　戸田五郎「国際
人権：国際人権法学会報」通号17　2006　p.
34〜39

11002　判例にみる憲法実体論(10) 表現の自由の
一般法理(1)　井上典之「法学セミナー」51
(1)通号613　2006.1　p.84〜88

11003　続・著作権の事件簿(88) 公立図書館の蔵
書廃棄は著者の言論・表現の自由を侵害する
——最高裁平成17.7.14第1小法廷判決　岡邦俊
「JCAジャーナル」53(2)通号584　2006.2　p.
34〜37

11004　「表現の自由」と「信仰」——風刺画掲載
で騒動拡大　永遠の平行線、根深い対立「Jiji
top confidential」(11292)　2006.2.17　p.2〜4

11005　表現の自由か、宗教の冒瀆か ムハンマド
風刺漫画をめぐる「文明の衝突」「Courrier
Japon」2(5)通号7　2006.3.2　p.20〜25

11006　表現の自由と信仰の尊厳。——預言者ム
ハンマド風刺画の波紋　山内昌之「潮」通号
566　2006.4　p.332〜336

11007　表現の自由と信仰の尊厳—預言者ムハン
マド風刺画の波紋　山内昌之「潮」通号566
2006.4　p.332〜336

11008　著作権の保護期間延長と表現の自由につ
いての小考——Eldred事件最高裁判決とその後
の動向（特集 知的財産法制研究(2)）　今村哲
也「企業と法創造」3(1)通号7　2006.6　p.
163〜170

11009　日本映画の自由が圧殺された時代——憲
法と映画の運命　山田和夫「前衛：日本共産
党中央委員会理論政治誌」通号806　2006.7
p.220〜230

11010　さわさわベーシック判例憲法（第6回）精
神的自由権 表現の自由（その1）　澤田章仁
「月報全青司」(317)　2006.9　p.4〜6

11011　自衛隊宿舎へのビラ戸別配布のための立

〔10987〜11011〕　　　　　　　　　　　　　　　　　　憲法改正 最新文献目録　**409**

入りと表現の自由　市川正人　「立命館法學」
2007年 (1) 通号311　2007　p.1〜42

11012　特集・「内心の自由」「表現の自由」はど
こへ？　「世界」 (760)　2007.1　p.91

11013　言論活動（ビラ活動）を旺盛に展開するた
めに（2007年権利討論集会特集号—第9分科会
表現の自由をどう守るか——労働組合が元気に
宣伝活動を広げるために）　宇賀神直　「民主法
律」 (268)　2007.2　p.246〜253

11014　[2006]4・8奈良学園前不当逮捕・弾圧事
件のまとめ（2007年権利討論集会特集号—第9分
科会 表現の自由をどう守るか——労働組合が元
気に宣伝活動を広げるために）　権田正良　「民
主法律」 (268)　2007.2　p.253〜256

11015　公立学校における生徒のビラ配布の自由
と修正第1条—Heinkel v. School Board of Lee
County事件判決を素材として（研究ノート）
大島佳代子　「同志社政策研究」 ([1])　2007.
3　p.108〜116

11016　言論の覚悟 自由のない「自主憲法」より
は…　鈴木邦男　「創」 37 (6) 通号413　2007.6
p.94〜97

11017　第9分科会 表現の自由をどう守るか——
労働組合が元気に宣伝活動を広げるために
（2007年権利討論集会報告号—各分科会報告）
大前治　「民主法律」 (270)　2007.6　p.68〜71

11018　言論の覚悟 ニューヨーク・憲法大討論
鈴木邦男　「創」 37 (7) 通号414　2007.7　p.98
〜101

11019　ビラ配布規制が映し出す日本の立憲主義
の現状（特集＝日本国憲法施行六〇年——憲法
学に求められる課題）　阪口正二郎　「法律時
報」 79 (8) 通号985　2007.7　p.27〜32

11020　「言論・表現の自由」の現状と共謀罪の行
方について（第52回 [民主法律協会] 総会特集
号—特別報告）　伊賀カズミ　「民主法律」
(271)　2007.8　p.96〜98

11021　異質性社会における表現の自由 (1) デュ
ルケーム社会学を手がかりに　齊藤愛　「国家学
会雑誌」 120 (9・10) 通号1081　2007.10　p.
657〜719

11022　言論の覚悟 革命憲法　鈴木邦男　「創」
37 (11ママ) 通号417　2007.11　p.80〜83

11023　表現の自由のジレンマ（第3部 情報をめぐ
る権利の諸相）　川岸令和　「市民的自由の広が
り JCLU人権と60年」　2007.11　p.211〜

11024　異質性社会における表現の自由 (2) デュ
ルケーム社会学を手がかりに　齊藤愛　「国家学
会雑誌」 120 (11・12) 通号1082　2007.12　p.
864〜909

11025　言論の覚悟 47年前の暗殺/憲法歌　鈴木邦
男　「創」 37 (11) 通号418　2007.12　p.74〜77

11026　ホームズと表現の自由——Abrams判決反

対意見を素材に（いま, 新たにホームズを読み直
すこと）　淺野博宣　「アメリカ法」 2007 (1)
2007.12　p.88〜94

11027　公務員の政治的行為の制限　岩切紀史
「宮崎産業経営大学法学論集」 18 (1)　2008
p.93〜107

11028　公務員の政治的中立性と全体の奉仕者
赤坂正浩　「比較憲法学研究」 通号20　2008
p.81〜102

11029　公務員の被選挙権剥奪に関する比較法的
考察　平松毅　「比較憲法学研究」 通号20
2008　p.1〜17

11030　表現しない自由と表現の「帰属」　横大
道聡　「法政論叢」 44 (2)　2008　p.50〜67

11031　表現の自由と「社会良心」　石埼学　「立
命館法學」 2008年 (5・6) 通号321・322　2008
p.1357〜1376

11032　わいせつ判例の混迷　加藤隆之　「青森法
政論叢」 (9)　2008　p.57〜70

11033　表現の自由をめぐるノート——『逆転』
や読谷村「日の丸焼却事件」にも触れながら
稲福日出夫　「沖縄法政研究」 (10)　2008.1
p.53〜85

11034　異質性社会における表現の自由 (3) デュ
ルケーム社会学を手がかりに　齊藤愛　「国家学
会雑誌」 121 (1・2) 通号1083　2008.2　p.51〜
112

11035　今, ふたたび「生活安全条例」を考える
（2008年権利討論集会特集号—第6分科会 安全・
安心が「大きく揺らぐ時代」に, 言論表現の自
由をいかに守り抜くか）　伊賀カズミ　「民主法
律」 (272)　2008.2　p.162〜165

11036　葛飾区ビラ配布事件高裁判決とビラ配布
活動について（2008年権利討論集会特集号—第6
分科会 安全・安心が「大きく揺らぐ時代」に,
言論表現の自由をいかに守り抜くか）　杉本吉
史　「民主法律」 (272)　2008.2　p.165〜168

11037　ビラ配布裁判と表現の自由——相次ぐ微
罪逮捕, 起訴に正当性はあるか　出田阿生　「新
聞研究」 (679)　2008.2　p.67〜70

11038　ロー・クラス 人権の臨界——路上の呼び
声を聴く (11) 自由への対抗——「表現の自由」
をめぐる相克　笹沼弘志　「法学セミナー」 53
(2) 通号638　2008.2　p.90〜93

11039　2008年民法協権利討論集会 第6分科会資
料集（2008年権利討論集会特集号—第6分科会
安全・安心が「大きく揺らぐ時代」に, 言論表
現の自由をいかに守り抜くか）　西晃　「民主法
律」 (272)　2008.2　p.169〜182

11040　憲法の解釈（第12回・Round4—3）給付と
規制 文化・制度・自律——"l'art pour l'art"と
表現の自由　石川健治　「法学教室」 通号330
2008.3　p.56〜63

基本的人権/憲法上の保障　　　　　　　　　　　　　　　　　　　　表現の自由

11041 猿払事件判決批判・覚書――「表現の自由」論の観点から　佐々木弘通「成城法学」通号77　2008.3　p.49〜75

11042 コピーライト法と表現の自由　紙谷雅子「デジタル・コンテンツ法のパラダイム」2008.3　p.211〜

11043 異質性社会における表現の自由（4・完）デュルケーム社会学を手がかりに　齊藤愛「国家学会雑誌」121（3・4）通号1084　2008.4　p.243〜292

11044 リベラリズムとフェミニズムの対話可能性（1）ポルノグラフィをめぐる議論についての一試論　田代亜紀「法學 ： the journal of law and political science」72（1）　2008.4　p.96〜157

11045 二つの基底的権利（時評）　毛利正道「法と民主主義」428　2008.5

11046 市民の表現の自由が危ない！　立川反戦ビラ最高裁判決を批判する　内田雅敏「創」38（6）通号424　2008.6　p.76〜81

11047 「情報通信法」と表現の自由　松井茂記「法律時報」80（6）通号996　2008.6　p.74〜84

11048 第6分科会 安全・安心が「大きく揺らぐ時代」に、言論表現の自由をいかに守り抜くか（2008年権利討論集会報告―各分科会報告）西晃「民主法律」（274）　2008.6　p.29〜32

11049 著作権をみる憲法学の視点について　大日方信春「熊本法学」（114）　2008.6　p.1〜36

11050 特集 続・憲法問題の現局面「表現の自由のゆらぎ」の本質にある“危機”　植松健一「前衛 ： 日本共産党中央委員会理論政治誌」通号831　2008.6　p.133〜142

11051 見過ごせない危険な兆候――映画「靖国」問題と表現の自由の基盤　堤秀司「新聞研究」（683）　2008.6　p.51〜54

11052 政治的表現の自由と市民社会――立川反戦ビラ事件最高裁判決批判（特集 議会制民主主義の再生を求めて――選挙制度と政治資金を検証する）　石埼学「法と民主主義」（430）2008.7　p.28〜33

11053 立川反戦ビラ事件最高裁判決批判――裁判所による管理の「親切さ」と「怖さ」　阪口正二郎「世界」（780）　2008.7　p.48〜58

11054 表現の自由とナショナリズム――映画『靖国 YASUKUNI』をめぐって　川端祐一郎「表現者」（19）　2008.7　p.123〜127

11055 ロー・ジャーナル 砂上の楼閣に建つ表現の自由――立川反戦ビラ事件最高裁判決に寄せて　川岸令和「法学セミナー」53（7）通号643　2008.7　p.4〜5

11056 「他者の権利」と「表現の自由（わたしのけんり）」――ビラ入れで刑事罰！ 強まる閉塞感払いのけてたたかう（特集 非核・平和、人権

の社会を築く）　かわむらひさこ「科学的社会主義」（124）　2008.8　p.24〜29

11057 表現の自由との調整図る制度見直しを――出発点となるメディア内部の議論（個人情報保護法と過剰反応問題）　田原和政「新聞研究」（685）　2008.8　p.10〜13

11058 公務員の政治的行為の自由と「合理的関連性の基準」（第三部 自由論の展開）　長岡徹「国民主権と法の支配 下巻 佐藤幸治先生古稀記念論文集」　2008.9　p.239〜

11059 基礎法学講座 憲法 表現の自由について「Keisatsu jiho」63（10）　2008.10　p.48〜51

11060 道理のない一般国家公務員の政治活動禁止　柳沢明夫「前衛 ： 日本共産党中央委員会理論政治誌」通号837　2008.12　p.148〜153

11061 差別的表現の規制問題：日本・アメリカ合衆国の比較から　小林直樹「社会科学雑誌」1　2009

11062 態度の表示と「表現」の自由――Symbolic speechとSpeech plusの比較を通じて　徳永達哉「九州法学会会報」2009　2009　p.44〜48

11063 弁護士広告と表現の自由　吉崎暢洋「姫路ロー・ジャーナル」（3）　2009　p.83〜141

11064 言論封殺のSLAPPは、民主主義の破壊行為（特集 憲法をとりまく情況）　烏賀陽弘道「マスコミ市民 ： ジャーナリストと市民を結ぶ情報誌」通号480　2009.1　p.20〜27

11065 「沖縄ノート」訴訟と表現の自由　松井茂記「世界」（787）　2009.2　p.41〜48

11066 基礎法学講座 憲法 表現の自由について「Keisatsu jiho」64（2）　2009.2　p.54〜57

11067 ビラ配布は犯罪ではない――葛飾ビラ配布弾圧事件（特集 日本の人権状況を検証する――自由権規約委員会の最終見解をどう活かすか）　荒川庸生「法と民主主義」（436）2009.2・3　p.26〜28

11068 文化に対する国家の援助と自由　阪口正二郎「前衛 ： 日本共産党中央委員会理論政治誌」通号839　2009.2　p.168〜177

11069 公立高校卒業式における来賓発言と「表現の自由」　佐々木弘通「成城法学」通号78　2009.3　p.1〜94

11070 市場プロセスにおけるカタラクシー的効率性と広告――営利的言論理論の再検討をめざして　井上嘉仁「姫路法学」通号49　2009.3　p.39〜141

11071 著作権と表現の自由の調整原理（1）　大日方信春「熊本法学」（116）　2009.3　p.1〜49

11072 表現概念の視座転換――表現借用観からみる表現の自由と商標保護の調整　大林啓吾「帝京法学」26（1）通号44　2009.3　p.163〜214

11073 表現の自由の価値と構造に関する覚書

——権利フェティシズムを越えて　村田尚紀「関西大学大学院法務研究科法科大学院ジャーナル」（4）　2009.3　p.75〜80

11074　刑事裁判とは異なる報道の役割に期待——各社の指針を読んで（裁判員制度と取材・報道（第3回））　川岸令和「新聞研究」（693）2009.4　p.30〜33

11075　表現行為としての座り込み——Garner v. Louisianaにおけるハーラン結果同意意見の位置（比較憲法研究の新展開）　塚田哲之「名古屋大学法政論集」通号230　2009.6　p.231〜269

11076　人々の知る権利を損なう危険性——表現・メディア規制としての高額化問題（名誉棄損訴訟の賠償高額化を考える）　田島泰彦「新聞研究」（696）　2009.7　p.17〜20

11077　著作権法における権利論の意義と射程（1）ドイツにおける憲法判例と学説の展開を手がかりとして　栗田昌裕「民商法雑誌」140（6）　2009.9　p.638〜687

11078　第1分科会 いま表現の自由と知る権利を考える——自由で民主的な社会を築くために（第52回人権擁護大会シンポジウムレジュメ）「自由と正義」60（10）通号729　2009.10　p.131〜135

11079　著作権と表現の自由の調整原理（2・完）大日方信春「熊本法学」（118）　2009.10　p.89〜161

11080　世界でも異常な国家公務員の政治活動規制　須藤正樹「前衛 : 日本共産党中央委員会理論政治誌」通号849　2009.11　p.152〜157

11081　表現の自由と肖像権について　益井公司「政経研究」46（2）　2009.11　p.365〜390

11082　モデル小説における表現の自由とプライバシーの権利——小説表現の「芸術的価値」とプライバシー権の調整原理の考察　内藤光博「専修法学論集」（107）　2009.12　p.1〜22

11083　国際人権基準から見た「ビラ配布の自由」（ミニ・シンポジウム 国際人権基準と日本の変革）　徳川信治　民主主義科学者協会法律部会編　民主主義科学者協会法律部会「法の科学 : 民主主義科学者協会法律部会機関誌「年報」」通号41　2010　p.154〜160

11084　憲法による著作権の保障と制約——ドイツ法の展開を手がかりとして　栗田昌裕「著作権研究」通号37　2010　p.152〜219

11085　小島報告［著作権と表現の自由］へのコメント（特集 憲法と私法—［全国憲法研究会］秋季研究総会）　阪本昌成「憲法問題」通号21　2010　p.91〜96

11086　児童ポルノとわいせつ規制に関する若干の憲法学的考察　辻雄一郎「駿河台法学」23（2）通号44　2010　p.89〜142

11087　選挙活動と表現の自由に関する考察 2010年シティズンユナイテッド判決を中心に　辻雄一郎「駿河台法学」24（1・2）通号45　2010　p.57〜121

11088　著作権と表現の自由（特集 憲法と私法—［全国憲法研究会］秋季研究総会）　小島立「憲法問題」通号21　2010　p.77〜90

11089　表現の自由を守る中立的な公的支援——プリンストン大学ウッドロー・ウィルソン校ポール・スター教授の証言（米連邦議会両院合同経済委員会公聴会「2009年9月24日」 抄訳 新聞の未来・経済と民主主義に与える衝撃）ポール、スター「読売クオータリー」（12）2010.冬　p.39〜44

11090　表現の自由とコンテンツ産業　築山欣央「法政論叢」46（2）　2010　p.71〜88

11091　表現の自由理論における「言論者としての政府」というメタファー——"government speech"をめぐる言説への懸念　城野一憲「早稲田法学会誌」61（1）　2010　p.245〜294

11092　有害行為を抑止するための表現規制の許容性　藤井樹也「成蹊法学」（73）　2010　p.1〜30

11093　伝統的パブリック・フォーラム　中林暁生「法學 : the journal of law and political science」73（6）　2010.1　p.940〜960

11094　表現の自由と監視（短期共同研究プロジェクト 監視社会の現状と課題）　吉田仁美「ジュリスコンサルタス」（19）　2010.1　p.105〜133

11095　ホームズの「明白で現在の危険」のテストの初期思想とその起源（国家と法に関する諸問題）　青山武憲「日本法學」75（3）　2010.1　p.937〜958

11096　図解基礎法学講座 憲法 表現の自由について「Keisatsu jiho」65（2）　2010.2　p.49〜52

11097　グーグル・フェアユース・表現の自由　小泉直樹「世界」（802）　2010.3　p.84〜90

11098　第1分科会 いま表現の自由と知る権利を考える——自由で民主的な社会を築くために（特集 第52回人権擁護大会報告）　佃克彦　白石資朗「自由と正義」61（3）通号734　2010.3　p.37〜43

11099　表現の自由を保障する国際人権法の枠組み——ビラ投函事件とグリーンピース事件から考える　東澤靖「世界」（802）　2010.3　p.212〜221

11100　「表現の自由」と言葉以外の態度による思想の伝達——Symbolic speechとSpeech plusの比較を通じて　徳永達哉「九州国際大学法学論集」16（3）　2010.3　p.127〜146

11101　八幡製鉄事件最高裁判決の再読 : 団体の言論の自由と構成員の思想の自由に関する予備的考察　福岡英明「松山大学法学部20周年記念論文集」　2010.3

11102　ビラ配布は国民の権利——最高裁判決の

不当性　後藤寛　「前衛 : 日本共産党中央委員会理論政治誌」　通号855　2010.4　p.205〜214

11103　知る権利の構造と弁証——権利フェティシズムを超えて　村田尚紀　「関西大学法学論集」　60（1）　2010.6　p.160〜171

11104　表現の自由——表現の内容に基づく規制と定義づけ衡量の関係を中心に（特集 つまずきのもと 憲法）　阪口正二郎　「法学教室」　通号357　2010.6　p.27〜30

11105　「堀越事件」東京高裁無罪判決の意味——「適用違憲」をめぐって［2010.3.29］　奥平康弘　「世界」　（805）　2010.6　p.48〜57

11106　「SLAPP」とは何か——「公的意見表明の妨害を狙って提訴される民事訴訟」被害防止のために　烏賀陽弘道　「法律時報」　82（7）通号1023　2010.6　p.68〜74

11107　融合法制における番組編集準則と表現の自由——二〇一〇年放送法改正案も視野に入れて　鈴木秀美　「阪大法学」　60（2）通号266　2010.7　p.261〜292

11108　『ザ・コーヴ』上映中止騒動——〈表現の自由〉と〈危機意識〉の間　森達也　「世界」　（807）　2010.8　p.246〜250

11109　「表現の自由」の脆弱さを露呈 上映中止騒動の経緯と問題点（特集 「ザ・コーヴ」上映中止騒動）　篠田博之　「創」　40（7）通号447　2010.8　p.26〜31

11110　ロー・ジャーナル 「公務員は一切、政治活動をしてはならない」のか——猿払の呪縛　中島徹　「法学セミナー」　55（8）通号668　2010.8　p.46〜47

11111　国家公務員法違反事件鑑定意見書　君塚正臣　「横浜国際経済法学」　19（1）　2010.9　p.89〜125

11112　続・Interactive憲法——B准教授の生活と意見（第18回）表現の自由の根拠　長谷部恭男　「法学教室」　通号360　2010.9　p.65〜70

11113　「明白で現在の危険」のテスト論考（原田賢司教授古稀記念号 労働、経営と法に関する諸問題—国家と法）　青山武憲　「日本法學」　76（2）　2010.9　p.537〜562

11114　葛飾ビラ配布弾圧事件のたたかいと到達点（特集 政治活動の自由と民主主義の現在）　西田穣　「法と民主主義」　（453）　2010.11　p.11〜15

11115　国公法事件上告審で何が問われるか——最高裁猿払事件判決の呪縛を解くために（特集 政治活動の自由と民主主義の現在）　大久保史郎　「法と民主主義」　（453）　2010.11　p.27〜33

11116　言論・表現の自由をめぐる攻防と国際自由権規約を生かす運動　佐藤佳久　「人権と部落問題」　62（13）通号808　2010.11　p.41〜46

11117　言論・表現の自由と公務員の市民的権利の確立を（特集 政治活動の自由と民主主義の現在）　堀越明男　「法と民主主義」　453　2010.11

11118　公安警察の暴走と脅かされる言論社会——立川自衛隊宿舎イラク反戦ビラ入れ事件（特集 政治活動の自由と民主主義の現在）　内田雅敏　「法と民主主義」　（453）　2010.11　p.4〜10

11119　国家公務員の政治的行為禁止の違憲性（特集 政治活動の自由と民主主義の現在）　長岡徹　「法と民主主義」　（453）　2010.11　p.34〜39

11120　裁判闘争の5年とこれからのたたかい（特集 政治活動の自由と民主主義の現在）　荒川庸生　「法と民主主義」　453　2010.11

11121　資料・4事件の概要ならびに裁判の経緯（特集 政治活動の自由と民主主義の現在）　「法と民主主義」　453　2010.11

11122　著作権と表現の自由　小島立　「新世代法政策学研究」　8　2010.11　p.251〜282

11123　特集にあたって（特集 政治活動の自由と民主主義の現在）　小沢隆一　「法と民主主義」　453　2010.11

11124　ビラ配布による言論・表現の自由の意義（特集 政治活動の自由と民主主義の現在）　久保木亮介　「法と民主主義」　（453）　2010.11　p.16〜19

11125　二つの高裁判決（国家公務員法違反事件）の分岐点と、今日の刑事司法が置かれている状況（特集 政治活動の自由と民主主義の現在）　石井逸郎　「法と民主主義」　（453）　2010.11　p.40〜45

11126　"偏向"しているのは裁判官ではないのか（特集 政治活動の自由と民主主義の現在）　宇治橋眞一　「法と民主主義」　453　2010.11

11127　「言語権」VS.国民国家　糠塚康江　「国際人権 : 国際人権法学会報」　（22）　2011　p.10〜15

11128　国家公務員と政治的表現の自由（堀越事件）・コメント : 東京高裁2010（平成22）.3.29判決（特集 国際人権判例分析）　宍戸常寿　「国際人権 : 国際人権法学会報」　（22）　2011　p.101〜105

11129　国家公務員と政治的表現の自由（堀越事件） : 東京高裁2010（平成22）.3.29「違憲無罪」判決を中心に（特集 国際人権判例分析）　泉澤章　「国際人権 : 国際人権法学会報」　（22）　2011　p.96〜100

11130　国家公務員の政治活動の自由に関する比較法的検討——欧米4ヶ国の法制から見たわが国法制の違憲性（ミニ・シンポジウム 国家公務員の政治活動の自由）　晴山一穂　「法の科学 : 民主主義科学者協会法律部会機関誌「年報」」　通号42　2011　p.161〜165

11131　「国家公務員の政治的行為」処罰の刑法上

の問題点（ミニ・シンポジウム 国家公務員の政治活動の自由） 曽根威彦 「法の科学 ： 民主主義科学者協会法律部会機関誌「年報」」 通号42 2011 p.148〜153

11132 国家公務員法違反被告事件における2つの高裁判決の分岐点はどこにあったか（ミニ・シンポジウム 国家公務員の政治活動の自由） 石井逸郎 「法の科学 ： 民主主義科学者協会法律部会機関誌「年報」 通号42 2011 p.154〜160

11133 国公法・政治的行為の禁止事件上告審の基本論点——憲法論を中心に（ミニ・シンポジウム 国家公務員の政治活動の自由） 長岡徹 「法の科学 ： 民主主義科学者協会法律部会機関誌「年報」 通号42 2011 p.142〜147

11134 情報プライバシー権と表現の自由の関係に関する一試論 ： アメリカにおける議論を参考にして 村上康二郎 「法政論叢」 48（1） 2011 p.141〜190

11135 青少年保護育成条例と表現の自由 松本博文 「横浜美術大学教育・研究紀要. 論文篇」 （1） 2011 p.56〜64

11136 「沈黙の自由」について——Louis Michael Seidman "Silence and Freedom" を導きの糸として 金澤孝 「比較法学」 45（1）通号95 2011 p.29〜63

11137 表現内容規制・内容中立規制二分論 ： 現状と争点 橋本基弘 「比較法雑誌」 45（1）通号157 2011 p.1〜44

11138 表現の自由と肖像権 ： 情報法の構造を求めて 外国法研究（2）ドイツ・フランス編 松本俊輔 「相模女子大学紀要. C, 社会系」 75 2011年度 p.61〜76

11139 国家公務員の政治活動の自由をめぐる二つの東京高裁判決——堀越事件判決［2010.3.29］と世田谷事件判決［2010.5.13］の意義 長岡徹 「法と政治」 61（4） 2011.1 p.1208〜1180

11140 マンガ表現の規制強化を問う——本物の民意はどこに？ 河合幹雄 「世界」 （812） 2011.1 p.95〜103

11141 くノ一教室［45］表現の自由を抹殺した石原都知事に果敢に物申す孤高の純文学作家・前田 前田司郎［筆責］「Spa！」 60（3）通号3263 2011.1.18 p.86

11142 表現の自由の現在（特集 憲法訴訟の潮流を読む） 曽我部真裕 「法学セミナー」 56（2）通号674 2011.2 p.17〜19

11143 屋外広告物規制への表現・財産アプローチ——二分論を超えて 井上嘉仁 「姫路法学」 通号51 2011.3 p.1〜49

11144 公務員の政治的行為の禁止・制限に関する考察——堀越事件控訴審判決を手がかりに 中川登志男 「専修法研論集 ： 専修大学大学院紀要」 （48） 2011.3 p.55〜102

11145 著作権と憲法理論 大日方信春 「知的財産法政策学研究」 （33） 2011.3 p.229〜257

11146 文化・産業の振興と個人の権利（特集 国家の役割, 個人の権利） 横山久芳 「ジュリスト」 （1422） 2011.5.1・15 p.85〜93

11147 記者の証言拒絶権をめぐる立法的解決 二宮貴美 「同志社法学」 63（2）通号348 2011.7 p.1075〜1142

11148 表現の自由と著作権の制度的調整 大林啓吾 「帝京法学」 27（2）通号47 2011.8 p.269〜356

11149 刑法一七五条及び児童ポルノ禁止法と表現の自由 ： フランス刑法から学ぶこと（宮澤浩一先生追悼論文集） 島岡まな 「法学研究」 84（9） 2011.9 p.447〜479

11150 発声障害のある議員のための発言保障——中津川代読拒否訴訟（名古屋高裁）意見書 植木淳 「北九州市立大学法政論集」 39（1・2） 2011.9 p.53〜84

11151 デモの自由と規制の実態（1）〈拡散する精神／萎縮する表現9〉 前田朗 「マスコミ市民 ： ジャーナリストと市民を結ぶ情報誌」 515 2011.12

11152 Monica Brito Vieira and David Runciman, Representation（学界展望 憲法）「国家学会雑誌」 124（11・12）通号1106 2011.12 p.972〜975

11153 人権委員会設置［関］連法案と言論表現の問題（特集 様々な視点で憲法を考えよう） 新井直樹 「季刊人権問題」 （28） 2012.春 p.1〜14

11154 性表現の自由とその規制及び限界 ： 「単純所持」及び「創作物」規制と青少年保護 田上雄大 「日本大学大学院法学研究年報」 （42） 2012 p.81〜121

11155 デモの自由と規制の実態（2）〈拡散する精神／萎縮する表現10〉 前田朗 「マスコミ市民 ： ジャーナリストと市民を結ぶ情報誌」 516 2012

11156 日本における憲法上の基本権と特許権との調和 李倫娜 「熊本大学社会文化研究」 （10） 2012 p.49〜60

11157 暴力的なゲーム規制を中心とした表現の自由の考察 辻雄一郎 「駿河台法学」 25（2）通号48 2012 p.117〜163

11158 「言論表現の自由」と「弾圧」について考える（2012年権利討論集会特集号—第6分科会 自由な街宣活動を守るために） 伊賀カズミ 「民主法律」 （287） 2012.2 p.139〜141

11159 出版の自由, 知る権利を阻害 秘密保護法制の再編と秘密保全法 田島泰彦 「出版ニュース」 （2268） 2012.2.中旬 p.4〜9

11160 差別発言と発話行為 ： 「言論の自由」の再構成のための覚書 本多康作 「大阪経済法科

大学21世紀社会研究所紀要」（3）　2012.3　p.
67〜85

11161　第五回 東洋大学公法研究会報告 表現の自由とその規制 ： 公人の名誉権の保障・「「月刊ペン」事件」を中心に　始澤真純「東洋法学」55（3）通号121　2012.3　p.183〜222

11162　特許と憲法 ： 表現の自由を中心に　大日方信春「熊本法学」（125）　2012.3　p.110〜54

11163　表現の自由をめぐる憲法と国際人権法の距離 ： 自由権規約委員会一般的意見34の検討を中心に　東澤靖「明治学院大学法科大学院ローレビュー」（16）　2012.3　p.93〜111

11164　暴力的なビデオゲームの規制と言論の自由 ： Brown v. Entertainment Merchants Association, 131S.Ct.2729（2011）を素材に　桧垣伸次「同志社法学」63（7）通号353　2012.3　p.3225〜3253

11165　ロー・クラス 憲法訴訟の現代的転回 ： 憲法的論証を求めて（第17回）第3部/重要論点補遺 表現の自由をめぐる二分論 ： 「間接的・付随的制約」論、内容規制・内容中立規制二分論を中心に　駒村圭吾「法学セミナー」57（3）通号686　2012.5　p.64〜71

11166　憲法 ： 『運命の人』から考える国家秘密と知る権利・取材の自由（特集 法学へのアプローチ（1））　市川正人「法学教室」（379）　2012.4　p.4〜9

11167　沖縄防衛局長の「選挙講話」と公務員の政治活動の自由（特集 蹂躙される日本国憲法）　右崎正博「国公労調査時報」（593）　2012.5　p.13〜15

11168　警察権力の暴走を問う（3）「反原発」デモ逮捕者弁護人に聞く 「表現の自由」としてのデモは、民主主義に不可欠　髙橋右京「マスコミ市民 ： ジャーナリストと市民を結ぶ情報誌」（520）　2012.5　p.18〜27

11169　Tortious Speech（不法行為言論）の憲法学・序説（上）Intentional Infliction of Emotional Distress法の「憲法化」を中心に　梶原健佑「山口経済学雑誌」61（1）　2012.5　p.93〜121

11170　教育委員会による学校行政上の措置は、どこまで校長の基本的人権としての表現の自由と、学校運営ならびに職員監督上の職務権限を制約し得るか（東京地方裁判所民事第十九部宛意見書、二〇一〇・三・一〇）（特集 東京都教委（非常勤教員不合格）事件 ： 教育現場の言論の自由を求めて）　西原博史「労働法律旬報」（1770）　2012.6.下旬　p.17〜27

11171　Tortious Speech（不法行為言論）の憲法学・序説（下）Intentional Infliction of Emotional Distress法の「憲法化」を中心に　梶原健佑「山口経済学雑誌」61（2）　2012.7　p.181〜199

11172　講演録 表現の自由と著作権　長谷部恭男「コピライト」52（616）　2012.8　p.2〜11

11173　国家公務員の政治的行為の自由と刑事制裁 ： 法が備えるべき形式について　青井未帆「学習院法務研究」（6）　2012.8　p.59〜108

11174　ロー・クラス 憲法ゼミナール（part.2）コンテクストを読む（第16回）原発と言論 ： 「政府言論」を考える　山本龍彦「法学セミナー」57（8）通号691　2012.8　p.69〜75

11175　ロー・クラス 憲法ゼミナール（part.2）コンテクストを読む（第17回）1952年4月28日の21条論　中林暁生「法学セミナー」57（9）通号692　2012.9　p.44〜48

11176　発声障害をもつ議員の発言保障　川崎和代「法律時報」84（11）通号1052　2012.10　p.65〜69

11177　憲法の観点から一憎悪と表現の規制をめぐって（特集 表現の自由についての権利をめぐる今日的課題）　駒村圭吾「国際人権 ： 国際人権法学会報」24　2013

11178　「言論の自由」のいま（特集 「言論・表現の自由」の現在）　山田健太「季論21 ： intellectual and creative」（21）　2013.夏　p.34〜48

11179　座長コメント（特集 表現の自由についての権利をめぐる今日的課題）　喜田村洋一「国際人権 ： 国際人権法学会報」24　2013

11180　座長コメント（特集 表現の自由についての権利をめぐる今日的課題）　紙谷雅子「国際人権 ： 国際人権法学会報」24　2013

11181　差別表現・憎悪表現の禁止と民事救済の可能性（特集 表現の自由についての権利をめぐる今日的課題―差別表現・憎悪表現の禁止に関する国際人権法の要請と各国の対応 ： 日本法への示唆）　山本敬三「国際人権 ： 国際人権法学会報」（24）　2013　p.77〜80

11182　児童保護か思想犯罪か ： 海外におけるマンガ規制の違憲問題と世論　ティム・F・G・，ダヴィドソン「社学研論集」（21）　2013　p.177〜186

11183　ドキュメンタリーという表現空間（特集 「言論・表現の自由」の現在）　阿武野勝彦「季論21 ： intellectual and creative」（21）　2013.夏　p.49〜61

11184　特許権をみる憲法学の視点について　大日方信春「日本工業所有権法学会年報」（37）　2013　p.1〜28

11185　福島第一原発事故と情報に対する権利（特集 表現の自由についての権利をめぐる今日的課題―情報と人権 ： 原発事故対応と情報開示）　伊藤和子「国際人権 ： 国際人権法学会報」（24）　2013　p.10〜16

11186　未成年者に対する有害情報規制の合憲性　福岡久美子「総合文化研究所紀要」30　2013

p.30～45

11187　民主主義の条件としての表現の自由 ： 最近のビラ配布事件の検討　岩倉秀樹　「高知県立大学文化論叢」（1）　2013　p.9～23

11188　憲法学再入門（第10回）人権編（5）表現の自由論 ： その魔力からの解放について　西村裕一　「法学教室」（388）　2013.1　p.55～62

11189　猿払基準の現在の判決への影響（特集 憲法と判例）　青柳幸一　「法学教室」（388）　2013.1　p.4～12

11190　公務員による公益通報の保護の現状と「表現の自由」　「松山大学論集」24（6）通号332　2013.2　p.233～259

11191　公務員の政治的行為の規制について ： 大阪市条例と平成24年最高裁二判決　木村草太　「法律時報」85（2）通号1056　2013.2　p.74～82

11192　鳥籠の中の「言論」？ ： 「公の施設」の閉鎖性/「道路」の開放性（ロー・クラス 憲法ゼミナール part.2 コンテクストを読む（第22回）連載を振り返って（その1））　山本龍彦　「法学セミナー」（2）通号697　2013.2　p.52～56

11193　私人を介した表現の事前抑制 ： 法的根拠の必要性について　青井未帆　「学習院法務研究」（7）　2013.3　p.33～72

11194　児童ポルノ的内容を含むが実在の者のようでない図画であるマンガイラストの所持が、統治法の定める表現の自由及び情報の自由に照らし、処罰すべきものに当たらないとする2012年6月15日スウェーデン最高裁判所判決　井樋三枝子［訳］「外国の立法 ： 立法情報・翻訳・解説」（255）　2013.3　p.223～228

11195　パブリシティ権と表現の自由（岩岡中正教授退職記念号）　大日方信春　「熊本法学」（127）　2013.3　p.55～136

11196　ヘイト・スピーチ規制論と表現の自由の原理論（釜田泰介教授古稀記念論集）　桧垣伸次「同志社法学」64（7）通号360（分冊2）　2013.3　p.3023～3057

11197　国公法弾圧二事件・最高裁判決の意義と今後の課題（特集 国家公務員の政治的活動の制限 ： 最高裁判決を受けて）　加藤健次　「労働法律旬報」（1790）　2013.4.下旬　p.18～22

11198　再び大阪市政治活動制限条例の問題点を考える ： 国公法違反事件最高裁二判決との関係で（特集 国家公務員の政治的活動の制限 ： 最高裁判決を受けて）　晴山一穂「労働法律旬報」（1790）　2013.4.下旬　p.23～30

11199　行財政研究 国公法事件上告審判決と公務員の政治的自由　大久保史郎「行財政研究」（86）　2013.5　p.2～18

11200　公務員の政治的行為制限違反罪と職務関連性（小特集 国公法二事件上告審判決の検討）曽根威彦　「法律時報」85（5）通号1059　2013.

5　p.73～78

11201　国家公務員の政治活動制限合憲論の愚かしさ ： 最高裁第二小法廷二〇一二年一二月七日判決中の千葉裁判長補足意見を契機に　中山和久　「労働法律旬報」（1791）　2013.5.上旬　p.61～65

11202　判例講座 起案講義憲法（第2回）立川ビラ事件最高裁判決を読む　蟻川恒正　「法学教室」（392）　2013.5　p.103～115

11203　公務員の政治的行為の制限 ： 国公法違反事件最高裁二判決の考察　晴山一穂　「自治総研」39（6）通号416　2013.6　p.1～24

11204　判例講座 起案講義憲法（第3回）国公法二事件最高裁判決を読む（1）　蟻川恒正　「法学教室」（393）　2013.6　p.84～96

11205　新 わたしと憲法シリーズ 千葉麗子 ： 「表現の自由」の危機と憲法21条の大切さ伝える まだ、闘いは始まったばかり。参院選の結果にかかわらず、そこで終わりじゃない。　千葉麗子　「金曜日」21（24）通号965　2013.6.28　p.51

11206　言論の覚悟 「憲法論議」を嗤われた　鈴木邦男　「創」43（6）通号476　2013.7　p.76～79

11207　公務員の政治的行為の自由をめぐる判例変更 ： 猿払事件最高裁大法廷判決と目黒社会保険事務所事件最高裁第2小法廷判決［昭和49.11.6, 2012.12.7］（津田重憲教授追悼号）　青柳幸一「明治大学法科大学院論集」（13）　2013.7　p.25～63

11208　表現の自由論に関する雑感 ： 『反論権と表現の自由』上梓にあたって　曽我部真裕「書斎の窓」（626）　2013.7・8　p.7～11

11209　判例講座 起案講義憲法（第5回）国公法二事件最高裁判決を読む（2）［2012.12.7］　蟻川恒正　「法学教室」（395）　2013.8　p.90～100

11210　新 わたしと憲法シリーズ 森田優子 憲法を描く漫画家であり予備自衛官でもある弁護士 少しでも意見が違うと排除し自分たちで勢力を小さくしていく そのくり返しをやめないと　森田優子　「金曜日」21（33）通号974　2013.8.30　p.41

11211　競争法は「表現の自由」の破壊者か保護者か（1）情報社会の新しい秩序の形成期における一試論 ： 欧米の事例から　市川芳治　「法律時報」85（10）通号1064　2013.9　p.53～59

11212　差別禁止法を求めて（第6回）差別禁止法と表現の自由の観点から　内田博文「ヒューマンライツ」（306）　2013.9　p.34～42

11213　判例講座 起案講義憲法（第6回）表現「禁止」事案の起案　蟻川恒正　「法学教室」（396）　2013.9　p.108～119

11214　表現の自由を守るために ： 清水英夫氏の論考に学ぶ　「月刊民放」43（9）通号507　2013.

9 p.36～39

11215 競争法は「表現の自由」の破壊者か保護者か(2)情報社会の新しい秩序の形成期における一試論 : 欧米の事例から 市川芳治 「法律時報」 85 (11) 通号1065 2013.10 p.64～70

11216 下品な放送内容に対するFCCの規制と表現の自由 : FCC v. Fox Television Stations, Inc., 567 U.S. _ (2012)を素材にして 井上幸希 「広島法学」 37 (2) 通号139 2013.10 p. 144～128

11217 国家公務員法による政治的行為に対する罰則の適用が合憲とされた事例[最高裁第二小法廷平成24.12.7判決] 「新・判例解説watch : 速報判例解説」 13 2013.10 p.233～236

11218 新 わたしと憲法シリーズ 岡田和樹 : 上関原発を建設させないよう海で監視するカヤック隊員 原発反対行動を「妨害」だと中国電力が訴えるのは司法を利用した表現の弾圧 岡田和樹 「金曜日」 21 (46) 通号987 2013.11.29 p. 43

11219 「現実の悪意」(Actual Malice) ルールの背景にあるもの : 民事名誉毀損と表現の自由との調和 (大崎隆彦教授退任記念号) 阪本昌成 「近畿大学法学」 61 (2・3) 通号168 2013.12 p.301～349

11220 「公務員の政治活動の自由」の現在 (特集 精神的自由の現在と憲法学―日本の問題状況に照らして) 平地秀哉 「憲法問題」 (25) 2014 p.20～30

11221 国家公務員の政治的行為処罰に関する考察 : 刑事法の観点から (ミニ・シンポジウム 国公法二事件最高裁判決の批判的考察と今後の展望) 嘉門優 「法の科学 : 民主主義科学者協会法律部会機関誌「年報」」 (45) 2014 p. 165～168

11222 著作権の権利制限論と保護範囲論との相違に関する一考察 : 「表現の自由」の抗弁を念頭においたドイツ比較法的検討 本山雅弘 「比較法制研究」 (37) 2014 p.1～34

11223 パブリシティ権と表現の自由 松本博文 「横浜美術大学教育・研究紀要. 論文篇」 (4) 2014 p.61～70

11224 パブリック・フォーラム論の可能性 (特集 精神的自由の現在と憲法学―日本の問題状況に照らして) 中林暁生 「憲法問題」 (25) 2014 p.31～41

11225 「表現の自由」と「ネット規制」をめぐる考察 : パリ風刺画週刊誌襲撃事件・「イスラム国」日本人殺害事件 三浦元 「杏林社会科学研究」 30 (4) 通号99 2014 p.65～87

11226 分譲マンションの住戸扉に政治活動ビラ等を投函する目的で共用部分に立ち入る行為に対して、刑法130条前段の罪が成立し、同法による処罰は憲法21条1項に違反しないとされた事

例[最高裁第二小法廷平成21.11.30判決] (仙台大会特集号―第1分科会 最近のマンション紛争と裁判) 花房博文 「マンション学 : 日本マンション学会誌」 (48) 2014.Spr. p.50～53

11227 Symbolic Speechの法理と態度処罰の厳格審査基準 德永達哉 「比較憲法学研究」 (26) 2014 p.137～159

11228 所持規制をめぐる憲法問題 : 児童ポルノの単純所持規制を素材にして 大林啓吾 「千葉大学法学論集」 28 (3) 2014.1 p.202～138

11229 「知る権利」は保障されるのか : 進まない情報公開を背景に (特定秘密保護法とメディア) 三木由希子 「新聞研究」 (750) 2014.1 p.54～57

11230 両立する憲法の「表現の自由」と差別禁止法 : 日本国憲法と差別の法規制を考える (特集 憲法から考える私たちの暮らし) 内田博文 「ヒューマンライツ」 (310) 2014.1 p.18～23

11231 公法と私法の再構築(1)アメリカでのステイト・アクション法理と表現の自由論からの一考察 籾岡宏成 「北海道教育大学紀要. 人文科学・社会科学編」 64 (2) 2014.2 p.13～27

11232 国公法二事件最高裁判決は何を変更したのか : 有機的統一体論を中心に[2012.12.7] 中富公一 「岡山大学法学会雑誌」 63 (4) 通号224 2014.3 p.598～544

11233 公的関心テストと表現の自由 吉野夏己 「岡山大学法学会雑誌」 63 (3) 通号223 2014.3 p.345～393

11234 ロー・クラス 「憲法上の権利」各論(05) 表現の自由(1) 小山剛 「法学セミナー」 59 (3) 通号710 2014.3 p.42～48

11235 憲法における匿名表現の意義 : 政治資金規正法における匿名寄附の禁止を素材にして 吉原裕樹 「Law and practice」 (8) 2014.4 p.95～128

11236 日本の民主主義運動強化のために(1)表現の自由を如何に駆使するか (サラ金・商工ローン) 木村達也 「消費者法ニュース」 (99) 2014.4 p.59～62

11237 ロー・クラス 「憲法上の権利」各論(06) 表現の自由(2) 小山剛 「法学セミナー」 59 (4) 通号711 2014.4 p.82～90

11238 安倍政権による「国策」の宣伝と教化 : 拡散する「放言の自由」と萎縮する「表現の自由」(特集 安倍改・壊憲政治を問う) 植松健一 「前衛 : 日本共産党中央委員会理論政治誌」 (909) 2014.5 p.76～87

11239 いま、表現の自由を考える : 特定秘密保護法制定後の日本で (特集 憲法学入門 2014) 塚田哲之 「法学セミナー」 59 (5) 通号712 2014.5 p.8～12

11240 深耕・著作権の事件簿(1)「表現の自由」

と「著作物を享受する自由」の交錯 ： 最高裁・著作権判例をめぐって(1) 岡邦俊 「JCAジャーナル」61(5) 通号683 2014.5 p.76〜82

11241 ロー・クラス 「憲法上の権利」各論(07) 表現の自由(3) 小山剛 「法学セミナー」59(5) 通号712 2014.5 p.72〜79

11242 公務員の国民投票運動を容認 ： 憲法改正手続きの改正 「週刊行政評価」(2592) 2014.5.8 p.2〜4

11243 助成の条件と表現の自由 ： Agency for International Development v. Alliance for Open Society International, Inc., 133S. Ct. 2321(2013)を素材に 桧垣伸次 「福岡大學法學論叢」59(1) 通号210 2014.6 p.35〜74

11244 深耕・著作権の事件簿(2)「表現の自由」と「著作物を享受する自由」の交錯 ： 最高裁・著作権判例をめぐって(2) 岡邦俊 「JCAジャーナル」61(6) 通号684 2014.6 p.75〜81

11245 表現の自由(21条)(特集 条文からスタート 憲法2014) 曽我部真裕 「法学教室」(405) 2014.6 p.25〜27

11246 「児童ポルノの単純所持」も罰する法改正が出版界に及ぼす重大な影響と懸念 緊急動議! 「児童ポルノ禁止法」改正は「出版・表現の自由」を侵害しないのか? 山了吉 「出版ニュース」(2350) 2014.7.中旬 p.4〜9

11247 深耕・著作権の事件簿(3)「表現の自由」と「著作物を享受する自由」の交錯 ： 最高裁・著作権判例をめぐって(3) 岡邦俊 「JCAジャーナル」61(7) 通号685 2014.7 p.70〜76

11248 ロー・クラス 「憲法上の権利」各論(08) 表現の自由(4) 小山剛 「法学セミナー」59(7) 通号714 2014.7 p.72〜78

11249 改めて憲法を考える(13) 公権力による批判の自由? ： 漫画「美味しんぼ」をめぐる騒動から考える 福嶋敏明 「時の法令」(1958) 2014.7.30 p.53〜58

11250 深耕・著作権の事件簿(4)「表現の自由」と「著作物を享受する自由」の交錯 ： 最高裁・著作権判例をめぐって(4) 岡邦俊 「JCAジャーナル」61(8) 通号686 2014.8 p.96〜102

11251 ロー・クラス 「憲法上の権利」各論(09) 表現の自由(5・完) 小山剛 「法学セミナー」59(8) 通号715 2014.8 p.96〜104

11252 これは表現の自由の危機ではないのか わいせつ 電磁的記録頒布容疑 逮捕された女性芸術家 ろくでなし子の「女性器アート」を見よ ： 本誌だけに語っていた「作品」への執念 なぜ彼女は"見せしめ"にされたのか 「週刊ポスト」46(31) 通号2289 2014.8.8 p.162〜165

11253 深耕・著作権の事件簿(5)「表現の自由」と「著作物を享受する自由」の交錯 ： 最高裁・著作権判例をめぐって(5) 岡邦俊 「JCA

ジャーナル」61(9) 通号687 2014.9 p.76〜82

11254 デジタル時代における著作権と表現の自由の衝突に関する制度論的研究(1)(著作権法の将来像(その2)) 比良友佳理 「知的財産法政策学研究」(45) 2014.10 p.79〜103

11255 横行するスラップ訴訟の萎縮効果をはね返すために ： 実体験から(特集 蝕まれる「表現の自由」とどう闘うか) 澤藤統一郎 「法と民主主義」(493) 2014.11 p.36〜38

11256 沖縄密約情報公開訴訟が明らかにしたこと(特集 蝕まれる「表現の自由」とどう闘うか) 岩崎貞明 「法と民主主義」(493) 2014.11 p.29〜31

11257 新記者読本(第6回) 表現の自由と最高裁法廷 滝鼻卓雄 「熱風 ： スタジオジブリの好奇心」12(11) 通号143 2014.11 p.44〜51

11258 スラップ訴訟と表現の自由 ： 経産省前「テントひろば」裁判について(特集 蝕まれる「表現の自由」とどう闘うか) 内藤光博 「法と民主主義」(493) 2014.11 p.32〜35

11259 表現の自由をめぐる今日的問題をどうとらえるか(特集 蝕まれる「表現の自由」とどう闘うか―座談会 迫りくる「もの言えぬ」社会) 右崎正博 「法と民主主義」(493) 2014.11 p.10〜15

11260 北星学園大学脅迫事件告発の経過報告(特集 蝕まれる「表現の自由」とどう闘うか) 阪口徳雄 中山武敏 郷路征記[他] 「法と民主主義」(493) 2014.11 p.39〜41

11261 身近な「表現の自由」を巡って(特集 蝕まれる「表現の自由」とどう闘うか―座談会 迫りくる「もの言えぬ」社会) 丸山重威 「法と民主主義」(493) 2014.11 p.4〜9

11262 過度に広汎性ゆえ無効の法理 君塚正臣 「横浜法学」23(2) 2014.12 p.1〜36

11263 深耕・著作権の事件簿(8)「表現の自由」と「著作物を享受する自由」の交錯 ： 最高裁・著作権判例をめぐって(第8章)「RGBアドベンチャー」事件[最高裁2003.4.11判決] 岡邦俊 「JCAジャーナル」61(12) 通号690 2014.12 p.89〜95

11264 公務員の政治的意見表明 ： 堀越事件判決を受けて[最高裁2012.12.7](特集 憲法の現況) 大河内美紀 「論究ジュリスト」(13) 2015.春 p.48〜55

11265 座談会(日本国憲法研究(Number 16) 表現の自由) 曽我部真裕 長谷部恭男 川岸令和[他] 「論究ジュリスト」(14) 2015.夏 p.159〜175

11266 情報流通の媒介者と表現の自由 成原慧 「Nextcom ： 情報通信の現在と未来を展望する」21 2015.Spr. p.60〜69

11267 表現の自由と公共の福祉 佐藤寛稔 「秋

田法学」（56）　2015　p.35〜56

11268　《表現の自由》が持つ能力の限界性への言及は許されるか　岡安喜三郎　「所報協同の発見」（266）　2015.1　p.2〜4

11269　未成年者保護を目的とした表現規制をめぐる諸問題　井上幸希　「広島法学」38（3）通号144　2015.1　p.84〜63

11270　東京情報（第101回）拡大版 特集 日本人は困惑する仏週刊誌の「下品な風刺画」と表現の自由　ヤン, デンマン　「週刊新潮」60（3）通号2973　2015.1.22　p.130〜133

11271　『シャルリー・エブド』襲撃事件をめぐって 誰のための、何のための「表現の自由」か？　杉村昌昭　「出版ニュース」（2370）　2015.2.中旬　p.4〜9

11272　シャルリー・エブド銃撃と表現の自由　吉原恒雄　「祖国と青年」（437）　2015.2　p.20〜24

11273　深耕・著作権の事件簿（10）「表現の自由」と「著作物を享受する自由」の交錯 ： 最高裁・著作権判例をめぐって（第10章）「ロクラクII」事件（その2）［最高裁第1小法廷2011.1.20判決］　岡邦俊　「JCAジャーナル」62（2）通号692　2015.2　p.79〜85

11274　リアル共同幻想論（第91回）ムハンマドを揶揄、中傷することは表現の自由なのか　森達也　「経」（160）　2015.2　p.8〜11

11275　改めて憲法を考える（20）わいせつ表現規制 ： ろくでなし子さんの事件を契機に考える　中川律　「時の法令」（1972）　2015.2.28　p.45〜50

11276　「言論表現の自由」の現在 ： 治安・秘密保護法制の戦前・戦後比較からの認識　髙木強　「ジャーナリズム＆メディア ： 新聞学研究所紀要」（8）　2015.3　p.207〜231

11277　公務員の政治活動の自由 ： 憲法改正手続法改正に関連して　富永健　「皇學館大学日本学論叢」（5）　2015.3　p.107〜137

11278　公務員の政治的行為の自由と政治的中立性 ： 「一市民として」の自由と「職務の遂行」の政治的中立性（石井光教授・芦沢斉教授退職記念号）　牧本公明　「青山法学論集」56（4）　2015.3　p.101〜128

11279　蒟蒻問答（第106回）パリのテロより日本のテロだ！（総力大特集 表現の自由とメディア問題）　堤堯　久保紘之　「Will ： マンスリーウイル」（123）　2015.3　p.48〜61

11280　「小保方殺し」九つの疑問（総力大特集 表現の自由とメディア問題）　西岡昌紀　「Will ： マンスリーウイル」（123）　2015.3　p.258〜267

11281　深耕・著作権の事件簿（11）「表現の自由」と「著作物を享受する自由」の交錯 ： 最高裁・著作権判例をめぐって（第11章）「まねきTV」事件　岡邦俊　「JCAジャーナル」62（3）通号693　2015.3　p.96〜102

11282　表現の自由と「公的関心事項」(1)2011年合衆国最高裁判所Snyder判決を契機に　藤田尚則　「創価法学」44（3）　2015.3　p.57〜91

11283　リベンジ・ポルノと表現の自由（1）　松井茂記　「自治研究」91（3）通号1093　2015.3　p.52〜80

11284　ニッポンスッポンポン 連載再開スペシャル対談 いま、「表現の自由」に何が起きているのか？　高橋源一郎　北原みのり　「週刊朝日」120（9）通号5296　2015.3.6　p.32〜37

11285　現場から 表現の自由をめぐって ： 警察が捨てた公文書、弁護士なしの本人訴訟　いのうえしんぢ　「ピープルズ・プラン」（68）　2015.4　p.10〜12

11286　深耕・著作権の事件簿（12）「表現の自由」と「著作物を享受する自由」の交錯 ： 最高裁・著作権判例をめぐって（第12章・完）著作権法をめぐる司法と立法　岡邦俊　「JCAジャーナル」62（4）通号694　2015.4　p.92〜98

11287　著作権法の憲法適合的解釈に向けて ： ハイスコアガール事件が突き付ける課題とその克服　木下昌彦　前田健　「ジュリスト」（1478）　2015.4　p.46〜52

11288　表現の自由と反テロ ： 本質を見誤らぬ議論を　五十嵐徹　「租税研究」（786）　2015.4　p.1〜4

11289　リベンジ・ポルノと表現の自由（2・完）　松井茂記　「自治研究」91（4）通号1094　2015.4　p.44〜66

11290　デジタル時代における著作権と表現の自由の衝突に関する制度論的研究（2）（著作権法の将来像（その3））　比良友佳理　「知的財産法政策学研究」（46）　2015.5　p.69〜93

11291　ニュースを読み解く スラップ訴訟としての野中裁判と学問研究・表現の自由　衣川清子　「経済科学通信」（137）　2015.5　p.13〜17

11292　表現の自由とメディアを考える 過剰におもんばかる「忖度」こそが日本の「表現の不自由さ」の本質である　永田浩三　「Journalism」（300）　2015.5　p.138〜145

11293　いわゆる「経産省前テントひろば」に関する憲法学的意見書 ： 表現の自由と「エンキャンプメントの自由」　内藤光博　「情況. 第四期 ： 変革のための総合誌」4（4）通号23　2015.6　p.53〜64

11294　公立図書館と「表現の自由」との法的関係 ： 憲法上の根拠の喪失　大場博幸　「日本図書館情報学会誌」61（2）通号202　2015.6　p.65〜81

11295　自由で開かれた社会へ（特集 表現の自由）　西土彰一郎　「月刊民放」45（6）通号528　2015.6　p.9〜13

表現の自由　　　　　　　　　　　　　　　　　　　　　　　　　基本的人権/憲法上の保障

11296　判例講座 起案講義憲法（第22回）表現「不助成」事案の起案（1）　蟻川恒正　「法学教室」（417）　2015.6　p.85～95

11297　表現の「劣化」と「転倒」（特集 表現の自由）　竹内洋　「月刊民放」45（6）通号528　2015.6　p.14～17

11298　いかなる場合にパブリシティ権は表現の自由に優越するか：米国における近時のビデオゲーム関連判決を参考に　関真也　「パテント」68（7）通号793　2015.7　p.78～89

11299　萎縮（いしゅく）しない、自粛しない言論人たち：作家 雨宮処凛さんに聞く（特集 表現の自由のために）　雨宮処凛　「女性のひろば」（437）　2015.7　p.25～27

11300　"九条俳句"掲載拒否撤回を求めて：来栖イネ子さん/守谷千津子さんに聞く（特集 表現の自由のために）　来栖イネ子　守谷千津子　「女性のひろば」（437）　2015.7　p.22～24

11301　芸術は命の輝きを映すものだから：彫刻家 中垣克久さんに聞く（特集 表現の自由のために）　中垣克久　「女性のひろば」（437）　2015.7　p.34～37

11302　言論・表現の自由と民主主義「小さな事件」の大きな狙いに抗して：有楽町ビラ配り事件から（創刊500号記念特集 憲法の危機に抗しつづけて—平和・民主主義・人権闘争のバトンを引き継いで）　坂本修　「法と民主主義」（500・501）　2015.7-9　p.66～68

11303　公務員にも市民的権利を 猿払事件 その歴史的意味（創刊500号記念特集 憲法の危機に抗しつづけて—平和・民主主義・人権闘争のバトンを引き継いで）　石崎和彦　「法と民主主義」（500・501）　2015.7-9　p.70～72

11304　国家の秘密に抗う言論の自由 沖縄密約情報公開訴訟判決と日本の現在（創刊500号記念特集 憲法の危機に抗しつづけて—平和・民主主義・人権闘争のバトンを引き継いで）　梓澤和幸　「法と民主主義」（500・501）　2015.7-9　p.58～60

11305　問い続ける「なぜ」：ニコン写真展中止を裁判に問うて：写真家 安世鴻（アンセホン）さんに聞く（通訳・李史織さん）（特集 表現の自由のために）　安世鴻　李史織　「女性のひろば」（437）　2015.7　p.28～31

11306　表現の自由と「公的関心事項」（2）2011年合衆国最高裁判所Snyder判決を契機に　藤田尚則　「創価法学」45（1）　2015.7　p.23～51

11307　表現の自由は生きるためのルール：武蔵野美術大学造形学部教授 志田陽子さんに聞く（特集 表現の自由のために）　志田陽子　「女性のひろば」（437）　2015.7　p.38～41

11308　判例講座 起案講義憲法（第24回）表現「不助成」事案の起案（2）　蟻川恒正　「法学教室」（419）　2015.8　p.118～123

11309　美術品における「表現の自由」とはなにか：愛知県美術館「これからの写真」展における検閲問題をめぐって　能勢陽子　「Zenbi：全国美術館会議機関誌」8　2015.8　p.F～10～12

11310　経産省前テント：陳述書 表現の自由及び政治的権利の獲得のために：表現の自由の制限を超えて　渕上太郎　「情況.第四期：変革のための総合誌」4（7）通号26　2015.9　p.13～64

11311　表現の自由の保障における表現者の意思の役割：表現の自由における言論者の意思をめぐる解釈論を手がかりとして（柴多一雄教授、大内和直教授定年退職記念号）　海野敦史　「経営と経済」95（1・2）通号286　2015.9　p.75～162

11312　違法でない限りあらゆる資料を提供する！：憲法学者・松井茂記氏：「図書館の自由に関する宣言」60周年記念講演会で熱い論議　伊沢ユキエ　「図書館雑誌」109（10）通号1103　2015.10　p.660

11313　演劇界における不当な「差別発言」問題について（特集 言論・表現の自由と「差別表現」問題）　神崎務　「人権と部落問題」67（13）通号878　2015.11　p.29～33

11314　憲法を活かすためのたたかいからみた「表現の自由」の戦後（戦後70年、そして71年へ）　斉藤小百合　「まなぶ」（704）（増刊）　2015.11　p.9～16

11315　言論・表現の自由と今日の政治状況（特集 言論・表現の自由と「差別表現」問題）　橋本進　「人権と部落問題」67（13）通号878　2015.11　p.17～17

11316　デジタル時代における著作権と表現の自由の衝突に関する制度論的研究（3）（著作権法の将来像（その4））　比良友佳理　「知的財産法政策学研究」（47）　2015.11　p.97～118

11317　「同和問題」質疑を封殺した那珂川町と議会（特集 言論・表現の自由と「差別表現」問題）　植山光朗　「人権と部落問題」67（13）通号878　2015.11　p.24～28

11318　部落解放同盟の「糾弾」と仏教界の対応（特集 言論・表現の自由と「差別表現」問題）　日隈威徳　「人権と部落問題」67（13）通号878　2015.11　p.18～23

11319　部落問題に見る表現の自由と「差別表現」問題（上）（特集 言論・表現の自由と「差別表現」問題）　成澤榮壽　「人権と部落問題」67（13）通号878　2015.11　p.34～43

11320　大村アスカの政治時評 原発や憲法はダメ？ NPO排除のお門違い　大村アスカ　「金曜日」23（43）通号1083　2015.11.13　p.13

11321　判例講座 起案講義憲法（第28回）表現「不利益供与」事案の起案（1）　蟻川恒正　「法学教室」（423）　2015.12　p.89～95

基本的人権/憲法上の保障　　　　　　　　　　　　　　　　　　　　表現の自由

11322　部落問題に見る表現の自由と「差別表現」問題（下）　成澤榮壽　「人権と部落問題」　67（14）通号879　2015.12　p.46〜55

◆情報公開

【図書】

11323　情報公開法・個人情報保護法・公文書管理法—情報関連7法　右崎正博，多賀谷一照，田島泰彦，三宅弘編　日本評論社　2013.10　19，587p　26cm　（別冊法学セミナー no.224　新基本法コンメンタール）〈執筆：秋山幹男ほか〉〈文献あり 索引あり〉　5000円　Ⓘ978-4-535-40251-5　Ⓝ317.6　右崎正博　多賀谷一照　田島泰彦

11324　入門・安全と情報　大沢秀介監修,山本龍彦，横大道聡，大林啓吾，新井誠編　成文堂　2015.6　190p　21cm　2000円　Ⓘ978-4-7923-0576-5　Ⓝ317.74　山本龍彦　横大道聡　大林啓吾　新井誠　大沢秀介

【雑誌】

11325　土地価格情報の公開に関する一考察——土地の買収価格に関する情報公開判例を中心に　小林直樹　「獨協ロー・ジャーナル」　（1）2006.2　p.83〜104

11326　世界の潮 情報はだれのものか——野党資料請求問題　只野雅人　「世界」　（785）2008.12　p.25〜28

11327　「国民の知る権利」と「政府の説明責任」のあいだ——情報公開訴訟におけるイン・カメラ審査の許否　宮下紘　「比較法文化 : 駿河台大学比較法研究所紀要」　（18）　2009年度　p.103〜130

11328　知る権利・インカメラ審理と憲法（特集 行政刷新としての情報公開法改正）　渋谷秀樹　「自由と正義」　61（9）通号740　2010.9　p.44〜51

11329　知る権利を脅かす秘密保全法　田島泰彦　「社会民主」　（683）　2012.4　p.63〜65

11330　内閣官房報償費（機密費）情報公開訴訟 : 大阪地裁判決骨子,原告「陳述書」および「独立した一体的な情報」説批判　上脇博之　「神戸学院法学」　42（1）　2012.6　p.177〜262

11331　憲法における情報に対する権利（特集 表現の自由についての権利をめぐる今日的課題—情報と人権 : 原発事故対応と情報開示）　右崎正博　「国際人権 : 国際人権法学会報」　（24）2013　p.17〜21

11332　国際環境法における情報へのアクセス（特集 表現の自由についての権利をめぐる今日的課題—情報と人権 : 原発事故対応と情報開示）　高村ゆかり　「国際人権 : 国際人権法学会報」　（24）　2013　p.28〜33

11333　治安 こんな悪法を許したら「週刊金曜日」も処罰される 言論・知る権利抑圧の「秘密保護法」（安倍政権の軍事改革徹底批判）　海渡雄一　「金曜日」　21（36）通号977　2013.9.20　p.32〜33

11334　市民への医学情報保障と国立医学図書館構想 : 科学技術情報政策に対する医学情報権の視点からの分析　木幡洋子　「社会福祉研究」　15　2013.10　p.1〜12

11335　東奔政走 民主主義を逸脱した「特定秘密保護法」　小松浩　「エコノミスト」　91（57）通号4322　2013.12.24　p.74〜75

11336　党派を超えた護憲の共同行動こそ情勢を変えられる : 二〇一三年「特定秘密保護法」反対運動を振り返り（特集 二〇一四年 展望と課題（2））　髙橋俊次　「科学的社会主義」　（190）2014.2　p.23〜29

11337　知る権利の保障をめぐって（特集 社会運動と憲法 : 市民自治から憲法をとらえなおす）　三木由希子　「社会運動」　（408）　2014.3　p.34〜36

11338　情報公開制度におけるモザイク・アプローチの意義と限界　右崎正博　「獨協ロー・ジャーナル」　（9）　2014.6　p.73〜85

11339　子ども・教育・憲法を守る合同集会 秘密保護法後の日本の言論と社会の行方（特集 ちょっと待った、何かヘン！ 今、平和を伝えるために）　田島泰彦　「子どものしあわせ : 母と教師を結ぶ雑誌」　（763）　2014.9　p.20〜25

11340　主権者として情報アクセスの自由を求めるか，監視の下の安全を選ぶのか？ : 人権保障に取り組む現場からの報告（特集 二つの自由と二つの安全—「自由・プライバシー」と安全）　海渡雄一　「国際人権 : 国際人権法学会報」　（26）　2015　p.18〜23

11341　情報公開法改正に向けて（川添利賢教授退職記念）　渋谷秀樹　「立教法務研究」　（8）2015　p.61〜76

◆メディア

【図書】

11342　多様化するメディア環境と人権　武蔵大学社会学部編　御茶の水書房　2006.5　180p　21cm　〈文献あり〉　1500円　Ⓘ4-275-00434-5　Ⓝ316.1　武蔵大学社会学部

11343　NHK受信料は拒否できるのか—受信料制度の憲法問題　土屋英雄著　明石書店　2008.1205p　20cm　1800円　Ⓘ978-4-7503-2700-6　Ⓝ699.1　土屋英雄

11344　BRC判断基準　2008　右崎正博BRC委員監修,BRC事務局編　放送と人権等権利に関する委員会　2008.6　271p　21cm　Ⓝ070.15　右崎正博　放送と人権等権利に関する委員会

表現の自由　　　　　　　　　　　　　　　　　　　基本的人権/憲法上の保障

11345　放送法と表現の自由—BPO放送法研究会報告書　BPO放送法研究会[編]　放送倫理・番組向上機構　2010.2　195p　21cm　Ⓝ699.1　放送倫理番組向上機構

11346　NHK受信料制度違憲の論理　天野聖悦著［東京］　東京図書出版会　2010.11　66p　18cm　(TTS新書)　〈文献あり〉　〈発売：リフレ出版〉　900円　Ⓘ978-4-86223-466-7　Ⓝ699.1　天野聖悦

11347　放送の自由の基層　西土彰一郎著　信山社　2011.1　306,4p　22cm　(学術選書 57 憲法)　〈索引あり〉　9800円　Ⓘ978-4-7972-5857-8　Ⓝ070.13　西土彰一郎

11348　よくわかるメディア法　鈴木秀美、山田健太編著　京都　ミネルヴァ書房　2011.7　243p　26cm　(やわらかアカデミズム・〈わかる〉シリーズ)　〈文献あり〉　2800円　Ⓘ978-4-623-05850-1　Ⓝ070.13　鈴木秀美　山田健太

11349　日本の危機の正体—憲法・政治・メディアの視点から　山本大二郎著　中央公論事業出版　2012.2　262p　20cm　〈文献あり〉　1600円　Ⓘ978-4-89514-381-3　Ⓝ312.1　山本大二郎

11350　放送人権委員会判断ガイド　2014　放送と人権等権利に関する委員会事務局編、坂井眞、曽我部真裕監修　放送と人権等権利に関する委員会　2014.9　509p　21cm　〈背のタイトル：判断ガイド〉　〈年表あり〉　Ⓝ070.15　坂井眞　曽我部真裕　放送と人権等権利に関する委員会

【雑誌】

11351　政権党権力者による憲法21条違反嫌疑と報道界—NHK「問われる戦時性暴力」番組改変問題を通して([日本マス・コミュニケーション学会]2005年度春季研究発表会 ワークショップ報告)　浅野健一「マス・コミュニケーション研究」通号68　2006　p.182～184

11352　マスメディアの表現の自由とAccountability—自律と制度の二重性を視座とした原理論的考察　染谷学「情報学研究：東京大学大学院情報学環紀要」(70)　2006　p.129～145［含 英語文要旨]

11353　「プライバシー」と「取材・表現の自由」—渡辺恒雄vs週刊文春事件をめぐって　丸山重威「関東学院法学」15(2)　2006.2　p.21～41

11354　メディアが置かれている法的環境—公権力抑制の機能を発揮し市民の信頼回復を(記者読本2006—記者となる君へ)　鈴木秀美「新聞研究」(656)　2006.3　p.18～21

11355　新聞は生き残る必要があるのか—ジャーナリストの存在意義を憲法学的見地から考察する(新聞の公共性を考える(1))　駒村圭吾「新聞研究」(657)　2006.4　p.14～17

11356　憲法が予定する報道機関の存在—「国家機関の監視」で発揮される新聞の高い公共性

11357　(新聞の公共性を考える(2))　喜田村洋一「新聞研究」(658)　2006.5　p.14～17

11358　自由なメディアとしての新聞の機能—求められる機能を果たす覚悟はあるか(新聞の公共性を考える(2))　川岸令和「新聞研究」(658)　2006.5　p.18～21

11359　櫛風沐雨(その72)地方新聞の退嬰的憲法論　岡本幸治「月刊日本」10(6)通号110　2006.6　p.116～119

11360　プレスに対する営業規制と表現の自由—公取委の新聞特殊指定の見直しに寄せて　岩倉秀樹「新聞研究」(659)　2006.6　p.58～60

11361　基調講演 報道と人権の課題—事件報道の再構築に向けて(シンポジウム 報道の自治を考える—報道被害とメディア不信)　田島泰彦「西南学院大学法学論集」39(4)　2007.2　p.106～114

11362　The Muhammed cartoons crisis：a globalised case of media ethics, political responsibility and freedom of expression　Karsten, Fledelius「同志社メディア・コミュニケーション研究」(4)　2007.3　p.16～28

11363　放送の公共性を考える 表現の自由脅かす権力の介入—「メディアの役割」の視点欠いた改正論議の問題点　砂川浩慶「新聞研究」(670)　2007.5　p.32～36

11364　メディア時評 テレビ 改憲手続き法案と放送メディア　沢木啓三「前衛：日本共産党中央委員会理論政治誌」通号817　2007.5　p.191～193

11365　櫛風沐雨(その83)朝日新聞の骨董的価値を有する憲法論　岡本幸治「月刊日本」11(6)通号122　2007.6　p.118～121

11366　「権力化」したメディアと表現の自由—《権力による メディアからの市民の自由》と《メディアによる 市民からの権力の自由》(特集＝日本国憲法施行六〇年——憲法学に求められる課題—人権論)　長峯信彦「法律時報」79(8)通号985　2007.7　p.75～80

11367　放送の公共性を考える 期待される社会的役割からの考察　宍戸常寿「新聞研究」(672)　2007.7　p.33～36

11368　メディア時評 新聞 憲法施行六〇年と新聞　金光奎「前衛：日本共産党中央委員会理論政治誌」通号819　2007.7　p.168～171

11369　メディア時評 テレビ 憲法施行六〇年の番組は　沢木啓三「前衛：日本共産党中央委員会理論政治誌」通号819　2007.7　p.172～174

11370　「新しい人権」の議論が低調だった理由—求められる憲法観についての自覚的な議論と選択(憲法とジャーナリズム(1))　小山剛「新聞研究」(673)　2007.8　p.18～21

11371　新聞はこれまで何を語ってきたか—憲

法の真の姿とそれを伝えるメディアの役割（憲法とジャーナリズム（1））　井上典之　「新聞研究」　（673）　2007.8　p.10〜13

11371　日本国憲法60年記念 憲法学の現在・未来（4）表現の自由論の変容――マス・メディアの自由を中心とした覚書　曽我部真裕　「法学教室」　通号324　2007.9　p.15〜22

11372　座談会 憲法とジャーナリズム（2）憲法論議と新聞の視点――施行60年と国民投票法成立をめぐって　根本清樹　前木理一郎　金井辰樹［他］「新聞研究」　（676）　2007.11　p.35〜43

11373　メディア状況の変容と表現の自由（特集 日本国憲法60年――憲法学の成果と課題―日本国憲法60年――憲法学の成果と課題（1））　西土彰一郎　「憲法問題」　通号19　2008　p.20〜30

11374　「メディアの法」から「ジャーナリズムの法」へ――近時の憲法学における理論動向に寄せて（特集　「メディア法」はどこへゆくのか――メディア法研究者の認識）　駒村圭吾　「マス・コミュニケーション研究」　通号72　2008　p.27〜38

11375　メディア時評 テレビ ○七年、憲法・平和を描いた番組　沢木啓三　「前衛 : 日本共産党中央委員会理論政治誌」　通号826　2008.1　p.167〜169

11376　信頼回復へ事件報道の見直しを――知る権利に応える報道の役割に期待（裁判員制度と取材・報道（第1回））　鈴木秀美　「新聞研究」　（679）　2008.2　p.15〜18

11377　基礎法学講座 憲法 報道の自由と取材の自由について　「Keisatsu jiho」　63（6）　2008.6　p.48〜51

11378　違憲のイラク派兵を取材しないメディア――画期的な名古屋高裁判決　浅野健一　「進歩と改革」　通号679　2008.7　p.13〜23

11379　メディア批評（第7回）グローバル化する9条、伝えないメディア 隣国の苦難をどう伝えるか　神保太郎　「世界」　（780）　2008.7　p.113〜120

11380　視聴覚メディアの自由と反論権法の展開（第三部 自由論の展開）　曽我部真裕　「国民主権と法の支配 下巻 佐藤幸治先生古稀記念論文集」　2008.9　p.319〜

11381　放送法4条1項に関する一考察　前田聡　「流通経済大学法学部流経法学」　8（2）通号15　2008.12　p.73〜124

11382　公共領域における障害差別――ADA訴訟をてがかりとして　植木淳　「九州法学会会報」　2009　2009　p.49〜53

11383　報道の自由と責任（報道と警察）　青山武憲　「季刊現代警察」　35（3）通号125　2009　p.28〜33

11384　言論・表現・思想の自由にかかわる二つの最高裁判決と報道－横浜事件再審とNHK番組改変事件裁判　橋本進　「明治学院大学社会学・社会福祉学研究」　通号130　2009.2　p.121〜163

11385　総務大臣のNHKへの放送命令及び放送要請の違憲性――NHK国際放送実施要請違法無効確認等請求事件訴訟における陳述書　上脇博之　「神戸学院法学」　38（3・4）　2009.3　p.809〜831

11386　基調報告 通信放送法制と表現の自由（日本国憲法研究（2）通信・放送法制）　鈴木秀美　「ジュリスト」　（1373）　2009.3.1　p.86〜94

11387　座談会（日本国憲法研究（2）通信・放送法制）　鈴木秀美　山本博史　長谷部恭男［他］「ジュリスト」　（1373）　2009.3.1　p.95〜116

11388　ジャーナリズムを読む（2）裁判員制度でメディアは変わるのか　田島泰彦　「時評」　51（5）通号554　2009.5　p.74〜76

11389　国際メディア事業の展開と基本的情報の提供――インターネット時代の集中排除原則のあり方をめぐって（特集 グローバル化の中の国家と憲法）　山口いつ子　「ジュリスト」　（1378）　2009.5.1・15　p.121〜132

11390　ジャーナリズムを読む（3）小沢氏秘書逮捕・起訴報道とジャーナリズム　田島泰彦　「時評」　51（6）通号555　2009.6　p.84〜86

11391　「有事法制」とマスメディア－言論・報道・思想の自由の帰趨　石坂悦男　法政大学社会学部学会［編］　法政大学社会学部学会［編］「社会志林」　56（1）通号199　2009.7　p.1〜22

11392　ジャーナリズムを読む（4）北朝鮮の「ミサイル」報道を考える　田島泰彦　「時評」　51（7）通号556　2009.7　p.98〜100

11393　メディア時評 新聞 憲法記念日の全国紙は　金光奎　「前衛 : 日本共産党中央委員会理論政治誌」　通号844　2009.7　p.179〜182

11394　ジャーナリズムを読む（5）児童ポルノ法改正案と表現の自由　田島泰彦　「時評」　51（8）通号557　2009.8　p.99〜101

11395　「有事法制」とマスメディア（承前）－言論・報道・思想の自由の帰趨　石坂悦男　法政大学社会学部学会［編］　法政大学社会学部学会［編］「社会志林」　56（2）通号200　2009.9　p.29〜50

11396　ジャーナリズムを読む（最終回・7）民主党政権とメディア　田島泰彦　「時評」　51（10）通号559　2009.10　p.114〜116

11397　NHK受信料請求訴訟の帰趨――一審判決と憲法上の問題（特集 放送の公共性とは何か――NHKと情報法制の課題）　梓澤和幸　「法と民主主義」　（443）　2009.11　p.26〜32

11398　報道の多様性を奪う、官への取材規制　田島泰彦　「時評」　51（12）通号561　2009.12　p.104〜107

11399　「21世紀臨調」の援軍と化したメディアの

行く末（特集 議会制民主主義とあるべき選挙制度）長谷川千秋「法と民主主義」（446）2010.2・3 p.28～31

11400 憲法リレートーク（第21回）外務省極秘電文漏洩事件を題材として——報道の自由・取材の自由をめぐる今日的な問題点 西山太吉「自由と正義」61（4）通号735 2010.4 p.67～75

11401 メディアと法 なぜいま「表現の自由」かと問う（特集 法律学習ナビゲーション）山田健太「法学セミナー」55（5）通号665 2010.5 p.29

11402 原発で問われるジャーナリズム——報道と規制をめぐって（特集 3・11からの日々）田島泰彦「季論21：intellectual and creative」（14）2011.秋 p.77～85

11403 2010年度［日本マス・コミュニケーション学会］春季研究発表会 ワークショップ 放送ジャーナリズムから論じる日本版FCC——憲法の要請に立ち返って 金山勉「マス・コミュニケーション研究」通号78 2011 p.251～253

11404 図解基礎法学講座 憲法 報道の自由について「Keisatsu jiho」66（3）2011.3 p.48～52

11405 デジタル時代の事件報道に関する法的問題 宍戸常寿「東京大学法科大学院ローレビュー」6 2011.9 p.207～217

11406 武蔵大学社会学部メディア社会学科 小玉美意子教授に聞く 日本のメディアのジェンダー問題（特集 創立50周年記念企画 憲法とジェンダーの視点で考える）小玉美意子「女性＆運動」（201）通号352 2011.12 p.18～21

11407 メディアと法を考える 謝罪・取消広告と「表現の自由」：名誉毀損の救済方法の合憲性 山田隆司「Journalism」（260）2012.1 p.46～54

11408 新放送法における放送の自由：通販番組問題を中心として（特集 憲法と経済秩序（3））鈴木秀美「企業と法創造」8（3）通号31 2012.2 p.3～15

11409 鈴木秀美報告をめぐる質疑応答（特集 憲法と経済秩序（3）：研究会における質疑応答）中島徹 赤坂正浩 井上典之「企業と法創造」8（3）通号31 2012.2 p.107～111

11410 法廷写真とイラスト画：裁判報道における禁止と容認 山田隆司「情報研究：関西大学総合情報学部紀要」（36）2012.2 p.91～118

11411 メディア一撃 メディアウオッチング 市民も規制の対象！表現の自由を脅かす人権委員会設置法案 田島泰彦「金曜日」20（9）通号901 2012.3.9 p.58～59

11412 メディア仕分け人（vol.42）表現の自由は大切。でも、この国のロリコン男たちの病は深刻すぎるほど深刻だ。北原みのり「金曜日」20（12）通号904 2012.3.30 p.41

11413 危険な「メディア除外」の罠：秘密保全法とメディア（特集 平和と民主主義をめぐる現況と展望）丸山重威「法と民主主義」（468）2012.5 p.47～49

11414 朝日新聞「報道と人権委員会」報告 記者ツイッターは報道か 新たなメディアにどう向き合う 長谷部恭男 藤田博司 宮川光治［他］「Journalism」（265）2012.6 p.82～89

11415 憲法報道、65年の不思議な軌跡 柴田鉄治「マスコミ市民：ジャーナリストと市民を結ぶ情報誌」（521）2012.6 p.44～48

11416 メディア時評 新聞 憲法問題に見る地方紙の奮闘 金光奎「前衛：日本共産党中央委員会理論政治誌」（884）2012.7 p.173～176

11417 「国民の知る権利」実現の期待に応えるために：新聞の社会的機能と保護の在り方（新聞の社会的役割と税制）西土彰一郎「新聞研究」（737）2012.12 p.26～29

11418 おかしくなってきた最近のメディア報道（特集 様々な視点で憲法を考えよう）長尾粛正「季刊人権問題」（33）2013.夏 p.13～22

11419 研究者の視点から（特集 放送・通信融合の進展と放送制度の行方—インタビュー 放送法改正を考える）長谷部恭男「放送メディア研究」（10）2013 p.53～71

11420 検討課題として残された独立規制機関（特集 放送・通信融合の進展と放送制度の行方—放送・通信融合の進展にどう対応するか）曽我部真裕「放送メディア研究」（10）2013 p.159～183

11421 憲法21条2項の要請としての「基本的な通信役務の適切な提供」の意義 海野敦史「InfoCom review」（60）2013 p.15～37

11422 新聞はどこまで自由か、可能か（特集 「言論・表現の自由」の現在）山田哲夫「季論21：intellectual and creative」（21）2013.夏 p.62～71

11423 通信・放送の融合で揺らぐ放送概念と今後の方向性（特集 放送・通信融合の進展と放送制度の行方—放送・通信融合の進展にどう対応するか）鈴木秀美「放送メディア研究」（10）2013 p.129～157

11424 通信・放送融合時代の公共放送のあり方：財源問題を素材にして（特集 放送・通信融合の進展と放送制度の行方—放送・通信融合の進展にどう対応するか）西土彰一郎「放送メディア研究」（10）2013 p.209～240

11425 放送研究と調査 3月号掲載 東日本大震災から1年 海外のテレビニュース番組は、東日本大震災をどう伝えたのか：7か国8番組比較調査（再録 東日本大震災とメディア：「放送研究と調査」（月報）掲載論文から）木幡洋子 斉藤正幸 柴田厚［他］「NHK放送文化研究所年報」57 2013 p.174～199

11426　5月3日前後の「憲法報道」(アベノ改憲、メディアと民意)「総合ジャーナリズム研究 : journalism quarterly review」50 (3)通号225　2013.夏　p.8〜15

11427　報道への向き合い方を考える : 憲法リレー対談開催に際してのあいさつ(リレー対談「日本社会と憲法」(2012年秋))　伊藤真「法学館憲法研究所報」(8)　2013.1　p.3〜6

11428　報道機関としての矜持を疑う 朝日新聞「反安倍報道」は異常過ぎる : 河野談話の否定や憲法改正を何としても阻止しようと「安倍叩き」は続く「Themis」22 (1)通号243　2013.1　p.48〜49

11429　『ひとりっ子』62年【RKB毎日】『判決』62〜66年【NET】憲法問題と切り結んだ60年代の2つのドラマ : そこから何を学ぶか(「日本国憲法」の現在 : ジャーナリズムに問われるものは?一憲法を問うドラマがあった)　松田浩「調査情報. 第3期」(512)　2013.5・6　p.36〜41

11430　暮らしにある憲法を考えてもらう : 判断する一助となる紙面づくり(憲法論議と新聞の役割 : 憲法をどう伝えるか)　青柳知敏「新聞研究」(744)　2013.7　p.24〜27

11431　「国民の憲法」要綱を起草して : 言論機関としての不変の役割(憲法論議と新聞の役割 : 憲法をどう伝えるか)　近藤豊和「新聞研究」(744)　2013.7　p.20〜23

11432　国民の成熟した議論のために : じっくり考えてもらえる紙面を提供(憲法論議と新聞の役割 : 憲法をどう伝えるか)　前田浩智「新聞研究」(744)　2013.7　p.12〜15

11433　多角的な面から読者に判断材料を : 被爆地の新聞社として(憲法論議と新聞の役割 : 憲法をどう伝えるか)　金谷明彦「新聞研究」(744)　2013.7　p.28〜31

11434　テレビ「憲法九十六条改正」の報じ方　沢木啓三「前衛 : 日本共産党中央委員会理論政治誌」(897)　2013.7　p.150〜158

11435　問われる「批評機関」としての役割 : 歴史から検証する責任(憲法論議と新聞の役割 : 憲法をどう伝えるか)　石川健治「新聞研究」(744)　2013.7　p.38〜41

11436　拡売へなり振り構わず 朝日新聞『天声人語』頼みで生き残りへ : 専用の「書き写しノート」を使って改憲反対や反原発を擦り込んでゆくあざとさ「Themis」22 (8)通号250　2013.8　p.66〜67

11437　メディアの現場から見た安倍政権報道(特集 改憲 : レジームチェンジ)　日比野敏陽「ピープルズ・プラン」(62)　2013.8　p.69〜72

11438　ネット選挙解禁も、憲法改正議論もビジネスチャンス 大新聞・テレビの「選挙ビジネス」今回も100億円儲かるそうです(史上最低最悪の参院選を撃つ!)「週刊ポスト」45 (30)通号2240　2013.8.2　p.43〜45

11439　ジャーナリズムと「表現・報道の自由」問題を通して、報道のあり方を考える(特集 憲法改正とメディア)　曽我部真裕「Journalism」(281)　2013.10　p.82〜89

11440　新聞の公共性とは何か : 憲法学の観点から(新聞の公共性を考える)　駒村圭吾「新聞研究」(747)　2013.10　p.68〜71

11441　徹底討論 戦後の憲法報道は「合理的な議論が可能な土壌」を作る努力が足りなかった(特集 憲法改正とメディア)　木村草太　礒崎陽輔　国分高史[他]「Journalism」(281)　2013.10　p.5〜27

11442　メディア批評(第70回)(1)"八月ジャーナリズム"の新局面(2)市民とメディアは"外堀"改憲にどう対抗するか　神保太郎「世界」(848)　2013.10　p.62〜69

11443　ジャーナリズムはどうすべきなのか 座談会 特定秘密保護法のこれほど危険な本質　田島泰彦　海渡雄一　米倉外昭「創」43 (10)通号480　2013.12　p.48〜61

11444　憲法21条2項後段の侵害主体としての「通信管理主体」の射程　海野敦史「InfoCom review」(62)　2014　p.36〜57

11445　「プレスの自由」条項の現在 : ポストデジタル革命時代における「プレス識別」に関するS・ウェストの所説を参考に　水谷瑛嗣郎「法学政治学論究 : 法律・政治・社会」(103)　2014.冬季　p.165〜198

11446　NHKはどこへ行く : 安倍政権の広報と化すのか(特集 様々な視点で憲法を考えよう)　長尾粛正「季刊人権問題」(36)　2014.春　p.25〜33

11447　放送の規制根拠 : FCC v. Foxを素材に考える(辻村みよ子教授退職記念号)　田代亜紀「法学 : the journal of law and political science」77 (6)　2014.1　p.887〜910

11448　"国家の放送"か、視聴者の放送か : 岐路に立つNHK メディア研究者 松田浩さんに聞く　松田浩「女性のひろば」(422)　2014.4　p.53〜59

11449　安倍政権のメディア支配 表現の自由の「冬の時代」(さらば、独裁者 : 検証 暴走する安倍政権)　田島泰彦「金曜日」22 (15)通号1005(臨増)　2014.4.17　p.38〜39

11450　ジャーナリズムの新たな挑戦に期待 : 取材規制や過剰反応にまさる注意を(個人情報保護法見直しと報道)　曽我部真裕「新聞研究」(754)　2014.5　p.8〜12

11451　法制度から考える放送の現在(特集 そこが知りたい「公共性」)　宍戸常寿「月刊民放」44 (5)通号515　2014.5　p.18〜21

表現の自由　　　　　　　　　　　　　　　　　　　　　　　　基本的人権/憲法上の保障

11452　「政治的公平を厳密に守れ」ということは、「批判をするな」ということと同義だ（特集 テレビ・ジャーナリズムが危ない）　鈴木秀美　「Journalism」（289）　2014.6　p.98～105

11453　徹底討論 権力監視が抜け落ちたNHK 「美談」や「感動」に飛びつく民放 視聴者はもっと声を上げよう（特集 テレビ・ジャーナリズムが危ない）　松田浩　柏倉康美　金平茂紀［他］「Journalism」（289）　2014.6　p.5～31

11454　メディア・リポート 放送 表現の自由を萎縮させる効果もたらした「美味しんぼ騒動」　金平茂紀　「Journalism」（290）　2014.7　p.142～145

11455　NHKの危機を戦後史のなかで考える ： 安倍政権の介入・支配に、放送行政「改革」を　松田浩　「経済」（226）　2014.7　p.143～161

11456　戦後史の中のNHK会長たち 苦闘と屈折の軌跡から何を学ぶか（特集 がんばれ！ われらのNHK）　松田浩　「ぎゃらく」（543）　2014.9　p.14～23

11457　深層座談会 朝日火ダルマ ： 背後で嗤う正体　青木理　田島泰彦　鈴木哲夫　「サンデー毎日」93（42）通号5245　2014.10.5　p.16～20

11458　危機に立つ公共放送 ： 安倍政権"NHK乗っ取り"のねらい（特集 蝕まれる「表現の自由」とどう闘うか）　松田浩　「法と民主主義」（493）　2014.11　p.26～28

11459　番組編集準則の現代的意味（特集「公正・公平」は誰のために）　鈴木秀美　「月刊民放」44（11）通号521　2014.11　p.13～17

11460　おかやまペンクラブ座談会 平和、憲法、まちづくり……戦後70年を語り合う　「岡山人じゃが ： 地域総合文化誌」（7）　2015　p.96～113

11461　「不思議の国」の調査報道（特集 メディアとジャーナリズムの未来）　阿部重夫　「情報の科学と技術」65（1）　2015　p.8～14

11462　ジャーナリズムの基盤は読者の信頼 ： 「自律性」が生む落とし穴に注意を（新聞の信頼回復に向けて）　曽我部真裕　「新聞研究」（762）　2015.1　p.8～11

11463　「表現の自由」の美名に隠れた憎悪も糾弾せよ　メディア　ジョーダン, ワイスマン「Newsweek」30（3）通号1431　2015.1.20　p.30

11464　メディアによる「表現の自由」への影響を読み解く憲法学習 ： 第6学年単元「表現の自由とメディア」の場合　松岡靖　「京都女子大学発達教育学部紀要」（11）　2015.2　p.21～30

11465　2014年マスコミ関係判例回顧 適切な裏付け取材を求める ： ネットとプライバシーめぐる判断例も　宍戸常寿　「新聞研究」（763）　2015.2　p.64～69

11466　朝日、植村元記者が黙殺しているもの（総力大特集 表現の自由とメディア問題）　諏訪澄

「Will ： マンスリーウイル」（123）　2015.3　p.280～284

11467　朝日新聞 朝日らしさを満喫 わが『素粒子』時代（総力大特集 表現の自由とメディア問題—わが体験的メディア論）　轡田隆史　「Will ： マンスリーウイル」（123）　2015.3　p.94～97

11468　アベノミクス批判 朝日新聞の歪曲報道（総力大特集 表現の自由とメディア問題）　上念司　「Will ： マンスリーウイル」（123）　2015.3　p.102～112

11469　基幹放送としてのコミュニティ放送の「公共性」（岡本博志先生退職記念論文集）　中村英樹　「北九州市立大学法政論集」42（2-4）　2015.3　p.105～136

11470　巨弾連載 朝日新聞とのわが四十年戦争（5）批判されるなら他社も道連れに（総力大特集 表現の自由とメディア問題）　佐瀬昌盛　「Will ： マンスリーウイル」（123）　2015.3　p.318～329

11471　公共放送の内部監督機関の委員構成と放送の自由 ： 第2ドイツ・テレビ事件判決（特集 菅谷実教授 退職記念号）　鈴木秀美　「メディア・コミュニケーション ： 慶応義塾大学メディア・コミュニケーション研究所紀要」（65）　2015.3　p.107～119

11472　産経新聞 朝日と産経 "角度"のつけ方（総力大特集 表現の自由とメディア問題—わが体験的メディア論）　山際澄夫　「Will ： マンスリーウイル」（123）　2015.3　p.98～101

11473　時事通信 長谷川才次社長にもう一度使われたい（総力大特集 表現の自由とメディア問題—わが体験的メディア論）　屋山太郎　「Will ： マンスリーウイル」（123）　2015.3　p.294～297

11474　新聞記者はリップマンの教えを（総力大特集 表現の自由とメディア問題）　重村智計　「Will ： マンスリーウイル」（123）　2015.3　p.285～289

11475　新聞広告と「表現の自由」に関する一試論 ： 週刊誌見出し広告掲載拒否問題を手がかりに　山田隆司　「創価法学」44（3）　2015.3　p.93～126

11476　シンポジウムの記録 いわきのローカルメディアはどう「東日本大震災」を伝えたのか？　野沢達也　渡辺弘　早川信夫［他］「いわき明星大学人文学部研究紀要」（28）　2015.3　p.106～118

11477　筑紫哲也とともにTBSは死んだ（総力大特集 表現の自由とメディア問題—わが体験的メディア論）　井沢元彦　「Will ： マンスリーウイル」（123）　2015.3　p.82～85

11478　東京新聞 ヒラメか・ポチかオオカミか（総力大特集 表現の自由とメディア問題—わが体験的メディア論）　長谷川幸洋　「Will ： マンス

リーウイル」（123） 2015.3 p.86〜89

11479 読者投稿特集 日本のメディア 私はこう考える（総力大特集 表現の自由とメディア問題）「Will : マンスリーウイル」（123） 2015.3 p.310〜317

11480 日本経済新聞 記事にできなかった日銀極秘データ（総力大特集 表現の自由とメディア問題―わが体験的メディア論） 田村秀男 「Will : マンスリーウイル」（123） 2015.3 p.90〜93

11481 「白熱教室」原発とエネルギー（総力大特集 表現の自由とメディア問題） リチャード, ムラー 「Will : マンスリーウイル」（123） 2015.3 p.268〜273

11482 フジテレビ 視聴率を気にしない番組（総力大特集 表現の自由とメディア問題―わが体験的メディア論） 安倍宏行 「Will : マンスリーウイル」（123） 2015.3 p.298〜301

11483 文藝春秋と西岡力氏を訴えた植村隆元記者に問う（総力大特集 表現の自由とメディア問題）「Will : マンスリーウイル」（123） 2015.3 p.274〜279

11484 マスメディアの具体的な規制手段について : 憲法学を中心とした学際的な視点から 藤井正希 「清和研究論集」（21） 2015.3 p.71〜108

11485 メディア力の低下が国益を損なう（総力大特集 表現の自由とメディア問題） 飯島勲 「Will : マンスリーウイル」（123） 2015.3 p.40〜47

11486 わがメディア生活60年 パリのテロ事件と朝日第三者委員会（総力大特集 表現の自由とメディア問題） 田原総一朗 「Will : マンスリーウイル」（123） 2015.3 p.62〜70

11487 NHK 特ダネの取り方教えて下さい（総力大特集 表現の自由とメディア問題―わが体験的メディア論） 小俣一平 「Will : マンスリーウイル」（123） 2015.3 p.290〜293

11488 解散・総選挙に関わる憲法論をどう報じるべきか（特集 選挙報道はどう変わるべきか） 木村草太 「Journalism」（299） 2015.4 p.14〜22

11489 政権批判のテレビに官邸から圧力!!（マスコミは安倍政権の走狗に成り下がった！） 小林節 「月刊日本」19(4)通号216 2015.4 p.12〜15

11490 表現の自由とメディアを考える 風刺対象を誤った「ムハンマド描写画」 権力批判がない作品は風刺画といえない 清水勲 「Journalism」（300） 2015.5 p.131〜137

11491 表現の自由とメディアを考える メディアは「イスラム国」のような未知の敵にもロジカルな思考で迫れ 内藤正典 「Journalism」（300） 2015.5 p.122〜130

11492 文明間衝突と日本のメディア : イスラムと欧米との間（特集 表現の自由） 山内昌之 「月刊民放」45(6)通号528 2015.6 p.4〜8

11493 メディア遊動日記（第5回）「主権回復の日」と「屈辱の日」の断層（総特集 戦争への対抗 : 自衛官・市民の命を守る憲法九条） 青木理 「社会運動」（419） 2015.7 p.114〜117

11494 改めて憲法を考える（25）放送に対する政治介入と放送の自由 福嶋敏明 「時の法令」（1982） 2015.7.30 p.54〜59

11495 寸鉄録（20）表現の自由を踏み躙（にじ）る『朝日新聞』は誤報の王様 : 自民党本部の一室で行われた私的な会の議員発言を許さないのは「人権蹂躙」である 大澤正道 「Themis」24(8)通号274 2015.8 p.76〜77

11496 走りながら考える（第168回）メディアと政治と日本国憲法 : 時代の危険な風潮を感じる 北口末広 「ヒューマンライツ」（329） 2015.8 p.66〜69

11497 むき出しのメディア統制と反知性主義 : 問われるメディアの独立（特集 無法国家へ 違憲の安保法制を自公が強行） 谷藤悦史 川﨑泰資 「マスコミ市民 : ジャーナリストと市民を結ぶ情報誌」（559） 2015.8 p.14〜23

11498 日曜版 保守系政治家、現・元自衛隊員 : 党派を超えて次々登場 : 国民的共同の広がり実感できる紙面（「赤旗」取材最前線（PART1）戦争法案阻止へ危険な本質を解明 たたかいを励ます） 日曜版編集部 「前衛 : 日本共産党中央委員会理論政治誌」（926） 2015.9 p.37〜41

11499 イラク派遣で違憲判決導いた「事実の力」ジャーナリストは真相に迫る努力続けよ（特集 どうして？ 公明党、どうなる？ 自衛隊―自衛隊をめぐる） 川口創 「Journalism」（306） 2015.11 p.59〜66

11500 メディア時評（70）BPOの闘い : だれが言論表現の自由を闘うのか 大治浩之輔 「マスコミ市民 : ジャーナリストと市民を結ぶ情報誌」（563） 2015.12 p.61〜63

11501 特定秘密保護法違憲訴訟の顛末 煙に巻かれたフリーランスの報道の自由「安倍政治」のメディア支配 坂井敦 「金曜日」23(49)通号1089 2015.12.25-2016.1.1 p.24〜25

◆インターネット・IT

【図書】

11502 情報社会と法―経営情報法学 第3版 産業能率大学 2009.1 229p 26cm 〈文献あり〉 Ⓝ323.14 産業能率大学

11503 インターネットと法 高橋和之, 松井茂記, 鈴木秀美編 第4版 有斐閣 2010.1 375p 22cm 〈他言語標題：Internet and law〉 〈文献あり 索引あり〉 2700円 Ⓘ978-4-641-

13063-0　Ⓝ007.3　高橋和之　松井茂記　鈴木
秀美

11504　情報化社会の表現の自由―電脳世界への
憲法学の視座　辻雄一郎著　日本評論社　2011.
9　295p　22cm　4000円　Ⓘ978-4-535-51833-9
Ⓝ316.1　辻雄一郎

11505　インターネット法　松井茂記, 鈴木秀美,
山口いつ子編　有斐閣　2015.12　369p　22cm
〈他言語標題：INTERNET LAW〉　〈索引あ
り〉　2900円　Ⓘ978-4-641-12583-4　Ⓝ007.3
松井茂記　鈴木秀美　山口いつ子

【雑誌】

11506　第1回講演会 インターネットと人権（「国
際人権センター」「地方自治センター」開設記
念）　濱田純一　「神奈川大学法学研究所研究年
報」　通号23　2005　p.3～24

11507　公共の安全とインターネット上の人権（特
集 安全と私的自治、手続的正義 第29回法とコ
ンピュータ学会研究会報告）　松井茂記　「法と
コンピュータ」　(23)　2005.7　p.3～17

11508　情報検索サイトと「検閲」－思想の自由
市場の復活に向けて（小特集：Googleの新サー
ビスが与える影響）　坂田仰　「カレントアウェ
アネス」　(289)　2006.9.20　p.25～26

11509　サイバースペース・公共圏・表現の自由
(1)　平地秀哉　「国学院法学」　45 (1) 通号174
2007.7　p.55～93

11510　サイバースペース・公共圏・表現の自由
(2・完)　平地秀哉　「国学院法学」　45 (2) 通号
175　2007.9　p.1～42

11511　サイバースペースにおける情報流通構造
と表現の自由―米国における「情報流通経路
の管理者を介した表現規制」の検討を中心にし
て　成原慧　「情報学研究 : 東京大学大学院情
報学環紀要」　(76)　2009.3　p.137～153

11512　ユビキタス社会と法―座談会（電子社会
とプライバシー）　田島泰彦　吉田柳太郎　高
間剛典 [他]　「自由と正義」　60 (5) 通号724
2009.5　p.17～22

11513　国際メディア事業の展開と基本的情報の
提供――インターネット時代の集中排除原則の
あり方をめぐって（特集 グローバル化の中の国
家と憲法）　山口いつ子　「ジュリスト」
(1378)　2009.5.1・15　p.121～132

11514　判例研究 インターネット上での個人の表
現行為と名誉毀損の成否――いわゆる「平和
神軍観察会」事件（東京地裁平成20.2.29判決・
判時2009号151頁）　前田聡　「流通経済大学法学
部流経法學」　9 (1) 通号16　2009.8　p.87～105

11515　暗号化と表現の自由―米国デジタル・
ミレニアム著作権法を素材に　大日方信春　「熊
本法学」　(119)　2010.3　p.1～44

11516　コミュニケーションの自由とインター

ネット上の創造的著作――アドビ（Hadopi）法
の違憲審決と音楽産業の未来　伊藤英一
「ジャーナリズム＆メディア : 新聞学研究所紀
要」　(3)　2010.3　p.9～39

11517　言論空間への認識は妥当か――ネット名
誉棄損事件の最高裁決定を読む　宍戸常寿　「新
聞研究」　(707)　2010.6　p.68～71

11518　いわゆる「配信サービスの抗弁」につい
て　長尾英彦　「憲法論叢」　(17)　2010.12　p.
55～68

11519　インターネット時代とビラ配り――たか
がビラ配り、されどビラ配り（特集 憲法と政権
交代―憲法記念講演会）　田中早苗　「憲法問
題」　通号22　2011　p.125～144

11520　「現実的悪意」の法理コンピューター・
ネットワークへの適用　岡根好彦　「法学政治学
論究 : 法律・政治・社会」　(92)　2012.春季
p.197～228

11521　インターネット上の実名制に関する憲法
学的考察 (1) 韓国における公職選挙法と情報通
信網法を素材に　金光石　「名古屋大学法政論
集」　(243)　2012.3　p.1～45

11522　インターネット上の報道と表現の自由
小向太郎　「ジャーナリズム＆メディア : 新聞
学研究所紀要」　(5)　2012.3　p.83～96

11523　パブリック・フォーラムにおける匿名性
と情報テクノロジー　高橋義人　「琉大法學」
(87)　2012.3　p.1～35

11524　インターネット上の表現の自由と名誉毀
損罪 : 表現の自由の法理の再検討　伊藤純子
「東北法学」　(39)　2012.4　p.73～94

11525　パブリック・フォーラムとしての公共空
間における位置情報と匿名性　高橋義人　「琉大
法學」　(88)　2012.9　p.145～182

11526　インターネット上の表現の自由と名誉・
個人情報の保護 : ネット告発とレビューサイ
トをめぐって（シンポジウム ユビキタス時代の
情報法における基底的価値とエンフォースメン
ト）　鈴木秀美　「アメリカ法」　2012 (1)
2012.12　p.41～58

11527　サイバースペースにおける名誉毀損と表
現の自由（シンポジウム ユビキタス時代の情報
法における基底的価値とエンフォースメント）
市川正人　「アメリカ法」　2012 (1)　2012.12
p.34～40

11528　ユビキタス時代の表現の自由（シンポジウ
ム ユビキタス時代の情報法における基底的価値
とエンフォースメント）　川岸令和　「アメリカ
法」　2012 (1)　2012.12　p.21～33

11529　ウィキリークスと表現の自由 (上)　松井
茂記　「法律時報」　85 (2) 通号1056　2013.2　p.
54～63

11530　ウィキリークスと表現の自由 (下)　松井
茂記　「法律時報」　85 (3) 通号1057　2013.3　p.

66〜71

11531 インターネット上の選挙運動の解禁と表現の自由 松井茂記 「法律時報」 85（7）通号 1061 2013.6 p.76〜83

11532 インターネット上の選挙活動の解禁と表現の自由 松井茂記 「法律時報」 85（7）2013.7

11533 インターネット上の実名制に関する憲法学的考察（2・完）韓国における公職選挙法と情報通信網法を素材に 金光石 「名古屋大学法政論集」 （251） 2013.9 p.193〜235

11534 インターネット上の情報流通と法規制 ： 根底への問い：憲法・競争法からのアプローチ（特集 情報社会の現在（Part.1）） 市川芳治 「法学セミナー」 58（12）通号707 2013.12 p.2〜7

11535 より成熟した安全法に向けて（警察政策フォーラム ICT社会の自由と安全 ： 通信の秘密を考える） ラルフ, ポッシャー 稲垣吉博［編集］「警察学論集」 66（12） 2013.12 p.48〜62

11536 インターネットにおける基本権保障のあり方 西土彰一郎 「情報通信政策レビュー」 5 2014 p.55〜75

11537 サイバースペースにおける生徒の表現の自由 福岡久美子 「総合文化研究所紀要」 31 2014 p.16〜32

11538 インターネット選挙運動の解禁 ： 初の実践例を経て見えてきたもの（特集 情報社会の現在（Part.2）） 曽我部真裕 「法学セミナー」 59（1）通号708 2014.1 p.8〜13

11539 データ公開時代の法と政策（4・最終回）オープンデータと表現の自由 成原慧 「行政＆情報システム」 50（1）通号547 2014.2 p.65〜68

11540 インターネット上の名誉毀損法の再構成 ： 憲法的考察の試みとして 金光石 「名古屋大学法政論集」 （256） 2014.6 p.91〜127

11541 運用者任せの編集・保存責任 ： 新聞・放送・公立図書館との違い 公的ウェブサイトでの表現の自由（上） 小岩井忠道 「メディア展望」（633） 2014.9 p.14〜16

11542 深耕・著作権の事件簿（6）「表現の自由」と「著作物を享受する自由」の交錯 ： 最高裁・著作権判例をめぐって（第6章）「録画ネット」事件 岡邦俊 「JCAジャーナル」 61（10）通号688 2014.10 p.84〜90

11543 チェック機能、自律的取り組み欠如 ： サイトの目的も簡単に変更 公的ウェブサイトでの表現の自由（中） 小岩井忠道 「メディア展望」（634） 2014.10 p.12〜14

11544 官製情報はびこる社会の危うさ ： 影響力増すメディアが持つ脆弱性 公的ウェブサイトでの表現の自由（下） 小岩井忠道 「メディア展

望」 （635） 2014.11 p.18〜20

11545 深耕・著作権の事件簿（7）「表現の自由」と「著作物を享受する自由」の交錯 ： 最高裁・著作権判例をめぐって（第7章）「選撮見録」（ヨリドリミドリ）事件［大阪高裁2007.6.14判決］岡邦俊 「JCAジャーナル」 61（11）通号689 2014.11 p.86〜92

11546 深耕・著作権の事件簿（9）「表現の自由」と「著作物を享受する自由」の交錯 ： 最高裁・著作権判例をめぐって（第9章）「ロクラクII」事件（その1）［最高裁2011.1判決］ 岡邦俊 「JCAジャーナル」 62（1）通号691 2015.1 p.72〜78

11547 電子書籍の蹉跌（22）「表現の自由」と「風刺」の真価を問う 高木利弘 「出版人・広告人」 2015.2 p.58〜62

11548 2ちゃんねる 偉大なるワンマン西村博之（総力大特集 表現の自由とメディア問題—わが体験的メディア論） 山本一郎 「Will ： マンスリーウイル」（123） 2015.3 p.306〜309

11549 自由と安全 ： 日本の状況と課題（アジア警察学会年次総会フォーラム第3部・インターネット社会における自由と安全） 小山剛 「警察学論集」 68（6） 2015.6 p.69〜79

11550 HOT issue（No.12）鼎談 インターネットにおける表現の自由とプライバシー ： 検索エンジンを中心として 宍戸常寿 門口正人 山口いつ子 「ジュリスト」（1484） 2015.9 巻頭2〜5, 68〜80

◆ヘイトスピーチ

【図書】

11551 ヘイトスピーチとたたかう！―日本版排外主義批判 有田芳生著 岩波書店 2013.9 164p 19cm 〈年表あり〉 1500円 Ⓘ978-4-00-024716-0 Ⓝ316.81 有田芳生

11552 ヘイトスピーチ―表現の自由はどこまで認められるか エリック・ブライシュ著, 明戸隆浩, 池田和弘, 河村賢, 小宮友根, 鶴見太郎ほか訳 明石書店 2014.2 349p 20cm 〈文献あり 索引あり〉 2800円 Ⓘ978-4-7503-3950-4 Ⓝ316.8 ブライシュ, エリック 明戸隆浩 池田和弘 河村賢 小宮友根 鶴見太郎

11553 ヘイト・スピーチの法的研究 金尚均編 京都 法律文化社 2014.9 186p 21cm 〈他言語標題：Legal Study of Hate Speech〉 2800円 Ⓘ978-4-589-03618-6 Ⓝ316.81 金尚均

11554 ヘイト・スピーチという危害 ジェレミー・ウォルドロン［著］, 谷澤正嗣, 川岸令和訳 みすず書房 2015.4 293, 43p 20cm 〈索引あり〉 4000円 Ⓘ978-4-622-07873-9 Ⓝ316.1 Waldron, Jeremy 谷澤正嗣 川岸令和

【雑誌】

11555 ヘイト・スピーチと「表現」の境界 梶原健佑 「九大法学」(94) 2006年度 p.49～115

11556 ヘイト・スピーチ規制と批判的人種理論 桧垣伸次 「同志社法学」61(7)通号340 2010.3 p.2347～2403

11557 試論 ヘイト・スピーチ規制法のマイノリティに対する濫用の危険性と人種差別撤廃条約(特集 ヘイトクライムに対する規制の可能性)師岡康子 「龍谷大学矯正・保護総合センター研究年報」(2) 2012 p.54～75

11558 人権セミナー ヒューマン・ライツ再入門(42)差別表現の自由はあるか(1) 前田朗 「統一評論」(560) 2012.6 p.62～71

11559 人権セミナー ヒューマン・ライツ再入門(43)差別表現の自由はあるか(2) 前田朗 「統一評論」(561) 2012.7 p.58～65

11560 人権セミナー ヒューマン・ライツ再入門(44)差別表現の自由はあるか(3) 前田朗 「統一評論」(562) 2012.8 p.70～79

11561 人権セミナー ヒューマン・ライツ再入門(45)差別表現の自由はあるか(4) 前田朗 「統一評論」(563) 2012.9 p.69～78

11562 いま、なぜヘイト・スピーチか : 差別・差別煽動と表現の自由(特集 日本国憲法を守る) 前田朗 「ひょうご部落解放」150 2013.秋 p.16～27

11563 ヘイト・クライム法研究の論点 : 表現の自由と責任を考えるために 前田朗 「法の科学 : 民主主義科学者協会法律部会機関誌「年報」」(44) 2013 p.149～155

11564 ヘイト・スピーチと国際人権法(特集 表現の自由についての権利をめぐる今日的課題―差別表現・憎悪表現の禁止に関する国際人権法の要請と各国の対応 : 日本法への示唆) 山崎公士 「国際人権 : 国際人権法学会報」(24) 2013 p.65～70

11565 国際人権基準からみたヘイト・スピーチ規制問題 師岡康子 岩波書店[編]「世界」(848) 2013.1 p.210～220

11566 日本社会とヘイトクライム : ヘイト・スピーチを素材にして(特集 差別禁止法は必要か) 金尚均 「部落解放」(683) 2013.10 p.28～35

11567 編集長インタビュー 法規制はできるだけ慎重に むしろ市民の「文化力」で対抗すべきだろう(特集 ヘイトスピーチを考える) 奥平康弘 「Journalism」(282) 2013.11 p.100～109

11568 ヘイト・スピーチ再訪(1) 成嶋隆 「独協法学」(92) 2013.12 p.328～296

11569 ヘイト・スピーチは「表現の自由」として保障されるか(特集 差別・排外主義と人権・

自由) 師岡康子 「季論21 : intellectual and creative」(25) 2014.夏 p.36～47

11570 京都朝鮮学校事件におけるヘイト・スピーチ(特集 ヘイト・スピーチ法をめぐる状況) 金尚均 「法と民主主義」(485) 2014.1 p.23～26

11571 ヘイト・スピーチ処罰の世界的動向 : 差別と迫害による被害を止めるために(特集 ヘイト・スピーチ法をめぐる状況) 前田朗 「法と民主主義」(485) 2014.1 p.31～36

11572 日本国内における憎悪表現(ヘイトスピーチ)の規制についての一考察(小林節教授退職記念号) 小谷順子 「法学研究」87(2) 2014.2 p.385～412

11573 「ヘイト・スピーチ」と表現の自由の相克(再び、「ヘイト・スピーチ」について考える) 榎透 「法と民主主義」(486) 2014.2・3 p.54～57

11574 ヘイトスピーチと「のりこえねっと」(特集 社会運動と憲法 : 市民自治から憲法をとらえなおす) 殷勇基 「社会運動」(408) 2014.3 p.54～56

11575 時の問題 ヘイトスピーチ 内野正幸 「法学教室」(403) 2014.4 p.60～64

11576 ヘイト・スピーチ再訪(2) 成嶋隆 「独協法学」(93) 2014.4 p.762～695

11577 憎悪表現(ヘイト・スピーチ)規制消極論とその背景 小谷順子 「法と民主主義」(490) 2014.7 p.54～56

11578 表現の自由二題 : 特定秘密とヘイト・スピーチ 遠藤比呂通 「法律時報」86(12)通号1079 2014.11 p.1～3

11579 ヘイトスピーチの法的規制について : アメリカ・ドイツの比較法的考察(大石教授退職記念号) 毛利透 「法学論叢」176(2・3) 2014.12 p.210～239

11580 基調報告 ヘイトスピーチと表現の自由(日本国憲法研究(Number 16)表現の自由) 曽我部真裕 「論究ジュリスト」(14) 2015.夏 p.152～158

11581 表現の自由とヘイトスピーチ 市川正人 「立命館法學」2015(2)通号360 2015 p.516～528

11582 表現の自由の現況 : ヘイトスピーチを素材として(特集 憲法の現況) 齊藤愛 「論究ジュリスト」(13) 2015.春 p.56～63

11583 ヘイトスピーチ概念の外延と内包に関する一考察 梶原健佑 「比較憲法学研究」(27) 2015 p.127～148

11584 講演 「ヘイトスピーチ」と表現の自由 安田浩一 「放送レポート」(252) 2015.1 p.28～34

11585 ヘイト・スピーチの憲法論 : 差別煽動を

処罰して表現の自由を守る（特集 差別禁止法と救済法） 前田朗 「部落解放」（703） 2015.1 p.22〜31

11586 表現の自由とヘイト・スピーチ（特集 ヘイト・スピーチをこえて） 塚田哲之 「人権と部落問題」67（2）通号867 2015.2 p.15〜22

11587 ヘイト・スピーチ処罰の憲法的根拠 ： 自由な言論をさまたげているのは誰か（特集 戦後70年がやってきた） 前田朗 「社会民主」（717） 2015.2 p.16〜20

11588 ヘイト・スピーチ処罰は表現の自由を守るため ： 国際人権法と憲法から考える（特集 ヘイト・スピーチをこえて） 前田朗 「人権と部落問題」67（2）通号867 2015.2 p.6〜14

11589 ヘイト・スピーチ規制と表現の自由 半田久之 「月報全青司」（420） 2015.4 p.23〜26

11590 自治体は人種差別を非難し、人種差別撤廃政策をとるべき ： 大阪市審議会のヘイト・スピーチ対策答申を読む（大阪市のヘイトスピーチ対策とその課題） 前田朗 「部落解放」（710） 2015.6 p.76〜85

11591 ヘイト・スピーチの憲法論を考える ： マイノリティの表現の自由の優越的地位（書評特集 前田朗『ヘイトスピーチ研究序説』（三一書房）） 前田朗 「情況. 第四期 ： 変革のための総合誌」4（4）通号23 2015.6 p.113〜120

11592 ヘイト・スピーチを受けない権利（1）国連人権理事会ヘイト・スピーチ報告書 前田朗 「部落解放」（711） 2015.7 p.82〜85

11593 ブック・ストリート 出版協 「ヘイト表現」に表現の自由はあるのか？ 村田浩司 「出版ニュース」（2387） 2015.8.中旬 p.20

集会・結社の自由

【図書】

11594 結社の自由の法理 井上武史著 信山社 2014.3 384p 22cm （学術選書 131 憲法）〈文献あり 索引あり〉 8800円 ⓘ978-4-7972-6731-0 Ⓝ323.01 井上武史

11595 関係性の憲法理論—現代市民社会と結社の自由 岡田順太著 丸善プラネット 2015.3 263p 22cm （白鷗大学法政策研究所叢書 6）〈索引あり〉〈発売：丸善出版〉 3800円 ⓘ978-4-86345-231-2 Ⓝ323.01 岡田順太

【雑誌】

11596 ソーシャルメディアの政治権力－バーチャル空間における言論と集会の自由を重視せよ Clay Shirky フォーリン・アフェアーズ・ジャパン編 「Foreign affairs report」2011（2）

11597 国際（越境）組織犯罪防止条約からみた共謀罪規定の問題点 海渡雄一 「刑事弁護」（45） 2006.Spr. p.152〜157

11598 判例講座 憲法基本判例を読み直す（11）公安条例による集団行動の規制——徳島市公安条例事件判決（最大判昭和50.9.10刑集29巻8号489頁） 野坂泰司 「法学教室」通号310 2006.7 p.56〜66

11599 敵対的聴衆（Hostile audience）の法理と集会の自由 小林直樹 「獨協ロー・ジャーナル」（2） 2007.2 p.80〜103

11600 憲法秩序における結社の自由（2）井上武史 「法学論叢」161（1） 2007.4 p.68〜92

11601 憲法秩序における結社の自由（3・完）井上武史 「法学論叢」161（3） 2007.6 p.55〜71

11602 「集会の自由」序論 青山武憲 「日本法學」73（2） 2007.12 p.273〜358

11603 集会の自由と敵意ある聴衆の法理 上村貞美 「名城ロースクール・レビュー」（9）2008 p.1〜60

11604 集会の自由の制約と合憲限定解釈——広島市暴走族追放条例事件最高裁判決を機縁として 渡辺康行 「法政研究」75（2） 2008.10 p.413〜464

11605 「結社からの自由」の憲法問題——結社の自由原理のもうひとつの側面 井上武史 「岡山大学法学会雑誌」58（4）通号205 2009.3 p.429〜487

11606 告発 公安警察が反戦・平和集会の参加者をビデオカメラで盗撮していた！—「集会の自由」の侵害を許さず、国家賠償請求裁判を提訴 土井明人 あごら新宿編 「あごら」（322）2009.6 p.76〜81

11607 図解基礎法学講座 憲法 集会・結社の自由の限界について 「Keisatsu jiho」64（7）2009.7 p.45〜47

11608 ユニオンひろば 「集会の自由」守れ 断罪プリンスホテル 小西清一 「ひろばユニオン」2009.9 p.42〜44

11609 暴力団対策を憲法から考える（警察政策フォーラム 暴力団の資金源対策、振り込め詐欺対策と、健全な社会経済システムの維持——『犯罪に強い社会の実現のための行動計画』の検証（その2）） 新井誠 「警察政策研究」（14）2010 p.89〜94

11610 図解基礎法学講座 憲法 集会の自由について 「Keisatsu jiho」65（3） 2010.3 p.48〜51

11611 集会の自由に関する3つの判決 上村貞美 「名城ロースクール・レビュー」（22） 2011 p.1〜25

11612 「公益性」概念と結社の自由（1）「公益法人」制度改革を素材として（法学部 創設記念） 大隈義和 「京女法学」（1） 2011.11 p.181〜

199

11613 憲法運動と国鉄闘争の教訓に学ぶ : 階級闘争の再建と社会主義革命との手がかりに（特集 職場・生産点が闘いの主戦場） 新田進 「社会評論」（170） 2012.夏 p.20〜38

11614 ロー・クラス 憲法ゼミナール part.1 「判例」を読む（第9回）集会と表現 中林暁生 「法学セミナー」57（1）通号684 2012.1 p.76〜82

11615 ロー・クラス 憲法ゼミナール（part.2）コンテクストを読む（第19回）上尾市福祉会館事件最高裁判決の意義 中林暁生 「法学セミナー」57（11）通号694 2012.11 p.44〜49

11616 「海上デモ」の規制 : 港則法32条による規制 前田正義 「海保大研究報告. 法文学系」58（2）通号98 2013年度 p.85〜110

11617 「公益性」概念と結社の自由（2・完）「公益法人」制度改革を素材として 大隈義和 「京女法学」（5） 2013.12 p.1〜22

11618 憲法集会と自治体 橋本基弘 「白門」66（7）通号784 2014.7 p.15〜23

11619 ロー・クラス 「憲法上の権利」各論（10）集会・結社の自由（1） 小山剛 「法学セミナー」59（9）通号716 2014.9 p.68〜76

11620 ロー・クラス 「憲法上の権利」各論（11）集会・結社の自由（2） 小山剛 「法学セミナー」59（10）通号717 2014.10 p.66〜75

11621 相次ぐテロ資金対策立法が引き起こす人権侵害の危機 : これを認めれば、次は共謀罪と盗聴法の大幅拡大だ 海渡雄一 「社会民主」（715） 2014.12 p.61〜65

11622 結社の自由の射程 : 公益法人監督制度に関わって（法学部完成記念号・立石二六教授退官記念号） 大隈義和 「京女法学」（7） 2014.12 p.95〜120

11623 ロー・クラス 「憲法上の権利」各論（12）集会・結社の自由（3）職業の自由・移動の自由（1） 小山剛 「法学セミナー」59（12）通号719 2014.12 p.65〜72

11624 社会資源としての住民組織 : 2005年4月26日の最高裁判決を手がかりにして 大野拓哉 「弘前学院大学社会福祉学部研究紀要」（15） 2015.3 p.9〜20

11625 コバセツの視点（4）大学等における「政治的集会」の禁止 小林節 「Verdad」21（11）通号247 2015.11 p.26

通信の秘密

【図書】

11626 「通信の秘密不可侵」の法理―ネットワーク社会における法解釈と実践 海野敦史著 勁草書房 2015.4 590p 22cm 〈他言語標題：Legal Concept of Secrecy of Communications under the Constitution of Japan〉 〈文献あり 索引あり〉 7000円 Ⓘ978-4-326-40301-1 Ⓝ323.143 海野敦史

【雑誌】

11627 通信ログの保全 刑事訴訟法の改正（特集 安全と私的自治、手続的正義 第29回法とコンピュータ学会研究会報告） 松沢栄一 「法とコンピュータ」（23） 2005.7 p.53〜62

11628 フィルタリングと法（特集：情報のフィルタリング） 新保史生 「情報の科学と技術」56（10） 2006 p.475〜481

11629 IT弁護士 岡村久道が斬る「法律は助けてくれない」（FILE 4）「通信の秘密」の保護 当事者間の意思に基づく、ネット社会で例外が拡大 岡村久道 「日経コミュニケーション」（474） 2006.11.15 p.114〜117

11630 「通信の秘密」が争われた学会員「通話記録抜き取り」裁判（ワイド とてつもない日本） 新潮社［編］ 「週刊新潮」52（22）通号2599 2007.6.14 p.56〜57

11631 放送・通信「融合」期における法制度設計と公法学 西澤雅道 井上禎男 「名古屋市立大学大学院人間文化研究科人間文化研究」（8） 2007.12 p.29〜50

11632 通信の秘密の数奇な運命（制定法） 高橋郁夫 林紘一郎 舟橋信［他］ 情報ネットワーク法学会編 「情報ネットワーク・ローレビュー」8 2009.5 p.1〜26

11633 サイバーウォーの法的分析（技術と社会・倫理） 高橋郁夫 「電子情報通信学会技術研究報告 : 信学技報」109（217） 2009.10.7 p.17〜22

11634 受刑者の通信の秘密をめぐって－東京地裁平成21.4.20判決を中心に 澤登文治 「南山法学」33（2） 2009.12 p.95〜122

11635 パケットキャプチャにおける収集データの、通信の秘密を考慮した抽象化手法の検討（技術と社会・倫理） 西尾淳志 遠峰隆史 杉浦一徳 「電子情報通信学会技術研究報告 : 信学技報」109（437） 2010.3.1・2 p.61〜65

11636 ライフログをめぐる法的諸問題の検討 石井夏生利 情報ネットワーク法学会編 「情報ネットワーク・ローレビュー」9（1） 2010.6 p.1〜14

11637 ハニーポットによる通信役務の提供と電気通信事業者の通信の当事者性に係る通信の秘密の問題に関する一考察 間形文彦 高橋克巳 情報ネットワーク法学会編 「情報ネットワーク・ローレビュー」9（1） 2010.6 p.102〜117

11638 ネットワークにおける名誉毀損に対する制裁の期待値の比較の枠組み 高橋郁夫 情報ネットワーク法学会編 「情報ネットワーク・ローレビュー」9（2） 2010.7 p.30〜38

11639 通信の秘密とインターネット・アクセス 吉崎暢洋 「姫路ロー・ジャーナル」 (5) 2011 p.1〜20

11640 図解基礎法学講座 憲法 通信の秘密について 「Keisatsu jiho」66 (1) 2011.1 p.48〜51

11641 憲法上の通信の秘密に対する「侵害」の射程 海野敦史 「公益事業研究」64 (1) 通号178 2012年度 p.1〜13

11642 動かないコンピュータ NTTドコモ スマホで二度のトラブル 「通信の秘密」侵害の事態も 「日経コンピュータ」 (802) 2012.2.16 p.88〜90

11643 DNSトラフィックおよびDNSログの取り扱いに関する法的検討 (技術と社会・倫理) 加藤尚徳 野川裕紀 岡田仁志 「電子情報通信学会技術研究報告 : 信学技報」112 (26) 2012.5.16 p.7〜11

11644 News&Analysis 新サービスでヤフーが開けた通信の秘密というパンドラの箱 ダイヤモンド社 [編] 「週刊ダイヤモンド」100 (28) 通号4439 2012.7.14 p.18

11645 ビッグデータの処理と法的フレームワーク (特集 ビッグデータ) 岡村久道 「Nextcom : 情報通信の現在と未来を展望する」12 2012.Win. p.14〜21

11646 法と情報との関係について : インターネットの法的性格 佐藤匡 紀要編集委員会編 「昭和大学富士吉田教育部紀要」8 2013 p.57〜76

11647 基調講演 刑事法から見た通信の秘密 (警察政策フォーラム ITC社会の自由と安全 : 通信の秘密を考える) 石井徹哉 「警察政策研究」 (17) 2013 p.136〜142

11648 基調講演 サイバー犯罪捜査における事後追跡可能性と通信の秘密 (警察政策フォーラム ITC社会の自由と安全 : 通信の秘密を考える) 四方光 「警察政策研究」 (17) 2013 p.143〜152

11649 基調講演 より成熟した安全法に向けて (警察政策フォーラム ITC社会の自由と安全 : 通信の秘密を考える) ラルフポッシャー 稲垣吉博 【編集】 「警察政策研究」 (17) 2013 p.153〜161

11650 基調講演 通信の秘密 : 個人の権利か、事業者の義務か (警察政策フォーラム ITC社会の自由と安全 : 通信の秘密を考える) 林紘一郎 「警察政策研究」 (17) 2013 p.162〜169

11651 イントロダクション 憲法学から見た通信の秘密 (警察政策フォーラム ITC社会の自由と安全 : 通信の秘密を考える) 葛西まゆこ 「警察政策研究」 (17) 2013 p.129〜135

11652 通信の秘密の憲法解釈論 (特集 インターネット時代における通信の秘密) 曽我部真裕 「Nextcom : 情報通信の現在と未来を展望す

る」16 2013.Win. p.14〜23

11653 パネルディスカッションの概要 パネルディスカッション (討論) (警察政策フォーラム ITC社会の自由と安全 : 通信の秘密を考える) 横内泉 大沢秀介 石井徹哉 [他] 「警察政策研究」 (17) 2013 p.170〜188

11654 宍戸常寿報告をめぐる質疑応答 (特集 憲法と経済秩序 (4) —研究会における質疑応答) 鈴木秀美 中林暁生 大林啓吾 [他] 「企業と法創造」9 (3) 通号35 2013.2 p.180〜186

11655 通信の秘密について (特集 憲法と経済秩序 (4)) 宍戸常寿 「企業と法創造」9 (3) 通号35 2013.2 p.14〜29

11656 通信の秘密侵害罪に関する管見 (森田博志先生追悼号) 石井徹哉 「千葉大学法学論集」27 (4) 2013.4 p.121〜141

11657 無関係でない米国における「通信の秘密」侵害 「盗聴法」が拡大・強化に向かう 山下幸夫 金曜日 [編] 「金曜日」21 (28) 通号969 2013.7.19 p.40

11658 インターネット媒介者の役割と「通信の秘密」 (特集 インターネット時代における通信の秘密) 高橋郁夫 「Nextcom : 情報通信の現在と未来を展望する」16 2013.Win. p.4〜13

11659 国家安全と通信の秘密 (特集 インターネット時代における通信の秘密) 石井夏生利 「Nextcom : 情報通信の現在と未来を展望する」16 2013.Win. p.24〜33

11660 刑事法から見た通信の秘密 (警察政策フォーラム ICT社会の自由と安全 : 通信の秘密を考える) 石井徹哉 警察大学校編 「警察学論集」66 (12) 2013.12 p.13〜23

11661 サイバー犯罪捜査における事後追跡可能性と通信の秘密 (警察政策フォーラム ICT社会の自由と安全 : 通信の秘密を考える) 四方光 警察大学校編 「警察学論集」66 (12) 2013.12 p.24〜47

11662 通信の秘密 : 個人の権利か、事業者の義務か (警察政策フォーラム ICT社会の自由と安全 : 通信の秘密を考える) 林紘一郎 警察大学校編 「警察学論集」66 (12) 2013.12 p.63〜82

11663 パネルディスカッション (討論) の概要 (警察政策フォーラム ICT社会の自由と安全 : 通信の秘密を考える) 四方 石井 小山 【他】 警察大学校編 「警察学論集」66 (12) 2013.12 p.83〜87

11664 イントロダクション 憲法学から見た通信の秘密 (警察政策フォーラム ICT社会の自由と安全 : 通信の秘密を考える) 葛西まゆこ 「警察学論集」66 (12) 2013.12 p.3〜12

11665 遺族によるウェブサービス上の故人のデータへのアクセスの可否 吉井和明 情報ネットワーク法学会編 「情報ネットワーク・

ローレビュー」13(2) 2014.1 p.73～89

11666 対論 通信傍受法改正を問う 密室での自白
強要がダメなら、警察施設で盗聴する?! : 通
信の秘密を侵す通信傍受捜査の大幅な対象拡大
と発信器での会話傍受 石村耕治 清水晴生
「CNNニューズ」 2014.1.9 p.25～28

11667 回線開放の歴史的意義 : ビッグデータと
通信の秘密の視点から 福家秀紀 駒澤大学グ
ローバル・メディア・スタディーズ学部編
「Journal of global media studies」 13 2014.3
p.59～73

11668 知っておきたいキーワード(第100回)
ビッグデータとは 西山智 映像情報メディア
学会〔編〕「映像情報メディア学会誌」68(5)
通号788 2014.5 p.396～398

11669 ビッグデータビジネスと程よいWebプラ
イバシー(特集 ビッグデータ、マイナンバー、
プライバシー : あるいは個人情報保護制度の
見直し-第38回法とコンピュータ学会研究会報
告) 吉井英樹 「法とコンピュータ」(32)
2014.7 p.29～38

11670 憲法上の通信の「秘密」の意義とその射
程 海野敦史 「情報通信学会誌」32(2)通号
111 2014.9 p.37～49

11671 情報指向ネットワークの解くべき課題(情
報ネットワーク) 浅見徹 高木雅 川原圭博
〔他〕「電子情報通信学会技術研究報告 : 信学
技報」115(310) 2015.11.17・18 p.35～40

職業選択・営業の自由

【図書】

11672 43年判決違憲論―貸金業者の憲法22条1項
(営業の自由)はどこに 小川貴之著 〔横浜〕
神奈川県貸金業協会 2006.2 70p 30cm
〈文献あり〉 Ⓝ338.77 小川貴之

【雑誌】

11673 特別寄稿 営業秘密の保護と職業選択の自
由-改正不正競争防止法案を含めて(特集 不正
競争防止法改正! 「雇用流動化」時代の営業
秘密 技術 ノウハウ 防衛ガイド) 土田道夫
「ビジネス法務」 2005.7 p.11～16

11674 改憲のねらいと新自由主義国家像――
「日本的経営の解体」と構造改革(特集 憲法を
職場・地域にいかす) 後藤道夫 「住民と自治」
通号517 2006.5 p.42～47

11675 判例にみる憲法実体論(17)営業規制と職
業選択の自由 井上典之 「法学セミナー」51
(8)通号620 2006.8 p.50～54

11676 判例講座 憲法基本判例を読み直す(12)薬
局等の適正配置規制と職業の自由――薬事法違
憲判決(最大判昭和50.4.30民集29巻4号572頁)

野坂泰司 「法学教室」通号312 2006.9 p.54
～66

11677 憲法と独占禁止法(第I部 基礎理論) 愛
敬浩二 「政府規制と経済法 規制改革時代の独
禁法と事業法」 2006.12 p.17～

11678 第4回協同組合法制化検討プロジェクト
日本に非営利の「営業の自由」はあるか-民放、
商法、会社法と協同組合 関英昭 市民セク
ター政策機構〔編〕「社会運動」通号323
2007.2 p.20～37

11679 商工組合法案忘却史の所産-重要物産同
業組合法・舶来工業と固有工業・営業の自由
藤田貞一郎 市場史研究会編 「市場史研究」
(27) 2007.12 p.114～122

11680 職業の自由と表現の自由――ドイツにお
ける職業の自由と意見表明・プレスの自由の基
本権競合をめぐる議論 杉原周治 「情報学研究
: 東京大学大学院情報学環紀要」(73) 2008
p.1～29

11681 憲法の解釈(第14回・Round 5―1)営業
の自由 30年越しの問い――判例に整合的なド
グマーティクとは 石川健治 「法学教室」通
号332 2008.5 p.58～66

11682 憲法の解釈(第15回・Round 5―2)営業
の自由 パブリック・サービスと営業の自由――
郵政民営化を題材に 亘理格 「法学教室」通
号333 2008.6 p.33～40

11683 学者の目 グレーゾーン金利の撤廃と貸金
業者の職業選択の自由 吉崎暢洋 「消費者法
ニュース」通号76 2008.7 p.310～312

11684 憲法における消費活動と営業活動の関係
土屋仁美 「法政法学」通号26 2008.7 p.39～
71

11685 ロー・クラス 人権の臨界――路上の呼び
声を聴く(16)勤労の権利と自由 笹沼弘志
「法学セミナー」53(7)通号643 2008.7 p.60
～63

11686 二重の基準論の意義と展開(第一部 人権
の基本原理) 君塚正臣 「国民主権と法の支配
下巻 佐藤幸治先生古稀記念論文集」 2008.9
p.31～

11687 会社法から憲法へ――控えめな質問と期
待(特集 憲法学に問う―会社法学からの問題提
起と憲法学からの応答) 上村達男 「法律時
報」81(5)通号1008 2009.5 p.35～39

11688 結婚の才能(17)職業選択の自由 小倉千
加子 「一冊の本」 2009.6 p.60～63

11689 職務命令および職務命令違反に対する制
裁的措置に関する司法審査の手法――「君が
代」ピアノ伴奏拒否事件最高裁判決以降の下級
審判決の論理 渡辺康行 「法政研究」76(1・
2) 2009.10 p.1～31

11690 続・Interactive憲法――B准教授の生活と
意見(9)営利広告の規制 長谷部恭男 「法学教

室」通号351　2009.12　p.56〜59

11691　憲法と農地法の諸規制——人権享有主体性と公共の福祉について　杉山幸一「日本大学大学院法学研究年報」（40）　2010　p.1〜32

11692　財産権及び営業の自由の「多層的構造」海野敦史　長崎大学経済学会［編］「経営と経済」90（1・2）通号272　2010.9　p.153〜256

11693　放送法上の番組編集準則の位置づけに関する「営業の自由」の観点からの再構成論　海野敦史　「情報通信学会誌」　2011.5　p.29〜42

11694　電力システム改革による風力発電の普及・拡大（特集 風力発電、大容量導入を可能にする系統技術の最前線—風力大容量、系統導入に向けた我が国の取り組み）　高橋洋　「風力エネルギー」37（3）通号107　2013　p.282〜285

11695　職業選択の自由 ： タクシーの再規制の問題を中心に（釜田泰介教授古稀記念論集）　松本哲治「同志社法学」64（7）通号360（分冊2）2013.3　p.2717〜2739

11696　職権行使の独立と立法機能の限界（長尾一紘先生古稀記念論文集）　黒川伸一「法学新報」120（1・2）　2013.6　p.123〜153

11697　電力システム改革から見た原子力発電（特集 脱原発社会を展望する）　高橋洋「社会運動」（404）　2013.11　p.9〜14

11698　電力市場の自由化と原子力 ： 安念潤司教授（中央大学法科大学院）に聞く　安念潤司「Energy for the future」38（4）通号152　2014　p.20〜24

11699　電力自由化は原子力政策を阻害するか？ ： 国策と競争の狭間で（特集 フクシマ以降の原子力政策）　高橋洋「公共政策研究 ： official journal of the Public Policy Studies Association, Japan」14　2014　p.51〜64

11700　電力システム改革がもたらすビジネスチャンス　高橋洋「商工ジャーナル」40（2）通号467　2014.2　p.52〜55

11701　風営法におけるダンス営業規制の合憲性について　新井誠「広島法科大学院論集」（10）　2014.3　p.171〜206

11702　薬のネット販売解禁の経緯と憲法論議について　岡田裕二「日本医事新報」（4689）2014.3.8　p.13〜16

11703　中小業者の営業の自由が保障される社会めざして（日本共産党第26回大会特集（全記録）−大会決議案、中央委員会報告の討論（全文））　岡崎民人「前衛 ： 日本共産党中央委員会理論政治誌」（908）　2014.4　p.159〜161

11704　「対等な競争条件」は名目 国家戦略特区を許すな！ 1％のための"憲法番外地" 農業特区の真のねらいは企業の参入だ　鈴木宣弘「金曜日」22（24）通号1014　2014.6.20　p.28〜31

11705　営業秘密の保護と労働者の職業選択の自由（特集 営業秘密 その現状と向かう先）　小畑史子「ジュリスト」（1469）　2014.7　p.58〜63

11706　憲法からみた「国家戦略特区」 ： 経済成長の必要性を問い直す（特集 新成長戦略批判）中島徹「世界」（859）　2014.8　p.70〜77

11707　風営法によるダンス営業規制をめぐる憲法論 ： 大阪地裁平成26年4月25日判決の検討　新井誠「法律時報」86（9）通号1076　2014.8　p.89〜94

11708　暮らしの焦点 ダンス営業規制の抜本的見直しを ： ダンス文化の発展、表現の自由を守るために　西川研一「前衛 ： 日本共産党中央委員会理論政治誌」（914）　2014.10　p.137〜141

11709　職場と入れ墨 ： 偏見と寛容の狭間　竹地潔「龍大経済論集」60（2）　2014.11　p.355〜378

11710　規制改革と営業の自由 ： 医薬品のインターネット販売訴訟を通して　池田晴弥「近畿大学法学」62（2）通号171　2014.12　p.29〜47

11711　電力小売り自由化 ： 事業者の合従連衡が加速 異業種との連携が不可欠（2015 日本経済総予測—キーワードで読む2015年）　高橋洋「エコノミスト」92（55）通号4377　2014.12.23　p.38

11712　風俗案内所規制条例と憲法二二条一項 ： 京都地裁判決を中心に　太田裕之「同志社法学」66（5）通号372　2015.1　p.1369〜1390

11713　ロー・クラス 「憲法上の権利」各論（13）職業の自由・移動の自由（2・完）　小山剛「法学セミナー」60（1）通号720　2015.1　p.78〜87

11714　電力システム改革は進むのか ： 3・11後のエネルギー政策（特集 原発再稼働とエネルギー自治）　高橋洋「月刊自治研」57（668）2015.5　p.29〜35

11715　ロー・クラス 「憲法上の権利」各論（18）勤労の権利、労働基本権（1）　小山剛「法学セミナー」60（7）通号726　2015.7　p.82〜89

11716　電力システム改革によるビジネスチャンス　高橋洋「CIAJ journal」55（12）通号652　2015.12　p.10〜15

居住・移転の自由

【雑誌】

11717　憲法の解釈（第16回・Round 5−3）営業の自由 宿泊拒否の禁止とホスピタリティの公法学——憲法22条の審査枠組みと規制目的二分論の居場所　駒村圭吾「法学教室」通号334　2008.7　p.33〜45

11718　ロー・クラス 人権の臨界——路上の呼び声を聴く（18）居住の自由、または存在する権利

財産権　　　　　　　　　　　　　　　　　　　　　　　　基本的人権/憲法上の保障

笹沼弘志 「法学セミナー」 53（9）通号645
2008.9　p.68〜71

11719　基礎法学講座 憲法 居住・移転等の自由に
ついて 「Keisatsu jiho」 64（1）　2009.1　p.55
〜57

11720　「居住の権利」に関する憲法学的考察——
公園内居住者（ホームレス）強制立退き事件大阪
高裁判決［2010.2.18］を素材として　内藤光博
「専修法学論集」（111）　2011.3　p.97〜122

11721　「居住権」とは：生存権の土台、重要な
基本的人権：住宅は市場原理の外へ（特集 貧
困、3・11から考える生存権）　坂庭国晴 「学習
の友」（703）　2012.3　p.62〜67

11722　基本的人権の「居住の権利」：防
災・復興の根本条件としての居住福祉（特集 生
存権と社会保障）　早川和男 「月刊保団連」
（1106）　2012.10　p.37〜42

11723　居住福祉評論 基本的人権としての「居住
の権利」：防災・復興の根本条件としての居
住福祉　早川和男 「居住福祉研究」（14）
2012.11　p.39〜46

11724　居住福祉評論 震災と憲法闘争　村山正晃
「居住福祉研究」（14）　2012.11　p.47〜54

11725　記念講演 憲法を豊かに：住み続ける権
利と人権としての社会保障・生活保護（特集 第
10回地域人権問題全国研究集会in松江 全体会）
井上英夫 「地域と人権」（368）　2014.12　p.
15〜32

11726　アイヌ問題を通して「先住権」を学んでみ
る（日本の先住民族と憲法と）　平田剛士 「金
曜日」 23（4）通号1044　2015.1.30　p.22〜27

11727　居住福祉評論 憲法第25条（生存権）と居
住の権利：公営住宅を中心に　大本圭野 「居
住福祉研究」（19）　2015.5　p.72〜83

11728　いま社会福祉・社会保障は（第3回）住ま
いの確保は基本的人権　前沢淑子 「月刊ゆたか
なくらし」（398）　2015.8　p.44〜47

11729　出国の自由についての覚書き：ドイツと
日本の憲法に照らして（藤岡一郎教授定年御退
職記念号）　初宿正典 「産大法学」 49（1・2）
通号166　2015.10　p.31〜60

財産権

【図書】
11730　財産権の領分—経済的自由の憲法理論
中島徹著　日本評論社　2007.3　234p　22cm
（現代憲法理論叢書）〈文献あり〉　4500円
①978-4-535-51554-3　Ⓝ323.01　中島徹

【雑誌】
11731　研究方法に関する特許権の行使（特集 知

的財産権）　渡部俊也　日本オペレーションズ・
リサーチ学会［編］ 「オペレーションズ・リ
サーチ」 51（8）通号548　2006.8　p.500〜504

11732　遺留分法の憲法適合性と遺留分剝奪
Martin, Schopflin　青竹美佳［訳］ 「香川法学」
26（1・2）通号72　2006.9　p.169〜185

11733　判例講座 憲法基本判例を読み直す（13）共
有林の分割制限と財産権——森林法違憲判決
（最大判昭62.4.22民集41巻3号408頁）　野坂
泰司 「法学教室」 通号313　2006.10　p.77〜89

11734　憲法29条3項の「正当な補償」の意味につ
いて——最高裁判所の諸判決を素材として　永
松正則 「名城法学」 57（1・2）　2007　p.207〜
239

11735　「正当な補償」について　松本哲治 「奈良
法学会雑誌」 20（3・4）　2007年度　p.25〜47

11736　政府改革——公務員の仕事を減らすこと
こそ政府改革の要点（特集 日本の経済成長政策
——サービス産業における生産性の向上が決め
手！）　安念潤司 「法律文化」 19（2）通号269
2007.3　p.24〜27

11737　財産権と営業の自由の間（Ⅲ 基本的人
権）　中島徹 「憲法諸相と改憲論 吉田善明先生
古稀記念論文集」　2007.8　p.225〜

11738　経済的自由権に関する判例と立法の展開
松本哲治 「近畿大学法科大学院論集」（4）
2008.3　p.51〜78

11739　憲法と税制——最近の諸論議に思うこと
（特集 憲法——平和・人権・生活を守る）　北
野弘久 「科学的社会主義」（121）　2008.5　p.
21〜25

11740　主張 消費者金融問題——貸し手と借り手
の責任　小林節 「Themis」 17（7）通号189
2008.7　p.88〜89

11741　消費税増税は憲法違反　森木亮 「自由」
50（7）通号581　2008.7　p.51〜59

11742　憲法の解釈（第17回・Round6—1）基本権
保護義務 参入規制緩和と生命・健康そして生存
権——タクシー事業を題材に　亘理格 「法学教
室」 通号335　2008.8　p.38〜46

11743　ロー・クラス 人権の臨界——路上の呼び
声を聴く（17）財産権の諸次元　笹沼弘志 「法学
セミナー」 53（8）通号644　2008.8　p.74〜77

11744　契約自由の原則と新エネルギー法制をめ
ぐる小論　棟居快行 「阪大法学」 58（3・4）通
号255・256　2008.11　p.643〜657

11745　経済的社会構成体論と社会政策の立法
（1）　渡部勇人 「法学研究論集」（32）　2009
年度　p.173〜192

11746　財産権制約をめぐる近時の最高裁判例に
おける違憲審査基準について——平成14年判決
における変更？　大石和彦 「慶應法学」（13）
2009.3　p.127〜141

基本的人権/憲法上の保障　　　　　　　　　　　　　　　　　　　　　　　　財産権

11747　中小企業を根幹とした日本経済の再生と
発展こそ経済危機を克服する道（特集「100年
に一度の危機」と憲法）　大橋正義　「法と民主
主義」（437）　2009.4　p.32〜37

11748　憲法から会社法へ──ささやかな応答（特
集 憲法学に問う─会社法学からの問題提起と憲
法学からの応答）　阪口正二郎　「法律時報」81
（5）通号1008　2009.5　p.39〜47

11749　国際金融リスクに対して国家は何ができ
るか──今回の金融危機・世界同時不況を振り
返って（特集 グローバル化の中の国家と憲法）
飯田敬輔　「ジュリスト」（1378）　2009.5.1・
15　p.143〜153

11750　取引と法人格（特集 グローバル化の中の
国家と憲法）　小島慎司　「ジュリスト」
（1378）　2009.5.1・15　p.55〜61

11751　”地産地消の憲法学”模索（その3）とちぎ
消費者ネットワークの活動を通して見る消費者
被害の法的課題　杉原弘修　「宇都宮大学国際学
部研究論集」（28）　2009.9　p.13〜25

11752　家族と憲法──同性カップルの法的承認
の意味（特集 憲法と私法─[全国憲法研究会]秋
季研究総会）　齊藤笑美子　「憲法問題」通号21
2010　p.108〜118

11753　経済的社会構成体論と社会政策的立法
（2・完）　渡部勇人　「法学研究論集」（33）
2010年度　p.87〜106

11754　経済的自由の違憲審査基準論──「競争
重視」への一大転換　馬川千里　「駿河台法学」
24（1・2）通号45　2010　p.7〜56

11755　講演要旨 ケインズ政策と構造改革を越え
て　小野善康　「読売クオータリー」（15）
2010.秋　p.98〜109

11756　倒産法の憲法的考察　佐藤鉄男　「民事訴
訟雑誌」通号56　2010　p.1〜30

11757　グローバル化時代の憲法と経済秩序（特集
憲法と経済秩序）　森英樹　「企業と法創造」6
（4）通号21　2010.2　p.113〜124

11758　経済秩序をめぐる憲法規範と民事法規範
（特集 憲法と経済秩序）　瀬川信久　「企業と法
創造」6（4）通号21　2010.2　p.21〜29

11759　憲法研究者の見た“経済”あれこれ（特集
憲法と経済秩序）　奥平康弘　「企業と法創造」
6（4）通号21　2010.2　p.6〜12

11760　憲法と経済秩序──解釈理論上の問題の
所在（特集 憲法と経済秩序）　棟居快行　「企業
と法創造」6（4）通号21　2010.2　p.102〜112

11761　憲法と市場経済秩序──市場の成立条件
と市場のあり方の選択（特集 憲法と経済秩序）
須網隆夫　「企業と法創造」6（4）通号21　2010.
2　p.46〜63

11762　憲法にとっての経済秩序──規範形式と
規範内容からみて（特集 憲法と経済秩序）　樋

口陽一　「企業と法創造」6（4）通号21　2010.2
p.13〜20

11763　財の自由市場とアイディアの自由市場
──組織と制度からみた経済秩序（特集 憲法と
経済秩序）　阪本昌成　「企業と法創造」6（4）
通号21　2010.2　p.30〜45

11764　阪本昌成報告をめぐる質疑応答（特集 憲
法と経済秩序─研究会における質疑応答）　須
網隆夫　井上典之　中島徹[他]　「企業と法創
造」6（4）通号21　2010.2　p.151〜156

11765　須網隆夫報告をめぐる質疑応答（特集 憲
法と経済秩序─研究会における質疑応答）　阪
本昌成　戸波江二　葛西まゆこ　「企業と法創
造」6（4）通号21　2010.2　p.157〜160

11766　政府の商業言論（特集 憲法と経済秩序）
蟻川恒正　「企業と法創造」6（4）通号21　2010.
2　p.125〜134

11767　瀬川信久報告をめぐる質疑応答（特集 憲
法と経済秩序─研究会における質疑応答）　長
谷部恭男　樋口陽一　中島徹[他]　「企業と法
創造」6（4）通号21　2010.2　p.145〜150

11768　相続税法の連帯納付義務の確定と憲法31
条──憲法解釈の方法（租税手続における納税
者の権利保障）　船橋俊司　「租税訴訟」（3）
2010.2　p.148〜169

11769　常木淳報告をめぐる質疑応答（特集 憲法
と経済秩序─研究会における質疑応答）　内野
正幸　棟居快行　中島徹[他]　「企業と法創造」
6（4）通号21　2010.2　p.169〜172

11770　中村睦男報告をめぐる質疑応答（特集 憲
法と経済秩序─研究会における質疑応答）　西
原博史　井上典之　長谷部恭男[他]　「企業と
法創造」6（4）通号21　2010.2　p.161〜165

11771　樋口陽一報告をめぐる質疑応答（特集 憲
法と経済秩序─研究会における質疑応答）　長
谷部恭男　瀬川信久　毛利透[他]　「企業と法
創造」6（4）通号21　2010.2　p.141〜144

11772　法政策分析の憲法的基礎（特集 憲法と経
済秩序）　常木淳　「企業と法創造」6（4）通号
21　2010.2　p.93〜101

11773　棟居快行報告をめぐる質疑応答（特集 憲
法と経済秩序─研究会における質疑応答）　内
野正幸　佐々木弘通　常木淳[他]　「企業と法
創造」6（4）通号21　2010.2　p.173〜178

11774　森英樹報告をめぐる質疑応答（特集 憲法
と経済秩序─研究会における質疑応答）　毛利
透　水島朝穂　長谷部恭男[他]　「企業と法創
造」6（4）通号21　2010.2　p.179〜182

11775　図解基礎法学講座 憲法 財産権の保障につ
いて　「Keisatsu jiho」65（4）　2010.4　p.48〜
51

11776　財産権（特集 憲法訴訟と司法権）　松本哲
治　「ジュリスト」（1400）　2010.5.1・15　p.
103〜109

11777 Ⅰ家族法改正―憲法、条約、ジェンダーの視点から　二宮周平［コーディネーター］「ジェンダーと法」（7）　2010.08　p.1〜3

11778 家族の新しい可能性へ―国家からの家族の解放はどこまで可能なのか？（Ⅰ家族法改正―憲法、条約、ジェンダーの視点から）　岡野八代「ジェンダーと法」（7）　2010.08　p.51〜64

11779 フロアとの討論（Ⅰ家族法改正―憲法、条約、ジェンダーの視点から）　小島妙子「ジェンダーと法」（7）　2010.08　p.65〜69

11780 公研セミナー 成熟社会の経済政策［含 意見交換］　小野善康「公研」48（9）通号565　2010.9　p.68〜97

11781 取得時効の理論による非正規滞在者の正規化・試論　高佐智美「一橋法学」9（3）　2010.11　p.731〜749

11782 世界の憲法における協同組合の社会経済的地位：経済的自由・経済的公正・経済的参加　堀越芳昭「企業研究」（20）　2011　p.97〜114

11783 経済的自由と規制目的二分論（特集 憲法訴訟の潮流を読む）　二本柳高信「法学セミナー」56（2）通号674　2011.2　p.20〜22

11784 井上典之報告をめぐる質疑応答（特集 憲法と経済秩序（2）―研究会における質疑応答）　内野正幸　渡辺康行　佐々木弘通［他］「企業と法創造」7（5）通号27　2011.3　p.155〜159

11785 内野正幸報告をめぐる質疑応答（特集 憲法と経済秩序（2）―研究会における質疑応答）　武田芳樹　中林暁生　中島徹［他］「企業と法創造」7（5）通号27　2011.3　p.176〜181

11786 大林啓吾報告をめぐる質疑応答（特集 憲法と経済秩序（2）―研究会における質疑応答）　芹沢斉　井上典之　戸波江二［他］「企業と法創造」7（5）通号27　2011.3　p.187〜189

11787 葛西まゆこ報告をめぐる質疑応答（特集 憲法と経済秩序（2）―研究会における質疑応答）　内野正幸　戸波江二　井上典之［他］「企業と法創造」7（5）通号27　2011.3　p.149〜154

11788 カントの法理論に関する覚書――道徳理論との関係についての一試論（特集 憲法と経済秩序（2））　長谷部恭男「企業と法創造」7（5）通号27　2011.3　p.3〜10

11789 経済的権力と司法審査（特集 憲法と経済秩序（2））　武田芳樹「企業と法創造」7（5）通号27　2011.3　p.98〜110

11790 斎藤一久報告をめぐる質疑応答（特集 憲法と経済秩序（2）―研究会における質疑応答）　水島朝穂　中林暁生　井上典之［他］「企業と法創造」7（5）通号27　2011.3　p.138〜141

11791 チャリテイの憲法学――「チャリティ」団体に対する免税と憲法89条後段の解釈（特集 憲法と経済秩序（2））　横大道聡「企業と法創造」7（5）通号27　2011.3　p.52〜69

11792 中林暁生報告をめぐる質疑応答（特集 憲法と経済秩序（2）―研究会における質疑応答）　水島朝穂　駒村圭吾　阪本昌成［他］「企業と法創造」7（5）通号27　2011.3　p.170〜175

11793 糠塚康江報告をめぐる質疑応答（特集 憲法と経済秩序（2）―研究会における質疑応答）　横大道聡　阪本昌成　駒村圭吾［他］「企業と法創造」7（5）通号27　2011.3　p.165〜169

11794 長谷部恭男報告をめぐる質疑応答（特集 憲法と経済秩序（2）―研究会における質疑応答）　水島朝穂　南野森　千國亮介［他］「企業と法創造」7（5）通号27　2011.3　p.135〜137

11795 水島朝穂報告をめぐる質疑応答（特集 憲法と経済秩序（2）―研究会における質疑応答）　中島徹　千國亮介　中林暁生［他］「企業と法創造」7（5）通号27　2011.3　p.142〜148

11796 横大道聡報告をめぐる質疑応答（特集 憲法と経済秩序（2）―研究会における質疑応答）　佐々木弘通　内野正幸　阪本昌成［他］「企業と法創造」7（5）通号27　2011.3　p.160〜164

11797 第1回法政研究会 森林法違憲判決（最大判昭和62.4.22民集41巻3号408頁）――憲法が保障する「財産権」とは？　吉永一行「産大法学」45（1）通号154　2011.6　p.130〜128

11798 給与関係2法案未成立を検証：国会での憲法論議も（下）「週刊行政評価」（2488）　2011.12.22　p.2〜4

11799 財産権保障における「近代」と「前近代」：震災とTPPを契機とする再考（1）　中島徹「法律時報」84（1）通号1042　2012.1　p.82〜88

11800 ロー・クラス 憲法訴訟の現代的転回：憲法的論証を求めて（第15回）第2部/自由権以外の権利と論証の型 財産権　駒村圭吾「法学セミナー」57（1）通号684　2012.1　p.68〜75

11801 愛敬浩二報告をめぐる質疑応答（特集 憲法と経済秩序（3）：研究会における質疑応答）　江島晶子　横大道聡　糠塚康江［他］「企業と法創造」8（3）通号31　2012.2　p.131〜136

11802 赤坂正浩報告をめぐる質疑応答（特集 憲法と経済秩序（3）：研究会における質疑応答）　長谷部恭男　斎藤一久　井上典之［他］「企業と法創造」8（3）通号31　2012.2　p.145〜148

11803 岡田信弘報告をめぐる質疑応答（特集 憲法と経済秩序（3）：研究会における質疑応答）　阪本昌成　山元一　戸波江二［他］「企業と法創造」8（3）通号31　2012.2　p.119〜123

11804 経済秩序と「憲法/国際法」：International Constitutional Law/Constitutional International Law（特集 憲法と経済秩序（3））　江島晶子「企業と法創造」8（3）通号31　2012.2　p.16〜29

11805 憲法学からみた東日本大震災：復旧と復興への一視点（特集 憲法と経済秩序（3））　中島徹「企業と法創造」8（3）通号31　2012.2

基本的人権/憲法上の保障　　　　　　　　　　　　　　　　　　　財産権

p.76～84

11806　江島晶子報告をめぐる質疑応答（特集 憲法と経済秩序（3）：研究会における質疑応答）戸波江二　大林啓吾　愛敬浩二［他］「企業と法創造」8（3）通号31　2012.2　p.112～118

11807　財産権保障における「近代」と「前近代」：震災とTPPを契機とする再考（2）　中島徹「法律時報」84（2）通号1043　2012.2　p.84～93

11808　只野雅人報告をめぐる質疑応答（特集 憲法と経済秩序（3）：研究会における質疑応答）阪本昌成　高橋雅人　赤坂正浩［他］「企業と法創造」8（3）通号31　2012.2　p.124～130

11809　中島徹報告をめぐる質疑応答（特集 憲法と経済秩序（3）：研究会における質疑応答）愛敬浩二　山野目章夫　長谷部恭男［他］「企業と法創造」8（3）通号31　2012.2　p.137～144

11810　長谷部恭男報告をめぐる質疑応答（特集 憲法と経済秩序（3）：研究会における質疑応答）中島徹　赤坂正浩　大林啓吾［他］「企業と法創造」8（3）通号31　2012.2　p.149～153

11811　憲法学における経済秩序についての考察（1）　井上嘉仁「姫路法学」（52）　2012.3　p.1～48

11812　憲法上の特徴と経済成長に関する研究ノート　坂井吉良「政経研究」48（4）　2012.3　p.540～517

11813　財産権保障における「近代」と「前近代」：震災とTPPを契機とする再考（3）　中島徹「法律時報」84（3）通号1044　2012.3　p.88～92

11814　決算審査の充実に向けた参議院の取組：この10年間の改革とその成果　奥井俊二「立法と調査」（327）　2012.4　p.68～78

11815　財産権保障における「近代」と「前近代」：震災とTPPを契機とする再考（4）　中島徹「法律時報」84（4）通号1045　2012.4　p.86～92

11816　憲法論からみた日本版・小企業憲章（特集 憲法を力に諸要求実現を）　畑田重夫「月刊民商」54（5）通号619　2012.5　p.2～6

11817　財産権保障における「近代」と「前近代」：震災とTPPを契機とする再考（5）　中島徹「法律時報」84（5）通号1046　2012.5　p.106～111

11818　財産権保障における「近代」と「前近代」：震災とTPPを契機とする再考（6）　中島徹「法律時報」84（6）通号1047　2012.6　p.75～81

11819　財産権保障における「近代」と「前近代」：震災とTPPを契機とする再考（8）　中島徹「法律時報」84（9）通号1050　2012.8　p.78～85

11820　消費者委員会活動報告（消費者委員会・消費者庁・地方消費者行政）　山口広「消費者法ニュース」（93）　2012.10　p.32～34

11821　ロー・クラス 憲法ゼミナール（part.2）コンテクストを読む（第18回）偽の「公共の福

社」？ ：経済的自由規制と政治過程　山本龍彦「法学セミナー」57（10）通号693　2012.10　p.57～63

11822　消費税・外交・東日本復興など 安倍晋三 襲い来る「難問」と最後の勝負へ：憲法改正に日銀法改正を含めた経済政策など財界の期待も背負い政権奪取に燃える「Themis」21（11）通号241　2012.11　p.10～11

11823　「土地譲渡損失の損益通算廃止の遡及適用は合憲」で結着：補足意見付き判決も　橋本守次「税務QA」（128）　2012.11　p.19～27

11824　対談 高杉良×佐高信 竹中平蔵、橋下徹、猪瀬直樹は相似形だ（総選挙特集 経済と憲法を問う）　高杉良　佐高信「金曜日」20（48）通号940　2012.12.14　p.20～22

11825　豊かな者をより豊かにする成長戦略はいらない 格差と貧困の解消で経済の「発展」を（総選挙特集 経済と憲法を問う）　竹信三恵子 神野直彦「金曜日」20（48）通号940　2012.12.14　p.16～19

11826　石川健治報告をめぐる質疑応答（特集 憲法と経済秩序（4）―研究会における質疑応答）長谷部恭男　阪本昌成　愛敬浩二［他］「企業と法創造」9（3）通号35　2013.2　p.193～201

11827　「グローバル化世界における公法学の再構築」に向けての覚書（特集 憲法と経済秩序（4））　山元一「企業と法創造」9（3）通号35　2013.2　p.3～13

11828　憲法・経済・秩序（特集 憲法と経済秩序（4））　石川健治「企業と法創造」9（3）通号35　2013.2　p.39～53

11829　憲法と資本主義：科学から空想へ？：（比較）憲法史の描き方と「憲法学の方法」をめぐる覚書（特集 憲法と経済秩序（4））　本秀紀「企業と法創造」9（3）通号35　2013.2　p.30～38

11830　財産権の規矩としての民事基本法制（特集 憲法と経済秩序（4））　山野目章夫「企業と法創造」9（3）通号35　2013.2　p.158～170

11831　山野目章夫報告をめぐる質疑応答（特集 憲法と経済秩序（4）―研究会における質疑応答）水林彪　蟻川恒正　水島朝穂［他］「企業と法創造」9（3）通号35　2013.2　p.227～233

11832　本秀紀報告をめぐる質疑応答（特集 憲法と経済秩序（4）―研究会における質疑応答）長谷部恭男　愛敬浩二　石川健治［他］「企業と法創造」9（3）通号35　2013.2　p.187～192

11833　巻美矢紀報告をめぐる質疑応答（特集 憲法と経済秩序（4）―研究会における質疑応答）葛西まゆこ　大林啓吾　斎藤一久［他］「企業と法創造」9（3）通号35　2013.2　p.215～220

11834　水林彪報告をめぐる質疑応答（特集 憲法と経済秩序（4）―研究会における質疑応答）高橋利安　山野目章夫　水島朝穂［他］「企業

と法創造」9(3)通号35 2013.2 p.221〜226

11835 山元一報告をめぐる質疑応答(特集 憲法と経済秩序(4)―研究会における質疑応答)江島晶子 横大道聡 中島徹[他]「企業と法創造」9(3)通号35 2013.2 p.173〜179

11836 渡辺康行報告をめぐる質疑応答(特集 憲法と経済秩序(4)―研究会における質疑応答)戸波江二 井上典之 青柳幸一[他]「企業と法創造」9(3)通号35 2013.2 p.202〜205

11837 憲法学における経済秩序についての考察(2) 井上嘉仁「姫路法学」(54) 2013.3 p.57〜101

11838 事件に学ぶ消費者法 霊感商法 山口広「現代消費者法」(18) 2013.3 p.137〜139

11839 消費者委員会の活動報告 : リコール情報の徹底と健康食品など(消費者庁・消費者委員会・地方消費者行政) 山口広「消費者法ニュース」(95) 2013.4 p.19〜23

11840 消費税と憲法改悪について考える(特集 憲法を暮らしに生かす)鶴見祐策「月刊民商」55(5)通号632 2013.5 p.2〜5

11841 特集 Interview 日本経済成長のための「規制」改革 安念潤司 川島直子[インタビュー＆文]「クレジットエイジ」34(5・6)通号388 2013.5・6 p.4〜9

11842 セブン―イレブン・ジャパン事件・再考 : 公権力の個別的介入による所得再分配は有効か(長尾一紘先生古稀記念論文集) 安念潤司「法学新報」120(1・2) 2013.6 p.537〜578

11843 景観保護政策による「営業の自由」規制の適法性 山内敏弘,「龍谷法学」46(1) 2013.7 p.219〜268

11844 消費者委員会の活動報告 : 消費者基本計画と詐欺的投資勧誘(消費者庁・消費者委員会・地方消費者行政) 山口広「消費者法ニュース」(96) 2013.7 p.145〜147

11845 生活と憲法(1)経済と憲法 浦部法穂「法学館憲法研究所報」(9) 2013.7 p.57〜79

11846 財産権行使の制約をめぐる事後的違憲審査と比例原則(1)QPC導入後のフランス憲法院判決を手がかりにして 蛯原健介「明治学院大学法学研究」(95) 2013.8 p.1〜24

11847 財産権《制約》の類別に関する一試論 : 憲法判断対象たる法令の類別という観点から 大石和彦「筑波ロー・ジャーナル」(14) 2013.8 p.65〜84

11848 消費税アップ、憲法改正、公共事業……安倍自民 さあ、やりたい放題「大特集「日本の選択」参院選 1億3000万人の後悔 消費税アップ、憲法改正、公共事業…… 安倍自民 さあ、やりたい放題)「週刊現代」55(28)通号2721 2013.8.10 p.44〜46

11849 家族形成と法(特集 家族形成と労働) 笠

木映里「日本労働研究雑誌」55(9)通号638 2013.9 p.53〜65

11850 憲法リレートーク(29)インタビュー グローバル経済と日本国憲法 浜矩子 白木敦士[聞き手]「自由と正義」64(9)通号777 2013.9 p.49〜53

11851 消費者委員会の活動報告 : 指定権利削廃止とプロ責法の改正を(消費者庁・消費者委員会・国民生活センター・地方消費者行政) 山口広「消費者法ニュース」(97) 2013.10 p.28〜37

11852 家事事件手続法から婚外子相続分差別違憲決定まで(特集 変わる家族、漂う家族法)本山敦「法学セミナー」58(11)通号706 2013.11 p.2〜4

11853 消費税増税後の日本経済(2014平均年齢46歳超 変わる「この国のかたち」 : それでテレビはどうなるの?) 金子勝「調査情報. 第3期」(516) 2014.1・2 p.10〜13

11854 家族の視点から考えるシティズンシップ教育と憲法(特集 改憲空間と教育の責任) 望月一枝「教育」(817) 2014.2 p.32〜39

11855 シンポジウムの概要及び夫婦財産関係法の検討課題(特集 家族法改正研究会第6回シンポジウム「夫婦財産関係法の検討(Part1)夫婦財産制(755条〜759条, 762条)の見直しを中心に) 犬伏由子「戸籍時報」(709) 2014.3 p.2〜7

11856 法定財産制の見直し : 所得参与制の検討を含めて(特集 家族法改正研究会第6回シンポジウム「夫婦財産関係法の検討(Part1)夫婦財産制(755条〜759条, 762条)の見直しを中心に向けて : 比較法的検討を含めて) 犬伏由子「戸籍時報」(709) 2014.3 p.8〜16

11857 給与削減措置の違憲性(特集 国家公務員給与減額措置違憲訴訟) 晴山一穂「労働法律旬報」(1813) 2014.4.上旬 p.11〜25

11858 経済的自由(22条1項・29条)(特集 条文からスタート 憲法2014) 巻美矢紀「法学教室」(405) 2014.6 p.28〜30

11859 夫婦別氏をめぐる憲法学的考察 : 平成二六年三月二八日東京高裁判決を手がかりに 伊藤純子「法学会雑誌」55(1) 2014.7 p.247〜262

11860 憲法は日本経済発展の力 : 「基本的人権の保障」と「戦争放棄」を中心に(特集 戦争する国づくりと日本経済) 林直道「経済」(227) 2014.8 p.57〜61

11861 財産権行使の制約をめぐる事後的違憲審査と比例原則(2・完)QPC導入後のフランス憲法院判決を手がかりにして 蛯原健介「明治学院大学法学研究」(97) 2014.8 p.61〜86

11862 法概念としての所有権(1)所有権の二つ

基本的人権/憲法上の保障　　　　　　　　　　　　　　　　　　　　　　　　　　　　　人身の自由

のパラダイムと表現の自由　木下昌彦　「神戸法学雑誌」64（2）　2014.9　p.1〜45

11863　家族のあり方と最高裁大法廷決定（特集 非嫡出子相続分違憲最高裁大法廷決定—最高裁大法廷決定について）　水野紀子　「法の支配」（175）　2014.10　p.66〜83

11864　基調報告 憲法学における財政・租税の位置？（憲法学のゆくえ（3—1））　藤谷武史　「法律時報」86（11）通号1078　2014.10　p.94〜99

11865　なぜ家族保護規定が必要か 人口減少危機が突きつける現憲法の欠陥　「明日への選択」（345）　2014.10　p.15〜19

11866　消費税増税と法人税（所得税）減税の構造：消費税増税で財政再建はできない！（特集 第11回夏期研究集会—第3分科会 憲法を生かした税制・社会保障の在り方を考える）　秋元照夫　「中小商工業研究」（122）　2015.冬季　p.105〜116

11867　夫婦同氏を要求する民法750条の違憲性（1）　戸波江二　「早稲田法学」90（4）　2015　p.25〜81

11868　基調報告 憲法上の財産権保障と民法：所有権を対象として（憲法学のゆくえ（4—1））　水津太郎　「法律時報」87（1）通号1081　2015.1　p.97〜104

11869　憲法学のゆくえ（4—2）座談会 憲法上の財産権保障と民法（前篇）　水津太郎 宍戸常寿 曽我部真裕［他］「法律時報」87（2）通号1082　2015.2　p.99〜107

11870　憲法学のゆくえ（4—3）座談会 憲法上の財産権保障と民法（後篇）　水津太郎 宍戸常寿 曽我部真裕［他］「法律時報」87（3）通号1083　2015.3　p.97〜105

11871　消費者の権利を追い求めて 私の原点、クレサラ問題（創刊500号記念特集 憲法の危機に抗しつづけて—平和・民主主義・人権闘争のバトンを引き継いで）　宇都宮健児　「法と民主主義」（500・501）　2015.7-9　p.114〜116

11872　ロー・クラス 「憲法上の権利」各論（20・最終回）財産権（2・完）　小山剛　「法学セミナー」60（9）通号728　2015.9　p.79〜86

11873　消費増税阻止に向けて：憲法を生かし民主的な税制への転換を　勝部志郎　「月刊民商」57（12）通号664　2015.12　p.22〜27

人身の自由

【図書】

11874　国家の組織と人権保障手続　松浦寛著　第2版　京都 嵯峨野書院　2006.12　140p　21cm　（憲法 2）　1500円　Ⓘ4-7823-0451-X　Ⓝ323.14　松浦寛

【雑誌】

11875　人身の自由を侵害する行為の処罰に関する罰則の整備についての要綱（骨子）（特集1 人身取引に関する刑法改正）　久木元伸　「ジュリスト」（1286）　2005.3.15　p.2〜8

11876　人身の自由に対する罪の法整備について（特集1 人身取引に関する刑法改正）　佐久間修　「ジュリスト」（1286）　2005.3.15　p.9〜15

11877　刑事政策の窓 人身の自由を侵害する行為の処罰に関する罰則の整備について　島戸純　「罪と罰：日本刑事政策研究会会報」42（4）通号168　2005.9　p.67〜70

11878　「刑法等の一部を改正する法律」について—人身売買罪の新設等、人身取引その他の人身の自由を侵害する犯罪に対処するための法整備（特集 第162回国会成立 警察関係法律の解説）　島戸純　「Keisatsu koron」60（9）　2005.9　p.21〜30

11879　SA&論文 刑法等の一部を改正する法律—人身売買罪の新設等、人身取引その他の人身の自由を侵害する犯罪に対処するための法整備（昇試合格のための総合的実力養成欄）　刑事法令研究会　「Keisatsu koron」60（12）　2005.12　p.103〜109

11880　児童買春・ポルノ禁止法及び人身売買罪等の人身の自由を侵害する行為についての犯罪事実等のポイント（第1回）テーマ：児童に姿態をとらせて児童ポルノを製造する行為（児童買春・ポルノ禁止法7条3項）　阿部健一　東京法令出版株式会社［編］「捜査研究」55（8）通号662　2006.8　p.2〜10

11881　児童買春・ポルノ禁止法及び人身売買罪等の人身の自由を侵害する行為についての犯罪事実等のポイント（第2回）テーマ：インターネット上で児童ポルノを扱う行為（児童買春・児童ポルノ禁止法7条1項、2項、4項及び5項）　阿部健一　東京法令出版株式会社［編］「捜査研究」55（9）通号663　2006.9　p.15〜22

11882　児童買春・ポルノ禁止法及び人身売買罪等の人身の自由を侵害する行為についての犯罪事実等のポイント（第3回）テーマ：営利等の目的で人を売買する行為（刑法226条の2, 児童買春・児童ポルノ禁止法8条1項）　堤良行　東京法令出版株式会社［編］「捜査研究」55（11）通号665　2006.11　p.26〜31

11883　児童買春・ポルノ禁止法及び人身売買罪等の人身の自由を侵害する行為についての犯罪事実等のポイント（4・終）テーマ：児童に淫行をさせる行為等（児童福祉法60条1項、2項、34条1項6号、9号）　東京法令出版株式会社［編］「捜査研究」55（12）通号666　2006.12　p.10〜17

11884　拷問禁止委員会第1回政府報告書審査に基づく最終見解の意義と日弁連の課題（特集 拷問禁止委員会は日本の刑事司法に何を求めたのか）　小池振一郎 海渡雄一 大橋毅［他］「自

由と正義」58(8)通号703 2007.8 p.80～96

11885 児童買春・ポルノ禁止法及び人身売買罪等の人身の自由を侵害する行為についての犯罪事実等のポイント(第5回)テーマ：児童ポルノの輸入、輸出の罪について(児童買春、児童ポルノに係る行為等の処罰及び児童の保護等に関する法律7条2項、5項、6項) 白井美果 東京法令出版株式会社[編] 「捜査研究」57(1)通号679 2008.1 p.85～92

11886 人間の尊厳と拷問の禁止 玉蟲由樹 「上智法学論集」52(1・2) 2008.12 p.225～253

11887 拘禁施設内における拷問等防止の意義——日本における国内防止メカニズムの実現を探る 桑山亜也 海渡雄一 「龍谷大学矯正・保護研究センター研究年報」(6) 2009 p.80～100

11888 基礎法学講座 憲法 憲法が定める自白に関する規定について 「Keisatsu jiho」64(3) 2009.3 p.49～52

11889 図解基礎法学講座 憲法 人身の自由について 「Keisatsu jiho」64(6) 2009.6 p.53～55

11890 国際人権研究のフィールドを歩く(11)拷問等行為を防止するために 里見佳香 「ヒューマンライツ」(257) 2009.8 p.54～57

11891 無期刑受刑者の人身の自由－イギリスの無期刑受刑者の拘禁期間をめぐる司法判断を題材として 河合正雄 「早稲田法学会誌」61(1) 2010 p.141～189

11892 強姦による憲法上の権利の侵害内容：強姦被害者の声を聞きながら(政治行政学科創立二十周年記念号) 山内幸雄 「山梨学院大学法学論集」(68) 2011 p.281～306

11893 医療・介護における身体拘束の人権的視点からの検討——一宮身体拘束事件判決を参考にして 山本克司 「帝京法学」27(2)通号47 2011.8 p.111～138

11894 憲法をどう教えたか——足利事件発生当時の新聞記事を使った「人身の自由」の授業を中心に(法と人権教育の進化) 小林孝生 「民主主義教育21」6 2012.4 p.117～126

11895 ロー・ジャーナル 薬を与えないという拷問：憲法36条の現在 石埼学 「法学セミナー」58(7)通号702 2013.7 p.2～3

11896 学校教育法が禁止する「体罰」とは何か 前田聡 「流通経済大学法学部流経法学」13(2)通号25 2014.4 p.19～65

11897 災害法制における人的公用負担制度の考究(上)特に大災害時の一般人"徴用"の違憲性について 福本一朗 「安全安心社会研究」(4) 2014.3 p.55～70

11898 フランスにおける人身の自由に対する罪の処罰の強化 末道康之 「南山法学」37(3・4) 2014.6 p.81～103

11899 災害法制における人的公用負担制度の考究(中)特に大災害時の一般人"徴用"の違憲性について 福本一朗 「安全安心社会研究」(5) 2015.3 p.84～100

◆適正手続の保障一般

【雑誌】

11900 刑事司法改革と犯罪報道・世論との相互作用がもたらす適正手続上の問題——裁判員の予断、守秘義務を中心として(「司法改革」の総決算——憲法の理念に基づく真の司法改革をめざして一裁判官は どうなったか) 渕野貴生 「法の科学：民主主義科学者協会法律部会機関誌「年報」通号36(増刊) 2006 p.51～58

11901 憲法改正問題(23)適法手続規定と非常事態 青山武憲 「季刊現代警察」32(1)通号111 2006 p.72～79

11902 日本における手続的デュー・プロセスの発展(研究ノート) 岡本寛 「東北法学」(27) 2006.3 p.263～285

11903 「医療観察法」とデュー・プロセス——審判手続を中心として 北村總子 「法政論叢」43(2) 2007 p.92～109

11904 裁判手続における「合議」保障の意義——憲法学の観点からの鑑定意見書 小林武 「愛知大学法学部法経論集」(174) 2007.7 p.87～106

11905 日本国憲法60年記念 憲法学の現在・未来(7)プロセス理論へ 浅野博宣 「法学教室」通号327 2007.12 p.14～22

11906 ロー・ジャーナル 「民事手続の現在」と憲法的視座——全国青年司法書士協議会主催公開シンポジウム報告 澤田章仁 「法学セミナー」53(3)通号639 2008.3 p.6～7

11907 ロー・クラス 人権の臨界——路上の呼び声を聴く(20)手続としての憲法 笹沼弘志 「法学セミナー」53(11)通号647 2008.11 p.74～77

11908 税関検閲について 上村貞美 「名城ロースクール・レビュー」(13) 2009 p.13～31

11909 基礎法学講座 憲法 法定手続の保障について 「Keisatsu jiho」64(4) 2009.4 p.54～57

11910 民事訴訟手続の基本原則と憲法(特集 憲法学に問う—民事訴訟法学からの問題提起と憲法学からの応答) 長谷部由起子 「法律時報」81(5)通号1008 2009.5 p.48～53

11911 続・Interactive憲法——B准教授の生活と意見(4)訴訟と非訟 長谷部恭男 「法学教室」通号346 2009.7 p.29～32

11912 Munaf v. Geren, 128 S. Ct. 2207(2008)：在イラク多国籍軍と人身保護令状 中村良隆 「明治学院大学法学研究」88 2010.1

11913 図解基礎法学講座 憲法第31条について 「Keisatsu jiho」 66（10） 2011.10 p.61〜64

11914 Lochner判決の亡霊とその最近の評価断片（高木勝一教授古稀記念号 経済と社会—国家—国家・法） 青山武憲 「政経研究」 49（3） 2013.1 p.1065〜1105

11915 公取委審決取消訴訟の原告適格について 安念潤司 「中央ロー・ジャーナル」 10（1）通号35 2013.6 p.33〜61

11916 ロー・ジャーナル 裁判でのテレビ放映番組の証拠申請・採用：「意外に重たい」問題？ 大石泰彦 「法学セミナー」 59（7）通号714 2014.7 p.4〜7

11917 民事手続における憲法的保障 渡邉和道 「愛知学泉大学現代マネジメント学部紀要」 3（1） 2014.12 p.81〜113

11918 強制処分法定主義の憲法的意義 山田哲史 「公法研究」（77） 2015 p.225〜234

◆刑事手続

【図書】

11919 刑事訴訟法の変動と憲法的思考 小田中聰樹著 日本評論社 2006.12 427p 22cm 7000円 Ⓘ4-535-51522-0 Ⓝ327.6 小田中聰樹

11920 苦闘の刑事弁護 若松芳也著 現代人文社 2007.11 226p 22cm 〈発売：大学図書〉 2500円 Ⓘ978-4-87798-345-1 Ⓝ327.61 若松芳也

11921 裁判の法と手続—【裁判員制度法の再考】【憲法と改正論議要点】【新憲法改正私案】：2009・10・11年度—研究学習資料 堀内正義著 仙台 創栄出版 2012.7 282p 21cm Ⓘ978-4-7559-0448-6 Ⓝ327 堀内正義

11922 痴漢えん罪にまきこまれた憲法学者—警察・検察・裁判所・メディアの「えん罪スクラム」に挑む 飯島滋明著 高文研 2012.8 174p 19cm 1300円 Ⓘ978-4-87498-489-5 Ⓝ327.6 飯島滋明

11923 えん罪原因を調査せよ—国会に第三者機関の設置を 日弁連えん罪原因究明第三者機関WG編著, 指宿信監修 勁草書房 2012.9 172p 21cm 2900円 Ⓘ978-4-326-40277-9 Ⓝ327.6 日弁連えん罪原因究明第三者機関WG 指宿信

11924 憲法の刑法学の展開—仏教思想を基盤として 平川宗信 有斐閣 2014.12 431p 22cm 6800円 Ⓘ978-4-641-04299-5 Ⓝ326 平川宗信

【雑誌】

11925 違憲の裁判員制度（特集 裁判員制度をめぐって） 正岡紀美雄 「季刊現代警察」 32（4）通号114 2006 p.36〜41

11926 座談会 改正受刑者等処遇法（未決拘禁法）によって何が変わるのか（特集 未決拘禁制度の改革） 村井敏邦 海渡雄一 秋田真志［他］ 「刑事弁護」（47） 2006.Aut. p.34〜46

11927 証人保護のための遮蔽措置及びヴィデオ・リンク方式の合憲性（下） 清水真 「独協法学」（68） 2006.2 p.148〜137

11928 無令状捜査押収と適法性判断（2）憲法35条による権利保障 緑大輔 「修道法学」 28（2）通号55 2006.2 p.1052〜1024

11929 日本における手続的デュー・プロセスの発展 岡本寛 「東北法学」 27 2006.3

11930 DNAデータベースに関する若干の憲法学的考察 山本龍彦 「現代法律学の課題 日本法政学会五十周年記念」 2006.3 p.101〜

11931 Case Study刑事法（67）いわゆるNシステムの合憲性 刑事法研究W.G. 「Valiant：rank up magazine」 24（4）通号271 2006.4 p.45〜47

11932 新しい刑事被収容者処遇法の概要と今後の課題 海渡雄一 「刑事弁護」（52） 2007.Win. p.8〜13

11933 憲法と刑事政策 米山哲夫 「駿河台法学」 20（2）通号38 2007 p.89〜106

11934 上訴棄却の場合の未決勾留期間の不算入の違憲性 阿部泰隆 「刑事弁護」（50） 2007.Sum. p.103〜109

11935 国際刑事裁判所（ICC）と未来への挑戦（特集：人間の安全保障と国際刑事裁判所） フィリップ, キルシュ 「世界と議会」（510） 2007.2 p.12〜18

11936 法廷テレビカメラ取材と裁判の公開（第二部 法治国家における基本権保護） 鈴木秀美 「法治国家の展開と現代的構成 高田敏先生古稀記念論集」 2007.2 p.233〜

11937 刑事裁判の公開原則と被告人のプライバシーの権利（1） 笹倉香奈 「一橋法学」 6（1） 2007.3 p.295〜324

11938 新受刑者処遇法は刑務所を変えることができるか（特集 新受刑者処遇法の諸問題） 海渡雄一 「刑法雑誌」 46（3） 2007.4 p.378〜395

11939 公安警察による「ゼロ・トレランス」神奈川県警公安部による詐欺罪デッチ上げ事件——「極左暴力集団」の烙印を押されると憲法の保障する住居権も認められないのか（特集 警察の「ゼロ・トレランス」政策を問う） 内田雅敏 「法と民主主義」（419） 2007.6 p.8〜12

11940 刑事裁判の公開原則と被告人のプライバシーの権利（2・完） 笹倉香奈 「一橋法学」 6（2） 2007.7 p.859〜887

11941 EXAMIN REPORT 裁判員制度にくすぶる異論の声——市民感覚の反映どこまで？ 違

憲の可能性も!? 福原一緒 「イグザミナ」 通号
240 2007.9 p.24〜26

11942 刑事手続におけるDNA鑑定の利用と人権
論(1) 玉蟲由樹 「福岡大學法學論叢」52(2・
3)通号183・184 2007.12 p.327〜358

11943 現行憲法のもとでの刑事施設における人
権状況の発展と課題 桑山亜也 「龍谷法学」
40(3) 2007.12 p.408〜483

11944 警察の法構造——憲法(学)の視点から
(変容する公共性) 石村修 「公法研究」(70)
2008 p.186〜196

11945 刑事手続におけるDNA鑑定の利用と人権
論(2) 玉蟲由樹 「福岡大學法學論叢」52(4)
通号185 2008.3 p.443〜469

11946 日本の司法を問う(第2回)裁判員制度は
「違憲のデパート」——国会は施行延期の措置
をとれ 大久保太郎 「月刊日本」12(10)通号
138 2008.10 p.48〜55

11947 条例による罰則制定と罪刑法定主義 前
田徹生 「上智法学論集」52(1・2) 2008.12
p.209〜223

11948 鼎談後半部「日本国憲法下の裁判員制度」
[含 質疑応答](児島惟謙没後100年記念シンポ
ジウム いま裁判員制度が日本に導入される意義
——児島惟謙の思想的源流を探りつつ) 吉田
栄司 三谷太一郎 佐藤幸治[他] 「ノモス」
(23) 2008.12 p.107〜120

11949 ロー・クラス 人権の臨界——路上の呼び
声を聴く(21)犯罪と処罰の憲法理論 笹沼弘志
「法学セミナー」53(12)通号648 2008.12 p.
66〜69

11950 刑事手続き 『対テロ戦争』におけるアメ
リカ市民の人身拘束と適正手続の保障——国内
における国際テロ組織対処の憲法的性質に関す
る一考察 山中倫太郎 「警察政策」11 2009
p.185〜205

11951 研究者の立場から 複数鑑定回避論の批判
的検討——「わかりやすさ」とデュー・プロセ
ス(特集 公判前整理手続を検証する) 中島宏
「刑事弁護」(60) 2009.冬季 p.55〜58

11952 死刑をめぐる憲法判断における外国法参
照の意義——Roper v. Simmons事件判決
(2005)を手掛かりとして(ミニ・シンポジウム
アメリカ最高裁による外国法・国際法の参照と
援用) 勝田卓也 「比較法研究」通号71 2009
p.112〜118

11953 刑事法の脱構築(1・新連載)人種差別の
刑事規制について 前田朗 「法と民主主義」
(435) 2009.1 p.56〜61

11954 「自由」を許可制にはさせない!——麻生
邸ツアーで不当逮捕 雨宮処凛 「世界」
(786) 2009.2 p.81〜89

11955 冤罪の温床・代用監獄制度に明確な廃止

勧告(特集 日本の人権状況を検証する——自由
権規約委員会の最終見解をどう活かすか) 田
鎖麻衣子 「法と民主主義」(436) 2009.2・3
p.16〜19

11956 死刑廃止は世界の流れ(特集 日本の人権
状況を検証する——自由権規約委員会の最終見
解をどう活かすか) 小川原優之 「法と民主主
義」(436) 2009.2・3 p.20〜22

11957 犯罪被害者等の刑事公判手続への参加
——その憲法上の根拠と限界 中園江里人 「近
畿大学法科大学院論集」(5) 2009.3 p.191
〜222

11958 憲法の刑事手続と憲法学への期待(特集
憲法学に問う—刑事訴訟法学からの問題提起と
憲法学からの応答) 川崎英明 「法律時報」81
(5)通号1008 2009.5 p.57〜61

11959 憲法的刑事手続と憲法学の課題(特集 憲
法学に問う—刑事訴訟法学からの問題提起と憲
法学からの応答) 愛敬浩二 「法律時報」81
(5)通号1008 2009.5 p.61〜64

11960 「国民の敬虔感情」と刑事的規制(特集 憲
法学に問う—刑法学からの問題提起と憲法学か
らの応答) 蟻川恒正 「法律時報」81(5)通号
1008 2009.5 p.28〜34

11961 先端科学技術の刑事的規制(特集 憲法学
に問う—刑法学からの問題提起と憲法学からの
応答) 高山佳奈子 「法律時報」81(5)通号
1008 2009.5 p.24〜28

11962 第1回公開研究会 裁判員制度と憲法 四
宮啓 「法学館憲法研究所報」(1) 2009.7 p.
1〜21

11963 続・基礎講座憲法 刑事訴訟法(1) 立石
英生 「研修」(734) 2009.8 p.107〜118

11964 刑事手続におけるDNA鑑定の利用と人権
論(3・完) 玉蟲由樹 「福岡大學法學論叢」54
(2・3)通号191・192 2009.9 p.1〜30

11965 刑事法の脱構築(9)「憲法的再審」のゆく
え 大場史朗 「法と民主主義」(444) 2009.
12 p.49〜53

11966 企業秘密と公開原則——不正競争防止法
をめぐって[含 不正競争防止法の一部を改正す
る法律](特集 刑事裁判と公開原則) 安念潤司
「刑事法ジャーナル」21 2010 p.20〜27

11967 憲法上要求される証拠開示の限界
(1)Brady法理に対する批判と新たな解釈の当
否 三明翔 「比較法雑誌」44(2)通号154
2010 p.301〜356

11968 刑事施設視察委員会設立後3年間の活動成
果と今後の課題 海渡雄一 「Niben frontier」
(91)通号314 2010.1・2 p.48〜51

11969 取調べ録音録画に向けて——その憲法的
考察[含 訳者解題] Christopher, Slobogin
指宿信[訳] 「判例時報」(2064) 2010.3.11
p.3〜13

11970 死刑と憲法——裁判員制度の実施に際しての一視点（特集 裁判員時代における死刑問題）　高井裕之「法律時報」82（7）通号1023　2010.6　p.53～57

11971 図解基礎法学講座 憲法 被疑者の権利について「Keisatsu jiho」65（7）2010.7　p.59～62

11972 授業実践報告「自己負罪拒否特権」をどう教えるか——ロースクール講義余滴（2）安念潤司「中央ロー・ジャーナル」7（2）通号24　2010.9　p.95～121

11973 犯罪被害者の刑事手続参加と国際人権法（特集 被害者の刑事手続参加（2）諸外国の動向）山口直也　刑法読書会［編］「犯罪と刑罰」（20）2010.12　p.175～193

11974 決議, 政府提出法案, および修正案提出権——憲法34条の1, 39条および44条の適用に関する2009年4月15日組織法律第403号［立法紹介——公法）徳永貴志「日仏法学」（26）2011　p.129～132

11975 憲法上要求される証拠開示の限界（2）Brady法理に対する批判と新たな解釈の当否　三明翔「比較法雑誌」45（2）通号158　2011　p.187～232

11976 憲法と死刑制度：大学での授業から見えてくる「世論」との若干の乖離　浅川千尋「総合教育研究センター紀要」（10）2011年度　p.65～69

11977 国際刑事裁判所（ICC）と大国の加盟：アメリカの安全保障政策の転換過程から　前田仁美「創価大学大学院紀要」（33）2011年度　p.95～118

11978 訴因の機能と訴因の特定の再検討：憲法レベルおよび刑訴法レベルでの防禦権保障の視点から（佐上善和教授 渡辺惺之教授退職記念論文集）久岡康成「立命館法学」2011（5・6）通号339・340　2011　p.2716～2734

11979 訴訟無能力による長期の公判停止——訴訟からの解放と医療への接続について（訴訟能力の問題（5）長期の公判停止が問題となった事例）中島宏「刑事弁護」（68）2011.冬季　p.131～133

11980 被害者の権利の憲法上の基礎づけ（1）千國亮介「早稲田大学大学院法研論集」（139）2011　p.119～142

11981 図解基礎法学講座 憲法 通被告人の権利について「Keisatsu jiho」66（2）2011.2　p.51～55

11982 被疑者取調べの適正化と国際人権法－弁護人の援助による黙秘権の確保（特集 被拘禁者と国際人権法－日本の被拘禁者と国際人権法）葛野尋之「法律時報」83（3）通号1032　2011.3　p.10～15

11983 法律時評 検察審査会による強制起訴——

11984 「統治主体」としての「国民」　今関源成「法律時報」83（4）通号1033　2011.4　p.1～3

11985 図解基礎法学講座 憲法に規定された令状主義とその例外について「Keisatsu jiho」66（11）2011.11　p.60～63

11986 第四回東洋大学公法研究会報告 裁判員制度における憲法解釈問題　高澤弘明「東洋法学」55（2）通号120　2011.12　p.257～267

11987 刑事施設医療と憲法36条の残虐な刑罰の禁止に関する研究序説　荻野太司「龍谷大学矯正・保護総合センター研究年報」（2）2012　p.132～148

11988 憲法上要求される証拠開示の限界（3）Brady法理に対する批判と新たな解釈の当否　三明翔「比較法雑誌」45（4）通号160　2012　p.231～285

11989 憲法上要求される証拠開示の限界（4）Brady法理に対する批判と新たな解釈の当否　三明翔「比較法雑誌」46（3）通号163　2012　p.279～311

11990 自己負罪拒否権の保障に限界や制約が認められるか　三並敏克「京都学園法学」2012（2）通号69　2012　p.131～155

11991 被害者の権利の憲法上の基礎づけ（2・完）千國亮介「早稲田大学大学院法研論集」（141）2012　p.321～348

11992 インクのしずく（vol.153）裁判員制度の合憲性　土本武司「捜査研究」61（1）通号728　2012.1　p.115～113

11993 「市民陪審」開催における諸側面の具体例について　榊原秀訓「南山法学」35（2）2012.2　p.137～153

11994 鹿児島地裁における裁判員裁判　小栗実「法学論集」46（2）2012.3　p.133～171

11995 刑事拘禁における拷問および残虐・非人道的処遇等の禁止・防止（特集 憲法と国際人権法：共通の人権規範の確立に向けて）佐藤元治「法律時報」84（5）通号1046　2012.5　p.41～45

11996 刑事手続における武器対等原則の意義とその適用可能性（特集 憲法と国際人権法：共通の人権規範の確立に向けて）斎藤司「法律時報」84（5）通号1046　2012.5　p.46～50

11997 死刑制度をめぐる問題（特集 憲法と国際人権法：共通の人権規範の確立に向けて）高山佳奈子「法律時報」84（5）通号1046　2012.5　p.36～40

11998 刑事裁判の公開とアクセス権　蒔田圭明「名城法学論集：大学院研究年報」41　2013年度　p.3～32

11998 刑法の観点から（特集 表現の自由についての権利をめぐる今日的課題—差別表現・憎悪表現の禁止に関する国際人権法の要請と各国の

対応 ： 日本法への示唆） 田中利幸 「国際人権
： 国際人権法学会報」 （24） 2013 p.73～76

11999 憲法上要求される証拠開示の限界
（5）Brady法理に対する批判と新たな解釈の当
否 三明翔 「比較法雑誌」 46（4）通号164
2013 p.189～236

12000 日本国憲法は対決権を保障している（特集
性犯罪事件を争う―被害者参加制度・証人保護
制度にどう対応するか） 高野隆 「刑事弁護」
（76） 2013.冬季 p.11～19

12001 対談（リレー対談「日本社会と憲法」
（2012年秋）―第2回「裁判と憲法 ： 裁判員制
度・死刑制度を考える」） 浦部法穂 村井敏邦
「法学館憲法研究所報」 （8） 2013.1 p.46～53

12002 第2回「裁判と憲法 ： 裁判員制度・死刑
制度を考える」（リレー対談「日本社会と憲法」
（2012年秋）―第2回「裁判と憲法 ： 裁判員制
度・死刑制度を考える」） 村井敏邦 「法学館憲
法研究所報」 （8） 2013.1 p.32～45

12003 新しい在留管理制度について 菅原真
「中部圏研究 ： 調査季報」 （182） 2013.3 p.
12～18

12004 鹿児島地裁における裁判員裁判 ： 2012年
（緒方直人教授退職記念号） 小栗実 「法学論
集」 47（2） 2013.3 p.271～301

12005 初等中等教育における「市民の司法参加」
教育のあるべき方向性（特集 刑事司法情報と法
教育 ： 裁判員裁判時代の法教育のゆくえ） 渡
邊弘 「刑法雑誌」 52（1） 2013.3 p.42～54

12006 迅速な刑事手続を受ける人権と勾留 ： ド
イツ連邦憲法裁判所の判例を中心に（長内了先
生古稀記念論文集） 川又伸彦 「法学新報」
119（9・10） 2013.3 p.201～222

12007 家族関係の刑事的規制（特集 憲法の射程）
髙山佳奈子 「法律時報」 85（5）通号1059
2013.5 p.17～22

12008 菊池事件と憲法的再審について 内田博
文 「神戸学院法学」 43（1） 2013.5 p.1～61

12009 ロー・クラス 刑法理論の味わい方 ： 理
論刑法学入門（16）罪刑法定主義（2）刑法と憲法
における『不明確性』の主張 高橋則夫 杉本
一敏 「法学セミナー」 58（7）通号702 2013.7
p.96～101

12010 違法ダウンロードの刑事罰化 捜査上の実
務と問題点（特集 クラウド時代の知的財産と適
正規制 ： 刑事法・民事法―第37回法とコン
ピュータ学会研究報告） 久保田裕 「法とコン
ピュータ」 （31） 2013.9 p.31～39

12011 警察犬による捜査と憲法（富田武教授 記
念号） 藤井樹也 「成蹊法学」 （80） 2014
p.330～119

12012 国内治安法制における介入閾 ： 最近の憲
法判例に照らして見たその体系 ラルフ，ボッ

シャー 米田雅宏［訳］ 「北大法学論集」 65
（4） 2014 p.996～958

12013 Secrecy Surrounding Executions in
Japan（Special Topics ： Fairness and Due
Process in Japan's Death Penalty ： Global
Perspectives） 布施勇如 「龍谷大学矯正・保護
総合センター研究年報」 （4） 2014 p.30～35

12014 基調報告 憲法と刑事法の交錯（憲法学の
ゆくえ（1―1）） 亀井源太郎 「法律時報」 86
（4）通号1071 2014.4 p.90～96

12015 刑事司法改革は進んだか（1）なぜえん罪
はなくならないのか 海渡雄一 「まなぶ」
（685） 2014.5 p.53～57

12016 憲法学のゆくえ（1―2）座談会 憲法と刑
事法の交錯（前篇） 亀井源太郎 宍戸常寿［司
会］ 曽我部真裕［他］ 「法律時報」 86（5）通号
1072 2014.5 p.125～133

12017 被疑者取調べにおける黙秘権告知と憲法
38条1項 ： 黙秘権告知は黙秘権の内容に含まれ
るのか 関口和徳 「法律時報」 86（5）通号
1072 2014.5 p.112～118

12018 民事・刑事手続におけるデュー・プロセ
スの交錯と統合 ： 米国の判例と日本国憲法三
一条を手がかりに 渡邉和道 「同志社法学」
66（1）通号368 2014.5 p.67～122

12019 刑事司法改革は進んだか（2）なぜえん罪
はなくならないのか 海渡雄一 「まなぶ」
（686） 2014.6 p.55～61

12020 憲法学のゆくえ（1―3）座談会 憲法と刑
事法の交錯（後篇） 亀井源太郎 宍戸常寿［司
会］ 曽我部真裕［他］ 「法律時報」 86（6）通号
1073 2014.6 p.75～83

12021 「刑事司法改革法案」に異議あり（特集
様々な視点で憲法を考えよう） 深草徹 「季刊
人権問題」 （41） 2015.夏 p.31～44

12022 遠へい措置及びビデオリンク方式を用い
た証人尋問の合憲性 中村真利子 「比較法雑
誌」 48（4）通号172 2015 p.241～267

12023 鹿児島地裁における裁判員裁判（2013年・
2014年）（石川英昭教授退職記念号） 小栗実
「法学論集」 49（2） 2015.3 p.317～351

12024 現行憲法下における警察法理論の展開
島田茂 「甲南法学」 55（4） 2015.3 p.187～
254

12025 憲法と刑法の交錯 ： 立法過程の考察 新
倉修 「青山法務研究論集」 （10）通号10 2015.
3 p.17～38

12026 絞首刑は残虐な刑罰か（地球的視野の下で
の日本における死刑の公正と適正手続 ： 2014
年アジア犯罪学会（大阪）の死刑セッション報
告） 正木幸博 「龍谷法学」 47（4） 2015.3
p.793～802

12027 日本の死刑執行を巡る密行性（地球的視野

の下での日本における死刑の公正と適正手続 : 2014年アジア犯罪学会（大阪）の死刑セッション報告）　布施勇如　「龍谷法学」47（4）　2015.3　p.803〜809

12028　捜査法の思考と情報プライヴァシー権 :「監視捜査」統御の試み（小特集 強制・任意・プライヴァシー :「監視捜査」をめぐる憲法学と刑訴法学の対話）　笹倉宏紀　「法律時報」87（5）通号1085　2015.5　p.70〜77

12029　冤罪事件の根絶に取り組む 日弁連再審支援第一号 : 徳島事件の顛末（創刊500号記念特集 憲法の危機に抗しつづけて—平和・民主主義・人権闘争のバトンを引き継いで）　秋山賢三　「法と民主主義」（500・501）　2015.7-9　p.126〜128

12030　国家権力による監視に抗して 断罪された警察の電話盗聴（創刊500号記念特集 憲法の危機に抗しつづけて—平和・民主主義・人権闘争のバトンを引き継いで）　緒方靖夫　「法と民主主義」（500・501）　2015.7-9　p.62〜64

12031　受刑者の外部交通権の憲法的意義 : 面会規定を中心に（特集 誰かに想いを馳せる）　河合正雄　「News letter」（47）　2015.8　p.15〜24

12032　忍び寄る悪法中の悪法 懲りない共謀罪再上程を警戒せよ　海渡雄一　「金曜日」23（39）通号1079　2015.10.16　p.26〜27

◆行政手続

【雑誌】

12033　外間寛先生最終講義「橋本公亘先生と行政手続法」（2003年1月9日）（民事上の名誉毀損訴訟における公的人物の概念と表現の自由）　外間寛　「法学新報」112（11・12）　2006.7　p.809〜834

12034　判例講座 憲法基本判例を読み直す（16）税務調査における質問検査権と憲法31条, 35条, 38条1項——川崎民商事件判決（最大判昭和47.11.22刑集26巻9号554頁）　野坂泰司　「法学教室」通号320　2007.5　p.100〜109

12035　「行政手続法」の制定と民主的責任行政の法的展開（III 基本的人権）　下川環　「憲法諸相と改憲論 吉田善明先生古稀記念論文集」　2007.8　p.313〜

12036　行政改革下における行政と行政法（統治構造の変容と行政動態）　浜川清　「公法研究」（70）　2008　p.41〜61

12037　行政機関の保有する裁判記録の開示に関する一考察　小林直樹　「奈良法学会雑誌」21（3・4）　2008年度　p.1〜40

12038　被害者参加制度の憲法学と弁護士倫理——2つの問題提起（特集 被害者参加制度の導入と刑事弁護の変容—事件報告を受けて——研究者の立場から）　宮澤節生　「刑事弁護」（61）　2010.春季　p.68〜71

12039　国際人権法から見た死刑制度——死刑求刑裁判員事件を弁護する若き弁護人のために　海渡雄一　「刑事弁護」（65）　2011.春季　p.8〜13

12040　行政法を学ぶ（第17回）行政手続（1）憲法上の適正手続・行政手続法　曽和俊文　「法学教室」（386）　2012.11　p.82〜94

12041　廃棄物処理業者の許可に関する、業務と無関係の違反を理由とする義務的取消しと連鎖的取消制度の違憲性　阿部泰隆　「自治研究」89（8）通号1074　2013.8　p.3〜26

12042　行政活動の適法性の憲法的条件 : その根拠と限界に関する比較法的考察（柳澤秀吉教授退職記念号）　渡邊亙　「名城法学」64（1・2）　2014　p.253〜279

国家賠償・刑事補償

【図書】

12043　ハンセン病違憲国賠裁判全史　第1巻（裁判編 西日本訴訟 1）　ハンセン病違憲国賠裁判全史編集委員会編　［出版地不明］　ハンセン病違憲国賠裁判全史編集委員会　2006.12　825p　22cm　〈発売：皓星社〉　Ⓘ4-7744-0372-5　Ⓝ498.6

12044　ハンセン病違憲国賠裁判全史　第2巻（裁判編 西日本訴訟 2）　ハンセン病違憲国賠裁判全史編集委員会編　［出版地不明］　ハンセン病違憲国賠裁判全史編集委員会　2006.12　876p　22cm　〈発売：皓星社〉　Ⓘ4-7744-0372-5　Ⓝ498.6

12045　ハンセン病違憲国賠裁判全史　第3巻（裁判編 西日本訴訟 3）　ハンセン病違憲国賠裁判全史編集委員会編　［出版地不明］　ハンセン病違憲国賠裁判全史編集委員会　2006.12　540p　22cm　〈発売：皓星社〉　Ⓘ4-7744-0372-5　Ⓝ498.6

12046　ハンセン病違憲国賠裁判全史　第4巻（裁判編 東日本訴訟）　ハンセン病違憲国賠裁判全史編集委員会編　［出版地不明］　ハンセン病違憲国賠裁判全史編集委員会　2006.12　475p　22cm　〈発売：皓星社〉　Ⓘ4-7744-0372-5　Ⓝ498.6

12047　ハンセン病違憲国賠裁判全史　第5巻（裁判編 瀬戸内訴訟）　ハンセン病違憲国賠裁判全史編集委員会編　［出版地不明］　ハンセン病違憲国賠裁判全史編集委員会　2006.12　329p　22cm　〈年表あり〉　〈発売：皓星社〉　Ⓘ4-7744-0372-5　Ⓝ498.6

12048　ハンセン病違憲国賠裁判全史　第6巻（被害実態編 西日本訴訟 1）　ハンセン病違憲国賠

裁判全史編集委員会編　［出版地不明］　ハンセ
ン病違憲国賠裁判全史編集委員会　2006.12
919p　22cm　〈年表あり〉　〈発売：皓星社〉
Ⓓ4-7744-0372-5　Ⓝ498.6

12049　ハンセン病違憲国賠裁判全史　第7巻（被
害実態編　西日本訴訟 2）　ハンセン病違憲国賠
裁判全史編集委員会編　［出版地不明］　ハンセ
ン病違憲国賠裁判全史編集委員会　2006.12
553p　22cm　〈発売：皓星社〉　Ⓓ4-7744-
0372-5　Ⓝ498.6

12050　ハンセン病違憲国賠裁判全史　第8巻（被
害実態編　東日本訴訟）　ハンセン病違憲国賠裁
判全史編集委員会編　［出版地不明］　ハンセン
病違憲国賠裁判全史編集委員会　2006.12
502p　22cm　〈発売：皓星社〉　Ⓓ4-7744-
0372-5　Ⓝ498.6

12051　ハンセン病違憲国賠裁判全史　第9巻（被
害実態編　瀬戸内訴訟他）　ハンセン病違憲国賠
裁判全史編集委員会編　［出版地不明］　ハンセ
ン病違憲国賠裁判全史編集委員会　2006.12
740p　22cm　〈発売：皓星社〉　Ⓓ4-7744-
0372-5　Ⓝ498.6

12052　国の不法行為責任と公権力の概念史―国
家賠償制度史研究　岡田正則著　弘文堂　2013.
2　322, 5p　22cm　（行政法研究双書 28）
〈索引あり〉　4700円　Ⓓ978-4-335-31215-1
Ⓝ323.96　岡田正則

【雑誌】

12053　戦争犯罪及び人道に反する罪に時効はな
い　治安維持法犠牲者へ謝罪と補償を：自由権
規約第7条、第18条に関連して　治安維持法犠牲
者国家賠償要求同盟　「Interjurist」　p.25〜27

12054　チャレンジ・セミナー　憲法・行政法（40）
国家賠償（1）　「自治実務セミナー」　46（2）通号
536　2007.2　p.57〜67

12055　戦後補償に関する憲法的考察　石川多加
子　「法律論叢」　79（2・3）　2007.3　p.31〜65

12056　チャレンジ・セミナー　憲法・行政法
（NO.41）国家賠償（2）　「自治実務セミナー」
46（3）通号537　2007.3　p.54〜67

12057　中国残留婦人国賠訴訟における立法不作
為違憲論　内藤光博　「専修法学論集」　（99）
2007.3　p.57〜102

12058　チャレンジ・セミナー　憲法・行政法（42）
損失補償　「自治実務セミナー」　46（4）通号538
2007.4　p.52〜61

12059　最近の戦後補償訴訟裁判例にみる国家無
答責原則について（III 基本的人権）　西埜章
「憲法諸相と改憲論 吉田善明先生古稀記念論文
集」　2007.8　p.291〜

12060　明治憲法体制確立期における国の不法行
為責任（4）国家無答責の法理と公権力概念　岡
田正則　「南山法学」　31（1・2）　2007.9　p.85
〜112

12061　日本における国際人権訴訟主要判例一覧
（6）　西片聡哉　国際人権法学会［編］　「国際
人権：国際人権法学会報」　通号19　2008　p.
251〜256

12062　国家賠償請求訴訟における立法行為の憲
法適合性審査――判例の類型化とその帰結　畑
尻剛　「中央ロー・ジャーナル」　4（4）通号14
2008.3　p.3〜32

12063　「中国残留日本人孤児」国家賠償請求・鹿
児島訴訟の記録（1）　小栗実　「法学論集」　42
（1・2）　2008.3　p.121〜165

12064　「中国残留日本人孤児」国家賠償請求・鹿
児島訴訟の記録（2）　小栗実　「法学論集」　43
（1）　2008.11　p.119〜167

12065　中国残留孤児訴訟について−神戸地裁
2006（平成18）.12.1判決ほか（特集 国際人権判
例分析）　斉藤豊　国際人権法学会［編］　「国際
人権：国際人権法学会報」　通号20　2009　p.
72〜76

12066　中国残留邦人国賠請求事件・コメント−
国際法の観点から（特集 国際人権判例分析）
中坂恵美子　国際人権法学会［編］　「国際人権
：国際人権法学会報」　通号20　2009　p.77〜80

12067　「中国残留日本人孤児」国家賠償請求・鹿
児島訴訟の記録（3）　小栗実　「法学論集」　43
（2）　2009.3　p.125〜187

12068　立法行為の国家賠償請求訴訟対象性・再
論――権限規範と行為規範の区別をふまえて
青井未帆　「信州大学法学論集」　（12）　2009.3
p.1〜26

12069　被害を語るということ：ハンセン病違憲
国賠訴訟の経験から（特集 A/B面の国際文化学
：うらがえす知のたくらみ一礫（つぶて）の気
骨：九州の闇を掘る：国際文化学のポリティ
クス/社会の巻）　久保井摂　「インターカル
チュラル：日本国際文化学会年報」　8　2010
p.32〜44

12070　「中国残留日本人孤児」国家賠償請求・鹿
児島訴訟の記録（4）　小栗実　「法学論集」　44
（2）　2010.2　p.131〜168

12071　'水俣病特別措置法'における立法目的とそ
の実現手段の関係について（上）同法の憲法適合
性の考察のための1個の資料として　松田健児
「創価法学」　39（3）　2010.3　p.117〜129

12072　立法行為に対する国賠法を通じた司法審
査――裁判所と立法者との関係　岩切大地　「立
正法学論集」　45（1）通号83　2011　p.31〜98

12073　「中国残留日本人孤児」国家賠償請求・鹿
児島訴訟の記録（5・完）　小栗実　「法学論集」
45（2）　2011.3　p.157〜185

12074　弁護団レポート 自治労連弁護団「法の支
配」と「憲法の保障」を獲得するために橋下市
政を提訴：大阪市思想調査アンケート国家賠
償請求訴訟の概要と意義　西晃　「季刊自治と分

権」（49）　2012.秋　p.112〜123

12075　自衛隊の国民監視差止訴訟 最終意見陳述書「平和運動」（493）　2012.3　p.24〜28

12076　自衛隊の国民監視差止・国賠訴訟で勝訴判決[仙台地裁2012.3.26判決]　小野寺義象「平和運動」（495）　2012.5　p.4〜10

12077　憲法制定過程から見た国家賠償請求権規定について　末澤国彦「研究紀要. 一般教育・外国語・保健体育」（72）　2012.10　p.39〜52

12078　公法訴訟（第17回）行政救済法における違法概念と憲法規範 ： 国家賠償法1条の違法概念の特殊性を中心に　神橋一彦「法学教室」（386）　2012.11　p.95〜107

12079　憲法が生きる職場と大阪市のために ： 大阪市「思想調査」アンケート・国家賠償訴訟原告団長 永谷孝代さんに聞く　永谷孝代「女性のひろば」（406）　2012.12　p.34〜38

12080　国家賠償制度に対する憲法上の要請 ： 比較法的アプローチからの試論　渡邊亙「名城法学」63（3）　2013　p.1〜32

12081　公法訴訟（第18回）立法行為と国家賠償 ： 2つの最高裁判例を読む　土井真一「法学教室」（388）　2013.1　p.91〜101

12082　憲法17、40条の成立と鈴木義男氏 ：「キリスト教教育と近代日本の知識人形成」研究の一環として　田中輝和「東北学院大学法学政治学研究所紀要」（21）　2013.3　p.85〜131

12083　公法訴訟（第19回）不在の風景 ：「国賠訴訟」における責任と救済の連関について　石川健治「法学教室」（390）　2013.3　p.82〜90

12084　賠償請求権の法的性格 ： 権利構造論を手がかりとして（長尾一紘先生古稀記念論文集）斎藤孝「法学新報」120（1・2）　2013.6　p.177〜199

12085　自衛隊の国民監視差止訴訟（特集 復興の地からこの国のあり方を問う ： 日本民主法律家協会仙台拡大理事会より）　甫守一樹「法と民主主義」（480）　2013.7　p.50〜53

12086　国家賠償請求事件等最近判例五題　安藤高行「九州国際大学法学論集」20（1・2）2013.12　p.19〜83

12087　権限規範の実体法的効力について　黒川伸一「旭川大学経済学部紀要」（73）　2014.3　p.57〜75

12088　公共組合と公権力の行使（1）（大阪市立大学法学部 創立六〇周年記念号（下））　松戸浩「法学雑誌」60（3・4）　2014.3　p.1154〜1195

12089　谺雄二さん（ハンセン病違憲国賠訴訟全国原告団協議会会長）逝く 重監房を次代に遺す悲願を達成　村上絢子[文]「金曜日」22（27）通号1017　2014.7.11　p.44

12090　死刑の執行方法と立法不作為の憲法論（角田猛之教授還暦記念論文集）　高作正博「関西

大学法学論集」64（3・4）　2014.11　p.911〜934

12091　公共組合と公権力の行使（2・完）（平岡久教授 退任惜別記念号）　松戸浩「法学雑誌」61（1・2）　2014.12　p.128〜170

12092　志布志事件から憲法問題を考える（法学部シンポジウム 地域に学ぶ憲法）　横大道聡「熊本法学」（132）　2014.12　p.232〜238, 248〜250

12093　違憲国賠訴訟を闘いぬいて ： あるハンセン病回復者聞き取り　福岡安則・黒坂愛衣「日本アジア研究 ： 埼玉大学大学院文化科学研究科博士後期課程紀要」12　2015　p.147〜185

12094　当事者運動と特別法廷（特集 ハンセン病「特別法廷」と司法の責任 ： 遅すぎた最高裁の検証）　徳田靖之「法と民主主義」（499）2015.6　p.16〜19

12095　特別法廷 ： 司法による被害および名誉の回復 ： 司法がもたらした被害は司法が主体となって回復を図らなければならない（特集 ハンセン病「特別法廷」と司法の責任 ： 遅すぎた最高裁の検証）　八尋光秀「法と民主主義」（499）　2015.6　p.20〜23

12096　特別法廷と菊池事件の死刑判決（特集 ハンセン病「特別法廷」と司法の責任 ： 遅すぎた最高裁の検証）　岡田行雄「法と民主主義」（499）　2015.6　p.12〜15

12097　特別法廷の違憲性とハンセン病差別・偏見（特集 ハンセン病「特別法廷」と司法の責任 ： 遅すぎた最高裁の検証）　内田博文「法と民主主義」（499）　2015.6　p.3〜11

12098　核のない平和な世界を 被爆者の核兵器廃絶の願いと原爆症認定集団訴訟 ： 被爆者の声に耳を傾けて（創刊500号記念特集 憲法の危機に抗しつづけて―平和・民主主義・人権闘争のバトンを引き継いで）　宮原哲朗「法と民主主義」（500・501）　2015.7-9　p.46〜48

裁判を受ける権利

【図書】

12099　裁判を受ける権利と司法制度　片山智彦著 吹田 大阪大学出版会 2007.3　270p 22cm　5000円　⒤978-4-87259-222-1　Ⓝ327.04 片山智彦

【雑誌】

12100　文書提出命令に対する抗告の利益を有する者の範囲－裁判を受ける権利　櫻本正樹「人権教育研究」5　2005　p.41〜55

12101　EC企業法判例研究（76）二重起訴の禁止と専属的合意管轄の優先関係および迅速な裁判を受ける権利の保障（EC司法裁判所2003.12.9

判決） 安達栄司 「国際商事法務」 33(7)通号
517 2005 p.982〜986

12102 改正行政事件訴訟法の訴訟手続規定と裁
判を受ける権利(特集＝改正行政事件訴訟法)
岡田正則 「法律時報」 77(3)通号954 2005.3
p.61〜65

12103 裁判を受ける権利の発展可能性(1)法的
聴聞権を中心として 笹田栄司 有斐閣[編]
「民商法雑誌」 133(2) 2005.11 p.269〜297

12104 裁判を受ける権利の発展可能性(2・完)法
的聴聞権を中心として 笹田栄司 有斐閣[編]
「民商法雑誌」 133(3) 2005.12 p.469〜489

12105 法化社会と裁判を受ける権利(第2部 紛争
解決システムの諸相) 山本悦夫 吉田勇
『法化社会と紛争解決』(熊本大学法学会叢書
7)」 2006.1 p.50〜

12106 「裁判を受ける権利」の実効的保障(第1編
国内税法) 山下清兵衛 石島弘 木村弘之亮
玉国文敏 山下清兵衛:編 『「納税者保護と法
の支配 山田二郎先生喜寿記念」』 2007.1 p.
329〜

12107 法治主義と行政裁判を受ける権利(第三部
法治国家における裁判的権利保護) 片山智彦
村上武則 高橋明男 松本和彦:編 『「法治国
家の展開と現代的構成 高田敏先生古稀記念論
集」』 2007.2 p.448〜

12108 刑事裁判における遮へい措置・ビデオリ
ンク方式による証人尋問の合憲性(研究ノート)
河北洋介 「東北法学」 (29) 2007.3 p.1〜20

12109 弁護人の控訴趣意書提出期限の徒過と被
告人の裁判を受ける権利(特集 刑事弁護活動の
限界に挑む−積極的弁護のすすめ) 白取祐司
現代人文社[編] 「刑事弁護」 (50) 2007.
Sum. p.72〜75

12110 知的(発達)障害者の裁判を受ける権利と
適正手続の保障−英国のappropriate adult制度
を手がかりとして 城涼一 中央大学大学院研
究年報編集委員会編 「中央大学大学院研究年
報」 (38 法学研究科篇) 2008 p.447〜457

12111 民事手続判例研究 婚姻費用の分担に関す
る処分の審判に対する抗告審が抗告の相手方に
対し抗告状及び抗告理由書の副本を送達せず、
反論の機会を与えることなく不利益な判断をし
たことと憲法32条[最高裁判所平成20.5.8第三
小法廷決定] 園田賢治 「法政研究」 75(3)
2008.12 p.657〜669

12112 法廷内の行為と公正な裁判を受ける権利
大沢秀介 「慶応の政治学 政治・社会 慶応義塾
創立一五〇年記念法学部論文集」 2008.12 p.
75〜

12113 裁判を受ける権利の憲法の保障――「出
訴の途」をめぐるドイツ基本権論からの示唆
平良小百合 「九大法学」 (100) 2009年度 p.
47〜106

12114 裁判を受ける権利の保障範囲――上告制
度との関係において 杉山幸一 「日本大学大学
院法学研究年報」 (39) 2009 p.31〜60

12115 裁判を受ける権利と国の裁判権免除−雇
用契約に関する訴訟を手掛かりとして 畔上佳
枝 慶應義塾大学大学院法学研究科内「法学政
治学論究」刊行会編 「法学政治学論究：法律・
政治・社会」 (80) 2009.春季 p.221〜254

12116 刑事司法・刑事拘禁制度の全面的な見直
しを求めた総括所見――代用監獄・取調べ・死
刑・刑事施設(特集 国際人権(自由権)規約委員
会は日本政府に何を求めたのか――第5回日本
政府報告書審査総括所見を受けて) 海渡雄一
田鎖麻衣子 「自由と正義」 60(4)通号723
2009.4 p.24〜32

12117 民事訴訟法18条の裁量移送と「裁判を受
ける権利」(特集 憲法の視点から考察する諸問
題) 澤田章仁 「月報司法書士」 (447)
2009.5 p.26〜32

12118 民集未登載最高裁民訴事例研究(25)婚姻
費用の分担に関する処分の審判に対する抗告審
が抗告の相手方に対し抗告状及び抗告理由書の
副本を送達せず、反論の機会を与えることなく
不利益な判断をしたことと憲法32条[最高裁三
小平成20.5.8決定] 民事訴訟法研究会 「法学
研究」 83(10) 2010.10 p.84〜97

12119 刑事法フォーラム 團藤重光博士と迅速な
裁判を受ける権利 椎橋隆幸 「刑事法ジャーナ
ル」 34 2012 p.71〜78

12120 イギリスにおける「公正な裁判」：多層
的人権保障システム下における、イギリス・コ
モン・ローおよびヨーロッパ人権条約による
「公正な裁判を受ける権利」の彫琢(シンポジウ
ム 「公正な裁判」をめぐる比較法) 江島晶子
比較法学会編 比較法学会編 「比較法研究」
(74) 2012 p.70〜84

12121 「裁判を受ける権利」の作法の発想転換：
日本国憲法32条の法意の再再検討(池田龍彦教
授・石渡哲教授退職記念号) 君塚正臣 「横浜
国際経済法学」 21(3) 2013.3 p.25〜80

12122 参加的効力論と公正な裁判を受ける権利
(岡本詔治教授 川端正久教授 田村和之教授 退
職記念論集) 山内敏弘 「龍谷法学」 45(4)
2013.3 p.1109〜1132

12123 裁判を受ける権利(特集 人権の調整と調
和) 赤坂幸一 「月報司法書士」 (519)
2015.5 p.30〜37

12124 厚労省の年金引き下げ違憲訴訟 「移送申
立」は憲法違反 飯野豊秋 「月刊ゆたかなくら
し」 (401) 2015.11 p.28〜30

基本的人権/憲法上の保障 参政権

参政権

【図書】

12125 障害をもつ人の参政権保障をもとめて 川崎和代著 京都 かもがわ出版 2006.12 63p 21cm （かもがわブックレット 162） 600円 Ⓘ4-7803-0057-6 Ⓝ314.82 川崎和代

12126 障害をもつ人々の社会参加と参政権 井上英夫, 川崎和代, 藤本文朗, 山本忠編著 京都 法律文化社 2011.4 189, 9p 21cm 〈年表あり〉 2000円 Ⓘ978-4-589-03320-8 Ⓝ314.82 井上英夫 川崎和代 藤本文朗

12127 選挙権と国民主権—政治を市民の手に取り戻すために 辻村みよ子著 日本評論社 2015.5 310p 22cm 〈文献あり 索引あり〉 4800円 Ⓘ978-4-535-52097-4 Ⓝ314.82 辻村みよ子

【雑誌】

12128 障害を持つ議員の参政権保障についての一考察 川崎和代 「大阪夕陽丘学園短期大学紀要」 (49) 2005 p.1〜15

12129 戦前期樺太における日本人の政治的アイデンティティについて—参政権獲得運動と本国編入問題（日本とロシアの研究者の目から見るサハリン・樺太の歴史(1)） 塩出浩之 「「スラブ・ユーラシア学の構築」研究報告集」 2006.1 p.21〜46

12130 障害者の参政権保障—発声障害を持つ議員の発言保障をめぐって 川崎和代 「法律時報」 78(11)通号975 2006.1 p.70〜77

12131 受刑者等の選挙権と合衆国の連邦制度（上） 倉田玲 「立命館法學」 2007年(4)通号314 2007 p.1006〜1077

12132 障害者の参政権保障と選挙（特集 当世選挙事務事情） 山本忠 公職研［編］「地方自治職員研修」 40(2)通号553 2007.2 p.47〜49

12133 「選挙ってちょっと遠いかな」と思っているあなたと—参政権を考える（格差と貧困にたちむかう春闘と選挙） 吉田豊 労働者教育協会編 「学習の友」通号643 2007.3 p.62〜66

12134 十八歳参政権の実現こそ日本を救う 吉村光男 「労働レーダー」 31(7)通号362 2007.7 p.21〜27

12135 ロー・クラス 人権の臨界——路上の呼び声を聴く(7)請願する権利 笹沼弘志 「法学セミナー」 52(10)通号634 2007.10 p.74〜77

12136 首相公選制における参政権 岡田大助 「社学研論集」 (12) 2008 p.110〜125

12137 立候補の自由についての若干の覚えがき（第三部 自由論の展開） 初宿正典 「国民主権と法の支配 下巻 佐藤幸治先生古稀記念論文集」 2008.9 p.215〜

12138 障害のある人の参政権保障の現状と課題（特集 障害者の政治参加） 井上英夫 「ノーマライゼーション ：障害者の福祉」 29(1)通号330 2009.1 p.9〜12

12139 成年被後見人の選挙権の制約の合憲性——公職選挙法11条1項1号の合憲性 竹中勲 「同志社法学」 61(2)通号335 2009.7 p.605〜644

12140 戦後沖縄社会と「国民主義」－米軍占領期における参政権拡大問題を読む（特集 雑色のペスト－現代排外主義批判） 土井智義 「インパクション」通号174 2010 p.97〜102

12141 グローバリゼーション再考(7)「参政権と国籍」の政治学 柴山桂太 「表現者」 (28) 2010.1 p.70〜73

12142 Kohtari's News Column これは事件だ〔669〕たかだか参政権、ではない。まさに一事が万事である 神足裕司 「Spa！」 59(7)通号3216 2010.2.9 p.32〜33

12143 「参政権」でスパイ天国（特集 ストップ・ザ・日本解体法案） 「世界思想」 36(3)通号413 2010.3 p.9〜11

12144 障害をもつ人の参政権保障を求めるたたかい（特集 障害のある人のネットワークと権利保障） 芝崎孝夫 「月刊社会教育」編集委員会編 「月刊社会教育」 55(10)通号672 2011.1 p.38〜43

12145 図解基礎法学講座 憲法 参政権について 「Keisatsu jiho」 66(6) 2011.6 p.57〜60

12146 成年被後見人の選挙権剥奪に係る憲法問題の視点 三俣真知子 「立法と調査」 通号322 2011.11 p.107〜118

12147 受刑者の選挙権保障 ：2000年代のイギリスの動向を題材として 河合正雄 「早稲田法学会誌」 62(2) 2012 p.45〜79

12148 成年後見制度と選挙権の制限 大岩慎太郎 「青森法政論叢」 (13) 2012 p.59〜69

12149 成熟社会の経済政策 ：災害対応・エネルギー 連合総研「『ポスト3.11』の経済・社会・労働に関する研究」プロジェクト第2回ワークショップ 小野善康 「DIO ：data information opinion ：連合総研レポート」 (272) 2012.6 p.12〜17

12150 政権交代と社会運動をめぐるイシュー・アテンション ：民主党政権前後を事例として 原田峻 高木竜輔 松谷満【他】「人文コミュニケーション学科論集」 (13) 2012.9 p.131〜162

12151 成年被後見人の選挙権制限の違憲性 戸波江二 「早稲田法学」 88(4) 2013 p.1〜29

12152 成年後見制度利用行（被後見人）の参政権を考える！（特集 憲法の現代的考察） 岩井英典 「月報司法書士」 (495) 2013.5 p.27〜33

生存権　　　　　　　　　　　　　　　基本的人権/憲法上の保障

12153　盲ろう者の参政権保障 : 情報保障とアクセスの問題(特集 障害者と選挙)　庵悟「ノーマライゼーション : 障害者の福祉」33(7)通号384　2013.7　p.30〜32

12154　障害のある人の参政権の保障(特集 障害者と選挙)　植木淳「ノーマライゼーション : 障害者の福祉」33(7)通号384　2013.7　p.9〜12

12155　受刑者の権利 : 受刑者の選挙権剥奪をめぐる日米比較　輿那嶺尚吾「中央大学大学院研究年報」(44)(法学研究科篇)　2014　p.399〜421

12156　Politics & Action 運動情報 人権侵害はびこる警察・刑務所 受刑者に選挙権を! : 大阪高裁が受刑者の公民権を認め「違憲」判決　稲垣浩「インパクション」(193)　2014　p.189〜191

12157　棄権の自由に関する一考察(辻村みよ子教授退職記念号)　佐々木弘通「法學 : the journal of law and political science」77(6)　2014.1　p.808〜830

12158　訴権としての参政権 : 参政への司法的アプローチ(川端博教授 古稀記念論文集)　山岸敬子「明治大学法科大学院論集」(16)　2015.3　p.93〜117

12159　参政権の18歳化に地理はどう応えるべきか　柴田祥彦「地理」60(12)通号725　2015.12　p.92〜97

生存権

【図書】

12160　学生無年金障害者訴訟生きる希望求める憲法裁判　学生無年金障害者訴訟の勝利をめざすみんなのつどい実行委員会　全国障害者問題研究会出版部　2006.9　71,16p　21cm　〈会期・会場 : 2006年7月23日 東京都新宿区・牛込箪笥区民ホール〉　〈年表あり〉　1000円　Ⓘ4-88134-424-2　Ⓝ364.6

12161　社会保障拡充の方向と消費税―憲法を起点として生活問題を改善・解決する　日野秀逸著　本の泉社　2008.12　63p　21cm　(本の泉社マイブックレット no.12)　〈文献あり〉　571円　Ⓘ978-4-7807-0422-8　Ⓝ364.021　日野秀逸

12162　社会保障・社会福祉判例大系　第1巻 憲法と社会保障制度―総索引　加藤智章,菊池馨実,片桐由喜,尾形健編　尾形健,葛西まゆこ,遠藤美奈/著　新版　旬報社　2009.8　292,190p　27cm　〈初版 : 労働旬報社1996年刊〉　Ⓘ978-4-8451-1120-6　Ⓝ364　加藤智章　菊池馨実　片桐由喜

12163　権利としての生活保護法―その理念と実務 憲法25条実現のためのA to Z　森川清著　あけび書房　2009.9　221p　21cm　2200円　Ⓘ978-4-87154-088-9　Ⓝ369.2　森川清

12164　ホームヘルパーさん、「福祉の心」を大切に―憲法25条実現のために　赤星俊一著　あけび書房　2010.3　125p　21cm　1400円　Ⓘ978-4-87154-092-6　Ⓝ369.17　赤星俊一

12165　権利としての生活保護法―その理念と実務 憲法25条実現のためのA to Z　森川清著　増補改訂版　あけび書房　2011.2　236p　21cm　2300円　Ⓘ978-4-87154-098-8　Ⓝ369.2　森川清

12166　生存権の規範的意義　葛西まゆこ著　成文堂　2011.3　222p　22cm　5000円　Ⓘ978-4-7923-0509-3　Ⓝ316.1　葛西まゆこ

12167　3.11を生きのびる―憲法が息づく日本へ　小森陽一編　京都　かもがわ出版　2011.9　267p　19cm　〈執筆 : 江川紹子ほか〉　1700円　Ⓘ978-4-7803-0468-8　Ⓝ369.31　小森陽一

12168　原発への非服従―私たちが決意したこと　鶴見俊輔、澤地久枝、奥平康弘、大江健三郎著　岩波書店　2011.11　61p　21cm　(岩波ブックレット no.822)　500円　Ⓘ978-4-00-270822-5　Ⓝ543.5　鶴見俊輔　澤地久枝　奥平康弘　大江健三郎

12169　3・11以後…私たちはどう生きるのか　斎藤貴男著、第9条の会・オーバー東京編　第9条の会・オーバー東京　2011.12　66p　21cm　(あーてぃくる9ブックレット 17)　〈年表あり〉　〈発売 : 影書房〉　500円　Ⓘ978-4-87714-420-3　Ⓝ302.1　斎藤貴男　第9条の会オーバー東京

12170　東日本大震災と憲法―この国への直言　水島朝穂著　早稲田大学出版部　2012.2　100p　21cm　(《早稲田大学ブックレット「震災後」に考える》シリーズ 009)　940円　Ⓘ978-4-657-11308-5　Ⓝ369.31　水島朝穂

12171　3・11(さんてんいちいち)と憲法　森英樹、白藤博行、愛敬浩二編著　日本評論社　2012.3　236p　21cm　〈タイトル : 3・11と憲法〉　〈年表あり〉　1900円　Ⓘ978-4-535-51896-4　Ⓝ323.143　森英樹　白藤博行　愛敬浩二

12172　大災害と法　津久井進著　岩波書店　2012.7　202,4p　18cm　(岩波新書 新赤版 1375)　〈文献あり 索引あり〉　720円　Ⓘ978-4-00-431375-5　Ⓝ369.3　津久井進

12173　原発民衆法廷　3　5・20郡山公判福島事故は犯罪だ! 東電・政府有罪!　原発を問う民衆法廷実行委員会編　三一書房　2012.9　127p　21cm　(さんいちブックレット 003)　1000円　Ⓘ978-4-380-12802-8　Ⓝ369.36

12174　3.11大震災暮らしの再生と法律家の仕事　秋山靖浩、河崎健一郎、杉岡麻子、山野目章夫編　日本評論社　2012.9　226p　21cm　(別冊法学セミナー No.218 新・総合特集シリーズ 2)　〈索引あり〉　1800円　Ⓘ978-4-535-40840-1　Ⓝ369.31　秋山靖浩　河崎健一郎　杉岡麻子

基本的人権/憲法上の保障　　　　　　　　　　　　　　　　　　　　　　　　　　　　　　生存権

12175　3.11で考える日本社会と国家の現在　駒村圭吾, 中島徹編　日本評論社　2012.9　224p　21cm　（別冊法学セミナー No.217　新・総合特集シリーズ 1）　1800円　①978-4-535-40841-8　Ⓝ369.31　駒村圭吾　中島徹

12176　原発民衆法廷　4　6・17大阪公判原発は憲法違反だ！　日本に原発は許されない　原発を問う民衆法廷実行委員会編　三一書房　2012.12　127p　21cm　（さんいちブックレット006）　1000円　①978-4-380-12805-9　Ⓝ369.36　原発を問う民衆法廷実行委員会

12177　憲法を生かす社会保障へ—「いのち」への警鐘　日野秀逸著　新日本出版社　2013.12　245p　19cm　1600円　①978-4-406-05767-7　Ⓝ364.021　日野秀逸

12178　改正生活保護法—憲法25条実現のためのA to Z　森川清著　あけび書房　2014.6　230p　21cm　〈『権利としての生活保護法 増補改訂版』（2011年刊）の改題、新版〉　2300円　①978-4-87154-127-5　Ⓝ369.2　森川清

12179　不当弾圧との闘いの記録—生活と健康を守る会への家宅捜索、その背景にあるもの　憲法25条守れ生活保護への攻撃許すな　全大阪生活と健康を守る会連合会編　大阪　日本機関紙出版センター　2014.8　75p　21cm　〈文献あり〉　500円　①978-4-88900-910-1　Ⓝ369.2　全大阪生活と健康を守る会連合会

12180　悪政と闘う一原発・沖縄・憲法の現場から　鎌田慧著　コールサック社　2015.7　383p　19cm　1500円　①978-4-86435-201-7　Ⓝ304　鎌田慧

12181　いま、震災・原発・憲法を考える—キリスト教の世界政策　続　近藤勝彦著　教文館　2015.8　203p　19cm　2000円　①978-4-7642-6993-4　Ⓝ190.4　近藤勝彦

12182　自分らしく生きるために憲法と社会保障を学ぼう　日野秀逸著　地域医療・福祉研究所　2015.10　117p　18cm　（ARSVITA新書 A01）〈発売：萌文社〉　500円　①978-4-89491-301-1　Ⓝ323.143　日野秀逸

【雑誌】

12183　障害者の雇用・就労における生存権と差別　大倉正臣　「研究紀要. 人文学部」（16）2005　p.17〜23

12184　障害者の生存権と優生思想—障害児教育への示唆と展望　八類後忠夫　水谷徹　「文教大学教育学部紀要」通号39　2005　p.79〜86

12185　生存権について—判例からの検討　中川修一　「秋田法学」（44）2005　p.60〜92

12186　生存権と社会保障受給権に関する一考察（1）介護保険給付の受給権を中心に　伊藤周平　「法学論集」39（1）2005.1　p.1〜22

12187　「生存権裁判」と国保料値上げ反対のたたかい（特集 生きる権利2）　高橋瞬作　「人権と部落問題」57（12）通号737　2005.1　p.34〜38

12188　小河滋次郎の社会事業論における生存権思想（個人研究）　松浦崇　「社会教育研究年報」（19）2005.3　p.37〜45

12189　災害救助・復興と生存権保障としての住宅再建支援—北海道奥尻被災から阪神大震災、新潟中越地震まで十余年の変遷　鍋谷州春　総合社会福祉研究所［編］「総合社会福祉研究」（26）2005.3　p.78〜84

12190　生存権と社会保障受給権に関する一考察（2・完）介護保険給付の受給権を中心に　伊藤周平　「法学論集」39（2）2005.3　p.1〜26

12191　住民の生存権を守る立場で安全・安心の都市環境づくりを（特集 阪神淡路大震災から10年（その2）災害列島に抗して（上））　大屋鍾吾　「建築とまちづくり」（331）2005.3　p.6〜11

12192　生存権 生活保護の「見直し」を許さず人間らしい暮らしができる生活保護制度に改善を　辻清二　中央社会保障推進協議会編　「社会保障」38ママ通号399　2005.春　p.23〜27

12193　インタビュー 精神障害者の生存権にかかわる大改悪—通院医療費公費負担制度の見直しに反対する（厚労省「今後の障害保健福祉施策について」（改革のグランドデザイン案）を批判する）　山本深雪　「部落解放」（549）2005.5　p.99〜101

12194　朝日訴訟（生存権闘争）とその今日的意義（特集 憲法と社会保障）　新井章　「月刊保団連」通号863　2005.6　p.10〜19

12195　二一世紀の朝日訴訟へ—生存権裁判（老齢加算削減処分取消訴訟）が提訴される　横山秀昭　全国公的扶助研究会編　「公的扶助研究」（40）通号198　2005.7　p.50〜53

12196　国民の「自立・共助」論と憲法改悪—憲法25条（生存権思想）の確立を（特集 憲法明文改悪批判）　福田実　社会主義協会［編］「科学的社会主義」（87）2005.7　p.28〜35

12197　生存権・健康権の確立と「看護・労働プロジェクト」［含 社会保障・社会福祉の仕事と人権のにない手をめぐる課題］　井上英夫　国民医療研究所［編］「国民医療」（217）2005.10.1　p.2〜7

12198　「自立」押しつけによる介護の変質にどう対抗するか—生存権と発達権保障を石田一紀氏に聞く（総特集 改定介護保険のすべて）　石田一紀　「議会と自治体」2005.12　p.60〜67

12199　4 社会保障法との関係—生存権、公私の役割分担（特集 憲法「改正」動向をどう受け止めるか—第3部 憲法「改正」と個別法律学習）　倉田聡　「法学セミナー」50（12）通号612　2005.12　p.43〜47

12200　京都・生存権裁判の今日的意義（特集2 受療権を守る活動を全職員参加で）　高橋瞬作

「民医連医療」（400）　2005.12　p.29～33

12201　生活保護制度改革の中での高齢者－老齢加算廃止の現状から　大友芳恵「北海道医療大学看護福祉学部学会誌」2（1）　2006　p.109～113

12202　社会法における生存権理論の変容　谷口陽一「創価大学大学院紀要」28　2006年度　p.79～95

12203　地方住宅政策における耐震対策－住み手の視点から見た政策展開の問題と課題の初歩的考察　岸本幸臣　宮崎陽子「生活文化研究」46　2006　p.55～68

12204　公的医療保険の給付範囲（1）比較法を手がかりとした基礎的考察　笠木映里「法学協会雑誌」123（12）　2006　p.2455～2542

12205　生命に対する権利――国際法の視点から（特集 人権とその保障――憲法と国際人権法―生命に対する権利）　徳川信治「国際人権：国際人権法学会報」通号17　2006　p.22～27

12206　特集 06年をいかに闘うか <動労千葉の労働運動>を全国の職場・地域で実践し、戦争と民営化、生存権剝奪攻撃への総反撃を切り開こう　辻川慎一　全国労働組合交流センター編「交流センター」17（1）通号190　2006.1　p.6～13

12207　まだこれから！ 改悪介護保険法と私たちの課題（第4回）低所得高齢者の生存権を守るために－「新第2段階」と介護保険料・利用料問題　日下部雅喜　総合社会福祉研究所編「福祉のひろば」71通号436　2006.2　p.40～43

12208　外国人の生存権を実現するために、いま何が必要か－在留資格なき外国人と生活保護（生活保護－最前線！（2））　觜本郁「賃金と社会保障」通号1412　2006.2.下旬　p.33～41

12209　生活保護制度を取り巻く現状と今日的課題　上原紀美子「久留米大学文学部紀要. 社会福祉学科編」（6）　2006.3　p.35～46

12210　家族持ち勤労者世帯に広がる貧困と格差（特集1 生存権保障の意味を問う）　唐鎌直義　総合社会福祉研究所［編］「総合社会福祉研究」（28）　2006.3　p.2～14

12211　子どもの発達を豊かにする生活・教育保障の方向－ライフチャンスの平等（特集1 生存権保障の意味を問う）　青木紀　総合社会福祉研究所［編］「総合社会福祉研究」（28）2006.3　p.15～21

12212　障害者自立支援法は障害者の自立を保障できるのか（特集1 生存権保障の意味を問う）井上泰司　総合社会福祉研究所［編］「総合社会福祉研究」（28）　2006.3　p.22～33

12213　高齢者の生存権を切り崩す介護保険改悪－たたかいなくして、老後の安心はない（特集1 生存権保障の意味を問う）　日下部雅喜　総合社会福祉研究所［編］「総合社会福祉研究」（28）　2006.3　p.34～53

12214　「満州」幻想の成立過程－いわゆる「特殊感情」について　姜克實「日本研究」32　2006.3　p.99～117

12215　生命共同体の担い手たち ロレンスと生きもの　古我正和「文学部論集」（90）　2006.3　p.143～152

12216　格差社会のもとでの生存権を守る運動（特集 小さな政府と弱者の切り捨て）　辻清二　歴史教育者協議会編「歴史地理教育」（699）2006.5　p.16～22

12217　「小さな政府」大きな格差 母子の「棄民化」が始まる－生存権も教育権も奪われて　平舘英明　金曜日［編］「金曜日」14（25）通号626　2006.6.30　p.26～29

12218　日本における生存権のあり方　後閑一博　税経新人会全国協議会［編］「税経新報」（535）　2006.7　p.20～28

12219　社会保障と憲法に関する研究　新田秀樹　島崎謙治　尾形健［他］「豊かな高齢社会の探求調査研究報告書」14　2006.7　p.1～20, 巻頭1p

12220　危機に瀕する生存権保障－「生活保護行政を適正に運営するための手引き」の危険な内容（特集 脱・格差社会！）　觜本郁「アジェンダ：未来への課題」　2006.夏　p.42～49

12221　針の穴ほどの人権侵害も許してはならない－生活保護行政の実態と課題（特集 生存権を保障する生活保護行政こそ国民の願い）　大口耕吉郎　総合社会福祉研究所編「福祉のひろば」77通号442　2006.8　p.9～16

12222　厚生労働省「生活保護行政を適正に運営するための手引」の検討－「新適正化」路線への危惧 いま求められていることは、生活保護の迅速な発動（特集 生存権を保障する生活保護行政こそ国民の願い）　吉永純　総合社会福祉研究所編「福祉のひろば」77通号442　2006.8　p.17～23

12223　北九州市 生活保護申請拒絶による「孤独死」事件（特集 生存権を保障する生活保護行政こそ国民の願い）　北九州市社会保障推進協議会　総合社会福祉研究所編「福祉のひろば」77通号442　2006.8　p.24～27

12224　第2分科会 現代日本の貧困と生存権保障－多重債務者など生活困窮者支援と生活保護の現代的意義（第49回人権擁護大会シンポジウムレジュメ）「自由と正義」57（9）通号692　2006.9　p.127～124

12225　最低生計費試算と最低賃金引き上げ、ナショナル・ミニマムへのとりくみ（特集 日本国憲法と生存権）　辻昌秀　労働運動総合研究所編「労働総研クォータリー」（64）　2006.秋季　p.17～22

12226　座して死を待つか、立って25条を生かすか－社会保障「構造改革」に見る高齢者への集

中砲火(特集 日本国憲法と生存権) 公文昭夫 労働運動総合研究所編 「労働総研クォータリー」(64) 2006.秋季 p.23〜32

12227 「ワーキング・プア」の現実(3)生存権も奪われたタクシー労働者 – 規制緩和がもたらす貧困 平舘英明 金曜日[編] 「金曜日」14(39)通号640 2006.10.13 p.20〜22

12228 ロー・クラス 判例にみる憲法実体論(20)憲法上の権利としての生存権の保障(最大判1982.7.7) 井上典之 「法学セミナー」51(11)通号623 2006.11 p.64〜68

12229 自治体による被災者への独自施策(特集 災害復興制度の研究) 山崎栄一 「先端社会研究」(5) 2006.12 p.71〜100

12230 生活保護は国民生活の底支え – いまこそ生存権守る国民的なたたかいを 三成一郎 「女性のひろば」通号334 2006.12 p.94〜100

12231 目の前の仲間を救え!(特集・これが「負担増」だ!－脅かされる生存権) 堀切和雅(エッセイスト, 劇作家) 岩波書店編 「世界」(759) 2006.12 p.160〜161

12232 人間の尊厳とはリハビリ制限は平和な社会の否定だ(特集 これが「負担増」だ！－脅かされる生存権) 多田富雄 岩波書店[編] 「世界」(759) 2006.12 p.162〜167

12233 保障・負担水準の合理性 国民生活の持続可能性はどうなるのか(特集 これが「負担増」だ！－脅かされる生存権) 岩田正美 岩波書店[編] 「世界」(759) 2006.12 p.168〜176

12234 障害者 障害者支援はどこに向かおうとしているのか – 障害者自立支援法の施行がもたらしたもの(特集 これが「負担増」だ！－脅かされる生存権) 茨木尚子 岩波書店[編] 「世界」(759) 2006.12 p.177〜186

12235 介護 混乱する介護保険の現場から(特集 これが「負担増」だ！－脅かされる生存権) 沢見涼子 岩波書店[編] 「世界」(759) 2006.12 p.187〜195

12236 高齢者 老齢加算廃止 – 低所得高齢者はいま(特集 これが「負担増」だ！－脅かされる生存権) 鈴木敏之 岩波書店[編] 「世界」(759) 2006.12 p.196〜200

12237 年表・解説 小泉内閣下の負担増(特集 これが「負担増」だ！－脅かされる生存権) 山家悠紀夫 岩波書店[編] 「世界」(759) 2006.12 p.201〜204

12238 生活保護 「生活困窮フリーター」たちの生活保護(特集 これが「負担増」だ！－脅かされる生存権) 湯浅誠 岩波書店[編] 「世界」(759) 2006.12 p.205〜212

12239 資料 旧国民年金法の規定の合憲性に関する意見書──学生無年金障害者訴訟(大阪高裁)控訴人側鑑定意見書 植木淳 「北九州市立大学法政論集」34(1・2) 2006.12 p.77〜106

12240 基本権上の保護請求権に関する一考察 武市周作 「中央学院大学法学論叢」21(1)通号33 2007 p.152〜126

12241 公的医療保険の給付範囲(2)比較法を手がかりとした基礎的考察 笠木映里 「法学協会雑誌」124(1) 2007 p.62〜166

12242 公的医療保険の給付範囲(3)比較法を手がかりとした基礎的考察 笠木映里 「法学協会雑誌」124(2) 2007 p.490〜589

12243 公的医療保険の給付範囲(4)比較法を手がかりとした基礎的考察 笠木映里 「法学協会雑誌」124(4) 2007 p.899〜992

12244 公的医療保険の給付範囲(5)比較法を手がかりとした基礎的考察 笠木映里 「法学協会雑誌」124(5) 2007 p.1046〜1141

12245 公的医療保険の給付範囲(6・完)比較法を手がかりとした基礎的考察 笠木映里 「法学協会雑誌」124(6) 2007 p.1309〜1403

12246 生存権を脅かす数値目標 – 北九州・孤独死事件から(特集 数字に隠された罠) 清水健二 「まなぶ」2007.1 p.17〜20

12247 「格差」社会で脅かされる生存権(ストップ「構造改革」) 渡部雅子 「全労連」通号120 2007.1 p.37〜39

12248 生存権の危機 – 医療は、介護はどうなる(参院選後の政治課題をさぐる) 鈴木毅 「社会主義」(544) 2007.1 p.68〜76

12249 負担増、生存権破壊もたらす無慈悲な制度 – たたかいの焦点と展望(特集 後期高齢者医療制度の抜本的見直しを迫る) 谷本諭 「前衛：日本共産党中央委員会理論政治誌」通号822 2007.1 p.101〜114

12250 生存権に関する一考察──プログラム規定の意味をさぐって 齋藤康輝 「朝日法学論集」(34) 2007.1 p.1〜37

12251 第二分科会 現代日本の貧困と生存権保障 – 多重債務者など生活困窮者支援と生活保護の現代的意義(特集3 第49回人権擁護大会報告) 阪田健夫 「自由と正義」58(2)通号697 2007.2 p.91〜101

12252 生存権の省察(第一部 法治国家の構成) 高田篤 「法治国家の展開と現代的構成 高田敏先生古稀記念論集」 2007.2 p.132〜

12253 戦間期日本における生存権の意味 – 福田徳三と牧野英一の議論を手がかりに 川島章平 『社会政策研究』編集委員会編 「社会政策研究」通号7 2007.3 p.133〜154

12254 社会福祉政策における「自立支援」の意味 池田和彦 種智院大学仏教福祉学会編 「佛教福祉学」(15・16) 2007.3 p.165〜177

12255 座談会 自立支援法「応益負担」の撤回こそ(特集 生存権を侵害する障害者自立支援法) 吉本哲夫 塩見洋介 小池晃 「前衛：日本共

生存権　　　　　　　　　　　　　　　　　　　　　　　基本的人権/憲法上の保障

産党中央委員会理論政治誌」通号815　2007.3
p.183〜201

12256　障害者の医療保障をどう守るか(特集 生存権を侵害する障害者自立支援法)　波戸保「前衛：日本共産党中央委員会理論政治誌」通号815　2007.3　p.202〜207

12257　自立支援法 国政・地方で運動と結び政治動かす日本共産党(特集 生存権を侵害する障害者自立支援法)　橋本輝夫「前衛：日本共産党中央委員会理論政治誌」通号815　2007.3　p.208〜218

12258　憲法25条と自治体の役割(特集「格差」時代の自治体の役割──憲法25条と自治体)　篠崎次男「地方自治職員研修」40(2ママ)通号554　2007.3　p.14〜16

12259　生活保護行政と自立支援プログラム(特集「格差」時代の自治体の役割──憲法25条と自治体)　池谷秀登「地方自治職員研修」40(2ママ)通号554　2007.3　p.23〜25

12260　多重債務者支援に求められるもの(特集「格差」時代の自治体の役割──憲法25条と自治体)　佐藤順子「地方自治職員研修」40(2ママ)通号554　2007.3　p.32〜34

12261　判例講座 憲法基本判例を読み直す(15) 社会保障給付の併給禁止と憲法25条、14条──堀木訴訟判決(最大判昭和57.7.7民集36巻7号1235頁)　野坂泰司「法学教室」通号318　2007.3　p.52〜62

12262　無業者問題──自治体に何を期待するか──ひきこもり問題を中心に(特集「格差」時代の自治体の役割──憲法25条と自治体)　上山和樹「地方自治職員研修」40(2ママ)通号554　2007.3　p.29〜31

12263　「無法地帯」生活保護行政──その正常化のための「水際作戦」撲滅作戦(特集「格差」時代の自治体の役割──憲法25条と自治体)　小久保哲郎「地方自治職員研修」40(2ママ)通号554　2007.3　p.17〜19

12264　新春座談会 危機に立つ「生存権」今こそ生きがいのある福祉国家を　吉本哲夫 辻清二 三輪道子【他】　中央社会保障推進協議会編「社会保障」39通号410　2007.新春　p.20〜29

12265　広がりゆく格差-その実態と社会保障再構築の課題(特集 格差社会の中であらためて生存権保障の意味を問う-第三回公的扶助研究全国セミナー)　唐鎌直義　全国公的扶助研究会編「公的扶助研究」(47)通号205　2007.4　p.4〜17

12266　改正された介護保険制度のもとで今、私たちは何をなすべきか(特集 格差社会の中であらためて生存権保障の意味を問う-第三九回公的扶助研究全国セミナー)　小高宏道　全国公的扶助研究会編「公的扶助研究」(47)通号205　2007.4　p.24〜26

12267　新人ケースワーカーのみなさんへ(特集 格差社会の中であらためて生存権保障の意味を問う-第三九回公的扶助研究全国セミナー)　佐藤正子　全国公的扶助研究会編「公的扶助研究」(47)通号205　2007.4　p.27〜39

12268　「格差社会」と生存権　丹波史紀「地域と人権」(279)　2007.4　p.19〜23

12269　戦後最大の危機にたつ憲法・地方自治と一人ひとりを大切にした地域づくりの台頭(特集 生きる権利(4) キラッと輝く自治体)　岡田知弘「人権と部落問題」59(5)通号758　2007.4　p.6〜16

12270　生存権裁判にかかわって(特集 もうガマンできない！ 広がる貧困-<人間らしい生活と労働の保障を求める[2007年]3・24東京集会>の全記録-当時者からの実態報告)　横井邦雄「賃金と社会保障」通号1444　2007.6.下旬　p.19〜21

12271　人間らしく生きる権利を求めて-生存権裁判を支援する全国連絡会が発足　総合社会福祉研究所編「福祉のひろば」88通号453　2007.7　p.36〜39

12272　生活保護行政の最前線から見た生存権　田川英信「東京」通号282　2007.7　p.3〜13

12273　格差社会と社会的排除──立憲主義の危機と社会権の可能性(特集=日本国憲法施行六〇年─憲法学に求められる課題─人権論)　笹沼弘志「法律時報」79(8)通号985　2007.7　p.81〜85

12274　憲法は暮らしをまもる　佐高信「信州自治研」(185)　2007.7　p.2〜17

12275　憲法二五条にそった賃金水準とは(特集 いまこそ最低賃金の大幅引き上げ闘争の前進を)　辻昌秀「前衛：日本共産党中央委員会理論政治誌」通号819　2007.7　p.205〜212

12276　生存権裁判-全ての人々に尊厳ある生き方を保障するために(特集 世界に誇る憲法を発展させよう-様々な分野で憲法を考えよう)　松山秀樹「季刊人権問題」(9)　2007.夏　p.23〜34

12277　社会保障における負担と自立-生存権理念の再構築に向けて　伊藤周平　自治労連・地方自治問題研究機構編「季刊自治と分権」(28)　2007.夏　p.57〜66

12278　苦しいのはあなたのせいじゃない-声をあげ始めた若者たち(特集 日本の貧困と生存権)　新日本出版社[編]「経済」(143)　2007.8　p.25〜27

12279　貧困の現場 児童相談所の窓口から(特集 日本の貧困と生存権)　川崎二三彦　新日本出版社[編]「経済」(143)　2007.8　p.28〜31

12280　貧困の現場 生活保護「ヤミの北九州方式」(特集 日本の貧困と生存権)　藤藪貫治　新日本出版社[編]「経済」(143)　2007.8　p.

32〜36

12281 貧困の現場 生活と健康を守る会の活動（特集 日本の貧困と生存権） 辻清二 新日本出版社［編］「経済」（143） 2007.8 p.37〜41

12282 ワーキング・プアと国民の生存権－後藤道夫さんに聞く（特集 日本の貧困と生存権） 後藤道夫 新日本出版社［編］「経済」（143） 2007.8 p.42〜57

12283 現代の貧困と「最低生活の岩盤」（特集 日本の貧困と生存権） 金澤誠一 新日本出版社［編］「経済」（143） 2007.8 p.58〜73

12284 「市場化」路線は社会保障をどう変えたか（特集 日本の貧困と生存権） 横山寿一 新日本出版社［編］「経済」（143） 2007.8 p.74〜82

12285 地域社会の貧困と格差の実態、生存権擁護の地域住民運動 碓井敏正 「地域と人権」（283） 2007.8 p.1〜18

12286 生活保護の老齢加算廃止などの取り消しを求める「生存権裁判」の今日的意義について 辻清二 「民医連医療」（420） 2007.8 p.46〜48

12287 地域医療の崩壊から－生存権を守るたたかい（第34回 医療研究 全国集会in倉敷 特集－特別報告 憲法を生かし、暮らしといのちを守る各地の実践報告） 山本隆幸 日本医療労働会館［編］「医療労働：医療・介護・福祉労働者のための月刊誌」（495） 2007.8・9 p.78〜80

12288 福田徳三の生存権論 田中秀臣 「上武大学ビジネス情報学部紀要」6（1）通号57 2007.9 p.1〜10

12289 平和が危ない、生存権が脅かされる（特集 世界に誇る憲法を発展させよう－様々な分野で憲法を考えよう） 松崎喜良 「季刊人権問題」（10） 2007.秋 p.15〜24

12290 貧困の広がりと生存権（特集 生存権を問う） 金澤誠一 「全労連」通号128 2007.9 p.1〜11

12291 朝日訴訟のたたかいと今日の課題（特集 生存権を問う） 朝日健二 「全労連」通号128 2007.9 p.12〜15

12292 最低生活費を知ろう！（特集 生存権を問う） 湯浅誠 「全労連」通号128 2007.9 p.16〜20

12293 北海道の母子世帯の実態と母子加算廃止攻撃とのたたかい（特集 生存権を問う） 細川久美子 「全労連」通号128 2007.9 p.21〜23

12294 生存権裁判と労働組合（特集 生存権を問う） 神牧人 「全労連」通号128 2007.9 p.24〜26

12295 前進する 生存権守るたたかい 相野谷安孝 「女性のひろば」通号343 2007.9 p.32〜35

12296 格差社会と社会権の現在（特集 検証「改憲実態」） 遠藤美奈 「法学セミナー」52（10）通号634 2007.10 p.23〜27

12297 朝日訴訟の今日的な意義と生存権裁判について（特集 人間裁判から50年 生活保護基準の意義を問う） 横山秀昭 全国公的扶助研究会編 「公的扶助研究」（49）通号207 2007.11 p.4〜14

12298 生存権をかけてたたかう（人間の使い捨ては許さない！） 吉岡力 「女性のひろば」通号345 2007.11 p.46〜49

12299 生存権を守るたたかいで、ナショナルミニマムの確立を（シンポジウム 貧困を絶つ連帯、政治の責任） 辻清二 「前衛：日本共産党中央委員会理論政治誌」通号823 2007.11 p.28〜32

12300 貧困を絶つ生存権保障を問う生活保護裁判 竹下義樹 「前衛：日本共産党中央委員会理論政治誌」通号823 2007.11 p.65〜76

12301 日本国憲法60年記念 憲法学の現在・未来（6）生存権の可能性──憲法25条をめぐる司法審査のあり方についての一視点 尾形健 「法学教室」通号326 2007.11 p.14〜21

12302 国民のための公的医療－その再建策と具体案（特集 日本の医療制度を考える－喫緊の医療政策） 井上清成 大阪「総合臨床」2007.12 p.3208〜3212

12303 生活保護制度についての一考察 吉村公夫 「名古屋市立大学大学院人間文化研究科人間文化研究」（8） 2007.12 p.75〜81

12304 格差社会における生活保護の役割（特集 憲法25条が壊される！──「生活保護行政」をめぐる現場からのたたかい） 木村達也 「法と民主主義」（424） 2007.12 p.12〜15

12305 北九州市で相次いだ餓死事件──2007年小倉北事件を中心に（特集 憲法25条が壊される！──「生活保護行政」をめぐる現場からのたたかい） 高木佳世子 「法と民主主義」（424） 2007.12 p.28〜30

12306 現代の格差・貧困と生活保護問題（特集 憲法25条が壊される！──「生活保護行政」をめぐる現場からのたたかい） 杉村宏 「法と民主主義」（424） 2007.12 p.4〜11

12307 生活保護を申請しよう（特集 憲法25条が壊される！－「生活保護行政」をめぐる現場からのたたかい） 木原万樹子 「法と民主主義」424 2007.12

12308 生活保護基準切り下げは、国民生活に重大な影響（特集 憲法25条が壊される！──「生活保護行政」をめぐる現場からのたたかい） 吉永純 「法と民主主義」（424） 2007.12 p.16〜19

12309 生活保護問題対策全国会議の活動と今後の課題（特集 憲法25条が壊される！─「生活保

護行政」をめぐる現場からのたたかい）　尾藤
廣喜　「法と民主主義」424　2007.12

12310　政府・厚労省による生活扶助基準『見直
し』について（特集 憲法25条が壊される！──
「生活保護行政」をめぐる現場からのたたかい）
木谷公士郎　「法と民主主義」（424）　2007.12
p.24～27

12311　全国公的扶助研究会─貧困問題と闘う
ケースワーカー集団の確立をめざして（特集 憲
法25条が壊される！─「生活保護行政」をめぐ
る現場からのたたかい）　渡辺潤　「法と民主主
義」424　2007.12

12312　三郷生活保護国家賠償請求訴訟について
（特集 憲法25条が壊される！──「生活保護行
政」をめぐる現場からのたたかい）　吉廣慶子
「法と民主主義」（424）　2007.12　p.31～34

12313　「水際作戦」の実態とこれに抗する法律家
のネットワーク（特集 憲法25条が壊される！
──「生活保護行政」をめぐる現場からのたた
かい）　小久保哲郎　「法と民主主義」（424）
2007.12　p.35～37

12314　老齢加算及び母子加算の削減・廃止と
「生存権裁判」（特集 憲法25条が壊される！──
「生活保護行政」をめぐる現場からのたたかい）
舟木浩　「法と民主主義」（424）　2007.12　p.
20～23

12315　生存権に関する一考察　饒波正也　「沖縄
法学論叢」（1）　2008　p.41～116

12316　キリスト教の理念・倫理と生存権保障政
策・所得再分配政策との関係構造論（1）　東方
淑雄　「名古屋学院大学論集. 社会科学篇」44
（4）　2008　p.73～134

12317　公的救護義務主義救貧法制定の意義－救
護法の制定論議に見る生存権論の影響関係　小
野学　「大学院紀要」45　2008　p.185～196

12318　格差＝不平等・貧困社会とセーフティ
ネット＝人権（ミニ・シンポジウム 現代改憲と
「ナショナル・ミニマム」）　井上英夫　「法の科
学：民主主義科学者協会法律部会機関誌「年
報」」　通号39　2008　p.107～113

12319　社会権保障における憲法学の成果──社
会的排除の現実から問う（特集 日本国憲法60年
──憲法学の成果と課題─日本国憲法60年─
憲法学の成果と課題（1））　笹沼弘志　「憲法問
題」通号19　2008　p.31～47

12320　社会保障法制における国家の役割──フ
ランスにおけるアンチエタティスム　多田一路
「立命館法学」2008年（5・6）通号321・322
2008　p.1635～1658

12321　生存権保障を「絵に描いた餅」にしない
ために（特集 格差社会の克服を共同・連帯の運
動で）　小久保哲郎　中小商工業研究所［編］
「中小商工業研究」（94）　2008.1　p.46～52

12322　「生存権の保障」ということ（特集 憲法と

社会保障で考える2008年）　新井章　「民医連医
療」（425）　2008.1　p.16～20

12323　生存権裁判東京地裁判決と今後のたたか
い　新井章　「民医連医療」（434）　2008.1　p.
48～53

12324　障害者の生存権保障を求めて－「障害者
自立支援法」の経過と現状、展望（特集 08春
闘－要求実現のチャンス－カベをくずしはじめ
た世論と運動）　福井典子　労働者教育協会編
「学習の友」通号653　2008.1　p.22～25

12325　D・ハーヴェイ『新自由主義』の問題提起
と日本における新自由主義の展開について（特
集 新自由主義）　渡辺治　「情況. 第三期：変
革のための総合誌」9（1）通号70　2008.1・2
p.60～78

12326　第二の人間裁判（朝日訴訟）－生活保護の
老齢加算、母子加算廃止に対する「生存権裁判」
（特集 「貧困」「格差」の拡大と生きる権利）
辻清二　「人権と部落問題」60（3）通号770 特別
号　2008.2　p.41～47

12327　「生存権裁判」の訴状　「人権と部落問題」
60（3）通号770 特別号　2008.2　p.138～148

12328　草の根から貧困打開 生存権を守る大運動
を　吉村文則　「前衛：日本共産党中央委員会
理論政治誌」通号827　2008.2　p.52～64

12329　座談会＝名古屋地裁判決（田近判決）の検
討と平和的生存権論の再構築（自衛隊イラク派
兵差止訴訟と平和的生存権）　植松健一　川口
創　麻生多聞　「法学セミナー」53（2）通号638
2008.2　p.48～53

12330　貧困と憲法（伊藤真の中・高生のための憲
法教室［47]）　伊藤真　「世界」（775）　2008.
2　p.164～165

12331　生存権の系譜－ルソーの思想に見る生存
権の萌芽　加瀬介朋　「日米高齢者保健福祉学会
誌：Japanese & American journal of
gerontology」　2008.3　p.119～129

12332　朝日訴訟以後の生存権訴訟の展開　田中
千香子　「国際経営・文化研究」12（2）　2008.3
p.61～77

12333　朝日訴訟再考－生存権の法理と現代的意
義　田中千香子　「茨城大学政経学会雑誌」
（78）　2008.3　p.185～202

12334　平和的生存権の裁判規範性──イラク平
和訴訟熊本地裁における証言　小林武　「愛知大
学法学部法経論集」（176）　2008.3　p.215～
249

12335　生存権の削られる時代の町づくり（特集
世界に誇る憲法を発展させよう－様々な分野で
憲法を考えよう）　石田宇則　「季刊人権問題」
（12）　2008.春　p.37～43

12336　今日の貧困問題と生存権保障の展望を考
える（特集 生活保護が求められる時代！ 人権
を尊重し誇れる仕事を－第四〇回[公的扶助研

究]全国セミナー分科会等報告）　田中聡子　全
国公的扶助研究会編　「公的扶助研究」（51）通
号209　2008.4　p.19～22

12337　おにぎり食べたい－この国の生存権を考
える　鈴木博康「反戦情報」2008.4.1　p.3～6

12338　社会権・生存権の学習の1－生活保護を考
える（立憲主義と法教育－憲法教育の実践）　小
橋一久　全国民主主義教育研究会編　「民主主義
教育21」2　2008.5　p.128～132

12339　生存権の「必要即応」原則－朝日訴訟か
ら50年（特集　特別ニーズと教育・人権の争点）
岩間一雄　障害者問題研究編集委員会編　「障害
者問題研究」36（1）通号133　2008.5　p.27～34

12340　特集　介護保険料負担と生存権保障　介護保
険料負担と生存権保障再考－介護保険料国家賠
償訴訟最高裁判決を機に　伊藤周平「賃金と社
会保障」通号1466　2008.5.下旬　p.4～32

12341　格差と貧困が問う「憲法とは何か」（特集
憲法問題の現局面）　多田一路「前衛：日本
共産党中央委員会理論政治誌」通号830　2008.
5　p.58～67

12342　現代日本における格差と貧困（特集　貧困
と人権）　杉村宏「月報司法書士」（435）
2008.5　p.2～7

12343　生活保護の現場から見た現代の貧困と自
治体の責務（特集　今、改めて憲法を考える）
尾藤廣喜「住民と自治」通号541　2008.5　p.
16～19

12344　貧困・社会的排除と人権（特集　貧困と人
権）　笹沼弘志「月報司法書士」（435）
2008.5　p.8～13

12345　法律はかざりか（特集　貧困と人権）　濱田
なぎさ「月報司法書士」（435）　2008.5　p.25
～27

12346　原子力発電設備の耐用年数延長問題につ
いて　井上武史「地域公共政策研究」（15）
2008.6　p.35～52

12347　生存権裁判の判決を前にして　新井章
「法と民主主義」429　2008.6

12348　ロー・クラス　人権の臨界――路上の呼び
声を聴く（15）生存と自由――健康で文化的な
最低限度の生活を営む権利　笹沼弘志「法学セ
ミナー」53（6）通号642　2008.6　p.56～59

12349　公的保険の危機的な現況　李静淑「四国
学院論集」2008.7　p.1～24

12350　6月26日「東京生存権裁判」東京地裁に
て、不当判決が出る　横山秀昭　全国公的扶助
研究会編「公的扶助研究」（52）通号210
2008.7　p.36～38

12351　今、生活保護制度で何が起きているのか
（1）「生存権裁判」判決近し　日比野正興　全国
老人福祉問題研究会編「月刊ゆたかなくらし」
通号315　2008.7　p.33～35

12352　軽んじられている生存権（特集　暮らしに
憲法は活きているか）　湯浅誠　労働大学調査
研究所編「月刊労働組合」（521）　2008.7　p.
11～14

12353　福祉・介護の現状と生存権（特集　暮らし
に憲法は活きているか）　藤療周平　労働大学
調査研究所編「月刊労働組合」（521）　2008.7
p.15～18

12354　洞爺湖サミットの巻－生存権を脅かしつ
つある資源高騰に直面しながら環境を語るKY
サミット（疾走するコラムニスト・勝谷誠彦の
ニュースバカ一代〔292〕）　勝谷誠彦「Spa！」
57（33）通号3132　2008.7.15　p.3

12355　保険料の年金天引きは生存権・財産権の
侵害です（後期高齢者医療制度）　藤田まつ子
中央社会保障推進協議会編「社会保障」41通
号419　2008.夏　p.24～26

12356　今、生活保護制度で何が起きているのか
（2）東京生存権裁判・6月26日判決批判　林治
秦一也　全国老人福祉問題研究会編「月刊ゆた
かなくらし」通号316　2008.8　p.9～11

12357　判決・ホットレポート　生活保護制度を理
解しない不当判決－生存権裁判東京判決　田見
高秀「法と民主主義」（431）　2008.8・9　p.
62～64

12358　「1907年原則」とは何か－1909年王立救貧
法委員会少数派報告の原点（2）　伊藤透　佛教
大学研究推進機構会議　社会学部学部編集・大
学紀要編集会議編　佛教大学研究推進機構会
議　社会学部学部編集・大学紀要編集会議編
「社会学部論集」（47）　2008.9　p.17～29

12359　行政例・裁判手続情報　訟務情報　東京地裁
老齢加算の給付廃止に係る生活保護基準の改定
及び同改定に伴う受給保護費の減額に係る保護
変更決定を受けた原告らが、生存権等を侵害す
る違法なものであるとして、保護変更決定の取
消しを求めた事件で、請求を棄却「民事法情報
：総合情報検索誌」（264）　2008.9　p.39～41

12360　われ在りし、生活す－故に、われ在り（特
集　生存権の確立にむけて）　小川政亮「民医連
医療」（433）　2008.9　p.6～11

12361　21世紀に朝日訴訟を引き継ぐ（特集　生存
権の確立にむけて）　朝日健二「民医連医療」
（433）　2008.9　p.12～18

12362　生活保護をめぐる動きとたたかい（特集
生存権の確立にむけて）　辻清二「民医連医
療」（433）　2008.9　p.19～24

12363　老齢加算をもとに戻せ！－不当判決に控
訴－東京生存権裁判（特集　生存権の確立にむけ
て）「民医連医療」（433）　2008.9　p.25～27

12364　貧困とのたたかい－民医連に期待するも
の（特集　生存権の確立にむけて）　湯浅誠「民
医連医療」（433）　2008.9　p.28～34

12365　ポスト新自由主義に問われる新福祉国家

生存権 基本的人権/憲法上の保障

か福祉ガバナンスかの選択−S君への手紙（その2）（生存権保障と行政の公的責任）二宮厚美「賃金と社会保障」通号1473 2008.9.上旬 p.4〜29

12366 薬害エイズ刑事事件最高裁判決と厚生省担当者の刑事責任−薬害エイズ刑事事件（厚生省ルート）・最高裁第二小法廷判決（平成20.3.3 本誌[賃金と社会保障]）の意義（生存権保障と行政の公的責任）尾藤廣喜「賃金と社会保障」通号1473 2008.9.上旬 p.30〜37

12367 なぜ、助け合いの共済がつぶされるのか−金融保険行政の作為と不作為（生存権保障と行政の公的責任）本間照光「賃金と社会保障」通号1474 2008.9.下旬 p.4〜14

12368 家庭的保育事業は保育所保育の「補完」ではなく「代替」である−家庭的保育事業の法制化案への疑問[含 福川須美教授（駒沢女子短期大学保育科）の家庭的保育に関する参考人意見〈抜粋〉]（生存権保障と行政の公的責任）田村和之「賃金と社会保障」通号1474 2008.9.下旬 p.15〜22

12369 基本権の構成要件と保障内容 實原隆志「千葉大学法学論集」23（1）2008.9 p.155〜199

12370 自衛隊イラク派兵の違憲性および平和的生存権の具体的権利性の弁証──名古屋高裁における証言 小林武「愛知大学法学部法経論集」（178）2008.9 p.37〜96

12371 生存権と「制度後退禁止原則」をめぐって（第四部 社会権論の再構成）棟居快行「国民主権と法の支配 下巻 佐藤幸治先生古稀記念論文集」2008.9 p.369〜

12372 先に「削減ありき」の政治的本質を見抜けなかった判決−老齢加算廃止訴訟東京地裁判決（賃社本号[1475号]）の解説と批判[平成20.6.26]（特集 東京生存権裁判（老齢加算廃止訴訟）の検討）新井章「賃金と社会保障」通号1475 2008.10.上旬 p.4〜10

12373 東京地裁「生存権裁判」判決を乗り越えて−その問題点と反論（特集 東京生存権裁判（老齢加算廃止訴訟）の検討）金澤誠一「賃金と社会保障」通号1475 2008.10.上旬 p.13〜24

12374 首都圏・高齢単身世帯の最低生計費試算中間報告（平成20年7月現在）（特集 東京生存権裁判（老齢加算廃止訴訟）の検討）労働運動総合研究所「賃金と社会保障」通号1475 2008.10.上旬 p.25〜41

12375 格差社会の最先端・夕張から──机上の空論、人権侵害の再建計画の違憲・違法性（特集「社会の崩壊」とどう闘うか）本田雅和「法と民主主義」（432）2008.10 p.20〜24

12376 シリーズ憲法（6）生存権裁判と憲法25条−人権としての社会保障の旗を掲げることの今日的意味 井上英夫 日本科学者会議編 日

本科学者会議編 「日本の科学者」43（11）通号490 2008.11 p.608〜613

12377 予防接種強制制度の合憲性と予防接種健康被害に対する憲法上の救済権 竹中勲「同志社法学」60（5）通号330 2008.11 p.1745〜1787

12378 20世紀後半における日本の社会保障制度 加茂直樹「現代社会研究」11 2008.12 p.5〜28

12379 生存権裁判の現局面 荒井純二 中央社会保障推進協議会編 「社会保障」42ママ通号421 2008.冬 p.64〜67

12380 生活保護法における権利性とその課題−生活保護法成立にみられる権利条項の誕生経緯から 鳥野猛 びわこ学院大学編「びわこ学院大学研究紀要」（1）2009 p.39〜52

12381 講演録 二〇〇九年度ならっていいともセミナー 現代社会の生存権とは 佐々木育子 奈良人権・部落解放研究所編 「奈良人権・部落解放研究所紀要」（28）2009年度 p.89〜109

12382 イラクの実態・イラク派兵違憲判決から学ぶもの──事実を見つめ、事実から考えることを出発点にして 川口創 高遠菜穂子 田中章史「季刊自治と分権」（34）2009.冬 p.39〜58

12383 国民保護法制の整備と課題 浜谷英博「比較憲法学研究」通号21 2009 p.111〜135

12384 生活保護母子加算の復活と生存権保障（政治を動かし、国民要求実現へ）前田美津恵「議会と自治体」2009.1 p.5〜12

12385 「生存権裁判」から貧困研究に対する要望（小特集 貧困研究の課題（3）−現場から望む研究課題）舟木浩 貧困研究会編集委員会編 貧困研究会編集委員会編 「貧困研究」3 2009.1 p.73〜77

12386 ロー・クラス 発信 憲法地域事情（4・福岡編）生存権保障が抱えるジレンマ──「ヤミの北九州方式」が問いかけるもの 玉蟲由樹「法学セミナー」54（1）通号649 2009.1 p.68〜71

12387 公的扶助研究全国セミナー（in名古屋）シンポジウム「拡がる貧困の中で生活保護に何が求められているのか」から（特集 拡がる貧困の中で生存権保障・生活保護の将来像と現場の課題を考えよう）内河惠一 神谷眞功 全国公的扶助研究会編 「公的扶助研究」（54）通号212 2009.2 p.4〜11

12388 公的扶助研究全国セミナー（in名古屋）リレートーク「貧困の根絶と人間らしい暮らしの実現をめざして」から（特集 拡がる貧困の中で生存権保障・生活保護の将来像と現場の課題を考えよう）渕上隆 小山研一 濱田なぎさ【他】全国公的扶助研究会編 「公的扶助研究」（54）通号212 2009.2 p.12〜18

12389 第41回公的扶助研究セミナー第8分科会

460 憲法改正 最新文献目録

〔12366〜12389〕

（障がい者）今、障がい者の生活に何が起こっているのかをみんなで考えよう－2009年の自立支援見直しにむけて、私たちはどのように考え、何をするべきか（特集 拡がる貧困の中で生存権保障・生活保護の将来像と現場の課題を考えよう）脇田愉司 全国公的扶助研究会編「公的扶助研究」（54）通号212 2009.2 p.24～27

12390 教育 いわゆる生存権裁判における東京地方裁判所判決に関する医学的検討－老年学の立場から 安村誠司 福島医学会［編］福島医学会［編］「福島医学雑誌」59（1）2009.3 p.18～28

12391 刻例自由権規約委員会勧告 在日無年金問題（《特集 国連自由権規約「勧告」の具体化にむけて》）鄭明愛「ひょうご部落解放」132 2009.03

12392 特集 広島生存権裁判（老齢加算・母子加算廃止訴訟）の検討（その1）原告の生活実態を無視した「不当判決」－広島地方裁判所平成17年（行ウ）第27号生活保護変更決定取消等請求事件判決について（解説にかえて）［平成20.12.25］山本一志「賃金と社会保障」通号1485 2009.3.上旬 p.38～48

12393 貧困から目をそむけ、生活保護の役割をわすれた判決（特集 広島生存権裁判（老齢加算・母子加算廃止訴訟）の検討（その2）［広島地裁2008.12.25判決］）吉永純「賃金と社会保障」通号1486 2009.3.下旬 p.4～18

12394 意見書（2008年10月作成）（特集 広島生存権裁判（老齢加算・母子加算廃止訴訟）の検討（その2）［広島地裁2008.12.25判決］－母子加算廃止への意見－京都生存権裁判<生活保護老齢加算・母子加算廃止訴訟－平成18年（行ウ）第14号・平成19年（行ウ）43号>における後藤玲子教授の意見書と証人調書）後藤玲子「賃金と社会保障」通号1486 2009.3.下旬 p.19～28

12395 証人調書（特集 広島生存権裁判（老齢加算・母子加算廃止訴訟）の検討（その2）［広島地裁2008.12.25判決］－母子加算廃止への意見－京都生存権裁判<生活保護老齢加算・母子加算廃止訴訟－平成18年（行ウ）第14号・平成19年（行ウ）43号>における後藤玲子教授の意見書と証人調書）後藤玲子 吉田雄大 池上【他】「賃金と社会保障」通号1486 2009.3.下旬 p.28～50

12396 生存権裁判の現局面－東京と広島の地裁判決を受けて 荒井純二 中央社会保障推進協議会編「社会保障」41通号423 2009.春 p.32～35

12397 地域に生きる地域で支える 生存権の実現をめざす支援－野宿生活を強いられる人々とともに20年 藤井克彦 全国社会福祉協議会［編］「月刊福祉」92（5）2009.4 p.90～93

12398 生存権をめぐる自治体病院「改革」との攻防－孤軍奮闘の仲間と連携こそ必要（特集 不況下での地方経済・雇用・生活）山田あつし「社会主義」（562）2009.4 p.64～73

12399 生存権の奪還をめざして－生存権裁判の現状を考える 小川政亮「月刊保団連」通号997 2009.4 p.43～48

12400 老齢加算廃止訴訟 原告Aさんの本人調書（特集 貧困施策の実態（ひんこん）－老齢加算・母子加算廃止訴訟にみる生活保護受給世帯の生活実態－京都生存権裁判<生活保護老齢加算・母子加算廃止訴訟>における原告4人の本人調書）A 藤井 竹下【他】「賃金と社会保障」通号1487 2009.4.上旬 p.22～35

12401 老齢加算廃止訴訟 原告Bさんの証人調書（特集 貧困施策の実態（ひんこん）－老齢加算・母子加算廃止訴訟にみる生活保護受給世帯の生活実態－京都生存権裁判<生活保護老齢加算・母子加算廃止訴訟>における原告4人の本人調書）B 西村「賃金と社会保障」通号1487 2009.4.上旬 p.35～38

12402 老齢加算廃止訴訟 原告Cさんの本人調書（特集 貧困施策の実態（ひんこん）－老齢加算・母子加算廃止訴訟にみる生活保護受給世帯の生活実態－京都生存権裁判<生活保護老齢加算・母子加算廃止訴訟>における原告4人の本人調書）C 佐野「賃金と社会保障」通号1487 2009.4.上旬 p.39～48

12403 母子加算廃止訴訟 原告Dさんの本人調書（特集 貧困施策の実態（ひんこん）－老齢加算・母子加算廃止訴訟にみる生活保護受給世帯の生活実態－京都生存権裁判<生活保護老齢加算・母子加算廃止訴訟>における原告4人の本人調書）D 吉田 川端「賃金と社会保障」通号1487 2009.4.上旬 p.49～60

12404 生存権には手をつけるなよ！－対談 小野俊彦vs.雨宮処凜 小野俊彦 雨宮処凜 金曜日［編］「金曜日」17（16）通号762 2009.4.24 p.52～55

12405 生存権裁判原告の母親とその支援者へのインタビューから（特集 ともに考えよう「子どもの貧困」問題－手記「いまを生きる」）仲嶺政光 教育科学研究会編「教育」59（5）通号760 2009.5 p.51～54

12406 座談会・「平和的生存権」その到達点とこれから（特集「平和的生存権」その深化を問う）内藤功 小沢隆一 原田敬三［他］「法と民主主義」（438）2009.5 p.4～25

12407 住民のいのちと暮らし支える最前線 生活保護職場の役割が発揮できる、働きがいある職場づくりの運動を（特集 憲法がいきる自治体づくり）猿橋均「住民と自治」通号553 2009.5 p.10～13

12408 生存権と太くつながっている（特集「平和的生存権」その深化を問う）毛利正道「法と民主主義」（438）2009.5 p.29～31

12409 生存権裁判の意味するもの 三浦誠一

「北海道経済」 2009.6・7 p.1〜16

12410 わが国における社会福祉・介護の法的権利保障の現状−1960〜2005年の判決分析から 松澤明美 田宮菜奈子 脇野幸太郎 「日本公衆衛生雑誌」 56(6) 2009.6 p.411〜417

12411 国民の生存権、健康権を脅かす空前の負担増は全面撤回を−厚生労働省の医療制度「改革試案」に対する見解 2001年9月(保団連重要政策集(1999年6月〜2009年4月)−医療保険制度全般) 「月刊保団連」 通号1004 2009.6 p.16〜18

12412 基調報告 憲法学からみた生殖補助医療の問題(日本国憲法研究(4)生殖補助医療) 井上典之 「ジュリスト」 (1379) 2009.6.1 p.54〜67

12413 座談会(日本国憲法研究(4)生殖補助医療) 井上典之 窪田充見 長谷部恭男[他] 「ジュリスト」 (1379) 2009.6.1 p.68〜92

12414 憲法25条が保障する権利 岩間昭道 「法政大学法科大学院紀要」 5(1)通号5 2009.7 p.47〜55

12415 生存権と『自由な社会』の構想(特集 連続講座「国民国家と多文化社会」(第19シリーズ)格差拡大社会とグローバリズム−格差社会に憲法はなにを言うことができるのか？ −「生存権」をめぐる対話) 笹沼弘志 立命館大学国際言語文化研究所[編] 立命館大学国際言語文化研究所[編] 「立命館言語文化研究」 21(1)通号97 2009.8 p.105〜114

12416 生存と傍観−私たちと他者(特集 連続講座「国民国家と多文化社会」(第19シリーズ)格差拡大社会とグローバリズム−格差社会に憲法はなにを言うことができるのか？ −「生存権」をめぐる対話) 遠藤美奈 立命館大学国際言語文化研究所[編] 立命館大学国際言語文化研究所[編] 「立命館言語文化研究」 21(1)通号97 2009.8 p.115〜126

12417 平和なくして福祉なし(憲法・平和・生存権) 常陸実 全国老人福祉問題研究会編 「月刊ゆたかなくらし」 通号328 2009.8 p.23〜26

12418 日野原重明先生97歳、「平和といのち」を縦横に語る(憲法・平和・生存権) 全国老人福祉問題研究会編 「月刊ゆたかなくらし」 通号328 2009.8 p.28〜33

12419 戦争はしない・人間らしく生きる−かわぐち9条の会、設立4周年集会より(憲法・平和・生存権) 鏡玲子 全国老人福祉問題研究会編 「月刊ゆたかなくらし」 通号328 2009.8 p.40〜45

12420 ひと筆 加齢と憲法論議 安田純治 「自由と正義」 60(8)通号727 2009.8 p.5〜7

12421 シンポジウム報告 生存権と生活保護−自立を如何に支援するか 鈴木喜也 「月報全青司」 2009.9 p.2〜4

12422 したたかに生き延びる−「南」に学ぶ生存の術(特集 生存権) 大橋成子 「ピープルズ・プラン」 2009.秋 p.7〜13

12423 生存権保障による資本主義システムからの転換へ−野宿者運動から(特集 民衆運動の構想力) なすび 「ピープルズ・プラン」 2009.Spr. p.12〜21

12424 座談会 共に生きるための連帯(特集 生存権) 齋藤純一 高谷幸 青山薫 「ピープルズ・プラン」 2009.秋 p.14〜29

12425 ベーシック・インカム−実現可能性を問う前に理念の承認を(特集 生存権) 山森亮 「ピープルズ・プラン」 2009.秋 p.30〜37

12426 創造的定常経済システムの構想−資本主義・社会主義・エコロジーの交差(特集 生存権) 広井良典 「ピープルズ・プラン」 2009.秋 p.38〜49

12427 女性の貧困と生存権(特集 生存権) 栗田隆子 「ピープルズ・プラン」 2009.秋 p.50〜58

12428 シングルマザーと生存権(特集 生存権−当事者・現場からの発言) 中野冬美 「ピープルズ・プラン」 2009.秋 p.68〜71

12429 ホームレスと女とノラ(特集 生存権−当事者・現場からの発言) いちむらみさこ 「ピープルズ・プラン」 2009.秋 p.72〜75

12430 社会連帯再論−生存権理論の再構成 高藤昭 法政大学社会学部学会[編] 法政大学社会学部学会[編] 「社会志林」 56(2)通号200 2009.9 p.68〜51

12431 「新たなセーフティネット」実施に日弁連が申入書 生存権保障水準を底上げする『新たなセーフティネット』の制度構築を求める申入書(2009年9月18日 日本弁護士連合会) 「賃金と社会保障」 通号1500 2009.10.下旬 p.45〜49

12432 読みはじめたらやめられない ヘルスケアレポート時評 介護雑誌だけではワカラナイ 公衆衛生誌…保健誌…老年医学誌…ターミナルケア誌…研究助成誌…看護大学紀要…医療誌…病院誌… 注目論文を読み解きヘルスケアの動向を探る 生存権と介護を受ける権利…デイサービスの課題…高齢者には漢方薬…特養は終末期施設なのだが…在日コリアンの健康と転倒…死後のケアの病院格差…メンタルサービス業に向かう葬儀業者…鬱病と認知症の識別…患者の自殺という医療事故…ストレスに苦悩する医療従事者…介護の充実で内需拡大を… 露木まさひろ 「Senior community：医療と介護の経営ジャーナル」 通号62 2009.11・12 p.42〜47

12433 憲法と安全——新たな行動計画の検討にあたって 土井真一 「警察学論集」 62(11) 2009.11 p.128〜151

12434 平和的生存権の価値と構造——権利ニヒリズムを超えて 村田尚紀 「関西大学法学論

基本的人権/憲法上の保障　　　　　　　　　　　　　　　　　　　　　　　　　　　　　　　　生存権

集」59（3・4）　2009.12　p.369〜390

12435　生存権（生活保護変更決定取消請求事件）について（特集 国際人権判例分析）　渕上隆　国際人権法学会［編］「国際人権 ：国際人権法学会報」通号21　2010　p.91〜94

12436　福岡生存権裁判での勝利判決について［福岡高等裁判所2010.6.14］（特集 朝日訴訟50周年）　金敏寛　中央社会保障推進協議会編「社会保障」42通号432　2010.秋　p.57〜62

12437　格差社会・憲法・社会関係資本　岡田順太「比較憲法学研究」通号22　2010　p.145〜168

12438　知的障害者に分かり易い文章 ： 障害者自立支援法パンフレットに見る分かり易さの工夫　武藤大司　川崎誠司　小林武［他］「兵庫県立福祉のまちづくり研究所報告集」　2010年度　p.135〜141

12439　標的は参政権だけではない！ 「国籍差別」を騙る国家解体戦略を撃退せよ（溶解日本の現場 中国人に狙われる生活保護）　八木秀次「正論」　2010.1　p.190〜201

12440　生存権裁判福岡高裁判決（2010.6.14勝訴）報告（反貧困・再生）　高木佳世子　耕文社編「消費者法ニュース」通号85　2010.1　p.99〜101

12441　講演 貧困と憲法　伊藤真「法学館憲法研究所報」（2）　2010.1　p.59〜70

12442　笑顔を取り戻せるように－守れ生存権－国民健康保険、生活保護行政の実態と運動の到達（特集 セーフティネットの危機）　高橋瞬作「人権と部落問題」62（2）通号797　2010.2　p.27〜34

12443　基礎控除等に代わる租税クレジットの創設－生存権保障の充実　木村弘之亮　税務経理協会［編］「税経通信」65（2）通号920　2010.2　p.40〜49

12444　自治と自律と社会権——生存権の権利主体の立ち位置をめぐって（特集 憲法と経済秩序）　西原博史「企業と法創造」6（4）通号21　2010.2　p.80〜92

12445　西原博史報告をめぐる質疑応答（特集 憲法と経済秩序—研究会における質疑応答）　内野正幸　中村睦男　戸波江二「企業と法創造」6（4）通号21　2010.2　p.166〜168

12446　教育の危機管理 路上生活者の生存権を学ぶ　安藤博「週刊教育資料」（1104）通号1234　2010.2.1　p.17〜19

12447　近代日本の主権国家と生存権　林尚之「人文学論集」28　2010.03　p.45〜66

12448　生存権裁判のこれまでのたたかいと今後のたたかい　辻清二　中央社会保障推進協議会編「社会保障」42通号428　2010.新春　p.30〜33

12449　新しい福祉社会と教育の構想－「創造的

福祉社会」と資本主義・社会主義・エコロジーの交差（特集 生存権としての教育）　広井良典　民主教育研究所編「人間と教育」通号65　2010.春　p.4〜11

12450　無償教育の新たな前進と教育保障制度の構想（特集 生存権としての教育）　三輪定宣　民主教育研究所編「人間と教育」通号65　2010.春　p.20〜27

12451　共同性のポジティヴな経験場としての学校（特集 生存権としての教育）　清眞人　民主教育研究所編「人間と教育」通号65　2010.春　p.28〜35

12452　生存権保障の教育－高校において（特集 生存権としての教育）　島貫学　民主教育研究所編「人間と教育」通号65　2010.春　p.36〜41

12453　ともに「生きる・学ぶ・働く」ために（特集 生存権としての教育）　綿貫公平　民主教育研究所編「人間と教育」通号65　2010.春　p.42〜47

12454　いま生きるために必要なことは何なのか（特集 生存権としての教育）　武田敦　民主教育研究所編「人間と教育」通号65　2010.春　p.48〜53

12455　生存権保障と病院内教育（特集 生存権としての教育）　斉藤淑子　民主教育研究所編「人間と教育」通号65　2010.春　p.54〜60

12456　生活保護における老齢加算の廃止と生存権の保障　井上亜紀「佐賀大学経済論集」　2010.5　p.21〜45

12457　女性の目から見た生存権と民主党政権（特集 今こそ憲法をいかそう）　二宮厚美　新日本婦人の会編「女性＆運動」（182）通号333　2010.5　p.20〜23

12458　生存権裁判について　渕上隆　税経新人会全国協議会［編］「税経新報」（577）　2010.5　p.8〜11

12459　老齢加算の復活をめざすたたかいと生存権裁判（特集 憲法25条と生きる権利）　辻清二　歴史教育者協議会編「歴史地理教育」（759）　2010.5　p.36〜41

12460　憲法二五条の福祉と国民の生活保障（特集 憲法と国民生活）　二宮厚美「人権と部落問題」62（6）通号801　2010.5　p.15〜22

12461　医行為規制と安全——憲法学の視点から　中山茂樹「産大法学」44（1）通号150　2010.6　p.120〜136

12462　社会保障拡充へ足を踏み出せない民主党政権——憲法25条にもとづく社会保障再生の道を考える　谷本論「前衛 ：日本共産党中央委員会理論政治誌」通号858　2010.6　p.102〜115

12463　自立支援法違憲訴訟「勝利和解」をどう生かすか（障害者自立支援法「廃止」と今後の

〔12435〜12463〕　　　　　　　　　　　　　　　　　　　　　　　　憲法改正 最新文献目録　**463**

課題）家平悟 「議会と自治体」 通号146
2010.6 p.37〜39

12464 判決・ホットレポート 生存権裁判の現段
階－生活保護法56条違反の争点を中心に 新井
章 「法と民主主義」 （450） 2010.7 p.62〜65

12465 第3回公開研究会「現代の諸問題と憲法」
現代の貧困：派遣村からみた日本社会 湯浅誠
「法学館憲法研究所報」 （3） 2010.7 p.1〜21

12466 生存権所得の財源（特集 ベーシックイン
カムの可能性） 村岡到 「Plan B：閉塞時代を
打ち破る代案を！」 （28） 2010.8 p.2〜7

12467 名護市 稲嶺進市長インタビュー（特集 基
地問題と平和的生存権） 稲嶺 吉田万三
相野谷安孝 中央社会保障推進協議会編 「社会
保障」 42通号431 2010.夏 p.16〜21

12468 中南部基地返還で一兆円の経済効果（特集
基地問題と平和的生存権） 堀幾雄 中央社会
保障推進協議会編 「社会保障」 42通号431
2010.夏 p.22〜25

12469 生存権としての学ぶ権利を保障する教育
づくりを－新政権の教育政策への幾つかの疑問
と批判（特集 新政権で教育はどう変わるか）
長谷川孝 「福祉労働」 通号126 2010.Spr. p.
52〜60

12470 真の介護保障への道－介護保険制度10年
を斬る－平和的生存権、人権としての社会保
障・社会福祉の視点から（特集 第37回医療福祉
全国集会 in 金沢 市民とともに考える講座）
井上英夫 国民医療研究所［編］ 「国民医療」
（276） 2010.9 p.15〜22

12471 居住福祉学・住宅政策学の立場から－生
存権確立の理論構築を（一般社団法人設立記念
企画 社会福祉学に期待する－近接領域からの提
言） 本間義人 日本社会福祉学会機関誌編集
委員会編 日本社会福祉学会機関誌編集委員会
編 「社会福祉学」 51（3）通号95 2010.11 p.
136〜139

12472 社会保障・生存権を柱にした地域におけ
る人権擁護運動（特集 第6回地域人権問題全国
研究集会 第6分科会 地域社会の人権課題を住民
連帯で取り組む） 阿江善春 「地域と人権」
（321） 2010.11 p.15〜18

12473 生存権裁判が問うもの（特集 生存権から
生活権へ－生存権裁判が問うもの） 中川勝之
全国老人福祉問題研究会編 「月刊ゆたかなくら
し」 通号343 2010.11 p.22〜26

12474 原告・横井邦雄さんに聞く（特集 生存権
から生活権へ－生存権裁判が問うもの） 横井
邦雄 全国老人福祉問題研究会編 「月刊ゆたか
なくらし」 通号343 2010.11 p.27〜30

12475 最低生活とは何か－単身高齢者世帯の
「最低生計費」試算（特集 生存権から生活権
へ－生存権裁判が問うもの） 金澤誠一 全国
老人福祉問題研究会編 「月刊ゆたかなくらし」

通号343 2010.11 p.31〜38

12476 「生存権裁判」福岡高裁判決を手がかりに
生存権を考える（特集 生存権から生活権へ－生
存権裁判が問うもの） 木下秀雄 全国老人福
祉問題研究会編 「月刊ゆたかなくらし」 通号
343 2010.11 p.45〜49

12477 ロー・ジャーナル 老齢加算廃止に対する
初の違法判断 葛西まゆこ 「法学セミナー」
55（11）通号671 2010.11 p.48〜49

12478 生存権裁判のこれまでのたたかいと今後
のたたかい（特集 高齢者の人権） 辻清二 「人
権と部落問題」 62（14）通号809 2010.12 p.
22〜29

12479 生存権裁判の争点と国民生活－福岡高裁
の勝訴判決を踏まえて 朝日健二 「月刊保団
連」 通号1052 2010.12 p.40〜43

12480 戦後日本における生活保護基準の法制化
過程 韓君玲 「東アジア研究」 （56） 2011
p.1〜10

12481 Politics & Action 運動情報 半年前の投票
呼びかけ行動で「公務執行妨害」 釜の仲間たち
を返せ!! ：日雇い労働者の生存権運動に対する
大弾圧 4・5釜ヶ崎大弾圧に怒る仲間の会 「イ
ンパクション」 通号180 2011 p.221〜223

12482 格差・貧困の拡大と、教師・学校にとっ
ての課題（特集 様々な視点で憲法を考えよう）
久冨善之 「季刊人権問題」 （27） 2011.冬 p.
1〜12

12483 子ども・女性の貧困（春学期（2011年度）
法学部公開講座 地域生活と法） 丹羽徹 「大阪
経済法科大学地域総合研究所紀要」 （4） 2011
p.196〜198

12484 貧困・社会的排除と憲法学（シンポジウム
同時代の世界と実定法学――21世紀の法分析の
新たな地平） 笹沼弘志 「法の科学：民主主
義科学者協会法律部会機関誌「年報」」 通号42
2011 p.77〜87

12485 貧困と憲法（春学期（2011年度）法学部公
開講座 地域生活と法） 澤野義一 「大阪経済法
科大学地域総合研究所紀要」 （4） 2011 p.
187〜189

12486 福祉レジーム論と憲法規範――社会保障，
雇用・労働保護及び家族保護の観点から 北村
貴 「比較憲法学研究」 通号23 2011 p.121〜
147

12487 自由貿易・投資は繁栄と成長をもたらし
たか：APEC「横浜宣言」を批判する（特集
モノとカネの「自由」と人びとの生存権（「平
成の開国」って何なんだ） 小倉利丸 「変革
のアソシエ」編集委員会編 「変革のアソシエ」
（5） 2011.1 p.42〜52

12488 自由貿易と農業：TPPって何なのだ！
（特集 モノとカネの「自由」と人びとの生存権
：「平成の開国」って何なんだ） 大野和興

「変革のアソシエ」編集委員会編 「変革のアソシエ」 (5) 2011.1 p.53〜57

12489 自由貿易は食卓を襲う : TPPと食の安全(特集 モノとカネの「自由」と人びとの生存権 : 「平成の開国」って何なんだ) 山浦康明 「変革のアソシエ」編集委員会編 「変革のアソシエ」 (5) 2011.1 p.58〜61

12490 膨張したマネーが世界の不幸を生んでいる(特集 モノとカネの「自由」と人びとの生存権 : 「平成の開国」って何なんだ) 稲垣豊 「変革のアソシエ」編集委員会編 「変革のアソシエ」 (5) 2011.1 p.62〜66

12491 社会文化に権利を埋め込む－生存権保障の一視点(特集 生存権と社会文化) 中西新太郎 『社会文化研究』編集委員会編 「社会文化研究」 (13) 2011.1 p.3〜22

12492 生存と労働をめぐる対立－障害者ヘルパーの立場から(特集 生存権と社会文化) 渡邉琢 『社会文化研究』編集委員会編 「社会文化研究」 (13) 2011.1 p.23〜41

12493 生存権の歴史的位相と論理 竹内真澄 『社会文化研究』編集委員会編 「社会文化研究」 (13) 2011.1 p.91〜105

12494 老齢加算廃止に至る厚労大臣の判断過程のずさんさを明らかにした判決－福岡生存権訴訟・福岡高判平成22.6.14(本誌[賃金と社会保障]43頁)について(特集 老齢加算廃止はなぜ違法か－福岡高判を中心に) 縄田浩孝 「賃金と社会保障」 通号1529・1530 2011.1.合併 p.36〜41

12495 釧路発! 貧困の連鎖を断つ生活保護・自立支援プログラム(第2回)生存権を具体化する生活保護の原理 本田良一 日本労働組合総連合会[編] 「連合」 23(11)通号274 2011.2 p.24〜27

12496 ベーシックインカムは生存権の手段ではない－『ベーシックインカムで大転換』へのコメント 齊藤拓 「Plan B : 閉塞時代を打ち破る代案を!」 (31) 2011.2 p.64〜66

12497 ロー・アングル「朝日訴訟」を顧みて 小中信幸 「法学セミナー」 56(2)通号674 2011.2 p.40〜43

12498 「もうひとつの社会」はどこに? (3)路上に野宿者のいない社会ならよいのか? －貧困ビジネス問題と生存権 なすび 「ピープルズ・プラン」 2011.3 p.142〜148

12499 憲法25条にもとづく社会保障再生の共同・運動をどこに――社会保障の歴史と理念から考える(特集 社会保障とルールある経済社会づくり) 谷本諭 「前衛 : 日本共産党中央委員会理論政治誌」 通号868 2011.3 p.79〜97

12500 食の安全に関する国家の情報提供活動――責務と責任のジレンマ(特集 憲法と経済秩序(2)) 大林啓吾 「企業と法創造」 7(5)通号27 2011.3 p.111〜131

12501 生存権と制度後退禁止原則――生存権の「自由権的効果」再考(特集 憲法と経済秩序(2)) 葛西まゆこ 「企業と法創造」 7(5)通号27 2011.3 p.26〜36

12502 生存権の自由権の側面の再検討――旭川国保訴訟最高裁大法廷判決のもう1つの論点(特集 憲法と経済秩序(2)) 斎藤一久 「企業と法創造」 7(5)通号27 2011.3 p.11〜16

12503 生存権の「制度後退禁止」? 小山剛 「慶應法学」 (19) 2011.3 p.97〜115

12504 貧困ビジネス――憲法学からの考察(特集 貧困ビジネス被害) 笹沼弘志 「現代消費者法」 (10) 2011.3 p.52〜61

12505 〈生存権〉の浮上に感謝、しかし－齊藤拓氏のコメントに対して 村岡到 「Plan B : 閉塞時代を打ち破る代案を!」 (32) 2011.4 p.61〜63

12506 新しい福祉国家へ(4)生存権裁判(生活保護変更決定取消請求事件)について 渕上隆 自治労連・地方自治問題研究機構編 「季刊自治と分権」 (43) 2011.春 p.68〜77

12507 図解基礎法学講座 憲法 生存権について 「Keisatsu jiho」 66(4) 2011.4 p.52〜55

12508 「デモクラシー」と「生存権」－吉野作造と福田徳三の思想的交錯 田澤晴子 政治思想学会編 「政治思想研究」 (11) 2011.5 p.118〜142

12509 「戦後憲法」が国民殺す(特集 国難3・11大震災 日本再生への緊急提言) 「世界思想」 37(5)通号427 2011.5 p.8〜10

12510 潜在能力の欠如・剝奪と生存権保障(特集 国家の役割、個人の権利) 西原博史 「ジュリスト」 (1422) 2011.5.1・15 p.51〜57

12511 生存権(憲法第25条)の法的性質論 : いわゆる"言葉どおりの具体的権利説"の成立可能性について 藤井正希 「清和法学研究」 18(1) 2011.6 p.67〜95

12512 生活支援 東日本大震災と生存権保障(東日本大震災と自治体－3.11後の自治体政策とは!?－復興・再生) 蒭本郁 公職研[編] 「地方自治職員研修」 44(9)通号620 臨増97 2011.7 p.200〜209

12513 生存権保障の視点に立つ復旧・復興の道(特集 3・11 復興への3つの視点) 二宮厚美 労働者教育協会編 「学習の友」 通号695 2011.7 p.40〜47

12514 施行64周年憲法記念日集会 生存権をテーマに地震・原発事故を考える 八木隆次 「進歩と改革」 通号715 2011.7 p.24〜29

12515 大災害の影で、憲法が危ない! 伊藤成彦 「マスコミ市民 : ジャーナリストと市民を結ぶ情報誌」 通号510 2011.7 p.42〜48

12516 東日本大震災後のアジアと日本 : 憲法の視点から 水島朝穂 「法学館憲法研究所報」(5) 2011.7 p.34〜43

12517 法律時評 東日本大震災と憲法——被災地で考えたこと 水島朝穂 「法律時報」83(8)通号1037 2011.7 p.1〜3

12518 生存権理念の再検討と社会保障法体系の再構築 三井正信 「修道法学」34(1)通号66 2011.9 p.1〜52

12519 憲法をいかし いのちとくらしを守る「地方自治の真価」を発揮してこそ(特集 震災・原発から人権を考える——地域の再生) 木村雅英 「人権と部落問題」63(11)通号820(増刊号) 2011.9 p.67〜76

12520 不条理列島 - 日本の誤謬(第78回) 復旧は進むものの、現代的生存権の保障はまだ道半ば 五十嵐敬喜 経界界[編] 「経済界」46(17)通号950 2011.9.6 p.80〜81

12521 朝日訴訟から生存権裁判へ : 権利はたたかう者の手にある 朝日健二 「人権と部落問題」63(13)通号822 2011.11 p.43〜50

12522 研究最前線 生存論の軌跡と課題 葛西まゆこ 「ロースクール研究」(18) 2011.11 p.117〜119

12523 現代の貧困と克服のための政策(特集 現代の貧困と生きる権利) 金澤誠一 「人権と部落問題」63(13)通号822 2011.11 p.6〜14

12524 憲法から見た震災、津波、そして原発 中島徹 「ビジネス法務」11(11) 2011.11

12525 構造改革と貧困 今後の展開(特集 現代の貧困と生きる権利) 中山徹 「人権と部落問題」63(13)通号822 2011.11 p.15〜21

12526 高齢者の生活実態から見えてくるもの(特集 現代の貧困と生きる権利) 岡本毅一 「人権と部落問題」63(13)通号822 2011.11 p.35〜42

12527 誌上対談 3.11大震災と憲法の役割(特集 3.11大震災の公法学(Part.1)"震源地"としての原発、"生命線"としての情報) 駒村圭吾 中島徹 「法学セミナー」56(11)通号682 2011.11 p.4〜12

12528 障害者の貧困問題(特集 現代の貧困と生きる権利) 峰島厚 「人権と部落問題」63(13)通号822 2011.11 p.28〜34

12529 ロー・クラス 憲法訴訟の現代的転回——憲法的論証を求めて(13)第2部/自由権以外の権利と論証の型 生存権 駒村圭吾 「法学セミナー」56(11)通号682 2011.11 p.78〜84

12530 生命権の始期に関する考察 小林直三 「社会科学論集 : 高知短期大学研究報告」(99) 2011.11.30 p.1〜26

12531 核時代の生存権とナショナルミニマム : いのちを捨ててそびえ立つ経済社会 3・11から

の転換(特集 社会保障・社会福祉研究に今求められていること) 本間照光 総合社会福祉研究所[編] 「総合社会福祉研究」(39) 2011.12 p.22〜33

12532 東日本大震災からの復興をめぐる対抗軸 : 生存権を最優先した「人間の復興」を(特集 復興の課題 いま何が問題なのか : 東日本大震災から10ヵ月を経て) 岡田知弘 「法と民主主義」(464) 2011.12 p.4〜8

12533 鹿児島におけるビッグイシューの販売のあり方と問題点 大野友也 「News letter」(37) 2011.12 p.54〜57

12534 「社会保障と税の一体改革」のねらいと矛盾——憲法25条を力に国民的反撃を 谷本諭 「前衛 : 日本共産党中央委員会理論政治誌」通号877 2011.12 p.37〜49

12535 第3分科会 インクルーシブな社会づくりめざして : 障害者権利条約の水準で障害者の権利と基本的人権が保障される総合福祉法をめざして(特集 生きる : 誰もが安全・安心な社会を創ろう : 「第一七回社会福祉研究交流集会in京都」からのメッセージ) 粟田紀江 「福祉のひろば」141 2011.12 p.22〜25

12536 人間の尊厳の客観法的保護 玉蟲由樹 「福岡大学法學論叢」56(2・3)通号199・200 2011.12 p.155〜229

12537 実録 皆保険50年の歩み(49)国保保険料徴収は憲法違反か 森田慎二郎 「週刊社会保障」65(2659) 2011.12.26 p.39

12538 グローバルな経済的正義(国境を越える正義 : その原理と制度) 宇佐美誠 日本法哲学会編 日本法哲学会編 「法哲学年報」2012 p.9〜36

12539 医療制度と生存権 : 医療保険制度を考える上での理念的根拠について 山下耕司 「社学研論集」(19) 2012 p.1〜16

12540 保育政策の理念と動向 : 生存と発達の権利の視点から 新海英行 名古屋柳城短期大学[編] 名古屋柳城短期大学[編] 「研究紀要」(34) 2012年度 p.1〜13

12541 憲法二五条から社会保障、税制を考える(特集 日本国憲法の改悪に立ち向かう) 山家悠紀夫 「アジェンダ : 未来への課題」(39) 2012.冬 p.20〜27

12542 「さようなら原発一〇万人集会」に参加して(特集 様々な視点で憲法を考えよう) 田端保文 「季刊人権問題」(30) 2012.秋 p.15〜18

12543 「社会保障・税一体改革成案」の正体と国民の闘いの道筋(上)(特集 様々な視点で憲法を考えよう) 山田潔 「季刊人権問題」(28) 2012.春 p.15〜27

12544 「社会保障・税一体改革成案」の正体と国民の闘いの道筋(下)(特集 様々な視点で憲法を

考えよう）　山田潔　「季刊人権問題」（29）
2012.夏　p.21～34

12545　ジャーナリストの直言 震災、社会保障と
憲法 ： 基本に返って考えること　丸山重威
「社会保障」 44（442）　2012.初夏　p.46～49

12546　生存権裁判と憲法25条（特集 世界に逆行
する「置き去り」の貧困）　井上英夫　「社会保
障」 44（442）　2012.初夏　p.34～42

12547　判例研究 社会保障法判例 生活扶助の老齢
加算の段階的な減額と廃止を内容とする「生活
保護法による保護の基準」の改定が、生活保護
法3条又は8条2項、さらに憲法25条の規定に違反
しないとされた事例［最高裁判所平成24.2.28第
三小法廷判決］　新田秀樹　「季刊社会保障研
究」 48（3）通号198　2012.Win.　p.349～358

12548　STOP！ 生活保護基準の引き下げ ： 朝
日茂生誕100年にあたって（特集 様々な視点で
憲法を考えよう）　朝日健二　「季刊人権問題」
（31）　2012.冬　p.1～16

12549　「生命権」の確立と「生存権」の再構築 ：
福島と生活保護をむすんで（特集〈いのち〉の危
機と対峙する）　吉崎祥司　唯物論研究協会編
「唯物論研究年誌」（17）　2012.1　p.108～137

12550　［プロテスタンティズムの倫理と生存権の
精神］に関する理論仮設 ： 市場社会における社
会福祉の思想史的地位を考えるために（第50回
社会福祉研究大会報告－各分科会からの報告 福
祉の理念と教育）　乗松央　「社会事業研究」
（51）　2012.1　p.94～97

12551　座談会「子どもの生存権」について考え
る ： 門田見昌明先生を囲んで（「子どもの生存
権」について考える）　門田見昌明　末永節子
名取保美【他】　あごら新宿編「あごら」
（332）　2012.1　p.4～40

12552　性に内在する差別と偏見（「子どもの生存
権」について考える）　河野信子　あごら新宿
編「あごら」（332）　2012.1　p.41～47

12553　放射線リスクと、子どもの生存権（「子ど
もの生存権」について考える）　末永節子　あご
ら新宿編「あごら」（332）　2012.1　p.48～59

12554　日本の「子ども政策」の遅れ（「子どもの
生存権」について考える）　橋本宏子　あごら
新宿編「あごら」（332）　2012.1　p.64～68

12555　突然の電話から（「子どもの生存権」につ
いて考える）　松岡節子　あごら新宿編「あご
ら」（332）　2012.1　p.76～78

12556　子どもの生存権は、守られるのか（「子ど
もの生存権」について考える）　名取保美　あご
ら新宿編「あごら」（332）　2012.1　p.79～87

12557　児童館づくりの二十年 ： 取り組みのあら
すじ（「子どもの生存権」について考える）　野
林豊治　あごら新宿編「あごら」（332）
2012.1　p.88～91

12558　要るものは要る！ 要るからつくる児童館
： シンポジウムより抜粋（「子どもの生存権」に
ついて考える）　あごら新宿編「あごら」
（332）　2012.1　p.92～95

12559　ふくしま集団疎開裁判（「子どもの生存権」
について考える）　あごら新宿編「あごら」
（332）　2012.1　p.101～105

12560　生存権とはなにか ： その理念と現実、と
くに生活保護をめぐる状況（特集 生存権と社会
保障）　森川清　「月刊保団連」（1106）　2012.
1　p.4～9

12561　現代の貧困増と生活保護をめぐる岐路（特
集 生存権と社会保障）　後藤道夫　「月刊保団
連」（1106）　2012.1　p.10～16

12562　孤立死、餓死の頻発、貧困の拡大と生活
保護の役割（特集 生存権と社会保障）　吉永純
「月刊保団連」（1106）　2012.1　p.17～24

12563　大阪市西成区の「特区構想」とは何か ：
生活保護受給者に対する「医療差別」全国化へ
の危惧（特集 生存権と社会保障）　田端博晴
「月刊保団連」（1106）　2012.1　p.25～30

12564　セーフティネット攻撃とたたかう ：「生
存権裁判」の現状と展望（特集 生存権と社会保
障）　荒井純二　「月刊保団連」（1106）　2012.
1　p.31～36

12565　国民医療の前進を逆行させ、違憲とも言
える東京高裁のイレッサ薬害訴訟不当判決に強
く抗議し、大阪高裁・最高裁における早期是正
判決を求める（声明）　「国民医療」（291）
2012.1　p.46～48

12566　主催者挨拶（シンポジウム「震災と憲法」
（2011年11月3日））　伊藤真　「法学館憲法研究
所報」（6）　2012.1　p.5～7

12567　震災避難者に対する行政の対応の問題点
（シンポジウム「震災と憲法」（2011年11月3
日））　黒岩哲彦　「法学館憲法研究所報」（6）
2012.1　p.17～23

12568　生活保護法における稼働能力活用要件の
解釈 ： 新宿七夕訴訟東京地裁判決の意義（特集
新宿ホームレス生活保護訴訟）　笹沼弘志　「賃
金と社会保障」（1553・1554）　2012.1.合併
p.13～25

12569　それでも「原発必要論」が語られる国
浦部法穂　「法学館憲法研究所報」（6）　2012.1
巻頭1～4

12570　東日本大震災の被災者より（シンポジウム
「震災と憲法」（2011年11月3日））　山崎ेा一
「法学館憲法研究所報」（6）　2012.1　p.8～15

12571　被災者支援と震災復興の憲法論（シンポジ
ウム「震災と憲法」（2011年11月3日））　浦部法
穂　「法学館憲法研究所報」（6）　2012.1　p.24
～38

12572　平成二〇年（行ウ）第四一五号生活保護開
始申請却下取消等請求事件 意見書 稼働能力者

に対する最低生活保障義務について(特集 新宿ホームレス生活保護訴訟) 笹沼弘志 「賃金と社会保障」 (1553・1554) 2012.1.合併 p.26〜50

12573 大震災後の医療が直面する危機と課題 : 財界の成長戦略としての医療か生存権の基盤としての医療か(特集 3.11から1年) 日野秀逸 中央社会保障推進協議会編 「社会保障」 44通号441 2012.2 p.18〜21

12574 福岡生存権裁判の最高裁口頭弁論について 高木健康 全国公的扶助研究会編 「公的扶助研究」 (66)通号224 2012.2 p.42〜45

12575 原子力発電と日本国憲法 飯島滋明 「法と民主主義」 (466) 2012.2・3 p.78〜81

12576 生存権訴訟(老齢加算廃止違憲訴訟)の現状と課題 木下秀雄 「法律時報」 84(2)通号1043 2012.2 p.79〜83

12577 「脱原発」と日本国憲法 : ドイツの経験と日本の展望(特集 原発災害を絶対に繰りかえさせないために(パート3)脱原発と被害回復に向けた法律家の取組み) 広渡清吾 「法と民主主義」 (466) 2012.2・3 p.4〜9

12578 日本における生存権保障と公的責任(特集 暮らしの基盤と地域福祉) 石倉康次 「障害者問題研究」39(4)通号148 2012.2 p.290〜296

12579 日本における貧困の発見 : 生存権の現在 梅山春代子 東洋学園大学[編] 「東洋学園大学紀要」 (20) 2012.3 p.31〜46

12580 再建・復興の対抗軸と生存権(特集 貧困、3・11から考える生存権) 日野秀逸 労働者教育協会編 「学習の友」 (703) 2012.3 p.28〜31

12581 福島の今 : 事故から学ばず、県民をあざむき続ける政府・東京電力に原発廃炉をめざし「オール福島」でたちむかう(特集 貧困、3・11から考える生存権) 小川英雄 労働者教育協会編 「学習の友」 (703) 2012.3 p.32〜35

12582 目で見る学習 年金改革 : なにがどうなる!?(特集 貧困、3・11から考える生存権) 公文昭夫 労働者教育協会編 「学習の友」 (703) 2012.3 p.37〜45

12583 目で見る学習 エッ! 社会保障予算が毎年けずられる!?(特集 貧困、3・11から考える生存権) 吉田豊 労働者教育協会編 「学習の友」 (703) 2012.3 p.46〜51

12584 生存権の今日的意義 : 健康に文化的に生きる権利とはなにか(特集 貧困、3・11から考える生存権) 唐鎌直義 労働者教育協会編 「学習の友」 (703) 2012.3 p.54〜61

12585 作られた財政危機、消費税がなくとも財源はある(特集 貧困、3・11から考える生存権) 富山泰一 労働者教育協会編 「学習の友」 (703) 2012.3 p.68〜73

12586 権利とか言ったって、ムダだよ。要求を

かかげてもなー。そうだよね。だけど…。 なぜ権利や要求を堂々と主張することが大切なのか(特集 貧困、3・11から考える生存権) 二宮厚美 労働者教育協会編 「学習の友」 (703) 2012.3 p.74〜81

12587 原子力災害と日本国憲法(加藤一郎教授退職記念号) 清水修二 「高崎経済大学論集」 54(4)通号195 2012.3 p.211〜219

12588 「人権としての平和」と生存権 : 憲法の先駆性から震災復興を考える(特集 災害復興における男女共同参画) 辻村みよ子 「GEMC journal : グローバル時代の男女共同参画と多文化共生 : Gender equality and multicultural conviviality in the age of globalization」 (7) 2012.3 p.48〜58

12589 人間の尊厳と最低限度の生活の保障(西岡祝教授 山本隆基教授 古稀記念号) 玉蟲由樹 「福岡大學法學論叢」 56(4)通号201 2012.3 p.447〜497

12590 原子力発電と日本国憲法 金子勝 「立正大学法制研究所研究年報」 (17) 2012.03 p.17〜36

12591 真の政策的議論を望む 「脱原発」が国民負担を増す大いなるジレンマ(朝日ジャーナル わたしたちと原発―原子力ムラ解体へ) 金子勝 「週刊朝日」 117(12)通号5122(臨増) 2012.3.20 p.50〜53

12592 生存権裁判と人権としての社会保障 井上英夫 「議会と自治体」 2012.5 p.67〜74

12593 生活保護制度の実態(特集 生活保護法と生存権) 稲田雅文 「月報司法書士」 (483) 2012.5 p.8〜14

12594 自立支援への道(特集 生活保護法と生存権) 有吉晶子 「月報司法書士」 (483) 2012.5 p.15〜19

12595 経済的困窮者に対する支援活動 : 自律的生存権の保障にむけて(特集 生活保護法と生存権) 嶋田貴子 「月報司法書士」 (483) 2012.5 p.20〜25

12596 多重債務問題から見た生活保護申請の実践(特集 生活保護法と生存権) 谷崎哲也 「月報司法書士」 (483) 2012.5 p.26〜29

12597 憲法記念日に寄せて 憲法と原発 : 原発を止めるために法的にできること 海渡雄一 「婦人之友」 106(5)通号1308 2012.5 p.122〜127

12598 憲法25条と生活保護制度(特集 生活保護法と生存権) 葛西まゆこ 「月報司法書士」 (483) 2012.5 p.2〜7

12599 「社会保障・税一体改革」に対抗する社会保障再生の道(特集 憲法と国民生活) 岡﨑祐司 「人権と部落問題」 64(6)通号829 2012.5 p.15〜23

12600 生活保護利用者「過去最多」を更新中?

（人権キーワード2012—憲法・人権）　小久保哲
郎　「部落解放」（662）（増刊）　2012.5　p.66
〜69

12601　法律時評 ポスト3.11のコミュニティ ：
憲法学の情報系・空間系・時間系　駒村圭吾
「法律時報」84（5）通号1046　2012.5　p.1〜3

12602　理科 憲法第25条の「生きる権利」を守る
学習（特集 中学校・新要領下の授業づくり—私
の提言）　宮下聡　「教育」（796）　2012.5　p.
90〜93

12603　行財政研究 「社会保障と税の一体改革」
と生存権裁判　井上英夫　行財政総合研究所編
「行財政研究」（82）　2012.6　p.2〜17

12604　全国に広がる生存権裁判　前田美津恵
全国老人福祉問題研究会編 「月刊ゆたかなくら
し」（361）　2012.6　p.46〜50

12605　パンデミック対策に関する憲法的考察 ：
国家の公衆衛生に関する責務とその限界につい
ての憲法的アナトミー　大林啓吾　「日本法学」
78（1）　2012.6　p.93〜143

12606　法律時評 原発に対抗する第三の生存権を
中畳見博　「法律時報」84（6）通号1047　2012.
6　p.1〜3

12607　リベラル・デモクラシーとソーシャル・
デモクラシー（10）現代日本における社会民主
主義の可能性 ：「新しい福祉国家」の戦略
渡辺治　「未来」（549）　2012.6　p.22〜30

12608　教育の危機管理 つなげる研究、つながる
実践（1-2）学ぶ権利は生存権　安藤博　「週刊教
育資料」（1211）通号1341　2012.6.18　p.21〜
23

12609　餓死防止から生存権の具現化へ 戦後の生
活保護史を振り返る（特集 生活保護 ： 3.7兆円
が日本を蝕む—国際比較・財政・歴史で検証）
ダイヤモンド社［編］「週刊ダイヤモンド」
100（26）通号4437　2012.6.30　p.52

12610　生存権の実現に係る法律関係と行政手法
の現状 ： 社会福祉分野を素材として（多田元教
授退職記念号）　豊島明子　「南山法学」35（3・
4）　2012.7　p.351〜366

12611　〈生存権所得〉の歴史的射程（特集 ベー
シック・インカム論の諸相 ： これからの日本
社会を展望して）　村岡到　経済理論学会編
「季刊経済理論」49（2）　2012.7　p.32〜42

12612　福岡生存権裁判 最高裁判決（特集 高齢者
はたたかう 生存権裁判勝利にいのちかけて）
高木健康　全国老人福祉問題研究会編 「月刊ゆ
たかなくらし」 通号362　2012.7　p.20〜24

12613　二つの生存権訴訟最高裁判決と生存権（特
集 高齢者はたたかう 生存権裁判勝利にいのち
かけて）　木下秀雄　全国老人福祉問題研究会
編 「月刊ゆたかなくらし」 通号362　2012.7
p.25〜28

12614　生存権裁判 最高裁判決を問う ： 高齢者

の最低生活の実態から（特集 高齢者はたたかう
生存権裁判勝利にいのちかけて）　冨家貴子
全国老人福祉問題研究会編 「月刊ゆたかなくら
し」 通号362　2012.7　p.29〜32

12615　フランスの公的扶助から日本の生活保護
の異常をみる（特集 高齢者はたたかう 生存権裁
判勝利にいのちかけて）　都留民子　全国老人
福祉問題研究会編 「月刊ゆたかなくらし」 通
号362　2012.7　p.33〜36

12616　二・二四福岡訴訟第二小法廷での原告の
訴え（特集 高齢者はたたかう 生存権裁判勝利に
いのちかけて）　高木佳世子　全国老人福祉問
題研究会編 「月刊ゆたかなくらし」 通号362
2012.7　p.37〜39

12617　石川健治氏（東京大学教授・憲法学）のコ
メント（シンポジウム 復興の原理としての法、
そして建築（Part.1））　石川健治　「法学セミ
ナー」 57（7）通号690　2012.7　p.34〜36

12618　国の責任で原発事故被害者を援護するた
めの法制度を求めて（特集 エネルギー大転換）
海渡雄一「社会民主」（686）　2012.7　p.7〜11

12619　原子力発電と日本国憲法　飯島滋明 「法
学館憲法研究所報」（7）　2012.7　p.60〜63

12620　駒村圭吾氏（慶應義塾大学教授・憲法学）
のコメント（シンポジウム 復興の原理としての
法、そして建築（Part.1））　駒村圭吾 「法学セ
ミナー」 57（7）通号690　2012.7　p.37〜38

12621　私の意見 原発事故被災地から憲法を考え
る　石田賢二 「法学館憲法研究所報」（7）
2012.7　p.68〜73

12622　生活保護制度に関する冷静な報道と議論
を求める緊急声明（2012年5月28日）（特集 今こ
そ問われる「生存権」保障の意味 ： 負のスパ
イラルから希望の連鎖へ）　尾藤廣喜　小川政
亮　全国公的扶助研究会編 「公的扶助研究」
（68）通号226　2012.8　p.3〜5

12623　扶養義務と生活保護制度の関係の正しい
理解と冷静な議論のために（2012年5月30日）
（特集 今こそ問われる「生存権」保障の意味 ：
負のスパイラルから希望の連鎖へ）　尾藤廣喜
全国公的扶助研究会編 「公的扶助研究」（68）
通号226　2012.8　p.6〜13

12624　貧困の世代間連鎖を断ち切るために ： 学
習支援の取り組みから（特集 今こそ問われる
「生存権」保障の意味 ： 負のスパイラルから希
望の連鎖へ）　田中聡子　全国公的扶助研究会
編 「公的扶助研究」（68）通号226　2012.8　p.
14〜19

12625　「大津中3学習会」について ： 貧困の連鎖
が希望の連鎖に変わる社会を目指して（特集 今
こそ問われる「生存権」保障の意味 ： 負のス
パイラルから希望の連鎖へ）　犬飼公一　全国
公的扶助研究会編 「公的扶助研究」（68）通号
226　2012.8　p.20〜24

生存権　　　　　　　　　　　　　　　　　　　　　　　　基本的人権/憲法上の保障

12626　東京生存権裁判最高裁判決について［最高裁2012.2.28判決］　渕上隆　全国公的扶助研究会編「公的扶助研究」（68）通号226　2012.8　p.26～30

12627　東日本大震災と憲法 ： 参議院憲法審査会の議論を振り返って（特集 第180回国会の論議の焦点(1)）　三俣真知子　荒井達夫「立法と調査」（331）　2012.8　p.69～77

12628　東日本大震災と生命権・生存権　山内敏弘　「独協法学」（88）　2012.8　p.1～40

12629　「生活保護バッシング」を超えて ： 今こそ問われる「生存権」保障の意義（特集 生活保護のリアル）　尾藤廣喜　「現代思想」　2012.9　p.69～83

12630　東日本大震災における法的諸問題の展望（特集 ネットワークビジネスの現状と法律問題/ コンピュータ・ウイルス罪の論点/東日本大震災に おける法課題 ： 第36回法とコンピュータ学会研究報告）　大野幸夫「法とコンピュータ」（30）　2012.9　p.65～100

12631　生活保護 東京生存権裁判 最高裁第三小法廷判決について ： 最低・最悪・お粗末な判決を乗り越える運動を（特集 現代の貧困と生きる権利）　黒岩哲彦「人権と部落問題」64（11）通号834 増刊　2012.9　p.24～31

12632　低所得層と国民健康保険制度 ： 大阪市における国民健康保険制度の運用実態を事例に（特集 国民の命と健康、生存権を守る国保制度の課題）　藤井えりの　中小商工業研究所［編］「中小商工業研究」（113）　2012.秋季　p.42～52

12633　公的医療保険の広域化・都道府県単位化の現状と問題点（特集 国民の命と健康、生存権を守る国保制度の課題）　神田敏史　中小商工業研究所［編］「中小商工業研究」（113）　2012.秋季　p.53～58

12634　「高い医療費払えない」受診遅れで死亡例 ：「事例」から見える現代の貧困（特集 国民の命と健康、生存権を守る国保制度の課題）　森川尚子　中小商工業研究所［編］「中小商工業研究」（113）　2012.秋季　p.59～64

12635　受診抑制、治療中断、健康被害 ： 患者負担の大幅軽減は急務（特集 国民の命と健康、生存権を守る国保制度の課題）　岩川修　中小商工業研究所［編］「中小商工業研究」（113）　2012.秋季　p.65～72

12636　国会事故調が明らかにした原発事故の原因と責任（特集 放射線と向き合う自治体）　海渡雄一「住民と自治」（593）　2012.9　p.22～25

12637　貧困をめぐる妄想と立憲民主政の危機（特集 生活保護のリアル）　笹沼弘志　「現代思想」40（11）　2012.9　p.98～111

12638　生存権をめぐる今日的課題　山内敏弘「龍谷法学」45（2）　2012.10　p.551～592

12639　戦後史の中で大震災・原発事故と復旧・復興を考える（特集 原発震災・地震・津波 ： 歴史学の課題）　渡辺治「歴史評論」（750）　2012.10　p.18～34

12640　座談会「新自由主義政治の現段階といのちを守る社会運動の課題」　渡辺治　長瀬文雄　河添誠「いのちとくらし研究所報」（40）　2012.10.31　p.12～28

12641　社会保障制度と生存権をなぎ倒す「社会保障と税の一体改革」（特集 社会保障と税の一体改悪に向きあう）　相野谷安孝　「住民と自治」（595）　2012.11　p.13～15

12642　国民の生存権と受療権を脅かす社会保障制度改革推進法（特集 社会保障と税の一体改悪に向きあう）　高橋泰行「住民と自治」（595）　2012.11　p.19～21

12643　憲法25条を棚上げにする「社会保障制度改革推進法」（実施させないたたかいを！「税と社会保障の一体改革」）　前沢淑子「女性＆運動」（212）通号363　2012.11　p.22～25

12644　社会保障制度改革推進法を起動させない ： 憲法25条にもとづく社会保障を　相野谷安孝「議会と自治体」通号175　2012.11　p.5～12

12645　〈3.11〉後の事前配慮原則と人格権(1)憲法・環境法からみた原子力のリスクと将来　藤井康博「静岡大学法政研究」17（2）　2012.11　p.108～46

12646　生活保護 生存権をめぐる攻防の10年（特集 どうする日本の社会保障）　木下武徳　新日本出版社［編］「経済」（207）　2012.12　p.44～53

12647　「生命村長」深澤晟雄スタディー ： 理念・方法・憲法観（特集 いのち輝く新しい福祉の国づくり）　及川和男「民医連医療」（484）　2012.12　p.24～28

12648　全国紙による政策提言の実態と課題 ： 憲法と年金を巡る「社説」と「報道」を中心に　竹川俊一「政策情報学会誌」6（1）　2012.12　p.21～34

12649　中小企業税制の検討 ： 安倍政権下での中小企業税制の評価　阿部徳幸　中小企業家同友会全国協議会企業環境研究センター編「企業環境研究年報」（18）　2013　p.45～61

12650　東日本大震災・福島原発事故と法・法学の課題（シンポジウム 東日本大震災・福島原発事故は法と法学に何を問いかけているか）　名古道功　民主主義科学者協会法律部会編　民主主義科学者協会法律部会機関誌「年報」（44）　2013　p.8～17

12651　司法による生存権の保障及び権利促進の可能性(2)日本・アメリカ・台湾の司法審査を中心に　鄭明政「北大法学論集」63（6）　2013　p.2138～2113

基本的人権/憲法上の保障　　　　　　　　　　　　　　　　　　　　　　　　　　生存権

12652　原発と憲法 ： 第三の生存権へ(特集 オートノミー ： 自律・自治・自立—憲法記念講演会) 中里見博 「憲法問題」 (24) 2013 p.138〜151

12653　憲法と生活保護法における自立・自律・自己決定 山﨑将文 「法政論叢」 49(2) 2013 p.71〜86

12654　個人から、再び国家へ ： 戦後日本憲法学における生存権論の批判的考察(1) 辻健太 「早稲田政治公法研究」 (103) 2013 p.9〜24

12655　個人から、再び国家へ ： 戦後日本憲法学における生存権論の批判的考察(2・完) 辻健太 「早稲田政治公法研究」 (104) 2013 p.27〜40

12656　座談会 脱原子力依存・脱温暖化に向けた日本の課題と戦略(特集 東日本大震災と原発事故(シリーズ9)脱原発・脱温暖化への政策転換) 植田和弘 鈴木達治郎 髙橋洋[他] 「環境と公害」 43(1) 2013.Sum. p.38〜44

12657　社会福祉(介護福祉)における自立 ： 憲法学からのアプローチ 山﨑将文 「憲法研究」 (45) 2013 p.79〜103

12658　生活保護法「改正」と生活困窮者自立支援法 ： 国連勧告にも反する制度改悪(特集 様々な視点で憲法を考えよう) 朝日健二 「季刊人権問題」 (34) 2013.秋 p.13〜22

12659　世界一危険な浜岡原発のある静岡から自然再生可能エネルギー推進を実施して(特集 脱原発・自然再生可能エネルギーと自治体) 林克 「季刊自治と分権」 (50) 2013.冬 p.40〜52

12660　二一世紀の人類の「理想」と「平和的福祉国家」 ： 東日本大震災が問う日本の"あり方" 金子勝 「立正法学論集」 46(1・2)通号85・86 2013 p.31〜58

12661　「三郷生活保護裁判」勝利判決！ ： 生存権を守り、憲法を守り生かす運動への大きな力に(特集 いのちと貧困の真実) 舟橋初恵 「社会保障」 45(448) 2013.初夏 p.25〜27

12662　渡辺治氏講演から 総選挙後の社会保障をめぐる情勢について ： 安倍政権の新自由主義・構造改革の新段階にいかに立ち向かうか(特集 中央社保協 全国代表者会議) 渡辺治 「社会保障」 45(447) 2013.春 p.6〜11

12663　〈3・11〉後の憲法状況と人権論の態様(シンポジウム 東日本大震災・福島原発事故は法と法学に何を問いかけているか) 植松健一 「法の科学 ： 民主主義科学者協会法律部会機関誌 「年報」 (44) 2013 p.60〜69

12664　原発災害の実態と復興への展望(原発事故2年 ： 福島からの発信) 真木實彦 日本科学者会議編 日本科学者会議編 「日本の科学者」 48(10)通号549 2013.1 p.618〜623

12665　福島第一原発事故を招いた司法の責任を

12666　2013年スタート！ 高齢・障害・保育の分野で働く若手職員のみなさんの意気込みあふれるメッセージを贈ります。(特集 2013年 憲法とともに福祉現場で生きる) 「福祉のひろば」 154 2013.1 p.10〜21

12667　憲法25条が危ない/生活保護の改悪とその狙い(2013年権利討論集会特集号—第6分科会 新自由主義と改憲問題) 大口耕吉朗 「民主法律」 (290) 2013.2 p.133〜135

12668　講演 総選挙の結果と社会保障のゆくえ ： 新たな段階に入った新自由主義の攻勢 「日本医労連 社会保障運動推進全国学習交流集会」から(特集 働き続けられる職場へ ： 医療・介護・福祉労働者の処遇改善問題) 渡辺治 「医療労働 ： 医療・介護・福祉労働者のための月刊誌」 (554) 2013.2 p.3〜10

12669　国連、人権の権利の人権宣言化の実現にむけて ： 平和的生存権を世界に広めるチャンス(2013年権利討論集会特集号—第6分科会 新自由主義と改憲問題) 田中俊 「民主法律」 (290) 2013.2 p.138〜141

12670　生存環境を激変させた新自由主義(上)民主党政権変節・挫折の背景にあるもの ： 一橋大学名誉教授・渡辺治氏講演内容の抜すい 渡辺治 「反戦情報」 (341) 2013.2.15 p.8〜11

12671　生存権、生活保護の行方(特集 ここが危ない！ 社会保障改革推進法) 宇都宮健児 「月刊保団連」 (1118) 2013.3 p.27〜32

12672　介護請求訴訟の展開(1)生存権理論の再検討を含めて(吉村弘 中道壽一先生 退職記念論文集) 植木淳 「北九州市立大学法政論集」 40(4) 2013.3 p.89〜116

12673　原発と憲法 ： 原発違憲論の考察 澤野義一 「大阪経済法科大学21世紀社会研究所紀要」 (4) 2013.3 p.19〜36

12674　生存権の法的性格論を読み直す ： 客観法と主観的権利を区別する視点から(西埜章教授 角田由紀子教授 古稀記念論文集) 髙橋和之 「明治大学法科大学院論集」 (12) 2013.3 p.1〜25

12675　黒岩哲彦弁護士講演から 生活保護改悪と生存権裁判の闘い(特集 中央社保協 全国代表者会議) 黒岩哲彦 中央社会保障推進協議会編 「社会保障」 45(447) 2013.春 p.12〜18

12676　こんにちは 夢EDITOR 高齢者の生活守るため「生存権裁判」に参加 中央社会保障推進協議会編 「社会保障」 45(447) 2013.春 p.52〜54

12677　生活保護改悪のうごきと生存権を守るたたかい(反貧困・再生) 秋吉澄子 耕文社編 「消費者法ニュース」 (95) 2013.4 p.86〜93

12678　憲法をめぐる状況と憲法が生きる社会の

考える 藤井正希 「法学館憲法研究所報」 (8) 2013.1 p.77〜80

〔12652〜12678〕　　　　　　　　　　　　憲法改正 最新文献目録　471

展望（特集 憲法改悪・社会保障解体を斬る）
森英樹 「全労連」（194） 2013.4 p.1～10

12679 ストップ！ 生活保護基準の切り下げ 許
せない 政府がすすめる生活保護基準の切り下げ
憲法二五条の保障する生存権と生活保護制度の
改悪を中止し、制度の活用を広げましょう 辻
清二 「学習の友」（716） 2013.4 p.41～45

12680 生活保護改悪と人権としての社会保障（特
集 憲法改悪・社会保障解体を斬る） 唐鎌直義
「全労連」（194） 2013.4 p.11～19

12681 内橋克人の憲法対談 福田徳三に学ぶ：
日本国憲法と生存権の思想 内橋克人 清野幾
久子 「世界」（842） 2013.4 p.174～184

12682 講演 生存環境を激変させた新自由主義
（中）民主党政権変節・挫折の背景にあるもの
渡辺治・一橋大学名誉教授の講演抜粋 渡辺治
「反戦情報」（343） 2013.4.15 p.23～27

12683 医療保険制度と日本国憲法：医療保険は
社会政策か、国民の生存権か（特集 現代と日本
国憲法） 平川則男 「社会主義」（611）
2013.5 p.54～60

12684 原発事故との闘い：福島から（特集 いま
必要な憲法・政治学習） 小川英雄 「月刊社会
教育」 57（5）通号691 2013.5 p.24～31

12685 憲法が要請する社会保障のあるべき姿と
は（特集 憲法を暮らしに生かす） 横山壽一
「月刊民商」 55（5）通号632 2013.5 p.8～11

12686 憲法二五条は守られているか：医療・介
護の現場から見えてくるもの（特集 生活保護を
もっと豊かに） 関山美子 「歴史地理教育」
（804） 2013.5 p.20～25

12687 社会権規約から見た日本の実情：司法書
士はいま何をすべきか？（特集 憲法の現代的考
察） 飛鳥井行寛 「月報司法書士」（495）
2013.5 p.34～38

12688 生活困窮者の増大と生活保護制度の実態
（特集 現代と日本国憲法） 福原宗男 「社会主
義」（611） 2013.5 p.61～67

12689 労働法制の規制緩和は生存権侵害（特集
現代と日本国憲法） 北川鑑一 「社会主義」
（611） 2013.5 p.37～45

12690 社会保障の思想と憲法改正への示唆 矢
野聡 「週刊社会保障」 67（2726） 2013.5.13
p.50～55

12691 講演 生存環境を激変させた新自由主義
（下）民主党政権変節・挫折の背景にあるもの
渡辺治・一橋大学名誉教授の講演抜粋 渡辺治
「反戦情報」（344） 2013.5.15 p.14～18

12692 基本権の属人的保障と属地的保障：在外
日本人の基本権保障の視点から（長尾一紘先生
古稀記念論文集） 工藤達朗 「法学新報」 120
（1・2） 2013.6 p.107～122

12693 憲法に抵触 "生活保護監視条例" は撤回を

藤原章 「女性のひろば」（412） 2013.6 p.44
～47

12694 新 わたしと憲法シリーズ 福島の子どもた
ちに対し、憲法25条の理念に反することが行わ
れているのは事実 井戸謙一：一審判決で原発
停止を命じた元裁判官 井戸謙一 「金曜日」
21（28）通号969 2013.7.19 p.31

12695 新潟生存権裁判不当判決と今後のたたか
い（特集 いのちと貧困の真実） 大澤理尋 中
央社会保障推進協議会編 「社会保障」 45
（448） 2013.初夏 p.34～37

12696 「成長戦略」案には生存権で対峙を（特集
アベノミクスとTPPを考える） 北川鑑一 「社
会主義」（614） 2013.8 p.21～29

12697 憲法は貧乏人を助けてはくれない（特集
私の憲法論） 末永直海 「新潮45」 32（8）通号
376 2013.8 p.76～79

12698 憲法25条 生存権をめぐる歴史と現在：
朝日茂 生誕100年に当たって（特集 平和の希求
：憲法と医療） 朝日健二 「月刊保団連」
（1132） 2013.8 p.29～34

12699 脱原発に憲法を活かす（特集 平和の希求
：憲法と医療） 中里見博 「月刊保団連」
（1132） 2013.8 p.35～40

12700 座談会 生存権をまもる：生活保護改悪
とのたたかい 高橋千鶴子 長瀬文雄 梅崎勝
【他】 「議会と自治体」 2013.9 p.5～18

12701 子ども・子育て支援法下での学童保育の
課題：子どもの生存権としての学童保育（特集
子育て支援策を問う） 石原剛志 新日本出版
社［編］ 「経済」（216） 2013.9 p.71～82

12702 介護請求訴訟の展開（2・完）生存権理論
の再検討を含めて（法学部創立四十周年記念論
文集） 植木淳 「北九州市立大学法政論集」 41
（1） 2013.9 p.15～47

12703 巻頭インタビュー 「まっとうなケア」を
実現する為に言うべきことは主張する。その根
幹にあるのは憲法に保障された"生存権"を守り
抜くことに他ならない。（特集 どこへ行く要支
援者） 小島美里 「Senior community：医療
と介護の経営ジャーナル」（85） 2013.9・10
p.4～9

12704 「自助の共同化」が生存権を踏みにじる
「報告書」は"解釈改憲の社会保障版"だ 超高齢
化社会の恐怖 二宮厚美 「金曜日」 21（34）
通号975 2013.9.6 p.32～33

12705 講演 憲法・医療・社会保障をめぐる情勢
と、医療労働者・労働組合に期待すること：看
護要求実現全国交流集会（2013年9月4日）から
石川康宏 「医療労働：医療・介護・福祉労働
者のための月刊誌」（561） 2013.10 p.2～13

12706 「社会保障制度改革推進法」は憲法25条の
実質改憲：くらしといのちを守るため、今こ
そ女性パワーの発揮を！（特集 安倍内閣の暴走

にストップを！ 第26回全国大会成功へ 仲間大きく！） 前沢淑子 「女性＆運動」（223）通号374 2013.10 p.2〜6

12707 生存権と課税自主権を侵害する地方税機構（京都府）（深刻な徴税強化 実態とたたかい） 加味根史朗 「議会と自治体」 2013.11 p.42〜48

12708 インタビュー 憲法二五条の生存権と九条の平和主義の理想を守る 木村草太 「第三文明」（647） 2013.11 p.66〜68

12709 税・社会保障一体改革を斬る（1）社会保障版の解釈改憲に向かう税・社会保障一体改革 二宮厚美 「民医連医療」（495） 2013.11 p.48〜53

12710 戦後史のなかの朝日訴訟 ： 朝日訴訟運動はなぜ「生存権」を語ることができたのか 冨江直子 貧困研究会編集委員会編 貧困研究会編集委員会編 「貧困研究」 11 2013.12 p.61〜74

12711 戦後日本社会における生活保護制度の形成と在日朝鮮人 ： 「生存権」からの段階的排除と生活保護獲得闘争の展開（東京歴史科学研究会第四七回大会個別報告） 金耿昱 「人民の歴史学」（198） 2013.12 p.32〜43

12712 若手研究者が読み解く○○法 Part2（10）社会保障法「水際作戦」の合法化 ： 生活保護法改正と民主主義・生存権保障の行方 浜畑芳和 「法と民主主義」（484） 2013.12 p.52〜55

12713 原発に対抗する環境的生存権（特集 脱原発と再生可能エネルギー ： 四国からの発信） 中里見博 「日本の科学者」 48（12）通号551 2013.12 p.716〜721

12714 憲法と生活保護法（特集 格差社会に生きる） 笹沼弘志 「月報司法書士」（502） 2013.12 p.18〜30

12715 平和的生存権論の展開状況 ： 2008年名古屋高裁判決以降の特質 小林武 「愛知大学法学部法経論集」（197） 2013.12 p.189〜227

12716 年金受給権、男女差は違憲 ： 理由ない差別 ： 大阪地裁 「厚生福祉」（6036） 2013.12.3 p.14

12717 人権としての社会保障確立の課題 ： 生存権裁判を中心に（総会記念講演 あらためて貧困と生活保障のあり方を問う） 井上英夫 医療・福祉問題研究会編 「医療・福祉研究」（23） 2014 p.31〜38

12718 生存権裁判福岡差し戻し控訴審判決と生活保護基準削減の動向 冨家貴子 医療・福祉問題研究会編 「医療・福祉研究」（23） 2014 p.44〜50

12719 講演 アベノミクスが憲法・社会保障を破壊する ： 対抗軸は何か（特集 第42回中央社会保障学校） 日野秀逸 「社会保障」 45（457） 2014.冬 p.52〜61

12720 「社会保障・税一体改革」は社会保障の原理をどう変質させたのか ： 憲法25条を否定する「推進法」「国民会議報告書」（特集 社会保障を揺るがす「社会保障改革」） 工藤浩司 「医療・福祉研究」（23） 2014 p.8〜15

12721 生存権を守り、憲法を生かす申請権・受給権保障運動の発展を ： 生活保護基準引き下げを撤回し、拡充を（特集 誰もが安心して尊厳をもって働けるよう団結して運動） 安形義弘 「中小商工業研究」（121） 2014.秋季 p.77〜83

12722 生存権と違憲審査（藤原宗和香教授退職記念） 渋谷秀樹 「立教法務研究」（7） 2014 p.25〜41

12723 中央社保協第58回全国総会方針 安倍政権の憲法25条・社会保障解体、戦争する国づくりを阻止し、「社会保障と税の一体改革」を撤回させ、社会保障の拡充を（特集 中央社保協第58回全国総会 ： 職場・地域から医療・介護大運動を）「社会保障」 45（456） 2014.秋 p.12〜22、24〜25

12724 統治と専門性 ： 憲法の視点から（大規模災害と統治のあり方） 松本和彦 「公法研究」（76） 2014 p.112〜124

12725 福島原発事故避難者支援弁護団からみる「大飯原発差止判決」（特集 様々な視点で憲法を考えよう） 辰巳裕規 「季刊人権問題」（38） 2014.秋 p.17〜30

12726 母子避難、福島から大阪へ ： ふつうの暮らし 避難の権利 つかもう安心の未来（特集 様々な視点で憲法を考えよう） 森松明希子 「季刊人権問題」（36） 2014.春 p.13〜24

12727 許せない！ 医療・介護の一体改悪！ ： 社会保障への国の責務を放棄する安倍政権（特集 様々な視点で憲法を考えよう） 肥塚俊一 「季刊人権問題」（37） 2014.夏 p.13〜18

12728 インタビュー 高田太久吉氏（中央大学名誉教授）経済の金融化で社会の不安定化が進行 ： 社会に必要な仕事を生み出し、生存権を確保する仕組みが必要（特集 グローバル化に対応する地域建設産業の展望） 高田太久吉 建設政策研究所編 「建設政策」（153） 2014.1 p.10〜13

12729 「生きる権利」を根こそぎに… ： 憲法否定、社会保障全面改悪をねらうプログラム法を許すな！（賃上げと暮らしを守る2014国民春闘―14春闘をめぐる情勢と課題） 日野秀逸 「学習の友」（別冊） 2014.1 p.89〜93

12730 原発災害 憲法を活かした復興への展望を（第20回全国建設研究・交流集会 いのちと安全をまもる地域建設産業の発展に向けて ： 憲法を活かして大震災・原発災害からの復興を 真木實彦 「建設政策」（153） 2014.1 p.26〜28

12731 こんなところにも憲法の「異常な人間観」が影響？ 「老人漂流社会」を考える 「明日へ

の選択」（336） 2014.1 p.31〜35

12732 集合現地視察報告 福島・浜通り 原発事故1000日後の現実（第20回全国建設研究・交流集会 いのちと安全をまもる地域建設産業の発展に向けて：憲法を活かして大震災・原発災害からの復興を） 古澤一雄 「建設政策」（153） 2014.1 p.31〜33

12733 生活保護バッシングの嵐のあとで：静かに進行する憲法25条の「解釈改憲」（特集 憲法から考える私たちの暮らし） 小久保哲郎 「ヒューマンライツ」（310） 2014.1 p.10〜17

12734 〈3.11〉後の事前配慮原則と人格権（2）憲法・環境法からみた原子力のリスクと将来（環境権再開） 藤井康博 「静岡大学法政研究」18（1・2） 2014.1 p.244〜168

12735 農山村集落における地域医療の実態と課題：山形県鶴岡市朝日地域の集落調査から 小川三四郎 竹内仁美 山形大学編 「山形大学紀要. 農学」17（1） 2014.2 p.9〜30

12736 人権をめぐる米中の応酬 趙堅 ［常磐会学園大学］［編］「研究紀要」 2014.3 p.35〜49

12737 関東大震災後の福田徳三の生存権論：社会局、帝国経済会議との関係を中心に（高橋和之教授 古稀記念論文集） 清野幾久子 「明治大学法科大学院論集」（14） 2014.3 p.111〜138

12738 「森永ヒ素ミルク中毒事件」に関する保健師活動を題材とした授業における学生の学び 岩本里織 神戸市看護大学［編］「神戸市看護大学紀要」18 2014.3 p.39〜45

12739 相続税の動向と生存権 浦野広明 立正大学法制研究所［編］ 立正大学法制研究所［編］「立正大学法制研究所研究年報」（19） 2014.03 p.33〜45

12740 生存権・住宅権を保障する居住政策構築に向けて：住宅セーフティネット法は住宅困窮者を救えるか（小特集 地域から住生活を支える取り組みを） 中島明子 建設政策研究所編 「建設政策」（154） 2014.3 p.18〜21

12741 関東大震災後の福田徳三の生存権論の「転回」：借地借家臨時処理法（大正13年法律第16号）への理論的寄与の研究（竹川雅治教授 半田祐司教授 退職記念号） 清野幾久子 「札幌法学」25（2） 2014.3 p.115〜138

12742 原発はなぜ停まっているのか（1）日本における法治主義の一断面 安念潤司 「中央ロー・ジャーナル」10（4）通号38 2014.3 p.97〜128

12743 災害対策基本法における災害緊急事態制度の趣旨、構造および課題：日本国憲法との関係で（深谷庄一教授・加藤三千夫教授退官記念号） 山中倫太郎 「防衛大学校紀要. 社会科学分冊」108 2014.3 p.59〜99

12744 社会保障総改悪を許すな 憲法をいかし、

いのち守るたたかいを広げよう！：第186通常国会での医療・介護の改悪阻止を（特集 自立・自助では生きていけない） 山口一秀 「学習の友」（727） 2014.3 p.72〜75

12745 社会保障法と行政基準（特集 社会保障法の法源（その1）） 笠木映里 「社会保障法研究」（3） 2014.3 p.3〜25

12746 安倍政権の社会保障改革と憲法二五条による対抗軸（特集 憲法とくらし） 岡﨑祐司 「人権と部落問題」66（6）通号857 2014.5 p.22〜30

12747 憲法25条「生存権」と新自由主義（特集 現代政治と憲法教育） 福田秀志 「民主主義教育21」8 2014.5 p.105〜113

12748 生活保護にとっての「健康で文化的な最低限度の生活」（特集 生活保護制度の現状と課題） 遠藤美奈 「自由と正義」65（5）通号785 2014.5 p.8〜17

12749 「幸せになる」ことを諦めない：青森における生存権裁判のたたかい（特集 許すな！安倍政権の暴走） 工藤詔隆 日本医療労働会館［編］「医療労働：医療・介護・福祉労働者のための月刊誌」（569） 2014.6 p.27〜29

12750 医療・介護総合確保法案のねらいと課題（上）（特集 「解釈改憲」される憲法二五条） 伊藤周平 「賃金と社会保障」（1611） 2014.6.上旬 p.4〜29

12751 医療・介護総合確保法案のねらいと課題（下）（特集 「解釈改憲」される憲法二五条（その2）） 伊藤周平 「賃金と社会保障」（1612） 2014.6.下旬 p.4〜18

12752 健康・医療戦略推進法案及び独立行政法人日本医療研究開発機構法案の概要（抜粋）（特集 「解釈改憲」される憲法二五条（その2）） 「賃金と社会保障」（1612） 2014.6.下旬 p.29〜37

12753 原発はなぜ停まっているのか（2）日本における法治主義の一断面 安念潤司 「中央ロー・ジャーナル」11（1）通号39 2014.6 p.35〜63

12754 社会保障給付における男女差の検討：遺族補償給付違憲判決（大阪地判平二五・一一・二五、本誌一六〇九号四九頁）を契機として 常森裕介 「賃金と社会保障」（1612） 2014.6.下旬 p.53〜66

12755 生存権（25条）（特集 条文からスタート 憲法2014） 尾形健 「法学教室」（405） 2014.6 p.34〜36

12756 選択療養制度（仮称）の創設について（特集 「解釈改憲」される憲法二五条（その2）） 「賃金と社会保障」（1612） 2014.6.下旬 p.38〜40

12757 「地域における医療及び介護の総合的な確保を推進するための関係法律の整備等に関する法律案」における介護保険体制に関する意見書（特集 「解釈改憲」される憲法二五条） 日本

基本的人権/憲法上の保障　　　　　　　　　　　　　　　　　　　生存権

弁護士連合会　「賃金と社会保障」（1611）
2014.6.上旬　p.43～46

12758　地域における医療及び介護の総合的な確
保を推進するための関係法律の整備等に関する
法律案要綱（特集　「解釈改憲」される憲法二五
条）「賃金と社会保障」（1611）　2014.6.上旬
p.33～42

12759　生存権を守る生活保護制度へ　7月「改
正」と課題（自公政権の悪政に歯止めを！　党の
国会論戦）　清水孝　「議会と自治体」　2014.8
p.51～57

12760　第1分科会　医療と福祉の現状をふまえ、
社会のあり方を考える　：　すべての地域で保障
される生存権の保障をめざして（第41回医療研
究全国集会in東京　報告集－分科会報告）　日本
医療労働会館［編］「医療労働：医療・介護・
福祉労働者のための月刊誌」（571）　2014.8・9
p.27～30

12761　生命を守り生活を維持する権利は「最高
の価値」を持つ　：　大飯原発3・4号機の運転を
禁じた画期的な福井地裁判決（特集　日中韓友好
と東アジアの恒久平和の確立なくして日本の安
全保障なし）　藤井悦子　「労働運動研究」
（422）　2014.8　p.13～16

12762　都市部の地域包括ケアシステム構築にお
ける課題と方策　：　行政および在宅医療の視点
から　佐藤美由紀　山科典子　安齋紗保理［他］
「応用老年学」8（1）　2014.8　p.63～73

12763　社会保障改革の転機と危機　李静淑　「四
国学院大学論集」　2014.9　p.39～53

12764　暴走するアベノミクス　：　脅かされる生存
権と平和　山田博文　税経新人会全国協議会
［編］「税経新報」（625）　2014.9　p.4～11

12765　原発はなぜ停まっているのか（3・完）日
本における法治主義の一断面　安念潤司「中央
ロー・ジャーナル」11（2）通号40　2014.9　p.
23～51

12766　社会保障（パート4）9条・25条の解釈改憲
をゆるさない　：　安倍政権の社会保障「改定」
のなかみを重層的に検証する　公文昭夫「社会
労働衛生」12（2）　2014.9　p.69～74

12767　生存権をめぐる対立と社会保障　：　憲法25
条と生活保護法（旧法）の関連を中心に　村田隆
史　「人間社会環境研究」（28）　2014.9　p.93
～108

12768　福岡及び京都の生存権裁判最高裁判決に
ついての声明　生活保護問題対策全国会議「賃
金と社会保障」（1622）　2014.11.下旬　p.37～
39

12769　減災講座（Vol. 3）レジリエンスを支える
法制度　：　災害対策基本法の改正とその意義
山崎栄一「CEL　：　Culture, energy and life」
108　2014.11　p.56～59

12770　食品による内部被曝　：　ウクライナ調査で

分かった実態と対策（第49回家教連夏季研究集
会報告会　：　被災地から学ぼう　憲法をいかし、
いのちとくらしを守る家庭科―テーマ別分科
会）　丸山晴江［講師］「家教連家庭科研究」
（321）（増刊）　2014.11　p.16～19

12771　明治地方自治制における「生存権」と地
域社会の位置づけについて（2014年度大会特集
号－二〇一四年大阪歴史学会大会　川内報告に対
するコメント）　奥村弘　大阪歴史学会編「ヒ
ストリア」（247）　2014.12　p.252～259

12772　県内全行政区・生活圏に健康権・生存権
を守る組織づくり（特集　共同組織活動の画期を
つくる）　木村吉伸　「民医連医療」（508）
2014.12　p.23～25

12773　格差拡大の解消へ向けた憲法改革（特集
発想の転換を！　：　ピケティの『21世紀の資本
論』を超えて）　アンドリュー・J.,サター　中
村起子［訳］「生活経済政策」（215）通号631
2014.12　p.15～18

12774　社会的民主主義と「参入」原理（特集　平和
の危機と社会福祉の危機を迎えて）　多田一路
「総合社会福祉研究」（44）　2014.12　p.8～15

12775　平成二二年（行ウ）第八号　保護停止決定処
分取消等請求事件　陳述書（特集　静岡市生活保護
稼働能力訴訟）　笹沼弘志「賃金と社会保障」
（1623）　2014.12.上旬　p.13～28

12776　障害のある人の生存権に対して選択的中
絶と安楽死が及ぼす影響　浅川茂夫　武蔵野短
期大学　武蔵野短期大学編「武蔵野短期大学
研究紀要」29　2015　p.203～211

12777　ジョン・ロックと困窮者の生存権　渡邊
裕一　日本イギリス哲学会編　日本イギリス哲
学会編「イギリス哲学研究」（38）　2015　p.
43～58

12778　老齢加算訴訟　：　生存権の具体的実現に係
る裁量統制の課題（公法判例の現在）　豊島明子
「公法研究」（77）　2015　p.130～140

12779　アベノミクスの社会保障改革の狙いと問
題点（特集　第11回夏期研究集会―第3分科会　憲
法を生かした税制・社会保障の在り方を考え
る）　金澤誠一「中小商工業研究」（122）
2015.冬季　p.96～104

12780　医療保護入院の「家族等の同意」と憲法
問題　岡崎伸郎　「心と社会」46（4）通号162
2015　p.46～52

12781　関連諸法との関係からみる生活保護法　：
近年の改正・立法の動向と残された課題（特集
生活保護制度の法的課題　：　判例・裁判例の分
析と2013年改正の意義）　笠木映里「季刊社会
保障研究」50（4）通号206　2015.Spr.　p.378
～388

12782　憲法25条と「戦争しない国づくり」（特集
戦後70年と地方自治）　芝田英昭「季刊自治と
分権」（60）　2015.夏　p.45～56

12783 生存権保障の現況(特集 憲法の現況) 尾形健 「論究ジュリスト」(13) 2015.春 p.86～92

12784 税と社会保障を守るたたかいを全国で巻き起こそう(特集 第11回夏期研究集会—第3分科会 憲法を生かした税制・社会保障の在り方を考える) 太田義郎 「中小商工業研究」(122) 2015.冬季 p.92～95

12785 訴訟リスクが高まる中で原子力をどう考えるか : 安念潤司教授(中央大学法科大学院・弁護士)に聞く 安念潤司 「Energy for the future」39(3)通号155 2015 p.17～21

12786 年金引き下げは憲法違反 加藤益雄 「社会保障」(461) 2015.夏 p.52～56

12787 文化的な生活をめぐって : 日本国憲法第二十五条再考(特集 「戦争できる国づくり」への国民再統合) 市野川容孝 「福祉労働」(148) 2015.Aut. p.53～64

12788 若者も高齢者も安心できる年金へ : 年金引き下げ違憲訴訟に起ちあがる(特集 歴史的岐路に立つ生存権と社会保障) 田中諭 「労働総研クォータリー」(100) 2015.秋季 p.19～22

12789 経済的事由による手遅れ死亡事例からみえてくる貧困の実態(特集 守れ! 生存権・健康権) 山本淑子 「民医連医療」(518) 2015.1 p.6～9

12790 物価偽装による生活保護費過剰カット(特集 守れ! 生存権・健康権) 白井康彦 「民医連医療」(518) 2015.1 p.10～15

12791 住宅扶助基準の引き下げ : 予想される混乱とその対抗策(特集 守れ! 生存権・健康権) 小久保哲郎 「民医連医療」(518) 2015.1 p.16～19

12792 名古屋地区のホームレスにおける精神障害・知的障害の有病率に関する調査報告(特集 守れ! 生存権・健康権) 西尾彰泰 「民医連医療」(518) 2015.1 p.22～25

12793 生活と憲法(第4回)社会保障と憲法 浦部法穂 「法学館憲法研究所報」(12) 2015.1 p.60～77

12794 生活保護バッシングの嵐のあとで : 静かに進行する憲法二五条の「解釈改憲」(部落解放・人権入門2015 : 第45回部落解放・人権夏期講座 報告書—全体講演) 小久保哲郎 「部落解放」(704)(増刊) 2015.1 p.50～60

12795 鳥取・年金引き下げ違憲訴訟 訴状(特集 「年金引き下げ違憲訴訟」始まる!) 「賃金と社会保障」(1629) 2015.3.上旬 p.52～55

12796 「年金とくらし守れ」署名に寄せられた人々の声(特集 「年金引き下げ違憲訴訟」始まる!) 「賃金と社会保障」(1629) 2015.3.上旬 p.56～67

12797 12万6422人が不服審査請求→却下 2万4971人再審査請求→却下!? 年金削減は憲法違反、私たちは裁判に訴えます(特集 「年金引き下げ違憲訴訟」始まる!) 全日本年金者組合 「賃金と社会保障」(1629) 2015.3.上旬 p.49～51

12798 憲法と感染症(パンデミックと法) 大林啓吾 「法学セミナー」60(4)通号723 2015.4 p.44～46

12799 訴状(特集 生活保護基準引下げに対抗する—生活保護基準引下げ違憲訴訟(埼玉)) 「賃金と社会保障」(1631) 2015.4.上旬 p.50～63

12800 対談 在宅医療の行方 辻哲夫 山田隆司 「病院」74(4) 2015.4 p.233～236

12801 第2準備書面(特集 生活保護基準引下げに対抗する—生活保護基準引下げ違憲訴訟(埼玉)) 「賃金と社会保障」(1631) 2015.4.上旬 p.64～67

12802 法律時評 人質殺害事件の衝撃と自己責任論の分析 瀧川裕英 「法律時報」87(4)通号1084 2015.4 p.1～3

12803 生活保護基準引下げ違憲訴訟(大阪) 「賃金と社会保障」(1634) 2015.5.下旬 p.53～67

12804 生存権裁判をめぐる到達点と課題 : 老齢加算を中心に(特集 憲法とくらし) 大澤理尋 「人権と部落問題」67(6)通号871 2015.5 p.14～23

12805 ロー・クラス 「憲法上の権利」各論(16)生存権(2) 小山剛 「法学セミナー」60(5)通号724 2015.5 p.71～80

12806 道徳の「教科化」の狙いとその危うさ : 平和・人権・人間の尊厳・生存権保障をこそ社会の原理として回復する 佐貫浩 「平和運動」(531) 2015.6 p.4～12

12807 医療・介護の一体的見直しがねらうもの(特集 医療・介護大改悪と憲法25条) 横山壽一 「経済」(237) 2015.6 p.14～22

12808 現場から見た「介護大改悪」と課題(特集 医療・介護大改悪と憲法25条) 米沢哲 「経済」(237) 2015.6 p.43～52

12809 社会保障制度改悪に人権の旗を掲げよう(特集 医療・介護大改悪と憲法25条) 井上英夫 「経済」(237) 2015.6 p.62～73

12810 戦後70年と憲法(2)36年の外科医生活から見えた国民皆保険制度崩壊の深層 本田宏 「住民と自治」(626) 2015.6 p.32～36

12811 高浜の勝利、川内の敗北 : すべての再稼働を止めるため、闘いは続く 海渡雄一 「原子力資料情報室通信」(492) 2015.6.1 p.4～7

12812 宣戦布告! 市民の生活再建のために : 我、市民の生存権を脅かす過酷な租税徴収とかく戦えり(特集 「生活再建支援」とは何か) 仲道宗弘 「月報全青司」 2015.7 p.12～16

12813　生存権保障をめぐる運動の今(特集 いま〈最低生活保障〉を問う ： 原論・政策・運動の三領域から）　貧困研究会第7回研究大会共通論題より）　稲葉剛　貧困研究会編集委員会編　貧困研究会編集委員会編　「貧困研究」 14　2015.7　p.25～33

12814　現在の貧困と生存権 ： なぜ生存権は無差別平等に保障されなければならないか(特集 平和と人権は公的扶助の要）　杉村宏　全国公的扶助研究会編　「公的扶助研究」（80）通号238　2015.7　p.13～26

12815　生存権と地方税、国民保険税(料)等の滞納　浦野広明　税経新人会全国協議会［編］「税経新報」（634）　2015.7　p.4～11

12816　「生きる場所」をめぐる公法学的・実証的研究(健やかでこころ豊かな社会をめざして）　今川奈緒　遠藤美奈　尾形健［他］「豊かな高齢社会の探求 調査研究報告書」（23）　2015.7　p.1～16

12817　公害訴訟から原発訴訟へ 公害被害者の人権の確立をめざして(創刊500号記念特集 憲法の危機に抗しつづけて―平和・民主主義・人権闘争のバトンを引き継いで）　豊田誠　「法と民主主義」（500・501）　2015.7-9　p.106～108

12818　災害復興における個人の権利に関する憲法的考察 ： 生活再建を中心として　池田恭平「立命館大学大学院法学研究科立命館法政論集」13　2015.7

12819　生活と憲法(第5回)社会生活と憲法　浦部法穂　「法学館憲法研究所報」（13）　2015.7　p.49～66

12820　労働者の命・健康・尊厳を守る 謝れ、償え、なくせじん肺 ： 長崎北松じん肺訴訟からアスベスト訴訟へ(創刊500号記念特集 憲法の危機に抗しつづけて―平和・民主主義・人権闘争のバトンを引き継いで）　山下登司夫　「法と民主主義」（500・501）　2015.7-9　p.94～96

12821　第1分科会 医療と福祉の現状をふまえ、社会のあり方を考える ： すべての地域で保障される生存権の保障をめざして(第42回医療研究全国集会in鹿児島 報告集－分科会報告）　日本医療労働会館［編］「医療労働 ： 医療・介護・福祉労働者のための月刊誌」（582）　2015.8・9　p.20～22

12822　内閣総理大臣靖国神社参拝訴訟における平和的生存権の主張　小林武　「愛知大学法学部法経論集」（203）　2015.8　p.229～276

12823　「年金改革」＝改悪で脅かされる国民の生存権(特集 現代の貧困を考える）　久昌以明「人権と部落問題」 67（11）通号876 増刊　2015.9　p.55～64

12824　財界と安倍政権が企む社会保障解体の行方(特集 歴史的岐路に立つ生存権と社会保障）　三成一郎　労働運動総合研究所編　「労働総研クォータリー」（100）　2015.秋季　p.2～10

12825　人権としての社会保障・生活保護と社会保障裁判(特集 歴史的岐路に立つ生存権と社会保障）　井上英夫　労働運動総合研究所編　「労働総研クォータリー」（100）　2015.秋季　p.11～18

12826　暮らしと健康、いのちを脅かす医療改革は許さない(特集 歴史的岐路に立つ生存権と社会保障）　鎌倉幸孝　労働運動総合研究所編「労働総研クォータリー」（100）　2015.秋季　p.23～26

12827　「安心の介護」踏みにじる介護保険改悪阻止を(特集 歴史的岐路に立つ生存権と社会保障）　西浦昭　労働運動総合研究所編　「労働総研クォータリー」（100）　2015.秋季　p.27～31

12828　社会保障の財源をどこに求めるか(特集 歴史的岐路に立つ生存権と社会保障）　垣内亮　労働運動総合研究所編　「労働総研クォータリー」（100）　2015.秋季　p.32～40

12829　社会保障再生と労働組合(特集 歴史的岐路に立つ生存権と社会保障）　原冨悟　労働運動総合研究所編　「労働総研クォータリー」（100）　2015.秋季　p.41～46

12830　年金引き下げ違憲訴訟がめざすもの(特集 "積もる""消える""漏れる""減る"年金）　阿久津嘉子　「月刊ゆたかなくらし」（399）　2015.9　p.13～18

12831　座談会 強制起訴が決まった勝俣恒久・武藤栄・武黒一郎の各氏「新証拠」を掘り起こした議決書の本質は東電元幹部への有罪判決だ(特集 日本人と無責任 原発「堕落論」）　武藤類子　海渡雄一　明石昇二郎　「金曜日」 23（36）通号1076　2015.9.18-25　p.18～20

12832　基調報告 憲法と社会保障法 ： 対話の新たな地平(憲法学のゆくえ（7―1））　笠木映里「法律時報」 87（11）通号1091　2015.10　p.133～141

12833　講演 看護要求実現全国交流集会(2015年9月2日)から いのちとくらしと平和を守る専門職としての看護だから(特集 憲法を守り、医療・社会保障の拡充を）　川嶋みどり　「医療労働 ： 医療・介護・福祉労働者のための月刊誌」（583）　2015.10　p.10～17

12834　憲法学のゆくえ（7―2)座談会 憲法と社会保障法(前篇)対話の新たな地平　笠木映里　宍戸常寿　曽我部真裕［他］「法律時報」 87（12）通号1092　2015.11　p.78～86

12835　〈3.11〉後の事前配慮原則と人格権(3)憲法・環境法から見た原子力のリスクと将来(平穏生活権再問）(土岐寛教授退職記念号）　藤井康博　「大東法学」 25（1）通号65　2015.11　p.95～170

12836　「営利企業化」ではなく生存権保障を ： 政府・財界の社会保障政策を批判する　日野秀逸　「前衛 ： 日本共産党中央委員会理論政治誌」（929）　2015.12　p.72～86

12837 憲法学のゆくえ（7―3）座談会 憲法と社会保障法（後篇）対話の新たな地平 笠木映里 宍戸常寿 曽我部真裕［他］「法律時報」87（13）通号1093 2015.12 p.354〜361

教育を受ける権利・教育の自由

【図書】

12838 憲法と教育人権 永井憲一編著 日本評論社 2006.3 326p 22cm 4700円 Ⓘ4-535-51465-8 Ⓝ373.22 永井憲一

12839 ＜緊急報告＞今、社会教育で何が起こっているのか/憲法・教育基本法を生かし平和をつくる/自治体改革のなかで社会教育のあり方を考える/働くことの意味を見つける学び/広がる格差に社会教育はどう向かい合うか/社会教育入門 社会教育推進全国協議会研究調査部編 社会教育推進全国協議会 2006.8 120p 30cm （「社全協通信」別冊 住民の学習と資料 no.37）〈年表あり〉 Ⓝ379.021 社会教育推進全国協議会

12840 憲法・教育基本法を活かし、生活と地域をひらく社会教育の公共性を築こう―第46回社会教育研究全国集会―集会報告書 社会教育推進全国協議会 2006.11 78p 30cm 〈会期・会場：2006年8月5日―7日 富士箱根ランド（スコーレプラザホテル＆ホテル富士箱根）〉 Ⓝ379.021 社会教育推進全国協議会

12841 憲法と教育 佐々木幸寿、柳瀬昇著 学文社 2008.4 229p 22cm 2400円 Ⓘ4-7620-1770-4 Ⓝ373.22 佐々木幸寿 柳瀬昇

12842 普通教育とは何か―憲法にもとづく教育を考える 武田晃二,増田孝雄著 地歴社 2008.10 142p 21cm 1400円 Ⓘ978-4-88527-187-8 Ⓝ373.1 武田晃二 増田孝雄

12843 守り抜き新たに築く平和・民主・人権のための教育体制―憲法と国際人権法、ILO・ユネスコ「教員の地位に関する勧告」の諸原則に立って 森田俊男著 平和文化 2008.12 167p 21cm 1800円 Ⓘ978-4-89488-042-9 Ⓝ373.1 森田俊男

12844 憲法と教育権の法理 高乗智之著 成文堂 2009.7 322p 22cm 〈文献あり〉 Ⓘ978-4-7923-0462-1 Ⓝ323.143 高乗智之

12845 憲法と教育 佐々木幸寿, 柳瀬昇著 第2版 学文社 2009.10 241p 22cm 2500円 Ⓘ978-4-7620-1977-7 Ⓝ373.22 佐々木幸寿 柳瀬昇

12846 日本国憲法と義務教育 結城忠著 相模原 青山社 2012.5 267p 22cm 〈索引あり〉 3400円 Ⓘ978-4-88359-304-0 Ⓝ373.1 結城忠

12847 憲法と学校教育 大西斎著 岡山 大学教育出版 2012.9 351p 22cm 2800円

Ⓘ978-4-86429-165-1 Ⓝ373.22 大西斎

12848 憲法と教育法の研究―主権者教育権の提唱 永井憲一著 勁草書房 2014.2 310p 22cm 7000円 Ⓘ978-4-326-40290-8 Ⓝ373.01 永井憲一

12849 家永三郎生誕100年―憲法・歴史学・教科書裁判 家永三郎生誕100年記念実行委員会編 日本評論社 2014.3 127p 21cm 〈年譜あり〉 1000円 Ⓘ978-4-535-52043-1 Ⓝ375.9 家永三郎生誕100年記念実行委員会

12850 憲法と私学教育―私学の自由と私学助成 結城忠著 協同出版 2014.6 362p 22cm 〈索引あり〉 4300円 Ⓘ978-4-319-00267-2 Ⓝ373.1 結城忠

12851 テキスト教育と教育行政 井深雄二, 大橋基博, 中嶋哲彦, 川口洋誉編著 勁草書房 2015.10 214p 21cm 〈年表あり 索引あり〉 2000円 Ⓘ978-4-326-25107-0 Ⓝ373.2 井深雄二 大橋基博 中嶋哲彦 川口洋誉

【雑誌】

12852 不適格教員と教員研修（教育における公共性の再構築－第2分科会＝教育の自由・学問の自由の危機） 羽山健一「日本教育法学会年報」（34） 2005 p.82〜90

12853 戦後における宗教教育の自由化と東北地方最初のカトリック小学校の創設 渡辺恵子「桜の聖母短期大学紀要」（29） 2005.3 p.77〜87

12854 学校ルポ 進む英語教育の自由化（インターナショナルスクールに通う） 中村美奈子 毎日新聞社［編］「エコノミスト」83（30）通号3759 2005.5.31 p.68〜70

12855 教育を受ける権利から排除された子どもたち―枝川朝鮮学校裁判（特集：憲法からの疎外－沖縄と在日） 師岡康子「マスコミ市民」2005.6 p.26〜31

12856 地方分権改革と義務教育－危機と多様性保障の前提（緊急特集 義務教育の危機） 大桃敏行「教育学研究」72（4） 2005.12 p.444〜454

12857 日本と中国における「教育改革」の動向と理論的課題－1980年代以降に焦点を当てて 若井彌一 牛志奎「上越教育大学研究紀要」25（2） 2006 p.581〜603

12858 不登校の子どもと「教育を受ける権利」についての覚書－不登校の子どもをもつ親へのひとつの応答 新岡昌幸「北海道大学大学院教育学研究科紀要」（98） 2006 p.151〜172

12859 国家の教育権に関する一考察 高乗智之「憲法研究」（38） 2006 p.1〜27

12860 事例で考える実践教育法規セミナー（第10回）不適格教員と児童・生徒の教育を受ける権利－精神疾患、指導力不足（2006 学校管理職研

修）坂田仰「総合教育技術」60(13) 2006.
1 p.146〜149

12861 自由な立憲国における学校の教育委託と
教育尺度(1) 赤川理「法学会雑誌」46(2)
2006.1 p.365〜411

12862 教科書問題と憲法改正論(2006年権利討
論集会特集号─第6分科会 憲法改悪の先にある
もの──基地の再編、人の再編、そして私たち
の暮らしの変容) 藤木邦顕「民主法律」
(265) 2006.2 p.161〜163

12863 国際人権法政策研究所第3回研究会 講演/
教育基本法「改正」問題と子どもの権利条約
〔含 質疑応答〕 平野裕二「国際人権法政策研
究」2(1) 2006.3 p.19〜37

12864 障害をもつ児童生徒の「教育を受ける権
利」研究序説 有田伸弘「関西福祉大学研究紀
要」(9) 2006.3 p.31〜44

12865 若手研究者が読み解く○○法(第1回)教
育法 直面する憲法改正・教育基本法改正と教育
法 寺川史朗「法と民主主義」(407) 2006.4
p.62〜66

12866 自由な立憲国における学校の教育委託と
教育尺度(2) 赤川理「法学会雑誌」47(1)
2006.7 p.63〜123

12867 教育法規 こぼれ話(121)基本法は「準憲
法」か 菱村幸彦「週刊教育資料」(943)通号
1073 2006.7.3 p.10

12868 教育の紛争 授業での校長批判と訓告の適
法性 : 「教師の教育の自由」論の限界 坂田
仰「週刊教育資料」(947)通号1077 2006.8.
7・14 p.11〜13

12869 大阪弁護士会の教育基本法改正問題対策
協議会と憲法問題特別委員会の議論状況報告
(第51回〔民主法律協会〕総会特集号─特別報
告) 笠松健一「民主法律」(267) 2006.8
p.86〜88

12870 「教育の方針」から「教育の目的」を読み
ひらく－教育の自由と自治のあり方(特集 平
和・教育・憲法) 竹内常一「クレスコ」6(9)
通号66 2006.9 p.13〜17

12871 憲法24条と憲法「改正」・教育基本法「改
正」(特集＝現代家族をめぐる法状況─個人の
尊厳と両性の平等をめぐって) 植野妙実子
「法律時報」78(11)通号975 2006.10 p.13〜
18

12872 外国人の子どもの「教育を受ける権利」
本岡昭次「国際人権法政策研究」2(2) 2006.
11 p.7〜22

12873 第2部 経済・社会・国家の再編(その4)新
自由主義と教育 破壊される教育を受ける権利
の平等・公平原則(新自由主義批判(第7回))横
堀正一 社会主義協会[編]「科学的社会主義」
(103) 2006.11 p.81〜87

12874 教育基本法改正はどんな問題か 西原博

史「自由と正義」57(11)通号694 2006.11
p.62〜70

12875 教育基本法改定批判 格差社会の拡大・固
定化をもたらす教育基本法改定(特集 安倍「改
憲政権」の研究) 大内裕和「世界」(758)
2006.11 p.48〜56

12876 教育政策 安倍政権は、問題の多いイギリ
ス「教育改革」に追随するのか(特集 安倍「改
憲政権」の研究) 阿部菜穂子「世界」(758)
2006.11 p.99〜104

12877 日教組「排除」論──閉ざされた聖域＝
学校をオープンにして子供を救え(特集・教育
は再生するか) 八木秀次「Voice」通号347
2006.11 p.58〜65

12878 緊急直言 教育基本法改憲の真の狙い──
憲法と教育基本法を切り離す意図 小森陽一
「マスコミ市民 : ジャーナリストと市民を結ぶ
情報誌」通号455 2006.12 p.2〜9

12879 多文化共生社会における外国人の日本語
教育を受ける権利の公的保障 佐藤潤一「大阪
産業大学論集. 人文・社会科学編」通号1
2007 p.1〜30

12880 民主主義と教育－教育の自由を中心に(現
代の教育改革と教育委員会－特集 民主主義と教
育) 堀尾輝久 民主教育研究所編 民主教育
研究所編「民主教育研究年報」(8) 2007
p.200〜215

12881 憲法学と教育法学の軌跡──研究関心の
推移 永井憲一「国士舘法学」(39) 2007
p.101〜138

12882 戦後改革期における啓蒙的社会教育と
「社会教育の自由」－戦後社会教育思想のあゆ
み(1) 新海英行 中山弘之 「月刊社会教育」
編集委員会編「月刊社会教育」51(10)通号
624 2007.1 p.66〜71

12883 子どもたちは見ている──教育基本法・憲
法・子どもの権利条約を生かした教育を(特集
教育基本法の「改正」) 石川喩紀子「人権と部
落問題」59(1)通号754 2007.1 p.28〜32

12884 教育基本法闘争が切りひらいた到達点を
力に、憲法改悪反対の国民的多数派の形成へ
(2007年権利討論集会特集号─第8分科会 世界
に広がる憲法9条と日本のナショナリズム──
憲法運動をどうつくるか) 辻保夫「民主法
律」(268) 2007.2 p.234〜236

12885 憲法にもとづく教育の実現をいまこそ
──全国学力調査に抗する地域からの教育改革
(特集 安倍内閣の"教育再生"とどうたたかう
か) 宮永与四郎「前衛 : 日本共産党中央委員
会理論政治誌」通号814 2007.2 p.131〜138

12886 [都留文科大学地域社会学会]第35回講演
会 現代教育政策と教育の自由・学校の自治－東
京都の学校現場からの報告と提言(特集 現代教
育政策の特徴と教育の自由・学校の自治) 鈴

木敏夫　都留文科大学地域社会学会編集委員会編「地域社会研究」（17）　2007.3　p.9〜26

12887　教育の自由について－教育基本法改正案の問題点　中村清　宇都宮大学教育学部[編]「宇都宮大学教育学部紀要. 第1部」（57）2007.3　p.1〜17

12888　教育の自由を取り戻す闘いの再構築を　横堀正一　社会主義協会[編]「科学的社会主義」（107）　2007.3　p.28〜33

12889　学生無年金障害者訴訟と憲法14条——広島高裁判決（広島高裁平成18.2.22判タ1208号104頁）を中心に　葛西まゆこ　「大東文化大学法学研究所報」（27）　2007.3　p.9〜15

12890　憲法保障法としての教育基本法の意義　永井憲一　「法律論叢」79（2・3）　2007.3　p.291〜307

12891　座談会（特集 国体なき教育改革とは何か）寺脇研　宮台真司　八木秀次[他]「表現者」（11）　2007.3　p.16〜53

12892　地域にひろがり、憲法に結びついた教育運動のうねり（大阪府）（特集 悪政から地域の教育を守る）　辻保夫「議会と自治体」通号108　2007.4　p.96〜99

12893　東京の予防訴訟など「教育の自由」裁判の現状と到達点（小特集 主権者を育てる政治教育）　立川秀円「民主主義教育21」1　2007.5　p.164〜168

12894　「改悪教育基本法」下の押しつけ教育改革（特集 日本国憲法施行六〇年）　中村元気「社会主義」（538）　2007.5　p.54〜63

12895　教育三法案—安倍・国家主義路線と対決し廃案へ（特集 憲法施行六〇周年のいま）　横堀正一「科学的社会主義」（109）　2007.5　p.18〜21

12896　教育学・教育改革の進展と教育法学の課題（III 教育法学の展望）　足立英郎「教育のために 理論的応答」　2007.5　p.125〜

12897　学校選択と教育権論（III 教育法学の展望）　横田守弘「教育のために 理論的応答」　2007.5　p.163〜

12898　学生無年金障害者問題と憲法一四条・二五条（第1部 人権の現代的展開）　長尾英彦「現代社会における国家と法 阿部照哉先生喜寿記念論文集」　2007.5　p.143〜

12899　外国籍の子どもの教育への権利と教育法制（その1）国際人権法の視点から教育基本法「改正」問題を振り返る　戸塚悦朗「龍谷法学」2007.6　p.38〜71

12900　教育行政をめぐる論争と問題点（3）障害児の教育を受ける権利保障をめぐる対立　若井彌一　明治図書出版株式会社[編]「現代教育科学」50（6）通号609　2007.6　p.111〜115

12901　教育を受ける権利の六〇年（特集＝日本国憲法施行六〇年——憲法学に求められる課題—人権論）　西原博史「法律時報」79（8）通号985　2007.7　p.86〜90

12902　自由な立憲国における学校の教育委託と教育尺度（4・完）　赤川理「法学会雑誌」48（1）　2007.7　p.161〜206

12903　学校経営の改善 ： 判例に学ぶ（第1回）教育を受ける権利と教育権[最高裁大法廷昭和51.5.21判決]　教育経営研究会「週刊教育資料」（989）通号1119　2007.7.9　p.23〜25

12904　「教育を受ける権利」の変容と教育文化政策（III 基本的人権）　小笠原正「憲法諸相と改憲論 吉田善明先生古稀記念論文集」　2007.8　p.251〜

12905　初等・中等学校における教員の教育の自由に対する法的一考察－学校現場での国旗掲揚・国歌斉唱をめぐる裁判事例の検証を含めて　大西斎「国際公共政策研究」12（1）通号21　2007.9　p.123〜140

12906　教育改革と教育の公共性（第III部 平和の公共哲学にむけて）　藤田英典「平和憲法と公共哲学」　2007.9　p.222〜

12907　教育に浸透する国家、対抗する教育の自由（特集 教育に浸透する国家）　児美川孝一郎　民主教育研究所編「人間と教育」通号56　2007.冬　p.4〜11

12908　「国民の教育権と教育の自由」論再考－西原博史氏の言説に応えて　堀尾輝久　岩波書店[編]「世界」（772）　2007.12　p.242〜255

12909　逆接の2006年教育基本法と憲法（特集 教育の国家的統制をめぐる諸問題）　西原博史「自由と正義」58（12）通号707　2007.12　p.70〜79

12910　教育法制改革に見る国家統制の契機とその教育現場における現れ——立憲主義的制御の課題を探って（特集 教育の国家的統制をめぐる諸問題）　村山裕「自由と正義」58（12）通号707　2007.12　p.98〜104

12911　教育の規制改革における学校選択の位置（[日本教育制度学会]第15回研究大会報告－課題別セッション 学校教育の自由化を考える）高橋寛人　日本教育制度学会紀要編集委員会編　日本教育制度学会紀要編集委員会編「教育制度学研究」（15）　2008　p.29〜33

12912　教育バウチャー論議の軌跡と現代的意味－教育制度の「公共性」に照射して（[日本教育制度学会]第15回研究大会報告－課題別セッション 学校教育の自由化を考える）　坂田仰　日本教育制度学会紀要編集委員会編　日本教育制度学会紀要編集委員会編「教育制度学研究」（15）　2008　p.34〜37

12913　株式会社立学校・NPO法人立学校の評価をめぐる問題点（[日本教育制度学会]第15回研究大会報告－課題別セッション 学校教育の自由

化を考える）　窪田眞二　日本教育制度学会紀要編集委員会編　日本教育制度学会紀要編集委員会編　「教育制度学研究」（15）　2008　p.38〜41

12914　教育の法構造――憲法と教育行政（統合と保護の諸相）　北川善英　「公法研究」（70）2008　p.128〜136

12915　外国籍の子どもにも「教育を受ける権利」を－多民族共生と外国人学校　後藤由耶　金曜日［編］「金曜日」16（4）通号702　2008.2.1　p.27〜29

12916　憲法・教育基本法改定問題とキリスト教的人間観（III 人権問題の現実への向き合い）　光延一郎　「キリスト教と人権思想」　2008.4　p.259〜

12917　障害児の教育を受ける権利（特集 特別ニーズと教育・人権の争点）　米沢広一　障害者問題研究編集委員会編　「障害者問題研究」36（1）通号133　2008.5　p.1〜17

12918　「能力原理」から「必要原理」への転換－「教育を受ける権利」をめぐって（特集 特別ニーズと教育・人権の争点）　渡部昭男　「障害者問題研究」36（1）通号133　2008.5　p.18〜26

12919　憲法を生かし、教育費の無償化を！――日高教○七年度「修学調査」から　小池由美子　「人権と部落問題」60（10）通号777　2008.9　p.39〜45

12920　ロー・クラス 人権の臨界――路上の呼び声を聴く（19）教育を受ける権利、または強制による自由　笹沼弘志　「法学セミナー」53（10）通号646　2008.10　p.78〜81

12921　就学援助制度研究における社会福祉学分野の課題　小椋佑紀　日本社会福祉学会機関誌編集委員会編　日本社会福祉学会機関誌編集委員会編　「社会福祉学」49（3）通号87　2008.11　p.17〜28

12922　日本における憲法・教育基本法改悪の現段階（II 教科書問題再論）　小森陽一　「東アジア歴史認識論争のメタヒストリー「韓日、連帯21」の試み」　2008.11　p.105〜

12923　指導が不適切な教員と分限・懲戒処分に関連しての法的一考察　大西斎　「憲法論叢」（15）　2008.12　p.77〜100

12924　教員免許法制の変容と「開放制教員養成」－免許の更新制と教職大学院を中心に（新自由主義教育改革と教育三法－第1分科会 教員免許更新性と教育の自由）　蔵原清人　「日本教育法学会年報」　2009　p.42〜50

12925　教員の身分保障の現状と課題（新自由主義教育改革と教育三法－第1分科会 教員免許更新性と教育の自由）　村山裕　「日本教育法学会年報」　2009　p.51〜60

12926　教員免許更新制をめぐる大学と教育委員会・文科省の関連構造－教師の教育の自由と大学の学問の自由（新自由主義教育改革と教育三法－第1分科会 教員免許更新性と教育の自由）　佐藤修司　「日本教育法学会年報」　2009　p.61〜69

12927　討論 教員免許更新制と教育の自由（新自由主義教育改革と教育三法－第1分科会 教員免許更新性と教育の自由）　勝野正章　中田康彦　土屋基規【他】　「日本教育法学会年報」　2009　p.70〜76

12928　協同学習に基づく学校システムの形成－ジョン・デューイの「教育の自由」構想を中心に　上野正道　「語学教育研究論叢」　2009　p.349〜362

12929　原点から考える日本国憲法（第23回）憲法と教育の自由・権利（1）「子どもの権利」の視点から　河上she弘　「信州自治研」（204）　2009.2　p.36〜45

12930　外国にルーツをもつ子どもの教育問題（《特集 国連自由権規約「勧告」の具体化にむけて》）　金宣吉　「ひょうご部落解放」132　2009.03

12931　難民学生の就学支援－関西学院大学の取り組み（《特集 国連自由権規約「勧告」の具体化にむけて》）　浅野考平　「ひょうご部落解放」132　2009.03

12932　原点から考える日本国憲法（第24回）憲法と教育の自由・権利（2）「子どもの権利」の視点から　河上弘　「信州自治研」（205）　2009.3　p.41〜49

12933　日本的「教育を受ける権利」の精神と問題　田中萬年　『現代の理論』編集委員会編　「現代の理論」18　2009.新春　p.213〜222

12934　原点から考える日本国憲法（第25回）憲法と教育の自由・権利（3）「子どもの権利」の視点から　河上弘　「信州自治研」（206）　2009.4　p.35〜44

12935　教育問題法律相談（No.46）教育関係者が知っておきたい「在留外国人の教育を受ける権利」　大井倫太郎　「週刊教育資料」（1067）通号1197　2009.4.6　p.25

12936　憲法と教育基本法に基づく民主教育破壊攻撃との闘い（上）日の丸・君が代、愛国心、教科書問題をめぐって（特集 反戦・平和、人権、憲法）　田中眞吉　「科学的社会主義」（133）2009.5　p.24〜33

12937　メディアを読む（16）「教育を受ける権利」を考える 経済危機から子どもを守ろう　丸山重威　民主教育研究所編　「人間と教育」通号62　2009.夏　p.134〜137

12938　憲法と教育基本法に基づく民主教育破壊攻撃との闘い（下）教育基本法改悪、教育への規制緩和攻撃をめぐって　田中眞吉　「科学的社会主義」（136）　2009.8　p.50〜59

12939　教育の紛争 日本・ドイツ・アメリカの重

要教育判例(1)文部省「全国中学校学力テスト」事件に関する最高裁判決-国家の教育内容決定権と教育の自由［昭和51.5.21］ 結城忠 「週刊教育資料」（1097）通号1227 2009.11.23 p.17～19

12940 車椅子の生徒の中学校入学を命じた仮の義務付け決定-奈良肢体不自由児中学校入学仮の義務付け申立事件・奈良地裁決定（2009.6.26）について（小特集 仮の義務付けと適切な教育を受ける権利） 兒玉修一 西木秀和 「賃金と社会保障」 通号1504 2009.12.下旬 p.33～37

12941 障害を有する生徒の町立中学校入学に関する仮の義務付け決定-下市町立中学校入学拒否事件（小特集 仮の義務付けと適切な教育を受ける権利） 今川奈緒 「賃金と社会保障」 通号1504 2009.12.下旬 p.38～46

12942 教育の自由論からみた規制緩和をめぐる問題（［日本教育制度学会］第17回研究大会報告-課題別セッション 教育における規制緩和と国家責任-国家統制批判と規制緩和をめぐる相克） 髙橋哲 日本教育制度学会紀要編集委員会編 日本教育制度学会紀要編集委員会編 「教育制度学研究」（17） 2010 p.92～97

12943 教育を受ける権利主体としての「国民」の意味--外国人の教育を受ける権利について 竹内俊子 「立命館法學」 2010年（5・6）通号333・334（中巻） 2010 p.2304～2327

12944 憲法の視点から民主党政権の教育・大学政策を見る（特集 鳩山政権の政策と私たちの課題） 丹羽徹 「法と民主主義」（445） 2010.1 p.34～37

12945 「子ども理解のための『指導・支援カルテ』」問題を考える-主として子どもの基本的人権保障の観点から 大城渡 「名桜大学総合研究」（16） 2010.2 p.35～47

12946 障害のある子どもの教育を受ける権利と仮の義務付けの訴え-町立中学校への就学指定に関する仮の義務付け申立事件決定（奈良地裁平成21.6.26決定）を主たる素材として 大島佳代子 織原保尚 「同志社政策研究」（4） 2010.3 p.76～95

12947 「在日外国人の子どもの学校教育」に関する一考察-大阪地裁「平18（ワ）1883号」平成20.9.26判決を素材に 浦野東洋一 「帝京大学文学部教育学科紀要」（35） 2010.3 p.1～12

12948 「在日外国人の子どもの学校教育」に関する一考察-大阪地裁「平18（ワ）1883号」平成20.9.26判決を素材に 浦野東洋一 「帝京大学文学部教育学科紀要」（35） 2010.3 p.1～12

12949 シリーズ憲法（20）憲法と教育-人権としての教育と国民の教育権（再論） 堀尾輝久 日本科学者会議編 日本科学者会議編 「日本の科学者」 45（3）通号506 2010.3 p.154～159

12950 教育を受ける権利と教育現場の状況（第5回［地域人権問題］全国研究集会（鳥取）第2分科

会） 内海ハル子 「地域と人権」（313） 2010.3 p.18～23

12951 教育を受ける権利と、無償教育の条理と思想（特集 競争・自己責任の「教育改革」からの大転換を） 三輪定宣 日教組・高校教育研究委員会編 「高校のひろば」 75 2010.Spr. p.19～23

12952 生徒のおかれた現状と貧困の問題-社会の問題として一緒に立ち向かおうよ（子どもの貧困と教育-教育を受ける権利を保障するとりくみ-日教組第59次教育研究全国集会報告より） 島田満喜代 労働教育センター編集部編 「女も男も」（115） 2010.春・夏 p.28～39

12953 外国籍児童との日々-Aと私の4カ月（子どもの貧困と教育-教育を受ける権利を保障するとりくみ-日教組第59次教育研究全国集会報告書より） 飯塚篤 労働教育センター編集部編 「女も男も」（115） 2010.春・夏 p.40～47

12954 保護者負担軽減へのとりくみ-補助教材業務へのかかわりを通して（子どもの貧困と教育-教育を受ける権利を保障するとりくみ-日教組第59次教育研究全国集会報告書より） 川原早苗 労働教育センター編集部編 「女も男も」（115） 2010.春・夏 p.48～56

12955 ゆたかでゆき届いた教育と教育財政を求めて-保護者負担を当たり前としない学校づくりを（子どもの貧困と教育-教育を受ける権利を保障するとりくみ-日教組第59次教育研究全国集会報告書より） 佐藤恒 労働教育センター編集部編 「女も男も」（115） 2010.春・夏 p.57～66

12956 したたかに生き抜くための経済学習（子どもの貧困と教育-教育を受ける権利を保障するとりくみ-日教組第59次教育研究全国集会報告書より） 高木克純 労働教育センター編集部編 「女も男も」（115） 2010.春・夏 p.67～78

12957 外国籍の子どもの教育への権利と教育法制（その2）国際人権法の視点から教育基本法「改正」問題を振り返る 戸塚悦朗 「龍谷法学」 2010.9 p.618～647

12958 障害を有する子どもの教育を受ける権利-本格的な実施を開始した二〇〇七年度の状況 高良沙哉 エイデル研究所［編］ 「季刊教育法」（167） 2010.12 p.98～106

12959 障害を有する子どもの教育を受ける権利-沖縄県立特別支援学校幼稚部の入学志願者数抑制の事例から 高良沙哉 「賃金と社会保障」 通号1528 2010.12.下旬 p.41～50

12960 私立幼稚園の教育の自由性と保育の質の高さを永続していくために幼児教育実践学会に込められた思い（保育の歩み（その2）-保育フォーラム 保育者の資質向上と研修のあり方） 亀ヶ谷忠宏 「保育学研究」 49（3） 2011 p.333～335

12961 社会権としての「教育を受ける権利」の

再検討−その過大再考の提言　君塚正臣　横浜国際社会科学学会編　「横浜国際社会科学研究」　15（5）　2011.1　p.523〜548

12962　「就学を希望する者のみ」でよいのか−外国人の子どもと教育を受ける権利（特集 外国人の生活と教育の今）　宮島喬　解放教育研究所編　「解放教育」　41（10）通号527　2011.1　p.9〜17

12963　「服務規律調査」「通報制度」について−教育の自由と学校運営・学習指導要領との関係（特集 教職員に対する「組合活動調査」「通報制度」）　姉崎洋一　「労働法律旬報」　2011.3.上旬　p.32〜39

12964　外国籍の子どもの教育への権利と教育法制（その3）国際人権法の視点から教育基本法「改正」問題を振り返る　戸塚悦朗　「龍谷法学」　2011.3　p.1062〜1094

12965　外国籍の子どもの教育への権利と教育法制（その4）国際人権法の視点から教育基本法「改正」問題を振り返る　戸塚悦朗　「龍谷法学」　2011.3　p.1649〜1683

12966　「国民の教育権」論の展開とその教育学的含意 ： 主権者教育権論を中心に　時津啓　紀要編集委員会編　「広島文化学園大学学芸学部紀要」　（1）　2011.3　p.63〜73

12967　子どもの良心形成と教師の教育の自由　山岸朋次　宮城大学看護学部編　「宮城大学看護学部紀要」　14（1）　2011.3　p.9〜26

12968　教員養成制度改革の行方 ： 養成期間延長論への疑問　池田哲之　「社会と人文」　（8）　2011.3　p.21〜41

12969　外国籍の子どもの教育への権利と教育法制（その5）国際人権法の視点から教育基本法「改正」問題を振り返る　戸塚悦朗　「龍谷法学」　2011.7　p.92〜141

12970　第7回公開研究会「現代の諸問題と憲法」教育と憲法 ： 学校民主主義（スクールデモクラシー）の現状と可能性　勝野正章　「法学館憲法研究所報」　（5）　2011.7　p.1〜22

12971　外国籍の子どもの教育への権利と教育法制（その6・完）国際人権法の視点から教育基本法「改正」問題を振り返る　戸塚悦朗　「龍谷法学」　2011.9　p.506〜567

12972　子どもの教育を受ける権利の保障についての一考察 ： 学校・教員の機能強化と公教育制度のあり方を中心として　大西斎　九州産業大学国際文化学会［編］　「九州産業大学国際文化学部紀要」　（49）　2011.9　p.67〜80

12973　スクールリーダーのための 学校法制の基礎知識 教育を受ける権利　結城忠　「週刊教育資料」　（1176）通号1306　2011.9.12　p.15〜17

12974　教育問題法律相談（No.159）教師に認められている教育の自由とは　佐藤香代　「週刊教育資料」　（1180）通号1310　2011.10.10　p.31

12975　二〇一一年教科書採択から見えてきたもの（特集 行政と権力の狭間で教育の自由は今）　青木茂雄　社会主義協会［編］　「科学的社会主義」　（163）　2011.11　p.13〜19

12976　教育への政治介入の道具である「教育基本条例」と「新勤評制度」との闘い（特集 行政と権力の狭間で教育の自由は今）　大澤正幸　社会主義協会［編］　「科学的社会主義」　（163）　2011.11　p.20〜27

12977　教育改革が学校を壊す（特集 行政と権力の狭間で教育の自由は今）　伊藤光隆　社会主義協会［編］　「科学的社会主義」　（163）　2011.11　p.36〜40

12978　都立高校の今（特集 行政と権力の狭間で教育の自由は今）　心がくたびれたある平教員　社会主義協会［編］　「科学的社会主義」　（163）　2011.11　p.41〜43

12979　教育をめぐる状況とこれからの課題（特集 行政と権力の狭間で教育の自由は今）　大内裕和　社会主義協会［編］　「科学的社会主義」　（163）　2011.11　p.44〜54

12980　教科書採択戦を一変させた教基法改正（教育・防衛・憲法を考える）　木上和高　「祖国と青年」　（398）　2011.11　p.37〜40

12981　職務命令と「教師の教育の自由」に関する一考察　高乗智之　日本文化大學編　日本文化大學編　「柏樹論叢」　（9）　2011.12　p.25〜48

12982　大阪府教育基本条例案を法的に批判するために（特集 大阪府「教育基本条例案」の問題点）　内野正幸　「季刊教育法」　（171）　2011.12　p.32〜37

12983　戦後教育法制原理の転換（その2）新教育基本法第10条の権利性　池田哲之　「戦後教育史研究」　（25）　2011.12　p.33〜55

12984　生涯学習概念の見取り図（10）成人の「教育を受ける権利」をめぐる基盤的考察　佐々木英和　「宇都宮大学生涯学習教育研究センター研究報告」　2012年度　p.1〜12

12985　橋下・維新の会による「教育改革」の批判的検討 ： 教育なき「教育改革」のめざすもの（特集 どうみる大阪の教育改革 ： ファシズムとポピュリズムのあいだ）　丹羽徹　「人間と教育」　（75）　2012.秋　p.42〜49

12986　現代日本の政治をめぐる対抗と教育 ： この二〇年を通して現局面・現段階をどうとらえるか（特集 どうみる大阪の教育改革 ： ファシズムとポピュリズムのあいだ）　渡辺治　「人間と教育」　（75）　2012.秋　p.20〜33

12987　授業「教育基本条例案」を私情をまじえず教えてみた（特集 シティズンシップ実践を始めよう）　佐藤功　「高校生活指導」　（194）　2012.夏季　p.42〜50

12988　抄訳 生徒の尊厳が尊重される学校安全 ： 学校の過剰警察化への代替的施策　船木正文

［訳］「大東文化大学紀要. 社会科学」（50）
2012　p.165〜182

12989　討論（教育の国家責任とナショナル・ミニマム—第2分科会 教育財政と教育費）　丹羽徹 石井拓児 姉崎洋一［他］「日本教育法学会年報」（41）　2012　p.91〜98

12990　2011年度高等学校教科書検定の実態と問題点（特集 様々な視点で憲法を考えよう）　吉田典裕「季刊人権問題」（30）　2012.秋　p.1〜14

12991　子どもの権利条約と障害のある子どもの教育を受ける権利（短期共同研究プロジェクト 子どもの権利条約の20年 ： 施行と権利保障）　織原保尚「ジュリスコンサルタス」（21）　2012.1　p.251〜267

12992　外国籍の子どもの教育を受ける権利 ： マイノリティと子どもの権利（特集「子どもの権利」を考える）　中川明　教育と医学の会編「教育と医学」60（1）通号703　2012.1　p.60〜67

12993　憲法・教育基本法と教育予算（特集 教育予算を考える）　成嶋隆「学校運営」53（12）通号608　2012.3　p.12〜15

12994　ピアノ裁判から予防訴訟へ ： 最近10年間の教育裁判の展開の中で問われたものは何か、新自由主義と新保守主義が交錯する現場からの問いに応えて　横田力「地域社会研究」（22）2012.3　p.65〜97

12995　義務教育を受ける権利と義務教育の無償性　結城忠　白鷗大学教育学部編　白鷗大学教育学部編「白鷗大学教育学部論集」6（1）2012.4　p.51〜65

12996　奨学金はどこへ行く ： 憲法と金融のはざまで（特集 教育のリアル ： 競争・格差・就活）岡村稔「現代思想」40（5）　2012.4　p.212〜223

12997　くらしの泉 放射能 安全な環境で教育を受ける権利を求める「ふくしま集団疎開裁判」に要注目　市川はるみ　金曜日［編］「金曜日」20（14）通号906　2012.4.13　p.32〜33

12998　国家の教育政策と私的価値領域および自由の問題 ： 公開研究会の記録　広瀬裕子 榎透 荒井英治郎［他］「専修大学社会科学研究所月報」（586）　2012.4.20　p.1〜44

12999　憲法から見る「教育を受ける権利」から見る 大阪「教育条例」の問題点 ： 政治介入を認める条例は違憲である（特集 大阪「教育条例」を問う ： 教育は誰のものか）　大前治「クレスコ」12（5）通号134　2012.5　p.25〜27

13000　憲法原則に立った「教育費無償化」の実現を（特集 お金の心配なく学べる社会に ： 広がる自治体独自の補助制度と教育費の無償化）波岡知朗「クレスコ」12（7）通号136　2012.7　p.34〜37

13001　講話記録 国家戦略としての教育再生 ： 平成24年5月26日総会における講話　八木秀次「弘道」120（1079）　2012.7・8　p.31〜46

13002　子ども・教育・憲法を守る合同集会 ： 小澤隆一さん「憲法に基づく政治と教育」の講演から（特集 地域の教育と文化を考える）「子どものしあわせ ： 母と教師を結ぶ雑誌」（740）2012.10　p.6〜13

13003　教育の階級性について ： 論文「教育を受ける権利」から学んだこと（特集 『創造としての革命 ： 運動族の文化・芸術論』を読む）　藤原晃　小川町企画編「社会評論」（168）2012.冬　p.134〜139

13004　東日本大震災と教育のナショナル・ミニマム（「不当な支配」と教育の自由）　谷雅泰「日本教育法学会年報」（42）　2013　p.3〜17

13005　原発・放射線災害と子ども・学校の安全性（「不当な支配」と教育の自由−第1分科会 東日本大震災と子ども・学校の安全）　境野健児「日本教育法学会年報」（42）　2013　p.38〜49

13006　東日本大震災の教訓化に向けた「学校安全」の課題（「不当な支配」と教育の自由−第1分科会 東日本大震災と子ども・学校の安全）堀井雅道「日本教育法学会年報」（42）　2013　p.50〜60

13007　新教育基本法と学習指導要領（「不当な支配」と教育の自由−第2分科会 新教育基本法下の教育課程）　大橋基博「日本教育法学会年報」（42）　2013　p.70〜79

13008　武道必修化と学校事故（「不当な支配」と教育の自由−第2分科会 新教育基本法下の教育課程）　森浩寿「日本教育法学会年報」（42）2013　p.80〜91

13009　教科書採択の歴史的変遷と地方自治 ： 沖縄・八重山採択地区の問題について考える（「不当な支配」と教育の自由−公開シンポジウム「不当な支配」の諸形態）　浪本勝年「日本教育法学会年報」（42）　2013　p.111〜123

13010　議会、教育委員会による教育実践への介入と「不当な支配」（「不当な支配」と教育の自由−公開シンポジウム「不当な支配」の諸形態）　木村真実「日本教育法学会年報」（42）2013　p.124〜132

13011　東日本大震災の児童生徒・学校被害の実態および教育復興法制・施策の分析（「不当な支配」と教育の自由）「日本教育法学会年報」（42）　2013　p.153〜189

13012　教育法この1年 教育法令（2012年1月〜2012年12月）（「不当な支配」と教育の自由）「日本教育法学会年報」（42）　2013　p.190〜195

13013　教育の「自由化」と教師の教育の「自由」： 教育する「自由」をめぐる2つの「対立」とその「解消」（教育と社会）　大橋隆広「教育学研

13014 旧憲法下の教育制度と内容 ： 道徳教育の歴史的変遷を中心に　貝塚茂樹　「憲法研究」（45）　2013　p.1～21

13015 教育における自由と自律（特集 オートノミー ： 自律・自治・自立―人権とオートノミー）　奥平康弘　「憲法問題」（24）　2013　p.99～108

13016 教科書裁判・学テ判決と教育権　高乗智之　「憲法研究」（45）　2013　p.23～51

13017 憲法26条2項（普通教育）の見地から学力テスト旭川事件最高裁判決を検討する　武田晃二　「北里大学一般教育紀要」（18）　2013　p.99～115

13018 コメント ： 奥平憲法学と教師の教育の自由（特集 オートノミー ： 自律・自治・自立―人権とオートノミー）　中川律　「憲法問題」（24）　2013　p.109～113

13019 新教育基本法と公教育 ： 価値教育の定位　池田哲之　「憲法研究」（45）　2013　p.53～78

13020 討論 新教育基本法下の教育課程（「不当な支配」と教育の自由―第2分科会 新教育基本法下の教育課程）　青木宏治［司会］　山岸利次［司会］　池田哲之［他］　「日本教育法学会年報」（42）　2013　p.92～100

13021 討論 東日本大震災と子ども・学校の安全（「不当な支配」と教育の自由―第1分科会 東日本大震災と子ども・学校の安全）　小島喜孝［司会］　船木正文［司会］　笹田茂樹［他］　「日本教育法学会年報」（42）　2013　p.61～67

13022 討論 「不当な支配」の諸形態（「不当な支配」と教育の自由―公開シンポジウム 「不当な支配」の諸形態）　内野正幸［司会］　世取山洋介［司会］　丹羽徹［他］　「日本教育法学会年報」（42）　2013　p.133～140

13023 不当な支配と条例 ： 政治主導の大阪「教育条例」を素材に（「不当な支配」と教育の自由―公開シンポジウム 「不当な支配」の諸形態）　丹羽徹　「日本教育法学会年報」（42）　2013　p.102～110

13024 教育と憲法について思う　「法学館憲法研究所報」（8）　2013.1　巻頭1～3

13025 議論が分かれることこそ学校で ： 社長と組合青年部長の「Wコラボ」講演（特集 せめぎあう政治と教育）　佐藤功　「教育」（805）　2013.2　p.27～33

13026 八重山教科書採択問題と住民運動（特集 沖縄から ： 平和と人権を問う）　藤井幸子　「人権と部落問題」65（2）通号839　2013.2　p.23～30

13027 「教育を受ける権利」の意義・再考（釜田泰介教授古稀記念論集）　大島佳代子　「同志社法学」64（7）通号360（分冊1）　2013.3　p.2439～2464

13028 「思想家＝思想史家」家永三郎の基本的立場について ： 「逆説的実践」を支えた「否定の論理」と「日本国憲法」　小田直寿　「関西大学哲学」（31）　2013.3　p.81～110

13029 職場から「学校憲法宣言」 ： 日高教（左派）が第29回定期大会　「内外教育」（6234）　2013.3.19　p.11

13030 市川須美子獨協大学教授に聞く 教育への政治介入は憲法改定の突破口（国家と教育 ： 暴走する自民党の「懲罰」路線）　市川須美子　平舘英明　「金曜日」21（11）通号952　2013.3.22　p.20～21

13031 教育委員会制度 ： 教育の自由と自治の再生に向けて 教育の自由と自治の再生に向けた教育委員会制度をめぐる可能性と課題　荒井文昭　「月刊社会教育」編集委員会編　「月刊社会教育」57（4）通号690　2013.4　p.62～70

13032 安倍・自民党「教育改革構想」の実態とねらい（特集 現代と日本国憲法）　中村元気　「社会主義」（611）　2013.5　p.46～53

13033 第2次安倍政権がねらうものは何か ： 新自由主義と軍事大国化の復権（特集 安倍政権と教育のゆくえ ： 憲法を生かした教育で対峙する）　五十嵐仁　「クレスコ」13（5）通号146　2013.5　p.24～28

13034 教育の自由を支える民主主義 ： 安倍政権下の教育委員会「改革」批判（安倍教育改革」批判）　荒井文昭　教育科学研究会編　「教育」（809）　2013.6　p.79～86

13035 学校事務職員が担えるソーシャルワーク機能 ： 子どもの教育を受ける権利を守る（特集 貧困の連鎖を希望の連鎖へ）　松本恵子　全国公的扶助研究会編　「公的扶助研究」（72）通号230　2013.7　p.28～31

13036 「教育を受ける権利」の法的性質をめぐる覚書 ： 旭川学力テスト事件判決を読み直す　籾岡宏成　北海道教育大学編　北海道教育大学編　「北海道教育大学紀要. 人文科学・社会科学編」64（1）　2013.8　p.93～106

13037 外国籍の子どもたちの「教育への権利」 ： 日本の現状と国際人権基準　元百合子　「法と民主主義」（481）　2013.8・9　p.52～56

13038 憲法のめざす人格の完成か、財界の求める人材育成と国家主義か（特集 いま、学校・教育は…）　石山久男　「学習の友」（720）　2013.8　p.32～39

13039 子ども・教育・憲法を守る六・一六合同集会 高嶋伸欣さん講演概要 安倍政権下の教育再生実行会議の問題点と我々の取り組み（特集 子どもの生きる場を大切に！）　「子どものしあわせ ： 母と教師を結ぶ雑誌」（751）　2013.9　p.19～24

13040 インタビュー 教育も憲法も絶望するしかないような現実 でも、私たちはそこから始める

しかない。(特集 アベノキョウイクを問う) 斎藤貴男 「まなぶ」(678) 2013.10 p.10〜15

13041 ピープル 子どもの貧困問題は、哀れみや救済ではない : 競争を激化するのではなく、均等に教育を受ける権利の保障を 立教大学コミュニティ福祉学部教授「なくそう! 子どもの貧困」全国ネットワーク共同代表 湯澤直美さん 湯澤直美 逸村弘美【聞き手】 「月刊地域保健」 44(11) 2013.11 p.104〜111

13042 思想・表現・学問の自由を侵害する違憲の教育・教科書攻撃を許してはならない 石山久男 「平和運動」(513) 2013.11 p.4〜11

13043 教育を受ける権利 更生保護施設での法教育を考える(特集 格差社会に生きる) 田中孝史 「月報司法書士」(502) 2013.12 p.36〜40

13044 教師には「教育の自由」と「身分的安定」とが必要 : 国際的視野から日本のいまを問う(特集 教育への「行政犯罪」) 八木英二 教育科学研究会編 「教育」(815) 2013.12 p.5〜13

13045 新政権下における教育政策の展開(2009〜2013) 浪本勝年 「立正大学心理学研究所紀要」 2014 p.17〜30

13046 生徒指導の新たな課題 : 「いじめ防止法」の成立をめぐって 末藤美津子 東京未来大学紀要委員会編 「東京未来大学研究紀要」(7) 2014 p.79〜88

13047 不登校児童の母親が学校を「居場所」にするため学校を変えた試み 平澤順子 日本女子大学[編] 「日本女子大学大学院紀要. 家政学研究科・人間生活学研究科」 通号20 2014 p.89〜96

13048 学習指導要領の「基準性」と性教育の自由 秋池宏美 駿河台法学編集委員会編 「駿河台法学」 27(2)通号52 2014 p.200〜175

13049 子ども・子育て支援関連3法と子どもの権利(教育の政治化と子ども・教師の危機−第1分科会 子どもの保育・教育を受ける権利の現代的課題) 小泉広子 「日本教育法学会年報」(43) 2014 p.44〜54

13050 国際人権法における教育の漸進的無償化 : 日本政府による社会権規約13条2項への留保撤回の意義(教育の政治化と子ども・教師の危機−第1分科会 子どもの保育・教育を受ける権利の現代的課題) 田中秀佳 「日本教育法学会年報」(43) 2014 p.55〜64

13051 討論 子どもの保育・教育を受ける権利の現代的課題(教育の政治化と子ども・教師の危機−第1分科会 子どもの保育・教育を受ける権利の現代的課題) 今野健一【司会】 望月彰【司会】 八木英二【他】 「日本教育法学会年報」(43) 2014 p.65〜70

13052 改憲と安倍教育改革の射程 : 教育を受ける権利と公教育制度の変容に着目して(特集 こ

の国のかたちと教育) 福島賢二 「人間と教育」(82) 2014.夏 p.30〜37

13053 教育権と教育の自由 高乗智之 「比較憲法学研究」(26) 2014 p.1〜27

13054 教育における多様性 : アメリカにおける男女別学論争を素材に 植木淳 「比較憲法学研究」(26) 2014 p.29〜52

13055 近現代日本の「教育の中立性」 小島伸之 「比較憲法学研究」(26) 2014 p.81〜107

13056 憲法第26条2項(普通教育)の見地から第1次教科書裁判「訴状」を検討する 武田晃二 「北里大学一般教育紀要」(19) 2014 p.31〜42

13057 ニューカマー外国人の子どもの教育を受ける権利と就学義務 : 教育関係者への意見調査等を手がかりに 坂本文子 渋谷淳一 西口里紗【他】 法政大学大原社会問題研究所編 「大原社会問題研究所雑誌」(663) 2014.1 p.33〜52

13058 大学における発達障害のある学生への支援と法律学の課題(辻村みよ子教授退職記念号) 佐藤雄一郎 「法學 : the journal of law and political science」 77(6) 2014.1 p.831〜853

13059 教育委員会による高校教科書の採択妨害・排除は教育への不当な支配介入!(2014年権利討論集会特集号—第6分科会 子どもの未来どうなっちゃうの? 憲法・教育の改悪を止めろ!) 永石幸司 「民主法律」(293) 2014.2 p.127〜130

13060 「教科書改革実行プラン」「教科書検定基準改定」の危険性 : 自民党の要求で制度を改変する文部科学省(2014年権利討論集会特集号—第6分科会 子どもの未来どうなっちゃうの? 憲法・教育の改悪を止めろ!) 吉田典裕 「民主法律」(293) 2014.2 p.125〜127

13061 安倍政権の改憲戦略と教育「改革」の現段階 石山久男 「日本の科学者」 49(3)通号554 2014.3 p.174〜177

13062 ゆきづまる大阪の橋下「教育改革」 : 憲法と教育の条理の力こそ(特集 「教育改革」を考える) 山口隆 「人権と部落問題」 66(5)通号856 2014.4 p.30〜37

13063 教師の教育の自由(特集 憲法学入門2014) 中川律 「法学セミナー」 59(5)通号712 2014.5 p.18〜22

13064 "国家"のための教育から"人間"のための教育へ。 渡邊弘 「潮」(663) 2014.5 p.180〜182

13065 ケベックにおける就学前・初等・中等教育の教授用語の規制と少数派言語教育権1969—2010 浦山聖子 「成城法学」(83) 2014.7 p.1〜48

13066 「不断の努力」の活動・学び像をさぐる : 憲法の「自由及び権利」が脅かされるなかで

基本的人権/憲法上の保障　　　　　　　　　　　　　　　教育を受ける権利・教育の自由

（特集 平和と民主主義を支える自由な学びを創造しよう）　酒匂一雄「月刊社会教育」58（7）通号705　2014.7　p.4〜11

13067　働く児童と教育を受ける権利 ： 労働法制における就業と就学の両立に着目して　常森裕介「季刊労働法」（246）　2014.秋季　p.123〜139

13068　教育改革　穐山守夫「千葉商大論叢」52（1）通号174　2014.9　p.205〜235

13069　安倍「教育再生」ストップ！ 憲法を守り生かそう（特集 安倍「教育改革」とたたかう）小畑雅子「全労連」（212）　2014.10　p.11〜17

13070　改憲的政治下の教育と歴史教育者 ： 啓蒙から問いかけと複数性の教育へ（特集 歴史教育の担い手をどう育てるか）子安潤「歴史評論」（774）　2014.10　p.67〜78

13071　〈教育の政治化〉の力学 ： 民主主義と立憲主義の危機（特集 転換する支配構造 ： 安倍政権的なもの）中田康彦「唯物論研究年誌」（19）　2014.10　p.111〜138

13072　教育の自由をめぐる今日的問題にどうとりくむか（特集 蝕まれる「表現の自由」とどう闘うか—座談会 迫りくる「もの言えぬ」社会）成嶋隆「法と民主主義」（493）　2014.11　p.16〜23

13073　第49回夏季研究集会にあたっての提案（第49回国家教連夏季研究集会報告号 ： 被災地から学ぼう 憲法をいかし、いのちとくらしを守る家庭科）「家教連家庭科研究」（321）（増刊）2014.11　p.4〜9

13074　中学校分科会（第49回家教連夏季研究集会報告号 ： 被災地から学ぼう 憲法をいかし、いのちとくらしを守る家庭科）「家教連家庭科研究」（321）（増刊）　2014.11　p.44〜47

13075　記念講演 法と教育を受ける権利 ： 奨学金問題と改憲路線下の教育改革（特集 どうする!?私たちの憲法 ： 国民主権・基本的人権・平和主義）三輪定宣「社会理論研究」（15）2014.12　p.5〜8

13076　障害をもつ人の高等教育を受ける権利　川崎和代　紀要編集委員会編「大阪夕陽丘学園短期大学紀要」（58）　2015　p.1〜12

13077　教科書検定制度に関する考察（新教育基本法と教育再生実行戦略—第1分科会 教育内容行政の新段階）　中川律「日本教育法学会年報」（44）　2015　p.51〜60

13078　討論 教育委員会廃止と教育行政（新教育基本法と教育再生実行戦略—第2分科会 教育委員会廃止と教育行政）青木宏治 髙橋哲 石崎誠也［他］「日本教育法学会年報」（44）2015　p.92〜101

13079　討論 体罰・いじめ・子どもの貧困と教育法（新教育基本法と教育再生実行戦略—公開シ

ンポジウム 体罰・いじめ・子どもの貧困と教育法）片山裕 青砥恭 入澤充［他］「日本教育法学会年報」（44）　2015　p.134〜141

13080　特集 教育をめぐる様々な動向と実践 中学校教科書と憲法問題　稲次寛「季刊人権問題」（41）　2015.夏　p.55〜60

13081　2015年中学校教科書採択について ： 歴史わい曲・憲法敵視の育鵬社教科書はどうなったか　俵義文「戦争責任研究」（85）　2015.冬季p.78〜87

13082　新教育委員会制度と学ぶ権利（特集 新教育委員会制度と社会教育の自由）荒井文昭「月刊社会教育」編集委員会編「月刊社会教育」59（2）通号712　2015.2　p.4〜11

13083　首長の権限強化による社会教育の包摂と学習の自由 ： 鶴ヶ島市の公民館廃止を手がかりに（特集 新教育委員会制度と社会教育の自由）上田幸夫　「月刊社会教育」編集委員会編「月刊社会教育」59（2）通号712　2015.2　p.12〜19

13084　教育委員会制度改定の影響 ： 「図書館の自由」を中心に（特集 新教育委員会制度と社会教育の自由）新出　「月刊社会教育」編集委員会編「月刊社会教育」59（2）通号712　2015.2　p.20〜25

13085　「地方自治の本旨」と教育委員会制度（特集 新教育委員会制度と社会教育の自由）岡庭一雄　「月刊社会教育」編集委員会編「月刊社会教育」59（2）通号712　2015.2　p.26〜31

13086　住民の学びによって教育委員会制度を取りもどす（特集 新教育委員会制度と社会教育の自由）菊池一春　「月刊社会教育」編集委員会編「月刊社会教育」59（2）通号712　2015.2p.32〜37

13087　新教育委員会制度とどのように向きあうか ： 保護者や住民の期待に応える教育委員会に（特集 新教育委員会制度と社会教育の自由）鎌谷俊夫　「月刊社会教育」編集委員会編「月刊社会教育」59（2）通号712　2015.2　p.38〜43

13088　地方教育行政の組織及び運営に関する法律の一部を改正する法律について（通知）二〇一四（平成二六）年七月一七日 ： 文部科学省初等中等教育局長（特集 新教育委員会制度と社会教育の自由）「月刊社会教育」編集委員会編「月刊社会教育」59（2）通号712　2015.2　p.44〜46

13089　教育科学研究会 2014年東京大会 記念講演 安倍政権の暴走をストップさせ、憲法改悪を許さないために（特集 教育の民主主義を求めて）宇都宮健児「教育」（829）　2015.2　p.66〜79

13090　尋常小学校無償原則下における授業料徴収問題 ： その実態と学説および無償化「小学校令」の「違憲性」（高成廣教授退任記念号 寺木伸明教授退任記念号）竹中暉雄「人間文化研究」（2）　2015.3　p.600〜551

〔13067〜13090〕　　　　　　　　　　　　　　　　　　憲法改正 最新文献目録　487

労働基本法　　　　　　　　　　　　　　　　　　　　基本的人権/憲法上の保障

13091 教育問題法律相談（No.319）国立大学の移転と教育を受ける権利　澤田稔　「週刊教育資料」（1340）通号1470　2015.4.27　p.31

13092 インタビュー・ルーム（943）手話で教育を受ける権利を　柴田浩志さん（60）京都府聴覚言語障害センター所長　柴田浩志　嶋谷牧男　「厚生福祉」　2015.4.28　p.13

13093 発達障害学生支援をめぐる法制とその基本思想について ： 本課題研究設定の必然性（シンポジウム 発達障害学生への学生支援・大学教育の役割）　青野透　「大学教育学会誌」編集委員会編　「大学教育学会誌」　37（1）通号71　2015.5　p.70～72

13094 多様な学びの可能性と公教育のあり方をめぐる論点 ： 教育を受ける権利の視点から（子どもの権利と多様な学び）　川口かしみ　「まちと暮らし研究」　2015.6　p.84～90

13095 「生涯教育」と「生涯学習」との関係を問い直す意義 ： 「教育を受ける権利」に含意された「社会教育」の必要性と有効性（特集 生涯学習振興法施行から25年 ： その成果と課題）　佐々木英和　「社会教育」70（6）通号828　2015.6　p.10～24

13096 家永教科書裁判と安倍内閣の教育政策（特集 教育・教科書は今 ： 歴史修正主義にどう立ち向かうか）　大森典子　「中帰連 ： 戦争の真実を語り継ぐ」（57）　2015.6　p.20～25

13097 ロー・クラス 「憲法上の権利」各論（17）教育を受ける権利、義務教育 等　小山剛　「法学セミナー」　60（6）通号725　2015.6　p.78～89

13098 教育権は誰のもの 家永教科書裁判の現代的意義（創刊500号記念特集 憲法の危機に抗しつづけて―平和・民主主義・人権闘争のバトンを引き継いで）　加藤文也　「法と民主主義」（500・501）　2015.7-9　p.78～80

13099 教育の自由をもとめて 旭川学テ事件のこと（創刊500号記念特集 憲法の危機に抗しつづけて―平和・民主主義・人権闘争のバトンを引き継いで）　尾山宏　「法と民主主義」（500・501）　2015.7-9　p.74～76

13100 特集 憲法・子どもの権利条約にもとづく高校教育の創造を　「クレスコ」15（7）通号172　2015.7　p.15～37

13101 改正学校教育法と高等教育の行方（特集 改正学校教育法と高等教育 ： 課題と問題点）　有本章　大学基準協会大学評価・研究部編　「大学評価研究」（14）　2015.8　p.7～16

13102 子どもと考える学校と生徒の憲法問題（特集 高校生のための憲法学入門）　斎藤一久　「法学セミナー」　60（10）通号729　2015.10　p.32～36

13103 回顧 教科書無償運動（12）憲法第二六条の解釈をめぐって　村越良子　吉田文茂　「部落解放」（717）　2015.11　p.96～107

13104 「九条俳句不掲載損害賠償等請求事件」の法的問題性と論点 ： 市民の学習権と社会教育の自由をめぐって　佐藤一子　「法律時報」　87（13）通号1093　2015.12　p.342～347

労働基本法

【図書】

13105 安倍「雇用改革」を切る！―憲法をいかし、働くルールの確立を　労働法制中央連絡会,自由法曹団, 全労連編　学習の友社　2013.8　63p　21cm　（学習の友ブックレット 25）　571円　ⓘ978-4-7617-0425-4　Ⓝ366.11　労働法制の全面改悪に反対し働く権利とルールの確立をめざす中央連絡会　自由法曹団　全国労働組合総連合

【雑誌】

13106 座談会・はっこう21事件 先例のない闘いこれから…（特集 労働基本権否定は許さない）　松橋崇　田川俊一　大熊政一〔他〕　「海員」　2005.6　p.12～25

13107 はっこう21事件の経緯概略（特集 労働基本権否定は許さない）　「海員」　2005.6　p.26～28

13108 資料・準備書面（4）最終陳述書（特集 労働基本権否定は許さない）　「海員」　2005.6　p.28～33

13109 公務員制度改革と労働基本権問題－職員の市民化への途　西尾隆　「聖学院大学総合研究所紀要」（38）　2006　p.189～213

13110 講演 公務員労働者の労働基本権確立に向けて－ILO「結社の自由委員会」の結論と今後の取り組み（特集 公務・公共サービスのあり方と労働者の権利）　中嶋滋　「全労連」　通号117　2006.1　p.1～15

13111 公務「改革」と公務員の労働基本権（特集 大阪市政改革を考える）　西谷敏　大阪市政調査会〔編〕　「市政研究」（151）　2006.春　p.62～75

13112 提言 公務員制度改革と労働基本権問題－98号条約の日本語訳は完全か　安藤奠之　「世界の労働」　56（5）　2006.5　p.38～40

13113 諸悪の根源にむかってのたたかい――労働者共同闘争の前進のために（特集 改悪阻止共同闘争の実現へ――教訓にまなぶ）　坂牛哲郎　「科学的社会主義」（97）　2006.5　p.6～11

13114 ぽかぽかセミナーで得た自治体労働者の役割と展望（名古屋市）（特集 憲法を職場・地域にいかす）　桐村朋　「住民と自治」　通号517　2006.5　p.26～29

13115 大幅な改善が見込まれる雇用保険財政 ： 弾力条項発動による保険料率引下げの可能性

488　憲法改正 最新文献目録　　　　　　　　　　　　　　〔13091～13115〕

渡邊啓輝 「経済のプリズム」（25） 2006.6
p.9〜16

13116 視点 公務員の労働基本権の展望 清水敏 「ジュリスト」（1316） 2006.7.15 p.2〜6

13117 LABOUR FOCUS（No.9）公務員制度改革と労働基本権回復の争点 鹿田勝一 「賃金と社会保障」 通号1426 2006.9.下旬 p.34〜38

13118 公務員制度改革と労働基本権の審議始まる－ILOも勧告「スト権回復へ失敗は許されない」 鹿田勝一 「労働と経済」（1428） 2006.10.10 p.10〜13

13119 公務員の身分保障に関する控え目な疑問 安念潤司 「脱格差社会と雇用法制 法と経済学で考える」 2006.12 p.141〜

13120 労働法の再編と憲法理念（ミニ・シンポジウム 労働法の再編と課題） 和田肇 「法の科学：民主主義科学者協会法律部会機関誌「年報」」 通号38 2007 p.111〜116

13121 ロー・クラス 判例にみる憲法実体論（22）憲法28条と公務員の労働基本権（最大判1973.4.25） 井上典之 「法学セミナー」 52（1）通号625 2007.1 p.60〜64

13122 街頭宣伝活動に対する干渉・妨害の概括的検討（2007年権利討論集会特集号ー第9分科会 表現の自由をどう守るかーー労働組合が元気に宣伝活動を広げるために） 伊賀カズミ 「民主法律」（268） 2007.2 p.243〜246

13123 日本国における市民的自由に関する人権状況について（2007年権利討論集会特集号ー第9分科会 表現の自由をどう守るかーー労働組合が元気に宣伝活動を広げるために） 杉島幸生 「民主法律」（268） 2007.2 p.256〜265

13124 学校実務と法令知識（第33回）公務員の労働基本権の制約と学校運営 学校法令研究会 「週刊教育資料」（972）通号1102 2007.2.26 p.23〜25

13125 労働基本権の敵対物としての規制緩和（特集 労働法・労働法制をめぐる変容） 佐藤昭夫 「法と民主主義」（418） 2007.5 p.4〜7

13126 日本国憲法と労働法制（特集 日本国憲法施行六〇年） 宮里邦雄 「社会主義」（538） 2007.5 p.44〜53

13127 行政改革推進本部専門調査会 公務員の労働基本権を改革の方向で見直すべき 「労働法令通信」 2007.5.18 p.4〜8

13128 公務員制度改革と労働基本権 武藤聡 「社会主義」（542） 2007.8 p.86〜94

13129 シンポジウム 「小さな政府」で格差と貧困はなくなるの？ －公務・公共サービスの切り捨てと労働基本権を考えるシンポジウム 寺間誠治 福田昭生 小田川義和【他】 「労働法律旬報」 2007.9.上旬 p.6〜37

13130 公務員の労働基本権のあり方について（報告） 行政改革推進本部専門調査会 「自治総研」 33（11）通号349 2007.11 p.111〜125

13131 行政改革推進本部専門調査会報告 公務員の労働基本権で抜本的改革を提言 「労働法令通信」 2007.11.8 p.2〜4

13132 公務員の労働基本権のあり方について（報告） 時事通信社［編］「税務経理」（8783） 2007.11.9 p.10〜14

13133 公務員の労働基本権/行革本部専門調査会 非現業に労働基本権の付与を－国は使用者機関を確立し勤務条件を労使交渉で築き上げるべき 「賃金・労務通信」 2007.11.15 p.11〜17

13134 時の話題 どうなる？ 地方公務員の労働基本権 佐々木敦朗 総務省自治行政局公務員課編 「地方公務員月報」（533） 2007.12 p.18〜22

13135 労働基本権をはじめとする国家公務員の権利回復に向けて－国公労連がめざす公務員制度改革の基本的な考え方 日本国家公務員労働組合連合会 国公労連編 「国公労調査時報」（540） 2007.12 p.38〜42

13136 マッカーサー書簡から60年－公務員労働者の労働基本権を考える（特集 公務員制度改革集会報告） 竹澤哲夫 「季刊労働者の権利」 通号277 2008.1 p.2〜5

13137 ダイアログ 労働基本権の付与：交渉は先を見通して 総務省自治行政局公務員課編 「地方公務員月報」（534） 2008.1 p.103〜106

13138 「公務員の労働基本権のあり方について（報告）」の意義と課題－行政改革推進本部専門調査会のとりまとめを受けて 秋山正臣 国公労連編 「国公労調査時報」（541） 2008.1 p.39〜43

13139 公務員の労働基本権のあり方について（報告） 行政改革推進本部専門調査会 国公労連編 「国公労調査時報」（541） 2008.1 p.45〜51

13140 公務員に労働基本権があれば 労働者教育協会編 「学習の友」 通号662 2008.1 p.67〜71

13141 どうなる？ 公務員の労働基本権 清水敏 「ひろばユニオン」 2008.4 p.54〜57

13142 政令201号から60年と公務員の労働基本権問題（特集 公務員の労働基本権回復を考える） 野本夏生 国公労連編 「国公労調査時報」（544） 2008.4 p.4〜6

13143 ILOからみた日本の労働基本権問題（特集 公務員の労働基本権回復を考える） 吾郷眞一 国公労連編 「国公労調査時報」（544） 2008.4 p.7〜10

13144 行政法からみた行革推進本部専門調査会「報告」（特集 公務員の労働基本権回復を考える） 晴山一穂 国公労連編 「国公労調査時報」（544） 2008.4 p.11〜18

13145 公務員の労使関係制度の改革について（特集 公務員の労働基本権回復を考える） 根本到 国公労連編 「国公労調査時報」 (544) 2008.4 p.19〜24

13146 行政改革推進本部専門調査会「報告」に対する見解－公務員労働者の労働基本権回復にむけた直実な取り組みを求める（特集 公務員の労働基本権回復を考える） 全労連公務員制度改革闘争本部 国公労連編 「国公労調査時報」 (544) 2008.4 p.25〜32

13147 公務員の労働基本権のあり方－平成19年専門調査会報告に関して（特集 公務員制度改革） 小幡純子 「ジュリスト」 (1355) 2008. 4.15 p.28〜36

13148 労働基本権行使で労使対等実現を－貧困、格差克服に財政の役割大 師岡武男 「労働と経済」 (1461) 2008.4.25 p.2〜5

13149 憲法と労働者の権利のいま（特集 憲法──平和・人権・生活を守る） 浦部信児 「科学的社会主義」 (121) 2008.5 p.14〜20

13150 正社員が生活相談に来る日（特集 貧困と人権） 湯浅誠 「月報司法書士」 (435) 2008.5 p.21〜24

13151 労働の商取引化にどう挑むか（特集 貧困と人権） 中野麻美 「月報司法書士」 (435) 2008.5 p.14〜20

13152 国家公務員制度改革基本法案と労働基本権 武藤聡 「社会主義」 (552) 2008.6 p.75〜81

13153 憲法の基本権保障と労働法──規制緩和に関する憲法学の議論を受けて 和田肇 「名古屋大学法政論集」 通号224 2008.7 p.239〜277

13154 公務員労働法における団交・協約法制－[2007.]10.19報告書の死角（特集 公務員労働基本権の新展開） 道幸哲也 「季刊労働法」 (221) 2008.夏季 p.78〜87

13155 公務員の団体交渉権・協約締結権－制度設計における視点の模索（特集 公務員労働基本権の新展開） 下井康史 「季刊労働法」 (221) 2008.夏季 p.88〜105

13156 ILOにおける公務のストライキ権（特集 公務員労働基本権の新展開） 清水敏 「季刊労働法」 (221) 2008.夏季 p.106〜117

13157 行政改革推進本部専門調査会の報告（平成19年10月19日）について（特集 公務員労働基本権の新展開） 上仮屋尚 「季刊労働法」 (221) 2008.夏季 p.118〜121

13158 特集 地方公務員の労働基本権に関する検討－行政改革推進本部専門調査会から国家公務員改革基本法へ 植村哲 「地方公務員研究」 2008.秋季 p.2〜41

13159 「国家公務員制度改革基本法」成立と労働基本権、新人事評価制度について 田中眞吉

13160 労働者保護と憲法二七条（特集 新たな労働者保護のかたち） 葛西まゆこ 「法律時報」 80(12)通号1002 2008.11 p.23〜28

13161 特集 公務員の労働基本権のあり方について（その1）行政改革推進本部専門調査会報告の問題点と課題 猪野積 「地方公務員研究」 2008.冬季 p.2〜23

13162 公務労働者の労働基本権回復闘争の課題 保田武彦 「社会主義」 (558) 2008.12 p.50〜58

13163 （時評）憲法から労働関係法制をみる視点とは－労働契約法を中心として 横田力 「法と民主主義」 434 2008.12

13164 WEDGE OPINION 公務員の労働基本権認めたら国鉄の二の舞いに 小林節 「Wedge」 21(1)通号237 2009.1 p.18〜20

13165 第8回公務研修・人材育成に関する研究会 憲法第15条の理念（全体の奉仕者）は強調すべき！ 「官界通信：政策評価・人事政策等行政・人事情報紙」 (2624) 2009.2.26 p.13〜17

13166 所感 公務員制度改革と労働基本権 竹田邦明 「労委労協」 2009.3 p.59〜61

13167 特集 公務員の労働基本権のあり方について（その2）行政改革推進本部専門調査会報告の問題点と課題 猪野積 「地方公務員研究」 2009.春季 p.2〜14

13168 地方公務員に関する労働基本権の在り方について(1)国家公務員制度改革基本法、「工程表」及び労使関係制度検討委員会における検討状況 植村哲 総務省自治行政局公務員課編 「地方公務員月報」 (549) 2009.4 p.103〜118

13169 公務労働者労働基本権確立への検討 武藤聡 「社会主義」 (562) 2009.4 p.101〜110

13170 憲法と労働法──「働く人」の権利を守るために（特集 憲法学に問う─労働法学からの問題提起と憲法学からの応答） 南野森 「法律時報」 81(5)通号1008 2009.5 p.79〜82

13171 公務員に労働基本権を 市村彰 労働大学調査研究所編 「月刊労働組合」 (535) 2009.8 p.63〜65

13172 地方公務員に関する労働基本権の在り方について(2)労使関係制度検討委員会ワーキンググループにおける検討状況を中心に 植村哲 仁井谷興史 総務省自治行政局公務員課編 「地方公務員月報」 (554) 2009.9 p.36〜68

13173 公務員改革 ポイントは公務員の労働基本権（特集 民主党経済総点検－Manifesto ムダづかい） ダイヤモンド社［編］ 「週刊ダイヤモンド」 97(46)通号4304 2009.11.14 p.36〜37

13174 教育法令用語の解説 公務員の労働基本権－動き始めるか労使交渉 川崎雅和 「学校事

基本的人権/憲法上の保障　　　　　　　　　　　　　　　　　　　　　　労働基本法

務」　60（12）　2009.12　p.87〜89

13175　公務員の労働基本権問題　岡田真理子　和歌山大学経済学会編　和歌山大学経済学会編「和歌山大学経済学会研究年報」（14）　2010　p.255〜267

13176　労働法と憲法――規制の現状と今後のあり方に関する議論から（特集 憲法と私法―〔全国憲法研究会〕秋季研究総会）　倉田原志　「憲法問題」　通号21　2010　p.65〜76

13177　地方公務員と労働基本権に関する議論との関係などについて　丸山淑夫　総務省自治行政局公務員課編　「地方公務員月報」（558）　2010.1　p.26〜30

13178　労働基本権問題を契機に、運動の再構築－労組法・労基法に基づく、健全な労働ルールと運動を築こう　松田広高　「社会主義」（580）　2010.1　p.91〜99

13179　地方公務員に関する労働基本権の在り方について（3）労使関係制度検討委員会報告書を中心に　植村哲　仁井谷興史　総務省自治行政局公務員課編　「地方公務員月報」（559）　2010.2　p.27〜58

13180　労働基本権を考えるシリーズ（新連載・1）公務員制度改革をめぐる経過と今後を占う（その1）　秋山正臣　国公労連編　「国公労調査時報」（566）　2010.2　p.38〜42

13181　労働基本権確立を視野に入れた自治労春闘方針（特集 二〇一〇春季生活闘争）　伊東基彦　「社会主義」（572）　2010.2　p.42〜49

13182　労働基本権を考えるシリーズ（2）公務員制度改革をめぐる経過と今後を占う（その2）　秋山正臣　国公労連編　「国公労調査時報」（567）　2010.3　p.39〜42

13183　労働基本権を考えるシリーズ（3）労使関係制度検討委員会報告書の分析と評価を試みる－自立的労使関係制度の構築に向けて　秋山正臣　国公労連編　「国公労調査時報」（568）　2010.4　p.42〜45

13184　公務員の労働基本権の国際基準はなにか　筒井晴彦　「前衛：日本共産党中央委員会理論政治誌」　通号855　2010.4　p.95〜108

13185　公務員の労働基本権回復（上）60余年ぶりの大転換期に－11年の法改正目指す民主政権　今泉勝　「地方行政」　2010.4.8　p.12〜15

13186　公務員の労働基本権回復（中）不況下には民間給与と乖離も－評価分かれる人勧制度　今泉勝　「地方行政」　2010.4.15　p.12〜15

13187　公務員の労働基本権回復（下）労使直接交渉に懸念の声－影響大きい地方公務員　今泉勝　「地方行政」　2010.4.19　p.10〜12

13188　「公務員の労働基本権回復」インタビュー（1）一般職員にメリットなし－稲継裕昭・早大大学院教授　稲継裕昭　今泉勝　「地方行政」

2010.4.22　p.16〜18

13189　「公務員の労働基本権回復」インタビュー（2）自治体運営に必ずプラス－松本敏之・全日本自治団体労働組合総合労働局長　松本敏之　今泉勝　「地方行政」　2010.4.26　p.14〜15

13190　公務員制度改革 60年の悲願 なるか労働基本権回復（特集 労働問題トピックス）　吉澤伸夫　「ひろばユニオン」　2010.5　p.36〜39

13191　インタビュー 「医師の労働基本権」は、もはやタブーではない　江原朗　東京市政調査会編　「都市問題」　101（5）　2010.5　p.36〜45

13192　労働基本権を考えるシリーズ（4）労使関係制度検討委員会報告書の分析と評価を試みる（その2）自立的労使関係制度の構築に向けて　秋山正臣　国公労連編　「国公労調査時報」（569）　2010.5　p.43〜46

13193　「公務員の労働基本権回復」インタビュー（3）吉沢伸夫・公務公共サービス労働組合協議会事務局長　吉沢伸夫　今泉勝　「地方行政」　2010.5.6　p.16〜17

13194　「公務員の労働基本権回復」インタビュー（4・完）中野雅至・兵庫県立大准教授　中野雅至　今泉勝　「地方行政」　2010.5.10　p.14〜15

13195　今こそ公務員に、労働基本権とともに市民的・政治的自由を－国公法弾圧堀越高裁無罪判決を受けて（小特集 国公法弾圧堀越事件東京高裁無罪判決）　宮垣忠　国公労連編　「国公労調査時報」（570）　2010.6　p.16〜20

13196　労働基本権を考えるシリーズ（5）使用者機関・権限のある当局を考える－自立的労使関係制度の構築に向けて　秋山正臣　国公労連編「国公労調査時報」（570）　2010.6　p.43〜46

13197　特集 労働基本権回復に批判的立場－全日教連が第27回定期大会　時事通信社［編］「内外教育」（6002）　2010.6.15　p.7

13198　労働基本権を考えるシリーズ（6）時間内労働組合活動を考える－組織強化が対等の力関係をつくる　秋山正臣　国公労連編　「国公労調査時報」（571）　2010.7　p.39〜46

13199　東京地方裁判所における最近の労働訴訟の動向と今後の課題　渡辺弘　「法の支配」（158）　2010.7　p.39〜49

13200　地方公務員法制定六〇周年記念 公務員への労働基本権の付与について－労使関係制度検討委員会報告を中心として　高橋滋　総務省自治行政局公務員課編　「地方公務員月報」（565）　2010.8　p.2〜15

13201　公務における労働基本権について－国鉄及びJRの経験より　原恒雄　人事院総務課編「人事院月報」　通号732　2010.8　p.14〜17

13202　本年［2010年］の人事院勧告について－労働基本権問題の議論に向けた論点整理を中心に（新・官僚論（特別編））　江利川毅　「時評」

2010.9 p.76〜85

13203 総人件費2割カットと労働基本権回復−実現可能性ある改革案提示を（新・官僚論（特別編）） 今泉勝 「時評」 2010.9 p.86〜95

13204 労働基本権を考えるシリーズ（7）時間内労働組合活動を考える 秋山正臣 国公労連編「国公労調査時報」（573） 2010.9 p.37〜40

13205 労働法制における規制緩和と憲法二七条（原田賢司教授古稀記念号 労働、経営と法に関する諸問題—労働と法） 甲斐素直 「日本法學」 76（2） 2010.9 p.261〜291

13206 News&Report 2010 人事院が労働基本権問題を整理−2010年 人事院勧告 溝上憲文「賃金事情」（2593） 2010.9.20 p.8〜11

13207 労働基本権を考えるシリーズ（8）労働基本権が制約される範囲を考える 秋山正臣 国公労連編 「国公労調査時報」（575） 2010.11 p.34〜37

13208 公務員の労働基本権問題 人事院の報告を中心に（1） 行政管理協会［編］「週刊行政評価」（2441） 2010.11.11 p.2〜4

13209 公務員の労働基本権問題 人事院の報告を中心に（2） 行政管理協会［編］「週刊行政評価」（2442） 2010.11.18 p.2〜4

13210 公務員の労働基本権問題−人事院の報告を中心に（完） 行政管理協会［編］「週刊行政評価」（2443） 2010.11.25 p.2〜4

13211 ダイアログ 公務員の労働基本権 B A 総務省自治行政局公務員課編 「地方公務員月報」（569） 2010.12 p.56〜59

13212 労働基本権を考えるシリーズ（9）労働組合の交渉主体について 秋山正臣 国公労連編「国公労調査時報」（576） 2010.12 p.24〜28

13213 労働関連資料 法律により独立行政法人職員の雇用を奪うことは違憲である（声明） 水口洋介 「科学的社会主義」（152） 2010.12 p.76〜78

13214 労働基本権回復させ人員・予算要求闘争も強化を（特集 シンポジウム「公務員制度改革」を考える 転換点に立つ公務員制度・公務労働、制度と運動） 野村幸裕 自治労連・地方自治問題研究機構編 「季刊自治と分権」（45） 2011.秋 p.38〜42

13215 国家公務員制度改革と労働基本権−労働基本権の付与と人事院の機能移管（特集 政策課題） 櫻井敏雄 参議院事務局企画調整室編「立法と調査」 通号312 2011.1 p.3〜15

13216 労働基本権確立と今後の賃金闘争で論議（特集 産別大会から秋期闘争の課題を考える） 寺下雅人 「社会主義」（592） 2011.1 p.36〜41

13217 公務員の労働基本権小考 山本隆司 人事院総務課編 「人事院月報」 通号737 2011.1

p.16〜20

13218 子どものくらしと発達を保障し、健康で働きつづけられるための条件−「生存権」保障の担い手である保育士の健康問題から（特集 激変する職場の問題にどうむきあうか） 増淵千保美 全国保育問題研究協議会編集委員会編 「季刊保育問題研究」 通号247 2011.2 p.17〜38

13219 労働基本権を考えるシリーズ（10）労使協定と労働者代表 秋山正臣 国公労連編 「国公労調査時報」（578） 2011.2 p.27〜30

13220 国家公務員の労働基本権懇談会報告（内閣府）団交実態から争議権付与決定へ 自主決着に新たな調停・仲裁措置も 「労経ファイル：労働新聞データベース」（539） 2011.2.1 p.4〜24

13221 海外労働こぼれ話（129）日本の労働基本権をあげつらう−ITUC、WTOに報告書を提起 小島正剛 「労働レーダー」 35（3）通号406 2011.3 p.34〜36

13222 労働基本権回復に向けた公務員労働者の課題−公務・公共サービスの拡充、「全体の奉仕者」としての役割発揮を［含 質疑応答］ 黒田健司 国公労連編 「国公労調査時報」（579） 2011.3 p.4〜13

13223 公務員の労働基本権確立の今日的課題（特集 人間らしい働き方を求めて） 田中実 「社会主義」（585） 2011.3 p.47〜54

13224 年齢のみによる雇用関係上の不利益取扱いと憲法14条1項 棟居快行 「阪大法学」 60（6）通号270 2011.3 p.1075〜1088

13225 ワールドNOW（91）日本の労働基本権のいま 小島正剛 IMF-JC組織総務局編「IMFJC」（301） 2011.春 p.32〜35

13226 労働基本権を考えるシリーズ（11）人事ルールの労働協約をめざせ 秋山正臣 国公労連編「国公労調査時報」（580） 2011.4 p.41〜46

13227 実践記録/中学校 少女サエコから学ぶ労働基本権（特集 労働法を生かす教育） 河野栄 歴史教育者協議会編 「歴史地理教育」（774） 2011.5 p.18〜23

13228 憲法の視点から見る労働法（特集 「平等」を再考する） 和田肇 「月報司法書士」（471） 2011.5 p.8〜13

13229 人事行政の公正性——憲法第15条の観点から 土井真一 「人事院月報」 通号741 2011.5 p.2〜5

13230 図解基礎法学講座 憲法 労働基本権について 「Keisatsu jiho」 66（5） 2011.5 p.57〜60

13231 国家公務員の労働基本権（争議権）に関する懇談会報告 行財政総合研究所編 「行財政研究」（79） 2011.6 p.40〜60

13232 労働基本権を考えるシリーズ（12）健康・安全と労働組合 秋山正臣 国公労連編 「国公

労調査時報」（582） 2011.6 p.38〜41

13233 労働基本権回復の名にふさわしい立法を 「国家公務員の労働関係に関する法律（案）」の問題点と課題 加藤健次 「季刊労働者の権利」通号292 2011.Aut. p.74〜80

13234 労働基本権を考えるシリーズ（13）協約締結の権限委任を考える 秋山正臣 国公労連編「国公労調査時報」（584） 2011.8 p.43〜46

13235 ワールドNOW（92）労働基本権のいま 小島正剛 IMF-JC組織総務局編 「IMFJC」（302） 2011.秋 p.38〜41

13236 公務員の労働基本権「復活」をめぐって−団体交渉事項の範囲と労働組合の「交渉力」を中心として 神代和欣 人事院総務課編「人事院月報」 通号745 2011.9 p.2〜5

13237 公務員の労働基本権の回復に向けて 武藤聡 「社会主義」（593） 2011.11 p.62〜71

13238 公務員制度改革をめぐる憲法論議 ： 公務員給与減額法案を中心に 大石眞 「人事院月報」 通号748 2011.12 p.2〜5

13239 消防職員と労働基本権が与える影響に対する考察（平成23年度 委託研修生研究論文）大木洋平 「消防技術安全所報」 2012 p.158〜161

13240 議会や長による一方的な不利益変更は許されない ： 国家公務員賃下げ違憲訴訟を中心に（特集 公務員制度改革と労働基本権） 尾林芳匡 「季刊自治と分権」（49） 2012.秋 p.76〜85

13241 権利闘争の焦点 労働基本権の新たな憲法判断を問う ： 「公務員賃下げ違憲訴訟」の意義と課題 加藤健次 「季刊労働者の権利」（295） 2012.Sum p.45〜50

13242 闘ってこそ、明日が見えてくる ： 「川崎市による憲法違反の政党機関紙購読調査」裁判（特集 公務員制度改革と労働基本権） 穂積建三 「季刊自治と分権」（49） 2012.秋 p.86〜96

13243 農業協同組合と合憲性の獲得（1） 高瀬雅男 「行政社会論集」 24（3） 2012 p.59〜103

13244 農業協同組合と合憲性の獲得（2・完）高瀬雅男 「行政社会論集」 25（2） 2012 p.1〜61

13245 2012人勧への労働組合の声明・談話 「賃下げ法」を容認し自ら責務を放棄した人事院、労働基本権回復が急務（声明） ： 2012年人事院勧告にあたって（2012年人事院勧告特集号）国公労連中央闘争委員会 国公労連編 「国公労調査時報」（598） 2012.1 p.1〜12

13246 日本のうしお 世界のうしお 結局8％の削減!?公務員・労働基本権の行方は？ 「まなぶ」2012.3 p.32〜35

13247 個人事業主に団交権はあるか？（人権キー

ワード2012—憲法・人権） 在間秀和 「部落解放」（662）（増刊） 2012.5 p.62〜65

13248 小特集 憲法違反の公務員賃下げ法成立 「国公労調査時報」（593） 2012.5 p.16〜22

13249 維新の会の労働基本権観（特集 「大阪維新」の本質と危険性） 河村学 「法と民主主義」（469） 2012.6 p.22〜24

13250 労働基本権回復の名にふさわしい法律の制定をめざして ： 抜本修正が必要な「国家公務員の労働関係に関する法律案」 盛永雅則 国公労連編 「国公労調査時報」（594） 2012.6 p.4〜8

13251 「既得権益」と「マネジメント」 ： 憲法政治として診た橋下型ポピュリズム（特集 橋下政治に対する批判的検討 ： 公務員労働組合問題を中心に） 植松健一 「労働法律旬報」（1769） 2012.6.上旬 p.27〜34

13252 行財政研究 憲法違反の賃下げ法成立と自律的労使関係にほど遠い公務労働関係法案、人事行政の公正の確保を脅かす改革関連法案 盛永雅則 「行財政研究」（82） 2012.6 p.18〜26

13253 労働戦線NOW 「ブラック企業」とたたかう ： 労働基本権が危ない ： JAL不当解雇撤回を！ 労働法制にも危険な動き 青山悠 労働運動総合研究所編 「労働総研クォータリー」（87） 2012.夏季 p.72〜77

13254 国公労連賃下げ違憲訴訟決起集会（東京）労働者・国民と連帯して、賃下げ違憲訴訟の勝利を 加藤健次 「国公労調査時報」（596） 2012.8 p.14〜17

13255 いま、公務員の役割と公務員制度の意義を考える（特集 公務員制度改革と労働基本権）晴山一穂 自治労連・地方自治問題研究機構編「季刊自治と分権」（49） 2012.秋 p.23〜36

13256 特集座談会 公務員制度のあり方を問う ： 労働法研究者の目からみた公務員制度改革問題（特集 公務員制度改革と労働基本権） 西谷敏 根本到 緒方桂子 自治労連・地方自治問題研究機構編 「季刊自治と分権」（49） 2012.秋 p.37〜64

13257 橋下大阪市長の労働組合攻撃とたたかう（特集 公務員制度改革と労働基本権） 城塚健之 自治労連・地方自治問題研究機構編 「季刊自治と分権」（49） 2012.秋 p.65〜75

13258 連合組合員のカンパで上京団行動へ ： 憲法違反の賃下げに反撃！ 田中一郎 「学習の友」（712） 2012.12 p.13〜16

13259 公務員の労働基本権と勤務条件法定主義との調整のあり方 ： 国公法案を素材にして（シンポジウム 公務における「自律的労使関係制度」の確立の意義と課題） 岡田俊宏 日本労働法学会編 日本労働法学会編 「日本労働法学会誌」（122） 2013 p.68〜76

13260 アンテ・ベラム期の自由労働観念と反奴

隷制論 ： Salmon P. Chaseの憲法解釈における自由労働観念の意義　小池洋平「社学研論集」（21）　2013　p.147〜160

13261　大阪市役所でおきていることとその闘い ： 取り戻そう、憲法生きる自治体を！（特集 職場のハラスメントと社会的なバッシング 現場からの報告と課題）　竹村博行「女性労働研究」（57）　2013　p.108〜112

13262　基調講演 原発被曝労働の実情と被曝労働改善のための提言（日本労働弁護団第56回福島総会）　海渡雄一「季刊労働者の権利」（298）2013.Win.　p.2〜19

13263　「ジョブ型正社員」を考える（特集 様々な視点で憲法を考えよう）　増田正幸「季刊人権問題」（33）　2013.夏　p.23〜34

13264　労働戦線NOW 13春闘の評価と課題 ： 全労連と連合の違い ： 政財界と対峙し「賃金・安定雇用・護憲平和」へ国民共同　青山悠「労働総研クォータリー」（91）　2013.夏季　p.56〜61

13265　新たな段階に突入した政治のもとで求められる労働組合の課題（変えよう職場・地域と政治、勝ちとろう賃金・雇用・くらしの改善）　渡辺治「学習の友」（別冊）　2013.1　p.82〜89

13266　働くルールの破壊NO！　公務員に対する憲法違反の「賃下げ」攻撃（反労働組合バッシング）　盛永雅則「学習の友」（713）　2013.1　p.36〜41

13267　憲法政治における労組の課題（上）　永山茂樹「反戦情報」（340）　2013.1.15　p.21〜23

13268　誌上学習会（03）第3章 労働基本権とは 基礎からまなぶ 労働組合入門　渡辺　高木　村田【他】　「まなぶ」　2013.2　p.74〜77

13269　憲法政治における労組の課題（下）　永山茂樹「反戦情報」（341）　2013.2.1　p.16〜19

13270　スマホとともに, ジオスレイバリーがやって来る！ ： GPSに基づく労働監視vs労働者のプライバシー・人格権（八木保夫教授・三浦哲男教授・古田俊吉教授退職記念号）　竹地潔　富山富山「富大経済論集」　2013.3　p.235〜255

13271　「失われた15年」となる公務員制度改革 ： 民主党政権下の公務員制度改革をめぐる動向を中心として　岩岬修　地方自治総合研究所［編］「自治総研」39（3）通号413　2013.3　p.24〜38

13272　大坂維新の会の反動的教育行政と闘う教育労働運動 ： 「労使関係条例案」「職員政治規制条例案」など「維新3条例案」を廃案に（特集 改憲・TPPへと牙をむく安倍政権といかに闘うか）　中河由希夫「労働運動研究」（418）　2013.4　p.28〜33

13273　女性労働の貧困化・差別拡大といかに闘うか ： 社会的利益を女性に公平に配分する新しいシステムの確立を（特集 改憲・TPPへと牙をむく安倍政権といかに闘うか）　中野麻美

「労働運動研究」（418）　2013.4　p.21〜27

13274　社会労働領域と憲法学（特集 憲法の射程）　武田芳樹「法律時報」85（5）通号1059　2013.5　p.37〜42

13275　「どうして僕がリストラになるんですか。僕を本気で使ってくれたんですか」と憲法が言っています（憲法 希望を紡（つむ）ぐ言葉）　松元ヒロ「女性のひろば」通号411　2013.5　p.34〜36

13276　竹信三恵子の経済私考 「中間的就労」が「社会からの追い出し部屋」に？　参院選後に懸念される労働権なき労働者の増加　竹信三恵子　金曜日［編］「金曜日」21（27）通号968　2013.7.12　p.13

13277　国鉄1047名解雇撤回！　安倍政権の民営化・改憲と闘おう！　9・25反動判決をうち破り, 闘う労働組合を全国の職場に！　田中康宏「労働運動」（26）　2013.9　p.2〜7

13278　山本氏当選で安倍が震撼 ： 今こそ労働組合の復権を（特集 労働運動のうねりで改憲阻止 改憲推進の連合が崩壊 4大産別が飛躍する時）「国際労働運動」41（9）通号445　2013.9　p.15〜20

13279　キャラバンを跳躍台に憲法いかせの前進を（特集 かがやけ憲法（1）キャラバンを跳躍台に憲法闘争の前進を）　小田川義和「全労連」（201）　2013.11　p.13〜17

13280　憲法に学ぶ, 働くこと, 労働組合, そして春闘（特集 働く人の人権と労働組合, 春闘）　多賀喜一「学習の友」（724）　2013.12　p.48〜53

13281　公務員の給与減額と憲法28条の労働基本権保障（「公務員賃下げ違憲訴訟」意見書）　渡辺賢「国公労調査時報」（612）　2013.12　p.34〜52

13282　国家公務員給与臨時特例法と憲法　長谷部恭男「人事院月報」（772）　2013.12　p.2〜5

13283　「世界一企業が活躍しやすい国」で進む労働破壊と経済破壊（特集 かがやけ憲法（2）憲法をいかす運動を）　竹信三恵子「全労連」（202）　2013.12　p.12〜21

13284　労働者派遣制度の抜本見直しとその問題点 ： ILO第181号条約と理事会勧告に逆行する安倍政権の労働政策を問う（特集 相次ぐ改憲・反動攻勢と貿易収支の構造的赤字化に無策のアベノミクス）　中野麻美「労働運動研究」（420）　2013.12　p.18〜25

13285　”闘う労働組合をつくり憲法改悪を阻止しよう”と訴える ： 中核派が「11・3全国労働者総決起集会」を開催「国内動向 ： 過激各派の諸動向・教育・労働問題に関する専門情報誌」（1287）　2013.12.10　p.16〜19

13286　国家公務員賃下げ違憲訴訟について ： 裁判所は歴史検証に耐えうる憲法判断を！（労働

基本的人権/憲法上の保障　　　　　　　　　　　　　　　　　　　　　　　　　　労働基本法

者通信 ： 労働・生活・闘争の現場から） 藤本
愛子 「社会評論」（178） 2014.秋 p.10〜12

13287 兵庫の労働者をめぐる状況と労働法制の
大改悪（特集 様々な視点で憲法を考えよう）
津川知久 「季刊人権問題」（37） 2014.夏 p.
19〜28

13288 労働特区構想と憲法（特集 アベノミクス
の労働政策を点検する） 倉田原志 「季刊労働
法」（245） 2014.夏季 p.60〜69

13289 会員交流 今こそ、公務員に労働基本権が
必要 若宮強 「労委労協」 2014.1 p.40〜42

13290 いまこそ「ノンエリート」労働運動！（特
集 年の初めに憲法を考える） 熊沢誠
「Report」31（4）通号370 2014.1・2 p.14〜
16

13291 行財政研究 権利破壊は許さない！「公務
員賃下げ違憲訴訟」 盛永雅則 「行財政研究」
（88） 2014.1 p.2〜18

13292 自由な企業活動と日本国憲法の原理（特集
安倍政権下における雇用政策批判） 深谷信夫
「労働法律旬報」（1807・1808） 2014.1.25 p.
37〜44

13293 違憲判決 公務災害遺族補償給付の男女格
差訴訟（2014年権利討論集会特集号─第4分科会
ブラック企業とどう闘うか） 下川和男 「民主
法律」（293） 2014.2 p.89〜91

13294 「憲法をいかして、くらし・雇用・平和を
まもろう」と訴えた「かがやけ憲法！ 全国縦断
キャラバン」（特集 14春闘と国民的共同） 高橋
信一 「全労連」（205） 2014.3 p.14〜19

13295 人事院勧告なしに制定された給与関係法
の合憲性 和田肇 「名古屋大学法政論集」
（253） 2014.3 p.1〜38

13296 プレカリアートユニオンの活動から（特集
社会運動と憲法 ： 市民自治から憲法をとらえ
なおす） 清水直子 「社会運動」（408）
2014.3 p.57〜59

13297 公務員の給与減額と憲法二八条の労働基
本権保障（特集 国家公務員給与減額措置違憲訴
訟） 渡辺賢 「労働法律旬報」（1813） 2014.
4.上旬 p.37〜57

13298 国家公務員給与臨時特例法の合憲性につ
いて（特集 国家公務員給与減額措置違憲訴訟）
和田肇 「労働法律旬報」（1813） 2014.4.上旬
p.26〜36

13299 自治労東京 自治体における臨時・非常勤
職員の「継続雇用」をめぐる課題（特集 ディー
セントワーク実現への労組の取組みと課題）
市川正人 「経営民主主義 ： 新しい参加時代の
パイオニア誌」（55） 2014.4 p.31〜33

13300 ワークフェア、日本における動向と現実
性 ： 憲法の労働権と照らし合わせて（特集
「税と社会保障の一体改革」の歪みとそれを正
す力─年報 社会保障・社会福祉分野の流行語や

キーワードの解明） 井口克郎 「総合社会福祉
研究」（43） 2014.5 p.59〜61

13301 政令201号事件の犠牲者救援と労働基本権
の回復・確立をめざして（公務 ： 労働者の頑張
りと国の責任放棄） 塚越恵子 労働者教育協
会編 「学習の友」（730） 2014.6 p.62〜66

13302 労働基本権を無力化する損害賠償と仮差
押え キムソンス 中村猛【訳】 「労働法律旬
報」 2014.10.下旬 p.33〜43

13303 かがやけ憲法 ： 2014全労連全国キャラバ
ン（特集 いま、地域がおもしろい！） 盛本達
也 「学習の友」（734） 2014.10 p.32〜37

13304 労働法における「就労価値」の意義と課
題 ： 労働法における労働権の再構成 有田謙
司 「労働法律旬報」 2014.11.上旬 p.33〜44

13305 労働組合と組合員との間に生じる人権問
題に関する一考察 ： その判断枠組みと労働組
合の統制権 榎透 「専修法学論集」（122）
2014.12 p.73〜99

13306 「労働基本権」の法的性格 ： 権利構造論
を手がかりとして 斎藤孝 「岐阜聖徳学園大学
紀要. 教育学部編」54 2015 p.210〜191

13307 最新労災判例（第27回）遺族補償年金の受
給資格における夫の年齢要件は憲法適合性を有
するか ： 地公災基金大阪府支部長（市立中学校
教諭）事件［大阪高裁平成27.6.19判決］ 山口浩
一郎 「ろうさい ： 労災保険をナビゲートする
専門誌」27 2015.秋 p.14〜18

13308 基本的人権を侵害する企業は世論が許さ
ない 「SLAPP」が貶める企業のレピュテー
ション（ジャーナリズムと企業広報） 烏賀陽弘
道 「Zaiten」59（3）通号725（臨増） 2015.2
p.104〜108

13309 憲法と労働法（特集 法律の性格から読み
とく労働法） 和田肇 「法学教室」（413）
2015.2 p.4〜8

13310 行財政研究 旧社会保険庁職員分限免職処
分の違法性 晴山一穂 「行財政研究」（91）
2015.3 p.23〜45

13311 きらり労働組合（No.25）福岡県 福岡自治
労連 7年間継続した「憲法キャラバン」の大き
な財産 西岡健二 「全労連」 通号217 2015.3
p.36〜39

13312 日本国憲法を輝かせるのが労働組合（特集
労働組合で人間らしく生き、働く） 岩橋祐治
「学習の友」 通号740 2015.4 p.38〜43

13313 憲法の沈黙と労働組合像（特集 戦後70年
を考える） 大内伸哉 「法学教室」（416）
2015.5 p.27〜34

13314 働き方からみた青年の実態について（特集
第10回 地域人権問題全国研究集会 in 松江 ：
第4分科会 憲法を軸に人間らしい暮らしや仕事
を語ろう） 岡田正和 「地域と人権」（373）

〔13287〜13314〕　　　　　　　　　　　　　　　　　　　　　　　　　憲法改正 最新文献目録　495

2015.5　p.6〜10

13315　国鉄1047名解雇撤回！　動労総連合を全国に！　戦争・改憲・民営化の安倍政権を倒そう！　6・7国鉄闘争全国運動集会に1650人が結集！　「労働運動」（48）　2015.7　p.2〜15

13316　大企業の差別・解雇を許さない 国鉄闘争を振り返って ： たたかいのあらましとたたかいを支えたもの（創刊500号記念特集 憲法の危機に抗しつづけて―平和・民主主義・人権闘争のバトンを引き継いで）　宮里邦雄　「法と民主主義」（500・501）　2015.7-9　p.90〜92

13317　働き方（＝働かされ方）の変革を求めて「過労死110番」の27年（創刊500号記念特集 憲法の危機に抗しつづけて―平和・民主主義・人権闘争のバトンを引き継いで）　岡村親宜　「法と民主主義」（500・501）　2015.7-9　p.98〜100

13318　団結権に関する憲法28条違反を争う ： 国労組合員資格確認訴訟、最高裁へ（労働裁判の最前線から ： 労働者と歩む弁護士レポート）　鈴木達夫　藤田正人　石田亮　「序局 ： 新自由主義と対決する総合雑誌」（10）　2015.9　p.138〜141

13319　遊筆 ： 労働問題に寄せて 「憲法遵守義務」と「悪の凡庸さ」　在間秀和　「労働判例」（1117）　2015.10.1　p.2

13320　代理店が労働組合結成 ： 労働基本権背景とした交渉めざす（特集 格差社会に挑む！）　シャルレ代理店ユニオン　「月刊労働組合」（617）　2015.12　p.28〜31

政治・行政・司法と憲法

【図書】

13321 変容する統治システム　土井真一編集委員　岩波書店　2007.11　345p　22cm　（岩波講座憲法 4）　〈文献あり〉　3500円　Ⓘ978-4-00-010738-9　Ⓝ323.01　土井真一

13322 法学と政治学の新たなる展開―岡山大学創立60周年記念論文集　岡山大学法学会編　有斐閣　2010.4　419p　22cm　〈文献あり〉　11000円　Ⓘ978-4-641-12542-1　Ⓝ321.04　岡山大学法学会

13323 現代日本政治の争点　新川敏光編　京都法律文化社　2013.11　261p　21cm　4000円　Ⓘ978-4-589-03543-1　Ⓝ312.1　新川敏光

【雑誌】

13324 特集・憲法にとって「国」とは何か　「世界」　（753）　2006.6　p.77

13325 戦後憲法政争史（第1回）安倍政権で憲法改正は実現できるのか　塩田潮　「ニューリーダー」　20（1）通号231　2007.1　p.58〜62

13326 戦後憲法政争史（第2回）「実用的改憲論」を政権維持に活用した小泉前首相　塩田潮　「ニューリーダー」　20（2）通号232　2007.2　p.36〜40

13327 法治国家における自由と安全（第一部　法治国家の構成）　小山剛　「法治国家の展開と現代的構成　高田敏先生古稀記念論集」　2007.2　p.24〜

13328 戦後憲法政争史（第3回）権力闘争や階級闘争の影響を強く受けた戦後政治の憲法論議　塩田潮　「ニューリーダー」　20（3）通号233　2007.3　p.32〜36

13329 戦後憲法政争史（第4回）「天皇制」と「戦争放棄」で政府とマッカーサーはどう折り合いをつけたか　塩田潮　「ニューリーダー」　20（4）通号234　2007.4　p.74〜78

13330 戦後憲法政争史（第5回）芦田均と吉田茂の対立　戦後初の大政争劇は「第九条」で始まった　塩田潮　「ニューリーダー」　20（5）通号235　2007.5　p.64〜68

13331 戦後憲法政争史（第6回）憲法の自衛権を巡り隠された「安保条約」の真実を追求した芦田均　塩田潮　「ニューリーダー」　20（6）通号236　2007.6　p.64〜68

13332 戦後憲法政争史（第7回）熱を帯びる「吉・

鳩戦争」憲法改正と再軍備で吉田打倒に挑む鳩山一郎　塩田潮　「ニューリーダー」　20（7）通号237　2007.7　p.64〜68

13333 戦後憲法政争史（第8回）「改憲派の総帥」を貫き占領政治打破を掲げた岸信介元首相の権謀術数　塩田潮　「ニューリーダー」　20（8）通号238　2007.8　p.64〜68

13334 戦後憲法政争史（第9回）吉田長期政権を終焉させ政界大再編を仕掛けた「稀代の策士」三木武吉　塩田潮　「ニューリーダー」　20（9）通号239　2007.9　p.64〜68

13335 戦後憲法政争史（第10回）「保守合同」を急いだ初代総裁鳩山一郎の改憲・再軍備への執念　塩田潮　「ニューリーダー」　20（10）通号240　2007.10　p.64〜68

13336 戦後憲法政争史（第11回）「小日本主義」の立場で改憲再軍備を主張した言論人・石橋湛山の信念　塩田潮　「ニューリーダー」　20（11）通号241　2007.11　p.78〜82

13337 戦後憲法政争史（第12回）「安保改定」の実現に政権の命運を賭けた岸信介「改憲」への執念　塩田潮　「ニューリーダー」　20（12）通号242　2007.12　p.66〜70

13338 戦後憲法政争史（第13回）重光・ダレス会談以来半世紀越える憲法上の火種「集団的自衛権」　塩田潮　「ニューリーダー」　21（1）通号243　2008.1　p.62〜66

13339 戦後憲法政争史　象徴天皇の政治利用「国政との遮断」の禁を破る為政者たち　塩田潮　「ニューリーダー」　21（2）通号244　2008.2　p.64〜68

13340 小山内リレー対談（1）日本に国家の大方針はあるか　小林節　小山内高行　「自由」　50（3）通号577　2008.3　p.88〜101

13341 戦後憲法政争史（第15回）池田政権「所得倍増」を大成功に導いた官僚主導体制の功罪　塩田潮　「ニューリーダー」　21（3）通号245　2008.3　p.115〜119

13342 日米英の統治機構比較の枠組み――憲法法・制度・アイデアからの試論　岩波薫　「阪大法学」　57（6）通号252　2008.3　p.1065〜1094

13343 戦後憲法政争史（第16回）「非核三原則」「憲法」の枠組みを守りつつ沖縄返還を求めた佐藤栄作　塩田潮　「ニューリーダー」　21（4）通号246　2008.4　p.62〜66

13344 戦後憲法政争史(第17回)佐藤栄作「本土並み返還」は「他策ナカリシヲ信ゼム」といえる道だったのか 塩田潮「ニューリーダー」21(5)通号247 2008.5 p.62～66

13345 戦後憲法政争史(第18回)疑惑政府高官公表に賭ける三木武夫とロッキード政局の攻防 塩田潮「ニューリーダー」21(6)通号248 2008.6 p.59～63

13346 戦後憲法政争史(第19回)どう裁く「首相の犯罪」ロッキード疑獄究明で「迷走」する政治と司法 塩田潮「ニューリーダー」21(7)通号249 2008.7 p.59～63

13347 戦後憲法政争史(第20回)ポスト中曽根もからみ政争の武器になった「衆参同日選」憲法問題 塩田潮「ニューリーダー」21(8)通号250 2008.8 p.73～77

13348 戦後憲法政争史(第21回)中曽根「衆参同日選」「解散権」に立ちはだかった一票の重み 塩田潮「ニューリーダー」21(9)通号251 2008.9 p.57～61

13349 戦後憲法政争史(第22回)中曽根「長期政権」改憲も戦後総決算も権力保持のスローガン 塩田潮「ニューリーダー」21(11)通号253 2008.11 p.59～63

13350 戦後憲法政争史(第23回)九一年「湾岸戦争」勃発 経済的協力か自衛隊派遣か 小沢一郎が見せた憲法解釈 塩田潮「ニューリーダー」21(12)通号254 2008.12 p.59～63

13351 国家機関の法概念 関根二三夫「憲法研究」(41) 2009 p.97～111

13352 戦後憲法政争史(第24回)護憲派の旗手だからこそ憲法解釈大転換を阻止した宮澤喜一の「PKO法案」 塩田潮「ニューリーダー」22(1)通号255 2009.1 p.63～67

13353 戦後憲法政争史(第25回)「衆参対立日常化」の攻防劇 細川内閣「政治改革法案」政争の具となる憲法第四章 塩田潮「ニューリーダー」22(2)通号256 2009.2 p.59～63

13354 戦後憲法政争史(第26回)「水と油」の自社さ政権誕生 村山首相が呑み込んだ現実 自衛隊合憲で社会党は沈没 塩田潮「ニューリーダー」22(3)通号257 2009.3 p.61～65

13355 戦後憲法政争史(第27回)密室協議が生んだ森内閣 第七〇条を巡る神学論争 総理大臣が「欠けたとき」 塩田潮「ニューリーダー」22(4)通号258 2009.4 p.60～64

13356 戦後憲法政争史(第28回)自民党「改憲」の自縛 新草案も安倍退陣で幕 国民が学んだのは限界 塩田潮「ニューリーダー」22(5)通号259 2009.5 p.57～61

13357 今,政府の存在意義は(特集 グローバル化の中の国家と憲法) 中島徹「ジュリスト」(1378) 2009.5.1・15 p.29～38

13358 戦後憲法政争史(第29回)「ごった煮」を結ぶ紐帯 民主党の国連中心主義 浮上した「大連立構想」 塩田潮「ニューリーダー」22(6)通号260 2009.6 p.57～61

13359 戦後憲法政争史(第30回・最終回)狙いは一つ政権交代 封印された「改憲論」 見逃される主権意識 塩田潮「ニューリーダー」22(7)通号261 2009.7 p.57～61

13360 討論 国家と規制――何が問われているか(特集 グローバル資本主義・国家・規制) 長谷部恭男 城山英明 常木淳[他]「世界」(809) 2010.10 p.127～144

13361 秋季研究総会シンポジウムのまとめ(特集 憲法と政権交代一[全国憲法研究会]秋季研究総会) 葛西まゆこ 只野雅人「憲法問題」通号22 2011 p.116～122

13362 市場のグローバル化と国家の位置づけ：憲法の視点から(国家の役割の変容と公法学) 工藤達朗「公法研究」(74) 2012.1 p.1～

13363 八月革命説再考のための覚書(特集 1940～50年代の日本の憲法と政治) 頴原善徳「立命館大学人文科学研究所紀要」(97) 2012.3 p.37～61

13364 徹底検証「12.16投票」基準も「新しい日本」もこの記事で一目瞭然！ 税金 年金 行革 外交 安保 憲法 原発 誰にこの国を託すのか？ 7大マトリクス：「橋下」「安倍」「石破」「小沢」「野田」「河村」…政界キーマン16人の「重大政策と変遷」を丸裸にする 武冨薫「Sapio」25(1)通号533 2013.1 p.102～107

13365 生活と憲法(第2回)政治と憲法 浦部法穂「法学館憲法研究所報」(10) 2014.1 p.73～88

13366 憲法の有権解釈：国会・内閣・最高裁判所の判断とその変更 森本昭夫「立法と調査」(351) 2014.4 p.135～144

13367 内閣：その憲法上の地位・権限・責任(特集 憲法学入門 2014) 上田健介「法学セミナー」59(5)通号712 2014.5 p.23～27

13368 成年被後見人・被保佐人の公務員就任権の制約の合憲性：国家公務員法三八条一号・四三条・七六条および地方公務員法一六条一号・二八条四項の合憲性(金子正史教授古稀記念論集) 竹中勲「同志社法学」67(2)通号375 2015.6 p.557～598

権力分立

【図書】

13369 首相権限と憲法 上田健介著 成文堂 2013.10 403,7p 22cm 〈索引あり〉 7000円 ①978-4-7923-0554-3 Ⓝ323.01 上田健介

政治・行政・司法と憲法　　　　　　　　　　　　　議会・国会

【雑誌】

13370　権力分立原理の受容と展開　麻生多聞
「鳴門教育大学研究紀要」21　2006　p.258〜
268

13371　強まる公権力の表現規制——少年事件の
供述調書引用をめぐって　田島泰彦「新聞研
究」（677）　2007.12　p.41〜44

13372　権力分立論再訪（第一部 憲法の基本原理）
高橋和之「国民主権と法の支配 上巻 佐藤幸治
先生古稀記念論文集」　2008.9　p.3〜

13373　統治原理と権力分立原理（1）憲法秩序の
構成要素としての恩赦権　大林啓吾「帝京法
学」26（1）通号44　2009.3　p.127〜162

13374　権力分立論（特集 憲法——統治機構入
門）　赤坂幸一「法学セミナー」54（11）通号
659　2009.11　p.28〜31

13375　統治原理と権力分立原理（2）憲法秩序の
構成要素としての恩赦権　大林啓吾「帝京法
学」26（2）通号45　2010.3　p.121〜148

13376　統治システム原論　横山信二「広島法
学」34（1）通号126　2010.6　p.266〜230

13377　統治原理と権力分立原理（3）憲法秩序の
構成要素としての恩赦権　大林啓吾「帝京法
学」27（1）通号46　2011.3　p.141〜169

13378　権力分立 ： 統治機構論の現代的意義（特
集 憲法入門 ： 憲法の基本原理を理解する）
大林啓吾「法学セミナー」57（5）通号688
2012.5　p.18〜20

13379　統治機構を支える自律と統計機構の自律
性（特集 オートノミー ： 自律・自治・自立—
統治とオートノミー）「憲法問題」（24）
2013　p.7〜19

13380　統治行為論における権力分立の位置づけ
鈴木陽子「武蔵野短期大学研究紀要」27
2013　p.203〜214

13381　第十三回 東洋大学公法研究会報告 権力分
立論における権力分割と均衡 ： 統治行為論を考
えるための問題意識と先行研究　鈴木陽子「東
洋法学」56（3）通号124　2013.3　p.239〜245

13382　日本が「法治国家」ではなくなる 統治機
構の分立が崩れ三権分立が消滅（世紀の大
悪法 特定秘密保護法案）　青井未帆「金曜日」
21（44）通号985　2013.11.15　p.24〜26

13383　第二十一回 東洋大学公法研究会報告 権力
分立（三権分立）論をめぐる研究と問題の整理
鈴木陽子「東洋法学」57（2）通号126　2014.1
p.107〜119

13384　北大立法過程研究会報告 権力分立の理論
ジュリアン，ブドン　佐藤吾郎［訳］　徳永貴志
［訳］「北大法学論集」65（6）　2015　p.1876
〜1858

13385　権力分立・再定義（村上武則教授 中森喜
彦教授 退職記念号）　阪本昌成「近畿大学法科

大学院論集」（11）　2015.3　p.33〜121

議会・国会

【図書】

13386　立法の制度と過程　福元健太郎著　木鐸
社　2007.2　230p　22cm　〈他言語標題：
Legislative institutions and process〉〈文献あ
り〉　3500円　Ⓘ978-4-8332-2389-8　Ⓝ314.1
福元健太郎

13387　憲法と議会制度　杉原泰雄, 只野雅人著
京都 法律文化社　2007.5　423, 5p　22cm
（現代憲法大系 9）〈文献あり〉　5400円
Ⓘ978-4-589-02991-1　Ⓝ314　杉原泰雄 只野
雅人

13388　立法学—序論・立法過程論　中島誠著
新版　京都 法律文化社　2007.10　320p
22cm　〈文献あり〉　3500円　Ⓘ978-4-589-
03044-3　Ⓝ314.1　中島誠

13389　主要各国議会の現状　衆議院調査局編
衆議院調査局　2008.9　101p　30cm　（別冊
Research Bureau論究 no.10）Ⓝ314　衆議院

13390　現代日本の議会政と憲法　高見勝利著
岩波書店　2008.10　290, 3p　22cm　6600円
Ⓘ978-4-00-022774-2　Ⓝ312.1　高見勝利

13391　憲法と政治制度　藤井俊夫著　成文堂
2009.9　499, 3p　22cm　〈文献あり 索引あり〉
3500円　Ⓘ978-4-7923-0470-6　Ⓝ323.14　藤井
俊夫

13392　今回のねじれ国会の経験が残した憲法上
の課題　西垣淳子［著］［東京］世界平和研
究所　2009.9　28p　30cm　（平和研レポート
IIPS policy paper 340J）

13393　主要国の議会制度　古賀豪, 奥村牧人, 那
須俊貴［著］　国立国会図書館調査及び立法考査
局　2010.3　53p　30cm　（調査資料 2009-1-b
基本情報シリーズ 5）〈文献あり〉　Ⓘ978-4-
87582-698-9　Ⓝ314　古賀豪 奥村牧人 那須
俊貴

13394　国会運営の法理—衆議院事務局の視点か
ら　今野［シゲ］男著　信山社出版　2010.4
409, 11p　20cm　〈索引あり〉　3800円
Ⓘ978-4-7972-6034-2　Ⓝ314.1　今野或男

13395　憲法と現実政治　日本科学者会議編　本の
泉社　2010.5　367p　21cm　2800円　Ⓘ978-4-
7807-0246-0　Ⓝ323.14　日本科学者会議　JSA

13396　執政機関としての議会—権力分立論の日
独比較研究　村西良太著　有斐閣　2011.2
277p　22cm　〈九州大学法学叢書 4）　6000円
Ⓘ978-4-641-13088-3　Ⓝ323.01　村西良太

13397　自治体ポピュリズムを問う—大阪維新改
革・河村流減税の投げかけるもの　榊原秀訓編
著　自治体研究社　2012.2　254p　21cm　2400

〔13370〜13397〕　　　　　　　　　　　　　　　　　　憲法改正 最新文献目録　**499**

円 ①978-4-88037-585-4 Ⓝ318 榊原秀訓

13398 政治の混迷と憲法—政権交代を読む 高見勝利著 岩波書店 2012.2 296p 20cm 3000円 ①978-4-00-025828-9 Ⓝ312.1 高見勝利

13399 憲法に関する主な論点（第4章国会）に関する参考資料 ［東京］ 衆議院憲法審査会事務局 2012.8 35p 30cm （衆憲資 第79号） Ⓝ323.14 衆議院

13400 委任立法と議会 田中祥貴著 日本評論社 2012.11 283p 22cm 〈他言語標題： Delegated Legislation and the National Diet〉 〈索引あり〉 6000円 ①978-4-535-51927-5 Ⓝ323.9 田中祥貴

13401 国会改造論—憲法・選挙制度・ねじれ 小堀眞裕著 文藝春秋 2013.6 270p 18cm （文春新書 920） 830円 ①978-4-16-660920-8 Ⓝ314.1 小堀眞裕

13402 国会法 白井誠著 信山社 2013.11 257p 22cm （法律学講座） 〈索引あり〉 3800円 ①978-4-7972-8038-8 Ⓝ314.13 白井誠

13403 新・国会事典—用語による国会法解説 浅野一郎, 河野久編著 第3版 有斐閣 2014.6 281p 22cm 〈他言語標題：New Concise Dictionary of The National Diet of Japan〉 〈文献あり 索引あり〉 3600円 ①978-4-641-13169-9 Ⓝ314.1 浅野一郎 河野久

13404 立法学のフロンティア 2 立法システムの再構築 西原博史編 西原博史／編 京都ナカニシヤ出版 2014.7 286p 22cm 〈索引あり〉 3800円 ①978-4-7795-0871-4 Ⓝ321.04 西原博史

13405 議会の進化—立憲的民主統治の完成へ ロジャー・D.コングルトン著, 横山彰, 西川雅史監訳 勁草書房 2015.10 450p 22cm 〈翻訳：岡崎哲郎ほか〉 〈文献あり 索引あり〉 7200円 ①978-4-326-50416-9 Ⓝ313.7 コングルトン, ロジャー・D. 横山彰 西川雅史

【雑誌】

13406 民主党の「国会改革」論の憲法的問題点 （特集 鳩山政権の検討（その3）） 澤野義一 「科学的社会主義」 (144) 2010.4 p.14〜19

13407 日本の逆を行くイギリスの議会改革——ウエストミンスター・モデルのゆくえ（特集 菅政権で何が変わるのか——参議院選挙とその後） 高見勝利 「世界」 (807) 2010.8 p.152〜160

13408 国民国家への視座（赤澤史朗・上田寛教授退職記念論文集（上巻）） 中谷義和 「立命館法學」 2012 (5・6) 通号345・346（上巻） 2012 p.3555〜3624

13409 国家権力への視座 中谷義和 「立命館法學」 2012 (3) 通号343 2012 p.1848〜1911

13410 座談会 「政治改革」20年 日本政治に何をもたらしたのか 小沢隆一 上脇博之 白髭寿一［他］ 「前衛：日本共産党中央委員会理論政治誌」 (905) 2014.2 p.13〜41

◆議会制一般

【雑誌】

13411 統治機構の近代的原理の有効性——議院内閣制と大統領制 山崎博久 「憲法研究」 (39) 2007 p.75〜99

13412 議会からみる憲法 近藤誠治 「議会政治研究」 (82) 2007.6 p.16〜25

13413 日本国憲法60年記念連載 憲法学の現在・未来(1)議会制論の現在 林知更 「法学教室」 通号321 2007.6 p.21〜29

13414 議会と自衛隊 議会とシビリアン・コントロール 小池寛治 「議会政治研究」 (85) 2008.3 p.17〜21

13415 議会制民主主義再生のカギは主権者国民に（特集 議会制民主主義の再生を求めて——選挙制度と政治資金を検証する） 木島日出夫 「法と民主主義」 (430) 2008.7 p.16〜19

13416 議会制民主主義の復権と創造への提言（特集 議会制民主主義の再生を求めて——選挙制度と政治資金を検証する） 大脇雅子 「法と民主主義」 (430) 2008.7 p.24〜27

13417 我国の議会制民主主義を考える（特集 議会制民主主義の再生を求めて——選挙制度と政治資金を検証する） 佐々木秀典 「法と民主主義」 (430) 2008.7 p.20〜23

13418 会議公開に関する憲法上の諸問題——地方議会における「委員会」傍聴不許可事件を素材として 小倉一志 「札幌学院法学」 19 (2) 2008.9 p.55〜77

13419 議会制の意義（第二部 比較の中の憲法） 高田篤 「国民主権と法の支配 上巻 佐藤幸治先生古稀記念論文集」 2008.9 p.271〜

13420 議会内における野党会派の位置づけについて——フランスの二〇〇八年憲法改正を素材として 曽我部真裕 「法学論叢」 164 (1-6) 2009.3 p.552〜571

13421 憲法と法律 (1) Dicey伝統理論と「議会主権論」の基底にあるもの 内野広大 「法学論叢」 166 (3) 2009.12 p.108〜132

13422 憲法, 国会法と会派を巡る諸問題——主要国議会との比較の視点から 廣瀬淳子 「比較憲法学研究」 通号22 2010 p.119〜144

13423 憲法と法律 (2) Dicey伝統理論と「議会主権論」の基底にあるもの 内野広大 「法学論叢」 167 (1) 2010.4 p.142〜169

13424 議会制民主主義を歪め解釈改憲をねらう「国会改革」法案の危険性 小沢隆一 「平和運

政治・行政・司法と憲法　　　　　　　　　　　　　　　　　　　　　　　　議会・国会

動」（474）2010.6 p.21〜28

13425　憲法の番人としての議会の可能性——アメリカOLC報告法案審査を題材として　岡田順太「白鷗法学」17（1）通号35 2010.6 p.99〜123

13426　憲法と習律（3・完）Dicey伝統理論と「議会主権論」の基底にあるもの　内野広大「法学論叢」167（4）2010.7 p.126〜141

13427　比例議席削減が議会制民主主義を劣化させる　植松健一「前衛 : 日本共産党中央委員会理論政治誌」通号863 2010.11 p.98〜107

13428　議院内閣制と政官関係——「政官関係論不在の憲法学」克服の一つの試み（特集 憲法と政権交代—［全国憲法研究会］秋季研究総会）岡田信弘「憲法問題」通号22 2011 p.67〜78

13429　北大立法過程研究会報告 合理化された議会制と立法手続　セリーヌ、ヴァンゼル　徳永貴志［訳］「北大法学論集」63（6）2013 p.1676〜1652

13430　ギカイ解体新書 自治体議会から真の住民自治の処方箋を探る（第15回）議会選挙制度　金井利之「議員navi : 議員のための政策情報誌」37 2013.5 p.52〜55

13431　「議会政と国政調査権」研究覚書（安田信之教授退職記念号）　孝忠延夫「政策創造研究」（7）2014.3 p.91〜105

13432　議会政のResurrection : 議会による委任立法の監督・制制（特集 民主政の現在と憲法学—民主政の現在 : 日本における現状と課題の検討）　田中祥貴「憲法問題」（26）2015 p.22〜32

13433　憲法87条と国会の予備費承諾議決　大西祥世「立命館法學」2015（4）通号362 2015 p.923〜954

◆代表制

【雑誌】

13434　国民代表の概念について　長谷部恭男「法学協会雑誌」129（1）2012.1 p.164〜183

◆立法権

【雑誌】

13435　井上毅の＜立法＞観についての覚書——梧陰文庫所収史料「憲法制定権」を手がかりに　金子元「政治学論集」（20）2007.3 p.43〜60

13436　立法裁量の法理　長尾一紘「比較法雑誌」41（4）通号144 2008 p.41〜103［含 ドイツ語文要旨］

13437　議員立法から見た「ねじれ国会」・雑感——「ねじれ国会」で何が、どう変わったの

か？（特集 「ねじれ国会」の検討）　橘幸信「ジュリスト」（1367）2008.11.15 p.80〜87

13438　憲法構造における立法の位置づけと立法学の役割（特集 立法学の新展開—立法学の課題と方法）　西原博史「ジュリスト」（1369）2008.12.15 p.32〜38

13439　現代日本法における「立法」「統治」概念（2）　堀内健志「弘前大学大学院地域社会研究科年報」5 2009

13440　国会の立法機能と立法活動の諸原則に関する一考察　古川晴之「朝日大学大学院法学研究論集」（9）2009 p.1〜87

13441　続・Interactive憲法——B准教授の生活と意見（5）立法者の基本権内容形成義務とベースライン論　長谷部恭男「法学教室」通号347 2009.8 p.19〜22

13442　立法裁量のセオリー・プラクシス——ベルリン・カールスルーエの鞘当て　松原光宏「法学新報」116（7・8）2009.12 p.1〜26

13443　議員立法と内閣立法の相違に関する一考察　河野久「青山法務研究論集」（1）通号1 2010.3 p.35〜41

13444　立法府の役割と課題　大石眞「Research Bureau論究 : journal of the Research Bureau of the House of Representatives」7 2010.12 p.8〜16

13445　立法裁量と法の下の平等（特集 違憲審査手法の展望—立法裁量とその統制）　新井誠「法律時報」83（5）通号1034 2011.5 p.41〜46

13446　ロー・クラス 憲法ゼミナール part.1「判例」を読む（第10回）立法過程の脱「聖域」化 : 主観的憲法瑕疵への注目　山本龍彦「法学セミナー」57（2）通号685 2012.2 p.66〜72

13447　ロー・クラス 憲法訴訟の現代的転回 : 憲法的論証を求めて（第21回）第3部/重要論点補遺 委任立法　駒村圭吾「法学セミナー」57（7）通号690 2012.7 p.49〜55

13448　自律・自己立法に基づいた憲法哲学の批判的検討 : 信認義務に基づいた立法理論の構築に向けて（松浦好治教授退職記念論文集）　佃貴弘「名古屋大学法政論集」（250）2013.7 p.439〜460

13449　憲法とは : 専門調査員に聞く（特集 国会と国民をつなぐ : 調査及び立法考査局）　棟居快行「国立国会図書館月報」（635）2014.2 p.12〜16

13450　「唯一の立法機関」の法的な意味・射程 : 意味することとしないことの再考（小林節教授退職記念号）　川崎政司「法学研究」87（2）2014.2 p.283〜335

13451　2014 改革者の主張 短期と中期に分けて進めよ : 選挙制度改革は統治システムとの関連が重要　加藤秀治郎「改革者」55（7）通号

648 2014.7 p.6〜9

13452 政権交代と議員立法 : 「五十嵐立法学」における議員立法の位置づけと議員立法の課題（五十嵐敬喜教授定年退職記念号） 高野恵亮 「法學志林」 112（1）通号771 2014.9 p.71〜81

13453 立法者による基本権の保護の対象の決定（1） 篠原永明 「自治研究」 91（3）通号1093 2015.3 p.108〜132

13454 立法者による基本権の保護の対象の決定（2・完） 篠原永明 「自治研究」 91（4）通号1094 2015.4 p.104〜130

13455 「衆院議員立法」の動向とその特徴（400号記念特別寄稿）「法令解説資料総覧」（400） 2015.5 p.5〜8

13456 立法をめぐる基盤変動と課題（小特集 立法学学術フォーラム : 立憲民主政の変動と立法学の再編） 川﨑政司 「法律時報」 87（8）通号1088 2015.7 p.53〜55

13457 国の事業に対する国会等のチェック機能の在り方 : 事業実施の際の社会的な背景とその後の事業効果の発現状況 磯野太俊 「立法と調査」（367） 2015.8 p.105〜116

13458 議員立法序説 茅野千江子 「レファレンス」 65（9）通号776 2015.9 p.1〜30

◆国会・議院

【雑誌】
13459 国会議員の免責特権と国家補償をめぐる憲法的考察 新井誠 「現代法律学の課題 日本法政学会五十周年記念」 2006.3 p.85〜

13460 憲法の論点 二院制と衆議院の解散（特集 法学入門2006—憲法入門） 井口秀作 「法学セミナー」 51（4）通号616 2006.4 p.14〜15

13461 憲法の話題 郵政解散劇（特集 法学入門2006—憲法入門） 井口秀作 「法学セミナー」 51（4）通号616 2006.4 p.12〜13

13462 国政調査権 議会国政調査権の本質と限界 浅野善治 「議会政治研究」（78） 2006.6 p.17〜31

13463 衆議院運営 序論 名生顕洋 「日本大学大学院法学研究年報」（37） 2007 p.179〜220

13464 定足数に関する一考察 長澤雄一 「駒沢大学大学院公法学研究」（33） 2007年 p.83〜135

13465 日本国憲法における両院制——一つの考え方 浅野善治 「比較憲法学研究」 通号18・19 2007 p.113〜146

13466 憲法が求める参議院の役割——民意の多様性表現した「対等型の二院制」 只野雅人 「公明」 通号13 2007.1 p.38〜43

13467 ゲストエッセー 原点に戻って抜本的な参

議院改革論議を——憲法改正で検討課題に 丹羽文生 「世界週報」 88（2）通号4277 2007.1.16 p.34〜37

13468 懲罰事犯に見る国会の対応——院議を守らせる国会と院議に従う議員 前田英昭 「駒澤法学」 6（3）通号23 2007.3 p.59〜121

13469 北大立法過程研究会報告 国会法規範の特性 森本昭夫 「北大法学論集」 59（2） 2008 p.975〜993

13470 日本国憲法における第二院の役割——参議院の憲法的価値としての論拠 加藤一彦 「現代法学 : 東京経済大学現代法学会誌」（15） 2008.2 p.63〜79

13471 衆議院憲法調査会報告書を読み解く（1） 憲法論議のエッセンスを伝える——「永田町」と国民の橋渡しとして 憲法調査研究会 「時の法令」 通号1808 2008.4.30 p.58〜67

13472 両院関係 衆議院の再議決と憲法59条 原田一明 「議会政治研究」（86） 2008.6 p.1〜10

13473 衆議院憲法調査会報告書を読み解く（3） 衆議院憲法調査会の五年余の活動の素描——公正・円満な運営を目指した様々な工夫 憲法調査研究会 「時の法令」 通号1812 2008.6.30 p.51〜60

13474 衆議院憲法調査会報告書を読み解く（4） 国民に開かれた公聴会と難航した中間報告書の作成 憲法調査研究会 「時の法令」 通号1814 2008.7.30 p.62〜68

13475 国会法の変遷と委員会制度の展開（5） 岡崎加奈子 「法學志林」 106（1）通号747 2008.8 p.137〜158

13476 衆議院憲法調査会報告書を読み解く（5） 充実した海外調査と積極的な情報発信活動——平成の岩倉使節団 憲法調査研究会 「時の法令」 通号1815 2008.8.15 p.49〜55

13477 衆議院憲法調査会報告書を読み解く（6） 「押しつけ憲法論」の検証——制定経緯と総論的事項に関する諸議論の整理 憲法調査研究会 「時の法令」 通号1817 2008.9.15 p.44〜52

13478 衆参ねじれ国会における立法的帰結 川人貞史 「法學 : the journal of law and political science」 72（4） 2008.10 p.505〜536

13479 特集記事 座談会 第51回日弁連人権擁護大会プレシンポジウム 現在の憲法秩序を見つめる——参議院改革と道州制の導入 高見勝利 藤井勇治 中野比登志[他] 「Ichiben bulletin」（428） 2008.11 p.2〜21

13480 衆参における多数派の不一致と議院内閣制（特集 「ねじれ国会」の検討） 飯尾潤 「ジュリスト」（1367） 2008.11.15 p.88〜94

13481 「ねじれ国会」と憲法（特集 「ねじれ国会」の検討） 高見勝利 「ジュリスト」

13482　片山善博の「日本を診る」(12) やはり「7条解散」は憲法違反だ　片山善博　「世界」(785)　2008.12　p.62〜64

13483　国政調査権の本質　浅野善治　「慶応の法律学 公法 1 慶応義塾創立一五〇年記念法学部論文集」2008.12　p.123〜

13484　衆議院憲法調査会報告書を読み解く(10)「新しい公共性」と二一世紀型憲法をめぐって——国民の権利及び義務に関する諸議論の整理(下)　憲法調査研究会　「時の法令」通号1825　2009.1.15　p.45〜55

13485　国会法の変遷と委員会制度の展開(6・完)　岡崎加奈子　「法學志林」106(4)通号750　2009.2　p.167〜208

13486　衆議院憲法調査会報告書を読み解く(11)「ねじれ国会」を見通していた議論——政治部門(国会、内閣等)に関する諸議論の整理(上)　憲法調査研究会　「時の法令」通号1827　2009.2.15　p.33〜42

13487　「ねじれ国会」と両院関係　原田一明　「横浜国際経済法学」17(3)　2009.3　p.159〜192

13488　衆議院憲法調査会報告書を読み解く(12)首相のリーダーシップと国会によるチェックのあるべき姿——政治部門(国会、内閣等)に関する諸議論の整理(下)　憲法調査研究会　「時の法令」通号1829　2009.3.15　p.34〜42

13489　世界の潮 解散政局に明け暮れた第一七一国会——ねじれ国会と憲法　高見勝利　「世界」(795)　2009.9　p.20〜24

13490　国会議員はなぜ委員会で発言するのか？——政党・議員・選挙制度　松本俊太　松尾晃孝　「選挙研究 : 日本選挙学会年報」26(2)　2010　p.84〜103

13491　国会の構成としての二院制のあり方——「ねじれ国会」と関連して比較憲法の視点から　網中政機　「名城法学」60(別冊)　2010　p.69〜98

13492　衆参のねじれ国会と参議院のあり方をめぐって　上林得郎　「神奈川法学」43(2)　2010　p.391〜420

13493　北大立法過程研究会報告 二院制の比較制度論的検討　田中嘉彦　「北大法学論集」61(1)　2010　p.250〜226

13494　座談会「政治主導」と国会改革　平岡秀夫　高見勝利　根本清樹　「世界」(801)　2010.2　p.29〜38

13495　インタビュー 参議院のこれから(特集 参議院の将来)　江田五月　江橋崇　「ジュリスト」(1395)　2010.3.1　p.4〜21

13496　参議院における参政と憲法(特集 参議院の将来)　大西祥世　「ジュリスト」(1395)　2010.3.1　p.22〜30

13497　参議院の機能と両院制のあり方(特集 参議院の将来)　只野雅人　「ジュリスト」(1395)　2010.3.1　p.44〜51

13498　日本国憲法下における解散とその背景——先例集の分類に沿って　五十嵐一郎　「議会政治研究」(88)　2010.5　p.14〜37

13499　「参議院」のすべきこと〈巻頭言〉　持永堯民　「自治実務セミナー」49(8)　2010.7

13500　国会法の政党間移動制限規定(109条の2)をめぐる憲法問題　野畑健太郎　「白鷗大学法科大学院紀要」(4)　2010.10　p.11〜31

13501　両院協議会と衆議院の優越〈国会キーワード68〉　榎本尚行　「立法と調査」310　2010.10

13502　二院制に関する比較制度論的考察(1)ウェストミンスターモデルと第二院　田中嘉彦　「一橋法学」9(3)　2010.11　p.889〜928

13503　両院関係と合意形成への方途(特集 憲法と政権交代—[全国憲法研究会]秋季研究総会)　加藤一彦　「憲法問題」通号22　2011　p.90〜101

13504　参議院改革・考　石村修　「専修ロージャーナル」(6)　2011.1　p.1〜19

13505　続・Interactive憲法——B准教授の生活と意見(第22回)「ねじれ」ないように　長谷部恭男　「法学教室」通号364　2011.1　p.84〜89

13506　両院協議会の憲法的地位　加藤一彦　「現代法学 : 東京経済大学現代法学会誌」(20)　2011.1　p.77〜101

13507　ロー・フォーラム 立法の話題 憲法審査会は活動を始めるか——参議院憲法審査会規程制定の動き　「法学セミナー」56(1)通号673　2011.1　p.129

13508　国会期成同盟第二回大会と憲法問題　飯塚一幸　「大阪大学大学院文学研究科紀要」51　2011.3　p.49〜85

13509　世界の潮 西岡参議院議長の憲法発言を読み解く　高見勝利　「世界」(821)　2011.9　p.20〜24

13510　憲法秩序とアーカイブズ : 「国権の最高機関性」論・再考(山口忍教授退職記念号)　岡田順太　「白鷗大学法科大学院紀要」(5)　2011.10　p.11〜38

13511　憲法第56条第2項における棄権の位置付け : 採決パラドックスの解法　森本昭夫　「立法と調査」(323)　2011.12　p.67〜76

13512　大石報告に対するコメント いわゆる「ねじれ国会」の状況における両議院の権能　浅野善治　「北大法学論集」63(3)　2012　p.773〜782

13513　北大立法過程研究会報告 両院制運用への展望　大石眞　「北大法学論集」63(3)　2012　p.747〜772

13514　憲法調査会後の新たな憲法事象 : ねじれ

国会、東日本大震災と憲法（特集 政策課題）
森本昭夫 「立法と調査」（324） 2012.1 p.
167〜178

13515 法令解説 国会原発事故調査委員会の設置
：国会に第三者機関を置く憲政史上例を見ない
試み：国会法の一部を改正する法律（平成23年
法律第111号）東京電力福島原子力発電所事故
調査委員会法（平成23年法律第112号）平23・
10・7公布 平23・10・30施行 「時の法令」
（1906） 2012.5.30 p.4〜20

13516 法律時評 国会の現状をどうみるか 只野
雅人 「法律時報」 84（11）通号1052 2012.10
p.1〜3

13517 特別対談 田﨑史郎×鈴木哲夫 何かの始ま
り、それとも…… 山本太郎「当選」が意味する
ことは何か（大特集 「日本の選択」参院選 1億
3000万人の後悔 消費税アップ、憲法改正、公共
事業…… 安倍自民 さあ、やりたい放題） 田﨑
史郎 鈴木哲夫 「週刊現代」 55（28）通号2721
2013.8.10 p.48〜50

13518 新しい人権：第183回国会の参議院憲法
審査会における議論（2）（特集 第183回国会の
論議の焦点（2）） 宇津木真也 「立法と調査」
（344） 2013.9 p.105〜115

13519 二院制：第183回国会の参議院憲法審査
会における議論（1）（特集 第183回国会の論議
の焦点（2）） 又木奈菜子 「立法と調査」
（344） 2013.9 p.94〜104

13520 2013年参院選と両院制の今後：定数不均
衡と「ねじれ国会」の解消とを素材に 新井誠
「法律時報」 85（10）通号1064 2013.9 p.1〜3

13521 「この道しかない」ではない：2013年
参院選の考察とこれからの日本政治（特集 かが
やけ憲法（1）キャラバンを跳躍台に憲法闘争の
前進を） 進藤兵 「全労連」（201） 2013.11
p.1〜12

13522 日本を見つめる 「違憲」・「違憲状態」国
会の決議は「無効」である 小澤俊夫 「子ども
と昔話」 2014.冬 p.72〜75

13523 両院間の意思の相違と調整 大西祥世
「立命館法學」 2014（2）通号354 2014 p.457
〜488

13524 国政調査権と国会事故調：忘れられた
「国権の最高機関」の一側面（特集 憲法学入門
2014） 岡田順太 「法学セミナー」 59（5）通号
712 2014.5 p.28〜32

13525 国会と代表（41条・43条）（特集 条文から
スタート 憲法2014） 長谷部恭男 「法学教室」
（405） 2014.6 p.37〜38

13526 講演 議会統制の二つの概念 クリストフ,
メラース 赤坂幸一[翻訳] 「法政研究」 81
（1・2） 2014.10 p.1〜16

13527 現代議会政と国政調査権（角田猛之教授還
暦記念論文集） 孝忠延夫 「関西大学法学論

集」 64（3・4） 2014.11 p.861〜909

13528 改めて憲法を考える（18）2014年衆議院解
散の「異常」について 成澤孝人 「時の法令」
（1968） 2014.12.30 p.35〜40

13529 帝国議会における両院協議会制度の導入
過程について 横山寛 「法学政治学論究：法
律・政治・社会」（104） 2015.春季 p.155〜
184

13530 二院制の意義ならびに参議院の独自性：
国会の憲法上の位置付けから見た論点整理 棟
居快行 「レファレンス」 65（4）通号771 2015.
4 p.1〜19

13531 行財政研究 2014年衆議院解散・総選挙の
憲法的意味 隅野隆徳 「行財政研究」（92）
2015.5 p.2〜23

13532 国会改革の経緯と論点 桐原康栄 帖佐
廉史 「レファレンス」 65（7）通号774 2015.7
p.59〜80

13533 改めて憲法を考える（26）なぜ、強行採決
はいけないのか？：2015年夏季安保法案の国
会審議の問題点 中川律 「時の法令」（1984）
2015.8.30 p.54〜59

13534 「60日ルール」適用には大きな政治的リス
ク：法案の危険性、国家像のあり方など論点山
積（特集 問われる参議院 違憲法案を通すのか）
田嶋義介 「マスコミ市民：ジャーナリストと
市民を結ぶ情報誌」（560） 2015.9 p.29〜31

13535 強行「採決」：あのとき参議院で何が起
こったか 立憲主義、平和主義、民主主義を取り
戻す闘いを（特集 法治崩壊：新しいデモクラ
シーは立ち上がるか） 福山哲郎 「世界」
（875） 2015.11 p.64〜74

◆議員・選挙制度

【図書】

13536 選挙—政治への参加 樋口陽一監修 ［映
像資料］ サン・エデュケーショナル 2006
ビデオカセット1巻（20分）：VHS （民主主義
を考えるシリーズ 4）〈カラー〉 17800円

13537 民意をよく映す衆議院議員選挙制度—比
例代表中選挙区統合制 桂協助著 文芸社
2006.5 230p 19cm 1400円 Ⓘ4-286-01276-
X Ⓝ314.83 桂協助

13538 選挙制度と政党の目標に関するマルチ
エージェントシミュレーションの実践 中村悦
大、茶本悠介、村田忠彦、名取良太[著] Suita
関西大学政策グリッドコンピューティング実験
センター 2007.4 19p 30cm （PG Labディ
スカッションペーパーシリーズ 第14号）

13539 諸外国の上院の選挙制度・任命制度 三
輪和宏[著] 国立国会図書館調査及び立法考査
局 2009.12 38p 30cm （調査資料 2009-1-a
基本情報シリーズ 4） Ⓘ978-4-87582-691-0

政治・行政・司法と憲法　　　　　　　　　　　　　　　　　　　　　　　　　　議会・国会

Ⓝ314.8　三輪和宏

13540　”清き0.6票”は許せない！――一票格差訴訟の上告理由を読む　升永英俊, 久保利英明, 伊藤真, 田上純編著　現代人文社　2010.8　116p　21cm　（Genjinブックレット 58）　〈発売：大学図書〉　800円　Ⓘ978-4-87798-458-8　Ⓝ314.83　升永英俊　久保利英明　伊藤真

13541　議員定数を削減していいの？―ゼロからわかる選挙のしくみ　上脇博之著　大阪　日本機関紙出版センター　2011.2　134p　21cm　952円　Ⓘ978-4-88900-869-2　Ⓝ314.8　上脇博之

13542　国会議員定数削減と私（わたし）たちの選択　坂本修, 小沢隆一, 上脇博之著　新日本出版社　2011.4　80p　19cm　〈タイトル：国会議員定数削減と私たちの選択〉　476円　Ⓘ978-4-406-05477-5　Ⓝ314.8　坂本修　小沢隆一　上脇博之

13543　次世代へのコミットメントに国民的合意を―世代間資源配分の公平を目指す選挙制度の改革　青木玲子著　総合研究開発機構　2011.8　9p　30cm　（NIRAモノグラフシリーズ no.33）

13544　くらしの中の選挙　［映像資料］　［東京］　明るい選挙推進協会　2012　ビデオディスク2枚（55分）：DVD

13545　もしも国民が首相を選んだら―憲法改正なしで首相公選は実現できる　松沢成文, 林雄介著　マガジンランド　2012.4　285p　19cm　1238円　Ⓘ978-4-905054-43-6　Ⓝ317.211　松沢成文　林雄介

13546　比例定数削減か民意の反映か―明日のための今日の選択　坂本修著　［東京］　新協出版社　2012.5　120p　21cm　350円　Ⓝ314.8　坂本修

13547　なぜ4割の得票で8割の議席なのか―いまこそ, 小選挙区制の見直しを　上脇博之著　大阪　日本機関紙出版センター　2013.3　86p　21cm　857円　Ⓘ978-4-88900-883-8　Ⓝ314.83　上脇博之

13548　市民に選挙をとりもどせ！　小沢隆一, 田中隆, 山口真美編著　大月書店　2013.6　182p　21cm　1800円　Ⓘ978-4-272-21106-7　Ⓝ314.8　小沢隆一　田中隆　山口真美

13549　政党政治と不均一な選挙制度―国政・地方政治・党首選出過程　上神貴佳著　東京大学出版会　2013.6　281p　22cm　〈文献あり　索引あり〉　7400円　Ⓘ978-4-13-036248-1　Ⓝ314.8　上神貴佳

13550　知っておきたいネット選挙運動のすべて　情報ネットワーク法学会編　商事法務　2013.7　224p　21cm　2200円　Ⓘ978-4-7857-2102-2　Ⓝ314.85　情報ネットワーク法学会

13551　どう思う？　地方議員削減―憲法と民意が生きる地方自治のために　上脇博之著　大阪　日本機関紙出版センター　2014.2　105p

21cm　900円　Ⓘ978-4-88900-902-6　Ⓝ318.4　上脇博之

13552　基礎からわかる選挙制度改革　読売新聞政治部編著　信山社　2014.4　222p　19cm　（現代選書 26）　〈文献あり〉　1800円　Ⓘ978-4-7972-3401-5　Ⓝ314.8　読売新聞社

13553　本格政権が機能するための政治のあり方―選挙制度のあり方と参議院の役割―報告書　21世紀政策研究所研究プロジェクト 日本政治プロジェクト　21世紀政策研究所　2014.6　81p　30cm　〈文献あり〉　〈研究主幹：小林良彰〉　〈折り込1枚〉　Ⓝ314.8　21世紀政策研究所

13554　一人一票訴訟上告理由書―憲法を規範と捉えた上での判決を求める　升永英俊著　日本評論社　2015.7　424p　26cm　〈索引あり〉　5500円　Ⓘ978-4-535-52141-4　Ⓝ314.83　升永英俊

【雑誌】

13555　選挙制度と女性議員の選出――1990～2005年の総選挙の分析より　大山七穂　「選挙学会紀要」（7）　2006　p.5～26

13556　判例研究 最高裁判所民事判例研究（民集58巻1号）公職選挙法14条、別表第3の参議院（選挙区選出）議員の議員定数配分規定の合憲性（平成16.1.14大法廷判決）　東京大学判例研究会「法学協会雑誌」123（5）　2006　p.1024～1044

13557　選挙制度改革と政界再編成(2)外交欠落党から保守右派三極新党まで　市川正二　「自由」48（1）通号551　2006.1　p.93～103

13558　選挙制度入門講座（13）　田中宗孝　「選挙：選挙や政治に関する総合情報誌」59（1）　2006.1　p.9～13

13559　選挙制度改革と政界再編成(3)この奇妙なるもの・小選挙区制入門　市川正二　「自由」48（2）通号552　2006.2　p.86～96

13560　選挙制度入門講座（14）　田中宗孝　「選挙：選挙や政治に関する総合情報誌」59（2）　2006.2　p.6～10

13561　提言 在外選挙制度の課題――小選挙区（衆）、選挙区（参）選挙の導入について　遠藤茂男　「月刊自由民主」通号635　2006.2　p.72～74

13562　参院定数、懲りずに小手先是正　「違憲」が出ないと変わらない国会　「Jiji top confidential」（11293）　2006.2.21　p.3

13563　選挙制度改革と政界再編成(4)新しい国会制度改革案――小選挙区制を基礎とした議院内閣制　市川正二　「自由」48（3）通号553　2006.3　p.91～99

13564　選挙制度入門講座（15）　田中宗孝　「選挙：選挙や政治に関する総合情報誌」59（3）　2006.3　p.11～15

13565　実例捜査セミナー 公職選挙法違反事件

議会・国会 / 政治・行政・司法と憲法

(事前買収罪)において、時間外勤務手当名目で買収金が供与された事案　吉田稔　「捜査研究」55(4)通号658　2006.4　p.43〜49

13566　選挙制度入門講座(16)　田中宗孝　「選挙：選挙や政治に関する総合情報誌」59(4)　2006.4　p.1〜5

13567　選挙制度入門講座(17)　田中宗孝　「選挙：選挙や政治に関する総合情報誌」59(5)　2006.5　p.13〜17

13568　選挙制度入門講座(18)　田中宗孝　「選挙：選挙や政治に関する総合情報誌」59(6)　2006.6　p.1〜5

13569　選挙制度入門講座(19)　田中宗孝　「選挙：選挙や政治に関する総合情報誌」59(7)　2006.7　p.1〜5

13570　公職選挙法の一部改正(在外選挙制度・選挙人名簿抄本の閲覧制度)について　笠置隆範　「選挙：選挙や政治に関する総合情報誌」59(8)　2006.8　p.1〜12

13571　公職選挙法の一部改正(在外選挙制度・選挙人名簿抄本の閲覧制度)について　笠置隆範　「選挙時報」55(8)　2006.8　p.1〜17

13572　選挙制度入門講座(20)　田中宗孝　「選挙：選挙や政治に関する総合情報誌」59(8)　2006.8　p.13〜17

13573　選挙制度入門講座(21)　田中宗孝　「選挙：選挙や政治に関する総合情報誌」59(9)　2006.9　p.21〜25

13574　政策フラッシュ 公職選挙法が改正されました──在外選挙制度の改正や国外での不在者投票制度の創設などが行われました　「時の動き」50(10)通号1100　2006.10　p.2〜9

13575　選挙制度入門講座(22・完)　田中宗孝　「選挙：選挙や政治に関する総合情報誌」59(10)　2006.10　p.1〜5

13576　衆議院憲法調査会におけるオンブズマン制度に関する議論　外山公美　「日本法学」72(2)　2006.11　p.335〜354

13577　公職選挙法施行令等の一部改正(在外選挙制度・選挙人名簿抄本閲覧制度・南極投票制度)について　長岡丈道　「選挙時報」55(12)　2006.12　p.1〜25

13578　選挙制度と日本の政党制──日本ではなぜ二党制になりにくいか　中村宏　「公明」通号12　2006.12　p.26〜31

13579　法律解説 総務 公職選挙法の一部を改正する法律──平成18年6月14日法律第62号　「法令解説資料総覧」(299)　2007.1　p.11〜15

13580　日本と世界の安全保障 日米関係をめぐる2つの選挙　「世界週報」87(48)通号4274　2006.12.19　p.42〜43

13581　コメント：在外日本人選挙権剥奪違法確認請求事件−国際人権保障の観点から(特集 最新の判例から)　中井伊都子　国際人権法学会[編]「国際人権：国際人権法学会報」通号18　2007　p.92〜94

13582　「小泉解散」・総選挙と「首相制」(特集 2005年総選挙─2005年総選挙の憲法的検討)　只野雅人　「選挙研究：日本選挙学会年報」(22)　2007　p.43〜53

13583　小泉解散の憲法学的検討(特集 2005年総選挙─2005年総選挙の憲法学的検討)　高見勝利　「選挙研究：日本選挙学会年報」(22)　2007　p.36〜42

13584　選挙・政治参加 選挙制度の合理的選択論と実証分析(特集 政治分析・日本政治研究におけるアプローチのフロンティア)　鈴木基史　「レヴァイアサン」通号40　2007.春　p.139〜144

13585　選挙制度改革と自民党議員の政策選好──政策決定過程変容の背景(特集 現代日本社会と政治参加)　濱本真輔　「レヴァイアサン」通号41　2007.秋　p.74〜96

13586　不均一な選挙制度における空間競争モデル　上神貴佳　清水大昌　「レヴァイアサン」通号40　2007.春　p.255〜272

13587　公職選挙法の改正について──選挙人名簿抄本の閲覧制度の改正を中心に　湯淺墾道　「九州国際大学法学論集」13(2)　2007.1　p.1〜45

13588　選挙制度改革以降における自民党の候補者選定(第三部 日本文化と近代化の問題)　浅野正彦　「比較文化の可能性 日本近代化論への学際的アプローチ 照屋佳男先生古稀記念」2007.1　p.263〜

13589　法律解説 総務 公職選挙法の一部を改正する法律──平成18年6月7日法律第52号　「法令解説資料総覧」(301)　2007.2　p.5〜8

13590　衆院新選挙制度の効果──四回の総選挙の経験から　的場敏博　「法学論叢」160(5・6)　2007.3　p.52〜118

13591　衆議院小選挙区選挙における候補者届出政党の選挙運動に関する一考察(2) 判例の分析　中川登志男　「専修法研論集：専修大学大学院紀要」(40)　2007.3　p.73〜133

13592　選挙制度とクォータ制　辻村みよ子　「法律論叢」79(4・5)　2007.3　p.267〜298

13593　「議員定数是正訴訟」その軌跡(特集 憲法)　越山康　山口邦明　「月報司法書士」(423)　2007.5　p.8〜12

13594　議員定数不均衡問題(伊藤真の中・高生のための憲法教室〔38〕)　伊藤真　「世界」(765)　2007.5　p.224〜225

13595　参議院改革にとっての憲法の「枠」　森本昭夫　「議会政治研究」(82)　2007.6　p.26〜34

政治・行政・司法と憲法　　　　　　　　　　　　　　　　　　　議会・国会

13596　法律解説 総務 公職選挙法の一部を改正する法律——平成19年2月28日法律第3号 「法令解説資料総覧」（305）　2007.6　p.18～22

13597　参議院選挙—何を「選ぶ」のか（時評）小沢隆一 「法と民主主義」 420　2007.7

13598　選挙制度の変容と選挙制度論（特集＝日本国憲法施行六〇年——憲法学に求められる課題—統治機構論）　小松浩 「法律時報」 79（8）通号985　2007.7　p.101～105

13599　選挙制度「私ならこうする！」アイデア集—選挙区で落ちて比例区で復活って…これで本当に民意を反映してるか？ 浅野史郎、森永卓郎ら7人の賢者が画期的システムをマジメに提案！ 浅野史郎　森永卓郎　山内明彦　雨宮処凛　松崎菊也　ペリー荻野 「Spa！」 56（35）　2007.7.17　p.123～127

13600　法律解説 総務 国会議員の選挙等の執行経費の基準に関する法律の一部を改正する法律——平成19年3月31日法律第11号 「法令解説資料総覧」（307）　2007.8　p.5～12

13601　公職選挙 1.衆議院議員選挙区画定審議会設置法3条のいわゆる一人別枠方式を含む衆議院小選挙区選出議員の選挙区割りの基準を定める規定及び公職選挙法13条1項、別表第1の上記区割りを定める規定の合憲性 2.衆議院小選挙区選出議員の選挙において候補者届出政党に選挙運動を認める公職選挙法の規定の合憲性［最高裁平成19.6.13判決］（最高裁判決速報（平成19年4月・6月言渡分））「民事法情報 ： 総合情報検索誌」（252）　2007.9　p.61～64

13602　衆議院小選挙区選挙における候補者届出政党の選挙運動に関する一考察（3）実際の選挙への影響　中川登志男 「専修法研論集 ： 専修大学大学院紀要」（41）　2007.9　p.91～136

13603　多選禁止は条例で行うべし（特集 多選禁止は合憲か）　松沢成文 「都市問題」 98（10）　2007.9　p.14～18

13604　多選の功罪を考える（特集 多選禁止は合憲か）　中西輝政 「都市問題」 98（10）　2007.9　p.9～13

13605　「被選挙権」は憲法による保障を受けない——日本国憲法における国民主権の構造（特集 首長多選制限をめぐって）　高橋和之 「ジュリスト」（1340）　2007.9.1　p.14～23

13606　選挙権の救済と国家賠償法——立法不作為の違憲を争う方法として　青井未帆 「信州大学法学論集」（9）　2007.12　p.115～177

13607　対談 「政治とカネ」問題の根源にいかにメスを入れるか　上脇博之　井上哲士 「前衛 ： 日本共産党中央委員会理論政治誌」 通号825　2007.12　p.111～129

13608　講演要旨 参院選後の議院内閣制の変容と参議院のあり方（特集 大連立を考える）　高見勝利 「読売クオータリー」（4）　2008.冬　p.

74～85

13609　「選挙規定・立法過程・司法審査」に関する試論　山岸敬子 「中京法学」 42（3・4）通号123　2008　p.155～171

13610　選挙制度と議員の選挙区活動——選挙制度の比較から　濱本真輔 「日本政治研究」 5（1・2）　2008　p.124～148

13611　小選挙区制に込められた自民党の執念（特集 異常な選挙制度が生む日本政治の歪み）　金光奎 「前衛 ： 日本共産党中央委員会理論政治誌」 通号826　2008.1　p.109～119

13612　民意を偽装する小選挙区制・二大政党制（特集 異常な選挙制度が生む日本政治の歪み）　小松浩 「前衛 ： 日本共産党中央委員会理論政治誌」 通号826　2008.1　p.98～108

13613　民主主義に敵対する「べからず」選挙（特集 異常な選挙制度が生む日本政治の歪み）　望月憲郎 「前衛 ： 日本共産党中央委員会理論政治誌」 通号826　2008.1　p.120～129

13614　各国の電子投票制度　湯淺墾道 「九州国際大学法学論集」 14（3）　2008.3　p.21～89

13615　公職選挙法の選挙運動・政治活動に対する「禁止と取締り」の在り方について　新美治一 「名経法学」（24）　2008.3　p.296～242

13616　小選挙区制は改革されるか——イギリス選挙制度改革の現在　甲斐祥子 「帝京法学」 25（2）通号43　2008.3　p.77～102

13617　法律解説 総務 公職選挙法の一部を改正する法律——平成19年6月15日法律第86号 「法令解説資料総覧」（316）　2008.5　p.5～7

13618　法令解説 国会議員関係政治団体の収支報告の適正の確保と透明性の向上を図る——政治資金規正法の一部を改正する法律　高森雅樹 「時の法令」 通号1809　2008.5.15　p.17～24

13619　世界の潮 国政選挙に電子投票はいらない　北野和希 「世界」（779）　2008.6　p.29～32

13620　選挙制度改革の視点（特集 議会制民主主義の再生を求めて——選挙制度と政治資金を検証する）　小松浩 「法と民主主義」（430）　2008.7　p.10～15

13621　選挙制度改革に関する比較分析と20世紀初頭イギリスの選挙制度改革論　成廣孝 「岡山大学法学会雑誌」 58（1）通号202　2008.8　p.150～141

13622　政界大再編——憲法＆選挙制度で断行せよ——安全保障と政権交代を軸に 「Themis」 17（10）通号192　2008.10　p.12～13

13623　衆議院選挙制度改革の評価と有権者（特集 民主政治と政治制度）　山田真裕 「年報政治学」 2009（1）［2009］　p.62～78

13624　選挙制度の非比例性に対する機械的効果（特集 民主政治と政治制度）　福元健太郎 「年報政治学」 2009（1）［2009］　p.110～139

議会・国会　　　　　　　　　　　　　　　　　　　　政治・行政・司法と憲法

13625　戦後日本の国政選挙制度の変革　加藤秀治郎　「東洋法学」52(2)通号112　2009.3　p.161〜184

13626　第二一回衆議院議員選挙における長崎第一区の状況　矢澤久純　「北九州市立大学法政論集」36(3・4)　2009.3　p.458〜451

13627　「悪法」推進議員は誰だ！(特集 正気に返れ！日本政治)　八木秀次　花岡信昭　百地章　「Voice」通号376　2009.4　p.110〜121

13628　議員活動における「障害者の完全参加と平等」　川崎和代　「法律時報」81(4)通号1007　2009.4　p.80〜85

13629　選挙制度改革以降の日本における候補者個人投票　堤英敬　「香川法学」29(1)通号86　2009.6　p.90〜58

13630　「一票の不平等」についての一考察　升永英俊　「自由と正義」60(8)通号727　2009.8　p.119〜128

13631　制度ならば変えられる——選挙関係の諸制度を改めよう！　山下茂　「住民行政の窓」通号338　2009.8　p.1〜11

13632　つれづれなるままに(38)世界と日本の進路に直結する選挙戦　内藤功　「平和運動」(465)　2009.8・9　p.24〜26

13633　衆院選と選挙制度改革の展望　小沢隆一　「前衛 : 日本共産党中央委員会理論政治誌」通号847　2009.9　p.36〜47

13634　公職選挙 公職選挙法14条、別表第三の参議院(選挙区選出)議員の議員定数配分規定の合憲性[最高裁大法廷平成21.9.30判決][最高裁判決速報——平成21年4月、6月、7月、9月言渡分]「民事法情報 : 総合情報検索誌」(278)　2009.11　p.47〜51

13635　法律時評 総選挙・政権交代と憲法　森英樹　「法律時報」81(12)通号1015　2009.11　p.1〜3

13636　小選挙区中心の選挙制度の根本的問題と比例定数削減　志田なや子　「前衛 : 日本共産党中央委員会理論政治誌」通号850　2009.12　p.61〜72

13637　立法者による制度形成とその限界——選挙制度、国家賠償・刑事補償制度、裁判制度を例として　渡辺康行　「法政研究」76(3)　2009.12　p.249〜301

13638　基調報告 浮き彫りになった憲法上の論点——投票から新政権発足までの検討(日本国憲法研究(6))「政権選択」選挙　高見勝利　「ジュリスト」(1390)　2009.12.1　p.98〜104

13639　座談会(日本国憲法研究(6))「政権選択」選挙)　高見勝利　成田憲彦　長谷部恭男[他]「ジュリスト」(1390)　2009.12.1　p.105〜133

13640　小選挙区制論・二大政党制論の再検討　小松浩　「立命館法學」2010年(5・6)通号333・

334(上巻)　2010　p.2123〜2140

13641　選挙制度改革と自民党総裁選出過程の変容——リーダーシップを生み出す構造と個性の相克(特集 政党組織と選挙)　上神貴佳　「選挙研究 : 日本選挙学会年報」26(1)　2010　p.26〜37

13642　国会・選挙制度——民主党集権的「民主主義」の危うさ(特集 鳩山政権の政策と私たちの課題)　小松浩　「法と民主主義」(445)　2010.1　p.48〜52

13643　選挙誘因と立法組織——日本の国会における委員会構成　藤村直史　「法学論叢」166(4)　2010.1　p.28〜48

13644　私の意見 選挙権資格・再考　菅原真　「法学館憲法研究所報」(2)　2010.1　p.71〜74

13645　衆院比例定数削減の検証——逆行を阻止し一票の生きる日本を求めて(特集 議会制民主主義とあるべき選挙制度)　坂本修　「法と民主主義」(446)　2010.2・3　p.38〜45

13646　自由な選挙をめざして(特集 議会制民主主義とあるべき選挙制度)　望月憲郎　「法と民主主義」(446)　2010.2・3　p.46〜49

13647　政治改革後の政治世界——「作られる一党優位制」の危機(特集 議会制民主主義とあるべき選挙制度)　加藤一彦　「法と民主主義」(446)　2010.2・3　p.4〜9

13648　選挙制度と政党政治——政治における「アーキテクチャ」の構想(特集 議会制民主主義とあるべき選挙制度)　吉田徹　「法と民主主義」(446)　2010.2・3　p.10〜15

13649　婦人参政権と理想選挙に市民運動の焔をもやした65年——婦選運動の道を歩む(特集 議会制民主主義とあるべき選挙制度)　紀平悌子　「法と民主主義」(446)　2010.2・3　p.50〜54

13650　インターネットにおける選挙運動規制に関する一考察　小倉一志　「札幌法学」21(2)　2010.3　p.105〜133

13651　選挙供託制度に関する憲法上の問題点——被選挙権との関連で　小倉一志　「札幌法学」21(2)　2010.3　p.135〜150

13652　参議院議員選挙の定数較差の政治学的考察(特集 参議院の将来)　福元健太郎　「ジュリスト」(1395)　2010.3.1　p.38〜43

13653　参議院定数訴訟最高裁大法廷判決の解説と全文[含 最高裁平成21.9.30大法廷判決全文](特集 参議院の将来)　鎌野真敬　「ジュリスト」(1395)　2010.3.1　p.52〜80

13654　参議院定数訴訟における投票価値の平等——平成21年大法廷判決とその含意[最高裁平成21.9.30](特集 参議院の将来)　井上典之　「ジュリスト」(1395)　2010.3.1　p.31〜37

13655　ロー・アングル 発信 憲法地域事情(23 鳥取・島根編)山陰の「周縁」で「一票の不平等」

508　憲法改正 最新文献目録　　　　　　　　　　　　　　　〔13625〜13655〕

政治・行政・司法と憲法　　　　　　　　　　　　　　　　　　　　　　　　　　　　議会・国会

容認を叫ぶ？　植松健一「法学セミナー」55
(8)通号668　2010.8　p.60〜63

13656　KEY WORD 選挙運動のネット利用解禁
小倉一志「法学教室」通号359　2010.8　p.2〜
3

13657　議員定数の削減問題〈時評〉　山内敏弘
「法と民主主義」451　2010.9

13658　公明新聞記者座談会「定数削減」は選挙
制度改革と一体で(特集 参院選後の新しい政
治)　A　B　C「公明」通号57　2010.9　p.21
〜24

13659　国会議員定数削減論の憲法的問題点(特集
秋期政治闘争の焦点)　澤野義一「科学的社会
主義」(149)　2010.9　p.6〜11

13660　参議院の特殊性と投票価値の平等——参
議院議員定数不均衡訴訟最高裁判決をめぐって
横尾日出雄「Chukyo lawyer」(13)　2010.9
p.27〜53

13661　政局を読む 民主党代表選に違憲の疑い
加藤清隆「地方行政」(10172)　2010.9.13
p.10

13662　比例削減のねらいは衆議院で「再議決」
悪法の強行も可能に　渡辺久丸「人権と部落問
題」807　2010.10

13663　投票価値の平等と行政区画　只野雅人
「一橋法学」9(3)　2010.11　p.769〜783

13664　比例定数削減問題と選挙制度改革の展望
(特集 政治活動の自由と民主主義の現在)　小
松浩「法と民主主義」(453)　2010.11　p.54
〜59

13665　法令解説 月の途中で議員の身分の得喪が
あった場合、日割計算による歳費との差額分を
国庫に返納することが可能に——国会議員の歳
費、旅費及び手当等に関する法律の一部を改正
する法律　近藤義浩「時の法令」通号1871
2010.12.15　p.6〜14

13666　新たな議会に適合的な選挙制度を考える
(第2回)諸外国の地方選挙制度からのヒント
江藤俊昭「実践自治」46　2011.夏　p.20〜23

13667　いまこそ小選挙区制廃止の声を〈時評〉
臼井満「法と民主主義」455　2011

13668　議員の定数，代理および独立委員会の選任
——憲法25条適用に関する2009年1月13日組織
法律第38号(立法紹介—公法)　徳永貴志「日
仏法学」(26)　2011　p.127〜129

13669　講演要旨 憲法の視点から見た参議院選挙制
度改革[含 質疑応答]　高見勝利「読売クオー
タリー」(17)　2011.春　p.58〜69

13670　参議院議員定数配分について　渋谷秀樹
「立教法務研究」(4)　2011　p.1〜25

13671　選挙区制と政権交代(特集 憲法と政権交
代—[全国憲法研究会]秋季研究総会)　小松浩
「憲法問題」通号22　2011　p.79〜89

13672　選挙法における戸別訪問禁止規定の成立
三枝昌幸「法学研究論集」(36)　2011年度
p.125〜148

13673　比例代表制と小選挙区制における二つの
神話　山崎博久「憲法研究」(43)　2011　p.1
〜22

13674　都道府県議会における政党システム : 選
挙制度と執政制度による説明(政権交代期の
「選挙区政治」)　曽我謙悟「年報政治学」2011
(2)　2011　p.122〜146

13675　対談 なぜ衆院比例定数削減を許してはい
けないのか　上脇博之　仁比聡平「前衛 : 日
本共産党中央委員会理論政治誌」通号866
2011.1　p.73〜94

13676　投票価値の平等、議員定数、選挙制度を
考える基本的前提　森英樹「法学館憲法研究所
報」(4)　2011.1　p.38〜46

13677　重層的人権保障システムにおける受刑者
の選挙権-欧州人権裁判所の判例を中心に(特
集 被拘禁者と国際人権法-国際人権保障メカニ
ズムにおける被拘禁者の人権)　北村泰三「法
律時報」83(3)通号1032　2011.3　p.40〜45

13678　議員の免責特権に関する若干の考察　宮
原均「東洋法学」54(3)通号118　2011.3　p.
31〜75

13679　法律解説 国会・内閣 国会議員の歳費、旅
費及び手当等に関する法律の一部を改正する法
律——平成22年12月10日法律第69号「法令解
説資料総覧」(351)　2011.4　p.12〜15

13680　議員定数削減問題の表層と深層　森英樹
「前衛 : 日本共産党中央委員会理論政治誌」通
号870　2011.5　p.41〜53

13681　震災休戦後に始まる「選挙制度」再編
赤坂太郎「文芸春秋」89(5)　2011.5　p.224
〜228

13682　世界の潮 最高裁判決で拓かれた「一票の
較差」の新局面　宍戸常寿「世界」(818)
2011.6　p.20〜24

13683　法律時評 衆議院議員小選挙区選挙の「一
人別枠方式」の違憲状態と立法裁量統制——最
大判平成23.3.23の検討　新井誠「法律時報」
83(7)通号1036　2011.6　p.1〜3

13684　「1人1票」実現に向けて　伊藤真「法学
館憲法研究所報」(5)　2011.7　p.53〜66

13685　議員定数不均衡問題について　八木欣之
介「帝京法学」27(2)通号47　2011.8　p.47〜
76

13686　公明新聞記者座談会 衆院選挙制度改革、
「比例」重視で「公明」通号68　2011.8　p.36
〜41

13687　諸外国の選挙制度——類型・具体例・制
度一覧　佐藤令「調査と情報」(721)　2011.
8.25　p.1〜14, 巻頭1p

〔13656〜13687〕　　　　　　　　　　　　　　　　　　　　　　憲法改正 最新文献目録　509

議会・国会

政治・行政・司法と憲法

13688 対談 「一票の格差」是正は選挙制度自体の抜本改革で(特集 「政権交代神話」崩壊後の政治へ) 田中善一郎 井上義久 「公明」 通号69 2011.9 p.2〜11

13689 民主主義の「質」と選挙制度(特集 「政権交代神話」崩壊後の政治へ) 小林良彰 「公明」 通号69 2011.9 p.12〜17

13690 衆議院議員定数訴訟最高裁大法廷判決の解説と全文(特集 衆議院議員定数訴訟最高裁大法廷判決[平成23.3.23]) 岩井伸晃 小林宏司 「ジュリスト」 (1428) 2011.9.1 p.56〜80

13691 1人別枠方式の非合理性——平成23.3.23大法廷判決について(特集 衆議院議員定数訴訟最高裁大法廷判決[平成23.3.23]) 長谷部恭男 「ジュリスト」 (1428) 2011.9.1 p.48〜55

13692 特集 一人一票——当たり前の民主主義の実現に向けて 久保利英明 伊藤真 升永英俊 「Niben frontier」 (107)通号330 2011.10 p.23〜39

13693 衆議院議員選挙の選挙区割り : 最高裁平成23.3.23大法廷判決について 河北洋介 「東北法学」 (38) 2011.11 p.1〜20

13694 憲法の制度的枠組みが生産性に与える効果に関する研究 坂井吉良 岩井奉信 「政経研究」 48(3) 2011.12 p.384〜355

13695 高額供託金は憲法違反だ 縣幸雄 「Plan B : 閉塞時代を打ち破る代案を!」 (36) 2011.12 p.34〜37

13696 ロー・クラス 憲法訴訟の現代的転回 : 憲法的論証を求めて(第14回)第2部/自由権以外の権利と論証の型 選挙権と選挙制度 駒村圭吾 「法学セミナー」 56(12)通号683 2011.12 p.64〜70

13697 衆議院小選挙区選挙における投票価値の平等 : 最大判平成23年3月23日判決の考察 後藤浩士 「日本経大論集」 41(1) 2011.12.28 p.111〜125

13698 現行国政選挙制度の問題点 池田実 「憲法研究」 (44) 2012 p.173〜200

13699 講演要旨 ねじれ国会と選挙制度 成田憲彦 「読売クオータリー」 (20) 2012.冬 p.90〜101

13700 ロー・クラス 憲法訴訟の現代的転回 : 憲法的論証を求めて(第16回)第2部/自由権以外の権利と論証の型 インターミッション : 選挙権・選挙制度・平等を題材に 駒村圭吾 「法学セミナー」 57(2)通号685 2012.2 p.58〜65

13701 衆議院選挙区の都道府県間の配分について : 最高裁の違憲判決を受けて代替案を考える(村山皓教授退任記念論文集) 品田裕 「政策科学」 19(3)通号50 2012.3 p.95〜110

13702 衆議院の選挙制度に関する一考察 : 小選挙区比例代表並立制・運用制・併用制の比較 中川登志男 「専修法研論集 : 専修大学大学院

紀要」 (50) 2012.3 p.1〜55

13703 選挙制度改革の夢は潰えたか : 2011年イギリス国民投票を巡って 甲斐祥子 「帝京法学」 28(1)通号48 2012.3 p.39〜65

13704 衆院選選挙制度をどう変えるか(特集 どこが「一体」改革? : 政策迷走の野田政権) 田中善一郎 「公明」 (76) 2012.4 p.16〜21

13705 「選挙制度改革」は衆参両院セットで考えるべき。(「日本再建」ビジョン) 竹中治堅 「潮」 (638) 2012.4 p.164〜167

13706 次の総選挙までに、選挙制度の抜本改革を(特集 いま、あらためて「政治改革」を問う) 生方幸夫 「マスコミ市民 : ジャーナリストと市民を結ぶ情報誌」 (519) 2012.4 p.8〜14

13707 FOCUS政治 解散権を縛る「一票の格差」「無力政治」克服のために 選挙制度改革に本腰を 塩田潮 「週刊東洋経済」 (6387) 2012.4.21 p.124〜125

13708 座談会 民意を反映する選挙制度の実現を : 選挙制度改革をめぐる動向と国民の運動 小沢隆一 西川香子 平井正[他] 「前衛 : 日本共産党中央委員会理論政治誌」 通号882 2012.5 p.53〜73

13709 衆院比例定数削減と憲法(特集 蹂躙される日本国憲法) 山口真美 「国公労調査時報」 (593) 2012.5 p.7〜9

13710 衆議院比例定数の削減に反対する女性の緊急共同行動(特集 憲法とジェンダーの視点でひろがる「発信&行動」——ひろがる共同) 「女性&運動」 (206)通号357 2012.5 p.19〜21

13711 政治 比例代表の部分を全国配分に : 選挙制度改革を模擬実験で検証する 矢尾板俊平 「改革者」 53(5)通号622 2012.5 p.40〜43

13712 選挙制度改革をめぐる動き(特集 平和と民主主義をめぐる現況と展望) 五十嵐仁 「法と民主主義」 (468) 2012.5 p.28〜33

13713 時の問題 投票価値の較差を理由とする選挙無効判決の帰結 長谷部恭男 「法学教室」 (380) 2012.5 p.38〜41

13714 経済を見る眼 選挙制度改革は何を目指すべきか 土居丈朗 「週刊東洋経済」 (6392) 2012.5.19 p.9

13715 衆議院の比例定数削減を考える 山口真美 「法学館憲法研究所報」 (7) 2012.7 p.64〜67

13716 衆議院議員総選挙の公示後選挙期日前に他市に転出する者は投票できるか : 投票当日投票所投票主義の例外〈実務と理論4〉 鈴木雄貴 「自治実務セミナー」 51(8) 2012.8

13717 FOCUS政治 違憲状態の1票の格差 間違いだらけの選挙改革 「0増5減案」もお手盛り 樺山登 「週刊東洋経済」 (6407) 2012.8.4 p.108〜109

510 憲法改正 最新文献目録

〔13688〜13717〕

政治・行政・司法と憲法 議会・国会

13718 学校教育における選挙制度 仙田直人
「選挙 ： 選挙や政治に関する総合情報誌」 65
(9) 2012.9 p.3〜6

13719 再選挙と決選投票 ： 長の選出方法 ： 選
挙 「自治実務セミナー」 51(9)通号603 2012.
9 p.20〜23

13720 参議院の選挙制度に関する一考察 ： 選挙
区選挙の一票の格差の是正に向けて 中川登志
男 「専修法研論集 ： 専修大学大学院紀要」
(51) 2012.9 p.1〜60

13721 政治改革再考 ： 選挙制度改革は何をもた
らしたのか？(特集 民主党分裂で再考 ： 政権
交代、政治改革) 小林良彰 「公明」 通号81
2012.9 p.12〜17

13722 選挙権はく奪違憲確認訴訟に関する意見
書 ： 受刑者の選挙権のはく奪は自由権規約25
条に違反する旨の意見 北村泰三 「中央ロー・
ジャーナル」 9(2)通号32 2012.9 p.81〜139

13723 選挙制度による財政政策の相違と経済パ
フォーマンス 坂井吉良 坂本直樹 「政経研
究」 49(2) 2012.9 p.392〜354

13724 民主党の選挙制度改悪案提出と国民運動
平井正 「前衛 ： 日本共産党中央委員会理論政
治誌」 (886) 2012.9 p.183〜186

13725 今こそ、真に民主的な選挙制度を 小沢
隆一 「前衛 ： 日本共産党中央委員会理論政治
誌」 (887) 2012.10 p.69〜79

13726 自己欺瞞と偽善の間 ： 「狂気の皇帝」カ
リグラ 長谷部恭男 「世界」 (835) 2012.10
p.190〜198

13727 法律解説 国会・内閣 国会議員の歳費及び
期末手当の臨時特例に関する法律 平成二四年四
月二七日法律第二九号 「法令解説資料総覧」
(369) 2012.10 p.9〜12

13728 内政フォーカス 1票の格差 衆参「違憲状
態」に 日高広樹 「地方行政」 (10350)
2012.10.29 p.15

13729 衆参の抜本的選挙制度改革のために第9次
選挙制度審議会の設置を 影山竹夫 「選挙 ：
選挙や政治に関する総合情報誌」 65(11)
2012.11 p.7〜16

13730 大都市制度改革と選挙制度 ： 論点と課題
伊藤正次 「選挙 ： 選挙や政治に関する総合情
報誌」 65(11) 2012.11 p.2〜6

13731 法律解説 国会・内閣 国会議員の秘書の給
与等に関する法律の一部を改正する法律の一部
を改正する法律 ： 平成二四年二月二九日法律
第三号 「法令解説資料総覧」 (370) 2012.11
p.15〜17

13732 今日の政治情勢と選挙・議会制度改革の
展望(特集 情勢の変化、世界の変化) 小沢隆
一 「全労連」 (190) 2012.12 p.1〜11

13733 成年後見と選挙権剥奪問題 ： 訴訟提起の

議論から ： 被後見人の選挙権を奪う公職選挙
法第11条第1項第1号の違憲性を争う(特集 障害
者の権利擁護の諸相 ： 成年後見制度から刑事
司法まで) 杉浦ひとみ 「自由と正義」 63
(12)通号768 2012.12 p.39〜43

13734 憲法学における「政治責任」概念 ： フィ
リップ・セギュールの所論を素材として 三上
佳佑 「早稲田法学会誌」 64(1) 2013 p.175
〜224

13735 公職選挙法第11条第1項第2号の憲法適合
性の欠如(浪花健三教授退職記念論文集) 倉田
玲 「立命館法學」 2013(6)通号352 2013 p.
2826〜2862

13736 国家の秘密(最終回)選挙制度改革に隠さ
れた「国家」による巧みな政党支配 徳川家広
「Kotoba ： 多様性を考える言論誌」 (12)
2013.夏 p.220〜225

13737 異なるレベルの選挙制度が阻害する日本
政治の変化(特集 近年の政治の変化と選挙制
度) 名取良太 「公共選択」 (60) 2013 p.
64〜78

13738 座談会 選挙制度と政党システムの未来
(特集 いま、選挙制度を問い直す) 長谷部恭男
[司会] 柿崎明二 杉田敦[他] 「論究ジュリ
スト」 (5) 2013.春 p.9〜41

13739 参議院議員選挙法制定過程における選挙
運動規制論議 三枝昌幸 「法学研究論集」
(40) 2013年度 p.55〜75

13740 小選挙区比例代表並立制における政党間
競争(特集 いま、選挙制度を問い直す) 川人貞
史 「論究ジュリスト」 (5) 2013.春 p.75〜85

13741 序言 選挙制度をめぐる諸問題(特集 いま,
選挙制度を問い直す) 長谷部恭男 「論究ジュ
リスト」 (5) 2013.春 p.4〜8

13742 人口比例と有権者数比例の間(特集 いま,
選挙制度を問い直す) 赤坂幸一 「論究ジュリ
スト」 (5) 2013.春 p.42〜48

13743 政党法制 ： または政治的法の諸原理につ
いて(特集 いま,選挙制度を問い直す) 林知更
「論究ジュリスト」 (5) 2013.春 p.96〜107

13744 選挙運動規制の再検討 ： 「選挙の公正」
と「選挙の自由」の調整？(特集 いま,選挙制
度を問い直す) 井上典之 「論究ジュリスト」
(5) 2013.春 p.86〜95

13745 選挙権解釈再考の可能性 ： 日本における
選挙権解釈論の展開 大岩慎太郎 「青森法政論
叢」 (14) 2013 p.45〜57

13746 選挙権権利説の意義 ： プープル主権論の
迫力(特集 いま,選挙制度を問い直す) 小島慎
司 「論究ジュリスト」 (5) 2013.春 p.49〜56

13747 選挙権の法的性格と強制投票制 ： 公務性
概念の変遷を中心に 中丸和史 「慶応義塾大学
大学院法学研究科論文集」 (53) 2013年度
p.163〜219

議会・国会   **政治・行政・司法と憲法**

13748 選挙制度改革による立法行動の変容 : 質問主意書と議員立法(特集 変革期の選挙区政治) 根元邦朗 濱本真輔 「レヴァイアサン」(52) 2013.春 p.116～142

13749 選挙制度改革の本質と課題 : 日本型民主主義の迷走(特集 自治の焦点・二〇一三) 薬師院仁志 「市政研究」(179) 2013.春 p.68～76

13750 選挙制度が押し広げる歪み(特集 近年の政治の変化と選挙制度) 和田淳一郎 「公共選択」(60) 2013 p.79～98

13751 「全国民の代表」と選挙制度(特集 いま、選挙制度を問い直す) 上田健介 「論究ジュリスト」(5) 2013.春 p.57～65

13752 総選挙の結果と日本政治のゆくえ 渡辺治 「季論21 : intellectual and creative」(19) 2013.冬 p.18～28

13753 日本の政党政治 : 戦前と今を比較する(特集 いま、選挙制度を問い直す) 井上寿一 「論究ジュリスト」(5) 2013.春 p.124～130

13754 日本の選挙制度 : その創始と経路(特集 選挙制度の発生・伝播・受容(2)) 清水唯一朗 「選挙研究 : 日本選挙学会年報」29(2) 2013 p.5～19

13755 両院制と選挙制度(特集 いま、選挙制度を問い直す) 只野雅人 「論究ジュリスト」(5) 2013.春 p.66～74

13756 1848年サルデーニャ王国選挙法と有権者の創造(特集 選挙制度の発生・伝播・受容(1)) 池谷知明 「選挙研究 : 日本選挙学会年報」29(1) 2013 p.5～14

13757 いまこそ民意の反映する選挙制度の実現を : 衆院比例定数削減に反対し民意を反映する選挙制度の実現を求める一一団体の取組 芝田佳宜 「前衛 : 日本共産党中央委員会理論政治誌」(890) 2013.1 p.74～83

13758 総選挙・都知事選総括 二つの選挙の結果をどう見るか 渡辺治 「東京」(341) 2013.1・2 p.2～25

13759 対談(リレー対談「日本社会と憲法」(2012年秋)一第3回「政治と憲法 : 選挙制度・政党のあり方」) 浦部法穂 森英樹 「法学館憲法研究所報」(8) 2013.1 p.71～76

13760 第3回「政治と憲法 : 選挙制度・政党のあり方」(リレー対談「日本社会と憲法」(2012年秋)一第3回「政治と憲法 : 選挙制度・政党のあり方」) 森英樹 「法学館憲法研究所報」(8) 2013.1 p.54～70

13761 「1票の格差」を考える 次期衆院選の争点となった選挙制度改革、「1票の格差」をどう是正すべきか? 都道府県を跨いだ区割りに改め、国会議員は地域の代表から国民の代表という意識改革を 久保利英明 「財界」61(1)通号1519 2013.1.1 p.116～119

13762 竹村健一の御意見番参上! ムラの論理ではなく国益で動ける選挙制度の導入を : 浅尾慶一郎氏との対談(後編) 竹村健一 浅尾慶一郎 英二 「経済界」48(1)通号982 2013.1.8 p.76～79

13763 「財界」60周年 記念インタビュー 日本の政治改革を考える 安倍政権発足、これからの日本の選挙制度を考える 政権公約があるからこそ、今回の総選挙でも有権者は判断基準を持てた 北川正恭 「財界」61(3)通号1521 2013.1.29 p.78～81

13764 「一票の較差」の違憲審査基準に関する考察 牧野力也 「筑波法政」(54) 2013.2 p.51～71

13765 権威主義体制下の単一政党優位と選挙前連合の形成 : 政党間の競合性と選挙制度の効果 今井真士 「国際政治」(172) 2013.2 p.44～57

13766 「自民圧勝」のマジックと選挙制度の課題 : 問われる今後の制度改革、政治風土の変革(2012総選挙とメディア) 岸井成格 「新聞研究」(739) 2013.2 p.8～11

13767 衆議院選の「0増5減」と参議院選の「4増4減」の読み方 泉徳治 「法学セミナー」(2)通号697 2013.2 巻頭1p

13768 明治二五年における富山県砺波郡の衆議院議員選挙関係訴訟(上) 村上一博 「法律論叢」85(6) 2013.2 p.497～537

13769 世論を正確に反映させろ 次期総選挙へ : 一票の格差から中選挙区制まで : 安倍首相は公明党に引っ張られることなく直ちに選挙制度改革を断行せよ! 「Themis」22(2)通号244 2013.2 p.8～9

13770 東奔政走 国会議員の皆さん、忘れていないか! 議員定数削減と選挙制度の見直しを 与良正男 「エコノミスト」91(5)通号4270 2013.2.5 p.76～77

13771 一戦後人の発想(第15回)選挙制度・政党交付金、さらに"一票の格差"をめぐる最高裁の暴走 俵孝太郎 「時評」55(3)通号600 2013.3 p.100～107

13772 参議院「一票の格差」「違憲状態」判決について 櫻井智章 「甲南法学」53(4) 2013.3 p.507～555

13773 小選挙区制のカラクリ 自民党が27%の得票率で6割以上の議席 公正な選挙制度で国会に「国民の縮図」をつくろう : 神戸学院大学大学院教授 上脇博之さんに聞く 上脇博之 「女性のひろば」(409) 2013.3 p.30～35

13774 政治制度の再検討 : 二院制と選挙制度を中心に(奥村大作教授古稀記念号 政治、経済、社会に関する諸問題) 岩渕美克 「政経研究」49(4) 2013.3 p.1397～1417

13775 選挙過程におけるICTの憲法上の限界と

政治・行政・司法と憲法　　　　　　　　　　　　　　　　　　議会・国会

可能性　岡田大助　「千葉大学教育学部研究紀要」61　2013.3　p.373〜380

13776　定数削減条項の適用除外規定 : 平等保護の限界と普通選挙の例外（長内了先生古稀記念論文集）　倉田玲　「法学新報」119（9・10）2013.3　p.275〜315

13777　成年後見で選挙権喪失は違憲 : 公選法めぐり初判断 東京地裁　「厚生福祉」（5977）2013.3.26　p.6〜7

13778　公共と市場のはざまから「違憲・無効判決から選挙制度、地方制度を考える」　大西又裕　「New finance」43（4）通号498　2013.4　p.18〜22

13779　参議院議員定数配分規定の合憲性［最高裁平成24.10.17判決］「新・判例解説watch : 速報判例解説」12　2013.4　p.35〜38

13780　2013年都議選にむけて（特集 いまこそ選挙制度・議会改革を）「東京」（343）2013.4　p.2〜5

13781　国政選挙における投票価値の平等とは何か : 各地の高裁で相次いだ「違憲」「無効」判決に思う（特集 国の仕組みを動かす弁護士群像）　升永英俊　「The Lawyers」10（5）2013.5　p.6〜11

13782　政界展望 東日本大震災3年目へ 気が抜けない安倍政権 真の復興はこれからはじまる : 高支持率の政権、だが違憲選挙、TPP…　鈴木哲夫　「月刊公論」46（5）2013.5　p.10〜14

13783　世界の潮 衆院選は「違憲・無効」の衝撃 一票の格差訴訟が迫る「一人一票」　桐山桂一　「世界」（843）2013.5　p.20〜24

13784　投票価値の平等 : 選挙無効判決と政治の責務　只野雅人　「法律時報」85（5）通号1059　2013.5　p.1〜3

13785　判決・ホットレポート 成年被後見人の選挙権訴訟東京地裁違憲判決［2013.3.14］　杉浦ひとみ　「法と民主主義」（478）2013.5　p.54〜56

13786　法律解説 総務 公職選挙法の一部を改正する法律 : 平成二四年一一月二六日法律第九四号「法令解説資料総覧」（376）2013.5　p.11〜14

13787　定数削減と選挙制度改革についての自民党・公明党の合意　自由民主党　公明党　「政策特報」（1425）2013.5.15　p.5〜8

13788　「違憲国会議員」のデタラメを許すな（月刊日本論壇 一票の格差）　升永英俊　「月刊日本」17（6）通号194　2013.6　p.43〜45

13789　一票の格差「違憲」は横暴な権力行使 : 絶対平等の理念を追求する弁護士たちの屈折と勘違い　小浜逸郎　「Voice」（426）2013.6　p.142〜149

13790　議員定数と選挙制度の改革について（特集 保守専制下の社会運動）　原野人　「科学的社会

主義」（182）2013.6　p.22〜25

13791　政治「一票の格差」をどう考えるか : 国民の利益にかなう選挙制度を　池田実　「改革者」54（6）通号635　2013.6　p.32〜35

13792　政治 喫緊の課題と根幹の議論をわけよ : 選挙制度改革はできることから急げ　矢尾板俊平　「改革者」54（6）通号635　2013.6　p.36〜39

13793　選挙権と選挙制度（特集 憲法問題を考える）　只野雅人　「法学教室」（393）2013.6　p.22〜30

13794　選挙制度民主化の課題（特集 輝く憲法 改憲許さぬたたかい）　小松浩　「全労連」（196）2013.6　p.12〜19

13795　メディア時評 新聞 TPP交渉参加問題と選挙制度改革　金光奎　「前衛 : 日本共産党中央委員会理論政治誌」（896）2013.6　p.161〜164

13796　政治 国民のためになる選挙制度は何か : ケルゼン、シュンペーター、ポパーの論争点　雨倉敏廣　「改革者」54（7）通号636　2013.7　p.12〜19

13797　政治 衆・参選挙制度大改革が必要だ : 衆・小選挙区制、参・比例代表制に　中野邦観　「改革者」54（7）通号636　2013.7　p.32〜35

13798　被後見人の選挙権回復訴訟 : 被後見人の選挙権を奪う公職選挙法第11条第1項第1号の違憲性を争う（特集 障害者と選挙）　杉浦ひとみ　「ノーマライゼーション : 障害者の福祉」33（7）通号384　2013.7　p.13〜17

13799　法律解説 ネット選挙解禁 公職選挙法改正解説（議員実力養成講座 もっと知りたいインターネット選挙）　君野祥子　「議員navi : 議員のための政策情報誌」38　2013.7　p.14〜18

13800　明治二五年における富山県砺波郡の衆議院議員選挙関係訴訟（下）　村上一博　「法律論叢」86（1）2013.7　p.225〜265

13801　法令解説 インターネット選挙運動の解禁 : 公職選挙法の一部を改正する法律（平成25年法律第10号）平25・4・26公布 平25・5・26施行「時の法令」（1933）2013.7.15　p.4〜27

13802　法令解説 成年被後見人の選挙権を回復 : 成年被後見人の選挙権の回復等のための公職選挙法等の一部を改正する法律（平成25年法律第21号）平25・5・31公布 平25・7・1施行　「時の法令」（1933）2013.7.15　p.28〜36

13803　いまこそ「選挙権免許制度」を（特集 私の憲法論）　呉智英　「新潮45」32（8）通号376　2013.8　p.60〜63

13804　インターネット選挙運動解禁に係る公職選挙法の改正　山口和良　「Keisatsu koron」68（8）2013.8　p.9〜14

13805　カトリック・アイ 政治 国政に倫理観を根

〔13776〜13805〕　　　　　　　　　　　　　　　　　　　憲法改正 最新文献目録　**513**

議会・国会　　　　　　　　　　　　　　　　　　　　　政治・行政・司法と憲法

付かせる方策はあるか ： 選挙制度と主権者の選択を今一度考える 「福音と社会」 52（4・5）通号269・270　2013.8　p.10～12

13806　間接民主制における住民投票（特集 住民・国民投票、直接民主制の課題）　岡本三彦 「都市問題」 104（8）　2013.8　p.4～8

13807　NEWSを読み解く 問題は「一票の格差」だけではない ： あるべき選挙制度を見定める視点　小沢隆一 「経済科学通信」（132）2013.8　p.14～18

13808　真夏の天下の暴論 「投票したい人がいない」「どうせ死に票になるだけ」このままではもうダメだ 選挙制度「衝撃的改革案」 「週刊ポスト」 45（31）通号2241　2013.8.9　p.36～39

13809　公職選挙法の一部改正（インターネット選挙運動解禁）について　鈴木康之 「選挙時報」 62（9）　2013.9　p.1～22

13810　公職選挙法の一部改正（インターネット選挙運動解禁）について（前編）　鈴木康之 「捜査研究」 62（9）通号750　2013.9　p.2～17

13811　「一票の較差訴訟」に関する覚え書き ： 選挙無効判決の効果について　藤田宙靖 「法の支配」（171）　2013.10　p.86～96

13812　公職選挙法の一部改正（インターネット選挙運動解禁）について（後編）　鈴木康之 「捜査研究」 62（10）通号751　2013.10　p.13～25

13813　法令解説 衆議院小選挙区の一票の較差を是正 衆議院小選挙区選出議員の選挙区間における人員較差を緊急に是正するための公職選挙法及び衆議院議員選挙区画定審議会設置法の一部を改正する法律の一部を改正する法律（平成25年法律第68号）平25・6・28公布・施行 「時の法令」（1939）　2013.10.15　p.4～17

13814　選挙権と能力 ： 成年被後見人の選挙権訴訟を手がかりに［東京地裁平成25.3.14判決］（宛原明教授追悼号）　葛西まゆこ 「大東法学」 23（1）通号61　2013.11　p.3～23

13815　法律解説 総務 公職選挙法の一部を改正する法律 ： 平成二五年四月二六日法律第一〇号 「法令解説資料総覧」（382）　2013.11　p.25～31

13816　11月号特別インタビュー 二院制にふさわしい選挙制度を ： 憲法上考えたい選挙・国会制度　大石眞　加藤秀治郎［インタビュアー］ 「改革者」 54（11）通号640　2013.11　p.10～15

13817　法律解説 総務 国会議員の選挙等の執行経費の基準に関する法律の一部を改正する法律 ： 平成二五年四月一〇日法律第九号 「法令解説資料総覧」（383）　2013.12　p.15～22

13818　法律解説 総務 衆議院小選挙区選出議員の選挙区間における人口較差を緊急に是正するための公職選挙法及び衆議院議員選挙区画定審議会設置法の一部を改正する法律の一部を改正する法律 ： 平成二五年六月二八日法律第六八号

「法令解説資料総覧」（383）　2013.12　p.32～37

13819　法律解説 総務 成年被後見人の選挙権の回復等のための公職選挙法等の一部を改正する法律 ： 平成二五年五月三一日法律第二一号 「法令解説資料総覧」（383）　2013.12　p.22～26

13820　内政フォーカス 1票の格差 昨年の衆院選、最高裁は「違憲状態」　日高広樹 「地方行政」（10440）　2013.12.2　p.10

13821　選挙運動におけるインターネットの利用 ： わが国の過去・現在・近未来（特集 精神的自由の現在と憲法学―日本の問題状況に照らして）　小倉一志 「憲法問題」（25）　2014.p.42～53

13822　選挙供託金制度の歴史的変容　安野修右 「日本大学大学院法学研究年報」（44）　2014 p.489～529

13823　選挙権の主観的・客観的意味内容 ： ドイツにおける選挙権解釈の一例　大岩慎太郎 「青森法政論叢」（15）　2014　p.1～15

13824　選挙権の制限　長尾英彦 「中京法学」 49（1・2）通号137　2014　p.65～86

13825　選挙権の法的性格・補論　堀内健志 「青森法政論叢」（15）　2014　p.95～104

13826　良いガバナンスとしての選挙制度と政党制　小松敏弘 「東海大学経営学部紀要」（2）2014年度　p.1～10

13827　世界の潮 最高裁は国民を見ているか ： 一票の不平等は「違憲状態」　桐山桂一 「世界」（851）　2014.1　p.20～24

13828　法律時評 違憲状態判決の「重み」　只野雅人 「法律時報」 86（1）通号1068　2014.1　p.1～3

13829　都道府県議会の議員選挙における選挙区の設定と定数配分（法学部創設20周年記念号）市村充章 「白鷗法学」 20（2）通号42　2014.1 p.9～54

13830　参議院議員選挙区選挙の『一票の較差』判決に関する一考察（小林節教授退職記念号）　新井誠 「法学研究」 87（2）　2014.2　p.133～159

13831　「政治のヤブ」からの退却 ： 二〇一二年総選挙「一票の較差」訴訟最高裁判決を読む（特集 空洞化する民主主義 ： 小選挙区制20年の帰結と安倍政権）　高見勝利 「世界」（852 ママ）　2014.2　p.128～135

13832　続・憲法保障システムとしての選挙制度考 ： 「護憲」する強い参議院 ： 「日本国」は死出の旅に出たのか　君塚正臣 「横浜国際社会科学研究」 18（6）　2014.2　p.471～493

13833　元木昌彦のメディアを考える旅（193）一票の格差是正はさじ加減ではない 憲法は人口比例選挙を保障している　元木昌彦　升永英俊［同行］ 「エルネオス」 20（2）通号231　2014.2

13834 「権利」としての選挙権と「投票価値平等」(高橋和之教授 古稀記念論文集) 辻村みよ子 「明治大学法科大学院論集」(14) 2014.3 p.83〜109

13835 衆議院小選挙区選挙の一票の格差最大2.43倍を「違憲状態」とした事例 : 最高裁大法廷判決2013年11月20日 中川登志男 「専修法研論集 : 専修大学大学院紀要」(54) 2014.3 p.137〜164

13836 選挙権の権利内容 塩見政幸 「青山法務研究論集」8(8) 2014.3 p.47〜80

13837 合県モデルと区割人口頑健性による選挙制度の評価と提言(最適化の基礎理論と応用 : RIMS研究集会報告集) 堀田敬介 「数理解析研究所講録」(1879) 2014.4 p.79〜90

13838 MIC FOCUS 活用しよう！ 在外選挙制度 「総務省」(160) 2014.4 p.10〜13

13839 選挙制度の抜本改革を(特集 憲法とくらし) 上脇博之 「人権と部落問題」66(6)通号857 2014.5 p.14〜21

13840 日本の選挙制度について(豊下楢彦教授退任記念論集) 森脇俊雅 「法と政治」65(1) 2014.5 p.15〜49

13841 時流〜潮流 参議院選挙制度改革は進むか 「選挙 : 選挙や政治に関する総合情報誌」67(6) 2014.6 p.1〜3

13842 時流〜潮流 衆議院選挙制度改革、第三者機関を設置 「選挙 : 選挙や政治に関する総合情報誌」67(7) 2014.7 p.1〜3

13843 議席上限設定と逆進的代表制によるインクルーシブな選挙制度 : 多極共存型民主主義における自己決定と事前決定の問題をめぐって 木村昌孝 「茨城大学人文学部紀要. 社会科学論集」(58) 2014.9 p.11〜19

13844 参議院(選挙区選出)議員定数配分規定の合憲性[広島高裁平成25.11.28判決]「新・判例解説watch : 速報判例解説」15 2014.10 p.11〜14

13845 わが国における「選挙権論」の規範主義的貧困は克服されたのか？ 中野雅紀 「法学新報」121(5・6) 2014.10 p.311〜332

13846 政治 議会・選挙研究委員会報告(1)一息ついたままでは困る : 急所は都道府県レベルでの選挙制度改革 加藤秀治郎 「改革者」55(11)通号652 2014.11 p.28〜31

13847 選挙無効訴訟と国会の裁量 : 衆議院の選挙区割りをめぐる最高裁平成25年11月20日大法廷判決を素材として 棟居快行 「レファレンス」64(11)通号766 2014.11 p.5〜27

13848 歪曲された二大政党政治と議会制民主主義の条件 : 選挙制度と政治資金制度の問題を中心に 上脇博之 「神戸学院法学」44(2) 2014.11 p.277〜306

13849 地方・高齢者優遇で若者にツケ 選挙制度の抱える構造的欠陥(特集 決められない政(まつりごと)の正体 選挙の経済学—「アベノミクス解散」真の争点は何か) 「週刊ダイヤモンド」102(48)通号4560 2014.12.13 p.42

13850 一票の格差と選挙制度 : 全国民の代表の法的意味(特集 憲法の現況) 大林啓吾 「論究ジュリスト」(13) 2015.春 p.79〜85

13851 基調報告 選挙制度改革が政治過程に与えた影響 : 改革後20年の総括(日本国憲法研究(Number 15)選挙制度と政治過程) 日野愛郎 「論究ジュリスト」(13) 2015.春 p.126〜132

13852 座談会(日本国憲法研究(Number 15)選挙制度と政治過程) 日野愛郎 柿崎明二 長谷部恭男[他]「論究ジュリスト」(13) 2015.春 p.133〜149

13853 選挙制度と選挙権(特集 民主政の現在と憲法学—民主政の現在 : 日本における現状と課題の検討) 倉田玲 「憲法問題」(26) 2015 p.33〜44

13854 選挙制度の違憲状態(特集 憲法破壊の政治状況にどう抗すか) 倉田玲 「法学館憲法研究所報」(12) 2015.1 p.9〜16

13855 問われる投票行動と選挙制度 2014年12月総選挙で見えたもの(特集 2015・憲法をめぐる闘いの展望) 丸山重威 「法と民主主義」(495) 2015.1 p.26〜28

13856 一人一票実現訴訟の結果と今後の展望 伊藤真 「法学館憲法研究所報」(12) 2015.1 p.39〜59

13857 改めて憲法を考える(19)2014年衆議院総選挙の「過剰」と「過少」について 福嶋敏明 「時の法令」(1970) 2015.1.30 p.48〜53

13858 選挙制度と市町村議会の活性化(特集 統一地方選挙と地方議会) 砂原庸介 「地方議会人 : 議員研修誌」45(9) 2015.2 p.17〜20

13859 中国ブロック、岡山から選挙制度を考える(特集 選挙制度を考える) 松田準一 「人権21 : 調査と研究」(234) 2015.2 p.12〜18

13860 望ましい選挙制度について 森脇俊雅 「法と政治」65(4) 2015.2 p.1037〜1074

13861 参議院選挙区選挙の一票の格差最大4.77倍を「違憲状態」とした事例 : 最高裁大法廷判決2014年11月26日 中川登志男 「専修法研論集 : 専修大学大学院紀要」(56) 2015.3 p.249〜287

13862 衆議院議員定数不均衡に関する平成25年最高裁判所大法廷判決 : 違憲の法律を改正するための「合理的期間」について検討する素材として 合原理映 「千葉商大論叢」52(2)通号175 2015.3 p.67〜78

13863 選挙権は誰のものか？ : S.ロッカンの

政党　　　　　　　　　　　　　　　　　　　　　　政治・行政・司法と憲法

マクロヨーロッパモデルと19世紀英仏選挙制度を手掛かりとして　玉利泉　「地域政策科学研究」（12）　2015.3　p.47〜67

13864　選挙制度改革の利益誘導政治に対する効果：都道府県別政府系金融機関の融資データの分析　清水直樹　「社会科学論集：高知短期大学研究報告」（106）　2015.3.20　p.23〜41

13865　二院制諸国における選挙制度・任命制度　那須俊貴　「調査と情報」（861）　2015.3.27　巻頭1p，1〜14

13866　選挙無効訴訟において選挙無効の原因として公職選挙法9条1項及び11条1項2号・3号の違憲を主張することはできないとされた事例　［最高裁第二小法廷2014.7.9決定］「新・判例解説watch：速報判例解説」16　2015.4　p.23〜26

13867　有権者が投票所に行かない民主主義国：「史上最低の投票率」考（特集 選挙報道はどう変わるべきか）　水島朝穂　「Journalism」（299）　2015.4　p.131〜138

13868　民意切り捨ての定数削減か、民意反映の選挙制度か（特集 憲法とくらし）　坂本修　「人権と部落問題」67（6）通号871　2015.5　p.32〜42

13869　これで選挙と言えるのか 低調だった統一地方選への疑問：戦後最低の投票率が問いかける選挙制度のあり方　筆坂秀世　「月刊times」39（5）　2015.6　p.24〜26

13870　選挙制度と市民の能力：今日の選挙制度改革論議は如何なる市民の能力を前提としているのか　松田憲忠　「季刊行政管理研究」（150）　2015.6　p.17〜26

13871　一八歳選挙権と若者の権利向上のために　杉浦真理　「人権と部落問題」67（8）通号873　2015.7　p.47〜55

13872　参議院議員定数配分をめぐる近時の最高裁判例：最高裁平成26年11月26日大法廷判決を中心として　棟居快行　「レファレンス」65（7）通号774　2015.7　p.1〜30

13873　投票価値の不平等と一人一票裁判：早期に一人一票の実現を！　藤井正希　「法学館憲法研究所報」（13）　2015.7　p.36〜48

13874　長年放置されてきた「一票の格差」政治が軽んじ続ける日本国憲法（軽き日本国憲法）　小林良彰　「エコノミスト」93（30）通号4407　2015.7.28　p.82〜83

13875　一八歳選挙権と主権者国民のための選挙制度　上脇博之　「人権21：調査と研究」（237）　2015.8　p.33〜44

13876　参議院選挙制度の見直しによる「合区」設置：公職選挙法の一部を改正する法律（特集 第189回国会の論議の焦点（2））　小松由季　「立法と調査」（368）　2015.9　p.3〜15

13877　選挙寄付制限と第1修正の審査基準：

McCutcheon判決を素材として　村山健太郎　「学習院大学法学会雑誌」51（1）　2015.9　p.3〜35

13878　法律解説 総務 公職選挙法等の一部を改正する法律：平成二七年六月一九日法律第四三号　「法令解説資料総覧」（404）　2015.9　p.4〜14

13879　18歳から投票権：どう考える「大人」の定義　西原博史　「婦人之友」109（9）通号1348　2015.9　p.124〜129

13880　憲法と選挙権、そして18歳選挙権（特集 18歳）　戸波江二　「自治実務セミナー」（640）　2015.10　p.2〜7

13881　公職選挙法等の一部を改正する法律（選挙権年齢等の引下げ）について（特集 18歳）　鈴木康之　「自治実務セミナー」（640）　2015.10　p.8〜11

13882　法令解説 いわゆる合区を含む参議院選挙区選出議員の選挙区及び定数の改正：公職選挙法の一部を改正する法律（平成27年法律第60号）平27・8・5公布 平27・9・5/平27・11・5施行　「時の法令」（1988）　2015.10.30　p.18〜34

13883　法令解説 選挙権年齢の「一八歳以上」への引下げ：公職選挙法等の一部を改正する法律（平成27年法律第43号）平27・6・19公布 平28・6・19施行　「時の法令」（1988）　2015.10.30　p.4〜17

13884　「公職選挙法施行令の一部を改正する政令」（参議院選挙制度改革・合同選管組織規定関係）について　棚橋邦晃　「選挙時報」64（11）　2015.11　p.29〜35

13885　「公職選挙法施行令の一部を改正する政令」及び「公職選挙法施行規則の一部を改正する省令」（参議院選挙制度改革・選挙執行等関係）について　立花茂生　「選挙時報」64（12）　2015.12　p.17〜34

13886　ワールド・カフェで豊かな対話を：理想の選挙制度を考えよう（特集 アクティブ・ラーニング 授業ヒント＆モデル─これがおすすめ！学年・分野別 アクティブ・ラーニング授業モデル─中学公民）　中善則　「社会科教育：教育科学」52（12）通号680　2015.12　p.78〜80

政党

【図書】

13887　政党　山岡規雄, 間柴泰治［著］　国立国会図書館調査及び立法考査局　2006.3　15p　30cm　（調査資料 2005-2-c シリーズ憲法の論点 11）　Ⓓ4-87582-631-1　Ⓝ315　山岡規雄　間柴泰治

13888　政党の憲法的融合論　齋藤康輝著　成文堂　2006.3　213, 3p　22cm　4000円　Ⓓ4-7923-0398-2　Ⓝ315　齋藤康輝

516　憲法改正 最新文献目録　　　　　　　　〔13864〜13888〕

政治・行政・司法と憲法　　　　　　　　　　　　政党

13889　ゼロからわかる政治とカネ　上脇博之著
大阪　日本機関紙出版センター　2010.9　86p
21cm　933円　①978-4-88900-866-1　Ⓝ315.1
上脇博之

13890　橋下ポピュリズムと民主主義　浦田一郎,
白藤博行編　自治体研究社　2012.10　123p
21cm　1400円　①978-4-88037-594-6　Ⓝ318.
263　浦田一郎　白藤博行

13891　歴史のなかの日本政治　4　グローバル・
ガバナンスと日本　北岡伸一ほか編　細谷雄一編
細谷雄一／編;後藤春美、安田佳代、細谷雄一、日
暮吉延、村上友章、潘亮、星野俊也／著　中央公
論新社　2013.11　302p　20cm　〈索引あり〉
2800円　①978-4-12-004559-2　Ⓝ312.1　細谷
雄一　北岡伸一

13892　誰も言わない政党助成金の闇―「政治とカ
ネ」の本質に迫る　上脇博之著　大阪　日本機
関紙出版センター　2014.5　111p　21cm　1000
円　①978-4-88900-907-1　Ⓝ315.1　上脇博之

13893　財界主権国家・ニッポン―買収政治の構
図に迫る　上脇博之著　大阪　日本機関紙出版
センター　2014.11　137p　21cm　1200円
①978-4-88900-914-9　Ⓝ315.1　上脇博之

13894　告発！政治とカネ―政党助成金20年、腐
敗の深層　上脇博之著　京都　かもがわ出版
2015.2　235p　21cm　1800円　①978-4-7803-
0752-8　Ⓝ315.1　上脇博之

〔雑誌〕

13895　選挙・政治活動の自由と国際人権条約
河野善一郎　「前衛：日本共産党中央委員会理
論政治誌」　通号800　2006.2　p.221～230

13896　日本共産党と憲法――日本共産党は「護
憲」の党か？（特集：憲法改正問題）　治安問題
研究会　「治安フォーラム」　12（6）通号138
2006.6　p.18～28

13897　民法と憲法（特集　フランス民法典と行政
法・社会法・憲法）　樋口陽一　「日仏法学」
（24）　2007　p.34～43

13898　日本共産党と憲法――日和見主義による
裏切りの歴史（特集・改憲策動といかに闘うか
――ブルジョア憲法の歴史的位置づけ）　平岡
正行　「プロメテウス：マルクス主義同志会理
論誌」　（50）　2007.4　p.54～74

13899　日本国憲法成立過程における共産党の姿
勢（憲法のあり方）　西修　「月刊自由民主」　通
号650　2007.5　p.42～47

13900　特別対談　土井たか子×日高六郎　今こそ軍
縮の具体的提案を　土井たか子　日高六郎　「社
会民主」　（625）　2007.6　p.2～11

13901　政党の変容と議会制民主主義論（特集＝日
本国憲法施行六〇年――憲法学に求められる課
題―統治機構論）　加藤一彦　「法律時報」　79
（8）通号985　2007.7　p.106～110

13902　テキスト/実践としてのコンスティテュー
ション（第II部　憲法と政治）　杉田敦　「平和憲
法と公共哲学」　2007.9　p.114～

13903　法律時評　政党政治の現実と議会制民主主
義の復活!?――参院での与野党逆転を契機に
上脇博之　「法律時報」　79（11）通号988　2007.
10　p.1～3

13904　ストップ貧困・9条守れ　この願いをこ
ぞって日本共産党へ――東京・新宿　志位委員長
の訴え（2007年7月　第21回参議院選挙特集　日
本共産党の政策と活動―基本文献）　志位和夫
「前衛：日本共産党中央委員会理論政治誌」　通
号824（臨増）　2007.11　p.165～173

13905　西松建設事件・コメント[最高裁第2小法
廷2007.4.27判決]（特集　国際人権判例・先例の
検討）　五十嵐正博　国際人権法学会[編]　「国
際人権：国際人権法学会報」　通号19　2008
p.90～94

13906　権力分立論における政党の位置――三た
びニクラス・ルーマンのシステム理論に着目し
て　大森貴弘　「早稲田法学会誌」　58（2）
2008　p.151～198

13907　講演要旨　ねじれ国会下の憲法運用――フ
ランス「共存体制」を参考に（特集　大連立を考
える）　髙橋和之　「読売クオータリー」　（4）
2008.冬　p.94～107

13908　党首討論制に関する考察（1）　木下和朗
「熊本法学」　（113）　2008.2　p.1～35

13909　大石事件・公職選挙法と自由権規約19条,
25条[最高裁第2小法廷平成20.1.28判決]（特集
国際人権判例分析）　河野善一郎　国際人権法
学会[編]　「国際人権：国際人権法学会報」　通
号20　2009　p.65～67

13910　大石事件・コメント[最高裁第2小法廷平
成20.1.28判決]（特集　国際人権判例分析）　米
田眞澄　国際人権法学会[編]　「国際人権：国
際人権法学会報」　通号20　2009　p.68～71

13911　政治的責務と憲法　小泉良幸　「法哲学年
報」　2009　[2009]　p.192～200

13912　ドイツ連邦共和国における政党国家論：
「戦闘的民主主義」と政党の違憲問題　國吉孝志
「九州国際大学大学院法政論集」　2009.3

13913　学生とトーク　日本の未来と日本共産党を
語る　講演「日本共産党の考える日本の将来像
――学費・雇用・憲法」「居酒屋ivote」「たこ
やきパーティ」で学生とトーク　山下芳生　「前
衛：日本共産党中央委員会理論政治誌」　通号
848　2009.10　p.106～134

13914　日教組の「悪法支配」を許すな――本当
に恐ろしい外国人参政権、人権侵害救済法……
（緊急特集　民主党にこれだけは言いたい！）
八木秀次　三橋貴明　「Voice」　通号382　2009.
10　p.78～87

13915　民主党政権公約の良い政策は世論と運動

〔13889～13915〕　　　　　　　　　　　憲法改正　最新文献目録　517

政党　　　　　　　　　　　　　　　　　　　　　　　　　　政治・行政・司法と憲法

の力で実現を　渡辺久丸　「人権と部落問題」
61 (13)　2009.11

13916　座談会 (日本国憲法研究 (6)「政権選択」
選挙)　高見勝利　成田憲彦　長谷部恭男 [他]
「ジュリスト」 (1390)　2009.12.1　p.105〜133

13917　憲法と政党——政党の憲法的位置づけ
石田榮仁郎　「比較憲法学研究」通号22　2010
p.1〜34

13918　政党と政治資金制度——政党法制やその
統制のあり方を含めて　川崎政司　「比較憲法学
研究」通号22　2010　p.85〜117

13919　Ｗインタビュー 日本が直面する課題 民
主党政権の動向と新自由主義の転換点——渡辺
治 (一橋大学教授) ＋後藤道夫 (都留文科大学教
授)　渡辺治　後藤道夫　行方久生　「季刊自治
と分権」 (38)　2010.冬　p.22〜56

13920　民主党「国会活性化」の論理——その問
題点 (特集 議会制民主主義とあるべき選挙制
度)　植松健一　「法と民主主義」 (446)
2010.2・3　p.16〜21

13921　民主党・政治改革論の源流——財界と小
沢一郎氏のビジョンから (特集 議会制民主主義
とあるべき選挙制度)　田中隆　「法と民主主
義」 (446)　2010.2・3　p.32〜37

13922　法律時評 マニフェストは「民意」なのか
糠塚康江　「法律時報」 82 (3) 通号1019　2010.
3　p.1〜3

13923　小沢氏の政治資金問題が問う企業・団体
献金禁止と政党のあり方　上脇博之　「前衛 :
日本共産党中央委員会理論政治誌」通号855
2010.4　p.27〜38

13924　新連立政権と憲法問題　都築勉　「信州自
治研」 (219)　2010.5　p.2〜5

13925　「政権交代」雑感——近代日本130年の宿
題　安念潤司　「中央ロー・ジャーナル」 7 (1)
通号23　2010.6　p.45〜63

13926　「民主」過半数なら覚悟せよ「3杯の
毒」 –「人権侵害救済法」「夫婦別姓法」「外国
人参政権」天下の悪法が国会通過を待っている
新潮社 [編]　「週刊新潮」 55 (27) 通号2751
2010.7.15　p.24〜26

13927　憲法学から見た政党と「政治主導」をめ
ぐる諸問題 (平成二二年度慶應法学会シンポジ
ウム 政党制をめぐる諸問題)　山元一　「法学研
究」 83 (11)　2010.11　p.156〜167

13928　政権交代の狂騒の後で冷静に政党につい
て考える (平成二二年度慶應法学会シンポジウ
ム 政党制をめぐる諸問題)　駒村圭吾　「法学研
究」 83 (11)　2010.11　p.109〜112

13929　政党制と議会政治 (平成二二年度慶應法学
会シンポジウム 政党制をめぐる諸問題)　増山
幹高　「法学研究」 83 (11)　2010.11　p.136〜
155

13930　戦前日本の政官関係——党派化と政党化
の文脈から (平成二二年度慶應法学会シンポジ
ウム 政党制をめぐる諸問題)　清水唯一朗　「法
学研究」 83 (11)　2010.11　p.113〜125

13931　政党助成法の憲法適合性について　井田
匡彦　「白鷗大学大学院法学研究年報」 7　2011

13932　第6回公開研究会「現代の諸問題と憲法」
政党政治とその課題 : 財界政治のための二大
政党制化の諸制度を批判する　上脇博之　「法学
館憲法研究所報」 (4)　2011.1　p.18〜36

13933　二〇一一年にあたって——憲法・生活状
況と新社会党の闘い　栗原君子　「科学的社会主
義」 (153)　2011.1　p.34〜37

13934　愛知 九条生かす恒久平和の郷土づくりと
日本共産党の役割 (特集 強化される米軍基地・
自衛隊といっせい地方選挙)　林信敏　「前衛 :
日本共産党中央委員会理論政治誌」通号869
2011.4　p.60〜66

13935　壊れかけた政党政治はきわめて危機的状
況にある (特集 検証・民主党政権)　金子勝
「第三文明」通号617　2011.5　p.32〜35

13936　対論 野田新政権と二大政党の行方　上脇
博之　井上哲士　「前衛 : 日本共産党中央委員
会理論政治誌」通号876　2011.11　p.30〜47

13937　民主党政権と「政治改革」(ミニ・シンポ
ジウム 民主党政権と現代改憲)　奥野恒久　「法
の科学 : 民主主義科学者協会法律部会機関誌
「年報」」 (43)　2012　p.145〜149

13938　民主党政権下の憲法政治の憲法論的検討
(武久征治教授 寺田武彦教授 平野武教授 退職
記念論集)　澤野義一　「龍谷法学」 44 (4)
2012.3　p.1625〜1650

13939　みどりの未来 市民主導のビジョンと政党
をつくるとき (憲法特集 自由民権運動から脱原
発社会へ 草の根民主主義を見つめる—「みどり
の政治」は実現するか?)　すぐろ奈緒　「金曜
日」 20 (16) 通号908　2012.4.27　p.24〜25

13940　法律時評 政治の混迷と憲法　森英樹　「法
律時報」 84 (12) 通号1053　2012.11　p.1〜3

13941　対米従属・財界政治から民意の反映する
政治への転換を : 二大政党制の破綻で問われ
る政党のあり方と政治選択　上脇博之　「前衛 :
日本共産党中央委員会理論政治誌」 (889)
2012.12　p.32〜47

13942　影の内閣 (シャドウ・キャビネット) :
自民党からのこわーいメッセージ!? (総選挙特
集 経済と憲法を問う)　「金曜日」 20 (48) 通号
940　2012.12.14　p.26

13943　政権の安定と「建設的な」不信任決議 :
ヴァイマル共和国末期における憲法論争のアク
チュアリティ (短期共同研究プロジェクト 政権
の安定と責任をめぐる憲法問題 : 日本と韓国
の比較を中心に)　渡辺暁彦　「ジュリスコンサ
ルタス」 (22)　2013.1　p.119〜138

518　憲法改正 最新文献目録　　　　　〔13916〜13943〕

政治・行政・司法と憲法　　　　　　　　　　　　　　　　　　　　　　　行政権・内閣

13944　法律時評 2013年の政治と憲法 ： 参院選、選挙制度、集団的自衛権、違憲国会　高見勝利　「法律時報」　85（2）通号1056　2013.2　p.1〜3

13945　政党の組織的特徴と党改革（吉村弘 中道壽一先生 退職記念論文集）　濱本真輔　「北九州市立大学法政論集」　40（4）　2013.3　p.509〜539

13946　文献ジャンルとしての憲政評論 ： 高見勝利『政治の混迷と憲法 ： 政権交代を読む』を読んで　林知更　「法律時報」　85（5）通号1059　2013.5　p.79〜85

13947　アベノミクスの中身と効果の真偽（特集 安倍政権の半年点検）　小野善康　「月刊自治研」　55（645）　2013.6　p.25〜36

13948　企業献金の全面的禁止と憲法（宇野稔教授追悼号）　青野篤　「大分大学経済論集」　65（2）　2013.7　p.55〜88

13949　政党の憲法上の位置づけ（1）政党に対する規制と助成を考えるために　小野善康　「法学研究」　49（2）通号141　2013.9　p.291〜370

13950　日本共産党と憲法改正（特集 憲法改正問題と治安）　治安問題研究会　「治安フォーラム」　19（12）通号228　2013.12　p.16〜25

13951　アベノミクス農政と憲法　冬木勝仁　「文化連情報」　（432）　2014.3　p.18〜22

13952　議会制民主主義と政党 ： 日本での『政党法』制定に伴う諸論点　甲斐素直　「日本大学法科大学院法務研究」　（11）　2014.3　p.53〜80

13953　政党の憲法上の位置づけ（2・完）政党に対する規制と助成を考えるために　小野善康　「法学研究」　50（1）通号144　2014.6　p.77〜148

13954　安倍政権と急接近、公明を脅かす 「江田とは絶対やらない」とみんなの党と事前協議 石原改憲再編　橋下、前原、江田の新党構想は？　「週刊朝日」　119（24）通号5253　2014.6.13　p.18〜21

13955　政治倫理条例に関する憲法上の諸問題について・再論　佐藤雄一郎　「アドミニストレーション」　21（1）　2014.11　p.99〜111

13956　最後はやはり「創価学会を守るため」 ： 公明党の集団的自衛権政局を分析する（大特集 政教分離とは何か ： 靖国神社から公明党まで）　山村明義　「宗教問題」　2014.12.20　p.34〜41

13957　戦後史の中の安倍政権（特集 「戦後70年」が問うもの―シンポジウム 「戦後70年」が問いかけるもの）　渡辺治　「季論21 ： intellectual and creative」　（29）　2015.夏　p.46〜53

13958　日本共産党史の”暗部（ブラックホール）”（中）当面・9条完全実施（自衛隊解消）、先行き・改憲し「自衛軍創設」めざす矛盾　飯竹憲弘　「公明」　（114）　2015.6　p.58〜71

13959　永田町仄聞録（Vol.170）「憲法審査」の入口で愚図る民主党　堤堯　「リベラルタイム」

15（7）通号170　2015.7　p.38〜40

13960　コバセツの視点（2）「平和の党」公明党はどこへ行った？　小林節　「Verdad」　21（9）通号245　2015.9　p.20

13961　岩井章さんと労働運動 ： 回想の片々（下）「護憲・平和の党」・新社会党の結党を目指して　吉原節夫　「科学的社会主義」　（211）　2015.11　p.80〜85

13962　革新市政・革新政党を問う（第5回）憲法制定時、猛反対した政党の正体　川上和久　「第三文明」　（671）　2015.11　p.33〜37

13963　日本国憲法、9条、そして国際協調主義 ： 戦後の平和運動の一翼担った池田思想（特集 どうして？ 公明党、どうなる？ 自衛隊―公明党をめぐって）　前田幸男　「Journalism」　（306）　2015.11　p.112〜121

13964　西川伸一の政治時評 会計検査も憲法違反？ 秘密文書は未提出か　西川伸一　「金曜日」　23（48）通号1088　2015.12.18　p.10

行政権・内閣

【図書】

13965　あなたは死刑を宣告できますか―憲法違反の裁判員制度を断罪する　石川多加子, 矢倉久泰著　アドバンテージサーバー　2008.2　64p　21cm　500円　Ⓘ978-4-901927-60-4　Ⓝ327.67　石川多加子　矢倉久泰

13966　行政法綱領―行政法学への憲法学的接近　海野敦史著　京都　晃洋書房　2011.7　931p　22cm　〈他言語標題：Essence of Administrative Law〉　〈文献あり 索引あり〉　8800円　Ⓘ978-4-7710-2280-5　Ⓝ323.9　海野敦史

13967　憲法に関する主な論点（第5章内閣）に関する参考資料　［東京］　衆議院憲法審査会事務局　2013.4　31p　30cm　（衆憲資 第80号）　Ⓝ323.14　衆議院

13968　行政救済法論　後藤光男編著　成文堂　2015.3　342p　22cm　〈執筆：大河原良夫ほか〉　〈布装〉　〈文献あり 索引あり〉　3200円　Ⓘ978-4-7923-0577-2　Ⓝ323.96　後藤光男

13969　憲法とリスク―行政国家における憲法秩序　大林啓吾著　弘文堂　2015.6　437p　22cm　（憲法研究叢書）　〈索引あり〉　5800円　Ⓘ978-4-335-30333-3　Ⓝ323　大林啓吾

【雑誌】

13970　政府筋の憲法解釈・行政法解釈に関する断章（6）憲法65条の「行政権」と人事院の位置などと〈英文官報〉と　森田寛二　「自治研究」　82（1）通号983　2006.1　p.21〜47

13971　給付行政と表現の自由 ： 政府のメッセー

ジを手がかりとして　金澤誠「北大法学研究科ジュニア・リサーチ・ジャーナル」12　2006.2

13972　オンブズマン制度に関する覚え書：衆議院憲法調査会の調査審議（第1部 オンブズマンの概念）　塚本壽雄「行政苦情救済＆オンブズマン：日本オンブズマン学会誌」17　2006.4 p.27～30

13973　解散権考（第一部）　加藤一彦「市民の司法をめざして 宮本康昭先生古稀記念論文集」2006.12　p.143～

13974　日本と世界の安全保障 安倍政権のアジア外交に求められるもの「世界週報」87(49)通号4275　2006.12.26　p.42～43

13975　改憲論と内閣法制局（ミニ・シンポジウム 内閣法制局と立憲主義）　塚田哲之「法の科学：民主主義科学者協会法律部会機関誌「年報」」通号38　2007　p.135～140

13976　内閣法制局の憲法9条解釈の基本は六原則からなる規範群（ミニ・シンポジウム 内閣法制局と立憲主義）　中村明「法の科学：民主主義科学者協会法律部会機関誌「年報」通号38　2007　p.129～134

13977　内閣の意思決定システムの変容と「執政」論（特集＝日本国憲法施行六〇年――憲法学に求められる課題―統治機構論）　宮井清暢「法律時報」79(8)通号985　2007.7　p.111～115

13978　内閣制度の強化（IV 政治機構）　県幸雄「憲法諸相と改憲論 吉田善明先生古稀記念論文集」2007.8　p.357～

13979　憲法学から見た行政の民主的統制　塩津徹「創価法学」37(1)　2007.9　p.43～69

13980　独立行政法人制度概論――憲法及び行政法の観点から　森본遊「法学研究論集」(30) 2008年度　p.235～248

13981　憲法の解釈（第11回・Round4－2）給付と規制 公立学校施設とパブリック・フォーラム論――憲法・行政法の共振回路としての公共施設法　亘理格「法学教室」通号329　2008.2　p.40～48

13982　衆議院憲法調査会報告書を読み解く(2) 憲法調査会設置の経緯から見えてくる戦後の憲法論議の流れ――内閣憲法調査会と衆参憲法調査会　憲法調査研究会「時の法令」通号1810 2008.5.30　p.58～65

13983　行政組織編成権について（第三部 法の支配と統治機構論の展開）　上田健介「国民主権と法の支配 上巻 佐藤幸治先生古稀記念論文集」2008.9　p.329～

13984　憲法学からみた行政組織法の位置づけ――協働執政理論の一断面　村西良太「法政研究」75(2)　2008.10　p.335～412

13985　ふたつの「法律の留保」について　渡邊互「憲法論叢」(15)　2008.12　p.31～52

13986　軍権と行政権　富井幸雄「比較憲法学研究」通号21　2009　p.25～58

13987　内閣と公務員の人事権――国家公務員制度改革基本法の成立を契機として　上田健介「近畿大学法科大学院論集」(5)　2009.3　p.135～190

13988　行政権の主体としての地方公共団体の出訴資格（特集 憲法学に問う―行政法学からの問題提起と憲法学からの応答）　人見剛「法律時報」81(5)通号1008　2009.5　p.65～69

13989　政府の法律案提出権の構造(1) 政府提出法律案の起草におけるコンセイユ・デタ意見の位置付け　奥村公輔「法学論叢」165(4) 2009.7　p.29～52

13990　オンブズマンの過去・現在・未来――200年目のオンブズマン(1) オンブズマンが生まれた歴史的経緯と背景・理念　憲法調査研究会「時の法令」通号1839　2009.8.15　p.57～65

13991　オンブズマンの過去・現在・未来――200年目のオンブズマン(2) 古典的オンブズマンの「現在進行形」――スウェーデン・フィンランド　憲法調査研究会「時の法令」通号1841　2009.9.15　p.47～55

13992　政府の法律案提出権の構造(2・完) 政府提出法律案の起草におけるコンセイユ・デタ意見の位置付け　奥村公輔「法学論叢」166(1) 2009.10　p.27～49

13993　オンブズマンの過去・現在・未来――200年目のオンブズマン(3)「良き行政慣行の確立」に努めるオンブズマン――デンマーク　憲法調査研究会「時の法令」通号1843　2009.10.15 p.50～60

13994　議院内閣制――法と政治の間で（特集 憲法――統治機構論入門）　林知更「法学セミナー」54(11)通号659　2009.11　p.32～36

13995　オンブズマンの過去・現在・未来――200年目のオンブズマン(4)「欧州オンブズマン」の理想と現実――EU　憲法調査研究会「時の法令」通号1845　2009.11.15　p.50～61

13996　オンブズマンの過去・現在・未来――200年目のオンブズマン(5)「消費者の番犬」としてのオンブズマン　憲法調査研究会「時の法令」通号1847　2009.12.15　p.60～71

13997　行政権開放の諸形態とその法理（市民/社会の役割と国家の責任）　毛利透「法哲学年報」2010　[2010]　p.61～73

13998　国家体制改革 小沢主導改革のねらいと矛盾（特集 検証・鳩山政権の200日）　渡辺治「季論21：intellectual and creative」(8) 2010.春　p.32～41

13999　明治憲法下における内閣制度概論――国務各大臣の「単独」輔弼責任に関する一考察(1)　森田遊「法学研究論集」(33)　2010年度　p.253～270

14000 明治憲法下における内閣制度概論——国務各大臣の「単独」輔弼責任に関する一考察（2・完）森田遊「法学研究論集」（34）2010年度 p.359〜382

14001 講演「政権交代」と憲法 森英樹「法学館憲法研究所報」（2）2010.1 p.22〜33

14002 世界の潮 内閣法制局長官の答弁排除の問題性 青井未帆「世界」（800）2010.1 p.33〜36

14003 オンブズマンの過去・現在・未来——200年目のオンブズマン（6）第6章 オンブズマンとは何か——行政と議会における役割を含めて 憲法調査研究会「時の法令」通号1849 2010.1.15 p.58〜67

14004 オンブズマンの過去・現在・未来——200年目のオンブズマン（完・第7章）日本におけるオンブズマンの歴史と今後 憲法調査研究会「時の法令」通号1851 2010.2.15 p.42〜53

14005 立法手続としての閣議決定（1）奥村公輔「法学論叢」167（1）2010.4 p.89〜114

14006 内閣官房の研究——副長官補室による政策の総合調整の実態 高橋洋「年報行政研究」通号45 2010.5 p.119〜138

14007 鳩山連立政権における憲法問題——衆院比例定数削減と内閣法制局長官答弁禁止の策動の問題点 上脇博之「人権と部落問題」62（6）通号801 2010.5 p.40〜47

14008 議院内閣制における国会と内閣への権限分配（特集 つまずきのもと 憲法）毛利透「法学教室」通号357 2010.6 p.22〜26

14009 立法手続としての閣議決定（2・完）奥村公輔「法学論叢」167（3）2010.6 p.54〜79

14010 法律時評 刑事裁判官の時代認識——公務員の政治活動をめぐる二つの東京高裁判決 大久保史郎「法律時報」82（8）通号1024 2010.7 p.1〜3

14011 比較の中の内閣法制局 長谷部恭男「ジュリスト」（1403）2010.7.1 p.2〜7

14012 日本国憲法は, 行政強制消極主義を容認するか？ 西津政信「ジュリスト」（1404）2010.7.15 p.63〜71

14013 憲法学から見た行政裁量とその統制 太田健介「東京大学法科大学院ローレビュー」5 2010.9 p.25〜52

14014 違憲だらけの菅新体制を暴く（総力特集 やっぱり民主党政権では日本はもたない）長尾一紘「正論」通号464 2010.11 p.208〜215

14015 公共選択と行政法 ： 憲法上, いかにして行政主体に対する私人の権利が生み出されるか 伊藤泰「聖学院大学総合研究所紀要」（53）2011 p.342〜366

14016 内閣総理大臣の指名と憲法 松澤浩一「駿河台法学」25（1）通号47 2011 p.358〜320

14017 内閣法制局と憲法解釈（特集 憲法と政権交代—［全国憲法研究会］秋季研究総会）阪田雅裕「憲法問題」通号22 2011 p.102〜110

14018 執行府の憲法解釈機関としてのOLCと内閣法制局 ： 動態的憲法秩序の一断面 横大道聡「法学論集」45（1）2011.1 p.1〜92

14019 憲法具体化と行政法 ： フリッツ・ヴェルナー行政法学と技術社会 三宅雄彦「社会科学論集」（134）2011.12 p.1〜23

14020 委任立法と憲法規範との相克（橋浦史一教授・山本省教授退職記念）田中祥貴「信州大学人文社会科学研究」（6）2012.3 p.19〜36

14021 行政組織編制権論に関する一考察 黒川伸一「旭川大学経済学部紀要」（71）2012.3 p.1〜47

14022 市民社会と行政法（第7回）大浜啓吉「科学」82（4）通号956 2012.4 p.370〜374

14023 市民社会と行政法（第8回）大浜啓吉「科学」82（5）通号957 2012.5 p.575〜579

14024 市民社会と行政法（第9回）大浜啓吉「科学」82（6）通号958 2012.6 p.671〜675

14025 市民社会と行政法（第10回）法の支配 ： その意義（前半）大浜啓吉「科学」82（7）通号959 2012.7 p.796〜800

14026 市民社会と行政法（第11回）アメリカ革命 ： アメリカ型法の支配の源流 大浜啓吉「科学」82（8）通号960 2012.8 p.923〜927

14027 市民社会と行政法（第12回）大浜啓吉「科学」82（9）通号961 2012.9 p.1039〜1043

14028 市民社会と行政法（第13回）大浜啓吉「科学」82（10）通号962 2012.10 p.1161〜1165

14029 市民社会と行政法（第14回）大浜啓吉「科学」82（11）通号963 2012.11 p.1262〜1266

14030 日本国憲法と内閣法の間 吉本紀「レファレンス」62（11）通号742 2012.11 p.5〜27

14031 市民社会と行政法（第15回）大浜啓吉「科学」82（12）通号964 2012.12 p.1363〜1367

14032 安倍内閣の歴史認識を問う（特集 様々な視点で憲法を考えよう）水田全一「季刊人権問題」（34）2013.秋 p.23〜28

14033 議院内閣制の二つのモデルと実定憲法論 堀内健志「青森法政論叢」（14）2013 p.147〜152

14034 公務就任権 ： 明治憲法一九条の残影（中西又三先生古稀記念論文集）富丼幸雄「法学新報」119（7・8）2013.1 p.479〜506

14035 参議院問責決議の憲法的検討（短期共同研

究プロジェクト 政権の安定と責任をめぐる憲法
問題 ： 日本と韓国の比較を中心に） 吉田仁美
「ジュリスコンサルタス」（22） 2013.1 p.
139～148

14036 市民社会と行政法（第16回） 大浜啓吉
「科学」 83（1）通号965 2013.1 p.121～125

14037 安倍改憲内閣の発足と私たちの課題 又
市征治 「社会主義」（608） 2013.2 p.5～13

14038 安倍内閣に憲法遵守を求める 伊藤成彦
「マスコミ市民 ： ジャーナリストと市民を結ぶ
情報誌」（529） 2013.2 p.46～51

14039 憲法と行政裁量（特集 行政裁量統制論の
展望） 永田秀樹 「法律時報」 85（2）通号1056
2013.2 p.48～53

14040 市民社会と行政法（第17回） 大浜啓吉
「科学」 83（2）通号966 2013.2 p.231～235

14041 安倍政権と参院選 4大課題対処で問われ
る安倍政権 ： 経済再生、対米、TPP、選挙制
度 安全運転で「ねじれ」解消へ 鈴木博之
「メディア展望」（615） 2013.3 p.1～7

14042 憲法における公務員制度（長内了先生古稀
記念論文集） 渡辺洋 「法学新報」 119（9・
10） 2013.3 p.645～672

14043 市民社会と行政法（第18回） 大浜啓吉
「科学」 83（3）通号967 2013.3 p.348～352

14044 法律時評 国公法二事件上告審判決と二つ
の負の遺産［最高裁第二小法廷2012.12.7］ 大
久保史郎 「法律時報」 85（3）通号1057 2013.
3 p.1～3

14045 市民社会と行政法（第19回） 大浜啓吉
「科学」 83（4）通号968 2013.4 p.465～469

14046 堀越・世田谷事件最高裁判決の意義と残
された課題（特集 国家公務員の政治的活動の制
限 ： 最高裁判決を受けて） 大久保史郎 「労
働法律旬報」（1790） 2013.4.下旬 p.6～17

14047 市民社会と行政法（第20回） 大浜啓吉
「科学」 83（5）通号969 2013.5 p.583～587

14048 市民社会と行政法（第21回） 大浜啓吉
「科学」 83（6）通号970 2013.6 p.709～713

14049 日本国憲法における議院内閣制の構造と
その運用（長尾一紘先生古稀記念論文集） 横尾
日出雄 「法学新報」 120（1・2） 2013.6 p.
503～535

14050 ちらつくアベノミクス失速の徴候 参院選
自民独り勝ち？ 悲願の憲法改正は長期目標に
（特集 安倍政権の正体） 泉宏 「週刊東洋経
済」（6468） 2013.6.29 p.64～65

14051 市民社会と行政法（第22回） 大浜啓吉
「科学」 83（7）通号971 2013.7 p.833～837

14052 日本が危ない！ 安倍政権のメディア戦
略にごまかされるな（特集 日本が危ない！ 憲
法が危ない！） 丸山重威 「マスコミ市民 ：

ジャーナリストと市民を結ぶ情報誌」（534）
2013.7 p.30～32

14053 巨大与党「安倍政権」の暗闇 ： 憲法改正
で決won も！ 「サンデー毎日」 92（33）通号
5178 2013.8.11 p.23～27

14054 市民社会と行政法（第23回） 大浜啓吉
「科学」 83（9）通号973 2013.9 p.1067～1071

14055 内閣憲法調査会と戦後平和主義 植村秀
樹 「流通経済大学法学部流経法学」 13（1）通
号24 2013.9 p.61～85

14056 内閣法制局の憲法解釈 牧原出 「季刊行
政管理研究」（143） 2013.9 p.1～3

14057 市民社会と行政法（第24回） 大浜啓吉
「科学」 83（10）通号974 2013.10 p.1190～
1194

14058 内閣人事局をめぐる経緯と論点 井田敦
彦 「レファレンス」 63（10）通号753 2013.10
p.125～135

14059 三者間構造としての「内閣提出法律案提
出手続と司法審査」 奥村公輔 「駒澤法学」
13（2）通号49 2013.11 p.27～55

14060 市民社会と行政法（第25回） 大浜啓吉
「科学」 83（11）通号975 2013.11 p.1310～
1314

14061 内閣法制局の憲法 9条解釈 河上暁弘
「広島平和研究」 1 2013.11 p.120～136

14062 ニュースをよみとく（17）違憲判断と首相
外遊 皆川満寿美 「女性の安全と健康のための
支援教育センター通信」（39） 2013.11 p.37
～40

14063 市民社会と行政法（第26回） 大浜啓吉
「科学」 83（12）通号976 2013.12 p.1409～
1413

14064 安倍政権とは何か ： 軍事大国への野望と
困難 渡辺治 「季論21 ： intellectual and
creative」（25） 2014.夏 p.13～16

14065 内閣法制局の機能（特集 憲法 “改正” 問題
： 国家のあり方とは） 阪田雅裕 「論究ジュリ
スト」（9） 2014.春 p.47～53

14066 日本国憲法74条と「旧憲法における副署
の残照の影響」 荒邦啓介 「大学院紀要」 51
（法・経営・経済） 2014 p.63～77

14067 議院内閣制における内閣の在り方 ： 我が
国の統治機構の在り方を考える視座（特集 政策
課題） 笹口裕二 「立法と調査」（348）
2014.1 p.165～173

14068 市民社会と行政法（第27回） 大浜啓吉
「科学」 84（1）通号977 2014.1 p.114～118

14069 内閣府消費者委員会の今後（消費者委員
会） 山口広 「消費者法ニュース」（98）
2014.1 p.15～17

14070 オンブズマンの現代法的展開 ： 請願の受

容と国際人権法の国内実効（高橋和之教授 古稀記念論文集）　今村哲也　「明治大学法科大学院論集」（14）　2014.3　p.207〜253

14071　国公法二事件最高裁判決は何を変更したのか ： 有機的統一体論を中心に［2012.12.7］　中富公一　「岡山大学法学会雑誌」　63（4）通号224　2014.3　p.598〜544

14072　市民社会と行政法（第28回）　大浜啓吉　「科学」　84（5）通号981　2014.5　p.569〜573

14073　市民社会と行政法（第29回）　大浜啓吉　「科学」　84（6）通号982　2014.6　p.698〜702

14074　内閣と統治（65条）（特集 条文からスタート 憲法2014）　高橋信行　「法学教室」（405）　2014.6　p.39〜41

14075　議院内閣制における内閣の在り方 ： 国の統治機構等に関する調査報告（特集 第186回国会の論議の焦点（1））　久住健治　「立法と調査」（355）　2014.8　p.87〜98

14076　市民社会と行政法（第30回）　大浜啓吉　「科学」　84（8）通号984　2014.8　p.893〜897

14077　安倍"日本会議"内閣の危険度 改憲と歴史修正主義の色鮮明に　「金曜日」　22（37）通号1027　2014.9.26　p.12〜13

14078　閣議決定を問う 延長戦に入った集団的自衛権議論　木村草太　「第三文明」（658）　2014.10　p.31〜33

14079　市民社会と行政法（第31回）　大浜啓吉　「科学」　84（10）通号986　2014.10　p.1079〜1083

14080　執政説と法律執行説の差異 ： 日本国憲法における執政の位置づけを中心として　鈴木陽子　「武蔵野短期大学研究紀要」　29　2015　p.123〜134

14081　「内閣総理大臣」の地位 ： 明治憲法体制と日本国憲法体制　佐藤幸治　「統治の分析 ： ガバナンス研究所論説集」　8　2015.Spr.　p.12〜19

14082　内閣の国会に対する責任と二院制　大西祥世　「立命館法學」　2015（1）通号359　2015　p.52〜74

14083　市民社会と行政法（第32回）　大浜啓吉　「科学」　85（2）通号990　2015.2　p.219〜223

14084　憲法における構成要件の理論（斎藤信治先生古稀記念論文集）　工藤達朗　「法学新報」　121（11・12）　2015.3　p.671〜686

14085　市民社会と行政法（第33回）　大浜啓吉　「科学」　85（3）通号991　2015.3　p.320〜324

14086　市民社会と行政法（第34回）　大浜啓吉　「科学」　85（4）通号992　2015.4　p.424〜428

14087　市民社会と行政法（第35回）　大浜啓吉　「科学」　85（5）通号993　2015.5　p.522〜526

14088　内閣法制局の役割について（400号記念特別寄稿）　「法令解説資料総覧」（400）　2015.5　p.2〜4

14089　市民社会と行政法（第36回）　大浜啓吉　「科学」　85（6）通号994　2015.6　p.630〜634

14090　市民社会と行政法（第37回）　大浜啓吉　「科学」　85（8）通号996　2015.8　p.803〜807

14091　税金で無責任な長談議か 参与会─法制局長官・長官OB・憲法学者の「楽園」 ： 憲法の解釈権もないのに「法の番人」を気取っているが時代の変化を直視しない　「Themis」　24（8）通号274　2015.8　p.42〜43

14092　安倍内閣、臨時国会召集見送りへ？ 憲法違反を認めてはならない　南野森　「金曜日」　23（45）通号1085　2015.11.27　p.22〜23

14093　市民社会と行政法（第38回）　大浜啓吉　「科学」　85（12）通号1000　2015.12　p.1213〜1217

司法権

【図書】

14094　裁判員制度批判　西野喜一著　西神田編集室　2008.10　276, 4p　22cm　2600円　Ⓝ327.67　西野喜一

14095　裁判員制度と知る権利　梓澤和幸, 田島泰彦編著　現代書館　2009.2　308p　20cm　2200円　①978-4-7684-6991-0　Ⓝ327.67　梓澤和幸　田島泰彦

14096　長沼事件平賀書簡─35年目の証言 自衛隊違憲判決と司法の危機　福島重雄, 大出良知, 水島朝穂編著　日本評論社　2009.4　370p　21cm　〈年表あり〉　2700円　①978-4-535-51641-0　Ⓝ323.142　福島重雄　大出良知　水島朝穂

14097　裁判員制度の立法学─討議民主主義理論に基づく国民の司法参加の意義の再構成　柳瀬昇著　日本評論社　2009.10　302p　22cm　〈索引あり〉　5700円　①978-4-535-51713-4　Ⓝ327.67　柳瀬昇

14098　裁判員制度は本当に必要か？─司法制度「改革」への疑問　宮本弘典［述］　国連・憲法問題研究会　2009.10　48p　26cm　（国連・憲法問題研究会講座報告 第47集）　500円

14099　日本国憲法と裁判官─戦後司法の証言とよりよき司法への提言　守屋克彦編著　日本評論社　2010.11　466p　21cm　〈執筆：石松竹雄ほか〉　〈年表あり〉　2800円　①978-4-535-51791-2　Ⓝ327.124　守屋克彦

14100　司法積極主義の神話─アメリカ最高裁判決の新たな理解　カーミット・ルーズヴェルト3世著, 大沢秀介訳　慶応義塾大学出版会　2011.9　269p　21cm　〈索引あり〉　3800円　①978-4-7664-1867-5　Ⓝ323.53　Roosevelt, Kermit　大沢秀介

司法権　　　　　　　　　　　　　　　　　　　　　　政治・行政・司法と憲法

14101　憲法に関する主な論点（第6章司法）に関する参考資料　［東京］　衆議院憲法審査会事務局　2013.4　1冊　30cm　（衆憲資 第81号）　Ⓝ323.146　衆議院

14102　私の最高裁判所論―憲法の求める司法の役割　泉徳治著　日本評論社　2013.6　342p　20cm　〈索引あり〉　2800円　Ⓘ978-4-535-51951-0　Ⓝ327.122　泉徳治

14103　二重危険の法理　中野目善則著　八王子　中央大学出版部　2015.3　328p　22cm　（日本比較法研究所研究叢書 101）　4200円　Ⓘ978-4-8057-0801-9　Ⓝ327.63　中野目善則

14104　日本の最高裁判所―判決と人・制度の考察　市川正人, 大久保史郎, 斎藤浩, 渡辺千原編著　日本評論社　2015.6　417p　22cm　〈他言語標題：SUPREME COURT OF JAPAN〉　5200円　Ⓘ978-4-535-52092-9　Ⓝ327.122　市川正人　大久保史郎　斎藤浩　渡辺千原

【雑誌】

14105　裁判実務における社会権規約（特集 社会権の権利性－国際人権法の射程範囲）　藤原精吾　国際人権法学会［編］　「国際人権：国際人権法学会報」　通号16　2005　p.80～86

14106　国民を真の主人公に（「司法改革」の総決算――憲法の理念に基づく真の司法改革をめざして―これだけは言いたい――私の司法改革論）　中村浩爾　「法の科学：民主主義科学者協会法律部会機関誌「年報」」　通号36（増刊）　2006　p.147～149

14107　国民の司法参加――裁判員制度への評価と期待（「司法改革」の総決算――憲法の理念に基づく真の司法改革をめざして―これだけは言いたい――私の司法改革論）　新倉修　「法の科学：民主主義科学者協会法律部会機関誌「年報」」　通号36（増刊）　2006　p.144～146

14108　裁判員制度の光と影（「司法改革」の総決算――憲法の理念に基づく真の司法改革をめざして―裁判制度はどうなったか）　新屋達之　「法の科学：民主主義科学者協会法律部会機関誌「年報」」　通号36（増刊）　2006　p.40～50

14109　裁判官制度改革の小括（「司法改革」の総決算――憲法の理念に基づく真の司法改革をめざして―司法の担い手をめぐる制度はどうなったか）　飯考行　「法の科学：民主主義科学者協会法律部会機関誌「年報」」　通号36（増刊）　2006　p.92～99

14110　ジェンダー・バイアスの改革を（「司法改革」の総決算――憲法の理念に基づく真の司法改革をめざして―これだけは言いたい――私の司法改革論）　戒能民江　「法の科学：民主主義科学者協会法律部会機関誌「年報」」　通号36（増刊）　2006　p.150～152

14111　司法改革と日本国憲法――国民の裁判を受ける権利のゆくえ（「司法改革」の総決算――憲法の理念に基づく真の司法改革をめざして―司法改革をどう評価するか）　小沢隆一　「法の科学：民主主義科学者協会法律部会機関誌「年報」」　通号36（増刊）　2006　p.14～20

14112　司法改革と労働審判制度（「司法改革」の総決算――憲法の理念に基づく真の司法改革をめざして―裁判制度はどうなったか）　西谷敏　「法の科学：民主主義科学者協会法律部会機関誌「年報」」　通号36（増刊）　2006　p.74～81

14113　「司法改革」はなにを改革したのか 憲法の理念と国民の要求に基づいて真の改革を進めるために（「司法改革」の総決算――憲法の理念に基づく真の司法改革をめざして）　民主主義科学者協会法律部会司法特別研究会　「法の科学：民主主義科学者協会法律部会機関誌「年報」」　通号36（増刊）　2006　p.7～11

14114　司法改革はなにを狙いとしたのか、それを実現したのか（「司法改革」の総決算――憲法の理念に基づく真の司法改革をめざして―司法改革をどう評価するか）　小田中聰樹　「法の科学：民主主義科学者協会法律部会機関誌「年報」」　通号36（増刊）　2006　p.21～28

14115　「司法権の観念」論（再続）（13）司法の機能の原点に立返って　宇都宮純一　「愛媛法学会雑誌」　32（3・4）　2006　p.135～158

14116　市民の観点から見た「司法改革」の一断面――弁護士報酬敗訴者負担制度導入阻止の経験に即して（「司法改革」の総決算――憲法の理念に基づく真の司法改革をめざして―司法改革をどう評価するか）　清水誠　「法の科学：民主主義科学者協会法律部会機関誌「年報」」　通号36（増刊）　2006　p.29～37

14117　資料 年表 司法改革の軌跡（2）司法制度改革審議会『中間報告』以降の動き（「司法改革」の総決算――憲法の理念に基づく真の司法改革をめざして）　佐藤岩夫　「法の科学：民主主義科学者協会法律部会機関誌「年報」」　通号36（増刊）　2006　p.186～199

14118　人事訴訟制度の改革（「司法改革」の総決算――憲法の理念に基づく真の司法改革をめざして―裁判制度はどうなったか）　富田哲　「法の科学：民主主義科学者協会法律部会機関誌「年報」」　通号36（増刊）　2006　p.59～66

14119　総合法律支援法は司法アクセスを拡充するか（「司法改革」の総決算――憲法の理念に基づく真の司法改革をめざして―司法の担い手をめぐる制度はどうなったか）　立松彰　「法の科学：民主主義科学者協会法律部会機関誌「年報」」　通号36（増刊）　2006　p.118～125

14120　弁護士自治と綱紀・懲戒制度（「司法改革」の総決算――憲法の理念に基づく真の司法改革をめざして―司法の担い手をめぐる制度はどうなったか）　森山文昭　「法の科学：民主主義科学者協会法律部会機関誌「年報」」　通号36（増刊）　2006　p.109～117

政治・行政・司法と憲法　　　　　　　　　　　　　　　　　　　　　　　　司法権

14121　弁護士の公益活動(「司法改革」の総決算
——憲法の理念に基づく真の司法改革をめざし
て—これだけは言いたい——私の司法改革論)
打田正俊 「法の科学 ： 民主主義科学者協会法
律部会機関誌「年報」 通号36 (増刊) 2006
p.164～166

14122　弁護士の大量増員と需要、職務の独立・
適正の確保(「司法改革」の総決算——憲法の理
念に基づく真の司法改革をめざして—司法の担
い手をめぐる制度はどうなったか) 鈴木秀幸
「法の科学 ： 民主主義科学者協会法律部会機関
誌「年報」 通号36 (増刊) 2006 p.100～108

14123　法曹人口5万人時代における司法書士プロ
フェッション論(「司法改革」の総決算——憲法
の理念に基づく真の司法改革をめざして—これ
だけは言いたい——私の司法改革論) 滝川あ
おい 「法の科学 ： 民主主義科学者協会法律部
会機関誌「年報」」 通号36 (増刊) 2006 p.
167～170

14124　ADRはなにをもたらすか(「司法改革」の
総決算——憲法の理念に基づく真の司法改革を
めざして—裁判制度はどうなったか) 大島和
夫 「法の科学 ： 民主主義科学者協会法律部会
機関誌「年報」 通号36 (増刊) 2006 p.67～
73

14125　リーガル・クリニックの地方展開(特集
法科大学院における法実務と法学教育の試み)
木下智史 「関西大学大学院法務研究科法科大学
院ジャーナル」 (1) 2006.3 p.23～28

14126　「法の支配」論の射程——司法制度改革と
法の支配 土井真一 「民商法雑誌」 134 (1)
2006.4 p.1～31

14127　司法積極主義の生成と展開(第2部 アジア
法研究の課題と展望) 孝忠延夫 「アジア法研
究の新たな地平」 2006.6 p.192～

14128　行政特権と司法権 吉田仁美 「関東学院
法学」 16 (1) 2006.7 p.51～94

14129　法整備支援活動による法制度の国際発信
——名古屋大学法政国際教育協力研究センター
(CALE) 設立5周年によせて(特集 日本法制度
のグローバリゼーションへの対応) 鮎京正訓
「法律のひろば」 59 (8) 2006.8 p.37～43

14130　司法制度改革のパラドックス(第一部)
浦田賢治 「市民の司法をめざして 宮本康昭先
生古稀記念論文集」 2006 p.72～

14131　「司法権の観念」論(再続)(14)司法の機
能の原点に立返って 宇都宮純一 「愛媛法学会
雑誌」 34 (1・2) 2007 p.1～42

14132　「国民訴訟」の可能性について(第三部 法
治国家における裁判の権利保護) 松井茂記
「法治国家の展開と現代的構成 高田敏先生古稀
記念論集」 2007.2 p.351～

14133　立法の不作為をめぐる司法消極主義と積
極主義(1) 中谷実 「南山法学」 30 (3・4)

2007.3 p.67～103

14134　司法書士に求められる憲法感覚とは(特集
憲法) 岩井英典 「月報司法書士」 (423)
2007.5 p.19～22

14135　裁判手続における「合議」保障の意義
——憲法学の観点からの鑑定意見書 小林武
「愛知大学法学部法経論集」 (174) 2007.7 p.
87～106

14136　日本国憲法60年記念 憲法学の現在・未来
(2)司法のプラグマティク 宍戸常寿 「法学教
室」 通号322 2007.7 p.24～32

14137　裁判員制度の骨格に関わる憲法上の論点
(IV 政治機構) 森山弘二 「憲法諸相と改憲論
吉田善明先生古稀記念論文集」 2007.8 p.421～

14138　司法権の優越と代表民主制の原理——合
衆国最高裁における違憲立法審査の史的素描
本田隆浩 「英米法学」 (46) 2007.9 p.7～25

14139　ロー・クラス 判例にみる憲法実体論(30・
最終回)エピローグ——裁判所による司法権の
自己理解[最大判1952.10.8] 井上典之 「法学
セミナー」 52 (9) 通号633 2007.9 p.76～80

14140　憲法の解釈(第8回・Round 3—2)客観訴
訟 非司法作用と裁判所——「事件性の擬制」と
いうマジノ線 駒村圭吾 「法学教室」 通号326
2007.11 p.41～49

14141　裁判員制度(伊藤真の中・高生のための憲
法教室〔44〕) 伊藤真 「世界」 (771) 2007.
11 p.184～185

14142　憲法の解釈(第9回・Round3—3)客観訴
訟 トポスとしての権利侵害論——司法権の自己
同一性論との関連で 石川健治 「法学教室」
通号327 2007.12 p.48～55

14143　地方議会における議員に対する不利益措
置の司法審査対象性——憲法学の観点からの鑑
定意見書 小林武 「愛知大学法学部法経論集」
(175) 2007.12 p.129～149

14144　座談会 グローバル化時代における裁判官
の職業倫理——日仏比較を中心として 森際康
友 長谷部恭男 松本恒雄[他] 「判例タイム
ズ」 58 (29) 通号1251 2007.12.1 p.32～50

14145　企画趣旨・総論(ミニ・シンポジウム ア
ジアにおける「公益」訴訟の現状と展開可能
性) 孝忠延夫 「比較法研究」 通号70 2008
p.196～202

14146　最高裁は何処へ?——司法権の現状と将
来(特集 日本国憲法60年——憲法学の成果と課
題—日本国憲法60年——憲法学の成果と課題
(2)) 棟居快行 「憲法問題」 通号19 2008
p.59～73

14147　司法書士の生活と意見 司法書士と憲法
「法学セミナー」 53 (2) 通号638 2008.2 p.120

14148　裁判員法の立法過程(3) 柳瀬昇 「信州

〔14121～14148〕　　　　　　　　　　　　　　　　　　　　　　　　　憲法改正 最新文献目録　**525**

大学法学論集」(10) 2008.3 p.119〜164

14149 憲法から見た裁判員制度(特集 裁判員制度——何が変わるのか) 笹田栄司 「世界」(779) 2008.6 p.106〜115

14150 「蛇足判決」こそ違憲！ この裁判官を弾劾せよ 井上薫 「正論」通号436 2008.7 p.224〜235

14151 「蛇足判決」こそ違憲！ この裁判官を弾劾せよ 井上薫 「正論」通号436 2008.7 p.224〜235

14152 「政府給付 (government benefits)」と司法権(第四部 社会権論の再構成) 尾形健 「国民主権と法の支配 下巻 佐藤幸治先生古稀記念論文集」 2008.9 p.391〜

14153 基調報告 裁判員制度と憲法的思考(日本国憲法研究(第1回)裁判員制度) 笹田栄司 「ジュリスト」(1363) 2008.9.15 p.79〜87

14154 座談会(日本国憲法研究(第1回)裁判員制度) 笹田栄司 ダニエル, フット 長谷部恭男 [他] 「ジュリスト」(1363) 2008.9.15 p.88〜111

14155 「日本国憲法研究」の開始にあたって(日本国憲法研究(第1回)裁判員制度) 長谷部恭男 「ジュリスト」(1363) 2008.9.15 p.78

14156 裁判員法の立法過程(4・完) 柳瀬昇 「信州大学法学論集」(11) 2008.10 p.135〜209

14157 立法の不作為をめぐる司法消極主義と積極主義(2) 中谷実 「南山法学」32(2) 2008.10 p.41〜58

14158 「国民の司法」確立のための裁判員制度(特集 裁判員制度——裁判に新たな地平を拓くか) 佐藤幸治 「都市問題」99(12) 2008.12 p.4〜8

14159 違憲性と違法性(憲法訴訟と行政訴訟) 藤井樹也 「公法研究」(71) 2009 p.112〜126

14160 活性化する憲法・行政訴訟の現状(憲法訴訟と行政訴訟) 杉原則彦 「公法研究」(71) 2009 p.196〜206

14161 講演要旨 裁判員制度を憲法的視点から考える(特集 裁判員制度) 土井真一 「読売クオータリー」(11) 2009.秋 p.48〜59

14162 裁判員制度と報道の在り方——憲法の視点から(特集 報道と刑事裁判) 川岸令和 「刑事法ジャーナル」15 2009 p.38〜44

14163 不作為に対する救済(憲法訴訟と行政訴訟) 野呂充 「公法研究」(71) 2009 p.174〜184

14164 Why does the Japanese constitution not include the creation of a special tribunal? 辻雄一郎 「駿河台法学」23(1)通号43 2009 p.190〜170

14165 裁判員制度の憲法理論(特集 裁判員裁判

の実施に向けて——準備状況の現段階と残された課題) 柳瀬昇 「法律時報」81(1)通号1004 2009.1 p.62〜68

14166 日本国憲法と陪審制・再論 西野喜一 「法政理論」41(2) 2009.2 p.1〜13

14167 裁判員制度批判補遺(1)嶋津格氏「裁判員制度擁護論のためのメモ」の検討 西野喜一 「法政理論」41(3・4) 2009.3 p.161〜180

14168 憲法から見た裁判手続原則(特集 憲法学に問う—民事訴訟法学からの問題提起と憲法学からの応答) 長谷部恭男 「法律時報」81(5)通号1008 2009.5 p.52〜56

14169 司法権の概念の再構成に向けて(特集 憲法学に問う—行政法学からの問題提起と憲法学からの応答) 川岸令和 「法律時報」81(5)通号1008 2009.5 p.69〜73

14170 司法書士と憲法——何が問われているか(特集 憲法の視点から考察する諸問題) 水島朝穂 「月報司法書士」(447) 2009.5 p.2〜6

14171 司法の当為 清水晴生 「白鷗法学」16(1)通号33 2009.5 p.80〜68

14172 裁判員・参加せずとも罰則なし——過料10万円は憲法違反!? 大久保太郎 「Voice」通号378 2009.6 p.170〜175

14173 罪刑法定主義の憲法上の根拠規定 宮川基 「東北学院法学」(68) 2009.7 p.49〜83

14174 行政法 行政法一般 国籍法違憲訴訟最高裁大法廷判決 最高裁大法廷平成20.6.4判決(平成20年度主要民事判例解説[含 審級別言渡年月日順索引]) 寳金敏明 「別冊判例タイムズ」通号25 2009.9 p.266〜269

14175 裁判員制度批判補遺(2)コリン・P・A・ジョーンズ氏『アメリカ人弁護士が見た裁判員制度』(平凡社新書、2008)の検討 西野喜一 「法政理論」42(1) 2009.9 p.65〜114

14176 立法の不作為をめぐる司法消極主義と積極主義(3) 中谷実 「南山法学」33(1) 2009.9 p.61〜108

14177 佐藤幸治教授の司法権論(戦後憲法学の到達点と21世紀憲法学の課題—佐藤幸治憲法学の検討を通して) 市川正人 「法律時報」81(11)通号1014 2009.10 p.75〜79

14178 裁判員制度批判補遺(3)伊佐千尋・生田暉雄編著『裁判員拒否のすすめ』(WAVE出版、2009年4月)及び石松竹雄・伊佐千尋『裁判員必携』(ちくま新書、2009年8月)の検討 西野喜一 「法政理論」42(2) 2009.12 p.87〜128

14179 司法権の限界と国体法 小森義峯 「憲法論叢」(16) 2009.12 p.69〜88

14180 市民会議報告 市民から見た法曹の質/ADR 石鍋美津子 川岸令和 神田敏子[他] 「Niben frontier」(90)通号313 2009.12 p.46〜49

14181 重大犯罪裁判官を裁く!! 憲法違反の裁判官たち——高橋祥子 高木俊夫 池本寿美子 下飯坂潤夫 陶山博生 上妻崇史 「冤罪file」 (8) 2009.12 p.38～43

14182 法整備支援の担い手を育成しよう——法曹をめざす若い世代に経験を伝達する課題(特集 「私たちの法整備支援——ともに考えよう! 法の世界の国際協力」シンポジウム——参加者感想) 鮎京正訓 「ICD news」 (41) 2009.12 p.12～15

14183 立法の不作為をめぐる司法消極主義と積極主義(4) 中谷実 「南山法学」 33(2) 2009.12 p.55～94

14184 基調講演 司法制度改革と法教育(設立準備総会・シンポジウム ： 2009年12月6日(日)) 佐藤幸治 「法と教育 ： an official journal of the Japan Society for Law and Education」 1 2010 p.120～125

14185 憲法第31条と罪刑法定主義 菅原由香 「憲法研究」 (42) 2010 p.143～158

14186 裁判員制度と憲法理論(シンポジウム 司法制度改革と実定法学) 成澤孝人 「法の科学 ： 民主主義科学者協会法律部会機関誌「年報」」 通号41 2010 p.64～77

14187 裁判員制度の意義と課題について——憲法の視点から(シンポジウム 裁判員制度——国民の司法参加) 柳瀬昇 「法政論叢」 47(1) 2010 p.251～261

14188 裁判員制度の趣旨と本質的な問題点について——憲法の視点から(シンポジウム 裁判員制度——国民の司法参加) 石田榮仁郎 「法政論叢」 47(1) 2010 p.238～250

14189 司法権の構造的理解と新たな「裁判」解釈 笹田栄司 「北大法学論集」 61(2) 2010 p.545～603

14190 司法の概念についての覚書き 渋谷秀樹 「立教法務研究」 (3) 2010 p.33～53

14191 「司法権の観念」論(再続)(15)司法の機能の原点に立返って 宇都宮純一 「愛媛法学会雑誌」 36(1・2) 2010.1 p.198～172

14192 裁判員裁判傍聴記 大野友也 「法学論集」 44(2) 2010.2 p.43～56

14193 裁判員制度批判補遺(4)くじで負わせる義務と公判前整理手続と 西野喜一 「法政理論」 42(3・4) 2010.3 p.4～16

14194 最高裁判所は変わったか——企画趣旨と今後の議論への示唆(小特集 最高裁判所は変わったか——違憲審査と政策形成を考える) 佐藤岩夫 「法律時報」 82(4)通号1020 2010.4 p.46～49

14195 裁判官の責任とは何か 蟻川恒正 「法の支配」 (157) 2010.4 p.42～50

14196 わが国最高裁判所の役割をどう考えるか

(小特集 最高裁判所は変わったか——違憲審査と政策形成を考える) 滝井繁男 「法律時報」 82(4)通号1020 2010.4 p.50～56

14197 憲法の理念の実現のために司法書士に求められる行動(特集 憲法の理念を実現するために) 芝田淳 「月報司法書士」 (459) 2010.5 p.35～37

14198 最高裁判官の任命慣行の問題点(特集 憲法訴訟と司法権) 今関源成 「ジュリスト」 (1400) 2010.5.1・15 p.27～35

14199 裁判員制度の運用と司法権の正統性の危機(特集 憲法訴訟と司法権) 柳瀬昇 「ジュリスト」 (1400) 2010.5.1・15 p.36～42

14200 司法の独立と裁判官の良心(特集 憲法訴訟と司法権) 南野森 「ジュリスト」 (1400) 2010.5.1・15 p.11～18

14201 司法権の対象と限界——富山大学事件最高裁判決を読み直す(特集 つまずきのもと 憲法) 渡辺康行 「法学教室」 通号357 2010.6 p.17～21

14202 パネルディスカッション 法整備支援に携わる人材の育成(特集 第11回法整備支援連絡会) 赤根智子 森千也 鮎京正訓[他] 「ICD news」 (43) 2010.6 p.28～45

14203 裁判員制度批判補遺(5)裁判員関係判決検討2題[東京高等裁判所平成22.4.22判決, 新潟地方裁判所平成22.3.25判決] 西野喜一 「法政理論」 43(1) 2010.8 p.117～130

14204 続・Interactive憲法——B准教授の生活と意見(第20回)司法権の概念 長谷部恭男 「法学教室」 通号362 2010.11 p.70～74

14205 原告適格論と憲法の視点 神橋一彦 「立教法学」 通号82 2011 p.229～274

14206 裁判員制度の合憲性[最大判平成23.11.16] 蒔田圭明 「名城法学論集 ： 大学院研究年報」 39 2011年度 p.45～54

14207 司法官職高等評議会小史——第3共和制から2008年憲法改正まで 佐藤修一郎 「白山法学 ： Toyo law review」 (7) 2011 p.69～93

14208 藤田裁判官の「判断過程統制」の検討 山本真敬 「早稲田大学大学院法研論集」 (138) 2011 p.201～227

14209 講演 日本国憲法と裁判官 ： 司法改革までの歴史的視点から 大出良知 「法学館憲法研究所報」 (4) 2011.1 p.48～62

14210 裁判の公開(1) 安念潤司 「中央ロー・ジャーナル」 7(4)通号26 2011.3 p.123～137

14211 「司法権の観念」論(再続)(16)司法の機能の原点に立返って 宇都宮純一 「愛媛法学会雑誌」 37(1-4) 2011.3 p.108～85

14212 行政法を学ぶ(第2回)行政法の特色(2)憲法・民法との比較 曽和俊文 「法学教室」 通号368 2011.5 p.59～66

司法権　　　　　　　　　　　　　　　　　　　　　　　政治・行政・司法と憲法

14213　2010年度会務報告——市民の目線で第二次司法改革を（特集 回顧と展望——日弁連2010年度）　海渡雄一　「自由と正義」 62（5）通号748　2011.5　p.39〜52

14214　法整備支援の先駆者・三ヶ月章先生と名古屋大学（特集 元法務大臣・法務省特別顧問 三ヶ月章先生 追悼［含 略歴］）　鮎京正訓　「ICD news」 （47）　2011.6　p.19〜22

14215　講演 裁判所・裁判官に関して思うこと　園部逸夫　「法学館憲法研究所報」 （5）　2011.7　p.23〜33

14216　裁判官の政治運動について　田尾桃二　「帝京法学」 27（2）通号47　2011.8　p.3〜14

14217　裁判の公開（2）　安念潤司　「中央ロー・ジャーナル」 8（2）通号28　2011.9　p.97〜115

14218　いまこそ、憲法に即した司法制度、法曹一元制度の実現を！　鳥生忠佑　「法と民主主義」 （463）　2011.11　p.74〜77

14219　第三回東洋大学公法研究会報告 司法権の発動と権利侵害 ： 憲法的必然性について　成瀬トーマス誠　「東洋法学」 55（2）通号120　2011.12　p.251〜256

14220　「裁判員制度は合憲」という最高裁判決の茶番　井上薫　「週刊新潮」 56（48）通号2821　2011.12.15　p.50〜52

14221　最高裁の憲法上の役割と国民の期待（憲法記念講演会）　滝井繁男　「憲法問題」 （23）　2012　p.121〜134

14222　最高裁判所は変わったか？（憲法記念講演会）　小山剛　「憲法問題」 （23）　2012　p.135〜144

14223　裁判員裁判合憲判決の歴史的意義（特集 裁判員制度3年の軌跡と展望―裁判員制度施行3年に寄せて ： 各界からの意見集）　但木敬一　「論究ジュリスト」 （2）　2012.夏　p.98

14224　司法による生存権の保障及び権利促進の可能性（1）日本・アメリカ・台湾の司法審査を中心に　鄭明政　「北大法学論集」 63（3）　2012　p.932〜893

14225　裁判員制度をめぐる諸問題の検討 ： 下福元町強盗殺人事件を手がかりとして　大野友也　「法学論集」 46（1）　2012.1　p.1〜22

14226　最高裁判所と裁判を受ける権利 ： 憲法の機能の視点からの分析（武久征治教授 寺田武彦教授 平野武教授 退職記念論集）　片山智彦　「龍谷法学」 44（4）　2012.3　p.1573〜1598

14227　裁判員制度合憲判決にみる最高裁判所の思想とその問題点［最高裁平成23.11.16判決］（法学部創設30周年記念号）　西野喜一　「法政理論」 44（2・3）　2012.3　p.81〜105

14228　司法を「人権の砦」から「治安の砦」に変える 裁判員制度　斎藤文男　「リベラシオン ： 人権研究ふくおか」 （145）　2012.3　p.48〜66

14229　『司法による憲法価値の実現』を上梓して　大沢秀介　「書斎の窓」 （612）　2012.3　p.16〜20

14230　司法の役割 ： 主として裁判所の役割（鳥居勝教授退職記念号）　山内義廣　「平成法政研究」 16（2）通号31　2012.3　p.163〜181

14231　民主憲法下の司法制度　下澤悦夫　「Plan B ： 閉塞時代を打ち破る代案を！」 （37）　2012.3　p.34〜38

14232　2011年度会務報告（特集 回顧と展望 日弁連2011年度）　海渡雄一　「自由と正義」 63（5）通号761　2012.5　p.37〜56

14233　パネルディスカッション 法整備支援の展望 ： 支援から協力へ（特集 第13回法整備支援連絡会）　森永太郎　鮎京正訓　松尾弘［他］　「ICD news」 （51）　2012.6　p.55〜77

14234　Q&Aでわかる！ 司法制度改革（特集「ひらかれた司法」は、いま）　中西一裕　海渡雄一　「まなぶ」 （661）　2012.6　p.30〜40

14235　憲法判断における2重の拘束について ： 原意主義と先例拘束　大林啓吾　「千葉大学法学論集」 27（2）　2012.9　p.294〜248

14236　裁判員制度の合憲性に関わる判例法理 ： 下級審判例を中心として　森山弘二　「札幌法学」 24（1）　2012.9　p.57〜116

14237　ロー・クラス 憲法訴訟の現代的転回 ： 憲法的論証を求めて（第23回）第4部/憲法訴訟の重要論点 司法権の概念　駒村圭吾　「法学セミナー」 57（9）通号692　2012.9　p.38〜43

14238　司法制度「改革」の憲法問題（上）　永山茂樹　「反戦情報」 （336）　2012.9.15　p.18〜20

14239　ロー・クラス 憲法訴訟の現代的転回 ： 憲法的論証を求めて（第24回）第4部/憲法訴訟の重要論点 法律上の争訟　駒村圭吾　「法学セミナー」 57（10）通号693　2012.10　p.50〜56

14240　ロー・クラス 憲法訴訟の現代的転回 ： 憲法的論証を求めて（第25回）第4部/憲法訴訟の重要論点 第三者の権利の援用　駒村圭吾　「法学セミナー」 57（11）通号694　2012.11　p.38〜43

14241　司法制度「改革」の憲法問題（下）　永山茂樹　「反戦情報」 （338）　2012.11.15　p.20〜22

14242　ロー・クラス 憲法ゼミナール part.2 コンテクストを読む（第20回）司法消極主義と司法積極主義　中林暁生　「法学セミナー」 57（12）通号695　2012.12　p.43〜47

14243　行政書士が業務として行う事実証明に関する一考察　山中三郎　岩井和由　「鳥取短期大学研究紀要」 （68）　2013　p.1〜11

14244　司法による生存権の保障及び権利促進の可能性（3）日本・アメリカ・台湾の司法審査を中心に　鄭明政　「北大法学論集」 64（1）

2013 p.280〜214

14245 司法による生存権の保障及び権利促進の可能性（4）日本・アメリカ・台湾の司法審査を中心に 鄭明政 「北大法学論集」64（2） 2013 p.610〜549

14246 司法による生存権の保障及び権利促進の可能性（5）日本・アメリカ・台湾の司法審査を中心に 鄭明政 「北大法学論集」64（3） 2013 p.1096〜1033

14247 裁判官の職業倫理についての予備的研究 ： フランスの『司法官の職業倫理上の義務についての定め』を手がかりとして（中西又三先生古稀記念論文集） 佐藤修一郎 「法学新報」119（7・8） 2013.1 p.425〜447

14248 第十四回 東洋大学公法研究会報告 日米における司法権発動の要件の背景と構造 ： スタンディング論と権利義務関係の要件に着目して 成瀬トーマス誠 「東洋法学」56（2）通号123 2013.1 p.252〜269

14249 日本裁判官ネットワーク・シンポジウム 司法改革10年、これまでとこれから 第一部 講演 司法改革の経緯、成果、そして課題 佐藤幸治 「判例時報」（2167） 2013.1.11 p.3〜16

14250 裁判員制度の合憲性 ： 併せ、討議民主主義と裁判員制度に関する若干の検討［最高裁2012.1.13判決］ 新屋達之 「大宮ローレビュー」（9） 2013.2 p.133〜144

14251 最高裁裁判官国民審査制度は存続すべきか 泉徳治 「法学セミナー」58（3）通号698 2013.3 巻頭1p

14252 市民会議報告 ： 法曹養成制度改革について 石鍋美津子 上田令子 川岸令和［他］ 「Niben frontier」（122）通号345 2013.4 p.11〜22

14253 〈時代〉の中で考えた司法論 ： 一憲法研究者の例（時代の中での司法・法学 ： 創刊700号記念特集） 樋口陽一 「法学セミナー」58（5）通号700 2013.5 p.2〜6

14254 制度開始から4年 裁判員制度は現にすすむ"改憲"です（特集「適正化」されるくらし ： アベノミクス騒動の裏側で） 高山俊吉 「まなぶ」（673） 2013.6 p.34〜37

14255 衆議と戦略：裁判官たちを制約するものは何か 武田芳樹 「山梨学院ロー・ジャーナル」8 2013.7 p.133〜167

14256 裁判員制度と報道 ： NHKスペシャル尼崎事件再現映像番組から再考する 曽我部真裕 「新聞研究」（746） 2013.9 p.43〜47

14257 「司法権」の範囲と発動要件についての一考察 ： いわゆる「客観訴訟」を契機として 小堀裕子 「日本大学大学院法学研究年報」（44） 2014 p.153〜194

14258 昭和期にみる軍の裁きと正当性 北博昭

「東アジア研究」（61） 2014 p.85〜96

14259 政治問題の法理のゆくえ（小林節教授退職記念号） 大林啓吾 「法学研究」87（2） 2014.2 p.197〜248

14260 司法権定義に伴う裁判所の中間領域論 ： 客観訴訟・非訟事件等再考（1）（奥山恭子教授退職記念号） 君塚正臣 「横浜法学」22（3） 2014.3 p.143〜169

14261 「司法の独立」のグローバル化とその困難 ： ウズベキスタンの事例から考える（杉浦一孝教授退職記念論文集―歴史・社会体制と法） 大河内美紀 「名古屋大学法政論集」（255） 2014.3 p.519〜553

14262 泉徳治・元最高裁判所判事に聞く グローバル化社会における憲法と司法の役割 泉徳治 山元一 慶應義塾大学若手憲法研究者 「法学セミナー」59（7）通号714 2014.7 p.42〜55

14263 地裁が原発運転差止め命じる ： 示された3・11後の司法の立脚点［福井地裁2014.5.21判決］（特集 平和と生活を闘い取る） 海渡雄一 「月刊労働組合」（599） 2014.7 p.15〜18

14264 法曹養成制度の理念と司法試験予備試験の在り方（特集 法科大学院10年と新たな法曹養成制度―法曹養成制度の再構築に向けて） 土井真一 「法の支配」（174） 2014.7 p.93〜107

14265 大飯原発差止福井地裁判決と3.11後の司法のあり方 ： 科学の不確実性を見据え、二度と重大事故を再発させないために［2014.5.21］（特集 汚染水 ： 溶け出した炉心のゆくえ） 海渡雄一 「科学」84（8）通号984 2014.8 p.878〜882

14266 憲法学のゆくえ（2―2）座談会 憲法学と司法政治学の対話（前篇） 見平典 宍戸常寿 曽我部真裕［他］ 「法律時報」86（9）通号1076 2014.8 p.102〜109

14267 裁判官が判例に拘束される理由（宮崎隆次先生・嶋津格先生 退職記念号） 早瀬勝明 「千葉大学法学論集」29（1・2） 2014.8 p.558〜529

14268 憲法学のゆくえ（2―3）座談会 憲法学と司法政治学の対話（後篇） 見平典 宍戸常寿 曽我部真裕［他］ 「法律時報」86（10）通号1077 2014.9 p.104〜112

14269 司法権定義に伴う裁判所の中間領域論 ： 客観訴訟・非訟事件等再考（2） 君塚正臣 「横浜法学」23（1） 2014.9 p.1〜40

14270 公判前整理手続における主張開示義務及び証拠調べ請求義務と憲法38条1項［最高裁平成25.3.18決定］「新・判例解説watch ： 速報判例解説」15 2014.10 p.177〜180

14271 公判前の事件報道に対して理論的根拠を含む裁判官説示が与える影響 若林宏輔 渕野貴生 サトウタツヤ 「法と心理」14（1）通号14 2014.10 p.87〜97

司法権

14272 コンマ3官庁は「闘う司法」に脱皮できるか 西川伸一「政経論叢」83（1・2） 2014.11 p.1～36

14273 憲法の危機と司法の役割：憲法学から考える（特集 憲法の危機と司法の役割：第45回司法制度研究集会より―日民協第45回司法制度研究集会（二〇一四年一一月一五日）報告から）森英樹「法と民主主義」（494） 2014.12 p.15～22

14274 「絶望の裁判所」で希望のある判決が生まれる謎（特集 憲法の危機と司法の役割：第45回司法制度研究集会より―日民協第45回司法制度研究集会（二〇一四年一一月一五日）報告から）石塚章夫「法と民主主義」（494） 2014.12 p.10～14

14275 回避法理と憲法の最高法規性 藤井樹也「成蹊法学」（83） 2015 p.210～190

14276 最高裁の「公的正統性」（Public Legitimacy）：「司法的ステイツマンシップ」論を手がかりに 坂田隆介「立命館法學」2015（3）通号361 2015 p.605～662

14277 司法と政治：司法積極主義の周辺 堀内健志「青森法政論叢」（16） 2015 p.88～99

14278 再審弁護と日本国憲法（石川英昭教授退職記念号）鴨志田祐美「法学論集」49（2） 2015.3 p.353～383

14279 司法権定義に伴う裁判所の中間領域論：客観訴訟・非訟事件等再考（3・完）君塚正臣「横浜法学」23（3） 2015.3 p.111～146

14280 日本の裁判所の憲法上の構造と最近の「ささやかな」司法積極主義（日越憲法比較シンポジウム：転換期における憲法と社会）髙井裕之「阪大法学」64（6）通号294 2015.3 p.1981～1994

14281 法のエートスの探求者：真野毅（小特集 憲法学からみた最高裁判所裁判官）尾形健「法律時報」87（4）通号1084 2015.4 p.55～60

14282 「奥平陳述書」解題（特集 裁判所によって創られる統治行為―沖縄「密約」訴訟）蟻川恒正「法律時報」87（5）通号1085 2015.5 p.20～25

14283 憲法学からみた最高裁判所裁判官（2）求道者：中村治朗 笹田栄司「法律時報」87（5）通号1085 2015.5 p.116～121

14284 瀬木比呂志元裁判官・インタビュー 裁判官に良心を期待してはならない（憲法特集 憲法を知らない大人たち―司法は"権力の番犬"か!?）瀬木比呂志「金曜日」23（17）通号1057 2015.5.1-8 p.20～21

14285 憲法学からみた最高裁判所裁判官（3）法曹一元的理念の体現：大野正男 川岸令和「法律時報」87（7）通号1087 2015.6 p.101～106

14286 憲法学からみた最高裁判所裁判官（4）「理想」の追求とその行方：入江俊郎 嘉多山宗

「法律時報」87（8）通号1088 2015.7 p.82～87

14287 司法の独立と民主化を求めて 『検証・司法の危機』とそれ以降（創刊500号記念特集 憲法の危機に抗しつづけて―平和・民主主義・人権闘争のバトンを引き継いで）鷲野忠雄「法と民主主義」（500・501） 2015.7-9 p.122～124

14288 憲法学からみた最高裁判所裁判官（5）激流に立つ巌：石田和外 早瀬勝明「法律時報」87（9）通号1089 2015.8 p.97～102

14289 憲法学からみた最高裁判所裁判官（6）「公共性の空間を支える柱」としての司法を目指して：滝井繁男 見平典「法律時報」87（10）通号1090 2015.9 p.74～79

14290 憲法学からみた最高裁判所裁判官（7）法の支配のロジスティクス：矢口洪一 片桐直人「法律時報」87（11）通号1091 2015.10 p.142～147

14291 憲法学からみた最高裁判所裁判官（8）裁判官と学者の間：伊藤正己 齊藤愛「法律時報」87（12）通号1092 2015.11 p.87～92

14292 判例の拘束力：判例変更、特に不遡及的判例変更も含めて（法科大学院創設10周年記念号）君塚正臣「横浜法学」24（1） 2015.12 p.87～132

14293 法曹倫理□熱教室 門口正人「法曹」（782） 2015.12 p.2～18

◆違憲審査権・憲法訴訟

【図書】

14294 違憲審査制の論点 諸橋邦彦［著］国立国会図書館調査及び立法考査局 2006.2 24p 30cm （調査資料 2005-2-a シリーズ憲法の論点 9）Ⓓ4-87582-628-1 Ⓝ323.146 諸橋邦彦

14295 体制移行国における憲法適合性審査機関の役割―人間および市民の権利・自由の保護を中心として 国際シンポジウム報告集 ［名古屋］名古屋大学大学院法学研究科 2006.3 257p 30cm 〈会期・会場：2005年7月29日―30日 KKR名古屋〉〈主催：名古屋大学大学院法学研究科ほか〉Ⓝ327.01 名古屋大学大学院法学研究科

14296 司法権と憲法訴訟 藤井俊夫著 成文堂 2007.3 383, 3p 22cm 〈文献あり〉 2800円 Ⓓ978-4-7923-0416-4 Ⓝ323.144 藤井俊夫

14297 憲法cases and materials憲法訴訟 初宿正典、大石眞、松井茂記、市川正人、高井裕之、藤井樹也、土井真一、毛利透、松本哲治、中山茂樹、上田健介著 有斐閣 2007.5 36, 557p 24cm 5100円 Ⓓ978-4-641-12993-1 Ⓝ327.01 初宿正典 大石真 松井茂記

14298 市民と憲法訴訟―costitution as a sword 遠藤比呂通著 信山社出版 2007.5 273p 22cm 〈文献あり〉 3600円 Ⓓ978-4-7972-

政治・行政・司法と憲法　　　　　　　　　　　　　　　　　　　　　　　　　　　司法権

2484-9　Ⓝ327.01　遠藤比呂通

14299　税金による政党助成は憲法違反―政党助成金訴訟活動の記録　飯能　政党助成金訴訟の会　2007.7　179p　26cm　Ⓝ315.1　政党助成金訴訟の会

14300　政党助成金違憲訴訟資料集―2002年3月～2006年4月　飯能　政党助成金訴訟の会　2007.7　318p　31cm　Ⓝ315.1　政党助成金訴訟の会

14301　憲法訴訟論　新正幸著　信山社　2008.2　712p　23cm　（法律学の森）　〈文献あり〉　6300円　Ⓘ978-4-7972-1034-7　Ⓝ327.01　新正幸

14302　司法の変容と憲法　笹田栄司著　有斐閣　2008.2　328, 4p　22cm　6000円　Ⓘ978-4-641-13033-3　Ⓝ327.1　笹田栄司

14303　憲法訴訟　戸松秀典著　第2版　有斐閣　2008.3　494p　22cm　〈文献あり〉　4200円　Ⓘ978-4-641-13037-1　Ⓝ327.01　戸松秀典

14304　社会保障立法と司法の役割―憲法25条と立法裁量を中心に　高野範城著　創風社　2009.3　298p　19cm　2000円　Ⓘ978-4-88352-158-6　Ⓝ364　高野範城

14305　298人はなぜ死んだか―箕面市遺族会補助金違憲訴訟洗建証言集　洗建［述］、熊野勝之、箕面忠魂碑違憲訴訟原告団・弁護団編著　神戸エピック　2009.5　254p　21cm　1800円　Ⓘ978-4-89985-146-2　Ⓝ316.2　洗建　熊野勝之

14306　法律入門判例まんが本　4　憲法の裁判100　辰已法律研究所本文、山本順漫画　辰已法律研究所　2009.9　201, 7p　21cm　〈まんが：山本順ほか〉　〈索引あり〉　1500円　Ⓘ978-4-88727-783-0　Ⓝ320.981　辰已法律研究所　山本順

14307　憲法訴訟法―ヨーロッパとラテン・アメリカにおける学問としての起源と発展　エドゥアルド・フェレル・マック＝グレゴル著、北原仁訳　成文堂　2010.6　205p　19cm　（翻訳叢書 33）　〈文献あり 索引あり〉　3300円　Ⓘ978-4-7923-0479-9　Ⓝ327.01　Ferrer Mac-Gregor, Eduardo.　北原仁

14308　憲法訴訟論　新正幸著　第2版　信山社　2010.8　698p　22cm　（法律学の森）　〈文献あり 索引あり〉　8800円　Ⓘ978-4-7972-1039-2　Ⓝ327.01　新正幸

14309　基礎から学ぶ憲法訴訟　永田秀樹, 松井幸夫編著　京都　法律文化社　2010.11　314p　21cm　〈索引あり〉　2800円　Ⓘ978-4-589-03299-7　Ⓝ327.01　永田秀樹　松井幸夫

14310　裁判所は「権利の砦」たりうるか―広島大学公開講座　横藤田誠編著　成文堂　2011.9　284p　19cm　2600円　Ⓘ978-4-7923-0519-2　Ⓝ327.04　横藤田誠

14311　プレップ憲法訴訟　戸松秀典著　弘文堂　2011.10　135p　19cm　（プレップシリーズ）　1200円　Ⓘ978-4-335-31317-2　Ⓝ327.01　戸松

秀典

14312　司法による憲法価値の実現　大沢秀介著　有斐閣　2011.11　274, 6p　22cm　〈他言語標題：Courts and Realization of Constitutional Values〉　〈索引あり〉　5800円　Ⓘ978-4-641-13109-5　Ⓝ327　大沢秀介

14313　憲法裁判の現場から考える　奥平康弘, 水島朝穂, 朝日健二, 新井章, 喜田村洋一, 金澤孝著, 水島朝穂, 金澤孝編　成文堂　2011.12　159p　22cm　2000円　Ⓘ978-4-7923-0523-9　Ⓝ327.01　奥平康弘　水島朝穂　朝日健二　金澤孝

14314　最高裁の違憲判決―「伝家の宝刀」をなぜ抜かないのか　山田隆司著　光文社　2012.2　329p　18cm　（光文社新書 563）　〈索引あり〉　〈文献あり〉　880円　Ⓘ978-4-334-03666-9　Ⓝ327.01　山田隆司

14315　違憲審査制をめぐるポリティクス―現代アメリカ連邦最高裁判所の積極化の背景　見平典著　成文堂　2012.3　225p　22cm　4500円　Ⓘ978-4-7923-0532-1　Ⓝ327.953　見平典

14316　憲法訴訟の現状分析　戸松秀典, 野坂泰司編　有斐閣　2012.3　464p　22cm　6000円　Ⓘ978-4-641-13108-8　Ⓝ327.01　戸松秀典　野坂泰司

14317　憲法論点教室　曽我部真裕, 赤坂幸一, 新井誠, 尾形健編　日本評論社　2012.9　10, 212p　21cm　〈文献あり 索引あり〉　2200円　Ⓘ978-4-535-51841-4　Ⓝ323.14　曽我部真裕　赤坂幸一　新井誠　尾形健

14318　憲法訴訟の現代的転回―憲法の論証を求めて　駒村圭吾著　日本評論社　2013.9　429p　21cm　〈他言語標題：Contemporary Turn of Constitutional Law Litigation〉　〈索引あり〉　3000円　Ⓘ978-4-535-51979-4　Ⓝ327.01　駒村圭吾

14319　対話的違憲審査の理論　佐々木雅寿著　三省堂　2013.9　252p　19cm　〈文献あり 索引あり〉　2400円　Ⓘ978-4-385-32249-0　Ⓝ323.146　佐々木雅寿

14320　多元主義における憲法裁判―P.ヘーベルレの憲法裁判論　ペーター・ヘーベルレ著, 畑尻剛, 土屋武編訳　八王子　中央大学出版部　2014.8　415p　21cm　（日本比較法研究所翻訳叢書 69）　〈文献あり 著作目録あり 索引あり〉　5200円　Ⓘ978-4-8057-0370-0　Ⓝ327.01　Häberle, Peter　畑尻剛　土屋武

14321　日本における司法消極主義と積極主義　1　憲法訴訟の軌跡と展望　中谷実著　勁草書房　2015.2　502p　22cm　（南山大学学術叢書）　〈索引あり〉　9000円　Ⓘ978-4-326-40300-4　Ⓝ327.01　中谷実

14322　フランスの事後的違憲審査制　ベルトラン・マチュー著, 植野妙実子, 兼頭ゆみ子訳　日本評論社　2015.2　154p　21cm　〈文献あり 索

〔14299～14322〕　　　　　　　　　　　　　　　　　　　　　　　憲法改正 最新文献目録　**531**

司法権　　　　　　　　　　　　　　　　　　　　　　　政治・行政・司法と憲法

引あり〉　3300円　Ⓘ978-4-535-52102-5
Ⓝ323.35　Mathieu, Bertrand　植野妙実子
兼頭ゆみ子

14323　基礎から学ぶ憲法訴訟　永田秀樹, 松井幸
夫著　第2版　京都　法律文化社　2015.4
313p　21cm　〈索引あり〉　3100円　Ⓘ978-4-
589-03666-7　Ⓝ327.01　永田秀樹　松井幸夫

14324　法律入門判例まんが本　4　憲法の裁判
100　辰已法律研究所本文, 山本順漫画　改訂版
辰已法律研究所　2015.7　208p　21cm　〈まん
が：山本順〉　〈索引あり〉　1600円　Ⓘ978-4-
86466-208-6　Ⓝ320.981　辰已法律研究所　山
本順

【雑誌】

14325　憲法訴訟研究会(第121回)名誉毀損に対
する差止命令の合憲性──Tory v. Cochran,
543 U.S. **, 125 S. Ct. 2108 (2005)　紙谷雅
子「ジュリスト」(1310)　2006.4.15　p.157
～162

14326　憲法訴訟研究会(第122回)平等保護原則
──陪審選任について──Johnson v.
California, 125. S. Ct. 2410 (2005)　溜箭将之
「ジュリスト」(1314)　2006.6.15　p.135～142

14327　憲法訴訟研究会(第123回)3振法と第8修
正の残虐で異常な刑罰の禁止──Ewing v.
California, 538 U.S. 11 (2003)　津村政孝
「ジュリスト」(1319)　2006.9.15　p.158～162

14328　憲法訴訟研究会(第123回)立法による許
容的宗教配慮──Cutter v. Wilkinson, 544 U.
S. 709 (2005)　高畑英一郎　「ジュリスト」
(1321)　2006.10.15　p.212～220

14329　違憲判断の方法について　上村貞美　「名
城法学」　57(1・2)　2007　p.51～97

14330　現行憲法下の違憲審査制とその「特殊性」
──違憲審査制の性格についての再考　杉山幸
一「日本大学大学院法学研究年報」(37)
2007　p.147～178

14331　在外邦人選挙権制限違憲訴訟上告審判決
[東京高裁2000.11.8](特集＝最新の判例から)
喜田村洋一「国際人権 : 国際人権法学会報」
通号18　2007　p.88～91

14332　時の経過──「絶対評価」と「相対評価」
上村都「名城法学」57(1・2)　2007　p.183～
205

14333　司法の常識=違憲判決は退官覚悟でしろ
──「住基ネット」判事自殺の背景「Themis」
16(1)通号171　2007.1　p.8～9

14334　憲法訴訟研究会(第124回)政治的ゲリマ
ンダー──Vieth v. Jubelirer, 541 U.S. 267
(2004)　吉田仁美　「ジュリスト」(1328)
2007.2.15　p.136～140

14335　「違憲判決の効力」論の再検討　工藤達朗
「法政理論」39(4)　2007.3　p.186～208

14336　18歳選挙権の実現と憲法訴訟──ロース
クール教育と研究の接点/狭間で　根森健　「法
政理論」39(4)　2007.3　p.540～602

14337　立法不作為に対する司法審査　大石和彦
「白鷗法学」14(1)通号29　2007.5　p.171～197

14338　司法改革の進行と違憲審査制論(特集＝日
本国憲法施行六〇年──憲法学に求められる課
題─統治機構論)　永田秀樹　「法律時報」79
(8)通号985　2007.7　p.116～120

14339　ロー・クラス 判例にみる憲法実体論(29)
最高裁による違憲判断の方法とその効力[最大
判2002.9.11]　井上典之　「法学セミナー」52
(8)通号632　2007.8　p.82～86

14340　憲法訴訟研究会(第127回)行政機関の法
解釈に対する司法の敬譲──Gonzales v.
Oregon, 546 U.S. 243, 126 S. Ct. 904 (2006)
山本龍彦　「ジュリスト」(1339)　2007.8.1・
15　p.158～165

14341　二重の基準論の根拠について　君塚正臣
「横浜国際経済法学」16(1)　2007.9　p.1～13

14342　憲法訴訟研究会(第128回)軍リクルー
ターのキャンパスアクセスを条件とする補助金
支給と違憲な条件──Rumsfeld v. Forum for
Academic and Institutional Rights, 547 U.S.
47; 126 S. Ct. 1297 (2006)　平地秀哉　「ジュ
リスト」(1340)　2007.9.1　p.108～114

14343　違憲審査における「目的審査」の検討(1)
自由権規制立法の違憲審査基準論を主たる素材
として　門田孝　「広島法学」31(2)通号115
2007.10　p.145～171

14344　現行憲法下の違憲審査制からみる福岡地
裁判決の問題──「ねじれ判決」をめぐって
杉山幸一「法政論叢」45(1)　2008　p.91～
102

14345　憲法裁判機関としての最高裁判所につい
て──ドイツ連邦憲法裁判所との比較において
杉山幸一「日本大学大学院法学研究年報」
(38)　2008　p.1～31

14346　比例原則と違憲審査基準──比例原則の
機能と限界　須藤陽子「立命館法學」2008年
(5・6)通号321・322　2008　p.1620～1634

14347　文面審査と適用審査・再考　市川正人
「立命館法學」2008年(5・6)通号321・322
2008　p.1377～1398

14348　違憲審査における「目的審査」の検討
(2・完)自由権規制立法の違憲審査基準論を主
たる素材として　門田孝　「広島法学」31(4)
通号117　2008.3　p.191～217

14349　ロー・ジャーナル NHK受信料裁判──そ
れは憲法訴訟である　梓澤和幸　「法学セミ
ナー」53(3)通号639　2008.3　p.4～5

14350　憲法訴訟研究会(第129回)州の主権免責
は破産に関する立法権限に及ぶか──Central
Virginia Community College v. Katz, 126 S.

Ct. 990（2006） 大林文敏 「ジュリスト」（1356） 2008.5.1・15 p.203〜209

14351 最高裁違憲破棄判例の手続問題序説 池田辰夫 「名古屋大学法政論集」 通号223 2008.6 p.25〜55

14352 厳格な審査（と基本権）（1） 青山武憲 「日本法學」 74（2） 2008.7 p.507〜564

14353 最高裁判所の小売型判決の検証——経済的自由規制立法の違憲審査基準と最高裁判所 前田徹生 「桃山法学」（12） 2008.7 p.1〜51

14354 自衛隊イラク派遣・名古屋高裁違憲判決に対する新聞論調（特集 自衛隊イラク派兵違憲判決をどう生かすか） 丸山重威 「法と民主主義」（431） 2008.8・9 p.53〜46

14355 自衛隊イラク派遣名古屋高裁判決の思想的意義——平和的生存権の新たな展開をめざして（特集 自衛隊イラク派兵違憲判決をどう生かすか） 横田力 「法と民主主義」（431） 2008.8・9 p.28〜30

14356 憲法訴訟研究会（第130回）懲罰的賠償とデュー・プロセス——Philip Morris USA v. Williams, 127 S. Ct. 1057（2007） 溜箭将之 「ジュリスト」（1361） 2008.8.1・15 p.169〜177

14357 ロー・ジャーナル イラク派兵差止訴訟 なぜ違憲判決なのか 小林武 「法学セミナー」 53（9）通号645 2008.9 p.4〜5

14358 違憲審査基準としての「明白かつ現在の危険」基準・再考（第三部 自由論の展開） 木下智史 「国民主権と法の支配 下巻 佐藤幸治先生古稀記念論文集」 2008.9 p.295〜

14359 付随的違憲審査制における下級審の役割・考（第三部 法の支配と統治機構論の展開） 市川正人 「国民主権と法の支配 上巻 佐藤幸治先生古稀記念論文集」 2008.9 p.357〜

14360 審査基準論の理論的基礎（上） 高橋和之 「ジュリスト」（1363） 2008.9.15 p.64〜76

14361 訴訟をめぐる憲法学、民法学、そして法哲学（特集 憲法と民法——対立か協働か 両者の関係を問い直す） 小粥太郎 「法学セミナー」 53（10）通号646 2008.10 p.38〜41

14362 審査基準論の理論的基礎（下） 高橋和之 「ジュリスト」（1364） 2008.10.1 p.108〜122

14363 憲法の解釈（第20回・Round 7—1）違憲審査基準論 憲法的論証における厳格審査 駒村圭吾 「法学教室」 通号338 2008.11 p.40〜52

14364 国際法違憲判決と国籍法の課題（特集 国籍法違憲訴訟最高裁大法廷判決） 佐野寛 「ジュリスト」（1366） 2008.11.1 p.85〜91

14365 国籍法違憲訴訟最高裁大法廷判決の解説と全文［含 資料 最高裁平成20.6.4大法廷判決全文］（特集 国籍法違憲訴訟最高裁大法廷判決） 森英明 「ジュリスト」（1366） 2008.11.1 p.92〜116

14366 国籍法違憲判決の思考様式（特集 国籍法違憲訴訟最高裁大法廷判決） 長谷部恭男 「ジュリスト」（1366） 2008.11.1 p.77〜84

14367 鼎談 国籍法違憲判決をめぐって（特集 国籍法違憲訴訟最高裁大法廷判決） 高橋和之 岩沢雄司 早川眞一郎 「ジュリスト」（1366） 2008.11.1 p.44〜76

14368 厳格な審査（と基本権）（2・完） 青山武憲 「日本法學」 74（3） 2008.12 p.1241〜1275

14369 憲法の解釈（第21回・Round 7—2）違憲審査基準論 利益衡量型司法審査と比例原則 亘理格 「法学教室」 通号339 2008.12 p.37〜46

14370 合憲限定解釈の限界 橋本基弘 「法学新報」 115（5・6） 2008.12 p.1〜35

14371 二重の基準論の応用と展望 君塚正臣 「横浜国際経済法学」 17（2） 2008.12 p.1〜34

14372 文面上判断、第三者スタンディング、憲法上の権利 山本龍彦 「慶応の法律学 公法 1 慶応義塾創立一五〇年記念法学部論文集」 2008.12 p.361〜

14373 「基本権訴訟」としての確認訴訟（憲法訴訟と行政訴訟） 棟居快行 「公法研究」（71） 2009 p.127〜137

14374 憲法訴訟の現状（憲法訴訟と行政訴訟） 渡辺康行 「公法研究」（71） 2009 p.1〜23

14375 憲法訴訟の理論（憲法訴訟と行政訴訟） 戸松秀典 「公法研究」（71） 2009 p.43〜64

14376 裁量論と人権論（憲法訴訟と行政訴訟） 宍戸常寿 「公法研究」（71） 2009 p.100〜111

14377 司法審査基準——二重の基準論の重要性（憲法訴訟と行政訴訟） 君塚正臣 「公法研究」（71） 2009 p.88〜99

14378 シンポジウム 第一部会 討議要旨（憲法訴訟と行政訴訟） 戸松秀典 須藤陽子 君塚正臣［他］ 「公法研究」（71） 2009 p.138〜161

14379 シンポジウム 第二部会 討議要旨（憲法訴訟と行政訴訟） 土井真一 青井未帆 中山茂樹［他］ 「公法研究」（71） 2009 p.207〜226

14380 付随的審査制における判決方法——下級裁判所の違憲判断について 杉山幸一 「憲法研究」（41） 2009 p.53〜74

14381 部分違憲について 上村貞美 「名城ロースクール・レビュー」（12） 2009 p.61〜88

14382 憲法の解釈（第22回・Round 7—3）違憲審査基準論 夢は稔り難く、道は極め難し——「憲法的論証」をめぐる幾つかの試行について 石川健治 「法学教室」 通号340 2009.1 p.53〜60

14383 憲法訴訟研究会（第131回）対審条項が適

用されるtestimonialな供述とは何か？——
Davis v. Washington, Hammon v. Indiana,
126 S.Ct 2266（2006） 津村政孝 「ジュリス
ト」（1373） 2009.3.1 p.126～130

14384 基調講演 原告代理人が語る本判決の意義
と課題（特集 憲法訴訟を考える——国籍法違憲
訴訟を通して） 近藤博徳 「Law and practice」
（3） 2009.4 p.1～20

14385 鼎談 国籍法3条1項から見える「日本」（特
集 憲法訴訟を考える——国籍法違憲訴訟を通し
て） 近藤博徳 木棚照一 戸波江二 「Law
and practice」（3） 2009.4 p.21～64

14386 憲法訴訟研究会（第132回）学校における
人種差別撤廃の最近の動向——Parents
Involved in Community Schools v. Seattle
School District No.1, 127 S.Ct.2738（2007）
吉田仁美 「ジュリスト」（1375） 2009.4.1
p.119～127

14387 衆議院憲法調査会報告書を読み解く（13）
憲法裁判所による違憲審査権行使の活性化をめ
ぐる議論——司法制度に関する諸議論の整理
憲法調査研究会 「時の法令」 通号1831 2009.
4.15 p.49～61

14388 自衛隊イラク派兵違憲名古屋高裁判決か
ら一年（特集 今日の憲法問題） 小林武 「人権
と部落問題」 61（6）通号787 2009.5 p.31～38

14389 私法秩序の基本的部分とその憲法適合性
審査（特集 憲法学に問う—民法学からの問題提
起と憲法学からの応答） 山野目章夫 「法律時
報」 81（5）通号1008 2009.5 p.4～9

14390 憲法訴訟研究会（第132回）理由を示さな
い陪審忌避に対するバトソン判決に基づく異議
申立て——Snyder v. Louisiana, 128 S. Ct.
1203（2008） 紙谷雅子 「ジュリスト」
（1378） 2009.5.1・15 p.177～181

14391 企業献金の違憲性（現代公法学の焦点）
上脇博之 「名古屋大学法政論集」 通号230
2009.6 p.29～63

14392 憲法訴訟研究会（第133回）追跡した車に
対するパトカーのバンパー攻撃と修正4条の権利
——Timothy SCOTT v. Victor HARRIS, 550
U.S. 372, 127 S. Ct. 1769（2007） 君塚正臣
「ジュリスト」（1379） 2009.6.1 p.108～111

14393 緊急掲載 最高裁を憲法と人権の砦に変え
よう！——第21回最高裁裁判官国民審査につい
て 「法と民主主義」（440） 2009.7 p.68～71

14394 憲法訴訟実務研修講座 違憲判断の基準、
その変遷と現状 高橋和之 「自由と正義」 60
（7）通号726 2009.7 p.98～114

14395 憲法訴訟の意義と現状および課題 浦部
法穂 「法学館憲法研究所報」（1） 2009.7 p.
22～33

14396 この事実を不問にしてはならない 最高裁
は裁判員を憲法違反としていた 西野喜一 「正

論」 通号448 2009.7 p.186～193

14397 憲法訴訟研究会（第134回）年齢差別禁止
法における「報復」の解釈[Gomez—Perez v.
Potter, 128 S.Ct, 1931（2008）] 大林啓吾
「ジュリスト」（1381） 2009.7.1 p.98～105

14398 「訴追の権利」の法的性格——権利構造論
からの検討 斎藤孝 「法学新報」 116（1・2）
2009.8 p.41～91

14399 翻訳 憲法裁判所による憲法および憲法訴
訟法の解釈と形成 Christian, Starck 廣田健
次[訳] 名雪健二[訳] 「日本法学」 75（2）
2009.9 p.415～437

14400 立法不作為の違憲問題における立法義務
——日独の判例理論を素材として 青木誠弘
「筑波法政」（47） 2009.9 p.59～77

14401 憲法訴訟研究会（第135回）「残虐で異常な
刑罰の禁止」と薬殺刑執行プロトコル——Baze
v. Rees, 128 S.Ct.1520（2008） 横大道聡
「ジュリスト」（1384） 2009.9.1 p.130～136

14402 違憲な条件の法理の展開（1） 中林暁生
「法學：the journal of law and political
science」 73（4） 2009.10 p.491～519

14403 憲法訴訟の現状——「ピアノ判決」と
「暴走族判決」を素材として 渡辺康行 「法政
研究」 76（1・2） 2009.10 p.33～60

14404 審査基準論と三段階審査〈研究最前線1〉
小山剛 「ロースクール研究」 14 2009.11

14405 違憲審査方法に関する学説・判例の動向
高橋和之 「法曹時報」 61（12） 2009.12 p.
3597～3645

14406 百害を齎す裁判官の「蛇足判決」を斬る
——憲法から消費者金融まで被害はますます広
がった 「Themis」 18（12）通号206 2009.12
p.44～45

14407 ヘイト・スピーチ規制法の違憲審査の構
造——「害悪アプローチ（harm—based
approach）」から 奈須祐治 「関西大学法学論
集」 59（3・4） 2009.12 p.391～415

14408 「厳格な合理性の基準」についての一考察
市川正人 「立命館法学」 2010年（5・6）通号
333・334（上巻） 2010 p.1551～1575

14409 憲法裁判所の登場による民法の変化——
韓国の憲法裁判所と民法を素材として 孟觀燮
「秋田法学」（51） 2010 p.27～59

14410 不利益遡及立法と裁判所の違憲立法審査
権（特集 判決から学ぶ納税者の権利実現方法）
山田二郎 「自由と正義」 61（2）通号733 2010.
2 p.22～25

14411 最高裁と「違憲審査の活性化」（小特集 最
高裁判所は変わったか——違憲審査と政策形成
を考える） 宍戸常寿 「法律時報」 82（4）通号
1020 2010.4 p.57～62

14412 憲法判断の在り方——違憲審査の範囲及

政治・行政・司法と憲法　　　　　　　　　　　　　　　　　　　　　司法権

び違憲判断の方法を中心に（特集 憲法訴訟と司法権）　土井真一「ジュリスト」（1400）2010.5.1・15　p.51〜59

14413　「国家教会法」と「宗教憲法」の間——政教分離に関する若干の整理（特集 憲法訴訟と司法権）　林知更「ジュリスト」（1400）2010.5.1・15　p.83〜95

14414　「思想の自由」を真面目にうけとること（特集 憲法訴訟と司法権）　佐々木くみ「ジュリスト」（1400）2010.5.1・15　p.75〜82

14415　司法権の概念——「事件性」に関する覚書（特集 憲法訴訟と司法権）　長谷部恭男「ジュリスト」（1400）2010.5.1・15　p.4〜10

14416　司法による生存権保障と憲法訴訟（特集 憲法訴訟と司法権）　葛西まゆこ「ジュリスト」（1400）2010.5.1・15　p.110〜118

14417　「精神的自由の優越的地位」について（特集 憲法訴訟と司法権）　大河内美紀「ジュリスト」（1400）2010.5.1・15　p.60〜67

14418　訴訟と非訟（特集 憲法訴訟と司法権）　佐々木雅寿「ジュリスト」（1400）2010.5.1・15　p.19〜26

14419　表現内容規制と平等条項——自由権から〈差別されない権利〉へ（特集 憲法訴訟と司法権）　木村草太「ジュリスト」（1400）2010.5.1・15　p.96〜102

14420　三段階審査・審査の基準・審査基準論（特集 憲法訴訟と司法権）　青井未帆「ジュリスト」（1400）2010.5.1・15　p.68〜74

14421　違憲判断の具体的処理方法——違憲確認判決を中心に　畑尻剛「中央ロー・ジャーナル」7（1）通号23　2010.6　p.65〜100

14422　国公法による政治活動規制は違憲　岡田光司「前衛：日本共産党中央委員会理論政治誌」通号858　2010.6　p.175〜179

14423　続・Interactive憲法——B准教授の生活と意見（第15回）目的効果基準の「目的」　長谷部恭男「法学教室」通号357　2010.6　p.82〜87

14424　当選人とならなかった比例名簿登載者の除名と司法審査（1）日本新党繰上補充事件を素材として　小野善康「法学研究」46（1）通号129　2010.6　p.1〜31

14425　憲法訴訟研究会（第136回）選挙運動資金の規制——Davis v. FEC, 128 S. Ct. 2759（2008）　平地秀哉「ジュリスト」（1401）2010.6.1　p.99〜107

14426　自衛隊とその「情報保全」活動の違憲性（1）憲法学の観点からの鑑定意見書　小林武「愛知大学法学部法経論集」（185）2010.7　p.83〜123

14427　ロー・ジャーナル 下級裁判所による初めての裁判員制度合憲判決　柳瀬昇「法学セミナー」55（7）通号667　2010.7　p.44〜45

14428　憲法訴訟研究会（第137回）モニュメント建立と政府言論——Pleasant Grove City v. Summum, 129 S. Ct. 1125（2009）　横大道聡「ジュリスト」（1403）2010.7.1　p.160〜168

14429　自衛隊とその「情報保全」活動の違憲性（2・完）憲法学の観点からの鑑定意見書　小林武「愛知大学法学部法経論集」（186）2010.9　p.45〜80

14430　当選人とならなかった比例名簿登載者の除名と司法審査（2・完）日本新党繰上補充事件を素材として　小野善康「法学研究」46（2）通号130　2010.9　p.307〜376

14431　三段階審査・制度準拠審査の可能性——小山剛著『憲法上の権利』の作法』を読む　山本龍彦「法律時報」82（10）通号1026　2010.9　p.101〜106

14432　図解基礎法学講座 憲法 裁判所の違憲立法審査権について「Keisatsu jiho」65（10）2010.10　p.54〜57

14433　ロー・クラス 憲法訴訟の現代的転回——憲法的論証を求めて（新連載・1）イントロダクション "三重苦"を超えて　駒村圭吾「法学セミナー」55（10）通号670　2010.10　p.72〜77

14434　ロー・クラス 憲法訴訟の現代的転回——憲法的論証を求めて（2）第1部 憲法的論証の型 パターンと基本形（その1）自由権判例の論証　駒村圭吾「法学セミナー」55（11）通号671　2010.11　p.76〜82

14435　憲法訴訟研究会（第138回）行政機関の政策変更に関する司法統制——F言葉の放送を禁じることの合法性および合憲性［FCC v. Fox, 129 S.Ct. 1800（2009）］　大林啓吾「ジュリスト」（1410）2010.11.1　p.107〜115

14436　ロー・クラス 憲法訴訟の現代的転回——憲法的論証を求めて（3）第1部 憲法的論証の型 パターンと基本形（その2）自由権判例の論証　駒村圭吾「法学セミナー」55（12）通号672　2010.12　p.60〜66

14437　憲法学と政治哲学の対話——リベラリズム、違憲審査基準、権利（公法学の研究方法論）　阪口正二郎「公法研究」（73）2011　p.42〜62

14438　講演 合憲性の優先問題　チエリー, ルヌー　植野妙実子［訳］徳永貴志［訳］「比較法雑誌」45（3）通号159　2011　p.127〜141

14439　合憲限定解釈について　上村貞美「名城ロースクール・レビュー」（21）2011　p.1〜47

14440　最高裁判所判例にみる違憲立法審査の諸相：消極主義と積極主義の二分論的アプローチの再検討　本田隆浩「中央大学大学院研究年報」（41）（法学研究科篇）2011　p.255〜276

14441　成年被後見人の選挙権回復訴訟：成年被後見人の選挙権を奪う公職選挙法11条1項1号の

〔14413〜14441〕　　　　　　　　　　　　　　　　　　　　　憲法改正 最新文献目録　**535**

違憲性を争う　杉浦ひとみ　「福祉労働」131
2011

14442　「立法不作為に対する司法審査」・再論
──それでも規範は二種なのか？　大石和彦
「立教法学」通号82　2011　p.130～166

14443　憲法裁判所と欧州司法裁判所　小梁吉章
「広島法学」34(3)通号128　2011.1　p.234～
193

14444　ロー・クラス 憲法訴訟の現代的転回──
憲法的論証を求めて(4)第1部/憲法的論証の型
憲法判断の方法　駒村圭吾　「法学セミナー」
56(1)通号673　2011.1　p.58～65

14445　違憲・合憲の審査の動向(特集 21世紀日
本法の変革と針路─公法)　戸松秀典　「ジュリ
スト」(1414)　2011.1.1・15　p.21～26

14446　違憲審査における確認訴訟の意義(特集
憲法訴訟の潮流を読む)　興津征雄　「法学セミ
ナー」56(2)通号674　2011.2　p.23～25

14447　憲法訴訟における裁判官による法創造(特
集 憲法訴訟の潮流を読む)　武市周作　「法学セ
ミナー」56(2)通号674　2011.2　p.11～13

14448　憲法訴訟の今を知る(特集 憲法訴訟の潮
流を読む)　宍戸常寿　「法学セミナー」56(2)
通号674　2011.2　p.2～4

14449　合憲性審査基準をめぐって(特集 憲法訴
訟の潮流を読む)　吉田仁美　「法学セミナー」
56(2)通号674　2011.2　p.14～16

14450　最高裁判所裁判官人事のこれまでとこれ
から(特集 憲法訴訟の潮流を読む)　見平典
「法学セミナー」56(2)通号674　2011.2　p.26
～28

14451　続・Interactive憲法──B准教授の生活と
意見(第23回)憲法判断回避の準則　長谷部恭
男　「法学教室」通号365　2011.2　p.81～87

14452　適用違憲における三類型説の再検討　福
井康佐　「大宮ローレビュー」(7)　2011.2　p.
51～82

14453　ロー・クラス 憲法訴訟の現代的転回──
憲法的論証を求めて(5)第1部/憲法的論証の型
インターミッション──小括のための総合演習
駒村圭吾　「法学セミナー」56(2)通号674
2011.2　p.68～75

14454　論証作法としての三段階審査(特集 憲法
訴訟の潮流を読む)　三宅雄彦　「法学セミ
ナー」56(2)通号674　2011.2　p.8～10

14455　憲法訴訟研究会(第139回)ロバーツ・
コートと選挙運動資金規制(1) Randall v.
Sorrell, 548 U.S. 230 (2006)　村山健太郎
「ジュリスト」(1415)　2011.2.1　p.88～99

14456　経済的権力と司法審査(特集 憲法と経済
秩序(2))　武田芳樹　「企業と法創造」7(5)通
号27　2011.3　p.98～110

14457　事情の変更による違憲判断について　櫻

井智章　「甲南法学」51(4)　2011.3　p.795～
821

14458　武田芳樹報告をめぐる質疑応答(特集 憲
法と経済秩序(2)─研究会における質疑応答)
内野正幸　中林暁生　長谷部恭男[他]　「企業
と法創造」7(5)通号27　2011.3　p.182～186

14459　ロー・クラス 憲法訴訟の現代的転回──
憲法的論証を求めて(6)第1部/憲法的論証の型
三段階審査──概要と注釈　駒村圭吾　「法学セ
ミナー」56(3)通号675　2011.3　p.66～73

14460　LRAの基準──他に選択し得る基準が存
する場合における本基準のより制限的な利用の
勧め　君塚正臣　「横浜国際経済法学」19(3)
2011.3　p.103～134

14461　憲法訴訟研究会(第140回)ロバーツ・
コートと選挙運動資金規制(2) FEC v.
Wisconsin Right to Life, 551 U.S. 449 (2007)
村山健太郎　「ジュリスト」(1417)　2011.3.1
p.149～159

14462　ロー・クラス 憲法訴訟の現代的転回──
憲法的論証を求めて(7)第1部/憲法的論証の型
順序の問題…?──三段階審査論への現場報告
駒村圭吾　「法学セミナー」56(4)通号676
2011.4　p.92～98

14463　憲法訴訟研究会(第141回)ロバーツ・コー
トと選挙運動資金規制(3・完) Citizens United
v. FEC, 130 S. Ct. 876 (2010)　村山健太郎
「ジュリスト」(1419)　2011.4.1　p.130～142

14464　公法訴訟(第1回・新連載)連載開始にあ
たって　石川健治　神橋一彦　土井真一[他]
「法学教室」通号368　2011.5　p.77～87

14465　最近の「三段階審査」論をめぐって(特集
違憲審査手法の展望─審査基準論と三段階審
査)　市川正人　「法律時報」83(5)通号1034
2011.5　p.6～11

14466　「猿払基準」の再検討(特集 違憲審査手法
の展望─審査基準論と三段階審査)　宍戸常寿
「法律時報」83(5)通号1034　2011.5　p.20～27

14467　三段階審査論の行方(特集 違憲審査手法
の展望─審査基準論と三段階審査)　松本和彦
「法律時報」83(5)通号1034　2011.5　p.34～40

14468　「通常審査」の意味と構造(特集 違憲審査
手法の展望─審査基準論と三段階審査)　高橋
和之　「法律時報」83(5)通号1034　2011.5　p.
12～19

14469　判断過程統制の可能性(特集 違憲審査手
法の展望─立法裁量とその統制)　岡田俊幸
「法律時報」83(5)通号1034　2011.5　p.55～62

14470　ベースライン論──長谷部恭男教授の議
論の検討を中心に(特集 違憲審査手法の展望─
立法裁量とその統制)　青井未帆　「法律時報」
83(5)通号1034　2011.5　p.47～54

14471　立法不作為とその救済方法(特集 違憲審
査手法の展望─立法裁量とその統制)　畑尻剛

「法律時報」83（5）通号1034 2011.5 p.63〜69

14472 ロー・クラス 憲法訴訟の現代的転回──憲法的論証を求めて（8）第1部/憲法的論証の型 審査密度の多段階化（1）合理性と必要性の審査 駒村圭吾 「法学セミナー」56（5）通号677 2011.5 p.56〜63

14473 ロー・クラス 憲法訴訟の現代的転回──憲法的論証を求めて（9）第1部/憲法的論証の型 審査密度の多段階化（2）審査密度の決定 駒村圭吾 「法学セミナー」56（6）通号678 2011.6 p.66〜72

14474 ロー・クラス 憲法訴訟の現代的転回──憲法的論証を求めて（10）第1部/憲法的論証の型 猿払基準──利益衡量審査（狭義の比例性審査）の居場所 駒村圭吾 「法学セミナー」56（7）通号679 2011.7 p.62〜68

14475 憲法訴訟研究会（第142回）差別的効果法理と昇進テスト──Ricci v. DeStefano, 129 S. Ct. 2658（2009） 吉田仁美 「ジュリスト」（1425） 2011.7.1 p.115〜119

14476 憲法訴訟研究会（第143回）対審権に関する権利喪失の要件として証言を阻止する「意図」が要求されるか？──Giles v. California, 554 U.S. 353（2008） 津村政孝 「ジュリスト」（1428） 2011.9.1 p.112〜116

14477 ロー・クラス 憲法ゼミナール part.1「判例」を読む（6）「適用か、法令か」という悩み（前篇）違憲審査の対象・範囲と憲法判断の方法 山本龍彦 「法学セミナー」56（10）通号681 2011.10 p.86〜91

14478 憲法訴訟研究会（第144回）対審権と伝聞法則の関係──Crawford v. Washington, 541 U.S. 36（2004） 津村政孝 「ジュリスト」（1430） 2011.10.1 p.79〜83

14479 ロー・クラス 憲法ゼミナール part.1「判例」を読む（7）「適用か、法令か」という悩み（後篇）違憲審査の対象・範囲と憲法判断の方法 山本龍彦 「法学セミナー」56（11）通号682 2011.11 p.86〜91

14480 司法審査制の下での立法部と司法部の権力関係：議員定数不均衡訴訟五〇年を振り返って（藤倉皓一郎教授退職記念論集） 釜田泰介 「同志社法学」63（5）通号351 2011.12 p.2209〜2244

14481 司法の一大汚点晴れず──レッドパージ国賠訴訟一審判決の不当性 佐伯雄三 「前衛：日本共産党中央委員会理論政治誌」通号877 2011.12 p.191〜199

14482 憲法訴訟研究会（第145回）家屋内から発せられる熱を測定するthermal imaging装置と第4修正の「捜索」［Kyllo v. United States, 533 U.S. 27（2001）］ 津村政孝 「ジュリスト」（1434） 2011.12.1 p.135〜139

14483 基調報告 法の支配と違憲審査制（日本国憲法研究（13）違憲審査制と最高裁の活性化） 土井真一 「論究ジュリスト」（2） 2012.夏 p.160〜168

14484 座談会（日本国憲法研究（13）違憲審査制と最高裁の活性化） 土井真一 蟻川恒正 長谷部恭男［他］「論究ジュリスト」（2） 2012.夏 p.169〜192

14485 条例の違憲審査（舟田正之教授退職記念） 渋谷秀樹 「立教法学」（85） 2012 p.1〜32

14486 訴訟と非訟：婚姻届不受理をめぐる紛争を非訟事件として扱う憲法上の問題点 渋谷秀樹 「立教法務研究」（5） 2012 p.1〜26

14487 比例原則における事実と価値：Bernhard Schlinkによる必要性審査中心の比例原則理解を参考に 淡路智典 「社学研論集」（20） 2012 p.201〜214

14488 復活の日なき無効力論：三菱樹脂事件判決［最高裁昭和48.12.12］（特集 三菱最高裁判例を読み直す） 君塚正臣 「論究ジュリスト」（1） 2012.春 p.33〜40

14489 翻訳 憲法裁判の基本問題 ペーター・ヘーベルレ 畑尻剛［訳］ 土屋武［訳］「比較法雑誌」45（4）通号160 2012 p.75〜139

14490 21世紀初頭の最高裁憲法判例の特質：「近時における法・判例形成と憲法学の課題」の序章として（シンポジウム 現代における法・判例の形成と実定法学の課題） 小林武 「法の科学：民主主義科学者協会法律部会機関誌「年報」」（43） 2012 p.34〜43

14491 違憲審査基準論の意味と考え方（憲法論点教室） 尾形健 「法学セミナー」57（1）通号684 2012.1 p.32〜35

14492 違憲立法審査権 滝井繁男 「法学セミナー」57（1）通号684 2012.1 巻頭1p

14493 公法訴訟（第9回）法律上の争訟と「義務」の概念：公法学の基礎概念を検討することの意味 神橋一彦 「法学教室」（377） 2012.2 p.69〜79

14494 2012改革者の主張 時間なし、まず一票格差是正を：衆参選挙制度はどんな議会かが根本 加藤秀治郎 「改革者」53（2）通号619 2012.2 p.6〜9

14495 国際ニュース 伊藤千尋の国際時転 コスタリカ「憲法は使ってこそ意義がある」と市民が気軽に違憲訴訟を起こし、理念の実現に努力する国 伊藤千尋 「金曜日」20（7）通号899 2012.2.24 p.11

14496 憲法訴訟における憲法判断と事実 村田尚紀 「関西大学大学院法務研究科法科大学院ジャーナル」（7） 2012.3 p.99〜108

14497 司法審査基準論（伊藤公一先生、内田茂男先生退職記念号） 穐山守夫 「千葉商大論叢」49（2）通号169 2012.3 p.239〜269

司法権

14498 法令違憲 : 適用違憲とこれのほかに、運用違憲、処分違憲は存在するか 君塚正臣「横浜国際経済法学」20(3) 2012.3 p.29〜52

14499 ケルゼンにおける憲法裁判権論の展開 : 合憲性審査権の多様性・個性再考のための試み(1) 西山千絵「東北法学」(39) 2012.4 p.1〜72

14500 公法訴訟(第10回)取消訴訟の原告適格について(1)憲法訴訟論とともに 中川丈久「法学教室」(379) 2012.4 p.67〜81

14501 ロー・クラス 憲法ゼミナール(part.2)コンテクストを読む(第12回)「憲法訴訟」における見すごし難いギャップ : 救済なき違憲判断 山本龍彦「法学セミナー」57(4)通号687 2012.4 p.110〜116

14502 違憲審査制 : 日本の現状と課題(特集 憲法入門 : 憲法の基本原理を理解する) 武田芳樹「法学セミナー」57(5)通号688 2012.5 p.21〜23

14503 憲法審査会の始動を機に改憲論の合唱(特集「憲法」の危機) 高田健「社会民主」(684) 2012.5 p.7〜11

14504 憲法判断の思考プロセス : 総合判断の手法と分節判断の手法 高橋和之「法曹時報」64(5) 2012.5 p.995〜1047

14505 公法訴訟(第11回)取消訴訟の原告適格について(2)憲法訴訟論とともに 中川丈久「法学教室」(380) 2012.5 p.97〜110

14506 違憲審査におけるLRAの基準 藤井俊夫「千葉大学法学論集」27(1) 2012.6 p.1〜29

14507 公法訴訟(第12回)取消訴訟の原告適格について(3・完)憲法訴訟論とともに 中川丈久「法学教室」通号381 2012.6 p.72〜87

14508 憲法学再入門(第4回)人権編(2)「審査基準論」を超えて 西村裕一「法学教室」(382) 2012.7 p.49〜56

14509 公法訴訟(第14回)原告適格論における憲法論の可能性 : さらなる「問題の掘り起し」という観点から 神橋一彦「法学教室」(383) 2012.8 p.88〜98

14510 公法訴訟(第15回)憲法訴訟の当事者適格論の検討 土井真一「法学教室」(384) 2012.9 p.72〜82

14511 憲法にもとづく労働基本権の再生を : 「公務員賃下げ違憲訴訟」提訴事件 加藤健次「労働法律旬報」(1779) 2012.11.上旬 p.49〜53

14512 法学研究会報告要旨 二〇一二年度第二回 二〇一二年七月五日 事前の違憲審査と事後の違憲審査の関係 : 内閣法制局と最高裁を中心に 浦田一郎「法律論叢」85(2・3) 2012.12 p.467〜471

14513 翻訳 デイヴィッド・S・ロー「日本の最高裁が違憲立法審査に消極的なのはなぜか」 デイヴィッド・S, ロー 西川伸一[翻訳]「政経論叢」81(1・2) 2012.12 p.171〜233

14514 ロー・クラス 憲法訴訟の現代的転回 : 憲法的論証を求めて(第26回)第4部/憲法訴訟の重要論点 合憲限定解釈と部分違憲 : および適用違憲について少々(その1) 駒村圭吾「法学セミナー」57(12)通号695 2012.12 p.38〜42

14515 違憲審査における立法形成の空間 : 社会福祉立法の違憲審査を例にして(シンポジウム 台湾における社会権保障の現状と問題点) 黄舒芃 鄭明政[訳]「北大法学論集」63(5) 2013 p.1321〜1338

14516 翻訳 国家と憲法裁判権 ヘルゲ, ゾーダン 太田航平[訳]「比較法雑誌」47(3)通号167 2013 p.47〜100

14517 1人別枠方式をめぐる判例の「整合性」 : 衆議院議員選挙無効訴訟最大判2011年3月23日を契機として 山本真敬「早稲田法学会誌」64(1) 2013 p.225〜281

14518 ロー・クラス 憲法訴訟の現代的転回 : 憲法的論証を求めて(第27回)第4部/憲法訴訟の重要論点 合憲限定解釈と部分違憲 : および適用違憲について少々(その2) 駒村圭吾「法学セミナー」58(1)通号696 2013.1 p.38〜45

14519 GCOE全体研究会 対話的違憲審査の理論 : 法の支配と憲法の対話の融合 佐々木雅寿「新世代法政策学研究」19 2013.1 p.1〜107

14520 基本合意締結3年、これからのたたかい! 1・7集会 基本合意と骨格提言にもとづく障害者福祉法の実現を : 障害者自立支援法違憲訴訟団 障害者自立支援法違憲訴訟団「賃金と社会保障」(1579) 2013.2.上旬 p.42〜66

14521 法令の明確性に係る三段階の審査 福井康佐「大宮ローレビュー」(9) 2013.2 p.101〜131

14522 ロー・クラス 憲法訴訟の現代的転回 : 憲法的論証を求めて(第28回)補論 論証を組み立てる 駒村圭吾「法学セミナー」(2)通号697 2013.2 p.44〜51

14523 違憲(司法)審査基準論を質す 阪本昌成「近畿大学法科大学院論集」(9) 2013.3 p.63〜98

14524 イラク派兵違憲判決の今日的意義(特集 イラク戦争10年目の現実) 川口創「歴史地理教育」(801) 2013.3 p.30〜37, 1

14525 憲法裁判における外国法の参照 : アメリカ合衆国における論争を素材に(長内了先生古稀記念論文集) 平地秀哉「法学新報」119(9・10) 2013.3 p.537〜558

14526 公法上の当事者訴訟の展開 : 憲法訴訟への架橋として(岡本詔治教授 川端正久教授 田村和之教授 退職記念論集) 鈴木眞澄「龍谷法学」45(4) 2013.3 p.1483〜1510

14527 最高裁の違憲審査の活性化と憲法判例 : 最近の最高裁判決をめぐって 横尾日出雄「Chukyo lawyer」(18) 2013.3 p.101〜121

14528 最高裁判所薬事法型判決の検証 : 違憲審査基準論？ 三段階審査？(法学部開設10周年記念号) 前田徹生「桃山法学」(20・21) 2013.3 p.425〜472

14529 三段階審査論の問題性 : 比較憲法上の視点からの一考察(西埜章教授 角田由紀子教授 古稀記念論文集) 青柳幸一「明治大学法科大学院論集」(12) 2013.3 p.27〜68

14530 老齢加算廃止違憲訴訟をめぐって(釜田泰介教授古稀記念論集) 尾形健「同志社法学」64(7)通号360(分冊2) 2013.3 p.2799〜2825

14531 ロー・クラス 憲法訴訟の現代的転回 : 憲法的論証を求めて(第29回・最終回)さらば、香城解説!? 国公法違反被告事件最高裁判決と憲法訴訟のこれから 駒村圭吾「法学セミナー」58(3)通号698 2013.3 p.46〜53

14532 公法訴訟(第20回)座談会「公法訴訟」論の可能性(1)連載終了にあたって 石川健治 神橋一彦 土井真一[他]「法学教室」(391) 2013.4 p.97〜110

14533 国公法二事件上告審判決と合憲性判断の手法(小特集 国公法二事件上告審判決の検討) 市川正人「法律時報」85(5)通号1059 2013.5 p.67〜72

14534 憲法裁判としての国公法二事件上告審判決(小特集 国公法二事件上告審判決の検討) 大久保史郎「法律時報」85(5)通号1059 2013.5 p.54〜61

14535 憲法の理念にかなった社会の実現につながる「一人一票平等価値」実現原訴訟(特集 国の仕組みを動かす弁護士群像―一票の平等訴訟運動を支える若手弁護士十勇士) 仲松大樹「The Lawyers」10(5) 2013.5 p.35〜37

14536 公法訴訟(第21回・最終回)座談会「公法訴訟」論の可能性(2・完)連載終了にあたって 石川健治 神橋一彦 土井真一[他]「法学教室」(392) 2013.5 p.69〜84

14537 法務官僚と最高裁事務総局が仕切る 最高裁の存否を問う「違憲判決」の行方 : 政府の意向に沿わない判決は出さず司法の独立性がないのに権限だけは強大だ「Themis」22(5)通号247 2013.5 p.28〜29

14538 最高裁の近時の諸判決と違憲審査制の二つの機能 :「具体的規範統制」の複合的性格に関連して(長尾一紘先生古稀記念論文集) 畑尻剛「法学新報」120(1・2) 2013.6 p.357〜389

14539 憲法一九条適合性の判断枠組み・違憲審査基準 : 国旗国歌起立斉唱事件を中心的検討素材として 竹中勲「同志社法学」65(3)通

号364 2013.9 p.605〜638

14540 統治行為論再考 :《ある》が《ない》 君塚正臣「横浜法学」22(1) 2013.9 p.33〜77

14541 いわゆる老齢加算廃止違憲訴訟に関する意見書(菟原明教授追悼号) 葛西まゆこ「大東法学」23(1)通号61 2013.11 p.143〜171

14542 違憲立法審査制の史的淵源としてのボナム博士事件再考 小山貞夫「法學 : the journal of law and political science」77(5) 2013.12 p.673〜700

14543 客観訴訟と憲法 村上裕章「行政法研究」(4) 2013.12 p.11〜50

14544 法科大学院において憲法判例を学ぶ意義 石村修「専修ロージャーナル」(9) 2013.12 p.1〜23

14545 事後的是正義務と新規律義務 入井凡乃「法学政治学論究 : 法律・政治・社会」(101) 2014.夏季 p.103〜133

14546 日本国憲法第八一条における「終審裁判所」の解釈について : 最高裁判所と下級裁判所の違憲審査権の抵触問題を中心に 高澤弘明「憲法研究」(46) 2014 p.39〜56

14547 判例は変更されたのか : 国公法二事件最高裁判決を読む(ミニ・シンポジウム 国公法二事件最高裁判決の批判的考察と今後の展望) 中富公一「法の科学 : 民主主義科学者協会法律部会機関誌「年報」」(45) 2014 p.157〜160

14548 翻訳 憲法問題としての環境政策と裁判的統制にとっての帰結 フィリップ, クーニヒ 藤井康博[訳]「日本法學」79(3) 2014.1 p.609〜629

14549 ひと筆 憲法訴訟に関わって 川口創「自由と正義」65(2)通号782 2014.2 p.5〜8

14550 比例原則と猿払基準(小林節教授退職記念号) 小山剛「法学研究」87(2) 2014.2 p.29〜46

14551 加藤先生講演会 憲法訴訟の現場から考える : 国公法弾圧2事件を素材に 加藤雄次「関西大学大学院法務研究科法科大学院ジャーナル」(9) 2014.3 p.11〜24

14552 憲法第14条第1項後段に列挙されていない事由に基づく区別とその違憲審査に関する一考察 白水隆「帝京法学」29(1)通号50 2014.3 p.203〜221

14553 史上初の人事院勧告にもとづかない賃下げ : 違憲判決を求める(特集 国家公務員給与減額措置違憲訴訟) 萩尾健太「労働法律旬報」(1813) 2014.4.上旬 p.6〜10

14554 裁判所と違憲審査(76条・81条)(特集 条文からスタート 憲法2014) 渋谷秀樹「法学教室」(405) 2014.6 p.42〜44

14555 司法をめぐる動き : 司法制度委員会(2)

給費制廃止違憲訴訟 ： 司法のあり方を問う　緒方蘭　「法と民主主義」（489）　2014.6　p.52〜55

14556　日本国憲法における下級裁判所の違憲審査権 ： 判決傍論中における憲法判断の問題性を中心に　髙澤弘明　「日本大学生産工学部研究報告. B, 文系」47　2014.6　p.1〜9

14557　基調報告 憲法学と司法政治学の対話 ： 違憲審査制と憲法秩序の形成のあり方をめぐって（憲法学のゆくえ（2−1））　見平典　「法律時報」86（8）通号1075　2014.7　p.93〜101

14558　ロー・ジャーナル フリーランス表現者43人による特定秘密保護法違憲訴訟　林克明　「法学セミナー」59（9）通号716　2014.9　p.1〜2

14559　違憲な条件の法理の展開（2）　中林暁生　「法學 ： the journal of law and political science」78（5）　2014.12　p.391〜408

14560　憲法違反の帰還政策 家に戻ると健康被害が出る（特集 原発事故の健康被害を最小に）　「食品と暮らしの安全」（308）　2014.12　p.3

14561　最高裁判所と政治部門との対話 ： 対話的違憲審査の理論（日本国憲法研究（Number 14）対話的違憲審査）　佐々木雅寿　「論究ジュリスト」（12）　2015.冬　p.206〜217

14562　座談会（日本国憲法研究（Number 14）対話的違憲審査）　佐々木雅寿　長谷部恭男［司会］　川岸令和［他］「論究ジュリスト」（12）　2015.冬　p.218〜236

14563　日本の最高裁判所を踏まえての総括コメント（憲法裁判における調査官の役割）　宍戸常寿　「北大法学論集」66（2）　2015　p.327〜320

14564　藤田宙靖元最高裁判所判事へのインタビュー（憲法裁判における調査官の役割）　藤田宙靖　笹田栄司　赤坂正浩［他］「北大法学論集」66（2）　2015　p.319〜313

14565　法令等の違憲・違法を宣言する裁判の効力 ：「違憲判決の効力論」を手がかりとして　巽智彦　「成蹊法学」（83）　2015　p.152〜119

14566　違憲審査における仮の救済 ： 日本の憲法訴訟と台湾の大法官による憲法解釈の動向　李仁淼　「阪大法学」64（5）通号293　2015.1　p.1485〜1528

14567　世界の潮 国会を追い詰めた最高裁の「違憲状態」判決　高見勝利　「世界」（865）　2015.2　p.20〜24

14568　「間接的」「付随的」とは何か　伊藤建　「関西大学大学院法務研究科法科大学院ジャーナル」（10）　2015.3　p.51〜64

14569　最高裁判所の機能と判決手法の位相 ： 憲法判断についての覚え書き　木下智史　「関西大学大学院法務研究科法科大学院ジャーナル」（10）　2015.3　p.45〜50

14570　日本の違憲審査制の現状と課題 ： 制度改革をめぐる議論を中心に（日越憲法比較シンポジウム ： 転換期における憲法と社会）　鈴木秀美　「阪大法学」64（6）通号294　2015.3　p.1967〜1979

14571　不利益課税遡及立法の違憲審査基準（租税公正基準（2））　青木康國　「租税訴訟」（8）　2015.3　p.17〜36

14572　憲法訴訟論の先駆者 ： 時國康夫（小特集 憲法学からみた最高裁判所裁判官）　木下智史　「法律時報」87（4）通号1084　2015.4　p.61〜66

14573　「適正な紛争解決」の探求と憲法裁判 ： 藤田宙靖（小特集 憲法学からみた最高裁判所裁判官）　渡辺康行　「法律時報」87（4）通号1084　2015.4　p.67〜72

14574　違憲審査の思考枠組み（特集 人権の調整と調和）　小山剛　「月報司法書士」（519）　2015.5　p.4〜12

14575　法/最高裁/統治（特集 裁判所によって創られる統治行為）　高見勝利　「法律時報」87（5）通号1085　2015.5　p.50〜56

14576　問題の判決と裁判長一覧（憲法特集 憲法を知らない大人たち―司法は"権力の番犬"か!?）「金曜日」23（17）通号1057　2015.5.1-8　p.21〜22

14577　戦後七〇年 憲法裁判と私の歩み ： 次世代へのメッセージ（創刊500号記念特集 憲法の危機に抗しつづけて―日本国憲法をめぐるたたかいと私たちの課題）　新井章　「法と民主主義」（500・501）　2015.7-9　p.40〜47

14578　河合弘之弁護士に反論する 「憲法違反」を連呼すれば原発メーカー訴訟で勝てるのか　サム, カンノ　「金曜日」23（25）通号1065　2015.7.3　p.28〜29

14579　主権を放棄した砂川判決（安倍総理よ、あなたは日本を米国の属国にするつもりか！）　小林節　「月刊日本」19（8）通号220　2015.8　p.33〜36

14580　市民の正義の勝利！ ： 検察審査会・強制起訴決定が明らかにする福島原発事故の真実　海渡雄一　「原子力資料情報室通信」（495）　2015.9.1　p.6〜11

14581　違憲訴訟キーパーソンに聞く！ 小林節名誉教授と共闘する山中光茂市長 11月には違憲訴訟を起こす準備をしています（特集 憲法を守る！ デタラメ政治と闘う人々）　山中光茂「金曜日」23（34）通号1074　2015.9.11　p.11〜13

14582　改めて憲法を考える（27）違憲の法案と参議院の責任　成澤孝人　「時の法令」（1986）　2015.9.30　p.47〜52

政治・行政・司法と憲法　　　　　　　　　　　　　　　　　　　　　　　　　財政

◆行政訴訟

【雑誌】

14583 行政訴訟制度改革はどう進んだか——国民は国に勝てるか（「司法改革」の総決算——憲法の理念に基づく真の司法改革をめざして一裁判制度はどうなったか）　平田和一「法の科学：民主主義科学者協会法律部会機関誌「年報」」通号36（増刊）　2006　p.82〜89

14584 憲法・行政法の「融合」教育について（公法学教育と大学）　安念潤司「公法研究」（68）　2006　p.100〜119

14585 憲法・行政訴訟における「訴えの利益」——納税者訴訟の日米比較を手掛かりとして　木下毅「法学新報」112（11・12）　2006.7　p.149〜176

14586 憲法・行政法教育の現状と課題——行政訴訟実務演習から選択的修習プログラムまで（特集 法科大学院の現状と課題）　秋田仁志「自由と正義」58（12）通号707　2007.12　p.59〜65

14587 実効的権利保護論の現代的展開——仮の権利救済を中心として　笹田栄司「法学教室」通号331　2008.4　p.28〜29

14588 仮の救済（憲法訴訟と行政訴訟）　山本隆司「公法研究」（71）　2009　p.185〜195

14589 行政訴訟の現状（憲法訴訟と行政訴訟）　高木光「公法研究」（71）　2009　p.24〜42

14590 行政訴訟の理論——学説的遺産の再評価という視点から（憲法訴訟と行政訴訟）　亘理格「公法研究」（71）　2009　p.65〜87

14591 「法律上の争訟」を離れる訴訟と司法権（憲法訴訟と行政訴訟）　山岸敬子「公法研究」（71）　2009　p.162〜173

14592 行政訴訟の現在と憲法の視点——「基本権訴訟」としての行政訴訟との関連で（特集 憲法訴訟と司法権）　神橋一彦「ジュリスト」（1400）　2010.5.1・15　p.43〜50

14593 公法訴訟（第2回）法律関係形成の諸相と行政訴訟——訴訟類型選択における「従来の公式」とその「偏差」　神橋一彦「法学教室」通号369　2011.6　p.96〜104

14594 論点講座 公法訴訟（第6回）行政上の義務の司法的執行と法律上の争訟　土井真一「法学教室」通号374　2011.11　p.82〜94

14595 公法訴訟（第13回）原告適格論のなかに人権論の夢を見ることはできるか：行政訴訟論とともに　石川健治「法学教室」（383）　2012.8　p.78〜87

14596 行政立法の違憲審査（租税公正基準）　山下清兵衛「租税訴訟」（7）　2014.2　p.97〜111

財政

【図書】

14597 租税憲法学　増田英敏著　第3版　成文堂　2006.3　418, 4p　22cm　3200円　Ⓘ4-7923-0402-4　Ⓝ345.12　増田英敏

14598 複数年度予算制と憲法　日本財政法学会編　敬文堂　2006.6　164p　20cm　（財政法叢書 22）　3200円　Ⓘ4-7670-0139-0　Ⓝ344　日本財政法学会

14599 日本国憲法下の会計検査院——60年のあゆみ　会計検査院法施行60年史編集事務局編　会計検査院　2008.4　269p　30cm　〈年表あり〉　Ⓝ317.249　会計検査院

14600 憲法を基調とした租税法の挑戦—生存権的基本権を擁護するための税制概説を中心として　武石鉄昭著　創成社　2010.12　255p　22cm　3200円　Ⓘ978-4-7944-1411-3　Ⓝ345.12　武石鉄昭

14601 財政憲法の再検討　日本財政法学会編　全国会計職員協会　2012.3　142p　20cm　（財政法叢書 28）　2953円　Ⓘ978-4-915391-48-4　Ⓝ323.147　日本財政法学会

14602 憲法に関する主な論点（第7章財政）に関する参考資料　［東京］　衆議院憲法審査会事務局　2013.4　30p　30cm　（衆憲資 第82号）　Ⓝ323.147　衆議院

14603 近代立憲主義による租税理論の再考—国民から国家への贈り物　片上孝洋著　成文堂　2014.10　331p　22cm　〈文献あり〉　7000円　Ⓘ978-4-7923-0568-0　Ⓝ345　片上孝洋

【雑誌】

14604 会計から財政へ——日本国憲法における財政制度の本質　吉田直正「憲法研究」（38）　2006　p.59〜80

14605 憲法をもとに——「小さな政府」とたたかう行財政点検を（座談会 行財政の民主的点検活動の今日的意義——小さな政府と公共性を問う）　田中章史「季刊自治と分権」（23）　2006.春　p.22〜27

14606 租税専門裁判所の設置を！（「司法改革」の総決算——憲法の理念に基づく真の司法改革をめざして—これだけは言いたい——私の司法改革論）　三木義一「法の科学：民主主義科学者協会法律部会機関誌「年報」」通号36（増刊）　2006　p.171〜173

14607 国会の財政監督　浅野善治「大東ロージャーナル」（2）　2006.3　p.57〜76

14608 国民健康保険料には憲法84条は直接適用されないものの、その趣旨が及ぶとした事例（最高裁平成18.3.1大法廷判決）（判例解説—税法）　伊川正樹「Lexis判例速報」2（6）通号8　2006.6　p.116〜126

〔14583〜14608〕　　　　　　　　　　　　　　　　憲法改正 最新文献目録　**541**

財政　　　　　　　　　　　　　　　　　　　　　　　　　　政治・行政・司法と憲法

14609　財政憲法原理としての牽連性──厳格化の傾向と財政立法による補完　上代庸平「法学政治学論究：法律・政治・社会」（74）2007.秋季　p.193〜227

14610　日本国憲法第八三条と通貨法律主義(1)その歴史的淵源に関する一考察　片桐直人「法学論叢」161（5）　2007.8　p.58〜83

14611　討論─公業務の私化と財政法統制（Ⅰ シンポジウム・公業務の私化と財政法統制）　甲斐素直　小林麻理［司会］伊藤悟　石村耕治　碓井光明　木村琢磨　北野弘久　鷹野幸雄　鳴谷潤　青山浩之　吉田善明　白藤博行　榊原秀訓　桜井真司　吉田尭躬　中村芳昭　隅野隆徳［発言者］「公業務の私化と財政法統制」　2008.3　p.97〜

14612　日本国憲法第八三条と通貨法律主義(2・完)その歴史的淵源に関する一考察　片桐直人「法学論叢」163（1）　2008.4　p.69〜99

14613　遡及増税立法違憲訴訟の論点──損益通算制限立法の遡及適用と租税法律主義　石村耕治「独協法学」（77）　2008.12　p.233〜284

14614　中央銀行法における目的規定とその機能　片桐直人「近畿大学法学」56（4）通号153　2009.3　p.31〜71

14615　財政学から憲法学へ（特集 憲法学に問う─財政学からの問題提起と憲法学からの応答）神野直彦「法律時報」81（5）通号1008　2009.5　p.94〜97

14616　判例研究 賦課総額及び保険料率の確定を市長に委任する国民健康保険条例の規定が、国民健康保険法81条及び憲法84条の趣旨に反するものではないとされた事例［最大判平成18.3.1］小塚真啓「法学論叢」165（2）　2009.5　p.121〜141

14617　憲法原則から見た徴税強化の問題点と転換方向（特集 徴税強化と納税者の権利）　浦野広明「議会と自治体」通号138　2009.10　p.59〜67

14618　大日本帝国憲法と租税：課税承認権の封じ込め　片上孝洋「社学研論集」15　2010

14619　租税手続における憲法保障（租税手続における納税者の権利保障）　志賀櫻「租税訴訟」（3）　2010.2　p.2〜57

14620　日本銀行の憲法学──「国家の通貨発行権」の批判的検討　君塚正臣「横浜国際経済法学」18（3）　2010.3　p.49〜74

14621　訴訟・裁判：武富士贈与税決定処分取消等請求事件──鑑定意見書：課税要件の遡及的適用と租税法律主義［含 コメント］　戸松秀典「学習院法務研究」（3）　2011.3　p.145〜151

14622　税金裁判の動向（第105回）譲渡損失の損益通算を禁止する改正税法の遡及適用を合憲とした最高裁判決［平成23.9.22］　末崎衛「税務QA」通号116　2011.11　p.52〜57

14623　租税法律主義と法の支配の関係についての一考察　片上孝洋「社学研論集」（19）2012　p.200〜212

14624　法律と条例における抵触の判断方法：神奈川県臨時企業税条例と地方税法の定める法人事業税との関係　戸波江二「早稲田法学」87（4）　2012　p.1〜62

14625　ストーリーで学ぶ！ 現場が知っておきたい税務訴訟入門（第32回）憲法からみた税務訴訟(1)　木山泰嗣「スタッフアドバイザー」通号262　2012.1　p.98〜105

14626　税務論文 遡及適用合憲判決と法律不遡及の原則（上）　渡辺充「税理」55（1）　2012.1　p.122〜128

14627　予算と法律との関係：日本国憲法の予算理論を中心として　夜久仁「レファレンス」62（1）通号732　2012.1　p.7〜33

14628　基本的人権の体系的なあり方と消費税等の一考察（特集号「社会保障・税一体改革案」批判）　弓削忠史「税制研究」（61）　2012.2　p.96〜104

14629　憲法に照らし、消費税増税のうそを見破る（特集 消費税増税反対の運動を広げるために）　浦野広明「月刊民商」54（2）通号616　2012.2　p.12〜15

14630　憲法フェティシズムに抗して、立憲的/構成的な破産のために（特集 債務危機：破産する国家）　コレクティボ, ユニノマド　桂木元彦［訳］「現代思想」40（2）　2012.2　p.188〜191

14631　ストーリーで学ぶ！ 現場が知っておきたい税務訴訟入門（第33回）憲法からみた税務訴訟(2)　木山泰嗣「スタッフアドバイザー」通号263　2012.2　p.126〜132

14632　税務論文 遡及適用合憲判決と法律不遡及の原則（下）　渡辺充「税理」55（2）　2012.2　p.92〜98

14633　租税訴訟学会 不利益遡及立法に関する合憲判決について：平成23年9月22, 30日最高裁判決の問題点　藤曲武美「月刊税務事例」44（3）通号510　2012.3　p.43〜50

14634　予備費条項の制定過程に関する考察　稲垣玲奈「法政法学」（28）　2012.3　p.1〜29

14635　日本国憲法と納税者の権利：憲法が求める租税・税務行政（特集 憲法を力に諸要求実現を）　岡田俊明「月刊民商」54（5）通号619　2012.5　p.7〜12

14636　福岡県 ”朝鮮学校への800万円支出は不当” の裁判続く 憲法89条『公の支配』で福岡県を衝く（各地で広がる「朝鮮学校への補助金出すな！」）「光射せ！：北朝鮮収容所国家からの解放を目指す理論誌」（9）　2012.6　p.127〜135

14637　公開研究会「消費税と憲法：応能負担原

542　憲法改正 最新文献目録　　　　　　　　　　　　　　　〔14609〜14637〕

政治・行政・司法と憲法　　　　　　　　　　　　　　　　　　　　　　　　　　　　　財政

則を問い返す」でのコメント（第9回公開研究会　現代の諸問題と憲法）　浦部法穂　「法学館憲法研究所報」（7）　2012.7　p.20〜25

14638　租税訴訟学会　旧法人税法施行令134条の2（現行72条の3）の合憲性：　使用人に対する未払賞与の損金算入時期［大阪高裁平成21.10.16判決］　長島弘　「月刊税務事例」　44（7）通号514　2012.7　p.26〜33

14639　基本的人権に基づく税法等のあり方（特集号　租税制度・私の提言）　弓削忠史　「税制研究」（62）　2012.8　p.54〜62

14640　納税者の権利の憲法的意義と質問検査権（骨子）（特集　秋のシンポジウムテキスト）　鶴見祐策　「税経新報」（605）　2012.11　p.3〜5

14641　租税手続法に依存する裁判外権利救済制度の実効性：　租税法の憲法化（国税不服審判所制度の改革）　木村弘之亮　「租税訴訟」（6）　2012.12　p.84〜141

14642　納税者の権利をめぐる闘いの歴史と憲法上の意義（特集　秋のシンポジウム報告）　鶴見祐策　「税経新報」（606）　2012.12　p.3〜19

14643　破綻した税財政改革と社会保障改革：　3党合意の一体改革のコンセプトの誤り（特集　平和憲法を守り、アジアの平和と友好、原発のない日本をめざし民主勢力の大結集で安倍・石原・維新の右翼野合勢力の粉砕を！）　蜂谷隆　「労働運動研究」（417）　2012.12　p.18〜24, 58

14644　予算と法律との関係：中長期の財政規律を中心として（溝尾桂子教授・林英機教授・飯野靖四教授　退職記念号）　夜久仁　「帝京経済学研究」　46（1）通号69　2012.12　p.193〜216

14645　判例批評　暦年途中における損益通算廃止の憲法八四条適合性［最高裁第一小法廷平成23.9.22判決, 最高裁第二小法廷平成23.9.30判決］　高橋祐介　「民商法雑誌」　147（4・5）　2013.1・2　p.409〜432

14646　憲法を無視した「闇の日銀特権」（総力大特集　亡国のメディア、売国のメディア　大新聞、テレビはなぜこのことを報じないのか？）　上念司　「Will：マンスリーウイル」（99）　2013.3　p.76〜83

14647　私立高等学校を対象とした公費助成におけるサポートとコントロールに関する予備的考察：　私学助成制度に対する日本国憲法第89条の解釈を中心に　木村康彦　「教育行政研究集録」（8）　2013.3　p.60〜74

14648　政務活動費の法的性質に関する一考察（1）政務調査費から政務活動費へ　廣地毅　「自治研究」　89（4）通号1070　2013.4　p.65〜79

14649　政務活動費の法的性質に関する一考察（2・完）政務調査費から政務活動費へ　廣地毅　「自治研究」　89（5）通号1071　2013.5　p.65〜77

14650　財政金融と憲法（特集　憲法問題を考える）　片桐直人　「法学教室」（393）　2013.6　p.4〜12

14651　憲法原則と個人所得税、税制のあり方：　徴税強化の問題点（深刻な徴税強化　実態とたたかい）　浦野広明　「議会と自治体」（187）　2013.11　p.20〜27

14652　ストーリーで学ぶ！　現場が知っておきたい税務訴訟入門（第50回）憲法からみた税務訴訟　木山泰嗣　「スタッフアドバイザー」（285）　2013.12　p.103〜109

14653　法人税法69条における外国法人税の範囲の検討：　最高裁判決を踏まえた法解釈枠組みの明確化　小野村敬子　「租税資料館賞受賞論文集」　23（上）　2014　p.233〜327

14654　予算と法律との関係：予算の制定権者を中心として　夜久仁　「憲法研究」（46）　2014　p.57〜89

14655　予算と法律との関係：明治前期の予算を中心として　夜久仁　「帝京経済学研究」　47（2）通号72　2014.3　p.101〜119

14656　憲法第99条の射程と税務調査官への要請（特集　憲法）　佐伯和雅　「税経新報」（621）　2014.5　p.20〜22

14657　民事関係　長期譲渡所得に係る損益通算を認めないこととした平成16年法律第14号による改正後の租税特別措置法31条の規定をその施行日より前に個人が行う土地等又は建物等の譲渡について適用するものとしている平成16年法律第14号附則27条1項と憲法84条［第一小法廷平成23.9.22判決］（最高裁判所判例解説：　平成23年4, 8, 9, 10月分　平成24年2月分）　「法曹時報」　66（6）　2014.6　p.1541〜1561

14658　生活と憲法（第3回）租税と憲法　浦部法穂　「法学館憲法研究所報」（11）　2014.7　p.57〜75

14659　最高裁・神奈川県臨時特例企業税判決に対する根本的な二つの憲法上の疑義［2013.3.21］　高井正　「自治研究」　90（10）通号1088　2014.10　p.70〜91

14660　憲法学のゆくえ（3−2）座談会　憲法学における財政・租税の位置？（前篇）　藤谷武史　宍戸常寿　曽我部真裕［他］　「法律時報」　86（12）通号1079　2014.11　p.118〜127

14661　憲法学のゆくえ（3−3）座談会　憲法学における財政・租税の位置？（後篇）　藤谷武史　宍戸常寿　曽我部真裕［他］　「法律時報」　86（13）通号1080　2014.12　p.360〜368

14662　「憲法のあるべき税制から消費税を考える」（東ブロック）の報告（特集　2014年秋のシンポジウム報告）　青野友信　「税経新報」（628）　2014.12　p.67〜69

14663　税制改革の動向と都税収入への影響（特集　第10回　東京地方自治研究集会　憲法をまもりいのちかがやく東京へ：　くらし・雇用・福祉優先の都政の実現を）　伊藤幸男　「東京」（361）　2015.1・2　p.39〜44

〔14638〜14663〕　　　　　　　　　　　　　　　　　　　　　憲法改正　最新文献目録　543

地方自治　　　　　　　　　　　　　　　　　　政治・行政・司法と憲法

14664　基本的人権のあり方と税法の基本的な問題について（特集号 検証 : 安倍政権2年間の税財政─租税問題）　弓削尚史　「税制研究」（67）　2015.2　p.98～105

14665　明治国家と財政制度 : 大蔵省の予算査定権を中心に（水谷三公教授退職記念号）　坂本一登　「国学院法学」52（4）通号205　2015.3　p.57～86

14666　予算と法律との関係 : 両議院関係を中心として　夜久仁　「帝京経済学研究」48（2）通号74　2015.3　p.97～124

14667　日本国憲法と税金（特集 第10回 地域人権問題全国研究集会 in 松江 : 第4分科会 憲法を軸に人間らしい暮らしや仕事を語ろう）　福木実　「地域と人権」（373）　2015.5　p.10～13

14668　「納税者の権利」の確立をめざして 納税者の権利を守り進めるたたかい（創刊500号記念特集 憲法の危機に抗しつづけて─平和・民主主義・人権闘争のバトンを引き継いで）　鶴見祐策　「法と民主主義」（500・501）　2015.7-9　p.118～120

14669　憲法生かす国民運動に連帯し、差別課税廃止へ（所得税法56条は廃止を 意見書採択運動）　牧伸人　「議会と自治体」（211）　2015.11　p.70～77

14670　憲法を生かして所得税法第56条廃止と公正な税制の確立を（全婦協シンポジウム 家族経営と56条を考える）　浦野広明　「月刊民商」57（11）通号663　2015.11　p.29～33

地方自治

【図書】

14671　地方自治の論点　那須俊貴［著］　国立国会図書館調査及び立法考査局　2006.3　20p　30cm　〈調査資料 2005-2-b シリーズ憲法の論点 10）　①4-87582-630-3　Ⓝ318　那須俊貴

14672　現代日本の地方自治　今村都南雄編著　敬文堂　2006.9　422p　22cm　〈自治総研叢書 20）　4300円　①4-7670-0144-7　Ⓝ318　今村都南雄

14673　地方自治の保障のグランドデザイン─自治制度研究会報告書 2 ［東京］　全国知事会　2006.12　155,123p　30cm　〈共同刊行 : 都道府県会館〉　〈文献あり〉　〈年表あり〉　Ⓝ318　全国知事会

14674　憲法と地方自治　小林武, 渡名喜庸安著　京都　法律文化社　2007.5　342,6p　22cm　（現代憲法大系 13）　〈文献あり〉　4900円　①978-4-589-02992-8　Ⓝ323.148　小林武　渡名喜庸安

14675　分権時代と自治体法学　兼子仁先生古稀記念論文集刊行会編　勁草書房　2007.11

547p　22cm　〈肖像あり〉　〈年譜あり〉　〈著作目録あり〉　13000円　①978-4-326-40240-3　Ⓝ318.04　兼子仁先生古稀記念論文集刊行会

14676　憲法どおりの兵庫をつくろう─ウィー・ラブ・兵庫　憲法が輝く兵庫県政をつくる会編　大阪　日本機関紙出版センター　2008.3　118p　21cm　667円　①978-4-88900-850-0　Ⓝ318.264　憲法が輝く兵庫県政をつくる会

14677　くにたち市民のまちづくり史─戦中・戦後・文教地区　くにたち市民と日本国憲法　赤松宏一［著］, くにたち・東地域九条の会企画・編集　［国立］　くにたち・東地域九条の会　2008.5　67p　21cm　〈年表あり〉　Ⓝ318.8365　赤松宏一　くにたち東地域九条の会

14678　住民自治・地方分権と改憲─地域社会の再編に抗して　ピープルズ・プラン研究所編　現代企画室　2008.8　132p　21cm　（シリーズ「改憲」異論 5）　1000円　①978-4-7738-0809-4　Ⓝ323.148　ピープルズプラン研究所

14679　政策法務の道しるべ─憲法が考える法律と条例の関係　石森久広著　日の出町（東京都）　慈学社出版　2008.8　120p　21cm　（慈学社ブックレット 政策法学ライブラリイ 15）　〈文献あり〉　〈発売 : 大学図書〉　1500円　①978-4-903425-37-5　Ⓝ318.1　石森久広

14680　「自治体憲法」創出の地平と課題─上越市における自治基本条例の制定事例を中心に　石平春彦著　公人の友社　2008.12　207p　21cm　2000円　①978-4-87555-542-1　Ⓝ318.241　石平春彦

14681　地方自治の憲法論─「充実した地方自治」を求めて　杉原泰雄著　補訂版　勁草書房　2008.12　267p　19cm　〈文献あり〉　2500円　①978-4-326-45089-3　Ⓝ323.148　杉原泰雄

14682　無防備平和─市民自治で9条を活かす　谷百合子編　高文研　2009.1　255p　19cm　1600円　①978-4-87498-415-4　Ⓝ319.8　谷百合子

14683　貧困のない兵庫をつくろう─ウィーラブ兵庫 3　憲法が輝く兵庫県政をつくる会編著　大阪　日本機関紙出版センター　2009.6　62p　21cm　〈背のタイトル（誤植）: 9条が輝く兵庫をつくろう〉　381円　①978-4-88900-858-6　Ⓝ318.264　憲法が輝く兵庫県政をつくる会

14684　沖縄論─平和・環境・自治の島へ　宮本憲一, 川瀬光義編　岩波書店　2010.1　267, 20p　22cm　〈年表あり 索引あり〉　3900円　①978-4-00-022402-4　Ⓝ312.199　宮本憲一　川瀬光義

14685　欧米諸国の「公務員の政治活動の自由」─その比較法的研究　晴山一穂, 佐伯祐二, 榊原秀訓, 石村修, 阿部浩己, 清水敏著　日本評論社　2011.1　237p　22cm　4500円　①978-4-535-51804-9　Ⓝ317.3　晴山一穂　佐伯祐二　榊原秀訓　石村修　阿部浩己　清水敏

14686　日本とフランス（及びヨーロッパ）におけ

政治・行政・司法と憲法　　　　　　　　　　　　　　　　　　　　地方自治

る分権国家と法―2009年12月12日成城大学日仏
比較法シンポジウムの記録　大津浩編　成城大
学法学部憲法学教室　2011.3　163p　30cm
〈他言語標題：Etat decentralise et droit au
Japon et en FranceEurope〉〈フランス語併
記〉　Ⓝ318　大津浩

14687　地方自治の憲法理論の新展開　大津浩編
著　敬文堂　2011.4　341p　22cm　（自治総研
叢書 28）　4000円　Ⓘ978-4-7670-0176-0
Ⓝ323.148　大津浩

14688　いまなぜ公務員の市民的・政治的自由か
大久保史郎編著　学習の友社　2012.7　158p
21cm　1333円　Ⓘ978-4-7617-0676-0　Ⓝ317.3
大久保史郎

14689　現代地方自治の法的基層　斎藤誠著　有
斐閣　2012.12　541, 11p　22cm　〈他言語標
題：Rechtliche Erdschicht des postmodernen
Selfgovernments〉〈索引あり〉　8600円
Ⓘ978-4-641-13106-4　Ⓝ318　斎藤誠

14690　憲法に関する主な論点（第8章地方自治）
に関する参考資料　［東京］　衆議院憲法審査会
事務局　2013.4　57p　30cm　（衆憲資 第83
号）　Ⓝ323.148　衆議院

14691　人にやさしい県政を　憲法が輝く兵庫県
政をつくる会編著　大阪　日本機関紙出版セン
ター　2013.4　103p　21cm　（ウィーラブ兵庫
6）　476円　Ⓘ978-4-88900-884-5　Ⓝ318.264
憲法が輝く兵庫県政をつくる会

14692　憲法に関する主な論点（第9章改正）に関
する参考資料　［東京］　衆議院憲法審査会事務
局　2013.5　55p　30cm　（衆憲資 第84号）
Ⓝ323.149　衆議院

14693　新しい時代の地方自治像の探究　白藤博
行著　自治体研究社　2013.6　224p　21cm
（現代自治選書）　2400円　Ⓘ978-4-88037-606-
6　Ⓝ318　白藤博行

14694　憲法が輝く県政へ―2013年兵庫県知事選
挙の記録　憲法が輝く兵庫県政をつくる会編
大阪　日本機関紙出版センター　2014.2　125p
30cm　（ウィーラブ兵庫 7）　952円　Ⓘ978-4-
88900-904-0　Ⓝ318.464　憲法が輝く兵庫県政
をつくる会

14695　日本国憲法の地方自治―この「多重危機」
のなかで考える　杉原泰雄著　自治体研究社
2014.7　77p　21cm　926円　Ⓘ978-4-88037-
618-9　Ⓝ323.148　杉原泰雄

14696　憲法と自治体争訟　安藤高行著　京都
法律文化社　2015.1　299p　22cm　6400円
Ⓘ978-4-589-03646-9　Ⓝ323.96　安藤高行

14697　地域と自治体　第37集　地方消滅論・地
方創生政策を問う　岡田知弘, 榊原秀訓, 永山利
和編著　岡田知弘, 榊原秀訓, 永山利和/編著
自治体研究社　2015.10　306p　21cm　2700円
Ⓘ978-4-88037-639-4　Ⓝ318　岡田知弘　榊原
秀訓　永山利和

【雑誌】

14698　第3回講演会 市町村合併の制度と現実－
真鶴・湯河原の合併検討過程から（「国際人権セン
ター」「地方自治センター」開設記念）　三木
邦之　「神奈川大学法学研究所研究年報」　通号
23　2005　p.49～78

14699　第3回講演会 自治体法学への期待と課題
（「国際人権センター」「地方自治センター」開
設記念）　磯部力　「神奈川大学法学研究所研究
年報」　通号23　2005　p.79～111

14700　座談会 清水誠先生を囲む座談会－市民法
論をめぐって（「国際人権センター」「地方自治
センター」開設記念）　清水誠　広渡清吾　丸
山茂【他】　「神奈川大学法学研究所研究年報」
通号23　2005　p.113～186

14701　重要判例に学ぶ地方自治の知識 条例によ
る財産権の制限の合憲性――奈良県ため池の保
全に関する条例違反事件（最高裁昭和38.6.26判
決）　橋本勇　「自治体法務研究」　（4）　2006.春
p.77～81

14702　憲法が求める地方自治の原則と自治体憲
法運動の基本的な立場　池上洋通　「住民と自
治」　通号513　2006.1　p.48～51

14703　指定管理者に指定制限と情報公開を　斎
藤文男　「住民と自治」　通号513　2006.1　p.34
～39

14704　わが「志政」方針（10）地方分権を憲法改
正の大きな柱にすべき 西川一誠 福井県知事
西川一誠　「ガバナンス」　（58）　2006.2　p.12
～15

14705　指定管理者制度の導入と地方自治のこれ
から（第4回）管理委託制度から指定管理者制度
へ――「何」が「どのように」変わったのか？
妹尾克敏　「指定管理」　通号4　2006.3　p.37～
39

14706　地方自治条項改憲論批判――「分権型国
家」が住民生活と地方自治を破壊する（1）（特
集 改憲問題の新局面）　進藤兵　「ポリティー
ク」11　2006.3.20　p.150～183

14707　基本的人権と地方自治（特集 憲法を職
場・地域にいかす）　伊藤真　「住民と自治」　通
号517　2006.5　p.12～17

14708　憲法の全面的実現こそ私たちのめざす自
治体（特集 憲法を職場・地域にいかす）　池上洋
通　「住民と自治」　通号517　2006.5　p.18～25

14709　指定管理者制度の導入と地方自治のこれ
から（5）指定の意味と効果――「契約」か「行
政処分」か　妹尾克敏　「指定管理」　通号5
2006.5　p.25～27

14710　地方自治セミナー/新時代の地方自治
（65）憲法改正論議と地方自治（9）　昇秀樹
「自治実務セミナー」　45（5）通号527　2006.5
p.60～62

14711　2006年度東京都予算の批判的検討 石原都

地方自治　　　　　　　　　　　　　　　　　　　　政治・行政・司法と憲法

政の大企業優先を止めさせ、憲法・地方自治の
本旨にもとづく都政の実現を！　石橋映二
「東京」（269）　2006.5　p.13～16

14712　全国知事会の憲法問題に関する報告書に
ついて　西川一誠　「都道府県展望」（573）
2006.6　p.52～55

14713　地方自治セミナー/新時代の地方自治
（66）憲法改正論議と地方自治（10）　昇秀樹
「自治実務セミナー」45（6）通号528　2006.6
p.64～66

14714　地方自治と改憲問題　愛敬浩二　「信州自
治研」（172）　2006.6　p.2～5

14715　安全保障と地方自治 有事体制のパズルか
ら自治体単位でピースをはずす——無防備地域
宣言運動の新たな局面　北原久嗣　「世界」
（754）　2006.7　p.218～221

14716　指定管理者制度の導入と地方自治のこれ
から（6）指定管理者の位置づけと権限——不可
解な選定対象施設の限定と「使用許可権限」の
質量　妹尾克敏　「指定管理」通号6　2006.7
p.37～39

14717　地方自治セミナー/新時代の地方自治
（67）憲法改正論議と地方自治（11）　昇秀樹
「自治実務セミナー」45（8）通号530　2006.8
p.68～70

14718　指定管理者制度の導入と地方自治のこれ
から（7）指定管理者制度への期待と不安——制
度定着の可能性と課題　妹尾克敏　「指定管理」
7　2006.9　p.33～35

14719　地方自治セミナー/新時代の地方自治
（68）憲法改正論議と地方自治（12）　昇秀樹
「自治実務セミナー」45（9）通号531　2006.9
p.62～65

14720　地域活性化に向けて動き出すまちづくり
政策の現状　三角政勝　渡邊啓輝　「経済のプリ
ズム」（31）　2006.10　p.13～24

14721　地方自治セミナー/新時代の地方自治
（69）憲法改正論議と地方自治（13）　昇秀樹
「自治実務セミナー」45（10）通号532　2006.10
p.72～77

14722　指定管理者制度の導入と地方自治のこれ
から（8）地方分権と指定管理制度——自治体と
指定管理（民間事業）と「住民の三角関係」と
「役割分担」　妹尾克敏　「指定管理」8　2006.
11　p.41～43

14723　判例批評 地方公共団体における外国人の
昇進制限の合憲性（平成17.1.26最高裁大法廷判
決）　渡辺康行　「民商法雑誌」135（2）　2006.
11　p.375～393

14724　安全保障の当事者としての地方自治の可
能性　藤中寛之　「沖縄の脱軍事化と地域的主体
性 復帰後世代の「沖縄」　明治大学軍縮平和研
究所共同研究プロジェクト」　2006.11　p.55～

14725　憲法第8章の行方（特集 '06・改革は第二
幕——小泉改革の成果・つめ痕と安倍政権の
課題）　小林武　「地方自治職員研修」39（12）
通号551　2006.12　p.22～24

14726　「新」地方自治法における自治立法権の特
質　小林武　「愛知大学法学部法経論集」
（172）　2006.12　p.326～296

14727　地方自治セミナー/新時代の地方自治
（70）憲法改正論議と地方自治（14）　昇秀樹
「自治実務セミナー」45（12）通号534　2006.12
p.58～60

14728　電源開発促進対策特別会計の改革につい
て——特別会計の意義を保持し、地方分権の視
点を取り入れた改革の提案　井上武史　「地域公
共政策研究」（12）　2006.12　p.13～23

14729　過疎地の医療と憲法第25条——自治体と
の共同（特集 自治と暮らしを守る——いま、自
治体は何をすべきか）　金川佳弘　「季刊自治と
分権」（29）　2007.秋　p.43～49

14730　重要判例に学ぶ地方自治の知識 屋外広告
物条例と印刷物による表現の自由の制限——大
阪市屋外広告物条例違反被告事件［最高裁昭和
43.12.18判決］　宇佐見方宏　「自治体法務研究」
（9）　2007.夏　p.90～94

14731　地方公共団体の条例と国際条約　渋谷秀
樹　「立教法学」通号73　2007　p.223～238

14732　日本国憲法の地方自治——「充実した地
方自治」こそ日本再生の鍵　杉原泰雄　「季刊自
治と分権」（28）　2007.夏　p.87～98

14733　民主的地方自治論——もう一つの地方自
治構想　村上博　「岡山大学法学会雑誌」56
（3・4）通号197　2007.3　p.527～568

14734　地方自治セミナー 新時代の地方自治（71）
憲法改正論議と地方自治（15）　昇秀樹　「自治
実務セミナー」46（4）通号538　2007.4　p.64
～66

14735　共同の力で改憲手続き法を許さない——
大阪市西淀区（座談会 「改憲ノー」の多数派め
ざす地域革新懇）　嵯峨操　「議会と自治体」通
号109　2007.5　p.27～30

14736　現代の貧困・格差問題と生活保護、自治
体の役割（特集 憲法と人権、地方自治）　吉永
純　「住民と自治」通号529　2007.5　p.12～15

14737　地方自治セミナー/新時代の地方自治
（72）憲法改正論議と地方自治（16）　昇秀樹
「自治実務セミナー」46（5）通号539　2007.5
p.67～69

14738　憲法上の地方自治制度の意義　高橋正俊
「香川法学」27（1）通号80　2007.6　p.1～18

14739　地方自治セミナー/新時代の地方自治
（73）憲法改正論議と地方自治（17）　昇秀樹
「自治実務セミナー」46（6）通号540　2007.6
p.64～66

政治・行政・司法と憲法　　　　　　　　　　　　　　　　　　　　　　地方自治

14740　地方自治セミナー/新時代の地方自治
(74)憲法改正論議と地方自治化(18)　昇秀樹
「自治実務セミナー」46(7)通号541　2007.7
p.64～66

14741　地方制度の変容と地方自治論——基礎的
自治体巨大化に見る憲法問題(特集＝日本国憲
法施行六〇年——憲法学に求められる課題—統
治機構論)　多田一路「法律時報」79(8)通号
985　2007.7　p.121～125

14742　地方特別法(IV 政治機構)　市川直子
「憲法諸相と改憲論 吉田善明先生古稀記念論文
集」2007.8　p.483～

14743　知事の多選禁止——経験者の立場から(特
集 多選禁止は合憲か)　浅野史郎「都市問題」
98(10)　2007.9　p.4～8

14744　地方自治の本旨に反する首長の多選禁止
(特集 多選禁止は合憲か)　土屋正忠「都市問
題」98(10)　2007.9　p.19～23

14745　道州制のゆくえと小規模町村をとりまく
情勢(特集 第9回全国小さくても輝く自治体
フォーラム)　村上博「住民と自治」通号533
2007.9　p.14～16

14746　首長の多選問題に関する調査研究会の経
緯と報告書の概要(特集 首長多選制限をめぐっ
て)　笠置隆範「ジュリスト」(1340)　2007.
9.1　p.8～13

14747　首長の多選問題に関する調査研究会報告
書(特集 首長多選制限をめぐって)「ジュリス
ト」(1340)　2007.9.1　p.30～36

14748　多選問題について——政治学の視点から
(特集 首長多選制限をめぐって)　岩崎美紀子
「ジュリスト」(1340)　2007.9.1　p.24～29

14749　地方自治セミナー/新時代の地方自治
(76)憲法改正論議と地方自治(19)　昇秀樹
「自治実務セミナー」46(11)通号545　2007.11
p.70～72

14750　自治・分権の憲法原則と人権保障の課題
(自治体法基礎理論)　青木宏治「分権時代と
自治体法学」2007.11　p.49～

14751　日本国憲法が規定する「地方自治の本旨」
(自治体法基礎理論)　原田一明「分権時代と
自治体法学」2007.11　p.75～

14752　POLITICS「違憲ではない」と推進論——
自民 首長の多選禁止、法制化に再始動「Jiji
top confidential」(11444)　2007.11.13　p.15

14753　各分野からの報告 生存権保障と自治体労
働組合(特集 自治の検証－いま、自治体はどう
なっているか)　可児伸一　自治労連・地方自
治問題研究機構編「季刊自治と分権」(26)
2007.冬　p.61～64

14754　地方議会における議員に対する不利益措
置の司法審査対象性——憲法学の観点からの鑑
定意見書　小林武「愛知大学法学部法経論集」

(175)　2007.12　p.129～149

14755　地方自治セミナー/新時代の地方自治
(77)憲法改正論議と地方自治(20)　昇秀樹
「自治実務セミナー」46(12)通号546　2007.12
p.62～66

14756　地方自治セミナー/新時代の地方自治
(78)憲法改正論議と地方自治(21)　昇秀樹
「自治実務セミナー」47(1)通号547　2008.1
p.72～74

14757　民事関係 1.地方公共団体が日本国民であ
る職員に限って管理職に昇任することができる
こととする措置を執ることと労働基準法3条,憲
法14条1項 2.東京都が管理職に昇任するための
資格要件として日本の国籍を有することを定め
た措置が労働基準法3条,憲法14条1項に違反し
ないとされた事例[平成17.1.26大法廷判決](最
高裁判所判例解説——平成17年1,7月分 平成18
年6,8,11月分)　高世三郎「法曹時報」60
(1)　2008.1　p.181～211

14758　地方自治セミナー/新時代の地方自治
(79)憲法改正論議と地方自治(22)　昇秀樹
「自治実務セミナー」47(2)通号548　2008.2
p.70～72

14759　KEY WORD 首長多選制限　毛利透「法
学教室」通号329　2008.2　p.2～3

14760　地方自治セミナー/新時代の地方自治
(80)憲法改正論議と地方自治(23)「この国の
形」を変える道州制　昇秀樹「自治実務セミ
ナー」47(3)通号549　2008.3　p.74～77

14761　都市計画・まちづくり制度と合憲形成
内海麻利「自治総研」34(3)通号353　2008.3
p.90～116

14762　ロー・クラス 憲法問題と「地域・地方」
の視点　新井誠「法学セミナー」53(3)通号
639　2008.3　p.50～53

14763　憲法第92条の実現をめざし(特集 職員は
誇りをもって)　上原公子「地方自治職員研
修」41(4)通号571　2008.4　p.14～16

14764　自治体財政に対する憲法的保障の制度
——日本とドイツの比較を通じて　上代庸平
「Law and practice」(2)　2008.4　p.77～113

14765　地方自治セミナー/新時代の地方自治
(81)憲法改正論議と地方自治(24)　昇秀樹
「自治実務セミナー」47(4)通号550　2008.4
p.70～72

14766　憲法と地方自治——地方税立法権を中心
に(特集 今、改めて憲法を考える)　森稔樹
「住民と自治」通号541　2008.5　p.8～11

14767　「国民保護計画」と自治体(3)計画から実
働段階へ(特集 憲法——平和・人権・生活を守
る)　中村伸夫「科学的社会主義」(121)
2008.5　p.26～31

14768　地方自治セミナー/新時代の地方自治

地方自治　　　　　　　　　　　　　　　　　　　　　　　　政治・行政・司法と憲法

(82)憲法改正論議と地方自治(25)　昇秀樹
「自治実務セミナー」47(5)通号551　2008.5
p.75～77

14769　ネシアをめぐる自治の系譜──「国頼み
の自治権」からの脱却に向けて(特集 来るべき
自己決定権のために─沖縄・憲法・アジア)
松島泰勝　「情況. 第三期 ： 変革のための総合
誌」9(3)通号72　2008.5　p.98～107

14770　地方自治セミナー/新時代の地方自治
(83)憲法改正論議と地方自治(26)　昇秀樹
「自治実務セミナー」47(6)通号552　2008.6
p.64～66

14771　地方自治セミナー/新時代の地方自治
(84)憲法改正論議と地方自治(27)　昇秀樹
「自治実務セミナー」47(7)通号553　2008.7
p.75～77

14772　地方自治セミナー(85)憲法改正論議と地
方自治(28)　昇秀樹　「自治実務セミナー」47
(8)通号554　2008.8　p.71～73

14773　昨今の改憲論議と地方自治の憲法論上の
諸論点──議論の端緒として　大津浩　「自治総
研」34(9)通号359　2008.9　p.1～21

14774　道州制と広域行政　村上博　「香川法学」
28(2)通号84　2008.9　p.364～342

14775　地方自治セミナー/新時代の地方自治
(87)憲法改正論議と地方自治(30)　昇秀樹
「自治実務セミナー」47(10)通号556　2008.10
p.74～77

14776　判例講座 憲法基本判例を読み直す(19・
完)外国人の公務就任・管理職昇任──東京都
管理職選考受験拒否事件(最大判平成17.1.26民
集59巻1号128頁)　野坂泰司　「法学教室」通号
337　2008.10　p.59～72

14777　ロー・クラス 発信 憲法地域事情(新連
載・1・福島編)地域が提案する新たな地方自治
のあり方──国に「抗い」発信する矢祭町の場
合　新井誠　「法学セミナー」53(10)通号646
2008.10　p.48～52

14778　道州制と都道府県の未来(特集 道州制で
都道府県はどうなる)　村上博　「住民と自治」
通号547　2008.11　p.8～11

14779　ロー・クラス 発信 憲法地域事情(2・鹿
児島編)僻地における憲法価値の実現に向けて
──鹿児島の離島の住民事情から　横大道聡
「法学セミナー」53(11)通号647　2008.11　p.
70～73

14780　地方自治と民主政治　長谷部恭男　「地方
自治」(733)　2008.12　p.2～10

14781　ロー・クラス 発信 憲法地域事情(3・静
岡編)東海地震と防災対策　小谷順子　「法学セ
ミナー」53(12)通号648　2008.12　p.62～65

14782　「潰憲型地方分権改革」と立憲地方自治
(シンポジウム 改憲論批判と民主主義法学)

白藤博行　「法の科学 ： 民主主義科学者協会法
律部会機関誌『年報』」通号40　2009　p.32～44

14783　新自由主義の現段階と道州制の狙い(自治
労連・地方自治問題研究機構10周年記念特集─
シンポジウム(Part 1) 道州制・地方分権改革と
地方自治のゆくえ)　渡辺治　「季刊自治と分
権」(35)　2009.春　p.24～31

14784　地縁団体を憲法的視点から考えるための
予備的整理　多田一路　「立命館法學」2009年
(4)通号326　2009　p.1338～1350

14785　地方自治における国際人権保障と私人間
紛争(特集 国際人権法の国内実施の現在──私
人による差別の撤廃をめぐって─私人・私企業
による差別の撤廃をめぐって)　大津浩　「国際
人権 ： 国際人権法学会報」通号20　2009　p.
59～61

14786　討論(自治労連・地方自治問題研究機構10
周年記念特集─シンポジウム(Part 1) 道州制・
地方分権改革と地方自治のゆくえ)　行方久生
渡辺治　岡田知弘[他]　「季刊自治と分権」
(35)　2009.春　p.41～54

14787　ニセコ まちづくり基本条例のその後──
自治体憲法の深化をめざして(特集 自治基本条
例を検証する)　加藤紀孝　「自治体法務研究」
(16)　2009.春　p.18～25

14788　自治体議会改革の憲法問題　小林武　「愛
知大学法学部法経論集」(180)　2009.3　p.
112～78

14789　地方分権の動向と「指定管理者制度」の
功罪　妹尾克敏　「法学新報」115(9・10)
2009.3　p.437～462

14790　日本国憲法の地方自治条項と憲法改正限
界　河上暁弘　「自治総研」35(3)通号365
2009.3　p.22～83

14791　翻訳 地方分権と法治国家　Jean-Marie,
Pontier　大津浩[訳]　「成城法学」通号78
2009.3　p.166～122

14792　日本国憲法と地方自治([都市問題研究]
創刊700号・[大阪]市制120周年記念特集号─特
集 分権と自治の課題(1))　渋谷秀樹　「都市問
題研究」61(4)通号700　2009.4　p.29～45

14793　「未完の分権改革」イデオロギーによって
破壊される地方自治(特集「100年に一度の危
機」と憲法)　白藤博行　「法と民主主義」
(437)　2009.4　p.22～26

14794　ロー・クラス 発信 憲法地域事情(7・島
根・山口編)地域が民営刑務所を「引き受ける」
ことの意味　永松正則　「法学セミナー」54
(4)通号652　2009.4　p.74～77

14795　反貧困運動と地方自治体への期待(特集
憲法がいきる自治体づくり)　宇都宮健児　「住
民と自治」通号553　2009.5　p.6～9

14796　ロー・クラス 発信 憲法地域事情(8・沖
縄編)「学力最下位」の衝撃──「学テ」が照射

する沖縄の教育問題　高作正博　「法学セミナー」54（5）通号653　2009.5　p.54〜57

14797　グローバル化時代の地方分権（特集 グローバル化の中の国家と憲法）　高田篤　「ジュリスト」（1378）　2009.5.1・15　p.154〜165

14798　衆議院憲法調査会報告書を読み解く（14）財政の現代化への対応と地方分権の推進——財政と地方自治に関する諸議論の整理　憲法調査研究会　「時の法令」通号1833　2009.5.15　p.50〜61

14799　片山善博の「日本を診る」（19）直轄事業負担金は憲法違反である　片山善博　「世界」（793）　2009.7　p.92〜94

14800　ロー・クラス 発信 憲法地域事情（10・総論編 2）道州制　大沢秀介　「法学セミナー」54（7）通号655　2009.7　p.54〜57

14801　ロー・クラス 発信 憲法地域事情（11・奈良編）古都の風土を守る　上田健介　「法学セミナー」54（8）通号656　2009.8　p.78〜81

14802　ロー・クラス 発信 憲法地域事情（13・青森編）保育サービスの民営化・規制緩和と自治体行政　日野辰哉　「法学セミナー」54（10）通号658　2009.10　p.46〜49

14803　座談会（日本国憲法研究（5）道州制）　大橋洋一　金井利之　長谷部恭男［他］　「ジュリスト」（1387）　2009.10.15　p.114〜138

14804　道州制と地方自治（日本国憲法研究（5）道州制）　大橋洋一　「ジュリスト」（1387）　2009.10.15　p.106〜113

14805　ロー・クラス 発信 憲法地域事情（14・熊本編）学者知事の選出と首長制　木下和朗　「法学セミナー」54（11）通号659　2009.11　p.50〜53

14806　地方自治特別法の憲法問題　加藤一彦　「現代法学 ： 東京経済大学現代法学会誌」（18）　2009.12　p.29〜53

14807　ロー・クラス 発信 憲法地域事情（15・総論編 3）ローカルな法秩序の可能性——日本国憲法における入会　山本龍彦　「法学セミナー」54（12）通号660　2009.12　p.64〜67

14808　講演要旨 憲法構造として考える地方分権改革（特集 地方自治）　西尾勝　「読売クオータリー」（15）　2010.秋　p.24〜36

14809　地方財政「債務型財政破綻」に問われている法と制度の憲法秩序——「地方財政健全化法」の根源的問題発見の試み　福家俊朗　「季刊 自治と分権」（41）　2010.秋　p.99〜114

14810　危機管理と情報システム（特集 阪神・淡路大震災から15年）　吉田稔　「近代消防」48（1）通号588　2010.1　p.44〜48

14811　ロー・クラス 発信 憲法地域事情（17・愛知編）「財政優等生」の試練——地方財政の危機に立ち向かうための憲法理論　上代庸平　「法学セミナー」55（2）通号662　2010.2　p.58〜61

14812　特集 今年［2010年］初の全国知事会議を開催 子ども手当の地方負担で不満続出－外国人参政権問題も議論に　三原岳　「地方行政」　2010.2.8　p.2〜6

14813　＜国民＞と＜住民＞——＜基礎的自治体＞の憲法論　木村草太　「自治総研」36（3）通号377　2010.3　p.49〜72

14814　「地域主権」元年を主権的権利保障元年とするために〈10年目のパラダイム転換〉　西原博史　「地方自治職員研修」43（3）　2010.3

14815　異議あり！「地域主権」という概念〈巻頭言〉　成田頼明　「自治実務セミナー」49（4）　2010.4

14816　ロー・アングル 発信 憲法地域事情（19・京都編）京都市政と憲法学者市長　須賀博志　「法学セミナー」55（4）通号664　2010.4　p.66〜69

14817　沖縄州政府樹立は「国」を問い直す（特集 沖縄政府樹立は可能か）　仲地博　「情況. 第三期 ： 変革のための総合誌」11（4）通号94　2010.5　p.26〜39

14818　地方自治論（特集 つまずきのもと 憲法）　飯島淳子　「法学教室」通号357　2010.6　p.11〜16

14819　房総の自治鉱脈（第2回）差別・制限選挙制度と千葉市の事例　井下田猛　「自治ちば」（2）　2010.6　p.29〜31

14820　ロー・アングル 発信 憲法地域事情（21・三重編）四日市公害は終わらない　寺川史朗　「法学セミナー」55（6）通号666　2010.6　p.52〜55

14821　第4回公開研究会「現代の諸問題と憲法」地方自治の憲法保障戦略　白藤博行　「法学館憲法研究所報」（3）　2010.7　p.22〜40

14822　続・Interactive憲法——B准教授の生活と意見（第17回）連邦制と地域主権　長谷部恭男　「法学教室」通号359　2010.8　p.56〜61

14823　地方政治の活性化と議会選挙制度改革（特集「議会内閣制」ショックと自治体議会改革）　新川達郎　「ガバナンス」（112）　2010.8　p.24〜26

14824　国・地方関係の基本原則のあり方——まず「国のすがた・かたち」を構想 新たな視点で憲法と向き合う（基礎自治体・広域自治体・国のあり方——地方自治制度の基本論議—国・地方関係の基本原則のあり方）　鎌田司　「都市とガバナンス」（14）　2010.9　p.17〜21

14825　現代地方自治の根本問題　小林直樹　「自治総研」36（9）通号383　2010.9　p.1〜12

14826　地方自治法制における基本法制定の意義と課題（特集 地方政府基本法のあるべき姿）　田中孝男　「都市問題」101（9）　2010.9　p.55

～63

14827 「地方政府基本法」構想をめぐる視点と論点——主として憲法論の立場から（特集 地方政府基本法のあるべき姿）　大石眞　「都市問題」 101（9）　2010.9　p.42～54

14828 地方政府基本法に望むもの——監査制度と財務会計制度、プラス電子政府を中心にして（特集 地方政府基本法のあるべき姿）　古川康　「都市問題」 101（9）　2010.9　p.80～89

14829 地方分権と市民自治に資するか（特集 地方政府基本法のあるべき姿）　大峯伸之　「都市問題」 101（9）　2010.9　p.73～79

14830 長と議会の関係のあり方——一律二元代表制を憲法は要請しているか（基礎自治体・広域自治体・国のあり方——地方自治制度の基本論議——長と議会の関係に関する現状と課題）　渋谷秀樹　「都市とガバナンス」（14）　2010.9　p.22～30

14831 二元的代表制に関する憲法学的考察（基礎自治体・広域自治体・国のあり方——地方自治制度の基本論議——長と議会の関係に関する現状と課題）　林知更　「都市とガバナンス」（14）　2010.9　p.31～37

14832 法律時報 首長と議会の対立をどう考えるか　只野雅人　「法律時報」 82（12）通号1028　2010.11　p.1～3

14833 自治体職員のための政策法務入門——公共政策立案に必要な法的知識の修得を目指して（新連載・1）憲法（1）　宇那木正寛　「自治体法務研究」（26）　2011.秋　p.99～104

14834 自治体職員のための政策法務入門 : 公共政策立案に必要な法的知識の修得を目指して（第2回）憲法（2）　宇那木正寛　「自治体法務研究」（27）　2011.冬　p.96～104

14835 地方公共団体の課税権　渋谷秀樹　「立教法学」 通号82　2011　p.167～201

14836 地方政府形態と地方選挙制度 : 比較地方選挙制度論序説（政治行政学科創立二十周年記念号）　江藤俊昭　「山梨学院大学法学論集」（68）　2011　p.57～100

14837 二元代表制における地方議会の位置づけに関する一考察　林紀行　「法政論叢」 47（2）　2011　p.26～38

14838 憲法と地方自治の精神をふみにじる「地域主権改革」（座談会 「地域主権改革」は国民になにをもたらすか）　山下芳生　「議会と自治体」 通号154　2011.2　p.5～7

14839 住民投票制度のプレビシット的運用（1）名古屋市の事例から考える　小林武　「愛知大学法学部法経論集」（188）　2011.3　p.55～86

14840 特別講演会 公務員の人権［含 質疑］　加藤雄次　「関西大学大学院法務研究科法科大学院ジャーナル」（6）　2011.3　p.1～16

14841 二院制に関する比較制度論的考察（2・完）ウェストミンスターモデルと第二院　田中嘉彦　「一橋法学」 10（1）　2011.3　p.107～153

14842 二元代表制のゆくえ——地方自治護憲論の視角から（特集 統一地方選挙で問われるもの）　進藤兵　「都市問題」 102（3）　2011.3　p.61～69

14843 判例批評 地方自治法施行令による地方議会議員解職請求代表者資格制限の違法性——東洋町議リコール署名最高裁大法廷判決［2009.11.18］　村田尚紀　「関西大学法学論集」 60（6）　2011.3　p.1291～1301

14844 ロー・アングル 発信 憲法地域事情（30・総論編・最終回）地域における民主政——二元代表制からの住民自治再考　新井誠　「法学セミナー」 56（3）通号675　2011.3　p.52～55

14845 憲法と地方自治——連続する「危機」のなかで考える　杉原泰雄　「自治総研」 37（9）通号395　2011.9　p.1～21

14846 憲法どおりの日本をつくる——人間の復興か、資本の論理か（特集 ホンモノの地方自治を語り合う）　石川康宏　「住民と自治」 通号582　2011.10　p.6～15

14847 地方の民主主義を脅かすもの——プレビシット型首長とポピュリズム型翼賛地域政党　植松健一　「議会と自治体」 通号162　2011.10　p.40～48

14848 インタビュー 西谷敏さん（大阪市立大学名誉教授）「維新の会」の公務員（組合）攻撃は憲法違反であり、独裁的な行政システム構築の一環をなしている（特集 日本国憲法の改悪に立ち向かう）　西谷敏　「アジェンダ : 未来への課題」（39）　2012.冬　p.28～36

14849 沖縄における地方自治と安全保障（ミニ・シンポジウム 沖縄から「安全保障」を問う）　徳田博人　「法の科学 : 民主主義科学者協会法律部会機関誌「年報」」（43）　2012　p.155～159

14850 橋下流「同和行政」の検証（特集 様々な視点で憲法を考えよう）　谷口正暁　「季刊人権問題」（29）　2012.夏　p.1～10

14851 ここがちょっと変だよ！（5）「行政サービス制限条例」編 地方自治体の憲法上の責務の放棄？　尾林芳匡　「季刊自治と分権」（46）　2012.冬　p.97～106

14852 自治体職員のための政策法務入門 : 公共政策立案に必要な法的知識の修得を目指して（第3回）憲法（3）　宇那木正寛　「自治体法務研究」（28）　2012.春　p.98～104

14853 自治体職員のための政策法務入門 : 公共政策立案に必要な法的知識の修得を目指して（第4回）憲法（4）　宇那木正寛　「自治体法務研究」（29）　2012.夏　p.94～100

14854 自治体職員のための政策法務入門 : 公共

政策立案に必要な法的知識の修得を目指して（第5回）憲法（5） 宇那木正寛 「自治体法務研究」（30） 2012.秋 p.93～99

14855 日本国憲法による地方自治の全面的破壊 ： 大阪維新の会・橋下「暴走」の本質（特集 どうみる大阪の教育改革 ： ファシズムとポピュリズムのあいだ） 池上洋通 「人間と教育」（75） 2012.秋 p.58～65

14856 破綻が明確になり始めた大阪都構想 ： 深刻な基本的人権の侵害、拙速な橋下施策（総特集 日本はどこへ？ 希望はどこに） 澤井勝 「現代の理論」30 2012.春 p.210～217

14857 弁護団レポート 自治労連弁護団 職員基本条例案の問題点 ： 憲法・地公法に反する大阪維新の会の論理 増田尚 「季刊自治と分権」（47） 2012.春 p.115～124

14858 地域分散型社会の戦略（特集・シンポジウム講演録 公共マネジメント学科開設記念シンポジウム 地方分権時代の地域社会を展望する） 金子勝 「下関市立大学論集」55（3）通号141 2012.1 p.120～128

14859 首長と地方議会の関係の見直しと住民自治の充実に向けて ： 地方自治法の一部を改正する法律案（特集 第180回国会の法律案等の紹介（3）） 小松由季 「立法と調査」（328） 2012.5 p.3～14

14860 地方自治 ： 分権推進のためのその意義（特集 憲法入門 ： 憲法の基本原理を理解する） 井上典之 「法学セミナー」57（5）通号688 2012.5 p.24～26

14861 憲法八九条（公の財産の支出・利用制限）に違反する公私連携型総合子ども園 ： 適合法人という名目で、営利企業に自治体の財産を無償貸与や安価に譲渡をすることを可能にし、公立保育園の民営化を推進する 加藤久忠 「東京」（336） 2012.7 p.23～28

14862 地方自治法講義（1）第一講 日本国憲法と地方自治（1）地方自治の憲法保障 田村達久 「自治実務セミナー」51（7）通号601 2012.7 p.4～7

14863 広域連合に関する憲法的考察 ： 広域連合は地方自治に寄与するのか 井上富貴 「福岡大学大学院論集」44（1） 2012.7.31 p.85～102

14864 国と地方の民主主義の危機と対抗軸（特集 政治・経済の歪みただす） 小沢隆一 「経済」（203） 2012.8 p.41～51

14865 たたかいがつくる憲法＆憲法を生かすたたかい ： 公務員問題を手がかりに 「学習の友」（708） 2012.8 p.46～51

14866 地方自治法講義（2）第二講 日本国憲法と地方自治（2）地方自治法の意義、地方公共団体の種類 田村達久 「自治実務セミナー」51（8）通号602 2012.8 p.8～11

14867 近時の判例の動向から ： 公務員の懲戒処分を巡って 木村草太 「地方公務員月報」（592） 2012.11 p.2～15

14868 原発立地自治体の財政と自治（東日本大震災から問う自治の本質） 井上武史 「自治体学 ： 自治体学会誌」36（1） 2012.11 p.6～9

14869 政治状況を広い視野、中長期的に考えるために 東京・生活者ネットワーク 第3回国政フォーラム 地域分散ネットワーク型社会へ 金子勝 「社会運動」（392） 2012.11 p.24～30

14870 地方自治 平和・人権・民主主義の視座に立つ自治・分権改革を（特集 憲法が守るもの） 河上暁弘 「まなぶ」（666） 2012.11 p.24～28

14871 地方自治体における代表制論 ： 地方議会選挙の理論と現実（抱喜久雄教授追悼号） 林紀行 「憲法論叢」（19） 2012.12 p.11～30

14872 伊豆大島独立構想と1946年暫定憲法 榎澤幸広 「名古屋学院大学論集. 社会科学篇」49（4） 2013 p.125～150

14873 「一般権限条項」と地方自治の憲法原理 大津浩 「日仏法学」（27） 2013 p.49～72

14874 国家主権と「地域主権」 林紀行 「憲法研究」（45） 2013 p.105～127

14875 第2次安倍政権下における地方自治の今後 ： 地方自治は生き残れるか？ 榊原秀訓 「季刊自治と分権」（53） 2013.秋 p.74～86

14876 地方議会法制の変容 駒林良則 「立命館法學」2013（2）通号348 2013 p.709～735

14877 地方自治あるいは市民自治？ ： 自律（Autonomie）の観点から（特集 オートノミー ： 自律・自治・自立―統治とオートノミー） 新村とわ 「憲法問題」（24） 2013 p.31～42

14878 道州制をめぐる情勢と課題 ： 随所に憲法違反の色濃い自民党「道州制基本法案」（特集 自民党改憲案を考える） 村上博 「季刊自治と分権」（52） 2013.夏 p.65～75

14879 プロフェッションの自律 ： 「中間団体」の居場所（特集 オートノミー ： 自律・自治・自立―統治とオートノミー） 松田浩 「憲法問題」（24） 2013 p.43～53

14880 くらしと経済をたて直し、原発ゼロ、憲法が生きる東京と日本を ： 都議選に向け、都民のみなさんに訴えます（東京都議選の焦点（3）） 日本共産党東京都委員会 「議会と自治体」（182） 2013.6 p.82～87

14881 憲法から診た「維新八策」と民主主義・地方自治（特集 「維新八策」を読み解く） 森英樹 「住民と自治」（597） 2013.1 p.15～19

14882 新政権と「行政改革」・公務員制度の動向（特集 安倍政権発足と憲法の危機―憲法改悪の動きにどう立ち向かうか） 尾林芳匡 「法と民主主義」（475） 2013.1 p.36～39

14883 「地域主権改革」の理念と現実 ： 「地域

主権改革」関連立法を素材とした第二期地方分権改革の展望（中西又三先生古稀記念論文集）妹尾克敏「法学新報」119（7・8）　2013.1　p.449〜478

14884　ロー・クラス　憲法ゼミナール part.2　コンテクストを読む（第21回）徳島市公安条例事件判決を読む ： 「コンテクスト」としての分権改革　山本龍彦「法学セミナー」58（1）通号696　2013.1　p.46〜53

14885　憲法第八章 ： チャールズ・ケーディスの書簡を中心にして　出口育子「中央学院大学社会システム研究所紀要」13（2）　2013.3　p.133〜146

14886　公共圏とその担い手（島田眞一先生退職記念号）龝山守夫「千葉商大論叢」50（2）通号171　2013.3　p.135〜150

14887　地方議会の政務調査費で政治資金パーティー券を購入することは許されない ： 政務調査費返還請求訴訟控訴審意見書（赤堀勝彦教授富澤敏勝教授 退職記念論文集）上脇博之「神戸学院法学」42（3・4）　2013.3　p.819〜841

14888　地方議会の選挙制度の憲法問題（吉村弘中道壽一先生 退職記念論文集）上脇博之「北九州市立大学法政論集」40（4）　2013.3　p.201〜234

14889　研究所創立50周年・『住民と自治』600号記念鼎談　日本国憲法による地方自治をめざして（600号特集 自治が生きる未来へ─600号記念鼎談＆インタビュー）宮本憲一　岡田知弘　池上洋通「住民と自治」（600）　2013.4　p.44〜55

14890　基本の「き」から学び合う地方自治（第7回）立憲主義・地方自治の旗をかかげて ： 自由民権運動がひらいた地平（2）　池上洋通「住民と自治」（602）　2013.6　p.38〜42

14891　道州制の基本問題と自治権（特集 道州制の本質に迫る）村上博「住民と自治」（602）　2013.6　p.12〜17

14892　基本の「き」から学び合う地方自治（第8回）日本国憲法につながる思想的な水脈 ： 自由民権運動がひらいた地平（3）　池上洋通「住民と自治」（603）　2013.7　p.38〜41

14893　現状の固定と「対話」の拒否 ： 憲法改正と地方自治（いまなぜ憲法改正なのか）　大津浩「月刊自治研」55（646）　2013.7　p.37〜44

14894　憲法における自治と連邦　林知更「地方自治」（788）　2013.7　p.2〜16

14895　憲法の地方自治規定の射程に関する考察 ： 射程を画する「基軸」の抽出を中心に　吉田勉「明治学院大学法学研究」（95）　2013.8　p.129〜234

14896　特集 渡辺治・一橋大学名誉教授インタビュー ： 参院選の結果と日本、東京の行方　渡辺治「東京」（348）　2013.10　p.2〜35

14897　意見書（「公務員賃下げ違憲訴訟」意見書）晴山一穂「国公労調査時報」（612）　2013.12　p.21〜33

14898　安倍「地方創生」で地方の再生ができるか（特集 様々な視点で憲法を考えよう）藤田安一「季刊人権問題」（39）　2014.冬　p.1〜21

14899　国の安全保障と自治体外交（特集 平和の構築と地方自治）富野暉一郎「市政研究」（185）　2014.秋　p.22〜31

14900　地方自治と民主主義を破壊する「大阪維新の会」の暴挙とのたたかい（特集 様々な視点で憲法を考えよう）中村正男「季刊人権問題」（38）　2014.秋　p.31〜41

14901　「地方分権改革推進法」以降の地方分権改革の視座と方向性 ： 第二次地方分権改革の行方と「地域主権改革」の実相　妹尾克敏　佐藤修一郎　倉澤生雄「松山大学総合研究所所報」（84）　2014　p.1〜105

14902　分権改革の総括と課題 ： 団体自治の変容と住民自治拡充提案の停滞（特集 住民に身近な市町村と県の役割を考える）榊原秀訓「季刊自治と分権」（55）　2014.春　p.51〜61

14903　基調報告 地域人権をめぐる課題と集会討論の提起（特集 第9回地域人権問題全国研究集会（北九州市）第3分科会のテーマ『憲法を活かした地域人権の確立』）新井直樹「地域と人権」（357）　2014.1　p.26〜31

14904　沖縄における地方自治の諸問題 ： 憲法学からの管見　小林武「沖縄法政研究」（16）　2014.3　p.125〜145

14905　憲法の役割と家族（特集 社会運動と憲法 ： 市民自治から憲法をとらえなおす）紙谷雅子「社会運動」（408）　2014.3　p.43〜45

14906　「国民」とは誰か（特集 社会運動と憲法 ： 市民自治から憲法をとらえなおす）丹羽雅雄「社会運動」（408）　2014.3　p.46〜48

14907　座談会 自治体政治から見えた憲法（特集 社会運動と憲法 ： 市民自治から憲法をとらえなおす）小室みえこ　末吉美帆子　牧嶋とよ子［他］「社会運動」（408）　2014.3　p.29〜33

14908　判例にみる民間企業の従業員の飲酒運転と懲戒解雇処分（古屋邦彦教授退職記念号）安藤高行「九州国際大学法学論集」20（3）　2014.3　p.1〜42

14909　福島の現状から「憲法」を考える（特集 社会運動と憲法 ： 市民自治から憲法をとらえなおす）中里見博「社会運動」（408）　2014.3　p.13〜17

14910　大阪都構想と大義なき橋下出直し市長選挙 ： 橋下維新勢力の跋扈を許すな（特集 ストップ・ザ・アベ ： 立憲主義・リベラル勢力の総結集で安倍政権の暴走を止めよう！）中河由希夫「労働運動研究」（421）　2014.4　p.24〜29

14911　基本の「き」から学び合う地方自治（第17

回）憲法が基本であるということ : あらためて立憲主義に向き合う　池上洋通「住民と自治」（612）2014.4　p.37～40

14912　波音 時流眺望（19）東京都知事を間接選挙制度へ　山崎正和「潮」（662）2014.4　p.24～26

14913　観光ナガサキを支える "道守" 養成ユニット : 地方インフラの長寿命化実現へ向けて　松田浩「セメント・コンクリート」（807）2014.5　p.8～14

14914　記念講演 二一世紀の地域分散ネットワーク社会を創ろう : 地域経済を支えるエネルギー・社会保障（特集 現代政治と憲法教育）　金子勝「民主主義教育21」8　2014.5　p.15～26

14915　基本の「き」から学び合う地方自治（第18回）地方自治が憲法の原則になった : 「統治機構」の大変革のなかで　池上洋通「住民と自治」（613）2014.5　p.39～42

14916　行財政研究 府県をなくし、自治を破壊し、改憲を進める「道州制」移行批判 : 合同シンポジウムへの課題提起　永山利和「行財政研究」（89）2014.5　p.2～19

14917　基本の「き」から学び合う地方自治（第20回）住民自治の基本原則 : 憲法93条が定めたこと　池上洋通「住民と自治」通号615　2014.7　p.40～43

14918　京都から、改憲・安倍暴走ストップ、地域と暮らし再生を（京都府）（いっせい地方選挙で勝利・躍進を（2）府県議選挙）　前窪義由紀「議会と自治体」（196）2014.8　p.34～40

14919　いかそう憲法、つくろう安全・安心に暮らせる地域、日本を（第12回地方自治研究全国研究集会in滋賀 いかそう憲法、つくろう安全・安心に暮らせる地域、日本を）　内海ハル子「地域と人権」（367）2014.11　p.15～28

14920　特別養護老人ホームの増設を求める署名運動の取り組み（第12回地方自治研究全国研究集会in滋賀 いかそう憲法、つくろう安全・安心に暮らせる地域、日本を）　片岡博明「地域と人権」（367）2014.11　p.29～31

14921　占領最初期の沖縄の統治構造 : 「沖縄諮詢会」についての分析を中心に　小林武「愛知大学法学部法経論集」（201）2014.12　p.127～158

14922　地域から憲法を考えることの意義（法学部シンポジウム 地域に学ぶ憲法）　新井誠「熊本法学」（132）2014.12　p.217～223, 242～243

14923　広域連携の問題点と課題 : 連携中枢都市圏は道州制への布石（特集 くらし・経済をはぐくむ地域づくり）　村上博「季刊自治と分権」（61）2015.秋　p.41～50

14924　重要判例に学ぶ地方自治の知識 入居者が暴力団員であることが判明した場合に、市営住宅の明け渡しを請求することができる旨を定め

る甲市営住宅条例の規定は、憲法第14条第1項、憲法第22条第1項に違反しない。[最高裁平成27.3.27判決]　宇佐見方宏「自治体法務研究」（41）2015.夏　p.95～98

14925　特集 報告 : 憲法を地域に生かそう みんなのつどい「さいたまの教育と文化」（74）2015.冬　p.10～21

14926　「新しい総合事業」による専門性否定処遇底下げ・サービス低下を許すな！（特集 第10回 東京地方自治研究集会 憲法をまもりいのちがかがやく東京へ : くらし・雇用・福祉優先の都政の実現を）　森永伊紀「東京」（361）2015.1・2　p.30～38

14927　危機管理と情報システム！「使える」システム、「使う」勇気 : 阪神・淡路大震災20周年を機に　吉田稔「J-LIS : 地方自治情報誌」1（10）通号526　2015.1　p.56～62

14928　記念講演 安倍政権の改憲を阻み、憲法を生かす日本と東京を（特集 第10回 東京地方自治研究集会 憲法をまもりいのちがかがやく東京へ : くらし・雇用・福祉優先の都政の実現を）　渡辺治「東京」（361）2015.1・2　p.5～29

14929　政府が進める地方創生をどう考えるか　中山徹「法学館憲法研究所報」（12）2015.1　p.78～81

14930　平成考現学（105）君は憲法第8章を読んだか？　小後遊二「Verdad」21（1）通号237　2015.1　p.37

14931　自由討議について : 地方議会における導入の意義・方法・課題（木下正俊教授退職記念号）　新井誠「広島法科大学院論集」（11）2015.3　p.211～232

14932　占領期沖縄の統治機構の変遷 : 日本国憲法との接点を探りつつ　小林武「愛知大学法学部法経論集」（202）2015.3　p.173～220

14933　基調報告 基本的人権の安全保障体制の確立を！（特集 第10回 地域人権問題全国研究集会in松江 第4分科会 憲法を軸に人間らしい暮らしや仕事を語ろう）　小畑隆資「地域と人権」（372）2015.4　p.3～15

14934　戦後70年と憲法I 憲法と「地方自治の本旨」 : 戦後史の教訓　宮本憲一「住民と自治」（625）2015.5　p.6～11

14935　陳述書（特集 裁判所によって創られる統治行為—沖縄「密約」訴訟）　奥平康弘「法律時報」87（5）通号1085　2015.5　p.6～19

14936　憲法に生命をふきこむ「まち研」活動 : まいづる市民自治研究所のあゆみをふりかえって　品田茂「京都自治研究 : Kyoto研究所報」（8）2015.6　p.95～105

14937　年表「東山の福祉と革新の源流を探る」から見えるもの（憲法と戦後70周年）　藤田洋「京都自治研究 : Kyoto研究所報」（8）2015.6　p.1～45

地方自治　　　　　　　　　　　　　　　　　　　　政治・行政・司法と憲法

14938　大阪都構想否決 強引手法、橋下劇場の終焉 ： 憲法改正で首相は誤算 栄枯盛衰の維新勢力　西野秀　「メディア展望」（643）　2015.7　p.1～5

14939　特集 戦後70年、憲法が輝くホンモノの地方自治を学ぶ ようこそ！ 第57回自治体学校in金沢 合併がもたらした地域格差 ： 白山市の合併から見た住民自治の課題　西村茂　「住民と自治」（627）　2015.7　p.26～30

14940　住民自治の充実に向けた情報公開制度の方向性　松村享　地方自治総合研究所［編］「自治総研」41（8）通号442　2015.8　p.55～80

14941　いま向かい合う憲法（特集 地方公務員と日本国憲法）　山口道昭　「自治実務セミナー」（638）　2015.8　p.21～25

14942　戦後地方自治の原像 ： 帝国議会における憲法条項審議をめぐって（特集 地方公務員と日本国憲法）　斎藤誠　「自治実務セミナー」（638）　2015.8　p.14～20

14943　未完の第八章（特集 地方公務員と日本国憲法）　石川健治　「自治実務セミナー」（638）　2015.8　p.2～6

14944　芦屋市議会の議員定数に関する意見書　榊原秀訓　「南山法学」39（1）　2015.9　p.169～180

14945　白河市長選・開票事務"不正が疑われる行為"の一部始終 ： 選挙制度改正を控え求められる職員の意識改革　「財界ふくしま」44（9）　2015.9　p.26～31

14946　地方議会の一票の格差に関する一考察 ： 主として東京都議会を対象に　中川登志男　「専修法研論集 ： 専修大学大学院紀要」（57）　2015.9　p.45～71

14947　問題は日本国憲法の八章だ ： 日本の成長に必要なのは地方自治体が三権をもつこと（夏の大特集 安倍政権を潰すな）　大前研一　「Voice」（453）　2015.9　p.100～109

14948　琉球政府期における「裁判移送」事件　小林武　「愛知大学法学部法経論集」（204）　2015.10　p.345～392

14949　政治 地方自治の原点と議会の存立 ： 自主組織権を核とした憲法へ　富井幸雄　「改革者」56（11）通号664　2015.11　p.32～35

14950　「大阪都構想」実現を条件に菅官房長官と交渉か 橋下電撃出馬で用意された「副総理」の椅子（衝撃シミュレーション このままでは「自民一党独裁」だ 来年7月「衆参ダブル選」 ： 安倍&橋下圧勝で憲法改正へ！）　「週刊ポスト」47（50）通号2358　2015.12.18　p.36～38

◆地方公共団体

【雑誌】

14951　自治体の仕事は、憲法価値の実現と再認識——第48回自治体学校in名古屋「記念講演 憲法と21世紀日本の進路」から（特集 第48回自治体学校と各地の実践で学ぶ自治体の役割と公共性）　中村栄士　「住民と自治」通号522　2006.10　p.11～17

14952　人権闘争の基盤であるべき自治労運動（《特集 国際人権規約の意義と活用》）　市来信弥　「ひょうご部落解放」126　2007.9

14953　自治体サービスの外部化と、問われる行政の本質（特集 争点！——官と民の間で）　榊原秀訓　「地方自治職員研修」40（10）通号563　2007.10　p.22～24

14954　自治体財政に対する最少供与保障——概念と構造　上代庸平　「法学政治学論究 ： 法律・政治・社会」（76）　2008.春季　p.201～236

14955　自治体スリム化時代の議員の役割（特集「スリム化時代」の自治体職員）　妹尾克敏　「ガバナンス」（86）　2008.6　p.19～21

14956　「地域主権改革」における「自治体間連携・道州制」（民主党の地域主権改革と「戦略大綱」）　村上博　「季刊自治と分権」（41）　2010.秋　p.43～49

14957　道州の組織・機構のあり方——憲法の視点から　渋谷秀樹　「立教法学」通号80　2010　p.111～132

14958　自治体基本構造の選択と地方政府基本法のあり方（特集 地方政府基本法のあるべき姿）　伊藤正次　「都市問題」101（9）　2010.9　p.65～72

14959　定住自立圏構想の現況と課題　村上博　「季刊自治と分権」（42）　2011.冬　p.51～61

14960　自治体の事業仕分けとその民主的統制（特集 自治体の事業仕分けを仕分けする）　榊原秀訓　「住民と自治」通号577　2011.5　p.13～19

14961　地方議会の議員定数問題（特集 地方自治の新たな出発）　上脇博之　「地方議会人 ： 議員研修誌」42（2）　2011.7　p.31～35

14962　自治体合併の憲法的基礎（1）ドイツ判例学説を参考に（法学部 創設記念）　松塚晋輔　「京女法学」（1）　2011.11　p.99～115

14963　市町村合併推進の憲法問題 ： 合併推進の政策と団体自治　井上富貴　「福岡大学大学院論集」43（2）　2011.12.15　p.161～178

14964　東日本大震災における自治体の独自施策　山崎栄一　「災害復興研究」（4）　2012　p.79～84

14965　地方議会における選挙制度改革（特集 自治体の構想力）　砂原庸介　「地方自治職員研修」45（1）通号627　2012.1　p.31～33

554　憲法改正 最新文献目録　　　　　　　　　　〔14938～14965〕

政治・行政・司法と憲法　　　　　　　　　　　　　　　　　　　　地方自治

14966　自治体合併の憲法的基礎（2）ドイツ判例学説を参考に　松塚晋輔「京女法学」（3）2012.12　p.1〜21

14967　地域経済再生の視点から見た震災復興、原発、TPP、消費税、道州制、憲法（特集 脱原発・自然再生可能エネルギーと自治体）　岡田知弘「季刊自治と分権」（50）2013.冬　p.19〜39

14968　北海道調子府町 憲法と地方自治法を基調にした町民にやさしい町づくりを ： 農業と福祉・教育の充実をめざして（特集 住民本位のまちづくり）　菊池一春「人権と部落問題」65（3）通号840（増刊）2013.2　p.86〜95

14969　簡易水道料金の地域間格差と財源保障のあり方 ： 新潟県における事例を中心として　中村康一　新潟大学大学院現代社会文化研究科紀要編集委員会編「現代社会文化研究」（56）2013.3　p.53〜70

14970　市町村合併とクラスター制度に関する憲法学的検討　田中良明「帝京平成大学紀要」24（2）2013.3　p.385〜389

14971　地方議会改革と地方選挙制度改革構想（特集 いまこそ選挙制度・議会改革を）　江藤俊昭「東京」（343）2013.4　p.18〜32

14972　自治体合併の憲法的基礎（3・完）ドイツ判例学説を参考に　松塚晋輔「京女法学」（4）2013.6　p.51〜67

14973　自治体の首長（1）憲法制定過程と知事直接公選制の実現　大森彌「自治実務セミナー」52（6）通号612　2013.6　p.4〜7

14974　自治体財政法制塾（第2回）自主財政権の憲法保障と法定非課税　兼子仁「税」68（10）2013.10　p.107〜111

14975　第194回佐賀地域経済研究会 地域防災と自治体　山崎栄一「佐賀地域経済研究会報告書」（17）2014年度　p.1〜23, 25〜65

14976　自治体の総合計画策定における参加制度と議会　榊原秀訓「南山法学」37（1・2）2014.1　p.25〜54

14977　自治体財政権侵害の審査基準としての比例原則（小林節教授退職記念号）　上代庸平「法学研究」87（2）2014.2　p.413〜448

14978　憲法上の「地方公共団体」とは何か　渋谷秀樹「自治総研」40（10）通号432　2014.10　p.1〜25

14979　わたしと民医連（第63回）「住民の声と憲法が生きる自治体」づくりと「人権としての保健・医療・福祉」を開く　戸崎光明「民医連医療」（506）2014.10　p.52〜55

14980　自治体政策最前線【自治体の選挙制度と投票】地域・自治体の動きアラカルト 選挙制度が変わる 18歳からの選挙権付与・子連れ投票や早朝・深夜投票も解禁へという動き「実践自治」63　2015.秋　p.17〜21

14981　地方議会の一票の較差に関する判例法理　宍戸常寿「地方自治」（811）2015.6　p.2〜27

14982　市町村の存在意義に関する一考察（岡野憲治教授記念号）　妹尾克敏「松山大学論集」27（4-1）通号348　2015.10　p.221〜247

14983　自治体学校を対象とする石川県MICE誘致推進事業助成金不交付問題の論点　榊原秀訓「住民と自治」（631）2015.11　p.43〜45

◆条例

【雑誌】

14984　比較解説 自治立法のトレンド（新連載）自治基本条例——自治体の憲法　出石稔「自治体法務研究」（10）2007.秋　p.64〜70

14985　玉野井芳郎の地域主義と沖縄自治憲章（II 平和主義）　仲地博「憲法諸相と改憲論 吉田善明先生古稀記念論文集」　2007.8　p.115〜

14986　基礎法学講座 憲法 地方公共団体の条例制定権について「Keisatsu jiho」63（9）2008.9　p.49〜52

14987　政策法務研究室 自治体における政策法務の「かたち」——正義なき条例主義（「憲法への上書き」・「法律への落書き」）の修正を視座として　森幸二「自治体法務navi ： 自治体法務情報誌」29　2009.6　p.2〜14

14988　政策法務研究室 自治体における政策法務の「かたち」——正義なき条例主義（「憲法への上書き」・「法律への落書き」）の修正を視座として　森幸二「議員navi ： 議員のための政策情報誌」14　2009.7　p.54〜66

14989　憲法・地方自治法の在り方〈地方自治のミ・ラ・イ23〉　金井利之「ガバナンス」130　2010.2

14990　ロー・アングル 発信 憲法地域事情（20・総論編）条例制定権の拡大と憲法　横大道聡「法学セミナー」55（5）通号665　2010.5　p.52〜55

14991　ロー・アングル 発信 憲法地域事情（24・総論編）条例による有害図書規制の行方　小谷順子「法学セミナー」55（9）通号669　2010.9　p.48〜51

14992　基調講演 暴力団と人権——暴力団規制は憲法上どこまで可能なのか　橋本基弘「警察政策」13　2011　p.1〜24

14993　「自治基本条例と自治体政策法務」の企画趣旨（地域社会の法社会学—企画委員会シンポジウム 自治基本条例と自治体政策法務）　北村喜宣「法社会学」（74）2011　p.97〜100

14994　自治基本条例の最高規範性の確保に関する一考察（地域社会の法社会学—企画委員会シンポジウム 自治基本条例と自治体政策法務）

〔14966〜14994〕　　　　　　　　　　　　　　　　憲法改正 最新文献目録　555

14995 自治基本条例の「自治体の憲法」論（地域社会の法社会学―企画委員会シンポジウム 自治基本条例と自治体政策法務） 提中富和 「法社会学」（74） 2011 p.136〜143

14996 判例研究 政治倫理条例に関する憲法・行政法上の諸問題について： 広島地判平成22.11.9・広島高判平成23.10.28 佐藤雄一郎 「長崎総合科学大学紀要」 52 2011年度 p.9〜19

14997 「違憲条例」が狙う警察組織の権益拡大（危ない暴力団排除条例） 村上正邦 宮崎学 阿形充規［他］ 「金曜日」 19（43）通号886 2011.11.11 p.52〜55

14998 論点講座 公法訴訟（第7回）国・地方公共団体が提起する訴訟： 宝塚市パチンコ条例事件最高裁判決［平成14.7.9］の行政法論と憲法論 中川丈久 「法学教室」（375） 2011.12 p.92〜109

14999 公法訴訟（第8回）「法律上の争訟」と機関訴訟： 那覇市情報公開条例事件を素材に 石川健治 「法学教室」（376） 2012.1 p.87〜94

15000 法律と条例の関係： 新条例論を踏まえて（憲法論点教室） 赤坂幸一 「法学セミナー」 57（1）通号684 2012.1 p.39〜41

15001 条例制定権と法の支配（1） 大浜啓吉 「自治研究」 88（2）通号1056 2012.1 p.27〜48

15002 条例制定権と法の支配（2・完） 大浜啓吉 「自治研究」 88（3）通号1057 2012.3 p.18〜34

15003 「橋下改革」のゆくえ： 「教育条例」「職員条例」の問題点（特集 憲法と国民生活） 丹羽徹 「人権と部落問題」 64（6）通号829 2012.5 p.32〜39

15004 道府県における特別区設置に係る手続の創設： 大都市地域特別区設置法（特集 第180回国会の論議の焦点（4）） 小松由季 「立法と調査」（334） 2012.11 p.17〜24

15005 教育委員会制度の問題点と今後の方向性について 八木秀次 「週刊教育資料」（1248）通号1378 2013.4.8 p.43〜48

15006 空き地・空き家の条例にみる憲法問題（特集 憲法の現代的考察） 秦博美 「月報司法書士」（495） 2013.5 p.21〜26

15007 教育委員会の制度的改革についての一考察： 地方教育行政の組織及び運営に関する法律の改正（平成26年6月13日）を含めて 大西斎 「比較憲法学研究」（26） 2014 p.109〜135

15008 「オウム新法」より苛烈な「暴力団排除条例」は合憲か？ 古賀康紀 「週刊新潮」 59（12）通号2933 2014.3.27 p.145〜148

15009 判例紹介 政治倫理条例における二親等規制の憲法適合性［最高裁第三小法廷平成26.5.27判決］ 上田健介 「民商法雑誌」 150（3） 2014.6 p.490〜495

15010 教育委員会制度改革に関する一考察： 地方教育行政の改正とその問題点 中川登志男 「専修法研論集： 専修大学大学院紀要」（55） 2014.9 p.1〜20

15011 府中市議会議員政治倫理条例の2親等規制を合憲とした最高裁判決［平成26.5.27］ 「新・判例解説watch： 速報判例解説」 16 2015.4 p.11〜14

◆住民投票

【雑誌】

15012 実務と理論 市長選挙の期間中特定の候補者を落選させることを目的とした内容の記述を第三者がホームページに掲載することができるか――インターネットと落選運動 「自治実務セミナー」 48（1）通号559 2009.1 p.13〜15

15013 実務と理論 選挙等における投票の有効性について争いがある場合投票の効果は生じるか――投票の効力の発生時期 「自治実務セミナー」 50（6）通号588 2011.6 p.8〜10

15014 日本国憲法95条の成立経緯に関する整理と考察： 地方自治特別法の起源論と制定史の角度から 田代正彦 「法政大学大学院紀要」（69） 2012 p.39〜65

15015 討論のひろば 原発を考える 巻町の住民投票から3.11フクシマ後の原発問題を考える： 住民運動を攻撃する原子力ムラと対峙する取り組み 小林昭三 「日本の科学者」 47（12）通号539 2012.12 p.738〜741

15016 国家戦略特区 竹中＝安倍コンビが企む"憲法番外地" 暮らしを"ドリル"で破壊する（誰も止められない!? ニセ者のナショナリスト 安倍首相の日本空洞化計画） 「金曜日」 22（12）通号1002 2014.3.28 p.24〜27

15017 法律時評 地方選挙で国政事項を問えないのか 渡名喜庸安 「法律時報」 86（4）通号1071 2014.4 p.1〜3

15018 国家戦略特区 竹中＝安倍コンビが企む"憲法番外地" 暮らしを"ドリル"で破壊する（さらば、独裁者： 検証 暴走する安倍政権―高支持率で自信満々 安倍首相の暴走と「妄想」） 「金曜日」 22（15）通号1005（臨増） 2014.4.17 p.78〜81

15019 国家戦略特区を許すな！ ： 1%のための"憲法番外地" 奈須りえ・前大田区議に聞く 国が企業に乗っ取られる（毒牙をあらわしたアベノミクス） 奈須りえ 「金曜日」 22（20）通号1010 2014.5.23 p.26〜28

15020 大阪市住民投票と憲法改正国民投票（特集 大阪市住民投票を検証する） 井口秀作 「市政研究」（188） 2015.夏 p.47〜55

15021 大阪市の住民投票： 論戦の力、共同の力、草の根の力による勝利（特集 様々な視点で

憲法を考えよう）　中村正男　「季刊人権問題」
（41）　2015.夏　p.1〜11

15022　「橋下徹」市長の「大阪都構想」住民投票
は憲法違反だ！　薬師院仁志　「週刊新潮」60
（15）通号2985　2015.4.16　p.48〜50

その他

条約・国際法

【図書】

15023 「安全・安心」脅かす共謀罪─監視社会からの解放は可能か 小倉利丸[述] 国連・憲法問題研究会 2006.7 51p 26cm (国連・憲法問題研究会連続講座報告 第38集) 400円

15024 世界憲法の発布─意訳文 加古藤市著, 長谷川太郎意訳 [大府] [加古藤市] 2007 94, 11p 26cm Ⓝ319.049 加古藤市 長谷川太郎

15025 アジア外交本当に問われるのは何か─日中台一〇〇年史の視座から 丸川哲史[述] 国連・憲法問題研究会 2007.3 45p 26cm (国連・憲法問題研究会連続講座報告 第40集) 400円

15026 日本国憲法と国連─日本小国論のすすめ 杉江栄一著 京都 かもがわ出版 2007.4 190p 19cm 1800円 Ⓘ978-4-7803-0097-0 Ⓝ319.9 杉江栄一

15027 自衛権の基層─国連憲章に至る歴史的展開 森肇志著 東京大学出版会 2009.3 326p 22cm 〈文献あり 索引あり〉 6800円 Ⓘ978-4-13-036135-4 Ⓝ329.12 森肇志

15028 国連と安全保障の国際法 高井晉著 内外出版 2009.10 285p 21cm 2477円 Ⓘ978-4-931410-55-8 Ⓝ329 高井晋

15029 国連人権理事会─その創造と展開 戸塚悦朗著 日本評論社 2009.11 236p 22cm 〈他言語標題：The UN Human Rights Council〉 4500円 Ⓘ978-4-535-51721-9 Ⓝ329.33 戸塚悦朗

15030 憲法の国際協調主義の展開─ヨーロッパの動向と日本の課題 笹川紀勝編著 敬文堂 2012.4 282p 22cm (明治大学社会科学研究所叢書) 〈文献あり〉 4500円 Ⓘ978-4-7670-0182-1 Ⓝ319 笹川紀勝

15031 世界憲法100条草案─戦争と原発とテロと貧困をなくす 宮林幸雄著 豊橋 宮林工務店 2015.10 62p 30cm 〈改訂増補版〉 500円 Ⓘ978-4-9908772-0-0 Ⓝ319.8 宮林幸雄

【雑誌】

15032 共同研究：EU憲法の研究 「明治学院大学法律科学研究所年報」 (22) 2006年度 p.171〜174

15033 国際法における先制的自衛権の位相(第VI部 安全保障) 浅田正彦 「21世紀国際法の課題 安藤仁介先生古稀記念」 2006.7 p.287〜

15034 憲法優位説と条約──いわゆる憲法習律と条約との関係に於いて 小野義典 「神奈川大学大学院法学研究論集」 (16) 2007 p.1〜16

15035 日本およびドイツにおける国際関係を反映する憲法および行政法(第四部 法治主義の比較法研究) ライナー, ピチャース 磯村篤範 「法治国家の展開と現代的構成 高田敏先生古稀記念論集」 2007.2 p.530〜

15036 武力紛争の際の文化財保護条約(ハーグ条約)とその国内的活用──日本国憲法九条に基づく非戦・非武装地域実現のために 澤野義一 「大阪経済法科大学法学研究所紀要」 (41) 2007.3 p.1〜29

15037 食の安全の確保におけるWTOの役割──法化・立憲化の視点から(特集 WTO体制における食の安全を考える──BSE問題・遺伝子組換え産品紛争を契機として) 伊藤一頼 「法律時報」 79(7)通号984 2007.6 p.27〜32

15038 WORLD AFFAIRS EU、憲法の改訂版で合意 批准は依然予断許さず 「Jiji top confidential」 (11418) 2007.7.27 p.10〜12

15039 国際憲法学会第7回世界大会に参加して 辻村みよ子 「ジュリスト」 (1339) 2007.8.1・15 p.88〜89

15040 国際刑事裁判所規程と裁判過程の複合化(特集 日本と国際公秩序──集団的自衛権・国際刑事裁判所の原理的検討─国際刑事裁判所) 小森光夫 「ジュリスト」 (1343) 2007.10.15 p.47〜56

15041 国際刑事裁判所と日本国憲法(特集 日本と国際公秩序──集団的自衛権・国際刑事裁判所の原理的検討─国際刑事裁判所) 齊藤正彰 「ジュリスト」 (1343) 2007.10.15 p.73〜79

15042 国際刑事裁判所(ICC)加入までの道のりとその意義(特集 日本と国際公秩序──集団的自衛権・国際刑事裁判所の原理的検討─国際刑事裁判所) 正木靖 「ジュリスト」 (1343) 2007.10.15 p.57〜66

15043 国際公秩序への我が国の対応──本特集に寄せて(特集 日本と国際公秩序──集団的自衛権・国際刑事裁判所の原理的検討) 小寺彰 奥脇直也 「ジュリスト」 (1343) 2007.10.15 p.6〜9

その他 条約・国際法

15044 国際犯罪（ICC管轄犯罪）と日本の刑事司法——手続面に絞った国内法整備にとどめてICCに加入した意義（特集 日本と国際公秩序——集団的自衛権・国際刑事裁判所の原理的検討—国際刑事裁判所） 多谷千香子 「ジュリスト」（1343） 2007.10.15 p.67～72

15045 国際法における集団的自衛権の位置（特集 日本と国際公秩序——集団的自衛権・国際刑事裁判所の原理的検討—集団的自衛権） 森肇志 「ジュリスト」（1343） 2007.10.15 p.17～26

15046 国際法における武力規制の構造——討論のための概念整理（特集 日本と国際公秩序——集団的自衛権・国際刑事裁判所の原理的検討—集団的自衛権） 松井芳郎 「ジュリスト」（1343） 2007.10.15 p.10～16

15047 規範と集団と文化資産についての一考察 紙谷雅子 「国際人権：国際人権法学会報」 通号19 2008 p.26～34

15048 戦後日本に於ける憲法と条約の効力関係：国家実行の史的展開 小野義典 「研究紀要」（28） 2008 p.95～104

15049 日本における近代国際法の発展 野澤基恭 「憲法研究」（40） 2008 p.97～111

15050 安全保障に関する国際法と日本法（下）集団的自衛権及び国際平和活動の文脈で 村瀬信也 「ジュリスト」（1350） 2008.2.15 p.52～66

15051 国際条約と自治体条例（特集 自治体の国際感覚） 渋谷秀樹 「地方自治職員研修」 41（7） 通号574 2008.7 p.32～35

15052 外国法・国際法の参照の広がりとこれをめぐる論争（ミニ・シンポジウム アメリカ最高裁による外国法・国際法の参照と援用） 会沢恒 「比較法研究」 通号71 2009 p.119～125

15053 企画の趣旨（シンポジウム 国民国家を超える「憲法」は可能か——1990年代以降のヨーロッパ統合の問いかけ） 中村民雄 「比較法研究」 通号71 2009 p.2～4

15054 ロー・クラス 連続対談：21世紀の国際社会と法——国際法の生きた姿を考える（14）安全保障と国際法のかかわり 浅田正彦 大沼保昭 「法学セミナー」 54（1） 通号649 2009.1 p.62～67

15055 国際化の中の憲法：「対外権・国籍・軍事協力」問題を中心として 石村修 「専修大学法学研究所紀要/公法の諸問題7」 34 2009.2

15056 ロー・クラス 連続対談：21世紀の国際社会と法——国際法の生きた姿を考える（15）国際法学と憲法学の接点をさぐる 石川健治 大沼保昭 「法学セミナー」 54（2） 通号650 2009.2 p.56～64

15057 今, 政府の存在意義は（特集 グローバル化の中の国家と憲法） 中島徹 「ジュリスト」（1378） 2009.5.1・15 p.29～38

15058 グローバル化と政治的リーダーシップ（特集 グローバル化の中の国家と憲法） 山元一 「ジュリスト」（1378） 2009.5.1・15 p.92～103

15059 憲法と条約（特集 グローバル化の中の国家と憲法） 植木俊哉 「ジュリスト」（1378） 2009.5.1・15 p.81～91

15060 国際環境リスク——国家は何ができるか（特集 グローバル化の中の国家と憲法） 児矢野マリ 「ジュリスト」（1378） 2009.5.1・15 p.133～142

15061 国際金融リスクに対して国家は何ができるか——今回の金融危機・世界同時不況を振り返って（特集 グローバル化の中の国家と憲法） 飯田敬輔 「ジュリスト」（1378） 2009.5.1・15 p.143～153

15062 国際人権保障の現状と課題——ヨーロッパを中心に（特集 グローバル化の中の国家と憲法） 建石真公子 「ジュリスト」（1378） 2009.5.1・15 p.70～80

15063 座談会 グローバル化する世界の法と政治——ローカル・ノレッジとコスモポリタニズム（特集 グローバル化の中の国家と憲法） 長谷部恭男 阪口正二郎 杉田敦〔他〕 「ジュリスト」（1378） 2009.5.1・15 p.4～28

15064 人道的介入と国際秩序（特集 グローバル化の中の国家と憲法） 駒村圭吾 「ジュリスト」（1378） 2009.5.1・15 p.104～113

15065 取引と法人格（特集 グローバル化の中の国家と憲法） 小島慎司 「ジュリスト」（1378） 2009.5.1・15 p.55～61

15066 全朝鮮半島の非核化と迷走する日本外交——DPRKによる「4.5人工衛星打ち上げ」をめぐって（特集 平和外交と日本国憲法9条） 高演義 「法と民主主義」（439） 2009.6 p.34～38

15067 国際人権研究のフィールドを歩く（10）クラスター弾条約の意義と問題点 仲宗根卓 「ヒューマンライツ」（256） 2009.7 p.50～54

15068 国際連合憲章第2章の注解 松田幹夫 「独協法学」（79） 2009.9 p.1～45

15069 続・Interactive憲法——B准教授の生活と意見（7）憲法と条約 長谷部恭男 「法学教室」 通号349 2009.10 p.49～53

15070 「国際憲法」再論——憲法の国際化と国際法の憲法化の間（特集 日本における国際法） 石川健治 「ジュリスト」（1387） 2009.10.15 p.24～31

15071 征韓論までの国際法体系の問題——「交隣の誼」の世界秩序と「毎日」の外務省報告 笹川紀勝 「法律論叢」 82（2・3） 2010.2 p.179～214

15072 憲法と条約の相剋——「第三の道」を求めて 青柳幸一 「筑波ロー・ジャーナル」（7） 2010.3 p.1～50

〔15044～15072〕 憲法改正 最新文献目録 **559**

条約・国際法　　　　　　　　　　　　　　　　　　　　　　　　　　その他

15073　征韓論に対する国際法体系の問題——外国官指令・太政官決定から第一期保護国論まで　笹川紀勝「法律論叢」82（4・5）　2010.3　p.163～199

15074　憲法と条例——人権保障と地方自治（自治体政策法務(8)立法務の課題(1)）　渋谷秀樹「ジュリスト」（1396）　2010.3.15　p.128～137

15075　国際法入門「合憲は拘束する」(pacta sund servanda)（特集 法律学習ナビゲーション）　児矢野マリ「法学セミナー」55（5）通号665　2010.5　p.34～36

15076　国際連合憲章第16章の注解　松田幹夫「独協法学」（81）　2010.6　p.1～36

15077　核兵器と法をめぐる論点——国際法と憲法の関連をさぐる（特集 核兵器廃絶をめざして——2010年NPT再検討会議）　浦田賢治「法と民主主義」（450）　2010.7　p.11～16

15078　南極と憲法9条——世界中を南極にしよう　柴田鉄治「マスコミ市民 : ジャーナリストと市民を結ぶ情報誌」通号505　2011.2　p.50～57

15079　基調報告 日米「密約」問題をめぐる国際法規範と憲法規範（日本国憲法研究(11)憲法と条約）　植木俊哉「ジュリスト」（1418）　2011.3.15　p.62～76

15080　座談会（日本国憲法研究(11)憲法と条約）　植木俊哉　井上寿一　長谷部恭男[他]「ジュリスト」（1418）　2011.3.15　p.77～99

15081　国際法学における領域主権観念の変遷と問題提起　齋藤洋「憲法研究」（44）　2012　p.53～77

15082　国際法と日本の海洋戦略（海の安全保障と日本の海洋戦略）　安保公人「世界平和研究」38（1）通号192　2012.冬季　p.10～21

15083　裁判官たちのダイアローグ : 国籍法違憲判決の文脈的分析（法曹の新しい職域と法社会学）　秋葉丈志「法社会学」（76）　2012　p.259～292

15084　司法審査における人権条約の位置 : 日独比較の観点から（特集 国内裁判所による人権救済と憲法上の人権・人権条約上の人権 : 個人通報制度への参加を視野に入れて—日本の裁判所による人権救済と人権条約上の人権）　宮地基「国際人権 : 国際人権法学会報」（23）　2012　p.49～55

15085　国際法と「人間の安全保障」　松隈潤「国際関係論叢」1（1）　2012.3　p.21～41

15086　国際連合憲章第7章注解（その4）国際連合憲章第42条の注解　尾崎重義「二松学舎大学国際政経論集」（18）　2012.3　p.1～27

15087　憲法の国際法調和性と多層的立憲主義（開学50周年記念号）　齊藤正彰「北星学園大学経済学部北星論集」52（2）通号63　2013.3　p.303～314

15088　憲法の国際化から国際法の憲法構成へ : 国際法はどんな地球立憲主義を成立させるか　浦田賢治「政経研究」（100）　2013.6　p.60～75

15089　国際私法と憲法との関係に関する一考察 : 公序条項の法律要件解釈をめぐる素描的検討（長尾一紘先生古稀記念論文集）　山内惟介「法学新報」120（1・2）　2013.6　p.715～785

15090　TPPは憲法を掘り崩し、世界に人権侵害をまきちらす（特集 安倍政権を採点する）　大野和興「社会民主」（699）　2013.8　p.25～28

15091　翻訳 国家と社会の機能変動 : 憲法と国際秩序への挑発　フィリップ, クーニヒ　高橋雅人［訳］「日本法學」79（2）　2013.9　p.313～334

15092　国際立憲主義の新たな地平 : ヒエラルキー、ヘテラルキー、脱ヨーロッパ化（特集 国際法秩序構想の諸系譜と現在）　最上敏樹「法律時報」85（11）通号1065　2013.10　p.6～12

15093　TPPは憲法問題である（特集 TPP（環太平洋経済連携協定））　岩月浩二「消費者法ニュース」（97）　2013.10　p.4～7

15094　国民主権から外国投資家主権へ ISD条項は憲法を破壊する（特集 日本を売る 秘密交渉TPP）　岩月浩二「金曜日」21（40）通号981　2013.10.18　p.27

15095　記念講演 憲法から見たTPPと国民生活（特集 共済の灯を消してはならない！（パート6）シンポジウム 共済とTPP : 共済規制で起きたことがすべての分野で）　久保木亮介「賃金と社会保障」（1598）　2013.11.下旬　p.6～23

15096　国際裁判所と国内裁判所との対話 : ヨーロッパ人権裁判所の場合　ジャン・ポール・コスタ　建石真公子［訳］「国際人権 : 国際人権法学会報」（25）　2014　p.3～12

15097　「人間の安全保障」の主流化 : 国際法の視点から　松隈潤「東京外国語大学論集 : area and culture studies」（89）　2014　p.131～151

15098　まなざし 難民キャンプに新しい憲法を : 安永知子さん（国際協力機構 ジュニア専門員）「婦人之友」108（2）通号1329　2014.2　p.7～9

15099　TPPは日本の主権侵害であり、憲法違反である（特集 日本の食と農 最大の岐路）　川口創「社会民主」（705）　2014.2　p.21～23

15100　憲法問題としての国際的規範の「自動執行性」　山田哲史「帝京法学」29（1）通号50　2014.3　p.343～458

15101　国際立憲主義批判と批判的国際立憲主義（国際法の「立憲化」: 世界法の視点から）　最上敏樹「世界法年報」（33）　2014.3　p.1～32

15102　憲法と条約（7条1号・73条3号・98条2項）（特集 条文からスタート 憲法2014）　江島晶子「法学教室」（405）　2014.6　p.45～47

560　憲法改正 最新文献目録　　　　　　　〔15073～15102〕

その他　　　　　　　　　　　　　　　　　　　　　　　　　　家族

15103　国際法学における安全保障構想の系譜 ：
動態的に把握された勢力均衡の下での法秩序
（小特集 安全保障への国際法の視座） 西平等
「法律時報」 86（10）通号1077　2014.9　p.59〜
65

15104　グローバル立憲主義とヨーロッパ法秩序
の多元性 ： EUの憲法多元主義からグローバル
立憲主義へ 須網隆夫 「国際法外交雑誌」 113
（3）　2014.11　p.325〜355

15105　「人間の安全保障」と国際法 ： 「保護す
る責任」論を中心として（千野直樹先生退職記
念号） 中山雅司 「創価法学」 44（2）　2014.
12　p.59〜83

15106　国際法, メキシコ憲法に見る先住民の権利
の発展 米村明夫 「ラテンアメリカレポート」
32（2）通号90　2015　p.67〜80

15107　条約に対する憲法の優位性 ： 合衆国と日
本（経済学部再編記念号） 朾山茂樹 「熊本学園
大学経済論集」 21（1-4）　2015.3　p.129〜144

15108　TPPは憲法違反 ： 一〇六三人が国を相
手どって提訴 岩月浩二 「現代農業」 94（8）
通号826　2015.8　p.352〜355

15109　欧州における「過去の克服」の現在 ： 独
伊戦後賠償に関わる国際司法裁判所判決の履行
を違憲とするイタリア憲法裁判所判決を素材と
して［国際司法2012.2.3判決, イタリア憲法裁
2014.10.22判決]（特集 過去の不正義と国際法
： 日韓請求権協定の現在） 水島朋則 「法律時
報」 87（10）通号1090　2015.9　p.28〜33

15110　「国際法の支配」 蟻川恒正 「法律時報」
1092　2015.10

15111　国際連合憲章 ： 国際の平和および安全の
実現（展開講座 国際条約の世界（第1回）） 森肇
志 「法学教室」 （421）　2015.10　p.112〜117

15112　TPP交渉差止・違憲訴訟が始まる 「裁判
所も当事者だ」の指摘に審理継続 高橋清隆
「金曜日」 23（38）通号1078　2015.10.9　p.15

15113　展開講座 国際条約の世界（第2回）自由権
規約 ： 人権の国際的保障 玉田大 「法学教室」
（422）　2015.11　p.121〜127

15114　文化多様性と国際社会の現在（特集 戦後
70年と安保法制 ： 「国際法の支配」と立憲主
義） 西海真樹 「法律時報」 87（12）通号1092
2015.11　p.15〜20

家族

【図書】

15115　家族と法の地平―三木妙子・磯野誠一・
石川稔先生献呈論文集 岩志和一郎執筆者代表
尚学社　2009.7　378p　22cm　〈年譜あり〉
8000円　①978-4-86031-070-7　Ⓝ324.6　岩志

和一郎

15116　憲法における家族―親の人権と子どもの
人権 古野豊秋著 尚学社　2010.6　232p
22cm　5500円　①978-4-86031-079-0　Ⓝ323.
01　古野豊秋

15117　家制度の廃止―占領期の憲法・民法・戸
籍法改正過程 和田幹彦著 信山社　2010.10
537, 26p　22cm　（学術選書 0035　民法）
〈文献あり 索引あり〉　12000円　①978-4-
7972-5435-8　Ⓝ324.69　和田幹彦

【雑誌】

15118　家族生活における「個人の尊厳」（1） 山
崎将文 「西日本短期大学大憲論叢」 45通号48
2007.3　p.61〜84

15119　憲法における家族――E. ―W.
Bockenfordeの所説を素材として 古野豊秋
「法政理論」 39（4）　2007.3　p.74〜107

15120　代理出産裁判を憲法学的視点から読む―
リプロダクティブ・ヘルス/ライツと人権（研究
ノート） 原田いづみ 「東北法学」 （29）
2007.3　p.21〜45

15121　憲法における家族――ドイツでの子ども
に対する親の宗教教育の問題について 古野豊
秋 「法学新報」 113（9・10）　2007.5　p.499〜
527

15122　家族関係の変容と人権論――”家族の崩
壊”から見えるもの（特集＝日本国憲法施行六〇
年――憲法学に求められる課題―人権論） 立
石直子 「法律時報」 79（8）通号985　2007.7
p.91〜95

15123　憲法における家族の保護と社会保障につ
いての一考察 浮田徹 「憲法論叢」 （14）
2007.12　p.133〜149

15124　憲法24条と家庭生活の解消 小嶋勇 「日
本大学法科大学院法務研究」 （4）　2008.3　p.
39〜60

15125　憲法学における人権論からみた親子関係
の諸要素――「実の母」をめぐる議論を中心に
春名麻季 「神戸法学雑誌」 58（3）　2008.12
p.25〜70

15126　憲法における個人と家族 山崎将文 「憲
法論叢」 （16）　2009.12　p.35〜68

15127　家族の憲法（飯塚和之先生定年退職記念
号） エリック, ミヤール 齊藤笑美子［訳］
「茨城大学政経学会雑誌」 （81）　2012.3　p.
111〜119

15128　国籍法第12条の規定が憲法第13条及び第
14条第1項に違反しないとされた事例について
： 東京地方裁判所平成24.3.23判決 杉谷達哉
「戸籍 ： 戸籍・住民基本台帳実務家の機関誌」
（877）　2012.12　p.1〜25

15129　人権論から見た家族・親子制度の基底的
原理について（1）憲法秩序における「人間の尊

〔15103〜15129〕　　　　　　　　　　　　　憲法改正 最新文献目録　**561**

「厳」原理の規範的一場面　春名麻季　「四天王寺大学紀要」（56）2013年度　p.53〜66

15130　人権論から見た家族・親子制度の基底的原理について（2）憲法秩序における「人間の尊厳」原理の規範的一場面　春名麻季　「四天王寺大学紀要」（57）2013年度　p.99〜110

15131　超少子化・未婚・1人暮らし社会の克服へ　憲法に「家族」取り戻せ（特集 憲法改正の春：主権回復61年目の躍動）「世界思想」39（5）通号451　2013.5　p.12〜14

15132　憲法で「家族はこうあるべき」と決めてよいのか？：岸本由起子弁護士に聞く（特集 "家族構造の変化"と社会福祉）　岸本由起子　「福祉のひろば」165　2013.12　p.24〜27

15133　人権論から見た家族・親子制度の基底的原理について（3・完）憲法秩序における「人間の尊厳」原理の規範的一場面　春名麻季　「四天王寺大学紀要」（58）2014年度　p.59〜75

15134　新・家族法研究ノート（第4回）婚外子相続分差別違憲決定を契機に考える　本山敦　「月報司法書士」（503）2014.1　p.60〜67

15135　近代家族の暴力性と日本国憲法二四条（杉浦一孝教授退職記念論文集—現代国家の諸課題）　若尾典子　「名古屋大学法政論集」（255）2014.3　p.587〜617

15136　第2回講座 コメント（特集 憲法と家族）辻村みよ子　「日本女性法律家協会会報」（52）2014.6　p.38〜41

15137　中立性の原則と公的介入・支援（特集 憲法と家族）　二宮周平　「日本女性法律家協会会報」（52）2014.6　p.52〜57

15138　若手研究者が読み解く○○法 Part2（15）民法（家族法）家族法をめぐる司法の本領：違憲判断を支えた立法事実の変化を読む　立石直子　「法と民主主義」（491）2014.8・9　p.60〜63

15139　憲法における婚姻の意味　西浦公　「岡山商科大学法学論叢」（23）2015　p.25〜38

15140　講演要旨 家族法をめぐる憲法判断　水野紀子　「読売クオータリー」（34）2015.夏　p.82〜97

15141　国境を超えて家族生活を営む権利（1）オーストラリア法と比較しての一考察　奥野圭子　「神奈川大学国際経営論集」（49）2015.3　p.87〜98

15142　「夫婦別姓」「再婚規定」憲法判断へ：民法見直し議論必至　「厚生福祉」（6141）2015.3.3　p.14

15143　改めて憲法を考える（22）同性婚と憲法：渋谷区パートナーシップ証明制度を契機に考える　福嶋敏明　「時の法令」（1976）2015.4.30　p.52〜57

15144　家族法と戸籍を考える（42）家族法における憲法的価値の実現：家族法改正と司法判断（1）二宮周平　「戸籍時報」（726）2015.5　p.2〜15

15145　家族法と戸籍を考える（43）家族法における憲法的価値の実現：家族法改正と司法判断（2）二宮周平　「戸籍時報」（728）2015.7　p.25〜37

15146　最高裁で初の憲法判断へ もう待ったなし選択的夫婦別姓：夫婦別姓訴訟弁護団 小野山静さんに聞く　小野山静　「女性のひろば」（437）2015.7　p.102〜107

15147　家族法と戸籍を考える（45）家族法における憲法的価値の実現：家族法改正と司法判断（3）二宮周平　「戸籍時報」（730）2015.9　p.2〜15

15148　国境を超えて家族生活を営む権利（2・完）オーストラリア法と比較しての一考察　奥野圭子　「神奈川大学国際経営論集」（50）2015.11　p.109〜122

ジェンダー

【図書】

15149　セクシュアリティと法　辻村みよ子監修, 齊藤豊治, 青井秀夫編　仙台　東北大学出版会　2006.3　437p　22cm　（ジェンダー法・政策研究叢書 東北大学21世紀COEプログラム 第5巻）2200円　Ⓘ4-86163-030-4　Ⓝ367.1　齊藤豊治 青井秀夫　辻村みよ子

15150　女性と憲法の構造　大西祥世著　信山社出版　2006.10　382p　22cm　〈文献あり〉12000円　Ⓘ4-7972-2448-7　Ⓝ323.143　大西祥世

15151　家族—ジェンダーと自由と法　辻村みよ子監修, 水野紀子編　仙台　東北大学出版会　2006.11　435p　22cm　（ジェンダー法・政策研究叢書 東北大学21世紀COEプログラム 第6巻）2200円　Ⓘ4-86163-039-8　Ⓝ324.9　水野紀子　辻村みよ子

15152　雇用・社会保障とジェンダー　嵩さやか, 田中重人編　仙台　東北大学出版会　2007.5　438p　22cm　（ジェンダー法・政策研究叢書 東北大学21世紀COEプログラム 第9巻）〈文献あり〉2200円　Ⓘ978-4-86163-060-6　Ⓝ366.38　嵩さやか　田中重人

15153　ジェンダーの基礎理論と法　辻村みよ子編　仙台　東北大学出版会　2007.9　395p　22cm　（ジェンダー法・政策研究叢書 東北大学21世紀COEプログラム 第10巻）〈文献あり〉2200円　Ⓘ978-4-86163-063-7　Ⓝ367.1　辻村みよ子

15154　ジェンダーと人権—歴史と理論から学ぶ　辻村みよ子著　日本評論社　2008.3　374p

その他　　　　　　　　　　　　　　　　　　　　　　　　　　　　　ジェンダー

22cm　〈「女性と人権」(1997年刊)の改訂〉
〈年表あり〉〈文献あり〉　4500円　Ⓘ978-4-
535-51583-3　Ⓝ316.1　辻村みよ子

15155　憲法とジェンダー――男女共同参画と多文
化共生への展望　辻村みよ子著　有斐閣　2009.
12　356p　22cm　〈他言語標題：
Constitutional law and gender〉〈文献あり
索引あり〉　5700円　Ⓘ978-4-641-13069-2
Ⓝ367.1　辻村みよ子

15156　アジアにおけるジェンダー平等――政策と
政治参画：東北大学グローバルCOEプログラム
「グローバル時代の男女共同参画と多文化共生」
辻村みよ子, スティール若希編　仙台　東北大
学出版会　2012.3　353p　22cm　〈文献あり〉
3000円　Ⓘ978-4-86163-185-6　Ⓝ367.22　辻村
みよ子　スティール若希

15157　概説ジェンダーと法――人権論の視点から
学ぶ　辻村みよ子著　信山社　2013.9　220p
22cm　〈年表あり　索引あり〉　2000円　Ⓘ978-
4-7972-8609-0　Ⓝ367.2　辻村みよ子

【雑誌】

15158　憲法24条なくして.今日の私たちはない
赤松良子　「国際女性 : 年報」19　2005

15159　市川房枝－いちかわ・ふさえ 1893～
1981－「婦選は鍵なり」婦人参政権ひとすじに
生きた(特集 子どもと学びたい女性の20話)
井上美穂　歴史教育者協議会編　「歴史地理教
育」(682 増刊)　2005.3　p.27～32

15160　女性差別撤廃条約(特集 国際人権救済申
立手続の現在)　近江美保　「法律時報」77
(12)通号963　2005.11　p.49～55

15161　歴史シリーズ 裏九州脱却への挑戦 大分県
の近現代(19) 婦人参政権の実現　末廣利人　大
銀経済経営研究所［編］「おおいたの経済と経
営」(193)　2006.1　p.26～29

15162　対談 活躍する女性に見る「生き方、考え
方」(特集 婦人参政権60年 世界に誇れる日本の
女性)　森山眞弓　山中アキ子　自由民主党編
「月刊自由民主」通号643　2006.1　p.28～49

15163　軌跡 花ひらく、大和撫子－「婦人参政」
実現への道(特集 婦人参政権60年 世界に誇れ
る日本の女性)　伊藤光一　自由民主党編　「月
刊自由民主」通号643　2006.1　p.50～58

15164　萌芽 婦人参政権は「民権婆さん」から始
まった(特集 婦人参政権60年 世界に誇れる日
本の女性)　自由民主党編　「月刊自由民主」通
号643　2006.1　p.60～63

15165　考察 紫式部の魅力とそのパワー(特集 婦
人参政権60年 世界に誇れる日本の女性)　三好
京三　自由民主党編　「月刊自由民主」通号643
2006.1　p.64～69

15166　憲法とジェンダー――日本国憲法は性別
をどのように考えているのか(特集 ジェンダー
の視座から法と政策を問い直す)　君塚正臣

「法律時報」78(1)通号965　2006.1　p.4～9

15167　エリザベス・ロビンズ－イプセン劇女優
から参政権運動家へ　山本博文　「研究紀要」
(13)　2006.3　p.143～155

15168　ジェンダーフリーバックラッシュと改憲
(特集 改憲問題の新局面)　竹信三恵子　「ポリ
ティーク」11　2006.3.20　p.122～134

15169　女性参政権運動の展開(第3章 女性と政
治)　河村貞枝　河村貞枝　今井けい　『「イギリ
ス近現代女性史研究入門」』　2006.5　p.125～

15170　婦人参政権の成立経緯再考－加藤シヅエ
の役割をめぐって　菅原和子　「近代日本研究」
2007　p.303～328

15171　大阪朝日新聞にみる女性問題(4) 1946年
の社説をめぐって　石月静恵　桜花学園大学人
文学部研究紀要編集委員会編　「桜花学園大学人
文学部研究紀要」(9)　2007　p.1～15

15172　創作、女性参政権運動、サフラジェッ
ト－『自分だけの部屋』に読み取れるウルフの
素振り(特集その2 フェミニズム批評はわれわ
れウルフ研究者にとって何で「あった/ある」
のか)　奥山礼子　「ヴァージニア・ウルフ研究」
(24)　2007.1　p.81～89

15173　憲法24条を守ろう(新年に寄せて 格差社
会の是正と平和と民主主義を守ろう)　高橋広
子　「社会主義」(534)　2007.1　p.78～80

15174　実践記録/中学三年・公民 女性参政権の
実現と男女平等－女性参政権を題材に問題意識
を喚起する(特集 憲法の歴史からみた男女平
等)　高市響子　宇野勝子　歴史教育者協議会
編　「歴史地理教育」(713)　2007.4　p.26～31

15175　「教育のある男性の娘たち」の女性参政権
運動とサフラジェットへの眼差し(特集その2
ウルフにとっての社会との関わりとは？)　奥
山礼子　「ヴァージニア・ウルフ研究」(25)
2008.1　p.110～125

15176　女性行政による憲法の実践　大西祥世
「自治総研」34(2)通号352　2008.2　p.58～76

15177　ジェンダー法学から見た憲法学の再構築
―男女共同参画行政の実践を例に(II ジェン
ダー法学の可能性―ジェンダー概念を手がかり
に)　大西祥世　「ジェンダーと法」(5)　2008.
07　p.111～121

15178　法的人格のジェンダー・クリティーク(第
3部 基本的概念のクリティーク)　中里見博
「企業・市場・市民社会の基礎法学的考察」
2008.10　p.207～

15179　婦人参政権運動と日中戦争　国武雅子
「長崎純心比較文化学会会報」(3)　2009　p.9
～16

15180　越原春子と女子教育－女性観の形成とそ
の教育観　田中卓也　吉備国際大学研究紀要編
集委員会編　「吉備国際大学研究紀要, 社会福祉

ジェンダー　　　　　　　　　　　　　　　　　　　　その他

学部」（19）　2009　p.1〜9

15181　大義と神託 聴衆を統合する改革者 ソジャ
ナー・トルース　宮津多美子「医療看護研究」
5(1)通号5　2009.3　p.11〜22

15182　多文化共生社会のジェンダー平等 ： イス
ラムのスカーフ論争をめぐって　辻村みよ子
「GEMC journal ： グローバル時代の男女共同
参画と多文化共生 ： Gender equality and
multicultural conviviality in the age of
globalization」通号1　2009.3　p.10〜19

15183　婦人参政権－一票をはじめて行使した女
性たち（もの・絵・写真を使ってこんな授業が
できる）　大野一夫　歴史教育者協議会編「歴
史地理教育」（747 増刊）　2009.7　p.110〜113

15184　ジェンダー法学の成果と展望—21世紀
COE「ジェンダー法・政策研究叢書」の刊行を
終えて（Gender Sensitive Eyes）　辻村みよ子
「ジェンダーと法」（6）　2009.07　p.120〜123

15185　埼玉県人がうけとめた婦人参政権と日本
国憲法（上）新憲法の実施は女性の独立記念日
鈴木義治　歴史教育者協議会編「歴史地理教
育」（748）　2009.8　p.78〜83

15186　婦人参政権の成立経緯再考（その2）加藤
シヅエの役割をめぐって　菅原和子　中央大学
社会科学研究所編「中央大学社会科学研究所年
報」（15）　2010年度　p.149〜165

15187　ジェンダーの視点からみた「個人の尊厳」
と「両性の平等」（特集 憲法の理念を実現する
ために）　杉井静子「月報司法書士」（459）
2010.5　p.15〜24

15188　女性作曲家が少しずつ知られつつある
——ポリーヌ・ヴィアルド作品の演奏を聴いて
（特集 女性と人権）　成澤榮壽「人権と部落問
題」62(8)通号803　2010.7　p.43〜46

15189　男女平等の国際比較（特集 女性と人権）
吉田容子「人権と部落問題」62(8)通号803
2010.7　p.24〜32

15190　働く女性と人権——人間らしい働き方と
生活、ジェンダー平等の実現を（特集 女性と人
権）　中嶋晴代「人権と部落問題」62(8)通号
803　2010.7　p.6〜15

15191　婚姻の自由とジェンダー—民法731条・
733条・750条の改正に向けて問われていること
（I 家族法改正—憲法、条約、ジェンダーの視点
から）　立石直子「ジェンダーと法」（7）
2010.08　p.17〜28

15192　離婚の自由とジェンダー（I 家族法改正—
憲法、条約、ジェンダーの視点から）　道あゆみ
「ジェンダーと法」（7）　2010.08　p.29〜37

15193　地方国立大学における男女共同参画の推
進—島根大学の例から（Gender Sensitive Eyes
1）　清末愛砂「ジェンダーと法」（7）　2010.
08　p.70〜74

15194　憲法からみた社会保障法におけるジェン
ダー問題（II 社会保障法とジェンダー）　若尾
典子「ジェンダーと法」（7）　2010.08　p.114
〜128

15195　辻村みよ子著『憲法とジェンダー—男女
共同参画と多文化共生への展望』（有斐閣, 2009
年）（書評）　秀嶋ゆかり［評者］「ジェンダー
と法」（7）　2010.08　p.156〜157

15196　男女共同参画社会基本法10周年の課題—
ジェンダー法学会の「第2ステージ」にむけて
辻村みよ子「ジェンダーと法」（7）　2010.08
p.i〜iii

15197　国際人権機関の活動 国際人権機関の最近
の活動 ： 女子差別撤廃委員会　林陽子　国際
人権法学会［編］「国際人権 ： 国際人権法学会
報」（22）　2011　p.140〜143

15198　久布白落実と婦人参政権運動をめぐっ
て－1920年代を中心に　嶺山敦子「Human
welfare ：HW」　2011.3　p.53〜67

15199　女性の社会参画——アファーマティヴ・
アクションを考える（特集「平等」を再考す
る）　安西文雄「月報司法書士」（471）
2011.5　p.14〜18

15200　「ジェンダーに基づく優先投票」の合憲性
——憲法裁判所判決2010年第4号の紹介　髙橋
利安「修道法学」34(1)通号66　2011.9　p.
388〜374

15201　Q&A（文化・経済・ジェンダーから解き
明かす 性暴力多発社会 ： 女性の安全と健康の
ための支援教育センター公開講座記録）　角田
由紀子　二瓶由美子　田中かず子「女性の安全
と健康のための支援教育センター通信」（31）
2011.10　p.18〜28

15202　国際ニュース 伊藤千尋の国際時転 サウジ
アラビア 女性による参政権獲得運動が実り、次
回選挙で実現へ 逮捕も恐れない女性らが呼び寄
せた「アラブの春」　伊藤千尋　金曜日［編］
「金曜日」19(38)通号881　2011.10.7　p.11

15203　憲法の視点で「社会保障・税一体改革」
を見直す（特集 創立50周年記念企画 憲法と
ジェンダーの視点で考える）　浦野広明「女性
＆運動」（201）通号352　2011.12　p.8〜13

15204　新婦人各地のとりくみ（特集 創立50周年
記念企画 憲法とジェンダーの視点で考える）
「女性＆運動」（201）通号352　2011.12　p.22
〜24

15205　東日本大震災とジェンダー ： 被災した女
性/支援する女性（特集 創立50周年記念企画 憲
法とジェンダーの視点で考える）　浅野富美枝
「女性＆運動」（201）通号352　2011.12　p.14
〜17

15206　女性差別撤廃条約の個人通報「見解」の
フォローアップ（国際人権機関の活動）　林陽子
国際人権法学会［編］「国際人権 ：国際人権法

学会報」（23）　2012　p.111〜115

15207　多文化主義とジェンダー（特集 人権の現代的課題—秋季研究集会）　志田陽子 「憲法問題」（23）　2012　p.88〜98

15208　女性労働と社会保障（創立50周年記念企画 憲法とジェンダーの視点で考える）　脇田滋 「女性＆運動」（202）通号353　2012.1　p.18〜21

15209　新婦人各地のとりくみ（創立50周年記念企画 憲法とジェンダーの視点で考える）「女性＆運動」（202）通号353　2012.1　p.26〜28

15210　スポーツとジェンダー（創立50周年記念企画 憲法とジェンダーの視点で考える）　山本教人 「女性＆運動」（202）通号353　2012.1　p.22〜25

15211　教育機関での性暴力多発から考える ： 社会、司法に根づく男性 “優位” の構造（創立50周年記念企画 憲法とジェンダーの視点で考える）角田由紀子 「女性＆運動」（203）通号354　2012.2　p.2〜6

15212　ジェンダー平等な社会をめざす教育（創立50周年記念企画 憲法とジェンダーの視点で考える）　杉田真衣 「女性＆運動」（203）通号354　2012.2　p.7〜10

15213　新婦人各地のとりくみ（創立50周年記念企画 憲法とジェンダーの視点で考える）「女性＆運動」（203）通号354　2012.2　p.11〜13

15214　近現代日本法における婦人の地位　高嶋めぐみ　苫小牧駒澤大学編 「苫小牧駒澤大学紀要」（25）　2012.3　p.53〜77

15215　女性差別撤廃条約による間接差別法理の展開における課題と可能性（特集 憲法と国際人権法 ： 共通の人権規範の確立に向けて）　長谷川聡 「法律時報」84（5）通号1046　2012.5　p.66〜70

15216　女性に対する暴力は差別の表れである ： 国際人権法からみた女性に対する暴力（特集 憲法と国際人権法 ： 共通の人権規範の確立に向けて）　後藤弘子 「法律時報」84（5）通号1046　2012.5　p.76〜80

15217　日本の閉塞状況を日本国憲法で打ち破ろう（特集 憲法とジェンダーの視点でひろがる「発信＆行動」）　小森陽一 「女性＆運動」（206）通号357　2012.5　p.2〜7

15218　新婦人各地のとりくみ（特集 創立50年 憲法とジェンダーの視点でひろがる「発信＆行動」）「女性＆運動」（207）通号358　2012.6　p.21〜24

15219　大災害を経て、ジェンダー視点から教育内容、教育課程を見直す（特集 創立50年 憲法とジェンダーの視点でひろがる「発信＆行動」）橋本紀子 「女性＆運動」（207）通号358　2012.6　p.16〜19

15220　第56回国連女性の地位委員会 農山漁村の

女性のエンパワーメントとジェンダー平等 ： 平和で公正、持続可能な社会へのカギ（特集 創立50年 憲法とジェンダーの視点でひろがる「発信＆行動」）　平野恵美子 「女性＆運動」（207）通号358　2012.6　p.4〜7

15221　UN WOMEN 世界から見た日本のジェンダー平等（特集 創立50年 憲法とジェンダーの視点でひろがる「発信＆行動」）　ミユキ, ケルクホフ 「女性＆運動」（207）通号358　2012.6　p.12〜15

15222　災害と女性 ： 未来（あした）をつくるディスカッション Q&A（公開シンポジウム記録 災害と女性（Part 2）いま、女のちから ： 貧困・暴力・抑圧からの自由）　盛合敏子　角田由紀子　二瓶由美子［他］「女性の安全と健康のための支援教育センター通信」（35）　2012.11　p.22〜36

15223　女性参政権運動とアイルランド問題 ： 女性自由連盟を事例として　谷川亮太 「史友」　2013　p.29〜54

15224　1910年代の女性参政権運動 ： 人種と帝国をめぐる論争を中心に　栗原涼子 「東海大学紀要. 文学部」100　2013　p.25〜41

15225　多文化主義とジェンダー ： 憲法理論の視座から　志田陽子 「GEMC journal ： グローバル時代の男女共同参画と多文化共生 ： Gender equality and multicultural conviviality in the age of globalization」（9）　2013.3　p.30〜45

15226　国会のもう一つの「格差」問題 ： 女性の政治参画（特集 参院選2013 ： 問われる民主主義とその行方）　糠塚康江 「生活経済政策」（198）通号614　2013.7　p.16〜20

15227　講座第4巻『ジェンダー法学が切り拓く展望』（特別企画）　辻村みよ子 「ジェンダーと法」（10）　2013.07　p.145

15228　『週刊金曜日』セレクション 日本女性への贈り物 男女平等憲法 ： ベアテ・シロタ・ゴードン 対談 本誌編集委員 落合恵子（憲法 特別編集 ： あなたにも責任がある 知らなかったじゃすまされない）　ベアテ, シロタ・ゴードン　落合恵子 「金曜日」21（26）通号967（臨増）2013.7.9　p.60〜63

15229　データから女性の参政権行使状況を概括する（第23回参院選特集）「女性展望」（662）　2013.9　p.10〜12

15230　沈黙の声を聴く ： ジェンダー、セクシュアリティ、そして沖縄（第6回）憲法24条を謳う　山城紀子 「Sexuality」（63）　2013.10　p.88〜93

15231　日本国憲法と女性 憲法は「女性の権利宣言」「学習の友」（723）　2013.11　p.52〜61

15232　ジェンダーの視点で法改正を 画期的な婚外子差別違憲判断、民法改正を一刻も早く　坂本洋子 「女性＆運動」（225）通号376　2013.

12 p.14〜17

15233 『安曇野』と女性参政権運動 : 三文字の削除 倉持三郎 「現代文学史研究」 19 2013.12.1 p.13〜24

15234 憲法と社会保障 : ジェンダー平等の視点から（ジェンダー・雇用と社会保障法―第63回大会―シンポジウム 社会保障法とジェンダー） 藤野美都子 「社会保障法」 （29） 2014 p.62〜76

15235 講演記録 憲法と女性の人権を考える 青井未帆 「平塚らいてうの会紀要」 （7） 2014 p.51〜64

15236 沈黙の声を聴く : ジェンダー、セクシュアリティ、そして沖縄（第7回）女と介護と「憲法24条」を守ること 山城紀子 「Sexuality」 （64） 2014.1 p.110〜115

15237 教育とジェンダー : ジェンダー平等教育に関する憲法学的考察（岡邦信 古賀哲矢先生 退職記念論文集） 植木淳 「北九州市立大学法政論集」 41（3・4） 2014.3 p.261〜294

15238 障害者ジェンダー統計への注目 吉田仁美 「岩手県立大学社会福祉学部紀要」 16通号25 2014.3 p.43〜50

15239 みんなで増やそう新婦人しんぶん（改憲ゆるさず、暮らし、平和、ジェンダー平等を : 都道府県本部大会の発言より（パート2）） 「女性＆運動」 （228）通号379 2014.3 p.39〜41

15240 女性教職員が働き続けるために : 保育所運動・学童保育づくり（特集 女性と人権） 永井好子 「人権と部落問題」 66（7）通号858 2014.6 p.26〜33

15241 「性の多様性」を前提としたジェンダー・セクシュアリティ平等を目指す教育の意義（特集 国民の人権と子どもの将来 : 憲法「改正」は何をねらっているか） 田代美江子 「家教連家庭科研究」 （318） 2014.6 p.10〜15

15242 男女平等の職場はこうして誕生した : 小学館・差別撤廃二〇年の闘い（特集 女性と人権） 愛知松之助 「人権と部落問題」 66（7）通号858 2014.6 p.18〜25

15243 中学校実践 ジェンダーについて考える : 男の仕事・女の仕事（特集 国民の人権と子どもの将来 : 憲法「改正」は何をねらっているか） 中嶋たや 「家教連家庭科研究」 （318） 2014.6 p.16〜21

15244 働く女性と人権（特集 女性と人権） 橋本佳子 「人権と部落問題」 66（7）通号858 2014.6 p.34〜41

15245 20世紀女性参政権運動におけるアーツ・アンド・クラフツ運動の影響 佐藤繭香 「デザイン史学 : デザイン史学研究会誌」 （12） 2014.08 p.13〜44

15246 第一次世界大戦と女性参政権（特集 第一

次世界大戦とロシア : 開戦100年） 斎藤治子 「ロシア・ユーラシアの経済と社会」 （984） 2014.8 p.17〜31

15247 安全保障とジェンダー : 安保理決議1325と国別行動計画の策定をめぐって（小特集 安全保障への国際法の視座） 川眞田嘉壽子 「法律時報」 86（10）通号1077 2014.9 p.78〜83

15248 第6分科会・ジェンダーと平和 女性の意思決定参加が軍事優先の安全保障を変える力（特集 日本平和委員会第64回定期全国大会（続）分科会での特別報告より） 平野恵美子 「平和運動」 （522） 2014.9 p.22〜28

15249 格差とジェンダー/セクシュアリティ（第49回家教連夏季研究集会報告号 : 被災地から学ぼう 憲法をいかし、いのちとくらしを守る家庭科―テーマ別分科会） 沼崎一郎［講師］ 「家教連家庭科研究」 （321）（増刊） 2014.11 p.24〜27

15250 『成長戦略』と女性の活躍 青山悦子 「法学館憲法研究所報」 （12） 2015.1 p.82〜85

15251 女性参政権と日本政治の戦後70年（特集 戦後70年を考える） 齊藤笑美子 「法学教室」 （416） 2015.5 p.21〜26

15252 女性の視点を活かして、憲法が活かされる社会の実現を（特集 第10回 地域人権問題全国研究集会 in 松江 : 第4分科会 憲法を軸に人間らしい暮らしや仕事を語ろう） 豊田依子 「地域と人権」 （373） 2015.5 p.13〜15

15253 軍事化とジェンダー（総特集 戦争への対抗 : 自衛官・市民の命を守る憲法九条） 佐藤文香 「社会運動」 （419） 2015.7 p.58〜64

15254 職場に真の男女平等を 女性差別撤廃条約批准・均等法制定から三〇年 : 女性の「働く権利」の現状と課題（創刊500号記念特集 憲法の危機に抗しつづけて―平和・民主主義・人権闘争のバトンを引き継いで） 今野久子 「法と民主主義」 （500・501） 2015.7-9 p.102〜104

15255 女性の人権は発展したのか（特集 戦後70年と人権） 石田法子 「人権と部落問題」 67（9）通号874 2015.8 p.14〜21

憲法教育

【図書】

15256 憲法学校―"憲法と私"を考える集中授業 福島みずほ編 明石書店 2007.6 219p 19cm 1800円 ①978-4-7503-2568-2 Ⓝ323.149 福島みずほ

15257 今こそ学校で憲法を語ろう 渡辺治, 佐藤功, 竹内常一編著 青木書店 2007.11 201p 21cm 1600円 ①978-4-250-20724-2 Ⓝ375.314 渡辺治 佐藤功 竹内常一

その他　　　　　　　　　　　　　　　　　　　　　　　　憲法教育

15258　ちゃんと学ぼう！憲法　1　歴史教育者
協議会編　青木書店　2008.2　241p　21cm
〈文献あり〉　2100円　①978-4-250-20803-4
Ⓝ323.14　歴史教育者協議会

15259　ちゃんと学ぼう！憲法　2　歴史教育者
協議会編　青木書店　2008.2　231p　21cm
〈文献あり〉　2100円　①978-4-250-20804-1
Ⓝ323.14　歴史教育者協議会

15260　中高生のための憲法教室　伊藤真著　岩
波書店　2009.1　212p　18cm　（岩波ジュニア
新書　612）〈並列シリーズ名：Iwanami junior
paperbacks〉　780円　①978-4-00-500612-0
Ⓝ323.14　伊藤真

15261　憲法教育と社会理論—立憲主義は現代教
育に通用するか　鈴木弘輝著　勁草書房　2009.
11　239, 9p　20cm　〈文献あり　索引あり〉
2800円　①978-4-326-65349-2　Ⓝ371.3　鈴木
弘輝

15262　高校生と教師の憲法授業—主権者になる
ために　稲次寛, 上脇博之著　大阪　日本機関
紙出版センター　2015.5　281p　21cm　1700
円　①978-4-88900-920-0　Ⓝ375.314　稲次寛
上脇博之

【雑誌】

15263　司法制度改革下における「法教育」（「司法
改革」の総決算——憲法の理念に基づく真の司
法改革をめざして—これだけは言いたい—私
の司法改革論）　藤沢攷　「法の科学：民主主
義科学者協会法律部会機関誌「年報」」通号36
（増刊）　2006　p.159～163

15264　法科大学院への期待と危うさ（「司法改革」
の総決算——憲法の理念に基づく真の司法改革
をめざして—これだけは言いたい—私の司法
改革論）　斉藤豊治　「法の科学：民主主義科
学者協会法律部会機関誌「年報」」通号36（増
刊）　2006　p.153～155

15265　法科大学院時代における「市民」志向の
法学教育（「司法改革」の総決算——憲法の理念
に基づく真の司法改革をめざして—これだけは
言いたい—私の司法改革論）　三成美保　「法
の科学：民主主義科学者協会法律部会機関誌
「年報」」通号36（増刊）　2006　p.156～158

15266　「法科大学院時代」に法学教育および法学
研究者養成をどう考えるか（「司法改革」の総決
算——憲法の理念に基づく真の司法改革をめざ
して—司法の担い手をめぐる制度はどうなった
か）　広渡清吾　「法の科学：民主主義科学者
協会法律部会機関誌「年報」」通号36（増刊）
2006　p.133～141

15267　法科大学院の現状と今後の可能性——公
法学の立場から（「司法改革」の総決算——憲法
の理念に基づく真の司法改革をめざして—司法
の担い手をめぐる制度はどうなったか）　右崎
正博　「法の科学：民主主義科学者協会法律部
会機関誌「年報」」通号36（増刊）　2006　p.

126～132

15268　演習　憲法　安念潤司　「法学教室」通号
304　2006.1　p.170～171

15269　演習　憲法　安念潤司　「法学教室」通号
305　2006.2　p.138～139

15270　激変する校区公民館と草の根憲法学習の
可能性（福岡市）（特集　自治体の公共性を議論す
る）　日下部恭久　「住民と自治」通号514
2006.2　p.38～41

15271　研修講座　基礎講座憲法（16）　小野正弘
「研修」（692）　2006.2　p.61～64

15272　ビラ配りは犯罪か？（伊藤真の中・高生の
ための憲法教室〔23〕）　伊藤真　「世界」
（749）　2006.2　p.162～163

15273　演習　憲法　安念潤司　「法学教室」通号
306　2006.3　p.108～109

15274　憲法教育のあるべき姿と実践・課題（基調
報告）　松本和彦　「公法系実務と法曹養成」
2006.3　p.15～

15275　「あたらしい憲法のはなし」を教材とした
憲法学習（特集　憲法はどう教えられているか、
どう教えるか）　大野真二　「教育と文化：季刊
フォーラム」43　2006.4

15276　今こそ平和憲法の素晴らしさを生徒たち
に熱く語ろう（特集　憲法はどう教えられている
か、どう教えるか）　中園真弓　「教育と文化：
季刊フォーラム」43　2006.4

15277　演習　憲法　西原博史　「法学教室」通号
307　2006.4　p.212～213

15278　学生の憲法講演会の成功　社会を変える力
に確信（日本共産党第24回大会特集（全記録）—
大会議案、中央委員会報告の討論（全文））　太
田周治　「前衛：日本共産党中央委員会理論政
治誌」通号803（臨増）　2006.4　p.164～167

15279　研修講座基礎講座憲法（17）　佐山雅彦
「研修」（694）　2006.4　p.99～102

15280　憲法学習を支える人権教育−−立憲主義
の確立をめざして（特集　憲法はどう教えられて
いるか、どう教えるか）　桂正孝　「教育と文
化：季刊フォーラム」43　2006.4

15281　「憲法9条を彫る」木彫額の共同制作（特集
憲法はどう教えられているか、どう教えるか）
米須朝栄　「教育と文化：季刊フォーラム」43
2006.4

15282　憲法の精神を中心にすえた学校づくり（特
集　人権教育の指導方法をめぐって）　市川章人
「人権と部落問題」58（5）通号744　2006.4　p.
36～41

15283　憲法は、まず国家が守るべき最高法
規−−公民教科書にどう記述されているか（特
集　憲法はどう教えられているか、どう教える
か）　中川登志男　「教育と文化：季刊フォーラ
ム」43　2006.4

15284 大学生への憲法アンケート(特集 憲法は
どう教えられているか、どう教えるか) 池田賢
市 「教育と文化：季刊フォーラム」43 2006.4

15285 「日本国憲法を授業で伝える」授業記録
(特集 憲法はどう教えられているか、どう教え
るか) 宇野史了 「教育と文化：季刊フォーラ
ム」43 2006.4

15286 立憲主義とは何か(特集 憲法はどう教え
られているか、どう教えるか) 永井憲一 「教
育と文化：季刊フォーラム」43 2006.4

15287 黙秘権は何のために？(伊藤真の中・高生
のための憲法教室〔25〕) 伊藤真 「世界」
(751) 2006.4 p.202～203

15288 演習 憲法 西原博史 「法学教室」 通号
308 2006.5 p.118～119

15289 シンポジウム(特集 社民党憲法学校(第1
回)みんな集れ！憲法勝負の年) 大塚英志
香山リカ 石坂啓[他] 「社会民主」(612)
2006.5 p.5～13

15290 日教組の民主教育・平和教育運動(特集
日本国憲法公布六〇年) 西澤清 「社会主義」
(525) 2006.5 p.24～31

15291 演習 憲法 西原博史 「法学教室」 通号
309 2006.6 p.134～135

15292 研修講座 基礎講座憲法(18) 村瀬正明
「研修」(696) 2006.6 p.109～112

15293 特集 社民党憲法学校(第2回)生きていく
ための憲法/自民党新憲法草案徹底批判 伊藤
真 「社会民主」(613) 2006.6 p.2～10

15294 学校で強制される「愛」？(伊藤真の中・
高生のための憲法教室〔27〕) 伊藤真 「世界」
(753) 2006.6 p.172～173

15295 演習 憲法 西原博史 「法学教室」 通号
310 2006.7 p.124～125

15296 法教育の普及・発展に向けて——「法テ
ラス」との連携(特集 法教育) 土井真一 「月
報司書士」(413) 2006.7 p.2～10

15297 法律研修講座 憲法(34) 裁判所職員総合
研修所 「法曹」(669) 2006.7 p.75～81

15298 犯罪の相談だけで処罰される!?(伊藤真の
中・高生のための憲法教室〔28〕) 伊藤真 「世
界」(754) 2006.7 p.168～169

15299 受け取る側のリテラシー高め 主体的・批
判的な姿勢を持つ(特集 社民党憲法学校(第4
回)メディアが憲法を変える？) 森達也 「社
会民主」(615) 2006.8 p.5～8

15300 演習 憲法 西原博史 「法学教室」 通号
311 2006.8 p.128～129

15301 研修講座 基礎講座憲法(19) 小野正弘
「研修」(698) 2006.8 p.79～82

15302 被害者の人権と被告人の人権(伊藤真の
中・高生のための憲法教室〔29〕) 伊藤真 「世

界」(755) 2006.8 p.184～185

15303 演習 憲法 西原博史 「法学教室」 通号
312 2006.9 p.122～123

15304 特集 社民党憲法学校(第5回)国家が心を
支配する日 斎藤貴男 「社会民主」(616)
2006.9 p.48～58

15305 演習 憲法 西原博史 「法学教室」 通号
313 2006.10 p.130～131

15306 研修講座 基礎講座憲法(20) 宇川春彦
「研修」(700) 2006.10 p.137～140

15307 特集 社民党憲法学校(最終回)シンポジウ
ム アジアから憲法を考える 王晨 尹健次 保
坂展人[他] 「社会民主」(617) 2006.10 p.
2～13

15308 憲法から考える自民党総裁選挙(伊藤真の
中・高生のための憲法教室〔31〕) 伊藤真 「世
界」(757) 2006.10 p.188～189

15309 演習 憲法 西原博史 「法学教室」 通号
314 2006.11 p.102～103

15310 演習 憲法 西原博史 「法学教室」 通号
315 2006.12 p.134～135

15311 研修講座 基礎講座憲法(21) 中尾英明
「研修」(702) 2006.12 p.83～86

15312 演習 憲法 西原博史 「法学教室」 通号
316 2007.1 p.112～113

15313 表現の自由と国民投票(伊藤真の中・高生
のための憲法教室〔34〕) 伊藤真 「世界」
(760) 2007.1 p.198～199

15314 演習 憲法 西原博史 「法学教室」 通号
317 2007.2 p.124～125

15315 基礎講座憲法(22) 友添太郎 「研修」
(704) 2007.2 p.69～72

15316 演習 憲法 西原博史 「法学教室」 通号
318 2007.3 p.130～131

15317 憲法原論——メディアと人権(特集 法科
大学院における実践的憲法教育) 木村哲也
「関西大学大学院法務研究科法科大学院ジャー
ナル」(2) 2007.3 p.35～40

15318 違法でなければそれでいいのか(伊藤真の
中・高生のための憲法教室〔36〕) 伊藤真 「世
界」(762) 2007.3 p.170～171

15319 憲法教育実践研究の歩み(第二部) 前田
輪音 「変容する世界と法律・政治・文化 下巻
北海学園大学法学部40周年記念論文集」 2007.
3 p.389～

15320 演習 憲法 西原博史 「法学教室」 通号
319 2007.4 p.172～173

15321 基礎講座憲法(23) 村瀬正明 「研修」
(706) 2007.4 p.107～110

15322 「平和と民主主義」は教えられないのか-
西原博史著『良心の自由と子どもたち』を読む

（特集 憲法を語り考える教育を－憲法教育の研究と実践のために） 浜本大蔵 「民主主義教育21」 1 2007.5 p.65〜72

15323 実践記録 高校現代社会 新自由主義のはびこる今に求められる社会権（生存権・労働権）の授業（特集 くらしに根づいた日本国憲法） 杉浦真理 歴史教育者協議会編 「歴史地理教育」（714） 2007.5 p.28〜31

15324 演習 憲法 西原博史 「法学教室」 通号320 2007.5 p.196〜197

15325 演習 憲法 西原博史 「法学教室」 通号321 2007.6 p.180〜181

15326 基礎講座憲法（24） 土持敏裕 「研修」（708） 2007.6 p.105〜108

15327 力と民主主義（伊藤真の中・高生のための憲法教室〔39〕） 伊藤真 「世界」（766）2007.6 p.184〜185

15328 演習 憲法 西原博史 「法学教室」 通号322 2007.7 p.156〜157

15329 明確性の理論（伊藤真の中・高生のための憲法教室〔40〕） 伊藤真 「世界」（767）2007.7 p.166〜167

15330 演習 憲法 西原博史 「法学教室」 通号323 2007.8 p.166〜167

15331 研修講座 基礎講座憲法（25） 立石英生「研修」（710） 2007.8 p.55〜59

15332 消防官のための憲法入門（新連載・1）関東一 「近代消防」 45（8）通号558 2007.8p.116〜119

15333 法律研修講座 憲法（35） 裁判所職員総合研修所 「法曹」（682） 2007.8 p.56〜65

15334 被害者参加制度（伊藤真の中・高生のための憲法教室〔41〕） 伊藤真 「世界」（768）2007.8 p.152〜153

15335 演習 憲法 西原博史 「法学教室」 通号324 2007.9 p.144〜145

15336 消防官のための憲法入門（2） 関東一「近代消防」 45（9）通号559 2007.9 p.102〜106

15337 演習 憲法 西原博史 「法学教室」 通号325 2007.10 p.210〜211

15338 基礎講座憲法（26） 大口奈良恵 「研修」（712） 2007.10 p.87〜94

15339 演習 憲法 西原博史 「法学教室」 通号326 2007.11 p.128〜129

15340 消防官のための憲法入門（3） 関東一「近代消防」 45（11）通号561 2007.11 p.108〜110

15341 演習 憲法 西原博史 「法学教室」 通号327 2007.12 p.148〜149

15342 基礎講座憲法（27） 小野正弘 「研修」

（714） 2007.12 p.103〜106

15343 消防官のための憲法入門（4） 関東一「近代消防」 45（12）通号562 2007.12 p.110〜113

15344 「法教育」の現状と法律学 北川善英 「立命館法學」 2008年（5・6）通号321・322 2008p.1422〜1441

15345 演習 憲法 西原博史 「法学教室」 通号328 2008.1 p.122〜123

15346 消防官のための憲法入門（5） 関東一「近代消防」 46（1）通号563 2008.1 p.138〜141

15347 演習 憲法 西原博史 「法学教室」 通号329 2008.2 p.142〜143

15348 基礎講座憲法（28） 中尾英明 「研修」（716） 2008.2 p.81〜84

15349 公務員の憲法教育体制に関する比較研究韓大元 洪英〔訳〕 「自治研究」 84（2）通号1008 2008.2 p.62〜81

15350 消防官のための憲法入門（6） 関東一「近代消防」 46（2）通号564 2008.2 p.106〜109

15351 演習 憲法 西原博史 「法学教室」 通号330 2008.3 p.164〜165

15352 警察官のための憲法講義（1） 田村正博「月刊警察」 26（3）通号294 2008.3 p.12〜20

15353 憲法（平成19年度）の授業について 根本猛 「静岡法務雑誌」（1） 2008.3 p.68〜76

15354 憲法リレートーク（第2回）若手も頑張っています！ 小幡佳緒里 横田由樹 「自由と正義」 59（3）通号710 2008.3 p.54〜59

15355 消防官のための憲法入門（7） 関東一「近代消防」 46（3）通号565 2008.3 p.112〜115

15356 憲法の力（伊藤真の中・高生のための憲法教室〔48終〕） 伊藤真 「世界」（776） 2008.3 p.180〜181

15357 演習 憲法 松井茂記 「法学教室」 通号331 2008.4 p.164〜165

15358 基礎講座憲法（29） 大口奈良恵 「研修」（718） 2008.4 p.87〜92

15359 警察官のための憲法講義（2） 田村正博「月刊警察」 26（4）通号295 2008.4 p.4〜11

15360 消防官のための憲法入門（8）テスト問題付 関東一 「近代消防」 46（4）通号566 2008.4 p.118〜121

15361 ロー・クラス 憲法 解釈論の応用と展開（新連載・1）人権・基本的な考え方（1）公共の福祉 宍戸常寿 「法学セミナー」 53（4）通号640 2008.4 p.54〜58

15362 演習 憲法 松井茂記 「法学教室」 通号332 2008.5 p.160〜161

〔15323〜15362〕

15363 警察官のための憲法講義（3） 田村正博 「月刊警察」 26（5）通号296 2008.5 p.15〜24

15364 憲法リレートーク（第4回）ディベート方式による楽しく学べる憲法講座 永尾廣久 「自由と正義」 59（5）通号712 2008.5 p.114〜116

15365 消防官のための憲法入門（9） 関東一 「近代消防」 46（5）通号567 2008.5 p.116〜119

15366 演習 憲法 松井茂記 「法学教室」 通号333 2008.6 p.120〜121

15367 基礎講座憲法（30） 友添太郎 「研修」 （720） 2008.6 p.91〜94

15368 警察官のための憲法講義（4） 田村正博 「月刊警察」 26（6）通号297 2008.6 p.10〜17

15369 憲法リレートーク（第5回）記念シンポジウムと連続市民法律講座 深澤一郎 「自由と正義」 59（6）通号713 2008.6 p.96〜100

15370 講演 法科大学院制度の現在と未来 佐藤幸治 「法政法科大学院紀要」 4（1）通号4 2008.6 p.1〜27

15371 消防官のための憲法入門（10） 関東一 「近代消防」 46（7）通号569 2008.6 p.116〜119

15372 ロー・クラス 憲法 解釈論の応用と展開（3）人権・基本的な考え方（3）憲法上の保護の範囲・程度 宍戸常寿 「法学セミナー」 53（6）通号642 2008.6 p.66〜70

15373 ロー・クラス 憲法 解釈論の応用と展開（3）人権・基本的な考え方（3）憲法上の保護の範囲・程度 宍戸常寿 「法学セミナー」 53（6）通号642 2008.6 p.66〜70

15374 演習 憲法 松井茂記 「法学教室」 通号334 2008.7 p.118〜119

15375 消防官のための憲法入門（11）テスト問題付 関東一 「近代消防」 46（8）通号570 2008.7 p.126〜130

15376 法律研修講座 憲法（36） 裁判所職員総合研修所 「法曹」 （693） 2008.7 p.57〜62

15377 ロー・クラス 憲法 解釈論の応用と展開（4）人権・基本的な考え方（4）憲法上の権利の制約 宍戸常寿 「法学セミナー」 53（7）通号643 2008.7 p.70〜74

15378 演習 憲法 松井茂記 「法学教室」 通号335 2008.8 p.124〜125

15379 基礎講座憲法（31） 森田邦郎 「研修」 （722） 2008.8 p.67〜72

15380 基礎法学講座 憲法 衆議院の解散について 「Keisatsu jiho」 63（8） 2008.8 p.48〜50

15381 憲法リレートーク（第6回）やって良かったと言える集いを 豊福誠二 「自由と正義」 59（8）通号715 2008.8 p.83〜86

15382 消防官のための憲法入門（12） 関東一 「近代消防」 46（9）通号571 2008.8 p.128〜130

15383 演習 憲法 松井茂記 「法学教室」 通号336 2008.9 p.144〜145

15384 警察官のための憲法講義（5） 田村正博 「月刊警察」 26（9）通号300 2008.9 p.11〜21

15385 ロー・クラス 憲法 解釈論の応用と展開（6）人権・基本的な考え方（6）二重の基準または審査密度 宍戸常寿 「法学セミナー」 53（9）通号645 2008.9 p.78〜82

15386 演習 憲法 松井茂記 「法学教室」 通号337 2008.10 p.152〜153

15387 基礎講座憲法（32） 立石英生 「研修」 （724） 2008.10 p.87〜102

15388 警察官のための憲法講義（6） 田村正博 「月刊警察」 26（10）通号301 2008.10 p.21〜30

15389 高校生の深刻な実態から出発し、共同と連帯を――憲法を生かし、教育費の無償化を（特集 異常な日本の高学費を問う） 小池由美子 「前衛：日本共産党中央委員会理論政治誌」 通号835 2008.10 p.168〜175

15390 法セミとじて経セミひらこう（特集 憲法と民法――対立か協働か 両者の関係を問い直す） 森田果 「法学セミナー」 53（10）通号646 2008.10 p.33〜37

15391 ロー・クラス 憲法 解釈論の応用と展開（7）人権総論（1）憲法上の権利の享有主体性 宍戸常寿 「法学セミナー」 53（10）通号646 2008.10 p.82〜86

15392 演習 憲法 松井茂記 「法学教室」 通号338 2008.11 p.134〜135

15393 警察官のための憲法講義（7） 田村正博 「月刊警察」 26（11）通号302 2008.11 p.4〜16

15394 ロー・クラス 憲法 解釈論の応用と展開（8）人権総論（2）特別の公法上の関係 宍戸常寿 「法学セミナー」 53（11）通号647 2008.11 p.78〜82

15395 演習 憲法 松井茂記 「法学教室」 通号339 2008.12 p.136〜137

15396 基礎講座憲法（33） 中尾英明 「研修」 （726） 2008.12 p.63〜66

15397 消防官のための憲法入門（13）テスト問題付 関東一 「近代消防」 46（13）通号575 2008.12 p.110〜113

15398 ロー・クラス 憲法 解釈論の応用と展開（9）人権総論（3）憲法の私人間効力 宍戸常寿 「法学セミナー」 53（12）通号648 2008.12 p.70〜74

15399 ロー・クラス 3大学4学部5ゼミ合同ディベート合宿に参加して 南野森 「法学セミナー」 53（12）通号648 2008.12 p.33〜36

15400 義務教育における憲法価値・原理の教育（ミニ・シンポジウム 法教育） 成嶋隆 「法の科学：民主主義科学者協会法律部会機関誌「年報」」 通号40 2009 p.158〜163

15401 演習 憲法 松井茂記 「法学教室」 通号340 2009.1 p.158〜159

15402 憲法制定権力（特集 書き分け・話し分け 法学鍛錬術―憲法編） 工藤達朗 「法学セミナー」 54（1）通号649 2009.1 p.10〜11

15403 公共の福祉（特集 書き分け・話し分け法学鍛錬術―憲法編） 工藤達朗 「法学セミナー」 54（1）通号649 2009.1 p.16〜17

15404 合憲限定解釈（特集 書き分け・話し分け 法学鍛錬術―憲法編） 橋本基弘 「法学セミナー」 54（1）通号649 2009.1 p.12〜13

15405 司法権（特集 書き分け・話し分け法学鍛錬術―憲法編） 畑尻剛 「法学セミナー」 54（1）通号649 2009.1 p.14〜15

15406 消防官のための憲法入門（14） 関東一 「近代消防」 47（1）通号576 2009.1 p.160〜163

15407 平等原則違反とその救済方法（特集 書き分け・話し分け法学鍛錬術―憲法編） 畑尻剛 「法学セミナー」 54（1）通号649 2009.1 p.20〜21

15408 ロー・クラス 憲法 解釈論の応用と展開（10）人権総論（4）法の下の平等 宍戸常寿 「法学セミナー」54（1）通号649 2009.1 p.76〜80

15409 演習 憲法 松井茂記 「法学教室」 通号341 2009.2 p.158〜159

15410 基礎講座憲法（34） 江畑宏則 「研修」（728） 2009.2 p.63〜68

15411 消防官のための憲法入門（15） 関東一 「近代消防」 47（2）通号577 2009.2 p.112〜114

15412 ロー・クラス 憲法 解釈論の応用と展開（11）人権各論（1）政教分離 宍戸常寿 「法学セミナー」 54（2）通号650 2009.2 p.76〜80

15413 演習 憲法 松井茂記 「法学教室」 通号342 2009.3 p.134〜135

15414 ロー・クラス 憲法 解釈論の応用と展開（12）人権各論（2）表現の内容規制・内容中立規制 宍戸常寿 「法学セミナー」 54（3）通号651 2009.3 p.74〜78

15415 演習 憲法 松井茂記 「法学教室」 通号343 2009.4 p.170〜171

15416 基礎講座憲法（35） 友添太郎 「研修」（730） 2009.4 p.83〜88

15417 消防官のための憲法入門（16） 関東一 「近代消防」 47（4）通号579 2009.4 p.110〜113

15418 ロー・クラス 憲法 解釈論の応用と展開

15419 演習 憲法 松井茂記 「法学教室」 通号344 2009.5 p.166〜167

15420 憲法（特集 法科大学院ガイダンス（2）法律基本科目入門―公法系科目を学ぶ） 中島徹 「法学教室」 通号344 2009.5 p.7〜11

15421 ロー・クラス 憲法 解釈論の応用と展開（14）人権各論（4）財産権の憲法的保障 宍戸常寿 「法学セミナー」 54（5）通号653 2009.5 p.58〜62

15422 演習 憲法 松井茂記 「法学教室」 通号345 2009.6 p.156〜157

15423 基礎講座憲法（36） 立石英生 「研修」（732） 2009.6 p.85〜92

15424 警察官のための憲法講義（8） 田村正博 「月刊警察」 27（6）通号309 2009.6 p.10〜21

15425 憲法リレートーク（第11回）「憲法絵本」と公立中学校での講義 宮尾耕二 「自由と正義」 60（6）通号725 2009.6 p.118〜122

15426 ロー・クラス 憲法 解釈論の応用と展開（15）人権各論（5）生存権の憲法的構成 宍戸常寿 「法学セミナー」 54（6）通号654 2009.6 p.66〜70

15427 演習 憲法 松井茂記 「法学教室」 通号346 2009.7 p.120〜121

15428 刊行あいさつ 市民のために、市民とともに、憲法を学び広げる 伊藤真 「法学館憲法研究所報」（1） 2009.7 巻頭1〜3

15429 警察官のための憲法講義（9） 田村正博 「月刊警察」 27（7）通号310 2009.7 p.4〜13

15430 消防官のための憲法入門（17） 関東一 「近代消防」 47（7）通号582 2009.7 p.114〜117

15431 法律研修講座 憲法（37） 裁判所職員総合研修所 「法曹」（705） 2009.7 p.68〜73

15432 ロー・クラス 憲法 解釈論の応用と展開（16）人権各論（6）学問の自由と教育を受ける権利 宍戸常寿 「法学セミナー」 54（7）通号655 2009.7 p.58〜62

15433 私の意見 高校生と憲法 ：日常の話題から日本国憲法の意義をつかむ 川口芳彦 「法学館憲法研究所報」（1） 2009.7 p.79〜83

15434 私の意見 子どもたちに憲法の考え方を伝える 野村まり子 「法学館憲法研究所報」（1） 2009.7 p.74〜78

15435 演習 憲法 松井茂記 「法学教室」 通号347 2009.8 p.110〜111

15436 警察官のための憲法講義（10） 田村正博 「月刊警察」 27（8）通号311 2009.8 p.4〜13

15437 消防官のための憲法入門（18） 関東一

「近代消防」47（8）通号583　2009.8　p.108〜111

15438　続・基礎講座　憲法（1）　小沢正明　「研修」（734）　2009.8　p.101〜106

15439　ロー・クラス　憲法　解釈論の応用と展開（17）人権各論（7）選挙権と選挙運動の自由　宍戸常寿　「法学セミナー」54（8）通号656　2009.8　p.82〜86

15440　演習　憲法　松井茂記　「法学教室」通号348　2009.9　p.100〜101

15441　警察官のための憲法講義（11）　田村正博　「月刊警察」27（9）通号312　2009.9　p.4〜16

15442　続・Interactive憲法——B准教授の生活と意見（6）教科書の読み方　長谷部恭男　「法学教室」通号348　2009.9　p.20〜24

15443　ロー・クラス　憲法　解釈論の応用と展開（18）人権各論（8）裁判を受ける権利　宍戸常寿　「法学セミナー」54（9）通号657　2009.9　p.66〜70

15444　演習　憲法　松井茂記　「法学教室」通号349　2009.10　p.132〜133

15445　警察官のための憲法講義（12）　田村正博　「月刊警察」27（10）通号313　2009.10　p.4〜16

15446　研修講座　続・基礎講座　憲法（2）　宮地裕美　「研修」（736）　2009.10　p.67〜74

15447　消防官のための憲法入門（19）　関東一　「近代消防」47（10）通号585　2009.10　p.108〜114

15448　図解基礎法学講座　憲法　国会議員の不逮捕特権について　「Keisatsu jiho」64（10）　2009.10　p.51〜54

15449　ロー・クラス　憲法　解釈論の応用と展開（19）統治機構（1）権力分立と法の支配　宍戸常寿　「法学セミナー」54（10）通号658　2009.10　p.50〜54

15450　ロー・クラス　法学入門——自由に考えるための作法（新連載・1）刑事訴訟法——平野龍一（1）　小粥太郎　「法学セミナー」54（10）通号658　2009.10　p.31〜33

15451　演習　憲法　松井茂記　「法学教室」通号350　2009.11　p.124〜125

15452　警察官のための憲法講義（13）　田村正博　「月刊警察」27（11）通号314　2009.11　p.4〜14

15453　消防官のための憲法入門（20）　関東一　「近代消防」47（11）通号586　2009.11　p.113〜115

15454　ロー・クラス　憲法　解釈論の応用と展開（20）統治機構（2）国民主権と代表制　宍戸常寿　「法学セミナー」54（11）通号659　2009.11　p.54〜58

15455　ロー・クラス　法学入門——自由に考えるための作法（2）刑法——平野龍一（2）　小粥太郎　「法学セミナー」54（11）通号659　2009.11　p.46〜48

15456　演習　憲法　松井茂記　「法学教室」通号351　2009.12　p.124〜125

15457　警察官のための憲法講義（14）　田村正博　「月刊警察」27（12）通号315　2009.12　p.4〜16

15458　研修講座　続・基礎講座　憲法（3）　片岡康夫　「研修」（738）　2009.12　p.59〜66

15459　消防官のための憲法入門（21）　関東一　「近代消防」47（12）通号587　2009.12　p.114〜117

15460　問いは遥かに　石川健治　「法学教室」通号351　2009.12　p.1

15461　ロー・クラス　憲法　解釈論の応用と展開（21）統治機構（3）国会　宍戸常寿　「法学セミナー」54（12）通号660　2009.12　p.68〜72

15462　日本国憲法の授業計画（2）　長沼庄司　「研究紀要」（83）　2010　p.75〜94

15463　演習　憲法　松井茂記　「法学教室」通号352　2010.1　p.100〜101

15464　警察官のための憲法講義（15）　田村正博　「月刊警察」28（1）通号316　2010.1　p.7〜18

15465　司法書士の生活と意見　若者の危機意識と憲法教育　「法学セミナー」55（1）通号661　2010.1　p.77

15466　消防官のための憲法入門（22）　関東一　「近代消防」48（1）通号588　2010.1　p.176〜179

15467　ロー・クラス　憲法　解釈論の応用と展開（22）統治機構（4）内閣　宍戸常寿　「法学セミナー」55（1）通号661　2010.1　p.62〜66

15468　ロー・クラス　法学入門——自由に考えるための作法（4）民事訴訟法（2）新堂幸司　小粥太郎　「法学セミナー」55（1）通号661　2010.1　p.54〜56

15469　演習　憲法　松井茂記　「法学教室」通号353　2010.2　p.126〜127

15470　警察官のための憲法講義（16）　田村正博　「月刊警察」28（2）通号317　2010.2　p.10〜23

15471　消防官のための憲法入門（23）　関東一　「近代消防」48（2）通号589　2010.2　p.114〜117

15472　続・基礎講座　憲法（4）　森田邦男　「研修」（740）　2010.2　p.31〜38

15473　法教育における憲法教育と憲法学——憲法学は非常識か？（特集　なぜいま「法教育」か——学校教育で法を教える）　斎藤一久　「法学セミナー」55（2）通号662　2010.2　p.29〜32

15474　ロー・クラス　憲法　解釈論の応用と展開（23）統治機構（5）「執政」とコントロール　宍戸常寿　「法学セミナー」55（2）通号662　2010.2　p.62〜66

15475 ロー・クラス 法学入門——自由に考える
ための作法(5)憲法(1)樋口陽一 小粥太郎
「法学セミナー」55(2)通号662 2010.2 p.54
〜56

15476 演習 憲法 松井茂記 「法学教室」 通号
354 2010.3 p.134〜135

15477 警察官のための憲法講義(17・完) 田村
正博 「月刊警察」28(3)通号318 2010.3 p.4
〜21

15478 ロー・クラス 憲法 解釈論の応用と展開
(24)統治機構(6)地方自治 宍戸常寿 「法学
セミナー」55(3)通号663 2010.3 p.54〜58

15479 ロー・クラス 法学入門——自由に考える
ための作法(6)憲法(2)蟻川恒正 小粥太郎
「法学セミナー」55(3)通号663 2010.3 p.46
〜48

15480 演習 憲法 青井未帆 「法学教室」 通号
355 2010.4 p.116〜117

15481 続・基礎講座 憲法(5) 野呂裕子 「研
修」(742) 2010.4 p.59〜64

15482 やさしい憲法教室(新連載・1) 宮川倫子
「月刊警察」28(4)通号319 2010.4 p.4〜12

15483 ロー・クラス 憲法 解釈論の応用と展開
(25)統治機構(7)裁判所 宍戸常寿 「法学セ
ミナー」55(4)通号664 2010.4 p.76〜80

15484 ロー・クラス プロト・ディシプリンとし
ての読むこと 憲法(新連載・1)序 蟻川恒正
「法学セミナー」55(4)通号664 2010.4 p.82
〜87

15485 演習 憲法 青井未帆 「法学教室」 通号
356 2010.5 p.152〜153

15486 消防官のための憲法入門(24・最終回)
関東一 「近代消防」48(5)通号592 2010.5
p.106〜109

15487 やさしい憲法教室(2) 宮川倫子 「月刊
警察」28(5)通号320 2010.5 p.4〜12

15488 ロー・クラス 憲法 解釈論の応用と展開
(26)統治機構(8)違憲審査制 宍戸常寿 「法学
セミナー」55(5)通号665 2010.5 p.62〜66

15489 ロー・クラス プロト・ディシプリンとし
ての読むこと 憲法(2)法令を読む(1) 蟻川恒
正 「法学セミナー」55(5)通号665 2010.5
p.67〜71

15490 演習 憲法 青井未帆 「法学教室」 通号
357 2010.6 p.156〜157

15491 図解基礎法学講座 憲法 国会の憲法上の地
位と権能について 「Keisatsu jiho」65(6)
2010.6 p.52〜55

15492 続・基礎講座 憲法(6) 片岡康夫 「研
修」(744) 2010.6 p.69〜78

15493 やさしい憲法教室(3) 宮川倫子 「月刊
警察」28(6)通号321 2010.6 p.4〜13

15494 ロー・クラス 憲法 解釈論の応用と展開
(27)総合演習(1)憲法判断の方法 宍戸常寿
「法学セミナー」55(6)通号666 2010.6 p.66
〜70

15495 ロー・クラス プロト・ディシプリンとし
ての読むこと 憲法(3)法令を読む(2) 蟻川恒
正 「法学セミナー」55(6)通号666 2010.6
p.71〜75

15496 演習 憲法 青井未帆 「法学教室」 通号
358 2010.7 p.146〜147

15497 法律研修講座 憲法(38) 裁判所職員総合
研修所 「法曹」(717) 2010.7 p.60〜62

15498 やさしい憲法教室(4) 宮川倫子 「月刊
警察」28(7)通号322 2010.7 p.4〜12

15499 ロー・クラス 憲法 解釈論の応用と展開
(28)総合演習(2)「憲法論」を主張する 宍戸
常寿 「法学セミナー」55(7)通号667 2010.7
p.62〜66

15500 ロー・クラス プロト・ディシプリンとし
ての読むこと 憲法(4)法令を読む(3) 蟻川恒
正 「法学セミナー」55(7)通号667 2010.7
p.68〜73

15501 法教育と憲法(特集 法教育と法律学の課
題) 戸松秀典 「ジュリスト」(1404) 2010.
7.15 p.10〜15

15502 演習 憲法 青井未帆 「法学教室」 通号
359 2010.8 p.136〜137

15503 現代日本の憲法状況と成人による憲法学
習の意義 田島治 「社会教育・生涯学習研究所
年報」(6) 2010.8

15504 図解基礎法学講座 憲法 衆議院の優越につ
いて 「Keisatsu jiho」65(8) 2010.8 p.50〜
53

15505 続・基礎講座 憲法(7) 穴澤太市 「研
修」(746) 2010.8 p.67〜74

15506 やさしい憲法教室(5) 宮川倫子 「月刊
警察」28(8)通号323 2010.8 p.14〜22

15507 ロー・クラス 憲法 解釈論の応用と展開
(29)総合演習(3)事案の重視と判例の学習 宍
戸常寿 「法学セミナー」55(8)通号668 2010.
8 p.71〜75

15508 ロー・クラス プロト・ディシプリンとし
ての読むこと 憲法(5)事実を読む(1) 蟻川恒
正 「法学セミナー」55(8)通号668 2010.8
p.76〜80

15509 演習 憲法 青井未帆 「法学教室」 通号
360 2010.9 p.144〜145

15510 図解基礎法学講座 憲法 議員の国政調査権
について 「Keisatsu jiho」65(9) 2010.9 p.
46〜49

15511 やさしい憲法教室(6) 宮川倫子 「月刊
警察」28(9)通号324 2010.9 p.10〜17

憲法教育　　その他

15512　ロー・クラス 憲法 解釈論の応用と展開
（30・最終回）総合演習（4）答案作成上の注意
宍戸常寿 「法学セミナー」 55（9）通号669
2010.9　p.60～64

15513　ロー・クラス プロト・ディシプリンとし
ての読むこと 憲法（6）事実を読む（2）　蟻川恒
正 「法学セミナー」 55（9）通号669 2010.9
p.66～71

15514　演習 憲法　青井未帆 「法学教室」 通号
361　2010.10 p.120～121

15515　続・基礎講座 憲法（8）　小沢正明 「研
修」 （748） 2010.10 p.55～60

15516　やさしい憲法教室（7）　宮川倫子 「月刊
警察」 28（10）通号325 2010.10 p.22～30

15517　ロー・クラス プロト・ディシプリンとし
ての読むこと 憲法（7）事実を読む（3）　蟻川恒
正 「法学セミナー」 55（10）通号670 2010.10
p.86～91

15518　演習 憲法　青井未帆 「法学教室」 通号
362　2010.11 p.134～135

15519　やさしい憲法教室（8）　宮川倫子 「月刊
警察」 28（11）通号326 2010.11 p.4～12

15520　ロー・クラス プロト・ディシプリンとし
ての読むこと 憲法（8）対抗を読む（1）　蟻川恒
正 「法学セミナー」 55（11）通号671 2010.11
p.68～74

15521　演習 憲法　青井未帆 「法学教室」 通号
363　2010.12 p.120～121

15522　続・基礎講座 憲法（9）　宮地裕美 「研
修」 （750） 2010.12 p.69～76

15523　やさしい憲法教室（9）　宮川倫子 「月刊
警察」 28（12）通号327 2010.12 p.4～11

15524　ロー・クラス プロト・ディシプリンとし
ての読むこと 憲法（9）対抗を読む（2）　蟻川恒
正 「法学セミナー」 55（12）通号672 2010.12
p.52～59

15525　医療・福祉・教育系大学における法学・
日本国憲法教育のあり方（第2報）社会福祉士養
成課程の課題　橋本勇人 「川崎医療短期大学紀
要」 （31） 2011 p.57～62

15526　憲法教育の課題と方法についての一考察
──法教育の議論を鍵に（ミニ・シンポジウム
法教育──理論と実践の架橋）　前田輪音 「法
の科学 : 民主主義科学者協会法律部会機関誌
「年報」」 通号42 2011 p.176～180

15527　憲法教育の「法定」に関する序論的考察
: リベラリズムに基づく立憲主義の立場から
栗田佳泰 「法哲学年報」 2011 p.133～146

15528　演習 憲法　青井未帆 「法学教室」 通号
364　2011.1 p.138～139

15529　やさしい憲法教室（10）　宮川倫子 「月刊
警察」 29（1）通号328 2011.1 p.7～18

15530　演習 憲法　青井未帆 「法学教室」 通号
365　2011.2 p.132～133

15531　続・基礎講座 憲法（10）　森田邦郎 「研
修」 （752） 2011.2 p.55～62

15532　やさしい憲法教室（11）　宮川倫子 「月刊
警察」 29（2）通号329 2011.2 p.28～38

15533　ロー・クラス プロト・ディシプリンとし
ての読むこと 憲法（10）論点解説「政府の言論」
蟻川恒正 「法学セミナー」 56（2）通号674
2011.2　p.62～67

15534　演習 憲法　青井未帆 「法学教室」 通号
366　2011.3 p.122～123

15535　高等学校「現代社会」における法教育
──「幸福」「正義」「公正」を考える（特集 法
教育──その到達点とこれからを考える）　土
井真一 「自由と正義」 62（3）通号746 2011.3
p.41～46

15536　小学校社会科における法関連教育の現状
と問題点，及びその改善策について　二階堂年
恵 「広島文化学園大学学芸学部紀要」 （1）
2011.3　p.29～40

15537　特集：法実務教育──大島崇志先生に聞
く　大島崇志 戸松秀典 「学習院法務研究」
（3）　2011.3 p.1～26

15538　法教育に関する一考察──高等学校公民
科における憲法教育の充実を目指して　坪井龍
太 「法学新報」 117（7・8） 2011.3 p.689～
708

15539　やさしい憲法教室（12）　宮川倫子 「月刊
警察」 29（3）通号330 2011.3 p.13～23

15540　ロー・クラス プロト・ディシプリンとし
ての読むこと 憲法（11）対抗を読む（3）　蟻川
恒正 「法学セミナー」 56（3）通号675 2011.3
p.59～65

15541　高校政経教科書からみる憲法教育への示
唆─高大接続の憲法教育に向けて　岩切大地
大林啓吾　横大道聡 「立正大学法制研究所研究
年報」 （16） 2011.03 p.3～20

15542　演習 憲法　青井未帆 「法学教室」 通号
367　2011.4 p.128～129

15543　続・基礎講座 憲法（11）　野呂裕子 「研
修」 （754） 2011.4 p.55～60

15544　やさしい憲法教室（13）　宮川倫子 「月刊
警察」 29（4）通号331 2011.4 p.4～11

15545　ロー・クラス 憲法ゼミナール part.1 「判
例」を読む（新連載・1）ガイダンス　中林暁生
山本龍彦 「法学セミナー」 56（4）通号676
2011.4　p.78～82

15546　ロー・クラス プロト・ディシプリンとし
ての読むこと 憲法（12）綜合演習　蟻川恒正
「法学セミナー」 56（4）通号676 2011.4 p.84
～91

その他　　　　　　　　　　　　　　　　　　　　　　　　　憲法教育

15547　演習 憲法　青井未帆　「法学教室」　通号
368　2011.5　p.150〜151

15548　やさしい憲法教室（14）　宮川倫子　「月刊
警察」　29（5）通号332　2011.5　p.31〜38

15549　ロー・クラス 憲法ゼミナール part.1　「判
例」を読む（2）下級審の裁判例を通して「判例」
を読む　中林暁生　「法学セミナー」 56（5）通
号677　2011.5　p.64〜68

15550　ロー・クラス プロト・ディシプリンとし
ての読むこと 憲法（13・最終回）憲法事例問題
の解き方　蟻川恒正　「法学セミナー」 56（5）
通号677　2011.5　p.48〜55

15551　演習 憲法　青井未帆　「法学教室」　通号
369　2011.6　p.174〜175

15552　憲法の学び方と論じ方（特集 一行問題と
事例問題——法律基本科目の学び方と論じ方）
小山剛　「法学セミナー」 56（6）通号678　2011.
6　p.2〜11

15553　続・基礎講座 憲法（12）　小沢正明　「研
修」　（756）　2011.6　p.57〜66

15554　ロー・クラス 憲法ゼミナール part.1　「判
例」を読む（3）「板まんだら判決」再考——終局
的解決可能性要件の射程？　山本龍彦　「法学
セミナー」 56（6）通号678　2011.6　p.74〜79

15555　演習 憲法　青井未帆　「法学教室」　通号
370　2011.7　p.128〜129

15556　憲法を学ぶ際の歴史的前提知識（特集 憲
法の基礎）　初宿正典　「法学教室」 通号370
2011.7　p.4〜12

15557　憲法第9条（特集 憲法の基礎）　青井未帆
「法学教室」　通号370　2011.7　p.21〜27

15558　憲法と国際法（特集 憲法の基礎）　岩沢雄
司　「法学教室」　通号370　2011.7　p.28〜34

15559　公務員と人権（特集 憲法の基礎）　赤坂正
浩　「法学教室」　通号370　2011.7　p.13〜20

15560　図解基礎法学講座 憲法 国会と議院の権能
について「Keisatsu jiho」 66（7）　2011.7　p.
57〜60

15561　法律研修講座 憲法（39）　裁判所職員総合
研修所　「法曹」　（729）　2011.7　p.56〜60

15562　やさしい憲法教室（15・終）　宮川倫子
「月刊警察」　29（7）通号334　2011.7　p.4〜13

15563　ロー・クラス 憲法ゼミナール part.1　「判
例」を読む（4）謝罪と反論　中林暁生　「法学セ
ミナー」 56（7）通号679　2011.7　p.69〜73

15564　演習 憲法　青井未帆　「法学教室」　通号
371　2011.8　p.150〜151

15565　警察官のための 明快・憲法講義（新連載・
1）　津田隆好　「月刊警察」 29（8）通号335
2011.8　p.4〜11

15566　図解基礎法学講座 憲法 議院の議院内閣制

について「Keisatsu jiho」 66（8）　2011.8　p.
58〜61

15567　続・基礎講座 憲法（13）　山口浩　「研修」
（758）　2011.8　p.45〜52

15568　ロー・クラス 憲法ゼミナール part.1　「判
例」を読む（5）「読む」人、「読まぬ」人——
「一般人基準」雑考　山本龍彦　「法学セミナー」
56（8・9）通号680　2011.8・9　p.92〜98

15569　演習 憲法　青井未帆　「法学教室」　通号
372　2011.9　p.150〜151

15570　警察官のための 明快・憲法講義（2）　津
田隆好　「月刊警察」 29（9）通号336　2011.9
p.4〜14

15571　演習 憲法　青井未帆　「法学教室」　通号
373　2011.10　p.156〜157

15572　警察官のための 明快・憲法講義（3）　津
田隆好　「月刊警察」 29（10）通号337　2011.10
p.4〜14

15573　研修講座 続・基礎講座 憲法（14）　「研
修」　（760）　2011.10　p.49〜56

15574　演習 憲法　青井未帆　「法学教室」　通号
374　2011.11　p.156〜157

15575　警察官のための 明快・憲法講義（4）8 法
の下の平等/9 参政権　津田隆好　「月刊警察」
29（11）通号338　2011.11　p.4〜17

15576　これからの人権教育・啓発の課題は何か：
近年の地方自治体における人権意識調査結果か
ら　神原文子　「部落解放研究：部落解放・人権
研究所紀要」　193　2011.11

15577　演習 憲法　青井未帆　「法学教室」　（375）
2011.12　p.168〜169

15578　続・基礎講座 憲法（15）　「研修」　（762）
2011.12　p.109〜118

15579　法学四法解説特別講座 警察官のための明
快・憲法講義（第5講）　津田隆好　「月刊警察」
29（12）通号339　2011.12　p.4〜14

15580　日本国憲法の授業計画（3）　長沼庄司
「研究紀要」　（84・85）　2012　p.63〜80

15581　演習 憲法　青井未帆　「法学教室」　（376）
2012.1　p.144〜145

15582　警察官のための明快・憲法講義（第6講）
津田隆好　「月刊警察」 30（1）通号340　2012.1
p.4〜12

15583　憲法教育とナラティヴ：憲法理念を豊か
に実現するための考察（第8回公開研究会「現代
の諸問題と憲法」）　久保田貢　「法学館憲法研
究所報」　（6）　2012.1　p.53〜62

15584　公教育の憲法論：「教育権の独立」の問
題を中心に（特集 教育をめぐる危機と展望）
杉原泰雄　「法と民主主義」 （465）　2012.1　p.
3〜10

15585　演習 憲法　青井未帆　「法学教室」　（377）

〔15547〜15585〕　　　　　　　　　　　　　　　　　　　　　憲法改正 最新文献目録　**575**

憲法教育　　　　　　　　　　　　　　　　　　その他

2012.2　p.140〜141

15586　続・基礎講座 憲法（16）「研修」（764）
2012.2　p.85〜90

15587　法学四法解説特別講座 警察官のための明快・憲法講義（第7講）　津田隆好「月刊警察」30（2）通号341　2012.2　p.9〜20

15588　演習 憲法　青井未帆「法学教室」（378）
2012.3　p.144〜145

15589　警察官のための明快・憲法講義（第8講）
津田隆好「月刊警察」30（3）通号342　2012.3
p.141〜150

15590　高校の授業 政治経済 冤罪・足利事件から憲法と人権を考える　大谷伸治「歴史地理教育」（786）　2012.3　p.50〜53

15591　演習 憲法　松本和彦「法学教室」（379）
2012.4　p.118〜119

15592　警察官のための明快・憲法講義（第9講）
津田隆好「月刊警察」30（4）通号343　2012.4
p.140〜148

15593　続・基礎講座 憲法（17）「研修」（766）
2012.4　p.103〜112

15594　発表と討論を軸とした大学での憲法・平和・原発学習（法と人権教育の進化）　森寿博「民主主義教育21」6　2012.4　p.132〜139

15595　演習 憲法　松本和彦「法学教室」（380）
2012.5　p.156〜157

15596　憲法学再入門（第2回）人権編（1）人権なき人権条項論　西村裕一「法学教室」（380）
2012.5　p.42〜48

15597　ロー・クラス 憲法ゼミナール（part.2）コンテクストを読む（第13回）判例のコンテクストを読む　中林暁生「法学セミナー」57（5）
通号688　2012.5　p.50〜54

15598　演習 憲法　松本和彦「法学教室」通号
381　2012.6　p.126〜127

15599　続・基礎講座 憲法（18）「研修」（768）
2012.6　p.63〜72

15600　農業高校で原発問題を考える ： 憲法の視点から（特集 「原発・放射能」問題をどう教えるか）　髙野正「クレスコ」12（6）通号135
2012.6　p.27〜29

15601　演習 憲法　松本和彦「法学教室」（382）
2012.7　p.120〜121

15602　警察官のための明快・憲法講義（第10講）
津田隆好「月刊警察」30（7）通号346　2012.7
p.152〜159, 116

15603　法律研修講座 憲法（40）　裁判所職員総合研修所「法曹」（741）　2012.7　p.66〜69

15604　演習 憲法　松本和彦「法学教室」（383）
2012.8　p.158〜159

15605　警察官のための明快・憲法講義（第11講）

15606　続・基礎講座 憲法（19）「研修」（770）
2012.8　p.61〜70

15607　演習 憲法　松本和彦「法学教室」（384）
2012.9　p.122〜123

15608　警察官のための明快・憲法講義（第12講）
津田隆好「月刊警察」30（9）通号348　2012.9
p.139〜147

15609　高校無償化の憲法・学校法学的評価 ： 私立高校無償化の法的可能性も視野に含めて　結城忠「白鷗大学論集」27（1）　2012.9　p.203
〜242

15610　小学校の授業 6年生の歴史学習（最終回）
子どもたちが「日本国憲法」と出会う授業　早川寛司「歴史地理教育」（794）　2012.9　p.38
〜43

15611　演習 憲法　松本和彦「法学教室」（385）
2012.10　p.136〜137

15612　警察官のための明快・憲法講義（第13講）
津田隆好「月刊警察」30（10）通号349　2012.
10　p.148〜159

15613　続・基礎講座 憲法（20）「研修」（772）
2012.10　p.49〜54

15614　演習 憲法　松本和彦「法学教室」（386）
2012.11　p.150〜151

15615　警察官のための明快・憲法講義（第14講）
津田隆好「月刊警察」30（11）通号350　2012.
11　p.147〜159, 81

15616　演習 憲法　松本和彦「法学教室」（387）
2012.12　p.160〜161

15617　警察官のための明快・憲法講義（第15講）
津田隆好「月刊警察」30（12）通号351　2012.
12　p.151〜159

15618　続・基礎講座 憲法（21）「研修」（774）
2012.12　p.73〜80

15619　法科大学院は豊かな法学研究・教育の場になっているか ： 憲法の研究者として、法科大学院との関わりを振り返って（特集 誰のため、何のための法曹か ： 法科大学院と法曹養成制度をいま、問い直す ： 日本民主法律家協会第四三回司法制度研究集会より―第二部 問題提起・その1 現状と問題点を探る）　浦田一郎「法と民主主義」（474）　2012.12　p.16〜18

15620　1990年代の恵那教育研究所と教育実践（3）憲法・平和学習と「一人前・学習意識」調査　森田道雄「福島大学人間発達文化学類論集」（16）　2012.12　p.1〜16

15621　憲法学習のフロンティア ： 対国家規範性と平等権について考える授業　奥野浩之「相愛大学研究論集」29　2013　p.35〜48

15622　憲法統治機構講義案（1）　佐藤潤一「大

阪産業大学論集. 人文・社会科学編」（17）2013　p.63～86

15623　憲法統治機構講義案（2）　佐藤潤一「大阪産業大学論集. 人文・社会科学編」（18）2013　p.177～210

15624　憲法統治機構講義案（3）　佐藤潤一「大阪産業大学論集. 人文・社会科学編」（19）2013　p.179～217

15625　高校生憲法意識調査 憲法を守りいかす主権者教育の充実を ：「二〇一二年度高校生一万人憲法意識調査」（中間報告）から見えてきたこと　五十嵐滝「高校のひろば」87　2013.Spr.　p.14～19

15626　「高校生1万人憲法意識調査」の結果から　五十嵐滝「さいたまの教育と文化」（69）2013.秋　p.25～27

15627　中学校社会科における社会的構想力の育成をめざした単元開発と実践 ： 基底的価値としての「人間の尊厳」及び「人間の安全保障」に着目して　鈴木正行「社会科教育研究」（120）2013　p.35～47

15628　法教育における憲法教育の課題と展望　新岡昌幸「法と教育 ： an official journal of the Japan Society for Law and Education」4　2013　p.15～24

15629　演習 憲法　松本和彦「法学教室」（388）2013.1　p.146～147

15630　警察官のための明快・憲法講義（第16講）　津田隆好「月刊警察」31（1）通号352　2013.1　p.150～159

15631　演習 憲法　松本和彦「法学教室」（389）2013.2　p.140～141

15632　警察官のための明快・憲法講義（第17講）　津田隆好「月刊警察」31（2）通号353　2013.2　p.149～158

15633　小学校政治単元でつくる戦後史の授業 ： 日本国憲法の単元でつくる戦後史の授業（特集 戦後史で考える授業 ： 共感よぶ教材48選―戦後史の授業＝何をメインにどう立てるか）　鈴木昭彦「社会科教育 ： 教育科学」50（2）通号646　2013.2　p.87～89

15634　続・基礎講座 憲法（22）「研修」（776）2013.2　p.77～84

15635　演習 憲法　松本和彦「法学教室」（390）2013.3　p.128～129

15636　警察官のための明快・憲法講義（第18講）　津田隆好「月刊警察」31（3）通号354　2013.3　p.151～159

15637　「模擬投票」をとりいれた教職課程における日本国憲法授業の試み ： アクティブ・ラーニングの一環として　大津尚志「教育学研究論集」（8）2013.3　p.55～59

15638　ロー・クラス 憲法ゼミナール part.2 コン

テクストを読む（第23回・最終回）連載を振り返って（その2）　中林暁生　山本龍彦「法学セミナー」58（3）通号698　2013.3　p.54～61

15639　今求められる憲法教育とは（生徒と学ぶ憲法教育 ： 平和主義、生存権、法教育―特集 憲法教育 ： 生徒と共に学ぶ憲法）　山本政俊「民主主義教育21」7　2013.4　p.87～93

15640　演習 憲法　松本和彦「法学教室」（391）2013.4　p.142～143

15641　教師と実務家の連携による憲法教育の実践について（生徒と学ぶ憲法教育 ： 平和主義、生存権、法教育―特集 憲法教育 ： 生徒と共に学ぶ憲法）　林千賀子「民主主義教育21」7　2013.4　p.110～114

15642　警察官のための明快・憲法講義（第19講）　津田隆好「月刊警察」31（4）通号355　2013.4　p.145～159

15643　憲法教育の目的、目標、内容、方法 ： これまでの到達点をふまえつつ考える（生徒と学ぶ憲法教育 ： 平和主義、生存権、法教育―特集 憲法教育 ： 生徒と共に学ぶ憲法）　大川仁「民主主義教育21」7　2013.4　p.102～109

15644　講演 日本型生活保障システムの崩壊と新たな運動の方向性（生徒と学ぶ憲法教育 ： 平和主義、生存権、法教育―特集 憲法教育 ： 生徒と共に学ぶ憲法）　後藤道夫「民主主義教育21」7　2013.4　p.43～66

15645　社会保険労務士から見た法教育 ： セーフティネットを教えて（生徒と学ぶ憲法教育 ： 平和主義、生存権、法教育―特集 憲法教育 ： 生徒と共に学ぶ憲法）　金丸京子「民主主義教育21」7　2013.4　p.115～125

15646　続・基礎講座 憲法（23）「研修」（778）2013.4　p.43～50

15647　多重危機の進行と憲法と公教育（生徒と学ぶ憲法教育 ： 平和主義、生存権、法教育―特集 憲法教育 ： 生徒と共に学ぶ憲法）　杉原泰雄「民主主義教育21」7　2013.4　p.37～42

15648　判例学習を超えた憲法教育の一提案 ：「恵庭事件」の授業で高校生が考えたことから（生徒と学ぶ憲法教育 ： 平和主義、生存権、法教育―特集 憲法教育 ： 生徒と共に学ぶ憲法）　前田輪音「民主主義教育21」7　2013.4　p.79～86

15649　法教育と裁判員制度学習 ：“基本原理”と“ツール”からの考察（生徒と学ぶ憲法教育 ： 平和主義、生存権、法教育―特集 憲法教育 ： 生徒と共に学ぶ憲法）　中平一義「民主主義教育21」7　2013.4　p.94～101

15650　演習 憲法　松本和彦「法学教室」（392）2013.5　p.140～141

15651　家庭教育 ジェンダーフリー・性教育バッシングは「時代遅れ」 ： 子どもたち一人ひとりの可能性を伸ばす教育を（特集 安倍政権と教

育のゆくえ ： 憲法を生かした教育で対峙する）
井上惠美子 「クレスコ」 13（5）通号146 2013.
5 p.29〜31

15652 警察官のための明快・憲法講義（第20講）
津田隆好 「月刊警察」 31（5）通号356 2013.5
p.150〜159

15653 高校の授業 政治経済 オスプレイから考え
る日米安保と憲法 山本政俊 「歴史地理教育」
（804） 2013.5 p.46〜49

15654 座談会 東北アジアの和解のために何が求
められているか（特集 いま必要な憲法・政治学
習） 張宏波 石田隆至 金侖貞［他］「月刊社
会教育」 57（5）通号691 2013.5 p.16〜23

15655 思想を燃焼して灯す平和の明かり（特集
いま必要な憲法・政治学習） 山田正行 「月刊
社会教育」 57（5）通号691 2013.5 p.44〜52

15656 女性の力で改憲を阻止したい（特集 いま
必要な憲法・政治学習） 小沼稜子 「月刊社会
教育」 57（5）通号691 2013.5 p.11〜15

15657 白河の「アウシュヴィッツ平和博物館」
を訪れて（特集 いま必要な憲法・政治学習）
穂積健児 「月刊社会教育」 57（5）通号691
2013.5 p.36〜38

15658 人権講座で「原発を考える」 ： 東京・葛
飾区（特集 いま必要な憲法・政治学習） 安西
慎男 木下明 柴田旭春［他］「月刊社会教育」
57（5）通号691 2013.5 p.32〜35

15659 とりくみ 権利としての教育の後退を許さ
ない ： 教育実践を憲法の視点からとらえ直す
（特集 安倍政権と教育のゆくえ ： 憲法を生か
した教育で対峙する） 今谷賢二 「クレスコ」
13（5）通号146 2013.5 p.34〜37

15660 日本国憲法の魅力（第1回）近代憲法の原
則、憲法誕生の経過と九条 ： 憲法コース・はじ
めに、1章、2章（本気で改憲を阻止するために）
吉田豊 「学習の友」（717） 2013.5 p.38〜43

15661 日本社会教育学会・韓国平生教育学会主
催 第四回日韓学術交流研究大会「社会教育・平
生教育と平和」（特集 いま必要な憲法・政治学
習） 堂本雅也 「月刊社会教育」 57（5）通号
691 2013.5 p.40〜43

15662 法学未修者の憲法の学び方（特集 法科大
学院での学び方─授業に慣れよう） 棟居快行
鈴木秀美 松本和彦 「法学教室」（392）
2013.5 p.4〜8

15663 今、憲法をどう学ぶか ： これだけは押さ
えておきたいこと 小沢隆一 「月刊社会教育」
57（6）通号692 2013.6 p.56〜61

15664 演習 憲法 松本和彦 「法学教室」（393）
2013.6 p.118〜119

15665 警察官のための明快・憲法講義（第21講・
最終回） 津田隆好 「月刊警察」 31（6）通号
357 2013.6 p.149〜159

15666 憲法における事例問題の考え方/書き方
（特集 司法試験採点実感にみる法律学修法
（Part.1）） 宍戸常寿 「法学セミナー」 58（6）
通号701 2013.6 p.14〜19

15667 高校生は憲法九条を生かした平和な社会
を求めている ： 二〇一二年度高校生一万人憲
法意識調査 「労働レーダー」 37（6）通号433
2013.6 p.18〜21

15668 続・基礎講座 憲法（24） 「研修」（780）
2013.6 p.49〜56

15669 日本国憲法の魅力（第2回）国民の人権保
障と公務員の役割 ： 憲法コース3章、4章 吉
田豊 「学習の友」（718） 2013.6 p.83〜87

15670 いま、憲法を学び、活かし、守ることの
意義 小沢隆一 「前衛 ： 日本共産党中央委員
会理論政治誌」（897） 2013.7 p.44〜60

15671 演習 憲法 松本和彦 「法学教室」（394）
2013.7 p.148〜149

15672 高校生の意識 高校生1万人の憲法への思
い ： 日高教「高校生憲法意識調査」の結果を
読む（特集 子どもと語り合う憲法） 五十嵐滝
「クレスコ」 13（7）通号148 2013.7 p.30〜33

15673 日本国憲法の魅力 ： 勤労者通信大学・憲
法コースがよくわかる！（第3回）教育、女性の
権利と改憲のねらい ： 憲法コース5章、6章、
おわりに 吉田豊 「学習の友」（719） 2013.7
p.69〜73

15674 法律研修講座 憲法（41） 裁判所職員総合
研修所 「法曹」（753） 2013.7 p.58〜61

15675 メッセージ運動 憲法を語り合うことは、
ともに希望を語ること（特集 子どもと語り合う
憲法） 長尾ゆり 「クレスコ」 13（7）通号148
2013.7 p.34〜37

15676 演習 憲法 松本和彦 「法学教室」（395）
2013.8 p.126〜127

15677 大阪府職労 住民を戦争にかりたてる仕事
を二度とくりかえさない すべての職場で憲法学
習をすすめよう（第58回総会特集号─憲法問題
での取り組み） 小松康則 「民主法律」（292）
2013.8 p.75〜77

15678 公民館での憲法学習 ： 真理は見ることよ
りも支えることを求めている（中井正一） 荒井
敏行 「月刊社会教育」 57（8）通号694 2013.8
p.48〜55

15679 続・基礎講座 憲法（25） 「研修」（782）
2013.8 p.71〜76

15680 演習 憲法 松本和彦 「法学教室」（396）
2013.9 p.142〜143

15681 高校生が考える言論・表現の自由 JCJ特
別賞に輝いた相馬高校生"お願いです。私たち
の声を聞いて下さい！" 吉原功 「出版ニュー
ス」（2322） 2013.9.中旬 p.16〜17

15682 演習 憲法 松本和彦 「法学教室」（397）

その他　　　　　　　　　　　　　　　　　　　　　　　　　　　　憲法教育

2013.10　p.140〜141

15683　続・基礎講座 憲法(26) 「研修」（784）
2013.10　p.55〜68

15684　日高教「高校生一万人憲法意識調査」・
「高校生と考える憲法シンポジウム」から見え
たこと(特集 未来を切り拓く若者たち)　五十
嵐滝「人権と部落問題」65(12)通号849
2013.10　p.25〜34

15685　演習 憲法　松本和彦「法学教室」（398）
2013.11　p.148〜149

15686　憲法学習を考える(3)高校生の憲法意識
と憲法学習の取りくみ ： すべての高校生に憲
法学習を　宮下与兵衛「月刊社会教育」57
(11)通号697　2013.11　p.65〜72

15687　私の憲法授業 憲法を学ぶ高校生のために
杉浦真理「人権と部落問題」65(13)通号850
2013.11　p.50〜58

15688　演習 憲法　松本和彦「法学教室」（399）
2013.12　p.162〜163

15689　続・基礎講座 憲法(27) 「研修」（786）
2013.12　p.55〜60

15690　中学校の授業 修学旅行 閖上の記憶 ： 被
災地から考える憲法学習　丸岡鉄也「歴史地理
教育」（813）　2013.12　p.46〜49, 2〜3

15691　紙芝居を作って「憲法の語り部」に　江
田伸男「さいたまの教育と文化」（70）　2014.
冬　p.28〜31

15692　高校古典(漢文)における法教育 ： 陶淵
明「桃花源記」を使って憲法を考える　札埜和
男「法と教育 ： an official journal of the
Japan Society for Law and Education」5
2014　p.83〜93

15693　模擬国会の教育的意義 ： 初等・中等教育
における実践を中心に　横大道聡　岡田順太
岩切大地「鹿児島大学教育学部教育実践
研究紀要」23　2014　p.1〜29

15694　2014年大学生の憲法意識調査と30年間の
変化　近藤真「岐阜大学地域科学部研究報告」
(35)　2014　p.69〜99

15695　演習 憲法　松本和彦「法学教室」（400）
2014.1　p.164〜165

15696　高校生が伊藤真さんにインタビュー 今、
憲法を考える(上)(特集 今こそ日本国憲法を)
伊藤真　長谷川圭[聞き手]　姜旻宙[聞き手
他]「歴史地理教育」（814）　2014.1　p.10〜
17

15697　市民講座「憲法出前授業」は今日も行く
(特集 今こそ日本国憲法を)　山本政俊「歴史
地理教育」（814）　2014.1　p.30〜35

15698　いま 憲法があぶない 大田子どもを守る会
一〇・一九「憲法」学習会　江口さつき「子
どものしあわせ ： 母と教師を結ぶ雑誌」
(756）　2014.2　p.31〜34

15699　演習 憲法　松本和彦「法学教室」（401）
2014.2　p.128〜129

15700　沖縄の基地問題 現場と教室をつなぐ試み
(特集 改憲空間と教育の責任)　北上田源「教
育」（817）　2014.2　p.55〜63

15701　憲法的授業空間をつくる(特集 改憲空間
と教育の責任)　子安潤「教育」（817）
2014.2　p.24〜31

15702　「憲法出前授業」の経験から　川辺比呂子
「科学的社会主義」（190）　2014.2　p.60〜66

15703　高校生が伊藤真さんにインタビュー 今、
憲法を考える(下)　伊藤真　長谷川圭[聞き
手]　姜旻宙[聞き手他]「歴史地理教育」
(815）　2014.2　p.60〜68

15704　続・基礎講座 憲法(28) 「研修」（788）
2014.2　p.53〜62

15705　インタビュー 黙ってないで、憲法を生活
のなかで使う ： 「観察映画」監督・想田和弘さ
んに聞く(特集 政治学習の今)　想田和弘　神
子島健[聞き手]　荒井文昭[聞き手]「月刊社
会教育」58(3)通号701　2014.3　p.4〜13

15706　演習 憲法　松本和彦「法学教室」（402）
2014.3　p.160〜161

15707　憲法問答 先生っ、憲法がないと何か困る
んですか?(特集 社会運動と憲法 ： 市民自治
から憲法をとらえなおす)　金子匡良「社会運
動」（408）　2014.3　p.4〜8

15708　他人(ひと)ごとから自分ごとへ ： 憲法
や社会を学ぶ視点のひとつとして(特集 時代を
読み解く言葉 ： 思考停止を打ち破る)　菅間正
道「子どもの本棚」43(3)通号545　2014.3
p.22〜24

15709　大学入学時における憲法学習状況の実態
調査—高大接続の憲法教育に向けて　岩切大地
岡田順太　大林啓吾　横大道聡　手塚崇聡「立
正大学法制研究所研究年報」（19）　2014.03
p.3〜31

15710　演習 憲法　君塚正臣「法学教室」（403）
2014.4　p.148〜149

15711　憲法学習を考える(4)継続的な憲法学習
の力　田島治「月刊社会教育」58(4)通号702
2014.4　p.58〜64

15712　憲法学習の手引き　柴田憲司「白門」66
(4)通号781　2014.4　p.47〜62

15713　続・基礎講座 憲法(29) 「研修」（790）
2014.4　p.51〜58

15714　若い世代と憲法学習会 改憲派を打ち破る
力に(日本共産党第26回大会特集(全記録)―大
会決議案、中央委員会報告の討論(全文))　小
見鉄哉「前衛 ： 日本共産党中央委員会理論政
治誌」（908）（臨増）　2014.4　p.172〜174

15715　今こそ、憲法尊重・中立の憲法教育を(特
集 現代政治と憲法教育)　池田考司「民主主義

[15683〜15715]　　　　　　　　　　　憲法改正 最新文献目録　**579**

教育21」 8 2014.5 p.81〜87

15716 演習 憲法 君塚正臣 「法学教室」（404）
2014.5 p.124〜125

15717 オスプレイと憲法教育（特集 現代政治と
憲法教育） 山本政俊 「民主主義教育21」 8
2014.5 p.74〜80

15718 基調報告 全民研らしい「闘う憲法教育」
のための実践を（全国民主主義教育研究会第四
四回福島大会） 山﨑裕康 「民主主義教育21」
8 2014.5 p.161〜170

15719 現代の課題にこたえる平和教育が求めら
れている（特集 現代政治と憲法教育） 桑山俊
昭 「民主主義教育21」 8 2014.5 p.65〜73

15720 「憲法」を学ぶ市民たちと（特集 現代政治
と憲法教育） 吉田豊 「民主主義教育21」 8
2014.5 p.88〜95

15721 憲法学習のヒント（特集 法律学の羅針盤）
上田健介 「法学教室」（404） 2014.5 p.4〜8

15722 憲法学と憲法教育をつなぐもの ： 憲法教
育における「教育的再構成」の問題 吉田俊弘
「民主主義教育21」 8 2014.5 p.5〜14

15723 憲法教育・法教育の課題と全民研（特集
現代政治と憲法教育） 渡邊弘 「民主主義教育
21」 8 2014.5 p.53〜64

15724 講演 集団的自衛権を拒否し、憲法九条の
軍事戦略で平和を構想する（特集 現代政治と憲
法教育） 松竹伸幸 「民主主義教育21」 8
2014.5 p.27〜38

15725 東京大学名誉教授（憲法学）樋口陽一 イ
ンタビュー 現代憲法状況と憲法教育への視点
（特集 現代政治と憲法教育） 樋口陽一 森田
敏彦［聞き手］ 吉田俊弘［聞き手］「民主主義
教育21」 8 2014.5 p.39〜52

15726 演習 憲法 君塚正臣 「法学教室」（405）
2014.6 p.136〜137

15727 続・基礎講座 憲法（30）「研修」（792）
2014.6 p.63〜70

15728 演習 憲法 君塚正臣 「法学教室」（406）
2014.7 p.140〜141

15729 日本国憲法の力を学ぶ「歴史地理教育」
（822）（増刊） 2014.7 p.1〜135

15730 法科大学院教育の現状 ： 憲法（特集 法科
大学院10年と新たな法曹養成制度—法科大学院
10年を振り返って） 長谷部恭男 「法の支配」
（174） 2014.7 p.25〜30

15731 法律研修講座 憲法（42） 裁判所職員総合
研修所 「法曹」（765） 2014.7 p.65〜68

15732 今、憲法を学ぶ ： 憲法のいきづく国にす
るために（特集 憲法を守り、生かすとりくみ
を） 伊藤真 「民医連医療」（504） 2014.8
p.6〜13

15733 演習 憲法 君塚正臣 「法学教室」（407）
2014.8 p.134〜135

15734 続・基礎講座 憲法（31）「研修」（794）
2014.8 p.53〜60

15735 ひきよせよう 憲法かがやく社会 ひろげよ
う 学びの仲間 全国学習交流集会in千葉 事前学
習企画 多国籍資本と一体となったアメリカグ
ローバリズム ： その特質とアメリカのねら
い 宮﨑礼二 「学習の友」（732） 2014.8 p.
34〜41

15736 いま、黙ってはいられない ： いろいろな
かたちで平和を歌おう ： 憲法を広める場を 堀
尾輝久さんインタビュー（特集 ちょっと待っ
た、何かヘン！ 今、平和を伝えるために）
「子どものしあわせ ： 母と教師を結ぶ雑誌」
（763） 2014.9 p.12〜19, 6

15737 演習 憲法 君塚正臣 「法学教室」（408）
2014.9 p.148〜149

15738 教師に向けた憲法教育について ： 小学校
における”法教育”に関連して 佃貴弘 「金城学
院大学論集. 社会科学編」 11（1） 2014.9 p.
40〜54

15739 ひきよせよう、憲法かがやく社会。ひろ
げよう、学びの仲間。全国学習交流集会in千葉
事前学習企画 憲法がかがやく社会へ！ 私たち
にできること 石川康宏 「学習の友」（733）
2014.9 p.22〜29

15740 STOP！ 海外で戦争する国づくり 憲法・
安保総学習講座（第4回）改憲勢力の歴史認識を
問う 原田敬一 「学習の友」（733） 2014.9
p.60〜69

15741 演習 憲法 君塚正臣 「法学教室」（409）
2014.10 p.142〜143

15742 高校生に正しい憲法教育を ： 改正国民投
票法の成立で求められる「憲法教育の充実」
野田将晴 「祖国と青年」（433） 2014.10 p.
24〜31

15743 シンポジウム 法情報教育と法学教育のい
まと未来 稲葉光行［パネリスト］ 指宿信［パ
ネリスト］ 渡邊弘［パネリスト他］「情報ネッ
トワーク・ローレビュー」 13（2） 2014.10 p.
161〜182

15744 続・基礎講座 憲法（32）「研修」（796）
2014.10 p.77〜84

15745 演習 憲法 君塚正臣 「法学教室」（410）
2014.11 p.168〜169

15746 自治研センターから 平和憲法を広める取
り組み ： 憲法に関わる講演会の開催 黒﨑健憲
「月刊自治研」 56（662） 2014.11 p.62〜69

15747 北海道で憲法教育をするということ ： 室
蘭工業大学の例から 清末愛砂 「Interjurist」
（182） 2014.11.1 p.52〜54

15748 演習 憲法 君塚正臣 「法学教室」（411）
2014.12 p.150〜151

その他　　　　　　　　　　　　　　　　　　　　　　　　　　　　　　憲法教育

15749　「憲法教育」とは「護憲教育」なのか　「明日への選択」（347）　2014.12　p.16〜20

15750　実践 大学 平和を考える英語の授業 ： 日本国憲法をやさしい英文に訳す（特集 つながろう 心あらたに 新英研第51回全国大会in京都）　作間和子　「新英語教育」（544）　2014.12　p.37〜39

15751　続・基礎講座 憲法（33）　「研修」（798）　2014.12　p.61〜66

15752　法科大学院専任教員による市民講座 ： 笠懸公民館『憲法を学ぶ講座』（藤村啓教授退職記念号）　佐藤修一郎　「白山法学 ： Toyo law review」（11）　2015　p.177〜193

15753　演習 憲法　君塚正臣　「法学教室」（412）　2015.1　p.164〜165

15754　憲法学習・事例問題 Q&A（特集 有斐閣法律講演会2014 憲法事例問題を対話する）　宍戸常寿　松本和彦　「法学教室」（412）　2015.1　p.25〜39

15755　中学生・高校生に憲法を伝える　伊藤真　「法学館憲法研究所報」（12）　2015.1　巻頭1〜5

15756　演習 憲法　君塚正臣　「法学教室」（413）　2015.2　p.134〜135

15757　研修講座 続・基礎講座 憲法（34）（800号記念特集号）　「研修」（800）　2015.2　p.99〜106

15758　高校の授業 日本史 日本国憲法をどのように教えてきたのか ： 日本近現代史の中で　浅井義弘　「歴史地理教育」（830）　2015.2　p.60〜65

15759　演習 憲法　君塚正臣　「法学教室」（414）　2015.3　p.140〜141

15760　演習 憲法　松本哲治　「法学教室」（415）　2015.4　p.128〜129

15761　続・基礎講座 憲法（35）　「研修」（802）　2015.4　p.47〜54

15762　演習 憲法　松本哲治　「法学教室」（416）　2015.5　p.124〜125

15763　憲法を理解し使える憲法教育を ： 「解釈」主義を脱却し憲法を使った人の行動を通して（特集 戦後七〇年、民主主義を考える ： 民主主義と教育の視点—憲法の視点）　前田輪音　「民主主義教育21」 9　2015.5　p.93〜100

15764　「憲法教育」が変わってきた（特集 戦後七〇年、民主主義を考える ： 民主主義と教育の視点—二〇一五年「全民研一月中間研究集会」パネルディスカッション報告 戦後七〇年「民主主義教育の発展にむけて これまでとこれから」）　吉田豊　「民主主義教育21」 9　2015.5　p.53〜56

15765　小特集 憲法学習 ： こんな条文ありなの？ 諸外国の面白ネタ「社会科教育 ： 教育科

学」 52（5）通号673　2015.5　p.100〜108

15766　ホンニ国の憲法 ： 「憲法読本」を読んで（主催イベント報告 憲法と民主主義）　伊東正人　「あかでめいあ ： 学ぶ・考える・研究する」（22）　2015.5　p.29〜31

15767　憲法を知らない大人たちの必読！ 15冊（憲法特集 憲法を知らない大人たち）　「金曜日」 23（17）通号1057　2015.5.1-8　p.29

15768　「りっけんしゅぎ、みんしゅしゅぎ、へいわしゅぎ！」♪ 大人も子どもも歌って踊って憲法を学ぼう（憲法特集 憲法を知らない大人たち）　山秋真　「金曜日」 23（17）通号1057　2015.5.1-8　p.45

15769　演習 憲法　松本哲治　「法学教室」（417）　2015.6　p.116〜117

15770　続・基礎講座 憲法（36）　「研修」（804）　2015.6　p.59〜66

15771　演習 憲法　松本哲治　「法学教室」（418）　2015.7　p.134〜135

15772　対談 憲法教育の現状と課題　池田賢市　伊藤真　「法学館憲法研究所報」（13）　2015.7　p.67〜85

15773　演習 憲法　松本哲治　「法学教室」（419）　2015.8　p.148〜149

15774　続・基礎講座 憲法（37）　「研修」（806）　2015.8　p.55〜64

15775　演習 憲法　松本哲治　「法学教室」（420）　2015.9　p.148〜149

15776　起案講義憲法（第25回）表現「不助成」事案の起案（3）　蟻川恒正　「法学教室」（420）　2015.9　p.118〜124

15777　続・私立大学入学試験「政治・経済」における日本国憲法の扱いについて ： 司法制度改革・法教育の導入以降　君塚正臣　「横浜国際社会科学研究」 20（3）　2015.9　p.167〜190

15778　小学校の体験型授業 34カ国の大使館に手紙「徴兵制はありますか？」（いまこそ、みんなの日本国憲法—教育 憲法は君たちを守ってくれる存在 ： 日本国憲法をどう学び、どう教えるか）　「Aera」 28（41）通号1527　2015.9.28　p.50〜52

15779　大学での憲法ゼミ 条文や判例の暗記より憲法を考える機会と力を（いまこそ、みんなの日本国憲法—教育 憲法は君たちを守ってくれる存在 ： 日本国憲法をどう学び、どう教えるか）　「Aera」 28（41）通号1527　2015.9.28　p.52〜54

15780　演習 憲法　松本哲治　「法学教室」（421）　2015.10　p.140〜141

15781　起案講義憲法（第26回）表現「不助成」事案の起案（4）　蟻川恒正　「法学教室」（421）　2015.10　p.97〜104

〔15749〜15781〕　　　　　　　　　　　　　　　　憲法改正 最新文献目録　**581**

判例評釈　　　　　　　　　　　　　　　　　　　　　　　その他

15782　憲法から死刑を考える（特集 高校生のための憲法学入門）　横大道聡 「法学セミナー」 60（10）通号729 2015.10 p.28〜31

15783　正義の実現と裁判（特集 高校生のための憲法学入門）　上田健介 「法学セミナー」 60（10）通号729 2015.10 p.46〜49

15784　続・基礎講座 憲法（38）「研修」（808）2015.10 p.71〜75

15785　中学校の授業 公民 いま平和学習をどのように学ばせるのか ： 日本の安全保障と集団的自衛権を考える　石橋英敏 「歴史地理教育」（840）2015.10 p.46〜51

15786　パスポートは返納すべきか？ ： 海外渡航の自由をめぐる問題（特集 高校生のための憲法学入門）　尾形健 「法学セミナー」 60（10）通号729 2015.10 p.14〜18

15787　「働かせ方」を考える（特集 高校生のための憲法学入門）　遠藤美奈 「法学セミナー」 60（10）通号729 2015.10 p.37〜40

15788　18歳選挙権の実現 ：「有権者になる」とはどういうことか（特集 高校生のための憲法学入門）　井上武史 「法学セミナー」 60（10）通号729 2015.10 p.19〜23

15789　演習 憲法　松本哲治 「法学教室」（422）2015.11 p.134〜135

15790　起案講義憲法（第27回）表現「不助成」事案の起案（5）　蟻川恒正 「法学教室」（422）2015.11 p.100〜103

15791　法を学ぶことの大切さ ： 憲法の視点から（リニューアル1周年記念号―特集 法を学ぶ大切さ）　長谷部恭男 「自治実務セミナー」（641）2015.11 p.4〜6

15792　法律研修講座 憲法（43）　裁判所職員総合研修所 「法曹」（781）2015.11 p.44〜49

15793　演習 憲法　松本哲治 「法学教室」（423）2015.12 p.126〜127

15794　主体的政治参加のための政治的教養と内発的参加要求 ： 解釈改憲政権による主権者教育の危険性　中嶋哲彦 「世界」（876）2015.12 p.177〜184

判例評釈

【雑誌】

15795　学校現場における思想・良心の自由－北九州ココロ裁判2005.4.26福岡地裁判決をめぐって　西原博史 「ジュリスト」（1294）2005.7.15 p.100〜106

15796　判例講座 憲法基本判例を読み直す（7）議員定数不均衡と「法の下の平等」－議員定数不均衡違憲判決（最大判昭和51.4.14民集30巻3号

223頁）　野坂泰司 「法学教室」 通号303 2005.12 p.61〜71

15797　刑事裁判例批評（7）証人尋問における遮へい措置、ビデオリンク方式の合憲性――最（一小）判平成17.4.14刑集59巻3号259頁　堀江慎司 「刑事法ジャーナル」 2 2006 p.108〜117

15798　判例研究 公法判例研究 県立高等学校の校長が生徒会の担当教諭に対する職務命令として教諭が寄稿した回想文を生徒会誌から削除するように指示した行為が憲法21条1項、2項前段、23条、26条に違反しないとされた事例（最判平成16.7.15、東京高判平成14.5.9、前橋地判平成12.11.1）　小倉一士 「北大法学論集」 56（5）2006 p.2297〜2319

15799　判例研究 最高裁判所民事判例研究（民集58巻1号）公職選挙法14条、別表第3の参議院（選挙区選出）議員の議員定数配分規定の合憲性（平成16.1.14大法廷判決）　東京大学判例研究会 「法学協会雑誌」 123（5）2006 p.1024〜1044

15800　最新判例演習室 憲法 在外国民選挙権剥奪の違法確認・国家賠償請求事件――最大判2005.9.14　近藤敦 「法学セミナー」 51（1）通号613 2006.1 p.118

15801　判例にみる憲法実体論（10）表現の自由の一般法理（1）　井上典之 「法学セミナー」 51（1）通号613 2006.1 p.84〜88

15802　最近の判例から 刑事裁判における遮へい措置及びビデオリンク方式での証人尋問を合憲とした最高裁判決――最高裁（1小）平成17.4.14判決　眞田寿彦 「法律のひろば」 59（2）2006.2 p.44〜52

15803　最新判例演習室 憲法 職務命令による君が代斉唱強制と良心に基づく外部的行為の自由――福岡地判平成17.4.26　松田浩 「法学セミナー」 51（2）通号614 2006.2 p.120

15804　判例研究 立法不作為に対する違憲判断の新しい基準――在外選挙権訴訟大法廷判決［最高裁平成17.9.14大法廷判決］　内藤光博 「専修ロージャーナル」（1）2006.2 p.147〜161

15805　判例講座 憲法基本判例を読み直す（8）謝罪広告の強制と「良心の自由」――謝罪広告強制事件判決（最大判昭和31.7.4民集10巻7号785頁）　野坂泰司 「法学教室」 通号305 2006.2 p.87〜93

15806　憲法・判例問答（18）外国人の参政権 「人権のひろば」 9（2）通号48 2006.3 p.27〜29

15807　最新判例演習室 憲法 首相の靖國神社への参拝――大阪高判2005.9.30　井上禎男 「法学セミナー」 51（3）通号615 2006.3 p.121

15808　特別刑法判例研究（3）ストーカー行為の処罰とその合憲性（最一小判平成15.12.11）　萩原滋 「法律時報」 78（3）通号967 2006.3 p.96〜100

15809　判例研究 東京学生無年金障害者訴訟控訴

審判決（東京高判2005.3.25・判時一八九九号四六頁以下）　植木淳　「北九州市立大学法政論集」33(2-4)　2006.3　p.247〜271

15810　判例批評 在外邦人選挙権と立法不作為——在外日本人選挙権剥奪違法確認等請求事件 最高裁判決(2005.9.4)　村田尚紀　「関西大学法学論集」55(6)　2006.3　p.1723〜1747

15811　民事関係 平成15.4.18, 2小判 1.法律行為が公序に反することを目的とするものであるかどうかを判断する基準時 2.証券取引法42条の2第1項3号が平成3年法律第96号による同法の改正前に締結された損失保証や特別の利益の提供を内容とする契約に基づく履行の請求をも禁止していることと憲法29条（最高裁判所判例解説 平成15年4, 6, 7, 10月分 平成16年11月分 平成17年7月分）　尾島明　「法曹時報」58(3)　2006.3　p.993〜1017

15812　ロー・フォーラム 裁判と争点 立川ビラまき、逆転有罪——表現の自由をめぐり続く議論 「法学セミナー」51(3)通号615　2006.3　p.132

15813　教育の紛争 少子化に伴う学校の統廃合と教育を受ける権利[最高裁平成14.4.25判決]　森谷宏　「週刊教育資料」(928)通号1058　2006.3.6　p.11〜13

15814　最高裁判決速報（平成17年11月〜平成18年1月・3月言渡分）行政 1.市町村が行う国民健康保険の保険料と憲法84条 2.国民健康保険の保険料率の算定基準を定めた上でその決定及び告示を市長に委任している旭川市国民健康保険条例（昭和34年旭川市条例第5号）8条（平成6年旭川市条例第29号による改正前のもの及び平成10年旭川市条例第41号による改正前のもの）、12条3項と国民健康保険法81条及び憲法84条 3.旭川市長が平成6年度から同8年度までの各年度の国民健康保険の保険料率を各年度の賦課期日後に告示したことと憲法84条 4.恒常的に生活が困窮している状態にある者を国民健康保険の保険料の減免の対象としていない旭川市国民健康保険条例（昭和34年旭川市条例第5号）19条1項と国民健康保険法77条及び憲法25条、14条（最大判平成18.3.1）「民事法情報 ： 総合情報検索誌」(235)　2006.4　p.60〜64

15815　最新判例演習室 憲法 国家賠償請求訴訟の形式による違憲審査権行使——四国訴訟二審判決——高松高判2005.10.5　多田一路　「法学セミナー」51(4)通号616　2006.4　p.117

15816　判例講座 憲法基本判例を読み直す(9) 玉串料等の公金支出と政教分離原則——愛媛玉串料訴訟違憲判決（最大判平成9.4.2民集51巻4号1673頁）　野坂泰司　「法学教室」通号307　2006.4　p.116〜128

15817　最新判例批評(27) 国籍法3条1項は父母が内縁関係にある認知された非嫡出子を排除する限りで憲法14条1項違反であるか、その子は届出により日本国籍を取得できるか（積極）（東京地判平成17.4.13）（判例評論（第566号））　君塚正臣

「判例時報」(1918)　2006.4.1　p.176〜180

15818　最新判例演習室 憲法 学生無年金障害者訴訟——広島地判2005.3.3　井上禎男　「法学セミナー」51(5)通号617　2006.5　p.129

15819　家事審判例紹介 性同一性障害者性別特例法の無子要件を合憲とした事例（東京高裁平成17.5.17決定）　大島俊之　「民商法雑誌」134(3)　2006.6　p.503〜508

15820　最高裁判決速報 行政 1.旭川市介護保険条例（平成12年旭川市条例第27号。平成15年旭川市条例第20号による改正前のもの）が介護保険の第一号被保険者のうち一定の低所得者について一律に保険料を賦課しないものとする旨の規定又は保険料を全額免除する旨の規定を設けていないことと憲法14条、25条2 2.介護保険法135条の規定による介護保険の第一号被保険者の保険料についての特別徴収の制度と憲法14条、25条（最三小判平成18.3.28）「民事法情報 ： 総合情報検索誌」(237)　2006.6　p.45〜47

15821　最高裁判決速報 国家賠償 1.監獄法46条2項と憲法21条、14条1項 2.刑務所長が受刑者の新聞社あての信書の発信を不許可としたことが国家賠償法1条1項の適用上違法となるとされた事例（最一小判平成18.3.23）「民事法情報 ： 総合情報検索誌」(237)　2006.6　p.38〜40

15822　最新判例演習室 刑事訴訟法 受刑者の信書発信に対する不許可処分と憲法・監獄法の解釈——最一小判平成18.3.23　正木祐史　「法学セミナー」51(6)通号618　2006.6　p.119

15823　最新判例演習室 憲法 防衛庁官舎へのビラ入れと政治的表現の自由——立川反戦ビラ事件二審判決——東京高判2005.12.9　多田一路　「法学セミナー」51(6)通号618　2006.6　p.113

15824　実務刑事判例評釈(139) 証人尋問における遮へい措置及びビデオリンク方式の合憲性が判断された事例（最判平成17.4.14）　初又且敏　「Keisatsu koron」61(6)　2006.6　p.83〜88

15825　判例講座 憲法基本判例を読み直す(10) 名誉毀損と裁判所による表現行為の事前差止め——北方ジャーナル事件判決（最大判昭和61.6.11民集40巻4号872頁）　野坂泰司　「法学教室」通号309　2006.6　p.92〜102

15826　憲法・判例問答(No.19) 法の下の平等について　「人権のひろば」9(4)通号50　2006.7　p.26〜29

15827　最新判例演習室 憲法 刑務所からの信書発信制限の違憲・違法——熊本刑務所訴訟上告審判決（最一小判平成18.3.23）　井上禎男　「法学セミナー」51(7)通号619　2006.7　p.115

15828　判例研究 刑事判例研究 いわゆるビデオリンク方式、遮蔽措置を定めた刑訴法157条の3、157条の4は、憲法82条1項、37条1項、2項に反しない旨判示された事例（最高裁平成17.4.14判決）　清水真　「法学新報」113(1・2)　2006.7　p.567〜581

〔15810〜15828〕

判例評釈　　　　　　　　　　　　　　　　　　　　　　　　　　　　　　その他

15829　判例講座 憲法基本判例を読み直す(11) 公安条例による集団行動の規制——徳島市公安条例事件判決（最大判昭和50.9.10刑集29巻8号489頁）　野坂泰司「法学教室」通号310　2006.7 p.56～66

15830　判例紹介 教科書検定制度の合憲性と裁量審査（横浜教科書訴訟）（平成17.12.1最高裁第一小法廷判決）　成嶋隆「民商法雑誌」134(4・5)　2006.7・8　p.728～731

15831　最新判例演習室 憲法 地域の自治会（町内会）における選挙権・被選挙権——福岡高判2004.4.22　多田一路「法学セミナー」51(8) 通号620　2006.8　p.110

15832　重要判例に学ぶ地方自治の知識 職業選択の自由と条例制定権－公衆浴場法違反被告事件（最高裁昭和30.1.26判決）　宇佐見方宏　地方自治研究機構編「自治体法務研究」(6) 2006.秋　p.106～109

15833　国籍法違憲訴訟上告審における意見書　奥田安弘「中央ロー・ジャーナル」3(2)通号8 2006.9　p.66～90

15834　最新判例演習室 憲法 靖國参拝違憲等確認請求事件最高裁判決——第一次大阪訴訟上告審判決——第二小判2006.6.23　井上禎男「法学セミナー」51(9)通号621　2006.9　p.107

15835　判例研究 情報公開法による自己情報開示請求——法律扶助協会指導等調査報告書開示請求訴訟（東京地判平成16.12.1）　小林直樹「独協法学」(70)　2006.9　p.46～32

15836　判例研究「法的な見解の表明」と名誉毀損の成否——いわゆる「ゴーマニズム宣言」事件最高裁判決（平成16.7.15）　前田聡「筑波法政」(41)　2006.9　p.85～96

15837　判例講座 憲法基本判例を読み直す(12) 薬局等の適正配置規制と職業の自由——薬事法違憲判決（最大判昭和50.4.30民集29巻4号572頁）野坂泰司「法学教室」通号312　2006.9　p.54 ～66

15838　時の判例 刑訴法157条の3・157条の4と憲法82条1項・37条1項・2項前段——最一小判平成17.4.14　山口裕之「ジュリスト」(1319) 2006.9.15　p.156～157

15839　最新判例演習室 憲法 公務員の「政治的行為」——社会保険庁職員政党機関紙配布事件（東京地判2006.6.29）　多田一路「法学セミナー」51(10)通号622　2006.10　p.115

15840　判例研究 労働判例研究(23) 高額報酬労働者に関する割増賃金の合意の解釈と労基法37条違反性——モルガン・スタンレー・ジャパン（超過勤務手当）事件（東京地裁平成17.10.19判決）　東北大学社会法研究会「法學：the journal of law and political science」70(4) 2006.10　p.673～679

15841　判例講座 憲法基本判例を読み直す(13) 共

有林の分割制限と財産権——森林法違憲判決（最大判昭和62.4.22民集41巻3号408頁）　野坂泰司「法学教室」通号313　2006.10　p.77～89

15842　最新判例批評(70) 在外国民選挙権訴訟上告審判決（最大判平成17.9.14）（判例評論(572)）　赤坂正浩「判例時報」(1937) 2006.10.1　p.171～178

15843　最新判例批評(78) 1.医師法21条にいう死体の「検案」の意義 2.死体を検案して異状を認めた医師がその死因等につき診療行為における業務上過失致死等の罪責を問われる虞がある場合の医師法21条の届出義務と憲法38条1項（最三判平成16.4.13）（判例評論(572)）　清水真「判例時報」(1937)　2006.10.1　p.211～215

15844　最新判例演習室 憲法 公立学校教員の職務専念義務と精神活動の自由——「ピースリボン」「君が代」伴奏拒否訴訟東京地裁判決——東京地判2006.7.26　井上禎男「法学セミナー」51(11)通号623　2006.11　p.117

15845　判例研究 表現の自由（東京高判2005.12.9、東京地八王子支判2004.12.16判時報一八九二号一五〇頁）　清水晴生「白鷗法学」13(2) 通号28　2006.11　p.133～157

15846　判例批評 地方公共団体における外国人の昇進制限の合憲性（平成17.1.26最高裁大法廷判決）　渡辺康行「民商法雑誌」135(2)　2006.11　p.375～393

15847　子ども・教育と裁判 判例研究1 日の丸・君が代強制と教師の良心の自由－日の丸・君が代強制反対予防訴訟判決（東京地裁平成18.9.21判決）　市川須美子　エイデル研究所[編]「季刊教育法」(151)　2006.12　p.84～89

15848　最新判例演習室 憲法 精神的疾患によって投票所に行くことが困難な者への選挙権の保障——最一小判2006.7.13「法学セミナー」51(12)通号624　2006.12　p.101

15849　判例講座 憲法基本判例を読み直す(14) 在外日本国民の選挙権——在外選挙訴訟違憲判決（最大判平成17.9.14民集59巻7号2087頁）　野坂泰司「法学教室」通号315　2006.12　p.77 ～90

15850　ロー・フォーラム 裁判と争点 評価真っ二つの違憲判決——国旗・国歌訴訟で原告全面勝訴「法学セミナー」51(12)通号624　2006.12 p.114

15851　最高裁判所民事判例研究 民集五九巻七号 在外邦人選挙権剥奪に関する違法確認請求と国家賠償請求（行政法的考察）[平成17.9.14判決]　木村草太「法学協会雑誌」124(6)　2007　p. 1490～1512

15852　判例評釈 国歌斉唱・ピアノ伴奏命令の違憲性——東京地裁平成18.9.21判決　早瀬勝明「山形大学法政論叢」(39)　2007　p.47～74

15853　権利闘争の焦点 教育の自由と思想・良心

その他　　　　　　　　　　　　　　　　　　　　　　　　判例評釈

の自由を保護した画期的な判決－「日の丸・君が代」予防訴訟2006.9.21東京地裁判決　水口洋介　「季刊労働者の権利」通号268　2007.1　p.81～86

15854　刑事判例研究(5)在監者の信書の発受に関する制限を定めた監獄法50条、監獄法施行規則130条の規定は憲法21条、34条、37条3項に違反しないとされた事例[最高裁平成15.9.5第二小法廷判決]　麻妻和人「法学新報」113(3・4)　2007.1　p.677～696

15855　最新判例演習室 憲法 国歌斉唱義務不存在確認等請求事件――東京地2006.9.21　井上禎男「法学セミナー」52(1)通号625　2007.1　p.107

15856　判例紹介 監獄法における信書発信制限の合憲限定解釈[最高裁第一小法廷平成18.3.23判決]　神橋一彦「民商法雑誌」135(4・5)　2007.1・2　p.812～818

15857　憲法判例百選(1)第5版　「別冊jurist」43(2)通号186　2007.2　p.1～247

15858　最新判例演習室 憲法 参議院議員選挙における定数配分の合憲性――最大判2006.10.4　多田一路「法学セミナー」52(2)通号626　2007.2　p.116

15859　判例研究 戦後補償裁判において憲法的問題解決が否定された事件――アジア太平洋韓国人戦争犠牲者補償請求事件[最高裁平成16.11.29第二小法廷判決]　石村修「専修ロージャーナル」(2)　2007.2　p.117～127

15860　憲法判例百選(2)第5版　「別冊jurist」43(3)通号187　2007.3　p.249～495

15861　最新判例演習室 憲法 詐欺罪の成否と「宗教的行為の自由」――東京地判2005.7.15　井上禎男「法学セミナー」52(3)通号627　2007.3　p.114

15862　判例講座 憲法基本判例を読み直す(15)社会保障給付の併給禁止と憲法25条、14条――堀木訴訟判決[最大判昭和57.7.7民集36巻7号1235頁]　野坂泰司「法学教室」通号318　2007.3　p.52～62

15863　判例の動き(憲法)　野坂泰司「法学教室/判例セレクト2006」318　2007.3

15864　最新判例批評(14)国籍法3条1項のうち準正を要件とする部分の可分性と憲法14条違反(東京地判〔平成〕18.3.29)(判例評論(第577号))　甲斐素直「判例時報」(1953)　2007.3.1　p.180～184

15865　行政例・裁判手続情報 京都地裁 在日外国人が国籍を理由に老齢年金を受給できないのは憲法等に違反するとして、国に対し、慰謝料等を求めた事件で、請求を棄却「民事法情報 : 総合情報検索誌」(247)　2007.4　p.59～61

15866　最新判例演習室 憲法 国民健康保険料徴収と租税法律主義――最大判2006.3.1　多田一路

「法学セミナー」52(4)通号628　2007.4　p.113

15867　ロー・クラス 判例にみる憲法実体論(25)私法関係と憲法の効力[最大判1973.12.12]　井上典之「法学セミナー」52(4)通号628　2007.4　p.82～86

15868　最新判例批評([2007] 22)一定の低所得者について介護保険料を賦課しないものとする又は保険料を全額免除する旨の規定を設けていないこと、及び保険料を特別徴収することと憲法14条・25条――旭川市介護保険料訴訟上告審判決(最三判[平成]18.3.28)(判例評論(第578号))　関ふ佐子「判例時報」(1956)　2007.4.1　p.172～177

15869　行政 市立小学校の校長が音楽専科の教諭に対し入学式における国歌斉唱の際に「君が代」のピアノ伴奏を行うよう命じた職務命令が憲法19条に違反しないとされた事例(最三小判平成19.2.27)(最高裁判決速報(平成19年1月・2月言渡分))「民事法情報 : 総合情報検索誌」(248)　2007.5　p.43～45

15870　刑事関係 1.医師法21条にいう死体の「検察」の意義 2.死体を検案して異状を認めた医師がその死因等につき診療行為における業務上過失致死等の罪責を問われるおそれがある場合の医師法21条の届出義務と憲法38条1項[平成16.4.13第三小法廷判決](最高裁判所刑例解説 平成16年2, 4, 7, 12月分 平成17年4月分 平成18年1, 4月分)　芦澤政治「法曹時報」59(5)　2007.5　p.1664～1697

15871　憲法・判例問答(No.21)名誉権と表現の自由(1)　「人権のひろば」10(3)通号55　2007.5　p.26～28

15872　公務員採用試験における受験資格の年齢制限と憲法14条――国家公務員採用3種試験受験資格確認等請求事件を素材として　浅田訓永「同志社法学」59(1)通号320　2007.5　p.131～171

15873　最新判例演習室 憲法 放送番組「編集の自由」と取材対象者の「期待」保障――東京高判2007.1.29　井上禎男「法学セミナー」52(5)通号629　2007.5　p.121

15874　判例講座 憲法基本判例を読み直す(16)税務調査における質問検査権と憲法31条, 35条, 38条1項――川崎民商事件判決[最大判昭和47.11.22刑集26巻9号554頁]　野坂泰司「法学教室」通号320　2007.5　p.100～109

15875　ロー・クラス 判例にみる憲法実体論(26)団体とその構成員の権利衝突[最判1996.3.19]　井上典之「法学セミナー」52(5)通号629　2007.5　p.79～83

15876　教育の紛争 君が代伴奏拒否事件最高裁判決 : 公務遂行と思想・良心の自由の距離[平成19.2.27]　坂田仰「週刊教育資料」(982)通号1112　2007.5.21　p.11～13

15877　最新判例演習室 憲法 「君が代」伴奏拒否

〔15854～15877〕　　　　　　　　　　　　　　　　　　　憲法改正 最新文献目録　585

訴訟——最三小判2007.2.27　多田一路「法学セミナー」52(6)通号630　2007.6　p.112

15878　相続により平成10年4月1日以降に取得した減価償却資産である建物は、当該資産について被相続人が選定した減価償却方法(定率法)を承継することはできず、所得税法施行令120条1項1号ロが、定額法による旨定めたことが憲法84条等に違反すると解することはできないとした事例(東京高裁平成18.4.27判決)(判例解説——税法　立命館大学税法判例研究会)　浪花健三「Lexis判例速報」3(6)通号20　2007.6　p.131〜134

15879　判例批評　参議院(選挙区選出)議員定数配分規定の合憲性[最高裁平成18.10.4判決]　野中俊彦「民商法雑誌」136(3)　2007.6　p.348〜360

15880　研修の現場から　医師による向精神薬の施用事案について立憲上問題があった事例　友添太郎「研修」(709)　2007.7　p.135〜144

15881　憲法・判例問答(No.22)名誉権と表現の自由(2)「人権のひろば」10(4)通号56　2007.7　p.31〜33

15882　最新判例演習室　憲法　国籍法第3条1項と憲法第14条1項——東京高判2007.2.27　井上禎男「法学セミナー」52(7)通号631　2007.7　p.116

15883　ロー・クラス　判例にみる憲法実体論(28)立法不作為からの権利救済[最大判2005.9.14]井上典之「法学セミナー」52(7)通号631　2007.7　p.77〜81

15884　最新判例批評([2007]49)週刊誌における新聞社社長拉致事件の記事に関する新聞、車内等の広告について、名誉毀損の成立を認め、慰謝料等の支払が命じられた事例(東京高判[平成]18.10.18)　池端忠司「判例時報」(1965)2007.7.1　p.176〜180

15885　時の判例　公職選挙法(平成18年法律第52号による改正前のもの)14条、別表第3の参議院(選挙区選出)議員の議員定数配分規定の合憲性——最大判平成18.10.4　谷口豊「ジュリスト」(1337)　2007.7.1　p.100〜102

15886　行政判例研究(524・827)農業共済組合への当然加入を定める農業災害補償法の合憲性[平成17.4.26最高裁第三小法廷判決]　榎透「自治研究」83(8)通号1002　2007.8　p.127〜136

15887　最新判例演習室　憲法　消費者契約法9条1号の合憲性——最二小判2006.11.27　多田一路「法学セミナー」52(8)通号632　2007.8　p.116

15888　最新判例演習室　憲法「1人別枠方式」と「一票の格差」——最大判2007.6.13　井上禎男「法学セミナー」52(9)通号633　2007.9　p.112

15889「多選禁止」を日本国憲法に照らして検証する(特集　多選禁止は合憲か)　宇賀克也「都市問題」98(10)　2007.9　p.24〜29

15890　最新判例演習室　憲法　市有地を神社の敷地として無償で使用させていることが違憲とされた事例——札幌高判2007.6.26　多田一路「法学セミナー」52(10)通号634　2007.10　p.109

15891　判例講座　憲法基本判例を読み直す(17)国家公務員の労働基本権——全農林警職法事件判決(最大判昭和48.4.25刑集27巻4号547頁)　野坂泰司「法学教室」通号325　2007.10　p.120〜135

15892　判例講座　憲法基本判例を読み直す(17)国家公務員の労働基本権——全農林警職法事件判決(最大判昭和48.4.25刑集27巻4号547頁)　野坂泰司「法学教室」通号325　2007.10　p.120〜135

15893　判例研究　刑事施設における生存権とジェンダー・アイデンティティ——「健康で文化的な生活を営む権利」試論(名古屋地方裁判所2006.8.10行政処分差止請求事件判決LEX/DB)　清水晴生「白鷗法学」14(2)通号30　2007.11　p.135〜151

15894　憲法・判例問答(No.23)憲法と刑事訴訟手続(1)「人権のひろば」10(6)通号58　2007.11　p.27〜29

15895　公法判例研究　婚氏選択の可能性と氏名権——ドイツ民法一三五五条二項違憲判決[ドイツ連邦憲法裁判所第一法廷判決2004.2.18]　阪口心志「法政研究」74(2)　2007.11　p.367〜378

15896　最新判例演習室　憲法　候補者届出政党による政見放送等と被選挙権の平等——最大判2007.6.13　井上禎男「法学セミナー」52(11)通号635　2007.11　p.104

15897　時の判例　市立小学校の校長が音楽専科の教諭に対し入学式における国歌斉唱の際に「君が代」のピアノ伴奏を行うよう命じた職務命令が憲法19条に違反しないとされた事例——最三小判平成19.2.27　森英明「ジュリスト」(1344)　2007.11.1　p.83〜85

15898「君が代」ピアノ伴奏拒否事件最高裁判決と憲法第19条論[平成19.2.27](特集　教育の国家的統制をめぐる諸問題)　佐々木弘通「自由と正義」58(12)通号707　2007.12　p.80〜89

15899　最新判例演習室　憲法　地域自治会の寄付金目的の会費徴収と思想・良心の自由——大阪高判2007.8.24　多田一路「法学セミナー」52(12)通号636　2007.12　p.117

15900　判例の紹介　行政機関の保有する情報の公開に関する法律の規定の一部を適用しないと定めた政治資金規正法の規定が憲法上の「知る権利」を侵害するものではないとされた事例[大阪地裁平成19.8.30判決]　渡辺諭「みんけん：民事研修」(608)　2007.12　p.92〜101

15901　最新判例批評([2007]89)公職選挙法(平成一八年法律第52号による改正前のもの)14条、別表第3の参議院(選挙区選出)議員

その他 判例評釈

の議員定数配分規定の合憲性（最大判［平成］18.
10.4）（判例評論（第586号））　中谷実　「判例時
報」（1981）　2007.12.1　p.164〜169

15902　時の判例 衆議院議員選挙区画定審議会設
置法3条のいわゆる1人別枠方式を含む衆議院小
選挙区選出議員の選挙区割りの基準を定める規
定及び公職選挙法13条1項・別表第1の上記区割
りを定める規定の合憲性 ほか——最大判平成
19.6.13　増田稔　「ジュリスト」（1347）
2007.12.15　p.56〜59

15903　憲法判例研究(1)広島市暴走族追放条例
違反被告事件・最3小判平成19・9・18刑集61巻
6号601頁をめぐって　渋谷秀樹　「立教法務研
究」（1）　2008　p.169〜196

15904　判例紹介 自衛隊イラク派兵差止め訴訟・
名古屋高裁違憲判決［名古屋高等裁判所 平成20.
4.17判決］　小林武　「国際人権 ： 国際人権法学
会報」通号19　2008　p.168〜174

15905　最近の判例から 職務命令と思想・良心の
自由 –「君が代」ピアノ伴奏拒否事件最高裁判
決 – 最高裁第三小法廷平成19.2.27判決　渡辺康
行　ぎょうせい編　「法律のひろば」61（1）
2008.1　p.60〜69

15906　行政判例研究(529・833)市町村が行う国
民健康保険の保険料と憲法八四条——旭川市国
民健康保険条例事件最高裁大法廷判決［最高裁
平成18.3.1判決］　田尾亮介　「自治研究」84
（1）通号1007　2008.1　p.128〜141

15907　最高裁判決の批判的検討 学生無年金障害
者訴訟最高裁判決の検討——憲法14条論を中心
として（特集 学生無年金障害者訴訟最高裁判決
を斬る）　植木淳　「法と民主主義」（425）
2008.1　p.60〜63

15908　最高裁判決の批判的検討 最高裁は少数者
の基本的人権擁護と憲法理念の実現に真摯であ
れ（特集 学生無年金障害者訴訟最高裁判決を斬
る）　高野範城　「法と民主主義」（425）
2008.1　p.49〜51

15909　最新判例演習室 憲法 「暴走族」による
「集会」に対する規制と憲法第21条1項——最三
小判2007.9.18　井上禎男　「法学セミナー」53
（1）通号637　2008.1　p.112

15910　刑事判例研究(3)1.監獄法46条2項と憲法
21条、14条1項 2.刑務所長が受刑者の新聞社あ
ての信書の発信を不許可としたことが国家賠償
法1条1項の適用上違法となるとされた事例［最
高裁判所平成18.3.23判決］　麻妻和人　「法学新
報」114（5・6）　2008.2　p.211〜225

15911　最新判例演習室 憲法 学生無年金障害者訴
訟——最二小判2007.9.28 最三小判2007.10.9
多田一路　「法学セミナー」53（2）通号638
2008.2　p.121

15912　時の判例 広島市暴走族追放条例（平成14
年広島市条例第39号）16条1項1号・17条・19条
の規定を限定解釈により憲法21条1項・31条に

違反しないとした事例——最三小判平成19.9.18
前田巌　「ジュリスト」（1350）　2008.2.15　p.
84〜87

15913　刑事関係 刑訴法157条の3、157条の4と憲
法82条1項、37条1項、2項前段［最高裁平成17.4.
14判決］（最高裁判所判例解説）——平成17年1,
4, 8, 11月分 平成18年1, 2月分）「法曹時報」
60（3）　2008.3　p.980〜1007

15914　憲法・判例問答（No.23）憲法と刑事訴訟
手続（2）「人権のひろば」11（2）通号60
2008.3　p.27〜29

15915　最新判例演習室 憲法 未決拘禁者の新聞を
閲読する自由に対する制限——大阪地判2007.9.
28　榎透　「法学セミナー」53（3）通号639
2008.3　p.110

15916　最新判例演習室 憲法 マンションにおける
ビラ配布と表現の自由——葛飾事件控訴審判決
［東京高判2007.12.11］　永山茂樹　「法学セミ
ナー」53（4）通号640　2008.4　p.133

15917　判例講座 憲法基本判例を読み直す(18)国
家公務員の政治活動の自由——猿払事件判決
（最大判昭和49.11.6刑集28巻9号393頁）　野坂
泰司　「法学教室」通号331　2008.4　p.89〜106

15918　行政 1.我が国において既に頒布され、販
売されているわいせつ表現物を関税定率法（平
成一七年法律第二二号による改正前のもの）二
一条一項四号による輸入規制の対象とすること
と憲法二一条一項 2.輸入しようとした写真集
が、関税定率法（平成一七年法律第二二号によ
る改正前のもの）二一条一項四号にいう「風俗
を害すべき書籍、図画」等に該当しないとされ
た事例［最高裁判平成20.2.19判決（最高裁判決速
報（平成20年2月言渡分）］「民事法情報 ： 総
合情報検索誌」（260）　2008.5　p.38〜42

15919　最新判例演習室 憲法 市議会委員会の傍聴
不許可処分と憲法21条・14条［大阪地裁2007.2.
16判決］　榎透　「法学セミナー」53（5）通号
641　2008.5　p.118

15920　多選制限の憲法問題　高橋和之　「選挙 ：
選挙や政治に関する総合情報誌」61（5）
2008.5　p.1〜6

15921　判例研究 公立学校教員の職務専念義務と
教育の自由 – 国立ピースリボン事件判決［東京
高裁2006.6.28］（子ども・教育と裁判）　高橋哲
エイデル研究所［編］「季刊教育法」（157）
2008.6　p.70〜75

15922　憲法（判例回顧と展望2007）　小山剛 小
谷順子 新井誠［他］「法律時報」80（7）通号
997（臨増）　2008.6　p.3〜21

15923　最新判例演習室 憲法 起立・斉唱の強制と
教職員の思想良心の自由——東京都君が代嘱託
採用拒否事件一審判決［東京地裁2008.2.7判決］
永山茂樹　「法学セミナー」53（6）通号642
2008.6　p.112

判例評釈

15924 最新判例演習室 憲法 写真集の税関検査と
憲法21条——メイプルソープ写真集事件［最三
小判2008.2.19］ 榎透 「法学セミナー」 53(7)
通号643 2008.7 p.118

15925 判例研究 刑罰法規の明確性・広汎性と合
憲限定解釈［最高裁平成19.9.18第三小法廷判
決］ 渡邊一弘 「法学会雑誌」 49(1) 2008.7
p.431～443

15926 判例研究 公法判例研究 「君が代」ピアノ
伴奏命令と教師の「思想・良心の自由」［最高裁
判所平成19.2.27判決］ 青野篤 「法政研究」
75(1) 2008.7 p.117～131

15927 判例研究 法令の合憲限定解釈とその要件
——広島市暴走族追放条例事件最高裁判決［平
成19.9.18］ 飯田稔 「亜細亜法学」 43(1)
2008.7 p.119～144

15928 国籍 1.国籍法三条一項が、日本国民であ
る父と日本国民でない母との間に出生した後に
父から認知された子につき、父母の婚姻により
嫡出子たる身分を取得した（準正のあった）場合
に限り日本国籍の取得を認めていることによっ
て国籍の取得に関する区別を生じさせているこ
とと憲法一四条一項 2.日本国民である父と日本
国民でない母との間に出生した後に父から認知
された子は、日本国籍の取得に関して憲法一四
条一項に違反する区別を生じさせている、父母
の婚姻により嫡出子たる身分を取得したという
部分（準正要件）を除いた国籍法三条一項所定の
国籍取得の要件が満たされるときは、日本国籍
を取得するか［最大判平成20.6.4］（最高裁判決
速報——平成20年6月言渡分）「民事法情報 ：
総合情報検索誌」(263) 2008.8 p.47～51

15929 最新判例演習室 憲法 租税法の遡及適用が
違憲とされた事例［福岡地裁2008.1.29判決］
永山茂樹 「法学セミナー」 53(8)通号644
2008.8 p.130

15930 判例の紹介 非拘束名簿式比例代表選挙の
憲法適合性［東京高等裁判所平成20.3.12判決］
三村仁 「みんけん ： 民事研修」(616) 2008.
8 p.47～56

15931 判例研究 市民会館の使用不許可処分と在
日外国人の集会の自由－倉敷市民会館事件［岡
山地裁平成18.10.24決定］ 松井直之 横浜国際
経済法学会編 「横浜国際経済法学」 17(1)
2008.9 p.183～210

15932 最新判例演習室 憲法 国籍法違憲訴訟最高
裁大法廷判決［2008.6.4］ 榎透 「法学セミ
ナー」 53(9)通号645 2008.9 p.126

15933 判例クローズアップ 防衛庁宿舎へのポス
ティング目的での立入り行為と表現の自由——
最二小判平成20.4.11 阪口正二郎 「法学教室」
通号336 2008.9 p.8～14

15934 判例研究 国籍法違憲判決の意義と課題
［最高裁判所平成20.6.4判決］ 藤井俊夫 「千葉
大学法学論集」 23(1) 2008.9 p.245～265

15935 最新判例演習室 憲法 生活保護の老齢加算
を廃止することの合憲性——東京生存権裁判一
審判決［東京地裁2008.6.26判決］ 永山茂樹
「法学セミナー」 53(10)通号646 2008.10 p.
120

15936 判例研究 国民年金法（平成元年改正前）
が、所定の学生等につき国民年金に強制加入さ
せなかった措置等、及び、初診日に所定の学生
等であり国民年金に任意加入していなかった障
害者に対し無拠出制の年金を支給する旨の規定
を設けるなどの立法措置を講じなかったこと
は、憲法二五条、一四条一項に違反しないとさ
れた事案［最高裁平成19.10.9判決］ 葛西まゆ
こ 「大東法学」 18(1)通号52 2008.10 p.213
～233

15937 判例講座 憲法基本判例を読み直す(19・
完)外国人の公務就任・管理職昇任——東京都
管理職選考受験拒否事件［最大判平成17.1.26民
集59巻1号128頁］ 野坂泰司 「法学教室」 通号
337 2008.10 p.59～72

15938 ロー・ジャーナル 表現の自由を履き違え
た司法判断——NHK番組改変訴訟最高裁判決
田島泰彦 「法学セミナー」 53(10)通号646
2008.10 p.6～7

15939 最新判例批評（［2008］65）赤い羽根共同
募金などを自治会費に上乗せして強制的に徴収
するとした決議は、思想信条の自由を侵害し、
公序良俗に反し無効であるとされた事例（大阪
高判［平成］19.8.24）（判例評論（第596号））
橋本基弘 「判例時報」(2011) 2008.10.1 p.
184～188

15940 最近の判例から 国籍法違憲訴訟最高裁大
法廷判決［最高裁平成20.6.4判決］ 佐久間健吉
「法律のひろば」 61(11) 2008.11 p.56～65

15941 最新判例演習室 憲法 住基ネットによる個
人情報の管理・利用等と憲法13条［最高裁2008.
3.6判決］ 榎透 「法学セミナー」 53(11)通号
647 2008.11 p.123

15942 ロー・ジャーナル 国籍法3条1項を違憲と
した最高裁判決［平成20.6.4］ 竹下啓介 「法学
セミナー」 53(11)通号647 2008.11 p.6～7

15943 重要判例に学ぶ地方自治の知識 金属屑業
条例と営業の自由の制限［最高裁昭和32.4.3大法
廷判決］ 宇佐見方宏 地方自治研究機構編
「自治体法務研究」(15) 2008.冬 p.112～116

15944 最新判例演習室 憲法 イラク特措法に基づ
く自衛隊派遣の違法・違憲性——イラク派遣差
止訴訟控訴審判決［名古屋高裁2008.4.17判決］
永山茂樹 「法学セミナー」 53(12)通号648
2008.12 p.116

15945 裁判例分析 婚姻費用の分担に関する処分
の審判に対する抗告審が抗告の相手方に対し抗
告状及び抗告理由書の副本を送達せずに不利益
な判断をしたことと憲法32条違反——最高裁判
所第三小法廷平成20.5.8決定（平成一九年（ク）

第一一二八号婚姻費用分担審判に対する抗告審の変更決定に対する特別抗告事件・判例時報二〇一一号一一六頁〕 塩崎勤 「民事法情報 : 総合情報検索誌」（267） 2008.12 p.81〜85

15946 判例紹介 国家公務員の自動失職制度の合憲性及び信義則の適用［最高裁第一小法廷平成19.12.13判決］ 晴山一穂 「民商法雑誌」139（3） 2008.12 p.393〜397

15947 刑事訴訟手続上の被告人の権利 : 日米憲法上のデュー・プロセス規定に関する比較考察 遠山陽介 「朝日大学大学院法学研究論集」（9） 2009 p.133〜158

15948 公法上の「道徳律」・「道徳」について——血縁の兄弟姉妹間の近親姦罪（§ 173 Abs. 2 S. 2 StGB）合憲決定（BVerfG, 2 BvR 392/07 vom 26. 2. 2008.）をきっかけに 武市周作 「中央学院大学法学論叢」22（1）通号35 2009 p.136〜111

15949 国籍法違憲判決・報告［最高裁大法廷平成20.6.4判決］（特集 国際人権判例分析） 近藤博徳 「国際人権 : 国際人権法学会報」通号20 2009 p.81〜84

15950 判例紹介 国籍法違憲判決［最高裁大法廷平成20.6.4判決］ 早川眞一郎 「国際人権 : 国際人権法学会報」通号20 2009 p.109〜111

15951 判例評釈 自衛隊イラク派遣違憲判決［名古屋高裁2008.4.17判決］ 中島宏 「山形大学法政論叢」（46） 2009 p.40〜26

15952 財政法判例研究 市観光協会による宗教団体への祝金等の支出が政教分離原則違反に問われた事例［横浜地裁平成18.5.17判決］ 小沢隆一 「会計と監査」 2009.1 p.37〜41

15953 最新判例演習室 憲法 市長が神社の大祭奉賛会発会式に出席し祝辞を述べた行為と政教分離［名古屋高裁金沢支部2008.4.7判決］ 榎透 「法学セミナー」54（1）通号649 2009.1 p.122

15954 判例批評 住民基本台帳ネットワークシステムの合憲性［最高裁第一小法廷平成20.3.6判決］ 平松毅 「民商法雑誌」139（4・5） 2009.1・2 p.522〜536

15955 判例批評 障害基礎年金等の受給資格制限の合憲性——学生無年金障害者東京訴訟最高裁判決［2007.9.28］ 村田尚範 「関西大学法学論集」58（5） 2009.1 p.883〜898

15956 最新判例批評（［2009］1）国籍法3条1項が、日本国民である父と日本国民でない母との間に出生し後に父から認知された子につき、父母の婚姻により嫡出子たる身分を取得した場合に限り日本国籍を認めていることと憲法14条1項［最判［平成］20.6.4］ 市川正人 「判例時報」（2021） 2009.1.1 p.164〜169

15957 行政判例研究（542・847）農業共済組合による共済掛金等の賦課徴収と憲法84条［最高裁平成18.3.28判決］ 木村弘之亮 「自治研究」

85（2）通号1020 2009.2 p.118〜147

15958 最新判例演習室 憲法 国家公務員によるビラ配布と国公法の規制の合憲性——世田谷国公法弾圧事件［東京地裁2008.9.19判決］ 永山茂樹 「法学セミナー」54（2）通号650 2009.2 p.122

15959 最新判例演習室 民事訴訟法 家事審判事件の抗告状等の不送達と憲法32条［最高裁平成20.5.8決定］ 川嶋四郎 「法学セミナー」54（2）通号650 2009.2 p.126

15960 特別刑法判例研究（21）集会の自由と刑罰法規の広汎性–広島市暴走族追放条例事件最高裁判決［最三小判平成19.9.18］ 宿谷晃弘 「法律時報」81（3）通号1006 2009.3 p.121〜124

15961 公法判例研究 日本人父と外国人母とのあいだに生まれ出産後に父から認知された子につき、準正となった場合に限り、届出による日本国籍の取得を認める国籍法3条1項の一部が憲法14条1項に反し違憲とされた事例［最高裁大法廷平成20.6.4判決］ 栗田佳泰 「法政研究」75（4） 2009.3 p.829〜844

15962 国籍法違憲訴訟——大法廷判決獲得までのあゆみ 最大判2008.6.4（特集 最高裁判決2008——弁護士が語る） 近藤博徳 「法学セミナー」54（3）通号651 2009.3 p.26〜29

15963 最新判例演習室 憲法 防衛庁官舎へのビラ入れと表現の自由——立川反戦ビラ事件最高裁判決［最高裁第二小法廷2008.4.11判決］ 榎透 「法学セミナー」54（3）通号651 2009.3 p.120

15964 治安関係重要判例解説（77）防衛庁宿舎にビラを投函する目的で立ち入った行為を住居侵入罪に問うことが憲法に違反しないとされた事例［最高裁第二小平成20.4.11判決］ 治安判例研究会 「治安フォーラム」15（3）通号171 2009.3 p.40〜49

15965 判例研究 内縁関係にある日本人父と外国人母の非嫡出子の届出による国籍取得——国籍法違憲訴訟［最高裁判所大法廷平成20.6.4判決］ 松井直之 「横浜国際経済法学」17（3） 2009.3 p.325〜352

15966 租税判例研究（第436回）贈与税の連帯納付義務の存否及び同制度の合憲性［東京高裁平成19.6.28判決］ 伊藤義一 「ジュリスト」（1374） 2009.3.15 p.113〜115

15967 時の判例 我が国において既に頒布され、販売されているわいせつ表現物を関税定率法（平成17年法律第22号による改正前のもの）21条1項4号による輸入規制の対象とすることと憲法21条1項 ほか——最三小判平成20.2.19 森英明 「ジュリスト」（1374） 2009.3.15 p.88〜90

15968 行政例・裁判手続情報 訟務情報 岡山地裁 自衛隊のイラク派遣に関し、原告らがいわゆる平和的生存権に基づき、違憲確認等を求めた事件で、原告らの訴えを一部却下し、その余の請求をいずれも棄却「民事法情報 : 総合情報検

判例評釈　　　　　　　　　　　　　　　　　　　　　　　　　　　　　　　　その他

索誌」（271）　2009.4　p.73〜75

15969　最新判例演習室 憲法 古紙持ち去り禁止条例と営業の自由・生存権［広島高裁2008.5.13判決］　永山茂樹　「法学セミナー」54（4）通号652　2009.4　p.128

15970　判例批評 国籍法3条1項の違憲性［最高裁大法廷平成20.6.4判決］　松本和彦　「民商法雑誌」140（1）　2009.4　p.59〜82

15971　判例評釈 国籍法3条1項違憲判決［最高裁平成20.6.4判決］（特集 憲法訴訟を考える——国籍法違憲訴訟を通して）　伊藤朝日太郎　「Law and practice」（3）　2009.4　p.65〜87

15972　大江・岩波沖縄戦裁判高裁判決の意義——出版・表現の自由で画期的な憲法判断［大阪高裁2008.10.31判決］（特集 今日の憲法問題）　小牧薫　「人権と部落問題」61（6）通号787　2009.5　p.22〜30

15973　最新判例演習室 憲法 タウンミーティングに参加し意見を述べる権利［京都地裁2008.12.8判決］　榎透　「法学セミナー」54（5）通号653　2009.5　p.118

15974　判例研究 賦課総額及び保険料率の確定を市長に委任する国民健康保険条例の規定が、国民健康保険法81条及び憲法84条の趣旨に反するものではないとされた事例［最大判平成18.3.1］　小塚真啓　「法学論叢」165（2）　2009.5　p.121〜141

15975　判例研究 国籍法3条1項における国籍取得要件と法の下の平等［最高裁大法廷平成20.6.4判決］　百地章　山田亮介　「日本法學」　2009.6　p.211〜230

15976　憲法（判例回顧と展望 2008）　小山剛　小谷順子　新井誠［他］「法律時報」81（7）通号1010（臨増）　2009.6　p.3〜21

15977　最高裁新判例紹介 刑事事件 1.管理者が管理する、公務員宿舎である集合住宅の一階出入口から各室玄関前までの部分及び門塀等の囲障を設置したその敷地が、刑法130条の邸宅侵入罪の客体に当たるとされた事例 2.各室玄関ドアの新聞受けに政治的意見を記載したビラを投かんする目的で公務員宿舎である集合住宅の敷地等に管理権者の意思に反して立ち入った行為をもって刑法130条前段の罪に問うことが、憲法21条1項に違反しないとされた事例［第二小法廷平成20.4.11判決］「法律時報」81（6）通号1009　2009.6　p.151〜153

15978　最新判例演習室 憲法 自衛隊のイラク派遣と平和的生存権の侵害——イラク派遣違憲確認等請求訴訟・一審判決［岡山地裁2009.2.24判決］　永山茂樹　「法学セミナー」54（6）通号654　2009.6　p.126

15979　判例研究 講演会参加者名簿の提出とプライバシー（早稲田大学講演会参加者名簿開示事件）［最高裁平成15.9.12第二小法廷判決］　飯野賢一　「愛知學院大學論叢. 法學研究」50（2）

2009.6　p.105〜132

15980　最新判例批評（［2009］36）暴走族追放条例と合憲限定解釈（最三判［平成］19.9.18）（判例評論（第604号））　曽根威彦　「判例時報」（2036）　2009.6.1　p.180〜185

15981　国籍法違憲判決——JFCに対する法的支援活動の通過点（特集 制度改革訴訟と弁護士の役割）　近藤博徳　「法律時報」81（8）通号1011　2009.7　p.12〜15

15982　最新判例演習室 憲法 老齢加算・母子加算の廃止と生存権——広島生存権裁判一審判決［広島地裁2008.12.25判決］　榎透　「法学セミナー」54（7）通号655　2009.7　p.118

15983　判例研究 国籍取得阻害要件の合憲性——国籍法違憲訴訟最高裁判決［平成20.6.4］　飯田稔　「亜細亜法学」44（1）　2009.7　p.255〜285

15984　判例研究 参議院議員選挙制度における定数配分不均衡と投票価値の平等［最（大）判平成18.10.4］　木下和朗　「熊本法学」（117）　2009.7　p.186〜145

15985　最新判例演習室 憲法 靖国合祀と遺族の人格権、国の情報提供と政教分離［大阪地裁2009.2.26判決］　永山茂樹　「法学セミナー」54（8）通号656　2009.8　p.134

15986　判例研究 イラク派兵訴訟岡山地裁判決と平和的生存権［岡山地裁第1民事部判決2009.2.24］　小林武　「愛知大学法学部法経論集」（181）　2009.8　p.59〜79

15987　判例研究 インターネット上での個人の表現行為と名誉毀損罪の成否——いわゆる「平和神軍観察会」事件（東京地裁平成20.2.29判決・判時2009号151頁）　前田聡　「流通経済大学法学部流経法學」9（1）通号16　2009.8　p.87〜105

15988　判例研究 神社の大祭奉賛会発会式への市長の出席・祝辞と政教分離原則－白山比[メ]神社御鎮座二千五百年式年大祭奉賛会事件［名古屋高裁金沢支部平成20.4.7判決］　田近肇　岡山大学法学会編「岡山大学法学会雑誌」59（1）通号206　2009.9　p.179〜183

15989　最新判例演習室 刑事訴訟法 即決裁判手続の合憲性［最判平成21.7.14］　正木祐史　「法学セミナー」54（9）通号657　2009.9　p.128

15990　最新判例演習室 憲法 市によって設立された財団法人に対する人権規定の効力［京都地判2008.7.9］　榎透　「法学セミナー」54（9）通号657　2009.9　p.122

15991　公法判例研究（53）市長が来賓として神社の祭祀のための奉賛会発会式に出席し市長として祝辞を述べた行為が憲法20条3項にいう「宗教的活動」に当たり、これに関する費用等の公金の支出が違法とされ、市長が損害賠償責任を負うとされた事例［名古屋高裁金沢支部平成20.4.7判決］　東北大学公法判例研究会「法學：the journal of law and political science」73

（4）　2009.10　p.576〜588

15992　最新判例演習室 憲法 大学構内におけるビラまき規制の合憲性——法政大学ビラ規制事件［東京地裁2009.5.27判決］　永山茂樹 「法学セミナー」 54（10）通号658　2009.10　p.114

15993　行政判例研究（551・863）建物譲渡による損失について損益通算を廃止する租税法規の年度内遡及適用が違憲と判断された事例［福岡地方裁判所平成20.1.29判決］　今本啓介 「自治研究」 85（11）通号1029　2009.11　p.140〜152

15994　最新判例演習室 憲法 有害図書規制と憲法21条1項、22条1項、31条［最高裁第二小法廷2009.3.9判決］　榎透 「法学セミナー」 54（11）通号659　2009.11　p.122

15995　判例研究 思想・表現の自由に準ずる人格権［最高裁平成17.7.14第一小法廷判決民集59巻6号1569頁］　清水晴生 「白鷗大学法科大学院紀要」 （3）　2009.11　p.419〜428

15996　刑事判例研究 1.被害者特定事項を公開の法廷で明らかにしない旨の決定がなされた事例 2.被害者特定事項を公開の法廷で明らかにしない旨の決定をすることと憲法32条、37条1項［最高裁判所平成20.3.5第一小法廷決定］　滝沢誠 「法学新報」 116（7・8）　2009.12　p.155〜169

15997　公法判例研究（54）公職選挙法14条、別表第3の参議院（選挙区選出）議員の議員定数配分規定の合憲性［最高裁大法廷平成16.1.14判決］東北大学公法判例研究会 「法學：the journal of law and political science」 73（5）　2009.12　p.732〜741

15998　公法判例研究（55）住宅の譲渡についての損失金額を他の所得から控除する、いわゆる損益通算を認めない旨の租税特別措置法31条1項後段の規定を、改正法附則27条1項により、改正法の施行日より前に行われた住宅の譲渡に適用することが、憲法84条に違反しないとされた事例［福岡高裁平成20.10.21判決］　東北大学公法判例研究会 「法學：the journal of law and political science」 73（5）　2009.12　p.742〜751

15999　最新判例演習室 憲法 受信料支払を拒否する憲法上の権利——NHK受信料支払請求訴訟［東京地判2009.21.28］　永山茂樹 「法学セミナー」 54（12）通号660　2009.12　p.122

16000　判例研究 労働組合からの脱退の自由と結社からの自由——東芝労働組合小向支部・東芝事件［最高裁第二小法廷平成19.2.2判決］　井上武史 「岡山大学法学会雑誌」 59（2）通号207　2009.12　p.273〜280

16001　判例research 白山比[メ]神社大祭の奉賛会発会式への市長の参加・祝辞と政教分離［名古屋高裁金沢支部平成20.4.7判決］（法と宗教をめぐる現代的諸問題（2））　飯野賢一 「愛知学院大学宗教法制研究所紀要」 2010　p.93〜104

16002　評釈 公有地上にある神社施設と政教分

離－最高裁大法廷平成22.1.20判決をめぐって　吉崎暢洋 「姫路ロー・ジャーナル」 （4）　2010　p.121〜165

16003　刑事裁判例批評（128）宗教団体の代表役員らが、病気等の悩みを持つ被害者に対し「足裏鑑定」なる個人面談を行い、同団体の主催する修行等に参加するなどすれば悩みが解決するなどと欺罔して修行代等の名下に多額の金銭を交付させた詐欺事件につき、原判決は宗教上の教義の真偽を判断するなど信教の自由を侵害していると主張が認められなかった事例－「法の華三法行」事件上告審決定［最高裁平成20.8.27第二小法廷］　酒井安行 「刑事法ジャーナル」 21　2010　p.71〜77

16004　画期的な違憲無罪判決！——公務員の政治活動と表現の自由「堀越事件」違憲判決の報告［東京高裁2010.3.29判決］　船尾徹 「季刊自治と分権」 （40）　2010.夏　p.83〜93

16005　刑事裁判例批評（134）刑訴法403条の2第1項と憲法32条 即決裁判手続と憲法38条2項［最高裁平成21.7.14第三小法廷判決］　川上拓一 「刑事法ジャーナル」 22　2010　p.84〜89

16006　刑事裁判例批評（152）職務質問時の弁護士への電話連絡を警察官が妨害した行為を憲法34条の弁護権侵害に当たるとしてその後に任意提出された尿の鑑定書等の証拠能力を否定して無罪を言い渡した事例［東京地裁平成21.10.29判決］　小早川義則 「刑事法ジャーナル」 24　2010　p.116〜121

16007　判例批評 市有地を神社に無償使用させる行為と政教分離［平成22.1.20最高裁大法廷判決］　小泉洋一　有斐閣［編］ 「民商法雑誌」 143（1）　2010.1　p.44〜71

16008　最新判例演習室 憲法 参議院議員定数配分規定の合憲性［最高裁大法廷2009.9.30判決］　榎透 「法学セミナー」 55（1）通号661　2010.1　p.126

16009　判例研究 集会の自由への取消処分によって生じた社会的な評価の低下に対する慰謝料——3.1節記念、在日朝鮮人連合会中央集会事件［東京地方裁判所平成21.3.27判決］　石村修 「専修ロージャーナル」 （5）　2010.1　p.209〜223

16010　判例紹介 民法900条4号但書前段（非嫡出子の相続分）の合憲性［最高裁第二小法廷平成21.9.30決定］　君塚正臣 「民商法雑誌」 141（4・5）　2010.1・2　p.533〜537

16011　判例評釈 国籍法違憲事件大法廷判決［最高裁大法廷平成20.6.4判決］　吉田仁美 「関東学院法学」 19（3）　2010.1　p.161〜178

16012　最高裁判所民事判例研究 民集六二巻六号一六 国籍法3条1項に基づ届出国籍取得に関する区別と憲法14条1項［平成20.6.4大法廷判決］東京大学判例研究会 「法学協会雑誌」 127（2）　2010.2　p.335〜369

［15992〜16012］

16013 最新判例演習室 憲法 ホテル宴会場等を集会に利用する権利――日教祖教育研究集会使用拒否事件［東京地判2009.7.28］ 永山茂樹「法学セミナー」55（2）通号662 2010.2 p.126

16014 判例の動き：憲法 野坂泰司「判例セレクト/法学教室 別冊付録」353 2010.2

16015 最新判例演習室 憲法 即決裁判手続の合憲性［最三小判2009.7.14］ 榎透「法学セミナー」55（3）通号663 2010.3 p.118

16016 最新判例演習室 憲法 非嫡出子の法定相続分差別と法の下の平等［最二小決2009.9.30］ 三宅裕一郎「法学セミナー」55（4）通号664 2010.4 p.130

16017 労働判例研究（第1132回・1112）公立学校における教員の起立・斉唱義務と思想・良心の自由－東京都・都教委（教員・再雇用制度等）事件［東京地判平成21.1.19］ 花見忠「ジュリスト」（1397）2010.4.1 p.111～115

16018 憲法（判例回顧と展望 2009）小山剛 上村都 新井誠［他］「法律時報」82（6）通号1022（臨増）2010.5 p.3～21

16019 最新判例演習室 憲法 建物区分所有法70条と財産権［最一小判2009.4.23］ 榎透「法学セミナー」55（5）通号665 2010.5 p.116

16020 裁判例分析 民法900条4号ただし書前段と憲法14条1項違反――平成二〇年（ク）第一一九三号 遺産分割申立て事件の審判に対する抗告棄却決定に対する特別抗告事件［最高裁判所第二小法廷平成21.9.30決定］ 塩崎勤「民事法情報：総合情報検索誌」（284）2010.5 p.83～87

16021 財政法判例研究 神社に対する公の財産たる市有地の提供と政教分離原則［最高裁平成22.1.20判決］ 上代庸平「会計と監査」2010.6 p.35～45

16022 最新判例演習室 憲法「国歌斉唱」不起立による教職員再雇用拒否と思想良心の自由［東京高裁2010.1.28判決］ 三宅裕一郎「法学セミナー」55（6）通号666 2010.6 p.118

16023 最新判例批評（［2010］31）公職選挙法14条、別表第三の参議院（選挙区選出）議員の議員定数配分規定の合憲性（最大判「平成」21.9.30）（判例評論（第616号））只野雅人「判例時報」（2072）2010.6.1 p.164～169

16024 教育の紛争 国歌斉唱におけるピアノ伴奏に関する職務命令と教員の思想・良心の自由［最高裁上告審判決平成19.2.27］ 佐々木幸寿「週刊教育資料」（1122）通号1252 2010.6.28 p.15～17

16025 刑事判例研究（417）裁判員制度の合憲性［東京高裁平成22.4.22判決］ 加藤俊治「警察学論集」63（7）2010.7 p.167～176

16026 最新判例演習室 憲法 砂川政教分離訴訟最高裁判決［最大判2010.1.20］ 榎透「法学セミナー」55（7）通号667 2010.7 p.118

16027 判例研究 宗教施設に対する市有地無償提供の合憲性――砂川市空知太神社訴訟最高裁判決［平成22.1.20］ 飯田稔「亜細亜法学」45（1）2010.7 p.159～180

16028 判例批評 参議院の選挙区選出議員定数配分の合憲性［最高裁大法廷平成21.9.30判決］ 毛利透「民商法雑誌」142（4・5）2010.7・8 p.450～464

16029 民事関係 平成20.6.4, 大判 1.国籍法3条1項が、日本国民である父と日本国民でない母との間に出生した後に父から認知された子につき、父母の婚姻により嫡出子たる身分を取得した（準正のあった）場合に限り日本国籍の取得を認めていることによって国籍の取得に関する区別を生じさせていることと憲法14条1項 2.日本国民である父と日本国民でない母との間に出生した後に父から認知された子は、日本国籍の取得に関して憲法14条1項に違反する区別を生じさせている，父母の婚姻により嫡出子たる身分を取得したという部分（準正要件）を除いた国籍法3条1項所定の国籍取得の要件が満たされるときは、日本国籍を取得するか（最高裁判所判例解説――平成19年4月分 平成20年1, 6, 10月分）森英明「法曹時報」62（7）2010.7 p.1958～2016

16030 公法判例研究（56）市営と畜場の廃止に当たり市が利用業者等に対してした支援金の支出が国有財産法19条、24条2項の類推適用又は憲法29条3項に基づく損失補償金の支出として適法なものであるとはいえないとされた事例［最高裁判所平成22.2.23第三小法廷判決］ 東北大学公法判例研究会「法學 ： the journal of law and political science」74（3）2010.8 p.76～84

16031 公法判例研究（57）公職選挙法14条、別表第三の参議院（選挙区選出）議員の議員定数配分規定の合憲性［平成21.9.30最高裁大法廷判決］ 東北大学公法判例研究会「法學 ： the journal of law and political science」74（3）2010.8 p.85～93

16032 最近の判例から 砂川政教分離（空知太神社）訴訟最高裁大法廷判決 市が市有地を神社施設の敷地として無償提供した行為が憲法89条、20条1項後段に違反するとされた事例［平成22.1.20］ 三好一生「法律のひろば」63（8）2010.8 p.53～62

16033 最新判例演習室 憲法 インターネット上の表現行為による名誉毀損罪の成否と表現の自由［最一小決2010.3.15］ 三宅裕一郎「法学セミナー」55（8）通号668 2010.8 p.126

16034 最新判例演習室 憲法 衆議院小選挙区選出議員の選挙区割り規定の合憲性［名古屋高判2010.3.18］ 榎透「法学セミナー」55（9）通号669 2010.9 p.118

16035 新約聖書担当教授の学問・教授の自由――連邦憲法裁判所2008年10月判例［ドイツ連

その他　　　　　　　　　　　　　　　　　　　　　　　　　　　　判例評釈

邦憲法裁判所第一法廷2008.10.28判決〕〔原田賢司教授古稀記念号 労働、経営と法に関する諸問題―行政・政治と法）　小林宏晨　「日本法學」76（2）　2010.9　p.719～784

16036　ロー・ジャーナル「顔の傷」補償の男女間格差をめぐる京都地裁違憲判決　新井誠　「法学セミナー」55（9）通号669　2010.9　p.34～35

16037　時の判例 住民基本台帳ネットワークシステムにより行政機関が住民の本人確認情報を収集、管理又は利用する行為と憲法13条〔最高裁平成20.3.6第一小法廷判決〕　増森珠美　「ジュリスト」（1407）　2010.9.15　p.153～155

16038　刑事関係 平成19.9.18、3小判 広島市暴走族追放条例（平成14年広島市条例第39号）16条1項1号、17条、19条の規定を限定解釈により憲法21条1項、31条に違反しないとした事例〔最高裁判所判例解説――平成19年7、8、9月分 平成20年2、6、11月分）　前田巌　「法曹時報」62（10）　2010.10　p.2762～2797

16039　最新判例演習室 憲法 国家公務員の政治的行為に対する規制と表現の自由――社会保険庁職員政党機関誌配布事件〔東京高判2010.3.29〕三宅裕一郎　「法学セミナー」55（10）通号670　2010.10　p.134

16040　判例研究 国籍法違憲判決〔最高裁平成20.6.4判決〕　京都大學法學會公法研究会　「法学論叢」168（1）　2010.10　p.105～125

16041　最新判例演習室 憲法 白山比〔メ〕神社御鎮座二千百年式年大祭奉賛会事件最高裁判決〔2010.7.22〕　榎透　「法学セミナー」55（11）通号671　2010.11　p.130

16042　最新判例演習室 憲法 国の保有する文書に対する国民の「知る権利」――沖縄返還「密約」文書開示請求訴訟〔東京地判2010.4.9〕　三宅裕一郎　「法学セミナー」55（12）通号672　2010.12　p.120

16043　判例研究 市が住民団体に神社の保持のために市有地を無償貸与することは、憲法89条に違反するとされた事例――空知太神社訴訟事件〔最大判平成22.1.20〕　高畑英一郎　「日本法學」76（3）　2010.12　p.1077～1097

16044　判例評釈 最高裁における政教分離の判断方法――空知太神社違憲判決と富平神社合憲判決〔2010.1.20大法廷判決〕　小林武　「愛知大学法学部法経論集」（187）　2010.12　p.69～94

16045　最新判例批評（〔2010〕72）1.市が連合町内会に対し市有地を無償で神社施設の敷地としての利用に供している行為が憲法89条、20条1項後段に違反するとされた事例（（1）事件）2.市が町内会に対し無償で神社施設の敷地としての利用に供していた市有地を同町内会に譲与したことが憲法20条3項、89条に違反しないとされた事例（（2）事件）（（1）、（2）最大判〔平成〕22.1.20）（判例評論（第622号））　野坂泰司　「判例時報」（2090）　2010.12.1　p.164～173

16046　労働判例研究（第1146回・1126）公立学校における教員の起立・斉唱義務と思想・良心の自由（控訴審）－東京都・都教委（教員・再雇用制度等）控訴事件〔東京高裁平成21.10.15判決〕　花見忠　「ジュリスト」（1412）　2010.12.1　p.132～135

16047　判例研究 白山比〔メ〕神社大祭の奉賛会発会式への市長の参加・祝辞と政教分離〔最高裁平成22.7.22判決〕　飯野賢一　「愛知学院大学宗教法制研究所紀要」　2011　p.55～65

16048　生存権裁判福岡高裁判決とその意義〔平成22.5.10〕　冨家貴子　医療・福祉問題研究会編「医療・福祉研究」（20）　2011　p.66～70

16049　判例研究 客観訴訟と「職権による検討」－砂川政教分離（空知太神社）最高裁大法廷判決〔平成22.1.20〕　山岸敬子　「中京法学」45（3・4）通号130　2011　p.403～411

16050　刑事裁判例批評（174）裁判制度の合憲性〔東京高裁平成22.4.22第2刑事部判決〕　宍戸常寿　「刑事法ジャーナル」28　2011　p.90～95

16051　合憲性の優先問題――憲法61条の1の適用に関する2009年12月10日の組織法律第1523号（立法紹介－公法）　池田晴奈　「日仏法学」（26）　2011　p.132～136

16052　判例研究 政治倫理条例に関する憲法・行政法上の諸問題について：広島地判平成22.11.9・広島高判平成23.10.28　佐藤雄一郎　「長崎総合科学大学紀要」52　2011年度　p.9～19

16053　公法判例研究 空知太神社政教分離違反最高裁判決〔平成22.1.20〕　塩見佳也　福岡　福岡　「法政研究」　2011.1　p.219～235

16054　北海道砂川市・空知太神社政教分離住民訴訟〔最高裁大法廷2010.1.20判決〕（最高裁判決2010－弁護士が語る（上））　石田明義　「法学セミナー」56（1）通号673　2011.1　p.30～33

16055　社会保障・社会福祉判例 福岡生存権裁判・福岡高等裁判所判決（平成22.6.14）　「賃金と社会保障」通号1529・1530　2011.1.合併　p.43～99

16056　最新判例演習室 憲法 総務大臣のNHKへの放送命令・放送要請と憲法21条〔大阪高判2010.1.29〕　榎透　「法学セミナー」56（1）通号673　2011.1　p.114

16057　住民訴訟の審理に関する一考察－砂川政教分離最高裁判決を中心として〔平成22.1.20〕　藤原淳一郎　「法学研究」　2011.2　p.503～564

16058　最新判例演習室 憲法 発声障害をもつ議員の参政権と自己決定権〔岐阜地判2010.9.22〕　三宅裕一郎　「法学セミナー」56（2）通号674　2011.2　p.124

16059　教育の紛争 外国人生徒の公立中学校における就学義務と教育を受ける権利が問題とされた事例〔大阪地方裁判所平成20.9.26判決〕　佐々木幸寿　「週刊教育資料」（1149）通号1279

2011.2.7 p.17〜19

16060 判例紹介 白山比[メ]神社政教分離訴訟［最高裁第一小法廷平成22.7.22判決］ 田近肇 有斐閣［編］「民商法雑誌」143(6) 2011.3 p.719〜724

16061 最新判例演習室 憲法 障害等級表における男女の差別的取り扱いの憲法適合性［京都地判2010.5.27］ 榎透「法学セミナー」56(3)通号675 2011.3 p.118

16062 最新判例演習室 憲法 離婚後300日以内に出生した子の嫡出推定（300日問題）と法の下の平等［岡山地判2010.1.14］ 三宅裕一郎「法学セミナー」56(4)通号676 2011.4 p.146

16063 憲法（判例回顧と展望 2010） 新井誠 上村都 岡田順太［他］「法律時報」83(6)通号1035（臨増） 2011.5 p.3〜24

16064 最高裁判所民事判例研究 民集六三巻七号二八 参議院議員定数配分規定の合憲性［平成21.9.30大法廷判決］ 東京大学判例研究会「法学協会雑誌」128(5) 2011.5 p.1338〜1361

16065 最新判例演習室 憲法 と畜場廃止に伴う支援金と損失補償［最三小判2010.2.23］ 榎透「法学セミナー」56(5)通号677 2011.5 p.120

16066 判例研究 最高裁民訴事例研究(427) 平二二2(民集六四巻一号一頁) 市が連合町内会に対し市有地を無償で神社施設の敷地としての利用に供している行為が憲法の定める政教分離原則に違反し、市長において同施設の撤去及び土地明渡しを請求しないことが違法に財産の管理を怠るものであるとして、市の住民が怠る事実の違法確認を求めている住民訴訟において、上記行為が違法と判断される場合に、その違法性を解消するための他の合理的な手段が存在するか否かについて審理判断せず、当事者に対し釈明権を行使しないまま、上記怠る事実を違法とした原審の判断に違法があるとされた事例［最高裁平成22.1.20大法廷判決］ 民事訴訟法研究会「法学研究」84(5) 2011.5 p.144〜160

16067 判例研究 労働者災害補償における外ぼうの醜状障害に関する男女間格差と憲法14条［京都地方裁判所平成22.5.27判決］ 中曽久雄「阪大法学」61(1)通号271 2011.5 p.269〜285

16068 判例研究 労働者災害補償における外ぼうの醜状障害に関する男女間格差と憲法14条［京都地方裁判所平成22.5.27判決］ 中曽久雄「阪大法学」61(1)通号271 2011.5 p.269〜285

16069 公法判例研究(59) 神社の鎮座二一〇〇年を記念する大祭に係る諸事業の奉賛を目的とする団体の発会式に地元市長が出席して祝辞を述べた行為が、憲法20条3項に違反していないとした事例［最高裁平成22.7.22判決］ 東北大学公法判例研究会「法學：the journal of law and political science」75(2) 2011.6 p.225〜239

16070 最新判例演習室 憲法 参議院選挙における議員定数配分の不均衡（一票の較差）と法の下の平等［福岡高判2011.1.28］ 三宅裕一郎「法学セミナー」56(6)通号678 2011.6 p.124

16071 判例の紹介 国家公務員倫理規程違反等を理由としてなされた国家公務員に対する戒告処分について同規程が違憲であるなどとして取消しを求める請求が同規程が合憲であることなどを理由として棄却された事例［長野地方裁判所平成21.6.26判決］ 折原崇文「みんけん：民事研修」(650) 2011.6 p.34〜42

16072 最新判例演習室 憲法 一人別枠方式と選挙区割規定の合憲性——衆議院総選挙無効訴訟二〇一一年最高裁判決［2011.3.23］ 榎透「法学セミナー」56(7)通号679 2011.7 p.116

16073 実務刑事判例評釈（case 196）最判平成21.11.30 政治ビラを配布するために各住居のドアポストに投函し、本件マンション共用部分に立ち入った行為について、刑法130条前段の罪に問うことは、憲法21条1項に違反するものではないとした事例 前田敦史「Keisatsu koron」66(7) 2011.7 p.92〜95

16074 判例評釈 神社の大祭奉賛会発足式への市長の出席・祝辞と政教分離原則——白山ひめ神社事件［最第一小判平成22.7.22］ 大林文敏「愛知大学法学部法経論集」(189) 2011.7 p.137〜153

16075 最新判例批評（[2011] 30）老齢加算の廃止等を内容とする生活保護基準の改定及びこれに基づいて老齢加算を減額した保護変更決定につき、生活保護法56条、8条、9条並びに憲法25条に違反しないとされた例((1)事件)と、生活保護法56条に違反するとして、同決定が取り消された例((2)事件)——生活保護老齢加算廃止訴訟（東京・福岡）控訴審判決[(1)東京高判平成22.5.27、(2)福岡高判平成22.6.14]（判例評論（第629号）） 菊池馨実「判例時報」(2111) 2011.7.1 p.148〜153

16076 最新判例演習室 憲法 「国歌斉唱」不起立を理由とする教職員への懲戒処分と思想良心の自由［東京高判2011.3.10］ 三宅裕一郎「法学セミナー」56(8・9)通号680 2011.8・9 p.148

16077 最新判例批評（[2011] 37）労働者災害補償保険法に基づく障害補償給付の基準を定める障害等級表のうち外ぼうの著しい醜状障害の等級について男女間で大きな差が設けられていることは合理的理由なく性別による差別的取扱いをするものとして憲法14条1項に違反するとされた事例［京都地裁平成22.5.27判決］（判例評論（第630号）） 安西文雄「判例時報」(2114) 2011.8.1 p.148〜153

16078 行政判例研究（573・898）住基ネット合憲判決［最高裁判所第一小法廷平成20.3.6判決］ 中岡小名都「自治研究」87(9)通号1051 2011.9 p.131〜145

その他　　　　　　　　　　　　　　　　　　　　　　　　　　判例評釈

16079　刑事関係 平成20.4.11，2小判 1.管理者が管理する，公務員宿舎である集合住宅の1階出入口から各室玄関前までの部分及び門塀等の囲障を設置したその敷地が，刑法130条の邸宅侵入罪の客体に当たるとされた事例 2.各室玄関ドアの新聞受けに政治的意見を記載したビラを投かんする目的で公務員宿舎である集合住宅の敷地等に管理権者の意思に反して立ち入った行為をもって刑法130条前段の罪に問うことが，憲法21条1項に違反しないとされた事例（最高裁判所判例解説──平成20年4，7，8月分 平成21年12月分 平成22年1月分）　山口裕之「法曹時報」63（9）　2011.9　p.2134～2219

16080　最新判例演習室 憲法「君が代」起立斉唱命令と思想・良心の自由［最二小判2011.5.30］　榎木透「法学セミナー」56（10）通号681　2011.10　p.128

16081　最新判例演習室 憲法 靖国神社による合祀と個人（遺族）の宗教上の人格権・政教分離原則［東京地判2011.7.21］　三宅裕一郎「法学セミナー」56（11）通号682　2011.11　p.128

16082　財政法判例研究 海外視察違法公金支出金返還請求事件［平成20.12.18仙台地方裁判所判決］　小新井雅　甲斐素直「会計と監査」62（11）　2011.11　p.43～48

16083　判例研究「君が代」起立斉唱命令と教師の思想・良心の自由［最高裁平成23.5.30第二小法廷判決］　青野篤「大分大学経済論集」63（4）　2011.11　p.169～192

16084　タックス・プラス1 譲渡損失の損益通算の「遡及立法」は合憲［最高裁判所平成23.9.22判決］　藤井茂男「Monthly report」（34）2011.11.1　p.25～31

16085　最新判例演習室 憲法 町が請願の署名簿を使用して行った戸別訪問調査の違法性［岐阜地裁2010.11.10判決］　榎透「法学セミナー」56（12）通号683　2011.12　p.122

16086　最新判例批評（［2011］71）一 刑訴法四〇三条の二第一項と憲法三二条 二 即決裁判手続の制度が虚偽の自白を誘発するか［最高裁平成21.7.14判決］（判例評論（第634号））　金子章「判例時報」（2127）　2011.12.1　p.181～185

16087　刑事判例研究（第146回）監視カメラで撮影された客の画像を遠隔監視する機能を備えた有害図書類販売機が，福島県青少年健全育成条例の規制する「自動販売機」にあたるとされ，それへの有害図書収納を処罰することは合憲であるとされた事例［最高裁平成21.3.9第二小法廷判決］　東雪見「ジュリスト」（1435）　2011.12.15　p.136～140

16088　国旗・国歌起立斉唱命令事件最高裁判決について［最高裁第2小法廷2011（平成23）.5.30判決・最高裁第1小法廷2011（平成23）.6.6判決・最高裁第3小法廷2011（平成23）.6.14判決等］（特集 国際人権判例分析）　水口洋介　国際人権学会［編］「国際人権 ：国際人権法学会報」（23）　2012　p.95～98

16089　判例研究 砂川政教分離（空知太神社）差戻控訴審 ：行政作用たる客観訴訟［札幌高裁平成22.12.6判決］（榊原豊教授退職記念号）　山岸敬子「中京法学」46（3・4）通号132　2012　p.191～199

16090　一票の較差をめぐる「違憲審査のゲーム」：投票価値の平等［最高裁昭和51.4.14判決］（特集 憲法最高裁判例を読み直す）　宍戸常寿「論究ジュリスト」（1）　2012.春　p.41～49

16091　過度広汎性・明確性の理論と合憲限定解釈 ：広島市暴走族追放条例事件判決［最高裁平成19.9.18］（特集 憲法最高裁判例を読み直す）　青井未帆「論究ジュリスト」（1）　2012.春　p.90～99

16092　経済的活動の自由を規制する立法の違憲審査基準 ：森林法事件判決［最高裁昭和62.4.22］（特集 憲法最高裁判例を読み直す）　松本哲治「論究ジュリスト」（1）　2012.春　p.59～65

16093　警察予備隊違憲訴訟 ：政治との距離を図る「方程式」の誕生［最高裁昭和27.10.8判決］（特集 憲法最高裁判例を読み直す）　笹田栄司「論究ジュリスト」（1）　2012.春　p.10～17

16094　刑事裁判例批評（198）裁判員裁判の合憲性［最高裁平成23.11.16大法廷判決］　平良木登規男「刑事法ジャーナル」32　2012　p.134～141

16095　憲法訴訟論とは何だったか，これから何であり得るか（特集 憲法最高裁判例を読み直す）　安念潤司「論究ジュリスト」（1）　2012.春　p.132～140

16096　憲法判例の権威について（特集 憲法最高裁判例を読み直す）　長谷部恭男「論究ジュリスト」（1）　2012.春　p.4～9

16097　公務の民間化と労働基本権 ：公務員関係の自律性は憲法秩序の構成要素か ：名古屋中郵事件判決［最高裁昭和52.5.4］（特集 憲法最高裁判例を読み直す）　中島徹「論究ジュリスト」（1）　2012.春　p.25～32

16098　猿払事件判決と憲法上の権利の「制約」類型［最高裁昭和49.11.6判決］（特集 憲法最高裁判例を読み直す）　阪口正二郎「論究ジュリスト」（1）　2012.春　p.18～24

16099　政教分離規定の憲法判断の枠組み ：空知太神社訴訟［最高裁平成22.1.20判決］（特集 憲法最高裁判例を読み直す）　井上典之「論究ジュリスト」（1）　2012.春　p.125～131

16100　選挙権制約の合憲性審査と立法行為の国家賠償法上の違法性判断 ：在外国民選挙権訴訟［最高裁平成17.9.14判決］（特集 憲法最高裁判例を読み直す）　毛利透「論究ジュリスト」（1）　2012.春　p.81～89

16101　単純個人情報の憲法上の保護 ：住基ネッ

［16079～16101］　　　　　　　　　　　　　　憲法改正 最新文献目録　595

判例評釈　　　　　　　　　　　　　　　　　　　その他

ト訴訟［最高裁平成20.3.6判決］（特集 憲法最高裁判例を読み直す）　小山剛　「論究ジュリスト」（1）　2012.春　p.118〜124

16102　二風谷ダム裁判と国際人権法の活用［札幌地裁平成9.3.27判決］（特集 国内裁判所による人権救済と憲法上の人権・人権条約上の人権：個人通報制度への参加を視野に入れて──日本の裁判所による人権救済と人権条約上の人権）　田中宏　「国際人権：国際人権法学会報」（23）　2012　p.44〜48

16103　日本における国際人権訴訟主要判例一覧（10）　河合正雄　「国際人権：国際人権法学会報」（23）　2012　p.169〜176

16104　ネット時代の名誉毀損・プライバシー侵害と「事前抑制」：北方ジャーナル事件判決［最高裁昭和61.6.11］（特集 憲法最高裁判例を読み直す）　山口いつ子　「論究ジュリスト」（1）　2012.春　p.50〜58

16105　判例研究 一般用医薬品の対面販売を義務付け、インターネット通販 を原則禁止する厚生労働省省令が憲法二二条一項等に違反しないとされた事例（東京地判二〇一〇年三月三〇日、判例時報二〇九六号九頁）　炉山茂樹　「山梨学院大学法学論集」通号69　2012　p.103〜119

16106　判例研究 社会保障法判例 生活扶助の老齢加算の段階的な減額と廃止を内容とする「生活保護法による保護の基準」の改定が、生活保護法3条又は8条2項、さらに憲法25条の規定に違反しないとされた事例［最高裁判所平成24.2.28第三小法廷判決］　新田秀樹　「季刊社会保障研究」48（3）通号198　2012.Win.　p.349〜358

16107　判例評釈 裁判員制度の合憲性［最大判平成23.11.16］　佐藤寛稔　「秋田法学」（53）　2012　p.97〜108

16108　判例評釈 労働者災害補償上の外貌醜状障害に関する男女間格差の合憲性：京都地裁平成22.5.27判決　中島宏　「山形大学法政論叢」（53）　2012　p.40〜23

16109　平等判例における違憲判断と救済方法の到達点：国籍法違憲判決［最高裁平成20.6.4］（特集 憲法最高裁判例を読み直す）　常本照樹　「論究ジュリスト」（1）　2012.春　p.100〜107

16110　郵便法の責任免除・制限規定の合憲性審査：郵便法違憲判決［最高裁平成14.9.11］（特集 憲法最高裁判例を読み直す）　安西文雄　「論究ジュリスト」（1）　2012.春　p.73〜80

16111　学校事務職員必読！ 学校経営の基本判例 都立高校威力業務妨害事件 卒業式におけるビラの配布と表現の自由［最高裁判所第一小法廷判決平成23.7.7］　「学校事務」63（1）　2012.1　p.42〜47

16112　最新判例演習室 憲法 国の保有する文書に対する国民の「知る権利」：沖縄返還「密約」文書開示請求訴訟控訴審判決［東京高判2011.9.29］　三宅裕一郎　「法学セミナー」57（1）通号

684　2012.1　p.126

16113　ザ・税務訴訟 遡及適用の合憲性［最高裁平成23.9.22］　林仲宣　「法律のひろば」65（1）　2012.1　p.60〜61

16114　税務実務への影響をいち早くチェックする！ 最新判例・係争中事例の要点解説（第16回）損益通算の規定を過去の取引にさかのぼり適用をできなくする改正をした立法が遡及立法として違憲ではないかが争われた事案［最高裁第二小法廷平成23.9.30判決］　木山泰嗣　「税経通信」67（1）通号948　2012.1　p.200〜203

16115　租税判例速報 損益通算廃止の年初への遡及が憲法84条の趣旨に反しないとされた事例［最高裁平成23.9.22判決］　弘中聡浩　「ジュリスト」（1436）　2012.1　p.8〜9

16116　判例研究 国籍法違憲判決の検討［最高裁大法廷平成20.6.4判決］　加藤隆之　「亜細亜法学」46（2）　2012.1　p.57〜121

16117　判例研究 署名者に対する個別訪問調査と請願権・表現の自由、プライバシー［岐阜地裁平成22.11.10判決］　中曽久雄　「阪大法学」61（5）通号275　2012.1　p.1245〜1263

16118　最高裁 時の判例 刑事 最高裁判所長官として裁判員制度の実施に係る司法行政事務に関与したことが同制度の憲法適合性を争点とする事件についての忌避事由に当たるか［平成23.5.31決定］　矢野直邦　「ジュリスト」（1437）　2012.2　p.86〜87

16119　最新判例演習室 憲法 裁判員制度の合憲性［最高裁2011.11.16判決］　榎透　「法学セミナー」57（2）通号685　2012.2　p.116

16120　判例研究 和解に基づく選挙区割りの変更と従前の区割りに対する違憲審査：Lawyer v. Department of Justice, 521 U.S. 567（1997）を素材として（土屋英雄教授退職記念号）　青木誠弘，「筑波法政」（52）　2012.2　p.99〜115

16121　最新判例批評（［2012］7）君が代起立命令の合憲性［最高裁平成23.5.30第二小法廷判決］（判例評論（第636号））　土本武司　「判例時報」（2133）　2012.2.1　p.158〜161

16122　最新判決研究 土地建物等の譲渡損失に係る損益通算規定の合憲性（遡及立法の是非）［最高裁平成23.9.30判決］　品川芳宣　「T & A master：Tax & accounting」（437）　2012.2.6　p.21〜37

16123　政教分離原則と民法：靖国合祀取消請求訴訟控訴審判決を素材として［大阪高裁平成22.12.21判決］（法学部創設30周年記念号）　中村哲也　「法政理論」44（2・3）　2012.3　p.1〜25

16124　最新判例演習室 憲法 生活保護法に基づく永住的外国人への生存権保障［福岡高裁2011.11.15判決］　三宅裕一郎　「法学セミナー」57（3）通号686　2012.3　p.122

16125　新判例解説（第380回）裁判員制度の合憲

その他

判例評釈

性に関する大法廷判決［最高裁平成23.11.16判決］ 南部晋太郎 「研修」（765） 2012.3 p.21〜34

16126 租税判例紹介・評釈 土地建物等の譲渡損失に係る損益通算禁止規定の合憲性［最高裁平成23.9.30第二小法廷判決］ 品川芳宣 「税研」 27（5）通号162 2012.3 p.78〜81

16127 判例解説 君が代不起立情報利用停止請求事件 ： センシティブ情報の取扱いに関する憲法問題 ： 横浜地裁平成23.8.31判決判例集未登載 大林啓吾 「季報情報公開個人情報保護」 44 2012.3 p.39〜44

16128 判例研究 最高裁判所長官として裁判官制度の実施に係る司法行政事務に関与したことが同制度の憲法適合性を争点とする事件についての忌避事由に当たるか ： 最大決平成23.5.31判時2131号144頁、判タ1358号92頁 金子章 「横浜国際経済法学」 20（3） 2012.3 p.231〜243

16129 判例研究 葬儀場における抗議デモと表現の自由 ： Snyder v. Phelps, 113 S. Ct. 1207（2011） 奈須祐治 「マイノリティ研究」 7 2012.3 p.79〜97

16130 判例評釈 ラジオ国際放送に対する「放送命令」「放送要請」の違憲性が主張された事例［大阪高判平成22.1.29］ 小倉一志 「商學討究」 62（4） 2012.3 p.165〜186

16131 最新判例批評（［2012］11）衆議院小選挙区選挙における区割基準、区割りおよび選挙運動上の差異の合憲性［最高裁平成23.3.23判決］ 渡辺康行 「判例時報」（2136） 2012.3.1 p.158〜166

16132 最新判例演習室 憲法 後遺障害別等級表における男女格差と法の下の平等［秋田地判2010.12.14］ 榎透 「法学セミナー」 57（4）通号687 2012.4 p.156

16133 最高裁 時の判例 民事 1.消費者契約法10条と憲法29条1項 2.賃貸借契約書に一義的かつ具体的に記載された更新料の支払を約する条項の消費者契約法10条にいう「民法第1条第2項に規定する基本原則に反して消費者の利益を一方的に害するもの」該当性［最高裁平成23.7.15第二小法廷判決］ 森冨義明 「ジュリスト」（1441） 2012.5 p.106〜109

16134 最新判例演習室 憲法 絞首刑の合憲性［大阪地裁判決2011.10.31］ 三宅裕一郎 「法学セミナー」 57（5）通号688 2012.5 p.130

16135 「対話型立法権分有」の法理に基づく「目的効果基準」論の新展開 ： 神奈川県臨時特例企業税条例の合憲性・合法性についての一考察［東京高裁平成22.2.25判決］（大沼邦弘先生古稀祝賀記念論文集） 大津浩 「成城法学」（81） 2012.5 p.416〜368

16136 判例研究 裁判員制度の合憲性 ： 最高裁平成23.11.16大法廷判決 青野篤 「大分大学経済論集」 64（1） 2012.5 p.63〜82

16137 判例研究 衆議院議員選挙・選挙区割り規定の合憲性［最高裁大法廷平成23.3.23判決］ 篠原永明 「法学論叢」 171（2） 2012.5 p.140〜158

16138 刑事関係 1.刑訴法403条の2第1項と憲法32条 2.即決裁判手続の制度が虚偽の自白を誘発するか［平成21.7.14第三小法廷判決］（最高裁判所判例解説 ： 平成21年1, 3, 7, 9, 10, 12月分 平成22年10月分） 「法曹時報」 64（6） 2012.6 p.1442〜1470

16139 憲法（判例回顧と展望 2011） 新井誠 岡田順太 柳瀬昇［他］ 「法律時報」 84（7）通号1048（臨増） 2012.6 p.3〜24

16140 国籍法第12条の規定が憲法第13条及び第14条第1項に違反しないとされた事例について［東京地方裁判所平成24.3.23判決］ 杉谷達哉 「民事月報」 67（6） 2012.6 p.7〜33

16141 最高裁 時の判例 1.刑事裁判における国民の司法参加と憲法 2.裁判員制度と憲法31条、32条、37条1項、76条1項、80条1項 3.裁判員制度と憲法76条3項 4.裁判員制度と憲法76条2項 5. 裁判員の職務等と憲法18条後段が禁ずる「苦役」［最高裁平成23.11.16大法廷判決］ 西野吾一 「ジュリスト」（1442） 2012.6 p.83〜92

16142 最新判例演習室 憲法 在外日本国民の最高裁判所裁判官国民審査権［東京地裁判決2011.4.26］ 榎透 「法学セミナー」 57（6）通号689 2012.6 p.124

16143 最新判例演習室 憲法 非嫡出子の法定相続分に対する違憲決定［大阪高裁2011.8.24決定］ 三宅裕一郎 「法学セミナー」 57（7）通号690 2012.7 p.140

16144 判例研究 納税者にとって不利益な改正税法を、その施行日前から適用することの合憲性 ： 最判平成23.9.30（平成21年（行ツ）第173号、Xら三名対国、更正すべき理由がない旨の通知処分（所得税）取消請求上告事件）裁判所時報1540号323頁 鈴木悠哉 「横浜国際社会科学研究」 17（1） 2012.7 p.55〜66

16145 判例批評 衆議院小選挙区選挙における一人別枠方式等の合憲性［最高裁平成23.3.23判決］ 初宿正典 「民商法雑誌」 146（4・5） 2012.7・8 p.452〜477

16146 判例研究 政教分離からみた宗教法人が行うペット葬儀の税務収益事業該当性［最高裁平成20.9.12判決］ 石村耕治 「独協法学」 2012.8 p.142〜105

16147 労働判例研究（Number 1183）公立学校における教員の起立・斉唱義務と思想・良心の自由（上告審） ： 東京都教委（教員・再雇用等）上告事件［最高裁平成23.5.30判決］ 花見忠 「ジュリスト」（1444） 2012.8 p.124〜127

16148 刑事関係 1. 福島県青少年健全育成条例16条1項にいう「自動販売機」に該当するとされた事例 2. 福島県青少年健全育成条例21条1項、

34条2項（平成19年福島県条例第16号による改正前のもの），35条の規定と憲法21条1項，22条1項，31条［平成21.3.9第二小法廷判決］（最高裁判所判例解説 ： 平成21年3, 6, 7, 11, 12月分）「法曹時報」64（8） 2012.8 p.2125～2152

16149 刑事関係 1. 分譲マンションの各住戸にビラ等を投かんする目的で，同マンションの共用部分に立ち入った行為につき，刑法130条前段の罪が成立するとされた事例 2. 分譲マンションの各住戸に政党の活動報告等を記載したビラ等を投かんする目的で，同マンションの共用部分に管理組合の意思に反して立ち入った行為をもって刑法130条前段の罪に問うことが，憲法21条1項に違反しないとされた事例［平成21.11.30第二小法廷判決］（最高裁判所判例解説 ： 平成21年3, 6, 7, 11, 12月分）「法曹時報」64（8） 2012.8 p.2175～2199

16150 最新判例演習室 憲法 生活保護老齢加算廃止の合憲性［最三小判2012.2.28］ 榎透「法学セミナー」57（8）通号691 2012.8 p.152

16151 実務刑事 判例評釈（case 209）卒業式の開式直前に保護者らに対して大声で呼びかける等し，卒業式の円滑な遂行を妨げた行為について刑法234条に該当し，また同条の罪に問うことが，憲法21条1項に違反しないとされた事例［最高裁平成23.7.7判決］ 三谷真貴子「Keisatsu koron」67（8） 2012.8 p.88～95

16152 租税判例研究（Number 475）憲法84条と遡及［最高裁平成23.9.22判決］ 中里実「ジュリスト」（1444） 2012.8 p.132～135

16153 最新判例批評（［2012］43）長期譲渡所得に係る損益通算を認めないこととした平成一六年法律第一四号による改正後の租税特別措置法三一条の規定をその施行日より前に個人が行う土地等又は建物等の譲渡について適用するものとしている平成一六年法律第一四附則二七条一項と憲法八四条（(1)・(2)事件）［最高裁平成23.9.22判決, 最高裁平成23.9.30判決］（判例評論（第642号）） 大石和彦「判例時報」（2151） 2012.8.1 p.148～154

16154 刑事訴訟法判例研究（31）国民の司法参加・裁判員制度の合憲性［最高裁2011.11.16判決］ 新屋達之「法律時報」84（10）通号1051 2012.9 p.126～129

16155 最高裁 時の判例 刑事 1.刑訴法403条の2第1項と憲法32条 2.即決裁判手続の制度が虚偽の自白を誘発するか［最高裁平成21.7.14判決］ 三浦透「ジュリスト」（1445） 2012.9 p.91～93

16156 最新判例演習室 憲法「国歌斉唱」不起立への懲戒処分に対する裁量統制と思想良心の自由［最高裁2012.1.16判決］ 三宅裕一郎「法学セミナー」57（9）通号692 2012.9 p.126

16157 憲法院二〇〇八年二月二一日裁決第二〇〇八―五六二号（保安監置及び精神障害を理由

とする刑事無答責の宣告に関する二〇〇八年二月二五日の法律第二〇〇八―一七四号） フランス刑事制裁研究会［訳］「法政研究」79（1・2） 2012.10 p.121～135

16158 最高裁 時の判例 刑事 裁判員制度による審理裁判を受けるか否かについての選択権と憲法32条, 37条［最高裁平成24.1.13判決］ 西野吾一「ジュリスト」（1446） 2012.10 p.95～96

16159 最高裁平成23年3月23日大法廷判決雑感 高見勝利「法曹時報」64（10） 2012.10 p.2597～2629

16160 最新判例演習室 憲法 自衛隊情報保全隊の情報収集活動と自己情報コントロール権［仙台地判2012.3.26］ 榎透「法学セミナー」57（10）通号693 2012.10 p.138

16161 社会保障・社会福祉判例研究 在日コリアン無年金高齢者と憲法一四条一項 ： 福岡高判平成23.10.17（判時二一三八号六三頁） 金雪梅「賃金と社会保障」（1572） 2012.10.下旬 p.31～39

16162 最新判例批評（［2012］51）一 消費者契約法一〇条と憲法二九条一項 二 賃貸借契約書に一義的かつ具体的に記載された更新料の支払を約する条項の消費者契約法一〇条にいう「民法第一条第二項に規定する基本原則に反して消費者の利益を一方的に害するもの」該当性［最高裁平成23.7.15判決］（判例評論（第644号）） 後藤巻則「判例時報」（2157） 2012.10.1 p.148～155

16163 合憲限定解釈を用いて画期的な判断！ 厚生年金基金の脱退に関する長野地裁判決の検討と実務への影響［平成24.8.24］ 山本直道「旬刊経理情報」（1328） 2012.10.20 p.46～49

16164 最高裁 時の判例 民事 市が連合町内会に対し市有地を無償で神社施設の敷地としての利用に供している行為の違憲性を解消するための手段として，氏子集団による上記神社施設の一部の移設や撤去等と併せて市が上記市有地の一部を上記氏子集団の氏子総代長に適正な賃料で賃貸することが，憲法89条, 20条1項後段に違反しないとされた事例［最高裁平成24.2.16第一小法廷判決］ 岡田幸人「ジュリスト」（1447） 2012.11 p.91～93

16165 最新判例演習室 憲法 中津川市議会「代読」拒否訴訟控訴審判決 発声障害をもつ議員の発言方法を選択する自己決定権［名古屋高判2012.5.11］ 三宅裕一郎「法学セミナー」57（11）通号694 2012.11 p.128

16166 財政法判例研究 市が連合町内会に対し無償で神社施設の敷地としての利用に供していた市有地につき，その無償提供行為の違憲性を解消するため氏子集団による上記神社施設の一部の移設や撤去等と併せて同市有地の一部を氏子総代長に賃貸することが憲法八九条, 二〇条一項後段に違反しないとされた事例（上）［平成24.2.16最高裁判所］ 柏崎敏義「会計と監査」63

（11）　2012.11　p.48〜51

16167　最新判例演習室 憲法 町が請願の署名簿を使用して行った戸別訪問調査の違法性 ： 控訴審判決［名古屋高裁2012.4.27］　榎透「法学セミナー」57（12）通号695　2012.12　p.126

16168　財政法判例研究 市が連合町内会に対し無償で神社施設の敷地としての利用に供していた市有地につき、その無償提供行為の違憲性を解消するため氏子集団による上記神社施設の一部の移転や撤去等と併せて同市有地の一部を氏子総代長に賃貸することが憲法八九条、二〇条一項後段に違反しないとされた事例（下）［平成24.2.16最高裁判所］　柏﨑敏義「会計と監査」63（12）　2012.12　p.39〜43

16169　判決・ホットレポート 公務員の政治活動規制・言論弾圧に風穴をあけた国公法弾圧二事件最高裁判決［2012.12.7］　加藤健次「法と民主主義」（474）　2012.12　p.68〜71

16170　永住外国人の生活保護申請却下処分取消訴訟［福岡高裁2011（平成23）.11.15判決］（特集 国際人権判例分析）　河野善一郎　国際人権法学会［編］「国際人権 ：国際人権法学会報」（24）　2013　p.81〜83

16171　永住の外国人と生活保護制度・コメント［福岡高裁2011（平成23）.11.15判決］（特集 国際人権判例分析）　葛西まゆこ　国際人権法学会［編］「国際人権 ：国際人権法学会報」（24）　2013　p.84〜87

16172　判例紹介 国家公務員の政治活動 ： 国際人権法の立場から［最高裁判所2012（平成24）.12.7判決〔2件〕］　西片聡哉　国際人権法学会［編］「国際人権 ：国際人権法学会報」（24）　2013　p.134〜136

16173　判例評釈 弁護士会照会と通信の秘密 ： 東京高等裁判所平成22年9月29日判決（平成21年（ネ）第4150号損害賠償請求控訴事件）判時2105号11頁判タ1356号227頁　吉田英男　東海大学短期大学紀要委員会［編］「東海大学短期大学紀要」（47）　2013　p.45〜54

16174　日本における国際人権法の受容 ： 労働の権利をめぐる課題　林陽子「Work & life ：世界の労働」2013（4）通号13　2013　p.2〜8

16175　高等教育機関におけるアファーマティヴ・アクションの合憲性に関する判例法理の現在 ： 転換点としてのFisher v. University of Texas at Austin, 133 S. Ct. 2411（2013）　西條潤「近畿大学工学部紀要. 人文・社会科学篇」（43）　2013　p.13〜141

16176　判例詳報（Number 02）参議院議員選挙と投票価値の平等 ： 参議院議員選挙無効請求事件［最高裁平成24.10.17判決］　工藤達朗「論究ジュリスト」（4）　2013.冬　p.92〜100

16177　生活保護法に基づく永住外国人の生存権保護［福岡高裁平成23.11.15判決］　新・判例解説編集委員会編「新・判例解説watch ：速報判

例解説」13　2013.1　p.289〜292

16178　最新判例演習室 憲法 女性の再婚禁止期間と法の下の平等［岡山地判2012.10.18］　三宅裕一郎「法学セミナー」58（1）通号696　2013.1　p.130

16179　津地鎮祭事件最高裁判決の近時の判例への影響（特集 憲法と判例）　田近肇「法学教室」（388）　2013.1　p.23〜32

16180　はんれい最前線 政治倫理条例の2親等規制に「違憲」の衝撃 ： 本件条例の規定は「経済活動の自由」「議員活動の自由」を制限するもので無効 ： 裁判所［広島高等裁判所平成23.10.28判決］「判例地方自治」（362）　2013.1　p.6〜15

16181　判例における「制度的思考」（特集 憲法と判例）　小島慎司「法学教室」（388）　2013.1　p.13〜22

16182　判例批評 暦年途中における損益通算廃止の憲法八四条適合性［最高裁第一小法廷平成23.9.22判決, 最高裁第二小法廷平成23.9.30判決］　髙橋祐介「民商法雑誌」147（4・5）　2013.1・2　p.409〜432

16183　ロー・フォーラム 裁判と争点 10年参院選に「違憲状態」判決 ： 1票の格差訴訟で最高裁「選挙制度改革を」「法学セミナー」58（1）通号696　2013.1　p.144

16184　最新判例批評（［2013］1）市が連合町内会に対し市有地を無償で神社施設の敷地としての利用に供している行為の違憲性を解消するためにとる手段が、違憲性を解消する合理的で現実的な手段であるとされた事例 ： 砂川政教分離（空知太神社）訴訟第二次上告審判決［最高裁平成24.2.16判決］（判例評論（第647号））　市川正人「判例時報」（2166）　2013.1.1　p.148〜152

16185　家族法最新判例ノート第II期（第20回）女性再婚禁止期間規定の合憲性［岡山地裁平成24.10.18判決］　中川忠晃「月報司法書士」（492）　2013.2　p.87〜93

16186　最新判例演習室 憲法 参議院議員定数配分規定の合憲性 ： 二〇一二年最高裁判決［2012.10.17］　榎透「法学セミナー」（2）通号697　2013.2　p.128

16187　刑事関係 最高裁判所長官として裁判員制度の実施に係る司法行政事務に関与したことが同制度の憲法適合性を争点とする事件についての忌避事由に当たるか［平成23.5.31決定］（最高裁判所判例解説 ： 平成22年10月分 平成23年5月分）「法曹時報」65（3）　2013.3　p.778〜789

16188　最新判例演習室 憲法 国家公務員の政治的行為の禁止と表現の自由 ： 国公法事件上告審判決［最高裁2012.12.7判決］　三宅裕一郎「法学セミナー」58（3）通号698　2013.3　p.130

16189　判例研究 憲法21条1項と威力業務妨害罪 ： 大阪高判平成24年12月12日、判例集未登載

（岡本韶治教授 川端正久教授 田村和之教授 退職記念論集）　石埼学　「龍谷法学」　45（4）　2013.3　p.1551〜1571

16190　判例研究 民法九〇〇条四号但書の合憲性［大阪高等裁判所平成23.8.24決定］　岡山公法判例研究会　「岡山大学法学会雑誌」　62（4）通号220　2013.3　p.729〜745

16191　判例評釈 シク教徒の生徒が宗教上の理由で小刀を公立学校に持ち込むのを制限した教育委員会の決定が，信教の自由を侵害するとして無効とされたカナダ最高裁判所判決（Multani v. Commission scolaire Marguerite—Bourgeoys, [2006] 1 S.C.R. 256, 2006 SCC 6）（八木保夫教授・三浦哲男教授・古田俊吉教授退職記念号）　栗田佳泰　「富大経済論集」　58（2・3）　2013.3　p.445〜462

16192　平成24年1月16日判決における「思想・良心の自由」の意義［最高裁第一小法廷平成24.1.16判決］（最高裁における良心の自由の意義 ： 君が代懲戒処分判決を題材に）　森口千弘　「Law and practice」　（7）　2013.4　p.179〜188

16193　重要判例に学ぶ地方自治の知識 ： 財産管理を怠る事実の違法確認請求事件［最高裁平成22.1.20判決］自治体の行為が政教分離原則に反するか否かが争われた事件（砂川政教分離訴訟）宇佐見方宏　地方自治研究機構編　「自治体法務研究」　（32）　2013.春　p.92〜96

16194　国籍法12条の合憲性［東京地裁平成24.3.23判決］「新・判例解説watch ： 速報判例解説」　12　2013.4　p.31〜34

16195　最新判例演習室 憲法 勾留中の被疑者が弁護人に発信する信書の検査［京都地裁平成2012.4.10判決］　武田芳樹　「法学セミナー」　58（4）通号699　2013.4　p.140

16196　判例講座 起案講義憲法（第1回）最高裁判決を読む　蟻川恒正　「法学教室」　（391）　2013.4　p.112〜122

16197　憲法（判例回顧と展望 2012）　松本和彦 福島力洋　丸山敦裕［他］　「法律時報」　85（6）通号1060（臨）　2013.5　p.3〜20

16198　憲法判例としての国公法二事件上告審判決（小特集 国公法二事件上告審判決の検討）中林暁生　「法律時報」　85（5）通号1059　2013.5　p.62〜66

16199　最新判例演習室 憲法 医薬品のネット販売と憲法二二条一項 ： ケンコーコム事件［最高裁第二小法廷平成25.1.11判決］　斎藤一久　「法学セミナー」　58（5）通号700　2013.5　p.128

16200　判例研究 公職選挙法一四条一項，別表第三の合憲性［最高裁判所大法廷平成24.10.17判決］　前硲大志　「阪大法学」　63（1）通号283　2013.5　p.187〜209

16201　ポスティングと住居侵入罪適用の合憲性 ： 2つの最高裁判決をめぐって［最高裁第二小法廷平成20.4.11判決，最高裁第二小法廷平成21.11.30判決］　曽根威彦　「法曹時報」　65（5）　2013.5　p.1〜25

16202　ロー・フォーラム 裁判と争点 「1票の格差」に違憲判決 ： 12年衆院選，東京高裁「放置看過できず」　「法学セミナー」　58（5）通号700　2013.5　p.140

16203　最高裁判所民事判例研究 民集六五巻四号一七，一八，二〇 公立学校の校長が教職員に対し卒業式等における国歌斉唱の際に起立し国歌を斉唱することを命じた職務命令は憲法一九条に違反しない［平成23.5.30第二小法廷判決，平成23.6.6第一小法廷判決，平成23.6.14第三小法廷判決］　東京大学判例研究会　「法学協会雑誌」　130（6）　2013.6　p.1449〜1501

16204　最新判例演習室 憲法 成年被後見人に対する選挙権制限の合憲性［東京地裁2013.3.14判決］　三宅裕一郎　「法学セミナー」　58（6）通号701　2013.6　p.114

16205　判例研究 民法第900条4号但書前段（非嫡出子の法定相続分区別）の合憲性に関する判例の動向［最高裁大法廷平成7.7.5決定］　遠山信一郎　「中央ロー・ジャーナル」　10（1）通号35　2013.6　p.143〜155

16206　憲法無視の制定法準拠主義（特集 神奈川県臨時特例企業税事件 最高裁判決を考える［最高裁平成25.3.21判決］）　阿部泰隆　「税」　68（7）　2013.7　p.35〜43

16207　最新判例演習室 憲法 市議会定例会における発言による市長に対する名誉毀損［京都地裁平成24.12.5判決］　武田芳樹　「法学セミナー」　58（7）通号702　2013.7　p.108

16208　成年被後見人が選挙権をもたないと定める公職選挙法11条1項1号を違憲無効と判示した東京地裁判決（特集 選挙権訴訟からみた成年後見）　戸波江二　「実践成年後見」　（46）　2013.7　p.37〜49

16209　成年被後見人の選挙権訴訟 違憲判決 ： 東京地方裁判所平成二五年三月一四日判決　杉浦ひとみ　「賃金と社会保障」　（1590）　2013.7.下旬　p.17〜23

16210　判例で学ぶ行政法（第21回）住基ネット制度の合憲性（1）［最高裁平成20.3.6判決］　宇賀克也　「自治実務セミナー」　52（7）通号613　2013.7　p.46〜51

16211　判例の社会的受容と政教分離問題 ： 司法試験・公務員試験参考書を手掛かりとして　藤本頼生　「神道宗教」　（231）　2013.7　p.1〜31

16212　釜ヶ崎威力業務妨害罪事件の憲法的考察 ： 憲法論を踏まえた刑罰法規解釈の手法と実践［平成24.12.12判決］　中川律　「宮崎大学教育文化学部紀要. 社会科学」　（29）　2013.8　p.45〜89

16213　行政判例研究（596・938）市議会議員及び

その他　　　　　　　　　　　　　　　　　　　　　　　　判例評釈

その親族が経営する企業と市との契約を禁止した条例の違憲性と議員に対する警告措置の違法性［広島高等裁判所平成23.10.28判決］　行政判例研究会「自治研究」89（8）通号1074　2013.8　p.126〜135

16214　公法判例研究 遺留分における非嫡出子差別と憲法一四条［名古屋高裁平成23.12.21民三部判決］　石田若菜「法学新報」120（3・4）2013.8　p.419〜450

16215　公法判例研究 生活保護老齢加算廃止訴訟（北九州）上告審判決［最高裁判所第二小法廷平成24.4.2判決］　飯田稔「法学新報」120（3・4）　2013.8　p.393〜418

16216　最高裁 時の判例 民事 公職選挙法14条、別表第3の参議院（選挙区選出）議員の議員定数配分規定の合憲性［最高裁大法廷平成24.10.17判決］　岩井伸晃　上村考由「ジュリスト」（1457）2013.8　p.90〜100

16217　最新判例演習室 憲法 平成24年衆議院議員選挙無効訴訟［広島高裁岡山支部平成25.3.26判決］　斎藤一久「法学セミナー」58（8）通号703　2013.8　p.142

16218　判例で学ぶ行政法（第22回）住基ネット制度の合憲性（2）　宇賀克也「自治実務セミナー」52（8）通号614　2013.8　p.44〜47

16219　ロー・フォーラム 裁判と争点 夫婦別姓訴訟、東京地裁が判決：「憲法上保障されていない」と請求を棄却「法学セミナー」58（8）通号703　2013.8　p.154

16220　最新判例批評（［2013］48）平成二二年七月に施行された参議院選挙区選出議員選挙の選挙区間の一対五・〇〇の投票価値の不平等が、違憲の問題が生じる程度に達しているとされた事例［最高裁大法廷平成24.10.17判決］（判例評論（第654号））　吉川和宏「判例時報」（2187）　2013.8.1　p.148〜152

16221　最高裁 時の判例 刑事 (1) 事件 1.国家公務員法102条1項にいう「政治的行為」の意義 2.人事院規則14−7第6項7号、13号に掲げる政治的行為の意義 3.国家公務員法（平成19年法律第108号による改正前のもの）110条1項19号、国家公務員法102条1項、人事院規則14−7第6項7号、13号による政党の機関紙の配布及び政治的目的を有する文書の配布の禁止と憲法21条1項、31条 4.国家公務員法102条1項、人事院規則14−7第6項7号、13号により禁止された政党の機関紙の配布及び政治的目的を有する文書の配布に当たらないとされた事例 (2) 事件 1.国家公務員法（平成19年法律第108号による改正前のもの）110条1項19号、国家公務員法102条1項、人事院規則14−7第6項7号による政党の機関紙の配布の禁止と憲法21条1項、15条、19条、31条、41条、73条6号 2.国家公務員法102条1項、人事院規則14−7第6項7号により禁止された政党の機関紙の配布に当たるとされた事例［最高裁第二小法廷平成24.12.7判決］　岩崎邦生「ジュリスト」

（1458）　2013.9　p.72〜76

16222　最新判例演習室 憲法 威力業務妨害罪と集団行動の自由［大阪高裁2012.12.12判決］　三宅裕一郎「法学セミナー」58（9）通号704　2013.9　p.110

16223　判例で学ぶ行政法（第23回）住基ネット制度の合憲性（3・完）　宇賀克也「自治実務セミナー」52（9）通号615　2013.9　p.50〜53

16224　禁錮以上の受刑者の選挙権剥奪が合憲とされた事例［大阪地裁平成25.2.6判決］「新・判例解説watch： 速報判例解説」13　2013.10　p.21〜24

16225　戸籍判例ノート（259）民法900条4号ただし書の規定は遅くとも平成13年7月当時において憲法14条1項に違反していたとされた事例［最高裁大法廷平成25.9.4決定］　村重慶一「戸籍時報」（703）　2013.10　p.104〜107

16226　最新判例演習室 憲法 婚姻に際して氏の変更を強制する民法750条の合憲性［東京地裁平成25.5.29判決］　武田芳樹「法学セミナー」58（10）通号705　2013.10　p.108

16227　判例講座 起案講義憲法（第7回）婚外子法廷相続分最高裁違憲決定を読む　蟻川恒正「法学教室」（397）　2013.10　p.102〜114

16228　民法900条4号但書の合憲性の行方　中曽久雄「愛媛大学教育学部紀要」60　2013.10　p.269〜280

16229　最新判例批評（［2013］63）卒業式直前に保護者らに対して大声で呼び掛けを行い、これを制止した教頭らに対して怒号などし、卒業式の円滑な遂行を妨げた行為を、刑法二三四条の罪に問うことが、憲法二一条一項に違反しないとされた事例： いわゆる都立板橋高校事件上告審判決［最高裁第一小法廷平成23.7.7判決］（判例評論（第656号））　秋山栄一「判例時報」（2193）　2013.10.1　p.175〜179

16230　憲法判例百選(1) 第6版　長谷部恭男［編］石川健治［編］宍戸常寿［編］「別冊jurist」49（4）通号217　2013.11　p.1〜242

16231　最高裁大法廷 時の判例 民事 1.民法900条4号ただし書前段の規定と憲法14条1項 2.民法900条4号ただし書前段の規定を違憲とする最高裁判所の判断が他の相続における上記規定を前提とした法律関係に及ぼす影響［最高裁大法廷平成25.9.4決定］　伊藤正晴「ジュリスト」（1460）　2013.11　p.88〜98

16232　最新判例演習室 刑事訴訟法 刑訴法三一六条の一七と憲法三八条一項［最高裁第一小法廷平成25.3.18決定］　豊崎七絵「法学セミナー」58（11）通号706　2013.11　p.114

16233　最新判例演習室 憲法 嫡出でない子の法定相続分を定める民法900条4号但書の合憲性［最高裁大法廷平成25.9.4決定］　斎藤一久「法学セミナー」58（11）通号706　2013.11　p.108

判例評釈　　　　　　　　　　　　　　　　　　　　　その他

16234　最新判例演習室 民法 嫡出でない子の相続
分を嫡出子の二分の一とする民法規定の合憲性
［最高裁大法廷平成25.9.4決定］　松尾弘　「法学
セミナー」 58(11) 通号706　2013.11　p.110

16235　財政法判例研究 租税法上の不確定概念と
通達［最高裁平成22.7.6判決］　甲斐素直　荒川
卓　「会計と監査」 64(11)　2013.11　p.42〜47

16236　判例研究 非嫡出子相続分をめぐる最高裁
平成25年9月4日違憲決定の実務への影響　林仲
宣　「税務弘報」 61(12)　2013.11　p.43〜49

16237　判例研究 「非嫡出子」の法定相続分を
「嫡出子」の2分の1とする民法900条4号ただし
書前段の規定は、遅くとも平成13年7月当時に
おいて、憲法14条1項に違反していたとした事案
： 判時2197号10頁(民集登載予定) ： 平成24年
(ク)第984号、第985号 ： 遺産分割審判に対す
る抗告棄却決定に対する特別抗告事件［平成25.
9.4大決］　大石和彦　「筑波ロー・ジャーナ
ル」 (15)　2013.11　p.111〜123

16238　ロー・フォーラム 裁判と争点 婚外子の相
続差別規定は違憲 ： 最高裁、家族観の変化と
らえ初判断　「法学セミナー」 58(11) 通号706
2013.11　p.122

16239　最新判例批評（[2013] 65) 国籍留保制度
の合憲性［東京地裁平成24.3.23判決］(判例評論
(第657号)）　大竹昭裕　「判例時報」 (2196)
2013.11.1　p.140〜144

16240　刑法九条と憲法三六条の関係について［大
法廷昭和23.3.12判決］(池田節雄教授退職記念
号)　清水晴生　「白鷗大学法科大学院紀要」
(7)　2013.12　p.204〜181

16241　憲法判例百選(2)第6版　長谷部恭男［編］
石川健治［編］　宍戸常寿［編］　「別冊jurist」
49(5)通号218　2013.12　巻頭1p, 244〜470

16242　最高裁 時の判例 民事 1.公立高等学校の
校長が教諭に対し卒業式における国歌斉唱の際
に国旗に向かって起立し国歌を斉唱することを
命じた職務命令が憲法19条に違反しないとされ
た事例【(1)事件】 2.公立高等学校の校長が教
職員に対し卒業式等の式典における国歌斉唱の
際に国旗に向かって起立し国歌を斉唱すること
を命じた職務命令が憲法19条に違反しないとさ
れた事例【(2)事件】 3.公立中学校の校長が教
諭に対し卒業式又は入学式において国旗掲揚の
下で国歌斉唱の際に起立して斉唱することを命
じた職務命令が憲法19条に違反しないとされた
事例【(3)事件】［最高裁平成23.5.30判決 最高
裁平成23.6.6判決 最高裁平成23.6.14判決］　岩
井伸晃　菊池章「ジュリスト」(1461)　2013.
12　p.93〜101

16243　最新判例演習室 憲法 自動車の保有を理由
とする生活保護の利用拒否と生存権［大阪地裁
2013.4.19判決］　三宅裕一郎「法学セミナー」
58(12)通号707　2013.12　p.112

16244　社会保障・社会福祉判例研究 公職選挙法

一一条一項一号の違憲性と成年被後見人選挙権
確認訴訟 ： 東京地判平成二五年三月一四日(賃
社一五九〇号二八頁、判時二一七八号三頁)に
ついて　今川奈緒「賃金と社会保障」 (1599)
2013.12.上旬　p.48〜55

16245　判例研究 国家公務員の政治活動の自由と
その制限 ： 二つの最高裁2012年12月7日第2小
法廷判決(堀越国公法事件 刑集66巻12号1337
頁・世田谷国公法事件 刑集66巻12号1722頁)
松井修視「関西大学社会学部紀要」 45(1)
2013.12　p.139〜157

16246　判例講座 起案講義憲法(第9回)婚外子法
廷相続分最高裁違憲決定を書く(1)平等違反事
案の起案　蟻川恒正「法学教室」(399)
2013.12　p.132〜137

16247　民事法判例研究 婚外子相続分差別違憲決
定［最高裁平成25.9.4決定］　本山敦「金融・商
事判例」(1430)　2013.12.15　p.5〜9

16248　国際人権法と国家公務員の政治的自由 ：
国家公務員法違反事件をもとに［最高裁第二小
法廷 平成24.12.7判決］(特集 国際人権判例分
析)　枝川充志　国際人権法学会［編］「国際人
権 ： 国際人権法学会報」(25)　2014　p.53〜
57

16249　コメント：国際人権法と国家公務員の政
治的自由 ： 国家公務員法違反事件をもとに ：
最高裁第2小法廷2012(平成24)年12月7日判決
(特集 国際人権判例分析)　戸田五郎　国際人
権法学会［編］「国際人権 ： 国際人権法学会報」
(25)　2014　p.58〜61

16250　受刑者選挙権訴訟について ： 大阪地裁
2013(平成25)年2月6日判決 大阪高裁2013(平
成25)年9月27日判決(特集 国際人権判例分析)
大川一夫　国際人権法学会［編］「国際人権 ：
国際人権法学会報」(25)　2014　p.62〜66

16251　刑事判例研究(Number 162)最高裁判所
長官による裁判員制度の実施に係る司法行政事
務への関与と同制度の憲法適合性を争点とする
事件における忌避事由該当性［最高裁大法廷平
成23.5.31決定］　宮木康博「論究ジュリスト」
(8)　2014.冬　p.232〜237

16252　公務員賃金削減は消費税増税の露払い ：
震災復興に乗じた「賃下げ違憲訴訟」をたた
かって(特集 誰もが安心して尊厳をもって働け
るよう団結して運動)　岡部勘市「中小商工業
研究」(121)　2014.秋季　p.102〜105

16253　国籍法違憲判決と政策形成型訴訟　秋葉
丈志「法社会学」(80)　2014　p.243〜276

16254　コメント：受刑者選挙権訴訟について ：
大阪高裁2013(平成25)年9月27日判決(特集 国
際人権判例分析)　河合正雄　「国際人権 ： 国
際人権法学会報」(25)　2014　p.67〜70

16255　配偶者のうち夫にのみ年齢要件を課す遺
族補償年金の合憲性 ： 地公災基金大阪府支部
長(市立中学校教諭)事件［大阪地裁平成25.11.

その他　　　　　　　　　　　　　　　　　　　　　　　判例評釈

25判決］　西和江「季刊労働法」（246）
2014.秋季　p.114〜122

16256　判例研究　社会保障法判例 ： 遺族補償年
金の支給と憲法14条1項［大阪地方裁判所平成
25.11.25判決］　川久保寛「季刊社会保障研究」
50（3）通号205　2014.Win.　p.352〜360

16257　判例研究　嫡出でない子の法定相続分を嫡
出子の二分の一とする民法九〇〇条四号ただし
書前段の規定と憲法一四条一項［最高裁大法廷
平成25.9.4決定］　寺尾洋「公証法学」（44）
2014　p.93〜123

16258　判例紹介　成年被後見人は選挙権を有しな
いとする公選法11条1項1号の合憲性［東京地裁
平成25.3.14判決］　糠塚康江「国際人権 ： 国
際人権法学会報」（25）　2014　p.107〜109

16259　判例詳解（Number 04）婚外子相続分違憲
最高裁大法廷決定［平成25.9.4］　井上典之　幡
野弘樹「論究ジュリスト」（8）　2014.冬　p.
96〜112

16260　最新判例演習室　憲法　出生届における嫡
出でない子の記載と法の下の平等［最高裁第一小
法廷平成25.9.26判決］　武田芳樹「法学セミ
ナー」59（1）通号708　2014　p.118

16261　判例クローズアップ　婚外子法定相続分差
別最高裁大法廷違憲決定［平成25.9.4］　糠塚康
江「法学教室」（400）　2014.1　p.81〜88

16262　判例講座　起案講義憲法（第10回）婚外子
法定相続分最高裁違憲決定を書く（2）平等違反
事案の起案　蟻川恒正「法学教室」（400）
2014.1　p.132〜141

16263　最新判例批評（[2014] 1）成年被後見人は
選挙権を有しないと定めた公職選挙法一一条一
項一号の規定は、憲法一五条一項及び三項、四
三条一項並びに四四条ただし書きに違反し無効
である ： 成年被後見人選挙権確認訴訟第一審
判決［東京地裁平成25.3.14判決］（判例評論（第
659号））　榎透「判例時報」（2202）　2014.1.
1　p.148〜152

16264　行政判例研究（602・950）難民認定を受け
ていたイラン人に対する国立大学附置研究所へ
の入学不許可決定が憲法及び教育基本法に違反
し無効であるとされた事例［東京地方裁判所平
成23.12.19判決］　行政判例研究会「自治研究」
90（2）通号1080　2014.2　p.98〜110

16265　刑事関係 1　国家公務員法（平成19年法律
第108号による改正前のもの）110条1項19号、国
家公務員法102条1項、人事院規則14—7第6項7
号による政党の機関紙の配布の禁止と憲法21条
1項、15条、19条、31条、41条、73条6号 2 国家
公務員法102条1項、人事院規則14—7第6項7号に
より禁止された政党の機関紙の配布に当たると
された事例［最高裁第二小法廷平成24.12.7判
決］（最高裁判所判例解説 ： 平成24年12月分）
「法曹時報」66（2）　2014.2　p.561〜575

16266　刑事関係 1　国家公務員法102条1項にいう

「政治的行為」の意義 2 人事院規則14—7第6項7
号、13号に掲げる政治的行為の意義 3 国家公務
員法（平成19年法律第108号による改正前のも
の）110条1項19号、国家公務員法102条1項、人事
院規則14—7第6項7号、13号による政党の機関紙
の配布及び政治的目的を有する文書の配布の禁
止と憲法21条1項、31条 4 国家公務員法102条1
項、人事院規則14—7第6項7号、13号により禁止
された政党の機関紙の配布及び政治的目的を有
する文書の配布に当たらないとされた事例［最
高裁第二小法廷平成24.12.7判決］（最高裁判所
判例解説 ： 平成24年12月分）「法曹時報」66
（2）　2014.2　p.497〜560

16267　最新判例演習室　憲法　平成二四年衆議議
員選挙無効訴訟［最高裁大法廷平成25.11.20判
決］　斎藤一久「法学セミナー」59（2）通号
709　2014.2　p.118

16268　ロー・フォーラム　裁判と争点　一票の格差
で「違憲状態」判決 ： 2012年衆議院で最高裁、
国会に甘い判断「法学セミナー」59（2）通号
709　2014.2　p.132

16269　憲法の条文見出し ： 法令用語釈義（その
2）　平野敏彦「広島法科大学院論集」（10）
2014.3　p.65〜99

16270　戸籍判例ノート（264）成年被後見人は選
挙権を有しないと定めた公職選挙法11条1項1号
の規定は、憲法15条1項及び3項、43条1項並びに
44条ただし書に違反し、無効である。［東京地裁
平成25.3.14判決］　村重慶一「戸籍時報」
（709）　2014.3　p.84〜86

16271　最新判例演習室　憲法　2013年参議院選挙
無効訴訟と法の下の平等［広島高岡山支2013.
11.28判決］　三宅裕一郎「法学セミナー」59
（3）通号710　2014.3　p.106

16272　財政法判例研究　併給調整条項と憲法第二
五条の立法裁量「金沢市併給調整訴訟」の再考
［金沢地方裁判所平成23.4.22判決］　難波岳穂
「会計と監査」65（3）　2014.3　p.41〜45

16273　社会保障・社会福祉判例　婚外子相続分差
別違憲訴訟・最高裁判所大法廷決定（平成25年9
月4日） ： 平成24年（ク）第984号、第985号 遺
産分割審判に対する抗告棄却決定に対する特別
抗告事件（特集 婚外子に対する差別 ： 寡婦控
除・相続分）「賃金と社会保障」（1605）
2014.上旬　p.30〜38

16274　成年被後見人の選挙権の剥奪と公職選挙
法の合憲性 ： 成年後見制度の意義と東京地裁
判決の検討［2013.3.14］　武川眞固「高田短期
大学紀要」（32）　2014.3　p.15〜26

16275　判例研究　戸籍法49条2項1号の規定のうち
出生の届出に係る届書に嫡出子又は嫡出でない
子の別を記載すべきものと定める部分と憲法14
条1項［最高裁第一小法廷平成25.9.26判決］　西
山千絵「沖縄法学」（43）　2014.3　p.127〜
144

判例評釈　　　　　　　　　　　　　　　　　　　その他

16276　判例研究 戸籍法49条2項1号の規定のうち出生の届出に係る届書に嫡出子又は嫡出でない子の別を記載すべきものと定める部分と憲法14条1項［最高裁第一小法廷平成25.9.26判決］　西山千絵「沖縄法学」（43）　2014.3　p.127～144

16277　判例研究 民法が定める非嫡出子相続分区別制を違憲とした最大決平成25年9月4日について（生田省悟教授退職記念論文集）　山崎友也「金沢法学」56（2）　2014.3　p.165～190

16278　違憲状態とされた1人別枠方式を含む区割のまま行われた衆議院選挙の合憲性［最高裁大法廷平成25.11.20判決］「新・判例解説watch：速報判例解説」14　2014.4　p.35～38

16279　禁錮以上の受刑者の選挙権剥奪が違憲とされた事例［大阪高裁平成25.9.27判決］「新・判例解説watch：速報判例解説」14　2014.4　p.39～42

16280　刑事関係1 刑事裁判における国民の司法参加と憲法［等］［大法廷平成23.11.16判決］（最高裁判所判例解説：平成23年2, 5, 8, 11, 12月分 平成24年5月分）「法曹時報」66（4）　2014.4　p.971～1047

16281　最新判例演習室 憲法 宗教団体に対する報告の要求と信教の自由［東京高裁平成25.10.31判決］　武田芳樹「法学セミナー」59（4）通号711　2014.4　p.132

16282　成年被後見人からの選挙権剥奪が違憲とされた事例［東京地裁平成25.3.14判決］「新・判例解説watch：速報判例解説」14　2014.4　p.11～14

16283　租税判例速報 非嫡出子の相続分に関する民法の定めの違憲と相続税法の違憲［最高裁平成25.9.4決定］　中里実「ジュリスト」（1465）　2014.4　p.8～9

16284　判例クローズアップ 婚外子法定相続分違憲決定［最高裁平成25.9.4決定］　西希代子「法学教室」（403）　2014.4　p.52～59

16285　判例研究 公判前整理手続における被告人の主張明示義務及び証拠調べ請求義務を課した刑訴法316条の17は、自己に不利益な供述を強要するものとはいえず、憲法38条1項に違反するものとはいえないとされた事例［最高裁第一小法廷平成25.3.18決定］　鈴木昭洋「研修」（790）　2014.4　p.19～26

16286　判例講座 起案講義憲法（第11回）不起立訴訟最高裁判決で書く　蟻川恒正「法学教室」（403）　2014.4　p.114～122

16287　民法900条4号ただし書き前段の合憲性［最高裁大法廷平成25.9.4決定］「新・判例解説watch：速報判例解説」14　2014.4　p.23～26

16288　反社会的勢力との預金取引拒絶規定を巡る合憲判決の意義［大阪高裁2013.7.2判決］　田中博章　福栄泰三「金融財政事情」65（16）通号3069　2014.4.21　p.22～25

16289　最新判例演習室 憲法 出会い系サイト規制法の合憲性［最高裁平成26.1.16判決］　斎藤一久「法学セミナー」59（5）通号712　2014.5　p.128

16290　判例研究 教職員に対し卒業式等における起立斉唱を命ずる職務命令の合憲性が争われた訴訟［最高裁第二小法廷平成23.5.30判決］　公法研究会「法学論叢」175（2）　2014.5　p.119～138

16291　判例講座 起案講義憲法（第12回）行為「強制」事案の起案（1）　蟻川恒正「法学教室」（404）　2014.5　p.100～105

16292　憲法（判例回顧と展望 2013）　松本和彦　福島力洋　丸山敦裕［他］「法律時報」86（7）通号1074（臨増）　2014.6　p.3～23

16293　子ども・教育と裁判 判例研究 婚外子法定相続分差別違憲最高裁決定［平成25.9.4］　斎藤一久「季刊教育法」（181）　2014.6　p.114～119

16294　最新判例演習室 憲法 生殖補助医療とリプロダクティブ・ライツ［最高裁平成25.12.10判決］　麻生多聞「法学セミナー」59（6）通号713　2014.6　p.112

16295　判例研究 民法九〇〇条四号但書前段と憲法一四条一項をめぐる非嫡出子の法定相続分問題：最大決平成二五年九月四日金融法務事情一九七八号三七頁（平成二四年（ク）第九八四号・第九八五号遺産分割審判に対する抗告棄却決定に対する特別抗告事件）　百地章　小関康平「日本法學」80（1）　2014.6　p.233～257

16296　判例講座 起案講義憲法（第13回）行為「強制」事案の起案（2）　蟻川恒正「法学教室」（405）　2014.6　p.115～120

16297　判例紹介 政治倫理条例における二親等規制の憲法適合性［最高裁第三小法廷平成26.5.27判決］　上田健介「民商法雑誌」150（3）　2014.6　p.490～495

16298　行政判例研究（607・960）遡及的に長期譲渡所得の損益通算を認めないこととした租税特別措置法附則の合憲性［最高裁判所第一小法廷平成23.9.22判決、最高裁判所第二小法廷平成23.9.30判決］　行政判例研究会「自治研究」90（7）通号1085　2014.7　p.117～131

16299　最新判例演習室 憲法 氏名の変更を強制されない権利と民法750条［東京高裁平成26.3.28判決］　武田芳樹「法学セミナー」59（7）通号714　2014.7　p.128

16300　判例研究 婚外子法定相続分差別規定の違憲性：平成二五年九月四日最高裁大法廷決定（民衆六七巻六号一三二〇頁）　田中佑佳「阪大法学」64（2）通号290　2014.7　p.549～570

16301　判例研究 非嫡出子相続分差別規定違憲決定［最高裁判所平成25.9.4］　飯田稔「亜細亜法

その他　判例評釈

学」49（1）　2014.7　p.43〜101

16302　最新判例批評（［2014］46）嫡出でない子の法定相続分に関する民法九〇〇条四号但し書前段の規定を違憲とする最高裁大法廷決定［平成25.9.4］（判例評論（第665号））　渡邉泰彦「判例時報」（2220）　2014.7.1　p.132〜137

16303　刑事関係 裁判員制度による審理裁判を受けるか否かについての選択権と憲法32条，37条［第二小法廷平成24.1.13判決］（最高裁判所判例解説 ： 平成23年4，7月分 平成24年1，3月分 平成25年2，3，12月分）「法曹時報」66（8）2014.8　p.2317〜2324

16304　刑事関係 卒業式の開式直前に保護者らに対して大声で呼び掛けを行い，これを制止した教頭らに対して怒号するなどし，卒業式の円滑な遂行を妨げた行為をもって刑法234条の罪に問うことが，憲法21条1項に違反しないとされた事例［第一小法廷平成23.7.7判決］（最高裁判所判例解説 ： 平成23年4，7月分 平成24年1，3月分 平成25年2，3，12月分）「法曹時報」66（8）2014.8　p.2301〜2316

16305　最高裁 大法廷 時の判例 民事 衆議院小選挙区選出議員の選挙区割りを定める公職選挙法（平成24年法律第95号による改正前のもの）13条1項，別表第1の規定の合憲性［最高裁大法廷平成25.11.20判決］　岩井伸晃　林俊之「ジュリスト」（1470）　2014.8　p.64〜72

16306　最新判例演習室 憲法 市議会議員政治倫理条例における2親等規制の合憲性［最高裁第三小法廷平成26.5.27判決］　斎藤一久「法学セミナー」59（8）通号715　2014.8　p.146

16307　判例研究 平成二四年衆議院議員選挙における選挙区割規定の合憲性［最高裁大法廷平成25.11.20判決］　公法研究会「法学論叢」175（5）　2014.8　p.109〜131

16308　最新判例批評（［2014］53）投票価値の平等と司法審査の限界 ： 二〇一二年衆議院議員総選挙定数訴訟大法廷判決［最高裁平成25.11.20判決］（判例評論（第666号））　倉田玲「判例時報」（2223）　2014.8.1　p.132〜136

16309　刑事判例研究（458）「刑法及び刑事訴訟法の一部を改正する法律」（平成22年法律第26号）附則第3条第2項が，施行の時点で現に公訴時効が進行中の強盗殺人罪についても同法改正後の刑訴法第250条第1項を適用して公訴時効を廃止することにしたことは，遡及処罰の禁止を定めた憲法第39条前段やその趣旨に反しないとされた事例［名古屋高裁平成26.4.24判決］　東山太郎「警察学論集」67（9）　2014.9　p.183〜192

16310　最高裁 時の法令 刑事 卒業式の開式直前に保護者らに対して大声で呼び掛けを行い，これを制止した教頭らに対して怒号するなどし，卒業式の円滑な遂行を妨げた行為をもって刑法234条の罪に問うことが，憲法21条1項に違反しないとされた事例［最高裁第一小法廷平成23.7.7

判決］　小森田恵樹「ジュリスト」（1471）2014.9　p.96〜99

16311　最新判例演習室 憲法 基地騒音訴訟初の自衛隊機飛行差止め命令［横浜地裁平成26.5.21判決］　麻生多聞「法学セミナー」59（9）通号716　2014.9　p.114

16312　判例研究 憲法14条と民法900条4号但書：平成25年9月4日最高裁大法廷決定　中648久雄「愛媛法学会雑誌」40（3・4）　2014.9　p.87〜110

16313　判例紹介 選挙無効確認訴訟における憲法上の主張の可否［最高裁第二小法廷平成26.7.9決定］　山岸敬子「民商法雑誌」150（6）　2014.9　p.753〜759

16314　判例紹介 逃亡犯罪人引渡法の憲法三一条適合性［最高裁第二小法廷平成26.8.19決定］渡辺賢「民商法雑誌」150（6）　2014.9　p.775〜780

16315　民法900条4号ただし書前段の合憲性と違憲判断の効力について ： 非嫡出子相続分差別規定違憲訴訟最高裁決定をめぐって　横尾日出雄「Chukyo lawyer」（21）　2014.9　p.29〜51

16316　最新判例批評（［2014］58）戸籍法四九条二項一号の規定のうち出生の届出に係る届書に「嫡出子」と「嫡出でない子」の別を記載すべきものと定めることは，憲法一四条一項に反しないか（消極）［最高裁平成25.9.26判決］（判例評論（第667号））　君塚正臣「判例時報」（2226）　2014.9.1　p.132〜136

16317　遺族補償年金受給資格につき配偶者のうち夫のみにある年齢要件が，違憲とされた事例［大阪地裁平成25.11.25判決］「新・判例解説watch ： 速報判例解説」15　2014.10　p.19〜22

16318　最新判例演習室 憲法 地方公務員の争議行為に対する制約の合憲性［札幌地裁平成26.3.26判決］　武田芳樹「法学セミナー」59（10）通号717　2014.10　p.122

16319　人格と虚像 ： 君が代起立斉唱事件判決を読み直す［最高裁平成23.5.30判決］　堀口悟郎「慶應法学」（30）　2014.10　p.37〜69

16320　出会い系サイト規制法上のインターネット異性紹介事業届出制度が憲法21条1項に違反しないとされた事例［最高裁平成26.1.16判決］「新・判例解説watch ： 速報判例解説」15　2014.10　p.23〜26

16321　刑事訴訟法判例研究（45）刑訴法316条の17と憲法38条1項 ： 公判前整理手続における被告人に対する主張明示等の義務付けは黙秘権保障に反するか［最高裁第一小法廷平成25.3.18決定］　関口和徳「法律時報」86（12）通号1079　2014.11　p.148〜151

16322　最新判例演習室 憲法 生活保護法に基づく外国人の生存権保障［最高裁第二小法廷平成26.

〔16302〜16322〕　　　　　　　　　　　　　　　　　　　　　憲法改正 最新文献目録　605

7.18判決〕 斎藤一久 「法学セミナー」 59
(11) 通号718 2014.11 p.100

16323 年少者の逸失利益算定に関する男女間格
差について ： 自賠責支払基準の違憲性に関す
る一考察 日野一成 「損害保険研究」 76(3)
通号296 2014.11 p.81〜101

16324 最新判例演習室 憲法 高裁段階で初めてヘ
イトスピーチに対する損害賠償が認められた事
例〔大阪高裁2014.7.8判決〕 麻生多聞 「法学セ
ミナー」 59(12)通号719 2014.12 p.106

16325 憲法判例の現状と憲法学説の課題（司法制
度改革後の公法判例と公法学説） 小山剛 「公
法研究」 (77) 2015 p.50〜72

16326 憲法判例の展開 ： 司法制度改革以降を中
心に（司法制度改革後の公法判例と公法学説）
市川正人 「公法研究」 (77) 2015 p.1〜25

16327 判例考察 「君が代」斉唱と憲法19条 ： 最
高裁判決平成23年5月30日第二小法廷判決 横
手逸男 「湘北紀要」 (36) 2015 p.135〜145

16328 公務員賃下げ違憲訴訟判決をどうみる
か？ ： 不当判決を乗り越え、東京高裁での逆
転勝訴を！〔東京地裁2014.10.30棄却〕 加藤健
次 「国公労調査時報」 (625) 2015.1 p.1〜14

16329 最新判例演習室 憲法 タクシー事業に対す
る運賃規制の合憲性〔福岡地裁平成26.5.28決
定〕 武田芳樹 「法学セミナー」 60(1)通号
720 2015.1 p.114

16330 財政法判例研究 生活扶助の老齢加算廃止
と憲法〔最高裁第二小法廷平成24.4.2判決〕 甲
斐素直 「会計と監査」 66(1) 2015.1 p.37〜
45

16331 判例講座 起案講義憲法 (第17回) 行為「強
制」事案の起案(3) 蟻川恒正 「法学教室」
(412) 2015.1 p.135〜140

16332 はんれい最前線 窓口職員の説明ミスで国
家賠償請求!? ： 自治体職員は事前相談を受け
るたび、対象の条例等が違憲・違法か調査する
義務まで負わない ： 裁判所〔東京高裁平成26.
1.30判決〕「判例地方自治」 (388) 2015.1
p.6〜10

16333 最新判例批評（〔2015〕1）遺族補償年金の
受給にあたり夫にのみ年齢要件を付加している
ことは憲法一四条一項に違反し無効であるとさ
れた事例〔大阪地裁平成25.11.25判決〕（判例評
論（第671号）） 嵩さやか 「判例時報」
(2238) 2015.1.1 p.148〜152

16334 最高裁大法廷 時の判例 民事 公職選挙法
14条,別表第3の参議院（選挙区選出）議員の議
員定数配分規定の合憲性〔最高裁大法廷平成26.
11.26判決〕 岩井伸晃 市原義孝 「ジュリス
ト」 (1476) 2015.2 p.66〜77

16335 最新判例演習室 憲法 平成25年参議院議
員選挙無効訴訟〔最高裁大法廷平成26.11.26判
決〕 斎藤一久 「法学セミナー」 60(2)通号

721 2015.2 p.110

16336 全青司 憲法研究特別委員会 群馬の森 追
悼碑 ： 設置期間更新申請不許可処分 取消請求
事件 中林和典 「月報全青司」 (418) 2015.2
p.3〜8

16337 判例講座 起案講義憲法 (第18回) 行為「強
制」事案の起案(4) 蟻川恒正 「法学教室」
(413) 2015.2 p.108〜113

16338 ロー・フォーラム 裁判と争点 13年参院
選、また「違憲状態」 ： 一票の格差めぐり最高
裁判決、抜本的な制度改正求める 「法学セミ
ナー」 60(2)通号721 2015.2 p.124

16339 最新判例演習室 憲法 刑事収容施設法下に
おける死刑確定者の外部交通権〔大阪地裁平成
26.11.14判決〕 麻生多聞 「法学セミナー」 60
(3)通号722 2015.3 p.122

16340 酒税法第7条及び第9条の憲法適合性（前川
邦生教授,清家伸彦教授退職記念号） 髙沢修一
「経営論集」 (28・29) 2015.3 p.121〜133

16341 判例研究 Masson v. New Yorker
Magazine, Inc., 501 U.S. 496 (1991) ： 名誉
毀損訴訟における原告の言明を被告が意図的に
改変することは、その改変が原告の言明によっ
て伝達された意味の実質的な改変とならない限
り、New York Times Co. v. Sullivan (376 U.
S. 254, 279〜80 (1964).) の目的にとって被告
が虚偽であることを知っていたことにならず、
現実の悪意 (actual malice) が成立しないとさ
れた事例 藤田尚則 「創価法学」 44(3)
2015.3 p.173〜204

16342 判例講座 起案講義憲法 (第19回) 行為「禁
止」事案の起案(1) 蟻川恒正 「法学教室」
(414) 2015.3 p.111〜117

16343 判例評釈 民法750条の合憲性〔東京高裁平
成26.3.28判決〕（岡本博志先生退職記念論文集）
植木淳 「北九州市立大学法政論集」 42(2-4)
2015.3 p.297〜312

16344 京都府風俗案内所の規制に関する条例に
よる風俗案内所の営業禁止区域が憲法22条1項
に違反し、無効とされた事例〔京都地裁平成26.
2.25判決〕「新・判例解説watch ： 速報判例解
説」 16 2015.4 p.15〜18

16345 最高裁 時の判例 民事 戸籍法49条2項1号
の規定のうち出生の届出に係る届書に嫡出子又
は嫡出でない子の別を記載すべきものと定める
部分と憲法14条1項〔最高裁第一小法廷平成25.
9.26判決〕 清水知恵子 「ジュリスト」
(1478) 2015.4 p.77〜80

16346 最新判例演習室 憲法 老齢加算廃止京都訴
訟上告審判決〔最高裁第一小法廷平成26.10.6判
決〕 武田芳樹 「法学セミナー」 60(4)通号
723 2015.4 p.132

16347 判例講座 起案講義憲法 (第20回) 行為「禁
止」事案の起案(2) 蟻川恒正 「法学教室」

その他　　　　　　　　　　　　　　　　　　　　　　　　　　判例評釈

(415)　2015.4　p.98〜106

16348　身近な家族法知識(第25回)国籍法12条が憲法14条1項に違反しないと判示した最高裁平成27年3月10日第三小法廷判決について　安達敏男　吉川樹士「戸籍時報」(724)　2015.4　p.50〜53

16349　憲法(判例回顧と展望 2014)　松本和彦　福島力洋　丸山敦裕[他]「法律時報」87(6)通号1086(臨増)　2015.5　p.3〜29

16350　最新判例演習室 憲法 平成25年東京都議会議員選挙無効訴訟[最高裁平成27.1.15判決]　斎藤一久「法学セミナー」60(5)通号724　2015.5　p.116

16351　判例講座 起案講義憲法(第21回)行為「禁止」事案の起案(補論)　蟻川恒正「法学教室」(416)　2015.5　p.94〜100

16352　ロー・フォーラム 裁判と争点 民法の2規定を憲法判断へ : 最高裁、夫婦別姓などを大法廷回付「法学セミナー」60(5)通号724　2015.5　p.3

16353　最高裁 時の判例 民事 国籍法12条と憲法14条1項[最高裁第三小法廷平成27.3.10判決]　寺岡洋和「ジュリスト」(1481)　2015.6　p.65〜67

16354　最新判例演習室 憲法 労組活動を問う職員アンケートの団結権侵害を認めた大阪地裁判決[2015.1.21判決]　麻生多聞「法学セミナー」60(6)通号725　2015.6　p.116

16355　最新判例演習室 憲法 国務大臣に関する疑惑の報道と名誉毀損[東京地裁平成27.1.29判決]　武田芳樹「法学セミナー」60(7)通号726　2015.7　p.124

16356　最新判例批評([2015]34)インターネット異性紹介事業を利用して児童を誘引する行為の規制等に関する法律七条一項、三二条一号所定の罰則を伴う届出制度の合憲性[最高裁第一小法廷平成26.1.16判決](判例評論(第677号))岡田幸史「判例時報」(2256)　2015.7.1　p.145〜148

16357　最新判例演習室 憲法 暴力団員排除規定を定める市営住宅条例の合憲性[最高裁第二小法廷平成27.3.27判決]　斎藤一久「法学セミナー」60(8)通号727　2015.8　p.116

16358　最新判例批評([2015]38)株主会員制のゴルフ場会社及びその運営団体が性別変更を理由に入会及び株式譲渡承認を拒否したことに対して、憲法一四条一項及び国際人権B規約二六条の趣旨から公序良俗に反し違法であるとして損害賠償を認められるか(積極)[静岡地裁平成26.9.8判決](判例評論(第678号))　君塚正臣「判例時報」(2259)　2015.8.1　p.144〜150

16359　行政判例研究(621・982)公職選挙法一四条・別表第三の参議院(選挙区選出)議員の議員配分規定の憲法一四条一項適合性[最高裁平成

24.10.17判決]　行政判例研究会「自治研究」91(9)通号1099　2015.9　p.122〜139

16360　最新判例演習室 憲法 国籍留保制度を規定する国籍法12条と憲法14条の関係・国籍確認請求事件[最高裁第三小法廷平成27.3.10判決]　麻生多聞「法学セミナー」60(9)通号728　2015.9　p.124

16361　渉外家事事件判例評釈(49)国籍法12条が憲法14条1項に違反しないとされた事例[最高裁平成27.3.10判決]　横溝大「戸籍時報」(730)　2015.9　p.16〜23

16362　戦後史で読む憲法判例(21)「国政調査権」と浦和事件　山田隆司「法学セミナー」60(9)通号728　2015.9　p.71〜78

16363　刑事判例研究 区分審理制度は憲法三七条一項に違反しないとされた事例[最高裁第三小法廷平成27.3.10判決]　鈴木一義「法学新報」122(5・6)　2015.10　p.77〜104

16364　公法判例研究(61)非現業公務員組合のチェック・オフを廃止する条例改正の合憲性[大阪地裁平成23.8.24判決]　東北大学公法判例研究会「法學 : the journal of law and political science」79(4)　2015.10　p.424〜429

16365　戸籍判例ノート(283)国籍法12条と憲法14条1項[最高裁第三小法廷平成27.3.10判決]　村重慶一「戸籍時報」(731)　2015.10　p.71〜73

16366　最新判例演習室 憲法 風俗案内所に対する距離制限の合憲性[大阪高裁平成27.2.20判決]　武田芳樹「法学セミナー」60(10)通号729　2015.10　p.124

16367　税法基本判例を再読する(第7回)医療費控除の合憲性[最高裁昭和53.10.26判決]　税法基本判例研究会「税」70(10)　2015.10　p.145〜150

16368　最新判例批評([2015]48)公職選挙法一四条、別表第三の参議院(選挙区選出)議員の議員定数 配分規定の合憲性[最高裁大法廷平成26.11.26判決](判例評論(第680号))　高作正博「判例時報」(2265)　2015.10.1　p.132〜136

16369　市営住宅条例規定のうち、入居者が暴力団員であることが判明した場合において市営住宅の明渡しを請求することができる部分の定めと憲法14条1項および22条1項[最高裁第二小法廷平成27.3.27判決](NBL判例紹介(No.54))「NBL」(1060)　2015.10.15　p.69〜71

16370　最近の判例 Burwell v. Hobby Lobby Stores, Inc., 134 S. Ct. 2751 (2014) : 非公開企業の所有者の宗教的信条に反する避妊方法を従業員に提供する健康保険に含めるよう要求する連邦法は企業の信教の自由を侵害するとされた事例「アメリカ法」2015(1)　2015.11　p.139〜144

16371　最高裁 時の判例 民事 1.西宮市営住宅条

判例評釈　　　　　　　　　　　　　　　　　　　その他

例（平成9年西宮市条例第44号）46条1項柱書き
及び同項6号の規定のうち, 入居者が暴力団員で
あることが判明した場合に市営住宅の明渡しを
請求することができる旨を定める部分と憲法14
条1項 2.西宮市営住宅条例（平成9年西宮市条例
第44号）46条1項柱書き及び同項6号の規定のう
ち, 入居者が暴力団員であることが判明した場
合に市営住宅の明渡しを請求することができる
旨を定める部分と憲法22条1項［第二小法廷平成
27.3.27判決］　廣瀬孝 「ジュリスト」（1486）
2015.11　p.70～73

16372　最新判例演習室 憲法 君が代再雇用等不合
格事件［東京地裁平成27.5.25判決］　堀口悟郎
「法学セミナー」 60(11)通号730　2015.11　p.
124

16373　最新判例演習室 憲法 脱原発テントと表現
の自由［東京地裁平成27.2.26判決］　斎藤一久
「法学セミナー」 60(12)通号731　2015.12　p.
110

16374　生活保護法における不利益処分と稼働能
力活用要件の憲法適合的解釈について ： 静岡
エイプリル・フール訴訟控訴審判決（本号27頁）
を受けて（特集 静岡市生活保護稼働能力訴訟・
控訴審［東京高裁2015.7.30判決］）　笹沼弘志
「賃金と社会保障」（1648）　2015.12.下旬　p.9
～26

16375　民事関係 戸籍法49条2項1号の規定のうち
出生の届出に係る届書に嫡出子又は嫡出でない
子の別を記載すべきものと定める部分と憲法14
条1項［第一小法廷平成25.9.26判決］（最高裁判
所判例解説 ： 平成25年7, 9月分 平成26年2月
分）「法曹時報」 67(12)　2015.12　p.3804～
3833

608　憲法改正 最新文献目録　　　　　　　　　　　　〔16372～16375〕

著者名索引

著者名索引

【あ】

IMF-JC組織総務
　局　　03102, 03108,
　　　　13225, 13235
相川 貴文　　01662
愛敬 浩二　　00219,
　　　　01201,
　　01211, 01236,
　　01338, 01366,
　　01382, 01390,
　　01539, 01814,
　　01834, 02262,
　　02354, 02361,
　　02373, 02402,
　　02972, 04267,
　　04290, 04520,
　　04598, 04636,
　　04721, 05241,
　　05283, 05423,
　　05451, 05558,
　　05583, 05660,
　　05873, 05874,
　　05906, 06103,
　　06152, 06154,
　　07099, 07440,
　　07819, 08340,
　　11677, 11806,
　　11809, 11826,
　　11832, 11959,
　　12171, 14714
鮎京 正訓　　03498,
　　　　14129,
　　14182, 14202,
　　14214, 14233
アイケンベリー, G.
　ジョン　　01797,
　　　　08050
相澤 理　　00663
相沢 幸悦　　07703
相沢 伸広　　03176
会沢 恒　　01962,
　　02031, 15052
相澤 宏明　　00914,
　　　　01075,
　　06865, 06995
相沢 正雄　　03275,
　　　　03283
相澤 奥一　　03787
會津 明郎　　00711,
　　　　00756,

01863, 03948,
　07182, 07210,
　08267, 08319
愛知 和男　　08407
愛知 松之助　　15242
愛知県高等学校教
　職員組合退職者
　の会　　00575
愛知憲法学習研究
　会　　00408
愛知県立大学外国
　語学部　　02165
愛知淑徳大学文学
　部論集編集委員会
　　　　10935
愛知大学大学院
　　　　10938
相野谷 安孝　　07325,
　　　　10240,
　12295, 12467,
　12641, 12644
アイバス出版編集
　部　　03844
阿江 善春　　12472
青井 秀夫　　15149
青井 未帆　　00217,
　00441, 01087,
　01113, 01688,
　01700, 01712,
　02092, 03837,
　04351, 04693,
　05117, 05238,
　05295, 05451,
　05454, 05693,
　05950, 06033,
　06063, 06128,
　06302, 06411,
　07173, 07559,
　07561, 07562,
　07879, 07898,
　08054, 08447,
　08605, 08672,
　08693, 08702,
　08949, 09176,
　11173, 11193,
　12068, 13382,
　13606, 14002,
　14379, 14420,
　14470, 15235,
　15480, 15485,
　15490, 15496,
　15502, 15509,
　15514, 15518,
　15521, 15528,
　15530, 15534,

15542, 15547,
　15551, 15555,
　15557, 15564,
　15569, 15571,
　15574, 15577,
　15581, 15585,
　15588, 16091
青木 理　　07242,
　11457, 11493
青木 宏治　　00071,
　　　　02089,
　10897, 13020,
　13078, 14750
青木 茂雄　　12975
青木 誠弘　　14400,
　　　　16120
青木 節子　　08232
青木 高夫　　03793,
　　　　04075
青木 信夫　　04780
青木 紀　　12211
青木 みか　　07284,
　　　　07657
青木 康國　　14571
青木 大和　　00393
青木 玲　　07761
青島 顕　　08654
青竹 美佳　　11732
青砥 清一　　03275,
　　　　03283
青砥 恭　　13079
青野 篤　　02157,
　　　　04879,
　13948, 15926,
　16083, 16136
青野 透　　13093
青野 友信　　14662
青柳 馨　　00449
青柳 幸一　　00452,
　01140, 01664,
　02516, 03895,
　08820, 08868,
　08886, 09291,
　09292, 09925,
　10180, 10207,
　10225, 10391,
　10412, 10428,
　10467, 11189,
　11207, 11836,
　14529, 15072
青柳 茂行　　06333
青柳 卓弥　　02019,
　　　　02158,
　02195, 02265

青柳 武彦　　05253,
　　　　06696
青柳 知敏　　11430
青山 悦子　　15250
青山 薫　　12424
青山 武憲　　00304,
　01939, 01989,
　02081, 02137,
　04175, 04176,
　04220～04223,
　04276～04279,
　04308～04310,
　04331～04334,
　　　　04350,
　04367～04369,
　04407～04409,
　04617～04619,
　04716～04719,
　04826, 05087,
　05088, 05101,
　05106, 10034,
　11095, 11113,
　11383, 11602,
　11901, 11914,
　14352, 14368
青山 治城　　01383
青山 浩之　　14611
青山 悠　　13253,
　　　　13264
青山 豊　　01099,
　01375, 01804
青山学院大学大学
　院経済学・法学・
　経営学三研究科
　　　　09776
赤井 朱美　　09743
赤池 一将　　09778
赤江 達也　　10719
赤川 理　　02532,
　　　　12861,
　12866, 12902
赤川 次郎　　04533
赤木 智弘　　07820
赤坂 幸一　　00288,
　00289, 00487,
　00490, 00492,
　00496, 00528,
　02477, 03817,
　12123, 13374,
　13526, 13742,
　14317, 15000
赤坂 正浩　　02661,
　11808, 14564
赤坂 太郎　　04735,

あかさ 著者名索引

13681	秋山 圭 00604	浅田 訓永 02071,	葦名 ふみ 00940
赤坂 正浩 00055,	秋山 賢三 12029	03613,	芦部 信喜 00056,
00062, 00063,	秋山 昭八 09281,	10426, 15872	00242, 00456,
00197, 00198,	10199	浅田 正彦 05291,	00571, 00572
00338, 00341,	秋山 豊寛 09182	07056,	アジミ, ナスリー
01330, 01627,	秋山 直人 10516	15033, 15054	ン 03813
02643, 02739,	秋山 浩之 04579	浅野 一郎 00135,	「明日を拓く」編集
07029, 08799,	秋山 正臣 13138,	13403	委員会 09654
08827, 08843,	13180,	浅野 一弘 05025	飛鳥井 行寛 12687
08845, 08862,	13182, 13183,	浅野 健一 11351,	梓澤 和幸 04820,
08879, 11028,	13192, 13196,	11378	05632,
11409, 11810,	13198, 13204,	浅野 考平 12931	11304, 11397,
15559, 15842	13207, 13212,	浅野 史郎 09639,	14095, 14349
赤澤 史朗 10003	13219, 13226,	13599, 14743	アズマ カナコ
明石 昇二郎 12831	13232, 13234	浅野 宜之 02974,	01732
明石 康 07450	秋山 昌廣 08024,	03002,	東 史彦 03627
阿形 充規 09086,	08064	03010, 03126	東 ちづる 01715
14997	穐山 守夫 08833,	淺野 博宣 00234,	東 浩紀 04391,
県 幸雄 13695,	13068,	01087,	04462,
13978	14497, 14886	01113, 01560,	04535, 04888
安形 義弘 12721	秋山 靖浩 12174	08871, 08947,	東 裕 01149, 03286,
赤塚 不二夫 03788	秋山 義昭 00118	11026, 11905	03347, 03381,
上妻 崇史 14181	秋吉 澄子 12677	浅野 富美枝 15205	03490, 03529,
赤根 智子 14202	阿久澤 麻理子	浅野 正彦 13588	03593, 03594,
赤星 俊一 12164	09083,	浅野 有紀 09068,	03626, 03628,
赤松 宏一 14677	09615, 09694	10014	03643, 03864,
赤松 正雄 08366	阿久津 博康 04601	浅野 善治 04238,	03955, 04978
赤松 良子 15158	阿久津 嘉子 12830	06612,	畔上 勝彦 05818
赤嶺 政賢 06214,	阿久戸 光晴 03847,	06695, 13462,	畔上 佳枝 12115
08773	07165, 09147,	13465, 13483,	アセンシオ・サンチ
阿川 尚之 00644,	10891, 10892	13512, 14607	ェス, ミゲル・ア
02143, 02181	明田川 融 00666,	朝日 健二 09229,	ンヘル 03546
秋池 宏美 13048	08768	12291, 12361,	麻生 多聞 01099,
秋田 仁志 14586	明戸 隆浩 11552	12479, 12521,	01203,
秋田 浩之 05197	あごら新宿	12548, 12658,	01514, 01850,
秋田 真志 11926	07332～07340,	12698, 14313	03914, 05688,
秋田雨雀土方与志	09475, 11606,	朝日 健太郎 01427	06137, 07127,
記念青年劇場	12551～12559	朝日新聞政治部取	07152, 07301,
00080	浅井 イゾルデ	材班 05034	07322, 07488,
秋田大学教育文化	07631	朝日新聞論説委員	07623, 07859,
学部編集委員会	浅井 一男 05198	室 00100	12329, 13370,
10627	浅井 基文 01869,	莇 昭三 04543	16294, 16311,
秋田弁護士会	01897, 05008,	浅見 徹 11671	16324, 16339,
04135	05090, 06023,	アジア・太平洋人権	16354, 16360
秋庭 稔男 07113	07628, 07896	情報センター	阿曽沼 明裕 10876
秋場 善彌 06864	浅井 義弘 15758	03027,	足立 哲 00150
秋葉 丈志 02142,	浅尾 慶一郎 04873,	09564～09568	足立 英彦 09953
08887,	13762	味岡 修 07110	安達 栄司 12101
15083, 16253	浅岡 慶大 02575	味岡 徹 03269	安達 和志 10897
秋葉 忠利 04086,	浅川 公紀 01952,	芦川 淳 08781	安達 光治 10998
04706, 04733,	08600	足木 孝 09571	安達 敏男 10344,
04741, 04746,	浅川 茂実 12776	芦澤 政治 15870	16348
04754, 04774,	浅川 千尋 00209,	芦田 淳 03345,	安立 直徳 09039
04781, 04787,	00430, 06763,	03364,	足立 英郎 04260,
07034, 07042	08912, 11976	03404, 03462,	12896
秋元 一峰 08396	浅川 博忠 04404	03474, 03568,	足立 政喜 06803
秋元 大輔 06710,	麻木 久仁子 01725	03578, 03617,	新 出 13084
08066	浅倉 むつ子 10191	03637, 03644,	新 正幸 08818,
秋元 司 04645	麻妻 和人 15854,	03669, 03672,	08932,
秋元 照夫 11866	15910	03710, 03714	14301, 14308
秋山 栄一 16229	浅田 和茂 04268	芦田 均 03807	アッカーマン, ブ

著者名索引　　あんと

ルース 01376	天川 晃 00646	新井 誠 00067,	15495, 15500,
アッカマン, ブルー	天木 直人 05318,	00164, 00280,	15508, 15513,
ス 01455, 01804	06380, 06425,	00391, 01081,	15517, 15520,
熱田 敬子 05723	07620, 07968	01088, 01303,	15524, 15533,
アリシア, アドセ	天野 聖悦 00304,	01630, 01928,	15540, 15546,
ラ 01819	00392, 00491,	02011, 02036,	15550, 15776,
穴澤 太市 15505	04283, 11346	02490, 02755,	15781, 15790,
姉崎 洋一 12963,	天野 恵一 05720,	02819, 02857,	16196, 16227,
12989	06795	02957, 07942,	16246, 16262,
阿比留 瑠比 06872	天野 嘉子 00755	09015, 11324,	16286, 16291,
阿武野 勝彦 11183	雨宮 処凛 05477,	11609, 11701,	16296, 16331,
阿部 晃 06433	05719, 05814,	11707, 13445,	16337, 16342,
阿部 和義 04858	08513, 09163,	13459, 13520,	16347, 16351
安部 圭介 00116,	11299, 11954,	13683, 13830,	有澤 知子 10288
02176, 02227,	12404, 13599	14317, 14762,	有田 謙司 13304
08935, 10599	網中 政機 00026,	14922, 14931,	有田 伸弘 12864
阿部 健一 11880,	00027,	15922, 15976,	有田 匡 10205
11881	00336, 13491	16018, 16036,	有田 芳生 11551
阿部 浩己 05249,	雨倉 敏廣 00877,	16063, 16139	有馬 俊一 06873
05251,	13796	新井 穣 09755	有馬 尚経 06905,
07556, 09409,	雨宮 昭一 00376	新井 隆一 00769	06921
09520, 09552,	雨宮 達也 05049,	新垣 進 09935	有馬 保彦 06294
09601, 09622,	07749	新垣 勉 07142,	有本 章 13101
09648, 09658,	「アメリカ史研究」	08461	有吉 晶子 12594
09703, 09741,	編集委員会	あらかわ かずしげ	アレクサンダー, ロ
09863, 14685	02023	04156	ビン 07778,
阿部 康次 09816	天羽 絢子 06606	荒川 卓 16235	07781
阿部 重夫 11461	綾部 六郎 01393	荒川 麻里 02642,	アワー, ジェームス
阿部 純一 08159	鮎川 一信 08639	03673	E 08572
阿部 純子 02243	新井 章 06018,	荒川 讓 05592	淡路 智典 09958,
安部 祥太 03145,	07316,	荒川 庸生 11067,	14487
03167	07319, 12194,	11120	粟田 紀江 12535
安倍 晋三 04866,	12322, 12323,	荒木 和博 08549	粟野 宏 10922
04916, 06477,	12347, 12372,	荒木 隆人 03315,	粟原 富夫 08709
06514, 06669,	12464, 14577	03646	晏 英 03178
06985, 08358	新井 敦志 09021	荒邦 啓介 00901,	アン ギョソン
阿部 竹松 01910,	荒井 英治郎 12998	00985,	10651
01914, 01921,	新井 勝紘 00887,	07511, 14066	庵 悟 12153
01929, 01986,	00915,	新崎 盛暉 08353,	安 世鴻 11305
02001, 02005	00917, 00982	08761, 08771	安斎 育郎 03921
阿部 照哉 01216,	新井 京 08643,	荒野 泰典 00303	安齋 紗保理 12762
03285,	09566	荒牧 央 04778	安斎 隆 04130
07025, 08800	洗 建 14305	荒谷 卓 07465,	安西 文雄 00251,
阿部 俊哉 08419	荒井 純二 12379,	08296	01087,
阿部 菜穂子 12876	12396, 12564	荒山 徹 10839	01113, 01128,
阿部 直哉 02147	洗 堯 08516,	蟻川 恒正 01188,	01142, 01254,
阿部 德幸 09936,	08523, 08530	01289,	01263, 01280,
12649	荒井 達夫 12627	01292, 01595,	01343〜01345,
阿部 裕 05859	新井 勉 01429	01596, 01783,	01767,
安倍 宏行 11482	荒井 敏行 15678	04048, 07935,	10402, 10641,
安部 富士男 09494	新井 直樹 09035,	07936, 09094,	10743, 10759,
安部 万年 03297,	09120,	10011, 10320,	10761, 15199,
03299, 03308	11153, 14903	10363, 10583,	16077, 16110
阿部 満 02273	新井 信之 01909,	11202, 11204,	安西 慎男 15658
阿部 泰隆 11934,	03866, 09335,	11209, 11213,	安次 富浩 07307
12041, 16206	10250, 10430	11296, 11308,	安全保障問題研究
安保 公人 08188,	荒井 文昭 13031,	11321, 11766,	会 08477
08564, 08606,	13034,	11831, 11960,	安藤 明 03370,
08610, 15082	13082, 15705	14195, 14282,	03372
安保 英賢 06345	荒井 真 02633	14484, 15110,	安藤 馨 01643
		15484, 15489,	安藤 慶太 08402

613

安藤 仁介　09561,
　　09571, 09618,
　　09785, 10643
安藤 高行　00053,
　　00293,
　　02340, 08835,
　　08938, 08955,
　　08971, 08996,
　　09009, 09032,
　　09089, 10573,
　　10772, 12086,
　　14696, 14908
安藤 博　07487,
　　12446, 12608
安藤 寛之　13112
安藤 実　05762
安藤 ヨイ子　09706
安念 潤司　00217,
　　00441, 03898,
　　03929, 05057,
　　09435, 09713,
　　11698, 11736,
　　11841, 11842,
　　11915, 11966,
　　11972, 12742,
　　12753, 12765,
　　12785, 13119,
　　13925, 14210,
　　14217, 14584,
　　15268, 15269,
　　15273, 16095
安保 克也　04064,
　　08226, 08568
安保 佳代子　01537

【い】

李 京柱　03110,
　　03148, 03195,
　　03204, 04806
イ シャンフン
　　06670
李 省展　05476
李 東治　03104
李 富栄　07919
イ ヘション　03154
李 範俊　02990
伊井 和彦　06281,
　　07265
飯 考行　14109
飯尾 潤　06847,
　　13480
飯島 勲　11485
飯島 勝彦　00379
飯島 滋明　00543,
　　01099, 03988,
　　04483, 04886,
　　05152, 05204,

05285, 06155,
06289, 06291,
06293, 07151,
07189, 07204,
07208, 07268,
07520, 07648,
08176, 09856,
09883, 09971,
10129, 11922,
12575, 12619
飯島 淳子　14818
飯塚 篤　12953
飯塚 一幸　13508
飯塚 和之　10024
飯塚 恵子　05043
飯泉 嘉門　04654
飯田 敬輔　11749,
　　15061
飯田 順三　03036
飯田 進　03746,
　　05766
飯田 泰士　04142,
　　04155,
　　04166, 05010
飯田 稔　15927,
　　15983, 16027,
　　16215, 16301
飯田 美弥子　04161,
　　05775
飯野 賢一　10023,
　　10026,
　　10648, 10708,
　　10829, 15979,
　　16001, 16047
猪野 積　13161,
　　13167
飯野 豊秋　12124
飯室 勝彦　04816,
　　07274
飯山 敏道　10683
家 正治　06059
イェシュテット, マ
　ティアス　02492
家永三郎生誕100年
　記念実行委員会
　　12849
家平 悟　12463
五百旗頭 薫　00649
五百旗頭 真　07517,
　　08641
伊賀 カズミ　05496,
　　08991,
　　11020, 11035,
　　11158, 13122
五十嵐 一郎　13498
五十嵐 仁　01062,
　　04209, 04920,
　　05695, 07680,
　　13033, 13712
五十嵐 敬喜　04127,
　　12520

五十嵐 滝　15625,
　　15626,
　　15672, 15674
五十嵐 徹　11288
五十嵐 宙　07895,
　　09776
五十嵐 正博　07546,
　　13905
碇 建人　08704
伊川 正樹　14608
生田 周二　02605
生田 武志　10305
井口 和起　10558
井口 秀作　00785,
　　00822, 00869,
　　01176, 01611,
　　04225, 04359,
　　04370, 04380,
　　04486, 04705,
　　05321, 05346,
　　05355, 05361,
　　05363, 05404,
　　06381, 13460,
　　13461, 15020
井口 文男　00515,
　　00516, 03518,
　　03614, 04234
池内 了　10942
池尾 靖志　08575
池上 彰　00052,
　　00066,
　　00372, 00461,
　　03999, 04003,
　　04007, 04009,
　　04014, 04021,
　　04024, 04026,
　　04028, 04036,
　　04038, 04041,
　　04045, 04047,
　　04052, 04053,
　　04056, 04058,
　　04061, 04063,
　　04066, 04077
池上 洋通　04661,
　　04671, 04682,
　　04690, 07237,
　　07583, 14702,
　　14708, 14855,
　　14889, 14890,
　　14892, 14911,
　　14915, 14917
池住 義憲　09787
池添 徳明　10522
池田 五律　08099,
　　08505
池田 和彦　12254
池田 和弘　11552
池田 香代子　04037,
　　05677,
　　06318, 07369,
　　07804, 07805

池田 恭平　12818
池田 賢市　15284,
　　15772
池田 晴奈　02850,
　　02856,
　　02888, 02890,
　　02907, 02934,
　　11710, 16051
池田 十吾　08383
池田 考司　15715
井下田 猛　14819
池田 辰夫　14351
池田 哲之　12968,
　　12983,
　　13019, 13020
池田 年穂　01926
池田 直樹　09834,
　　10421
池田 晴奈　02904
池田 浩士　02494,
　　07021, 07683
池田 眞規　07048,
　　07138
池田 真理子　06116
池田 実　00260,
　　03360, 03397,
　　04335, 04927,
　　05853, 06560,
　　06626, 06761,
　　13698, 13791
池谷 秀登　12259
池坊 保子　06931
池端 忠司　09008,
　　15884
池原 毅和　10309
池辺 晋一郎　07705
池村 正道　00206
池本 今日子　03280
池谷 薫　06422
池谷 知明　03693,
　　03704,
　　03705, 03707,
　　03708, 13756
牛駒 俊英　00465
諌山 仁美　04751
伊澤 昌弘　05857
井沢 元彦　00993,
　　01084, 07185,
　　07946, 11477
伊沢 ユキエ　11312
石井 逸郎　11125,
　　11132
石井 夏生利　09048,
　　11636, 11659
石井 啓一　04967,
　　06052
石井 研士　10668
石井 幸祐　07441
石井 隆　10410
石井 拓児　10913,

	12989
石井 忠雄	09461
石井 徹哉	11647,
	11653,
	11656, 11660
石井 正敏	00303
石垣 義昭	04062,
	06400, 07926
石川 明	00192,
	00238
石川 逸子	04012
石川 巖	05501
石川 健治	00442,
	00564, 01105,
	01161, 01164,
	01181, 01187,
	01193, 01202,
	01532, 01566,
	01891, 03892,
	03912, 04051,
	05236, 05398,
	06193, 06298,
	09141, 10211,
	10214, 10217,
	11040, 11435,
	11681, 11828,
	11832, 12083,
	12617, 14142,
	14382, 14464,
	14532, 14536,
	14595, 14943,
	14999, 15056,
	15070, 15460,
	16230, 16241
石川 多加子	00179,
	02858,
	10844, 10899,
	12055, 13965
石川 夏子	01315
石川 元也	10179
石川 康宏	00087,
	04083, 05486,
	05631, 07058,
	10305, 12705,
	14846, 15739
石川 裕一郎	01182,
	01656,
	01752, 02922
石川 喩紀子	07884,
	12883
石倉 瑞恵	03576
石倉 康次	12578
石河 康国	00821,
	04208, 05512
石坂 悦男	10968,
	11391, 11395
石坂 啓	04402,
	04769, 15289
石崎 和彦	11303
石崎 誠也	13078
石埼 学	01109,

	01136, 01214,
	01798, 03916,
	08215, 08218,
	08220, 08798,
	08855, 08936,
	08946, 09063,
	09099, 09183,
	11031, 11052,
	11895, 16189
石澤 淳好	01628,
	01741
石澤 三郎	00223
石島 弘	12106
石塚 章夫	14274
石塚 さとし	05679,
	05683,
	06229, 06232
石塚 迅	02979,
	02986, 03019,
	03062, 03164,
	03205, 08898
石塚 伸一	09545
石塚 壮太郎	02659
石塚 智佐	01270
石塚 二葉	03217
石月 静恵	15171
石田 明義	08574,
	16054
石田 淳	01424
石田 宇則	12335
石田 一紀	12198
石田 憲	00582,
	00998, 01058
石田 賢二	12621
石田 信平	02433,
	10028
石田 雄	01501
石田 徹	03105
石田 倫識	03092
石田 法子	15255
石田 榮仁郎	04224,
	13917, 14188
石田 博文	06339
石田 眞	01120
石田 正夫	09095
石田 勇治	04011,
	04582
石田 隆至	15654
石田 亮	13318
石田 若菜	10264,
	16214
石平 春彦	14680
石堂 常世	02806,
	10682
石鍋 美津子	14180,
	14252
石ノ森 章太郎	
	00422
石破 茂	04663,
	04908,
	06660, 06663,

	07403, 08021,
	08043, 08425
石橋 映二	14711
石橋 英敏	15785
石橋 みちひろ	
	08599
石原 俊	10915,
	10936
石原 崇	09789
石原 剛志	12701
石原 信雄	04130
石原 弘紀	01243
石原 昌家	07686
石村 修	00014,
	00306, 00420,
	00879, 01447,
	01471, 02476,
	02574, 02665,
	03142, 03365,
	03932, 07544,
	08154, 09166,
	10005, 11944,
	13504, 14544,
	14685, 15055,
	15859, 16009
石村 耕治	02278,
	02329,
	10086, 10089,
	10403, 10597,
	11666, 14611,
	14613, 16146
石村 善治	05475,
	07273, 07332
石本 伸晃	00098
石森 久広	02485,
	02651, 02674,
	02675, 02712,
	02763, 14679
石山 久男	04318,
	05275,
	07162, 07164,
	08344, 13038,
	13042, 13061
移住労働者と連帯	
する全国ネット	
ワーク	09786,
	09881, 10684
井尻 千男	06504
石渡 和実	10159
石渡 眞理子	07803
出石 稔	14984,
	14994
井筒 高雄	05206,
	05954
和泉 江利	09026,
	09029
和泉 貴志	05607,
	05653
泉 徳治	09383,
	10347,
	13767, 14102,
	14251, 14262

泉 宏	05217, 05227,
	06534, 14050
泉澤 章	07545,
	11129
伊瀬 聖子	04689
伊勢崎 賢治	05019,
	05220, 05248,
	05254, 05281,
	06222, 06229,
	06398, 07114,
	07358, 07359,
	07366, 07869
井芹 浩文	04809,
	04846, 04950
磯井 美葉	09817
礒崎 陽輔	04986,
	05219, 11441
磯野 太俊	13457
五十畑 隆	08451
磯部 力	14699
磯村 晃	02752
磯村 篤範	15035
井田 敦彦	14058
井田 匡彦	13931
伊田 浩之	05840
井田 洋子	02811,
	10748
板倉 聖宣	03763
一井 昭	10858
一井 泰淳	09902,
	09903
市川 章人	15282
市川 正二	13557,
	13559, 13563
市川 須美子	10520,
	10534, 10571,
	13030, 15847
市川 哲夫	07868
市川 直子	02914,
	08833, 14742
市川 はるみ	12997
市川 正人	00177,
	00274, 00298,
	00432, 01150,
	01170, 01552,
	01799, 01800,
	02242, 08726,
	08848, 10003,
	10014, 11011,
	11166, 11527,
	11581, 13299,
	14104, 14177,
	14347, 14359,
	14408, 14465,
	14533, 15956,
	16184, 16326
市川 芳治	03333,
	11211,
	11215, 11534
市来 信弥	14952

615

いちく　　　　　　　　　　　著者名索引

一倉 重美津　03724
市毛 由美子　10400
市田 忠義　04289,
　　05744, 07740
市野川 容孝　12787
市原 義孝　16334
一政 祐行　08398
市村 彰　13171
市村 真一　07018
市村 均
　　03867～03869
市村 充章　13829
いちむらみさこ
　　12429
一色 正春　08356
イッポリート, ダーリオ　03633
逸村 弘美　13041
出田 阿生　11037
井戸 謙一　12694
伊藤 晃　04032
伊藤 朝日太郎
　　05890,
　　05914, 15971
伊藤 惇夫　04725
伊藤 氏貴　04534,
　　09486
伊藤 英一　11516
伊藤 和子　01946,
　　03357,
　07940, 08984,
　09599, 09603,
　09604, 09623,
　09624, 09629,
　09631, 09642,
　09650, 11185
伊藤 一頼　01404,
　09747, 15037
伊東 乾　10652
伊藤 貫　06478
伊藤 恭子　09684
伊藤 潔志　10832
伊藤 光一　00555,
　　00637, 15163
伊藤 公一　01216,
　　10878
伊東 浩司
　　03867～03869
伊藤 悟　14611
伊藤 周平　04884,
　　12186,
　12190, 12277,
　12340, 12353,
　12750, 12751
伊藤 潤　08305
伊藤 純子　02134,
　02876, 02877,
　11524, 11859
伊藤 勧　00320
伊藤 高史　10952

伊藤 建　14568
伊藤 千尋　03659,
　04013, 07223,
　07233, 07635,
　14495, 15202
伊藤 剛　01470
伊藤 哲夫　00568,
　　00638, 00989
伊藤 俊行　05129
伊藤 智永　04255
伊藤 成彦　03158,
　　04008,
　05526, 05587,
　06355, 07434,
　07812, 07813,
　07815, 07816,
　07906, 08230,
　08236, 08291,
　12515, 14038
伊藤 述史　00137
伊藤 博　07972
伊藤 博文
　00617～00622,
　00628～00633
伊藤 宏之　00923
伊藤 真　00091,
　00111, 00160,
　00196, 00201,
　00296, 00351,
　00418, 00439,
　00508, 00530,
　00534, 00535,
　01045, 01425,
　01620, 01712,
　01745, 02585,
　03750, 03812,
　03867～03869,
　03966, 04140,
　04141, 04148,
　04186, 04213,
　04257, 04395,
　04429, 04645,
　04679, 04814,
　04817, 04885,
　04902, 04912,
　05157, 05312,
　05540, 05391,
　05393～05395,
　05700, 05869,
　05882, 05886,
　05909, 06079,
　06317, 06367,
　06842, 07104,
　07205, 07232,
　07387, 07405,
　07867, 07886,
　07950, 08194,
　09263, 09393,
　09987, 11427,
　12330, 12441,
　12566, 13540,
　13594, 13684,
　13692, 13856,

　14141, 14707,
　15260, 15272,
　15287, 15293,
　15294, 15298,
　15302, 15308,
　15313, 15318,
　15327, 15329,
　15334, 15356,
　15428, 15696,
　15703, 15732,
　15755, 15772
伊藤 正次　02124,
　　13730, 14958
伊東 正人　15766
伊藤 正晴　16231
伊藤 正己　00009
伊藤 光隆　12977
伊東 基彦　13181
伊藤 泰　14015
伊藤 恭彦　04180
伊藤 幸男　14663
伊藤 之雄　01026,
　　07033
伊藤 洋一　02866,
　　09844
伊藤 義一　15966
伊藤 涼月　01315
伊藤 玲子　02148
伊藤博文文書研究
　会
　00617～00622,
　00628～00633
伊奈 久喜　08200
稲 正樹　00014,
　　02982,
　03061, 05138,
　07280, 08792
稲垣 治　07391
稲垣 久和　01835,
　03936, 04152,
　05918, 07136
稲垣 浩　12156
稲垣 豊　12490
稲垣 吉博　11535,
　　11649
稲垣 玲奈　14634
稲次 寛　07888,
　　09189,
　13080, 15262
稲積 重幸　10058
稲田 朋美　04357,
　04877, 06635,
　09306, 10701
稲田 雅文　12593
稲継 裕昭　02133,
　　13188
稲葉 暉　05021
稲葉 剛　12813
稲葉 実香　00290,
　02842, 03335

稲葉 光行　15743
稲福 日出夫　11033
稲嶺 進　05021,
　　12467
稲村 守　06340,
　　06353
犬飼 公一　12625
犬塚 博英　05161
犬伏 由子　11855,
　　11856
犬丸 勝子　05448
イヌマル ミツカ
　　05448
井上 愛彩　05875
井上 亜紀　03544,
　　12456
井上 恵美子　15651
井上 薫　10346,
　10698, 14150,
　14151, 14220
井上 和彦　06594,
　　08406
井上 一洋　02125,
　02299, 10291
井上 一之　09397
井上 協　08392
井上 清成　12302
井上 圭一　07706
井上 敬介　01340
井上 幸希　11216,
　　11269
井上 聡　02074
井上 哲士　13607,
　　13936
井上 茂男　06899,
　　06900
井上 修一　02884,
　　10593
井上 章一　06891
井上 伸　06267,
　　06411
いのうえ しんぢ
　　11285
井上 泰司　12212
井之上 大輔　10595
井上 武史　00518,
　　01765,
　02815, 02899,
　02920, 02951,
　03475, 03494,
　04050, 07000,
　09284, 11594,
　11600, 11601,
　11605, 12346,
　14728, 14868,
　15788, 16000
井上 達夫　00083,
　00094, 01327,
　06742, 08804
井上 太郎　08480
井上 寿一　01339,

著者名索引　いわみ

13753, 15080
井上 知樹　08833
井上 伸　05774
井上 典之　00025,
00121,
00507, 00894,
00933, 00969,
01005, 01194,
01210, 01217,
01372, 01387,
01613, 02483,
03967, 09198,
09258, 09456,
09457, 09922,
10145, 10596,
11002, 11370,
11409, 11675,
11764, 11770,
11786, 11787,
11790, 11802,
11836, 12228,
12412, 12413,
13121, 13654,
13744, 14139,
14339, 14860,
15801, 15867,
15875, 15883,
16099, 16259
井上 ひさし　00037,
00254, 00597,
01086, 03830,
07636, 07638
井上 英夫　07150,
07327, 07342,
07343, 07345,
07351, 11725,
12126, 12138,
12197, 12318,
12376, 12470,
12546, 12592,
12603, 12717,
12809, 12825
井上 弘美　05786
井上 富貴　14863,
14963
井上 真　03244
井上 正信　05581,
07141,
07159, 08655
井上 美穂　15159
井上 圭章　07902
井上 禎男　11631,
15807, 15818,
15827, 15834,
15844, 15855,
15861, 15873,
15882, 15888,
15896, 15909
井上 義治　10241,
10261
井上 義久　13688
井上 嘉仁　11070,

11143,
11811, 11837
井上 亘　00942
猪木 武徳　10771
井口 克郎　13300
猪口 孝　01797,
08050
井口 博充　07566
猪瀬 直樹　06930
猪又 忠徳　09563
伊波 洋一　05175,
07325, 08435
井端 正幸　04346,
05342,
08010, 08212,
08739, 08754
茨木 尚子　12234
茨城大学人文学部
10024
荊木 美行　06876,
06906
茨城の思想研究会
07616
井樋 三枝子　02152,
11194
井深 雄二　12851
指宿 信　11923,
11969, 15743
井堀 哲　10703
今井 功
00363〜00365
今井 和昌　05135,
08338, 08357,
08410, 08424,
08473, 08478,
08510, 08514
今井 けい　15169
今井 証三　07129,
10859
今井 直　09575,
09777
今井 一　01444,
04092,
05417, 05485
今井 久夫　00721,
06609
今井 弘道　10444,
10446,
10449, 10452
今井 真士　03525,
03567, 13765
今井 真士　00936
今井 康博　07370
今井 有理　07830
今井 良幸　00465
今泉 克　07174
今泉 慎也　03174
今泉 勝　13185〜13189,
13193,
13194, 13203

今川 奈緒　10270,
12816,
12941, 16244
今関 源成　02881,
10900,
11983, 14198
今谷 賢二　15659
今宮 謙二　04573
今村 圭介　03697
今村 嗣夫　10685
今村 都南雄　14672
今村 哲也　02336,
03635,
11008, 14070
今村 洋史　05148
今村 稔　05508,
05836
今本 啓介　15993
移民政策学会編集
委員会　09760
林 智奉　03080
井村 了介　07831
「イラク派兵差止訴
訟」原告弁護団有
志チーム　07367
五十子 敬子　09930
入井 凡乃　02663,
14545
入稲福 智　03389
入澤 充　13079
医療・福祉問題研究
会　12717,
12718, 16048
色川 大吉　00627,
00669
岩井 和由　00208,
00400, 14243
岩井 淳　10692,
10713
岩井 奉信　13694
岩井 伸晃　13690,
16216, 16242,
16305, 16334
岩井 英典　12152,
14134
岩井 史彦　07102
岩壁 宜子　10223
岩壁 義光　01031
岩上 安身　04820
岩上 修　12635
岩切 大地　02353,
02356,
02382, 02471,
12072, 15541,
15693, 15709
岩切 紀史　02510,
11027
岩隈 道洋　03491
岩倉 秀樹　11187,
11359

岩合 光昭　03766
岩佐 卓也　04862
岩狹 匡志　08895
岩佐 英夫　04903
岩浅 昌幸　08858
岩﨑 邦生　16221
岩﨑 貞明　11256
いわさき ちひろ
00037
岩﨑 美紀子　14748
岩﨑 稔　00181
岩﨑 佳孝　02145,
02200
岩澤 聡　03413,
03473
岩沢 雄司　09658,
09725,
09761, 10187,
14367, 15558
岩志 和一郎　15115
岩瀬 正則　06805
岩田 温　01353,
06458, 09302
岩田 正美　12233
岩田 行雄　07279,
07287,
07292, 07593,
07614, 07645
岩谷 十郎　01384
岩月 浩二　04580,
15093,
15094, 15108
岩永 資隆　09154
岩波 薫　02366,
13342
岩波書店　06861,
07341, 09831,
10519, 10567,
10930, 11565,
12231〜12238,
12908
岩波書店編集部
07096
岩根 邦雄　07932
岩野 英夫　00794,
00958, 01040
岩橋 昭廣　10910
岩橋 祐治　13312
岩原 義則　10124
岩渕 美克　13774
岩間 昭道　00246,
01103, 01213,
04253, 04669,
05286, 06972,
09079, 12414
岩間 一雄　01415,
01769,
04490, 12339
岩見 隆夫　04446
岩岬 修　13271

617

著者名索引

岩村 正彦 02822
岩本 一郎 01145,
03586, 08842,
09158, 10209
岩本 里織 12738
岩本 潤一 10635
岩本 誠吾 07448,
07515
岩本 正光 06352
岩屋 毅 07495
尹 健次 15307
殷 勇基 11574
尹 竜沢 08823
尹 龍澤 03028,
03038,
09248, 09921

【う】

ウィーラマント
リー, C.G.
00320
上神 貴佳 13549,
13586, 13641
上仮屋 尚 13157
植木 淳 00894,
00933, 01980,
02050, 02371,
03989, 10140,
10299, 10422,
10436, 11150,
11382, 12154,
12239, 12672,
12702, 13054,
15237, 15809,
15907, 16343
植木 千可子 07369
植木 俊哉 15059,
15079, 15080
上杉 聰 06917
上杉 慎吉 00660
上杉 隆 01686,
01691, 01692
上杉 孝實 09084
上杉 利則 05536
上田 晶子 08003
うえだ あや 07336
植田 和弘 12656
上田 勝美 03835,
03838,
03841, 03842,
03846, 06357,
07280, 07286
上田 啓策 01303
上田 健介 01156,
01306,
02343, 02459,

02550, 04049,
13367, 13369,
13751, 13983,
13987, 14801,
15009, 15721,
15783, 16297
上田 耕一郎 05506,
08044
上田 幸夫 13083
上田 伸治 10956
上田 隆之 01419
植田 徹也 09948
上田 宏和 01779,
02140,
02167, 02283
上田 正一 00354,
03748
植田 保二 05502
上田 令子 14252
上地 聡子 08740
上出 浩 01961,
10461
上野 建一 05510,
05518, 05528,
05772, 05854,
06371, 06624
上野 千鶴子 00181,
01878,
05465, 06417
上野 輝将 05298
上野 英詞 08374
上野 大樹 02156
上野 正道 12928
植野 妙実子 00101,
02798,
02805, 02870,
02929, 02938,
02944, 04466,
05644, 05903,
05908, 12871,
14322, 14438
上野 竜太朗 06597
上原 紀美子 12209
上原 盛毅 07135
上原 久志 07363
上原 公子 05929,
14763
植松 健一 00532,
01693,
02500, 02579,
02588, 02604,
02624, 02744,
02745, 04181,
04560, 05130,
05183, 05692,
07304, 11050,
11238, 12329,
12663, 13251,
13427, 13655,
13920, 14847
植村 和秀 02496

植村 勝慶 00007,
00240,
00347, 00455,
02469, 09098
上村 貞美 11603,
11611,
11908, 14329,
14381, 14439
上村 静 00438
植村 隆生 09324
上村 達男 01120,
11687
植村 哲 13158,
13168,
13172, 13179
植村 秀樹 08046,
14055
上村 都 09019,
14332,
16018, 16063
上柳 敏郎 05177
上山 和樹 12262
上山 春平 07697
上山 勤 05961
植山 光朗 11317
ウェルチ, デイヴィ
ッド・A. 08056
魚住 昭 04847
ウォリン, シェルド
ン・S. 01905
宇賀 克也
10069～10071,
15889, 16210,
16218, 16223
鵜飼 健史 01849
鵜海 未祐子 02293
宇賀神 直 11013
烏賀陽 弘道 11064,
11106, 13308
宇川 春彦 15306
浮田 徹 15123
右崎 正博 00179,
00184,
00406, 05945,
06055, 08659,
08674, 08675,
08699, 09997,
10021, 10955,
10975, 11167,
11259, 11323,
11331, 11338,
11344, 15267
宇佐見 大司 03934
宇佐美 誠 12538
宇佐見 方宏 14730,
14924, 15832,
15943, 16193
宇佐美 正行 08185,
08187,
08240, 08242,

08260, 08261,
08292, 08543
鵜澤 剛 01581
鵜澤 佳史 07221
潮 匡人 03738,
04301, 04798,
04907, 05044,
05103, 06465,
06581, 06657,
06717, 06722,
06892, 07377,
07384, 07736,
07924, 08098,
08112, 08125,
08137, 08148,
08182, 08183
潮出版社 10616,
10619,
10738, 10739
牛田 久美 06799
艮 香織 09222
宇治橋 眞一 11126
碓井 敏正 05622,
05891,
09738, 12285
臼井 雅子 00185,
00302
碓井 光明 14611
臼井 満 13667
薄羽 美江 04672,
04683,
07247, 08359
宇田川 光弘 08869
内海 京介 06875
内海 麻利 14761
内河 恵一 12387
打越 さく良 05883,
05910
内田 綾子 01938
内田 和浩 01010
内田 一幸 07257
内田 樹 01714,
04539, 04898,
04954, 04958,
05473, 05697,
07588, 07691
内田 博文 09214,
10329, 10336,
10367, 10433,
11212, 11230,
12008, 12097
内田 誠 04497,
04891
打田 正俊 14121
内田 雅敏 00595,
04000, 04728,
05453, 05659,
05926, 06686,
07006, 07568,
10999, 11046,
11118, 11939

著者名索引　　　　　えひな

内田 みどり　03440,
　　　06385
内田 力蔵　01102
内野 広大　02419,
　　　02444,
　02447, 13421,
　13423, 13426
内野 正幸　00058,
　　　00205,
　01540, 02184,
　03894, 04412,
　08859, 10176,
　10178, 10249,
　11575, 11769,
　11773, 11784,
　11787, 11796,
　12445, 12982,
　13022, 14458
内野 光子　06768
内橋 克人　00519,
　01806, 04022,
　05699, 12681
内橋 党人　03995
内山 奈月　00421,
　　　03863
内山 博　08574
宇津木 真也　13518
現川 到　04126
宇都宮 健児　04537,
　05672, 05815,
　06019, 06395,
　06421, 08872,
　09001, 09169,
　11871, 12671,
　13089, 14795
宇都宮 純一　14115,
　　　14131,
　14191, 14211
宇都宮大学教育学
　部　12887
内海 愛子　01731,
　　　05486
内海 ハル子　12950,
　　　14919
宇那木 正寛　14833,
　　　14834,
　14852～14854
宇野 勝子　15174
宇野 重規　04521
宇野 俊一　00607
宇野 文重　10440
宇野 史了　15285
鵜浦 裕　02253
宇羽野 明子　02917
蒐原 明　01169,
　　　01186
生方 幸夫　13706
馬川 千里　11754
海野 敦史　02255,
　　　02268,
　02292, 11311,

11421, 11444,
11626, 11641,
11670, 11692,
11693, 13966
梅川 健　02121
梅崎 勝　12700
梅澤 彩　09472
梅澤 昇平　04386,
　　　06979
梅沢 優　07168
梅田 章二　06322,
　　　07801
梅田 久枝　01967
梅原 猛　06318,
　　　07638
梅山 香代子　12579
浦田 一郎　00184,
　　　00306,
　00406, 01335,
　01369, 01478,
　04033, 04999,
　05132, 05133,
　05141, 05191,
　05205, 05321,
　05402, 05940,
　07061, 07438,
　07694, 07727,
　08028, 08274,
　08328, 13890,
　14512, 15619
浦田 賢治　00219,
　00320, 00422,
　01942, 02231,
　05420, 07146,
　07331, 14130,
　15077, 15088
浦野 起央　03311,
　　　03313
浦野 東洋一　12947,
　　　12948
浦野 広明　04419,
　10065, 12739,
　12815, 14617,
　14629, 14651,
　14670, 15203
占部 賢志　01546
浦部 信児　13149
浦部 法穂　00013,
　　　00149,
　00291, 00601,
　00834, 00888,
　01426, 01854,
　03850, 04731,
　05704, 07183,
　07248, 09037,
　09129, 11845,
　12001, 12569,
　12571, 12793,
　12819, 13365,
　13759, 14395,
　14637, 14658
占部 裕典　04227

浦部 法穂　01425
浦山 聖子　09400,
　　　13065
漆原 良夫　05927

【 え 】

江井 秀雄　00848
永 六輔　04507,
　07100, 07798
英国国防省　08539,
　08545, 08553,
　08556, 08560
英国政府　08372,
　08377, 08393,
　08397, 08432
英二　13762
映像情報メディア
　学会　11668
エイデル研究所
　　　03336,
　　　03340,
　10897, 12958,
　15847, 15921
エイベックスマー
　ケティング
　　　03815
江川 達也　06817
江口 克彦　04913
江口 さつき　07194,
　　　15698
江口 正夫　10348
江熊 隆徳　10849
江崎 道朗　06993,
　　　07030
江澤 誠　07876
江島 晶子　01282,
　01571, 01795,
　02338, 03320,
　03437, 03923,
　09025, 09030,
　09051, 09062,
　09111, 09148,
　09541, 09572,
　09626, 09843,
　09870, 11801,
　11804, 11835,
　12120, 15102
江島 遼介　09852
絵所 秀紀　07981
江田 五月　06257,
　　　13495
江田 伸男　15691
枝川 充志　05887,
　　　05912,
　07879, 16248
枝野 幸男　03872,
　　　04204,

04218, 04242,
06739, 10972
江藤 淳　00661
江藤 俊昭　13666,
　14836, 14971
江藤 英樹
　02824～02826
江藤 裕之　10855
江藤 洋一　08664
エドワード, デイビ
　ッド　01428
エヌーリ, ベルハッ
　セン　07901
榎 透　00428,
　01907, 01951,
　02073, 02256,
　02311, 07035,
　08922, 09066,
　10541, 10788,
　11573, 12998,
　13305, 15886,
　15915, 15919,
　15924, 15932,
　15941, 15953,
　15963, 15973,
　15982, 15990,
　15994, 16008,
　16015, 16019,
　16026, 16034,
　16041, 16056,
　16061, 16065,
　16072, 16085,
　16119, 16132,
　16142, 16150,
　16160, 16167,
　16186, 16263
榎木 透　16080
榎井 縁　09544
榎澤 幸広　00986,
　　　01099,
　05474, 14872
榎本 尚行　13501
榎本 信行　07959
江場 純一　09251
江橋 崇　00148,
　　　05324,
　06467, 06491,
　08802, 08925,
　09630, 13495
江畑 宏則　15410
江原 朗　13191
江原 勝行　03436,
　　　03625,
　03670, 03706
江原 伸一　00008
江原 栄昭　05493,
　　　06343
頴原 善徳　00944,
　01020, 13363
海老名 香葉子
　　　07264

619

蛯原 健介　02812,
　02919, 02928,
　08891, 08893,
　11846, 11861
海老原 信彦　04314
愛媛大学地域創成
　研究センター
　　　　　　02868
愛媛大学法文学部
　　　　　　10729
江利川 毅　13202
エーリヒセン, ハン
　ス＝ウーヴェ
　　　　　　02639
LS憲法研究会
　　　　　　00075,
　　　　　　00241
遠藤 乾　02810,
　　　　　03321
遠藤 浩一　00414,
　　　　　04586,
　06487, 06841
遠藤 聡　03004,
　03025, 03037,
　03049, 03056,
　03082, 03101
遠藤 茂男　13561
遠藤 誠治　05159,
　08017, 08540,
　08635, 08775
遠藤 隆幸　02519
遠藤 比呂通　00506,
　　　　　01246,
　01251, 01615,
　08851, 08855,
　08876, 08908,
　08970, 09045,
　09181, 10138,
　10263, 10494,
　11578, 14298
遠藤 美奈　00273,
　00876, 01681,
　03330, 03428,
　04356, 12296,
　12416, 12748,
　12816, 15787

【 お 】

及川 和男　12647
王 朝陽　03249
王 雲海　07192
王 晨　15307
王 陶陶　07002
横大道 聡　02184,
　　　　　03956
桜花学園大学人文
　学部研究紀要編
　集委員会　15171

近江 美保　09533,
　09874, 15160
欧陽 維　08331
大井 浩一　08007
大井 倫太郎　12935
大家 重夫　10668
大石 和彦　00835,
　01675, 10417,
　11746, 11847,
　14337, 14442,
　16153, 16237
大石 喜美恵　09423
大石 久和　00538
大石 眞　00051,
　　　　　00156,
　00168, 00231,
　00270, 00312,
　00315, 00386,
　00540, 01096,
　01105, 01743,
　02827, 03288,
　05056, 07270,
　08143, 08864,
　08877, 10639,
　10668, 10778,
　10791, 10837,
　13238, 13444,
　13513, 13816,
　14297, 14827
大石 泰彦　11916
大泉 敏男　07131
大岩 慎太郎　02655,
　　　　　12148,
　13745, 13823
大内 伸哉　13313
大内 孝　02043
大内 憲昭　10303
大内 裕和　05511,
　　　　　05657,
　12875, 12979
大内 要三　04964
大江 一平　02115,
　　　　　09424
大江 京子　05819
大江 健三郎　04138,
　06318, 07547,
　07638, 12168
大江 昇　10880
大江 博　04995,
　　　　　08241
大江 正昭　01097,
　01131, 01144
大岡 敏孝　04974,
　04982, 04990
大垣 さなゑ　07367
大角 修　00600
大川 一夫　16250
大川 千寿　04850
大川 仁　15643
大川 隆法　03816,

　　　　　04811
大河原 良雄　08093
大木 雅夫　10709
大木 洋平　13239
大北 由恵　01428
大串 潤児　00963
大串 兎代夫　00586
大串 隆吉　10853
大口 耕吉郎　12221,
　　　　　12667
大口 奈良恵　15338,
　　　　　15358
大久保 賢一　03093,
　05846, 06871,
　08247, 08973
大久保 史郎　01227,
　　　　　07986,
　11115, 11199,
　14010, 14044,
　14046, 14104,
　14534, 14688
大久保 卓治　00407
大久保 太郎　11946,
　　　　　14172
大久保 優也　02076,
　　　　　02077,
　02079, 02080,
　02178～02180,
　　　　　02237
大熊 政一　13106
大隈 義和　01097,
　　　　　01131,
　01144, 11612,
　11617, 11622
大倉 正臣　12183
大河内 美紀　01608,
　01916, 02006,
　02224, 11264,
　14261, 14417
大越 康夫　03559
大阪健康福祉短期
　大学　　　10733
大阪市政調査会
　　　　　　13111
大阪成蹊大学マネ
　ジメント学部研
　究紀要編集委員会
　　　　　　10786
大阪大学大学院文
　学研究科日本学
　研究室　　09384
大阪府総務部市町
　村課　　　05382
大阪弁護士会憲法
　問題特別委員会
　　　　　　05277
大阪歴史学会
　　　　　　12771
大迫 新一　06127
大里 清貴　04202
大沢 巧　07466

大沢 秀介　00025,
　00078, 00097,
　00105, 00168,
　00188, 00210,
　00237, 00282,
　00312, 00424,
　01217, 01233,
　01906, 01930,
　01971, 01981,
　02046, 02111,
　03901, 07998,
　08094, 08189,
　08190, 08271,
　09436, 09982,
　09990, 11324,
　11653, 12112,
　14100, 14229,
　14312, 14800
大澤 真幸　00450
大澤 正道　05259,
　　　　　11495
大澤 正幸　12976
大澤 理尋　12695,
　　　　　12804
大澤 麦　03709
大治 浩之輔　05706,
　　　　　11500
大島 和夫　14124
大島 佳代子　01145,
　　　　　11015,
　12946, 13027
大島 崇志　15537
大島 理森　05150
大島 稔彦　00112,
　　　　　00264
大島 俊之　15819
大島 宏　04348
大島 誠　01694
大島 真生　06939
大島 義則　00362
大島 梨沙　03442
大城 謙　05255
大城 聡　05632
大城 渡　05065,
　10475, 12945
大杉 卓三　08830
大空社　03856
太田 昭宏　04297
太田 堯　10448
太田 和敬　03405
太田 啓子　06402
太田 健介　14013
太田 航平　02612,
　　　　　02640,
　04643, 14516
太田 サトル　07044
太田 周治　15278
太田 誠一　04947
太田 堯　01044
太田 照美　02756

大田 肇	02434, 04542		
太田 光	00140, 07601		
太田 英雄	10818, 10824		
太田 裕之	10318, 11712		
太田 文雄	08092, 08321		
太田 雅夫	06802		
太田 昌克	08063		
太田 昌国	06415		
大田 昌秀	08787		
太田 雅幸	01351		
大田 貴昭	01974		
太田 義郎	12784		
大瀧 一	00559		
大竹 昭裕	10265, 16239		
大竹 弘二	05797		
大竹 秀樹	09752		
大谷 順子	08830		
大谷 伸治	01791, 04868, 15590		
大谷 晋也	03131		
大谷 立美	08403		
大谷 智恵	10301		
大谷 美紀子	09591, 09658, 09784, 09791		
大谷 良雄	07411, 07414, 07418		
大津 浩	01264		
大津 尚志	02936, 15637		
大津 透	00652		
大津 浩	00120, 00472, 01151, 01557, 01836, 02804, 02942, 04294, 14686, 14687, 14773, 14785, 14791, 14873, 14893, 16135		
大塚 海夫	08547		
大塚 英志	05435, 07362, 07374, 15289		
大塚 桂	04039, 04044, 04059, 04079, 04082, 04085, 06969, 06973~06975, 06980, 06984, 06987, 06994, 07014, 07016		
大塚 高正	09894		
大塚 直	01634		
大塚 泰寿	09542, 09584, 09620, 09647		
大月 克巳	03030		
大槻 重信	04465, 06131, 06332, 07427, 08119, 08134, 08287		
大坪 丘	10407		
大出 良知	14096, 14209		
大伴 一人	05118		
大友 有	03106, 03117, 03124		
大友 芳恵	12201		
大西 楠・テア	02555, 02753		
大西 健司	09488		
大西 祥世	10418, 13433, 13496, 13523, 14082, 15150, 15176, 15177		
大西 貴之	09146		
大西 照雄	05959		
大西 直樹	01936, 01947		
大西 斎	00186, 00465, 04349, 05384, 05387, 05416, 05418, 10536, 12847, 12905, 12923, 12972, 15007		
大西 広	07628		
大沼 保昭	08888, 15054, 15056		
大野 一夫	15183		
大野 和興	07494, 12488, 15090		
大野 幸夫	12630		
大野 真二	15275		
大野 拓哉	10502, 11624		
大野 達司	01479, 02478		
大野 友也	02218, 02277, 07160, 08705, 09159, 10115, 10200, 10208, 12533, 14192, 14225		
大野 英子	07229		
大野 博人	04622, 07369		
大野 正博	09405		
大場 史朗	11965		
大場 博幸	11294		
大場 雄一	09729, 09762		
大橋 さゆり	04076		
大橋 成子	12422		
大橋 隆広	13013		
大橋 毅	09780, 11884		
大橋 正義	11747		
大橋 基博	12851, 13007		
大橋 洋一	14803, 14804		
大畑 龍次	05663		
大浜 啓吉	10854, 14022~14029, 14031, 14036, 14040, 14043, 14045, 14047, 14048, 14051, 14054, 14057, 14060, 14063, 14068, 14072, 14073, 14076, 14079, 14083, 14085~14087, 14089, 14090, 14093, 15001, 15002		
大浜 千宗	01303		
大林 啓吾	00210, 00424, 00446, 01253, 01291, 01314, 01529, 01911, 01915, 01930, 02061, 02088, 02102, 02169, 02184, 02196, 02263, 02301, 02322, 08934, 09202, 09977, 11072, 11148, 11228, 11324, 11654, 11806, 11810, 11833, 12500, 12605, 12798, 13373, 13375, 13377, 13378, 13850, 13969, 14235, 14259, 14397, 14435, 15541, 15709, 16127		
大林 文敏	02004, 10762, 14350, 16074		
大原 康男	04390, 06606, 06782, 06815, 06911, 10790, 10803		
大平 祐一	10003		
大藤 紀子	00120, 00472, 00869, 02816, 02895, 03393, 03424, 03528, 03573, 03596, 05338, 05748, 10163, 10189, 10784, 12856		
大藤 理子	04528, 06012, 06369		
大前 治	05728, 05985, 11017, 12999		
大前 研一	14947		
大峯 伸之	14829		
大村 アスカ	05750, 06191, 11320		
大村 敦志	08943		
大本 圭野	11727		
大森 貴弘	02761, 09096		
大森 紀美雄	05848		
大森 貴弘	13906		
大森 太郎	07735		
大森 典子	03141, 04438, 04511, 07548, 07564, 07569, 13096		
大森 政輔	05950, 06217, 08649		
大森 彌	14973		
大屋 鍾吾	12191		
大矢 吉之	05314, 07404		
大山 七穂	13555		
大脇 雅子	13416		
大湾 宗則	08769		
岡 克彦	03266		
岡 邦俊	11003, 11240, 11244, 11247, 11250, 11253, 11263, 11273, 11281, 11286, 11542, 11545, 11546		
岡井 康二	07239		
岡井 隆	01719		
岡嵜 修	02062		
岡崎 加奈子	13475, 13485		
岡崎 匡史	00970		
岡崎 民人	11703		
岡崎 伸郎	12780		
岡﨑 祐司	12599, 12746		
岡崎 正仁	10997		
岡澤 憲芙	00451		
小笠原 純恵	09696		
小笠原 徹	07826		
小笠原 正	12904		
岡山公法判例研究会	16190		
岡田 章宏	02355, 02374		

おかた　　　　　　　　　　　　　　著者名索引

緒方 章宏　　00125,
　　　　　　　00253
岡田 和樹　　11218
岡田 克也　　05932,
　　　　　　　08091
緒方 桂子　　13256
尾形 健　　　00129,
　　00250, 00255,
　　02012, 02040,
　　02131, 02216,
　　02274, 10254,
　　10271, 12301,
　　12755, 12783,
　　14152, 14281,
　　14317, 14491,
　　14530, 15786
岡田 健太郎　03638
岡田 光司　　14422
緒方 貞子　　08911
岡田 順子　　07835
岡田 俊幸　　02517,
　　　　　　　02635
岡田 順太　　01081,
　　01746, 02249,
　　10203, 11595,
　　12437, 13425,
　　13510, 13524,
　　15693, 15709,
　　16063, 16139
岡田 新一　　05597
岡田 仁子　　09564
尾形 健　　　12219,
　　　　　　　12816
岡田 大助　　03087,
　　　　　　　08431,
　　12136, 13775
岡田 充　　　06239
岡田 高嘉　　02320,
　　10231, 10244,
　　10359, 10375
岡田 俊明　　14635
岡田 俊宏　　08712,
　　　　　　　13259
岡田 俊幸　　02656,
　　　　　　　14469
岡田 知弘　　04417,
　　　　　　　04821,
　　12269, 12532,
　　14697, 14786,
　　14889, 14967
岡田 直樹　　06431
小方 直幸　　10932
岡田 信弘　　00164,
　　　　　　　00310,
　　00343, 01194,
　　01217, 01248,
　　01672, 03902,
　　10759, 13428
岡田 仁志　　11643
岡田 誠　　　04065
岡田 正和　　13314

岡田 正則　　00677,
　　00699, 00746,
　　00875, 03113,
　　03149, 12052,
　　12060, 12102
岡田 真理子　13175
緒方 靖夫　　07701,
　　　　　　　12030
岡田 裕子　　10073
岡田 裕二　　11702
岡田 行雄　　03937,
　　09002, 12096
岡田 幸人　　16164
岡田 好史　　16356
緒方 蘭　　　14555
岡田 健一郎　02728
岡留 康文　　08184,
　　　　　　　08213,
　　08214, 08246,
　　08248, 08278,
　　08303, 08330,
　　08335, 08351,
　　08395, 08416,
　　08418, 08422,
　　08440, 08503
岡庭 一雄　　05021,
　　　　　　　13085
岡根 好彦　　00127,
　　10130, 11520
岡野 守也　　00599
岡野 八代　　04167,
　　04595, 04939,
　　05636, 05716,
　　07098, 09228,
　　09918, 11778
岡久 慶　　　02363,
　　　　　　　02376,
　　08627, 08628
岡部 勘市　　16252
岡部 史信　　03282,
　　　　　　　03546
岡部 雅子　　08915
岡部 雅人　　01959
岡村 志嘉子　03265
岡村 親宜　　13317
岡村 久道　　10025,
　　11629, 11645
岡村 みちる　01099,
　　　　　　　07196
岡村 稔　　　12996
岡室 悠介　　02205
岡本 厚　　　05522
岡本 篤尚　　07993,
　　　　　　　08163
岡本 至　　　03246
岡本 毅一　　12526
岡本 幸治　　04830,
　　06466, 06468,
　　11358, 11364
岡本 寛　　　01022,

　　11902, 11929
岡本 三彦　　13806
岡本 行夫　　04130
岡本 幸信　　08210
岡本 洋一　　02504
岡安 喜三郎　11268
岡山大学法学会
　　　　　　　13322,
　　　　　　　15988
小川 有美　　04261
小川 一乗　　06437
小川 榮太郎　04656,
　　04972, 06538
小川 和久　　05023,
　　　　　　　06164,
　　08105, 08464
小川 浩一　　09420
小川 聡　　　07897
小川 さやか　08419
小川 三四郎　12735
小川 貴之　　11672
小川 卓也　　03718
小川 主税　　04870,
　　05602, 05605,
　　06868, 10861
小川 博司　　05169
小川 英雄　　12581,
　　　　　　　12684
小川 政亮　　10325,
　　　　　　　12360,
　　12399, 12622
尾川 昌法　　08902
小川 眞澄　　01697,
　　03214, 04034
小川 光夫　　00650
小川 有閑　　00939
小川 義男　　04298,
　　　　　　　06585,
　　06596, 06614,
　　06619, 06650
小川町企画　　10869,
　　　　　　　13003
小川原 正道　00884
小川原 優之　11956
沖縄税経新人会
　　　　　　　05237
興津 征雄　　14446
沖縄女性研究者の
　会編集委員会
　　　　　　　10948
沖縄弁護士会
　　　　　　　08071
荻野 太司　　11986
荻野 富士夫　05801
奥 忠憲　　　02968
奥 正嗣　　　00301,
　　　　　　　03542,
　　03565, 03600,
　　03608, 03632,
　　03649, 03662

奥井 俊二　　11814
奥井 禮喜　　01648
奥田 暁代　　02312
奥田 伸一郎　04541
奥田 安弘　　10151,
　　10181, 15833
奥田 喜道　　01099,
　　03562, 05474
奥平 康弘　　00081,
　　　　　　　00474,
　　01132, 01501,
　　03892, 03916,
　　04138, 04926,
　　05004, 05014,
　　05451, 05452,
　　05468, 05472,
　　05658, 06318,
　　07305, 07412,
　　07638, 08682,
　　10972, 11105,
　　11567, 11759,
　　12168, 13015,
　　14313, 14935
奥平 龍二　　03210
奥野 圭子　　15141,
　　　　　　　15148
奥野 修司　　06773
奥野 恒久　　00275,
　　01843, 04149,
　　04275, 04458,
　　05365, 07240,
　　08953, 09164,
　　09956, 10416,
　　10488, 13937
奥野 浩之　　15621
小熊 英二　　04031,
　　　　　　　06413,
　　07170, 08685
奥村 公輔　　00290,
　　　　　　　03666,
　　03676, 03699,
　　03700, 13989,
　　13992, 14005,
　　14009, 14059
奥村 弘　　　12771
奥村 文男　　00832,
　　00900, 10727
奥村 牧人　　13393
奥村 好美　　03516
奥谷 健　　　02503
奥山 亜喜子　02620,
　　　　　　　02658
奥山 礼子　　15172,
　　　　　　　15175
小倉 いずみ　03326
小倉 一士　　15798
小倉 一志　　00164,
　　00310, 10958,
　　13418, 13650,
　　13651, 13656,
　　13821, 16130

小倉 千加子 11688	06042, 06066,	落合 浩太郎 08622	大日方 純夫 04018
小倉 利丸 12487	06076, 06098,	落合 俊行 01979,	大日方 信春 00385,
小倉 英敬 05037	06130, 06141,	02258, 02321	00466, 10977,
小倉 正宏 05436	06157, 06203,	乙骨 正生 06100	11049, 11071,
小椋 佑紀 12921	06210, 06237,	オッパーマン, トー	11079, 11145,
小栗 実 03735,	06243, 06263,	マス 02661	11162, 11184,
11993, 12004,	06370, 06430,	乙部 宗徳 04540	11195, 11515
12023, 12063,	07139, 07514,	鬼鞍 忠 07340	尾吹 善人 01474
12064, 12067,	07742, 07791,	小貫 武 06184,	オブラス, アンド
12070, 12073	07802, 08018,	06704	ルー 06623
奥脇 直也 05053,	08283, 08324,	小貫 幸浩 00719,	小俣 一平 11487
15043	08327, 11123,	02600,	小見 鉄哉 15714
長 有紀枝 08861	12406, 13410,	02632, 02691	親川 裕子 09716
小坂田 裕子 09100,	13424, 13542,	小野 敬 06510	親子で憲法を学ぶ
09795,	13548, 13597,	小野 俊彦 12404	札幌の会 05489
09796, 09858	13633, 13708,	小野 正弘 15271,	尾山 宏 13099
尾崎 一郎 01393	13725, 13732,	15301, 15342	折木 良一 08504
尾崎 重義 15086	13807, 14111,	小野 学 12317	織田 邦男 07449
尾崎 哲夫 00049,	14864, 15663,	小野 義典 03420,	折出 健二 10949
00147, 00151,	15670, 15952	03435, 03515,	折原 崇文 16071
00249, 00257,	押久保 倫夫 01109,	03571, 03621,	織原 保尚 02104,
00266, 00427,	01136, 02499,	15034, 15048	02300,
00444, 09895	03871, 08890,	小野 善康 11755,	12946, 12991
尾崎 利生 00299,	09139, 09919	11780,	生地 篤 05226,
10740	押田 努 08557	12149, 13947,	05413
尾崎 護 04130	尾島 明 01996,	13949, 13953,	恩地 紀代子 00024,
尾崎 行雄 01346	02173,	14424, 14430	00072, 00127
長田 敏明 00968	02251, 09980,	尾上 浩二 10387	
尾佐竹 猛 00548,	10406, 15811	小野澤 隆 02460,	
00549	オズサナイ, エルギ	02461	【か】
小山内 恒 09581	ュン, 03335	小野寺 五典 05110	
長内 了 02057	オースリン, マイケ	小野寺 邦広 02569,	
小山内 高行 04297,	ル 08584	02576	華 夏 03032
13340	小関 康平 00537,	小野寺 利孝 07250,	賈 鍾壽 09408
長南 博邦 05648	01665,	08692	甲斐 祥子 13616,
小佐野 和子 07041	01738, 01739,	小野寺 義象 12076	13703
小沢 一郎 04426,	09150, 16295	小野村 敬子 14653	甲斐 素直 00134,
04448, 05701	小関 素明 01347	小野山 静 15146	00138, 02161,
小沢 正明 15438,	小田 直寿 13028	小場瀬 琢磨 03564	02185, 02202,
15515, 15553	小田 実 06309,	小幡 佳緒里 15354	02261, 02302,
小沢 隆司 04258	07610,	小畑 郁 00808,	02497, 02545,
尾澤 孝司 03242	07695, 07696	03310, 03411,	02549, 03579,
小澤 俊夫 04411,	小高 宏道 12266	08903, 09132,	03634, 03642,
13522	小田川 義和 05757,	09661, 09821	03653, 03656,
小沢 隆一 00119,	05823,	小幡 純子 13147	03664, 08825,
00294, 00361,	13129, 13279	小畑 清剛 10137	10169, 13205,
01553, 01830,	小田嶋 隆 01721,	小畑 雪江 04689	13952, 14611,
01833, 01857,	07588, 07691	小畑 隆資 01436,	15864, 16082,
01858, 03969,	小田中 聰樹 05753,	01439,	16235, 16330
04158, 04198,	11919, 14114	03991, 05896,	海江田 誠 10420
04342, 04379,	小田原 松玄 04040	07308, 08873,	会計検査院 14599
04389, 04425,	小田村 四郎 01018,	09162, 14933	偕行社 06463
04593, 04766,	04439,	小畑 史子 11705	外国人人権法連絡
04875, 05158,	04874, 04931,	小畑 雅子 13069	会 09237, 09239
05215, 05223,	06784, 06813	小幡 芳久 03888	貝塚 茂樹 13014
05229, 05351,	小田村 初男 06977	尾林 芳匡 13240,	海渡 双葉 08711
05646, 05668,	落合 薫 05780	14851, 14882	海渡 雄一 08032,
05828, 05833,	落合 莞爾 00837	小原 克博 10735	08048,
05872, 05881,	落合 恵子 05715,	オハンロン, マイケ	08055, 08072,
05900, 05907,	07049,	ル 08173, 08623	08661, 08686,
06031, 06041,	07052, 15228		

08688, 08700,
08721, 08727,
08796, 08904,
09614, 10092,
10491, 10967,
11333, 11340,
11443, 11597,
11621, 11884,
11887, 11926,
11932, 11938,
11968, 12015,
12019, 12032,
12039, 12116,
12597, 12618,
12636, 12811,
12831, 13262,
14213, 14232,
14234, 14263,
14265, 14580

海道 龍一朗　00588
戒能 民江　14110
戒能 通厚　01120,
01944, 02352,
02372, 02378,
02383～02386,
02388,
02389, 02391,
02394, 02396,
02401, 02405,
02409～02411,
02413,
02416～02418,
02437,
02439, 02443,
02445, 02446,
02448～02450,
02454,
02455, 02457,
02462～02465,
09569
海部 幸造　10529
解放教育研究所
12962
外務省　06701,
07356
外務省北米局
04993,
08004
ガウル, ハンス・フ
リードヘルム
02662
鏡 玲子　12419
垣内 亮　12828
柿崎 明二　04552,
13738, 13852
鍵谷 智　09307
柿谷 勲夫　07256
鍵屋 一　04127
学術文庫編集部
03797
覺正 豊和　00077,
00405
駆井 翼　06800,

06878
懸谷 一　08498
影山 あさ子　07929
影山 竹夫　13729
加古 藤市　15024
笠井 亮　04500,
06331, 07198
葛西 耕市　10562
河西 大智　01895
葛西 まゆこ　00210,
02020,
09805, 10166,
10171, 11651,
11664, 11765,
11833, 12166,
12477, 12501,
12522, 12598,
12889, 13160,
13361, 13814,
14416, 14541,
15936, 16171
葛西 康徳　01499
笠木 映里　11849,
12204,
12241～12245,
12745,
12781, 12832,
12834, 12837
笠木 隆　08336
笠置 隆範　13570,
13571, 14746
笠原 一哉　04980
笠原 俊宏　00624
笠原 英彦　06778,
06816, 06860,
06964, 06968
笠松 健一　05358,
12869
加治 康男　08532
加地 良太　08363,
08446, 08747
梶居 佳広　00946,
02404,
04864, 04865
梶川 虔二　05847
梶川 みさお　07550
梶谷 懐　01443
鹿嶋 瑛　03014,
03069
鹿島 茂　06929,
10994
梶村 晃　05572
梶村 太市　10170
梶本 修史　05086
梶山 茂　04169,
06449
柏木 功　09217
柏倉 康夫　11453
柏崎 敏義　00202,
00348,
00349, 00882,

01349, 10724,
16166, 16168
柏谷 周希　10985
柏山 三郎　00044
梶原 健佑　11169,
11171,
11555, 11583
数森 寛子　02943
粕谷 友介　00043
粕谷 祐子　02984
加瀬 介朗　12331
加瀬 英明　00698,
06555, 06850
綛谷 智雄　09283
片居木 英人　03820,
03825, 03848
片岡 鉄哉　06435
片岡 博明　14920
片岡 正憲　06607
片岡 康夫　15458,
15492
片上 孝洋　04074,
14603,
14618, 14623
片桐 直人　00290,
10603,
10637, 10781,
10838, 14290,
14610, 14612,
14614, 14650
片桐 勇治　06551
片桐 由喜　12162
堅田 智子　00972
堅田 剛　00574,
00658, 00737,
00759, 00833,
01225, 01782,
02584, 02738
片野 勤　10118
嘉多山 宗　14286
片山 智彦　00275,
12099,
12107, 14226
片山 等　10847,
10857, 13079
片山 慶隆　00718
片山 善博　06256,
08803,
13482, 14799
勝岡 寛次　06807,
06880,
06902, 06908
学研テレビエンタ
テイメント出版
事業部　00085
学校法令研究会
13124
勝田 卓也　01966,
03500, 11952
勝手に憲法前文を

うたう会　03766
勝野 正章　12927,
12970
勝部 志郎　11873
勝間 靖　09736
勝股 秀通　07486,
07530, 08349,
08474, 08529
勝俣 誠　09076
勝谷 誠彦　06819,
07850,
09466, 12354
勝山 教子　02903,
02931
桂 協助　13537
桂 敬一　05665
桂 正孝　15280
桂木 行人　08735
加藤 暁子　09750
加藤 陽　07500,
09835
加藤 朗　07503
加藤 一彦　00007,
00152,
00179, 00202,
00240, 00314,
00349, 00397,
00413, 00455,
01110, 01335,
01349, 02644,
02666, 04080,
04638, 13470,
13503, 13506,
13647, 13901,
13973, 14806
加藤 克佳　02677,
02687
加藤 清隆　06477,
13661
加藤 健次　11197,
13233, 13241,
13254, 14511,
14551, 14840,
16169, 16328
加藤 剛　00223
加藤 孝一　00991
加藤 紘一　10972
加藤 紘捷　00517,
00520, 00525,
00539, 02364
加藤 克佳　02751
加藤, ジェームス
06470
加藤 周一　00570,
01498,
03940, 07631,
07638, 07649
加藤 秀治郎　00722,
06471,
06473, 06578,
08521, 13451,

13625, 13816,
13846, 14494
加藤 俊生 07263
加藤 晋介 00189,
00262,
04488, 06185
加藤 節 07757
加藤 隆之 02122,
08875, 09416,
09448, 10959,
11032, 16116
加藤 哲郎 00096
加藤 徹 01073
加藤 俊伸 02910,
10711, 10750
加藤 俊治 16025
加藤 敏博 00112,
00264
加藤 咄堂 00578
加藤 智章 12162
加藤 直樹 06420
加藤 尚武 09896
加藤 尚徳 11643
加藤 久忠 14861
加藤 博章 07455,
07458,
07472, 07510
加藤 普章 03619
加藤 紘捷 02333,
02395
加藤 紘捷 02345
加藤 文也 10554,
13098
加藤 正夫 04469,
04496
加藤 暢夫 09447
加藤 益雄 12786
加藤 幹雄 07991
加藤 紀孝 14787
加藤 祐介 00932
加藤 裕 08411
加藤 陽子 01499,
04103
加藤 好一 06419
角岡 賢一 09758,
09790
角川学芸出版
03810
門田 孝 00969,
01005,
02553, 02611,
08892, 08983,
09105, 09808,
10531, 10747,
14343, 14348
門田見 昌明 12551
門永 秀次 05967
角松 生史 08638
門脇 由以子 03694
金井 光生

01196～01198,
01626,
01790, 03818,
10542, 10560
金井 辰樹 11372
金井 利之 10335,
13430,
14803, 14989
金川 佳弘 14729
金澤 誠一 12283,
12290,
12373, 12475,
12523, 12779
金澤 孝 01510,
01696, 02168,
11136, 14313
金澤 壽 05839
金澤 誠 09022,
09023,
09055, 09145,
10042, 13971
金杉 美和 05487,
06264
金谷 重樹 00036,
00207
中塚 明 04590
金星 直規 02038
金丸 京子 15645
金光 奎 01711,
05356, 05533,
05537, 05593,
05642, 09077,
09993, 11367,
11393, 11416,
13611, 13795
金森 徳次郎 00375,
00396,
00431, 03808
金山 泰介 08271
金山 勉 11403
金山 直樹 08943
可児 伸一 14753
金岡 京子 09969
金子 彰 06287
金子 章 16086,
16128
金子 潔 10553
金子 熊夫 08090,
08106,
08117, 08130,
08141, 08152
金子 哲夫 04199,
04549,
05806, 05810
金子 鉄平 05781
金子 天晴人 05437
金子 豊弘 04229,
05746
金子 七絵 08282
金子 元 13435

金子 肇 03232
金子 眞 09489
兼子 仁 10897,
14974
兼子仁先生古稀記
念論文集刊行会
14675
金子 将史 06733,
08269
金子 匡良 01729,
05123,
06672, 15707
金子 勝 00041,
01526, 03877,
03879, 04017,
04713, 04861,
05108, 05131,
05634, 05925,
06151, 06320,
06324, 06379,
06982, 07137,
07156, 07254,
07354, 07810,
07811, 07837,
07838, 07847,
07848, 07921,
08041, 08156,
08201, 08281,
08509, 08933,
11853, 12590,
12591, 12660,
13935, 14858,
14869, 14914
金子 宗徳 04097,
04485, 07011
金子 洋一 04974,
04982, 04990
金田 秀昭 07394
金谷 明彦 11433
兼頭 ゆみ子 02944,
03535, 14322
金平 茂紀 11453,
11454
金丸 文夫 03931
金光 寛之 00352
加納 克己 03890
訓覇 曄雄 10774
蒲 信一 07278
蒲島 郁夫 04850,
05559
樺島 博志 07955
椛島 有三 05178,
06515,
06627, 06640,
06806, 06814
樺山 登 13717
冠木 克彦 05624
我部 政明 05041,
07341, 07983,
08250, 08353
鎌倉 孝夫 04509,

04764,
06014, 06091
鎌倉 幸孝 12826
鎌田 薫 09216
鎌田 慧 04362,
05588, 12180
釜田 泰介 09913,
14480
鎌田 隆 08741
鎌田 司 14824
鎌田 寛 07476,
07477, 07479
鎌田 實 07047
鎌谷 俊夫 13087
鎌野 真敬 13653
神 牧人 12294
神尾 将紀 10607,
10770
上坂 冬子 04192,
04270
神里 彩子 10886
神代 和欣 13236
上机 美穂 09966
加味根 史朗 12707
上林 得郎 13492
上村 考由 16216
上村 英明 09534,
09619,
09749, 09853
紙谷 敏弘 05958,
05962,
05963, 06163,
07363, 07395,
08114, 08506
神谷 眞功 12387
紙谷 雅子 01208,
01704, 01972,
02056, 02295,
09766, 09950,
11042, 11180,
14325, 14390,
14905, 15047
神谷 万丈 07996,
08511
神谷 三島 08734
神山 征二郎 06422
上脇 博之 01828,
03756, 04416,
04815, 05459,
06299, 08205,
11330, 11385,
13410, 13541,
13542, 13547,
13551, 13607,
13675, 13773,
13839, 13848,
13875, 13889,
13892～13894,
13903,
13923, 13932,
13936, 13941,

14007, 14391,
14887, 14888,
14961, 15262
香村 啓文 04988
亀井 源太郎 12014,
12016, 12020
亀ヶ谷 忠宏 12960
亀小屋 サト 00447
亀山 統一 05264,
05997
加茂 直樹 12378
鴨志田 祐美 14278
嘉門 優 11221
彼谷 環 01307
茅野 千江子 13458
萱野 稔人 01505
茅原 郁生 08317
香山 リカ 01766,
15289
粥川 正敏 03712
唐鎌 直義 12210,
12265,
12584, 12680
柄谷 行人 06419
雅粒社 10033
軽手 思庵 07737,
07744
カルドー， メア
リー 08844
ガルトゥング，ヨハ
ン 05297
軽部 恵子 09704
苅部 直 01499,
01735
河 明鎬 03113
川合 明 06384
河相 一成 07615
川井 貞一 07908
河合 正雄 00533,
03527, 08869,
09212, 11891,
12031, 12147,
16103, 16254
河合 幹雄 11140
川音 勉 08731
河上 暁弘 01491,
01824～01826,
03882, 03883,
03909, 03915,
03919, 03924,
04256, 06349,
06356, 07121,
07122, 07586,
07730, 07732,
07770, 07771,
07774, 07776,
07789, 07918,
08954, 08957,
08964, 09912,
10182, 10737,
12929, 12932,

12934, 14061,
14790, 14870
川上 和久 13962
川上 詩朗 07028,
08770, 09230
川上 高司 06700,
08073
川上 高志 04505
川上 拓一 16005
川上 哲 04753
川上 義博 09306
川岸 令和 00273,
00504,
01284, 01329,
01373, 01405,
01455, 01804,
01885, 02116,
09809, 09902,
09903, 10547,
11000, 11023,
11055, 11074,
11265, 11357,
11528, 11554,
14162, 14169,
14180, 14252,
14285, 14562
河北 洋介 03327,
03441,
03497, 03650,
03683, 09597,
12108, 13693
川口 暁弘 00562
川口 かしみ 09947,
13094
川口 創 05937,
05941, 06167,
06202, 06247,
07362, 07374,
07447, 07481,
07692, 08479,
11499, 12329,
12382, 14524,
14549, 15099
川口 央 06511
川口 洋誉 12851
川口 芳彦 15433
川久保 寛 16256
川崎 哲 06249,
07054,
07341, 07755,
07794, 07804,
07805, 07899
川崎 和代 11176,
12125, 12126,
12128, 12130,
13076, 13628
河崎 健 02720,
02723, 02725,
02727, 02731,
02736, 02747
河崎 健一郎 12174

川崎 誠司 12438
川﨑 泰資 04422,
04739, 04789,
04905, 05318,
06100, 11497
川崎 英明 11958
川崎 二三彦 12279
川崎 雅和 13174
川崎 政司 00042,
00073,
00172, 00220,
00258, 00416,
01278, 13450,
13456, 13918
川崎 真陽 09753
川崎 雄二 07201
川崎 良孝 09887
川島 啓一 07262
川島 聡 02406,
09627, 09630
川嶋 周一 03615
川島 章平 12253
川嶋 四郎 10822,
15959
河島 太朗 02379,
02387,
02397, 02415,
02420, 02422,
02425, 02426,
02654, 04365
川島 直子 11841
河島 真 01298
川嶋 みどり 12833
川妻 干将 05091
川瀬 俊治 03140,
09388, 09391
川瀬 光義 14684
河添 恵子 09330
川添 利幸 07107
河添 誠 04417,
08944,
09169, 12640
川田 薫 09307
川田 敬一 06922,
06945
川田 忠明 05773,
06065,
08417, 08467
河田 智樹 04467
川田 知子 02586
川田 洋 04291
川田 稔 08036,
08437
河内 音哉 04004,
06392
川人 貞史 13478,
13740
川戸 七絵 08234
川中 豪 01801
河野 栄 13227

川端 清隆 05052,
05081
川畑 博昭 01570,
03301,
03433, 03448,
03612, 03671,
03680, 03690,
04027, 07019
川端 祐一郎 11054
川原 早苗 12954
河原 祐馬 03701
川原 圭伸 11671
川人 博 04226
川平 成雄 08729
河辺 一郎 07513
川邊 克朗 07399,
07401, 08171
川辺 比呂子 15702
川眞田 嘉壽子 09535,
09706, 15247
川又 伸彦 00174,
02507,
02603, 12006
河見 誠 01502
川満 信一 00776,
08144,
08570, 08732,
08738, 08750
川村 暁雄 09554,
09687
河村 賢 11552
川村 晃司 04404
河村 貞枝 02335,
02351, 15169
川村 伸一 08526
川村 純彦 08576
河村 道子 09468
川村 俊夫 04383,
04399,
04994, 05278,
05282, 05386,
05442, 05776,
05981, 06393,
07251, 07829
川村 範行 08439
川村 肇 10945
かわむら ひさこ
10552,
11056
河村 倫哉 09204
川村 湊 07925
河村 洋二 06341
河盛 史郎 07828
姜 克實 12214
韓 君玲 12480
姜 尚中 00145,
04206, 07272
韓 大元 00885,
01183,

03090, 15349
関 炳老　　03070
姜 旻宙　　15696,
　　　　　15703
関西外国語大学人
　権教育思想研究所
　　　　　02456
関西教育学会
　　　　09462,
　　　　10472
関西大学経済学会
　　　　　02403
関西大学政策創造
　学部　　03248
関西大学法学会
　　　　　03228
神崎 務　　11313
関西学院大学米国
　判例情報研究会
　　　　　01954
神田 茂　　08343,
　　　　08401,
　08465, 08476,
　08483, 08578,
　08583, 08633
神田 将　　00357
神田 敏子　14180
神田 敏史　12633
神田 憲行　01786
神田 秀一　06950
神田 嘉延　00955
菅野 亨一　07874,
　　　　09526
菅野 耕毅　00300
カンノ, サム　14578
神橋 一彦　12078,
　　　　14205,
　14464, 14493,
　14509, 14532,
　14536, 14592,
　14593, 15856
上林 邦充　00010
神原 文子　09081,
　　　　15576

【 き 】

木内 達朗　07047
木上 和高　12980
菊田 幸一　05383
菊田 真紀子　05311
菊池 章　　16242
菊池 一春　13086,
　　　　14968
菊池 肇哉　00517,
　　　　00520,
　00525, 00539
菊地 洋　　03508,

　　　　　03553
菊池 勇次　03194
菊池 馨実　10272,
　　　　10404,
　12162, 16075
岸井 成格　13766
岸野 薫　　02308
木島 日出夫　13415
岸本 正司　00398
岸本 幸臣　12203
岸本 由起子　15132
喜多 明人　09467
北 義昭　　14258
北 康利　　00919
北上田 源　08436,
　　　　15700
北上田 毅　08365
北岡 伸一　00649,
　　　　01730,
　05059, 05079,
　06687, 07486,
　08239, 08520,
　08573, 13891
北神 圭朗　06714
北川 敦子　02897
北川 鑑一　06293,
　12689, 12696
北川 正恭　13763
北川 善英　12914,
　　　　15344
北九州ココロ裁判
　原告団　10512
北九州市社会保障
　推進協議会
　　　　　12223
北口 末広　02780,
　10434, 11496
北澤 俊美　05156,
　　　　05214,
　06215, 08262
北沢 洋子　09558
北島 周作　01706
北田 暁大　00181
木棚 照一　09593,
　　　　14385
木谷 公士郎　12310
木谷 拓哉　03937
北野 和希　05557,
　　　　13619
北野 久馬　05408
北野 弘久　11739,
　　　　14611
北原 久嗣　14715
北原 仁　　00074,
　　　　01361,
　01362, 01370,
　01371, 01923,
　02112, 03425,
　03460, 03461,
　03489, 03492,
　10799, 10814,

　10831, 14307
北原 みのり　11284,
　　　　11412
北原 康司　00180,
　　　　00377
北見 宏介　01551
北村 小夜　05598
北村 淳　　08594
北村 貴　　01310,
　　　　02099,
　03514, 03522,
　03581, 03682,
　03947, 12486
北村 總子　11903
北村 泰三　03284,
　　　　09565,
　09657, 09842,
　13677, 13722
喜田村 洋一　08931,
　　　　11179,
　11356, 14331
北村 喜宣　14993
吉川 樹士　10344,
　　　　16348
橘川 俊忠
　04612〜04614,
　04710, 04711
木戸 裕　　02565
木藤 伸一朗　04149,
　　　　05412
鬼頭 誠　　06479,
　　　　06746
木南 敦　　02014,
　　　　02192
衣笠 哲生　04829
衣川 清子　11291
木野 主計　06948
木下 明　　15658
木下 英治　04426
木下 和朗　01145,
　02342, 02428,
　10413, 13908,
　14805, 15984
木下 智史　00130,
　00368, 00479,
　01172, 01233,
　01247, 01519,
　02153, 03756,
　05596, 05821,
　08797, 09099,
　14125, 14358,
　14569, 14572
木下 修一　04287
木下 毅　　14585
木下 武徳　12646
木下 ちがや　09113
木下 智史　01283
木下 秀雄　12476,
　12576, 12613
木下 英臣　05144,
　　　　08624

木下 昌彦　04654,
　　　　04969,
　11287, 11862
木下 淑恵　03403,
　　　　03465
木原 万樹子　12307
吉備国際大学研究
　紀要編集委員会
　　　　　15180
紀平 悌子　13649
木部 尚志　01905
君島 東彦　05304,
　06008, 07064,
　07082, 07166,
　07360, 07892,
　08179, 09536
君塚 大学　10756
君塚 正臣　00076,
　　　　00165,
　00273, 00276,
　00316, 01563,
　02059, 08813,
　08919, 09931,
　10220, 10883,
　11111, 11262,
　11686, 12121,
　12961, 13832,
　14260, 14269,
　14279, 14292,
　14341, 14371,
　14377, 14426,
　14392, 14460,
　14488, 14498,
　14540, 14620,
　15166, 15710,
　15716, 15726,
　15728, 15733,
　15737, 15741,
　15745, 15748,
　15753, 15756,
　15759, 15777,
　15817, 16010,
　16316, 16358
君野 祥子　13799
金 尚均　　10234,
　　　　11553,
　11566, 11570
キム ソンス　13302
金 泰明　　09082,
　09087, 09109,
　09110, 09112,
　09117, 09121,
　09125, 09131,
　09135, 09138
金 玄郁　　03173
キム, ヤン・C
　　　　　08322
金 侖貞　　15654
金 泳鎬　　06318
木村 朗　　07078,
　　　　08042
木村 元　　07549

木村 剛久 06955	木山 泰嗣 00245,	16298, 16359	金 宣吉 12930
木村 光豪 03225,	00447,	行田 憲一 07069,	金 早雪 03072
03228,	03815, 04159,	07070, 07073	金 泰植 09404
03267, 03598	14625, 14631,	共同通信社憲法取	金 耿晃 12711
木村 弘之亮 02625,	14652, 16114	材班 06441	金 富子 03084
02716,	牛 志奎 12857	京都憲法会議	金 友子 09309
12106, 12443,	九州公法判例研究	04149	金 美花 03202
14641, 15957	会 02521, 02547	京都大學法學會公	金 英丸 04519
木村 仁 01428	九州産業大学国際	法研究会 16040	金 美齢 09271,
木村 晋介 04645	文化学会 12972	紀要編集委員会	09327
木村 草太 00410,	9条改憲阻止の会	11646,	金 敏寛 12436
00450,	06334	12966, 13076	金 富燦 09248
01139, 01256,	「9条世界会議」日本	俠骨 05651	金 炳学 03212,
01258, 01262,	実行委員会	清郷 伸人 08795	03213
01265, 01477,	07644	清末 愛砂 04722,	金 朋央 09369
01483, 01493,	九条の会 04110,	06149,	金 雪梅 16161
01785, 01873,	05456, 06315,	06285, 07258,	金 亮完 03012,
03858, 03964,	07613, 07622,	07269, 09472,	03258
04535, 04692,	07626, 07629,	15193, 15747	欽喜 06121
04703, 04983,	07640, 07647,	清田 雄治 02841,	近畿弁護士会連合
05173, 05188,	07664, 07665,	02883	会人権擁護委員
05213, 05242,	07669, 07679	清谷 信一 06282	会国際人権部会
05243, 05307,	九条の会おおさか	清成 忠男 10860	大阪弁護士会選
05400, 05468,	07636	清野 正彦 10760	択議定書批准推
05734, 05902,	九条の会千葉地方	清原 淳平 04160,	進協議会 09518
05916, 05952,	議員ネット	04228,	金城 珠代 07043
06101, 06186,	06309	06665, 06678	近代日本史料研究
06227, 06278,	久間 章生 08033	清原 雅彦 03809	会 07966, 07976
07866, 07910,	許 慶雄 03180	清宮 龍 06540,	金原 恭子 01918
08517, 08685,	教育科学研究会	06598	
08765, 08782,	10448,	吉良 よし子 07199	【く】
09938, 10078,	10469,	桐島 瞬 06180	
10354, 10357,	10580, 12405,	桐野 夏生 06952	
10419, 11191,	13034, 13044	桐原 康栄 13532	権 五憲 09078
11441, 11488,	教育学部学部論集・	桐村 朋 13114	権 赫泰 07762,
12708, 14078,	大学院紀要編集	桐山 桂一 05236,	07797
14419, 14813,	会議 02884	13783, 13827	菫田 信之 05722
14867, 15851	教育経営研究会	桐山 孝信 09553	久木元 伸 11875
木村 琢磨 14611	12903	キルシュ, フィリッ	草加 道常 09643
木村 琢磨 08943	教育子育て九条の	プ 11935	日下部 雅喜 12207,
木村 達也 11236,	会 07670	ギルバート, ケン	12213
12304	日本教育政策学会	ト 06755, 07578	日下部 恭久 15270
木村 哲也 15317	年報編集委員会	キルヒナ, イルメリ	草野 善彦 00671
木村 徹也 09616	03317	ン 03370, 03372	草の根福祉編集委
木村 利人 03099	教育と医学の会	金 愛慶 09308,	員会 07329
木村 寿宏 04299	12992	09438	草の根メディア9条
木村 昌孝 13843	教学研究所 06437	金 英敏 03105	の会 07637
木村 正俊 06918	行財政総合研究所	金 英民 03081,	葛生 栄二郎 01126
木村 雅英 12519	12603,	03085	葛野 尋之 02344,
木村 真実 13010	13231	金 官正 00765,	09717, 11982
木村 三浩 00928,	ぎょうせい 09980,	03925	楠 綾子 05234,
05858,	15905	金 玄 09288	07997
06480, 06703	行政改革推進本部	金 光石 11521,	楠 精一郎 04187
木村 康子 00041	専門調査会	11533, 11540	久住 健治 14075
木村 康彦 14647	13130,	金 孝全 03012	葛谷 彩 08373
木村 庸五 05339	13139	金 虎山 09394	クットハト, アダ
木村 吉伸 12772	行政管理協会	金 祥洙 03041,	ム 02197
木本 泰次 04513		03115, 03239	杳脱 和人 05135,
城森 満 04189,	13208~13210	金 政玉 09532,	
07552	行政判例研究会	09771, 09774	
木山 啓子 07445	16213,		
	16264,		

著者名索引　けんせ

05168,
05224, 05267,
05268, 07484,
07516, 08463,
08522, 08579
轡田 隆史　11467
工藤 東　06342
工藤 浩司　12720
工藤 達朗　00015,
00034, 00061,
00233, 00241,
00358, 00381,
00389, 01107,
01170, 01194,
01598, 01599,
01601, 01650,
02486, 02639,
09153, 09441,
10675, 12692,
13362, 14084,
14335, 15402,
15403, 16176
工藤 詔隆　12749
工藤 正樹　09568
工藤 庸子　02880
工藤 隆哉　06723
久冨 善之　12482
國岡 健　00941
国武 雅子　15179
くにたち東地域九
条の会　14677
クーニヒ, フィリッ
プ　14548, 15091
国正 武重　06835
國本 依伸　09155
国本 伊代　03341
國吉 孝志　13912
功刀 達朗　07120
久野 収　07062
久野 秀二　09702,
09737
久野 成章　07579
久野 洋　01069
久原 宗士郎　05576,
07376, 07378,
07382, 07711
久保 健助　04081
久保 紘之　06643,
06849,
07941, 11279
久保 眞希　02271
窪 誠　01209,
09674, 09715,
09760, 09769
久保井 摂　12069
久保木 匡介　04836
久保木 亮介　10702,
11124, 15095
窪田 充見　09457,
12413

久保田 哲　00757,
04620
窪田 眞二　12913
久保田 信之　00804
久保田 裕　12010
久保田 貢　15583
窪田 充治　07383
窪田 之喜　05429
久保利 英明　01796,
13540,
13692, 13761
熊谷 えり子　07252
熊谷 伸一郎　07805
熊谷 卓　09579,
09754, 09871
熊谷 徹　02964
熊江 雅子　05681
熊沢 誠　13290
熊野 勝之　14305
隈野 隆徳　14611
組坂 繁之　09773,
09774
久米 慶典　08211
粂川 研二　06438
公文 昭夫　12226,
12582, 12766
蔵 研也　10501
倉崎 星　03811
倉澤 生雄　14901
くらしと制度をつ
なぐ会　00169
グラスハウザー, ア
レックス　02271
倉田 玲　03391,
03487, 12131,
12199, 13735,
13776, 13853,
13854, 16308
倉田 真由美　04125
倉田 原志　00298,
01283,
02498, 02527,
02539, 02668,
04149, 10431,
13176, 13288
倉地 智広　05632,
10298
蔵原 清人　12924
倉持 三郎　15233
倉持 孝司　00129,
00255,
02359, 02377,
02442, 03794,
05192, 06407,
08923, 09978
倉本 さおり　01785,
04692, 06278
倉山 満　00651,
00664, 00747,
00871, 03774,

03806, 03851,
04145, 04171,
04323, 04361,
05280, 06516
栗城 壽夫　01512,
01523,
01701, 02476,
02613, 02618,
02703, 02750
栗島 智明　02693,
02740, 02792
クリスチャン新聞
01497
栗田 隆子　12427
栗田 昌裕　02590,
02782,
11077, 11084
栗田 真広　05200
栗田 禎子　05066,
06166, 07419
栗田 佳泰　01189,
02007, 15527,
15961, 16191
栗原 君子　07731,
13933
栗原 涼子　02221,
02222, 15224
グリム, ディー
ター　09096
栗本 英世　08817
栗山 尚一　07862
クリントン, ロシ
ター　01325
グリーンピースジ
ャパン　10967
来栖 イネ子　11300
栩澤 能生　01562
呉 [イク]宗　03068
呉 智英　13803
久禮 義一　09018
黒井 文太郎　08386,
08697
黒岩 哲彦　12567,
12631, 12675
黒岩 容子　03394,
03537,
03538, 03599
黒川 伊保子　01723
黒川 伸一　00164,
00310, 11696,
12087, 14021
黒川 達雄　10492
黒川 冨秋　01445
黒木 英充　07059
黒畑 愛衣　12093
黒﨑 健憲　15746
黒澤 いつき　07245
黒沢 惟昭　03304,
07187,

07206, 07291
黒島 美奈子　06105,
06176
黒田 勝弘　03159
黒田 清彦　09528
黒田 健司　13222
黒津 和泉　04699
グローバル9条キャ
ンペーン　07627
桑野 弘隆　08316
桑原 尚子　09869
桑原 昌宏　03344
桑山 亜也　09782,
11887, 11943
桑山 俊昭　15719
桑山 直樹　07962

【け】

慶応義塾　10951
慶應義塾大学大学
院法学研究科内
「法学政治学論
究」刊行会　12115
慶應義塾大学若手
憲法研究者
14262
経済界　12520
経済教育学会
10905
経済産業省　08644
経済理論学会
12611
警察実務研究会
10941
警察大学校
11660〜11663
刑事法研究W.G.
11931
刑事法令研究会
11879
慶野 義雄　01430,
10890
刑法読書会　11973
「月刊社会教育」編
集委員会　12144,
12882, 13031,
13082〜13088
ケナン, ジョー
08371
兼平 裕子　10729
ケルクホフ, ミュ
キ　15221
『研究室紀要』編集
委員会　02554
建設政策研究所
12728,
12740

629

源三　　　05651, 06121
現代憲法教育研究
　会　08828, 08874
現代人文社　　09580,
　　　　　　　12109
『現代の理論』編集
　委員会　　　12933
原発を問う民衆法
　廷実行委員会
　　　　　　　12176
憲法改悪阻止各界
　連絡会議　　03775,
　　　　　　　05480
憲法改悪阻止京都
　各界連絡会議
　　　　　　　05481
憲法改悪阻止東京
　連絡会議　　05445
憲法が輝く兵庫県
　政をつくる会
　　　　　　　07656,
　　14676, 14683,
　　14691, 14694
憲法学会　　　00591
憲法九条を守る首
　長の会　　　07662
「憲法9条にノーベ
　ル平和賞を」実行
　委員会　　　07904
憲法教育研究会
　　　　　　　10136
憲法教育指導研究
　会　　　　　00115
憲法研究会　　00226,
　　　　　　　00473
憲法研究所　　07286
憲法政治学研究会
　　　　　　　00182,
　　　　　　　08801
憲法制度研究会
　　　　　　　05330
憲法訴訟研究会
　　　　　　　01931
憲法調査研究会
　　　　　　　04303,
　　　　　　　04324,
　05290, 06944,
　13471, 13473,
　13474, 13476,
　13477, 13484,
　13486, 13488,
　13982, 13990,
　13991, 13993,
　13995, 13996,
　14003, 14004,
　14387, 14798
憲法判例研究会
　　　　　　　00284,
　　　　　　　00417
憲法普及会　　00132
憲法問題研究会
　　　　　　　06427

憲法理論研究会
　　　　　　　00318,
　00373, 00433,
　01114, 01123,
　01484, 04129,
　04134, 06434
憲法9条をまもる愛
　媛県民の会
　　　　　　　06308
憲法9条を守る和歌
　山弁護士の会
　　　　　　　07598
憲法9条世界へ未来
　へ連絡会　　07612
剣持 悟　　　04266

【 こ 】

呉 哲　　　　09423
高 史明　　　06437
胡 紹玲　　　03122
呉 東鎬　　　00885
胡 平　　　　02979
呉 明上　　　06691
伍 躍　　　　07890
小新井 雅　　16082
小池 晃　　　12255
小池 清彦　　06312,
　　　　　　　06375
小池 振一郎　11884
小池 信太郎　02566
小池 聖一　　10903
小池 寛治　　13414
小池 政行　　05122
小池 由美子　12919,
　　　　　　　15389
小池 洋平　　02239,
　　02286, 13260
五石 敬路　　09181
小石 房子　　06885
小泉 親司　　05040,
　　05165, 05207,
　　06094, 06117,
　　06170, 06348
小泉 直樹　　11097
小泉 直子　　03813
小泉 広子　　13049
小泉 悠　　　03168,
　　　　　　　03572,
　　03623, 03667
小泉 洋一　　00129,
　　　　　　　00255,
　　02807, 02921,
　　03399, 03446,
　　03457, 03501,
　　09625, 10610,
　　10630, 16007

小泉 良幸　　00234,
　　　　　　　00488,
　　01842, 08203,
　　08871, 09144,
　　10758, 13911
小出 裕章　　07687
肥沼 位昌　　04127
小岩井 忠道　11541,
　　11543, 11544
洪 英　　03090, 15349
高 演義　　　15066
孔 暁鑫　　　03211
高 希麗　　　09422
洪 恵子　　　09797
黄 自進　　　07103
黄 舒芃　　　14515
康 由美　　　09681
江 利紅　　　03138,
　　　　　　　03209
康 玲子　　　09252
皇学館大学社会福
　祉学部　　　09644
皇学館大学人文学
　会　　　　　06876
好奇心トレーニン
　グセンター
　　　　　　　03785
纐纈 厚　　　04377,
　　　　　　　05181,
　05271, 05452,
　05884, 05911,
　05947, 05987,
　05988, 06032,
　08081, 08630
交告 尚史　　01522
高坂 節三　　03752,
　　　　　　　06495
神崎 一郎　　05380,
　　　　　　　05381
合志 至誠　　07663
公職研　　　　12132,
　　　　　　　12512
小後 遊二　　06496,
　　　　　　　06547,
　　06637, 14930
神津 良子　　07294
郷田 正萬　　09543
香田 洋二　　08469
神足 裕司　　12142
講談社　　　　00123
河内 正臣　　06766
高知新聞企業
　　　　　　　07650
孝忠 延夫　　00407,
　　01116, 02974,
　　02982, 03598,
　　13431, 13527,
　　14127, 14145
高等教育研究会
　　　　　　　09585,

　　　　　　　10933
河野 枝里　　10356
河野 啓　　　08755
河野 善一郎　09692,
　　　　　　　13895,
　　13909, 16170
河野 哲也　　01922
河野 信子　　12552
河野 久　　　00135,
　　13403, 13443
河野 勝　　　01374,
　　　　　　　01377
河野 康子　　08304
河野 泰博　　05523
河野 洋平　　07880
合原 理映　　13862
耕文社　　　　12440,
　　　　　　　12677
神戸市看護大学
　　　　　　　12738
神戸大学大学院人
　文学研究科海港
　都市研究センター
　　　　　　　09288
公法研究会　　16290,
　　　　　　　16307
高村 正彦　　07870
河村 学　　　13249
公明新聞党史編纂
　班　　　　　04952,
　　04956, 04965,
　　04975, 04991
公明党　　　　13787
河本 學嗣郎　06863,
　　　　　　　07037
高野山大学　　10613
郷路 征記　　11260
肥塚 俊一　　12727
小枝 義人　　08466
古賀 勝次郎　01413
古賀 慶　　　08472
古賀 敬太　　00634
古賀 豪　　　13393
古賀 哲夫　　10242
古賀 浩史　　05343
古我 正和　　12215
古賀 康紀　　15008
小風 秀雅　　01023,
　　　　　　　01074
小粥 太郎　　14361,
　　　　　　　15450,
　　15455, 15468,
　　15475, 15479
後閑 一博　　12218
吾郷 眞一　　09578,
　　09748, 13143
國學院大學日本文
　化研究所　　00553
国際開発高等教育
　機構　　　　07964

国際協力機構
　　　　07981
国際基督教大学社
　会科学研究所
　　　　10742
国際女性の地位協
　会　09814, 09865
国際人権法学会
　　　　03577,
　　07545, 08723,
　　09531〜09542,
　　09582〜09584,
　　09616〜09620,
　　09645〜09647,
　　09680〜09688,
　　09717〜09730,
　　09761〜09765,
　　09791〜09794,
　　09815〜09819,
　　09842〜09851,
　　09870〜09873,
　　10143,
　　10191〜10193,
　　10530,
　　12061, 12065,
　　12066, 12435,
　　13581, 13905,
　　13909, 13910,
　　14105, 15197,
　　15206, 16088,
　　16170〜16172,
　　16248〜16250
国際幼児教育学編
　集委員会　09679
小口 彦太　03013,
　　　　03090
国分 航士　01066
国分 高史　04917,
　　　　11441
國分 功一郎　04687
國分 典子　00796,
　　01569, 02982,
　　02989, 02991,
　　03015, 03065,
　　03238, 04352
小窪 千早　03371
小久保 哲郎　12263,
　　12313, 12321,
　　12600, 12733,
　　12791, 12794
小久保 晴行　10806
小久保 洋　05994
国民医療研究所
　　　　07150,
　　09868, 09882,
　　12197, 12470
国立国会図書館調
　査及び立法考査
　局フランス法研
　究会　02969,
　　　　02970
国立国会図書館調

査及び立法考査局
　　　　02495,
　　03292, 03293,
　　03300, 03302,
　　03306, 03314
小暮 純也　10834
心がくたびれたあ
　る平教員　12978
小坂 憲次　04762
狐崎 知己　07994
越田 清和　08389
小路田 泰直　01089
小島 亜矢子　00967
小嶋 勇　09454,
　　　　15124
小嶋 和司　00231
小島 喜孝　13021
児島 健介　07512
小島 慎司　01841,
　　01892, 02800,
　　10123, 10477,
　　11750, 13746,
　　15065, 16181
小島 妙子　09962,
　　　　11779
小島 恒久　06090
小島 伸之　10781,
　　　　13055
小島 勇人　04299
小島 正剛　03034,
　　03102, 03108,
　　10879, 13221,
　　13225, 13235
小島 美里　12703
小島 立　11088,
　　　　11122
小島 良一　08199
越山 康　13593
小塚 智　05976,
　　　　06124,
　　06171, 06205,
　　06259, 08243
小塚 真啓　14616,
　　　　15974
小杉 末吉　03503
小杉 丈夫　02310
小杉 泰　03509
小菅 洋人　04649
コスタ, ジャン＝
　ポール　03639,
　　　　15096
古関 彰一　00947,
　　01816, 03757,
　　04900, 04937,
　　05013, 05082,
　　05879, 07079,
　　07295, 07320,
　　07590, 07763,
　　08045, 09372
小竹 聡　02042,
　　　　10103

小谷 順子　00280,
　　01284, 01928,
　　02021, 02068,
　　02087, 03582,
　　06506, 08228,
　　08318, 09272,
　　11572, 11577,
　　14781, 14991,
　　15922, 15976
小谷 眞男　03633
兒玉 克哉　07648
兒玉 修一　12940
児玉 誠　02468
児玉 昌己　03616
小玉 美意子　11406
国家基本問題研究
　所　08068
コックス, マイケ
　ル　01797
国公労連　03493,
　　　　13135,
　　13138, 13139,
　　13142〜13146,
　　13180,
　　13182, 13183,
　　13192, 13195,
　　13196, 13198,
　　13204, 13207,
　　13212, 13219,
　　13222, 13226,
　　13232, 13234,
　　13245, 13250
国公労連中央闘争
　委員会　13245
コッサ, ラルフ
　　　　04601
小坪 しんや　06654
小寺 彰　05053,
　　　　15043
後藤 恭子　10617
後藤 昌次郎　04312
後藤 達司　09026,
　　　　09029
後藤 弘子　15216
後藤 寛　11102
後藤 浩士　13697
後藤 巻則　16162
後藤 正人　00795,
　　　　00831
後藤 道夫　04821,
　　06469, 11674,
　　12282, 12551,
　　13919, 15644
後藤 光男　00074,
　　00269, 00436,
　　03532, 03972,
　　03997, 08887,
　　09311, 09417,
　　09421, 09432,
　　09434, 13968
後藤 由耶　12915

後藤 玲子　10173,
　　12394, 12395
後藤田 尚吾　05568
ゴードン, ステュ
　ワート　09564
小中 信幸　12497
小西 清一　11608
小西 豊治　00557,
　　00615, 01037
小西 洋之　04452,
　　04911, 05488,
　　05953, 06173,
　　06207, 06231
小西 誠　05993,
　　　　07969
小沼 稜子　15656
木庭 顕　07945
木場 紗綾　07482
小橋 一久　12338
小浜 逸郎　13789
小早川 義則　01950,
　　　　01991,
　　02039, 02075,
　　02107〜02109,
　　02139, 02225,
　　02226, 02281,
　　02282, 16006
小林 昭三　00002,
　　00099, 00182,
　　00277, 02237,
　　08801, 15015
小林 公夫　03703,
　　　　04162
小林 恭子　02961
小林 軍治　07915
小林 興起　06474
小林 宏司　13690
小林 末夫　00905,
　　　　03986
小林 節　01760,
　　01865, 01894,
　　04139, 04168,
　　04170, 04179,
　　04397, 04420,
　　04518, 04527,
　　04608, 04687,
　　04712, 04803,
　　04941, 04977,
　　04989, 05045,
　　05308, 05360,
　　05447, 05633,
　　05724, 05787,
　　05869, 05875,
　　05930, 05942,
　　05943, 06045,
　　06188, 06196,
　　06225, 06022,
　　06244, 06279,
　　06284, 06383,
　　07022, 11489,
　　11625, 11740,
　　13164, 13340,

こはや　著者名索引

13960, 14579
小林 孝生 11894
小林 孝輔 00016
小林 武 00269,
01154,
01230, 01260,
01438, 01866,
03323, 03332,
03342, 03351,
03369, 03382,
03401, 03412,
03415, 03418,
03445, 03449,
03450, 03456,
03464, 03471,
03477, 03481,
03507, 03692,
03759, 03776,
03944, 04060,
04382, 04602,
04609, 05021,
05885, 05892,
05905, 05919,
05922, 06087,
06114, 06228,
06359, 06432,
07297, 07302,
07306, 07314,
07318, 07413,
07839, 08577,
08758, 08760,
08767, 08772,
09013, 09453,
11904, 12334,
12370, 12438,
12715, 12822,
14135, 14143,
14357, 14388,
14426, 14429,
14490, 14674,
14725, 14726,
14754, 14788,
14839, 14904,
14921, 14932,
14948, 15904,
15986, 16044
小林 丈人 01844,
01848
小林 多津衛 07700
小林 徹也 00522
小林 利行 08755
小林 直樹 07587,
11061, 11325,
11599, 12037,
14825, 15835
小林 直三 00403,
08867, 08958,
08961, 09985,
10027, 10064,
10082, 10108,
10111, 12530
小林 倫夫 00846
小林 宏晨 01148,

02238, 02514,
02551, 02557,
02629, 02646,
02729, 02759,
04472, 04607,
05187, 05216,
07543, 10602,
10609, 16035
小林 啓治 07854
小林 真紀 03414,
10015
小林 正弥 00550,
01853,
01918, 05163,
05541, 07276
小林 勝 02506,
03328
小林 優 10555
小林 麻理 14611
小林 保夫 10690
小林 裕一郎 06771,
06794, 06904,
06970, 06981,
07003, 07209
小林 勇樹 00920
小林 祐紀 02241
小林 幸夫 00337
小林 善亮 05694,
05998
小林 良彰 13689,
13721, 13874
小林 よしのり
07764
小林 義久 06574
小林 義郎 10591,
10730
小針 和子 03814
小針 司 10460
小梁 吉章 14443
小檜山 智之 08611
小檜山 ルイ 10695
小舟 賢 02621
小堀 桂一郎 00653,
00686, 06776,
06777, 06790
小堀 真 10605
小堀 眞裕 02430,
02440, 13401
小堀 裕子 14257
駒井 達生 06867
小牧 薫 15972
小牧 亮也 02280,
02309
駒澤大学グローバ
ル・メディア・ス
タディーズ学部
11667
小松 克己 04010,
04019
小松 公生 07249,
09344

小松 創一郎 01694
小松 敏弘 13826
小松 寛 08776
小松 浩 02429,
04433, 04480,
04708, 04742,
04788, 04795,
05116, 05162,
05222, 05319,
06073, 06220,
06494, 07144,
08409, 08502,
08591, 08926,
10821, 11335,
13598, 13612,
13620, 13640,
13642, 13664,
13671, 13794
小松 康則 15677
小松 由季 13876,
14859, 15004
小松 豊 07591
駒林 良則 14876
駒村 圭吾 00366,
00435,
00499, 00754,
01168, 01178,
01181, 01185,
01202, 01263,
01280, 01397,
01645, 01827,
01915, 02067,
02171, 02319,
03963, 03964,
06502, 06506,
08969, 09000,
09119, 09122,
09128, 09133,
10259, 10549,
10579, 10978,
10979, 11165,
11177, 11355,
11374, 11440,
11717, 11792,
11793, 11800,
12175, 12527,
12529, 12601,
12620, 13447,
13696, 13700,
13928, 14140,
14237, 14239,
14240, 14318,
14363, 14433,
14434, 14436,
14444, 14453,
14459, 14462,
14472～14474,
14514,
14518, 14522,
14531, 15064
児美川 孝一郎
12907
小峰 弘明 09446

小宮 一夫 01060
小宮 友根 11552
五明 昇祐 02175
小向 太郎 11522
小室 直樹 01468,
01494, 08149
小室 みえこ 14907
米須 朝栄 15281
小森 光夫 15040
小森 恵 09832
小森 陽一 00144,
00181,
04212, 04574,
05004, 05300,
05421, 05470,
05472, 05486,
05699, 05724,
05814, 06221,
06309, 07649,
07667, 07670,
07786, 07817,
07842, 10957,
12167, 12878,
12922, 15217
古森 義久 00980,
04853,
06451, 08020
小森 義峯 01216,
01250,
10775, 14179
小森田 秋夫 03430,
03505,
03534, 03555
小森田 恵樹 16310
子安 潤 13070,
15701
児矢野 マリ 07958,
15060, 15075
小山 勝義 01098
小山 堅 08508
小山 研一 12388
小山 剛 00067,
00073, 00172,
00217, 00241,
00258, 00366,
00411, 00416,
00441, 00501,
01205, 01206,
01266, 01283,
01492, 01586,
01597, 01598,
01639, 01771,
01906, 05067,
07998, 08190,
08271, 08819,
08850, 08882,
09036, 09050,
09165, 09223,
09232, 09874,
10496, 10497,
10665, 10669,
10944, 11234,

11237, 11241, 11248, 11251, 11369, 11549, 11619, 11620, 11623, 11713, 11715, 11872, 12503, 12805, 13097, 13327, 14222, 14404, 14550, 14574, 15552, 15922, 15976, 16018, 16101, 16325	近藤 義浩　13665 今野 健一　02794 今野 建一　13051 今野 或男　13394 今野 久子　15254 今野 秀洋　08399 コンベル ラドミー 　ル　03996	05452, 05455, 05556, 05652, 05868, 06552, 06561, 06567, 07716, 08110, 08111, 09992, 10972, 12169, 13040, 15304	齊藤 佳倍　03884, 　07765 斎藤 静敬　00077, 　00405 サイドランチ 　00447

【 さ 】

斎藤 孝　00064,
　07346, 12084,
　13306, 14398

小山 貞夫　14542
小山 常実　00554,
　03875, 06877
御幸 聖樹　02199,
　02212, 02213,
　02246, 02252
コリン ジョイス
　06830
是枝 真紀　10154
木幡 洋子　01112,
　01119, 09366,
　11334, 11425
権 南希　03248
コングルトン, ロジ
　ャー・D.　13405
権田 建二　02288
権田 正良　11014
コンデックス情報
　研究所　01351
近藤 敦　01577,
　08889, 09007,
　09243, 09261,
　09264, 09268,
　09310, 09312,
　09399, 09407,
　09431, 09437,
　09438, 09798,
　09875, 15800
近藤 和樹　07469,
　08531, 08601
近藤 和子　04759
近藤 和行　05240,
　07539
近藤 勝彦　12181
近藤 健　01935
近藤 昭一　04911,
　05814,
　06025, 08100
近藤 誠治　13412
近藤 豊和　11431
近藤 博徳　09293,
　10183, 14384,
　14385, 15949,
　15962, 15981
近藤 浩之　04600
近藤 真　10872,
　15694
近藤 正道　05335

崔 栄繁　09634
崔 延花　03032
崔 恩瑞　03171
崔 勝久　09376
崔 宏基　09423
蔡 秀卿　03181
崔 真碩　07931,
　10105
犀角 独歩　10805
西條 潤　16175
サイゾー　10970
埼玉県　03715
齊藤 笑美子　00916,
　02838, 02891,
　09143, 10327,
　11752, 15251
斎藤 一久　01264,
　02636,
　10836, 11802,
　11833, 12502,
　13102, 15473,
　16199, 16217,
　16233, 16267,
　16289, 16293,
　16306, 16322,
　16335, 16350,
　16357, 16373
斉藤 健一　06406
斎藤 憲司　03294
齋藤 康輝　00339,
　00512, 01527,
　01727, 02598,
　02617, 02619,
　02638, 02694,
　03566, 04689,
　08717, 09201,
　12250, 13888
齋藤 康平　08554
斉藤 小百合　00754,
　03984,
　09224, 11314
齋藤 純一　01459,
　12424
齋藤 盛午　07919
斎藤 貴男　01470,
　03738, 04118,
　04272, 05425,

齋藤 隆　07486,
　08348, 08504
齊藤 拓　12496
齋藤 民徒　01788,
　09550, 09718
斎藤 司　02512,
　11995
斉藤 鉄夫　04988
斎藤 輝夫　10381
斉藤 淑子　12455
斉藤 智朗　00696
斉藤 豊治　04306,
　05368,
　05690, 15264
齊藤 豊治　15149
斎藤 治子　15246
齊藤 弘子　01052
斎藤 浩　14104
齋藤 洋　04224,
　07719, 15081
斎藤 文男　14228,
　14703
斎藤 真　10694
斎藤 誠　14689,
　14942
斎藤 眞　01905,
　01941
齊藤 正彰　00164,
　01486,
　02567, 09053,
　09775, 09802,
　15041, 15087
斎藤 正樹　09885
斉藤 功高　01975
斉藤 正幸　11425
齋藤 美沙　01859,
　02927, 10751
斎藤 光政　08231
斎藤 美奈子　01728
齊藤 愛　10499,
　11021, 11024,
　11034, 11043,
　11582, 14291
斉藤 豊　12065
齊藤 功高　01995
斎藤 美彦　05674
斎藤 吉久　10722,
　10790
斉藤 芳浩　08918

在日コリアン弁護
　士協会　02987,
　02990
裁判所職員総合研
　修所　00193,
　15297, 15333,
　15376, 15431,
　15497, 15561,
　15603, 15674,
　15731, 15792
在間 秀和　13247,
　13319
財界研究所　06844
彩流社編集部
　03722
佐伯 和雅　14656
佐伯 啓思　01504,
　01690, 01724,
　01793, 06142,
　06655, 06750
佐伯 祐二　14685
佐伯 雄三　14481
嵯峨 操　14735
坂井 敦　11501
坂井 一成　02871
酒井 孝一　05676
坂井 千之　10468
酒井 直樹　03751,
　03854
坂井 眞　11350
境 真良　01760,
　04391
坂井 美恵子　10819
酒井 安行　04263,
　16003
酒井 嘉子　07332
坂井 吉良　11812,
　13694, 13723
境野 健児　13005
坂入 和郎　08168,
　08170, 08178,
　08180, 08196
坂牛 哲郎　04252,
　13113
榊原 英資　00738
榊原 秀訓　01893,
　02358, 02368,
　02375, 02475,
　04158, 04421,
　11992, 13397,
　14611, 14685,
　14697, 14875,
　14902, 14944,
　14953, 14960,
　14976, 14983

さかき　著者名索引

榊原 富士子　09961,
　10343,
　10379, 10407
榊原 喜廣　04660,
　04676,
　04851, 05396,
　06679, 09315
阪口 正二郎　00191,
　00274,
　01335, 01379,
　01544, 01565,
　01645, 02186,
　04307, 04487,
　04622, 04935,
　09044, 11019,
　11053, 11068,
　11104, 11748,
　14437, 15063,
　15933, 16098
阪口 徳雄　11260
阪口 心志　15895
阪田 勝彦　08087
阪田 雅裕　05177
坂田 正三　03217
坂田 仰　03771,
　09452, 11508,
　12860, 12868,
　12912, 15876
阪田 健夫　12251
阪田 雅裕　03908,
　04394, 05005,
　05221, 05317,
　05937, 05974,
　06024, 06057,
　06063, 06067,
　06318, 06329,
　07397, 07398,
　07751, 07753,
　07758, 08639,
　14017, 14065
阪田 恭代　08501
坂田 隆介　02230,
　02285, 14276
坂手 洋二　10867
坂庭 国晴　11721
阪野 智一　02470
坂部 行三郎　02331
坂本 文子　13057
坂本 修　05422,
　05438, 05460,
　08951, 11302,
　13542, 13546,
　13645, 13868
坂本 一登　00610,
　00934, 14665
坂元 一哉　04316,
　04317,
　04794, 08617
坂本 勝義　07299
阪本 恭子　09976
坂元 茂樹　09513,

　09685, 09728,
　09763, 09812,
　09818, 10620
坂本 茂樹　09848
坂本 多加雄　06796
阪本 孝志　09496
坂本 直樹　13723
阪本 昌成　00227,
　00267,
　01220, 01332,
　01391, 01395,
　03907, 03956,
　08808, 08849,
　10016～10018,
　10037, 10053,
　10474, 10976,
　11085, 11219,
　11763, 11765,
　11792, 11793,
　11796, 11803,
　11808, 11826,
　13385, 14523
坂本 正路　10622
坂本 団　09988
さかもと 未明
　　06933
坂本 洋子　10255,
　10341, 15232
崎本 敏子　09943
崎山 嗣幸　08450
作花 文雄　10894
佐久間 修　11876
作間 和子　15750
佐久間 健吉　15940
佐久間 一　03009,
　05042,
　07389, 08085,
　08102, 08150
桜井 英治　00652
櫻井 歓　10469,
　10504
櫻井 圀郎　10650,
　10798
桜井 国俊　08353
桜井 真作　05982
桜井 真司　14611
櫻井 敏雄　13215
櫻井 智章　02733,
　02758, 02767,
　13772, 14457
桜井 均　07631
桜井 誠　09340
桜井 充　06054,
　06062
櫻井 よしこ　01274,
　04429,
　05058, 06448,
　06488, 06537,
　06557, 06600,
　06616, 06638,
　06652, 06655,

　06669, 06747,
　06767, 06785,
　06826, 06990,
　07934, 08068,
　08537, 09273,
　09298, 09319,
　09349, 10699
櫻井 義秀　10592
桜内 文城　08536
櫻澤 誠　00996,
　04106, 08756
櫻田 淳　01720
櫻庭 総　02538
桜林 美佐　05071,
　05072, 07454,
　07460, 07464,
　07471, 07489,
　07502, 07504,
　07507, 07509,
　07523, 07525,
　07529, 07534
櫻本 正樹　12100
佐古 丞　08320
酒匂 一郎　00529,
　01502
酒匂 一雄　13066
境分 万純　07869
左近 豊　02170
笹川 紀勝　00202,
　00502,
　01970, 03046,
　04981, 05476,
　07551, 10455,
　10457, 10485,
　10715, 15030,
　15071, 15073
笹川 隆太郎　01006,
　01235
佐々木 敦朗　13134
佐々木 育子　12381
佐々木 くみ　01158,
　01162,
　01623, 14414
佐々木 健　02537,
　08551, 08621
佐々木 幸寿　12841,
　12845
佐々木 紳　01001,
　03307
佐々木 高雄　00717
佐々木 貴弘　10322,
　10337, 10386
佐々木 達司　07260
佐々木 知行　05051
佐々木 允臣　08929,
　08998, 09157
佐々木 英和　12984,
　13095
佐々木 秀智　01997,
　02151, 02194
佐々木 秀典　13417

佐々木 弘通　00251,
　00477, 01146,
　01607, 07125,
　10503, 11041,
　11069, 11773,
　11784, 11796,
　12157, 15898
佐々木 雅寿　03353,
　03524, 08900,
　10195, 14319,
　14418, 14519,
　14561, 14562
佐々木 幸寿　16024,
　16059
佐々木 揚　03133
佐々木 隆爾　07982,
　08277, 08279
笹口 裕二　14067
笹倉 香奈　11937,
　11940
笹倉 秀夫　01554
笹倉 宏紀　12028
笹島 雅彦　01710,
　10815
笹田 栄司　00025,
　00183, 00437,
　00480, 01247,
　01263, 02749,
　03900, 12103,
　12104, 14149,
　14153, 14154,
　14189, 14283,
　14302, 14564,
　14587, 16093
笹田 茂樹　13021
笹沼 弘志　01109,
　01136, 01364,
　01434, 03753,
　05263, 08878,
　08896, 08924,
　08930, 08937,
　08986, 08993,
　08999, 09210,
　09889, 09904,
　09905, 09909,
　09984, 10104,
　10164, 10465,
　10614, 11038,
　11685, 11718,
　11743, 11907,
　11949, 12135,
　12273, 12319,
　12344, 12348,
　12415, 12484,
　12504, 12568,
　12572, 12637,
　12714, 12775,
　12920, 16374
笹本 潤　05996,
　06350, 07067,
　07196, 07203,
　07282, 07707,
　07773, 07783,

著者名索引　さんし

07873, 09522
笹本 浩　07962,
08195,
08222, 08224,
08258, 08285,
08314, 08346
笹森 春樹　04709,
04724
笹山 尚人　04398
佐島 直子　07977,
08022
佐瀬 一男　08823
佐瀬 昌盛　04930,
04998, 05015,
06272, 08521,
08586, 08593,
08604, 08609,
08615, 11470
サタ, アントリュ・
J.　12773
佐高 信　00542,
01680, 03801,
03873, 05421,
05431, 05477,
05484, 05519,
05608, 05617,
05718, 06194,
06225, 07049,
07052, 07062,
11824, 12274
佐竹 眞明　09438
幸 日出男　10687
蔡 柱國　03031
作花 知志　09097
佐々 淳行　00733,
01517, 06706
札幌国際大学
10468
佐渡 紀子　08070
佐藤 昭夫　13125
佐藤 章　03274
佐藤 功　05208,
12987,
13025, 15257
佐藤 岩夫　14117,
14194
佐藤 海山　03252
佐藤 和夫　06712
佐藤 一子　13104
佐藤 勝巳　09350
佐藤 香代　10274,
12974
佐藤 寛稔　01195,
11267, 16107
佐藤 恒　12955
佐藤 浩一　06328
佐藤 考一　08035
佐藤 幸治　00668,
01215, 01286,
01348, 01593,
01596, 02110,

03773, 03786,
03899, 04088,
04130, 08800,
08814, 08831,
08832, 08916,
10025, 10110,
10411, 14081,
14158, 14184,
14249, 15370
佐藤 庫八　08565
佐藤 吾郎　13384
佐藤 幸　09505
佐藤 修一郎　06505,
14207, 14247,
14901, 15752
佐藤 修司　10888,
12926
佐藤 俊一　04071
佐藤 潤一　00032,
00374,
01875, 02432,
03131, 03580,
07068, 12879,
15622～15624
佐藤 順子　12260
佐藤 史郎　08121
佐藤 晋平　10562
佐藤 鈴代　07294
佐藤 太久磨　01019
サトウ タツヤ
14271
佐藤 保　04005,
06326, 09005
佐藤 智晶　01973
佐藤 哲夫　06604,
08636
佐藤 鉄男　11756
佐藤 那奈　02339
佐藤 信行　00101,
02271, 02995,
03601, 03611,
09249, 09401,
09406, 09414,
09426, 10067
佐藤 博文　05182,
06426, 08453
佐藤 広美　05517
佐藤 文夫　09596
佐藤 文香　15253
佐藤 史人　03358,
03505, 03536,
03555, 03587,
03588, 03663
佐藤 丙午　05092,
08535
佐藤 匡　11646
佐藤 正子　12267
佐藤 雅彦　00383
佐藤 正久　06591,
07475, 08075
佐藤 優　00929,

01747,
05529, 06101,
08738, 10619
佐藤 学　07670,
07809, 07882
佐藤 守　04357,
06562
佐藤 繭香　02362,
02370, 15245
佐藤 マリ　00531
佐藤 光重　10716
佐藤 美由紀　03215,
03279,
03282, 03431,
03485, 03520,
03592, 03636,
10266, 12762
佐藤 むつみ　03150
佐藤 元治　11994
佐藤 雄一郎　10741,
10744,
13058, 13955,
14996, 16052
佐藤 悠人　04825
佐藤 幸治　11948
佐藤 洋一郎　08050
佐藤 佳久　11116
佐藤 嘉幸　01448
佐藤 令　13687
里島 善輝　06159
里永 尚太郎　05002,
05189
里見 岸雄　06862
里見 佳香　03495,
09656, 11890
里村 一成　09154
眞田 寿彦　15802
佐貫 浩　04634,
05637,
09485, 12806
佐野 寛　10184,
14364
佐野 正彦　03050
佐野 通夫　09635,
09636
佐橋 亮　07231
サビア, ミコル
09837
鮫島 寿美子　09171
サモラ, ロベルト
07214
佐山 雅彦　15279
猿田 佐世　05531,
05747
猿橋 均　12407
サルブラン, シモ
ン　04046
澤 喜司郎　08002
佐和 隆光　10920
澤井 勝　14856

沢木 啓三　04191,
11363, 11368,
11375, 11434
澤田 章仁　04214,
08897,
09899, 10154,
10453, 11010,
11906, 12117
澤田 公伸　09759
澤田 哲生　07219
澤田 知樹　02259,
02276, 02307
澤田 裕之　10901
澤田 稔　13091
澤田 彰宏　03047
澤地 久枝　04138,
05112,
06318, 07638,
07699, 12168
澤野 義一　00071,
00403, 00494,
01940, 03499,
04288, 04570,
04827, 04845,
04960, 05239,
05664, 06058,
06200, 06440,
06613, 06731,
07050, 07236,
07285, 07296,
07324, 07583,
07720, 07780,
07787, 08404,
12485, 12673,
13406, 13659,
13938, 15036
澤登 文治　02090,
02832,
02869, 11634
澤藤 統一郎　04820,
04984,
05894, 10509,
10513, 10519,
10580, 11255
沢見 涼子　12235
澤村 智子　10212
参議院　00247,
03316, 03770
参議院事務局企画
調整室　09826,
13215
産業能率大学
11502
産経新聞「国民の憲
法」起草委員会
04909
産経新聞社　04909,
06453
三修社編集部
00003,
00133,
00295, 00308

635

【し】

サンデル, マイケル・J.　01918
山内 一浩　07264, 07940
山本政俊　15717
三輪 俊和　09954

施 淳哲　03170
志位 和夫　06120, 07123, 07124, 13904
椎橋 隆幸　12119
自衛隊イラク派兵差止訴訟全国弁護団連絡会議　07357
自衛隊イラク派兵差止訴訟の会　07368
ジェイムソン, フレドリック　06412
ジェガー, デヴィッド　10603
ジェームス三木　04002
シェーンベルガー, クリストフ　02492
塩入 隆　05499
塩川 正十郎　03974, 04130
塩川 喜信　07883
汐崎 恭介　05745
塩崎 勤　15945, 16020
塩田 潮　04330, 04435, 04481, 04503, 04530, 04647, 04738, 04749, 04970, 05114, 05444, 13325, 13328～13339, 13341, 13343～13350, 13352～13356, 13358, 13359, 13707
塩田 純　03745
塩田 長英　00082
塩津 徹　01127, 01300, 01660, 02484, 13979
塩出 浩之　12129
塩見 昇　09887
塩見 政幸　13836

塩見 洋介　12255
塩見 佳也　16053
志賀 櫻　14619
鹿田 勝一　13117, 13118
志方 俊之　03026, 05336, 08104, 08116, 08128, 08140
色摩 力夫　08546
鳴谷 潤　14611
重田 敏弘　00006
繁田 泰宏　09628
重野 安正　01822
重久 俊夫　00665, 00978, 01014, 01135
重村 智計　11474
重村 博美　02026, 02146
始澤 真純　10047, 10135, 10415, 11161
時事通信社　10655, 10755, 13132, 13197
宍戸 圭介　10114
宍戸 常寿　00235, 00378, 00419, 00476, 01128, 01142, 01146, 01297, 01316, 01318, 01319, 01343～01345, 01454, 01456, 01499, 01556, 01615, 01632, 01773, 02211, 04615, 08673, 08884, 08952, 08962, 09965, 10084, 10095, 10097, 10134, 11128, 11366, 11405, 11451, 11465, 11517, 11550, 11655, 11869, 11870, 12016, 12020, 12834, 12837, 13682, 14136, 14266, 14268, 14376, 14411, 14448, 14466, 14563, 14660, 14661, 14981, 15361, 15372, 15373, 15377, 15385, 15391, 15394, 15398, 15408, 15412, 15414, 15418, 15421, 15426, 15432, 15439, 15443, 15449, 15454, 15461, 15467, 15474, 15478, 15483, 15488, 15494, 15499, 15507, 15512, 15666, 15754, 16050, 16090, 16230, 16241
市場史研究会　11679
思想とキリスト教研究会　10809
志田 なや子　13636
志田 陽子　00395, 00422, 01099, 01220, 01904, 09901, 10965, 10995, 11307, 15207, 15225
下町人間天狗講九条の会　05275, 05428
自治研中央推進委員会　09360
自治体労働者委員会　04695
自治労連・地方自治問題研究機構　07345, 12277, 12506, 13214, 13255～13257, 14753
自治労連地方自治問題研究機構　08015
實原 隆志　01099, 02509, 02608, 02911, 10049, 10076, 12369
実務法学研究会　00344
品川 正治　03802, 05287, 07599, 07607, 07698, 07755
品川 芳宣　16122, 16126
品田 茂　14936
品田 裕　13701
篠崎 次男　12258
信田 智人　07970
篠田 英朗　01337, 01446, 08595
篠田 博之　11109
篠田 正浩　01504
篠原 永明　09206, 09213, 09226, 13453, 13454, 16137
篠原 俊一　05965
篠原 敏雄　07408
篠原 文也　04736, 06635
篠原 義仁　01775
四宮 啓　10638, 11962
四宮 正貴　00925, 00926, 01465, 04439, 04863, 04877, 05308, 06514, 06565, 06580, 06639, 06706～06708, 06789, 07022
志葉 玲　07369
芝池 俊輝　09849
柴垣 和夫　10862
芝崎 孝夫　12144
柴田 厚　11425
柴田 和史　01213
柴田 尅史　02788
柴田 憲司　02535, 02595, 02601, 09167, 15712
柴田 浩志　13092
柴田 秀司　08167
芝田 淳　14197
柴田 孝之　00159
柴田 鉄治　11415, 15078
柴田 敏夫　03368
芝田 英昭　06234, 12782
柴田 廸春　15658
柴田 光蔵　03338
柴田 元幸　03858
芝田 佳宜　13757
柴田 祥彦　12159
柴田工房　04824
柴沼 真　10786
柴山 桂太　06527, 12141
柴山 健太郎　04442, 04605, 05898, 06397
柴山 敏雄　03749, 06060
渋川 孝夫　02101
渋谷 秀樹　00062, 00063, 00102, 00188, 00198, 00228, 00340, 00341, 00382, 03906, 06954, 08827, 08862, 09949, 10537, 11328, 11341, 12722,

	15845, 15893,	大学院紀要編集	07689, 07992,
13670, 14190,	15995, 16240	会議　　10756,	08857, 13389,
14485, 14486,	清水 英夫　10966	12358	13399, 13967,
14554, 14731,	清水 弘子　00175	社会教育推進全国	14101, 14602,
14792, 14830,	清水 寛　　10277	協議会　12839,	14690, 14692
14835, 14957,	清水 真　　10029,	12840	衆議院調査局安全
14978, 15051,	11927,	社会主義協会	保障研究会
15074, 15903	15828, 15843	10552,	07446
渋谷 要　　05553	清水 誠　　01821,	10553, 12196,	衆議院調査局国家
渋谷 淳一　13057	14116, 14700	12873, 12888,	安全保障戦略と
四方 光　　11648,	清水 雅彦　00119,	12975～12979,	しての国際貢献
11661	00294, 01881,	13159	に関する研究グ
嶋 聡　　　04230	03243, 04372,	『社会政策研究』編	ループ　07421
島 静一　　00561	04968, 05870,	集委員会　12253	衆議院法制局
島 康彦　　07043	05945, 05964,	『社会文化研究』編	05370
島 善高　　00584,	06026, 06115,	集委員会	自由人権協会
00758	06140, 06146,	12491～12493	04151
島岡 まな　11149	06177, 06292,	『社会文学』編集委	集団的自衛権問題
島崎 謙治　12219	07061, 07155,	員会　　10936	研究会　05212,
嶋崎 健太郎　02766	07344, 07436,	ジャガルサイハン,	06216, 06241
島田 茂　　00931,	08380, 08658,	エンサイハン	「自由」編集委員会
02686, 04219,	08668, 08669,	07775	09260
09994, 12024	08713, 10083,	初宿 正典　00001,	自由法曹団　05325,
島田 新一郎　00922	10294, 10990	00068,	05326,
島田 聡一郎　00378	清水 政彦　05120	00078, 00117,	05944, 13105
嶋田 貴子　12595	清水 靖弘　07339	00195, 00200,	自由法曹団大阪支
島田 裕巳　07007	清水 唯一朗　01326,	00239, 00282,	部本書出版委員会
島田 満喜代　12952	05492,	00384, 00388,	05030
島田 雅彦　07200	13754, 13930	00448, 00484,	自由法曹団改憲阻
嶋谷 牧男　13092	清水 裕二　10292	01143, 01799,	止対策本部
島戸 純　　11877,	清水 裕　　10869	01800, 02477,	05467
11878	清水 善朗　07309,	02479, 02616,	洲見 光男　01969
島貫 学　　12452	07313	02704, 03278,	自由民主党　04812,
嶋村 藤吉　03758,	市民意見広告運動	03287, 08800,	04824, 04871,
04035, 06943	05432	08838, 08864,	06661, 13787,
島村 智子　03439,	市民セクター政策	08905, 09235,	15162～15165
03466	機構　　11678	10014, 10161,	自由民主党憲法改
島本 慈子　05294	シム ヒチャン(沈	10642, 11729,	正推進本部
清水 勲　　11490	熙燦)　　04779	12137, 14297,	04889
清水 功　　07591	下井 康史　13155	15556, 16145	自由民主党政務調
清水 克彦　08625	下川 和男　10396,	謝花 直美　05619	査会　　09365
清水 勝彦　03098	13293	シャーマ, ジテンド	自由民主党政務調
清水 健二　12246	下川 環　　12035	ラ　　07784	査会与那国町調
清水 敏　　13116,	下澤 悦夫　14231	社民党第五三回常	査団　　09365
13141,	下地 真樹　07558	任幹事会　05895	薛 恩峰　　03096
13156, 14685	下重 直樹　00979	シャルレ代理店ユ	宿谷 晃弘　08852,
清水 修二　12587	下條 芳明　01285,	ニオン　13320	08869, 15960
清水 潤　　00886,	01410, 03091,	姜 克實　　00560	寿台 順誠　09255
01399,	03130, 03135,	ジャン ボベロ	種智院大学仏教福
01402, 02160,	03179, 03864,	02834	祉学会　12254
02210, 02215	06797, 07020	朱 鋒　　　08024	出版労連　10960
清水 大昌　13586	下平 拓哉　05107,	ジュアンジャン, オ	ヂユップリエ
清水 孝　　12759	07480	リヴィエ　02911	02331
清水 有　　00175	下斗米 伸夫　08443	周 宗憲　　03175	シュテルン, クラウ
清水 知恵子　16345	霜鳥 秋則　00426	週刊金曜日　00104,	ス　02483, 02635
清水 勉　　08038,	下中 菜都子　03665,	03720, 05439	首藤 久美子　06772
08055, 08720	05199	衆議院　　00359,	シュトッファー, ハ
清水 直樹　13864	下道 直紀　08135	00360,	ナ　02751
清水 直子　13296	霜村 光寿　00656,	03277, 03305,	シュトラインツ, ル
清水 晴生　10479,	00966	03731, 05322,	ドルフ　02490,
11666, 14171,	社会学部学部編集・	05332～05334,	02755
		06757, 06765,	徐 勝　　　10705

しよ　著者名索引

徐 斯倹　07782
徐 瑞静　03235
徐 龍達　09256
肖 金明　03211
湯 德宗　03005, 03006
城 秀孝　00320
城 涼一　12110
障害者自立支援法違憲訴訟弁護団　10141
障害者自立支援法違憲訴訟団　14520
障害者自立支援法訴訟の基本合意の完全実現をめざす埼玉の会　10139
障害者問題研究編集委員会　03120, 09908, 12339, 12917
小学館　03789, 06831, 07010, 09375
城西現代政策研究編集委員会　03222
庄司 克宏　03373, 03374, 03569, 03603, 03620, 03961, 03962
庄子 圭吾　01325
庄司 貴由　07422
庄司 将晃　05230
正司 光則　05046, 08088
上代 庸平　02614, 14609, 14764, 14811, 14954, 14977, 16021
上智大学イベロアメリカ研究所　07967
上念 司　11468, 14646
城野 一憲　02290, 10131, 11091
情報通信総合研究所　09048
情報ネットワーク法学会　10042, 11632, 11636~11638, 11665, 13550
小村田 義之　06196
女性史総合研究会　02351
「女性・戦争・人権」学会学会誌編集委員会

07555~07558, 09759
徐福　05651, 06121
白井 京　03057, 03075, 03076, 03094, 03100, 03118, 03237
白井 剣　10557, 10566
白井 聡　04687, 05231, 05813, 06595, 07542, 09228
白井 則邦　04093
白井 誠　13402
白井 美果　11885
白井 康彦　12790
白石 資朗　11098
白石 玲子　00301
白川 勝彦　03887, 03889, 03910, 03917, 03920, 03926, 04211, 05532, 05535, 05542, 05543, 05548, 05554, 06916, 10826
白川 敬裕　00367
白木 敦士　06302
白木 太一　02992, 03713
白木 敦士　07879, 11850
白須 英子　10746
白取 祐司　04264, 08997, 10194, 10198, 12109
白西 紳一郎　08442
白髭 寿一　06094, 06230, 06255, 08719, 13410
白藤 博行　09024, 12171, 13890, 14611, 14693, 14782, 14793, 14821
知る権利ネットワーク関西　09888
シルヒトマン, クラウス　03811, 07227, 07917
白水 隆　00446, 03455, 03467, 10260, 10283, 10285, 10427, 10440, 14552
白木 朋子　09556
城下 賢一　00909
城下 裕二　09016, 10196

城塚 健之　13257
シロタ・ゴードン, ベアテ　15228
城山 三郎　07062
城山 英明　13360
申 惠〔ホウ〕　09576, 09673, 09676, 09801, 09824, 10281, 10286
申 佳弥　04686
辛 淑玉　04533
申 鉉昕　03146, 03188
申 平　02991
新海 英行　12540, 12882
新川 敏光　13323
新蔵 博雅　01070
人権擁護法案を考える市民の会　10954
人事院総務課　02150, 09324, 13201, 13217, 13236
新社会党憲法改悪阻止闘争本部　04842, 04848, 04852
信州夏期宣教講座　05476
真宗教学学会　10774
信州護憲ネット事務局　01758, 01761, 01762
新庄 勝美　01385, 04430
新谷 一朗　01992
新谷 一幸　05369, 08652
新谷 敬　05935
新潮社　09303, 09325, 09349, 10839, 11630, 13926
進藤 榮一　00103
進藤 兵　13521, 14706, 14842
新藤 宗幸　00550
新日本出版社　12278~12284, 12646, 12701
新日本婦人の会　09867, 12457
神子島 健　15705
神野 直彦　11825, 14615
新・判例解説編集委

員会　16177
新福 悦郎　09492
「しんぶん赤旗」取材班　07618
「人文社会科学論叢」編集委員会　10766
新聞通信調査会論調査班　04599
しん へぼん　09660
神保 謙　08025, 08390, 08433
神保 大地　06183
神保 太郎　07800, 08645, 11379, 11442
新保 史生　08981, 09983, 10075, 11628
神保 真樹　00956, 04922, 07490
新保 義隆　00252
新屋 達之　08684, 14108, 14250, 16154
新矢 麻紀子　03131
新矢 昌昭　10710
神余 隆博　08070

【す】

須網 隆夫　03605, 03711, 11761, 11764, 15104
水牛 健太郎　10688
水津 太郎　11868~11870
居石 乃　05140
末崎 衛　14622
末沢 国彦　06758, 12077
末次 省三　04770
末永 節子　12551, 12553
末永 直　06582
末永 直海　12697
末浪 靖司　06377, 06724, 08475
末延 吉正　06477
末廣 利人　15161
末藤 美津子　13046
末道 康之　11898
末光 章浩　09483, 09495
末吉 洋文　09602
末吉 美帆子　14907
菅 俊治　06306,

著者名索引 すすた

07944	杉田 聡 09920, 09924	鈴木 亜英 08990, 09836, 09864, 09880	12886

須賀 博志 00761, 00873, 14816
菅 富美枝 10276
菅 政行 00840
菅沼 一王 04188
菅沼 幹夫 05980
菅野 英機 04914, 06737
菅間 正道 00415, 00440, 00453, 00454, 15708
巣鴨 英機 08005
菅谷 麻衣 02233
菅谷 幸浩 00793, 00883, 00899
菅原 絵美 09137, 09652, 09655, 09693, 09740, 09792
菅原 和子 15170, 15186
菅原 真 02852, 02859, 02879, 04078, 07960, 12003, 13644
菅原 文太 01680, 05594, 05727, 05788
菅原 由香 14185
菅原 龍憲 10600
杉井 敦 08062, 08074
杉井 静子 04938, 05323, 15187
杉浦 一孝 03406, 03410, 03488, 03558
杉浦 一徳 11635
杉浦 真理 04639, 13871, 15323, 15687
杉浦 ひとみ 09845, 13733, 13785, 13798, 14441, 16209
杉江 栄一 15026
杉岡 麻子 12174
杉木 志帆 09794, 09819, 09851
杉島 幸生 13123
杉田 敦 00089, 01101, 01153, 01473, 01565, 01789, 01932, 04572, 05560, 05783, 05955, 06252, 06760, 08804, 13738, 13902, 15063

杉田 水脈 04974
杉田 弘也 03645
杉田 真衣 10232, 15212
杉田 雅子 02100
杉田 米行 07979
杉谷 達哉 15128, 16140
杉谷 眞 09951
杉原 周治 02534, 02741〜02743, 11680
杉原 誠四郎 10679
杉原 隆之 09039
杉原 丈史 10811
杉原 則彦 14160
杉原 弘修 11751
杉原 泰雄 00136, 00139, 00194, 00387, 00471, 00614, 01204, 01224, 01324, 01597, 09033, 10843, 13387, 14681, 14695, 14732, 14845, 15584, 15647
杉渕 忠基 02232
杉村 宏 12306, 12342, 12814
杉村 昌昭 07683, 11271
杉本 篤史 01296, 03604, 09185
杉本 一敏 01958, 12009
杉本 昭七 07628
杉本 吉史 11036
杉山 有沙 10353, 10355
杉山 清 10905
杉山 邦博 01501
杉山 幸一 03976, 04714, 11691, 12114, 14330, 14344, 14345, 14380
杉山 剛 10632
杉山 富昭 08913
杉山 隆一 10305
村主 真人 05265, 08339, 08580, 10371
すぐろ 奈緒 13939
菅野 昭夫 02060, 02063
辻子 実 10564, 10704, 10817
鈴井 孝雄 05816

鈴木 昭典 03829
鈴木 昭彦 15633
鈴木 昭洋 16285
鈴木 晃 00299
鈴木 篤 03832
鈴木 敦 00446, 00859, 00866, 00880, 00898, 01674
鈴木 英輔 05136, 05299
鈴木 一義 16363
鈴木 寛 01899
鈴木 恭子 02144
鈴木 邦男 03738, 04691, 04959, 05724, 05791, 06932, 10961, 11016, 11018, 11022, 11025, 11206
鈴木 聡 07337
鈴木 智 04322, 05638, 08763
鈴木 秀美 02044, 02556, 09096
鈴木 成公 05177
鈴木 壮治 08444
鈴木 敬夫 00509, 00885, 03048, 09108, 09209, 10445
鈴木 隆 02676
鈴木 崇弘 00393
鈴木 尊紘 02836, 02851, 02853, 02872, 03513, 04895, 05093, 05403, 06366, 07851
鈴木 琢磨 05457
鈴木 毅 12248
鈴木 正 00626
鈴木 達夫 04726, 05802, 05855, 13318
鈴木 達治郎 12656
鈴木 哲夫 04404, 04629, 04663, 05196, 05203, 05313, 05669, 05927, 05936, 06111, 06617, 11457, 13517, 13782
鈴木 哲雄 00941
鈴木 敏夫 06382,

鈴木 敏則 09828
鈴木 敏之 12236
鈴木 宣弘 11704
鈴木 英司 08442
鈴木 秀美 02483, 02492, 02529, 02623, 02707, 03904, 08724, 09098, 09902, 09903, 10126, 10978, 10979, 11107, 11348, 11354, 11376, 11386, 11387, 11408, 11423, 11452, 11459, 11471, 11503, 11505, 11526, 11654, 11936, 14570, 15662
鈴木 秀幸 03153, 14122
鈴木 仁史 10366
鈴木 弘輝 15261
鈴木 博康 12337
鈴木 博之 14041
鈴木 ふみ 09814
鈴木 雅子 09381
鈴木 正朝 10054
鈴木 正彦 07298
鈴木 正行 15627
鈴木 眞澄 14526
鈴木 棟一 09299
鈴木 基史 01420, 07984, 13584
鈴木 康夫 03843
鈴木 康彦 01925
鈴木 康之 13809, 13810, 13812, 13881
鈴木 雄貴 13716
鈴木 由充 04054, 06729
鈴木 悠哉 16144
鈴木 陽子 13380, 13381, 13383, 14080
鈴木 美勝 08520
鈴木 義孚 00031
鈴木 慶孝 03689
鈴木 喜也 12421
鈴木 義治 15185
すずき よしみつ 04793, 04797, 04801
鈴木 由充 09362
鈴田 渉 06088, 06148, 06182, 08497, 08671

639

すた　著者名索引

須田 慎一郎 09940
須田 大 03223
スター, ポール 11089
須田 諭一 05020
スタインバーグ, ジェイムズ 08626
スティール 若希 15156
すとう 彩 03859
須藤 孝光 00589
須藤 春夫 05795
須藤 正樹 11080
須藤 陽子 14346, 14378
砂川 浩慶 11362
砂川判決の悪用を許さない会 05035
砂原 庸介 13858, 14965
春原 剛 08052, 08354
篠沢 秀夫 06903
スベディ, ユバ・ラジ 03128
須磨 明 04666
スミス, ロジャーズ 01375
住友 陽文 01352
住友 剛 09473
隅野 隆徳 04251, 05590, 06428, 07143, 08921, 13531
住家 正芳 10590, 10594
住吉 陽子 04104
駿河台法学編集委員会 13048
スルフィカル 09788
諏訪 澄 11466
諏訪 康雄 01207

【せ】

清 眞人 12451
聖学院大学宗教センター 10709
聖カタリナ大学キリスト教研究所 10617
生活経済政策研究所 01085
生活コミュニケーション学研究所編集委員会 03122
生活保護問題対策全国会議 12768
政教関係を正す会 10676
清家 秀哉 02010
税経新人会全国協議会 10065, 12218, 12458, 12764, 12815
セイコ 04185, 04254
政策研究フォーラム 06816
政治思想学会 07298, 12508
政党助成金訴訟の会 14299, 14300
聖トマス大学論叢編集委員会 10718
青年劇場 00080
青年法律家協会 00609
清野 幾久子 02501, 02577, 02596, 02622, 12681, 12737, 12741
成原 慧 11266, 11511, 11539
税法基本判例研究会 16367
税務経理協会 12443
西連寺 隆行 03447
清和大学短期大学部 10730
瀬尾 俊治 01488
世界人権問題研究センター 09741, 10620
「世界」編集部 08014
世界法学会 09653, 09742, 09858
瀬川 信久 11758, 11771
瀬川 博義 00199
関 真也 10093, 11298
関 千枝子 01038
関 光夫 04084
関 東一 00390, 15332, 15336, 15340, 15343, 15346, 15350, 15355, 15360, 15365, 15371, 15375, 15382, 15397, 15406, 15411, 15417, 15430, 15437, 15447, 15453, 15459, 15466, 15471, 15486
関 英昭 11678
関 仁巳 06834
瀬木 比呂志 14284
関 博之 08394
関 ふ佐子 15868
関 雄二 07994
関岡 英之 06840
関口 和徳 12017, 16321
関口 涼子 10994
関下 稔 08457
関根 孝道 00380
関根 二三夫 13351
関野 俊介 09052
関原 正裕 07262
関谷 登 01408
関山 美子 12686
瀬戸 則夫 09449
瀬戸 久夫 09439
妹尾 克敏 14705, 14709, 14716, 14718, 14722, 14789, 14883, 14901, 14955, 14982
瀬端 孝夫 08364
瀬谷 哲也 03493
瀬谷 ルミ子 05233
世良 光弘 07497
芹沢 斉 00016, 00274, 00306, 03896, 11786
芹田 健太郎 07857, 09043, 09510, 09511, 09513, 09515～09517
セン, アマルティア 07991, 08791
鮮 于鉦 07750
全大阪生活と健康を守る会連合会 12179
前海 満広 05822
全国会 09130
全国憲法研究会 03855, 04119
全国公的扶助研究会 12195, 12265～12267, 12297, 12336, 12350, 12387～12389, 12574, 12622～12626, 12814, 13035
全国護憲大会長野県実行委員会 05589
全国社会福祉協議会 12397
全国知事会 14673
全国保育問題研究協議会編集委員会 13218
全国民主主義教育研究会 10532, 12338
全国老人福祉問題研究会 07327, 07343, 12351, 12356, 12417～12419, 12473～12476, 12604, 12612～12616
全国労働組合交流センター 12206
全国労働組合総連合 13105
専修大学社会科学研究所 10541
専修大学法学研究所 01108, 01133
戦争をさせない1000人委員会上伊那 07259
戦争をさせない1000人委員会・信州事務局 05808
戦争をさせない1000人委員会 05011, 05017, 05032
千田 景明 05793, 06658
仙田 直人 13718
全日本年金者組合 12797
仙波 晃 09855
前硲 大志 02786, 16200
善明 建 04095, 04657
全労連公務員制度改革闘争本部 13146

【そ】

徐 元哲 09354, 09370, 09371, 09387, 09391
蘇 恩瑩 03155, 03219

徐 京植 09427, 09428
徐 勝 08848
鼠入 昌史 05601
宋 峻杰 09464, 09469, 09470
創憲会議 04114
総合社会福祉研究所 10325, 12189, 12207, 12210～12213, 12221～12223, 12271, 12531
想田 和弘 01716, 01882, 04163, 05397, 15705
総務省自治行政局公務員課 02133, 13134, 13137, 13168, 13172, 13177, 13179, 13200, 13211
添石 茂人 10644
添谷 芳秀 08056
曽我 謙悟 13674
曽我部 真裕 00288, 00289, 00487, 00490, 00492, 00496, 01290, 01312, 01318, 01319, 01454, 01456, 01682, 02855, 02864, 02896, 02926, 02945, 08948, 09478, 10081, 10112, 10984, 10992, 11142, 11208, 11245, 11265, 11350, 11371, 11380, 11420, 11439, 11450, 11462, 11538, 11580, 11652, 11869, 11870, 12016, 12020, 12834, 12837, 13420, 14256, 14266, 14268, 14317, 14660, 14661
十亀 弘史 04727
曽田 三郎 02978
ゾーダン, ヘルゲ 14516
曽根 威彦 11131, 11200, 15980, 16201
園田 賢治 12111
園田 寿 10992
園田 裕子 00730
園田 義明 07634

苑原 俊明 09621, 09721
園部 逸夫 04020, 06923, 09341, 14215
薗部 英夫 10370
染谷 学 11352
反町 勝夫 10144
曽和 俊文 12040, 14212
孫 歌 08736
孫 亨燮 02987, 03208
宋 柱明 03202
孫 占坤 07218
孫 ピヤワン 02119

【 た 】

臺 宏士 10990
大学基準協会大学評価・研究部 13101
「大学教育学会誌」編集委員会 13093
大銀経済経営研究所 15161
大西 又裕 13778
ダイシー, A.V. 00517, 00520, 00525, 00539
大正大学 03047
大東文化大学大学院法学研究科 02996, 02998
提中 富和 14995
第二東京弁護士会広報室 09886
タイフケ, ニルス 09953
ダイヤモンド社 06785, 06826, 06990, 09273, 09298, 09299, 09306, 09319, 11644, 12609, 13173
大葉勢 清英 06615, 06645
平 和元 05429
平良 啓子 08773
平良 小百合 02589, 12113
平 誠一 02392
平 正和 05948

平良 好利 08779
第9条の会オーバー東京 04133, 05273, 07354, 07659, 12169
第9条の会日本ネット 07066, 07630
田尾 茂樹 03618
田尾 桃二 14216
田尾 憲男 07026
田尾 亮介 15906
田岡 俊次 05498, 05607, 05653, 06021, 06179, 06219, 06248, 07505
多賀 喜一 13280
タカ, 大丸 07578
高井 晋 15028
高井 正 14659
高井 裕之 02015, 09927, 11970, 14280
高池 勝彦 06603
高市 響子 15174
高市 早苗 04523, 09345
高木 綾 05085, 08308
高木 詠子 09481
高木 克純 12956
高木 佳世子 12305, 12440, 12616
高木 強 11276
高木 吉朗 02997
高木 慶子 10718
高木 健康 12574, 12612
高木 まさき 01885
高木 康一 03376, 03523, 03583
高木 敏和 10844
高木 利弘 11547
高樹 のぶ子 06935
高木 光 14589
高木 秀男 10898, 10908
高木 雅 11671
高木 竜輔 09245, 12150
高倉 史人 00301
高倉 良一 04043
高佐 智美 00120, 00472, 00785, 01957, 01977, 09294, 09649, 11781
高崎経済大学地域政策学会 10782
髙作 正博 09102,

10063, 12090
高澤 弘明 00975, 11985, 14556
髙作 正博 01088, 01126, 01192, 05938, 07409, 08193, 08939, 14796, 16368
髙嶋 伸欣 05708, 06009
高里 智佳 06586
髙沢 修一 16340
高澤 秀次 05538
高澤 弘明 02540, 14546
高柴 光男 09501
高嶋 伸欣 09351
高嶋 めぐみ 15214
高嶋 陽子 09521
鷹巣 直美 07889
高須 基仁 09326
高須 幸雄 09103
高杉 良 11824
高世 三郎 14757
高瀬 智子 09234
高瀬 弘文 03965
高瀬 雅男 13243, 13244
高田 篤 01233, 01247, 01840, 01876, 01889, 02492, 02525, 04721, 08910, 12252, 13419, 14797
高田 清恵 08752
高野 正 15600
高田 健 04259, 04376, 04378, 04504, 04662, 04894, 05591, 05641, 05712, 05777, 05826, 06251, 06508, 07283, 07606, 07646, 14503
高田 太久吉 12728
高田 朋代 09445
高田 敏 00301, 02479
高田 倫子 02587, 02650, 02664, 02669
高田 裕美 07827
高遠 菜穂子 07954, 12382
高野 恵亮 13452
高野 隆 12000
高野 敏樹 00064
高野 範城 14304,

	15908	06924	高橋 裕次郎 00069	高森 雅樹 05364,

高野 孟 05522
高野 幹久 00084
高野 泰衡 00111
鷹野 幸雄 14611
高乗 智之 04715,
　　　　06999,
　09413, 09429,
　09440, 10462,
　10561, 12844,
　12859, 12981,
　13016, 13053
高乗 正臣 04659,
　　　　06531,
　06711, 08805,
　08909, 10158
高橋 明男 01092,
　　　　12107
高橋 郁夫 11632,
　　　　11633,
　11638, 11658
高橋 右京 11168
高橋 雅人 01663,
　　　　15091
高橋 和則 01357
高橋 和広 01311,
　　　　02652,
　02670, 02765
高橋 和也 02732
高橋 和之 00011,
　00012, 00056,
　00242, 00251,
　00286, 00287,
　00309, 00456,
　00571, 00572,
　01323, 01334,
　01341, 01598,
　01968, 03281,
　03296, 03312,
　03899, 08994,
　09067, 09069,
　09072, 09588,
　10133, 10187,
　10204, 10229,
　10279, 11503,
　12674, 13372,
　13605, 13907,
　14360, 14362,
　14367, 14394,
　14405, 14468,
　14504, 15920
高橋 克巳 11637
高橋 勝幸 03268,
　　　　04765
高橋 清貴 05172
高橋 清隆 15112
高橋 邦夫 06422
高橋 憲一 06462
高橋 源一郎 11284
高橋 賢司 02522
高橋 紘
　06895～06898,

高橋 孝治 03224
髙橋 哲 13078
高橋 早苗 08698
高橋 早代 03539
高橋 滋 13200
高橋 瞬作 12187,
　12200, 12442
高橋 俊次 05344,
　06303, 06351,
　08491, 11336
高橋 信一 06378,
　　　　13294
高橋 伸二 03220
高橋 眞司 07651
高橋 大輔 09458
高橋 千鶴子 12700
高橋 哲 12942,
　　　　15921
高橋 哲哉 04167,
　　　　04466,
　04831, 05425,
　05452, 05455,
　05707, 05889,
　05913, 06437,
　07216, 08811
高橋 利安 03343,
　03396, 03517,
　03957, 10202,
　11834, 15200
高橋 直人 03319
高橋 信行 14074
高橋 則夫 12009
高橋 広子 15173
髙橋 基樹 02940,
　　　　02952
高橋 洋 02778,
　　　　11694,
　11697, 11699,
　11700, 11711,
　11714, 11716,
　12656, 14006
高橋 寛人 10863,
　　　　12911
高橋 信 07843
高橋 眞 06497
高橋 正明 01268,
　　　　01272,
　01277, 10435
高橋 雅人 11808
高橋 正人 02003
高橋 正俊 00078,
　00195, 00282,
　00384, 14738
高橋 睦子 05932
高橋 基樹 02905
高橋 康浩 10697
高久 泰文 10190
高橋 泰行 12642
高橋 由紀子 02737

高橋 裕次郎 00069
高橋 祐介 14645,
　　　　16182
高橋 義人 00273,
　　　　09064,
　11523, 11525
高橋 若木 01466
高橋 和之 10407
高畑 勲 04526
高畑 英一郎 00339,
　　　　02008,
　02078, 02105,
　10604, 10726,
　14328, 16043
高畠 通敏 00524
高林 敏之 08429
高林 宏樹 09793
高原 朗子 06583
高原 孝生 07218
高藤 昭 12430
高藤 奈央子 08326,
　　　　08378
高部 優子 09524,
　　　　09529
高間 剛典 11512
高松 香奈 08026
高見 勝利 00011,
　　　　00286,
　00287, 00375,
　00396, 00431,
　00571, 00572,
　00640, 00828,
　01130, 01150,
　01170, 01460,
　01507, 01812,
　03892, 04484,
　05305, 05362,
　05827, 06147,
　06260, 13390,
　13398, 13407,
　13479, 13481,
　13489, 13494,
　13509, 13583,
　13608, 13638,
　13639, 13669,
　13831, 13916,
　13944, 14567,
　14575, 16159
高見 圭司 01036,
　01053, 07619
高良 沙哉 01685,
　　　　04562
田上 雄大 11154
高見沢 たか子
　　　　03723
高村 ゆかり 11332
高森 明勅 04752,
　　　　06781,
　06786, 06787,
　06894, 06909,
　06913, 06915

高森 雅樹 05364,
　05371, 13618
多賀谷 一照 11323
高谷 幸 12424
高柳 賢三 03946
高柳 幸雄 06093
高山 佳奈子 02515,
　　　　11961,
　11996, 12007
高山 俊吉 04461,
　　　　14254
高山 昌治郎 07453,
　　　　07461
高山 正之 03980,
　03983, 09270
高良 沙哉 08136,
　12958, 12959
高良 鉄美 00080,
　　　　00583,
　04772, 07157,
　07226, 08301,
　08728, 08757,
　08764, 08780
宝田 明 07699
田川 俊一 13106
田川 英信 12272
滝井 繁男 14196,
　14221, 14492
滝川 あおい 14123
瀧川 裕英 12802
滝口 正樹 08381
滝坂 登 10524,
　10533, 10538
滝澤 修一 08507
滝沢 正 01221,
　　　　02821
滝沢 誠 15996
滝澤 美佐子 09512,
　　　　09519
田北 康成 04091,
　　　　05640
滝野 隆浩 05022,
　05209～05211,
　07501, 08080
滝鼻 卓雄 11257
多久 善郎 07178
田鎖 麻衣子 09612,
　　　　12116
田口 騏一郎 05530
田口 守一 02690
田口 洋二 05604
田口 嘉孝 06085
田久保 忠衛 04489,
　04730, 04882,
　04930, 06460,
　06526, 06565,
　06577, 06621,
　06649, 06890,
　07039, 08108,
　08123, 08132,

08358, 08524
田窪 雅文　08252
嵩 さやか　15152,
　16333
武井 昭夫　05443
武石 鉄昭　14600
竹内 章郎　10233,
　10252
竹内 源　03203
武内 謙治　02548,
　09779, 09811
竹内 重年　10793
竹内 常一　12870,
　15257
竹内 俊子　12943
竹内 典夫　00173
竹内 仁美　12735
竹内 真　06094
竹内 真澄　12493
竹内 康博　10776
竹内 雄一郎　00672
竹内 洋　11297
竹内 良　09156,
　09168, 09174
竹岡 勝美　06312
竹川 俊一　12648
武川 眞固　00429,
　10275,
　10321, 16274
竹澤 哲夫　13136
竹下 啓介　15942
竹下 賢　00788,
　01003,
　01104, 01502
竹下 岳　04193
竹下 貴浩　00048,
　00187, 00279
竹下 秀子　09465
竹下 博喜　06584
竹下 守夫　10409
竹下 義樹　10310,
　12300
竹嶋 千穂　10493
武居 一正　00079,
　00459, 03545
武田 敦　12454
竹田 かずき　03763
竹田 邦明　13166
武田 晃二　12842,
　13017, 13056
竹田 純一　07424,
　08310,
　08361, 08414,
　08462, 08548
竹田 恒泰　01653,
　04015,
　04323, 06743,
　06767, 06925
武田 文彦　03970,

03981,
04241, 04341,
04688, 04940,
05570, 05812,
05845, 05849,
05983, 05986,
06099, 06991,
07004, 07013,
07024, 09278
武田 万里子　00753
武田 美智代　03454
武田 美穂　00254
武田 康裕　07996
武田 芳樹　01173,
01174, 02034,
02035, 11785,
11789, 13274,
14255, 14456,
14502, 16195,
16207, 16226,
16260, 16281,
16299, 16318,
16329, 16346,
16355, 16366
竹地 潔　11709,
13270
武市 周作　02594,
02606,
04428, 12240,
14447, 15948
武富 薫　04478,
13364
竹中 勲　08837,
09160,
09908, 09916,
09989, 10109,
12139, 12377,
13368, 14539
竹中 暉雄　03090
竹中 治堅　13705
竹信 三恵子　04457,
05888,
11825, 13276,
13283, 15168
竹花 光範　02976,
04271, 06485
竹村 和朗　03661,
03675
竹村 健一　13762
竹村 博子　13261
武村 二三夫　09701,
09732, 09753
竹森 正孝　01228,
03486
田崎 史郎　13517
田澤 晴子　12508
田近 肇　03352,
03570,
03606, 03660,
10618, 10634,
10639, 10779,
10781, 10783,

10833, 15988,
16060, 16179
田島 治　15503,
15711
田島 正広　07232
田島 泰彦　02441,
05893,
08038, 08055,
08061, 08653,
08660, 08666,
08670, 08687,
08703, 08708,
08722, 09968,
10012, 10020,
10022, 10030,
10066, 10077,
10080, 10085,
10098, 10100,
10955, 10960,
10982, 11076,
11159, 11323,
11329, 11339,
11360, 11388,
11390, 11392,
11394, 11396,
11398, 11402,
11411, 11443,
11449, 11457,
11512, 13371,
14095, 15938
田島 裕　01654,
02330,
02360, 02436
田嶋 陽子　06927
田嶋 義介　05245,
05246,
06174, 06233,
06257, 13534
田島 義久　09700
但見 亮　03229
田尻 芳樹　06412
田尻 泰之　03510
田代 亜紀　01269,
09295,
11044, 11447
田村 和之　12368
田代 国次郎　07329,
07347
田代 正彦　05376,
09056, 15014
田代 美江子　15241
多田 一路　01171,
02863,
04173, 04329,
12320, 12341,
12774, 14741,
14784, 15815,
15823, 15831,
15839, 15858,
15866, 15877,
15887, 15890,
15899, 15911

多田 富雄　12232
但木 敬一　09216,
14223
只野 雅人　00479,
01150,
01157, 01159,
01160, 01305,
01307, 01467,
01478, 01548,
02802, 02820,
02865, 02875,
02916, 04460,
04655, 05244,
05321, 05349,
05596, 07045,
11326, 13361,
13387, 13466,
13497, 13516,
13582, 13663,
13755, 13784,
13793, 13828,
14832, 16023
立川 秀円　10539,
10575, 12893
立木 正久　10405
立花 希一　10627
立花 茂生　13885
立花 隆　05515,
05516, 05544,
05545, 05549,
05551, 05555,
05561～05563,
05566, 05567,
05569, 05571,
05573～05575,
05577～05580,
05582, 05584
橘 幸信　05364,
05371, 13437
立花書房　06800,
06875,
06878, 09347
立木 茂雄　09996,
10041
立澤 克美　00344
龍澤 邦彦　01550
巽 智彦　14565
辰巳 裕規　12725
辰巳 芳子　03995
辰已法律研究所
14306,
14324
辰村 吉康　00079
舘 昭　10866
舘 潤二　09926,
09929, 09932
舘 正彦　07283
立石 勝規　06399
立石 直子　15122,
15138, 15191
立石 英生　11963,

たてい　　　　　　　　　　　　　著者名索引

15331,
15387, 15423
建石 真公子　00170,
00965, 02846,
02894, 02915,
02925, 02946,
03284, 03639,
07167, 07321,
09006, 09104,
09193, 09219,
09770, 10218,
15062, 15096
立上 猫子　10398
館田 晶子　00164,
00310, 01552
建部 久美子　09644
立松 彰　14119
立松 美也子　09820
建山 久芳　06571
田所 昌幸　08056
田中 章史　04172,
05490,
12382, 14605
田中 一郎　13258
田中 理　02715
田中 克美　09124
田中 清久　09677,
09698, 09840
田中 邦彦　09199
田中 謙　09959
田中 聡子　12336,
12624
田中 諭　12788
田中 悟　10785
田中 早苗　11519
田中 三郎　04358
田中 重人　15152
田中 俊　07721,
09645, 12669
田中 淳子　09211,
10302
田中 信一郎　03880
田中 眞吉　12936,
12938, 13159
田中 善一郎　13688,
13704
田中 聡一郎　10680
田中 孝男　14826
田中 隆　04328,
13548, 13921
田中 孝彦　07670
田中 孝史　13043
田中 隆之　05232
田中 卓也　15180
田中 建彦　10846
田中 民之　03658
田中 千香子　12332,
12333
田中 輝和　12082
田中 利彦　01985

田中 利幸　11998
田中 伸尚　10728,
10749
田中 信行　10147,
10149
田中 則夫　00841,
00842, 07628
田中 秀臣　12288
田中 英道　00598,
03876, 06941,
06942, 07937
田中 秀佳　13050
田中 均　08256,
08443,
08547, 08561
田中 宏　00770,
09279, 09356,
09680, 16102
田中 比呂志　02983
田中 洋　03771
田中 博章　16288
田中 誠　08571
田中 雅章　07271
田中 正博　10290
田中 萬年　12933
田中 実　13223
田中 稔　09329,
09374
田中 宗孝　13558,
13560, 13564,
13566〜13569,
13572,
13573, 13575
田中 康宏　13277
田中 康代　03575,
09530
田中 佑佳　02189,
02198,
02269, 16300
田中 優子　01707,
04538
田中 裕二　00140
田中 豊　02064,
02191
田中 良明　10382,
14970
田中 祥貴　13400,
13432, 14020
田中 嘉彦　02334,
02349, 02350,
02367, 02380,
02393, 02399,
03561, 13493,
13502, 14841
田中 龍也　05645
棚橋 邦晃　13884
棚橋 信行　07053
田辺 江美子　00018
田辺 崇博　05539
田浪 政博　00371

棚村 政行　10361
谷 聖美　09253
谷 真介　05621
谷 雅泰　13004
谷 百合子　07652,
14682
谷川 亮太　15223
谷川 功一　01646
谷口 勢津夫　02520
谷口 智彦　08323
谷口 長世　07521
谷口 洋幸　03533,
09865,
09879, 09979
谷口 正暁　09149,
14850
谷口 真由美　00301,
00542, 01055
谷口 豊　15885
谷口 陽一　12202
谷崎 哲也　12596
谷田 江　04641
谷野 隆　09368
谷藤 悦史　11497
谷本 論　12249,
12462,
12499, 12534
谷山 博史　05949,
07134
谷山 由子　04456
種田 和敏　00468
たばこ総合研究セ
ンター　10501
田端 晃博　12563
田畑 真一　00976
田畑 稔　07733
田端 保文　07576,
12542
多原 香里　08959
田原 和政　11057
田原 総一朗　00023,
04401,
04888, 04916,
07017, 07866,
07868, 11486
太原 孝英　09234
田原 牧　04976
ダヴィドソン, ティ
ム・F・G　11182
Wセミナー　00004,
00060,
00086, 00114
玉井 忠幸　05240,
07539
玉川 孝道　10895
玉川 裕磨　08249
玉川 博己　04396
田巻 一彦　05975,
05978,
05990, 08139,

08221, 08250
田牧 保　05354
玉木 寛輝　04410
田巻 紘子　07416
玉国 文敏　12106
玉田 大　15113
玉田 芳史　03144,
03251, 03254
玉蟲 由樹　00079,
01088, 07961,
08866, 08914,
09195, 11886,
11942, 11945,
11964, 12386,
12536, 12589
玉村 公二彦　10222
玉利 泉　13863
溜箭 将之　02009,
14326, 14356
田見 高秀　08940,
12357
田宮 菜奈子　12410
田村 理　00457,
01095, 01475,
02427, 02885,
02949, 04569
田村 重信　03800,
04120,
05127, 06569,
06662, 08567
田村 達久　14862,
14866
田村 哲樹　01449
田村 智子　05311
田村 秀男　11480
田村 栄治　04449
田村 正博　00213,
00225, 00399,
08190, 15352,
15359, 15363,
15368, 15384,
15388, 15393,
15424, 15429,
15436, 15441,
15445, 15452,
15457, 15464,
15470, 15477
田母神 俊雄　05024,
06591, 07373
田谷 聡　05405
多谷 千香子　15044
田山 英次　05649
ダール, ロバート・
A.　01932
俵 孝太郎　06050,
06851, 13771
俵 義文　05486,
05595, 05924,
06408, 13081
ダンガミ トモヤ
01261

団上 智也 01261, 02103, 02138, 03864 丹治 三夢 08265 **【ち】** 治安維持法犠牲者 国家賠償要求同盟 12053 治安判例研究会 15964 治安問題研究会 13896, 13950 崔 慶原 08420 崔 惠先 03218 チェラニ, ブラマ 07238 近松 美喜子 05503 近森 拡充 05984, 06002 地球文明研究会 00639 千草 孝雄 01736, 01764 筑紫 哲也 00092, 04531, 05603 千國 亮介 08978〜08980, 09020, 11794, 11795, 11980, 11990 竹馬 稔 08086 千坂 純 05726, 06049, 08175 千々和 泰明 08490 千田 悟 06268 千田 實 05430, 05458, 07072, 07074〜07077, 07080, 07081, 07083〜07087, 07090〜07093, 07095, 07097 千葉 功 00613 千葉 邦史 10057 千葉 卓 00118 千葉 昇 03764 千葉 真 01905, 07055, 07119, 07171, 07276, 07281, 10691 千葉 麗子 11205 千葉大学人文社会 科学研究科公共 哲学センター 01918	茆原 洋子 09152 地方自治研究機構 10764, 15832, 15943, 16193 地方自治制度研究 会 10834 地方自治総合研究 所 13271, 14940 張 文貞 03143 チャン キョンオッ ク 07890 張 宏波 15654 中央学生組織委員 会 04675, 05731, 06017, 06056, 06162 中央経済社 03815 中央社会保障推進 協議会 07325, 07326, 12192, 12264, 12355, 12379, 12396, 12436, 12448, 12467, 12468, 12573, 12675, 12676, 12695 中央大学社会科学 研究所 15186 中央大学大学院研 究年報編集委員会 12110 中小企業家同友会 全国協議会企業 環境研究センター 12649 中小商工業研究所 12321, 12632〜12635 中馬 清福 01758, 01761, 01762, 04567 中馬 瑞貴 03363 張 嘉尹 03240 趙 慶済 03089 趙 堅 12736 張 小蘭 07752 趙 全勝 08121 張 千帆 03209 長 華子 01709 長 利一 02524, 02562 帖佐 廉史 13532 調査及び立法考査 局イタリア法研 究会 03672 鳥取教育労働運動 研究会 04441 著作権情報セン ター 10983 鄭 永薫 03190,	03253 陳 唐山 03030 **【つ】** 塚越 恵子 13301 塚田 薫 03792 塚田 哲之 00119, 00294, 08920, 10543, 10568, 11075, 11239, 11586, 13975 塚林 美弥子 02959 津上 忠 04540 塚本 三郎 04658, 07116 塚本 俊之 02893, 02906, 02918, 02933, 02971 塚本 壽雄 13972 津川 知久 13287 築山 宏樹 04353 築山 欣央 09436, 11090 津久井 進 08803, 10797, 12172 筑紫 建彦 05353, 05991, 08129 佃 克彦 11098 佃 貴弘 13448, 15738 柘山 堯司 08011 辻 健太 01455, 12654, 12655 辻 康吾 03193 辻 清二 12192, 12216, 12264, 12281, 12286, 12299, 12326, 12362, 12448, 12459, 12478, 12679 辻 哲夫 12800 辻 信幸 02817, 02818, 02839, 02840, 02882 辻 理 09200 辻 昌秀 12225, 12275 辻 保夫 12884, 12892 辻 雄一郎 01179, 01994, 02082, 02120, 02155, 02273, 03309, 09442, 10050, 10498, 11086, 11087, 11157,	11504, 14164 辻井 喬 00141, 01579, 04326 辻内 圭 07602 辻川 慎一 12206 辻田 宏 10146, 10149 津島 正直 05805 辻村 みよ子 00113, 00161, 00256, 00285, 00307, 00477, 00947, 01125, 01167, 01184, 01221, 01229, 01482, 01536, 01538, 01555, 01852, 02796, 02799, 02887, 02962, 02967, 03278, 03287, 03905, 04150, 04668, 08847, 08870, 09234, 10328, 12127, 12588, 13592, 13834, 15039, 15136, 15149, 15151, 15153〜15157, 15182, 15196, 15227 辻元 清美 01470, 05401, 05600, 06418 辻本 典央 02677 辻本 久夫 09289 都築 勉 13924 津田 公男 04001, 05350, 05650, 06358, 06429, 06519, 07717, 08287, 08519 津田 玄児 09507 津田 左右吉 00641 津田 太愚 00005 津田 大介 04391, 04701 津田 隆好 15565, 15570, 15572, 15575, 15579, 15582, 15587, 15589, 15602, 15605, 15608, 15612, 15615, 15617, 15630, 15632, 15636, 15642, 15652, 15665 津田 道夫 03760 津田 みわ 10002 つだ ゆみ 00005 土ヶ内 一貴 02279

つちた　　　　　　　　　　　著者名索引

土田 久美子　07554
土田 道夫　11673
土田 弥生　07108
土持 敏裕　15326
土本 武司　10545,
　　　11991, 16121
土屋 清　01099,
　　　01121, 10681
土屋 孝次　01908,
　　　01983, 02304
土屋 武　00411,
　　　10331,
　　　14320, 14489
土屋 英雄　02988,
　　　03045, 03055,
　　　03071, 03097,
　　　08816, 10482,
　　　10486, 10511,
　　　10532, 10548,
　　　10588, 11343
土屋 仁美　11684
土屋 正忠　14744
土屋 基規　12927
土山 實男　08012,
　　　08057
土山 秀夫　04720
筒井 晴彦　13184
堤 堯　06643, 06725,
　　　06849, 07941,
　　　11279, 13959
堤 秀司　06692,
　　　11051
堤 英敬　13629
堤 博之　00086
堤 未果　06234,
　　　10000
堤 有未　07654
堤 良行　11882
綱井 幸裕　04029,
　　　08313
常岡 せつ子　03799
常岡(乗本) せつ
　子　07218, 07235
常木 淳　11772,
　　　11773, 13360
常本 照樹　10856,
　　　16109
常森 裕介　12754,
　　　13067
津野 公男　03226,
　　　07745
角替 晃　00146
角田 猛之　00541,
　　　00544
角田 安正　03552
角田 由紀子　15201,
　　　15211, 15222
津乗 恵子　03698
円谷 勝男　03779
円谷 峻　01516

坪井 照子　01043
坪井 龍太　15538
坪野 和子　03183
坪谷 善四郎　00643
津村 政孝　02135,
　　　02580,
　　　02631, 14327,
　　　14383, 14476,
　　　14478, 14482
津山 恵子　02317
露木 まさひろ
　　　12432
都留 民子　12615
鶴岡 路人　03696
鶴田 順　09549
ツルネン マルテイ
　　　09390
都留文科大学紀要
　編集委員会
　　　01956,
　　　10612
都留文科大学地域
　社会学会編集委
　員会　12886
鶴丸 寛人　01076
鶴見 俊輔　03799,
　　　04270, 06318,
　　　07638, 12168
鶴見 太郎　11552
鶴見 紘　03729
鶴見 祐策　08706,
　　　11840, 14640,
　　　14642, 14668
津和 崇　04280,
　　　04833

【て】

鄭 明政　03175,
　　　03180, 03250,
　　　12651, 14224,
　　　14244～14246,
　　　14515
鄭 栄桓　09267
鄭 軍　03048
鄭 賢熙　09257
鄭 大均　09277,
　　　09316, 09317,
　　　09331, 09352
鄭 柱白　03066
鄭 玹汀　10653
鄭 明愛　12391
帝京平成大学
　　　09937
クラウス, ティーデ
　マン　03334
ティビ, バッサム
　　　10602

出口 育子　14885
出口 俊子　07195,
　　　07244
出口 治明　06793
出口 雅久　09092
出口 雄一　03935
手島 孝　00053,
　　　03977
手嶋 泰伸　01417
手塚 和男　02563,
　　　10350
手塚 崇聡　00446,
　　　03387, 03459,
　　　03511, 03609,
　　　03655, 15709
手塚 崇史　10340
手塚 貴大　02771
鉄道弘済会社会福
　祉第一部　07347
寺内 香澄　04392
寺尾 洋　16257
寺岡 洋和　16353
寺川 史朗　12865,
　　　14820
寺沢 勝子　09600
寺澤 比奈子　03309
寺下 雅人　13216
寺島 実郎　07369
寺島 泰三　06472
寺島 俊穂　07756
寺中 誠　09571,
　　　09764
寺西 和史　05901,
　　　05915
寺林 裕介　08198,
　　　08202,
　　　08206, 08227,
　　　08276, 08347,
　　　08376, 08459,
　　　08562, 08629
寺間 誠治　13129
寺前 秀一　08142
寺谷 広司　01386,
　　　09570,
　　　09672, 09673,
　　　09799, 09813
寺脇 研　00145,
　　　05279, 12891
照屋 寛徳　05477,
　　　08060
田 駿　09260
田 艶　09108
田 英夫　07625
田中かず子　15201
田頭 慎一郎　00683,
　　　01810
デンマン, ヤン
　　　11270

【と】

杜 鋼建　00509
土井 明人　11606
戸井 逸美　09482
土井 洋彦　07420
土井 真一　09861
土井 たか子　05431,
　　　13900
土居 丈朗　13714
土居 智典　00974
土井 智義　09384,
　　　12140
土井 誠　10919
土井 真一　00083,
　　　00094, 01245,
　　　01327, 01573,
　　　01699, 01799,
　　　01800, 03288,
　　　08804, 08831,
　　　08832, 09396,
　　　09917, 10014,
　　　12081, 12433,
　　　13229, 13321,
　　　14126, 14161,
　　　14264, 14379,
　　　14412, 14464,
　　　14483, 14484,
　　　14510, 14532,
　　　14536, 14594,
　　　15296, 15535
土居 靖美　00026
土井 美徳　02323,
　　　02381
ドイツ憲法判例研
　究会　02476,
　　　02481, 02487,
　　　02488, 02493,
　　　02502, 02641,
　　　02653, 02671,
　　　02679, 02680,
　　　02683, 02688,
　　　02701, 02706,
　　　02710, 02714,
　　　02717～02719,
　　　02722,
　　　02724, 02726,
　　　02730, 02735,
　　　02754, 02760,
　　　02762, 02772,
　　　02773, 02776,
　　　02777, 02781,
　　　02785, 02787,
　　　02789, 02793
董 怡汝　03163
唐 佳寧　03185
童 之偉　03185
等 雄一郎　02045,

著者名索引　　　　　　とみの

02093,
03622, 05201
統一評論新社
09605,
09606, 09709,
09712, 09830
東海大学短期大学
紀要委員会
16173
東京外国語大学
09733,
10813
東京外国語大学国
際関係研究所
09860
東京学習会議
03783,
03787
東京家政学院大学,
東京家政学院短
期大学
10740
東京財団「アジアの
安全保障」プロジ
ェクト
08025
東京市政調査会
13191
東京女子大学丸山
眞男文庫
07094
東京新聞社会部
05462
東京新聞政治部
03827
東京大学判例研究
会 13556,
15799, 16012,
16064, 16203
東京大学文学部次
世代人文学開発
センター 02592
東京大学法科大学
院ローレビュー
編集委員会
09757,
10902
東京南部法律事務
所 00158
東京部落解放研究
所 03073
東京弁護士会
00462
東京放送 00092
東京法令出版株式
会社
11880～11883,
11885
東京未来大学紀要
委員会 13046
東京リーガルマイ
ンド 10144
東郷 えりか 08791
同志社法学会
02136

同時代史学会
03742
東條 吉邦 10315
東方 淑雄 12316
東北大学グローバ
ルCOE「グロー
バル時代の男女
共同参画と多文
化共生」GEMC
journal編集委員会
07549,
10246
東北大学公法判例
研究会 15991,
15997, 15998,
16030, 16031,
16069, 16364
東北大学社会法研
究会 15840
東北大学大学院東
北法学刊行会
09632,
10741
堂本 雅也 15661
童門 冬二 00988
頭山 興助 00925
東洋学園大学
12579
遠峰 隆史 11635
遠山 信一郎 10317,
10330, 16205
遠山 陽介 15947
通山 昭治 02999,
03029,
03035, 03054,
03074, 03086,
03107, 03129,
03189, 03691
外川 ゆり子 09937
時岡 啓 12966
時本 義昭 00594,
01831, 04374
常磐会学園大学
12736
ドーク, ケヴィン
06563
徳井 義幸 05966,
05973, 07790
徳川 家広
01860～01862,
04023, 13736
徳川 信治 09573,
09734,
09876, 09884,
11083, 12205
徳島大学総合科学
部 09444
徳田 治子 10323
徳田 博人 14849
徳田 靖之 12094
渡久地 修 08773

特定秘密保護法に
反対する牧師の会
08053
徳永 恵美香 09455,
09651, 09829
徳永 貴志 01416,
07942, 11974,
13384, 13429,
13668, 14438
徳永 達哉 01884,
11062,
11100, 11227
徳永 俊明 05482
徳本 栄一郎 01051,
03913
土倉 莞爾 02889
床谷 文雄 09472
所 功 00720,
06769, 06893,
06920, 06971,
06976, 06978,
06983, 07005
土佐 和生 09746
土佐 弘之 09557
戸崎 洋史 07056,
08070
戸崎 光明 14979
歳川 隆雄 04453,
06744
図書館九条の会
07600,
07684
戸田 綾美 04589
戸田 泉 00095
戸田 五郎 08906,
09756,
11001, 16249
戸田 俊子 07734
戸谷 隆夫 04575
戸塚 悦朗 15029
戸塚 悦郎 03136,
07557,
09560, 09562,
09577, 09607,
12899, 12957,
12964, 12965,
12969, 12971
等々力 孝一 06726
渡名喜 庸安 08010,
14674, 15017
戸波 江二 00033,
00131, 02476,
02991, 03211,
03284, 03526,
08836, 09515,
09516, 11765,
11786, 11787,
11803, 11806,
11836, 11867,
12151, 12445,
13880, 14385,

14624, 16208
土橋 博子 10304,
10358
飛田 綾子 01376
苫小牧駒澤大学
15214
戸松 秀典 00001,
00068,
00093, 00200,
00363～00365,
00388,
00467, 00893,
01683, 01885,
01931, 14303,
14311, 14316,
14375, 14378,
14445, 14621,
15501, 15537
苫米地 英人 15461
富井 幸雄 02084,
02095, 02123,
02141, 02313,
02315, 03272,
03331, 03367,
03377, 03378,
03408, 03416,
03421, 03438,
03444, 03610,
03679, 05074,
07190, 07213,
07371, 13986,
14034, 14949
冨家 貴子 12614,
12718, 16048
冨江 直子 12710
富岡 幸一郎 06527,
06751,
10805, 10827
富窪 高志 03103
富坂 聰 05103
富坂キリスト教セ
ンター思想良心
信教の自由研究会
07639
富沢 克 00155
富澤 輝男 00090
冨澤 暉 06261,
06683
富塚 祥夫 01770
富田 哲 14118
富田 麻理 09512,
09519, 10048
富永 健 00186,
00398,
01090, 04644,
10720, 10787,
10789, 11277
ドミニク・ルソー
01416
富野 暉一郎
08743～08745,
14899

著者名索引

富原 薫 03739
富山 一郎 04406
富山 泰一 12585
戸村 智憲 04510
友井 泰範 05388
友添 太郎 15315, 15367, 15416, 15880
友永 健三 08802, 09630, 09739, 09878
外山 文子 03137, 03169
外山 公美 13576
富山商船高等専門学校 09666
豊崎 七絵 05945, 16232
豊下 楢彦 04996, 05013, 05121, 05292, 06770, 07431, 07437
豊島 明子 12610, 12778
豊田 誠 12817
豊田 洋一 06069, 06201
豊田 依子 15252
豊福 誠二 15381
鳥居 淳子 09140
鳥生 忠佑 14218
鳥飼 貴司 03443
鳥野 猛 12380
泥 憲和 05479
トロペール, ミシェル 00636

【な】

娜 仁花 02996, 02998, 03143
内外ニュース「国防研究会」 05026
内閣官房 06701
内閣府 06701
内閣府政府広報室 07392
内閣府大臣官房政府広報室 08122
内貴 滋 02423, 05407
内藤 功 01807, 04427, 05275, 05979, 05989, 05995, 06006, 06300, 06403, 07352, 07363, 07402, 07410, 07415, 07428, 07692, 08120, 08161, 08288, 08342, 08499, 08590, 10094, 12406, 13632
内藤 淳 01273, 01279
内藤 醒山 07617
内藤 正典 11491
内藤 光博 00202, 01811, 03402, 05367, 07169, 07435, 07553, 07570, 07718, 08254, 11082, 11258, 11293, 11720, 12057, 15804
内藤 雄太 10917
名生 顕洋 02032, 13463
直江 俊一 10911
仲 哲生 03585, 03686
中 善則 13886
中井 伊都子 09539, 09640, 09663, 13581
永井 憲一 01163, 01689, 03788, 10569, 10844, 12838, 12848, 12881, 12890, 15286
永井 健晴 02768
永井 幸寿 05842
中井 作太郎 07712
中井 潤子 02582
中井 多賀宏 00045
永井 健晴 10376
長井 利浩 00670
永井 博史 00192, 00238
永井 好子 15240
永石 幸司 13059
中内 康夫 05171, 08216, 08219, 08263, 08297, 08306, 08311, 08341, 08355, 08385, 08387, 08449, 08452, 08456, 08555, 08559, 08578, 08585, 08592, 08603, 08611, 08614, 08648, 08651, 09826
永江 力 04177
永江 英夫 03785

長尾 詩子 09491
長尾 英彦 01284
長尾 一紘 01057, 01287, 03778, 06535, 06695, 06698, 08860, 09241, 09359, 09363, 09380, 13436, 14014
中尾 克彦 08155, 08162, 08166, 08169, 08172
長尾 賢 08448
長尾 粛正 11418, 11446
永尾 章曹 05424
永尾 孝雄 02667
中尾 英明 15311, 15348, 15396
長尾 英彦 11518, 12898, 13824
仲尾 宏 09839, 10352
永尾 廣久 15364
中尾 元重 07311, 07396, 07423
長尾 ゆり 05785, 05843, 15675
長岡 清 03763
長岡 清之 07603
中岡 小名都 16078
長岡 丈道 13577
長岡 徹 00702, 00743, 07597, 08917, 11058, 11119, 11133, 11139
長岡 義博 08681
長岡 義幸 10973
中垣 克久 11301
中神 由美子 01640
中川 明 08863, 12992
中川 厚 10334
中川 かおり 02085
中川 勝之 12473
中川 修一 10051, 10062, 10500, 10507, 12185
中川 淳 10156, 10213
中川 純 03318, 03388, 03458
中川 淳司 09547, 09672, 09673, 09745
中川 丈久 09800, 14500, 14505, 14507, 14998
中川 忠晃 16185

中川 登志男 09487, 10550, 11144, 13591, 13602, 13702, 13720, 13835, 13861, 14946, 15010, 15283
中川 敏宏 03165
中川 八洋 06764
中川 雄一郎 01883
中河 由希夫 13272, 14910
中川 義朗 08794
中川 李枝子 05709
中川 律 01276, 01990, 04557, 05309, 09955, 10570, 10925, 10928, 11275, 13018, 13063, 13077, 13533, 16212
中北 龍太郎 05441, 06209
中倉 信利 04165
長倉 洋海 03750
中込 秀樹 10764
中坂 恵美子 08812, 08846
長坂 伝八 03939
永崎 淡泉 00565, 00577
長崎大学経済学会 11692
長崎平和推進協会 07065, 07088
仲里 効 06953, 08786, 10106
中里 裕司 00662
中里 実 16152, 16283
中里見 博 00119, 00294, 04943, 12606, 12652, 12699, 12713, 14909, 15178
長澤 彰 05977
中沢 新一 07601
長澤 高明 05809
中澤 達哉 10940
中澤 信彦 02403
中澤 伸弘 06998
中澤 裕隆 06605
長澤 雄一 13464
中島 明子 12740
長島 昭久 08047
中島 修 04904, 05751
中嶋 謙英 09070
中島 宏 09151

著者名索引　なかむ

中島 茂樹　00830, 10906
中嶋 滋　13110
中島 醸　04838
中島 信吾　08589
中島 琢磨　08034
中島 岳志　05714, 05829, 06077
中嶋 たや　15243
中嶋 哲彦　10850, 10904, 12851, 15794
中島 徹　00055, 00197, 00338, 01111, 01554, 01592, 03897, 09995, 11110, 11409, 11706, 11730, 11737, 11764, 11767, 11769, 11785, 11795, 11799, 11805, 11807, 11810, 11813, 11815, 11817～11819, 11835, 12175, 12524, 12527, 13357, 15057, 15420, 16097
中嶋 晴代　15190
中島 宏　00869, 02913, 08454, 10780, 11951, 11979, 15951, 16108
長島 弘　14638
中島 誠　13388
中島 幹人　02892, 02947
中島 光子　09247
中島 光孝　10754
長瀬 修　09531
長瀬 文雄　05792, 12640, 12700
中祖 寅一　05876, 06139
中曽 久雄　00892, 01847, 01978, 02267, 02306, 09161, 09215, 09928, 10055, 10216, 10289, 10437, 16067, 16068, 16117, 16228, 16312
仲宗根 勇　08065, 08077
仲宗根 卓　09664, 15067
中曽根 康弘　04832, 04867,

06489, 06490
中園 江里人　11957
中園 真弓　15276
永田 公人　09322
永田 浩三　11292
永田 恒治　09011
仲田 信雄　08616
永田 秀樹　00297, 03893, 07597, 14039, 14309, 14323, 14338
永田 雅敏　04154
中田 康彦　12927, 13071
中谷 元　05114, 07519
永谷 孝代　12079
中谷 実　10031, 10035, 10040, 10045, 10056, 10060, 10296, 10313, 10458, 10463, 10466, 10576, 10578, 10582, 14133, 14157, 14176, 14183, 14321, 15901
中谷 雄二　07300, 07692
中谷 義和　13408, 13409
仲地 博　14817, 14985
長塚 晧右　07845, 07858
中坪 央暁　07474
中富 公一　01553, 04919, 08972, 09893, 10873, 10884, 10887, 10889, 10927, 11232, 14071, 14547
中西 一裕　14234
中西 健　03011
中西 俊二　00166, 00271, 03852
中西 新太郎　12491
中西 輝政　04194, 04961, 05024, 06476, 06521, 06553, 06571
中西 晴史　13604
中西 久枝　03531
中西 寛　00768, 08525
中西 裕三　04233, 04284, 04293, 04313, 04325, 04336,

04373, 04758, 04796, 05102, 06347, 06365
中西 優美子　02673, 02713, 02769, 02790, 03400, 03652
なかにし 礼　03821
長沼 庄司　15462, 15580
中野 明人　00079
中野 明　08076
永野 厚男　09967, 10584
中野 彩子　09711
中野 亜里　03207
中野 勝郎　01336, 01403
永野 貫太郎　09598, 09781
長野 公則　02228
中野 邦観　04274, 04311, 13797
中野 憲志　08016
中野 晃一　05800
仲野 智　05817
中野 潤　04547
中野 潤三　07271, 08484
中野 寿ゞ子　07928
中野 剛志　01803, 08350, 09314
長野 典右　03820, 03825, 03848
中野 比登志　13479
中野 冬美　12428
中野 正和　04723
中野 雅紀　13845
中野 雅至　13194
中野 正志　06780
中野 麻美　13151, 13273, 13284
永野 靖　09945
永野 芳宣　04596
中野目 善則　14103
中野渡 守　09199
永濱 利廣　08508
中林 暁生　01535, 01576, 01856, 02287, 03928, 04611, 06965～06967, 08950, 09090, 09115, 09934, 10360, 10495, 10792, 11093, 11175, 11224, 11614, 11615, 11654, 11785, 11790, 11795,

14242, 14402, 14458, 14559, 15545, 15549, 15563, 15597, 15638, 16198
中林 篤朗　08078
中林 和典　16336
永原 伸　01713
中原 朋生　01933, 09463
仲原 良二　09250
中平 一義　15649
仲正 昌樹　00645, 04555, 10611
仲松 大樹　14535
永松 鶴喜　07642
永松 正則　11734, 14794
中丸 和史　13747
永見 文雄　05824
仲道 宗弘　12812
長峯 信彦　01988, 02017, 03792, 11365
長嶺 超輝　03804
仲嶺 政光　12405
中村 明文　05520
中村 明　05968, 06361, 07655, 13976
中村 安菜　03954
中村 栄士　14951
中村 克明　00608
中村 起子　12773
中村 喜美郎　00010
中村 清　12887
中村 元気　04757, 12894, 13032
中村 康一　10282, 14969
中村 浩爾　00263, 04305, 04604, 14106
中村 克明　07348
仲村 覚　08391
中村 史郎　04517
中村 信一郎　06961
中村 晋輔　08471
中村 青史　04089
中村 猛　13302
中村 民雄　02400, 03295, 03375, 03385, 03434, 03521, 15053
中村 強士　10228
中村 哲　07353
中村 哲也　01509, 16123
中村 直貴　08225,

649

なかむ　著者名索引

Column 1

08229, 08253
中村 尚史　09506
中村 伸夫　06344, 14767
中村 英樹　10478, 11469
中村 博雄　03950, 09890
中村 宏　13578
中村 浩也　10924
中村 正男　14900, 15021
中村 真利子　12022
中村 美奈子　12854
なかむら みのる　07641
中村 睦男　00011, 00012, 00118, 00221, 00286, 00287, 01145, 09028, 10877, 12445
中村 元哉　02986, 03262
中村 裕二　09114, 09942
中村 雄二　02162
中村 雄祐　07994
中村 幸弘　03831, 03990, 04030
中村 芳昭　14611
中村 義孝　02912
中村 良隆　02002, 11912
中村 義幸　09815
仲本 興真　08753
中森 俊久　04467
中坂 恵美子　12066
中山 和久　11201
中山 恭子　04913
中山 顕　03597, 03648
永山 茂樹　00428, 03975, 04556, 06123, 06168, 06223, 06360, 08694, 08701, 13267, 13269, 14238, 14241, 15916, 15923, 15929, 15935, 15944, 15958, 15969, 15978, 15985, 15992, 15999, 16013
中山 茂樹　01234, 01578, 01832, 10102, 10934, 12461, 14379
中山 武敏　10297, 11260

Column 2

仲山 忠克　08010, 08388, 08790
中山 太郎　04218, 04281, 04867, 06447, 06756
中山 千夏　05807
中山 勉　02106, 10666, 10769, 10812
中山 恒彦　04784
中山 徹　12525, 14929
永山 利和　04785, 14697, 14916
中山 直和　10484
中山 弘之　12882
中山 雅司　09047, 15105
中山 眞人　10315
長山 靖生　04250, 04344, 04854, 07379, 07380, 10007
中山 代志子　02174
中山 竜一　03945
名古 道功　12650
名古屋 裕　00647
名古屋大学大学院法学研究科　14295
名古屋柳城短期大学　12540
那須 耕介　01490
那須 弘平　04626, 04637
那須 俊貴　06762, 13393, 13865, 14671
奈須 祐治　02474, 14407, 16129
那須 ゆたか　10515
奈須 りえ　15019
那須井 雅後　09070
なすび　12423, 12498
夏井 高人　10390
名取 保美　07332, 12551, 12556
名取 良太　13737
浪花 健三　15878
鍋谷 州春　12189
波岡 知朗　13000
並河 啓后　00153
浪本 勝年　13009, 13045
行方 久生　04354, 08270, 10262, 13919, 14786
名雪 健二　01874, 02480, 02531,

Column 3

02560, 02591, 02593, 14399
奈良 勝司　01451
奈良 達雄　00423
奈良岡 聰智　00724
奈良人権・部落解放研究所　12381
成川 豊彦　00004, 00017, 00108, 00114
成澤 孝人　01155, 01718, 01726, 01733, 02407, 04650, 05310, 06199, 07907, 08695, 09220, 13528, 14186, 14582
成田 憲彦　13639, 13699, 13916
成田 頼明　14815
成田 龍一　00181
成廣 孝　13621
成清 弘和　06937
成澤 榮壽　11319, 11322, 15188
成澤 宗男　02960, 04653, 06081, 06224, 06245, 06273, 07385, 07524
成嶋 隆　04203, 10521, 10535, 10565, 11568, 11576, 12993, 13072, 15400, 15830
成瀬 トーマス誠　01963, 02022, 02033, 02229, 02260, 02630, 14219, 14248
成瀬 政博　07054
成山 太志　09058
名和 又介　07082
縄田 浩孝　12494
難波 淳介　07522
難波 岳穂　16272
難波 満　08723
南原繁研究会　00590, 03781
南部 晋太郎　16125
南部 義典　01496, 05328, 05409

Column 4

【 に 】

新岡 昌幸　10559, 12858, 15628
新潟大学大学院現代社会文化研究科紀要編集委員会　10282, 14969
新川 達郎　14823
新倉 修　07747, 07748, 07766, 07767, 07784, 08989, 09731, 09923, 12025, 14107
仁井谷 興史　13172, 13179
新津 久美子　09850
新原 昭治　08217
新美 治一　03290, 03717, 04042, 13615
新美 隆　07540
新村 とわ　09099, 14877
二階堂 年恵　15536
二階堂 祥生　06834
西 晃　05500, 07723, 11039, 11048, 12074
西 修　00128, 01774, 03289, 03311, 03313, 03453, 03468, 03469, 03478, 03480, 03747, 03784, 04182, 04295, 04355, 04394, 04652, 04930, 04934, 05125, 05128, 05151, 06454, 06500, 06611, 06629, 06735, 06748, 06754, 06759, 07133, 07704, 08043, 08405, 08521, 08550, 13899
西 和江　16255
西 希代子　10394, 16284
西 平等　10269, 15103
西 和一　02814
西海 真樹　15114
西浦 公　00167,

03772,
03853, 15139
西浦 哲　12827
西尾 彰泰　12792
西尾 幹二　06728,
06791, 06810,
06857, 09346
西尾 淳志　11635
西尾 隆　13109
西尾 勝　14808
西尾 泰広　06368
西岡 健二　05524,
05547, 13311
西岡 剛　03160,
03982
西岡 祝　00800,
00843,
00851, 01396,
01398, 09031
西岡 昌紀　11280
西片 聡哉　08942,
08992,
12061, 16172
西川 一誠　14704,
14712
西川 香子　13708
西川 研一　11708
西川 重則　01829,
01837, 04371,
04878, 05352
西川 伸一　05717,
05830,
06007, 06084,
07930, 13964,
14272, 14513
西川 敏之　03949
西川 雅史　13405
西川 吉光　08272
西木 秀和　12940
西木 正明　06887
西口 里紗　13057
西澤 清　06175,
15290
西嶋 法友　01734,
01751, 09034
西澤 雅道　11631
西津 政信　14012
西田 彰一　00907
西田 昌司　04913
西田 毅　06801
西田 穣　11114
西田 隆二　07506
西田 亮介　01760
西谷 修　04574,
08017
西谷 敏　06579,
13111, 13256,
14112, 14848
西谷 澤重　05856
西土 彰一郎　01588,

05366, 10132,
11295, 11347,
11373, 11417,
11424, 11536
西埜 章　12059
西野 喜一　14094,
14166, 14167,
14175, 14178,
14193, 14203,
14227, 14396
西野 吾一　16141,
16158
西野 秀　14938
西野 瑠美子　07571
西林 幸三郎　07253
西原 博史　00394,
01101,
01282, 01315,
01381, 01457,
01536, 01545,
03390, 03394,
08804, 08824,
09017, 09054,
09197, 09221,
09462, 09484,
09944, 10476,
10477, 10540,
10551, 10562,
10567, 10572,
10574, 10581,
11170, 11770,
12444, 12510,
12874, 12901,
12909, 13404,
13438, 13879,
14814, 15277,
15288, 15291,
15295, 15300,
15303, 15305,
15309, 15310,
15312, 15314,
15316, 15320,
15324, 15325,
15328, 15330,
15335, 15337,
15339, 15341,
15345, 15347,
15351, 15795
西原 正　03007,
06753,
08012, 08096,
08109, 08146,
08158, 08369
西原町　08729
西平 重喜　02746
西部 邁　01530,
03734, 03754,
06518, 06524,
06527, 06539,
06542, 06559,
06564, 06593,
06602, 06644,
06651, 06837,

07230, 08001
西牧 駒蔵　10639
西村 枝美　01584,
02681,
02685, 02702,
04616, 10160,
10162, 10284,
10287, 10316,
10326, 10332,
10377, 10830
西村 茂　14939
西村 眞悟　00930,
01411,
06509, 06513,
06525, 06529,
06671, 08637
西村 智朗　09548
西村 紀子　06330
西村 裕三　00215
西村 正治　05749
西村 美智子　09477
西村 裕一　00789,
00797,
00813, 00818,
00977, 01139,
01257, 01259,
01267, 01754,
04761, 07036,
09509, 11188,
14508, 15596
西元 徹也　05126,
05128,
07496, 08486
西山 智　11668
西山 太吉　11400
西山 千絵　10664,
10796, 14499,
16275, 16276
西山 由美　02784
21世紀政策研究所
13553
日外アソシエーツ
00038
日弁連　09555
日弁連えん罪原因
究明第三者機関
WG　11923
日弁連人権擁護委
員会　10528
日本革命的共産主
義者同盟革マル派
05732
日本共産党東京都
委員会　14880
日本民主青年同盟
中央委員会
06235
日曜版編集部
11498
新國 三千代　10295
新田 浩司　10782

新田 進　05627,
06044, 11613
新田 秀樹　10273,
12219,
12547, 16106
新田 均　06858,
06859, 06936
新田 浩司　00352
二宮 厚美　04366,
04821, 05689,
05711, 05782,
06668, 07818,
09954, 12365,
12457, 12460,
12513, 12586,
12704, 12709
二宮 貴美　11147
二宮 元　00684,
04839
二宮 周平　09898,
10165,
10167, 10230,
10237, 10342,
10362, 10380,
10397, 11777,
15137, 15144,
15145, 15147
二宮 正人　03506
仁比 そうへい
04585
仁比 聡平　13675
二瓶 由美子　15201,
15222
二弁フロンティア
09886
日本イギリス哲学
会　12777
日本医事法学会
10934
日本医療労働会館
12287,
12749,
12760, 12821
日本エイズ学会
09307
日本LD学会編集委
員会　03654
日本オペレーショ
ンズ・リサーチ学
会　11731
日本改革政治連盟
00623
日本会議　06767
日本会議事業セン
ター　09238
日本科学者会議
07330,
09880,
10871, 10872,
10881, 10904,
10908～10911,
10921, 10922,

にほん　　　　　　　　　著者名索引

10949, 10950,
12376, 12664,
12949, 13395
日本家政学会
　　　　　　02451
日本カトリック司
　教協議会　10587
日本カトリック正
　義と平和協議会
　　　　　　10589
日本カトリック大
　学キリスト教文
　化研究所連絡協
　議会　　　08807
日本カント協会
　　　　　　03828
日本機関紙協会
　　　　　　07637
日本教育制度学会
　紀要編集委員会

　　12911〜12913,
　　　　　　12942
日本共産党　05866
日本居住福祉学会
　編集委員会
　　　　　　09714,
　　　　　　09885
日本高等教育学会
　研究紀要編集委
　員会　　　10932
日本郷友連盟
　　　　　　06463
日本国際問題研究
　所　　　　07681
日本国家公務員労
　働組合連合会
　　　　　　13135
日本子どもを守る
　会　06129, 10515
日本財政法学会
　　　　　　14598,
　　　　　　14601
日本産業経済学会
　研究論集編集委
　員会　　　09907
日本宗教学会
　　　　　　02318
日本出版労働組合
　連合会　　10960
日本女子大学
　　　　　　13047
日本スポーツ法学
　会　10146〜10148
日本政策研究セン
　ター　　　06457
日本税理士会連合
　会　監修　10054
日本退職教職員協
　議会　　　07682
日本地方自治研究
　学会　　　09256

日本特殊教育学会
　『特殊教育学研
　究』編集部　03186
日本社会福祉学会
　機関誌編集委員会
　　　　　　12471,
　　　　　　12921
日本文化大學
　　　　　　12981
日本平和学会
　　　　　　09648
日本弁護士連合会
　　　　　　01355,
　　　　　　05399,
　　05440, 08882,
　　09613, 12757
日本法哲学会
　　　　　　12538
二本柳 高信　01999,
　　02183, 11783
二本柳 誠　01960
日本歴史学会
　　　　　　10903
日本労働組合総連
　合会　　　12495
日本労働法学会
　　　　　　13259
入稲福 智　03547
ニユマン, アブラハ
　ム　　　　02209
丹羽 泉　　10813
丹羽 徹　　04893,
　　　　　　04915,
　　05606, 06258,
　　07350, 10556,
　　10937, 12483,
　　12944, 12985,
　　12989, 13022,
　　13023, 15003
丹羽 文生　04179,
　　04210, 04859,
　　04934, 13467
丹波 史紀　12268
丹羽 雅雄　09134,
　　　　　　09353,
　　09355, 09388,
　　09544, 14906

【ぬ】

額賀 福志郎　08165,
　　　　　　08451
糠塚 康江　00161,
　　　　　　00313,
　　01219, 01280,
　　01304, 01533,
　　01802, 02799,
　　02830, 02844,
　　02874, 02901,

　　02941, 02966,
　　05337, 05721,
　　09211, 10365,
　　11127, 11801,
　　13922, 15226,
　　16258, 16261
ヌスバウム, マー
　サ　　　　01922
楜島 次郎　10670
布目 裕喜雄　05682
沼崎 一郎　15249

【ね】

根岸 陽太　02291,
　　　　　　09873
根田 恵多　02219,
　　　　　　02220
根本 到　　13145,
　　　　　　13256
根元 邦朗　13748
根本 敬　　03192
根本 清樹　11372,
　　　　　　13494
根本 猛　　02159,
　　10384, 15353
根本 博愛　00071
根森 健　　02543,
　　　　　　09040,
　　09425, 14336
念仏者九条の会
　　　　　　07608,
　　　　　　07671

【の】

農業農協問題研究
　所　　　　07624
農山漁村文化協会
　　　　　　03857
農文協　　　03857
野上 潤一　00889,
　　00912, 00913
野上 忠興　04892
野川 裕紀　11643
野口 健格　03427,
　　　　　　03590,
　　03687, 03688
野口 寛　　00162
野口 宏　　00921
野口 武　　03127
野坂 泰司　00261,
　　　　　　10120,
　　10450, 10700,
　　11598, 11676,

　　11733, 12034,
　　12261, 14316,
　　14776, 15796,
　　15805, 15816,
　　15825, 15829,
　　15837, 15841,
　　15849, 15862,
　　15863, 15874,
　　15891, 15892,
　　15917, 15937,
　　16014, 16045
野崎 和義　00369
野崎 哲　　05069,
　　　　　　07432
野崎 孝弘　08030,
　　　　　　08844
野崎 靖仁　03943
野里 洋　　08784
野沢 達也　11476
野澤 基恭　15049
野嶋 剛　　04184
野瀬 正治　09823
能勢 陽子　11309
野添 文彬　08334
野田 邦治　05521
野田 真里　08894
野田 将晴　15742
野寺 博文　05476
ノートル・クリテ
　ィーク編集委員会
　　　　　　10946
野中 大樹　06181,
　　06246, 06275
野中 俊彦　00011,
　　00012, 00148,
　　00286, 00287,
　　01213, 15879
野中 広務　09370,
　　　　　　09371
野々村 恵子　04928,
　　　　　　04944,
　　04953, 04957,
　　04962, 04966
野々村 直通　06633
野葉 茂　　04685
饒波 正也　12315
野畑 健太郎　03083,
　　　　　　03123,
　　03206, 08909,
　　10107, 13500
野林 豊治　12557
野原 稔和　03702
野平 康博　08956
延本 達也　10640
昇 秀樹　　14710,
　　14713, 14717,
　　14719, 14721,
　　14727, 14734,
　　14737, 14739,
　　14740, 14749,
　　14755, 14756,

著者名索引　　　　　　　　　　　　　　　　　　　　　　　　　　　　　　　　　　　はたな

14758, 14760,	05347, 05497	01487, 03819	11265, 11387,
14765, 14768,	觜本 郁　12208,	長谷川 史明　00031,	11414, 11419,
14770～14772,	12220, 12512	00079, 00592,	11690, 11767,
14775	橋本 育弘　03777	01024, 01244,	11770, 11771,
野村 玄　06852	橋本 勇　10523,	01401, 01412,	11774, 11788,
野村 浩一　03196,	14701	01422, 01431,	11802, 11809,
03197, 03199	橋本 治　00964,	01525, 03530	11826, 11832,
野村 光司　05610,	06845, 06870	長谷川 三千子	11911, 12413,
05615	橋本 一雄　10765	03806,	13282, 13360,
野村 茂樹　10308,	橋本 克彦　07912	06538, 06996,	13434, 13441,
10312	橋本 佳子　15244	07106, 07920	13505, 13525,
野村 昌二　04777	橋本 圭子　02217	長谷川 裕子　10947	13639, 13691,
野村 昇平　07051,	橋本 五郎　01504	長谷川 幸洋　11478	13713, 13726,
07063	橋本 昇二　10372	長谷部 謙　00673,	13738, 13741,
野村 まり子　03753,	橋本 進　11315,	00674, 00707,	13852, 13916,
15434	11384	00708, 00752,	14011, 14144,
野村 幸裕　13214	橋本 誠一　09192	00792, 00829	14154, 14155,
野村 義造　03839	橋本 輝夫　12257	長谷部 恭男　00019,	14168, 14204,
野本 夏生　13142	橋本 紀子　15219	00040,	14366, 14415,
則武 立樹　03541,	橋本 勇人　15525	00055, 00083,	14423, 14451,
09669	橋本 宏子　12554	00094, 00109,	14458, 14484,
則武 透　05736	橋本 文章　07355	00178, 00190,	14562, 14780,
乗松 央　02809,	橋本 勝　00154,	00197, 00216,	14803, 14822,
12550	07604	00243, 00268,	15063, 15069,
乗松 聡子　07891	橋本 基弘　00015,	00278, 00338,	15080, 15442,
野呂 裕子　15481,	00061, 00233,	00355, 00445,	15730, 15791,
15543	00381, 01275,	00481, 00667,	16096, 16241
野呂 充　14163	03861, 08985,	00867, 00904,	長谷部 由起子
	10481, 10991,	01094, 01111,	11910
【 は 】	11137, 11618,	01138, 01245,	枦山 茂樹　15107,
	14370, 14992,	01308, 01327,	16105
	15404, 15939	01343～01345,	秦 一也　12356
ハインツ　09788	橋本 守次　11823	01388, 01472,	秦 博美　15006
萩尾 健太　14553	橋本 康弘　10734	01473, 01482,	畑 博行　02977,
萩野 芳夫　00018,	柱本 元彦　14630	01499, 01536,	03285
02977	蓮池 透　08496	01541, 01561,	秦 郁彦　06855,
萩原 滋　02657,	バスストップから	01565, 01567,	06856
15808	基地ストップの会	01575, 01585,	畑 雅弘　00186,
萩原 淳司　04127	06416	01587, 01590,	00465
朴 一　03987, 09370,	パストリッチ, エマ	01594, 01609,	畑 安次　00224,
09371, 09389	ニュエル　08650	01616, 01621,	02797
朴 三石　09410	蓮沼 啓介　00773,	01624, 01636,	波多江 悟史　01740
白 梅紅　10938	00779,	01637, 01694,	畠 基晃　07595
白鷗大学教育学部	00801, 06946	01823, 03964,	畠山 武道　08607
10794,	羽澄 直子　02164	04073, 04552,	畑尻 剛　00015,
12995	長谷川 綾　10930	04622, 04627,	00061,
博学こだわり倶楽	長谷川 一裕　04813	04721, 04983,	00233, 00350,
部　00021	長谷川 圭　15696,	05219, 05410,	00381, 00411,
バグワット, ニルー	15703	05950, 05955,	01220, 02486,
ファー　07766	長谷川 憲　00120,	06102, 06126,	12062, 14320,
箱井 崇史　03392	00472	06196, 06217,	14421, 14471,
間 寧　09049	長谷川 晃　01502	06238, 06962,	14489, 14538,
羽澤 政明　09127,	長谷川 公一　05768	07388, 07575,	15405, 15407
09171	長谷川 聡　15215	07881, 08040,	幡新 大実　02332
橋爪 英輔　02955	長谷川 孝　12469	08597, 08681,	畑田 重夫　01027,
橋爪 大三郎　04057,	長谷川 太郎　15024	08804, 09004,	01032,
08059	長谷川 千秋　11399	09074, 09098,	01039, 01046,
羽柴 修　05628	長谷川 弥生　07232	09216, 09292,	01056, 01065,
橋本 敦　04315,	長谷川 日出世	09457, 10037,	01071, 01077,
	01469,	10046, 10186,	01082, 03942,
		10257, 10477,	05820, 05832,
		10759, 10875,	06674, 11816
		11112, 11172,	畑中 和夫　02977

653

波多野 英治 09751	濵口 晶子 01305,	林 仲宣 16113,	02357,
波多野 敏 01708,	02709	16236	04239, 13472,
02823, 02833,	濱田 浩一郎 05119,	林 信敏 13934	13487, 14751
02932, 02939	05392	林 紀行 03864,	原田 敬一 15740
波多野 澄雄 07211	濱田 純一 11506	14837,	原田 敬三 12406
幡野 弘樹 02902,	濱田 なぎさ 12345,	14871, 14874	原田 峻 12150
03337,	12388	林 春男 09996,	原田 泰 09910,
03348, 16259	浜田 泰弘 02544,	10041	09911
働くもののいのち	02599	林 博史 07541	原田 武夫 01091
と健康を守る全	浜田 嘉彦 04933	林 弘正 09459	原田 健 06321
国センター	浜野 輝 00635	林 紘義 03359	原田 博充 03833
09833	浜畑 芳和 12712	林 克明 14558	原田 昌幸 09075
蜂谷 隆 05666,	浜林 正夫 03783,	林 瑞枝 02831	原冨 悟 12829
14643	03787	林 道義 06812	原野 和芳 09154
初岡 昌一郎 09107	濱本 真輔 13585,	林 雄介 13545	原野 早知子 01784
初川 満 07975,	13610,	林 陽子 09617,	バランジェ, ドゥ
07999	13748, 13945	09705,	ニ 02922
初塚 眞喜子 10315	浜本 大蔵 15322	09726, 09886,	播磨 信義 03756
服部 健一 02275	浜谷 英博 01400,	10424, 15197,	春香クリスティー
服部 高宏 02518,	03891,	15206, 16174	ン 07015
02526, 02615	03973, 05097,	林 芳正 00810,	ヴァルトホフクリ
服部 有希 02909,	06594, 06685,	04523	スティアン
02923,	06690, 07456,	早瀬 勝明 01223,	02788
02924, 02935,	08493, 12383	09891, 14267,	春名 麻季 00894,
02969, 02970	早川 和男 11722,	14288, 15852	00933, 00969,
初又 旦敏 15824	11723	早瀬 善彦 09296,	01005, 09665,
波戸 保 12256	早川 寛司 15610	09301,	15125, 15129,
鳩山 由紀夫 01717	早川 好雄 04726	09377, 09395	15130, 15133
花井 路代 02070	早川 眞一郎 10187,	早田 由布子 04729,	春名 幹男 08079
花岡 明正 08883	14367, 15950	05686, 08518	春山 習 02956
花岡 信昭 06839,	早川 忠孝 01496	早野 透 04610,	晴山 一穂 05021,
13627	早川 智津子 09010	05477, 05559	08788,
葉梨 康弘 04204	早川 のぞみ 01742	早野 俊明 10157	11130, 11198,
花園 紀男 05534	早川 信夫 11476	葉山 明 10686,	11203, 11857,
花房 博文 11226	早川 弘道 03392	10717	13144, 13255,
英 正道 06464	早川 操 10893	羽山 健一 10849,	13310, 14685,
花見 忠 16017,	林 治 12356	12852	14897, 15946
16046, 16147	林 克 12659	原 和人 07228	韓 冬雪 05742
花見 常幸 00143,	林 喜代美 00071	原 武史 06952	韓 永學 02985
00319	林 紘一郎 11632,	原 恒雄 13201	ヴァン・ウォルフレ
羽根 栄一 05852	11650, 11662	原 野人 05509,	ン, カレル 07009
馬場 里美 01099,	林 信吾 03738	13790	榛澤 尚紀 04594
09271,	林 太郎 07963	原 秀成 03721	ヴァンゼル, セリー
09724, 10280	林 千賀子 15641	原 幹恵 06934	ヌ 13429
馬場 のぼる 00556	林 俊之 16305	原 彬久 04849,	反戦情報編集部
馬場 芳月 00047	林 知更 01199,	08067	00144
ハーバーザック, マ	01302, 01345,	バラエティアート	半田 滋
ティアス 02689	01513, 01564,	ワークス 00292,	04999～05001,
パピア, ハンス・ユ	02648, 02649,	00434, 03862	05009, 05016,
ルゲン 09092	04535, 10044,	原口 清 00573	05039, 05098,
羽渕 雅裕 08854,	10757, 13413,	原口 紘一 08968	06020, 06025,
10001, 10113	13743, 13946,	原口 佳誠 02028	06029, 06038,
浜 矩子 01806,	13994, 14413,	原口清著作集編集	06161, 07442,
11850	14831, 14894	委員会 00573	07443, 07462,
浜尾 実 06949	林 直道 11860	原島 啓之 02757,	07856, 08181,
浜川 清 12036	林 尚之 00625,	02764	08244, 08286,
濱口 和久 03994,	00906, 01239,	原島 良成 04969	08427, 10990
06551,	01352, 01441,	原田 いづみ 10188,	半田 久之 11589
08368, 09415	04432, 06541,	15120	飯竹 憲弘 13958
濱口 桂一郎 03548	06636, 12447	原田 一明 00480,	半藤 一利 04103,
			05727, 06372

坂東 克彦　07960
坂東 通信　07724
坂東 雄介　02113,
　02114, 02234,
　02235, 09411,
　09419, 09430
坂内 三夫　04289
坂野 潤治　00550,
　00948
伴野 誠人　03694
伴野 豊　06715
番場 實　10613

【ひ】

ビーアド、チャール
　ズ・A　02144
PHP研究所　04113
ピーエイチピー研
　究所　04113
比屋定 泰治　08413
比嘉 努　08412
比嘉 真人　05754
桧垣 伸次　02296,
　09783, 10505,
　11164, 11196,
　11243, 11556
比較憲法学会
　10585
非核の政府を求め
　る会　07653
比較法学会　02024,
　02025, 02633,
　09797, 09821,
　10607, 12120
日笠 完治　00470
東 狂介　10177
東 順治　05262
東 晋平　10616,
　10738, 10739
東 雪見　16087
東川 浩二　01993,
　02037,
　02097, 02272
東澤 靖　09538,
　09580, 09583,
　09609, 09804,
　11099, 11163
東谷 暁　00840,
　04157, 06720
東森 英男　06068
東山 太郎　16309
氷川 清太郎　04450,
　04482,
　04498, 04554,
　04566, 04581,
　04631, 04664,

04734, 04748,
　04755, 05137,
　05143, 05170,
　05194, 06844
疋田 英司　00527
疋田 京子　03067,
　03198, 03231
樋口 一彦　09710
樋口 恵子　04468
樋口 譲次　08345,
　08352
樋口 雄人　02808,
　03864
樋口 恒晴　05946
樋口 直人　09385,
　09402,
　09403, 09444
樋口 範雄　01924
樋口 美佐子　10649
樋口 陽一　00065,
　00110,
00256, 00259,
00342, 00370,
00614, 00856,
01086, 01093,
01101, 01115,
01130, 01132,
01191, 01241,
01368, 01418,
01432, 01453,
01498, 01500,
01501, 01554,
01599, 01600,
01605, 01667,
01698, 01781,
01789, 01794,
01839, 03725,
03830, 03860,
03951, 03959,
04073, 04951,
05004, 05450,
05472, 05483,
05594, 05656,
05675, 07117,
07560, 07580,
08941, 08977,
09116, 09689,
09995, 11762,
11767, 13897,
14253, 15725
日隈 威徳　11318
引馬 知子　10290
彦坂 諦　05273,
　07611
久江 雅彦　05082,
　07429, 07430
久岡 康成　11978
久田 由佳子　02165
久昌 以明　12823
『飛礫』編集委員会
　09643
土方 細秩子　02163

菱木 政晴　10586,
　10667
菱村 幸彦　12867
肥田 進　05027
日高 広樹　13728,
　13820
日高 義樹　03790,
　03845,
　06719, 07872
日高 六郎　00222,
　03927, 13900
日高教・高校教育研
　究委員会　12951
常陸 実　12417
ビチャース、ライ
　ナー　15035
ヒッチンズ、ティ
　ム　08474
秀嶋 ゆかり　15195
尾藤 廣喜　12309,
　12343,
　12366, 12622,
　12623, 12629
人見 剛　10907,
　13988
ひとり九条の会
　06311
アーサー、ビナー
　ド　04022
日野 愛郎　13851,
　13852
日野 一成　16323
日野 秀逸　05711,
　07349, 08834,
　12161, 12177,
　12182, 12573,
　12580, 12719,
　12729, 12836
日野 辰哉　14802
日野 範之　07572
日野市民自治研究
　所　05429
日野原 重明　00409,
　04105, 07699
日の丸君が代強制
　反対予防訴訟を
　すすめる会
　10510
ヴィヴィオルカ、ミ
　シェル　09151
日比野 敏陽　11437
日比野 正明　01063
日比野 正興　12351
ピープルズプラン
　研究所　05320,
　06436,
　07589, 14678
姫岡 とし子　02592
百田 尚樹　06544,
　06600
比屋根 薫　08732

樋山 千冬　05199
檜山 幸夫
　00617～00622,
　00628～00633
ヒヤン＝テユラン、
　カルロス　09523
日向寺 司　01159,
　01160
ヒューマンライツ
　教育研究会
　08881
表現研究所　03736
表現の自由を考え
　る会　10970
兵庫県立大学環境
　人間学部　09615
兵藤 長雄　03339,
　08084, 08101,
　08113, 08126
兵藤 二十八　04470,
　06452,
　06459, 06481,
　06498, 07973
兵藤 守男　06907
兵本 達吉　04835
玄 順恵　07638
比良 友佳理　11254,
　11290, 11316
平井 玄　07683
平井 康嗣　05904
平居 秀一　00485
平井 正　05620,
　08714,
　13708, 13724
平井 久志　07563
平井 美津子　09493
平井 康嗣　08680
平岡 章夫　10101
平岡 秀夫　05070,
　07433, 07531,
　08100, 13494
平岡 正行　13898
平川 克美　05293,
　07588, 07691
平河 直　10423
平川 則男　12683
平川 弘子　07109
平川 宗信　11924
平沢 勝栄　06707
平澤 順子　13047
平沢 安政　09085
平田 和一　14583
平田 崇浩　04747
平田 剛士　11726
平田 未来　02451
平舘 英明　12217,
　12227, 13030
平地 秀哉　01574,
　01919, 01984,

02094, 10395,
11220, 11509,
11510, 14342,
14425, 14525
平沼 赳夫 04863,
06590
平野 厚哉 05880
平野 恵美子 15220,
15248
平野 啓一郎 06267
平野 貞夫 01755,
04987,
06078, 06254
平野 次郎 08789
平野 武 00275,
00596,
10623, 10628,
10633, 10645
平野 敏彦 16269
平野 祐二 12863
平間 洋一 08164
平松 茂雄 09347
平松 毅 02578,
02602, 03309,
03379, 08800,
09999, 10019,
11029, 15954
平松 直登 09187
平峯 潤 09018
平山 朝治 00486,
07241, 07938
平山 正剛 07265
平山 基生 08000
平良木 登規男
16094
昼間 たかし 03201,
03550
広井 良典 12426,
12449
廣惠 次郎 08349
広川 禎秀 04559,
07853, 10152
広坂 朋信 01505
廣瀬 和子 08153
広瀬 健太郎 01377
廣瀬 淳子 02049,
02126, 13422
廣瀬 孝 16371
廣瀬 肇 07483
広瀬 裕子 12998
広田 健次 01349,
14399
広田 貞治 08287
廣田 直美 00918,
00950, 03985
広田 全男 01349,
02346
廣地 毅 14648,
14649
弘中 聡浩 02047,

16115
弘中 惇一郎 05788
廣中 雅之 07478
廣橋 隆 10671,
10810
広渡 清吾 01321,
03881, 09191,
09960, 12577,
14700, 15266
びわこ学院大学
12380
貧困研究会編集委
員会 12385,
12710, 12813

【ふ】

ファーバー, ダニエ
ル・A 02120,
02273
ファレル, ヘン
リー 02209
黄 洗姫 08552
フィシュキン, ジェ
イムズ・S. 01804
歩 平 00903
笛田 藤吉郎 06048
フェリス女学院大
学 07060
フエルナンド, L
03010
フォーゲル, クラウ
ス 02520
フォーラム平和人
権環境 07648
フォーリン・アフ
ェアーズ・ジャパ
ン 11596
深江 誠子 04107
深川 孝行 07526
深草 徹 12021
深澤 一郎 15369
深澤 龍一郎 02369
深瀬 忠一 07118,
07280, 07417
深田 政彦 08681
深谷 隆司 06639
深谷 信夫 13292
深谷 松男 10508
布川 弘 10929
福井 厚 02505,
02523
福井 康佐 05385,
14452, 14521
福井 典子 12324
福栄 泰三 16288
福岡 久美子 09900,

11186, 11537
福岡 賢昌 03820,
03825, 03848
福岡 英明 11101
福岡 政行 00236
福岡 安則 12093
福岡県自治体問題
研究所 05475
福木 実 14667
福島 至 09608
福島 賢二 13052
福島 重雄 14096
福嶋 輝彦 08495
福嶋 敏明 01099,
01299, 01919,
02018, 02193,
02247, 06301,
09190, 10823,
11249, 11494,
13857, 15143
福島 弘 03755
福島 啓之 04869
福島 みずほ 00088,
00272, 00283,
04115, 04125,
05511, 05594,
05697, 05725,
05904, 05969,
06372, 07099,
08660, 15256
福島 瑞穂 04204,
05311
福島 力洋 10013,
16197,
16292, 16349
福島 涼史 00775,
00937, 01433
福島医学会 12390
福岡県人権研究所
09878
福田 昭生 13129
福田 和也 06476,
06879
福田 邦夫 10909
福田 健太郎 08367
福田 耕治 03276
福田 州平 09118
福田 秀志 12747
福田 博行 08885
福田 光子 07334
福田 実 12196
福田 雄一郎 09343
福冨 健一 01029,
06734
福富 俊幸 04625
福留 久大 06112,
07864
福永 有夏 01394
福原 一緒 11941
福原 紀彦 10926

福原 宗男 12688
福間 詳 07536
福本 一朗 11897,
11899
福元 健太郎 13386,
13624, 13652
福本 潤一 04789
福元 大輔 08777
福本 道夫 06414
福山 真劫 06288,
07739
福山 哲郎 08722,
13535
福山 洋子 03093
福山市立大学都市
経営学部紀要委
員会 09869
福好 昌治 07470,
08512
福家 俊明 09205
福家 俊朗 09218,
14809
福家 秀紀 11667
藤 誠志 04491,
06556, 06601
藤井 勲 10235
藤井 悦子 12761
藤井 えりの 12632
藤井 克彦 12397
藤井 京子 09653
藤井 厳喜 04800,
06740
藤井 康博 08982,
14548
藤井 幸子 13026
藤井 聡 10923
藤井 茂男 16084
藤井 譲治 00652
藤井 たけし 05635
藤井 樹也 00273,
01987,
02027, 03355,
03362, 03911,
08901, 08965,
09074, 10257,
11092, 12011,
14159, 14275
藤井 透 12358
藤井 俊夫 08809,
08810,
13391, 14296,
14506, 15934
藤井 延之
05372～05374,
05377～05379
藤井 正希 04515,
08662,
11484, 12511,
12665, 13873
藤井 康博 02541,
02570～02572,

著者名索引　へのへ

07951～07953, 07956, 12645, 12734, 12835	藤野 保史　08634	10606	10733
藤井 勇治　13479	藤曲 武美　14633	フット，ダニエル 14154	古川 晴之　13440
藤生 将治　08428, 08434, 08528	藤丸 智雄　10636	筆坂 秀世　04932, 06568, 09196, 13869	古川 秀子　05585 古川 康　14828
藤岡 惇　07628	藤村 直史　13643		古川 禎久　06838
藤岡 信勝　06702	藤本 愛子　13286	筆保 勝　05514, 05525, 06346	古澤 一雄　12732
藤岡 秀匡　09285	藤本 一美　03479	ブドン，ジュリア ン　13384	古澤 忠彦　08289 古荘 光一　04055
藤岡 康宏　10193	藤本 義一　07636	船尾 徹　16004	古田 道麗　04808, 06442
藤川 直樹　02672	藤本 晃嗣　09646, 09822	舟木 和久　09587	
藤木 邦顕　05494, 05763, 07722, 07741, 10544, 12862	藤本 隆志　00035	舟木 浩　12314, 12385	古田 典子　05710 古田 雅雄　07463, 08441
	藤本 俊明　07439, 09675	船木 正文　02223, 12988	古田 善宏　01506
藤倉 皓一郎　02051	藤本 富一　09282	舟越 耿一　05737, 07651	古野 豊秋　00107, 00157, 00203, 00350, 10851, 15116, 15119, 15121
藤倉 哲郎　03233	藤本 博司　06001	船所 寛生　10378	
藤倉 善郎　10663, 10939	藤本 文朗　12126	船勢 肇　10946	
藤子 F不二雄 00462	藤本 頼生　10804, 16211	船田 元　04210, 04218, 06598, 06600	古屋 圭司　06507
藤子プロ　00462	藤本 龍児　02318	船津 鶴代　03176	古谷 修一　09582
藤沢 攻　15263	藤森 研　03768, 04571	船橋 俊司　03111, 11768	古屋 等　01867 古山 順一　07369
藤澤 宏樹　03234	藤森 毅　08960	舟橋 信　11632	不破 哲三　00046, 04128
藤末 健三　07277, 07290	藤薮 貴治　12280	舟橋 初恵　12661	文教大学国際学部 01975
藤田 早苗　08696, 09859	藤原 晃　13003	船橋 洋一　08520	文芸春秋　06809, 06821～06825, 09336
	藤原 章　12693	フーバー，ペーター M　02713, 02792	
藤田 庄市　10657	藤原 家康　00446	冬木 勝仁　13951	
藤田 大誠　06963	藤原 夏人　03125, 03247, 03257	ヴュルテンベル ガー T.　10851	【へ】
藤田 孝典　05680	藤原 究　10625	ヴュルテンベ ルガー，トーマ ス　01663, 01684	
藤田 忠尚　01392, 01414, 02072	藤原 静雄　08602, 08725		米国労働者教育協 会　08031
藤田 貞一郎　11679	藤原 淳一郎　16057	ブライシュ，エリッ ク　11552	平和安全保障研究 所　08012
藤田 宙靖　13811, 14564	藤原 精吾　09699, 14105	ブラデック，ステ ィーブン・I 02208	平和運動研究会 05427
藤田 尚則　00143, 00319, 02166, 02201, 03737, 03765, 03782, 07729, 11282, 11306, 16341	藤原 夏人　10238	フランク，バー ニー　08362	平和国際教育研究 会　04146
	藤原 正信　10606	フランス刑事制裁 研究会　16157	平和フォーラム 07648
	藤原 真由美　04628, 04880, 07759	フランス憲法判例 研究会　02801	平和への権利国際 キャンペーン日 本実行委員会 07089
藤田 英典　12906	婦人国際平和自由 連盟　08829	ブリッツ，ガブリエ ラ　02737	
藤田 博司　04516, 11414	布施 杏子　01043	古市 晃　07852	ベツェメク，クリス トフ　03526
藤田 洋　14937	布施 祐仁　05073, 05235	古市 憲寿　04401, 04924, 08513	別冊宝島編集部 03733, 03796, 05270
藤田 弘之　02456	布施 勇如　12013, 12027	古内 博行　02770	
藤田 正人　13318	フセイノフ　09788	古川 純　01583, 04857, 07048, 09059	別府 正智　06741, 06749
藤田 まつ子　12355	二木 啓孝　05522		別役 厚子　02421
藤田 明史　05297	札埜 和男　15692	古川 琢也　09339, 10828	ペドリサ，ルイス 03641
藤田 安一　14898	二見 伸吾　08013		
藤谷 武史　11864, 14660, 14661	渕上 隆　12388, 12435, 12458, 12506, 12626	古川 利通　05202,	へのへの仙人
藤永 のぶよ　07725	渕上 太郎　11310		
藤中 寛之　14724	渕野 貴生　11900, 14271		
藤波 伸嘉　00603, 00973	佛教大学研究推進 機構会議　02884, 10756, 12358		
藤野 美都子　02835, 02854, 05678, 05851, 15234	佛教大学社会学編 集委員　10710		
	仏教文化研究所		

へへる　　　　　　　　　　著者名索引

06319
ヘーベルレ、ペーター 14489
ヘルマン、ヘラー 02478
ベリー荻野 13599
フィリップ、ベリガン 00320
ベルシュ、クラウス・エッケハルト 02768
ヴェルナー、ゲッツ・W. 08821
ペン、マイケル 05834
「変革のアソシエ」編集委員会 12487〜12490
編集工房要 05420

【ほ】

ボー、オリヴィエ 03685
ホイシュリンク、リュック 07000、07045
ボイッシュ、カルレス 01819
ボイル、フランシス・A. 00320
ヴェルナー、ボイルケ 02751
方 玉順 03027
牟 憲魁 02981、03042、03053、03134
方 勝柱 03147
防衛研究所 08051
防衛大学校安全保障学研究会 07996
防衛法学会 05094、05100
法学館憲法研究所 00149、03850、04116、04512
法学教室編集室 00458
法学フューチャーラボ 00265
實金 敏明 14174
某国のイージス 07914
法政大学大原社会問題研究所 13057

法政大学社会学部学会 09385、11391、11395、12430
放送と人権等権利に関する委員会 11344、11350
放送倫理番組向上機構 11345
「法と民主主義」編集委員会 01880
法務省人権擁護局 08899、08927、08975、09012、09041、09071、09126、09170、09203、09231
法務総合研究所 00244
蓮花寺佛教研究所 10672
外間 完信 06587
外間 寛 12033
ポカレル、スルヤ・プラサド 03128
朴 容淑 03114
保坂 展人 03927、09392、15307
保阪 正康 00563、00897、04206、06486、07038、07145
星 徹 06178、06193
星 飛雄馬 10805
星 浩 04499、05250
星川 淳 07054
星出 卓也 08078
星野 了俊 08062、08074
星野 英一 05105
星野 俊也 08070
星野 安三郎 07713
星見 陽 07710
ホズナー、エリック 02203
穂積 健児 15657
穂積 建三 13242
穂積 匡史 05928
細井 克彦 10881、10921、10931、10933
細川 久美子 12293
細川 孝 10916
細川 珠生 06551、06621
細木 一十稔、ラルフ 09881
細田 尚志 08581

細谷 雄一 08245、13891
北海道教育大学 13036
北海道教育大学釧路校釧路論集編集委員会 10447
北海道新聞 05272、05939
ボッシャー、ラルフ 11535、11649、12012
堀田 敬介 13837
堀田 英夫 03591、03640
ボート、ケネス 07760、07761
ホームズ、スティーヴ 01374
甫守 一樹 12085
堀 幾雄 12468
堀 潤 07265
保利 耕輔 04388
堀 茂樹 10994
堀 孝彦 04443、04910
堀井 進 06338
堀井 雅道 13006
堀内 賢志 03472
堀内 哲 07683
堀内 健志 01218、01481、01582、01625、01666、08976、13439、13825、14033、14277
堀内 正義 11921
堀江 慎司 15797
堀江 洋文 03504
堀江 正夫 08400、08408
堀尾 輝久 01501、01667、04405、04946、07909、12880、12908、12949
堀切 和雅 12231
堀口 修 00567
堀口 悟郎 10914、16319、16372
堀口 始 00080
堀越 明男 11117
堀越 芳昭 11782
堀田 光明 07153
堀部 政男 10025
堀見 裕樹 09632、10246
ポルノ買春問題研究会 10980

本郷 隆 10902
本庄 武 04265
本多 勝一 04896
本多 清 06455
本田 久美子 09450
本多 康作 11160
本多 貞夫 00106
本多 静芳 10662
本田 修一 04449、04475、04527
本多 深諦 00596
本田 深諦 10654
本田 隆浩 03560、14138、14440
本多 滝夫 01281、07948
本田 浩邦 06270
本田 宏 12810
本田 雅和 12375
本多 保彦 00704
本田 良一 12495
ポンティエ、ジャン＝マリ 02942
本間 佳子 09827
本間 照光 12367、12531
本間 浩 05083
本間 義人 12471

【ま】

毎日新聞社 12854
マイラー、ジーン 07894
前 哲夫 05618、08683、10087
前川 清 09101
前川 英樹 04006
前木 理一郎 11372
マエキタ ミヤコ 01868
前窪 義由紀 14918
前沢 淑子 11728、12643、12706
前島 康男 00482
前田 日明 09326
前田 朗 05084、06362、06364、07057、07067、07078、07112、07126、07128、07130、07175、07323、07328、07330、07451、07565、07567、07583、07688、07793、07814、

	間形 文彦　11637	03119	松井 修視　16245

07823～07825,
07832,
07833, 07840,
07841, 07844,
09678, 09709,
09712, 09830,
11151, 11155,
11558～11563,
11571, 11585,
11587, 11588,
11590～11592,
11953
前田 敦史　16073
前田 巌　15912,
16038
前田 清　01737
前田 啓一　03329
前田 聡　10128,
10487, 11381,
11514, 11896,
15836, 15987
前田 純一　03245
前田 司郎　11141
前田 健　11287
前田 武　04623,
07154
前田 哲男　04558,
04844,
04999, 07494,
07648, 08032,
08145, 08177,
08191, 08204,
08250, 08293,
08421, 08534,
08541, 09991
前田 徹生　11947,
14353, 14528
前田 浩智　04437,
04744, 11432
前田 直子　03624
前田 英昭　07726,
13468
前田 仁美　11977
前田 正義　11616
前田 美津恵　12384,
12604
前田 稔　10454
前田 康博　03221
前田 泰義　07181
前田 幸男　01406,
13963
前田 輪音　07132,
15319, 15526,
15648, 15763
前泊 博盛　01900,
06030,
06036, 06040,
06316, 08039,
08360, 09177
前原 清隆　04698
マガジン9条　07632

間形 文彦　11637
真木 實彦　12664,
12730
牧 伸人　14669
巻 美矢紀　01128,
01142, 01520,
03922, 03941,
10307, 10314,
10577, 11858
槙 裕輔　00491,
02546,
03346, 03383
牧嶋 とよ子　14907
蒔田 圭明　11997,
14206
牧野 広義　07288,
07796, 09963
牧野 力也　03162,
13764
牧原 出　01295,
06718, 14056
牧原 憲夫　00050
牧本 公明　02029,
11278
マクニコル, トレーシー　02843
マグワイア, マイレッド　07788
孫崎 享　04546,
05075, 05103,
06160, 07009,
07995, 08042,
08259, 08270,
08337, 08599
正井 章筰　02689
正井 礼子　10300
正岡 紀美雄　11925
政木 みき　04778
正木 靖　15042
正木 祐史　15822,
15989
正木 幸博　12026
まさの あつこ
04502,
04967, 06052,
06054, 06062
間柴 泰治　05348,
13887
真嶋 良孝　05643
益井 公司　11081
増井 志津代　10696
益川 敏英　07821
マスコミ文化九条
の会所沢　05438
舛添 要一　04153,
05930, 06667
増田 孝雄　12842
増田 尚　14857
増田 正　02958
増田 知子　00728,

03119
増田 英敏　14597
増田 弘　01042,
01079, 01080
増田 正人　08299
増田 正幸　13263
増田 万里子　07335
増田 稔　15902
升永 英俊　10239,
10258, 13540,
13554, 13630,
13692, 13781,
13788, 13833
増淵 千保美　13218
増森 珠美　10032,
16037
増山 幹高　13929
又市 征治　05838,
05877, 14037
又木 奈菜子　13519
町井 和朗　03354,
03452, 09551
町田市立自由民権
資料館　00569
町山 智浩　07588,
07691
松井 和夫　07903
松井 一博　09668,
09691
松井 繁明　01817
松井 茂記　00230,
00481,
01141, 01365,
01629, 01799,
01800, 01912,
01927, 01965,
02013, 03298,
03744, 03761,
03822, 08766,
08799, 08843,
08879, 09975,
10014, 10964,
10986～10988,
11047,
11065, 11283,
11289, 11503,
11505, 11507,
11529～11532,
14132, 14297,
15357, 15362,
15366, 15374,
15378, 15383,
15386, 15392,
15395, 15401,
15409, 15413,
15415, 15419,
15422, 15427,
15435, 15440,
15444, 15451,
15456, 15463,
15469, 15476
松井 志菜子　09973

松井 修視　16245
松井 直之　01367,
03182, 09490,
15931, 15965
松井 安俊　05999
松井 幸夫　00297,
02348, 07597,
14309, 14323
松井 芳郎　05030,
05055,
05256, 07172,
09593, 15046
枌居 宏枝　00945
松浦 一夫　00128,
00290, 01421,
02568, 02711,
03647, 06523
松浦 崇　12188
松浦 光修　04414
松浦 寛　11874
松浦 良充　10951
松浦 玲　07596
松枝 佳宏　05758
松尾 晃孝　13490
松尾 高志　05971,
07048
松尾 直　03978
松尾 弘　01756,
01757,
14233, 16234
松尾 陽　01313,
01454, 01456,
01676, 01845,
01851, 01955,
02053, 02055
松岡 篤志　09367
松岡 節子　12555
松岡 伸樹　01677,
01702,
01703, 01749
松岡 浩　09974
松岡 弘之　06368
松岡 幹夫　05260
松岡 靖　11464
松木 謙公　06713
真次 宏典　01750
松隈 潤　09733,
09860,
15085, 15097
松崎 菊也　05670,
13599
松崎 喜良　12289
松崎 哲久　06716
松崎 敏弥　06926
松崎 稔　00908
松澤 明美　12410
松沢 栄一　11627
松澤 浩一　14016
松沢 成文　13545,

まつさ　　　　　　　　　　著者名索引

	13603	松野 信夫　01462	松本 恒雄　　14144	14052, 14354

松澤 広樹　10712
松下 和彦　08587, 08588
松下 冽　08455
松下 秀雄　07267
松下 拡　05504
松嶋 道夫　06354
松島 泰勝　08737, 14769
松島 悠佐　05006
松塚 晋輔　14962, 14966, 14972
松園 伸　02453
松田 恵美子　03240
松田 健児　12071
松田 宏一郎　00649
松田 準一　13859
松田 喬和　04190
松田 高志　10472, 10473
松田 竹男　05992
松田 憲忠　13870
松田 浩　00822, 01943, 02048, 09143, 10943, 11429, 11448, 11453, 11455, 11456, 11458, 14879, 14913, 15803
松田 広高　13178
松田 浩道　09757
松田 正照　02030
松田 正久　10950
松田 幹夫　03674, 15068, 15076
松田 好史　00655
松平 徳仁　01423, 02154, 02264, 05179, 09142
松竹 伸幸　00587, 02573, 05003, 05012, 05274, 07693, 07714, 15724
松谷 満　09245, 12150
松戸 浩　12088, 12091
マッドアマノ　06335, 06337
マット安川　01755, 04941, 04977, 04987
松永 裕方　06070
松永 六郎　10253
松沼 美穂　02837
松野 明久　09567

松野 信夫　01462
松葉 真美　09667
松橋 崇　13106
松原 博　07690
松原 光宏　02535, 13442
松原 幸恵　06082
松原 義弘　09666
松宮 孝明　04267, 04269
松村 格　00353
松村 健吾　02696
松村 享　14940
松村 比奈子　07508
松村 昌廣　06693, 06986
松村 芳明　01777
松本 周　10626, 10646, 10647
松本 アルベルト　03282
松本 英実　01271, 01787, 02845
松本 和彦　00188, 01092, 01304, 01452, 01773, 02492, 02587, 07949, 09060, 09073, 09074, 09768, 10256, 10257, 12107, 12724, 14467, 15274, 15591, 15595, 15598, 15601, 15604, 15607, 15611, 15614, 15616, 15629, 15631, 15635, 15640, 15650, 15662, 15664, 15671, 15676, 15680, 15682, 15685, 15688, 15695, 15699, 15706, 15754, 15970, 16292, 16349
松本 克美　10865
松本 恵子　13035
松本 健一　00811, 00814, 00816, 00891, 04632
松本 弘也　05401
松本 俊輔　11138
松本 俊太　13490
松本 成輔　10215
松本 健男　08802
松元 忠士　00676, 09897, 10845
松本 健男　09630

松本 恒雄　14144
松元 剛　05934
松本 哲治　01669, 02016, 08238, 11695, 11735, 11738, 11776, 15760, 15762, 15769, 15771, 15773, 15775, 15780, 15789, 15793, 16092
松本 敏之　13189
松本 哉　04532
松元 ヒロ　13275
松本 弘　03496
松本 博文　11135, 11223
松本 弘也　01435, 05616, 05667
松元 雅和　08485
松本 零士　04908
松山 健二　06390, 07855, 07885
松山 隆　04630
松山 忠造　00071
松山 秀樹　07777, 12276
松山大学　02489
マドゥーロ, ミゲル・ポイアーレス　03627
真殿 仁美　03120, 03186, 03222
的場 敏博　13590
真鶴 俊喜　01126
眞邉 正行　05094, 05100
真辺 将之　10841
馬原 潤二　00924, 02626
間宮 陽介　05560
丸岡 鉄也　15690
マルカニ, バラット　02432
丸川 哲史　08733
丸田 晴江　12770
丸田 隆　02316
丸橋 透　09471
丸茂 雄一　08325
丸山 敦裕　16197, 16292, 16349
丸山 榮　07660
丸山 重威　01864, 04948, 05426, 05625, 05526, 05743, 08018, 10464, 11261, 11353, 11413, 12545, 12937, 13855,

14052, 14354
丸山 茂　14700
丸山 淑夫　13177
丸山 真央　09245
丸山 眞男　00657, 07094, 07990
丸山眞男手帖の会　07990
丸山 悠登　01243

【み】

三明 翔　02248, 11967, 11975, 11987, 11988, 11999
三浦 一郎　00124, 00464
三浦 一夫　03746, 05296, 08460
三浦 朱門　00022
三浦 誠一　12409
三浦 透　16155
三浦 俊章　05147
三浦 信孝　05824
三浦 信行　08333
三浦 元　11225
三浦 瑠麗　05930
三枝 昌幸　13672, 13739
三上 治　05434, 07012, 08307, 08748
三上 智恵　04606, 05477, 08632
三上 佳佑　13734
三木 新　03870
三木 邦之　14698
三木 睦子　07638
三木 由希子　10010, 11229, 11337
三木 義一　14606
三國 連太郎　07191
三國村 光陽　06446
御厨 貴　01503, 06486
三品 純　09321
三島 憲一　01359, 02684
三島 聡　09846
三島 由紀夫　06575
三島 淑臣　01104
水上 祐二　03227
水川 隆夫　07807
水草 修治　05476
水越 久栄　04299

著者名索引　みやし

水島 朝穂 00028,
00212,
01147, 01294,
01342, 01409,
01480, 01744,
01745, 03058,
03587, 03588,
03850, 03957,
04243, 04518,
05029, 05145,
05155, 05284,
05655, 05665,
05725, 05920,
06391, 07071,
07161, 07183,
07184, 07400,
07715, 08069,
08208, 08294,
08300, 08332,
08608, 08646,
08982, 09027,
10480, 11774,
11790, 11792,
11794, 11831,
11834, 12170,
12516, 12517,
13867, 14096,
14170, 14313
水島 治郎 03322,
10752
水島 朋則 15109
水島 玲央 03064,
03261
水田 全一 08566,
14032
水谷 瑛嗣郎 02240,
11445
水谷 三公 06923
水谷 徹 12184
水留 正流 02682
水鳥 真美 02467
水野 清 04130,
06050
水野 謙 01633
水野 直樹 09412
水野 紀子 10226,
10349, 11863,
15140, 15151
水野 均 08382
水野 真木子 09719
水野 正己 03177,
03216, 03241
水野 松男 03073
水林 彪 00781,
01221, 01580,
03993, 11831
水廣 佳典 08233
水間 貴勝 07473
三角 政勝 14720
溝上 憲文 13206
御園 敬介 10490

溝呂木 雄浩 09207
三谷 太一郎 00788,
11948
三谷 真貴子 16151
道 あゆみ 15192
道下 徳成 08423
道正 洋三 10732
道幸 哲也 13154
三井 須美子 10612
三井 正信 12518
みつだ 桃月 06919
光田 督良 02083,
10471
三土 修平 10678
光成 歩 03263
三成 美保 15265
光延 一郎 12916
光信 一宏 02828,
02948, 02953,
03432, 03470
三橋 貴明 13914
三俣 真知子 12146,
12627
水戸 考道 00103
緑 大輔 10090,
11928
皆川 治廣 00238
皆川 誠 09841
皆川 満寿美 14062
水口 洋介 10518,
10526, 13213,
15853, 16088
三並 敏克 03776,
07147, 11989
南 典男 01772,
03151, 05740
南 義弘 03780,
03826
南方 暁 09257
南出 喜久治 00576,
00616,
05446, 06439
南野 森 00421,
00489,
00493, 00495,
00497, 00498,
00636, 01137,
01238, 01389,
01559, 01641,
02878, 03863,
04073, 04286,
06027, 07808,
08945, 11794,
13170, 14092,
14200, 15399
三成 一郎 05623,
12230, 12824
美根 慶樹 10753
峯 良一 06039
峰島 厚 12528

嶺山 敦子 15198
三野 功晴 02412,
04385
簑原 俊洋 08029
箕島 明子 04837
蓑輪 喜作 07666
箕輪 理美 02023
箕輪 登 06312
箕輪 幸人 04178
美浜 三郎 07916
三原 岳 14812
三原 正家 04200
見原 礼子 03317
見平 典 02052,
02058,
14266, 14268,
14289, 14315,
14450, 14557
三村 仁 15930
三室 堯麿 00142
宮井 清暢 13977
宮内 紀子 02390,
02414
宮尾 恵美 03112,
03116
宮尾 耕二 15425
宮尾 幹成 06080
宮垣 忠 13195
宮川 光治 11414
宮川 成雄 01913,
02025,
02118, 02136,
02188, 09662
宮川 倫子 15482,
15487, 15493,
15498, 15506,
15511, 15516,
15519, 15523,
15529, 15532,
15539, 15544,
15548, 15562
宮川 基 14173
宮城 久緒 08487,
08762
宮木 康博 16251
宮城 義弘 06153,
08778
宮城大学看護学部
12967
三宅 勝久 07527
宮家 邦彦 08508
三宅 孝之 02473
三宅 弘 09933,
10975
三宅 裕一郎 00428,
01099,
01903, 02303,
05315, 07158,
16016, 16022,
16033, 16039,
16042, 16058,

16062, 16070,
16076, 16081,
16112, 16124,
16134, 16143,
16156, 16165,
16178, 16188,
16204, 16222,
16243, 16271
三宅 雄彦 01124,
01134, 01180,
02508, 02721,
14019, 14454
三宅 義子 05452
宮崎 繁樹 00723,
00764
宮崎 哲弥 04523,
06818
宮崎 信行 06410,
06424
宮崎 駿 05705,
07242
宮崎 正弘 08001
宮﨑 晶行 01464
宮崎 学 08856,
09086, 14997
宮崎 礼壹 03008,
06265,
06276, 07905
宮﨑 礼二 01064,
15735
宮崎 陽子 12203
宮里 邦雄 08796,
13126, 13316
宮澤 節生 12038
宮澤 俊昭 01322,
01360
宮地 裕美 15446,
15522
宮地 基 02483,
02583,
02699, 07105,
09946, 15084
宮地 芳範 03361
宮下 聡 12602
宮下 茂 04568,
05389, 05390
宮下 直之 04777
宮下 紘 01919,
02041, 02149,
02204, 03429,
09914, 09957,
09970, 09972,
10028, 10038,
10052, 10068,
10074, 10079,
10174, 11327
宮下 大夢 15254
宮下 与兵衛 05254,
15686
宮嶋 茂樹 05058
宮島 喬 09266,

みやす　　　　　　　　　　著者名索引

Column 1

　　　　　　　　　12962
宮津 多美子　　　15181
宮薗 衛　　　　　00878
宮台 真司　　　　10961,
　　　　　　　　　12891
宮地 忍　　　　　05957
宮地 正人　　　　01501
宮地 光子　　　　10143
宮永 与四郎　　　12885
宮畑 建志　　　　10438
宮林 幸雄　　　　15031
宮原 哲朗　　　　12098
宮原 均　　　　　00064,
　　　00281, 00311,
　　　02091, 02207,
　　　02266, 13678
宮原 安春　　　　09357
宮本 栄三　　　　00712
宮本 憲一　　　　07636,
　　　08017, 14684,
　　　14889, 14934
宮本 光晴　　　　00840
宮本 宗幸　　　　06705
宮本 有紀　　　　10339
ミヤール, エリッ
　ク　　　　　　　15127
宮脇 昇　　　　　08844
宮脇 正晴　　　　02182
宮脇 岑生　　　　08928
ミュンダー, ヨハネ
　ス　　　　　　　02779
明神 勲　　　　　01888,
　　　03971, 10447
三吉 修　　　　　00301
三好 一生　　　　16032
三好 京三　　　　15165
三好 聡一　　　　09026,
　　　　　　　　　09029
三好 誠　　　　　00551
三好 充　　　　　00031
三輪 敦子　　　　05139
三輪 和宏　　　　02873,
　　　03512, 03513,
　　　03556, 13539
三輪 定宣　　　　10870,
　　　10871, 12450,
　　　12951, 13075
三輪 隆　　　　　07061,
　　　　　　　　　07836
三輪 道子　　　　12264
三輪 尚信　　　　06866
三和 義武　　　　10935
民間憲法臨調運営
　委員会　　　　　04137,
　　　　　　　　　05276
民事訴訟法研究会
　　　　　　　　　12118,
　　　　　　　　　16066
民主主義科学者協
　会　　06445, 08008

Column 2

民主教育研究所
　　　　　　　　　02421,
　　　02605, 09828,
　　　10464, 10888,
　　　10913, 10929,
　　　12449～12455,
　　　　　　　　　12880,
　　　12907, 12937
民主主義科学者協
　会法律部会司法
　特別研究会
　　　　　　　　　14113
民主主義科学者協
　会法律部会
　　　　　　　　　08752,
　　　　　　　　　09731,
　　　09732, 10937,
　　　11083, 12650

【む】

向井 久了　　　　00305
武蔵 勝宏　　　　05080,
　　　　　　　　　08569
武蔵大学社会学部
　　　　　　　　　11342
武蔵野短期大学
　　　　　　　　　12776
武者小路 公秀
　　　　　　　　　07317,
　　　　　　　　　08826
武藤 一羊　　　　06138
武藤 和実　　　　09594
武藤 軍一郎　　　08596
武藤 聡　　　　　13128,
　　　　　　　　　13152,
　　　13169, 13237
武藤 大司　　　　12438
武藤 貴也　　　　05149
武藤 類子　　　　12831
宗像 隆幸　　　　03001
棟居 徳子　　　　09559,
　　　09586, 09595,
　　　09849, 09868,
　　　09877, 09882
棟居 快行　　　　00020,
　　　00163, 00241,
　　　01129, 01240,
　　　01242, 01249,
　　　01252, 01255,
　　　01380, 01518,
　　　01792, 02483,
　　　02492, 03631,
　　　03899, 04561,
　　　04565, 05258,
　　　08799, 08843,
　　　08879, 08906,
　　　09194, 09236,
　　　09510, 09511,

Column 3

　　　09515, 09516,
　　　09690, 09807,
　　　09854, 10008,
　　　10009, 10150,
　　　10290, 10311,
　　　10414, 10527,
　　　11744, 11760,
　　　11769, 12371,
　　　13224, 13449,
　　　13530, 13847,
　　　13872, 14146,
　　　14373, 15662
棟久 敬　　　　　10673,
　　　10674, 10820
無防備地域宣言
　運動全国ネット
　ワーク　　　　　07583
村 和男　　　　　00229,
　　　　　　　　　03798
ムラー, リチャー
　ド　　　　　　　11481
村井 重俊　　　　07044
村井 章介　　　　00303
村井 敏邦　　　　05945,
　　　　　　　　　08061,
　　08273, 11926,
　　12001, 12002
村尾 信尚　　　　06323
村岡 到　　　　　12466,
　　12505, 12611
村岡 和博　　　　06086,
　　06165, 06226
村上 絢子　　　　12089
村上 一博　　　　13768,
　　　　　　　　　13800
村上 克子　　　　05850
村上 敬子　　　　10383
村上 誠一郎　　　01753,
　　　　　　　　　04696
村上 正邦　　　　09086
村上 孝止　　　　10953
村上 武則　　　　01092,
　　01748, 12107
村上 保　　　　　05629
村上 哲雄　　　　07830
村上 徹　　　　　01511
村上 直久　　　　03324
村上 英明　　　　02528
村上 英樹　　　　07777
村上 裕章　　　　14543
村上 博　　　　　09981,
　　　　　　　　　14733,
　　14745, 14774,
　　14778, 14778,
　　14891, 14923,
　　14956, 14959
村上 正邦　　　　04791,
　　05246, 14997
村上 正直　　　　02024,
　　08963, 09574,
　　09590, 09683

Column 4

村上 みか　　　　10835
村上 康二郎　　　11134
村上 玲　　　　　02435,
　　02438, 02472
村越 良子　　　　13103
村崎 秀子　　　　09042
村重 慶一　　　　10245,
　　　　　　　　　16225,
　　16270, 16365
村下 博　　　　　01940
村瀬 信一　　　　00593
村瀬 信也　　　　05060,
　　　　　　　　　07493,
　　08197, 15050
村瀬 慈子　　　　03059
村瀬 正明　　　　15292,
　　　　　　　　　15321
村田 晃嗣　　　　04201,
　　　　　　　　　08107,
　　08118, 08131,
　　08157, 08255
村田 浩司　　　　11593
村田 純一　　　　04684,
　　　　　　　　　06022
村田 隆史　　　　12767
村田 尚紀　　　　00130,
　　00368, 00505,
　　00526, 01231,
　　01437, 01528,
　　01820, 02829,
　　03874, 03952,
　　09254, 10248,
　　10721, 11073,
　　11103, 12434,
　　14496, 14843,
　　15810, 15955
村田 悠輔　　　　04753
村中 洋介　　　　02314
村西 良太　　　　04621,
　　13396, 13984
村松 伸治　　　　03933,
　　　　　　　　　09433
村松 秀紀　　　　00057
村山 アツ子　　　03723
村山 健太郎　　　02127,
　　02128, 02130,
　　13877, 14455,
　　14461, 14463
村山 士郎　　　　07293
村山 貴子　　　　08887
村山 富市　　　　05477
村山 正晃　　　　11724
村山 真弓　　　　03132
村山 裕　　　　　12910,
　　　　　　　　　12925
室伏 正博　　　　08058

【め】

明治学院大学大学
院法学研究科
　　　　　　03224
明治大学史資料セ
ンター　　00548,
　　　　　00549
明治大学社会科学
研究所　　03320
明治大学大学院
　　　　　01990,
　　　　　03172
明治大学法学部
　　　　　00602
明治大学法律研究
所　09626, 10882
明治図書出版株式
会社　　　09926,
09929, 09932,
10734, 12900
明成社　　00425,
　　　　　00475
明日の自由を守る
若手弁護士の会
　　　　　05691
目黒「九条の会」ネ
ットワーク
　　　　　05466
メスネル, フランシ
ス　　　　02815
目取真 俊　04133
クリストフ, メラー
ス　　　　02492
メラース, クリスト
フ　　　　13526

【も】

孟 觀燮　　14409
毛利 透　　00234,
00251, 00404,
00412, 00503,
01212, 01604,
02561, 02973,
03288, 03956,
04245, 04352,
08871, 10963,
11579, 11771,
11774, 13997,
14008, 14759,
16028, 16100
毛利 正道　03719,
　　　　　05471,
11045, 12408

毛利 豊　　00080
最上 敏樹　01328,
　　　　　01358,
15092, 15101
茂木 洋平　01934,
02190, 04339,
10172, 10210,
10221, 10368
杢田 恭輔　04790
望月 彰　　13051
望月 一枝　11854
望月 和彦　00845
望月 克哉　03273
望月 憲郎　13613,
　　　　　13646
モチヅキ, マイク
　　　　　06396
望月 康恵　09512,
　　　　　09519
望田 幸男　04576,
　　　　　07628
持永 堯民　13499
持橋 多聞　08642
本 秀紀　　00460,
　　　　　01264,
01307, 01485,
01549, 05316,
08284, 11829
元 百合子　07555,
　　　　　09605,
09606, 09641,
09670, 09720,
09735, 09810,
09838, 13037
元尾 竜一　03668,
　　　　　06676
本岡 昭次　09560,
09562, 12872
元木 昌彦　05242,
　　　　　06029,
06400, 13833
本林 徹　　10046
本村 隆幸　05761
本山 敦　　03979,
10425, 11852,
15134, 16247
元山 健　　00170,
00841, 00842,
01940, 02408
本山 雅弘　11222
本山 美彦　07659,
　　　　　08209
もの言える自由裁
判交流会　10442
籾岡 宏成　01917,
　　　　　01926,
11231, 13036
籾山 錚吾　02645
百地 章　　00176,
　　　　　00425,
　　　　　00475,
　　　　　01763,

01890, 04224,
04244, 04387,
04860, 04934,
06483, 06512,
06543, 06558,
06571, 06591,
06594, 06603,
06606, 06621,
06629, 06633,
06642, 06648,
06655, 06695,
06699, 06708,
06727, 06767,
06779, 06804,
06808, 06910,
06997, 07728,
08489, 09238,
09240, 09297,
09328, 09358,
09375, 09379,
10459, 10601,
10659, 10802,
10962, 13627,
15975, 16295
桃山学院大学人間
文化学会　10832
モラロジー研究所
　　　　　06781
森 英樹　　07886
森 一弘　　04147,
　　　　　04548
森 和也　　10672
森 克己　　00079
森 清　04122, 05552
森 健　　　07943
森 幸二　　14987,
　　　　　14988
森 純一　　10046
森 千也　　14202
森 孝博　　08656
森 正　00854, 00949
森 肇志
　01317〜01319,
05054, 15027,
15045, 15111
森 達也　　03730,
04471, 08666,
10961, 11108,
11274, 15299
森 稔樹　　14766
森 寿博　　15594
森 貘郎　　07700
森 英明　　10185,
14365, 15897,
15967, 16029
森 英樹　　00614,
　　　　　00778,
01048, 01106,
01130, 01232,
01679, 01808,
03850, 03865,
03916, 03958,

03960, 04681,
04834, 05028,
05030, 05089,
05193, 05586,
05673, 05799,
05837, 06035,
06092, 06386,
07284, 07407,
07738, 07795,
07887, 08295,
08302, 08746,
11757, 12171,
12678, 13635,
13676, 13680,
13759, 13760,
13940, 14001,
14273, 14881
森 浩寿　　13008
森 暢平　　06811,
　　　　　06951
森 宣雄　　07180
盛合 敏子　15222
森川 清　　09443,
12163, 12165,
12178, 12560
森川 禎一　10734
森川 尚子　12634
森川 泰宏　00320
森木 亮　　11741
森木 和美　09633
もりき かずみ
　　　　　10206
森際 康友　14144
森口 千弘　02289,
　　　　　16192
森口 佳樹　00186,
　　　　　00465
森崎 民子　07333
森下 正弘　03678
森嶌 昭夫　10033
森島 豊　　10658
森田 明彦　09679
森田 寛二　13970
森田 邦郎　15379,
15472, 15531
森田 秀人　09127
森田 慎二郎　12537
森田 俊男　12843
森田 果　　15390
森田 敏彦　15725
森田 道雄　15620
森田 実　　05829,
06053, 06075,
06211, 07079,
07491, 10656
森田 美芽　09186
森田 遊　　13980,
13999, 14000
森田 優子　00265,
　　　　　11210
森谷 宏　　15813

森近 茂樹	08665	諸富 健	05933

森近 茂樹　08665
森冨 義明　16133
森永 卓郎　13599
森永 太郎　14233
盛永 雅則　13250,
　　13252,
　　13266, 13291
森永 伊紀　14926
森林 稔　10168
森松 明希子　12726
森村 誠一　04164,
　　07880
森本 昭夫　01759,
　　04514, 13366,
　　13469, 13511,
　　13514, 13595
森本 あんり　02086,
　　10483, 10693,
　　10714, 10742
森本 和美　09638
森本 敏　01809,
　　04923,
　　05111, 05113,
　　05124, 05128,
　　05186, 05247,
　　05252, 07499,
　　07865, 07988,
　　08006, 08043,
　　08083, 08097,
　　08124, 08133,
　　08147, 08160,
　　08375, 08470,
　　08582, 08613
森本 孝子　07176
盛本 達也　13303
森本 直子　02298
森本 正崇　05115,
　　08027
守屋 克彦　14099
守矢 健一　10852,
　　10874
守谷 賢輔　03395,
　　03398, 03543,
　　03602, 10432
守屋 武昌　05167,
　　08544
守谷 千津子　11300
森山 弘二　02458,
　　14137, 14236
森山 幸朗　06550
森山 文昭　14120
森山 眞弓　15162
森脇 俊雅　13840,
　　13860
諸井 里見　09964
師岡 武男　13148
師岡 康子　02398,
　　02431,
　　09708, 09831,
　　11557, 11565,
　　11569, 12855

諸富 健　05933
諸根 貞夫　01940,
　　02245, 10629,
　　10684, 10773
諸橋 邦彦　02873,
　　03183,
　　04841, 14294
門口 正人　11550,
　　14293
モンジャル, ピエー
　ル＝イヴ　03535
門輪 祐介　01293

【 や 】

矢尾板 俊平　13711,
　　13792
矢ヶ崎 克馬　03589
八柏 龍紀　00951,
　　00953, 00954,
　　00960～00962,
　　05860
屋嘉比 収　08223
八木 英二　13044,
　　13051
八木 欣之介　13685
八木 直人　08482
八木 秀次　00680,
　　00838, 00927,
　　04577, 04656,
　　04740, 04786,
　　06456, 06492,
　　06528, 06580,
　　06626, 06633,
　　06659, 06774,
　　06783, 06853,
　　06854, 06897,
　　06898, 06912,
　　06956, 06989,
　　07005, 08815,
　　10706, 12439,
　　12877, 12891,
　　13001, 13627,
　　13914, 15005
八木 隆次　12514
野岸 泰之　07459
夜久 仁　14627,
　　14644, 14654,
　　14655, 14666
薬師院 仁志　04551,
　　13749, 15022
薬師寺 公夫　09510,
　　09513, 09589,
　　09593, 09659,
　　09742, 09806
矢倉 久泰　10844,
　　13965
八鍬 収治　07217

矢崎 泰久　04507,
　　07100, 07798
矢沢 国光　04455
矢澤 昇治　02898
矢澤 澄道　10777,
　　10790
矢澤 久純　13626
谷澤 正嗣　01804,
　　11554
矢嶋 宰　02791
矢島 道彦　10443
矢島 基美　01177,
　　08880
安 章浩　02491
安 世舟　01818
安 天　03259
安井 太郎　04183,
　　10451, 10456
保岡 興治　06625
安川 寿之輔　07596
安田 清人　04071
安田 訓明　04881
安田 浩一　11584
安田 耕一　08078
安田 純治　12420
安田 隆子　02647,
　　03554, 03695
保田 武彦　13162
安田 菜津紀　06402
安富 淳　07482
安野 修右　13822
安野 早己　03079
安原 陽平　03390
安村 誠司　12390
谷内 正太郎　08023
八藤後 忠夫　12184
矢内 勇生　01819
柳井 健一　00702,
　　00743, 02365,
　　09290, 09292
柳井 俊二　01524,
　　08237
柳河瀬 精　08715
柳川 昭二　09610
柳 智盛　03161
柳沢 明夫　11060
柳澤 協二　01671,
　　01806,
　　04553, 05000,
　　05219, 05950,
　　06016, 06119,
　　06134, 06144,
　　06174, 06388,
　　06682, 07369,
　　07372, 08366,
　　08533, 08620
柳沢 雄二　02662
柳平 彬　08858
柳原 邦光　10621

柳原 滋雄　09287
柳本 卓治　01015,
　　04763
柳瀬 翔央　08678,
　　08704
柳瀬 昇　00042,
　　00220, 00346,
　　01305, 01805,
　　01877, 01879,
　　12841, 12845,
　　14097, 14148,
　　14156, 14165,
　　14187, 14199,
　　14427, 16139
矢花 公平　10148,
　　10149
矢野 聡　10388,
　　12690
矢野 絢也　06568
矢野 直邦　16118
矢野 義昭　06694,
　　08538
八木 亜夫　06901
八尋 光秀　12095
矢吹 晋　08494
藪下 史郎　01329
藪下 義文　02700,
　　02705, 02708
矢部 明宏　02937,
　　03549
矢邊 均　08967
山 了吉　08667, 11246
　　10996, 11246
山秋 真　15768
山内 和彦　13599
山内 継祐　07186
山内 惟介　15089
山内 貴範　09964
山内 徳信　05564,
　　07980, 08280
山内 敏弘　00171,
　　00256, 01331,
　　04016, 04136,
　　04207, 04337,
　　05031, 05176,
　　05303, 05647,
　　06034, 06113,
　　06118, 06158,
　　07115, 07849,
　　08186, 08379,
　　08710, 11843,
　　12122, 12628,
　　12638, 13657
山内 昌之　11006,
　　11007, 11492
山内 幸雄　04949,
　　11892
山内 義廣　14230
山浦 巌　06314
山浦 康明　12489
山浦 嘉久　06482

著者名索引 やまね

山岡 鉄秀 09227
山岡 規雄 02099,
02873,
03291, 03303,
03380, 03384,
03422, 03423,
03513, 03514,
03540, 03657,
03668, 03677,
05153, 13887
山岡 龍一 01905
山影 進 08811
山形 英郎 05174,
05940, 09593
山形大学 12735
山川 洋一郎 10974
山岸 喜久治 01013,
02634, 02678,
02698, 02734,
02774, 10766
山岸 敬子 12158,
13609,
14591, 16049,
16089, 16313
山岸 秀 03166,
03260
山岸 利次 12967,
13020
山北 好男 04603
山際 澄夫 11472
山口 朝雄 04445,
04473,
04524, 04732,
04737, 04936,
04985, 05134,
05160, 06566,
06846, 08612
山口 いつ子 08806,
10119,
10971, 11389,
11505, 11513,
11550, 16104
山口 和人 02530,
02533, 02559,
02564, 02581,
03417, 03451
山口 一秀 12744
山口 和秀 02347
山口 和良 13804
山口 邦明 13593
山口 浩一郎 13307
山口 二郎 01461,
04125, 04403,
04624, 04743,
05014, 05225,
05406, 05483,
05683, 05791,
05803, 08262
山口 整 03630
山口 隆 13062
山口 智美 04776

山口 真美 13548,
13709, 13715
山口 直也 11973
山口 那津男 08558
山口 昇 07537,
08469,
08547, 08631
山口 響 04840,
06097, 07320
山口 広 08796,
11820, 11838,
11839, 11844,
11851, 14069
山口 浩 15567
山口 裕之 15838,
16079
山口 正紀 04476
山口 道昭 14941
山口 義夫 07596
山崎 一三 05289,
06327,
07032, 07101
山崎 栄一 02795,
09996,
10041, 10043,
12229, 12769,
14964, 14975
山崎 英壽 01937,
01956
山崎 和明 10661
山崎 憲 02129
山崎 健一 12570
山崎 公士 03121,
09722, 09744,
09857, 11564
山崎 行太郎 04767
山崎 静雄 08312
山崎 正平 05844,
06169
山崎 拓 04527,
10707
山崎 友也 00480,
10763, 16277
山崎 博久 13411,
13673
山崎 裕康 15718
山崎 文夫 02921,
02930
山崎 正和 14912
山崎 将文 09088,
09892,
12653, 12657
山崎 将文 08909,
15118, 15126
山崎 充彦 02478
山崎 元泰 07518
山崎 龍明 07198,
07863
山地 康道 08438
山下 愛仁 08489

山下 悦子 06886
山下 耕司 12539
山下 幸夫 11657
山下 重一 02424
山下 茂 13631
山下 淳子 09637
山下 晋司 06928
山下 清兵衛 12106,
14596
山下 威士 03938
山下 登司夫 12820
山下 敏雅 10293
山下 開 06326
山下 泰子 09537,
09592, 09672
山下 純司 00378
山下 芳生 13913,
14838
山科 典子 12762
山城 紀子 15230,
15236
山添 拓 06074
山田 明人 03886
山田 朗 05486,
07315,
07426, 07498
山田 あつし 12398
山田 和夫 01953,
11009
山田 潔 12543,
12544
山田 邦夫 02466,
03651, 03681,
07965, 07978
山田 健太 08707,
10969, 10981,
10993, 11178,
11348, 11401
山田 厚俊 04892
山田 哲史 00446,
01778,
11918, 15100
山田 茂樹 10251
山田 二郎 14410
山田 貴夫 09360
山田 敬男 00046,
05469,
05654, 05733,
05789, 07261
山田 孝男 04536,
04782
山田 貴史 07913
山田 隆司 00983,
00984,
00987, 00990,
00992, 00995,
00997, 00999,
01000, 01002,
01004, 01008,
01017, 01021,

01025, 01030,
01033, 01041,
01050, 01059,
01072, 01078,
01083, 01489,
01591, 01602,
01606, 01610,
01612, 01614,
01617, 01619,
01622, 01631,
01635, 01642,
01649,
01652, 01655,
01657～01659,
01661, 01670,
01673, 01678,
01948, 09065,
10116, 10117,
10122, 10125,
11407, 11410,
11475, 12800,
14314, 16362
山田 哲夫 11422
山田 亨 06298
山田 徹 01521
山田 寿則 00320
山田 秀 01684
山田 宏 09333
山田 博文 12764
山田 真裕 13623
山田 正行 15655
山田 八千子 01458
山田 洋一郎 07452
山田 吉彦 08489
山田 亮子 03519
山田 亮介 02609,
06959,
07008, 15975
山谷 えり子 06603
山中 〔アキ〕子 15162
山中 永之佑 00301
山中 修 09847,
09872
山中 三郎 14243
山中 眞人 01998
山中 正大 00394
山中 光茂 05943,
06135, 14581
山中 倫太郎 00128,
00290,
01363, 02637,
02660, 02692,
06620, 08691,
08640, 08691,
11950, 12743
山根 和代 07215
山根 幸嗣 04240
山根 隆志 04799,
05038, 05077,
05078, 05104,

665

やまの　　　　　　　　　著者名索引

05109, 05960,
06208, 06290,
07406, 08309
山野 嘉朗　02908
山野 良一　09474
山野目 章夫　01206,
　04285, 10955,
　11809, 11830,
　11834, 14389
山花 郁夫　05411
山辺 昌彦　07877
山村 明義　04973,
　06549, 13956
山村 知央　09246
山室 信一　01440,
　05738, 07621
山本 愛　09418
山本 明紀　04506
山本 哲史　09688,
　09730, 09765
山本 一力　06888
山本 一郎　03356,
　11548
山本 悦夫　03463,
　10896, 12105
山本 和夫　06326
山本 一志　12392
山本 和也　05076
山本 克司　03992,
　08822,
　09184, 11893
山本 敬三　01543,
　01547,
　01589, 09061,
　10155, 11181
山本 健太郎　05153,
　05180
山本 健人　03684
山本 浩三　02849
山本 聡　00232,
　00356
山本 順　14306,
　14324
山本 真　02986
山本 真也　10356
山本 大二郎　11349
山本 隆幸　07326,
　12287
山本 拓也　04654,
　04969
山本 武彦　08844
山本 忠　12132
山本 龍彦　00067,
　00126,
　01165, 01288,
　01309, 01320,
　01572, 01645,
　01902, 01915,
　01928, 01982,
　02206, 02254,

08266, 09986,
10004, 10036,
10037, 10039,
10059, 10072,
10088, 10091,
10096, 10918,
11174, 11192,
11324, 11821,
11930, 13446,
14340, 14372,
14431, 14477,
14479, 14501,
14807, 14884,
15545, 15554,
15568, 15638
山本 太郎　05702
山本 哲朗　09179
山本 哲子　07822
山本 淑子　05798,
　12789
山本 俊正　06389
山本 直道　16163
山本 教人　15210
山元 一　00477,
　01190, 01226,
　01534, 01558,
　01596, 01597,
　01599, 01603,
　01705, 01768,
　01780, 01872,
　01886, 02802,
　02803, 02954,
　03295, 03426,
　03685, 03878,
　03957, 04102,
　07375, 09093,
　09143, 09590,
　09722, 09767,
　09803, 11803,
　11827, 13927,
　14262, 15058
山本 英嗣
　03482～03484,
　03532, 03557
山本 博子　02341,
　15167
山本 博史　11387
山本 万喜雄　04578,
　09499
山本 雅昭　03334
山本 真敬　02695,
　02748,
　14208, 14517
山本 政俊　15639,
　15653, 15697
山本 まゆこ　10385
山本 峯章　01028,
　06634, 06752,
　07040, 07947
山本 深雪　12193
山本 未来　01955,
　09460

山本 宗補　01887
山本 陽一　00500,
　01333, 04098
山本 吉宣　01618
山本 隆司　13217,
　14588
山本 航　06834
山森 亮　12425
山脇 直司　07991,
　09906
屋山 太郎　06489,
　06490, 11473
矢山 有作　07310,
　07312
屋良 朝博　05000,
　05082, 05146
八幡 和郎　06889,
　06914, 06938
ヤングスタッフ
　03815
山家 悠紀夫　12237,
　12541

【ゆ】

ユー, ジョン・C
　02312
湯浅 墾道　00844,
　01976,
　02096, 02305,
　13587, 13614
湯浅 博　06563
湯浅 誠　00519,
　05679,
　12238, 12292,
　12352, 12364,
　12465, 13150
唯物論研究協会
　12549
ユウ,　CHING-
　HSIN　03018
游学社　05951,
　05956
由紀 草一　07605
結城 忠　03336,
　03340, 10794,
　10801, 10912,
　12846, 12850,
　12939, 12973,
　12995, 15609
結城 洋一郎　04646
有斐閣　12103,
　12104,
　16007, 16060
湯川 文彦　00911
弓削 忠史　10948,
　14628,
　14639, 14664

湯澤 直美　09497,
　13041
梼木 純二　00036,
　00207
豊 秀一　05327,
　05357
ユニノマド, コレク
　ティボ　14630
湯山 孝弘　04431,
　08649
湯山 哲守　00263
尹 仁河　09546
ユン ヘドン（尹海
　東）　04779
尹 文子　07573
ユンカーマン, ジャ
　ン　03966

【よ】

楊 遠寧　03240
翟 国強　03127
養父 知美　10278
養老 孟司　01722
輿儀 秀武　08730
横井 邦雄　12270,
　12474
横内 泉　11653
横尾 日出雄　01463,
　02860～02862,
　02886,
　02900, 02963,
　10227, 10807,
　13660, 14049,
　14527, 16315
横坂 健治　00029,
　00401
横田 耕一　00731,
　01054, 01813,
　03903, 06664,
　06861, 07769,
　08802, 09630
横田 光平　09106,
　09451
横田 昌三　06283,
　06293
横田 力　01450,
　01531, 01846,
　04282, 05095,
　05096, 12994,
　13163, 14355
横田 一　06072,
　06250,
　06271, 06274
横田 守弘　12897
横田 由樹　15354
横田 洋三　03953,
　08974, 09512,

著者名索引　らいふ

09519, 09686,
09727, 09827
横大道 聡　00280,
01081, 01301,
01945, 02069,
02098, 02117,
02177, 02250,
02257, 02284,
03968, 05166,
07224, 10989,
11030, 11324,
11791, 11793,
11801, 11835,
12092, 14018,
14401, 14428,
14779, 14990,
15541, 15693,
15709, 15782
横手 逸男　00128,
06940, 06947,
06960, 07001,
07023, 16327
横浜国際経済法学
　会　15931
横浜国際社会科学
　学会　12961
横藤田 誠　08812,
08846, 08907,
09180, 14310
横堀 正一　05513,
12873,
12888, 12895
横溝 大　16361
横道 しげ子　10399
横山 彰　13405
横山 絢子　05168,
05268, 08611
横山 信二　13376
横山 壽一　12284,
12685, 12807
横山 治生　07082
横山 久芳　11146
横山 秀昭　12195,
12297, 12350
横山 寛　13529
横山 美夏　09952
横山 由美子　07799
吉井 和明　11665
吉井 英樹　11669
吉井 正明　09695
吉岡 逸夫　07275
吉岡 忍　01508
吉岡 達也　07633,
07648,
07708, 07878
吉岡 力　12298
吉岡 直子　10849
吉岡 昇　09091
吉岡 万季　02697
吉岡 睦子　10389

吉岡 易　00478
吉岡 吉典　05275,
08207
吉川 和宏　00750,
16220
吉川 智　01118,
07846, 08315,
08430, 09378
吉川 剛　03127
吉川 春子　03139
吉川 寿一　00036,
00207
吉崎 祥司　12549
吉崎 達彦　06253,
06884
吉崎 暢洋　11063,
11639,
11683, 16002
吉沢 伸夫　13190,
13193
吉澤 昇　02554
吉澤 文寿　09373
吉田 勇　12105
吉田 栄司　00725,
00732, 00788,
00824, 00852,
01117, 01122,
01515, 02542,
09915, 11948
吉田 克己　10192,
10197, 10236
吉田 尭躬　14611
吉田 邦彦　09682
吉田 健一　01076,
06204,
06325, 08657
吉田 好一　09825
吉田 孝一　07985
吉田 俊弘　15725
吉田 省三　03386
吉田 武弘　00943
吉田 忠智　05759,
06213
吉田 太郎　08492
吉田 司　04206,
07272
吉田 勉　14895
吉田 徹　13648
吉田 俊弘　05491,
15722
吉田 敏浩　06212,
08298
吉田 利宏　05329
吉田 富夫　03252
吉田 直正　00337,
14604
吉田 典裕　12990,
13060
吉田 英男　16173
吉田 秀康　10439

吉田 仁美　00204,
00313,
00402, 01949,
01964, 02054,
02132, 02214,
02297, 03021,
03885, 07957,
08865, 09476,
10142, 10224,
10247, 10319,
10429, 11094,
14035, 14128,
14334, 14386,
14449, 14475,
15238, 16011
吉田 裕　00938,
03727, 07140
吉田 博徳　01838,
03152, 07684
吉田 文茂　13103
吉田 万三　07325,
12467
吉田 稔　03502,
03584,
03607, 13565,
14810, 14927
吉田 雄大　12395
吉田 豊　04447,
05611, 12133,
12583, 15660,
15669, 15673,
15720, 15764
吉田 容子　15189
吉田 善明　05871,
10882, 14611
吉田 柳太郎　11512
吉冨 利子　09475
吉永 純　12222,
12308, 12393,
12562, 14736
吉永 一行　11797
吉永 満夫　06286,
07163
吉馴 明子　10809
吉野 敏夫　04124
吉野 夏己　10121,
11233
吉原 功　06000,
15681
吉原 節夫　13961
吉原 泰助　03884,
07765
吉原 恒雄　05068,
05266,
06680, 06681,
06684, 06697,
07485, 11272
吉原 博紀　01243
吉原 裕樹　11235
吉廣 慶子　12312
吉見 俊哉　01499

吉見 崇　03236
吉見 義明　01898,
07577
吉峯 啓晴　07860,
10530
吉村 公夫　12303
吉村 祥子　09512,
09519
吉村 文則　12328
吉村 光男　12134
吉村 良一　08966
吉本 紀　14030
吉本 貞昭　00648
吉本 隆明　08049
吉本 哲夫　12255,
12264
依田 智治　07987
世取山 洋介　04955,
10848, 13022
與那覇 潤　00952,
04529
與那嶺 尚吾　12155
米倉 外昭　11443
米倉 斉加年　07197
米沢 哲　12808
米澤 一樹　06610
米沢 広一　00195,
00384, 01799,
01800, 09498,
09504, 09508,
10014, 10840,
10842, 12917
米澤 達治　04680,
05698
米田 雅宏　12012
米田 眞澄　13910
米村 明夫　03595,
15106
米村 滋人　01542
米山 忠寛　00659
米山 哲夫　11933
読売新聞社　13552
読売新聞政治部
04144
与良 正男　04648,
13770
4・5釜ヶ崎大弾圧に
　怒る仲間の会
12481

【ら】

ライト, アン　06387
ライト, メアリ・ア
　ン　07893
ライブホルツ
01727
ゲアハルト, ライブ

667

著者名索引

ホルツ 01874
ライプホルツ, ゲルハル 00512
ラクロワ, ジュスティーヌ 01752
ラトナパーラ, スリ 01875
ラヴィン, ロビン・W 02170
ラミス, ダグラス 00039
ラミス, C.ダクラス 01495, 02980, 03799, 04979, 05296, 07668

【り】

李 恩元 03172
李 起完 08174
李 奇泰 08264
李 暁東 03191
李 京柱 07341
李 憲模 09397
李 昊英 08174
李 在一 03063
李 史織 11305
李 ジュヒ 03088
李 相允 03022, 03024, 03184
李 鍾元 08468
李 仁森 14566
李 震山 09209
李 静淑 12349, 12763
李 節子 09544
李 泰一 03039
李 冬木 03252
李 東埼 06043
李 容玲 09671
李 倫娜 11156
力久 昌幸 00155
理想社 10483
立憲デモクラシーの会 05478
立正大学法学会 00611
立正大学法制研究所 12739
立命館大学国際言語文化研究所 12415, 12416
立命館大学法学会 09530, 09587, 09734, 09735

リヒテルズ 直子 03654
リーフ, ニディア 07871
リベラ, ヘレンユー・ 09759
劉 志剛 03051
劉 武政 03255
劉 得寛 03006
琉球大学大学院法務研究科 09710
琉球大学法文学部 09710
林 暁光 07752, 07754
林 来梵 03052, 03109
リントホルト, ローネ 03577

【る】

ルヌー, チエリー 14438

【れ】

レミンタム 07890
冷 羅生 02975
歴史科学協議会 02370, 10940
歴史教育者協議会 03405, 07582, 07584, 09678, 12216, 12459, 13227, 15159, 15174, 15183, 15185, 15258, 15259, 15323
レヴィン, マーク 02311
レプシウス, オリヴァー 02492

【ろ】

ロー, デイヴィッド・S 14513
労働運動研究所国際部 05771
労働運動総合研究所 12225, 12226, 12374, 12824～12829, 13253
労働教育センター編集部 12952～12956
労働者教育協会 03834, 08031, 09963, 12133, 12324, 12513, 12580～12586, 13140, 13301
労働大学調査研究所 02129, 12352, 12353, 13171
労働法制の全面改悪に反対し働く権利とルールの確立をめざす中央連絡会 13105
労務行政研究所 09879
ロスハウザー, デビッド 06394, 07900
ローゼナウ, ヘニング 02687, 02690
ロバアト・オウエン協会 02910, 10711, 10750
ロマーノ, サンティ 00515, 00516
ロング, ダニエル 03697
『論座』編集部 07592

【わ】

ワイス, ピーター 00320
ワイスマン, ジョーダン 11463
ワイツ, リチャード 08415
若井 彌一 12857, 12900
若尾 典子 01815, 15135, 15194
若杉 芳博 09907
若田部 昌澄 01378
若月 温美 09500
若林 一平 05507, 05565
若林 宏輔 14271
若穂井 透 00030, 00070, 00122

若松 英輔 05463, 09173
若松 良樹 01647
若松 芳也 11920
若宮 強 13289
若宮 啓文 00059, 04446, 04522, 10972
和歌山大学経済学会 13175
脇 雅史 05154
脇田 滋 04273, 15208
脇田 愉司 12389
脇田 吉隆 03756
脇野 幸太郎 12410
鷲野 忠雄 14287
輪島 達郎 08481
早稲田大学アジア太平洋研究センター出版・編集委員会 09736
早稲田大学社会安全政策研究所 09841
早稲田大学大学院政治学研究科 09947
早稲田大学比較法研究所 01100
早稲田大学21世紀日本構想研究所 00023
和田 献一 09772, 09774
和田 幸司 00787
和田 淳一郎 13750
和田 進 00263, 04899, 05306, 06156, 07202, 07225, 07743, 07834, 07911, 08275
和田 政宗 04982, 04990
和田 武 06313
和田 肇 08987, 13120, 13153, 13228, 13295, 13298, 13309
和田 秀樹 06444
和田 秀子 09175
和田 政宗 06629
和田 幹彦 15117
和田 仁孝 09014
綿井 健陽 07354
渡部 昭男 10277, 12918
渡邉 昭夫 08064
渡辺 暁彦 02294, 03023, 03187,

03350, 13943	00926, 04390,	10514, 10525,	Brunet, Pierre

渡辺 康行　06145, 10506
渡辺 治　00861, 01568, 01901, 04090, 04123, 04172, 04195～04197, 04215, 04216, 04292, 04302, 04304, 04338, 04340, 04354, 04417, 04444, 04753, 04807, 04819, 04821～04823, 05218, 05261, 05288, 05449, 05490, 05505, 05546, 05687, 05741, 05755, 05756, 05760, 05767, 05774, 05794, 05831, 05862, 05878, 05940, 05945, 06003, 06304, 06305, 06316, 07661, 07861, 08268, 09113, 09188, 09189, 09954, 10262, 12325, 12607, 12639, 12640, 12662, 12668, 12670, 12682, 12691, 12986, 13265, 13752, 13758, 13919, 13957, 13998, 14064, 14783, 14786, 14896, 14928, 15257
渡辺 和恵　05495
渡辺 一男　08821
渡邊 一弘　00855, 15925
渡邊 和見　00639
渡邉 和道　11917, 12018
渡辺 乾介　04448
渡辺 寛爾　03811
渡辺 恵子　12853
渡邊 啓輝　13115, 14720
渡辺 賢　13281, 13297, 16314
渡辺 諭　15900
渡部 茂己　07266
渡部 純　01668
渡辺 潤　12311
渡部 昇一　00605, 00606,

00926, 04390, 04805, 06439, 06450, 06544, 06808, 09327
渡辺 彰悟　09723
渡邊 祥子　10767, 10768
渡邉 彰悟　09136
渡邊 隆　06709
渡邊 隆之　01644, 01871, 07246
渡邉 琢　12492
渡辺 武達　06396
渡辺 中　01349, 09057
渡辺 治　06388
渡辺 千原　14104
渡辺 千古　09998
渡部 恒雄　08089, 08103, 08115, 08127, 08138, 08151
渡辺 利夫　01034, 01763, 04656, 07046, 08384
渡辺 信夫　05476
渡辺 信英　03824
渡部 勇人　11745, 11753
渡辺 久丸　01870, 03270, 03271, 04321, 05359, 05609, 05923, 06721, 08749, 09514, 13662, 13915
渡辺 弘　11476, 13199
渡辺 洋　02511, 02513, 03756, 14042
渡邊 弘　08988, 12005, 13064, 15723, 15743
渡邉 浩　08426
渡邉 啓貴　07386, 08370
渡辺 富久子　02627, 02628, 02654
渡辺 雅男　04123
渡邉 光啓　01695
渡辺 充　14626, 14632
渡辺 美奈　07574
渡邉 泰彦　02597, 03629, 10201, 16302
渡辺 康行　00130, 00188, 00368, 00481, 00753, 01304, 10243,

10514, 10525, 10563, 10800, 11604, 11689, 11784, 13637, 14201, 14374, 14403, 14573, 14723, 15846, 15905, 16131
渡邊 裕一　12777
渡辺 祐子　03077
渡辺 豊　03407
渡邉 陽子　07528, 07533
渡辺 洋三　03741
渡邊 亙　01687, 03864, 12042, 12080, 13985
渡部 俊也　11731
渡部 雅子　12247
亘理 格　01166, 01181, 01202, 09259, 09262, 11682, 11742, 13981, 14369, 14590
綿貫 公平　12453
和知 賢太郎　00345, 02452
ワッセルマン，ミッシェル　03813

【 ABC 】

Aoki-Fordham, Mark　01973
Bakhriddinov, Mansur　03040
BANNING, JAN　03256
Baudouin, Jean-Louis　03442
Beattie, Kate　02364
Befu, Harumi　10689
Bhagwat, Niloufer　07767
Binard, Arthur　03940
Blanc, Olivier　09234
Bockenforde, Wolfgang　08982
Bogdanor, Vernon　02345
Bonfield, Lloyd　02057
Bork, Robert　06478
Boutmy, Émile Gaston　09235

Brunet, Pierre　00505, 01656
Brunkhorst, Hauke　01356, 01359
Chabrot, Christophe　08891, 08893
Champeil-Desplats, Veronique　02842
Chen, Lu-huei　03018
Chien, Hsi-chieh　07782
Divellec, Aemel le　02899
Dollat, Patrick　03475
Duguit, Leon　00487, 00490, 00492, 00496, 09665
Eckart Klein
Eldridge, Robert D.　08349
Eredonbilig　03078
Fallon, Richard H.　01919
Fernand de Varennes　09551
Ferrer Mac-Gregor, Eduardo.　14307
Field, Norma　07066
Filho, J.A.Lima　09307
Fledelius, Karsten　11361
Fletcher, William A　02082
Gamage, David　03349
Gerson, Joseph　07772
Giraudou, Isabelle　02845, 02848
Gordon, Beate Sirota　03723
Hager, Gunter　01516
Haller, Walter　03309
Hardacre, Helen　06506
Heintzen, Markus　02603
Herzog, Roman　00491
Hesse, Konrad　02477
Hielscher, Geb-

hard 07750
Hubricht, Manfred
01356
Huizenga, Shawn
02000,
02065
Iliopoulos-
Strangas, Ju-
lia 03393
JCLU 04151
Jellinek, Georg
09235
Jouanjan, Olivier
03494
JSA 13395
Junkerman, John
07755
Jurdi, Shirine el
07768
Kim sunghan
03200
Kim, Wang Sik
03017
Kissinger, Henry
08192
Kloepfer, Michael
02542
Kunig, Philip
02517,
02587
Lee, Ren-Miau
03043
Leibholz, Gerhard
01349
Lenz, Karl-
Friedrich 02536,
02607
Lester, Anthony
02364
Lewis, Anthony
01926
Llompart, José
01104
Mathieu, Bertrand
14322
Mecsi, Diana
03527
Meserve, W.
Michael 02066
MIC 10960
Michel Danti-Juan
10194,
10198
Moens, Gabriel A.
03452
Molfessis, Nicolas
02902
Muller, Jorg Paul
03323,
03332, 03342,
03351, 03369,
03382, 03401,
03412, 03415,
03418, 03445,
03449, 03450,
03456, 03464,
03471, 03477,
03481, 03507

Nieminen, Liisa
03330
Noel Williams
10374
Norr, Knut Wolf-
gang 02575
NUN-vortoj 03840
Olivier Camy
02867,
02868
Osten, Philipp
07149
Overby, Charles
M 07630
Patterson, James
T. 01917
Pedriza, L. 03366,
10608
Peteri, Zoltan
03392
Pfersmann, Otto
02904
Pontier, Jean-
Marie 14791
Reed, Steven R
03016
Ress, Georg 03389
Reza Aslan 10746
Robin-Olivier, So-
phie 03354
Roosevelt, Kermit
14100
Rosler, Albrecht
02044
Rueda, Frederique
03337
Ruoff, J.Kenneth
06955
Sakazume, Ichiro
04712
Schefold, Dian.
01479
Scheller, Andreas
03419
Schenke, Wolf-
Rudiger 02535
Scholz, Rupert
02498,
03319
Schopflin, Martin
11732
Shin Hae Bong
09540
Shirao, Yoshiteru
04906
Shirky, Clay
11596
Slobogin, Christo-
pher 11969
Smith, Eivind
03390
Starck, Christian
02598,
14399
Stein, Torsten
03510
Stern, Klaus
02482,

02546,
02609, 04283
Sunstein, Cass R.
01490
Teubner, Gunther
01393
Troper, Michel
00489,
00493, 00495,
00497, 00498,
02878, 07808
Tsai, Chia-hung
03018
Tsvi Kahana
03344
Ulvog, A. David 3
10598
Wahl, Rainer
01492,
02556
Waldron, Jeremy
11554
Wallace, Bruce
07750
Wardle, Lynn D.
09257
WEA 08031
Weber, Albert
03400
Weber, Albrecht
02534
Zamora, Roberto
07779

事 項 名 索 引

事項名索引

【あ】

アイルランド憲法　→その他の地域・国 ……123
アジア諸国の憲法　→アジア ………………113
アフガン戦争　→「国際貢献」論・自衛隊海
　外派遣 …………………………………………274
アベノミクス　→憲法改正論議 ………………154
アメリカ憲法　→アメリカ ………………………72

【い】

慰安婦問題　→戦争責任・補償 ………………281
家制度　→家族 …………………………………561
イギリス憲法　→イギリス ……………………88
イギリス人権法　→イギリス …………………88
違憲審査制　→違憲審査権・憲法訴訟 ………530
いじめ　→子ども・未成年者 …………………351
イタリア憲法　→その他の地域・国 …………123
五日市憲法　→憲法史・憲法思想 ……………24
一票の格差　→議員・選挙制度 ………………504
EU憲法　→その他の地域・国 ………………123
EU法の優位性　→イギリス …………………88
イラク戦争　→「国際貢献」論・自衛隊海外
　派遣 ……………………………………………274
インターネット時代の通信の秘密　→通信
　の秘密 …………………………………………432
インド憲法　→アジア …………………………113

【う】

ヴァイマル憲法　→ドイツ ……………………93
ウズベキスタン共和国憲法　→その他の地
　域・国 …………………………………………123

【え】

英国憲法　→イギリス …………………………88
エクアドル共和国憲法　→その他の地域・
　国 ………………………………………………123
エジプト憲法　→その他の地域・国 …………123
えん罪　→刑事手続 ……………………………443

【お】

欧州憲法　→その他の地域・国 ………………123
大阪市住民投票　→住民投票 …………………556
押しつけ　→第9条 ……………………………283
押しつけ憲法　→現行憲法 ……………………140
オーストラリア憲法　→その他の地域・国 …123
オーストリア憲法　→その他の地域・国 ……123
親子制度　→家族 ………………………………561
親の権利　→子ども・未成年者 ………………351
親の人権　→家族 ………………………………561
オランダ憲法　→その他の地域・国 …………123

【か】

改憲手続法　→国民主権・民主主義 …………68
改憲内閣　→憲法改正論議 ……………………154
外国人の参政権　→外国人 ……………………344
外国人の人権　→外国人 ………………………344
外国人の地方参政権　→外国人 ………………344
解釈改憲　→立憲主義 …………………………51
解釈改憲批判　→第9条 ………………………195
改正手続　→国民投票 …………………………197
閣議決定　→第9条 ……………………………195
核軍縮　→平和主義 ……………………………263
核不拡散　→平和主義 …………………………263
家族制度　→家族 ………………………………561
合衆国憲法　→アメリカ ………………………72
カナダ憲法　→その他の地域・国 ……………123

673

かんき　　　　　　　　　　事項名索引

環境権　→環境 ……………………… 296
環境法　→環境 ……………………… 296
韓国憲法　→アジア ………………… 113
カンボジア王国憲法　→アジア …… 113

【き】

議員定数不均衡問題　→議員・選挙制度 ……504
議会制度　→議会・国会 …………… 499
基地問題　→沖縄 …………………… 324
規範力　→憲法原理・憲法論 ……… 56
機密保護法　→秘密保護法 ………… 321
96条　→国民投票 …………………… 197
9.11　→「国際貢献」論・自衛隊海外派遣274
キューバ共和国憲法　→その他の地域・国 123
教育基本法　→教育を受ける権利・教育の
　自由 ………………………………… 478
教育権　→教育を受ける権利・教育の自由478
行政組織法　→行政権・内閣 ……… 519
ギリシア憲法　→その他の地域・国 …… 123

【け】

経済秩序　→財産権 ………………… 436
原爆　→戦争責任・補償 …………… 281
原発事故　→生存権 ………………… 452
憲法改悪　→護憲論 ………………… 201
憲法解釈
　→憲法学 …………………………… 43
　→自衛隊派遣・安保法制を巡る議論 185
憲法学習　→憲法教育 ……………… 566
憲法審査会　→憲法改正論議 ……… 154
憲法前文　→現行憲法 ……………… 140
憲法の優位　→憲法原理・憲法論 … 56
憲法の優位性　→条約・国際法 …… 558
権力分立原理　→権力分立 ………… 498
言論の自由　→表現の自由 ………… 407

【こ】

皇室典範　→天皇・天皇制 ………… 252
公文書管理法　→情報公開 ………… 421
公務員の政治的行為　→表現の自由 407
公務員の労働基本権　→労働基本法 488

高齢者権利条約　→平和的生存権 … 272
高齢者の生存権　→生存権 ………… 452
国際刑事裁判所　→条約・国際法 … 558
国際法における武力行使　→自衛隊派遣・
　安保法制を巡る議論 ……………… 185
国際立憲主義　→立憲主義 ………… 51
国政調査権　→国会・議院 ………… 502
国籍による差別　→外国人 ………… 344
国民投票法　→国民投票 …………… 197
国連　→条約・国際法 ……………… 558
個人情報　→プライバシーの権利 … 371
個人情報保護法　→情報公開 ……… 421
国会事故調　→国会・議院 ………… 502
国旗敬礼強制拒否事件　→日の丸・君が代 391
古典ギリシア憲法　→その他の地域・国 123
子どもの自己決定　→子ども・未成年者 351
子どもの自由　→子ども・未成年者 351
子どもの人権　→家族 ……………… 561
雇用　→労働基本法 ………………… 488
婚外子　→法の下の平等 …………… 377

【さ】

最高裁判所論　→司法権 …………… 523
在日韓国人　→外国人 ……………… 344
在日朝鮮人　→外国人 ……………… 344
サイバースペース　→インターネット・IT 427
裁判員制度
　→刑事手続 ………………………… 443
　→司法権 …………………………… 523
差別禁止　→法の下の平等 ………… 377
三権分立　→現行憲法 ……………… 140

【し】

自衛隊イラク派遣　→違憲審査権・憲法訴
　訟 …………………………………… 530
GHQ　→現行憲法 ………………… 140
死刑廃止　→刑事手続 ……………… 443
自主憲法　→現行憲法 ……………… 140
私人間効力　→概説書・体系書・入門書 … 3
視聴覚メディアの自由　→メディア … 421
実名制　→インターネット・IT …… 427
児童虐待　→子ども・未成年者 …… 351
児童福祉法　→子ども・未成年者 … 351
児童ポルノ規制法　→表現の自由 … 407

674

事項名索引　　　たんし

司法改革　→司法権 ………………………… 523
自民党憲法改正草案　→各政党・政治家の
　考え方・試案・草案 ……………………… 178
社会権　→憲法原理・憲法論 ………………… 56
社会保障　→生存権 ………………………… 452
ジャーナリスト　→メディア ……………… 421
ジャーナリズム　→表現の自由 …………… 407
シャルリー・エブド　→フランス ………… 106
銃規制　→アメリカ …………………………… 72
住基ネット　→プライバシーの権利 ……… 371
自由権　→憲法原理・憲法論 ………………… 56
13条　→個人の尊重・幸福追求権 ………… 368
集団安全保障　→安全保障 ………………… 297
十七条　→憲法史・憲法思想 ………………… 24
自由民権運動　→憲法史・憲法思想 ………… 24
主権論　→国民主権・民主主義 ……………… 68
首長の多選　→地方自治 …………………… 544
障害を持つ生徒の教育を受ける権利　→教
　育を受ける権利・教育の自由 …………… 478
障害を持つ人の参政権　→参政権 ………… 451
障害者　→法の下の平等 …………………… 377
奨学金　→教育を受ける権利・教育の自由 … 478
聖徳太子　→憲法史・憲法思想 ……………… 24
少年法　→子ども・未成年者 ……………… 351
情報公開法　→情報公開 …………………… 421
昭和憲法　→現行憲法 ……………………… 140
女性参政　→ジェンダー …………………… 562
女性天皇　→天皇・天皇制 ………………… 252
女帝　→天皇・天皇制 ……………………… 252
知る権利　→秘密保護法 …………………… 321
人権教育　→人権総論 ……………………… 328
人権侵害　→人権総論 ……………………… 328
人権保障　→人権総論 ……………………… 328
人権論　→憲法原理・憲法論 ………………… 56
人種差別　→国際人権 ……………………… 353
人種問題　→アメリカ ………………………… 72
新聞の自由　→メディア …………………… 421

【す】

スイス憲法　→その他の地域・国 ………… 123
スウェーデン憲法　→その他の地域・国 …… 123
砂川政教分離訴訟　→政教分離 …………… 397
スペイン憲法　→その他の地域・国 ……… 123
スポーツにおける法の下の平等　→法の下
　の平等 ……………………………………… 377
スリランカの憲法問題　→アジア ………… 113

【せ】

生活保護　→生存権 ………………………… 452
政治学　→政治・行政・司法と憲法 ……… 497
政治資金制度　→政党 ……………………… 516
青少年保護育成条例　→子ども・未成年者 … 351
税制　→財産権 ……………………………… 436
政党助成法　→政党 ………………………… 516
政党制　→政党 ……………………………… 516
政党政治　→政党 …………………………… 516
世界の憲法　→その他の地域・国 ………… 123
積極的平和主義　→自衛隊派遣・安保法制
　を巡る議論 ………………………………… 185
尖閣問題　→自衛隊派遣・安保法制を巡る
　議論 ………………………………………… 185
選挙制度改革　→議員・選挙制度 ………… 504
戦後70年　→憲法史・憲法思想 …………… 24
戦後平和主義　→平和主義 ………………… 263
戦後補償　→国家賠償・刑事補償 ………… 447
戦後民主主義　→国民主権・民主主義 ……… 68
戦後レジーム　→憲法改正論議 …………… 154
先住民　→アメリカ …………………………… 72
戦争法　→自衛隊派遣・安保法制を巡る議
　論 …………………………………………… 185
占領憲法　→憲法史・憲法思想 ……………… 24

【そ】

租税　→財政 ………………………………… 541
ソマリア派遣　→「国際貢献」論・自衛隊海
　外派遣 ……………………………………… 274
空知太神社事件　→政教分離 ……………… 397

【た】

タイ王国憲法　→アジア …………………… 113
第5共和制憲法　→フランス ……………… 106
対テロ戦争　→平和主義 …………………… 263
大日本帝国憲法　→憲法史・憲法思想 ……… 24
代表制　→国民主権・民主主義 ……………… 68
台湾憲法　→アジア ………………………… 113
男女共同参画　→ジェンダー ……………… 562

675

事項名索引

【ち】

中国憲法　→アジア ································ 113
駐留米軍の合憲性　→自衛隊派遣・安保法
　制を巡る議論 ···························· 185
徴税　→財政 ································ 541

【て】

低周波音被害　→平和的生存権 ·········· 272
TPP　→条約・国際法 ···················· 558

【と】

ドイツ憲法　→ドイツ ···················· 93
東京裁判　→戦争責任・補償 ·········· 281
東京大空襲訴訟　→戦争責任・補償 ········ 281
同性婚　→法の下の平等 ················ 377
統治原理　→権力分立 ···················· 498
図書館九条の会　→第9条 ·············· 283

【な】

内閣憲法調査会　→行政権・内閣 ·········· 519
内閣制度　→行政権・内閣 ·············· 519
内閣法制局　→行政権・内閣 ············ 519
長沼事件　→平和的生存権 ·············· 272
名護市長選　→沖縄 ···················· 324
ナショナリズム　→護憲論 ·············· 201
難民　→国際人権 ························ 353

【に】

二院制　→国会・議院 ···················· 502
25条　→生存権 ························ 452
24条　→ジェンダー ···················· 562
日米安保
　→自衛隊派遣・安保法制を巡る議論 ········ 185
　→安全保障 ························ 297
日本国憲法　→現行憲法 ················ 140

【ね】

日本国憲法における武力行使　→自衛隊派
　遣・安保法制を巡る議論 ············ 185
ニュージーランド憲法　→その他の地域・
　国 ································ 123
人間の安全保障　→安全保障 ············ 297

ネパール憲法　→アジア ················ 113

【は】

ハーグ条約　→条約・国際法 ·········· 558
はじめての憲法　→概説書・体系書・入門書 ·· 3
パラグアイ共和国憲法　→その他の地域・
　国 ································ 123
ハンガリー憲法　→その他の地域・国 ········ 123
ハンセン病　→国家賠償・刑事補償 ········ 447
判例集　→概説書・体系書・入門書 ········ 3

【ひ】

ピアノ伴奏拒否事件　→日の丸・君が代 ····· 391
比較憲法　→憲法学 ···················· 43
東日本大震災　→生存権 ················ 452
PKO　→「国際貢献」論・自衛隊海外派遣 ·· 274
非嫡出子　→法の下の平等 ·············· 377
BPO　→メディア ···················· 421
秘密保全法制　→秘密保護法 ············ 321
表現の自由として保護されるか　→ヘイト
　スピーチ ···························· 429
ビラ入れ事件　→表現の自由 ············ 407
貧困　→生存権 ························ 452

【ふ】

フィジー憲法　→その他の地域・国 ········ 123
フィンランド憲法　→その他の地域・国 ···· 123
夫婦別姓　→家族 ························ 561
婦人参政　→ジェンダー ················ 562
ブータン憲法　→アジア ················ 113
普天間飛行場　→沖縄 ···················· 324
不登校　→教育を受ける権利・教育の自由 ·· 478

事項名索引　　わすれ

フランス憲法　→フランス …………………… 106
フランス憲法院　→フランス …………………… 106

【へ】

ヘイトクライム　→ヘイトスピーチ ………… 429
ベネズエラ・ボリバル共和国憲法　→その
　他の地域・国 ………………………………… 123
辺野古　→沖縄 ………………………………… 324

【ほ】

防衛　→安全保障 ……………………………… 297
放送の自由　→メディア ……………………… 421
法治国家　→政治・行政・司法と憲法 ……… 497
防犯カメラ　→プライバシーの権利 ………… 371
ホームレス強制立退き　→居住・移転の自
　由 ……………………………………………… 435
ボリビア多民族国憲法　→その他の地域・
　国 ……………………………………………… 123
ポルトガル憲法　→その他の地域・国 ……… 123

【ま】

マイナンバー　→プライバシーの権利 ……… 371
マイノリティ　→外国人 ……………………… 344

【み】

南スーダン紛争　→「国際貢献」論・自衛隊
　海外派遣 ……………………………………… 274
ミャンマー連邦共和国憲法　→アジア ……… 113
民事手続　→適正手続の保障一般 …………… 442

【め】

明治憲法　→憲法史・憲法思想 ………………… 24
明治立憲制　→憲法史・憲法思想 ……………… 24
名誉毀損　→名誉権 …………………………… 377
メキシコ憲法　→その他の地域・国 ………… 123
メディア法　→メディア ……………………… 421
メルボルン事件　→国際人権 ………………… 353

【や】

靖国神社　→政教分離 ………………………… 397

【よ】

予算　→財政 …………………………………… 541
女性宮家　→天皇・天皇制 …………………… 252
ヨーロッパ人権条約　→その他の地域・国 ‥123

【り】

立憲思想　→立憲主義 ………………………… 51
立法制度　→議会・国会 ……………………… 499
リトアニア共和国憲法　→その他の地域・
　国 ……………………………………………… 123

【ろ】

老齢加算　→生存権 …………………………… 452
ロシア憲法　→その他の地域・国 …………… 123

【わ】

ワイマール憲法　→ドイツ …………………… 93
忘れてもらう権利　→個人の尊重・幸福追
　求権 …………………………………………… 368

677

憲法改正 最新文献目録

2016 年 5 月 25 日　第 1 刷発行

発　行　者／大高利夫
編集・発行／日外アソシエーツ株式会社
　　　　　　〒143-8550 東京都大田区大森北 1-23-8 第 3 下川ビル
　　　　　　電話 (03)3763-5241(代表)　FAX(03)3764-0845
　　　　　　URL http://www.nichigai.co.jp/
発　売　元／株式会社紀伊國屋書店
　　　　　　〒163-8636 東京都新宿区新宿 3-17-7
　　　　　　電話 (03)3354-0131(代表)
　　　　　　ホールセール部(営業)　電話 (03)6910-0519

　　　　　　電算漢字処理／日外アソシエーツ株式会社
　　　　　　印刷・製本／株式会社平河工業社

　　　　　　不許複製・禁無断転載　　　　《中性紙三菱クリームエレガ使用》
　　　　　　〈落丁・乱丁本はお取り替えいたします〉
　　　　　　ISBN978-4-8169-2601-3　　　**Printed in Japan,2016**

本書はディジタルデータでご利用いただくことが
できます。詳細はお問い合わせください。

日本議会政治史事典 トピックス1881-2015

A5・470頁　定価（本体14,200円＋税）　2016.1刊

1881年から2015年まで、日本の議会政治に関するトピック4,700件を年月日順に掲載した記録事典。帝国議会・国会の召集、衆議院・参議院の選挙、法案の審議、政党の変遷、疑獄事件など幅広いテーマを収録。

統計図表レファレンス事典 外交・国際交流・観光

A5・340頁　定価（本体8,800円＋税）　2015.11刊

1997～2014年に国内で刊行された白書などに、外交・国際交流・観光に関する表やグラフなどの形式の統計図表がどこにどんなタイトルで掲載されているかを、キーワードから調べられる索引。白書・年鑑・統計集500種から5,300点を収録。

日本人物レファレンス事典 政治・外交篇（近現代）

A5・2分冊　セット定価（本体27,000円＋税）　2014.10刊

日本近現代の政治・外交分野の人物がどの事典にどんな見出しで掲載されているかがわかる事典索引。幕末以降の天皇、将軍、老中、奉行、大臣、首長、議員、使節、大使、民権運動家など、306種481冊の事典から2万人を収録。

日本人物レファレンス事典 軍事篇（近現代）

A5・460頁　定価（本体15,000円＋税）　2015.4刊

日本近現代の軍事分野の人物がどの事典にどんな見出しで掲載されているかがわかる事典索引。幕末以降の主な兵乱指導者・従軍藩士、旧陸海軍の主要軍人・軍属、自衛隊・防衛庁・防衛省のトップ、兵学者・砲術家・軍事技術者・軍事評論家など、275種393冊の事典から5,600人を収録。

企業名変遷要覧2

機械振興協会経済研究所 結城智里編
B5・800頁　定価（本体30,000円＋税）　2015.12刊

国内主要企業の社名変遷が一覧できるツール。2006年以降の新規上場を含む、商号・社名変更や持株会社・海外子会社の設立など、変遷のあった企業3,200社を収録。「業種別一覧」「社名索引」付き。

データベースカンパニー
日外アソシエーツ　〒143-8550　東京都大田区大森北1-23-8
TEL.(03)3763-5241　FAX.(03)3764-0845　http://www.nichigai.co.jp/